国家出版基金项目
NATIONAL PUBLICATION FOUNDATION

中国政治思想通史

辽西夏金政治思想史

上 卷

史卫民 著

中国社会科学出版社

图书在版编目（CIP）数据

辽西夏金政治思想史：全三卷／史卫民著 . —北京：中国社会科学
出版社，2023.10
　（中国政治思想通史）
　ISBN 978 - 7 - 5227 - 2503 - 1

　Ⅰ.①辽…　Ⅱ.①史…　Ⅲ.①政治思想史—中国—辽金时代
②政治思想史—中国—西夏　Ⅳ.①D092.46

中国国家版本馆 CIP 数据核字（2023）第 157809 号

出　版　人	赵剑英
责任编辑	刘　芳
责任校对	郭若男
责任印制	李寡寡

出　　　版	中国社会科学出版社
社　　　址	北京鼓楼西大街甲 158 号
邮　　　编	100720
网　　　址	http://www.csspw.cn
发 行 部	010 - 84083685
门 市 部	010 - 84029450
经　　　销	新华书店及其他书店

印刷装订	北京君升印刷有限公司
版　　　次	2023 年 10 月第 1 版
印　　　次	2023 年 10 月第 1 次印刷

开　　　本	710×1000　1/16
印　　　张	99.5
字　　　数	1625 千字
定　　　价	698.00 元（全三卷）

总　目　录

第五编　金朝后期政治思想

第六编　金朝理学和宗教政治观念

目　录

（上　卷）

第二编　西夏政治思想

绪　　论

10世纪前叶至13世纪前叶，中国处于分裂时期，继五代之后，先有北宋、辽、西夏的并立，后有南宋、金、西夏的并立。在这样的政治背景下，中国的政治思想有了重要的变化和发展。以往中国政治思想史的研究，重点关注的是宋朝（北宋、南宋）的政治思想，较少注意辽、西夏、金的政治思想。详述辽、西夏、金的政治思想，可以弥补研究的缺陷，使这一时期的政治思想呈现其全貌样态。在以历史人物的政治思想或政治观念为主要线索的叙事之前，需要对辽、西夏、金政治思想的发展情况和所涉及的主要问题作总体性的说明。

一　北方王朝政治思想发展的基本脉络

辽、金都是中国的北方王朝，西夏则是立足于中国西北的王国，在政治思想的发展中留下了不同的轨迹。政治思想发展轨迹虽有不同，但是基本线索相同，辽、西夏、金都是既有对内的统治观念、辅政观念的发展和变化，也有对外交往时所反映的政治观念变化。

（一）辽朝的"儒化"政治思想

中国北方契丹族建立的辽朝，自916年立国，到1125年灭亡，历时210年，政治思想的发展可以分为四个时期。

第一个是辽朝的立国时期（916—969年），也可以称作辽朝前期。建立什么样的国家和如何治理这样的国家，是这一时期主政者面临的重大政治问题。辽太祖耶律阿保机（916—926年在位）吸纳中国传统的帝王观念，以建元、立国号、选都城、创文字、立太子和更新制度等为标志，将契丹部落联盟式的"行国"统治改变成了中国古代传统型的王朝统治，并用君德、尊孔、用贤、宽刑、恤民等观念为治国确立了基本政治准则。辽太宗耶律德光（926—947 年在位）承继了耶律阿保机的政治观念，以进一步的制度变革夯实辽朝的统治基础，展现了由建国到强国的鲜明思想倾向。后继的两位皇帝没有在辽太祖、辽太宗奠定的治国基础上将辽朝带入"治世"，而是制造出了严重的"衰政"局面，具体表现就是辽世宗耶律阮（947—951 年在位）在内政方面的不作为和仓促出征后周的乱作为，并最终被叛臣所杀；以及辽穆宗耶律璟（951—969 年在位）的怠政和嗜杀内侍的暴虐，最终被内侍所杀。统治观念的变化，显示辽朝的王朝统治尚不稳定，还存在较大变数，由此在辅政行为中，就是既能看到述律皇后的擅立皇帝权谋观和赵延寿的谋取中原帝位权谋观，也能看到带有善政取向的以耶律倍、耶律突吕不等人为代表的契丹人"儒化"政治观，以及康默记、张砺等人为代表的汉人臣僚"儒治"政治观。

辽朝的兴起，正值中国政治纷乱的五代十国时期，辽太祖只是与中原王朝的君主交好，不太涉入中原的纷争。辽太宗则深层次介入中原政治，不仅为辽朝取得了燕云十六州之地，还介入中原王朝的废立，并接受了"以中国人治中国"的观念。辽世宗期望像辽太宗一样介入中原政治，未能成功；辽穆宗则是对中原纷争持懈怠态度，即便丢失一些土地也毫不在意，只是支持北汉对抗后周和取代后周的宋朝而已。在"王朝与王朝"或"国与国"的交往中，辽朝前期有着由"主动把控"转向"被动承受"的重大变化。

第二个是辽朝的中兴时期（969—1031 年），也可以称作辽朝中期前段。如何摆脱"衰政"局面，将国家导入善政的轨道，是这一时期主政者需要面对的重大政治问题。辽景宗耶律贤（969—982 年在位）不仅认可臣僚提出的"中兴之治"目标，还推出了体现宽刑、恤民、惩贪观念的善政措施，使混乱的朝政重回正轨。辽圣宗耶律隆绪（982—1031 年在位）年幼即位，萧太后（萧绰）临朝主政，皇帝与太后的"共治"长达二十八年（982—1009 年），不仅确立了贤君治国、贤臣辅政的基本观念，还以开科举、定礼仪、建中京彰显文治诉求，以劝课农桑、轻徭薄赋彰显民本诉求，以立法和宽刑彰显法制诉求，实现了王朝中兴的政治目标。萧太后去世后，圣宗延续"共治"时的统治观念，并明确提出了不分贵贱、依法行事的法制要求。在君主追求善政的政治氛围下，臣僚亦有积极的表现，以治世观（郭袭、室昉、韩德让）、治道观（张俭）、善政观（耶律合住）、善治观（邢抱朴、邢抱质）等儒家治国观念，为中兴的王朝统治提供了重要的思想支持。

面对新兴的宋朝，辽景宗展示了和平相处的诚意，宋太祖赵匡胤亦给予积极回应，使辽、宋之间有了短期的"交好"。宋太宗赵匡义灭北汉和攻辽，辽、宋进入交战状态。萧太后和辽圣宗先用安抚西夏、高丽的方法稳定后方，随即集中兵力应对宋军的进攻，使宋太宗收复燕云十六州的图谋落空。宋真宗赵恒即位后，萧太后和圣宗亲率大军南下攻宋，同时展开辽、宋之间的议和谈判，最终达成了构建辽、宋和平关系的"澶渊之盟"，实现了辽人的"以战迫和"目标。应该看到，在辽、宋的议和交往中，掌握主动权的始终是萧太后和圣宗，所以圣宗在位后期尽管有进攻高丽和平定渤海叛乱等军事行动，但依然刻意维持了辽、宋之间来之不易的通好关系。

第三个是辽朝由盛转衰的过渡时期（1031—1055年），也可以称作辽朝中期后段。如何延续"中兴之治"，建立更完善的治国体系，是这一时期主政者面临的主要问题。具有双重人格的辽兴宗耶律宗真（1031—1055年在位），一方面受制于宫廷内斗和迷恋于扭曲儒家治道观念的"诗政"，为朝廷带来了乱政景象；另一方面又有重农恤民、更新吏治、宽刑立法、注重礼制、改进科举等善政表现。骄纵逸乐是兴宗的本性人格，乱政只是其外在表现而已，但是在朝臣尤其是儒臣的影响下，兴宗又想成为传世明君，于是就有了"向善"的另一重人格。双重人格的君主带来的看似矛盾的朝政，实则是善政不敌乱政，并开启了辽朝由盛转衰的进程。在这样的变局下，儒臣坚持的是向善的政治取向，如萧韩家奴在长篇上书中对善治观念作了全面阐释，刘六符、杜防、韩少芳等人也表现出了对文治和善政的强烈诉求。

在对外关系方面，好大喜功的辽兴宗在"一统天下"观念的驱使下，准备对宋朝全面开战，被朝臣劝阻后依然维持了辽、宋通好关系，但是对西夏连续用兵，并遭受重大失败。在处理和、战问题时，兴宗同样显示的是双重人格。傲慢和黩武是本性的人格，多次"举诸道之兵"是其外在表现；但是他又知道保持和平状态是大势所趋，所以向善的另一重人格，就表现为能够有所节制和妥协，并且愿意维持各国之间的平衡关系，因为在当时的形势下，辽朝确实不具备统一天下的条件。

第四个是辽朝的衰亡时期（1055—1125 年），也可以称作辽朝后期。如何应对王朝统治的颓势和来自新兴力量的挑战，是这一时期主政者不得不面对的重大政治问题。辽道宗耶律洪基（1055—1101 年在位）有较好的儒学功底，亦曾明确表示过对善治的向往和对中原文化的崇尚，并有恤民、兴学等作为，但是这样的善政取向被更强烈的"诗政"和"好佛"所遮蔽，加上道宗的浓厚猜疑心理，导致宫廷内斗加剧，皇后、皇太子先后被冤杀，使朝廷陷入乱政之中，颓势难以逆转。君主好佛，带动了朝野的好佛风气，对于推动儒家观念与佛教观念的融汇有重要作用，但是更重要的是在乱政氛围下臣僚对善政观念的坚持，所期盼的就是以善治观（耶律宗政、耶律宗允）、贤能观（耶律仁先、姚景行）、治道观（王鼎、王行儒、耶律孟简）、忠正观（耶律珙、刘伸）、守正观（贾师训）等改变朝政的走向。后继的天祚帝耶律延禧（1101—1125 年在位）虽然对文治并不生疏，亦有平反冤狱、延续科举、选贤任能等重要举措，但是他迷恋畋猎，怠于政务，对于来自女真的威胁毫不在意，埋下了危机的隐患。女真起兵反辽后，天祚帝先是轻敌，后是怯战和逃亡，导致了辽军节节败退和王朝灭亡的结局。

辽道宗、天祚帝都曾着力维持与宋朝的通好关系，并在宋、西夏发生重大军事冲突后主动承担说和的角色。在辽朝处于严重危机时，西夏为天祚帝提供了有限的支持，宋朝则趁火打劫，与金朝达成了合作灭辽的协议。作为亡国之君的天祚帝，由此有了亲族不可信、大臣不可信、盟国不可信、敌手不可信的四不可信认识。

辽朝面临败亡时，与无能的君主形成鲜明对照的是有为之人的奋起救亡，于是就有了耶律淳的反弊政、行仁政的自立为帝救亡行为，以及耶律大石远走西域、建立西辽的行为。在乱世中出现的报国观（萧兀纳、萧曩、王介儒、大公鼎）和避世观（耶律官奴、萧哇、萧斡离不），亦是王朝末世较具代表性的观念。

总体而言，辽朝政治思想带有鲜明的"儒化"色彩，契丹上层人物的"儒化"尽管因"诗政"的兴盛而有所扭曲，但信奉儒家政治理念的基本准则没有被抛弃，只是在当政者的双重人格、猜疑心理和怠政风格等影响下，在治国方向上出现了重大的偏离。"儒化"或具有儒家思想底蕴的统治者，既可能带来善政和强国的局面，也可能带来乱政和衰亡的局面，辽朝恰恰提供了正、反两方面的实例，值得后人重视。

（二）西夏的"佛化"政治思想

中国西北党项族建立的西夏，自 1038 年立国，到 1227 年灭亡，历时 190 年，政治思想的发展可以分为三个时期。

第一个时期是 983—1048 年，之所以在时间上有所前伸，是因为李继迁、李德明为西夏立国奠定了重要的思想基础。李继迁于 983 年脱离宋朝的管控后，以守住祖先传承下来的故土为基本政治准则，呈现出三大重要的政治观念，一是周旋于大国之间、夹缝中求生存观念，二是"曲延儒士"的用人观念，三是"向往华风"的治国观念。李德明于 1004 年承继李继迁的职位后，以安和观念保土安民，与宋、辽先后建立通好关系，用"主动示弱"的生存之道奠定了立国的基础。西夏景宗元昊（1038—1048 年在位）作为开国君主，一方面崇尚以武立国，注重谋略，先后击败宋、辽军队的进攻，并以战迫和，与宋、辽建立了通好关系；另一方面崇尚中原王朝的帝制，以改姓、改元、立都、建立国号、创立文字、确立官制、兴办蕃学等措施，完成了"由王到帝"的重大转变。需要注意的是，以武立国和崇尚帝制观念的结合，导出的是元昊的暴力政治而不是文治，并使其最终死于宫廷政变。受元昊的影响，汉人谋臣张元、吴昊极力倡导的是王霸之业的权谋观，党项大臣野利仁荣亦强调依法家观念治国。当时也出现过另类的政治观念，皇太子嵬名宁明喜好道教，尊崇清静无为的治国观念，元昊厌恶这样的观念，使得嵬名宁明忧惧而死。

第二个时期是 1048—1139 年，即西夏的中期。西夏毅宗谅祚（1048—1067 年在位）以幼童即位，受制于权臣没藏讹庞，任由其对外交恶辽、宋，对内胡作非为。清除权臣后，谅祚主动将"华风"引入西夏，不仅用汉仪取代蕃礼，向宋朝大量求购汉文典籍，还调整了官制，并积极维系与辽、宋的通好关系。但是谅祚亲政时间较短，未及有更多作为。西夏惠宗李秉常（1067—1086 年在位）也是幼童即位，由梁太后主政。梁太后厌恶汉礼，不仅恢复了蕃礼，还彰显了崇佛的观念。李秉常有过两次短暂的亲政，第一次因"复行汉礼"被梁太后强行中止，第二次梁太后死后的亲政，又被权臣梁乙埋所压制，难有作为。尤需注意的是，宋、夏之间的通好关系在梁太后主政期间被破坏，先是西夏攻宋，后是宋攻西夏，在双方均没有决定性胜利的状态下，只能是维持耗费大量人力、物力的军事对峙局面。西夏崇宗李乾顺（1086—1139 年在位）依然是幼童即位，先是大臣梁乙逋擅权，对内残酷杀戮政敌，对外穷兵黩武，使宋、夏关系更为紧张；后是另一位梁太后把持朝政，不仅未能修复宋、夏关系，还得罪了辽朝。李乾顺在清除皇太后势力后亲政，明确表示效仿唐太宗的贞观之治，不仅恢复了与辽、宋的通好关系，还有建立国学（汉学）、选贤、求直言等作为。尤为重要的是，在金朝兴起、辽朝和北宋相继灭亡的过程中，李乾顺以"谨慎交往观念"行事，由助辽转向附金，并疏远了与宋朝的关系，用灵活的手段保住了西夏在西北立国的特定地位。

第三个时期是 1139—1227 年，即西夏的后期。西夏仁宗李仁孝（1139—1193 年在位）既是西夏在位时间最长的君主，也是西夏文治观念最强的一位皇帝。在皇后罔氏的帮助下，李仁孝不仅推出以恤民、救灾、重农桑、禁奢侈为主要内容的新政，还以广建孔庙和学校、设立汉学太学、科举取士、尊崇名儒、编修国史、以西夏文翻译儒家经典等作为彰显尊孔兴学的文治观念，以颁布《天盛改旧新定律令》确定行为规范的方式彰显崇尚"简单"的治国准则和法制精神。需要注意的是，既重儒也重佛是李仁孝的思想特色，糅合儒、佛观念由此成为西夏的风尚。李仁孝亦曾受制于权臣任得敬，并面临国家分裂的危险，在金朝的帮助下才清除权臣，恢复文治的朝政秩序，所以通金拒宋成为李仁孝对外交往的基本准则。西夏桓宗李纯祐（1193—1206 年在位）既注重佛法，也注重中原王朝的治国经验，按照他的旨意编辑的具有资政作用的西夏文《德行集》，重点强调的就是治道观、君德观、用贤观和修行观。但是在政治实践层面，李纯祐是个低能者，受制于权臣李安全并被李安全所杀。自立为帝的李安全（1206—1211 年在位，西夏襄宗）难以抵抗蒙古人的进攻，在无法得到金朝的帮助下，只能是以求和的方式图存。废李安全自立为帝的李遵顼（1211—1223 年在位，西夏神宗）在国家危亡之际，一方面倚重于佛法的保佑，另一方面不顾太子和臣僚的反对，执意向金朝开战，战败后主动退位。后继的西夏献宗李德旺（1223—1226 年在位）改变策略，主动联金抗蒙，并对张公辅的收溃散、坚盟信、修城池、明军政、联烽堠、崇节俭、观利便的救国主张给予高度重视。但是败局已经难以扭转，李德旺忧惧而死，末帝李睍（1226—1227 年在位）的结局则是投降后被杀。

西夏政治思想的发展，尽管有尊儒的因素，但是重佛以及思想层面的"佛化"是主流倾向，寓儒家观念于佛法之中成为时髦的做法，所以西夏文文献以佛经为主，即便是宫廷诗和记事文书等，也带有鲜明的佛教色彩。"佛天子"主掌的西夏在政治思想方面独辟蹊径的作为，应被政治思想的研究者所重视。

（三）金朝的"治化"政治思想

中国东北女真族建立的金朝，自 1115 年立国，到 1234 年灭亡，历时 120 年，政治思想的发展可以分为三个时期。

第一个时期是 1115—1149 年的金朝前期，重点是为金朝在中国北方的统治奠定思想基础。

金太祖完颜阿骨打（1115—1123 年在位）作为开国君主，以尚武观念影响部众，在对辽战争中发展、壮大军事力量，取得决定性胜利后即以"图霸天下"的姿态完成了即位、建元、立国号的建国行为，并展现出主导新王朝的五种重要观念。一是注重天象、依靠天助、符合天意的天命观，为女真人建国和开疆拓土提供了合理性的解释。二是定礼仪、建官制、明刑罚、创文字、设都城的立制观，为新兴国家提供了必要的制度支持。三是培育女真重臣、招徕辽朝大臣、广泛征召文人的用人观，为治理国家提供了不可或缺的人才支持。四是团聚部众、安抚降民、安置移民的抚民观或重民观，着力为新王朝奠定深厚的民众基础。五是以灵活多变且掌握主动权的和战观，达成联宋灭辽的同盟关系，为"天下一统"（统一辽朝曾经控制的区域）创造了有利条件。

金太宗完颜晟（完颜吴乞买，1123—1135 年在位）是金朝从立国转向治国的过渡性人物，除了遵循完颜阿骨打的基本统治观念外，重点显示的是"绥抚"观念，具体表现就是在灭辽后用更新官制、宽刑狱、擢贤才等方法抚定官员，用科举取士的方法招抚中原文士，用劝农制、均税制和各种惠民、恤民方法安抚百姓，用通和的方法安抚西夏、高丽。在对宋关系方面，金太宗则任由完颜宗翰（粘罕）、完颜宗干（斡本）、完颜宗望（斡离不）、完颜希尹（兀室）、完颜宗弼（兀术）五大强臣做主，灭亡北宋及宋廷南迁后，采用"以中国人治中国"的方略，先后建立了楚、齐两个听命于金朝的属国。

金熙宗完颜亶（1135—1149 年在位）是将文治观念导入金朝的关键性人物。在废掉齐国之后，金朝如何管理中原地区和关中地区已经成为急需解决的问题。崇尚文治的熙宗既注重尊孔敬儒、规范科举考试、完善朝廷礼仪、设立国史机构等文治的基本表征，也注重更新官制、扩建都城、颁行新律、重农恤民等文治措施的重要作用，为金朝搭建了初具规模的文治体系。金熙宗还以主动给地的方法，与宋朝达成"绍兴和议"，为治国创造了和平的外部环境。但是为了改变强臣专权的局面，金熙宗在猜疑心日重的精神状态下屡兴大狱，甚至不惜制造冤案，既清除了所有强臣，亦株连了不少臣僚，后来更发展到酗酒滥杀，连皇后都被他所杀，成了一个地地道道的暴君，最终被篡位的完颜亮所杀。具有文治观念的君主，如果有严重的性格缺陷，会走向文治的反面，金熙宗就提供了一个具有代表性的例证。

金朝由立国到治国的重要转变时期，在臣僚中出现了八类值得注意的政治观念。一是立国观念，重点是解释天命观、重义观、兴亡观、统一观（完颜杲），倡导"因时作为"（李侗）和"贤者治国"（韩企先）。二是善政观念，重视立制、用人、慎刑（完颜撒改），强调"怠政丧国"（完颜忠），注重良政作为（刘彦宗、耶律怀义、赵元、田颢）。三是文治观念，既注重对文治的倡导（完颜希尹、韩昉、宇文虚中），也表现出对修史的重视（完颜勖），还大力宣扬"尊儒重道"精神（贾霆）。四是重义观念，主要表现为杨朴对儒家治国理念的坚持，着重点就是以礼仪制度建国和以义治国。五是重利观念，主要表现为高庆裔重苛法、重吏治的以利治国思想倾向。六是民本观念，突出显现了重农观（完颜阿离合懑、完颜宗雄）、爱民观（完颜宗隽、杨守道）、治民观（时立爱）和安民观（祝简）。七是善治观念，主要表现为程寀的肃禁御、严宫禁、增谥号、问疾苦、正纪纲、教后宫六大善治诉求。八是出世观念，表现的是入金宋人的消极政治观点，既有救民是富、为官非福、隐居求福的福祸观（蔡松年），也有避世隐居观（高士谈、张子羽、李之翰）、乱世漂泊观（刘著）和人生坎坷观（朱之才），还有彰显世变感受的愁世观（吴激）、乱世观（马定国）、故国观（姚孝锡）等。这八类观念并非都能对治国产生影响，但真实反映了中原发生重大事变时思想观念多样化的特征。

第二个时期是 1149—1189 年的金朝中期，重点是金朝的统治重心由东北地区南移到中原地区之后，建构以善政观念为核心的治国思想体系。

弑君后自立为皇帝的完颜亮（1149—1161 年在位）仰慕文治，以尊儒观、治道观、用贤观、重农观、抑佛观、勤政观等彰显了对文治的理解和弘扬。但是他所倡导的注重礼仪、更新官制、更新兵制、尊孔兴学、发行钱钞、赈济灾民、均平刑罚、更新科举制度、完善仪卫制度等，注重的是文治的表象而不是实质性内容，所起的只是"以文饰政"作用，因为更核心的是带有独夫、嗜武、荒淫特征的帝王观念以及与之相关的自以为是的正统观和统一观。于是对内就有了杀谋逆者、杀皇室宗亲、杀官员尤其是杀谏官的以杀立威和动辄使用刑罚的以杖执政，加上骄奢淫乱和狂征暴敛，呈现的是具有滥杀、滥刑、奢淫、虐民、拒谏特质的苛政；对外则先迁都中都（今北京），随即大规模修建南京（汴京，今河南开封）宫室，都是为进攻南宋作准备。尽管不少人反对出兵，完颜亮还是执意发动了大规模的攻宋"统一之战"，最终在兵变中被杀。

金世宗完颜雍（1161—1189 年在位）在完颜亮失去人心的时候自立为帝，不仅昭示了完颜亮的十七条罪状，还推出了去除苛政的各种措施，以"维新"的姿态显示善政与苛政的不同，并在安抚征宋军队后，恢复了金、宋的通好关系。全国稳定下来后，世宗致力于全面整顿朝政，形成了系统性的善政观念。这样的善政观念，包含八方面的内容。

一是以儒家治道学说作为善政的思想基础，既注重"失道者亡"的戒独断专行、戒不辨人才、戒严苛吏治、戒滥杀无辜、戒滥用民力、戒疏远宗亲的六戒要求，也注重"以史为鉴"的君主从俭、勤政、恤民、纳贤、去奸、改过的君德要求，还注重治道所需的太平观、敬天观、人才观、善治观、共治观、勤政观、文德观、忠孝观、远佞观、修身观十大观念。

二是以君主纳谏作为善政的重要标志，既孜孜不倦地"求直言"，尤其是鼓励臣僚陈言君主的过失，更注重诚恳的纳谏态度，认真对待不同的施政建议，大体能做到闻过即改，并由此带动了朝臣的"敢言"风气。

三是以选贤任能为善政广纳人才，既能宽容对待完颜亮时的大臣，也注重慎选宰执并引入了宰臣举贤、廉察官吏的机制，还特别明确了内外官员在勤政、细致、进取、守正、为善、忠实、清廉等方面的要求。

四是以建制立法为善政提供制度支持，既体现为一系列的官制新规，也体现为监察制度的强化，还体现为更新律法，尤其是颁行《大定重修律条》，并特别强调了宽刑的要求。

五是以规范礼仪体现善政的道义要求，不仅在皇帝尊号和册封皇太子、皇太孙时讲究礼仪规范，还为祭天、祭祖、祭社稷以及皇帝宝玺的使用等确定了新的礼仪规范，以此来彰显"礼仪之邦"的新气象。

六是以崇儒兴学体现善政的文治精神，既表现为皇帝对孔庙祭祀规范的重视，也表现为皇帝敬儒的言行，还表现为皇帝下令以女真文翻译儒家经典著作，以及用正式设立太学、府学和女直国子学、女直府学的方法推动学校教育的发展，以科举新规尤其是开设专为女真人的科举考试推动科举的发展。

七是以轻徭薄赋体现善政的民本要求，既注重爱民、恤民、为民谋利的以民为本观念，也注重以观稼、劝农、禁止害农行为等彰显以农为本观念，更注重均税轻徭的具体举措。由于管理经济的经验不足，世宗既没有很好地解决钱钞流通问题，也使本意是均平租税和徭役的通检推排，变成了扰民的弊政。

八是以重振武风和以俭治国打造善政的良好社会风气，既强调宫殿之俭、衣食之俭、财用之俭，更注重倡导女真旧俗，尤其是重视尚武的风气，以维系女真人的特性和尊贵地位。

需要注意的是，恰是在金世宗善政观念的主导下，金朝成功地实现了国家的转型，成为名副其实的中原王朝。

在金朝由苛政转向善政的历史进程中，臣僚中出现了四类重要的政治观念。一是应对完颜亮苛政的不同态度，可以区分为敢于挑战君威的谏诤态度（祁宰、耨碗温敦思忠、萧玉、耶律安礼、韩汝嘉），慑于君威的自保态度（完颜兖、完颜昂、萧裕），左右逢源的圆滑态度（张浩、张中孚、李德固、刘长言、张晖），忐忑不安的忧惧态度（刘筈），竭力奉承的阿附态度（大臭、敬嗣晖、李通），倚仗君威的恣意妄为态度（徒单恭、纳合椿年、刘萼、萧赜、仆散师恭）。二是襄助金世宗善政的重要观念，主要表现为忠于职守的勤政观念（仆散忠义、纥石烈志宁、纥石烈良弼、徒单克宁），展现才干的能臣观念（李石、完颜守道、苏保衡、唐括安礼、乌古论元忠、杨伯雄），敢于上言和善于上言的谏议观念（完颜宗宪、完颜思敬、孟浩、石珺、梁肃、魏子平、程辉），带有阿附心理的助成观念（移剌道、完颜宗尹、张汝霖、张汝弼）。三是带有一定理论色彩的文治观念，如朱自牧的为官廉洁、除暴安民、息兵恤民、以农为本的善政四大诉求，路伯达的双向重本（以农为本、以学为教化之本）诉求，孙九鼎、赵扬的明君纳谏诉求，刘迎的止弊恤民诉求等。"以文兴邦"（赵可、杨伯仁、移剌履）和"崇儒重学"（傅慎微、王宗儒、王去非）的诉求，亦使文治有了更明确的目标和更充实的内容。四是已经成型的官场政治，带来了儒士的不同反响，既要注意王寂的为官不易说强调的为官追逐功名、劳而无功、责任重大、危机重重、难保清廉、难免清贫、难辨真才、消磨意志八大特点，也要注意拒任执政（萧永祺）、不惧权臣（胡砺）、怀才不遇（边元鼎）、不愿屈从（冯子翼）、厌恶官场（任询）所展现的拒官、去官甚至厌官情绪，还要注意儒臣中对于去官隐居有假隐观念（蔡珪）和真隐观念（刘汲、孟宗献、郝俣、刘仲尹、赵摅）的区别。

第三个时期是 1189—1234 年的金朝后期，重点是应对王朝衰亡的复兴观念和救国对策。

金章宗完颜璟（1189—1208 年在位）崇尚礼仪和儒术，注重用三种观念延续世宗时的善政作为。一是以重礼崇儒观念发展文治，不仅进一步规范朝廷礼仪制度，编成《大金仪礼》，亲自祭祀孔庙，敦促各地兴学养士，将科举考试发展到七科，还拒绝了臣僚为皇帝上尊号的请求，将金朝的德运由金德改为土德，以彰显金朝所承继的来自宋朝（北宋）的正统地位。二是以朝政更新观念推行善政，在御史台下正式设立九路提刑司（后改为按察使司），以强化监察机制；广泛实行荐举官员的做法，以彰显举贤任能；严格考课、俸禄、馈赠、奖廉、惩贪等规定，以完善官场规制；以鼓励臣僚直言，打造敢言和"言者无罪"的朝政风气；以重新修订法律尤其是正式颁行《新定律令敕条格式》（《泰和律》），体现君主重视律法的态度。三是基于以农为本观念，保持重农、劝农、轻徭薄赋的积极姿态，并实施了大规模的治理黄河工程，完善了国家救灾恤民的机制，但是强力推行的田制新规、通检推排和钱钞并用等经济政策，都因既无经验亦无定算而告失败。更为不利的是章宗朝先有内宠干政，后有李妃干政，由此带来的正人、小人之争越演越烈，章宗对文士的戒心越来越重，导致正人不敌小人，善政转向恶政，已开始显露败亡气象。面对北方兴起的蒙古国，章宗采取的是被动的防守策略，期望以修筑界壕的方式拒敌于国门之外；而对宋人发动的北伐，章宗则在发兵给予痛击后迫使宋人求和。"北守南攻"的方略确实稳住了金朝的基本局面，但也留下了重大的隐患。

卫绍王完颜永济（1208—1213 年在位）是个悲剧性的过渡人物，尽管秉持的是儒家治国观念，但是既无亲信力量，又无治国经验，因战守失策导致金军主力在蒙古军的攻击下损失惨重，中都被围，再加上即位后"除奸未尽"，使奸臣纥石烈执中（胡沙虎）有机会发动宫廷政变，将皇帝杀死。

金宣宗完颜珣（1213—1223 年在位）先消灭了纥石烈执中的叛逆力量，随即为躲避蒙古军锋，坚决性地迁都南京（汴京），并在迁都前展开了德运问题的讨论，但没有再改德运，只是集中体现了臣僚对正统、统一等问题的看法。迁都之后，宣宗坚持"以文兴邦"观念，除了重礼兴学、延续科举外，还加快修史进程，不仅完成了《章宗实录》的编撰，还着手卫绍王时的史事编撰；在鼓励直言的前提下，以纳粟买官、选官新制、举荐文官武将、褒奖忠勤、严格奖罚调整官制，为应对乱局提供人才保障。为保证朝廷的财、粮来源，宣宗一方面强调重农、劝农，并专门设立了大司农司和行司农司，另一方面用变易钞法、强化征榷等手段，竭泽而渔，急征暴敛。危机之中必现权奸，术虎高琪以擅杀、厌儒、遮蔽、苛刑、滥赏、猜疑、推诿、怯战等行为，助长了朝政的急、恶倾向。宣宗不仅要坚守河东、关中地区，还不得不对西夏、南宋开战，在国家面临三面作战的局面下苦苦坚持。

金哀宗完颜守绪（1223—1234 年在位）接过宣宗的乱摊子后，以求新、求变观念推出惩奸恶、整吏治、合机构、兴科举、开经筵、重农桑、救灾民、减浮费、拒贡献、省徭役的救危新政，大力倡导臣僚直言，与西夏议和，但是未能达成与南宋的议和。在统军将领怯战和误判形势的状况下，金军主力在三峰山之战中被蒙古军击溃，南京被围，哀宗以"东征"的名义逃出南京，落脚于蔡州，尽管还有安民、纳谏等举措，但是已难逃败局，最终在蒙古、南宋军队联合攻破蔡州时自尽殉国。

危亡之际的臣僚建言献策，是金朝后期政治思想的一大亮点，需要注意的是七类体现不同观念的言论。

一是体现治道观念的建言，既强调尊道、崇德（徒单镒），也注重防范奸臣和用贤止乱的方法（完颜素兰），还要求强本和足用（张翰）。

二是体现善政观念的建言，既有对善政的全面规划（李晏、许安仁各陈十事），也有对具体善政行为的明确要求（张行信的收人心、用人才、赏军功、慎鬻爵、改马政、止馈献、增俸禄、罢冗食，敦安民的崇节俭、去嗜欲、广学问等）。

三是体现革弊观念的建言，有立李妃为后、括民田的二弊说（张万公），苦于寇掠、困于军须、冤狱难平、奖赏不均的四弊说（陈载），将不知兵、兵不可用、事不素定、用人不当的四弊说（王扩），用人不讲节操、专论资格、不慎名器、守令害民的四弊说（萧贡），国富民贫、本轻末重、任人太杂、吏权太重、官盐价高、坊场害民的六弊说（黄久约）等。

四是体现君德观念的建言，主要是对章宗无休止巡幸、游猎的劝谏（完颜乌者、粘割遵古、孙铎、焦旭、董师中、路铎、贾铉、许安仁、贾守谦、李愈）。

五是体现安民观念的建言，主要表现为高汝砺的不能随意迁徙军户家属、不能轻易将民田拨付给南迁军户、不能轻言以军队护民麦收、不能在形势危急的情况下实施通检推排、不能向民户征收与变易钞法有关的桑皮故纸钱、不能答应军阀的据地自治要求、不能实行榷油七条建议。

六是体现救危观念的建言，既有安民、择相、选将、戒谕县官、恢复旧地、停括余粮、鼓励直言的"恢复之计"（许古），也有责大臣、任台谏、崇节俭、选守令、谋群臣、重官赏、选将帅、练士卒的"救危八事"（陈规），还有严纪纲、重统帅、确职责、用勇猛、护农耕、明赏赐、罚败臣、恤平民、择能者的"救国九事"（侯挚），以及任诸王、结人心、广人材、选守令、褒忠义、重农本、崇节俭、去冗食、修军政、修城池的"救国十事"（刘炳）。

七是体现战守观念的建言，重要的有粮储、善守、义军、赏罚、安民、止恶、钞法、勤王八大诉求（胥鼎），通粮运、谋盐利、守要地、营银铁、禁诛求、新马政、严钞法、给实俸、重授官九大诉求（完颜从坦），招徕乣人、与宋议和、招抚盗贼、罢监战官四大诉求（移剌福僧），以及分兵据险、慎用义兵（古里甲石伦）和赐官、招抚、用人、守要（完颜伯嘉）等建议。

与危机中的对策建议并存的，是乱世中在官员和文士中出现的七种重要观念。

第一种是救世观念，强调救世的仁政路径（王庭筠）、秉公执政路径（雷渊）、扬善去恶路径（赵思文）、简兵理财路径（杨云翼）、重人材和重民生路径（王浍）。

第二种是忠义观念，既有蒙冤而死时的忠义表达（韩玉、高庭玉），也有尽忠报国的守节不屈（冯延登、聂天骥、康锡、王宾等）。

第三种是忧世观念，既有忧民、忧兵、忧国三忧（周昂），也有战争之苦、苛政之苦、修城之苦的三苦（赵元），还有战守不利、乱世难救的感叹（李献甫），以及叹书生无用、叹百姓流离、叹为官不易、叹文人恶行四叹（宋九嘉）。

第四种是世变观念，主要表现为元好问的世变之论（论先兆、论迁都、论嘉政、论诗歌），世变之政（倡维新、立国本、重仁孝、罢暴敛、用贤吏、重安民、救民难、去弊政、盼中兴），世变之窘（围城困境、崔立立碑之辱、被俘北上之苦），世变之痛（亡国之叹、国亡史存、儒者守道）。

第五种是反思观念，主要表现为刘祁强调金朝衰亡可以追溯出根本未立、未尽行中国法、漠视建言三大要素，直接造成亡国恶果的是只图苟安、内侍专权、决策失误、自败士风、兵制混乱五个因素。附和刘祁的文人除了反思外，还显露了儒士面对王朝更替时的心境观、愁世观、进取观等不同观念。

第六种是出世观念，既有不问政事的处世观（完颜璹）和淡泊功名的遁世观（辛愿、王郁），也有避乱说（王元粹）、叹世说（陈赓、陈庚）、逃世说（张宇、房皞），还有带有警示意味的兴亡说（麻九畴）、忠奸说（冯璧）、世乱说（杨奂）、劝世说（杨宏道）、讽世说（程自修）等。

第七种是有为观念，既注重儒士的忧国忧民、愤世嫉俗（李汾），也提醒世人看轻富贵、功名（庞铸、董文甫），还强调了儒士正义、儒士超脱、儒士恤民、儒士自娱、儒士有为、儒士孤傲的儒道观点（段克己）。

金朝政治思想的发展，总体呈现的是"治化"特征，受儒家治道观念的影响，君、臣向往文治或善政的观念日益增强，尽管在施政中出现过一些曲折，但能将"治"坚持到底，不仅难能可贵，亦提醒世人即便尊奉治道学说，也未必能够逃脱亡国的厄运。这恰是儒家政治思想的局限性所在，只是当时的人未认识到这一点而已。

辽、西夏、金政治思想发展之所以有不同的轨迹，有三个重要的因素。一是地域因素。辽朝只是占有燕云十六州，未深入中原地区，来自"汉地"的政治思想资源相对薄弱。西夏居于西北一隅，政治思想资源更为稀缺。只有金朝占据了中原和关中地区，在统治重心南移后可以利用北中国的丰厚政治思想资源，发展出远比辽、西夏厚重的政治思想。二是政治因素。辽朝不乏"明君"，如辽太祖、辽太宗、辽圣宗等，但更多的是暴君、昏君、弱君，善政的时间远少于恶政，大大压缩了向善的政治观念的发展空间。西夏自建国伊始就崇尚暴力政治，幼主即位成为常态化现象后又凸显"擅权政治"，宫廷内斗成为政治主题，难以形成成熟的治国观念。金朝的情况与辽朝相反，暴君、昏君、弱君较少，孜孜求治的君主居多，即便在行为上可能各有瑕疵，但是基本维系了趋于善政的格局，使得善治或善政的思想观念得以充分发展。三是文化因素。契丹族的游牧文化、党项族的半农半牧文化、女真族的渔猎文化，在建立国家后都经历了转向农耕文化的历史进程，即变"蕃风"为"华风"，改"蕃法"为"汉法"，但是文化转型的程度有明显的不同。党项族的文化要素最强，西夏由此多次呈现"蕃礼"与"汉礼"之争的局面，文化转型又受到佛教的影响，接受农耕文化的水平明显偏低。契丹族的文化要素偏强，当政者主动以双重制的方法（如两面官制等）协调文化冲突问题，使辽朝的农耕文化水平达到了较高的层次。女真族的文化要素偏弱，金朝统治重心南移后，女真族已经"汉化"，金朝文化已演变为中原文化的代表。少数民族建立的王朝和王国，因文化转型而导致思想转型，会呈现不同的样态，辽、西夏、金提供了重要的例证。需要注意的是，受文献资料的影响，金朝政治思想的展现远比辽、西夏丰富，但这并不是影响政治思想发展的主因，对这一点应有清醒的认识。

宗教思想对辽、西夏、金的政治思想有重要的影响。佛教的影响主要表现为儒、佛思想观念的融汇被不少辽朝文士、官员所认可，在西夏更出现了佛教大盛和"以佛包儒"现象，在金朝则是先有儒、佛思想的合流，后有儒、释、道"三教合一"的公开倡导。道教的影响最具特色的是全真道在金朝中后期兴起，全真道七真人及其传人不仅强调儒、释、道"三教合一"或"三教同源"，还以道家理念全面阐释儒家治国学说，彰显的是"以道释儒"和"以儒证道"的思想范式，并以此受到金朝皇帝、官员、文士等的重视。

兴起于宋朝的理学，在金朝呈现的是批判性传承的历程。王遵古和杜时升是金朝传承理学的先驱者，注重的是理学的教化观念和教学观念。李纯甫、赵秉文、王若虚是金朝理学的代表性人物，表现颇有差异。李纯甫着重于对理学名家的批判，阐释的是"三教合一"的心性说，背离了理学排斥佛、道的传统。赵秉文基于北宋和南宋理学的"正说"，对治道学说有系统性的说明，就是希望以此来避免理学的误传。王若虚既有对理学先儒的批评，也高度重视理学大家对儒学的正本清源作用，但是没有留下系统性的性理学说，只是以说君、说臣、说治等强调了治国的要义。郝天挺、刘从益、李俊民等人深受理学影响，郝天挺注重以义理教学，刘从益注重践行良政，李俊民注重的则是乱世中圣人之道的坚持。尽管北宋理学思想在金朝得以延续，南宋理学思想亦已北传，但是金朝的理学学者过少，加之战乱的影响，著作大量佚失，未能造成较大影响，以至于后来又有了元代的南宋理学北传过程。

二 重要政治观念的发展变化

在辽、西夏、金政治思想的发展中，涉及对一些重要政治观念的认识和理解问题，可择要者分述于下。

（一）帝王观

引入来自中原王朝的帝王观念，是辽、西夏、金政治思想发展的一个重要特征，但是要特别注意所引入帝王观念的"名"与"实"问题。

帝王观念的"名"即外在表现并不难学，只要仿照历代中原王朝的做法，将具有标志性的称帝、建元、确立国号、立都、建官立制、设定礼仪等行为做出来即可，辽、西夏、金的立国皇帝在"武功"达到一定水平后，都采用了此类做法，并且都增加了创立文字（契丹文、西夏文、女真文）的环节，以显示新帝制的不同文化表征。立国之后为维系帝王观念之"名"，既要解决帝位继承问题，于是辽、西夏、金都建立了太子制度，但这样的制度并不能保证法定继承人顺利即位，难免出现擅立皇帝的现象；也要解决皇帝的尊号、谥号等问题，于是就有了相应的礼仪规制等，尤其是辽朝自耶律阿保机接受官员所上的皇帝尊号后，后续的皇帝大多享受过上尊号的殊荣，金朝自完颜阿骨打接受官员所上的皇帝尊号后，后续的皇帝也一直享受上尊号的殊荣，到金章宗时才终止了这样的行为。

帝王观念的"实"即内在要求，儒家政治学说有一整套说法，不能拿来衡量少数民族王朝或王国的君主，但至少要注意三方面的要求。

一是直言和纳谏的要求。直言和纳谏既体现君主执政的开明风格，也是为朝政注入新观念、新对策的重要途径。"求直言"作为一种重要的政治表态，对君主来说并非难事，但不是所有皇帝都会注重这样的做法，如辽太宗首开求直言做法后，到辽兴宗、辽道宗时才又有了求直言的举动；西夏也只是崇宗李乾顺、仁宗李仁孝、献宗李德旺有过求直言的举动；金朝首开求直言记录的是完颜亮，此后金世宗、金章宗、卫绍王、金宣宗、金哀宗都有过求直言的举动。求直言并不一定纳谏，纳谏者也可能没有过公开的求直言举动。辽、西夏、金的各位皇帝中，真正重视纳谏的应只有辽太祖、辽太宗、辽圣宗、辽道宗、金太祖、金世宗几人，其他人大多表现的是害怕、拒绝直言、谏言的风格，诛杀谏官和直言者尽管是个别现象，但贬斥直言者是常态现象。也就是说，帝王之实的纳谏，并没有成为辽、西夏、金的通行做法，只是少数君主的耀眼作为而已。

二是"君德"的要求。帝王讲究君德，是儒家学说的一项重要内容，辽、西夏、金的皇帝对此有不同的理解和认识。除了前文所述金世宗对君德的六条要求外，还需注意辽太祖强调的圣主不多见、君主受命于天、君主必得人心、子承帝业四点认识，辽太宗强调的皇帝应有庇民、无私、守信、执中等德行，辽圣宗强调的贤君治国。西夏桓宗李纯祐下令编撰的《德行集》中，则着重强调了君德的用心治国、以民为本、诚心纳谏、君主用贤、君主正心、君主孝敬、尊崇师教等要求。反之，背离君德，就会出现暴虐的君主，如完颜亮自称国家大事皆自我出、帅师伐国、得天下绝色而妻的三大志向，就是典型例证。帝王之实的君德，尽管只有少数君主对此有较深刻的认识，但是不能忽视其作用，因为这毕竟是少数民族的君主学习中原帝王知识的重要内容。

三是"自律"的要求。帝王自律，尤其是崇尚节俭、勤政和不骄奢、不嗜酒、不滥杀、不迷恋于游猎，是与带有理论色彩的"君德"要求有所不同的行为要求。辽、西夏、金崇尚节俭的皇帝，只有金世宗一人，貌似俭朴、实则骄奢的代表性人物则是金朝的完颜亮。明确提出勤政要求的，只有完颜亮、金世宗、金章宗、金宣宗四人，明显表现出"怠政"的皇帝，则辽、西夏、金都不乏其人。尤需注意的是，不能自律的皇帝太多，如辽世宗沉湎于酒色，辽穆宗嗜酒、游猎无度、滥杀无辜，辽兴宗沉湎于宴饮游乐，辽道宗因多疑而冤杀皇后、太子，辽天祚帝沉湎于畋猎，西夏景宗元昊多疑嗜杀，金熙宗酗酒滥杀，金章宗沉湎于巡幸畋猎，都是典型的事例。帝王之实的自律，更是少数现象而不是普遍现象。

也就是说，辽、西夏、金引入的帝王观念，重"名"而不重"实"，"名"与"实"之间始终有较大的差距。辽、西夏、金的"明主"或"名君"不多，应与多数皇帝的肤浅帝王观有密切关系。

（二）天下观

辽、西夏、金对"天下"的认识，与"中国"的概念有所关联，需要加以说明。

辽太祖已经开始使用"天下"的概念，但是这样的概念有狭义和广义的区别。辽朝建国后控制的区域，是狭义的天下，所以就有了"简天下精锐，聚之腹心之中"的说法。在中原地区立国的五代王朝，则是广义的天下，辽太祖由此可以指责中原皇帝的行为不当，"致得天下皆怒"。辽太祖又将中原王朝称之为"中国"，于是就有了"署中国官号"的说法。辽太宗延续和发展了"天下"的用法，在狭义的天下里既可以设立"天下兵马大元帅"的职务，也可以"选天下精甲三十万为皮室军"；广义的天下则与"中国"有密切关系，既有"坐制南邦，混一天下"的说法，也有灭后晋后"统一天下"和"中国事，我皆知之"的表述。辽太宗认识到"中国之俗异于吾国"，所以在检讨失策时表示"我有三失，宜天下之叛我"和"我不知中国之人难制如此"，并接受了"以中国人治中国"的观念。辽世宗时强调的"天下甫定"和"太后佐太祖定天下",以及所谓的"大赦天下",所指都是狭义的辽朝天下。辽圣宗则恢复了辽太祖时的用法,萧太后所说"吾儿为天下主",臣僚称圣宗"行孝治于天下",指的都是狭义的天下;讲述唐代君主作为时所涉及的"天下",则是广义的天下。"中国"成为宋朝人的自称后,辽圣宗亦认可唐、宋等王朝代表中国,于是就有了"五百年来中国之英主,远则唐太宗,次则后唐明宗,近则今宋太祖、太宗"的说法。辽兴宗也是狭义、广义的天下并用,狭义的天下有"藉天下户口"和"均济天下"等表述,广义的"天下"则有"后世之君以礼乐治天下"和"帝欲一天下"等表述,并且沿袭了以"中国"专指宋朝的说法。辽道宗和天祚帝延续了这样的用法,所谓"天下太平""朕亲临天下"和"天下无主""天下土崩""天下大乱"等,所指都是狭义的辽朝天下;而"上古之时,无簿书法令,而天下治"和"天下不劳而治"等,指的则是广义的天下。

西夏自李继迁开始就以"中国"代指宋朝,而所谓的"天下",实则是宋人的"天下"。典型的例证就是李德明曾向宋真宗表示:"岂敢违盟负约,有始无终,虚享爵封,取消天下。"梁太后亦曾向宋神宗表示:"上方以孝治天下,奈何使小国之臣叛其君哉。"李乾顺在位时,更有人明确表示:"以我国之短,易中国之长,如此则无敌于天下矣。"西夏文文献中多次出现的"天下"和"皇天下"等词汇,所指应是西夏的天下,但并不能证明西夏的主政者已经具有较明确的"自统天下"观念。

金太祖认可的"图霸天下""系天下心""天下一家""兵不劳而天下定"等说法,以及"朕不欲天下生灵久罹涂炭""惟信与义,取天下之大器"等表述,表明他已经具有较清晰的天下观念,但是这样的天下,只指辽朝曾经控制的区域,金朝取代的是辽朝的天下之主地位。金太宗先是延续金朝天下的狭义用法,典型的表述就是擒获天祚帝后向宋人告知"天下得以治定";与宋朝开战后,则转向了广义的包括宋朝在内的天下,于是就有了"我大金皇帝有一统天下之志"和"今皇帝正统天下,高视诸邦"等说法。北宋灭亡后,金太宗更有了"不以天下为己私"和"天下不可以马上治"等表述,针对的都是广义的天下。金熙宗废罢齐国后,狭义的金朝天下已经包含了北中国的大部分地区,"定天下大业""使天下早致升平"和以《皇统新制》"颁行天下"等,都是针对新天下的说法，臣僚亦有如何治理天下的各种建议。但是广义的天下是包括南中国的，金人与宋人交涉时所说的"天下"概念，所指就是广义的天下。需要注意的是，金太祖、金太宗、金熙宗三朝所用的"中国"概念，除代指北宋外，亦指中原地区，具有代表性的就是完颜宗翰对宋钦宗所言："天生华夷，自有分域，中国岂吾所据。况天人之心未厌赵氏，使他豪杰四起，中原亦非我有。"北宋灭亡后，金熙宗的"以尽中国为君之道"，强调的也是以中原为基础的中国。

完颜亮要灭宋"统一天下"，强调"天下一家，然后可以为正统"，这样的天下自然是广义的天下，所以臣僚有"天下有四主，南有宋，东有高丽，西有夏，若能一之，乃为大耳"的说法。但是完颜亮所说的"朕以天下为家""今天下无事""人君治天下"和"重念太祖皇帝艰难以取天下"等，指的都是狭义的金朝天下，臣僚所言"往岁营治中都，天下乐然趋之"和"伏望陛下以天下为念，社稷为心"等，指的也是狭义的天下。金世宗即位后所表述的"大赦天下""据腹心以号令天下"和"国朝自太祖皇帝创业开基，奄有天下"等，指的都是狭义的金朝天下，并强调了与狭义天下观有关的八种说法。一是"京师天下之本"和"太子天下之本"的重本说。二是"我国家绌辽、宋主、据天下之正"和"朝廷行事苟不自正，何以正天下"的守正说。三是"天下大器归于有德"和"朕忧劳天下，未尝以声伎为心"的德行说。四是"法者，公天下持平之器"和"朕使百姓无冤，天下安乐"的重法说。五是"朕于天下事无不用心"和"朕以欲遍知天下官吏善恶"的勤政说。六是"宰相总天下事""朕治天下，方与卿等共之"和"朕与卿等治天下，当治其未然"的共治说。七是"天下至大，岂得无人"的用贤说。八是"祖宗以武定天下，岂以承平遂忘之"和"卿等勿谓天下既安而无预防之心"的居安思危说。世宗也偶尔涉及广义的天下，他所说的"想前代之君，虽享富贵，不知稼穑艰难者甚多，其失天下，皆由此也"，就是一个重要的例证。臣僚与世宗讨论天下问题时，也是既会涉及本朝的狭义天下，也会涉及自古以来的广义或整个天下。需要说明的是，完颜亮在位时仍以"中国"指中原，在"兴兵涉江、淮伐宋，疲弊中国"和"征天下兵以疲弊中国"等说法中，"中国"都是中原的代称。世宗在位时的一个重大变化，就是已经以金朝为"中国"，具有代表性的就是册封皇太子时的"天兴上嗣，庆自中宫，绍中国之建储"说法，以及朝臣反对在北方修界壕时的"不可疲中国有用之力"说法。

金章宗兼用广义和狭义的"天下"概念，与宋人打交道时涉及的"帝王之道当示信于天下"和"朕方以天下为度"等说法，所指都是广义的天下；而"平辽举宋，合天下为一家"和"天下一家，讵可窥于神器"，以及"知天下人材优劣"和"今天下生齿至众"等说法，所指都是狭义的金朝天下。卫绍王所称"章宗皇帝以天下重器畀于眇躬"，也是狭义的天下。金宣宗时亦以"天下一家""系天下之望""激天下之义气"等指狭义的金朝天下，臣僚则用"朝廷正则天下正""天下可为""以天下为己任"等强化了对狭义天下的认知。在讨论德运等问题时，所用的则是广义的天下概念。金哀宗时的"天下有道"等说法，以及刘祁等人讨论金朝兴亡原因时涉及的天下，所指都是狭义的天下，只是在涉及治道等问题时使用广义的"天下"概念。金朝后期更强化了以"中国"指称金朝的用法，如元好问所称"中国之大，百年之久"和"中国之有至仁"，杨云翼所称"龙去鼎湖中国换"，王喆所称"为人福，生中国"，王处一所说"降临中国为贤臣"等，所指的都是金朝。

也就是说，辽、西夏、金时期的"天下"，有狭义和广义的区别，或者说是"小天下"与"大天下"的区别。狭义的"小天下"有辽朝的天下和金朝的天下，广义的"大天下"则是自古以来的完整天下或包括宋、西夏、高丽等的天下。与天下密切相关的"中国"，则由指中原王朝，一变为专指宋朝（北宋），二变为泛指中原地区，三变为专指金朝。当然，在说及历史和治道学说时，所指都是传统意义的中国，而不是地域或时限意义的中国。

还需要说明的是，理论层面的天下观，往往是混用狭义和广义的"天下"概念，由此需要注意两种天下观的传承。

一种是儒家的天下观。辽朝时，马得臣强调唐太宗、唐玄宗曾以笃好经史引领天下风气，萧韩家奴明确要求以礼乐治天下，耶律石柳更强调："恩赏明则贤者劝，刑罚当则奸人消。二者既举，天下不劳而治。"马保忠诠释了"强天下者，儒道；弱天下者，吏道"的观点，耶律孟简也指出："上古之时，无簿书法令，而天下治。盖簿书法令，适足以滋奸幸，非圣人致治之本。"杨绩则明言："何代无贤，世乱则独善其身，主圣则兼济天下。"也就是说，辽朝儒士看重的是贤君、贤臣治天下和用儒道（重礼乐、明恩赏、正刑罚）治天下的观念。西夏则曾有人明确表述过孟子的"未有好杀能得天下"观点，在西夏文《德行集》中亦有对进贤能天下安、道义决定天下兴亡等观点的解释。金朝的儒臣更诠释了治天下或平天下的九大重要观点。一是"善计天下者不视天下之安危，察其纪纲理否而已"的纪纲说（程寀）。二是"人主以至公治天下"和"尧、舜之传贤，汤、武之除害，无非公天下之大义"的为公说（刘祁、王若虚）。三是"以德养民"和"有厚爱天下之心"的爱民说（王庭筠、杨守道）。四是"治天下者，本乎人才，学校者，人才之所自出"和"学校不可斯须弛于天下"的重学说（贾霆、傅慎微、左容、赵沨）。五是"使天下之人皆知孝弟忠信，则太平可坐而致"和"道立，而父子、君臣之教达于天下"的教化说（施宜生、党怀英）。六是"天下之事多废于因循苟且，必有得志之士果敢为之"的有为说（董师中）。七是"大抵有天下者，安必虑危，治必防乱，所以长安且治"的居安思危说（赵秉文）。八是"天下之通道五（仁义礼智信）"和"尽天下之道，曰仁而已矣，仁不足，继之以义"的仁义说（赵秉文）。九是"盖有圣人之道，以断天下之疑"的守道说（李俊民）。相比之下，金朝儒士对天下观的继承与理解，远比辽、西夏儒士全面和深刻。

另一种是道教的天下观。金朝留存的无名氏所著《道德真经全解》，阐释了"不敢恃兵强而取胜于天下""处无为之事，乃可以取天下"和"帝王无为而治天下"的观点。全真道的刘处玄则强调了"天下有道，则天下成熟"和"不以智治国，以无事治天下，太平民安"的观点，尹志平强调的是治天下"尧未尝不无为，许亦未尝不有为"观点，长筌子强调了"清净无为，故垂衣而天下治""清净无为，而天下自正"和"分德与人，不以贤临人，为天下之至公，然后乃至于大顺"等观点。也就是说，金朝的道教人士既承继了道家清净无为的天下观，也展示了儒家思想对道教天下观的影响。

（三）统一观

辽、西夏、金虽然处于中国的分裂时期，但统一（或"混一"及"一统"）是难以回避的重要政治话题，并出现了对统一的不同认识。

辽朝建国之后，有过两次重要的统一尝试。第一次是辽太宗灭后晋，自认为实现了统一的目标，所以夸赞勇将高模翰时明言："此国之勇将，朕统一天下，斯人之力也。"但此后辽军北返，并没有占据中原地区，所谓的统一只是昙花一现。第二次是辽兴宗"欲一天下"，准备发起对宋朝的全面进攻，但是臣僚要求保持辽、宋之间的通好关系，最终使"统一"变成了双方讨价还价的续约谈判。需要注意的是，除了这两次不成功的统一外，辽朝人自认为有过成功的统一行为，如有人曾强调辽太祖"建天皇帝名号，制宫室以示威服，兴利除害，混一海内"，辽兴宗在位时也曾对高丽表示："大朝统一四方，其未归附，期于扫荡。"这样的统一，强调的只是辽朝以"一统正朔"的方式完成了所控疆域的内部统一。

西夏立国于西北一隅，主要是防范被强者所"统一"，所以李德明曾向宋真宗表示"同轨同文，王者大车书于一统"，就是认可宋朝的统一以及自己的藩属地位。

金朝的统一，则表现为三部曲。第一部是在原来辽朝疆域基础上的统一，金太祖完颜阿骨打强调的"辽政不纲，人神共弃，今欲中外一统"，臣僚杨朴所说的"陛下肇登大宝，混一封疆"，指的都是此次统一。第二部是实现北中国的统一，即以灭亡北宋为标志的统一。金军南下攻宋时，已经明确表示"我大金皇帝有一统天下之志"和"宋之旧封，颇亦广袤，既为我有，理宜混一"；灭北宋后则以"克平海宇""文轨大同"和"六合之内罔不服"等盛赞此次统一，此后又发展出了"国家受天成命，统一四海"等说法。第三部是完颜亮主导的所谓"统一大业"，以失败告终。完颜亮篡位前就有"统一海内"的雄心，篡位后又编出了一段应上天之命征伐宋朝的"神梦"，并有"使海内一统，即意如何"之问，阿谀之臣则以"正知天时、人事不可失也"和"愿陛下统一天下，混车书于万里"等说法，坚定其统一的意志。按照完颜亮的设计，是先灭宋，后灭西夏、高丽："朕举兵灭宋，远不过二三年，然后讨平高丽、夏国。一统之后，论功迁秩。"对于这样的图谋，持不同看法的臣僚并不反对"统一"或"一统"，只是强调以当下的国力、民情等，难以实现统一的目标，尤其是劝谏完颜亮不要轻易动兵和亲身犯险，但完颜亮一意孤行，最终只能是落得统一未成而身死的结局。统一的三部曲之后，只是偶尔有人提出弱宋"以谋混一"的要求，更多的则是以"皇朝混一区夏""国家开创之初,方以混一车书,削平僭伪"和"方今并有辽、宋,统一区夏"等说法表示对既有统一的肯定和坚持。金朝末世,既出现了"天下当大乱,乱而南北当合为一"的预言(杜时升),也出现了"天下非一人之所独有也,此疆彼界,容得分据而并立"和"岂有必皆扫荡,使归于一统"的看法(王若虚),前者是对中国走向统一的预判,后者则是对分裂局面合理性的解释,两种观点都值得重视。

(四) 正统观

"正统"与"天下"和"统一"有密切的关系,辽、金都曾涉及与正统有关的南、北朝问题,金朝更强调了对正统本身的认识。

辽朝初兴,即将中原王朝视为"南朝",自称为"北朝"。尤其是辽、金订立"澶渊之盟"的谈判中,双方的使者都用过南朝和北朝的称谓,在"澶渊之盟"的金、宋誓书中,也都出现过"北朝"的字样,此后宋人亦有过"中国与北朝通好"的说法,但是宋人并没有正式确认宋、辽是南、北朝对峙,因为这样的确认等于承认辽朝的正统地位。辽兴宗时做过一次重要的尝试,就是在国书中"始去国号,而称南、北朝",宋人要求改为"大宋、大契丹",使辽兴宗暗争相互承认正统的努力失败。此后虽然仍有南朝、北朝的称呼,甚至有"南北朝百年和好"的说法,辽朝依然未能取得与宋朝相等的地位,但是辽朝后期已经有"太祖天皇帝(耶律阿保机)总百年之正统,开万世之宝系"和辽朝"一统正朔,六合臣妾"的说法,表现的是辽人自认为正统的强烈意识。

西夏在李德明时即称辽朝为北朝,元昊更明确区分了辽为北朝、宋为南朝。这样的用法延续到辽、北宋灭亡,此后西夏将南宋称为南朝,但并未将金朝称为北朝,而是尊称为"大朝"(始于李乾顺,李仁孝沿用了这一尊称)。西夏一直处于藩属地位,所以不太关注正统问题。

在灭亡北宋之前,金朝自称为北朝,宋为南朝,但是金太祖和金太宗已经注意到了正统问题,如宇文虚中对金太祖的赞语中就有"肇启皇图,传序正统"的说法,金太宗时亦有人明言"今皇帝正统天下"。完颜亮更有强烈的正统观念,既认为立志灭东晋的苻坚应列为正统的皇帝,也强调"自古帝王混一天下,然后可为正统"和"天下一家,然后可以为正统"。尽管完颜亮攻南宋失败，但是统一了北中国的金朝已经具有正统的地位，则是金朝君、臣的共识，所以在章宗朝讨论德运问题时，主流意见是"辽据一偏，宋有中原，是正统在宋，其辽无可继"。金朝将德运由金德改为土德，就是表明金朝沿承的是来自宋朝（北宋）的正统。宣宗朝再次讨论德运问题，尽管依然有金德、土德之争，但是在正统问题上有三点共识。一是认同欧阳修在《正统论》中所强调的"君子大居正，王者大一统，正者所以正天下之不正也，统者所以合天下之不一也"的观点。二是认同"本朝之兴，混一区宇，正欧阳修所谓大居正、大一统者"的正统地位。三是认同正统与德运有密切的关系，即"由不正与不一，然后正统之论兴，正统之论兴，然后德运之议定"。德运问题争论的焦点，就在于金朝到底继承的是宋朝的正统，还是唐朝的正统。由于宣宗未改德运，承继宋统依然是主流看法。需要注意的是，金朝正统的来源固然重要，但是从政治思想的发展看，更重要的是确立了以金朝为"正统王朝"的政治观念，而这样的观念对后继的元朝有着重要的影响。

（五）"汉制"观

"汉制"，又可称为"汉法""汉礼"或"中国法"等，辽、西夏、金都有尊崇"汉制"的观念和引入"汉制"的作为。

辽太祖率先引入"汉法"，是让耶律倍用"汉法"治理渤海（东丹国），辽太宗沿承了这一做法，"治渤海人一依汉法"，并有耶律羽之等人襄助。更为重要的是，辽太祖时已经有"署中国官号"的做法，辽太宗则全面引入"汉制"，建立了双轨制的治国体系，也就是有人所说的"至于太宗，兼制中国，官分南、北，以国制治契丹，以汉制待汉人"和"置百官，皆依中国，参用中国之人"。辽世宗"慕中华风俗"，辽穆宗刚即位就下诏"用汉礼"，但是两人在推行"汉制"方面都作为颇少。辽景宗注重善政，辽圣宗和萧太后注重善治，辽朝已经建立了仿照中原王朝的统治体系，所以不再强调"汉制"或"汉法"等提法。辽兴宗、辽道宗都崇尚中原文化，并且都极力倡导"诗政"，辽道宗不仅明确表示"中国之主，天日之表"和"愿后世生中国"，还特别表示"吾修文物，彬彬不异中华"，但两人均偏离了治道的要求，后续的天祚帝亦在治国方面乏善可陈。

前文已经谈及，西夏经常陷入"汉礼"和"蕃礼"之争。李继迁"渐行中国之风"，李德明"大辇方舆、卤簿仪卫，一如中国帝制"，元昊效仿中原帝制，但"下令国中悉用蕃书蕃礼"和"正朔朝贺杂用唐宋典式"，兼用"汉礼"和"蕃礼"。谅祚亲政后以"汉仪"取代"蕃礼"，其后主政的梁太后又以"蕃礼"取代"汉礼"，短期亲政的李秉常尽管"每得汉人，辄访以中国制度，心窃好之"，并且"下令国中悉去蕃议，复行汉礼"，但是这样的作为很快被梁太后所终止。李乾顺曾"仿中国制"，李仁孝倡导文治，并遭到权臣任得敬"此中国之法难以行于我国"的质疑，后继的李纯祐等则承继了李仁孝的好文治风格。

金朝注重的是"文治"和"中国法"，较少使用"汉制"或"汉法"的概念。金太祖仿照中原王朝的做法立国后，完颜撒改等人即明确提出了"治国家"的诉求，完颜希尹等人亦积极倡导文治。金太宗时既有人强调了北魏"用中国之礼乐，中国之法度，中国之衣服"的启示，更有人倡导文治，对朝政走向有重要的影响。金熙宗"得燕人韩昉及中原儒士教之"，崇尚文治，"尽失女真故态"，完颜亮更是强调"今天下无事，朕方以文治"，但二人的作为均偏离了文治的要求。金世宗崇尚治道，为金朝建构了善政体系。此后的金章宗、金宣宗、金哀宗都崇尚文治，金亡后刘祁才明确提出了金朝"未尽行中国法"的问题，但是后来元朝的"效行汉法"，实际上主要是效仿"金制"，尤其是对善政和文治的效仿。也就是说，金朝虽少有"汉制"或"汉法"之名，但颇得"汉制"之实，所以能够影响后世。

"汉制"或"汉法"的核心观念是"治"和"政"，由此需要注意辽、西夏、金流行的以下重要概念。

一是"治道"。"治道"亦称"治国之道""为治之道"或"治国之要""治要"等。"治道"作为治国道理或治国方法，会经常被人提及。辽太宗就与臣僚讨论过"治道"问题。辽兴宗也曾向臣僚"数问治要"，并与臣僚"论古今治道"，还有过"诏天下言治道之要"的举动，在去世前又专门向后继者"谕以治国之要"。辽道宗也曾向臣僚"问以治道"，王鼎即"上书言治道十事"。辽天祚帝时，更有臣僚明确提出了以"致治之道"救危的主张。西夏李乾顺在位时，大臣谋克宁曾上言强调"治法之要，不外兵刑"和"既隆文治，尤修武备"的要求。金世宗则强调："朕思为治之道，考择人材最为难事。"他还向臣僚"问以上古为治之道"，臣僚则表示："陛下欲兴唐、虞之治，要在进贤、退不肖、信赏罚、薄征敛而已。"亦有臣僚强调："治国之道，莫如内安百姓，外和邻敌，内外既安，何忧于治。"也就是说，治道所包含的文治、武备、安民、用贤、宽刑、轻税等观念，已被部分主政者和儒者承继并发扬光大。

二是"治天下"。"治天下"是"治道"的延伸说法，核心观点来自儒家学说，正如金朝人唐云所言："治国、治家、治天下之道，孔子之至言也。"前文所述两种天下观，已涉及如何治天下的问题。尤需注意的是，在政治思想层面，会出现治天下的路径之争，如以儒治天下还是以吏治天下，以义治天下还是以利治天下，以动（有为）治天下还是以静（无为）治天下，以德治天下还是以刑治天下。少数主政者会重视和接受儒者或宗教人士的以儒、以义、以静、以德治天下观念，但是更常见的，则是治天下的重吏、重利、重刑、重管制轻教化的政治倾向和政治行为。这不是辽、西夏、金特有的问题，历代王朝都存在治天下的理论认知与实践行为的巨大反差，不足为怪。

三是"治化"。"治化"又可称为"政化"，专指"治"和"政"所应达到的目标。辽道宗时已有人多次提到"治化"，并将其与"儒书备览，优通治要之精"联系在一起。贵族之女耶律常哥也明确指出："人主当任忠贤，人臣当去比周，则政化平，阴阳顺。"金世宗时，县令夏禔"期月之间，政化有成"；张万公仕金五十年，"在州县则治化清净，不事科罚"。金章宗在位时，萧贡更在上言中强调："伏望擢真才以振浇俗，核功能以理职业，慎名器以抑侥幸，重守令以厚邦本，然后政化可行，百事可举矣。"治化或政化的有成或可行，都是要实现既定的治国目标，可见其重要性所在。

四是"善治"。"善治"是指治国或治天下符合"善"的标准并达到了"善"的水平，所以《道德真经全解》强调"内明而外平，故曰政善治"，《增广类林》亦强调"贪残之为，率非善治"。善治作为一种政治行为，辽朝的萧韩家奴以及金朝的完颜宗贤、移剌道、孟浩等人都有过突出的表现。善治作为一种政治要求，则要注意两种说法。一种是李侗所说："自古善治国之说，有如治病。如足病即去其胫，胫病即去其股，然后可以冀一体之安全。若足病不能去其胫，胫病不能去其股，窃恐并与一体不能安全。"另一种是王宗儒所说："教者治之本也，法者助治者也。忘其本而恃其助者，未有善治者也。"两种说法强调的都是达成"善治"的方法，只是侧重点有所不同，前者注重的是去弊，后者注重的是教化，所体现的均为理想型的善治路径。

五是"致治"。"致治"是以治为导向的行为，辽道宗时已经有人使用过"致治"的概念，金熙宗则不仅明言"太平之世，当尚文物，自古致治，皆由是也"，亦强调"致治之主"必重创制立法，"致治之具"必在铲弊救失后才能焕然一新，金世宗更有"今朕自勉，庶几致治"的表态。需要注意的是，"致治"与"至治"有所不同，"至治"是达到最高水平的"治"，至少是要超越"善治"，所以金世宗亦明确提出了"永臻至治"的要求。《道德真经全解》对"至治"的解释是："有圣人者，以道莅天下，会于乇而不恃，薄于义而不积，民归淳朴而智慧者消，人无机巧而诈伪者息，风化淳而孝慈复泯，一人正而忠臣自顺，此之谓至治。"也就是说，"致治"是政治行为，"至治"是政治目标，两者确实不能混为一谈。

六是"治乱"。"治"与"乱"是不同的政治现象，求治防乱是常态化的要求。辽圣宗就曾向臣僚"数问以古今治乱"。金世宗时梁襄明确表示"治乱无常，顾所行何如耳"。金朝后期出现了不少关于"治乱"的说法。如赵秉文所言："郡县之治，可以大治，亦可大乱，封建之制，不可大治，亦卒不至大乱，人主权其轻重可也。"杨云翼也指出："天下有治有乱，国势有弱有强，今但言治而不言乱，言强而不言弱，言胜而不言负，此议论所以偏也。"完颜承晖强调的是"辨君子小人治乱之本"，刘忠强调的是"故天下之势，安危治乱，每视其学之兴废"。完颜素兰则认为："兴衰治乱有国之常，在所用之人如何耳。用得其人，虽衰乱尚可扶持，一或非才，则治安亦乱矣。"也就是说，防乱既要强化居安思危观念，也要依靠制度和人才等保障，才可能摆脱临变措手不及的窘境。

七是"治心"。"治心"本是修身的一种重要方法，但亦可用于治国。金哀宗时杨云翼曾上言："但治心耳，心和则邪气不干，治国亦然，人君先正其心，则朝廷百官莫不一于正矣。"全真道的尹志平亦强调："国家并用文武，未始阙其一，治则文为用，乱则武为用，变应随时，互为体用，其道则一也。""治国之道，又何异于治身。心即君主，百体皆臣庶也。君治则国治，心治则百体自理。"这样的治心观念，只是少数人的倡导，对主政者影响不大。

八是"政令"。"政令"相当于后来的"政策"，是治国不可或缺的执政内容。辽太宗时，大臣张砺就曾强调："苟政令乖失，则人心不服。"金太祖时，完颜忠亦指出："辽帝荒于畋猎，政令无常。"完颜亮在位时，傅慎微曾明言："凡为守令者，民事有大小，政令有先后，莫大于化民，莫先于兴学。"需要说明的是，"政令"与"政"（政务）既有联系又有区别，金朝后期元好问所言"有一国之政，有一邑之政，大纲小纪，无非政也"，指的就是具体政务，而不是"政令"。以政令而言，辽、西夏、金都有经常性的政策失误，尤其是经济政策，无论是田制、租税，还是钱钞，都曾因政策多变导出混乱局面。主政者在面对具体政策问题时既不注重经验，又固执己见，可以说是一种通病，即便是明君金世宗亦不例外，对这一点应予以注意。

九是"政绩"。"政绩"又可称为"政迹""治绩""治迹"，专指施政或施治取得良好成绩或留下成功的印迹。辽、西夏、金时，"政绩"显著的有耨盌温敦兀带、孛术鲁阿鲁罕、粘割斡特剌、张绩、贾霆等人，"政迹"显著的有耶律屋质、耶律挞烈、刘遥等人，以"治迹"著称的有萧裕鲁、马惠迪等人，以"治绩"著称的有程震、艾元老等人。需要注意的是，金朝中后期廉察官员和荐举官员，重点就是"察其政绩，善者升之"，"每季求仕人，问以疑难，令剖决之。其才识可取者，仍访察政迹，如其言行相副，即加升用"。金章宗还特别指出："凡称政有异迹者，谓其断事轶才也。若止清廉，此乃本分，以贪污者多，故显其异耳。"尤其是任命县令，都要"遣使按其治迹，如有善状，方许授以县令"；刘炳就曾强调："自今非才器过人，政迹卓异者，不可使在此职"。实践中的政绩作为，在思想层面可以上升为政绩观，辽、金时期文人留下的大量政绩碑、去思碑等，以及为官员书写碑文、行状时逐条开列政绩，所依托的就是符合儒家政治信条的政绩观。

十是"善政"。"善政"是理政从善的政治形态，与其相悖的是"恶政"。辽圣宗以"德惟善政"著称，韩德凝等人亦不乏"善政"表现。但是到了辽朝末年，佛教僧人宗印曾有辽朝"无善政"之叹。金朝灭亡后，杨宏道明指其有行善政的传统："前朝起艮，维据华夏，进用南北豪杰之士，以致太平百余年间，民物殷富，汉、唐而下良法善政，班班举行。"这样的说法不无道理，因为金朝确实建立过善政的体系，但是亦出现过恶政。需要注意的是，善政的政治形态，既可以是一种重要的政治行为，也可以是一个值得向往和争取的政治目标，还可以是一项重要的政治评价标准，所以对在何种意义下使用这一概念，要做认真的分析。

十一是"良政"。"良政"专指"官良政举"的状态。金世宗曾明言："州县之官良则政举，否则政堕。"大臣李晏亦明指官吏"明国家之大体，通古今治时务，世称曰良"。由此，"良吏"或"循吏"，就与"酷吏"或"恶吏"形成了鲜明的对照，正如边元忠所言："吏有不为利回，不为义疚，世称曰廉。才足以经济，智足以决断，世称曰能。奉法遵职，履正奉公，世称曰循。明国家之大体，通古今治时务，世称曰良。"王若虚也指出："史不传能吏，而传循吏。""有能奋然以名教为己任，力为建树，振颓弊于一朝，是亦古良吏之用心，而有功于吾道者，其亦难得而可贵也。"张建则强调："岂不以循理之吏不求近功，有爱民之诚心，使民阴受其赐。岁月既久，民知其爱己，故思之无已。非若沽名钓誉之徒，内有所不足，急于人闻，而专苛察督责，以祈当世之知，求其爱民之诚心，则篾如也。久之情态俱露，谤亦随之。""故吏之良者，不伐其功，人所以高其功；不矜其能，人所以称其能。及受代之后，人思其德，绘其像而事之，此其所以谓之良吏也。"儒者之所以尊崇"良政"，褒奖"良吏"或"循吏"，就是因为在现实政治中沉缅于"簿书期会"的俗吏和习惯于"追缴掊克"的恶吏太多，强调"自清"的入仕者应主动与其划清界限。

十二是"宽政"。"宽政"即"宽简之政"，与"严政""苛政""急政"等完全不同。辽圣宗时，萧孝穆"为政务宽简"。辽天祚帝时，刘瑶有"宽政恤民"的举动。金太祖时，完颜宗贤任职地方，"政宽简，境内大治"。完颜亮在位时，曾有人以"国家之兴，实天所授，人荷宽政亦已久"的观点反对其苛政做法。金世宗则明确表示："帝王之政，固以宽慈为德。""赏罚不滥，即是宽政也，余复何为。"金宣宗时，"朝廷矫宽厚之政，好为苛察"，胥鼎则明言："治政太刚，科征太重。"也就是说，"宽政"是一种从善的执政风格，往往被善治者所重视，可惜这样的善治者在辽、西夏、金时并不多。

十三是"仁政"和"德政"。"仁政"与"德政"都是儒家看重的理政形态，被辽、金的主政者所重视，但两者的取态有所不同。仁政主要针对的是他人，如辽景宗时耶律合住"仁政具行，宽猛兼济"，金太祖时的大臣时立爱以仁政知名，金哀宗时有人要求"罢括粟，则改虐政为仁政，散怨气为和气"，强调的都是以仁慈对人。德政主要针对的是自己，要求以己之德影响他人，如金世宗曾要求大臣张浩："卿国之元老，当戮力赞治，宜令后世称扬德政。"王若虚亦强调："君子有德政，而无异政。"全真教的王处一宣扬的则是"禁制奸邪因德政"观点。当然，对己和对人有时难以区分，所以仁政和德政常被混用，并且用德政的几率往往超过仁政。

之所以列出以上概念，就是要说明导入"汉制"或"汉法"不是空洞的意向型宣示，而是有具体的内容，尤其是要引入基本的政治概念及其相关理念。了解这些重要概念的使用情况，可以使人们对辽、西夏、金的"行汉制"有更深刻的认识。

（六）民本观

民本或"以民为本"，是儒家政治思想中的重要观念。这样的观念不仅在辽、西夏、金得以延续，有"民者国之本"（萧韩家奴）、"民惟邦本，本固邦宁"（祁宰）、"国以民为本"和"国以民为基，民以财为本，是以王者必先爱养基本"（高汝砺）等表述，还有彰显民本诉求的九种重要说法。

第一种是爱民说。以爱民体现民本观念，要注意三个层次的爱民意志表达。一是君主呈现的爱民意愿。辽太祖允许耶律倍以汉法治渤海，即强调"留汝抚治，以见朕爱民之心"；辽圣宗曾严令"大小职官有贪暴残民者，立罢之，终身不录"，即被臣僚赞为"视兆民而如子"；金世宗则是既强调"朕虽处至尊，每当食，常思贫民饥馁，犹在己也"，又明确宣示了"果能爱养下民，上当天心，福必报之"的观点。二是臣僚对君主爱民的期待。金太宗曾向臣僚询问军国要务，臣僚即明确表示："军国之务，爱民为本，民富则兵足，兵足则国强。"李晏亦曾向金世宗明言："天子作民父母，当同仁一视，分别轻重，乃胥吏舞文法之敝。陛下大明博照，岂可使天下有一民不被其泽者。"三是对官员爱民的要求。杨守道曾强调："主上以仁覆天下，轻税损役，约法省刑，蠲积赋，柔远服，专务以德养民，故人臣奉承于下，亦莫不以体国爱民为心。""古之贤臣，爱其君以及其民者，盖非特生者遂之而已。人有疾病，坐视其危苦而无以救药之，亦其心有所不忍也。"赵秉文也强调："入官者以谨簿书、急功利，而不知爱民行道之实，皆好假龙者也。"爱民意志表达的层次不同，但宗旨相同，都是强调民本的一个重要准则就是当政者要有爱民之心。

第二种是利民说。利民即有利于民，既可以表现为让利或给利于民，如辽太祖时"因民之利而利之，群牧蓄息，上下给足"，辽圣宗时"诏三司，旧以税钱折粟，估价不实，其增以利民"，金章宗时张大节要求"山泽之利，当与民共"；也可以表现为不损害民利，如金熙宗曾下令"见任大小职官并随路押军人员，各不得侵夺民利"，金世宗亦曾强调"开河本欲利民，而反取怨，不可，其姑罢之"；还可以表现为官吏的为民谋利，如赵扬所言"然则臣之道固不易乎，尽智竭忠，匡国利民，生树鸿勋，殁享元祀，此在田亩时所矢之素心也"，严坦所言"大抵贤者在位，能尽其治，则民来其利，物荷有恩矣"。爱民说重在认识，利民说重在行动，两者往往是相辅相成的关系，所以经常被言及者相提并论。

第三种是抚民说。以抚定民众的方法体现重民意愿，要特别注意金太祖的表述。在大举攻辽时，金太祖既可以用"恐抚定新民，惊疑失业"的理由改变进军路线，又特别强调"攻下城邑，抚安人民"和"凡降附新民，善为存抚"，并对下属的"抚定人民，各安其业"行为大加赞赏。金太祖还曾自信地宣布："北自上京，南至于海，其间京府州县部族人民悉皆抚定。"金太宗亦曾对臣僚表示："闻下南京，抚定兵民，甚善。"也就是说，立国之初，尤其是开疆扩土之时，抚民是一种极为重要的稳定内部措施，体现的是特定政治生态下的民本关怀。

第四种是安民说。安民与抚民意思接近，甚至可以合称为"抚安人民"，但抚民侧重于短期效应，安民侧重于长期效应，所以抚民、安民两说相比，安民说的使用更为普遍。辽太祖时，准备在新占领的区域内括户，耶律倍即指出："今始得地而料民，民必不安。"辽太宗时，耶律羽之以"还渤海之民于故地"为"万世长策"，理由就是"彼得故乡，又获木铁盐鱼之饶，必安居乐业"。此后，辽朝既有耶律道隐、邢抱朴等人的安民作为，也有萧韩家奴、耶律唐古、耶律铎鲁古等人强调的"安民治盗之法"和"以裕国安民为事"，还有人专门赞颂自立为帝的耶律淳"道德隆厚，能理世安民"。西夏的李遵顼在国家危难之时即位，亦表现出了"废寝忘食，念泰国安民之事"的强烈诉求。金朝人称金太祖"奋济世安民之业"，金太宗"第知安民之难，未尝以位为乐"，以显示对安民的重视。金熙宗废齐国的一个重要理由，就是其难以做到"安民保国"。即便是以苛政著称的完颜亮，也曾有过"朕临民而为父母，必思安于兆民"的表态。金世宗要求宰臣上书言事的重点就是"治国安民及朝政不便于民者"，梁襄即明确表示："安民济众，唐、虞犹难之。而今日之民，赖陛下之英武，无兵革之忧，赖陛下之圣明，无官吏之虐，赖陛下之宽仁，无刑罚之枉，赖陛下之节俭，无赋敛之繁，可谓能安济矣。"金章宗曾强调："朕特设提刑司，本欲安民，于今五年，效犹未著。"张行信则表示："夫重吏禄者，固使之不扰民也，民安则国定。"刘炳在给金宣宗的上书中也强调："时遣重臣按行郡县，延见耆老，问其疾苦，选廉正，黜贪残，拯贫穷，恤孤独，劳来还定，则效忠徇义，无有二志矣。故曰安民可与行义，危民易与为乱，惟陛下留神。"元好问亦曾展示他的安民观点："治人者食于人，劳其心者逸其身，于此有人焉。朝夕从事，使斯民也皆得其所欲安。民安矣，至于吾身之所以安，则谓之私而不敢为，夫岂人情也哉。履屦之间，可以用极，鼓钟之末，可以观政。"安民说之所以重要，就因为它是民本观的常态化表现，民不安则国乱已经成为人们难以忽视的政治信条。

第五种是恤民说。恤民是以救灾、救难的方式体现以民为本的精神，所以不仅要经常"问民疾苦"和"视民疾苦"，还要有"恤饥贫"的减租、减税、省徭役、赈济、设常平仓等具体措施，辽、金两个王朝的多数皇帝都推行过这样的措施。在认识层面，一是要注意金朝的程寀所说明的"问疾苦"内容："国家肇兴，诚恐郡国新民，逐末弃本，习旧染之污，奢侈诈伪，或有不明之狱，僭滥之刑，或力役无时，四民失业。今銮辂省方，将宪古行事，臣愿天心洞照，委之长贰，厘正风俗，或置甄匦，以申冤枉，或遣使郡国，问民无告，皆古巡狩之事。昔汉昭帝问疾苦，光武求民瘼，如此则和气通，天下丕平可坐而待也。"二是要注意金世宗时对饥馑原因的讨论，金世宗的问题是："尧有九年之水，汤有七年之旱，而民不病饥。今一二岁不登，而人民乏食，何也？"纥石烈良弼的回答是："古者地广人淳，崇尚节俭，而又惟农是务，故蓄积多，而无饥馑之患也。今地狭民众，又多弃本逐末，耕之者少，食之者众，故一遇凶岁而民已病矣。"三是要注意金世宗所表达的恤民总体性要求："永言治理，务在恤民，万方有罪，罪在朕躬，所以当馈兴忧，夕惕载怀者也。今天下粗安，海内无事，可使人分巡风俗，申达冤枉，孝弟力田，给以优复，鳏寡孤独，时加赈济。其有蠹民害政之事，一切罢行。"也就是说，救助与除弊，至少在认知层面都能起到恤民的作用，而恤民亦有联系以民为本和以农为本两大观念的重要功能。

第六种是息民说。息民是让民众得到休息的机会，尤其是摆脱战乱的影响。辽太祖时已曾明确下诏"休战息民"。辽景宗亦专门派人向宋太祖赵匡胤表示："今兹两朝，本无纤隙，若或交驰一介之使，显布二君之心，用息疲民，重修旧好。"辽圣宗时更是"唯以息民止戈为事"，与宋签订了通好的"澶渊之盟"。西夏专权的梁太后也曾以李秉常的名义致书宋神宗，"示继好息民之意"。金熙宗在与宋朝的通和谈判时明确表示："倘能偃兵息民，我国家岂贪尺寸之地，而不为惠安元元之计乎。"金世宗则明指金、宋重建通好关系的重要意义在于"庶令南北之民，永息干戈之苦"。金宣宗时要兴兵伐宋，李革则明确表示："今之计当休兵息民，养锐待敌。"息民说之所以被主政者所重视，不仅仅是与民休息，更能为和平提供重要的保障，在中国分裂时期这一点尤为重要。

第七种是富民说。富民是以民为本的重要目标，辽朝的耶律屋质、耶律挞烈曾因为善政佳绩，被称为"富民大王"。金朝末年，刘炳曾强调："务农力本以广蓄积，此最强兵富民之要术，当今之急务。"全真道的刘处玄也指出："万物成则民富也，万化明则真通也。民富则国太平也，真通则乐无事也。民富则各士农工商也，真通则阐太上无为也。"当然，富民并不容易实现，但不能因此而忽视这样的目标。

第八种是民心说。争取民心也是以民为本的重要目标。辽朝建国之前，耶律曷鲁已经明指"小大臣民属心于越（辽太祖）"。辽朝建国之后，刘六符曾留下"燕云实大辽根本之地，愿深结民心，无使萌南思"的遗言。金朝中期，梁襄明确指出："如炀帝者盖由失道虐民，自取灭亡。民心既叛，虽不巡幸，国将安保。"金朝后期，陈规更强调："今圣主在上，一视同仁，岂可以一家之民自限南北，坐视困馁而不救哉。况军民效死御敌，使复乏食，生亦何聊，人心一摇，为害不细。""有不法及不任职者究治之，则实惠及民而民心固矣。"胥鼎也强调："至于士气益强，民心益固，国用丰饶，自可恢廓先业，成中兴之功。"民心关系王朝兴亡，所以还要注意取信于民的说法，如王若虚所言："夫民信之者，为民所信也。民无信者，不为民信也。为政而至于不为民信，则号令日轻，纪纲日弛，赏不足劝，而罚不可惩，委靡颓堕，每事不能立矣。故宁去食而不可失信，盖理所必至，非徒立教之空言也。"取信于民是获取民心或稳固民心的重要方法，应贯穿于王朝统治的始终，但多数主政者显然忽视了这一基本要求。

第九种是治民说。以民为本所要讲究的最重要方法，就是善于治民。如辽朝时冯长宁所言："自上古能行治民之道者，无若尧、舜。夏、商、周在下能知治民之道，无若孔、孟之徒。""所以为民图治、安养军兵、武人置鞍马、器甲者，所以为民平祸乱、修城池楼橹唯要缓急保民备河防边鄙者，唯恐仓卒害民，凡民所输之税，一粒一钱一丝一缕更无妄用，尽是还以为民。民能知此，岂忍有隐，岂复为异议所惑。"金朝时郭公挚强调的是从民欲乃治民良方："治民之道则从其所欲，从民之欲则致其所利，此为政之大节也。所谓利者，非正制其田里，教之树畜，寒者衣之、饥者食之而已。至于平治道路，使往来无艰阻之虞，亦可谓利民之大者矣。"王藏器也有类似的说法："且天之生是民也，将使以大治小，以贤治不肖，岂独饱食安坐，务快其心而已乎。""顺民之请，民劝趋之，上下相亲，志同而意合。"王庭筠更指出治民之道的主要内容是"驭民宽，驭吏严，桥梁修，学校举，野无废田，庭无留讼"。理论层面的治民要求，在实践层面往往难以落实，是中国历代王朝的通病，辽、金两个王朝也存在同样的问题，但不能因此而否定时人的治民认识所代表的进步意义。

除了以上具有重要影响的九种说法外，还有重民说、保民说、庇民说、养民说、救民说、惠民说等，不再详述。民本观念有其内在的各种要求，不同说法彰显的就是具体要求，所以越是注重细节，越能全面、深刻地理解不同历史时期的民本观念。

三　辽、西夏、金政治思想的亮点

辽、西夏、金的政治思想，是中国古代政治思想的重要组成部分。

由于是少数民族建立的王朝或王国，在政治思想方面显露的五大亮点，值得政治思想史研究者重视。

第一个亮点是文治。无论是辽朝的"儒化"政治思想，西夏的"佛化"政治思想，还是金朝的"治化"政治思想，都带有浓厚的崇尚文治色彩，而与之相关的文治观念，并不是契丹、党项、女真的"内生型"观念，乃是通过学习而被引入的"外生型"观念。学习的过程有长短，学习的态度有不同（全面接受、部分接受或拒不接受），学习的程度有深浅，造成了辽、西夏、金文治水平的差异。尚武的少数民族在建立王朝或王国的过程中由武功转向文治，首先要有政治观念的转换，然后才能带来政治实践如制度、法律、政令（政策）等的变化。当然，由政治观念转换，到新政治观念定型，需要几代人的努力，文治观念定型的时间，辽朝应是圣宗时，西夏应是仁宗时，金朝应是世宗时，三位君主去世的时间距离立国的时间，分别是115年、155年和74年，可见全面引入新观念、新思想，并不是容易的事情。

第二个亮点是尊孔。辽朝、西夏、金朝的皇帝大多有尊崇孔子的言行，并且越是到王朝或王国中、后期，尊孔的表现越为强烈。究其缘由，在教育背景方面，不少皇帝幼年接受儒学教育，尊师崇孔是其本份表现；在政治方面，尊孔代表崇尚文治，有利于改变少数民族所建国家过分崇尚武力的形象；在文化方面，尊孔表明向往"华风"或"汉风"，有利于少数民族文化与中原文化融汇；在政治思想方面，尊孔就是尊崇和接受儒家的治国理念，有利于国家统治和对臣民的教化。但是尊孔与"重儒"即信用儒者并不是一致性的关系，辽、西夏、金只有少数皇帝倾向于"以儒治国"，多数皇帝倾向于"以吏治国"，只是以一些儒者作为点缀，所以入仕的儒者颇多不满，容易滋生厌官、去官的观点。在尊孔的大背景下，辽、金、西夏的儒士地位虽然不低，能够出任宰执的人并不多见，与同期宋朝的"重儒"有相当大的差距，对这一点应有清醒的认识。

第三个亮点是科举。辽朝、西夏和金朝都引入了科举制度，尤其是金朝科举的科目最多最全，由此需要注意三个重要观念。一是人才观念，以科举考试的方法选择人才，既可以使儒士有进入官僚队伍的途径，也可以使国家得到栋梁之才，还可以有限地改变官吏的构成形态，所以是否重视科举，已经成为衡量君主是否重视人才培养和选用的重要标准。二是兴学观念，由科举考试带动学校教育的发展，在辽朝和金朝已经成为常规化的做法，不仅有中央一级的学校，亦在地方普遍设立学校，还有专门针对契丹人、女真人的学校以及习学契丹文、女真文的学校。西夏的情况略有不同，是建国初期先有汉学、蕃学的设立，中、后期才有科举取士。尤为重要的是，兴学与科举的一体化，造成了辽、金官学的不重实学的"科考学风"，这样的学风引来不少儒士的批评，但形势使然，难以扭转。三是重文观念，辽、金两朝都以词赋取士，并有重策论轻经义的取向，带动了文人的重诗词歌赋和重华彩文章的风气。这样的文风既造就了辽朝的"诗风"和"诗政"，也造就了金朝的诗词大成和文章大成，还促进了"诗论"和"文论"的发展。应该承认，辽、金两朝的进士是颇值得重视的群体，对政治观念的进步有重要的贡献，由此确实不能忽视科举的正面作用。

第四个亮点是政论。辽朝和金朝都形成了议政之风，西夏也出现过具有代表性的议政人物，"政论"成为官员、儒者等表达政治观点的有效方法，具体方式则可以表现为上言、奏疏、问答、专论等。以古讽今的词赋、文章和记录现实政治状况的诗、记、序、碑文等，也包含不少政论内容。政论既有助于当时的主政者接触新思想、新观念、新对策，也有助于后人了解不同政治观点的碰撞情况，但是政论的理论性不足，对政治问题的解释流于肤浅，是辽、西夏、金的通病。辽、金、西夏缺乏理论家，没有对后世政治理论带来重大影响的大儒，除了著作散失的因素外，重视政论、轻视理论研究应是更重要的因素。在注重政论对辽、西夏、金政治思想发展起过重要作用的同时，也要注意这一时期在政治理论方面较少贡献的缺点。

第五个亮点是重农。辽朝、金朝和西夏都将统治区域扩展到了农耕地区，重农观念亦随着农耕地区的扩大而日益增强。除了强调以农为本和重本抑末的理念外，重农要着重解决的是劝农、税役、田制、水利、钱钞、救灾等方面的问题。在劝农方面，只有金朝到中、后期建立了成系统的劝课农桑机制，并明确了地方官的劝农职责。在税役方面，辽、金两朝都有轻徭薄赋或均平租税徭役的建议，但是大幅度减轻租税、徭役负担的行为并不多见。在田制方面，辽、金两朝都有括田的举动，都是要以强制手法将一部分土地转给军人及军人家属务农所用，所起的是激化矛盾的作用。在水利方面，西夏、金都有重要的水利工程，尤其是金朝有过大规模治理黄河的举动。在钱钞方面，辽、西夏用钱，金朝开始大规模发行纸钞，但是始终未处理好钞、钱、银的关系，因为币制混乱造成了严重的伤农恶果。在救灾方面，辽朝已经建立一套有效的做法，金朝更发展出了成系统的救灾机制，只是到王朝后期因能力不足而无法延续各种救灾方法。也就是说，既有强烈的重农观念，也有一系列的措施，但是各种措施的作用有限，有的措施还起反作用，是辽、西夏、金在农耕问题上的常态化表现。少数民族的统治者需要一个熟悉农耕经济的过程，在这样的过程中难免出现重大的政策失误，造成重农观念与务农实践的较大差距，对这一点应予以理解。

最后需要说明的是，在中国古代政治思想的发展中，辽朝、西夏、金朝做出的最重要贡献，就是先后尝试将中国传统的政治思想引入少数民族建立的王朝或王国，成为占据主导地位的统治思想，并获得了不同程度的成功，为后来元朝政治思想的发展起了重要的示范和奠基作用。

本书分为上、中、下三卷。上卷以两编分述辽朝和西夏的政治思想。中卷以两编叙述金朝前期、中期的政治思想。下卷以两编分述金朝后期政治思想以及金朝理学与宗教政治观念。全书叙述内容较多，难免有不当之处，敬请方家教正。

史卫民

2022 年 1 月 6 日

第一编

辽朝政治思想

第一章　辽朝的立国观念

契丹是中国北方的一个游牧民族，在部落联盟基础上形成的契丹汗国，曾经长期作为唐朝的"属国"。进入五代时期后，在辽太祖耶律阿保机和辽太宗耶律德光的努力下，完成了由"契丹国"向"辽朝"的国家转型，凸显了契丹族君主的立国观念。[①] 但是这样的立国观念，未被后来的辽世宗、辽穆宗两位皇帝全面继承，由此造成辽朝前期的一段"衰政"局面。

第一节　辽太祖的帝王观念

辽太祖耶律億（872—926 年），字阿保机（以下称"耶律阿保机"），小字啜里只，契丹迭剌部人，907 年自号为天皇帝，916 年仿照中原王朝的政治模式立国，作为新建王朝的皇帝，在位十一年，建神册年号，后改用天赞、天显年号，并在对内和对外政治关系的处理上，展示了不同于契丹部族首领的帝王观念。[②]

一　皇帝观念的植入

从草原游牧国家即所谓的"行国"[③]，转向中原王朝式的国家，在

①　以往的中国政治思想史著作，大多未谈及辽朝的政治思想。刘泽华主编的《中国政治思想史（隋唐宋元明清卷）》专设"辽、西夏、金的统治思想"一章（第八章），并以专节陈述了承天后和辽圣宗的政治思想（见该书第417—436 页，浙江人民出版社 1996 年版）。刘泽华主编的《中国古代政治思想史》则专设"辽、西夏、金、元"一章（第十九章），所述辽朝部分的内容与前书略同（见该书第448—454 页，南开大学出版社 2001 年版）。

②　关于辽太祖的生平，见李锡厚《耶律阿保机传》，吉林教育出版社 1991 年版。本节所述内容，多采自此书，不复赘注。

③　"行国"的组织形式和统治观念，见贾敬颜《释"行国"——游牧国家的一些特征》，《历史教学》1980 年第 1 期。

政治观念上要从"可汗"转变成"皇帝"，耶律阿保机在汉人臣僚的帮助下，完成了这样的观念转换。

（一）打破汗位推选的传统

唐哀帝天祐三年（906）十二月，契丹痕德堇可汗去世。按照契丹旧俗，须由契丹八部的贵族共同推选新的可汗。耶律阿保机先任军事首领夷离堇，后又以于越的职务"秉国政"，加之能征善战，是新可汗的适当人选。尽管有痕德堇可汗的以耶律阿保机为新可汗的"遗命"[1]，但在推选可汗时的两段对话尤为重要。

一段是耶律阿保机与其叔父耶律辖底的对话，耶律阿保机为表示辞让，表示应以耶律辖底为新可汗，耶律辖底明言："皇帝圣人，由天所命，臣岂敢当。"[2]

另一段是耶律阿保机与族人耶律曷鲁的对话，可转引于下。

> 会遥辇痕德堇可汗没，群臣奉遗命请立太祖（耶律阿保机）。太祖辞曰："昔吾祖夷离堇雅里尝以不当立而辞，今若等复为是言，何欤？"
>
> 曷鲁进曰："曩吾祖之辞，遗命弗及，符瑞未见，第为国人所推戴耳。今先君言犹在耳，天人所与，若合符契。天不可逆，人不可拂，而君命不可违也。"
>
> 太祖曰："遗命固然，汝焉知天道？"
>
> 曷鲁曰："闻于越（耶律阿保机）之生也，神光属天，异香盈幄，梦受神诲，龙锡金佩。天道无私，必应有德。我国削弱，龃龉于邻部日久，以故生圣人以兴起之。可汗知天意，故有是命。且遥辇九营棋布，非无可立者；小大臣民属心于越，天也。昔者于越伯父释鲁尝曰：'吾犹蛇，儿犹龙也。'天时人事，几不可失。"
>
> 太祖犹未许。是夜，独召曷鲁责曰："众以遗命迫我。汝不明吾心，而亦俛随耶？"
>
> 曷鲁曰："在昔夷离堇雅里虽推戴者众，辞之，而立阻午为可汗。相传十余世，君臣之分乱，纪纲之统堕。委质他国，若缀斿然。羽檄蜂午，民疲奔命。兴王之运，实在今日。应天顺人，以答

---

[1]　脱脱等：《辽史》卷1《太祖纪上》，中华书局1974年版。

[2]　《辽史》卷112《耶律辖底传》。

顾命，不可失也。"

　　太祖乃许。明日，即皇帝位，命曷鲁总军国事。①

　　耶律辖底和耶律曷鲁都在"劝进"之辞中表明了耶律阿保机继承汗位是"天命"所归，这在以前的契丹贵族推选新可汗时是不多见的，显示"天命观"已开始影响契丹人的政治思维，而耶律阿保机亦欣然接受了"天命"的安排，显示他也认可"天命"的说法。

　　需要注意的是，耶律阿保机于唐哀帝天祐四年（907）正月举行"燔柴告天"仪式后的"即皇帝位，尊母萧氏为皇太后，立皇后萧氏。北宰相萧辖剌、南宰相耶律欧里思率群臣上尊号曰天皇帝，后曰地皇后"②，在辽史研究者看来，只是唐朝赐给北方"属国"名号"天可汗"的翻版，并不是真正意义的中原王朝的皇帝，因为从可汗到皇帝，至少要克服三重障碍。

　　第一重障碍是契丹传统的可汗更代制度。按照契丹人的传统做法，"凡立王，则众部酋长皆集会议，其有德行功业者立之，或灾害不生，群牧孳盛，人民安堵，则王更不替代；苟不然，其诸酋长会众部别选一名为王；故王以番法，亦甘心退焉，不为众所害"③。耶律阿保机希望打破这样的限制，依附于契丹的汉人僚属也对阿保机进言："中国之王无代立者。"④ 耶律阿保机即以"我为王九年，得汉人多，请帅种落居古汉城，与汉人守之，别自为一部"为借口，拒绝所谓的轮番更替，"不受诸族之代，遂自称国王"⑤。打破可汗更代的限制，不仅可以使耶律阿保机坐稳"天皇帝"的位置，还为以后的子承父位打下了重要的基础。

　　第二重障碍是契丹贵族对汗位的觊觎。耶律阿保机的弟弟剌葛、迭剌、寅底石、安端等人，于后梁开平五年（911）发动叛乱，目标是夺取汗位，耶律辖底等人也参与了叛乱。之所以要发动叛乱，一个重要的

---

① 《辽史》卷73《耶律曷鲁传》。
② 《辽史》卷1《太祖纪上》。
③ 司马光：《资治通鉴》卷266，第8677—8678页注释所引赵志忠《虏廷杂记》，中华书局1986年版；参见李锡厚《虏廷杂记与契丹史学》，《史学史研究》1984年第4期。
④ 欧阳修：《新五代史》卷72《四夷附录一·契丹》，中华书局1974年版。
⑤ 司马光：《资治通鉴》卷266，第8678—8679页；薛居正：《旧五代史》卷137《外国列传·契丹》，中华书局1976年版。

因素就是叛乱者认为耶律阿保机越来越不像是契丹的可汗，而更像是中原王朝的"天子"，耶律阿保机与耶律辖底的对话揭示了其中的奥秘。

> 太祖（耶律阿保机）问曰："朕初即位，尝以国让，叔父辞之；今反欲立吾弟，何也？"
>
> 辖底对曰："始臣不知天子之贵，及陛下即位，卫从甚严，与凡庶不同。臣尝奏事心动，始有窥觎之意。度陛下英武，必不可取；诸弟懦弱，得则易图也。事若成，岂容诸弟乎。"
>
> 太祖谓诸弟曰："汝辈乃从斯人之言耶。"
>
> 迭剌曰："谋大事者，须用如此人；事成，亦必去之。"①

也就是说，诸弟叛乱在一定程度上带有"守旧"和"革新"之争的性质，因为按照旧制，耶律阿保机的诸弟都有继任可汗的机会，而按照耶律阿保机的新做法，他们将丧失这样的机会。对于这样的叛乱，耶律阿保机最终采用了武力解决的办法，于后梁乾化三年（913）六月彻底平息了叛乱。

第三重障碍是能否得到中原王朝统治者的认可。耶律阿保机即位后重用汉人韩延徽等，其行为颇与以前的契丹可汗不同。

> 唐末藩镇骄横，互相并吞邻藩，燕人军士多亡归契丹，契丹日益强大。又得燕人韩延徽，有智略，颇知属文。（耶律阿保机）与语，悦之，遂以为谋主，举动访焉。延徽始教契丹建牙开府，筑城郭，立市里以处汉人，使各有配偶，垦艺荒田。由是汉人各安生业，逃亡者益少。②

在唐末藩镇割据和五代初期群雄并起的混乱局面中，耶律阿保机先与李克用结为"兄弟"之盟，但是当朱温（后改名朱全忠）正式建立后梁之后，耶律阿保机即希望与之保持良好的关系，于开平元年（907）五月派使者赴后梁"通好"，开平二年七月又派使者至后梁，

---

① 《辽史》卷112《耶律辖底传》。
② 叶隆礼：《契丹国志》卷1《太祖大圣皇帝》，贾敬颜、林荣贵点校，中华书局2014年版，第2页。

"奉表称臣，以求封册"。后梁的答复是"约共举兵灭晋，然后封册为
甥舅之国"。耶律阿保机未答应这样的条件，"梁亦未尝封册，而终梁
之世，契丹使者四至"①。耶律阿保机之所以急于得到中原王朝的封册，
就是希望自己的建国行为能够得到中原王朝统治者的认可。

除了克服这三重障碍外，耶律阿保机还特别以"省风俗、见高年、
议朝政、定吉凶仪"等作为，② 为正式建国做了必要的准备。

（二）建元立都的政治含义

后梁贞明二年（916）二月，耶律阿保机建元神册，以契丹为国
号，并接受了臣僚所上的"大圣大明天皇帝"尊号，皇后的尊号则为
"应天大明地皇后"③。耶律阿保机的这一举动，实际上是完成了契丹可
汗向契丹国皇帝的转换，正如司马光所记："契丹王阿保机自称皇帝，
国人谓之天皇王，以妻述律氏为皇后，置百官。"④ 为了与这样的转换
名实相符，耶律阿保机陆续推出了五方面的重要举措。

一是更新官制。契丹原来有管理部族的简单官制，为了体现对契丹
国所辖汉人区域的管理，耶律阿保机采用"署中国官号"的做法，⑤ 以
韩延徽为"守政事令，崇文馆大学士"，以韩知古为"总知汉儿司事，
兼主诸国礼仪"。政事令后来又被附会为政事省，成为辽朝中书省的前
身，"太祖初元，庶事草创，凡营都邑，建宫殿，正君臣，定名分，法
度井井，延徽力也"。汉儿司与后来的尚书省应有密切的关系，"时仪
法疏阔，知古援据故典，参酌国俗，与汉仪杂就之，使国人易知而
行"。后来被任命为左尚书的康默记，也是既要处理律法问题，"时诸
部新附，文法未备，默记推析律意，论决重轻，不差毫厘，罹禁网者，
人人自以为不冤"；也要处理契丹人与汉人的关系问题，"一切蕃、汉
相涉事，属默记折衷之，悉合上意"⑥。需要说明的是，耶律阿保机只
是做了设立汉官的尝试，即便是有神册六年（921）五月的"诏定法

---

① 《资治通鉴》卷266，8670—8680 页；卷267，第8700 页；《旧五代史》卷137《外国
列传·契丹》。

② 《辽史》卷1《太祖纪上》。

③ 《辽史》卷1《太祖纪上》；《契丹国志》卷1《太祖大圣皇帝》，第2 页。

④ 《资治通鉴》卷269，第8808—8809 页。《旧五代史》卷137《外国列传·契丹》则
称耶律阿保机是"僭称皇帝，自号天皇王"。

⑤ 《旧五代史》卷137《外国列传·契丹》。

⑥ 《辽史》卷47《百官志三》，卷74《康默记传》《韩延徽传》《韩知古传》。

律，正班爵"的举动，① 还是没有建立系统化的汉官制度。

二是更新兵制。契丹作为游牧民族，实行的是全民皆兵的军事制度，"凡民年十五以上，五十以下，隶兵籍。每正军一名，马三匹，打草谷、守营铺家丁各一人"；"人马不给粮草，日遣打草谷骑四出抄掠以供之。铸金鱼符，调发军马"。由于士兵隶属于契丹各部，在重大军事行动前都要有调兵、点兵、命将等固定程序。② 为了强化对军队的控制，耶律阿保机建立了三项重要的制度。

第一项是分部制。在平定诸弟叛乱后，耶律辖底曾明言："迭剌部人众势强，故多为乱，宜分为二，以弱其势。"耶律曷鲁也指出："陛下圣德宽仁，群生咸遂，帝业隆兴。臣既蒙宠遇，虽瞑目无憾。惟析迭剌部议未决，愿亟行之。"耶律阿保机接受了分部的建议，于天赞元年（922）十月下命"分迭剌部为二院"。所谓二院，即北院和南院，又称为五院部和六院部，"五院部，有知五院事，在朝曰北大王院。六院部，有知六院事，在朝曰南大王院"。两院均由皇帝指派亲信掌管，强化了对部众的控制。③

第二项是斡鲁朵制。在分迭剌部为二院之前，耶律阿保机已经建立了"腹心部"，作为护卫可汗的宿卫力量。"时制度未讲，国用未充，扈从未备，而诸弟剌葛等往往觊非望。太祖宫行营始置腹心部，选诸部豪健二千余充之，以曷鲁及萧敌鲁总焉"。在此基础上，耶律阿保机设置了"算斡鲁朵"，"国语心腹曰'算'，宫曰'斡鲁朵'，是为弘义宫，以心腹之卫置"。④ 由此形成的斡鲁朵制，实际上是使皇帝手中有了一支常备军事力量"御帐亲军"，又称为"宫卫骑军"，《辽史》就此有以下记载。

太祖以迭剌部受禅，分本部为五院、六院，统以皇族，而亲卫缺然。乃立斡鲁朵法，裂州县，割户丁，以强干弱支。诒谋嗣续，世建宫卫。入则居守，出则扈从，葬则因以守陵。有兵事，则五

① 《辽史》卷2《太祖纪下》。

② 《辽史》卷34《兵卫志上》。

③ 《辽史》卷2《太祖纪下》，卷33《营卫志下》，卷46《百官志二》，卷73《耶律曷鲁传》，卷112《耶律辖底传》。

④ 《辽史》卷31《营卫志上》，卷73《耶律曷鲁传》。

京、二州各提辖司传檄而集，不待调发州县、部族，十万骑军已立具矣。恩意亲洽，兵甲犀利，教练完习。简天下精锐，聚之腹心之中。怀旧者岁深，增新者世盛，此军制之良者也。[1]

第三项是汉军制。耶律阿保机在与中原的后梁及李克用等人的混战中，"收山北八军"，使契丹国中有了汉军的建制，并有了卢文进、赵思温等汉军将领，韩知古、康默记也曾受命统领汉军。[2] 由于汉军初建，当时还谈不上有严密的管理制度。

三是建立都城。神册三年（918）二月，耶律阿保机下令"城皇都，以礼部尚书康默记充版筑使"。"始建都，默记董役，人咸劝趋，百日而讫事"。[3] 后唐的使者贾去疑也被留下来"俾督工役，营上都事业"[4]。都城称为临潢府，地点在今内蒙古巴林左旗林东镇南。此城后来改称上京，耶律阿保机在位时已经完成了主要的建筑。

> 上京，太祖创业之地。负山抱海，天险足以为固。地沃宜耕植，水草便畜牧。金龊一箭，二百年之基，壮矣。天显元年，平渤海归，乃展郭郛，建宫室，名以天赞。起三大殿：曰开皇、安德、五銮。中有历代帝王御容，每月朔望、节辰、忌日，在京文武百官并赴致祭。又于内城东南隅建天雄寺，奉安烈考宣简皇帝遗像。

> 城高二丈，不设敌楼，幅员二十七里。门，东曰迎春，曰雁儿；南曰顺阳，曰南福；西曰金凤，曰西雁儿。其北谓之皇城，高三丈，有楼橹。门，东曰安东，南曰大顺，西曰乾德，北曰拱辰。中有大内。内南门曰承天，有楼阁；东门曰东华，西曰西华。[5]

后周广顺（951—953）年间，中原人士胡峤曾到过被称为"西楼"的上京，并留下了以下记载。

---

① 《辽史》卷35《兵卫志中》。
② 《辽史》卷1《太祖纪上》，卷74《康默记传》《韩知古传》。
③ 《辽史》卷1《太祖纪上》，卷74《康默记传》。
④ 《贾师训墓志铭》，陈述辑校《全辽文》卷9，中华书局1982年版，第252—255页。
⑤ 《辽史》卷37《地理志一》。

西楼有邑屋市肆，交易无钱而用布，有绫、锦诸工作，宦者、翰林、伎术、教坊、角觝、秀才、僧、尼、道士等，皆中国人，而并、汾、幽、蓟之人尤多。①

宋真宗大中祥符九年（1016）出使辽朝的使者薛映亦记录了上京城的基本情况。

又四十里至上京临潢府。自过崇信馆，即契丹旧境，盖其南皆奚地也。入西门，门曰金德，内有临潢馆。子城东门曰顺阳，入门北行至景福门，又至承天门，内有昭德、宣政二殿，皆东向，其毡庐亦皆东向。②

耶律阿保机正式为契丹国建立都城，作为统治中心，其重要的含义就是要将游牧民族"逐水草而迁徙"的"行国"统治方式，逐步转变为中原王朝的统治方式。

四是创立契丹文字。耶律阿保机希望契丹国有自己的文字，神册五年（920）正月，"始制契丹大字"；九月，"大字成，诏颁行之"。创制契丹大字的主要人物是耶律突吕不，"幼聪敏嗜学，事太祖见器重。及制契丹大字，突吕不赞成为多"③。中原人士也注意到了契丹文字的出现，特别记道："至阿保机，稍并服旁诸小国，而多用汉人，汉人教之以隶书之半增损之，作文字数千，以代刻木之约。"④尽管契丹大字的应用范围并不是很广，但创制文字毕竟是突出皇帝功德的一项重要业绩。

五是立皇太子。耶律阿保机在神册元年（916）二月建元之后，三月即立长子耶律倍为皇太子，⑤就是希望以皇子继承制来取代推选可汗

---

① 胡峤：《陷虏记》（又名《陷北记》《陷辽记》），载于《契丹国志》卷25，第265—269页。参见贾敬颜《胡峤陷辽记疏证稿》，《五代宋金元人边疆行记十三种疏证稿》，中华书局2004年版，第21页。

② 薛映：《辽中境界》，载于《续资治通鉴长编》卷86，第2015页；《契丹国志》卷24《富郑公行程录》，第259—260页。参见贾敬颜《薛映辽中境界疏证稿》，《五代宋金元人边疆行记十三种疏证稿》，第107—108页。

③ 《辽史》卷2《太祖纪下》，卷75《耶律突吕不传》。

④ 《新五代史》卷72《四夷附录一·契丹》。

⑤ 《辽史》卷1《太祖纪上》，卷72《耶律倍传》。

的旧制，以保证皇位的稳固传承。

从以上举措可以看出，耶律阿保机所展现的皇帝观念，不仅仅是追求建元、立号、置都城、封太子等标志性的立国作为，还有官制和兵制变革，为建立新的统治形态奠定重要的制度基础和思想基础。

二 吸纳中原王朝的治国观念

耶律阿保机在位期间，除了日益增强的皇帝观念外，还在臣僚的影响下，吸纳了一些中原王朝的重要治国观念。

（一）尊孔观

耶律阿保机与皇太子耶律倍及属下的对话，显示了他认可尊崇孔子的政治取向。

> 时太祖问侍臣曰："受命之君，当事天敬神。有大功德者，朕欲祀之，何先？"皆以佛对。
> 太祖曰："佛非中国教。"
> （耶律）倍曰："孔子大圣，万世所尊，宜先。"
> 太祖大悦，即建孔子庙，诏皇太子春秋释奠。[1]

所谓建孔子庙，就是在神册三年（918）"城皇都"时，特别于当年五月"诏建孔子庙、佛寺、道观"。次年八月，耶律阿保机"谒孔子庙，命皇后、皇太子分谒寺观"，就是在孔子庙建成后，更要显示对孔子的尊崇。[2]

尊孔亦要体现在教育上，耶律阿保机在位时应已在皇都上京设立了国子监，并设立了祭酒、司业、国子学博士等职务。[3] 国子监等所从事的，主要就是引自中原的儒学教育。

对于出身游牧民族的君主而言，尊孔既体现了儒、释、道三教并重的观念，也体现了重视文治尤其是注重教育的观念，为治国确立了基本的政治准则。

---

① 《辽史》卷72《耶律倍传》。
② 《辽史》卷1《太祖纪上》，卷2《太祖纪下》。
③ 《辽史》卷47《百官志三》，卷82《武白传》。

（二）用人观

耶律阿保机善于用人，首先是善用"国人"即契丹人。如耶律羽之，"幼豪爽不群，长嗜学，通诸部语，太祖经营之初，多预军谋"。又如耶律曷鲁，由于一直忠心耿耿地为耶律阿保机出谋划策，在其去世时，耶律阿保机即有"斯人若登三五载，吾谋篾不济矣"的感叹。①

耶律阿保机更具特点的是善用汉人，如韩延徽曾有过叛离契丹的举动，但仍能得到耶律阿保机的重用。

> 当阿保机时，有韩延徽者，幽州人也，为刘守光参军，守光遣延徽聘于契丹。延徽见阿保机不拜，阿保机怒，留之不遣，使牧羊马。久之，知其材，召与语，奇之，遂用以为谋主。阿保机攻党项、室韦，服诸小国，皆延徽谋也。延徽后逃归，事庄宗，庄宗客将王缄谮之，延徽惧，求归幽州省其母。行过常山，匿王德明家。居数月，德明问其所向，延徽曰："吾欲复走契丹。"德明以为不可，延徽曰："阿保机失我，如丧两目而折手足，今复得我，必喜。"乃复走契丹。阿保机见之，果大喜，以谓自天而下。阿保机僭号，以延徽为相，号"政事令"，契丹谓之"崇文令公"，后卒于虏。②

被耶律阿保机重用的汉人，除了前述康默记、韩知古等人外，还有韩颖、王郁等人。在耶律阿保机从可汗转为皇帝的过程中，这些汉人臣僚都发挥了积极的推动作用。

（三）宽刑观

耶律阿保机认为严刑苛法不应是明智的君主所为，所以在处理诸弟叛乱时秉持了较为宽容的态度。

> （太祖）八年（914）春正月甲辰，以曷鲁为迭剌部夷离堇，忽烈为惕隐。于骨里部人特离敏执逆党怖胡、亚里只等十七人来献，上亲鞫之。辞多连宗室及有胁从者，乃杖杀首恶怖胡，余并原释。于越

---

① 《辽史》卷73《耶律曷鲁传》，卷75《耶律羽之传》。

② 《新五代史》卷72《四夷附录一·契丹》。《辽史》卷74《韩延徽传》记其重返契丹后曾对耶律阿保机说："亡亲非孝，弃君非忠。臣虽挺身逃，臣心在陛下，臣是以复来。"耶律阿保机乃赐其名为"匣列"，即契丹语"复来"的意思，以显示对贤才的重视。

率懒之子化哥屡蓄奸谋，上（耶律阿保机）每优容之，而反复不悛，召父老群臣正其罪，并其子戮之，分其财以给卫士。有司所鞫逆党三百余人，狱既具，上以人命至重，死不复生，赐宴一日，随其平生之好，使为之。酒酣，或歌，或舞，或戏射、角觗，各极其意。明日，乃以轻重论刑。首恶剌葛，其次迭剌哥，上犹弟之，不忍置法，杖而释之。以寅底石、安端性本庸弱，为剌葛所使，皆释其罪。前于越赫底里子解里、剌葛妻辖剌已实预逆谋，命皆绞杀之。寅底石妻涅离胁从，安端妻粘睦姑尝有忠告，并免。因谓左右曰："诸弟性虽敏黠，而蓄奸稔恶。尝自矜有出人之智，安忍凶狠，溪壑可塞而贪黩无厌。求人之失，虽小而可恕，谓重如泰山；身行不义，虽入大恶，谓轻于鸿毛。昵比群小，谋及妇人，同恶相济，以危国祚。虽欲不败，其可得乎？北宰相实鲁妻余卢睹姑于国至亲，一旦负朕，从于叛逆，未置之法而病死，此天诛也。解里自幼与朕常同寝食，眷遇之厚，冠于宗属，亦与其父背大恩而从不轨，兹可恕乎！"

秋七月丙申朔，有司上诸帐族与谋逆者三百余人罪状，皆弃市。上叹曰："致人于死，岂朕所欲。若止负朕躬，尚可容贷。此曹恣行不道，残害忠良，涂炭生民，剽掠财产。民间昔有万马，今皆徒步，有国以来所未尝有，实不得已而诛之。"①

太祖即位，务广恩施，虽知（耶律）滑哥凶逆，姑示含忍，授以惕隐。六年，滑哥预诸弟之乱。事平，群臣议其罪，皆谓滑哥不可释，于是与其子痕只具陵迟而死，敕军士恣取其产。帝（耶律阿保机）曰："滑哥不畏上天，反君弑父，其恶不可言。诸弟作乱，皆此人教之也。"②

谋反者要从严处理，尤其是挑唆者耶律辖底、耶律滑哥等都不能宽恕，但是亦要避免滥杀无辜，尤其是处理前还可享乐一天，所要表现的就是"宽刑"的安抚之意。借着处理诸弟叛乱事件的机会，耶律阿保机亦初创了体现"宽刑"精神的律法制度。

---

① 《辽史》卷1《太祖纪上》。
② 《辽史》卷112《耶律滑哥传》。

太祖初年，庶事草创，犯罪者量轻重决之。其后治诸弟逆党，权宜立法。亲王从逆，不磬诸甸人，或投高崖杀之；淫乱不轨者，五车辗杀之，逆父母者视此。讪詈犯上者，以熟铁锥捺其口杀之。从坐者，量罪轻重杖决。杖有二：大者重钱五百，小者三百。又为枭磔、生瘗、射鬼箭、炮掷、支解之刑。归于重法，闲民使不为变耳。岁癸酉（913年），下诏曰："朕自北征以来，四方狱讼，积滞颇多。今休战息民，群臣其副朕意，详决之，无或冤枉。"乃命北府宰相萧敌鲁等分道疏决。有辽钦恤之意，昉见于此。神册六年（921），克定诸夷，上谓侍臣曰："凡国家庶务，钜细各殊，若宪度不明，则何以为治，群下亦何由知禁。"乃诏大臣定治契丹及诸夷之法，汉人则断以律令，仍置钟院以达民冤。①

所谓的"定治契丹及诸夷之法，汉人则断以律令"，就是神册六年（921）五月的"诏定法律"，以表明国家已有立法治民的作为，并以此彰显治国所不可或缺的律法精神。

（四）恤民观

耶律阿保机在位期间所表现出的恤民观念，主要涉及重畜牧、重农业、爱民等内容。

在重畜牧方面，"辽始祖涅里究心农工之事，太祖（耶律阿保机）尤拳拳焉，畜牧畋渔固俗尚也"。"始太祖为迭烈府夷离堇也，惩遥辇氏单弱，于是抚诸部，明赏罚，不妄征讨，因民之利而利之，群牧蕃息，上下给足。及即位，伐河东，下代北郡县，获牛、羊、驼、马十余万。枢密使耶律斜轸讨女直，复获马二十余万，分牧水草便地，数岁所增不胜算。当时，括富人马，不加多，赐大、小鹘军万余匹，不加少，盖畜牧有法然也"②。战争会给畜牧业带来重大的损害，如平定诸弟叛乱，就使契丹各部的畜牧业损失惨重，"时大军久出，辎重不相属，士卒煮马驹、采野菜以为食，孳畜道毙者十七八，物价十倍，器服资货委弃于楚里河，狼藉数百里"③。耶律阿保机之所以重视畜牧业，就是因为它是维系契丹国强盛的根本所在。

---

① 《辽史》卷61《刑法志上》。
② 《辽史》卷46《百官志二》，卷60《食货志下》。
③ 《辽史》卷1《太祖纪上》。

在重农业方面，所体现的是"太祖平诸弟之乱，弭兵轻赋，专意于农"；"夫赋税之制，自太祖任韩延徽，始制国用"。此外，对商税和盐法等，也有了初步的规定。①

在爱民方面，主要表现在对汉人、渤海人的安抚上，以平定渤海为例，足以显现耶律阿保机的爱民观。

> 天显元年（926），（耶律倍）从征渤海。拔扶余城，上（耶律阿保机）欲括户口，倍谏曰："今始得地而料民，民必不安。若乘破竹之势，径造忽汗城，克之必矣。"太祖从之。倍与大元帅德光为前锋，夜围忽汗城，大諲譔穷蹙，请降。寻复叛，太祖破之。改其国曰东丹，名其城曰天福，以倍为人皇王主之。仍赐天子冠服，建元甘露，称制，置左右大次四相及百官，一用汉法。岁贡布十五万端，马千匹。上谕曰："此地濒海，非可久居，留汝抚治，以见朕爱民之心。"驾将还，倍作歌以献。陛辞，太祖曰："得汝治东土，吾复何忧。"②

以"汉法"治理东丹国，以体现君主的爱民之心，彰显的恰是耶律阿保机的新治国观念，并且特别以渤海旧地作为试验场所。尤为重要的是，随着新建王朝统治区域的扩大，单一的游牧经济已经被农、牧、渔业相结合的经济形态所替代，建立与之相适应的赋税制度和认同重农观念，确实是顺应形势发展的明智之举，值得治史者重视。

（五）君德观

耶律阿保机作为皇帝，当然要讲究"君德"。他特别摆出了虚心纳谏的姿态，于神册六年（921）五月"诏画前代直臣像为《招谏图》，及诏长吏四孟月询民利病"③。

天赞三年（924）六月，耶律阿保机向皇后、皇太子、大元帅及二宰相、诸部首领面授了一篇诏谕，全文如下。

> 上天降监，惠及烝民。圣主明王，万载一遇。朕既上承天命，下统群生，每有征行，皆奉天意。是以机谋在己，取舍如神，国令

---

① 《辽史》卷59《食货志上》。
② 《辽史》卷72《耶律倍传》。
③ 《辽史》卷2《太祖纪下》。

既行，人情大附。舛讹归正，遐迩无怨。可谓大含溟海，安纳泰山矣！自我国之经营，为群方之父母。宪章斯在，胤嗣何忧？升降有期，去来在我。良筹圣会，自有契于天人；众国群王，岂可化其凡骨？三年之后，岁在丙戌，时值初秋，必有归处。然未终两事，岂负亲诚。日月非遥，戒严是速。①

所谓"未终两事"，一是收服吐谷浑、党项、阻卜等部，二是征服渤海国，所以在大举出征西北之后，耶律阿保机于次年十二月下诏："所谓两事，一事已毕，惟渤海世仇未雪，岂宜安驻。"于是又举兵亲征渤海。灭渤海国之后不久，耶律阿保机即病逝，臣僚才明白天赞三年的诏谕是他预留的遗训。②

在这篇遗训中，耶律阿保机表明了对君主的四点认识：一是"圣主明王"并不多见；二是自己作为君主，受命于天，所以各种行为都符合"天意"；三是君主要得人心，才能"为群方之父母"；四是子承父业，才能使帝业延续。作为一个出自游牧民族的皇帝，能有这样的认识，确实值得重视。

耶律阿保机在去世之前，还曾接见后唐新即位的皇帝李亶（明宗）派来的使者姚坤，在与使者的对话中亦涉及了对帝王的看法。

明宗初篡嗣，遣供奉官姚坤告哀，至西楼邑，属安巴坚（阿保机）在渤海，又径至慎州，崎岖万里。

既至，谒见安巴坚，延入穹庐。安巴坚身长九尺，被锦袍，大带垂后，与妻对榻引见坤。

坤未致命，安巴坚先问曰："闻尔汉土河南、河北各有一天子，信乎？"

坤曰："河南天子，今年四月一日洛阳军变，今凶问至矣。河北总管令公，比为魏州军乱，先帝诏令除讨，既闻内难，军众离心，及京城无主，上下坚册令公，请主社稷，今已顺人望登帝位矣。"

安巴坚号啕，声泪俱发，曰："我与河东先世约为兄弟，河南天子吾儿也。近闻汉地兵乱，点得甲马五万骑，比欲自往洛阳救助

① 《辽史》卷2《太祖纪下》。
② 《辽史》卷2《太祖纪下》。

吾儿，又缘渤海未下，我儿果致如此，冤哉！"泣下不能已。又谓坤曰："今汉土天子，初闻洛阳有难，不急救，致令及此。"

坤曰："非不急切，地远阻隔不及也。"

又曰："我儿既殂，当合取我商量，安得自便！"

坤曰："吾皇将兵二十年，位至大总管，所部精兵三十万，众口一心，坚相推戴，违之则立见祸生，非不知禀天皇王意旨，无奈人心何。"

其子托云（又作突欲、图欲，即耶律倍）在侧，谓坤曰："汉使勿多谈。"因引左氏牵牛蹊田之说以折坤。

坤曰："应天顺人，不同匹夫之义，只如天皇王初领国事，岂是强取之耶！"

安巴坚因曰："理当如此，我汉国儿子致有此难，我知之矣。闻此儿有宫婢二千，乐官千人，终日放鹰走狗，耽酒嗜色，不惜人民，任使不肖，致得天下皆怒。我自闻如斯，常忧倾覆，一月前已有人来报，知我儿有事，我便举家断酒，解放鹰犬，休罢乐官。我亦有诸部家乐千人，非公宴未尝妄举。我若所为似我儿，亦应不能持久矣，自此愿以为戒。"

又曰："汉国儿与我虽父子，亦曾彼此仇敌，俱有恶心，与尔今天子无恶，足得欢好。尔先复命，我续将马万骑至幽、镇以南，与尔家天子面为盟约，我要幽州，令汉儿把捉，更不复侵入汉界。"

又问："汉收得西川，信不？"

坤曰："去年九月出兵，十一月十六日收下东、西川，得兵马二十万，金帛无算。皇帝初即位，未办送来，续当遣使至矣。"

安巴坚忻然曰："闻西川有剑阁，兵马从何过得？"

坤曰："川路虽险，然先朝收复河南，有精兵四十万，良马十万骑，但通人行处，便能去得，视剑阁如平地耳。"

安巴坚善汉语，谓坤曰："吾解汉语，历口不敢言，惧部人效我，令兵士怯弱故也。"①

---

① 《旧五代史》卷137《外国列传·契丹》。耶律阿保机与姚坤的对话，《资治通鉴》卷275（第8989—8990页）、《新五代史》卷72《四夷附录一·契丹》、《契丹国志》卷1《太祖大圣皇帝》（第7页）、《册府元龟》卷660《奉使部·敏辩》（中华书局1960年版）都有记载，只是文字有所省略。

耶律阿保机曾与李克用结为兄弟，所以称其子李存勖（后唐庄宗）为"我儿"，在听闻李存勖死于兵变的消息后既表达了哀痛之情，更明确表示了骄奢失国是对君主的严重威胁，所以帝王要常常以此自警。

元人修《辽史》时指出："辽太祖有帝王之度者三：代遥辇氏，尊九帐于御营之上，一也；灭渤海国，存其族帐，亚于遥辇，二也；并奚王之众，抚其帐部，拟于国族，三也。有英雄之智者三：任国舅以耦皇族，崇乙室以抗奚王，列二院以制遥辇是已。"① 所谓帝王之度和英雄之智，主要是称赞耶律阿保机的武功和控制内部势力的举措。实际上，更应注重的是耶律阿保机为契丹国引入了中原王朝的帝王观念和治国观念，并以此推动了游牧国家向中原王朝式的君主制国家转型。耶律阿保机之所以有这样的观念建树，一方面是客观的需求，在天下纷争的政治环境下，契丹人急需以一种新的国家面貌确立自主、自强的政治地位，主政者必须就建立什么样的国家给出明确的政治目标并推出相应的政治举措；另一方面是主观的努力，以强烈的学习意识，将以往中原王朝的治国理政经验用于新型国家的政治实践。观念的转变带来政治的转变，耶律阿保机提供了一个成功范例。尽管耶律阿保机的帝王观念和治国观念只是部分吸纳了儒家的治道学说，但对其后人毕竟有较大的影响，因为到了辽兴宗在位（1031—1055 年）时，依然有人强调"臣每旦诵太祖、太宗及先臣遗训"②，所体现的恰是对耶律阿保机政治观念的重视。

（六）述律皇后左右的帝位继承

耶律阿保机于天显元年（926）七月去世，契丹国由"皇后称制，权决军国事"。皇后出自述律部，名平（883—963 年），小字月理朵，耶律阿保机在位时曾有地皇后、应天皇后（应天大明地皇后）的尊号，后世上谥号为淳钦皇后，③ 在汉文古籍中多称为"述律后""述律皇后"或"述律太后"。

述律皇后"勇决多权变，阿保机行兵御众，述律后常预其谋"④，可列举两个重要的实例。

---

① 《辽史》卷45《百官志一》。
② 《辽史》卷83《耶律马哥传》。
③ 《辽史》卷2《太祖纪下》，卷71《太祖淳钦皇后传》。
④ 《资治通鉴》卷269，第8809—8810 页。

吴王遣使遗契丹主以猛火油，曰："攻城，以此油然火焚楼橹，敌以水沃之，火愈炽。"契丹主大喜，即选骑三万欲攻幽州。述律后哂之曰："岂有试油而攻一国乎。"因指帐前树谓契丹主曰："此树无皮，可以生乎？"契丹主曰："不可。"述律后曰："幽州城亦犹是矣。吾但以三千骑伏其旁，掠其四野，使城中无食，不过数年，城自困矣，何必如此躁动轻举。万一不胜，为中国笑，吾部落亦解体矣。"契丹主乃止。①

契丹主既许卢文进出兵，王郁又说之曰："镇州美女如云，金帛如山，天皇王速往，则皆己物也，不然，为晋王所有矣。"契丹主以为然，悉发所有之众而南。述律后谏曰："吾有西楼羊马之富，其乐不可胜穷也，何必劳师远出以乘危徼利乎。吾闻晋王用兵，天下莫敌，脱有危败，悔之何及。"契丹主不听。

会大雪弥旬，平地数尺，契丹人马无食，死者相属于道。契丹主举手指天，谓卢文进曰："天未令我至此。"乃北归。……契丹主责王郁，絷之以归，自是不听其谋。②

耶律阿保机生前以耶律倍为皇太子、人皇王，已明示将由耶律倍继承皇位。耶律阿保机去世后，述律皇后违背其意愿，明确表示要以耶律阿保机次子耶律德光继承皇位，契丹国的帝位继承出现了严重的问题。述律皇后采用极端的手段，先消灭了一批潜在的政敌。

契丹主阿保机卒于夫余城，述律后召诸将及酋长难制者之妻，谓曰："我今寡居，汝不可不效我。"又集其夫泣问曰："汝思先帝乎？"对曰："受先帝恩，岂得不思。"曰："果思之，宜往见之。"遂杀之。③

述律后左右有桀黠者，后辄谓曰："为我达语于先帝。"至墓

---

① 《资治通鉴》卷269，第8814页。
② 《资治通鉴》卷271，第8870、8873页。
③ 《资治通鉴》卷275，第8991页。

所，则杀之。前后所杀者以百数。最后，平州人赵思温当往，不肯
行。后曰："汝事先帝常亲近，何故不行？"对曰："亲近莫如后，
后行，臣则继之。"后曰："吾非不欲从先帝于地下，顾嗣子幼弱，
国家无主，不得往耳。"乃断其一腕，令置墓中，思温亦得免。①

耶律阿保机在位时重用的一些臣僚，也受到打击，如耶律突吕不被
"飞语中伤"，不得不逃亡；大臣耶律铎臻则被述律皇后下狱，并宣称
"铁锁杚，当释汝"②。

述律皇后还以测试"下意"的方法，为其选择耶律德光为帝位继
承人寻求合理性的解释。

> 契丹述律后爱中子德光，欲立之，至西楼，命与突欲（耶律
> 倍）俱乘马立帐前，谓诸酋长曰："二子吾皆爱之，莫知所立，汝
> 曹择可立者执其辔。"酋长知其意，争执德光辔欢跃曰："愿事元
> 帅太子。"后曰："众之所欲，吾安敢违。"③

还是有人勇敢地站出来，强调应该按照立长原则，以耶律倍继承帝
位，但遭受的是惨死的厄运。

> 太祖崩，淳钦皇后称制，欲以大元帅（耶律德光）嗣位。（耶
> 律）迭里建言："帝位宜先嫡长；今东丹王赴朝，当立。"由是忤
> 旨。以党附东丹王，诏下狱，讯鞫，加以炮烙。不伏，杀之，籍
> 其家。④

在述律皇后的强力压迫下，耶律倍不得不采取妥协的态度，向臣僚
表示："大元帅功德及人神，中外攸属，宜主社稷。"天显元年（926）
十一月，耶律倍率群臣向述律皇后上言："皇子大元帅勋望，中外攸

---

① 《契丹国志》卷1《太祖大圣皇帝》，第9页。
② 《辽史》卷75《耶律突吕不传》《耶律铎臻传》。
③ 《资治通鉴》卷275，第8993页。
④ 《辽史》卷77《耶律安抟传》。

属，宜承大统。"述律皇后乃立耶律德光为新的皇帝。①

述律皇后之所以如此强硬地左右帝位继承，一是因为她握有强大的军队属珊军作为后盾，"属珊军，地皇后置，二十万骑"，"选蕃汉精兵，珍美如珊瑚"②；二是她认为耶律倍过于文弱，不及耶律德光的勇猛。应该说，对于维系契丹国的强盛而言，述律皇后的选择并没有错，只是手段过于残酷而已。

第二节　辽太宗的强国观念

辽太宗耶律德光（902—947年），字德谨，小字尧骨，耶律阿保机次子，即帝位后先用天显年号，后改用会同、大同年号，并将契丹国号改为"大辽"，在位二十二年，主要显示的是强国观念。

一　新旧理政观念的交织

在治国理政方面，耶律德光有三个特点。一是承袭耶律阿保机的做法，以武功为上。二是倚重于述律皇后的政治智慧，如后人所记："德光事其母甚谨，常侍立其侧，国事必告而后行。""天皇王（耶律德光）性孝谨，母病不食亦不食，侍于母前应对或不称旨，母扬眉视之，辄惧而趋避，非复召不敢见也。"③ 三是愿意听到不同的治国建议，并在新旧治国观念中作出选择。

（一）制度更新

在耶律阿保机革新制度的基础上，耶律德光即位后又有了一系列的更新制度举措。

一是在国号和官制方面，改国号为大辽，并正式建立了南、北面官制度。耶律德光即位之后，依然延续耶律阿保机的天显年号。天显十三年（938）十一月，有上尊号、改元、改官制等重要的作为。

> 十一月甲辰朔，命南北宰相及夷离堇就馆赐晋使冯道以下宴。丙午，上御开皇殿，召见晋使。壬子，皇太后御开皇殿，冯道、韦

---

① 《辽史》卷3《太宗纪上》，卷72《耶律倍传》。
② 《辽史》卷35《兵卫志中》，卷46《百官志二》。
③ 《新五代史》卷72《四夷附录一·契丹》；《资治通鉴》卷275，第8993页。

勋册上尊号曰广德至仁昭烈崇简应天皇太后。甲子，行再生柴册礼。丙寅，皇帝御宣政殿，刘昫、卢重册上尊号曰睿文神武法天启运明德章信至道广敬昭孝嗣圣皇帝。大赦，改元会同。是月，晋复遣赵莹奉表来贺，以幽、蓟、瀛、莫、涿、檀、顺、妫、儒、新、武、云、应、朔、寰、蔚十六州并图籍来献。于是诏以皇都为上京，府曰临潢。升幽州为南京，南京为东京。改新州为奉圣州，武州为归化州。升北、南二院及乙室夷离堇为王，以主簿为令，令为刺史，刺史为节度使，二部梯里已为司徒，达剌干为副使，麻都不为县令，县达剌干为马步。置宣徽、阁门使，控鹤、客省、御史大夫、中丞、侍御、判官、文班牙署、诸宫院世烛，马群、遥辇世烛，南北府、国舅帐郎君官为敞史，诸部宰相、节度使帐为司空，二室韦闵林为仆射，鹰坊、监冶等局官长为详稳。①

参之以"改元会同，国号大辽。公卿百官皆效中国，参用中国人"和"契丹当庄宗、明宗时攻陷营、平二州，及已立晋，又得雁门以北幽州节度管内，合一十六州。乃以幽州为燕京，改天显十三年为会同元年，更其国号大辽，置百官，皆依中国，参用中国之人"的记载，② 可以知道改国号与改元等是同时进行的。恰是由于国土扩大，才需要以改国号、改元、上皇太后和皇帝尊号来显示大朝的新政治气象。

大量改官名，实际上就是设立南面官和北面官的制度，正如后人所记："至于太宗，兼制中国，官分南、北，以国制治契丹，以汉制待汉人。国制简朴，汉制则沿名之风固存也。辽国官制，分北、南院。北面治宫帐、部族、属国之政，南面治汉人州县、租赋、军马之事。因俗而治，得其宜矣。""辽有北面朝官矣，既得燕、代十六州，乃用唐制，复设南面三省、六部、台、院、寺、监、诸卫、东宫之官。诚有志帝王之盛制，亦以招徕中国之人也。"③

---

① 《辽史》卷4《太宗纪下》。

② 《契丹国志》卷2《太宗嗣圣皇帝上》，第23页；《新五代史》卷72《四夷附录一·契丹》。《辽史》卷4《太宗纪下》所记大同元年（947年）二月"建国号大辽，大赦，改元大同"，建国号的时间显然有误，因为该本纪在此前的记载中已经出现了"辽"的称号。《资治通鉴》将耶律德光改国号为大辽的时间置于后晋天福二年即937年（卷281，第9185页；卷285，9319—9320页），亦应是误记。

③ 《辽史》卷45《百官志一》，卷47《百官志三》。

北面官亦出现了孰高孰低的问题，耶律德光则采纳了耶律颇德的建议，依然维持旧制，不做改动：

> 旧制，肃祖以下宗室称院，德祖宗室号三父房，称横帐，百官子弟及籍没人称著帐。耶律斜的言："横帐班列，不可与北、南院并。"太宗诏在廷议，皆曰然，乃诏横帐班列居上。（耶律）颇德奏曰："臣伏见官制，北、南院大王品在惕稳上。今横帐始图爵位之高，愿与北、南院参任，兹又耻与同列。夫横帐与诸族皆臣也，班列奚以异？"帝乃谕百官曰："朕所不知，卿等不宜面从。"诏仍旧制。①

都城制度也有所更新，耶律阿保机建立的皇都，被耶律德光改名为上京，幽州（今北京）被确定为南京，渤海国旧地的辽阳则被确定为东京，开始实行三都的制度。

在兵制方面，耶律德光将自己的御帐亲军称为"大帐皮室军"，即所谓的"太宗选天下精甲三十万为皮室军"。皮室军是在耶律阿保机的腹心部的基础上发展起来的，"则皮室军自太祖时已有，即腹心部是也，太宗增多至三十万耳"。皮室军加上述律皇后的属珊军，"合骑五十万"，成为支撑国家统治的最强大武装力量。此外，占据燕云十六州后，汉军的规模也迅速扩大，形成了"民众兵强，莫之能御"的态势。②

在重农方面，只能看到一些零星的举措。如会同元年（938）三月，耶律德光"将东兴，三剋言农务方兴，请减辎重，促还朝"，这样的建议被耶律德光所采纳，"寻诏有司劝农桑，教纺绩"③。会同六年，耶律德光特别下了两条敕令。一条是"兵行有伤禾稼损租赋者，以军法论"。另一条是"于每村定有力人户充村长。与村人议，有力人户出剩田苗补贫下，不逮顷亩自愿者，据状征收"④。会同八年（945），耶律德光向臣僚询问军国要务，臣僚上言："军国之务，爱民为本。民富

---

① 《辽史》卷73《耶律颇德传》。
② 《辽史》卷34《兵卫志上》，卷35《兵卫志下》，卷46《百官志二》。
③ 《辽史》卷4《太宗纪下》，卷59《食货志上》。
④ 《太宗敕令》，《全辽文》卷1，第4—5页。

则兵足，兵足则国强。"耶律德光认可这样的言论，在次年七月下诏征诸道之兵时，"仍戒敢有伤禾稼以军法论"①。

在朝政方面，耶律德光创立了集议和纳谏的制度。天显五年（930）二月，"召群臣议军国事"。天显七年七月，"召群臣耆老议政"。会同五年（942），"诏求直言"②。集议和纳谏是中原王朝皇帝常用的理政方法，耶律德光显然是认可这样的方法，并且有了以直言选人才的实例。

> 会同五年，诏求直言。时（耶律）海思年十八，衣羊裘，乘牛诣阙。有司问曰："汝何故来？"对曰："应诏言事。苟不以贫稚见遗，亦可备直言之选。"有司以闻。会帝将出猎，使谓曰："俟吾还则见之。"海思曰："臣以陛下急于求贤，是以来耳；今反缓于猎，请从此归。"帝闻，即召见赐坐，问以治道。命明王安端与耶律颇德试之，数日，安端等奏曰："海思之材，臣等所不及。"帝召海思问曰："与汝言者何如人也？"对曰："安端言无收检，若空车走峻坂；颇德如着靴行旷野射鸹。"帝大笑，擢宣徽使。③

在礼仪方面，耶律德光在灭后晋后，才准备采纳中原王朝的传统礼制，实行蕃汉杂糅的礼乐、服饰制度。

> 大同元年（947），太宗皇帝自晋汴京收百司僚属伎术历象，迁于中京，辽始有历。④

> 太宗会同三年（940），晋宣徽使杨端、王朓等及诸国使朝见，皇帝御便殿赐宴。端、朓起进酒，作歌舞，上为举觞极欢。会同三年端午日，百僚及诸国使称贺，如式燕饮，命回鹘、敦煌二使作本国舞。

> 大同元年，太宗自汴将还，得晋太常乐谱、宫悬、乐架，委所

---

① 《辽史》卷4《太宗纪下》，卷59《食货志上》。
② 《辽史》卷3《太宗纪上》，卷4《太宗纪下》。
③ 《辽史》卷113《耶律海思传》。
④ 《辽史》卷42《历象志上》。

司先赴中京。①

> 辽国自太宗入晋之后，皇帝与南班汉官用汉服；太后与北班契
> 丹臣僚用国服，其汉服即五代晋之遗制也。②

需要说明的是，由于耶律德光灭后晋后未返回契丹故土即已病逝，所以只能说是为辽朝的礼仪制度创造了一些基础性的条件。

（二）以汉法治渤海

耶律阿保机灭渤海国后，即强调了新建的东丹国以"汉法"治渤海之民的做法。耶律德光延续了耶律阿保机的做法，"治渤海人一依汉法"③。

耶律德光即位之后，任职中台省右次相的耶律羽之特别就如何治理渤海旧地上了奏章，全文转引于下。

> 我大圣天皇始有东土，择贤辅以抚斯民，不以臣愚而任之。国
> 家利害，敢不以闻。渤海昔畏南朝，阻险自卫，居忽汗城。今去上
> 京辽邈，既不为用，又不罢戍，果何为哉？先帝因彼离心，乘衅而
> 动，故不战而克。天授人与，彼一时也。遗种浸以蕃息，今居远
> 境，恐为后患。梁水之地乃其故乡，地衍土沃，有木铁盐鱼之利。
> 乘其微弱，徙还其民，万世长策也。彼得故乡，又获木铁盐鱼之
> 饶，必安居乐业。然后选徒以翼吾左，突厥、党项、室韦夹辅吾
> 右，可以坐制南邦，混一天下，成圣祖未集之功，贻后世无疆
> 之福。④

耶律德光接受了耶律羽之的建议，于天显三年（928）"诏遣耶律羽之迁东丹民以实东平。其民或亡入新罗、女直，因诏困乏不能迁者，许上国富民给赡而隶属之"⑤。

---

① 《辽史》卷54《乐志》。
② 《辽史》卷55《仪卫志一》。
③ 《辽史》卷61《刑法志上》。
④ 《辽史》卷75《耶律羽之传》。
⑤ 《辽史》卷3《太宗纪上》。

　　既然是以汉法治渤海人等，就有汉人官员主动采用了劝课农桑等方法，如韩延徽之子韩德枢就有此作为："时汉人降与转徙者，多寓东平。丁岁灾，饥馑疾厉。德枢请往抚字之，授辽兴军节度使。下车整纷剔蠹，恩煦信孚，劝农桑，兴教化，期月民获苏息。"①

　　（三）以中国人治中国

　　耶律德光南下灭后晋（详情见后述），曾因暂时的军事失利，将抚绥中原民众的方法改成了杀掠的方法："初，契丹主得贝州、博州，皆抚慰其人，或拜官赐服章。及败于戚城及马家口，忿恚，所得民，皆杀之，得军士，燔炙之。由是晋人愤怒，勠力争奋。"②

　　杀掠之风一直延续到辽军入汴梁时，"入汴，诸将萧翰、耶律朗五、麻答辈肆杀掠"，随从耶律德光南下的汉人大臣张砺特别呈上了谏言。

　　　　今大辽始得中国，宜以中国人治之，不可专用国人及左右近习。苟政令乖失，则人心不服，虽得之亦将失之。③

　　耶律德光正被胜利冲昏头脑，完全听不进张砺的意见。反之，耶律德光还"纵胡骑四出，以牧马为名，分番剽掠，谓之'打草谷'。丁壮毙于锋刃，老弱委以沟壑，自东、西两畿及郑、滑、曹、濮，数百里间，财畜殆尽"。不久，"东方群盗大起，陷宋、亳、密三州"，耶律德光乃有"我不知中国之人难制如此"的感叹。待他率大军北返时，"见所过城邑丘墟"，乃对属下说："致中国如此，皆燕王（赵延寿）之罪也。"又对张砺说："尔亦有力焉。"④ 耶律德光把中原破败的责任全部推给下属，显然未明白这恰是未采纳"以中国人治中国"新观念所带来的恶果，其结果就是增强了中原汉人对辽朝的恐惧感，连契丹人本身也认识到了这一点，正如胡峤所记契丹人之语："夷狄之人岂能胜中国？然晋所以败者，主暗而臣不忠。""子归，悉以语汉人，使汉人努

----

①《辽史》卷74《韩德枢传》。

②《资治通鉴》卷284，第9266页。

③《辽史》卷76《张砺传》。

④《资治通鉴》卷286，第9334—9335、9346、9352页。

力事其主，无为夷狄所虏，吾国非人境也。"①

倡导"以中国人治中国"的张砺，则在耶律德光去世之后，遭到了契丹贵族的报复，忧愤而死。

> 顷之，车驾北还，至栾城崩。时砺在恒州，萧翰与麻答以兵围其第。砺方卧病，出见之。翰数之曰："汝何故于先帝言国人不可为节度使？我以国舅之亲，有征伐功，先帝留我守汴，以为宣武军节度使，汝独以为不可。又谮我与解里好掠人财物子女。今必杀汝。"趣令锁之。
>
> 砺抗声曰："此国家大体，安危所系，吾实言之。欲杀即杀，奚以锁为？"
>
> 麻答以砺大臣，不可专杀，乃救止之。是夕，砺恚愤卒。②

也就是说，耶律德光要以改革旧制和引入新制的方法达成强国的目标，并尽可能将契丹旧制与汉法、汉制糅合。但是这样的做法和与其相应的强国观念，只适用于包括燕云十六州在内的辽朝境内，耶律德光并没有久占全部中原汉地（即时人所指的"中国"）的意愿，所以也就谈不上中原汉地的治理。尤为重要的是，"中国人难治"成为一种严重的警告，影响了辽朝后来的历位君主，限制了他们在中原立国的想象和实践。

二　介入中原政治

与耶律阿保机相比，耶律德光更深层次地介入中原政治，起了主导中原王朝兴亡的重要作用。

（一）立晋灭唐

耶律德光在后唐王朝与割据晋阳（今山西太原）的军阀石敬瑭的争斗中，选择了支持石敬瑭。天显十一年（936），耶律德光率军南下，击败围攻晋阳的后唐军队。石敬瑭问耶律德光能如此速胜的原因，耶律德光有以下回答。

---

① 见前引贾敬颜《胡峤陷辽记疏证稿》，第38页。
② 《辽史》卷76《张砺传》。

始吾自北来，谓唐必断雁门诸路，伏兵险要，则吾不可得进矣。使人侦视，皆无之。吾是以长驱深入，知大事必济也。兵既相接，我气方锐，彼气方沮，若不乘此急击之，旷日持久，则胜负未可知矣。此吾所以亟战而胜，不可以劳逸常理论也。①

耶律德光还对石敬瑭说："吾三千里赴难，必有成功。观汝气貌识量，真中原之主也，吾欲立汝为天子。"② 天显十一年十一月，耶律德光立石敬瑭为大晋皇帝，并发出了正式的册立诏书。

维天显九年（应为十一年，引者注），岁次丙申（936），十一月丙戌朔，十二日丁酉，大契丹皇帝若曰：于戏，元气肇开，树之以君；天命不恒，人辅以德。故商政衰而周德盛，秦德乱而汉图昌，人事天心，古今靡异。

咨尔子晋王，神钟睿哲，天赞英雄，叶梦日以储祥，应澄河而启运。迨事数帝，历试诸艰。武略文经，乃由天纵；忠规孝节，固自生知。猥以眇躬，奄有北土，暨明宗之享国也，与我先哲王保奉明契，所期子孙顺承，患难相济，丹书未泯，白日难欺，顾予纂承，匪敢失堕。尔惟近戚，实系本枝，所以余视尔若子，尔待予犹父也。

朕昨以独夫从珂，本非公族，窃据宝图，弃义忘恩，逆天暴物，诛剪骨肉，离间忠良，听任矫诱，威虐黎献，华夷震悚，内外崩离。知尔无辜，为彼致害，敢征众旅，来逼严城，虽并吞之志甚坚，而幽显之情何负，达于闻听，深激愤惊。乃命兴师，为尔除患，亲提万旅，远殄群凶，但赴急难，罔辞艰险。果见神祇助顺，卿士协谋，旗一麾而弃甲平山，鼓三作而僵尸遍野。虽以遂予本志，快彼群心，将期税驾金河，班师玉塞。

矧中原无主，四海未宁，茫茫生民，若坠涂炭。况万几不可以暂废，大宝不可以久虚，拯溺救焚，当在此日。尔有庇民之德，格于上下；尔有戡难之勋，光于区宇；尔有无私之行，通乎神明；尔有不言之信，彰乎兆庶。予懋乃德，嘉乃丕绩，天之历数在尔躬，

---

① 《资治通鉴》卷280，第9148—9149 页。
② 《资治通鉴》卷280，第9154 页。

是用命尔，当践皇极。仍以尔自兹并土，首建义旗，宜以国号曰晋。朕永与为父子之邦，保山河之誓。

于戏！补百王之阙礼，行兹盛典；成千载之大义，遂我初心。尔其永保兆民，勉持一德，慎乃有位，允执厥中，亦惟无疆之休，其诫之哉。①

这封出自汉人臣僚的诏书，既强调了奉天命立晋帝的旨意，又明示石敬瑭为"儿皇帝"，还强调了皇帝应有庇民、无私、守信、执中等德行，显然是体现了耶律德光对君主的看法，在一定程度上也是他对自己如何做皇帝的基本要求。

耶律德光册立晋帝，并未打算帮助新建的后晋王朝灭后唐而统一中原，因为他担心后路被断，带来全军覆没的恶果。在他准备率军北返之时，石敬瑭派使者明确表示"且使晋得天下，将竭中国之财以奉大国"后，耶律德光也只是表示："余远来徇义，今大事已成，我若南向，河南之人必大惊骇；汝宜自引汉兵南下，人必不甚惧。我令太相温将五千骑卫送汝至河梁，欲与之渡河者多少随意，余且留此，俟汝音闻，有急则下山救汝。若洛阳既定，吾即北返矣。"② 有耶律德光做后盾，石敬瑭很快攻入洛阳，后唐灭亡。

（二）辽晋关系的变化

石敬瑭灭后唐之后，以汴梁（今河南开封）为都城，并在耶律德光改国号为大辽之后，努力维持两国间的良好关系。

帝（石敬瑭）事契丹甚谨，奉表称臣，谓契丹主（耶律德光）为"父皇帝"；每契丹使至，帝于别殿拜受诏敕。岁输金帛三十万之外，吉凶庆吊，岁时赠遗，玩好珍异，相继于道。乃至应天太后、元帅太子、伟王、南北二王、韩延徽、赵延寿等诸大臣皆有赂。小不如意，辄来责让，帝常卑辞谢之。晋使者至契丹，契丹骄倨，多不逊语。使者还，以闻，朝野咸以为耻，而帝事之曾无倦意，以是终帝之世，与契丹无隙。然所输金帛不过数县租赋，往往托以民困，不能满数。其后契丹主屡止帝上表称臣，但令为书称

① 《旧五代史》卷75《晋书一·高祖纪一》。
② 《资治通鉴》卷280，第9155—9156、9161页。

"儿皇帝"，如家人礼。①

会同三年（940）九月，侍中崔穷古向耶律德光上言："晋主闻陛下数游猎，意请节之。"耶律德光即明确表示："朕之畋猎，非徒从乐，所以练习武事也。"② 也就是说，尚武的契丹人以大规模的狩猎作为军事训练的重要手段，不会因为中原人的不理解而有所减省。

后晋拥兵自重的安重荣上书要求与契丹决战，以雪国耻，晋臣桑维翰特别向石敬瑭上书，说明了不能与契丹交恶的理由。

> 陛下免于晋阳之难而有天下，皆契丹之功也，不可负之。今重荣恃勇轻敌，吐浑假手报仇，皆非国家之利，不可听也。臣窃观契丹数年以来，士马精强，吞噬四邻，战必胜，攻必取，割中国之土地，收中国之器械；其君智勇过人，其臣上下辑睦，牛羊蕃息，国无天灾，此未可与为敌也。且中国新败，士气凋沮，以当契丹乘胜之威，其势相去甚远。又，和亲既绝，则当发兵守塞，兵少则不足以待寇，兵多则馈运无以继之。我出则彼归，我归则彼至，臣恐禁卫之士疲于奔命，镇、定之地无复遗民。今天下粗安，疮痍未复，府库虚竭，蒸民困弊，静而守之，犹惧不济，其可妄动乎！契丹与国家恩义非轻，信誓甚著，彼无间隙而自启衅端，就使克之，后患愈重；万一不克，大事去矣。议者以岁输缯帛谓之耗蠹，有所卑逊谓之屈辱，殊不知兵连而不休，祸结而不解，财力将匮，耗蠹孰甚焉！用兵则武吏功臣过求姑息，边藩远郡得以骄矜，下陵上替，屈辱孰大焉！臣愿陛下训农习战，养兵息民，俟国无内忧，民有余力，然后观衅而动，则动必有成矣。③

桑维翰站在后晋的立场上，指出耶律德光治国有方，国力强盛，显然不能视为阿谀之辞，而是对现实状态的承认，石敬瑭亦高度认同他的看法。

会同五年（942），石敬瑭病逝，子石重贵即位，在给辽国的上书

---

① 《资治通鉴》卷281，第9188—9189页。
② 《辽史》卷4《太宗纪下》。
③ 《资治通鉴》卷282，第9222—9224页。

中后晋新皇帝只称"孙"而不称"臣",使者还明确表示:"先帝则圣朝所立,今主则我国自册。为邻为孙则可,奉表称臣则不可。"① 辽、晋之间的通和关系破裂,耶律德光乃着手准备灭掉后晋,先派军队进行试探性进攻,其结果是"中国疲于奔命,边民涂地;契丹人畜亦多死,国人厌苦之",于是就有了述律皇太后与耶律德光之间关于战、和问题的对话。

> 述律太后谓契丹主曰:"使汉人为胡主,可乎?"
>
> 曰:"不可。"
>
> 太后曰:"然则汝何故欲为汉主?"
>
> 曰:"石氏负恩,不可容。"
>
> 太后曰:"汝今虽得汉地,不能居也;万一蹉跌,悔何所及。"
>
> 又谓其群下曰:"汉儿何得一向眠。自古但闻汉和蕃,未闻蕃和汉。汉儿果能回意,我亦何惜与和。"②

述律皇太后希望辽、晋和好的愿望最终落空,会同八年(945),耶律德光亲率大军南下,展开灭后晋的军事行动。但是战事发展并不顺利,耶律德光萌生退兵念头,时任北院大王的耶律图鲁窘明确提出了反对意见。

> 臣愚窃以为陛下乐于安逸,则谨守四境可也;既欲扩大疆宇,出师远攻,讵能无虞圣虑。若中路而止,适为贼利,则必陷南京,夷属邑。若此,则争战未已,吾民无奠枕之期矣。且彼步我骑,何虑不克。况汉人足力弱而行缓,如选轻锐骑先绝其饷道,则事蔑不济矣。③

耶律德光以"国强则其人贤,海巨则其鱼大"称赞耶律图鲁窘的敢言,并接受其建议,调整了军事部署,继续对后晋军队展开进攻,于

---

① 《辽史》卷4《太宗纪下》。

② 《资治通鉴》卷284,第9293页。

③ 《辽史》卷75《耶律图鲁窘传》。

会同九年十二月占领汴梁，后晋灭亡。①

（三）对政治失策的总结

耶律德光风光地进入汴梁，实则是把灭后晋当成了统一中国的事业，所以特别向臣僚夸赞麾下勇将高模翰："此国之勇将，朕统一天下，斯人之力也。"②他还骄傲地对后晋降臣说道："中国事，我皆知之，吾国事，汝曹不知也。"恰是在耶律德光的"知中国事"的表态后，后晋降臣有了以耶律德光作为中原皇帝的动议。

> 契丹主（耶律德光）召晋百官悉集于庭，问曰："吾国广大，方数万里，有君长二十七人。今中国之俗异于吾国，吾欲择一人君之，如何？"皆曰："天无二日。夷、夏之心，皆愿推戴皇帝。"如是者再。
>
> 契丹主乃曰："汝曹既欲君我，今兹所行，何事为先？"对曰："王者初有天下，应大赦。"二月，丁巳朔，契丹主服通天冠、绛纱袍，登正殿，设乐悬、仪卫于庭。百官朝贺，华人皆法服，胡人仍胡服，立于文武班中间。下制称大辽会同十年，大赦。③

大赦天下只是摆摆样子，耶律德光也没有重复在中原立"儿皇帝"的举动，而是席卷后晋的府库珍玩等北上。后晋的君主、后妃、官僚等，亦大多随之北上。④

辽军主力北上后，中原各地叛乱更盛，耶律德光则感叹道："我有三失，宜天下之叛我也！诸道括钱，一失也；令上国人打草谷，二失也；不早遣诸节度使还镇，三失也。"⑤

对于如何处理中原的后事，耶律德光也作了一个总体性的交代。

> 初以兵二十万降杜重威、张彦泽，下镇州。及入汴，视其官属

---

①《辽史》卷4《太宗纪下》。

②《辽史》卷76《高模翰传》。

③《资治通鉴》卷286，第9334、9338—9339页。

④ 关于后晋降人的命运，见贾敬颜《晋出帝北迁记疏证稿》，《五代宋金元人边疆行记十三种疏证稿》，第1—12页。

⑤《资治通鉴》卷286，第9354页。耶律德光自述的三失，《辽史》卷4《太宗纪下》记为："纵兵掠刍粟，一也；括民私财，二也；不遽遣诸节度还镇，三也。"

具员者省之，当其才者任之。司属虽存，官吏废堕，犹雏飞之后，徒有空巢。久经离乱，一至于此。所在盗贼屯结，土功不息，馈饷非时，民不堪命。河东尚未归命，西路酋帅亦相党附，夙夜以思，制之之术，惟推心庶僚、和协军情、抚绥百姓三者而已。今所归顺凡七十六处，得户一百九万百一十八。非汴州炎热，水土难居，止得一年，太平可指掌而致。且改镇州为中京，以备巡幸。欲伐河东，姑俟别图。其概如此。①

所谓"河东尚未归命"，是指后晋灭亡后，刘知远已经在晋阳建立了后汉王朝，耶律德光明确要求先不要征伐后汉，是为了先稳定内部。能够在去世前对自己的所作所为进行较深刻的检讨，并作出稳妥的政治安排，耶律德光确实称得上是一位政治谋略不俗的君主。元人修《辽史》时对耶律德光作出的评价是："太宗甫定多方，远近向化。建国号，备典章，至于厘庶政，阅名实，录囚徒，教耕织，配鳏寡，求直言之士，得郎君海思即擢宣徽，嘉唐张敬达忠于其君，卒以礼葬。辍游豫而纳三剋之请，悯士卒而下休养之令。亲征晋国，重贵面缚。斯可谓威德兼弘，英略间见者矣。入汴之后，无几微之骄，有'三失'之训。《传》称郑伯之善处胜，《书》进《秦誓》之能悔过，太宗盖兼有之，其卓矣乎。"②这样的评价所彰显的，恰是耶律德光的强国观念。耶律德光就是用强国观念将辽朝带入鼎盛时期，并为立足于北疆的新王朝确立了新的政治准则，治史者确实不能忽视他在辽朝政治思想发展中的重要地位。

第三节 衰政的阴影

经过辽太祖耶律阿保机和辽太宗耶律德光两位皇帝的努力，奠定了辽朝立国的基本统治观念。但是此后的辽世宗、辽穆宗两位皇帝荒于理政，将辽朝政治带入了衰政的阴影之下。

一 辽世宗的不为和乱为

辽世宗耶律阮（918—951 年），小字兀欲，耶律倍长子，即帝位后

---

① 《辽史》卷4《太宗纪下》。
② 《辽史》卷4《太宗纪下》。

用天禄年号，在位五年，在内政方面较少作为，在对外方面则表现为乱作为，并死于部下的叛乱。

（一）帝位之争

耶律倍从东丹国逃往后梁，并未招来耶律德光的憎恨。耶律倍被杀后，耶律德光更是善待其子耶律阮，并于大同元年（947）封耶律阮为永康王。

大同元年四月，耶律德光死于北返途中，立即有人开始鼓动耶律阮继承帝位，耶律阮知道述律皇太后希望立耶律德光之弟李胡为帝，所以没有自立为皇帝的勇气。宿卫大臣耶律安抟特别对耶律阮上言："大王聪安宽恕，人皇王之嫡长；先帝虽有寿安（耶律德光长子耶律璟被封为寿安王），天下属意多在大王。今若不断，后悔无及。"耶律安抟还放出了李胡已死于军中的谣言，并希望得到北、南两院大王的支持。北院大王耶律洼明确表示："吾二人方议此事。先帝尝欲以永康王为储贰，今日之事有我辈在，孰敢不从！但恐不白太后而立，为国家启衅。"南院大王耶律吼更明言："天位不可一日旷，若请于太后，则必属李胡。李胡暴戾残忍，讵能子民。必欲厌人望，则当立永康王。"耶律安抟即对两位大王说道："大王既知先帝欲以永康王为储副，况永康王贤明，人心乐附。今天下甫定，稍缓则大事去矣。若白太后，必立李胡。且李胡残暴，行路共知，果嗣位，如社稷何？"在三人的共谋之下，形成了拥立耶律阮为帝的决定，耶律洼还向各部将领宣示："大行上宾，神器无主，永康王人皇王之嫡长，天人所属，当立；有不从者，以军法从事。"在耶律洼、耶律吼、耶律安抟的支持下，耶律阮于大同元年四月在镇阳即皇帝位（以下称"世宗"）。①

为了彰显继承帝位的合法性，世宗先制造了一个耶律德光的遗言："先帝在汴时，遗我一筹，许我知南朝军国。近者临崩，别无遗诏。"后来又制造了先帝遗制："永康王，大圣皇帝之嫡孙，人皇王之长子，太后钟爱，群情允归，可于中京即皇帝位。"② 实际上，有了主军、主政大臣的支持，所谓"先帝遗制"无论真假，不过是装饰门面的东西而已。

耶律李胡在太宗朝已经被立为皇太弟兼天下兵马大元帅，实际上是

① 《辽史》卷5《世宗纪》，卷77《耶律洼传》《耶律吼传》《耶律安抟传》。
② 《资治通鉴》卷287，第9358—9359页。

内定的皇位继承人。述律皇太后听到世宗即位的消息后，立即派遣耶律李胡率军前往征讨，但是被世宗属下的军队击败。世宗随即率军北上，与述律皇太后所领军队在潢河相遇。为避免两军交战，大臣耶律屋质往返于两军之间，并最终促成了双方的和解。其过程错综复杂，可转录有关记载于下。

时屋质从太后，世宗以屋质善筹，欲行间，乃设事奉书，以试太后。

太后得书，以示屋质。屋质读竟，言曰："太后佐太祖定天下，故臣愿竭死力。若太后见疑，臣虽欲尽忠，得乎？为今之计，莫若以言和解，事必有成；否即宜速战，以决胜负。然人心一摇，国祸不浅，惟太后裁察。"

太后曰："我若疑卿，安肯以书示汝？"

屋质对曰："李胡、永康王皆太祖子孙，神器非移他族，何不可之有？太后宜思长策，与永康王和议。"

太后曰："谁可遣者？"

对曰："太后不疑臣，臣请往。万一永康王见听，庙社之福。"

太后乃遣屋质授书于帝（世宗）。帝遣宣徽使耶律海思复书，辞多不逊。屋质谏曰："书意如此，国家之忧未艾也。能释怨以安社稷，则臣以为莫若和好。"

帝曰："彼众乌合，安能敌我？"

屋质曰："即不敌，奈骨肉何？况未知孰胜？借曰幸胜，诸臣之族执于李胡者无噍类矣。以此计之，惟和为善。"

左右闻者失色。帝良久，问曰："若何而和？"

屋质对曰："与太后相见，各纾怨恚，和之不难；不然，决战非晚。"

帝然之，遂遣海思诣太后约和。往返数日，议乃定。

始相见，怨言交让，殊无和意。太后谓屋质曰："汝当为我画之。"

屋质进曰："太后与大王若能释怨，臣乃敢进说。"

太后曰："汝第言之。"

屋质借谒者筹执之，谓太后曰："昔人皇王在，何故立嗣圣？"

太后曰："立嗣圣者，太祖遗旨。"

又曰："大王何故擅立，不禀尊亲？"

帝曰："人皇王当立而不立，所以去之。"

屋质正色曰："人皇王舍父母之国而奔唐，子道当如是耶？大王见太后，不少逊谢，惟怨是寻。太后牵于偏爱，托先帝遗命，妄授神器。如此何敢望和，当速交战！"掷筹而退。

太后泣曰："向太祖遭诸弟乱，天下荼毒，疮痍未复，庸可再乎！"乃索筹一。

帝曰："父不为而子为，又谁咎也。"亦取筹而执。左右感激，大恸。

太后复谓屋质曰："议既定，神器竟谁归？"

屋质曰："太后若授永康王，顺天合人，复何疑？"

李胡厉声曰："我在，兀欲（世宗）安得立！"

屋质曰："礼有世嫡，不传诸弟。昔嗣圣之立，尚以为非，况公暴戾残忍，人多怨讟。万口一辞，愿立永康王，不可夺也。"

太后顾李胡曰："汝亦闻此言乎？汝实自为之！"乃许立永康。

帝谓屋质曰："汝与朕属尤近，何反助太后？"

屋质对曰："臣以社稷至重，不可轻付，故如是耳。"上喜其忠。①

述律皇太后还特别对李胡说了一段痛心的话：

昔我与太祖爱汝异于诸子。谚云："偏怜之子不保业，难得之妇不主家。"我非不欲立汝，汝自不能矣。②

耶律屋质以亲情大义、顺应天意、立嫡任贤等说法排解矛盾，使世宗与述律皇太后达成和解，帝位之争落下帷幕，辽朝避免了一次重大的内部厮杀，述律皇太后亦随之退出了辽朝的政治舞台。

（二）政局不稳的阴霾

世宗坐稳帝位之后，于大同元年（947）九月举行柴册礼，接受臣

---

① 《辽史》卷77《耶律屋质传》。
② 《辽史》卷72《耶律李胡传》。

僚所上的"天授皇帝"尊号，追尊耶律倍为"让国皇帝"，改大同元年为天禄元年，并大赦天下。① 在柴册礼上，世宗作了一个选贤任能的政治表态。

> 皇帝诣高阜地，大臣、诸部帅列仪仗，遥望以拜。皇帝遣使敕曰："先帝升遐，有伯叔父兄在，当选贤者。冲人不德，何以为谋？"群臣对曰："臣等以先帝厚恩，陛下明德，咸愿尽心，敢有他图。"皇帝令曰："必从汝等所愿，我将信明赏罚。尔有功，陟而任之；尔有罪，黜而弃之。若听朕命，则当谟之。"佥曰："唯帝命是从。"②

天禄四年（950）二月，在南面官下正式建立政事省。对于耶律德光从汴梁带回辽朝的礼乐器等，世宗没有加以利用，在礼仪上依然遵从耶律德光时的旧制。③

世宗与耶律倍一样"慕中华风俗"，所以注重任用后晋降臣尤其是文臣理政，但是"荒于酒色，轻慢诸酋长"④，未能使契丹贵族信服，于是不断有人掀起叛乱。

天禄二年正月，萧翰勾结耶律天德、耶律刘哥、耶律盆都等人密谋以进酒的机会刺杀皇帝，耶律石剌将其密谋报告世宗，世宗预有准备，抓捕耶律刘哥、耶律盆都等人，经耶律屋质审讯核实后，将耶律天德处死，萧翰因为是皇帝的妹夫（娶阿不里公主），只是处以杖责，耶律刘哥、耶律盆都则被放逐到边远地区。⑤

天禄三年正月，萧翰、阿不里又与耶律安端密谋废掉皇帝，另立新君，亦因被人告发而失败，世宗下令处死萧翰，阿不里公主则因死于狱中。⑥

辽军主力北返后留在中原的统军将领耶律麻答"贪滑残忍，民间有

① 《辽史》卷5《世宗纪》。
② 《辽史》卷49《礼志一》。
③ 《辽史》卷5《世宗纪》，卷47《百官志三》，卷58《仪卫志四》。
④ 《资治通鉴》卷287，第9367页。
⑤ 《辽史》卷5《世宗纪》，卷77《耶律屋质传》，卷113《萧翰传》《耶律刘哥传》《耶律盆都传》。
⑥ 《辽史》卷5《世宗纪》，卷113《萧翰传》。

珍货、美妇女，必夺取之"；"出入或被黄衣，用乘舆，服御物"，并大言不惭地表示："兹事汉人以为不可，吾国无忌也。"耶律麻答的残暴行为带来了中原地区的连续反叛，辽军占据的地方纷纷失守，耶律麻答逃回国内，不仅不检讨自己的恶行，还强调是"因朝廷征汉官致乱耳"，世宗即将其鸩杀。[①]

朝廷政局不稳，一方面是因为世宗过于懦弱，不敢高调地树立皇帝的威严，因为对于尚武的辽朝而言，他毕竟没有什么武功可以夸耀；另一方面，世宗在文治方面也没有突出的表现，不作为的政治姿态确实难以使臣僚信服。

（三）出征中原带来的悲剧

世宗即位后，中原地区的形势发生了重大的变化。后汉王朝被郭威所建立的后周王朝所替代，后汉王朝的余裔建立北汉国，向辽朝皇帝称侄，世宗则册封了北汉皇帝，并于天禄五年（951）九月率大军南下，进攻后周。

耶律安端之子耶律察割一直有自立为皇帝的野心，但极善于伪装，以揭发耶律安端等手段获取了世宗的信任。耶律屋质敏锐地看出耶律察割包藏祸心，即向其发出了警告。

> 察割以诸族属杂处，不克以逞，渐徙庐帐迫于行宫。右皮室详稳耶律屋质察其奸邪，表列其状。帝不信，以表示察割。察割称屋质疾己，哽咽流涕。帝曰："朕固知无此，何至泣耶！"察割时出怨言，屋质曰："汝虽无是心，因我过疑汝，勿为非义可也。"他日屋质又请于帝，帝曰："察割舍父事我，可保无他。"屋质曰："察割于父既不孝，于君安能忠！"帝不纳。[②]

不仅是世宗不相信耶律察割会谋反，其他大臣如萧塔剌葛，亦认为察割谋反不过是一个笑话。

> 或言泰宁王察割有无君心，塔剌葛曰："彼纵忍行不义，人孰肯从！"他日侍宴，酒酣，塔剌葛捉察割耳，强饮之曰："上固知

①　《资治通鉴》卷287，第9370页；卷288，第9389—9390页。
②　《辽史》卷112《耶律察割传》。

汝傲狠，然以国属，曲加矜悯，使汝在左右，且度汝才何能为。若长恶不悛，徒自取赤族之祸！"察割不能答，强笑曰："何戏之虐也！"①

耶律察割一方面寻找时机，另一方面积极拉拢契丹贵族为己所用。如贵族耶律海里的母亲已参与密谋，但耶律海里坚决拒绝，所以未被牵涉进反叛事件之中。② 耶律察割还请求有名的卜算者魏璘为其卜卦，魏璘在卜算后告诉他："大王之数，得一日矣，宜慎之。"③

耶律察割并未因此终止叛乱的计划，先是准备在皇帝前往太液古宴饮时动手，但没有机会下手。待皇帝亲率大军南下到归化州（今河北宣化）的祥古山时，举行了祭祀让国皇帝耶律倍的典礼，典礼之后的饮宴，君臣皆醉，耶律察割与耶律盆都（已从边远地区返回）等人率兵进入行宫，杀死皇太后和世宗以及甄皇妃、萧塔剌葛等人，耶律察割随即自立为皇帝，并囚禁了皇后萧撒葛只和不听命于他的大臣。④

辽朝建立后第一次弑君事件引起了极大震动，未参与密谋的贵族和大臣很快显示出三种态度。

第一种是静观事变发展，不采取任何行动，耶律安抟就是持这种态度的代表性人物。⑤

第二种是以投机的心态介入事变，如时任南京留守的耶律牒蜡，在醉酒后被其妻扶入耶律察割的帐幕，遂乘势倒向了察割一边；时任六院大王的耶律朗，虽然在事变发生之后立即派人率军前往事发地点，但明令部下"当持两端，助其胜者"⑥。

第三种是立即组织力量"讨贼"，以伸张正义。事变发生时，耶律屋质侥幸逃出行宫，"亟遣人召诸王，及喻禁卫长皮室等同力讨贼"。

① 《辽史》卷90《萧塔剌葛传》。
② 《辽史》卷84《耶律海里传》。
③ 《辽史》卷108《魏璘传》。
④ 《辽史》卷5《世宗纪》，卷71《世宗怀节皇后传》《世宗妃甄氏传》，卷112《耶律察割传》。事变发生的地点，《资治通鉴》卷290，第9462—9463页和《契丹国志》卷4《世宗天授皇帝》，第55页，均记为"新州之火神淀"，新州即今河北省涿鹿县，世宗南下时未至此地，所以治辽史者多认为火神淀在归化州境内。
⑤ 《辽史》卷77《耶律安抟传》。
⑥ 《辽史》卷113《耶律牒蜡传》《耶律朗传》。

耶律屋质向寿安王耶律璟进言："大王嗣圣子，贼若得之，必不容。群臣将谁事，社稷将谁赖？万一落贼手，悔将何及？"这实际上是告诉耶律璟，"平逆"和继承帝位均在此一举。耶律璟采纳了他的建议，准备出兵平叛，"诸将闻屋质出，相继而至"，以突袭的形式包围了耶律察割的叛军。①

耶律察割随即经历了由成功到失败的快速历程，并凸显了叛逆者的张狂和无耻。

> 至夜，（耶律察割）阅内府物，见玛瑙碗，曰："此希世宝，今为我有！"诧于其妻，妻曰："寿安王、屋质在，吾属无噍类，此物何益？"察割曰："寿安年幼，屋质不过引数奴，诘旦来朝，固不足忧。"
>
> 其党矧斯报寿安、屋质以兵围于外，察割寻遣人弑皇后（萧撒葛只）于柩前，仓惶出阵。寿安遣人谕曰："汝等既行弑逆，复将若何？"有夷离堇划者委兵归寿安王，余众望之，徐徐而往。②

> 察割谋乱，官僚多被囚系。及寿安王与耶律屋质率兵来讨，诸党以次引去。察割度事不成，即诣囚所，持弓矢胁曰："悉杀此曹。"
>
> （耶律）敌猎进曰："杀何益于事？窃料屋质将立寿安王，故为此举，且寿安未必知。若遣人借此为辞，庶可免。"
>
> 察割曰："如公言，谁可使者？"
>
> 敌猎曰："大王若不疑，敌猎请与罨撒葛同往说之。"
>
> 察割遣之。寿安王用敌猎计，诱杀察割，凡被胁之人无一被害者，皆敌猎之力。③

最终"手刃"耶律察割的是时任武定军节度使的耶律娄国。④ 在事变中持前两种态度的人，都受到了不同程度的处罚。

---

① 《辽史》卷77《耶律屋质传》。
② 《辽史》卷112《耶律察割传》。
③ 《辽史》卷113《耶律敌猎传》。
④ 《辽史》卷112《耶律娄国传》。

元人修《辽史》时，指辽世宗耶律阮为"中才之主"，"然而孝友宽慈，亦有君人之度"。世宗确实是个矛盾型的人物，从内心讲他有按中原王朝模式治国的追求，但外在表现上又希望承继和发扬先皇的武功，而在具体行动上则缺乏缜密的思考，在不为和乱为之间摇摆，最终的结果就是在皇帝难于驾驭群臣的政治生态中产生了一系列光怪陆离的乱象。君主的懦弱性格和矛盾心理可能带来政治悲剧，辽世宗就此提供了一个重要的例证。

二　辽穆宗的怠政与暴虐

辽穆宗耶律璟（931—969 年），小字述律，太宗耶律德光长子，即帝位后用应历年号，在位十九年，总体呈现的是"怠政"观念。

（一）"睡王"之政

天禄五年（951）九月，耶律璟在耶律屋质等人的扶持下即皇帝位（以下称"穆宗"），改元应历，并接受了群臣所上的"天顺皇帝"尊号。

穆宗刚即位就"诏朝会依嗣宗皇帝（耶律德光）故事，用汉礼"；应历三年（953）三月，又"诏用嗣圣皇帝旧玺"[1]。这并非显示他对"汉礼"或"汉制"情有独钟，只是表明在制度层面回归太宗时的做法。一个可作为辅证的例子就是穆宗废罢了耶律阿保机时设立的"钟院"，"穷民有冤者无所述"[2]。在用人方面，穆宗更是全面排斥与世宗耶律阮有关的贵族和大臣，如耶律安抟"以立世宗之故，不复委用"；耶律吼已去世，对于其子耶律何鲁不，亦"以其父吼首议立世宗，故不显用"[3]。

作为一个年轻的皇帝，本可以悉心治国，大展宏图，但穆宗适得其反，"好游戏，不亲国事，每夜酣饮，达旦乃寐，日中方起，国人谓之睡王"[4]。于是出现的怪现象是皇帝"不视朝""不听政"屡屡见于记载，而偶尔的"视朝"也被当作稀罕事记录下来。至于疯狂的饮酒和游猎，更是多见于记载，可列举几例。

---

① 《辽史》卷 6《穆宗纪上》。
② 《辽史》卷 61《刑法志上》。
③ 《辽史》卷 77《耶律安抟传》《耶律何鲁不传》。
④ 《契丹国志》卷 5《穆宗天顺皇帝》，第 57 页；《资治通鉴》卷 290，第 9463 页。

应历八年（958）秋七月，猎于拽剌山。迄于九月，射鹿诸山，不视朝。

应历十一年四月，射鹿，不视朝。

应历十三年正月，昼夜酣饮者九日。九月，以酒脯祭天地，复终夜酣饮。十一月，猎，饮于虞人之家，凡四日。

应历十四年十一月，宴饮达旦，自是昼寝夜饮。

应历十六年九月，以重九宴饮，夜以继日。十二月，幸酒人拔剌哥家，复幸殿前都点检耶律夷腊葛第，宴饮连日。

应历十七年十一月，司天台奏月食不亏，上以为祥，欢饮达旦。

应历十八年正月，宴于宫中，不受贺。以银百两市酒，命群臣亦市酒，纵饮三夕。二月，幸五坊使霞实里家，宴饮达旦。五月，重五，以被酒不受贺。获鹅于述古水，野饮终夜。与政事令萧排押、南京留守高勋、太师昭古、刘承训等酣饮，连日夜。

应历十九年正月，宴宫中，不受贺。立春，被酒，命殿前都点检夷腊葛代行击土牛礼。与群臣为叶格戏。醉中骤加左右官。自立春饮至月终，不听政。①

穆宗也知道醉酒、游乐、喜怒会影响朝政，所以特别向臣僚提出了两条要求。一是慎刑罚，应历七年（957）十二月穆宗特别向大臣下诏："有罪者，法当刑。朕或肆怒，滥及无辜，卿等切谏，无或面从。"二是慎政务，应历十九年（969）正月穆宗向太尉化哥下诏："朕醉中处事有乖，无得曲从。酒解，可复奏。"当然，穆宗也还是有较为清醒的时候，如女巫肖古用男子胆做延年药方，"不数年，杀人甚多"，穆宗认清了其虚妄，于应历七年四月下令将其射杀。②

有这么一位"怠政"的皇帝，朝政本该混乱不堪，幸好有两位能干的辅政大臣，一位就是穆宗即位后被任命为北院大王的耶律屋质，另一位是被穆宗任命为南院大王的耶律挞烈。耶律挞烈升任南院大王后，"均赋役，劝耕稼，部人化之，户口丰殖"；"在治所不修边幅，百姓无

---

① 《辽史》卷6《穆宗纪上》，卷7《穆宗纪下》。
② 《辽史》卷6《穆宗纪上》，卷7《穆宗纪下》。

称，年谷屡稔"。正如后人所记："时耶律屋质居北院，挞烈居南院，具有政迹，朝议以为'富民大王'云。"① 后来萧韩家奴将穆宗称为"贤主"，就是因为他认为"穆宗虽暴虐，省徭轻赋，人乐其生"②，而这恰是辅政大臣带来的政绩。

（二）失地不惊不辱

穆宗即位之后，北周、北汉和南唐都曾派遣使者来通好。穆宗支持北汉和南唐与后周对抗，后周则不时派军北上攻辽和北汉，辽军亦经常南下攻掠，中原又陷入常年的战乱之中。

后晋降臣李澣先被任为翰林学士，穆宗即位后任工部侍郎。李澣的兄长李涛在后周任翰林学士，李澣即致书李涛，指出辽朝皇帝不作为已带来了国势的衰颓："今皇骄騃，惟好击鞠，耽于内宠，固无四方之志。观其事势，不同以前。亲密贵臣，尚怀异志。即微弱可知，不敢备奏，一则烦文，一则恐涉。为身计大好，乘其乱弱之时，计亦易和，若办得来讨唯速，若且和亦唯速，将来必不能力助河东者也。"③ 李澣的建议未被后周皇帝采纳，他即准备逃往后周，但是未能成功，被抓捕后数次自杀未果。穆宗欲处死李澣，被大臣劝阻。李澣后来撰写了《太宗功德碑》的碑文，得到穆宗赏识，并因此恢复了职位。④

应历九年（959）在辽朝的对外关系上发生了两件大事。一是与辽朝一直保持关系的南唐，在看到穆宗难有作为之后，杀掉了辽朝的使者，两国关系从此断绝。⑤ 二是后周军队大举北上，攻占了益津、瓦桥、淤口三关和瀛、莫二州。对于边地失守，穆宗毫不在意，并明确表示："三关本汉地，今以还汉，何失之有？"⑥ 有这样的皇帝在位，再现辽朝的雄风显然是不可能的。

对于依附于辽朝的北汉，穆宗则表现出了极为骄横的态度，不仅要求北汉的皇帝必须由辽朝皇帝册封，还要被册封的"儿皇帝"向辽朝输送各种贡品和物资粮草。⑦ 应历十年（960），赵匡胤废后周幼帝，自

① 《辽史》卷77《耶律屋质传》《耶律挞烈传》。
② 《辽史》卷103《萧韩家奴传》。
③ 李澣：《与兄涛书》，《全辽文》卷4，第72页。
④ 《辽史》卷103《李澣传》。
⑤ 《资治通鉴》卷294，第9606页。
⑥ 《辽史》卷6《穆宗纪上》；《契丹国志》卷5《穆宗天顺皇帝》，第62页。
⑦ 《资治通鉴》卷292，第9520页。

立为帝，建立宋朝，北汉虽然要依靠辽朝的支持与宋朝对抗，但是"北汉地狭产薄，又岁输契丹，故国用日削"，北汉皇帝刘钧对辽朝皇帝的态度有所变化，不像以前那样"每事必禀之"，穆宗乃向刘钧发出了责备的诏旨。

> 尔先人穷来归我，我先兄天授皇帝待以骨肉。泊余继统，益修前好。尔父即世，我用命尔即位柩前，丹青之约，我无所负。尔父据有汾州七年，止称乾祐，尔不遵先志，辄肆改更。李筠包藏祸心，舍大就小，无所顾虑，姑为觊觎，轩然举兵，曾不我告。段常尔父故吏，本无大恶，一旦诬害，诛及妻子，妇言是听，非尔而谁？我务敦大义，曲容瑕垢，父子之道，所不忍渝。尔宜率德改行，无自贻伊戚也。①

刘钧"得书恐惧"，急忙派使者前往辽朝修好关系，并增加了对辽的供奉。穆宗则以扣留北汉使者作为回应，使得北汉"文武内外官属悉以北使为惧"，但还是保持了支持北汉的基本态度。应历十八年（968）和十九年，穆宗又先后册立了刘继恩、刘继元两位北汉皇帝，并帮助北汉击败了赵匡胤对北汉都城太原的围攻。②

（三）虐杀带来的恶果

穆宗不好女色，正如有人所记："帝体气卑弱，恶见妇人。居藩时，述律太后欲为纳妃，帝辞以疾；即位后，嫔御满前，并不一顾。朝臣有言椒房虚位者，皆拒而不纳。左右近侍、房帏供奉率皆阉人。"③但是他有极为暴虐的一面，就是常态化地虐杀近侍。

> 穆宗应历十二年（962），国舅帐郎君萧延之奴海里强陵拽剌秃里年未及之女，以法无文，加之宫刑，仍付秃里以为奴，因著为令。十六年，谕有司："自先朝行幸顿次，必高立标识以禁行者。

---

① 李焘：《续资治通鉴长编》卷4，第113—114页，中华书局1992年版，2020年第7次印刷本。
② 《辽史》卷7《穆宗纪下》；《续资治通鉴长编》卷6，第161页；卷9，第206页；卷10，第218、224—225页。
③ 《契丹国志》卷5《穆宗天顺皇帝》，第62页。

比闻楚古辈，故低置其标深草中，利人误入，因之取财。自今有复然者，以死论。"

然帝嗜酒及猎，不恤政事，五坊、掌兽、近侍、奉膳、掌酒人等，以獐鹿、野豕、鹘雉之属亡失伤毙，及私归逃亡，在告逾期，召不时至，或以奏对少不如意，或以饮食细故，或因犯者迁怒无辜，辄加炮烙铁梳之刑。甚者至于无算，或以手刃刺之，斩击射燎，断手足，烂肩股，折腰胫，划口碎齿，弃尸于野。且命筑封于其地，死者至百有余人，京师置百尺牢以处系囚。

及海里之死，为长夜之饮，五坊、掌兽人等及左右给事诛戮者，相继不绝。虽尝悔其因怒滥刑，谕大臣切谏；在廷畏懦，鲜能匡救，虽谏又不能听。当其将杀寿哥、念古，殿前都点检耶律夷腊葛谏曰："寿哥等毙所掌雉，畏罪而亡，法不应死。"帝怒，斩寿哥等，支解之。命有司尽取鹿人之在系者凡六十五人，斩所犯重者四十四人，余悉痛杖之。中有欲置死者，赖王子必摄等谏得免。已而怒颇德饲鹿不时，致伤而毙，遂杀之。季年，暴虐益甚。①

在皇帝的淫威下，多数大臣只能缄口自保，如被耶律屋质视为贤才的耶律贤适就因为"朝臣多以言获谴"，乃"乐于静退，游猎自娱，与亲朋言不及时事"②；对于穆宗的"湎酒嗜杀"和"用刑多滥"，辅政大臣萧思温"无所匡辅"，身居要地的萧护思也是"惴惴自保，未尝一言匡救"③。

被皇帝杀怕了的近侍终于难以忍耐，不得不作出过激反应。应历十九年（969）二月，近侍小哥、盥人花哥、庖人辛古等六人在穆宗酒醉后，将其刺杀于行宫，嗜杀的皇帝以自食恶果的结局退出了辽朝的政治舞台。

辽朝历史上的暴君并不多见，穆宗耶律璟算是一个，尽管他所虐杀的主要是内侍，较少涉及大臣和百姓，但这样的行为给朝政带来了极恶劣的影响，所以后人经常以他作为"赏罚无章，朝政不视，而嗜杀不

---

① 《辽史》卷61《刑法志上》。
② 《辽史》卷79《耶律贤适传》。
③ 《辽史》卷78《萧思温传》《萧护思传》。

已"的反面君主典型,① 告诫人们不要在思想观念和理政行为上重蹈其覆辙。

辽朝前期的五十余年中,在统治观念上出现的由"立国观"(耶律阿保机)和"强国观"(耶律德光)向"弱政观"(辽世宗)和"怠政观"(辽穆宗)的重大转变,展示的是契丹人在由游牧国家转向中原王朝的历史巨变中,在政治思想层面有过从进步到退步的波动。政治思想的退步,固然与辽世宗和辽穆宗未全面理解治国要义有密切关系,但还需要注意两方面的缺陷。一方面是辽世宗和辽穆宗的能力缺陷,两人都不具有"政治强人"的特质,无法延续耶律阿保机和耶律德光的"强人政治"思想和作为;另一方面是辽世宗和辽穆宗的性格缺陷,懦弱和暴虐的性格会滋长乱政和暴政倾向,成为继续推行善政的巨大阻力。集中在君主身上的能力和性格缺陷,会被放大为朝政的失序,影响国家的正常发展,辽世宗和辽穆宗就是较为典型的例证。

第四节　辅政者的不同政治观念

从辽太祖到辽穆宗,太后、太子、臣僚作为辅政者,显示出了几种不同的政治观念,可分述于下。

一　两种具有代表性的权谋观

在辽朝前期,出现过两种具有代表性的权谋观,一种是述律后(皇后、皇太后)所表现出的操控帝位的权谋观,另一种是赵延寿表现出的谋取帝位的权谋观,可分述于下。

（一）述律后的擅立皇帝权谋

述律后两次干涉帝位继承,一次成功,一次失败,所体现的都是以自己的喜好来选择帝位继承人,并且用威吓、滥杀等权谋手段来达到其政治目标。毋庸讳言,述律皇后是辽朝初期一个极具政治智慧的人物,但是过分相信和依靠权谋,是一个重大的瑕疵。在与后唐降臣赵德钧的对话中,也体现出了述律后的权谋意识。

---

① 《辽史》卷7《穆宗纪下》。

德钧见述律太后，悉以所赍宝货并籍其田宅献之，太后问曰："汝近者何为往太原？"德钧曰："奉唐主之命。"太后指天曰："汝从吾儿求为天子，何妄语邪！"又自指其心曰："此不可欺也。"又曰："吾儿将行，吾戒之云：赵大王若引兵北向渝关，亟须引归，太原不可救也。汝欲为天子，何不先击退吾儿，徐图亦未晚。汝为人臣，既负其主，不能击敌，又欲乘乱邀利，所为如此，何面目复求生乎？"德钧俯首不能对。又问："器玩在此，田宅何在？"德钧曰："在幽州。"太后曰："幽州今属谁？"德钧曰："属太后。"太后曰："然则又何献焉？"德钧益惭。自是郁郁不多食，逾年而卒。①

述律后对赵德钧的质问，实则是以权谋控制权谋的表白，赵德钧不过是一个权谋失败者而已。

(二) 赵延寿的谋取帝位权谋

赵延寿 (？—948 年)，本姓刘，恒山人，被赵德钧收为养子。赵延寿降辽后，得到太宗耶律德光的重用，先后任幽州节度使、南京留守、政事令、枢密使、燕王等职。赵延寿"欲代晋帝中国"，屡次劝说耶律德光发兵攻后晋，并在辽军攻晋的军事行动中起了重要的作用。②但是耶律德光并非真心立赵延寿为皇帝，所以在招降杜威时明言："赵延寿威望素浅，恐不能帝中国。汝果降者，当以汝为之。"③

后晋灭亡之后，赵延寿曾明确提出不杀后晋降军的建议，实际上也是在为他即皇帝位作打算。

契丹主 (耶律德光) 犹欲诛晋兵。赵延寿言于契丹主曰："皇帝亲冒矢石以取晋国，欲自有之乎，将为他人取之乎？"契丹主变色曰："朕举国南征，五年不解甲，仅能得之，岂为他人乎！"延寿曰："晋国南有唐，西有蜀，常为仇敌，皇帝亦知之乎？"曰："知之。"延寿曰："晋国东自沂、密，西及秦、凤，延袤数千里，边于吴、蜀，常以兵戍之。南方暑湿，上国之人不能居也。他日车

---

① 《资治通鉴》卷280，第9160—9161 页。
② 《辽史》卷76《赵延寿传》；《资治通鉴》卷283，第9243 页。
③ 《资治通鉴》卷285，第9318 页。

驾北归，以晋国如此之大，无兵守之，吴、蜀必相与乘虚入寇，如此，岂非为他人取之乎？"契丹主曰："我不知也。然则奈何？"延寿曰："陈桥降卒，可分以戍南边，则吴、蜀不能为患矣。"契丹主曰："吾昔在上党，失于断割，悉以唐兵授晋。既而返为寇雠，北向与吾战，辛勤累年，仅能胜之。今幸入吾手，不因此时悉除之，岂可复留以为后患乎？"延寿曰："向留晋兵于河南，不质其妻子，故有此忧。今若悉徙其家于恒、定、云、朔之间，每岁分番使戍南边，何忧其为变哉！此上策也。"契丹主悦曰："善，惟大王所以处之。"由是陈桥兵始得免，分遣还营。①

耶律德光表面上要选择一名新的中原皇帝，但是并未采取任何实际行动。赵延寿做皇帝的希望落空，又提出了做"皇太子"的请求，也被耶律德光拒绝。

赵延寿以契丹主负约，心怏怏，令李崧言于契丹主曰："汉天子所不敢望，乞为皇太子。"崧不得已为言之。契丹主曰："我于燕王（赵延寿），虽割吾肉，有用于燕王，吾无所爱。然吾闻皇太子当以天子儿为之，岂燕王所可为也！"因令为燕王迁官。时契丹以恒州为中京，翰林承旨张砺奏拟燕王中京留守、大丞相、录尚书事、都督中外诸军事，枢密使如故。契丹主取笔涂去"录尚书事都督中外诸军事"而行之。②

赵延寿心怀不满，在耶律德光病逝后，明确表示："我不复入龙沙矣。"所谓"龙沙"，即大漠，表明他已有叛辽之心。在世宗耶律阮准备即位时，赵延寿不但不给予支持，还"自称受契丹皇帝遗诏，权知南朝军国事，仍下教布告诸道"。有人对赵延寿说："契丹诸大人数日聚谋，此必有变。今汉兵不下万人，不若先事图之。"赵延寿几经犹豫后终于下了决心，下令以来月朔日于待贤馆接受文武官员的庆贺，也就是要自立为皇帝。但是这样的打算，被世宗所击破。

---

① 《资治通鉴》卷286，第9331—9332页。
② 《资治通鉴》卷286，第9338—9339页。

　　永康王兀欲（耶律阮）召延寿及张砺、和凝、李崧、冯道于所馆饮酒。兀欲妻素以兄事延寿，兀欲从容谓延寿曰："妹自上国来，宁欲见之乎？"延寿欣然与之俱入。良久，兀欲出，谓砺等曰："燕王谋反，适已锁之矣。"又曰："先帝在汴时，遗我一筹，许我知南朝军国。近者临崩，别无遗诏。而燕王擅自知南朝军国，岂理邪！"下令："延寿亲党，皆释不问。"间一日，兀欲至待贤馆受蕃、汉官谒贺，笑谓张砺等曰："燕王果于此礼上，吾以铁骑围之，诸公亦不免矣。"①

　　世宗并没有因谋反罪处死赵延寿，其儿子赵匡赞逃亡后汉，世宗亦未加以追究。善于权谋的赵延寿，被世宗的权谋所败，显示的恰是权谋相生相克的严酷现实，因为权谋观作为一种政治观念，其核心就是控制欲与反控制欲之间的争斗，不过是具体表现不同而已。

二　契丹人的"儒化"政治观

　　辽朝前期，在契丹人中已经出现了一些被"儒化"或者有"儒化"倾向的重要人物，他们的政治观念对朝政亦有一些影响。

　　（一）耶律倍的崇儒观

　　耶律倍（899—936 年）是"儒化"契丹人的代表性人物，小字图欲（又译作突欲）。作为耶律阿保机的长子，耶律倍"幼聪敏好学，外宽内挚"，所学应主要是儒学，因为与他关系密切的河间人张谏，是"从师泗北，授士关西"的人物，耶律倍对其"虽非拜傅，以若师焉"，所以耶律倍格外尊崇孔子。及成年尤其是执掌东丹国后，"市书至万卷，藏于医巫闾绝顶之望海堂。通阴阳，知音律，精医药、砭焫之术，工辽、汉文章，尝译《阴符经》。善画本国人物，如射骑、猎雪骑、千鹿图，皆入宋秘府"，俨然已经是一位学者式的人物。②

　　辽太宗天显五年（930）十一月，耶律倍不满于帝位被耶律德光所得，率属下四十余人由登州入海，投奔后唐，并在海岸立木为碑，写下了二十字的诗一首："小山压大山，大山全无力。羞见故乡人，从此投

----

① 《资治通鉴》卷286，第9356—9357页；卷287，第9358页。
② 《辽史》卷72《耶律倍传》；赵衡：《张正嵩墓志铭》，《全辽文》卷4，第89—90页。

外国。"①

后唐接受了耶律倍的投效,于次年三月"赐契丹东丹王突欲姓东丹,名慕华,以为怀化节度使,瑞、慎等州观察使;其部曲及先所俘契丹将惕隐等,皆赐姓名"。九月,"更赐东丹慕华姓名曰李赞华"。后唐皇帝还希望李赞华能够发挥辅政的作用,但是他秉持我行我素的态度,并未受后唐君臣的左右。

> 上(后唐明宗)欲授李赞华以河南藩镇,群臣皆以为不可,上曰:"吾与其父约为昆弟,故赞华归我。吾老矣,后世继体之君,虽欲招之,其可致乎!"
>
> 以赞华为义成节度使,为选朝士为僚属辅之。赞华但优游自奉,不豫政事;上嘉之,虽时有不法亦不问,以庄宗后宫夏氏妻之。赞华好饮人血,姬妾多刺臂以吮之;婢仆小过,或抉目,或刀刲火灼;夏氏不忍其残,奏离婚为尼。②

后唐君臣于是将李赞华视为闲职之人,将义成节度使改为昭信节度使,"留洛阳食其俸"③。

天赞十一年(936),后唐面临灭亡危机时,李赞华又成了一个救命的筹码,有人向后唐末帝李从珂建议:"立李赞华为契丹主,令天雄、卢龙二镇分兵送之,自幽州趣西楼,朝廷露檄言之,契丹主必有内顾之忧,然后选募军中精锐以击之,此亦解围之一策也。"这一建议由于不少人反对,终被搁置。李从珂本来想拉着李赞华一同自焚,被李赞华拒绝,李从珂乃派宦官秦继旻、皇城使李彦绅将其杀死于洛阳家中。④

作为一个政治人物,耶律倍是悲剧性的;但是作为一名"学者",耶律倍至少是开了契丹皇族"儒化"乃至"汉化"的风气,值得后人重视。

(二) 耶律突吕不、耶律羽之等人的重文观

辽朝前期带有"儒化"倾向的契丹人,有耶律突吕不、耶律羽之、

---

① 《辽史》卷3《太宗纪上》;《契丹国志》卷14《东丹王传》,第171—173页。
② 《资治通鉴》卷277,第9057、9061、9067—9068页。
③ 《资治通鉴》卷278,第9089页。
④ 《资治通鉴》卷280,第9151—9152、9162页;《辽史》卷72《耶律倍传》。

耶律屋质等人。

耶律突吕不（？—942 年），字铎衮，除了上述助耶律阿保机创制契丹大字之外，还出任过文班林牙、领国子博士、知制诰等职，并"受诏撰决狱法"，显然是发挥了其儒学的特长。①

参与创制契丹大字的还有契丹人耶律鲁不古，辽太祖时任林牙、监修国史等职，辽太宗时任于越、北院大王等职。②

耶律突吕不和耶律鲁不古创制契丹大字后，即被辽朝用于树碑立传等政治活动。如《辽太祖纪功碑》，收录了前文所述的天赞六年（924）六月耶律阿保机对臣僚诏谕的契丹大字原文；《耶律延宁墓志》除了在汉文碑文中强调耶律延宁"以命世之才，开基之运，景宗皇帝念是忠臣之子，置于近侍，始授保义功臣崇禄大夫检校太保，行左金吾卫大将军，兼御史大夫，上柱国漆水县开国子，食邑五百户。公尽忠尽节，竭力竭身，景宗皇帝卧朝之日，愿随从死"外，在契丹文中还可以认读出"天赞皇帝"和"父母孝"等词汇。③ 契丹大字的碑文等既是研究契丹文字的重要资料，也可为研究辽朝政治思想的发展提供重要的素材。

耶律阿保机之弟耶律迭剌（耶律迭烈哥、耶律迭剌哥，？—926 年），虽曾参与过诸弟之叛，但被耶律阿保机所饶恕，并被任命为东丹国左大相。耶律迭剌向回鹘使者学习语言文字后，创制了契丹小字，"数少而该贯"④。契丹小字有四百多个原字，已有近半被破解，所显示的是重要的契丹小字碑刻等多出于辽朝中后期。⑤

耶律羽之，生卒年不详，子寅底哂，小字兀里，"儒化"的突出表现就是帮助东丹王耶律倍以"汉法"治理渤海旧地，"莅事勤恪，威信并行"。耶律倍出逃后，"羽之镇抚国人，一切如故"⑥。

在辽世宗、辽穆宗两朝都发挥过重要作用的耶律屋质（917—973 年），字敌辇，由于"博学、知天文"而成为朝廷重臣，是世宗朝和穆

① 《辽史》卷 75《耶律突吕不传》。
② 《辽史》卷 76《耶律鲁不古传》。
③ 张少珊：《近 80 年来契丹大字研究综述》，《赤峰学院学报》2014 年第 12 期；《耶律延宁墓志》，《全辽文》卷 5，第 95 页。
④ 《辽史》卷 1《太祖纪上》，卷 2《太祖纪下》，卷 64《皇子表》。
⑤ 吴英喆、吉如何：《契丹小字研究综述》，《华西语文学刊》第 1 辑，四川文艺出版社 2009 年版。
⑥ 《辽史》卷 75《耶律羽之传》。

宗朝以"儒化"观念化解政治危机的关键性人物，详情见前，无须赘述。

由游牧国家转变为中原王朝，政治思想的重大变化就是统治者接受儒家的治国理政观念。"儒化"或带有"儒化"倾向的契丹人，作为思想变化的先驱者或助推者，确实需要给予高度的重视。

三　汉人臣僚的辅政观念

辽朝前期，不少汉人臣僚得到重用。由于他们大多秉持儒家政治观念，对朝政的改进起了不可忽视的作用。

（一）辽朝前期的政事令

由于辽太祖、太宗两朝政事令一职皆由汉人担任，列出任职者的情况，即可以看出重要汉人臣僚的辅政作用。

第一个任政事令的是韩延徽（882—959 年），字藏明，幽州安次（今属北京）人，曾任幽都府文学、平州录事参军、幽州观察度支使，在文字、军事、经济方面都有过历练，所以能被耶律阿保机看重，被任为政事令。太宗耶律德光即位后，封鲁国公，仍为政事令。会同五年（942）正月，"诏政事令僧隐等以契丹户分屯南边"，僧隐即韩延徽，因为耶律阿保机赐其名为"匣列"，僧隐应为"匣列"的讹音。韩延徽后来改任南京三司使，到世宗朝升任南府宰相，并帮助皇帝设立了政事省。就因为韩延徽是一个难得的治国"全才"，才能被太祖、太宗、世宗三朝皇帝所重用。[①]

太宗朝继韩延徽任职政事令的是王郁，生卒年不详，京兆万年人（今属陕西），耶律阿保机时已经是重要的汉人谋士，在献策失败后失宠，但是后来依附于述律后，被述律后称为"汉人中，惟王郎最忠孝"，所以亦能出任政事令一职，辅佐耶律德光处理汉地事务。[②]

辽太宗在会同年间又以赵延寿任政事令，大同元年二月，再以赵延寿为大丞相兼政事令，赵延寿应是第三位任政事令的人，其具体表现已见前述。需要说明的是，辽世宗将赵延寿以谋反罪拘禁之后，并没有撤销其政事令的职务，待天禄二年赵延寿去世后，才于次年以能够做到

---

① 《辽史》卷 4《太宗纪下》，卷 74《韩延徽传》；《契丹国志》卷 16《韩延徽传》，第 181—182 页。

② 《辽史》卷 75《王郁传》。

"政济宽猛"的契丹人耶律颓昱出任政事令的职务。①

辽穆宗在位时，政事令一职依然由契丹人担任。庆历二年二月，"国舅政事令萧眉古得、宣政殿学士李澣等谋南奔，事觉，诏暴其罪"。萧眉古得，又作萧海贞、萧海真，是世宗耶律阮的妻弟，应是在穆宗即位时即以幽州节度使兼任政事令一职。同时任政事令的还有耶律娄国，以南京留守兼任此职，庆历二年八月与萧眉古得一起以谋反罪被处死。②此后任政事令的是耶律敌禄，庆历四年二月率军击败后周军队后去世。继任政事令的应是耶律寿远，庆历十年七月因谋反罪被处死。③此后任政事令的应是耶律阿不底，庆历十七年八月病逝。继任者是萧排押，庆历十七年五月时仍在职，八月又以殿前都点检耶律夷腊葛兼任政事令。④穆宗朝的政事令，在皇帝的暴虐下难以发挥辅政作用，确实无法与太祖、太宗朝的政事令相比。

（二）康默记等人对儒治的坚持

如前所述，辽朝前期起过重要辅政作用并坚持儒治方向的还有康默记、韩知古、张砺等人。康默记（？—928 年），本名照，蓟州人，原为蓟州衙校，因长于吏事被耶律阿保机所重，所以多被委于刑狱、工程造作等事。⑤韩知古（？—932 年），蓟州玉田（今属河北）人，"善谋有识量"，所以被耶律阿保机用于制定礼法制度等。⑥辽太宗耶律德光在位时明确提出"以中国人治中国"的张砺（？—947 年），在辽世宗耶律阮即位时亦有拥立之功，是当时辽朝内少有的敢于直言的汉人臣僚。⑦

需要注意的是，汉人儒士亦会把中原传统的治国观念附会在契丹人身上，如对当时的一位曾辅佐过耶律阿保机和述律后的驸马，就有以下赞颂。

---

① 《辽史》卷 4《太宗纪下》，卷 76《赵延寿传》，卷 77《耶律颓昱传》。

② 《辽史》卷 6《穆宗纪上》，卷 112《耶律娄国传》，卷 103《李澣传》；《资治通鉴》卷 290，第 9479—9480 页；《契丹国志》卷 5《穆宗天顺皇帝》，第 58 页。

③ 《辽史》卷 6《穆宗纪上》，卷 90《耶律敌禄传》。

④ 《辽史》卷 7《穆宗纪下》，卷 78《耶律夷腊葛传》，卷 88《萧排押传》。

⑤ 《辽史》卷 74《康默记传》。

⑥ 《辽史》卷 74《韩知古传》。

⑦ 《辽史》卷 76《张砺传》；《契丹国志》卷 16《张砺传》，第 182—184 页；《资治通鉴》卷 287，第 9358、9365 页。

累代垂休，超商越周。功名远著，德行方流。风行万国，威伏千侯。大祖兴霸，化及明幽。爰及驸马，承上勋庸。允文允武，能孝能忠。超群妙略，盖代神功。卷舒夷夏，慑伏顽凶。敕为功高，□□□□。上连帝戚，下接权豪。以恩及众，使民忘劳。匡弼为国，道继唐尧。①

赞词中的文、武、孝、忠，以及道继唐尧、使民忘劳等，宣扬的都是儒家的治道思想。将其用在契丹人身上，显示的应是助推契丹人"儒化"的思想倾向。

对于辽朝前期的治国成效，汉人儒士亦给予了赞誉，如王正在应历十五年（965）写的碑文中所记颂辞：

乙丑岁（965），天顺皇帝（辽穆宗耶律璟）御宇之十五载，丞相秦王统燕之四年，泰阶平格择明，八风草偃，四海镜清。魑魅魍魉，即其鬼以不神。凤凰麒麟，亦背伪以归真。

王正还特别强调了儒、佛处世的六条原则，并认为只要能够按六条行事，则"小人入仕之风，不足畏也。和尚出家之理，亦以至矣"。

夫人入仕，则竭忠以事君，均赋以利国，平征以肃民。出家则庄严以奉佛，博施以待众，斋戒以律身。尽此六者，可谓神矣。

结一千人之社，合一千人之心。春不妨耕，秋不废获。立其信，导其教。无贫富后先，无贵贱老少，施有定例，纳有常期。贮于库司，补兹寺缺。维那之最者，有若前涿牧天水公珣。当举六条，甚敬三宝。次则三傅陇西疑佳披法服，亦笃佛乘，说无缘为有缘，化恶果为善果。②

王正所要倡导的是治国与向佛的一体化要求，所以要特别注意他所提倡的事君、利国、肃民的入仕三大要素。

皇帝重用汉人臣僚，汉人臣僚为国家带来新的治理理念和治国方

① 焦习：《驸马赠卫国王娑姑墓志铭》，《全辽文》卷4，第77—78页。
② 王正：《重修范阳白带山云居寺碑》，《全辽文》卷4，第79—82页。

法，进而影响契丹人的思想观念，在辽朝前期已经不是个人行为，而是群体性的行为。恰是这样的行为，催生了契丹人统治下不可或缺的新型君臣关系，为辽朝政治发展奠定了重要基础。

第二章　王朝中兴的政治观念

辽景宗、萧太后和辽圣宗主政的 62 年（969—1031 年），为辽朝带来了中兴的政治局面，在统治观念上亦带有鲜明的文治色彩。

第一节　辽景宗的兴国观念

辽景宗耶律贤（948—982 年），字贤宁，小字明扆（一作明记），世宗耶律阮第二子，世宗被害时不足四岁，被穆宗耶律璟收为养子。应历十九年（969）二月入见穆宗，穆宗即明言："吾儿已成人，可付以政。"穆宗被内侍所杀，高勋、萧思温等大臣立耶律贤为皇帝（以下称"景宗"），上尊号为"天赞皇帝"，先用保宁年号，后用乾亨年号，在位十四年。保宁元年（969）五月，景宗立贵妃萧绰（953—1009 年，小字燕燕，萧思温之女）为皇后。[①]

有记载说景宗在位时，"刑赏政事，用兵追讨，皆皇后决之，帝卧床榻间，拱手而已"；"燕燕皇后以女主临朝，国事一决于其手。大诛罚，大征讨，蕃汉诸臣集众共议，皇后裁决，报之知帝而已"[②]。这样的记载并不准确，萧燕燕主政是在立辽圣宗之后以太后名义临朝称制，到统和二十七年结束，所以要把辽景宗和萧太后的政治观念分开论述。

一　对王朝中兴的企盼

景宗目睹了穆宗耶律璟的种种恶行，但是慑于其淫威不敢表露不满情绪，正如有记载称："穆宗酗酒怠政，帝（耶律贤）一日与韩匡嗣语

---

① 《辽史》卷 8《景宗纪上》，卷 71《景宗睿智皇后传》。
② 《契丹国志》卷 6《景宗孝成皇帝》，第 65、69 页。

及时事，耶律贤适止之，帝悟，不复言。"① 即位之后，景宗对治国方略作了重大的调整，以促成王朝的复兴。

针对皇帝好游猎的毛病，南院枢密使兼政事令的郭袭特别在乾亨元年（979）十一月的上书中提出了皇帝应做中兴之主的要求。②

> 昔唐高祖好猎，苏世长言不满十旬未足为乐，高祖即日罢，史称其美。伏念圣祖创业艰难，修德布政，宵旰不懈。穆宗逞无厌之欲，不恤国事，天下愁怨。陛下继统，海内翕然望中兴之治。十余年间，征伐未已，而寇贼未弭；年谷虽登，而疮痍未复。正宜戒惧修省，以怀永图。侧闻恣意游猎，甚于往日。万一有衔橛之变，搏噬之虞，悔将何及？况南有强敌伺隙而动，闻之得无生心乎？伏望陛下节从禽酣饮之乐，为生灵社稷计，则有无疆之休。③

景宗认可郭袭的说法，因为在他即位之后，已经推出了良政的三方面措施。

一是重新设置钟院，并改变穆宗时滥用刑罚的做法，重现宽刑的风格。

> 景宗在潜，已鉴其失。及即位，以宿卫失职，斩殿前都点检耶律夷腊葛。赵王喜隐自囚所擅去械锁，求见自辩，语之曰："枉直未分，焉有出狱自辩之理？"命复縶之。既而躬录囚徒，尽召而释之。保宁三年（971），以穆宗废钟院，穷民有冤者无所诉，故诏复之，仍命铸钟，纪诏其上，道所以废置之意。吴王稍为奴所告，有司请鞫，帝曰："朕知其诬，若按问，恐余人效之。"命斩以徇。五年，近侍实鲁里误触神纛，法应死，杖而释之，庶几宽猛相济。④

二是注重恤民和便民的措施，如保宁八年（976）三月，"遣五使

---

① 《辽史》卷8《景宗纪上》。
② 《辽史》卷9《景宗纪下》。
③ 《辽史》卷79《郭袭传》。
④ 《辽史》卷61《刑法志上》。

廉问四方鳏寡孤独及贫乏失职者，振之"。"景宗以旧钱不足于用，始铸乾亨新钱，钱用流布"。① 时任政事令的耶律隆先，亦能"薄赋敛，省刑狱，恤鳏寡，数荐贤能之士"。留守南京的耶律道隐，也能做到"号令严肃，民获安业"②。

　　三是处理贪婪臣僚。高勋因为有拥立皇帝的功劳，乃专横跋扈，上书请求在南京的荒地种稻。臣僚耶律昆对皇帝明言："高勋此奏，必有异志。果令种稻，引水为畦，设以京叛，官军何自而入？"景宗乃否决了高勋的动议。耶律贤适又向皇帝明言："大丞相高勋、契丹行宫都部署女里席宠放恣，及帝姨母、保母势薰灼。一时纳赂请谒，门若贾区。"景宗暂时压下不处理，待高勋等人谋害萧思温后，才下令将高勋、女里等贪蠹之臣处死。③

　　景宗采取的这些措施并非惊人之举，但是与穆宗的恶政相比，还是有明显的进步，至少使朝政纳入正常轨道，并彰显了以善治带来王朝中兴气象的思想倾向。

二　对外关系的调整

　　为改变连年战争带来的危害，景宗主动调整了对宋朝的关系，并在辽、宋战争再起时迅速化解了南疆面临的危机。

（一）与宋朝修好

　　景宗即位之后，即希望改变与宋朝的交战状态。保宁六年（974）三月，在景宗的授意下，涿州刺史耶律昌术（又作耶律合住，宋人记为耶律琮）向宋朝知雄州的孙全兴发出了议和的信息。

　　　　琮滥受君恩，猥当边任。臣无交于境外，言则非宜；事有利于国家，专之亦可。切思南北两地，古今所同，曷常不世载欢盟，时通贽币。往者晋氏后主，政出多门，惑彼强臣，忘我大义，干戈以之日用，生灵于是罹灾。今兹两朝，本无纤隙，若或交驰一介之使，显布二君之心，用息疲民，重修旧好，长为与国，不亦休哉。

---

① 《辽史》卷8《景宗纪上》，卷60《食货志下》。
② 《辽史》卷72《耶律隆先传》《耶律道隐传》。
③ 《辽史》卷79《耶律贤适传》《女里传》，卷85《高勋传》。

琼以甚微，敢干斯义，远布通悟，洞垂鉴详。①

宋太祖赵匡胤给予了积极的回应，辽、宋两朝很快达成了和议。宋朝还特别强调："契丹将通好于我，遣使谕北汉主以强弱势异，无妄侵伐。"北汉皇帝闻讯后痛哭，准备出兵攻辽，被属下劝止。②

保宁七年（975）正月，宋朝的使团到辽朝来贺正朔。三月，辽朝的使团到达汴梁，向宋太祖呈送"契丹国"的国书。此后两朝的使团密集往来，辽、宋关系进入了一个小小的"蜜月期"③。宋太宗赵匡义（赵炅）即位之后，继续维持这种通使和好的关系，并且为了规范两朝的互市贸易，专门在镇、易、雄、霸、沧州等地设置了榷务官员。④

辽、宋两朝的短期交好，使辽朝可以休养生息、保境安民；宋朝更是利用这样的机会，完成对江南等地的用兵，实现了大江南北统一的目标。

（二）救助北汉的失策

景宗虽然积极与宋朝通好，但是并没有放弃对北汉的支持。保宁二年（970），高勋向皇帝建言，放还穆宗在位时扣留的北汉使者。

> 我与晋阳，父子之国也。岁尝遣使来觐，非其大臣，即其子弟。先君以一怒而尽拘其使，甚无谓也。今嗣主新立，左右皆非旧人，国有忧患，宁不我怨，宜以此时尽归其使。

景宗采纳了高勋的建议，"乃悉索北汉使者前后凡十六人，厚其礼而归之。即命李弼为枢密使，刘继文为保义节度使，诏北汉主委任之"。北汉皇帝不信任这些长年居留辽朝的人，并未让他们担任要职，景宗则发出了责备北汉皇帝的诏书。

> 朕以尔国连丧二主，僻处一隅，期于再安，必资共治。继文尔

---

① 徐松辑：《宋会要辑稿·蕃夷一·契丹》，中华书局1997年版。

② 《续资治通鉴长编》卷15，第328、330页；《辽史》卷8《景宗纪上》；彭百川：《太平治迹统类》卷2《太祖经略幽燕》，四库全书本。

③ 《辽史》卷8《景宗纪上》；《宋会要辑稿·蕃夷一·契丹》；《续资治通鉴长编》卷16，第337、344、351、355页。

④ 《续资治通鉴长编》卷17，第387页；卷18，第397、402、414、417、434—435页。

之令弟，李弼尔之旧臣，一则有同气之亲，一则有耆年之故，遂行并命，俾效纯诚，庶几辑宁，保成欢好。而席未遑暖，身已弃捐，将顺之心，于我何有。

北汉皇帝阳奉阴违，一方面派使者前往辽朝作出解释，另一方面秘密责问刘继文暗通辽朝之罪，使刘继文忧惧而死。①

宋太宗即位之后，即着手准备出兵灭掉北汉。辽人已经察觉到了宋人的意图，保宁十年（978），出使宋朝的耶律虎古向景宗报告："诸僭号之国，宋皆并收，惟河东未下。今宋讲武习战，意必在汉。"主军大臣韩匡嗣不以为意，待次年（乾亨元年）宋朝发起灭北汉战役时，辽军仓促驰援，被宋军击败，北汉亦随之灭亡，景宗才有了"吾与匡嗣虑不及此"的悔悟。②

（三）化解南疆危局

宋太宗乘胜率军攻辽，准备一举拿下燕云十六州，使辽朝的南疆遭受严重的威胁。在南京（幽州）南部设防的辽将耶律讨古等人被宋军击败后，景宗即批评诸将："卿等不严侦候，用兵无法，遇敌即败，奚以将为！"宋军包围南京（幽州），耶律学古等人坚守危城，耶律斜轸等随即率援军赶来，在高梁河大败宋军，宋太宗狼狈逃走。③

辽军随即在韩匡嗣等人的率领下大举南下攻宋，被宋军战败，景宗愤怒地列举了韩匡嗣导致全军失利的"五罪"。

尔违众谋，深入敌境，尔罪一也；号令不肃，行伍不整，尔罪二也；弃我师旅，挺身鼠窜，尔罪三也；侦候失机，守御弗备，尔罪四也；捐弃旗鼓，损威辱国，尔罪五也。

景宗要处死韩匡嗣，"皇后引请诸内戚徐为开解"，才下令改为杖责。④ 从此事的处理来看，萧皇后显然没有处于"裁决朝政"的状态，

① 《续资治通鉴长编》卷11，第241页。
② 《辽史》卷9《景宗纪下》，卷74《韩匡嗣传》，卷82《耶律虎古传》；《太平治迹统类》卷2《太祖太宗亲征北汉》。
③ 《辽史》卷9《景宗纪下》，卷83《耶律斜轸传》《耶律学古传》，卷84《耶律讨古传》。
④ 《辽史》卷74《韩匡嗣传》。

亦显示出景宗具有把控军事行动的较强能力。

辽、宋再次开战后，和平通好关系断绝。宋太宗派人秘密联络渤海，许以宋灭辽后，"幽蓟土宇，复归中国，沙漠之外，悉以相与"，渤海则置之不理。① 宋太宗几次准备大举北上攻辽，都被臣僚劝阻，所以在乾亨四年（982）景宗病逝之前，辽、宋战争处于胶着状态。

元人修辽史时，指出"保宁以来，人人望治，以景宗之资，任人不疑，信赏必罚，若可与有为也"②。景宗耶律贤虽然不能被视为"中兴之主"，但还算是一位可以改变朝政走向、奠定中兴基础的有为皇帝，因为他确实有着与辽世宗和辽穆宗不同的追求"善治"的政治观念，在推动辽朝政治思想进步方面有着不可忽视的影响。

第二节　萧太后和辽圣宗前期的治国观念

辽景宗耶律贤去世时留下了"梁王隆绪嗣位，军国大事听皇后命"的遗诏。耶律隆绪（971—1031 年）是景宗的长子，小字文殊奴，于乾亨四年（982）九月即位，当时只有十二岁，"皇后奉遗诏摄政"。当年十月，群臣上尊号为昭圣皇帝，尊皇后为皇太后。次年六月，群臣又上尊号为天辅皇帝，并尊萧绰为承天皇太后，改年号为统和。③ 耶律隆绪后来的庙号是辽圣宗，在位五十年，是辽朝在位时间最长的皇帝。从统和元年到二十七年（983—1009）是圣宗与萧太后"共治"的时期，需用专节说明这一时期统治观念发展的情况。

一　贤君治国

萧太后主政的一个重要目标，是把圣宗耶律隆绪打造成辽朝的贤明君主，并为此做出了多方面的努力。

---

① 《续资治通鉴长编》卷22，第493页。

② 《辽史》卷9《景宗纪下》。

③ 《辽史》卷9《景宗纪下》，卷10《圣宗纪一》。按照宋人的记载，耶律隆绪即位后即改"大辽"国号为"大契丹国"（《续资治通鉴长编》卷23，第533页；《契丹国志》卷7《圣宗天辅皇帝》第71页亦称"帝即位，复号大契丹"；王称在《东都事略》（四库全书本）卷123《附录一·契丹》中亦称耶律隆绪"改大辽为大契丹国"），有人认为此后实行的是辽与契丹并称的双重国号制度，参见刘浦江《辽朝国号考释》，《历史研究》2001年第6期。为行文方便，本书均以"辽朝"称之，不拘泥于其间国号的变化。

（一）明古今治乱

圣宗"幼喜书翰，十岁能诗，即长，精射法，晓音律，好绘画"，受中原文化影响较深。① 作为君主，他亦专注于古今治乱问题。契丹学者耶律资忠"博学，工辞章，年四十未仕。圣宗知其贤，召补宿卫。数问以古今治乱，资忠对无隐"。耶律瑶质"笃学廉介，有经世志"，圣宗亦对其明言："闻卿正直，是以进用。国有利害，尔言宜无所隐。"② 为便于君主阅读唐书的高祖、太宗、玄宗三纪，侍读学士马得臣还特别"录其行事可法者进之"③。

圣宗显然已经把自己视为中原王朝的君主，并且希望能够成为像唐太宗、宋太祖一样的一代"英主"。

> （圣宗）好读唐贞观事要，至太宗、明皇实录则钦伏，故御名连明皇讳上一字；又亲以契丹字译白居易讽谏集，召番臣等读之。尝云："五百年来中国之英主，远则唐太宗，次则后唐明宗，近则今宋太祖、太宗也。"④

萧太后亦希望新皇即位后有不同的作为，所以在临朝听政后的统和元年（983）十一月，颁布了一个重要的诏谕。

> 谕三京左右相、左右平章事、副留守判官、诸道节度使判官、诸军事判官、录事参军等：当执公方，毋得阿顺。诸县令佐如遇州官及朝使非理征求，毋或畏徇。恒加采听，以为殿最。民间有父母在，别籍异居者，听邻里觉察，坐之。有孝于父母，三世同居者，旌其门间。⑤

这份诏谕虽然涉及的是治理地方的问题，但所体现的则是按照中原王朝崇尚善治、弘扬孝道等政治观念夯实辽朝统治基础的基本精神。

---

① 《辽史》卷10《圣宗纪一》。
② 《辽史》卷88《耶律资忠传》《耶律瑶质传》。
③ 《辽史》卷80《马得臣传》。
④ 《契丹国志》卷7《圣宗天辅皇帝》，第80页。
⑤ 《辽史》卷10《圣宗纪一》。

（二）节制君主

圣宗幼年即位，喜于游戏尚可原谅，但是十八岁之后依然痴迷于击毬等游戏，则不是好事。统和七年（989）四月，已经改任谏议大夫的马得臣特别向皇帝上书，请求节制击毬等游戏。

> 臣窃观房玄龄、杜如晦，隋季书生，向不遇太宗，安能为一代名相？臣虽不才，陛下在东宫，幸列侍从，今又得侍圣读，未有裨补圣明。陛下尝问臣以贞观、开元之事，臣请略陈之。
>
> 臣闻唐太宗侍太上皇宴罢，则挽辇至内殿；玄宗与兄弟欢饮，尽家人礼。陛下嗣祖考之祚，躬侍太后，可谓至孝。臣更望定省之余，睦六亲，加爱敬，则陛下亲亲之道，比隆二帝矣。
>
> 臣又闻二帝耽玩经史，数引公卿讲学，至于日昃。故当时天下翕然向风，以隆文治。今陛下游心典籍，分解章句，臣愿研究经理，深造而笃行之，二帝之治不难致矣。
>
> 臣又闻太宗射豕，唐俭谏之；玄宗臂鹰，韩休言之；二帝莫不乐从。今陛下以毬马为乐，愚臣思之，有不宜者三，故不避斧钺言之。窃以君臣同戏，不免分争，君得臣愧，彼负此喜，一不宜。跃马挥杖，纵横驰骛，不顾上下之分，争先取胜，失人臣礼，二不宜。轻万乘之尊，图一时之乐，万一有衔勒之失，其如社稷、太后何，三不宜。傥陛下不以臣言为迂，少赐省览，天下之福，群臣之愿也。[①]

马得臣知道圣宗尊崇唐太宗和唐玄宗，所以特别引用这二位皇帝纳谏的史实规劝皇帝，其真正的用意就是希望其能够遵从中原王朝的治道学说，成为一代明主。

出身于游牧民族的君主，喜好游猎本是正常的事情，所以辽朝有四时捺钵的制度安排，"辽国尽有大漠，浸包长城之境，因宜为治。秋冬

---

① 《辽史》卷80《马得臣传》。《辽史》卷12《圣宗纪三》所记上书文字略有不同，可录为参考："臣伏见陛下听朝之暇，以击毬为乐。臣思此事有三不宜：上下分朋，君臣争胜，君输臣夺，君胜臣喜，一不宜也；往来交错，前后遮约，争心竞起，礼容全废，若贪月杖，误拂天衣，臣既失仪，君又难责，二不宜也；轻万乘之贵，逐广场之娱，地虽平，至为坚确，马虽良，亦有惊蹶，或因奔击，失其控御，圣体宁无亏损？太后岂不惊惧？三不宜也。臣望陛下念继承之重，止危险之戏。"

违寒，春夏避暑，随水草就畋渔，岁以为常。四时各有行在之所，谓之捺钵"①。但是过于放纵的游猎，亦要加以限制。统和十五年（997）八月，在圣宗沉迷于游猎之时，萧太后也明确给予了警告。

　　前圣有言："欲不可纵。"吾儿为天下主，驰骋田猎，万一有衔橛之变，适遗予忧。其深戒之。②

　　要想成为贤君明主，必须对各种纵欲行为有所限制，圣宗在太后的管教和臣僚的规劝下，确实在行为上有所约束。

（三）贤臣辅政

　　萧太后辅助幼主，宋人对辽朝的朝政走向颇多揣测，并留下了相应的记载。

　　（宋太宗）太平兴国九年（984），知雄州贺令图与其父岳州刺史怀浦及薛继昭、刘文裕、侯莫、陈利用等相继上言："自国家伐太原，而北虏渝盟，发兵以援，非天威兵力决而取之，则河东之师几为迁延之役。且虏主年幼，国事决于其母，其大将军韩德让宠幸用事，国人疾之，请乘其衅以取幽蓟。又访得隆绪与其母萧氏在国中，每岁冬月，多居西楼或幽州北庙城就薪水，每出渔猎，常月余乃还，至春会遥乐河射鸭，夏居炭山，即上陉处，有屋室官殿。萧氏与韩私通，遣人缢杀其妻，遂入居帐中，同卧起如夫妻，共案而食。隆绪所居异帐，相去百许步，卫兵千余人，膳夫三百人，杂以藩汉女奴，国事皆萧氏与韩参决。又近幸医工迪黑姑及北大王孙、弟子将军二人，部族有窃议者，为其党所告，萧氏尽戮之。隆绪亦恶其事，畏不敢发。然萧氏亦常惧及祸，每岁正月，辄不食荤茹，大修斋会及造寺，冀复获福佑，而天性残忍，多杀罚，有机略，其下皆禀服焉。"③

说萧太后残暴，幼主无能，是为了鼓动宋太宗再次发起对辽的进攻，夺取燕云十六州。但是事与愿违，宋军大败而回，宋臣赵普则在给宋太宗的上书中对辽朝政局有了中肯的评价。

> 奸人但说契丹时逢暗主，地有灾星，以此为词，曲中圣旨。殊不知蕃戎上下，幽州具置生涯，土宿照临，外处不可征讨。若彼能同意，纵幼主以难轻，不顺群情，无灾星而亦败。诚宜守道，事贵无私，如乐祸以贪功，虑得之而不武。此盖两省少昌言之士，灵台无绝艺之人，而况补阙拾遗，合专思于诤谏，天文历算，须预定于吉凶。成兹误失之由，各负疏遗之罪，若无惩罚，宁戒后来。①

萧太后和圣宗确实不像宋朝"奸人"所说的那样不善理政，而是重用了三名贤臣辅政。

一位是韩德让，景宗去世后与耶律斜轸一起作为顾命大臣，册立新皇并以皇太后摄政，"与北府宰相室昉共执国政"。韩德让还曾特别"表请任贤去邪"，被萧太后赞为"进贤辅政，真大臣之职"②。

另一位是耶律斜轸，以契丹勇将著称于世，"皇太后称制，益见委用，为北院枢密使"③。

第三位是室昉，圣宗即位后任枢密使兼政事令，"与韩德让、耶律斜轸相友善，同心辅政，整析蠹弊，知无不言，务在息民薄赋，以故法度修明，朝无异议"④。

在朝廷用人方面，统和年间主要遵循的是重人才的原则。如统和二年（984）三月，划离部要求此后的详稳止从本部选授，圣宗即以"诸部官惟在得人，岂得定以所部为限"为由，否定了这样的做法。统和九年七月，又特别"诏诸道举才行、察贪酷、抚高年、禁奢僭，有殁于王事者官其子孙"。统和十二年六月，"诏州县长吏有才能无过者，减一资考任之"；八月，"下诏戒谕中外官吏"。十一月，"诏诸部所俘宋人有官吏儒生抱器能者，诸道军有勇健者，具以名闻"；"诏郡邑贡明经、茂材异

---

① 《续资治通鉴长编》卷27，第616页。
② 《辽史》卷82《耶律隆运传》。
③ 《辽史》卷83《耶律斜轸传》。
④ 《辽史》卷79《室昉传》。

等"。用宋人的旨令很快得到落实,"官宋俘卫德升等六人"①。

对于有良好政绩的官员,朝廷可以服从民意,使其继续留任。如统和五年(987)七月,"涅剌部节度使撒葛里有惠政,民请留,从之"。统和八年四月,"严州刺史李寿英有惠政,民请留,从之"。统和十三年六月,"启圣军节度使刘继琛秩满,民请留,从之"。统和十五年四月,"广德军节度使韩德凝有善政,秩满,其民请留,从之"②。

恰是有了贤君治国的观念,使萧太后和圣宗时的朝政比景宗时更有起色,更接近王朝中兴的水平。

二　文治表征

在萧太后和圣宗的共治下,辽朝的文治有了明显的进步,主要体现在礼乐制度的改进、科举取士和新建都城等方面。

(一)改进礼乐制度

辽太宗耶律德光引入中原王朝的礼仪制度后,在统和年间才全面使用,并有了一定的改进。

首先,皇帝的仪仗,在景宗耶律贤的葬礼时已采用"汉仗",即仿照中原王朝的仪仗形式。此后,皇帝在上京出入和百官朝贺等,都采用"汉仗"。皇帝和皇太后用辇也有了新规定,"圣宗统和三年,驻跸土河,乘步辇听政";"册承天皇太后仪,皇太后乘平头辇"。所谓的"平头辇","制如逍遥,无屋",是"常行用之"的坐轿③。

其次,宫廷的服装也有所变化。"圣宗统和元年册承天皇太后,给三品以上用汉法服,三品以下用大射柳服",即按照官员的品级而不是按南北面官来区分汉服和契丹服。④圣宗在位时出使辽朝的宋绶,特别在《契丹风俗》中记下了改制后辽人的服饰情况。

其衣服之制,国母与蕃官皆胡服,国主与汉官则汉服。蕃官戴毡冠,上以金华为饰,或加珠玉翠毛,盖汉、魏时辽人步摇冠之遗象也。额后垂金花织成夹带,中贮发一总。服紫窄袍,加义栏,系

---

① 《辽史》卷10《圣宗纪一》,卷13《圣宗纪四》。
② 《辽史》卷12《圣宗纪三》,卷13《圣宗纪四》。
③ 《辽史》卷55《仪卫志一》,卷58《仪卫志四》。
④ 《辽史》卷56《仪卫志二》。

鞢鞢带，以黄红色绦裹革为之，用金玉、水晶、碧石缀饰。又有纱冠，制如乌纱帽，无簷，不撚双耳，额前缀金花，上结紫带，带末缀珠。或紫皂幅巾，紫窄袍，束带。丈夫或绿巾，绿花窄袍，中单多红绿色。贵者被貂裘，貂以紫黑色为贵，青色为次。又有银鼠，尤洁白。贱者被貂毛、羊、鼠、沙狐裘。弓以皮为弦，箭削桦为杆。鞲勒轻简，便于驰走。以貂鼠或鹅项、鸭头为扞腰。①

再次，由于圣宗精通音律，在朝廷用乐中亦全面引入了自汉朝以来的"雅乐"。

圣宗统和元年（983），册承天皇太后，童子弟子队乐引太后辇至金銮门。

圣宗统和元年，册承天皇太后，设宫悬、篾虡，太乐工、协律郎入。太后仪卫动，举麾，《太和》乐作；太乐令、太常卿导引升御坐，帘卷，乐止。文武三品以上入，《舒和》乐作；至位，乐止。皇帝入门，《雍和》乐作；至殿前位，乐止。宰相押册，皇帝随册，乐作；至殿前置册于案，乐止。翰林学士、大将军舁册，乐作；置御坐前，乐止。丞相上殿，乐作；至读册位，乐止。皇帝下殿，乐作；至位，乐止。太后宣答讫，乐作；皇帝至西阁，乐止。亲王、丞相上殿，乐作；退班出，乐止。下帘，乐作；皇太后入内，乐止。②

最后，在与宋朝签订"澶渊之盟"后，规定了"宋使见皇太后仪""宋使见皇帝仪""曲宴宋使仪""贺生辰正旦宋使朝辞皇太后仪""贺生辰正旦宋使朝辞皇帝仪"的礼仪规定，以显示"北朝"皇帝（辽人称宋朝为"南朝"）亦有规范的礼仪制度。③

————————

① 《续资治通鉴长编》卷97，第2253—2254页；《契丹国志》卷23《衣服制度》，第252页；参见贾敬颜《契丹风俗疏证稿》，《五代宋金元人边疆行记十三种疏证稿》，第119—120页。

② 《辽史》卷54《乐志》。

③ 《辽史》卷51《礼志四》。

（二）科举取士

统和六年（988），"诏开科举，放高举一人及第"①。辽朝首开科举，应该沿承的是唐朝的制度，但有所简化，所以有人记载："圣宗时，止以词赋、法律取士，词赋为正科，法律为杂科。"②

从统和六年到二十七年，辽朝共计举行了十七次科举考试。

> 统和七年（989）二月，禁举人匿名飞书，谤讪朝廷。八月，放进士高正等二人及第。
> 统和八年，放进士郑云从等二人及第。
> 统和九年，放进士石用中一人及第。
> 统和十一年，放进士王熙载等二人及第。
> 统和十二年，放进士吕德懋等二人及第。
> 统和十三年，放进士王用极等二人。
> 统和十四年，放进士张俭等三人。
> 统和十五年，放进士陈鼎等二人。
> 统和十六年，放进士杨又玄等二人。
> 统和十七年，放进士初锡等四人及第。
> 统和十八年，放进士南承保等三人及第。
> 统和二十年，放进士邢祥等六人及第。
> 统和二十二年，放进士李可封等三人。
> 统和二十四年，放进士杨佶等二十三人及第。
> 统和二十六年，放进士史克忠等一十三人。
> 统和二十七年，御前引试刘二宣等三人。③

从列出的科举取士情况可以看出，在考试时间上，统和十八年以前每年都举行考试（只是统和十年没有考试，原因不详）；从统和二十年开始，科举考试的时间应改成了两年一次。在每年都考试时，进士名额都在三人以下；改为两年一次的考试后，名额大大增加。统和二十七年的"御前引试"，则是为后来的殿试做准备。由于科举取士初创，制度

---

① 《辽史》卷 12 《圣宗纪三》。有人认为辽太宗会同年间已开科举，应是误解。
② 《契丹国志》卷 23 《试士科制》，第 253—254 页。
③ 《辽史》卷 12 《圣宗纪三》，卷 13 《圣宗纪四》，卷 14 《圣宗纪五》。

并不完备，显然还没有像其他王朝一样，形成乡试、会试、殿试的三年一循环的严密制度。

科举取士有利于学校教育的发展。统和七年三月，宋进士十七人挈家依附辽朝，“命有司考其中第者，补国学官，余授县主簿、尉”。统和十三年九月，“以南京太学生员浸多，特赐水硙庄一区，以助养学之用”[①]。尤为重要的是，以引入科举取士的方法开辟新的选人途径，以及为发展儒学教育提供更便利的条件，对于辽朝政治观念的进一步“儒化”起着潜移默化的作用，不容忽视。

（三）兴建中京

圣宗即位时，延续过去的上京、南京、东京三京制度。统和二十五年（1007）正月开始建中京；十月，圣宗“驻跸中京”。次年五月，高丽遣使者“贺中京成”；十月，圣宗“幸中京”。统和二十七年四月，圣宗“驻跸中京，营建宫室”；十二月又“如中京”[②]。圣宗如此密集地出现在中京，显示他对新建的都城十分在意。

中京位于今内蒙古自治区赤峰市宁城县天义镇和大明镇境内的老哈河（辽代称土河）北岸，此地原来属于奚族，即有人所记的“中京之地，奚国王牙帐所居”[③]。圣宗之所以在这里修建新都城，是因为其地处于上京和南京之间，便于控制两京。所以在统和二十年（1002）十二月“奚王府五帐六节度献七金山土河川地”即所谓的“故奚王牙帐地”后，圣宗就有了建立新都的强烈愿望。

> 圣宗尝过七金山土河之滨，南望云气，有郛郭楼阙之状，因议建都。择良工于燕、蓟，董役二岁，郛郭、宫掖、楼阁、府库、市肆、廊庑，拟神都之制。……二十五年，城之，实以汉户，号曰中京，府曰大定。[④]

宋真宗大中祥符元年（辽圣宗统和二十六年，1008 年），出使辽朝的宋朝使者宋抟记录了中京初建时的情景。

---

① 《辽史》卷 12《圣宗纪三》，卷 13《圣宗纪四》。

② 《辽史》卷 14《圣宗纪五》。

③ 《契丹国志》卷 22《四京本末》，第 240—242 页。

④ 《辽史》卷 39《地理志三》。

契丹所居曰中京，在幽州东北，城垒卑小，鲜居人，夹道多蔽以墙垣。官中有武功殿，国主居之，文化殿，国母居之。又有东掖、西掖门。大率颇慕华仪，然性无检束，每宴集有不拜、不拱手者。①

随行的路振则详细记录了中京城内已有的建筑和街道等场景。

自通天馆东北行，至契丹国三十里。山远路平，奚、汉民杂居益众。里民言，汉使岁至，虏必尽趋山中奚民就道而居，欲其人烟相接也。又曰：虏所止之处，官属皆从，城中无馆舍，但于城外就车帐而居焉。

契丹国外城高丈余，东西有廊，幅员三十里。南门曰朱夏门，凡三门，门有楼阁。自朱夏门入，街道阔百余步，东西有廊舍约三百间，居民列廛肆庑下。街东西各三坊，坊门相对，虏以卒守坊门，持梃击民，不令出观。徐视坊门，坊中阒地，民之观者无多。又于坊聚车橐驼，盖欲夸汉使以浩穰。

三里至第二重门，城南门曰阳德门，凡三间，有楼阁，城高三丈，有睥睨，幅员约七里。

自阳德门入，一里而至内门，内闉阖门凡三门。街道东西并无居民，但有短墙，以障空地耳。闉阖门楼有五凤，状如京师，大约制度卑陋。东西掖门去闉阖门各三百余步，东西角楼相去约二里。

虏名其国曰中京，府曰大定府，无属县，有留守、府尹之官，官府、寺丞皆草创未就。盖与朝廷（宋朝）通使以来，方议建立都邑，内城中止有文化、武功二殿，后有宫室，但穹庐毳幕。常欲迁幽、蓟八军及沿灵河之民，以实中京，民不堪命，虏知其不可，遽止。②

宋朝使者所记恰是中京初建时的情形，因为负责建造皇都的太原人

① 《续资治通鉴长编》卷68，第1527页。
② 路振：《乘轺录》，见贾敬颜《乘轺录疏证稿》，《五代宋金元人边疆行记十三种疏证稿》，第59—61、66—67页。

王说，就是在"大内既成"之后，于统和二十五年七月病逝的。^① 而所谓的"大内"，就是以武功殿和文化殿为主体建筑。统和二十六年五月的"中京成"，就是完成了外城的修建，所以才有宋人所见的城墙、街道等。尽管中京城内还有不少建筑需要续建，但是已经足以作为文治的重要表征之一了。

三　重农恤民

辽朝占据燕云十六州后，已经是农、牧兼有的国家，所以萧太后和圣宗要富国强兵，必须表现出比以前各位皇帝更为突出的重农和恤民的观念。

（一）劝课农桑

乾亨五年（即统和元年，983）新皇帝刚刚即位，即发出了"五稼不登，开帑藏而代民税；螟蝗为灾，罢徭役以恤饥贫"的诏书，^② 显示主政者对农耕的高度重视。统和元年至二十七年，主政者先后推出了五方面的措施。

一是施行助刈法。统和三年（985），圣宗路过藁城，"见乙室奥隗部下妇人迪辇等黍过熟未获，遣人助刈"。统和四年八月，韩德让建议宋兵所掠州郡，其逃民禾稼宜募人收获，以其半给收者，这一建议亦被主政者所采纳。^③ 在农业生产受到战争威胁时，助刈法确实可以起到挽回部分损失的作用。

二是禁止残害农田等。统和四年（986）十一月，主政者发出了"军中无故不得驰马，及纵诸军残南境桑果"的禁令。统和七年正月，"禁部从伐民桑梓"；三月，"禁刍牧伤禾稼"。统和十四年十一月，"诏诸军官毋非时畋猎妨农"^④。这些禁令和诏令，都是为了强调朝廷对农耕的保护。

三是鼓励开荒种田。统和七年（989）六月，"诏燕乐、密云二县荒地许民耕种，免赋役十年"。统和十三年七月，"诏许昌平、怀柔等县诸人请业荒地"。统和十五年二月，"诏品部旷地令民耕种"；三月，

---

①　李度：《王说墓志铭》，《全辽文》卷5，第111—112页。
②　《辽史》卷59《食货志上》。
③　《辽史》卷11《圣宗纪二》，卷59《食货志上》。
④　《辽史》卷11《圣宗纪二》，卷12《圣宗纪三》，卷13《圣宗纪四》。

募民耕滦州荒地。① 开荒种田是发展农业的重要措施，在租税方面要有特殊的照顾，并形成了官田、私田、头下田三种不同的租税方法。

> 统和十五年，募民耕滦河旷地，十年始租，此在官闲田制也。又诏山前后未纳税户，并于密云、燕乐两县，占田置业入税，此私田制也。各部大臣从上征伐，俘掠人户，自置郛郭，为头下军州。凡市井之赋，各归头下，惟酒税赴纳上京，此分头下军州赋为二等也。②

需要注意的是，边境区域的军事屯田，在租税上也实行了区分公田和私田的办法。

> 统和中，耶律昭言，西北之众，每岁农时，一夫侦候，一夫治公田，二夫给纠官之役。当时沿边各置屯田戍兵，易田积谷以给军饷。故太平七年诏，诸屯田在官斛粟不得擅贷，在屯者力耕公田，不输税赋，此公田制也。余民应募，或治闲田，或治私田，则计亩出粟以赋公上。③

四是建立户籍管理制度。辽朝曾有"括田"的举动，统和八年（990）五月"诏括民田"，但统和九年正月即"罢括田"④。括田可以有多种动机，由于史料所限，难以知道如此短暂的括田出于什么动机。与括田相比，括户则持续了更长的时间。统和九年七月，下诏"通括户口"。统和十三年四月，"诏诸道民户应历以来胁从为部曲者，仍籍州县"。统和十五年三月，"通括宫分人户"⑤。括户是为了建立户籍管理制度，所以既包括农业地区的人户，也包括契丹各部的人户，尤其是皇族宫分下属的大量人户。

五是注重劝农。统和十年（992）八月，"观稼，仍遣使分阅苗

---

① 《辽史》卷 12《圣宗纪三》，卷 13《圣宗纪四》。
② 《辽史》卷 59《食货志上》。
③ 《辽史》卷 59《食货志上》。
④ 《辽史》卷 13《圣宗纪四》。
⑤ 《辽史》卷 13《圣宗纪四》。

稼"。十二年七月，"遣使视诸道禾稼"。十三年正月，"诏诸道劝农"。
十五年正月，"诏诸道劝民种树"①。由"观稼"到"劝农"，显示辽朝
的主政者已经着手建立规范化的劝课农桑制度，以体现对发展农业的
重视。

（二）轻徭薄赋

对于辽朝治下燕云地区民众赋税沉重的情况，出使辽朝的路振有以
下记载。

> 虏政苛刻，幽、蓟苦之。围桑税亩，数倍于中国，水旱虫蝗之
> 灾，无蠲减焉。以是服田之家，十夫并耨，而老者之食不得精凿；
> 力蚕之妇，十手并织，而老者之衣不得缯絮。征敛调发，急于剽
> 掠。加以耶律、萧、韩三姓恣横，岁求良家子以为妻妾。幽、蓟之
> 女有姿质者，父母不令施粉白，弊衣而藏之。比嫁，不与亲族相
> 往来。②

这样的记载，带有一定的宋人偏见，实际上在赋税徭役方面，本着
轻徭薄赋的原则，辽朝的主政者已经重点推出了四种方法。

第一种是"均差法"。"圣宗乾亨间（即统和元年，983），以上京
'云为户'赀具实饶，善避徭役，遗害贫民，遂勒各户，凡子钱到本，
悉送归官，与民均差。"与之相配套的，就是恩免徭役，如统和三年三
月，"枢密奏契丹诸役户多困乏，请以富户代之。上因阅诸部籍，涅
剌、乌隗二部户少而役重，并量免之"③。

第二种是"均税法"。统和十二年（994），萧排押"条上时政得失
及赋役法"，得到皇帝的认可。当年十月，即下诏"定均税法"。统和
十四年十二月，"以南京道新定税法太重，减之"④。

第三种是"免税法"。免税主要针对四种情况。一是受战乱影响，
可以免税，如统和四年（986）八月，韩德让上言："山西四州数被兵，
加以岁饥，宜轻税赋以来流民。"政事令室昉亦言："山西诸州给军兴，

① 《辽史》卷13《圣宗纪四》。
② 贾敬颜：《乘轺录疏证稿》，《五代宋金元人边疆行记十三种疏证稿》，第52页。
③ 《辽史》卷11《圣宗纪二》，卷59《食货志上》。
④ 《辽史》卷13《圣宗纪四》，卷88《萧排押传》。

民力凋敝，田谷多躏于边兵，请复今年租。"主政者采纳了二人的建议，下诏"复山西今年租赋"①。二是京畿地区，可以作为免税的重点地区，如统和九年正月，"诏免三京诸道租赋"。统和十四年正月，"蠲三京及诸州税赋"。统和十九年十二月，"免南京、平州租税"②。三是流民可以免税，如统和十五年正月就正式下发了"免流民税"的诏令。③ 四是免去本来不应由民户承担的税额，如统和十六年二月正式下令"罢民输官俸，给自内帑"④。

第四种是"关市法"。统和三年（985）十一月，"燕京留守司言，民艰食，请弛居庸关税，以通山西籴易。又令有司谕诸行宫，布帛短狭不中尺度者，不鬻于市"。统和四年，"诏以南、北府市场人少，宜率当部车百乘赴集，开奇峰路以通易州贸易"。当年六月，"南京留守奏百姓岁输三司盐铁钱，折绢不如直，诏增之"；十一月，"以古北、松亭、榆关征税不法，致阻商旅，遣使鞫之"。统和十九年闰十一月，"减关市税"⑤。随着贸易的发展，"关市法"显然一直处于调整的状态之中。

与贸易有关的钱币，亦有所变化："圣宗凿大安山，取刘守光所藏钱，散诸五计司，兼铸太平钱，新旧互用。由是国家之钱，演迤域中。所以统和出内藏钱，赐南京诸军司。"⑥

新推出的各种赋税徭役方法，不仅为建立稳定的赋役制度奠定了基础，亦在减轻民众负担方面起了重要作用，因为在辽、宋交战之际，争取民心稳定显然是制胜的重要保障。

（三）安抚百姓

面对各种自然灾害，主政者已经着手建立常态化的赈济制度。统和元年（983）九月，"以东京、平州旱、蝗，诏振之"。统和六年八月，"大同军节度使耶律抹只奏今岁霜旱乏食，乞增价折粟，以利贫民"；"诏三司，旧以税钱折粟，估价不实，其增以利民"。统和十年五月，

① 《辽史》卷11《圣宗纪二》，卷59《食货志上》，卷82《耶律隆运传》。
② 《辽史》卷13《圣宗纪四》，卷14《圣宗纪五》。
③ 《辽史》卷13《圣宗纪四》。
④ 《辽史》卷14《圣宗纪五》。
⑤ 《辽史》卷10《圣宗纪一》，卷11《圣宗纪二》，卷14《圣宗纪五》，卷60《食货志下》。
⑥ 《辽史》卷60《食货志下》。

"朔州流民给复三年"。统和十二年二月，"免南京被水户租赋"①。

设立义仓是农耕地区重要的备灾方法，统和十三年（995），"诏诸道置义仓。岁秋，社民随所获，户出粟庤仓，社司籍其目。岁俭，发以振民"。义仓很快就发挥了重要的赈灾作用，统和十五年四月即有了"发义仓粟振南京诸县民"的记载。②

减少工程造作，也能起到恤民的作用，如统和六年（988）五月，"奉圣州言太祖所建金铃阁坏，乞加修缮。诏以南征，恐重劳百姓，待军还治之"，就是为了恤民而延缓工期的一个重要例证。③

即便是对于敌国的民众，也要抱宽容和抚绥的态度，可以列举一个重要的例证。

> 圣宗统和六年，承天太后伐宋，以夏暑师还，俘获甚众。次至范阳，（郭）世珍与翰林承旨马德诚（马得臣）上书言："降卒役夫，皆有父母妻子，不无怀土之情，驱而北之，终不为用。惟殿下以至仁宽宥，放归乡里，幸甚。"太后嘉纳之，盖所纵数万人。④

当然，对民众既要有安抚的一面，也要有加强控制的另一面，如统和四年（986）十一月，"政事令室昉奏山西四州自宋兵后，人民转徙，盗贼充斥，乞下有司禁止。命新州节度使蒲打里选人分道巡检"，就是主政者一个重要的控制民众措施。⑤

与王朝初期的重农、恤民观念相比，萧太后和圣宗更注重的是以制度化的措施落实重视农桑、轻徭薄赋的要求，并以此体现了爱民理念的重大进步。

四　重法宽刑

重法和宽刑是治国的重要准则，在萧太后的帮助下，圣宗有了"宽

---

① 《辽史》卷 10《圣宗纪一》，卷 12《圣宗纪三》，卷 13《圣宗纪四》，卷 59《食货志上》。

② 《辽史》卷 13《圣宗纪四》，卷 59《食货志上》。

③ 《辽史》卷 12《圣宗纪三》。

④ 王鹗：《郭世珍新茔碑》，李修生主编《全元文》第 8 册，江苏古籍出版社 1998—2004 年版，第 35—36 页。

⑤ 《辽史》卷 11《圣宗纪二》。

刑"的观念，正如有记载所称："圣宗冲年嗣位，睿智皇后（萧太后）称制，留心听断，尝劝帝宜宽法律。帝壮，益习国事，锐意于治。"①在法制方面的作为，主要体现在录囚和更定法令两个方面。

（一）注重录囚

主政者所要求的"录囚"，就是审讯在押囚犯，对其案情进行复核，有罪处罚，无罪开释，不仅能够避免各地的案件长期拖延，还可以纠正部分冤假错案。萧太后和圣宗主政的前期，录囚已经成为朝廷的一种常态化行为，可列举要者于下。

> 统和元年（983）七月，上亲录囚。十二月，敕诸刑辟已结正决遣而有冤者，听诣台诉。
>
> 统和二年四月，皇太后临决滞狱。六月，皇太后决狱，至月终。
>
> 统和三年六月，皇太后临决滞狱。
>
> 统和四年正月，朝皇太后，决滞讼。
>
> 统和九年闰二月，遣翰林承旨邢抱朴、三司使李嗣、给事中刘京、政事舍人张乾、南京副留守吴浩分决诸道滞狱。三月，复遣库部员外郎马守琪、仓部员外郎祁正、虞部员外郎崔祐、蓟北县令崔简等分决诸道滞狱。
>
> 统和十四年五月，诏参知政事邢抱朴决南京滞狱。
>
> 统和十五年正月，诏南京决滞囚。四月，录囚。五月，诏平州决滞狱。七月，诏南京疾决狱讼。十月，以上京狱讼繁冗，诘其主者。录囚。十一月，录囚。十二月，录囚。
>
> 统和十六年七月，录囚，听政。②

统和十七年到二十七年之间，未再见到录囚的记载，可能是因为受辽、宋战争的影响，录囚的行为有所放缓。统和十七年以前，萧太后和皇帝都曾亲自"录囚"，可见对于此事的重视。

---

① 《辽史》卷61《刑法志上》。

② 《辽史》卷10《圣宗纪一》，卷11《圣宗纪二》，卷13《圣宗纪四》，卷14《圣宗纪五》。

（二）更定法令

圣宗即位后，"更定法令凡十数事，多合人心，其用刑又能详慎"。从现存的记载，可以列出一些新的法律规定。

一是统一契丹人和汉人的处罚方法。"先是，契丹及汉人相殴致死，其法轻重不均，至是一等科之。统和十二年，诏契丹人犯十恶，亦断以律。"

二是改变死囚暴尸多日的做法。"旧法，死囚尸市三日，至是一宿即听收瘗。"

三是定奴婢犯罪法。"统和二十四年，诏主非犯谋反大逆及流死罪者，其奴婢无得告首；若奴婢犯罪至死，听送有司，其主无得擅杀。"①

四是禁止官吏纳贿审案。统和十二年六月，韩德让"奏三京诸鞫狱官吏，多因请托，曲加宽贷，或妄行捞掠，乞行禁止"，这一建议被主政者采纳。②

五是废除连坐法。"先是，叛逆之家，兄弟不知情者亦连坐。阿没里谏曰：'夫兄弟虽曰同胞，赋性各异，一行逆谋，虽不与知，辄坐以法，是刑及无罪也。自今，虽同居兄弟，不知情者免连坐。'太后嘉纳，著为令。"③

更定部分法令，并不是严格意义的立法，但毕竟是在法制方面又有了重大的进步。

五 澶渊之盟

萧太后和圣宗共同主政的时期，辽朝南面的宋朝是最重要的敌人，在对外关系方面，辽朝采用的是安抚后方和集中力量对付宋朝的策略。

（一）安边之要

辽朝的西边有新建立的西夏，东边有高丽，为安定后方，萧太后和圣宗对这两国采用的都是安抚的策略。

西夏建国之后，先依附于宋朝，统和四年（986）二月，西夏叛宋附辽，辽朝与西夏建立了和亲关系和册封关系，并秉持了在道义上支持

---

① 《辽史》卷61《刑法志上》。
② 《辽史》卷82《耶律隆运传》。
③ 《辽史》卷79《耶律阿没里传》。

其抗宋的基本态度。①

　　辽与高丽的关系，则稍微复杂一些。统和三年（985）七月，辽军大举出动，东征高丽，但八月即因"辽泽沮洳"，罢征高丽。统和十年十二月，东京留守萧恒德（字逊宁）奉命率军东征高丽。② 统和十一年，萧恒德在给高丽王王治的书信中，表明了"统一大朝"要迫其臣服的要求："大朝统一四方，其未归附，期于扫荡。速致降款，毋涉淹留。""八十万军至矣，若不出江而降，当须殄灭，君臣宜速降军前。"③

　　在辽军的压力下，王治表示臣服，统和十二年（994）二月，"高丽来贡"；三月，"遣使抚育谕高丽"④。萧恒德则又致书王治，明确提出了筑城守护要塞的要求。

　　　　近奉宣命："但以彼国信好早通，境土相接，虽以小事大，固有规仪。而原始要终，须存悠久，若不设于预备，虑中阻于人。遂与彼国商议，使于要冲路陌，创筑城池者。"寻准宣命，自便斟酌，拟于鸭江西创筑五城，取三月初拟到筑城处，下手修筑。伏请大王预先指挥，从安北府至鸭江东，计二百八十里，踏行稳便田地，酌量地里远近，并令筑城。发遣役夫，同时下手。其合筑城数，早与回报。所贵交通车马，长开资觐之途，永奉朝廷，自协安康之计。⑤

　　圣宗则在发给王治的诏书中，特别强调了朝廷对东北边境安全的重视。

　　　　敕高丽国王王治：省东京留守逊宁奏，卿欲取九月初发丁夫修筑城寨，至十月上旬已毕。卿才维天纵，智达时机，乐输事大之诚，远奉来庭之礼。适因农隙，远集丁夫，用防旷远之寇攘。先筑要津之城垒，雅符朝旨，深叶时情。况彼女真，早归皇化，服我威

---

　　① 《辽史》卷11《圣宗纪二》，卷115《西夏记》。
　　② 《辽史》卷10《圣宗纪一》，卷13《圣宗纪四》，卷88《萧恒德传》，卷115《高丽记》。
　　③ 萧逊宁：《致高丽书》，《全辽文》卷5，第102页。
　　④ 《辽史》卷13《圣宗纪四》。
　　⑤ 萧逊宁：《致高丽书》，《全辽文》卷5，第102页。

信，不敢非违。但速务于完修，固永期于通泰。①

统和十三年（995）十一月，圣宗派遣使者前往高丽，册封王治为高丽国王，在册书中特别强调了敦促高丽谨慎治国的要求。

> 汉重呼韩，位列侯王之上。周尊熊绎，世开土宇之封。朕法古为君，推恩及远。惟东溟之外域，顺北极以来王。岁月屡迁，梯航靡倦。宜举真封之礼，用旌内附之诚。爰采彝章，敬敷宠数。咨尔高丽国王王治，地临鳀壑，势压蕃隅。继先人之茂勋，理君子之旧国。文而有礼，智以识机。能全事大之仪，尽协酌中之体。鸭江西限，曾无恃险之心。凤宸北瞻，克备以时之贡。言念忠敬，宜示封崇。升一品之贵阶，正独坐之荣秩。仍疏王爵，益表国恩，册尔为开府仪同三司、尚书令、高丽国王。于戏，海岱之表，汝惟独尊，辰卞之区，汝惟全有。守兹富贵，戒彼满盈。无庸小人之谋，勿替大君之命。敬修乃事，用合朝经。俾尔国人，同跻寿域，永扬休命，可不美哉。②

此后，圣宗又答应了高丽的和亲请求。统和十五年十一月，王治去世，次年十一月，圣宗又派使者册立王诵为高丽国王。③

对于西北地区的阻卜等族，亦有抚绥的安边之策。如萧挞凛任西北路招讨使时，曾向文学之士耶律昭请教："今军旅甫罢，三边宴然，惟阻卜伺隙而动。讨之，则路远难至；纵之，则边民被掠；增戍兵，则馈饷不给；欲苟一时之安，不能终保无变。计将安出？"耶律昭则向萧挞凛提出了以下建议。

> 窃闻治得其要，则仇敌为一家；失其术，则部曲为行路。夫西北诸部，每当农时，一夫为侦候，一夫治公田，二年给纠官之役，大率四丁无一室处。刍牧之事，仰给妻孥。一遭寇掠，贫穷立至。春夏赈恤，吏多杂以糠秕，重以掊克，不过数月，又复告困。且畜

---

① 《赐高丽国王王治诏》，《全辽文》卷1，第10页。
② 《遣张干等封高丽王册》，《全辽文》卷1，第11页。
③ 《辽史》卷13《圣宗纪四》，卷14《圣宗纪五》，卷115《高丽记》。

牧者，富国之本。有司防其隐没，聚之一所，不得各就水草便地。兼以逋亡戍卒，随时补调，不习风土，故日瘠月损，驯至耗竭。

为今之计，莫若振穷薄赋，给以牛种，使遂耕获。置游兵以防盗掠，颁俘获以助伏腊，散畜牧以就便地。期以数年，富强可望。然后练简精兵，以备行伍，何守之不固，何动而不克哉？然必去其难制者，则余种自畏。若舍大而谋小，避强而攻弱，非徒虚费财力，亦不足以威服其心。此二者，利害之机，不可不察。

昭闻古之名将，安边立功，在德不在众。故谢玄以八千破苻坚百万，休哥以五队败曹彬十万。良由恩结士心，得其死力也。阁下应非常之遇，专方面之寄，宜远师古人，以就勋业。上观乾象，下尽人谋；察地形之险易，料敌势之虚实。虑无遗策，利施后世矣。①

萧挞凛采纳了耶律昭的建议，"因讨阻卜之未服者，诸蕃岁贡方物充于国，自后往来若一家焉。上赐诗嘉奖，仍命林牙耶律昭作赋，以述其功"。萧挞凛又以诸部叛服不常，"上表乞建三城以绝边患"，这一建议亦被主政者所采纳。②

（二）对宋的战和选择

借着辽朝幼主登基的机会，宋朝发起了对辽的全面进攻。雍熙三年（辽圣宗统和四年，986）正月，宋太宗发出了给幽州吏民的诏书。

朕祇膺景命，光宅中区，右蜀全吴尽在提封之内，东渐西被，或归覆育之中。常令万物以由庚，每耻一夫之不获眷。此北燕之地，本为中国之民，晋汉已来戎夷窃据，迨今不复，垂五十年。国家化被华夷，恩覃动植，岂可使幽燕奥壤犹为被发之乡，冠带遗民尚杂茹毛之俗。爰兴师律以正封疆，拯溺救焚，聿从于民望，执讯获丑，即震于皇威。凡尔众多，宜体兹意。今遣行营都部署曹彬、崔彦进等，推锋直进，振旅长驱。朕当续御戎车，亲临寇境，径指西楼之地，尽焚老上之庭。灌爝火之微，宁劳巨浸，折春虫之股，岂待隆车。应大军入界，百姓倍加安抚，不得误有伤杀及发掘坟

① 《辽史》卷104《耶律昭传》。
② 《辽史》卷85《萧挞凛传》。

墓、焚烧庐舍、斩伐桑枣、虏掠人畜，犯者并当处斩。应收复城邑，文武官皆依旧任，候平幽州日，别加擢用。若有识机知变、因事建功，以节度、防御、团练、刺史州降者，即以本任授之，仍加优赏，军镇城邑亦如之。其乡县户民，候平定日，除二税外，无名科率并当除放。凡在众庶，当体朕怀。①

从这份诏书的口气可以看出，宋人不仅准备一举夺回燕云十六州，还要进攻上京，荡平辽朝。辽朝主政的萧太后毫不示弱，带着圣宗一起率军南下，皇太后还"亲阅辎重兵甲"。在辽军主力的打击下，宋军大败于望都等地。②

经过重大的失败之后，尽管宋太宗还不时冒出大举北上的念头，但多被臣僚劝阻。有人甚至向宋太宗献上了"行间谍以离之，因衅隙以取之"的对策："契丹中妇人任政，荒淫不法，谓宜委边上重臣，募边民谙练蕃情者，间谍蕃中酋长，啗以厚利，推以深恩。蕃人好利而无义，待其离心，因可取也。"③ 有人则强调虽然"今契丹嬖臣擅轴，牝鸡司晨，单于幽闭，权归母后，于越强大，处于嫌疑"，但是"审睹天下之形势，忧患未已，唯与之通好，或可解纷"④。宋太宗亦曾明确表示："朕每议兴兵，皆不得已。"他还对即位初年的高梁河战败有了反省："且治国在乎修德尔，四夷当置之度外。朕往岁既克并、汾，观兵蓟北，方年少气锐，至桑干河，绝流而过，不由桥梁。往则奋锐居先，还乃勒兵殿后，静而思之，亦可为戒。"⑤ 由于宋朝连年对西夏用兵，所以在对辽朝的军事行动方面主要采取的是谨守边城的策略。

宋太宗去世后，真宗赵恒即位，臣僚以"契丹则君臣久定，蕃、汉有分，纵萌南顾之心，亦须自有思虑"为由，依然强调以守为主。⑥ 亦有人明确提出了与辽朝议和的主张："宜以此时赦契丹之罪，择有文武才略、习知边境辨说之士，为一介之使，以嗣位服除，礼当修好邻国，

① 钱若水等：《太宗皇帝实录》卷35，四库全书本。
② 《辽史》卷11《圣宗纪二》，卷83《耶律休哥传》《耶律斜轸传》；《续资治通鉴长编》卷27，第602—608、621—626页。
③ 《续资治通鉴长编》卷30，第672页。
④ 《续资治通鉴长编》卷31，第702—703页。
⑤ 《续资治通鉴长编》卷34，第758—759页。
⑥ 《续资治通鉴长编》卷43，第923—924页。

往告谕之。彼十年以来不复犯塞，以臣料之，力有不足，志欲归向，而未得其间也。今若垂天覆之仁，假来王之便，必欢悦慕义，遣使朝贡，因与之尽弃前恶，复寻旧盟，利以货财，许以关市，如太祖故事，结之以恩，彼必思之。两国既和，则无北顾之忧。"① 主和派虽然在宋朝内的声音还不够强，但是在辽朝边将请求重开榷场时，宋朝同意在雄州再开榷场，算是为两国修好创造条件。②

在辽朝方面，萧太后和圣宗则准备大举南下，不仅要攻占"关南之地"，亦希望一战使宋朝屈服。统和二十二年（1004）闰九月，萧太后和圣宗统军南伐，宋真宗则在寇准等人的鼓励下，率军至澶渊阻抗辽军的进攻。在大战即将爆发之时，双方的和议亦紧锣密鼓地展开。

发起和议的一个关键性人物是宋朝降将王继忠。按照辽方的记载，主动示好的是宋朝，统和二十二年十一月，"南院大王善补奏宋遣人遗王继忠弓矢，密请求和。诏继忠与使会，许和"③。按照宋方的记载，主动示好的是辽朝，因为王继忠得到萧太后的授意，希望达成合议，所以王继忠通过南宋守将向宋方发出了求和的密函。

　　初，殿前都虞侯、云州观察使王继忠战败，为敌所获，即授以官，稍亲信之，继忠乘间言和好之利。时契丹母老，有厌兵意，虽大举深入，然亦纳继忠说，于是遣小校李兴等四人持信箭以继忠书诣莫州部署石普，且致密奏一封，愿速达阙下，词甚恳激。兴等言契丹主与母召至车帐前面授此书，戒令速至莫州送石帅，获报简即驰以还。是日，普遣使赍其奏至。上发视之，即继忠状，具言："臣先奉诏充定州路副都部署，望都之战，自晨达酉，营帐未备，资粮未至，军不解甲、马不刍秣二日矣，加以士卒乏饮，冒刃争汲。翌日，臣整众而前，邀其偏将，虽胜负且半，而策援不至，为北朝所擒，非唯王超等轻敌寡谋，亦臣之罪也。北朝以臣早事宫庭，尝荷边寄，被以殊宠，列于诸臣。臣尝念昔岁面辞，亲奉德音，唯以息民止戈为事。况北朝钦闻圣德，愿修旧好，必冀睿慈俯从愚瞽。"

① 《续资治通鉴长编》卷44，第931—932页。
② 《续资治通鉴长编》卷51，第1127—1128页。
③ 《辽史》卷14《圣宗纪五》。

宋真宗尽管对于双方能否达成和议信心不足，还是希望通过王继忠表达宋朝的和解罢兵善意。

> 上（宋真宗）谓辅臣曰："朕念往昔全盛之世，亦以和戎为利。朕初即位，吕端等建议，欲因太宗上仙，命使告讣。次则何承矩请因转战之后，达意边臣。朕以为诚未交通，不可强致。又念自古獯鬻为中原强敌，非怀之以至德，威之以大兵，则犷悍之性，岂能柔服。此奏虽至，要未可信也。"毕士安等曰："近岁契丹归款者，皆言国中畏陛下神武，本朝雄富，常惧一旦举兵复幽州，故深入为寇。今既兵锋屡挫，又耻于自退，故因继忠以请，谅亦非妄。"上曰："卿等所言，但知其一，未知其二。彼以无成请盟，固其宜也。然得请之后，必有邀求。若屈己安民，特遣使命，遗之货财，斯可也。所虑者，关南之地曾属彼方，以是为辞，则必须绝议，朕当治兵誓众，躬行讨击耳。"遂以手诏令石普付兴等赐继忠曰："朕丕承大宝，抚育群民，常思息战以安人，岂欲穷兵而黩武。今览封疏，深嘉恳诚。朕富有寰区，为人父母，傥谐偃革，亦协素怀。诏到日，卿可密达兹意，共议事宜，果有审实之言，即附边臣闻奏。"继忠欲朝廷先遣使命，上未许也。①

宋真宗清楚要达成和议，宋朝须付出一定的代价，于是确立了"给钱不给地"的谈判底线。王继忠得到宋真宗手诏之后，通过石普转告真宗："契丹已领兵攻围瀛州，盖关南乃其旧疆，恐难固守，乞早遣使议和好。"真宗即表示："瀛州素有备，非所忧也。欲先遣使，固亦无损。"既然双方都有达成和议的诚意，谁先派出使者已经不是需要纠缠的问题，宋真宗乃以曹利用为和谈使者，并以"契丹先露恳诚，求结和好，使于兵间，固亦无他"的说法表明出使并无危险。对于宋朝可以给出的金帛数目，真宗的要求是"必不得已，虽百万亦可"。寇准则对曹利用明确表示："虽有敕旨，汝往，所许不得过三十万。过三十万勿来见准，准将斩汝。"②

---

① 《续资治通鉴长编》卷57，第1268—1269页。
② 《续资治通鉴长编》卷57，第1278—1279、1292页。

由于有宋朝将领等阻遏，曹利用迁延了一段时间才见到萧太后和圣宗。对于双方谈判的拉锯过程，可转引有关的记载于下。

曹利用自天雄赴契丹寨，见其国主、群臣与其宰相韩德让同处一车，群臣与其主重行别坐，礼容甚简。以木横车轭，上设食器，坐利用车下，馈之食。共议和好事，议未决，乃遣左飞龙使韩杞持国主书与利用俱还。

（宋真宗）诏知澶州、引进使何承矩郊劳，翰林学士赵安仁接伴之，凡觐见仪式，皆安仁所裁定云。

韩杞入对于行宫之前殿，跪授书函于阁门使，使捧以升殿，内侍省副都知阎承翰受而启封，宰相读讫，命杞升殿，跪奏云："国母令臣上问皇帝起居。"其书复以关南故地为请，上（宋真宗）谓辅臣曰："吾固虑此，今果然，唯将奈何？"辅臣等请答其书，言："关南久属朝廷，不可拟议，或岁给金帛，助其军费，以固欢盟，惟陛下裁度。"上曰："朕守祖宗基业，不敢失坠。所言归地事极无名，必若邀求，朕当决战尔！实念河北居人，重有劳扰，傥岁以金帛济其不足，朝廷之体，固亦无伤。答其书不必具言，但令曹利用与韩杞口述兹事可也。"赵安仁独能记太祖时国书体式，因命为答书。赐杞袭衣、金带、鞍马、器币。杞即日入辞，遂与利用同往。韩杞既受袭衣之赐，及辞，复左衽，且以赐衣稍长为解。赵安仁曰："君将升殿受还书，天颜咫尺，如不衣所赐之衣，可乎？"杞即改服而入。上又面戒利用以地必不可得，若邀求货财，则宜许之。利用对曰："臣乡使，晓契丹语。又密伺韩杞，闻其乘间谓左右曰：'尔见澶州北寨兵否？劲卒利器，与前闻不同。吁！可畏也。'臣此行得熟察之，苟妄有邀求，必请会师平荡。"

曹利用与韩杞至契丹寨，契丹复以关南故地为言，利用辄沮之，且谓曰："北朝既兴师寻盟，若岁希南朝金帛之资以助军旅，则犹可议也。"其接伴政事舍人高正始遽曰："今兹引众而来，本谋关南之地，若不遂所图，则本国之人负愧多矣。"利用答以"禀命专对，有死而已。若北朝不恤后悔，恣其邀求，地固不可得，兵亦未易息也"。其国主及母闻之，意稍怠，但欲岁取金帛。利用许遗绢二十万匹、银一十万两，议始定。

契丹复遣王继忠见利用，且言："南北通和，实为美事。国主年少，愿兄事南朝。"又虑南朝或于缘边开移河道，广浚壕堑，别有举动之意。因附利用密奏，请立誓，并乞遣近上使臣持誓书至彼。

利用即与其右监门卫大将军姚柬之持国主书具还，并献御衣、食物，其郊劳馆谷，并如韩杞之礼，命赵安仁接伴。柬之谈次，颇矜兵强战胜。安仁曰："闻君多识前言。老氏云：'佳兵者，不祥之器，圣人不得已而用之。'胜而不美而美之者，是乐杀人。乐杀人者，不得志于天下。"柬之自是不敢复谈。

柬之入对于行宫，中使受其书，书辞犹言曹利用所称未合王继忠前议。然利用固有成约，悉具继忠密奏中矣。

柬之入辞，命西京左藏库使、奖州刺史李继昌假左卫大将军，持誓书与柬之俱往报聘。金帛之数，如利用所许，其他亦依继忠所奏云。先是，上谓辅臣曰："韩杞与柬之来，皆言其国母附达起居，而不述其主。此盖母专其政，人不畏其主也。朕询于利用，其言亦同，仍云闻听之间，盖因其主不慧。如是，则继昌之行，宜亦致书其母。可令潜以此意访于柬之。"既而利用言："柬之云国母比欲致书，以南朝未有缄题，故寝而不议。若南朝许发简翰，颇合便宜。"遂并致两书，又各送衣服、茶药、金器等以答柬之所献者。柬之又言："收众北归，恐为缘边邀击。"有诏诸路部署及诸州军，勿辄出兵马，以袭契丹归师。①

从双方的谈判过程看，萧太后、圣宗并未坚持索取关南之地，在宋给予辽的"岁币"方面，也没有提出异议，所以曹利用守住了寇准的"不得过三十万"的底线，使得真宗大为兴奋，因为他以为要用三百万才能"了事"。

辽、宋双方随即互换了"澶渊之盟"的誓书，两份誓书的全文如下。

维景德元年，岁次甲辰，十二月庚辰朔、七日丙戌，大宋皇帝谨致誓书于大契丹皇帝阙下：共遵成信，虔奉欢盟，以风土之宜，

① 《续资治通鉴长编》卷57，第1287—1292页。

助军旅之费，每岁以绢二十万匹、银一十万两，更不差使臣专往北朝，只令三司差人般送至雄州交割。沿边州军，各守疆界，两地人户，不得交侵。或有盗贼逋逃，彼此无令停匿。至于陇亩稼穑，南北勿纵惊骚。所有两朝城池，并可依旧存守，淘壕完葺，一切如常，即不得创筑城隍，开拔河道。誓书之外，各无所求。必务协同，庶存悠久。自此保安黎献，慎守封陲，质于天地神祇，告于宗庙社稷，子孙共守，传之无穷，有渝此盟，不克享祀。昭昭天监，共当殛之。远具披陈，专俟报复，不宣，谨白。

维统和二十二年，岁次甲辰，十二月庚辰朔、十二日辛卯，大契丹皇帝谨致誓书于大宋皇帝阙下：共议戢兵，复论通好，兼承惠顾，特示誓书云："以风土之宜，助军旅之费，每岁以绢二十万匹、银一十万两，更不差使臣专往北朝，只令三司差人般送至雄州交割。沿边州军，各守疆界，两地人户，不得交侵。或有盗贼逋逃，彼此无令停匿。至于陇亩稼穑，南北勿纵惊骚。所有两朝城池，并可依旧存守，淘壕完葺，一切如常，即不得创筑城隍，开拔河道。誓书之外，各无所求，必务协同，庶存悠久。自此保安黎献，慎守封陲，质于天地神祇，告于宗庙社稷，子孙共守，传之无穷，有渝此盟，不克享国。昭昭天监，当共殛之。"孤虽不才，敢遵此约，谨当告于天地，誓之子孙，苟渝此盟，神明是殛。专具谘述，不宣，谨白。[①]

辽、宋和议达成，对辽朝来说不仅能够免除大战的损失，还得到了数额不菲的"岁币"。对于急于中兴的萧太后和圣宗而言，这些都是极为重要的政治收获。

（三）辽宋和睦关系的维系

辽、宋结成"澶渊之盟"后，统和二十三年（1005）十月，"宋岁币始至，后为常"[②]。为维系来之不易的和睦关系，确实需要创造多方面的条件。

---

① 《续资治通鉴长编》卷58，第1299—1300页；参见《契丹国志》卷20《澶渊誓书》，第213—214页；徐梦莘：《三朝北盟会编》卷6，上海古籍出版社1987年版，第44页。

② 《辽史》卷14《圣宗纪五》。

一是双方的主政者都能保持长期通好的诚意。在辽朝方面，萧太后和圣宗一直秉持与宋通好的态度。大中祥符元年（1008）出使辽朝的宋抟明确指出："惟国母（萧太后）愿固盟好，而年齿渐衰。"① 圣宗则是"修睦宋朝，人使馈送，躬亲检校。时黄河暴涨，溺会同驿。帝（圣宗）亲择夷坦地，复创一驿。每年信使入境，先取宋朝登科记，验其等甲高低、及第年月。其赐赍物，则密令人体探"。"诏汉儿公事皆须体问南朝法度行事，不得造次举止，其钦重宋朝百余事，皆此类也"。② "自与朝廷（宋朝）通好以来，岁选人材尤异、聪敏知文史者，以备南使"。③ 在宋朝方面，宋真宗于景德二年（1005）正月"诏谕缘边诸州军各遵守契丹誓约，不得辄与境外往还，规求财利"。他还对出使辽朝的使者提出了明确要求："使契丹者要在谨重寡言，委之达王命而已。且朝廷用人不可求备，凡遣使者朕每戒谕当谨礼容。盖中朝礼法所出，将命出疆，众所瞻仰，稍复违失，即致嗤诮，况彼所遣使来奉中朝，皆能谨恪邪。自今遣使，卿等宜各以朕意晓之。"④ 王钦若等人以订立耻辱的"城下之盟"为由，将寇准等人逐出朝廷。宋真宗则以"河朔生灵始得休息，吾不忍复趋之死地"为由，否定了"以兵取幽州"雪耻的建议，但采纳了王钦若"建大功业"的封禅建议，在泰山举行了封禅仪式。⑤ 恰是因为辽、宋的主政者都对建立和平关系持积极的态度，才能使"澶渊之盟"变成双方和好的实际行动。

二是确立使者往来的礼仪规定。辽、宋通使，很快建立了一套规范的礼仪制度。

> （景德二年二月）命开封府推官、太子中允、直集贤院孙僅为契丹国母生辰使，右侍禁、閤门祇侯康宗元副之，行李、傔从、什器并从官给。时议草国书，令枢密、学士院求两朝遗草于内省，悉得之。凡所与之物，皆约旧制而加增损。国母书外，别致书国主，问候而已。自是至国母卒，其礼皆然。僅等入契丹境，其刺史皆迎谒，又命

---

① 《续资治通鉴长编》卷68，第1527页。
② 《契丹国志》卷7《圣宗天辅皇帝》，第81—82页。
③ 贾敬颜：《乘轺录疏证稿》，《五代宋金元人边疆行记十三种疏证稿》，第75页。
④ 《续资治通鉴长编》卷59，第1309页；卷64，第1433页。
⑤ 《续资治通鉴长编》卷62，第1389—1390页；卷67，第1506—1507页。

幕职、县令、父老捧卮献酒于马前，民以斗焚香相迎，门置水浆盂杓于路侧，接伴者察使人中途所须，即供应之。具蕃汉食味，汉食贮以金器，蕃食贮以木器。所至民无得鬻食物受钱，违者全家处斩。国主每岁避暑于含凉淀，闻使至，即来幽州，屡召僅等宴会张乐，待遇之礼甚优。僅等辞还，赆以器服及马五百余匹，自郊劳至于饯饮，所遣皆亲信、词礼恭恪者，以致勤厚之意焉。礼或过当，仅必抑而罢之，其他随事损益，俾丰约中度，后奉使者率循其制，时称得体。①

凡契丹使及境，遣常参官、内职各一人，假少卿监、诸司使以上接伴。内诸司供帐，分为三番，内臣主之。

初，命内侍右班副都知阎承翰排办礼信，议者欲以汉衣冠赐契丹使者，承翰曰："南北异宜，各从其土俗可也。"上（宋真宗）从承翰所议。②

（景德二年十一月）契丹国母遣使左金吾卫上将军耶律留宁、副使崇禄卿刘经，国主遣使左武卫上将军耶律委演、副使卫尉卿张肃来贺承天节，对于崇政殿。留宁等将见，馆伴使李宗谔引令式不许佩刀，至上阁门，留宁等欣然解之。上（宋真宗）闻之曰："戎人佩刀，是其常礼，不须禁以令式。"即传诏听自便。留宁等感悦，谓宗谔曰："圣人推心置人腹中，是以示信退迩也。"又旧制，舍利从人，惟上等入见，自余拜于殿门之外。上悉许令入见。节日上寿，班在诸上将军之下，大将军之上。③

宋朝的使者路振，亦专门记下了在中京觐见圣宗和萧太后时的情况，所体现的也是通使已有固定的礼仪程序。

是夕宿于大同驿，驿在阳德门外。驿东西各三厅，盖仿京师上元驿也。虏遣龙虎大将军耶律照里为馆伴使，起居郎邢祐副之。
二十六日，持国信自东掖门入，至第三门，名曰武功门，见虏主

---

① 《续资治通鉴长编》卷59，第1319页。
② 《续资治通鉴长编》卷60，第1342—1343页。
③ 《续资治通鉴长编》卷61，第1374页。

于武功殿。设山棚，张乐，引汉使升。虏主年三十余，衣汉服，黄纱袍，玉带鞓，互靴，方床累茵而坐。左右侍立凡数人，皆胡竖。

二十七日，自西掖门入，至第三门，名曰文化门，见国母（萧太后）于文化殿。设山棚，张乐，引汉使升，藩、汉官坐者如故。国母约五十余。

八日，辞国母于文化殿，汉使升，酒三行而出。九日，辞虏主于武功殿。

国信所至，则藩官具乒棶，汉官排顿置，大阍执杯案，舍利劝酒食。与汉使言，率以子孙为契，观其畏威怀德，必能久守欢约矣。[1]

三是建立稳固的"互市"关系。辽、宋通好，边境的"互市"贸易随即恢复。景德二年正月，"契丹新城都监遣吏赍牒，请令商贾就新城贸易。雄州以闻。诏雄州，如北商赍物至境上者，且与互市"。二月，"令雄霸州、安肃军复置榷场，仍移牒北界，使勿于他所贸易"。五月，"诏雄州，契丹请榷场市易者，优其直与之"。八月，"命河北转运使刘综提点雄州榷场，孔揆等与诸州军长吏共平榷场物价。以和好之始，务立永制也"。当然，双方对互市都有所限制，如宋朝明令"勿以锦绮绫帛付榷场贸易"，"契丹禁国中谷食不令出境"[2]。

边境的互市贸易确实给辽朝带来了极大的好处，辽朝的皇亲曾对此给予了高度的评价。

（景德二年十月）使臣自雄州入奏，言榷场商旅贸易于北境，契丹国主弟曰隆庆者，受其馈献，必还其直，又设酒馔犒劳之，且言："今与中朝结好，事同一家，道路永无虞矣。"[3]

四是及时处理可能引起争端的边境事务。结束战争状态之后，边境

---

① 贾敬颜：《乘轺录疏证稿》，《五代宋金元人边疆行记十三种疏证稿》，第61—67、77 页。

② 《续资治通鉴长编》卷59，第1313、1315、1325、1329 页；卷60，第1340 页；卷61，第1358 页。

③ 《续资治通鉴长编》卷61，第1371 页。

地区总会出现一些突发事件，需要及时处理。如景德二年三月，雄州的容城县发生契丹人越过拒马河放马并要求借用草地的事件，宋真宗即明确表示："拒马河去雄州四十余里，颇有两地输租民户，然其河桥乃雄州所造，标立疆界素定，岂得辄渡河畜牧，此盖恃已通和，谓无间阻，可亟令边臣具牒，列誓书之言，使闻于首领，严加惩戒。况今欢好之始，尤宜执守，不可缓也。"① 景德三年八月，因为辽朝明令在界河打鱼者治罪，宋朝也下令"禁缘边河南州军民于界河捕鱼"。九月，有传言契丹人越境围猎，宋方明确表示"契丹誓约甚明，未尝逾越"，辽方也"屡遣人诫部下无得越境"②。大中祥符二年（1009）十月，契丹人在边境建造新城，宋真宗即明确表示："景德誓书有无创修城池之约，今此何也？""且以此为始，是当有渐。宜令边臣诘其违约，止之，则抚驭远俗，不失其欢心矣。"③ 两国边境上难免发生纠纷，好在双方都有所克制，所以能够快速解决问题，保证和平环境不被破坏。

统和二十七年（1009）十二月，萧太后病逝，太后、皇帝"共治"的局面结束。臣僚请求改元，圣宗明确表示："改元吉礼也。居丧行吉礼，乃不孝子也。"臣僚指出："古之帝王，以日易月，宜法古制。"圣宗则强调："吾契丹主也，宁违古制，不为不孝之人。"他在"终制三年"后才改元，就是表明自己要遵守"孝道"，而这恰是符合儒家政治观念的做法。④

应该承认，辽朝的中兴确实与萧太后主动导入儒家治道观念有着密切的关系，正如元人修《辽史》时所言："后明达治道，闻善必从，故群臣咸竭其忠。习知军政，澶渊之役，亲御戎车，指麾三军，赏罚信明，将士用命。圣宗称辽圣主，后教训为多。"⑤ 所谓的太后、皇帝"共治"，实际上更仰仗的是萧太后的治国观念。⑥ 尤为重要的是，在政治思想层面，辽朝实现了从"强国思想"向"治国思想"的重大转变，而萧太后恰是带来这种转变的关键性人物。

① 《续资治通鉴长编》卷59，第1325页。
② 《续资治通鉴长编》卷63，第1418页；卷64，第1429—1430页。
③ 《续资治通鉴长编》卷72，第1635—1636页。
④ 《辽史》卷14《圣宗纪五》；《契丹国志》卷7《圣宗天辅皇帝》，第80页。
⑤ 《辽史》卷71《景宗睿智皇后萧氏传》。
⑥ 参见黄凤岐《萧绰与辽朝的中兴转机》，《社会科学辑刊》1986年第6期；张宏、刘延丽《浅析辽朝萧太后的治国方略》，《吉林师范大学学报》2009年第2期。

第三节　辽圣宗后期的理政观念

统和二十七年萧太后去世后，圣宗耶律隆绪主政二十余年，改元后用开泰、太平年号。圣宗一方面延续了他与萧太后"共治"时的文治做法，另一方面也显露出了穷兵黩武的思想倾向。

一　文治行为的延续

圣宗在朝政的把握上，依然延续在位前期的做法，并尽力落实了他所看重的各种文治措施。

（一）完成中京的修建

萧太后去世后，圣宗继续推动中京城的兴建。宋真宗大中祥符五年（辽圣宗开泰元年，1012），宋朝使者王曾到访中京，并记录了当时中京城的情况。

> 中京大定府，城垣卑小，方圆才四里许。门但重屋，无筑阑之制。南门曰朱夏，门内夹道步廊，多坊门。又有市楼四：曰天方、大衢、通阛、望阙。次至大同馆。其北正门曰阳德、阊阖。城内西南隅岗上有寺。城南有园圃、宴射之所。[①]

开泰二年十二月，"奉迁南京诸帝石像于中京观德殿"。开泰七年十月，"名中京新建二殿曰延庆、曰永安"。开泰九年十二月，"诏中京建太祖庙，制度、祭器皆从古制"。也就是说，至少到这一年，中京的建造还没有全部完成。但是次年九月，圣宗至中京。十月，"幸通天观，观鱼龙曼衍之戏。翌日，再幸。还，升玉辂，自内三门入万寿殿，奠酒七庙御容，因宴宗室"。十一月，皇帝在昭庆殿接受臣僚所上的"睿文英武遵道至德崇仁广孝功成治定昭圣神赞天辅皇帝"尊号，并改元太平，显示中京的宫殿等建造应已基本完成。[②]

---

① 《续资治通鉴长编》卷79，第1794—1796页；《辽史》卷39《地理志三》引王曾《上契丹事》（又称《王沂公行程录》，见《契丹国志》卷24，第257—259页）。参见贾敬颜《王曾上契丹事疏证稿》，《五代宋金元人边疆行记十三种疏证稿》，第101—102页。

② 《辽史》卷15《圣宗纪六》，卷16《圣宗纪七》。

宋神宗熙宁八年（1075），宋朝使者沈括出使辽朝时经过中京，所见为："中京西距长兴馆二十里少南，城周十余里，有厘闬宫室，其民皆燕、奚、渤海之人。由其东南曰中和门，循城以北，至城之隅，乃稍东北行。"① 此时中京的建造早已完成，"皇城中有祖庙，景宗、承天皇后御容殿。城池湫湿，多凿井泄之，人以为便。大同驿以待宋使，朝天馆待新罗使，来宾馆待夏使"。中京还有了下属的十个州和九个县。②

（二）科举取士的发展

圣宗在位后期，继续实行科举取士，并对相关的制度做了一些调整，可以列出历年科举考试的情况。

统和二十九年（1011），御试，放高承颜等二人及第。

开泰元年（1012）五月，诏裴玄感、邢祥知礼部贡举，放进士史简等十九人及第。七月，进士康文昭、张素臣、郎玄达坐论知贡举裴玄感、邢祥私曲，秘书省正字李万上书，辞涉怨讪，皆杖而徒之。

开泰二年，放进士鲜于茂昭等六人及第。

开泰三年，放进士张用行等三十一人及第出身。

开泰五年，放进士孙杰等四十八人及第。

开泰七年，放进士张克恭等三十七人及第。

开泰九年（1020），放进士张仲举等四十五人。

太平二年（1022），放进士张渐等四十七人。

太平四年，放进士李炯等四十七人。

太平五年十一月，幸内果园宴，京民聚观。求进士得七十二人，命赋诗，第其工拙，以张昱等一十四人为太子校书郎，韩栾等五十八人为崇文馆校书郎。

太平八年，放进士张宥等五十七人。

太平九年十一月，以沈州节度副使张杰为节度使，其皇城进士张人纪、赵睦等二十二人入朝，试以诗赋，皆赐第。

---

① 沈括：《熙宁使契丹图钞》，参见贾敬颜《熙宁使契丹图钞疏证稿》，《五代宋金元人边疆行记十三种疏证稿》，第154—155页。

② 《辽史》卷39《地理志三》。

太平十年七月，诏来岁行贡举法。①

统和二十九年到太平八年，辽朝共举行了十次科举考试（太平五年是给已有的进士赐官，太平九年是专门针对东丹国的考试）。考试的时间，亦已由一年一次，改成了较为固定的两年一次。尽管在科举考试中有过"御试"，但显然还没有形成规范化的做法。

辽朝的科举取士，体现了倡导文治的观念，宋朝使者路振就此有专门记载。

> 虏有翰林学士一人，曰刘晟，知制诰五人，其一曰刘经。岁开贡举，以登汉民之俊秀者，榜帖授官，一效中国之制。其在廷之官，则有俸禄，典州县，则有利润庄。藩、汉官子孙有秀茂者，必令学中国书篆，习读经史。……故中朝声教，皆略知梗概。至若营井邑以易部落，造馆舍以变穹庐，服冠带以却毡裘，享厨灶以屏毛血，皆慕中国之义也。夫惟义者可以渐化，则豺虎之性，庶几乎变矣。②

路振记录的是萧太后在世时的科举取士情况，所以说"岁开贡举"。此后考试情况虽然变化，但仍需注意路振所指的辽朝人注重习学经史已成为一种重要的风气。这样的风气在圣宗在位后期更为盛行，如开泰元年十二月，"归州言其居民本新罗所迁，未习文字，请设学以教之，诏允所请"。太平七年十一月，"匡义军节度使中山郡王查葛、保宁军节度使长沙郡王谢家奴、广德军节度使乐安郡王遂哥奏，各将之官，乞选伴读书史，从之"，都是颇为重要的例证。辽朝还向外输出儒家思想，如开泰元年八月，"铁骊那沙等送兀惹百余户至宾州，赐丝绢。是日，那沙乞赐佛像、儒书，诏赐护国仁王佛像一，《易》《诗》《书》《春秋》《礼记》各一部"③。

（三）宽刑与治官

在刑罚方面，圣宗沿袭了在位前期注重录囚的做法，可列举基本情

---

① 《辽史》卷 15《圣宗纪六》，卷 16《圣宗纪七》，卷 17《圣宗纪八》。
② 贾敬颜：《乘轺录疏证稿》，《五代宋金元人边疆行记十三种疏证稿》，第 74—75 页。
③ 《辽史》卷 15《圣宗纪六》，卷 17《圣宗纪八》。

况如下。

> 开泰元年（1012）十二月，刘晨言殿中高可垣、中京留守推官李可举治狱明允，诏超迁之。
> 开泰二年正月，录囚。二月，遣北院枢密副使高正按察诸道狱。十一月，录囚。
> 开泰三年正月，录囚。四月，诏南京管内毋淹刑狱，以妨农务。
> 开泰五年三月，诸道狱空，诏进阶赐物。六月，以政事舍人吴克昌按察霸州刑狱。
> 开泰六年七月，遣礼部尚书刘京、翰林学士吴叔达、知制诰仇正己、起居舍人程翥、吏部员外郎南承颜、礼部员外郎王景运分路按察刑狱。
> 开泰七年九月，录囚。
> 开泰八年七月，观市，曲赦市中系囚。九月，两次录囚。
> 太平元年（1021）四月，录囚。十月，录囚。
> 太平二年十月，至上京，曲赦畿内囚。[①]

从列出的情况可以看出，开泰元年到太平二年，录囚较为频繁；但是太平三年至十一年，不见录囚的记载，应是刑狱案件大量积压的问题已经基本解决，并且获得了如下好评。

> 往时大理寺狱讼，凡关覆奏者，以翰林学士、给事中、政事舍人详决；至是始置少卿及正主之。犹虑其未尽，而亲为录囚。数遣使诣诸道审决冤滞，如邢抱朴之属，所至，人自以为无冤。
> 于是国无幸民，纲纪修举，吏多奉职，人重犯法。故统和中，南京及易、平二州以狱空闻。至开泰五年，诸道皆狱空，有刑措之风焉。[②]

太平七年（1027）七月，圣宗特别下诏"更定法令"，其要求就

---

① 《辽史》卷15《圣宗纪六》，卷16《圣宗纪七》，卷17《圣宗纪八》。
② 《辽史》卷61《刑法志上》。

是："制条中有遗阙及轻重失中者，其条上之，议增改焉。"① 圣宗在位后期，又出台了一些新的规定和禁令，体现的依然是"宽刑"的原则。

> 统和二十九年，"诏帐族有罪，黥墨依诸部人例"。"以旧法，宰相、节度使世选之家子孙犯罪，徒杖如齐民，惟免黥面，诏自今但犯罪当黥，即准法同科。""敕诸处刑狱有冤，不能申雪者，听诣御史台陈诉，委官覆问。"
>
> 开泰七年九月，"诏内外官，因事受赇，事觉而称子孙仆从者，禁之"。
>
> 开泰八年，"以窃盗赃满十贯，为首者处死，其法太重，故增至二十五贯，其首处死，从者决流"。
>
> 太平七年六月，"禁诸屯田不得擅货官粟"。七月，"诏辇路所经，旁三十步内不得耕种者，不在诉讼之限"②。

"宽刑"精神还体现在不同的案例上，可列举几个典型的例证。

> 五院部民有自坏铠甲者，其长佛奴杖杀之，上怒其用法太峻，诏夺官，吏以故不敢酷。
>
> 挞剌干乃方十因醉言宫掖事，法当死，特贳其罪。五院部民偶遗火，延及木叶山兆域，亦当死，杖而释之，因著为法。
>
> 敌八哥始窃蓟州王令谦家财，及觉，以刃刺令谦，幸不死。有司拟以盗论，止加杖罪。又那母古犯窃盗者十有三次，皆以情不可恕，论弃市，因诏自今三犯窃盗者，黥额、徒三年；四则黥面、徒五年；至于五则处死。若是者，重轻适宜，足以示训。③

圣宗还特别强调了不分贵贱、依法行事的要求，这成为其法制观念的一大亮点。

---

① 《辽史》卷17《圣宗纪八》，卷61《刑法志上》。
② 《辽史》卷15《圣宗纪六》，卷16《圣宗纪七》，卷17《圣宗纪八》，卷61《刑法志上》。
③ 《辽史》卷61《刑法志上》。

故事，枢密使非国家重务，未尝亲决，凡狱讼惟夷离毕主之。及萧合卓、萧朴相继为枢密使，专尚吏才，始自听讼。时人转相效习，以狡智相高，风俗自此衰矣。故太平六年下诏曰："朕以国家有契丹、汉人，故以南、北二院分治之，盖欲去贪枉，除烦扰也；若贵贱异法，则怨必生。夫小民犯罪，必不能动有司以达于朝，惟内族、外戚多恃恩行贿，以图苟免，如是则法废矣。自今贵戚以事被告，不以事之大小，并令所在官司按问，具申北、南院覆问得实以闻；其不按辄申，及受请托为奏言者，以本犯人罪罪之。"①

在"治官"方面，圣宗着重强调了两方面的要求。一是规范官员奏事的要求，如开泰三年七月，"诏政事省、枢密院，酒间授官释罪，毋即奉行，明日覆奏"，是避免皇帝失误的要求；开泰八年十月，"诏诸道，事无巨细，已断者，每三月一次条奏"，则是避免官员失误的要求。二是规范官员行为的要求，如太平六年十二月，"诏北南诸部廉察州县及石烈、弥里之官，不治者罢之。诏大小职官有贪暴残民者，立罢之，终身不录；其不廉直，虽处重任，即代之；能清勤自持者，在卑位亦当荐拔；其内族受赂，事发，与常人所犯同科"②。从这两方面的要求看，圣宗显然已经深刻体会到了中原王朝传统"吏治"的基本精神。

圣宗对皇族的培养亦高度重视。太平元年十一月，圣宗立长子耶律宗真为皇太子。太平三年，以萧永为太子太师。他还特别告诫子侄："汝勿以材能陵物，勿以富贵骄人。惟忠惟孝，保家保身。"③

（四）恤民与重农

赈济灾民，仍是圣宗看重的施政措施，可举要者于下。

统和二十八年（1010）八月，振平州饥民。

统和二十九年三月，南京、平州水，振之。

开泰元年（1012）十二月，振奉圣州饥民。诏诸道水灾饥民质男女者，起来年正月，日计佣钱十文，价折佣尽，遣还其家。

开泰二年七月，诏以敦睦宫子钱振贫民。

---

① 《辽史》卷61《刑法志上》。
② 《辽史》卷15《圣宗纪六》，卷16《圣宗纪七》，卷17《圣宗纪八》。
③ 《辽史》卷16《圣宗纪七》；《契丹国志》卷14《晋王宗懿》，第175页。

开泰六年十月，南京路饥，挽云、应、朔、弘等州粟振之。

开泰七年四月，振川、饶二州饥。振中京贫乏。

太平六年（1026）二月，南京水，遣使振之。①

圣宗在位后期依然保持重农的姿态，不仅时而"观稼"外，还于开泰元年特别下诏："朕惟百姓徭役烦重，则多给工价；年谷不登，发仓以贷；田园废者，则给牛、种以助之。"开泰二年二月，将阿览峪命名为劝农县。太平八年正月，"诏州县长吏劝农"。朝廷的恤民和劝农措施，营造出了一片和平景象，如太平六年，"燕民以年谷丰熟，车驾临幸，争以土物来献。上（圣宗）礼高年，惠鳏寡，赐酺饮。至夕，六街灯火如昼，士庶嬉游，上亦微行观之"②。

（五）维系与宋朝的和好关系

萧太后去世后，宋人确实对契丹有"国主懦弱，自今恐不能坚守和好"的担心，甚至有人明确提出了"北鄙凶变，非与中国渝盟，即遭其弟篡夺，乞选将练兵，为之备预"的建议。宋真宗则表示："朝廷始终待以诚信，彼之部族，亦当顺从也。"他还特别对属下强调："应副契丹使事例，多有增损不同。事系长久，可尽取看详，或有过当，于理不便者，并改正之，咸令遵守。缘路修馆舍排当次第，已曾划一指挥，不至劳烦，可降宣命，悉令仍旧。"圣宗亦很快向宋朝派出使者，表达继续通好的诚意，双方继续保持了高密度的通使往来关系。③

乾兴元年（辽圣宗太平二年，1022）二月，宋真宗病逝，留下了"两朝欢好，务以息民，继及子孙"的遗旨，圣宗则真诚地表达了哀悼之情。

契丹主闻真宗崩，集蕃汉大臣，举哀号恸，因谓其宰相吕德懋曰："与南朝约为兄弟，垂二十年，忽报登遐，吾虽少两岁，顾余生几何！"因复大恸。又曰："闻皇嗣尚少，恐未知通好始末，苟为臣下所间，奈何？"及（宋朝使者）薛贻廓至，具道朝廷之意，契丹主喜，谓其妻萧氏曰："汝可致书大宋皇太后，使汝名传中

① 《辽史》卷15《圣宗纪六》，卷16《圣宗纪七》，卷17《圣宗纪八》。

② 《辽史》卷15《圣宗纪六》，卷17《圣宗纪八》，卷59《食货志上》。

③ 《续资治通鉴长编》卷73，第1650、1653、1666页。

国。"乃设真宗灵御于范阳悯忠寺，建道场百日。下令国中，诸犯真宗讳悉易之。差殿前都点检崇义节度使耶律三隐、翰林学士工部侍郎知制诰马贻谋来祭奠，右金吾卫上将军耶律宁、引进使姚居信来吊慰，左金吾卫上将军萧日新、利州观察使冯延休吊慰皇太后。①

宋仁宗赵祯即位，皇太后临朝称制，宋、辽继续保持使者密集往来的态势。其间出现的四个事件，尤其值得注意。

一是绝盟谣言事件。天圣四年（辽圣宗太平六年，1026），"塞下讹言契丹将绝盟"，宋朝以翰林学士承旨李维使辽，"契丹主素服其名，馆劳加礼，使即席赋《两朝悠久诗》，下笔立成，契丹主大喜"，谣言不攻自破。②

二是妄传太后旨意事件。天圣四年，宋朝使者妄传皇太后的旨意，幸好没有带来负面影响。

> 工部郎中、龙图阁待制韩亿为契丹妻生辰使，崇仪副使田承说副之。诏亿名犯北朝讳，权改曰意。承说，皇太后之姻也，庸而自专，妄传皇太后旨于契丹，曰："南北欢好，传示子孙，两朝之臣，勿相猜沮。"亿初不知也。契丹主命别置宴，使其大臣来伴，且问亿曰："太后即有旨，大使宜知之，何独不言？"亿对曰："本朝每遣使，太后必于帘前以此语戒敕之，非欲达于北朝也。"契丹主闻之，大喜，举手加额曰："此两朝生灵之福也。"即以语附亿令致谢。时皆美亿能因副介失辞，更为恩意焉。③

三是位次之争事件。天圣五年（辽圣宗太平七年，1027），辽朝使者提出使者座位不对等的问题，有矮化辽朝之嫌，但双方的争执最终不了了之。

> 契丹遣林牙、昭德节度使萧蕴，政事舍人杜防贺乾元节，知制

---

① 《续资治通鉴长编》卷98，第2282页。
② 《续资治通鉴长编》卷104，第2402页。
③ 《续资治通鉴长编》卷104，第2413页。

诰程琳为馆伴使。蕴出位图指曰："中国使者至契丹，坐殿上，位高；今契丹使至中国，位下，请升之。"琳曰："此真宗皇帝所定，不可易。"防又曰："大国之卿，当小国之卿，可乎？"琳又曰："南北朝安有大小之异？"防不能对。上（宋仁宗）令与宰相议，或曰："此细事，不足争。"将许之，琳曰："许其小，必启其大。"固争不可，蕴乃止。①

四是亵渎孔子事件。天圣五年，宋朝使者孔道辅在觐见圣宗时，有人亵渎孔子，孔道辅反应激烈，辽人亦未因此而怪罪孔道辅，因为圣宗也是尊孔之人。

> 左正言、直史馆孔道辅为左司谏、龙图阁待制。时道辅使契丹，犹未还也。契丹燕使者，优人以文宣王为戏，道辅艴然径出。契丹主使主客者邀道辅还坐，且令谢，道辅正色曰："中国与北朝通好，以礼文相接。今俳优之徒，侮慢先圣而不之禁，北朝之过也，道辅何谢？"契丹君臣默然，又酌大卮谓曰："方天寒，饮此可以致和气。"道辅曰："不和，固无害。"既还，言者以为生事，且开事端。上（宋仁宗）问其故，道辅曰："契丹比为黑水所破，势甚戚。每汉使至辄为侮慢，若不校，恐益易中国。"上然之。②

太平十一年（1031）圣宗病逝，临终前"召东平王萧孝穆、上京留守萧孝先，使辅立其子木不孤，且诫以无失朝廷信誉"。宋仁宗为表示哀悼，下令"辍视朝七日，在京及河北、河东缘边亦禁音乐七日"，并且对圣宗给出了"守约甚坚，未尝稍启边隙"的好评。③

二　频繁用兵的影响

圣宗在位后期，多次发起重大的军事行动，给辽朝带来了不可忽视的负面影响。

---

① 《续资治通鉴长编》卷105，第2439页。
② 《续资治通鉴长编》卷105，第2457页。
③ 《续资治通鉴长编》卷110，第2559、2563页。

（一）出兵高丽

统和二十八年（1010）五月，高丽西京留守康肇杀死国王王诵，立王询为高丽国王。圣宗即下令"诸道缮甲兵，以备东征"①。在朝廷讨论征讨高丽问题时，大臣萧敌烈明确提出了反对意见。

> 统和二十八年，帝谓群臣曰："高丽康肇弑其君诵，立诵族兄询而相之，大逆也。宜发兵问其罪。"群臣皆曰可。敌烈谏曰："国家连年征讨，士卒抏敝。况陛下在谅阴，年谷不登，创痍未复。岛夷小国，城垒完固，胜不为武。万一失利，恐贻后悔。不如遣一介之使，往问其故。彼若伏罪则已，不然俟服除岁丰，举兵未晚。"②

圣宗听不进萧敌烈的意见，于统和二十八年八月亲征高丽，攻占西京、开京等地。统和二十九年正月，圣宗下令班师，"所降诸城复叛，至贵州南峻岭谷，大雨连日，马驼皆疲，甲仗多遗弃，霁乃得渡"③。按照宋人的记载，辽圣宗此次亲征遭受重大失败，"官属战没大半"，宋真宗还为此特别给出了以下评价："战，危事，盖不得已，非可好也。"④

此后数年，辽军多次攻入高丽，并于开泰七年（1018）遭受重大失败。开泰九年五月，王询表请称藩纳贡，圣宗"遣使释王询罪，并允其请"。太平二年（1022）十二月，王询去世，圣宗册封其子王钦为高丽国王，辽、高丽关系恢复到以前的主属国状态。⑤

受渤海之乱（详见后述）的影响，高丽使者断绝，圣宗特别于太平十年（1030）派使者诏谕高丽国王："近不差人往还，应为路梗。今渤海偷主，俱遭围闭，并已归降。宜遣陪臣，速求赴国，必无虞虑。"⑥他所要维系的，就是双方的主属国关系。

---

① 《辽史》卷15《圣宗纪六》，卷115《高丽记》。
② 《辽史》卷88《萧敌烈传》。
③ 《辽史》卷15《圣宗纪六》，卷115《高丽记》。
④ 《续资治通鉴长编》卷74，第1692—1696页。
⑤ 《辽史》卷15《圣宗纪六》，卷16《圣宗纪七》，卷115《高丽记》。
⑥ 《遣罗汉奴赐高丽王诏》，《全辽文》卷1，第17页。

（二）边境用兵

除了对高丽展开军事行动外，圣宗亦在边境地区连连用兵，讨伐不服从辽朝的各族部落，可列出一些重要的军事行动。

在西北方面，主要是对回鹘、阻卜的军事行动。统和二十八年（1010）五月，西北路招讨使萧图玉奉命讨伐甘州回鹘，"破肃州，尽俘其民"。统和二十九年六月，萧图玉上书建议："阻卜今已服化，宜各分部，治以节度使。"圣宗采纳了他的建议。由于"节度使往往非材，部民怨而思叛"，开泰元年（1012）十一月，阻卜各部反叛，将萧图玉围困在窝鲁朵城。在援军解围之后，萧图玉遣人诱诸部皆降，并向朝廷请求继续增兵西北，圣宗则明确表示："叛者既服，兵安用益？且前日之役，死伤甚众，若从汝谋，边事何时而息。"① 萧图玉之后继任西北路招讨使的是耶律化哥，在开泰二年"奉命西讨"阻卜各部时，纵兵抄掠已归顺朝廷的部落，"诸藩由此不附"，被给予"削其官封"的处罚。② 开泰二年十二月，萧孝穆出任西北路招讨使，以攻守兼备的方法，扼制了阻卜等部的反叛势头。③ 继任西北路招讨使的萧惠，于太平六年（1026）奉命率军攻甘州不克，"自是阻卜诸部皆叛，辽军与战，皆为所败"，萧惠亦因此而被"左迁"④。

在北部地区，主要是对女真、乌古、敌烈的军事行动。由于辽军多次进攻女真，引起了宋人的注意，所以有人向宋真宗上言："顷年契丹加兵女真。女真众才万人，所居有灰城，以水沃之，凝为坚冰，不可上，距城三百里，焚其积聚，设伏于山林间以待之。契丹既不能攻城，野无所取，遂引骑去，大为山林之兵掩袭杀戮。今契丹趋辽阳伐高丽，且涉女真之境，女真虽小，契丹必不能胜也。"⑤ 后来女真表示臣服于辽朝，才终止了对女真的用兵。开泰二年（1013）正月，乌古、敌烈叛，辽军随即展开对乌古、敌烈的攻势，开泰四年四月才在耶律世良的谋划下取得重大胜利。开泰七年三月，乌古部节度使萧普达又讨平了敌

---

① 《辽史》卷15《圣宗纪六》，卷93《萧图玉传》。
② 《辽史》卷15《圣宗纪六》，卷94《耶律化哥传》。
③ 《辽史》卷15《圣宗纪六》，卷87《萧孝穆传》。
④ 《辽史》卷17《圣宗纪八》，卷93《萧惠传》。
⑤ 《续资治通鉴长编》卷74，第1694—1695页。

烈部的叛乱，稳定了北部边境。①

在西南方面，主要是对党项各部的军事行动。尽管辽与西夏保持通和状态，但是党项各部仍未臣服于两国。开泰二年七月，西南招讨使、政事令斜轸向圣宗奏报："党项诸部叛者皆遁黄河北模赧山，其不叛者曷党、乌迷两部因据其地，今复西迁，诘之则曰逐水草。不早图之，后恐为患。又闻前后叛者多投西夏，西夏不纳。"圣宗派使者招抚党项各部，各部不予理睬，他下令出兵讨伐，并得到西夏主政者李德明的帮助，使党项各部降服。开泰九年十月，西南招讨使奏报党项部族输贡不时，圣宗乃明确表示："边鄙小族，岁有常贡。边臣骄纵，征敛无度，彼怀惧不能自达耳。第遣清慎官将，示以恩信，无或侵渔，自然效顺。"②

（三）渤海之乱

太平九年（1029）八月，渤海国故地的东京发生叛乱，《辽史》记录了此次叛乱的起因和发展情况。

> 东京舍利军详稳大延琳囚留守、驸马都尉萧孝先及南阳公主，杀户部使韩绍勋、副使王嘉、四捷军都指挥使萧颇得，延琳遂僭位，号其国为兴辽，年为天庆。
>
> 初，东辽之地，自神册来附，未有榷酤盐曲之法，关市之征亦甚宽弛。冯延休、韩绍勋相继以燕地平山之法绳之，民不堪命。燕又仍岁大饥，户部副使王嘉复献计造船，使其民谙海事者，漕粟以振燕民，水路艰险，多至覆没。虽言不信，鞭楚搒掠，民怨思乱。故延琳乘之，首杀绍勋、嘉，以快其众。
>
> 延琳先事与副留守王道平谋，道平夜弃其家，逾城走，与延琳所遣召黄龙府黄翩者，具至行在告变。上即征诸道兵，以时进讨。
>
> 时国舅详稳萧匹敌治近延琳，先率本管及家兵据其要害，绝其西渡之计。渤海太保夏行美亦旧主兵，戍保州，延琳密驰书，使图统帅耶律蒲古。行美乃以实告，蒲古得书，遂杀渤海兵八百人，而断其东路。延琳知黄龙、保州皆不附，遂分兵西取沈州，其节度使

---

① 《辽史》卷15《圣宗纪六》，卷16《圣宗纪七》，卷92《萧普达传》，卷94《耶律世良传》。

② 《辽史》卷15《圣宗纪六》，卷16《圣宗纪七》，卷115《西夏记》。

萧王六初至，其副张杰声言欲降，故不急攻。及知其诈，而已有备，攻之不克而还。时南、北女直皆从延琳，高丽亦稽其贡。及诸道兵次第皆至，延琳婴城固守。①

此次叛乱固然有大延琳的谋反因素，但是东京官员的胡作非为，也是导致叛乱的重要原因。在叛乱中被杀的韩绍勋，是韩延徽的后人；萧孝先侥幸逃出了东京；夏行美和耶律蒲古则确实发挥了扼制叛乱区域扩展的重要作用。②

太平九年十月，圣宗命南京留守燕王萧孝穆为都统，国舅详稳萧匹敌为副统，奚六部大王萧蒲奴为都监，讨伐大延琳。萧蒲奴"先据高丽、女直要冲，使不得求援"。次年三月，萧孝穆等率军包围东京，"去城四面各五里许，筑城堡以围之"，"筑重城，起楼橹，使内外不相通"。八月，杨详世等人"夜开南门纳辽军"，大延琳被擒，渤海旧地的叛乱平定。萧孝穆随即任东京留守一职，"为政务宽简，抚纳流徙民，其民安之"③。

渤海之乱还差点引起辽、宋的军事冲突，幸好有人深晓克制之道，避免了事态的恶化。

> 契丹大阅，声言猎幽州，朝廷患之，以问二府，皆请备粟练师，以待不虞。枢密副使张知白独言："契丹修好未远，今其举兵者，以上初政，观试朝廷耳，岂可自生衅邪？若终以为疑，莫如因今河决，以防河为名，万一有变，亦足应用。"未几，契丹果罢去。
>
> 雄州候卒报有兵入钞，边众皆恐，知州高继忠曰："契丹岁赖吾金缯，何敢渝盟？"居自若。已乃知渤海人叛契丹，行剽两界也。④

圣宗在位后期的频繁用兵，有的是不得已而为，如平定渤海之乱；有的则是刻意为之，如对高丽的战争和对西北、北方各部的攻扰。应该

---

① 《辽史》卷17《圣宗纪八》。
② 《辽史》卷74《韩绍勋传》，卷87《萧孝先传》《耶律蒲古传》《夏行美传》。
③ 《辽史》卷17《圣宗纪八》，卷87《萧孝穆传》《萧蒲奴传》，卷88《萧匹敌传》。
④ 《续资治通鉴长编》卷102，第2370页。

承认，圣宗确实有穷兵黩武的思想倾向，只是还知道有所节制而已。

综观圣宗耶律隆绪在位时的表现，可知其是个文武兼备的君主，并且更偏重于"文"的方面，可列出相关的评价。

> 帝（圣宗）性英辨多谋，神武冠绝。游猎时，曾遇二虎方逸，帝策马驰之，发矢，连殪其二虎。又曾一箭贯三鹿。至于道、释二教，皆洞其旨。律吕音声，特所精彻。承平日久，群方无事，纵酒作乐，无有虚日。与番汉臣下饮会，皆连昼夕，复尽去巾帻，促席造膝而坐。或自歌舞，或命后妃已下弹琵琶送酒。又喜吟诗，出题诏宰相已下赋诗，诗成进御，一一读之，优者赐金带。又御制曲百余首。幸诸臣私第为会，时谓之"迎驾"，尽欢而罢。刑赏信必，无有僭差。抚柔诸番，咸有恩信。[1]

张俭则在为圣宗写的哀册文中，全面论述了其在位时期的政绩。

> 肇分覆载，建立皇王。德惟善政，邦乃其昌。远则有虞大舜，近则唐室文皇。既比崇于功业，故可得而揄扬。先皇帝位缵六朝，君临四纪，乃圣乃神，尽善尽美。自推戴以居尊，每励精而求理。昔也朝元听政，长乐承颜，行孝治于天下，布惠化于人间。举直错枉，求贤审官，诏搜岩穴，庭列鸳鸾。视兆民而如子，敷五教以在宽。以欲从人，盛暑不张于伞盖。去奢从俭，常朝不服于罗纨。乙夜观书，披衣待旦。博采摭于典谟，恒忧勤于听断。宝谷务农，从绳纳谏。惠养鳏寡，钦恤刑名。禀道毓德，恶煞好生。洽前代无为而治，见时政不肃而成。四民殷阜，三教兴行。开拓疆场，廓静寰瀛。东振兵威，辰卞以之纳款。西被声教，瓜沙由是贡珍。夏国之羌浑述职，遐荒之乌舍来宾。惟彼中土，向岁渝盟，自汴宋而亲驱蛇豕，取并汾而来犯京城，绝信弃义，黩武穷兵。盖先朝之积怨，须再驾以徂征。七德制胜，千里横行，戈戟霜攒而蔽野，鼓鼙雷动于连营。逢大阵而皆克，攻边垒以旋平。凋瘵户民，尽离居而失业。伤残将卒，竟闲辟以偷生。遂仗黄钺，直捣洪河。会若林之锐旅，挥却日之雕戈。我欲济以

---

[1]《契丹国志》卷7《圣宗天辅皇帝》，第81页。

焚舟，彼方危于累卵。乃命使轺，叠伸诚款。恳求继好，乞效刑牲，贡奉金帛，助赡甲兵。尊圣善而庶称儿侄，敦友爱而愿作弟兄。保始终之悠久，著信誓于丹青。因回天眷，俯顺物情。念兹慑服，爰议凯旋。行与国之大义，解诸夏之倒悬。下诏而欢声动地，班师而和气盈川。暂劳吊伐，永息烽烟。自两朝修聘，已三十余年，取威定霸，烨后辉前。至若天锡勇智，神赞圣聪，无幽不烛，有感必通。化民成俗，比屋可封。祝史正辞，备礼而交裸天地。奉先思孝，谒陵而追册祖宗。欲固丕基，恭行茂典。继正体而立元良，启承华而开望苑。庆帝祚之昌延，见皇图之宏远。①

张俭列举的圣宗"丰功伟绩"，尽管难免有奉承之辞，但从这些功绩中，至少折射出了圣宗的六种重要政治观念：一是"以孝治天下"的孝道观念，主要体现为对萧太后治国观念的尊崇；二是"求贤纳谏"的贤人政治观念，主要体现在重用贤臣、勤于听断、善于纳谏等方面；三是"无为而治"的道家政治观念，主要表现为"时政不肃而成"，亦展示了其包容儒、释、道三教的政治态度；四是"钦恤刑名"的宽刑观念，主要体现为"举直错枉"和"恶煞好生"的理刑作为；五是"视兆民而如子"的爱民观念，主要体现在宝谷务农、惠养鳏寡、去奢从俭等方面；六是"永息烽烟"的大国交好观念，重要的表现就是促成辽、宋和约并能信守誓约。

圣宗还留下了一首咏"传国玺"的诗作，可转录于下。

一时制美宝，千载助兴王。中原既失守，此宝归北方。子孙皆慎守，世业当永昌。②

诗作所要表现的，恰是圣宗的王朝兴亡观念。应该承认，正是因为圣宗有这样的政治观念，才能使辽朝的中兴得以实现，所以不能忽视这些观念在当时所起的重要作用。尤为重要的是，在辽景宗、萧太后、辽圣宗的持续努力下，实现了政治思想由退步到进步的波动。"政治强人"可以带动思想进步和朝政改善，萧太后和辽圣宗就是成功的范例。

---

① 张俭：《圣宗皇帝哀册》，《全辽文》卷6，第141—142页。
② 《传国玺》，《全辽文》卷1，第18页。

第四节　中兴时期的辅政观念

封建王朝的中兴，是主政者的一种集体性行为，所以不仅要注意皇帝、太后的统治观念，也要注意理政大臣和朝野人士的辅政观念。

一　历任政事令的助政观念

辽景宗即位后，改变了专以契丹人为政事令的做法，汉人、契丹人皆可出任政事令一职，辽圣宗沿袭了这样的做法，使政事令又成为助理朝政的重要职位，所以对历任政事令的人，应重视其行为和观念。

（一）郭袭、室昉等人的治世观念

郭袭（？—985年后），出生地不详，"性端介，识治体"，景宗即位时召见，"对称旨，知可任以事"，任南院枢密使，后又兼任政事令一职。郭袭任政事令的时间，应在乾亨元年（979）以前，因为他向景宗上节制畋猎的奏疏时，职务就是南院枢密使兼政事令。乾亨三年十一月，郭袭改任武定军节度使。圣宗即位后，郭袭于统和三年（985）由武定军节度使改任天平军节度使，仍然兼任政事令的职务。① 从郭袭上书的内容可以看出，他所具有的是强烈的治世观念。

景宗在位后期出任政事令的应是室昉。室昉（920—994年），字梦奇，南京人，"幼谨厚笃学"，会同（938—946年）初年登进士第，应是后晋的进士。太宗耶律德光灭后晋，"诏昉知制诰，总礼仪事"，室昉乃为辽朝所用。景宗在位时，室昉历任翰林学士、政事舍人、南京副留守、工部尚书、枢密副使、参知政事、枢密使兼北府宰相等职，应以枢密使兼任政事令一职，因为在辽圣宗即位后的统和元年正月，有"枢密使兼政事令室昉以年老请解兼职，诏不允"的记载，显示此前室昉确实担任政事令一职。室昉继续出任政事令的职务，"与韩德让、耶律斜轸相友善，同心辅政，整析蠹弊，知无不言，务在息民薄赋，以故法度修明，朝无异议"。统和九年，室昉请求以韩德让代任政事令一职，仍未获准，但是他此前主要精力在于修史，并于当年正月向皇帝进呈了《实录》二十卷。② 从室昉的各种理政建议和理政行为可以看出，

① 《辽史》卷9《景宗纪下》，卷10《圣宗纪一》，卷79《郭袭传》。
② 《辽史》卷10《圣宗纪一》，卷13《圣宗纪四》，卷79《室昉传》。

他所积极倡导的，主要是与治世有关的文治和善政观念。室昉还曾向萧太后呈献《尚书·无逸篇》，就是要表明骄奢丧国的政治态度，并得到了萧太后的赞赏。

圣宗统和元年八月，亦见政事令孙桢的记载，① 其人事迹不详。

圣宗统和二年四月，以宣徽使、同平章事耶律普宁兼任政事令。耶律普宁，即耶律阿没里，字蒲邻（又译作普宁、蒲宁、普领），景宗时任南院宣徽使，萧太后临朝称制后，"与耶律斜轸参预国论"，后参与对高丽和宋朝的战争，屡立战功。任政事令后，"行在多盗，阿没里立禁捕法，盗始息"②。他还建议废除连坐法，已见前述。耶律阿没里虽然是契丹人，但是他所倡导的宽刑观念，确实值得重视。

圣宗统和三年七月，又见守太子太师、政事令刘延构的记载，③ 其人事迹亦不详。

（二）韩德让的理政观念

韩德让（941—1011 年），韩匡嗣之子，后赐名耶律隆运，景宗去世后与耶律斜轸一起作为顾命大臣，册立新皇并以皇太后摄政，"与北府宰相室昉共执国政"。统和三年十一月，韩德让以南院枢密使兼任政事令。次年，又给政事令韩德让加上了"守司徒"的职名。统和十二年，韩德让又以政事令增加了"守太保"的职名。④

在圣宗朝的辅政大臣中，韩德让主政的时间最长。他曾经有过杀朝臣的行为，如耶律虎古在皇太后称制时，"与韩德让以事相忤，德让怒，取护卫所执戎仗击其脑，卒"⑤。但是他亦有选贤任能的作为，如曾与他有过纠纷且据理力争的耶律乌不吕，被他推荐为统军使，萧太后问韩德让："乌不吕尝不逊于卿，何善而荐？"韩德让的回答是："臣忝相位，于臣犹不屈，况于其余。以此知可用，若任使之，必能镇抚诸蕃。"韩德让还曾特别"表请任贤去邪"，被萧太后赞为"进贤辅政，真大臣之职"⑥。

---

① 《辽史》卷 10《圣宗纪一》。

② 《辽史》卷 10《圣宗纪一》，卷 11《圣宗纪二》，卷 12《圣宗纪三》，卷 79《耶律阿没里传》。

③ 《辽史》卷 10《圣宗纪一》。

④ 《辽史》卷 10《圣宗纪一》，卷 11《圣宗纪二》，卷 82《耶律隆运传》。

⑤ 《辽史》卷 82《耶律虎古传》。

⑥ 《辽史》卷 82《耶律隆运传》，卷 83《耶律乌不吕传》。

恰是因为韩德让不仅有拥立皇帝和辅佐皇太后主政的功劳，还能善理朝政，所以圣宗对其尤为尊崇。

> 耶律隆运，本汉人，姓韩名德让。……隆运性忠愿谨悫，智略过人。景宗婴疾，后燕燕（萧太后）与决国事，雅重隆运。
>
> 景宗疾亟，隆运不俟诏，密召其亲属等十余人并赴行帐。时诸王宗室二百余人拥兵握政，盈布朝廷。后当朝虽久，然少姻媛助，诸皇子幼稺，内外震恐。隆运请于后，易置大臣，敕诸王各归第，不得私相燕会，随机应变，夺其兵权。时赵王等具在上京，隆运奏召其妻子赴阙。景宗崩，事出仓卒，布置已定，乃集番汉臣僚，立梁王隆绪为皇帝，时年十二，后为圣宗，仍尊后曰仁慈翊圣应天皇太后。
>
> 隆运孜孜奉国，知无不为，忠孝至诚，出于天性。帝（圣宗）以隆运辅翼功前后少比，乃赐铁券誓文，躬自亲书，斋戒焚香，于北斗星下读之，宣示番汉诸臣。又以隆运一族附籍横帐，列于景宗庙位。
>
> 隆运自为相以来，结欢宋朝，岁时修睦，无少间隙，帖服中外，靡有邪谋。
>
> 未几，改封晋王，授尚书令，赐以几杖，入朝不拜，上殿不趋，左右护卫特置百人。北法，护卫惟国主有之。帝以隆运勋大，恩数优渥，见则尽敬，至父事之。……帝或至其帐，亦五十余步下车，隆运出迎尽礼，帝亦先为之揖；及入，内同家人礼，饮膳服食，尽一时水陆珍品。诸国争为奇怪入贡，动骇耳目。隆运疾，帝与太后祷告山川，召番汉名医诊视，朝夕不离左右。
>
> 及薨，帝与后、诸王、公主已下并内外臣僚制服行丧，葬礼一依承天太后故事。灵柩将发，帝自挽辒车哭送，群臣泣谏，百余步乃止。葬乾陵侧，诏影堂制度一同乾陵。又诏诸处应有景宗御容殿，皆以隆运真容置之殿内。其眷遇始终，无与比伦有如此者。①

韩德让去世的时间是统和二十九年三月。宋真宗听闻其死讯后，亦

---

① 《契丹国志》卷18《耶律隆运传》，第197—199页。

发出了如下感叹："德让颇有智谋，专任国事，今既丧国母，德让又死，臣佐中未闻有其比者。"① 韩德让的辅政观念，就体现在他能始终把握中兴时期朝政的基本走向。

韩德让的弟弟韩德威，统和六年七月以击败宋军的功劳，加开府仪同三司、兼政事令、门下平章事的职务，后因失陷山西等地，被夺去兵柄。统和九年韩德威又任西南路招讨使，负责处理与西夏有关的事务，后来亦被赐姓耶律。② 开泰二年（1013）七月，有西南路招讨使斜轸的记载，③ 但是此人并非圣宗即位时的顾命大臣耶律斜轸（？—999年），因为当时耶律斜轸已经去世多年了。④ 开泰七年六月，又有"加平章萧弘义开府仪同三司、尚父兼政事令"的记载，⑤ 其人事迹不详。

（三）张俭的治道观念

张俭（963—1053年），字仲宝，其先人为清河人，后迁徙到蓟北，居宛平县。统和十四年（996），张俭进士及第，任云州幕官。圣宗耶律隆绪于云州畋猎，当地官员特别向其推荐："臣境无他产，惟幕僚张俭，一代之宝，愿以为献。"圣宗召见张俭，"访及世务，占奏三十余事"，并由此获得皇帝的赏识，于开泰二年（1013）出任政事舍人，开泰七年守司徒兼政事令，太平五年三月出为武定军节度使，五月改为彰信军节度使。太平六年三月，张俭又从大同节度使任上调任南院枢密使、左丞相兼政事令。圣宗去世之后，仍任政事令多年。⑥

张俭是辽朝的进士，所以算是典型的儒臣，其最主要的政绩是辅佐辽圣宗，所以有人特别记下了他的辅政作为。

王（张俭，兴宗朝被封为韩王、陈王）锺灏素之神，萃中和之气，沉毅多大略，宏廓有茂才。挺刚简以秉彝，持谦和而迪哲。谋出人鬼，识通耆龟。德必有邻，以治人事天之道。学不为己，济体国经民之具。不事家食，亟扬王庭。渐鸿鸾之仕阶，登龙凤之仙

① 《辽史》卷15《圣宗纪六》；《续资治通鉴长编》卷73，第1650页。
② 《辽史》卷12《圣宗纪三》，卷13《圣宗纪四》，卷82《耶律德威传》。
③ 《辽史》卷15《圣宗纪六》。
④ 《辽史》卷83《耶律斜轸传》。
⑤ 《辽史》卷16《圣宗纪七》。
⑥ 《辽史》卷13《圣宗纪四》，卷15《圣宗纪六》，卷16《圣宗纪七》，卷17《圣宗纪八》，卷80《张俭传》。

署。遇主则鱼纵大壑，戴君则鳌冠灵山。圣宗皇帝信纳衡言，宠专柄用，体貌尤异，腹心是推。便殿询谋，必前于纯席。公宴报爵，每离于黼座。从幸则同乘翠辇，赐衣则遍袭赭袍。唱和协于埙篪，赓载溢于囊橐。其所化裁形器，施发号令，丹青帝载，金玉王度。燮三时而不害，抚百姓以用康。岁旅贡输，率庶邦而述职。世修□契，约诸夏以敦和。凡所仰成，皆由协赞。……外荣中素，富与贵视之如浮云，名与身弃之若大患，允所谓达人大观，知进退存亡。……至于尊儒重道，移孝资忠，宗九流百氏之指归，达三纲五常之要道。正气袭物，直躬律人。清白为基，门无悖入之货。公是成隧，朝有穆如之风。兹实为常，曷足胜道。①

也就是说，张俭对君主的影响，就在于他对儒家治道观念的坚持，并且在言行上有重要的表率作用。

二 其他臣僚的文治观念

景宗、圣宗两朝的其他臣僚，亦显现出了重要的辅政尤其是文治的观念，可择要者介绍于下。

（一）耶律合住的善政观

耶律合住（？—974年后），又作耶律昌术、耶律琮，字伯玉，小字粘衮，契丹皇族后裔，"以近族入侍，每从征伐有功"，尤其是在太宗耶律德光时，参与了灭后晋的军事行动。

> 适遇嗣圣皇帝（耶律德光）按兵观衅，问罪中原，睿鉴无私，恩及有德。□公为先军监阵……建旗麾旌，奔车靡垒，料敌强弱，进退合宜。先人有□人之志，无阵不破。出国有取国之计，遇敌皆擒。公之少勇也，又能如此也。皇帝饮马汴河，兵屯梁苑，嗣晋伏罪。

在朝廷处于"怠政"状态时，耶律合住采取了脱离政治的态度，以保持怡然自得的心态。

---

① 杨佶：《张俭墓志铭》，《全辽文》卷6，第128—131页。

逮至天授（辽世宗）、天顺（辽穆宗）二帝朝，优游自得，不拘官爵，而乐之以琴棋歌酒，玩之以八索九丘。雪落西园，□□□王之赋。花开南馆，□□宋玉之诗。……富贵在身，曾无荒怠。泊然澹薄，乃世代乐夫也。

景宗即位之后，耶律合住出任涿州刺史，特别显示了善于理政的才能。

仁政具行，宽猛兼济，戢彼干戈，用兴民利。况涿郡也地迫敌封，境连疆场，盗贼公行，天疹时降，内奸殊冗，出入难虞。雀角□□情□，由是民心难一。诈讹不端，道□逍遥，聚散无常，豺狼满野，蛇虺盈郊。……边人畏惧，斥候日警。夫妇男女，不遑启处。诚无周召之材，伊皋之德，斯郡也难臻于理乎。□□以仁惠，示之以赏罚。①

尤为重要的是，耶律合住注重边境地区的安宁，为辽、宋达成和议创造了必要的条件。

合住久任边防，虽有克获功，然务镇静，不妄生事以邀近功。邻壤敬畏，属部乂安。宋数遣人结欢，冀达和意，合住表闻其事，帝许议和。安边怀敌，多有力焉。②

从耶律合住的作为可以看出，他已经是一个完全"儒化"的契丹人，他所推崇的亦是儒家的善政观念。

（二）邢抱朴、邢抱质的善治观

邢抱朴（？—1004 年），应州（今属山西）人，刑抱质为其弟。兄弟俩都随其母陈氏学习儒家经典。景宗在位时，邢抱朴任政事舍人、翰林学士等职。圣宗统和三年正月，以翰林学士邢抱朴为尚书、礼部侍郎、知制诰，统和十二年七月升任参知政事，统和二十年七月升任南院

---

① 郭奇：《耶律琮神道碑》，《全辽文》卷4，第84—86 页。
② 《辽史》卷86《耶律合住传》。

枢密使，统和二十二年二月病逝。①

邢抱朴曾多次受命审理刑狱，已见前述。在理政方面，也有不俗表现，可转引有关的记载。

统和四年，山西州县被兵，命（邢）抱朴镇抚之，民始安，加户部尚书。迁翰林学士承旨，与室昉同修实录。决南京滞狱还，优诏褒美。十年，拜参知政事。以枢密使韩德让荐，按察诸道守令能否而黜陟之，大协人望。寻以母忧去官，诏起视事。表乞终制，不从；宰相密谕上意，乃视事，人以孝称。及耶律休哥留守南京，又多滞狱，复诏抱朴平决之，人无冤者。②

继邢抱朴之后，邢抱质任南院枢密使，开泰元年五月改任大同军节度使，开泰二年正月又被召回任侍中一职。③ 也就是说，邢氏兄弟都是圣宗朝汉人儒臣的重量级人物。

善于理政的还有赵匡禹（951—1019 年），字致君，天水人，在出任临海军节度使时，能够做到"覃信惠，去烦苛，劝农桑，缮庐舍。考未三载，治洽一同"，并由此被儒士拔高到贤臣辅君，且高度赞誉："虎之变，龙之兴，圣主应一千之运。星之精，月之粹，贤臣符五百之期。所以尧勋践祚，八元杰出以匡扶。周发开阶，十乱挺生而翊赞。宫邻协契，今昔同规。"④

辽朝中兴期的臣僚可能还有一些重要的辅政观念，但是受资料所限，只能列举以上代表性人物。中兴期的臣僚更看重"治国"而不是"强国"，更注重"文治"而不是"武功"，在这些代表性人物身上有不同程度的体现，并以此展现中兴期辅政观念的特质，应被后人所重视。

---

① 《辽史》卷10《圣宗纪一》，卷13《圣宗纪四》，卷14《圣宗纪五》，卷107《邢简妻陈氏传》。

② 《辽史》卷80《邢抱朴传》。

③ 《辽史》卷15《圣宗纪六》。

④ 赵潘：《赵匡禹墓志铭》，《全辽文》卷13，第373—375 页。

第三章　由盛转衰过渡期的政治观念

辽兴宗在位时期（1031—1055 年），是辽朝由盛转衰的过渡期，出现了种种衰政迹象，在政治观念上也有一些值得注意的动向，需要作全面的解读。

第一节　辽兴宗理政观念所体现的双重人格

辽兴宗耶律宗真（1016—1055 年），字夷不堇（宋朝人称木不孤），小字只骨，圣宗耶律隆绪长子，圣宗去世后以皇太子身份即位，用景福、重熙年号，在位二十五年，在理政方面表现出的是自相矛盾的错乱状态。

一　难以摆脱的"乱政"阴影

兴宗即位时即陷入宫廷内斗的旋涡，亲政之后又不加节制，使朝廷蔓延着"乱政"的浓厚气氛。

（一）受制于宫廷内斗

辽圣宗耶律隆绪所立皇后萧菩萨哥，即齐天皇后，生二子皆早亡，宫人萧耨斤生耶律宗真、耶律重元二子，被圣宗立为元妃。皇后无子，即以耶律宗真为养子。圣宗去世前，特别叮嘱耶律宗真："皇后事我四十年，以其无子，故命汝为嗣。我死，汝子母切毋杀之。"他还留下遗命，以齐天皇后为皇太后，元妃为皇太妃。元妃匿遗命不宣，太平十一年（1031）六月耶律宗真即皇帝位后（以下称"兴宗"），即尊元妃为皇太后，并改元景福。

元妃与属下的医师耶律喜孙密谋，唆使护卫冯家奴密告齐天皇后、驸马萧鈤不里（又译浞卜）、萧匹敌等谋反，将齐天皇后"载以小车，囚之上京"，萧鈤不里、萧匹敌被元妃下令处死，并处决萧延留等百余人。萧匹敌妻曾劝他逃往女真避难，但是萧匹敌明确表示："朝廷讵肯以飞语害忠良，宁死弗适他国。"

元妃还要置齐天皇后于死地，兴宗不得不表示："齐天皇后与先帝四十年夫妻，先帝遗诏立为太后，今既不立，何忍杀之？"元妃对兴宗的表态不屑一顾，只是与其兄弟商量，诸兄弟都表示："若存之，必为后患。"兴宗再次表态："齐天皇后无子，又年老，若存之宫中，有何患乎？"元妃还是不管不顾，派人将齐天皇后缢杀于上京并草草埋葬。①

元妃随即以皇太后的身份摄政，以萧孝先为政事令，兴宗只能听其摆布，除了不断地"问安于皇太后"外，任由"皇太后听政，不亲庶务"。萧孝先倚仗皇太后的支持，"在枢府好恶自恣，权倾人主，朝多侧目"。景福二年（1032）十一月，兴宗上皇太后尊号为"法天应运仁德章圣皇太后"，并改元重熙。② 在皇太后治下，朝政呈现一片乱象。

> 法天皇后专制其国，多杀功臣，用萧氏兄弟，分监南北番汉事，萧氏奴为团练、防御、观察、节度使者至四十人。范阳无赖辈多占名乐工，为萧氏奴。
>
> 帝（兴宗）以上尊酒银带赐乐工，太后怒，鞭乐工孟五哥。帝知内品高庆郎告太后，使左右杀高庆郎。太后愈怒，下吏杂治，语连于帝。帝曰："我贵为天子，而与囚同答状耶。"郁郁不乐。③

兴宗如此唯唯诺诺，皇太后仍不放心，乃与萧孝先等人密谋立耶律重元为皇帝。耶律重元向兴宗密报了皇太后的图谋，兴宗乃亲率卫兵出宫，拘捕萧孝先等，告之以"废皇太后意"，于重熙三年（1034）五月迫使皇太后"还政"于皇帝，并收皇太后符玺，将其逐往皇陵守陵，"遂诛永兴宫都总管高常哥及内侍数十族"。当年七月，兴宗"始亲

---

① 《辽史》卷18《兴宗纪一》，卷71《圣宗仁德皇后传》，卷88《萧匹敌传》，卷97《耶律喜孙传》；《契丹国志》卷8《兴宗文成皇帝》，第85—86页；《续资治通鉴长编》卷110，第2559—2560页。

② 《辽史》卷18《兴宗纪一》，卷87《萧孝先传》。

③ 《契丹国志》卷8《兴宗文成皇帝》，第86页。

政",此时他还不到十八岁。①

残酷的宫廷内斗,使不少人死于非命,无怪后人有以下评价:"兴宗即位,钦哀皇后(即元妃)始得志,昆弟专权。冯家奴等希钦哀意,诬萧浞卜等谋反,连及嫡后仁德皇后(即齐天皇后)。浞卜等十余人与仁德姻援坐罪者四十余辈,皆被大辟,仍籍其家。幽仁德于上京,既而遣人弑之。迫殒非命,中外切愤。钦哀后谋废立,迁于庆州。及奉迎以归,颇复预事,其酷虐不得逞矣。""盖自兴宗时,屡起大狱,仁德皇后戕于幽所,辽政始衰。"②

(二)痴迷于"诗政"

兴宗驱走了皇太后,并没有走上励精图治的路子,而是显露出极为荒诞的做法。

> 法天(皇太后)专制不满四年,帝(兴宗)幽而废之。既亲政,后始自恣,拓落高旷,放荡不羁。尝与教坊使王税轻等数十人约为兄弟,出入其家,至拜其父母。变服微行,数入酒肆,亵言狎语,尽欢而返。尤重浮屠法,僧有正拜三公、三师兼政事令者,凡二十人。贵戚望族化之,多舍男女为僧尼。如王纲、姚景熙、冯立辈皆道流中人,曾遇帝于微行,后皆任显官。每有除授,凡所亲信不依常格,径与躐升,如刺葛昌等数十人。左右隶役,皆自微贱入亲宫闱,曾无勋力,拔居将相,位至公卿。爵赏滥行,除授无法。枢密使马保忠本汉人,尝从容进谏,言于帝曰:"罚当罪,赏当功,有国之令典也。积薪之言,汲黯叹之;斜封之滥,至唐而极。国家起自朔北,奄有幽、燕,量才授官,人始称职。今臣下豢养承平,无勋可陟,宜且序进之。"帝怫然怒曰:"若尔,则是君不得自行其权,岂社稷之福耶。"保忠惶恐。自是欲有迁除,必先厚赐贵臣,以绝其言。③

马保忠是圣宗朝后期被重用的汉臣,开泰五年(1016)十一月由参知政事升任同知枢密院事,太平二年(1022)十月已任右丞相一职,

---

① 《辽史》卷18《兴宗纪一》,卷71《圣宗钦哀皇后传》,卷87《萧孝先传》。

② 《辽史》卷62《刑法志下》。

③ 《契丹国志》卷8《兴宗文成皇帝》,第91—92页。

太平十年以宰相兼枢密使权知燕京留守，①圣宗即位后，马保忠仍任枢密使，显示其依然处于被重任的位置，但是已经难以发挥作用。

兴宗雅好诗赋，于是就有了所谓的"诗政"。既可以用诗来评价大臣的作为，如他赞扬耶律仁先为"自古贤臣耳所闻，今来良佐眼亲见"②；也可以在臣僚家中或朝堂上吟诗作赋，如重熙五年（1036）四月，"幸后弟萧无曲第，曲水泛觞赋诗"。重熙六年六月，"上（兴宗）酒酣赋诗，吴国王萧孝穆、北宰相萧撒八等皆属和，夜中乃罢"。"赐南院大王耶律胡睹衮命，上亲为制诰词，并赐诗以宠之。"重熙二十一年，"诏儒臣赋诗"，南府宰相杜防夺冠，给予赐金带的奖赏。③还可以在畋猎时吟赋，如兴宗会猎秋山时，负责修起居注的耶律良进呈《秋游赋》，亦得到皇帝的嘉奖。④

在辽、宋通使中，亦可见到"诗政"的影子，如重熙八年，兴宗曾与宋朝使者赋诗，宋人记录了当时的场景。

> 兵部郎中、知制诰聂冠卿为契丹生辰使，代庞籍也。冠卿五世祖师道，杨行密版奏，号问政先生，鸿胪卿。及使契丹，契丹主谓曰："君家先世奉道，子孙固有昌者。尝观所著《蕲春集》，词极清丽。"因自击球纵饮，命冠卿赋诗，礼遇特厚。⑤

面对辽朝的"诗政"，宋朝亦不得不对出使的使者作出限制，于重熙十一年（宋仁宗庆历二年，1042）"诏奉使契丹，不得辄自赋诗，若彼国有请者，听之"。宋人并不禁止使者赋诗，重熙二十四年二月就又有了辽朝皇帝召宋朝使者一起"钓鱼、赋诗"的举动。⑥

诗作唱和亦可能论及朝政问题，如兴宗曾为僧人海山赋诗。

> 为避绮吟不肯吟，既吟何必昧真心。吾师如此过形外，弟子争

---

① 《辽史》卷15《圣宗纪六》，卷16《圣宗纪七》，卷17《圣宗纪八》。
② 《赐耶律仁先诗》，《全辽文》卷2，第23页。
③ 《辽史》卷18《兴宗纪一》，卷86《杜防传》。
④ 《辽史》卷96《耶律良传》。
⑤ 《续资治通鉴长编》卷125，第2940页。
⑥ 《辽史》卷20《兴宗纪三》；《续资治通鉴长编》卷135，第3219页。

能识浅深。①

海山则以两首诗作为回赠。

> 为愧荒疏不敢吟，不吟恐忤帝王心。本吟出世不吟意，以此来
> 批见过深。
> 天子天才已善吟，那堪二相更同心。直饶万国犹难敌，一智宁
> 当三智深。②

兴宗还发展了一批"诗友"，是时有名的儒士萧韩家奴就是其中的一员，他和耶律庶成曾奉命各自撰写《四时逸乐赋》，颇得兴宗赞赏。"工文章"的耶律谷欲，亦被兴宗"命为诗友，数问治要，多所匡建"③。耶律庶成的弟弟耶律庶箴亦善于诗赋，曾为儿子耶律蒲鲁作《戒谕诗》，"蒲鲁答以赋，众称其典雅"。耶律蒲鲁还曾"应诏赋诗，立成而进"，得到兴宗的夸赞。④

在进用臣僚时，亦要以诗作作为铺垫，如"举止严重，工为诗"和"性不苟合"的耶律韩留，就有一段与诗有关的境遇。

> 帝（兴宗）曰："朕早欲用卿，闻有疾，故待之至今。"韩留
> 对曰："臣昔有目疾，才数月耳，然亦不至于昏。第臣驽拙，不能
> 事权贵，是以不获早睹天颜。非陛下圣察，则愚臣岂有今日耶。"
> 诏进《述怀诗》，上嘉叹。⑤

在"诗政"之下，最可能出现的就是奸臣当道的现象，兴宗朝的萧革，就是一个典型的奸臣，而在直臣耶律义先揭露萧革恶行时，兴宗则表现出祖护萧革的态度。

---

① 《以司空大师不肯赋诗以诗挑之》，《全辽文》卷2，第31页。
② 海山：《和兴宗诗二首》，《全辽文》卷7，第169页。
③ 《辽史》卷89《耶律庶成传》，卷103《萧韩家奴传》，卷104《耶律谷欲传》。
④ 《辽史》卷89《耶律蒲鲁传》。
⑤ 《辽史》卷89《耶律韩留传》。

萧革，小字滑哥，字胡突堇，国舅房林牙和尚之子。警悟多智数。太平初，累迁官职。游近习间，以谀悦相比昵，为流辈所称，由是名达于上。

重熙初，拜北面林牙。十二年，为北院枢密副使。帝（兴宗）尝与近臣宴，谓革曰："朕知卿才，故自拔擢，卿宜勉力。"革曰："臣不才，误蒙圣知，无以报万一；惟竭愚忠，安敢怠。"明年，拜北府宰相。十五年，改同知北院枢密事。

革怙宠专权，同僚具位而已。时夷离毕耶律义先知革奸佞，因侍燕，言革所短，用之将败事，帝不听。一日，上令义先对革巡掷，义先酒酣曰："臣备位大臣，纵不能进忠去佞，安能与贼博乎。"革衔之，佯言曰："公相谑，不既甚乎。"义先诟詈不已。帝怒，皇后解之曰："义先酒狂，醒可治也。"翌日，上诏革谓曰："义先无礼，可痛绳之。"革曰："义先之才，岂逃圣鉴！然天下皆知忠直。今以酒过为罪，恐咈人望。"①

上谓（萧）革忠直，益加信任。（耶律）义先郁郁不自得，然议事未尝少沮。②

时任东京副留守的耶律引吉亦采取了不向权臣妥协的态度："时萧革、萧图古辞等以佞见任，鬻爵纳贿，引吉以直道处其间，无所阿唯。"③ 当然，这些自发的抗争，难以起到改变大局的作用。

应该看到，兴宗由崇尚中原文化发展到痴迷于"诗政"，已经完全背离了文治的本意，所打造的只能是一种被严重扭曲的政治生态，并助长了文人喜好奉承、阿谀的不良风气。

（三）沉湎于宴饮游戏

兴宗善诗善画善歌舞，还特别喜好击鞠等游戏。景福元年（1031）七月，还在先帝治丧期间，兴宗即以击鞠为戏。重熙五年（1036）四月，又"与大臣分朋击鞠"。重熙七年十二月，"召善击鞠者数十人于东京，令与近臣角胜，上临观之"。重熙十年十月，"以皇子胡卢斡里

---

① 《辽史》卷113《萧革传》。
② 《辽史》卷90《耶律义先传》。
③ 《辽史》卷97《耶律引吉传》。

生，北宰相、驸马撒八宁迎上至其第宴饮，上命卫士与汉人角觝为乐"。"夕，复引公主、驸马及内族大臣入寝殿剧饮。"① 有人敢打扰皇帝的兴致，就要受到唾骂。

> 帝（兴宗）常夜宴，与刘四端兄弟、王纲入伶人乐队，命后妃易衣为女道士。后父萧磨只曰："番汉百官皆在，后妃入戏，恐非所宜。"帝击磨只，败面，曰："我尚为之，若女何人耶？"②

皇帝乐于宴饮，就会培养出嗜饮的臣僚，耶律和尚就是其中的一员，于是就有了以下记载。

> （耶律和尚）每侍宴饮，虽诙谐，未尝有一言之过，由是上（兴宗）益重之。
>
> 和尚雅有美行，数以财恤亲友，人皆爱重。然嗜酒不事事，以故不获柄用。或以为言，答曰："吾非不知，顾人生如风灯石火，不饮将何为？"晚年沉湎尤甚，人称为"酒仙"云。③

除了在宫廷中作乐外，兴宗亦痴迷于畋猎和渔钓，甚至将钓到的鱼作为礼品送给宋朝。

从兴宗的以上作为看，将其定为"昏君"绝不为过，但是他还有另外的一面，详见下述。

二　张扬文治的各种表现

兴宗自即位后，推出了一系列的善政措施，对于张扬文治起了重要的作用。

（一）重农恤民

兴宗承继了以往皇帝的重农观念，重熙二年（1033）八月，特别遣使阅各路禾稼。重熙十五年七月，除了亲自"观稼"外，还下令

---

① 《辽史》卷18《兴宗纪一》，卷19《兴宗纪二》。
② 《契丹国志》卷8《兴宗文成皇帝》，第93页。
③ 《辽史》卷89《耶律和尚传》。

"禁扈从践民田"①。

重熙八年（1039），北院枢密使萧孝穆"表请籍天下户口以均徭役"，兴宗即于当年六月正式下发了通括户口的诏书。②

> 朕于早岁，习知稼穑。力办者广务耕耘，罕闻输纳；家食者全亏种植，多至流亡。宜通检括，普遂均平。③

由于此次括户主要是为了劝课农桑和均平赋税，所以亦应视为重农的重要措施之一。

为了防止造酒过盛浪费粮食，兴宗还曾明确下令："禁诸职官不得擅造酒靡谷；有婚祭者，有司给文字始听。"④

兴宗亦有少量的赈济灾民、贫民的恤民行为，可列举于下。

> 景福元年（1031）闰十月，振黄龙府饥民。
> 重熙三年（1034）四月，振耶米只部。
> 重熙十二年十一月，以上京岁俭，复其民租税。
> 重熙十五年十二月，振南京贫民。
> 重熙十七年八月，复南京贫户租税。⑤

应该承认，兴宗的重农措施还是产生了重要的作用，不仅"政赋稍平，众悦"，还出现了"时天下无事，户口蕃息"的景象。⑥

（二）更新吏治

兴宗在位时，马保忠曾明确指出："强天下者，儒道；弱天下者，吏道。今之授官，大率吏而不儒。崇儒道，则乡党之行修；修德行，则冠冕之绪崇。自今其有非圣帝明王孔、孟圣贤之教者，望下明诏，痛禁绝之。"⑦ 由于在辽圣宗时已有由吏员出身的萧合卓升任北院枢密使的

---

① 《辽史》卷18《兴宗纪一》，卷19《兴宗纪二》，卷59《食货志上》。
② 《辽史》卷18《兴宗纪一》，卷87《萧孝穆传》。
③ 《辽史》卷18《兴宗纪一》，卷59《食货志上》，卷87《萧孝穆传》。
④ 《辽史》卷59《食货志上》。
⑤ 《辽史》卷18《兴宗纪一》，卷19《兴宗纪二》，卷20《兴宗纪三》。
⑥ 《辽史》卷87《萧孝穆传》。
⑦ 《契丹国志》卷19《马保忠传》，第203—204页。

事例，"以吏才进"的人纷纷仿效，所以萧孝穆亦曾感叹："不能移风易俗，偷安爵位，臣子之道若是乎。"①

如前所述，兴宗重用萧革等人，确实给朝廷带来了吏治败坏的风气。但是需要注意的是，在更新吏治方面，他亦有值得重视的几项举措。

一是注重选贤任能，淘汰不称职的官员。如重熙十年（1041）十月，"诏东京留守萧孝忠察官吏有廉干清强者，具以名闻"。重熙十一年七月，"诏外路官勤瘁正直者，考满代，不治事者即易之"。重熙十六年正月，"诏世选之官，从各部耆旧择材能者用之"②。

二是要求官吏清廉守法，并勤于政务。如重熙九年（1040）十二月，"诏诸犯法者，不得为官吏。诸职官非婚祭，不得沉酗废事"。重熙十年七月，"诏诸职官私取官物者，以正盗论"③。

三是严格官员的管理。重熙二十年（1051）十一月，兴宗下令"罢中丞记录职官过犯，令承旨总之"。重熙二十二年十一月，他又下令："诸职事官以礼受代及以罪去者置籍，岁申枢密院。"④

兴宗亦特别注重体现皇帝"求直言"的诚意。重熙九年十二月，他特别下令："有治民安边之略者，悉具以闻。"重熙十六年六月，又有"诏士庶言事"的举动。直言涉及的应是国家大事，所以重熙十六年正月，"禁群臣遇宴乐奏请私事"。重熙十七年二月，兴宗又特别下诏："士庶言国家利便，不得及己事。"⑤

兴宗亦偶尔与辅政大臣共同讨论治乱问题。如重熙二十一年（1052）七月，"召北府宰相萧塔烈葛、南府宰相汉王贴不、南院枢密使萧革、知北院枢密使事仁先等，赐坐，论古今治道"，就是一个重要的例证。⑥

兴宗亦表示过对阿谀奉承之人的厌恶，如他对将前往燕赵之地任职的萧惟信就有如下的指示："燕赵左右多面谀，不闻忠言，浸以成性。汝当以道规诲，使知君父之义。"⑦

----

① 《辽史》卷81《萧合卓传》，卷87《萧孝穆传》。
② 《辽史》卷19《兴宗纪二》，卷20《兴宗纪三》。
③ 《辽史》卷18《兴宗纪一》，卷19《兴宗纪二》。
④ 《辽史》卷20《兴宗纪三》。
⑤ 《辽史》卷18《兴宗纪一》，卷20《兴宗纪三》。
⑥ 《辽史》卷20《兴宗纪三》。
⑦ 《辽史》卷96《萧惟信传》。

重熙十二年（1043），北院枢密使萧孝忠上言："一国二枢密，风俗所以不同。若并为一，天下幸甚。"由于辽朝"以契丹、汉人分北、南院枢密治之"是"国制"，所以兴宗并没有采纳他的建议。①

兴宗在位时还有一个重要的举措，就是建立了西京。重熙十三年，将云州（今属山西）改名为西京大同府，设置了留守等职务，辽朝的都城由此从四京变成了五京。② 兴宗之所以创设西京，是要将其打造成控遏西部区域的军事重镇，正如后来宋人包拯所言："自创云州作西京以来，不辍添置营寨，招集军马，兵甲粮食，积聚不少，但以西讨为名，其意殊不可测。缘云州至并、代州甚近，从代州至应州，城壁相望，只数十里，地绝平坦，此南与北古今所共出入之路也。"③ 兴宗后来出征西夏，西京确实起了重要的支持作用。

（三）宽刑立法

在刑罚方面，兴宗特别重视录囚，所要强调的就是通过录囚、减刑等作为，体现他的宽刑观念，可以列出相关的情况。

景福元年（1031）七月，两次录囚。

重熙五年（1036）七月，录囚。耶律把八诬其弟韩哥谋杀己，有司奏当反坐。临刑，其弟泣诉："臣惟一兄，乞贷其死。"上（兴宗）悯而从之。十月，曲赦析津府境内囚。

重熙六年五月，录囚。以南大王耶律信宁故匿重囚及侍婢赃污，命挞以剑脊而夺其官；都监坐阿附及侍婢罪，皆论死，诏贷之。七月，以北、南枢密院狱空，赏赉有差。

重熙七年三月，录囚。十月，录囚。十一月，录囚。十二月，录囚，非故杀者减科。

重熙八年十一月，诏有言北院处事失平，击钟及邀驾告者，悉以奏闻。

重熙十二年十月，诏诸路上重囚，遣官详谳。

重熙十四年十二月，决滞狱。

重熙十五年三月，诏诸道岁具狱讼以闻。

① 《辽史》卷81《萧孝忠传》。

② 《辽史》卷37《地理志一》，卷41《地理志五》。

③ 《续资治通鉴长编》卷157，第3797—3798页。

重熙十六年二月，遣使审决双州囚。耶律仆里笃知兴中府，以狱空闻。

重熙十七年七月，录囚，减杂犯死罪。

重熙十八年正月，录囚。六月，录囚。十二月，录囚。

重熙十九年七月，录囚。十一月，录囚。

重熙二十一年十一月，录囚。

重熙二十三年十一月，录囚。①

兴宗还在臣僚的建议下，彻底废除了黥刑。

重熙二年（1033），有司奏："元年诏曰：'犯重罪徒终身者，加以捶楚，而又黥面。是犯一罪而具三刑，宜免黥。'其职事官及宰相、节度使世选之家子孙，犯奸罪至徒者，未审黥否？"上谕曰："犯罪而悔过自新者，亦有可用之人，一黥其面，终身为辱，朕甚悯焉。后犯终身徒者，止刺颈。奴婢犯逃，若盗其主物，主无得擅黥其面，刺臂及颈者听。犯窃盗者，初刺右臂，再刺左，三刺颈之右，四刺左，至于五则处死。"②

兴宗亦下令北院枢密副使萧德和林牙耶律庶成共同修定法令，并强调了他对修律的要求："方今法令轻重不伦。法令者，为政所先，人命所系，不可不慎。卿其审度轻重，从宜修定。"萧德和耶律庶成"参酌古今，刊正讹谬，成书以进"。新修法令称为《律令》或《条制》，"盖纂修太祖以来法令，参以古制。其刑有死、流、杖及三等之徒，而五凡、五百四十七条"。重熙五年四月，正式颁布新定《条制》，"诏有司凡朝日执之，仍颁行诸道"。重熙二十年九月，又下诏"更定条制"，表明兴宗朝至少有两次重要的立法行为，并显示了当政者有较强的法制观念。③

---

① 《辽史》卷18《兴宗纪一》，卷19《兴宗纪二》，卷20《兴宗纪三》，卷91《耶律仆里笃传》。

② 《辽史》卷62《刑法志下》。

③ 《辽史》卷18《兴宗纪一》，卷19《兴宗纪二》，卷62《刑法志下》，卷89《耶律庶成传》，卷96《萧德传》。

（四）注重礼制

重熙十三年（1044），萧韩家奴上书皇帝，请求按照礼制册封太祖耶律阿保机的祖、父，上书全文如下。

> 臣闻先世遥辇可汗洼之后，国祚中绝；自夷离堇雅里立阻午，大位始定。然上世俗朴，未有尊称。臣以为三皇礼文未备，正与遥辇氏同。后世之君以礼乐治天下，而崇本追远之义兴焉。近者唐高祖创立先庙，尊四世为帝。昔我太祖代遥辇即位，乃制文字，修礼法，建天皇帝名号，制宫室以示威服，兴利除害，混一海内。厥后累圣相承，自夷离堇湖烈以下，大号未加，天皇帝之考夷离堇的鲁犹以名呼。臣以为宜依唐典，追崇四祖为皇帝，则陛下弘业有光，坠典复举矣。①

兴宗采纳萧韩家奴的建议，于重熙二十一年七月举行了追册玄、德二祖之礼，"追尊太祖之祖为简献皇帝，庙号玄祖，祖妣为简献皇后；太祖之考为宣简皇帝，庙号德祖，妣为宣简皇后。追封太祖伯父夷离堇岩木为蜀国王，于越释鲁为隋国王"②。

兴宗先是于重熙十二年五月提出了"复定礼制"的要求，③ 重熙十五年又明确向萧韩家奴提出了编撰《礼书》的要求。

> 古之治天下者，明礼义，正法度。我朝之兴，世有明德，虽中外向化，然礼书未作，无以示后世。卿可与庶成酌古准今，制为礼典。事或有疑，与北、南院同议。

萧韩家奴与耶律庶成合作，完成了《礼书》的编撰："博考经籍，自天子达于庶人，情文制度可行于世，不缪于古者，撰成三卷，进之。"④

皇帝重礼制，臣僚亦会作出相应的遵从礼仪行为，以引导世风。

---

① 《辽史》卷103《萧韩家奴传》。
② 《辽史》卷20《兴宗纪三》。
③ 《辽史》卷19《兴宗纪二》。
④ 《辽史》卷103《萧韩家奴传》。

兴宗重熙二十一年，耶律义先拜惕隐，戒族人曰："国家三父房最为贵族，凡天下风化之所自出，不孝不义，虽小不可为。"其妻晋国长公主之女，每见中表，必具礼服。义先以身率先，国族化之。①

任林牙职务的耶律庶箴还向皇帝提出了"广本国姓氏"的建议："我朝创业以来，法制修明；惟姓氏止分为二，耶律与萧而已。始太祖制契丹大字，取诸部乡里之名，续作一篇，著于卷末。臣请推广之，使诸部各立姓氏，庶男女婚媾有合典礼。"兴宗以"旧制不可遽厘"为由，驳回了他的建议。②

兴宗自己喜好击鞠，但禁止民间击鞠，对东京等地都有相应的禁令。东京留守萧孝忠（字撒板，亦作萧撒八）特别进言："东京最为重镇，无从禽之地，若非毬马，何以习武？且天子以四海为家，何分彼此？宜弛其禁。"兴宗采纳了他的建议，于重熙十年四月下令"弛东京击鞠之禁"。但是重熙十五年四月，又有了"禁五京吏民击鞠"的明确规定。③

兴宗亦依照礼制，对契丹的风俗作出了一些新的规定。如在丧制方面，重熙十二年六月，"诏世选宰相、节度使族属及身为节度使之家，许葬用银器，仍禁杀牲以祭"。在礼仪方面，重熙十六年十月，"定公主行妇礼于舅姑仪式"。在服饰方面，重熙二十三年七月，"诏八房族巾帻"。而所谓巾帻，就应是将以前的"臣僚、命妇服饰，各从本部旗帜之色"，改为与公服相同的紫色，并且不再是以前的"毡冠"，而是更接近于汉服的"巾帻"④。

（五）改进科举制度

兴宗继续举行科举考试，其在位期间的考试情况如下。

重熙元年（1032）正月，放进士刘师贞等五十七人。

重熙五年十月，御元和殿，以日射三十六熊赋、幸燕诗试进士

---

① 《辽史》卷45《百官志一》。
② 《辽史》卷89《耶律庶箴传》。
③ 《辽史》卷19《兴宗纪二》，卷81《萧孝忠传》。
④ 《辽史》卷19《兴宗纪二》，卷20《兴宗纪三》，卷56《仪卫志二》。

于廷；赐冯立、赵徽四十九人进士第。以冯立为右补阙，赵徽以下皆为太子中舍，赐绯衣、银鱼，遂大宴，御试进士自此始。

重熙七年六月，御清凉殿试进士，赐邢彭年以下五十五人第。

重熙十一年六月，御含凉殿，放进士王寔等六十四人。

重熙十五年六月，御清凉殿，放进士王棠等六十八人。

重熙十九年六月，诏医卜、屠贩、奴隶及倍父母或犯事逃亡者，不得举进士。御金銮殿试进士。①

增补其他资料，可以看出辽朝的科举取士有了四方面的重大变化。

一是在考试时间上，已经将过去的两年一次考试，改成了规范化的四年一次考试。

二是在考试方法上，增加了御试环节，并已使之制度化。增加御试的动议来自儒臣张俭，"帝幸礼部贡院及亲试进士，皆俭发之"②。

三是在考生资格上，明确了医卜、屠贩、奴隶及有劣行的人不得参与科举考试的限制。

四是打破了契丹人不能参加科举考试的限制，耶律庶箴之子耶律蒲鲁"幼聪悟好学，甫七岁，能诵契丹大字。习汉文，未十年，博通经籍"，参与科举考试中第，"主文以国制无契丹试进士之条，闻于上，以庶箴擅令子就科目，鞭之二百"，但并未因此而取消耶律蒲鲁的进士资格。③

兴宗的各种善政措施，显示他洞晓君主善治国家的道理，并且付诸了行动。一方面是"乱政"，一方面是"善政"，无怪修《辽史》者称其"所为若二人"④。从政治观念透视兴宗耶律宗真，可以说他所具有的是双重人格，骄纵逸乐是本性的人格，"乱政"只是其外在表现而已，但是在朝臣尤其是儒臣的影响下，又想成为传世明君，于是有了"向善"的另一重人格，推动文治就成了不二的选择。双重人格的君主带来的看似矛盾的朝政，实则是"善政"不敌"乱政"，这恰是辽朝由盛转衰的一个重要原因。

---

① 《辽史》卷18《兴宗纪一》，卷19《兴宗纪二》，卷20《兴宗纪三》。

② 《辽史》卷80《张俭传》。

③ 《辽史》卷89《耶律蒲鲁传》。

④ 《辽史》卷20《兴宗纪三》。

第二节　好大喜功观念的展现

在对宋、对西夏和对高丽的关系上，兴宗表现出来的是武力威吓和好大喜功的观念。

一　辽、宋再续和约

在兴宗"一统天下"观念的驱使下，辽、宋之间险些爆发大战，但最终通过谈判维系了双方的和平关系。

（一）通使关系的维系

兴宗即位，皇太后摄政，宋朝立即作出了积极的反应，不仅向辽朝派出了贺登位使，亦派出了"契丹母册礼使"①。辽朝亦像以往一样，不断派出使者前往宋朝，维系两朝的通好关系。

重熙元年（宋仁宗明道元年，1032），有传言辽军将大举南下，宋朝辅臣"争言择帅备边之策"，只有参知政事薛奎向宋仁宗表示："先帝与契丹约和，岁遗甚厚，必不敢轻背约。"后来证明果然是谣传，②因为兴宗此时还没有做好南下一战的准备。

宋人还是加强了边境的防备，宋仁宗采纳了边臣刘平秘密兴建"方田"的建议："今契丹国多事，兵荒相继，我乘此以引水植稻为名，开方田，随田塍四面穿沟渠，纵广一丈，深二丈，鳞次交错，两沟间屈曲为径路，才令通步兵。引曹河、鲍河、徐河、鸡距泉分注沟中，地高则用水车汲引，灌溉甚便。"③ 方田可以起到迟缓骑兵行动的作用，所以被宋人所重视。

重熙三年，又有传言辽朝聚兵于幽州附近，引起宋朝边境的恐慌，有臣僚明确向宋仁宗表示："敌岁享金帛甚厚，今其主屡而岁欠，惧中国见伐，特张言耳，非其实也。"后来亦证明是辽朝举行大规模的祭天活动，并没有动兵的意向。④

辽、宋边境的两次骚动，已经显示了两朝通好关系的脆弱，一旦出

---

① 《续资治通鉴长编》卷110，第2564页。
② 《续资治通鉴长编》卷111，第2597—2598页。
③ 《续资治通鉴长编》卷112，第2608—2609页。
④ 《续资治通鉴长编》卷115，第2708页。

现突发事件，即可能带来关系破裂的重大危险。

（二）南下攻宋的理由

宋仁宗景祐元年（辽兴宗重熙七年，1038），元昊自立为西夏皇帝（详见后述），成为打破辽、宋关系的重大突发事件。宋朝准备对西夏动武，并预先遣使告知辽朝。

宋朝对西夏用兵，并未取得绝对的优势，不得不增补兵力。兴宗利用这一机会，准备对宋朝采取军事行动。重熙十年（1041）十二月，"议伐宋，诏谕诸道"，伐宋的理由是取回北周时占领的关南十县，南院枢密使萧惠是出兵动议的积极支持者。

> 是时帝欲一天下，谋取三关，集群臣议。惠曰："两国强弱，圣虑所悉。宋人西征有年，师老民疲，陛下亲率六军临之，其胜必矣。"①

北院枢密使萧孝穆则明确表达了反对伐宋的理由。

> 昔太祖南伐，终以无功。嗣圣皇帝仆唐立晋，后以重贵叛，长驱入汴；銮驭始旋，反来侵轶。自后连兵二十余年，仅得和好，蒸民乐业，南北相通。今国家比之向日，虽曰富强，然勋臣、宿将往往物故。且宋人无罪，陛下不宜弃先帝盟约。②

兴宗采纳了萧惠的建议，调集大军屯聚于南京，并于重熙十一年（1042）正月派遣南院宣徽使萧特末（萧英）、翰林学士刘六符出使宋朝，向其宣示"取晋阳及瓦桥以南十县地，且问兴师伐夏及沿边疏浚水泽、增益兵戍之故"的南伐缘由。③ 使者呈送的兴宗给宋仁宗的书信，全文如下。

> 弟大契丹皇帝谨致书于兄大宋皇帝阙下：粤自世修欢契，时遣使轺，封圻殊两国之名，方册纪一家之美。盖欲洽于绵远，固将有

---

① 《辽史》卷93《萧惠传》。
② 《辽史》卷87《萧孝穆传》。
③ 《辽史》卷19《圣宗纪二》。

以披陈。切缘瓦桥关南是石晋所割，迄至柴氏，以代郭周，兴一时之狂谋，掠十县之故壤，人神共怒，庙社不延。至于贵国祖先肇创基业，寻与敝境继为善邻。暨乎太宗绍登宝位，于有征之地，才定并、汾，以无名之师，直抵燕、蓟，羽石精锐，御而获退，遂至移镇，国强兵富。南、北王府并内外诸军，弥年有戍境之劳，继日备渝盟之事，始终反覆，前后诸详。尝切审专命将臣，往平河右，炎凉屡易，胜负未闻。兼李元昊于北朝久已称藩，累曾尚主，克保君臣之道，实为甥舅之亲，设罪合致讨，亦宜垂报。迩者郭稹待至，杜防又回，虽具音题，而但虞诈谍。已举残民之伐，曾无忌器之嫌，营筑长堤，填塞隘路，开决塘水，添置边军。既潜稔于猜嫌，虑难敦于信睦。倘或思久好，共遣疑怀，曷若以晋阳旧附之区，关南元割之县，具归当国，用康黎人。如此，则益深兄弟之怀，长守子孙之计。缅惟英悟，深达恫悰。适届春阳，善绥冲裕。[1]

兴宗提出的伐宋三条理由，为西夏代言和责备宋朝加强边防不过是借口，真实的目的是用武力恫吓的方法取得关南十县，或者迫使宋朝作出其他的补偿。兴宗在表达了亲征宋朝的意愿后，特别问计于张俭，张俭反对南伐，"极陈利害"，并明确表示："第遣一使问之，何必远劳车驾。"兴宗采纳了张俭的建议，虽然于重熙十一年四月颁布了"南征赏罚令"，但是大军并未出动，而是等着宋朝使者前来谈判。[2]

（三）辽、宋再建和约

宋朝在萧特末、刘六符到来之前，已经得到了兴宗致宋仁宗书的"书稿"，并在边境地区作出了相应的军事准备。[3]宋朝还派大臣富弼作为接伴使，远迎契丹使者，了解到了兴宗的真实意图。

（富）弼以二月丙子发京师，至雄州久之，英等始入境。遣中使慰劳，英称足疾不拜，弼谓曰："吾尝使北，病卧车中，闻命辄拜。今中使至而君不起，此何礼也？"英矍然起，遂使人掖而拜。弼察英等自以先违盟约及其从者皆有惧心可动，故每与之开怀尽

---

① 《契丹国志》卷20《契丹兴宗致书》，第215—216页。
② 《辽史》卷19《圣宗纪二》，卷80《张俭传》。
③ 《续资治通鉴长编》卷135，第3220、3226页。

言，冀以钩得其情。英等以故亦推诚无隐，乃密以其主所欲得者告弼，且曰："可从，从之。不从，更以一事塞之。王者爱养生民，旧好不可失也。"弼具以闻。①

　　既然知道了兴宗的意图，宋朝即确定了谈判的底线是不许割地，既可以建立两朝的和亲关系，也可以增加岁币。和亲的目标，一是兴宗的弟弟耶律重元，一是兴宗的长子耶律洪基，刘六符认为耶律重元娶宋朝公主"于本朝不便"，富弼则坚决反对两朝通婚，尽管如此，还是确定了通婚和增加岁币作为谈判的"两事"②。

　　宋朝随即以富弼出使契丹，并向兴宗转呈了宋仁宗的致书。

　　　大宋皇帝谨致书于契丹皇帝阙下：昔我烈考章圣皇帝保有基图，惠养黎庶，与大契丹昭圣皇帝弭兵讲好，通聘著盟。肆余篡承，共遵谟训，边民安堵垂四十年。兹者专致使臣，特贻缄问。且以瓦桥旧地，晋阳故封，援石氏之割城，述周朝之复境，系于异代，安及本朝？粤自景德之初，始敦邻宝之信，凡诸细故，咸不置怀。况太宗皇帝亲驾并郊，匪图燕壤，当时贵国亟发援兵，既交石岭之锋，遂举蓟门之役，义非反覆，理有因缘。元昊赐姓称藩，禀朔受禄，忽谋狂僭，傲扰边陲。向议讨除，已尝闻达，杜防、郭稹传导备详，及此西征，岂云无报。聘轺旁午，屡闻嫉恶之谈，庆问交驰，未喻联亲之故，忽窥异论，良用惘然，谓将轸于在原，反致讥于忌器。复云营筑堤埭，开决陂塘，昨缘霖潦之余，失为衍溢之患，既非疏导，当稍缮防，岂蕴猜嫌，以亏信睦。至于备塞临路，阅集兵夫，盖边臣谨职之常，乃乡兵充籍之旧，在于贵境，宁撤戍兵？一皆示以坦夷，两何形于疑阻。顾惟欢契，方保悠长，遽兴请地之言，殊匪载书之约。信辞至悉，灵鉴孔昭，两地不得相侵，缘边各守疆界。誓书之外，一无所求，期在久要，弗违先志。谅惟聪达，应切感思。甫属清和，妙臻戬穀。③

---

① 《续资治通鉴长编》卷135，第3230—3231页。
② 《续资治通鉴长编》卷135，第3231页。
③ 《契丹国志》卷20《宋朝回契丹书》，第216—217页。

宋仁宗的回书，已经点明兴宗动武的理由都是借口，当然要保持双方的和好关系，还需要进一步的谈判。

富弼奉命出使，在双方的谈判中采取的第一个步骤是向辽人申明宋朝不能割地的底线。

富弼、张茂实以结婚及增岁币二事往报契丹，惟所择。弼等至没打河，刘六符馆之，谓弼曰："北朝皇帝坚欲割地，如何？"弼曰："北朝若欲割地，此必志在败盟，假此为名，南朝决不从，有横戈相待耳。"六符曰："若南朝坚执，则事安得济？"弼曰："北朝无故求割地，南朝不即发兵拒却，而遣使好辞更议嫁女、益岁币，犹不从，此岂南朝坚执乎。"

富弼采取的第二个步骤是打消兴宗用兵于宋朝的念头。

及见国主（兴宗），弼曰："两朝人主，父子继好，垂四十年，一旦忽求割地，何也？"

国主曰："南朝违约，塞雁门，增塘水，治城隍，籍民兵，此何意也？群臣竞请举兵，而寡人以谓不若遣使求关南故地，求而不得，举兵未晚也。"

弼曰："北朝忘章圣皇帝之大德乎？澶渊之役，若从诸将之言，北兵无得脱者。且北朝与中国通好，则人主专其利而臣下无所获，若用兵，则利归臣下而人主任其祸。故北朝诸臣争劝用兵者，皆为其身谋，非国计也。"

国主惊曰："何谓也？"

弼曰："晋高祖欺天叛君，而求助于北，末帝昏乱，神人弃之。是时，中国狭小，上下离叛，故契丹全师独克，虽虏获金币，充牣诸臣之家，而壮士健马物故大半，此谁任其祸者？今中国提封万里，所在精兵以万计，法令修明，上下一心，北朝欲用兵，能保其必胜乎？"

曰："不能。"

弼曰："胜负未可知，就使其胜，所亡士马，群臣当之欤，抑人主当之欤？若通好不绝，岁币尽归人主，臣下所得止奉使者岁一二人耳，群臣何利焉？"

国主大悟，首肯者久之。

弼又曰："塞雁门者以备元昊也。塘水始于何承矩，事在通好前，地卑水聚，势不得不增。城隍皆修旧，民兵亦旧籍，特补其阙耳，非违约也。"

国主曰："微卿言，不知其详。然寡人所欲得者祖宗故地耳。"

弼曰："晋高祖以卢龙一道赂契丹，周世宗复伐取关南，皆异代事。宋兴已九十年，若各欲求异代故地，岂北朝之利乎？"

国主无言，徐曰："元昊称藩尚主，南朝伐之，不先告我，何也？"

弼曰："北朝向伐高丽、黑水，岂尝报南朝乎？天子令臣致意于陛下曰：'向不知元昊与弟通姻，以其负恩扰边，故讨之，而弟有烦言，今击之则伤兄弟之情，不击则不忍坐视吏民之死，不知弟何以处之？'"

国主顾其臣胡语良久，乃曰："元昊为寇，岂可使南朝不击乎。"

富弼采取的第三个步骤是与刘六符等人取得双方维持和好关系的共识，以促成新的和议。

既退，六符谓弼曰："昔太宗既平河东，遂袭幽燕，今虽云用兵西夏，无乃复欲谋燕蓟乎？"弼曰："太宗时，北朝先遣拽剌梅里来聘，既而出兵石岭以助河东，太宗怒其反复，遂伐燕蓟，盖北朝自取之也。"六符又曰："吾主耻受金帛，坚欲十县，如何？"弼曰："南朝皇帝尝言：'朕为人子孙，岂敢妄以祖宗故地与人。昔澶渊白刃相向，章圣尚不与昭圣关南，岂今日而可割地乎？且北朝欲得十县，不过利其租赋耳，今以金帛代之，亦足坐资国用。朕念两国生民，不欲使之肝脑涂地，不爱金帛以徇北朝之欲。若北朝必欲得地，是志在背盟弃好，朕独能避用兵乎？且澶渊之盟，天地神祇，实共临之。今北朝先发兵端，朕不愧于心，亦不愧天地神祇矣。'"六符谓其介曰："南朝皇帝存心如此，大善。当共奏，使两主意通。"

富弼采取的第四个步骤是表明了宋朝可以增加岁币的意图。

> 翌日，国主召弼同猎，引弼马自近，问所欲言。弼曰："南朝
> 惟欲欢好之久尔。"国主曰："我得地则欢好可久。"弼曰："南朝
> 皇帝遣臣闻于陛下曰：'北朝欲得祖宗故地，南朝亦岂肯失祖宗故
> 地耶？且北朝既以得地为荣，则南朝必以失地为辱矣。兄弟之国，
> 岂可使一荣一辱哉？朕非忘燕蓟旧封，亦安可复理此事，正应彼此
> 自喻尔。'"
> 退而六符谓弼曰："皇帝闻公荣辱之言，意甚感悟。然金帛必
> 不欲取，惟结婚可议尔。"弼曰："结婚易以生衅，况夫妇情好难
> 必，人命修短或异，则所托不坚，不若增金帛之便也。"六符曰：
> "南朝皇帝必自有女。"弼曰："帝女才四岁，成婚须在十余年后，
> 虽允迎女成婚，亦在四五年后。今欲释目前之疑，岂可待哉？"弼
> 揣敌欲婚，意在多得金帛，因曰："南朝嫁长公主故事，资送不过
> 十万缗尔。"由是敌结婚之意缓，且谕弼归。弼曰："二论未决，
> 安敢徒还，愿留毕议。"国主曰："俟卿再至，当择一事授之，宜
> 遂以誓书来也。"①

富弼的这一轮谈判好似没有结果，实际上双方已经达成了继续和好
的意向。富弼返回宋朝后，在宋仁宗的授意下，特别准备了两份国书和
三份誓书，确定的原则是"议婚则无金帛，若契丹能令夏国复纳款，则
岁增金帛二十万，否则十万"。富弼还要求在誓书内创增三事：一是两界
塘淀毋得开展；二是各不得无故添屯兵马；三是不得停留逃亡诸色人。②

富弼再次出使，商定了增加岁币二十万的条件，但是又因是否使用
"献""纳"岁币的用词，再起风波。

> 富弼、张茂实以八月乙未至契丹清泉淀金毡馆，持国书二、誓
> 书三，以语馆伴耶律仁先、刘六符，仁先、六符问所以然者，弼
> 曰："姻事合则以姻事盟，能令夏国复归款，则岁入金帛增二十
> 万，否则十万，国书所以有二，誓书所以有三也。"翌日，引弼等

---

① 《续资治通鉴长编》卷137，第3283—3286页。
② 《续资治通鉴长编》卷137，第3286—3287页。

见契丹国主，太弟宗元子梁王洪基侍，萧孝思孝穆、马保忠、杜防分立帐外。

国主曰："姻事使南朝骨肉暌离，或公主与梁王不相悦，则将奈何？固不若岁增金帛，但无名尔，须于誓书中加一'献'字乃可。"

弼曰："'献'字乃下奉上之辞，非可施于敌国。况南朝为兄，岂有兄献于弟乎？"

国主曰："南朝以厚币遗我，是惧我也，'献'字何惜？"

弼曰："南朝皇帝守祖宗之土宇，继先皇之盟好，故致币帛以代干戈，盖惜生灵也，岂惧北朝哉？今陛下忽发此言，正欲弃绝旧好，以必不可冀相要尔，则南朝亦何暇顾生灵哉？"

国主曰："改为'纳'字如何？"

弼曰："亦不可。"

国主曰："誓书何在，取二十万者来。"

弼既与之，国主曰："必与寡人加一'纳'字，卿无固执，恐败乃主事。我若拥兵南下，岂不祸乃国乎？"

弼曰："陛下用兵，能保其必胜否？"

国主曰："不能。"

弼曰："胜未可必，安知其不败邪？"

国主曰："南朝既以厚币与我，'纳'字何惜，况古有之。"

弼曰："自古惟唐高祖借兵于突厥，故臣事之。当时所遗，或称'献''纳'，亦不可知。其后颉利为太宗所擒，岂复更有此理？"

国主默然，见弼词色具厉，度不可夺，曰："我自遣使与南朝皇帝议之，若南朝许我，卿将何如？"

弼曰："若南朝许陛下，请陛下与南朝书，具言臣等于此妄有争执，请加之罪，臣等不敢辞。"

国主曰："此乃卿等忠孝为国之事，岂可罪乎。"

弼退而与刘六符言，指帐前高山曰："此尚可逾，若欲'献''纳'二字，则如天不可得而升也。使臣颈可断，此议决不敢诺。"①

---

① 《续资治通鉴长编》卷137，第3291—3292页。

耶律仁先、刘六符带着兴宗的誓书到宋朝，明确提出宋朝的新增岁币要称为"贡"。

> 仁先与刘六符使宋，仍议书"贡"。宋难之，仁先曰："向者石晋报德本朝，割地以献，周人攘而取之，是非利害，灼然可见。"宋无辞以对。乃定议增银、绢十万两、匹，仍称"贡"。①

> 会宋遣使增岁币以易十县，复与耶律仁先使宋，定"进贡"名，宋难之。六符曰："本朝兵强将勇，海内共知，人人愿从事于宋。若恣其俘获以饱所欲，与'进贡'字孰多？况大兵驻燕，万一南进，何以御之！顾小节，忘大患，悔将何及！"宋乃从之，岁币称"贡"。②

> （重熙十一年）闰九月，耶律仁先遣人报，宋岁增银、绢十万两、匹，文书称"贡"，送至白沟；帝（兴宗）喜，宴群臣于昭庆殿。③

既然要达成和议，宋人在誓书文字上也作了妥协，在富弼还未返回宋廷时，已经应允使用"贡"的说法，但是在现存的兴宗誓书中，并未见"贡"字，而是用的"纳"字，应是宋人修史者后来做的修改。

> 维重熙十一年，岁次壬午，八月壬申朔，二十九日庚子，弟大契丹皇帝谨致书于兄大宋皇帝阙下：来书云，谨按景德元年十二月七日，章圣皇帝与昭圣皇帝誓曰："共遵成信，虔守欢盟，以风土之仪物，备军旅之费用，每岁以绢二十万匹，银一十万两，更不差使臣专往北朝，只令三司差人搬送至雄州交割。沿边州军各守疆界，两地人户不得交侵，或有盗贼逃逋，彼此勿令停匿。至于垄亩稼穑，南北勿纵骚扰。所有两朝城池，并各依旧存守，修壕葺塞，一切如常，即不得创筑城隍，开决河道。誓书之外，一无所求，各

---

① 《辽史》卷96《耶律仁先传》。
② 《辽史》卷86《刘六符传》。
③ 《辽史》卷19《圣宗纪二》。

务协心，庶同悠久。自此保安黎庶，谨守封疆，质于天地神祇，告于宗庙社稷，子孙共守，传之无穷，有渝此盟，不克享祀，昭昭天鉴，共当殛之。"昭圣皇帝复答云："孤虽不才，敢遵此约。谨当告于天地，誓之子孙，神明具知。"呜呼！此盟可改，后嗣何述！

切以两朝修睦，三纪于此，边鄙用宁，干戈载偃，追怀先约，炳若日月。今绵襆已深，敦好如故，关南县邑，本朝传守，惧难依从，别纳金帛之仪，用代赋税之物，每年增绢一十万匹，银一十万两，搬至雄州白沟交割。两界溏淀已前开畎者，并依旧例，自今已后不得添展。其见堤堰水口，逐时决泄壅塞，量差兵夫取便修垒疏导，非时霖潦别至，大段涨溢，并不在关报之限。南朝河北沿边州军，北朝自古北口以南沿边军民，除见管数目依常教阅，无故不得大段添屯兵马。如有事故添屯，即令逐州军移牒关报。两界所属之处，其自来乘例更替及本路移易，并不在关报之限。两界逃走作过诸色人并依先朝誓书外，更不得似目前停留容纵。恭惟二圣威灵在天，顾兹纂承，各当遵奉，共循大体，无介小嫌。且夫守约为信，善邻为义，二者缺一，罔以守国。皇天厚地，实闻此盟。文藏宗庙，副在有司。余并依景德、统和两朝誓书。顾惟不德，必敦大信，苟有食言，必如前誓。[①]

从辽、宋的交涉来看，兴宗是以武力恫吓达成了逼宋妥协、增加岁币的目标。在这样的大目标下，不但动武的借口不再重要，因为兴宗本来就没有打算动武，语词之争更不重要，不过是所谓的"面子"问题。当然，对于"以儒治国"的宋朝而言，面子极为重要，所以才会有富弼的拼死抗争。好在富弼坚持的"创增三事"都出现在了誓书中，也算是对宋朝"失面子"的补偿。

辽、宋再续和约后，都能遵守誓书，维系和平的局面。只是由于辽、西夏开战，辽、宋之间又有了一些新的交涉，详见下述。在西夏问题解决之后，辽、宋交往中又出现了四个重要的事件，值得注意。

第一个是国号事件。宋仁宗皇祐四年（辽兴宗重熙二十一年，1052）四月，辽朝使者带往宋朝的国书使用了南朝和北朝的称呼，并

---

① 《契丹国志》卷20《契丹回宋誓书》，第217—218 页。

被宋人强烈要求改回原来的称呼。

> 契丹国母遣顺义节度使右监门卫上将军萧昌、右谏议大夫刘嗣复，契丹主遣彰信节度使萧昱、益州防御使刘士方来贺乾元节。其国书始去国号，而称南、北朝，且言书称大宋、大契丹非兄弟之义。帝（宋仁宗）召二府议之，参知政事梁适曰："宋之为宋，受之于天，不可改。契丹亦其国名。自古岂有无名之国。"又下两制、台谏官议，皆以讲和以来，国书有定式，不可辄许。乃诏学士院答契丹书，仍旧称大宋、大契丹。其后契丹复有书，亦称契丹如故。
>
> 初，契丹使来，知制诰韩综为馆伴，契丹使欲复书如其国，但称南、北朝。综谓曰："自古未有建国而无号者。"契丹使惭，遂不复言。①

在国书中使用新的称呼，显然是兴宗对宋朝的试探，因为改用南、北朝的称呼，可以使辽（契丹）具有了被宋人认可的正统王朝地位。由于宋人并不买账，此事也就再无下文。

第二个是观乐事件。宋仁宗皇祐五年（辽兴宗重熙二十二年，1053）十二月，辽朝使者提出了观看乐章演奏的要求，但是被宋人婉拒。

> 契丹国母遣林牙临海节度使、左卫大将军耶律庶忠，夏州观察使兼东上阁门使李仲偃；契丹主遣始平节度使耶律祁、崇禄卿周白来贺正旦。契丹使来，请曰："愿观庙乐而归。"上（宋仁宗）以问，宰相陈执中曰："乐非祠享不作，请以是告之。"枢密副使孙沔曰："此可告而未能止也，愿告之曰：'庙乐之作，以祖有功、宗有德而歌咏之也。使者能留与吾祭，则可观。'"上使人告之，使者乃退。②

辽朝使者要看乐章演奏，实则有学习中原王朝礼乐制度的含义，宋

---

① 《续资治通鉴长编》卷172，第4141—4142页。
② 《续资治通鉴长编》卷175，第4241页。

人在这方面确实是表现得不够大度。

第三个是画像事件。重熙二十二年十二月，兴宗向臣僚表示："朕与宋主约为兄弟，欢好岁久，欲见其绘像，可谕来使。"① 次年（宋仁宗至和元年）九月，辽朝的使者正式向宋朝提出了要仁宗画像的请求。

> 契丹遣忠正节度使、同平章事萧德，翰林学士、左谏议大夫、知制诰、史馆修撰吴湛来告与夏国平，且言："通好五十年，契丹主思南朝皇帝，无由一会见，尝遣耶律防来使，窃画帝容貌，曾未得其真。欲交驰画像，庶瞻睹以纾兄弟之情。"②

宋朝并未答应兴宗的请求，倒是宋仁宗至和二年（辽兴宗重熙二十四年，1055）四月，契丹使者向宋仁宗呈上了兴宗的画像，其目的还是"求易御容以代相见，笃兄弟之情"。但是宋仁宗未及答复，兴宗已经去世，画像最终是赐给了新即位的辽朝皇帝。③

第四个是皇位继承人事件。辽朝的皇太后虽然不再理政，但是依然想影响帝位继承，于是就发生了探寻宋朝使者态度的事件。

> （至和元年九月）三司使、吏部侍郎王拱辰为回谢契丹使，德州刺史李珣副之。拱辰见契丹主（兴宗）于混同江，其国每岁春涨，于水上置宴钓鱼，惟贵族近臣得与，一岁盛礼在此。每得鱼，必亲酌劝拱辰，又亲鼓琵琶侑之，谓其相刘六符曰："南朝少年状元，入翰林十五年矣，吾故厚待之。"
>
> 契丹国母爱其少子宗元（耶律重元），欲以为嗣，问拱辰曰："南朝太祖、太宗，何亲属也？"拱辰曰："兄弟也。"曰："善哉，何其义也。"契丹主曰："太宗、真宗，何亲属也？"拱辰曰："父子也。"曰："善哉，何其礼也。"既而契丹主屏人，谓拱辰曰："吾有顽弟，他日得国，恐南朝未得高枕也。"④

---

① 《辽史》卷 20《兴宗纪三》
② 《续资治通鉴长编》卷 177，第 4281 页。
③ 《续资治通鉴长编》卷 179，第 4329 页。
④ 《续资治通鉴长编》卷 177，第 4281—4282 页。

兴宗已经看出耶律重元不是良善之人，所以向宋人发出了郑重的警示，即两国都不希望昏庸残暴的君主上台。

二 辽、夏关系的破裂与复合

西夏本来是辽朝的属国，但是元昊崛起后，两国关系恶化，在交战之后才又恢复以往的关系。

（一）安抚之策的失败

兴宗即位之后，即以兴平公主"下嫁"元昊，封元昊为驸马都尉。重熙元年（1032）十一月，夏王李德明病逝，兴宗即册立元昊为夏王。元昊与兴平公主关系不好，重熙七年四月公主突然死亡，兴宗也只是派出使者向元昊询问死因，双方关系疏远但还未达到破裂的地步。[1] 重熙元年出任西北路招讨使的萧孝先，亦改变了前任萧惠的"以威制西羌"的做法，"厚加抚绥，每入贡，辄增其赐物，羌人以安"[2]。

元昊自立为皇帝，随即与宋朝开战，兴宗不但未责备其"僭立"，还以挟制元昊为由，迫使宋朝再续和约。辽、宋达成和约后，兴宗为履行承诺，于重熙十二年（1043）正月派遣同知析津府事耶律敌烈、枢密院都承旨王惟吉出使西夏，并诏谕元昊"南北修好已如旧，惟西界未宁"，宜"早议通和"[3]。元昊遵从兴宗的旨意，派出使者前往宋朝议和。

对于在辽朝调停下的西夏议和，宋朝的大臣多持反对态度。如韩琦、范仲淹明言西夏与辽朝情况不同，不但不能答应其求和请求，还要做好军事行动的准备。余靖更指出准许西夏求和，会给宋朝带来两难的境地。

> 伏自国家用兵以来，五年之间，三经大战，军覆将死，财用空虚，天下嗷嗷，困于供给。今乃因契丹入一介之使，驰其号令，遂使二国通好，君臣如初，吾数年之辱，而契丹一言解之。若契丹又遣一介有求于我，以为之谢，其将何词以拒之？若国家又有所惜，

---

① 《辽史》卷18《兴宗纪一》，卷115《西夏记》。

② 《辽史》卷87《萧孝先传》。

③ 《辽史》卷18《兴宗纪一》，卷115《西夏记》；《续资治通鉴长编》卷139，第3343—3344页。

必将兴师责我，谓之背惠，则北鄙生患，二境受敌矣。矧西戎自僭名号，未尝挫折，何肯悔祸，轻屈于人？今若因其官属初来，未有定约，但少许之物，无满其意，坚守名分，以抑其僭。虽赐以甘言，彼必不屈，则吾虽西鄙受敌，而契丹未敢动也。何以知之？昨梁适使契丹之时，国主面对行人，遣使西迈，意气自若，自言指呼之间，便令元昊依旧称臣。今来贼昊不肯称臣，则是契丹之威不能使西羌屈伏，彼自丧气，岂能来责？故臣谓今之不和，则吾虽西鄙受敌，而契丹未敢动也。若便与西戎结盟，则我之和好，权在敌国，中国之威于是尽矣。契丹责我，则二鄙受敌，其忧深矣。[1]

富弼结合在辽朝境内的见闻，亦认为不能轻易答应西夏的请和。

兼闻西使之来，盖因契丹所谕，元昊既禀畏契丹，则朝廷可且持重。纵使其议未合，亦有后图。大凡制事在乎初，初若失宜，后难救正。今日又闻西使入见，赐予甚厚，既许其伪辅之称，则元昊自谓得志。臣去年使契丹，与馆伴刘六符语，将来若使元昊复称臣，则本朝岁增金帛之遗。初既不避其名，今又未即如约，枉受前耻而不获后效，甚可惜也。今朝廷过有许可，所忧有二事：若契丹谓中国既不能臣元昊，则岂肯受制于我，必将以此遣使来，未知以何辞答之；若契丹谓元昊本称臣于两朝，今既于南朝不称臣，渐为敌国，则以为独尊矣。异日稍缘边隙，复有所求，未知以何术拒之。臣晓夕思之，二者必将有一焉，不可不早虑也。[2]

欧阳修更强调不能在西夏请和问题上中了辽人的圈套。

近日窃闻边臣频得北界文字，来问西夏约和之事了与未了。苟实如此，事深可忧。臣以谓天下之患不在西戎，而在北敌，纵使无此文字，终须贻患。朝廷与契丹通好仅四十年，无有纤芥之隙，而辄萌奸计，妄有请求。窃以契丹故习，遇强则伏，见弱便欺。见我无谋，动皆屈就，谓我为弱，知我易欺，故添以金缯，未满其志，

---

① 《续资治通鉴长编》卷139，第3354—3355页。
② 《续资治通鉴长编》卷140，第3361—3362页。

更邀名分，抑使必从。无事而来，尚犹如此，若使更因西事揽以为功，别有过求，将何塞请？此天下之人，无愚与智，共为朝廷寒心者也。今若果有文字来督通和之事，则臣谓敌之狂计，其迹已萌。[①]

尽管臣僚有诸多疑义，宋仁宗还是答应了元昊的请和，并愿意付给西夏二十万岁币。对于这样的结果，亦有臣僚提出了进一步的质疑："契丹声言，尝遣谕西人，使臣中国；今和议成，恃其功。且去岁乘西边屡败，已有割地之请，朝廷意在息民，故但增岁赂，而不忍起二方之役。今若更有所求，将安拒之乎？"[②]

宋人所指兴宗以傲慢的态度对待元昊，显然是事实，但是担心其会背盟或提出更多的所求，则是臣僚的揣测，因为兴宗与元昊的关系已经急剧恶化，他不仅放弃了对元昊的支持和安抚，还准备用武力手段来解决问题了。

（二）对夏作战的失败

辽、夏破裂的表面原因是原来归属于辽朝的一些党项部族投靠了元昊，兴宗派使者责问元昊，元昊遣来的使者"不以实对"。深层次的原因是兴宗已经看出元昊的桀骜不驯，需要用武力加以恫吓，以显示自己的威严。重熙十三年（1044）五月，兴宗下诏"征诸道兵会西南边以讨元昊"。六月，兴宗派使者致书宋仁宗，告知伐西夏事宜："元昊负中国当诛，故遣林牙耶律祥等问罪，而元昊顽犷不悛，载念前约，深以为愧。今议将兵临贼，或元昊乞称臣，幸无亟许。"[③]

宋人早已侦知辽军向西部边境聚集的情况，一方面预判辽军不会借机进攻宋朝，另一方面亦预言辽军可能失败。如富弼所言："北敌（辽朝）风俗贵亲，率以近亲为名王将相，以治国事、以掌兵柄而信任焉。""且如北敌有南大王萧孝穆、北大王萧孝惠、鲁王惕隐、楚王夷离毕，是其亲近甚众。臣前岁奉使，尽与之接，又询其国人，未必实有才武。"张方平亦指出："且敌久与中原通，甘心豢饵，其贵人习于骄

---

① 《续资治通鉴长编》卷141，第3382—3383页。
② 《续资治通鉴长编》卷145，第3500—3501页。
③ 《辽史》卷19《兴宗纪二》，卷115《西夏记》；《续资治通鉴长编》卷151，第3668页。

佚，其部人不练于战斗，于其本俗衰弊已甚，而又母子兄弟，内结疑隙，上下离贰，此其危乱之形。"①

宋廷收到兴宗的致书后，有人指出其可能有四大图谋："一曰借兵于我，同力剪除；二曰见乏资粮，欲假边粟；三曰军兴费广，先借数年之资；四曰元昊与贼连谋，不宜更通和好。"为了不引起辽朝的误解并化解其图谋，宋仁宗派余靖为使者，向兴宗表示："若以元昊于北朝失事大之体，则自宜问罪，或谓元昊于本朝稽效顺之故，则无烦出师。矧延州昨奏元昊已遣杨守素将誓文入界，傥不依初约，犹可沮还，如尽遵承，则亦难却也。"② 也就是说，宋朝表明的是接受西夏和议的态度，但亦不干涉辽朝对西夏的用兵。

兴宗并不在乎宋朝的态度，也没有乘机要粮、要钱，而是于重熙十三年九月亲率大军西进，因为在他看来，西夏军队不堪一击。十月，元昊一面派人向兴宗表示臣服，另一方面预做了大战的准备。辽朝主将萧惠建议兴宗对元昊开战，一举击溃西夏军队："元昊忘奕世恩，萌奸计，车驾亲临，不尽归所掠。天诱其衷，使彼来迎。天与不图，后悔何及？"兴宗采纳了萧惠的建议，轻率地发起进攻，被元昊军击败，兴宗仅率数十骑逃走。③

元昊大败辽军后，即与宋朝建立了册封关系，但是亦迅速派人将俘虏等送还辽朝，兴宗也下令释放被扣押的西夏使者等，双方关系得以恢复。宋仁宗亦派余靖对兴宗表示："元昊反复小臣，其去就不足为两朝重轻，设或携叛，亦是常事。彼此只边上关报，更不专遣使臣。"④

对于辽军之所以惨败，宋人也有所分析，如欧阳修就有以下的看法。

> 且北敌（辽朝）虽以战射为国，而耶律氏自幼承其父祖与中国通和之后，未尝躬战阵、遭劲敌，谋臣旧将又皆老死，今其臣下如贯宁者无三两人。宁材不及中人，已是彼之杰者，所以君臣计

---

① 《续资治通鉴长编》卷150，第3647、3657—3658页。
② 《续资治通鉴长编》卷151，第3679、3683页。
③ 《辽史》卷19《兴宗纪二》，卷93《萧惠传》，卷109《罗衣轻传》；《续资治通鉴长编》卷152，第3711页。
④ 《续资治通鉴长编》卷154，第3747页。

事，动多不臧。当初对梁适遣使河西，使与中国通好，及议和垂就，不能小忍，以邀中国厚利，乃与元昊争夹山小族，遂至交兵。而累战累败，亡失人马，国内疮痍。

臣谓北敌昨所以败于元昊者，亦其久不用兵，骤战而逢劲敌尔。闻其自败衂以来，君臣恐惧，日夜谋议，通招丁口，简募甲兵，处处开教阅之场，家家括粮马之数。以其天姿骄劲之俗，加以日夜训练之勤，则其强难敌矣。今敌国虽未有人，然大抵为国者，久无事则人难见，因用兵则将自出。使其交战既频，而谋臣猛将争能并出，则是夹山一败，警其四十年因循之弊，变骄心而为愤志，化堕卒而为劲兵，因屡战而得骁将，此乃北敌之福，非中国之福也。①

欧阳修说出了一个重要的事实，就是辽朝已经由盛转衰，军队战斗力亦大大下降。他也指明辽朝人才不济，所以无人能阻止君主好大喜功的轻易用兵行为。

（三）再征西夏无功而返

重熙十七年（1048）正月，元昊被属下害死，其子谅祚即位，被宋朝册封为西夏国王。对于辽朝，谅祚只是"遣使来告"，兴宗即派使者前往"慰奠"。兴宗还是对败于西夏耿耿于怀，企图借西夏幼主即位的机会，出兵复仇。重熙十八年正月，兴宗"复议伐夏"，扣留了西夏派来的贺正旦使者，并派出使者向宋朝告知再次西征的意图："元昊伺窥边事，特议讨除。再幸边方，欲歼元恶。而夏国驰告，元昊云亡，嗣童未识于矜存，狨佐犹怀于背诞。载念非缘逃户，可致亲征。熟料凶顽，终合平荡。苟欲稽于一举，诚无益于两朝。"对于辽军再次大举进攻西夏，由于有了前一次的经验，宋廷只是要求谨守边界，不再筹划新的对策。②

重熙十八年七月，兴宗亲征西夏。八月，西夏人"遁走"，兴宗下令班师，但是随之而来的是毫无作战准备的萧惠军被西夏军队重创。

---

① 《续资治通鉴长编》卷156，第3781—3782页。

② 《辽史》卷19《兴宗纪二》，卷115《西夏记》；《续资治通鉴长编》卷164，第3942页；卷166，第3988、3997页。

　　（萧）惠自河南进，战舰粮船绵亘数百里。既入敌境，侦候不远，铠甲载于车，军士不得乘马。诸将咸请备不虞，惠曰："谅祚必自迎车驾，何暇及我？无故设备，徒自弊耳。"数日，我军未营，候者报夏师至，惠方诘妄言罪，谅祚军从坂而下。惠与麾下不及甲而走。追者射惠，几不免，军士死伤尤众。①

　　兴宗返回后派使者前往宋朝夸赞西征的胜利，"益自言契丹三路进讨，契丹主出中路，大捷；北路兵至西凉府，获羊百万，橐驼二十万，牛五百，俘老幼甚众。惟南路小失利"。在使者呈交的兴宗致宋仁宗书中，看到的也是其自我夸耀之辞："爰自首秋，亲临寇境。先驱战舰，直济洪河。寻构浮梁，泊成戍垒。六军蓄锐，千里鼓行。专提骑旅，往趋枭巢。郡牧货财，戈甲印绶，庐帐仓敖，驼橐之余，焚烧殆尽。螫毒寻挫，唯类无遗，非苟宿残全除必矣。兼于恃险之津，已得行军之路。时加攻扰，日蹙困危。虽悔可追，不亡何待。载想同休之契，颇协外御之情。"但是宋人早已知道辽军再次大败的消息，不加戳穿而已。更有意思的是，无功而返的兴宗又玩起了"诗政"的一套，如宋人所记："翰林学士、刑部郎中、知制诰赵槩为回谢契丹国信使，西上阁门使、贵州团练使钱晦副之。契丹主席上请槩赋《信誓如山河诗》，诗成，契丹主亲酌玉杯劝槩饮，以素折叠扇授其近臣刘六符写槩诗，自置袖中。"② 穷兵黩武且轻敌，自会遭受重大失败，只能是再寄情于诗赋以自解。

　　重熙十九年，兴宗派军出征西夏，救回了不少被西夏俘虏之人。谅祚亦派人来求和，愿意再作辽的藩属国，兴宗虽未答应，但双方关系有所缓和。重熙二十二年，兴宗赐诏谅祚，准许其投降，谅祚即正式上了降表，辽、西夏又恢复了通和的关系。③

　　兴宗后来在与宋朝使者王拱辰的对话中，解释了辽与西夏交恶的过程，强调不打算给予谅祚册封，并且不会恢复和亲的关系。

　　契丹主又云："更为西界昨报休兵事，从初不禀朝命，边上头作过犯，遂行征讨。缘元昊地界黄河屈曲，寡人先领兵直入，已夺

---

①　《辽史》卷93《萧惠传》。
②　《续资治通鉴长编》卷167，第4035页。
③　《辽史》卷20《兴宗纪三》，卷92《萧夺剌传》，卷115《西夏记》。

得唐隆镇。韩国大王插粮船绕头转来，寡人本意，待与除灭，却为韩国大王有失备御，被却西人伏兵邀截船粮，是致失利。今来既谢罪，遂且许和。”

拱辰答云：“元昊前来激恼南朝，续次不顺北朝，始初南朝亦欲穷兵讨灭，却陛下频有书来解救，遂且许和。自闻皇帝失利，南朝甚不乐。”

契丹主云：“兄弟之国，可知不乐。”

拱辰又云：“南朝亦知北朝公主先聘与元昊，殊不礼待，忧幽而卒。”

契丹主云：“直是饮恨而卒，然只是皇族之女。”

拱辰云：“虽知只是宗女，亦须名为陛下公主下嫁，岂可如此不礼！今或陛下更与通亲，毋乃太自屈也。”

契丹主云：“更做甚与他为亲，只封册至今亦未曾与。”

拱辰虑其再通姻好，即与中国不便，故因话而讽之。

拱辰又云：“今来陛下且与函容，亦是好事。陛下于西羌用兵数年，其杀获胜负，亦略相当。古语谓争城杀人盈城，争地杀人盈野，岂是帝王仁德好事！”

契丹主云：“极是也。”①

兴宗两次亲征西夏，充分显示了他在军事方面的低能，却具有耀武扬威的心态。在这样的君主主导下，连续性的军事失败亦已成为由盛转衰的重要标志。好在兴宗尚有节制，知道穷兵黩武的坏处，最终用和平的方法缓和了与西夏的矛盾。

三　维系与高丽的和好关系

兴宗在位期间，一直与高丽保持着良好的关系，并为此发出了一系列的诏谕等，以体现宗主国与属国之间的五方面关系。

一是册封关系。高丽国王仍需由辽朝皇帝册封。重熙八年（1039），兴宗派遣韩保衡前往高丽，封权知高丽国王王亨为高丽国王。重熙十二年，又派萧慎微等加封王亨为守太傅、加中书令。② 重熙十六

---

① 《续资治通鉴长编》卷177，第4282页。
② 相关诏谕，见《全辽文》卷2，第21—22、26—27页。

年，兴宗派遣宋璘前往高丽，封权知高丽国王王徽为高丽国王。重熙十八年，又派萧惟德加封王徽为守太傅、兼中书令。重熙二十四年，又派耶律革加封王徽为守太师，以萧禄封王徽子王勋为高丽国太子。①

二是告知关系。辽朝的重大事件，需要告知属国，如辽、宋再续和约之后，兴宗即于重熙十一年（1042）向高丽国王发出了以下诏谕："朕以关南十县，我国旧基。将举兵师，议复土壤。宋朝累驰专介，恳发重言，定于旧贡银绢三十万两匹外，每年别纳金缯之仪，用代赋与之物，再论盟约，永卜欢和。其诸道兵马等，优给蠲免赋调，并已放还本部。夫何眇躬，成此美事。今文武百辟，中外庶官，屡拜封章，载稽典故，谓予有元功大略，加予以懿号鸿名。不获固辞，勉依群请，已选定十一月三日，两宫并行大礼。卿称藩事上，望阙输忠，遐想闻知，必增庆悦。今差礼部尚书王永言，赍诏往彼示谕。"②

三是应允关系。高丽要采用兴宗的重熙年号，兴宗则于重熙七年（1038）诏谕高丽国王表示应允："省所奏，已行用重熙年号事，具悉。卿昨者乞修朝贡，寻允奉陈。使介回旋，知我纪年之号，书文禀用，见其向日之诚，省览叹嘉，不忘于意。"③

四是通好关系。为维系辽朝与高丽的通好关系，皇帝需经常对高丽的"输诚"表达鼓励之意。如重熙六年（1037）诏谕高丽国王："高丽之国，早务倾输。近岁以来，稍闻稽阙。欲载修于职贡，合先上于表章。苟验实诚，别颁俞命。"重熙七年，又诏谕高丽国王："省所奏，乞修朝贡事，具悉。以小事大，列国之通规。舍旧谋新，诸侯之格训。卿本世禀声朔，岁奉梯航，先国公方属嗣藩，遂稽任土。时侯屡更于灰管，天朝未审于事情。近览奏章，备观诚恳。欲率大弓之俗，荐陈楛矢之仪。载念倾虔，信为爱戴。允俞之外，嘉叹良多。勉思永图，无旷述职。"对于高丽的贡品，亦在诏谕中给予表彰："省所上表，谢恩令朝贡，并进捧金吸瓶、银药瓶、幞头纱、纻布、贡平布、脑原茶、大纸、细墨、龙须簦席等事，具悉。卿权司国宇，钦奉朝廷，昨差使人，远敷忠款。述累世倾输之节，达近年阻限之由。乞重效于梯航，愿永为于藩翰。载观恭

---

① 相关诏谕，见《全辽文》卷2，第29—32页。
② 《遣王永言赐高丽王诏》，《全辽文》卷2，第24页。
③ 《答高丽行用年号诏》，《全辽文》卷2，第21页。

顺，寻示允从。烦致谢章，仍陈贡篚。顾阅之际，愧叹良深。"①

五是管制关系。宗主国对属国的行为也要有所管制，并可驳回一些不当的请求。如重熙八年（1039），兴宗就在诏谕中驳回了拆除鸭绿江城垒的请求："省所告，鸭江东城壁，似妨耕凿事，具悉。乃眷联城，置从先庙。盖边隅之常备，在疆土以何伤。朕务守成规，时难改作。先臣钦曾烦告奏，致阻倾输，卿龙爵之初，贡章才至，所欲当遵于向旧。乃诚更励于恭勤，即是永图。兼付至意，厥惟恳殖，勿虑惊骚。"②

也就是说，高丽曾借口道路阻绝疏远了与辽朝的关系，但是在兴宗的强势压力下，又恢复了以往的紧密关系，因为高丽确实不想重现圣宗时辽军大举进攻的悲剧。

在协调与宋、西夏、高丽的关系方面，兴宗同样显示的是双重人格，傲慢和黩武是本性的人格，多次"举诸道之兵"是其外在表现；但是他又知道保持和平状态是大势所趋，所以"向善"的另一重人格，就表现为能够有所节制和妥协，并愿意维持各国之间的平衡关系，因为在当时的情势下，确实不具备统一天下的条件。

双重人格是一种病态的思想状况，极容易由思想的偏执导出极端化的行为。由过分"重文"到迷恋"诗政"，由过分"重武"到轻率用兵，充分展现了兴宗的病态人格。尤为重要的是，兴宗的儒学功底，对其人格分裂起的是加深加重作用，后人对此应有清醒的认识。

第三节　辅政观念的发展

在辽朝由盛转衰的时期，臣僚的辅政观念有重要的发展，尤为重要的是出现了理论化的治国观念。

一　萧韩家奴的善治观念

萧韩家奴（？—1046 年后），字休坚，辽辅政大臣耶律安抟之孙，辽兴宗朝任天成军节度使、归德军节度使、翰林都林牙、监修国史等职，著有《六义集》，已佚，在保留下来的与君主的对话中，显示了他所具有的善治观念。

---

① 相关诏谕，见《全辽文》卷 2，第 20 页。
② 《高丽使庚先远赍诏》，《全辽文》卷 2，第 21 页。

萧韩家奴具有良好的儒学功底，"少好学，弱冠入南山读书，博览经史，通辽、汉文字"，并且确定了"利己误人，非吾所欲"的基本人生准则。[①]

萧韩家奴曾受命管理南京的栗园，兴宗耶律宗真向他询问所见所闻，萧韩家奴即答道："臣惟知炒栗：小者熟，则大者必生；大者熟，则小者必焦。使大小均熟，始为尽美，不知其他。"这实际上是借炒栗来说明"治大国如烹小鲜"的道理。

如前所述，兴宗于重熙九年十二月下令"有治民安边之略者，悉具以闻"，即所谓的"诏天下言治道之要"，兴宗还特别向臣僚提出了以下问题。

> 徭役不加于旧，征伐亦不常有，年谷既登，帑廪既实，而民重困，岂为吏者慢、为民者惰欤？今之徭役何者最重？何者尤苦？何所蠲省则为便益？补役之法何可以复？盗贼之害何可以止？

针对这些问题，萧韩家奴作出了以下的回答。

> 臣伏见比年以来，高丽未宾，阻卜犹强，战守之备，诚不容已。乃者，选富民防边，自备粮糒。道路修阻，动淹岁月；比至屯所，费已过半；只牛单毂，鲜有还者。其无丁之家，倍直佣僦，人惮其劳，半途亡窜，故戍卒之食多不能给。求假于人，则十倍其息，至有鬻子割田，不能偿者。或逋役不归，在军物故，则复补以少壮。其鸭渌江之东，戍役大率如此。况渤海、女直、高丽合从连衡，不时征讨。富者从军，贫者侦候，加之水旱，菽粟不登，民以日困，盖势使之然也。
>
> 方今最重之役，无过西戍。如无西戍，虽遇凶年，困弊不至于此。若能徙西戍稍近，则往来不劳，民无深患。议者谓徙之非便：一则损威名，二则召侵侮，三则弃耕牧之地。臣谓不然。阻卜诸部，自来有之。向时北至胪朐河，南至边境，人多散居，无所统一，惟往来抄掠。及太祖西征，至于流沙，阻卜望风悉降，西域诸

国皆愿入贡。因迁种落，内置三部，以益吾国，不营城邑，不置戍兵，阻卜累世不敢为寇。统和间，皇太妃出师西域，拓土既远，降附亦众。自后一部或叛，邻部讨之，使同力相制，正得驭远人之道。及城可敦，开境数千里，西北之民，徭役日增，生业日殚，警急既不能救，叛服亦复不恒，空有广地之名，而无得地之实。若贪土不已，渐至虚耗，其患有不胜言者。况边情不可深信，亦不可顿绝。得不为益，舍不为损。国家大敌，惟在南方，今虽连和，难保他日。若南方有变，屯戍辽邈，卒难赴援。我进则敌退，我还则敌来，不可不虑也。方今太平已久，正可恩结诸部，释罪而归地，内徙戍兵以增堡障，外明约束以正疆界。每部各置酋长，岁修职贡。叛则讨之，服则抚之。诸部既安，必不生衅。如是，则臣虽不能保其久而无变，知其必不深入侵掠也。或云，弃地则损威。殊不知殚费竭财，以贪无用之地，使彼小部抗衡大国，万一有败，损威岂浅？或又云，沃壤不可遽弃。臣以为土虽沃，民不能久居，一旦敌来，则不免内徙，岂可指为吾土而惜之？

夫帑廪虽随部而有，此特周急部民一偏之惠，不能均济天下。如欲均济天下，则当知民困之由，而窒其隙。节盘游，简驿传，薄赋敛，戒奢侈。期以数年，则困者可苏，贫者可富矣。盖民者国之本，兵者国之卫。兵不调则旷军役，调之则损国本。且诸部皆有补役之法，昔补役始行，居者、行者类皆富实，故累世从戍，易为更代。近岁边虞数起，民多匮乏，既不任役事，随补随缺。苟无上户，则中户当之。旷日弥年，其穷益甚，所以取代为艰也。非惟补役如此，在边戍兵亦然。譬如一抔之土，岂能填寻丈之壑！欲为长久之便，莫若使远戍疲兵还于故乡，薄其徭役，使人人给足，则补役之道可以复故也。

臣又闻，自昔有国家者，不能无盗。比年以来，群黎凋弊，利于剽窃，良民往往化为凶暴，甚者杀人无忌，至有亡命山泽，基乱首祸。所谓民以困穷，皆为盗贼者，诚如圣虑。今欲芟夷本根，愿陛下轻徭省役，使民务农。衣食既足，安习教化，而重犯法，则民趋礼义，刑罚罕用矣。臣闻唐太宗问群臣治盗之方，皆曰："严刑峻法。"太宗笑曰："寇盗所以滋者，由赋敛无度，民不聊生。今朕内省嗜欲，外罢游幸，使海内安静，则寇盗自止。"由此观之，寇盗多寡，皆由衣食丰俭、徭役重轻耳。

今宜徙可敦城于近地，与西南副都部署乌古、敌烈、隗乌古等部声援相接。罢黑岭二军，并开、保州，皆隶东京；益东北戍军及南京总管兵。增修壁垒，候尉相望，缮完楼橹，浚治城隍，以为边防。此方今之急务也，愿陛下裁之。

萧韩家奴所陈述的，貌似安边之策，实际上是对善治观念的强调，即要解决国家所面临的一系列问题，重点就在于以民为本，只有轻徭薄赋，才能达到与民休息、长治久安的目标。可惜这样的陈说，并未引起兴宗的重视。

萧韩家奴作为朝廷的史官，亦从善治的角度，希图谏止兴宗的"乱政"作为。

韩家奴每见帝（兴宗）猎，未尝不谏。会有司奏猎秋山，熊虎伤死数十人，韩家奴书于册。帝见，命去之。韩家奴既出，复书。他日，帝见之曰："史笔当如是。"帝问韩家奴："我国家创业以来，孰为贤主？"韩家奴以穆宗对。帝怪之曰："穆宗嗜酒，喜怒不常，视人犹草芥，卿何谓贤？"韩家奴对曰："穆宗虽暴虐，省徭轻赋，人乐其生。终穆之世，无罪被戮，未有过今日秋山伤死者，臣故以穆宗为贤。"帝默然。

萧韩家奴的谏言，无法改变皇帝的行为，他只能约束自己，并在出任归德军节度使时，"以善治闻"。萧韩家奴除了参与编撰《礼书》外，还将《通历》《贞观政要》《五代史》等翻译成契丹文，其目的也是"欲帝知古今成败"。萧韩家奴的这些努力，体现的恰是"儒化"的契丹人亦能将理论化的治道观念，传输给主政者。至于主政者是否接受，则不是他力所能及的问题，因为他所扮演的，主要是"传道者"的角色，而不是"行道者"的角色。

二 刘六符等人的文治观念

辽兴宗时期的重要辅政大臣还有刘六符、杜防、韩绍芳、杨佶等人，以及在善政方面有所作为的耶律唐古等人，可概要介绍他们以文治为核心内容的辅政观念。

（一）刘六符、杜防等倡导文治

刘六符（？—1055年后），河间（今属河北）人，祖刘景在辽穆宗时任翰林学士，父刘慎行曾任监修国史等职。刘六符既有家学传承，又颇有聪明才智，十五岁就能"究通经史，兼综百家之言"。兴宗即位后，刘六符历任政事舍人、翰林学士等职，并多次出使宋朝，促成辽、宋和议，兴宗的国书、誓书等均出自六符之手，已见前述。从辽、宋谈判中刘六符的表现可以看出，他一方面采用了秉承皇帝旨意恫吓宋人的手法，另一方面亦能与富弼等人积极沟通，以维系和平通好的大局。

重熙十二年十月，杜防指刘六符在与宋人的谈判中曾接受贿赂，兴宗将刘六符贬为长宁军节度使。兴宗去世后，萧革要在黄川举行新皇帝的册立仪式，刘六符则强调必须按礼仪行事："礼仪国之大体，帝王之乐不奏于野。今中京四方之极，朝觐各得其所，宜中京行之。"在他的坚持下，辽道宗耶律洪基得以在中京举行即位册礼。① 刘六符在去世前还向耶律洪基留下了治国理政的重要遗言。

> 昔刘六府相虏辽，疾且笃，耶律洪基临问，遗言："燕云实大辽根本之地，愿深结民心，无使萌南思也。"洪基乃诘其深结之道，六符对以"省徭役、薄赋敛"，洪基深嘉纳之，遂减税赋三分之一。②

杜防（？—1056年），涿州（今属河北）人，开泰五年进士，圣宗时任政事舍人、参知政事等职，兴宗即位后曾奉命出使西夏，归朝后成功排挤刘六符等人，得到兴宗信任，任南府宰相之职。重熙十六年十二月，"南府宰相杜防、韩绍荣奏事有误，各以大杖决之，出防为武定军节度使"。所谓的"奏事有误"，实际上是"杜防、韩知白等擅给进士堂帖"。次年，杜防又被召回任南府宰相之职。兴宗去世后，杜防又被道宗所信任，并因其年老，"不欲烦以剧务，朝廷之事，总纲而已"③。

---

① 《辽史》卷19《兴宗纪二》，卷86《刘六符传》；《契丹国志》卷18《刘六符传》，第199—201页。

② 《三朝北盟会编》卷19，第137页。

③ 《辽史》卷20《兴宗纪三》，卷86《杜防传》，卷97《杨绩传》。

也就是说，杜防是一个典型的官僚，这样的官僚只能阿附权贵，不可能与萧革等奸臣做任何斗争。

韩绍芳（？—1044 年），辽朝初期名臣韩延徽后人，圣宗时任枢密直学士，兴宗即位后任参知政事等职，重熙十二年十月被杜防排挤，出任广德军节度使。重熙十三年，兴宗执意亲征西夏，韩绍芳"力谏不听"，听到西征大军失败的消息后，呕血而死，显示的是一个忠臣的忧国之心。①

韩绍芳于太平七年（1027）主政涿郡时，曾点验过云居寺的石经。兴宗在位时，则完成了该寺四大部经的镌刻，成为当时的一大文化盛事。

先自我朝太平七年，会故枢密直学士韩公讳绍芳知牧是州。因从政之暇，命从者游是山，诣是寺，陟是峰。暨观游间，乃见石室内经碑，且多依然藏贮，遂召当寺耆秀，询以初迹。代去时移，细无知者。既而于石室间取出经碑，验名对数，得正法念经一部，全七十卷，计碑二百一十条；大涅槃经一部，全四十卷，计碑一百二十条；大华严经一部，全八十卷，计碑二百四十条；大般若经五百二十卷，计碑一千五百六十条。

公一省其事，喟然有复兴之叹，以具上事，奏于天朝。我圣宗皇帝锐志武功，留心释典，既闻来奏，深快宸衷，乃委故瑜伽大师法讳可玄提点镌修，勘讹刊谬，补缺续新。释文坠而复兴，楚匠废而复作，琬师之志，因此继焉。迨及我兴宗皇帝之绍位也，孝敬恒专，真空夙悟，菲饮食致丰于庙荐，贱珠玉惟重其法宝。常念经碑数广，匠役程遥，借檀施则岁久难为，费常住则力乏焉办。重熙七年，于是出御府钱，委官吏贮之，岁析轻利，俾供书经镌碑之价。仍委郡牧相丞提点，自兹无分费常住，无告借檀施，以时系年，不暇镌勒。自太平七年至清宁三年，中间续镌造到大般若经八十卷，计碑二百四十条，以全其部也。又镌写到大宝积经一部，全一百二十卷，计碑三百六十条，以成四大部数也。都总合经碑二千七百三十条。②

---

① 《辽史》卷 16《圣宗纪七》，卷 19《兴宗纪二》，卷 74《韩绍芳传》。
② 赵遵仁：《涿州白带山云居寺东峰续镌成四大部经记》，《全辽文》卷 8，第 174—176 页。

　　杨佶，生卒年不详，字正叔，南京（今属北京）人，统和二十四年进士，开泰六年奉命出使宋朝，太平七年任刑部侍郎，兴宗即位后任翰林学士承旨、吏部尚书等职，重熙十三年二月，任参知政事。重熙十五年出为武定军节度使，是时"境内亢旱，苗稼将槁。视事之夕，雨泽沾足"。当地百姓为此赞歌："何以苏我，上天降雨。谁其抚我，杨公为主。"杨佶还用自己的官俸在"水失故道"的河上建桥，便利百姓的通行。杨佶后来又被召入朝中任吏部尚书，兼门下侍郎、同中书门下平章事，亦能做到"以进贤为己任，事总大纲，责成百司，人人乐为之用"。杨佶著有《登瀛集》，已佚。① 从他的表现可以看出，以儒士进身的人，确实能够起到将治道观念化为善治行为的重要作用。

　　张绩（1002—1058 年），字熙凝，清河（今属河北）人，应为太平八年进士，重熙六年任燕京管内都商税判官，"吏不敢欺，商修所鬻，市征倍入，府库无虚。以出钱三百万余，不满考而勾赴中堂"。重熙八年，任应州金城县令，"招携为务，未经岁间，其恶前政、絜家而去，复负襁而还者，逾三百户"。后来历任大理寺丞、兴国军节度副使、西京警巡使等职，都政绩显著，尤其是任忠顺军节度副使时，"豪猾摈侵渔之气，闾阎遂鳏寡之情"，亦体现了儒士作为贤臣的重要作用。②

　　（二）耶律唐古等践行善政

　　耶律唐古，生卒年不详，字敌隐，名臣耶律屋质之子，"廉谨，善属文"，有较好的儒学功底。统和二十四年，耶律唐古向朝廷叙述耶律屋质的"安民治盗之法"，后又上"弭私贩、安边境"之策，得到萧太后的赏识。

　　兴宗即位之后，耶律唐古于重熙四年向朝廷上疏："自建可敦城已来，西蕃数为边患，每烦远戍。岁月既久，国力耗竭。不若复守故疆，省罢戍役。"这一建议与萧韩家奴的建议不谋而合，但是亦未被兴宗所重视。③

　　契丹人中能文能武的人物，亦被汉人视为符合儒家治道学说的能

---

　　① 《辽史》卷 15《圣宗纪六》，卷 17《圣宗纪八》，卷 19《兴宗纪二》，卷 89《杨佶传》。

　　② 李三畋：《张绩墓志铭》，《全辽文》卷 8，第 179—180 页。

　　③ 《辽史》卷 91《耶律唐古传》。

臣。如辽道宗时有名的儒臣王师儒就曾对北府宰相萧裕鲁（1018—1089年）的生平有以下记载。

> 公（萧裕鲁）凭积累之休庆，岐嶷之殊姿，好谈王霸之言，尤尚政刑之学。自比管乐孔明，风负于壮图，有志伊周王俭，早怀于奇节。兴宗皇帝嘉其远器，置以近班。入卫周庐，出陪制辂，加之谨密，济以忠勤。寻差知兵帐，而能阅兴赋之耗登，较军师之众寡，若指诸掌，成诵在心。重熙中，银夏不恭，灵旗指伐，白旄黄钺，方亲御于六军，灭籍伍符，委分提于七校，以公押领殿中司一行兵马。公奋其余勇，务在先登。提鼓建旗，连挫敌人之锐。献俘授馘，常居诸州之先。洎王师凯旋，祖宫领至赏功，授本府敞史，历左金吾详稳。然策敌制胜，早推李光弼之才，而御众牧民，复借寇恂之治。改授松、尚、南山州刺史，下车布政，讼息刑清。以能迁归州观察使，岁满，遥领静江军节度使。行驾廉车，揽辔有澄清之志。坐提将钺，登坛多慷慨之风。累迁匡义、彰圣、开远、临海等军节度使，威名治迹，所至有称。虽申伯之作翰四方，李愬之秉旄六镇，同年而语，亦未加焉。国家以殷子古墟，鲜卑别部，风俗桀骜，镇抚实难，式籍沉谋，俾遏乱略，命公为汤河女真详稳。公绥之以德，董之以威，众畏而怀风。①

也就是说，萧裕鲁在征西夏时显示了武将的才干，在治理地方尤其是边疆女真部落时，又显示出了贤臣的安民作为，确实值得称赞。

与萧裕鲁同时代的契丹人耶律万辛（973—1041年），以武将升任北大王之职，依据《北大王墓志》的汉文碑文记载，也是一位重德重孝之人。

> 乾覆坤载之中，孕粹灵者风云之秀；日昭月临之下，产贤杰者川岳之精。苟非上应台符，下合神契，莫得而降哉。资以兼之，其惟大王乎。王讳万辛，于重熙四年（1035）封为北大王，同政事门下平章事。曾祖谐里夷离堇，父索胡舍利。大王先娶达曷娘子，

---

① 王师儒：《萧裕鲁墓志铭》，《全辽文》卷9，第237—239页。

年十六而夭，生一子马九，本王府司徒。再娶留女夫人，三十八
终，生一子三部奴，祗侯。又娶索胡驸马袅胡公主孙、奚王、西南
面都招讨大王何你乙林免之小女中哥，贞顺成凤，言容作范。六年
内加北大王封为乙林免。生四子，长曰杷八，次陈六，次胡都平，
次散八。大王入仕年月、历宦官资，并次于契丹字内。身从居官，
骑不息鞍，简策鲜妍，重重书内咸传，冠裳赫奕，世世为本郡王。
慷慨雄图，优游大国。五百年之嘉合时应匡扶，四十万之军戎咸
归掌握。西北诣尊之胤，山河右地之雄。精气巨钟，惟王所诞，
莫不粹灵孕，贤杰产。惜哉，孝未馨于茝陔，志先惊于风树。泰
山颓爱知杇壤，梁木坏罔复擎天。于重熙十年（1041）二月十五
日夜疾薨于上京南之私第，年六十九。嗟乎，白日西去，时非再
来。妄相阁之深严，入重泉之暝昧。痛此夜之无晓，见终夭之不
归。嗣子等咸荷庆灵，用昭义训，抚柩永诀，有识皆悲。以其年
十月八日葬于旧郡之丁地。勒铭垂休，以示千古。铭曰：应运生
兮符五百，佐两朝兮昭盛德。养尽孝兮侍竭忠，封为王兮郡有
北。天罔忱兮气色凌，命不与兮落将星。愁云布兮徒黯黯，苦雾
飞兮自冥冥。朔气移兮成荒土，白日西兮喏岁苦。惟专次第纪功
铭，志向贞珉光万古。

　　《北大王墓志》之所以重要，是因为其契丹大字碑文记录了耶律万
辛的任职经历，从中可以识读出"开泰十辛酉年（1021）""太平元辛
酉年（1021）""太平二年（1022）"以及"重熙四年""重熙十年"
等年号，还可以识出"承天太后""使相"等名号，是研究契丹大字的
一份重要文献。[①]

　　另一个值得注意的是1991年出土的汉文和契丹小字《大契丹国广
陵郡王墓志铭》（又称《耶律宗教墓志铭》）。该墓志铭所涉及的耶律宗
教（992—1053年），字希古，为耶律倍的后人，辽圣宗在位时曾任始
平军节度使、崇义军节制、南面林牙等职，辽兴宗时任天德军节度使、
南面契丹诸行宫都部署、同中书门下平章事、北院宣徽使、左夷离毕等

---

　　① 《北大王墓志》的汉文碑文，见《全辽文》卷7，第153—154页。契丹大字的研究，
见刘凤翥、马俊山《契丹大字北大王墓志考释》，《文物》1983年第9期；刘凤翥《契丹大字
中若干官名和地名之解读》，《民族语文》1996年第4期。

职，亦是契丹人中能文能武之人。① 尤为重要的是，该墓志铭的汉文和契丹小字并非完全对译关系，如契丹小字碑名的译文应是"大中央契丹辽国之故广陵王之墓志铭并序"，碑中介绍耶律宗教祖父的契丹小字译文应为"大王讳驴粪，第二个名慈宁，祖父耶律宗室之第五汗景宗皇帝，父秦晋国王，景宗皇帝之第二子。大王，秦晋国王之大儿子"。碑文中契丹小字的解读，对于理解辽或契丹的国名以及官名、地名等都有重要的意义。②

综上所述，辽朝由盛转衰，问题主要出在兴宗耶律宗真身上，辅政的臣僚无论是契丹人还是汉人，只要不与奸臣同流合污，还是重在强调儒家的治国观念，对于这一点应该给予足够的重视。

---

① 付璐、孟凡云：《耶律宗教生平及大事略考——以耶律宗教兄弟的墓志为主》，《科技创新导报》2009 年第 29 期。

② 刘凤翥：《契丹小字耶律宗教墓志铭考释》，《文史》2010 年第 4 期；刘凤翥：《契丹文字研究类编》第 2 册，第 659 页，中华书局 2014 年版。刘凤翥还特别指出，凡是汉字文献中称国号为"契丹"的时期，在契丹文字中都称为"契丹辽国"，"契丹"置于"辽"之前；凡是汉字文献中称国号为"辽"的时期，在契丹文字中都称为"辽契丹国"，"辽"置于"契丹"之前，见刘凤翥《从契丹文字的解读谈辽代契丹语中的双国号——兼论"哈喇契丹"》，《东北史研究》2006 年第 2 期。

第四章　王朝后期的政治观念

辽道宗和天祚帝在位（1055—1125 年）的七十一年，被视为辽朝的后期。在内乱和外部强敌的双重打击下，辽朝走向灭亡，但是其间所显示的各种政治观念还是值得重视，需要以专章加以说明。

第一节　辽道宗的主政观念

辽道宗耶律洪基（1032—1101 年），字涅邻，小字查剌，兴宗耶律宗真长子，重熙六年十一月被封为梁王，后加封为燕赵国王，重熙二十四年（1055）八月即皇帝位（以下称"道宗"），先后用清宁、咸雍、大康、大安、寿昌年号，① 在位四十七年，既体现了文治观念的传承，也表现出了对乱政的纵容。

一　文治观念的继承

道宗有较好的儒学功底，能够继承辽兴宗的文治观念，并在施政中有所体现。

（一）追求善治的表述

兴宗耶律宗真在去世之前，特别向道宗"谕以治国之要"，所以道宗即位之后，除了下令改元"清宁"以外，还特别向臣僚颁布了求直言的诏谕。

> 朕以菲德，托居士民之上，第恐智识有不及，群下有未信；赋

---

① "寿昌"年号，《辽史》记为"寿隆"，其他史书及碑刻等都作"寿昌"，且辽人应避圣宗耶律隆绪之讳，不以"隆"字作为年号。

敛妄兴，赏罚不中；上恩不能及下，下情不能达上。凡尔士庶，直言无讳。可则择用，否则不以为怨。卿等其体朕意。①

从诏谕的文字中可以看出，求直言是为了去除"赋敛妄兴，赏罚不中"等弊病，而这恰是善政的最基本要求。清宁元年（1055）十二月，道宗又发出了敦促直言的诏书。

朕以眇冲，获嗣大位，夙夜忧惧，恐弗克任。欲闻直言，以匡其失。今已数月，未见所以副朕委任股肱耳目之意。其令内外百官，比秩满，各言一事。仍转谕所部，无贵贱老幼，皆得直言无讳。②

当然，求直言也要有一定的分寸，所以道宗又发出了一个补充性的诏谕："凡有机密事，即可面奏；余所诉事，以法施行。有投诽讪之书，其受及读者皆弃市。"③

此后，道宗亦有求直言的举动。如咸雍六年（1070）五月，"设贤良科，诏应是科者，先以所业十万言进"。咸雍十年六月，道宗又下诏"臣庶言得失"。④

道宗鼓励直言，臣僚中就会出现谏臣，萧陶隗就是他所器重的一名谏臣。

咸雍初，（萧陶隗）任马群太保，素知群牧名存实亡，悉阅旧籍，除其羸病，录其实数，牧人畏服。陶隗上书曰："群牧以少为多，以无为有。上下相蒙，积弊成风。不若括见真数，著为定籍，公私两济。"从之。畜产岁以蕃息。

大康中，累迁契丹行宫都部署。上（道宗）尝谓群臣曰："北枢密院军国重任，久阙其人，耶律阿思、萧斡特剌二人孰愈？"群臣各誉所长，陶隗独默然。上问："卿何不言？"陶隗曰："斡特剌

① 《辽史》卷21《道宗纪一》。
② 《辽史》卷21《道宗纪一》。
③ 《辽史》卷62《刑法志下》。
④ 《辽史》卷22《道宗纪二》。

懦而败事；阿思有才而贪，将为祸基。不得已而用，败事犹胜基祸。"上曰："陶隗虽魏征不能过，但恨吾不及太宗尔。"①

宰相梁颖的谏言，也被道宗所接受。

> 大康七年（1081）十一月，（道宗）幸驸马都尉萧酬斡第，方饮，宰相梁颖谏曰："天子不可饮人臣家。"上即还宫。②

宋朝人也记录了道宗纳谏的事迹，其中涉及的谏臣王师儒，曾任参知政事、同知枢密院事等职。

> 雄州奏："契丹新置魏州，欲徙上等户一千以实之。宰相王师儒以为不可，力谏不从，退而自刺其腹，赖左右救止，微伤而已。戎主（道宗）遽从其言，仍赐压惊钱三千缗、加三官。"
> 曾布白上（宋哲宗）："北事虚实，虽未可知，若虏相能以忧民为心，强谏如此，而戎主听纳，又赐金加官，君臣之际，即在中国，亦甚所难得也。"③

从以上列出的几个例证可以看出，道宗还是比较注重纳谏。当然，求直言需要与议事制度结合，道宗在位期间，确实可以看到与大臣共同议政的零星记载，如咸雍五年（1069）十二月，"诏百官廷议国政"。咸雍七年十月，"诏百官廷议军国事"。大康六年（1080）十一月，"召群臣议政"④。道宗在位四十六年，寥寥几次议政确实是太少了，但不能因此而否认他所具有的善治观念。

道宗亦较为注意对治道学说的学习，如咸雍二年（1066）二月"诏武定军节度使姚景行，问以治道"，就是一个典型的例子。姚景行是重熙五年进士，道宗即位后"多被顾问"；道宗还与他讨论过"古今儒士优

---

① 《辽史》卷90《萧陶隗传》。
② 《辽史》卷24《道宗纪四》。
③ 《续资治通鉴长编》卷502，第11969页。
④ 《辽史》卷22《道宗纪二》，卷24《道宗纪四》。

劣"等问题。① 大安二年（1086）九月，道宗还向孙子耶律延禧展示了
辽太祖和辽太宗的铠仗，"谕以创业征伐之难"②，就是要让子孙知道建国
和守国都不是易事。

道宗即位之后，依然有学习儒家经典的热情。大安二年（1086），
"召权翰林学士赵孝严、知制诰王师儒等讲五经大义"，实际上等同于
为皇帝开经筵。赵孝严于寿昌六年（1100）五月去世，去世前曾任权
参知政事、参知政事等职；王师儒后来出任枢密副使、参知政事、监修
国史等职。③ 大安四年四月，道宗又"召枢密直学士耶律俨讲《尚书洪
范》"。耶律俨是咸雍年间的进士，被皇帝看重后，常被"召至内殿，
访以政事"④。

学习儒家治道学说，已经成为一种重要的风气。受儒家文化影响的
契丹女子，亦能倡导儒家治道理念，如太师耶律适鲁之妹耶律常哥，就
曾在咸雍年间"作文以述时政"，可转引于下。

> 君以民为体，民以君为心。人主当任忠贤，人臣当去比周，则政
> 化平，阴阳顺。欲怀远，则崇恩尚德；欲强国，则轻徭薄赋。四端五
> 典为治教之本，六府三事实生民之命。淫侈可以为戒，勤俭可以为
> 师。错枉则人不敢诈，显忠则人不敢欺。勿泥空门，崇饰土木；勿事
> 边鄙，妄费金帛。满当思溢，安必虑危。刑罚当罪，则民劝善。不宝
> 远物，则贤者至。建万世磐石之业，制诸部强横之心。欲率下，则先
> 正身；欲治远，则始朝廷。⑤

耶律常哥强调的重民、任贤、尚德、正身、轻赋税、重教化、戒骄
奢、正刑罚、不奸佛、不黩武以及居安思危的观念，虽然暗含对道宗的
批评，但还是得到他的赞赏，因为道宗对这些观念的理解并不比耶律常
哥差，只是他并没有完全按照这样的观念行事而已。

恰是有了对儒家经典的学习，使道宗对一些敏感的政治问题有较清

---

① 《辽史》卷22《道宗纪二》，卷96《姚景行传》。
② 《辽史》卷24《道宗纪四》。
③ 《辽史》卷24《道宗纪四》，卷25《道宗纪五》，卷26《道宗纪六》。
④ 《辽史》卷25《道宗纪五》，卷98《耶律俨传》。
⑤ 《辽史》卷107《耶律常哥传》。

醒的认识，有人对此作专门说明。

> 帝（道宗）聪达明睿，端严若神，观书通其大略，神领心解。尝有汉人讲《论语》，至"北辰居其所而众星拱之"，帝曰："吾闻北极之下为中国，此岂其地耶？"又讲至"夷狄之有君"，疾读不敢讲，又曰："上世獯鬻、猃狁荡无礼法，故谓之夷，吾修文物，彬彬不异中华，何嫌之有？"卒令讲之。①

道宗的善治观念植根于他对中国传统文化的崇尚，尤其是对宋朝的君主，更具有崇敬的心理。如前所述，兴宗耶律宗真在位时派使者求取宋真宗画像未果，道宗即位后不久即得到了宋朝使者送来的真宗画像。嘉祐二年（辽道宗清宁三年，1057）二月，道宗派遣林牙左监门卫大将军耶律防、枢密直学士给事中陈顗前往宋朝再求宋朝皇帝的画像。宋朝以右谏议大夫、权御史中丞张升为回谢契丹使，要求先送道宗的画像来，再回赠以宋朝皇帝的画像。八月，道宗再派使者至宋廷，表示可以先呈上道宗的画像。② 清宁四年正月，"宋遣使奉宋主绘像来"，此次送来的是宋仁宗的画像。道宗对画像格外重视，时人有以下记载。

> 虏主（道宗）具仪服迎谒，见御容，惊再拜，退而谓左右曰："中国之主，天日之表，神异如此，真圣人也。我若生在中国，不过与之执鞭捧盖，为一都虞侯而已。"③

> 后帝以御容于庆州崇奉，每夕，宫人理衣衾，朔日、月半上食，食气尽，登台而燎之，曰"烧饭"，惟祀天与祖宗则然。北狄自黄帝以来为诸夏患，未有事中国之君如事天与祖宗者。④

道宗在即位之前为南京开泰寺铸佛像的铭文中，亦曾有以下表示。

---

① 《契丹国志》卷9《道宗天福皇帝》，第106页。

② 《辽史》卷21《道宗纪一》；《续资治通鉴长编》卷185，第4472页；卷186，第4492页。

③ 《三朝北盟会编》卷6，第43—44页。

④ 《契丹国志》卷9《道宗天福皇帝》，第99页。

白银千两，铸二佛像。威武庄严，慈心法相。保我辽国，万世永享。开泰寺铸银佛，愿后世生中国，耶律弘基（洪基）虔心银铸。①

道宗所说的"愿后世生中国"，显示的恰是他对中国传统文化的高度认同。

（二）重农与恤民

重农是善治的一项重要内容，道宗即位后即表现出了重农的意愿，于清宁二年（1056）六月"遣使分道平赋税，缮戎器，劝农桑，禁盗贼"。此后，又实施了一些有利于农桑的措施，如咸雍四年（1068）三月，"诏南京除军行地，余皆得种稻"。大安四年（1088）五月，"禁挟私引水犯田"。大安九年十月，"诏广积贮，以备水旱"。②

朝廷的重农举措，确实收到了较好的效果，可列出有关的记载。

道宗初年，西北雨谷三十里，春州斗粟六钱。时西蕃多叛，上欲为守御计，命耶律唐古督耕稼以给西军。唐古率众田胪朐河侧，岁登上熟。移屯镇州，凡十四稔，积粟数十万斛，每斗不过数钱。以马人望前为南京度支判官，公私兼裕，检括户口，用法平恕，乃迁中京度支使。视事半岁，积粟十五万斛，擢左散骑常侍。辽之农谷至是为盛。而东京如咸、信、苏、复、辰、海、同、银、乌、遂、春、泰等五十余城内，沿边诸州，各有和籴仓，依祖宗法，出陈易新，许民自愿假贷，收息二分。所在无虑二三十万硕，虽累兵兴，未尝用乏。③

任职于边境地区的耶律唐古，亦以务农措施襄助了西北边疆的

---

① 《银佛背铭》，《全辽文》卷2，第32—33页。开泰寺银佛像铸成于辽兴宗重熙二十三年十月，铭文中称"辽国"，显示"辽"当时仍为国号。按照《续资治通鉴长编》的记载，宋英宗治平三年（辽道宗咸雍二年）正月，"契丹改国号曰大辽"（卷207，第5021页）；《东都事略》卷123《附录一·契丹》亦称："治平二年，洪基改元曰咸宁（应为咸雍之误）。二年，改国号大辽。"《契丹国志》卷9《道宗天福皇帝》第100页也记为咸雍二年"契丹复改号大辽"。前文已申明本书通用辽朝之意，仅于此录下国号变化的情况，以资参考。
② 《辽史》卷22《道宗纪二》。
③ 《辽史》卷59《食货志上》。

稳定。

> 朝议欲广西南封域，黑山之西，绵亘数千里。唐古言："戍垒太远，卒有警急，赴援不及，非良策也。"从之。西蕃来侵，诏议守御计，命唐古劝督耕稼以给西军，田于胪朐河侧，是岁大熟。明年，移屯镇州，凡十四稔，积粟数十万斛，斗米数钱。①

马人望则是在朝臣的排挤和恶吏的干扰下，取得了兴农的重要成绩。

> 宰相耶律俨恶人望与己异，迁南京诸官提辖制置。岁中，为保静军节度使。有二吏凶暴，民畏如虎。人望假以辞色，阴令发其事，黥配之。是岁诸处饥乏，惟人望所治粒食不阙，路不鸣桴。遥授彰义军节度使。迁中京度支使，始至，府廪皆空；视事半岁，积粟十五万斛，钱二十万缗。②

道宗亦承继以前辽朝皇帝的恤民举措，除了于寿昌六年（1100）正月"诏问民疾苦"外，还在咸雍、大康、大安、寿昌年间持续开展了赈济灾民、贫民和鼓励流民复业、帮助贫民恢复生产的行动。

> 咸雍二年（1066）七月，遣使振山后贫民。
> 咸雍四年正月，遣使振西京饥民。三月，振应州饥民，振朔州饥民。十一月，永清、武清、安次、固安、新城、归义、容城诸县水，复一岁租。
> 咸雍七年十一月，免南京流民租，振饶州饥民。
> 咸雍八年二月，岁饥，免武安州租税，振恩、蔚、顺、惠等州民。四月，振义、饶二州民。六月，振易州贫民。七月，振饶州饥民。
> 咸雍九年十一月，诏行幸之地免租一年。
> 咸雍十年二月，蠲平州复业民租赋。

---

① 《辽史》卷91《耶律唐古传》。
② 《辽史》卷105《马人望传》。

大康元年（1075）二月，祥州火，遣使恤民。四月，振平州饥。闰四月，振平、滦二州饥。七月，振南京贫民。九月，以南京饥，免租税一年，仍出钱粟振之。

大康二年二月，振黄龙府饥。南京路饥，免租税一年。九月，以南京蝗，免明年租税。

大康三年二月，中京饥，罢巡幸。

大康四年正月，振东京饥。

大康五年九月，禁扈从扰民。十一月，复南京流民差役三年，被火之家免租税一年。

大康六年五月，免平州复业民租赋一年。十二月，免西京流民租赋一年。

大康七年十一月，诏岁出官钱，振诸宫分及边戍贫户。

大安二年（1086）七月，赐兴圣、积庆二宫贫民钱，出粟振辽州贫民。九月，发粟振上京、中京贫民。

大安三年正月，出钱粟振南京贫民，仍复其租赋。二月，发粟振中京饥，以民多流散，除安泊逃户征偿法。三月，免锦州贫民租一年，免上京贫民租如锦州。四月，赐中京贫民帛，及免诸路贡输之半；赐隈乌古部贫民帛；诏出户部司粟，振诸路流民及义州之饥。

大安四年正月，免上京逋逃及贫户税赋。以上京、南京饥，许良人自鬻。三月，振上京及平、锦、来三州饥。四月，振苏、吉、复、渌、铁五州贫民，并免其租税；振庆州贫民。五月，振祖州贫民；振春州贫民。十月，免百姓所贷官粟。

大安七年二月，诏给渭州贫民耕牛、布绢。

大安八年十月，振西北路饥。十一月，以通州潦水害稼，遣使振之。

大安九年九月，振西北路饥。

大安十年四月，除玉田、密云流民租赋一年。闰四月，赐西北路贫民钱。十二月，除贫民租赋。

寿昌元年（1095）正月，振奉圣州贫民。二月，赐左、右皮室贫民钱。三月，赐东北路贫民钱。

寿昌二年正月，市牛给乌古、敌烈、隈乌古部贫民。二月，振达麻里别古部。四月，振西北边军。

寿昌三年三月，南京水，遣使振之。

寿昌四年正月，徙阻卜等贫民于山前。

寿昌五年十一月，振南、北二纥。

寿昌六年二月，出绢赐五院贫民。十月，以平州饥，复其租赋一年。①

从列出的各种行为可以看出，只要有恤民的观念，就可以采取赈济、减免赋税等多种手段帮助庶民脱难。

道宗也注意到了钱币流通的问题。清宁二年（1056）闰三月，"始行东京所铸钱"。大康十年（1084）六月，"禁毁铜钱为器"。大安四年（1088）七月，还特别颁布了"禁钱出境"的诏令。② 道宗在位期间曾铸造过四种钱币，流通情况如下。

> 道宗之世，钱有四等：曰咸雍，曰大康，曰大安，曰寿昌，皆因改元易名。其肉好、铢数亦无所考。第诏杨遵勖征户部司逋户旧钱，得四十余万缗，拜枢密直学士；刘伸为户部使，岁入羡余钱三十万缗，擢南院枢密使；其以灾沴，出钱以振贫乏及诸官分边戍人户。是时，虽未有贯朽不可较之积，亦可谓富矣。至其末年，经费浩穰，鼓铸仍旧，国用不给。虽以海云佛寺千万之助，受而不拒，寻禁民钱不得出境。③

也就是说，钱币流通大体还在可控范围之内，对商业活动等起着重要的保障作用。

（三）立法与录囚

道宗即位之后不久，就对刑狱问题作出两条新的规定。一是清宁二年（1056）正月，"诏州郡官及僚属决囚，如诸部族例"，正式的诏文为："先时诸路死刑皆待决于朝，故狱讼留滞；自今凡强盗得实者，听

---

① 《辽史》卷22《道宗纪二》，卷23《道宗纪三》，卷24《道宗纪四》，卷25《道宗纪五》，卷26《道宗纪六》。

② 《辽史》卷21《道宗纪一》，卷24《道宗纪四》，卷25《道宗纪五》。

③ 《辽史》卷60《食货志下》。

即决之。"二是清宁四年二月，下诏规定："比诏外路死刑，听所在官司即决。然恐未能悉其情，或有枉者。自今虽已款伏，仍令附近官司覆问。无冤然后决之，有冤者即具以闻。"① 这两条规定，前者强调的是审狱的权力下放到州郡，后者强调的是地方审狱的相互监督，所要体现的，恰是慎刑的观念。

道宗还继承了以前皇帝重视录囚的做法，在位期间亦有经常性的录囚要求。

> 清宁二年（1056）闰三月，南京狱空，进留守以下官。
> 清宁六年六月，遣使录囚。
> 清宁十年七月，诏决诸路囚。
> 咸雍二年（1066）七月，录囚。
> 咸雍七年七月，遣使按问五京囚。
> 咸雍十年五月，录囚。
> 大康元年（1075）六月，遣使按问诸路囚。
> 大康三年六月，遣使按五京诸道囚。
> 大康四年八月，诏有司决滞狱。
> 大康五年六月，遣使录囚。
> 大安二年（1086）六月，遣使按诸路狱。
> 大安四年十月，诏诸部长官亲鞫狱讼。
> 大安六年六月，遣使决五京囚。
> 寿昌六年（1100）六月，遣使决五京滞狱。②

尤其需要注意的是，在大安年间，还有一系列的宽待役徒行为。大安四年正月，曲赦西京役徒。二月，曲赦春州役徒，终身者皆五岁免。赦泰州役徒。五月，诏免役徒，终身者五岁免之。七月，曲赦奉圣州役徒。大安八年三月，曲赦中京、蔚州役徒。③ 如此密集的赦免役徒，以前的皇帝在位时是很少见到的。

---

① 《辽史》卷21《道宗纪一》，卷62《刑法志下》。
② 《辽史》卷21《道宗纪一》，卷22《道宗纪二》，卷23《道宗纪三》，卷24《道宗纪四》，卷25《道宗纪五》，卷26《道宗纪六》。
③ 《辽史》卷25《道宗纪五》。

从咸雍六年到大安五年（1070—1089），在道宗的主导下，还在律令方面推出了由官员更定的"新法"。大安五年十月，"以新定法令太烦，复行旧法"，[①] 具体情况如下。

> （咸雍）六年，帝以契丹、汉人风俗不同，国法不可异施，于是命惕隐苏、枢密使乙辛等更定条制。凡合于律令者，具载之；其不合者，别存之。时校定官即重熙旧制，更窃盗赃二十五贯处死一条，增至五十贯处死；又删其重复者二条，为五百四十五条；取律一百七十三条，又创增七十一条，凡七百八十九条，增重编者至千余条，皆分类列。以大康间所定，复以律及条例参校，续增三十六条。其后因事续校，至大安三年止，又增六十七条。
>
> 条约既繁，典者不能遍习，愚民莫知所避，犯法者众，吏得因缘为奸。故五年诏曰："法者所以示民信，而致国治。简易如天地，不忒如四时，使民可避而不可犯。比命有司纂修刑法，然不能明体朕意，多作条目，以罔民于罪，朕甚不取。自今复用旧法，余悉除之。"[②]

也就是说，立法行为并不一定都会受到赞扬，尤其是烦琐的律条，反而会有违宽刑的原则，所以道宗不得不废弃新法而回归以前的旧法。

（四）科举取士与兴办儒学

道宗继续采用科举取士的方法，在位期间的考试情况如下。

> 清宁元年（1055），御清凉殿放进士张孝杰等四十四人。
> 清宁五年，上御百福殿，放进士梁援等百一十五人。
> 清宁八年（1062）六月，御清凉殿放进士王鼎等九十三人。
> 咸雍二年（1065），御永安殿放进士张臻等百一人。
> 咸雍六年六月，御永安殿放进士赵廷睦等百三十八人。
> 咸雍十年（1074）六月，亲出题试进士。御永定殿，策贤良。
> 大康五年（1079）六月，放进士刘瓘等百一十三人。
> 大康九年（1083），御前放进士李君裕等五十一人。

---

① 《辽史》卷25《道宗纪五》。
② 《辽史》卷62《刑法志下》。

大安二年（1086）五月，放进士张毂等二十六人。

大安六年，放进士文充等七十二人。

大安八年（1092），放进士冠尊文等五十三人。

寿昌二年（1096），放进士陈衡甫等百三十人。

寿昌六年，放进士康秉俭等八十七人。①

从列出的考试时间可以看出，大体上是遵循了四年一次的科举考试时间，发生特殊情况可能拉长时间，如大康三年发生了皇太子被贬杀事件，科举考试就会延后举行。

道宗在位时，科举取士已经有了固定的程序，可以列出相关的记载。

制限以三岁，有乡、府、省三试之设。乡中曰乡荐，府中曰府解，省中曰及第。时有秀才未愿起者，州县必根刷遣之。程文分两科，曰诗赋，曰经义，魁各分焉。三岁一试进士，贡院以二寸纸书及第者姓名给之，号"喜帖"。明日举按而出，乐作，及门，击鼓十二面，以法雷震。殿试，临期取旨，又将第一人特赠一官，授奉直大夫、翰林应奉文字。第二人、第三人止授从事郎，余并授从事郎。②

这段记载除了时间有误之外（三年应为四年，宋朝当时也是四年一次科举考试），其他都应是可信的。

为了促进儒学教育的发展，清宁元年（1055）十二月，道宗下诏"设学养士，颁五经传疏，置博士、助教各一员"。清宁六年六月，又在中京设置国子监，"命以时祭先圣先师"③。如本书第一章所言，辽太祖耶律阿保机在位时已经在上京设立了国子监，道宗又在中京设国子监，显示的是他对儒学教育的重视。大安五年（1089）三月，道宗特

---

① 《辽史》卷21《道宗纪一》，卷22《道宗纪二》，卷23《道宗纪三》，卷24《道宗纪四》，卷25《道宗纪五》，卷26《道宗纪六》。

② 《契丹国志》卷23《试士科制》，第253—254页。

③ 《辽史》卷21《道宗纪一》。

别下诏："析津、大定二府精选举人以闻，仍诏谕学者，当穷经明道。"① 这样的诏令，更体现了皇帝对儒者治学、教学的明确要求。

儒家经典和汉文典籍亦受到高度重视，如清宁十年十一月，"诏求乾文阁所阙经籍，命儒臣校雠"。咸雍十年十月，"诏有司颁行《史记》《汉书》"②，就是典型的例证。

（五）规范官民服饰

对于辽朝的服饰制度，道宗在位时有四次重要的规定。一是清宁元年（1055）九月，"诏除护卫士，余不得佩刃入宫；非勋戚后及夷离堇、副使、承应诸职事人不得冠巾"。二是清宁元年九月，"诏夷离堇及副使之族并如民贱，不得服驼尼、水獭裘，刀柄、兔鹘、鞍勒、珮子不许用犀玉、骨突犀，惟大将军不禁"。三是清宁十年十一月，"定吏民衣服之制"。四是大康四年（1078）十一月，"禁士庶服用锦绮"③。

所谓"定吏民衣服之制"，应该是就"公服"以外的"常服"所作出的规定，《辽史》对此有以下记载。

> 常服：辽国谓之"穿执"，起居礼，臣僚穿执，言穿靴、执笏也。
>
> 皇帝柘黄袍衫，折上头巾，九环带，六合靴，起自宇文氏。唐太宗贞观已后，非元日、冬至受朝及大祭祀，皆常服而已。
>
> 皇太子进德冠，九琪，金饰，绛纱单衣，白裙襦，白靺，乌皮履。
>
> 五品以上，幞头，亦曰折上巾，紫袍，牙笏，金玉带。文官佩手巾、算袋、刀子、砺石、金鱼袋；武官鞊鞢七事：佩刀、刀子、磨石、契苾真、哕厥、针筒、火石袋，乌皮六合靴。
>
> 六品以下，幞头，绯衣，木笏，银带，银鱼袋佩，靴同。
>
> 八品九品，幞头，绿袍，鍮石带，靴同。④

对于辽朝平民的服饰，宋神宗熙宁八年（辽道宗大康元年，1075）

---

① 《辽史》卷25《道宗纪五》。
② 《辽史》卷22《道宗纪二》，卷23《道宗纪三》。
③ 《辽史》卷21《道宗纪一》，卷22《道宗纪二》，卷23《道宗纪三》。
④ 《辽史》卷56《仪卫志二》。

出使辽朝的沈括在《熙宁使契丹图抄》中有以下记载：

> 其人剪发，妥其两髦，行则乘马，食牛羊之肉酪而衣其
> 皮。……山之南乃燕、蓟八州，衣冠语言皆其固俗，惟男子靴足幅
> 巾而垂其带，女子连裳，异于中国。①

也就是说，服饰变化较为明显的应是官员，而不是一般的民众。尤
其是契丹部众，依然是以适应游牧生活的传统服装为主。

二 宫廷内乱的影响

皇帝有善治的观念，不等于能够打造善政局面。道宗在位期间，既
有"诗政"和"好佛"的倾向，又有起伏不定的宫廷内斗，总体呈现
的是"乱政"局面。

（一）"诗政"的发展

道宗继承了其父耶律宗真好诗的风格，亦雅好"诗政"，可以列出
主要的表现。

> 清宁二年（1056）二月，以兴宗在时生辰，宴群臣，命各赋
> 诗。三月，御制《放鹰赋》赐群臣，谕任臣之意。
>
> 清宁二年八月，上（道宗）猎秋山，后（萧观音）率妃嫔从
> 行在所至伏虎林。上命后赋诗，后应声曰："威风万里压南邦，东
> 去能翻鸭绿江。灵怪百千都破胆，那教猛虎不投降。"上大喜，出
> 示群臣曰："皇后可谓女中才子。"次日，上亲御弓矢射猎，有虎
> 突林而出，上曰："朕射得此虎，可谓不愧后诗。"一发而殪，群
> 臣皆呼万岁。
>
> 清宁三年八月，帝以《君臣同志华夷同风诗》进皇太后。后
> 应制属和曰："虞廷开盛轨，王会合奇琛。到处承天意，皆同捧日
> 心。文章通鹿蠡，声教薄鸡林。大寓看交泰，应知无古今。"
>
> 清宁六年五月，监修国史耶律白请编次御制诗赋，仍命白
> 为序。

清宁中，上幸鸭子河，（耶律良）作《捕鱼赋》，由是宠遇稍隆，迁知制诰，兼知部署司事。奏请编御制诗文，目曰《清宁集》；上命良诗为《庆会集》，亲制其序。

咸雍元年（1065）九月，皇太后射获虎，大宴群臣，令各赋诗。

咸雍六年六月，以马希白诗才敏妙，十吏书不能给，召试之。

大康二年（1076）秋猎，帝一日射鹿三十，燕从官。酒酣，命赋《云上于天诗》，诏（张）孝杰坐御榻旁。上诵《黍离诗》："知我者谓我心忧，不知我者谓我何求。"孝杰奏曰："今天下太平，陛下何忧？富有四海，陛下何求？"帝大悦。

大安四年（1088）五月，命燕国王延禧写《尚书五子之歌》。①

在诗政之下，用人的方法有了重要的变化。清宁二年六月，"诏宰相举才能之士"，是道宗在位初年的用人方式。② 到了晚年，他犹好诗词，曾为耶律俨特别赋诗道："昨日得卿《黄菊赋》，碎剪金英填作句。袖中犹觉有余香，冷落西风吹不去。"③ 选择宰相也形同儿戏，于是就有了以下记载。

帝（道宗）晚年倦勤，用人不能自择，令各掷骰子，以采胜者官之。（耶律）俨尝得胜采，上曰："上相之征也。"迁知枢密院事，赐经邦佐运功臣，封越国公。④

大安四年（1088）四月，道宗又"立入粟补官法"⑤，朝廷用人已经发展到了完全错乱的地步。

（二）君主好佛

道宗喜好佛教，并且自认为有较好的佛学造诣，所以在位期间，颇有一些好佛的举动。

---

① 《辽史》卷21《道宗纪一》，卷22《道宗纪二》，卷25《道宗纪五》，卷96《耶律良传》，卷110《张孝杰传》。王鼎：《焚椒录》，内府藏本。

② 《辽史》卷21《道宗纪一》。

③ 《题黄菊赋》，《全辽文》卷2，第49页。

④ 《辽史》卷98《耶律俨传》。

⑤ 《辽史》卷25《道宗纪五》。

咸雍四年（1068）二月，颁行御制《华严经赞》。

咸雍八年三月，有司奏春、泰、宁江三州三千余人愿为僧尼，受具足戒，许之。七月，以御书《华严经五颂》出示群臣。

大康元年（1075）三月，命皇太子写佛书。

大康四年七月，诸路奏饭僧尼三十六万。

大康五年九月，诏诸路毋禁僧徒开坛。召沙门守道开坛于内殿。

大康九年十一月，诏僧善知雠校高丽所进佛经，颁行之。①

即便好佛，对佛教人士介入政事还是要有所限制。如清宁十年（1064）七月，"禁僧尼私诣行在，妄述祸福取财物"。大安元年（1085）十一月，道宗又特别下诏规定"僧尼无故不得赴阙"②。

咸雍六年（1070）十二月，道宗"加圆释、法钧二僧并守司空"③。法钧（亦作法均，1021—1075年）因能勘定佛家经典，被道宗所重视，并曾按照皇帝的旨意在京城传授佛法，被赞为"行高峰顶松千尺，戒净天心月一轮"。

清宁七年（1061）春，朝命与能校定诸家章抄，师（法钧）协舆论，已在数中。会有人力争胜负，欲代师之次者，师因求退，与息贪竞，时议多之。至秋，燕京三学寺论场虚位，公选当仁，复为推辞，弗获免，岁满始授紫方袍，赐德号曰"严慧"，从旧式也。及受代，亟辞毂下，来隐是山。

咸雍五年（1069）冬，上（道宗）以金台僧务繁剧须人，诏委师佐录其事。虑志可夺，其命难寝，因顺山上下众心之愿，始于此地肇辟戒坛，来者如云，官莫可御。凡瘖聋跛伛，贪愎骄顽，苟或求哀，无不蒙利。至有邻邦父老，绝域羌军，并越境冒刑，捐躯归命。自春至秋，凡半载，日度数千辈。半天之下，老幼奔走，疑家至户到，有神物告语而然。越明年，师道愈尊。上心渴见，爰命

① 《辽史》卷22《道宗纪二》，卷23《道宗纪三》，卷24《道宗纪四》。

② 《辽史》卷22《道宗纪二》，卷24《道宗纪四》。

③ 《辽史》卷22《道宗纪二》。

迩臣，敦勉就道。因诣阙再传佛制，以石投水，如火得薪，其志交孚，非喻可及。遂肯与永乐，北面尽西土鸣足之敬，翌日，特授崇禄大夫守司空加赐为今号。师以外臣求免，上以有力见谕，虽深闭固拒，而不懈益虔，至于再三，然后祗受。上悦甚，因为师肆青，兼免逋负，仍锡宸什。①

道宗还特别撰写了《释摩诃衍论通玄钞引文》，强调："朕闻如来启运，具四智以流徽。圣教谈微，应三乘而导物。自结集之后，逮传布以还，不有圣贤，畴能启迪。"② 他亦在《戒勖释流偈》中明确指出："欲学禅宗先趣圆，亦非著有离空边。如今毁相废修行，不久三途在目前。"③

需要注意的是，辽朝后期已经盛行儒、释相汇的观念，所以在提及道宗的好佛作为时，往往明指其既重儒也重佛以及维系王朝正统、统一地位的思想倾向，可列举几个例证。

我钜辽启运，奄有中土，始武功以勘世乱。拯乾纲，中文德以葺王猷，恢帝业。尚虑前缘未晓，宁分遗贼之殊，后报或迷，安息战伐之役。由是诚坚信力，诞布宗乘。遵一音垂嘱之专，固万叶匡维之盛，俾民知信响，免仁暴以参淆。化助修明，极迩退而敬长，浮图为胜。④

五都错峙，帝宅尊乎中土，则大定之分甲天下焉。三教并化，皇国崇乎至道，则梵刹之制布域中焉。……今太祖天皇帝，总百年之正统，开万世之宝系，公族衍盛，枝叶芬茂。⑤

窃闻吾皇（道宗）治化，位登九五。远则八方入贡，近则风调雨顺。八叶承条，千龄应运。德感贤臣，匡佐内外。极无不归，

①　王鼎：《法均大师遗行碑铭》，《全辽文》卷8，第208—209页。
②　全文见《全辽文》卷2，第48页。
③　全文见《全辽文》卷2，第48—49页。
④　志延：《景州陈公山观鸡寺碑铭》，《全辽文》卷8，第188—190页。
⑤　耶律兴公：《大辽义州大横帐兰陵夫人创建静安寺碑铭》，《全辽文》卷8，第199—201页。此碑除汉文碑文外，还有契丹大字碑文。

然及先宗释典，三教兴焉。①

我天祐皇帝（清宁二年十一月，群臣为道宗耶律洪基上尊号为天祐皇帝），位联八叶，德冠百主。睿智日新，鸿慈天赋。儒书备览，优通治要之精。释典咸穷，雅尚性宗之妙。②

我天祐皇帝传刹利之华宗，嗣轮王之宝系。每余庶政，止味玄风。升御座以谈微，光流异瑞。穷圆宗而制赞，神告休征。然备究于群经，而尤精于此论。法悟叠承中诏，侍讲内庭。凡粗见于义门，幸仰符于睿意。

我圣文神武全功大略聪仁睿孝天祐皇帝，位纂四轮，道逾三古。蕴生知之妙慧，赋天纵之全才。性海深游，梁武帝空修福善。仁泽普洽，唐文皇自减英声。三乘八藏以咸该，六籍百家而备究。潮音演旨，掩义解之高流。丽藻摛词，得文章之大体。……粤若清宁纪号之八载，四方无事，五稼咸登。要荒共乐于升平，溥率皆修于善利。皇上万枢多暇，五教皆弘。乃下温纶，普搜堕典。获斯宝册，编入华龛，自兹以来，流通浸广。③

特建佛身感应舍利塔一所，伏愿天祐皇帝、燕国大王，二仪同坚于社稷；亲王公主、皇侄皇孙，百世永茂于宗枝。然后上至文武官僚，恒居禄位；下及庶类州司，长添福德。见闻随善，同获梵天之果。施主邑人，早证涅槃之乐。更愿国泰丰稔，民安乐业，法界众生，咸登觉岸。④

福国佑民，其来尚矣。伏维今皇帝（道宗）璿衡御极，玉斗乘时。程文选入彀之英，恤孤颁省刑之诏。礼乐交举，车书混同。行大圣之遗风，钟兴宗之正体。东韩西夏，贡土产而轮诚。南宋北辽，交星轺而继好。位符十号，名契千轮。销剑归农，率土有仓箱

①　《靳信等造塔记》，《全辽文》卷9，第234—235页。
②　耶律孝杰：《释摩诃衍论赞玄疏引文》，《全辽文》卷9，第213页。
③　法悟：《释摩诃衍论赞玄疏序》，《全辽文》卷8，第177—178页。
④　《欢州西会龙山碑铭》，《全辽文》卷9，第241—242页。

之咏。櫜弓弃武，边防无烽燧之虞。百代之间，一人而已。①

尽管后来有人评价道宗"一岁而饭僧三十六万，一日而祝发三千，徒动小惠，篾计大本"②，但他确实还没发展到"佞佛"的地步，只不过是喜好儒、佛而已。

（三）萧革蠹政

兴宗时的奸臣萧革，道宗即位后依然得到重用，并且更加肆无忌惮，网罗亲信，贪污纳贿，萧胡睹等人都在萧革的扶持下得到高官。

> （萧）胡睹又欲要权，岁时献遗珍玩、畜产于革，二人相爱过于兄弟。胡睹族弟敌烈为北剋，荐国舅详稳萧胡笃于胡睹，胡睹见其辨给壮勇，倾心交结。每遇休沐，言论终日，人皆怪之。会胡睹同知北院枢密事，奏胡笃及敌烈可用，帝以敌烈为旗鼓拽剌详稳，胡笃为宿直官。③

尤为恶劣的是，萧革一手促成了处死朝廷重臣萧阿剌的事件。萧阿剌与萧革共掌朝政，萧革"诡谀不法"，"多私挠"，萧阿剌"每裁正之"，萧革乃向道宗进谗言，将萧阿剌贬为东京留守。萧阿剌后来又依例"入朝陈时政得失"，"言甚激切"，萧革看出皇帝不悦之意，乃以"阿剌恃宠，有慢上心，非臣子礼"激怒皇帝，道宗即于清宁六年五月下令将萧阿剌缢死。萧阿剌被杀，震动朝野，皇太后都质疑"阿剌何罪而遽见杀"，道宗也很快明白上了萧革的当，下令厚葬萧阿剌，并于清宁八年三月强迫萧革"致仕"，清除了这一蠹政的奸臣。④

（四）重元之变

清宁九年（1063）七月，辽朝发生了皇弟耶律重元谋反的重大事件。兴宗在位时，耶律重元之母曾企图以重元为皇帝，未能如愿。道宗即位后，耶律重元被立为皇太叔，他之所以谋反以图帝位，首先是受到

---

① 行阐：《义丰县卧如院碑记》，《全辽文》卷9，第224—225页。
② 《辽史》卷26《道宗纪六》。
③ 《辽史》卷114《萧胡睹传》。
④ 《辽史》卷21《道宗纪一》，卷22《道宗纪二》，卷90《萧阿剌传》，卷113《萧革传》。

了其妃子的鼓动。

> 后（萧观音）生皇子濬，皇太叔重元妃入贺，每顾影自矜，流目送媚。后语之曰："贵家妇宜以庄临下，何必如此？"妃衔之，归骂重元曰："汝是圣宗儿，岂虎斯不若，使教坊奴得以可敦加吾。汝若有功，当除此帐，笞挞此婢。"于是重元父子合定叛谋。①

其后，则有其子耶律涅鲁古和奸人萧胡睹等人的密谋，"都睹尝与重元之子涅鲁古谋逆，欲其速发"。以至于在谋反失败后，耶律重元有"涅鲁古使我至此"的悲叹。②

宋人则指出唆使耶律重元谋反的另有其人："宗元（即耶律重元）怙宠，益骄姿，与其相某谋作乱。及相某以贪暴黜，宗元惧，谋愈急。"所谓"相某"，指的就是萧革，其子为耶律重元的女婿，而萧革确实是在事变后，以"预其谋"的罪名被凌迟处死。③

也就是说，推动耶律重元谋反的是一群别有用心的人，但是他们的图谋早已被发现，首先是耶律良"闻重元与子涅鲁古谋乱，以帝笃于亲爱，不敢遽奏，密言于皇太后"。皇太后萧挞里向道宗秘言此事，并明确表示："此社稷大事，宜早为计。"道宗仍持怀疑态度，斥责耶律良道："汝欲间我骨肉耶？"耶律良则明确表示："臣若妄言，甘伏斧锧。陛下不早备，恐堕贼计。如召涅鲁古不来，可卜其事。"道宗采纳了耶律良的建议，派使者召涅鲁古前来。涅鲁古知道密谋泄露，准备擒杀使者，使者脱逃告变，道宗才相信耶律重元谋反已经是不得不面对的现实。④

耶律重元的谋反行为，有两种说法。第一种说法是利用狩猎的机会刺杀皇帝，以达到谋取帝位的目标。

> 宗元（耶律重元）从洪基（道宗）猎于凉淀。洪基让宗元先

---

① 王鼎：《焚椒录》。
② 《辽史》卷112《耶律重元传》，卷114《萧胡睹传》。
③ 《续资治通鉴长编》卷199，第4824页，《辽史》卷113《萧革传》。
④ 《辽史》卷71《兴宗仁懿皇后萧氏传》，卷96《耶律良传》，卷112《耶律涅鲁古传》。

行，宗元不可，洪基先行，依山而左。宗元之子楚王洪孝（应即耶律涅鲁古）以百余骑直前，射洪基，伤臂，又伤洪基马。马仆，其太师某下马掖洪基，使乘己马。殿前都点检萧福美引兵遮洪基，与洪孝战，射杀之。洪基兵与宗元战，宗元不胜而遁，南趣幽州，一日行五百里，明日自杀。①

第二种说法是耶律重元等人率兵进攻道宗所在的行宫，被耶律仁先所率护卫军击败。

> 清宁九年七月，皇太叔重元与其子楚国王涅鲁古及陈国王陈六、同知北院枢密使事萧胡睹、卫王贴不、林牙涅剌溥古、统军使萧迭里得、驸马都尉参及弟术者、图骨、旗鼓拽剌详稳耶律郭九、文班太保奚叔、内藏提点乌骨、护卫左太保敌不古、按答、副宫使韩家奴、宝神奴等凡四百人，诱胁弩手军犯行宫。时南院枢密使许王（耶律）仁先、知北枢密院事赵王耶律乙辛、南府宰相萧唐古、北院宣徽使萧韩家奴、北院枢密副使萧惟信、敦睦宫使耶律良等率宿卫士卒数千人御之。涅鲁古跃马突出，将战，为近侍详稳渤海阿厮、护卫苏射杀之。……重元亡入大漠，自杀。②

> （清宁）九年七月，上（道宗）猎太子山，耶律良奏重元谋逆，帝召仁先语之。仁先曰："此曹凶狠，臣固疑之久矣。"帝趣仁先捕之。仁先出，且曰："陛下宜谨为之备！"未及介马，重元犯帷宫。帝欲幸北、南院，仁先曰："陛下若舍扈从而行，贼必蹑其后；且南、北大王心未可知。"仁先子挞不也曰："圣意岂可违乎？"仁先怒，击其首。帝悟，悉委仁先以讨贼事。乃环车为营，拆行马，作兵仗，率官属近侍三十余骑阵柢柜外。及交战，贼众多降。涅鲁古中矢堕马，擒之，重元被伤而退。仁先以五院部萧塔剌所居最近，亟召之，分遣人集诸军。黎明，重元率奚人二千犯行宫，萧塔剌兵适至。仁先料贼势不能久，俟其气沮攻之。乃背营而阵，乘便奋击，贼众奔溃，追杀二十余里，重元与数骑遁去。帝执

---

① 《续资治通鉴长编》卷199，第4824页。
② 《辽史》卷22《道宗纪二》。

仁先手曰:"平乱皆卿之功也。"①

相比之下,应该是第二种说法更接近事实。因为在举兵进攻行宫失败后,有人向耶律重元、萧胡睹建议立即调动在围场的同党军队助战,并明确表示:"我军甚众,乘其无备,中夜决战,事冀有成;若至明日,其谁从我?"萧胡睹则强调:"仓卒中,黑白不辨。若内外军相应,则吾事去矣。黎明而发,何迟之有!"萧胡睹之所以不愿意马上动兵,是另有所图,他于当夜推举耶律重元为帝,自任为枢密使,但第二天即被讨叛大军击败,萧胡睹在逃亡路上亦自杀。②

耶律重元的叛军被消灭之后,道宗为肃清逆党而兴大狱,与耶律重元、萧革、萧胡睹等稍有关系的人都被杀、被囚或被贬。这一事件还加重了道宗的疑心,特别强调了告密者有奖的规定,于是在告讦之风下,又导出了另一出宫廷悲剧。

(五) 皇后冤死

道宗即位后,于清宁元年(1055)十二月将皇妃萧观音(1040—1075年)立为皇后,次年十一月又上尊号为懿德皇后。懿德皇后不仅善于音律、诗词,亦有深厚的儒学功底,③并且希望以进谏的方式辅佐道宗治国。但是意想不到的是,她的积极进谏,带来的却是皇帝对她的疏远和排斥。

> 后(懿德皇后)常慕唐徐贤妃行事,每于当御之夕,进谏得失。国俗君臣尚猎,故有四时捺钵。上既擅圣藻,而尤长弓马,往往以国服先驱,所乘马号"飞电",瞬息百里,常驰入深林邃谷,扈从求之不得。后患之,乃上疏谏曰:"妾闻穆王远驾,周德用衰。太康伏豫,夏社几危。此游佃之往戒,帝王之龟鉴也。顷见驾幸秋山,不闲六御,特以单骑从禽,深入不测,此虽威神所届,万灵自为拥护,倘有绝群之兽,果如东方所言,则沟中之豕,必败简子之驾矣。妾虽愚暗,窃为社稷忧之。惟陛下尊老氏驰骋之戒,用汉文吉行之旨,不以其言为牝鸡之晨而纳之。"上虽嘉纳,心颇厌

---

① 《辽史》卷96《耶律仁先传》。

② 《辽史》卷112《耶律重元传》,卷114《萧胡睹传》《耶律撒剌竹传》。

③ 《辽史》卷21《道宗纪一》,卷71《道宗宣懿皇后传》。

远。故咸雍之末，遂稀幸御。①

不甘心寂寞的皇后，特别写下了《回心院》一词，并且"被之管弦，以寓望幸之意"，全词的文字如下。

　　埽深殿，闭久金铺暗。游丝络网尘作堆，积岁青苔厚阶面。埽深殿，待君宴。拂象床，凭梦借高唐。敲坏半边知妾卧，恰当天处少辉光。拂象床，待君王。换香枕，一半无云锦。为是秋来转展多，更有双双泪痕渗。换香枕，待君寝，铺翠被，羞杀鸳鸯对。犹忆当时叫合欢，而今独复相思块。铺翠被，待君睡。装绣帐，金钩未敢上。解却四角夜光珠，不教照见愁模样。装绣帐，待君贶。叠锦茵，重重空自陈。只愿身当白玉体，不愿伊当薄命人。叠锦茵，待君临。展瑶席，花笑三韩碧笑妾。新铺玉一床，从来妇欢不终夕。展瑶席，待君息。剔银灯，须知一样明。偏是君来生彩晕，对妾故作青荧荧。剔银灯，待君行。爇熏炉，能将孤闷苏。若道妾身多秽贱，自沾御香香彻肤。爇熏炉，待君娱。张鸣筝，恰恰语娇莺。一从弹作房中曲，常和窗前风雨声。张鸣筝，待君听。

耶律重元谋反事件平息后，另一个奸臣耶律乙辛迅速崛起。他要把控朝政，就要扳倒皇太子，而扳倒皇太子的关键，是先要除掉懿德皇后。耶律乙辛为此策划了五大步骤。

第一个步骤是利用后宫的矛盾，找出谋害懿德皇后的帮手。

　　时诸伶无能奏演此曲者，独伶官赵惟一能之。而宫婢单登，故重元家婢，亦善筝及琵琶，每与惟一争能，怨后不知己。后乃召登，与对弹四旦二十八调，皆不及后，登愧耻拜服。于时，上常召登弹筝。后谏曰："此叛家婢，女中独无豫让乎，安得轻近御前！"因遣直外别院，登深怨嫉之。而登妹清子，嫁为教坊朱顶鹤妻，方为耶律乙辛所昵。登每向清子诬后与惟一淫通，乙辛具知之。

① 王鼎：《焚椒录》。本小节下文引言未注明出处者，均来自此书。

第二个步骤是为陷害懿德皇后准备所谓的"证据"，耶律乙辛特别找人作了一首名为《十香》的淫词。

> 青丝七尺长，挽出内家装。不知眠枕上，倍觉绿云香。红销一幅强，轻阑白玉光。试开胸探取，尤比颤酥香。芙蓉失新艳，莲花落故妆。两般总堪比，可似粉腮香。蜻蜓那足并，长须学凤凰。昨宵欢臂上，应惹领边香。和羹好滋味，送语出宫商。定知郎口内，含有暖甘香。非关兼酒气，不是口脂芳。却疑花解语，风送过来香。既摘上林蕊，还亲御苑桑。归来便携手，纤纤春笋香。凤靴抛合缝，罗袜卸轻霜。谁将暖白玉，雕出软钩香。解带色已战，触手心愈忙。那识罗裙内，消魂别有香。咳唾千花酿，肌肤百和装。元非啖沉水，生得满身香。

第三个步骤是让懿德皇后手抄《十香》，将其骗入圈套之中。

> 乙辛阴属清子使登乞后手书。登时虽外直，常得见后。后善书，登给后曰："此宋国忒里蹇所作，更得御书，便称二绝。"后读而喜之，即为手书一纸，纸尾复书己所作《怀古诗》一绝云："宫中只数赵家妆，败两残云误汉王。惟有知情一片月，曾窥飞鸟入昭阳。"

第四个步骤是以单登、朱顶鹤作为首告人，揭发懿德皇后的所谓"奸情"。

> 登得后手书，特出与清子云："老婢淫案已得，况可汗性忌，早晚见其白练挂粉胆也。"
> 乙辛已得书，遂拘词命登与朱顶鹤赴北院陈首："伶官赵惟一，私侍懿德皇后，有《十香》淫词为证。"

第五个步骤是耶律乙辛亲自出马，向道宗举证懿德皇后的"罪行"。

乙辛乃密奏上曰："大康元年十月二十三日，据外直别院官婢单登及教坊朱顶鹤陈首，本坊伶官赵惟一，向要结本坊入内承直高长命，以弹筝琵琶得召入内。沐上恩宠，乃辄干冒禁典，谋侍懿德皇后御前。忽于咸雍六年九月驾幸木叶山，惟一公称有懿德皇后旨，召入弹筝。于时皇后以御制《回心院》曲十首付惟一入调，自辰至酉调成。皇后向帘下目之，遂隔帘与惟一对弹。及昏命烛，传命惟一去官服，着绿巾金抹额、窄袖紫罗衫、珠带乌靴，皇后亦着紫金百凤衫、杏黄金缕裙、上戴百宝花髻、下穿红凤花靴，召惟一更入内帐，对弹琵琶，命酒对饮，或饮或弹。至院鼓三下，敕内侍出帐。登时当直帐，不复闻帐内弹饮，但闻笑声。登亦心动，密从帐外听之，闻后言曰：'可封有用郎君。'惟一低声言曰：'奴具虽健，小蛇耳，自不敢可汗真龙。'后曰：'小猛蛇却赛真懒龙。'此后但闻惺惺若小儿梦中啼而已。院鼓四下，后唤登揭帐曰：'惟一醉不能起，可为我唤醒。'登叫惟一百通，始为醒状，乃起拜辞。后赐金帛一箧，谢恩而出。其后驾还，虽时召见，不敢入帐。后深怀思，因作《十香词》赐惟一。惟一持出，夸示同官朱顶鹤，朱顶鹤遂手夺其词，使妇清子问登。登惧事发连坐，乘暇泣谏。后怒痛笞，遂斥外直。但朱顶鹤与登共悉此事，使含忍不言，一朝败坏，安免株坐，故敢首陈，乞为转奏，以正刑诛。臣惟皇帝以至德统天，化及无外，寡妻匹妇，莫不刑于令。宫帐深密，忽有异言，其有关治化，良非渺小，故不忍隐讳，辄据词并手书《十香词》一纸，密奏以闻。"

道宗得到密奏之后，大怒之下根本听不进懿德皇后的辩白之词。

上览奏大怒，即召后对诘。后痛哭转辨曰："妾托体国家，已造妇人之极。况诞育储贰，近且生孙，儿女满前，何忍更作淫奔失行之人乎？"上出《十香词》曰："此是汝作手书，更复何辞？"后曰："此宋国忒里蹇所作，妾即从单登得而书赐之耳。且国家无亲蚕事，妾作那得有亲桑语？"上曰："诗正不妨以无为有。如词中合缝靴，亦非汝所着，为宋国服邪？"上怒甚，因以铁骨朵击后，后几至殒。

道宗命令耶律乙辛、张孝杰主审此案，"乙辛乃系械惟一、长命等讯鞫，加以钉灼荡错等刑，皆为诬服"。朝廷中还是有人对此提出了质疑，如枢密副使萧惟信特别警告乙辛、孝杰："懿德贤明端重，化行宫帐，且诞育储君，为国大本，此天下母也，而可以叛家仇婢一语动摇之乎？公等身为大臣，方当烛照奸宄，洗雪冤诬，烹灭此辈，以报国家，以正国体，奈何欣然以为得其情也，公等幸更为思之。"耶律乙辛、张孝杰不听警告，将审决的结果上报道宗。而在道宗有所犹豫的时候，张孝杰更用"文字构陷"的方法坚定了其处死懿德皇后的决心。

> 上犹未决，指后《怀古》一诗曰："此是皇后骂飞燕也，如何更作十词？"孝杰进曰："此正皇后怀赵惟一耳。"上曰："何以见之？"孝杰曰："宫中只数赵家妆，惟有知情一片月，是以二句中包含'赵惟一'三字也。"上意遂决，即日族诛惟一，并斩长命，敕后自尽。
>
> 时皇太子及齐国诸宫主，咸被发流涕，乞代母死。上曰："朕亲临天下，臣妾亿兆，而不能防闲一妇，更何施眉目，腼然南面乎？"

懿德皇后提出最后再见皇帝一面的要求，亦被拒绝，"后乃望帝所而拜，作《绝命词》一首"。

> 嗟薄祐兮多幸，羌作丽兮皇家。承昊穹兮下覆，近日月兮分华。托后钩兮凝位，忽前星兮启耀。虽衅累兮黄床，庶无罪兮宗庙。欲贯鱼兮上进，乘阳德兮天飞。岂祸生兮无朕，蒙秽恶兮宫闱。将剖心兮自陈，冀回照兮白日。宁庶女兮多惭，遏飞霜兮下击。顾子女兮哀顿，对左右兮摧伤。共西曜兮将坠，忽吾去兮椒房。呼天地兮惨悴，恨今古兮安极。知吾生兮必死，又焉爱兮旦夕。

懿德皇后随即"闭宫以白练自经"，时间在大康元年（1075）十一月。[1] 对于这一冤案，辽朝进士王鼎作出了以下评价。

---

[1] 《辽史》卷23《道宗纪三》。

自古国家之祸，未尝不起于纤纤也。鼎观懿德之变，固皆成于乙辛，然其始也，由于伶官得入宫帐。其次则叛家之婢使得近左右，此祸之所由生也。第乙辛凶惨无匹，固无论。而孝杰以儒业起家，必明于大义者，使如惟信直言，毅然诤之，后必不死。后不死，则太子可保无恙，而上亦何惭于少恩骨肉哉！乃亦昧心同声，自保禄位，卒使母后储君，与诸老成一旦皆死于非辜，此史册所书未有之祸也。二人者，可谓罪通于天者乎！

然懿德所以取祸者有三：曰"好音乐"与"能诗""善书"耳。假令不作《回心院》，则《十香词》安得诬出后手乎。

懿德皇后冤死，皇太子失去了保护伞，随即成为又一场宫廷政治斗争的牺牲品。

（六）废杀太子

道宗耶律洪基的长子耶律濬（1058—1077 年），清宁九年（1063）被封为梁王，咸雍元年（1065）被立为皇太子。耶律濬在其母亲懿德皇后冤死后，曾明确表示："杀吾母者，耶律乙辛也！他日不斗诛此贼，不为人子！"[1]

耶律濬与耶律乙辛之间的斗争随即展开，首先是发生了暗杀耶律乙辛的事件。想要暗杀耶律乙辛的人是皇帝的护卫萧忽古，"时北院枢密使耶律乙辛以狡佞得幸，肆行凶暴。忽古伏于桥下，伺其过，欲杀之。俄以暴雨坏桥，不果。后又欲杀于猎所，为亲友所沮"[2]。

随即是在耶律乙辛等人的策划下，道宗于大康二年（1076）六月册立了新的皇后。

后（懿德皇后）既死，乙辛不自安，又欲害太子，乘间入奏曰："帝与后如天地并位，中宫岂可旷？"盛称其党驸马都尉萧霞抹之妹美而贤。上信之，纳于宫，寻册为皇后。[3]

耶律濬系的朝臣立即采取了反制的措施，时任同知南院宣徽使事的

---

① 《辽史》卷21《道宗纪一》，卷22《道宗纪二》；王鼎：《焚椒录》。
② 《辽史》卷99《萧忽古传》。
③ 《辽史》卷110《耶律乙辛传》。

萧岩寿向道宗密奏："乙辛以皇太子知国政，心不自安，与张孝杰数相过从，恐有阴谋，动摇太子。"道宗即于大康二年六月将耶律乙辛贬为中京留守。耶律乙辛不甘心被贬，到处宣称"乙辛无过，因谗见出"。在其党羽的游说下，道宗准备将其召回，命百官廷议，"群臣无敢正言"，只有北院大王耶律撒剌上言："萧岩寿言乙辛有罪，不可为枢臣，故陛下出之；今复召，恐天下生疑。"道宗不听耶律撒剌的意见，于当年十月又任命耶律乙辛为北院枢密使。①

耶律乙辛重任要职之后，亲信萧十三对他说："臣民心属太子，公非阀阅，一日若立，吾辈措身何地。"耶律乙辛乃与属下密谋后，于大康三年（1077）五月指使右护卫太保耶律查剌诬告都宫使耶律撒剌、知院萧速撒、护卫萧忽古等人"谋立皇太子"，被道宗以证据不足驳回，但又下诏鼓励告密："诏告谋逆事者，重加官赏。"

在皇帝喜好告密的政治生态之下，大康三年六月，耶律乙辛又令牌印郎君萧讹都斡等人上言："查剌前告非妄，臣实与谋，欲杀耶律乙辛等，然后立太子。臣若不言，恐事发连坐。"这次道宗相信了，于是再次上演了当事者难以表白冤情的一幕悲剧。②

> 幽太子于别室，以耶律燕哥鞫按。太子具陈枉状曰："吾为储副，尚何所求。公当为我辨之。"燕哥乃乙辛之党，易其言为款伏。上大怒，废太子为庶人。将出，曰："我何罪至是！"十三叱登车，遣卫士阖其扉。徙于上京，囚圜堵中。③

道宗只是将耶律濬贬为庶人，耶律乙辛要斩草除根，派人于大康三年十一月将耶律濬杀死，皇太子妃也未能幸免。萧岩寿、耶律撒剌、萧忽古等人都先后被处死。

在处理所谓"皇太子谋反"的事件中，张孝杰再建"奇功"，"乙辛潜皇太子，孝杰同力相济。及乙辛受诏按皇太子党人，诬害忠良，孝杰之谋居多。乙辛荐孝杰忠于社稷，帝谓孝杰可比狄仁杰，赐名仁

---

① 《辽史》卷23《道宗纪三》，卷99《萧岩寿传》《耶律撒剌传》。
② 《辽史》卷23《道宗纪三》，卷110《耶律乙辛传》。
③ 《辽史》卷72《耶律濬传》。

杰"①。当然，丑恶的文人代不乏人，但从整个事件来看，耶律乙辛等人只不过是前台的表演者，真正的主导者是疑心重重的道宗本人。

（七）去除奸臣

耶律乙辛连续制造皇室冤案，引起了一些正直朝臣的愤怒。大康二年萧岩寿建言将耶律乙辛贬为中京留守时，即有耶律庶箴、耶律孟简等人奏上了驱赶奸臣的贺表。② 耶律乙辛重任要职后，将耶律孟简贬出朝廷，耶律孟简则表现出不畏权臣的超然态度。

> 时虽以谗见逐，不形辞色。遇林泉胜地，终日忘归。明年，流保州。及闻皇太子被害，不胜哀痛，以诗伤之，作《放怀诗》二十首，自序云："禽兽有哀乐之声，蝼蚁有动静之形。在物犹然，况于人乎? 然贤达哀乐，不在穷通、祸福之间。易曰：'乐天知命，故不忧。'是以颜渊箪瓢自得，此知命而乐者也。予虽流放，以道自安，又何疑耶?"③

朝廷中亦有人公开为皇太子鸣冤，如皇太子被囚于上京后，萧韩家奴"上书力言其冤"。萧惟信也表现出了大无畏的态度，"枢密使耶律乙辛潜废太子，中外知其冤，无敢言者，惟信数廷争，不得复"④。

朝臣还利用皇帝的疑心，以立储君为由，展开了对耶律乙辛的攻击，始发者是时任北院宣徽使的萧兀纳。

> 时乙辛已害太子，因言宋魏国王和鲁斡之子淳可为储嗣。群臣莫敢言，唯（萧）兀纳及夷离毕萧陶隗谏曰："舍嫡不立，是以国与人也。"帝（道宗）犹豫不决。（大康）五年，帝出猎，乙辛请留皇孙，帝欲从之。兀纳奏曰："窃闻车驾出游，将留皇孙，苟保护非人，恐有他变。果留，臣请侍左右。"帝乃悟，命皇孙从行。由此，始疑乙辛。⑤

---

① 《辽史》卷110《张孝杰传》。
② 《辽史》卷89《耶律庶箴传》。
③ 《辽史》卷104《耶律孟简传》。
④ 《辽史》卷96《萧韩家奴传》《萧惟信传》。
⑤ 《辽史》卷98《萧兀纳传》。

多疑的道宗亦在出行时见到"扈从官属多从乙辛后",才下决心消灭这一隐患。他先于大康五年（1079）十月将耶律乙辛的封号由魏王降为混同郡王，随即于大康六年正月命耶律乙辛出任知兴中府事，并在当年三月封耶律濬之子耶律延禧为梁王。大康七年十二月，道宗又以"私鬻"禁物于外国的罪名，将耶律乙辛囚于来州。耶律乙辛密谋逃亡宋朝，于大康九年十月被道宗下令缢杀。①

耶律乙辛死后，道宗亦对其党羽给予处罚，张孝杰被贬往安肃州，萧十三被贬往保州，萧讹都斡后来以诬告罪被处死，参与废太子阴谋的萧余里也被免职家居。但是亦有人安然无事，如号为党附耶律乙辛"二贼"的耶律合鲁、耶律吾也，先后任北院大王、南院大王之职；改变皇太子申诉状的耶律燕哥安然以西京留守致仕；皇太子在上京囚禁期间对其"起居饮食数加凌侮"的萧得里特，升职为西南路招讨使；杀害皇太子的萧达鲁古升职为国舅详稳。② 这样的处理，显示道宗既未将耶律乙辛视为奸臣，也从未打算为冤死的皇太子"平反"。到了天祚帝即位后，才对耶律乙辛的"奸党"作了进一步的清算。

三 辽宋交涉的主调

道宗在位四十余年，与宋朝的仁宗、英宗、神宗、哲宗四位皇帝通使交往，交涉的具体问题有所不同，但整体上保持的是两朝继续通好的政治主调。

（一）交好宋仁宗

辽兴宗耶律宗真去世后，宋仁宗以欧阳修、向传范为祝贺道宗即位的祝贺使，道宗亦派出答谢使者等，辽、宋之间继续维持互通使者的关系。③

道宗为交好宋仁宗，特别向宋朝提出了索取宋仁宗画像的要求，并得到了满足，已见前述。

宋朝则有人希望借辽朝军力衰弱之势，出兵夺回幽燕之地，以雪前耻。如郭谘就曾向宋仁宗提出过"平燕"的建议。

---

① 《辽史》卷24《道宗纪四》，卷110《耶律乙辛传》。
② 《辽史》卷110《张孝杰传》《萧十三传》《耶律燕哥传》，卷111《萧讹都斡传》《耶律合鲁传》《萧得里特传》《萧达鲁古传》。
③ 《辽史》卷21《道宗纪一》；《续资治通鉴长编》卷180，第4366页。

顷使契丹，观幽燕地方不及三百里，无十万人一年之费，且乌合之众，非二十万不敢举。若以术制之，使举不得利，居无以给，不逾数年，必弃幽州而遁。

契丹之地，自瓦桥至古北口，地狭民少；自古北口至中京，属奚、契丹；自中京至庆州，道旁才七百余家。盖契丹疆土虽广，人马至少，傥或南牧，必率高丽、渤海、达靼、黑水女真、室韦等国会战，其来既远，其粮匮乏。臣闻以近待远，以佚待劳，以饱待饥，用兵之善计。又闻得敌自至者胜，先据便地者佚。以臣所见，请举庆历之策，合众河于塘泊之北界，以限戎马，然后以景德故事，顿兵自守。步卒十二万，骑卒三万，强壮三万，岁计粮饷百八十三万六千斛。又旁河郡邑，可由水运以给保州。然后以拒马车三千、陷马枪千五百、独辕弩三万，分选五将，臣可以备其一，来则战，去则勿追。幽州粮储既少，敌不可久留，不半年间，当遁沙漠。则进兵断古北口，塞松亭关，传檄幽蓟，燕南自定。

我太祖骏应天命，天下咸服，亦唯契丹未灭，当俟圣谋，奉行天讨。且彼之所恃者，惟马而已。但能多方致力，使马不获伸用，则敌可破，幽燕可取。①

郭谘的这番言论，所说辽朝境内的情况可能属实，但是显然高估了宋军的实力，低估了辽军的战斗力。宋仁宗要与辽道宗保持良好的关系，当然不会被这样的鼓动所迷惑。

在两朝的边境上，还是有一些小的冲突。如宋仁宗嘉祐元年（辽道宗清宁二年，1056）在代州天池庙发生的地界之争，到宋神宗时演变为全面的划界风波；嘉祐六年发生的辽人在界河捕鱼被宋人禁止事件，嘉祐七年发生的辽人越境采伐的山木被宋人焚毁事件，宋人都采取了强硬的态度，而辽人则抱持的是息事宁人的态度，任由宋人处置。②

（二）宋英宗时避免开战危机

宋仁宗于嘉祐八年（1063 年）去世，宋英宗赵曙即位后不久辽朝

---

① 《续资治通鉴长编》卷191，第4622—4624页。

② 《续资治通鉴长编》卷184，第4453—4454页；卷193，第4671—4672页；卷196，第4762页。

就发生了耶律重元谋反的事件，在道宗处理谋反事件时，涉及耶律重元派往宋朝的使者，宋人默许辽人将这些使者全部拘捕并处死。①

宋英宗治平二年（辽道宗咸雍元年，1065），宋与西夏的关系趋于恶化，司马光特别对英宗强调了不拘小事、和好辽朝的基本原则。

> 臣愚窃惟真宗皇帝亲与契丹约为兄弟，仁宗皇帝赦赵元昊背叛之罪，册为国主，岁损百万之财，分遗二敌，岂乐此而为之哉？诚以屈己之愧小，爱民之仁大故也。今陛下嗣已成之业，守既安之基，而执事之臣数以争桑之忿心，不思灌瓜之大计，使边鄙之患纷纷不息，臣窃为陛下惜之。
>
> 近者闻契丹之民有于界河捕鱼及于白沟之南翦伐柳栽者，此乃边鄙之小事，何足介意？而朝廷以前知雄州李中祐不能禁御为不材，别选州将以代之。臣恐新将之至，必以中祐为戒，而以赵滋为法，妄杀敌人，则战斗之端，往来无穷矣。况今民力凋散，仓库虚竭，将帅乏人，士卒不练。夏国既有愤怨，屡来侵寇，祸胎已成，若又加以契丹失欢，臣恐国力未易支也。伏望陛下严戒北边将吏，若契丹不循常例，小小相侵，如渔船、柳栽之类，止可以文牒敕会，道理晓谕，使其官司自行禁约，不可以矢刃相加。若再三晓谕不听，则闻于朝廷，虽专遣使臣至其王廷，与之辩论曲直，亦无伤也。若又不听，则莫若博求贤才，增修政事，待公私富足，士马精强，然后奉辞以讨之，可以驱穹庐于漠北，复汉、唐之土宇，其与争渔柳之胜负，不亦远哉。②

司马光的如此言论，显然不是空穴来风。咸雍二年，道宗已显露了出兵伐宋的意图，特别向儒臣姚景行发问："宋人好生边事，如何？"姚景行答道："自圣宗皇帝以威德怀远，宋修职贡，迨今几六十年。若以细故用兵，恐违先帝成约。"道宗听信姚景行的意见，打消了大举动兵的念头。③

恰是在宋、辽臣僚的共同努力下，避免了一场两朝之间的大战，使

---

① 《续资治通鉴长编》卷 199，第 4824—4825 页。
② 《续资治通鉴长编》卷 205，第 4969—4970 页。
③ 《辽史》卷 96《姚景行传》。

辽、宋之间基本处于相安无事的状态之下。

（三）与宋神宗的交涉

宋英宗于治平四年（辽道宗咸雍三年，1067）去世，宋神宗赵顼即位，其在位的十九年（1067—1086 年）间，最突出的表现就是支持王安石变法，并且"愤北人倔强，慨然有恢复幽燕之志"①。在这样的政治意念下，辽、宋之间出现了一些重要的事件。

第一个是西夏借兵事件。宋神宗熙宁三年（辽道宗咸雍六年，1070），宋朝与西夏开战，富弼即向神宗明言，要警惕西夏向辽朝借兵。

> 臣其时两使北廷，每见元昊遣人在彼，密令询问，云"来借兵"。此皆臣始末亲经目睹，不是剽闻。以昔校今，不敢谓必无此事。今北敌亦须疑朝廷既平西夏，即移兵北伐，必有借助西夏之谋，不可不过虑及此也。更或二敌相应，两下起事，即国用人力如何枝梧其间，军情民心须常加防察，不可使至于此极也。②

熙宁四年，更有传言辽朝已经秘密调动三十万军队至西境，以助西夏，王安石则强调即便有借兵之举，宋朝也应采取以静制动的方法来应付。

> 陛下即位，即经营绥州，又取银州，破其唇齿之势。彼以为中国若已服夏国，当觊幽燕；若乘中国有事之时，能挠我权，则其庸多矣。夏国主幼，妇人用事，忿而无谋，或请师于契丹，则为契丹计，虽许之，何为不可？可以挠中国，而无损于我，契丹优为之，但恐其无远略，不能出此。
>
> 陛下诚以静重待之，虽加一契丹，于边事亦不至狼狈。若欲进取，非臣所知。且我坚壁清野，积聚刍粮以待敌，则敌未能深为我患。而彼两国集于境上，其刍粮何以持久？我所患者，在于刍粮难继而已。爱惜刍粮，无伤民力，而以静重待敌之衅，则外患非所恤也。③

---

① 《续资治通鉴长编》卷 295，第 7192 页。
② 《续资治通鉴长编》卷 218，第 5315—5316 页。
③ 《续资治通鉴长编》卷 220，第 5350 页。

事后证明，宋人只是虚惊一场，道宗根本就没有借兵给西夏的念头，并且对宋、夏之间的冲突并未特别在意。

第二个是辽军越界事件。熙宁五年，先有辽兵在界河夺取船只和射伤宋兵，后有大队辽军越过边境巡逻，并续之以在边境修城隍、点甲兵的举动。甚至出现了南、北两朝各调动二十万大军准备开战的传言。①王安石则认为这都是边臣不顾两朝关系的个别挑衅事件，并非辽道宗要恶化两朝的关系。

> 今戎主非有倔强，但疆吏生事，正须静以待之，若争小故，恐害大计。
>
> 契丹已聚兵二十万，未必然；然疑我侵取其地，因搜阅点集，恐或有之。
>
> 契丹主自即位以来，虽未见其材略如何，然能保守成业，不失人心。若使其警备搜阅训练，要非中国之利。……料契丹主亦必不容边吏如此非理生事也。
>
> 所以契丹修城、畜谷为守备之计，乃是恐中国陵蔑之故也。若陛下计契丹之情如此，即所以应契丹者当以柔静而已。……契丹主即位已二十年，其性情可见，固非全不顾义理、务为强梁者也。然则，陛下以柔静待契丹，乃所以服之也。②

王安石对辽道宗的判断显然是正确的，所以他所强调的是"此事惟须以静待之"对策，使双方的矛盾不至于进一步激化。

第三个是岁币用词事件。宋人每年给辽的岁币在白沟移交，在文书中一直称为"交割"。熙宁五年，辽朝的边臣要求将"交割"改为"送纳"，宋朝的不少人认为有失朝廷尊严，王安石则明确向神宗表示："交割与送纳无所校，陛下不须令边臣争此，臣保契丹无它。""今乃称契丹母为叔祖母，称契丹为叔父，更岁与数十万钱帛，此乃臣之所耻。

① 《续资治通鉴长编》卷231，第5631页；卷232，第5638—5639页；卷235，第5701页。

② 《续资治通鉴长编》卷234，第5692页；卷235，第5701—5703页；卷236，第5734页。

然陛下所以屈己如此者，量时故也。今许其大如此，乃欲与彼疆场之吏争其细，臣恐契丹豪杰未免窃笑中国。"① 王安石认为文辞之争不利于大局的稳定，所以不用过于计较。

第四个是口铺事件。所谓"口铺"，是辽人在边境线上设置的烽燧边铺。熙宁五年，宋朝的边臣指辽人有将口铺移入宋境的迹象，要求加以遏制或作出反制的行动。由于边境局势越来越紧张，王安石乃就口铺问题反复强调了自己的息事宁人主张。

> 若出上策，即契丹移口铺，陛下亦不须问。若出中策，即待移口铺，然后与计校未晚。若纵边臣生事，臣恐以争桑之小衅，成交战之大患。

> 若契丹有谋，不应如此纷纭。以契丹之大，乃区区争雄州一口铺地，是何计策？纵我不与之争，乞与一口铺地，于彼有何所利？于我系何强弱？我修馆驿，彼边臣即以为南朝必是相次要占据两属地，于此作城镇，须理会。彼契丹边臣如此者，以为若理会后南朝为我拆去，即是我有功，因此获官宠。契丹不察边臣情状，所以如此纷纭，今我边臣亦与彼情状无异。陛下若能照察，即边事自然宁息。

> 契丹大情可见，必未肯渝盟。陛下欲经略四夷，即须讨论所施先后。……陛下忧契丹移口铺，即只一向于口铺上计议。臣以为政如王韶所奏，陛下若能经略夏国，即不须与契丹争口铺，契丹必不敢移口铺；若不能如此，虽力争口铺，恐未能免其陵傲。……以中国之大，陛下忧勤政事，未尝有失德，若能讨论所以胜敌国之道，区区夏国何难讨荡之有？不务讨论此，乃日日商量契丹移口铺事，臣恐古人惜日，不肯如此。

> 今河北未有以应，契丹未宜轻绝和好。若彼忿激及示强而动，即我但以宽柔徐缓应之，责以累世盟誓信义，彼虽至顽，当少沮；少沮，即侵陵之计当少缓；因其少缓，我得以修备。大抵应口铺事当宽柔徐缓，修中国守备当急切。以臣所见，口铺事不足计，惟修守备为急切。苟能修攻守之备，可以待契丹，即虽并雄州不问，未

---

① 《续资治通鉴长编》卷237，第5761—5762 页。

为失计。若不务急修攻守之备，乃汲汲争口铺，是为失计。

　　契丹欲移口铺，其事有无未可知。……若但一口铺尺寸之地而必争，恐非大有为之略。①

　　后来的事实证明，辽人并没有移动口铺的意图，幸好有王安石的坚持，才未造成双方更大的误会。

　　第五个是地界之争事件。辽、宋之间的大规模地界之争，在熙宁六年已开始显现，辽人提出了蔚、应、朔三州的地界问题。宋神宗忧虑地界之争引发更大的冲突，王安石则表示："契丹龊龊争尺寸地界，其略可见，何足忧？""就令契丹便欲绝盟，非年骞未能大举，临时应变，足可支吾。"②

　　咸雍十年（熙宁七年）二月，邓绾向宋神宗进言，希望为即将到来的与辽人的地界之争做好长期交涉的准备。

　　窃以敌人妄争河东界，殊无义理，止是奸巧生事，窥测中国。声言聚兵，累岁逡巡自罢，其情伪浅深，不为难见。……夫七十余年为祖宗优容，土疆金币，聘问礼遇，意满欲足，复何求哉？乃反如此生事端，岂为难料，不过固护疆土，贪惜金币，为坚久盟约之计耳。若谓其欲渝盟绝好，臣以为万无此心。陛下御之以坚强，则敌心不疑，必不至于战争。若示之以畏屈，则敌性无惮，将不堪其侵扰。况今日之来，止云办理疆界，乃其贪冒之臣，邀功幸赏，以至为此耳。今但当委之二府，使不惜使介往复，文字辨明，御之以直辞，守之以旧约，不惮岁月之淹久，道途之勤烦，使失其本望，而沮其后图，其不敢妄动而卒归于无事也必矣。③

　　咸雍十年（熙宁七年）三月，道宗派萧禧为使者，向宋神宗展示了要求两朝重定部分地界的书信，全文如下。

---

　　① 《续资治通鉴长编》卷237，第5761，5772—5773页；卷238，第5787、5790—5791页。

　　② 《续资治通鉴长编》卷248，第6046—6047页。

　　③ 《续资治通鉴长编》卷250，第6095—6096页。

大辽皇帝谨致书于大宋皇帝阙下：切以累朝而下，讲好以来，互守成规，务敦夙契。虽境分二国，克保于欢和；而义若一家，共思于悠永。事如间于违越，理须至于敷陈。其蔚、应、朔三州土田一带疆里，只自早岁曾遣使人止于旧封，俾安铺舍，庶南北永标于定限，往来悉绝于奸徒。洎览举申，辄有侵扰，于全属当朝地分，或营修戍垒，或存止居舍，皆是守边之冗员，不顾睦邻之大体，妄图功赏，深越封隩。今属省巡，遂令按视，备究端实，谅难寝停。至缕细之缘由，分白之事理，已具闻达，尽令拆移，既未见从，故宜伸报。据侵入当界地里所起铺堠之处，合差官员同共检照，早令毁撤，却于久来元定界再安置外，其余边境更有生创事端，委差去使臣到日，一就理会。如此，则岂惟疆场之内不见侵逾，兼于信誓之间且无违爽，兹实稳便，颙俟准依。①

道宗在给宋神宗的信中，既没有任何武力恐吓的词意，也没有索取关南之地的要求，显示的是他希望维系两朝和好关系的诚意。宋神宗在知道了道宗的意图后，与萧禧就事论事地讨论了与地界有关的问题。

上（宋神宗）谕（萧）禧曰："此细事，疆吏可了，何须遣使？待令一职官往彼计会，北朝一职官对定，如何？"禧曰："圣旨如此即不错。"上问禧复有何事？禧言："雄州展托关城，违誓书。"上曰："誓书但云不得创筑城池，未尝禁展托，然此亦细事，要令拆去亦可。"禧曰："北朝只欲南朝久远不违誓书。"上曰："若北朝能长保盟好，极为美事。"又问禧复有何事，禧曰："无他事也。"②

宋神宗亦通过萧禧致书辽道宗，表明他有继续维持两国之间友好关系的强烈意愿。

大宋皇帝谨致书于大辽皇帝阙下：辱迁使指，来贶函封，历陈二国之和，有若一家之义。固知邻宝，深执信符。独论边鄙之臣，

---

① 《契丹国志》卷20《大辽求地界书》，第219—220页。
② 《续资治通鉴长编》卷251，第6122—6123页。

尝越封陲之守，欲令移徙以复旧常。切惟两朝抚有万宇，岂重尺土之利，而轻累世之欢。况经界之间，势形可指，方州之内，图籍具存，当遣官司，各加覆视。倘事由夙昔，固难徇从，或诚有侵逾，何吝改正。而又每戒疆吏，令遵誓言，所谕创生之事端，亦皆境堠之细故。已令遣使，具达本因。细料英聪，洞垂照悉。①

宋神宗还特别向萧禧讲明了处理地界纠纷的具体做法，以退让的态度来打消辽人的疑虑。

蔚、应、朔三州地界，俟修职官与北朝职官就地头检视定夺。雄州外罗城，乃嘉祐七年因旧修葺，元计六十余万工，至今已十三年，才修五万余工，即非创筑城隍，有违誓书，又非近年事也。北朝既不欲如此，今示敦和好，更不令接续增修。白沟馆驿亦俟差人检视，如有创盖楼子箭窗等，并令拆去，创屯兵级并令抽回。朝廷自来约束边臣不令生事，如昨来赵用擅入，全属北朝地分，雄州职官十余人并已停降。今来郭庠侵入，全属南界地分，兼先放箭射伤巡人，理须应敌。况北朝近差巡马，已是创生事端。其郭庠事并其余细故，并循常例，别无违越，无可施行。②

熙宁七年四月，道宗派萧素、梁颖到代州，与宋朝派出的刘忱、吕大忠等人面商河东地界事宜。熙宁八年二月吕大忠汇报交涉过程时指出辽人有五个"不可动"的因素，即有五种担心，所以不敢妄动：一是担心失去岁币，二是担心辽军战斗力不佳，三是担心战守形势逆转，四是担心国内的民变，五是担心西夏、鞑靼等的夹攻。他还特别指出："彼主（指道宗）柔而少断，母老子孱，纵有谏臣，恐未能用。"③ 参与定界交涉的宋人能够看到这些问题，确实反映了辽道宗所处的政治困局，值得注意。

由于河东定界交涉进展缓慢，道宗又于熙宁八年三月派萧禧向宋人发出了催促加快定界进程的书信。

① 《契丹国志》卷20《宋朝回书》，第220页。
② 《续资治通鉴长编》卷251，第6135—6136页。
③ 《续资治通鉴长编》卷252，第6180页；卷260，第6334—6335页。

昨驰一介之辖传，议复三州之旧封，事已具陈，理应深悉，期遵誓约，各守边陲。至如创生事端，侵越境土，在彼则继有，于此则曾微。乃者萧禧才回，韩缜续至，荐承函翰，备识诚悰，言有侵逾，理须改正。斯见和成之义，且无违拒之辞。寻命官僚同行检照，于文验则甚为显白，其铺形则尽合拆移。近览所司之奏陈，载详兹事之缕细，谓刘忱等虽曾会议，未见准依，自夏及冬，以日逮月，或假他故，或饰虚言，殊无了绝之期，止有迁延之意。若非再凭缄幅，更遣使人，实虞诡曲以相蒙，冈罄端倪而具达。更希精鉴，退亮至怀，早委边臣，各加审视，别安成垒，俾返旧常，一则庶靡爽于邻欢，一则表永敦于世契。傥或未从擗割，仍示稽违，任往复以难停，保悠长而岂可，微阳戒候，善啬为宜。①

"拖"本来就是宋人在地界交涉中的秘诀，为应付辽道宗，宋神宗一方面改派韩缜、张诚一等人前往辽东与辽人交涉，另一方面派沈括、李评作为使者面见道宗，商谈定界的具体事宜。② 当年四月，萧禧返回辽朝时，宋神宗特别致书辽道宗，对地界之争作出了以下回应。

两朝继好，六纪于兹，事率故常，谊存悠久。比承使指，谕及边陲，已约官司，偕从辨正。当守封圻之旧，以需事实之分，而信介未通，师屯先集，侵焚堠戍，伤射巡兵。举示力争，殊非和议。至欲当中独坐，位特改于臣工；设次横都，席又难于宾主。数从理屈，才就晤言。且地接三州，势非一概，辄举西陉之偏说，要该诸寨之提封。屡索文凭，既无据验；欲同案视，又不准从。职用乖违，滋成濡滞。窃虑有司之失指，曾非与国之本谋。兹枉轺车，再垂函问，重加聘币，弥见欢悰。然论疆事之侵，尽置公移之显证；述边臣之议，独尤病告之愆期。深认事端，多非闻达。重念合天地鬼神之听，共立誓言；守祖宗疆土之传，各完生聚。不啬金缯之巨万，肯贪壤地之尺寻？特欲辩论，使无侵越，而行人留馆，必于分水以要求。枢府授辞，期以兴师而移拆，岂其历年之信约，遂以细

---

① 《续资治通鉴长编》卷261，第6358—6359页。
② 《续资治通鉴长编》卷261，第6361—6362页。

故而变渝。已案舆图，遥为申画，仍令职守，就改沟封。遐冀英聪，洞加照悉。①

比较辽道宗和宋神宗的来往书信，尽管都有指责对方的语词，但是都以遵守和议誓约为底线，为后来的交涉留下了讨价还价的空间。

熙宁八年六月，沈括等人与辽朝的大臣就地界问题进行交涉，宋人记下了交涉的基本情况。

> 括至敌庭，敌遣南宰相杨益戒就括议。括得地讼之籍数十于枢密院，使吏属皆诵之，至是，益戒有所问，顾吏属诵所得之籍，益戒不能对，退而讲寻，他日复会，则又以籍对之。益戒曰："数里之地不忍，终于绝好，孰利？"括应之曰："国之赖者，义也。故师直为壮，曲为老。往岁北师薄我澶渊，河溃，我先君章圣皇帝不以师徇，而柔以大盟。庆历之初，始有黄嵬之讼，我先皇帝仁宗于是有楼板之戍，以至于今。今皇帝君有四海，数里之瘠何足以介？国论所顾者，祖宗之命，二国之好也。今北朝利尺寸之土，弃先君之大信，以威用其民，此遗直于我朝，非我朝之不利也。"凡六会，敌人环而听者千辈，知不可夺，遂舍黄嵬而以天池请。括曰："括受命黄嵬，不知其他。"得其成以还。②

在宋、辽双方的交涉过程中，沈括曾有以下明确表示。

> 两朝和好七八十年，旷古未有。昨来入界，见两朝万里农桑，人民富庶，此是两朝祖宗盛德鸿美，岂可以边界小事有伤和好大体。

与之交涉的辽朝大臣也给予了积极的回应。

> 南北和好固是好事，如今地界了后，更胜如旧日去也。旧日边上时有小争竞，只为河东地界理会来三十余年也，至今未定叠，须

---

① 《续资治通鉴长编》卷262，第6376页。
② 《续资治通鉴长编》卷265，第6497—6498页。

至时有争竞。若此回了却河东地界，今后边上更无一事，和好更胜如前日也。①

也就是说，在维系大局的前提下，双方虽然有激烈的口舌之争，但最终还算是达成了令人满意的结果。

辽、宋地界之争平息之后，数年间相安无事，在宋与西夏于元丰五年（1082）再次交战时，辽朝的大臣对宋朝使者偶然问起交战缘由，也并未显示出对西夏的明确支持态度。

需要注意的是，在辽、宋的交涉中，宋人对辽朝皇帝的后继者有一些揣测，如熙宁八年王安石曾明言："边探屡云契丹欲传国与耶律濬，濬好杀不更事，恐为其国干赏蹈利之臣所诱，或妄生边隙，不可不戒，宜早为之备。"元丰六年，宋朝大臣蔡京出使辽朝，称辽道宗曾向其表示将传位给皇孙，希望南朝能够加以照顾。② 这样的揣测未可全信，只能是显示宋人对未来可能打交道的人有所关心而已。

（四）宋哲宗时的说和

宋神宗于元丰八年（辽道宗大安元年，1085）去世，宋哲宗赵煦即位，辽、宋之间继续保持通使和好的关系。宋哲宗元符元年（辽道宗寿昌四年，1098）西夏又与宋朝开战，西夏求助于辽朝，道宗先以牒报的形式表示对宋、夏交战的关注，但宋朝一方未给予及时的回应。

> 范镗使北朝，接伴问夏国事，且言夏人数遣使来彼求助，欲祈罢兵，仍云要地多为汉家所据，及云曾移牒，镗答以不知。是日进呈涿州牒，诏令以四月中旬回牒，而章惇言未可回牒，寻已之。
>
> 他日，上（宋哲宗）谕曾布曰："北界又有牒催夏国文字。"曾布对曰："此牒来日已久，不可以不答。"上亦以为然。曾布退以语章惇，章惇曰："须十月乃可答。"布曰："旧例皆即时答，若一向不答，万一欲遣泛使，何以拒之？"惇曰："只消令雄州答以无例。"布曰："终能遏之否？"惇曰："若答速，见自家劳攘，往往便遣使。若不答，必不敢遣。若如子宣意，去年十二月已答

---

① 《续资治通鉴长编》卷265，第6503、6511页。
② 《续资治通鉴长编》卷263，第6428页；卷338，第8144—8145页。

了。"布曰："答之何害！元丰中牒至便答，未尝闻遣使，此乃已试之效，何以知不答牒却不敢遣使之理？"惇曰："正如萧禧争地界，只为应接太速。"布曰："此事自有旧例，莫与争地界事不同。"惇勃然曰："惇措置边事不错。"布曰："安知不错！若误他边事，自家莫难更安位。"惇曰："自家误他边事，不止不安位，当斩首以谢天下！"布曰："教谁斩？"惇曰："好，但任便。若误事，惇不管他。"布曰："布不至不晓事，机权智略，亦不在人下。凡措置边事，一有过当，必加裁节，令就绳墨，不然疏脱多矣。"许将曰："所言皆有理，且更商量。十月诚恐太缓。"蔡卞笑曰："止，止，不许说。"

翌日，同呈牒本。旨以七月降牒本付雄州，令八月回北界。惇默然，布亦不复论。及再对，布因言："北界回牒已缓。昨四月得旨，既而章惇又欲罢，今已得旨七月回，乞更不移易。缘朝廷待此北人，一饮食，一坐，一揖，皆有常数，以示无所轻重。至于相国寺与馆伴烧香先后，亦必争论，但事皆有常，故未尝不屈伏。今牒弥年不答，乃明示以忽慢之意，恐不便。"上曰："是他无道理。"布曰："元丰中牒一般。事已往，无可言者，但此回更不可移易尔。"①

正如曾布所言，拖延牒报的回复，不符合辽、宋交往的惯例，可能引起辽方的过激反应，随即就有了"契丹点集兵马，谋助西人"的传言。② 但实际上道宗并没有打算动兵，而是于元符二年三月派萧德崇、耶律俨为使者，为宋、夏关系说和。道宗还特别致书宋哲宗，强调了说和的理由。

肇自祖宗开统，神圣贻谋，三朝通五世之欢，二国敦一家之睦，阜安万宇，垂及百年。粤维夏台，实乃藩辅，累承尚主，迭受封王。近岁以来，连表驰奏，称南兵之大举，入西界以深图，恳求救援之师，用济攻伐之难。理当依允，事贵解和，盖念辽之于宋也，情重祖孙；夏之于辽也，义隆甥舅。必欲两全于保合，岂宜一失于绥存。而况于彼庆历、元丰中，曾有被闻，皆为止退，宁谓辄

---

① 《续资治通鉴长编》卷 496，第 11809—11810 页。
② 《续资治通鉴长编》卷 500，第 11916 页。

违先旨，仍事远征？尔后移问稠重，谕言委细。已许令于应接，早复罢于侵争，傥蔽议以无从，虑造端而有自。则于信誓，谅系谋维。与其小不忍以穷兵，民罹困弊；曷若大为防而计国，世固和成。特戒使轺，往达诚素，向融淑律，加裕冲襟。①

随书信还附有一份"劄子"，具体说明了西夏向辽朝求助的情况。经过辽、宋官员的一番交涉后，宋哲宗接受了道宗的说和建议，同意与西夏议和，并特别致书道宗，表明了重视宋、辽和好关系的立场。

载书藏府，固和好于万年；使节驰轺，达诚心于二国。既永均于休戚，宜共嫉于凶奸。惟西夏之小邦，乃本朝之藩镇，曲加封植，俾获安全。虽于北尝预婚姻之亲，而在南全居臣子之分。涵容浸久，变诈多端。爰自累岁以来，无复事上之礼，赐以金缯而不已，加之封爵而愈骄。杀掠吏民，围犯城邑。推原罪恶，在所讨除。聊饬边防，稍修武事，筑据要害，扼控奔冲。辄于去岁之冬，复驱竭国之众，来攻近寨，凡涉两旬。自取死伤，数以万计，粮尽力屈，众溃宵归。更为诡诞之词，往求拯救之力，狡狯之甚，于此可知。采听之间，固应洞晓。必谓深加沮却，乃烦曲为劝和。示以华缄，将之聘币，礼虽形于厚意，事实异于前闻。缅料雅怀，诚非得已；顾于信誓，殊不相关。

惟昔兴宗致书仁祖，谕协力荡平之意，深同休外御之情。至欲全除，使无噍类。谓有稽于一举，诚无益于两朝。祖宗诒谋，斯为善美；子孙继志，其可弭忘！今者详味缛辞，有所未喻，辄违先旨，谅不在兹。如永念于前徽，宜益敦于大信。相期固守，传示无穷。矧彼夏人，自知困蹙，哀祈请命，屡叩边关。已戒封疆之臣，审观情伪之状。傥或徒为空语，阴蓄奸谋，暂示柔伏之形，终怀窥伺之志，则决须讨伐，难议矜容。若出自至诚，深悔前罪，所言可信，听命无违，即当徐度所宜，开以自新之路。载惟聪达，必亮悃愊。方属清和，冀加葆嗇。续遣使人谘谢次。②

① 《续资治通鉴长编》卷507，第12081页。
② 《续资治通鉴长编》卷509，第12113—12114页。

在随书信一起交给辽朝的"白劄子"中，亦特别强调了"缘南北朝百年和好"，不能因西夏作恶而破坏两朝关系。宋朝的使者郭知章最终向萧德崇表明了宋朝处理西夏事宜的基本做法。

> 知章至契丹，萧德崇谓知章曰："南北两朝通好已久，河西小国蕞尔疆土，还之如何？"知章曰："夏人入寇，边臣择险要为城栅以守，常事也。"德崇又曰："礼数岁赐，当且仍旧。"知章曰："夏国若恭顺，修臣子礼，本朝自有恩恤，岂可预知？但累年犯边，理当致讨，本朝以北朝劝和之故，务敦大体为优容。今既罢问罪，令进誓表，即无可复问也。"①

道宗能够作为宋、夏关系的调停人，表明他在晚年确实有较强的"止兵戈"理念，并且能使他人接受这样的理念。

四　与高丽、女真的关系

道宗在位时，继续以册封方式维系与高丽的关系。清宁三年（1057），道宗派萧继从加封高丽国王王徽为兼尚书令，派萧素加封太子王勋为同中书门下平章政事。② 咸雍元年，道宗一方面以群臣上皇帝尊号事告知高丽国王，另一方面派人加封王徽为守正保义四字功臣，加封太子王勋为兼侍中加特进。③

大康九年（1083）八月，王徽病逝，道宗以王勋权知高丽国事，十二月王勋去世，到大安元年（1085）十一月道宗才册立王勋弟王运为高丽国王。④ 大安四年二月，辽人准备在鸭绿江岸边设置榷场，王运遣使请求停建场屋，并赐予鸭绿江以东之地，道宗拒绝了高丽的要地请求，但在诏书中明指设置榷场只是议论中事，并未成真："屡抗封章，请停榷易。谅惟细故，讵假繁辞。遽然议于便宜，况未期于创置。务从安帖，以尽倾输。释乃深疑，体予至意。"⑤ 大安十年五月，王运病逝，

---

① 《续资治通鉴长编》卷509，第12122页。
② 相关诏谕，见《全辽文》卷2，第34—36页。
③ 相关诏谕，见《全辽文》卷2，第37—39页。
④ 《辽史》卷24《道宗纪四》，卷115《高丽记》。
⑤ 《答高丽乞罢榷场诏》，《全辽文》卷2，第42页；《辽史》卷115《高丽记》；郑麟趾：《高丽史》卷10《宣宗》，日本明治四十一年缩印本。

道宗以其子王昱为高丽国王。① 寿昌三年（1097）闰二月，王昱病逝，道宗册立王勋的另一个弟弟王熙为高丽国王。②

辽人对高丽的控制，连宋人都看得很清楚，正如苏辙所言，高丽人出使宋朝，"所至游观，伺察虚实，图写形胜，为契丹耳目。或言契丹常遣亲信，隐于高丽三节之中，高丽密分赐予，归为契丹举半之奉"③。无可否认的是，道宗确实强化了对高丽的控制。

对于新崛起的女真，道宗采取的则是怀柔的态度，尤其是对桀骜不驯的完颜阿骨打，就没有采取诛杀的做法。

> 道宗末年，阿骨打来朝，以悟室从。与辽贵人双陆，贵人投琼不胜，妄行马，阿骨打愤甚，拔小佩刀欲劙之，悟室急以手握鞘，阿骨打止得其柄揸其胸，不死。道宗怒，侍臣以其强悍，咸劝诛之。道宗曰："吾方示信以待远人，不可杀。"或以王衍纵石勒、张守珪赦安禄山终致后害为言，亦不听，卒归之。④

以道宗的角度看，女真还没有构成对辽的重大威胁，所以放过了完颜阿骨打。但是他的怀柔观念，确实为后继者埋下了致命的隐患。

总体而言，崇尚儒家治国思想的道宗期望内政和对外交往都有良善的作为，但是他能力欠佳，易于被强人操控，性格多疑，易于误解忠良之人。这样的政治缺陷被权臣、奸臣所利用。带来的是乱政削弱王朝统治基础的政治结果。"儒化"的政治观念并不一定带来"治化"的政治现实，道宗提供了一个值得注意的重要例证。

五　儒、佛观念的融汇

辽道宗耶律洪基好佛，带动了朝野的好佛风气。在这样的风气之下，需要特别注意的是儒家观念与佛教观念的融汇，不仅对契丹人有重要的影响，对汉人中的文人亦有重要的影响。

---

① 《辽史》卷25《道宗纪五》，卷115《高丽记》。
② 《遣耶律思齐等赐高丽国王册》，《全辽文》卷2，第45页。
③ 《续资治通鉴长编》卷449，第10797—10798页。
④ 《三朝北盟会编》卷3，第20页。

（一）行善与德政

辽朝后期的好佛之人王守璘（993—1057 年），"天与纯德，隐居不仕"，不但能够教化乡里，还"性仁恕，轻施重义"。清宁初年任"相国侍中"的杨公（应为杨遵勖），在幼年时即被王守璘所重视，"后果以德行政事，握钧柄，登庙堂，为时名臣"①。也就是说，行善与德政，是相辅相成的要求。以佛之五戒，可以导出"于家存孝，于国尽忠，一生慈善，性行敦柔"的要求。② 佛教的祈福，亦可强调"延皇寿以无疆，保黔黎而有赖。风雨时调，禾谷岁登。干戈戢征战之劳，遐迩被洁清之气"③。

王鼎还特别强调了传播佛教的时、人、德要求，就是儒、佛相融观念的明确宣示。

> 佛法西来，天下响应。国王大臣与其力，富商强贾奉其赀。智者献其谋，巧者输其艺，互相为劝，惟恐居其后也。故今海内塔庙相望，如睹史之化成，似耆阇之涌出，第当形胜，举尽庄严。
>
> 予以谓兴其法者，时也；弘其道者，人也；重其人者，德也。非时法莫兴，非人道莫弘，非德人莫重。是三者俱，然后可至于光大。④

君主好佛，亦可以得到合理的解释，如有人所言："混沌判则天地别，天地别则人民生，人民生则君后出，君后出则佛法兴矣。""我国家尊居万乘，道贯百王，恒崇三宝之心，大究二宗之理，处处而敕兴佛事，方方而宣创精蓝，盖圆于来果也。"⑤

为体现佛教的慈悲，亦可以见到一些地方建立"义冢"的作为。

> 天为万物之灵，人生难保。拔三途之苦，佛力惟能。故诸经有福资立者之说，不可殚纪，岂虚言哉。先于大安甲戌岁（1094），天灾流行，淫雨作阴，野有饿莩，交相枕藉。是有义士收其义骸，

---

① 樊劢：《王守璘石幢记》，《全辽文》卷8，第174页。
② 《为亡父母造幢记》，《全辽文》卷8，第196—197页。
③ 《龙兴观创造香幢记》，《全辽文》卷9，第260页。
④ 王鼎：《蓟州神山云泉寺记》，《全辽文》卷8，第204—205页。
⑤ 《安次县祠堡里寺院内起建堂殿并内藏碑记》，《全辽文》卷9，第233—234页。

仅三千数，于县之东南郊，同瘗于一穴。洎改元今号，己卯（1099）春二月，厌其卑湿，掘地及泉，出其掩骼，暴露荒甸，积聚如陵，议徙爽垲而改藏焉。余忝宰是邑，骇目痛心，不任感怆。噫，何埋没于积年，忽遭逢于一旦。因念营室之遭褒，石崖之遘王果，不无□也。……已乃迁葬于粟山之屺，目曰义冢。旁附金地，上建宝幢。……更期不朽，普济无穷，影覆尘霈，同增利乐。[①]

（二）玉石观音唱和诗的政治意念

辽道宗寿昌五年（1099），僧人智化在兴中府（今辽宁朝阳）的天庆寺立《玉石观音像唱和诗碑》,[②] 碑中载有二十五人的二十六首诗，可转录于下。

（1）崇禄大夫检校太师行鸿胪卿□办大师赐紫沙门智化

见说曾为上马台，堪嗟当日太轻哉。固将积岁旧凡石，又向斯辰刻圣胎。月面浑从毗首出，山仪俨以补陀来。愿同无用恒有用，不譬庄言木雁才。

方池波面蹙花台，瞻奉无非唱善哉。外现熙怡慈作相，内含温润玉为胎。刻雕数向生前就，接救专期没后来。故我至诚无倒意，三年用尽两重才。

（2）兵部尚书兼门下侍郎平章事郑若愚

文殊台对普贤台，饰宝涂金即众哉。圣帝特镕银作像，高人又选玉成胎。端严然自工镂出，光彩俱从星化来。因此道圆功德就，给孤园内一全材。

（3）左仆射兼中书侍郎平章事韩资让

贞珉未用似湮埋，选造观音众快哉。募匠俄镌大士相，成形不自凡夫胎。琳琅光彩院内满，冰雪威仪天上来。珍重吾师能鉴物，从今免屈非常材。

---

① 马仲规：《义冢幢记》，《全辽文》卷9，第258页。
② 碑文见《全辽文》卷9，第260—264页。

（4）兵部尚书兴中尹赵庭睦

观音神力不思议，举世归依颇异哉。人各争奇金作像，工多炫巧木为胎。积年弃石嗟谁顾，今日逢师入用来。但蕴贞坚洁白德，宏材未见作遗材。

（5）诸行宫都部署尚书左仆射梁援

七尺仙容立殿台，镌奇镂异最优哉。摸将笠域佛为像，琢就崐峰石作胎。妙相化身从地出，慈尊移步下天来。倘非师智巧经度，谁识蓝田旧玉材。

（6）特进礼部尚书参知政事赵长敬

昔年避地别燕台，今日因人信美哉。贞性果期成妙相，睟容元不降凡胎。烧残灰劫无凋杇，拂尽铢衣任往来。二像端严传万世，法门师匠肯遗材。

（7）观书殿学士行尚书礼部侍郎知制诰马元俊

天庆寺前一片石，造就观音神在哉。八万由旬妙高骨，三千世界明月胎。潜救众生苦恼去，默传诸佛心印来。十首新诗赞功德，等闲难继贯休材。

（8）中大夫昭文馆直学士知御史中丞开国侯刘环

久遗贞石混纤埃，二像时镌事卓哉。顺俗慈悲须假相，出尘神力亦非胎。绍名早授昔师记，救苦分临末世来。盖是性坚无变易，会逢高鉴岂淹材。

（9）中大夫昭文馆直学士知御史中丞开国侯史仲爱

遗脱贞珉在地台，高人识辨事奇哉。造成补洛山中像，不假摩耶腹内胎。种种形容何处现，巍巍神力此中来。荒吟赞颂陪诸彦，轻重纤茎抵巨材。

（10）乾文阁待制史馆修撰曲正夫

尘埋雨渍近楼台，久弃通衢亦命哉。今日方成白玉像，昔年谁议紫金胎。人存果验功须济，物极终知泰自来。元自御碑当未建，四分材内一分材。

（11）朝请大夫充秘书监开国伯赐紫金鱼袋王执中

坚珉刻像降蓬台，敬礼瞻容睟美哉。救难龙鱼鬼与火，度生卵湿化兼胎。待多诸佛未闻见，善应诸方无去来。足表英雄心匠力，随根通变不遗材。

（12）吏部员外郎于复先

玉像镌成置宝台，威严神在叹奇哉。身披雪氎凝山骨，眉放虹光剖月胎。相好尽疑如化出，慈悲重为度生来。向非大士垂精鉴，应被凡工作础材。

（13）前枢密院吏房承旨行殿中少监王仲华

窣云披雾下峰台，岁久还逢藻鉴哉。相为应根方有像，性因绝垢自无胎。琢磨迥出三身外，具足非从一日来。万法皆由人即显，空门触物愿同材。

（14）朝议大夫知制诰开国子孟初

瑞毫辉映紫金台，镂石尊容焕赫哉。山卷碧云呈玉骨，水摇白月晃珠胎。一枝杨柳光严住，百宝莲花影像来。珍重吾师承道荫，义林高耸豫章材。

（15）朝散大夫司农少卿知大定少尹赐紫金鱼袋张识

夔峰久劚滞留台，尘拂方能遇鉴哉。应手刻成白玉像，化身免托子宫胎。初疑入梦补陀去，又讶随缘震旦来。从此睟容日瞻仰，亿年不朽表良材。

（16）司农少卿知度支副使杨涤瑕

谁认昏蒙明镜台，吾师智见大雄哉。偶窥片石非凡相，特命良工刻圣胎。救苦尽随威力去，欲求还应愿心来。从前高士有多少，不识白山一分材。

（17）守殿中少监知析津县事李师范

相见巍巍佛力裁，立承瞻奉亦时哉。谁知韫玉贞顽质，自是观音应现胎。天庆门前遗旧隐，补陀山内恰新来。幽岩此石知多少，不遇知人是不材。

（18）御史中丞李□□

和云巨石拔沈埋，镌作观音□□哉。营自师心分异体，出自山腹□□胎。端凝相在生群喜，坚固身存□□来。遭遇若非大龙像，不过为□□□材。

（19）提点宏法寺守将作监张□□

何代何年筑此台，因人得用□□哉。他山原作溪云伴，今日翻成□□胎。只见威仪随相现，不知示□□□来。若非早入名师眼，犹被尘□□□材。

（20）内藏库都点朝散大夫尚书虞部郎中寇□

谁刻贞珉在宝台，威神之相□□哉。补陀山下白云骨，极乐天中□□胎。能遣众生忧患去，可令千种□□来。十篇所赞神通力，方见吾师□□材。

（21）殿中丞直史馆张峤

青松影畔昔为台，大器今方□□哉。拂尽暗尘披素质，凿开诸相□□胎。圆明独对灵珠现，温润常含□□来。历劫定随宏誓在，吾师能□□□材。

（22）左承制阁门祗候韩汝砺

御运当时自隗台，丰碑余剩□□哉。得逢大智镌成像，益表中心□□胎。尘骨乱随金錾去，珠光新入□□来。已闻结社招吟客，尽是皇朝□□材。

（23）沙门善□

巍然独立绝纤埃，相好奇哉复□哉。因睹工移珉作像，方知凡

与圣殊胎。垂恩未省怀悲喜，救苦何曾□觉来。□□□□□□□，
□□只出□□材。

（24）沙门性连

神姿劚就置层台，俨雅威灵众异哉。实智已圆千劫相，权
仪不许四生胎。用兴体密还复往，定阔悲深去又来。积岁未承英匠别，
也当遗梦曲□材。

（25）沙门性鉴

枕道常为避暑台，偶然易质大惊哉。镂成月面舒蟾魄，断就珠
毫露蚌胎。龙岳应缘期日往，凤都乘运出尘来。若非英鉴能如此，
千载湮沉谓不材。

智化作为倡导者，以凡石变成有用之材为主题，宣扬佛教的行善观
念，但暗含的主题应是皇朝的用人观念。唱和者的重点不同，体现的是
四种重要政治观念。

第一种是辨材观，强调只有遇见能够"辨物"的大师或者明主，
才能使"非常之材"发挥重要的作用，韩资让、梁援、刘环、史仲爱、
孟初、杨涤瑕、李师范、李□□、张□□、性鉴的诗作主要体现的是这
种观念。

第二种是成材观，强调只有贞洁和有德之人，才能成为"宏材"
并不会被人所遗弃，赵庭睦、赵长敬、韩汝砺、性连的诗作主要体现的
是这种观念。

第三种是用材观，强调有用之材可以为世间带来功德，并且要以行
善来普度众生，光大佛法的影响，马元俊、王执中、于复先、寇□、善
□的诗作主要体现的是这种观念。

第四种是造化观，强调材由命所定，成材与否全凭造化，所以人不
能与命争，曲正夫、王仲华、张识、张峤的诗作主要体现的是这种
观念。

更为重要的是，如此多的官员参与唱和，可见好佛之风确实对官场
有相当大的影响，展现的恰是佛教思想与儒家思想融汇的重要趋向。

六 善政观念的发展

辽道宗耶律洪基在位时期的一些重要文臣武将，对推进朝廷的善政有不同的看法和作为，可择要者分述于下。

（一）耶律宗政、耶律宗允的善治观

耶律宗政（1003—1062 年），字去回，耶律倍后人。作为皇族后裔，耶律宗政既是能文能武的朝廷重臣，也是注重儒家善治观念的楷模。

王讳宗政，字去回。漆水同源，绛河析派。太祖圣元皇帝（耶律阿保机），出应期运，奄有区宇，显恢大略，创立洪垌，锡羡垂休，于是肇运。太宗孝武皇帝（耶律德光），大勋克集，令德弥昭，追念连枝，传为来叶。曾祖大辽天授皇帝（耶律阮），本孝武皇帝之犹子，即让国皇帝（耶律倍）之长男，寅奉天时，入缵皇统，训谟不朽，胄裔无穷。景宗天赞皇帝（耶律贤），烈祖也。承天皇太后（萧绰），祖妣也。景宗皇帝生三子，立其长为天辅皇帝（耶律隆绪），次讳隆庆，初封秦晋国王，赐以铁券，俾示子孙，后赠孝贞皇太叔，烈考也。齐国妃兰陵萧氏，故齑国夫人之女，皇妣也。王即孝贞皇太叔之元子，岐嶷凝姿，温文赋性，禀棣华之异质，分桐叶之余辉，怀德惟宁，为善最乐。

太平元年（1021）冬，会行礼册，进阶特进。（二年）夏六月，判武定军节度，奉圣、归化、儒、可汗等州观察处置巡检屯田劝农等使。自是凡数岁间，连典巨镇，所至称治。时圣宗厌世，兴宗即位，辛未（1031）改元景福，壬申（1032）又改元重熙，其年进位开府仪同三司。三年（1034），又改知辽兴军节度平滦营等州观察处置等使。四年，国家以肇膺骏命，始上鸿名，乃眷□源，宜均睿泽，宠膺一字，进封鲁王，所以厚天伦而旌丕绩也。九年（1040），上以国之属籍，非宗中之长孰能董正之，遂拜大内惕隐。十年，改授诸行宫都部署兼侍中，蝉洁貂温，爰加宠饰，鱼纵鸿遇，允契亨期。十一年冬，车驾幸燕，普徇群情，载加懿号，天地以之交感，堂陛由是相高，迁授武宁军节度徐宿等州观察处置等使，行徐州大都督府长史，进封宋王。十四年，兼中书令，判宣徽南院事。十七年，

拜枢密使，加食邑二千户，食实封二百户，仍赐资忠佐理功臣，秩兼风诏，职总鸿枢，庙堂升六相之前，公室冠七王之上。十九年，就加守太保，改封郑王，加食邑二千户，食实封二百户，非出处为限，将劳逸是均。二十年，为四十万军南大王，兵府浩繁，暂资统领，枢庭宥密，终赖典临。二十一年夏，拜枢密使，册封越国王，又赐保义功臣。二十四年，先皇帝奄促仟游，今主上（道宗）绍隆神器，是岁乙未（1055），改重熙二十四年为清宁元年。当此之时，虔受付遣，密扶承缵，负送往事居之节，有匡内制外之功，进位守太傅，改封赵国王，又赐翊圣功臣。二年，以山陵之毕，京邑是居，既谒见于祖宗，即省巡于方岳，西接管钥，谁其主之，寻判上京留守临潢尹事，册命为魏国王，茅社累分，筠编继锡，倚毗之重，时无与阶。四年冬，加上宝册，召赴阙，复拜大内惕隐，掌属籍事，又赐同德功臣。五年，再判辽兴军节度，平滦营观察处置等使。王至于是镇，例吏畏如神明，民爱如父母，军政戒之而后备，农事劝之而后修，周隐之间，其化大治。六年，移判武定军节度，奉圣、归化、儒、可汗等州观察处置巡检屯田劝农等使，加食邑二千户，食实封二百户。下车之后，其政如辽兴，六将洽主宗盟，亟趋朝会，永固磐石之业，长开分宝之邦。无何，二竖兴妖，两楹遘梦，以八年三月十二日薨于武定军之署，享年六十。

惟王居宗戚之先，处人臣之极，人握枢权也，不以赏罚私于己，出临戎政也，不以威爱纵于心。历事三朝，逮逾四纪，夹辅尽股肱之力，纠合隆骨肉之恩。……加以乐慕儒宗，谛信佛果，戚里推其孝悌，部下仰其宽仁。①

需要注意的是，耶律宗政于清宁五年任职于辽兴军，实际上是被贬出了朝廷，而此时正值萧革主政，应是受到了奸臣的排挤。清宁九年清除萧革时，耶律宗政已经去世，只能留下不能回朝主政的遗憾，但是其历仕作为所彰显的宽仁、秉公、重农、爱民等观念，确实不容忽视。

耶律宗允（1005—1064 年），字保信，耶律宗政弟，也是能以儒家治国理念理政的朝廷重臣。

---

① 王实：《耶律宗政墓志铭》，《全辽文》卷7，第156—158 页。

王讳宗允，字保信，氏出国姓，讵烦征述。世宗天授皇帝、孝烈皇后，曾祖父母也。景宗天赞皇帝、宣献皇后，祖父母也。故尚书令秦晋国王赠孝贞皇太弟讳隆庆、故齐国妃萧氏，考妣也。王即孝贞皇太弟之第三子也，天赋粹灵，神资智略，佩诗书之教，洞若生知，靡劳于弦诵，钟孝敬之性。敏如宿习，讵因乎桥梓。乐于为善，忧在溺奢。粤从出阁之年，雅有成人之量。时圣宗皇帝情深犹子，义在睦亲，开泰中遥授贝州观察使，观风肇启于廉帷，授律次开于将幕，遂以昭义军节钺假之。既而进位同中书门下三品，始封长沙郡王。

今皇上在宥天下也，以王联从父之亲，久镇方面，清宁初遂驿召归阙，拜为南宰相，斯则我朝所置之元辅也，位在丞相之上。翌岁，会陈大礼，加赐协赞功臣，兼中书令，班崇鸿阁，秩峻凤池，式旌庬眭之劳，荐降出纶之命。重判忠顺军事，仍赐推诚功臣，进封鲁王。岁余，加守司徒，移殿于金城，千里申疆，继懋于藩之烈，九门厘务，旋分谨钥之权。改判西京留守大同尹事，眷间山作翰之区，实圣祖栖神之地，首公之外，时祀赖焉。制下判奉先军事兼山陵都部署，甫及周星，复临于上谷，未闻终考，再莅于金城。王四纪以来，连典藩国，谙练政术，所至有称。十年甲辰岁（1064），皇上以累洽在辰，鸿钧陶世，勉以群请，载益徽称，爰正翠荤，俯旋神丽，时王公将相出临外任者，皆诏赴天阙，预观缛仪。王始自彰国军，沿节于迈，以仲冬之月，获届于中畿。善三雍之对，方喜觐于睟颜，宣十乘之威，荐移分于忧寄。改判匡义军节度使事，待其推尊礼毕，即赴任所。无何，塞暑作沴，膏肓遘疾，未及殚上池之术，遽闻增逝水之悲，以其年十二月七日薨于行帐。

惟王皇闱毓粹，戚闳钟英，挺特靡常，黾呈文而本异，深纯有裕，麟举趾以迥殊。而自膝衣，谨就傅之仪，结绶奋从公之节，内扬外践，事举职修。冠宗室之亲也，不以富贵骄人，洞遵于礼法。处台宰之位也，不以喜愠形色，尤尚于忠勤。领方镇之位也，而克谨诏条，百城以之令肃。颛尹守之权也，而逷清民讼，三辅以之风行。加以谛慕佛乘，钦崇儒教，以至仁而抚下，以直道而事君。[1]

---

[1]　刘诜：《耶律宗允墓志铭》，《全辽文》卷8，第183—185页。

耶律宗允被封为长沙郡王后，曾于太平八年（1028）向辽圣宗上奏，请求为诸王选择伴读，[①] 就是要使皇族子弟能够更好地学习儒学。他由宰臣出任地方之职，也应是被萧革所排挤，但是他比耶律宗政幸运的是，萧革倒台后他被召回朝廷，改派新职后去世，忠勤、谨慎、尊礼是耶律宗允的辅政特色，显示的是"儒化"契丹人的政治风格。

皇族成员的亲属，亦会受到儒风的影响。如耶律阿保机弟剌葛的后人耶律昌允（1000—1061 年）的妻子兰陵郡夫人萧氏（1011—1091 年），就是一个既重佛也特别注重孝道的人，如《兰陵郡夫人萧氏墓志铭》所言：萧氏"仁慈继体，孝敬因心，远骄奢于贵高，施宽仁于仆庶"。"克正母仪，遂专家事，庭闱之训，隶慈诲于义方，筐筐之仪，竭勤诚于荐献。""夫人处室也，事父母以孝，恭兄姊以悌。宜家也，待夫以敬，睦族以和。修时祭必服勤而恭馈之，荐福供必洁己而亲致之。慈童孺，格霸贯，以焚香礼佛为事，以斋僧施贫为念。读诵经典，日不暇给，其余福行具建寺碑。"[②] 辽朝后期，契丹人上层的"儒化"已经基本定型，萧氏恰可作为契丹贵族妇女"儒化"的代表性人物，被时人和后人所关注。

（二）耶律仁先、姚景行的贤能观

耶律仁先（1013—1072 年），字糺邻，小字查刺，其父耶律思忠曾任南府宰相。辽兴宗即位前，耶律仁先为其护尉，即位后即以耶律仁先为殿前副点检，兼领禁卫，并且明言："唐有大亮，我有仁先。古今二人，彼此一时。"耶律仁先还曾与刘六符一同出使宋朝，再续辽、宋合约，被兴宗誉为："王师方举，邻国乞盟，奉贡交欢，卿之力也。"

辽道宗即位后，耶律仁先与姚景行的关系极为密切，在平定耶律重元反叛中（详情已见前述），两人都起过重要的作用。

> 王（耶律仁先）又与相国姚秦公（姚景行）相善，军国大事，上（道宗）多召二人议定。时帝叔宗元（耶律重元）与子涅里骨（耶律涅鲁古）恃宠跋扈，秦公谓王曰："观此人父子，内怀逆节，外示谨色，万一窃弄，是昧早图。"意者亲王阴检其事以闻于上

_____

① 《辽史》卷 47《百官志三》。

② 所引碑文，见白明霞《契丹大字耶律昌允墓志研究》，硕士学位论文，内蒙古大学，2014 年，引自"爱学术网"。

也。未几，副部署耶律良奏得宗元父子诗知章等反状，上召王谓曰："□辈承朕大恩，岂有是耶。"王具言其事。宗元已侦知之，涅里骨授军领数骑来袭御幄，王呼蒙舍拔拒木以御之，徐得弓矢，涅里骨中流镝，踣于地，刃其首以进。君日与宗元合战，大败之。宗元遁去，缢死于林莽中。上遣使抚谕诸道，姚秦公等驰至行在，既抃且泣。上曰："尔等无畏此者，平定内乱，宋王忠力第一。"秦公奏曰："疾风知劲草，世乱见忠臣。"帝喜叹久之。①

姚景行，生卒年不详，原名景禧，兴中县（今属辽宁）人，重熙五年进士，历任翰林学士、枢密副使、参知政事、南院枢密使等职。耶律重元谋反，姚景行与杨绩（杨皙）等人"收集行旅得三百余骑勤王"，得到道宗的奖赏。姚景行随即与杨绩同总朝政，劝止道宗对宋朝用兵，已见前述。咸雍二年七月，姚景行致仕，咸雍七年二月又被任命为知兴中府事，大康年间改任上京留守，"不数月，以狱空闻"，显示了能臣的作为。②

（三）王鼎、王师儒、耶律孟简的治道观

王鼎（？—1106 年），字虚中，涿州（今属河北）人，清宁八年进士，历任翰林学士、观书殿学士等，有《焚椒录》传世。

王鼎早年即显露出诗才，"居太宁山数年，博通经史。时马唐俊有文名燕、蓟间，适上巳，与同志被襖水滨，酌酒赋诗。鼎偶造席，唐俊见鼎朴野，置下坐。欲以诗困之，先出所作索赋，鼎援笔立成。唐俊惊其敏妙，因与定交"。

王鼎曾向道宗"上书言治道十事"，道宗亦"以鼎达政体，事多咨访"。但是王鼎依然认为未得到皇帝的重用，并由此带来了被贬的遭遇。

一日宴主第，醉与客忤，怨上（道宗）不知己，坐是下吏。状闻，上大怒，杖黥夺官，流镇州。居数岁，有赦，鼎独不免。会

---

① 赵孝严：《耶律仁先墓志铭》，《全辽文》卷 8，第 197—199 页；此碑有契丹文碑文，尚不能全部译读。

② 《辽史》卷 22《道宗纪二》，卷 96《姚景行传》，卷 97《杨绩传》（卷 89《杨皙传》所记为同一人）。

守臣召鼎为贺表，因以诗贻使者，有"谁知天雨露，独不到孤寒"之句。上闻而怜之，即召还，复其职。[1]

王鼎之所以撰写为皇后鸣冤的《焚椒录》，就是要告诉世人奸臣的可恶，并以此来声张儒家治道思想的重要性。

王师儒（1041—1101 年），字通夫，太原（今属山西）人，咸雍二年进士，历任知制诰、翰林侍读学士、翰林学士、枢密副使、参知政事等职。

王师儒除了前述劝止皇帝立魏州的行为外，还有三项值得注意的事迹。

一是教导皇孙耶律延禧。大康十年（1084）三月，王师儒授命"传导"燕国王延禧，直到延禧即位，"四时左右诲正之，十有八年，一日未曾违离"，并由此在去世后被加封太子太师的赠号。

二是坚持救济灾民。王师儒在任枢密副使时，"适知燕民欠乏，力奏赈之。而主计者过悋官粟，以状上闻，谓粟价腾踊，不可贱出，以是未允其奏。余无肯言者，公（王师儒）再三为请，上（道宗）悟之，深所嘉纳，燕民赖之济活者数百万"。

三是为国史把关。耶律俨在完成《皇朝实录》（详见后述）之后，特别向道宗上言："国史非经大手笔刊定，不能信后。"他建议让王师儒"再加笔削"，得到了道宗的首肯。[2]

也就是说，王师儒是以劝谏君主、教授皇子、恤民和修史等辅政行为，体现对儒家治道思想的传承和坚持。

耶律孟简（？—1105 年后），字复易，耶律屋质后人，擅长诗文，曾因对抗权臣耶律乙辛被贬，已见前述。大康年间，耶律孟简返回乡里，后又入京城向道宗建议："本朝之兴，几二百年，宜有国史以垂后世。"他还特别编撰了耶律曷鲁、耶律屋质、耶律休哥三位能臣的"行事"，呈献给朝廷。道宗下命置局编修国史时，耶律孟简又特别对史官提出了谨慎修史的要求："史笔天下之大信，一言当否，百世从之。苟无明识，好恶徇情，则祸不测。故左氏、司马迁、班固、范晔具罹殃

---

① 《辽史》卷104《王鼎传》。
② 《辽史》卷24《道宗纪四》；南抃：《王师儒墓志铭》，《全辽文》卷10，第290—293 页。

祸，可不慎欤！"耶律孟简还明确表达了对世间重吏之风的不屑："上古之时，无簿书法令，而天下治。盖簿书法令，适足以滋奸幸，非圣人致治之本。"① 辽朝虽未出现明显的儒、吏之争，但是由"儒化"的契丹人明确提出贬吏的观点，确实值得重视。

对修史有贡献的还有刘辉，大康五年进士，大安末年曾向道宗上安边策："西边诸番为患，士卒远戍，中国之民疲于飞挽，非长久之策。为今之务，莫若城于盐泺，实以汉户，使耕田聚粮，以为西北之费。"道宗未能采纳他的建议。

寿隆二年，刘辉又向道宗上书："宋欧阳修编《五代史》，附我朝于四夷，妄加贬訾。且宋人赖我朝宽大，许通和好，得尽兄弟之礼。今反令臣下妄意作史，恬不经意。臣请以赵氏初起事迹，详附国史。"这样的以史书相对抗的建议，得到了道宗的赞赏。②

（四）耶律玦、刘伸的忠正观

道宗曾对当朝的臣僚有如下评价："今之忠直，耶律玦、刘伸而已。""方今群臣忠直，耶律玦、刘伸而已，然伸不及玦之刚介。""契丹忠正无如玦者，汉人则刘伸而已。然熟察之，玦优于伸。"

耶律玦，生卒年不详，字吾展，契丹贵族后裔，历任枢密副使、同签南京留守事、南面林牙等职。耶律玦既善于协调各部族的关系，也能注重刑狱问题，在西京任职时，能够取得"岁中狱空者三"的效果。他还"不喜货殖"，甘愿清贫，亦以此得到道宗耶律洪基的赞扬。

刘伸（？—1086 年），字济时，宛平（今属北京）人，重熙五年进士，历任大理正、大理少卿、大理卿、西京副留守、参知政事等职。刘伸在处理政务中，体现出了三种重要的观念。

一是慎刑观念。刘伸任大理正时，向道宗奏报狱情，道宗正与近臣交谈，置之不理，刘伸乃进言："臣闻自古帝王必重民命，愿陛下省臣之奏。"道宗倒是颇认可刘伸的直率行为。刘伸任大理卿后，"以伸明法而恕，案冤狱全活者众"，则是将慎刑观念用于审案的不俗作为。

二是不畏奸臣观念。在奸臣耶律乙辛权势正盛时，刘伸明确表示："臣于乙辛尚不畏，何宰相之畏。"恰是因为他不阿附奸臣，遭到了耶律乙辛的报复，被强迫致仕。

---

① 《辽史》卷104《耶律孟简传》。
② 《辽史》卷104《刘辉传》。

三是恤民观念。道宗曾下令"徙富民以实春、泰二州"，刘伸认为此举不妥，在刘伸的坚持下，道宗取消了这一命令。在燕、蓟出现大量饥民时，刘伸亦积极参与赈恤活动，"日济以糜粥，所活不胜算"。

对于道宗盛赞耶律玦和刘伸，杨绩亦明言："何代无贤，世乱则独善其身，主圣则兼济天下。陛下铢分邪正，升黜分明，天下幸甚。"①这样的说法，既是对君主善于识人的肯定，也是对贤才治国的期许。

（五）贾师训的守正观

贾师训（1032—1096年），字公范，燕（今北京）人，清宁八年进士，先后任职东京、锦州、中京，曾多次发生与权臣耶律乙辛抗争的事件，坚持了守正的政治立场。

（贾师训）充东京曲院使，营督公课，绰有余羡。时秤吏董猪儿得幸北枢密使乙信（耶律乙辛），怙势日索官钱二千，人莫敢御。公至即不与，猪儿憾公，累以恶言挑之，公不校，乃自以锤折齿诬公，公禁益切，遂止。

改锦州永乐令，先是州帅以其家牛羊驼马配县民畜牧，日恣隶仆视肥瘠，动撼人取钱物，甚为奸扰。公至县，谮讽民使诉之。其始至者一二人，公叱左右逐出之。其次至者十数人，公又叱之不顾。其后得人三百人合告，公遽署其状白州，州白其帅。帅惧，促收所俵家畜以还，仓卒之际，至有逋漏为贫民获者亦众，其帅竟不敢言。

又朝廷下教，俾撤沿海罟。公承教曰："天生之物，所以资民食之不给也。民得渔取，所以济农力也，何害之有。"因缓其禁，而民悦便之。

入为大理寺丞，持法强固，不为权势沮夺。转太子洗马，补中京留守推官，在故侍中彭城刘公云之幕。日直其事，裨益旁午。后属乙信代为居守，乙信自以前在枢极，权震天下，每行事专恣，一不顾利害。诸幕吏素惮，皆随所倡而曲和之，公独不从。乙信怒愤公曰："吾秉朝政迨二十年，凡一奏议，虽天子为之逊接，汝安敢吾拒耶？"公起应之曰："公绾符篶，某在幕席，皆上命也，安得奉公之势而挠上之法耶，义固不可。"乙信知不能屈辄从。乙信又

① 《辽史》卷91《耶律玦传》，卷97《杨绩传》，卷98《刘伸传》。

以嬖人善骑射，署为境内巡检，公争之，不从。未己，乙信被召再入为枢密使，将行，寮属饯之都外，酒再行，公前跪，力白巡检事不便，乙信叹服，遽为之罢。

朝廷知其才，召入枢府，为掾史，俾覆刑曹案簿。故宣政殿学士陈公觉素与执政不相能，平方被微谴，执政缘法将夺陈公翰林之官，乃潜召公属之。公不许，竟论如法。再岁，知大理寺正，加秘书丞。奉诏充高丽人使接伴，道出乾陵，故中书令李公仲禧以当路权宠构谪是镇，时其家亲旧过门皆缩颈不敢视，公往复候谒献遗，一无所顾忌，李公默器之。徙同知永州军州事，既上，日夜经画民事利病，奏减其部并邻道龙化降圣等州岁供行在役调计民功三十余万。奏课天下第一，上嘉之，就拜鸿胪少卿，知观察使事。寻诏按察河东路刑狱，闻有酋豪负势，诈良民五百口为部曲，数为官□为贱民，心不厌而随反之。公伺得其情，乃召酋豪诘之，一言切中其病，语立塞，遂服，因籍其户还官。时同事萧龙虎叹伏，至驿邸，易衣以谢。又人有以死辜被诬，为官吏所强榜服者，将刑，公至审之，见其状有枉，再治，果得辨而释者数十人。

耶律乙辛被罢黜之后，贾师训又有三项重要的政绩。

一是劝止迁徙汉人。道宗曾下诏迁奚中所居汉民四百户，贾师训上言："自松亭已北，距黄河，其间泽、利、潭、榆、松山、北安数州千里之地，皆罍壤也，汉民杂居者半。今一部之民可徙，则数州之人尽可徙矣，然则恐非国家之利。亦如辽东旧为渤海之国，自汉民更居者众，迄今数世无患，愿陛下裁察。"道宗听从贾师训的建议，终止了迁徙汉人的行动。

二是为灾民请愿。在灾荒之年，"四方交请赈，复流亡穷饿之民"，但朝内大臣不敢上言，贾师训则"力言之，事多见纳，故民被其赐者众"。

三是治理中京。贾师训曾被任命为中京留守，"既在道，闻京中猾盗朋聚，民不安寝"。他到任后"即督有司尽索京中浮游丐食之民"，进行分拣，"其老弱癃疾不能自活者，尽送义仓给养"；"仍敕吏卒，分部里巷游徼，人或被盗，俾偿其直，涞旬以来，开市清肃"。对于积压的公务和刑事案件等，"促吏条别其事，随小大皆剖析之无留。又择高年有行之吏，与法官参掌宪律，席之座右，随簿所上，辄付谳之"。经过贾师训的努力，使中京出现了"大治"的局面。①

也就是说，贾师训所能做到的，就是将儒臣的治道理念，变成治理国家的重要行为，并取得了较好的效果。

契丹人耶律铎鲁斡（？—1095 年后）也显示出对儒家治道理念的认可，曾特别表示："辞亲入仕，当以裕国安民为事。枉道欺君，以苟货利，非吾志也。"外戚萧文在治理高阳时，亦能做到"悉去旧弊，务农桑，崇礼教，民皆化之"②。守正和善治相辅相成，对"儒化"契丹人的相应行为，亦应给予高度肯定。

（六）耶律俨的政治评价

耶律俨（？—1115 年后），原名李俨，字若思，析津（今北京）人，咸雍年间进士，历任御史中丞、枢密直学士、参知政事、知枢密院事等职，撰修《皇朝实录》七十卷，是后来编修《辽史》的重要依据。③

耶律俨是个谨小慎微的官员，所以极少与奸臣发生冲突。需要特别注意的，是他在辽道宗的哀册中对其政治观念的归纳。

> 猗欤圣元，天帝之孙。荡海夷岳，旋乾转坤。经营草昧，扫涤妖昏。宏图善继，盛德益尊。已卜万祀，方传八叶。宇宙惟清，日月相接。纲要修整，声文炜晔。一统正朔，六合臣妾。清宁将末，奸孽潜生。蜂虿奋毒，雷霆振惊。幄腾瑞气，幕见神兵。丑类既剿，皇阶益亨。礼祠先庙，神灵来格。孝养长乐，敬恭无斁。朝陵幸邑，建号加册。天旋云被，风施雨泽。高穹乃眷，景命惟谌。天日奇表，笙镛德音。务农重谷，抵璧捐金。洞判邪正，详观古今。辍寐夜分，忘食日旰。决柔象夬，发号占涣。天人分际，帝王条贯。触类鉴照，乘权电断。一十三次，选士悬科。官材械朴，育善菁莪。五辰协运，九序兴歌。巫翔丹凤，迭变洪河。睿思敏丽，宸襟洞达。沛筑高唱，熏琴闲发。刑宪三千，惟务全活。师徒百万，不喜征伐。敦睦亲族，驾驭英雄。累开赦宥，数赈贫穷。人心自乐，地利常丰。声猷普暨，教令遐通。鲸海之东，鲲溟之北。若木

① 《贾师训墓志铭》，《全辽文》卷9，第252—255 页。
② 《辽史》卷105《耶律铎鲁斡传》《萧文传》。
③ 《辽史》卷98《耶律俨传》。

西荒，桂林南侧。远近庶邦，强弱诸国。占风效款，慕义述职。顷以汴寇，侵予夏台。包藏贪噬，胜败往来。垂二十载，伤生蠹财。诏命一至，烟尘两开。蠢尔鞑靼，自取凶灭。扰我边陲，萃其巢穴。上将既行，奇兵用设。即戮渠魁，群党归悦。莫枕于京，垂衣而治。七曜齐正，百嘉蕃遂。岳贡川珍，地符天瑞。赫奕难名，纷纶毕至。时游江渚，或猎云峰。威棱震叠，逸豫从容。大圣射法，人皇书踪。妙该玄理，博达空宗。上性自然，生知不学。瞻形绘象，调律修乐。君臣宴会，内外恩渥。礼文若古，制度复朴。奸邪屏逐，朝列肃清。冤愤咸雪，昭怀正名。临朝四纪，御世一平。化流广夏，福庇群氓。忧勤滋久，劳倦兴痼。燕国英明，决其传付。冀泰宇之不挠，保长年而克固。①

按照耶律俨的说法，道宗耶律洪基至少具有尊正统、行德政、正纪纲、去奸佞、重礼乐、重孝行、重农桑、重科举、重人才、重宽刑、重教化、慎用兵、恤贫民、通好各国等观念，而这些都是儒家政治思想的重要政治观念。耶律俨当然不会指出道宗的缺点，元朝修《辽史》者则明确指出："道宗初即位，求直言，访治道，劝农兴学，救灾恤患，粲然可观。及夫谤讪之令既行，告讦之赏日重，群邪并兴，谗巧竞进。贼及骨肉，皇基浸危。众正沦胥，诸部反侧，甲兵之用，无宁岁矣。"②如前所述，道宗政治观念的瑕疵，尤其是多疑的性格，确实给辽朝朝政带来了不少负面影响，值得后人注意。

第二节　天祚帝的怠政观念

辽天祚帝耶律延禧（1075—1125 年），字延宁，小字阿果，辽道宗耶律洪基之孙，大康六年（1080）三月被封为梁王，大康九年十一月进封为燕国王，寿昌七年（1101）正月奉道宗耶律洪基遗诏即皇帝位（以下称"天祚帝"），先后用乾统、天庆、保大年号，在位二十五年，主要体现的是怠政观念，并导致了辽朝的灭亡。

① 耶律俨：《道宗皇帝哀册》，《全辽文》卷 10，第 273—275 页；此文有契丹小字的册文。
② 《辽史》卷 26《道宗纪六》。

一　弥漫朝廷的怠政风气

天祚帝尽管接受过儒家思想的教育，但是他并没有励精图治的愿望，只是期望成为一个乐享其成的皇帝，由此"怠政"成了朝政的主调，并且毫不在意来自各方的危机警告。

（一）平反冤狱

天祚帝即位后的第一件大事就是为其父耶律濬平反，并于乾统元年（1101）二月下诏："为耶律乙辛所诬陷者，复其官爵，籍没者出之，流放者还之。"当年十月，为耶律濬上尊号为大孝顺圣皇帝，庙号顺宗。天祚帝还派马人望、耶律阿思追查耶律乙辛的党羽，并在乾统二年四月"诏诛乙辛党，徙其子孙于边；发乙辛、得里特之墓，剖棺，戮尸；以其家属分赐被杀之家"。马人望不希望延及无辜者，"平心以处，所活甚众"；耶律阿思则于其间收受贿赂，萧达鲁古、耶律塔不也（耶律挞不也）等人都因为向耶律阿思行贿而免予处罚。①

因耶律乙辛迫害而被贬道镇州的耶律石柳返回朝廷后任御史中丞，针对"时方治乙辛党，有司不以为意"的怠政现象，耶律石柳特别向天祚帝上书，要求严查严惩耶律乙辛党羽。

> 臣前为奸臣所陷，斥窜边郡。幸蒙召用，不敢隐默。
>
> 恩赏明则贤者劝，刑罚当则奸人消。二者既举，天下不劳而治。臣见耶律乙辛身出寒微，位居枢要，窃权肆恶，不胜名状。蔽先帝之明，诬陷顺圣（耶律濬），构害忠说，败国罔上，自古所无。赖庙社之休，陛下获纂成业，积年之冤，一旦洗雪。正陛下英断，克成孝道之秋。如萧得里特实乙辛之党，耶律合鲁亦不为早辨，赖陛下之明，遂正其事。
>
> 臣见陛下多疑，故有司顾望，不切推问。乙辛在先帝朝，权宠无比。先帝若以顺考为实，则乙辛为功臣，陛下岂得立耶？先帝黜逐璧后，诏陛下在左右，是亦悔前非也。陛下讵可忘父仇不报，宽逆党不诛。今灵骨未获，而求之不切。传曰："圣人之德，无加于孝。"昔唐德宗因乱失母，思慕悲伤，孝道益著。周公诛飞廉、恶

---

① 《辽史》卷27《天祚帝纪一》，卷62《刑法志下》，卷96《耶律阿思传》，卷105《马人望传》，卷111《萧达鲁古传》《耶律塔不也传》。

来，天下大悦。今逆党未除，大冤不报，上无以慰顺考之灵，下无以释天下之愤。怨气上结，水旱为沴。

臣愿陛下下明诏，求顺考之瘗所，尽收逆党以正邦宪，快四方忠义之心，昭国家赏罚之用，然后致治之道可得而举矣。谨别录顺圣升黜及乙辛等事，昧死以闻。①

天祚帝并不想深究耶律乙辛的案件，所以拒绝采纳耶律石柳的建议，只是派人复查了张孝杰的罪行，亦下令将其剖棺戮尸，以家属、族产分赐群臣，算是给了蒙冤者一个最后的交待。②

（二）道宗朝政的延续

天祚帝对文治并不生疏，他延续辽道宗耶律洪基主政时的基本做法，重点处理的是四项事务。

一是继续实行科举考试。天祚帝在位期间，共进行了五次科举考试，但是在考试时间上，又打破了四年一科的时间安排，出现了两年或三年一科的情况。天庆年间的两次考试变为六年一次，是因为受到与女真大战的影响，并使天庆八年的考试成为辽朝最后一次科举取士行为。

乾统三年（1103），放进士马恭回等百三人。
乾统五年十一月，禁商贾之家应进士举。
乾统七年，放进士李石等百人。
乾统九年（1109），放进士刘桢等九十人。
天庆二年（1112），放进士刘昉等七十七人。
天庆八年（1118），放进士王翬等百三人。③

二是注意选贤问题。乾统二年（1102）四月，天祚帝有"策贤良"的举动，显示的应是选贤任能的诉求。他重视任用汉人儒臣，张琳、马人望等都得到重用，但是亦有排斥能臣的行为，如萧兀纳就因直言被贬。

---

① 《辽史》卷99《耶律石柳传》。
② 《辽史》卷110《张孝杰传》；虞仲文：《宁鉴墓志铭》，《全辽文》卷10，第308—309页。
③ 《辽史》卷27《天祚帝纪一》，卷28《天祚帝纪二》。

天祚在潜邸，兀纳数以直言忤旨。及嗣位，出为辽兴军节度使，守太傅。以佛殿小底王华诬兀纳借内府犀角，诏鞫之。兀纳奏曰："臣在先朝，诏许日取帑钱十万为私费，臣未尝妄取一钱，肯借犀角乎！"天祚愈怒，夺太傅官，降宁边州刺史，寻改临海军节度使。①

三是关注恤民问题。乾统四年（1104）十一月，天祚帝有"御迎月楼，赐贫民钱"的动作。乾统五年三月，天祚帝又"微行，视民疾苦"。乾统九年十一月，因遭遇灾害，天祚帝下诏"免今年租税"。天庆三年（1113）正月，则有"赐南京贫民钱"的举动。尽管天祚帝有恤民的姿态，但是与以前的皇帝相比，他在恤民方面的作为确实少得可怜。②

四是协调宋、夏关系。作为辽朝皇帝，天祚帝继续充当了宋、西夏关系调解人的角色。乾统五年（宋徽宗赵佶崇宁四年，1105）正月，因为宋、西夏已经在边境开战，西夏派使者李造福等向辽朝求援，天祚帝以高端礼、萧良等出使宋朝，希望宋朝终止对西夏的战争。五月，宋徽宗派林摅来，作出了以下答复："夏人数寇边，朝廷兴师问罪，以北朝屡遣讲和之使，故务含容。今逾年不进誓表，不遣使贺天宁节；又筑虎径岭、马练川两堡，侵寇不已。北朝若不穷诘，恐非所以践劝和之意。"天祚帝在了解实情之后，继续派出使者为西夏说和，到次年十月，宋与西夏恢复和好的关系。③

天祚帝即位初年，还能较正常地处理政务问题，于是在地方上出现了一些善治的事例，如刘瑶主政三河（今河北廊坊）时，就有宽政恤民和修建孔子庙的作为。

泊乾统五祀（1105）秋七月，宰君刘公当领是邑（三河）。公讳瑶，下车之后，便尽创规革故。干事之谋，可谓珮服忠义。砥砺

---

① 《辽史》卷98《萧兀纳传》。
② 《辽史》卷27《天祚帝纪一》。
③ 《辽史》卷27《天祚帝纪一》；《契丹国志》卷10《天祚皇帝上》，第111—112页；脱脱等：《宋史》卷20《徽宗纪二》，中华书局1977年版。

廉平，和而不流，宽而能断，动发百为，道存利物。数其政迹，实序如后。有渔阳定躬冶，岁春修桥路数十处，计用千功，三县轮配，每至役人惧专领者妄幸陵逼，故不自执，愿赎庸给价，日系三镪，积久伤财害民。公痛心疾首，矜恤生聚，于尚武告限，亲率丁夫，无避暴露，令伐木凿石，山谷桥道，刻期修毕，元计千功，以百代之，损少益多。泽民之心，孰与于此。往者或不拒事繁，致勾遣接手者众，专使交杂，蠹耗乡栅，驱良民如婢使，取私货若己产，深为不道。今止转帖，执状者多判自勾，摈斥制外，弹纠司扃，以断蚕毒之尾，犹拔虎噬之牙，合境安静，秋毫不犯。……后免科配烦挠，凡差发，立排门历，量见在随户物力，遂定三等，配率均平。有权称贫乏小户，必得饶裕。所兴事用，亦非动众妨农。

谓曰："我先师孔子，生于周末。有大圣之才，训导三千徒，游聘七十国。皇皇行道，汲汲救时，大经大本，博照今昔，实百代帝王之师。开仕进门，缉人伦纪万化之原，由此途出，天下被罔极之恩，率皆仰敬。苟不兴起，非忠于国。"固商略于诸吾道，聚谋兹事，移位修建（文宣王庙），度所用经费，计钱三十万，艰其给出。公先输己俸，后疏有道心者，及诸科前名等，扣得消使之数，遂卜日命工，度木构材，系时必葺□□亲临防未尽妙。……赭垩之饰尽善，可以固士民祈福之所，莫不阐扬儒教，辅助国风。新众目之观瞻，增一邑之壮丽。功待人兴，人与时会，能事毕矣。……公识通今古，学际天人。言出而理幽，事行而利大。力于公不劳于私，心于民无计于己。琅琅国器，磊磊天才。既殊抚字之能，便见经纶之略。①

但是天祚帝不久就沉溺于畋猎之中，宋人姜夔（1154—1221 年）记录的萧总管的《契丹歌》，就涉及契丹人喜好畋猎的习俗。

契丹家住云沙中，贯车如水马若龙。春来草色一万里，芍药牡丹相间红。大儿牵车小儿舞，弹弄琵琶调美女。一春浪荡不归家，自有穹庐障风雨。平沙软草天鹅肥，健儿千骑晓打围。皂旗低昂围

---

① 王鉴：《三河县重修文宣王庙记》，《全辽文》卷10，第293—295 页。

渐急，惊作羊角凌空飞。海东健鹘健如许，韝上风生看一举。万里
追奔未可知，划见纷纷落毛羽。平章俊味天下无，年年海上驱群
胡。一鹅先得金百两，天使走送贤王庐。天鹅之飞铁为翼，射生小
儿空看得。腹中惊怪有新姜，元是江南经宿食。①

　　天祚帝因喜好畋猎而怠政，属下投其所好，更助长了怠政之风，如
有人所记："萧胡笃长于骑射，见天祚好游畋，每言从禽之乐，以逢其
意。天祚悦而从之，国政堕废，自此始云。"②

　　（三）忽视危机的预警

　　乾统二年（1102）十月，发生了萧海里叛变并逃往女真的事件，
尽管次年正月女真即杀死萧海里，但是已经有人意识到了即将爆发的危
机，如萧兀纳即向天祚帝上言："自萧海里亡入女直，彼有轻朝廷心，
宜益兵以备不虞。"天祚帝正忙于畋猎，对于这样的警告自然是置之
不理。③

　　天祚帝不仅没有做对付女真各部的军事准备，还加强了对女真的盘
剥和压迫，使辽朝与女真的矛盾更为激化。

　　　　天祚嗣位，立未久，当中国崇宁（1102—1106）之间，漫用
　　奢侈，宫禁竞尚北珠。北珠者，皆北中来榷场相贸易，天祚知之，
　　始欲禁绝，其下谓："中国倾府库以市无用之物，此为我利，而中
　　国可以困，恣听之。"而天祚亦骄汰，遂从而慕尚焉。

　　　　海东青者，出五国。五国之东接大海，自海东而来者，谓之海
　　东青。小而俊健爪白者，尤以为异，必求之女真。每岁遣外鹰坊子
　　弟趣女真，发甲马千余人入五国界，即海东巢穴取之，与五国战斗
　　而后得。其后女真不胜其扰，加之沿边诸帅如东京留守、黄龙府尹
　　等，每到官，各管女真部族，依例科敛，拜奉礼物各有等差，所司
　　嬖幸，邀求百出。又有使者号天使，佩银牌，每至其国，必欲荐枕
　　者，则其国旧轮中、下户作止宿处，以未出室女侍之。后使者络

────────────

　　① 姜夔：《契丹歌》，《白石道人诗集》卷上，四库全书本（《全辽文》卷12，第
360页）。
　　② 《辽史》卷101《萧胡笃传》。
　　③ 《辽史》卷98《萧兀纳传》。

绎，恃大国使命，惟择美好妇人，不问其有夫及阀阅高者。女真浸怨，由是诸部皆怨叛，潜附阿骨打，咸欲称兵以拒之。①

宁江州去冷山百七十里，地苦寒，多草木，如桃李之类皆成园，至八月则倒置地中，封土数尺，覆其枝干，季春出之，厚培其根，否则冻死。每春冰始泮，辽主必至其地，凿冰钓鱼，放弋为乐。女真率来献方物，若貂鼠之属，各以所产量轻重而博易之，后多强取，女真始怨，暨阿骨打起兵，首破此州，驯致亡国。②

天庆元年（宋徽宗政和元年，1111）九月，宋徽宗派遣郑允中和宦官童贯出使辽朝，天祚帝一方面以"南朝人才如此"取笑宋人以宦官为使者，另一方面亦通过童贯捞到了不少好处，正如有人所记："天祚方肆纵欲，见贯者，但希中国玉帛奇玩而已，而中国浸侈，亦自是而始。故贯所赍奇腆，至运二浙髹漆之具火阁书柜床椅之属，悉往以遗之，相夸尚而已。贯回，其所得珍玩亦甚厚。"尤为重要的是，童贯在返回宋朝时，有燕人马植与之密会，声称"见契丹为女真侵暴，边害益深，盗贼蜂起，知契丹必亡，阴谋归汉"。童贯将马植偷偷带回宋朝，并将其名改为李良嗣。③

萧兀纳已经认识到了问题的严重性，特别于天庆元年向天祚帝上言："臣治与女直接境，观其所为，其志非小。宜先其未发，举兵图之。"对于这样的提醒，天祚帝依然是置之不理。④

女真各部不稳，又有宋朝的功辽图谋，形势已经相当危急，只要有一根导火索，就能引发辽朝的全面危机。

二 轻敌带来的全面崩溃

天庆二年（1112）天祚帝与完颜阿骨打的见面，成为引发矛盾的导火索，并且在怠政和轻敌观念主导下，将辽朝带入了全面危机的状态

---

① 《三朝北盟会编》卷3，第20—21页。
② 洪皓：《松漠纪闻》卷1，四库全书本。
③ 《契丹国志》卷10《天祚皇帝上》，第113页；《宋史》卷20《徽宗纪二》；《三朝北盟会编》卷1，第1—2页。
④ 《辽史》卷98《萧兀纳传》。

之下。

（一）放走完颜阿骨打的恶果

天庆二年二月，天祚帝在混同江见到了已经主掌女真各部的完颜阿骨打，但是并未对其的"不敬"采取任何反制措施。

> 二月，如春州，幸混同江钓鱼，界外生女直酋长在千里内者，以故事皆来朝。适遇"头鱼宴"，酒半酣，上（天祚帝）临轩，命诸酋次第起舞，独阿骨打辞以不能。谕之再三，终不从。他日，上密谓枢密使萧奉先曰："前日之燕，阿骨打意气雄豪，顾视不常，可托以边事诛之。否则，必贻后患。"奉先曰："粗人不知礼义，无大过而杀之，恐伤向化之心。假有异志，又何能为？"其弟吴乞买、粘罕、胡舍等尝从猎，能呼鹿，刺虎，搏熊，上喜，辄加官爵。①

完颜阿骨打知道与辽朝的冲突已经难以避免，乃采用先征服周边部族、后与辽朝全面开战的策略。在作了一系列的准备后，完颜阿骨打于天庆四年八月率军突袭混同江东的宁江州，辽与女真之间的大战爆发。

天祚帝得知女真起兵的消息时，正在庆州的秋山射鹿，对此毫不介意，只是派高仙寿、萧挞不也等率军增援宁江州。完颜阿骨打不仅攻陷宁江州，还击败了辽朝的各路援军。

宁江州失守，天祚帝不得不召集臣僚讨论对策，时任同知南院枢密使事的萧陶苏斡指出："女直国虽小，其人勇而善射。自执我叛人萧海里，势益张。我兵久不练，若遇强敌，稍有不利，诸部离心，不可制矣。为今之计，莫若大发诸道兵，以威压之，庶可服也。"北院枢密使萧得里底则表示："如陶苏斡之谋，徒示弱耳。但发滑水以北兵，足以拒之。"天祚帝听信了萧得里底的轻敌之言，命萧奉先之弟萧嗣先率军攻女真，被女真军击败。在萧奉先的斡旋下，天祚帝只是给予萧嗣先免官的处罚，并将萧得里底贬为西南路招讨使。由于赏罚不公，引起辽军将士的不满，普遍的看法是"战则有死而无功，退则有生而无罪"，并

---

① 《辽史》卷27《天祚帝纪一》。

招致了士无斗志、望风奔溃的局面。①

按照辽朝的惯例，汉人不能参与军国大事，但是两次惨败之后，天祚帝已经顾不上这些规矩，要求汉人儒臣张琳、吴庸领兵出征，张琳即上言："前日之败，失于轻举，若用汉军二十万分道进讨，无不克者。"天祚帝只同意调给张琳十万军队，"即降宣劄付上京、长春、辽西诸路，计人户家业钱，每三百贯自备一军，限二十日各赴期会，时富民有出一百军、二百军者，家赀遂竭"。张琳一介儒生，毫无军事经验，征集士兵时"器甲听从自便，人人就易枪刀毡甲充数，弓弩铁甲百无一二"，且不讲究作战方略，四路出兵攻女真，一路冒进先败，另三路即仓皇退走，辽军遭受了第三次惨败。②

（二）皇帝亲征的失败

天庆五年（1115）正月，天祚帝"下诏亲征"，但同时又派出使者与完颜阿骨打交涉，希望双方停战。经过数次使者往还，和议没有达成，天祚帝于六月"以亲征谕诸道"，八月才率军出发。天祚帝调集的大军，核心力量是中军的蕃、汉兵十万人。亲征的声势浩大，"车骑亘百里，鼓角旌旗，震耀原野"。

天祚帝带着貌似强大的军队出征，在诏书中特别强调："女真作过，大军尽底剪除。"但是他毕竟没有实战的经验，难以排除怯战的心理，所以当两军相遇的时候，天祚帝突然下令御营退行三十里。有臣僚上言："兵已深入，女真在近，军心皆愿一战，何必退也？"天祚帝召诸大臣商议军情，"人皆观望，无敢言不愿战者"，天祚帝不得不再次下令进兵。

天庆五年十一月，两军交战，当时正值盛寒天气，雪深尺余，完颜阿骨打乘"辽军未阵"，发起猛烈攻击，"时先锋接战，云尘亘天，日色赤暗。天祚亲督诸军进战。少顷，军马左旋三转，已横尸满野，望天祚御旗向西南出，众军随而败溃"。也就是说，胆小的天祚帝率先逃跑，导致了大军的全面溃败。

天祚帝逃跑的速度极快，"一日一夜走三百里，退保长春州"。女真军队则乘胜拿下了渤海、辽阳等五十四州，并在大胜后拥立完颜阿骨

---

① 《辽史》卷27《天祚帝纪一》，卷100《萧得里底传》，卷101《萧陶苏斡传》，卷102《萧奉先传》。

② 《辽史》卷102《张琳传》；《契丹国志》卷10《天祚皇帝上》，第116—117页。

打为皇帝，建立了金朝。①

天祚帝亲征失败，随即发生了耶律章奴"谋反"的事件。耶律章奴系横帐贵族，看到皇帝无能，准备以道宗耶律洪基之弟耶律淳（俗呼为燕王，实封秦国王、魏国王）取而代之。耶律章奴率二千余骑奔往上京，天祚帝得到密报后，派驸马萧昱领精骑到广平甸保护后妃诸王行宫，又派亲信耶律乙信前往上京平叛。耶律章奴派人对耶律淳说："前日御营兵为女真所败，天祚不知所在，今天下无主，诸公幼弱，请王权知军国事。失此机会，奸雄窃发，未易图也。"耶律淳则表示："此非细事，天祚自有诸王当立，南北面大臣不来，而汝等来，何也？"耶律乙信抵达上京后，耶律淳即处死了耶律章奴派来的人，并亲自赶到广平甸向天祚帝谢罪，得到天祚帝宽恕。耶律章奴图谋失败，率军突袭广平甸行宫，准备杀掉天祚帝，被护卫行宫的军队击败。耶律章奴逃到祖州（今内蒙古赤峰市巴林左旗南），特别在辽太祖耶律阿保机的庙前祭告道："我大辽基业，由太祖百战而成。今天下土崩，窃见兴宗皇帝孙魏国王淳道德隆厚，能理世安民，臣等欲立以主社稷。会淳适好草甸，大事未遂。迩来天祚惟耽乐是从，不恤万机；强敌肆侮，师徒败绩。加以盗贼蜂起，邦国危于累卵。臣等忝预族属，世蒙恩渥，上欲安九庙之灵，下欲救万民之命，乃有此举。实出至诚，冀累圣垂佑。"耶律章奴随后在逃亡中被擒，天祚帝下令将其处死。与耶律章奴共谋的耶律术者，在天祚帝问其为何"谋反"时，亦明确回答："臣诚无憾，但以天下大乱，已非辽有，小人满朝，贤臣窜斥，诚不忍见天皇帝艰难之业一旦土崩。臣所以痛入骨髓而有此举，非为身计。"在被处死前，耶律术者仍历数天祚帝的过恶，"陈社稷危亡之本"②。

也就是说，所谓的耶律章奴"谋反"事件，实际上应是一次企图以更换无能君主为目标的自救行动，只是因为计划不周和力量不足而快速失败。

在天祚帝准备亲征女真时，李良嗣已经预见到其必然失败，乃派人向宋廷送上了密报。

---

① 《契丹国志》卷10《天祚皇帝上》，第117—119页；《三朝北盟会编》卷3，第21—22页。

② 《辽史》卷28《天祚帝纪二》，卷100《耶律章奴传》《耶律术者传》；《契丹国志》卷10《天祚皇帝上》，第119—120页。

良嗣族本汉人，素居燕京霍阴。自远祖已来，悉登仕路。虽披裘食禄，不绝如线，然未尝少忘尧风，欲褫左衽，而莫遂其志。比者国君嗣位以来，排斥忠良，引用群小，女真侵陵，官兵奔北，盗贼蜂起，攻陷州县。边报日闻，民罹涂炭，宗社倾危，指日可待。迩又天祚下诏亲征女真，军民闻之无不惶骇。揣其军情，无有斗志。良嗣虽愚戆无知，度其事势，辽国必亡。良嗣日夜筹思，偷生无地，因省《易》系有云："见几而作，不俟终日。"《语》不云乎："危邦不入，乱邦不居。"良嗣久服先王之教，敢佩斯言，欲举家贪生，南归圣域，得复汉家衣裳，以酬素志。伏望察良嗣忱诚不妄，悯恤辙鱼，代奏朝廷，速俾向化。倘蒙睿旨，允其愚恳，预叱会期，俯伏前去，不胜万幸。

宋徽宗答应了李良嗣的请求，并派人安排其逃出辽境。李良嗣在宋徽宗召见时又作出了以下表示。

臣国主天祚皇帝，耽酒嗜音，禽色俱荒。斥逐忠良，任用群小。远近生灵，悉被苛政。比年以来，有女真阿骨打者，知天祚失德，用兵累年，攻陷州县。加之溃卒，寻为内患。万民罹苦，辽国必亡。愿陛下念旧民遭涂炭之苦，复中国往昔之疆，代天谴责，以顺伐逆。王师一出，必壶浆来迎。愿陛下速行薄伐，脱或后时，恐为女真得志，盖先动则制人，后动则制于人。①

李良嗣投宋，引发了宋朝内部"守约助辽"与"联合女真攻辽"两派意见的激烈争论，并且后一种意见逐渐占了上风，形势已向更不利于辽朝的方向发展。

（三）东京事变

天庆六年（1116）正月，东京发生叛乱，东京留守被杀，渤海人高永昌自立为大渤海皇帝，建年号为应顺（亦有记载称所建年号为隆基）。天祚帝派张琳率军攻东京叛军，派耶律淳率军抗击金军的进攻，

---

① 《三朝北盟会编》卷1，第2—3页。

都先后失败。东京等地不久即被金军占领，高永昌被擒杀。东京事变带来的严重后果是丧失了辽东地区对辽朝的经济支持，各地的存粮等"迨天庆间，金兵大入，尽为所有"①。

面对日益危急的局面，天祚帝及其臣僚已经到了无计可施的地步，如有人所记。

> 自天祚亲征败绩，中外归罪萧奉先。于是谪奉先西南面招讨，擢用耶律大悲奴为北枢密使，萧查剌同知枢密院使。间有军国大事，天祚与南面宰相、执政吴庸、马人望、柴谊等参议，数人皆昏谬，不能裁决。当时国人谚曰："五个翁翁四百岁，南面北面顿瞌睡。自己精神管不得，有甚心情杀女直。"远近传为笑端。有人闻于天祚，天祚亦笑而不悟。②

天庆七年九月，天祚帝又以耶律淳率军防御金军的进攻。十二月，耶律淳军被金军击败，天祚帝立即做好了逃跑的准备。

> 天祚在中京，闻燕王（耶律淳）兵败，女真入新州，昼夜忧惧，潜令内库三局官，打包珠玉、珍玩五百余囊，骏马二千四，夜入飞龙院喂养为备。尝谓左右曰："若女真必来，吾有日行三百五十里马若干，又与宋朝为兄弟，夏国舅甥，皆可以归，亦不失一生富贵。所忧者，军民受祸耳。"识者闻之，私相谓曰："辽今亡矣！自古人主岂有弃军民而自为谋身计者，其能享国乎？"③

如果说在重大危机面前，天祚帝在亲征时表现的是怯懦和无能，在此时表现的则是自私和无耻了。

（四）辽、金和谈的失败

在惧战观念的驱使下，天祚帝还有一条路可走，就是与金人议和。完颜阿骨打在汉人辅臣杨朴等人的影响下，希望得到辽朝的册封，由此

---

① 《辽史》卷28《天祚帝纪二》，卷59《食货志上》；《契丹国志》卷10《天祚皇帝上》，第120—121页。
② 《契丹国志》卷10《天祚皇帝上》，第123—124页。
③ 《契丹国志》卷10《天祚皇帝上》，第125—126页。

开出了和谈的十个条件："徽号大圣大明皇帝，一也；国号大金，二也；玉辂，三也；衮冕，四也；玉刻御前之宝，五也；以弟兄通问，六也；生辰、正旦遣使，七也；岁输银绢十五万两匹，分南宋岁赐之半，八也；割辽东、长春两路，九也；送还女真阿鹘产、赵三大王，十也。"后来完颜阿骨打又进一步表述了和谈的要求："能以兄事朕，岁贡方物，归我上、中京、兴中府三路州县；以亲王、公主、驸马、大臣子孙为质；还我行人及元给信符，并宋、夏、高丽往复书诏、表牒，则可以如约。"①

经过辽、金使者的反复磋商，天庆九年（1119）三月天祚帝正式册立完颜阿骨打为东怀国皇帝，并发出了以下册文。

朕对天地之闳休，荷祖宗之丕业，九州四海属在统临，一日万几，敢忘重慎，宵衣为志，嗣服宅心。眷惟肃慎之区，实界扶余之俗，土滨巨浸，财布中区，雅有山川之名，承其父祖之荫。碧云衰野，固宜梃于渠材。皓雪飞霜，畴不推于绝驾。章封屡报，诚意交孚，载念遥芬，宜应多戳。是用遣萧习泥烈等持节备礼，策为东怀国至圣至明皇帝。呜呼，义敦友睦，地列丰腴，惟信可以待人，惟宽可以驯物。戒哉！钦哉！式孚于休。②

对于这样的册文，完颜阿骨打等人大为不满，派使者指出了其中的毛病。

金复遣乌林答赞谟来，责册文无"兄事"之语，不言"大金"而云"东怀"，乃小邦怀其德之义；及册文有"渠材"二字，语涉轻侮；若"遥芬""多戳"等语，皆非善意，殊乖体式。如依前书所定，然后可从。③

又经过一番交涉后，辽人答应了修改册文的要求，但是因"大圣"涉及辽圣宗庙号，应有所避讳，不能乱用。完颜阿骨打没有耐心再讨论

---

① 《辽史》卷28《天祚帝纪二》；《契丹国志》卷10《天祚皇帝上》，第126—128页。
② 《三朝北盟会编》卷3，第22页。
③ 《辽史》卷28《天祚帝纪二》。

下去了，天庆十年三月，辽、金之间的和谈以失败告终。

三　内乱与亡国

国之将亡，必有内乱。在内乱和外敌的交互打击下，辽朝的统治被彻底终结，但是还有西辽等国延续了对部分地区的控制。

（一）晋王之死

辽人与金人和谈的时候，辽朝控制区域内的局势进一步恶化。天祚帝虽然曾于天庆七年（1117）十二月"下诏自责"，但是依然在春山、秋水之间畋猎不已，不加任何约束。为了维系统治，既要广泛征兵，如天庆六年六月"籍诸路兵，有杂畜十头以上者皆从军"；也要加重民众的赋税负担，如有人所记："至天祚之乱，赋敛既重，交易法坏，财日匮而民日困矣。"朝廷已经完全丧失了抗灾的能力，以至于天庆八年十二月，"山前诸路大饥，乾、显、宜、锦、兴中等路，斗粟直数缣，民削榆皮食之，既而人相食"①。

在混乱之中，内部的叛乱不断出现，如天庆八年五月有安生儿、张高儿之乱，六月有霍六哥之乱，天庆九年二月有张撒八之乱，五月有阻卜之叛，十月有耶律陈图奴谋反。这些小型的叛乱尽管很快被辽军平息，但亦加剧了形势的不稳。②

天庆十年，因和谈破裂，金军又展开进攻，并于当年六月占领了上京。"祖州则太祖之天膳堂，怀州则太宗德光之崇元殿，庆州则望仙、望圣、神仪三殿，并先破乾、显等州如凝神殿、安元圣母殿，木叶山之世祖殿、诸陵并皇妃子弟影堂，焚烧略尽，发掘金银珠玉。"对于这样的噩耗，被天祚帝召回重新主政的萧奉先都采取了"抑而不奏"的做法。③

在萧奉先的导演下，辽朝宫廷上演了又一场冤杀皇族的悲剧。天祚帝耶律延禧有六个儿子，文妃生子名耶律敖庐斡，被封为晋王；元妃生子名耶律雅里，字撒鸢，被封为梁王；德妃生子耶律挞鲁，被封为燕国王；赵昭睿生子耶律习泥烈，被封为赵王；元妃还生子耶律定和耶律

---

① 《辽史》卷28《天祚帝纪二》，卷60《食货志下》。
② 《辽史》卷28《天祚帝纪二》。
③ 《契丹国志》卷11《天祚皇帝中》，第133页。

宁，被封为秦王和许王。①

文妃名萧瑟瑟，善于歌诗。她看到天祚帝在大敌当前的形势下依然"畋游不恤，忠臣多被疏斥"，乃写出了两首劝谏诗。

> 勿嗟塞上兮暗红尘，勿伤多难兮畏夷人。不如塞奸邪之路兮，选取贤臣。直须卧薪尝胆兮，激壮士之捐身。可以朝清漠北兮，夕枕燕、云。

> 丞相来朝兮剑佩鸣，千官侧目兮寂无声。养成外患兮嗟何及，祸尽忠臣兮罚不明。亲戚并居兮藩屏位，私门潜畜兮爪牙兵。可怜往代兮秦天子，犹向宫中兮望太平。②

对于这样大胆的讽谏诗词，天祚帝自然是心生恨意。作为辅政大臣的萧奉先，是元妃之兄，希望以后拥立秦王为皇帝，就要排斥已经颇有声望的晋王。保大元年（1121）正月，萧奉先诬告耶律余睹（其妻为文妃之妹）勾结驸马萧昱等人欲以晋王即位，尊天祚帝为太上皇。天祚帝立即将萧昱等人处死，文妃亦被赐死，耶律余睹无奈之下领兵降金，并向完颜阿骨打上书称："辽主沉湎荒于游畋，不恤政事，好佞人，远忠直，淫刑宿赏，政烦赋重，民不聊生。""文妃长子晋王素有人望，宜为储副。"次年二月，金军攻占中京，萧奉先即对天祚帝说："余睹乃王子班之苗裔，此来欲立甥晋王耳。若为社稷计，不惜一子，明其罪诛之，可不战而余睹自回矣。"天祚帝即下令缢杀晋王，晋王亦不愿逃脱，而是明确表示"安忍蕞尔之躯，而失臣子之大节"后赴死。天祚帝没有想到的是，晋王之死引起了属下的普遍不满，"王素有人望，诸军闻其死，无不流涕，由是人心解体"。"天祚怒国人叛己，命汉儿遇契丹则杀之。初，辽制契丹人杀汉儿者皆不加刑，至是摅其宿愤，见者必死，国中骇乱，皆莫为用。"

在金军的压力下，天祚帝逃往夹山（今内蒙古阴山），乃感悟到被萧奉先所欺骗，对其怒言："汝父子误我至此，今欲诛汝，何益于事！恐军心忿怨，尔曹避敌苟安，祸必及我，其勿从行。"萧奉先被驱逐

---

① 《辽史》卷29《天祚帝纪三》，卷64《皇子表》。
② 《辽史》卷71《天祚文妃萧氏传》。

后，又被抓回处死，但晋王的冤案并未因此而得到平反。①

（二）耶律淳之立

天祚帝逃走，留在南京的大臣于保大二年（1122）三月拥立耶律淳为皇帝，上尊号为"天锡皇帝"，改元建福。耶律淳在诏书中特别强调了革除以往弊政的愿望。

自我烈祖肇创造之功，至于太祖恢廓清之业，故得奄有区夏，全付子孙。迄后纂承，罔不祗肃，传二百祀之逾远，得亿兆人之底宁。盖太平或弛于细防，而内治多遗于外患，以是边鄙生兹寇仇，渐为蔓草之难图。公肆长蛇之荐食，敢来问鼎，直欲争衡。敌垒尚遥，王师自溃，兵非不锐，事止失和。故使乘舆越在草莽，地隔不果相赴，旬余莫知所归。三边荡摇，百姓震慑，惧不相保，谓将畴依，咸云六合为家，不可一日无主，共戴眇质，用登至尊。皆出素衷，尚惭否德。又念与其长天下之乱，曷若复我家之功。苟其宗社不移，亦曰神灵所望。势不克避，理当共知。呜呼，朕以久处王藩，历更政教，凡民疾苦与事便宜靡所不知，亦曾熟虑。自今而后，革弊为先。所期俾四海用宁，不敢以万乘为乐。敢告远迩，予不食言。②

新皇帝即位，即将天祚帝耶律延禧贬为湘阴王，耶律淳在诏书中不仅指出了天祚帝喜好畋猎的怠政之风带来的恶果，还强调权臣害政导致了乱政景象，并明指晋王之死为冤案，对于这样的君主，当然应该贬斥。

大道既隐，不行揖逊之公。皇天无私，自有废兴之数。事贵得效，人难力为。朕幼保青官，长归朱邸。虽曰人情之久系，谁云神器之可求。欲避周公之嫌，未忘季札之节。奈何一旦之无主，至使四海之求君。推戴四从，讴歌百和。不敢坠祖宗之业，勉与揽帝王之权。实惧篡图之为难，尚思复辟之可待。近得群臣之奏，概陈前主之非。所谓愎谏矜能，比顽弃德，躁动靡常节，平居无话言。室家之杼轴尽空，更资淫费。宗庙之衣冠见毁，不辍常畋。汉子之戮

---

① 《辽史》卷29《天祚帝纪三》，卷72《耶律敖庐斡传》，卷102《萧奉先传》《耶律余睹传》；洪皓：《松漠纪闻》卷1；脱脱等：《金史》卷133《耶律余睹传》，中华书局1975年版。

② 《三朝北盟会编》卷5，第33—34页。

实无名，伣妻之乱孰可忍。加以权臣壅隔，政事纠纷，左右离心，退迩解体。迄无悛悟，以致播迁。伊戚自贻，大势已去。是谓辜四海之望，安得冒一人之称。宜削徽名，用昭否德。方朕心之牵爱，尚不忍从。奈群议之大公，正复见请。勉循故事，用降新封，可降封为湘阴王。呜呼，命不予常，事非得已。岂予小子，敢专位号之尊，盖循众心，以为社稷之计。凡在闻听，体予至怀。①

耶律淳亦处决了一些奸佞之人，如他要大赦天下，"燕中父老再告，随驾内库都点检刘彦良，奸佞之人，导引天祚为一切失德之事，国人呼为'肉拄杖'，盖其倚附而行也。妻云奇者，本倡妇也，日夕出入禁中，以为谐谑。夫妇共为国害，请先诛而后降赦。是日，枭彦良夫妇之首于市，人争脔肉而食之，然后肆赦"②。

从耶律淳的上述表现可以看出，他确实是想有一番挽救危局的作为。为缓解金人的攻势，耶律淳（金人称为耶律捏里）向金军统帅完颜杲发出请和的书信，完颜杲在回书中"责以不先禀命上国，辄称大号，若能自归，当以燕京留守处之"。耶律淳又致书完颜杲，表明了不和即战的态度。

> 昨即位时，在两国绝聘交兵之际。奚王与文武百官同心推戴，何暇请命。今诸军已集，傥欲加兵，未能束手待毙也。昔我先世，未尝残害大金人民，宠以位号，日益强大。今忘此施，欲绝我宗祀，于义何如也。傥蒙惠顾，则感戴恩德，何有穷已。

完颜杲则在回书中重申了招降的要求。

> 阁下向为元帅，总统诸军，任非不重，竟无尺寸之功。欲据一城，以抗国兵，不亦难乎。所任用者，前既不能死国，今谁肯为阁下用者。而云主辱臣死，欲恃此以成功，计亦疏矣。幕府奉诏，归者官之，逆者讨之。若执迷不从，期于殄灭而后已。

---

① 《契丹国志》卷11《天祚皇帝中》，第137—138页。
② 《契丹国志》卷11《天祚皇帝中》，第137页。

耶律淳还派使者前往觐见完颜阿骨打，表示请和之意，完颜阿骨打也明确要求其投降："汝，辽之近属，位居将相，不能与国存亡，乃窃据孤城，借称大号，若不降附，将有后悔。"①

耶律淳不能与金议和，又不愿意降金，只能转而乞求宋朝的帮助，但是宋朝将耶律淳视为篡位之人，并且已经与金朝有了南北夹攻南京（燕京）的约定，童贯随即率宋军北上攻燕，并向耶律淳递交了招降的书信。在无奈的情况下，耶律淳不得不向臣僚作出准备投附宋朝的表态。

> 朕以眇躬，荷祖宗之灵，获承大位。本与卿等求保宗庙，女真人骑复据西京，未闻归国。今者大宋重兵临境，与大金夹攻。朕观人事天时，不敢当宝位，欲称藩南朝，与卿等同保血属。②

耶律淳想投宋，被宋人所拒绝，但攻燕的宋军被辽军击退，李良嗣向童贯建议联系耶律淳所倚重的李处温，可以起到不战而得燕的效果："良嗣旧在大辽，与处温结莫逆交。后论及天祚失德事，欲与良嗣同约南奔，尝于北极庙拈香为盟，欲共图灭契丹。今良嗣南归，北极庙中之约必不虚设。若良嗣书到，必以内应。"童贯采纳李良嗣的建议，李良嗣即发出了给李处温的密信，全文如下。

> 窃以天厌契丹，自取颠覆，兵连祸结，弥历岁时。旧君未还，新主孤立。扰攘之余，仰维劳止。不审迩辰，台用何似。伏维眷聚，上下均福。顷年台斾自中朝使还，植（李良嗣）与爽（李处温之子）相迎于良乡之驿舍，具道朝廷礼乐文物之盛，痛愤北戎腥膻残酷之弊，至扼腕太息。既又执手于中京景昌门外之邸中，极言戎狄所以将亡之状。议既决，乃使不肖先归朝，乞收复幽蓟故地。汩汩许时，未克厥志。上方稽天之讨，察时之变，至于今日。然后不肖言行而计从，阁下闻之，必已大喜。
> 自古戎狄之兴，未有若女真如此之速。辽东辽西，已为奄有。前年取上京，今年取中京，遂破云中，如摧枯拉朽，所在肝脑涂地，腥闻于天。山西良民所遭如此，岂不痛心疾首邪。尚虑女真乘

___

① 《金史》卷76《完颜杲传》。
② 《三朝北盟会编》卷6，第45页。

已胜之势，下居庸之孤城，为之奈何。我燕之人，必引领南下，已有来苏之望。上欲拯民于水火，乃遣太师楚国公（童贯）领重兵百万，将次于境上。伐罪吊民，需如时雨。已号令八路将帅，以至于小校，毋得荼毒良民。应天意，顺人心，扩幽蓟，安生聚集，此其大略也。如或昏迷不恭，邦有常宪。燕地偏狭，幅员不过数百里，已患女真之侵疆，且虑旧君之复至。军兵日益困，赋役日益重，此正契丹运尽天亡之时也。虽有智者，何以为谋。契丹五京，已亡者四，区区弱燕，岂能孤立。阁下与诸庙堂大臣，岂不共知耶。善为契丹之计者，莫若劝诱新君，以全燕之地来献于朝廷，以安元元，以保骨肉，策之上也。如新君执迷，及左右用事之人不明于祸福，请阁下密结豪杰，拘囚首虏，壶浆箪食，开门迎降，使阁下世享富贵，长守全燕，以伸前日之志，策之次也。阁下父子有志于此，适丁斯时，千载一逢，莫如今日。时哉时哉，不可失也。已奉敕旨，如以其旧官来降者，即以旧官处之。功高者别加厚赏，以次者事毕日任便复业。恐阁下欲知之，毋或迁延，自速倾覆。祸福逆顺，指日可待。顒候来报，以尉我思。

李处温接到李良嗣的密信后，命李奭回了一封密信，明确表示："奭与待制数尝发言灭虏为誓，近岁间内外相凌，盗贼竞起，虽分五路，已陷四京，仅有幽燕，孤危将亡，甚于累卵，无计解其纷难也，盖历数之将尽。相公（李处温）自入枢廷，顿变白首，夙夜不遑，怀履薄临深之惧。东虏近日复有深入，虑遭族诛之难，不思往日之非，惟念今日之咎。"① 李奭既已表明了愿意与李良嗣合作的态度，剩下的就是伺机行动的问题了。

耶律淳并不知道李处温父子的阴谋，而是因天祚帝即将派军攻燕忧惧成疾，于保大二年六月病逝。去世之前，耶律淳曾召集臣僚讨论帝位继承问题，多数人赞成以秦王即位来对抗湘阴王耶律延禧（天祚帝），只有耶律宁明确提出了反对意见："天祚果能以诸蕃兵大举夺燕，则是天数未尽，岂能拒之？否则，秦、湘，父子也，拒则皆拒，自古安有迎子而拒其父者？"李处温等要以扰乱军心的罪名处死耶律宁，耶律淳则

---

① 《三朝北盟会编》卷8，第57—58页。

表示："彼忠臣也，焉可杀？天祚果来，吾有死耳，复何面目相见耶！"① 也就是说，即便是为了救国，耶律淳还是对自立为帝有所愧疚。

按照耶律淳的遗命，臣僚以耶律淳妻萧氏为皇太后，立秦王耶律定为新皇帝，改元德兴，由萧太后临朝称制。

天祚帝得到耶律淳的死讯后，特别发出了一道谴责其僭立行为的诏书，并要求查处李处温父子的奸佞行为。

> 天命至大，不可以力回。神器至公，未闻以智取。古今定论，历数难移，是以圣人戒于盗窃。故秦晋国王耶律淳，九族之内推为叔父之尊，百官之中未有人臣之重，趋朝不拜，文印不名。尝降玺书，别颁金券，日隆恩礼，朕实推崇，众所共知，无负于尔。比因寇乱，遂肆窥觎。外徒有周公之仪，内实稔子带之恶。不顾大义，欲偿初心，任用小人，谋危大宝。僭称帝号，私授天官，指斥乘舆，伪造符宝，轻发文字，肆赦改元。以屠沽商贾，为翊戴之臣。以佞媚狙诈，处清密之任。不逾累月，便至台阶。刑狱滥冤，纪纲紊乱。恣纵将士，剽掠州城。致我燕人，陷于涂炭。天方悔祸，神不助奸。视息偷存，未及百日。一身殄灭，绝嗣覆家。人鬼所仇，取笑天下。而又辄申遗令，擅建长秋。妄委妇人，专行伪命。其逆臣处温父子，同恣贪婪，杀戮无辜，助为不法，众心离散，立致分崩。狼狈荒迷，容身无地。罪诚难贷，令在必行，假其余生，庸示宽大。据耶律淳大为不道，弃义背恩，获戾祖宗，朕不敢赦。应所授官爵封号，尽行削夺，并妻萧氏亦降为庶人，仍改姓虺氏，外据皇太叔并妃别无关碍，更不施行，其封爵懿号一切仍旧。呜呼，仰观天意，俯察舆情，勉而行之，朕亦不忍。且仲尼作《春秋》，乱臣贼子惧。后之为臣子者，可不慎欤。②

天祚帝的这篇诏文，给耶律淳扣上一堆罪名，除了自立为帝之外，都是自以为是的捏造。他还以为燕京之人依然把他当作皇帝，可以指斥任何人，而忘了人们对他的排斥和厌恶。

临朝称制的萧太后很快将密谋勾结宋、金的李处温父子处死，但不

---

① 《辽史》卷29《天祚帝纪三》。
② 《三朝北盟会编》卷9，第59—60页。

久即发生了郭药师等人率军降宋的事件，萧太后即向臣僚表示："大金人马又入奉圣州，今又易州高凤、涿州郭药师归宋。国步艰难，宗社将倾。今欲与卿等议其去就，两国孰可倚者，苟可托国，吾即从之，纳款臣属，亦无恨也。"她先派人向宋朝送去降表，随后又向金朝送去降表，但最终燕京被金军攻占，萧太后逃往天祚帝所在处，被天祚帝处死。①

（三）天祚帝降金

燕京失守后，曾追随萧太后的萧幹自立为神圣皇帝，国号大奚，改元天兴，但不久即被部众所杀。

天祚帝的儿子梁王耶律雅里，保大三年（1123）五月被追随他的臣僚立为皇帝，改元神历。耶律雅里本来是一个"性宽大、恶诛杀"之人，并且较为好学，"每取唐《贞观政要》及林牙资忠所作治国诗，令侍从读之"。但是即位之后，他很快就走上了天祚帝的"荒政"路子，"日渐荒怠，好击鞠"，并于当年十月病逝。②

参与拥立耶律淳的左企弓、曹勇义、卢仲文、康公弼等人，在燕京降金。辽平州守将张瑴降金后，见天祚帝有势力复振的势头，乃将这些降臣全部处死，并列举了他们的十大罪状。

> 天祚播迁夹山，不即奉迎者，一也；劝皇叔燕王（耶律淳）僭号者，二也；讦君父过恶，而降封湘阴王者，三也；天祚尝遣知阁王有庆前来计议而杀之者，四也；檄书始至，而有迎秦拒湘之议，五也；不谋守燕而拜降，六也；臣事金国，不顾大义，七也；根括燕中钱帛，取悦金人，八也；致燕人迁徙而失业，九也；教金国发兵先下平州，十也。③

如前所述，立耶律淳为皇帝的首谋者是李处温，左企弓等人不过是胁从者，张瑴要向天祚帝表忠心，这些人也就罪责难逃了。但是张瑴看错了形势，天祚帝已经没有可用的军队来重振辽朝。张瑴本人后来又投奔宋朝，在金人的要求下被杀死并送首级于金朝。

---

① 《三朝北盟会编》卷9，第60页；卷10，第67—68页；卷12，第84页；《契丹国志》卷12《天祚皇帝下》，第142—144页。
② 《辽史》卷29《天祚帝纪三》，卷30《天祚帝纪四》。
③ 《三朝北盟会编》卷17，第119—120页。

在金军的攻击下，天祚帝东奔西藏，最终于保大五年（1125）二月被金军抓获，不得不向金朝皇帝献上降表。

> 辽国降臣耶律延禧，谨伏斧钺，躬诣大金国俯伏待罪。臣闻人不患其勇，患其为暴也。伏念臣祖宗创二百年之基，承天统位，继子传孙，郊祀上帝，内外欢庆。岂意微臣，骨寒命薄，无德可保，不能当此。夙夜惶骇，罔知过咎。冒犯忌讳，若晓霜而遇烈日，扁舟而遭怒涛。众恶竞兴，谮辞蜂起，致兹惭德，激扬圣怒，转加兵师。忧惊之极，如坐炭汤。盖闻轵道之放，荷蒙矜恤，况若新安之叹，例受无辜。念汉皇之仁恩，诞敷濡泽。诮项羽之过恶，奚免终伤。臣所恳也，乞加轵道之留，免效新安之祸。战栗之至，仰干聪听，昧死谨言。①

天祚帝被金朝封为海滨王，在囚禁中病逝。元人在修《辽史》时对天祚帝耶律延禧的评价是："既丁末运，又觖人望，崇信奸回，自椓国本，群下离心。金兵一集，内难先作，废立之谋，叛亡之迹，相继蜂起。驯致土崩瓦解，不可复支，良可哀也。"② 这样的评价列举了其行为的错谬，未揭示其思想根源。恰是因为天祚帝的骄奢本性和怠政观念，导致了一系列的错误决策，使得危机只能不断加重，并最终导致败亡的结局。应该说，在败亡的过程中，天祚帝加深了对"四不可信"的认识。一是亲族不可信，在危机之中不时会冒出僭立者。二是大臣不可信，几乎看不到忠心耿耿的良臣，左右上下多是心怀叵测的奸臣和小人。三是盟国不可信，在走投无路的情况下，无论是宋朝还是西夏，都未伸出援救之手，甚至还要趁火打劫。四是敌手不可信，辽金和谈等同儿戏，弱者永远是被玩弄的对象。所以，对于孤苦一人的结局，天祚帝耶律延禧最终也还是有了一点点的自我认识："迨臣继统之后，昧于守成之难，矜得太平，作为多罪。先绝邻好，辄造衅端，遂出无名之师，果为有德者胜。未更十载，并失五都，左右以之离心，中外以之解体。渐及窘迫，旋至播迁，大宝已归，神器安在。朝夕莫保，骨肉见离，伶俜一身，栖苦万状。"③ 后人不必苛求

---

① 《三朝北盟会编》卷21，第155页。
② 《辽史》卷30《天祚帝纪四》。
③ 《大金吊伐录》卷4《辽主谢封海滨王表》，金少英校补，中华书局2017年版。

失败者认识的肤浅，因为王朝的衰亡，有诸多因素，确实不能只盯着当政者政治观念的错位，还要注意其他人所表现出的政治观念。

四　危机中的不同政治观念

在辽朝面对败亡危机时，出现了几种重要的政治观念，需要分别加以叙述。

（一）救亡观念

辽朝臣僚的救亡观念，首先表现为守土抗敌。如萧兀纳在皇帝亲征女真失败后，被任命为上京留守，就能做到"发府库以赉士卒，谕以逆顺，完城池，以死拒战"。老将耶律棠古亦在形势危急时向天祚帝表示："臣虽老，愿为国破敌。"①

守土抗敌既需要内部的力量聚集，也需要来自外部的支持，于是就有了依靠辽、宋联盟抗敌的观念。如耶律淳为帝时，任枢密承旨的萧夔就曾与宋朝使者马扩有过以下对话。

> 萧夔：南朝礼义之国，今不顾盟好，辄先举兵。兵贵有名，不知兵戈缘何至此。
> 马扩：朝廷命将出师，使人不能尽知。但略闻北朝兴兵累年，并不相报。天祚皇帝播迁，不发赴难之师，乃篡立于燕京。邻国义均兄弟，今来问天祚皇帝车驾所在，又闻已削降为湘阴王，事出非常，兴师问罪，访寻边主存亡，举合礼经，何谓无名？
> 萧夔：国不可一日无主，本朝缘天祚失道奔窜，宗社颠危，臣民拥戴册立今上，事与贵朝殊无干涉，何至问罪。况自古有之唐明皇奔蜀，肃宗即位于灵武，但期中兴，岂不与此事体一同。南朝宜念邻国久和之义，假借兵力，共除大难。今乃乘衅攘夺民土，岂所望于大国哉。②

辽方的官员王介儒亦与马扩有以下的对话。

> 王介儒：两朝太平之久，戴白之老不识兵革。今一旦见此凶危

---

① 《辽史》卷98《萧兀纳传》，卷100《耶律棠古传》。
② 《三朝北盟会编》卷6，第42页。

之事，宁不恻怆。南朝每谓燕人思汉，殊不思自割属契丹已近二百年，岂无君臣父子之情。

　　马扩：兴废殆非人力，今者女真逼燕，燕人如在鼎镬，皇帝念故疆旧民，不忍坐视，是以兴师援救。若论父子之情，谁本谓的父耶？知有养父，而不知有的父，是亦不孝也。

　　王介儒：燕人久属大辽，各安乡土。贵朝以兵挠之，决皆死战，于两地生灵非便。

耶律大石对马扩的态度则要严厉得多。

　　耶律大石：南北通好百年，何为举兵侵夺地土？

　　马扩：朝廷缘女真海上累遣使人献还燕地，每以温言答之，不敢信从。近又得其文牒，具言已据山后，如南朝不要燕地，则渠国自取之，朝廷不得不发兵救燕。

　　耶律大石：河西家（西夏）累次上表，欲兴兵夹攻南朝，本朝每将表章封与南朝，不肯见利忘义，听用间谍。贵朝才得女真一言，即便举兵。……以两国和好，不欲留使人，食罢可行，为传语童贯，欲和则仍旧和，不欲和请出兵见阵。[①]

　　萧鼒、王介儒和耶律大石之所以谴责宋朝的背信弃义行为，所要彰显的，就是以联盟关系对抗金人的观念。只是这样的观念，已经不会被宋人所认可，所以要救国还得靠自己，而不是把希望寄托在别人身上。

　　燕京失守后，耶律大石率军至天祚帝处，天祚帝问他："我在，汝何敢立淳？"耶律大石答道："陛下以全国之势，不能一拒敌，弃国远遁，使黎民涂炭。即立十淳，皆太祖子孙，岂不胜乞命于他人耶？"天祚帝自知无理，未处罚耶律大石。由于有了耶律大石等人带来的军队，天祚帝再次自我膨胀，准备发兵收复燕云之地，耶律大石乃上言："自金人初陷长春、辽阳，则车驾不幸广平淀，而都中京；及陷上京，则都燕山；及陷中京，则幸云中；自云中而播迁夹山。向以全师不谋战备，使举国汉地皆为金有。国势至此，而方求战，非计也。当养兵待时而动，不可轻

―――――――――――

　　① 《三朝北盟会编》卷8，第55—56页。

举。"天祚帝不听他的建议，耶律大石则率军西行，自立为王，建立了西辽。对于这样的自立行为，耶律大石在诏谕部众时做出的是延续国祚的解释："我祖宗艰难创业，历世九主，历年二百。金以臣属，逼我国家，残我黎庶，屠翦我州邑，使我天祚皇帝蒙尘于外，日夜痛心疾首。我今仗义而西，欲借力诸蕃，翦我仇敌，复我疆宇。惟尔众亦有轸我国家，忧我社稷，思共救君父，济生民于难者乎。"① 西辽后来亦主要依靠儒家政治观念治国，但已超出了本书论述的范围，无须详述。

（二）恤民观念

越是在战乱之中，越能体现出恤民观念的重要，由此应列举一些注重恤民的事例。

大公鼎（1043—1121 年），渤海人，咸雍十年进士，辽道宗在位时即有一系列的善政之举。

> 调沈州观察判官，时辽东雨水伤稼，北枢密院大发濒河丁壮以完堤防。有司承令峻急，公鼎独曰："边障甫宁，大兴役事，非利国便农之道。"乃疏奏其事。朝廷从之，罢役，水亦不为灾。濒河千里，人莫不悦。
>
> 改良乡令，省徭役，务农桑，建孔子庙学，部民服化。时有隶鹰坊者，以罗毕为名，扰害田里。岁久，民不堪。公鼎言于上，即命禁戢。
>
> 会公鼎造朝，大臣谕上（道宗）嘉纳之意，公鼎曰："一郡获安，诚为大幸；他郡如此者众，愿均其赐于天下。"

天祚帝即位后，大公鼎出任南京副留守、东京户部使、中京留守等职，在应对东京之变和安抚中京民众方面，曾起过重要的作用。

> 时盗杀（东京）留守萧保先，始利其财，因而倡乱。民亦互生猜忌，家自为斗。公鼎单骑行郡，陈以祸福，众皆投兵而拜曰："是不欺我，敢弗听命。"安辑如故。
>
> 拜中京留守，赐贞亮功臣，乘传赴官。时盗贼充斥，有遇公鼎

---

① 《辽史》卷 29《天祚帝纪三》，卷 30《天祚帝纪四》。

于路者，即叩马乞自新。公鼎给以符约，俾还业，闻者接踵而至。不旬日，境内清肃。天祚闻之，加赐保节功臣。时人心反侧，公鼎虑生变，请布恩惠以安之，为之肆赦。

大公鼎以年迈之身躯为国效劳，终因难以改变危局，忧愤成疾，病逝于任上。①

天祚帝所重用的马人望，在应付军事问题方面表现得束手无策，已见前述。但是在政务管理和用人方面，还是有值得注意的表现。

拜参知政事，判南京三司使事。时钱粟出纳之弊，惟燕为甚。人望以缣帛为通历，凡库物出入，皆使别籍，名曰"临库"。奸人黠吏莫得轩轾，乃以年老扬言道路。朝论不察，改南院宣徽使，以示优老。逾年，天祚手书"宣马宣徽"四字诏之。既至，谕曰："以卿为老，误听也。"遂拜南院枢密使。人不敢干以私，用人必公议所当与者。如曹勇义、虞仲文尝为奸人所挤，人望推荐，皆为名臣。当时民所甚患者，驿递、马牛、旗鼓、乡正、厅隶、仓司之役，至破产不能给。人望使民出钱，官自募役，时以为便。②

临潢人卢彦伦，在败军扰乱临潢府时，明确提出了"护民"的要求。

辽兵败于出河店，还至临潢，散居民家，令给养之，而军士纵恣侵扰，无所不至，百姓殊厌苦之。留守耶律赤狗儿不能禁戢，乃召军民谕之曰："契丹、汉人久为一家，今边方有警，国用不足，致使兵士久淹父老间，有侵扰亦当相容。"众皆无敢言者，彦伦独曰："兵兴以来，民间财力困竭，今复使之养士，以国家多故，义固不敢辞。而此辈恣为强暴，人不能堪。且番、汉之民皆赤子也，夺此与彼，谓何?"③

---

① 《辽史》卷105《大公鼎传》。
② 《辽史》卷105《马人望传》。
③ 《金史》卷75《卢彦伦传》。

天庆十年（1120），萧乙薛被任命为上京留守，面对来自金军的威胁，注重的是"为政宽猛得宜，民之穷困者，辄加振恤"，并由此获得了部众的喜爱。①

（三）避世观念

在王朝统治后期，总会有一些人产生避世的观念，以隐居的状态来应对乱世的局面。

天祚帝乾统年间（1102—1110）去世的耶律官奴，曾主动辞去官职，密友萧哇对耶律官奴说："仕不能致主泽民，成大功烈，何屑屑为也！吾与若居林下，以枕箪自随，觞咏自乐，虽不官，无慊焉。"耶律官奴认可他的看法，两人随即成为被时人称道的"二逸"②。

出身于契丹皇族的萧蒲离不，乾统年间以"自度不足以继先业，年逾强仕，安能益主庇民"为由，推辞出任官职的邀请。晚年，更是隐居在抹古山，"屏远荤茹，潜心佛书，延有道者谈论弥日"，并且明确表示："有深乐，惟觉六凿不相攘，余无知者。"③

佛教僧人宗印（万花长老）亦感叹辽朝的衰亡，显示出避世的态度："七十劳生西复东，乡关在望念飘蓬。大辽半岁九分尽，全晋一年千里空。周召已亡无善政，蔡童虽死有余风。华阴乞食商山去，岩谷幽寻四老翁。"④

辽朝寺公大师的遗作《醉义歌》，显示的也是强烈的避世观念，可转录全诗于下。

晓来雨霁日苍凉，枕帏摇曳西风香。困眠未足正展转，儿童来报今重阳。吟儿苍苍浑塞色，容怀衮衮皆吾乡。敛衾默坐思往事，天涯三载空悲伤。正是幽人叹幽独，东邻携酒来茅屋。怜予病瘠伶仃愁，自言新酿秋泉曲。凌晨未盥三两卮，旋酌连斟折栏菊。我本清瘭酒户低，羁怀开拓何其速。愁肠解结千万重，高谈几笑吟秋风。遥望无何风色好，飘飘渐远尘寰中。渊明笑问斥逐事，谪仙遥

---

① 《辽史》卷101《萧乙薛传》。
② 《辽史》卷106《耶律官奴传》。
③ 《辽史》卷106《萧蒲离不传》。
④ 释宗印：《题佛刹》，阎凤梧、康金声主编《全辽金诗》上，山西古籍出版社1999年版，第81页。

指华胥宫。华胥咫尺尚未及，人间万事纷纷空。一器才空开一器，宿醒未解人先醉。携樽挈榼近花前，折花顾影聊相戏。生平岂无同道徒，海角天涯我退弃。我爱南村农丈人，山溪幽隐潜修真。老病犹耽黑甜味，古风清远途犹迤。喧嚣避遁岩路僻，幽闲放旷云泉滨。旋舂新黍爨香饭，一樽浊酒呼予频。欣然命驾匆匆去，漠漠霜天行古路。穿村迤逦入中门，老幼仓忙不宁处。丈人迎立瓦杯寒，老母自供山果醋。扶携齐唱雅声清，酬酢温语如甘澍。谓予绿鬓犹可需，谢渠黄发勤相谕。随分穷秋摇酒卮，席边篱畔花无数。巨觥深罯新词催，闲诗古语玄关开。开怀属酒谢予意，村家不弃来相陪。适遇今年东鄙阜，黍稷馨香栖畎亩。相邀斗酒不浃旬，爱君萧散真良友。我酬一语白丈人，解释羁愁感黄耇。请君举盏无言也，与君却唱《醉义歌》。风云不与世荣别，石火又异人生何。荣利傥来岂苟得，穷通夙定徒奔波。梁冀跋扈德何在，仲尼削迹名终多。古来此事元如是，毕竟思量何怪此。争如终日且开樽，驾酒乘杯醉乡里。醉中佳趣欲告君，至乐无形难说似。泰山载斫为深杯，长河酿酒斟酌之。迷人愁客世无数，呼来掊耳充罚卮。一杯愁思初消铄，两盏迷魂成勿药。尔后连浇三五卮，千愁万恨风蓬落。胸中渐得春气和，腮边不觉衰颜却。四时为驱驰太虚，二曜为轮辗空廓。须臾纵辔入无何，自然汝我融真乐。陶陶一任玉山颓，藉地为茵天作幕。丈人我语真非真，真兮此外何足云。丈人我语君听否，德则利名何足有。问君何事从劬劳，此何为卑彼岂高。蜃楼日出寻变灭，云峰风起难坚牢。芥纳须弥亦闲事，谁知大海吞鸿毛。梦里蝴蝶勿云假，庄周觉亦非真者。以指喻指指成虚，马喻马兮马非马。天地犹一马，万物一指同。胡为一指分彼此，胡为一马奔西东。人之富贵我富贵，我之贫困非予穷。三界唯心更无物，世中物我成融通。君不见，千年之松化仙客，节妇登山身变石。木魂石质既我同，有情于我何瑕隙。自料吾身非我身，电光兴废重相隔。农丈人，千头万绪几时休，举觞酪酊忘形迹。[1]

寺公大师在诗中所表现的淡漠祸福、勘破人生的观念，融汇了儒、

---

[1] 耶律楚材：《醉义歌》，《湛然居士文集》卷 8，谢芳点校，中华书局 1986 年版，第 171—173 页。按耶律楚材所述，此诗原文为"辽字"即契丹文，由耶律楚材翻译成汉文。

释、道的因素，对此应特别加以注意。

辽朝末世危机中呈现的救亡观、恤民观、避世观等，尽管较为粗略，亦是辽朝政治思想的重要组成部分。尤为重要的是，这些观念所展现的王朝末世政治认识，对于全面理解中国历代王朝的兴衰更替，具有不可忽视的价值。

第二编

西夏政治思想

第五章　西夏的建国观念

西夏是由居于中国西北的党项族建立的国家，在宋、辽两个王朝并立的时期，完成了由地方政权向国家的转型，并体现了李继迁、李德明、元昊等人政治观念的重大转变。①

第一节　奠定在西北立国的基础

党项是羌族的一个分支，其中的拓跋部经过几次迁徙，在唐朝后期控制了西北部的夏州（今陕西横山）、银州（今陕西佳县）、静州（今陕西米脂）、绥州（今陕西绥德）、宥州（今内蒙古鄂托克前旗）五州所在的地区，其首领被赐封李姓。五代时期，党项拓跋部的首领沿袭定难军节度使的称号，维系对夏银静绥宥地区的控制。② 从李继迁开始，党项人逐步实现了在西北地区建立国家的政治目标。

一　李继迁的守土观念

李继迁（963—1004 年），党项拓跋部人，出生于银州，任定难军节度使等职，被辽朝册立为夏王，后被尊为西夏的太祖，主掌党项各部时主要呈现的是守住祖先故土的政治观念。③

---

① 西夏的政治思想，仅在个别中国政治思想史著作提及，见刘泽华主编《中国政治思想史（隋唐宋元明清卷）》第 418—431 页，刘泽华主编《中国古代政治思想史》第 448—453 页。

② 史卫民：《党项族拓跋部的迁移及其与唐、五代诸王朝的关系》，《内蒙古大学学报》1981 年增刊《历史学专辑》。

③ 李继迁的兴起过程，见白滨《元昊传》，吉林教育出版社 1988 年版，第 10—22 页。

（一）避敌保众

宋太祖赵匡胤在位时（960—976 年），承袭定难军节度使的是李彝兴，乾德五年（967）李彝兴去世，子李光睿（后因避讳宋太宗之名改为李克睿）继任定难军节度使。宋太宗赵炅太平兴国三年（978）李克睿去世，子李继筠继任定难军节度使。太平兴国五年，李继筠去世，弟李继捧继任定难军节度使。从李彝兴到李继捧，都保持了依附于宋朝的政治姿态。①

太平兴国七年（982）三月，李继捧的叔父绥州刺史李克文称李继捧不应承袭定难军节度使之职，宋太宗传令李继捧入京朝觐。五月，李继捧觐见宋太宗，献上了夏、银、静、绥、宥五州。②

对于李继捧的来朝，宋太宗颇为重视，特别于太平兴国八年（983）十二月下诏："绥、银、夏等州民多流亡入蕃部，宜令州县吏设法招诱，俾之复业，仍给复三年。"③ 次年三月，宋太宗还特别向臣僚表示："夏州蕃部并已宁谧，向之强悍难制者，皆委身归顺，凡得酋豪三百七十余人，约三、五万帐族，得十年以来戎人所掠人畜凡二万五千口。朕间者所遣将帅，皆丁宁诚谕：如蕃部中有狡恶为害者，必以威武临之；顺伏易制者，必绥缉慰劳之，是以戎人畏威而感惠。"他还问李继捧："尔在夏州，能制蕃部乎？"李继捧答道："诸族狡恶不可制，臣但羁縻而已。若非天威所加，岂能制御者乎。"为了控制党项首领，宋太宗还特别下诏书，要求将李氏的宗族全部迁到京城。④

李继迁是李继捧的族弟，祖名李彝景，父名李光俨。李继捧入朝时，李继迁率部众居于银州。太平兴国八年三月，李继迁亦向宋太宗上表称："世泽长存，祖功未泯，人心思旧，蕃部乐推，不望通显皇朝，但假余生戎落克遂，肯构肯堂之志，常为不侵不叛之臣。"宋太宗给予的答复是："朕恭迓天庥，懋昭皇极。山陬海澨，尽一车书；日照月临，罔非臣庶。尔河西李氏，世分旄钺，久任边疆，忠节著于前朝，丰功彰于昭代。属兹家庭多难，几化参商；幸逢恩诏曲全，无亏棣萼。业

---

① 《宋史》卷485《夏国传上》；吴广成：《西夏书事》卷3，清道光五年刻本。
② 《续资治通鉴长编》卷23，第519—520 页；《宋史》卷485《夏国传上》；《西夏书事》卷3。
③ 钱若水等：《太宗皇帝实录》卷27。
④ 《太宗皇帝实录》卷29；《续资治通鉴长编》卷25，第575 页。

经同族其列王朝，何忍一夫远居荒俗。况夷落之内，或有跳梁；亲近之间，岂无煽动。敢行旅拒，难逭天诛，不特宗祀忽焉，抑且身名两败。细维善后，合念归诚。宠秩有加，不失当躬富贵；恩荣勿替，永贻奕世簪裾。祸福分途，从违早计。"① 也就是说，宋太宗警告李继迁不要有"跳梁"的想法，否则将带来宋朝的严厉惩罚。

李继迁实际上并不想像李继捧一样归顺宋朝，于是就有了他与弟弟李继冲、谋士张浦之间的一段对话。

> （李）继迁不采内徙，与弟继冲、亲信张浦等谋曰："吾祖宗服食兹土逾三百年，父兄子弟列居州郡，雄视一方。今诏宗族尽入京师，死生束缚之，李氏将不血食矣，奈何？"
>
> 继冲曰："虎不可离于山，鱼不可脱于渊。请乘夏州不备，杀诏使，据绥、银，可以得志。"
>
> 浦曰："不然。夏州难起家庭，蕃部观望，克文兼知州事，尹宪以重兵屯境上，卒闻事起，朝发夕至。银州羌素不习战，何以御之？吾闻小屈则大伸，不若走避漠北，安立至家，联络豪右，卷甲重来，未为晚也。"②

李继迁采纳张浦的建议，于太平兴国八年六月将部众迁至距离夏州三百余里的地斤泽（今内蒙古伊金霍洛旗南，毛乌素沙漠北）。"地斤善水草，便畜牧，生聚渐众。"以此为根据地，李继迁不时率军突击夏州、宥州等地，给宋人带来不小的威胁。③

宋太宗雍熙元年（984）九月，宋将曹光实率军突袭地斤泽，李继迁逃走，其母亲和妻子都被宋军俘虏。李继迁并不气馁，而是对党项贵族表示："李氏世有西土，今一旦绝之，尔等不忘先泽，能从我兴复乎？"这些贵族愿意追随李继迁，李继迁兵势复振，屯兵于夏州北面的黄羊平（今内蒙古乌审旗北），准备收复五州之地。④

---

① 《西夏书事》卷3。
② 《西夏书事》卷3。
③ 《西夏书事》卷4。
④ 《续资治通鉴长编》卷25，第585—586页；《西夏书事》卷4。

（二）附辽攻宋

李继迁公开叛宋后的一个重大行动，就是在雍熙二年（985）二月用计诱杀了宋朝的夏银绥麟等州都巡检使曹光实。

> 继迁继败，使人绐光实曰："我数奔北，势窘不能自存矣，公许我降乎。"因导致情款，愿陈甥舅之礼，期其日于近城十许里约降。光实武人，勇而无谋，心信之，且欲专其功，故不以语人。至期，继迁设伏于隐蔽，与数人近城迎。光实领数百骑径赴之，继迁前导，北行将至其地，忽举手麾鞭，而伏兵尽起，光实遂被害。①

李继迁还乘机占领了银州，有人建议李继迁以定难军节度使之职称西平王，号令党项诸部，谋臣张浦向李继迁上言："自夏州入觐，无复尺疆，今甫得一州，遽尔自尊，恐乖众志。宜先设官授职，以定尊卑；预署酋豪，各领州郡，使人自为战，则中国疲于备御，我得尽力于西土矣。"李继迁亦明确表示："是我心也。"于是李继迁只自称为都知蕃落使、权知定难军留后，并且设置了一批官职，以张浦、刘仁谦为左、右都押牙，李大信、破丑重遇贵为蕃部指挥使，李光祐、李光允等人为团练使，折八军为并州刺史，折罗遇为代州刺史，嵬悉咩为麟州刺史，折御乜为丰州刺史，弟李廷信为行军司马。②所谓各州刺史，因为这些州还在宋人手中，所以只是预授的职务。

李继迁随即率军进攻会州（今甘肃靖远）等地，但被宋军击败，不得不退出银州。在形势危急的状态下，李继迁决心采用依附辽朝抗击宋军的策略，并对部下说："吾不能克服旧业，致兹丧败，兵单力弱，势不得安。北方耶律氏方强，吾将假其援助，以为后图。"李继迁派张浦出使辽朝，表达愿意归附之意，辽圣宗耶律隆绪有所犹豫，西南路招讨使韩德威指出："河西为中国右臂，向年府州折氏与银、夏共衡刘汉，致大兵援应无功；今李氏来归，国之利也。宜从其请。"圣宗采纳韩德威的建议，于统和四年（宋太宗雍熙三年，986）二月封李继迁为定难军节度使、银夏绥宥等州观察处置使，都督夏州诸军事。当年十二月，李继迁率五百骑至辽朝边境，表示"愿婚大国，永作藩辅"，圣宗

---

① 《太宗皇帝实录》卷32。
② 《西夏书事》卷4。

乃下命"以王子帐节度使耶律襄之女汀封义成公主下嫁，赐马三千匹"①。

宋太宗亦多次派人以敕书招谕李继迁归附，李继迁也曾派张浦向宋边将表达过归顺之意，但在行动上则是加强了对宋朝西北边城的进攻。宋太宗乃采用赵普的"以夷制夷"建议，于端拱元年（辽圣宗统合六年，988）五月以李继捧为定难军节度使，并赐名为赵保忠，"所管五州钱帛、刍粟、田园等并赐保忠"。在给赵保忠的诏谕中，宋太宗特别强调："益见勤王，是用特举新恩，俾临旧地，再委边陲之任，慰其夷落之心。尔其善继家声，务绥戎索，勉树勋业，副我倚毗。"② 宋太宗让赵保忠安抚党项诸部，主要就是要扼制李继迁的力量。

赵保忠到夏州后，招抚李继迁不果，双方开战，赵保忠处于劣势。统和八年（宋太宗淳化元年，990）十二月，辽圣宗派遣使者前往李继迁处，将其封为夏国王。统和九年四月，李继迁派使者杜白向辽圣宗表达对封册为王的谢意。七月，赵保忠向宋太宗奏报李继迁有归顺之意，宋太宗乃任李继迁为银州观察使，赐名赵保吉。十月，赵保忠以夏州降辽，辽圣宗命其恢复李继捧的名字，并册封为西平王。③ 在对宋、辽的关系方面，赵保忠和李继迁采用的都是"骑墙式依附"的方法。

（三）恢复故土

利用辽朝的支持，李继迁先后占领了绥州和银州，并于淳化四年（辽圣宗统和十一年，993）派人向宋太宗讨要夏州、宥州和静州，被宋太宗拒绝，李继迁即明确表示："五州故地，先业留遗，拓土展疆，是诚在我。"他还鼓励部下："身虽薄德，承累世之泽，抚诸族之豪，安能迷运守常，没身沙漠，诸君其努力图之。"李继迁随即向庆州（今甘肃庆阳）、原州（今甘肃镇原）发起进攻。次年，赵保忠被李继迁击败，随即被宋人所擒，被宋太宗降为"宥罪侯"④。

为应对李继迁的不断攻扰，宋琪向宋太宗上集合重兵一举歼灭之策，王禹偁上离间党项部族之策。宋太宗最终采取的措施，只是下诏

① 《辽史》卷11《圣宗纪二》，卷82《韩德威传》，卷115《西夏记》；《西夏书事》卷4。

② 《太宗皇帝实录》卷44；《续资治通鉴长编》卷29，第653页。

③ 《辽史》卷13《圣宗纪四》，卷115《西夏记》；《续资治通鉴长编》卷32，第718页；《西夏书事》卷5。

④ 《西夏书事》卷5；《续资治通鉴长编》卷35，第775—777页；卷36，第785页。

"堕夏州故城，迁其民于绥、银等州"①。在宋军的打击下，李继迁又逃到沙漠之北，并于至道元年（辽圣宗统和十三年，995）六月派张浦等人向宋朝求和。在向宋太宗呈上的奏表中，李继迁作出了以下的表态。

> 怀携柔远，王者之洪规；裕后光前，子臣之私愿。臣先世自唐初向化，永任边陲；迫僖庙勤王，再忝国姓；历五代而恩荣勿替，入本朝而封爵有加。德并戴天，情深拱极。兹以家庭多难，骨肉相仇，遂致帐属流离，箕裘陨越。庭坚之宗，忽焉不祀；若敖之鬼，嗟其馁而。臣虽拓跋小宗，身是尽臣后裔。十世之宥，义在褒忠；三代之仁，典昭继绝。聿维夏州荒土，羌户零星，在大宋为偏隅，于渺躬为世守。祖先灵爽，应恋首丘；明发私怀，敢忘宗土。恭惟皇帝陛下，垂天心之慈爱，舍兹弹丸；矜蓬梗之飘零，俾以主器。诚知小人无厌，难免僭越之求。伏祈圣主宽仁，远降哀全之诏，曲成靡既，再造莫酬，臣不胜惶悚恐惧。②

宋太宗在诏谕李继迁的回书中，特别强调了"存狡兔之三穴""持首鼠之两端"和"既除手足之亲，已失辅车之势"的说法。这样的说法，恰是指明了李继迁在辽、宋之间周旋的政治策略。③

宋太宗还特别把张浦留在京城，以削弱为李继迁出谋划策者的力量，宋人对此有以下的记录。

> 至道元年（995）正月，继迁遣张浦来献蕃戎所产橐驼，盖浦在西夏多年，继迁实奉为谋主。三月，上（宋太宗）令卫士翘阙超乘、引强夺矟于后园，召浦观之。上意欲威示戎狄，使不敢轻大宋。浦大骇。上笑问浦："戎人敢敌否？"浦曰："羌部弓弱矢短，但见此长大人，固已逃遁，况敢敌乎。皆贫窭饮食，被服粗恶，无可恋者，岂能永保富贵。"
>
> 上谓宰相等曰："继迁负固不庭，啸聚边境。朕君临四海，须与含容。昨者赐以诏书，俾移镇守，而狂不奉诏，尚恣陆梁，朕哀

---

① 《续资治通鉴长编》卷35，第767—771、777—778 页。
② 《西夏书事》卷5。
③ 《续资治通鉴长编》卷36，第800 页。

此孽重死亡之非久也。"宰相等对曰："继迁器识凡下，自叛涣以来，引亲校张浦为谋主，军中动静一以咨之，遂能倔强。穷庐苟延岁月者，浦之力也。今陛下走一介致之，继迁内失腹心之用矣。"乃以张浦为郑州团练使，留京师。①

至道二年（996）三月，李继迁以偷袭的方式，劫夺了宋军运往灵州（今宁夏灵武）的四十万石粮草。张洎向宋太宗上言："今继迁以党项余孽，边方黠虏，据平夏全壤，扼瀚海要冲，倏忽往来，若居猱席之上。国家若兵车大出，则兽惊鸟散，莫见其踪由；若般运载驰，则蚁聚蜂屯，便行于劫夺。"他的建议是放弃灵州，因为"继迁或成或败，未足致邦国之安危，灵武或存或亡，岂能系边陲之轻重"。宋太宗怒斥张洎乱言，乃派出五路大军进攻李继迁，并亲自为各路军的行动提供阵法和战法。但五路军相互配合不足，最终都无功而返。②

至道三年（997）正月，张鉴向宋太宗建议："灵州一方，僻居塞外，虽曰西陲之要地，实为中夏之蠹区，竭物力以供须，困甲兵而援送，萧然空垒，只益外虞。不若以赐继迁，使怀恩奉籍，稍息刍挽之役。"宋太宗当时已经病重，难以再做出决断。至道三年三月，宋太宗去世，宋真宗赵恒即位。辽圣宗则为表示对李继迁势力恢复的认可，加封李继迁为西平王。③

李继迁隆重地为宋太宗举哀，并派使者向宋真宗表示归附之意，条件是让他继续管理五州之地。田锡、李至都上书真宗，要求放弃灵州；王禹偁更明确提出了"下诏赦继迁之罪，复与夏台"的建议，以满足李继迁"乞取残破夏州，奉拓跋氏祭祀"的要求。至道三年十二月，宋真宗接受王禹偁的建议，下诏"以夏、绥、银、宥、静五州赐赵保吉（李继迁）"，授其为夏州刺史，充定难军节度、夏银绥宥静等州观察处置押蕃落等使，并特别诏谕李继迁："先皇帝（宋太宗）早深西顾，欲议真封，属轩鼎之俄迁，筑汉坛之未逮，故兹遗命，特付眇躬。尔宜望弓剑以拜恩，守封疆而效节。"为表示通和的诚意，宋真宗还让

---

① 彭百川：《太平治迹统类》卷2《太祖太宗经制西夏》。
② 《太宗皇帝实录》卷78、卷79；《续资治通鉴长编》卷39，第833—838页；卷40，第850—853页。
③ 《续资治通鉴长编》卷41，第860—862页；《辽史》卷13《圣宗纪四》。

张浦返回了夏州。①

宋真宗咸平元年（辽圣宗统和十六年，998）正月，李继迁派人向宋真宗上表，对宋真宗的任命表示感谢。

> 天子宅中，声教讫于海澨；王者无外，怀柔溥及戎方。恭维皇帝陛下，恩深断绝，度豁包荒。垂念祖祢之功，俾承堂构之旧，全家细小，均沐鸿慈，合族豪酋，同游化宇。从此以享以祀，在天对越堪依；斯哭斯歌，没世首丘可乐，皆出于皇帝至仁之所赐也。惟是臣远处夷落，贱属草莽。初无汗马之劳，克勤王事；继肆凭城之技，屡扰边陲。虽蒙圣主施仁，神武不杀，自念渺躬负罪，梦寐何安。谨遣下臣，拜上恩命。敢尘旒冕，窃冒殿庭。望垂日月之明，使图蚁效；俯鉴狂瞽之渎，藉展葵忱。元造曲全，天恩莫报，臣不胜悚惶待罪之至。②

宋真宗向李继迁妥协，在宋人中颇有不满情绪，如田锡就认为："李继迁不合与夏州，又不合呼之为赵保吉。"柳开也指出："西鄙积恨未泯，贪心难悛，其下猖狂，竞谋凶恶，侵渔未必知足，姑息未能感恩。"③宋真宗既不想对辽开战，也不想对李继迁开战，所以对这些不满置之不理。

咸平二年（999）六月，何亮向宋真宗上《安边书》，其中对宋朝安边策略的分析，实际上也是对李继迁未来走向的说明，颇值得注意。

> 臣窃料今之议边事者，不出三途：以灵武居绝塞之外，宜废之以休中国飞挽之费，一也；轻议兴师，深入穷追，二也；厚之以恩，守之以信，姑息而羁縻之，三也。
> 而臣以为灵武入绝塞，有飞挽之劳，无毛发之利，然地方千里，表里山河，水深土厚，草木茂盛，真牧放耕战之地，一旦舍之以资戎狄，则戎狄之地广且饶矣。以贪狼之心，据广饶之地，以梗中国，此戎狄之患未可量者一也。自环庆至灵武仅千里，西域、北

---

① 《续资治通鉴长编》卷41，第869—875页；卷42，第901页；《西夏书事》卷6。
② 《西夏书事》卷6。
③ 《续资治通鉴长编》卷43，第910—911、923—924页。

庭剖分为二，故其地隘，其势弱，而不能为中国之大患。如舍灵武，则西域、北庭合而为一，此戎狄之患未可量者二也。冀之北土，马之所生，自匈奴猖狂之后，无匹马南来，备征带甲之骑，取足于西域。西狄既剖分为二，其右乃西戎之东偏，为夏贼之境，其左乃西戎之西偏，秦、泾、仪、渭之西北诸戎是也。夏贼之众，未尝以匹马货易于边郡，是则中国备征带甲之骑，独取于西戎之西偏，如舍灵武，复使西戎合而为一，夏贼桀黠，服从诸戎，俾秦、泾、仪、渭之西，戎人复不得货马于边郡，则未知中国战马从何而来，此舍灵武而戎狄之患未可量者三也。

若夫深入穷追，则夏贼度势不能抵，必奔遁绝漠，王师食尽不能久留，师退而贼复扰边，所谓有大费而无成功，深寇仇而速边患，此轻议兴师之不利者一也。师进则无功，师退则寇至，寇至而不战，则边郡被其害，寇至而战，则边郡之兵不足以当戎狄之众，此轻议兴师之不利者二也。清远西北曰旱海，盖灵武要害之路，而白、马二将奔败之地也。如王师薄伐，无功而还，则夏贼必据要害之路，以阻绝河西粮道，此轻议兴师之不利者三也。自国家有事于西戎已来，关右之民，疲极困苦，未能息肩，而一旦薄伐无功，河西路阻贼，必干运飞挽，大兴征讨以通粮道，疲民重困，盗贼多有，此轻议兴师之不利者四也。

若示恩信，姑息而羁縻之，则又戎狄之性贪婪无厌，虽存臣事之名，终多反复之志。或当道牧放，以阻吾军民，或征虏族帐，以益其部落。如国家止以恩信羁縻之，必将服从诸戎，然后为中国大患，此不可一也。自白、马二将奔败之后，夏贼得志，择灵武山川之险而分据之，侵河外膏腴之地而辟之，逼近城池，意在吞噬，譬犹伏虎，见便则动。如国家止以恩信羁縻之，则一朝之患，卒然而作，此不可二也。①

咸平四年（1001）十月，张齐贤亦向宋真宗上书，指出辽朝册封李继迁王号，宋人没有予以重视，乃是一大失策。

---

① 《续资治通鉴长编》卷44，第947—948页。

今议者不过曰名器不可假人，刑赏不可滥及，此乃圣人治中国之道，非议于夷狄者也。陛下即位之初，以银夏一管，尽与继迁。委高爵于匪人，屈王臣于穹帐，分储廪以悦其志，辇金帛以慰其心，有以见陛下爱全生灵，耻用凶器，惠此中国，以绥四方者也。朝廷于迁贼之恩，可谓厚矣。殊不知契丹虑迁贼感大国之恩，断右臂之势，防患所切，其谋甚深，署王爵以赐之，遣戎使以镇之。王爵至则旄节之命轻矣，我之命适所以资之也，戎使至则动静皆伺之，向背之心异矣，我使往适所以坚之也。夫西平之命，亦虚名也，契丹命之有何损哉。以今日言之，当时之策，岂不为失乎。①

李继迁占据五州之地后，灵州已经成为宋朝边境上的隔绝之地，尽管依然有人建议放弃灵州，但是宋真宗于咸平四年十二月向臣僚征求意见时，群臣"咸以为灵州乃必争之地，苟失之，则缘边之州亦不可保"，只有宰相李沆表示："若迁贼不死，灵州必非朝廷所有。"张齐贤则特别强调需要注意李继迁的以下动向。

迁贼包藏凶逆，招纳叛亡，建立州城，创置军额，有归明、归顺之号，且耕且战之基。仍闻潜设中官，全异羌夷之体，曲延儒士，渐行中国之风。睹此作为，志实非小。②

李沆的话不幸言中，咸平五年三月，李继迁攻占了灵州。占领灵州是李继迁开疆辟土的一大胜利，他下令将灵州改为西平府，并力排众议，准备在此地建立都城。

初，保吉（李继迁）居夏州，修复寝庙，抚绥宗党，举族以安。及得灵武，爱其山川形胜，谋徙都之。弟继瑗言："银、夏系累世经营，祖宗灵爽，实式凭之。今恢复未久，遽而迁弃，恐扰众心。"保吉曰："从古成大事者，不计苟安；立大功者，不徇庸众。西平北控河、朔，南引庆、凉，据诸路上游，扼西陲要害。若缮城浚壕，练兵积粟，一旦纵横四出，关中将莫知所备。且其人习华

---

① 《续资治通鉴长编》卷49，第1075—1077页。
② 《续资治通鉴长编》卷50，第1094—1100页。

风，尚礼好学。我将借此为进取之资，成霸王之业，岂平夏偏隅可限哉？"遂令继瑗与牙将李知白等督众立宗庙，置官衙，挈宗族建都焉。①

李继迁继续在西部地区用兵，于咸平六年（1003）十月攻占西凉府（今甘肃武威）。吐蕃首领潘罗支假意向李继迁投降，张浦向李继迁发出了警告："兵务慎重，贵审敌情。罗支倔强有年，未挫兵锋，遽尔降顺，诈也。不若乘其诡谋未集，一战擒之，诸蕃自伏。若悬军孤立，主客势殊，未见其可。"李继迁则表示："我得凉州，彼势已促，力屈而降，何诈之有？况杀降不祥，尔勿疑，以阻向化之心。且先返西平，我当抚安余党，以免后患。"李继迁的轻敌导致了悲剧的发生，潘罗支以伏兵大败李继迁军，李继迁中流矢，逃回西平府，于次年正月伤重去世。② 在去世之前，李继迁向其子李德明和辅臣张浦留下了重要的遗言。

　　嘱德明曰："尔当倾心内属，一表不听则再请，虽累百表，不得请勿止也"。又谓张浦曰："公等并起等夷，谊同兄弟，孺子幼长兵间，备尝艰苦，今俾以灵、夏之众，虽不能与南北争衡，公等勠力辅之，识时审务，或能负荷旧业，为前人光，吾无憾矣。"③

综观李继迁的政治观念，守住祖先传承下来的故土，既是重要的政治目标，也是其一直坚持的政治理念。他为这样的理念奋斗了二十余年，终于达成了恢复故土并有所扩张的目标。李继迁并没有称王和建国，但是为后来的西夏王国留下了三种重要的观念。一是周旋于大朝之间的观念，既要妥善处理与宋、辽两个王朝的关系，巧妙利用两朝的矛盾，也要不断向两朝示好，所谓"倾心内属"，就是这种观念的高度概括。这样的夹缝中求生存的政治观念，确实被其后人所沿袭，成为西夏立国的基本准则。二是注重用人的观念，李继迁得到汉人儒臣张浦等人的帮助，并且能够"曲延儒士"，还在临终时向张浦等人"托孤"，所

---

① 《西夏书事》卷7。
② 《西夏书事》卷7。
③ 《西夏书事》卷8。

显现的恰是他愿意用汉臣尤其是"汉儒"的观念。三是向往"华风"的观念，李继迁建都城、立宗庙、设官府以及注重且牧且耕的方式，其核心点就是仿照"中国"的传统做法，建立一种新的统治方式。由于长年处于征战之中，李继迁还未能全面展开以"汉制"治理属众的行动，但是仰慕华风的观念已经有所显现，并给后人带来重要的影响。恰是因为李继迁既有守住祖宗基业的行为，又有这些值得继承的政治观念，使之成为西夏王国的重要奠基者，所以叙述西夏的政治思想，确实不能忽视李继迁的重要地位。

二　李德明的安和观念

李德明（982—1032 年），小字阿移，李继迁长子，袭任定难军节度使等职，被辽、宋册封为夏王，后被尊为西夏的太宗，主政期间主要表现出安和的政治观念。[①]

（一）通好于辽

辽圣宗曾于统和十八年（1000）十一月授予李德明朔方军节度使之职，李继迁去世后，李德明即派出使者告知辽朝，辽圣宗派出使者吊唁李继迁，但是并未授予李德明任何封号。李德明的谋臣赵保宁上言道："国家疆宇虽廓，自西凉扰乱，先王被害，蕃众惊疑。若不假北朝威令慑之，恐人心未易靖也。"李德明亦有继续依附辽朝的强烈愿望，乃以赵保宁为使者，向辽圣宗请求册封。辽圣宗则表示："此吾甥也，封册当时至。"统和二十二年（1004）七月，辽圣宗派遣使者册封李德明为西平王。当年十月，李德明特别派使者向圣宗表示对册封为王的谢意。[②]

统和二十八年（1010）九月，辽圣宗又封李德明为夏国王。为显示对辽朝的通好态度，在附辽的一些党项部落叛辽后，李德明采取了拒绝这些部落入境的做法，辽圣宗亦曾于开泰二年（1013）七月诏谕李德明："今党项叛，我欲西伐，尔当东击，毋失掎角之势。"在辽军进攻党项部落时，李德明出兵相助，辽圣宗即以赐给李德明车马作为

---

① 《宋史》卷485《夏国传上》。《辽史》避皇帝讳，将李德明改为李德昭；宋人则因为有皇帝赐姓的举动，称李德明为赵德明。李德明主政的情况，见白滨《元昊传》，第23—29 页。

② 《辽史》卷14《圣宗纪五》；《西夏书事》卷8。

回谢。①

此后李德明一直保持着与辽朝密切的通使关系，并且在辽圣宗去世后特别派人前往吊唁。辽兴宗耶律宗真即位后，以兴平公主嫁给李德明之子元昊，并封元昊为夏国公、驸马都尉，亦是维系双方良好关系的重要举措。②

有记载称宋真宗天禧四年（辽圣宗开泰九年，1020），由于李德明不同意吐蕃使者借道前往辽朝，辽圣宗亲率五十万大军，以狩猎为借口，大举进攻西夏，被李德明击败，双方的通使由此中断。次年，双方恢复通使关系，辽圣宗还特别派遣萧孝诚带着玉册金印，册封李德明为尚书令和大夏国王。③ 这样的记载缺乏佐证，因为如此重大的冲突，《续资治通鉴长编》和《辽史》等都会依据实录，留下相关的记录，不会毫无踪迹可查。辽圣宗在位后期确实有频繁用兵的举动，但是并未对西夏用兵，李德明也高度重视与辽的通好关系，所以双方开战和续封大夏国王等，可能是误传，只是记录于此，以备参考。

（二）通和于宋

李继迁去世后，宋真宗即对承袭其位的李德明定下了招抚的基调："阿移（李德明）既孤，宜即招抚。然其人多狙诈，傥内蓄奸谋，外示柔顺，止居灵州河外，遣使修贡，行商贸易，私缮兵革，干求无度，小不如意，乃窃发为寇，则患益深矣。宜令（张）崇贵与约，如果归顺，则须献灵州，归夏州治所，尽还蕃部质子，放散甲兵，即授银、夏节制；傥以银、夏荒残为辞，则河西先归顺人户见居河东管界者，并追还之。"④

李德明因为与辽朝交好，所以并未积极回应宋人的招抚。在辽、宋达成澶渊之盟后，张浦向李德明提出了与宋通和的建议："先王遗命，应即表闻，缘降之太易，彼将轻我。今兵复西凉，国威已振，请之，此其时矣。"李德明听从张浦的建议，于景德二年（辽圣宗统和二十三年，1005）六月派使者向宋真宗呈上了请求通和的奏表。

---

① 《辽史》卷15《圣宗纪六》；《西夏书事》卷9。
② 《辽史》卷18《兴宗纪一》。
③ 《宋史》卷485《夏国传上》。
④ 《续资治通鉴长编》卷56，第1228页。

同轨同文，王者大车书于一统；至神至圣，远人瞻天日于无疆。臣父承闻边陲，蒙恩优渥。方且心乎王室，拱北极而抒诚；靡意难起同袍，纠西蕃而生事。遂致鞠躬尽瘁，赍恨莫伸。然而恋阙深情，平时恳切；作忠遗教，垂没叮咛。臣赋性颛蒙，素怀恭顺。向居苦块，欲进表而无由；今属禫除，敢请臣之或后。恭维皇帝陛下，德超邃古，道建大中。海不择乎细流，朝宗者必纳；山岂遗乎土壤，环向者咸依。伏望俯鉴孤忠，得尽小心翼翼；垂怜微末，克遵先训谆谆。存没衔恩，子孙感德。①

宋真宗答应李德明的通和要求，但是要求他立下誓约，保证落实七件事情：一是将灵州献给宋朝，二是李德明等只能居于平夏地区，三是遣子弟入宿卫即入质于宋，四是尽散蕃汉兵即解散军队，五是送还被掳掠的官吏，六是送还被掳掠的人口，七是边境发生冲突时要及时向宋廷报告并听候朝廷的处理。如果李德明能够遵从"七事"，宋朝则同意李德明所提出的"五事"作为回报：一是正式授予李德明定难军节度使、西平王之职，二是给予"岁币"四万两、茶二万斤，三是给予李德明内地节度使的俸禄，四是准许双方贸易往来（即"听回图往来"），五是不再对青盐产销进行严格的限制。②

李德明认为宋朝的"七事"过于苛刻，所以迟迟不肯呈上誓约，时人留下了以下记载。

向敏中及张崇贵与德明议立誓约，久未决。德明虽数遣使修贡，然于七事讫莫承顺，累表但云乞先赐恩命，徐议之。时已有诏许德明毋纳灵州，既又赐敏中等诏，谕德明止遣子弟入宿卫，及毋得攻劫西路进奉蕃部，纵有争竞，并取朝廷和断，他约悉除之，然亦不听回图往来及放行青盐之禁。

对于李德明的拖延，宋人颇为不满，宋臣曹玮等人于景德三年（1006）五月向真宗提出了动武的建议。

---

① 《西夏书事》卷8。
② 《续资治通鉴长编》卷60，第1346—1347页。

继迁擅河南地二十年，边不解甲，使中国西顾而忧。今方其国危子弱，不即擒灭，后更盛疆难制。愿假臣精兵，出不意，捕德明送阙下，复以河南为郡县，时不可失。

宋真宗不愿意动武，而是让双方使者进一步谈判，并且在景德三年八月有了初步的结果。

向敏中等与赵德明议朝廷所降要约事，德明累遣人告敏中等云："遣亲弟宿卫，上世未有此例，其他则愿遵承。"仍欲以良马橐驼千计入贡，辞意恳切。敏中等具其事以闻，且言要约未备，故不敢请行封爵。上（宋真宗）曰："远方之俗，本贵羁縻耳。"乃诏谕敏中等："如德明再遣人至，果不欲令亲弟宿卫，则所乞回图往来及放行青盐之禁，朝廷并不许，然不阻其归顺之志也。"陈尧叟言："青盐如置榷场，官亦不可买之，盖平夏青盐甚多，若官买必须官卖，既乱禁法，且解州两池盐不复行矣。"上曰："德明如遣子弟宿卫，则许放行青盐，岂是不乱禁法也？今榷场既不为买，当先以文告谕之，若异时德明复有恳请，则当令榷场量定分数收市。"①

当年九月，李德明派使者正式向宋真宗呈上誓表，明确表示："臣立誓之后，若忘恩背义，百神怒诛，上天震伐，使其殃祸仍及子孙。"②十月，宋真宗授予李德明定难军节度使之职，并册封为西平王；另派使者赐予李德明银万两，绢万匹，钱二万贯，茶二万斤，也就是开始给李德明"岁币"③。

李德明与宋真宗达成册封关系后，为表示通和的诚意，特别在绥州和夏州建立了迎接宋朝使者的馆舍，分别命名为"承恩"和"迎辉"。景德四年（1007）七月，李德明请求在保安军（今陕西志丹）开榷场，进行边境贸易，亦得到宋真宗的应允，"令以驼马、牛羊、玉、毡毯、

---

① 《续资治通鉴长编》卷63，第1398—1399、1402、1419—1420页。

② 李德明：《上宋誓表》，聂鸿音《西夏遗文录》，《西夏学》第2辑，宁夏人民出版社2007年版，第137页。

③ 《续资治通鉴长编》卷64，第1427—1429页。

甘草易缯帛、罗绮，以密蜡、麝香、毛褐、羚角、硇砂、柴胡、苁蓉、红花、翎毛易香药、瓷漆器、姜桂等物，其非官市者，听与民交易"。李德明又想在麟州（今陕西神木）开榷场，被宋真宗拒绝，但是同意李德明使用宋朝的《仪天历》，并向其颁送了历书。①

在与宋交往的过程中，难免会产生一些小规模的摩擦和冲突，李德明特别于大中祥符九年（1016）向宋真宗上书，既表达了遵守誓约的诚意，也希望宋人不要接纳来自其境内的降人。

> 伏以蕃陲部落，戎寇杂居，劫掠是常，逋亡不一。臣自景德中进纳誓表，朝廷亦降诏书，应两地逃民，缘边杂掠，不令停舍，皆俾交还。自兹谨守翰垣，颇成伦理。自向敏中归阙，张崇贵云亡，后来边臣，罕守旧制。天庭邈远，微塞阻修，各务邀功，不虞生事，遂至绥、延等界，泾、原以来，擅举甲兵，入臣境土。其有叛亡部族劫掠生财，去者百千，返无十数。臣之边吏，亦务蔽藏，俱失奏论，渐乖盟约。臣今欲索所部应有南界背来蕃族人户，乞朝廷差到使臣，就界上交付。所有臣本道亦自进纳誓表后走投南界蕃户，望下逐处发遣归回，未赐俞允。即望敦谕边臣悉遵诏约，肃静往来之奸寇，止绝南北之逋逃。俾臣得以内守国藩，外清戎落。岂敢违盟负约，有始无终，虚享爵封，取诮天下。但恐朝廷不委兹事，诏上未察本心，须至剖陈，上干听览。

宋真宗亦明确表示，为了保持双方的和好关系，亦会约束守边之臣，不得妄生事端。

> 卿世济勋庸，任隆屏翰，翊忠规而奉上，正师律以守方。布露恳诚，条成章疏，载加阅览，备认倾输。且国家奄宅中区，统临四海，咸推覆育，岂限迩遐。凡命将帅之臣，唯存御备之戒，所有文字往来，辞说异同，部族贪残，辗转仇报，掠过生口，彼此交还。其如不见端倪，互相诬执，或因缘攘窃，增饰邀求，朝廷固不细知，边垒亦为常事。及详来奏，深究弊源，难悉推穷，当申约束。

① 《西夏书事》卷9，《续资治通鉴长编》卷66，第1471页；卷67，第1495、1502页。

已令鄜延、泾原、环庆、麟府等路部署钤辖司，今后约勒蕃部，不得辄相劫夺，擅兴甲兵，凡于交争，须尽公办理。其有广占阡陌，隐庇逃亡，画时勘穷，押送所管。卿本道亦仰严戒部下，不得更有藏匿。各遵纪律，共守封疆，嘉叹之怀，不忘寤寐。①

宋仁宗赵祯即位后，依然与李德明保持通好关系，并于明道元年（1032）十一月册封李德明为夏王。李德明对于其子元昊质疑与宋通好的言论，亦明确表示："吾久用兵，终无益，徒自疲耳。吾族三十年衣锦绮衣，此圣宋天子恩，不可负也。"②

恰是因为李德明保持了与宋朝通好的政治态度，宋人特别肯定了他为边疆安宁所作的贡献。如富弼指出："自与通好，略无猜情，门市不讥，商贩如织，纵其往来，盖示怀柔。"③ 范仲淹亦在给元昊的信中对李德明有以下评价。

伏以先大王（李德明）归向朝廷，心如金石。我真宗皇帝命为同姓，待以骨肉之亲，封为夏王。履此山河之大，旌旗、车服降天子一等，恩信隆厚，始终如一。齐桓、晋文之盛，无以过此。朝聘之使往来如家，牛马驼羊之产，金银缯帛之货，交受其利，不可胜纪。塞垣之下，逾三十年有耕无战，禾黍云合，甲胄尘委，养生葬死，各终天年。使蕃汉之民，为尧舜之俗，此真宗皇帝之至化，亦先大王之大功也。④

范仲淹所要强调的，恰是在李德明的安和观念下（这种观念与宋真宗的引导有密切关系），带来了有利于宋、夏和平发展的大好机会。

（三）立国准备

李德明承袭李继迁的职位后，对属下的官职作了调整：张浦以左都押牙兼行军左司马，赵保宁以绥州刺史兼右司马，贺承珍以指挥使兼左都押牙，刘仁勖任右都押牙，破丑重遇贵任都知蕃落使，白文寿、贺守

---

① 《续资治通鉴长编》卷88，第2022—2023页。
② 《续资治通鉴长编》卷111，第2592—2594页。
③ 《续资治通鉴长编》卷124，第2925—2926页。
④ 范仲淹：《答赵元昊书》，《范文正公集》卷9，四库全书本。

文任都知兵马使，何宪、白文赞任孔目官，郝贵、王旻等任牙校，李继瑗任夏州防御使，李延信任银州防御使。①从用官的情况看，不仅继续倚重张浦等谋臣，亦延续了李继迁时的汉人、党项人并用的原则。

李德明主政夏、银地区，只是被辽、宋封为王，并未真正称帝和建立独立于辽、宋之外的国家，但是他为后人称帝建国作了两方面的准备。

一方面是向西扩张，为未来的国家框定西境的疆土。李德明在与宋朝建立通和关系后，即着手用兵于西凉等地。宋臣张齐贤向真宗所上的奏折，就清楚地说明了李德明有实现李继迁遗愿、征服西北各部的明显意图。

> 臣在先朝，常忧灵、夏两镇终为继迁吞并。当时言事者以臣所虑为太过，略举既往事以明本末。当时臣下皆以继迁只是怀恋父母旧地，别无他心。先帝与银州廉察，庶满其意。迩后不住攻劫，直至降到麟、府州界八部族蕃首，又胁制却贺兰山下族帐，言事者犹谓封赏未厚。洎陛下缵绍，务欲绥怀，不吝爵赏，尽赐银、夏土壤，宠以节旌。自此奸威愈滋，逆志尤暴，屡断灵州粮路，复扰缘边城池。数年之间，灵州终为吞噬。彼之情状，昭然可知。当麟州、清远军垂欲陷没，臣方受经略之命。臣思继迁须是得一两处头角蕃族，令与为敌，此乃以蛮夷攻蛮夷，中夏之上策也。遂请以六谷名目封崇潘罗支，俾其展效。其时近位所见，全与臣谋不同，恩命之间多沮挠。及梅询受命，终不令去，所授所赐，全违始谋。然继迁终因攻劫六谷，为潘罗支射杀。近知赵德明依前攻劫六谷，兼闻曾破却西凉府，所有节度使并副使，折逋游龙钵及在府户民，并录在部下。万一不谬，则德明之心又似不小。况其人悉是唐末陷蕃华人，兼折逋游龙钵等谙熟西南面入远蕃道路，六谷田牧之远近，川泽之险易，尽知之矣。若使胁制却六谷之后，即虑瓜、沙、甘、肃、于阗诸处，渐为控制。缘此以四蕃中州郡，旧属灵州总统，即今在夏州，画说者必以此为计。所以继迁在日，方欲吞灭六谷，今来德明又以父仇为名，志在通甘、伊、瓜、沙道路，必要统制。西

---

① 《西夏书事》卷8。

夏，唐朝嘉木布破灭之后，便不相统一，所以五代以来，西蕃安静。今仪、渭、秦、陇山后，虽大段部族，苟或渐被侵扰，则他时边患非轻。将来圣驾东幸，臣必虑德明乘便去攻六谷。向使潘罗支尚在，则德明未足为虞，今潘罗支已亡，厮铎督恐非其敌。伏望委两府大臣谋议，早为经制。①

李德明后来果然连年在西部地区用兵，虽然经历了几次重大的失败，但最终占据了凉州、甘州等地。

另一方面是建立新的都城。李德明被辽朝封为夏国王后，在今陕西省志丹县内的鳌子山"大起宫室，绵亘二十余里，颇极壮丽"。宫室建成后，李德明"由夏州如鳌子山，大辇方舆、卤簿仪卫，一如中国帝制"②。但是这些宫室，只是李德明的行宫。李德明为未来国家选定的都城，是在庆州（今宁夏银川）。之所以选择这里作为都城，是因为天禧元年（1017）六月"有龙见于温泉山"，温泉山地处怀远镇的北面，是建都立业的理想场所，李德明在臣僚的支持下，决心将都城由西平府迁到庆州。

> 灵州怀远县，始于后周，宋初废为镇。保吉（李继迁）取灵州时，尽逐居民城外，遂皆徙依怀远。德明以龙见之祥，思都其地，谋之于众，佥曰："西平土俗淳厚，然地居四塞，我可以往，彼可以来。不若怀远，西北有贺兰之固，黄河绕其东南，西平为其障蔽，形势利便，洵万世之业也。况屡现休征，神人允协，急宜卜筑新都，以承天命。"德明善之，遣贺承珍督役夫，北渡河城之，构门阙、宫殿及宗社、籍田，号为兴州，遂定都焉。③

李德明在庆州建城的时间，有天禧四年（1020）④ 和乾兴二年（1023）⑤ 等说法。具体时间还可以做进一步的考证，重要的是如何将

---

① 《续资治通鉴长编》卷68，第1537—1538页。
② 《西夏书事》卷9。
③ 《西夏书事》卷10。
④ 按照《续资治通鉴长编》的说法，天禧四年，"赵德明始城怀远镇而居之，号兴州"。见该书卷96，第2234页。
⑤ 按照《宋史》卷485《夏国传上》的说法，则是乾兴二年，"德明城怀远镇为兴州以居"。

新都城打造成国家的政治、经济和文化的中心，李德明只是为此打下了基础而已。①

应该承认，李德明的安和观念，为党项人在西北地区立足和发展进一步夯实了基础。李德明的长处就在于用妥协的方法而不是用武力手段达成保境安民的政治目标，在这一点上确实与李继迁有明显的区别。在宋、辽都处于武力强盛的时期，"主动示弱"的生存之道，恰是李德明的高明之处，也是他政治观念的核心所在。

第二节　夏景宗元昊的帝王观念

元昊（1003—1048 年），小字嵬理，李德明之子，西夏国的创立者，称帝后改名曩霄，在位十一年，曾使用开运、广运、大庆、天授礼法延祚等年号，后被尊为西夏的景宗，所展示的是强势的帝王观念。②

一　以武立国

元昊有强烈的尚武观念，坚信只有依靠强大的武力，才能在中国的西北地区建立一个能与宋、辽抗衡的国家，并由此展现出了不凡的军事才能。

（一）尚武精神

元昊的崇尚武力，在少年时即有所显现，青年时代更有了实战的检验，后人的记载中对其有以下描述："性雄毅，多大略，善绘画，能创制物始。圆面高准，身长五尺余。少时好衣长袖绯衣，冠黑冠，佩弓矢，从卫步卒张青盖。出乘马，以二旗引，百余骑自从。晓浮图学，通蕃汉文字，案上置法律，常携《野战歌》《太乙金鉴诀》。弱冠，独引兵袭破回鹘夜洛隔可汗王，夺甘州，遂立为皇太子。"③《野战歌》和

---

① 庆州建都问题，可参见牛达生《西夏都城兴庆府故址考略》，《固原师专学报》1984年第 1 期；汪一鸣、钟侃《西夏都城兴庆府初探》，《西北史地》1984 年第 2 期；汪一鸣《西夏建都兴庆府的地理基础》，《中国古都研究》第 1 辑，三秦出版社 1985 年版；杜建录《试论西夏建都兴庆府》，《宁夏大学学报》1993 年第 1 期。庆州建都的时间，汪一鸣采用的是 1020年的说法，牛达生、杜建录采用的是 1023 年的说法。

② 关于元昊的生平，见白滨《元昊传》。本节所述内容，多采自此书，除专门强调者外，不再赘注。

③ 《宋史》卷 485《夏国传上》。

《太乙金鉴诀》都是在当时西北地区能够看到的兵书，元昊被李德明立为太子的时间是宋仁宗天圣六年（辽圣宗太平八年，1028）五月，当时他已经24岁，成为可以独当一面的军事干才。

元昊既反对李德明"以马榷易汉物，不如意辄斩使者"的做法，强调："吾戎人，本从事鞍马，今以易不急之物已非策，又从而杀之，则人谁肯为我用乎？"也不满李德明向宋称臣的举动，表现出强烈的以武兴邦的愿望："吾部落实繁，财用不足，苟失众何以守邦？不若以所得俸赐招养蕃族，习练弓矢，小则四行征讨，大则侵夺封疆，上下丰盈，于计为得。"而这些表述，所要体现的恰是厌恶锦衣玉食、崇尚武功的精神，正如他向李德明所言："衣皮毛，事畜牧，蕃性所便。英雄之生，当王霸耳，何锦绮为？"① 这样的尚武精神，在他主政之后，就表现为不断地开疆扩土以及敢于与宋、辽两朝开战。

（二）整顿军队

尚武需要来自军队的支持，元昊继承其父亲的职位后，即"明号令，以兵法勒诸部"，"每举兵，必率部长与猎，有获，则下马环坐饮，割鲜而食，各问所见，择取其长"② 。党项各部的军队是元昊最基本的军事力量，所以既要约束各部，也要笼络各部的首领。

广运二年（宋仁宗景祐二年，辽兴宗重熙四年，1035 年），元昊占据河西地区之后，划一了内部的兵制，明确了对士兵的要求。

> 男年十五以上为丁，有二丁者取正军一人，负担一人，为一抄。负担者，随军杂使也。四丁为两抄，余号空丁，愿隶正军者得射它丁为负担，无则许射正军之疲弱者为之。故壮者皆战斗，而得军为多。……年六十以下，十五以上，皆自备介胄弓矢以行。③

> 正军马驼各一，每家自置一帐。团练使上，帐、弓、矢各一，马五百匹，橐驼一，旗鼓五，枪、剑、棍棓、抄袋、雨毡、浑脱、锹、镢、箭牌、铁笊篱各一；刺史以下，人各一驼，箭三百，毛幕一；余兵三人共一幕。有炮手二百人，号"泼喜"。勇健者号"撞

---

① 《西夏书事》卷11；《续资治通鉴长编》卷111，第2593—2594 页。
② 《宋史》卷485《夏国传上》。
③ 曾巩：《隆平集》卷20《外国》，四库全书本。

令郎"。赉粮不过一旬。昼则举烟、扬尘，夜则篝火为候。若获人马，射之，号曰杀鬼招魂。或射草缚人。出军用单日，避晦日。多立虚寨，设伏兵。衣重甲，乘善马，以铁骑为前锋，用钩索绞联，虽死马上不落。①

元昊还设置了十二个监军司，分统各地的军队，并建立了称为"六班直"的侍卫军队。

> 置十二监军司，委豪右分统其众。自河北至午腊蒻山七万人，以备契丹；河南洪州、白豹、安盐州、罗落、天都、惟精山等五万人，以备环、庆、镇戎、原州；左厢宥州路五万人，以备鄜、延、麟、府；右厢甘州路三万人，以备西蕃、回纥；贺兰驻兵五万、灵州五万人、兴州兴庆府七万人为镇守，总五十余万。而苦战倚山讹，山讹者，横山羌，平夏兵不及也。选豪族善弓马五千人迭直，号六班直，月给米二石。铁骑三千，分十部。②

> （元昊）常选部下骁勇自卫，分为十队，队各有长：一妹勒，二浪讹遇移，三细赏香埋，四里里奴，五杂熟屈得鸡，六隈才浪罗，七细母屈勿，八李讹移岩名，九细母嵬名，十没罗埋布。每出入前后环拥，设备甚严。③

十二监军司分为左、右两厢，名称和驻地如下。

左厢：
(1) 神勇军司——驻夏州弥陀洞
(2) 祥祐军司——驻石州
(3) 嘉宁军司——驻宥州
(4) 静塞军司——驻韦州
(5) 西寿保泰军司——驻柔狼山北

---

① 《辽史》卷115《西夏记》。
② 《宋史》卷485《夏国传上》。
③ 田况：《儒林公议》，四库全书本。

右厢：

（6）卓罗和南军司——驻兰州西北黄河北岸喀罗川侧

（7）朝顺军司——驻克夷门

（8）甘州甘肃军司——驻甘州

（9）瓜州西平军司——驻瓜州

（10）黑水镇燕军司——驻肃州北境

（11）白马强镇军司——驻娄博贝

（12）黑山威福——驻汉居延故城①

军队的调动也有了规范化的要求："发兵以银牌招部部长面受约束。""每有事于西，则自东点集而西；于东，则自西点集而东；中路则东西皆集。"②

所谓的"银牌"，又因牌面上有西夏文"敕"字，称为"敕牌"，在西夏文宫廷诗中，特别强调了其所具有的巡视和传命功能，尤其是"皇宫圣物敕牌白"和"敕字内有生理义"。③

在重大的军事行动前，党项人还有卜算的传统，如后人所记："笃信机鬼，尚诅祝，每出兵则先卜。卜有四：一，以艾灼羊脾骨以求兆，名'炙勃焦'；二，擗竹于地，若揲蓍以求数，谓之'擗算'；三，夜以羊焚香祝之，又焚谷火布静处，晨屠羊，视其肠胃通则兵无阻，心有血则不利；四，以矢击弓弦，审其声，知敌至之期与兵交之胜负，及六畜之灾祥、五谷之凶稔。"④

（三）注重谋略

与宋、辽相比，以武力立国的元昊在军事方面毕竟处于劣势地位，所以他在用兵时颇注重谋略，在一些重大的军事行动中，往往能用巧计战胜强大的敌手，可列举几个实例。

一是诈和计。显道元年（1032），元昊派遣苏奴儿进攻唃厮啰占据的牦牛城，被唃厮啰击败。元昊自率大军攻牦牛城，久攻不下，乃派人

---

① 白滨：《元昊传》，第47—48页。

② 《宋史》卷486《夏国传下》；《西夏书事》卷12。

③ 《敕牌赞歌》，载梁松涛《西夏文〈宫廷诗集〉整理与研究》，上海古籍出版社2018年版，第196—200页。本书引用的是梁松涛的西夏文、汉文逐字对译，下同。

④ 《宋史》卷486《夏国传下》。

入城假称议和，暗中跟随士兵，骗开城门后大军攻入，占领了牦牛城。

二是反间计。广运二年（1035），元昊为去除善战的宋将高继嵩，在边境上投放高继嵩已投降元昊的匿名书信，但是这一反间计被宋朝大臣韩琦识破，未能如愿。

三是诈降计。天授礼法延祚二年（1039），元昊派人招降宋朝边将李士彬不果，乃以蕃部降于李士彬，乘宋人不备将李士彬抓捕并处死，使有"铁壁相公"之名的李士彬败于计谋。

四是诱敌计。天授礼法延祚三年（1040），宋、夏军队大战于延州的三川口，战前元昊派人伪装成"急脚子"向宋军传令，将增援延州的宋军诱入夏军的包围圈，并将其全部歼灭。天授礼法延祚四年（1041），宋军大举进攻西夏，元昊又以夏军屡败屡退的方式，将宋军引入六盘山旁的好水川，以伏兵大败宋军，宋军将领大多战死，作为主帅的韩琦、范仲淹都被贬职。天授礼法延祚五年（1042），元昊又采用诱敌深入、聚而歼之的战术，在镇戎军的定川寨大败宋军。

五是退避三舍计。天授礼法延祚七年（1044），辽兴宗亲率大军攻西夏，元昊主动示弱，领军三次退却，后退百余里，每次退却时都在草地放火，焚烧草根，使辽军的战马无草可食。在辽军马病人疲之时，元昊突然发起进攻，大败辽军，辽兴宗仓皇逃走。①

对于元昊的善于用计，宋人亦曾有不少评价。如王称所言："曩霄（元昊）用兵多诡计，其左右用事之臣，有疑辄诛杀之。"② 余靖亦有以下评价。

> 贼昊虽曰小羌，其实黠虏。其所举动，咸有次序。必先翦我枝附，坏我藩篱，先攻易取之处，以成常胜之势。金明之族，最近贼庭，故先取之。丰州之地，援兵难集，故次取之。泾原将帅软懦，故又次取之。此乃贼知先后之计也。③

当然，军事行动有胜有败，元昊也曾经历过几次重大的失败，但总

---

① 本节所涉历次战争的详情及展现的元昊军事思想，见白滨《元昊传》，第75—107、149—152、181—184 页。
② 王称：《东都事略》卷127《附录五》。
③ 《续资治通鉴长编》卷138，第3323—3324 页。

体而言，善于用计的元昊还是保持了胜多败少的战绩，以武功奠定了西夏立国的基础。

二　崇尚帝制

元昊能够称帝建国，就在于他愿意按照中原王朝的模式，完成做皇帝所必须践行的步骤。

（一）由王到帝的转变

李德明去世后，元昊承袭其职务。宋仁宗明道元年（辽兴宗重熙元年，1032）十一月，辽朝册封元昊为夏国王，宋朝册封元昊为定难军节度使、西平王。① 需要注意的是，元昊对于来自宋朝的册封颇为轻视，故意对宋朝使者采取了傲慢和恐吓的态度。

> 元昊时年二十九，仁宗命工部郎中杨告为旌节官告使，礼宾副使朱允中副之，授元昊特进、检校太师兼侍中、定难节度、夏银绥宥静等州观察处置押蕃落使、西平王。告等至兴州，元昊迁延不出迎，及见使者，犹遥立不动，屡促之乃受诏，拜起，顾左右曰："先王大错，有如此国，而犹臣拜于人耶。" 既而享告等于廷，设席欲自尊，告婉折以礼，始以客位让。然东屋后有千百人锻砺声，告知有异志，不敢诘也。②

元昊之所以有这样的举动，就是要显示他不满于臣服大朝的态度，要为自己称帝做必要的准备。除了整顿军队、完善官制外，他还有几个重要的举动。

一是改姓。党项贵族无论是姓李还是姓赵，都是来自中原王朝的"赐姓"。元昊放弃了李、赵的姓氏，采用"嵬名"的姓氏，并自称"可汗"。

> 元昊既袭封，衣白窄衫，毡冠红里，冠顶上独垂红结绶，表异蕃众。复以李、赵赐姓不足重，自号"嵬名"氏，称"吾祖"。吾

① 《辽史》卷18《兴宗纪一》；《宋史》卷10《仁宗纪二》。
② 《西夏书事》卷11。

祖,华言可汗也。于是属族悉改"嵬名",蕃部尊荣之,疏族不与焉。①

二是改元。李德明原来使用宋朝的历法和年号,元昊以明道的年号与李德明的名字相犯,将其改为显道。显道三年(1034),谋臣杨守素向元昊上言:"王者神武立功,德威御众,要必建元表岁,以示维新。国家累世经营,规模宏远,犹遵中国旧号,岂足彪炳皇猷,昭示区宇?"元昊采纳他的建议,将显道年号改为开运年号,并按照中原王朝的做法颁布了大赦的诏书。随即有人指出开运是后晋败亡时的年号,元昊又将开运改成了广运,后来又改用大庆年号。②

三是秃发。元昊特别在显道二年三月下了秃发令,如有人所记:"元昊欲革银、夏旧俗,先自秃其发,然后下令国中,使属蕃遵此,三日不从,许众共杀之。于是民争秃其发,耳垂重环以异之。"③秃发是为了显示与宋人的不同,在习俗上为建立一个独立王国做必要的准备。

四是立都。李德明在庆州建城,元昊则进一步完善了都城的制度。显道二年五月,元昊将兴州改名为兴庆府,"广宫城,营殿宇",继续进行都城的建造工作。元昊在位后期,还在都城中专门修建了避暑宫,"逶迤数里,亭榭台池,并极其胜"。他又下令在兴庆府东面十五里处修建高台寺及高达数十丈的佛塔,"贮中国所赐《大藏经》,广延回鹘僧居之,演绎经文,易为蕃字"。此外,在贺兰山东麓营造了西夏的王陵。④

五是创立文字。广运三年(大庆元年,1036),元昊下令颁行西夏文字,此文字由大臣野利仁荣创制,野利仁荣"独居一楼上,累年方成",他将新的文字编成十二卷,"字画繁冗,屈曲类符篆",尽管难写难认,但元昊仍要求"国人纪事悉用蕃书"⑤。

---

① 《西夏书事》卷11。

② 《续资治通鉴长编》卷111,第2594页;卷115,第2704页;《宋史》卷485《夏国传上》;《西夏书事》卷11、卷12。

③ 《西夏书事》卷11。

④ 《西夏书事》卷11、卷18。西夏的都城,整体呈现的是东西长、南北窄的布局,亦有人称之为"人形城"。城内分为东城和西城,宫城建在西城内,有车门、摄智门、广寒门三重宫门。都城内的具体布局,还有待于进一步的研究,详见杨浣、付强强《兴庆府地理指要——30年来西夏都城研究的回顾》,《中国古都研究》第35辑,三秦出版社2018年版,第86—94页。

⑤ 《续资治通鉴长编》卷119,第2813—2814页;《宋史》卷485《夏国传上》。

大庆三年（宋仁宗宝元元年，辽兴宗重熙七年，1038）十月，在野利仁荣、杨守素等人的谋划下，元昊在兴庆府南郊筑台祭天后，正式即皇帝位，建国号为大夏，改年号为天授礼法延祚，改名字为曩霄。按照中原王朝皇帝即位时的做法，元昊给先祖上了尊号，尊李继迁为神武皇帝，庙号太祖，李德明为光圣皇帝，庙号太宗。元昊还将妃子野利氏立为宪成皇后，皇子宁明立为皇太子。① 元昊又在兴庆府兴建佛寺和舍利塔，收藏佛骨和舍利，并在张陟撰写的《大夏国葬舍利碣铭》中强调："我圣文英武崇仁至孝皇帝陛下，敏辩迈唐尧，英雄□汉祖。钦崇佛道，选述蕃文。""所愿者，保佑邦家，并南山之坚固；维持胤嗣，同春葛之延长。百僚齐奉主之诚，万姓等安家之恳。边塞之干戈偃息，仓箱之菽麦丰盈。"②

天授礼法延祚二年（宋仁宗宝元二年，1039）正月，元昊派使者前往宋朝，向宋仁宗上表陈述了即皇帝位的理由。

> 臣祖宗本出帝胄，当东晋之末运，创后魏之初基。远祖思恭，当唐季率兵拯难，受封赐姓。祖继迁，心知兵要，手握乾符，大举义旗，悉降诸部。临河五郡，不旋踵而归；沿边七州，悉差肩而克。父德明，嗣奉世基，勉从朝命。真王之号，夙感于颁宣；尺土之封，显蒙于割裂。臣偶以狂斐，制小蕃文字，改大汉衣冠。衣冠既就，文字既行，礼乐既张，器用既备，吐蕃、塔塔、张掖、交河，莫不从伏。称王则不喜，朝帝则是从，辐辏屡期，山呼齐举，伏愿一垞之土地，建为万乘之邦家。于时再让靡遑，群集又迫，事不得已，显而行之。遂以十月十一日郊坛备礼，为世祖始文本武兴法建礼仁孝皇帝，国称大夏，年号天授礼法延祚。伏望皇帝陛下，睿哲成人，宽慈及物，许以西郊之地，册为南面之君。敢竭愚庸，常敦欢好。鱼来雁往，任传邻国之音；地久天长，永镇边方之患。至诚沥恳，仰俟帝俞。谨遣弩涉俄疾、你斯冈、卧普令济、嵬崖妳奉表以闻。③

---

① 《续资治通鉴长编》卷122，第2882—2883页；《西夏书事》卷12。

② 张陟：《大夏国葬舍利碣铭》，聂鸿音《西夏遗文录》，第138页。

③ 《宋史》卷485《夏国传上》；《续资治通鉴长编》卷123，第2893—2894页，《太平治迹统类》卷7《康定元昊扰边》，司马光《涑水记闻》卷9（四库全书本）均录有该上表，文字略有不同。

在这份表文中，元昊之所以强调创文字、改衣冠等重大举措，就是表明其称帝建国行为符合中国传统的礼义仁孝要求。由此显示的是不管宋、辽是否愿意册封元昊为帝，元昊自身已经完成了由王到帝的转变。他所控制的区域，按照宋人的记载："悉有夏、银、绥、静、宥、灵、盐、会、胜、甘、凉、瓜、沙、肃，而洪、定、威、怀、龙皆即旧堡镇伪号州，仍居兴州，阻河，依贺兰山为固。"① 也就是说，今宁夏全境、内蒙古西部、陕西北部、甘肃北部等，当时都处于大夏（西夏）国土的范围之内。

（二）建官立制

元昊彻底改变了李继迁、李德明只设立几个重要官职的做法，在承袭定难军节度使和夏国王后即着手建立了较为规范的官制。

> （元昊）凡六日、九日则见官属。其官分文武班，曰中书，曰枢密，曰三司，曰御史台，曰开封府，曰翊卫司，曰官计司，曰受纳司，曰农田司，曰群牧司，曰飞龙院，曰磨勘司，曰文思院，曰蕃学，曰汉学。自中书令、宰相、枢使、大夫、侍中、太尉已下，皆分命蕃汉人为之。文资则幞头、鞾笏、紫衣、绯衣；武职则冠金帖起云镂冠、银帖间金镂冠、黑漆冠，衣紫旋襕，金涂银束带，垂蹀躞，佩解结锥、短刀、弓矢韣，马乘鲵皮鞍，垂红缨，打跨钹拂。便服则紫皂地绣盘球子花旋襕，束带。民庶青绿，以别贵贱。②

从机构和官员的名称看，元昊基本照搬了宋朝的官制。尽管元昊不愿意臣服宋朝，但是并不影响他采用宋朝的制度，因为宋朝毕竟是中国传统王朝在当时的代表。正如范仲淹所言："自契丹侵取燕、蓟以北，拓拔自得灵、夏以西，其间所生豪英，皆为其用。得中国土地，役中国人力，称中国位号，仿中国官属，任中国贤才，读中国书籍，用中国车服，行中国法令，是二敌所为，皆与中国等。"③

元昊即皇帝位后，进一步完善官制，"始大建官，以嵬名守全、张

---

① 《续资治通鉴长编》卷120，第2845页；《宋史》卷485《夏国传上》。
② 《宋史》卷485《夏国传上》。
③ 《续资治通鉴长编》卷150，第3640—3641页。

陟、张绛、杨廓、徐敏宗、张文显辈主谋议，以钟鼎臣典文书，以成逋、克成赏、都卧、都如定、多多马窦、惟吉主兵马，野利仁荣主蕃学"。①

天授礼法延祚二年九月，"元昊以中书不能统理庶务，仿宋制置尚书令，考百官庶府之事而会决之。又改宋二十四司为十六司，分理六曹"。但是需要注意的是，西夏亦实行"汉官"和"蕃官"相结合的制度，"自中书、枢密、宰相、御史大夫、侍中、太尉以下，命蕃、汉人分为之。而其专授蕃职有宁令，有谟宁令，有丁卢，有丁弩，有素赍，有祖儒，有吕则，有枢铭，皆以藩号名之"②。也就是说，元昊虽然没有像辽朝那样建立南、北两面官的制度，但是采用了与之类似的汉、蕃官并立制度。

（三）重礼兴学

元昊还参照中原王朝的礼仪制度，为西夏确定了一套较为简便的礼仪规定，后人对此有以下记载。

> 五代之际，朝兴夕替，制度礼乐，荡为灰烬。唐节度使有鼓吹，故夏国声乐清厉顿挫，犹有鼓吹之遗音焉。③

> 夏州沿党项蕃俗，自赤辞臣唐，始习尊卑跪拜诸仪。而其音乐，尚以琵琶，击缶为节。僖宗时，赐思恭鼓吹全部。部有三驾：大驾用一千五百三十人，法驾七百八十一人，小驾八百一十六人，俱以金钲、节鼓、捌鼓、大鼓、小鼓、铙鼓、羽葆鼓、中鸣、大横吹、小横吹、筚篥、桃皮、茄、笛为器。历五代入宋，年隔百余，而其音节悠扬，声容清厉，犹有唐代遗风。迨德明内附，其礼文仪节、律度声音，无不遵依宋制。元昊久视中国为不足法，谓野利仁荣曰："王者制礼作乐，道在宜民。蕃俗以忠实为先，战斗为务，若唐、宋之缛节繁音，吾无取焉。"于是，于吉凶、嘉宾、宗祀、燕享，裁礼之九拜为三拜，革乐之五音为一音，令于国中，有不遵者，族。④

---

① 《宋史》卷485《夏国传上》；《续资治通鉴长编》卷120，第2845页；《西夏书事》卷12。

② 《西夏书事》卷12、卷13。

③ 《金史》卷134《西夏传》。

④ 《西夏书事》卷12。

行用新的礼仪与称帝建国有关,沈括就特别提到:"元昊乃改元,制衣冠礼乐,下令国中悉用蕃书蕃礼,自称大夏。"① 在朝仪方面,也有了新的规定:"于正朔朝贺杂用唐宋典式,而见官属以六日为常参,九日为起居,均令蕃宰相押班,百官以次序列朝谒,舞蹈,行三拜礼。有执笏不端、行立不正、趋拜失仪者并罚。"② 在礼仪方面,彰显的也是蕃礼和汉礼并用的形态。

元昊在礼仪上显示出的不同,在兴学方面也有相应的配合措施,就是极为重视"蕃字"和"蕃学"。

> 元昊既制蕃书,遵为国字,凡国中艺文诰牒,尽易蕃书。于是,立蕃字、汉字二院。汉习正、草,蕃兼篆、隶。其秩与唐、宋翰林等。汉字掌中国往来表奏,中书汉字,旁以蕃书并列;蕃字掌西蕃、回鹘、张掖、交河一切文字,并用新制国字,仍以各国蕃字副之。以国字在诸字之右,故蕃字院特重。
>
> 夏州自五代后不列职方,其官属非世族相传即幕府迁擢,尚无科目取士之法。元昊思以胡礼蕃书抗衡中国,特建蕃学,以野利仁荣主之。译《孝经》《尔雅》《四言杂字》为蕃语,写以蕃书。于蕃、汉官僚子弟内选俊秀者入学教之,俟习学成效,出题试问,观其所对精通,所书端正,量授官职。并令诸州各置蕃学,设教授训之。③

礼仪和兴学只是为称帝做必要的点缀,并不代表元昊已经具有成型的文治观念,因为他所要彰显的,依然是党项族的特性,而不是服从于历来中原王朝的共性。

(四)内乱之殇

元昊并不是一个善于处理党项内部事务的君主,在位期间不得不应付多次内乱并最终死于内乱。

广运元年(宋仁宗景祐元年,1034)十月,皇太后卫慕氏(元昊生母)的族人山喜图谋杀死元昊,被元昊发觉后,不仅将山喜一族全部以沉河的方法处死,还鸩杀了皇太后卫慕氏,并册立了新的皇太后。元昊

① 沈括:《梦溪笔谈》卷25《杂志二》,四库全书本。
② 《西夏书事》卷13。
③ 《西夏书事》卷12、卷13。

的妃子卫慕氏因怀孕免死，但次年生子后亦被元昊连其子一同杀死。①

天授礼法延祚元年（宋仁宗宝元元年，1038）九月，元昊的叔父山遇因"降宋"被元昊所杀。山遇任左厢监军之职，曾向元昊提出与宋朝维持和好关系的建议："中国地大兵多，关中富饶，环庆、鄜延据诸边险要，若此数路城池尽修攻守之备，我弓马之技无所施，牛羊之货无所售，一二年间必且坐困，不如安守藩臣，岁享赐遗之厚，国之福也。"元昊不听山遇的建议，并迫使其不得不带家人投宋以自保，宋人将山遇等擒送元昊，被元昊下令射杀。②

天授礼法延祚六年（宋仁宗庆历三年，1043）九月，受宋人反间计的影响，天祚先后处死主掌军务的两位大臣野利旺荣和野利遇乞（亦有人指野利旺荣和野利遇乞确实想谋杀元昊，事情败露后被杀）。③

天授礼法延祚八年（宋仁宗庆历五年，1045）十一月，元昊子阿理因多年被冷落，欲聚众夺位，被人告发，元昊擒杀阿理，并赐其母咩米氏死。④

天授礼法延祚十年（宋仁宗庆历七年，1047）二月，元昊宠爱的妃子没藏氏生子谅祚，元昊特别任命没藏氏之兄没藏讹庞为国相，没藏兄妹乃密谋废掉太子宁令哥。当年六月，元昊废皇后野利氏（宁令哥之母）。天授礼法延祚十一年正月，宁令哥率众入宫刺杀元昊，元昊受重伤而死。⑤

客观地说，在治国问题上，崇尚武力的元昊过于相信权谋，并由此导致多疑的性格和滥杀的政治风格。所以，元昊崇尚的只是帝制，而不是文治，这恰是他最为重要的思想特征。

三　亦战亦和

元昊在位期间与宋、辽两朝的关系，大致可以分为三个阶段，总体上表现的是亦战亦和的格局。

---

① 《续资治通鉴长编》卷105，第2704页；《西夏书事》卷12。
② 司马光：《涑水记闻》卷12，《西夏书事》卷12；《续资治通鉴长编》卷122，第2880—2881页。
③ 沈括：《梦溪笔谈》卷13《权智》；魏泰：《东轩笔录》卷8，四库全书本；《续资治通鉴长编》卷155，第3773页；卷167，第4021页。
④ 《西夏书事》卷18。
⑤ 《西夏书事》卷18；《续资治通鉴长编》卷162，第3901—3902页。

（一）尊辽贬宋

第一阶段从显道元年到天授礼法延祚二年（1032—1039），元昊与宋、辽都保持着通使往来的和平关系，但是显示出了明显的尊辽贬宋倾向。

显道元年（辽兴宗重熙元年，1032）十一月李德明去世后，辽兴宗即册封元昊为夏国王，元昊亦不断派使者前往辽朝，拉紧双方的关系。辽兴宗知道嫁给元昊的兴平公主与其不和，但是并未指责元昊，只是在兴平公主突然去世后，才于重熙七年（1038）四月派人持诏书向元昊追问公主的死因，但双方的关系并未因此受到太大的影响。①

如前所述，宋朝亦派使者册封元昊，被元昊所轻视。但元昊还想从宋朝手中得到好处，所以一方面在边境上发起一些小规模的军事行动，以抄掠和试探宋军守备情况为主；另一方面，依然保持双方的通使关系，维系低水平的和平关系。

宋人对元昊亦颇为警惕，如宋仁宗景祐元年（元昊广运元年，1034），张亢特别呈上西北攻守之计的奏章，并特别强调："赵德明死，其子元昊喜诛杀，势必难制，宜亟防边。"②

元昊称帝之后，富弼于宝元二年（天授礼法延祚二年，1039）九月向宋仁宗上书，强调了元昊的六条"反状有素者"，即必定叛宋的六方面原因。

> 窃闻去岁十二月赵元昊反，陛下召辅相于宴会，不容顷之间，辅相驰车马于康衢，殊乖坐镇之重。变起仓卒，事无准绳，众皆谓之忽然，臣则知其有素。
>
> 昔者元昊常劝德明勿事中朝，且谓所得俸赐只以自归，部落实繁，穷困颇甚，苟兹失众，何以守邦，不若习练干戈，杜绝朝贡，小则恣行讨掠，大则侵夺封疆，上下具丰，于我何恤。时德明以力未甚盛，不用其谋。岂有身自继立而不行其说邪，此元昊反状有素者一也。
>
> 自与通好，略无猜情，门市不讥，商贩如织，纵其来往，盖示怀柔。然而迹稔则容奸，事久则生变。故我道路之出入，山川之险

---

① 《辽史》卷18《兴宗纪一》，卷115《西夏记》；田况：《儒林公议》。
② 《续资治通鉴长编》卷105，第2707—2708页。

夷，邦政之臧否，国用之虚实，莫不周知而熟察。又比来放出宫女，任其所如，元昊重币市之，纳诸左右。不惟朝廷之事为其备详，至于宫禁之私亦所窥测。济以凶狡之性，贪欲之谋，岂顾守宗盟，坐受羁制，此元昊反状有素者二也。

西鄙地多带山，马能走险，瀚海弥远，水泉不生，王旅欲征，军需不给。穷讨则遁匿，退保则袭追，以逗挠为困人之谋，以迟久为匮财之计。元昊恃此艰险，得以猖狂。复知先朝加兵于我，而终弃灵、夏，况我强盛百倍往时，今若称兵，必能得志，此元昊反状有素者三也。

朝廷累次遣使，元昊多不致恭，或故作滞留而不迎，或佯为匆遽而见迫，或欲负扆而对，或欲专席而居。虽相见之初，暂御臣下之服，而送出之后，便具帝者之仪。盖久已称尊，成其骄态，忽下编于臣列，深耻见于国人，日讲异图，自求足志，此元昊反状有素者四也。

顷年灵州屯戍军校郑美奔戎，德明用之持兵，朝廷终失灵武。元昊早蓄奸险，务收豪杰。故我举子不第，贫贱无归，如此数人，自投于彼。元昊或授以将帅，或任之公卿，推诚不疑，倚为谋主。彼数子者，既不得志于我，遂奔异域。观其决策背叛，发愤包藏，肯教元昊为顺乎，其效郑美必矣，此元昊反状有素者五也。

西北相结，乱华为虞，自古闻之，于今见矣。顷者，元昊援契丹为亲，私自相通，共谋寇难，缓则指为声势，急则假其师徒，至有掎角为奇，首尾相应。彼若多作牵制，我则困于分张。盖先已结大敌之援，方敢立中原之敌，此元昊反状有素者六也。①

宋廷中有人建议立刻出兵征讨元昊，胥偃明确表达了反对意见："遽讨之，太暴。宜遣使问其不臣状，待其辞屈而后加兵，则其不直在彼，而王师之出有名矣。"吴育也发出了与主战者完全不同的声音。

圣人统御之策，夷夏不同，虽有远方君长，向化宾服，终待以外臣之礼，羁縻勿绝而已。或一有背叛，亦来则备御，去则勿追，

① 《续资治通鉴长编》卷124，第2925—2927 页。

盖异俗殊方，声教迥隔，不足责也。今元昊若止是钞掠边隅，当置而不问，若已见叛状，必须先行文告，以诘其由，不可同中国叛臣，即加攻讨。大凡兵家之势，征讨者贵在神速，守御者利在持重。况羌戎之性，惟是剽急，因而伪遁，多误王师。武夫气锐，轻进贪功，或陷诱诈之机。今宜明烽候，坚壁清野，以挫剽急之锋，而徐观其势，此庙堂远算也。

元昊虽名藩臣，其尺赋斗租不入县官，穷漠之外，服叛不常，宜外置之，以示不足责。且彼已僭舆服，夸示酋豪，势必不能自削，宜援国初江南故事，稍易其名，可以顺抚而收之。

夏竦则希望汲取以往五路攻夏失败的教训，不要轻言出兵征讨。

然拓拔之境，自灵武陷没，银、绥割弃以来，假朝廷威灵，聚中原禄赐，略有河外，服属小蕃，德明、元昊久相继袭，货易华戎，捃剥财利，拓地千余里，积货数十年，较之继迁，势已相万。其于朝廷，待以羁縻，置而不问。凫鹜过饱，猖獗遽彰，议者莫不欲大行诛讨。然而兵者凶器，战者危事，圣人不得已而用之。自昔兵家皆欲先胜而后战，即举无遗策。以继迁穷蹙，比元昊富厚，事势可知也；以先朝累胜之军，较当今关东之兵，勇怯可知也；以兴国习战之师，方缘边未试之将，工拙可知也；继迁逃伏平夏，元昊窟穴河外，地势可知也。若分兵深入，则军行三十里，自赍粮糗，不能支久，须载刍粟，难于援送。师行贼境，利于速战，傥进则贼避其锋，退则敌蹑其后，昼设奇伏，夜烧营栅，师老粮匮，深可虞也。若穷其巢穴，须渡大河，既无长舟巨舰，则须浮囊挽绳，贼列寨河上，以逸待劳，我师半渡，左右夹击，未知何谋可以捍御？臣以为不较主客之利，不计攻守之便，议追讨者，是为无策。①

宋仁宗最终采用的是保守做法，一方面下令削夺元昊的赐姓和官职，关闭榷场，并悬赏捉拿元昊；另一方面，则要求边将做好与西夏交战的准备。

---

① 《续资治通鉴长编》卷122，第2888页；卷123，第2898—2899、2910—2912页。

作为回应，元昊于天授礼法延祚二年十二月将一封书信送到依附宋朝的归娘族，由其转报宋廷。书信语言极为傲慢，所以被称为"嫚书"，主要内容如下。

> 持命之使未还，南界之兵噪动，于鄜延、麟府、环庆、泾原路九处入界。
>
> 南兵败走，收夺旗鼓、符印、枪刀、矛戟甚多，兼杀下蕃人及军将士不少。
>
> 既先违誓约，又别降制命，诱导边情，潜谋害主，谅非圣意，皆公卿异议，心膂妄图，有失宏规，全忘大体。
>
> 蕃汉各异，国土迥殊。幸非僭逆，嫉妒何深！况元昊为众所推，盖循拓跋之远裔，为帝图皇，又何不可！
>
> 嵬迦回，将到诏书，乃与界首张悬敕旨不同。
>
> 元昊与契丹联亲通使，积有岁年。炎宋亦与契丹玉帛交驰，傥契丹闻中朝违信示赏，妄乱蕃族，谅为不可。
>
> 伏冀再览菲言，深详微恳，回赐通和之礼，涤行结好之恩。①

元昊的"嫚书"显然是在为全面攻宋找借口，宋人亦开始重点讨论军事方面的应对问题。

（二）宋、夏大战

第二阶段从天授礼法延祚三年到五年（1040—1042），宋、夏之间展开大规模的战争，元昊先后取得三川口、好水川、定川寨等战的胜利，已见前述。

天授礼法延祚四年（宋仁宗庆历元年，1041）正月，宋朝大臣范仲淹特别致信元昊，希望以道德仁义之说打动元昊，使其重新臣服于宋朝，并强调此举会带来爱民、位尊、止战、岁赐、爵位、安部众、安谋臣、通贸易八大好处。

> 自先大王薨背，今皇震悼，累日嘻吁，遣使行吊赙之礼，以大王嗣守其国。爵命崇重，一如先大王。昨者大王以本国众多之情，

---

① 《续资治通鉴长编》卷125，第2949—2950页。

推立大位，诚不获让，理有未安，而遣行人告于天子，又遣行人归其旄节。朝廷中外，莫不惊愤，请收行人戮于都市。皇帝诏曰："非不能以四海之力支其一方，念先帝岁寒之本意，故夏王忠顺之大功，岂一朝之失而骤绝之。"乃不杀而还。假有本国诸蕃之长抗礼于大王，而能含容之若此乎。省初念终，天子何负于大王哉。二年以来，疆事纷起，耕者废耒，织者废杼，边界萧然，岂独汉民之劳弊耶。使战守之人，日夜豺虎，竞为吞噬，死伤相枕，哭泣相闻，仁人为之流涕，智士为之扼腕。天子遣某经度西事，而命之曰："有征无战，不杀非辜。王者之兵也。汝往，钦哉。"某拜手稽首，敢不夙夜于怀。至边之日，见诸将帅多务小功，不为大略，甚未副天子之意。某与大王虽未尝高会，向者同事朝廷，于天子则父母也，于大王则兄弟也。岂有孝于父母，而欲害于兄弟哉，可不为大王一二而陈之。

《传》曰："名不正，则言不顺。言不顺，则事不成。"大王世居西土，衣冠语言皆从本国之俗，何独名称与中朝天子侔拟，名岂正而言岂顺乎。如众情莫夺，亦有汉、唐故事，单于、可汗皆本国极尊之称，具在方册。某料大王必以契丹为比，故自谓可行，且契丹自石晋朝有援立之功，时已称帝。今大王世受天子建国封王之恩，如诸蕃中有叛朝廷者，大王当为霸主，率诸侯以伐之，则世世有功，王王不绝。乃欲拟契丹之称，究其体势，昭然不同，徒使疮痍万民，拒朝廷之礼，伤天地之仁。《易》曰："天地之大德曰生，圣人之大宝曰位，何以守位，曰仁。"是以天地养万物，故其道不穷；圣人养万民，故其位不倾。又《传》曰："国家以仁获之、以仁守之者百世。"昔在唐末，天下汹汹，群雄咆哮，日寻干戈，血我生灵，腥我天地，灭我礼乐，绝我稼穑。皇天震怒，罚其不仁，五代王侯，覆亡相续。老氏曰："乐杀人者，不可如志于天下。"诚不诬矣。后唐显宗祈于上天曰："愿早生圣人，以救天下。"是年，我太祖皇帝应祈而生。及历试诸难，中外忻戴，不血一刃，受禅于周。广南、江南、荆湖、西川有九江万里之阻，一举而下，岂非应天顺人之至乎。由是罢诸侯之兵，革五代之暴，垂八十年天下无祸乱之忧。太宗皇帝圣文神武，表正万邦，吴越纳疆，并晋就缚。真宗皇帝奉天体道，清净无为，与契丹通好，受先大王贡礼，自兹四海熙然同春。今皇帝（宋仁宗）坐朝至晏，从谏如流，有忤雷霆，虽死必赦，故四海之心望如父母，此所谓以仁获之、以仁守之百世之朝也。某料大王建议之初，人有离间，妄言边城无备，士心不齐，长驱而来，所向必下。今以强人猛马奔冲汉地，二年于兹，汉之兵民固有血战而死者，无一城一将愿归大王者，此可见圣宋仁及天下，邦本不摇之验也，与夫间者之说无乃异乎。今天下久平，人人泰然，不习战斗，不熟纪律。刘平之徒忠敢而进，不顾众寡，自取其困。余则或胜或负，杀伤俱多。

蕃兵战死，非有罪也，忠于大王耳。汉兵战死，非有罪也，忠于天子耳。使忠孝之人肝脑涂地，积累怨魄，为妖为灾，大王其可忽诸？朝廷以王者无外，有生之民皆为赤子，何蕃汉之限哉，何胜负之言哉。某与招讨太尉夏公、经略密学韩公（韩琦）尝议其事，莫若通问于大王，计而决之，重人命也。其美利甚众，大王如能以爱民为意，礼下朝廷，复其王爵，承先大王之志，天下孰不称其贤哉，一也。如众多之情，三让不获，前所谓汉、唐故事，如单于、可汗之称，尚有可稽于本国语言为便，复不失其尊大，二也。但臣贡上国，存中外之体，不召天下之怨，不速天下之兵，使蕃汉边人复见康乐，无死伤相枕、哭泣相闻之丑，三也。又大王之国府用或阙，朝廷每岁必有物帛之厚赐为大王助，四也。又从来入贡使人止称蕃吏之职，以避中朝之尊，按汉诸侯王相皆出真拜，又吴越王钱氏有承制补官故事，功高者受朝廷之命，亦足隆大王之体，五也。昨有边臣上言乞招致蕃部首领某，亦已请罢，大王告谕诸蕃首领，不须去父母之邦，但回意中朝，则太平之乐，遐迩同之，六也。国家以四海之广，岂无遗才，有在大王之国者，朝廷不戮其家，安全如故，宜善事主，以报国士之知，惟同心向顺，自不失其富贵，而宗族之人必更优恤，七也。又马牛驼羊之产，金银缯帛之货，有无交易，各得其所，八也。大王从之，则上下同其美利，生民之患几乎息矣。不从，则上下失其美利，生民之患何时而息哉。某今日之言，非独利于大王，盖以奉君亲之训，救生民之患，合天地之仁而已乎，惟大王择焉。①

---

① 范仲淹：《答赵元昊书》，《范文正公集》卷9。

元昊自然不会被范仲淹这一套仁义道德的说辞所打动，但是范仲淹所陈述的停战八大好处，应是为后来双方重返通和关系埋下了重要的伏笔。

欧阳修则特别指出，元昊处理对宋问题时，有上、中、下三策，元昊选择的是上策。

> 夫关西弛备，而民不见兵者二三十年矣。始贼萌乱之初，藏形隐计，卒然而来。当是时，吾之边屯寡弱，城堡未完，民习久安而易惊，将非素选而败怯，使其长驱冲突，可以奋然而深入，然国威未挫，民力未疲，彼得城而居，不能久守，虏掠而去，可以邀击其归，此下策也，故贼知而不为。
>
> 戎狄侵边，自古为患，其攻城掠野，败则走而胜则来，盖其常事，此中策也，故贼兼而用之。
>
> 若夫假僭名号以威其众，先击吾之易取者一二以悦其心，然后训养精锐为长久之谋。故其来也，虽胜而不前，不败而自退，所以诱吾兵而劳之也；或击吾东，或击吾西，乍出乍入，所以使吾兵分备多而不得减息也。吾欲速攻，贼方新锐；坐而待战，彼则不来。如此相持，不三四岁，吾兵已老，民力已疲，不幸又遇水旱之灾，调敛不胜而盗贼群起，彼方奋其全锐击吾困弊，可也；吾不堪其困，忿而出攻，决于一战，彼以逸而待吾劳，亦可也；幸吾苦兵，计未知出，遂求通聘，以邀岁时之赂，度吾困急，不得不从，亦可也；是吾力一困，则贼谋无施而不可，此兵法所谓不战而疲人兵者，上策也，而贼今方用之。①

张方平强调宋、夏开战以来，元昊尽管取得几次大战的胜利，但自己亦损失不小，难以长期占据优势地位，所以可以因势利导，重建双方的和约关系，他还特别代拟了皇帝给元昊的约和诏旨。

> 自元昊叛命以来，王师数出无功，济其凶谋，气焰益盛。今自陕西四路、河东麟府，远近输挽供给，天下为之劳弊，而解严息

---

① 《续资治通鉴长编》卷129，第3063—3064页。

甲，未可以日月期也。臣尝就自边来者询贼中事，多云贼为寇三年，虽常得逞，然重于举众，故必岁年乃能一入，连陷城寨，未能有我尺寸之地也。而绝其俸赐，禁诸关市，今贼中尺布，可直钱数百。以此揣贼情，安得不困？夫夷狄得志则骄逆，稍困则卑顺。然其业已与大国为仇，傥有悔心，势未能自通诚款，朝廷虽欲招来，而非时无名，事亦难举。

今因南郊大礼，宜特推旷恩，以示绥怀之意。或特降一诏，或著之赦文，其辞意大略，则曰："夫王者，以天下为度，含生之类，罔不亭育。况朔方、灵武、河西五郡，皆是王土。顷自德明以来，克保外臣之节，朝廷眷待，恩礼至隆。去年元昊遣使人来称，为本蕃推戴，欲僭窃位号。缘其附顺三十余年，忽此奏陈，不无疑骇，见情未审，遂至兴兵，使边人不宁，遭罹涂炭。今亲郊礼成，庆泽大行，乃眷西顾，恻然轸念，亏于抚育，吾甚悔之。"

自今夏州或有使人至边愿通奏朝廷，毋得遏绝，令边臣受而上闻。且泛告边臣以谨守封略，勿事杀伐之意，揭榜塞上。或择边臣之有名望者，单使以谕上旨，足彰朝廷德义之厚，而无损威重之体。且贼于其种落自尊大久矣，向者求请，但欲自称"乌珠"之号，当国者虑害不深，吝此虚名，遂成实祸。陛下若徇其前请，加以岁时赐赉，使天下知陛下深谋远虑，为生灵计，至于天地鬼神亦当助仁而祐顺。若贼心悍然自持，凶愎不移，亦足以骄怠彼情，激怒我众。夫兵，犹火也，不戢将自焚，使我怒彼怠，贼有自焚之势，成败可以为计矣。[1]

宋仁宗采纳了张方平的建议，于庆历元年十一月下诏给边将："若元昊专遣人投进表章，即且拘留之，先具事宜以闻。若令伪官持私书至州，须候朝廷处分，然后报之。"并且明确提出了约束边将的要求："元昊背惠以来，屡求归附，然其欲缓我师，专为谲诈，是以拒而弗授。况河西士民素被王化，朕为之父母，岂不闵伤！自今仰边臣但谨守封疆，精练军伍，非因战斗，毋得枉杀老幼及熏烧族帐。"[2]

庆历二年（1042），在宋、夏两军仍在交战的状态下，双方的和谈

---

[1]《续资治通鉴长编》卷134，第3192—3194页。

[2]《续资治通鉴长编》卷134，第3197—3198页。

有了重要的进展。

　　元昊之贵臣野利刚浪凌、遇乞兄弟，皆有材谋，伪号大王。亲信用事，边臣多以谋间之。刚浪凌即旺荣也。始，旺荣答范仲淹书求和，语犹嫚。仲淹既去，庞籍代知延州，乃言诸路皆传元昊为西蕃所败，野利族叛，黄鼠食稼，天旱，赐遗、互市久不通，饮无茶，衣帛贵，国内疲困，思纳款。遂令知保安军刘拯为书，赂蕃部破丑使达旺荣，言旺荣方总灵、夏兵，倘阴图内附，即当以西平茅土分册之。而泾原路王沿、葛怀敏亦遣僧法淳持书及金宝以遗遇乞。会刚浪凌诈使浪埋、赏乞、媚娘等三人诣青涧城请降，种世衡知之，曰："与其杀此三人，不若因以为间。"命监商税，出入有骑从，甚宠。又为蜡书，遣王嵩遗刚浪凌，言浪埋等已至，朝廷知王有向汉心，命为夏州节度使，俸钱月万缗，旌节已至，趣其归附，以枣缀画龟喻意。刚浪凌得书大惧，自所治执嵩归元昊。元昊颇疑刚浪凌贰己，不得还所治，且锢嵩阱中。遣教练使李文贵以刚浪凌旨报世衡，且言："不达所遗书意，岂欲通和乎?"文贵自言用兵来，牛羊悉已卖契丹，一绢之直为钱二千五百，人情便于和。时世衡已去青涧城，籍不信其言，意虏欲款吾军，止文贵于青涧城数月。

　　（宋仁宗）密诏籍招纳元昊："元昊苟称臣，虽仍其僭号亦无害；若改称单于、可汗，则固大善。"籍以为元昊骤胜方骄，若中国自遣人说之，彼益骄蹇，不可与言。乃自青涧城召文贵谓之曰："汝之先主及今主之初，奉事本朝，皆不失臣节。汝曹忽无故妄加之名，使汝主不得为臣，纷纷至今。彼此之民，肝脑涂地，皆汝群下之过也。汝犯边之初，以国家久承平，民不习战，故屡为汝胜。今边民益习战，汝之屡胜，岂可常邪? 我国家富有天下，虽偏师小衄，未至大损。汝一败，则社稷可忧矣。天之立天子者，将使博爱四海之民而安定之，非必欲残彼而取快也。汝归语汝主，若诚能悔过从善，称臣归款，以息彼此之民，朝廷所以待汝主者，礼数必优于前。"文贵顿首曰："此固西人日夜之愿也。龙图能为言之朝廷，使彼此休兵，其谁不受赐!"籍乃厚照遣之。

　　元昊固欲和而耻先言之，及文贵还，闻籍语，大喜，亟出嵩于阱中，厚礼之，使与文贵偕来。月余，文贵复持刚浪凌及其弟旺令、嵬名嘿、卧誉诤等书抵籍议和，且云："如日之方中，止可顺天西行，安可逆天东下。"籍嫌其不逊，未敢复书，请于朝。诏籍复书许其和，而书称旺荣等为太尉，籍言："太尉，天子上公，非陪臣所得称，使旺荣当之，则元昊不可复臣矣。今其书自谓宁令或谟宁，皆虏官，中国不能知其义，称之无嫌也。"诏听籍言。既而旺荣等又以书来，欲仍其僭号而称臣纳款。籍曰："此非边臣所敢知也。而主必自奉表章，乃敢达之朝廷。名号正，则议易合尔。"时方议修复泾原城寨，籍恐敌猝犯之，败其功，故数与其使往反计议，抑止其僭，亦不决然绝也。①

元昊之所以愿意停战通和，确实如宋人所言，连年的战争损失巨大，他也不愿意再打下去了。

（三）通和宋、辽

第三阶段从天授礼法延祚六年到十年（1043—1047），元昊先与宋朝达成了和约，随即又在与辽军交战后，快速恢复了与辽朝的通和关系。

天授礼法延祚六年（宋仁宗庆历三年，辽兴宗重熙十二年，1043）正月，在辽朝使者的调解下，元昊正式向宋朝表示了议和的态度。

庞籍因李文贵还，再答旺荣等书，约以元昊自奉表削僭号，始敢闻于朝。于是文贵与（贺）从勖持元昊书至保安军。籍令保安军签书判官事邵良佐视其书，元昊自称"男邦泥定国兀卒曩霄上书父大宋皇帝"。从勖又言："契丹使人至本国，称南朝遣梁适侍郎来言，南北修好已如旧，惟西界未宁，知北朝与彼为婚姻，请谕令早议通和。故本国遣从勖上书。缘本国自有国号，无奉表体式，其称兀卒，盖如古单于、可汗之类。若南朝使人至本国，坐蕃宰相上。兀卒见使人时，离云床问圣躬万福。"而从勖亦自请诣阙，籍使谓之曰："天子至尊，荆王，叔父也，犹奉表称臣。今名体未正，终不敢以闻。"从勖曰："子事父，犹臣事君也。使从勖得至

①《续资治通鉴长编》卷138，第3330—3333页。

京师，而天子不许，请归更议之。"籍乃具以闻，且言："敌自背叛以来，虽屡得胜，然丧和市之利，民甚愁困。今其辞稍顺，必诚有改事中国之心。愿听从勔诣阙，更选使者往其国申谕之，彼必称臣。凡名称礼数及求丐之物，当力加裁损，必不得已则少许之，若所求不违，恐豺狼之心，未易盈厌也。"①

对于元昊的求和态度，宋人的答复是："所赍文字，名上一字犯圣祖讳，不敢进。其称'男'，情意虽见恭顺，然父子亦无不称臣之礼。自今进表，只称旧名，朝廷当行封册为夏国主，赐诏不名。岁赐银二万两、绢二万匹、茶三万斤；生日每于十月一日赐赍，如欲使人于界上承领所赐，亦如之。许进奉正旦及乾元节。其沿边兴复寨栅，并如旧。"②

韩琦和范仲淹则联名上书宋仁宗，强调在议和中应注意三不许和三可防的要求。

今元昊遣人赴阙，将议纳和。其来人已称六宅使、伊州刺史，观其命官之意，欲与朝廷抗礼。窃恐不改僭号，意朝廷开许为鼎峙之国，又虑尚怀阴谋，卑词厚礼，请称兀卒，以缓国家之计，臣等敢不为朝廷思经久之策，防生灵之患哉？臣等谓继迁当时用诈脱身，窃弄凶器，德明外示纳款，内实养谋。至元昊则悖慢侮常，大为边患，以累世奸雄之志，而屡战屡胜，未有挫屈，何故乞和？虽朝廷示招纳之意，契丹邀通好之功，以臣等料之，实因累年用兵，蕃界劳扰，交锋之下，伤折亦多，所获器械鞍马，皆归元昊，其下胥怨，无所厚获，其横山界蕃部点集最苦。但汉兵未胜，戎人重土，不敢背贼，勉为驱驰尔。今元昊知众之疲，闻下之怨，乃求息肩养锐，以逞凶志，非心服中国而来也。臣等谓元昊如大言过望，为不改僭号之请，则有不可许者三。如卑词厚礼，从兀卒之称，亦有大可防者三。

何谓不可许者三？自古四夷在荒服之外，圣帝明王恤其边患，柔而格之，不吝赐与，未有假天王之号者也。何则？与之金帛，可节俭而补也。鸿名大号，天下之神器，岂私假于人哉？惟石晋借契

① 《续资治通鉴长编》卷139，第3343—3344页。
② 《西夏书事》卷16。

丹援立之功，又中国逼小，才数十州，偷生一时，无卜世卜年之意，故僭号于彼，坏中国大法，而终不能厌其心，遂为吞噬，遽成亡国，一代君臣，为千古之罪人。自契丹称帝灭晋之后，参用汉之礼乐，故事势强盛，常有轻中国之心。我国家富有四海，非石晋逼小偷生之时，元昊世受朝廷爵命，非有契丹开晋之功，此不可许之一也。又诸处公家文字并军民语言皆呼昊贼，人知逆顺去就之分，尚或逋亡，未有禁止。今元昊于天都山营造，所居已逼汉界，如更许以大号，此后公家文字并军民语言当有西朝、西帝之称，天都山必有建都郊祀之僭，其陕西戍兵边人负过必逃，盖有所归矣。至于四方豪士，稍不得志，则攘臂而去，无有逆顺去就之分。彼多得汉人，则礼乐事势，与契丹并立，交困中国，岂复有太平之望邪？此不可许之二也。又议者皆谓元昊蕃人也，无居中国之心，欲自尊于诸蕃尔。臣等谓拓跋珪、石勒、刘聪、苻坚、赫连勃勃之徒，皆从异域徙居中原。近则李克用父子，沙陀人也，进居太原，后都西洛，皆汉人进谋诱而致之。昨定川事后，元昊有作伪诏谕镇戎兵民，有定关辅之言，此其验也。盖汉家之叛人，不乐处于外域，必谋侵据汉地，所得城垒必使汉人守之，如契丹得山后诸州，皆令汉人为之官守，或朝廷假元昊僭号，是将启之，斯为叛人之助甚矣，此不可许之三也。

何谓大可防者三？元昊以累世奸雄之资，一旦僭逆，初遣人至，犹称臣奉表，及刘平之陷，贼气乃骄，再遣贺九言至，上书朝廷，便不称臣，其辞顿慢。而后屡胜，当有大言过望，乃人情之常也。若卑词厚礼，便肯从兀卒之称，皆阴谋也。是果以山界之困，暂求息肩，使中国解兵，三四年间，将帅懈慢，士伍骄惰，边备不严，戎政渐弛，却如前来暴发，则中国不能枝梧，此大可防之一也。又从德明纳款之后，经谋不息，西击吐蕃、回鹘，拓疆数千里。至元昊事势稍盛，乃称尊悖礼，背负朝廷，结连北敌，情迹尽见，大为边患，偶未深入。今复起诈端，以款我兵，而休息其众，又欲并力专志，西吞唃厮啰等诸蕃，去秦州一带篱落，为将来再举之利。缘元昊初叛之时，亲攻延州，是本有侵陷郡国之志，今复强盛，岂便息心？且朝廷四十年恩信所被，一朝反侧，岂有发既叛之谋，畜未挫之锐，而能久守盟信者乎？此大可防之二也。又从德明纳款后，来使蕃汉之人，入京师贾贩，憧憧道路，百货所归，获中国之利，充于窟穴，贼因其事力，乃兴兵为乱。今兹五年，用度必困，乃卑词厚礼，迎合我意，欲复图中国之利，待其给用，必却求衅兴兵，以快本意。狼子野心，固难驯伏，今若通和，或再许灵、夏蕃汉之人依前出入京师，深为不便。缘自前往来，叛状未彰，情无蠹害，今既为强敌，稔祸未已，必窥伺国家及夹带亡命入蕃，或与奸人别有结连，或使刺客窃发，惊扰朝廷。又此类必所在恣纵，甚于昔时，有事何以处置？此大可防之三也。①

元昊又派使者向宋人提出了"十一事"的要求，即议和的十一个条件，如"岁赐""割地""不称臣""弛盐禁""至京师市易""自立年号""更兀卒称为吾祖"等。所谓的"割地"，即要求宋朝"割三州十六县"给西夏，这三州十六县在清远军附近，夏人强调的是"清远故属我，且坟墓所在，故欲得耳"。这样的条件引起宋人的极大愤怒，欧阳修、蔡襄、余靖等人都明指元昊称"吾祖"是刻意侮辱宋人；韩琦、田况、欧阳修等人还坚决反对"弛盐禁"和给予元昊过多的茶叶。欧阳修更明确指出，宋朝内急欲求和的人有五种："一曰不忠于陛下者欲急和，二曰无识之人欲急和，三曰奸邪之人欲急和，四曰疲兵懦将欲急和，五曰陕西之民欲急和。"② 抑制急于求和的冲动，可以拉长和谈的时间，争取有利于宋朝的结果。

天授礼法延祚七年（1044），西夏与辽朝的关系恶化，辽兴宗亲率大军出征西夏，元昊亦显示出了与宋尽快达成和议的急迫心情。宋人反复权衡与辽、夏的关系，本着两不得罪的原则，在夏、辽开战之前与元昊达成了和议，元昊在给宋仁宗的誓表中亦有积极的回应。

两失和好，遂历七年，立誓自今，愿藏盟府。其前日所掠将校民户，各不复还。自此有边人逃亡，亦毋得袭逐。臣近以本国城寨进纳朝廷，其栲栳、镰刀、南安、承平故地及他边境蕃汉所居，乞画中为界，于内听筑城堡。凡岁赐银、绮、绢、茶二十五万五千，

---

① 《续资治通鉴长编》卷139，第3348—3351页。
② 陈师道：《后山谈丛》卷3，四库全书本；《续资治通鉴长编》卷142，第3403、3408—3412页。

乞如常数，臣不复以他相干。乞颁誓诏，盖欲世世遵守，永以为好。倘君亲之义不存，或臣子之心渝变，使宗祀不永，子孙罹殃。

宋仁宗则满足元昊的要求，赐予元昊誓诏，全文如下。

朕临制四海，廓地万里，西夏之土，世以为胙。今乃纳忠悔咎，表于信誓，质之日月，要之鬼神，及诸子孙，无有渝变。申复恳至，朕甚嘉之。俯阅来誓，一皆如约。①

宋仁宗还正式册封元昊为大夏国主，册文如下。

咨尔曩霄，抚爱有众，保于右壤。惟尔考服勤王事，光启乃邦。洎尔承嗣，率循旧物。向以称谓非正，疆侯有言，鄙民未孚，师兵劳戍。而能追念前告，自归本朝，腾章累请，遣使系道，忠愊内奋，誓言外昭，要质天地，暴情日月。朕嘉尔自新，故遣尚书祠部员外郎张子奭充册礼使，东头供奉官、阁门祇侯张士元充副使，持节册命尔为大夏国主，永为宋藩辅，光膺宠命，可不谨欤。②

册封的同时还有大量的赐予，并且强调了和约的以下要求："约称臣，奉正朔，改所赐敕书为诏而不名，许自置官属。使至京，就驿贸卖，燕坐朵殿。朝廷遣使至其国，相见以宾客礼。置榷场于保安军及高平寨，第不通青盐。"③ 也就是说，除了"称吾祖"和"驰盐禁"外，元昊提出的要求大都得到了满足。

元昊击败辽兴宗的大军后，即派使者送还辽军俘虏，并向辽兴宗"上表谢罪"，辽、夏关系得以缓和，又恢复了使者往来的通好关系。④

对于西夏与辽、宋重建和好关系，韩琦站在宋朝的立场上，作出了三忧一利的评价，可以视为时人所作的一个总结。

---

① 《宋史》卷485《夏国传上》。
② 《续资治通鉴长编》卷153，第3723—3724页。
③ 《宋史》卷485《夏国传上》。
④ 《辽史》卷19《兴宗纪二》，卷115《西夏记》。

朝廷已封册夏国，又契丹以西征回来告，当此之时，若便谓太平无事，则后必有大忧者三；若以前日之患而虑及经远，则后必有大利者一，请略言之。

自羌人盗边以来，于今七年，小入大至，未尝挫其锋。今乘累胜之气而与朝廷讲和者，得非凡军兴之物悉取其国人，而所获不偿所费。又久绝在边和市，上下困乏，故暂就称臣之虚名，而岁邀二十万之厚赂，非为得计耶？且契丹势素强而夏人尚敢与之抗，若使其岁享金缯及和市之利，国内充实，一旦我之边备少弛，则有窥图关辅之心，此臣所谓后必有大忧者一也。

契丹昨以羌人诱致边民，遽往伐之，既不得志而还，见朝廷封册曩霄，其心必不乐。近谍者传契丹国人语云："往河西趋沙漠中，所得者唯牛羊尔，若议南牧，则子女玉帛不胜其有。"臣恐契丹异日更有邀求，或请绝西人之和，以堕盟誓，且河北兵骄不练，忽尔奔冲，则必震动京师，此臣所谓后必有大忧者二也。

又昔石晋假契丹之力以得天下，岁才遗缯帛三十万，今朝廷岁遗契丹五十万，夏国二十万，使敌日以富强，而国家取之于民，日以朘削。不幸数乘水旱之灾，则患生腹心，不独在二敌，此臣所谓后必有大忧者三也。

昨契丹自恃盛强，意欲平吞夏人，仓卒兴师，反成败衄。北敌之性，切于复仇，必恐自此交兵未已。且两敌相攻者，中国之利，此诚朝廷养谋观衅之时也。若能内辑纲纪，外练将卒，休息民力，畜敛财用，以坐待二敌之弊，则幽蓟、灵夏之地，一举而可图，振耀威灵，弹压夷夏，岂不休哉！此臣所谓后必有大利者一也。[1]

元昊与宋、辽重建通和关系后，又因划界、边境逃民等问题与宋人有过多次的交涉，但已不再有大规模的军事冲突。尤为重要的是，经过交战和交涉换来的是宋、辽对西夏称帝建国的认可，使宋、辽的两朝并立变成了宋、辽、西夏的三国鼎立局面，这恰是元昊最希望看到的结果。

元昊作为西夏的创立者，为其后人留下了重要的物质财富和精神财富，在西夏文宫廷诗中，对其功绩给予了高度的评价。

---

① 《续资治通鉴长编》卷154，第3737—3738页。

黑头石城棕河上，赤面祖坟白河上。高弥药国在此方，圣人身高十尺。战马结实雄壮，种族结亲产后代。啰都父亲身材不高多智，初始不愿为小怀大心。美丽蕃女为妻，英勇七儿相爱。其人图谋攻吐蕃，羌人施谋三薄浪。东主一同上战场，亲与汉敌满载还。马面渡河，低洼不避，吾辈祖先，京城内已扎根。强健黑牛突额角，与香象厮杀堕齿。狗面蠕蠕隘口齿，与虎搏斗虎脚折。汉天子，每日博弈博则负，每夜驰逐驰不利。力勇不当疑虑深，行不成，啰都反抗未独立。我辈阿妈娘娘为始祖，银腹金胸，善根不绝名嵬名。耶则祖，彼岂知，寻牛越出过边界。此后其子额登与龙匹配于某因，从此子孙代代繁衍。番细皇，初出生时有二齿，长大后，十大吉兆皆主集。七乘伴导来为帝，号召大地弥药，孰不附。圣王似风疾驰去，拉缰牵马人强国盛。我辈从此人仪马，勇族向西圣容近。未脱离，无号令，僻壤之中怀大心。四方部族遣贺使，贫善人处善言说。治田畴，不毁穗，民间盗窃无有，天长月久，战争绝迹乐悠悠。[①]

诗中的"弥药"即指党项，"啰都父亲"指李德明，"圣王"指元昊。该诗不仅记述了西夏建国的历程，还着重强调了元昊与宋、辽通和后，为后人带来了"战争绝迹"的福祉。应该说，这样的评价是较为公允的，但更应注意的是元昊的帝王观为西夏立国于中国西北所奠定的思想基础。在西北建立一个独立的王国，其外貌须类似于中国的传统王朝，尤其是要有一位至高无上的皇帝，需要国号、帝号、年号、都城等标志性的建置，以及与之相应的官制、兵制和礼仪制度，所以不得不学习和引入汉制和汉礼，但这些只是帝王的表象，真正支撑帝王作为的是尚武精神和应用于内政、外交的权谋手段，以及顽强展示党项族特质的文化表征，这恰是元昊帝王观的精髓所在。

四　辅臣的政治观念

元昊在位时的一些重要臣僚，表现出了各具特色的政治观念，可列举要者于下。

---

① ［俄］克恰诺夫：《夏圣根赞歌》，张海娟、王培培译，《西夏学》第 8 辑，上海古籍出版社 2011 年版。

（一）喜好道、法学说的党项人

在党项人中，受中原文化影响较深的代表性人物，一个是皇太子宁名宁明，另一个是大臣野利仁荣。

宁名宁明（？—1042年），元昊子，元昊即位后被立为皇太子，精神风貌与元昊颇为不同。

> 宁明天姿聪慧，好学，明大义，然性仁慈，不乐荣利。常从定仙山道士路修篁学辟谷法，朝夕不少懈，元昊恶之。一日试问以养生之要，曰："不嗜杀人。"再问以治国之术，曰："莫善于寡欲。"元昊怒曰："此子语言不类，岂霸王之器乎？"不许入见。宁明忧惧，未几，习道气忤，食不入，死。遗奏以荒旱荐臻，民不堪奔命为言，末请白祫入棺，以识不能体亲之罪。元昊见而哀之，令仍以太子礼葬。[①]

宁明喜好道家的学说，强调的是清心寡欲、无为而治的治国观念，自然不会被追求霸业的元昊所喜爱。但是在党项族的年轻人中能够出现这样的人物，显示中原文化对边疆地区的影响不容小觑。

野利仁荣（？—1042年），出身于元昊皇后野利氏的旁族，由于"多学识，谙典故"，不仅创制了西夏文，还主持"蕃学"，并任谟宁令等职，成为元昊的重要谋臣。尤为重要的是，野利仁荣曾向元昊说明了西夏的"立国大势"。

> 一王之兴，必有一代之制。议者咸谓化民成俗，道在用夏变夷，说殆非也。昔商鞅峻法而国霸，赵武胡服而兵强。国家表里山河，蕃、汉杂处，好勇喜猎，日以兵马为务，非有礼乐诗书之气也。惟顺其性而教之功利，因其俗而严其刑赏，则民乐战征，习尚刚劲，可以制中国、驭戎夷，岂斤斤言礼言义可敌哉。

野利仁荣显然十分熟悉中国传统的治国思想，并且针对西夏建国时的特殊环境，不主张采用儒家的礼义观念，更不强求"汉化"即所谓

[①] 《西夏书事》卷16。

的"用夏变夷"，而是要因俗而治，主要以法家的观念治国。这样的说法符合元昊的需要，所以颇受元昊的重视。野利仁荣去世时，元昊叹息"何夺我股肱之速也"，下令厚葬野利仁荣，并将其封为富平侯。①

西夏文宫廷诗中的《颂师典》（又译《夫子巧仪歌》），不仅赞颂野利仁荣创制蕃文，亦赞颂了他开创文治的功绩。

> 蕃汉弥人同一母，语言不同地乃分。西方高地蕃人国，蕃人国中用蕃文。东方低地汉人国，汉人国中用汉文。各有语言各珍爱，一切文字人人尊。吾国野利贤夫子，文星照耀东和西。选募弟子三千七，一一教诲成人杰。太空之下读己书，礼仪道德自树立。为何不跟蕃人走，蕃人已向我低头。大陆事务自主宰，行政官员共协力。未曾听任中原管，汉人被我来降服。皇族续续不间断，弥药儒言代代传。诸司次第官员中，要数弥药人最多。请君由此三思忖，谁能道尽夫子功。②

这篇诗作最引人注目的是展现了西夏建国初期既要管蕃人也要管汉人的政治场景，并凸显了野利仁荣依靠弥药人（党项人）建立管理系统的重要功绩。这样的作为，与元昊的帝王观念合拍，确实值得后人重视。

（二）助成王霸之业的汉人谋臣

帮助元昊处理宋、辽事务的汉人谋臣，有张元和吴昊两人。

张元（？—1044年），华州人（一说许州人），先为宋朝儒士，后投西夏，被元昊任为丞相，成为重要的汉人谋臣。

张元是个放荡不羁的人物，如时人所记，常能做出一些惊人之举。

> 张元，许州人也，客于长、葛间，以侠自任。县河有蛟，长数丈，每饮水转桥下，则人为之断行。一日，蛟方枕大石而饮，元自桥上负大石中蛟，蜿转而死，血流数里。又尝与客饮驿中，一客邂逅至，主人者延之，元初不识知也。客乃顾元曰："彼何人斯？"

①　《西夏书事》卷16。
②　陈炳应：《西夏的诗歌、谚语所反映的社会历史问题》，白滨编《西夏史论文集》，宁夏人民出版社1984年版，第145—164页。

元厉声曰："皮裹骨头肉人斯。"应声以铁鞭击之而死，主人涂千金之药，久之能苏。元每夜游山林，则吹铁笛而行，声闻数里，群盗皆避。①

张元与吴昊、姚嗣宗三人为好友，三人都有有为于天下的抱负，并且已经被范仲淹所看重。

西夏曩霄之叛，其谋皆出于华州士人张元与吴昊，而其事本末，国史不书。比得田昼《承君集》，实纪其事云张元、吴昊、姚嗣宗皆关中人，负气倜傥，有纵横才，相与友善。尝薄游塞上，观觇山川风俗，有经略西鄙意。姚题诗崆峒山，寺壁在两界间，云："南粤干戈未息肩，五原金鼓又轰天。崆峒山叟笑无语，饱听松声春昼眠。"范文正公（范仲淹）巡边，见之大惊。又有"踏破贺兰石，扫清西海尘"之句。张为《鹦鹉诗》，卒章曰："好著金笼收拾取，莫教飞去别人家。"吴亦有诗。将谒韩（韩琦）、范（范仲淹）二帅，耻自屈不肯往，乃礌大石刻诗其上，使壮夫拽之于通衢，三人从后哭之，欲以鼓动二帅。既而果召与相见，踌躇未用间，张、吴径走西夏，范公以急骑追之不及，乃表姚入幕府。

张、吴既至夏国，夏人倚为谋主，以抗朝廷。连兵十余年，西方至为疲弊，职此二人为之。时二人家属羁縻随州，间使谍者矫中国诏释之，人未有知者，后乃闻西人临境作乐，迎此二家而去，自是边帅始待士矣。姚又有《述怀诗》曰："大开双白眼，只见一青天。"张有《雪诗》曰："五丁仗剑决云霓，直取银河下帝畿。战死玉龙三十万，败鳞风卷满天飞。"吴诗独不传。观此数联，可想见其人非池中物也。②

张元、吴昊之所以投奔西夏，有两种说法。一种说法是张元未能得到韩琦的重用："韩魏公在鄜延日，元以策干公不用，后流落窜西夏，教元昊为边患。"③另一种说法是张元被地方官所羞辱，愤而投西夏：

---

① 王巩：《闻见近录》，四库全书本。
② 洪迈：《容斋三笔》卷11《记张元事》，四库全书本。
③ 陈鹄：《耆旧续闻》卷6，四库全书本。

"元累举进士不第，又为县宰笞之，乃逃诣元昊。将行，过项羽庙，乃竭囊沽酒，对羽极饮，酹酒泥像，又歌秦皇草昧、刘项起吞并之词，悲歌累日，大恸而遁。"①

张元、吴昊到西夏后，为引起元昊的注意，也采用了不同于常人的方法，后人有以下记载。

> 景祐末有二狂生，曰张，曰吴，皆华州人。薄游塞上，睨览山川风俗，慨然有志于经略，耻于自售，放意诗酒，语皆绝豪险惊人，而边帅豢安，皆莫之知。伥无所适，闻夏酋有意窥中国，遂叛而往。二人自念不力出奇，无以动其听，乃自更其名，即其都门之酒家剧饮终日，引笔书壁曰："张元、吴昊来饮此楼。"逻者见之，知非其国人，迹其所憩执之。夏酋诘以入国问讳之义，二人大言曰："姓尚不理会，乃理会名耶。"时曩霄未更名，且用中国赐姓也，于是竦然异之，日尊宠用事。②

由于张元"好阴谋，多奇计"，颇被元昊所看重，于天授礼法延祚四年（1041）将其任为相国，"国有征伐，辄参机密"。在西夏与辽、宋的关系上，张元力主的是联辽制宋的方略："常劝元昊取陕右地，据关辅形胜，东向而争，更结契丹兵，时窥河北，使中国一身二疾，势难支矣。"宋、夏开战之后，张元曾向元昊献上突袭关中的计策："中国精骑并聚诸边，关中少备。若重兵围胁边城，使不得出战，可乘间深入，东阻潼关，隔绝两川贡赋，则长安在掌中矣。"他还特别在诗句中显露了对宋朝守疆大臣的藐视："夏竦何曾耸，韩琦未足奇。满川龙虎辇，犹自说兵机。"张元虽然得意于对宋用兵，但是元昊已经不能不转向与宋议和，正如后人所记。

> 张元等虽贵显用事，而以穷沙绝漠饮食居处不如中国，常引苻坚、刘渊及元魏故事，日夜说元昊攻取汉地，令汉人守之，则富贵功名、衣食嗜好皆如所愿。及兵数入边，得地不能据，军民死亡创痍过半，国中困于点集，财用不给，牛羊悉卖契丹，饮无茶，一绢

---

① 王巩：《闻见近录》。
② 岳珂：《桯史》卷1《张元吴昊》，四库全书本。

之值八、九千钱，相为"十不如"谣怨之。

张元坚决反对与宋朝议和，元昊对他的争辩不予理睬。夏、辽爆发大战后，张元认为联辽制宋已成泡影，"知所志不就，终日对天咄咄，未几，疽发背死"①。应该说，张元虽然是个有才之人，但亦是一个缺乏政治远见的人，加上名利心过重，自然逃脱不了早夭的结局。

宋人因自身失误向敌国输出了人才，后特别注意对儒士的安抚。韩琦在陕西主政时，姚嗣宗曾向其献诗："踏破贺兰石，扫空西海尘。布衣能办此，可惜作穷鳞。"他还曾在关中驿舍题诗："欲挂衣冠神武门，先寻水竹渭南村。却将旧斩楼兰剑，买得黄牛教子孙。"韩琦为此明确表示："此人若不收拾，又一张元矣。"他特别向朝廷推荐，授给姚嗣宗官职，算是稳住了此人。② 需要注意的是，宋、夏之间的人才之争，只是刚露端倪，后续还有进一步的表现，详见后述。

总体而言，在党项人的立国过程中，需要特别关注三种政治倾向。一是依附性的国家定位，党项人在西北地区建立的政治实体，尽管有皇帝、国号、年号、都城等，但只是割据一方的一个小王国，为保持相对独立的地位，不得不依附于宋朝或辽朝，党项统治者的帝王观念由此受限于王国统治，并未达到也不期望达到王朝统治的层级。二是民族性的文化定位，建国立制既要引入"汉制"，更要凸显党项族的特性，尤其是用语言、文字等彰显"蕃风"，就是要防止党项人的国家和属民被中原王朝"同质化"。三是功利性的用人定位，重用"谋士"而不是"治才"，在生存目标远高于治理目标的政治生态下，不管是什么背景的人士，只要能为"图存"出谋划策，就会被统治者重用。这样的功利性定位，显然不利于儒者传播儒家政治观念，更可能为道家和法家政治观念介入王国统治提供机会。也就是说，西夏政治思想的局限性，在建国初期已经有所展现，并因三种政治倾向的沿承，影响了后来政治思想的走向。

---

① 《西夏书事》卷15、卷16、卷17。
② 陈鹄：《耆旧续闻》卷6。

第六章　西夏中期理政观念的变化

西夏毅宗谅祚、惠宗李秉常、崇宗李乾顺三位皇帝在位的九十二年（1048—1139 年），可以视为西夏中期的历史，其间朝政发生过重大变化，西夏君臣的理政观念亦有重要的发展。

第一节　夏毅宗谅祚的文治取向

谅祚（1047—1067 年），先姓赵，后改回李姓，小字宁令两岔，元昊子，刚满一岁即被立为西夏皇帝，先后用延嗣宁国、天佑垂圣、福圣承道、奲都、拱化年号，后被尊为西夏的毅宗。① 谅祚在位的二十年，前期（1048—1061 年）是权臣秉政，后期（1061—1067 年）主政时显露出了追求文治的取向。

一　权臣秉政的恶果

没藏讹庞一手包办了谅祚的即位，把持朝政十余年，以其恶政严重影响了西夏与辽、宋的关系。

（一）擅立幼主

太子宁令哥刺杀元昊，背后的主使者就是没藏讹庞。宁令哥在刺杀行动后逃往没藏讹庞的居所躲避，被没藏讹庞擒杀，已经被废黜的皇后野利氏也被没藏讹庞杀死。以阴谋导出宫廷内乱的没藏讹庞，以灭口的方式完成了所谓"平叛"的政绩。

元昊去世前留下遗言，以从弟委哥宁令继承皇位。但是在大臣惟移

---

① 《宋史》卷485《夏国传上》。

赏都、埋移香、热嵬浪布、野也浪啰与没藏讹庞讨论帝位继承问题时，没藏讹庞明确表示："委哥宁令非子，且无功，安得有国。"也就是说，他根本未把元昊的遗言当回事。惧移赏都质问没藏讹庞："国今无主，然则何所立？不然，尔欲之乎？尔能保有夏土，则亦众所愿也。"没藏讹庞没有自立为帝的勇气，而是要立一岁的谅祚为帝，所以明确表示："予何敢哉！夏自祖考以来，父死子及，国人乃服。今没藏后有子，乃先王嫡嗣，立以为主，谁敢不服？"诸大臣不得不同意没藏讹庞的说法。

天授礼法延祚十一年（宋仁宗庆历八年，辽兴宗重熙十七年，1048），没藏讹庞立谅祚为皇帝，采用延嗣宁国为新的年号。谅祚之母没藏氏被尊为宣穆惠文皇太后。"讹庞以惧移赏都等三大将典兵久，令分掌国事；己为国相，总揽政柄。没藏本大族，讹庞为之长，至是权益重，出入仪卫拟于王者。"借着拥立幼帝的机会，没藏讹庞实现了掌控朝政的政治目标。[①] 但是在名义上，则是没藏皇太后临朝称制，如立于天祐垂圣元年（1050）的石刻碑文所言："我国家纂隆丕构，张銀启中兴，雄镇金方，恢拓河右。皇太后承天顾命，册制临轩，厘万物以缉绥，俨百官而承式。今上皇帝（谅祚），幼登宸极，凤秉帝图，分四叶之重光，契三灵而眷佑。粤以潜龙震位，受命册封，当绍圣之庆基，乃继天之胜地，大崇精舍，中立浮图，保圣寿以无疆，俾宗桃而延永。"[②]

福圣承道四年（宋仁宗嘉祐元年，辽道宗清宁二年，1056）十月，皇太后没藏氏被大臣李守贵所杀，没藏讹庞处死李守贵后，以自己的女儿作为谅祚的皇后，继续操控只有 9 岁的皇帝。[③]

（二）交恶辽、宋

没藏讹庞拥立幼帝之后，分别向辽、宋派出使者，但辽、宋对没藏讹庞的主政态度截然不同。

辽兴宗对兵败于元昊耿耿于怀，想的是乘机报仇，所以只是派使者对元昊的去世表示"慰奠"，不仅没有给予谅祚任何册封，还不断扣留西夏的使者。延嗣宁国元年（宋仁宗皇祐元年，辽兴宗重熙十八年，1049）七月，辽兴宗亲率大军攻西夏，西夏人避而不战；八月，辽兴

①　《西夏书事》卷18；《续资治通鉴长编》卷162，第3901—3902页。

②　《新建承天寺瘗佛顶骨舍利碣铭》，聂鸿音《西夏遗文录》，第140页。

③　《续资治通鉴长编》卷184，第4462页。

宗班师；九月，西夏军大败轻敌冒进的辽萧惠军。天佑垂圣元年（宋
仁宗皇祐二年，辽兴宗重熙十九年，1050），辽兴宗一方面派使者问罪
于西夏，另一方面持续派军攻入西夏境内。在辽军的压力下，皇太后没
藏氏于当年十月派使者向辽兴宗表示"依旧称藩"的意愿，辽兴宗的
表态是"别遣信臣诣阙，当徐思之"。十二月，没藏讹庞以谅祚的名义
向辽兴宗上表，继续表达称臣的意愿。辽兴宗故意冷落西夏君臣，到福
圣承道元年（宋仁宗皇祐五年，辽兴宗重熙二十二年，1053）才接受
谅祚的降表，恢复辽、夏之间的通和关系。次年，辽兴宗还特别对西夏
使者说："尔主若念国威，不忘姻好，当心怀恭顺，不在贡献勤怠间
也。"没藏讹庞派人向辽兴宗呈上西夏的誓表，并希望得到辽朝的誓
诏，被兴宗拒绝。① 辽兴宗之所以如此强势地对待西夏，不仅是因为其
主幼可欺，更重要的是以此来表示对擅权者没藏讹庞的不满。

元昊临终前曾留下遗言："异日力弱势衰，宜附中国，不可专从契
丹。盖契丹残虐，中国仁慈，顺中国则子孙安宁，又得岁赐、官爵；若
为契丹所胁，则吾国危矣。"② 没藏讹庞倒是希望联宋抗辽，但是他派
往宋朝的使者既不敢告知元昊之死的真相，还向宋朝提出了新的"十
一事"要求，其中最让宋人难以接受的是西夏皇帝不再称臣而是称男，
将岁币增至三十万，以及让西夏所产盐可以自由贸易、不再限制。尽管
有人建议可以乘西夏内乱用兵，将其一举铲除，但宋军确实没有做好大
举出动的准备，所以宋仁宗于庆历八年（1048）四月正式册立谅祚为
夏国王，继续维持宋、辽的通和关系。③

宋、夏通和，没藏讹庞依然不时搞些侵扰边境的小动作，宋人严守
边境，难以占到便宜。麟州西北的屈野河畔，在元昊与宋议和时确定为
双方都不耕种的禁地，没藏讹庞"知河西田膏腴厚利，令民播种，以所
收入其家，岁东侵不已，距河仅二十里，宴然以为己田"。对于这样的
"盗耕"行为，宋人于仁宗嘉祐二年（谅祚奲都元年，1057）二月采用了
激烈的反制措施。边臣庞籍向宋仁宗上言："西人侵耕屈野河地，本没藏
讹庞之谋，若非禁绝市易，窃恐内侵不已。请权停陕西缘边和市，使其
国归罪讹庞，则年岁间可与定议。"宋仁宗采纳了他的建议，"诏禁陕西

---

① 《辽史》卷20《兴宗纪三》，卷115《西夏记》；《西夏书事》卷19。
② 《西夏书事》卷18。
③ 《续资治通鉴长编》卷163，第3918、3921页；卷164，第3942页。

四路私与西人贸易者"。没藏讹庞不惜与宋人开战，率数万大军至屈野河，并在当年五月大败宋军于忽里堆。宋人派使者要求进行划界的谈判，没藏讹庞亦置之不理，且连年派军队攻扰宋朝边城。边市贸易因为没藏讹庞的私利和狂妄而受阻，数年内即显示出了对西夏的不利影响，"夏国所产羊、马、毡、毯，用之不尽，必以其余与他国交易，而三面戎狄，鬻之不售，故中国和市不能不通。自河东禁绝私市，官民胥怨"。嘉祐五年（谅祚奲都四年，1060），没藏讹庞派使者前往麟州，请求以退还屈野河西田二十里为条件，重开和市，被宋守臣拒绝。① 对于嚣张一时的西夏权臣，宋人只是谨守边界，不会再做任何让步。

（三）权臣末路

没藏讹庞主政，臣僚明确提出"请慎政刑"的要求，没藏讹庞置之不理。奲都四年（1060）八月，没藏讹庞以"高怀正以贷国人银，毛惟昌窃衣曩霄盘龙服"的罪名，将两人处死。实际上杀掉这两个人是因为他们被谅祚所宠信，"时与国事，或采民间利弊闻"，触犯了专权者的利益。谅祚难以阻止没藏讹庞杀人，只能是怀恨在心，伺机报仇。

奲都五年（宋仁宗嘉祐六年，辽道宗清宁七年，1061）四月，谅祚以谋反罪杀没藏讹庞，并诛灭其宗族，有人记下了事件的原委。

> 自曩霄死，三大将各拥强兵制阃外，讹庞犹知顾忌，已见凋丧殆尽，专恣益甚。有漫咩者位居讹庞上，每事屈己下之，结为心腹。高、毛二人之诛，谅祚颇不平。讹庞惧，将为变。子妇梁氏本中国人，谅祚私焉，日视事于国，夜则从诸没藏氏，讹庞子怼甚，与其父谋伏甲寝室，须谅祚入杀之。梁氏密以告，谅祚召讹庞于密室执之，令漫咩将兵杀其子，遂诛讹庞。其弟侄族人外任者悉戮之，夷其宗。②

没藏讹庞没有想到，自己最终会因为一个妇人的出卖，被小皇帝所杀。对于这样的奸臣，欧阳修曾有以下的评价。

---

① 《续资治通鉴长编》卷185，第4469—4471、4476—4478页。
② 《西夏书事》卷20。

　　赵元昊二子：长曰佞令受（宁令哥），次曰谅祚。谅祚之母，尼也，有色而宠，佞令受母子怨望。而谅祚母之兄曰没藏讹庞者，亦黜房也，因教佞令受以弑逆之谋。元昊已见杀，讹庞遂以弑逆之罪诛佞令受子母，而谅祚乃得立，而年甚幼，讹庞遂专夏国之政。其后谅祚稍长，卒杀讹庞，灭其族。元昊为西鄙患者十余年，国家困天下之力，有事于一方，而败军杀将，不可胜数，然未尝少挫其锋。及其困于女色，祸生父子之间，以亡其身，此自古贤智之君或不能免，况中人乎。讹庞教人之子杀其父，以为己利，而卒亦灭族，皆理之然也。①

　　权臣的覆没，对西夏显然是件好事，因为没藏讹庞是只知擅权、不知理政的人，给西夏带来的只能是乱政。

二　谅祚的以华变蕃

　　谅祚在去除权臣之后，希望有一些作为，以改变没藏讹庞时的乱政局面，并在其中显现了他喜好中原文化、崇尚儒家治国观念的思想倾向。

　　（一）依华风行事

　　谅祚亲政之后，希望逐渐改变元昊以"蕃风"即党项旧俗抵御"华风"即中原王朝传统做法的思路，主动将"华风"引入西夏，以呈现不同于以往的朝政。他为此特别采纳了四种做法。

　　一是用汉仪取代"蕃礼"。奲都五年（1061）十一月，谅祚派使者向宋仁宗表示："本国窃慕汉衣冠，今国人皆不用蕃礼，明年欲以汉仪迎待朝廷使人。""昨因宥州申覆，称迎接朝廷使命，馆宇隘陋，轩槛阽危，悁不重修，诚为慢易。于是鸠集材用，革故鼎新。来年七月臣生日，用蕃礼馆接使命，十月仲冬，用汉仪迎接。"宋仁宗答应了他的请求。②

　　二是求取汉文典籍。奲都元年（宋仁宗嘉祐二年，1057），谅祚曾向宋朝求购佛教藏经："伏惟新建精蓝，载请赎大藏经帙签牌等。其常

---

　　①　欧阳修：《归田录》卷下，四库全书本。
　　②　《续资治通鉴长编》卷195，第4730页；李谅祚：《于宋乞用汉仪表》，聂鸿音《西夏遗文录》，第141页。

例马七十匹，充印造工具，俟来年冬贺嘉祐四年正旦使次附进，至时乞给赐藏经。"① 䂮都六年四月，"夏国主谅祚上表求太宗御制诗草、隶书石本，欲建书阁宝藏之，且进马五十匹，求九经、唐史、册府元龟及本朝正至朝贺仪。诏赐九经，还其马"②。谅祚还继续求购大藏经，并求取工匠，"盖以番方素稀工巧，变革衣冠之度，全由制造之功"③。向宋朝求取汉文典籍，显然不只是为了收藏，而是要进一步学习中原王朝的礼仪、制度和治国经验。

三是恢复李姓。拱化元年（宋仁宗嘉祐八年，辽道宗清宁九年，1063），宋仁宗病重，谅祚派使者前往慰问，在给仁宗的表章中已经改用李姓。仁宗去世后，谅祚派使者前往吊唁，上表中仍用李姓，引起宋英宗的不满，让其改回赵姓。④ 尽管宋人反对，谅祚还是我行我素，此后一直用李姓，以显示对旧时党项拓跋部习染华风的回归。

四是调整官制。在军事机构方面，谅祚于䂮都六年五月下令将韦州监军司改为静塞军，石州监军司改为祥祐军，左厢监军司改为神猛军，并于西平府设监军司为翔庆军。在政务官员方面，"汉设各部尚书、侍郎、南北宣徽使及中书学士等官，蕃增昂聂、昂星、谟个、阿泥、芭良、鼎利、春约、映吴、祝能、广乐、丁努诸号"⑤。

为表示对没藏讹庞的厌恶，谅祚不仅废黜皇后没藏氏，还将其处死。他正式立梁氏为皇后，并任命其弟梁乙埋为家相。

谅祚亦表现出了重用汉臣的意愿，尤其是委以苏立、景询要职："谅祚每得汉人归附，辄共起居，时致中国物，娱其意，故近边蕃汉乐归之。掠秦凤时，俘汉人苏立，授以官，颇用事。询，延安人，小有才，得罪应死，亡命西奔。立荐之，谅祚爱其才，授学士。"⑥

（二）通辽扰宋

谅祚亲政后，派使者向辽道宗示好，辽道宗依然延续辽兴宗时对西

---

① 李谅祚：《于宋乞赎大藏经表》，聂鸿音《西夏遗文录》，第141页。
② 《续资治通鉴长编》卷196，第4745页。
③ 李谅祚：《于宋乞赎佛经大藏表》《于宋乞工匠表》，聂鸿音《西夏遗文录》，第141页。
④ 《西夏书事》卷20；《续资治通鉴长编》卷199，第4823页。
⑤ 《西夏书事》卷20；《续资治通鉴长编》卷196，第4762页。
⑥ 《西夏书事》卷21。

夏的冷淡态度，只是保持着互通使者的关系。①

为纠正没藏讹庞的谬误，谅祚亲政后即派使者与宋人划定了屈野河的各自地界，并明确约束西界人户不得越境到东界耕种。谅祚又请求重开榷场，得到新即位的宋英宗赵曙的应允，宋、夏之间的互市贸易得以恢复。②

拱化二年（宋英宗治平元年，1064）秋季，谅祚以所谓的使者被宋人侮辱为由，派军攻掠宋朝的秦凤、泾原地区。拱化三年正月，宋英宗派使者诏谕谅祚："自今泾原、秦凤路熟户及弓箭手地分，不可更行侵扰。"谅祚无视宋人的警告，继续在边境地区侵扰。③

对于谅祚的突然发难，宋人并不感到惊讶，欧阳修在给宋英宗的上书中，就明确指出谅祚是要以军事行动获取更多的利益，所以宋朝需要的是以静制动、后发制人的作为。

> 臣伏见谅祚狂騃，衅隙已多，不越岁必为边患。臣本庸昏，不达时机，辄以外料敌情，内量事势，鉴往年已验之失，思今日可用之谋，虽兵不先言，俟见形而应变，然而因敌制胜，亦大计之可图。

> 臣所谓外料敌情者，谅祚世有夏州，自彝兴、克叡以前，止于一镇五州而已。太宗皇帝时，继捧、继迁始为边患，其后遂陷灵、盐，尽有朔方之地。盖自淳化、咸平用兵十有余年，既不能翦灭，遂务招怀。适会继迁为潘罗支所杀，其子德明乃议归款。而我惟以恩信，复其王封，岁时俸赐，极于优厚。德明既无南顾之忧，而其子元昊亦壮，遂并力西攻回纥，拓地千余里。德明既死，地大兵强，元昊遂复背叛。国家自宝元、庆历以后，一方用兵，天下骚动，国虚民散。如此数年，元昊知我有厌兵之意，遂复议和。而国家待之恩礼，又异于前矣。号为国主，仅得其称臣，岁予之物，百倍德明之时，半于契丹之数。今者谅祚虽曰狂童，然而习见其家世所为，盖继迁一叛而复王封，元昊再叛而为国主，今若又叛，其志可知，是其欲自比契丹，抗衡中国，以为鼎峙之势尔。

① 《辽史》卷115《西夏记》。
② 《续资治通鉴长编》卷193，第4679—4680页；《西夏书事》卷20。
③ 《续资治通鉴长编》卷202，第4905—4906页；卷204，第4934页。

今者谅祚以二十万兵寇秦、渭两路，掳掠焚烧，数百里间，扫荡具尽，而两路将帅不敢出一人一骑，则国威固已挫矣。谅祚负恩背德如此，陛下未能发兵诛讨，但遣使者赍诏书赐之，又拒而不纳，使者羞愧，俛首怀诏而回，则大国不胜其辱矣。当陛下临御之初，遭此狂童，威沮国辱，此臣等之罪也。

至于谅祚之所为，宜少屈意含容而曲就之，既以骄其心，亦少缓其事，以待吾之为备。而且严戒五路，训兵选将，利器甲，蓄资粮，常具军行之计，待其反书朝奏，则王师暮出，以骇其心而夺其气，使其枝梧不暇，则胜势在我矣。①

司马光也认为谅祚既攻扰又通使的举动，是为了多要岁币和全面开放宋、夏间的贸易。

窃见近年以来，赵谅祚虽外遣使人，称臣入贡，而内蓄奸谋，窥伺边境。阴以官爵金帛，招诱中国不逞之人及熟户蕃部，闻其亡命叛去及潜与交通者，已为不少，而朝廷不能一一尽知也。其熟户蕃部有违拒不从者，谅祚辄发兵马公行杀掠。弓箭手有住在沿边者，谅祚皆迫逐使入内地。将帅之臣但坐而视，不能救援，遂使其余熟户皆畏惮凶威，怨愤中国，人人各有离叛之心。及朝廷遣使赍诏责问，则谅祚拒而不纳，纵有所答，皆侮慢欺冒之辞，朝廷亦隐忍含容，不复致诘。谅祚又数扬虚声，以惊动边鄙，而将帅之臣率多懦怯，别无才谋以折冲御侮，只知多聚兵马以自卫其身。

臣虽愚驽，不习边事，窃私意料之，谅祚所以依旧遣使称臣奉贡者，一则利于每岁所赐金帛二十余万，二则利于入京贩易，三则欲朝廷不为之备也。其所以招诱不逞之人者，欲以采访中国虚实之事，平居则用为谋主，入寇则用为向导也。其所以诱胁熟户、迫逐弓箭手者，其意以为东方客军皆不足畏，唯熟户、弓箭手生长极边，勇悍善斗，若先事翦去，则边人失其所恃，入寇之时可以通行无碍也。所以数扬虚声、惊动边鄙者，欲使中国之兵疲于奔命，耗散诸蕃，公私贫困，既而边吏习以为常，不复设备，然后乘虚入

① 《续资治通鉴长编》卷204，第4935—4941页。

寇也。①

宋英宗采纳臣僚的建议，以加强防御的方式应对谅祚的攻扰。拱化四年（宋英宗治平三年，1066）九月，谅祚亲率大军进攻宋朝的大顺城，被流矢射中，带伤逃走。十月，宋英宗派使者告知谅祚，停止给予西夏岁赐的银帛等。谅祚不愿失去岁币，亦知以攻掠宋朝边城谋利的策略失效，乃派使者向宋英宗表示并没有违背誓约，而是边将挑事。宋英宗见谅祚已服软，亦不愿意再生事端，要求谅祚送来誓表，并特别强调："今后严戒边上酋长，各守封疆，不得点集人马，辄相侵犯；其鄜延、环庆、泾原、秦凤等路一带，久系汉界熟户并顺汉西蕃，不得更行劫掳及逼胁归投；所有汉界不逞叛亡之人，亦不得更有招纳。苟渝此约，是为绝好。余则遵依先降誓诏，朝廷恩礼，自当一切如旧。"②

拱化五年（宋英宗治平四年，1067），宋英宗去世，宋神宗赵顼即位，即于当年闰三月派使者诏谕谅祚，要求他谨守和约。

> 昨以夏国累年以来数兴兵甲侵犯疆陲，惊扰人民，诱迫熟户。去秋乃复直叩大顺，围迫城寨，焚烧村落，抗敌官军。边奏屡闻，人情共愤，群臣皆谓夏国已违誓诏，请行拒绝。先皇帝务存含恕，且诘端由，庶观逆顺之情，以决众多之论。逮此逊章之禀命，已悲仙驭之上宾。朕纂极云初，包荒在念，仰循先志，俯谅乃诚，既自省于前辜，复愿坚于永好。苟奏封所叙，忠信无渝，则恩礼所加，岁时如旧，安民保福，不亦休哉。③

尽管谅祚仍有一些在边境上生事的小动作，宋神宗还是于治平四年八月下令恢复因谅祚扰边而停止的"和市"。当年十二月，谅祚因病去世。④

谅祚亲政的时间不长，没有突出的政绩，只是在观念上显示出了喜

① 《续资治通鉴长编》卷206，第5008—5009页。

② 《续资治通鉴长编》卷208，第5062—5063、5067—5068页；《太平治迹统类》卷11《治平西夏扰边》。

③ 韩琦：《赐夏国主诏》，吕祖谦编《皇朝文鉴》（《宋文鉴》）卷31，四部丛刊本。

④ 《宋史》卷14《神宗纪一》；《太平治迹统类》卷15《神宗经制西夏》。

好华风的倾向，但是随着与宋朝关系的恶化，这样的思想倾向明显受到遏阻，回归武力强国又不是他的强项，所以在宋、辽、西夏鼎立的局面下，他所扮演的一直是一个柔弱少主的角色。

第二节　母后临朝的政治观

李秉常（1061—1086年），毅宗谅祚长子，母为谅祚后立的皇后梁氏。谅祚去世后即皇帝位，梁氏以皇太后身份垂帘摄政，先后用乾道、天赐礼盛国庆、大安、天安礼定年号，后被尊为西夏的惠宗，在位二十年。梁氏死于大安十一年（宋神宗元丰八年，1085），所以李秉常在位的大多数时间是母后主政，彰显的主要是梁氏的统治观念。

一　梁太后专权下的崇佛观念

皇太后梁氏（简称"梁太后"）本是汉人，但其家族已经"蕃化"。梁氏为把持朝政，不仅大力培植自己的亲信势力，还使李秉常的几次亲政都形同虚设。

（一）获得辽、宋认可

梁太后临朝称制后，即以其弟梁乙埋为国相，"悉以国政委乙埋，乙埋擢其子弟并居近要，于是诸梁权日甚"。除了梁氏族人外，罔萌讹、都罗马尾也是梁太后信任的重臣。为了保持核心集团的忠诚，梁太后还于天赐礼盛国庆四年（宋神宗熙宁五年，1072）七月剥夺了嵬名浪遇的兵权，形成的局面是："国中权擅者三人。梁乙埋，国戚居长；次都罗马尾；次罔萌讹。萌讹略知书，私侍梁氏，与乙埋居中用事。都罗多战功，常握兵屯塞上。浪遇为曩霄弟，知兵，熟边事，谅祚时尝执国政。至是，以不附诸梁罢其官，并其家属徙之。"嵬名浪遇被罢职后"日训子孙以忠义"，天赐礼盛国庆六年去世，并曾为朝廷留下"擢用忠良，勿犯中国"的遗言。①

梁太后立七岁的孩子为皇帝后，希望尽快得到辽朝和宋朝的认可。与辽朝的交往较为顺利，乾道元年（宋神宗熙宁元年，辽道宗咸雍四年，1068）十月，辽朝正式册封李秉常为夏国王。次年闰十一月，梁

———————

① 《西夏书事》卷22、卷23。

太后以李秉常的名义向辽道宗请求赐予夏国王的印绶，被辽道宗拒绝。[①]

乾道元年，梁太后亦以李秉常的名义，向宋朝发出恢复通和关系的奏表，全文如下。

> 臣闻固基业者，必防于悔吝；质神祇者，宜务于要盟。考核彝章，讨论典故。河带山砺，始汉室以流芳；玉敦珠盘，本周朝之垂范。庶使君臣之契，邦国之欢，蔚为长久之规，茂著古今之式。矧茂恩于累世，受赐于有年，当竭情诚、仰期宸听。窃以上联世绪，累受列封，本宜存信以推忠，岂谓轻盟而易动。盖此酋戎之画，助成守土之非。然而始有衅端，以归倾逝。昨者期在通欢之美，曾申沥款之诚。爰降绛函，宛垂俞旨，敢陈恳幅，上达至聪：傥给还于一城，即纳归于二寨。惟赖至仁抚育，巨德保安，冀原旧誓之文，用复交欢之水。伏遇尧云广荫，轩鉴分辉，幸宽既往之辜，深察自新之恳。将使庆流后裔，泽被溥天，洎垂赐予之常，恪谨倾输之节。臣敢不昭征部族，严戒酋渠，用绝惊骚，俾无侵轶。非不知畏天而事大，勉坚卫国之猷：背盟者不祥，寅懔奉君之体。若乃言亡其实，祈众神而共诛；信不克周，冀百殃而咸萃。自敦盟约，愈谨守于藩条；深愧僭尤，乞颁回于誓诏。[②]

由于谅祚曾诱杀宋保安军知军杨定，所以西夏使者见宋神宗时，宋神宗即强调只有惩办了凶手，才能谈册封的事情。

> 鄜延镇抚使郭逵诇得杀杨定首领姓名为崇贵、道喜二人，移檄来索。道喜素与幸臣罔萌讹善，萌讹为二人谋于梁氏，佯使人至鄜延言，请斩境上以谢，逵不可。既而报曰："已杀之矣。"逵以二人状貌物色，遣使诘问。乙埋知不可隐，执两人以献。
> 自杨定死，贺中国登极及正旦使不更过界，谅祚卒，逾三月，始遣河北转运使、刑部郎中薛宗道告哀。神宗问杀杨定事，宗道对曰："杀人者已执送矣。"乃赐诏慰谕，并令上大首领数人姓名，

---

① 《辽史》卷22《道宗纪二》，卷115《西夏记》。
② 李秉常：《乞宋颁誓诏表》，聂鸿音《西夏遗文录》，第141—142页。

当爵禄之，俟李崇贵至，即行册礼。①

乾道二年（宋神宗熙宁二年，1069）二月，宋神宗以刘航为使者，正式册封李秉常为夏国王。宋廷有人建议授予西夏重臣官爵，以分裂西夏的统治集团，所以宋神宗才要求西夏报上大首领的名字。梁太后对此给予反击，派使者质问宋神宗："上方以孝治天下，奈何使小国之臣叛其君哉？"② 宋神宗亦觉得不妥，在西夏上誓表后，即向西夏颁发了诏书。

> 朕嗣守丕图，日新庶政，方推大信，以协万邦。思与藩屏之臣，永遵带砺之约，矧勤王而述职，固奕世以推诚。而近年以来，将命之使，或不体朝廷之意，罔循规矩之常，多于临时率尔改作。既官司之有守，致事体以难从。且下修奉上之仪，本期效顺，而君有锡臣之宠，所以隆恩。岂宜一介于其间，辄以多端而生事。在国家之抚御，固廓尔以无疑，想忠孝之倾输，亦岂欲其如此。故特申于旨谕，谅深认于眷怀。今后所遣使人，更宜精择，不令妄举，以紊彝章。所有押赐押伴使臣等，亦已严行戒励。苟有违越，必置典刑。载惟信誓之文，炳若丹青之著，事皆可守，言贵弗违，毋开间隙之萌，庶敦悠久之好。③

梁太后不喜好汉礼，乾道二年八月派使者向宋神宗请求恢复蕃礼，宋神宗表示应允。④ 梁太后更喜欢的是佛法，所以在天赐礼盛国庆五年（1073）的石窟题记中，可以看到来自佛教徒的祝词："所将上来圣境，原是皇帝圣德圣感。伏愿皇帝万岁，太后千秋，宰臣常居禄位，万民乐业海长青，永绝狼烟，五谷熟成，法轮长转。"⑤ 大安二年（1076）的碑文中，亦有"奉为皇帝皇太后万岁，重臣千秋，雨顺风调，万民乐业，法轮常转"的祝词。⑥

---

① 《西夏书事》卷22。
② 《宋史》卷14《神宗纪一》，卷486《夏国传下》。
③ 欧阳修：《赐夏国主诏》，《皇朝文鉴》卷31。
④ 《宋史》卷14《神宗纪一》。
⑤ 惠聪：《住持榆林窟记》，聂鸿音《西夏遗文录》，第144页。
⑥ 《贺兰山拜寺沟方塔塔心柱题记》，聂鸿音《西夏遗文录》，第144页。

（二）李秉常的两次亲政

大安元年（宋神宗熙宁八年，辽道宗大康元年，1075）正月，李秉常16岁，梁太后允许其亲政。李秉常随即表现出了向往华风的倾向，"每得汉人，辄访以中国制度，心窃好之"。大安六年正月，李秉常有了"复行汉礼"的重要举动，"下令国中悉去蕃议，复行汉礼。诸臣阿梁氏者皆言不便，梁乙埋与其叔母亦相继劝秉常，不听"①。

梁太后对李秉常的"复行汉礼"颇为不满，乃以将领李清唆使李秉常向宋朝献河南地为借口，于大安七年三月处死李清并囚禁李秉常，终结了李秉常的短暂亲政，梁太后的暗中把控朝政，又变成了明面上的临朝称制。

令梁氏集团始料不及的是，囚禁皇帝为西夏带来了内部混乱的局面。

> 梁氏既杀李清，幽秉常于兴州之木寨，距故宫五里许。令乙埋与罔萌讹等聚集人马，斩断河梁，不通音耗。于是，秉常旧时亲党及近上用事诸酋各拥兵自固。乙埋数出银牌招谕，不从，国内大乱。②

宋朝得到的消息则相当错乱，有的说李秉常已经被杀，有的说国相被杀，有的则只说李清被杀。面对如此错乱的信息，宋神宗不得不要求边臣尽快搞清真相。

> 权鄜延路马军副都总管兼第一将种谔奏："近谍报：西夏国母屡劝秉常不行汉礼，秉常不从。其梁相公（梁乙埋）者，与其叔母亦相继劝之。既而秉常为李将军（李清）所激怒，欲谋杀叔母与梁相公，其言颇漏露。梁相公与叔母共谋，作燕会召秉常，酒中，秉常醉起，于后园被害，其妻子及从者近百人皆即时继遭屠戮。"
>
> 鄜延路经略司言："刘绍能等觇知夏国主秉常为李郎君所说，招诱汉界倡妇、乐人，其国母置酒诱执李郎君等杀之。"

① 《西夏书事》卷24；《东都事略》卷128《附录六》。
② 《西夏书事》卷25。

知熙州苗授言："得西界大首领禹臧花麻文字称，夏国主母子以不协，杀其宰相。"诏苗授遣人以本司意密说谕花麻云："自三月以来，诸路探报夏国变乱，所说不一，尔必详知。今河津南北阻隔，人情去就，次第可密语去人及写一文字来为信。"①

无论事情真相如何，宋人还是以西夏发生重大"国难"为由，发起大规模的进攻，但最终以失败告终（详见后述）。大安九年（宋神宗元丰六年，1083）闰六月，由于连年与宋军作战，西夏已陷入困境，"自岁赐、和市两绝，财用困乏，匹帛至十千文。又以累岁交兵，横山一带民不敢耕，饥羸殆甚"，梁太后在征得梁乙埋同意后，让李秉常再次亲政。②

李秉常只是名义上的亲政，朝政依然由梁乙埋把持。大安十一年（宋神宗元丰八年，1085）二月，梁乙埋死，弟梁乙逋自任为国相，继续把持朝政。十月，梁太后也去世，"梁乙逋与仁多氏分掌东、西厢兵，势力相抗，猜忌日深"，李秉常仍难有作为，并于次年七月在忧愤中死去。③

需要注意的是，李秉常在位时，西夏的文化事业有重大的进展。天赐礼盛国庆元年（1069）以李秉常名义为西夏字书《五音切韵》所作的序中，特别强调了文与治之间的密切关系。

今观看诸书，有西蕃、汉人之《切韵》。今文字之五音者，平上去入，各以字母明之，分析清浊平仄，别示重轻，明上下章，呼应切字，斟酌韵母，为文之本，凡所集存，永久不忘，是以传行。以朕之功德力，依时修成今之《切韵》。国家敬重，为智慧增盛之本。佛法经藏、王旨敕禁、诗文清浊、阴阳吉凶、历日正法、治人定律、赞庆典集等，为文之本源也。譬如大海深广，诸水所聚，不竭不溢，随求皆得，日月普照，智愚悉悟。诸山中须弥最高，诸业中无当之宝，一切内文宝最上。是以建立《五音切韵》者，统摄

_____

① 《续资治通鉴长编》卷312，第7566、7571、7578页。
② 《西夏书事》卷26。
③ 《西夏书事》卷27；《续资治通鉴长编》卷360，第8621页。

《文海宝韵》之字，名义不舛，共立纲目，当知此义。①

在《文海宝韵》的序中，则强调了对文人的重视："选集以□□□等为博士，其人荣升为教授，出内宫门，坐四马车，仪仗环绕，臣僚簇拥，乐人引导，送国师院宴请，学子三年内正之。"②

李秉常在位时，延续了元昊时大量翻译佛经的做法，如时人所记。

《妙法莲华经》者，如来之秘藏也。因此法现，佛出世间，集二宗乘，入一真中。文才高广，与须弥山等；义趣幽深，与大海水同。先讲三方，诸乘集于一乘；后宣七喻，五性入于独性。此经者，西天所说，渐渐传于东土，秦天子朝罗什三藏所译。其后风角城皇帝（元昊）以本国语言，建立番礼，创制文字，翻译契经，武功特出，德行殊胜，治理民庶，无可比拟。前朝所译契经众多，此《莲华经》未在译中。今圣母子已袭王位，敬信三宝，治国行德，兴隆先祖之礼，矧为后帝之师。依德行业，与日月同光；以孝治民，俱万国归顺。乃发大愿，御手亲译，不足一年，一部译毕，传行国内，人人受持。故此有情日盛，灾患长绝。③

李秉常亦在为佛家著作所作的序中，显露了重佛的倾向。

民去遗主，依类为治教禁；恶生佛现，以慈教导救援。初自西天，圣法出世流传；教至东土，御僧译行契经。朕观诸民，缘贪嗔痴，起诸境欲，虚实不绝。空有执着，因坚不舍，故回转死生界中，常在烦恼海内。无有安康，此即谓之实乐；不修善德，不知后世自欺。朕今怜念，慈悲有情，故设立经院，延僧传译诸法；此《忏罪》者，先于诸法中择。圣人辩才合义，乃成十卷；威仪殊胜恩功，譬喻者难。如日出光，露水无所不晞；依慈悲忏，诸业岂有不灭？欲养树根，有水不摧而茂；愿得正道，不获归心者无。忏法

---

① 李秉常：《五音切韵序》，聂鸿音《西夏遗文录》，第142页。
② 李秉常：《文海宝韵序》，聂鸿音《西夏遗文录》，第142—143页。
③ 阕长信：《妙法莲华经序》，聂鸿音《西夏遗文录》，第146页。

功广，序喻词义不显；今劝有情，切勿不修善典，此法长传行。①

也就是说，在思想观念上，李秉常不仅认同佛、儒融汇的发展趋势，亦将翻译佛经视为治国的重要辅助手段，不仅要看重其宗教意义，更要看重这一事业的政治意义。

二　夏、宋关系的困境

西夏母后临朝、权臣当道，宋朝虽然册封李秉常为夏国王，但亦鼓励边臣对西夏用兵，在双方都严重误判形势的情况下，夏、宋关系经历了战和不定的三个阶段。

（一）边城之争

乾道元年至大安元年（1068—1075）是李秉常在位时西夏、宋关系变化的第一阶段，主要表现为双方对边境城堡的争夺，以及在议和的基础上划定了部分边界。

乾道元年（宋神宗熙宁元年，1068），宋人为加强秦凤地区的防御，在秦州（今甘肃天水）的北面建筑筚篥城（城在今甘肃通渭县境内），后改名甘谷城。梁乙埋率军进攻甘谷城，被宋军所扼，不能取胜。梁乙埋屯军于葫芦河（今清水河）畔，攻击宋军新筑的熙宁寨（寨在今宁夏固原北），又被宋军击败。

乾道二年（宋神宗熙宁二年，1069），梁太后以李秉常的名义上书宋神宗，请求以塞门、安远两寨换取西夏原已放弃的绥州（今陕西绥德）："差嵬名挨移等赴塞门地分，与赵秘丞商量，分划塞门、安远，交领绥州。虽差人去与赵秘丞一两次相见，终不与定夺了当。兼宥州续得保安军牒，开坐中书、枢密院同奉圣旨，安远、塞门，蕃族住坐，久已着业，应难起移。任令蕃族依旧住坐，所有绥州，更不给还。岂将边圉之末图，有抗大廷之诚命？愿详悉于云为，免稽留于事理。"这一请求被宋人拒绝，宋神宗还终止了给予西夏的岁赐。梁太后派军进攻秦州、绥州，以示报复，均被宋军击退。②

天赐礼盛国庆二年（宋神宗熙宁三年，1070），梁乙埋率军攻绥

---

① 李秉常：《慈悲道场忏法序》，聂鸿音《西夏遗文录》，第 146 页。
② 李秉常：《于宋乞交领绥州表》，聂鸿音《西夏遗文录》，第 142 页；《宋史》卷 486《夏国传下》。

州，被击退后在绥州的绥德城北面四里处筑八堡，亦被宋军攻破。宋庆州（今甘肃庆阳）守将李复圭出军攻夏军，被夏军击败。梁乙埋乃乘机攻掠环州（今甘肃环县）、庆州等地。梁太后还下令"籍境内蕃众七十以下、十五以上悉为兵，声言赍百日粮，攻沿边五路"。对于西夏的大举进攻，宋神宗颇为紧张，王安石则认为："西人岂无邻敌，如何七十以下、十五以上尽来，而不忧邻敌窥夺其国？若果耳，则是西人无谋，亦不足畏。苻坚举国南伐，故为东晋所败。东晋非能败苻坚，以苻坚驱率举国之人，既不乐行，则自溃而败故也。以臣料之，此或西人张虚声，使我边帅聚兵费粮草，粮草费则陕西困，陕西困则无以待西贼，而使我受其实弊也。"王安石的应对方法是以静制动，不怕小堡寨的丢失，只要扼制夏军的进攻势头即可。亦有人建议终止岁赐和严为守备两策并用，消解夏军的攻势。西夏的多路进攻果然成效不大，不久即退军，宋朝的边将亦特别指出西夏大举用兵，实际上是得不偿失之举："贼顷犯边，秉常子母无所利，特洪、宥州酋结明爱、旺莽额倡之，未能肆其恶而人畜疲敝，朝廷又绝岁赐，势力贫蹙，上下携贰。"宋神宗还特别下令，将次年准备给西夏的岁赐银帛，分给沿边的四路，封椿备用。①

　　西夏军队退走，宋人则准备发起进攻了。对于宋朝臣僚所谋划的发兵突袭西夏或者剪除西蕃一族的两种进兵方案，司马光在给宋神宗的上书中提出了反对意见。

　　　　官吏狼狈，下民惊疑，皆云国家将以来春大举六师，长驱深入，以讨秉常之罪。臣以疏贱，不得预闻庙堂之议，未知兹事为虚为实。昨者亲承德音，以为方今边计，惟宜严谨守备。俟其入寇，则坚壁清野，使之来无所得，兵疲食尽，可以坐收其散。

　　　　臣先任御史中丞日，朝廷将兴绥州之役，臣曾上言："国家先当举百职，修庶政，安百姓，实仓库，选将帅，立军法，练士卒，精器械，八事皆备，然后可以征伐四夷。"今此八事未有一者胜于曩时，而况关中饥馑，十室九空，为贼盗者纷纷已多，县官仓库之积，所余无几，乃欲轻动大众，横挑猛敌，此臣之所大惧也。或者

————————
① 《续资治通鉴长编》卷214，第5196—5197页；卷215，第5240—5241页；卷216，第5251—5252页；卷217，第5280页；《西夏书事》卷22。

又云："国家未讨秉常，先欲试兵，诛一小族。"若果如此，尤为不可。何则？今者竭关中之财力，大兴师众，乃舍有罪之强寇，诛无辜之小种，胜之不武，不胜为笑，将无以复号令戎狄矣。此二策者，皆为不可。①

宋神宗未采纳司马光的建议，因为种谔已率宋军主动出击，攻取夏军新建的罗兀城。罗兀城建在绥州北境，"抚宁故县北之滴水崖，崖石峭拔高十余丈，下临无定河，谓之罗兀城，以扼横山冲要"。天赐礼盛国庆三年（宋神宗熙宁四年，1071），夏、宋军为争夺罗兀城展开激战，宋军占领罗兀城后，将其改名为嗣武寨，但最终罗兀城还是被西夏军队所占。西夏虽然占据罗兀城，但"罗兀城外三百里间庐井焚弃，老少流离，已废春耕，又绝岁赐，财力并绌"，梁太后不得不派使者向宋朝请和。宋神宗就西夏请和事征求王安石的意见，王安石的答复是："当明示欲和，以息其志，徐与之议，以坚其约，此攻敌人心之道也。"②

天赐礼盛国庆三年九月，梁太后以李秉常的名义向宋神宗上表请求恢复宋、夏通和关系，并依然提出了索要绥州的要求。

臣近承边报，传及睿慈，起胜残去杀之心，示继好息民之意，人神胥悦，海宇欢呼，仰戴诚深，忭跃曷已！恭惟皇上陛下，深穷圣虑，远察边情，念兹执戟之劳，恤彼交兵之苦。岂谓一城之地，顿伤累世之盟。觊斥边吏之云为，乃是天心之恻隐。况此绥州居族岁久，悉怀恋土之思；积愤情深，终是争心之本。远施命令，早为拔移。得遵嗣袭之封，永奉凝严之德。伫使枕戈之士，翻成执耒之人。顿肃疆场，重清封堠。顾惟幼嗣，敢替先盟。翘仰中宸，愿依旧约。贡琛赆宝，岂惮于逾沙；向日倾心，弥坚于述职。

宋神宗在回答的诏书中，拒绝梁太后索要绥州的要求，并强调双方勘定边界后，才能形成和约。

----

① 《续资治通鉴长编》卷218，第5312—5314页。
② 《西夏书事》卷23；《续资治通鉴长编》卷221，第5385—5387页。

　　昨览边臣所奏，以夏国去秋自绝朝廷，深入环庆路，杀掠熟户，侵逼城寨，须至举兵入讨。朕为人父母，亟令班师，无得穷武。今国主遣使归款，欲继旧好，休兵息民，甚善。所言绥州，前已降诏，更不令夏国交割塞门、安远二寨，绥州更不给还，今复何议。止令鄜延路经略司定立绥德城界至外，其余及诸路，并依见今汉蕃住坐，耕作界至，立封堠，掘壕堑，内外各认地分樵牧耕种，贵彼此更无侵轶。俟定界毕，别进誓表，回班誓诏，恩赐如旧。①

　　宋神宗强调划界，就是按照王安石的明示欲和、徐与之议的方法，不急于达成和约。当年十二月，宋神宗派人前往鄜延路、环庆路、秦凤路、麟府路划定地界，并明确要求"遣官往诸路缘边封土掘壕，各认地方"。对于这种掘壕定界的做法，范育明确指出其有"四不可"。

　　臣谓沟封之制，非今日之先务，其不可为有四：臣尝至边，访所谓两不耕地，远者数十里，近者数里，指地为障，华夷异居，耕桑樵牧动不相及，而争斗息矣。今恃封沟之限，则接壤之岷跌足相冒，变安为危，其不可一也。臣访闻五路旧界，自兵兴以来，边人乘利侵垦，犬牙相错，或属羌占田于戎境之中。今分画，则弃之，穷边生地非中国之土，今划界其内，则当取之。弃旧所有，则吾人必启离心；取旧所无，则戎人必起争端，其不可二也。臣又闻戎狄尚诈无耻，贪利而不顾义。今闻纳壤有辞，及使临境，彼且伏而不出，及地有分争，且置而不校，则焉从之。单车以往则无以待其变，饰兵以临则无以崇其信，其不可三也。东起麟、丰，西止秦、渭，地广一千五六百里，壕堑深高才计方尺，无虑五六百工。使两边之民连岁大役，转战之苦未苏，畚锸之劳复起，坐困藩篱，阴资贼计，其不可四也。

　　吕大忠对此则有"五不可"加一"大不可"的说法。

　　自来沿边多以两不耕种之地为界，其间阔者数十里，狭者亦不

―――――――――

① 《续资治通鉴长编》卷226，第5514—5515页。

减三五里，出其不意尚或交侵。今议重定地界，相去咫尺，转费关防。樵牧之争固无宁日，蚌隙稍久，必惹事端，此不可者一也。怀抚夷狄，先以恩信。恩信未洽，欲画封疆，俱非诚意，后必患生，或有奔冲，人难御捍，此不可者二也。议者以夏国辞请恭顺，遂欲乘此明分蕃汉之限。所差官须与逐处首领相见商量，以兵则非所以示信，不以兵则敌情反复无常。前延州议事官几为所擒，至今边人危之，此不可者三也。近年陕西沿边四路皆有展置城寨，戎心怨嗟，未有以发。既令各守其境，曲直自明，如或有辞，过实在我，此不可者四也。夏国边界东起麟府，西至秦凤，缭绕几二千里。若欲久存，须为壕堑，计工多少，所役何人，或要害之地势有必争，岁月之闲未易了毕。暴露绝塞，百端可虞，此不可者五也。

非徒五不可，又有大不可者一焉。无定河东满堂、铁笳平一带地土，最为膏腴，西人赖以为国，自修绥德城，数年不敢耕凿，极为困挠。窃闻今来愿于绥德城北退地二十里，东必止以无定河为界。如此则安心住坐，废田可以尽开，彼之奸谋盖出于此。若遂使得志，一旦缓急，鄜延可忧，此所谓大不可者一也。①

是否挖界壕并不重要，重要的是划定边境的地界，因为王安石强调的是"岁赐须降誓诏，降誓诏须待地界了当"。王安石还特别强调，与西夏相比，宋朝具有明显的优势。

今以陛下聪明齐圣当一稚子，是一胜也。朝廷所用人不择亲疏远近，惟材是择，然至谋国事，议边计，总领一方，尚患乏人；今彼所用谋国者，非梁氏叔伯即兄弟，岂能皆胜其任之人，是二胜也。彼虽倾国以十万众犯边，而老幼疲惫不能者皆在其间，我若有一二万精卒则足以胜彼。②

宋、西夏之间的定界到天赐礼盛国庆四年（宋神宗熙宁五年，1072）六月有了初步结果。八月，李秉常向宋朝上奏表，表文"但谢恩而不设誓"。

---

① 《续资治通鉴长编》卷228，第5547—5550页。
② 《续资治通鉴长编》卷231，第5613—5614页。

臣依准制命，将绥德城下界至打量二十里，明立封堠，交付了当讫者。臣幼叨世绪，遵奉皇猷。宿兵累年，空阻瞻云之望；通盟此日，退陈献土之勤。上奉高明，更无渝变；虔遵圣训，分定戎疆。践土约辞，昭著先朝之誓；推忠纳款，坚持归信之诚。载图方岳之勤，庶答乾坤之施。①

王安石认为誓与不誓都不可信，只要有岁赐控制西夏即可，宋神宗乃向西夏颁发了答诏，并下令恢复西夏的岁赐。②

不久，李秉常又向宋神宗提出了求购大藏经的请求："乞收赎释典一大藏，并签帙、复帕、前后新旧翻译经文。惟觊宸慈，特降旨命，令有司点勘，无至脱漏卷目。所有印造装成纸墨工直，并依例进马七十匹，聊充资费，早赐近年宣给。"③ 对于西夏的求取大藏经举动，宋人给予了积极的回应，因为这样的举动与西夏大规模翻译佛经有密切的关系。④

天赐礼盛国庆五年（宋神宗熙宁六年，1073），西夏、宋都利用约和的机会向西扩展，西夏在凉州（今甘肃武威）建城，宋则收复了河州（今甘肃临夏）、洮州（今甘肃临潭）、岷州（今甘肃岷县）。王安石还对西夏梁太后的专权作了一番评价："彼区区夏国，果有豪杰之主，尽一国之材，使材大者在上，材小者在下，则立为不可敌之国。今其主幼，妇人为政，所任要重皆其亲昵，虽有豪杰无由自进，则其大情已可知矣。"⑤

大安元年（宋神宗熙宁八年，1075），梁乙埋率军支援河州的吐蕃部落，被宋军战败。西夏在西部地区的势力扩张受阻，转而对宋朝边境的麟州等展开小规模的攻扰。大安元年（宋神宗熙宁八年，1075），宋、夏仍有边境上的冲突，但是都不愿意事态扩大，影响通和的大局。王安石还特别告诫宋神宗："今陛下欲讨灭夏国，夏国诚为衰弱，可以

---

① 李秉常：《谢宋恩表》，聂鸿音《西夏遗文录》，第143页。
② 《续资治通鉴长编》卷234，第5673—5674页；卷237，第5760—5761页。
③ 李秉常：《如宋进马赎大藏经表》，聂鸿音《西夏遗文录》，第143页。
④ 史金波：《西夏文化》，吉林教育出版社1986年版，第69—70页。
⑤ 《续资治通鉴长编》卷244，第5943页。

荡除，然如前日资政计议，即恐平夏国未得。""非深得其要领，未可轻动。"由于宋朝没有理想的将领，所以王安石指出灭夏的时机未到。①

（二）西夏攻宋

大安二年至六年（1076—1080 年）是李秉常在位时西夏、宋关系变化的第二阶段，主要表现为西夏主动向宋发起进攻。

大安二年（宋神宗熙宁九年，1076）李秉常第一次亲政后，即在梁乙埋的挑唆下，调集军队对宋朝发起进攻。在持续几年的主动进攻中，西夏军队的重点是争夺河州、麟州和绥州。宋人采取重兵守城、待敌粮尽自退的方法。如宋神宗曾向王安石发问："熙河探报，夏国欲用十二万人取熙河，六万拒汉兵来路，六万攻取，果如此奈何？"王安石答道："熙河城必非一日可拔，夏国纵无后顾，不知十二万人守熙河几日？自来夏国大举，罕能及二十日，熙河虽乏粮，亦皆有半年以来枝梧，恐无足忧者。且夏国非急迫，安肯出此？出此则绝岁赐，致诸路攻扰，有何所利？"② 也就是说，王安石既了解西夏的用兵规律，也知道梁乙埋、李秉常之辈皆非帅才，不足为虑。

熙宁十年（1077），宋神宗还特别对元昊称帝之事作了如下评价："元昊昔僭号，遣使上表称臣，其辞犹逊，朝廷不先诘其所以然而遽绝之，纵边民、蕃部讨之，故元昊常自谓为诸羌所立，不得辞，请于朝廷，不得已而反，西师战辄败，天下骚然，仁宗悔之。当元昊僭书来，独谏官吴育谓外蕃难以中国叛臣处之，或可稍易以名号。议者皆以为不然，卒困中原，而使加岁赐、封册为夏国主，良可惜哉！"③ 宋神宗之所以有如此感叹，就是希望面对母后掌控朝政和幼主不懂事的西夏，宋人不要再犯类似的错误，而是要对形势有正确的判断。

恰是因为知道李秉常难成大事，宋神宗于元丰三年（李秉常大安六年，1080）不仅御批："闻夏人今春点集颇众，虽声言欲讨邈川及犯鄜延，缘贼计多奸，所向难测，可处分诸路严饬守备。"还特别下令："鄜延路侦西贼欲选骑兵蹂绥德田，可速下经略司精审觇候。如得其实，令所属将副选汉蕃兵择要地设伏，伺其侵入，痛掩杀之。"④

---

① 《续资治通鉴长编》卷 250，第 6103—6104 页。
② 《续资治通鉴长编》卷 276，第 6741 页。
③ 《续资治通鉴长编》卷 283，第 6933 页。
④ 《续资治通鉴长编》卷 302，第 7343 页；卷 306，第 7437 页。

需要注意的是，尽管有李秉常的不断用兵，宋人并未终止与西夏的通和关系，无论是岁赐还是互市，都未因双方的局部交战而终止。

（三）宋攻西夏

大安七年至天安礼定元年（1081—1086 年）是李秉常在位时西夏、宋关系变化的第三阶段，主要表现为宋军大举进攻西夏失败后，宋朝与西夏重建了通和关系。

大安七年（宋神宗元丰四年，1081）三月，李秉常被囚禁。四月，宋神宗即向泾原经略使卢秉发出了以下询问。

> 近累得边奏谍报："夏国变故，秉常遇弑，诸梁擅兵，大酋数辈各怀去就，上下汹乱，兴州左右新旧行邪造逆之臣与秉常故时亲党，各拥兵自固，斩绝河津，南北阻隔，未测胜负所归。"若信如谍报，则诸路当一体测见形迹，然本路绝不闻问，卿可速选委边吏侦实以闻，并下秦凤、环庆、熙河、河东经略司。

边将种谔上报了西夏发生变故的情况后，明确表示愿意领兵出征，一举荡平西夏。

> 臣窃谓贼杀君长，国人莫不嫌恶，羌人遽然有此上下叛乱之变，诚天亡之时也。宜乘此时大兴王师，以问其罪。仍愿陛下假臣鄜延九将汉、蕃人马之外，量益正兵，选陛下左右亲信中贵人为监军同行，文武将佐，许臣自辟置，止裹十数日之粮，卷甲以趋，乘其君长未定，仓猝之间，大兵直捣兴、灵，覆其巢穴，则河南、河北可以传檄而定。
>
> 臣昨于今月庚申奏：夏国秉常为贼臣所杀，乞朝廷兴师问罪。今觇知秉常兵马见聚于所居木寨，国母与梁相公兵马见聚于国母巢穴。自木寨至国母巢穴约五里，今已绝河梁，南北人马不通。梁相公者，已出银牌点集，未知从与不从。臣前奏乘其君长未定、国人离乱之际，顺兴王师招讨。且兵尚神速，机不可后，况此西人叛乱，邻国孰不动心？契丹自数年来，岁尝三四以拜礼佛塔为名，欲假道兴州，而意在吞并其国。西人平时已常患之，况今国内有乱，若闻中国弃而不顾，或备而迟留，万一契丹乘此举兵吞并，易若反

掌矣。若西夏果为契丹所并，则异日必为大患于中国，故今此事系朝廷为与不为，决与不决耳。所谓楚得之则楚胜，汉得之则汉胜。今西夏疆场若归中国，则契丹孤绝，彼势既孤，则徐为我所图矣。兵法曰："先发者制人，后发者制于人。"愿陛下留神，早运胜算，此千载一时之会，陛下成万世大勋，正在今日矣。

今朝廷讨伐，不惟易以成功，西夏素已防拒契丹，则必投戈归命矣。……不必远调兵赋，止发本路九将兵，裹粮出塞，直趋巢穴。兵尚神速，彼未及知，师已及境矣。①

俞充亦上书宋神宗，强调西夏变局给宋朝灭西夏提供了绝佳的机会。

西戎跳梁已久，自仁宗朝欲荡平之，未得其策。近奉诏伺贼巢穴，秉常之事，臣不辍遣人深入觇伺，尚未得实，或曰秉常已为民所杀，或曰见存，不豫政事，为母所囚。以臣愚虑，秉常存亡恐不足计，虽存亦虚名耳。年二十一而未得豫事，虽在外国，乃朝廷策命守土之臣，因欲行汉礼以事大国，有何可罪？而其母怒之，遂被幽囚，杀其左右，恣为淫乱。家道如此，国人恶之，众必离怨，此正可兴师问罪之时也。秉常亡则桀黠者起，首为边患，以图自固，臣窃忧之。是以言之，至于再三。朝廷出师，惟患无名，今有名矣，天亡其国，神献其策，破其巢穴如破竹之易，此不可不为也。李靖有言："兵贵神速，机不可失。惟疾雷不及掩耳，乃可成功。"臣料今之议者，不过欲先招纳羌人，此策若行，其机必露，使贼得为备。贼若先动，则为害不细。康定覆车，今日可诫。昔李靖破突厥，止用锐兵三千，盖谋之当，行之果，所以胜也。臣平时守边，惟慕羊祜及其伐国，志为李靖而已，经营于此已三年矣。策求万全，一举而就恢复汉、唐两河之地，雪宝元、康定之耻，以成国家万世之利，其费不过五年岁赐秉常之数，其历日亦不久。②

在主战的宋人看来，西夏不堪一击，如种谔扬言："夏国无人，秉

---

① 《续资治通鉴长编》卷312，第7566—7569页。
② 《续资治通鉴长编》卷313，第7584—7586页。

常孺子，臣往提其臂而来耳。"只有李固、吕公著等人反对出兵，并明指"举兵易，解祸难"。宋神宗一意孤行，下决心出动五路大军进攻西夏，并特别强调了"平西夏国难"的意旨："今朝廷本以李氏世为藩臣，一朝为母党篡逆，兴师诛有罪之人。"① 宋军攻入夏境之后，宋神宗还特别向西夏下了诏谕。

> 眷兹西夏，保有旧封，爰自近世以来，尤谨奉藩之职。忽奸臣之擅命，致弱主之被囚，迨移问其端倪，辄自堕于信约，暴驱兵众，直犯塞防，在神理之莫容，因人情之共愤。方切拯民之念，宜兴问罪之师，已遣将臣，诸道并进。其先在夏国主左右并兆名诸部族同心之人，并许军前拔身自归，及其余首领能相率效顺，共诛国仇，随功大小，爵禄赏赐，各倍常科，许依旧土地住坐，子孙世世常享安荣。其或违拒天兵，九族并诛无赦。盖天道助顺，必致万灵之归，王师有征，更无千里之敌。咨尔士庶，久罹困残，其坚向化之心，咸适更生之路，敢稽朕命，后悔何追。②

面对宋军的大举进攻，梁太后问计于臣僚，年轻的将领都主张积极应战，只有一名老将上言："不须拒之，但坚壁清野，纵其深入，聚劲兵于灵、夏，而遣轻骑抄绝其饷运，大兵无食，可不战而困也。"梁太后采纳了他的建议。③

宋军原来准备速战速决，但是五路大军有的轻敌冒进，有的畏敌不前，加上将帅不和、相互掣肘，突袭战、速决战打成了攻坚战、持久战，如有人所言："诸路之师皆欲直趋兴州，覆其巢穴。臣等以为进兵深入，西贼引避，迁其居民，空其室庐，实有深计。盖使我军进无所得，退无所恃，食乏兵疲，然后邀我归路，自当坐致困弊。方积雪苦寒，复涉不毛之地，或阙薪水，士卒疲困，食不充饥，寒饿侵陵，病死者众，余多困弱。今虽足粮，尚不堪用，苟图速进，终恐败事，上损国威，下伤人命。"冬季来临，各路军都因粮草不足而撤退，并蒙受了重

---

① 《续资治通鉴长编》卷313，第7594—7596页；卷314，第7600—7601页。
② 《续资治通鉴长编》卷314，第7650页。
③ 《宋史》卷486《夏国传下》。

大损失。①

宋神宗不甘心失败，要求各军准备再次出动，文彦博乃明言："数路进军，兴动大众，弥历累月，馈挽不赀，诸路之民疲于供给。""今若师徒暂还而复出，士气已衰而再鼓，民力已困而调发复兴，诸路深入而转饷益远，如此，则师之胜败恐未可知。"神宗表面接受文彦博的建议，并向其表示："朕涉道日浅，昧于知人，不能图任将帅，以天锡可乘之时，上为祖宗殄灭一方世仇，深用厚颜。爰自六军还塞，将士已惮劳，黎民已告病，今日之势，岂复可远举深入哉，惟固境自全而已。近特命于泾原制置者，第使之城数亭障，制贼冲轶耳，非复有前日图也。"但实际上，宋神宗并没有打消继续用兵的念头。②

大安八年（宋神宗元丰五年，1082），有人向宋神宗指出五路攻夏失败是因为误判形势和过于轻敌："去年边事之初，议者谓夏人惛乱，囚辱其长，众怨亲叛，席卷可平。朝廷大治兵师，诸道并进，所向力战，而贼巢不拔，则是与夫议者之言有间矣。"还有人明言："若再出师，关中必乱。"③宋神宗不理这些论点，于八月又派徐禧、沈括率军八万深入西夏境内建筑永乐城，遭三十万夏军围攻。徐禧是一个只能纸上谈兵的庸才，"为人狂疏而有胆气，尤喜言兵，以为西北唾掌可得"，临阵毫无章法，最终导致新建的永乐城失守，徐禧等人被杀，宋军大败而回。④文彦博明指此举为"边臣希功，规为侥幸，开陈端绪，诳惑朝廷，料敌不精，至见挠败"。富弼也指出："朝廷纳边臣妄议，大举戈甲，以讨西戎，事出仓卒，人情汹涌。""及永乐覆没，官兵、民夫及其赍送之人冻饿而死亡者，无虑数十万。"宋神宗此时才有所反省，"知边臣不可信，亦厌兵事，无意西伐矣"⑤。

宋军的两次主动进攻，"官军、熟羌、义保死者六十万人，钱、帛、银、绢以万数者不可胜计"，西夏也蒙受重大损失。大安八年十一月，西夏边臣嵬名济主动向宋朝边境守将发出了求和的表章，当然所代

①《续资治通鉴长编》卷319，第7710、7715—7716页。
②《续资治通鉴长编》卷321，第7753—7755页；卷323，第7792页。
③《续资治通鉴长编》卷326，第7841页；卷327，第7869页。
④《续资治通鉴长编》卷329，第7921—7922页；卷330，第7955—7956页；《太平治迹统类》卷15《徐禧等筑永乐城》。
⑤《续资治通鉴长编》卷329，第7941页；卷330，第7955页；卷336，第8104、8108页。

表的是梁太后的求和意愿，表章全文如下。

昨于兵役之际，提戈相轧，今以书问贽信，非变化曲折之不同，盖各忠于所事，不得不如此耳。夫中国者，礼义之所存，出入动止，猷为不失其正。苟听诬受间，肆诈穷兵，侵人之土疆，残人之黎庶，事乖中国之体，岂不为外夷之羞哉。昨朝廷暴驱甲兵，大行侵讨，盖天子与边臣之议，谓夏国方守先誓，宜出不虞，五路进兵，一举可定，遂有去年灵州之役。今秋永乐之战，较其胜负，与夫前日之议为何如哉。且中国非不经营，五路穷讨之策既尝施之矣，诸边肆挠之谋亦尝用之矣，知侥幸之无成，故终归乐天事小之道。兼夏国提封一万里，带甲数十万，西连于阗，作我欢邻，北有大燕，为我强援。今与中国乘隙伺便，角力竞斗，虽十年岂得休哉。念天民无辜，被此涂炭之苦，孟子所谓"未有好杀能得天下"者也。况夏国主上自朝廷见伐之后，夙宵兴念，谓自祖先至今八十余年，臣事中朝，恩礼无所亏，贡聘无所怠，何期天子一朝见怒，举兵来伐，令膏血生民，剿戮师旅，伤和气，致凶年，覆亡之由，发不旋踵，朝廷岂不恤哉。盖边臣幸功，上听致惑，使祖宗之盟既阻，君臣之分不交，载省厥由，怅然何已。济遂探主意，得移音翰，伏惟经略以长才结上知，以沉谋干西事，故生民之利病，宗社之安危，皆得别白而言之。盖鲁国之忧，不在颛臾；而隋室之变，生于玄感。此皆明智已得于胸中，不待言而后谕也。方今解天下之倒悬，必假英才钜德。经略何不进谠言，排邪议，使朝廷与夏国欢和如初，生民重睹太平，宁有意也。倘如此，则非惟敝国蒙幸，实天下之大惠也。[①]

对于西夏的求和表示，宋神宗并未作出积极的回应。大安九年（宋神宗元丰六年，1083）正月至三月，梁太后调集大军进攻兰州，未能破城，解围而去。[②] 闰六月，已经再次亲政的李秉常派遣使者向宋神宗呈送了求和表章，主要内容如下。

---

① 《续资治通鉴长编》卷331，第7979—7980页。《宋史》卷486《夏国传下》所载表章，文字略有不同。

② 《续资治通鉴长编》卷332，第8009页；卷334，第8018页。

　　夏国累得西蕃木征王子书，称南朝与夏国交战岁久，生灵荼毒，欲拟通和。缘夏国先曾请所侵疆土，不从，以此未便轻许。西蕃再遣使散八昌郡、丹星等到国，称南朝语言计会，但当遣使赍表，自令引赴南朝。切念臣自历世以来，贡奉朝廷，无所亏怠，至于近岁尤甚欢和，不意憸人诬间，朝廷特起大兵，侵夺疆土城寨，因兹构怨，岁致交兵。今乞朝廷示以大义，特还所侵，倘垂开纳，别效忠勤。①

　　宋神宗对此的答复是可以考虑西夏的议和请求。

　　朕以尔膺受封爵，世为藩臣，职贡之修，岁时无怠，朝廷待遇，恩数加隆。顷以权强敢行废辱，达于予听，良用震惊。尝令边州就往移问，匿而不报，继犯边陲，王师徂征，盖讨有罪，义存拯患，非获已焉。今者，遣使造庭，辞礼恭顺，仍闻国政悉复故常，朕心释然，深所嘉纳，已诫边吏毋辄出兵。尔其遵守先盟，愈励臣节，永绥宠禄，庸副眷怀。②

　　当年十月，李秉常又派使者来上表，要求"复修职贡，仍乞还所侵地，撤被边戍兵，长为外蕃"。宋神宗亦明确表示可以恢复双方的通和关系。

　　惟尔祖考，介居边陲，蒙恩朝廷，享有爵土，抚循备厚，历年滋多。昨者王师出征，义存拯患，谓宜委戈而听命，敛忾以献功，岂虞靡思，弗谕朕志，杀害吏士，捍拒甲兵。问罪正名，方图再举，迫使辞之效顺，闻国政之复常，旋纳恳诚，祈修贡职，遽披来奏，论请故疆。朕惟藩服不恭，削地示过，咨于故实，匪朕所私。尔其审思厥终，务体至意。其地界已令鄜延路经略司、安抚使司指挥保安军移牒宥州施行，岁赐候疆界了日依旧。③

　　① 《宋史》卷486《夏国传下》。
　　② 《续资治通鉴长编》卷336，第8090页。
　　③ 《续资治通鉴长编》卷340，第8177页。

尽管双方已经议和，西夏依然没有停止军事行动，大安十年（宋神宗元丰七年，1084）又调动大军进攻兰州、泾原等地，都被宋军击败。宋神宗仍然没有放弃一举击破西夏的念头，在给臣僚的密信中特别强调了出兵的诉求。

> 夏国自祖宗以来，为西方巨患，历八十年。朝廷倾天下之力，竭四方财用，以供馈饷，尚日夜惴惴然，惟恐其盗边也。若不乘此机隙，朝廷内外并力一意，多方为谋经略，除此祸尊，则祖宗大耻，无日可雪；四方生灵赋役，无日可雪；一时主边将帅得罪天下后世，无时可除。
>
> 今若于四五月间，乘贼人马未健，加之无点集备我之际，预于黄河西上，以兰州营造为名，广置排杈，克期放下，造成浮桥，以本路预集选士、健骑数万人，一发前去荡除枭穴，纵不能擒戮大憨，亦足以残破其国，使终不能自立。未知其计如何，宜密谋于心，具可否，令至亲谨密之人亲书奏来，无或少有泄露。①

由于已经有了两次失败的教训，臣僚并不支持宋神宗的方案。元丰八年（1085）三月宋神宗病逝，未解决西夏问题应是他的最大遗憾。

宋哲宗赵煦即位后，维持神宗时重建的与西夏通使关系，臣僚亦开始讨论神宗在位时对夏关系的失误问题。如范纯仁指出："向来未举灵武之师，诸处皆言西夏衰弱，及至永乐之围，致诸将轻敌败事，此可以为近鉴也。"② 韩维亦在西夏梁太后去世后，向宋哲宗明确提出了息兵和弃地的主张，实则是对神宗朝做法的全面否定。

> 臣窃见先帝（宋神宗）时大兴甲兵，西讨夏国，始以问罪为名，既而收其地，遂致夏人有辞，违失恭顺。彼国之俗以不报仇怨为耻，今其国力渐复，必来攻取故地，若不幸复夺去，则先帝累年劳师所得，一旦失之，似为可耻。若兴师拒战，则边隙自此复开，臣恐兵连祸结，未有已时。臣窃思兵之不可不息者有三，地之不可不弃者有五，请为陛下陈之。

---

① 《续资治通鉴长编》卷349，第8375—8376 页。
② 《续资治通鉴长编》卷360，第8607—8608 页。

伏惟皇帝春秋尚富，太皇太后深居九重，岂常习闻军旅之事，万一寇兵犯塞，边书狎至，发兵调食，应接不暇，或恐震惊上心，焦劳圣虑，此兵之不可不息一也。自灵州之役，永乐之败，关、陕之力凋耗，士气未复。今若再兴大役，必有失律违命，散而为盗贼者。外虞方作，内患又起，臣恐朝廷之忧，不在夏国，此兵之不可不息二也。绵地千里，屯兵数十万，必借沉谋重望之臣为之统御，忠义拳勇之将出当战斗，干事宣力之臣促办粮馈。历数见在之臣，复推近事之验，恐未足以充备此任，而又兵械皆捐弃之余，帑庾有乏绝之忧，此兵之不可不息三也。

先帝以秉常受朝廷爵命，而国母擅行囚废，故发兵问罪。今梁氏已死，秉常复位，所为恭顺，有藩臣之礼。若及此时复其故地，则神宗问罪之名，不为虚语，嗣皇赐地之意，实为先志，此地之不可不弃一也。朝廷自得熙河之地，岁费缗钱五六百万，后得兰州，又费百万以上。所得愈多，所费益广，拓地之无利，亦已明矣，此地之不可不弃二也。议者或以为兰州趋夏人巢穴至近，最为形胜。自余亦有要害，可以增置城堡，弃之非便。陛下若欲再兴师旅，收复灵、夏之地，则存之可也。若无此意，劳人费财，奉空虚之地，则是又添一熙河也。伏愿陛下以清静为心，仁惠为政，窃恐此事不得更兴于今日，此地之不可不弃三也。辽、夏二国，世为婚姻，且有唇齿之势，万一辽国贻书援先帝兴师之意，以梁氏死、秉常复位为辞，来请所失地，则先得我之义理而又夺我之机会矣。此时朝廷欲与地，则是听辽国之命，而恩归于彼矣。不与，则是彰先帝之过，亏大国之信，而边患复兴矣，此地之不可不弃四也。中国之所以为可贵者，为有礼义恩信也。彼俗之可贱者，贪婪暴虐也。今操所贵，以临所贱，则中国尊。与其所欲，以成吾所不欲，则敌人服，此地之不可不弃五也。

陛下诚能于此时特降明诏，尽以向者王师所得土地还赐夏国，则其君长荷陛下之恩意，人民感朝廷之惠泽。至于邻敌闻中国之行仁政，吾民与兵知人主之惜人命，则其欢欣之声、戴仰之心，将有甚于京师与诸夏者矣。[①]

---

① 《续资治通鉴长编》卷360，第8623—8625页。

元丰八年十二月，李秉常还特别派遣使者向宋哲宗表达了通和的意愿。

> 母氏临终属臣曰："世受朝廷封爵，恩礼备至。今虽边事未已，属圹之后，宜奉遗留物以进，示不忘恭顺之义，虽瞑目无恨！"臣谨遣使进遗马、白驼诣阙。①

李秉常虽然希望通和，但是迟迟不派使者祝贺宋哲宗即位，宋哲宗也没有发出息兵通和及恢复岁赐、互市的诏书。宋人预判李秉常会提出将神宗时被宋军所占领的边地归还西夏的问题，并就此形成了三种意见，一是只恢复岁赐和互市，不归还宋军所占的边地；二是主动归还宋军所占西夏边地，以免激怒李秉常，再生祸端；三是以西夏所得的宋军俘虏，换取宋军所得边地。经过半年多的争论，宋哲宗最终采纳了第三种意见，于元祐元年（李秉常天安礼定元年，1086）七月对李秉常派来的贺登位和要求归还边地的使者给出了如下答复。

> 前后用兵以来，其因而所得城寨，彼此各不曾交还。今来所请，不惟前例甚明，理难顿改；兼访在朝之论，皆谓义不可从。然朕独以永乐之师，陷没者众，每一念此，常用恻然。汝傥能尽以见存汉人送归中国，复修贡职，事上益恭，仍戢边酋，无犯疆塞，则朕必释然，于尺寸之地，复何顾惜。当议特降指挥，据用兵以来所得地土，除元系中国旧寨及顺汉西蕃境土外，余委边臣商量，随宜分画给赐。
>
> 永乐城将吏兵夫等，昨因尽忠固守，力屈就擒，众多生齿，沦于异境。念其流落，每用恻然。虽已诏汝发遣，当给赐可还之地，然念城初失守，众即散亡，或为部落所匿藏，或为主者所转鬻，非设购募，恐有所遗。汝可深体朕意，子细访求发遣，当据送到者，每人别赐绢十四，命官已上，加优赐以给所得之家。②

由于李秉常于七月去世，宋人的答复要由继任者来处理，所以李秉

---

① 《续资治通鉴长编》卷362，第8657—8658页。
② 《续资治通鉴长编》卷382，第9313—9314页。

常在位时，宋、夏关系并未真正恢复，只是军事冲突有所减少而已。

应该看到，李秉常作为一个名义上的君主，除了短暂体现崇尚汉仪的观念外，就是对母后、权臣专权的无奈。梁太后、梁乙埋之所以能够把持朝政，就在于他们能够把控军队，并且在用兵方面并非毫无章法。宋人对西夏用兵的失败，就在于大大低估了梁太后、梁乙埋的军事能力，亦没有想到所谓"平国难"的"正义之师"，在擅权者眼中根本不值一提。宋哲宗接见西夏使者时，使者曾有"神宗自知错"之言，使得宋哲宗勃然大怒，① 但是这恰恰反映了西夏人对于宋朝用兵的看法，只是宋人难以接受而已。

尤为重要的是，在梁太后主政时期既出现了公开的汉礼、蕃礼之争并且蕃礼占了上风，也出现了重佛尤其是儒家思想融入佛教思想的倾向，为西夏政治思想打上了更鲜明的"蕃化"和"佛化"烙印，并影响了其后续发展。

第三节　重儒学的夏崇宗李乾顺

李乾顺（1083—1139 年），李秉常长子，三岁即皇帝位，在位五十四年，先后用天仪治平、天祐民安、永安、贞观、雍宁、元德、正德、大德年号，后被尊为西夏的崇宗，在位后期显示出了重儒学和重文治的思想倾向。

一　权臣、母后把持的朝政

天仪治平元年至永安二年（1086—1099 年），李乾顺年幼，权臣梁乙逋和母后梁氏（简称梁后，以与前梁太后有所区别）把持朝政，突出表现为穷兵黩武的做派。

（一）梁乙逋的擅权

李乾顺虽然是幼童即位，并且又是梁氏专权，但很快即得到了宋人的认可。天仪治平元年（宋哲宗元祐元年，1086）七月李乾顺即位，十月梁乙逋才派人向宋朝告知李秉常去世和李乾顺即位。② 宋人早已了解相关情况，范纯粹特别强调了静观事态发展的应对之策。

---

① 《续资治通鉴长编》卷 382，第 9310 页。

② 《续资治通鉴长编》卷 389，第 9463 页；《西夏书事》卷 27。

伏见陕西诸边，自元丰用兵之后，未即解严。乃者秉常失职，诸酋并奋，相与吞噬，未有宁日。方其自顾之不暇，尚能为中国患耶？在朝廷正宜安静不妄动，用观成败之变。

秉常父子有国绵久，国人归心焉。今诸路谍者之言，虽曰秉常之死不明，梁氏之族侵擅国事，此特目今之势然耳。若得遂能灭李氏之宗而有其国，则臣未之信也。盖一国之众，岂无豪杰推李氏族子以主其国者乎？岂遂甘心为梁氏臣属乎？臣以谓借李氏遂有绝灭之祸，尚当争夺反复，屠戮相仍，旷日持久然后定也。夫困兽犹斗者，冀其或生也。彼有力者方互为争夺，各将以众自守，乘隙而奋，观衅而动，大必并小，强必吞弱，纵未能统一诸部，岂不能据一隅以自全，宁愿束手为他国臣乎？固知他国未能遽有者，断可识也。借有亡命避患而他附者，不过逋逃之余种耳，顾何足道哉？

夫边人内相吞并者，中国之利也。若天佑圣世，遂死此羌，卒至离析，凡力等而势均者，各据土地自为一部，则于是时庶几有思附大国者矣。虽然，大河之南，横山之地必附于中国；大河之北，贺兰之封必附于契丹；酒泉、武威之地必牵于西域。盖势力远迩之异也。昔呼韩裂为五单于，匈奴分为南北庭，自是汉之边塞遂无匹马之踪。我之所利，正愿如此。故臣所谓在朝廷今日惟宜安静不妄动，用观成败之变者，盖此也。[1]

静观其变还是要有所表示，宋哲宗特派使者诏谕西夏君臣："故夏国主嗣子乾顺，维尔先人，世修职贡，讣音忽至，愍悼良深，相与诸臣，同增悲慕。惟忠可以保国，惟孝可以得民，各祗乃心，以服朕命。"[2]

天仪治平二年（宋哲宗元祐二年，1087）正月，宋哲宗正式封李乾顺为夏国主，并颁发了册文。

皇帝若曰：于戏，尧建万邦，黎民时雍；周立五等，重译来贡。此帝王之所同，而国家之成法也。咨尔乾顺：惟我列圣，顾乃

---

① 《续资治通鉴长编》卷389，第9470—9473页。
② 《续资治通鉴长编》卷390，第9477页。

西陲，锡壤建邦，卫于王室，保姓受氏，同于宗盟，爵命褒嘉，恩礼甚渥。今尔承其胄绪，绍兹藩屏，而能事上钦肃，饬躬靖虔，申遣使人，来陈方物，达于朕听，实惟汝嘉。是用稽酌典故，表显宠名，锡尔以茅土之封，加尔以服乘之数，诞颁丕册，以绥一方。今遣朝奉大夫、起居郎、直集贤院、上轻车都尉、赐紫金鱼袋刘奉世，崇仪副使、上骑都尉、安喜县开国男、食邑三百户崔象先，持节册命尔为夏国主，永为宋藩辅。夫笃于好德，乃克显光；忠于戴君，永膺福祉。往祇明命，无忝予一人之猷训。①

辽朝可不像宋朝那么宽容，对于李秉常死后三个月才派使者告知，辽道宗的做法是派遣使者命李乾顺暂知国事，以示薄惩。天仪治平三年（宋哲宗元祐三年，辽道宗大安四年，1088）七月，辽道宗才册封李乾顺为夏国王。②

梁乙逋以貌似恭敬的态度，为李乾顺争取到了宋、辽两朝的册封后，即显露出了凶残的本色。在西夏内部，重点是清除政敌，"秉常旧时亲信、老臣悉因事陷害"。对外则不敢向辽朝下手，而是主动挑衅宋人，率军先后进攻泾原、兰州、延安等地。宋人已经有了应付西夏权臣的经验，不仅揭示了梁乙逋的恶行，亦指明了应对之策。如张舜民所言："夏人政乱，权归梁氏已久。自秉常死，挟乾顺，专横滋甚。"枢密院亦曾向宋哲宗上言："夏国自秉常告丧，既吊恤其国，又封册其子，两宫赐与甚厚，国中部落老幼无不欢跃，知朝廷更无征伐，从此可保无事。不谓彼国强酋独有异意，风闻乾顺不治国事，有梁乙逋者擅权立威，凡故主近亲及旧来任事之人，多为所害。以为若边塞无事，则奸谋不成，故辄敢犯边，以请地为名，不遣贺坤成节、谢封册使，反复邀乞，别怀异图，背恩逆理，莫此为甚。若不即加诛，无以威示边境。"宋哲宗则明言："夏国久乱，新主孤幼，其辄敢犯边及不遣使贺谢，皆缘强臣梁乙逋等擅权逆命，阴有异图，即非其主与国人之罪，岂可遽欲兴师，深入讨伐，将使无罪向化之人例遭诛戮？宜令诸路帅臣各严兵备，无得先起事端，其所发兵马，权屯次边。如乙逋等能幡然改图，忠事其国，效顺朝廷，本国上表章、通贡奉，特仰收接，许其自新。若果

---

① 《续资治通鉴长编》卷394，第9551页。
② 《辽史》卷24《道宗纪四》，卷25《道宗纪五》。

敢犯顺，即令诸路乘便深入，务要诛锄首恶，不得滥及无辜。内首领素不附乙逋，欲自拔逃难，及乙逋同党有能归顺者，听所在以闻，仍晓谕沿边汉蕃。"①

大臣苏辙还在给宋哲宗的上书中，明确指出梁乙逋能力有限，难以对宋朝带来重大的威胁。

> 臣伏见西夏顷自秉常之祸，人心离贰，梁氏与人多二族分据东西厢兵马，势力相敌，疑阻日深，入寇之谋自此衰息，朝廷略加招纳，随即服从，使介相寻，臣礼甚至。只自今年春末夏初以来，始有桀心，出兵数万，掩袭泾原，杀掳弓箭手数千人，复归巢穴。朝廷方自安众，难于用武，接以君臣之礼，加以策命之恩，特遣使人，厚赐金币。兽心不悛，敢为侮慢，辄以地界为词，不复入谢，至于坤成贺使，亦遂不遣，中外臣子，闻者无不愤怒。
>
> 元昊本怀大志，长于用兵，谅祚天付凶狂，轻用其众，顷为边患，皆历岁年，然而国小力微，终以困弊。今梁氏专国，数与人多不协，内自多难，而欲外侮中原，料其奸谋，盖非元昊、谅祚之比矣。意谓二圣在位，恭默守成，仁泽之深，远近所悉，既无用武之意，可肆无厌之求。兰会诸城、鄜延五寨，好请不获，势胁必从，以为狂言一闻，求无不得。今朝廷既已渐为边备，益兵练将，则羌人之心已乖本计，不过秋冬寒凉之后，小小跳梁，以尝试朝廷而已。若朝廷执意不摇，守边无失，则款塞请盟，本无愧耻；若朝廷用心不一，惟务求和，则求请百端，渐不可忍，此所谓敌情之所在也。②

安焘还提出了以反间计除掉梁乙逋的建议："又乾顺方数岁，非秉常近亲，独梁乙逋利于持权，与梁氏立之，其酋长善用兵如威明阿乌辈，皆秉常族党，多反侧顾望。不若遂显间之，谓阿乌等既不自安，一旦得领重兵，焉知其不回戈复仇，然则梁氏危矣。"③ 范纯粹则明确表示，用反间计很难除掉梁乙逋。

---

① 《西夏书事》卷28；《续资治通鉴长编》卷399，第9722页；卷404，第9837页。
② 《续资治通鉴长编》卷404，第9852—9855页。
③ 《续资治通鉴长编》卷405，第9870页。

臣窃以谓用间之策，虽兵家之善计，须时然后行，则可济大事，苟势有未宜，则不徒无益。盖梁氏一族用事国中既已久矣，凡势力之相忌者，颇已遇害，故一国之众及其酋豪，心虽怨怼，而敛手听命，未闻有敢辄动者。彼梁氏者，亦虽有窃据之渐，然犹须挟立威明氏之子以临其众者，盖知国人不附，而诸酋尚可畏也。彼心有所图，而事有未谐，旁有所畏，而众不为用。惟其如此，故虽间有猖狂，而未能专心致意，以抗中国，在于今日，实中国之利也。今朝廷委臣以术用间，欲如往日野利之类，臣窃谓野利得众善战，实元昊之腹心，间而去之，诚为我利。今夏国酋豪，惟梁氏一门而已，凡其中外亲党，靡不持权用事，方叶心同恶，共有深谋，一切间言固未可入。其余首领，虽幸存者，彼皆置之散地，于国事、兵权无得干预，其粗有权位，许其管勾人马者，不过如威明特克济、沙克星多、贝中彻辰之类三数人而已，是皆梁氏之忌且畏者，方日夜求端，欲得除去，恨无自以发之者。若间言一出，实梁氏之奇货，彼三数人者不戮则亡，是特为梁氏除仇敌也。仇敌尽除，则梁氏者然后得肆意于边患矣。若谓欲离间威明之余党，使之怨毒梁氏而内有所图，则余党之怨梁氏固已甚矣，但力有不胜，故敛手于其下而无所为也。①

正如宋人所料，梁乙逋在数年攻扰均被宋军击退后，不得不派遣使者与宋议和。天仪治平四年（宋哲宗元祐四年，1088）六月，宋哲宗继续表明了以被俘人口换宋占边地的要求。

省所奏事，具悉。所有兰州、塞门两处地土，前诏指述已明，无复更有论请。其永乐陷殁人口，缘自牒报后来，经隔岁久，虑其间实有死亡，或后来却有续寻到人数，今已降指挥下鄜延路经略司，候将来送还；到日，若与元报人数不同，亦令据数交割，计口食与赏绢。仍将葭芦、米脂、浮图、安疆四寨约一日给赐，所有应合立界至去处，并依已降朝旨及自来体例，计会鄜延路经略司关牒

① 《续资治通鉴长编》卷407，第9916—9917页。

逐路帅臣，各委官随宜相度，认定守把，不得更相侵越。

宋哲宗还特别给李乾顺下诏，表达了同意双方通和的意愿。

> 省所奏，昨差人赴延州计会将永乐等人口及所还四处城寨交换寨门、兰州两处地土，实在朝廷酌中赐一裁决事，具悉。尔嗣守世封，虔修贡职，顷属罢兵之后，继陈复地之言，累降诏音，备谕朕志。岂谓历时之久，尚稽闻命之行。忽览奏封，深谅诚款。顾改图之议，犹有披陈；然事大之恭，实听裁决。再惟忠顺，殊用叹嘉。虽易地之求，当一遵于前诏；而酌中之请，宜别示以优恩。除汉蕃地土，指谕已明，难从换易外，所有岁赐，据前降诏命，合候地界了日依旧，今推特恩，敕有司更不候地界了当，便仰检会依例施行。尔其体朝廷恩信之隆，遵封疆谨守之界，永思安靖，用保悠长。①

其后宋、夏展开划定地界的谈判，尽管宋朝不乏反对弃地的声音，宋哲宗还是要求履行对西夏的承诺。天祐民安元年（宋哲宗元祐五年，1090）七月，梁乙逋以李乾顺的名义上书，作出了进一步商榷的表态。

> 自去年七月遣使赴阙，乞换所赐城寨，蒙降诏不许。寻与延州经略司议分画疆界，当时议定依绥州例分画，向方面各打量二十里，内十里安置堡铺耕牧，外十里拍立封堠，空作草地。得保安军牒称：奉延州指挥，其城寨虽定二十里，至今诸城相望取直分画。夏国不敢违，黾勉奉行。其南界诸路地分官，只要依绥州例打量二十里，不肯依绥州例于内十里修筑堡铺耕牧，于外十里拍立封堠，空作草地，以辨汉、蕃出入，绝交斗之端。累令宥州移牒保安军，终不明示可否。

宋哲宗则给予了以下答复。

尔遂领蛮徼，恪循世守，伻来称币，廷阅奏书，永言疆场之安，未即沟封之画。两界绳直，馨忠顺而可嘉，十里无荒，沥悃忱而有请，力祈矜许，蚤遂底宁。惟祈壤之求，初无故事，念安边之议，亦既累年，顾省恭勤，特行开纳。然绥德城本无存留草地诏旨，今既欲于汉界留出草地，即于蕃界亦当依数对留，应见今合立界至处，并须明立封堠，内外汉、蕃各对留草地十里，不令耕种，仍各于草地以里，自择安便处修建堡铺。如熟地内不可修建，即于草地内修立，各不得逼近界堠。其余疆画未尽事，已令押伴官委曲开谕进奉使、副讫，及已诏鄜延路经略司。夏国如欲议事，许差人赴延州计议。眷方陲悦义之心，既输悃愊，而朝廷绥远之意，已示优容。宜深体于恩怀，丞保和于封略。①

此后双方的划界继续进行，宋朝内部要求不再让步的声音更加强烈，如苏辙所言："臣窃观朝廷之所以御西夏者，可谓异矣。方元祐三年，夏人既受册命，不肯入谢，再以大兵蹂践泾原，大臣畏之。明年，遣使请以所许四寨易兰州塞门，朝廷虽不许，而大臣务行姑息，不俟其请而以岁赐等事许之。一岁所赐凡二十万，夏人仰以为命。虽以一岁之入易兰州塞门可也，而奈何与之？盖自失岁赐以来，朝廷荡然无复可以要结夏人者。"他还特别指出，梁乙逋同意划界，是因为他已有谋叛之心："臣访闻夏国柄臣梁乙逋者，内有篡国之心，然其为人狡而多算，宽而得众，方欲内安酋豪，外结朝廷，并内外无患，然后徐篡取之，所以朝廷近者商量地界，虽前后要求反复，而乙逋一一听从。盖见议地界止于二三十里之间，于彼国不深系利害故也。"②

天祐民安二年（宋哲宗元祐六年，1091），梁乙逋以划界纠纷未解为由，又对宋朝发起大举进攻，宋朝则终止了给予西夏的岁币。③ 对于梁乙逋的狂妄，有人明指他效仿的是元昊的做法。

梁乙逋用事之久，颇以能抗朝廷自夸于国中。……乙逋每语人曰："嵬名家人管国事，有此功否？南朝曾如此怕否？"后每举兵，

---

① 《续资治通鉴长编》卷445，第10717—10718页。
② 《续资治通鉴长编》卷452，10847—10850页。
③ 《续资治通鉴长编》卷466，第11126—11128页。

必曰："我之所以连年点兵者，欲使朝廷惮我，而为国人求罢兵耳！"以此狃众，故其众益畏，而未深怨也。昔元昊叛时，虽数遣人求和，而故为悖慢难从之议，朝廷既不从，则语众曰："我求罢兵而南朝不许。"用此以归怨激众，众战咸力，乙逋今乃效之。①

亦有人指出梁氏的穷兵黩武，已经将西夏带入了危险的境地。

> 夏国贼臣梁乙逋，挟恃其妹梁氏之势，辅立非嵬名氏之种以为国主，诛逐嵬名亲族，潜萌篡夺之计久矣。虐用其众，冀幸成功，妄肆杀戮，庶几人服。而又啸聚无时，举兵无节，民疲于点集，家困于资助。内外之人，无不咨怨愤怒，欲食其肉而无由也。本路不住有落蕃人投来，及归顺蕃人，皆能详道其事。②

天祐民安三年（宋哲宗元祐七年，1092），梁乙逋多次派使者前往辽朝，请求辽朝出军帮助西夏。辽人只是虚张声势，并未给予实际帮助，因为预料梁乙逋攻宋难以取胜。辽人的预估准确，当年梁乙逋先败于韦州，梁后亲自率军攻环州，亦被宋军击败，狼狈逃走。③

天祐民安四年（宋哲宗元祐八年，1093）正月，梁乙逋派人向宋朝送信称："本国准北朝劄子，备载南朝圣旨称夏国如能悔过上表，亦许应接。今既北朝解和，又朝廷素许再上表章，欲遣诣阙。"宋哲宗命人回复："夏国如果能悔过，遣使谢罪，可差人引伴赴阙，其辞引北朝非例。"④ 也就是说，求和要由西夏提出，不能打着辽朝的旗号来议和，以彰显辽人的调和作用。四月，梁乙逋又派人来求和，并提出了以兰州换塞门寨的要求，宋哲宗向李乾顺下诏拒绝了这一要求，强调的还是划界后才能议和的基本路径。

> 省所上表，遣使诣阙悔过上章，及献纳兰州一境地土，绥州至义合寨亦取直画定，却有塞门乞还赐夏国等事，具悉。朕统御万

---

① 《续资治通鉴长编》卷466，第11136页。
② 《续资治通鉴长编》卷469，第11211—11212页。
③ 《续资治通鉴长编》卷478，第11383—11384页；《西夏书事》卷29。
④ 《续资治通鉴长编》卷480，第11421页。

邦，敦示大信，眷尔嗣藩之始，亟驰请命之诚，爰给土疆，复颁岁币。岂谓受赐而往，辄兴犯顺之师，中外交章，神民共忿。朕以尔在位未久，势匪自由，姑戢伐罪之大兵，聊用御边之中策，仍敕疆吏，许尔自新。今则遣使来庭，托辞悔过，何乃谢章之初达，遽形画境之烦言？况西蕃故疆，中国旧地，已载前诏，不系可还。其分境虽曾商量，在用兵亦合隔绝。然则塞门之请，殊非所宜。定西以东，已有前谕。除河东、鄜延路新边界至，许从前约，令逐路经略司依前后诏，委官开立壕堠外，兰岷路未了地界，亦已令兰岷路经略司依先降朝旨委官，候夏国差到官，详先降指挥同共商量分画。缘夏国自元祐通贡受赐，后来累次犯边，仍候诸路地界了日，可依例别进誓表，然后常贡岁赐，并依旧例。[1]

梁乙逋的议和毫无诚意，派出议和使者后即率大军攻扰宋朝边城，宋人早有准备，从容化解了夏军的攻势。天祐民安五年（宋哲宗绍圣元年，1094）四月，梁后又派人再次提出以兰州换塞门寨的要求，亦被宋哲宗拒绝。梁后担心梁乙逋废李乾顺自立为皇帝，于当年十月命嵬名阿吴、仁多保忠、撒辰等以谋叛罪杀死梁乙逋，并诛灭其全家。[2]

梁乙逋擅权的终结，显示的是野心太大、能力低下的权臣特质。在西夏特定政治环境下产生的权臣，实际上并不知道如何操控权力，最终都会成为权力斗争中的牺牲品，梁乙逋不过是没藏讹庞的后继者而已。

（二）梁后把持朝政

权臣被杀，西夏朝政转变为母后专权。在天祐民安五年（1094）所立的《凉州重修护国寺感应塔碑》的汉文碑文中强调的"二圣临御"，指的就是梁后与李乾顺的"共治"状态。

　　大夏开国，奄有西土，凉为辅郡，亦已百载。塔之感应，不可殚记。然听闻详熟、质之不谬者云："尝有敧仄，每欲荐整，至夕皆风雨大作，四邻但闻斧凿声，质明，塔已正矣，如是者再。先后之朝，西羌梗边，寇乎凉土，是夕亦大雷电，于冥晦中上现瑞灯，羌人睹之，骇异而退。顷为南国失和，乘舆再驾，恭行薄伐，申命

---

① 《续资治通鉴长编》卷483，第11483—11484页。
② 《西夏书事》卷29；《宋史》卷486《夏国传下》。

王人，稽首潜祷，故天兵累捷，盖冥祐之者矣。"

今二圣临御，述继先烈，文昭武肃，内外大治。天地禋祀，必庄必敬；宗庙祭享，以时以思。至于释教，尤所崇奉，近自畿甸，远以荒要，山林溪谷、村落坊聚，佛宇遗址，只椽片瓦，但仿佛有存者，无不必葺，况名迹显敞，古今不泯者乎。

该碑的西夏文碑文，更突出了梁后的地位和作用，就是对梁后专权的现实写照。

凉州浮图者，阿育王分佛舍利，天上天下作八万四千舍利贮藏，其中所见贮藏舍利浮图原物，业已毁圮。张轨为天子时，治建宫室其上，所谓凉州武威郡也。张轨孙张天锡既袭王位，则舍弃宫室，延请精巧匠人，建造七级浮图。此后浮图属为蕃地，频频修缮，求福供养，显现瑞象，是为国家圭臬。自昔迄今天祐民安甲戌五年（1094），为时八百二十余年矣。大安二年（1076）中，浮图基座敧圮。艺净皇太后、珍城皇帝（梁太后、李秉常）种种准备，派遣头监匠人，方欲着手荐整，至夕狂风大作，塔首出现圣灯，天明，其塔自正如初。又大安八年（1082），东方汉地起恶心，发大军以围武威，羌军亦来凉州。其时黑风冥冥，两手相持莫辨，灯光煌煌，环绕浮图，二军是以败走，由此不敢前瞻。其后盛德皇太后、仁净皇帝（梁后、李乾顺）执掌国家。继而天安礼定二年（1087）中，时时烧香布施愿文等延续不断。与汉再战，皇太后亲率车骑，尔时夜间灯光灿灿，一出一灭，明耀犹如正午，乃深入汉阵，大败之。前前后后吉祥多现者，于此不可殚记。一番番炳灵彰圣，先人言之，已见分明，有如此广大功德。然此凉州金浮图者，年长日久，风吹雨打，色彩剥蚀，去年地又大震，梁柱敧圮。盛德皇太后、仁净皇帝见之，上报四恩功，下缘三有治，因六波罗蜜为，依四深大愿行，故派遣头监，集聚诸匠，于天祐民安癸酉四年（1093）六月十二日着手营饰，翌年正月十五日厥功告毕。①

---

① 碑文见聂鸿音《西夏遗文录》，第147—150页；参见罗福颐《西夏护国寺感应塔碑介绍》，白滨编《西夏史论文集》，第452—458页。

　　梁后在稳定了内部之后，希望以军事压力迫使宋朝恢复通和关系。天祐民安七年（宋哲宗绍圣三年，1096），梁后亲率大军攻入宋境，并向宋廷传递书信称："夏国昨与朝廷议疆场，惟有小不同，方行理究，不意朝廷改悔，却于坐团铺处立界。本国以恭顺之故，亦黾勉听从，遂于境内立数堡以护耕，而鄜延出兵，悉行平荡，又数数入界杀掠。国人共愤，欲取延州，终以恭顺，止取金明一寨，以示兵锋，亦不失臣子之节也。"宋哲宗对此的看法是梁后难有作为："五十万众深入吾境，不过十日，胜不过一二寨须去。"结果确实是夏军攻破金明寨后即退军。①

　　天祐民安八年（宋哲宗绍圣四年，1097），梁后继续率军攻宋，宋军亦攻入夏境，并在好水川修建平夏城。在双方的对攻中，西夏居于劣势，梁后乞求辽朝帮忙，辽人也只是做一下调和的姿态，没有实际作为。当年秋季，梁后本准备大举攻宋，但彗星出现，梁后不仅立即罢兵，还让李乾顺"仿中国制，减膳，避殿，下罪己诏，大赦"，并下令改年号为"永安"。②

　　永安元年（宋哲宗元符元年，1098），宋人将堡寨推进到横山、天都山一线，使西夏失去了南境的大片土地，乃有"唱歌作乐地，都被汉家占却，后何以堪"的叹息。梁后与李乾顺调集大军进攻平夏城，被宋军击败。西夏的大臣嵬名药默、阿燕、仁多楚清、吴民革等先后降宋，将领嵬名阿埋、妹勒都逋亦在被宋军俘获后降宋。③

　　宋、夏交战，梁后希望得到辽朝的支援，但是给辽朝的上表极为傲慢，引起辽道宗的强烈不满。永安二年（宋哲宗元符二年，辽道宗寿昌五年，1099）正月，梁后被杀，或是被辽朝派人刺杀，或是辽人逼迫李乾顺毒死梁后。无论真相如何，都是李乾顺借助外力的帮忙，除掉了专权的皇太后及其党羽，可以真正掌控西夏的朝政了。④

二　效仿贞观之治

　　李乾顺亲政之后，不仅使朝政重回正轨，表达了效仿唐太宗贞观之治的诉求，还重建了与宋朝的通和关系，并在辽、北宋灭亡前后，确立

---

① 《宋史》卷18《哲宗纪二》，卷486《夏国传下》。
② 《西夏书事》卷30；《续资治通鉴长编》卷492，第11685页。
③ 《西夏书事》卷30。
④ 《西夏书事》卷31；《续资治通鉴长编》卷506，第12054—12056页。

了与金朝的交往关系。

（一）通和辽、宋

李乾顺在辽朝的支持下亲政，亦希望依靠辽朝调和宋、夏间的紧张关系。在李乾顺的请求下，辽道宗派人向宋哲宗说明了西夏求和的意愿，宋哲宗亦作出了积极的回应，详见本书第四章。在西夏给辽朝的奏表中，确实体现出了李乾顺急于得到辽朝帮助调解关系的愿望。

> 夏国差人告奏："与南宋历年交和，忽于诸路齐发人马，大行劫掠，今则深入近里地分，及于朝廷边界相近诸要害处多修城壁，侵取不息。伏望计会南宋，却令还复所夺疆土城寨，尽废所修城壁。"
>
> 兼近日夏国又特遣人使告奏："自被南宋侵图约近二十年，于诸要害被侵筑了城寨不少，今岁以来又多修筑。夏国疆宇日更朘削，乞起兵援助。"①

李乾顺亦于永安二年多次向宋朝派出使者，表达通和的意愿，吕惠卿则建议宋哲宗抓住机会，与其建立通和关系。

> 西人以并建城寨，夺其耕牧之地，而复数遭掩击，部族离散来归者日益多。……会梁氏死，乾顺遣人款塞告哀谢罪，且请和。（吕）惠卿以谓军兴之久，中外力疲，今此乃不可失之机会。而泾原方筑天都，诸路自用兵以来侵耕生界，于其外建置堡铺，补全边面，宜且令西人执送生事首领珪布默玛、凌吉讹裕，而酌以把截堡铺外巡绰卓望所至为界，然后许以通进公牒。
>
> 庶往来间天都毕工，而诸路边面例皆坚固，可以久远无疆场之患。而朝旨谓西人近寇泾原，狼狈遁归，计穷请命，理难便行收接。假令异日许以朝贡，亦须画河为界。既而遣使三辈来，惠卿悉奏禀应答，而牒言梁氏之死，乃北敌遣人酖杀之，使乾顺自管国事。惠卿以为诚有之，则其欲西人之归已可知，若我应答太迂，所求难与，彼见无接纳之期，则是怒彼以坚北敌之归，而深我之仇

---

① 《续资治通鉴长编》卷507，第12082—12083页。

也。而画河为界，无肯听从之理，乃上疏极论其利害曰："今乾顺因其国母之死，归咎奸臣，杀之以谢罪而请入贡，则我虽未能一举以覆其巢穴，然自有国以来，用兵西方而能所为必成，所伐必克，使天威远畅，羌人震叠，未有如陛下今日之盛也。……今因其谢罪而不即纳，反为不可得之求，以绝其来望，而怒之使坚北敌之归，恐非计之得也。且兵家之事，有胜有负，万一一路战守之间一有失利，或天时饥馑有不可知，而北敌有求而不得，与之协力以困我，当是之时，虽思其有今日之请，其可得乎？……今西人归罪于奸臣而杀之以谢，则是兵加而哀矣，若我因以为易与，而遂以画河为界之求，则是违伯益之议，而并犯老子之三戒矣。伏愿陛下更与执政大臣深详究议，考自古西戎之难服，保持今日已得之成功，勿疑乾顺自归之信诞，深虞北敌乘隙之诡谋，自量中外之事力，深思兵久之非利。……如臣前请，姑令执生事之首领送归朝廷，而约之以新疆堡铺之外为界，以俟进筑之毕功，然后许接公牒，无过为迟延，绝其来望，以坚北敌之归，而为我患，天下幸甚。"①

李乾顺又明确表示党附梁后的"生事首领"珪布默玛、凌吉讹裕已被处死，宋人乃同意接受其请和。

永安二年九月，李乾顺正式向宋哲宗呈上了谢罪表章。

伏念臣国起祸之基，由祖母之世。盖大臣专僭窃之事，故中朝兴吊伐之师。因旷日以寻戈，致弥年而造隙。寻当冲幼，继袭弓裘，未任国政之繁难，又恐慈亲之裁制。始则凶舅擅其命，频生衅端；况复奸臣固其权，妄行兵战。致贻上怒，更用穷征，久绝岁币之常仪，增削祖先之故地。咎归有所，理尚可伸。今又母氏薨殂，奸人诛窜，故得因驰哀使，附上谢章。矧惟前咎之所由，蒙睿聪之已察；亦或孤臣之是累，冀宝慈之垂矜。特纳赤诚，许修前约。念赦西陲之弊国，得反政之初；愿追烈祖之前猷，赐曲全之造。俾通常贡，获绍先盟，则质之神灵，更无于背德，而竭乎忠荩，永用于尊王。

---

① 《续资治通鉴长编》卷508，第12102—12103页。

宋哲宗则在回复李乾顺的诏书中，强调了议和还要有誓表的要求。

　　省所上表，具悉尔国乱常，历年于此。迨尔母氏，复听奸谋，屡兴甲兵，扰我疆场，天讨有罪，义何可容。今凶党歼除，尔既亲事，而能抗章引愆，冀得自新。朕喜尔改图，姑从矜贷。已指挥诸路经略司，令各据巡绰所至处，明立界至，并约束城寨兵将官，如西人不来侵犯，即不得出兵过界。尔亦当严戒缘边首领，毋得侵犯边境。候施行讫，遣使进纳誓表，当议许令收接。①

当年十二月，李乾顺向宋哲宗呈上了誓表，表文如下。

　　窃念臣国久不幸，时多遇凶，两经母党之擅权，累为奸臣之窃命。频生边患，颇亏事大之仪；增怒上心，恭行吊民之伐。因削世封之故地，又罢岁颁之旧规，衅隙既深，理诉难达。昨幸蒙上天之佑，假圣朝之威，致凶党之伏诛，获稚躬之反正。故得遄驰恳奏，陈前咎之所归；乞绍先盟，果渊衷之俯纳。故颁诏而申谕，俾贡誓以输诚。备冒恩隆，实增庆跃。臣仰符圣谕，直陈誓言。愿倾一心，修臣职以无怠；庶斯百世，述贡仪而益虔。饬疆吏而永绝争端，诚国人而恒遵圣化。若违兹约，则咎凶再降；傥背此盟，则基绪非延。所有诸路系汉缘边界至，已恭依诏旨施行。本国亦于汉为界处已外侧近，各令安立卓望并寨子去处。更其余旧行条例并约束事节，一依庆历五年正月二十二日誓诏施行。

宋哲宗在答诏中表示恢复双方的通和关系，并准许按照旧例给西夏颁发岁赐。

　　尔以凶党造谋，数干边吏，而能悔过请命，祈绍先盟，尔之种人，亦吾赤子，措之安静，乃副朕心。嘉尔自新，俯从厥志，尔无爽约，朕不食言，所宜显谕国人，永遵信誓。除疆界并依已降诏旨，以诸路人马巡绰所至，立界堠之处为界。兼邈川、青唐已系纳

---

① 《续资治通鉴长编》卷515，第12234、12240页。

土归顺，各有旧来界至，今来并系汉界；及本处部族有逃叛入尔夏国者，即系汉人；并其余应约束事件，一依庆历五年正月二十二日誓诏施行。自今以后，恩礼岁赐，并如旧例。①

经过李乾顺的努力，与宋人的关系终于和解，回归正常的轨道。尽管宋哲宗、辽道宗在此后的两年中先后去世，宋、辽、夏之间的关系再生变数，但不能低估李乾顺争取来的短暂和平关系。

（二）文治表象

解决与宋通好的问题后，李乾顺改年号为"贞观"，显然是想效仿唐太宗的做法，遵行中原王朝的文治做法。

如前所述，元昊重视蕃学，"国中由蕃学进者诸州多至数百人，而汉学日坏。士皆尚气矜，鲜廉耻，甘罹文网"。御史中丞薛元礼特别向李乾顺上言，指出了汉学即国学的重要性所在。

> 士人之行，莫大乎孝廉；经国之模，莫重于儒学。昔元魏开基，周、齐继统，无不尊行儒教，崇尚《诗》《书》。盖西北之遗风，不可以立教化也，景宗以神武建号，制蕃字以为程文，立蕃学以造人士，缘时正需才，故就其所长以收其用。今承平日久，而士不兴行，良由文教不明，汉学不重，则民乐贪顽之习，士无砥砺之心。董子所谓"不素养士而欲求贤，譬犹不琢玉而求文采也"，可得乎？②

李乾顺同意薛元礼的看法，于贞观元年（宋徽宗建中靖国元年，辽天祚帝乾统元年，1101）八月在蕃学外特建国学，置教授，"设弟子员三百，立养贤务以廪食之"③。在西夏文的宫廷诗中，亦可见到"其等中间贤圣相续儒士多"的赞颂。④

蕃学也有重要的发展，其中的一个重要成果，就是正德六年（1132）颁行了西夏文字典《音同》，并特别强调："今番文字者，祖帝

---

① 《续资治通鉴长编》卷519，第12343—12344页。
② 《西夏书事》卷31。
③ 《宋史》卷486《夏国传下》。
④ 《圣□大贤歌》，梁松涛《西夏文〈宫廷诗集〉整理与研究》，第100—103页。

朝之所搜集。为求其兴盛，故设刻字司，以诸番学士统领，雕刊版以使传行世间。后刊刻者不廉之人，因图小利，别法令开书坊，重又印行。其人不晓文字，不得其正，故雕版首尾缺失，左右舛杂，学者迷惑。义长见后，于心不安，乃细细校核，不与前人舛杂相同。然眼心未至，则或有微瑕，智者勿哂。"①

李乾顺亦注意到了对军队的控制。他的弟弟李察哥是一员勇将，"雄毅多权略，引弓二石余，射洞重甲"，并且对夏、宋军队的状况有如下高论。

> 自古行师，步骑并利。国家用"铁鹞子"以驰骋平原，用"步跋子"以逐险山谷，然一遇"陌刀法"，铁骑难施；若值"神臂弓"，步奚自溃。盖可以守常，不可以御变也。夫兵在审机，法贵善变。羌部弓弱矢短，技射不精。今宜选蕃、汉壮勇，教以强弩，兼以摽牌，平居则带弓而锄，临戎则分番而进。以我国之短，易中国之长，如此则无敌于天下矣。

李乾顺赞赏他的说法，于贞观三年（宋徽宗崇宁二年，辽天祚帝乾统三年，1103）九月封李察哥为晋国王，"使掌兵政"。由亲族掌管军政，可以为皇族的安全提供重要的保证。②

李乾顺亦有了选贤和求直言的举动。贞观十二年（宋徽宗政和二年，辽天祚帝天庆二年，1112）二月，李乾顺特别下令："凡宗族、世家议功、议亲，俱加蕃汉一等。工文学者，尤以不次擢。"当年六月，李乾顺又命诸臣直言得失，御史大夫谋宁克任特别上书强调了善政的要求。

> 治法之要，不外兵刑；富国之方，无非食货。国家自青、白两盐不通互市，膏腴诸壤浸就式微，兵行无百日之粮，仓储无三年之蓄，而惟恃西北一区与契丹交易有无，岂所以裕国计乎？自用兵延庆以来，点集则害农时，争斗则伤民力，星辰示异，水旱告灾，山界数州非侵即削，近边列堡有战无耕。于是满目疮痍，日呼庚癸，

---

① 义长：《同音跋》，聂鸿音《西夏遗文录》，第151—152页。
② 《西夏书事》卷31。

岂所以安民命乎？且吾朝立国西陲，射猎为务，今国中养贤重学，兵政日弛。昔人云"虚美薰心，秦乱之萌"，又云"浮名妨要，晋衰之兆"。臣愿主上既隆文治，尤修武备，毋徒慕好士之虚名，而忘御边之实务也。①

这样的建议颇为重要，也得到李乾顺的赞赏，但是他并未依此行事，主要是用保持现状的方式应付国内问题，不想再有更多的文治或善政作为。

（三）宋、夏再起争端

辽道宗在位时，李乾顺曾提出娶辽朝公主为妻的请求，被道宗拒绝。贞观二年（辽天祚帝乾统二年，1102）六月，李乾顺又派使者向即位不久的天祚帝耶律延禧重提这一要求，天祚帝向使者询问李乾顺的为人处世情况，使者答道："秉性英明，处事谨慎，守成令主也。"天祚帝则表示可以考虑通婚问题。贞观三年七月，李乾顺第三次提出通婚请求。贞观五年（辽天祚帝乾统五年，1105）三月，天祚帝将族女南仙封为成安公主，嫁给李乾顺。② 李乾顺之所以急于与辽朝建立通婚关系，就是希望拉紧双方的关系，一旦宋、夏关系出现裂痕，可以得到辽人的支援。

宋徽宗赵佶即位后重用蔡京，蔡京要以打压西夏的方式谋取政绩，挑唆西夏将领仁多保忠降宋。作为反制措施，李乾顺派军进攻边城，宋、夏又在边境开战，李乾顺既请求辽朝出兵相助，也请求辽人出面调解夏、宋关系。贞观六年（宋徽宗崇宁五年，辽天祚帝乾统六年，1106），在辽人的调解下，宋、夏之间恢复了通和关系。

贞观七年至十三年，李乾顺都保持着与宋朝通使的和好关系。雍宁元年（宋徽宗政和四年，辽天祚帝天庆四年，1114），李乾顺为安置投夏的蕃族首领李讹哆，修建了臧底河城。宋徽宗信用的宦官童贯力主对西夏用兵，宋、夏之间又进入战争状态。在数年的战争中，双方各有胜负，但西夏由于丧失了横山的土地，损失更大。元德元年（宋徽宗宣和元年，辽天祚帝天庆九年，1119），李乾顺在辽人的调解下，向宋朝上誓表请和，宋徽宗同意与之停战通和，但是使者不满童贯的傲慢态

---

① 《西夏书事》卷32。
② 《辽史》卷27《天祚帝纪一》；《西夏书事》卷31。

度，将宋人答复的誓诏弃之边境而去，实则等于双方的关系已经不可修复。①

金朝建立后，对辽朝展开进攻，并与宋朝达成了夹攻辽朝的协约。在如此变局下，李乾顺采用的是四个重要步骤。一是元德三年（辽天祚帝保大元年，1121），李乾顺建议辽、夏共同出军攻宋，击破宋人的图谋，天祚帝未采纳他的建议。二是元德四年，李乾顺主动出兵，帮助辽人应对金军对西京的进攻，但西京不久即陷落，无功而返。三是元德四年天祚帝逃亡天德时，李乾顺发兵相助，击败金人的追军，后又被金军所败。四是元德五年，天祚帝已到众叛亲离的地步，李乾顺仍派使者前去迎接天祚帝，并表示其可以到西夏避难，天祚帝的回应则是正式封李乾顺为西夏皇帝。天祚帝想依靠西夏的军队抗拒金军，被李乾顺拒绝，因为他能为辽人提供这些帮助，已经是仁至义尽了，他绝对不会拼全国之力，去挽救一个即将灭亡的王朝。②

（四）附金自保

元德五年李乾顺救助天祚帝时，金朝将领完颜宗望即向李乾顺发出了金朝愿意与西夏通和的书信："奉诏有之，夏王，辽之自出，不渝终始，危难相救。今兹已举辽国，若能如事辽之日以效职贡，当听其来，毋致疑贰。若辽主至彼，可令执送。"

元德六年（宋徽宗宣和六年，金太宗天会二年，1124）三月，李乾顺正式向金朝呈上了降表。

> 臣乾顺言：今月十五日，西南、西北两路都统遣左谏议大夫王介儒等赍牒奉宣，若夏国追悔前非，捕送辽主，立盟上表，仍依辽国旧制及赐誓诏，将来或有不虞，交相救援者。臣与辽国世通姻契，名系藩臣，辄为援以启端，曾犯威而结衅。既速违天之咎，果罹败绩之忧。蒙降德音以宽前罪，仍赐土地用广藩篱，载惟含垢之恩，常切戴天之望。自今已后，凡于岁时朝贺、贡进表章、使人往复等事，一切永依臣事辽国旧例。其契丹昏主今不在臣境，至如奔窜到此，不复存泊，即当执献。若大朝知其所在，以兵追捕，无敢

---

① 陈均：《九朝编年备要》卷27、卷28，四库全书本；《西夏书事》卷32；《宋史》卷486《夏国传下》；《东都事略》卷128《附录六》。

② 《辽史》卷29《天祚帝纪三》；《西夏书事》卷33。

为地及依前援助。其或征兵，即当依应。至如殊方异域朝觐天阙，合经当国道路，亦不阻节。以上所叙数事，臣誓固此诚，传嗣不变，苟或有渝，天地鉴察，神明殛之，祸及子孙，不克享国。

金太宗则于当年闰三月派遣使者赐给李乾顺誓诏，宣示金、夏确立了君臣关系。

维天会二年岁次甲辰，闰三月戊寅朔，皇帝赐誓诏于夏国王乾顺：先皇帝诞膺骏命，肇启鸿图，而卿国据夏台，境连辽右，以效力于昏主，致结衅于王师。先皇帝以谓忠于所事，务施恩而释过。迨眇躬之纂绍，仰遗训以遵行。卿乃深念前非，乐从内附，饬使韬而奉贡，效臣节以称藩。载锡宠光，用彰复好，所有割赐地土、使聘礼节、相为援助等事，一切恭依先朝制诏。其依应征兵，所请宜允。三辰在上，朕岂食言，苟或变渝，亦如卿誓。远垂戒谕，毋替厥诚。①

在相应的礼节上，金人亦强调："辽与夏甥舅也，故夏主坐受使者之礼。今大金与夏国君臣也，见大国使者当如仪。"所谓"如仪"，就是李乾顺见金朝使者时要起立，遵守属臣的礼仪。②

元德七年正月，李乾顺派使者向金太宗贺正旦，并在上表中颇表恭顺之意。

斗柄建寅，当帝历更新之旦；葭灰飞管，属皇图正始之辰。四序推先，一人履庆。恭惟化流中外，德被迩遐。方熙律之载阳，应令候而布惠。克凝神于突奥，务行政于要荒。四表无虞，群黎至治。爰凤阙届春之早，协龙廷展贺之初。百辟称觞，用尽输诚之意；万邦荐祉，克坚献岁之心。③

李乾顺附金，只是面对强敌时的自保措施，他知道金人并不可信。

---

① 《金史》卷134《西夏传》。
② 《金史》卷134《西夏传》。
③ 洪皓：《松漠纪闻》卷2。

最初金人答应赐给西夏的土地是"下塞以北、阴山以南、乙室耶剌部吐禄泺西之地"，也就是将云内、天德（今山西北部和内蒙古中部地区）都给予西夏。李乾顺派人进入云内、天德后，都被金军逐出。正德元年（宋钦宗靖康二年、宋高宗建炎元年，金太宗天会五年，1127），在金军攻入汴京、掳走宋徽宗、宋钦宗后，金人为西夏划定了南境的界限："自麟府路洛阳沟东距黄河西岸、西历暖泉堡，鄜延路米脂谷至累胜寨，环庆路威边寨过九星原至委布谷口，泾原路威川寨略古萧关至北谷川，秦凤路通怀堡至古会州，自此直距黄河，依见今流行分熙河路尽西边以限封域。"① 这样的划界，基本上维持的是西夏故境，没有太多扩展。金人还故意压低西夏的地位，在礼仪待遇方面，都将西夏放在金人扶持的楚、齐等"伪政权"之下。李乾顺只是与金朝保持通使关系，不仅不派兵协助金人的军事行动，还公然攻击被齐国控制的西宁州等地。正德八年（宋高宗绍兴四年，金太宗天会十二年，1134），金人预谋攻夏，李乾顺早有准备，给了金军一个教训，使其不敢轻易对西夏动武，如宋人所记："粘罕相金国，取大辽，继扰我朝。既归，乃欲伐夏国。夏人阴为之备久矣。忽求衅于夏，言欲马万匹。夏人从其请，先以所练精兵，每一马以二人御之，给言于金人曰：万马虽有，然本国之人牵挠，今以五千人押送，请遣人交之。粘罕遣人往取，皆善骑射者，其实欲以窥之也。至境，未及交马，夏人群起，金国之兵悉毙，夏人复持马归国。粘罕气沮，自此不敢西向发一矢。"② 以武力对抗武力，关系紧张但不破裂，恰是李乾顺秉持的对金朝关系的基本原则。

（五）对宋关系的变化

对于已有宿怨的宋朝，在宋、金关系交恶后，李乾顺最初的态度是与宋为敌。元德八年（宋钦宗靖康元年，金太宗天会四年，1126），金、夏达成共同进攻宋朝的意向，在西夏军队进攻宋边城时，西夏将领透露了这一信息。

　　　　朱昭字彦明，府谷人。以效用进，累官秉义郎，浮湛班行，不自表异。宣和末，为震威城兵马监押，摄知城事。金兵内侵，夏人

---

① 《金史》卷134《西夏传》。
② 王明清：《挥尘后录》卷4，四库全书本；《西夏书事》卷34。

乘虚尽取河外诸城镇。震威距府州三百里，最为孤绝。……甚酋悟儿思齐介胄来，以毡盾自蔽，邀昭计事。昭常服登陴，披襟问曰："彼何人，乃尔不武！欲见我，我在此，将有何事？"思齐却盾而前，数宋朝失信，曰："大金约我夹攻京师，为城下之盟，画河为界；太原旦暮且下，麟府诸垒悉已归我，公何恃而不降？"昭曰："上皇知奸邪误国，改过不吝，已行内禅，今天子圣政一新矣，汝独未知邪？"乃取传禅诏赦宣读之，众愕眙，服其勇辩。①

为应对宋朝面对的危局，新即位的宋钦宗赵桓专门向李乾顺颁发诏书，希望他能助宋抗金。

朕居春宫十有余载，勿敢怠逸，四方所闻。道君太上皇帝（宋徽宗）享国日久，厌万机之繁，爰议内禅，朕辞不获命，岁登大宝。深惟祖宗基构之隆，上皇付托之重，夙夜兢惕，惧不克任。而金人不道，乘郭药师背叛之故，陷没燕山，俶扰边境，达于都畿，肆为贪残，劫质以往。永念卿屏翰之旧，信誓皎然，义常勠力，同济艰难，以敌王忾。而山西奏报乃言，卿国点集重兵，五路深入攻陷城堡，杀伤兵民。朕惟卿明允笃诚，世济忠孝，主于西陲，藩屏帝室，多历年所，英声流闻。今至于兹，殆朕德弗类，嗣政之初，未能绥抚之所致也。西顾怅然，良自伤悼。及得鄜延路帅臣章疏，缴到卿国檄书公牒，省览再三，乃知构兵起于误听。檄书初言中国失德数事，皆曩时大臣误国，上皇已降诏书，深自悔悼。今朕克己求治，以俭先天下，凡淫巧奢丽之具，一切屏去，蠹国害民之臣，咸已窜诛，前日之事，所不复论。中言贺正人使之归，所见京城整齐兵甲，修治城橹，疑有奸臣变乱，此乃提防金人之故，岂有他哉。终言与本朝信誓之久，义须救援，以此知卿忠义有素，误听致此，初无他心。至于过差之辞，朕初不之罪也。公牒言国书之宝，与旧不同，此乃有司用宝差误，已重窜责。凡兹细故，朕既释然，卿亦宜亮。夫金人以蕞尔海隅之国，背天逆神，灭绝契丹，遂陵中国，淫暴滋甚，使其得志，何有于卿哉。孤军深入，理当剿

---

① 《宋史》卷446《朱昭传》。

殄。……诏到，卿宜释去疑虑，抚谕将士，抽回甲兵，修好如故。
高爵厚赐，朕何爱焉。①

宋钦宗给予李乾顺的既是一个迟来的道歉，也是一种善意的提醒，
李乾顺本来也没打算发兵去进攻宋朝的都城，只是在宋人的边境上搞些
小动作而已，因为他最担心的是金人对西夏发起偷袭。

宋高宗赵构即位后，宋室南迁（宋朝由此分为北宋与南宋，本书还
统称为宋朝）。尽管江南地区成为宋朝的统治重心所在，但是关中地区
依然在宋人手中。赵子崧向宋高宗建议："开边之患，验在目前，不可
不虑。其熙河五路进筑州军堡寨，欲望将不系紧要控扼去处并罢，明谕
夏人，示以德意。"② 也就是说，宋人希望以让出一些边地的作为，换
取与西夏停战议和，共同对付金朝。正德二年（宋高宗建炎二年，金
太宗天会六年，1128），宋高宗派遣谢亮出使西夏议和，宋将王庶特别
致书指出："大夫出疆，有可以安社稷、利国家者，专之可也。夏国为
患小而缓，金人为患大而急。方其挫锐熙河，奔北鄜延，秋稼未登，兵
士困饿。阁下苟能仗节督诸路协同义举，虽未足尽雪旧耻，亦可驱逐渡
河，全秦奠枕，徐图恢复矣。"谢亮只想着与西夏议和，对王庶的提醒
置之不理。李乾顺根本没有议和的意思，借谢亮出使狠狠坑了宋朝一
把："亮至，乾顺乃倨然见之，留居几月，始与约和罢兵。亮归，而夏
之兵已蹑其后，袭取定边军。"李乾顺还乘金军攻入关中的机会，准备
发兵进攻延安，王庶则以檄报的形式告诉李乾顺："金人初犯本朝，尝
以金肃、河清畀尔，今谁与守？国家以奸臣贪得，不恤邻好，遂至于
此。贪利之臣，何国无之，岂意夏国躬蹈覆辙！比闻金人欲自泾原径捣
兴、灵，方切寒心，不图尚欲乘人之急。幕府虽士卒单寡，然类皆节制
之师，左支右吾，尚堪一战。果能办此，何用多言。"李乾顺知道事态
复杂，所以没有轻举妄动。③

正德三年（宋高宗建炎三年，金太宗天会七年，1129），宋、金军
队在陕西交战，宋人希望拉拢西夏，助宋攻金，再派谢亮出使西夏，并
且特别准备了两份国书，"一如常式，一用敌国礼"。李乾顺的态度是

---

① 李纲：《赐夏国主诏书》，《李忠定公文集选》卷1，齐鲁书社1997年版。
② 李心传：《建炎以来系年要录》卷5，上海古籍出版社2008年版。
③ 《宋史》卷486《夏国传下》；《建炎以来系年要录》卷12、卷16。

观望事态发展，既不助金，也不助宋，谢亮依然是无功而返。对于李乾顺的不合作态度，宋高宗于绍兴元年（李乾顺正德五年，1131）八月下令"夏国历日，自今更不颁赐"，因为西夏已经成为敌国。[①]

由于宋人守住了四川、陕西要地，李乾顺的态度有所变化，主动派出使者与宋人沟通。绍兴二年（李乾顺正德六年，1132）九月，吕颐浩向宋高宗上言："闻金、夏交恶，夏国屡遣人来吴玠、关师古军中，宜令张浚通问，以撢其情。"宋高宗对此尚有疑义，答复的是"此与今来欲讲和事相妨否"的疑问。绍兴四年（李乾顺正德八年，1134）十二月，吴玠又向宋高宗奏报："夏国主数通书，有不忘本朝之意。"[②] 李乾顺要通好宋朝，宋人反而不积极了，因为双方已经失去了互信的基础，只是不再兵戎相见而已。

（六）立后之争

大德元年（宋高宗绍兴五年，金太宗天会十三年，1135）九月，李乾顺任命濮王仁忠为中书令，这一任命主要是针对晋王察哥的专横跋扈。

> 仁忠性谨严，持法峻，人不敢干以私。晋王察哥广起第宅，横征多诛求，蕃、汉苦之。仁忠上疏劾，察哥为之罢役，朝野肃然。乾顺嘉其风力，使由左枢密进中书令。察哥阴间之，不得。[③]

大德三年（宋高宗绍兴七年，金熙宗天会十五年，1137），李乾顺纳宋降将任得敬之女。次年八月，李乾顺正式册立任氏为皇后。

> 任氏庄重寡言，御下有恩意，与曹氏并居妃位，相得甚欢。得敬欲后其女，常以货贿馈朝贵及宗室执政权者。于是御史大夫芭里祖仁言："古者天子娶后，藩国来媵，诸侯一娶九女，盖奉宗庙，广继嗣，阴教之职不可缺，中宫之位不可虚也。伏见陛下两妃并立，位号相夷，而无嫡以统之，则势必近争情，且生妒，岂所以防淫愿塞祸乱乎？今宜择簪绂名家，勋庸世族，素优才行，配合坤

---

① 《宋史》卷486《夏国传下》；《建炎以来系年要录》卷25、卷46。
② 《宋史》卷486《夏国传下》；《建炎以来系年要录》卷58、卷83。
③ 《西夏书事》卷34。

仪，庶几上协神祇之心，下副臣民之望。"乾顺询之群臣，咸谓门第、才德无过任妃。乾顺遂使芭里祖仁持册立为皇后，授得敬静州都统军。①

大德五年（宋高宗绍兴九年，金熙宗天眷二年，1139），李乾顺犯了一个重大的错误，就是听信齐国降将李世辅的建议，发兵进攻延安，导致夏军大败、李世辅降宋的悲剧。

> 李世辅奔夏国，乃说夏国发兵可以取陕西五路，夏国主信之，发兵五万，别差都统与世辅共总兵政，以宰相王枢监其军。长驱至延安府三十里下寨，世辅以二千骑至城下，问延安府守者姓名，曰赵惟清。世辅曰："金人不道，杀戮我满家良贱，今提夏国精兵，为亡者雪冤。"呼惟清开门，惟清曰："太尉自与金人为仇雠，何与于大宋，而欲攻大宋之州府。"世辅问："延安府今为谁守？"惟清曰："大金已割河南三京地界还之大宋，已行赦书到府，官吏军民拜恩毕，今为大宋守也。"世辅惊请罪，遂求手诏，惟清以真本示世辅。世辅曰："然则世辅以左右数十人入议事。"惟清从之，门启，世辅入城，见市井间百姓欢笑之声，乃知割地事审，约以单骑回军中，并杀夏国头领，南归朝廷。即复以心腹数十人回军中，声言生执到延安府官属。是夜，王枢具饮于帐中，夏国都统与世辅皆在坐，夏国军马悉全装被甲列寨下。酒三行，世辅命执到延安府官属入，于是世辅腹心人伪拥数人至帐下，世辅即起掣刀，一手执王枢，一手杀夏国都统，帐下大喧，诸军皆不知其因，闻风而溃，堕坑填谷死者莫知其数。天晓，世辅招谕得马二万余匹，遂往延安谋欲归朝廷。②

李世辅投宋事件发生后不久李乾顺即病逝，未及消除这一事件带来的不利影响。

李乾顺亲政以后，尽管有效仿贞观之治的表述，但始终保持的是谨慎的政治态度，谨慎地处理内政问题，谨慎地协调与辽、宋的关系问

---

① 《西夏书事》卷35。
② 《建炎以来系年要录》卷129。

题，谨慎地对待突然崛起的金朝。李乾顺去世前一时冲动所带来的失误，不能抹杀其"谨慎政治观"的作用，因为恰是这样的政治观，使得西夏能够在辽、北宋相继灭亡的政治变局中依然生存了下来，这不能不说是李乾顺的重要功绩。

　　总体而言，西夏中期的理政观念主要呈现的是四种政治倾向。一是延续和强化依附性的国家定位，并因应形势的变化，在策略上由依仗辽宋制衡转向附金扼宋。二是民族性的文化定位，在专权的太后和数位权臣的助推下，以"蕃风"压倒"汉风"的态势走向固化。三是在维系功利性用人定位的前提下，加入了重视治国人才的要素，进而由三位皇帝接续性地引入儒家治国理念，尽管未能营造善政的重大变局，但明显提升了西夏人的治理认知水平。四是佛教化的思想定位，成为主流现象；因蕃、汉风之争严重对立的太后、权臣和皇帝，在崇尚佛教方面达成高度一致，不仅放大了佛教的影响，亦为走向"佛天子之国"奠定了思想基础。也就是说，西夏中期政治思想的发展，既有沿承，也有变化，更应注意的是"变"的趋势。

第七章　西夏后期的政治观念

西夏仁宗李仁孝、桓宗李纯祐、襄宗李安全、神宗李遵顼等皇帝在位的近九十年（1139—1227 年），被视为西夏后期的历史。尽管其间出现过难得的文治现象，但亦陷入危机并亡国，呈现了不同历史背景下颇有差异的政治观念。

第一节　夏仁宗李仁孝的文治观念

李仁孝（1124—1193 年），夏崇宗李乾顺长子，其母亲是崇宗的曹妃，在位五十四年，用大庆、人庆、天盛、乾祐等年号，后被尊为西夏的仁宗，是西夏在位时间最长的皇帝，也是西夏文治观念最强的一位皇帝。

一　以文治为导向的新政

李仁孝即位之后，尊曹氏、任氏为母后，并且选择了罔氏作为皇后。罔氏"聪慧知书，爱行汉礼。仁孝先纳之，见其贤，立为后，颇爱敬焉"，成为帮助李仁孝推行文治的一个得力助手，李仁孝亦由此给西夏带来了"除旧布新"的朝政。

（一）大庆、人庆、天盛年间的"新政"

大庆四年（宋高宗绍兴十三年，金熙宗皇统三年，1143），西夏辖区内发生大地震，御史大夫苏执义上言："自王畿地震，人畜灾伤。今夏州又见变异，是天之所以示警于陛下也，不可不察。"李仁孝乃下令以免租等措施救灾："二州人民遭地震地陷死者，二人免租税三年，一人免租税二年，伤者免租税一年；其庐舍、城壁摧塌者，令有司修复之。"

地震之后，盗贼蜂起，枢密承旨苏执礼上言："此本良民，因饥生事，非盗贼比也。今宜救其冻馁，计其身家，则死者可生，聚者自散，所谓救荒之术即靖乱之方。若徒恃兵威，诛杀无辜，岂所以培养国脉乎？"李仁孝赞赏苏执礼的说法，特别推出了赈济法："命诸州按视灾荒轻重，广立井里赈恤。"①

大庆四年九月，出现彗星的异象，臣僚向李仁孝上言："彗者，除旧布新之象，宜改元应之。"李仁孝乃下令将大庆五年改为人庆元年。人庆二年（1145）六月，李仁孝还特别做出了"下诏求直言"的举动。

天盛十年（1158）五月，李仁孝下令立通济监铸钱："自茶山铁冶入于中国，国中乏铁，常以青白盐易陕西大铁钱为用。及金人据关右，置兰州等处榷场，若以中国钱贸易，价辄倍增，商人苦之。仁孝乃立通济监，命监察御史梁惟忠掌之，铸天盛永宝钱，与金正隆元宝钱并用。金主禁之，仁孝再表请，乃许通行。"

天盛十五年（1163）五月，李仁孝特别下诏"禁奢侈"，"夏俗习功利，尚忠勇，地处沙碛，不事耕织。国多世禄之家，悉以奢侈相高，故仁孝下令禁之"。②

对于李仁孝的这些"新政"措施，在西夏文宫廷诗中留下了赞颂君主效法尧舜、善治爱民、崇尚圣德的诗句。

　　　大千世界无比伦，白上国里圣贤君。爱生之念高于天，憎死本能大过地。天举栋梁无诽者，效君封侯甚忠诚。一意治国学尧舜，一心治民循汤武。……至圣天下皆顺之，浩瀚大地独一君。不使八王起怒意，四海万民共和平。③

尤其是皇帝和皇后共同倡导文治，更在西夏文宫廷诗中被赞颂为天下同乐的难得气象。

　　　上圣君，天遣王；共乐理，不其违。庄严皇后福星化，太平事

---

① 《西夏书事》卷35。
② 《西夏书事》卷35、卷36、卷37。
③ 陈炳应：《西夏的诗歌、谚语所反映的社会历史问题》，第148页。

甚中乐。帝后德同，天下安乐务纯真。一此刻，陆园民与同乐，承欢宫与室。五彩庄严人眼耀，殊妙殿，缺所无。七宝饰装神心摇，琉璃玉宫殊迥有。东河水窗前流，近近与见龙绕圆。西兰山，门前横，长长所视钿生合。莲花池，左右有，海大目如随同视。圣长宫，地界通，园林同中上无双。文王国治耳以闻，后妃德从眼内观。吾辈人共祝愿，圣明皇帝天地等与寿同齐，皇后父母日月同如相愿长。同乐宫中何路设，文武大臣，金卮酒赐所恭敬。万花堂下国宴做，左右侍者，大乐闻听嬉闹。一世此如相口谕者，快乐人。①

诗中描述的西夏宫廷建筑状况固然重要，但更重要的是诗作者对德政或善政的向往。

（二）尊孔兴学

西夏以前的皇帝虽然有重学和尊儒的思想倾向，但是缺乏系统性的尊儒兴学举措，李仁孝自觉弥补了这样的缺陷，在大庆、人庆、天盛年间推出了八项重要的措施，使"新政"具有了鲜明的文治特征。

一是普遍设立学校。大庆五年（1144）六月，李仁孝下令州县各立学校，"国中增弟子员至三千人"。他还要求"立小学于禁中，凡宗室子孙七岁到十五岁皆得入学。设教授，仁孝与后罔氏亦时为条教训导之"。

二是建立汉学的太学。人庆二年（1145）七月，李仁孝下令设立大汉太学，"亲释奠，弟子员赐予有差"。天盛六年（1154）九月，李仁孝派人入金境购买儒、释书籍。

三是普遍建立孔庙。人庆三年（1146）三月，李仁孝为孔子上尊号为"文宣帝"，"令州郡悉立庙祀，殿庭宏敞，并如帝制"。

四是科举取士。人庆四年（1147）八月，"策举人，立唱名法，复设童子科。于是，取士日甚"。

五是以名儒执掌内学。人庆五年（1148）三月，"建内学，仁孝亲选名儒主之"。天盛三年（1151）十二月，李仁孝又以斡道冲为蕃、汉教授，"道冲，先世灵州人，祖从德明迁兴州，世掌夏国史职。道冲年

---

① 《万花厅同乐歌》，梁松涛《西夏文〈宫廷诗集〉整理与研究》，第159—164页。

五岁以《尚书》中童子举，长通"五经"，译《论语注》，作《别义》三十卷，又作《周易卜筮断》，以国字书之，行于国中"。

六是确定西夏音律。人庆五年五月，修成新律。"西夏音乐，经元昊更张，久非唐末遗音。仁孝使乐官李元儒采中国乐书，参本国制度，历三年始成，赐名新律，进元儒等官"。

七是立翰林院和编修国史。天盛十三年（1161），李仁孝下令设立翰林学士院，以王佥、焦景颜等为学士，并命令史臣编修《实录》。

八是封赠野利仁荣。天盛十六年（1164）八月，李仁孝封赠野利仁荣为广惠王，"褒其制蕃字功也"[①]。

李仁孝的文治举动，带来了西夏文化发展的高峰时期。在西夏文宫廷诗中，可以看到专门赞颂修建太学的诗句。

> 天遣文星国之宝，仁德国内化为福。番君子，得遇圣句圣语文，千黑头处为德师。听作贤策贤诗词，万赤面处取法则。无土所能筑城，无土筑城，天长地久光耀耀。除灰以养火，除灰养火，日积月累亮煌煌。其时后，壬子年（1192），迁至太庙旧址，坐落儒王新殿。天神欢喜，不日即遇大明堂；人时和合，营造已成吉祥宫。[②]

自野利仁荣创制西夏文后，出现了大量的西夏文著作，以及《孝经》《论语》《孟子》《尔雅》《孙子兵法》《六韬》《贞观要文》和诸多佛经的西夏文译本。[③] 这些西夏文的著作，不少出自李仁孝在位时，也应该被视为文治的重要成果。

（三）佛教的影响

由于西夏是尊奉佛教的国家，所以君主又被称为"佛天子"。西夏文宫廷诗在赞颂李仁孝和皇后罔氏的善政良治时，就是既呈现了儒家的忠良、孝悌观念，也呈现了佛家的善、爱观念，显示的是儒、佛糅合的

---

① 《西夏书事》卷35、卷36、卷37；《宋史》卷486《夏国传下》。

② 聂鸿音：《西夏文〈新修太学歌〉考释》，《宁夏社会科学》1990年第3期。

③ 西夏文著作的具体情况，见白滨《元昊传》，第56—59页；史金波《西夏文化》，第37—44页。

思想倾向。①

　　李仁孝曾前往凉州敬佛烧香，在记录其行程的《整驾西行烧香歌》（又译《庄严西行烧香歌》）中，亦强调了佛法对皇帝、皇后治国的重要作用。

　　　　须弥山，坡四面，海边接，不同族。赡部世界金口法，往来假来倾耳已闻听。三世身，狱不堕，白高国内玉身佛。眼见五种欲乐天上生，上有圣帝天意君。心下想来上皆明，父母恩报不纯粹。宝身御遗菩萨子，所有发愿得实现。远足吉日已择下，择吉日在春月初。归返良辰也选定，良辰定在仲夏日。御骑千马皆骐骥，千匹骐骥均赤骝。北斗七星天变亮，瑞脊强负万香象。万万香象于寒林，五更之间遍地鸣。左右大臣金刀剑，乌王凤凰排成行。头尾侍卫银弓箭，兽帝狮子列成林。国母马背围帐胜日暖，本西严寒令不侵。皇妃皇后云伞盖举如月凉，尾东炽热岂能透。本师尊者禁断闲言妙导引，咒语不得不诵习。忠贞大臣不走邪道必祐助，戒法不由不分明。行道所至凉州地，巧匠手绘神浮屠。佛之眼珠有舍利，盘禾山雕造梵王玉身佛。调伏诸魔栩栩如生有神力，弥勒佛、缚日啰或坐或卧千尺身。过去未来皆其师，相作涅槃与方便。真智灭绝彼孰谓，马蹄山上圣境界。父亲行事胜远古，过去旧寺略端严。新寺胜彼庄严环外围，七级楼阁云来绕。大风骤起昼不晓，吹向寺内，佛之万重金衣穿。大雨急降过不去，陆地震动不迁移，劫火岂能来破坏。当今皇帝，寺院众多，长寿之灯夜夜举。佛塔立处，求福求香年年烧。先生住所施衣穿，禅定坐处赐斋食。所有道场来召集，种种善事得了毕。所求如意无不尔，随愿初心皆达成。亦复其中犯罪人，发大悲心皆赦免。有功之人不吝赏官凭功升，西番、回鹘宴席环坐来侍奉。心内生恶天有眼，汉山主促膝而谈穿绶带。眼中有鬼灾降临，我等此刻，八边陲，不盗不妄皆安定，一中界，无病无恼国昌盛。上师功劳圣帝恩，令汝取悦佛父母，真乐世界圣威仪。②

　　① 《圣殿俱乐歌》，梁松涛《西夏文〈宫廷诗集〉整理与研究》，第164—172页。
　　② 孙伯君：《西夏文写本〈整驾西行烧香歌〉释补》，《西夏研究》2018年第3期；参见梁松涛《西夏文〈宫廷诗集〉整理与研究》，第125—142页。

在西夏文《劝世歌》中，更是将佛教的善念和儒家的德念一起灌输给世人。

三界四天上下，分有十八地层。所在欲界造业多，杂部军民族部众。我辈于此，得成人身乐事少，寿命短如草头露。先祖贤圣先祖君，美名虽在身不存。此后善智此后人，寿常在者何尝有。念彼时，国王被杀主被害，天人大神有老时。上天娱乐十八节，彼人一日高一寿。吾辈之身上无光日月明，彼日月，半暖半寒不相合。遵嘱念诵贡品奉，彼贡品，或多或少无监者。汝我辈，美其服，千千舍命似蛆虫；甘其食，万万结怨如牲畜。虎狼腹心毒蛇目，黑头相处言谈无礼生厌恶。尊者大人，汝从此夜寐观德念，夙兴转而未见行仁义。汝往上天世界时，何由侍奉佛腹心。①

李仁孝亦在尊奉佛教的发愿文中，陈述了笃信佛法的要义所在。

朕伏以神呪威灵，功被恒沙之界；玄言胜妙，力通亿劫之多。惟一听于真筌，可顿消于尘累，其于微密，岂得名言。切谓《自在大悲》，冠法门之密语；《顶尊胜相》，总佛印之真心。一存救世之至神，一尽利生之幽验。大矣，受持而必应；圣哉，敬信而无违。普周法界之中，细入微尘之内。广资含识，深益有情，闻音者大获胜因，触影者普蒙善利。点海为滴，亦可知其几何；碎刹为尘，亦可量其几许。唯有慈悲之大教，难穷福利之玄功，各有殊能，迥存异感。故《大悲心感应》云："若有志心，诵持《大悲呪》一遍或七遍者，即能超灭百千亿劫生死之罪，临命终时，十方诸佛皆来授手，随愿往生诸净土中。若入流水或大海中而沐浴者，其水族众生沾浴水者，皆灭重罪，往生佛国。"又《胜相顶尊感应》云："至坚天子诵持章句，能消七趣畜生之厄。若寿终者，见获延寿，遇影沾尘，亦复不堕三恶道中，授菩提记，为佛嫡子。"若此之类，功效极多。朕睹兹胜因，倍激诚恳，遂命工镂板，雕印番汉一万五千卷，普施国内。臣民志心看转，虔诚顶受，朕亦躬亲而口服，每当

---

① 聂鸿音：《西夏文〈天下共乐歌〉〈劝世歌〉考释》，《宁夏社会科学》2000年第3期；参见梁松涛《西夏文〈宫廷诗集〉整理与研究》，第237—242页。

竭意而诵持。欲遂良缘，广修众善，闻阐真乘之大教，烧结秘密之坛仪。读经不绝于诵声，披典必全于大藏。应千国内之圣像，悉令恳上于金妆。遍施设供之法筵，及集斋僧之盛会，放施食于殿宇，行法事于尊容。然斯敬信之心，悉竭精诚之恳，今略聊陈于一二，岂可详悉而具言。以兹胜善，伏愿神考崇宗皇帝，超升三界，乘十地之法云；越度四生，达一真之性海。默助无为之化，潜扶有道之风，之子之孙，益昌益盛。又愿以此善力，基业泰定，迩遐扬和睦之风；国本隆昌，终始保清平之运。延宗社而克永，守历数以无疆，四方期奠枕之安，九有获覆盂之固。①

色即是空，万浪风恬而真性寂尔；空即是色，千江月印而妙用昭然。不执二边，不著中道，绝蠲五蕴，涤除六尘。一切众生，仗兹而度苦厄；三世诸佛，依此而证菩提。朕睹胜因，遂陈诚愿。寻命兰山觉行国师沙门德慧，重将梵本，再译微言，仍集《真空观门施食仪轨》附于卷末，连为一轴。于神妣皇太后周忌之辰，开板印造番汉共二万卷，散施臣民。仍请觉行国师等烧结灭恶趣中围坛仪，并拽六道及讲演《金刚般若经》《般若心经》，作法华会大乘忏悔，放神幡、救生命、施贫济苦等事，恳伸追荐之仪，用答劬劳之德。仰凭觉荫，冀锡冥资，直往净方，得生佛土，永驻不退，速证法身。又愿六庙祖宗，恒游极乐，万年社稷，永享升平。一德大臣，百祥咸萃，更均余社，下逮含灵。天盛十九年岁次丁亥（1167）五月初九日，奉天显道耀武宣文神谋睿智制义去邪惇睦懿恭皇帝谨施。②

西夏人的大规模翻译佛经工作，在李仁孝即位前已经基本完成，李仁孝在位时主要是校勘佛经。在现存的西夏文佛经中，卷首有仁宗校经题款的近二十部，不下百余卷，可见李仁孝对佛家经典的重视，亦不可忽视佛教思想对西夏君主和臣民的影响。③

---

① 李仁孝：《圣观自在大悲心总持依经录并胜相顶尊总持功能依经录后序发愿文》，聂鸿音《西夏遗文录》，第153—154页。
② 李仁孝：《圣佛母般若波罗蜜多心经发愿文》，聂鸿音《西夏遗文录》，第154页。
③ 史金波：《西夏文化》，第74—80页。

天盛十七年（1165）十一月，皇后罔氏去世。"罔氏内教谨严，宫中莫敢犯；仁孝诸善政，多所赞成。至是疾卒，遗言以优礼大臣、勤治国事为嘱"①。罔氏去世后，出现了权臣擅政的局面，"新政"被终结，此后西夏再未出现过高度弘扬文治的景象。

二　天盛律令显示的治国规范

西夏建国之后，即有修律令的作为，留存下来的法典，有《亥年新法》和《贞观玉镜统》（军事法典）等。天盛初年颁布的《天盛改旧新定律令》（简称《天盛律令》）是一部完整的西夏文法典，将 150 门的 1461 条法律规定分为 20 卷，并且特别强调了依新律令行事的要求："奉天显道耀武宣文神谋睿智制义去邪惇睦懿恭皇帝，敬承祖功，续秉古德，欲全先圣灵略，用正大法文义。故而臣等共议论计，比校旧新律令，见有不明疑碍，顺众民而取长义，一共成为二十卷，奉敕名号《天盛改旧新定律令》。印面雕毕，敬献陛下，依敕所准，传行天下，着依此新律令而行。"② 从这些规定中，可以看出李仁孝在位时所强调的各种治国规范。需要说明的是，注重治国规范，也是对文治精神的弘扬。

（一）朝政规范

朝廷理政，不仅要突出皇帝的地位和作用，还要有一套成系统的规制约束官吏的行为，为此制定的律条，应包括七方面的内容。

一是维护皇权。为显示皇帝崇高地位，西夏实行较严格的宫禁制度，主要有以下规定。

> 官家（皇帝）出内宫时，待命者排列引导法明，诸人不许胡乱自入列中、骑马穿行等。
> 内宫中除因公奉旨带刀、剑、弓箭、枪、铁杖种种武器以外，不许诸人随意带武器来内宫。
> 御供之食馔、其他用度等应分取准备者，当速分之，好好制作，依数准备。

---

① 《西夏书事》卷37；《宋史》卷486《夏国传下》。
② 史金波、聂鸿音、白滨：《天盛改旧新定律令》，前言，第1—4页；《颁律表》，法律出版社2000年版，第107—108页。

御供之膳、药、酒等种种器中，不许他人饮用。

诸人不寻谕文，不许胡乱来帐下。沿内宫帐下不许诸人胡乱往来。

诸人不许服丧服、披发、头中有白、冬冠凉笠入于内宫及互相礼拜等。

官家住处内宫周围当遣巡检一种，四面各自一人管事，各自共当值十日，无论日夜，于内行巡检，以禁盗诈。①

按照《天盛律令》的规定，臣僚严禁说"我是天子国王"和"我与当朝万岁御寿同长"等语，说此类语言者要受到严厉责罚。公开挑战皇权，更是谋逆行为，"欲谋逆官家，触毁王座者，有同谋以及无同谋，肇始分明，行为已显明者，不论主从一律以剑斩"②。

二是朝堂规矩。在朝堂上议政，要符合以下规范："官家坐于奏殿时，奏者不许过于御道。""官家来自奏殿上，执伞者当依时执伞，细心为之。""汉臣僚当戴汉式头巾。""中书、枢密大人、承旨每日来不来所属司职上，阁门司人当核查。""于奏时诸司应持所奏，各局分人当在摄智中门，当与奏知等回应，一等等上奏。""毁圣旨者，当与懈怠圣旨罪上加一等。""除在帝前劝谏以外，任意宣说诽谤者，重则将说者以剑斩。""敌视国家，在帝臣间用谗舌者，其中确实言重，则按除在帝前劝谏外随意口中出恶言法，将诋毁者以剑斩。"③

三是官僚机构。《天盛律令》明确将全国的官僚机构划分为上、次、中、下、末五等，划分情况如下。

上等司：中书、枢密。

次等司：殿前司、御史、中兴府、三司、僧人功德司、出家功德司、大都督府、皇城司、宣徽、内宿司、道士功德司、阁门司、御庖厨司、匜匣司、西凉府、府夷州、中府州。

① 《天盛改旧新定律令》卷12《内宫侍命等头项门》，第423—430、433—435、437—438页。

② 《天盛改旧新定律令》卷1《谋逆门》，第111页；卷20《罪则不同门》，第611—612页。

③ 《天盛改旧新定律令》卷1《大不恭门》，第126—127页；卷12《内宫侍命等头项门》，第431、436页；卷20《罪则不同门》，第607页。

中等司：大恒历司、都转运司、陈告司、都磨勘司、审刑司、群牧司、农田司、受纳司、边中监军司、前宫侍司、磨勘军案殿前司上管、鸣沙军、卜算院、养贤务、资善务、回夷务、医人院、华阳县、治源县、五原县、京师工院、虎控军、威地军、大通军、宣威军、圣容提举。

下等司：行宫司、择人司、南院行宫三司、马院司、西院经治司、沙洲经治司、定远县、怀远县、临河县、保静县、灵武郡、甘州城司、永昌城、开边城。三种工院：北院、南院、肃州。边中转运司：沙洲、黑水、官黑山、卓啰、南院、西院、肃州、瓜州、大都督府、寺庙山。地边城司：□□、真武县、西宁、孤山、魅拒、末蓝、胜全、边静、信同、应建、争止、龙州、远摄、银州、合乐、年晋城、定功城、卫边城、富清县、河西县、安持寨。

末等司：刻字司、作房司、制药司、织绢院、番汉乐人院、作首饰院、铁工院、木工院、纸工院、砖瓦院、出车院、绥远寨、西明寨、常威寨、镇国寨、定国寨、凉州、宣德堡、安远堡、讹泥寨、夏州、绥州。

司等中以外：宣提点、执飞禽提点、秘书监、京师工院为管治者、番汉大学院。

以《天盛法典》参之以西夏文《西夏官阶封号表》，还可以列出西夏的主要官职。

皇帝位名：太皇帝（太上皇）、皇帝（吾祖、兀卒）。

皇后位名：太皇太后、皇太后、太后、皇后、嫔妃。

皇帝之子位名：皇帝之长子者，年幼时曰皇子，长成时依次升顺国王、太子等应令取何名，依时节朝廷计行。皇太子之弟者，长成升时，国王、三公、诸王等应得何位名，依时节朝廷分别实行。诸王位有南院王、北院王、西院王、东院王等。

皇帝国院、皇太子、诸王等之师名：皇帝之师监承处，上师、国师、德师。皇太子之师，仁师。诸王之师，忠师。前述师名义之当上、次、中司品次第：皇帝之师监承处，上师、国师及德师等与上等位当。皇太子之师仁师者，与次等位当。诸王之师忠师者，与中等位当。皇帝之谏臣者，当与次等司平级。写敕、合为文字者学士，当与中等司平级。

中书位：大人六，智足、业全、义观、习能、副、同，承旨六，都案七，案头四十二。

枢密位：大人六，南柱、北座、西摄、东拒、副、名人，承旨六，都案十四，案头四十八。

中兴府、殿前司：一律八正、八承旨。

御史、大都督府、西凉府：一律六正、六承旨。

内宿司：六承旨。

宣徽、皇城司、瓯匣司：一律四正、四承旨。

阁门司：四奏知。

御庖厨司：三大人。

前宫侍司：六承旨。

道士功德司：一正、一副、一判、二承旨。

在家功德司、出家功德司：六国师、二合管。

都磨勘司、农田司、受纳司、大恒历司：一律四正、四承旨。

都转运司：六正、八承旨。

群牧司、陈告司：一律六正、六承旨。

审刑司：二正、二承旨。

养贤务、资善务、回夷务：一律二正、二承旨。

鸣沙城司：一城主、一副、一通判、一城守。

华阳县、治源县：一律四大人。

五原郡：一城主、一副、一通判、一城守。

东院等二十种一律刺史一人。

石州等十二种（石州、东院、西寿、韦州、卓啰、南院、西院、沙洲、啰庞岭、官黑山、北院、年斜）监军司全部派二正、一副、二同判、四习判等九人。

肃州等五种（肃州、瓜州、黑水、北地中、南地中）监军司均一正、一副、二同判、三习判等遣七人。

虎控军等四种军（虎控军、威地军、大通军、宣威军）一安抚、一同判、二习判、一行主。

（下等司等略）。

按照《天盛律令》的规定，各官僚机构之间的公文往来，也要符合规范化的要求。

> 上等中书、枢密自相传牒，语尾依牒前同至请等当有，官下当手记，而后各司上当置，在末尾当说，并记上日期。
>
> 经略司者，比中书、枢密低一品，然大于诸司。
>
> 经略使司者，当报上等司中。经略自相传导而后曰请，官下手记，然而当置诸司上，末尾当过，日下手记。
>
> 次、中、下、末等当报司等大于己处，同品传导而后有请者，官下手记，当于低一等处置，后当有卜送。自二等以下者，后有卜字，官下有手记。其中上谕者，无论司高低当置。
>
> 前述经略、正副将、提点等未报上等司中而置传导等时，视其心本意、所告言词、时节等，奏量实行。
>
> 中书、枢密大人、承旨及经略当请，应分别坐。有当校文书时，当请承旨、都案、案头局分人等引导校之，然后京师、各地边司等大人、承旨、习判等一同正偏当坐。

《天盛律令》还特别规定了番官和文官的特殊地位："任职人番、汉、西番、回鹘等共职时，位高低名事不同者，当依各自所定高低而坐。此外，名事同，位相当者，不论官高低，当以番人为大。""官相等而有文武官者，当以文官为大。"①

需要说明的是，到了李仁孝在位时，西夏的官制已经基本"汉化"，并且汉语官名都已有了西夏文的译名。

四是规范官印。西夏君主重视各机构和官员的印章，并就印章样式等作了详细的规定。

> 诸司行文书时，司印、官印等纯金、纯银及铜镀银、铜四种，依司位、官品等，分别明其高下，依以下所定为之。
>
> 司印：
>
> 皇太子金重一百两。

---

① 《天盛改旧新定律令》卷10《司序行文门》，第362—378页；文志勇：《西夏官阶封号表残卷新译及考释》，《宁夏社会科学》2009年第1期。

中书、枢密银重五十两。

经略司银重二十五两。

正统司铜上镀银二十两。

次等司铜上镀银十五两。

中等司铜上镀银十二两。

下等司铜重十一两。

末等司铜重十两。

僧监、副、判、权首领印等铜重九两。

官印：

三公诸王银重二十五两。

有"及授"官中宰相铜上镀银重二十五两，其余铜十五两。

有"及御印"官者铜重二十两。

有"惠臣""柱趣"官者铜重十两。

有"威臣""帽主"官者铜重九两。

前述司印、官印者，上等中书、枢密之长宽各二寸半，经略司二寸三分，正统、有"及授"官等二寸二分，次等司二寸一分，中等司及有"及御印"官等二寸，下等司及有"威臣""帽主"官等一寸九分，末等司一寸八分，僧监、副、判、权首领印等一寸七分。①

五是选用官员。在选用官员方面，《天盛律令》明确规定："诸人袭官、求官、由官家赐官等，文官经报中书，武官经报枢密，分别奏而得之。""依法求官者，当报边中一种所属监军司，经经略使处，依次变转，与不属经略之京师界等一起依文武分别报告中书、枢密。""中书、枢密、经略使、次中下末都案者，选干练、晓文字、知律法、善解之人。"②

六是官员迁转。西夏实行官员三年一迁转的方法，"诸司大小任职三年完毕，续转与否，依以下所定实行：一等三年已满当续转，一等三年毕不在续转中，一等三年完毕应不应续转，依时节奏报实行"。"诸

① 《天盛改旧新定律令》卷10《官军敕门》，第358—360页。
② 《天盛改旧新定律令》卷10《官军敕门》，第356、375页。

司任职位人三年完毕，无住滞，不误人轻杂，则中书、枢密、经略等别计官赏，其余依次赐次、中、下、末四等人得官赏。"①

七是官员行事。官员处理有关事务，称为"行职"，有以下规定："地边、地中行大小职时，当依法派遣职人。""行各种职事时，发职人者集中处小监及局分人等应发不发，遣散职人，取赃及使妨碍职务、不任职等，当计量取赃数及工价数，按枉法贪赃罪判断。""诸人做种种职事时，职事已毕，则当于日期内还放职事人，未毕则当求谕文。"②

从制度规范的角度看，上述朝政规范还略显粗疏，但是作为少数民族建立的国家，有这样的规范已经实属不易。

（二）军事规范

西夏以武立国和以武保国，特别注重军法的要求，在《天盛律令》中有大量内容涉及军法，应该特别注意的是五点要求。

一是守地要求。各地的军队首领，都要肩负守地责任，丢失城池和土地均要受到严厉处罚："守大城者，一城皆放弃时，州主、城守、通判弃城，造意等有官无官，及在城中之正副溜中无官等，一律以剑斩。""守边境营垒军溜等者，当于所定地区聚集而住，退避或变住处时，提出退避之造意者及边检校、营垒主管、正副溜等，一律革军职，徒十二年。"③

二是应敌要求。守卫边境的军队，要随时准备合力应对来犯之敌："沿边盗贼入寇者来，守检更口者知觉，来报堡城营垒军溜等时，州主、城守、通判、边检校、营垒主管、军溜、在上正副溜等，当速告相邻城堡营垒军溜及邻近家主、监军司等，当相聚。我方畜、人已入、未入他人之手，对敌军入寇者力能胜则当打败，力不堪胜，则视其军情，各家当转移，监视军情。"④

三是兵备要求。无论是正军，还是作为辅助力量的正辅主和负担，都有马匹、铠甲、弓箭、剑矛等方面的规定。"发兵时大小首领、正军、辅主按律令当携官马、坚甲，本人亲往，不许停留。"士兵的点

---

① 《天盛改旧新定律令》卷10《续转赏门》，第348—349页。
② 《天盛改旧新定律令》卷7《行职门》，第288—289页。
③ 《天盛改旧新定律令》卷4《弃守营垒城堡溜等门、弃守大城门》，第196—197页。
④ 《天盛改旧新定律令》卷4《敌军寇门》，第212页。

集、行军、作战等，亦都有具体的规定，不遵律令行事要受到严厉的处罚。①

四是检校要求。军队要定期进行检校，并有以下规定："全国中诸父子官马、坚甲、杂物、武器季校之法，应于每年十月一日临近时，应不应季校，应由殿前司大人表示同意、报奏。当视天丰国稔时，应派季校者，则当行文经略司所属者，当由经略大人按其处司所属次序，派遣堪胜任人使为季校队将，校毕时分别遣归，典册当送殿前司。非系属经略司者，当由殿前司自派遣能胜任人，一齐于十月一日进行季校。"检校中发现的各种问题，都要按军法的要求及时纠正，并对违规者作出不同的处罚。②

五是军籍要求。朝廷重视军籍，所以有严格的管理规定："国内纳军籍法，每年畿内三月一日，中地四月一日，边境六月一日等三种日期，当年年交簿。按所属次第由监军司人自己地方交纳籍者，年年依时日相互缚系自□□□。""国中纳军籍磨勘者，应自纳簿增籍日期，畿内四十日，地中五十日，边地两个月以内，皆当磨勘完毕。""军案内置官簿者，不准诸人随意来司内及拿到司外看阅。"③

在宋、金、西夏鼎立的政治环境下，西夏确实需要保持较强的军事力量，所以不能忽视军法对维持军队战斗力的重要作用。

（三）经济规范

对于亦农亦牧的西夏来说，最重要的经济规范就是税粮征收，由此需要注意的是五方面规定。

一是以磨勘的方式确定税粮数额和交纳时间。"自腊月一日始至月末，一个月期间当磨勘完毕，所遗尾数当明之。正月一日转运司当引送，令催促所属郡县人，令至正月末毕其尾数。若其中有遗尾数者，二月一日当告中书，遣中书内能胜任之人，视地程远近，所催促多少，以为期限。因缓交逾期，当令一倍上多纳半倍。""诸租户所属种种地租见于地册，依各自所属次第，郡县管事者当紧紧催促，令于所明期限缴纳完毕。其中注滞时，种种地租分为十分，使全纳、部分纳、起而不纳

---

① 《天盛改旧新定律令》卷5《军持兵器供给门》，第223—230页；卷6《发兵集校门》，第243—247页。

② 《天盛改旧新定律令》卷5《季校门》，第230—241页。

③ 《天盛改旧新定律令》卷5《纳军籍磨勘门》，第255—257页。

等时，功罪依所定实行。"

二是确定上交税粮的种类。"麦一种，灵武郡人当交纳。大麦一种，保静县人当交纳。麻褐、黄豆两种，华阳县家主当分别交纳。秫一种，临河县人当交纳。粟一种，治源县人当交纳。糜一种，定远、怀远二县人当交纳。"

三是要求上交草料等。"租户家主自己所属地上冬草、条椽等以外，一顷五十亩一块地，麦草七捆、粟草三十捆，捆绳四尺五寸，捆袋内以麦糠三斛入其中。袋囊中二袋，各自依地租法当交官之所需处，当入于三司库。"

四是保护交租者的要求。"无官方谕文，不许擅自于租户家主收取钱物、花红、麻皮等种种及摊派杂事。""因官所出为辅役，于租户家主应出笨工，则转运司官不许自意兴工。"

五是明确税粮存储要求。"地边、畿内来纳官之种种粮食时，当好好簸扬，使精好粮食、干果入于库内。""诸官民等执领单来领粮食时，依次当先予旧粮食，不许予新粮食、徇情及索贿等。"①

为维系农业生产，尤其是发挥河套地区的水源优势，不仅对河渠的管理有严格规定，要求"诸沿渠干察水渠头、渠主、渠水巡检、夫事小监等，于所属地界当沿线巡行，检视渠口等，当小心为之。渠口垫板、闸口等有不牢而需修治处，当依次由局分立即修治坚固"；还明确要求每年春季都要大兴水利工程："每年春夫事大兴者，勿过四十日。事兴季节到来时，当告中书，依所属地沿水渠干应有何事计量，至四十日期间依高低当予之期限，令完毕。"②

在牧业方面，西夏实行的是官牧官用制度，尤为重视牲畜的繁衍，并有以下规定。

四畜群之幼畜当依前所定计之，实数当注册，不足者当令偿之，所超数当予牧人。

百大母骆驼一年内三十仔，四月一日当经盈能验之，使候校。

---

① 《天盛改旧新定律令》卷15《催缴租门、催租罪功门、纳领谷派遣计量小监门》，第489—491、493—495、510—515页。《天盛改旧新定律令》卷16还有租税分摊、减免等规定，但是全卷只存目录，正文阙失，无法知其全貌。

② 《天盛改旧新定律令》卷15《春开渠事门、渠水门》，第497、499页。

大人到来时当印之，于册上新取项内以群产所有注册。

百大母马一年五十仔。

百大母牛一年内六十犊。

百大母羖羺一年内六十羔羊。

四种畜中，牛、骆驼、羖羺等之年年应交毛、酥者，预先当由群牧司于畜册上算明，斤两总数、人名当明之而人一册，预先引送皇城、三司、行宫司所管事处。①

在商业方面，除了互市贸易以外，亦有缴纳商税（买卖税）的规定，并且制定了"开铺者等先后纳税法"②，可惜律条原文阙失，难以说明具体情况。

（四）审案规范

西夏的刑罚，有剑斩、绞杀、杖、徒、黥、苦役、罚等，需要特别注意的是以下审理案件的规定。

一是节亲、宰相、大小官僚等不许操弄文书，放逸有罪人；不许因私人关系放纵罪犯。一旦发现官吏收取贿赂并在审案时舞弊，要按照以下程序处理。

因诸事局分另外人等受贿时，其中曲枉勤事，已决断及未决断，亦在文书判凭上或重者轻判，轻者重判，故意曲枉，实明显有可见，及行贿时说"请枉断勤事"，受贿者亦说"当为汝枉断"，话知证分白，当按枉法贪污论。直接审问时，因说"汝当有错"。

二是在审案过程中，"当问有何异同曲枉"，有冤屈者上报中书、枢密，按谕文处理。

三是审理案件的文书，按不同情况分为密案、搜交案、磨勘案、军案、官案、家案、大卢令案、刑案、谍案等，在规定的时间内完成文书的处理和转报等。

---

① 《天盛改旧新定律令》卷19《畜利限门》，第576—578页。
② 《天盛改旧新定律令》卷18《缴买卖税门》，第562—563页。

四是依据律令查案时，应设置案头二人、司吏五人、律按检一人。"所有判断公事时，问处案人当告案，应有罪情，罪纸其后留白纸空头，经大人处判断，当载律案检中，当查律令、罪法，以红字写于空头白纸上，律案检、案头、司吏当为实状相接继，当予局分处，经判断实行。"①

朝廷还要求约束官员等掠夺百姓钱财的行为："诸大小官员男女诸人等，不允乡邻中无理拿取牛、羊、柴薪等种种物品。倘若违律时，所取何物法计量数，按枉法贪赃算。"②

在西夏境内，还要遵从朝廷的禁令，如全国内不允诸人藏武器、不得随意传行谕文、不许违规使用黄金饰物、不得私自越界买卖、不得买卖禁物以及民间不得卖钱、铸钱、毁钱等。③

（五）对外交往规范

与宋、金相比，西夏是个小国，在国与国的交往以及西夏与吐蕃、回鹘等族的交往中，重点强调的是以下要求。

一是严惩通敌者。"诸人往来敌界，提供密事，及为敌人侦查、隐藏等者，其人计划投降他国，则与叛逃同样承罪，家门连坐。"④

二是严禁越界耕牧。"边境地迁家，牲畜主当在各自所定地界中牧耕、住家，不许超过"；"不允迁家牲畜主越地界之外牧耕、住家"。

三是严拒外人越界。"与沿边异国除为差派外，西番、回鹘、鞑靼、女直相和倚持，我方大小检引导，过防线迁家、养水草、射野兽来时，当回拒，勿通过防线"。⑤

四是妥善安置投诚者。"敌人真来投诚者，地边、地中军内及他人辅主等，愿投奔处当办理。其中若于敌界任高位，及一部部迁家统摄引导来投诚，并有实信消息送来者，视其人状、功阶，应得何官赏、职位，以及应按原自本部顺序安置，当依时节奏告实行。"⑥

五是规范出使行为。"正副使以下人等有恶心，自投于他国敌人，

① 《天盛改旧新定律令》卷2《贪状罪法门》，第147—149页；卷9《事过问典迟门》，第316—322页。

② 《天盛改旧新定律令》卷7《邪行门》，第288页。

③ 《天盛改旧新定律令》卷7《敕禁门》，第281—287页。

④ 《天盛改旧新定律令》卷1《背叛门》，第116—117页。

⑤ 《天盛改旧新定律令》卷4《边地巡检门》，第210—211页。

⑥ 《天盛改旧新定律令》卷7《为投诚者安置门》，第268—269页。

谓军马将至，因与纷乱而欲伤国家，则依谋逆已行法判断。""我国人往使他国时，不许不过局分处超携驮、人。""为使者所定礼物以外，客副、都案、小监、正副使以下人等之室中接受大小物件者，我方使人允许收取他国客副、都案、小监等之酒食、果品、金银若干，此外不许更索他物。""正副使以下人等不许大小不相敬，争斗相殴。"①

六是规范互市贸易。"往随他国买卖者，所卖官物而载种种畜物者，往时当明其数，当为注册。往至他国时，官物当另卖之，所得价及宝物当于正副使眼前校验，成色、总数当注册，种种物当记之，以执前宫侍御印子印之。""他国买卖者往时，所载诸司务诏等所属种种所卖官物及所载私物等，当分别卖之而勿混。官私物买卖中，先已竞争价何给处当买卖，相引导中不许知前竞争语而欲卖己物，前所竞争价格既定，随意加价买卖。若违律加价时，当量所加之数，依枉法贪赃罪法判断。"②

《天盛律令》的体例和立法原则主要参照的应是唐代律法，所要规范的则是番风和汉风杂糅的西夏政治、经济和社会，所以上面列举的各种治国规范，既显示了当政者应用儒家政治观念的水平不是很高，也显示了崇尚"严苛"和"简单"的少数民族国家的理政特征。

三　权臣对朝政的影响

李仁孝在文治方面尽管有一系列重要的举措，但是在朝政方面，不得不容忍十余年的权臣擅政，甚至出现了国家分裂的危机，在诛杀权臣之后，朝政才重返较稳定的状态。

（一）任得敬擅权

权臣任得敬的崛起，一方面得益于崇宗时将其女儿变成了皇后，使其成为重要的外戚；另一方面得益于李仁孝即位初年的平定叛乱。

大庆元年（宋高宗绍兴十年，金熙宗天眷三年，1140），降附西夏的辽人李合达（原名萧合达）据夏州叛变，任得敬向李仁孝上表称："贼素无谋，众皆乌合，所恃者契丹余部，以戚里连谋，然其势易离也。陛下诚下令安抚，赦其已住，许其自新，约还旧部，给以资粮，当必有响应者。又贼顿兵灵武，已逾两月，今新破盐州，士气骄甚。夏州

---

① 《天盛改旧新定律令》卷11《使来往门》，第397—399页。
② 《天盛改旧新定律令》卷18《他国买卖门》，第568—570页。

距灵州五百余里，定然无备，臣请以州兵合诸将袭之，可获全胜。"李仁孝采纳任得敬的建议，命其出征李合达，任得敬以突袭的办法击破李合达军，李合达逃走途中被杀。任得敬有功，李仁孝本准备让其到朝中任职，濮王仁忠上言："得敬兵威震慑河南，今大乱甫平，遽解兵柄，非所以靖反侧也。宜崇其爵秩，以系军民之望。"李仁孝乃授予任得敬都统军之职，并封其为西平公。①

任得敬仗恃有功于朝廷，于人庆四年（1147）向李仁孝上表，要求入朝执掌朝政，朝内大臣颇有警惕，拒绝了他的请求。

> 得敬在镇日事诛杀，僚佐有谏者勿听，自以有大功，冀与国政，使人上表请入觐。仁孝欲许之，御史大夫热辣公济言："窃见戚臣任得敬上表请朝，其心盖为干政地也。从古外戚擅权，国无不乱。得敬虽属懿亲，非我族类，能保其心之不异乎，惟陛下察之。"濮王仁忠亦言其不可，遂止。②

人庆五年（1148）十一月，任中书令的濮王仁忠去世。仁忠作为皇室成员，在西夏人中称为"节亲"。西夏文宫廷诗中有专门对"节亲大臣"的赞颂之词，可见此类官员的重要性所在。③

仁忠去世使得阻挡任得敬入朝的力量减弱。任得敬在朝廷内既有任太后的支持，又用贿赂的方法取得了察哥的支持，在二人的积极倡导下，李仁孝不得不于天盛元年（宋高宗绍兴十九年，1149）七月将任得敬召入京城，任命为尚书令。任得敬以阿谀察哥的方式达成了奸臣相得益彰的效果，形成了双权臣掌控朝政的局面。天盛二年十月，任得敬又被晋升为中书令。天盛八年（1156）七月，察哥死，九月，任得敬被任为国相，双权臣主政变成了任得敬一人擅权，"晋王察哥在朝，得敬犹知顾忌；及察哥卒，益易仁孝，势日专横，政由己出，举朝侧目"。任得敬随即以其弟任得聪为殿前太尉、任得恭为兴庆尹，后来又以侄子任纯忠为枢密副都承旨，强化了任氏集团对朝政的把控。天盛十二年（1160）三月，李仁孝又不顾臣僚的反对，封任得敬为楚王，

---

① 《西夏书事》卷35。
② 《西夏书事》卷36。
③ 《节亲大臣歌》，梁松涛《西夏文〈宫廷诗集〉整理与研究》，第216—222页。

"出入仪从，几与国主等"，任得敬的权势更盛。①

任得敬擅权，最看不上的就是李仁孝推出的各种文治举措。天盛十二年九月，他公开向李仁孝提出了废罢学校的主张："经国在乎节俭，化俗贵有权衡。我国介在戎夷，地瘠民贫，耕获甚少。今设多士以任其滥竽，糜廪禄以恣其冗食，所费何资乎？盖此中国之法难以行于我国者，望陛下一切罢之。"对于任得敬的这一蛮横说法，李仁孝采取的是置之不理的态度。

任得敬难以改变李仁孝的文治作为，乃另辟蹊径，准备分裂西夏，将李仁孝赶到西北的瓜州、沙洲，自己具有灵、夏之地，另辟一国。天盛十七年（宋孝宗乾道元年，1165）五月，任得敬在西平府（灵州）大兴土木，"役民夫十万大筑灵州城，以翔庆军监军司所为宫殿。盛夏溽暑，役者糜烂，怨声四起"。后来，任得敬又发兵四万、民夫三万在积石州境内修造祁安城，招致金人的质问。任得敬根本不管百姓的死活和邻国的质疑，一心一意为"篡国"做准备。②

西夏朝政被任得敬所把持，宋、金都有所闻，尤其是金朝使者到西夏后，已经听到过"任相功大，举国归心"的说法。天盛十九年（宋孝宗乾道三年，金世宗大定七年，1167），任得敬以"得病"为由，一方面求助于佛法，祈求得到护佑。

> 窃以有作之修，终成幻妄；无为之后，□契真如。故我世雄，顿开迷惘，为除四相，特阐三空。辟智慧之门，拂执着之迹，情波永息，性水长澄，乘般若之慈舟，达涅槃之彼岸者，则斯经之意也。然此经旨趣，极尽深玄。示住修降服之仪，显常乐我净之理，人法俱遣，声色匪求。读诵受持，福德无量；书写解说，果报难穷。诚出佛之宗源，乃度生之根本。予论道之瑕，恒持此经，每竭诚心，笃生实信。今者灾迍伏累，疾病缠绵，日月虽多，药石无效。故陈誓愿，镂板印施，仗此胜因，冀资冥佑。倘或天年未尽，速愈沉疴；必若运数难逃，早生净土。又愿邦家巩固，历服延长，岁稔时丰，民安俗阜。尘刹蕴识，悉除有漏之因；沙界含灵，并证无为之果。时天盛十九年（1167）五月，太师上公总领军国重事

---

① 《西夏书事》卷36；《宋史》卷486《夏国传下》。
② 《西夏书事》卷36、卷37；《金史》卷91《结什角传》。

秦晋国王谨愿。①

另一方面任得敬派人试探金人对他的态度，金世宗则明确要求派往西夏的人以慎重的态度对待权臣。

> 其臣任得敬专国政，欲分割夏国。因贺大定八年正旦，遣奏告使殿前太尉芭里昌祖等以仁孝章乞良医为得敬治疾，诏保全郎王师道佩银牌往焉。诏师道曰："如病势不可疗，则勿治。如可治，期一月归。"得敬疾有瘳，遣谢恩使任得聪来，得敬亦附表进礼物，上（金世宗）曰："得敬自有定分，附表礼物皆不可受。"并却之。②

任得敬亦向宋朝守四川的边将示好，希望与其共同进攻西番，并由此得到宋朝的封号，宋人采用的亦是边臣谨慎处理、不明确表态的做法。③

天盛二十一年（1169）二月，御史中丞热辣公济公开上表弹劾任得敬，在表章中强调："得敬为国懿亲，擅权宠，作威福，阴利国家有事以重己功，岂休戚与共之谊？请赐罢斥。"任得敬大怒，要处死热辣公济，李仁孝则让热辣公济"致仕"，对敢言的忠臣加以保护。④

乾祐元年（宋孝宗乾道六年，金世宗大定十年，1170）四月，任太后病死，任得敬立即提出了分裂西夏的要求，李仁孝惧怕其权势，不得不应允其请求，但是金世宗不干，要求李仁孝以强硬的手段对付叛臣。

> （任得敬）阴蓄异志，欲图夏国，诬杀宗亲大臣，其势渐逼，仁孝不能制。大定十年，乃分西南路及灵州罗庞岭地与得敬，自为国，且上表为得敬求封。世宗以问宰相，尚书令李石等曰："事系彼国，我何预焉，不如因而许之。"上曰："有国之主岂肯无故分

---

① 任得敬：《金刚般若波罗蜜经发愿文》，聂鸿音《西夏遗文录》，第154—155页。
② 《金史》卷134《西夏传》。
③ 《宋史》卷486《夏国传下》。
④ 《西夏书事》卷37。

国与人，此必权臣逼夺，非夏王本意。况夏国称藩岁久，一旦迫于贼臣，朕为四海主，宁容此邪？若彼不能自正，则当以兵诛之，不可许也。"乃却其贡物，赐仁孝诏曰："自我国家戡定中原，怀柔西土，始则画疆于乃父，继而锡命于尔躬，恩厚一方，年垂三纪，藩臣之礼既务践修，先业所传亦当固守。今兹请命，事颇靡常，未知措意之由来，续当遣使以询尔。所有贡物，已令发回。"

任得敬知道难以得到金、宋的支持，乃与其弟任得仁、任得聪等准备举兵叛乱，李仁孝则抢先下手，于当年八月发兵诛杀了任得敬及其党羽。事态平复后，李仁孝特别上书向金世宗表示感谢。

得敬初受分土之后，曾遣使赴大朝代求封建，蒙诏书不为俞纳，此朝廷怜爱之恩，夏国不胜感戴。夏国妄烦朝廷，冒求贼臣封建，深亏礼节。今既贼臣诛讫，大朝不用遣使询问。得敬所分之地与大朝熙秦路接境，恐自分地以来别有生事，已根勘禁约，乞朝廷亦行禁约。①

李仁孝一举消灭擅权的任氏集团，尽管有外力的帮助，但真正解决问题依靠的是国内的力量，因为任得敬的张狂确实引起了不少人的反感，尤其是分裂国家的行为，会招致多数臣僚的反对。

（二）恢复朝政秩序

乾祐二年（1171）五月，李仁孝任命党项儒臣斡道冲为中书令，"道冲刚介直言，侃侃不挠，任得敬恶之，沉沦几二十年，道冲处之淡然。仁孝重其节概，至是擢中书令，百僚师式之"。不久，李仁孝又委任斡道冲为国相。乾祐十三年（宋孝宗淳熙九年，金世宗大定二十二年，1182）八月，斡道冲病逝。"道冲为相十余年，家无私蓄，卒之日，书数床而已。仁孝图其像，从祀学宫，俾郡县遵行之。"② 后人对斡道冲的评价，主要是他在发展儒学中所起的重要作用。

_____

① 《金史》卷6《世宗纪上》，卷88《乞石烈良弼传》，卷134《西夏传》；《西夏书事》卷37。

② 《西夏书事》卷37、卷38。

公姓斡氏，其先灵武人，从夏主迁兴州，世掌夏国史。公讳道冲，字宗圣，八岁以《尚书》中童子举，长通五经，为蕃汉教授。译《论语注》，别作《解义》二十卷，曰《论语小议》。又作《周易卜筮断》，以其国字书之，行于国中，至今存焉。官至其国之中书宰相而殁。夏人尝尊孔子为至圣文宣帝，是以画公像列诸从祀。其国郡县之学，率是行之。夏亡，郡县废于兵，庙学尽坏，独甘州仅存其迹，兴州有帝庙门榜，及夏主《灵芝歌》石刻，凉州有殿及庑。

间来告曰："昔故国崇尚文治，先中书与有功焉。国中从祀庙学之像，仅存兵火之余，而泯坠于今日，不亦悲夫。先世至元所摩像，固无恙也，愿有述焉，以贻我后之人。"乃为录其事，而述赞曰：西夏之盛，礼事孔子。极其尊亲，以帝庙祀。乃有儒臣，蚤究典谟。通经同文，教其国都。遂相其君，作服施采。顾瞻学官，遗像斯在。国废人远，人鲜克知。坏宫改作，不闻金丝。不忘其亲，在贤子孙。载图丹青，取征良史。①

尽管斡道冲任国相期间的具体作为缺乏记载，但是有一点是应该肯定的，就是朝政摆脱权臣的控制后，已经回归了正常的运作轨道。

乾祐七年（1176）在为镇夷郡境内黑水河桥所立的石碑中，李仁孝特别强调了建桥是利国便民之举。

敕镇夷郡境内黑水河上下所有隐显一切水土之主，山神、水神、龙神、树神、土地诸神等，咸听朕命：昔贤觉圣光菩萨哀悯此河年年暴涨，飘荡人畜，故发大慈悲，兴建此桥，普令一切往返有情，咸免徒涉之患，皆沾安济之福。斯诚利国便民之大端也。朕昔已曾亲临此桥，嘉美贤觉兴造之功，仍馨虔恳，躬祭汝诸神等。自是之后，水患顿息。固知诸神冥歆朕意，阴加拥佑之所致也。今朕载启精虔，幸冀汝等诸多灵神，廓慈悲之心，恢济渡之德，重加神力，密运威灵。庶几水患永息，桥道久长，令此诸方有情，俱蒙利益，佑我邦家，则岂惟上契十方诸圣之心，抑可副朕之弘愿也。诸

---

① 虞集：《故西夏相斡公画像赞》，《道园类稿》卷15，元人文集珍本丛刊本。

神鉴之，毋替朕命！①

也就是说，没有权臣的干扰，皇帝也可以更充分地展现他的恤民和爱民观念了。

（三）文治观念的显现

李仁孝在位后期的乾祐年间，刊印了大量的西夏文书籍，从不同角度展现了党项文人所倡导的文治观念，即便是遭遇权臣的恶行，也难以阻挡思想上的进步。

骨勒茂才于乾祐二十一年（1190）编成双语词典《番汉合时掌中珠》，他认为即便是编撰西夏文、汉文字典，也与治国有密切的关系。

> 凡君子者为物岂可忘己，故未尝不学为己，亦不绝物，故未尝不教学，则以智成己。欲袭古迹，教则以仁，利物以救今时。兼番汉文字者，论末则殊，考本则同。何则？今时人者番汉语言可以具备。不学蕃言，则岂和番人之众。不会汉语，则岂入汉人之数。番有智者，汉人不敬，汉有贤士，番人不崇，若此者由语言不通故也。②

尊孔、兴学、科举取士等文治措施，显然给整个社会注入了儒家的一些重要观念，如在《番汉合时掌中珠》中，"人体上"中就有圣人、贤人、智人、愚人、君子、小人等词汇，"人事下"中就有阴阳和合、得成人身、学习文业、仁义忠信、五常六艺、孝顺父母、六亲和合、学习圣典、立身行道、行行禀德、国人敬爱、万人取则、恤治民庶、君子有礼、小人失道以及"凡君子者不失于物、不累于己"等词汇。③

李仁孝在位期间，还出现了新版的《同音》，以及以该书为基础专门编修的《三才杂字》，亦对发展文治有重要的意义。

> 依音立字，据语成句，为世间大宝，成民之根本。先集稍稍

---

① 李仁孝：《黑水建桥碑铭》，聂鸿音《西夏遗文录》，第155—156页。

② 骨勒茂才：《番汉合时掌中珠序》，《番汉合时掌中珠》卷首，嘉草轩丛书罗氏影印本。

③ 《番汉合时掌中珠》，第17—20、27、29、35页。

乱，后新渐渐行。吾等陷迷惘，学者不易寻，故而节亲主、德师、知中书枢密事、执正廉、主孝文武业、恭敬百工、东南族长、上皇座嵬名德照，因所见文本略有杂乱，乃请御史正、谏官、校书郎、东南族长、上大学士兀啰文信，重正其杂乱，集合其声类，大字六千一百三十三，注字六千二百三十。遣匠雕刊，传行国内，劝民习之，为智之本，勿生懈怠。①

今《同音》者，昔切韵博士令六犬长、罗瑞灵长等之所作。后又增新字时，学士浑嵬白、兀名犬乐等别以新字，另作《同音》一本，是以新旧两部各自传行。其后节亲主嵬名德照深谙番文，因见旧本有讹，新字别出，故延请学士兀啰文信，结合新旧，集成一部，即今日此本。其亦眼心未至，知识不重。德养既见此书，存有杂乱，故与《文海宝韵》细细比对，以《手镜集韵》好好校雠，匡正疏失之外，亦增新造之字。巧智君子见此本时，勿生嫌恶，当为增删。②

今文字者，番之祖代依四天而三天创毕。此者，金石木铁为部首，分别取天地风水，摘诸种事物为偏旁。虽不似仓颉字形，然如夫子诗赋，辩才皆可。后而大臣怜之，乃刻《同音》。新旧既集，平上既正。国人归心，便携实用。呜呼，彼村邑乡人，春时种田，夏时力锄，秋时收割，冬时行驿，四季皆不闲，又岂暇学多文深义？愚怜悯此等，略为要方，乃作《杂字》三章。此者准三才而设，识文君子见此文时，文口志使莫效，有不足则后人增删。③

在大型辞书《文海》中，更有一些重要词汇的西夏文解释，彰显了儒家的重要政治观念，可列举一些实例。

忠：此者正直也，心清也，正德也，为忠者是也。
敬：此者畏也，恭为也，往来恭行、侍奉恭敬之谓也。

---

① 兀啰文信：《同音序》，聂鸿音《西夏遗文录》，第159页。
② 梁德养：《同音重校序》，聂鸿音《西夏遗文录》，第160页。
③ 《三才杂字序》，聂鸿音《西夏遗文录》，第159—160页。

察：此者审察也，详审也，观看也，睹也，向看令明之谓也。

谦：此者战战兢兢也，行礼中则自损，是有畏中则匿深深也。

谨：此者恭谨也，惧也，恐也，惊怕也，恐惧也，畏怖之谓也。

俭：此者量也，惜也，用少许之谓。

信：此者诚也，信实也，诚实也，是也，不虚实诚之谓。

贤：此者心善也。

孝：此者孝爱也，慈愍也，善心生悯忧，谓随顺为好心悟也。

佞：此者言佞也，谀也，语为巧也。

正：此者德忠也，公正为称，正直也。

君：此者帝也，皇上也，天子也，国主是也。

识：此者知识也，知见也，分明之义是也。

治：此者修治也，造也，修也，所做为正之谓也。

忠正：此者心正也，正直也，正德也，忠为者也。

公正：此者是也，安也，官正也，无障碍之谓也。

刚正：此者刚正也，刚而正直之谓。①

尤为重要的是，在西夏流行的格言中，蕴藏了儒家的仁义和孝敬等观念，如乾祐十三年（1182）再刻的格言集《圣立义海》的序文就有以下表述。

古生异相本同根，后时依色种名分。世多种类多至亿，下界有情生无情。上清有德皆有利，下浊孝慧承广功。阳力下晒除寒性，阴气上合暖具足。年中四季分谷熟，又生节气明盛衰。最强因旧福高下，依业众类禄不齐。人同禄异有贵贱，九品行性分种类。哲言愚怒生纷乱，圣慈定正帝国法。佛法救法教诸愚，王法设置使民事。财宝种种以义受，积财行猎要常为。世事多名记以文，治国多义名以字。佛法儒经德行礼，王仪赞歌诗赋中。慎择世典辩才法，谨选议论以知为。天下诸物齐天边，地上名号宽如海。臣等才疏智

① 史金波、白滨、黄振华：《文海研究》，中国社会科学出版社1983年版；此处引用的，是西夏文的汉文翻译，见该书第401、409、412、417、418、431、437、456、466、469、497、522、534、537、549、554页。

力少，论义不善来哲合。①

西夏把人分为圣人、仁人、智人、君人（君子）、军人（人人）、庶人（众人）、洁人（净人）、愚人、奴人（仆人）九品，《圣立义海》记录了其中六种人的情况。

人立名成：人本立说，天地德依。阴阳和依，五行身蔽。鬼神守护，实真性依，蕴大依荫。头型天如，足相地维。人之四正，身相直词，心性善恶，心正圣地，天地与合。言语句成，妄言不佞，邪艺知违。上佛法和，下民与依，善法有修，恶做不为。

仁人名义：上次品人，耿直如正。菩萨与合，觉慧德报。语辞孝有，平平行行。义德常做，亲而不做，疏之不憎。父母孝顺，下之慈愍。人智意明，地上皆知。四恩功念，庶民愍怀。

智人名义：上中品人，睿明如行。清明同天，义常念善。心忠于君，勤孝恭敬。尊敬师尊，永习德行。不怀骄心，身践行儒。智人意慧，尽知国礼。

君人（君子）名义：次三品者，次上品人。意测凡知，言辞说善。文业皆知，辩才不碍。内明净能，民事皆知。族相和睦，信言不妄。佛法持秉，善恶道解。济法仙道，珍虚体择。王法礼仪，孝逆分明。律事案判，恭行常有。事仆事做，诸侍勤为。人节根情，族聚序说，义智献互，恶之除为。

人人（军人）名义：次次品人，族行志志。谋略韬深，勇捷善斗。斗争敏捷，匕利战寻。张射敌破，体志刚勇，战略皆晓。屯委将选，人呼义中。军马治做，治晦韬养，屯役辨能，居奉宫室。三宝敬仰，九品中间。

洁人（净人）名义：次中品人，计强勇捷。刚仆事做，我利爱言。腹犟心蠢，艺为平怠。妒心嫉目，恚怒言弱。

奴人（仆人）名义：中中品人，愚钝心浊。咨啬常思，后语不思。实见色逐，财见命忘。哺见羞弃，亲舆不等。亲之常害，小大无情。吉凶惑迷，父母之辱。妻眷依为，三宝莫知。敬之使堪，

---

① 《圣立义海序》，聂鸿音《西夏遗文录》，第156页。

弱怯迷昏。做做莫敢，连昏意迷。昏聩技俗，腹心颠污。

尤其是对各种人行为的注解，重点阐释了做人的基本要求。

> 孝德心，有仁之正是。善恶心，解义之正是。谦让心，做礼之正是。实真心，知智之正是。此四正有实。
> 人善行修，则世间正名，得后世乐道。逮恶行行，则现世人皆厌，后世贫苦受也。
> 仪政则耕如，义解则籽如，行仪习则威除如，果采相加簸扬者人如，做做皆成使者信，是人五常依顺则实，寿道察、德名得也。①

《圣立义海》还收录了对孝、敬的基本要求。

> 父母爱子名义：父之慈子，母爱怜子，妇子德等。父子治顺，母子养顺。父子教礼，母子养安礼，父母子之永爱。天下至亲，强以承教，父母子养面等，强弱分缘，父母子失皆惜，父母孩子常爱不绝。父智母美，父母福合子愚智。父智子察，子治则德正应。
> 子父母之孝顺名义：子身父母骨肉，恩功天如高。子父母老喜忧有，孝子父母侍。父母不忧伤使，行驿时教言寻。旨唤谓听，老亦子礼不弃。邪语不出，异心不置，父母子呼，行无孝名不得，践行父母常念。言出父母念，义依嬉戏。役处勤增，父母敬念，行依孝名得，孝中最上。②

对于人世间的贫富现象，也要有正确的认识。

> 人有贫富，因前缘造，相互依存，勤奋积财。人士威仪根，财者福祸根。富心常轻，德人财不求，足智者富是。富二种有，财贫

---

① ［俄］克恰诺夫、李范文、罗矛昆：《圣立义海研究》，宁夏人民出版社1995年版，第62—69页。
② ［俄］克恰诺夫、李范文、罗矛昆：《圣立义海研究》，第69—71页。

行富，智异不贫。贫人德勤，妇智贫察。①

乾祐十八年（1187），还刊印了《新集锦合谚语》一书，亦希望以此来影响人们的观念。

今《谚语》者，人之初所说古语，自昔至今，妙句流传。千千诸人不舍古义，万万庶民岂弃谚语。虽然如此爱信，然因句数众多，诸本有异，致说者迷惑，而拈句失真，对仗不工。是以（梁）德养抽引各书中诸事，寻辩才句，顺应诸义，择要言辞。句句相承，说道于智；章章和合，宣法于愚。是以分说诸事诸义，已然集成《谚语》纲目，然题下未完，而德养寿终故去，此本于是置之不彰。今仁持欲口先哲之功，以成后愚利益，故合题下章节，全其序言，而世间……意是非，智者勿哂。

夫此《谚语》者，昔乾祐丙申七年（1176）内，番学士梁德养为之纂集书之纲目，未及完毕，而德养命终，故此本于是置之不彰……欲报先哲之功，以成后愚之利，故延请仁持，题下增合补全而刊印，传行世间，智见勿嫌。②

李仁孝还延续了在位前期寓儒家思想于佛家观念中的做法，强调"皇基永固，宝运弥昌"，"满朝臣庶，共沐慈光，四海存亡，俱蒙善利"，"历数无疆，宫闱有庆，不谷享黄发之寿，四海视升平之年"③。带有佛家色彩的贤人，亦被奉为引导世人行为的楷模。

夫上人敏锐，本性是佛先知；中下愚钝，闻法于人后觉。而已故鲜卑显法国师者，为师与三世诸佛比肩，与十地菩萨不二。所为劝诫，非直接己意所出；察其意趣，有一切如来之旨。文词和美，

---

① ［俄］克恰诺夫、李范文、罗矛昆：《圣立义海研究》，第93—94页。
② 王仁持：《新集锦合谚语序》《新集锦合谚语跋》，聂鸿音《西夏遗文录》，第157—158页。
③ 李仁孝：《圣大乘三皈依经发愿文》《观弥勒菩萨上生兜率天经发愿文》，聂鸿音《西夏遗文录》，第157—159页。

他方名师闻之心服；偈诗善巧，本国智士见之拱手。智者阅读，立即能得智剑；愚蒙学习，终究可断愚网。文体疏要，计二十篇，意味广大，满三千界，名曰"劝世修善记"。慧广见如此功德，因夙夜萦怀，乃发愿事：折骨断髓，决心刊印者，非独因自身之微利，欲广为法界之大镜也。何哉？则欲追思先故国师之功业，实成其后有情之利益故也。①

兴学、尊孔等文治作为和儒家政治观念的宣扬，对于党项上层的"儒化"和"佛化"有重要的推动作用，这恰是李仁孝在位期间发生的重大变化，值得政治思想史研究者高度重视。

四　通金拒宋的策略选择

李仁孝在位期间，基本秉持的是通金拒宋的政治态度，选择了不同的交往策略。

（一）通、抗结合的对金策略

李仁孝在位半个多世纪，曾与金朝的四位皇帝打交道，与每个皇帝的交往重点有所不同。

李仁孝即位时，金熙宗完颜亶在位，李仁孝派遣使者向金朝呈报李乾顺去世、新君即位的消息，大庆元年（金熙宗天眷三年，1140）五月，金熙宗下诏册封李仁孝为夏国王，加开府仪同三司、上柱国封号。大庆二年（金熙宗皇统元年，1141）正月，李仁孝请求开榷场，金熙宗同意在兰州、保安、绥德三处设置榷场。人庆三年（金熙宗皇统六年，1146）正月，在李仁孝的请求下，金熙宗同意将德威城、定边军等边地赐给西夏。②

天盛元年（金熙宗皇统九年，完颜亮天德元年，1149），完颜亮（海陵王）刺杀金熙宗自立为帝，派遣使者告知西夏，李仁孝拒绝使者入境，并质问"圣德皇帝（金熙宗）何以见废"。次年正月，完颜亮再派使者入西夏告以即位之事，李仁孝乃派使者前往金朝祝贺新帝即位，恢复了双方的通使关系，但西夏、金之间的关系已经明显疏远。天盛十

---

① 成嵬德进：《贤智集序》，聂鸿音《西夏遗文录》，第158页。
② 《金史》卷4《熙宗纪》，卷60《交聘表上》，卷134《西夏传》；《西夏书事》卷35、卷36。

一年（完颜亮正隆四年，1159），金朝派人"经画"边界，占了西夏的不少地方，李仁孝派人交涉，金人不予理睬。天盛十三年（完颜亮正隆六年，1161），李仁孝乘着完颜亮大举对宋用兵的机会，暗中通好宋朝，发兵攻入金境，占领了荡羌、通峡、九羊、会川等城寨。[①]

完颜亮攻宋时被杀，金世宗完颜雍即位，改正隆六年为大定元年。金世宗在位的二十九年中，夏、金之间除了频繁通使外，值得关注的是以下几个重要事件。

第一个是归地事件。为向新即位的金世宗示好，李仁孝于天盛十四年（金世宗大定二年，1162）十二月向金朝交还了荡羌、通峡、九羊、会川等城寨。金朝有人指"夏人已归城寨，而所侵掠人口财畜尚未还"，金世宗派人向李仁孝索要，李仁孝则于天盛十六年（金世宗大定四年，1164）派人奏告："众军破荡之时，幸而免者十无一二，继以冻馁死亡，其存几何。兼夏国与宋兵交，人畜之被俘戮亦多，连岁勤动，士卒暴露，势皆腃削。又坐为宋人牵制，使忠诚之节无由自达，中外咸知，愿止约理索，听纳臣言，不胜下国之幸。"金世宗在李仁孝的数次请求后，同意不再向西夏索要人口等。

第二个是平叛事件，即在金世宗的坚持下，李仁孝下决心清除了权臣任得敬，已见前述。

第三个是榷场事件。乾祐三年（金世宗大定十二年，1172），金世宗认为"夏国以珠玉易我丝帛，是以无用易我有用也"，下令废罢保安、兰州的榷场。乾祐十二年（金世宗大定二十一年，1181），有人向金世宗奏报："夏国与陕西边民私相越境，盗窃财畜，奸人托名榷场贸易，得以往来，恐为边患。使人入境与富商相易，亦可禁止。"金世宗乃下令罢绥德榷场，夏、金之间只保留了东胜、环州的榷场。李仁孝请求恢复兰州、保安、绥德的榷场，"并乞使人入界相易用物"。金世宗则作了一点让步，明确要求："保安、兰州地无丝枲，惟绥德建关市以通货财。使副往来，听留都亭贸易。"

第四个是贡帐事件。乾祐八年，为感谢金世宗帮助平定任得敬之乱，李仁孝特别向其贡献西夏制造的"百头帐"。金世宗明确表示："夏国贡献自有方物，可却之。"李仁孝则上表称："所进帐本非珍异，

---

① 《金史》卷5《海陵纪》，卷60《交聘表上》，卷134《西夏传》；《西夏书事》卷36。

使人亦已到边，若不蒙包纳，则下国深诚无所展效，四方邻国以为夏国不预大朝眷爱之数，将何所安。"金世宗乃接受了李仁孝的这一重礼。①

总体说来，因为金世宗帮助李仁孝稳住了国主的地位，李仁孝对金朝所表现的主要是服从和恭顺的态度。

金章宗完颜璟即位之后，李仁孝依然与金朝保持着密切的通使关系。乾祐二十一年（金章宗明昌元年，1190），由于金章宗下令西夏使者不得在住馆内贸易，加之"以夏国臣属久，凡横赐、生日使，礼意颇倨"，惹怒了李仁孝，李仁孝派兵攻扰金境的岚州和石州等地。乾祐二十二年，金章宗作了一点让步，同意"夏国使可令馆内贸易一日"。臣僚上言"故事许贸易三日"，章宗则允许以三日的贸易为期限。李仁孝并不满足这点让步，继续攻扰金朝的边城，并杀死了前来责问犯边缘由的金朝将领。乾祐二十三年，金朝要求交出肇事的凶手，李仁孝不得不以处死肇事边将的方式求得金朝的谅解。边境冲突已经使夏、金关系处于紧张状态，但李仁孝随即去世，相关问题只能留待后人解决了。②

（二）难以修复的夏宋关系

在夏、宋关系方面，尽管在半个多世纪中有几次重要的通好机会，但是都未能促成双方的和解，两国保持的是相互隔绝的状态。

李仁孝即位之后，宋人一方面要求加强边备，防止西夏生事，宋高宗特别于绍兴九年（1139）八月强调："陕西沿边，控制夏国，最为要害。当择久在军中谙练边事或本土武人，方能保固障塞，民得安业。""况夏人乍臣乍叛，尤难保恃，今日边防尤不可忽。"另一方面，宋人亦主动向西夏示好，派人将被宋人俘虏的王枢等人送还西夏，并由秦桧出面，特别向王枢"谕以讲和意"。王枢返回西夏后，向李仁孝报告了宋人的意愿，李仁孝此时还顾不上与宋和解，所以西夏方面没有给予明确的答复。③

人庆元年（宋高宗绍兴十四年，1144）五月，李仁孝派遣使者至宋朝贺天申节，"献珠一囊、金带一、衣七对、绫罗纱五百匹、马百匹"，显示愿意与宋朝交往。十二月，李仁孝又派人前往宋朝贺正旦。

①《金史》卷6《世宗纪上》，卷7《世宗纪中》，卷61《交聘表中》，卷134《西夏传》。
②《金史》卷9《章宗纪一》，卷62《交聘表下》，卷134《西夏传》；《西夏书事》卷38。
③《建炎以来系年要录》卷131、卷132、卷134。

对于这样的举动，宋人表示冷淡，李仁孝则不再派使者。①

天盛十一年（宋高宗绍兴二十九年，1159）四月，宋臣李宗闵向宋高宗上书，希望能够与西夏通和，共同对付金朝。

> 丁未岁（1127），鞑靼之马不入金国，而又通好于大石林牙。金人即遣使问罪，鞑靼使其子来云中问过，金人羁留不得还。戊申岁（1128），耶律余睹出师攻大石林牙，使鞑靼助兵，以为向导，许归太子。已而耶律余睹败师，欲结连谋叛，事泄亡入鞑靼，太子卒不遣还。自是太子郁结成疾，并其母死于云中，鞑靼之恨深入骨髓。今若遣一介之使，开其祸福，晓以利害，使鞑靼之马无与金人互市，金人利于骑战，舍马则无所施其能矣。至于西夏，亦与金人为仇，而金人亦素畏之。金人尝割天德、云中、金肃、河清四军及八馆之地以赂夏人矣。丁未之岁，兀术郎君领数万骑阳为出猎，而直犯天德，逼逐夏人，悉夺其地。夏人请和，金人执其使者。臣是时久留云中，人情稔熟，因得出入云中。副使李屈移谓臣曰："昔年大金赂我四军八馆，俾我出军牵制关中，合纵以攻南宋。及其得志，首叛盟约。某昔年两使南朝，其礼义文法，非他国之比。"自是观之，则知西夏恶金人喜中国可知。壬子岁，粘罕闻蜀地富饶，欲提兵亲取。今云中副留守刘思恭条陈书传所载下蜀故事及图画江山形势，锐然欲往。夏人闻云中聚兵，以为攻己，举国屯境上，以备其来，粘罕亦不敢出兵。今莫若遣辩士谕以盟约，俾以重兵出境，上为吾声援。②

李宗闵的这一建议，并未引起宋高宗的重视。天盛十三年（宋高宗绍兴三十一年，1161）十月，宋朝的四川守将刘锜、吴璘就完颜亮全面攻宋，向西夏等国发出了联合攻金的檄文。

> 盖闻惟天无亲，作不善者神弗赦，得道多助，仗大义者众必归。敢据一切之诚，用谂万方之听。我国家功高上古，泽润中区，列圣重光，方启中兴之运，斯民不幸，适丁板荡之灾。惟兹女真之

---

① 《西夏书事》卷35。
② 《建炎以来系年要录》卷181；《宋史》卷486《夏国传下》。

邦，首覆契丹之祀，怙其新造，间我不虞妖氛，既陷于神都，虐焰殆弥于宇县。两宫北狩，讫罹边境之烟尘，大驾南巡，未正汉京之日月。凡居率土，谊不戴天。主上绍开中兴宏济大业，望山河而陨涕，瞻陵庙以伤心，盖卧薪尝胆之是图，宁拯溺救焚之敢缓。然人命至重，佳兵不祥，靡辞屈己以事仇，姑欲安民而和众。岂彼冥顽之主，狃于篡逆之资，以至不仁，行大无道，殴我中原之老稚，蒻为异域之囚俘，乃轻弃于穴巢，辄坐张于畿甸。自谓富强之莫敌，公然反覆以见欺，指挥而取将相之臣，谈笑以求淮汉之地。九州四海闻之，怒发以冲冠，百将三军，谁不搴旗而抵掌。幕府滥应齐钺，尽获戎斿，冀凭宗社之威灵，一洗乘舆之耻辱。待时而动，历岁于兹，天鉴此忱，使委身而致死，人自为战，不与敌以俱生。帝尊一临，士气百倍，刘制置悉南徐之甲成马军兴侍卫之师，李四厢虎视于青徐，王太尉鹰扬于颍寿，鄂师捣殽函之险，步军充伊洛之郊。前无坚锋，勇有余愤，以此制敌，何敌不摧，以此攻城，何城不克。

惟彼诸蕃之大国，久为钜宋之欢邻。玉帛交驰，尚忆百年之信誓。封疆迥隔，顿疏两地之音邮。愿敦继好之规，共作侮亡之举。……抗旌云合，投袂风从，或据郡以迎降，或聚徒而特起，乘吾破竹之势，立尔剪茅之勋。侯王宁有种乎，人皆可致富贵，是所欲也，时不再来。更期父老之诲言，深念祖宗之德化，勿忘旧土，重建丕基。[1]

对于刘锜、吴璘的檄文，李仁孝给予了积极的回应，他特别在回书中表示愿意助宋军一臂之力。

西夏国告檄大宋元帅刘侯、侍卫招抚成侯、招讨吴侯：十二月二日，承将命传檄书一道，切以恩宣大国，滥及小邦，远迩交欢，中外咸庆。孤闻丑虏无厌，敢叛盟而失信；骄戎不道，忘称好以和亲。始缘女真，辄兴残贼，窥禹迹山川之广，覆尧天日月之光，将士衔冤，神人共愤。妄自尊大者二十余载，怙其篡夺者七八其人，

---

① 《建炎以来系年要录》卷193。

皆犬豕之所不为，于《春秋》之所共贬。盖总辫缦缨之众，无阅书隆礼之风，惟务贪残，恣行暴虐。吞侵诸国，建号大金，屈邻壤以称藩，率华民而贡赋。驱役生灵而恬不知恤，杀伐臣庶而自谓无伤。虽夷狄之有君，不如诸夏之亡也；待文王而既作，咸兴曰："曷归乎来。"当中兴恢复之初，乃上帝悔祸之日。九重巡幸，昔闻太王之居邠；大驾亲征，今见汉宣之却狄。诏颁天下，抚慰民心。未闻用夏而变夷，第见兴王而黜霸。其谁与敌，将为不战而屈人；莫我敢当，可谓因时而后动。其或恣睢猖獗，抗衡王师，愿洗涤于妖氛，庶荡除于巢穴。勿令秽孽，重更蕃滋，虽蝼蚁之何殊，亦寇仇之可杀。庙堂御侮，看首系于单于；帷幄谈兵，复薄伐于猃狁。如孤者，虽处要荒，久蒙德泽，在李唐则曾赐姓，至我宋乃又称臣。顷因巨猾之凭凌，遂阻输将而纳款。玉关路隔，久无抚慰之来；葱岭山长，不得贡琛而去。怀归弥笃，积有岁年，幸逢拨乱反正之秋，乃是斩将搴旗之际。顾惟雄贼，来寇吾疆，始长驱急骑以争先，终救死扶伤而不暇，使彼望风而遁，败衄而归。岂知敢犯于皇威，遽辱率兵而大举。期君如管仲，则国人无左衽之忧；待予若卫公，使边境有长城之倚。神明赞助，草木知名。功勋不减于太公，威望可同于尚父。力同剪灭，无与联和。将观彼风声鹤唳之音，当见其弃甲曳兵而走。孤敢不荣观天讨，练习武兵，瞻中原皇帝之尊，望东南天子之气。八荒朝贡，愿同周八百国之侯王；四海肃清，再建汉四百年之社稷。伫闻勘定，当贡表笺，檄至如前，言不尽意。[①]

　　李仁孝的所谓助军，不过是一种政治表态，在金军势大时绝不敢轻举妄动，待金军失利后才急忙派军抢夺几个边寨。由于西夏表现不佳，宋人亦不再与其交往，直到乾祐十七年（宋孝宗淳熙十三年，1186），宋人命边将吴挺设法通好西夏，李仁孝则是到去世前对宋人的示好都不再作出回应。[②]

　　从以上的交往情况可以看出，夏、宋关系难以修复，关键在于双方都缺乏诚意。李仁孝是个实用主义者，知道宋朝难以依靠，所以只是对

---

①　《三朝北盟会编》卷233，第1678—1679页。

②　《宋史》卷486《夏国传下》；《西夏书事》卷38。

宋朝保留一点文治上的向往，把更多的精力放在应付金朝上，因为西夏的生存更依赖于金朝而不是宋朝。

第二节　国家危亡中的文治观念

李仁孝去世后，在北方草原已经兴起的蒙古对西夏构成了重大的威胁，并最终导致了西夏的亡国，但是在西夏国家败亡的过程中，仍能看到文治观念的匆匆闪现。

一　注重治国经验的夏桓宗李纯祐

李纯祐（1177—1206 年），李仁孝长子，即位后用天庆年号，在内乱中失去帝位并被害死，在位十四年，后被尊为西夏的桓宗。[①]

（一）《德行集》呈现的政治观念

乾祐二十四年（1193）九月李纯祐即位，天庆元年（金章宗明昌五年，1194）正月，金朝即册封李纯祐为夏国王。[②] 李纯祐的母亲罗氏被册立为皇太后，在天庆二年和天庆三年的发愿文中，显示了对佛法的高度尊崇。

> 今皇太后罗氏，自惟生居末世，去圣时遥，宿植良因，幸逢真教。每思仁宗之厚德，仰凭法力以荐资。遂于二周之忌晨，命工镂板，印造斯典番汉共三万余卷，并彩绘功德三万余帧，散施国内臣民，普令见闻蒙益。所鸠胜善，伏愿仁宗圣德皇帝，抛离浊境，安住净方，早超十地之因，速满三身之果。仍愿龙图永霸，等南山而崇高；帝业长隆，齐北海而深广。皇女享千春之福，宗亲延万叶之祯。武职文臣，恒荣显于禄位；黎民士庶，克保庆于休祥。六趣四生，咸舍生死，法界含识，悉证菩提矣。天庆乙卯二年（1195）九月二十日，皇太后罗氏发愿谨施。

> 今皇太后罗氏，恸先帝之退升，祈觉皇而冥荐。谨于大祥之辰，所作福善，暨三年之中，通兴种种利益，俱列于后。将兹胜

---

① 《宋史》卷 486《夏国传下》。

② 《金史》卷 10《章宗纪二》。

善，伏愿仁宗皇帝，佛光照体，驾龙轩以游净方；法味资神，运辇乘而御梵刹。仍愿萝图巩固，长临万国之尊；宝历弥新，永耀阎浮之境。文臣武职，等灵椿以坚贞；玉叶金枝，并仙桂而郁翠。兆民贺尧天之庆，万姓享舜日之荣，四生悉运于慈航，八难咸沾于法雨。含灵抱识，普令真源矣。①

李纯祐作为一个不满二十岁的青年人，希望借鉴以往帝王的治国经验，乃下令编辑一本西夏文的《德行集》，汇集和翻译汉文经典中"德行可观"的文字，便于皇帝"御览"。负责编辑此书的是番大学院的教授曹道乐，在鬼名讹计为该书写的序言中，阐明了编书的宗旨。

　　臣闻古书云："圣人之大宝者，位也。"又曰："天下者，神器也。"此二者，有道以持之，则大安大荣也；无道以持之，则大危大累也。伏惟大白高国者，执掌西土逾二百年，善厚福长，以成八代。宗庙安乐，社稷坚牢，譬若大石高山，四方莫之敢视，而庶民敬爱者，何也？则累积功绩，世世修德，有道以持之故也。昔护城皇帝雨降四海，百姓乱离，父母相失。依次皇帝承天，袭得宝位，神灵暗佑，日月重辉。安内攘外，成就大功，得人神之依附，同首尾之护持。今上圣尊寿茂盛，普荫边中民庶；众儒扶老携幼，重荷先帝仁恩。见皇帝日新其德，皆举目而视，俱侧耳而听。是时慎自养德，抚今追昔；恩德妙光，当存七朝庙内；无尽大功，应立万世嗣中。于是颁降圣旨，乃命微臣："纂集古语，择其德行可观者，备成一本。"臣等忝列儒职而侍朝，常蒙本国之圣德。伊尹不能使汤王修正，则若挞于市而耻之；贾谊善对汉文所问，故帝移席以近之。欲使圣帝度前后兴衰之本，知古今治乱之原，然无门可入，无道可循，不得而悟。因得敕命，拜手稽首，欢喜不尽。众儒共事，纂集要领。昔五帝三王德行华美，远昭万世者，皆学依古法，察忠爱之要领故也。夫学之法：研习诵读书写文字，求多辞又弃其非者观之，中心正直，取予自如，获根本之要领，而能知修身之法原矣。能修身，则知先人道之大者矣。知无尽之恩莫过父母，然后能

────────────

① 太后罗氏：《转女身经发愿文》《大方广佛华严经普贤行愿品发愿文》，聂鸿音《西夏遗文录》，第160—161页。

事亲矣。敬爱事亲已毕，而教化至于百姓，然后能为帝矣。为帝难者，必须从谏。欲从忠谏，则须知人。知其人，则须擢用。擢用之本，须慎赏罚。信赏必罚而内心清明公正，则立政之道全，天子之事毕也。是以始于"学师"，至于"立政"，分为八章，引古代言行以求其本，名曰《德行集》。谨为书写，献于龙廷。伏愿皇帝闲暇时随意披览，譬若山坡积土而成其高，江河聚水以成其大。若不以人废言，有益于圣智之万一，则岂惟臣等之幸，亦天下之大幸也。臣节亲讹计奉敕谨序。①

《德行集》分为学习奉师、修身、事亲、为帝难、从谏、知人、用人、立政八章，重点强调的是四种重要的政治观。

第一种是治道观，即在"立政"的名目下，强调赏罚对治道的关键性作用，并提醒君主要用心治国。

> 司马温公曰："致治之道有三：一者任人以官，二者赏赐以信，三者罚罪不赦。行之当，则能保治，能保安，能保存也；不当，则至于乱，至于危，至于亡也。""若中外百官各得其人，进贤能，退不肖，亲正直，疏奸佞，则天下何不安也？若得官者多为小人，退贤者，进不肖，疏正直，亲奸佞，则天下何不乱也？夫赏不以私喜而予，罚不以私怒而判。予赏时必有所劝，判罚时必有所禁，则天下何不安也？若喜时妄予赏于人，怒时妄判罚于人，赏至于无功，罚著于无罪，则天下何不乱也？如此则治乱者不在于他，惟在于天子依心治之也。"又曰："夫治下之道者，恩过则骄，骄则不可不遣以威；威过则怨，怨则不可不施以恩。圣人以恩威之道治臣遣俗，犹天地之有阴阳也，不可绝之。夫恩者，欲人之与己亲，而亦有生怨者；威者，欲人之畏己，而亦有生慢时。小人之性者，恩过则骄，骄时遣之，则生怨矣。若爵禄赏赐妄至于人，则其同类皆曰：'我与彼才同，功亦敌。彼得之，而我独不得者，何故？'是出一恩而招群怨，故恩者有生怨时也。威严大过，则人无所容，刑罚烦苛，则至于无辜。其同类皆曰：'此过者，人谁不犯？其人不

---

① 嵬名讹计：《德行集序》，聂鸿音《西夏文德行集研究》，甘肃文化出版社 2002 年版，第28—43 页（西夏文校读）、132—134 页（汉文译注）。

赦，则后将至于我。'于是穷迫而思乱，为帝者亦谓生乱，故姑息伺察。故此前时虽威严，亦以下至于慢也，故威者有生慢时也。"又曰："天子修心之要有三：一曰仁，二曰明，三曰武。仁者，非一时小慈之谓，修政治，兴教化，治万物，养育百姓者，君之仁也。明者，非小智伺察之谓，知道义，识安危，别贤愚，明辨是非者，君之明也。武者，非杀伐勇健之谓，惟计以道，断时不疑，诈伪不能以惑，奸佞不能以移者，君之武也。"……此赏罚者，君王事之极致也。故古语中说："有功不赏，有罪不诛，则虽尧舜亦不能治，况他人乎？"①

第二种是君德观，一方面，在"为帝难章"下说明以民为本是君主德行的最基本要求。

明主爱要约，暗主爱周详。爱要约则百事成也，爱周详则百事败也。《书》曰："民可近，不可下。民为邦之本，本固则邦宁。予念治众民之难，则若朽索以驭六马。在人之上者，奈何不慎也？"君者，与舟同；民者，与水同。水能载舟，亦能覆之也。汤武之得天下者，非取之也，修道行义而兴天下之利者，除天下之害者，故天下归之也。桀纣之亡天下者，非弃之也，变易禹汤之德，乱礼义之本，积凶盛恶，故天下弃之也。天下归之故谓王，天下弃之故谓亡。鲁哀公问于孔子曰："夫国家存亡祸福者，实皆因天命，非因人也？"孔子对曰："存亡祸福，皆在己身，天地不能祸患之也。"……子路问曰："持满有道乎？"子曰："聪明圣智者，愚以持之；功至天下者，让以持之；勇力特出者，怯以持之；富有四海者，谦以持之。此者，持满之道也。"国危则无乐君，国安则无忧民。百种乐者，出于国安；忧患事者，生于乱国。急享乐而缓治国者，非知乐者也。故明主者，必先治国，然后百乐者备其中也。暗君者，必急享乐而缓治国，故忧患不尽，将求乐时乃得忧，将求安时乃得危也。夫圣人不恃自见故明，不以自是故彰，不夸自能故有功。惟不争，故天下莫能与之争。是以古之为帝者，存者以

---

① 聂鸿音：《西夏文德行集研究》，第112—129、147—149页。

为民之功,亡者归于己之过;正则以为民之功,邪则归于己之过。此者,为帝之难也。①

另一方面,在"从谏章"的名目下,强调君主只有诚心纳谏,才能成为一代明君。

良药饮时苦而利于病,直言不顺耳而利于行。汤武以爱忠言而昌,桀纣因爱顺应而亡。夫君无诤臣,父无诤子,兄无诤弟,士无诤友,则不遇过者,未尝有也。故君失而臣得,父失而子得,兄失而弟得,士失而友得,是以国无危亡之兆,家无悖乱之恶,父子兄弟无失,朋友和合,继而不绝也。……昔唐太宗贞观年间,因执事多受贿者,太宗秘密使左右人试予之贿赂。一执事者受绢一匹,帝欲杀之,尚书裴矩谏曰:"局分受贿,虽罪实当杀,但今上使人遗之贿而致,有受者时杀之,则此者,导人而令其陷于罪也。恐非孔子所谓'导之以道,齐之以礼'。"太宗大悦,召文武百官告之曰:"裴矩能因本职力谏,不我面从。倘每事皆如此,则何忧不治?"司马温公论曰:"古人有言:君明则臣忠。裴矩佞于隋而忠于唐,非其本性之有变。君恶闻其过,则忠化为佞;君乐闻忠言,则佞化为忠。是故君者,体也;臣者,影也。体动则影后随者,然也。"故《书》曰"木者从墨绳而直,帝者以从谏而圣"者,此言信也。②

第三种是用贤观,一方面,在"知人章"的名目下,强调君主用贤的一个重要准则就是用君子、远小人,并且要善于区分贤者和奸佞。

《资治通鉴》曰:"有才有德者,异也,而世俗不能分辨,故通谓之贤,此者,所以取人不当也。夫聪察强毅之谓才,正直中和之谓德。是故德胜于才,则谓君子;才胜于德,则谓小人;才德全备,则谓圣人;才德皆无,则谓愚人。夫取人之术者,不得圣人及君子,则得小人不若得愚人。何故?则君子挟才以为善,小人挟才

---

① 聂鸿音:《西夏文德行集研究》,第68—83、140—142页。
② 聂鸿音:《西夏文德行集研究》,第82—93、142—144页。

以为恶。挟才以为善,则善无所不至;挟才以为恶,则恶无所不至。愚者欲为不善,亦谋不能以成之,力不堪以行用,譬如乳狗欲啮人,亦可制之。小人者,智足以遂其奸,勇能以生其乱,此者,如虎之有翼,其为害深之至也。夫德者人之所畏,才者人之所爱。爱者易亲,畏者易疏,故察人者多蔽于才而遗于德也。古时国之乱臣及家之败子,才有余而德不足,以至于乱败者多矣。故治家国者,能先审其德,后知其才,则其后取人不当岂足患哉。"古时君子观人时,远使而观忠,近使而观敬,多使而观能,骤问而观智,急召而观信,寄财而观仁,告危而观节,酒醉时观性,杂处而观色。九观至,则不肖人明矣。夫察形不如论心,论心不如择行。形相虽丑,心行善,则不害为君子;形相虽美,心行恶,则不害为小人。此者,知人之法也,实治国之首要也。①

另一方面,在"用人章"的名目下,强调君主遵崇贤人的基本方法就是"分辨君子小人而进退之"。

巧匠不为斫木,在于运斧;君王不为治事,在于进贤。故天子之职,在于用一臣。己能则臣能,如此则王。古时君子依礼进人,依礼退人。今时君子,进人若使坐于膝,退人如坠之深渊,此取人不正之法也。子路问孔子曰:"贤君治国时,所先为何?"孔子曰:"在于尊崇贤人而贱不肖。"子路曰:"晋国六卿中,中行氏尊崇贤人而贱不肖,而国亡者,何故?"孔子曰:"中行氏尊崇贤人而不能用,贱不肖而不能贬。贤者知不用己而生怨,不肖者知贱己而生仇。国内怨仇并存,邻国因而发兵,则欲不亡国,岂可得乎?"子瞻先生曰:"君子小人者,犹如水火,必不可使同器。若兼用之,则小人必定胜也。犹如置薰莸于一处时,最终薰亦为臭。故天子心不行于他职,惟分辨君子小人而进退之也。此者,天子之职也。君子与小人同处,则其势必定不敌。君子不胜,则保身而自退,乐道而无怨。小人不胜,则交结相寻,宣说是非,必定至于胜然后止。如此,则求天下不乱,亦不可得也。"故刘向曰:"天子进贤之法,

---

① 聂鸿音:《西夏文德行集研究》,第94—103、144—145页。

知而用之，用而查之，查而信之，信而不使与小人共职。此进退用人者，治之大本也。"①

第四种是修行观，首先，是在"修身章"的名目下强调君子正心、行善对齐家、治国、平天下的重要作用。

古时欲天下明明德时，先治国也。欲治国时，先齐家也。欲齐家时，先修身也。欲修身时，先正心也。故心正而后身修，身修而后家齐，家齐而后国治，国治而后天下平也。人或问治国，答曰："闻修身者而已，未尝闻治国。"君者，身也，身正则影正。君者，盘也，盘圆则水圆。君者，盂也，盂方则水方。君者，源也，源清则流清，源浊则流浊。善者，行之本也。人之须善者，犹首之须冠，足之须履，不可一时离。若在明显处时修善，在隐暗处时为恶者，非善善者也。是以君子于人所不见亦戒慎，于人所不闻亦恐惧。天虽高而听甚卑，日虽远而照甚近，神虽幽而察甚明。若人虽不知，则鬼神知之，鬼神虽不知，则己心知之。故己身恒居于善，则内无忧虑，外无畏惧，独处时不愧于影，独寝时不愧于衾。上时可通神灵，下时可固人伦，德遍至于人神，庆祥乃来矣。此者，君子居昏夜亦不为非，行慎独之法也。……夫知足则不辱，知止则不殆，可以长久。故傲者不可使长，欲者不可放纵，志者不可满盈，乐者不可至极。此者，实修身之要领也。②

其次，是在"事亲章"的名目下，强调孝、敬是君子必须奉行的准则。

父母者，犹子之天地也。无天不生，无地不成。故立爱时惟始于亲，立敬时惟始于长。此道者，先始于家邦，终至于四海。大孝者，一世尊爱父母。父母爱时，喜而不忘，父母恶时，劳而不怨者，我见于大舜也。昔周文王为太子时，每日三番往朝于父王季。初鸡鸣时起，立于父之寝室门后，问内臣侍者曰："今日其安？"

① 聂鸿音：《西夏文德行集研究》，第 102—110、145—147 页。
② 聂鸿音：《西夏文德行集研究》，第 52—63、137—139 页。

侍者曰"安"则喜。至正午及天晚，亦如前敬问。若谓"不安"，则有忧色，行时不能正步，直至复能饮食，然后释忧也。武王继父道而行，不敢有加焉。故君子之事亲，居时致其敬，养时致其乐，病时致其忧，丧时致其哀，祭时致其严。夫为人子者，失于事亲之道，则虽有百善，亦不能免其罪矣。①

再次，在"学习奉师章"的名目下，强调君主、太子等，都要遵从师教，以保证不偏离奉行德义的正道。

《前汉书》曰："古时帝王之太子者，初为侍者所负，过宫门边时令下，过宗庙前时疾行。此者，使知子之孝道也。昔周成王年幼时，召公为太保，周公为太傅，太公为太师。太保之职者，保帝之身体也；太傅之职者，傅帝之德义也；太师之职者，导帝之教顺也。此者，三公之职也。太子孩提时，三公固明孝仁礼义以习之也。逐去邪人，不使见恶行，故太子初生乃见正事，乃闻正言，乃行正道。左右前后，皆正直人。与正直人同居而互相学习，则不能不正，犹如生长于齐国，不能不齐言也；与不正人互相学习，则不能为正，犹如生长于楚国，不能不楚言也。孔子曰'少初成者，若能依本性，习惯之'者，其法自明也。及至太子长大为帝时，免于太保、太傅之教训，亦有记善恶之史，遣彻饮食之宰，举进善之旍，植诽谤之木，悬直谏之鼓。大夫依国比选，士传民语。夫三代诸王以长久者，有指教辅翼之正人故也。"《书》曰："能自得师者为王，谓人莫己若则亡也。好问则裕，自谋之则为小。"是故古时帝王，皆以学习奉师为本也。②

从四种政治观念的阐释可以看出，《德行集》尽管篇幅不大，但是凝聚了儒家治国理论的主要概念和观点，不仅是教育帝王的有用之书，也体现了西夏儒臣对儒家治国理念的理解和坚持。

（二）宫廷诗蕴含的政治观念

西夏文的宫廷诗，无论是什么时间的作品，其中蕴含的儒家政治观

① 聂鸿音：《西夏文德行集研究》，第62—69、139—140页。
② 聂鸿音：《西夏文德行集研究》，第44—53、135—137页。

念，起的是与《德行集》相辅相成的重要作用。由此，需要特别注意三类诗文。

第一类是对君主的要求。君主注重德政，才能达到天下同乐的政治目标，如《天下共乐歌》（又译《天下同乐诗》）所言。

> 从此时，母子安宁息争战，君国和暖盛文德。治理军民，上下同心如鱼水；举擢善智，内外同谋似龙云。千黑头，纷纷攘攘咸拱手；万赤面，人人屡屡赞德恩。所念者，吉祥瑞相无差异，因此上，明王贤臣德本同。美日良辰，吉帐神宫仙乐奏；君臣民庶，共相欢娱宴饮乐悠悠。①

君主还要选贤任能、尊重智者，才能做出与凡庸帝王不同的举动，如《尊皇喜悦歌》所言。

> 常有国王走极端，獬豸兽作忠诚志。在这伟大天地上，寻求大智在兽旁。纷说著草应尊敬，草边拜寻思惟力。唯独圣君睿思广，弃恶存善承祖志。不举凤凰幸福旗，尊重智者当荣幸。不齿赤金及白银，只当它是贵物品。忠诚封侯最为珍，任人唯贤言守信。圣天福星细倾听，乐下九天助国君。惟君独得御宝座，诸国帝王怎伦比。掌管大地幸福民，赫赫英豪世无匹。②

君主亦要体恤民情，节俭自律，尤其是要注意民为国本的戒条，如《庄严速谏歌》所言。

> 下方君民，风禽助助弃不可；万万庶人，复所见思所有。圣君父母仁心大，少少许小所敬疾之佛父母。③

第二类是对大臣的要求。朝廷的大臣，既要有才，也要有德，并且更重要的是忠君爱民，勤于职守，辅助君主善治国家，如《大臣赞德

---

① 聂鸿音：《西夏文〈天下共乐歌〉〈劝世歌〉考释》。
② 陈炳应：《西夏的诗歌、谚语所反映的社会历史问题》，第148—149页。
③ 《庄严速谏歌》，梁松涛《西夏文〈宫廷诗集〉整理与研究》，第148—151页。

歌》所言。

> 天下君子德才高，主持分福利得臣。……深夜睡，浅不忘，近职不忘上方思。朝一起，忠艺行，忠以艺行微不思。乐大人，父代子代圣子父，心与一齐信所得；子代孙代王兄弟，眼内所生与不妒。国人敬仁父母，诸臣思义嫡亲。玉殿礼，修中居，金内言，虚不坠。资斗白，功过量，使秤黑，重轻验。四海恩，皆于至，八隅饶，久此如。天中野光搅为，风云等与威仪平。①

有才德的大臣，既要效仿孔子和孟子，也要重礼正行，敢于直言，"君助忠言，所见不隐身命舍；国治民育，德途指示子如思"②。由于"德智臣获者艰，各或得寻国救男"③，所以要重用"夫子职文才职，天下军马乃所主"的勇智大臣，④ 才能治效显著，达到"皇天下，腹正心忠皆中需；陆地上，义为德行孰不爱"的境界。⑤ 贤臣还要与君主一心，敢于去奸除佞，如《君臣同德歌》所言。

> 赡部州园，千世界中无相似；白高国本，中所定独迥出。近远治修，天地等中礼仪务至纯真；君臣德同，日月所如皆上照。以外助助，仁行遣违背无；上下相和和，和相助障碍无。巧罢智举，一腹心孰不服。奸废馋止，一性气皆手恭。四海恩施，目心等如功德同。八丘居宫，龙云也似志力齐。所思者，今如皇帝，文王之如共乐爱；皇位宝杖，周公与恩忠功全。此如殊妙，圣明臣巧相因，天下黔首二若少享此快乐。⑥

第三类是对庶民的要求，既强调臣民要安于现状，"一朝头黑一朝国，一世人有一寿乐"⑦；也强调民众要尊奉贤者，"高贤不步，死将老

① 《大臣赞德歌》，梁松涛《西夏文〈宫廷诗集〉整理与研究》，第222—229页。
② 《净德臣赞歌》，梁松涛《西夏文〈宫廷诗集〉整理与研究》，第271—276页。
③ 《贤臣巧仪歌》，梁松涛《西夏文〈宫廷诗集〉整理与研究》，第245—249页。
④ 《勇智大臣歌》，梁松涛《西夏文〈宫廷诗集〉整理与研究》，第253—259页。
⑤ 《臣子修治歌》，梁松涛《西夏文〈宫廷诗集〉整理与研究》，第249—253页。
⑥ 《君臣同德歌》，梁松涛《西夏文〈宫廷诗集〉整理与研究》，第183—185页。
⑦ 《劝世歌》，梁松涛《西夏文〈宫廷诗集〉整理与研究》，第229—237页。

之余无有"①；还强调百姓要牢记孔子教诲，"夫子皆有囊中锥，现前诸事谁不知"②。尤为重要的是，庶民也要修德行善，才能得归善途，如《有德胜物歌》所言。

> 千事万事皆空事，此需彼需二种需。业习智积行不邪，此如身高功大成。善做福修倍自慎，彼岸至往途善得。③

西夏文宫廷诗中所蕴含的政治观念，尚待进一步挖掘，以上只是列出一些基本情况，供读者参考。

（三）面对挑战的政治局面

注重治国经验的李纯祐，在政治实践层面是个低能者，在对内和对外两个方面都难以应对严峻的挑战。

在内政方面，李纯祐不得不面对李安全的挑战。李安全是李仁孝族弟李仁友之子，李仁友因帮助李仁孝平定任得敬之乱，被封为越王。天庆三年（1196）十二月李仁友去世，李安全希望继承其父爵位，李纯祐知道李安全"天资暴狠，心术险鸷"，拒绝了他的请求，只将其封为镇夷郡王。李安全由此怀恨在心，不仅肆意染指朝政，还拉拢大臣为己之助。好在有南院宣徽使刘忠亮，"正色立朝，临事是非不稍回折"，不仅拒绝李安全的拉拢，还对李安全的擅权有所阻遏。天庆十二年（1205），刘忠亮去世，临终前表示："吾不能为国纾难，负恩多矣。宣布衣入棺，以志吾恨。"没有了刘忠亮的阻遏，李安全与太后罗氏（李纯祐之母）联合，于天庆十三年（1206）正月废黜李纯祐，李安全自立为帝，随即将囚禁的李纯祐杀死。④

在对外方面，李纯祐依然像其父亲一样依附金朝。在李纯祐的请求下，金章宗不仅同意重新设置兰州、保安的榷场，还在太后罗氏患病时，专门派人为其治病并多次送药，夏、金之间依然保持使者频繁往来的状态。⑤

---

① 《劝众歌》，梁松涛《西夏文〈宫廷诗集〉整理与研究》，第242—245页。
② 《开启众智歌》，梁松涛《西夏文〈宫廷诗集〉整理与研究》，第264—266页。
③ 《有德胜物歌》，梁松涛《西夏文〈宫廷诗集〉整理与研究》，第267—271页。
④ 《西夏书事》卷39；《金史》卷134《西夏传》。
⑤ 《金史》卷10《章宗纪二》，卷62《交聘表下》，卷134《西夏传》。

蒙古部首领铁木真（以下称为成吉思汗）在完成蒙古各部的统一后，开始对外扩张，首先选择的打击对象就是西夏。天庆十二年，成吉思汗率军攻入西夏境内，"拔力吉里寨、经落思城，大掠人民及其橐驼而还"。力吉里寨、经落思城应处于黑山威福军司（今内蒙古额济纳旗）境内，蒙古军队此次只是试探性的进攻，并未深入西夏腹地。蒙古军队退走后，李纯祐下令修复边城，宣布大赦并将兴庆府改名为中兴府。①

二 亡国历程中的政治倾向

李纯祐之后，西夏先后有四位皇帝应对来自蒙古的威胁，但西夏最终被蒙古所灭。四位皇帝的不同政治倾向，可概述于下。

（一）襄宗李安全的妥协之道

李安全废李纯祐自立为帝后，改元应天，并于应天元年（金章宗泰和六年，1206）七月以太后罗氏的名义上表金章宗，请求册封，金人只是对李纯祐被废表示关心，并要求罗氏对李安全的即位给予正式的确认。

> （李安全）使纯佑母罗氏为表，言纯佑不能嗣守，与大臣定议立安全为王，遣使奏告。夏使私问馆伴官："奏告事诏许否？"馆伴官曰："此不当问也。"夏使曰："明日当问诸客省，若又不答，则升殿奏请。"上（金章宗）闻之，使客省谕以许所祈之意，乃赐罗氏诏询其意。②

西夏使者再次呈上太后罗氏的奏表后，金章宗于九月派使者前往西夏，册立李安全为夏国王。③

应天二年（金章宗泰和七年，元太祖二年，1207），成吉思汗再次率军攻入西夏境内，攻克斡罗该城。李安全调动右厢诸路军抗击蒙古军，成吉思汗乃于次年春季退兵。斡罗该城即黑山威福军司境内的兀剌

---

① 《元史》卷1《太祖纪》，中华书局1976年版；（波斯）拉施特：《史集》第1分卷第2分册，余大钧、周建奇译，商务印书馆1983年版，第207页；《西夏书事》卷39。
② 《金史》卷134《西夏传》。
③ 《金史》卷12《章宗纪四》，卷62《交聘表下》。

海城，尽管有记载称成吉思汗此次出兵是因为"闻安全废主自立"，或是西夏"不纳贡赋，没有表示应有的尊敬"，但从进攻目标看，依然是对西夏边地的试探性进攻。①

更严重的冲击发生在应天四年（金卫绍王大安元年，元太祖四年，1209），成吉思汗击败李安全世子统率的边境守军，攻克兀剌海城后长驱直入，包围了中兴府。李安全在蒙古军围城的压力下，向金朝求援，金朝的臣僚大多表示："西夏若亡，蒙古必来加我，不如与西夏首尾夹攻，可以进取而退守。"新即位的卫绍王则认为："敌人相攻，吾国之福，何患焉？"在这样的态度下，金朝自然不会派出援军。② 李安全为形势所迫，不得不接受臣僚的建议，派遣使者向成吉思汗献女请和，后人对此有以下记载。

> 老索，唐兀（党项）氏，世为宁夏人。幼颖悟，长以骁勇闻时。太祖皇帝（成吉思汗）拓境四方，老索知天意所向，屡讽其国王失都儿忽（李安全）率诸部降。③

> 曲也怯律公仕西夏，官至金紫光禄大夫、平章政事。太祖天兵至河西，得金紫公之幼子察罕，敏慧通达，遂蒙信重。时夏人未服从也，围其城，五旬弗解。夏人弗能支，遣金紫以讲和，使见太祖和林，奉夏主之女，请为赎以解。太祖命金紫与札剌可抹哥那颜屑金和酒饮以为盟，约为兄弟。④

李安全还特别向成吉思汗表示，愿意作为其右手力量，帮助蒙古军出征作战，并献上了大量的骆驼。

> 成吉思自那里征合申种，其主不儿罕（西夏国主李安全）降，将女子名察合的献与成吉思，说："俺听得皇帝的声名，曾怕有来。如今俺与你做右手，出气力。俺本是城郭内住的百姓，若有紧

---

① 《元史》卷1《太祖纪》；《史集》第1分卷第2分册，第209页；《西夏书事》卷39。
② 《元史》卷1《太祖纪》；《西夏书事》卷40。
③ 梁松涛：《河西老索神道碑铭考释》，《民族研究》2007年第2期。
④ 虞集：《立智理威忠慧公神道碑》，《道园类稿》卷42。

急征进卒急不能到，蒙恩赐时，将俺地面所产的骆驼、毛段子、鹰鹘，常进贡皇帝。"说罢，遂将本国驼只科敛，直至赶遂不动，送将来了。①

李安全以妥协之道缓解了蒙古的压力，转而报复金朝的见危不救，于皇建元年（金卫绍王大安二年，元太祖五年，1210）发兵进攻金朝的葭州等边城，但不久又派使者前往金朝，修复双方的紧张关系。皇建二年七月，进士出身的皇室成员李遵顼（1163—1226 年）自立为帝，改皇建二年为光定元年，八月，李安全去世，应该是被李遵顼所废后处死，后人将在位七年的李安全尊为西夏的襄宗。②

（二）神宗李遵顼的弱金之道

光定二年（金卫绍王崇庆元年，1212）三月，卫绍王遣使册封李遵顼为夏国王。③

李遵顼在国家危难之时即位，特别看重佛法的保佑，所以在光定四年（1214）的发愿文中有以下表示。

　　朕闻我佛世尊，以根本智，证一味真实义，得后因缘，开千殊妙法门。其中守护邦家，蓄积福智，兼备世俗胜意，利益今身后世者，唯此《金光明王经》是也。今朕安坐九五，事理万千，如临深渊，如履薄冰。夜以继日，思柔远能迩之法；废寝忘食，念泰国安民之事。以己之能，治道至于纤毫；顺应于物，佛力爱其普荫。是以见此经玄妙之功德，乃发诚信之大愿。则旧译经文，或悖于圣情，或昧于语义，复又需用，疏译并无。是以开译场，而延请番汉法、国、禅师、译主，再合旧经，新译疏义，与汉本细细校雠，刊印流行，愿万世长存。伏愿以此善本，治德绵长，六合俱洽，道转菩提，远传八荒。复□□□睦，百谷熟成……万物，不失其性。复愿沙界有情，清业垢于法雨；尘刹众生，除愚暗于佛光。光定四年谨作。④

---

① 《元朝秘史》（15 卷本）卷 13，第 249 节，东方文献出版社 1962 年版。
② 《西夏书事》卷 40；《金史》卷 134《西夏传》；《宋史》卷 486《夏国传下》。
③ 《金史》卷 13《卫绍王纪》，卷 62《交聘表下》。
④ 李遵顼：《金光明最胜王经发愿文》，聂鸿音《西夏遗文录》，第 163—164 页。

由于金军多次被蒙古军击败，李遵顼不再持依赖金朝的态度，而是乘卫绍王被弑金朝内乱，主动发兵攻击金朝边城，以削弱金朝的方式稳固西夏的地位。

夏、金开战后，新即位的金宣宗先是以守卫边城的方式应对西夏军队的进攻，光定五年（金宣宗贞祐三年，1215）三月才下决心调集大军攻夏，但陕西宣抚司官员强调此时不宜攻夏："往者，夏人侵我环、庆、河、兰、积石，以兵应之，悉皆遁去，遽还巢穴，盖为我备也。今兰州溃兵犹未集，军实多不完，沿边地寒，春草始生，未可刍牧，两界无烟火者三百余里，不宜轻举。"金宣宗听从陕西宣抚司的意见，暂时不调兵西征。次年十二月，金宣宗又与皇太子等商议攻夏事宜。光定七年（金宣宗兴定元年，1217）正月，大臣胥鼎上言反对西征："自北兵经过之后，民食不给，兵力未完。若又出师，非独馈运为劳，而民将流亡，愈至失所。或宋人乘隙而动，复何以制之？此系国家社稷大计。方今事势，止当御备南边，西征未可议也。"金宣宗被胥鼎说动，又打消了大举西征的念头，转而准备与西夏议和。①

对于金人的议和意愿，李遵顼给予了积极的回应，"戒谕将士无犯西鄙"。光定八年（金宣宗兴定二年，1218），李遵顼听从大臣苏寅孙的联金抗蒙建议，通过金朝边臣向宣宗报告："夏人有乞和意，保安、绥德、葭州得文报，乞复互市，以寻旧盟。以臣观之，此出于遵顼，非边吏所敢专者。"金宣宗认为这样的消息传递并不可信，所以置之不理。李遵顼未得到金人的议和回应，乃加强了对金的军事进攻，并于次年闰三月再次向金朝表示议和的意愿，金宣宗依然不予回应。光定十年（金宣宗兴定四年，1220），西夏军队攻陷会州后，金宣宗才"诏有司移文议和"，但是李遵顼已对议和不感兴趣，回应的是西夏军队配合木华黎统率的蒙古军，对金朝关中地区更强势的进攻。②

光定十三年（金宣宗元光二年，1223），李遵顼命太子李德任统军大举攻金，李德任认为："彼兵势尚强，不若与之约和。"李遵顼则强调："是非尔所知也。彼失兰州竟不能复，何强之有。"李德任因为李遵顼不能采纳他的建议，乃请求辞去太子之位出家为僧。李遵顼大怒，

---

① 《金史》卷134《西夏传》。
② 《西夏书事》卷41；《金史》卷134《西夏传》。

下令将李德任囚禁于灵州。① 此举震惊了西夏的大臣，御史中丞梁德懿向李遵顼呈上了规劝性的上言。

> 天人之道，理自相通。国家用兵十余年，田野荒芜，民生涂炭，虽妇人女子咸知国势濒危，而在廷诸臣清歌夜宴，舌结口钳。太子以父子之亲，忧宗社之重，毅然陈大计、献忠言，非得已也。一旦位遭废斥，身辱幽囚，宜乎天垂变异，岁告灾祲。臣望主上抚恤黎庶，修睦邻邦，召还青宫，复其储位，庶几臣民悦服，危者得安。②

李遵顼厌恶梁德懿的直言，但又不愿背负杀谏臣的恶名，只是让梁德懿致仕，作为惩罚。面对蒙古、金朝的双重压力，李遵顼自知难以应对，乃于当年十二月传位给次子李德旺，自称"上皇"，并且直至去世都不再过问朝政，后人将在位三年的李遵顼尊为西夏的神宗。③

客观地说，李遵顼奉行的弱金之道，既是迫于蒙古压力的无奈选择，也是对金人没有议和诚意的报复。以弱金而自保，导致的是夏、金相互残杀的"双弱"结果，李遵顼只能在关键时刻退位，不再对这样的结果负责。

（三）献宗李德旺的救亡对策

李德旺（1181—1226 年）即位之后，改元乾定，随即改变附蒙攻金的做法，一方面联系漠北各部族结成抵抗蒙古的联盟，另一方面正式派使者前往金朝，请求恢复双方的通和关系。蒙古军随即对西夏展开进攻，占领银州并围困沙洲等地，李德旺不得不作出"纳质子"等许诺，延缓蒙古军的进攻。乾定二年（金哀宗正大二年，元太祖二十年，1225），对于成吉思汗派遣字秃为使者来要质子的举动，西夏大臣大多希望李德旺信守承诺，以免引来灾祸。

> 右丞相高良惠言："两国相交，忠信为主，彼强吾弱，势难背言。宜择宗室之贤者，加以王号，锡以车旗，俾结蒙欢，庶几稍舒

---

① 《金史》卷134《西夏传》。
② 《西夏书事》卷41。
③ 《西夏书事》卷41；《金史》卷134《西夏传》。

国患。"德旺曰："我方修好金源，共支北敌。任子一往，受其束缚，后悔何追。"枢密使李元吉曰："蒙古虎狼，虽恭顺不违，犹恐咆哮其性。若反复无恒，是自启兵端也。况金势浸衰，自守不支，焉能济我耶。"①

李德旺不听臣僚的意见，坚持联金抗蒙的宗旨，所以拒绝向蒙古输送质子。

为应对艰难的时局，李德旺下诏求直言，殿中御史张公辅呈上了"经国七事"的奏折。

一曰收溃散以固人心。自兵兴之后，败卒旁流，饥民四散，若不招集而安抚之，则国本将危。臣愿劳来还定，计其室家，给以衣食，庶几兵民乐业，效忠徇义，靡有二心。

二曰坚盟信以舒国难。蒙古孛秃去时，坚请三思再议。今为时半载，未见兵临。或者尚深观望，急宜遣使纳质，以示忠诚，使彼师出无名，我得徐为善后。臣知言而无补，然非此无以弭患也。

三曰修城池以备守御。银州失守，河西诸隘与敌同之，千里之内，楼橹、斥堠荡然无存。宜乘北兵暂去，缮隍浚濠，无事则安堵堪资，兵至则扼险可守。若任其如入无人，岂不殆哉。

四曰明军政以习战守。国家向有绥、宥诸羌，藉以立国。嗣为宋、金控据，兵势浸衰。今惟料瓜、肃精强，兴、灵劲勇，明赏罚，计功能，委之宿将、亲臣，量敌为进退，视地为攻守，或者积衰之后，可冀振兴。

五曰联烽堠以立应援。自金源开隙，使介不通，往来禁绝，越人视秦，肥瘠无关，致蒙古乘隙，屡肆兵凶。今宜遣使与金约和，两国各置边烽，设侦候，此举彼应，彼困此援，我兵气壮，敌亦不敢正视矣。

六曰崇节俭以裕军储。国经兵燹，民不聊生，耕织无时，财用并乏。今将官中、府中浮靡，勋臣、戚臣赏赉，去奢从俭，以供征调之用，则粮足而兵自强耳。

① 《西夏书事》卷42。

七日观利便以破敌势。蒙古距国千里，初来不拒，继与连兵，俾其险阻既明，道路尽熟，若不出奇奋击，何以示我兵威。议者以王城可守，任其连破州郡，是犹心腹之疾先起手足，可不急为疗救乎。今聚境内精兵，犹可数十万，果能鼓励士气，效命一战，客主势殊，应无不胜。若狐疑满腹，首鼠两端，亡在旦夕矣。①

李德旺赞赏张公辅的救危建议，将其擢拔为御史中丞。与金朝通和亦有了重大进展，金哀宗最终答应金、夏和好并结为兄弟之国。

德旺遣光禄大夫、吏部尚书李仲谔、南院宣徽使罗世昌、尚书省左司郎中李绍膺聘于金，请以兄事金，各用本国年号。金主（金哀宗）谓群臣曰："夏国从来臣事我朝，今称弟以和，吾不以为辱者，冀得通好，以息吾民耳。"遣翰林待制冯延登、行台令李献甫为馆伴佥议岁赐。仲谔等多口辩，延登不能折。献甫曰："夏国与本朝和好百年，今虽易君臣之名为兄弟之国，使兄而输币，宁有据耶？"仲谔曰："兄弟且不论，宋输吾岁币二十五万，典故具在，金朝岂不知之。"献甫正色曰："使者尚忍言耶？宋以岁币饵君家而赐之姓，岸然以君父自居，夏国君臣无一悟者。倘如宋旧，本朝虽岁捐五十万亦可。"仲谔等语塞，遂定议。②

夏、金议和之后，金朝恢复了边境的榷场，但是此时金人自顾不暇，所以难以对西夏提供实质性的帮助。

乾定三年（金哀宗正大三年，元太祖二十一年，1226），成吉思汗以西夏不纳质子为由，率军攻入西夏腹地，重要城池相继被蒙古军攻破。"上皇"李遵顼于当年五月病逝，李德旺亦于七月因忧惧而病逝，在位四年，后来被尊为西夏的献宗。十一月，蒙古军攻破灵州，被囚禁在灵州的太子李德任被俘后"不屈而死"。

李德旺去世后，南平王李睍（李德旺弟清平郡王之子）即位，因国势濒危，仍用乾定年号。乾定四年（金哀宗正大四年，元太祖二十二年，1227）六月，李睍献中兴府投降，不久即被蒙古人所杀，西夏

① 《西夏书事》卷42。
② 《西夏书事》卷42。

灭亡。①

在西夏败亡的最后时刻，还是有两位救亡之士的事迹值得重视。一位是率兵坚守中兴府的右丞相高良惠，死于李睍出降前。

> 良惠忠恳，有经济才。遵顼时数论事，不见信。德旺立，首进和金三策，两国遂修好。及德旺不遣任子，力谏不纳，退谓人曰："祸在是矣。"已，遵顼、德旺相继卒，元兵至，主睍不能措一谋。良惠内镇百官，外厉将士，日夕拒守，自冬入夏，积劳成疾。僚佐劝自爱，良惠抚膺叹曰："我世受国恩，不能芟除祸乱，使寇深若此，何用生为？"遂卒，年六十七。吏民悲泣，主睍哭临其丧三，城中夺气。②

另一位是出使金朝的王立之，西夏灭亡后起过招抚西夏遗民的作用。

> 夏使精方瓯匦使王立之来聘，未复命国已亡，诏于京兆安置，充宣差弹压，主管夏国降户。（正大）八年（1231）五月，立之妻子三十余口至环州，诏以归立之，赐以币帛。立之上言，先世本申州人，乞不仕，居申州。诏如所请，以本官居申州，主管唐、邓、申、裕等处夏国降户，听唐、邓总帅府节制，给上田千亩、牛具农作云。③

危亡之际西夏人会有不同表现，但是囿于史料的缺乏，只能列出个别的事例。

西夏后期尽管国势衰微，但文治观念达到了巅峰水平，儒家思想与佛教思想的融汇亦有所强化，并难得地出现了"汉风"压倒"蕃风"的势头。依附性的国家定位、民族性的文化定位、功利化的用人定位以及佛教化的思想定位，都有不同程度的变化，明显强化了政治思想的"求变"趋势。政治的颓势可能刺激政治思想的变化乃至重大进步，西

---

① 《西夏书事》卷42；《元史》卷1《太祖纪》；《元朝秘史》卷14，第265—268节。

② 《西夏书事》卷42。

③ 《金史》卷134《西夏传》。

夏提供了一个重要佐证，值得后人重视。

　　需要说明的是，西夏的政治思想可能有更丰富的内容，但是受文献资料不足的影响，难以全面展现。新资料的发现，尤其是更多西夏文资料的整理和翻译，有助于提升西夏政治思想史的研究水平，期待相关学者有更多的作为。

国家出版基金项目
NATIONAL PUBLICATION FOUNDATION

中国政治思想通史

辽西夏金政治思想史

中 卷

史卫民 著

中国社会科学出版社

目　录

（中　卷）

第三编　金朝前期政治思想

第四编　金朝中期政治思想

第三编

金朝前期政治思想

第八章　金朝前期的统治观念

女真作为中国东北地区的民族，曾以部落联盟的形式附属于辽朝。完颜阿骨打率部众起兵反辽，在取得决定性胜利后建立金朝。[①] 金朝前期（1115—1149 年）政治思想的发展，重点展现的是金太祖、金太宗、金熙宗三朝皇帝的不同统治观念。

第一节　金太祖的立国观念

金太祖完颜旻（1068—1123 年），女真完颜部人，本名完颜阿骨打，建国称帝后用收国、天辅年号，在位九年，在女真建国过程中凸显了其受中原王朝政治思想影响的各种重要观念。

一　尚武观

完颜阿骨打以弱小的女真挑战辽朝，靠的是尚武精神，并由此发展出了依靠武力立国的政治观念。

（一）尚武与扩军

女真族完颜部的崛起，按照金朝人的追述，应是在 10 世纪中叶。先是有始祖函普、献祖绥可、昭祖石鲁、景祖乌古廼（1021—1072 年）、世祖劾里钵（1039—1092 年）等人成为完颜部的首领，后有肃宗颇剌淑（1042—1094 年）、穆宗盈哥（又被称为扬割大师，1053—1103 年）、康宗乌雅束（1061—1113 年）继任首领。[②] 作为渔猎民族，女真

---

① 金朝政治思想的概述，见刘泽华主编《中国政治思想史（隋唐宋元明清卷）》第 418—431、436—447 页，刘泽华主编《中国古代政治思想史》第 448—456 页。

② 《金史》卷 1《世纪》。

人有尚武的传统,"其人勇悍,善骑射,喜耕种,好渔猎";"俗勇悍,喜战斗,耐饥渴苦辛"①。完颜阿骨打更是从小就以善射著称,有人有如下记载。

> (金太祖完颜阿骨打)十岁,好弓矢。甫成童,即善射。一日,辽使坐府中,顾见太祖手持弓矢,使射群乌,连三发皆中。辽使矍然曰:"奇男子也!"太祖尝宴纥石烈部活离罕家,散步门外,南望高阜,使众射之,皆不能至。太祖一发过之,度所至逾三百二十步。宗室谩都诃最善射远,其不及者犹百步也。②

完颜阿骨打成年之后,"臂垂过膝,身长八尺,状貌雄伟,沉毅寡言笑而有大志,弓力过绝于人。尝至其部落,有意欲谋害之者,太祖觉之,奋剑杀数人而去,追者不敢当"③。由于完颜阿骨打作战勇敢,谋略过人,很快成为完颜部的重要统军将领。原来"女直兵未尝满千",辽天祚帝乾统二年(1102)"募兵得千余人",完颜阿骨打更是勇气倍增,明言:"有此甲兵,何事不可图也。"天祚帝天庆三年(1113),完颜阿骨打成为女真各部的首领,女真军的部卒增至二千五百。在契丹人中曾有传言:"女直兵若满万,则不可敌。"到完颜阿骨打即位之前,女真军已经超过了万人。正如后人所言:"金兴,用兵如神,战胜功取,无敌当世,曾未十年遂定大业。原其成功之速,俗本鸷劲,人多沉雄,兄弟子姓才皆良将,部落保伍技皆锐兵。加之地狭产薄,无事苦耕可给衣食,有事苦战可致俘获,劳其筋骨以能寒暑,征发调遣事同一家。是故将勇而志一,兵精而力齐,一旦奋起,变弱为强,以寡制众,用是道也。"④

为保持女真军的战斗力,完颜阿骨打沿袭了女真族全民皆兵的做法:"金之初年,诸部之民无它徭役,壮者皆兵,平居则听以佃渔射猎习为劳事,有警则下令部内,及遣使诣诸孛堇征兵,凡步骑之仗糗皆取

---

① 宇文懋昭:《大金国志》卷39《初兴风土》,崔文印校证,中华书局2011年版,第551页。

② 《金史》卷2《太祖纪》。

③ 《大金国志》卷1《太祖武元皇帝上》,第12页。

④ 《金史》卷2《太祖纪》,卷44《兵志》。女真,又称女直,本书只在引用史料时保留其"女直"的称谓。

备焉。"① 狩猎是训练军队的最有效方法，恰如宋人马扩在《茆斋自叙》中记录的完颜阿骨打所言："我国中最乐，无如打围。其行军步阵，大概出此。"② 有了能战的军队，完颜阿骨打随即展开了"取天下"的军事行动。

（二）起兵反辽

由于辽朝的天祚帝"好畋猎、淫酗，怠于政事，四方奏事，往往不见省"，加之辽朝接纳了背叛女真的纥石烈阿疎，并且疯狂掠夺女真各部，使完颜阿骨打叛辽有了充分的理由。天祚帝天庆四年（1114），女真各部按照完颜阿骨打的命令"备冲要，建城堡，修戎器"，引起辽人的警觉，完颜阿骨打则对前来质问的辽朝使者明言："我小国也，事大国不敢废礼。大国德泽不施，而逋逃是主，以此字小，能无望乎？若以阿疎与我，请事朝贡。苟不获已，岂能束手受制也。"③

完颜阿骨打不是莽撞之人，要摸清辽朝的虚实才能起兵。为此，他先派完颜银术可和完颜习古廼出使辽朝，主要目的就是刺探军情。

> 银术可，宗室子。太祖（完颜阿骨打）嗣位，使蒲家奴如辽取阿疎，事久不决，乃使习古廼、银术可继往。当是时，辽主荒于政，上下解体。银术可等还，具以辽政事人情告太祖，且言辽国可伐之状。太祖决意伐辽，盖自银术可等发之。④

> 习古廼，亦书作实古廼。尝与银术可俱往辽国取阿疎，还言辽人可取之状，太祖始决意伐辽矣。⑤

由于辽人已经开始调集军队，准备进攻女真，完颜阿骨打又派人打探到了辽军的真实情况。

> 使仆聒剌复索阿疎，实观其形势。仆聒剌（仆刮剌）还言：

---

① 《金史》卷44《兵志》。
② 《三朝北盟会编》卷4，第31页。
③ 《金史》卷2《太祖纪》。
④ 《金史》卷72《完颜银术可传》。
⑤ 《金史》卷72《完颜习古廼传》。

"辽兵多，不知其数。"太祖曰："彼初调兵，岂能遽集如此。"复遣胡沙保（胡沙补）往，还言："惟四院统军司与宁江州军及渤海八百人耳。"太祖曰："果如吾言。"①

太祖使仆刮剌往辽国请阿疎，实观其形势。仆刮剌还言辽兵不知其数，太祖疑之，使胡沙补往。还报曰："辽兵调兵，尚未大集。"及见统军，使其孙被甲立于傍，统军曰："人谓汝辈且反，故为备耳。"及行道中，遇渤海军，渤海军向胡沙补且笑且言曰："闻女直欲为乱，汝辈是邪。"具以告太祖，又曰："今举大事不可后时，若俟河冻，则辽兵盛集来攻矣。乘其未集而早伐之，可以得志。"太祖深然之。②

完颜阿骨打抓住了辽军准备不足的机会，下决心先发制人，起兵反辽。

（完颜阿骨打）谓诸将佐曰："辽人知我将举兵，集诸路军备我，我必先发制之，无为人制。"众皆曰："善。"

乃入见靖宣皇后（肃宗之妻蒲察氏），告以伐辽事。后曰："汝嗣父兄立邦家，见可则行。吾老矣，无贻我忧，汝必不至是也。"太祖感泣，奉觞为寿。即奉后率诸将出门，举觞东向，以辽人荒肆，不归阿疎，并己用兵之意，祷于皇天后土。酹毕，后命太祖正坐，与僚属会酒，号令诸部。③

完颜阿骨打进军的首要目标是宁江州（今吉林扶余），在发兵之前，他特别以祭天的形式申告了反辽的理由。

世事辽国，恪修职贡，定乌春、窝谋罕之乱，破萧海里之众，有功不省，而侵侮是加。罪人阿疎，屡请不遣。今将问罪于辽，天地其鉴佑之。

---

① 《金史》卷2《太祖纪》。
② 《金史》卷121《完颜胡沙补传》。
③ 《金史》卷2《太祖纪》。

完颜阿骨打还向部下宣布了以下誓言。

> 汝等同心尽力，有功者，奴婢部曲为良，庶人官之，先有官者叙进，轻重视功。苟违誓言，身死梃下，家属无赦。①

完颜阿骨打誓师的地方，后来被称作"得胜陀"（今吉林扶余境内拉林河与松花江合流处的石碑崴子），后人特别在此建碑，记载了誓师时的情形。

> 太祖（完颜阿骨打）率军渡涞流水，命诸路军毕会。太祖先据高阜，国相撒改与众仰望，圣质如乔松之高，所乘赭白马，亦如岗阜之大。太祖顾视撒改等人马，高大亦悉异常。太祖曰："此殆吉祥，天地协应，吾军胜敌之验也。诸君观此，正当勠力同心。若大事克成，复会于此，当酹而名之。"②

完颜阿骨打的誓师，起的是军事动员的作用，而所要彰显的，恰是他的以武立国的重要政治观念。

二　立制观

完颜阿骨打在对辽作战取得重大胜利后，即依据建立国家的观念，为金朝确立了初期的制度。

（一）立号建国

辽天祚帝天庆四年（1114）九月，完颜阿骨打在宁江州击败辽军，有人建议他乘机称帝，完颜阿骨打则表示："一战而胜，遂称大号，何示人浅也。"当年十一月，完颜阿骨打又在鸭子河（今松花江）大败辽军，"吴乞买、撒改、辞不失率官属诸将劝进，愿以新岁元日恭上尊号"。所谓"新岁"，即天庆五年（1115）。完颜阿离合懑、完颜蒲家奴、完颜宗翰等人强调："今大功已建，若不称号，无以系天下心。"

---

① 《金史》卷 2《太祖纪》。
② 赵可：《大金得胜陀颂碑》，李澍田主编《金碑汇释》，吉林文史出版社 1989 年版，第 117—119 页。

完颜阿骨打依然表示："吾将思之。"①

汉人臣僚杨朴（亦作杨璞）的劝进之言，最终打动了完颜阿骨打，使其决心走出称帝建国的重要一步。

> 匠者与人规矩，不能使人必巧。师者人之模范，不能使人必行。大王创兴师旅，当变家为国，图霸天下，谋万乘之国，非千乘所能比也。诸部兵众皆归大王，今力可拔山填海，而不能革故鼎新。愿大王册帝号，封诸番，传檄响应，千里而定，东接海隅，南连大宋，西通西夏，北安远国之民，建万世之镃基，兴帝王之社稷。行之有疑，祸如发矢，大王如何？②

杨朴的上言最能打动完颜阿骨打的，就是"图霸天下"，这恰是完颜阿骨打要实现的政治目标，他随即完成了即位、建年号、立国号的步骤。

> 收国元年（1115）正月壬申朔，群臣奉上尊号，即皇帝位。上（完颜阿骨打）曰："辽以宾铁为号，取其坚也。宾铁虽坚，终亦变坏，惟金不变不坏。金之色白，完颜部色尚白。"于是国号大金，改元收国。③

> 收国元年春正月壬申朔，诸路官民耆老毕会，议创新仪，奉上（完颜阿骨打）即皇帝位。阿离合懑、宗翰乃陈耕具九，祝以辟土养民之意。复以良马九队，队九匹，别为色，并介胄弓矢矛剑奉上。国号大金，建元收国。④

> 收国二年十二月庚申朔，皇弟谙版勃极烈率百官宗族奏言："自辽主失道，奉天伐罪，数摧大敌，克定诸路，功德之隆，亘古

---

① 《金史》卷2《太祖纪》。
② 《三朝北盟会编》卷3，第22页。
③ 《金史》卷2《太祖纪》。
④ 《金史》卷36《礼志九》。

未有，敢上尊号为大圣皇帝。"上让者再，群臣固请，从之。①

关于"金"的国号，还有一种说法是以水命名："以水名阿禄祖为国号，阿禄祖，女真语金也，以其水产金而名之，故曰大金，犹辽人以辽水名国也。"②

国家初建，没有严格的礼仪制度，完颜撒改作为国相，在立国方面颇有建树，正如有人所称："伐辽之计决于迪古乃，赞成大计实自撒改启。"在完颜撒改的倡议下，金朝开始实行臣僚向皇帝跪拜的礼仪。

> 太祖即位后，群臣奏事，撒改等前跪，上起，泣止之曰："今日成功，皆诸君协辅之力，吾虽处大位，未易改旧俗也。"撒改等感激，再拜谢。凡臣下宴集，太祖尝赴之，主人拜，上亦答拜。天辅后，始正君臣之礼焉。③

所谓"天辅后，始正君臣之礼"，是指天辅四年（1120）正月，杨朴向完颜阿骨打提出了建立朝仪的建议。

> 惟我国家兴自遐荒，朝仪、典章犹有所未备。以中朝言之，威仪、侍卫，尊无二上，诸亲从、诸王部族尊贵者驰驱戎行，虽不可尽责，其自番汉群臣以下，皆宜致敬尽礼。所合定朝仪，建典章，使上下尊卑粗有定序。④

完颜阿骨打采纳杨朴的建议，使得金朝有了初步的礼仪规矩。后来完颜阿骨打接见宋朝使节时，更有了一些具体的礼节要求，可转引宋人赵良嗣《燕云奉使录》中的有关记载。

---

① 《大金集礼》卷1《太祖皇帝即位仪》，四库全书本。
② 《三朝北盟会编》卷3，第22页。李秀莲在《大金国号考释》（《黑河学院学报》2015年第5期）中，除了论证宾铁、水名两种说法外，还认为"大金国"是"女真国"的汉译名，可备一说，但是治金史者普遍置疑金朝建国前曾存在过女真国的说法，女真人是否以族名为国号，还需要进一步的研究和论证，不宜只以零乱的契丹文、女真文碑文，得出武断的结论。
③ 《金史》卷70《完颜撒改传》。
④ 《大金国志》卷1《太祖武元皇帝上》，第17页。

　　至寨门，执笏跪，捧国书入至国主帐前，面北立。阁门官传国书入，引至帐内，跪奏问"大金皇帝圣躬万福"，奏讫拜谢。复跪问"南朝皇帝圣躬万福"，奏讫拜起，复位，引出帐南面西立，有阁门官赞喝云："大宋国信使试工部尚书卢益等朝见。"又一阁门官引某等面北立，先五拜，摺笏舞蹈，不离位，奏圣躬万福，又两拜，阁门官引益少进，躬身致词，复位。又五拜，舞蹈如前。遣使问"某官等远来不易"，又五拜，舞蹈如前。遂引所赍礼物、金器等，自西而东于国主面前过。却引出第二重门外，面北立，阁门官称"有制令"，先两拜，起，再云："赐卿等对衣、金带。"跪受讫，拜起。阁门官引复入，依前面北立，阁门官云："谢恩。"又五拜舞蹈。又云："赐卿等茶酒。"又五拜舞蹈。阁门官引趋帐西，浮幕下少立。一衣紫系犀带者，认是汉儿宰相左企弓，国主前拜跪进酒，仿上寿仪。国主饮讫，令在位者皆拜，遂各就座。阁门官又引起，称传宣劝酒，令摺笏饮至尽，又两拜就座。自此，每盏并系汉儿宰相及左右亲近郎君跪进，又将国主自食者饮食分赐。至第四盏，宣劝如前。五盏讫，乐官以下共赐绢四百二十匹。再引帐前，面北立，阁门官云："谢宴。"又五拜舞蹈，引出，上马同馆伴还安下处。①

　　杨朴还于天辅二年向完颜阿骨打提出了建立后宫制度的建议："陛下肇登大宝，混一封疆，应天顺人，奄宅天命，而六宫未备，殊失四方观睹。欲乞备日册命，正后妃之位。"② 完颜阿骨打并未接受这一建议，因为金朝到金熙宗时才正式册封后妃，详见后述。

　　天辅七年二月，完颜阿骨打下令将平州（今河北卢龙）改为南京，但是这样的改变并不意味着以南京作为金朝的都城，而只是将其作为安置从燕京迁来民众的场所。金朝的都城，实际上是完颜阿骨打新设置的上京（今黑龙江哈尔滨阿城区）："天辅六年春，升皇帝寨曰会宁府，建为上京，其辽之上京改作北京。先是，女直之地初无城郭，止呼曰皇帝寨、国相寨、太子庄，至是改焉。"完颜阿骨打在位时，在上京所在

---

① 《三朝北盟会编》卷15，第105页。
② 《大金国志》卷1《太祖武元皇帝上》，第17页。

地已经修建了乾元殿，完颜阿骨打曾在此殿"大宴番汉群臣"①。完颜阿骨打去世后，前来吊唁的宋朝使者许亢宗专门记录了上京的情形。

> 近阙复北行，百余步有阜宿围绕三、四顷，北高丈余云，皇城是也。至于宿门，就龙台下马，行人宿围。西设毡帐四座，各归帐歇定。客省使副相见就座，酒三行。少顷闻鞭鼓声人歌引三奏乐作，閤门使及祗坐班引入，即捧国书自山棚东入，陈礼物于庭下，传进如仪。赞通拜舞抃蹈讫，使副上殿。女真酋领数十人班于西厢，以次拜讫。近贵人各百余人上殿，以次就坐，余并退。其山棚，左曰桃源洞，右曰紫微洞，中作大牌，题曰翠微宫，高五七尺，以五色彩间结山石及仙佛、龙象之形，杂以松柏枝，以数人能为禽鸣者吟叫山内。木建殿七栋甚壮，未结盖，以瓦仰铺及泥补之。以木为鸱吻及屋脊用墨，下铺帷幕，榜额曰"乾元殿"，阶高四尺许，阶前土坛方阔数丈，名曰龙墀，两相旋结，架小苇屋，幂以青幕，以坐三节人。殿内以女真兵数十人分两壁立，各持长柄小骨朵以为仪卫。日役数千人兴筑，已架屋数千百间，未就，规模亦甚侈也。②

从许亢宗的记载可以看出，上京的建城工作到金太宗在位初年还未完成，但是更为重要的是完颜阿骨打在位时已经为新兴的金朝选定了都城的地址。

（二）初创制度

女真人原有简单的官制，"金自景祖始建官属，统诸部以专征伐，巍然自为一国。其官长皆称曰勃极烈，故太祖以都勃极烈嗣位，太宗以谙版勃极烈居守。谙版，尊大之称也。其次曰国论忽鲁勃极烈，国论言贵，忽鲁犹总帅也。又有国论勃极烈，或左右置，所谓国相也。其次诸勃极烈之上，则有国论、乙室、忽鲁、移赉、阿买、阿舍、昊、迭之号，以为升拜宗室功臣之序焉。其部长曰孛堇，统数部者曰忽鲁"。完

---

① 《金史》卷2《太祖纪》；《大金国志》卷2《太祖武元皇帝下》，第28页。

② 《大金国志》卷40《许奉使行程录》（又名《宣和乙巳奉使行程录》），第559—571页。参见贾敬颜《许亢宗行程录疏证稿》，《五代宋金元人边疆行记十三种疏证稿》，中华书局2004年版，第252—253页。

颜阿骨打即位之后，沿袭勃极烈制度，于收国元年七月任命弟吴乞买为谙班勃极烈（即谙版勃极烈，下同），国相撒改为国论勃极烈，辞不失为阿买勃极烈，弟斜也为国论昊勃极烈。九月，又以国论勃极烈撒改为国论忽鲁勃极烈，阿离合懑为国论乙室勃极烈。为体现皇亲的地位，"其宗室皆谓之郎君，事无大小，必以郎君总之，虽卿相尽拜于马前，郎君不为礼，役使如奴隶"。

金朝初建，地方官制也颇为简朴，"守一州则一州之官，许专决；守一县则一县之官，许专决"。金军占领燕京之后，始引入"汉官之制"，"始用汉官宰相赏左企弓等，置中书省、枢密院于广宁府，而朝廷宰相自用女真官号"。"是故刘彦宗、时立爱规为施设，不见于朝廷之上。军旅之暇，治官政，庀民事，务农积谷，内供京师，外给转饷，此其功也。"天辅七年（1123）四月，完颜阿骨打还下诏规定："自今军事若皆中覆，不无留滞。应此路事务申都统司，余皆取决枢密院。"① 也就是说，所谓的中书省、枢密院，在当时只是辅佐出征主帅处理管民事务的机构。

兵制上的最大变化，就是建立了猛安、谋克制度。天庆四年（1114）十月，"初命诸路以三百户为谋克，十谋克为猛安"。完颜阿骨打即位之后，又于收国二年（1116）五月下令新降服的女真各部"置猛安、谋克一如本朝之制"。为了征战的便利，又有了"大将府治"的称号："收国元年十二月，始置咸州军帅司，以经略辽地，讨高永昌，置南路都统司，且以讨张觉。天辅五年袭辽主，始有内外诸军都统之名。时以奚未平，又置奚路都统司，后改为六部路都统司，以遥辇九营为九猛安隶焉，与上京及泰州凡六处置，每司统五六万人，又以渤海军为八猛安。凡猛安之上置军帅，军帅之上置万户，万户之上置都统。然时亦称军帅为猛安，而猛安则称亲管猛安者。"②

穆宗盈哥任完颜部首领时，已经接受完颜阿骨打的建议，建立了信牌传令的制度："初，诸部各有信牌，穆宗用太祖议，擅置牌号者置于法，自是号令乃一，民听不疑矣。"完颜阿骨打即位之后，于收国二年九月"始制金牌"，后来又有了银牌、木牌，"盖金牌以授万户，银牌

① 《金史》卷2《太祖纪》，卷55《百官志一》，卷78《刘彦宗传》《韩企先传》；《三朝北盟会编》卷3，第19页。
② 《金史》卷2《太祖纪》，卷44《兵志》。

以授猛安，木牌则谋克、蒲辇（牌子头）所佩者也"①。

完颜阿骨打并没有建立规范化的赋税制度，"税赋无常，遇用多寡而敛之"。但是他有一个重要举措，就是在渤海国旧地革除了辽朝末年过重的征收赋税方法："收国二年五月，诏除辽法，省税赋。"这样的做法，被后人赞为"太祖肇造，减辽租税，规模远矣"②。天辅四年三月，"始于渤海、辽阳等州置榷笓库，岁课稍重，商人疑惑，金人但一切取办所在官场，他不恤也"。天辅六年，"诏诸州积粟峙刍，备军其支给，不许杂以糠土"③。这些举措，都是临时性的安排。

完颜阿骨打还初创了刑罚制度："其法律吏治，则无文字，刻木为契，谓之刻字。赋敛调度，皆刻箭为号，事急者三刻之。杀人剽劫者，掊其脑而死之，其仇家为奴婢，其亲戚欲得者以牛马财物赎之。其赃以十分为率，六分归主，而四分没官。罪轻者决柳条，或赎以物。贷命者则割耳鼻以志之。其狱掘地数丈，置囚于其中。法令严，杀人取民钱，重者死，其他罪无轻重，悉决柳条，笞背不杖臀，恐妨骑马，罪极重者鞭以沙袋。""当其有国之处，刑法并依辽制。常刑之外，又有一物曰沙袋，以革为囊，实以沙石，系于杖头。人有罪者，持以决其背，大率似脊杖之属，惟数多焉。"④

（三）颁行女真字

金朝建国后，要与宋、辽、西夏打交道，有大量的文书往来，需要专门人士处理。"太祖既兴，得辽旧人用之，使介往复，其言已文。"天辅二年九月，完颜阿骨打还特别下诏："国书诏令，宜选善属文者为之。其令所在访求博学雄才之士，敦遣赴阙。"⑤

辽朝创立的契丹文（包括契丹大字和契丹小字），被女真贵族所重视，有人有如下记载。

女直初无文字，及破辽，获契丹、汉人，始通契丹、汉字，于是诸子皆学之，宗雄能以两月尽通契丹大小字。⑥

---

① 《金史》卷 1《世纪》，卷 2《太祖纪》，卷 58《百官志四》。
② 《金史》卷 2《太祖纪》，卷 46《食货志一》；《三朝北盟会编》卷 3，第 19 页。
③ 《大金国志》卷 2《太祖武元皇帝下》，第 23、28 页。
④ 《三朝北盟会编》卷 3，第 19 页；《大金国志》卷 36《科条》，第 518 页。
⑤ 《金史》卷 2《太祖纪》，卷 125《文艺传上》。
⑥ 《金史》卷 66《完颜勖传》。

宗雄好学嗜书，尝从上猎，误中流矢，而神色不变，恐上知之而罪及射者。既拔去其矢，托疾归家，卧两月，因学契丹大小字，尽通之。凡金国初建，立法定制，皆与宗干建白行焉。及与辽议和，书诏契丹、汉字，宗雄与宗翰、希尹主其事。①

完颜阿骨打还让完颜希尹创制了女真大字，并于天辅三年八月下诏颁行女直字。

金人初无文字，国势日强，与邻国交好，乃用契丹字。太祖命希尹撰本国字，备制度。希尹乃依仿汉人楷字，因契丹字制度，合本国语，制女直字。天辅三年八月，字书成，太祖大悦，命颁行之。赐希尹马一匹、衣一袭。其后熙宗亦制女直字，与希尹所制字俱行用。希尹所撰谓之女直大字，熙宗所撰谓之小字。②

完颜阿骨打亦高度重视图书典籍的收集，于天辅五年十二月特别下令："若克中京，所得礼乐仪仗图书文籍，并先次津发赴阙。"③

由于完颜阿骨打在攻占燕京后不久即因病去世，所以他只是为金朝奠定了制度基础。需要注意的是，完颜阿骨打在制度建设方面不是一个保守者，他既能在女真的传统习俗上发展出猛安、谋克制度，也能吸纳"汉制"，为金朝建立了符合中原王朝要求的相关制度。

三 战和观

金朝初起，尽管有尚武精神和可战的军队，但是面对辽、宋、西夏，不能完全依赖军事行动，还是要认真处理战与和的问题。完颜阿骨打使用谈判技巧，为金朝争取到了最为有利的条件。

（一）与辽人的交涉

完颜阿骨打称帝之后，杨朴上言："自古英雄开国受禅，先求大国封册。"辽朝亦于收国元年正月派遣使者来议和，完颜阿骨打即派使者

---

① 《金史》卷73《完颜宗雄传》。
② 《金史》卷73《完颜希尹传》。
③ 《金史》卷2《太祖纪》。

向天祚帝提出了包括册封在内的十项要求。① 经过双方的多次交涉，和谈最终破裂，按照金人的说法，是辽人始终未能满足完颜阿骨打的要求。

> 耨碗温敦思忠，本名乙剌补，阿补斯水人。太祖（完颜阿骨打）伐辽，是时未有文字，凡军事当中复而应密者，诸将皆口授思忠，思忠面奏受诏，还军传致诏辞，虽往复数千言，无少误。
>
> 及辽人议和，思忠与乌林答赞谋往来专对其间，号闻剌。闻剌者，汉语云"行人"也。自收国元年正月，辽人遣僧家奴来，使者三往反，议不决。使者赛剌至辽，辽人杀之。辽主自将，至驼门大败归，复遣使议和。太祖使胡突衮往，书曰："若不从此，胡突衮但使人送至界上，或如赛剌杀之，惟所欲者。"
>
> 天辅三年（1119）六月，辽大册使太傅习泥烈以册玺至上京一舍，先取册文副录阅视，文不称兄，不称大金，称东怀国。太祖不受，使宗翰、宗雄、宗干、希尹商定册文义指，杨朴润色，胡十答、阿撒、高庆裔译契丹字，使赞谋与习泥烈偕行。赞谋至辽，见辽人再撰册文，复不尽如本国旨意，欲见辽主自陈，阍者止之。赞谋不顾，直入。阍者相与博撼，折其信牌。辽人惧，遽遣赞谋归。太祖再遣赞谋如辽。辽人前后十三遣使，和议终不可成。②

天辅四年三月，完颜阿骨打向属下发出了攻辽的命令："辽人屡败，遣使求成，惟饰虚辞，以为缓师之计，当议进讨。其令咸州路统军司治军旅、修器械，具数以闻。""朕以辽国和议无成，将以四月二十五日进师。"此次进攻的目标是辽上京（今内蒙古巴林左旗），完颜阿骨打在攻城前特别诏谕上京军民："辽主失道，上下同怨。朕兴兵以来，所过城邑负固不服者即攻拔之，降者抚恤之，汝等必闻之矣。今尔国和好之事，反复见欺，朕不欲天下生灵久罹涂炭，遂决策进讨。比遣宗雄等相继招谕，尚不听从。今若攻之，则城破矣，重以吊伐之义，不

---

① 《金史》卷 2《太祖纪》；《大金国志》卷 1《太祖武元皇帝上》，第 15 页；《三朝北盟会编》卷 3，第 22 页。

② 《金史》卷 84《耨碗温敦思忠传》。辽、金议和的具体情况，已在本书第四章说明，无须赘述。

欲残民，故开示明诏，谕以祸福，其审图之。"攻占上京后，完颜阿骨打因天气暑热而班师。

天辅五年十二月，完颜阿骨打又派完颜杲领兵攻辽，并特别在诏书中强调此为"一统"之战："辽政不纲，人神共弃。今欲中外一统，故命汝率大军以行讨伐。尔其慎重兵事，择用善谋，赏罚必行，粮饷必继，勿扰降服，勿纵俘掠，见可而进，无淹师期。事有从权，毋须申禀。"在金军攻占辽中京（今内蒙古宁城）后，完颜阿骨打还特别表示："遍谕有功将士，俟朕至彼，当次第推赏。辽主戚属勿去其舆帐，善抚存之。辽主伶俜去国，怀悲负耻，恐陨其命。孽虽自作，而尝居大位，深所不忍。如招之肯来，以其宗族付之。已遣杨朴征粮于宋，银术可不须往矣。辽赵王习泥烈及诸官吏，并释其罪，且抚慰之。"西夏虽有救助天祚帝的行为，但是已经臣服于金朝（详见本书第六章），完颜阿骨打亦定下了处理西夏事务的基本准则："夏人屡求援兵者，或不欲归我户口，沮吾追袭辽主事也。宋人敢言自取疆土于夏，诚有异图。宜谨守备，尽索在夏户口，通闻两国，事审处之。"①

天辅六年（辽天祚帝保大二年，1122）三月，耶律淳（《金史》记为耶律捏里）在燕京（今北京）废天祚帝，自立为辽帝（见本书第四章），除了向宋人请降外，亦有过与金人议和的举动，未被金人接受。由于耶律淳不肯投降，当年六月，完颜阿骨打领军由上京出发，进攻燕京。在大军出动之前，他特别诏谕上京官民："朕顺天吊伐，已定三京（上京、中京、东京），但以辽主未获，兵不能已。今者亲征，欲由上京路进，恐抚定新民，惊疑失业，已出自笃密吕。其先降后叛逃入险阻者，诏后出首，悉免其罪。若犹拒命，孥戮无赦。"② 当年十二月，左企弓、虞仲文等人降金，完颜阿骨打进入燕京。此前金军已经占领西京（今山西大同），至此辽朝的五京均被金朝拿下，"一统"的任务基本完成，只是还没有抓住逃亡的天祚帝而已。

（二）金、宋合议攻燕

金朝建国后，宋人将联金攻辽动议付诸实施。天辅元年（1117）闰九月，宋朝使者马政进入金朝境内，向完颜阿骨打等表示："先是贵朝在大宋太祖皇帝建隆二年时常遣使来买马。今来主上闻贵朝攻陷契丹

---

① 《金史》卷2《太祖纪》，卷71《完颜斡鲁传》。
② 《金史》卷2《太祖纪》。

五十余城，欲与贵朝复通前好。兼自契丹天怒人怨，本朝欲行吊伐，以
救生灵涂炭之苦，愿与贵朝共伐大辽。虽本朝未有书来，特遣政等军前
共议，若允许后必有国使来也。"当年十二月，宋朝又派人送来国书，
更明确表示："日出之分，实生圣人。窃闻征辽，屡破劲敌。若克辽之
后，五代时陷入契丹汉地，愿畀下邑。"①

　　金、辽议和，宋人为表示抗议，在与金人的交涉中不用国书，而是
用诏书。完颜阿骨打对此极为不满，于天辅三年（宋徽宗宣和元年，
1119）六月向宋朝使者展现了强硬的态度。

　　　　跨海求好，非吾家本心。共议夹攻，匪我求尔家。尔家再三渎
　　吾家。吾家立国，已获大辽数郡，其他州郡可以俯拾。所遣使人报
　　聘者，欲交结邻国，不敢拒命。暨闻使回，不以书示，而以诏诏
　　我，已非其宜。使人虽卒，自合复差使人，止令使臣前来议事，尤
　　非其礼，足见中辍。本欲留汝，念过在尔朝，非卿罪也。如见皇
　　帝，若果欲结好，同共灭辽，请早示国书。若依旧用诏，定难从
　　也。且大辽前日遣使人来，欲册吾为东怀国者，盖本朝未受尔家礼
　　之前，常遣使人入大辽，令册吾为帝，取其卤簿。使命未归，尔家
　　方通好，后既诺汝家，而辽国使人册吾为至圣至明皇帝，当时吾怒
　　其礼仪不全，又念与汝家已结夹攻，遂鞭其来使，不受法驾，乃本
　　国守尔家之约，不谓贵朝如此见侮。卿可速归，为我言其所以。②

　　天辅四年（宋徽宗宣和二年，1120）四月，宋朝使者赵良嗣在辽
上京与完颜阿骨打达成了南北夹攻辽朝的口头协议。赵良嗣在《燕云
奉使路》中记录的双方讨价还价过程，颇值得注意。

　　　　四月十四日，（赵良嗣）抵苏州关下，会女真已出师，分三路
　　趋上京。良嗣自咸州会于青牛山，谕令相随看攻上京。城破，遂与
　　阿骨打相见于龙冈，致议约之意，大抵以燕京一带本是旧汉地，欲
　　相约夹攻契丹，使女真取中京，本朝取燕京一带。

────────────

　　① 《金史》卷2《太祖纪》；《三朝北盟会编》卷2，第14—15页；《大金吊伐录》卷1
《与宋主书》，四库全书本。
　　② 《三朝北盟会编》卷4，第24—25页。

阿骨打令译者言云："契丹无道，我已杀败，应系契丹州域，全是我家田地。为感南朝皇帝好意，及燕京本是汉地，特许燕云与南朝。候三四日，便引兵去。"

良嗣对："契丹无道，运尽数穷，南北夹攻，不亡何待。贵国兵马去西京甚好，自今日议约既定，只是不可与契丹议讲和。"

阿骨打云："自家既已通好，契丹甚间事，怎生和得，便来乞和，须说与已共南朝约定，与了燕京，除将燕京与南朝，可以和也。"

良嗣对："今日说约既定，虽未设盟誓，天地鬼神实皆照临，不可改也。"

食罢，约入上京，看契丹大内居室。相与上马，并辔由西偏门入，并乘马过五銮、宣政等殿，遂置酒于延和楼。良嗣有诗云："建国旧碑胡日暗，兴王故地野风干。回头笑谓王公子，骑马随军上五銮。"

遂议岁赐，良嗣许三十万。却云："契丹时燕京不属南朝，犹自与五十万，如今与了燕京，如何只三十万。"辩论久之，卒许契丹旧数。

良嗣问阿骨打："燕京一带旧汉地汉州，则并西京是也。"

阿骨打云："西京地本不要，止为去挐阿适（天祚帝）。须索一到，若挐了阿适也，待与南朝。"

良嗣又言："平、营本燕京地，自是属燕京地分。"

高庆裔云："今所议者燕地也，平、滦自别是一路。"

阿骨打云："书约已定，更不可改。本国兵马已定八月九日到西京，使副到南朝，便教起兵相应。辄归且言缘在军上，不及遣使前去，止以事目一纸付良嗣回，约女真兵自平州、松林趋古北口，南朝兵自雄州趋白沟夹攻，不可违约。不如约，则难依已许之约。

完颜阿骨打意识到平州的归属可能引起金、宋间的争议，特别派杨朴向粘罕交代了六件大事。

将来举军之后，北兵不得过松亭、古北、榆关之南，免致两军相见，不测纷争，此最大事一也。其地界至临时可以理会，且先以古北、松亭及平州东榆关为界，此其二也。要约之后，不可与契丹讲和，此三也。西京管下，为恐妨收捉阿适道路，所有蔚、应、朔三州，最近于南界。将来举兵，欲先取此三州。其余西京归化、奉圣等州，候挐了阿适回日，然后交割，四也。两国方以义理通好，将来本朝取了燕京，却要系官钱物，此无义理，可便除去，五也。事定之后，当于榆关之东置榷场，六也。①

天辅四年七月，完颜阿骨打正式向宋徽宗发出了第一份国书，节文如下。

　　大金皇帝谨致书于大宋皇帝阙下：隔于素昧，未相致于礼容。酌以权宜，在交驰于使副。期计成于大事，盍备露于信章。昨因契丹皇帝重遭败衄，竟是奔飞，京邑立收，人民坐获。告和备礼，册上为兄，理有未慎，斥令更饰，不自惟度，尚有夸淹，致亲领甲兵恭行讨伐。途次有差到朝奉大夫赵良嗣、忠训郎王环等奏言，奉御笔据燕京并所管州城原是汉地，若许复旧，将自来与契丹银绢转交，可往计议，虽无国信，谅不妄言，已许上件所谋燕地并所管汉民，外据诸邑及当朝举兵之后皆散到彼处余人户不在许数。至如契丹虔诚请和，听命无违，必不允应。若是将来举军，贵朝不为夹攻，不能依得已许为定。

当年九月，宋徽宗派使者向完颜阿骨打送来了回书。

　　大宋皇帝谨致书于大金皇帝阙下：远承信介，特示函书，具聆启处之祥，殊副瞻怀之素。契丹逆天贼义，干纪乱常，肆害忠良，恣为暴虐。知夙严于军旅，用绥集于人民，致罚有辞，逖闻为慰。今者确示同心之好，共图问罪之师。念彼群黎旧为赤子，既久沦于涂炭，思永静于方陲。诚意不渝，义当如约。已差太傅、知枢密院事童贯领兵相应，使回请示举军的日，以凭进兵夹攻。所有五代以后所陷幽蓟等州旧汉地及汉民并居庸、古北、松亭、榆关，已议收复。所有兵马，彼此不得侵越过关。外据诸邑及贵朝举兵之后溃散

①　《三朝北盟会编》卷4，第25—26页。

到彼余处人户，不在收复之数。银绢依与契丹数目岁交，仍置榷场。计议之后，契丹请和听命，各无允从。①

宋朝使者还向金朝强调了宋人的三项要求：一是"旧汉地"包括山前和山后的所有州郡，平州等都属于"旧汉地"；二是只有将包括西京在内的所有"旧汉地"全部交给宋朝，才能给予五十万的岁币；三是金军如果不如期进攻西京，就是失约。完颜阿骨打则在天辅五年（宋徽宗宣和三年，1121）正月的第二份国书中强调："更要西京，只请就便计度收取。"在金人中，亦对宋人要山前、山后的州郡有激烈的反对之声。

> 金人以朝廷欲全还山前、山后故地、故民，意皆怀疑，各以为南朝无兵戎之备，止以己与契丹银绢坐邀汉地。且北朝所以雄盛过古者，缘得燕地汉人也。今一旦割还南朝，不惟国势微削，兼退守五关之北，以临制南方，坐受其弊。若我将来灭契丹，尽有其地，则南朝何敢不奉我币帛，不厚我欢盟。设若我欲南拓土疆，彼以何力拒我，又何必跨海讲好。在我，俟平契丹，仍据燕地，与宋为邻，至时以兵厌境，更展提封，有何不可。②

宋朝因童贯出征方腊，有意延迟了对金人的回书，到天辅五年八月才回书表示："所有汉地等事，并如初议。俟闻举军到西京的期，以凭夹攻。"完颜阿骨打认为宋人没有诚意，于十二月在未通知宋人的情况下向辽朝发起全面进攻，宋人到天辅六年（宋徽宗宣和四年，1122）四月才正式发出进军燕京的诏书。当年五月，完颜阿骨打向宋徽宗发出第三份国书，强调之所以未通知宋人即对辽开战，是因为宋人不仅"不言西京就便计度"，"而又不为夹攻，及无照会"。宋徽宗的答复是宋人已经按照约定实施夹攻，并且特别强调"大信既定，义无更改"，"冀敦守信约，来应师期，共成取乱之途，永洽善邻之契"③。

---

① 《三朝北盟会编》卷4，第27—28页。
② 《三朝北盟会编》卷4，第29页。
③ 《金史》卷2《太祖纪》；《三朝北盟会编》卷5，第33页；卷7，第47—48页；卷8，第64页。

宋军进攻燕京并不顺利，即有了见机行事的动议："若本朝军马乘胜已入燕京，更不请大金军马过关。如或未曾，即请大金军马进于燕城之北，本朝军马进于燕城之南，依元约夹攻之。"① 天辅六年十一月，完颜阿骨打承诺攻取燕京后，会将燕京的蓟、景、檀、顺、涿、易六州二十四县交还宋朝，并在给宋徽宗的第四份国书中强调："其余应关系官钱谷金帛诸物之类，并女真、渤海、契丹、奚及别处移散到彼汉民杂色人户，兼并、平、滦、营州县，纵贵朝克复，亦不在许与之限，当须本朝占据。"宋徽宗则在十二月的回书中，依然强调了索要平州、滦州、营州的诉求。②

天福六年十二月，完颜阿骨打领兵进入燕京，在给宋徽宗的第五份国书中强调燕京为金军所取，要还给宋朝，需要附加条件："燕京自以本朝兵力收下，所据见与州县合纳随色税赋，每年并是当朝收纳。"宋徽宗则在天辅七年正月的回书中，许诺"以银绢代燕地税赋"。完颜阿骨打随即在给宋徽宗的第六份国书中要求宋人的岁币"分破五番搬送平州路界首交付"。宋徽宗在当年二月的回书中应允了金人的要求，并表示"今岁银绢，已令自京起发"③。

有了宋人的积极回应，完颜阿骨打在天辅七年二月的第七份国书中强调"所有燕城，候各立盟誓，然后交割"，并派使者向宋人送去了"誓草"（誓书的草稿）。宋徽宗在三月的回书中亦表示："今立誓草，付国信使、副，到请依草著誓。"④ 四月，完颜阿骨打向宋徽宗发出了第八封国书，宣告盟誓完成，并发来了金朝的正式誓书，全文如下。

维天辅七年岁次癸卯，四月甲申朔，八日辛卯，大金皇帝致书于大宋皇帝阙下：惟信与义，取天下之大器也，以通神明之心，以除天地之害。昨以契丹国主失道，民坠涂炭，肆用兴师，事在诛吊。贵国遣使航海计议，若将来并有辽国，愿还幽燕故地，当时曾有依允。乃者亲领兵至，全燕一方不攻自下，尚念始

---

① 《三朝北盟会编》卷10，第70页。
② 《三朝北盟会编》卷11，第80页；卷12，第83—84页。
③ 《三朝北盟会编》卷12，第88页；卷13，第91—95页；卷14，第96页。
④ 《三朝北盟会编》卷14，第100页；卷15，第104—105页；《大金吊伐录》卷1《答宋主书》。

欲敦好，以燕京，涿、易、檀、顺、景、蓟并属县及所管户民，与之如约。今承来书，缘为辽国尚为大金所有，以自来与契丹银二十万两，绢三十万匹，并燕京每年所出税利五六分中只算一分，计钱一百万贯文，合直物色常年搬送南京界首交割，色数已载前后往复议定国书。每年并支绿矾二千栲栳。两界侧近人户不得交侵，盗贼、逃人彼此无令停止，亦不得密切间谍，诱扰边人。若盗贼并赃捉败，各依本朝法令科罪讫，赃罚。贼虽不获，踪迹到处，便勒留偿。若有暴盗，或因别故，合举兵众，须得关报沿边官司。两国疆界，各令防守。两朝界地内如旧，不得遮堵道路，至如将来殊方异域人使往复无禁阻。所贵久通欢好，庶保万世。本朝志欲协和万邦，大示诚信，故与燕地，兼同誓约。苟违此约，天地鉴察，神明速殃，子孙不绍，社稷倾危。如变渝在彼，一准誓约，不以所与为定。专具披述，不宣，谨白。①

宋朝在天辅七年（宋徽宗宣和五年，1123）三月已经发出誓书，全文如下。

维宣和五年，岁次癸卯，三月甲寅朔，四日丁巳，大宋皇帝致誓书于大金大圣皇帝阙下：天之所助者顺，人之所助者信，履信思乎顺，则自天佑之，吉无不利。昨以大金大圣皇帝创兴，并有辽国，遣使计议，五代以后陷入契丹燕地，幸感好意，特与燕京、涿、易、檀、顺、景、蓟并属县及所管户民。缘为辽国尚为大金所有，以自来交与契丹银二十万两，绢三十万匹，并燕京每年所出税利五六分中只算一分，计钱一百万贯文，合直物色，常年搬送南京界首交割，色数已载前后往复议定国书。每年并绿矾二千栲栳。两界侧近人户不得交侵，盗贼逃人彼此无令停止，亦不得密切间谍，诱扰边人。若盗贼并赃捉归，各依本国法令科罪讫，赃罚。贼虽不获，踪迹到处，便勒留偿。若有暴盗，或因别故，合举兵众，须得关报沿边官司。两国疆界，各令防守。两朝界内，地各如旧，不得遮堵道路。至如将来殊方异域人事往来，无得禁阻。所贵久通欢

---

① 《三朝北盟会编》卷15，第108—109页。誓书亦见于《大金国志》卷37《金国回大宋誓书》，第528页；《大金吊伐录》卷1《回赐誓书》。

好，庶保万世。苟违此约，天地鉴察，神明速殃，子孙不绍，社稷倾危。专具披述，不宣，谨白。①

完颜阿骨打虽然按照誓书的要求，向宋人交还了燕京城及附属的六州二十四县，但已掳掠人口、财富而去，还给宋人的只是燕京一座空城，"凡燕之金帛、子女、职官、民户，为金人席卷而东。宋朝捐岁币数百万，所得者空城而已"②。宋人在《平燕录》和《北征纪实》中亦指出："大金盘旋燕京城几及半年，久客多欲，部曲利于财货剽掠，燕城富豪比屋室如悬磬，檀、顺、景、蓟民始困弊，而契丹又惧大金攘夺，皆逃窜山谷。城市邱墟，狐狸穴处。又将职官、汉民分路遣行，我朝所得空城而已。""乃大毁诸州及燕山城壁，楼橹要害皆平之。又尽括燕山金银钱物，民庶寺院一扫皆空。以辽人旧大臣及仪仗、车马、玉帛、辎重，尽由松亭关去。"③

从完颜阿骨打与宋人的交涉中可以看出，他始终掌握着谈判的主动权，用步步进逼的方法使宋人不断妥协，最终达成了既要岁币，也要人户且不失战略要地的目标。

四　用人观

完颜阿骨打作为新王朝的君主，特别注重用人，不仅重用女真族中的各种人才，亦能重用降附于金朝的汉人、契丹人等，为新王朝开启了善用人才的风气。

（一）培育女真重臣

完颜阿骨打在建立金朝的过程中，培育出了一批女真的武将和文臣。金世宗时特别列出的建国初期二十一位功臣，除刘彦宗、韩企先外，都是女真重臣。

世宗思太祖、太宗创业艰难，求当时群臣勋业最著者，图像于衍庆官：辽王斜也（完颜杲、完颜斜野、辽越国王），金源郡王撒

---

①　《大金国志》卷37《大宋与大金国誓书》，第527—528页。誓书亦见于《大金吊伐录》卷1《大宋誓书》。

②　《大金国志》卷2《太祖武元皇帝下》，第30页。

③　《三朝北盟会编》卷16，第112—113页。

改（燕国王、陈国公），辽王宗干（完颜斡本、梁宋国王），秦王宗翰（完颜粘没喝、完颜粘没曷、完颜粘罕、晋国王、周宋国王、金源郡王），宋王宗望（完颜斡鲁补、完颜斡离不、完颜斡里不、魏王、许王、许国王、晋国王、辽燕国王），梁王宗弼（完颜斡啜、完颜兀术、完颜斡出、越国王、沈王），金源郡王习不失（完颜习不出、曹国公、金源郡毅武王），金源郡王斡鲁（郑国王、金源郡刚烈王），金源郡王希尹（完颜谷神、陈王、邢国公、豫王、金源郡贞献王），金源郡王娄室（完颜斡里衍、莘王、金源郡壮义王），楚王宗雄（完颜谋良虎、齐国王、秦汉国王、金源郡王），鲁王阇母（吴国王、吴王、谭王），金源郡王银术可（完颜银术哥、蜀国公、蜀王、金源郡襄武王），隋国公阿离合懑（完颜阿里合懑、隋国王），金源郡王完颜忠（完颜迪古廼、完颜狄古廼、阿思魁、金源郡明毅王），豫国公蒲家奴（完颜昱、豫国襄毅公），金源郡王撒离喝（完颜杲、完颜撒离合、完颜撒剌喝、应国公），兖国公刘彦宗，特进斡鲁古（完颜斡里古），齐国公韩企先，并习室（完颜习失、特进）凡二十一人。①

宋朝人亦早已注意到了金朝的"核心"人物，特别指出："粘罕（完颜宗翰）、骨舍（骨捨）、兀室（悟室、谷神、完颜希尹）为谋主，参与论议，以银珠割（完颜银术可）、移烈、娄宿（完颜娄室）、阇母等为将帅。阿骨打有度量，善谋。粘罕善用兵，好杀。骨舍刚毅而强忍，兀室奸猾而有才。"②恰是有这样一些能臣的帮助，完颜阿骨打才能够在短期内取得扩大疆域的重大成就。

（二）招徕辽朝大臣

天辅六年（1122）十一月，完颜阿骨打曾下诏谕燕京官民，强调"王师所至，降者赦其罪，官皆仍旧"③。在此之前，他已经大力招徕辽朝大臣为己所用，可列举几个具有代表性的例子。

---

① 《金史》卷70《完颜习室传》。后来在金太祖庙画的功臣，左庑为完颜撒改、完颜宗望、完颜斡鲁、完颜宗弼、完颜娄室、完颜阇母、完颜阿离合懑、刘彦宗、韩企先、完颜习室，右庑为完颜宗翰、完颜杲、完颜习不失、完颜希尹、完颜宗雄、完颜银术可、完颜忠、完颜撒离喝、完颜斡鲁古、纥石烈志宁，见《金史》卷31《礼志四》。

② 《三朝北盟会编》卷3，第21页。

③ 《金史》卷2《太祖纪》。

辽朝高官的后人大臬，原名挞不野，降金后被任命为东京奚民谋克，完颜阿骨打赏识他的忠实，升其为猛安并兼同知东京留守事，后来成为金军中的一名勇将。①

辽朝宗室子弟耶律余睹因内乱投降金朝（详见本书第四章），完颜阿骨打不仅让其"以旧官领所部"，还明确表示："若能为国立功，别当奖用。"有人指耶律余睹准备叛逃，完颜阿骨打则对耶律余睹表现出了宽容的态度："今闻汝谋叛，诚然邪，其各无隐。若果去，必须鞍马甲胄器械之属，当悉付汝，吾不食言。若再被擒，无祈免死。欲留事我，则无怀异志，吾不汝疑。"耶律余睹后来叛逃西夏被杀，但不能由此而忽视完颜阿骨打招徕降臣的诚意。②

完颜阿骨打攻占燕京后，辽朝大臣张觉（亦作张毂）、左企弓、虞仲文、曹勇义、康公弼降金。由于张觉等五人均为辽朝的进士，完颜阿骨打对他们颇为重视，任命张觉为南京留守，左企弓为中书令，虞仲文为枢密使，曹勇义为枢密副使，康公弼为同中书门下平章事。按照金、宋的约定，燕京应交给宋人，左企弓以上诗"君王莫听捐燕议，一寸山河一寸金"的形式表达反对意见，完颜阿骨打不想毁约，所以未采纳他的意见。张觉图谋降宋，完颜阿骨打即派人向其表示："平山一郡今为南京，节度使今为留守，恩亦厚矣。或言汝等阴有异图，何为当此农时辄相煽动，非去危就安之计也，其谕朕意。"张觉最终选择了叛金降宋，并将左企弓、虞仲文、曹勇义、康公弼等人杀死，但结局是张觉亦被宋人所杀。后人从忠君的角度给予左企弓等人的评价是："左企弓、虞仲文、曹勇义、康公弼四子者，皆有才识之士，其事辽主数有论建。及其受爵僭位，委质二君，殒身逆党，三者胥失之。"③而我们在此处关注的，是完颜阿骨打所体现的能够重用降臣的观念，而不是儒士行为的道德评判问题。

（三）重用文人

完颜阿骨打亦广泛征召文人，让他们为新王朝效力，可列举一些人的情况。

---

①　《金史》卷80《大臬传》。

②　《金史》卷2《太祖纪》，《金史》卷133《耶律余睹传》。

③　《金史》卷2《太祖纪》，卷75《左企弓传》《虞仲文传》《曹勇义传》《康公弼传》，卷133《张觉传》；《三朝北盟会编》卷12，第84—86页；卷17，第119—120页。

刘彦宗，辽朝进士，在燕京降金，被完颜阿骨打所器重，以签书枢密院事升任左仆射，后来成为金太宗朝的重要文臣。

时立爱，辽朝进士，在平州降金，被完颜阿骨打委以留守平州等地的重任，曾一度退隐，金太宗即位后又出任要职。

韩企先，辽朝进士，辽朝名臣韩知古后人，降金后任枢密副都承旨、西京留守等职，后来亦为金太宗朝的重要文臣。

张通古，辽朝进士，由刘彦宗推荐出任枢密院主奏之职，亦是金太宗时的重要文臣。

程寀，辽朝进士，在燕京降金，被授予尚书都官员外郎等职，后成为金太宗、金熙宗时的重要文臣。

张浩，渤海人，曾向完颜阿骨打呈献治国之策，完颜阿骨打则任命其为承应御前文字一职，金太宗、金熙宗时亦为重要文臣。

田颢，辽朝进士，降金后任彰德军节度使等职。①

天辅七年二月，完颜阿骨打还特别对完颜杲下诏，强调："新附之民有材能者，可录用之。"② 这恰是显示他把重视人才放在了极为重要的位置上。

完颜阿骨打征召的这些文人，在金朝前期朝政中发挥了重要的作用，他们所具有的政治观念，将在本书第九章详述。

五　重民观

在开疆扩土的过程中，完颜阿骨打特别注重获取民户和安抚民户，显示出了鲜明的重民观念。

（一）团聚部众

完颜阿骨打首先关注的是安抚女真部众的问题，在他成为完颜部首领之前，就已经有过安民的重大举措。

康宗七年（1109），岁不登，民多流莩，强者转而为盗。欢都等欲重其法，为盗者皆杀之。太祖（完颜阿骨打）曰："以财杀人，不可！财者，人所致也。"遂减盗贼征偿法为征三倍。民间多

① 《金史》卷78《刘彦宗传》《时立爱传》《韩先企传》，卷81《田颢传》，卷83《张通古传》《张浩传》，卷105《程寀传》。

② 《金史》卷2《太祖纪》。

逋负，卖妻子不能偿，康宗与官属会议，太祖在外庭以帛系杖端，麾其众，令曰："今贫者不能自活，卖妻子以偿债。骨肉之爱，人心所同。自今三年勿征，过三年徐图之。"众皆听令，闻者感泣，自是远近归心焉。①

完颜阿骨打称帝之后，针对"法制未定，兵革未息，贫民多依权右为苟安，多隐蔽为奴婢者"的问题，特别于收国二年（1116）二月发出了"赎奴"的诏书："比以岁凶，庶民艰食，多依附豪族，因为奴隶，及有犯法，征偿莫办，折身为奴者，或私约立限，以人对赎，过期则为奴者，并听以两人赎一为良。若元约以一人赎者，即从元约。"天辅二年（1118）六月，又明令"有司禁民凌虐典雇良人，及倍取赎直者"②。

对于来归附的女真其他部落，完颜阿骨打都要求给予安抚。如天辅二年七月完颜阿骨打诏书所言："匹里水路完颜术里古、渤海大家奴等六谋克贫乏之民，昔尝给以官粮，置之渔猎之地。今历日已久，不知登耗，可具其数以闻。"天辅三年正月，他又向鳖古孛堇酬斡下诏强调："胡鲁古、迭八合二部来送款，若等先时不无交恶，自今毋相侵扰。"当年五月，完颜阿骨打又向咸州路都统司提出了招徕女真户民的要求："兵兴以前，曷苏馆、回怕里与系辽籍、不系辽籍女直户民，有犯罪流窜边境或亡入于辽者，本皆吾民，远在异境，朕甚悯之。今即议和，当行理索。可明谕诸路千户、谋克，遍与询访其官称、名氏、地里，具录以上。"③

天辅五年二月，完颜阿骨打更是完成了一项重要的安抚完颜部部民的任务，就是用"移民"的方法改善部民的生产、生活条件。

天辅五年（1121），以境土既拓，而旧部多瘠卤，将移其民于泰州，乃遣皇弟昱及族子宗雄按视其地。昱等苴其土以进，言可种植，遂摘诸猛安、谋克中民户万余，使宗人婆卢火统之，屯种于泰州。婆卢火旧居阿注浒水，至是迁焉。其居宁江州者，遣拾得、查

① 《金史》卷2《太祖纪》。
② 《金史》卷2《太祖纪》，卷46《食货志一》。
③ 《金史》卷2《太祖纪》。

端、阿里徒欢、奚挞罕等四谋克，挈家属耕具，徙于泰州，仍赐婆卢火耕牛五十。①

降附于金朝的室韦等部族，亦按照完颜阿骨打的要求迁徙安置。由于留守临潢府的完颜昂（原名完颜吾都补）不能安抚迁徙的部落，完颜阿骨打本来准备处死完颜昂，但听取了他人的劝告，改为杖责。

> 天辅六年，（完颜）昂与稍喝以兵四千监护诸部降人，处之岭东，就以兵守临潢府。昂不能抚御，降人苦之，多叛亡者。上（完颜阿骨打）闻之，使出里底戒谕昂。已过上京，诸部皆叛去，惟章愍宫、小室韦二部达内地。诏谕版勃极烈吴乞买（金太宗）曰："比遣昂徙诸部，多致怨叛，稍喝驻兵不与讨袭，致使降人复归辽主，违命失众，当置重法。若有所疑，则禁锢之，俟师还定议。"是时，太宗居守，辞不失副之，辞不失劝太宗因国庆可薄其罚，于是杖昂七十，拘之泰州，而杀稍喝。②

完颜阿骨打亦注意了招抚奚人的问题，于天辅六年九月特别诏谕六部奚："汝等既降复叛，扇诱众心，罪在不赦。尚以归附日浅，恐绥怀之道有所未孚，故复令招谕。若能速降，当释其罪，官皆仍旧。"③ 对于自立为帝的奚人回离保，完颜阿骨打更特别诏告："闻汝胁诱吏民，借窃位号。辽主越在草莽，大福不再。汝之先世臣服于辽，今来臣属，与昔何异。汝与余睹有隙，故难其来。余睹设有睚眦，朕岂从之。傥能速降，尽释汝罪，仍俾主六部族，总山前奚众，还其官属财产。若尚执迷，遣兵致讨，必不汝赦。"回离保拒绝投降，被金军所杀，"奚人以次附属，亦各置猛安、谋克领之"④。

（二）安抚降民

善待降民是完颜阿骨打的一贯主张，由此就有了一系列的诏旨和抚恤举措，可列举一些重要的事例。

---

① 《金史》卷46《食货志一》。
② 《金史》卷65《完颜昂传》。
③ 《金史》卷2《太祖纪》。
④ 《金史》卷67《回离保传》。

在宁江州击败辽军后，完颜阿骨打即有了不杀降人的明确指示。

> 太祖（完颜阿骨打）下宁江州，获东京渤海人皆释之，往往中道亡去，诸将请杀之，太祖曰："既以克敌下城，何为多杀。昔先太师尝破敌，获百余人，释之，皆亡去。既而，往往招其部人来降。今此辈亡，后日当有效用者。"①

收国二年（1116）正月，完颜阿骨打发出了即位后的第一份安抚降民诏书。

> 自破辽兵，四方来降者众，宜加优恤。自今契丹、奚、汉、渤海、系辽籍女直、室韦、达鲁古、兀惹、铁骊诸部官民，已降或为军所俘获，逃遁而还者，勿以为罪。其酋长仍官之，且使从宜居处。②

收国二年四月，完颜阿骨打又明确表示："东京渤海人德我旧矣，易为招怀。如其不从，即议进讨，无事多杀。"③

天辅元年（1117）四月，完颜阿骨打更向与耶律捏里（耶律淳）对战的金军发出了禁止滥杀的诏书。

> 辽主失道，肆命徂征，惟尔将士，当体朕意，拒命者讨之，服者抚安之。毋贪俘掠，毋肆杀戮。

天辅二年（1118）六月，辽朝的通、祺、双、辽等州八百余户降金，完颜阿骨打特别表示："辽人赋敛无度，民不堪命，相率求生，不可使失望，分置诸部，择善地以处之。"④ 七月，完颜阿骨打又诏谕达鲁古部勃堇辞列："凡降附新民，善为存抚。来者各令从便安居，给以

---

① 《金史》卷71《完颜斡鲁传》。
② 《金史》卷2《太祖纪》。
③ 《金史》卷71《完颜斡鲁传》。
④ 《金史》卷71《完颜斡鲁古勃堇传》。

官粮，毋辄动扰。"①

天辅六年（1122）二月，在给都统完颜杲的诏书中，完颜阿骨打明确表达了对安民行为的褒奖。

> 汝等提兵于外，克副所任，攻下城邑，抚安人民，朕甚嘉之。所言分遣将士招降山前诸部，计悉已抚定，续遣来报。山后若未可往，即营田牧马，俟及秋成，乃图大举。更当熟议，见可则行。如欲益兵，具数来上，不可恃一战之胜，辄有弛慢。新降附者当善抚存，宣谕将士，使知朕意。

天辅六年十月，完颜阿骨打在进攻燕京的途中，特别下诏要求安抚因战争而流散的人民。

> 朕屡敕将臣，安辑怀附，无或侵扰。然愚民无知，尚多逃匿山林，即欲加兵，深所不忍。今其逃散人民，罪无轻重，咸与矜免。有能率众归附者，授之世官。或奴婢先其主降，并释为良。其布告之，使谕朕意。

完颜阿骨打还对辽朝的降臣明言："比以幽、蓟一方招之不服，今欲师师以往，故先安抚山西诸部。汝等既已怀服，宜加抚存。官民未附已前，罪无轻重及系官逋负，皆与释免，诸官各迁叙之。"

天辅七年正月，完颜阿骨打对中京都统斡论表示："闻卿抚定人民，各安其业，朕甚嘉之。"他还特别要求："诸州部族归附日浅，民心未宁。今农事将兴，可遣分谕典兵之官，无纵军士动扰人民，以废农业。"当年二月，完颜阿骨打又发出了一份重要的安民诏书："顷因兵事未息，诸路关津绝其往来。今天下一家，若仍禁之，非所以便民也。自今显、咸、东京等路往来，听从其便。其间被虏及鬻身者，并许自赎为良。"②

从以上诏旨等可以看出，在安抚降民的总体性要求下，还包含着重农、赈济、抚恤等要素，都是为了夯实新王朝的统治基础。

---

① 《金史》卷2《太祖纪》。
② 《金史》卷2《太祖纪》。

（三）安置移民

由于金、宋的和议要求将燕京等地交还给宋朝，所以完颜阿骨打采用了大规模迁徙民户的做法，也就是时人所说的"太祖每收城邑，往往徙其民以实京师"。最大规模的人口迁徙发生在燕京，"以燕京与宋而迁其人，独以空城与之"。这样的迁徙引发了张觉（又作张瑴）在平州（南京）的叛乱，张觉在给宋人的降表中对此有专门的说明。

> 自女真深入北朝，皇帝西狩不返，诸路寇兵充斥，道途塞绝，当道无所依托。承天朝（宋朝）累遣人赍到文字招谕，寻奉表款附。复蒙降到敕赦并处置宣命，适值女真袭下燕城，远近震惧，当道地隔力弱，姑务应从，以缓攻侵，图安境土。燕城本中国旧地，虽为贼有，巢穴尚遥，固无久驻之势。况与大朝要约，遂议分割。贼恃虎狼之强，其云中富家巨室悉被驱虏，止留空土，以塞前盟。大朝亦非得已，旋以假道当界，冤痛之声盈于道路。是用不忍，与州人共议，金曰："宜抗贼命，以全生灵。若许东迁，是亦资虏。"即调发丁壮，缮甲兵，锄贼徒，以活生灵。区区之志，必已闻之。近知贼众已过居庸，大朝必措置屯守，使无回路。仍念安土重迁者，人之常情，况万室流离，祀奠无主，虽居近地，犹谓出乡。使复父母之邦，是成终始之义，一则为大朝守圉之计，二则快流民归国之心，固无他求。①

完颜阿骨打则在讨伐张觉的诏书中，特别强调了抚民的要求。

> 朕初驻跸燕京，嘉尔吏民率先降附，故升府治以为南京，减徭役，薄赋税，恩亦至矣，何苦辄为叛逆。今欲进兵攻取，时方农月，不忍以一恶人而害及众庶。且辽国举为我有，孤城自守，终欲何为。今止坐首恶，余并释之。②

在西京也有大规模移民的举动，"既定山西诸州，以上京为内地，则移其民实之"。这样的举动亦引发了叛乱，完颜阿骨打一方面要求处

---

① 《三朝北盟会编》卷18，第125页。
② 《金史》卷133《张觉传》。

理肇事者："比遣（完颜）昂徙诸部民人于岭东，而昂悖戾，骚动烦扰，致多怨叛。其违命失众，当置重典。若或有疑，禁锢以待。"另一方面，明确要求对移民要妥为安置："郡县今皆抚定，有逃散未降者，已释其罪，更宜招谕之。前后起迁户民，去乡未久，岂无怀土之心，可令所在有司，深加存恤，毋辄有骚动。衣食不足者，官赈贷之。"①

尤其需要注意的是，在金、宋的谈判中，曾涉及土地与人民的关系问题，可将赵良嗣《燕云奉使录》等所记讨论情况转引于下。

兀室（完颜希尹）去再来，云："得圣旨，将西京地土与贵朝，所有人户本国收系。"

（赵）良嗣对以西京州城已蒙见许，既是与了地土，岂有不与人户之理。如只空得田地，都无人户，本国怎生做得？况兵乱之后，所在残破，些少人户，一道许了甚好。

兀室云："我国里军人厮杀八九年，受了苦辛不少，方得西京。已是将西京地土与了贵朝，本国只要人户，有何不可？便如西京地土两家分割一般，我亦合得一半。"

对以两朝既是通好如一家，已许了地土，乃是信义人情，却不与人户，实不完全，何似把人民一齐许了，做个人情，也是完备。

兀室云："与了地，更要人户，却待著个甚么道理，如何商量？大抵地土重于人民，地土已许了，更和人民要，更别无酬答，更无致谢，怎生了得？"

因约同见粘罕，粘罕云："西京地土，亦是不少，已与地土，又要人民，更道本国贪财，莫不相应么？"

兀室、杨璞（杨朴）至云："西京地土，据诸郎君与臣下议言，当初得西京时，攻围四十日，军人死伤无数，不易得来，不若与河西家（西夏），却煞得进奉。唯是皇帝言：赵皇大度，我要岁添一百万贯物色，一字不违，千年万岁却是多少，今却觅西京，如何违得。兼我在奉圣州时，心上许了，不若与去，共他大朝交欢也，胜似与河西家。然其间人户，却待起遣将去。"②

---

① 《金史》卷2《太祖纪》，卷46《食货志一》，卷65《完颜昂传》。
② 《三朝北盟会编》卷14，第98—100页。

由此不难看出，恰是完颜阿骨打的坚持，使得金人在要"人民"的问题上绝不让步，其中所反映的，也是完颜阿骨打的重民观念。

六　天命观

完颜阿骨打崇信"天命"，其中既有盛行于女真部族的萨满教的影响，也有儒家天命观的影响。

（一）天象说

君主之兴，会有特殊的天象相应，往往是受儒家思想影响的星象者的说法。按照这样的说法，完颜阿骨打出生时上天已经显示了瑞象。

> 太祖（完颜阿骨打）之生也，常有五色云气若二千斛廪囷之状，屡见东方。辽司天孔致和曰："其下当生异人，建非常之事，天以象告，非人力所能为也。"①

阿骨打生于辽咸雍四年，"初在妊娠时，骨重异常儿。将生，河水为沸，野兽尽嗥。及生，若有光照其室，部落咸异之"②。

完颜阿骨打即位之后，亦曾出现过"黄龙见空中"的天象。③ 金人高度重视与君主建国有关的天象，在后来祭祀长白山山神的册文中有专门的描述。

> 皇帝若曰：自两仪剖判，山岳神秀各钟于其分野。国将兴者，天实作之。对越神休，必以祀事。故肇基王迹，有若岐阳。望秩山川，于稽虞《典》。厥惟长白，载我金德，仰止其高，实惟我旧邦之镇。混同流光，源所从出。秩秩幽幽，有相之道。列圣蕃衍炽昌，迄于太祖，神武征应，无敌于天下，爰作神主。肆予冲人，绍休圣绪，四海之内，名山大川，靡不咸秩。矧王业所因，瞻彼旱麓，可俭其礼，服章爵号非位于公侯之上，不足以称焉。今遣某官某，持节备物，册命兹山之神为兴国灵应王，仍敕有司岁时奉祀。

---

① 《金史》卷2《太祖纪》，卷23《五行志》。
② 《大金国志》卷1《太祖武元皇帝上》，第11—12页。
③ 《金史》卷23《五行志》。

于戏，庙食之享，亘万亿年，维金之祯，与山无极，岂不伟欤。①

天象说之所以重要，就在于各种瑞象可以为君主营造受命于天的神秘氛围，使臣民坚信改朝换代已经成为一种重要的使命。

（二）天助说

与幻象性的神秘主义"天象说"相比，"天助说"或者"神助说"更为实际和更容易被人们所接受。完颜阿骨打之前的完颜部首领，已经有过"天助"的重要经历。

> 盂乃诱乌春兵度岭，世祖与遇于苏素海甸。世祖曰："予昔有异梦，今不可亲战。若左军中有力战者，则大功成矣。"命肃宗及斜列、辞不失与之战。肃宗下马，名呼世祖，复自呼其名而言曰："若天助我当为众部长，则今日之事神祇监之。"语毕再拜，遂炷火束缊，顷之大风自后起，火益炽。是时八月，并青草皆焚之，烟焰涨天。我军随烟冲击，大败之。遂获盂乃，囚而献诸辽。②

完颜阿骨打起兵反辽后，宁江州之战最为重要，恰是有了天助的吉兆，得以击败辽军。

> 他日军宁江，驻高阜，撒改仰见太祖（完颜阿骨打）体如乔松，所乘马如冈阜之大，太祖亦视撒改人马异常，撒改因白所见，太祖喜曰："此吉兆也。"即举酒酹之曰："异日成功，当识此地。"师次唐括带斡甲之地，诸军介而立，有光起于人足及戈矛上，明日，至札只水，光复如初。③

此后的鸭子河之战，完颜阿骨打亦得到了神的启示。

> 辽都统萧纠里、副都统挞不野将步骑十万会于鸭子河北，太祖自将击之。未至鸭子河，既夜，太祖方就枕，若有扶其首者三，寤

---

① 《金史》卷35《礼志八》。
② 《金史》卷1《世纪》。
③ 《金史》卷23《五行志》。

而起，曰："神明警我也！"即鸣鼓举燧而行，黎明及河，辽兵方坏凌道，选壮士十辈击走之。大军继进，遂登岸。甲士三千七百，至者才三之一。俄与敌遇于出河店，会大风起，尘埃蔽天，乘风势击之，辽兵溃。

更为重要的是，在进攻辽军时，完颜阿骨打能够率大军顺利渡过混同江（今松花江），有如神助。

> 收国元年八月，上（完颜阿骨打）亲征黄龙府。次混同江，无舟，上使一人道前，乘赭白马径涉，曰："视吾鞭所指而行。"诸军随之，水及马腹。后使舟人测其渡处，深不得其底。①

为此，在后来祭祀混同江江神时，要特别表示其襄助大军渡江的丰功伟绩。

> 昔我太祖武元皇帝，受天明命，扫辽季荒茀。成师以出，至于大江，浩浩洪流，不舟而济。虽穆满渡江面鼋梁，光武济河而水冰，自今观之无足言矣。执徐之岁，四月孟夏，朕时迈旧邦，临江永叹，仰艺祖之开基，佳江神之效灵，至止上都，议所以尊崇之典。盖古者五岳视三公，四渎视诸侯，至有唐以来，遂享帝王之尊称，非直后世弥文，而崇德报功理亦有当然者。矧兹江源出于长白，经营帝乡，实相兴运，非锡以上公之号，则无以昭答神休。今遣某官某，持节备物册命神为兴国应圣公，申命有司，岁时奉祀。于戏，严庙貌，正封爵，礼亦至矣。惟神其衍灵长之德，用辅我国家弥亿年，神亦享庙食于无穷，岂不休哉。②

在今天看来，"天助"或"神助"多来自当事人的自我解释，可能有附会的说法，但是不能忽视其激励人心的作用。

（三）天意说

完颜阿骨打对于称帝建国的行为，重点强调的是符合"天意"，按照

① 《金史》卷2《太祖纪》。
② 《金史》卷35《礼志八》。

"天命"行事。如即位之后，他在给高丽国王的诏书中所言："自吾祖考介在一方，谓契丹为大国，高丽为父母之邦，小心事之。契丹无道，凌轹我疆域，奴隶我人民，屡加无名之师，我不得已拒之。蒙天之佑，获殄灭之。"① 天辅二年（1118）十二月，完颜阿骨打又诏谕高丽国王："朕始兴师伐辽，已尝布告，赖皇天助顺，屡败敌兵，北自上京，南至于海，其间京府州县部族人民悉皆抚定。"② 完颜阿骨打所要表示的，就是顺天意、讨无道的天命观念，所以在攻辽的过程中，多见"奉天伐罪""顺天吊伐"和"应天顺人，庵宅天命"等说法，已见前述。

按照《燕云奉使录》的记载，天辅四年完颜阿骨打还曾向宋朝使者赵良嗣表示了遵守双方约定的诚意。

> 契丹煞大国土，被我杀败，我如今煞是大皇帝。昨来契丹要通和，只为不著做兄弟，以至领兵讨伐。自家南朝是天地齐生底国主皇帝，有道有德，将来只恁地好相待通好，更不争要做兄弟。这个事是天教做，不恁地后怎生隔著个恁大海便往来得。我从生来不会说脱空，今日既将燕京许与南朝，便如我自取得，亦与南朝。③

也就是说，金、宋议和，也是按照天意行事。所以在交还燕京六州时，粘罕请求只给涿、易二州，完颜阿骨打即明确表示："海上之盟，不可忘也。我死，汝则为之。"④

完颜阿骨打去世后，金太宗在尊奉谥号的诏书中，更是强调了完颜阿骨打依照天意和天命所做的丰功伟绩，需要被后人所牢记。

> 天会三年六月，谙班勃极烈杲等奉表曰：功与天同者，非天不可以俪号；德与地合者，非地不足以齐称。昔在三皇，以同天之功而为喻；降自五帝，以合地之德而建名；故功德克配于乾坤，则称号久光于竹帛。仰惟先大圣皇帝，抚兴隆之运，应眷命之休，奉天讨以除

---

① 完颜阿骨打：《与高丽文孝王书》，阎凤梧主编《全辽金文》中，山西古籍出版社2002年版，第917页。
② 《金史》卷135《高丽传》。
③ 《三朝北盟会编》卷4，第27页。
④ 《大金国志》卷2《太祖武元皇帝下》，第30页。

残，运神谋而制胜，曾不十载，底定四方。代虐以宽，拯辽民于焚溺；交邻有道，得宋国之服从；岂非百代之宏休，诚亦群生之幸会。

伏惟兄大圣皇帝，应辉魄之元符，握荣河之秘纪，三灵协赞，千载勃兴。居多渊静之谋，动合变通之道。御家以俭，遵夏禹以卑宫；刑国以轻，体汉高之约法。加以神襟豁达，圣器英雄，乘覆昏取乱之机，奋济世安民之业。周文已出，知殷灭之有期；唐祖既生，见隋亡之不远。顷者有辽讫运，昏主承家，狎侮太平，荒迷多罪，先绝邻好，曲造兵端。既诱纳我叛亡，又侵图我边鄙。天实厌弃，民日怨咨，戚既自贻，祸将孰免。系天下起旱霓之望，我圣人行时雨之征。亲御六师，用申九伐。人病大江之阻，自得通途；兵临巨敌之来，□占瑞火。故能一举取辽霫，再举下云燕，何锐敢前，无坚不破。方当秦野，肆扬逐鹿之踪；俄值轩湖，长往飞龙之驾。天命有属微躬，弗遑康宁，勉思述继，百神假手，果拔怨叛之根；四海欢心，遂定神明之器。

伏念先皇帝生资神武，卓冠古先，威震如雷霆，道大若天地，日月所照，罔不归仁，豚鱼之微，亦皆被泽。念丰功厚德，当尽显扬，赖元老宗工，有所协赞。比览章奏，深协朕怀，谷旦式涓，上仪爰举，以天会三年十二月二十五日恭上尊谥曰大圣武元皇帝，庙号太祖。于戏，肇无疆之业，至圣人以难名，彰莫大之功，非隆谥而曷称，布告中外，咸使闻知。[①]

需要说明的是，完颜阿骨打按照"天意"或"天命"所取的"天下"，或者是他所说的"天下一统"，指的是辽朝曾经控制的区域，既不包括宋朝控制的中原、江南等地，也不包括西夏控制的西北地区。完颜阿骨打只是用王朝更替的方法，以金朝取代了辽朝，在有限的区域内使"天下"变换了主人。这样的"天下"观念，只能从其特定的历史条件下加以理解。

完颜阿骨打作为金朝建国的君主，尽管在位时间只有九年，但是已经为新王朝的统治奠定了思想基础。无论是尊奉天命、以武立国、建章立制的观念，还是用人观和重民观，都对后来的金太宗、金熙宗有深刻

---

① 《大金集礼》卷3《天会三年奉上太祖谥号》。

的影响。完颜阿骨打与宋朝的和议，也不是权宜之计，而是维系国运的重要策略，在金、宋激烈对抗后，仍回到了这样的策略之下。当然，在思想观念层面，完颜阿骨打主要解决的是"立"的问题，先要建立一个新的王朝；至于如何"治"，尤其是如何走向"善治"，则是其后人所要面对的问题。

第二节　金太宗的绥抚观念

金太宗完颜晟（1075—1135 年），原名完颜吴乞买，完颜阿骨打弟，即位后用天会年号，在位十三年，既表现出了重在"绥抚"的理政观念，也受"强臣政治"影响，难以全面展现自己的才干。

一　重在"绥抚"的国家建制

完颜阿骨打去世前，曾向留守金源之地的完颜吴乞买下诏："今辽主尽丧其师，奔于夏国。辽官特列、遥设等劫其子雅里而立之，已留宗翰等措画。朕亲巡已久，功亦大就，所获州部，政须绥抚，是用还都。八月中旬，可至春州，汝率内戚迎我，若至豹子崖尤善。"完颜吴乞买于天辅七年（1123）八月迎见完颜阿骨打，完颜阿骨打随即去世，这份诏书就成了重要的政治遗言。当年九月，完颜宗干等人以"社稷至重，付谙班勃极烈以大位者，先皇帝之治命也，群臣不敢有贰"的理由，用"赭袍被体，置玺怀中"的方式，推举完颜吴乞买（以下称"金太宗"）即皇帝位，"改天辅七年为天会元年"①。金太宗即位之后，即遵循完颜阿骨打的"绥抚"遗言，推出了发展国家建制的一些重要举措。

（一）更新官制

金太宗即位之后，延续以往的勃极烈制度，天会元年（1123）十二月升国论勃极烈完颜杲为谙班勃极烈，以完颜宗干为国论勃极烈。天会二年正月，金太宗又以皇族成员完颜谩都阿为阿捨勃极烈，"参议国政"。金太宗即位前的职务是谙班勃极烈，他以弟弟完颜杲继任此职，显示的是兄终弟及的皇位继承安排。这样的安排，打破了完颜阿骨打命完颜吴乞买继承帝位时的"元约互传于子孙"承诺。天会八年七月，

---

① 《金史》卷 3《太宗纪》；《大金集礼》卷 1《太宗皇帝即位仪》。

完颜杲去世。天会十年四月，金太宗以完颜阿骨打的孙子完颜亶为谙班勃极烈，自己的儿子完颜宗磐为国论忽鲁勃极烈，表现出愿意履行帝位互传子孙承诺的态度。国论勃极烈亦分为左右，以完颜宗干为国论左勃极烈，完颜宗翰为国论右勃极烈。①

金太宗在太祖朝大臣的支持下即位，作为回报，给予重臣自行任官的特权。天会元年十月，以空名宣头百道给西南、西北两路都统完颜宗翰（粘罕），并特别诏谕："今寄尔以方面，如当迁授必待奏请，恐致稽滞，其以便宜从事。"十一月，"复以空名宣头及银牌给上京路军帅实古乃（习古廼）、婆卢火等"。天会二年正月，又赐给完颜宗望（斡离不）"空名宣头五十，银牌十"。二月，金太宗专门诏谕南京官僚："小大之事，必关白军帅，无得专达朝廷。"他还特别向完颜宗望表示："凡南京留守及诸阙员，可选勋贤有人望者就注拟之，具姓名官阶以闻。"②

给予各路统帅"空名宣头"，只是临时性的措施，金太宗亦希望进一步规范官制，并为此采用了四个重要的步骤。

一是设立尚书省。完颜阿骨打在广宁府设置的中书省、枢密院，在金太宗平定张觉后迁往平州，金军占领燕京后又迁到燕京，"凡汉地选授调发租税皆承制行之"。"斜也（完颜杲）、宗干当国，劝太宗改女真旧制，用汉官制度。天会四年（1126），始立官制，立尚书省以下诸司府寺。""太宗即位，宗干为国论勃极烈，与斜也同辅政。天会三年，获辽主于应州西余睹谷。始议礼制度，正官名，定服色，兴庠序，设选举，治历明时，皆自宗干启之。四年，官制行，诏中外。"尚书省先设的应是左、右仆射和左、右司侍郎等职务，"六部与左右司通署"，如张通古就是"初建尚书省，除工部侍郎，兼六部事"。后来又增设了左、右丞相的职务。最先出任尚书左仆射的应是汉人臣僚韩资正。天会六年，高桢出任尚书左仆射之职，天会七年三月罢职；天会八年正月，韩企先出任尚书左仆射，并兼侍中职务；天会十年，韩企先升任尚书右丞相，在任相期间，"每欲为官择人，专以培植奖励后进为己责任。推

---

① 《金史》卷3《太宗纪》，卷65《完颜谩都阿传》；《大金国志》卷8《太宗文烈皇帝六》，第130页。

② 《金史》卷3《太宗纪》，卷71《完颜婆卢火传》，卷72《完颜习古廼传》，卷74《完颜宗翰传》《完颜宗望传》。

縠士类，甄别人物，一时台省多君子。弥缝阙漏，密谟显谏，必咨于王。宗翰、宗干雅敬重之，世称贤相焉"①。

二是分置两枢密院。天会三年十月，金军分两路南下攻宋，"以谙班勃极烈杲兼领都元帅，移赉勃极烈宗翰（粘罕）兼左副元帅先锋，经略使完颜希尹为元帅右监军，左金吾上将军耶律余睹为元帅右都监，自西京入太原。六部路军帅挞懒为六部路都统，斜也副之，宗望（斡离不）为南京路都统，阇母副之，知枢密院事刘彦宗兼领汉军都统，自南京入燕山"。"斡离不、粘罕分道入侵宋，东路之军斡离不主之，建枢密院于燕山，以刘彦宗主院事；西路之军粘罕主之，建枢密院于云中，以时立爱主院事，国人呼为东朝廷、西朝廷。"需要注意的是，枢密院、中书省以及专门为攻宋而建立的都元帅府，实则是三位一体的关系，如在"东朝廷"任职的刘彦宗，职务是同中书门下平章事、知枢密院事、加侍中；另有在南京任职的张忠嗣，职务是权签南京中书、枢密院事。在"西朝廷"任职的时立爱，职务亦是同中书门下平章事、侍中、知枢密院事。天会七年，因刘彦宗去世，"并枢密院于云中"，由韩企先、时立爱主掌，韩企先的职务是中书门下平章事、知枢密院事。②

三是规范地方官制。金军攻占宋朝都城汴京后，金太宗即着手建立地方官制，也就是所谓的"太宗既有中原，申画封疆，分建守令"。天会六年（1128）八月，"以州郡职员名称及俸给因革诏中外"。天会八年六月，又下诏"遣辽统军使耶律曷礼质、节度使萧别离剌等十人，分治新附州镇"③。

四是颁布新的选官制度。对于金朝建国以后，"朝廷议制度礼乐，往往因仍辽旧"，完颜希宪在灭北宋后曾特别指出："方今奄有辽、宋，

---

① 《金史》卷3《太宗纪》，卷55《百官志一》，卷76《完颜宗干传》，卷78《韩企先传》，卷83《张通古传》，卷84《高桢传》。参见孟宪军《试论金代尚书省的建立和发展》，《辽宁师范大学学报》2000年第3期。

② 《金史》卷3《太宗纪》，卷55《百官志一》，卷78《刘彦宗传》《时立爱传》《韩企先传》；《大金国志》卷3《太宗文烈皇帝一》，第40—41页；《三朝北盟会编》卷45，第339—340页；卷132，第960页。王灏在吉林大学2015年的硕士学位论文《金初燕云枢密院研究》中，对两枢密院的建制和合一过程作了分析；但是亦有人认为两枢密院实为一院，如张喜丰在吉林大学2019年的博士学位论文《金代枢密院研究》中指出"云中枢密院或为燕京枢密院的迁移"。从相关记载看，为适应两路军的需要，先建两院，后合为一院，应是基本事实。

③ 《金史》卷3《太宗纪》。

当远引前古，因时制宜，成一代之法，何乃近取辽人制度哉。"完颜希尹也明确表示："而意甚与我合。"在他们的推动下，天会十二年正月，"初改定制度，诏中外"；"凡吏部选授之制，自太宗天会十二年，始法古立官"①。

有了逐步规范的官制后，各路统帅自行择官的做法即被终结。天会十一年八月，金太宗特别下诏："比以军旅未定，尝命帅府自择人授官，今并从朝廷选注。"②

（二）科举取士

与更定官制有密切关系的，是金太宗引入了科举取士的制度。

金朝的科举取士始于天会元年（1123），正如有人所记："凡词赋进士，试赋、诗、策论各一道。经义进士，试所治一经义、策论各一道。其设也，始于太宗天会元年十一月，时以急欲得汉士以抚辑新附，初无定数，亦无定期，故二年二月、八月凡再行焉。"③

金朝初行科举取士时，有沈州榜、真定榜、平州榜的不同。④ 天会四年的科举考试，就是所谓的"真定榜"，有人记载了当时的考试情况。

> 斡离不（完颜宗望）既破真定，拘籍境内进士试安国寺。（褚）承亮名亦在籍中，匿而不出。军中知其才，严令押赴。与诸生对策，策问："上皇无道、少帝失信。"举人承风旨，极口诋毁。承亮诣主文刘侍中曰："君父之罪，岂臣子所得言耶。"长揖而出，刘为之动容。余悉放第，凡七十二人，遂号七十二贤榜。状元许必仕为郎官，一日出左掖门，堕马，首中阑石死，余皆无显者。⑤

天会五年八月，金太宗决定采用分别按辽、宋科举制取士的方法："河北、河东郡县职员多阙，宜开贡举取士，以安新民。其南北进士，各以所业试之。""以河北、河东初降，职员多阙，以辽、宋之制不同，

---

① 《金史》卷3《太宗纪》，卷54《选举志四》，卷70《完颜希宪传》。

② 《金史》卷3《太宗纪》。

③ 《金史》卷51《选举志一》。

④ 《大金国志》卷35《天会皇统科举》，第508页。

⑤ 《金史》卷127《褚承亮传》。参见《褚先生墓碣》，张金吾编《金文最》卷43，清光绪二十一年刻六十卷本。

诏南北各因其素所习之业取士，号为南北选。"① 正式的考试于天会六年（1128）举行，据宋人赵子砥《燕云录》的记载，考试情况如下。

> 戊申（1128）正月，刘彦宗移文河北已得州县镇搜索举人，二月一日已前起发赴燕山就试，与免科差。于竹林寺作试院，与北人同院异场引试。二月十七日，引试北人诗赋一场。二十八日，引试南人，作南朝法，试三场。其试官分南、北，南试官张坚、王文昌、王庭直。……三月二十七日开院，北人四百人取六分，南人六千人取五百七十一人，并皆推恩。刘彦宗云："第一番进士，宽取诱之。"②

天会十年，金朝取消了南北选的取士方法，确立了较为规范的科举考试方法。尽管制度有变，但是在强臣粘罕的影响下，注重的是词赋考试和不取"南人"（中原人）。

> 是举也，粘罕密诫试官不取中原人，故是岁止试词赋，不试经义。（胡）砺系被掳，以知制诰韩昉燕人也，用昉乡贯，故误取之。初开试日，粘罕立马场中，呼举人年老者，意谓免试，争走马前跪之。粘罕以鞭指挥，令译者报："尔无力老奴，何来应试，尔等若有文章，何不及第少年。尔等今苟得官，自知年老死近，向去不远，必取赃以为身后计，行乐以少酬晚景，安有补于国。又闻尔等之来，往往非为己计，多有图财假手后进者，如此，则我取老者、少者，皆非其人也。我欲杀尔等，又以罪未著白；复欲逐尔等，亦念尔等远来，故权令尔等终场，当小心以报国。不然，苟有所犯，必杀无赦。"于是诸生伏地叩头，愧恐而去。是岁，胡砺之余，中原人一例罢黜之，故少年有作诗讥者，其略云："草地就试，举场不公。此榜既出于外，南人不预其中。"由是，士子之心失也。③

胡砺是磁州武安（今属河北）人（一说山东密州人），天会十年

---

① 《金史》卷3《太宗纪》，卷51《选举志一》。
② 《三朝北盟会编》卷98，第726页。
③ 《大金国志》卷7《太宗文烈皇帝五》，第115—116页。

"举进士第一"，当年的试题是"好生德洽，民不犯上"①。天会十年的进士还有宛平人高昌福、丰州人边元勋和边伯勋、浑源人雷嗣卿和乐著等人，同样是"北人"而不是"南人"②。

据宋人王绘《绍兴甲寅通和录》所记，宋高宗绍兴四年（金太宗天会十二年，1134），金朝举行科举考试的廷试："今年本朝廷试进士，出赋题是天下不可以马上治。"③

金太宗在位时进行了几次科举考试，学界尚有不同看法，但有一点是没有疑问的，就是金太宗及其属下重臣对于以科举作为选人、用人的重要方法，持的是高度重视的态度。

（三）他制并举

在其他制度方面，金太宗在位时也有一些重要的举措。

第一，继续建造上京。天会二年四月，"以实古廼（完颜习古廼）所筑上京新城名会平州"。天会三年四月，"建乾元殿"。如前所述，上京的皇城完颜阿骨打在位时已经开始修建，太宗时继续建造，尤其是要完成乾元殿的修建。天会六年八月，被金军俘虏的宋徽宗和宋钦宗在上京"素服见太祖庙，遂入见于乾元殿"，显示上京重要的建筑已经竣工。天会十三年，又兴建了庆元宫，"殿曰辰居，门曰景晖"④。

第二，建立驿站制度。天会二年正月，"始自京师至南京每五十里置驿"。三月，"命置驿上京、春、泰之间"⑤。天会三年（宋徽宗宣和七年，1125）出使金朝的宋朝使者许亢宗一行，至清州进入金朝地界，"并无沟堑，惟以两小津埑，高三尺许。其两界地，东西阔约一里，内两界人户不得耕种"。"自此以东，每遇馆顿，或止宿，其供应人并于所至处居民汉儿内选衣服鲜明者为之。"⑥

第三，实行劝农制。天会二年，金太宗特别下诏给刘彦宗，强调了

①　《金史》卷125《胡砺传》；《三朝北盟会编》卷245，第1764页。

②　《金史》卷128《高昌福传》；《中州集》卷8《边元勋小传》；沈仁国：《金天会十年进士辑补》，《江海学刊》2006年第6期。

③　《三朝北盟会编》卷162，第1174页；李心传：《建炎以来系年要录》卷81，四库全书本。

④　《金史》卷3《太宗纪》，卷24《地理志上》，卷72《完颜习古廼传》。

⑤　《金史》卷3《太宗纪》。

⑥　贾敬颜：《许亢宗行程录疏证稿》，《五代宋金元人边疆行记十三种疏证稿》，第228—230页。

劝农的要求："中京等两路先多拒命，故遣使抚谕，贷其官民之罪，所犯在降附前者勿论。卿等选官与使者往谕之，使勤于稼穑。"天会四年十二月，金太宗又下诏："朕惟国家，四境虽远而兵革未息，田野虽广而畎亩未辟，百工略备而禄秩未均，方贡仅修而宾馆未赡。是皆出乎民力，苟不务本业而抑游手，欲上下皆足，其可得乎？其令所在长吏，敦劝农功。"天会九年五月，更有了"分遣使者诸路劝农"的举动。① 从这些诏旨可以看出，金太宗显然是接受了"以农为本"的观念。

第四，实行均税制等。天会元年，"敕有司轻徭赋，勤稼穑"。天会十一年，金太宗又特别下诏："昔辽人分士庶之族，赋役均有等差，其悉均之。"在钱币方面，"金初用辽、宋旧钱"，在女真人集中的地区，"无市井，买卖不用钱，惟以物相贸易"。天会十一年八月，在黄龙府设置钱帛司，并且允许刘豫制造的"阜昌元宝"和"阜昌重宝"等通行。②

第五，草创礼制。金太宗即位时，将女真的"俗有拜天之礼"，改成了正式的祭天仪式，"太宗即位，乃告祀天地，盖设位而祭祀也"。为祭祀太祖完颜阿骨打，还草创了太庙制度："太祖葬上京宫城之西南，建宁神殿于陵上，以时荐享。自是诸京皆立庙，惟在京师者则曰太庙。天会六年，以宋二帝见太祖庙者，是也。"皇帝的服装也有所变化，"太宗即位，始服赭皇，自后视百官服御袍带"③。金军占领南宋都城汴京时，刘彦宗特别对完颜宗翰、完颜宗望说："萧何入关，秋毫无犯，惟收图籍。辽太宗入汴，载路车、法服、石经以归，皆令则也。"两名统帅采纳了他的建议，"既悉收其图籍，载其车辂、法物、仪仗而北"，"得宋之仪章钟磬乐虡，挈之以归"④。这些礼器、乐器等，为后来建立规范的礼仪制度准备了基础性的条件。

第六，变革刑罚。"金国旧俗，轻罪笞以柳箠，杀人及盗劫者，击其脑杀之，没其家赀，以十之四入官，其六偿主，并以家人为奴婢。其亲属欲以马牛杂物赎者从之。或重罪亦听自赎，然恐无辨于齐民，则

---

① 《金史》卷3《太宗纪》，卷47《食货志二》，卷78《刘彦宗传》。
② 《金史》卷3《太宗纪》，卷48《食货志三》；贾敬颜：《许亢宗行程录疏证稿》，《五代宋金元人边疆行记十三种疏证稿》，第251页。
③ 《金史》卷28《礼志一》，卷30《礼志三》，卷43《舆服志》。
④ 《金史》卷28《礼志一》，卷39《乐志上》，卷78《刘彦宗传》。

剿、刵以为别。其狱则掘地深广数丈为之。太宗虽承太祖无变旧风之训，亦稍用辽、宋法。"天会二年五月，出台了农闲时断案的新规定："诏曰：新降之民，诉讼者众，今方农时，或失田业，可俟农隙听决。"天会三年十月，"有司言权南路军帅鹘实荅官吏贪纵，诏鞫之"。天会七年，又有了处罚盗窃罪的新规定："诏凡窃盗，但得物徒三年，十贯以上徒五年，刺字充下军，三十贯以上终身，仍以赃满尽命刺字于面，五十贯以上死，征偿如旧制。"①

（四）重民与恤民

金太宗在位期间持续展现的重民与恤民观念，有多方面的表现。

对贫乏者等给予帮助，尽管还没有发展到建立较为完善的赈济和救灾制度，但是已经有了一些值得注意的做法，可列举要者于下。

> 天会元年九月，发春州粟，赈降人之徙于上京者。诏诸猛安赋米，给户口在内地匮乏者。
>
> 天会二年正月，庆阳府环、泾州大水，漂居民三千余家，诏于大定府置广积仓。二月，诏命给宗翰马七百匹、田种千石、米七千石，以赈新附之民。四月，赈上京路、西北路降者及新徙岭东之人。十月，诏发宁江州粟，赈泰州民被秋潦者。
>
> 天会三年三月，赈奚、契丹新附之民。十月，诏曰："今大有年，无储蓄则何以备饥馑，其令牛一具赋粟一石，每谋克为一廪贮之。"
>
> 天会五年九月，诏曰："内地诸路，每耕牛一具赋粟五斗，以备欠岁。"
>
> 天会十年二月，赈上京路戍边猛安民。四月，闻鸭绿、混同江暴涨，命赈徙戍边户在混同江者。七月，赈泰州路戍边户。
>
> 天会十一年十一月，赈移懒路。十二月，赈曷懒路。

金太宗亦开始采用免税、罢息、省徭役等有助于庶民的做法。

> 天会元年十二月，蠲民间贷息。诏以咸州以南，苏、复州以

---

① 《金史》卷3《太宗纪》，卷45《刑志》。

北，年谷不登，其应输南京军粮免之。

天会二年正月，以东京比岁不登，诏减田租、市租之半。

天会三年七月，禁内外官、宗室毋私役百姓。

完颜阿骨打的徙民做法亦被金太宗所延续，并继续对迁徙的民众给予安抚。

天会元年十一月，徙迁、润、来、显四州之民于沈州。以新迁之户艰苦不能自存，诏曰："比闻民间乏食至鬻子者，听以丁力等者赎之。"

天会三年二月，以庞葛城地分授所徙乌虎里、迪烈底二部及契丹民。

天会九年四月，诏："新徙戍边户，匮于衣食，有典质其亲属奴婢者，官为赎之。户计其口而有二三者，以官奴婢益之，使户为四口。又乏耕牛者，给以官牛，别委官劝督田作。戍户及边军资粮不继，籴粟于民而与赈恤。其续迁戍户在中路者，姑止之，即其地种艺，俟毕获而行，及来春农时，以至戍所。"

放奴为民，更是金太宗注重的安民措施。

天会元年十一月，诏女直人，先有附于辽，今复虏获者，悉从其所欲居而复之。其奴婢部曲，昔虽逃背，今能复归者，并听为民。

天会二年正月，诏孛堇完颜阿实赉曰："先帝以同姓之人有自育及典质其身者，命官为赎。今闻尚有未复者，其悉阅赎之。"四月，诏赎上京路新迁宁江州户口卖身者六百余人。

天会三年七月，诏权势之家毋买贫民为奴。其胁买者一人偿十五人，诈买者一人偿二人，皆杖一百。

天会七年三月，诏军兴以来，良人被略为驱者，听其父母夫妻子赎之。

天会八年正月，诏曰："避役之民，以微直鬻身权贵之家者，悉出还本贯。"五月，诏曰："河北、河东签军，其家属流寓河南被俘掠为奴婢者，官为赎之，俾复其业。"①

金太宗还特别注意到了战争中的安民问题。金军攻占南京后，金太宗给统帅完颜阇母下了两份诏书："闻下南京，抚定兵民，甚善。诸军之赏，卿差等以给之。""南京疆场如旧，屯兵以镇之。命有司运米五万石于广宁，给南京、润州戍卒。"金军占领汴京后，金太宗更于天会五年六月下诏强调："自河之北，今既分画，重念其民或见城邑有被残者，不无疑惧，遂命坚守。若即讨伐，生灵可悯。其申谕以理，招辑安全之。傥执不移，自当致讨。若诸军敢利于俘掠辄肆荡毁者，底于罚。"②

（五）通和西夏、高丽

完颜阿骨打起兵反辽后，西夏的崇宗李乾顺先是为天祚帝提供帮助，在辽朝大势已去的情况下转而依附金朝，金太宗即位后正式确立了双方的盟约关系（详见本书第六章）。金军攻占陕西之后，西夏指完颜娄室军背盟入境掳掠，完颜希尹还特别向金太宗上奏："闻夏使人约（耶律）大石取山西诸郡，以臣观之，夏盟不可信也。"金太宗则表示："夏事酌宜行之。军入其境，不知信与否也。大石合谋，不可不察，其严备之。"金太宗的要求是遵守盟约，所以完颜娄室亦特别强调："元帅府约束，若兵近夏境，则与夏人相为犄角，毋相侵犯。"恰是约束了金军的行为，使得金、夏建立了常态化的通和关系。③

金太宗亦希望继续与高丽保持通和关系，即位后即派使者前往高丽，但高丽不愿接纳使者，金太宗则表示："高丽世臣于辽，当以事辽之礼事我，而我国有新丧，辽主未获，勿遽强之。"天会二年五月，曷懒路军帅完颜忽剌古等人上言："往者岁捕海狗、海东青、鸦、鹘于高丽之境，近以二舟往，彼乃以战舰十四要而击之，尽杀二舟之人，夺其兵杖。"金太宗乃强调："以小故起战争，甚非所宜。今后非奉命，毋辄往。"七月，边臣又上言："高丽约吾叛亡，增其边备，必有异图。"金太宗则下诏要求备而不发，不得擅起战端："纳我叛亡而弗归，其曲

---

① 《金史》卷3《太宗纪》。
② 《金史》卷3《太宗纪》，卷71《完颜阇母传》。
③ 《金史》卷3《太宗纪》，卷72《完颜娄室传》，卷73《完颜希尹传》，卷134《西夏传》。

在彼。凡有通问，毋违常式。或来侵略，整尔行列，与之从事。敢先犯彼，虽捷必罚。"天会四年六月，高丽国王"奉表称藩"，确立了与金朝的通和关系。[1] 金朝要求高丽遣还逃入其境的女真人，高丽不肯，完颜勖即上书金太宗，请求终止追要逃人，太宗采纳了他的建议。

> 臣闻德莫大于乐天，仁莫先于惠下。所索户口，皆前世奸宄叛亡，乌蠡、讹谟罕、阿海、阿合束之绪裔。先世绥怀四境，尚未宾服，自先君与高丽通，闻我将大，因谓本自同出，稍稍款附。高丽既不听许，遂生边衅，因致交兵，久方连和，盖三十年。当时壮者今皆物故，子孙安于土俗，婚姻胶固，征索不已，彼固不敢稽留，骨肉乖离，诚非众愿。人情怨甚可愍者，而必欲求为己有，特彼我之蔽，非一视同仁之大也。国家民物繁多，幅员万里，不知得此果何益耶。今索之不还，我以强兵劲卒取之无难。然兵凶器，战危事，不得已而后用。高丽称藩，职贡不阙，国且臣属，民亦非外。圣人行义，不责小过，理之所在，不俟终日。臣愚以为宜施惠下之仁，弘乐天之德，听免征索，则彼不谓己有，如自我得之矣。[2]

金太宗之所以强烈要求不对西夏、高丽动武，一方面是金朝正大举进攻宋朝，需要东、西两境的安全，不能造成多面出击的困境；另一方面，他也确实有"止战"的观念，能够用和平手段解决的问题，就不需要付诸武力。

二　强臣主导的金、宋关系

有人指出，金太宗在位时，"一时将相，如粘罕、兀术、兀室，皆开国大功臣，桀黠难制，太宗居位，拱默而已"[3]。由此出现的"强臣政治"，既主导了朝政，也主导了金、宋关系的走向。

（一）太宗朝的五大强臣

太宗朝的第一大强臣粘罕，即完颜宗翰（1080—1137 年），国相完颜撒改之子，太宗即位后掌管西部地区的军务，驭部下极严，"遇战

---

① 《金史》卷 3《太宗纪》，卷 125《韩昉传》，卷 135《高丽传》。
② 《金史》卷 66《完颜勖传》。
③ 《大金国志》卷 8《太宗文烈皇帝六》，第 130 页。

时，号令其下骑者骑、步者步，回顾者斩，所以每战必胜也"。由于战功卓著，粘罕养成了目空一切的傲气，并用于把控朝政，"国事大小，粘罕皆总之，虽卿相拜其前，粘罕不为礼。太宗朝粘罕之专权，主不能令，至于命相亦取决焉"①。尤为重要的是，粘罕极力促成了金太宗传位给太祖之子的帝位继承安排。

> 初，太宗以斜也（完颜杲）为谙班勃极烈。天会八年，斜也薨，久虚此位。而熙宗（完颜亶）宗峻子，太祖嫡孙，宗干等不以言太宗，而太宗亦无立熙宗意。宗翰（粘罕）朝京师，谓宗干曰："储嗣虚位颇久，合刺先帝嫡孙，当立，不早定之，恐授非其人，宗翰日夜未尝忘此。"遂与宋干、希尹定议，入言于太宗，请之再三。太宗以宗翰等皆大臣，义不可夺，乃从之，遂立熙宗为谙班勃极烈。②

太宗朝的第二大强臣斡本，即完颜宗干（1093—1141 年），完颜阿骨打庶长子，太宗即位后在朝中主掌政务，前述太宗的理政措施多出于其手。宗干喜好与文人交往，不仅赞赏韩企先、韩昉的才识，亦将学者张用直等纳入门下，教育子弟。③ 粘罕采纳高庆裔的建议，"淫刑毒政"④，完颜宗干亦能保护一些文人。

> 高庆裔设磨勘法，仕宦者多夺官，（张）通古亦免去。辽王宗干素知通古名，惜其才，遣人谕之使自理。通古不肯，曰："多士皆去，而己何心，独求用哉。"宗干为论理之，除中京副留守。⑤

太宗朝的第三大强臣斡离不，即完颜宗望（？—1127 年），完颜阿骨打第二子，太宗即位后掌管东部地区的军务，由于"性慈仁，喜谈佛道"，得到了"菩萨太子"的雅号。但就是这位"菩萨太子"，坑杀

① 《大金国志》卷 27《粘罕传》，第 379—380 页。
② 《金史》卷 74《完颜宗翰传》。
③ 《金史》卷 76《完颜宗干传》，卷 78《韩企先传》，卷 105《张用直传》，卷 125《韩昉传》。
④ 《大金国志》卷 27《粘罕传》，第 380 页。
⑤ 《金史》卷 83《张通古传》。

了郭药师降金的常胜军。

> 常胜军乃辽人，叛归宋，至是又叛归金。斡离不乃遣各人还归本土居住为名，问常胜军曰："天祚待汝如何？"曰："天祚待我甚厚。""赵皇如何？"曰："赵皇待我尤厚。"斡离不曰："天祚待汝厚，汝反；赵皇待汝厚，汝又反。我今以金帛与汝等，汝定是亦反，我无用尔等。"于是皆惶恐而退。既行，遂遣四千骑以搜检器械为名，于松亭关皆杀之。①

太宗朝的第四大强臣兀室，即完颜希尹（？—1140 年），完颜欢都之子，女真大字的创建者，太宗即位后作为完颜宗翰的副手，既有军事上的成就，亦是"立熙宗为储嗣"的重要赞助者。②

太宗朝的第五大强臣兀术，即完颜宗弼（？—1148 年），完颜阿骨打第四子，完颜宗望去世后，成为南下渡江攻宋的主帅，在金朝军事上有重要影响，对朝政起重要作用则是在金熙宗即位后。③

（二）金、宋开战

金太宗即位后，继续与宋朝保持通使关系。在处理张觉叛金降宋的事件中，金人于天会二年（宋徽宗宣和六年，1124）正月向宋朝提出了索要逃亡人口的要求："勘会两朝誓书，盗贼逃亡，无令停止，亦不得密切间谍，诱扰边人，及约定所许州县所管民户，其余包人户并不在许与之限。今据逐处奏前件因依缘由，称见获凭验，由自推注，不为分付，系违负自彼显然。若只以违约推延，便望休止，亦不误矣。所据随处州县因官寄客居契丹人户并逃亡招过，及上件邀回劫掠偷递职官、百姓、工匠，驱使妇女、挚畜、财物等，如敦守誓约，请依在边帅臣听谍数目交付，仍指挥逐处禁止。"④

完颜宗翰还明确提出了不向宋人移交山西州郡的主张："先皇帝征辽之初，图宋协力夹攻，故许以燕地。宋人既盟之后，请加币以求山西诸镇，先皇帝辞其加币。盟书曰：'无容匿通逃，诱扰边民。'今宋数

---

① 《三朝北盟会编》卷 46，第 347—348 页。

② 《金史》卷 73《完颜希尹传》；《大金国志》卷 27《兀室传》，第 385—386 页。

③ 《金史》卷 77《完颜宗弼传》；《大金国志》卷 27《兀术传》，第 383—384 页。

④ 《大金吊伐录》卷 1《与南宋书草》。

路招纳叛亡，厚以恩赏。累疏叛人姓名，索之童贯，尝期以月日，约以誓书，一无所至。盟未期年，今已如此，万世守约，其可望乎。且西鄙未宁，割付山西诸郡，则诸军失屯据之所，将有经略，或难持久，请姑置勿割。"金太宗采纳完颜宗翰的建议，就是认可其为金、宋开战预做准备。①

天会三年二月，金军俘获辽天祚帝，金太宗于六月向宋朝派出"告庆使"，并告知宋人："大宝之尊，允归公授，守不以道，怒集人神。故先皇帝举问罪之师，迫眇躬尽继述之略，尤赖仁邻之睦，生获昏王之身。人心既以欢和，天下得以治定。爰驰使介，庸示披陈，逖惟闻知，谅同庆慰。"②

天会三年十月，完颜斡鲁指出宋人招降纳叛，"且将渝盟"；完颜阇母也强调"宋败盟有状"；完颜宗翰请求出兵攻宋，完颜宗望更明确表示"苟不先之，恐为后患"，金太宗乃"诏诸将伐宋"。在定议过程中，完颜宗望起了重要的作用，所以有人明指："伐宋之策，宗望实启之。"③

攻宋的金军分为东、西两路，东路军由完颜宗望统率，自燕京南下，西路军由完颜宗翰统率，自西京南下。大举出兵的理由，主要是宋人违反了双方的盟约，正如马扩在《茆斋自叙》中所记，完颜宗翰曾明确对宋朝使者表示："大圣皇帝才崩，舆榇未及归国，地土交受未了，贵朝早已违誓背约，阴纳张毂（张觉），收接燕京逃去职官、民户。本朝累次追取，只是虚行文移，夸诧幅员万里，国富民众。本朝虽小，却不曾敢失道理，待与贵朝略辨曲直则个。"按封有功《封氏纪年》所记，完颜宗望亦曾强调："（宋朝）擅纳叛亡，招收户口，首违誓盟，我辈奉诏兴师问罪。"④ 军事行动的目标，最初只是确定为"收复元赐京镇州县"⑤。天会三年十一月发出的攻宋檄文，则增加了帮助西夏和去除宋朝恶政的动兵理由，并明指金军要攻取黄河以北之地。

---

① 《金史》卷74《完颜宗翰传》。
② 《金史》卷3《太宗纪》；《大金吊伐录》卷1《报南宋获契丹昏主书》。
③ 《金史》卷3《太宗纪》，卷71《完颜斡鲁传》《完颜阇母传》，卷74《完颜宗翰传》《完颜宗望传》。
④ 《三朝北盟会编》卷22，第161—163页。
⑤ 《大金吊伐录》卷1《牒南宋宣抚司问罪》。

　　洎宸舆北返，宰辅东行，不意宋人贪婪无厌，稔其奸恶，忽忘前施之义，潜包幸乱之谋，遽渎誓约，结构罪人，使图不轨，据京为叛，贼杀大臣，邀回户口，啖以官秩，反令纳土，仍示手诏，窃行抚谕，遂使京畿之地鞠为寇场。才天兵临境，魁首奔亡，而又接引，辄相保蔽，更易姓名，授之官爵。及至追索，传以伪首，既杀无辜，又贷有罪，不仁不耻，于此可知。朝廷方务含容，不彰其恶，但诫边臣，户口之外一无理辨，此所以必欲久通欢好之故也。彼尚饰以伪辞，终为隐讳，仍招纳逋逃，反扰居民，更使盗贼出没为过，所有岁贡又多愆期，背恩莫斯之甚。朝廷亦不咎之，依前催索，犹不听从，牒称本朝幅员万里，人居散漫，若再行根究，难指有无，况事皆已往，请别计议。据彼迷辞，意涉夸谩，至于本境发行文字，辄敢指斥朝廷，言多侮谤。虽累曾移文，俟其改过，终然不悟，罔有悛心。矧又夏台（西夏），实为藩辅，忱诚既献，土民是赐，而彼宋人忽起无名之众，辄行侵扰之事。因其告援，遂降朝旨，移牒解和，俾复疆土，仍以狂辞不为依应，反云夏人纳款，曲有陈请。大金方务恩抚，初附之国且料不无曲意，姑行顺从，既出一时私恩画与夏人，则大金顺从夏人已为周至，自今不烦干预，自当以道理所在。且朝廷方隆恩造，下浃群邦，彼之两国各蒙其赐，所与之地裁之在我，肯致私曲，以为周至，岂期诡诈，昧于道理，不为禀从，如此之甚者哉。斯则非止侵陵夏国，实关不惧朝廷，此朝廷所以罪也。盖闻古所重慎者兵也，兵而无名，非三代仁义之谓也。其或伐顺临逆，以直加曲，斯乃兵之王道焉，反是则甚无谓也。今奉宣命，兴师问罪，东自南京以来，西接夏军一带，诸路并进，固不获已。况赵佶越自藩邸，包藏祸心，阴假黄门之力，贼其冢嗣，盗为元首，因而炽其恶心，日甚一日，昏迷不恭，侮慢自贤，谓已有天命，谓作虐无伤。当其伐辽之日，官军所至有逆拒者，或至伤残，皆非我所欲为，是其自速祸败也。或有举城举邑、以部以伍效顺归款者，前官如旧，厚加恩抚，立其劳绩，不次录用，居民则省徭役，轻刑罚，各安其业，谅已知悉，今亦如前，宜相为鉴。昔彼纳平山是图我疆，今伐汴宋是图彼地，兹所谓出乎尔反乎尔者也。若赵佶深悔前非，听命不违，则虽云无外，且未深图，止以黄河为界，聊报纳叛之由，是知自黄河以来皆系我民，夫人之已有之物，安肯自为残毁。再念其民居无道之国，烦徭重役，从来久矣，况遭阉竖要功喜事，近岁而下，苦于飞挽，流离道路，曾不聊生，今来若不预先晓告，窃虑其间别有牵迷。①

宋人许采在《陷燕记》（亦称《陷燕录》）中指出，金人之所以发起大规模进攻，张觉、逃户、岁币是三个重要的原因，尤其是岁币的银绢，"较之馈遣契丹者，幅尺色额不逮远甚"。张汇则在《金国节要》中强调，刘彦宗、时立爱等辽朝降臣为了报复宋人攻辽的行为，亦起了助推金军南下攻宋的重要作用。② 其实诸多开战理由，都是粉饰攻宋合理性的借口，金朝强臣期待的是继续开疆扩土的重大"武功"，而宋人的羸弱无疑为金军席卷中原之地提供了难得的机会。

（三）城下之盟

宋军无法阻遏金军南下，不得不发出求和的请求。天会三年十二月，宋朝使者沈琯草拟了和议书，并将其呈给完颜宗望。沈琯在其所著《南归录》中，收录了草书的全文。

> 某谨献书皇太子麾下：某窃谓天地之德可为大矣，而孔子以一言尽之曰"生而已"。伏惟皇太子亲拥兵以责不信，自入境来不杀一人、不取一毫，河北之城守而不下者，察其愚衷，未尝逼而过之，真体天好生之德也。赵皇聪明睿知，闻于天下，特用事之臣有以蒙蔽之，其不信之罪，固有所在。……赵皇又安肯遽举河朔而遂弃之，亦须聚兵而一战，胜负姑置不论，然胜者岂全无杀伤之害，特有多寡之异耳，又况于负者哉。两国之兵各尽死以忠于国，而使肝胆涂地，非皇太子入燕之初所以谕人民之本意也。某欲请选轻兵十骑，随某先驰至汴，亲见赵皇，临遣大臣前来军前，计议多少金帛以犒将士，更增岁币，以重和好，亦大金皇帝无穷之愿，岂不美哉。③

对于这样的非正式和议书，完颜宗望不会给予重视。宋徽宗准备南逃，传位给宋钦宗赵桓。天会四年（宋钦宗靖康元年，1126）正月，

---

① 《大金吊伐录》卷1《元帅府左副元帅、右监军、右都监下所部事迹檄书》。
② 《三朝北盟会编》卷24，第176、181页。
③ 《三朝北盟会编》卷25，第187页。

完颜宗望率军渡过黄河，包围了汴京。宋钦宗先派魏康、刘镐向完颜宗望呈上宋三省、枢密院的议和劄子，完颜宗望则在回劄中要求宋钦宗正式派使者前来议和："今皇帝正统天下，高视诸邦，其惟有宋不可无主，然摧灭大权已入握内。又为元奉旨谕叮咛，屡遣人使，遂与安和，惟求转祸成福，勿有疑惑。请准前去文字，别遣大臣将呈御笔，早图万世之和。"宋钦宗在答书中明确表示："止缘奸臣误国，容纳叛亡，岁币愆期，物货粗恶，遂令信誓殆成空文，邻国兴师职由于此。重念大圣皇帝从初讲好，欲卜万年。事至于今，虽悔何及。太上皇深自尅责，乃付神器。缵服之始，不遑康宁，夙夜以思，宜伸旧好。果蒙使价，远达信诚，结约之辞，悉以面谕。自今以始，传之无穷，共庇生灵，永同金石。"宋人不愿意放弃黄河以北的地区，所以给出的条件是多给金朝钱帛："投拜职官、人口尽行发遣，大金国人马抽回，议定更不以黄河为界，只将地土税赋所出，改添岁币七百万贯。今来河北、河东人马抽回，赏军银五百万两，绢五百万匹，金五十万两。"①

宋朝派出的使者是李梲和郑望之，郑望之在《奉使录》中记载的与金朝接伴使萧三宝奴就和谈涉及土地问题的对话，可转引于下。

> 三宝奴微笑，又云："北朝以人马到处为界，今已到汴，然皇子郎君只要以河为界。"
>
> 望之云："朝廷自来只倚道与金国讲好，以燕山为藩篱，内郡及都城不为战守备。不意燕山失守，主上嗣位未旬日间，正是做手脚不迭，亦非事力单弱。若皇子郎君能以中国为重，结为邻好，足以光辉史册。必欲以河为界，此乃恃强有所邀求耳。且南朝得北朝地守不得，如朝廷守燕山是也，归朝官往往先叛。北朝得南朝地，亦恐难守，盖人情向背不同，岂肯一向宁帖。不若多增岁币，此事却可商量。"
>
> 三宝奴云："南朝得北朝地固不能守，北朝得南朝地岂守不得，古人有守得者。"
>
> 望之云："耶律德光到汴京，不及一月，如何谓之守得。"
>
> 三宝奴云："有守得底。"

---

① 《大金吊伐录》卷1《宋三省枢密院劄子、回劄子、宋主书、事目（天会四年正月七日）》。

望之云："北边种落得中原地，无如拓跋魏。然自拓跋南侵，改为元魏，已百有余年，当时所立君长，犹中国之人也。用中国之礼乐，中国之法度，中国之衣服，故中国之人亦安之，今大金岂可以拓跋魏为比。"①

这段对话之所以重要，就在于郑望之提醒金人，治中原要用中国人和中国法。金人后来以楚、齐治中原，与这样的提示应有重要的关系。

完颜宗望见到宋朝使者后，向李梲、郑望之强调了双方议和的条件。

京城破在顷刻，所以敛兵不攻者，徒以上旨故，所以存赵氏宗社，恩莫大也。今议和须犒师之物，金五百万两，银五千万两，绢彩各一千万匹，马驼骡驴之属各以万计，尊其国主为伯父，凡燕云之人在汉者悉以归之，割太原、中山、河间三镇之地，又以亲王宰相为质，乃退师。②

在给宋钦宗的正式文书中，写明了完颜宗望开出的各种条件。宋钦宗在回书中不仅答应了完颜宗望提出的所有条件，还命康王赵构为质，以取得金人的信任。③完颜宗望则在回书中强调："今既转祸为福，重践旧好，惟望贵朝不失农事，早令当司兵马无稽驻泊，益彰至德，当司已钤束逐处军兵，不令驱虏杀戮。"④经过双方数次文书往来，最终形成了宋钦宗的誓书，节文如下。

靖康元年正月十五日，侄大宋皇帝桓谨致书于伯大金皇帝阙下：昨自太上皇帝遣使越海结约，请复幽燕旧地，交割之后，著定誓书。不逾月，手诏平山张觉，招纳叛亡，岁输之物愆期，正旦使贺允中致"传语"二字，由此伯大金皇帝远遣数路重兵入境问罪。

①　《三朝北盟会编》卷29，第212—213页。
②　《三朝北盟会编》卷29，第216页。
③　《大金吊伐录》卷1《回宋书、事目（天会四年正月九日），回书誓文及差康王少宰出质、事目（正月十二日）》。
④　《大金吊伐录》卷1《回奏宋主、别上书（天会四年正月十四日）》。

太上皇帝自省前非，传付神器，适有大圣皇帝次子郎君一路兵马先到京城之下，遂专差知枢密院事李梲、尚书工部侍郎郑望之趋诣军前，代上皇引过自悔，告和乞盟。乃承二郎君遣使赍到文字，开谕恩旨如到日，深悔前非，再乞欢和，即委就便酌中施行。今已计议定，可中山、太原、河间府南一带所辖县镇，以北州军，分画疆至，别有地图，仍比至定了疆界屯兵。以前于内别有变乱处所，当朝自当应管擒制交送。已后至于尺土一民，不令侵犯招纳。若是三府已南犬牙出入不齐去处，临时两平兑易外，据往复国书，伯侄施行。并应系亡辽官吏、僧道、教坊、工匠、百姓等，除元不曾到并已死亡外，并行遣还，在京令随逐前去，在外接续逐处起发，一无停匿。为放河北、河东土地，每岁输送银二十万两、绢三十万匹、钱一百万贯，以金银匹帛并杂物拆纳，无依前粗恶、愆期，以报重恩，再结欢好。斯言之信，金石不渝，有违此盟，天地鉴察，神殛无赦，宗社倾覆，子孙不享。所有其余该载不尽合约事件，并依前立誓书施行。①

金、宋达成和议，宋钦宗特别致书完颜宗翰，告知和谈情况，并向太原守臣下诏，要求将太原等地交给金人，以履行和约。在宋钦宗的要求下，完颜宗望同意以肃王为质，将康王赵构放还汴京。②

（四）攻占汴京

天会四年二月，宋军突然进攻汴京城外的完颜宗望军营，被金军击败。完颜宗望致书宋钦宗，质问"是甚兵马及从何来"，宋钦宗则在回书中称袭击金军营帐是城外乱兵所为，"本朝自度事理，其不敢举兵妄动"。完颜宗望在率军北返前，还特别致书宋钦宗，要求宋人严守盟约："且自大军之来，资索颇多，上渎聪明，下匮民庶，事在不已，固非乐为。窃惟兵火一纵，收之实难，自非皇帝仁明远略，屈己爱民，安能使此祸危翻然为福。今兹大计已定，而后无以旧事为念，惟祈永惇诚

---

① 《大金吊伐录》卷1《宋少主新立誓书》。
② 《大金吊伐录》卷1《宋少主敕太原守臣诏、宋少主与左副元帅府报和书（天会四年正月十五日）》；《三朝北盟会编》卷31，第230页。

义，共庇生灵。"①

对于割让太原、中山、河间三镇，宋朝不少臣僚坚决反对，宋钦宗在巨大压力下，于靖康元年三月正式下诏，要求固守三镇，并强调"祖宗之地，尺寸不可与人"。对金人的说法，则是"更增岁币银绢，以代三镇租赋"。四月，宋钦宗又下诏"起天下兵扼控边陲，荡攘群丑"②。为得到三镇之地，金人一方面致书宋廷，要求其遵守盟约；③ 另一方面，则加强军事行动，击败了增援太原等地的宋军。六月，宋钦宗致书完颜宗翰，强调"三镇之民，以死固拒"，难以交给金朝，"请以三镇租税纳充岁币"。完颜宗翰则在回书中明指宋人"复不守约"。七月，宋钦宗又分别致书完颜宗翰和完颜宗望，强调"以三镇税租纳充岁币，既不失通和之议，抑亦为长久之图"④。八月，金军再次分两路南下攻宋，依然以完颜宗翰、完颜宗望分统西路军和东路军。完颜宗翰、完颜宗望还联名致书宋钦宗，强调之所以兴兵问罪，就是因为宋人有一系列败盟的举动。⑤ 九月，完颜宗翰攻克太原，特别对被俘的守将张孝纯说明了再次兴兵的理由。

> 向者我皇帝遣二太子郎君与我等分兵问罪，天兵既抵汴京，你家君臣哀鸣请和，请割三镇二十州以赎罪。太子矜怜从请，遂乃班师。誓墨未干，盟言又变，三镇不还，以兵袭我。自古违盟，不克享国，今再奉敕命复行吊伐。⑥

宋朝使者李若水向完颜宗翰乞和，按《靖康大金山西军前和议日录》所记，完颜宗翰表明了只有交割三镇才能许和的强硬态度。

---

① 《大金吊伐录》卷2《上宋主书、宋主回书（天会四年二月二日），上书（二月八日）》；《三朝北盟会编》卷33，第244—245页；卷36，第268—269页。

② 《三朝北盟会编》卷43，第326—327页；卷46，第346页；《大金吊伐录》卷2《宋主遣计议使副书（乞免割三镇更增岁币等事）》。

③ 《大金吊伐录》卷2《元帅府与宋三省枢密院牒、与南宋书、元帅府再与宋三省枢密院牒》。

④ 《大金吊伐录》卷2《宋主再乞免割三镇书（靖康元年六月九日），左副元帅回书（天会四年七月二十三日）》；《三朝北盟会编》卷50，第380—381页。

⑤ 《大金吊伐录》卷2《两路元帅府差官问罪书、书外闻达事件（天会四年八月十四日）》。

⑥ 《三朝北盟会编》卷53，第398—399页。

若水又曰："某等来时，面奉本朝皇帝圣训，令若水等再三启白国相元帅（完颜宗翰）：前次奸臣误国，煞有施行。今者分差两番使人前来，以道志诚悔悟之意。愿国相元帅以生灵为念，盟好为心，早与通和，天下幸甚。"

国相曰："那收燕山时，杀了底许多人，是生灵也。"

若水曰："某等面奉本朝皇帝圣训，令某等再三启白国相元帅，今欲以三镇逐年所收租赋，悉奉贵朝，愿休兵讲好。"

国相厉声曰："既有城下之盟，许割与他三镇，那租赋便是这里底，怎生更上说也。若如此，便是败盟，不割三镇。"

若水曰："盖缘三镇军民未肯交割，故欲将逐年租赋奉贵朝，其利均一，止是爱省事，幸国相元帅开纳。"

国相曰："公们不去劝谏贵朝皇帝，教早割与他三镇土地、人民，便是好公事，却来这里弄唇舌，想捎空，恐使不得。"

国相曰："使副们少间便回，如到京师，烦为再三奏知贵朝皇帝，承遣使命，远来颁示宸翰及礼物等，不胜感荷。为军行无物贡谢，伏望睿察，所谕三镇租赋不须言及，若差人速来交割土地、人民，即便回军通和。万一不从须索，提兵直到汴京理会也。"①

完颜宗翰、完颜宗望还与众将领商定了东、西路军会师汴京的进军方略，张汇在《金国节要》中有以下记载。

右监军兀室（完颜希尹）曰："今河东已得太原，河北已得真定，两者乃两河领袖也。乘此之势，可先取两河。俟两河既定，徐图过河，以取东京（汴京），不为晚矣。今若弃两河，先犯东京，苟有不利，则两河非我有也。兼太子昨已到京，不能取之。"斡离不（完颜宗望）未有语，粘罕（完颜宗翰）怫然而起，以手去貂帽，掷之于地，谓诸将曰："东京，中国之根本。我谓不得东京，两河虽得而莫守，苟得东京，两河不取而自下。昨东京军不能得者，以我不在彼也。今若我行，得之必矣。"又舒右手，作取物之

---

① 《三朝北盟会编》卷55，第409—411页。

状，曰："我今若取东京，如运臂取物，回手得之矣。"斡离不欣
然称善，诸将不敢沮之，入寇之计遂决。于是粘罕与斡离不分归本
路，约会于东京。①

完颜宗望还让宋使王云回报宋钦宗，提出了新的要求："今惟大金
皇帝开境数万里，抚有诸国，欲以皇帝车辂、衮冕等物为谢，及令使人
附宰臣等表奉册宝，增上尊号。"宋钦宗无奈之下，只能下诏表示可以
满足这样的要求："金人来请徽号及冕辂，朕以生灵之故，举而
与之。"②

完颜宗翰率军至怀州时，宋朝守将崔安国派范仲熊前来问金朝出兵
的理由，金人则明指此举含有统一天下之意，如范仲熊在《北记》中
所记。

　　金人差泽州书吏一人来下文字，前面说大金有道、中国背盟数
百言，兼说已降了晋、绛，令怀州速降。安国云："如何回答？"
即遣仲熊行。须臾，一燕人来相揖，少顷，有三十余骑来相揖。仲
熊问其师来之意，其人语言不逊，令一燕人译语云："南宋背盟，
我所以来。我大金皇帝有一统天下之志，国相（粘罕）英雄，今
又以取了太原、晋、绛，你且看太原犹自取了，则怀州何劳攻也。
你但说与知州，令将状来。"往见大都统娄宿孛堇（完颜娄室），
令人传译，其所说大率略同。③

天会四年闰十一月，完颜宗翰、完颜宗望两军在汴京会师，明确要
求宋朝将黄河之北的州县划归金朝，完颜宗望还特别强调："南朝许割
地约合而失信，今欲尽得河北、河东之地，然后罢兵。可先割两路地，
次执不割地大臣送军前，再议和好。"④ 金军攻破汴京后，宋钦宗先是
派宰相何㮚到军前议和，何㮚与完颜宗翰则有了以下对话。

---

① 《三朝北盟会编》卷57，第425页。
② 《大金吊伐录》卷2《王云呈复》；《三朝北盟会编》卷61，第454—455页。
③ 《三朝北盟会编》卷61，第456页。
④ 《大金吊伐录》卷3《元帅府书（以黄河为界）、元帅府与宋书（兵近都城）》；《三朝
北盟会编》卷68，第514—515页。

　　宰相何㮚出使，见粘罕。粘罕问之曰："汝为宰相，知吾提兵将至，何不投拜，而乃拒战，又不能守城，何也?"㮚无以对。又曰："闻劝宋王与我战者，岂非汝耶?"曰："然。"粘罕曰："汝有何学术，与我战耶?"曰："㮚无学术，为国为民，当如是耳。"粘罕曰："我欲洗城，如何?"㮚从容曰："率兵洗城，元帅一时之威也。爱民施德，元帅万世之恩也。"粘罕悟曰："古有南即有北，不可无也。今之所期，在割地而已。"㮚再拜谢。①

　　天会四年十二月，宋钦宗本人亦在金人的强迫下到军前议和，并在完颜宗翰的要求下修改了降表，宋人著作《宣和录》就此有专门记载。

　　上（宋钦宗）在金寨，宿郊官，与二帅尚未相见，遣使议事，索降表。上命孙觌草表，但言请和称藩而已。使人赍草示粘罕，粘罕以为未是。使人往来者数四，皆不中，而要四六对属作降表。觌与吴开互相推避，不下笔。上曰："事已至此，当卑辞尽礼，勿计空言。"促使为之，于是觌、开与何㮚共草成之。其略云："三匦之城，遽失藩篱之守；七世之庙，几为灰烬之余。既烦汗马之劳，敢缓牵羊之请。"又云："上皇负罪以播迁，微臣捐躯而听命。"又云："社稷不陨，宇宙再安。"上览讫，谓孙觌曰："对属甚切，非卿平昔闲习，安能及此。"使人赍草示粘罕，罕意不可，令其官吏同吴开、何㮚数次改易。粘罕抹去"大金"二字，止称皇帝。又去"大宋皇帝"字，止称大金为皇帝，而不自书国号。又改"负罪"为"失德"。又指"宇宙"二字云："大金亦宇宙也，改为寰海。"上悉从之。②

　　完颜宗翰在修改宋朝降表后，曾向宋钦宗表示："天生华夷，自有分域，中国岂吾所据。况天人之心未厌赵氏，使他豪杰四起，中原亦非我有。但欲以大河为界，仍许宋朝用大金正朔。"宋钦宗返回汴京不久，又于天会五年正月被完颜宗翰、完颜宗望召到军营，"礼数迥异于

---

　　① 《三朝北盟会编》卷70，第528—529页。
　　② 《三朝北盟会编》卷71，第534页。参见《大金吊伐录》卷3《宋主降表（系令改定）》。

前"①，因为完颜宗翰已经改变态度，要废除赵氏皇帝，宋人刘子羽记下了当时的情况。

> （天会五年）正月十三日，韩政取亡考（刘韐）去相见，云："主上（宋钦宗）再出郊，军中已议废灭宗社，别立异姓，并取太上皇。国相（完颜宗翰）已说与资政（刘韐）与政为代。"兼说亡考以立异姓之后，兵连祸结，不若此去取富贵。亡考归，呼使臣陈瓘等说："主上已出，虏欲灭我宗社，乃欲用我，我当自图。"手写一劄子付陈瓘曰："大金不以予为有罪，而以予为可用。夫贞女不侍两夫，忠臣不事两君，况主忧臣辱，主辱臣死，以顺为正，妾妇之道，所谓大丈夫富贵不能淫，威武不能屈，予今日所以有死而已。"令持归。正月十六日，沐浴更衣，以衣绦自缢。②

刘韐的忠君行为难以改变金人的决定。金太宗接到宋钦宗的降表后，刘彦宗曾明确表示可以保留赵宋王朝，但金太宗并未采纳他的意见，③ 而是遵循完颜宗翰的主张，于天会五年二月正式下达了废除赵宋皇帝的诏书。

> 敕赵桓：省所上降表，汝与叔燕王俣、越王偲已下宗族及宰臣百僚、举国士民、僧道、耆寿、军人于十二月二日出郊望阙称臣、待罪事具悉。背义则天地不容，其孰与助，败盟则人神共怒，非朕得私。肇自先朝开国，乃父求好，我以诚待，彼以诈欺。浮海之使甚勤，请地之辞尤逊。析木版图，第求入手，平山伪诏，曾不愧心。罔天罚以自干，忽载书而固犯。肆予纂绍，犹事涵容。迄悛恶以无闻，方谋师而致讨。犹闻汝得承位，朕望改图，如何复循父佸之覆车，靡戒彼辽之祸鉴。虽去岁为盟于城下，冀今日堕我于画中。赂河外之三城，既而不与；构军前之二使，本以间为。惟假臣权，不赎父罪；自孽难逭，我伐再张。将臣多激怒之心，战士增敌忾之勇。息君犯五不韪之罪，丧亦宜乎；晋师有三无报之名，倍犹

---

① 《三朝北盟会编》卷71，第536页；卷74，第559页。
② 《三朝北盟会编》卷75，第564页。
③ 《金史》卷3《太宗纪》，卷77《张邦昌传》。

未也。以是济河航苇，降汴燎毛。人竞覆昏，天莫悔祸。谁肯背城而借一战，果闻举族以出降。既为待罪之人，自有易姓之事。所有措置条件，并已宣谕元帅府施行。故兹诏示，想宜知悉。①

宋钦宗还希望金人允许其"回銮"，但是如《宣和录》所记，完颜宗翰已经以"待那里去"作为回答，完颜宗望亦表示："天命如此，无可奈何。"② 完颜宗翰、完颜宗望随即向在汴京的宋人发出了正式的通告。

元帅府近以宋主降表申奏，今回降圣旨劄子："先皇帝有大造于宋，而宋人悖德，故去年有问罪之师。乃因嗣子遣使军前，哀鸣祈请，遂许自新。既而不改前非，变渝迷执，是致再讨，犹敢抗师。洎官兵力击，京城摧破，方申待罪之礼。况追寻载书，有违斯约，子孙不绍，社稷倾危。父子所盟，其实如一，今既伏罪，宜从誓约。宋之旧封，颇亦广袤，既为我有，理宜混一，然念师行止为吊伐，本非贪土，宜别择贤人，立为藩屏，以王兹土。其汴京人民，许随主迁居者听。"右所降圣旨在前，今请到宋宰执、文武百官洎京寮一面共请上皇已下后妃、儿女及诸亲王、公主之属出京，仍勾集在京僧道、耆老、军人、百姓遵依圣旨，共议荐举堪为人主者一人，不限名位高卑，惟道德隆懋，有大勋业，素为众所推服，长于治民者，虽乏众善，有一于此，亦合举荐。当依圣旨备礼册命，赵氏宗人不预此议。一应宋之百司并事新君，其国俟得姓氏，随册建号。所都之地，临日共议。③

宋徽宗被送到金营后，并不认可金人的说法，他向完颜宗翰、完颜宗望表示："汝去年兴师，吾传位与嗣君，遂割城犒军，汝等乃还。今兴兵称嗣君失信，汝等曾记誓书否？"他还对宋钦宗说："汝若听老父之言，不遭今日之祸。"在金军南下时，宋徽宗曾提出南迁的动议，但被何㮚等人劝阻，所以才会有二帝均落入金人之手的悲剧发生。④ 完颜

① 《大金吊伐录》卷3《废国取降诏》。
② 《三朝北盟会编》卷78，第589—590页。
③ 《大金吊伐录》卷3《行府下前宋宰执举人（天会五年二月六日）》。
④ 《三朝北盟会编》卷79，第595—596页。

宗翰和完颜宗望在擒获宋朝二帝的贺表中，则强调了金朝灭宋是实现统一的重大步骤。

> 臣等奉诏伐宋，屡克城邑，继至汴京。闰月二十五日，克汴。三十日，宋主赵桓出城。今月二日，率其诸王、百官、国人、僧道望阙稽首，跪上降表者。稔恶弗悛，自难逃于天网；得道多助，孰敢抗于王师。惟宋当八世之升平，恃百年之储积，内有甲兵之备，外无边境之虞，以其隔大海之遥，未尝通先朝之问。太祖大圣皇帝诞膺历数，肇造家邦，彼乃密修浮海之勤，恳致复燕之请，辄凭一介，遂割两京，曾未立于岁时，已遽忘于恩造，动摇我封部，招纳我叛亡。皇帝陛下以生灵为心，扩乾坤之量，但令理辨，曲示含容，迄无意于改图，方兴师而问罪。佶（宋徽宗）则仓皇而逊位，桓（宋钦宗）惟哀泣以求存，议割三府之疆，请复两朝之好。岂意我师甫退，信誓又渝，兹益重于前愆，累再烦于天讨。盖凭成算，以底全功，遂令继世之君，俱为亡国之虏。威灵遐畅，文轨大同。臣等出分阃外之忧，坐获师中之吉；躬齐五伐，不劳仗钺于商郊；仰祝万年，愿郊奉觞于汉殿。①

完颜宗翰对儒学还是保持尊敬的态度，如有人所记："时汉儿将启孔子墓，粘罕问曰：孔子何人？通事高庆裔曰：古之大圣人。曰：大圣人墓焉可伐？尽杀之。"② 金军入汴京，完颜宗翰即强调："秀才懑却忠孝为国，不要杀他。"此外，还有"金人二十一人，诣国子监烧香拜先圣"的举动。③ 完颜宗翰、完颜宗望还采纳刘彦宗的建议，除了取宋宫中的各种仪仗、车辇外，"又取图籍、文书与其镂版偕行"④。

（五）以中原人治中原

金人掳走宋朝二帝，并未打算在中原久留，而是采用"以中原人治中原"的方略，扶持一个代理人。由于宋人张邦昌曾随康王赵构出使金朝，并被留在金营中，完颜宗翰即将其定为新皇帝的人选，并强迫在

---

① 《大金吊伐录》卷4《左副元帅宗翰、右副元帅宗望贺俘宋主表》。
② 《大金国志》卷5《太宗文烈皇帝三》。
③ 《三朝北盟会编》卷70，第529页；卷74，第554页。
④ 《三朝北盟会编》卷77，第584—585页；卷78，第586页。

汴京的宋臣共同推举张邦昌，在推戴表中称张邦昌"识探天人，学贯今古，内外之声久著，天人之意允洽，应大国褒崇之礼，希前往作圣之功，可治国事，以主斯民"[1]。金太宗乃于天会五年二月正式下诏，册封张邦昌为大楚皇帝。

> 维天会五年岁次丁未，二月辛酉朔，二十一日辛巳，皇帝若曰：先皇帝肇造区夏，务安元元。肆朕纂承，不敢荒怠，夙夜兢兢，思与万国同格于治。粤惟有宋，实乃通邻，贡岁币以交欢，驰星轺而讲好，期于万世，永保无穷，盖我有大造于宋也。不图变誓渝盟，以怨报德，称端构乱，反义为仇，谲诈成俗，贪婪不已，加以肆行淫虐，不恤黎元，号令滋张，纪纲驰紊。况所退者非其罪，所进者非其功，贿赂公行，豺狼塞路，天厌其德，民不聊生。尚又姑务责人，罔知省己，父既无道于前，子复无断于后。以故征师命将，伐罪吊民。幸赖天高听卑，神幽烛细，旌旄一举，都邑立摧，且眷命攸属，谓之大宝，苟历数改卜，未获偷安，故因黜废，以昭聪鉴。今者国既乏主，民宜混同，然念厥初，本非贪土，遂命帅府与众推贤，佥曰："太宰张邦昌，天毓疏通，神姿睿哲，处位著忠良之誉，居家闻孝友之名，实天命之有归，乃人情之所系。"择其贤者，非子而谁。是用遣使特进、尚书左仆射、同知枢密院事、监修国史、上柱国、南阳郡开国公、食邑三千户、食实封二百户韩资政，副使荣禄大夫、行尚书礼部侍郎、提点大理寺、护军、谯县开国侯、食邑一千户、食实封一百户曹说，持节备礼，以玺绶册命尔为皇帝，以理斯民，国号大楚，都于金陵。自黄河已外，除西夏新界，疆场仍旧，世辅王室，永作藩臣。贡礼时修，勿疲于述职；问音岁致，无缓于披诚。于戏，天生烝民，不能自治，故立君以临之。君不能独理，故树官以教之。乃知民非后不治，后非贤不守，其于有位，可不慎与。予懋乃德，嘉乃丕绩，日慎一日，虽休勿休。钦哉，其听朕命。[2]

---

①　《三朝北盟会编》卷81，第607页。
②　《大金吊伐录》卷4《册大楚皇帝文》。册文亦见《大金国志》卷32《立楚国张邦昌册文》，第451—452页；《三朝北盟会编》卷84，第630页。

这封册书虽然出自文臣之手，但其中所包含的治国理念，金太宗显然是认同的。张邦昌不知道这些前期操作，得知将立其为帝时，坚决推辞，完颜宗翰、完颜宗望乃以"立宋之太子，以公为相，善为辅佐"为由，将张邦昌骗入汴京，宣布如果不立张邦昌，"将夷宗庙，杀生灵"。张邦昌为保护一城之人，不得不于当年三月即皇帝位，并在手书中强调："予以寡陋，近迫大国，俾救斯民于兵火，而诸公横见推逼，不容自裁，忍死以理国事，岂其心哉。"张邦昌根本就没有立国治民的长期打算，所以一方面与金人周旋，解决"不毁赵氏宗庙陵寝、减金帛数及存留楼橹，俟江宁府修缮毕日迁都"等事宜；另一方面做出"回归"宋朝的姿态，先是找了一个宋朝的太后垂帘听政，后来干脆投奔新即位的宋高宗赵构。尽管张邦昌处事小心，"不御正殿，不受常朝，不山呼，见群臣称予不称朕，旨称面旨，由内降只曰中旨，宣示四方则曰宣旨，手诏则曰手书"，但最终还是被赵构下令处死。①

赵构称帝，延续宋祚，张邦昌自废楚国，使金人废赵宋和以中原人治中原的政治图谋均告失败。金军再次大举出动，南下攻宋。由于完颜宗望病逝，由完颜宗辅继任右副元帅，统率东路军。金太宗还特别对完颜宗翰表示："康王构当穷其所往而追之，俟宋平，当立藩辅如张邦昌者。"天会七年十一月，完颜宗弼（兀术）率军渡过长江，十二月攻占杭州，赵构逃于海上。完颜宗弼军北返后，金人开始着手选择张邦昌的后继者。②

金人重点考虑的人选，一个是原来宋朝的麟府路安抚使折可求，另一个是原来宋朝的济南知府刘豫。刘豫是善于钻营之人，既交好于督管山东的左监军完颜挞懒（完颜昌），又派儿子刘麟贿赂完颜宗翰的手下，以期引起完颜宗翰的注意。刘豫表面推举张孝纯，以阻挡折可求，私下则以进士张浃等人倡言推戴刘豫为帝。③ 选择刘豫的过程，随即在完颜宗翰的主导下得以完成，张汇在《金国节要》记录了相关情况。

　　先是虏中伪留守高庆裔献议于粘罕曰："吾君举兵，止欲取两

---

① 《大金国志》卷30《楚国张邦昌录》，第425—428页；《金史》卷77《张邦昌传》。
② 《金史》卷3《太宗纪》，卷74《完颜宗翰传》。
③ 《金史》卷3《太宗纪》，卷77《刘豫传》《完颜挞懒传》；《大金国志》卷31《齐国刘豫录》，第433—434页。

河，故汴京既得而复立张邦昌。后以邦昌废逐，故再有河南之役。
方今河南州郡自下之后，亦欲循邦昌故事，元帅可首建此议，无以
恩归他人。"盖以金人自陷山东，挞懒久居滨、潍，刘豫以相近，
奉之尤喜，挞懒尝有许豫僭逆之意。庆裔，粘罕腹心也，恐为挞懒
所先，遂遽建议，务欲功归粘罕。粘罕从其说，遣庆裔自云中由燕
山、河间越旧河之南，首至豫所隶景州，会吏民于州治，谕以求贤
建国之意。郡人莫敢言之，皆曰愿听所举，某等不知贤者。庆裔徐
露以属刘豫，郡人迎合虏情，惧豫权势，又豫适景人也，故共戴
之。庆裔喜曰："尔与朝廷帅府之意正相合尔。"遂令列状举之。
庆裔至德、博、东平，一依景州之例。既至东平，则分檄诸郡，以
取愿状。归至云中，具陈诸州郡共戴刘豫之意，及持诸吏民愿状于
粘罕，复令庆裔驰问刘豫可否，豫佯辞之，又且推前知太原张孝
纯。庆裔归报粘罕，又遣庆裔谕豫曰："戴尔者，河南万姓。推孝
纯者，惟尔一人。难以一人之情，而阻万姓之愿。尔可就位，我当
遣孝纯辅尔。"豫诺之。粘罕于是令右监军兀室驰禀于虏主，吴乞
买从之，故豫得僭位。①

天会八年（1130）九月，金太宗正式发出了立刘豫为帝的册文。

皇帝若曰：朕闻公于御物，不以天下为己私；职在牧民，乃知
王者为通器。威罚既以殄罪，位号宜乎授能。乃者有辽运属颠危，
数穷否塞，获罪上帝，流毒下民。太祖武元皇帝仗黄钺而拯黔黎，
秉白旄而誓师旅。妖氛既扫，区宇式宁。爰有宋人来从海道，愿输
岁币，祈复汉疆，太祖方务善邻，即从来议。岂意天方肇乱，自启
衅阶，阴结叛臣，贼虐宰辅，招集奸慝，扰乱边陲。肆朕缵承，仰
循先志，姑存大体，式示涵容。乃复蔽匿逋逃，夸大疆域，肆其贪
狠，自起纷争，扰吾外属之藩邻，取其受赐之疆土。因彼告援，遂
与解和，终莫听从，巧为辞拒。爰命将帅，敦谕盟言，许以自新，
终然莫改。偏师傅汴，首罪奔淮，嗣子哀鸣，请复欢好。地画三
镇，誓卜万年，凡有质要，悉同父约。既而官军未退，夜集众以犯

---

① 《三朝北盟会编》卷141，第1027—1028页。

营；誓墨才干，密传檄而坚壁。私结人使，阴构事端，以致再遣师徒，诘兹败约。又起画河之议，复成缓战之谋。既昧明神，乃昭圣鉴，京城摧破，鼎祚沦亡。无并尔疆，以示不贪之德；止迁其主，用张伐罪之心。建楚新封，守宋旧服，庶能为国，当共息民。不料懦夫难胜重任，妄为推让，反陷诛锄。如构者，宋国罪余，赵氏遗孽，家乏孝友，国少忠勤。衔命出和，已作潜身之计；提师入卫，反为护己之资，忍视父兄甘为俘虏。事虽难济，人岂无情，方在殷忧，乐称僭号，心之幸祸，于此可知。乃遣重兵连年讨捕，比闻远窜，越在岛夷。重念斯民乱于无主，久罹涂炭，未获昭苏，不委仁贤，孰能保定。咨尔中奉大夫，京东西、淮南等路安抚使，兼诸路马步军都总管，知东平府事，节制大名、开、德等府，濮、博、滨、棣、德、沧等州刘豫，凤擅直言之誉，素怀济世之才，居于乱邦，生不偶世。百里虽智，亦奚补于虞亡；三仁至高，或愿从于周仕。当奸贼扰攘之际，愚氓去就之间，举郡来王，奋然独断。逮乎历试，厥勋克成，委之安抚德化行，任之尹牧狱讼理，付之总戎盗贼息，专之节制郡国清。况有定衰拨乱之谋，拯变扶危之策。使民无事则囊弓力穑，有役则释耒荷戈，罢无名之征，寝不急之务。征遗逸，举孝廉，振纪纲，修制度；省刑罚而去烦酷，发仓廪而息蚕螟。神人以和，上下协应。比下明诏，询考舆情，列郡同辞，一心仰戴。宜即始归之地，以昭建业之元，是用遣使某官高庆裔、副官韩昉，备礼以玺绶宝册，命尔为皇帝，国号大齐，都大名府。世修子礼，永贡虔诚，锡尔封疆，并从楚旧，更须安集，自相攸居。尔其上体天心，下从人欲；忠以藩王室，信以保邦圻。惟天难谌，惟命靡常，常厥德，保厥位，尔其勉哉，无忽朕命。①

刘豫亦发出了即位的诏赦，全文如下。

自前朝失御，率土无依，内离民心致蜂起弄兵之盗，外开边隙来鹰扬问罪之师。山川靡宁，干戈互动，耕桑废业，垅亩弥望而荆榛，老幼逃生，庐舍多为之灰烬，原野厌于流血，沟壑填于残骸。

① 《大金吊伐录》卷4《册大齐皇帝文》。册文亦见《大金国志》卷32《立齐国刘豫册文》，第452—454页；《三朝北盟会编》卷141，第1025—1026页。

兵火连年不休，乱离自古所少。言之流涕，念及痛心。嗟赤子之无辜，冀上天之悔祸。宣命丞班于上国，节制特设于东州。顾朕何人，误承此任。自念风猷寡陋，家世则微，昔也壮年久林泉而始乐，今焉晚节岂轩冕之为心。属乞退闲，竟无允命。提纲五路，空殚夙夜之劳；历试期年，蔑著锱铢之效。虽近地稍形于康乂，而远民未免于饥荒。方图自效而归，敢有怀他之望。显册者既申命，要在必从，避辞者凡四章，无所不至，使命愈加于敦迫，军民不容乎遁逃，至于属部之州列奏乐推之牍，此岂人事致尔，实有天数存焉。知便安难遂于己私，则吉凶宜同于民患，当天造之草昧，念王业之艰难，恭受册仪，尚循墙而欲避，勉膺位号，若负刺之不遑，虽非大舜之明扬，幸无成汤之惭德，已于天会八年九月九日即皇帝位，国号大齐。布告中外，咸知朕意。尚念世道交丧，国俗益讹，贪顽未悛于余风，讹误多罹于宪纲，力期化治，深轸哀矜，宜布湛恩，与之更始，可大赦天下。于戏，临深履薄，何以当付托之隆，拯溺救焚，何以树来苏之望，公卿助力，士庶协心，共赞眇冲，以臻康泰。[①]

齐国建立之后，需要一套完整的治国方略，中书舍人范拱特别向刘豫呈上了十五篇的《初政录》："一曰《得民》，二曰《命将》，三曰《简礼》，四曰《纳谏》，五曰《远图》，六曰《治乱》，七曰《举贤》，八曰《守令》，九曰《延问》，十曰《畏慎》，十一曰《节祥瑞》，十二曰《戒雷同》，十三曰《用人》，十四曰《御将》，十五曰《御军》。"由于刘豫的主要心思不在治国理政上，所以"纳其说而不能尽用"[②]。但是为了装点门面，刘豫还是发出了求直言的诏书："九月二十三日，三省同奉圣旨，辞避无术，竟当任重，蒙远近官吏、士庶、耆老奏集称庆，无以能副众勤诚，惟极愧惕。念时当草昧，事极艰难，临政之初，若涉大水，其无津涯，更冀官吏、军民、耆老，凡有所见，直陈奏无隐，庶补昧陋，共图永济。"[③]

---

① 杨尧弼：《伪齐录》卷上《伪齐僭立赦文》，藕香零拾本；《三朝北盟会编》卷141，第1026—1027页。
② 《金史》卷105《范拱传》。
③ 杨尧弼：《伪齐录》卷上《伪齐求直言诏》；《三朝北盟会编》卷182，第1314页。

刘豫更在意的是如何粉饰帝制，他不仅沿袭宋朝制度，任命了各种官员，还在都城大名（北京）之外设立三京，东平为东京，汴京为西京，归德为南京。天会九年（1131）十一月，刘豫改元为阜昌，在诏书中强调："王者受命，必建元以正始。近代以来，仍纪嘉号，以与天下更新。乃者即位之初，有司请遵旧制，朕以大国之好，逊避未遑。而使命远临，促立别号，以昭受命之元，用新我齐民之耳目。嘉与诸夏，共成天休，其以十一月二十三日建元为阜昌元年，布告天下，咸使闻知。"①

阜昌二年（金太宗天会十年，1132），齐国臣僚请求迁都汴京，刘豫即于十二月十八日下诏表示："汴京实四方之上游，名区奥壤，为天下最，今所宜都，无以易此。朕念迁都重事，未尝轻议。既而寇盗衰息，强梗怀归，关辅混同，人渐宁谧。宅中而据，会要因旧，以建新邦，乃其时矣。朕志已定，朝议金协，将戒严而顺动，宜先事以示期，诞布诏书，亶孚群听，已定明年春末迁都于汴，凡尔遐迩知朕意焉。"阜昌三年四月，齐国将都城迁到了汴京。②

刘豫采纳冯长宁的建议，实行什一税法，但是不久即呈现不少弊病，刘豫不得不于阜昌四年（金太宗天会十二年，1134）四月命令冯长宁等人"删修什一税法条式三十二件，随法申明二十二件，诸律刑统疏议、阜昌敕令格式与什一法兼行，文意相妨者从税法"，冯长宁在《删修什一税法》的劄子中，特别强调了坚持什一税法的理由。

自古在上能行治民之道者，无若尧舜。夏、殷、周，而在下能知治民之道者，无若孔孟之徒。其所行所言皆如此，则后有天下、国家以安养生灵为意者，其可忽诸。《春秋公羊传》曰："什一者，天下之中正。"什一行，而颂声作，岂伤其法废而不复，故谆谆言之以示后欤。恭惟陛下受天明命，拯民于涂炭之中，慈俭为宝，勤劳庶务，革贪饕为循良，化呻吟为讴歌。爰自节制诸路，深鉴前弊，而欲尽革之，乃酌先帝圣贤所行所言，为什一之税，多寡升降，官不定籍，唯据民所供岁入之实数，而要其出入。弊无缘生，无地不授，无

---

① 杨尧弼：《伪齐录》卷上《伪齐建元阜昌诏》；《三朝北盟会编》卷182，第1314页。
② 杨尧弼：《伪齐录》卷上《伪齐迁都汴京诏》；《三朝北盟会编》卷182，第1314—1315页。

田不井，与助法同，贤于夏后之贡远矣。所以张太平之纪纲，立至化之基址。行之数年，稍得法意者，公私兼利，独权要豪右不逞之徒病其不能容奸，因州县奉行，间有乖方，或烦苛，或灭裂，致百姓之疑惑厌苦者，乘之肆为浮言，力图沮坏。按周制，田不耕、宅不毛、民无职事者，罚以里布、屋粟夫家之征。今法请佃官田两科之后，有虚占不耕、妨人请佃者，令比附输税。议者乃非之，以为太刻。按律应输课税及入官之物，而回避诈匿，不计所阙，准盗论，历代行之，未尝增损。今坏法隐税者，准盗断罪。议者乃非之，云所隐系己物，岂可谓盗。纷纷籍籍，类此者多，扇惑众听，惟冀幸众情之不安，因之得以摇动成法。况自昔有税，唯今之税尤合乐输，盖国家既无池台、苑囿、楼观之役，又无声色、玩好、宴游之侈，外无佛寺、道宫之修崇，内无嬖人、幸臣之赐予，惟是禄官吏者。所以为民图治、安养军兵、武人置鞍马、甲器者，所以为民平祸乱、完城池楼橹、唯要缓急保民备河防边鄙者，唯恐仓卒害民，凡民所输之税，一粒一钱一丝一缕更无妄用，尽是还以为民。民能知此，岂忍有隐，岂复为异议所惑。伏望圣慈特降睿旨，付所司镂板行下，杜绝浮言，戒敕官吏，示以行法之意，必坚必信，庶几期民咸受实惠。①

冯长宁要坚持什一税法，但是实行这一税法，已经成了横征暴敛的恶政，遭到范拱的反对。

（刘）豫以什一税民，名为古法，其实衰敛，而刑法严急，吏夤缘为暴。民久罹兵革，益穷困，陷罪者众，境内苦之。右丞相张孝纯及拱兄侍郎巽，极言其弊，请仍因履亩之法，豫不从。巽坐贬官，自是无复敢言者。拱曰："吾言之则为党兄，不言则百姓困弊。吾执政也，宁为百姓言之。"乃上疏，其大略以为："国家惩亡宋重敛弊，什一税民，本务优恤，官吏奉行太急，驱民犯禁，非长久计也。"豫虽未即从，而亦不加谴。拱令刑部条上诸路以税抵罪者凡千余人，豫见其多，乃更为五等税法，民犹以为重也。②

---

① 杨尧弼：《伪齐录》卷上《伪齐牒官册修什一税法》；《三朝北盟会编》卷182，第1315—1317页。

② 《金史》卷105《范拱传》。

反对什一税法的还有李上达，"刘豫行什一之法，乐岁输多，欠岁寡取之，盖古人助法也。收敛之时，蓄积盖藏，民或不以实输官，官亦不肯尽信，于是告讦起而狱讼繁，公私苦之。上达论其弊，豫改定为五等之制"①。刘豫"改什一法，行五等税法"的时间是阜昌六年二月，但是五等税法并未起到改变赋税沉重和严刑苛法状态的作用。②

刘豫亦曾发出过劝农的敕令："朕抚有海内，五年于兹。贱末而贵本，欲使元元之民皆趋南亩，丰衣足食，水旱有储。比至于今，田野未尽辟，闾阎之间储蓄尚寡，抑亦长民之吏训督之未至。古者循吏或出入阡陌，躬劝耕桑，课民树艺，悉有程品，用是户口蕃滋，狱讼衰息。今郡守县令，所以助朕致理，何独不能及兹。春首播植之时，其各勉尽率土之方，使地无遗利。农民亦宜深念再脱兵火之厄，泰然更生，勿事惰游，竭力畎亩，务遂生生之业，以养父母，以育妻子，臻于福寿，不亦善乎。布告天下，咸使知之，称朕敦本务农之意，毋忽朕命。故此昭示，想宜知悉。"③ 为满足金人的需求，刘豫还在齐国境内推行"马政"，大规模养马。文人祝简向刘豫呈献《迁都赋》和《国马赋》，刘豫特别作批文称："文赋并非治天下所宜尚，然自前朝失理，上恬下嬉，怠意监牧。国家创业，力为生灵除祸乱、致康泰，以养马为急务，而犹恐官吏、军民多如旧俗，未知尽心于牧圉刍秣之道。此赋极陈马之为用，使读之者知此为至重而不可忽，实有补于马政。"④

刘豫亦参照金朝制度，建立了金军和保长制："乡各为寨，五家为保，推土豪为寨长。双丁籍为出战，单丁夜巡。双丁上教，月两点集，呈器甲、试弓马合格者，补效用正军，不愿者听。每调发一人，即同保四人家备衣粮、器甲等费，就本寨送纳，交于驻扎处充支。在官无一毫之费，惟正军、使臣效用，官破请给各有差。"⑤

在对宋关系方面，刘豫一方面要广招宋人为己所用，刚即位就"建

---

① 《金史》卷92《李上达传》。

② 《三朝北盟会编》卷181，第1311页；杨尧弼：《伪齐录》卷上《刘豫传》。

③ 杨尧弼：《伪齐录》卷上《伪齐戒守令农桑诏》；《三朝北盟会编》卷182，第1315页。

④ 《三朝北盟会编》卷181，第1310页；杨尧弼：《伪齐录》卷上《刘豫传》。

⑤ 《三朝北盟会编》卷181，第1310页；杨尧弼：《大金国志》卷31《齐国刘豫录》，第435页。

归受馆于宿州，招延南方士大夫、军民。置榷场，通南北之货，讥察间探"；另一方面，他亦希望得到宋朝的认可，能够以皇帝的身份接见宋朝出使金朝的使者，宋朝使者则以"平交礼"应对，并强调刘豫曾是宋臣，"比肩事主"，所以不能向其行"君臣之礼"。金人更是明确地向宋高宗派遣的议和使者表示："大齐虽号大齐皇帝，然止是本朝一附庸，指挥使令无不如意。"① 刘豫以其子刘麟主掌国政，并想将其立为皇太子，但金人的要求是"若与我伐宋有功则立之"，刘豫不得不命刘麟多次统军攻宋，但都是无功而返。②

金人允许建立齐国，主要有两方面的需求。一是治民的需求，即"以中原人治中原民"；二是军事的需求，即以齐国的军队辅助金军进攻宋朝。刘豫在治民方面乏善可陈，军事方面亦少有作为，齐国的存在价值已被金人所质疑，只是金太宗在位时未及做出最后的处理而已。

金太宗去世后，臣僚在上谥号时特别列举了他在位时的功绩，可转载于下。

> 伏惟大行皇帝，广渊清明，笃实纯粹，浑然德性而无所畛域，发乎事业则休有烈光。始乎太祖之濯征，常以介弟而居守，推恩抚众而内益固本，务稸节力而外无匮供。好经远猷，克断大事，共能定天下之业，岂特宽关中之忧。兆姓与能，百灵眷德，位肆定于主器，心常戢于在渊。将嗣丕图，犹云菲德，推戴之始，躬三让而克诚，临御以来，明两作而善继。每念前人之图事，欲终下武之伐功。于时民望尚殊，邦统未一，辽主之窜越也，收合余烬，宋人之背诞也，包藏祸心，爰命进师，密授成算，奉天致讨，惟日奏功。故纂服之后不数年，其系组而来凡三帝。万里共贯，六合一家，曾无专享之私，遂定久安之势。画封守以正域，选贤能而为邦，物肃德威，人服义举，处祍席无为之逸，鸠方册不载之功。必也圣乎其可知已，若乃茂昭孝德寅奉先猷，殆将一动而顺稽，非止三年而不改。议有俯迫，政或当更，泣祖训于手泽之余。下莫仰视，畏神威于屋隅之近，躬若无容，继述之间慎重如此。其知人则哲乃任官，

---

① 《三朝北盟会编》卷143，第1043页；卷155，第1123—1124页；卷162，第1173页。

② 《三朝北盟会编》卷161，第1163页；《金史》卷77《刘麟传》。

惟贤慎简，亲勋共位，将相有大用之材，使各尽于不赏之功无所疑，实驾驭以知方，故优游而成治。至于敬宗立爱，齿族居尊，内外敦序而无间言，饮食洽比而有余惠。礼贵情称，实嫌名浮，不疑而物亦诚，好静而民自正。无玉食自奉禹俭，不过以茅茨是居。唐风载郁，好善言恶旨酒，远佞人放郑声。道交万物，而用必以时，法约三章，而刑不留狱。燕殿达穷民之告，上都禁末利之游。疾苦周知，浇竟是息。谓七德戢兵也，切戒黩武；谓八政先食也，每亲督农。第知安民之难，未尝以位为乐。谦抑不德而德逾有，渊嘿不言而言乃欢，故协气横流，大田屡稔，瑞靡不至，史无绝书，殆莫得以殚论，可概言其所睹。①

擒获天祚帝和宋徽宗、宋钦宗，被金人视为走向"六合一家"的重要举动，当然要大书特书，但金太宗并没有呈现出扩大统一范围的强烈愿望，否则就不会立楚、齐两国，而是直接实施对中原等地区的统治。注重儒家治国理念，尤其是立足于"绥抚"的重孝、重贤、重农和宽刑狱、戒黩武等，确实是金太宗所重视的政治观念，并且在"亲勋共位"的状态下，不得不受制于强臣。注意观念与现实之间的矛盾，是理解金太宗政治观念的关键所在。

第三节　金熙宗的治国观念

金熙宗完颜亶（1119—1149 年），本名合剌，完颜阿骨打孙，完颜宗峻（太祖第二子，后尊为景宣皇帝）之子，太宗在位时任谙班勃极烈，太宗去世后尽管有人觊觎帝位，但群臣还是拥立完颜合剌为皇帝（以下称"金熙宗"），仍用天会年号，后用天眷、皇统年号，在位十五年，主要呈现的是文治和抑制强臣的观念。

一　崇尚文治

金熙宗师从汉儒学习儒家经典等，显露出了与其他女真皇族成员的不同之处，如有人所记："亶幼而聪达，贯综经业，喜文辞威仪，早有

---

① 《大金集礼》卷 3《天会十三年奉上太宗谥号》。

大成之量，太宗深所爱重。所与游处，尽文墨之士。""熙宗自为童时聪悟，适诸父南征中原，得燕人韩昉及中原儒士教之，后能赋诗染翰，雅歌儒服，分茶焚香，弈棋象戏，尽失女真故态矣。"① 恰是有了儒学的功底和儒者的做派，使其即位后较充分地展现了崇尚文治的观念。

（一）皇位之争

金太宗选择完颜亶为帝位继承人时，已经不得不面临多位竞争者，宋人苗耀在《神麓记》中有明确的记载。

> 吴乞买（金太宗）病，其子宗磐称是金主之元子，合为储嗣。阿孚宗干称系是太祖武元长孙，合依元约作储君。粘罕宗维（完颜宗翰）称于兄弟最年长功高，合当其位。吴乞买不能予夺者累日。有杨割太师（穆宗完颜盈哥）幼子乌野马、完颜亶受师于本朝主客员外郎范正图，略通义文，奏太宗曰："臣请为筹之。初太宗约称元谋，弟兄轮足，却令太祖子孙为君，盟言犹在耳。所有太祖正室慈惠皇后亲生男绳果早卒，有嫡孙喝啰（合剌），可称谙版孛极烈，以为储，见年一十五岁矣。"粘罕（完颜宗翰）、兀室（完颜希尹）利于幼小易制，宗干系伯父续其母，如己子也，遂共赞成其事。是故，除宗磐为忽鲁孛极列，除宗干为固论孛极列，除宗维为异辣孛极列。②

金熙宗即位时，完颜宗磐和完颜宗翰等人都有图谋帝位的打算。

> 金太祖八子，正室生绳果（完颜宗峻），于次为第五，又生第七子，乃燕京留守易王之父。正室卒，其继室立，亦生二子，长曰二太子，为东元帅，封许王，南归至燕而卒。次生第六子曰蒲路虎，尝封兖王、太傅、领尚书省事。长子固论（完颜宗干），侧室所生，为太师，凉国王，领尚书省事。第三曰三太子（完颜宗望），为左元帅，与四太子同母。四太子即兀术（完颜宗弼），为越王，行台尚书令。第八子曰邢王，为燕京留守，打毬坠马死。绳果死，今主（金熙宗）养于固论家。及吴乞买卒，其子宋国王

---

① 《大金国志》卷9《熙宗孝成皇帝一》，第135页；卷12《熙宗孝成皇帝四》，第179页。
② 《三朝北盟会编》卷166，第1196页。

（完颜宗磐）与固论、粘罕争立，以今主为嫡，遂立之。①

太宗既崩，宋王宗磐与武元之子凉王固碖（固论）即左副元帅粘罕皆争立，而（完颜）亶为嫡，遂立之。②

恰是有对帝位的潜在威胁，金熙宗才会有抑制强臣的一系列动作，详见后述。

（二）尊孔敬儒

金熙宗自年少时学习儒学，即位后继续研读儒家经典，"颇读《论语》《尚书》《春秋左氏传》及诸史、《通历》《唐律》，乙夜乃罢"③。通过读书，熙宗对文治有了较深刻的感悟。

> 天眷二年（1139）六月，上（金熙宗）从容谓侍臣曰："朕每阅《贞观政要》，见其君臣议论，大可规法。"翰林学士韩昉对曰："皆由太宗温颜访问，房、杜辈竭忠尽诚。其书虽简，足以为法。"上曰："太宗固一代贤君，明皇何如?"昉曰："唐自太宗以来，惟明皇、宪宗可数。明皇所谓有始而无终者，初以艰危得位，用姚崇、宋璟，惟正是行，故能成开元之治；末年怠于万机，委政李林甫，奸谀是用，以致天宝之乱。苟能慎终如始，则贞观之风不难追矣。"上称善。又曰："周成王何如主?"昉对曰："古之贤君。"上曰："成王虽贤，亦周公辅佐之力。后世疑周公杀其兄，以朕观之，为社稷大计，亦不当非也。"
>
> 皇统元年（1141）三月，上宴群臣于瑶池殿，适宗弼（兀术）遣使奏捷，侍臣多进诗称贺。帝览之曰："太平之世，当尚文物，自古致治，皆由是也。"④

金熙宗在上京建宣圣庙，孔子后人孔璠被刘豫封为衍圣公。废掉齐国后，熙宗又于天眷三年（1140）"诏求孔子后，加璠承奉郎，袭封衍

---

① 洪皓：《松漠纪闻》卷1，四库全书本。
② 《大金国志》卷8《太宗文烈皇帝六》，第130页。
③ 《金史》卷105《孔璠传》。
④ 《金史》卷4《熙宗纪》。

圣公"。皇统元年（1141）二月，金熙宗亲到宣圣庙祭奠，"宽谒先圣，北面如弟子礼"，并向臣僚郑重表示："朕幼年游侠，不知志学，岁月逾迈，深以为悔。孔子虽无位，其道可尊，使万世景仰，大凡为善，不可不勉。"①

尊孔与敬儒相辅相成，如韩企先的儿子韩铎，"熙宗闻其有儒学，赐进士第，除宣徽判官"②。

金熙宗即位之后，科举取士继续进行，天会十四年和十五年都有考试，进士有裴敦仁、裴端仁、郑达卿、王可等人。③天眷元年五月，"诏以经义、词赋两科取士"，天眷二年，"试举人于燕山，司马朴充主文，中山石琚为魁"，"取至百二十二人"④。"又增专经、神童、法律三科为杂科，亦设乡、府、省三试，中选之人并补将仕郎。"⑤宋人洪皓特别记载了金朝的科举考试情况。

> 金人科举，先于诸州分县赴试。诗赋者兼论作一日，经义者兼论策作三日，号为"乡试"，悉以本县令为试官。预试之士，唯杂犯者黜。榜首曰"乡元"，亦曰"解元"。次年春，分三路类试，自河以北至女真皆就燕，关西及河东就云中，河以南就汴，谓之"府试"。试诗赋、论、时务策，经义则试五道，三策、一论、一律义。凡二人取一，榜首曰"府元"。至秋，尽集诸路举人于燕，名曰"会试"。凡六人取一，榜首曰"敕头"，亦曰"状元"。分三甲，曰上甲、中甲、下甲。敕头补承德郎，视中朝之承议。上甲皆赐绯，七年即至奉直大夫，谓之"正郎"。第二、第三人八年或九年，中甲十二年，下甲十三年，不以所居官高卑，皆迁大夫。中、下甲服绿，例赐银带。府试差官取旨，尚书省降札，知举一人，同知二人，又有弥封、誊录、监门之类。试闱用四柱，揭彩其上，目曰"至公楼"，主文登之以观试。或有私者，停官不叙，仍决沙袋。亲戚不回避，尤重书法，凡作字，有点画偏旁微误者，皆曰"杂犯"。先是考校毕，知

---

① 《金史》卷4《熙宗纪》，卷35《礼志八》，卷105《孔璠传》，卷125《文艺传上》。

② 《金史》卷78《韩铎传》。

③ 沈仁国：《金天会十一至十五年进士辑补》，《江海学刊》2007年第1期。

④ 《金史》卷4《熙宗纪》，卷51《选举志一》；《大金国志》卷10《熙宗孝成皇帝二》，第150页。

⑤ 《三朝北盟会编》卷244，第1753页。

举即唱名。近岁，上、中、下甲杂取十名，纳之国中，下翰林院重考，实欲私取权贵也。考校时，不合格者日榜其名，试院欲开，余人方知中选。又有明经、明法、童子科，然不擢用，止于簿尉。明经至于为直省官，事宰执，持笔研，童子科止有赵宪甫位至三品。①

皇统元年至九年（1141—1149）至少有三次科举考试。在河北地区所见的进士，有皇统元年进士十九人，包括马利贞等人。皇统七年进士十一人，包括齐钹、张愈、魏辛、贾贵、郝庭秀、冯天隐等人。皇统九年进士十八人，包括董师中、齐溥等人。②

金熙宗还于天眷元年正月颁布了女真小字。八月，"诏百官诰命，女直、契丹、汉人各用本字，渤海同汉人"。皇统五年五月，"初用御制小字"。注重文字的同时，亦注重修史，皇统元年十二月修成《先朝实录》三卷，皇统八年四月修成《辽史》，八月修成《太祖实录》。③

金熙宗敬儒，鄙视女真旧臣，加上儒臣的谄媚，已经埋下了重大的祸乱隐患，如张汇的《金国节要》所言："（金主完颜亶）视开国旧臣，则曰无知夷狄。及旧臣视之，则曰宛然一汉户少年子也。""自即位以来，左右诸儒日进谄谀，教以宫室之状，服御之美，妃嫔之盛，燕乐之侈，乘舆之贵，禁卫之严，礼义之尊，府库之限，以尽中国为君之道。今亶出则清道警跸，入则端居九重，旧大功臣非惟道不相合，仍非时莫得见瞻，望墀阶迥分霄汉矣。""旧日元勋将相多所疏摒，而骨肉之间，邪心始起。"④

（三）创建礼仪

皇统元年（1141）正月，群臣向金熙宗上尊号为崇天体道钦明文武圣德皇帝，并且"初御衮冕"和"大赦，改元"，实行正规的册封仪式。⑤在上尊号过程中，不仅强调了熙宗倡导文治的种种表现，还展示了朝廷的礼仪规范。

---

① 洪皓：《松漠纪闻》卷2。

② 《弘治保定郡志》卷11《古今科第》。

③ 《金史》卷4《熙宗纪》。

④ 《大金国志》卷12《熙宗孝成皇帝四》，第179页；《三朝北盟会编》卷166，第1197页。

⑤ 《金史》卷4《熙宗纪》，卷36《礼志九》。

皇统元年正月二日，太师宗干率百寮上表曰：振古大有为之君，必行当世不可旷之典，布在方策，炯如日星。自非称谓之安，乌足形容其德。伏惟皇帝陛下，绳其祖武，简在帝心，躬勤俭以亲九牧之风，禁游惰以劝三农之作。外则安集劳来，稍节于搜畋；内则恬澹冲虚，弗亲于声色。六年于此，一德惟新。适洽奕世之成平，具举前王之阔略，铺张文物，藻饰声名。敕五典以示五惇，正五行而为五用。代上古结绳之治，造圣人合契之书。蕴此沉几，固有电雷之威断；发于宸翰，岂特云汉之昭回。兼长驰射之通材，并作帝王之能事。臂使西夏，肘加东韩，北羌输产土之良，南越致祈天之请。一视同仁，怀小民如赤子；九功惟叙，庆多稼于曾孙。瑞物充庭，颂声载路，若乃严恭，率典寅畏，求端道四时于玉烛之和，齐七政于璇玑之运。谓亲有德，缋有道，每躬祕祀之仪而应以实，不以文曲尽灵承之意，所谓崇天也。玄功不宰，神化自然，卷而藏之，则鼓万物以不言，扩而充之，则弥六合于无外，仰公成理，好其要不好其详，司契无为，同于道亦同于德，所谓体道也。而又弗忘兢业，益戒盈成，有咨询宿德之劳，谦有体貌，大臣之殊敬。观书乙夜，而缉熙靡懈于初，终决事斋，居虽近习莫知其喜怒，此敬事之钦也。包五事以作哲，蹈三知之入微，挟奸稔数者逆折于将形，抱义服忠者亟用如不及，见日月照临之博，所照何穷，虽鬼神情状之幽，其情安遁，兹辨物之明也。锐于修完，以正百度，而有典谟训诰可举之文，随所指顾，克靖四方，是谓聪明睿知不杀之武。幽深远近，其圣也，无所不通，笃实辉光，其德也。有容乃大，是以并包禹迹，增广文声，周极嚖嚖之生民，同济熙熙之寿域。耸于闻见，孰不揄扬，乘乾元首作之初，荐天子无穷之问。臣等不胜大愿，谨奉上尊号曰崇天体道钦明文武圣德皇帝。诏不允，凡三表恳请，诏曰："博考艺文，敷求古训，谓其尊虚名而徇众欲，不若修实德以承天心，故屡却于奏章，将确守于朕志。"而叩阍愈众，陈义益坚，推让再三，敦迫备至。念天自民而听，拒违恐怫于乐推，而名者实之宾，佩受终期于求称，勉依来请，惕惧增深，所请宜允。七日，遣上京留守奭告天地、社稷，析津尹宗强告太庙。十日，帝服衮冕，御元和殿，宗干率百僚恭奉册礼。

立仗一千一百八十人，改服通天冠，宴二品以上官及高、夏使。……九日放朝，习恭谢并御楼仪。十日，大礼。十一日，高丽正旦人使辞。十二日，恭谢祖庙，还御宣和门，大赦，改元。①

册立皇后也有了相应的礼仪规范。天眷元年十二月，金熙宗将贵妃裴满氏立为皇后，并发出了册封的制书。

易基乾坤，以大阴阳之统，《诗经》夫妇，乃先后妃之风。故三代之令王，谨六宫之内职。况承宗庙，俪辰极以居尊，用正人伦，揭母仪于无外，事所系者甚重，道相须而后成。非朕敢私，自天作配，猗欤谁氏，乃茂徽音，若稽旧章，诞布宠命。贵妃裴满氏，庆钟戚里，教肆公宫，梦月方娠，生而固异，倪天之妹，卜则允臧，爰用聘于先朝，乃来嫔于初载。礼肃舅姑之奉，训无师傅之违，道著家人，名膺邦媛。逮予宅洛，率履在中，承祀孔寅，睦亲克孝，蹈贞贤之警戒，知臣下之勤劳。缵女维行，辅朕不逮，居轩后四星之列，贵则益恭，在周官六服之仪，缺然未讲。宜蠲吉旦，正位长秋。于戏，为望甚尊，有同乎天地，流风自近，以至于家邦。言虽戒于阃逾，令莫捷于身正。恩宜逮下，志务求贤，非俭德不能惩奢泰之风，去私谒可以赞正直之道，慎终如始，永孚于休。

皇统元年正月，金熙宗又正式颁发了皇后的册文，节文如下。

皇帝若曰：夫地承天而效法，所以合德无疆，月溯日而生明，故能容光必照。是以有国有家者，必选立嘉配，以上承宗庙，而降德于臣民，古今一也。我国家累圣重光，开基垂统，用端命于上帝，亦惟内德相继匹休，姜任燕谋所贻，敢忘绍述咨示。尔裴满氏，柔惠端淑，得于天成，发庆钟祥，世有显闻。自越初载，来嫔潜邸，笄珈紃组，率履无违。逮朕纂服，章明妇顺，表率勤劭，阴教修明。虽已崇建位号，而典册未举，朕意歉然。今遣太尉裴满忽达、摄司徒昂持节授尔册宝，副祎重翟，宏贲用光，备物充庭，一遵古礼。朕惟王业所基，率由内治，和睦自中，化驰如神。尔克勤人用，弗敢弃日，尔克

---

① 《大金集礼》卷1《皇统元年册礼》。

俭人用，弗敢崇侈，尔克正人用，弗敢迁乃心、倚乃身，勉思其终，惟慎乃济。天其申命于我家，尔亦永膺多福，岂不韪钦。①

皇后裴满氏亦正式呈上了《谢表》。

龙衮珠旒，端临云陛，玉书金玺，荣畀椒房。恭受以还，凌兢罔措。恭惟道兼天覆，明并日升。诚意正心，基周王之风化；制礼作乐，焕尧帝之文章。俯矜奉事之劳，饬遣光华之使，温言奖饰，美号重仍。顾拜命之甚优，惭省躬而莫称。谨当恪遵睿训，益励肃心，庶几妇道之修，仰助人文之化。②

册封皇后不仅体现了礼仪方面的规范，也体现了对文治观念的尊崇，因为无论是皇帝颁布的制书、册文，还是皇后的谢表，都强调了儒家思想对"妇道"尤其是对皇后的基本要求。

天眷三年（1140）九月，金太宗前往燕京时，"仪卫用法驾"，"凡用士卒万四千五十六人"。③ 这是金朝正式开始实行皇帝的仪仗制度，而法驾属于"行仗"的范畴。皇统元年受尊号时的"立仗"，则包括了内仗和外仗。

金制，天子之仪卫，一曰立仗，二曰行仗。其卫士，曰护卫，曰亲军，曰弩手，曰控鹤，曰伞子，曰长行。立仗则有殿庭内仗、殿庭外仗，凡大礼、大朝会则用之。其朔望常朝，弩手百人分立两阶而已。行仗则有法驾、大驾、黄麾仗，凡行幸及郊庙祀享则用之。其非大礼远出，则有常行仪卫、宫中导从焉。大抵模仿宋制，错综增损而用之。④

建国之初，其仪制卫从止类中州之守令。在内庭，间或遇雨雪，虽后妃亦去袜履，赤足践之。亶（熙宗）立，始设护卫将军、

---

① 《大金集礼》卷5《皇统元年册皇后》。
② 洪皓：《松漠纪闻》卷2。
③ 《大金集礼》卷27《仪仗上》。
④ 《金史》卷41《仪卫志上》。

寝宫小底、弩手、伞子。迫赴燕，始乘玉辂，衮冕、仪从颇整肃。特令翰林待制邢具瞻作引导词曰："五年一狩，仙仗到人间。问稼穑艰难，苍生洗眼秋光里，今日见天颜。金瓜玉斧，沉烟和舞，蹈六龙间，歌讴道咏皆相似，天子寿南山。"①

在服装方面，天眷二年三月，"命百官详定仪制"。四月，"百官朝参，初用朝服"。六月"初御冠服"。天眷三年金熙宗前往燕京时，服装是"通天冠、绛纱袍"。重大的场合皇帝才用衮冕："国主视朝服，纯纱幞头，窄袖赭袍，玉扁带，黄满领。如遇祭祀、册封、告庙，则加衮冕、法服。平居闲暇，皂巾杂服，与士庶无别。""臣下朝服，凡导驾及行大礼，文武百官皆服之。"②

金熙宗不仅在上京建立了太庙，确定了祭祀的礼仪，还确定了祭告天地的礼仪："皇帝即位、加元服、受尊号、纳后、册命、巡狩、征伐、封祀、请谥、营修庙寝，凡国有大事皆告。或一室，或遍告及原庙，并一献礼，用祝币。皇统以后，凡皇帝受尊号、册皇后太子、禘祫、升祔、奉安、奉迁等事皆告。"③

金熙宗亦注重了礼与乐的配合，接受臣僚所上皇帝尊号时，"始就用宋乐，有司以钟磬刻晟字者犯太宗讳，皆以黄纸封之"；"定文舞曰《仁丰道洽之舞》，武舞曰《功成治定之舞》"④。

金朝原来没有历法，"女真旧绝小，正朔所不及，其民不知纪年，问之，则曰我见草青几度矣，盖以草一青为一岁也。自兴兵以后，习染华风，将帅生朝皆自择佳辰，粘罕以正旦，兀室以元夕，乌拽马以上巳，国主霅以七夕矣。其他如重午、重九、中秋、中元、下元、四月八日皆然"⑤。金太宗天会五年，"司天杨极始造《大明历》"。金熙宗天会十三年十一月，"初颁历"。天会十五年正月，"初用《大明历》"。《大明历》"以三亿八千三百七十六万八千六百五十七为历元，五千二百三十为日法。然其所本，不能详究，或曰因宋《纪元历》而增损之

①　《三朝北盟会编》卷244，第1752页。
②　《金史》卷4《熙宗纪》，卷43《舆服志》；《大金国志》卷34《服色》，第482—483页。
③　《金史》卷31《礼志四》。
④　《金史》卷39《乐志上》。
⑤　《大金国志》卷12《熙宗孝成皇帝四》，第176页。

也"。"金有天下百余年，历惟一易"，就是改用了《大明历》。①

（四）更新官制

天眷元年（1138）八月，金熙宗颁行了新的官制。在请求实行新官制的劄子中，臣僚特别强调勘定新官制参照了唐、宋、辽的职官制度。

> 窃以设官分职、创制立法者，乃帝王之能事而不可阙者也。在昔致治之主，靡不皆然。及世之衰也，侵冒放纷，官无常守，事与言戾，实由名丧，至于不可复振。逮圣人之作也，铲弊救失，乘时变通，致治之具然后焕然一新。九变复贯，知言之选，其此之谓矣。太祖皇帝圣武经略，文物度数，曾不遑暇。太宗皇帝嗣位之十二载也，威德畅洽，万里同风，聪明自天，不凝于物，始下明诏，建官正名，欲垂范于将来，以为民极。圣谟宏远，可举而行，克成厥终，正在今日。伏惟皇帝陛下，天性孝德，钦奉先猷，爰命有司，用精详订。臣等谨按：当唐之治朝，品位、爵秩、考核、选举，其法号为精密。尚虑拘牵，故远自开元所记，降及辽、宋之传，参用讲求，有便于今者，不必泥古，取正于法者，亦无循习。今先定到官号、品次、职守，上进御府，以尘乙览，恭俟圣断，曲加是正。言顺事成，名宾实举，兴化阜民，于是乎在。凡新书未载，并乞姑仍旧贯，徐用讨论，继此奏请。臣等顾惟虚薄，讲究不能及远，以塞明命是惧，倘涓埃有取，伏乞先赐颁降施行。

金熙宗在答诏中强调的是新官制只要适合眼前需要即可，不必求全责备。

> 朕闻可则循，否则革，事不惮于改为。言之易，成之难，政或讥于欲速。审以后举，示将不刊。爰自先皇已颁明命，顺考古道，作新斯民，欲端本于朝廷，首建官于台省，岂止百司之职守必也正名，是将一代之典章无乎不在。能事未毕，眇躬嗣承，惧坠先猷，惕增夕厉，勉图继述，申命讲求。虽曰法唐，宜后先之一揆，至于因夏，固损益之殊途。务折衷以适时，肆于今而累岁，庶同乃绎，

---

① 《金史》卷4《熙宗纪》，卷21《历志上》。

仅至有成，掇所先行，用敷众听。作室肯构，第遵底法之良；若网在纲，庶弭有条之紊。自余款备，继此施陈，已革乃孚，行取四时之信，所由式治，揭为万世之常。凡在见闻，共思遵守。

翰林学士韩昉为金熙宗撰写的颁布新官制诏书，则强调了新官制的重要作用。

> 皇祖有训，非继体者所敢忘。圣人无心，每立事于不得已。朕丕承洪绪，一纪于兹，祗遹先猷，百为不越。故在朝廷之上，其犹草昧之初。比以大臣力陈恳奏，谓纲纪以未举，在国家之何观。且名可言而言可行，所由集事，盖变则通，而通则久，故用裕民。宜法古官，以开政府，正号以责实效，著仪而辨等威。天有雷风，辞命安得不作；人皆颜闵，印符然后可捐。凡此数条，皆今急务。礼乐之备，源流在兹，祈以必行，断宜有定。仰惟先帝，亦鉴微衷，神岂可诬，方在天而对越，时由偶异，若易地则皆然。是用载惟，殆非相反，何必改作。盖尝三复于斯言，皆曰可行，庶将一变而至道，乃从所议，用创新规。维兹故土之风，颇尚先民之质，性成于习，遽易为难，政有所因，姑宜仍旧，渐祈胥效，翕致大同。凡在迩遐，当体朕意，其所改创事件，宜令尚书省就便从宜施行。①

新官制名义上是完善三省六部制度，实际上是将尚书省作为朝廷的理政机构，"尚书省置令一人，次左右丞相皆平章事，左右丞皆参知政事，侍中、中书令皆居丞相之下，为兼职"。"六部初置吏户礼三侍郎，后置三尚书，仍兼兵刑工，既而六曹皆置尚书、郎官，左右司及诸曹皆备。"在尚书省之上，则有三师、三公的设置，"以太师、太傅、太保为三师，太尉、司徒、司空为三公"。

朝廷的统军机构也有所变化，元帅府和枢密院合为一体，"元帅府置都元帅、左右副元帅、左右监军、左右都监，枢密院置使、副、签书院事"。此外，还新增了主掌侍卫军的机构殿前司，"殿前司置都点检、左右副检点、左右卫军"。

---

① 洪皓：《松漠纪闻》卷2。

按照新官制，还正式设立了御史台，"御史台置大夫、中丞、侍御史以下，而大夫不除，中丞惟掌讼牒及断狱会法。谏院置左右谏议大夫、补阙、拾遗，并以他官兼之，与台官皆充员而已"。

朝廷亦正式设置了翰林院和国史院："翰林学士院置承旨学士、侍读侍讲学士、直学士、待制、修撰，而承旨不除。""国史院置监修，以宰相兼领，次修史、同修史。"

除以上机构外，还有一些院、府、监的设置："大宗正府置判、同签书。宣徽院置左右使、同知签书使。劝农司置使、副。记注院置修注。太常寺置卿少。秘书省置监少，以下皆备。国子监官不设。"①

新官制亦按照九品制确定了文武官员的品秩和俸禄。天眷三年七月，金熙宗特别下诏："文武官五品以上致仕，给俸禄之半，职三品者仍给傔人。"皇统元年二月，金熙宗又下诏："诸致仕官职俱至三品者，俸禄人力各给其半。"②

新官制在地方官制方面的规定较少，"外道置转运使，而无刺举，故官吏无所惮，都事、令史用登进士第者"。"其选官无磨勘之法，每一任转一官。"皇统八年十一月，有人要求"州郡长吏当并用本国人（女真人）"，金熙宗则明确表示："四海之内，皆朕臣子，若分别待之，岂能致一。谚不云乎：'疑人勿使，使人勿疑。'自今本国及诸色人，量才通用之。"③

宋人洪皓在《金国文具录》中，依据出使金朝的见闻，对熙宗朝官制的变化情况作了详细说明。

> 其官制、禄格、封荫、谥讳，皆出宇文虚中，参用国朝（宋朝）及唐法制而增损之，臣辄举其废置施设之略。
>
> 近左右司侍郎不除，却置外郎各一人。六部初置吏、户、礼三侍郎，位正四品，后置三尚书，仍兼兵、刑之位，正三品。又增三侍郎，升诸司郎中为从五品，添置外郎，其后六曹皆置尚书。国史院置监修，以宰相兼领。御史大夫、翰林承旨，皆阙不除。国子监

---

① 《大金国志》卷9《熙宗孝成皇帝一》，第136—137页；《三朝北盟会编》卷166，第1196—1197页；《金史》卷55《百官志一》，卷56《百官志二》。

② 《金史》卷4《熙宗纪》；《大金国志》卷34《千官品列》，第483—484页。

③ 《大金国志》卷9《熙宗孝成皇帝一》，第137页；《金史》卷4《熙宗纪》。

旧在燕京，亦不设。秘书省令在燕宏法寺，监、少丞、郎皆备。中丞唯掌讼牒，若断狱会法，或春水秋山从驾在外卫兵物故，则掌其骸骼，至国则归其家。谏官并以他官兼之，与台官皆备员，不弹击，鲜有论事者。外道虽有漕使，亦不刺举，故官吏赃秽略无忌惮，其恃权势者恣情公行，民不堪命。左、右丞相以见有人，故以侍中令居其下，仍为兼职。两省侍郎亦虚位，以左、右丞皆有见任，仍列其上。参政亦阙官，故在从二品，后虽置二员，却称参知统牧猛安、谋克，以管女真户为上，杂以汉人为下。猛安者，夷言谓之"肩安"，谋克即"毛毛可"。

都事、令史，多以登进士者为之，预其选者，人以为荣。凡丁家难者不以文武高下，未满百日，皆差监关税、商税、院盐、铁场，一年为任，谓之"优饶"，其税课倍增者，谓之"得筹"。每一筹转一官，有岁中八九迁者，近始有止法，不得过三官。黠者拣课额少处受之，或以家财贴纳，只图迁转。其不欲迁者，于课利处除岁额外公然分之。每岁转差参知一员至燕，集注五品以下升陟，皆由都事、令史好恶。其有负者不责降，只差监辖盐场。课额虽登，出卖甚迟，虽任满去官，非卖尽不得仕，至有十年不调者。无磨勘之法，每一任转一官，以二十五月为任，将满即改除，并不待阙，亦无选人法。河南州选人，初用举官升改，近以举官受赂，遂废不行。本朝士人有带职自大观文至直秘阁，皆谓之贴职，若换授者，不问高下，于阶官上只加一资。既无职名，惟重阶官，以三品为高。六曹郎中旧依辽例，皆称尚书，故以侍郎为重。今则自侍郎以下，只呼阶官，而不称其职。明经、童子两科，仕止于州司候、县主簿。任子之法，一品于阁外承应，三品内供奉班，不限人数，亦无年限，并补右职，皆与监当。本朝人换官，以进士为上，奏荫次之，军功与他出身最下，皆入杂班儌使。

三品以上，俸不分正、从。虚中既在翰林，乃诱后舅都检点，乞增正品俸，比从三品增三分之一。点检既出，复仍旧制。近闻一品、二品复增正品，则三品亦例增矣。直省官、主供官笔札，皆用明经、童子登科者为之。①

---

① 《三朝北盟会编》卷221，第1595—1596页。

也就是说，金朝引入新官制后，并没有达到唐、宋的规范化标准，还需要进一步的革变，但金熙宗的改制努力还是值得肯定，因为毕竟在完善治国机制方面有了重大的进步。

（五）扩建上京

金太祖和金太宗虽然修建了上京城，但建筑简陋，如张汇在《金国节要》中就有以下记载。

> 初女真之域，尚无城郭，星散而居。虏主完颜晟常浴于河，牧于野，其为君草创，斯可见矣。盖女真初起，阿骨打之徒为君也，粘罕之徒为臣也，虽有君臣之称，而无尊卑之别。乐则同享，财则同用，至于舍屋、车马、衣服、饮食之类，俱无异焉。虏主所独享，惟一殿，名曰乾元殿。此殿之余，于所居四外栽柳行，以作禁围而已。其殿也，远壁尽置大炕，平居无事则锁之，或开之，则与臣下杂坐于炕，伪妃后躬侍饮食。或虏主复来臣下之家，君臣宴然之际，携手握背，摇头扭耳，至于同歌共舞，莫分尊卑。①

天眷元年（1138）四月，金熙宗命少府监卢彦伦"营建宫室，止从俭素"，就是要扩建上京。当年八月，金熙宗又明确将上京作为都城："以京师为上京，府曰会宁，旧上京为北京。"十二月，"新宫成"。天眷二年九月，"初居新宫，立太祖原庙于庆元宫"。金太宗修建上京城时，就是卢彦伦主持，金熙宗命其担任提点京城大内所的职务，就是继续扩建上京的宫殿等，但是正如有人所记："上（金熙宗）以上都会宁府旧内太狭，才如郡治，遂役五路工匠，撤而新之。规模虽仿汴京，然仅得十之二三而已。"② 上京宫殿改名、新建的情况如下。

> 其宫室有乾元殿，天会三年建，天眷元年更名皇极殿。庆元宫，天会十三年建，殿曰辰居，门曰景晖，天眷二年安太祖以下御容，为原庙。朝殿，天眷元年建，殿曰敷德，门曰延光，寝殿曰宵衣，书殿曰稽古。又有明德宫、明德殿，熙宗尝享太宗御容于此，

① 《三朝北盟会编》卷166，第1197页。
② 《金史》卷4《熙宗纪》，卷75《卢彦伦传》；《大金国志》卷12《熙宗孝成皇帝四》，第174页。

太后所居也。凉殿，皇统二年构，门曰延福，楼曰五云，殿曰重明。东庑南殿曰东华，次曰广仁。西庑南殿曰西清，次曰明义。重明后，东殿曰龙寿，西殿曰奎文。时令殿及其门曰奉元。有泰和殿，有武德殿，有薰风殿。其行宫有天开殿，爻剌春水之地也。有混同江行宫。太庙、社稷，皇统三年建，正隆二年毁。原庙，天眷元年以春亭名天元殿，安太祖、太宗、徽宗及诸后御容。春亭者，太祖所尝御之所也，天眷二年作原庙，皇统七年改原庙乾文殿曰世德，正隆二年毁。……有皇武殿，击球校射之所也。有云锦亭，有临漪亭，为笼鹰之所，在按出虎水侧。①

根据对黑龙江省阿城的金上京遗址考察，上京城墙周长为一万余米，由南、北两城组成，外城共有六个城门。皇城位于南城西部偏北处，南北长 645 米，东西宽 500 米，金熙宗时修建的宫殿，大多在皇城内。②

尽管有了正式的都城，金熙宗还是明确要求仿照辽朝的制度，四时捺钵："皇统三年七月，主（金熙宗）谕尚书省，将循契丹故事，四时游猎，春水秋山，冬夏捺钵。"③ 也就是说，皇帝居于都城，仍要以定时巡狩的方式保留渔猎民族的习俗和尚武风气。

（六）颁行《皇统新律》

在刑制和廉察官吏方面，金熙宗在位时有一些重要的做法，可列举于下。

天眷元年十月，禁亲王以下佩刀入宫，卫禁之法，实自此始。

天眷三年，复取河南地，乃诏其民，约所用刑法皆从律文，罢狱卒酷毒刑具，以从宽恕。

天眷三年四月，温都思忠廉问诸路，得廉吏杜遵晦以下百二十四人，各进一阶，贪吏张轸以下二十一人，皆罢之。六月，使萧彦让、田瑴决西京囚。

皇统八年四月，遣参知政事秉德等为廉察官吏。

---

① 《金史》卷24《地理志上》。
② 刘冠缨：《金上京城历史沿革及形制特点》，《东北史地》2016 年第 5 期。
③ 《大金国志》卷11《熙宗孝成皇帝三》，第166 页。

皇统九年五月，曲赦上京囚。①

更为重要的是，金熙宗正式颁布了成系统的《皇统新律》千余条，作为刑罚的基本依据，可列举相关记载于下。

金国新制，大抵依仿中朝法律，至皇统三年颁行其法。有创立者，率皆自便。如殴妻至死，非用刃者不加刑，以其侧室多，恐正室妒忌也。②

至皇统间，诏诸臣，以本朝旧制，兼采隋、唐之制，参辽、宋之法，类以成书，名曰《皇统制》，颁行中外。③

（完颜）亶立，执政大臣多中州汉儿人，始加损益，首去此沙袋之制。至皇统间，命下学士院，令讨论条例，颁行天下，目之曰《皇统新制》，近千余条。④

金熙宗颁布律法，是为了体现他的宽刑观念，但是在具体的刑罚中，会出现错乱的情况，如宋人洪皓就有以下记载。

金国之法，国人官汉地者，皆置通事，上下轻重，皆出其手，得以舞文招贿，三二年皆致富，民俗苦之。有银术可大王者，以战多贵显，而不熟民事，尝留守燕京。有民数十家负富僧金六七万缗，不肯偿，僧诵言欲申诉，逋者大恐，相率赂通事，祈缓之。通事曰："汝辈所负不赀，今虽稍迁延，终不能免。苟能厚谢我，为汝致其死。"皆欣然许诺。僧既陈牒，跪听命，通事潜易它纸，译言曰："久旱不雨，僧欲焚身动天，以苏百姓。"银术可笑，即书牒尾称"赛音"者再。庭下已有牵摆官二十辈，驱之出。僧莫测所以，扣之，则曰："赛音，好也，状行矣。"须臾出郭，则逋者

---

① 《金史》卷4《熙宗纪》，卷45《刑志》。
② 洪皓：《松漠纪闻》卷1。
③ 《金史》卷45《刑志》。
④ 《三朝北盟会编》卷244，第1755页。

已先期积薪，拥僧于上，四面举火，号呼称冤不能脱，竟以
焚死。①

金熙宗为了对付强臣，曾屡兴大狱，亦背离了宽刑的观念，详见
后述。

（七）重农措施

金朝的租税征收，到金熙宗时已有基本的规定："金制，官地输
租，私田输税。租之制不传，大率分田之等为九而差次之。夏税亩取三
合，秋税亩取五升，又纳秸一束，束十有五斤。夏税六月止八月，秋税
十月止十二月，为初、中、末三限，州三百里外，纾其期一月。屯田户
佃官地者，有司移猛安、谋克督之。"专管租税的机构，"主计之任，
在燕山曰三司，在云中曰转运，在中京曰度支，上京曰盐铁，东京曰户
部"。金熙宗在位时，亦注意到了免税的问题，如天眷三年十二月，
"诏免民户残欠租税"。皇统三年，"蠲民税之未足者"。皇统五年七月，
"国中大旱，飞蝗蔽日，是月，诏蠲民租"②。

金熙宗亦有重农、恤民的其他举措，可列举要者于下。

> 天眷元年二月，诏罢来流水、混同江护逻地，与民耕牧。三
> 月，以禁苑隙地分给百姓。
> 皇统元年九月，诏赐鳏寡孤独不能自存者，人绢二匹、絮三斤。
> 皇统四年九月，诏薰风殿二十里内及巡幸所过五里内，并复一
> 岁。十月，立借贷饥民酬赏格。以河朔诸郡地震，诏复百姓一年，
> 其压死无人收葬者，官为敛藏之。陕西、蒲、解、汝、蔡等处因岁
> 饥，流民典雇为奴婢者，官给绢赎为良，放还其乡。
> 皇统七年正月，以西京鹿圃为民田。
> 皇统八年闰八月，宰臣以西林多鹿，请上（金熙宗）猎，上
> 恐害稼，不允。③

---

① 洪皓：《松漠纪闻》卷1。
② 《金史》卷46《食货志一》，卷47《食货志二》；《大金国志》卷10《熙宗孝成皇帝
二》，第147页；卷12《熙宗孝成皇帝四》，第173页。
③ 《金史》卷4《熙宗纪》。

尽管金熙宗有一定的重农意识，毕竟缺乏治理农耕地区的经验，使得金朝的农业生产处于衰落状态。一方面，由于"严刑重赋，饥馑逃亡"，在太行山等地聚集了大批的反金之人，宋人洪皓还特别记载了严刑征税的情况。

> 合董之役，令山西、河北运粮给军。予过河阴，县令以病假，独簿出迎，以线系槐枝垂绿袍上。命之坐，恳辞，叩其故，以实言曰："县馈饷失期，令被挞柳条百，惭不敢出。某亦罹此罚，痛楚特甚，故不可坐。创未愈，惧为腋气所侵，故带槐以辟之。"①

另一方面，由于粮食供应紧缺，出征大军往往"粮尽而还"，有人还专门分析了金军在这方面的三重失误。

> 用兵粮道有三，一者屯戍，二者出疆，三者临敌，金国俱失之。一者屯戍，则各人自营田以供岁计，无田者每人一月给粟七斗，或折米四斗五升，余无分毫所得，此屯戍之失计也。二者出疆，因粮于敌，不计远近，每人借支一月粮，计米四斗五升。其人既负重甲，又为粮累，或贱售于人，或弃驴马，或督之行远则掷于路，由是饥馑不行，相结逃窜。敌或清野，离散可待，此出疆之失计也。三者临敌，并无火头，负米自造，食罢而出，既出，更无供馈，或出营之久，或战罢而归，或伤重困倦，有能造饭者，有不能造饭者，此皆临敌之失计也。②

当然，这样的状态早已存在，不过是金熙宗在位时更趋严重。由于金朝的统治重心依然在北方而不是在中原地区，此类问题确实不是熙宗能够解决的。

二　与宋议和

在与宋关系方面，金熙宗排除强臣的干扰，与宋人达成了和议，并且在此前就废掉了齐国。

---

① 洪皓：《松漠纪闻》卷1。
② 《大金国志》卷12《熙宗孝成皇帝四》，第173页。

（一）罢废齐国

刘豫为向新即位的金熙宗展现齐国的势力，图谋向宋朝发起大举的进攻，状元罗诱特别向他呈上了《南征议》的奏章，节文如下。

臣闻皇天厌乱，所以开圣人也，故必有不世出之英雄，应时拨乱，以新寰海，以息兆民。陛下以积累之资，出逢否运，应天顺人，肇临大宝，纲罗英俊，以备天官，其所以开基创业者至矣。然未能混一区夏，定宗庙万世之策，臣犹为陛下取也。比复览圣诏，旁求草泽，求所以南征之议，大抵皆碌碌之士，词章泛滥，不能尽当世之务，无以副明诏，臣今为陛下妄言之。

今陛下特隐忍而不发者，无乃惑于四议乎，臣愿为陛下决之。

其一则曰：方以卑辞通旧主，告以大金胁迫、不得已之意，隐结勇猛，速求霸伐，成即为君，败则不失为忠臣。观其猛弱，坐而获福，真三王之举也。臣窃薄之，此虽三尺之童犹不可欺，况为人主哉。陛下独不畏张邦昌之祸乎，此亦北面奉符玺，退而复辟，犹且为齑粉，况又有甚焉者哉。至今天下犹有为邦昌惜者，独臣以谓匹夫宜其杀身。且成败在决断，与其退避，不若不为。陛下果欲从此议以通旧主，则邦昌之祸及矣。南征非陛下不能也，患不断尔，夫图王不成，其败犹霸，此可决者一也。

其二则曰：彼有强敌难塞之赂，加以冗兵坐食之费，俟其凶荒、兵老、财匮，然后可击。此又不然。夫于越蛮夷之资，困于会稽，及行成于吴，金玉子女所以为赂者不可胜计，然终以灭吴。况宋之所保，犹不下百郡，西有三川之饶，南有二广之富，增铸山之算，倚煮海之利，其以赂大金者，不过岁时聘问、讲礼之币而已。休兵养士，惟思所以保齐。若不乘弊而击，待其羽翼之成，提兵北顾，则我齐一败涂地。间不容发，夫天与不取，必有后殃，此可决者二也。

其三则曰：陛下所以王山东者，以其间得民心也，若签而从军，定失民望。以臣观之，是不通时变腐儒之说也。夫赵氏奄有神器垂二百年，其于生灵德至渥也，一旦犹且忘之，况大齐姑息之恩哉。且民心日夜望故主之来，所赖大金威惠，故无异心。使彼和议成，将不我援，则豪杰四起，不待赵氏之兵，而齐已诛矣，且民何恤哉。而金国之师，所乞者再四，盖亦可虑也。今幸许兴师，既无物以劳其来，而又不为之佐，则谁肯与尽心哉。使万一无败可也，或有不虞，则我齐何以为计。当因金国之师，签十州之民，劫以征行，使见其故主凌迟之甚，坚心大齐，不敢妄发。又使赵氏不能退其兵，而齐终得取天下，此可决者三也。

其四则曰：陛下亲临戎事，国事孰委，而元子以储嗣之重，亦不宜轻动。臣请论之。昔唐高祖龙飞太原，开建国祚，皆太宗仗义而辅创大业，躬亲戎马，平一天下。陛下纵未能亲临，则莫若以元子行太宗故事，躬率六师，与民除乱，使万世之后，尊陛下为齐高祖，而元子为太宗。如或不然，则陛下一传之后，而大臣皆宋之旧臣，谁肯竭力以辅少主。宜遣元子亲行，成此戡定之功，以结民心，以服大臣，庶几我齐得以永祚，传于无穷，此可决者四也。

四议既决，而臣复有六击之便，今条陈之。……且我无四惑之疑，彼有六击之便，是乃万全之师，取天下如反掌。伏愿陛下断自圣衷，确然不回，必从臣议，则天下幸甚，臣谨上议。

刘豫对罗诱的《南征议》，作出了以下回答。

朕自乘时创业，实赖英乂，当伫求贤，孰为贤者。皇天助顺，锡我忠良，卿克坚北面之心，首建南征之议，奇谋远略，灼见敌情，舆论佥从，皆所毗倚。赐卿绢一百匹，日下乘传赴阙，以俟登庸。朕当亲勒六军，式图厥事，果获戡定，乐与卿共之。[1]

天会十四年，刘豫发兵三十万攻宋，号称七十万，被宋军击败。[2]金熙宗早有废刘豫之意，因为完颜宗翰的关系，难以下手。刘豫兵败，完颜宗翰又于天会十五年七月病逝，尚书省乃召集臣僚共议，明确提出了废齐国的动议。

册立刘豫，建号大齐，建国之初恐其不能自保，故于随路分驻

---

① 杨尧弼：《伪齐录》卷下《伪齐状元罗诱上南征议》；《三朝北盟会编》卷182，第1320—1322页。

② 《大金国志》卷9《熙宗孝成皇帝一》，第138—139页。

兵马，至今八年。载念上国之兵，久劳远戍，兼齐国有违元议，缺乏军须，比年以来益渐减损，遂致艰窘，多有逃亡。随路百姓亦有不得息肩，与之征讨则力见不齐，为之拊循则民非我有，凡事多误，终无所成。况齐人假我国家之力，积有岁年，事悉从心，尚不能安民保国，论其德不足以感人，言其威不足以服众。兹实有乖从，初不能康济生灵，免其荼毒，使天下早致隆平之意，反使庶民困苦。两国耗令之端，相度从初所申是为过举，既知其非，岂可不行改置。若混同四海之内，圣德广运，睿泽滂通，霜露既沾，孰不归附。今臣等议：欲定一民心，变废齐国，不惟亡宋旧疆，至于普天之下，尽行抚绥，是为长便。

金熙宗对臣僚的答复是："齐国建立，于今八年，道德不临，家室不保，有失从初两获便安之意，岂可坐视生民久被困苦。宜依所奏施行，委所司速为措置。所有其余随拟事件，仍别商量。"

尚书省和元帅府由此专门拟定了罢废齐国的具体事宜。

一，废齐国尚书省，设置行台尚书省。

一，齐国自来创立重法，一切削去，并令依律令施行。

一，知得齐国差使繁重，并委从宜酌量减免。

一，应举食粮军人，有欲归农及情愿当役使，并从自便。

一，据存留人数，各俵散随州军士，依旧支给衣粮。内有从合役至窠坐，一切仍旧。其余年老残疾人等，虽是难任军役，矜其无归，并仰分付旧来养济处所，酌量赈济，勿令别致冻饿。

一，废齐以前离背郎主、被虏逃走人等，若见在本乡，并与亲戚团聚，其郎主并不许识认。或有背夫逃走妇人，准上施行，只据无将引去儿女，却行分付与父外，有旧北来奴婢并妻女不在此限。

一，齐国旧有官人，除刘豫贴身存留外，其余并听自愿出嫁，或与亲眷团聚。若是无所归投，分付宫观养济。

一，内侍人等除摘留合用令看守宫禁人外，并听自愿随处住坐。

一，现任大小职官并随路押军人员，各不得侵夺民利。

一，自来齐国非理废罢大小职官，并与改正叙用。或有怀才抱德，隐居山谷之人，亦仰所在官司以礼聘召，量才任用。更或申闻内有才德绝伦者，开坐姓名申复，以凭不次升擢。

一，古今圣贤坟墓、祠庙，并不得乱有损坏。

一，自有逃亡在江南人等，不问是何名目，若是归投，并免本罪，仍加存恤。

废罢齐国毕竟是金朝的一个重大政治事件，需要发出安民告示，行台尚书省宣告的旨意，起的就是安民告示的作用，节文如下。

昨以建置齐国，本图靖难，奈何不当天心，至今未获休息。与其害于百姓，不若负其一身，致有今来变废。仰指挥到日，即速遍牌晓谕随处官吏、军民、僧道、耆老人等，仍于坊巷村寨多行粉壁告示，咸使体悉圣恩普浃之意。及思多岁不获宁居，祈望太平，各安职业，无或敢有二心。齐国本非自立，凡官司所有勾当，无非本国公事，其大小职官，辄勿误会，妄生惊疑。仍仰自今以后更切用心拊循百姓，以保禄位，各怀忠信，仰顺天意，用答宸心。当遵守宣旨，厚加抚恤。若是却有执迷不从天道，听用浮言，必当自贻刑戮。仍仰至日立便改正废齐阜昌年号为天会十五年，一应州、府、县、镇大小官员并勒依旧勾当，有所见今禁勘诸公事并续有词讼及系官钱帛诸物文章，并依前来体例，如法理纳收贮，不得其间却有住滞隐瞒，别致违碍错失。①

金熙宗还下达了废刘豫为蜀王的诏书。

朕丕席洪休，光宅诸夏，将俾内外，悉登成平，故自浊河以南割为邻壤之界，灼见先帝举合大公，罪则遄征，固不贪其土地，从而变置，庶共抚其生灵。建尔一邦，逭今八稔，尚勤兵戍，安用国为，宁负而君，无滋民患。已降帝号，列爵王封，罪有所归，余皆罔治。将大革于弊政，用一陶于新风。勿谓夺蹊田之牛，其罪已

① 杨尧弼：《伪齐录》卷下《金虏废伪齐指挥》；《三朝北盟会编》卷182，第1317—1318页。

甚，不能为托子之友，非弃而何。凡尔臣民，当体至意。所有其余事件，已委所司画下。①

金熙宗正式废齐国的时间是天会十五年十一月，主要执行者是完颜宗弼（兀术）和完颜挞懒。完颜宗弼先诱擒刘麟，随即领军入汴京，擒获刘豫等人，并派人向汴京人宣示："不用尔为签军，不要尔免行钱，不要尔五厘钱，为尔敲杀貌事人，请尔旧主人来此坐，教尔懑快活。"刘豫被带到上京后，于皇统二年改封曹王，并在册书中强调："八年享国，一节事君。审运会之有终，识废兴之惟义。视去位如脱屣，以还朝若登仙。向之富国强兵，何霸王之足道，今也乐天而知命，岂得丧之能移。"刘豫则在谢表中，不乏表功之意和无可奈何之情："承积年残毁有余，凡百事艰难特甚。辟寇贼以置朝市，披荆榛而创耕桑。应机投隙以倾挫敌仇，损己便人以招集离散。忘寝忘食，必躬必亲，倍广业之惟勤，庶大造之不玷。俄加废罢之议，愈尽措置之心。要先成务于斯邦，觊后受知于上国。至同混一之义，不待再三之言，即随使人往受宣命。素所措备，复何迟疑。八年辛苦以经营，两手欢忻而分付。帝号若释重负，王爵尤感鸿恩。自得清闲而北来，未尝徘徊而南望。"刘豫及其家属被安置在临潢府居住。皇统六年（1146）九月，刘豫病逝。②

（二）给地议和

在筹措废罢齐国的同时，金熙宗已经准备与宋朝议和。天会十五年（宋高宗绍兴七年，1137）年底，留在金朝的宋使王伦被遣回临安，向宋高宗转达金熙宗将河南地交给宋朝以换取和议的意愿。金熙宗随即派乌陵思谋（撒卢母）、石少卿出使宋朝，金朝将领也得到了熙宗发出的"退地密文"，知道"江南方与大金议和，大金以河南之地许还江南"。对于金人的如此举动，宋人颇感突兀，宋高宗在天眷元年（绍兴八年，1138）六月接见乌陵思谋时特别问道："朝廷数遣使议和不从，今忽来和，何也？"乌陵思谋的回答是："大金皇帝仁慈，不欲用兵，恐生灵涂炭。"宋高宗随即命臣僚讨论议和问题，多数人持反对意见。当年八

---

① 《大金国志》卷31《齐国刘豫录》，第440页。

② 《金史》卷4《熙宗纪》，卷77《刘豫传》；《三朝北盟会编》卷181，第1307页；《大金国志》卷9《熙宗孝成皇帝一》，第141—142页；卷31《齐国刘豫录》第440—441页；《大金吊伐录》卷4《刘蜀王进封曹王制、曹王刘豫谢表》。

月，金熙宗又派张通古、萧哲出使宋朝，期望促成和议；十二月，在秦桧的支持下，宋高宗同意与金通和，并在诏书中强调："彼方以讲和而来，此固当度宜而应。朕念陵寝在远，母兄未还，伤宗族之流离，哀军民之重困，深惟所处，务得厥中。"①

天眷二年，金熙宗正式发出了还地于宋的诏书，节文如下。

> 顷立刘豫，以守南夏，累年于兹。天其意者不忍遽泯宋氏社稷，犹留康邸在江之南，以安吾南北之赤子也。倘能偃兵息民，我国家岂贪尺寸之地，而不为惠安元元之计乎。所以去冬特废刘豫，今自河之南复以赐宋氏。尔等处尔旧土，还尔世主，我国家之恩，亦以洪矣。尔能各安其生，无忘吾上国之大惠，虽有巨河之隔，犹吾民也。其官吏等已有誓约，不许辄行废置，各守厥官，以事尔主，毋贻悔吝。②

需要注意的是，金朝的大臣中，反对给地议和的有完颜宗干、完颜宗弼、完颜宗宪等人，力主给地的则是完颜昌（挞懒）、完颜宗磐、完颜宗隽等人。

> 挞懒朝京师，倡议以废齐旧地与宋，熙宗命群臣议，会东京留守宗隽来朝，与挞懒合力，宗干等争之不能得。宗隽曰："我以地与宋，宋必德我。"宗宪折之曰："我俘宋人父兄，怨非一日。若复资以土地，是助仇也，何德之有，勿与便。"挞懒弟勗亦以为不可。既退，挞懒责勗曰："他人尚有从我者，汝乃异议乎。"勗曰："苟利国家，岂敢私邪？"是时，太宗长子宗磐为宰相，位在宗干上，挞懒、宗隽附之，竟执议以河南、陕西地与宋，张通古为诏谕江南使。③

此次金、宋通和，体现的是金熙宗的息兵观念，因为在废齐国时，熙宗已经有过"自浊河以南割为邻壤之界"的表态，完颜昌、完颜宗

---

① 《三朝北盟会编》卷182，第1323页；卷183，第1327—1329页；卷186，第1360页。
② 《大金国志》卷10《熙宗孝成皇帝二》，第149页。
③ 《金史》卷77《完颜挞懒传》。

磐、完颜宗隽等人不过是起了助成的作用。

（三）绍兴和议

天眷二年，金人按照和议的要求，向宋朝交还了东、西、南三京以及寿春府、宿、亳、单、曹等州和陕西京西地。① 天眷三年正月，金熙宗以都元帅完颜宗弼（兀术）主掌行台尚书省事，并特别下诏："诸州郡军旅之事，决于帅府。民讼钱谷，行台尚书省治之。"完颜宗弼指完颜昌等人在议和中与宋人有秘密交易，要求发兵攻宋，取回河南等地，完颜宗干等人也表示："构蒙再造之恩，不思报德，妄自鸱张，祈求无厌，今若不取，后恐难图。"金熙宗乃决定南征，并强调："彼（宋朝）将谓我不能奄有河南之地。且都元帅久在方面，深究利害，宜即举兵讨之。"②

金军于天眷三年五月南下攻宋，遭遇宋军抵抗，尤其是完颜宗弼军屡次被宋岳飞军所败。皇统元年（宋高宗绍兴十一年，1141）九月，完颜宗弼向宋人发出了第一封书信，强调："今兹荐将天威，问罪江表，已会诸道大军水陆并进。师行之期近在朝夕，义当先事以告。"十月，完颜宗弼在第二封书信中说明了出兵的理由："自割赐河南之后，背惠食言，自作兵端，前后非一，遂致今日鸣钟伐鼓，问罪江淮之上。"十一月，完颜宗弼在第三封书信中明确提出了以淮水为界、岁币银帛各二十五万匹两的议和条件。十二月，完颜宗弼又致信秦桧，强调："尔朝夕以和请，而岳飞方为河北图，必杀岳飞而后可和。"宋人随即处死岳飞，金宋和议达成，③ 宋高宗在誓文中明确表示维系双方通和关系的诚意。

> 窃以休兵息民，帝王之大德，体方述职，邦国之永图。顾惟孤藐之踪，猥荷矜存之赐，敢望自竭，仰答殊恩，事既系于宗祧，理盖昭于誓约。契勘今来画疆，合以淮水中流为界，西有唐、邓二州，割属上国。自邓州南四十里、西南四十里为界，属邓州，其四十里外，南并西南，尽属光化军，为敝邑沿边州军。生辰并正旦遣使，称贺不绝。所有岁贡银、绢二十五万匹两，自壬戌年（1142）

---

① 《三朝北盟会编》卷192，第1385页。
② 《金史》卷4《熙宗纪》，卷77《完颜宗弼传》。
③ 《三朝北盟会编》卷206，第1485—1489页；《大金国志》卷11《熙宗孝成皇帝三》，第160—164页。

为首，每春季差人搬送至泗州交纳。淮北、京东西、陕西、河北自来流移在南之人，经官陈理，愿归乡者更不禁约，其自燕以北人见行节次遣发。今后上国逋亡之人，无敢容隐，寸土匹夫，无敢侵掠。其或叛亡之人入上国之境者，不得进兵袭逐，但移文收捕。沿边州城，除自来合该置射粮军数并巡尉等外，不得屯军戍守。上国亦乞并用此约。既盟之后，必务遵承，有渝此盟，神明是殛，坠命亡氏，踣其国家。①

皇统二年（宋高宗绍兴十二年）三月，金熙宗派使者前往临安，册封赵构为宋帝，册文如下。

皇帝若曰：咨尔宋康王赵构，不吊，天降丧于尔邦，亟渎齐盟，自贻颠覆。俾尔越在江表，用勤我师旅，盖十有八年于兹。朕用震悼，斯民其何罪。今天其悔祸，诞诱尔衷，封奏狎至，愿身列于藩辅。今遣光禄大夫、左宣徽使刘筈等持节册命尔为帝，国号宋，世服臣职，永为屏翰。呜呼钦哉，其恭听朕命。②

金、宋的绍兴和议，由完颜宗弼一手促进，宋高宗已经指出："人主之权，在乎独断。金国之主，幼而无断，权归臣下。往年之和，出于兀术。今年之战，出于挞懒。或和或战，国之大事，而皆不出于人主，无断如此，何以立国。"③ 完颜宗弼死于皇统八年十月，临终前向部下留下了"坚守和好"的对宋策略。

吾大虑者，南宋近年军势雄锐，有心争战，闻韩、张、岳、杨各有不协，国朝之幸。吾今危急，虽有其志，命不可保，遗言与汝等：吾身后宋若败盟，任贤用众，大举北来，乘势撼中原人心，复故土如反掌，不为难矣。吾分付汝等，切宜谨守，勿忘吾戒。如宋兵势盛敌强，择用兵马破之；若制御所不能，向与国朝计议，择用智臣为辅，遣天水郡公桓安坐汴京，其礼无有弟与兄争；如尚悖

---

① 《建炎以来系年要录》，卷142。
② 《金史》卷77《完颜宗弼传》。
③ 《建炎以来系年要录》，卷142。

心，可辅天水郡王并力破敌，无虑者一也。宋若守吾誓言，奉国朝命，令时通国信，益加和好，悦其心目；不数岁后，供须岁币，色色往来，竭其财赋，安得不重敛于民；江南人心奸狡，既扰乱非理其人情，必作叛乱，无虑者二也。十五年后，南军衰老，纵用贤智，亦无驱使，无虑者三也。俟其失望，人心离怨，军势堕坏，然后观其举措，此际汝宜一心选用精骑，备其水陆，谋用才略，取江南如拾芥，何为难耳。尔等切记吾嘱。①

金、宋达成绍兴和议后，确实如完颜宗弼所愿，维系了十余年的和平时期，到完颜亮南征时才又进入交战状态，详见后述。

三　扼制强臣

金太宗在位时的五大强臣，熙宗即位时尚有完颜宗翰、完颜宗干、完颜希尹、完颜宗弼四人，再加上太宗之子完颜宗磐，依然是五大强臣。面对强臣环伺的朝局，金熙宗并非任人摆弄的"无知小儿"，而是以操弄强臣相互斗争的手段清除了威胁最大的三位强臣。

（一）逼死完颜宗翰

完颜宗翰作为太宗朝的第一强臣，既掌管军队，又操弄朝政，还有争夺皇位的企图，是金熙宗最为忌惮的人物。完颜宗翰和完颜希尹作为重要的统军二帅，金熙宗刚即位就将他们召入朝内，以完颜宗翰为晋国王，领三省事，完颜希尹为尚书省左丞相，褫夺了二帅的兵权。完颜宗翰的亲信高庆裔、萧庆，也被召入朝分任尚书省左丞和右丞，貌似重用，实则是便于皇帝的控制。

天会十四年三月，金熙宗以完颜宗翰、完颜宗磐、完颜宗干三人并领三省事，实则是让三位强臣相互牵制。天会十五年六月，完颜宗磐率先发难，指高庆裔、刘思贪赃，由大理寺问罪。完颜宗翰要求"免官为庶人，赎高庆裔之罪"，金熙宗不答应。临刑前，高庆裔对完颜宗翰说："公早听某言，事岂至于今日。某今死尔，我公其善保之。"由于要追查高庆裔余党，朝廷内"起大狱"，受到牵连的有刘思、李兴麟、赵温讯等人，"连坐甚众，皆粘罕之爪牙"②。

---

① 《三朝北盟会编》卷215，第1551页。
② 《金史》卷4《熙宗纪》；《大金国志》卷9《熙宗孝成皇帝一》，第138页。

完颜宗翰本人亦可能一度入狱，因为现在可以看到他在狱中的一份表白自己的上书。

> 臣闻功大则谤兴，德高则毁来，此言是也。自振古论之，以周公之圣人也，当成王即政之初，以言其业则未盛也，以言其时则未太平也，以言其君则幼君也。周公是时建功立事，制礼作乐，尽忠竭力，勤劳王家。公之功德，编于《诗》《书》，流传天下，自古及今，称之无愧焉，尚有四国之流言、诛弟之过也，况后世不及周公者乎。臣今所虑，辄敢辨于陛下，念臣老矣。臣于天会之初从二先帝破辽攻宋，兵无五万之众，粮无十日之储，长驱深入，旌旗指处，莫不请命受降，辽、宋二主及血属并归囚虏，辽、宋郡邑归我版图。方今东濒大海，西彻陶溪，南连交广，北底室韦，罔不臣妾。以大金创基洪业，继治盛朝，先帝所委臣之力也。又扶持陛下，幼冲以临大宝，南面天下，此成王之势也。臣之忠勤，过于周公之赖成王之圣虑也。
>
> 愿陛下察臣之肝胆，念臣有立国之功，陛下有继统之业，可贷臣蝼蚁之命。呜呼，功成名遂身退，天下之道也，臣尝有此志，贪恋陛下之圣意，眷慕陛下之宗庙，踌躇犹豫，以至于此。使臣伊吕之功，反当长乐之祸，愿陛下释臣缧绁之难，愿成五湖之游，誓竭犬马之报。

完颜宗翰死于天会十五年七月，金熙宗为此专门下了一则诏书。

> 先王制赏罚，赏所以衰有功，罚所以诛有罪，非喜怒也。朕惟国相粘罕，辅佐先帝，曾立边功。追先帝上仙，朕继承丕祚，眷惟元老，俾董征诛，不谓持吾重权，阴怀异议，国人皆曰可杀。朕躬匪敢私徇，奏对悖慢，理当弃殛，以彰厥辜。呜呼，四皓出而复兴汉室，二叔诛而再造周基，去恶用贤，其鉴如此。布告中外，咸使闻知。[1]

---

① 《三朝北盟会编》卷178，第1289—1290页。

从诏书的语气看，完颜宗翰应该是被赐死，而不是有记载所说的
"愤闷而死"，终年五十八岁（1080—1137 年）。① 在宫廷内斗中，完颜
宗翰的死因已不重要，重要的是金熙宗成功地扳倒了第一强臣。

（二）诛杀完颜宗磐

金熙宗去除完颜宗翰后，完颜宗磐和完颜宗干之间的争斗日趋激
烈，两人在熙宗面前发生争论，完颜宗磐动辄以"上表求退"要挟皇
帝，甚至敢拔刀砍向完颜宗干，被侍卫萧仲恭喝止。对于这样的现象，
完颜勗（乌野）特别向熙宗建言："陛下富于春秋，而大臣不协，恐非
国家之福。"熙宗只是做些表面的调停而已。②

完颜宗磐尽管在辅政大臣中的位置高于完颜宗干，还是觉得力量不
够，乃自动与完颜宗隽、完颜挞懒（完颜昌）等人结为一党，完颜宗
干则与完颜希尹联合，秘密收集完颜宗磐的"谋反"罪证。天眷二年
七月，完颜宗干、完颜希尹称郎君吴失（吴十）谋反，牵连宋国王完
颜宗磐、兖国王完颜宗隽（金太祖子）、滕国王完颜宗英（金太宗子）、
虞国王完颜宗伟（金太宗子）等人。③ 这实际上是金熙宗与完颜希尹联
手的一次诛杀异己行动。

> 时主（金熙宗）与右相陈王兀室（完颜希尹）谋诛诸父，因
> 朝旦伏兵于内。宗磐入见，擒送大理狱，悉夷其族。④

金熙宗还特别为平定完颜宗磐等人的"谋反"下发了诏书，此诏
书亦出自韩昉之手，全文如下。

> 周行管叔之诛，汉致燕王之辟，兹惟无赦，古不为非，岂亲亲
> 之道有所未敦，以恶恶之心是不可忍。朕自稚冲昧，猥承嗣统，盖
> 由文烈之公，欲大武元之后，德虽为否，义亦当然。不图骨肉之
> 间，有怀蜂虿之毒。皇伯、太师、宋国王宗磐，族联诸父，位冠三

---

① 《金史》卷 74《完颜宗翰传》；《大金国志》卷 9《熙宗孝成皇帝一》，第 140 页。

② 《金史》卷 66《完颜勗传》，卷 76《完颜宗磐传》，卷 82《萧仲恭传》。

③ 《金史》卷 59《宗室表》，卷 73《完颜希尹传》，卷 76《完颜宗固传》《完颜宗本
传》，卷 79《王伦传》。

④ 《大金国志》卷 10《熙宗孝成皇帝二》，第 150—151 页。

师，始朕承祧，乃系协力，肆登极品，兼绾剧权。何为失图，以底不类，谓为先帝之元子，常蓄无君之祸心，昵信宵人，煽为奸党，坐图问鼎，行将弄兵。皇叔、太傅、领三省事、充国王宗隽，为国至亲，与朕同体，内怀悖德，外纵虚骄，肆己之怒，专杀以取威，擅公之财，市恩而惑众，力摈勋旧，欲孤朝廷，即其所倢，济以同恶。皇叔滕王宗英、虞王宗伟，殿前左副点检浑睹、会宁少尹胡实剌、郎君石家奴、千户述孛离、古楚等，竞为祸始，举奸乱从，逞躁欲以无厌，助逆谋之妄作，意所非冀，获其必成，先将贼其大臣，次欲危其宗庙。造端累岁，举事有期，早露端倪，每存含覆。第严禁卫，载肃礼文，庶见君亲之威，少安臣子之分。蔑然不顾，狂甚自如。尚赖神明之灵，克开社稷之福，日者叛人吴十稔心称乱，授首底亡，爰致克奔之徒，乃穷相与之党，得厥情状，孚于见闻，皆由左验以质成，莫敢诡辞而抵赖。欲申三宥，公议岂容，不烦一兵，群凶悉殄，于今月三日已各伏辜，并令有司除属籍讫，自余诖误，更不蹑寻，庶示宽容，用安反侧，民画衣而莫犯古歟。钦哉，予素服以如丧，情可知也。①

　　这份诏书所说的完颜宗磐企图起兵夺取皇位，主要依据是吴十的证词，但是这样的证词未必可信。金熙宗诛杀完颜宗磐等人，就是要消除帝位继承的隐患，使太祖的子孙能够长享帝位，而不是与太宗的子孙分享帝位。处置完颜宗磐之后，熙宗下令"降封太宗诸子"，又于皇统二年三月将自己的儿子完颜济安立为皇太子，显示的就是金熙宗的真实意图。②

　　（三）处死完颜挞懒

　　完颜挞懒与完颜宗磐结党，金熙宗处理"谋反"事件时以其"有大功，释而不问"，只是让完颜挞懒出任燕京行台左丞相，并以杜充任燕京行台右丞相。完颜宗弼亦受命前往燕京，监视完颜挞懒的行动。

　　完颜挞懒明确表达了对新任命的不满："我开国之功臣也，何罪而使我与降奴杜充为伍耶。"他不仅拒绝接受朝廷的任命，还采用了扰民生事的极端做法，宋人张汇在《金国节要》中有以下记载。

---

① 洪皓：《松漠纪闻》卷2。
② 《金史》卷4《熙宗纪》，卷80《完颜济安传》。

　　绍兴九年（金熙宗天眷二年，1139），挞懒避暑于蔚州麻田大岭，下令诸隐藏被虏逃亡者，家长罪死，产业人口半没官而半充赏，仍于四邻之家共追赏钱三百贯。发诸番军分诣诸路，搜捕被虏逃亡者。诸军为利所诱，苟遇村民，便行陵虐，捶掠之下，间或得之。苟非亡者，则曰："尔当为我指尔村或邻村所匿亡者一人，以易尔身。"其人不得已而言之，诸军每得一亡者，则驱诣所匿之家，拘收人口、财物，以及四邻。生民无辜，立成星散，被害之甚，不啻兵火，或各持挺聚集相保，诸军苟至，遂或斗敌。由是所过捕戮，积尸狼藉，州县囹圄为之一盈。此令初下，始自蔚州，次及沩州、安录、广信、保州、北平、中山、祁州、庆源、信德之境，黎元穷蹙，群起为盗，往往宰耕牛、自焚庐舍，相率上山及三万余众，捕搜遂止。挞懒将反，故使民为乱，而借以起兵也。①

　　虽然完颜宗弼已经夺了完颜挞懒的兵权，挞懒还是认为有起兵自证无罪的机会："挞懒怏怏，谓无罪见诬，遂与三子宗武、宗旦、宗望同妻荣歌、妃共议曰：虽夺我元帅府兵马，尚有本千户及强壮得力家人部曲，可从山后诈伪赴凉径往阙下，问因何罪如是罢权。"契丹人召哲郎君将挞懒的图谋告知完颜宗弼，完颜宗弼急派强兵五百骑追至虎谷北口，擒获挞懒父子，拘押在祁州元帅府的监狱中。在此之前，完颜宗弼已经在军中强调了不得听从挞懒命令的要求。

　　天眷元年，都元帅、鲁国王挞懒总四辅南行府都统河南诸路军兵公事，总副元帅、大王、四太子（完颜宗弼）至京，追呼四辅，谕曰："都元帅割三京还南宋，何缘不谕吾计议，其中都元帅必有逆谋，欺罔国朝，恐与南宋别有异图，其理未当。尔等四辅，自今后都元帅府应有行移军文字，如吾不在府第，无吾手押，不得承受回报。故来面谕，尔等切宜谨守。"②

遵照金熙宗的旨意，完颜宗弼于天眷二年八月将完颜挞懒等人处

① 《三朝北盟会编》卷 197，第 1420 页。
② 《三朝北盟会编》卷 197，第 1421—1422 页。

死："兀术之戕其叔挞懒也，帛练拉杀之。其家三百余口，皆以帛练拉杀，合焚其尸，屠其所居之地，三村之人皆不留。"挞懒临刑前对完颜宗弼表示："我开国起义之功臣也，尔与我之功固有间矣。今小酋在上，听任谗邪，杀戮股肱，我恨图之晚。我死之后，祸必及尔，请速图之，无效我辈。"① 也就是说，完颜挞懒之所以有激烈的对抗行为，就是要表达对金熙宗杀害功臣的不满。

（四）冤杀完颜希尹

天眷二年正月（处置完颜宗磐"谋反"事件之前），金熙宗以完颜希尹（兀室、悟室）为尚书左丞相兼侍中，并特别赐给他《加恩制书》。

> 贵贵尊贤，式重仪刑之望，亲亲尚齿，亦优宗室之恩。朕俯迫群情，祗应显号，爰第景风之赏，孰居台曜之先。凡尔在廷，听予作命，具官属为诸父身相累朝，蹈五常九德之规，为四辅三公之冠。当艰难创业之际，借左右宅师之勤，如献兆之信著龟，如济川之待舟楫。迪我高后，格于皇天，属正统之有归，赖嘉谋之先定。缉熙百度，董治六官，雍容以折肘腋之奸，指顾以定朔南之地。德业并茂，古今罕伦。迨兹庆赐之颁，询及金谐之论，谓上公之嘉命有九，而天下之达尊者三，既已兼全，无可增益。乃敷求于载籍，仍自断于朕心。杖以造朝，前已加于异数，坐而论道，今复举于旧章。萧相国赐诏不名，安平王肩舆升殿，并兹优渥，以奖耆英。于戏，建无穷之基，则必享无穷之福，赐非常之礼，所以报非常之功。钦承体貌之隆，共对邦家之祉。②

完颜希尹与完颜宗干结盟，扳倒完颜宗磐，使得金熙宗和完颜宗弼都对其有所忌惮，完颜宗弼借机发难，指完颜希尹有谋反的意图。

> 兀术往祁州元帅府，朝辞既毕，众官饯于燕都檀州门里兀术甲第。至夜阑酒酣，皆各归，惟悟室独留，嗜酒咬兀术首曰："尔鼠

---

① 《三朝北盟会编》卷197，第1422页；《金史》卷4《熙宗纪》，卷77《完颜挞懒传》。
② 洪皓：《松漠纪闻》卷2。

辈岂容我咬哉，汝之军马能有几何，天下之兵皆我有也。"言语相激，兀术佯醉如厕，急走骑告秦国王宗干云："兄援我。"秦国王与悟室从来胶漆，及谋诛鲁、宋之后，情转相好，遂言语遮护之曰："悟室实有酒，岂可信哉。"兀术出，次早以辞皇后为名，泣告皇后如前。后曰："叔且行，容款奏帝耳。"兀术遂行。后具此言白东昏（金熙宗），使兀术亲弟燕京留守纪王阿普追兀术至良乡，及之回，兀术密奏，帝曰："朕欲诛老贼久矣，奈秦国王方便援之，至此自山后沿路险阻处令朕居止，善好处自作捺钵。以我骨肉不附己者，必诬而去之，自任其腹心于权要之务，此奸状之萌，惟尊叔自裁之。①

天眷三年九月，金熙宗专门向完颜希尹下诏："帅臣密奏，奸状已萌，心在无君，言宣不道。逮燕居而窃议，谓神器以何归，稔于听闻，遂大章败。"完颜希尹被赐死，完颜希尹的四个儿子以及大臣萧庆等亦被处死。② 金熙宗还特别发出了诛杀完颜希尹和萧庆的诏书。

朕席祖宗之基，抚有万国，仁帱德覆，罔不臣妾，而帷幄股肱之旧，敢为奸欺。开封仪同三司、尚书左丞相、陈王希尹，猥以军旅之劳，寝备宰辅，阴愎险恶。出其天资，蔑视同僚，事辄异论，顷更法令之始，永作国朝之规，务合人情，每为文具。比其改革，不复尊承，几丧淳风，徒成浇政。至乃未有诏谕，遽先指陈，或托旨以宣行，每作威而专恣。密置党与，怀为诞谩，僭奉玉食之尊，荒怠枭鸣之甚，外擅家国之利，内暌骨肉之恩。日者帅臣密奏，奸状已萌，蚤弗加诛，死不瞑目。顾虽未忍，灼见非诬，心在无君，言尤不道。逮燕居而窃议，谓神器以何归，稔于听闻，迄致彰败。躬蹈前车之既覆，岂容蔓草之弗图。特进、尚书左丞萧庆，迷国罔悛，欺天相济，将致于理，咸伏厥辜。呜呼，赖天之灵，既诛两观之恶，享国无极，永保亿年之休。咨尔臣民，咸体予意。③

---

① 《三朝北盟会编》卷197，第1419—1420页。
② 《金史》卷4《熙宗纪》，卷73《完颜希尹传》。
③ 《三朝北盟会编》卷197，第1417页。

金熙宗之所以下决心除掉完颜希尹，既是去除强臣的需要，也是因为完颜希尹曾参与构陷完颜宗磐"谋反"，要杀人灭口，所以不需要更多的证据，只要有完颜宗弼的举报即可。金熙宗当然知道完颜希尹是被冤杀的，皇统三年即宣布为完颜希尹平反。

　　初，熙宗以疑似杀左丞相希尹，久之，察其无罪，深闵惜之，谓宗宪曰："希尹有大功于国，无罪而死，朕将录用其孙，如之何？"宗宪对曰："陛下深念希尹，录用其孙，幸甚。若不先明死者无罪，生者何由得仕。"上曰："卿言是也。"即日复希尹官爵，用其孙守道为应奉翰林文字。①

金熙宗既能冤杀女真大臣完颜希尹，也能冤杀降臣，皇统六年六月，宇文虚中和高士谈都以"谋反"罪被处死。

　　虚中恃才轻肆，好讥讪，凡见女直人，辄以矿卤目之，贵人达官往往积不能平。虚中尝撰宫殿榜署，本皆嘉美之名，恶虚中者摘其字以为谤讪朝廷，由是媒蘖以成其罪矣。六年二月，唐括酬斡家奴杜天佛留告虚中谋反，诏有司鞫治无状，乃罗织虚中家图书为反具。虚中曰："死自吾分。至于图籍，南来士大夫家家有之，高士谈图书尤多于我家，岂亦反耶？"有司承顺风旨并杀士谈，至今冤之。②

皇统元年五月，完颜宗干病逝。皇统八年十月，完颜宗弼病逝。金熙宗用难以做实的"谋反罪"杀戮大臣，终结了强臣政治，却埋下了真正"谋反"的隐患，因为朝廷已无亲信大臣可用，给谋反者创造了机会。

（五）朝政失序导致的政变

金熙宗有酗酒的毛病，到皇统二年已经发展到因酒醉不视朝的地步，并且不听臣僚的劝告，有人记下了当时的情况。

---

① 《金史》卷70《完颜宗宪传》。
② 《金史》卷79《宇文虚中传》。

> 上自去年荒于酒，与近臣饮，或继以夜。宰相入谏，辄饮以酒，曰："知卿等意，今既饮矣，明日当戒。"因复饮。

皇统五年五月，完颜勖上疏谏皇帝戒酒，金熙宗乃有止酒之令，并布告朝中大臣。①

强臣政治结束之后，朝廷中出现了皇后干政的现象，金熙宗所立皇后裴满氏强力介入朝政后，朝廷风气大变，熙宗的酗酒亦再次达到高潮。

> 熙宗悼平皇后，裴满氏。熙宗即位，封贵妃。天眷元年，立为皇后。……皇统元年，熙宗受尊号，册为慈明恭孝顺德皇后。二年，太子济安生。是岁，熙宗年二十四，喜甚，乃肆赦，告天地宗庙。弥月，册为皇太子，未一岁薨。
>
> 熙宗在位，宗翰、宗干、宗弼相继秉政，帝临朝端默。虽初年国家多事，而庙算制胜，齐国就废，宋人请臣，吏清政简，百姓乐业。宗弼既没，旧臣亦多物故，后干预政事，无所忌惮，朝官往往因之以取宰相。济安薨后，数年继嗣不立，后颇掣制熙宗。熙宗内不能平，因无聊，纵酒酗怒，手刃杀人。②

熙宗酗酒杀人，很快发展为滥杀，皇后裴满氏亦在被杀之列，如苗耀在《神麓记》中所言，金朝宫廷已经到了人人自危的境地。

> 皇统九年（1149）四月初，太白蚀月，太史言不利于君，将大臣作乱。又有旋风从北向南吹，染练腾空，万民望之，上青下赤，落在内廷祥曦殿之侧。继而风雷大作，有龙自寝殿而出入，绕壁幕地衣，众人皆睹。东昏（金熙宗）震悸，遂大赦天下。翰林学士承旨张钧作赦文，称乃者龙潜我宫之句，由是大怒曰："龙奈我何？"将张钧杖之数百，截去手足而斩之。东昏不道，自此始也。每日窥觇左右、近侍，不辨亲疏，唯有少不如意，恣情逞欲，手自刃之。亲杀兵部尚书赛居常，护卫将军八斤，广威宿直将军特

---

① 《金史》卷 4《熙宗纪》。
② 《金史》卷 63《熙宗悼平皇后传》。

赛，定远胙王长腾马（完颜元）及其弟冀州节度使查辣，子侄皆族诛之。又手刃邓王子阿术、辅国兄弟二人。又手刃皇后裴满氏并诸妃嫔，以放归宗者数辈皆赐死于家。大臣战慄待死，每日入朝，与亲戚相别而行。①

张钧的被杀，还因为翻译者从中捣鬼，严重误导了金熙宗的判断。

萧肄，本奚人，有宠于熙宗，复谄事悼后，累官参知政事。皇统九年四月壬申夜，大风雨，雷电震坏寝殿鸱尾，有火自外入，烧内寝帏幔。帝徙别殿避之，欲下诏罪己。翰林学士张钧视草，钧意欲奉答天戒，当深自贬损，其文有曰"惟德弗类，上干天威"及"顾兹寡昧眇予小子"等语。肄译奏曰："弗类是大无道，寡者孤独无亲，昧则于人事弗晓，眇则目无所见，小子婴孩之称，此汉人托文字以詈主上也。"帝（金熙宗）大怒，命卫士拽钧下殿，榜之数百，不死。以手剑剺其口而醢之。②

完颜宗干的第二子完颜亮，在完颜宗弼去世后得到金熙宗的重用，由尚书省右丞相升为左丞相，并兼任都元帅之职，既主掌朝政，又握有兵权。完颜亮先给胙王完颜元（金太祖长孙）安上谋反的罪名，唆使金熙宗将其处死，清除了帝位竞争者，随后与驸马唐括辩等人勾结内侍，闯入寝宫将金熙宗杀死，完颜亮自立为帝，将被弑的皇帝降为东昏王。③

金世宗即位后，恢复了金熙宗的帝号，并在诏书中对其政治作为给出了正面的评价。

大定元年（1161）十一月十六日诏曰：朕惟礼莫大于明分，政必先于正名，宜推是是之心，用定尊尊之号。爰申显命，诞告敷天。前君（金熙宗）乃太祖之长孙，受太宗之遗命，嗣膺神器十有五年，垂拱仰成，委任勋戚，废齐国以省徭赋，柔宋人而息兵

① 《三朝北盟会编》卷216，第1557—1558页。
② 《金史》卷129《萧肄传》。
③ 《金史》卷4《熙宗纪》；《大金国志》卷12《熙宗孝成皇帝四》，第178—179页。

戈。世格泰和，俗跻仁寿，混车书于南北，一尉候于东西。晚虽淫
刑，几于恣意，冤施弟、后，戮及良工，虐不及民，事犹可谏，过
之至此，古或有焉。右丞相、歧国王亮，不务弼谐，反行篡弑，妄
加黜废，抑损徽称。远近伤嗟，神人愤怒。天方悔祸，朕乃继兴，
受天下之乐推，居域中之有大，将拨乱而反正，务在革非，期事亡
以如存，聿思尽礼。宜上谥号曰闵宗武灵皇帝，既复崇于位号，庶
少慰于神灵。非眇躬之私言，乃天下之公议。①

　　金熙宗在稳定金朝的统治方面，确实起了重要的作用，他所展示的
文治观念，应该受到重视。尤为重要的是，他改变了"以中原人治中
原"的做法，将中原地区纳入了金朝直接管理的体系之内，为金朝统
治重心的南移奠定了基础。但是金熙宗为了遏制强臣，屡次罗织罪名，
兴大狱诛杀大臣，进而发展到酗酒滥杀，成了一个道道地地的暴君，所
以元人在修《金史》时有以下评价："金主内蛊声色，外好大喜功，莫
甚于熙宗、海陵（完颜亮）。""皇统末年，群臣解体，无尊君谨上之
心，而群奸窃发。""熙宗之时，四方无事，敬礼宗室大臣，委以国政，
其继体守文之治，有足观者。末年酗酒妄杀，人怀危惧。所谓前有谗而
不见，后有贼而不知，驯致其祸，非一朝一夕故也。"② 具有文治观念
的君主，如果有严重的性格缺陷，会走向文治的反面。金熙宗厌恶女真
旧臣，进而厌恶皇后，不改酗酒的陋习，显示的是他有偏执、易怒的性
格，并且有强烈的畏惧强者心理，这样的性格和心理带来的恣意妄为，
最终酿成了金朝的一次重大政治悲剧。
　　总体而言，金朝前期在太祖、太宗、熙宗三朝皇帝的持续努力下，
以建立中原王朝式国家的政治目标为基点，不仅解决了"如何立国"
的问题，亦着手解决"如何治国"的问题，尤其是在"以中原人治中
原"的试验失败之后，已尝试建立直接管理中原地区的有效机制。更
为重要的是，金朝建国伊始就高度重视儒家治国理念，并将这样的理念
融入统治观念和用于政治实践，使新王朝在起步阶段就能达到较高的治
理水平。仅就这一点而言，辽朝和西夏的立国者都是难以企及的，显示
金朝初期统治者在政治思想方面确实更具有先进性的特质。

---

　　①　《大金集礼》卷4《大定十九年奉上孝成皇帝谥号》。
　　②　《金史》卷4《熙宗纪》，卷129《佞幸传》，卷132《叛臣传》。

第九章　金朝前期的辅政观念

金朝前期的建国立制等，离不开大臣的帮助，由此既要注意一些受儒家思想影响的女真大臣的治国观念，也要注意由辽朝和宋朝降臣带入金朝的重要政治观念。

第一节　注重治国的女真大臣

金太祖、金太宗、金熙宗三位皇帝在位时，已经出现了一批注重治国的女真大臣，可概要介绍他们的主要政治观念。

一　完颜撒改等人的理政观

金朝前期的女真大臣完颜撒改、完颜骨舍、完颜杲、完颜阿离合懑、完颜宗雄、完颜忠等人，都积极导入了新的理政观念，对当时的朝政产生过积极的影响。

（一）完颜撒改的治国观

完颜撒改（？—1121 年），女真完颜部首领乌古廼（金景祖）之孙，其父名劾者。完颜阿骨打建国前，女真部落联盟中已经有"国相"的设置，完颜雅达、完颜颇剌淑（金肃宗）都曾担任此职。完颜盈哥（金穆宗）任完颜部首领后，以完颜撒改为国相。[1] 完颜撒改以国相的位置帮助完颜阿骨打称帝建国，并继续以国相（后改称国论勃极烈，又改为国论忽鲁勃极烈）的职位主掌朝政，建立了初步的礼仪制度，已见前述。

---

① 《金史》卷 1《世纪》，卷 67《完颜散达传》。

作为金朝建国初年的"国相"，完颜撒改显然注意到了用人、慎刑等方面的问题。

> 撒改为人，敦厚多智，长于用人，家居纯俭，好稼穑。自始为国相，能驯服诸部，讼狱得其情，当时有言："不见国相，事何从决。"及举兵伐辽，撒改每以宗臣为内外倚重，不以战多为其功也。

元人修《金史》时亦强调："撒改治国家，定社稷，尊立太祖，深谋远略，为一代宗臣，贤矣哉。"① 因为资料所限，对于这样的重要大臣，只能知道他所具有的基本理政观念，就是愿意将中原王朝的治国方略引入金朝，为立国提供重要的政治观念支持。

（二）完颜骨舍的谋略观

完颜骨舍，亦作完颜骨捨，生卒年不详，女真完颜部首领颇刺淑（金肃宗）之孙，"雄杰有谋略"，完颜阿骨打建国后成为重要的谋臣："粘罕（完颜宗翰）、骨舍、兀室（完颜希尹）为谋主，参与论议。""骨舍与粘罕至相欢，而骨舍才尤高，武元（完颜阿骨打）在位，二人用事，未尝中复，每有所为，便许自专，抚其背曰：儿辈作事，必不错也。以至命相命官亦专决，国中事非经此二人不行。"②

金太宗即位后，完颜骨舍助完颜宗翰攻宋。天会四年（宋钦宗靖康元年，1126）闰十一月，金军攻占怀州后，完颜骨舍不仅赦免了被俘的范仲熊，还与他讨论过历史上的用兵及立国得失等问题，范仲熊在《北记》中有较详细的记载。

> 仲熊乃率千人与之巷战，民兵散去，仲熊被擒。见敌楼上张纸伞一柄，监军骨舍郎君坐其下，令人传译云："何故不晓逆顺，抗拒王师？"仲熊曰："仲熊是赵皇臣子，奉安抚司指挥来将兵，才微兵薄，分甘一死。"监军曰："尔怀州久劳王师，本合一齐剿除，我为爱惜生灵，不欲按以军威。据军士之意，则要下城掳掠。你可仔细说与百姓。"既而怀州万余人至城下，皆称云："救范机宜去来。"又高声叫云："机宜放心，若动著官人后，百姓与官人报

---

① 《金史》卷70《完颜撒改传》。
② 《三朝北盟会编》卷3，第21页；《大金国志》卷27《骨舍传》，第380—381页。

仇。"监军使人传令曰:"不消如此。"又谓仲熊曰:"节制不在你,非你之罪,可贷命。"(仲熊)愿乞一死,监军曰:"我大金人说话,一句是一句,不似你南朝说话没凭据。既贷你命,只是贷你命,更无他公事。你且归去,为我唤取州主来,同见国相。"仲熊遂回往州衙,寻霍安国不见。又去城北道风楼上,寻霍安国亦不见,盖已为金人所擒。又押仲熊去,再到骨舍前,见知泽州高世由、通判吕民中皆同坐。骨舍先曰:"安抚已捉得也,天色已晚,你且去,明日见国相。"

一日,骨舍呼仲熊至其寨中,问曰:"闻得你读得书多,今问你两事。一则问韩信用兵、人才高下。二则问刘景升、孙策何以不能成功。"仲熊对曰:"韩信才亦不高,故必设计,若才高则不假诈谋,无与为敌,惟其才不高,故必设计,然后能取胜,如水上沙囊木瓮、背水阵之类是也。刘景升、孙策虽天资英勇,然器轻无君人之体,所以无成。"骨舍闻说大喜,亲屈膝劝仲熊饮酒,又以宣政殿学士、宿弥离勃极烈官诰一道授仲熊,仲熊又力辞,以义不敢受。

按照范仲熊的说法,完颜骨舍对完颜宗翰有极大的影响,所以他会关注用兵和治国的谋略:"至于兵事,骨舍又专之粘罕,总大纲而已。骨舍年长于粘罕,约年五十余岁,粘罕庚申(1080年)生,少兄事骨舍,且甚重之,与二太子(完颜宗望)颇不相得,盖二太子以贵,粘罕、骨舍以才自高,不肯相下云。"① 也就是说,完颜宗翰后来之所以能够成为强臣,确实有完颜骨舍的助成之功。

(三) 完颜杲的立国观

完颜杲(?—1130年),本名完颜斜也(完颜斜野),完颜阿骨打弟,金朝建国后任吴勃极烈、忽鲁勃极烈、内外诸军都统等职,既是重要的统军将领,也是协助完颜阿骨打处理朝政的重臣。完颜阿骨打曾特别下诏:"自今诸诉讼书付都统杲决遣。若有大疑,即令闻奏。"②

金太宗即位后,以完颜杲为谙班勃极烈,与完颜宗干共理国政,完颜杲和完颜宗干即明确提出了改女真旧制、用汉官制度的要求,已见

① 《三朝北盟会编》卷61,第459—460页。
② 《金史》卷2《太祖纪》,卷76《完颜杲传》。

前述。

金军占领汴京、俘获宋朝二帝后，完颜杲率朝中大臣向金太宗进献了贺表，全文如下。

伏睹破汴俘获宋主者，衅生邻国，宜我伐之用张，佑自皇天，果罪人之斯得，照临之下，抃舞攸同。切以天弃宋邦，运终赵氏，为邻数载，取怒两朝。佶（宋徽宗）则背先帝之恩，遽渝海上之约；桓（宋钦宗）则负吾皇之义，又违城下之盟。惟父子之罪同条，故神人之心共弃；既为所忌，必讫于亡。王旅啴啴，往专求于首恶；虎臣矫矫，思亟奏于肤功。羽檄旁飞，神旗南指，郡县继下，城壁俱摧。全军径济于黄河，王气潜消于赤县。坚甲利兵，固资义胜；高城深垒，其如德何。自知天网以难逃，俱诣军门而请罪。望阙虔吁天之请，在郊展衔璧之仪，愿上版图，乞为臣属。获诸殷纣，武王自誓于商郊；继彼秦婴，高祖亲营于灞上。未如圣代，专委帅臣，去年获辽国之君，遥闻捷报；今日浮汴都之主，坐听降音。不出户庭，克平海宇，此盖皇帝陛下神谋独运，庙算无遗。甫逾再稔之间，继有非常之事，告成先庙，振不坠之英风，传报诸侯，耸无敌之强势。六合之内罔不服，千古以来未之有。如臣等叨备宰司，获承圣略，愧无裨赞，徒幸遭逢。元会在辰，式集四方之贺；愚诚归美，敢扬万寿之休。①

在这份贺表中，强调了金朝立国的四大重要观念。一是天命观，指宋朝已遭天弃，金朝灭宋符合天运的安排。二是重义观，指金朝皇帝不仅能以义待宋，亦能以义胜宋。三是兴亡观，将金人俘获宋朝二帝与周武王灭商、汉高祖灭秦相提并论，显示金人亦是王朝更替的参与者。四是统一观，以"克平海宇"和"六合之内罔不服"来昭示金朝的统一行为。贺表虽然出自汉人儒臣之手，但是完颜杲领衔上表，表明他完全认同这些观念。

（四）完颜阿离合懑、完颜宗雄的重农观
完颜阿离合懑（1071—1119 年），女真部首领乌古廼（金景祖）

① 《大金吊伐录》卷4《皇弟谙班勃极烈杲等贺俘宋主表》。

之子，完颜阿骨打即位时有劝进之功，并且特别献上耕具，所强调的就是"使陛下毋忘稼穑之艰难"。

完颜阿离合懑的记忆超人，尤其熟悉"祖宗旧俗法度"："为人聪敏辨给，凡一闻见，终身不忘。始未有文字，祖宗族属时事并能默记，与斜葛同修本朝谱牒。见人旧未尝识，闻其父祖名，即能道其部族世次所出。或积年旧事，偶因他及之，人或遗忘，辄一一辨析言之，有质疑者皆释其意义。"

完颜阿离合懑去世前，曾向完颜阿骨打建议："马者甲兵之用，今四方未平，而国俗多以良马殉葬，可禁止之。"完颜阿骨打则表示："临终不乱，念及国家事，真贤臣也。"①

完颜阿离合懑虽然在金朝建立初年即去世，但是他的重农和重牧观念，对完颜阿骨打等人确实有重要的影响。

完颜宗雄（1083—1122年），原名完颜谋良虎，女真完颜部首领乌雅束（金康宗）之子，完颜阿骨打起兵时曾倡言："辽帝骄侈，人不知兵，可取也。"

完颜阿骨打要迁徙女真部民，特别派完颜宗雄、蒲家奴查看泰州的土地，完颜宗雄包泰州之土回奏："其土如此，可种植也。"完颜阿骨打则下令"徙万余家屯田泰州"，顺利实现了部众迁徙的目标。

完颜宗雄"好学嗜书"，在狩猎受伤后，"卧两月，因学契丹大、小字，尽通之"。金朝初建，"立法定制，皆与宗干建白行焉"，成为参与国家立制的重要成员。临终前，完颜宗雄更明确表示："国家大业既成，主上寿考万年，肃清四方，死且无恨。"②完颜宗雄的重农、重民、重法等观念，亦对初建的王朝起了不可忽视的作用。

（五）完颜忠的除怠政观

完颜忠（？—1136年），本名完颜迪古廼（迪古乃），字阿思魁，耶懒路完颜部人，其兄完颜石土门为该部部长。

完颜忠是完颜阿骨打的重要谋臣，在举兵反辽的决策中起过重要的作用，而他所强调的反辽理由，就是怠政的国君容易被铲除。

　　太祖（完颜阿骨打）器重之，将举兵伐辽，而未决也，欲与

①　《金史》卷73《完颜阿离合懑传》。
②　《金史》卷73《完颜宗雄传》。

迪古乃计事，于是宗翰、宗干、完颜希尹皆从。居数日，少间，太祖与迪古乃冯肩而语曰："我此来岂徒然也，有谋于汝，汝为我决之。辽名为大国，其实空虚，主骄而士怯，战阵无勇，可取也。吾欲举兵，杖义而西，君以为如何？"迪古乃曰："以主公英武，士众乐为用。辽帝荒于畋猎，政令无常，易与也。"太祖然之。[1]

完颜石土门去世后，完颜忠继任为耶懒路都孛堇。金太宗天会二年（1124）二月，"命徙耶懒路都孛堇完颜忠于苏濒水"，迁徙的原因是"以耶懒地薄斥卤，迁其部于苏滨水，仍以术实勒之田益之"[2]。苏濒水或苏滨水即今绥芬河，完颜忠迁徙后在此地设速频路，后改名为恤品路。为显示不忘祖先之地，仍设耶懒（押懒）猛安："以耶懒、速频相去千里，既居速频，然不可忘本，遂命名石土门亲管猛安曰押懒猛安。"[3] 尤为重要的是，通过部众的迁徙，完颜忠稳固了金朝对绥芬河流域的控制。[4]

在建国初期即注意到了辽人怠政亡国的问题，完颜忠的政治观点，确有其独到之处。

（六）完颜宗隽的爱民观

完颜宗隽（？—1139 年），本名讹鲁观，又名蒲路虎，金太宗次子，金熙宗在位时与完颜宗磐等人因"谋反"罪被处死。

完颜宗隽实际上是一个具有较强爱民观念之人，但亦会有错杀的举动，宋人洪皓对此有专门记载。

蒲路虎性爱民，所居官必复租薄征，得蕃、汉间心，但时有酒过。后除东京留守，敕令止饮。行未抵治所，有一僧以索枰瘿盂遮道而献，曰："可以酌酒。"蒲路虎曰："皇帝临遣时，宣戒我勿得饮，尔何人，乃欲以此器导我邪。"顾左右，令"洼勃辣骇"，国语云"令杀之也"。即引去，行刑者哀其亡辜，击其脑不力，欲令宵遁，而以死告。未毕，复呼使前，僧被血淋漓，蒲路虎曰："所

<hr/>

[1] 《金史》卷70《完颜忠传》。
[2] 《金史》卷3《太宗纪》，卷70《完颜忠传》。
[3] 《金史》卷24《地理志上》。
[4] 林沄：《完颜忠神道碑再考》，《北方文物》1992 年第 4 期。

以献我，意者安在？"对曰："大王仁慈正直，百姓喜幸，故敢奉此为寿，无他志也。"蒲路虎意解，欲释之，询其乡，以渤海对。蒲路虎笑曰："汝闻我来，用此相鹘突耳，岂可赦也。"卒杀之。又于道遇僧尼五辈共辇而载，召而责之曰："汝曹群游已冒法，而乃敢显行吾前邪！"皆射杀之。①

注重爱民的还有完颜宗贤，本名阿鲁，完颜阿骨打旁系侄子，生卒年不详，从完颜阿骨打攻辽，金朝建立后先任内库都提点，后出任归德军节度使，"政宽简，境内大治。秩满，士民数百千人相率诣朝廷请留。及改武定军，百姓扶老携幼送数十里，悲号而去"。

金熙宗皇统八年（1148），派遣参知政事完颜秉德廉察官吏，完颜宗贤时任永定军节度使，亦因善治而受到表彰。

秉德廉访官吏，士民持盆水与镜，前拜言曰："使君（完颜宗贤）廉明清直类此，民实赖之。"秉德曰："吾闻郡僚廉能如一，汝等以为如何？"众对曰："公勤清俭，皆法则于使君耳。"因谓宗贤曰："人谓君善治，当在甲乙，果然贤使君也。"用是超迁两阶。②

需要注意的是，金朝前期女真大臣导入的理政观点，尽管较为粗浅，但对于一个新建的王朝而言极为重要，因为当政者确实需要一个熟悉以往治国经验的过程。

二　完颜希尹等人的文治观

完颜希尹等精通汉文、契丹文、女真文的女真大臣，不仅在文字、史学方面颇有建树，亦为金朝输入了文治的观念。

（一）完颜希尹倡导文治

完颜希尹（？—1140 年），本名完颜谷神，又名完颜兀室（悟室），不仅参考契丹文创制了女真大字，还是金朝前期的重臣和强臣，金熙宗在位时被冤杀，已见前述。

---

① 洪皓：《松漠纪闻》卷 1。相关记载，亦见《大金国志》卷 27《蒲路虎传》，第 382—383 页；《金史》卷 69《完颜宗隽传》。

② 《金史》卷 4《熙宗纪》，卷 66《完颜宗贤传》。

完颜希尹创制女真字后，亦注意到了女真字的教学问题，为金朝培育了一些专门的人才，可列举一些具有代表性的人物。

温迪罕缔达，该习经史，以女直字出身，累官国史院编修官。初，丞相希尹制女直字，设学校，使讹离剌等教之。其后学者渐盛，转习经史，故纳合椿年、纥石烈良弼皆由此致位宰相，缔达最号精深。①

耨碗温敦兀带，太师思忠侄也。天会间，充女直字学生，学问通达，观书史，工为诗。选为尚书省令史，除右司都事，转行台右司郎中，入为左司员外郎。②

纥石烈良弼，本名娄室……天会中，选诸路女直字学生送京师，良弼与纳合椿年皆童卯，俱在选中。是时，希尹为丞相，以事如外郡，良弼遇之途中，望见之，叹曰："吾辈学丞相文字，千里来京师，固当一见。"乃入传舍求见，拜于堂下。希尹问曰："此何儿也？"良弼自赞曰："有司所荐学丞相文字者也。"希尹大喜，问所学，良弼应对，无惧色。希尹曰："此子他日必为国之令器。"留之数日。年十四，为北京教授，学徒常二百人。时人为之语曰："前有谷神，后有娄室。"其从学者，后皆成名。③

（完颜）宗宪本名阿懒（完颜撒改之子），颁行女直字书，年十六，选入学。太宗幸学，宗宪与诸生俱谒，宗宪进止恂雅，太宗召至前，令诵所习，语音清亮，善应对。侍臣奏曰："此左副元帅宗翰弟也。"上嗟赏久之。兼通契丹、汉字。未冠，从宗翰伐宋，汴京破，众人争趋府库取财物，宗宪独载图书以归。④

徒单克宁，本名习显……资质浑厚，寡言笑，善骑射，有勇

---

① 《金史》卷105《温迪罕缔达传》。
② 《金史》卷84《耨碗温敦兀带传》。
③ 《金史》卷88《纥石烈良弼传》。
④ 《金史》卷70《完颜宗宪传》。

略，通女直、契丹字。左丞相希尹，克宁母舅。熙宗问希尹表戚中谁可侍卫者，希尹奏曰："习显可用。"以为符宝祗候。①

纳合椿年，本名乌野。初置女直字，立学官于西京，椿年与诸部儿童俱入学，最号警悟。久之，选诸学生送京师，俾上京教授耶鲁教之，椿年在选中。补尚书省令史，累官殿中侍御史，改监察御史。②

完颜兀不喝，会宁府海姑寨人。年十三，选充女直字学生。补上京女直吏，再习小字，兼通契丹文字，充尚书省令史。③

按照宋人张汇《金国节要》的记载，完颜希尹不仅擅长文字，亦擅长兵法，曾识破耶律余睹的叛金行为。

悟室与国同姓完颜氏，母妊三十个月生，名曰悟室，乃三十也。长而身长七尺余，音如巨钟，面貌长而黄色少须髯，常闭目坐，怒睁如环。创撰女真文字，动循礼法，军旅之事暗合孙、吴，自谓不在张良、陈平之下。

悟室猎居庸关之东，憩于山上，遥见二驰递者相遇于道，立马交谈，久而分去。悟室疑之，命数骑追一人至，诘曰："尔何人也？"曰："余睹使者，以军事诣燕山稿里统军司。"悟室曰："尔适相遇者，彼何人也？"曰："彼乃稿里统军之使余睹者。"悟室曰："尔等适立马话及何事？"曰："问候。"悟室曰："非也，问候之语无许久。"又曰："话别。"悟室曰："亦非也，话别之语无许久。"又曰："叙家事。"悟室曰："家事故非立马叙。"又曰："叙往事。"悟室曰："往事亦非立马叙。"驰者词穷面赭，又且战栗不已，悟室察其言色，兼素疑余睹、稿里皆契丹反复之徒，因以诈折之曰："我知尔二人为睹辈议者，近有人密告余睹、稿里反，期于今日，各有使至，我故来此伺之，果得尔辈，夫何隐焉？"无何，

---

① 《金史》卷92《徒单克宁传》。
② 《金史》卷83《纳合椿年传》。
③ 《金史》卷90《完颜兀不喝传》。

驰者实余睹议反者也，彼谓悟室果知，故不敢隐，余睹之叛由是
败。粘罕（完颜宗翰）自燕山令悟室西捕余睹，悟室至云中，余
睹已走，悟室尽诛余睹残党及擅杀粘罕次室萧氏。回至燕山，请罪
于粘罕曰："萧氏本契丹之元妃也，与兄实乃雠仇，实不得已而从
之。彼素忍死以事兄者，将有待于今日也。今既见事无成，恐或不
利于兄。且兄横行天下，万夫莫当，而此人帷幄之间可以寸刃害兄
于不测矣，事当预防。况今至此，某以爱兄之故，已擅杀之。"粘
罕起而谢之，既而泣下。[①]

完颜希尹亦重视文人，并注意发挥文人理政的长处，可列举一个
实例。

　　傅慎微，字几先，其先秦州沙溪人，后徙建昌。慎微迁居长
安，宋末登进士，累官河东路经制使。宗翰（粘罕）已克汴京，
使娄室定陕西，慎微率众迎战，兵败被获，送至元帅府。元帅宗翰
爱其才学，弗杀，羁置归化州，希尹收置门下。宗弼复取河南地，
起为陕西经略使，寻权同州节度使事。明年，陕西大旱，饥死者十
七八，以慎微为京兆、鄜延、环庆三路经济使，许以便宜。慎微募
民入粟，得二十余万石，立养济院饲饿者，全活甚众。改同知京兆
尹，权陕西诸路转运使，复修三白、龙首等渠以溉田，募民屯种，
贷牛及种子以济之，民赖其利。
　　慎微博学，喜著书，尝奏《兴亡金镜录》一百卷。性纯质，
笃古喜谈兵，时人以为迂阔云。[②]

完颜希尹本人在文治方面也颇有建树，不仅注重收集图籍和约束滥
杀，亦能抗拒专权的皇后，还能要求子孙学习儒学。

　　即克汴，诸将帅争取珍异，王（完颜希尹）独先收宋图籍。
捷奏，太宗嘉其功，赐誓券以宠异之。无何，宋康王构自立于睢
阳，我军遂复渡河取澶、濮、大名诸城，攻拔者或屠之。师次东

---

①　《三朝北盟会编》卷197，第1418—1420页。
②　《金史》卷128《傅慎微传》。

平，王劝宗翰曰："此行止为构耳，何多杀为。"自是，攻下者多蒙全释。

王奕世勋阀，机权方略，以征则克，临事果断，乃能增多前功。扶翼圣统，孜孜奉国，知无不为。悼后正位中宫，以巧慧当帝意，颇干预外政，王杜遏其渐，每以正理辩之，由是大忤后旨，得罪暧昧，或者以为后之谮焉。性尤喜文墨，征伐所获儒士，必礼接之，访以古今成败。诸孙幼学，聚之环堵中，凿圜窦，仅能过饮食，先生晨夕教授，其义方如此。①

完颜希尹还以宋朝使者洪皓教子弟读书，并能注重洪皓所持的国事观点。

云中至冷山行六十日，距金主所都仅百里，地苦寒，四月草生，八月已雪，穴居百家，陈王悟室（完颜希尹）聚落也。悟室敬皓，使教其八子。或二年不给食，盛夏衣粗布，尝大雪薪尽，以马矢然火煨面食之。或献取蜀策，悟室持问皓，皓力折之。悟室锐欲南侵，曰："孰谓海大，我力可干，但不能使天地相拍尔。"皓曰："兵犹火也，弗戢将自焚，自古无四十年用兵不止者。"又数为言所以来为两国事，既不受使，乃令深入教小儿，非古者待使之礼也。悟室或答或默，忽发怒曰："汝作和事官，而口硬如许，谓我不能杀汝耶？"皓曰："自分当死，顾大国无受杀行人之名，愿投之水，以坠渊为名可也。"悟室义之而止。

和议将成，悟室问所议十事，皓条析甚至，大略谓封册乃虚名，年号本朝自有，金三千两景德所无，东南不宜蚕，绢不可增也；至于取淮北人，景德载书犹可复视。悟室曰："诛投附人何为不可？"皓曰："昔魏侯景归梁，梁武帝欲以易其侄萧明于魏，景遂叛，陷台城，中国决不蹈其覆辙。"悟室悟曰："汝性直不诳我，吾与汝如燕，遣汝归议。"遂行。会莫将北来，议不合，事复中止。留燕甫一月，兀术杀悟室，党类株连者数千人，独皓与异论几死，故得免。②

---

① 王彦潜：《完颜希尹神道碑》，李澍田主编《金碑汇释》，第78—83页。
② 《宋史》卷373《洪皓卷》。

如前所述，完颜希尹被冤杀有诸多因素，皇后的推波助澜，并非主要因素。金熙宗为其平反之后，完颜希尹的影响仍在，所以需要重视他对金朝文治的倡导之功。

（二）完颜勖注重修史

完颜勖（1099—1157年），本名完颜乌野，字勉道，女真完颜部首领完颜盈哥（金穆宗）之子，"好学问，国人呼为秀才"。金军攻占宋朝都城汴京后，完颜勖明确表示"惟好书耳，载书车而还"①。

金太宗天会八年（1130），完颜勖曾上书要求不再向高丽索要逃亡人口，已见前述。

金熙宗即位后，完颜勖不仅撰写了上尊号的册文，还于皇统元年十二月呈上了新编成的《先朝实录》，②并为此得到了超常的赏赐。

> 女直初无文字，及破辽，获契丹、汉人，始通契丹、汉字，于是诸子皆学之。宗雄能以两月尽通契丹大小字，而完颜希尹乃依仿契丹字制女直字。女直既未有文字，亦未尝有记录，故祖宗事皆不载。宗翰好访问女直老人，多得祖宗遗事。太宗初即位，复进士举，而韩昉辈皆在朝廷，文学之士稍拔擢用之。天会六年，诏书求访祖宗遗事，以备国史，命勖与耶律迪越掌之。勖等采摭遗言旧事，自始祖以下十帝，综为三卷。凡部族，既曰某部，复曰某水之某，又曰某乡某村，以别识之。凡与契丹往来及征伐诸部，其间诈谋诡计，一无所隐。事有详有略，咸得其实。
>
> 皇统元年，撰定熙宗尊号册文。上召勖饮于便殿，以玉带赐之。所撰《祖宗实录》成，凡三卷，进入，上焚香立受之，赏赉有差。制诏左丞勖、平章政事弈职俸外别给二品亲王俸傔。旧制，皇兄弟、皇子为亲王给二品俸，宗室封一字王者给三品俸，勖等别给亲王俸，皆异数也。宴群臣于五云楼，勖进酒称谢，帝起立，宰臣进曰："至尊为臣下屡起，于礼未安。"上曰："朕屈己待臣下，亦何害。"是日，上及群臣尽欢。

完颜勖后来又编成了《太祖实录》二十卷，但皇统八年八月正式

---

① 《金史》卷66《完颜勖传》。本小节引文未注明出处者，均出自此传。

② 《金史》卷4《熙宗纪》。

向皇帝呈送《太祖实录》的是完颜宗弼。①

金熙宗在位时有嗜酒的习惯，并且重用完颜亮等人，完颜勖都有劝谏和告诫的举动。

> 熙宗猎于海岛，三日之间，亲射五虎获之。勖献《东狩射虎赋》，上悦，赐以佩刀、玉带、良马。能以契丹字为诗文，凡游宴有可言者，辄作诗以见意。时上日与近臣酣饮，或继以夜，莫能谏之。勖上疏谏，乃为止酒。
>
> 勖刚正寡言。海陵（完颜亮）方用事，朝臣多附之者。一日，大臣会议，海陵后至，勖面责之曰："吾年五十余，犹不敢后，尔少年强健，乃敢如此。"海陵跪谢。

完颜勖亦能褒扬后辈学者，如工部尚书夹谷谢奴之子夹谷查剌，"善女直、契丹书"，"性忠实，内明敏，每论大事超越伦辈"，完颜勖即表示："查剌不学而知，方之古人，如此者鲜矣。"②

完颜亮即位后，为笼络完颜勖，委之以要职。完颜勖不能公开反对完颜亮，上表要求致仕又不被批准，"遂称疾笃不言"，完颜亮不得不于正隆二年（1157）十月同意其致仕。③

完颜勖还编撰了《女直郡望姓氏谱》等书。大定二十年（1180），金世宗特别下诏："太师勖谏表诗文甚有典则，朕自即位所未尝见。其谏表可入《实录》，其《射虎赋》诗文等篇什，可镂版行之。"也就是说，后人对完颜勖的著述，抱的是高度重视的态度。

金朝前期的女真大臣完颜宗望、完颜宗翰、完颜宗干、完颜宗弼、完颜宗磐等人，作为强臣，其政治观念对朝政的影响已见本书第八章，无须赘述。

第二节　入金辽人的政治观念

完颜阿骨打攻辽，左企弓、虞仲文、曹勇义、康公弼等辽朝大臣降

---

① 《金史》卷4《熙宗纪》。
② 《金史》卷86《夹谷查剌传》。
③ 《金史》卷5《海陵纪》。

金，不久即被张毂杀害。杨朴、高庆裔、刘彦宗、时立爱、韩企先等辽人，后来则成为金朝的重臣，可分述他们的政治观念于下。

一 杨朴、高庆裔的义、利观念

完颜阿骨打倚重的杨朴和完颜宗翰（粘罕）倚重的高庆裔，都对金朝前期的立国建制起过重要的作用，但是要特别注意两人政治观念的不同。

（一）杨朴倡导以义立国

杨朴（？—1132 年），亦作杨璞，辽东铁州（今属辽宁）人，出身于渤海大族，辽朝进士，降附完颜阿骨打后被用为谋士，[①] 在金朝建国时所提出的重要建议，一是以"图霸天下"劝说完颜阿骨打即位，二是为新建的金朝制订朝仪，三是建议建立后宫制度，四是为完颜阿骨打求取辽朝的册封。此外，杨朴还能代完颜阿骨打向统军的主帅传令，已见前述。

天辅五年（1122）正月，完颜阿骨打以知枢密院、内相杨朴权知行宫留守事，替代了完颜骨舍的位置。

> 先是国主出征，骨舍留守，既而有中京之行，召骨舍共谋，盖骨舍在诸臣中最有智谋者也。朴为人慷慨，有大志，多智善谋，建国之初，诸事草创，朝仪制度皆出其手。

当年五月，完颜阿骨打还采用杨朴的建议，"始合祭天地于南北郊及禘享太庙，颁赐番汉群臣以下有差"[②]。

金军占领燕京后，杨朴参与了与宋人的交涉，先是与完颜希尹一起，向宋朝使者强调了金人的要求，宋人马扩在《茆斋自叙》中有详细的记载。

> 阿骨打委兀室（完颜希尹）、杨璞到馆，屏去左右议事。兀室云："割还燕地讲好事，主上已许，难以爽信。前日龙图侍郎（赵

---

① 《大金国志》卷1《太祖武元皇帝上》，第 15—16 页；卷7《太宗文烈皇帝五》，第 119 页；王称：《东都事略》卷 125《附录三·金国传》。

② 《大金国志》卷1《太祖武元皇帝上》，第 24 页。

良嗣）到来，所论课程、税赋，今贵朝御笔岁添十万匹两，无一大县之数，岂能成合。"良嗣等相与言海上所议，尽还燕民、燕地，是以岁输旧与契丹银绢。今贵朝已将平、滦、营三州更不在议，又要起燕京职官、富户民、工匠，而本朝岁又添十万匹两，亦非少也。兀室等复云："元初海上之约，燕地人户合归南朝，应燕中客人合归北朝，两下进兵夹攻契丹，即军马不得过关，盖欲南朝乘本朝兵势，就近自取。今贵朝不能自取，直候本国取了与去，使贵朝坐享地土之利，有何不便？兼课程、税赋出在地土，非动贵朝物，何苦吝惜？元约燕地客人合归北朝，如郭药师常胜一军多是燕北人，药师亦是铁州人，恐贵朝要此常胜军使唤，故不欲请，所以将些小职官相对。若贵朝不欲发，只遣郭药师等军还乡亦得。如平、滦、营三州，本不属燕京所管，非奉圣州已许事，不须道也。"良嗣折难久之，兀室等语言益刚。良嗣遂并出御劄二纸，具道主上圣意，欲得相就和好也。兀室等俱有喜色，云："即今便去进呈。"①

依据赵良嗣在《燕云奉使录》中的说法，经过一番交涉后，完颜阿骨打特别派完颜希尹、杨朴向宋朝使者宣布了以下旨意。

兀室与杨璞等起立云，有圣旨："朕以天地眷佑，并有辽国。所有涿、易尽属燕地，若户口不尽数发来，便请勾回涿、易人马。朕欲将军马前去巡边，恐两军相见，不测生事。"

杨璞来云："适来三相公（粘罕）再奏，已差下撒卢母、杨天寿同龙图去，不须尚书宣赞行。"良嗣遂行。

要户口只是借口，实际上是索要投宋的辽臣张瑴、赵温信、韩昉等人，在杨朴的暗示下，这一问题很快得到了解决。

良嗣同撒卢母等往雄州取户口，途次，撒卢母等曰："两国议如许大事，已十八九成，止为人口毫末。"良嗣云："若张瑴、赵温信、韩昉等果到本朝，良嗣必知之，今实不闻，奈何？"杨璞暗

---

① 《三朝北盟会编》卷14，第96页。

以微意见喻："若只得一两个紧要人来，便了得。"良嗣既到宣抚司，亦以璞言之。

宣抚司发到赏军银绢三十万匹两，方发至燕京，兀室、杨璞云："计议事已定，但日近有燕京界职官赵温信、李处能、王硕儒、韩昉等逃去南界，请先遣回，然后可议交割月日。"差撒卢母同赵良嗣往雄州宣抚司取人，经七日，缚赵温信回，粘罕释缚赦罪，复以温言抚之。

赵良嗣返回汴京时，杨璞与其同行，作为金朝的使者，向宋朝皇帝呈送国书和誓书，完颜阿骨打对杨璞此行亦高度重视。

是时阿骨打形神已病矣，顾益等云："南朝许大事，你几个使人商量了，功绩不小，来日好去复差。杨璞为聘使，报许四月十四日交割燕山及山后。"①

金太宗即位后，杨璞的活动缺载，原因不详。② 但是以上所列杨璞的作为，不仅充分展现了他的以义立国观念，亦为金朝开启了非女真族文人问政的先河，值得高度重视。

（二）高庆裔崇尚以利治国

高庆裔（？—1137 年），渤海人，曾任辽东京户部司吏员，③ 入金后任通事之职，完颜阿骨打发给辽朝的文书，就是由胡十答、阿撒（移剌温）和高庆裔翻译成契丹文。④

天辅四年（宋徽宗宣和二年，1120），宋朝派赵良嗣来讨论夹攻金朝之事。完颜阿骨打特别派杨璞告知赵良嗣："郎君们意思，不肯将平州画断作燕京地分，此高庆裔所见如此，须着个方便。"⑤ 也就是说，

---

① 《三朝北盟会编》卷 15，第 106—109 页。

② 参见李秀莲《杨朴在〈金史〉中的隐遁与金初政治》，《黑龙江民族丛刊》2010 年第 4 期；陈晨《金初杨朴史事考》，《黑龙江史志》2013 年第 1 期。

③ 《建炎以来系年要录》，卷 1；参见李秀莲《渤海文士高庆裔与金初贵族政治》，《佳木斯大学社会科学学报》2013 年第 6 期。

④ 《金史》卷 82《移剌温传》，卷 84《耨碗温敦思忠传》。

⑤ 《金史》卷 2《太祖纪》；《三朝北盟会编》卷 4，第 26 页。

高庆裔尽管是通事，在国家大事上亦可明确提出自己的意见，并得到了主政者的重视。

天辅六年四月，完颜阿骨打派遣徒单吴甲、高庆裔出使宋朝，赵良嗣在《燕云奉使录》中记载了高庆裔等人在汴京的情况。

> 九月三日，吴甲等至国门，诏以赵良嗣充馆伴使。十一日，引吴甲、高庆裔见于崇政殿。
>
> 吴甲、高庆裔上殿跪奏曰："臣等来时，大金皇帝传语大宋皇帝，为契丹昏主无道，因举轻兵再伐辽国，大获胜捷，所有旧汉地事专遣使人等禀议。"上（宋徽宗）遣师礼传旨，谕以谢大金皇帝远遣使人到阙，所有回答国书，待亲笔写去，以见相待厚意。契丹昏主尚在沙漠，早捉拿了甚好。有计议等事，可诣宰相王黼赐第商量。上待吴甲等甚厚，屡差贵臣主宴，赐金帛不赀，至辍御茗调膏赐之。引登明堂，入龙德宫、蕃衍宅、别御、离宫，无所不至，礼过契丹数倍。而庆裔渤海人，尤桀黠，颇知书，虽外为恭顺，称恩颂德不绝词，而稍稍较求故例无虚日。如乞馆都亭驿，乞上殿奏事，朝廷以两国往来之仪未定，请姑俟他日，况契丹修好之初，未尝如此。庆裔遂出契丹例卷，面证朝廷之非，请载之国书为据。朝廷不得已，皆从之。乃赐金帛袍段与夏国锦褐，皆辞而不受。
>
> 十三日，引诣王黼第计事。吴甲等庭趋讫升堂讲宾主礼而受回书。十八日，吴甲等入辞于崇政殿，差赵良嗣充奉使大金国信使兼送伴。①

天辅七年二月，完颜阿骨打又派完颜银术可出使宋朝，并让高庆裔告知赵良嗣："银术可系是北朝皇帝最亲任听干的近上的大臣，权最重，见知军国重事，复充西路等处都统使，兼杀败夏国，故特遣来到贵朝，莫比寻常使人一般，将就简待，致伤和气，以生嫌隙。"②

由于宋朝皇帝发来的誓书有格式方面的瑕疵，如《燕云奉使录》所记，高庆裔虽然表达了金人的不满，但并未苛求宋人改正。

---

① 《三朝北盟会编》卷9，第62—64页；《大金国志》卷2《太祖武元皇帝下》，第25—26页。

② 《金史》卷2《太祖纪》；《三朝北盟会编》卷14，第102页。

杨璞、高庆裔来传粘罕指挥，斥字画惹笔提拔不谨，对以"自来国书止是司分人修写，拘于体例，自无惹笔。今系主上亲御翰墨，是尊崇大国之意"。庆裔云："誓书有不提空并惹笔，须著换。"对以此誓书元在阙下，为使人陈乞，已换了两次，到涿州又换一次。敌国往来，岂有此理。庆裔云："誓书要传万世，亲写故知是厚意，两国相重，书状往还，写得真楷是厚意，为复写得惹笔是厚意。"又云："誓书字劃且休。如誓书所载，两界逃人彼此无令停止，今来所取户口，只推道不见，不肯发来，岂不是违誓。许大天犹自不怕，更要誓书则甚。且如近有燕京职官赵温信、李处能、王硕儒、韩昉越境来南，张轸带了本朝银牌走过南界，须先以见还。"①

金太宗即位后，高庆裔成为完颜宗翰（粘罕）倚重的人，并于天会二年十二月受命回应宋朝使者马扩的通和请求，马扩在《茆斋自叙》中有专门的记载。

月末抵云中，是时粘罕归国，谋南侵，留兀室权元帅，遣人来，令使人参拜，仆辩论久之。兀室使高庆裔来云："二观察既不肯拜，不敢固必，亦不敢相见。山后土地，窃缘国相暂归，此中不敢专擅。兼贵朝收了燕山逃去职官，誓书所载各不得收纳叛亡，贵朝已先失约，山后地土虽系所许，难以便行交割。"仆答："职官、富民逃归，乃张毅（张觉）之罪。本朝以斩毅首函送，职官、富民见今搜刷遣回，即非纳收叛亡。如贵朝言定山后更别无经略，及至先交了蔚州，却纵兵马取夺，本朝不敢占护，恐致纷争。朝廷已责谭稹，再委童太师，此望相照，早得交割了，当使两界生灵安堵。今若轻信群下之言，则两朝和好大事，何时是了。"庆裔曰："前日人言蔚州有贼兵，本朝已发军马去蕲除，却得贵朝宣抚司文牒，遂且纵放教归。今来山后地土已是许了，到头翻悔不得。只是贵朝敦笃誓好，无相恼触，女真家纯实，必无相误处。前来累有文回去，将职官、户民早发过来，便是交割。"②

---

① 《三朝北盟会编》卷15，第105—106页。
② 《三朝北盟会编》卷19，第139页。

天会四年，高庆裔随完颜宗翰攻宋，他的职务已经是应奉御前文字、兵部尚书。完颜宗翰攻陷太原，俘虏守将张孝纯，特别向高庆裔下令："押去勿令自尽。"攻占怀州后，完颜宗翰为表示不为难被俘的官吏，"又令高尚书说与其他人曰：你们都是小官，不关你事，亦不要你降，各赦罪"①。

金军占领汴京后，高庆裔参与了逼宋二帝出京、册立张邦昌、搜阔金银等重大行动。尤为重要的是，高庆裔采纳张邦昌下属的意见，同意不在汴京驻扎金军。

> 金人以孛堇明术为河北路统军，屯浚；阿里为河东路统军，屯河阳；诸军有不服，并令处斩。初，金人欲留兵为邦昌卫，邦昌辞之。吕好问谓高庆裔曰："南北异道，恐北人不习南朝法令，或致惊扰，奈何？"庆裔曰："留一孛堇在此节制，可也。"好问曰："孛堇贵人，南方暑热，即有病恙，则南朝负罪益深。"庆裔然之。②

张邦昌只是一个过渡性的代理人，高庆裔又助完颜宗翰等立刘豫为皇帝，已见前述。

天会七年六月，完颜宗翰以高庆裔为知云中（大同尹）兼西京留守、山西兵马都部署，后来的职务全称是"西京留守、特进、检校太保、尚书右仆射、大同尹兼山西兵马都部署、上柱国"③。高庆裔成为地方主政官员后，有三大重要举措。

一是严刑止盗。天会九年，完颜宗翰下达了严惩盗贼的命令："宗翰用大同尹高庆裔计，令窃盗赃一钱以上皆死。云中有一人拾遗钱于市，庆裔立斩之。萧庆知平阳府，有行人拔葱于蔬圃，亦斩之。民知均死，由是窃盗少衰而劫盗日盛。庆裔又请诸路州郡置地牢，深三丈，分三隔，死囚居其下，徒流居其中，笞杖居其上，外起夹城，圜以重堑，宗翰从而行之。宗翰患百姓南归及四方奸细入境，庆裔请禁诸路百姓不得擅离本贯，欲出行则具人数、行李以告五保邻人，次百人长、巷长，次所司

---

① 《三朝北盟会编》卷53，第399页；卷61，第459页。

② 《建炎以来系年要录》卷3。

③ 《大金国志》卷5《太宗文烈皇帝三》，第84页；《建炎以来系年要录》卷28、卷35。

保明，以申州、府，方给番汉公据以行，市肆验之以鬻饮食，客舍验之以安止，至则缴之于官，回则易之以还。在路日限一舍，违限若不告而出者，决沙袋二百，仍不许全家出及告出而转之他处，于是人行不以缓急，动弥旬日始得就道，且又甚有所费，小商细民坐困闾里，莫能出入，道路寂然，几无人迹矣。""（粘罕）淫刑毒政，皆高庆裔教成之。"①

二是磨勘官员。天会十年，完颜宗翰"谕枢密院磨勘文武官出身转官冒滥，以云中留守高庆裔参主之，夺官爵者甚众"。"高庆裔设磨勘法，仕宦者多夺官，（张）通古以免去。"② 高庆裔之所以能够以磨勘法考较官员，是因为他曾兼管枢密院的事务，燕京人任熊祥任枢密院令史，"时西京留守高庆裔摄院事，无敢忤其意者，熊祥未尝阿意事之"③。高庆裔兼管的枢密院，应是被称为"西朝廷"的云中枢密院。高庆裔身边，还有所谓"十友"助其理政，如宋人所记："北地汉儿张献甫作太原都军，都监也，其姊夫刘思与侍郎高庆裔为十友之数。"④

三是沟通宋人。天会五年（宋高宗建炎元年，1127），宋高宗派遣傅雱出使完颜宗翰处，希望金人放还二帝。据傅雱《建炎通问录》所记，高庆裔曾代表完颜宗翰，对傅雱出使后宋军越境提出了质疑。

> 高尚书（高庆裔）入馆来相见，称国相（完颜宗翰）令传语奉使："贵朝既是差人来通问，如何又却差军马过河来，不知所差军马之意是如何，若是遣兵来取二帝否？"雱只答以不知。高尚书又云："且如奉使不知，试自揣度，看如何？"雱云："只恐是红巾啸聚，必非朝廷之意。"高尚书又云："已是三番差人过河来，尽有黄榜。第一番头领是张焕，被百姓杀之。第二番是马忠，亦不曾得便宜。第三番是张所，亦失利，自溃散去。三番过河人皆有黄榜，如何却是红巾啸聚？"雱答云："必非朝廷之意。既有二帝在贵朝，又已遣使人通问祈请，后面亦节次更差人来，岂有更发军马过河之理。只恐是盗贼，盗贼亦能黄榜，不假黄榜，无以鼓率群

---

① 《大金国志》卷7《太宗文烈皇帝五》，第113页；卷27《粘罕传》，第380页；《建炎以来系年要录》卷47。

② 《大金国志》卷7《太宗文烈皇帝五》，第115页；《建炎以来系年要录》卷47；《金史》卷83《张通古传》。

③ 《金史》卷105《任熊祥传》。

④ 洪皓：《松漠纪闻》卷2。

众。"高尚书疑其有黄榜，终不然其说。①

此后，高庆裔仍与宋人有联系，如天会十二年，"宋遣章谊来军前充奉表通问使，时我国所议事，南宋皆不从，乃遣谊等请还两宫及河南地。命王伦作书与粘罕所亲耶律绍文、高庆裔，且以《资治通鉴》、木棉虎布、龙凤茶等物遗之"②。

恰是因为有完颜宗翰的宠信，高庆裔显露出了跋扈的理政风格。这样的风格与完颜宗翰的强臣做派合拍，高庆裔最终亦与完颜宗翰一起被金熙宗所清除，已见前述。

应该看到，进士出身的杨朴，秉持的是儒家治国理念，追求以礼仪制度建国和以义治国；吏员出身的高庆裔，秉持的是重法和重吏观念，追求严刑苛法和以利治国。如果说金朝建国初期就有政治观念的义、利之争，杨朴、高庆裔就是这两种观念的代表性人物，杨朴的以义治国主要影响的是金太祖时的朝政，高庆裔的以利治国主要影响的是金太宗时的朝政，治政治思想史者应注意这样的区别。

二 刘彦宗、时立爱、韩企先的善政观念

刘彦宗、时立爱、韩企先都是辽朝进士，降金后都曾在枢密院任职。他们所秉持的儒家善政观念，侧重点略有不同。

（一）刘彦宗的良政观

刘彦宗（1076—1128 年），字鲁开，大兴宛平（今属北京）人，辽朝进士，入金后的主要辅政行为发生在金太宗在位时，在第八章已有详述，此处可再归纳为体现其良政观的六大作为。

一是以同中书门下平章事、知枢密院事的职务在燕山枢密院（东朝廷）辅佐东路军统帅完颜宗望，"方图攻取，凡州县之事委彦宗裁决之"。

二是按照金太宗的诏旨，劝课农桑，为出征金军提供粮饷。

三是金军大举攻宋时，刘彦宗"画十策"，应主要与攻伐和治民有关。

四是金军占领汴京后，建议收取图籍、礼器等。完颜宗翰和完颜宗

---

① 《三朝北盟会编》卷110，第807页。
② 《大金国志》卷8《太宗文烈皇帝六》，第127页；《建炎以来系年要录》卷72。

望本准备以刘彦宗留守汴京，被刘彦宗婉拒，因为这样做不符合"以宋人治宋地"的主旨。

五是主持天会六年的科举考试。

六是为金朝选用中原人才，被刘彦宗招用的有辽朝进士张通古、赵元等人，刘彦宗还特别举荐萧公翊为兴中尹，要求"郡府各以契丹、汉官摄治"①。

刘彦宗留存下来的文字，有天会五年（1128）正月的平宋贺表，可转录于下。

> 我伐用张，果获师中之吉；罪人斯得，旋为道左之降；凡预见闻，孰不呼举。窃惟有宋，昔谓殊邻，始驰一介而来，请讲两朝之好，推诚以待，背德不恭。乃父（宋徽宗）阴结于平山，既渝海上之约；厥子（宋钦宗）不割我三镇，又恣城下之盟。殆恶贯之既盈，蹈覆车而不戒。圣算先定，天兵载扬，以蚁虫蚊蚋之屯，战貔虎熊罴之士。且天助者顺，人助者信，既弗履行，虽城非不高，池非不深，讵能固守。彼众狼狈而失据，我军奋跃以登陴。夷门之火始然，汴河之水皆沸。臣主无捐躯之所，社稷有累卵之危。问使络绎以求哀，诸弟涕洟而拜叩，申致画河之请，致逃削地之诛。且能修臣子之极恭，惟所命令是用，存朝廷之大体，不即灭亡。已昭讨叛之刑，又著服柔之义。金鼓一动，威德两全。此盖皇帝陛下旋乾转坤，开日辟月，逍遥游息而广土以定，拱揖指顾而大事聿成。巍巍武功，高冠百王之上；煌煌国步，独尊六合之间。臣叨处鼎司，出提兵柄，逢千年之会，徒共快于斯时；奉万寿之觞，恨阻陪于列辟。②

在这份贺表中，刘彦宗重点强调的是得到天助和人助的武功有成，使得金朝可以在六合内独尊，确实与其他的贺表有所不同，亦符合他的以武功奠定良政基础的观念。

---

① 《金史》卷77《完颜挞懒传》，卷78《刘彦宗传》，卷83《张通古传》，卷90《赵元传》；《三朝北盟会编》卷110，第807页。

② 《大金吊伐录》卷4《贺宋画河请和表（刘彦宗）》。

（二）时立爱的抚民观

时立爱（1062—1143 年），字昌寿，涿州新城（今属河北）人，辽朝进士，完颜阿骨打攻占燕京后，时立爱虽然在平州驻守，但已有归降金朝的决定。

> 天辅七年（1123）岁癸卯，太祖武元皇帝（完颜阿骨打）尽平辽国，南收燕壤。公（时立爱）方据平山重镇，乃集将吏共议所附。议者皆曰："统十万之众，据三州之地，士卒乐用，粟帛初给，尚可以坚守岁月，以待外援。"公曰："不然。大辽失败，固非一日，河决鱼烂，焉能复全。兄以神武之师，飙击电扫，所向无前，天命人心皆归有德，执迷一己，而贻祸三州。"①

由于自立为皇帝的回离保势力尚强，时立爱只能暗中派人向完颜阿骨打表示："民情愚执，不即顺从，愿降宽恩，以慰反侧。"完颜阿骨打则特别诏示："朕亲巡西土，底定全燕，号令所加，城邑皆下。爱嘉忠款，特示优恩，应在彼大小官员可皆充旧职，诸囚禁配隶并从释免。"时立爱降金后，民间流言称："金人所下城邑，始则存抚，后则俘掠。"时立爱乃向完颜阿骨打建议："乞下明诏，遣官分行郡邑，宣谕德义。他日兵临于宋，顺则抚之，逆则讨之，兵不劳而天下定矣。"完颜阿骨打表示："卿始率吏民归附，复条利害，悉合朕意，嘉叹不忘。山西部族缘辽主未获，恐阴相连结，故迁处于岭东。西京人民既无异望，皆按堵如故。或有将卒贪悍，冒犯纪律，辄掠降人者，已谕诸部及军帅约束兵士，秋毫有犯，必刑无赦。今遣斡罗阿里等为卿副贰，以抚斯民，其告谕所部，使知朕意。"②

张觉据平州叛乱后，时立爱归隐乡里，并且拒绝宋朝的招徕，等待再起的机会。

> 值张觉逆命，即戕杀四宰相，次欲害公（时立爱）。旧部曲及

---

① 宇文虚中：《时立爱墓志铭》，转引自苗霖霖《时立爱碑志考释》，《博物馆研究》2012 年第 3 期。本小节引文未注明出处者，均出自此墓志铭。参见李晏《时立爱神道碑铭》，《全辽金文》中，第 1377—1380 页。

② 《金史》卷 78《时立爱传》。

父老悉叩头而请曰："时公仁政，被此深矣，甘棠犹不可剪，安忍推刃耶。"觉迟疑未决，公遂逃归故里，杜门索居。宋朝知公名甚久，屡召不起，复命宣抚司敦遣，亦不应命。主将怒，檄州县以编户役之，冀其可屈，而公志益坚，仍诫宗族数十人皆无得干禄。如是者累岁，若有所待。

金太宗即位后，时立爱又被启用，以同中书门下平章事、知枢密院事的职务在云中枢密院（西朝廷）辅佐东路军统帅完颜宗翰，东、西两枢密院合并后依然任职于枢密院，以发挥其治民的特长。

公（时立爱）在右府，前后累年，仰知睿意，以清净安民为先。凡务所施为，悉仍旧章，不察察为功名。当用兵之际，中外帖泰如平时，民不知劳。

金熙宗即位后，时立爱提出致仕的请求，并于天会十五年去职还乡。

今天子（金熙宗）即位之年，天下大定，岁屡丰稔。公（时立爱）曰："儒臣感会风云，致位卿相，脱尔金革，复见太平，今可退矣。"连表告老，乞解政机。其后，天会十四年，专遣侄孙安国赍表固请。天子怜其恳请，不得已而从之。十五年正月，加中书令致仕。

为时立爱撰写墓志铭的宇文虚中将时立爱视为难得的良臣，强调"自古君臣相遇，始终无疵，甚难其人"，而时立爱恰能做到"以其材望诚硕，致位宰相，辅赞弥逢，慎密无迹，见天威所暨，四方底定，万里耕稼，民物熙阜，则太平之功，宰相与有力焉"。宇文虚中的评价并不为过，因为这样的评价，显示的正是时立爱所具有的强烈重农和抚民观念。

（三）韩企先的用贤观

韩企先（1082—1146 年），燕京（今属北京）人，辽朝名臣韩知古后人，辽朝进士，入金后历任枢密副都承旨、西京留守、知枢密院事、尚书右丞相等职。

据宋人苗耀《神麓记》的记载，金太祖完颜阿骨打在位时韩企先曾助其改名和改元："侍中韩企先训名曰旻，改收国三年（1117）为天辅元年。"[1] 改元的时间是收国二年十二月，"谐班勃极烈吴乞买及群臣上尊号为大圣皇帝，改明年为天辅元年"[2]。

金太宗即位后，韩企先继刘彦宗之后主掌枢密院，已见前述。他还帮助太宗推进了礼仪制度的改革。

> 初，太祖定燕京，始用汉官宰相赏左企弓等，置中书省、枢密院于广宁府，而朝廷宰相自用女直官号。太宗初年，无所改更。及张敦固伏诛，移置中书、枢密于平州，蔡靖以燕山降，移置燕京，凡汉地选授调发租税皆承制行之。故自时立爱、刘彦宗及企先辈，官为宰相，其职大抵如此。斜也、宗干当国，劝太宗改女直旧制，用汉官制度。天会四年，始定官制，立尚书省以下诸司府寺。十二年（1134），以企先为尚书右丞相，召至上京。入见，太宗甚惊异曰："朕畴昔尝梦此人，今果见之。"于是，方议礼制度，损益旧章。企先博通经史，知前代故事，或因或革，咸取折衷。

尤为重要的是，韩企先特别重视以贤者治国，"企先为相，每欲为官择人，专以培植奖励后进为己责任。推毂士类，甄别人物，一时台省多君子。弥缝阙漏，密谟显谏，必咨于王。宗翰、宗干雅敬重之，世称贤相焉"[3]。

金熙宗在位时，韩企先依然起着重用和保护贤者的作用，但是他去世后，朝廷即陷入了所谓的"党争"。

> 皇统七年（1147），尚书省令史许霖告田毂党事，（蔡）松年素与毂不相能。是时宗弼当国，毂性刚正，好评论人物，其党皆君子，韩企先为相爱重之。而松年、许霖、曹望之欲与毂相结，毂拒之，由是构怨，故松年、许霖构成毂等罪状，劝宗弼诛之，君子之

---

① 《三朝北盟会编》卷18，第127页。
② 《金史》卷2《太祖纪》。
③ 《金史》卷78《韩企先传》。

党熄焉。①

韩企先为相，拔擢一时贤能，皆置机要，（孟）浩与田瑴皆在尚书省，瑴为吏部侍郎，浩为左司员外郎。既典选，善铨量人物，分别贤否，所引用皆君子。而蔡松年、曹望之、许霖皆小人，求与瑴相结，瑴薄其为人，拒之。松年，蔡靖子，靖将兵不能守燕山，终败宋国，瑴颇以此讥斥松年。松年初事宗弼（兀术）于行台省，以微巧得宗弼意，宗弼当国，引为刑部员外郎。望之为尚书省都事，霖为省令史。皆怨瑴等，时时毁短之于宗弼，凡与瑴善者皆指以为朋党。

韩企先疾病，宗弼往问之。是日，瑴在企先所，闻宗弼至，知其恶己，乃自屏以避。宗弼曰："丞相年老且疾病，谁可继丞相者？"企先举瑴，而宗弼先入松年谮言，谓企先曰："此辈可诛。"瑴闻流汗浃背。

企先薨，瑴出为横海军节度使。选人龚夷鉴除名，值赦，赴吏部铨，得预覃恩。瑴已除横海，部吏以夷鉴白瑴，瑴乃倒用月日署之。许霖在省典覃恩，行台省工部员外郎张子周素与瑴有怨，以事至京师，微知夷鉴覃恩事，嗾许霖发之，诋以专擅朝政。诏狱鞫之，拟瑴与奚毅、邢具瞻、王植、高凤庭、王效、赵益兴、龚夷鉴死，其妻子及所往来孟浩等三十四人皆徙海上，仍不以赦原，天下冤之。②

对于韩企先的立制和用贤，金世宗后来给予了高度的评价："汉人宰相惟韩企先最贤，他不及也。""丞相企先，本朝典章制度多出斯人之手，至于关决大政，与大臣谋议，不使外人知之，由是无人能知其功。前后汉人宰相无能及者，置功臣画像中，亦足以示劝后人。"③ 应该说，这样的评价还是较为公允的。

刘彦宗、时立爱、韩企先的政治观念之所以重要，是因为他们都是金朝前期的重臣，能够为女真人建立治国安民体系提供关键性的助力，

---

① 《金史》卷125《蔡松年传》。
② 《金史》卷89《孟浩传》。
③ 《金史》卷78《韩企先传》。

并以此来体现新王朝在政治思想方面的重要进步。

三　韩昉等人的儒治观念

韩昉、程寀、张通古、李侗等人，重点强调的是儒家治国观念，尤其是尊崇儒学和儒者的观念。尽管他们在朝廷中的地位不如刘彦宗、时立爱、韩企先等人显赫，但是不能忽视他们所倡导观念的影响。

（一）韩昉的文治观

韩昉（1082—1149 年），字公美，燕京（今属北京）人，辽朝进士，入金后历任史馆修撰、知制诰、翰林侍读学士、礼部尚书、太常卿、翰林学士等职。

金太宗在位时，韩昉曾奉命出使高丽，明确要求高丽向金朝上誓表，以符合礼制的要求。

> 高丽虽旧通好，天会四年（1127），奉表称藩而不肯进誓表，累使要约，皆不得要领。而昉复至高丽，移督再三。高丽征国中读书知古今者，商榷辞旨，使酬答专对。凡涉旬乃始置对，谓昉曰："小国事辽、宋二百年无誓表，未尝失藩臣礼。今事上国，当与事辽、宋同礼。而屡盟长乱，圣人所不与，必不敢用誓表。"昉曰："贵国必欲用古礼，舜五载一巡狩，群后四朝。周六年五服一朝，又六年王乃时巡，诸侯各朝于方岳。今天子方事西狩，则贵国当从朝会矣。"高丽人无以对，乃曰："徐议之。"昉曰："誓表朝会，一言决耳。"于是高丽乃进誓表如约，昉乃还。
>
> 自使高丽归，后高丽使者至，必问韩昉安否云。①

韩昉与金熙宗的关系密切，既是熙宗学习儒学的老师，也是熙宗倚重的词臣，不仅撰写了大量的诏旨，还在朝廷定礼制中起过重要作用，已见前述。

韩昉在太宗、熙宗两朝为翰林院招徕了大量的人才。"太宗初即位，复进士举，而韩昉辈皆在朝廷，文学之士稍拔擢用之"②。韩昉不

---

① 《金史》卷 125《韩昉传》。
② 《金史》卷 66《完颜勗传》。

仅推荐宋朝进士王兢入翰林院任职，① 还着意培养胡砺，使之成为金朝的进士。

> 胡砺，字元化，磁州武安人。少嗜学。天会间，大军下河北，砺为军士所掠，行至燕，亡匿香山寺，与佣保杂处。韩昉见而异之，使赋诗以见志，砺操笔立成，思致清婉，昉喜甚，因馆置门下，使与其子处，同教育之，自是学业日进。昉尝谓人曰：“胡生才器一日千里，他日必将名世。”十年，举进士第一，授右拾遗，权翰林修撰。②

韩昉留下的文字尽管不多，但是他所表现出的文治观念，尤其是重礼制、重人才的政治观点，还是值得高度重视。

（二）程宷的治理观

程宷（1087—1148 年），字公弼，析津（今属北京）人，辽朝进士，入金后历任史馆修撰、翰林待制、右谏议大夫等职。

金熙宗在位时，程宷上奏折言及六事，可分述于下。

第一事是肃禁御，重点强调的是皇帝出猎时要加强警卫。

> 殿前点检司，古殿岩环卫之任，所以肃禁御、尊天子、备不虞也。臣幸得近清光，从天子观时畋之礼。比见陛下校猎，凡羽卫从臣无贵贱皆得执弓矢驰逐，而圣驾崎岖沙砾之地，加之林木丛郁，易以迷失。是日自卯及申，百官始出沙漠，独不知车驾何在。瞻望久之，始有骑来报，皇帝从数骑已至行在。窃惟古天子出入警跸，清道而行。至于楚畋云梦，汉猎长杨，皆大陈兵卫，以备非常。陛下膺祖宗付托之重，奈何独与数骑出入林麓沙漠之中，前无斥候，后无羽卫，甚非肃禁御之意也，臣愿陛下熟计之。后若复猎，当预戒有司，图上猎地，具其可否，然后下令清道而行。择冲要稍平之地，为驻跸之所，简忠义爪牙之士，统以亲信腹心之臣，警卫左右。俟其麋鹿既来，然后驰射。仍先遣搜阅林薮，明立标帜，为出入之驰道。不然，后恐贻宗朝社稷之忧。

---

① 《金史》卷 125《王兢传》。
② 《金史》卷 125《胡砺传》。

第二事是增谥号，要求为金太祖完颜阿骨打重定谥号。

臣伏读唐史，追尊高祖以下，谥号或加至十八字。前宋大中祥符间亦加至十六字，亡辽因之，近陛下亦受"崇天体道钦明文武圣德"十字。臣窃谓人臣以归美报上为忠，天子以追崇祖考为孝。太祖武元皇帝受命开基，八年之间，奄有天下，功德茂盛，振古无前，止谥"武元"二字，理或未安，何以示将来。臣愿诏有司定议谥号，庶几上慰祖宗在天之灵，使耿光丕烈，传于无穷。

第三事是问疾苦，借天子巡狩之名，行求民瘼之实。

古者天子皆有巡狩，无非事者，或省察风俗，或审理冤狱，或问民疾苦，以布宣德泽，皆巡狩之名也。国家肇兴，诚恐郡国新民，逐末弃本，习旧染之污，奢侈诈伪，或有不明之狱，僭滥之刑，或力役无时，四民失业。今銮辂省方，将宪古行事，臣愿天心洞照，委之长贰，厘正风俗，或置瓯匦，以申冤枉，或遣使郡国，问民无告，皆古巡狩之事。昔汉昭帝问疾苦，光武求民瘼，如此则和气通，天下丕平可坐而待也。

第四事是正纪纲，不仅要求尚书省率先立纲纪，更强调要为天下选贤才。

臣闻，善医者不视他人之肥瘠，察其脉之病否而已；善计天下者不视天下之安危，察其纪纲理否而已。天下者人也，安危者肥瘠也，纪纲者脉也，脉不病虽瘠不害，脉病而肥者危矣。是故，四肢虽无故，不足恃也，脉而已矣。天下虽无事，不足矜也，纲纪而已矣。尚书省，天子喉舌之官，纲纪在焉。臣愿诏尚书省，戒励百官，各扬其职，以立纲纪。如吏部天官以进贤、退不肖为任，诚使升黜有科，任得其人，则纲纪理而民受其赐，前代兴替，未始不由此者。

第五事是教后宫，建议朝廷认真对嫔妃等进行训导。

> 虞舜不告而娶二妃。帝喾娶四妃，法天之四星。周文王一后、三夫人，嫔御有数。选求淑媛以充后宫，帝王之制也。然女无美恶，入宫见妒，陛下欲广嗣续，不可不知而告戒之。

第六事是严宫禁，建议施行严格的宫廷"阑入"制度。

> 臣伏见本朝富有四海，礼乐制度，莫不一新。宫禁之制，尚未严密，胥吏健卒之辈，皆得出入，莫有呵止，至淆混而无别。虽有阑入之法，久尚未行，甚非严禁卫、明法令之意，陛下不可不知而必行。

程宷言及的六事，肃禁御、严宫禁、增谥号涉及的是制度和礼仪问题，问疾苦、正纪纲、教后宫涉及的是治国方法问题，核心点就是提升国家的治理水平。对于程宷所言六事，金熙宗只采纳了一事，"命有司议增上太祖尊谥"①。金熙宗重视的只是朝廷的"面子工程"，而忽视了对治国最为有用的问疾苦、正纪纲等要求。

（三）张通古的持正观

张通古（1088—1156年），字乐之，易州易县（今属河北）人，辽朝进士，被刘彦宗召入枢密院任职，设尚书省后任工部侍郎，兼六部事。高庆裔以磨勘法考较官员，张通古以"多士皆去，而己何心独求用哉"，自动辞职隐居。②

金熙宗废齐国后，在汴京设立行台尚书省，以张通古为右丞相。天眷元年（宋高宗绍兴八年，1138），张通古受命出使宋朝，与宋人达成和议。③在觐见宋高宗时，发生了礼仪之争，在张通古的坚持下宋人不得不妥协。

> （张通古）为诏谕江南使，宋主欲南面，使通古北面。通古曰：

---

① 《金史》卷105《程宷传》。
② 《金史》卷83《张通古传》。本小节引文未注明出处者，均出自此传。
③ 《大金国志》9《熙宗孝成皇帝一》，第142页；《金史》卷4《熙宗纪》。

"大国之卿当小国之君，天子以河南、陕西赐之宋，宋约奉表称臣，使者不可以北面。若欲贬损使者，使者不敢传诏。"遂索马欲北归。宋主遽命设东西位，使者东面，宋主西面，受诏拜起皆如仪。

宋朝有人对和议不满，准备在张通古返回金朝时将其劫杀，但未能成功，张通古还得到了故友的赠诗。

金国遣张通古、萧哲来议和，许还三京地，故遣韩肖胄、钱愐为报谢使、副，与之偕行。韩世忠闻和议已成，不喜，伏兵洪泽，令诈为红巾，欲候通古等回至楚州，使劫而杀之，坏其和议。南、北使已行过扬州，世忠军有将官郝卞者诣转运副使胡昉密告其事，昉大惊，白于肖胄，遂具奏乞改途自真和、庐州取道淮西而去。

有归正人周金者，与通古有旧，陈奏取旨，乞送通古至对境。通古至安丰军，金赠诗为别曰："良人轻一别，奄忽几经秋。明月望不见，白云徒自愁。征鸿悲北渡，江水奈东流。会话知何日，如今已白头。"①

使还，闻宋已置戍河南，（张通古）谓送伴韩肖胄曰："天子裂壤地益南国，南国当思图报大恩。今辄置守戍，自取嫌疑，若兴师问罪，将何以为辞？江左且不可保，况齐乎？"肖胄惶恐曰："敬闻命矣。"即驰白宋主。宋主遽命罢戍。

金熙宗、完颜亮以构陷之罪杀熙宗之弟，张通古以守正的态度为其辩冤，显示了超常的勇气。

河南卒孙进诈称"皇弟按察大王"，谋作乱。是时海陵（完颜亮）为相，内怀觊觎，欲先除熙宗弟胙王常胜，因孙进称皇弟大王，遂指名为胙王以诬构之。熙宗自太子济安薨后，继嗣未定，深以为念。裴满后多专制，不得肆意后宫，颇郁郁，因纵酒，往往迷惑妄怒，手刃杀人。及海陵中伤胙王，熙宗以为信然不疑，遣护卫

---

① 《三朝北盟会编》卷191，第1375—1376页。

特思就汴京鞫治。行台知熙宗意在胙王，导引孙进连属之。通古执
其咎，极力辩止。及孙进引服，盖假托名称，将以惑众，规取财物
耳，实无其人也。特思奏状，海陵谮之曰："特思且将徼福于胙
王。"熙宗益以海陵为信，遂杀胙王，并特思杀之。行台诸人乃责
通古曰："为君所误，今坐死矣。"通古曰："以正获罪死，贤于
生。"海陵既杀胙王，不复缘害他人，由是坐止特思，行台不坐。

张通古"读书过目不忘，该综经史，善属文"，在后来留存的《张
谭王乐之皇统乙丑岁（1145 年）游山诗》中，可以看到张通古的文字
风格。

> 张通古自序："顷在阙下，阅摩诘所画辋川图，爱其山水幽深，
> 恐非人世所有，疑当时少加增饰。暨奉命来长安，暇日与都运刘彦谦、
> 总判李愿良同游此川，将次兰田望玉山，已觉气象清绝。自川口至鹿
> 苑寺，左右峰峦重复，泉石清润，花草蒙茸，锦绣夺目，与夫浮空积
> 翠之气，上下混然，宛如在碧壶中，虽顾（顾恺之）、陆（陆探微）
> 复生，不可状其万一，方知昔之所见图本，乃当时草草寓意耳。"
> 游辋川问山神诗："古栈松溪曲绕岩，乱山随步翠屏开。不知
> 摩诘幽栖后，更有何人曾到来。"
> 代山神答诗："好山好水人谁赏，古道荆棘郁不开。一自施僧
> 为寺后，而今再见右丞来（张通古时任行台尚书右丞）。"
> 鹿苑诗："前旌临辋水，一雨霁兰关。怒浪平欺石，晴云犹
> 恋山。"
> 游高冠古诗："人间无此景，树下悟前生。"①

按照完颜亮的说法，张通古"三教该通"，所以会在诗作中出现
"悟前生"的说法。但更须注意的，应是他在朝堂所坚持的"持正"观
念。张通古"虽居宰相，自奉如寒素焉"，也是"持正"的重要表现。

（四）李侗的有为观

李侗，生卒年不详，燕（今属北京）人，金太宗在位时任大理卿、

---

① 王寂：《辽东行部志》，见贾敬颜《王寂辽东行部志疏证稿》，《五代宋金元人边疆行
记十三种疏证稿》，第 278—279 页。

昭文馆学士之职。宋朝使者傅雱在《建炎通问录》中记录了天会五年（宋高宗建炎元年，1127）与李侗多次交谈的情况。

首先，李侗谈及了盛衰强弱和华夷之辨的问题，重点强调的是身处变局时要减少杀戮。

> 李侗性重，相见默坐，虽久终不发言。副使下马稍远，不免发言叩之，李侗顾盼左右前后别无人在侧，即发言云："天下之理，盛衰强弱之势古今所同，只如汉武之盛，恨不吞尽夷狄，耶律德光之强，恨不席卷中原。然而汉武何尝杀尽夷狄，耶律德光何尝并尽得中国。南北异宜，岂可混并，此是胡道，自古何尝有此理耶？"
>
> 又云："盛衰固自有时，强弱亦是有数，周旋如转轮反复，如引据天下，何尝有常强之势。贤人君子佐世，因时识消长之理，遇事达擒纵之权，于此能变守改节，即于盛衰强弱之中，常使生灵不坠涂炭，免得此一段杀戮，这个因果最为大事，其他不足道也。"

其次，李侗明确指出宋朝的谋臣不知因时而为，不仅造成了眼下的困局，亦增加了双方谈判的难度。

> 又云："自古圣贤举事，未有不观乎时。若时有可为，人乐为用，即下手为之，不惟事亦有济，亦不徒费心力。若时未可为，人不为用，知其不可为而为之，岂惟枉费心力，事亦难济，何所补哉。何如观时会通，留取此事力，少俟他日设施。侗昨见贵朝近上公卿，似全未有能见事者，以此谋谟庙堂，岂不误事乎。只如昨来，我兵到京，城守未破，国相（完颜宗翰）亦曾烦恼。若守御稍固，更停待得数日，必须别有商议。及两元帅临城，侗亦亲随，元帅在城下，我兵只五七人登城，城上即举军皆散，兵势如此，人不为用，岂可不预知乎。此段事即见贵朝公卿疏略，全不曾讲究，亦不觉悟。稍悟此理，必须留此段事力，少待他日为用，徒然枉费心力，岂不误事乎。"
>
> 馆伴再来论此事前后："并曾闻金人见议守河之计，亦不用大辽人，直去国中取人来守河，其防河之意甚切。贵朝人发遣人过河来，正犯其所忌也。既是遣使欲与人议事，又发人过河，窃恐言与

事皆不相应，其事如何可以商量得。兼是人马过河，不曾得便宜，此小人不能成事，徒为此纷纷，何所补哉。此段事，又是贵朝近上公卿虑事不长，既欲款之，自合软语影带，看候得时来，整顿得人马可用，然后施设，如何动必轻举，如此何能成事。"

再次，李侗告诉傅雱，金人是否交还宋朝的徽宗、钦宗二帝，涉及"德"的问题，很难如宋人所愿。

> 雱再恳云："毕竟所恳二帝之事，贵朝诸公曾有商量否？"
> 馆伴（李侗，下同）云："此事必须申去国中，军前恐与决此事未得。"
> 馆伴又云："昨二帝过来时，太上自燕山去，少帝却自此中去。少帝过来此时，亦住半月余日。今皆过在极东北处。然二太子（完颜宗望）在时，却曾有此商议，候贵朝有恳请时，欲发太上回归。今二太子不在，亦无此段说话。"
> 雱又问："少帝如何？"
> 馆伴云："少帝国中元不曾有此段商议。"
> 又云："惟是昨在京城下时，因有议论。昨京城初下，发回少帝入城，二太子曾与国相商量，自古北兵到南朝，未尝有破其国、携其主而归北，只是兵强而已，德不足也。今来北兵到此，既破其城，孰若立其主，刻大碑于梁宋间，使天下后世知行兵有名，且不绝人后裔，使南兵自此数百年不敢动。若如此施行，不惟兵强，德亦有余，这个功绩大。若只破其国，携其主而归，只是兵强而已，德不足也。兼他日若赵氏自立，即便更无立主一段恩义。国相自遂然其说，放回少帝入城。后来因缘别有异议，议论又复稍变，所以其言不谐。"
> 雱云："议论缘何不谐？"
> 馆伴云："当来本差监军兀室（完颜希尹）送，辞免，不曾入去，遂差监军下子弟及其余近上郎君同行，当时此二十余人亦望将此事做一段恩义，兼亦不无冀望。贵朝近上公卿不悟其意，遂至其议复变，却称家国事大，不可不为长虑之计，只如唐太宗固尝臣事可汗，及其既盛，亦能生擒可汗。国家事大，安可不虑哉？二太子亦曾力争其事，言毕竟是贵朝秦中丞（秦桧）所请存赵氏之说，

是若他日赵氏自立，不惟无立主一段恩义，兼恐兵端未已。然累日商议不成，遂从兀室郎君之言，复变其议。"

雾又问："所恳二帝之事，他日有相从意否？"

馆伴云："假使有允意，亦岂肯便说尽。兼方是第一次遣二公来，必无便相许之理，必须再三曲折，俟其有就议之意，然后可以商量。若欲一叩便允，恐无此理，然既就商量，兵亦便可休也。"

最后，李侗又从治国的角度，告诉宋使应早谋休兵息民之策。

良久，又言："侗燕人，住在九州之地，每念先世陷于虏地。昨来见贵朝初得燕山，举族相庆，将谓自此复为中华人物，且睹汉衣冠之盛，不谓再有此段事，不知自此何日再得为中华人物。"

馆伴又云："金国自海隅小邦崛起，并二大国，此事岂人力所能至。"某问："前后必有朕兆，以应受命之符。"馆伴云："别无符谶，只是大辽曾占望国中，金气旺盛，以此应谶。""兼侗尝闻自古善治国之说，有如治病。如足病即去其胫，胫病即去其股，然后可以冀一体之安全。若足病不能去其胫，胫病不能去其股，窃恐并与一体不能安全。昔年大辽之失，正缘如此。升平既久，人不习战，一旦金人之起，不谋自治之术，持大弗戒，谓金人小国不足畏。今年出兵不利，溃散回归。明年出兵不利，溃散回归。即散，募乌合之众为用。盖大辽旧少食粮，军以食粮，军为不足，募民兵，以民兵为不足，又募市兵，以市兵为不足，又募僧兵，是为四军，人虽多，亦皆乌合不为用。及至溃散回归，又皆散为盗贼。时大辽不经残破，州军各自蹂践，其实金人所破州军十无一处，其余皆溃军自行烧劫及蹂践占据。将来贵朝弄兵不已，且防溃散军马归来，自残破了州府。当日大辽亦是三百余座州军，贵朝是四百余座州军，两国地里广狭亦不相远。今来贵朝若截河为界，南畔州府甚多，尚有三百余座，诚能保全，事力亦不小，何须又发人过来，引惹百端。合早谋休兵之计，以图自治。"①

---

① 《三朝北盟会编》卷110，第803—808页。

李侗所谈，主要针对的是宋朝使者关心的问题，但其中所包含的儒家治国理念，尤其是"因时作为"的政治观点，确实值得重视。

（五）贾霆等人的尊孔兴学观

金太宗和金熙宗在位时，金朝境内频频出现建孔庙、兴学校的现象，一些文人借机阐释了他们的尊孔兴学观念。

金太宗天会八年（1130），冀州（今属河北）节度使贾霆创建文庙和学校，幕僚张亿对这一举动有详细的记载。

> 维大金受命，平定海内，日月所照，无不宾服。天会六年九月，实下冀州。冀为河朔大藩，倘非刚明有守，威足以禁暴，德足以怀众，且疏通练达，不惑于是非之间者，未易以当镇牧之任。初州城下，元帅监军博选于众，得今节度使、太师贾公，取人望也。
>
> 下车之初，宣谕上意，劳来安辑，兴利除害。凡可以便国家而惠斯民者，知无不为，大功数十，众已欣快。越明年，诏颁新格，具载学官，公览之叹曰："治天下者，本乎人才，学校者，人才之所自出，固不可缓。第兵戈残荡之余，民力有未完，日或不暇给，然吾安敢少息耶。"
>
> 八年春，公顾政绩已成，民俗已阜，异时暴露者有居，流离者有归，饥者有食，寒者有衣，善者有所恃而无恐，恶者有所畏而不敢肆，上下安然，民获再生之幸，日趋乎富寿之域。一日，饬有司将行释奠之礼。……因谓属佐曰："自昔有天下号圣君者，莫先乎尧、舜。冀，尧都也，去古虽远，遗风余烈犹可想见。后之名卿才大夫，出于是州，载于传记，班班可考。今明天子在上，德化之所熏陶，圣心之所感格，遂见干戈偃息，文物兴隆，则建学造士，此其时也。吾将择胜地，崇宏构，以称尊儒重道之制，庶几有以承上休德而乐育人材，不亦可乎。"群僚咸悦曰："我公之政，先后有宜，率皆上体宸衷，下救民瘼，庶而后富，富而后教，雅合圣人之训，高明所临，远近洞照。况兹郡庠之造，如指诸掌，其宫室规模，必见契公之心。而凡一时兴学之士，皆愿得奉令效勤，以赞先定之志而成之。"
>
> 学既成，公又出己俸三十万，别付从事，使相承为举本，收其赢余，以供祭祀。

> 若夫公单骑抚危城，片言折疑狱，破奸吏之胆，制悍军之心。发仓廪减价以赈贫者，兴庐舍给居以厚民生，修舆梁以通往来，蕃牛畜以广播殖，杜塞私门而拒绝请谒，饥民转徙脱身奴婢者以千计，士夫乱离复籍缙绅者殆万数。至除蝗蝻、瘗枯骸、严火禁、辟城闉，道释咸隆，至诚有格，无一物不得其所。[1]

张亿实际上是借创立文庙和学校的机会，对贾霆在地方上的善治行为做了全面的阐释，因为这样的行为恰恰符合贾霆所倡导的"尊儒重道"要求。

天会十二年，彰德府（今属河北）重建文庙，贾葵记录了修庙的情况。

> 大兵南来，赵人辄为仓葛之呼，效墨子之守，不即归附，乃为旅距之计。凡诸官庙，尽撤为楼橹之用，先圣庙亦不得独存。长廊百楹，昔尝为藏修、游息之所者，当矢石临城，已为守具矣。高堂数仞，昔尝闻金石、丝竹之音者，逮壶浆迎师，又为球场矣。
>
> 赵君少卿，北方名士也，辄同知彰德之节，摄此郡政。既见吏民，乃修谒诸神之祠。会先圣之庙堕毁尽矣，属衣冠之士，顾而语曰："明经以拾金紫，稽古而陈车服，此显效也。祀以报本，而先圣之祠忽诸，吾人得不愧乎。"乃即旧地而经营之，乃购新材而朴斲之。浃辰而版筑兴，弥月而堂构毕。先圣先师，俨然森立。[2]

大城县（今属河北）也于天会十二年重修了庙学，刘光国就此特别强调了兴学的重要性。

> 盖夫子之道，具于人心而著于君臣、父子、兄弟、夫妇之伦，其教具于六典而行于邦国、乡党、家庭之间。自汉、唐以至于今，莫不知尊其道矣。
>
> 平舒公廨之西，孔庙旧宫在焉，规制太陋，瞻视未尊，岁久而就圮。天会十二年秋九月，邑令姚公下车未久，一日顾谓僚属诸士

---

① 张亿：《创建文庙学校碑》，《金文最》卷33。
② 贾葵：《彰德府创建文庙碑（天会十二年）》，《金文最》卷33。

子曰："风化之地，衰敝若此，吾何以辞其责乎。"乃积良材，运坚甓，集众工以量度之，上而殿庑，下而庖庚，莫不缮治而复。

公之教平舒也，岂无身先士类者乎。其于圣经、贤传之大旨，君臣、父子之大伦，礼乐刑政之大法，讲习讨论于师友之间，勇往奋迅，洗濯刮磨，务臻斯道之妙。士习丕变，与学官而俱新，庶不负夫子之教，而造士作人之盛心，愈久而不泯也。①

金熙宗天眷三年（1140），兖州（今属山东）重修宣圣庙，崔先之特别记录了地方官员的尊孔意愿。

公（同知泰宁军节度使赵谦牧）世居幽都，硕儒继代，幼举神童，壮登桂籍，声名煊赫，耸动四方。其敦本重道之诚，出于天性，景慕孔圣，以见愿学之心焉。朝廷简拔有德，抚绥疲瘵之民。爰自下车，讲求民瘼，攘剔奸蠹，化洽千里，威震一郡。俗安其训，吏畏其明，未及期月，合境大治。乃临黉舍，延见诸生，顾瞻堂室，颓□□甃，风雨弗除，函丈之间，凝尘满席。喟然叹曰："乱世则学校不修，鲁有泮宫，颂美于诗，时底清平，忍视其坏。"经之营之，鸠工僝材，不日而成。

语人曰："孔子之道，泽及万世，教行八荒。生于鲁，仕于鲁，而葬于鲁。师□□貌之立，崇构华丽，宜为四方之壮观。学其道而为其徒者，是为我师也。庙貌弗饰，将何以见崇奉恭敬之心哉。"②

皇统元年（1141），曲沃（今属山西）亦有建庙学之举，史中和就此有专门的记录。

曲沃旧学，始建于前代之嘉祐（1056—1063），增广于崇宁、大观（1102—1110）之间，规制宏远，视他邑为最备。逮本朝革命之际，毒于兵火煨烬之余，惟存讲堂。又复蹴为民居者几十年，官取其租而不问，民侵其地而不呵。

良乡宋公宰邑之明年，一日，召诸生而谕之曰："学校所以育

---

① 刘光国：《大城县重建庙学碑（天会十二年）》，《金文最》卷33。
② 崔先之：《兖州重修宣圣庙碑（天眷三年）》，《金文最》卷33。

人材，厚风俗，今乃若此，岂不贻乡老吏民之羞乎。吾欲率僚佐出俸金以助其役，将一举而新之。"于是申漕司以消其租，按旧址以复其地，乃筑垣墙、新门阙，又乃命工陶土，以为宣圣十哲之像。

　　爰既告成，憧憧之民，过新学之下者，咸以手加额、喜见颜色曰："我公之德，其所以遗吾民者，可谓远矣。"①

尊孔和兴学是走向文治的重要表征，地方官员的作为与金太宗、金熙宗的重儒观念相符，对儒家学说在金朝境内的延续确有不可忽视的作用。

（六）耶律怀义等人的善政作为

除了尊儒重道所体现的治国作为外，还有一些官员在地方展现了不同的善政行为，可概述于下。

耶律怀义，生卒年不详，本名孛迭，辽朝宗室后人，入金后任谋克、西南路招讨使等职，在西陲几十年，"抚育有恩"，主要作为是"择诸路冲要之地，建城市，通商贾，诸路兵革之余，人多匮乏，自是衣食岁滋，畜牧蕃息矣"②。

赵元，生卒年不详，字善长，涿州范阳（今属河北）人，辽朝进士，入金后在枢密院、汴京行台任职，掌户部"赋调兵食取办"，掌吏部"吏事明敏"。尤为重要的是，赵元任行台右司员外郎时，特别强调了严法的要求。

　　囚有杀人当死者，行台欲宥之，元不从，反复数四，势不可夺，乃仰天叹曰："如杀人者可宥，死者复何辜，何欲徼己福而乱天下法乎？"行台竟不能夺。③

田颢，生卒年不详，字默之，兴中（今属辽宁）人，辽朝进士，入金后历任知真定府事、彰德军节度使等职。在相州（今属河南）任职时，田颢曾有减税的作为，"新定力役，颢钃籍之半而上之，故相之

---

① 史中和：《曲沃县建庙学记（皇统元年）》，《金文最》卷11。
② 《金史》卷81《耶律怀义传》。
③ 《金史》卷90《赵元传》。

徭赋比他州独轻"①。

潞州（今属山西）修复旧桥，在文人郭公挚看来，也是善政之举，他还特别强调了从民欲就是治民的良方。

> 治民之道则从其所欲，从民之欲则致其所利，此为政之大节也。所谓利者，非正制其田里，教之树畜，寒者衣之、饥者食之而已。至于平治道路，使往来无艰阻之虞，亦可谓利民之大者矣。
>
> 伏遇静乐王公领校雠之职，来宰是邑，莅政已几三年，一境之内事无巨细，莫不熟察详究。滞者兴之，弊者补之，凡有利于民者皆因而致之。乡民李奭等悯斯桥之已坏，切欲迁其西三十余步，去泉之远、依崖之固而修之，以为久远之利。一日，相率来请于庭。适合县大夫之为政有"因民所利而利之"之意，乃得从其所欲而听之。
>
> 刺史、县令皆民之师，师其职，一也。则公之宰邑，从民所欲，俾迁其桥，尤合于古人利民之政矣。②

比修桥修路更重要的修建城池，亦被文人所重视，如杨舟所言："尝观有建一桥梁以通险阻，达一水泉以利灌溉，善则善矣，其利亦小，然人且德而歌颂之，矧乃成城之功哉。夫城者所以保内御外以聚人民，扃鐍土宇，缄縢地维，斯乃久大之功，无疆之利。"③ 张穆仲也指出："窃以古人兴一利、除一害，教陶甓以为居室，建学校以申孝悌，开河以拯昏垫，修渠以资灌溉，功苟施民，必有文字纪述，歆艳厥美。矧兹新邑，控扼一方，内作屏翰，外作辅车，安百姓而折强梗，一举而众美具，是宜可书也已。"④

需要注意的是，金朝灭辽朝后的一段时间内，在治国经验方面主要倚重于入金的辽人，所以要特别注意这些人在金朝的国家转型中所起的延续中原王朝思想观念的重要作用。

---

① 《金史》卷81《田颢传》。

② 郭公挚：《大金潞州黎城县重修利远桥记（天会十五年）》，《全辽金文》中，第1270—1271页。

③ 杨舟：《襄垣县修城记（天会十一年）》，《全辽金文》中，第1244—1245页。

④ 张穆仲：《济阳县新修县城记（天会八年）》，《金文最》卷11。

第三节　入金宋人的政治观念

在金、宋对峙政治环境下，一些入金的宋人所表现的政治观念，可分述于下。需要说明的是，出使金朝的宋朝使者，无论是死于金朝境内还是返回宋朝者，都不能视为入金宋人，其政治观念无须在本书中介绍。

一　宇文虚中的文治观念

宇文虚中（1080—1146 年），字叔通，成都华阳（今属四川）人，宋朝进士，宋高宗建炎二年（金太宗天会六年，1128）出使金朝，被金人扣留，不久即接受金人的官职，历任翰林学士、知制诰、太常卿等职，突出显现了他所坚持的文治观念。[①]

（一）词臣的文治作为

作为金朝的词臣，宇文虚中在金熙宗即位后，既撰写了册封完颜宗翰为晋国王的制书，又专门撰写了《太祖（完颜阿骨打）睿德神功碑》。《太祖睿德神功碑》立在燕京城的南郊，原文已失，但从元人郝经的诗中，大致可以看出宇文虚中在碑文中重点强调了金太祖仁义爱民的作为。

> 杂花妆树燕草绿，珠翠重重拥燕玉。踏青车骑各一簇，巉天一碑杏稍出。辇肩垂袖立马看，穹龟交龙势崛蟠。四面浑镌堆字山，填金剜尽黑蜡斑。冒头迁史学舜典，序事班书杂文选。铭章生民丽且婉，太祖帝纪都一卷。初陪肃慎兆已陈，日出之国生圣人。周虽旧邦命维新，不事杀戮义与仁。海青一趫海西落，两国君臣具不觉。鹧鸪声里降王缚，汉民不失生聚乐。平地突起金天龙，面如紫玉真英雄。化行江汉服羌戎，百年以来夸俊功。参用辽宋为帝制，文采风流几学士。磊磊高文辞称事，卓冠一代谁复似。汴亡文物委地坏不收，独有此碑岌業在幽州。荒烟莽苍无人读，使我掩面涕泗流。郑王已自磨甘露，故垄移来立新墓。小民世情多心讳，更欲去

---

① 《金史》卷 79《宇文虚中传》；《宋史》卷 371《宇文虚中传》；《大金国志》卷 28《宇文虚中传》，第 399 页。

除谁爱护。不久拽仆野火焚，后人不复见此文。攀花再读倾一樽，朗咏直过宣阳门。①

在金朝的定礼仪过程中，宇文虚中亦曾参与，后来金世宗对此作出过评价："祭祀典礼，卿等慎之，无使后世讥诮。熙宗尊谥太祖，宇文虚中定礼仪，以常朝服行事。当时朕虽童稚，犹觉其非。"② 金熙宗尊谥太祖的时间是皇统五年（1145），宇文虚中确定的礼仪是"若太庙未奉安，只于庆元宫上册宝，即行事及立班官并用常服，及依例量用大小骑甲"。其实更重要的是臣僚在上书中强调的为太祖增尊谥的理由，该上书应与宇文虚中有直接的关系，可节选于下。

　　恭惟太祖武元皇帝，圣德格天，神功盖古，遵晦待时，吊民伐罪。定万全之策，慷慨以誓师；乘百胜之威，谈笑而定乱。所攻则下，所取则获，激扬义烈，抚怀降附。运天下于掌上，揽英雄于彀中，收图书，立制度，慎刑罚，明爵赏，知人善任，使而贤能为之用，是以化敌境为乐土，回乱国为平世。其施设大略，规模宏远，与汤、武比隆，过高、光远甚。臣等谨集官共议，稽考经史，参以谥法，窃以道合于天，灵承眷命，谓之"应乾"；肇启皇图，传序正统，谓之"兴运"；刚健文明，光被四表，谓之"昭德"；拯世利民，底宁区夏，谓之"定功"；深思远虑，贯通周达，谓之"睿"；精义妙物，应变无方，谓之"神"；恭敬端肃，威而不猛，谓之"庄"；践修世德，丕承先志，谓之"孝"；贵贤亲亲，慈民爱物，谓之"仁"；照临四方，独见先识，谓之"明"；充实辉光，广被弘覆，谓之"大"；行道化民，博施济众，谓之"圣"；肃将天威，克定祸乱，谓之"武"；体仁长善，尊无二上，谓之"元"。举此大纲，庶几仿佛摹写叙述，皆出强名，将以对越在天之神，赞成崇孝之美。稽合廷议，举无异辞，请增上尊谥曰太祖应乾兴运昭德定功睿神庄孝仁明大圣武元皇帝。③

---

①　郝经：《戊午（1258）清明日大城南读金太祖睿德神功碑》，《郝文忠公陵川文集》卷10，北京图书馆古籍珍本丛刊本。

②　《金史》卷88《石琚传》。

③　《大金集礼》卷3《皇统五年增上太祖尊谥》。

这份上书之所以重要，是因为借金太祖增谥号的机会，阐明了与金朝立国有密切关系的天命观、正统观、武功观、文治观、立制观、宽刑观、用贤观、利民观、仁孝观等重要的政治观念，彰显了金朝政治思想趋向于"治化"的特质。

金熙宗改行新官制，宇文虚中亦曾参与："初，宋使宇文虚中留其国，至是受北朝官，为之参定其制。"[①]

宇文虚中还曾为金朝人士撰写碑文，如前文所引时立爱的碑文就出自宇文虚中之手。被滞留的另一位宋朝使者洪皓记录了宇文虚中为人题写碑文的情形。

> 予（洪皓）顷与其千户李靖相知。靖二子亦习进士举，其侄女嫁为悟室（完颜希尹）子妇。靖之妹曰金哥，为金主之伯固碖侧室。其嫡无子，而金哥所生今年约二十余，颇好延接儒士，亦读儒书，以光禄大夫为吏部尚书。其父死，托宇文虚中、高士谈、赵伯璘为志，高、宇以赵贫，命赵为之，而二人书、篆其文、额，所濡甚厚。[②]

洪皓对宇文虚中接受金朝官职颇为不满，但是宇文虚中反而推荐洪皓出任金朝官职，洪皓亦被强行给予了职务，但未就实职："皓至燕，宇文虚中已受金官，因荐皓。金主闻其名，欲以为翰林直学士，力辞之。皓有逃归意，乃请于参政韩昉，乞于真定或大名以自养，昉怒，始易皓官为中京副留守，再降为留司判官。趣行屡矣，皓乞不就职，昉竟不能屈。金法，虽未易官而曾经任使者，永不可归，昉遂令皓校云中进士试，盖欲以计堕皓也，皓复以疾辞。"[③] 宇文虚中既已成为金朝的词臣，其立场和作为与坚持做宋臣的洪皓有所不同，乃是时势使然，无须以对错作出评价。

（二）诗作体现的政治观点

宇文虚中出使和任职于金朝后有不少诗作，展现了七种重要的政治

---

① 《大金国志》卷9《熙宗孝成皇帝一》，第136页。
② 洪皓：《松漠纪闻》卷2。
③ 《宋史》卷373《洪皓传》。

观点。

一是使命观。作为宋朝的使者，未能完成迎回两帝的使命，宇文虚中心怀愧疚，并表示其中的是非曲直只能由后人来评说。

> 去国匆匆遂隔年，公私无益两茫然。当时议论不能固，今日穷愁何足怜。生死已从前世定，是非留与后人传。孤臣不为沉湘恨，怅望三韩别有天。①

> 奔峭从天拆，悬流赴壑清。路回穿石细，崖裂与藤争。花已从南发，人今又北行。节旄都落尽，奔走愧平生。②

> 老畏年光短，愁随秋色来。一持旄节出，五见菊花开。强忍玄猿泪，聊浮绿蚁杯。不堪南向望，故国又丛台。③

二是命运观。由宋使到金臣，宇文虚中的人生轨迹发生了重大的转变，他既有悲情的感叹，也有应时而安的自我安慰。

> 燕山归来头已白，自笑客中仍作客。此生悲欢不可料，况复吾年过半百。故人惊我酒尚狂，为洗瓶罍贮春色。酒阑人散月盈庭，静听清渠流潋潋。④

> 旧日重阳厌旅装，而今身世更悲凉。愁添白发先春雪，泪著黄花助晚霜。客馆病余红日短，家山信断碧云长。故人不恨村醪薄，乘兴能来共一觞。⑤

> 穷愁诗满箧，孤愤气填胸。脱身枳棘下，顾我雪窖中。竟日朋盍簪，论文一樽同。翻然南飞燕，却背北归鸿。人生悲与乐，倚伏如张弓。莫言竟愤愤，作书怨天公。⑥

> 落日尘埃壮，阴风天地昏。牛羊争隘道，鸟雀聚空村。跛曳伤

---

① 宇文虚中：《己酉岁（1129）书怀》，《中州集》卷1。
② 宇文虚中：《过居庸关》，《中州集》卷1。
③ 宇文虚中：《又和九日》，《中州集》卷1。
④ 宇文虚中：《还舍作》，《中州集》卷1。
⑤ 宇文虚中：《重阳旅中偶记二十年前二诗，因而有作》，《中州集》卷1。
⑥ 宇文虚中：《郑下赵光道与余有十五年家世之旧，守官代郡之崞县，闻余以使事羁留平城，与诸公相从，皆一时英彦》，《中州集》卷1。

行役，光华误主恩。未甘迟暮景，伏枥意犹存。①

峄阳惯听凤雏鸣，泻出泠然万籁声。已厌笙簧非雅曲，幸从炊爨脱余生。昭文不鼓缘何意，靖节无弦且寄情。乞与南冠囚絷客，为君一奏变春荣。②

三是思乡情。宇文虚中作为宋朝人，不仅思念家乡，亦希望能够在有生之年返回家乡。

沙碧平犹涨，霜红粉已多。驹年惊过隙，兔影倦随波。散步双扶老，栖身一养和。羞看使者节，甘荷牧人蓑。

摇落山城暮，栖迟客馆幽。葵衰前日雨，菊老异乡秋。自信浮沉数，仍怀顾望愁。蜀江归棹在，浩荡逐春鸥。③

今夜家家月，临筵照绮楼。那知孤馆客，独抱故乡愁。感激时难遇，讴吟意未休。应分千斛酒，来洗百年忧。④

四是兴亡观。宇文虚中坚持认为他对宋、金通和曾有过重要的贡献，只是奸臣作梗，才使得宋二帝被俘，自己亦不得不在重大变局下苟安于一时。

平生随㵗浪推移，只为生民不为私。万里翠舆犹远播，一身幽圄敢终辞。鲁人除馆西河外，汉使驱羊北海湄。不是故人高议切，肯来军府问钟仪。

拭玉辕门吐寸诚，敢将缓颊沮天兵。雷霆傥肯矜凋弊，草芥何须计死生。定鼎未应周命改，登坛合许赵人平。知君妙有经邦策，存取威怀万世名。

当时初结两朝欢，曾见军前捧血盘。本为万年依荫厚，那知一日遽盟寒。羊牵已作俘囚献，鱼漏终期网罟宽。幸有故人知底蕴，

---

① 宇文虚中：《安定道中》，《中州集》卷1。
② 宇文虚中：《从人借琴》，《中州集》卷1。
③ 宇文虚中：《和高子文秋兴二首》，《中州集》卷1。
④ 宇文虚中：《中秋觅酒》，《中州集》卷1。

下臣获考敢谋安。①

疏眉秀目，看来依旧是，宣和妆束。飞步盈盈姿媚巧，举世知非凡俗。宗室家姬，陈王幼女，曾嫁钦慈族。干戈浩荡，事随天地翻复。一笑邂逅相逢，劝人满饮，旋旋吹横竹。流落天涯俱是客，何必平生相熟。旧日黄华，如今憔悴，付与杯中绿。兴亡休问，为伊且尽船玉。②

五是治国观。作为一介儒士，宇文虚中即便到了金朝，仍然高度重视治国问题，并特别强调了重农桑、止战乱、去奸邪、清刑狱等方面的要求。

清阴霭霭匝城闉，万井熙熙桃杏春。紫陌传呼旌斾出，重臣新佩玉麒麟。

钿轴天章拜异恩，驿骖花骑暎朝暾。手持禁钥千门肃，官压东官二品尊。

垄原清照白登山，弥陇连天麦浪寒。剑戟渐销农器出，人家只识劝农官。

九夏南风入舜琴，恩风泽雨浃飞沉。陪京最是仪形地，先识君王解愠心。

枹鼓无声讼狱空，欢谣击壤万家同。时人共解班春意，兵寝刑清第一功。③

满腹诗书漫古今，频年流落易伤心。南冠终日囚军府，北燕何时到上林。开口摧颓空抱朴，胁间奔走尚腰金。莫邪利剑今安在，不斩奸邪恨最深。

遥夜沉沉满幕霜，有时归梦到家乡。传闻已筑西河馆，自许能肥北海羊。回首两朝俱草莽，驰心万里绝农桑。人生一死浑闲事，裂眥穿胸不汝忘。

不堪垂老尚蹉跎，有口无辞可奈何。强食小儿犹解事，学妆娇女最怜他。故衾愧见霡秋雨，短褐宁忘拆海波。倚杖循环如可待，

---

① 宇文虚中：《上乌林天使三首》，《中州集》卷1。
② 宇文虚中：《念奴娇》，刘祁《归潜志》卷8，中华书局1983年版，第83—84页。
③ 宇文虚中：《灯碑五首》，《中州集》卷1。

未愁来日苦无多。①

　　山与烟云暝，溪兼冰雪流。寒枝啼秸鞠，炀室聚呻嚘。此日征行困，何时丧乱休。尚矜争席好，无复旧鸣驺。②

六是治学观。在金朝重视"武功"的氛围下，宇文虚中秉持的是儒学至上的论点，不但自己要有所坚持，亦希望他人弃武学文。

　　旁人但笑腹便便，枕藉诗书正昼眠。不识先生真悟处，未离文字已逃禅。③

　　未厌平生习气浓，更将余事训儿童。鲁论二万三千字，悟入从初一句中。④

　　公家祖皇提三尺，素灵中断开王迹。自从武库冲屋飞，化作文星照东壁。夫君安得此龙泉，秋水湛湛浮青天。夔魖奔喘禺强护，中夜跃出光蜿蜒。拄颐楄具男儿饰，弹铗长歌气填臆。嶙峋折槛霁天威，将军拜伏奸臣泣。龙泉尔莫矜雄铓，不见鸟尽良弓藏。会当铸汝为农器，一剑不如书数行。⑤

七是因缘观。宇文虚中并不排斥佛教，亦愿意在与佛教人士的交往中得到慰藉。

　　平生幸识系珠衣，穷走他乡未得归。有客为传祇树法，此心便息汉阴机。百千三昧一门入，四十九年诸事非。寄与香山老居士，要凭二义发余辉。

　　前世曾为粥饭僧，此生随处且腾腾。经中因认人我相，教外都忘大小乘。写去欲云居士颂，信来如续祖师灯。他年辱赠茅庵句，

---

① 宇文虚中：《在金日作三首》，《全辽金诗》上，第125—126页。
② 宇文虚中：《晚宿耀武关》，《中州集》卷1。
③ 宇文虚中：《醉经斋》，《中州集》卷1。
④ 宇文虚中：《时习斋》，《中州集》卷1。
⑤ 宇文虚中：《古剑行（为刘善长作）》，《中州集》卷1。洪皓亦有《送刘善长归北安省亲》一诗，见《鄱阳集》卷2（四库全书本），并有注言："其父守北安，九岁为质子。"北安今属黑龙江，可知刘善长应为降金辽臣的后人。

谁谓因缘昔未曾。①

宇文虚中有返乡的愿望，洪皓亦希望他能实现这样的愿望，为此特别赠给了他两首诗。

秦师围已急，楚国救人阑。食客腹空饱，先生心独寒。奉盘从遽定，按剑叱难安。存赵舌三寸，何须折镆干。

罗娑囚应释，鸡林厄涆阑。途无埋鼻热，地有裂肤寒。反国公复相，还家我问安。如容陪骥尾，匪晚到余干。②

洪皓希望宇文虚中由金朝的"国师"变回宋朝的"国相"，是基于宇文虚中已经在金朝任职多年的事实，但是在宋人为宇文虚中撰写的行状中，把宇文虚中打造成了"志不仕金"的宋朝忠臣，在家书中强调："中遭胁迫，幸全素守，惟一节一心，待死而已，终期不负社稷。""惟期一节，不负社稷，不愧神明。"对于宇文虚中之死，行状亦称宇文虚中与高士谈合谋，准备在金人祭天时劫杀皇帝后投宋，因秦桧泄露其预谋被杀。③绍兴和议之后，宋朝已经按照金人的要求，将宇文虚中的家属送到了金朝，金熙宗杀宇文虚中，则是有人构陷其"谋反"。宋人将"构陷"演绎成"预谋"，只是想着打造宇文虚中的光辉形象，没有想到被囚禁的文人如何劫杀金朝的皇帝。这种逻辑不通的臆造说法，在修《宋史》和《金史》时都未被采纳，足见其不可信。

宇文虚中在金朝活动近二十年，成为当时北方的重要文士，而我们所重视的则是他所倡导的文治观念，因为对于金朝而言，走向文治确实需要得到来自文士的大力支持。同时需要注意的是，宇文虚中的诗词带有强烈的悲情主义色彩，对当时的入金宋人有着不可忽视的影响。"仕金"与"怀宋"的心理矛盾难以排解，悲情便挥之不去，宇文虚中深陷其中难以自拔，已经预示了其悲剧性的人生结局，但成就了他的"诗名"和"文坛领袖"地位。其中的得失和成败，只能任后人评说。

---

① 宇文虚中：《予写金刚经与王正道，正道与朱少章复以诗来，辄次二公韵》，《中州集》卷1。

② 洪皓：《寄宇文相公》，《鄱阳集》卷2。

③ 《三朝北盟会编》卷215，第1546页。

二 蔡松年的福祸观念

蔡松年（1107—1159 年），字伯坚，号萧闲老人，入金后定居真定（今属河北），历任行台刑部郎中、户部尚书、参知政事、尚书左丞、尚书右丞相等职，著有《明秀集》。① 蔡松年是金朝前期重要的词赋作家，但尤需注意的是他所持有的与祸福有关的政治观念。

（一）救民是福

蔡松年入金的时间是金太宗天会三年（1125），此后六年闲居于燕京，交友漫游，在他的诗词中留下了相关的记载。

> 余始年二十余，岁在丁未（1127），与故人东山吴季高父论求田问舍事，数为余言怀卫间风气清淑，物产奇丽，相约他年为终焉之计。②

> 仆以戊申之秋（1128）始识吾季霭兄于燕市稠人中，轩昂简贵，使人神竦。既而过之，未尝不弥日忘归。③

> 己酉（1129）四月暇日，冒暑游太平寺。古松阴间闻破茶声，意颇欣惬。④

> 辛亥（1131）新正五日，天气晴暖。偶出道，逢卖灯者。晚至一人家，饮橙酒以滴蜡黄梅侑樽，醉归，感叹节物，顾念身世，殆无以为怀，作此自解。

> 小红破雪，又一灯，香动春城节物。春事新年，独梦绕，江浦南枝横月。万户糟丘，西山爽气，差慰人岑寂。六年今古，只应花鸟相识。老去嚼蜡心情，偶然流坎，岂悲欢人力。莫望家山，桑海变，唯有孤云落日。玉色橙香，宫黄花露，一醉无南北。终焉此世，正尔犹是良策。⑤

> 辛亥三月，春事婉婉，土风熙然，东城杂花间梨为最。去家六年，对花无好情，惊然得流坎有命、无不可者。古人谓人生安乐，

---

① 《金史》卷 125《蔡松年传》。参见曾定华《蔡松年研究》，硕士学位论文，广西大学，2007 年。
② 蔡松年：《水龙吟》，魏道明《萧闲老人明秀集注》卷 2，金残刻本。
③ 蔡松年：《水调歌头·其五》，《萧闲老人明秀集注》卷 1。
④ 蔡松年：《西江月》，《萧闲老人明秀集注》卷 2。
⑤ 蔡松年：《念奴娇·其二》，《萧闲老人明秀集注》卷 3。

孰知其他。屡诵此语，良用慨叹。插花把酒，偶记去年今日事，赋十数长短句遣意，非知心人，亦殆难明此意。以仙吕调满江红歌之，是月十五日玩世酒狂。

> 翠扫山光，春江梦，蒲萄绿遍。人换世，岁华良是，此身流转。云破春阴花玉立，又逢故国春风面。记去年，晓月挂星河，香凌乱。年年约，常相见，但无事，身强健。赖孙垆独有，酒乡温粲。老骥天山非我事，一蓑烟雨违人愿。识醉歌，悲壮一生心，狂嵇阮。①

在这六年中，蔡松年曾于天会八年（庚戌，1130）前往上京，在诗作中展示了一展宏图的政治抱负。

> 鸡群媚稻粱，老鹤日疏野。人言随其流，故有不同者。
> 骨相乃封侯，铜腥能使鬼。文章亦可怜，不直一杯水。
> 在昔安九鼎，功名照帛竹。贞观用玄成，一士天下足。
> 忧国在肉食，敛玉戕清班。吾曹漫浪人，合眼松云间。
> 闲居度重九，昔贤爱嘉名。霜菊有正色，糟床逢圣清。
> 平生一丘壑，晚堕法家流。一点无俗物，今年真好秋。
> 谢公既经世，永怀东西岩。翠袖乱春光，轻云点风鬟。
> 我得秋风暇，鲈鱼一杯酒。佳人发浩歌，此乐当不朽。
> 去年哦新诗，小山黄菊中。年年说秋思，远目惊高鸿。
> 韪哉生处乐，陵谷异风俗。南枝吾永安，笑抚西岩绿。②

也就是说，蔡松年混迹于闹市之中，不过是在等待入仕的机会。这一机会出现在天会十年（1132），高庆裔磨勘官员，"辽、宋旧有官者皆换授"，蔡松年出任真定府判官，随即展现了救民的观念："尝从元帅府与齐俱伐宋。是时，初平真定西山群盗，山中居民为贼污者千余家，松年力为辩论，竟得不坐。"③

天会十二年（甲寅，1134）蔡松年随金军攻宋，在诗词中显示的

---

① 蔡松年：《满江红·其四》，《萧闲老人明秀集注》卷3。
② 蔡松年：《庚戌（1130）九日还自上都，饮酒于西岩，以野水竹间清秋岩酒中绿为韵十首》，《中州集》卷1。
③ 《金史》卷125《蔡松年传》。本节引文未注明出处者，均来自此传。

是悠闲自得的感受。

> 竹篱茅舍，本是山家景，唤起兵前倦游兴。地床深稳坐，春入蒲团，天怜我，教养疏慵野性。雪坡孤月上，冰谷悲鸣，松竹萧萧夜初静。梦醒来，误喜收得闲身，不信有，俗物沉迷襟韵。待临水依山得生涯，要传取新规，再营幽胜。①

金、宋议和之后，金军北返，蔡松年在诗、词中表达了"息兵"的喜悦心情，因为停止征战是最重要的救民行为。

> 软红尘里西山，乱云晓马清相向。新年有喜，洗兵和气，春风千丈。青鬓何人，凤池墨客，虎头飞将。听前驱，一夜鸣珂，碎月催筇，鼓作清壮。红袖横斜醉眼，酒肠倾，九江银浪。小桃仙馆，霜筠萧寺，风光荡漾。我欲寻春，郡中谁有，国香宫样。待酒酣妙续，珠帘句法，作穿云唱。②
>
> 春风卷甲有欢声，渐识天公欲讳兵。节物无情新岁换，男儿易老壮心惊。落身世网痴仍绝，挂眼山光计未成。闻道恒阳似江国，一官漫学阮东平。③

在次年为朋友祝寿的词作中，蔡松年也显示出了军中无事的清闲意境。

> 洞宫碧海，化神山，玉立东方仙窟。海色山光，千万顷，都作巉巉玉骨。黄卷精神，黑头心力，虎帐多闲日。一杯为寿，酒肠先醉江橘。南下禹穴涛江，要收奇秀，老去供诗笔。忧喜相寻，皆外物，今古闲身难得。丘壑风流，稻粱卑辱，莫爱高官职。他年风雨，对床却话今夕。④

---

① 蔡松年：《洞仙歌·甲寅岁（1134）从师江壖戏作竹庐》，《萧闲老人明秀集注》卷2。
② 蔡松年：《水龙吟·甲寅岁（1134）从师南还赠赵肃之》，《萧闲老人明秀集注》卷3。
③ 蔡松年：《师还求归镇阳》，《中州集》卷1。
④ 蔡松年：《念奴娇·乙卯岁（1135）江上为高德辉寿》，《萧闲老人明秀集注》卷1。

金熙宗即位之后，蔡松年并未得到重用，依然在军中打发闲散的日子，他在诗作中描述了天会十四年（丙辰，1136）参与游猎等场景。

　　梨雪东城又回春，风物属闲身。不堪禁酒，百重堆按，满马京尘。眼青独拄西山笏，本是个中人。一犁春雨，一篙春水，自乐天真。①

　　星河淡城阙，疏柳转清流。黄云南卷千骑，晓猎冷貂裘。我欲幽寻节物，只有西风黄菊，香似故园秋。俛仰十年事，华屋几山丘。倦游客，一樽酒，便忘忧。拟穷醉眼何处，还有一层楼。不用悲凉今昔，好在西山寒碧，金屑酒光浮。老境玩清世，甘作醉乡侯。②

　　蔡松年此时已在为未来的栖身之地作打算，因为他不满足于只做刀笔吏，与其做吏不如赋闲，在他后来的自述中对此有详细的说明。

　　仆自幼刻意林壑，不耐俗事，懒慢之僻，殆与性成，每加责励，而不能自克。志复疏怯，嗜酒好睡，遇乘高履危，动辄有畏，道逢达官稠人，则便欲退缩。其与人交，无贤不肖，往往率情任实，不留机心。自惟至熟，使之久与世接，所谓不有外难，当有内病，故谋为早退闲居之乐。长大以来，遭时多故，一行作吏，从事于簿书鞍马间，违己交病，不堪其忧。求田问舍，遑遑于四方，殊未见会心处。闻山阳间魏晋诸贤故居，风气清和，水竹葱蒨，方今天壤间盖第一胜绝之境。有意卜筑于斯，雅咏玄虚，不谈世事，起其流风遗躅。故自丙辰（1136）、丁巳（1137）以来，三求官河内，经营三径，遂将终焉，事与愿违。俛仰一纪劳生，愈甚吊影自怜。然而触于事物，感今怀昔，考其见于赋咏者，实未始一日而忘。李君不愚作掾天台，出佐是郡，因其行也，赋乐府长短句，以叙鄙怀。行春胜日，物彩照人，为予择稚秀者，以雨中花歌之，使

_____

　　①　蔡松年：《人月圆·丙辰（1136）晚春即事》，《萧闲老人明秀集注》卷2。
　　②　蔡松年：《水调歌头·丙辰（1136）九日从猎涿水道中》，《萧闲老人明秀集注》卷1。

清泉白石闻我心曲，庶几他日不为生客耳。

> 嗜酒偏怜风竹，晋客神清，多寄虚玄。有山阳遗迹，水石高寒。曾为幽栖起本，几求方外微官。谩蹉跎十载，还羡君侯，左驾朱幡。山村霰雪，竹外花明，瘦梅半树斓斑。溪路转青帘，佳处便是萧闲。寄谢五君精爽，摩挲森碧琅玕。个中着我，储风养月，先报平安。[1]

蔡松年入仕之初，确实有救民和安天下的政治抱负，但是官阶太低，无人提携，所以郁郁不得志，去职赋闲不过是他对自己的精神安慰而已。

（二）为官非福

天会十五年齐国被废，蔡松年有了施展抱负的机会。当年，在汴京建立行台尚书省，蔡松年出任刑部郎中。天眷元年（1138），行台尚书省迁到燕京，蔡松年随行台返回燕京。天眷三年（庚申，1140），完颜宗弼（兀术）率军南下征宋，蔡松年随行，"兼总军中六部事"。宋、金正式确定绍兴和议前，蔡松年写下一首长诗，表明了他对为官的看法。

> 伊昔三年前，淫雨催行辀。青灯忽今夕，华屋映高秋。华屋亦何为，百年竟山丘。适意在归与，肉食非我谋。
>
> 大块本何事，遑遑劳一生。所过种陈迹，岁月如流星。贪夫甘死祸，幅纸驰虚名。晋室有先觉，柴桑老渊明。
>
> 我家恒山阳，山光碧无赖。月窟荫风篁，十里泻澎湃。兹焉有乐地，不去欲谁待。自要尘网中，低眉受机械。
>
> 人言归甚易，但苦食不足。必使极其求，万钟不盈腹。处世附所安，无祸即无福。却视高盖车，身宠神已辱。
>
> 我本山泽人，孤烟一轻蓑。功名无骨相，雕琢伤天和。未能遽免俗，尚尔同其波。梧桐唤归梦，无奈秋声何。
>
> 孟夏幽州道，上阹车辀辘。旌旗却南行，飞电随马足。行穷清颍水，不辨洗蒸溽。吾生岂匏瓜，一笑为捧腹。

---

[1] 蔡松年：《雨中花》，《萧闲老人明秀集注》卷1。

灯花何太喜，似报天雨霁。客情念还家，如瞽不忘视。到家问松菊，早作解官计。青镜发萧萧，及此霜雪未。

鸣蛙属官私，庸儿固可笑。江山本谁争，但苦归不早。物情闲始见，宛转为君好。区区乞鉴湖，多事怜贺老。

天下任之重，人物古难得。谁为经济才，有亦未易识。吾曹与鸡鹜，官仓等伏食。行将问征途，满眼西山碧。

懦微莫如我，往往从险艰。譬之驱山麋，八蛮困天间。岂惟物违性，成功亦良难。风烟念何地，野水长松间。

出处士大节，倚伏殊茫茫。绝交苟不作，自足存嵇康。哲人乃知机，曲士迷其方。顾我类社栎，匠石端相忘。

问舍前年秋，已买潭西地。高明鬼所瞰，聊取风雨蔽。濒溪树嘉木，成阴十年计。仍当作茅舍，名之以今是。

斯言已譊譊，要未离忧患。何时但饮酒，臧否了不关。不饮逝者多，秋草麒麟间。怀哉竹林人，吾方仰高山。①

这首长诗体现了蔡松年的六点看法。一是自己不适合当官，即所谓"肉食非我谋"。二是当官并不容易，既辛苦又不自由，即所谓"遑遑劳一生"和"低眉受机械"。三是当官还可能招祸，尤其是"身宠神已辱"，不符合"无祸即无福"的处事原则。四是自己虽入仕，不过是"未能遽免俗"之举，只能随波逐流。五是官场难以使真正的人才发挥作用，存在不能识人的弊病，即所谓"人物古难得"和"有亦未易识"。六是士人既知"成功亦良难"，就要早做归计，不要再自寻烦恼，也就是所谓的"江山本谁争，但苦归不早"。这首诗看似呈现的是对为官的悲观看法，但暗含的是怀才不遇的抱怨，并不表明蔡松年当时已经有了"去官"之意。

蔡松年很快得到完颜宗弼的赏识，完颜宗弼于皇统元年（1141）入朝为尚书左丞相，即推荐蔡松年为刑部员外郎，蔡松年由此从地方官变成朝内的官员，主要的活动场所也由燕京变成上京。蔡松年还在体会着为官的辛苦，所以在皇统五年（乙丑，1145）的词作中又有志在归隐的表述。

---

① 蔡松年：《庚申（1140）闰月从师还自颍上，对新月独酌十三首》，《中州集》卷1。

　　乙丑八月，得告上都行李滞留，寄食于江壖村舍。晚雨新晴，江月炯然，秋涛有声，如万松哀鸣涧壑。时去中秋不数日，方遑遑于道路。宦游飘泊，节物如驰，此生余几春秋，而所谓乐以酬身者乃如此，谋生之拙可不哀耶。幸终焉之有图，坐归轸之不早，慨焉兴感，无以为怀，因作长短句诗，极道萧闲退居之乐，歌以自宽，亦以自警，盖越调水龙吟也。与我同志幸各赋一首，为他日林下故事。

　　水村秋入江声，梦惊万壑松风冷。中秋几日，银盘今夜，八分端正。身似惊乌，半生飘荡，一枝难稳。夜漫漫，只有澄江霁月，应知我倦游兴。好在萧闲桂影，射五湖，高峰玉润。木犀宜月，生香浮动，玻璃吸尽。准拟余年，个中心赏，追随名胜。看年年玉笛，新传秀句，约嫦娥听。①

　　蔡松年作为新的朝中官员，既要依靠完颜宗弼，又想结交田瑴等朝中大臣，但是田瑴等人拒绝与其交往，蔡松年乃唆使许霖告田瑴结党，导致田瑴等人于皇统七年（1147）被杀，详情已见前述。诬告田瑴是蔡松年谋取高升的重要政治手段，但确成为他一生难以清除的政治污点。

　　蔡松年真正得到朝廷重用是在完颜亮即位后，并有四项重要的作为。

　　一是迁都于中都。天德三年（1151）三月，完颜亮下诏"广燕城，建宫室"；四月，"诏迁都燕京"，蔡松年有助成之功。

　　二是出使宋朝。贞元元年（1153）十一月，"以户部尚书蔡松年等为贺宋正旦使"。"海陵谋伐宋，以松年家世仕宋，故亟擢显位以耸南人观听，遂以松年为贺宋正旦使。"

　　三是发行交钞。"贞元二年迁都之后，户部尚书蔡松年复钞引法，遂制交钞，与钱并用。""蔡松年为户部尚书，始复钞引法，设官置库以造钞、引。钞，合盐司簿之符。引，会司县批缴之数。七年一厘革之。"②

　　四是出使高丽。蔡松年曾奉命出使高丽，并留下了相关诗作："蛤

　　———————————

① 蔡松年：《水龙吟·其二》，《萧闲老人明秀集注》卷3。
② 《金史》卷5《海陵纪》，卷48《食货志三》，卷49《食货志四》，卷60《交聘表上》。

蜊风味解朝醒，松顶云痴雨不晴。悄悄重檐断人语，碧壶春笋更同倾。晚风高树一襟清，人与缥瓷相照明。谢女微吟有深致，海山星月总关情。"①

蔡松年亦有"为官招祸"的亲身经历。正隆元年（1156）闰十月，发生了完颜亮杖责蔡松年等尚书省官员的事件。

> 文思署令阎拱与太子詹事张安妻坐奸事，狱具，不应讯而讯之。海陵怒，（萧）玉与左丞蔡松年、右丞耶律安礼、御史中丞马讽决杖有差。玉等入谢罪，海陵曰："为人臣以己意爱憎，妄作威福，使人畏之。如唐魏征、狄仁杰、姚崇、宋璟，岂肯立威使人畏哉，杨国忠之徒乃立威使人畏耳。"顾谓左司郎中吾带、右司郎中梁銶曰："往者德宗为相，萧斛律为左司郎中，赵德恭为右司郎中，除吏议法，多用己意。汝等能不以己意爱憎为予夺轻重，不亦善乎。朕信任汝等，有过则决责之，亦非得已。古者大臣有罪，贬谪数千里外，往来疲于奔走，有死道路者。朕则不然，有过则杖之，已杖则任之如初。如有不可恕，或处之死，亦未可知。汝等自勉。"②

完颜亮还曾怀疑蔡松年出使宋朝时泄露过金人宫廷中的秘密，着实让蔡松年紧张。

> 初，海陵爱宋使人山呼声，使神卫军习之。及孙道夫贺正隆三年（1158）正旦，入见，山呼声不类往年来者。道夫退，海陵谓宰臣曰："宋人知我使神卫军习其声，此必蔡松年、胡砺泄之。"松年惶恐对曰："臣若怀此心，便当族灭。"

蔡松年的职务几年内由参知政事升到右丞相，使他有出任高职的得意之处，在诗作中颇有显露。

> 出山风物便清和，森木如云秀霭多。白水临流照疏鬓，青门折

柳记柔柯。重游化国惊岁月，有象丰年占麦禾。亦有黄公酒垆在，微官自要阻山河。①

同时，他也倍感为官的不易，尤其是伴君之艰难，不如激流勇退，过隐居的生活。

吾年过五十，所过知前非。颜鬓日苍苍，老境行相追。桔槔听俯仰，随人欲何为。归计勿悠悠，出处吾自知。

南渡国不竞，晋民益疮痍。陶翁遂超然，不忍啜其醨。北窗谈清风，慨望羲皇时。道丧可奈何，抱琴酒一卮。②

十年八唤清江渡，江水江花笑我劳。老境归心质孤月，倦游陈迹付惊涛。两都络绎波神肃，六合清明斗极高。湖海小臣尸厚禄，梦寻烟雨一渔舠。③

蔡松年战战兢兢的仕途生涯，增强了他的"为官非福"意识。一方面，他特别强调了书生无用的观点。

酬春当得酒如川，日典春衣也自贤。孤负风光忙有底，婆娑丘壑兴无边。书生大抵少成事，老境尚堪加数年。重作梅花上元约，醉归星斗聚壶天。④

另一方面，他强调了"功成名就"之后恐怕更难脱身的观点。

寿骨云门白玉山，山光千丈落毫端。姓名先挂烂银盘，编简馨香三万卷。未应造物放君闲，功成却恐退身难。⑤

蔡松年还以"世途古今险"的基本认识，作为淡泊功名的重要依

---

① 蔡松年：《初至遵化》，《中州集》卷1。
② 蔡松年：《淮南道中五首》，《中州集》卷1。
③ 蔡松年：《渡混同江》，《中州集》卷1。
④ 蔡松年：《瑞鹧鸪·是日以事不克往复用韵》，《萧闲老人明秀集注》卷2。
⑤ 蔡松年：《浣溪沙·其二》，《萧闲老人明秀集注》卷2。

据和"为官非福"的重要总结。

> 人生各有适，一受不可更。违己欲徇世，忧患常相婴。三军护汉将，九鼎调苍生。功名岂不美，强之辄无成。朝昏忘寝食，俯仰劳心形。何如从所好，足以安余龄。予也一丘壑，野性真难名。力懦谢提剑，才拙惭穷经。疏放已成僻，纷华谁与争。惊鹿便草丰，白鸥愿江清。不堪行作吏，万累方营营。夜虑多俗梦，晓枕无余醒。挂颊西山语，适意千里羹。尘土走岁月，秋光浮宦情。欲语个中趣，知音耿晨星。世途古今险，方寸风涛惊。封侯有骨相，使鬼须铜腥。誓收此身去，田园事春耕。①

蔡松年为求得高官不惜动用卑劣的手段，任高官后又忧心忡忡，显示了入金宋人既希望被重用，又唯恐被祸及的矛盾心态。尤其是他看到宇文虚中、高士谈难逃被处死的厄运后，更会加重这样的心理负担。

（三）隐居求福

蔡松年入仕后即不断表现出对隐居于世的追求，尽管其真意令人怀疑，但是要特别注意他在诗、词中表述的"退隐有益"的七种观点。

一是脱困说。退隐可以摆脱陷于簿书期会的为官困境，寻求自由自在的生活状态。

> 归田不早计，岁月易云徂。但要追莲社，何须赐镜湖。簿书欺俗吏，绳墨守愚儒。安得如嵇阮，相从兴不孤。②
> 丁年跨生马，玉节度流沙。春风北卷燕赵，无处不桑麻。一夜蓬莱清浅，却守平生黄卷，冰雪做生涯。惟有天南梦，时到曲江花。瘦筇枝，轻鹤背，醉为家。倦游笑我黄尘，昏眼簿书遮。千古东坡良史，一段葛洪嘉处，莫种故侯瓜。赋就五噫曲，金狄看年华。③
> 高陵五六松，潭水涵清阴。白鸟如避世，巢居得幽深。杂花眩青红，苦节方森森。何人作虚亭，想像云栖心。我梦涉陈迹，君亦

---

① 蔡松年：《漫成》，《中州集》卷1。
② 蔡松年：《闲居漫兴》，《中州集》卷1。
③ 蔡松年：《水调歌头·虎茵居士梁慎修生朝》，《萧闲老人明秀集注》卷1。

同登临。相与定嘉名，洗去花草淫。看云抚修碧，夕景低遥岑。风林淡秋月，霜枝鸣玉琴。两意谁识之，好处烦幽寻。闲居志则同，岁月能骎骎。时无陶彭泽，此曲难知音。亭前有奇石，迁流失山林。顾亦如我曹，鬓发风沙侵。小儿重外物，列屋享千金。区区心甚长，因循困华簪。忽焉事大谬，危机恐难任。平生下泽车，斯言吾所钦。志士愿不辱，俗情便孔壬。自喜迹犹浅，凫雁容浮沉。泥行自萧散，世路皆崎嵚。此邦真可老，城郭环清浔。结庐与君具，开写平生襟。里巷日还往，杖屦行讴吟。还寻梦游处，无忘神所箴。①

二是脱俗说。退隐可以摆脱俗世中的声利场干扰，寻找一个安静、祥和的世外桃源。

洪河注天南，兵气横高穹。我从兵前来，归心疾惊鸿。官柳未摇落，莲荷香濛濛。吏舍在前村，旧年养疏慵。爰自三军去，青苔瘗人踪。夕阳叩柴门，欢迎来仆僮。浊酒古罍洗，停箸问新松。却对一床书，睡鸭孤烟中。土花晕湖玉，冰弦冷霜桐。灯火未可亲，露坐茅堂东。西山月中淡，夜茶煮松风。到床便安寝，不复知晨钟。平生幽栖心，斯言略形容。人道动有患，百态交相攻。而我触类真，冶容鄙青红。非才见临事，叩之辄空空。知难不知回，飘流剧飞蓬。暂去声利场，乐佚犹无穷。况于得行意，萧洒毕此躬。勿为才者传，从渠作夔龙。②

乔木千章画不如，白鸥烟雨到江湖。谁为求仲营三径，窃比扬雄有一区。故国兴亡树如此，他年声利蔓难图。屋西便与秋山约，莫遣归来见白须。③

玉屏松雪冷龙鳞，闲阅倦游人。耐久谁如溪水，破冰犹漱云根。三年俗驾，千钟厚禄，心负天真。说与苍烟空翠，未忘藜仗

① 蔡松年：《丁巳（1137）九月梦与范季霑同登北潭之临芳亭，觉而作诗记其事以示范》，《中州集》卷1。
② 蔡松年：《七月还祁》，《中州集》卷1。
③ 蔡松年：《初卜潭西新居》，《中州集》卷1。

纶巾。①

兜罗葱郁浮空青，晓日马头双眼明。名山不作世俗态，千里倾盖来相迎。老松阅世几千尺，玉骨冷风战天碧。应笑年年空往来，尘土劳生种陈迹。山回晚宿一川花，剪金裁碧明烟沙。寒乡绝艳自开落，欲慰寂寞无流霞。明日行营猎山麓，古树寒泉更深绿。强临水玉照鬓毛，只恐山灵怪吾俗。陂潮不尽水如天，清波白鸥自在眠。平时朝市手遮日，思把一竿呼钓舡。驿骑回时山更好，过雨秋容净如扫。山英知我宦游心，为出清光慰枯槁。可怜岁月易侵寻，惭愧山川知我心。一行作吏岂得已，归意久在西山岑。他年俗累粗能毕，云水一区供老佚。举杯西北酹山川。为道此言吾不食。②

三是践言说。蔡松年早就向朋友表达过择地归隐的意愿，他一再表示能够实现这样的诺言。

建安施朋望与余同僚三年，心期最为相得。其政术文章，皆余之所畏仰，不复更言。独记异时共论流俗鄙吝之态，令人短气，且谋早退为闲居之乐。斯言未寒，又复再见秋物，念之悯然，辄申其语为永遇乐长短句寄之，并以自警。

正始风流，气吞余子，此道如线。朝市心情，云翻雨覆，千丈堆冰炭。高人一笑，春风卷地，只有大江如练。忆当时，西山爽气，共君对持手版。山公鉴裁，水曹诗兴，功业行飞霄汉。华屋含秋，寒沙去梦，千里横青眼。古今都道，休官归去，但要此言能践。把人间，风烟好处，便分中半。③

吴杰者，无为人，辛酉（1141）之冬惠然相过，颇能道退居之乐，临行乞言。

倦游老眼，看黄尘，堆里风波千尺。雕浦归心，唯自许，明秀高峰相识。谁谓峰前，岁寒时节，忽遇知音客。紫芝仙骨，笑谈犹带山色。君有河水洋洋，野梅高竹，我住涟漪宅。镜里流年，春梦过，只有闲身难得。挥扫龙蛇，招呼风月，且尽杯中物。他年林

---

① 蔡松年：《朝中措》，《萧闲老人明秀集注》卷2。
② 蔡松年：《晚夏驿骑再之凉陉观猎，山间往来十有五日，因书成诗》，《中州集》卷1。
③ 蔡松年：《永遇乐》，《萧闲老人明秀集注》卷1。

下，会须千里相觅。①

四是心境说。退隐后可以摆脱世事评说带来的烦恼，在青山绿水之间营造平和清净的心境。

> 梁苑当时，春如水，花明酒冽。寒食夜，翠屏人照，海棠红雪。底事年来常马上，不堪齿发行衰缺。解见人，幽独转寒江，樽前月。平生友，中年别，恨无际，那容发。萧闲便归去，此图清绝。花径酒垆身自在，都凭细解丁香结。尽世间，臧否事如云，何须说。②

> 老境骎骎，归梦绕，白云茅屋。何处有，可人襟韵，慰予心目。犹喜平生佳友戚，一杯情话开幽独。爱夜阑，山月洗京尘，颓山玉。天香近，清班肃，公衮裔，千钟禄。笑年来游戏，寄身糟曲。富贵寻人知不免，家园清夏聊休沐。向暮凉，风篁炯茶烟，眠修竹。③

> 半岭云根，溪光浅，冰轮新浴。谁幻出，故山丘壑，慰予心目。深樾不妨清吹度，野情自与游鱼熟。爱夜泉，徽外两三声，琅然曲。人间世，争蛮触，万事付，金荷酥。老生涯犹欠，谢公丝竹。好在斜川三尺玉，暮凉白鸟归乔木。向水边，明秀倚高峰，平生足。④

> 念奴玉立，记连昌，官里春风相识。云海茫茫，人换世，几度梨花寒食。花萼霓裳，沉香水调，一串骊珠湿。九天飞上，叫云遏断筝笛。老子陶写平生，清音裂耳，觉庾愁都释。淡淡长空，今古梦，只有此声难得。溢浦心情，落花时节，还对天涯客。春温玉碗，一声洗尽冰雪。⑤

五是诗文说。退隐之后，更可以纵情山水之间，吟诗作赋，彰显文

① 蔡松年：《念奴娇·其三》，《萧闲老人明秀集注》卷1。
② 蔡松年：《满江红·和高子文春津道中》，《萧闲老人明秀集注》卷3。
③ 蔡松年：《满江红·伯平舍人亲友得意南归》，《萧闲老人明秀集注》卷1。
④ 蔡松年：《满江红·安乐岩夜酌有怀恒阳家山》，《萧闲老人明秀集注》卷1。
⑤ 蔡松年：《念奴娇·其一》，《萧闲老人明秀集注》卷3。

人本色，并为后人留下不朽的诗篇。

　　老骥心疲十二闲，天教洗眼小江山。名园无处不宜酒，胜日有朋方解颜。老木溪光留月驻，禅房竹径约花关。先凭乐府求风骨，或有佳人字玉环。①

　　槽床过竹春泉句，他日人云吾亦云。自爱淳音含太古，谁传清溜入南薰。秋风几共橙香注，晓月曾和鹤唳闻。我欲婆娑竹林国，洗空尘耳正须君。②

　　妙龄秀发，韵清冰玉洗罗纨，文章桂窟高寒。晤语平生风味，如对好江山。向雪云辽海，笑里春还。宦情久阑道，勇退岂吾难。老境哦，君好句，张我萧闲。一峰明秀为传语，浮月碧琅玕。归意满，水际林间。③

　　王夷甫，神姿高秀，宅心物外，为天下称首。复自言少无宦情，使其雅咏，虚玄不论，世事超然，遂终其身，何必减嵇阮辈。而当衰世颓俗，力不可为，不能远引辞世，黾俛高位颠危之祸，卒与晋俱为千古名士之恨。又尝读《山阴诗叙考》，其论古今，感慨事物之变，既言修短随化终期于尽，而世殊事异，兴怀一致，则死生终始，物理之常，正当乘化以归尽，何足深叹。而区区列叙一时之述作，刊纪岁月，岂逸少之清真简裁，亦未尽能忘情于此耶，故因此词并及之。

　　离骚痛饮，笑人生佳处，能消何物。夷甫当年，成底事，空想岩岩玉壁。五亩苍烟，一丘寒碧，岁晚忧风雪。西州扶病，至今悲感前杰。我梦卜筑萧闲，觉来岩桂，十里幽香发。块垒胸中，冰与炭，一酹春风都灭。胜日神交，悠然得意，离恨无毫发。古今同致永和，徒记年月。④

　　六是再造说。退隐可以再造人生，尤其是追寻隐居先贤的足迹，成

---

　　①　蔡松年：《兵府得告将还镇阳府，推官王仲侯以书促予命驾，先寄此诗》，《中州集》卷1。

　　②　蔡松年：《槽声同彦高赋》，《中州集》卷1。

　　③　蔡松年：《望月婆罗门·送陈咏之自辽阳还汴水》，《萧闲老人明秀集注》卷2。

　　④　蔡松年：《大江东去》，《中州乐府》；《萧闲老人明秀集注》卷1作《念奴娇·还都后诸公见追和赤壁词，用韵者凡六人，亦复重赋》）。

为后世称道的隐者。

> 醉眼郊原感慨生，夕阳长向古今明。高人法士互憎爱，美酒空名谁重轻。二顷只谋他日老，五弦犹喜晚风清。因君欲赋思归乐，安得穿云一笛横。[①]

> 谁信玉堂金马客，也随林下家风，三杯大道果能通。相逢开老眼，着我圣贤中。会意清言穷理窟，人间万事冥濛，暮寒松雪照群峰。衰颜无处避，只可屡潮红。[②]

> 仆将以穷腊去汴，平生亲友零落殆尽，复作天东之别。数日来蜡梅风味，颇已动感，念节物无以为怀，于是招二三会心者，载酒小集于禅坊，而乐府有清音人雅善歌雨中花，坐客请赋此曲，以侑一觞。情之所钟，故不能已，以卒章记重游退闲之乐，庶以自宽云。

> 忆昔东山王谢，感慨离情，多在中年。正赖哀弦清唱，陶写余欢。两晋名流谁有，半生老眼常寒。梦回故国，酒前风味，一笑都还。湖光玉骨，水秀山明，唤人妙思无边。吾老矣，不堪冰雪，换此萧闲。传语明年，晓月梅梢，莫转银盘。后期好在，黄甘紫蟹，劝我休官。[③]

七是求福说。在饱尝人间苦辛之后，退隐是最好的求福方法，也是蔡松年孜孜追求的目标。

> 曹侯浩然，人品高秀，玉立而冠。其问学文章，落尽贵骄之气，蔼然在寒士右。惜乎流离顿挫，无以见于事业。身闲胜日，独对名酒，悠然得意，引满径醉，醉中出豪爽语，往往冰雪逼人，翰墨淋漓，殆与海岳并驱争先。虽其平生风味可以想见，然流离顿挫之助，乃不为不多。东坡先生云："士践忧患，焉知非福。"浩然有焉。老子于此所谓兴复不浅者，闻其风而悦之。念方问舍于萧闲，阴求老伴，若加以数年，得相从乎林影水光之间，信足了此一生。犹恐君之嫌俗客也，作水调歌曲以访之。

---

① 蔡松年：《和子文晚望》，《中州集》卷1。
② 蔡松年：《临江仙·雪晴过邢岩夫用旧韵》，《萧闲老人明秀集注》卷2。
③ 蔡松年：《雨中花·其一》，《萧闲老人明秀集注》卷3。

云间贵公子，玉骨秀横秋。十年流落冰雪，香暖紫貂裘。灯火春城咫尺，晓梦梅花消息。茧纸写银钩，老矣黄尘眼，如对白蘋洲。世间物，唯有酒，可忘忧。萧闲一段归计，佳处着君侯。翠竹江村月上，但要纶巾鹤氅，来往亦风流。醉墨蔷薇露，洒遍酒家楼。①

蔡松年还真在心仪的地方买田造舍，准备作为退隐后的居所。

余既沉迷簿领，颜鬓苍然，倦游之心弥切，悠悠风尘，少遇会心者道此真乐。然中年以来，宦游南北，闻客谈个中风物益详熟。顷因公事，亦一过之。盖其地居太行之麓，土温且沃，而无南州卑湿之患。际山多瘦梅修竹，石根沙缝出泉无数，清莹秀澈若冰玉。稻塍莲荡，香气蒙蒙，连亘数十里。又有幽兰瑞香，其他珍木奇卉。举目皆崇山峻岭，烟霏空翠，吞吐飞射，阴晴朝暮变态百出，真所谓行山阴道中。癸酉岁（1153），遂买田于苏门之下，孙公和邵尧夫之遗迹在焉，将营草堂，以寄余龄。巾车短艇，偶有清兴往来，不过三数百里，而前之佳境，悉为己有，岂不适哉。但空疏之迹，晚被宠荣，叨陪国论，上恩未报，未敢遽言乞骸。若俛勉驽力，加以数年，庶几早遂麋鹿之性。

太行之麓清辉，地和气秀名天下。共山沐涧，济源盘谷，端如倒蔗。风物宜人，绿橙霜晓，紫兰清夏。望青帘尽是，长腰玉粒，君莫问，香醪价。我已山前问舍，种溪梅，千株缟夜。风琴月笛，松窗竹径，须君命驾。住世还丹，坐禅方丈，草堂莲社。拣云泉巧与，余心会处，托龙眠画。②

正隆三年（1158）七月，蔡松年被任命为尚书右丞相，次年八月去世。③ 由于他死于任上，所以退隐并未成真。

由于影响了金朝初期的诗词风气，蔡松年的文学成就远高于政治成就，正如元人修《金史》时所言："蔡松年在文艺中，爵位之最重者，道

① 蔡松年：《水调歌头·其二》，《萧闲老人明秀集注》卷1。
② 蔡松年：《水龙吟》，《萧闲老人明秀集注》卷2。
③ 《金史》卷5《海陵纪》。

金人言利，兴党狱，杀田毂，文不能掩其所短者欤。"① 蔡松年是特定时期出现的文才高手，在政治方面尽管有强烈的投机倾向，但是能够看穿官场祸福，确有难能可贵之处。

三　吴激等人的世变观念

吴激、马定国、祝简等人，针对宋朝南迁带来的天下巨变，提出了一些重要的看法，可分述于下。

（一）吴激的愁世观

吴激（？—1142 年），字彦高，自号东山，建州（今属福建）人，擅长诗词绘画，出使金朝被金人所留，任翰林待制等职，著有《东山集》《东山乐府》等，已佚。②

金熙宗天会十四年（1136）十月，吴激以贺高丽王生日使的身份出使高丽，③ 在诗作中记述了出使的见闻。

箕子朝鲜僻，蓬丘弱水宽。儒风通百粤，旧史记三韩。邑聚从衡接，民居质朴安。犹存古笾豆，兼用汉衣冠。兔颖家工缚，鲑腥俗嗜餐。骑兵腰玉具，府卫挟金丸。长袖鸢窥肉，都场狄挂竿。琴中蔡氏弄，指下祝家弹。主礼分庭抗，宾筵百拜难。渍橙粔酿旨，滋桂鹿脩乾。泼墨松如栉，隤墙石似丹。地偏先日出，天迫众山攒。鹏翼云帆远，羊肠石磴盘。由来异文轨，休诧变暄寒。事可资谈柄，谁能记笔端。聊将诗貌取，归作画图看。④

吴激还借流落金朝的宋宗室女，作词道出了对王朝兴亡的感受。

南朝千古伤心事，犹唱后庭花。旧时王谢，堂前燕子，飞向谁家。恍然一梦，仙肌胜雪，宫髻堆鸦。江州司马，青衫泪湿，同是天涯。⑤

---

① 《金史》卷 126《文艺传下》。
② 《金史》卷 125《吴激传》。
③ 《金史》卷 4《熙宗纪》，卷 60《交聘表上》。
④ 吴激：《鸡林书事》，《中州集》卷 1。
⑤ 吴激：《人月圆》，元好问编《中州乐府》，四库全书本。

在时局巨变的情形下，个人命运曲折，令人愁叹，正如吴激在诗词中所言。

海角飘零，叹汉苑秦宫，坠露飞萤。梦回天上，金屋银屏，歌吹竞举青冥。问当时遗谱，有绝艺，鼓瑟湘灵。促哀弹，似林莺呖呖，山溜泠泠。梨园太平乐府，醉几度春风。鬓变星星，舞破中原，尘飞沧海，风雪万里龙庭。写胡笳幽怨，人憔悴，不似丹青。酒微醒，对一窗凉月，灯火青荧。①

书剑忆游梁，当时事，底处不堪伤。兰楫嫩漪，向吴南浦，杏花微雨，窥宋东墙。凤城外，燕随青步障，丝惹紫游缰。曲水古今，禁烟前后，暮云楼阁，春草池塘。回首断回肠，年芳但如雾。镜发成霜，独有蚁尊陶写，蝶梦悠飏。听出塞琵琶，风沙浙沥，寄书鸿雁，烟月微茫。不似海门潮信，能到浔阳。②

杏山松桧紫坡陁，湖面无风亦自波。绿鬓朱颜嗟老矣，落花啼鸟奈春何。诗人未必皆憔悴，世事从来有折磨。列坐流觞能几日，知谁对酒爱新鹅。③

吴激的诗词也表达了强烈的思乡情感，期望最终能够返回家乡。

夜寒茅店不成眠，残月照吟鞭。黄花细雨时候，催上渡头船。鸥似雪，水如天，忆当年。到家应是，童稚牵衣，笑我华颠。④

瘦梅如玉人，一笑江南春。照水影如许，怕寒妆未匀。花中有仙骨，物外见天真。驿使无消息，忆君清泪频。

天南家万里，江上橘千头。梦绕阊门回，霜飞震泽秋。秋深宜映屋，香远解随舟。怀袖何时献，庭闱底处愁。

吴淞潮水平，月上小舟横。旋斫四腮鲙，未输千里羹。捣虀香不厌，照箸雪无声。几见秋风起，空悲白发生。

平生把螯手，遮日负垂竿。浩渺渚田熟，青荧渔火寒。忆看霜

---

① 吴激：《春从天上来》，《中州乐府》。
② 吴激：《风流子》，《中州乐府》。
③ 吴激：《过南湖偶成》，《中州集》卷1。
④ 吴激：《诉衷情》，《中州乐府》。

菊艳，不放酒杯干。比老垂涎处，糟脐个个团。①

但是现实情况是有家难回，吴激只能转而乞求退隐后的隐士生活。

旅食空弹铗，归休合挂冠。烟尘榆塞远，风雨麦秋寒。巢燕长如客，鸣蛙不属官。柴门江涨到，落日下渔竿。②

岂有涓埃补盛明，强扶衰病厕豪英。夜窗灯火青相对，晓镜髭须白几茎。年去年来还似梦，江南江北若为情。石田茅舍君家近，借与林泉送此生。③

吴激是当时北方有名的诗词作家，尤其是他的乐府，不仅被宇文虚中所推崇，亦与蔡松年的词作尊称为"吴、蔡体"④。吴激的文学成就不容忽视，但亦要特别注意他的诗词作品所体现的带有强烈悲观主义色彩的愁世观念。

（二）马定国的兴亡观

马定国，生卒年不详，字子卿，号茅堂先生，茌平（今属山东）人，以诗词结交刘豫，齐国建立后任监察御史，后改为翰林学士，曾向刘豫献上诋毁南宋的《君臣名分论》，全文已佚。⑤

马定国对于北宋末年的权臣误国导致亡国颇有感触，在诗作中明言要引以为鉴。

苏黄不作文章伯，童蔡翻为社稷臣。三十年来无定论，到头奸党是何人。

山杏山桃取次开，红红白白上楼台。移将海底珊瑚树，乞与人家也不栽。⑥

狂风作帚扫春阴，投宿田庐话古今。尊俎只如平日事，干戈方

---

① 吴激：《岁暮江南四忆》，《中州集》卷1。
② 吴激：《述怀》，《中州集》卷1。
③ 吴激：《秋夜》，《中州集》卷1。
④ 《金史》卷125《蔡松年传》；刘祁《归潜志》卷8，第83—84页。
⑤ 《金史》卷125《马定国传》；《大金国志》28《马定国传》，第400—401页；卷31《齐国刘豫录》，第437页。
⑥ 马定国：《宣政末所作二首》，《中州集》卷1。

识古人心。凄凉一树梅花发，迤逦千门柳色深。天子蒙尘终不返，酒酣相对泪沾襟。①

马定国有出仕的经历，亦希望能以所学有所作为，在诗作中曾有此类豪情的显现。

吾读漆园书，秋水一篇足。安用十万言，磊落载其腹。北风熟柤梨，冷日照鸿鹄。人生固多事，端坐至秉烛。②

结发游荆楚，劳心惜寸阴。草长春迳窄，花落晓烟深。谷旱惟祈雨，年饥不问金。三齐虽淡薄，留此亦何心。③

棘林苦苣野花黄，一马骎骎渡漯阳。别墅酒旗依古柳，点溪花片落新香。伏波事业空归汉，都护田园不记唐。今日清明过寒食，又将书剑客他乡。④

男子当为四海游，又携书剑客东州。烟横北渚芰荷晚，木落南山鸿雁秋。富国桑麻连鲁甸，用兵形势接营丘。伤哉不见桓公业，千古绕城空水流。⑤

马定国自称有师友六人，一是香严可道上人，二是鲜于可（字东父，蜀嘉州人），三是高鹍化（字图南，平原人），四是王景徽（字彦美，宋朝名臣王溥后人），五是吴缜（字子长，东平人），六是张子羽（字叔翔，东阿人）。⑥ 在仕途险恶的状态下，马定国转向以作诗、文为乐，并在与这些文人的交往中获得了情感上的慰藉。

刘义一狂士，尚得韩愈知。君才百刘义，知者果其谁。三随计吏贡，蹑履游京师。文章善变化，不以一律持。碧海涵万类，青天行四时。去年高唐别，河柳摇风枝。今年清明饮，高花见辛夷。兹来又寄日，军檄忽四驰。尺书无处寄，相见果何期。白日斗龙蛇，

① 马定国：《宿田舍》，《中州集》卷1。
② 马定国：《读庄子》，《中州集》卷1。
③ 马定国：《客怀》，《中州集》卷1。
④ 马定国：《清平道中》，《中州集》卷1。
⑤ 马定国：《登历下亭有感》，《中州集》卷1。
⑥ 《中州集》卷2《张子羽小传》。

黄尘笳鼓悲。春风独无忧，吹花发江湄。一杯送归雁，万里寄相思。①

壶觞送客柳亭东，回首三齐落照中。老去厌陪新客醉，兴来多与古人同。戍楼藤角垂新绿，山店柽花落细红。他日诗名满江海，茅堂相见两衰翁。②

此生依著定何如，不傍耕畴即钓蓑。北阜平芜随鸟远，东湖新涨与天多。诗成重墨题飞叶，睡起轻芒踏软莎。犹有客愁销不尽，风轩茶灶待君过。③

竹里涓涓雨未晴，日高窗牖受虚明。数家燕雀青雏出，是处园林绿颗成。贫觉酒杯真有味，病思丘壑岂无情。东山旧隐许相过，他日秋原看耦耕。

幼时种木已巢莺，犹向花前作酒颠。郭外青山招晓出，圃中明月照春眠。世无苏黄六七子，天断文章三十年。今日逢君如旧识，醉持杯杓望青天。④

九州四海尽行路，万户千门非我家。金弹不徒惊燕雀，春雷终待起龙蛇。⑤

隐居的生活更值得向往，马定国在诗作中描述了隐士的田园生活，并表达了以陶渊明为榜样的志向。

溪头梅是去年花，闲日初长迳竹斜。向晚孤烟三十里，不知樵唱落谁家。

蚕蛹成蛾桑柘稀，海棠花发照窗扉。离骚读罢无人会，独立溪南看夕晖。

五月南风化蟪蛄，野塘晚笋未成蒲。柽花落尽红英细，沙渚鸳鸯半引雏。

柿叶经霜菊在溪，天寒落日见鸡栖。西家有客篘新酒，红叶萧

---

① 马定国：《怀高图南》，《中州集》卷1。
② 马定国：《送图南》，《中州集》卷1。
③ 马定国：《招康元质》，《中州集》卷1。
④ 马定国：《四月十日遇周永昌二首》，《中州集》卷1。
⑤ 马定国：《香严病中》，《中州集》卷1。

萧盖芋畦。

岁暮行人竟不来，空吟溪树觅寒梅。何时消尽关山雪，收拾春风入酒杯。①

井边薏苡吐秋珠，舍下瓜区杂芋区。世道未夷聊小隐，不须辛苦著潜夫。②

南山悠悠去天尺，雀寒未晚争投棘。野人篱落不胜荒，溪欲绝流堆乱石。小园蔬药知有无，未免杖藜烦两屐。雾蒙甘菊细茎紫，风动牵牛晚花碧。邻舍翁归竹几空，秋天日落松窗寂。小杯翻酒足自娱，闾巷浮沉真可惜。③

历历春阳被群木，白沙浅水明如鹄。结庐聊可障雨风，学道未能充耳目。故人家居紫翠旁，枳篱日落青山长。岁云晏矣不可见，望尽楚天飞鸟行。④

羡君高节似陶潜，五亩园林老不添。遁世人情虽淡薄，开门秋色自清严。案头黄卷香终日，砌下苍苔雨一檐。后夜中秋更应好，隔窗云木看飞蟾。⑤

从马定国的诗作看，他晚年应是辞官隐居，时间在废罢齐国前，因为在齐国被废时的官员新任命中，已无马定国的名字。由北宋和齐国的消亡看破文人在世事巨变状态下的无能为力，从而由"入仕"变为"遁世"，马定国的思想转变确实值得关注，因为有这样人生轨迹的人在当时并不罕见，马定国只是更具代表性而已。

（三）祝简的安民观

祝简，生卒年不详，字廉夫，单父（今属山东）人，宋朝进士，在齐国任太常丞等职，著有《呜呜集》，已佚。⑥

祝简在献给刘豫的《国马赋》中，重点强调的是混一天下后息兵安民的政治诉求。

---

① 马定国：《村居五首》，《中州集》卷1。
② 马定国：《秋日书事》，《中州集》卷1。
③ 马定国：《秋日书事》，《中州集》卷1。
④ 马定国：《长相思》，《中州集》卷1。
⑤ 马定国：《题崇子中庵》，《中州集》卷1。
⑥ 《中州集》卷2《祝简小传》。

蠢尔蛮荆，弗宾弗降，固将突骑长驱。不资一苇之航，撒烈飞渡，如历九轨而覆康庄，岂惟观兵长淮、饮马大江而止哉，盖将穷丹穴，越岭徼，车书混祝融之区，声教变卉服之峦，东南一尉罔不率。俾四海闻盛德而皆来臣，万物被润泽而大丰美。归马放牛，戢戈囊矢，天子垂衣裳，庶民安田里。①

祝简自诩不当"腐儒"，对名利持淡漠态度，醉心的是独坐在虚极斋中的静思。

著书不得自名家，卷里蝇头散眼花。未用一杯张翰酒，正须七碗玉川茶。

操笔文章学古风，平生差与腐儒同。相如虽有凌云赋，不及东方射守宫。②

名实于人不可诬，马牛我亦受人呼。世间物化多难晓，谁谓此君为此奴。③

寒鸡缩颈未鸣晨，已听春容入梦频。未必佛徒知警悟，只能唤起利名人。④

虚斋长铗短灯檠，明月当窗夜气清。却掩尘编时闭目，胡床独坐听秋声。⑤

祝简只是在齐国的朝政中略有表现，不是当时有名的政治人物，但亦应注意他所展现的息兵安民和排斥腐儒的观念。

（四）杨守道的爱民观

杨守道，生卒年不详，长山（今属山东）人，金熙宗在位时任儒林郎、汴京国子监博士，在给医书作序时强调了治国所必须具备的爱民要求。

---

① 杨尧弼：《伪齐录》卷上。
② 祝简：《和常祖命二首》，《中州集》卷2。
③ 祝简：《青奴》，《中州集》卷2。
④ 祝简：《相国寺钟》，《中州集》卷2。
⑤ 祝简：《虚极斋独坐》，《中州集》卷2。

仰惟国家受天成命，统一四海，主上以仁覆天下，轻税损役，约法省刑，蠲积负，柔远服，专务以德养民。故人臣奉承于下，亦莫不以体国爱民为心。惟政府内外宗公协同辅翼，以共固天保无疆之业，其心则又甚焉。于斯时也，盖民罹兵火，获见太平，边境宁而盗贼息矣，则人无死于锋镝之虑；刑罚轻而狴犴空矣，则人无死于桎梏之忧；年谷丰而蓄积富矣，则人无死于沟壑之患。其所可虞者，独民之有疾病夭伤而已，思亦有以救之，其不在于方书矣乎。

然则古之贤臣，爱其君以及其民者，盖非特生者遂之而已。人有疾病，坐视其危苦而无以救药之，亦其心有所不忍也。①

治病与治国的关系密切，都须遵循爱民的原则，这恰是杨用道所强调的重要观念。

（五）贾泳的得失观

贾泳，生卒年不详，字汉甫，洛阳（今属河南）人，金太宗天会年间两次造访安生僧寺，在诗作中表达了不同的感受。

天会己酉（1129），余尝与王化原、李端中同过是寺，属兵厄甫罹，堂宇颓散，绘素剥落，秋草野蔓罗生阶上。盘桓终日间，阒其无闻。时风尘未静，窃谓此地当日就丘墟。及今与端中复来，则寺有僧简师矣。向之所见颓者已完葺，剥者复严洁，钟阁巍焉，石塔峭焉，庭树郁焉，皆向之所未有者也。因一读旧题，已经五稔。自念五年之间，所向龃龉，十步九蹶，卒陷机阱，岂非祸患之来有积渐欤，抑得失行止非人所能为欤。呜呼，事去如梦，人生如寄，穷达相推，虽贤智有不能免焉者，顾余何足道哉。所不知者，他日过此寺之兴废，余之得丧悲欢，又何如也。续题一诗，贻失路者共为一叹云。癸丑（1133）七月八日题。

重来已是五年游，忧患相仍欲白头。翻羡亭亭两奇树，不知风雨过春秋。②

贾泳就一座寺庙的废兴，强调了兴亡之际的祸福得失，需要一定的

---

① 杨用道：《附广肘后方序》，《金文最》卷18。
② 贾泳：《题安生僧寺》，《中州集》卷8。

时间才能有更深刻的认识，这恰是贤智者所应具有的本能。

（六）白贲的崇孝观

白贲，生卒年不详，号决寿老，汴（今属河南）人，世代研读儒家经典，入金后著有《孝经传》，原书已佚，但在诗作中可见白贲对孝悌观念的坚持。

> 古人文莹理，后人但工文。文工理愈暗，纸札何纷纷。君看六艺学，天葩吐奇芬。诗书分体制，礼乐造乾坤。千岐更万辙，要以一理存。如何臻至理，当从践履论。跋涉经险阻，钻研阅寒温。孝弟作选锋，道德严中军。仰观及俯察，万象入见闻。不劳施斧凿，笔下生烟云。高以君唐虞，下以觉斯民。君如不我鄙，时来对炉薰。①

白贲在诗文中特别强调了"理"的重要性，可能受了北宋理学家的影响，抑或他的《孝经传》就是重要的理学著作，尚待进一步考证。

四　高士谈等人的避世观念

吴激等宋朝降臣只是在时局变化中有避世的倾向，高士谈等人则表现出了更鲜明的避世观念，可分述于下。

（一）高士谈的出世观

高士谈（？—1146 年），字子文，又字季默，入金后任翰林直学士，金熙宗时与宇文虚中一同被杀，著有《蒙城集》，已佚。②

高士谈在《题禹庙》的诗作中，有"可怜风雨胼胝苦，后世山河属外人"之句。③ 在他的其他诗作中，也充分展现了思念故国和故乡的情怀。

> 不眠披短褐，曳杖出门行。月近中秋白，风从半夜清。乱离惊昨梦，漂泊念平生。泪眼依南斗，难忘去国情。④
> 鼓角边城暮，关河古塞秋。渊明方止酒，王粲亦登楼。摇荡伤

---

① 白贲：《客有求观予孝经传者，感而赋诗》，《中州集》卷9。
② 《金史》卷79《高士谈传》；《大金国志》卷28《高士谈传》，第400页。
③ 《中州集》卷1《高士谈小传》。
④ 高士谈：《不眠》，《中州集》卷1。

残岁，栖迟忆故丘。乾坤尚倾仄，吾敢叹淹留。①

中原节物正，梨花配寒食。黄昏一雨过，满地嗟狼藉。塞垣春已深，花事犹寂寂。朝来三月半，初见一枝白。烂漫雪有香，珑松玉仍刻。芳心点深紫，嫩叶裁轻碧。懒慢不出门，双瓶贮春色。殷勤遮老眼，邂逅慰愁夕。一尊对花饮，况有风流客。酒阑思故乡，相顾空叹息。②

登临酒面洒清风，竟日凭栏兴未穷。残雪楼台山向背，夕阳城郭水西东。客情到处身如寄，别恨他时梦可通。自叹不如华表鹤，故乡常在白云中。③

高士谈被迫在金朝任职，心中的愁苦，只能通过诗作来体现，并发出命运弄人的感叹。

闲庭随分占年芳，袅袅青枝淡淡香。流落孤臣那忍看，十分深似御袍黄。④

密叶修茎雨后新，肯因憔悴损天真。清如南国纫兰客，瘦似西山采蕨人。⑤

平生心性乐疏慵，多病追欢兴亦空。睡起不知春已老，一帘红雨杏花风。⑥

来时官柳万丝黄，去日飞球满路旁。我比杨花更飘荡，杨花只是一春忙。⑦

灞桥波似箭，南浦草如裙。此夜灯前泪，他年日暮云。醉和醒一半，悲与笑相分。莫作阳关叠，愁多不忍闻。⑧

墟落依林莽，茅庐出短墙。儿童避车马，父老馈壶浆。半湿田

---

① 高士谈：《秋兴》，《中州集》卷1。
② 高士谈：《梨花》，《中州集》卷1。
③ 高士谈：《晚登辽海亭》，《中州集》卷1。
④ 高士谈：《棣棠》，《中州集》卷1。
⑤ 高士谈：《苦竹》，《中州集》卷1。
⑥ 高士谈：《睡起》，《中州集》卷1。
⑦ 高士谈：《杨花》，《中州集》卷1。
⑧ 高士谈：《将赴平阳诸公祖席分韵作》，《中州集》卷1。

新雨，犹青枣未霜。逢人问丰歉，一一叹声长。①

迟日回轻暖，东风扫积阴。客愁眉上见，春意柳边寻。健犊躬耕计，归鸿去国心。醉乡如可隐，会放酒杯深。②

柳色看犹未，梅花折已堪。流年空客恨，旧事与谁谈。落日窥愁绝，东风半醉酣。云深归晓雁，水暖浴春蚕。从事终无愧，空餐色有惭。家山方杳杳，官府谩罩罩。隐几心犹静，焚香鼻观参。语新怜鹊喜，声鄙恶鸱贪。旅迹何时定，归心不厌南。佳辰近烧烛，盛事忆传柑。学业虚千卷，生涯寄一庵。谁能吊双影，无月不成三。③

高士谈更期盼的是能够隐居山林，抛弃世俗的烦恼，在诗作中特别展示了他的这种"出世"观念。

羡他田父老于农，远是庄西与舍东。不似宦游情味恶，半生常在别离中。④

簟纹如水帐如烟，一榻清风直万钱。困卧北窗呼不起，老夫风味也堪怜。

清风终日自开帘，吏散空庭雀噪檐。午醉醒来无一事，地偏心远似陶潜。⑤

我本麋鹿姿，强服冠与簪。束缚二十年，梦寐游山林。揭来古晋国，官舍南城阴。凿壁取棘豁，开窗舒滞淫。山光射几席，野色供登临。怡颜盼庭柯，明目增遥岑。草木递荣落，云烟自浮沉。玩彼物色变，感此岁月侵。兀坐独无人，窥檐转幽禽。谁知城市中，闲若郊居深。巷陌颜子乐，地偏陶令心。一室亦何有，狼藉书与琴。晴晖朝徙倚，皎月夜相寻。欲赋畔牢愁，先为梁父吟。诗成辄自和，酒熟时孤斟。结茅会有期，种竹当及今。日来官更忙，尘埃满衣襟。暮归唯惫卧，筋力殊不任。常思返丘壑，岂愿纡朱金。遥

① 高士谈：《村行》，《中州集》卷1。
② 高士谈：《春日》，《中州集》卷1。
③ 高士谈：《次韵东坡定州立春日诗》，《中州集》卷1。
④ 高士谈：《偶题》，《中州集》卷1。
⑤ 高士谈：《晓起戏集东坡句二首》，《中州集》卷1。

知北山处，猿鹤余清音。①

　　十围便腹贮天真，谋道从来不计身。公业有田常乏食，陶潜无酒亦从人。异同更莫疑三语，饥饱终同寓一尘。待我南游载君去，扁舟归钓五湖春。②

　　月中招得饮中仙，草露吹风洒净便。地有溪山真可乐，人如冰雪自无眠。清新李白诗能胜，勃窣张凭理最玄。功业本非吾辈事，此身聊复斗尊前。③

　　旧日屠苏饮最先，而今追想尚依然。故人对酒且千里，春色惊人又一年。习俗天涯同爆竹，风光塞外只寒烟。残年无复功名望，志在苏君二顷田。④

　　家居潇洒似江村，花草侵阶水映门。元亮结庐山挂眼，孔融好客酒盈尊。肯教轩冕移心志，未厌林泉入梦魂。我亦平生倦游客，一廛无处问东屯。⑤

　　琅琊山色最清，雄心赏待衰翁。路转峰回如画，新亭半湿青红。风流宾从清闲，岁月且共从容。莫笑尊前老大，犹堪管领春风。⑥

　　淡泊功名的高士谈，最终仍不免陷入政治风波，被指"谋反"。他在监狱中的诗作，可视为一生苦难遭遇的总结。

　　世事邯郸枕，归心渭上舟。蚨来无朕兆，意外得俘囚。忠信天堪仗，清明泽自流。藜羹犹火食，永愧绝粮丘。

　　幽囚四十日，坐稳穴藜床。缧绁元非罪，艰难已备尝。全家音顿阻，孤枕梦难忘。会有相逢日，牵衣话更长。⑦

---

　　① 高士谈：《予所居之南下临短堑，因凿壁开窗，规为书室，坐获山林之趣，榜曰野斋，且作诗约诸友同赋》，《中州集》卷1。
　　② 高士谈：《集东坡诗赠程大本》，《中州集》卷1。
　　③ 高士谈：《次韵饮岩夫家醉中作》，《中州集》卷1。
　　④ 高士谈：《庚戌（1130）元日》，《中州集》卷1。
　　⑤ 高士谈：《志隐轩》，《中州集》卷1。
　　⑥ 高士谈：《朝中措》，《中州乐府》。
　　⑦ 高士谈：《丙寅（1146）刑部中二首》，《中州集》卷1。

高士谈尽管出任金朝的官职，但是他的自我定位是"看客"而不是朝政的积极参与者。这样的"定位"，恰恰来自其强烈的"出世"观念。与宇文虚中相比，高士谈所表现的悲情主义更为强烈，对这一点应给予重视。

（二）朱之才的讽世观

朱之才，生卒年不详，字师美，号庆霖居士，洛西三乡（今属河南）人，宋朝进士，曾任齐国谏官，因直言被黜为泗水令，随即退隐，著有《霖堂集》，已佚。①

汉武帝时，南越国因太后当国导致"吕嘉之乱"，南越国灭亡，朱之才在诗作中不仅有女子误国和丑女可妻的感叹，亦特别强调了有德才能安国的政治观点。

> 南越太后邯郸女，皓齿明眸照蛮土。珊瑚为帐象作床，锦伞高张击铜鼓。太液池内红芙蓉，自怜谪堕蛮烟中。灞陵故人杳无耗，深宫独看南飞鸿。随儿作帝心不愿，惟愿西朝柏梁殿。茂陵刘郎亦可人，遣郎海角来相见。金猊夜燎龙涎香，明珠火齐争煌煌。番禺秦甸隔万里，今夕得遂双鸳鸯。白首相君佩银印，干戈欲起萧墙衅。莫言女子无雄心，置酒宫中潜结阵。汉家使者懦且柔，纤手自欲操霜矛。孤鸾竟落老枭手，可怜空奋韩千秋。楼船戈鋋师四起，或出桂阳下漓水。越郎追斩吕嘉头，九郡同归汉天子。尉佗坟草几番青，霸业犹与炎洲横。玉玺初从真定得，黄屋却为邯郸倾。五羊江连湘浦竹，娇魂应伴湘娥哭。②
>
> 薄酒可以谋醉，不必霞滋玉味。粗布可以御冬，不必狐貉蒙茸。丑妇可以肥家，不必楚女吴娃。独夫长夜商祚讫，羲和涵淫紊天历。李白跌宕三百杯，阮籍沉酣六十日。眠瓮吏部寡廉耻，解貂常侍蠛法律。倘使饮薄酒，未见有此失。秦昭狐腋几丧首，郑臧鹬冠贻厥咎。龙裘金玦岂不哀，绣衣朱襦固无取。皆缘粗衣恶不御，贾祸招讥亦何有。夏姬灭两国，骊姬祸五世。捧心颦眉亡夫差，堕髻啼妆败梁冀。丑妇似可恶，终不至颠沛。劝君饮薄衣粗娶丑妇，此乐人间最长久。

---

① 《中州集》卷2《朱之才小传》。
② 朱之才：《南越行》，《中州集》卷2。

薄酒粗衣吾何悲，丑妇自丑吾不知。道眼混圆宜不二，嫩恶妍陋无殊归。瓦罍石臼斟吾酒，脱粟藜羹皆可口。醉境陶然无后忧，玉碗浮蛆彼何有。汉文天子犹弋绨，士服粗布乃所宜。要绳屦葛同一暖，雾縠冰纨徒尔为。无盐如漆后齐桓，孟光举白配伯鸾。古来倾城由哲妇，有德乃令家国安。我能遣妇缝粗，对妇饮薄，旁人大笑吾不恶。①

朱之才因直谏被贬，在诗作中特别借用寓言表达了坚持"以正去奸"的政治立场。

兽有善触邪，草有能指佞。兽草非有心，不移本天性。前王著臣冠，俾尔效端鲠。如何不称服，触指反忠正。吾欲取二物，拳植列台省。一令邪佞徒，奔逃亟深屏。

风雨晦时夜，鸡鸣有常声。霜雪枯万干，松柏有常青。内守初已定，外变终难更。若人束世利，浮沉无定情。俯仰效桔橰，低昂甚权衡。反出木鸟下，徒为万物灵。②

作为宋朝的进士，朱之才不能不感叹世事巨变下的碌碌无为，只能用命运弄人来自我安慰。

披衣开户几宵兴，永夜无眠魂九升。坐觉飞霜明瓦屋，天如寒鉴月如冰。

天如寒鉴月如冰，僵卧家僮唤不应。却忆少年游太学，萧然独对短檠灯。

萧然独对短檠灯，引睡翻书睡几曾。自笑年来忧患熟，踘跌真作坐禅僧。

踘跌真作坐禅僧，不学窗间故纸蝇。湛若琉璃含宝月，此中无减亦无增。③

忽忽天星二十九，当年曾醉琼林酒（自注：癸未岁登科第，适

---

①　朱之才：《后薄薄酒二首》，《中州集》卷2。

②　朱之才：《寓言二首》，《中州集》卷2。

③　朱之才：《十月十五日夜作连珠诗四首》，《中州集》卷2。

二十九年）。春风射策紫垣深，犹记灵和殿前柳。与君虽异千佛名，出入南宫同户牖。春蚕食叶七千人，看君运笔如挥帚。妙龄忠气轶衡嵩，余子纷纷真培塿。那知晚节岱阳城，白发苍颜两闲叟。君材有如万斛舟，顾我碌碌才箐斗。时穷壮士或饭牛，遇合封侯起屠狗。东皋有田供王赋，天寒且辍扶犁手。寂寥圭窦对书册，火冷灯青夜方久。先生乘兴肯相过，亦有青钱沽玉友。①

皋苏粲园英，泽芝纷水叶。赤弁舞纤肌，黄袍缓老颊。鸣飞各有适，吾独嗟衰叹。齿发久已疏，又复失调燮。粱肉谢鼎俎，参苓富巾箧。葵扇风未来，桃笙汗初浃。呻吟和哀蝉，梦寐追化蝶。抚枕念平生，世故饱更涉。弱龄负奇志，胸蜕盘炜晔。夜徯傅岩访，朝待渭滨猎。荀爽岁九迁，康侯日三接。功业著钟鼎，声名垂史牒。那知事大谬，举趾得踬踣。多难集暮年，百愿亡一惬。寒灰消寸心，清泪腐双睫。坐令孤鹏搴，化作瘴鸢跕。忧来复自慰，人生几蕆英。呼吸过百岁，俯仰失千劫。乘流须纵櫂，遇坎即停楫。些语不成骚，商歌鼓长铗。②

朱之才对自己的要求，就是秉持直方的本性，做一个不为世态炎凉所惑的"养心者"。

牛不可以服箱，女不可以成章。其名则然实岂尔，政如箕斗难挹扬。河汉特水象，安有波浪为津航。惟鹊乃巢居，讵能上天构桥梁。星经有躔次，东西永相望。今夕复何夕，乃谓合并如鸾皇。一人唱诞惑万世，浪令儿女争猖狂。瓠牛载盘何等秩，金梭掷地殊荒唐。吾命有贵贱，吾性本直方。探官与乞巧，是岂吾所臧。何如举酒邀明月，更遣清风屏炎热。星光落盏黄金空，露华糁袂真珠滑。我方幕天席地醉兀兀，痴牛騃女知何物。③

明月落湖水，天渊体具一。浩荡碧琉璃，奁此寒玉璧。微风触湖波，合散作六七。浮光逐水纹，金蛇势盘结。人心湛寂初，与月

---

① 朱之才：《复用九日诗韵呈黄寿鹏》，《中州集》卷2。
② 朱之才：《卧病有感二十韵》，《中州集》卷2。
③ 朱之才：《七夕长短言》，《中州集》卷2。

同清质。外累一泀之，万态纷殊迹。因知养心者，无为风浪失。①

朱之才借"讽世"而"避世"，显示的是一种悲情主义的政治观念，对这一点应特别注意，因为由宋入齐再入金的文人，确实难以摆脱人生坎坷的困扰，不得不以悲情的视角来看待世事的变化。

（三）刘著的乱世观

刘著，生卒年不详，字鹏南，号玉照老人，舒州皖城（今属安徽）人，宋朝进士，入金后在州县任职多年，六十岁后才出任翰林院修撰。刘著与吴激（彦高）为诗友，多有唱和的诗作。②

在刘著的眼中，金朝兴起和宋朝南迁带来的是乱世，自己的命运亦随乱世而沉浮。

太平时世屡丰年，胜事空闻父老传。郭外桑麻知几顷，船头鱼蟹不论钱。

六朝兴废渡河年，旧国归来更黯然。八月边城山未雪，芦花藉藉已漫天。③

平生漫浪老清晖，却扫丘园属少微。世乱伤心青眼旧，天涯流泪白云飞。羁愁只忆中山酒，贫病长悬子夏衣。泽畔行吟谁念我，只应形影自相依。④

否泰由来在岁星，谁听叩角作商声。一朝汉魏成今古，百口燕秦隔死生。雉鲽仅能逃病妇，雁书犹记作团兄。雪云埋尽辽西路，有酒如淮奈此情。⑤

九土将分裂，中原政扰攘。孰为真汉相，却忆假齐王。晋室迁神鼎，梁园作战场。可怜羁客梦，夜夜在家乡。⑥

羽檄中原满，萍流四海间。少时过桂岭，壮岁出榆关。奇祸心如折，羁愁鬓已斑。楚累千万亿，知有几人还。⑦

---

① 朱之才：《水月有兴》，《中州集》卷2。
② 《中州集》卷2《刘著小传》。
③ 刘著：《顺安辞呈赵使君二首》，《中州集》卷2。
④ 刘著：《次韵彦高暮春书事》，《中州集》卷2。
⑤ 刘著：《再和彦高》，《中州集》卷2。
⑥ 刘著：《枕上言怀》，《中州集》卷2。
⑦ 刘著：《出榆关》，《中州集》卷2。

刘著亦有强烈的思乡之情，期望能够在有生之年返回故乡。

千里寒云卷朔风，当轩月午雁书空。烦君为报江南客，憔悴辽东更向东。①

天边北斗又回春，愁绝龙沙任酒醺。万里巫山归梦断，不知何处觅行云。

蕙帐金炉冷篆烟，故山春草几芊芊。只今唯有潇湘月，万里相随照不眠。②

十年羁旅鬓成丝，千里淮山信息稀。送尽长亭短亭客，且看庄舄几时归。③

福威看九落，笔削在麟经。中道亡三鉴，危时忆九龄。网罗无处避，鼙鼓不堪听。身远辽阳渡，心怀岘首亭。脱巾头半白，倾盖眼谁青。断雁西风急，潸然涕泗零。④

乱离南国忽经年，一线愁添未死前。心折灵台候云物，眼看东海变桑田。燕巢幕上终非计，雉畜樊中政可怜。安得绝云行九万，却骑鲸背上青天。⑤

雪照山城玉指寒，一声羌管怨楼间。江南几度梅花发，人在天涯鬓已班。星点点，月团团，倒流河汉入杯盘。翰林风月三千首，寄与吴姬忍泪看。⑥

刘著回乡不成，只能选择隐居的生活，并且是作为"逸民"的隐居。

浮世浑如出岫云，南朝词客北朝臣。传邮扰扰无虚日，吏俗区区老却人。入眼青山看不厌，傍船白鹭自相亲。举杯更欲邀明月，

①　刘著：《闻雁》，《中州集》卷2。
②　刘著：《闺情二绝》，《中州集》卷2。
③　刘著：《送客亭》，《中州集》卷2。
④　刘著：《次韵彦高即事》，《中州集》卷2。
⑤　刘著：《至日》，《中州集》卷2。
⑥　刘著：《鹧鸪天》，《中州乐府》。

暂向尧封作逸民。①

　　潦倒淮山客，金台五见秋。退飞嗟宋鹢，畏暑甚吴牛。问疾怜摩诘，分曹类子猷。自惭无补报，只合隐林丘。②

生逢乱世，个人的命运确实难以把握，所以只能以避世的态度来应对，这恰是刘著的基本看法。

（四）姚孝锡的故国观

姚孝锡，生卒年不详，字仲纯，号醉轩，丰县（今属江苏）人，宋朝进士，入金后曾任五台主簿，不久即隐居五台，著有《鸡肋集》，已佚。③

据后人所记，姚孝锡不仅有临危不乱的气质，亦有主动恤民的举动。

　　雁门失守，主将以城降，当时官属昼夕股栗，谋所以生，公（姚孝锡）投床大鼾，绝不以经意。人或问之，公曰："死生天也，夫何惧之。"

　　先是岁饥，物价翔踊，长须辈收贷粟以规其利。公怒而责之曰："汝辈无状，苟家有饿莩，虽有粟，吾得而食诸？"亟命散去，由是益称长者。④

宋朝的使者滕茂实因拒不降金而被杀，曾留下一首《临终诗》，自序和诗文转引于下。

　　某奉使亡状，不复反父母之邦，犹当请从主行，以全臣节。或怒而与之死，幸以所仗节幡裹其尸，及有篆字九为刊之石，埋于台山之下，不必封树。盖昔年大病，梦游清凉境界，觉而失病所在，恐于此有缘。如死穷徼，则乞骸骨归，悉如前祷。预作哀词，几于不达，方之渊明则不可，亦庶几少游之遗风也。

　　斋盐老书生，谬列王都官。索米了无补，从事敢辞难。殊邻复盟好，仗节来榆关。城守久不下，川途望漫漫。俭辈果不惜，一往

①　刘著：《月夜泛舟》，《中州集》卷2。
②　刘著：《病中言怀呈韩给事》，《中州集》卷2。
③　《中州集》卷10《姚孝锡小传》；周密：《齐东野语》卷11《姚孝锡》，四库全书本。
④　王寂：《姚君哀词》，《拙轩集》卷6，四库全书本。

何当还。牧羊困苏武，假道拘张骞。流离念窘束，坐阅四序迁。同来悉言归，我独留塞垣。形影自相吊，国破家亦残。呼天竟不闻，痛甚伤肺肝。相逢老兄弟，悼叹安得欢。波澜卷大厦，一木难求安。就不违我心，渠不汗我颜。昔燕破齐王，群臣望风奔。王蠋犹守节，燕人有甘言。经首自绝胆，感慨今昔闻。未尝食齐禄，徒以世为民。况我禄数世，一死何足论。远或死江海，近或死朝昏。敛我不须衣，裹尸以黄幡。题作宋臣墓，篆字当深刊。我室尚少艾，儿女皆童顽。四海无置锥，飘流倍悲酸。谁当给衣食，使不厄饥寒。岁时一酹我，犹足慰我魂。我魂亦悠悠，异乡寄沉冤。他时风雨夜，草木号空山。①

姚孝锡特别在诗作中以宋朝"遗老"的身份凭吊滕茂实，并高度赞扬他的英雄气概。

本期苏郑共扬镳，不意芝兰失后凋。遗老只今犹涕泪，后生无复识风标。西陉雁度霜前塞，潇水樵争日暮桥。追想生平英伟魄，凌云一笑岂能招。②

姚孝锡亦在诗作中表达了思恋故国和思念家乡的强烈情感。

少易成欢老易伤，壮游垂白未还乡。烟尘无复音书到，魂梦犹疲道路长。爆竹又惊新荐岁，屠苏空忆旧传觞。年年此日遥相忆，鸿雁何时续断行。③

落日孤云带远冈，戍楼烟瘴旧边场。疲民卒岁方怀土，远客凭高自忆乡。汉使一朝延四皓，秦诗千古吊三良。行藏此意无人解，聊借青山送酒觞。④

弹铗凭谁听客歌，震雷那复化鱼梭。梳头白雪惊新有，障眼玄花比旧多。乡问阻兵犹断绝，羁怀凭酒暂消磨。不须更问今朝客，

---

① 滕茂实：《临终诗》，《中州集》卷10；周密：《齐东野语》卷11《滕茂实》。
② 姚孝锡：《题滕奉使祠》，《中州集》卷10。
③ 姚孝锡：《岁晚怀二弟》，《中州集》卷10。
④ 姚孝锡：《次李平子登台有感韵》，《中州集》卷10。

门外元无雀可罗。①

轻黄未染柳梢匀，连日溪风卷塞尘。乍暖乍寒花信晚，相呼相
应鸟声频。少勤漫挟经纶策，老懒空余病患身。追忆故园桃李树，
年年红紫为谁新。②

生涯甘分寄耕桑，山色围门水绕墙。因病久惩耽酒癖，爱闲犹
有和诗忙。檐冰滴砌春犹冷，野马浮川日渐长。旧事老年多记忆，
故园归梦正悠飏。③

老畏年光速，愁添旅梦多。西风著梧竹，归思入烟波。夜永凭
诗遣，颜衰得酒和。故溪千树柳，谁复晒渔蓑。④

有家难回，姚孝锡只能寄情于山水，自我陶醉在隐居生活之中。

睡起日侵牖，开轩遥见山。晓风吹腊尽，芳草惹春还。烟暖莺
迁谷，云低雁渡关。衰年人事减，遇酒得开颜。⑤

无客访衰残，柴门尽日关。耽书真是癖，惜酒近成悭。苔径行
搜句，茅檐卧看山。却嫌明镜里，偏照鬓毛斑。⑥

安车随意饱甘肥，晚食徐行理亦齐。山市日高人未集，柴门客
至鸟先啼。溪桥散望携筇度，野寺牵吟信笔题。容膝易安聊自适，
瓮天闲看舞醯鸡。⑦

隐居之人亦有自己的政治态度，姚孝锡强调的是无论世事如何变
化，都要坚守"正声"和"超脱"的立场。

古人无复见，但有东轩琴。一鼓高山操，因窥古人心。正声久
沉埋，俚耳喧哇淫。正可自怡悦，不须求赏音。⑧

---

① 姚孝锡：《感白发》，《中州集》卷10。
② 姚孝锡：《溪桥早春》，《中州集》卷10。
③ 姚孝锡：《睡起》，《中州集》卷10。
④ 姚孝锡：《次韵秋兴》，《中州集》卷10。
⑤ 姚孝锡：《睡起》，《中州集》卷10。
⑥ 姚孝锡：《闲居》，《中州集》卷10。
⑦ 姚孝锡：《柳溪别墅》，《中州集》卷10。
⑧ 姚孝锡：《东轩琴示儿沂》，《中州集》卷10。

客怀重倚仲宣楼，白草黄云塞上秋。山色不随尘世改，水声还抱故城流。隙中畏景那堪玩，镜里衰颜只自羞。多愧诗人苦相忆，远传佳句吊清愁。①

老愧凭阑目力昏，百年怀抱向谁论。晴空雁起云边塞，夕照人归郭外村。因记昔游惊迅晷，暂将离恨付清尊。谁人肯似边居士，远驾朱轮过雀门。②

姚孝锡强调自己的"遗老"身份，与他的故国观念合拍，在入金宋人中应属于"另类"的代表人物，值得注意。

（五）张子羽等人的隐居观

张子羽，生卒年不详，字叔翔，东阿（今属山东）人，马定国的六友之一，③ 在诗作中体现的是他醉心于参禅、读书的隐居生活。

入谷访精舍，钟声先远闻。阳光时翳竹，泉脉俄当门。山僧禁足久，瞑目诵微言。要知鹿台寺，但指山头云。策杖御栝西，幽兰秀荆榛。风烟浩难及，薄暮花纷纷。④

重岩烟霭合，宝阁春风暮。山深月影迟，坐久识归路。伊昔府中彦，征骖同夜驻。徂年能几时，变灭等轻雾。禅房伴茗饮，岂待酒中趣。卧来清不寐，瘦鹤惊宿露。黎明觅旧题，松间宛如故。⑤

理发秋庭趁夕阳，静中谁可共传觞。云横故国三年别，水绕孤村六月凉。病眼只贪书味永，渴心频梦橘奴香。鱼山早有终焉计，少日应容解印章。⑥

吴繽，生卒年不详，字子长，东平（今属山东）人，亦是马定国的六友之一，在诗作中呈现的是对隐居生活的自我欣赏情感。

《寄定国》：情驰夏日流，目断晚云碧。新诗从何来，远自金马

---

① 姚孝锡：《次韵王无竞见寄》，《中州集》卷10。
② 姚孝锡：《登楼有怀》，《中州集》卷10。
③ 《中州集》卷2《张子羽小传》。
④ 张子羽：《游龙门访潜溪僧舍》，《中州集》卷2。
⑤ 张子羽：《宿宝应》，《中州集》卷2。
⑥ 张子羽：《寿张和滑益之》，《中州集》卷2。

客。雄深作者意，奔轶古人迹。名高四海望，发未一茎白。应嗤穷
途士，抽簪老泉石。采蕨在南山，驱牛向东陌。劳生岂不苦，衣食
迫晨夕。膏粱无宿怀，茅茨得真适。卒岁将何求，一饱惟力穑。

《山居》：西首鱼山崦，北连黄石祠。崇冈在东南，我家山北
陲。地僻少人事，终朝掩柴扉。尊酒不常得，书卷聊自怡。春风数
日来，处处生蕨薇。寸心复何累，一饱良可期。当年终南人，捷径
以贻讥。知我无心者，岂顾悠悠辞。

《拟渊明贫居》：凄其岁云暮，北风无时休。晨兴倦薪水，夜
寐乏衾裯。缺月正徘徊，宿鸟频啁啾。欲无憔悴叹，奈此霜霰秋。
松楸脱兵火，环堵且淹留。闭门念袁安，守贱吊黔娄。坐读贫士
诗，吾乃渊明俦。

《访国城石氏》：昔我访君处，树凉炎暑收。今君访我来，城
空残雪留。经时少乘兴，两至皆空投。茅茨隔溪上，车马度城头。
不闻机杼声，但听溪水流。向来方圆翁，曾伴此中游。近闻大梁
至，京尘满衣裘。相思懒归步，落日风飕飕。

《溪上招王仲先》：幽居复何为，冬来性成懒。柴门俯清溪，
寸步出亦罕。今晨偶携杖，爱此晴日暖。寓目随所之，行到南溪
畔。背阴雪犹积，向暖冰全泮。搘颐卧石上，仰面苍崖断。泉声何
从来，乍喜两耳换。平分意甚迟，斗落势方悍。坐来百虑忘，还惜
日景短。尘寰多忧虞，中林足闲散。故人恋明时，归休苦迟缓。幅
巾来何时，临流话幽款。①

张斛，生卒年不详，字德容，渔阳（今属天津）人，入仕于宋朝，
入金后任秘书省著作郎。② 在诗作中，张斛表现出的是看破功名、醉心
隐居的心态。

云林无俗姿，相对可终老。如何尘中人，不见青山好。③
穷冬十日阴，积雪千山路。晴云开半岭，落日犹在树。悠悠客
心速，惨惨天色暮。寒鸟各有依，解鞍尚无处。游鱼误衔钩，玄豹

① 《中州集》卷 2《张子羽小传》。
② 《中州集》卷 1《张斛小传》。
③ 张斛：《还家》，《中州集》卷 1。

终隐雾。行行谢冠冕,复我林壑趣。①

浮云久与故山违,茅栋如存尚可依。行路相逢初似梦,旧游重到复疑非。沧江万里悲南渡,白发几人能北归。二十年前河上月,尊前还共惜清辉。②

风雨无时浪蹴天,南浮舟楫信多艰。半生梦破寒江月,万里春回故国山。归客自伤青鬓改,高僧长共白云闲。诛茅借我溪西地,未厌相从水石间。③

李之翰,生卒年不详,字周卿,济南(今属山东)人,宋朝进士,入金后任职宁州,金熙宗时因田毂案被免职发配,后复职,著有《漆园集》,已佚。④

对于被贬职的经历,李之翰耿耿于怀,在诗作中表现出的是抛弃仕途、隐居为乐的诉求。

造物固难量,谁能计寒饿。失马乃为福,梦牛翻作祸。长溪霜练静,修岭苍龙卧。魂梦吾已安,不劳歌楚些。⑤

天涯流落偶生还,古刹相逢语夜阑。叹我归途千里远,喜君禅榻一身安。松声不断风吟细,月影无边露气寒。分手山堂更寥索,冷云衰草伴征鞍。⑥

休怪年来白发新,天涯三载困埃尘。偶离沙碛穷阴地,收得桑榆老病身。对雪莫吟秦岭句,拨醅且醉汉江春。此生自断无余事,何必区区问大钧。⑦

崎岖到此兴何堪,况复风谣意未谙。旅舍萧条空自遣,胸怀磊落向谁谈。留连暮雨侵疏牖,宛转飞云扫翠岚。因忆林泉归去好,一灯幽梦绕春潭。⑧

---

① 张斛:《平安关道中二首》,《中州集》卷1。
② 张斛:《南京遇马丈朝美》,《中州集》卷1。
③ 张斛:《访香林老》,《中州集》卷1。
④ 《中州集》卷8《李之翰小传》。
⑤ 李之翰:《书呈仲孚》,《中州集》卷8。
⑥ 李之翰:《中京遇因长老》,《中州集》卷8。
⑦ 李之翰:《岁暮》,《中州集》卷8。
⑧ 李之翰:《题密云州学壁》,《中州集》卷8。

　　之所以列出入金宋人的世变观念和避世观念等，就是要强调金朝前期的政治思想发展，既有积极的政治思潮，也有较为消极的政治思潮。积极的政治思潮尽管是主流，但不能忽视消极政治思潮的存在，只有从多种政治面向审视当时的各种观念，才能全面了解当时的政治思想状况。

第四编

金朝中期政治思想

第十章　金朝中期的统治观念

完颜亮和金世宗在位（1149—1189 年）时的金朝中期，统治观念有重大变化，需要做详细说明。

第一节　完颜亮的苛政观念

完颜亮（1121—1161 年），字元功，本名完颜迪古廼，完颜宗干之子，弑金熙宗完颜亶自立为帝，用天德、贞元、正隆年号，攻宋时死于兵变，在位十三年，后被降封为海陵郡王。完颜亮尽管表述过对文治的理解，但在施政层面更突出表现的是苛政观念。

一　以文饰政

完颜亮仰慕文治，即皇帝位之后不仅强调"爰受命之初，兢兢若渊冰未知攸济，尚赖股肱三事、文武百僚同心辅翼，以底于治，宜布惟新之令，以宏在宥之恩"[①]；还正式发出了"励官守、务农时、慎刑罚、扬侧陋、恤穷民、节财用、审才实"的诏书。[②] 但是他所倡导的只是表象化的文治，所起的不过是"以文饰政"作用。

（一）重要政治观点的表述

完颜亮幼年受过儒学教育，"好读书，学弈象戏、点茶，延接儒生，谈论有成人器"，成年后则外柔内刚，"风度端严，神情闲远，外若宽和，而城府深密，人莫测其际"[③]。从完颜亮的诗词和与他人的对

---

① 《三朝北盟会编》卷216，第1558页。
② 《金史》卷5《海陵纪》。
③ 《大金国志》卷13《海陵炀王上》，第185页。

话中，可以看到他所注重的八种政治观点。

一是重儒观。完颜亮的儒学教师是临潢人张用直，"少以学行称，辽王宗干闻之，延置门下，海陵（完颜亮）与其兄充皆从之学"。完颜亮即位后，又命张用直向太子传授儒学，并明确表示："朕虽不能博通经史，亦粗有所闻，皆卿平昔辅导之力。太子方就学，宜善导之。朕父子并受卿学，亦儒者之荣也。"① 重儒亦表现为延续科举取士和建立国子监等，详见下述。

二是帝王观。完颜亮志向远大，早有当皇帝的雄心，如有人所记："金海陵庶人（完颜亮）读书有文才，为藩王时，尝书人扇云：'大柄若在手，清风满天下。'人知其有大志。"② 宋人晁公迈在《金人败盟记》中记录的完颜亮诗作，也充分显示了完颜亮谋取帝位的志向。

> 戎狄天性妄诞，故逆亮（完颜亮）不羞大言。当为岐王时，作《竹诗》曰："孤驿潇潇竹一丛，不同凡卉媚春风。我心正与君相似，只待云梢拂碧空。"又不记题曰："蛟龙潜匿隐沧波，且与虾蟆作浑和。等待一朝头角就，撼摇霹雳震山河。"又《过汝州题诗》曰："门掩黄昏染碧苔，那回踪迹半尘埃。空亭日暮乌争噪，幽径草深人未来。数仞假山当户牖，一池春水绕楼台。繁花不识兴亡地，犹倚阑干次第开。"③

完颜亮即位后，更表现出了要以明君扬名后世的愿望，在宋人所著《炀王江上录》中收录的诗作就深含此意。

> 亮一日入皇后阁，见桌子上胆瓶内有木樨花数朵，问此花出于甚地。后曰："汴京，孔彦舟进来。"乃索笔砚为诗曰："绿叶枝头金缕装，秋深别有一般生香。一朝扬汝名天下，也学君王着柘黄。"④

---

① 《金史》卷105《张用直传》。
② 刘祁：《归潜志》卷1，第3页。
③ 《三朝北盟会编》卷231，第1662页。
④ 《三朝北盟会编》卷243，第1744—1745页；参见清钞杂史五种本《炀王江上录》，下引此书同此。

完颜亮还自称："吾志有三：国家大事皆自我出，一也。帅师伐国，执其君长问罪于前，二也。得天下绝色而妻之，三也。"① 这样的表述，显示完颜亮的帝王观具有独夫、嗜武、荒淫的特征，并不是儒家学说所倡导的君主观念。

三是正统观和统一观。完颜亮要做中国的正统皇帝，既不赞同儒家学说的"华夷之辨"，亦对历史上出身于少数民族的前秦皇帝苻坚统一全国的尝试大加赞赏，宋人张棣在《正隆事迹记》中对此有专门记载。

> 亮以渐染中国之风，颇有意于书史。一日读《晋书》，至《苻坚传》，废卷失声而叹曰："雄伟如此，秉史笔者不以正统帝纪归之，而以列传第之，悲夫。"又一日，与翰林承旨完颜宗秀、左参知政事蔡松年语曰："朕每读《鲁论》，至于夷狄，虽有君，不如诸夏之亡也，朕窃恶之。岂非渠以南北之区分，同类之比周，而贵彼贱我也。"②

完颜亮还要在自己手中实现灭宋而统一天下的政治目标，并在与臣僚的对话中强调了"正统"来自"混一"的观点。

> 海陵将伐宋，问诸大臣，皆不敢对。（耨碗温敦）思忠曰："不可。"海陵不悦，谓思忠曰："汝勿论可否，但云何时克之。"思忠曰："以十年为期。"海陵曰："何久也，期月耳。"思忠曰："太祖伐辽，犹且数年。今百姓愁怨，师出无名。江、淮间暑热湫湿，不堪久居，未能以岁月期也。"海陵怒，顾视左右，若欲取兵刃者。思忠无所畏恐，复曰："老臣历事四朝，位至公相，苟有补于国家，死亦何憾。"有顷，海陵曰："自古帝王混一天下，然后可为正统。尔耄夫固不知此，汝子乙迭读书，可往问之。"思忠曰："臣昔见太祖取天下，此时岂有文字耶？臣年垂七十，更事多矣，彼乳臭子，安足问哉。"③

---

① 《金史》卷 129《高怀贞传》。
② 《三朝北盟会编》卷 242，第 1740 页。
③ 《金史》卷 84《耨碗温敦思忠传》。

在完颜亮大举攻宋的谋划中，还多次涉及统一天下和正统问题，详见后述。

四是文治观。完颜亮曾明言："今天下无事，朕方以文治。"① 他还与臣僚讨论过治道是否"贵静"等问题。

> 海陵篡立，数月，（杨伯雄）迁右补阙，改修起居注。海陵锐于求治，讲论每至夜分。尝问曰："人君治天下，其道何贵？"对曰："贵静。"海陵默然。明日，复谓曰："我迁诸部猛安分屯边戍，前夕之对，岂指是为非静邪？"对曰："徙兵分屯，使南北相维，长策也。所谓静者，乃不扰之耳。"乙夜，复问鬼神事。伯雄进曰："汉文帝召见贾生，夜半前席，不问百姓而问鬼神，后世颇讥之。陛下不以臣愚陋，幸及天下大计，鬼神之事，未之学也。"海陵曰："但言之，以释永夜倦思。"伯雄不得已，乃曰："臣家有一卷书，记人死复生，或问冥官何以免罪，答曰，汝置一历，白日所为，暮夜书之，不可书者是不可为也。"海陵为之改容。夏日，海陵登瑞云楼纳凉，命伯雄赋诗，其卒章云："六月不知蒸郁到，清凉会与万方同。"海陵忻然，以示左右曰："伯雄出语不忘规戒，为人臣当如是矣。"②

完颜亮亦希望通过科举考试殿试的试题，来彰显他对儒家文治观念的理解和应用，可列举三个例证。

> （天德初）（任）熊祥被诏为会试主文，以"事不避难臣之职"为赋题。及御试，熊祥复以"赏罚之令信如四时"为赋题，海陵大喜，以为翰林侍读学士。③

> 考试贞元二年（1154）进士，（张景仁、翟永固）出《尊祖配天》赋题，海陵以为猜度己意，召永固问曰："赋题不称朕意，我祖在位时祭天拜乎？"对曰："拜。"海陵曰："岂有生则致拜，死而同体配食者乎？"对曰："古有之，载在典礼。"海陵曰："若桀、

---

① 《金史》卷125《萧永祺传》。
② 《金史》卷105《杨伯雄传》。
③ 《金史》卷105《任熊祥传》。

纣曾行，亦欲我行之乎？"于是永固、张景仁皆杖二十。而进士张
汝霖赋第八韵有曰："方今将行郊祀。"海陵诘之曰："汝安知我郊
祀乎？"亦杖之三十。①

（正隆二年，1157）七月癸未，海陵御宝昌门临轩观试，以
"不贵异物民乃足"为赋题，"忠臣犹孝子"为诗题，"忧国如饥
渴"为论题。上谓读卷官翟永固曰："朕出赋题，能言之或能行
之，未可知也。诗、论题，庶戒臣下。"②

五是用人观。完颜亮知道治国需用贤才的道理，所以既注重用贤臣
推荐贤才，也注重留用贤才，可列举相关例证。

正隆二年，（张浩）改封鲁国公，表乞致仕。海陵曰："人君
不明，谏不行，言不听，则宰相求去。宰相老病不能任事则求去。
卿于二者何居？"浩对曰："臣羸病不堪任事，宰相非养病之地也，
是以求去。"不许。③

（纳合椿年）拜参知政事，海陵谓椿年曰："如卿吏材甚难得，
复有如卿者乎？"椿年荐大理丞纥石烈娄室。海陵以娄室为右司员
外郎。未旬日，海陵谓椿年曰："吾试用娄室，果如卿言。惟贤知
贤，信矣。"④

纳合椿年为参知政事，荐（纥石烈）良弼才出己右，用是为
刑部尚书，赐今名（良弼原名娄室）。
海陵尝曰："左丞相张浩练达事务，而颇不实。刑部尚书娄室
言行端正，无所阿谄。"因谓椿年曰："卿可谓举能矣。常人多嫉
胜己者，卿举胜于己者，贤于人远矣。"⑤

---

① 《金史》卷89《翟永固传》。
② 《金史》卷125《郑子聃传》。
③ 《金史》卷83《张浩传》。
④ 《金史》卷83《纳合椿年传》。
⑤ 《金史》卷88《纥石烈良弼传》。

对于有人以贿赂谋官,尤其是贿赂礼部尚书李通等人的行为,完颜亮则痛加斥责。

> 李通,以便辟侧媚得幸于海陵。累官右司郎中,迁吏部尚书,请谒贿赂辐辏其门。正隆二年正月乙酉,诏左右司御史中丞以下奏事便殿,海陵曰:"知子莫若父,知臣莫若君,朕尝试之矣。朕询及人材,汝等若不举同类,必举其相善者。朕闻女直、契丹之仕进者,必赖刑部尚书乌带、签书枢密遥设为之先容,左司员外郎阿里骨列任其事。渤海、汉人仕进者,必赖吏部尚书李通、户部尚书许霖为之先容,左司郎中王蔚任其事。凡在仕版,朕识者寡,不识者众,莫非人臣,岂有远近亲疏之异哉。苟奉职无怨,尚书侍郎节度使便可得,万一获罪,必罚无赦。"①

完颜亮既注意用贤,亦猜忌贤才,尤其是忌讳儒者结为朋党,他曾问儒者耶律恕:"君亦有党乎?"耶律恕的回答是:"穷则独善其身,达则兼善天下。不以其道得之,非恕之志也,何朋党之有。"② 实际上,完颜亮从未消除对朋党的疑虑。

六是重农观。为表示君主重农,完颜亮在中都朝谒山陵时,"见田间获者,问其丰耗,以衣赐之"。他还下令禁止扈从纵猎扰民,并借《稼穑图》表达了他对农桑的重视。

> (完颜亮)谓侍臣曰:"昨太子生日,皇后献朕一物,大是珍异,卿试观之。"即出诸绛囊中,乃《田家稼穑图》。"后意太子生深宫之中,不知民间稼穑之艰难,故以为献,朕甚贤之。"③

七是抑佛观。完颜亮讨厌佞佛的举动,不仅明命"以大房山云峰寺为山陵,建行宫其麓"和"禁二月八日迎佛",还于贞元三年(1155)三月,"以左丞相张浩、平章政事张晖每见僧法宝必坐其下,失大臣体,各杖二十。僧法宝妄自尊大,杖二百",具体情节如下。

---

① 《金史》卷129《李通传》。
② 《金史》卷82《耶律恕传》。
③ 《金史》卷5《海陵纪》。

　　会磁州僧法宝欲去，张浩、张晖欲留之不可得，朝官又有欲留之者。海陵闻其事，诏三品以上官上殿，责之曰："闻卿等每到寺，僧法宝正坐，卿等皆坐其侧，朕甚不取。佛者本一小国王子，能轻舍富贵，自苦修行，由是成佛。今人崇敬，以希福利，皆妄也。况僧者，往往不第秀才，市井游食，生计不足，乃去为僧，较其贵贱，未可与簿尉抗礼。间阎老妇，迫于死期，多归信之。卿等位为宰辅，乃复效此，失大臣体。张司徒（张通古）老成旧人，三教该通，足为仪表，何不师之？"召法宝谓之曰："汝既为僧，去住在己，何乃使人知之？"法宝战惧，不知所为。海陵曰："汝为长老，当有定力，今乃畏死耶？"遂于朝堂杖之二百，张浩、张晖杖二十。①

　　需要注意的是，完颜亮只是痛责佞佛行为，而不是要限佛甚至灭佛，因为他亦参加过不少佛事活动。

　　八是勤政观。完颜亮之子矧思阿补（宿王）幼年夭折，谏议大夫杨伯雄对同僚说："宿王之死，盖养于宫外，供护虽谨，不若父母膝下，岂国家风俗素尚如此。"完颜亮怒斥杨伯雄妄议宫廷中事，并借机表述了对君主勤政的看法，所要强调的是他不要表面化的勤政，而是具有实效的政务处理。

　　尔臣子也，君父所为，岂得言风俗。宫禁中事，岂尔当言。朕或体中不佳，间不视朝，只是少得人几拜耳。而庶事皆奏决便殿，纵有死刑不即论决，盖使囚者得缓其死。至于除授宣敕虽复稽缓，有何利害。朕每当闲暇，颇阅教坊声乐，聊以自娱。《书》云："内作色荒，外作禽荒，酣酒嗜音，峻宇雕墙，有一于此，未或不亡。"此戒人君不恤国事溺于此者耳。如我虽使声乐喧动天地，宰相敢有滥与人官而吏敢有受赇者乎，外间敢有窃议者乎。尔谏官也，有可言之事，当公言之。言而不从，朕之非也。而乃私议，可乎？②

　　────────────

　　① 《金史》卷83《张通古传》。
　　② 《金史》卷82《完颜矧思阿补传》。

即便是自己的亲信徒单贞，完颜亮也有明确的勤政要求。

> 海陵召（徒单）贞勖之曰："汝自幼常在左右，颇著微劳，而近日乃怠忽，纵有罪，树私恩。凡人富贵而骄，皆死征也。汝若不制汝心，将无所不至，赐之死复何辞。朕念弟襄及公主与朕同胞，故少示惩戒。"贞但号泣。即日解点检职，仍为大兴尹，复戒之曰："今而后能以勤自励，朕当思之。不然，黜尔归田里矣。"①

完颜亮的上述观点，显示他既受儒家思想影响，在意文治的基本要求，也有自以为是的思想倾向，随意抛弃文治思想的精髓。由此对于完颜亮的政治观念不能简单地做"是"或"否"的评判，而是要结合他的作为做更深入的分析。

（二）与文治有关的作为

完颜亮即位之后，除了不时彰显自己的理政观点外，还推出了九项带有文治色彩的作为。

第一项是延续册礼。完颜亮于皇统九年十二月即位，将当年改为天德元年。天德二年二月，完颜亮接受臣僚所上的"法天应运睿武宣文大明圣孝皇帝"尊号，并于三月正式举行册礼。② 完颜亮还于当年正月册封了两位皇太后，一位是完颜宗干的正室徒单氏，被完颜亮奉为"嫡母"，另一位是完颜亮的生母大氏，前者所居宫殿为"永寿宫"，后者所居宫殿为"永宁宫"③。天德二年九月，完颜亮立惠妃徒单氏为皇后，亦按制举行册礼。④ 天德四年正月，完颜亮立徒单氏所生子完颜光英为皇太子，二月以立太子"诏中外"，并确定了东宫的官员等。⑤

第二项是更新官制。天德二年十二月，完颜亮下诏撤销行台尚书

---

① 《金史》卷132《徒单贞传》。
② 《金史》卷5《海陵纪》；《大金集礼》卷1《天德贞元册礼》。
③ 《金史》卷5《海陵纪》，卷63《海陵嫡母徒单氏传》《海陵母大氏传》；《大金集礼》卷5《天德二年尊奉永寿、永宁宫》。
④ 《金史》卷5《海陵纪》，卷63《海陵后徒单氏传》；《大金集礼》卷5《天德二年册徒单氏》。
⑤ 《金史》卷5《海陵纪》，卷82《完颜光英传》；《大金集礼》卷8《天德四年册命仪》。

省，政务均归朝中所设的尚书省（保持尚书、中书、门下三省的名号）管辖。都元帅府改为枢密院，设置枢密使、副使等职。天德三年十一月，完颜亮又下诏废掉了世袭的万户官。更重要的更新官制举动发生在正隆元年，当年二月，"改定内外诸司印记"。五月，"颁行正隆官制"。所谓的"正隆官制"，就是"罢中书、门下省，止置尚书省。自省而下官司之别，曰院、曰台、曰府、曰司、曰寺、曰监、曰局、曰署、曰所，各统其属以修其职。职有定位，员有常数，纪纲明，庶务举，是以终金之世守而不敢变焉"①。

正隆二年二月，完颜亮又对宗王的封爵作了限制，"改定亲王以下封爵等第，命置局追取存亡告身，存者二品以上，死者一品，参酌削降。公私文书，但有王爵字者，皆立限毁抹，虽坟墓碑志并发而毁之"②。

完颜亮更注重的是对官吏的管理，主要强调的是五方面要求。

一是鼓励直言。天德二年，完颜亮特别下了求直言诏书："诏中外臣庶皆令直言朝政阙失与军民利害，如有可采，自当听用。其或不当，弗加之罪。苟能有补公私，别议旌赏。"

二是告诫官员。天德二年十一月，完颜亮"以十二事戒约官吏"。天德三年正月，完颜亮出猎，宰相以下辞于近郊，他特别告诫："朕不惜高爵厚禄以任汝等，比闻事多留滞，岂汝等苟图自安不以民事为念耶？自今朕将察其勤惰，以为赏罚，其各勉之。"当年五月，"以戒敕宰相以下官，诏中外"。正隆三年十一月，完颜亮又下诏要求"有司勤政安民"。

三是注重监察。天德三年正月，完颜亮对御史大夫赵资福明言："汝等多徇私情，未闻有所弹劾，朕甚不取。自今百官有不法者，必当举劾，无惮权贵。"当年三月，他又下诏要求严监察之制："朝官称疾不治事者，尚书省令监察御史与太医同诊视，无实者坐之。"正隆三年十月，完颜亮又向尚书省下诏："凡事理不当者，许诣登闻检院投状，院类奏览讫，付御史台理问。"

四是严防泄密。贞元元年七月，完颜亮明确要求："制遣御笔法旧制，凡诏令皆中书命学士为之。其有承受御笔处分，无故申明冲改者，

---

① 《金史》卷5《海陵纪》，卷55《百官志一》。

② 《金史》卷5《海陵纪》。

以大不恭论。"贞元三年九月，完颜亮又对宰臣及左司官明确提出了防止官场泄密的要求："朝廷之事，尤在慎密。昨授张中孚、赵庆袭官，除书未到，先已知之，皆汝等泄之也。敢复尔者，杀无赦。"

五是官员禁令。完颜亮颁布了一些专门针对官员的禁令。如天德二年十二月，"命外官去所属百里外者不许参谒，百里内者往还不得过三日"。正隆五年十二月，又下令"禁朝官饮酒，犯者死"[1]。

第三项是更新兵制。在兵制方面，既有侍卫亲军的变化，也有猛安、谋克制的变化，还有新军的组建。

正隆二年九月，完颜亮下令"罢护驾军，置龙翔、虎步军"。这一举动，并不是真的取消护驾军，而是以侍卫亲军司统率护驾军。

> 贞元迁都，更以太祖、辽王宗干、秦王宗翰之军为合扎猛安，谓之侍卫亲军，故立侍卫亲军司以统之。旧常选诸军之材武者为护驾军，海陵又名上京龙翔军为神勇军。正隆二年将南伐，乃罢归，使就金调，复于侍卫亲军四猛安内，选三十以下千六百人，骑兵曰龙翔，步兵曰虎步，以备宿卫。

完颜亮即位之后不久就对女真各部的猛安、谋克军做调整，尤其是在迁都、攻宋过程中，各军的驻地和名号都有重大的变化。

> 至海陵庶人天德二年，省并中京、东京、临潢、咸平、泰州等路节镇及猛安、谋克，削上、中、下之名，但称为"诸猛安谋克"，循旧制间年一征发，以补老疾死亡之数。
>
> 贞元迁都，遂徙上京路太祖、辽王宗干、秦王宗翰之猛安，并为合札猛安，及右谏议乌里补猛安，太师晸、宗正宗敏之族，处之中都。斡论、和尚、胡刺三国公，太保昂，詹事乌里野，辅国勃鲁骨，定远许烈，故杲国公勃迭八猛安处之山东。阿鲁之族处之北京。按达族属处之河间。正隆二年，命兵部尚书萧恭等与旧军皆分隶诸总管府、节度使，授田牛使之耕食，以蕃卫京国。

正隆六年，南伐，立三道都统制府及左右领军大都督，将三十

---

[1] 《金史》卷5《海陵纪》；《大金国志》卷13《海陵炀王上》，第186页。

二军，以神策、神威、神捷、神锐、神毅、神翼、神勇、神果、神略、神锋、武胜、武定、武威、武安、武捷、武平、武成、武毅、武锐、武扬、武翼、武震、威定、威信、威胜、威捷、威烈、威毅、威震、威略、威果、威勇为名，军置都总管、副总管及巡察使、副各一员。①

完颜亮还亲自挑选精兵，组成号称"硬军"或"细军"的紫茸、黄茸、青茸军，既作为自己的护驾亲军，也可作为全军的绝对主力军。②张棣的《正隆事迹记》和晁公迈的《败盟记》对这支军队都有专门的记载。

　　委正番猛安所签定女真、契丹、奚家军内检其精锐者，十取一二，至都统复三取一，及燕山，亮自试其果能射者，得五千人，目曰"细军"，其甲各以五色绒线穿之。亮每自负曰："所签者数十万，但可张其势取江南者，此五千足矣。"③

　　逆亮有亲军女真三万，矛盾戈戟器械精纯，尽用紫茸丝绦穿联铁甲，号紫茸军。其次用黄茸，号黄茸军。其次用青茸，号青茸军。紫、青、黄三军，一名细军，又名护驾军，专一簇御宿卫，虽有大敌悉不遣行。④

完颜亮更新兵制，是为了加强对军队的控制，但是在用兵过急的状态下，出问题的恰恰是军队，详见后述。

第四项是设立国子监。完颜亮有尊孔兴学的举动，如天德二年二月，"初定袭封衍圣公俸格"。天德三年正月，"初置国子监"，⑤ 具体情况如下。

---

① 《金史》卷44《兵志》。
② 《大金国志》卷15《海陵炀王下》，第205页。
③ 《三朝北盟会编》卷242，第1742页。
④ 《三朝北盟会编》卷241，第1730页。
⑤ 《金史》卷5《海陵纪》。

凡养士之地曰国子监，始置于天德三年，后定制，词赋、经义生百人，小学生百人，以宗室及外戚皇后大功以上亲、诸功臣及三品以上官兄弟子孙，年十五以上者入学，不及十五者入小学。①

宋朝使者洪皓指出燕京曾设立国子监，但金熙宗在位时"国子监官不设"，显示国子监还不是金朝中央的官学机构，只是到了完颜亮时才有了这样的机构。②

第五项是更新科举制度。完颜亮即位之后，延续了以往的科举取士制度，不仅增加了殿试的环节，还明确了三年一考的时间要求。

亮杀亶自立，甚有尊经术、崇儒雅之意，始设殿试。又以乡试聚于州，限三人取一。府试分立五处，河北东西两路、中都于大兴府，临潢、会宁、东京等路于大定府，西京路、河南北路于大同府，大名路、山东东西两路于东平府，南京路于开封府，京兆、鄜延、庆原、熙秦等路于河中府，并限四人取一。省试以五百人为定格，殿试日黜落中第之人多寡不等，临期取旨。又将第一人特赠一官，授正仕郎，余并授从仕郎。次举又罢经义、专经、神童，止以赋词、法律取士，词赋为正科，法律为杂科。③

贞元元年，定贡举程试条理格法。正隆元年，命以《五经》《三史》正文内出题，始定为三年一辟。④

第六项是完善仪卫制度。完颜亮注重学习中原王朝的礼仪制度，在仪卫、旗帜等方面都有重要的变化，宋人张棣在《金虏图经》中有详细的记载。

至亮徙燕，知中国威仪之尊，护从悉具。若寻常行猎、观田，多无定制，或以数百骑，或数千骑，前后皆执旌旗，上绘一日，至

---

① 《金史》卷51《选举志一》。
② 张帆：《金代国子监钩沉》，《辽金史论集》第5辑，文津出版社1991年版。
③ 《三朝北盟会编》卷244，第1753页。
④ 《金史》卷51《选举志一》。

一大绣日旗曰"御坐马"，伞或黄或红。时或排驾而出，大率制度与中国等。导前者皆擎手伞子，其人各长六尺、八尺，衣奇锦团花袍，金镀银带，簇金蛾拳脚幞头，双引而前，皆散手。及半，方有执旗者，约千余队。旗之后曰"驾头"，驾头后曰"护卫将军"，皆衣紫窄袖衫，金带幞头，腰弓矢，并马而行，弓矢一绣袋覆之。得数百至曲盖，其形六角，细曲柄，饰以文彩，以护军执之，以为仪式。曲盖后曰"御坐马"，左、右二副点检领之。御马后曰"寝殿小底"，衣大红乘骑，与护卫将军一等，止无弓矢，而腰以红包袱，又约数百。及驾，或乘逍遥，或乘步辇，或乘马，临时取旨焉。其上张盖，表里皆黄，罗柄微曲。驾之后，护卫小底不计其数。又其后曰马军，栲栳随焉。

虏人以水德，凡用师行征伐，旗帜尚黑，虽五方皆具，必以黑为主。寻常车驾出入，止用一色日旗，与后同乘加月焉，三旗相间而陈，或数百队，或千余队。日旗即以红帛为日，刺于黄旗之上。月旗即以素帛为月，刺于红旗之上。又有大绣日月旗二，如祫享大礼、册封，一一循古制，旗无大小皆备焉。然五方、五星、五岳、青龙、白虎、朱雀、玄武、神凤外，又有五星连珠一，日月合璧一，象二，天吴二，海马二，鹰隼二，太白二。近御又张一大旗，其制极广绣绘神物，以猛士执之，又有数十人护之，各施大绳以备风势，名曰"盖天"。[1]

第七项是发行钱、钞。金朝建立后，未铸造本朝钱币，而是通用宋、辽的旧钱，并且大量收集铁钱，用于武器制造等。

自入于金，凡有不用铁钱者，尽拘之入官。官中每铁钱两贯五百作一秤，每秤以铜钱五百五十货于民间。北地贵铁，百姓多由火山军、武州、八馆之天德、云内货钱于北方，今河东铁钱殆尽。自废豫后，至于陕西铁钱亦流而过北矣。北方得之，多作军器，甚而有以坚甲利兵与之回易者。[2]

---

[1] 《三朝北盟会编》卷244，第1752—1753页。
[2] 《大金国志》卷13《海陵炀王上》，第186页。

完颜亮迁都中都后，采纳户部尚书蔡松年的建议，下令颁行纸钞，"与钱并用"。贞元二年五月，"始置交钞库，设使副员"。当年七月，"初设盐钞香茶文引印造库使副"。正隆二年，"历四十余岁，始议鼓铸"；当年十月，"初铸铜钱"，"初禁铜越外界，悬罪赏格。括民间铜鍮器，陕西、南京者输京兆，他路悉输中都"。正隆三年二月，"都城及京兆初置钱监"，置监和铸钱的情况如下。

> （正隆）三年二月，中都置钱监二，东曰宝源，西曰宝丰。京兆置监一，曰利用。三监铸钱，文曰"正隆通宝"，轻重如宋小平钱，而肉好字文峻整过之，与旧钱通用。①

宋人范成大亦对金朝境内的交钞和铸钱的使用情况做了具体说明。

> 交钞所者，金本无钱，惟炀王亮尝一铸正隆钱，绝不多，余悉用中国旧钱。
>
> 又不欲留钱于河南，故仿中国楮币，于汴京置局造官会，谓之"交钞"，拟见钱行使，而阴收铜钱，悉运而北。过河即用见钱，不用钞。钞文曰："南京交钞所准户部符，尚书省批降，检会昨奏南京置局，印造一贯至三贯例交钞，许人纳钱给钞。河南路官私作见钱流转，若赴库支取，即时给付。每贯输工墨钱十五文，七年纳换，别给钱。以七十为陌，伪造者处斩，捕告者赏钱三百千。"前后有户部管当令史、干当官、交钞库使副书押，四围画云鹤为饰焉。②

第八项是赈济灾民等。为表现皇帝的宽宥，完颜亮即位时就下令"放民租税一年"。此后，只有零星的恤民举动。如贞元二年，"京兆府、凤翔、同华大旱民饥，诏开仓赈恤。仍诏数州年谷不登，百姓横罹艰毒，听人出关就食。遣使者造籍，分遣去留，所在开仓赈恤"。正隆二年，"诏以河南州郡营造有劳，新邦百姓宜在优恤，遣使者观察风

---

① 《金史》卷48《食货志三》。
② 范成大：《揽辔录》，丛书集成本。

俗，振恤困乏，仍令各修水田，通渠灌溉"①。

第九项是均平刑罚。天德三年（1151），完颜亮发出了一份要求刑罚均平的诏书，可转引诏书全文于下。

> 朕临民而为父母，必思安于兆民。继世而为帝王，必思期于万世。是以定国家之计，岂使止于目前。承祖宗之谟，不敢忘于在远。昨因抚绥南服，分置行台，时边防未定，法令未具，本非永设，只是从权。既而人拘道路之遥，事虑岁时之滞，凡天下固无亲疏，彼此无间，各体君上之意，务尽均平。若能于公相之子孙，间阎之黎庶，一体视之，如朕之所喜无以加焉。朕虽居人上之尊，承万方之统，食不甘味，寝不安席，惟以太平为忧，不敢以位为乐也。自古帝王固有酗醉嗜欲、辍朝废政、穷奢极侈、耽乐是从，虽有忠义之士犯颜逆耳，一谏而有斥逐，再谏而加诛戮，则终杜诤臣之口，无复敢言者。朕非不知，亦非不能所以然者。重念太祖皇帝艰难以取天下，欲救民于水火之中，非欲自尊。务承先志，兢兢持守，虽跬步不敢忘。凡尔有官君子，待享爵禄于安平之时，其可不念太祖艰难创业之功，今朕求治之意，交修不逮，以熙庶绩。朕宣布诏令，以告百官，盖有五刑著为常典，小者加之责罚，大者至于诛戮，有罪犯者必罚无赦。尔或雇于邦宪，实有伤于朕心，故使通闻，庶令天下有守法奉公，无赃私之过。朕所闻知，必加进用。自今后凡有罪者，无或隐而相容。凡触望者，必尽狱以取平，庶共底于大宁，以同享于极治。咨尔有众，体予至怀，故兹诏示，想宜知悉。②

完颜亮还有笼络人心的"宽刑"做法，张棣在《金虏图经》中有较详细的说明。

> 亮弑熙自立，又去脊杖，以其近人心故也。斩刑者以上，古之制一也，处死者免决重杖，止令绞也。流者所犯之人无流罪止流犯人之家属也。徒者非谓春秋代徒，实拘执就役也。徒止五年，以上

---

① 《大金国志》卷13《海陵炀王上》，第188页；卷14《海陵炀王中》，第195页。
② 《三朝北盟会编》卷243，第1749页。

死罪也。徒五年则决杖二百，四年决杖一百八十，三年一百六十，二年一百四十，一年一百二十。杖无大杖，止以荆杖决臀实数也。拘役之处，逐州有之曰"都作院"，所徒之人或使之磨甲，或使之土工，使之杂作，无用不可。脚腕以铁为科镰镰之，罪轻者用一，罪重者用二，朝纵暮收，年限满则逐，便不妨依旧为百姓。刑法大率与旧制不相远，惟僧尼犯奸者死，强盗不论得财不得财并处斩，强奸者死，则古法矣。①

由于完颜亮有肆意改法的冲动，所以到正隆年间，又有了《续降制书》，与金熙宗时编撰的《皇统制》并行。后人对《续降制书》的评价颇低，特别指出："海陵虐法，率意更改，或同罪异罚，或轻重不伦，或共条重出，或虚文赘意，吏不知适从，夤缘舞法。"② 从完颜亮本身滥用刑、杀来看，在法制方法，他不过是以"均刑"来掩饰自己的"严刑苛法"，并以此来减轻自己的负罪感。

应该承认，在完善金朝的统治制度方面，完颜亮还是有重要的建树，只是这些建树在他的苛政之下显得黯然失色而已。

二　以杀立威

完颜亮弑君自立，自知缺乏继承帝位的正当性，难以服众，只能是以滥杀的手段威慑臣僚，以维系帝位的稳固。

（一）杀谋逆者

完颜亮是杀死金熙宗的主谋，参与谋划的有四种人，为掩盖真相，完颜亮即位后对四种人采用了不同的处理方法。

第一种是完颜亮的重要谋臣萧裕。萧裕曾向完颜亮表示："留守（完颜亮）先太师，太祖长子。德望如此，人心天意宜有所属，诚有志举大事，愿竭力以从。"萧裕作为谋逆的启动者之一，有功于完颜亮，在完颜亮即位后出任要职，贞元二年（1154）正月以企图拥立他人为帝的"谋反"罪被处死。而正如萧裕所言，他之所以会谋反，就是因为已经失去了完颜亮的信任。完颜亮不仅杀了萧裕，还连带处死了萧韩

---

① 《三朝北盟会编》卷244，第1755页。
② 《金史》卷45《刑法志》，卷89《移剌绖传》。

家奴、萧招折等人。①

第二种是主动投靠完颜亮的人，如尚书省令史高怀贞、市井无赖张仲轲等人，曾鼓励完颜亮自立为帝。完颜亮即位后，高怀贞、张仲轲都曾任修起居注的职务，张仲轲病死，高怀贞在世宗即位后被放逐。②

第三种是相互勾结的朝中大臣，尚书右丞相完颜秉德、尚书左丞唐括辩、大理卿完颜乌带（完颜言）都参与了弑君的密谋和行动，并推举完颜亮即皇帝位。作为报答，完颜亮不仅向他们颁赐誓卷，还继续委以要职，但是天德二年（1150）四月完颜秉德、唐括辩即被处死，完颜乌带则于当年七月被罢职，天德四年六月被完颜亮下令处死。③ 对于共同谋逆的大臣，完颜亮必须杀之以灭口，只是时间略有先后而已。

第四种是参与谋杀行动的人，包括宫廷侍卫大兴国、徒单阿里出虎、仆散师恭（忽土）以及完颜亮的亲信徒单贞、李老僧等人。这些人在完颜亮即位后都得到赏赐并委以要职，并且只有徒单阿里出虎于贞元二年五月被处死，仆散师恭于正隆六年八月被处死，其他三人都是到世宗即位后才被免职或处死。④

也就是说，为处理谋逆事件，完颜亮重点诛杀的是与其勾结的朝廷大臣，对自己的亲信则秉持保护态度，没有其他罪过就不予诛杀。

（二）杀皇室宗亲

完颜亮弑君继承帝位，更担心的是来自皇室宗亲的挑战，所以就有了大肆诛杀皇室宗亲的举动。

皇统九年（1149）十二月，完颜亮杀死金熙宗后，又杀死了时任尚书左丞相的完颜宗贤（本名赛里，昭祖石鲁后人）和曹国王完颜宗敏（本名阿鲁补，完颜阿骨打子）。⑤

天德二年（1150）四月，完颜亮在处死完颜秉德、唐括辩等逆臣时，还杀死了以太傅领三省事的完颜宗本（本名阿鲁，金太宗子）、判大宗正府事完颜宗美（本名胡里甲，金太宗子）、东京留守完颜宗懿（本名阿邻，金太宗子）、北京留守完颜卞（金太宗孙），以及金太宗子

① 《金史》卷5《海陵纪》，卷129《萧裕传》。

② 《金史》卷129《高怀贞传》《张仲轲传》。

③ 《金史》卷5《海陵纪》，卷132《完颜秉德传》《唐括辩传》《完颜言传》。

④ 《金史》卷5《海陵纪》，卷132《大兴国传》《徒单阿里出虎传》《仆散师恭传》《徒单贞传》《李老僧传》。

⑤ 《金史》卷5《海陵纪》，卷69《完颜宗敏传》，卷70《完颜宗贤传》。

孙七十余人、完颜宗翰子孙三十余人、宗室成员五十余人。①

诛杀皇室宗亲亦要罗织罪名，萧裕在这方面起了重要的作用。后来萧裕对此颇为内疚，完颜亮则强调杀人是为了国家。

> 海陵心忌太宗诸子，欲除之，与（萧）裕密谋。裕倾险巧诈，因构致太傅宗本、秉德等反状，海陵杀宗本，唐括辩遣使杀秉德、宗懿及太宗子孙七十余人、秦王宗翰子孙三十余人。宗本已死，裕乃求宗本门客萧玉，教以具款反状，令作主名上变。海陵既诏天下，天下冤之。
> 裕曰："……太宗子孙无罪皆死臣手，臣之死亦晚矣。"
> 海陵复谓裕曰："……太宗诸子岂独在汝，朕为国家计也。"②

天德二年十月，完颜亮下令杀太皇太妃萧氏（完颜阿骨打妃）及其子完颜偎喝，原因是完颜亮生母大氏对太妃颇为礼让，引起完颜亮的不满。同时，又以捏造的谋反罪杀平章政事完颜宗义（本名孛吉，完颜斜也之子）、左副元帅完颜杲（本名撒离喝）、前工部尚书完颜谋里野、御史大夫完颜宗安，"皆夷其族"，而完颜亮的杀人动机，就是"欲尽除宗室勋旧大臣"。魏王完颜斡带（完颜阿骨打弟）之孙完颜活里甲本来不在谋反者之列，由于"坦率善修饰"，被完颜亮所厌恶，亦被处死。③

天德四年十月，完颜亮下令处死太祖长公主兀鲁，并杖罢其丈夫平章政事徒单恭（本名斜也），封其侍婢忽挞为国夫人。徒单恭是完颜亮皇后的父亲，此事的缘起是徒单恭图谋以收继婚的形式获取财产，而所谓的公主"怨望"，完全是来自构陷。

> 斜也兄定哥尚太祖长女兀鲁，定哥死无子，以季弟之子查剌为后。斜也谋取其兄家财，强纳兀鲁为室而不相能，兀鲁尝怨詈斜也。斜也妾忽挞与兀鲁不叶，乃谮兀鲁于海陵后徒单氏曰："兀鲁

---

① 《金史》卷5《海陵纪》，卷59《宗室表》，卷76《完颜宗本传》。
② 《金史》卷129《萧裕传》。
③ 《金史》卷5《海陵纪》，卷63《太祖崇妃萧氏传》，卷76《完颜宗义传》，卷84《完颜杲传》。

怨上杀其兄宗敏，有怨望语。"会韩王亨改广宁尹，诸公主宗妇往贺其母，兀鲁以言慰亨母，忽挞亦以怨望指斥诬兀鲁。海陵使萧裕鞫之，忽挞得幸于徒单后，左验皆不敢言，遂杀兀鲁，斜也因而尽夺查刺家财。……海陵以兀鲁有怨望语，斜也不奏，遂杖斜也，免所居官。①

（完颜）亨（完颜宗弼子，本名孛迭）初除广宁，诸公主宗妇往贺其母徒单氏，太祖长女兀鲁曰："孛迭虽稍下迁，勿以为嫌，国家视京府一也，况孛迭年富，何患不贵显乎。"是时，兀鲁与徒单斜也为室，斜也妾忽挞得幸于徒单后，忽挞诣后，告"兀鲁语涉怨望，且指斥，又言孛迭当大贵"。海陵使萧裕鞫之，左验皆不敢言，遂杀兀鲁而杖斜也。②

贞元元年（1153）五月，完颜亮下令以谋反罪处死其弟完颜衮（本名蒲甲、蒲家），尽管宋人苗耀在《神麓记》中所记的谋反原因与金人所记不同，但所显示的都是罗织罪名的滥杀。

（完颜亮）又有一亲弟，判宗正雍王衮，小名蒲甲，为人温克，容貌伟秀，莅事精勤，果断不私，众人称赞，惟亮不甚和畅。即位之后，徙于外藩，除西京留守、大同尹。有说书者刘敏讲演书籍，至五代梁末帝以弑逆诛友珪之事，衮拍案厉声曰："有如是乎。"奴婢契丹人栲栳提点上告变云大王谋反，宣诏至燕京，斩而烹之，二子皆赐死。③

及迁中都，道中以蒲家（完颜衮）为西京留守。西京兵马完颜谟卢瓦与蒲家有旧，同在西京，遂相往来，蒲家尝以玉带遗之。蒲家称谟卢瓦骁勇不减尉迟敬德。编修官圆福奴之妻与蒲家姻戚，圆福奴尝戒蒲家曰："大王名太彰著，宜少谦晦。"蒲家心知海陵忌之，尝召日者问休咎。家奴喝里知海陵疑蒲家，乃上变告之，言

---

① 《金史》卷 120《徒单恭传》。
② 《金史》卷 77《完颜亨传》。
③ 《三朝北盟会编》卷 243，第 1748—1749 页。

与谟卢瓦等谋反，尝召日者问天命。御史大夫高桢、刑部侍郎耶律慎须吕就西京鞫之，无状。海陵怒，使使者往械蒲家等至中都，不复究问，斩之于市，谟卢瓦、圆福奴并日者皆凌迟处死。①

贞元二年十月，完颜亮下令处死完颜宗弼之子广宁尹完颜亨（字迭），杀人的依据是家奴提供的所谓"谋反"证词。

（完颜）亨家奴六斤颇黠，给使总诸奴，（李）老僧谓六斤曰："尔渤海大族，不幸坐累为奴，宁不念为良乎。"六斤识其意。六斤尝与亨侍妾私通，亨知之，怒曰："必杀此奴。"六斤闻之惧，密与老僧谋告亨谋逆。亨有良马，将因海陵生辰进之，以谓生辰进马者众，不能以良马自异，欲他日入见进之。六斤言亨笑海陵不识马，不足进。亨之奴有自京师来者，具言徒单阿里出虎诛死。亨曰："彼有贷死誓券，安得诛之。"奴曰："必欲杀之，誓券安足用哉。"亨曰："然则将及我矣。"六斤即以为怨望，遂诬亨欲因间刺海陵，老僧即捕系亨以闻。工部尚书耶律安礼、大理正忒里等鞫之，亨言尝论铁券事，实无反心，而六斤亦自引伏与妾私通，亨尝言欲杀之状。安礼等还奏，海陵怒，复遣与老僧同鞫之。与其家奴并加榜掠，皆不伏。老僧夜至亨囚所，使人蹴其阴间杀之。亨比至死，不胜楚痛，声达于外。海陵闻亨死，佯为泣下，遣人谕其母曰："尔子所犯法，当考掠，不意饮水致死。"②

还有记载称，正隆五年五月，完颜亮诛杀了楚王、德王、泽王，但无法查实此三王为何人，只是列出来以资参考。

时国主（完颜亮）南迁汴京，兵衅将开。楚王谓德王、泽王曰："梁大使（梁汉臣）所请，郎主辄行之，其将奈何？今从所请，必使农夫失业，织女不蚕，租税俱乏，民人怨望，败之兆也。"梁大使闻之，谮于国主，谓其有异志。主曰："此三匹夫，欲谋反耶。"遂召和尚、枝童及宿王（完颜亮弟）谓曰："汝等为

---

① 《金史》卷76《完颜衮传》。
② 《金史》卷77《完颜亨传》。

我将兵，速讨三王。"既而五人皆到，主曰："三子召术人论事，欲谋反乎？"三王应曰："论者乃国之安危而已。"上怒曰："欲谋杀我耶。"令左右赐死。宿王曰："不可。陛下登位之时亲王十人，今推出七人矣，若天下闻之，有不从谏之称。"帝怒，拂袖而起，遂斩三王。①

正隆六年（1161）正月，完颜亮杀驸马都尉蒲察阿虎迭之女义察。"义察，庆宜公主出，幼鞠宫中，上（完颜亮）屡欲纳之，太后不可。至是，以罪杀之"。当年二月，完颜亮又下令杀其弟完颜衮的妻子乌延氏等。"（完颜）衮妻乌延氏，正隆六年坐与奴有奸，海陵杀之。其弟南京兵马副都指挥使习泥烈私于族弟屋谋鲁之妻，屋谋鲁之奴谋欲执习泥烈，习泥烈乃杀其奴。海陵闻之，遂杀习泥烈。"②

正隆六年八月，完颜亮"以谏伐宋弑皇太后徒单氏于宁德宫，仍命即宫中焚之，弃其骨水中，并杀其侍婢等十余人"③。

宿王，国主亲弟也。诸王皆戮，宿王独存。时王怵于梁大使（梁珫）之言，尝阴至太后处，告曰："郎主今信梁大使伪言，广筑汴京，用兵南伐，皆是败国之事。三王欲谏，郎主不问，已斩之矣。今告娘娘，望谏止之。"时母后方病，适主（完颜亮）至，因命之坐，而问曰："闻今广筑汴京，签民造船，聚糗粮，制军器，果有之乎？"主曰："有之。"母后曰："吾无他病，以皇帝用兵不止，远征江南，是吾病也。若行此事，民心必离，乱之端也。历代无道之主，皆亡国败家者，果有此事，其能免乎。"主大怒曰："非朕母，乃梁宋国王之小妻也。"遂使护军将军赤盏彦忠即宫中弑之，以威言者，于是左右缩颈，国人以目。④

完颜亮杀皇太后还有另一个原因，就是担心皇太后与外臣勾结，立自己的兄长完颜充（本名神土懑）为帝。

① 《大金国志》卷14《海陵炀王中》，第198页。
② 《金史》卷5《海陵纪》，卷76《完颜衮传》。
③ 《金史》卷5《海陵纪》。
④ 《大金国志》卷15《海陵炀王下》，第206页。

海陵侍太后于宫中，外极恭顺，太后坐起，自扶腋之，常从舆辇徒行，太后所御物或自执之。见者以为至孝，太后亦以为诚然。及谋伐宋，太后谏止之，海陵心中益不悦，每谒太后还，必忿怒，人不知其所以。

及至汴京，太后居宁德宫。太后使侍婢高福娘问海陵起居，海陵幸之，因使伺太后动静。凡太后动止，事无大小，福娘夫特末哥教福娘增饰其言以告海陵。及枢密使仆散师恭征契丹撒八，辞谒太后，太后与师恭语久之，大概言："国家世居上京，既徙中都，又自中都至汴，今又兴兵涉江、淮伐宋，疲弊中国，我尝谏止之，不见听。契丹事复如此，奈何。"福娘以告海陵。海陵意谓太后以（完颜）充为子，充四子皆成立，恐师恭将兵在外，太后或有异图。乃召点检大怀忠、翰林待制斡论、尚衣局使虎特末、武库直长习失使杀太后于宁德宫，命护卫高福、辞勒、浦速斡以兵士四十人从，且戒之曰："汝等见太后，但言有诏，令太后跪受，即击杀之，勿令艰苦。太后同乳妹安特，多口必妄言，当令速死。"及指名太后左右数人，皆令杀之。太后方樗蒲，大怀忠等至，令太后跪受诏。太后愕然，方下跪，虎特末从后击之，仆而复起者再，高福等缢杀之，年五十三。并杀安特及郡君白散、阿鲁瓦、叉察，乳母南撒，侍女阿斯、斡里保，宁德宫护卫温迪罕查剌，直长王家奴、撒八，小底忽沙等。海陵命焚太后于宫中，弃其骨于水。并杀充之子檀奴、阿里白、元奴，耶补儿逃匿，归于世宗。①

按照宋人张棣《正隆事迹记》的记载，完颜亮的皇后徒单氏和皇太子完颜光英也受到了被诛杀的威胁。

越数日，亮后徒单氏及太子光英再谏，亮怒，亦欲诛后与子，惧隐于宫中三日，亮赦而出。自母谏死，百官钳口结舌，无更言者。②

---

① 《金史》卷63《海陵嫡母徒单氏传》。
② 《三朝北盟会编》卷242，第1742页。

除了杀本朝的皇亲宗室外，完颜亮还对入金的辽、宋皇室成员大开杀戒，正隆六年七月，"杀亡辽耶律氏、宋赵氏子男凡百三十余人"①。

完颜亮的滥杀皇亲宗室，已经到了疯狂的地步，所以后来世宗即位时明指这种滥杀是完颜亮的重大恶行。

（三）杀官员

完颜亮除了杀谏官（详见下述）外，亦诛杀了一些官员，可列举几个实例。

天德三年六月，完颜亮下令处死太府监完颜冯六等人，原因是完颜冯六交好宗室成员。

> 海陵使太府监完颜冯六籍（完颜）宗本诸家，戒之曰："珠玉金帛入于官，什器吾将分赐诸臣。"冯六以此不复拘籍什器，往往为人持去，冯六家童亦取其檀木屏风。少监刘景前为监丞时，太府监失火，案牍尽焚毁，数月方取诸司簿帐补之，监吏坐是稽缓，当得罪。景为吏，倒署年月。太仓都监焦子忠与景有旧，坐逋负，久不得调，景为尽力出之。久之，冯六与景就官中相怨争，冯六言景倒署年月及出焦子忠事。御史劾奏景，景党诱冯六家奴发盗屏事。冯六自陈于尚书省，海陵使御史大夫赵资福、大理少卿许竑杂治。资福等奏冯六非自盗，又尝自首。海陵素恶冯六与宗室游从，谓宰臣曰："冯六尝用所盗物，其自首不及此。法，盗宫中物者死，诸物已籍入官，与宫中物何异。"谓冯六曰："太府掌宫中财贿，汝当防制奸欺，而自用盗物。"于是，冯六弃市，资福、竑坐鞫狱不尽，决杖有差。景亦伏受焦子忠赂金，海陵曰："受金事无左验，景倒署年月，以免吏罪，是不可恕。"遂杀之。②

天德三年十月，护卫张九因"坐语禁中起居状"被处死，礼部侍郎萧拱先因向完颜亮所献的妃子不是处女而受到猜疑，随即有人告发萧拱曾抱怨张九无罪被杀，完颜亮乃派人将萧拱处死。③

① 《金史》卷5《海陵纪》。

② 《金史》卷76《完颜宗本传》。刘景被杀的时间是天德四年九月，晚于完颜冯六被杀一年多。

③ 《金史》卷5《海陵纪》，卷82《萧拱传》。

正隆六年八月，完颜亮下令处死仆散师恭，除了怀疑他与太后密谋改立皇帝外，还因为仆散师恭等出征契丹叛军失利，所以参与出征的萧赜、萧怀忠、萧秃剌等都被处死。

> 契丹撒八反，复以（萧）怀忠为西京留守、西南面兵马都统，与枢密使仆散师恭、北京留守萧赜、右卫将军萧秃剌、护卫十人长斡卢保往讨之。萧秃剌战无功，大军追撒八不及。而海陵意谓怀忠与萧裕皆契丹人，本同谋，逾年乃执招折上变，而撒八亦契丹部族，恐其合，以师恭与太后密语，而秃剌无功，怀忠、赜、师恭逸贼，既杀师恭，族灭其家，使使即军中杀赜、怀忠，皆族之。斡卢保、秃剌初为罪首，但诛之而已。①

被杀的官员大多罪不致死，但是皇帝要以杀立威，他们也就难逃厄运。在杀气浓重的朝廷中，人人自保成为常态，而完颜亮显然极为满意臣僚的这种唯唯诺诺风气。

（四）以杖执政

金朝有皇帝杖责大臣的传统，但是完颜亮将其发展到了极致，朝廷的重臣大多有过被罚杖的经历，可列出《金史》本纪中所记事例。

> 天德四年八月，以侍御史保鲁鞫事不实，杖之（查太祖长公主兀鲁案）。
>
> 贞元二年八月，以左丞相（完颜）昂去衣杖其弟妇，命杖之（有失官体）。
>
> 贞元三年三月，以左丞相张浩、平章政事张晖每见僧法宝必坐其下，失大臣体，各杖二十（佞佛）。
>
> 贞元三年七月，杖提举营造官吏部尚书耶律安礼等（营造不利）。
>
> 贞元三年八月，杖左宣徽使敬嗣晖、同知宣徽事乌居仁及尚食官（尚食烹饪失宜）。
>
> 正隆元年闰十一月，杖右丞相萧玉、左丞蔡松年、右丞耶律安

---

① 《金史》卷91《萧怀忠传》。

礼、御史中丞马讽等（擅自讯问已结案件）。

正隆二年二月，工部侍郎韩锡同知宣徽院事，锡不谢，杖百二十，夺所授官（不敬）。

正隆三年正月，杖右谏议大夫杨伯雄（妄议官内事）。

正隆五年四月，宿州防御使耶律翼使宋失体，杖二百，除名（辱命）。

正隆五年七月，以张弘信被命讨贼，称疾逗遛莱州，与妓乐饮燕，杖之二百（恶行）。

正隆六年正月，判大宗正徒单贞、益都尹（完颜）京、安武军节度使（完颜）爽、金吾卫上将军阿速饮酒，以近属故，杖贞七十，余皆杖百（违禁）。

正隆六年二月，杖卫王襄之妃及左宣徽使许霖（斗殴失臣体）。

正隆六年八月，杖尚书令张浩、左丞相萧玉（进谏言）。①

除了以上列出的事例外，还有杖责官员谏言等事例，无须一一列举。完颜亮所追求的均平刑罚，就是要打破"刑不上大夫"的做法，经常对重臣使用杖刑，恰是其标志性的表现。但是在"杖责"威慑下，阿谀奉承之风盛行，带来的只能是扭曲的朝政。

（五）貌俭实奢

完颜亮很在意自己的君主形象，一方面，着意显示自己的俭朴和爱民，"或以弊裘覆衣，以示近臣。或服补缀，令记注官见之。或取军士陈米饭与尚食同进，先食军士饭几尽。或见民车陷泥泽，令卫士下挽，俟车出然后行"。他还特别于天德三年下令"罢岁贡鹰隼"，"罢皇统间苑中所养禽兽"，"命太官常膳惟进鱼肉，旧贡鹅鸭等悉罢之"②。另一方面，彰显自己有不好女色的优良品质，金熙宗在位时完颜亮"初为宰相，妾媵不过三数人"③。

完颜亮的这些伪装，难以掩饰他的骄奢本性。在衣食方面，"却尚食进鹅以示俭，及游猎顿次，不时需索，一鹅一鹑，民间或用数万售之，

---

① 《金史》卷5《海陵纪》。
② 《金史》卷5《海陵纪》。
③ 《金史》卷63《海陵后徒单氏传》。

有以一牛易一鹑者"。在女色方面，则发展到了淫乱的地步。"及践大位，逞欲无厌，后宫诸妃十二位，又有昭仪至充媛九位，婕妤美人才人三位，殿直最下，其他不可举数。"天德三年五月，"宰臣请益嫔御以广嗣续，上（完颜亮）命徒单贞语宰臣，前所诛党人诸妇人中多朕中表亲，欲纳之宫中。平章政事萧裕不可，上不从，遂纳宗本子莎鲁啜，宗固子胡里剌、胡失打，秉德弟乣里等妻宫中"。贞元元年三月，完颜亮又亲选良家子百三十余人充后宫。贞元二年十一月，完颜亮更以"诸从姊妹皆分属诸妃，出入禁中，与为淫乱，卧内遍设地衣，裸逐为戏"①。

完颜亮貌似不相信卜算祸福的说法，如天德二年十二月，臣僚上报有"庆云见"的吉象，完颜亮即明确表示："朕何德以当此。自今瑞应毋得上闻，若有妖异，当以谕朕，使自警焉。"天德三年四月，有人"图上燕城宫室制度，营建阴阳五姓所宜"，完颜亮亦明确表示："国家吉凶，在德不在地。使桀、纣居之，虽卜善地何益。使尧、舜居之，何用卜为。"②

不相信吉凶是说给别人听的，完颜亮实际上笃信各种吉兆，可列举两个例证。

　　海陵猎于途你山，次于铎瓦，酹天而拜，谓群臣曰："朕幼时习射，至一门下，默祝曰：'若我异日大贵，当使一矢横加门脊上。'及射，果横加门脊上。后为中京留守，尝大猎于此地，围未合，祷曰：'我若有大位，百步之内当获三鹿。若止为公相，获一而已。'于是不及百步连获三鹿。又祝曰：'若统一海内，当复获一大鹿。'于是果获一大鹿。此事尝与萧裕言之，朕今复至此地，故拜奠焉。"③

　　贞元元年十月，封料石冈神为灵应王。初，海陵尝过此祠，持杯珓祷曰："使吾有天命，当得吉卜。"投之，吉。又祷曰："果如所卜，他日当有报，否则毁尔祠宇。"投之，又吉，故封之。④

①　《金史》卷5《海陵纪》，卷63《海陵后徒单氏传》。
②　《金史》卷5《海陵纪》。
③　《金史》卷129《张仲轲传》。
④　《金史》卷5《海陵纪》。

所以遇到所谓的"上天示警"，完颜亮还是有所畏惧。如贞元二年五月发生日食，完颜亮即"避正殿，敕百官勿治事"；"诏自今每月上七日不奏刑名，尚食进馔不进肉"①。

完颜亮的滥杀、滥刑、奢淫、迷信，已具备了暴君的基本特征。而他的迁都和征宋，不仅使暴虐行为影响金朝的臣民，亦对宋朝造成了严重的威胁，需要用专节来叙述他的这些作为。

三　设立中都

完颜亮有统一天下的政治抱负，为统一而采取的第一个重大步骤，就是将正都由上京改为在燕京新建的中都，以实现金朝统治重心的南移。

（一）迁都动议

完颜亮决定迁都的时间是天德三年（1151），当年三月，"诏广燕城，建宫室"；四月，"诏迁都燕京"②。迁都的动议，则出现在天德二年，宋人张棣在《正隆事迹记》中有以下记载。

> 完颜亮自己巳（1149）冬十二月杀兄亶而自立，守旧都于会宁。越明年，诛夷稍定，下求言诏，敕中外公卿大夫至于黎庶之贱，皆得以书奏对阙庭。是时上封事者多陈言以会宁僻在一隅，官难于转输，民艰于赴诉，宜徙居燕山，以应天地中会，亮深然之。③

按照宋人著作《炀王江上录》等的记载，迁都燕京的动议来自梁汉臣、何卜年等人。

> 岐王（完颜）亮杀主自立，改元天德，都会宁府。内侍梁汉臣本宋内侍陷虏，每思报仇，乃进曰："燕京自古霸国，虎视中原，为万世之基，陛下可修燕京大内，时复巡幸，使中原之民望帝

---

① 《金史》卷5《海陵纪》。
② 《金史》卷5《海陵纪》。
③ 《三朝北盟会编》卷242，第1739—1740页。

都近矣。"遂纳其言，差梁汉臣充修燕京大内正使，孔彦舟为副使。①

　　（天德二年）七月，除大使梁汉臣为右丞相。一日，宫中宴间，因问汉臣曰："朕栽莲二百本而俱死，何也？"汉臣曰："自古江南为橘，江北为枳，非种者不能，盖地势然也。上都气寒，唯燕京地暖，可栽莲。"主曰："依卿所请，择日而迁。"萧玉谏曰："不可。上都之地，我国旺气，况是根本，何可弃之。"兵部侍郎何卜年亦请曰："燕京地广土坚，人物蕃息，乃礼义之所，郎主可迁都。北番上都，黄沙之地，非帝居也。"汉臣又曰："且未可遽，待臣为郎主起诸州工役，修整内苑，然后迁都。"主从其言。②

记载中所指的梁汉臣，应该是宦官梁珫，"本大臭家奴，随元妃入宫，以阉竖事海陵。珫性便佞，善迎合，特见宠信"③。梁珫揣摩圣意，提出迁都的建议是可能的，但是他未任右丞相之职，不过是以宦官居宫中任事而已。

（二）修建燕京

燕京城的修建工程于天德三年启动，负责修建燕京城的并不是梁珫，而是张浩、卢彦伦、苏保衡、张仲轲等人。

　　天德三年，广燕京城，营建宫室。（张）浩与燕京留守刘筈、大名尹卢彦伦监护工作，命浩就拟差除。既而暑月，工役多疾疫。诏发燕京五百里内医者，使治疗，官给药物，全活多者与官，其次给赏，下者转运司举察以闻。④

　　（天德三年）诏（卢）彦伦营造燕京宫室，以疾卒，年六十九。⑤

---

① 《三朝北盟会编》卷243，第1744页。
② 《大金国志》卷13《海陵炀王上》，第186—187页。
③ 《金史》卷131《梁珫传》。
④ 《金史》卷83《张浩传》。
⑤ 《金史》卷75《卢彦伦传》。

天德间，缮治中都，张浩举（苏）保衡分督工役。改大兴少尹，督诸陵工役，再迁工部尚书。①

是时，营建燕京宫室，有司取真定府潭园材木，（张）仲轲乘间言其中材木不可用，海陵意仲轲受请托，免仲轲官。未几，复用为少监。②

完颜亮还特别就修建燕京、准备迁都发出了一份正式的诏书，全文如下。

昨因绥抚南服，分置行台，时则边防未宁，法令未具，本非永计，只是从权。既而人拘道路之遥，事有岁时之滞，凡申款而待报，乃欲速而愈迟。今既庶政惟和，四方无侮，用并尚书之亚省，会归机政于朝廷。又以京师粤在一隅，而方疆广于万里，以北则民清而事简，以南则地远而事繁。深虑州府申陈，或至半年而往复，闾阎疾苦，何由期月而周知。供馈困于转输，使命苦于驿顿。未可时巡于四表，莫如经营于两都。眷惟全燕实为要会，将因官庙而创官府之署，广阡陌以展西南之城。勿惮暂时之艰，以就得中之制。所贵两京一体，保宗社于万年，四海一家，安黎元于九府。咨尔中外，体予至怀。③

燕京城的修建，耗费了大量的人力物力，如张棣在《正隆事迹记》中所言："役天下夫匠百万，肖京师之仿佛，营都于燕山，迄三年而成。至壬申（1152年）夏，驾始幸之。"④宋人范成大也指出："炀王亮始营此都，规模多出于孔彦舟，役民夫八十万，兵夫四十万，作治数年，死者不可胜计。地皆古坟冢，悉掘弃之。金既蹂躏中原之地，制度强效华风，往往不遗余力，而终不近似。"⑤

---

① 《金史》卷89《苏保衡传》。
② 《金史》卷129《张仲轲传》。
③ 《建炎以来系年要录》卷162。
④ 《三朝北盟会编》卷242，第1740页。
⑤ 范成大：《揽辔录》；《三朝北盟会编》卷245，第1759页。

（三）新都的布局

燕京城修建完成的时间应该是天德四年（1152），并留下了新修都城布局的重要记载。按照金人的记载，燕京城即后来的中都有十三个城门。

> 天德三年，始图上燕城宫室制度。三月，命张浩等增广燕城。城门十三，东曰施仁、曰宣曜、曰阳春，南曰影风、曰丰宜、曰端礼，西曰丽泽、曰颢华、曰彰义，北曰会城、曰通玄、曰崇智、曰光泰。①

宋人张棣在《金虏图经》中所记的燕京城城门只有十二个，北面三门，没有光泰门。此外，各门的用字也略有不同，如"影风"作"景风"，"丽泽"作"立泽"，"颢华"作"灏华"，"彰义"作"新益"，"通玄"作"通元"，"崇智"作"崇知"。

> 都城之门十二，每一面分三门，一正两偏焉。其正门四旁皆又设两门，正门常不开，惟车驾出入，余悉由旁两门焉。其门十二，各有标名。东曰宣耀，曰施仁，曰阳春。西曰灏华，曰立泽，曰新益。南曰丰宜，曰景风，曰端礼。北曰通元，曰会城，曰崇知。②

完颜亮修建燕京时，确实是十二个城门，后来在城东北建太宁宫，才增开了光泰门。③

燕京的内城（皇城）共有四门，正门（南门）为宣阳门，东门为宣华门，西门为玉华门，北门为拱辰门，宫廷的御苑建在内城中，张棣特别记载了内城的情况。

> 内城门左掖、右掖，宣阳又在外焉。外门榜即墨书粉地，内则金书朱地，皆故礼部尚书王兢书。

---

① 《金史》卷24《地理志上》。
② 《三朝北盟会编》卷244，第1750—1751页。
③ 邸永君：《金中都之历史地位与特殊贡献》，《北京文史》2014年第2期。

亮欲都燕，遣画工写京师官室制度，至于阔狭修短，曲尽其数，授之左相张浩辈，按图以修之。城之四围九里有三十步，自天津桥之北曰宣阳门，门分三，中绘一龙，两偏绘一凤，用金镀铜钉实之。中门常不开，惟车驾出入。两偏分双、只日开一门，无贵贱皆得往焉。过门有两楼，曰文，曰武。文之转东曰来宁馆，武之转西曰会同馆，二馆皆为本朝人使设也。正北曰千步廊，东西对焉，廊之半各有偏门，向东曰太庙，向西曰尚书省。通天门今改为应天府观，高八丈，朱门五，金钉饰之。东西相去里余，又为设一门，左曰左掖，右曰右掖。内城之正东曰宣华，正西曰玉华，北曰拱宸。门及殿凡九重，殿三十有六，间阁倍之。正中位曰皇帝正位，后曰皇后正位。位之东曰东内，西曰西内，各十六位，乃妃嫔所居之地也。西出玉华门，同乐园、瑶池、蓬瀛、柳庄、杏林尽在于是。①

皇城中的宫城，正门（南门）为应天门，宫城内的正殿是大安殿，另有仁政殿、寿康宫、东宫等宫殿。

（张）浩等取真定府潭园材木，营建宫室及凉位十六。应天门十一楹，左右有楼，门内有左、右翔龙门，及日华、月华门，前殿曰大安，左、右掖门，内殿东廊曰敷得门。大安殿之东北为东宫，正北列三门，中曰粹英，为寿康宫，母后所居也。西曰会通门，门北曰承明门，又北曰昭庆门。东曰集禧门，尚书省在其外，其东西门左、右嘉会门也，门有二楼，大安殿后门之后也。其北曰宣明门，则常朝后殿门也。北曰仁政门，旁为朵殿，朵殿上为两高楼，曰东、西上阁门，内有仁政殿，常朝之所也。

宫城之前廊，东西各二百余间，分为三节，节为一门。将至宫城，东西转各有廊百许间，驰道两旁植柳，廊脊覆碧瓦，宫阙殿门则纯用碧瓦。②

如宋人所述，燕京城的修建，模仿的是宋朝的汴京，但是其规模确实难与宋朝经营多年的汴京相比。

---

① 《三朝北盟会编》卷244，第1751页。
② 《金史》卷24《地理志上》。

（四）移都及后续事宜

贞元元年二月，完颜亮由中京启程前往燕京。三月，完颜亮抵燕京，"初备法驾"。所谓"法驾"，即"黄麾仗"，仪仗队"一万八百二十三人，骑三千九百六十九，分八节"①。当日完颜亮以迁都诏告天下，"改元贞元，改燕京为中都，府曰大兴，汴京为南京，中京为北京"，诏书全文如下。

> 朕以天下为家，固无远迩之异，生民为子，岂有亲疏之殊。眷惟旧京，邈在东土，四方之政不能周知，百姓之冤艰于赴愬。况观风俗之美恶，察官吏之惰勤，必宅所居，庶便于治。顾此析津之分，实惟舆地之中，参稽师言，肇建都邑。乃严宗庙之奉，乃相官室之宜，遂正畿封，以作民极。虽众务之毕举，冀暂劳而久安。逮兹落成，涓日莅止，然念骤兴于役力，岂无重扰于黎元。凡有科徭，皆其膏血，遂至有司之供具，亦闻享上以尽心。宜加抚存，各就休息。载详前代赦宥之典，多徇一时姑息之恩。长恶惠奸，朕所不取，若非罚罪而劝善，何以励众以示公。今来是都，寰宇同庆，因此斟酌，特有处分，除不肆赦外，可改天德五年为贞元元年。燕本列国之名，今为京师，不当以为称号，燕京可为中都，仍改永安析津府为大兴府。上京、东京、西京依旧外，汴京为南京，中京为北京。又爵禄所以励世而磨钝也，前此官吏每有覃转，资级贤否不辨，何补治功。缘今定都之始，所冀上下协衷，恪恭乃事。若俾一夫不获其所，则何以副朕迁都为民之意。故特推恩以示激劝，可应内外大小职官并与覃迁一官。于戏，京师首善之地，既昭示于表仪，诏令责成之方，其勿怠于遵守。咨尔有众，体予至怀。②

将燕京改为中都，是因为"燕乃列国之名，不当为京师号，遂改为中都"。原来的西京（云中）、东京（辽阳）依然保留，所以金朝仍实行五京制度。正式迁都之后，完颜亮"宴丞相以下于燕之新宫，赋诗纵饮，尽欢而罢"。贞元二年正月，完颜亮在大安殿接受群臣的朝贺，迁都后的宫廷礼仪亦有了新的规范，后来被称之为"贞元仪"。正隆二

① 《金史》卷5《海陵纪》，卷24《地理志上》，卷41《仪卫志上》。
② 《建炎以来系年要录》卷164。

年三月，完颜亮又确定了"职事官朝参等格"①。

迁都之后，完颜亮于贞元元年五月下令"以京城隙地赐朝官及卫士"，但是七月即改变做法，下令"元赐朝官京城隙地，征钱有差"②。

迁都还涉及太庙和先帝陵墓的迁徙问题。贞元三年三月，完颜亮选择大房山云峰寺所在地为山陵，并在大房山山麓修建行宫。五月，完颜亮不仅前往大房山查看"营山陵"的情况，还派判大宗正事完颜京等人前往上京，"奉迁太祖、太宗梓宫"。梓宫移往中都，完颜亮先派平章政事张晖在宗州迎接，随后自己在流沙河迎接，接入中都后，先暂时安置在大安殿，并将殿名暂称为"丕承殿"，太庙的神主则暂存延圣寺。当年十月，大房山的行宫建成，赐名为"磐宁宫"。十一月，梓宫移入山陵，举行祭奠礼仪后，"诏内外大小职官覃迁一重，贞元四年租税并与放免，军士久于屯戍不经替换者，人赐绢三匹、银三两"。随后又"奉安神主于太庙"。正隆元年十月，"葬始祖以下十帝于大房山"。闰十一月，"山陵礼成，群臣称贺"，迁墓等事务全部完成。③ 张棣在《金虏图经》中，亦对金朝的陵墓迁徙和太庙祭祀等作了说明，可资参考。

> 虏人本无禘祫之礼，至亮徙燕，筑陵于城之西南九十余里大洪山（即大房山）。时太庙、元庙告成，始有尊祖之意。时奏议者多陈郊祀配天之事，亮耻效中国旧制，令别讨论之。礼官进以三年一祫，五年一禘，乃上古之制也，禘当取夏四月，祫取冬十月。亮从之，诏告天下，遂令太常寺备大乐，具九节仪从，待期往焉。至是月吉日，先一夕宿于正殿。次日凌晨，令导从人各服五色画衣，执旌幢、斧钺、幡盖、羽扇，自内城至庙，夹道骈肩而立，徐布九节，仪从、奏乐及歌者皆乘马。迨御座衣元繻服衮冕执圭，乘玉辂九龙御座，至庙礼毕，易之金辂服、达游冠、绛纱袍，奏乐曲而回。
>
> 虏本无宗庙，祭祀亦不修。自平辽之后，所用执政大臣多汉人，往往说以天子之孝在乎尊祖，尊祖之事在乎建宗庙。若七世之庙未修，四时之祭未举，有天下者不可不念。虏方开悟，遂筑室于

---

① 《大金国志》卷13《海陵炀王上》，第187—188页；《大金集礼》卷1《天德贞元册礼》。

② 《金史》卷5《海陵纪》。

③ 《金史》卷5《海陵纪》。

内之东南隅，庙貌祀事虽具，制度极简略。迫亮徙燕，遂建巨阙于内城之南，千步廊之东，曰太庙，标名曰"衍庆之宫"，以奉安太祖旻、太宗晟、德宗宗干。又其东曰元庙，以奉安元祖克者、仁祖大圣皇帝杨割。①

完颜亮还要保留狩猎的习惯，所以在中都附近开辟了新的猎场，张棣在《金虏图经》中对此有专门的记载。

至亮徙燕，以都城之外皆民田，三时无地可猎，候冬月则出，一出必逾月，后妃、亲王、近臣皆随焉。每猎，则以随驾之军密布四围，名曰"围场"。待狐兔猪鹿散走于围中，虏主必亲射之，或以雕鹰击之，次及亲王、近臣，出围者许人捕之。饮食阴处而进，或以亲王、近臣共食，遇夜则或宿于州县或宿于郊外无定。亮以子光英年十二获獐，取而告太庙。②

完颜亮迁都之后，即放弃了上京。正隆二年八月，完颜亮下令"罢上京留守司"。当年十月，"命会宁府毁旧宫殿、诸大族第宅及储庆寺，仍夷其地而耕种之"。储庆寺中供奉了熙宗之子英悼太子的塑像，所以也在被毁之列。③ 既然有了新的正都，完颜亮当然要坚决堵死复归旧都之路。

四　统一之殇

完成迁都任务之后，完颜亮开始为统一天下的行为造势，并实施了修建南京和举兵攻宋两大统一步骤。

（一）一统天下之议

如前所述，完颜亮具有强烈的统一天下愿望。为了使这样的愿望得到臣僚的支持，完颜亮编出了一个"受命于天"的梦境，张棣在《正隆事迹记》中记载了相关情况。

---

① 《三朝北盟会编》卷244，第1751—1752页。
② 《三朝北盟会编》卷244，第1754页。
③ 《金史》卷5《海陵纪》，卷80《完颜济安传》。

至丁丑（正隆二年，1157）春二月，（完颜亮）御武德殿。吏部尚书李通、刑部尚书胡励、翰林直学士萧廉赐坐而语之曰："朕昨夕夜已三鼓，梦二青衣持牒，称上帝宣朕。遂策小将军（乃亮小乌骓马也）腰弓矢随彼而前。既行之次，但如踏空，转时到一门，青衣指之曰天门，朕随入焉。行一里之地，宫极严丽，朕欲纵马而入，前有二金甲谓之曰：'此非人间，可下马。'步趋及殿，垂帘如有待，一朱衣曰：'下拜而就跪。'朕皆随之。但闻殿上语如婴儿，令青衣持宣授朕曰：'天策上将，令征某国。'朕谢而出，复上马，见兵如鬼者左右前后杳无边际，发一矢射之，兵众以大喏而应之，朕亦以喏之，故惊愕而觉，然而大喏之声犹在于耳。朕立遣人于马厩视所策小将军，但身汗如水。取箭袋而数之，亦失其一。朕大异之，岂非天假手于我，令取江南也。然而君父之语，臣子毋泄于外。"众称贺。①

完颜亮与臣僚正式讨论南下攻宋问题是正隆三年，张棣记述的讨论情况，可转载于下。

戊寅（1158）夏五月，亮御薰风殿，宣吏部尚书李通、翰林承旨翟永固、宣徽使敬嗣晖、翰林直学士韩汝嘉四子及庭，首问吏部尚书李通："朕欲迁都汴京，将宫室重修，加兵江左，使海内一统，卿意如何？"通以阿谀面从，惟佞是务，对以"正知天时、人事不可失也"，亮深悦之。徐问翰林承旨翟永固，永固对以"燕都始成未数载，帑藏之匮乏未补，百姓之疮痍未痊，岂可再营汴都，而重劳民力。况江南乃继好之邦，岁以厚币礼陛下，岂可无名出师而重劳征伐哉，臣为二事俱不可"。亮曰："非老奴婢所知。"复问宣徽使敬嗣晖，对以"臣与李通所奏同"。问翰林直学士韩汝嘉，汝嘉对以"臣与翟永固所奏同"。亮怒永固、汝嘉之咈意，遂退及门，复宣殿侧听旨，二子以为重则刀锯，轻则鞭笞，必不能免。继宣翰林待制綦戬讲《晋史》，亮怒稍霁，赦而释之。明日，拜李通为右丞，敬嗣晖为参知政事。永固知亮之罪己，惧而乞解官。②

①《三朝北盟会编》卷242，第1740页。
②《三朝北盟会编》卷242，第1740—1741页。

李通确实是完颜亮动议的支持者，并且带动马钦、张仲轲、梁琢等人鼓励完颜亮对宋朝用兵。

> 海陵恃累世强盛，欲大肆征伐，以一天下，尝曰："天下一家，然后可以为正统。"（李）通揣知其意，遂与张仲轲、马钦、宦者梁琢近习群小辈，盛谈江南富庶，子女玉帛之多，逢其意而先道之。海陵信其言，以通为谋主，遂议兴兵伐江南。①

> 海陵欲伐宋，（梁）琢因极言宋刘贵妃绝色倾国。海陵大喜，及南征将行，命县君高师姑儿贮衾褥之新洁者，俟得刘贵妃用之。②

> 海陵召（张）仲轲、右补阙马钦、校书郎田与信、直长习失入便殿侍坐。海陵与仲轲论《汉书》，谓仲轲曰："汉之封疆不过七八千里，今吾国幅员万里，可谓大矣。"仲轲曰："本朝疆土虽大，而天下有四主，南有宋，东有高丽，西有夏，若能一之，乃为大耳。"海陵曰："彼且何罪而伐之？"仲轲曰："臣闻宋人买马修器械，招纳山东叛亡，岂得为无罪？"海陵喜曰："向者梁琢尝为朕言，宋有刘贵妃者姿质艳美，蜀之华蕊、吴之西施所不及也。今一举而两得之，俗所谓'因行掉手'也。江南闻我举兵，必远窜耳。"钦与与信俱对曰："海岛、蛮越，臣等皆知道路，彼将安往？"钦又曰："臣在宋时，尝帅军征蛮，所以知也。"海陵谓习失曰："汝敢战乎？"对曰："受恩日久，死亦何避。"海陵曰："汝料彼敢出兵否，彼若出兵，汝果能死敌乎？"习失良久曰："臣虽懦弱，亦将与之为敌矣。"海陵曰："彼将出兵何地？"曰："不过淮上耳。"海陵曰："然则天与我也。"既而曰："朕举兵灭宋，远不过二三年，然后讨平高丽、夏国。一统之后，论功迁秩，分赏将士，彼必忘劳矣。"③

---

① 《金史》卷129《李通传》。
② 《金史》卷131《梁琢传》。
③ 《金史》卷129《张仲轲传》。

翟永固与韩汝嘉确实持不同看法，但是他们并不反对统一，而是希望完颜亮不要亲自涉险。

> 正隆二年，例降二品以上官爵，（翟）永固阶光禄大夫不降，以宠异之。迁翰林学士承旨，与直学士韩汝嘉俱召至内殿，问以将亲伐宋事，永固对曰："宋人事本朝无衅隙，伐之无名。纵使可伐，亦无烦亲征，遣将帅可也。"由是大忤海陵意，永固即请致仕。①

完颜亮自我感觉良好，笃定已经具有席卷天下的实力，无视朝臣的反对意见，开始实施统一的具体行动。

（二）修建南京宫室

完颜亮大举攻宋前要找一个战略支撑点，便于就近调动军队，这个战略支撑点就是南京（汴京）。正隆四年（1159）三月，完颜亮启动修建南京工程，并颁发了诏书，节文如下。

> 朕祇奉上元，君临万国，属从朔地，爰出幽都，犹局踏于一隅，未光宅于中土。顾理道所在，有因有循，权变所生，有革有化。大梁天下之都会，阴阳之正中，朕惟变通之数，其可违乎。往岁卜宅相土，宜建新都，将命不虔，烬于一炬。第川原秀丽，卉物繁滋，朕夙有志焉。虽则劬劳，其究安宅，凡大内规模一仍旧贯，可大新营构，乘时葺理。②

南京大内发生火灾是贞元三年（1155）五月。③ 修建南京，主要是重建汴京的宫殿。张棣在《正隆事迹记》中指负责修建南京宫殿工程的仍是张浩。

> 己卯（1159）春三月，遣左相张浩、右参政（敬）嗣晖起天

---

① 《金史》卷89《翟永固传》。
② 《大金国志》卷14《海陵炀王中》，第194页。
③ 《金史》卷5《海陵纪》。

下军民工匠，民夫限五而役三，工匠限三而役两，统计二百万，运天下林木花石营都于汴，将旧营宫室台榭虽尺柱亦不存，片瓦亦不用，更而新之。至于丹楹刻桷，雕墙峻宇，壁泥以金，柱石以玉，华丽之极，不可胜计。①

《炀王江上录》所记的修建汴京主持者是梁汉臣和孔彦舟。

一日，（完颜亮）宣梁汉臣曰："朕欲修汴京大内，时复巡幸，卿为朕谋，无得有辞。"（梁）汉臣曰："被奉圣训，岂敢辞免，愿陛下颁诏诸路，发人夫工匠，以候使唤。"以梁汉臣充修汴京大内正使，孔彦舟为副使，因谓汉臣曰："赐金字牌子以卿去处，如朕亲行。"赐金、银、钱、段、绢各一百，仍差都统阿使多木律宁统骑军二十万，驻扎于汴京城外，防逃走工匠人夫。工匠日支米二升半，钱五十文，人夫亦如之。②

补充其他记载，可知张浩、敬嗣晖是受命主持修建南京宫殿之人，梁珫（梁汉臣）扮演的是"监工"角色，孔彦舟则是后期参与者。参与修建南京工程的，还有梁肃、张大节、高德基、李晏等人。

海陵欲伐宋，将幸汴，而汴京大内失火，于是使（张）浩与敬嗣晖营建南京宫室。浩从容奏曰："往岁营治中都，天下乐然趋之。今民力未复，而重劳之，恐不似前时之易成也。"不听。

浩至汴，海陵时时使宦者梁珫来视工役，凡一殿之成，费累巨万。珫指曰："某处不如法式。"辄撤之。浩不能抗而与之均礼。③

及营建南京宫室，海陵数数使（梁）珫往视工役。是时，一殿之费已不可胜计，珫或言其未善，即尽撤去。虽丞相张浩亦曲意事之，与之均礼。④

① 《三朝北盟会编》卷242，第1741页。
② 《三朝北盟会编》卷243，第1745页。
③ 《金史》卷83《张浩传》。
④ 《金史》卷131《梁珫传》。

（孔彦舟）正隆五年，除南京留守。①

营治汴京，（梁）肃分获役事。②

海陵修汴京，以（张）大节领其役。③

正隆三年，诏左丞相张浩、参知政事敬嗣晖营建南京宫室。明年，（高）德基与御史中丞李筹、刑部侍郎萧中一俱为营造提点。④

会海陵方营汴京，运木于河，（李）晏领之。晏以经三门之险，前后失败者众，乃驰白行台，以其木散投之水，使工取于下流，人皆便之。⑤

是时营建南京宫室，大发河东、陕西材木，浮河而下，经砥柱之险，筏工多沉溺，有司不敢以闻，乃诬以逃亡，锢其家。（郑）建充白其事，请至砥柱解筏，顺流散下，令善游者下流接出之，而锢者得释。⑥

正隆营汴京新宫，（张）中彦采运关中材木。青峰山巨木最多，而高深阻绝，唐、宋以来不能致。中彦使构崖驾壑，起长桥十数里，以车运木，若行平地，开六盘山水洛之路，遂通汴梁。⑦

与张浩的委婉反对修建南京宫殿不同，太医使祁宰于正隆四年十二月明确提出了罢修南京宫殿的建议，被完颜亮处死，成为皇帝杀谏臣的典型事件。

―――――――――

① 《金史》卷79《孔彦舟传》。
② 《金史》卷89《梁肃传》。
③ 《金史》卷97《张大节传》。
④ 《金史》卷90《高德基传》。
⑤ 《金史》卷96《李晏传》。
⑥ 《金史》卷82《郑建充传》。
⑦ 《金史》卷79《张中彦传》。

　　海陵将伐宋，（祁）宰欲谏，不得见。会元妃有疾，召宰诊视。既入见，即上疏谏，其略言："国朝之初，祖宗以有道伐无道，曾不十年，荡辽戡宋。当此之时，上有武元、文烈英武之君，下有宗翰、宗雄谋勇之臣，然犹不能混一区宇，举江淮、巴蜀之地，以遗宋人。况今谋臣猛将，异于曩时。且宋人无罪，师出无名。加以大起徭役，营中都，建南京，缮治甲兵，调发军旅，赋役烦重，民人怨嗟，此人事之不修也。间者昼星见于牛斗，荧惑伏于翼轸，已岁自刑，害气在扬州，太白未出，进兵者败，此天时不顺也。舟师水涸，舳舻不继，而江湖岛渚之间，骑士驰射，不可驱逐，此地利不便也。"言甚激切。海陵怒，命戮于市，籍其家产。①

　　张棣《正隆事迹记》中所记祁宰上书的内容略有不同，可列出以资参考。

　　翰林医乐使祁宰奏封事谏亮，其略曰："臣闻民惟邦本，本固邦宁。今则北有造军器之烦劳，南有修大内之重役，百姓以久苦转输，不胜疲敝。臣愿陛下权罢其一，俟一成而再计之。兼来岁害气在进，不利行师。伏望陛下以天下为念，社稷为心，曲随臣请。"亮怒，令擒而杀之。祁宰神色自如，而再请曰："臣年七十，死固足矣，惟恐陛下将来不及臣。"更欲语，已为左右刀刺其颊，以杖穿之，执缚而出。祁宰以朝章受刃，辞色终不改。刃行之次，烈风大作，砂石飞舞，人面不可见者，迨三日而止。②

　　正隆四年十一月，完颜亮派翰林侍讲学士施宜生作为贺宋正旦使前往临安，施宜生暗示宋人金军将大举南下，并因此被完颜亮处罚。③ 但是对于施宜生出使带回来的临安市井图，完颜亮大做文章，张棣于此有所记载。

---

① 《金史》卷83《祁宰传》。参见赵秉文《祁宰传》，《滏水集》卷12，四库全书本。
② 《三朝北盟会编》卷242，第1741页。
③ 《金史》卷5《海陵纪》，卷79《施宜生传》。

是年冬，（完颜亮）遣翰林侍讲学士施宜生入觐本朝，隐画工于中间，节写临安之城邑市井及吴山之秀立，具图以进亮。亮遣人于坐间软屏而图写之，城邑间兵火残毁，于吴山绝顶，写已策马而立焉。徐令翰林修撰蔡珪作诗，书其上曰："万里车书已混同，江南岂有别疆封。屯兵百万西湖上，立马吴山第一峰。"亮诡曰"御制"。亮每与左补阙马韩哥面坐，旁拾事迹，指画其处所，别白其胜概，亮乃奋髯箕踞，不胜其志之锐。①

施宜生出使返回的时间是正隆五年，当年南京宫殿的修建基本完成。正隆六年正月，完颜亮准备前往南京，特别派李通向宋朝使者徐度告知南巡之意："朕昔从梁王军，乐南京风土，常欲巡幸。今营缮将毕功，期以二月末先往河南。帝王巡守，自古有之。以淮右多隙地，欲校猎其间，从兵不逾万人。况朕祖宗陵庙在此，安能久于彼乎。汝等归告汝主，令有司宣谕朕意，使淮南之民无怀疑惧。"②

正隆六年二月，完颜亮从中都出发，前往南京。四月，"诏百官先赴南京治事，尚书省、枢密院、大宗正府、劝农司、太府、少府皆从行，吏、户、兵、刑部，四方馆，都水监，大理司官各留一员"。六月，完颜亮抵达南京，张浩率百官迎谒，"摆法驾入于南京"③。

需要注意的是，完颜亮动用大量人力、物力，只是专注于南京宫殿的修建，所以世宗时出使金朝的范成大，见到的是南京（汴京）城内的破败场景。

过东御园，即宜春苑也，颓垣荒草而已。二里至东京（汴京），金改为南京。

入新宋门，即朝阳门也，金改曰宏二门，弥望悉荒墟。入新宋门，即丽景门也，金改为宾曜门。过大相国寺，倾檐缺吻，无复旧观。

旧京自城破后，创痍不复。炀王亮徙居燕山，始以为南都，独崇饰宫阙，比旧加壮丽，民间荒残自若，新城内大抵皆墟，至有犁

---

① 《三朝北盟会编》卷242，第1741页。
② 《金史》卷5《海陵纪》，卷129《李通传》。
③ 《金史》卷5《海陵纪》。

为田处。旧城内粗布肆，皆苟活而已。四望时见楼阁峥嵘，皆旧宫观，寺宇无不颓毁。民亦久习胡俗，态度嗜好，与之俱化，最甚者衣装之类，其制尽为胡矣。自过淮已北皆然，而京师尤甚。惟妇人之服不甚改，而戴冠者绝少，多绾髻，贵人家即用珠珑璁冒之，谓之方髻。

循东御廊百七十余间，有面西棂星门。大街直东出，旧景灵东宫也。过棂星门，侧望端门，旧宣德楼也，金改为承天门。五门如画，两旁左右升龙门，东至西角楼。转东钥匙头街，御廊对皇城，俱东出，廊可二百余间。过左掖门，至皇城，东角楼廊亦如画。出樊楼街，转土市马行街，出旧封丘门，即安远门也，金改为元武门。门西金水河，旧夹城曲江之处，河中卧石礴魄，皆艮岳所遗。过药市桥街，蕃衍宅、龙德宫、撷芳、撷景二园，楼观俱存。撷芳中喜春堂犹岿然，所谓八滴水阁者，使属官吏望者，皆陨涕不自胜，金今则以为上林。所过清辉桥，出新封丘门，旧景阳门也，金改为柔远馆。①

重新修建的南京宫殿，有正殿大庆殿和隆德殿、仁安殿等。② 完颜亮在南京的宫殿中安顿下来后，即将谋划已久的大举攻宋付诸行动了。

（三）大举攻宋的结局

与修建南京宫殿同时进行的，是大规模制造兵器铠甲和船只。由于要渡江作战，船只尤为重要。正隆四年四月，"诏诸路旧贮军器并致于中都。时方建宫室于南京，又中都与四方所造军器材用皆赋于民，箭翎一尺至千钱，村落间往往椎牛以供筋革，至于乌鹊狗彘无不被害者"。当年十月，完颜亮"观造船于通州"③。负责制造兵器的是李通，负责制造战船的是苏保衡、韩锡等人，张棣在《正隆事迹记》中有明确的记载。

> 庚辰（1160）春正月，再役天下军民匠，不限丁而尽起之，委右丞李通提探，造军器于燕山之西北隅。遣工部尚书苏保衡、侍

---

① 范成大：《揽辔录》。
② 王曾瑜：《金代的开封城》，《史学月刊》1998 年第 1 期。
③ 《金史》卷5《海陵纪》。

郎韩锡、郎中张参预造战船于通州潞河。①

与苏保衡等一起督造战船的还有徐文等人。

> 海陵治兵伐宋，（苏保衡）与徐文等造舟于通州。海陵猎近郊，因至通州视工作。②

> 海陵谋伐宋，（徐文）改行都水监，建造战船于通州。③

完颜亮还进行了大规模的扩马行动，正隆四年八月，"诏诸路调马，以户口为差，计五十六万余匹，富室有至六十匹者，仍令户自养饲以俟"。④ 因扩马导致的民情沸腾，完颜亮则全然不顾。

> 大括天下骡马，官至七品听留一马，等而上之。并旧籍民马，其在东者给西军，在西者给东军，东西交相往来，昼夜络绎不绝，死者狼藉于道，其亡失多者，官吏惧罪或自杀。所过蹂践民田，调发牵马夫役。诏河南州县所贮粮米以备大军，不得他用，而骡马所至当给刍粟，无可给，有司以为请，海陵曰："此方比岁民间储畜尚多，今禾稼满野，骡马可就牧田中，借令再岁不获，亦何伤乎。"

迅疾展开的还有征集士兵，因为攻宋要有足够的兵力。正隆四年二月完颜亮正式下达了征兵令，并立即付诸实施。

> （正隆）四年二月，海陵谕宰相曰："宋国虽臣服，有誓约而无诚实，比闻沿边买马及招纳叛亡，不可不备。"遣使籍诸路猛安部族及州县渤海丁庄充军，仍括诸道民马。于是，遣使分往上京、速频路、胡里改路、曷懒路、蒲与路、泰州、咸平府、东京、婆速路、曷苏馆、临潢府、西南招讨司、西北招讨司、北京、河间府、

---

① 《三朝北盟会编》卷242，第1741页。
② 《金史》卷89《苏保衡传》。
③ 《金史》卷79《徐文传》。
④ 《金史》卷5《海陵纪》。

真定府、益都府、东平府、大名府、西京路，凡年二十以上、五十以下者皆籍之，虽亲老丁多，求一子留侍，亦不听。①

对于这样的全国总动员，还是有臣僚表示担忧，小心谨慎地提出了不同的看法，张浩即有此种表现。

> 海陵问用兵利害，（张）浩不敢正谏，乃婉词以对，欲以微止海陵用兵，奏曰："臣观天意，欲绝赵氏久矣。"海陵愕然曰："何以知之？"对曰："赵构无子，树立疏属，其势必生变，可不烦用兵而服之。"海陵虽喜其言，而不能从也。②

萧玉不像张浩那么圆滑，直接向完颜亮表达了不可伐宋的意见。

> 海陵将伐宋，因赐群臣宴，顾谓（萧）玉曰："卿尝读书否？"对曰："亦尝观之。"中宴，海陵起，即召玉至内阁，因以《汉书》一册示玉。既而掷之曰："此非所问也，朕欲与卿议事。朕今欲伐江南，卿以为如何？"玉对曰："不可。"海陵曰："朕视宋国犹掌握间耳，何为不可。"玉曰："天以长江限南北，舟楫非我所长。符坚百万伐晋，不能以一骑渡，以是知其不可。"海陵怒，叱之使出。③

如前所述，完颜亮之所以杖责张浩和萧玉，就是因为他们对大举攻宋持不同看法，而头脑发热的皇帝恰恰不愿意听到这样的声音。

对于来自占卜者的攻宋不利说法，完颜亮尽管不高兴，但是不敢杀人，因为他对于吉凶有关的卜算颇有畏惧感，只能做出一些大事化小的自我解释。

> 海陵伐宋，问曰："朕欲自将伐宋，天道何如？"（马）贵中对曰："去年十月甲戌，荧惑顺入太微，至屏星，留、退、西出。

---

① 《金史》卷 129 《李通传》。
② 《金史》卷 83 《张浩传》。
③ 《金史》卷 76 《萧玉传》。

《占书》，荧惑常以十月入太微庭，受制出伺无道之国。十二月，太白昼见经天，占为兵丧、为不臣、为更主，又主有兵兵疲、无兵兵起。"

（正隆）六年二月甲辰朔，日有晕珥戴背，海陵问："近日天道何如？"贵中对曰："前年八月二十九日，太白入太微右掖门，九月二日，至端门，九日，至左掖门出，并历左右执法。太微为天子南官，太白兵将之象，其占，兵入天子之廷。"海陵曰："今将征伐而兵将出入太微，正其事也。"贵中又曰："当端门而出，其占为受制，历左右执法为受事，此当有出使者，或为兵，或为贼。"海陵曰："兵兴之际，小盗固不能无也。"①

在金朝大军出动之前，完颜亮还借中秋节宴饮群臣的机会，以词作表达了他有突破一切障碍的豪情，《炀王江上录》收录了这一词作。

八月在汴京，值中秋设宴，百官玩月，忽密云罩月，（完颜亮）索笔作鹊桥仙词曰："停杯不举，停歌不发，等候银蟾出海。不知何处片云来，便有许通天障碍。虬髯撚断星眸利，惟恨剑锋不快。一挥挥断紫云根，要见婵娥体态。"②

正隆六年九月，完颜亮统军自南京出发，发起大规模的攻宋战役。完颜亮将攻宋大军分为三十二军，"时兵号百万，毡帐相望，钲鼓之声不绝"，完颜亮亲自率领的军队五十余万人。③按照《炀王江上录》的说法，完颜亮调集了"番、汉等军共二百九十七万，令分八路入南界"④。韩汝嘉劝完颜亮"寝兵讲和"，完颜亮指其为宋人游说，将韩汝嘉赐死。⑤为鼓励士气，完颜亮还在大军出动时赐给出征将帅一首词作，以展示胜利唾手可得的轻松心情。

① 《金史》卷131《马贵中传》。
② 《三朝北盟会编》卷243，第1746页。
③ 《金史》卷5《海陵纪》，卷129《李通传》；《大金国志》卷15《海陵炀王下》，第208页；《三朝北盟会编》卷242，第1736页。
④ 《三朝北盟会编》卷243，第1745页。
⑤ 《三朝北盟会编》卷231，第1660页；《大金国志》卷15《海陵炀王下》，第206页。

赐御制喜迁莺词曰：旌旄初举，正马力健，嘶风临江渚。射虎将军，落雕都尉，绣帽锦球翘楚。气张断发争奋，卷地一声鼙鼓。笑谈顷，正长江齐骇，六师飞渡。此去无自惰，金印如斗，独在功名取。断锁机谋，垂轮方略，人事本无今古。试舒卧龙韬韫，果见功成朝暮。问江左，想云霓以俟，玄黄迎路。①

完颜亮还明确表示，攻宋战争在百日内即可结束。

海陵召诸将授方略，赐宴于尚书省。海陵曰："太师梁王连年南伐，淹延岁月。今举兵必不如彼，远则百日，近止旬月。惟尔将士无以征行为劳，勠力一心，以成大功，当厚加旌赏。其或弛慢，刑兹无赦。"②

攻宋行动展开后，不仅有大批士兵逃亡，后方"盗贼"蜂起，东京留守完颜雍更于正隆六年十月自立为皇帝。完颜亮虽然已有北返的打算，但还是期望最后一搏，大军渡过长江后再另做打算。③ 当年十一月，完颜亮率大军驻扎在扬州的瓜州渡，"筑坛于采石两岸"，完颜亮登坛祭天后，要求李通按他的口述发出招降宋朝将领王权的檄文。

吾提兵南渡，汝昨望风不敢抗拒，深知汝惧严天威。吾今至江上，见汝南岸兵亦少，止缘吾所用新造船与汝南岸船大小不侔，兼汝操舟进退有度，甚协吾意。汝能尽陪臣之礼，即率众降，大者王，小者侯。若执迷不返，吾渡江，戮汝无赦。④

完颜亮确定了渡江日期，严令属下将领实行，否则杀无赦，并由此引发兵变。兵马都统制完颜元宜与其子完颜王祥及将领徒单守素、唐括乌野等人率兵攻入御营，杀死完颜亮，同时被杀的还有李通、梁珫、郭安国（郭药师之子）、徒单永年等人。完颜元宜还派遣使者前往南京，

---

① 《三朝北盟会编》卷243，第1746页。
② 《金史》卷129《李通传》。
③ 《金史》卷5《海陵纪》，卷82《郭安国传》。
④ 《三朝北盟会编》卷238，第1711—1712页。

杀死了留守的皇太子完颜光英（一说都督府发文给留守南京的太子少师陀满讹里也，命其处死了只有十二岁的完颜光英）。①

元人在修《金史》时，对于貌似贤君、实则严苛荒淫之君的完颜亮有以下评价。

> （完颜亮）与近臣燕语，辄引古昔贤君以自况。显责大臣，使进直言。使张仲轲辈为谏官，而祁宰竟以直谏死。比昵群小，官赏无度，左右有旷僚者，人或以名呼之，即授以显阶。常置黄金裀褥间，有喜之者，令自取之。而淫婪不择骨肉，刑杀不问有罪。至营南京官殿，运一木之费至二千万，牵一车之力至五百人。宫殿之饰，遍傅黄金而后间以五采，金屑飞空如落雪。一殿之费以亿万计，成而复毁，务极华丽。其南征造战舰江上，毁民庐舍以为材，煮死人膏以为油，殚民力如马牛，费财用如土苴，空国以图人国，遂至于败。②

对于元人评价点出的完颜亮苛政特质，可以结合本节所述内容，归纳为六大苛政观念。一是滥杀观，为了维系自己谋得的皇位，肆意杀戮皇室宗亲和大臣，以杀立威并灭绝任何的反抗或不满苗头。二是滥刑观，以杖责的手段约束大臣，使臣僚以惊惧的心理达成对皇帝的绝对服从。三是奢淫观，不惜耗尽国家的财力、物力等，来满足皇帝的淫欲需求。四是虐民观，超出极限地役使民力，全然不顾民众的死活。五是拒谏观，表面的求直言和多次拒绝谏言，乃至处死谏官，所显示的恰是深层次的拒谏心理。六是自大观，既有对内的自大，自以为无所不能，以苛政、恶政为善政；也有对外的自大，以为可以轻而易举地踏平宋朝，统一天下。完颜亮的败亡，就是亡于他的苛政。需要注意的是，以"谋逆"登上帝位的君主，要去除"弑君"的阴影，须以显著的功绩掩盖自己的"恶行"。完颜亮之所以倾全国之力修建中都、南京，并发起攻宋战役，就是要用"天下一统"的超大功绩来彰显自己的"正统"地位，起到"塞人之口"的作用。但是当时并不具备统一的条件，完颜亮强力推进的所谓"统一"，最终只能是以自己被杀而告终。

---

① 《金史》卷5《海陵纪》，卷82《郭安国传》《完颜光英传》，卷129《李通传》，卷131《梁珫传》，卷132《完颜元宜传》；《三朝北盟会编》卷242，第1739页。

② 《金史》卷5《海陵纪》。

第二节　金世宗的善政观念

金世宗完颜雍（1123—1189 年），本名完颜乌禄、完颜褒，完颜阿骨打之孙，完颜宗尧（完颜宗辅、完颜讹里朵、睿宗）之子，[①] 正隆六年（1161）自立为帝后（以下称"世宗"），用大定年号，在位二十九年，呈现的是与完颜亮完全不同的善政观念。

一　去旧图新

世宗于完颜亮大举攻宋时自立为皇帝，在完颜亮被杀后的重要举措，就是去旧图新，稳定金朝在中国北方地区的统治。

（一）颁布惟新之令

正隆六年十月，世宗在李石、完颜福寿、高忠建、卢万家奴等人的支持下，于东京（辽阳）即皇帝位。[②] 宋人苗耀在《神麓记》中收录了世宗即位诏书的全文。[③] 首先，世宗在即位诏书中列出了完颜亮在位期间的十七条罪状。

> 朕惟前君（金熙宗）乃太祖高皇帝之长孙，受文烈遗命，嗣应神器，十有五年，内抚外宁，近安远至。虽晚年刑戮过甚，而罪不及民。前岐国王（完颜）亮，位叨宰相，不思尽忠以救，敢行篡弑。自僭窃以来，昏虐兹甚，是用列其无道，昭示多方。
>
> 一，前来皇叔元帅曹国王（完颜宗敏、阿鲁补），自先朝以亲贤当任，止因篡位之初自怀恐惧，无故杀害。[④]
>
> 一，前来太宗受太祖遗命，不忘至公，传位前君，诸子并当职任，止因篡位之初自怀疑惧，将太宗亲子太保潞国王阿鲁（完颜宗本）、中京留守胡里不（完颜宗固、胡鲁）、阿里（完颜宗懿、阿邻）、留守判宗朝胡里（完颜宗美、胡里甲）、加宰相胡沙（完颜宗哲、鹘沙）、霍王胡东（斛孛速）、郓王神徒马（神土门）、蔡王

---

① 《金史》卷 19《睿宗纪》。
② 《金史》卷 6《世宗纪上》。
③ 《三朝北盟会编》卷 233，第 1674—1676 页。下文所引诏书原文，均本于此。
④ 诏书中所涉之人，见《金史》卷 69《完颜宗敏传》。

乌也（斡列）八人子嗣等七十余口，并以无罪尽行杀戮。①

一，开国功臣晋国王（完颜宗翰）孙领行省、楚国王阿辛（完颜秉德、乙辛），止因篡位之初自怀疑惧，将阿辛并凡子嗣三十余口及驸马、丞相斡古剌（唐括辨、斡骨剌）并宗室海州刺史等五十余口，并以无罪尽行杀戮。②

一，左副元帅、国王撒海（完颜杲、撒里喝）累建功勋，因篡位之初自怀疑惧，计构遥没以白樊书假言官外拾得，令其诬告，并其子御史大夫沙只（完颜宗安）并子孙三十余口，及太祖亲弟辽越国王（完颜斜也）男平章孛急（完颜宗义、孛吉）弟兄子孙一百余口，兵部尚书毛里（完颜谋里野）弟兄子嗣二十余口，太皇太妃（萧氏，完颜阿骨打妃）并子任王喂阿（完颜偎喝），并以无罪尽行杀戮。③

一，前来太祖长女公主兀鲁哥（兀鲁），系曹国王亲姊，因篡位之初，无故杀害。④

一，故西京留守蒲马甲（完颜衮、蒲甲、蒲家）为是亲弟，自怀疑虑，无故杀害。⑤

一，开国功臣、皇叔、太师、梁王（完颜宗弼）长子韩王（完颜亨、孛迭），临民清正，忌其声誉，令其家人诬告，勘问不成，故意杀害。⑥

一，应系开国功臣，太祖、太宗时已经封赠王爵，无故并行追夺。

一，会宁府系太祖兴王之地，所建宫殿，无故拆毁。

一，中都大内，营造累年，殚竭民财，力不可胜。计民力未定，仍拆毁南京大内，再行修盖，并皆穷奢极侈，土木之功前所未有。

一，因伊不儿（完颜矧思阿补）病死，却将乳母并二医人

---

① 诏书中所涉之人，见《金史》卷76《太宗诸子传》。
② 诏书中所涉之人，见《金史》卷132《完颜秉德传》《唐括辨传》。
③ 诏书中所涉之人，见《金史》卷63《太祖崇妃萧氏传》，卷76《完颜宗义传》，卷84《完颜杲传》。
④ 诏书中所涉之人，见《金史》卷120《徒单恭传》。
⑤ 诏书中所涉之人，见《金史》卷76《完颜衮传》。
⑥ 诏书中所涉之人，见《金史》卷77《完颜亨传》。

（谢友正、安宗义）等尽行诛戮。①

一，宋国讲和之后，聘礼不阙，顿违信誓，欲行并吞。动众兴兵，远近嗟怨。医人祁翰副（祁宰）陈谏不可，更不循省，便行诛戮。并旧有军器尽行烧毁，却令改造，遂致公私困竭，生灵飞走，无不凋敝。②

一，昨来皇叔曹国王被杀之后，婶母、国妃纳在宫中，及亲族姊妹姑侄并一应命妇有容色者，恣行烝淫。

一，亡辽豫王子嗣三十余口，天水郡王嗣一百余口，并以无罪横遭杀戮。

一，嫡母太后（徒单氏）曾言不可南征之事，手自戕杀，其大逆无道，古今未闻。③

一，德宗嫡孙节度使母妻子弟并太师梁王儿孙妇，曹国王次夫人并子及韩国夫人并儿妇孙妇等，并以无罪尽行诛戮。

一，枢密使（仆散师恭）、北京、西京留守（萧怀忠、萧赜）等，因北征回，并加族诛，宰执亦被鞭挞。④

其余过恶，不可备举。前录数条，稔于闻见，遂致天怒人愤，众叛亲离。

世宗列出的这十七条罪状，主要是完颜亮的滥杀、滥刑、奢侈、役民、黩武等恶行。列出这些罪状，就是要申明自己肩负着替代昏君、暴君的重大使命。

其次，世宗在即位诏书中强调了继承帝位的正当理由，并宣布改元和大赦天下。

朕方留守东京，遵养时晦，四方豪杰、将士、吏民咸怀怨苦，无所控告，自远而至者数十万众。日来赴愬，再三敦请，不谋同辞，咸以太祖皇帝聪明神圣，应期抚运，皇孙继嗣，止予一人，历数有归，不期而会。朕推诚固让，至于再三，请者益坚，辞不获

---

① 诏书中所涉之人，见《金史》卷82《完颜矧思阿补传》。
② 诏书中所涉之人，见《金史》卷83《祁宰传》。
③ 诏书中所涉之人，见《金史》卷63《海陵嫡母徒单氏传》。
④ 诏书中所涉之人，见《金史》卷91《萧怀忠传》，卷132《仆散师恭传》。

已，恭念太祖创业之艰难，祖宗之社稷深惧乏祀，特俯徇群情，勉登大宝。临御之始，如履春冰，宜推肆眚之恩，以布惟新之令。大赦天下，改正隆六年为大定元年。十月八日昧爽以前，除杀祖父母、父母不赦外，罪无轻重，已结正未结正，已发觉未发觉，咸赦除之。内外大小职官并与覃恩，仍委尚书省条奏施行。

再次，世宗在诏书中列出了即位后立即实施的十二条施政措施。

一，昨来签军著军人，其间多有贫难之人，欠少官钱私债及典雇兄弟、子孙妻女、姊妹，或父母自行典雇，深可怜悯。赦书到日，不问新旧，尽行放免。

一，据南京等处修盖夫匠，尽行放免。

一，据契丹老和尚等昨因签差南征，遂致叛反。赦书到日，并许径至附近官司投首，并许原免，依旧复业。

一，据昨因契丹人等作过，其间被军人等将不在作过数内外官员、百姓及著军人等命妇、妻女、子孙驱奴，并左右邻人一例驱奴，令来自可怜恤。赦书到日，仰随处官司一一刷会，勘验端的，发遣本处，依旧团聚住坐。所有正系作过人等，若从与军人斗敌阵亡，虏了家眷、驱奴，不在与放免。如前来败失在逃，即自新来投首，除亲属外，付本国人团聚，将到驱奴，准已收虏为定。

一，据逃军离背军帅主，并避役夫匠，或犯罪在逃良贼人等，赦书到处，并限一百日内许令陈首，与免本罪安坐，更不惩断。内军人分付本军收管。如限期不首，复罪如初。

一，据亡命山泽，聚为盗寇，赦书到处，并限一百日经所在官司陈首，与免本罪，分付原籍收管。如系据头领，能劝率徒众出首，委所在官司据姓名申复尚书省奏闻，当议别加旌赏。

一，据自抚定以来，不论如何断讫流移在他所人等，并放还乡。

一，据自来除名、开落官吏，如不犯正枉法赃并真盗，并与改正，量才收用。

一，据自逃亡死绝户名下所著大小差发并租税粮，赦书到，并行除放。

一，据五岳四渎、名山大川、圣帝明王、忠臣烈士，载在祀典者，所在官司岁时致祭。

一，据诸处暴露骨骸无人收葬者，并委所在官司如法埋瘗。

一，应合改正、征收、追究事件，并准制条施行。

于戏，以宽而众可御，敢希尧舜之仁。代虐而民允怀，庶及汤王之德。尚赖文武励翼，忠良襄赞，咸告嘉猷，永臻至治。咨尔兆庶，体予至怀。赦书日行五百里，敢以赦前事相告言者，以其罪罪之，到日主者施行。

诏书中针对征兵、役民过急弊政的有除典雇、放夫匠、免驱奴、赦逃兵、恤流民、去绝户租税六条措施；针对官逼民反的有赦反叛、平盗寇两条措施；重建社会礼仪规范的有重祭祀、埋遗骨两条措施；针对官员的有重新录用和依制改正弊政两条措施。需要注意的是，这些措施只是要显示世宗所追求的"至治"与完颜亮的苛政有天壤之别，以这样的政治宣示来争取民心，因为他当时能够控制的只是东京地区，还不具备掌控全局的条件。

（二）居中都号令天下

世宗即位之后，为对抗完颜亮，既可以前往上京，也可以前往中都，李石、张玄素和独吉义都力主前往中都，世宗采纳了他们的建议。

阿琐杀同知中都留守蒲察沙离只，遣使奉表东京，而群臣多劝世宗幸上京者。（李）石奏曰："正隆（完颜亮）远在江、淮，寇盗蜂起，万姓引领东向，宜因此时直赴中都，据腹心以号令天下，万世之业也，惟陛下无牵于众惑。"上（世宗）意遂决，即日启行。[1]

世宗即位，（张）玄素来见于东京。……玄素与李石力言宜早幸燕京，上深然之。[2]

上（世宗）谓（独吉）义曰："正隆率诸道兵伐宋，若反旌北

---

[1] 《金史》卷86《李石传》。

[2] 《金史》卷83《张玄素传》。

指，则计将安出?"义曰:"正隆多行无道，杀其嫡母，阻兵虐众，必将自毙。陛下太祖之孙，即位此其时也。"上曰:"卿何以知之?"义曰:"陛下此举若太早，则正隆未渡淮，太迟则窝斡必太炽。今正隆已渡淮，窝斡未至太盛，将士在南，家属皆在此，惟早幸中都为便。"上嘉纳之。次榛子岭，世宗闻海陵死于军中，谓义曰:"信如卿所料。"①

为进一步昭示完颜亮的罪恶，世宗在赴中都之前即下诏改葬金熙宗，张棣在《正隆事迹记》中记录了这份诏书。

朕惟熙宗孝成皇帝，以武元嫡孙受文烈顾命，即位十有五年，偃兵息民，中外乂安。惟海陵郡庶人亮包藏祸心，觊觎神器，除煽奸党，遂成篡逆，而又厚诬降从王封。亮既得志，肆其凶残，不道之极，至于杀母，人怨神怒，自底诛灭。惟皇眷佑于我家，肆予一人，缵承先绪，暴其悖恶，贬为庶人，仍出其殡于兆域之外。仰惟熙宗位号宜正，是以间者稽之礼文，升附太庙，复加美谥，尊而宗之。惟是葬非其所，盖常慊然，爰命有司卜地涓日，奉还梓官。已于十月初八日，备礼改葬于思陵，庶几有以安慰在天之灵。播告中外，咸使闻知，故兹诏示，想宜知悉。②

世宗还正式下诏，为金熙宗加封了谥号，诏文见本书第八章，无须赘述。

世宗于大定元年（正隆六年）十一月启程前往中都，十二月入中都，此时完颜亮已死，世宗所面临的最艰巨任务，就是使全国的军队归附于新皇帝的管束，他为此特别发出了优待出征将士的诏书。

朕仰惟太祖皇帝肇造区夏，万国咸服。迨十载而正隆（完颜亮）失道，不务持守，害虐黎庶，无名弄兵，致尔将士军卒遂勤征役，暴露风霜，失仰事俯育之乐，朕甚悯之。自应推戴以来，再欲班师，然边衅既成，未底宁息，征戍之谋，固非得已。重念赏典不

① 《金史》卷86《独吉义传》。
② 《三朝北盟会编》卷232，第1676—1677页。

明，酬庸未允，而又或失于稽缓。今敕有司增多旧格，比之国朝累
行赏格，特加优异，颁降空名恩命。仍出内帑金币，以助赐与，一
敕副元帅仰于军前视功轻重，书填支赐。于戏，报国之心，人所共
有。尔其奋励忠节，却敌御侮，以息民生，永底平泰，岂特予一人
之庆，亦使尔士卒安业富贵，泽及子孙，岂不韪与。其新定随等军
功官赏，已令尚书省颁降施行。故兹诏示，想宜知悉。①

南征宋朝的金军渡淮河北返时船只不足，又遭宋军攻击，损失惨
重。② 统率南征大军的完颜昂和留守南京的张浩都派使者向世宗上表称
臣，并于大定二年前往中都朝觐世宗，世宗保留了他们的官职，并特别
对张浩表示："朕思天位惟艰，夙夜惕惧，不遑宁处。卿国之元老，当
勉力赞治，宜令后世称扬德政，毋失委注之意也。"③

在陕西等地的金军亦需安抚，世宗特别给在陕西的兵马都统徒单合
喜颁发了一份手诏："岐国（完颜亮）失道，杀其母后，横虐兄弟，流
毒兆庶。朕惟太祖创业之艰难，勉应大位。卿之子弟皆自军中来归，卿
国家旧臣，岂不知天道人事。卿军不多，未宜深入，当领军屯境上。陕
右重地，非卿无能措画者。俟兵革既定，即当召卿，宜自勉之。"张中
彦亦在安抚陕西将士中起了重要作用，"世宗即位，赦书至凤翔，诸将
惶惑不能决去就，中彦晓譬之，诸将感悟，受诏。上（世宗）召中彦
入朝，以军付统军合喜"④。

在北疆征讨契丹叛乱的军队，统军将领是白彦敬。世宗即位后派使
者招其归附，白彦敬拒不奉诏，将使者杀死。世宗发兵北上，白彦敬面
临军事压力，不得不表示臣服。⑤ 大定二年正月，心怀不满的将领完颜
可喜等人谋反，被人告发，世宗下令处死参与谋反的将领，以保证军队
的稳定。⑥

安抚了军队之后，世宗下令出兵平息由移剌窝斡等人主导的契丹部
族叛乱，并发出了招降诏书："应诸人若能于契丹贼中自拔归者，更不

---

① 《三朝北盟会编》卷 232，第 1677 页。
② 《金史》卷 73《完颜阿邻传》。
③ 《金史》卷 83《张浩传》，卷 84《完颜昂传》。
④ 《金史》卷 79《张忠彦传》，卷 87《徒单合喜传》。
⑤ 《金史》卷 84《白彦敬传》。
⑥ 《金史》卷 6《世宗纪上》，卷 69《完颜可喜传》，卷 82《高松传》。

问元初首从及被威胁之由，奴婢、良人罪无轻重并行免放。曾有官职及纠率人众来归者，仍与官赏，依本品量材叙使。其同来人各从所愿处收系，有才能者亦与录用。内外官员、郎君、群牧直撒百姓人家驱奴、宫籍监人等，并放为良，亦从所愿处收系，与免三年差役。或能捕杀首领而归者，准上施行，仍验劳绩约量迁赏。如捕获窝斡者，猛安加三品官授节度使，谋克加四品官授防御使，庶人加五品官授刺史。"世宗还特别发出了禁止滥杀的诏令："应契丹贼人，与大兵未战已前投降者，不得杀伤，仍加安抚。败走以后，招诱来降者，除奴婢准已虏为定外，亲属分付圆聚，仍官为换赎。"平叛取得重大胜利后，世宗又发出诏书，重点是妥善安置降民。

> 自契丹作逆，有为贼诖误者，不问如何从贼，但能复业，与免本罪。如能率众来附，或能杀捕首领而降，或执送贼所扇诱作乱之人，皆与量加官爵。朕念正隆（完颜亮）南征，猛安亡者招还被戮，已命其子孙袭其职。尔等勿惩前事，故怀迟疑。贼军今既破散，山后诸处皆命将士遏其逃路，尔等虽欲不降终将安往。若犹疑贰，俱就焚灭，悔无及矣。

> 平章政事右副元帅忠义使使来奏大捷。或被军俘获，或自能来服，或无所归而投拜，或将全属归附，或分领家族来降，或尝受伪命，及自来曾与官军斗敌，皆释其罪。其散亡人内，除窝斡一身，不以大小官员是何名色，却来归附者，亦准释放。有能诛捕窝斡，或于不从招纳亡去人内诛捕以来，及或能率众于掌军官及随处官司投降者，并给官赏。各路抚纳来者，毋得辄加侵损。无资给者，不以是何路分，随有粮处安置，仍官为养济。①

大定二年九月，移剌窝斡等被擒获，北疆恢复安定局面。世宗将注意力转向南方，着手解决金、宋的战和问题。

（三）恢复金、宋通和关系

完颜亮被杀后，统领征宋大军的完颜昂担心北还时"宋人蹑其

---

① 《金史》卷133《移剌窝斡传》。

后"①，于大定元年十二月以都督府的名义向宋朝发出公牒，明确提出了修好退兵的要求。

> 大金大都督府牒宋国三省枢密院：国朝自太祖皇帝创业开基，奄有天下，迄今四十余年。其间讲信修睦，兵革寝息，百姓安业。不意正隆（完颜亮）失德，师出无名，使两国生灵皆被涂炭。今奉新天子（世宗）明诏，已从废殒。大臣将帅方议班师赴阙，各宜戢兵，以敦旧好。

宋朝边将将金人的公牒呈报宋高宗，宋高宗则明确表示："金主既灭，余皆南北之民，驱迫而来，彼复何罪。今即日袭逐，固可使只轮不返，然多杀何为。但檄诸将，迤逦进师，会合京畿，收复故疆，抚定吾民足矣。"② 也就是说，宋军并不阻拦金军主力北返，而是要乘机收复部分失地。

世宗抵达中都的大定元年十二月，即派高忠建、张景仁出使宋朝，"以罢兵、归正隆（完颜亮）所侵地报谕宋国"，在给宋人的国书中显示了恢复双方和好关系的强烈意愿。

> 审膺骏命，光宅丕图，德合天人，庆均退迩。比因还使，当露悃悰。爰从海上之盟，获讲邻封之信，中更多故，频紊始图。
> 愿画旧疆，宠还敝国，结兄弟无穷之好，垂子孙可久之谋，庶令南北之民，永息干戈之苦。③

宋人记录的世宗国书，文字略有不同，可列出以备参考。

> 国书略曰："使介未庭，缄题越式，固违群议，特往报书。"又曰："宣靖既迁，楚齐继及，叙海道，定君臣之事。"又曰："海陵失德，江介兴师，过乃止于一身，盟固难于屡变。"又曰："尺书侮慢，既匪藩臣，寸地侵陵，又违誓表。"又曰："殊无致贺之

---

① 《金史》卷84《完颜昂传》。
② 《三朝北盟会编》卷246，第1768—1769页。
③ 《大金国志》卷16《圣宗圣明皇帝上》，第222—223页。

词，继有难从之请。"又有"若使干戈不息，赋敛繁兴，坠民涂炭，咎将谁执"之意，而末句云："尚敦旧好，勿恂群言。"①

高忠建出使宋朝的主要目的是向宋人告知世宗即位，但是他亦明确表示："本朝皇帝宽仁爱物，傥贵朝遣一介之使往议，则无不可矣。"宋高宗随即派洪迈等人来贺世宗即位，并请求三事，一是归钦宗梓宫，二是还河南故地，三是罢臣礼及岁贡，彼此用敌国礼。洪迈等人因国书的用词等发生争执，和议暂时搁浅。

（洪）迈等（大定二年）六月十日至燕京，馆于会同馆。（完颜）衰（世宗）遣兵部侍郎高文升等接伴，持所与国书及二使沿路谢表来还，云："礼数未是，不敢受。请依前来礼例，国书用表，国信称陪臣方可。不然，臣下不敢奏知皇帝。"迈等对曰："昔本朝皇帝所以不惮卑屈者，以太母、钦宗之故也。太母、钦宗既已上仙，本朝皇帝又以两国生灵之故，不欲遽违盟好，姑循旧例。去岁歧王（完颜亮）首覆盟信，无故兴师，两国既已交兵，则是大义已绝，安可复旧礼哉。"高文升等曰："昨歧王无道，师出无名，已从废殒矣。今主上仁慈圣德，岂可复与歧王比哉。若国信早换表来，当即为奏知，有所议事，庶得早毕。不然，恐国信卒未得见皇帝，亦未有还期。"迈等曰："奉命出疆，而擅易国书，当若是耶？且如侍郎他日衔命出疆，还敢以朝廷国书擅自更易否？"相与辩论，至晚不决。文升等去，亦不具顿膳，迈等皆不食者经夕。

至十二日，文升等复来，云："不知已换书否？"迈等云："断不敢易。"又云："若国信坚执不从，恐为国别生事。"迈等对曰："奉命一介使耳，若贵朝必欲生事，无过见留及一死耳。"复争辩久之，文升怒，遽揖去，云："国书既不可易，国信谢表亦不可易耶？请更从长计议，无贻后悔。"文升既去，迈等议曰："国书既已力争见听，如换表乃吾臣子之辱耳，自可从。"洎晚文升复遣介至，遂署表、国书与之去。俄顷，使押宴至，日已夕矣。

_____

① 周必大：《龙飞录》，《文忠集》卷164，四库全书本。

　　至十五日，方见衰，首责以国书之礼非，所请三事皆不见允。且言："大臣议欲留卿辈，朕以卿将命远来良劳，姑且归之。归为朕语：傥以旧境见还，复笃邻好可也。"迈等唯唯而退。①

　　由于宋人有持续的军事行动，大定二年十月，世宗命纥石烈志宁"经略南边"。十一月，又命仆散忠义统领南境抗宋诸军，并对其明言："彼若归旧疆，贡礼如故，则可罢兵。"仆散忠义到南京后，于大定三年（宋孝宗隆兴元年）三月命纥石烈志宁致书宋朝将领张浚，提出了和议的要求："可还所侵本朝内地，各守自来画定疆界，凡事一依皇统以来旧约，帅府亦当解严。如必欲抗衡，请会兵相见。"此后，仆散忠义等人又明确提出以归还四州地、岁币如旧、改正名分、归还归正人"四事"作为和谈条件，宋孝宗则明确表示："四州地、岁币可与，名分、归正人不可从。"大定三年十月，宋朝使者卢仲贤等到南京，向仆散忠义强调宋人的要求："割河南地，及所与大金岁币如祖宗旧与契丹数，彼此用敌国礼，各部还归附人。"仆散忠义则强调："若尽还所侵地，依旧画淮为境，及岁币如秦桧所许之数方可。"卢仲贤等人答应了仆散忠义的条件，但回到临安后即以擅自许割地下狱，和议仍未达成。②

　　大定四年正月，宋朝使者胡昉到南京向仆散忠义告知卢仲贤擅自许割地事，仆散忠义则明确表示："昨为南宋所侵地，我已渐取了，止唐、邓、海、泗尚在彼，我若出师自宜得，但恶多杀耳。宋朝若以生灵之故，善割地还我以约合，此万世之利也。不然，江南民弱兵困，岂皆利矣。"胡昉难以答应仆散忠义的要求，被仆散忠义扣留，世宗特别下诏要求放回胡昉。当年八月，宋朝派使者向仆散忠义等表示可以接受金人的议和条件，仆散忠义向世宗请示如何应对，世宗表示："若宋人归疆，岁币如昔，可免奉表称臣，许世为侄国。"此后金、宋之间往返交涉，主要纠缠于和约誓书的文字，金朝一方负责文书处理的是翰林待制张景仁，"仆散忠义伐宋，景仁掌其文辞，宋人议和，朝廷已改奉表为国书，称臣为侄，

　　① 《中兴御侮录》卷下，丛书集成本。
　　② 《金史》卷6《世宗纪上》，卷87《仆散忠义传》；《宋史》卷33《孝宗纪一》；《中兴御侮录》卷下。

但不肯世称侄国。往复凡七书，然后定，其书皆景仁为之"①。

在金、宋交涉过程中，纥石烈志宁对议和持反对意见，他在给世宗的上书中表示："江南指日可下，止候兵粮之足，便当长驱而渡。"世宗则强硬地表态："昨歧王（完颜亮）图画累年，兴师百万，尚不克济。今汝以数万众欲求得志，果若江南可下，听汝自取之，我更当割河南地与若自守。万一失利而退，我定不汝纳，已遣兵河上把截，有一人一骑敢过者，悉皆斩之。"纥石烈志宁遂不敢再阻挠和议。②

由于宋军突然向宿州等地发起进攻，和议进程受阻。世宗一方面于大定四年十一月命令仆散忠义、纥石烈志宁出兵，做出"伐宋"的姿态，并在楚州等地大败宋军；另一方面则强调："昔宋人言遣使请和，乘吾无备遂攻宿州，今为我军大败，杀戮过当，故不敢复通问。朕哀南北生灵久困于兵，本欲息民，何较细故，其令帅府移书宋人，以议和好。"在金、宋双方的共同努力下，和议于大定四年闰十一月正式达成，"宋世为侄国，约岁币二十万两、匹"，"易岁贡为岁币，减十万，割商、秦地，归被俘人，惟叛亡者不与，誓目大略与绍兴同"③。宋人在国书中明确表示："修好齐盟，出于初议。中因曲见，或为矛盾之言，致此数年未讲衣裳之会。兹聆嘉报，不替旧欢。仰卫社之大忠，感睦邻之高谊。已遵约束，无复异同。"④

宋孝宗派魏杞带国书于大定五年正月在中都觐见世宗，返回宋朝后，魏杞特别向宋孝宗报告了世宗重视两国和好的态度。

> 虏主衷甚宽和，每言及太上皇（宋高宗赵构）必起立。且言两国幸已结好，当彼此守之勿渝。今我与皇帝既为叔侄，上皇即我兄也，愿永以兄事之。⑤

经过数年的交涉，金、宋终于达成和约，终止了由完颜亮引发的两

---

① 《金史》卷84《张景仁传》，卷87《仆散忠义传》；《宋史》卷33《孝宗纪》；《中兴御侮录》卷下。

② 《中兴御侮录》卷下。

③ 《金史》卷6《世宗纪上》，卷87《仆散忠义传》，卷107《高汝砺传》；《宋史》卷33《孝宗纪一》。

④ 《大金国志》卷16《圣宗圣明皇帝上》，第226页。

⑤ 《中兴御侮录》卷下。

国交战状态，世宗亦由此实现了终结完颜亮恶政的目标，转而建构自己所期许的善政体系。

二　尊崇治道

世宗崇尚儒家的治道观念，既能注意吸取完颜亮无道殒身的深刻教训，也能以史为鉴，提出善于治国的各种要求。

（一）失道者亡

世宗即位时列举的完颜亮各种罪状，还不能深刻揭示完颜亮为何如此可恶，只有说明其"失道"即违背治道的种种表现，才能引以为戒。为此，世宗特别结合时政，强调了"六戒"。

一是戒独断专行。大定二年八月，世宗对宰臣说："正隆（完颜亮）专任独见，故取败亡。朕早夜孜孜，冀闻谠论，卿等宜体朕意。"

二是戒不辨人才。大定七年十月，世宗对宰臣说："海陵不辨人才优劣，惟徇己欲，多所升擢。朕即位以来，以此为戒，止取实才用之。近闻蠡州同知移剌延寿在官污滥，询其出身，乃正隆时鹰房子。如鹰房、厨人之类，可典城牧民耶。自今如此局分，不得授以临民职任。"大定二十年十二月，世宗又对宰臣说："岐国（完颜亮）用人，但一言合意便升用之，一言之失便责罚之。凡人言辞，一得一失，贤者不免。自古用人咸试以事，若止以奏对之间，安能知人贤否。朕之取人，众所与者用之，不以独见为是也。"

三是戒严苛吏治。大定十四年三月，世宗对宰臣说："海陵纯尚吏事，当时宰执止以案牍为功。卿等当思经济之术，不可狃于故常也。"大定十五年闰九月，世宗又对纥石烈良弼说："海陵时，领省秉德、左丞相言皆有能名，然为政不务远图，止以苛刻为事。言及可喜等在会宁时，一月之间，杖而杀之者二十人，罪皆不至于死，于理可乎。海陵为人如虎，此辈尚欲以术数要之，以至卖直取死，得为能乎。"

四是戒滥杀无辜。大定十三年六月，世宗对皇太子和诸王说："或称海陵多能，何也。海陵谲诈，睢盱杀人，空虚天下三分之二。"大定十六年九月，世宗又对左丞相纥石烈良弼说："海陵非理杀戮臣下，甚可哀悯。其字论出等遗骸，仰逐处访求，官为收葬。"大定十七年正月，世宗正式下诏："海陵时，大臣无辜被戮家属籍没者，并释为良。辽豫王、宋天水郡王被害子孙，各葬于广宁、河南旧茔。""天水郡王亲属于都北安葬外，咸平所寄骨殖，官为葬于本处。辽豫王亲属未入本茔者，亦迁祔之。"

五是戒滥用民力。大定九年五月，尚书省要求为兴造越王永中、隋王永功府邸调发役夫，世宗明确表示："朕见宫中竹有枯瘁者，欲令更植，恐劳人而止。二王府各有引从人力，又奴婢甚多，何得更役百姓。尔等但以例为请，海陵横役无度，可尽为例耶。自今在都浮役，久为例者仍旧，于并官给佣直，重者奏闻。"

六是戒疏远宗亲。大定二十三年十二月，世宗对宰臣说："海陵自以失道，恐上京宗室起而图之，故不问疏近，并徙之南。岂非以汉光武、宋康王之疏庶得继大统，故有是心。过虑若此，何其谬也。"①

大定五年，发生了完颜宗望之子完颜京"谋叛"的事件，世宗就此事件特别强调了完颜亮"失道"和自己"修德"的重大区别。

> （完颜）京到西京，京妻尝召日者孙邦荣推京禄命。邦荣言留守官至太师，爵封王。京问："此上更无否？"邦荣曰："止于此。"京曰："若止于此，所官何为。"邦荣察其意，乃诈为图谶，作诗，中有"鹊鲁为"之语，以献于京。京曰："后诚如此乎。"遂受其诗，再使卜之。邦荣称所得卦有独权之兆。京复使邦荣推世宗当生年月，家人孙小哥妄作谣言诳惑京，如邦荣指，京信之。京妻公寿具知其事。大定五年三月，孙邦荣上变。诏刑部侍郎高德基、户部员外郎完颜兀古出往鞫之，京等皆款伏。狱成，还奏。上（世宗）曰："海陵无道，使光英在，朕亦保全之，况京等哉。"于是，京夫妇特免死，杖一百，除名，岚州楼烦县安置，以奴婢百口自随，官给上田。遣兀古出、刘珫宣谕京，诏曰："朕与汝皆太祖之孙。海陵失道，翦灭宗支，朕念兄弟无几，于汝尤为亲爱，汝亦自知之，何为而怀此心。朕念骨肉，不忍尽法。汝若尚不思过，朕虽不加诛，天地岂能容汝也。"
>
> （大定）十二年，（完颜京）兄德州防御使（完颜）文谋反。上问皇太子、赵王允中及宰臣曰："京谋不轨，朕特免死，今复当缘坐，何如？"宰臣或言京图逆，今不除之，恐为后患。上曰：

---

① 《金史》卷6《世宗纪上》，卷7《世宗纪中》，卷8《世宗纪下》，卷69《完颜元传》。

"天下大器归于有德，海陵失道，朕乃得之。但务修德，余何足虑。"太子曰："诚如圣训。"乃遣使宣谕京，诏曰："卿兄文，旧封国公，不任职事，朕进封王爵，委以大藩。顷在大名，以赃得罪，止削左迁，不知恩幸，乃蓄怨心，谋不轨，罪及兄弟。朕念宋王，皆免缘坐。文之家产应没入者，尽与卿兄子咬住，卿宜悉此意。"

（大定）二十年十一月，上问宰臣曰："京之罪始于其妻，妄卜休咎。太祖诸孙存者无几，朕欲召置左右，不使任职，但廪给之，卿等以为何如？"皆曰："置之近密，臣等以为非宜。"上曰："朕若修德，何以豫怀疑忌。"久之，上复欲召京，宰臣曰："京，不赦之罪也，赦之以为至幸矣，岂可复。"上默良久，乃止。①

世宗能够宽大处理"谋叛"事件，就是不愿意重蹈杀皇亲的覆辙，并以此来体现对失道教训的重视。

（二）以史为鉴

世宗还特别指出："海陵时，修起居注不任直臣，故所书多不实。可访求得实，详而录之。""人君善恶，为万世劝戒，记注遗逸，后世何观。""宋前废帝呼其叔湘东王为'猪王'，食之以牢，纳之泥中，以为戏笑。书于史策，所以劝善而惩恶也。"时任尚书省参知政事的孟浩则回应："良史直笔，君举必书。帝王不自观史，记注之臣乃得尽其直笔。"②为此，世宗特别强调了史官秉笔直书和详细纪事的要求。

大定十二年十一月，上（世宗）屏侍臣与宰臣议事，记注官亦退。上曰："史官记人君善恶，朕之言动及与卿等所议，皆当与知。其于记录无或有隐，可以朕意谕之。"③

大定十八年正月，修起居注移剌杰上书言："朝奏屏人议事，史官亦不与闻，无由纪录。"上以问宰相，（石）琚与右丞唐括安礼对曰："古者史官，言动必书，以儆戒人君，庶几有畏也。周成

①《金史》卷74《完颜京传》。
②《金史》卷88《纥石烈良弼传》，卷89《孟浩传》。
③《金史》卷7《世宗纪中》。

王剪桐叶为圭，戏封叔虞，史佚曰：'天子不可戏言，言则史书之。'以此知人君言动，史官皆得记录，不可避也。"上曰："朕观《贞观政要》，唐太宗与臣下议论，始议如何，后竟如何，此政史臣在侧记而书之耳。若恐漏泄几事，则择慎密者任之。"朝奏屏人议事，记注官不避自此始。①

（大定）二十年，修《熙宗实录》成，帝因谓（完颜守道）曰："卿祖谷神（完颜希尹）行事有未当者，尚不为隐，见卿直笔也。"②

上谕（唐括）安礼："前代史书详备，今祖宗实录太简略。"对曰："前代史皆成书，有帝纪、列传。他日修史时，亦有帝纪、列传，其详自见于列传也。"③

世宗还高度重视以史为鉴，并特别强调了与君德有关的九条要求。

一是君主从俭的要求，既要避免奢靡的享受，也要杜绝佞佛等行为，还要时时牢记民间的疾苦。

大定八年正月，（世宗）谓秘书监移剌子敬等曰："昔唐、虞之时，未有华饰，汉惟孝文务为纯俭。朕于宫室惟恐过度，其或兴修，即损宫人岁费以充之，今亦不复营建矣。如宴饮之事，近惟太子生日及岁元尝饮酒，往者亦止上元、中秋饮之，亦未尝至醉。至于佛法，尤所未信。梁武帝为同泰寺奴，辽道宗以民户赐寺僧，复加以三公之官，其惑深矣。"

大定九年正月，上（世宗）与宣徽使敬嗣晖、秘书监移剌子敬论古今事，因曰："亡辽日屠食羊三百，亦岂能尽用，徒伤生耳。朕虽处至尊，每当食，常思贫民饥馁，犹在己也。彼身为恶而口祈福，何益之有。"④

---

① 《金史》卷88《石琚传》。
② 《金史》卷88《完颜守道传》。
③ 《金史》卷88《唐括安礼传》。
④ 《金史》卷6《世宗纪上》。

二是君主勤政的要求，既要以政治守成的姿态用心治理天下，也要尽可能做到有始有终。

> 世宗谓曰："朕昨与宰臣议可授执政者，卿（粘割斡特剌）不在焉。今阿鲁罕年老，斡鲁也多病，吾欲用宗浩，何如？"斡特剌奏曰："彼二人者恐不得力，独宗浩干能可任。"遂用宗浩。又谓曰："朕于天下事无不用心，一如草创时。"斡特剌曰："自古人君，始勤终怠者多矣，有始有终，惟圣人能之。"上曰："唐太宗，至明之主也，然魏征谏以十事，谓其不能有终，是则有终始者，实为难矣。"①

> 后因朝奏日论事上前，世宗谓曰："朕观唐史，见太宗行事初甚厉精，晚年与群臣议多饰辞，朕不如是也。"又曰："唐太宗，明天子也，晚年亦有过举。朕虽不能比迹圣帝明王，然常思始终如一。今虽年高，敬慎之心无时或怠。"（张）汝霖对曰："古人有言，'靡不有初，鲜克有终'，有始有卒者，其惟圣人乎。魏征所言守成难者，正谓此也。"上以为然。②

三是君主纳谏的要求，既要注意求直言和求真言的强烈诉求，也要真正做到善待直言者。

> 大定九年正月，上谓宰臣曰："如海陵以张仲轲为谏议大夫，何以得闻忠言。朕与大臣论议一事，非正不言，卿等不以正对，岂人臣之道也。"

> 大定十七年十月，上谓宰臣曰："近观上封章者，殊无大利害。且古之谏者既忠于国，亦以求名，今之谏者为利而已。如户部尚书曹望之、济南尹梁肃皆上书言事，盖觊觎执政耳，其于国政竟何所补。达官如此，况余人乎。昔海陵南伐，太医使祁宰极谏，至戮于市，此本朝以来一人而已。"

---

① 《金史》卷95《粘割斡特剌传》。
② 《金史》卷83《张汝霖传》。

大定十九年三月，上谓宰臣曰："朕观前代人臣将谏于朝，与父母妻子决，示以必死。同列目睹其死，亦不顾身，又为之谏。此尽忠于国者，人所难能也。"

大定二十七年十月，上谓宰臣曰："朕观唐史，惟魏征善谏，所言皆国家大事，甚得谏臣之体。近时台谏惟指摘一二细碎事，姑以塞责，未尝有及国家大利害者，岂知而不言欤，无乃亦不知也。"①

世宗方兴儒术，诏译经史，擢（移剌履）国史院编修官，兼笔砚直长。一日，世宗召问曰："朕比读《贞观政要》，见魏征嘉谋忠节，良可称叹，近世何故无如征者？"履曰："忠嘉之士，何代无之，但上之人用与不用耳。"世宗曰："卿不见刘仲诲、张汝霖耶，朕超用二人者，以尝居谏职，屡有忠言故也。安得谓之不用，第人材难得耳。"履曰："臣未闻其谏也。且海陵杜塞言路，天下缄口，习以成风。愿陛下惩艾前事，开谏诤之门，天下幸甚。"②

上问宰相："古有居下位能忧国为民直言无忌者，今何以无之？"（石）琚对曰："是岂无之，但未得上达耳。"上曰："宜尽心采擢之。"③

上问曰："朕观前史，有在下位而存心国家，直言为民者。今无其人，何也？"（纥石烈）良弼曰："今岂无其人哉，盖以直道而行，反被谤毁，祸及其身，是以不为也。"④

四是君主恤民的要求，既要注意体恤臣民，更要注意以农为本，亦要注意把握宽政的尺度。

_____

① 《金史》卷6《世宗纪上》，卷7《世宗纪中》，卷8《世宗纪下》。
② 《金史》卷95《移剌履传》。
③ 《金史》卷88《石琚传》。
④ 《金史》卷88《纥石烈良弼传》。

上问宰臣曰："尧有九年之水，汤有七年之旱，而民不病饥。今一二岁不登，而人民乏食，何也？"（纥石烈）良弼对曰："古者地广人淳，崇尚节俭，而又惟农是务，故蓄积多，而无饥馑之患也。今地狭民众，又多弃本逐末，耕之者少，食之者众，故一遇凶岁而民已病矣。"上深然之，于是命有司惩戒荒纵不务生业者。①

大定二十三年闰十一月，上谓宰臣曰："帝王之政，固以宽慈为德，然如梁武帝专务宽慈，以至纲纪大坏。朕尝思之，赏罚不滥，即是宽政也，余复何为。"②

五是君主纳贤的要求，既要注重君主慧眼识贤，也要注重臣僚举荐贤者。

大定十七年十月，上谓宰臣曰："今在位不闻荐贤，何也？昔狄仁杰起自下僚，力扶唐祚，使既危而安，延数百年之永。仁杰虽贤，非娄师德何以自荐乎。"

大定二十六年六月，上谓宰执曰："齐桓中庸主也，得一管仲，遂成霸业。朕夙夜以思，惟恐失人。朕既不知，卿等又不荐，必俟全才而后举，盖亦难矣。如举某人长于某事，朕亦量材用之。朕与卿等俱老矣，天下至大，岂得无人。荐举人材，当今急务也。"又言："人之有干能，固不易得，然不若德行之士最优也。"③

六是君主去奸的要求，既能识别奸佞之人，也能主动做到远小人、去谗言。

大定十九年三月，上谓宰臣曰："奸邪之臣，欲有规求，往往私其党与，不肯明言，托以他事，阳不与而阴为之力。朕观古之奸人，当国家建储之时，恐其聪明不利于己，往往风以阴事，破坏其议，惟择昏懦者立之，冀他日可弄权为功利也。如晋武欲立其弟，

---

① 《金史》卷88《纥石烈良弼传》。
② 《金史》卷8《世宗纪下》。
③ 《金史》卷7《世宗纪中》，卷8《世宗纪下》。

而奸臣沮之，竟立惠帝，以致丧乱，此明验也。"

大定二十一年闰三月，上谓宰臣曰："朕观自古人君多进用谗谄，其间蒙蔽，为害非细，若汉明帝尚为此辈惑之。朕虽不及古之明君，然近习谗言，未尝入耳。至于宰辅之臣，亦未尝偏用一人私议也。"①

七是君主睦亲的要求，尊奉以恩泽善待皇室宗亲的原则。

大定十二年十一月，上谓宰臣曰："宗室中有不任官事者，若不加恩泽，于亲亲之道，有所未弘。朕欲授以散官，量予廪禄，未知前代何如？"左丞石琚曰："陶唐之亲九族，周家之内睦九族，见于《诗》《书》，皆帝王美事也。"②

八是君主改过的要求，强调知道改过乃是君主的美德。

大定二十六年十一月，上谓宰臣曰："朕方前古明君，固不可及。至于不纳近臣谗言，不受戚里私谒，亦无愧矣。朕尝自思，岂能无过，所患过而不改，过而能改，庶几无咎。省朕之过，颇喜兴土木之工，自今不复作矣。"③

九是君主重史的要求，既要注重以史为鉴，更要激发"君主有为"的豪情壮志。

大定十九年三月，上与宰臣论史事，且曰："朕观前史多溢美。大抵史书载事贵实，不必浮辞谄谀也。"

大定二十年十月，上谓宰臣曰："近览《资治通鉴》，编次累代废兴，甚有鉴戒，司马光用心如此，古之良史无以加也。"

大定二十八年十一月，上谓宰臣曰："朕近读《汉书》，见光武所为，人有所难能者。更始既害其兄伯升，当乱离之际，不思报

---

① 《金史》卷7《世宗纪中》，卷8《世宗纪下》。
② 《金史》卷7《世宗纪中》。
③ 《金史》卷7《世宗纪中》。

怨，事更始如平日，人不见戚容，岂非人所难能乎。此其度量盖将大有为者也，其他庸主岂可及哉。"右丞张汝霖曰："湖阳公主奴杀人，匿主车中，洛阳令董宣从车中曳奴下，杀之。主入奏，光武欲杀宣，及闻宣言，意遂解，使宣谢主，宣不奉诏。主以言激怒光武，光武但笑而已，更赐宣钱三十万。"上曰："光武闻直言而怒解，可谓贤主矣，令宣谢主，则非也。高祖英雄大度，驾驭豪杰，起自布衣，数年而成帝业，非光武所及，然及即帝位，犹有布衣粗豪之气，光武所不为也。"①

出自历史观的九条"君德"要求，在具体施政过程中还有所细化，详见下述。

（三）治道要义

在与臣僚的对话中，世宗还强调了治道所需的十大观念，可分列于下。

一是太平观。世宗即位后，派人招降各路统军将帅等，并对招降有功者表示："太平所至，庶几能赞朕致太平矣。"②

二是敬天观。正大二年正月发生日食，世宗不视朝，减膳撤乐，并明确表态："朕每见天象变异，辄思政事之阙，寤寐自责不遑。凡事必审思而后行，犹惧独见未能尽善，每令群臣集议，庶几无过举也。"③

三是人才观。世宗曾向唐括安礼强调："朕思为治之道，考择人材最为难事，其余常务各有程式，非此比也。"④

四是善治观。世宗曾对臣僚明言："朕与卿等治天下，当治其未然。及其有事，然后治之，则亦晚矣。"他向臣僚"问以上古为治之道"，臣僚亦表示："陛下欲兴唐、虞之治，要在进贤、退不肖、信赏罚、薄征敛而已。"⑤

五是共治观。大定八年正月，世宗对宰臣说："朕治天下，方与卿等共之，事有不可，各当面陈，以辅朕之不逮，慎毋阿顺取容。卿等致

① 《金史》卷7《世宗纪中》，卷8《世宗纪下》。
② 《金史》卷97《刘玑传》。
③ 《金史》卷74《完颜京传》。
④ 《金史》卷95《粘割斡特剌传》。
⑤ 《金史》卷89《魏子平传》，卷97《裴满亨传》。

位公相，正行道扬名之时，苟或偷安自便，虽为今日之幸，后世以为何如。"①

六是勤政观。大定十七年十二月，世宗对宰臣说："朕今年已五十有五，若年逾六十，虽欲有为，而莫之能矣。宜及朕之康强，其女直人猛安、谋克及国家政事之未完，与夫法令之未一者，宜皆修举之。凡所施行，朕不为怠。"②

七是文德观。大定二十四年七月，世宗对宰臣说："今时之人，有罪不问，既过之后则谓不知。有罪必责，则谓每事寻罪。风俗之薄如此，不以文德感化，不能复于古也。卿等以德辅佐，当使复还古风。"③

八是忠孝观。大定十三年六月，尚书省奏报有人杀人当死，而亲老无侍，世宗即表示："在丑不争谓之孝，孝然后能养。斯人以一朝之忿忘其身，而有事亲之心乎。可论如法，其亲，官与养济。"大定十四年四月，世宗又特别对皇太子等人说："人之行，莫大于孝弟，孝弟无不蒙天日之佑。汝等宜尽孝于父母，友于兄弟。自古兄弟之际，多因妻妾离间，以至相违。且妻者乃外属耳，可比兄弟之亲乎。若妻言是听，而兄弟相违，甚非理也。汝等当以朕言常铭于心。"大定二十四年七月，世宗还明确要求宰臣："天子巡狩当举善罚恶。凡士民之孝弟渊睦者举而用之，其不顾廉耻无行之人则教戒之，不悛者则加惩罚。"④ 在与臣僚的对话中，亦显示了世宗对忠、孝的要求。

　　世宗与侍臣论古今为臣孰贤不肖，因谓宰相曰："皇统、正隆多杀臣僚，往往死非其罪。朕委卿等以大政，毋违道以自陷，毋曲从以误朕。惟忠惟孝，匡救辅益，期致太平。"（纥石烈）良弼对曰："臣等过蒙嘉惠，虽谫薄，敢不尽心。圣谕谆谆，臣等不胜万幸。"⑤

九是远佞观。大定二十七年二月，世宗要求宰执："近侍局官须选忠直练达之人用之。朕虽不听谗言，使佞人在侧，将恐渐渍听从之

---

① 《金史》卷6《世宗纪上》。
② 《金史》卷7《世宗纪中》。
③ 《金史》卷8《世宗纪下》。
④ 《金史》卷7《世宗纪中》，卷88《唐括安礼传》。
⑤ 《金史》卷88《纥石烈良弼传》。

矣。"他还明确表示:"如劝农使张仅言亦朕旧臣,纯实颇解事,凡朝廷议论,内外除授,未尝得干预。朕观自古人君为谗谄蒙蔽者多矣,朕虽不及古人,然近习憸言未尝入耳。"臣僚亦回应:"诚如圣训,此国家之福也。"①

十是修身观。大定二十八年十一月,世宗对臣僚说:"凡修身者,喜怒不可太极,怒极则心劳,喜极则气散,得中甚难,是故节其喜怒,以思安身,今宫中一岁未尝责罚人也。"②

从世宗重视的十大观念不难看出,他对儒家的治道学说确实有较全面的理解,并能主动与现实政治状况结合,阐释自己的见解。

三 君主纳谏

世宗既注重政治观念和历史经验层面的君主纳谏要求,更注重施政中的纳谏行为,使纳谏成为他在位期间的一大政治特色。

（一）求直言

世宗刚即位,就有官员于大定元年十二月上书"陈便宜事",他在反复阅读上书后表示:"内外官皆上书言事,可以知人材优劣,不然,朕何由知之。"由此,特别发出了要求"内外大小职官陈便宜"的诏书。③

大定二年正月,世宗又特别对宰执强调了求直言的重要性所在:"朕即位未半年,可行之事甚多,近日全无敷奏。朕深居九重,正赖卿等赞襄,各思所长以闻,朕岂有倦怠。"他还明确要求宰执:"卿等当参民间利害,及时事之可否,以时敷奏。不可公余辄从自便,优游而已。"当年闰二月,世宗又对宰臣说:"比闻外议言,奏事甚难。朕于可行者未尝不从。自今敷奏勿有所隐,朕固乐闻之。"他还要求建立快速陈言的机制:"臣民上书者,多敕尚书省详阅,而不即具奏,天下将谓朕徒受其言而不行也,其亟条具以闻。"八月,更正式下诏:"百司官吏,凡上书言事或为有司所抑,许进表以闻,朕将亲览,以观人材优劣。"④世宗所期望的,就是能形成官、民皆上书言事的良好风气。

---

① 《金史》卷8《世宗纪下》,卷133《张仅言传》。
② 《金史》卷8《世宗纪下》。
③ 《金史》卷6《世宗纪上》,卷133《张仅言传》。
④ 《金史》卷6《世宗纪上》。

　　大定初，（高衎）转左司郎中。世宗孜孜求谏，群臣承顺旨意，无所匡正，上曰：“朕初即位，庶政多未谙悉，实赖将相大臣同心辅佐。百姓且上书言事，或有所补。夫听断狱讼，簿书期会，何人不能，如唐、虞之圣，犹曰‘稽于众，舍己从人’。”使衎传诏台省百司曰：“凡上书言事，或为有司沮遏，许进表以闻。”①

　　大定四年八月，世宗又明确向宰臣提出了上书言要事的要求：“卿每奏皆常事，凡治国安民及朝政不便于民者，未尝及也。如此，则宰相之任谁不能之。”大定十年十月和十二月，又重申了这一要求：“朕凡论事有未能深究其利害者，卿等宜悉心论列，无为面从而退有后言。”“比体中不佳，有妨朝事。今观所奏事，皆依条格，殊无一利国之事。若一朝行一事，岁计有余，则其利博矣。朕居深宫，岂能悉知外事，卿等尤当注意。”②

　　大定十一年八月，世宗又对朝臣强调：“朕尝谕汝等，国家利便，治体遗阙，皆可直言。外路官民亦尝言事，汝等终无一语。凡政事所行，岂能皆当，自今直言得失，毋有所隐。”大定十二年正月，世宗又下诏：“凡陈言文字，皆国政利害，自今言有可行，以其本封送秘书监，当行者录副付所司。”③ 对于大臣处理上书言事的疏忽，世宗亦有所批评。

　　上（世宗）召（张）景仁读陈言文字。上问：“事款几何？”景仁率易，少周密，对曰：“二十余事。”复曰：“其中如某事某事十事可行，余皆无谓也。”明日，上召景仁责之曰：“卿昨言可行者，朕观之，中复有不可行者。卿谓无谓者，中亦有可行者。朕未尝使卿分别可否，卿辄专可否，何也，自今戒之。”④

　　大定二十一年四月，世宗向宰臣提出了“言过”的要求：“朕之言行岂能无过，常欲人直谏而无肯言者。使其言果善，朕从而行之，又何难也。”大定二十六年四月，世宗又特别下诏：“凡陈言文字诣登闻检

---

① 《金史》卷90《高衎传》。
② 《金史》卷6《世宗纪上》。
③ 《金史》卷7《世宗纪中》。
④ 《金史》卷84《张景仁传》。

院送学士院闻奏，毋经省廷。"大定二十七年二月，世宗又明确表示了不罪言臣的态度："朕自即位以来，言事者虽有狂妄，未尝罪之。卿等未尝肯尽言，何也？当言而不言，是相疑也。君臣无疑，则谓之嘉会。事有利害，可竭诚言之。朕见缄默不言之人，不欲观之矣。"世宗还曾对宰臣强调："朕在位二十余年，鉴海陵之失，屡有改作，亦不免有缪戾者，卿等悉心奏之。"①

也就是说，世宗在位期间，始终保持着求直言的积极态度，这一点确实难能可贵。

（二）重纳谏

"求直言"表现的是君主的政治意愿，"纳谏"则体现君主的诚恳态度和具体作为，可以列举世宗的八个纳谏事例。

第一个事例是完颜晏劝世宗不要刚即位就沉迷于游猎，被世宗采纳。

> 大定二年正月，上如山陵。礼毕，上将猎，有司已凤备。（完颜）晏谏曰："边事未宁，畋游非所宜也。"上嘉纳之。因谕晏等曰："朕常慕古之帝王，虚心受谏。卿等有言即言，毋缄默以自便。"②

第二个事例是世宗即位后要大肆赏赐部下，被完颜守道劝止。

> 世宗录扈从将士之劳，欲行赏赉，而帑藏空竭，议贷民财以与之。（完颜）守道曰："人罹虐政，方喜更生，今仁恩未及，而征敛遽出，如群望何，宁出宫中所有，无取于民。"遂从其言。③

第三个事例是世宗即位初年觉得御膳不对口味，经由移剌温解释才得以释怀。

> 世宗御馔不适口，召（移剌）温尝之。奏曰："味非不美也，

---

① 《金史》卷8《世宗纪下》，卷89《梁肃传》。
② 《金史》卷73《完颜晏传》。
③ 《金史》卷88《完颜守道传》。

盖南北边事未息，圣虑有所在耳。"上意遂释。①

第四个事例是世宗要为东宫增设建筑，被孟浩劝止。

> 大定七年十月，世宗敕有司东宫凉楼增建殿位，（孟）浩谏曰："皇太子义兼臣子，若所居与至尊宫室相侔，恐制度未宜，固宜示以俭德。"上曰："善。"遂罢其役，因谓太子曰："朕思汉文纯俭，心常慕之，汝亦可以为则也。"未几，皇太子生日，上宴群臣于东宫，以大玉杓、黄金五百两赐丞相志宁，顾谓群臣曰："卿等能立功，朕亦褒赏如此。"又曰："参政孟浩公正敢言，自中丞为执政。卿等能如是，朕亦不次用之。"②

第五个事例是世宗在宫中击毬，马贵中劝其罢危险的击毬活动，世宗不接受他的建议，但解释了其中的缘由是体现女真人的尚武精神。

> 大定八年四月，世宗击毬于常武殿，（马）贵中上疏谏曰："陛下为天下主，守宗庙社稷之重，围猎击毬皆危事也。前日皇太子坠马，可以为戒，臣愿一切罢之。"上曰："祖宗以武定天下，岂以承平遽忘之邪。皇统尝罢此事，当时之人皆以为非，朕所亲见，故示天下以习武耳。"③

第六个事例是世宗多次表示纳谏的诚恳态度，其不专断行事的作风亦被臣僚所认可。

> 大定十一年十月，上谓宰臣曰："朕已行之事，卿等以为成命不可复更，但承顺而已，一无执奏。且卿等凡有奏，何尝不从。自今朕旨虽出，宜审而行，有未便者，即奏改之。或在下位有言尚书省所行未便，亦当从而改之，毋拒而不从。"
> 大定十六年十二月，上谕宰臣曰："凡已经奏断事有未当，卿

① 《金史》卷82《移剌温传》。
② 《金史》卷89《孟浩传》。
③ 《金史》卷131《马贵中传》。

等勿谓已行，不为奏闻改正。朕以万几之繁，岂无一失，卿等但言之，朕当更改，必无吝也。"

大定十七年六月，谓宰臣曰："朕年老矣，恐因一时喜怒，处置有所不当，卿等即当执奏，毋为面从，成朕之失。"①

上谓宰臣曰："朕为天子，未尝敢专行独断，每事遍问卿等，可行则行之，不可则止也。"（石）琚与平章政事唐括安礼奏曰："好问则裕，自用则小，陛下行之，天下幸甚。"②

第七个事例是世宗对于敢于直言者，给予鼓励和表彰。

大定十七年十月，上命宰臣曰："监察御史田忠孺尝上书言事，今当升擢，以励其余。"③

大定二十三年，（程辉）拜参知政事。世宗谕之曰："卿年虽老，犹可宣力。事有当言，毋或隐默，卿其勉之。"一日，辉侍朝，世宗曰："人尝谓卿言语荒唐，今遇事辄言，过于王蔚。"顾谓宰臣曰："卿等以为何如？"皆曰："辉议政可否，略无隐情。"辉对曰："臣年老耳聩，第患听闻不审，或失奏对。苟有所闻，敢不尽心。"④

第八个事例世宗在黄久约的建议下停止递送荔枝，并表示自己对此事并不知情。

大定二十六年十二月，上退朝，御香阁，左谏议大夫黄久约言递送荔支非是，上谕之曰："朕不知也，今令罢之。"上谓宰臣曰："有司奉上，惟沽办事之名，不问利害如何。朕尝欲得新荔支，兵部遂于道路特设铺递。比因谏官黄久约言，朕方知之。夫为人无

① 《金史》卷6《世宗纪上》，卷7《世宗纪中》。
② 《金史》卷88《石琚传》。
③ 《金史》卷7《世宗纪中》。
④ 《金史》卷95《程辉传》。

识，一旦临事，便至颠沛。宫中事无大小，朕常亲览者，以不得人故也，如使得人，宁复他虑。"①

除了这些事例外，在用人和处理具体政务中世宗还有不少纳谏举动，将在后文提及。

（三）议政之风

世宗的"求直言"和"纳谏"，带动了朝廷的议政之风，臣僚针对朝政的各种问题，提出了治国理政的综合性看法，可举要者于下。

梁肃曾专门针对经济问题两次上书朝廷，一次未引起重视，另一次则被世宗高度重视。

（梁）肃上疏言："方今用度不足，非但边兵耗费而已。吏部以常调除漕司僚佐，皆年老资高者为之，类不称职。臣谓凡军功、进士诸科、门荫人，知钱谷利害，能使国用饶足而不伤民者，许上书自言，就择其可用，授以职事。每五年委吏部通校有无水旱，屯兵视其增耗而黜陟之。自汉武帝用桑弘羊，始立榷酤法，民间粟麦岁为酒所耗者十常二三，宜禁天下酒曲，自京师及州郡官务，仍旧不得酤贩出城，其县镇乡村，权行停止。"不报。

肃上疏论生财舒用八事："一曰罢随司通事。二曰罢酒税司杓栏人。三曰天水郡王本族已无在者，其余皆远族，可罢养济。四曰裁减随司契丹吏员。五曰罢榷醋，以利与民。六曰量减盐价，使私盐不行，民不犯法。七曰随路酒税许折纳诸物。八曰今岁大稔，乞广籴粟麦，使钱货流出。"上曰："赵氏养济一事，乃国家美政，不可罢。其七事，宰相详议以闻。"②

石琚曾于大定二年上书言六事："大概言正纪纲，明赏罚，近忠直，远邪佞，省不急之务，罢无名之役。"世宗表示重视。③

曹望之曾参与《太宗皇帝实录》的修撰，大定七年八月实录完成后，前往德州任职，后又改任同知西京留守事，在上书中论及了八事。

---

① 《金史》卷8《世宗纪下》。
② 《金史》卷89《梁肃传》。
③ 《金史》卷88《石琚传》。

其一，论山东、河北猛安、谋克与百姓杂处，民多失业。陈、蔡、汝、颍之间土广人稀，宜徙百姓以实其处，复数年之赋以安辑之。百姓亡命及避役军中者，阅实其人，使还本贯。或编近县以为客户，或留为佃户者，亦籍其姓名。州县与猛安事干涉者无相党匿，庶几军民协和，盗贼弭息。

其二，论荐举之法虚文无实。宰相拔擢及其所识，不及其所不识。内外官所举亦辄不用，或指以为朋党，遂不敢复举。宜令宰执岁举三品二人，御史大夫以下内外官终秩举二人，自此以下以品杀为差等。终秩不举者遇转官勒不迁，三品者削后任俸三月。其举者已改除，吏部以类品第，季而上之。三品阙则于类第四品中补授，四品五品以下视此为差。其待以不次者，宰执具才行功实以闻。举当否罪当如律。廉介之士老于令幕无举主者、七考无赃私罪者，准朝官三考劳叙。吏部每季图上外路职官姓名，路为一图，大书赃污者于其名下，使知畏慎。外任五品以上官改除，令代之者具功过以闻。年六十以上者，终更赴调，有司察其视听精力，老疾不堪厘务，给以半禄罢遣。

其三，论守边将帅及沿边州县官渔剥军民，擅兴力役，宜岁遣监察御史周行察之。边部有讼，招讨司无得辄遣白身人征断，宜于省部有出身女直、契丹人及县令丞簿中择廉能者，因其风俗，略定科条，务为简易。征断羊马入官籍数，如边部遇饥馑，即以此赈给之。招讨及都监视事，宜限边部馈送驼马。招讨司女直人户，或撷野菜以济艰食，而军中旧籍马死，则一村均钱补买，往往鬻妻子、卖耕牛以备之。臣恐数年之后，边防困弊，临时赈济，费财十倍而无益，早为之所，则财用省而边备实矣。官给军箭用尽，则市以补之，皆朽钝不堪用，可每岁给官箭一分，以补其阙。边民阙食给米，地远负重，往往就仓贱卖而去，可计口支钱，则公私两便。陕西正副，宜如猛安、谋克用土人一员，队将亦宜参用土人，久居其任。增弓箭田，复其赋役。以廉吏为提举，举察总管府以下官。农隙校阅，以严武备，则太平之时有经略之制矣。

又论六盐场用人，宜令户部公议辟举。

论漕运，先计河仓见在几何，通州容受几何，京师岁费几何。

今近河州县岁税或六七万石，小民有入资之费，富室收转输之利，宜计实数以科税入。

论民间私钱苦恶，宜以官钱五百易私钱千，期以一月易之，过期以销钱法坐之。

论州府力役钱物，户部颁印署白簿，使尽书之，以俟审阅，有畏避不书者坐之。

论工部营造调发，妨民生业。诸路射粮军约量人数，习武艺，期以三年成，以息调民。

书奏，多见采纳。[①]

进士梁襄为劝止世宗巡幸金莲川所上的长篇奏折，涉及治道的一些基本问题，转录于下。

金莲川在重山之北，地积阴冷，五谷不殖，郡县难建，盖自古极边荒弃之壤也。气候殊异，中夏降霜，一日之间寒暑交至，特与上京、中都不同，尤非圣躬将摄之所。凡奉养之具无不远劳飞挽，越山逾险，其费数倍。至于顿舍之处，军骑阗塞，主客不分，马牛风逸以难收，臧获逋逃而莫得，夺攘蹂躏，未易禁止。公卿百官卫士，富者车帐仅容，贫者穴居露处，舆台皂隶不免困踣，饥不得食，寒不得衣，一夫致疾，染及众人，夭伤无辜，何异刃杀。此特细故耳，更有大于此者。

臣闻高城、峻池、深居、邃禁，帝王之藩篱也，壮士、健马、坚甲、利兵，帝王之爪牙也。今行宫之所，非有高殿广宇城池之固，是废其藩篱也。持甲常坐之马，日暴雨蚀，臣知其必羸瘠矣。御侮待用之军，穴居野处，冷啖寒眠，臣知其必疲瘵矣。卫宫周庐才容数人，一旦霖潦积旬，衣甲弓刀沾湿柔脆，岂堪为用，是失其爪牙也。秋杪将归，人已疲矣，马已弱矣，裹粮已空，褚衣已弊，犹且远幸松林，以从畋猎，行于不测之地，往来之间动逾旬月，转输移徙之劳更倍于前矣。

以陛下神武善骑射，举世莫及，若夫衔橛之变，猛挚之虞，姑

---

① 《金史》卷92《曹望之传》。

置勿论。设于行猎之际，烈风暴至，尘埃涨天，宿雾四塞，跬步不辨，以致翠华有崤陵之避、襄城之迷，百官狼狈于道途，卫士参错于队伍，当此宸衷宁无戒悔。夫神龙不可以失所，人主不可以轻行，良谓此也。所次之宫，草略尤甚，殿宇周垣唯用氈布。押宿之官、上番之士，终日驱驰，加之饥渴，已不胜倦。更使彻曙巡警，露坐不眠，精神有限，何以克堪。虽陛下悦以使人，劳而不怨，岂若不劳之为愈也。故君人者不可恃人无异谋，要在处己于无忧患之域也。

燕都地处雄要，北倚山险，南压区夏，若坐堂隍，俯视庭宇，本地所生，人马勇劲，亡辽虽小，止以得燕故能控制南北，坐致宋币。燕盖京都之选首也，况今又有宫阙井邑之繁丽，仓府武库之充实，百官家属皆处其内，非同曩日之陪京也。居庸、古北、松亭、榆林等关，东西千里，山峻相连，近在都畿，易于据守，皇天本以限中外，开大金万世之基而设也。奈何无事之日，越居草莱，轻不赀之圣躬，爱沙碛之微凉，忽祖宗之大业，此臣所惜也。又行幸所过，山径阻修，林谷晻霭，上有悬崖，下多深壑，垂堂之戒，不可不思。

臣闻汉、唐离宫，去长安才百许里，然武帝幸甘泉遂中江充之奸，太宗居九成几致结社之变。太康畋于洛汭，后羿拒河而失邦。魏帝拜陵近郊，司马懿窃权而篡国。隋炀、海陵虽恶德贯盈，人谁敢议，止以离弃宫阙，远事巡征，其祸遂速，皆可为殷鉴也。臣尝论之，安民济众，唐、虞犹难之。而今日之民，赖陛下之英武，无兵革之忧，赖陛下之圣明，无官吏之虐，赖陛下之宽仁，无刑罚之枉，赖陛下之节俭，无赋敛之繁，可谓能安济矣。而游畋纳凉之乐，出于富贵之余，静而思动，非如衣食切身有不可去者，罢之至易耳。唐太宗将行关南，畏魏征而停，汉文帝欲驰霸陵，袁盎谏而遽止。是陛下能行唐、虞之难行，而未能罢中主之易罢，臣所未谕也。

且燕京之凉，非济南之比，陛下牧济南日，每遇炎蒸，不离府署，今九重之内，台榭高明，宴安穆清，何暑得到。议者谓陛下北幸久矣，每岁随驾大小，前歌后舞而归，今兹再出，宁有遽不可乎。臣愚以为患生于不戒者多矣，西汉崇用外戚，而有王莽之祸，梁武好纳叛降，而有侯景之变。今者累岁北幸，狃于无虞，往而不止，臣甚惧焉。夫事知其不可犹冒为之，则有后难必矣。

议者又谓往年辽国之君，春水秋山，冬夏捺钵，旧人犹喜谈之，以为真得快乐之趣，陛下效之耳。臣愚以谓三代之政今有不可行者，况辽之过举哉。且本朝与辽室异，辽之基业根本在山北之临潢，臣知其所游不过临潢之旁，亦无重山之隔，冬犹处于燕京。契丹之人，以逐水草牧畜为业，穹庐为居，迁徙无常，又壤地褊小，仪物殊简，辎重不多，然隔三五岁方能一行，非岁岁皆如此也。我本朝皇业根本在山南之燕，岂可舍燕而之山北乎。上京之人，栋宇是居，不便迁徙。方今幅员万里，惟奉一君，承平日久，制度殊异，文物增广，辎重浩穰，随驾生聚，殆逾于百万。如何岁岁而行，以一身之乐，岁使百万之人困于役、伤于财、不得其所，陛下其忍之欤。臣又闻，陛下于合围之际，麋鹿充牣围中，大而壮者才取数十以奉宗庙，余皆纵之，不欲多杀，是陛下恩及于禽兽，而未及于随驾众多之臣庶也。

议者谓，前世守文之主，生长深宫，畏见风日，弯弧上马皆所不能，志气销懦，筋力拘柔，临难战惧，束手就亡。陛下监其如此，不惮勤身，远幸金莲，至于松漠，名为坐夏打围，实欲服劳讲武。臣愚以为战不可忘，畋猎不可废，宴安鸩毒亦不可怀，然事贵适中，不可过当。今过防骄惰之患，先蹈万有一危之途，何异无病而服药也。况欲习武不必度关，涿、易、雄、保、顺、蓟之境地广又平，且在邦域之中，猎田以时，谁曰不可。伏乞陛下发如纶之旨，回北辕之车，塞鸡鸣之路，安处中都，不复北幸，则宗社无疆之休，天下莫大之愿也。

方今海内安治，朝廷尊严，圣人作事，固臣下将顺之时，而臣以蝼蚁之命，进危切之言，仰犯雷霆之威，陷于吏议，小则名位削除，大则身首分磔，其为身计岂不愚谬。惟陛下深思博虑，不以人废言，以宗庙天下为心，俯垂听纳，则小臣素愿遂获，虽死犹生，他非所觊望也。

世宗虽然接受梁襄的建议，减少了前往金莲川的次数，但是并不完全同意梁襄的观点，并由此引发了他对治乱缘由的评论。

梁襄谏朕毋幸金莲川，朕以其言可取，故罢其行。然襄至谓隋炀帝以巡游败国，不亦过乎。如炀帝者盖由失道虐民，自取灭亡。民心既叛，虽不巡幸，国将安保？为人上者，但能尽君道，则虽时或巡幸，庸何伤乎？治乱无常，顾所行何如耳。岂必深处九重便谓无虞，巡游以时即兆祸乱者哉。①

世宗时朝臣的综合论事尽管留下的文献资料不多，但是反映了纳谏之风下的积极议政风气，值得研究政治思想史的学者重视。

四　选贤任能

经历完颜亮的苛政后，世宗高度重视选贤任能问题，并对官员的选用提出了全面的要求。

（一）择用前朝旧臣

世宗虽然厌恶完颜亮的苛政，但是对于完颜亮重用的大臣并不排斥，依然要发挥他们的作用。如张浩归附世宗后，仍被委以要职，并能积极向世宗推荐人才。

世宗曰："卿（张浩）在正隆（完颜亮）时为首相，不能匡救，恶得无罪。营建两宫，殚竭民力，汝亦尝谏，故天下不以咎汝，惟怨正隆。而卿在省十余年，练达政务，故复用卿为相，当自勉，毋负朕意。"浩顿首谢。居数日，世宗谓浩曰："卿为尚书令，凡人材有可用者，当举用之。"浩举纥石烈志宁等，其后皆为名臣。②

纥石烈良弼则因为曾向完颜亮上谏言，更得到世宗的重视，成为世宗朝的重臣。

海陵死，世宗就以（纥石烈）良弼为南京留守兼开封尹，再兼河南都统，召拜尚书右丞。世宗谓良弼曰："卿尝谏正隆伐宋，不用卿言，以至废殒。当时怀禄偷安之人，朕皆黜之矣。今复用

---

① 《金史》卷96《梁襄传》。
② 《金史》卷83《张浩传》。

卿，凡于国家之事，当尽言，无复顾忌也。"良弼顿首谢。①

即便是完颜亮在位时所用的奸吏刘枢等，世宗还是秉持了用其长处的态度。

世宗欲复用（刘）枢等，御史台奏："枢等在正隆时皆以巧进，败法蠹政，人多怨嫉之。"上以枢等颇干济，犹用之，戒之曰："能悛心改过，必加升擢。不然，则斥汝等矣。"是时，阿勒根彦忠为南京都转运使，不闲吏事，故用枢以佐之。②

策划杀死完颜亮的完颜元宜，世宗即位后被任以御史大夫、平章政事等职，但其他参与者后来都未被重用，只是不再追究罪责而已。

大定十一年，尚书省奏拟纳合斡鲁补除授，上曰："昔废海陵，此人首入弑之，人臣之罪莫大于是，岂可复加官使，其世袭谋克姑听仍旧。"大定十八年，扎里海上言："凡为人臣能捍灾御侮有功者，宜录用之。今弑海陵者以为有功，赏以高爵，非所以劝事君也，宜削夺，以为人臣之戒。臣在当时亦与其党，如正名定罪，请自臣始。"上曰："扎里海自请其罪以劝事君，此亦人之所难。"遂以扎里海充赵王府祗候郎君。③

对于助成完颜亮苛政的萧玉、敬嗣晖等人，世宗则采取了先罢职、后复职或降职使用的方法。

及海陵自将发南京，（萧）玉与张浩留治省事。世宗即位，降奉国上将军，放归田里，夺所赐家产。久之，起为孟州防御使。世宗戒之曰："昔海陵欲杀太宗子孙，借汝为证，遂被进用。朕思海陵肆虐，先杀宗本诸人，然后用汝质成其事，岂得专罪汝等。今复

---

① 《金史》卷88《纥石烈良弼传》。
② 《金史》卷105《刘枢传》。
③ 《金史》卷132《完颜元宜传》。

用汝，当思改过。若谓尝居要地，以今日为不足，必罚无赦。"①

世宗即位，恶（敬）嗣晖巧佞，御史大夫完颜元宜劾奏萧玉、嗣晖、许霖等六人不可用。嗣晖降通议大夫，放归田里。嗣晖练习朝仪，进止应对闲雅，由是起为丹州刺史，戒谕之曰："卿为正隆执政，阿顺取容，朕甚鄙之。今当竭力奉职，以洗前日之咎，苟或不悛，必罚无赦。"

久之，有榜匿名书于通衢者，称海陵旧臣不得用者有怨望心，将图不轨。上（世宗）曰："岂有是哉。"谓嗣晖曰："正隆时，卿为执政，今指卿以为怨望，朕极知其不然。卿性明达能辨，但颇自炫，钓众人之誉，所以致此媒蘖，后当改之。"②

世宗择用前朝皇帝的旧臣，一方面是显示他与完颜亮截然不同的宽容态度，另一方面也昭示了他对人才的重视，不希望因自己的好恶而荒废人才。

（二）慎选宰执

为了达成"君臣共治"的目标，世宗最为重视的就是宰执的选择。

世宗在位时尚书省的制度已经固化，"尚书令、左右丞相、平章政事，是谓宰相，左右丞、参知政事，是谓执政"③。宰相、执政，合称为"宰执"或"宰臣"。大定元年至二十九年的宰执任职情况，可整理于下。

尚书令：张浩（二年二月至三年六月），李石（十年正月至十四年正月），完颜守道（二十一年闰三月至七月），徒单克宁（二十八年十二月）。

左丞相：完颜晏（元年十月至二年四月），仆散忠义（五年五月至六年二月），纥石烈良弼（九年十月至十八年六月），完颜守道（十八年八月至二十一年闰三月，二十一年七月至二十六年四月），徒单克宁（二十一年四月至七月，二十六年四月至二十八年

----

① 《金史》卷76《萧玉传》。
② 《金史》卷91《敬嗣晖传》。
③ 《金史》卷89《移剌子敬传》。

十二月），赵王完颜永中（二十六年四月至五月）。

右丞相：仆散忠义（二年十月至五年五月），完颜宗宪（五年五月至六年九月），纥石烈良弼（六年十二月至九年十月），纥石烈志宁（九年十月至十二年四月），完颜守道（十四年十二月至十八年八月），石琚（十八年八月至十九年八月），徒单克宁（二十年三月至二十一年四月），唐括安礼（二十一年四月，当年去世），乌古论元忠（？至二十三年三月，二十三年十二月至二十五年六月），原王麻达葛（完颜璟，二十六年五月，八月立为皇太孙），完颜襄（二十八年十二月）。

平章政事：仆散忠义（二年六月至十月），完颜（移剌）元宜（二年十月至四年四月），完颜宗宪（三年七月至五年五月），纥石烈良弼（四年七月至六年十二月），纥石烈志宁（五年五月至六年二月），完颜思敬（七年十二月至九年十月），完颜守道（九年十一月至十四年十二月），徒单合喜（九年十二月至十一年六月），徒单克宁（十四年十二月至十六年二月，十七年十一月至二十年三月），石琚（十七年十一月至十八年八月），唐括安礼（十八年九月至二十一年四月），乌古论元忠（二十年三月至？），蒲察通（二十一年闰三月至二十三年十一月），移剌道（？至二十三年七月），完颜崇尹（二十三年七月至二十七年十一月），完颜襄（二十三年闰十一月至二十八年十二月），张汝霖（二十八年十二月）。

左丞：翟永固（二年正月至三年十一月），纥石烈良弼（三年十一月至四年七月），完颜守道（四年八月至九年十一月），石琚（九年十一月至十七年十一月），唐括安礼（十七年十二月至十八年九月），蒲察通（十八年九月至二十一年闰三月），完颜襄（二十一年闰三月至二十三年闰十一月），张汝弼（二十三年闰十一月至二十六年四月），粘割斡特剌（二十六年五月至二十八年七月）。

右丞：仆散忠义（二年正月至六月），纥石烈良弼（二年六月至三年十一月），苏保衡（三年十二月至七年二月），石琚（七年二月至九年十一月），孟浩（九年十一月至十二年四月），唐括安礼（十三年十月至十七年十二月），蒲察通（十七年十二月至十八年九月），移剌道（十八年九月至二十年十一月），完颜襄（二十年十一月至二十一年闰三月），张汝弼（二十一年闰三月至二十三年闰十一月，二十六年十一月至二十七年），粘割斡特剌（二十三年闰十一月至二十六年五月），张汝霖（二十六年五月至二十八年十二月）。

参知政事：李石（元年十一月至三年四月），独吉义（元年十一月至二年三月），移剌元宜（二年二月至十月），完颜毅英（二年十月至三年四月），完颜守道（三年五月至四年八月），苏保衡（三年六月至十二月），石琚（三年十一月至六年十一月，七年正月至二月），唐括安礼（四年八月至七年九月），耨碗温敦兀带（七年五月至十月），孟浩（七年十月至九年十一月），魏子平（八年九月至十一年四月），完颜宗叙（十年三月至十一年七月），敬嗣晖（十一年十月至十二月），移剌道（十二年三月至十八年九月），王尉（十五年至十六年十一月），张汝弼（十六年十一月至二十一年闰三月），粘割斡特剌（十八年九月至二十三年闰十一月），梁肃（二十一年闰三月至二十三年正月），张仲愈（二十三年二月至七月），程辉（二十三年八月至二十六年五月），张汝霖（二十一年闰三月至二十六年五月），马惠迪（二十六年七月），完颜宗浩（二十七年四月），孛术鲁阿鲁罕（二十八年三月至八月），完颜婆卢火（二十八年八月至十二月），刘玮（二十八年十二月）。①

尚书令不是常设的职务，"世宗在位几三十年，尚书令凡四人，张浩以旧臣，完颜守道以功，徒单克宁以顾命，（李）石以定策"。张浩继续任尚书令是为了安抚完颜亮时的旧臣。李石既是世宗的主要谋臣，又是世宗的姻亲，任尚书令时已经年迈，世宗特别表示："太后兄弟惟卿一人，故命领尚书省，军国大事，涉于利害，议其可否，细事不烦卿也，"②完颜守道是金前期名臣完颜希尹的后人，由参知政事逐级升至尚书令，又以"丞相之位不可虚旷，须用老成人"回任左丞相数年，在请求致仕时世宗特别表示："以卿先朝勋臣之后，特委以三公重任，自秉政以来，效竭忠勤，朕甚嘉之。今引年求退，甚得宰相体，然未得

----

① 据《金史》卷6《世宗纪上》、卷7《世宗纪中》、卷8《世宗纪下》所记宰执任职时间整理，并参考了任职者在《金史》中的本传。

② 《金史》卷86《李石传》。

代卿者，以是难从，汝勉之哉。"① 徒单克宁既善骑射，又通女真字和契丹字，以军功任枢密副使后，转任平章政事，升职右丞相时世宗特别对他说："朕念众人之功无出卿右者，卿慎重得大臣体。"徒单克宁为相的风格是"持正求大体，至于薄书期会，不屑屑然也"，并以此被世宗所器重，明确向其表示："上相坐而论道，不惟其官惟其人，岂可屡改易之邪。"世宗去世之前以徒单克宁为尚书令，就是认定他为"社稷之臣"，委以辅佐后继皇帝的重任。②

尚书令虚位时，左丞相是尚书省的最高职务，世宗朝有六人出任过左丞相之职。最先任左丞相的完颜晏是皇室宗亲，任职时间较短，原因是完颜守道向世宗进言："陛下初即位，天下略定，边警未息，方大有为之时，恐晏非其材。必欲亲爱，莫若厚与之禄，俾勿事事。"世宗以完颜晏为相，是为了笼络皇室宗亲，坐稳帝位后就会放弃才能不足的完颜晏。③ 仆散忠义受命统军平定契丹叛乱和迫使宋人通和，被委以左丞相之职是众望所归，恰如世宗所言："宋国请和，偃兵息武，皆卿力也。"在处理政务方面，世宗和仆散忠义都表现出谨慎的态度。世宗曾对仆散忠义等人表示："凡已奏之事，朕尝再阅，卿等毋怀惧。朕于大臣，岂有不相信者，但军国事，不敢轻易，恐或有误也。"仆散忠义则回答："臣等岂敢窃意陛下，但智力不及耳。陛下留神万几，天下之福也。"只是这样的重臣，任左丞相不到一年即病逝。④ 纥石烈良弼被世宗视为良臣，由右丞逐级上升为左丞相，是任左丞相之职时间最长的人，"为相既久，练达朝政，上所询访尽诚开奏，垂绅正笏不动声气，议政多称上意"，表现的恰是良臣的做派，所以在纥石烈良弼因病去职后，世宗对其他宰臣说："卿等非不尽心，但才力不及良弼，所以惜其去也。"⑤ 完颜永中是世宗之子，出任左丞相是因为完颜守道致仕，在任命徒单克宁为左丞相之前的一个过渡性的安排，并不表明世宗要以皇子掌控尚书省。⑥

右丞相是尚书省的常设职务，但是为了慎重选人，在前后任职者之

① 《金史》卷88《完颜守道传》。
② 《金史》卷92《徒单克宁传》。
③ 《金史》卷73《完颜晏传》，卷88《完颜守道传》。
④ 《金史》卷87《仆散忠义传》。
⑤ 《金史》卷88《纥石烈良弼传》。
⑥ 《金史》卷85《完颜永中传》。

间有时会有短暂时间的空位。世宗朝有十一人出任过右丞相之职，完颜
璟是作为帝位继承人任职，仆散忠义、纥石烈良弼、完颜守道、徒单克
宁则是以右丞相作为任职左丞相前的过渡，所以应注意的是另外六人的
选用情况。完颜宗宪既是功臣后裔，又曾在太宗、熙宗朝任职，世宗即
位后即以"叔若能来，宜速至此"招到身边，并由平章政事升任右丞
相，但任职不久即去世。① 纥石烈志宁以军功先任平章政事、枢密使等
职，病逝于右丞相任上，世宗曾郑重地对皇太子说："天下无事，吾父
子今日相乐，皆此人力也。"② 石琚是右丞相中的唯一汉人，出身进士，
因上书言事引起世宗注意，由吏部尚书升任参知政事时"辞让再三"，
世宗则表示："卿之材望无不可者，何以辞为。"石琚逐级升任至右丞
相，但任相时间并不长。世宗对他的评价是："知人最为难事，近来左
选多不得人。惟石琚为相时，往往举能其官，左丞移剌道、参政粘割斡
特剌举右选，颇得之。朕常以不能遍识人材为不足，此宰相事也，左右
近侍虽常有言，朕未敢轻信。"又曰："惟石琚最为知人。"③ 唐括安礼
曾于完颜亮在位时任翰林侍读学士，世宗即位后在地方任职，出任参知
政事后又改任南京留守，入朝任右丞后逐级升至右丞相。唐括安礼向世
宗表示："臣备位宰相，无补于国家，夙夜忧惧，惟恐得罪，上负陛
下，下负百姓。臣实不敢受丞相位，惟陛下择贤于臣者用之。"世宗则
回答："朕知卿正直，与左丞相习显（徒单克宁）无异，且练习政事，
无出卿之右者。其毋多让。"但唐括安礼任右丞相不久即病逝。④ 乌古
论元忠是世宗的姻亲，"世宗问左丞相纥石烈良弼孰可相者，良弼以元
忠对，乃拜平章政事"，后升任右丞相，因"结近密"而被罢职，但世
宗颇欣赏他的敢言，特别对宰臣表示："卿等每事依违苟避，不肯尽
言，高爵厚禄何以胜任。如乌古论元忠为相，刚直敢言，义不顾身，诚
可尚也。"⑤ 完颜襄是皇室后裔，纥石烈志宁临终前向世宗推荐其人可
用，明指完颜襄"智勇兼济，有经世才，他人莫及，异时任用，殆胜
于臣"。世宗经过考察后也认为："襄为人甚蕴藉，非直日，亦入宫规

① 《金史》卷70《完颜宗宪传》。
② 《金史》卷87《纥石烈志宁传》。
③ 《金史》卷88《石琚传》。
④ 《金史》卷88《唐括安礼传》。
⑤ 《金史》卷120《乌古论元忠传》。

画诸事，事有所付乃退，其公勤如此，若襄之才岂多得哉。"由右丞升左丞时世宗对完颜襄的作为有高度肯定："卿在河南经制边事，甚有统纪，及在吏部，至为点检，尤奉公守法，朕甚嘉之。近长宪台，亦以刚直闻，是用委以机政，其益勉之。"世宗去世前任命完颜襄为右丞相，亦是要让他担当辅佐新君的重任。①

平章政事是升职丞相前的关键性岗位，世宗朝出任平章政事的十七人，仆散忠义、完颜宗宪、纥石烈良弼、纥石烈志宁、完颜守道、徒单克宁、石琚、唐括安礼、乌古论元忠、完颜襄十人升任丞相之职，完颜（移剌）元宜、完颜思敬、徒单合喜、蒲察通、移剌道、完颜崇尹、张汝霖七人止步于平章政事。完颜元宜是杀死完颜亮的主谋，其任职只是临时性举措。完颜思敬是金初功臣后人，完颜亮在位时曾任尚书右丞，世宗即位后征宋有功，任平章政事后改任枢密使，专注于女真各部事务。②徒单合喜是镇守陕西等地的重要将领，因军功任以平章政事之职，不久即病逝。③世宗早就知道蒲察通"性温厚，有识虑，又精骑射"，先让他任大理卿，并明指"通明敏才干，正掌法之官"；后又以"通之机识，（完颜）崇尹不及"的理由，任为右丞，历左丞升任平章政事。世宗重视上京，又以蒲察通为上京留守，并对他表示："朕复欲相卿，惜卿老矣，故以此授卿。"④移剌道通女真字、契丹字，世宗即位后任翰林直学士，世宗认为"道清廉有干局，翰林文雅之职，不足以尽其才"，后由右丞跳升至平章政事，以年老致仕。⑤完颜崇尹又名完颜宗尹，为宗室成员，曾任枢密副使等职。世宗向宰臣询问："宗尹虽才无大过人者，而性行淳厚，且国之旧臣，昔为达官，卿等尚未仕也，朕欲以为平章政事，何如？"宰臣答道："宗尹为相，甚协众望。"完颜宗尹由此得以直接任平章政事。世宗还曾指"宗尹治家严密，他人不及也"，并要求完颜宗尹"政事亦当如此矣"。完颜宗尹以年老致仕，世宗即表示："宰相总天下事，非养老之地。若不堪其职，朕亦有愧焉。如贤者在朝，利及百姓，四方瞻仰，朕亦与其光美。"世宗还特

① 《金史》卷94《完颜襄传》。
② 《金史》卷70《完颜思敬传》。
③ 《金史》卷87《徒单合喜传》。
④ 《金史》卷95《蒲察通传》。
⑤ 《金史》卷88《移剌道传》。

别对完颜宗尹说："卿久任外官，不闻有过失，但恨用卿稍晚，今精力似衰矣。省事至烦，若勉留卿，则四方以朕为私，卿亦不自安也。"①张汝霖是张浩之子，由参知政事逐级升至平章政事，没有辜负世宗"无忝乃父"的期待。②

世宗朝任左丞的九人，只有翟永固、张汝弼、粘割斡特剌三人未升任平章政事。翟永固因直言被完颜亮贬斥，被世宗任为左丞后即建言"依旧制廉察官吏，革正隆守令之污"，其建议被世宗采纳，并在致仕后特许其伞盖"用执政制度"③。张汝弼是张汝霖族兄，以进士出任应奉翰林文字等职，后由右丞升任左丞。张汝弼未能进一步升职的原因是人品有问题，正如有人所记："汝弼为相，不能正谏。上所欲为，则顺而导之，所不欲为，则微言以观其意。上责之，则婉辞以引过，终不忤之也，而上亦知之。"所以世宗对他的评价是："汝弼久居执政，练习制度，颇能斟酌人材，而用心不正。"④粘割斡特剌出身吏职，任官后颇有政绩，世宗对他的评价是"朕素知此人极有识虑，貌虽柔而心甚刚直，所行不率易也"。任命他为参知政事后世宗特别强调："朕自任卿以来，悉卿材干，故擢为执政。卿亦体朕待遇之意，能勉尽所职，凡谋议奏对多副朕心，莫倚上有宰相而自嫌外。盖旧人年老，新人未苦经练，是以委责于卿，但有所见悉心以言，勿持嫌以为不知也。"粘割斡特剌历右丞升任左丞后，改任上京留守。⑤

世宗朝任右丞的十二人，只有苏保衡、孟浩两人未升任左丞或平章政事。苏保衡是世宗启用的完颜亮时的旧臣，在他因病请求致仕时，世宗特别表示："卿以忠直擢居执政，齿发未衰，遽以小疾求退，善加摄养，以俟疾间视事。"苏保衡最终病逝于任上。⑥孟浩受熙宗时党争的影响去职，被世宗起用为御史中丞，不久改任参知政事。"故事，无自中丞拜执政者"，孟浩表示："不次之恩，非臣所敢当。"世宗则强调："卿自刺史致仕，除中丞，国家用人，岂拘阶次。卿公正忠勤，虽年高

---

① 《金史》卷73《完颜宗尹传》。
② 《金史》卷83《张汝霖传》。
③ 《金史》卷89《翟永固传》。
④ 《金史》卷83《张汝弼传》。
⑤ 《金史》卷95《粘割斡特剌传》。
⑥ 《金史》卷89《苏保衡传》。

犹可宣力数年，朕思之久矣。"孟浩最终还是以年老辞去了右丞的职务。①

参知政事是进入宰臣序列的最低门槛，世宗朝曾任此职的二十六人，有十五人未能晋升右丞及以上职务，任职不满一年的七人。张仲愈、完颜婆卢火生平不详。敬嗣晖是完颜亮时的旧臣，世宗不喜欢他的为人，所以任职时间极短。独吉义在世宗即位初年曾出谋划策，短期任职是对此的报偿。完颜毅英是完颜银术可之子，在率领陕西诸军归附世宗时有摇摆倾向，短暂任职只是临时性的安抚。耨碗温敦兀带任职地方有政绩，"以廉察举兀带所在有能名，无私过，由是入拜参知政事"，但不久即病逝。②孛术鲁阿鲁罕通契丹字、女真字，以能吏被纥石烈良弼看重，称其"有干才，持心忠正，出言不阿顺"。世宗之所以提拔他为参知政事，就是强调："阿鲁罕及上京留守完颜乌里也皆起身胥吏，阿鲁罕为人沉厚，其贤过之。""阿鲁罕所至称治，陕西政绩尤著，用之虽迟，亦可得数年力也。"但孛术鲁阿鲁罕任职不久即以病致仕。③任职超过一年的八人，亦可分述其基本情况。完颜宗浩是皇室后裔，世宗认为"宗浩有才干，可及者无几"，任职至金章宗即位后；完颜宗叙是功臣完颜阇母之子，因军功和治理黄河有功升职，病逝于任上。④进士出身的有魏子平、王蔚、梁肃、程辉、马惠迪五人。魏子平以户部尚书升参知政事，以敢言被世宗看重，后改任南京留守。世宗曾对王蔚说："汝在海陵时，行事多不法。然朕素知尔才干，欲授以内除，而宪台有言，以是补外。如能澡心易行，必当升擢，否则勿望再用。"由于察廉为第一，王蔚出任吏部尚书、南京留守等职，升任参知政事时世宗特别要求他"廉正奉公，无或阿顺"。梁肃因直言上书被世宗看重，致仕后起用为参知政事，世宗还特别表示："梁肃以治人异等，遂至大任，廉吏亦可以劝矣。"程辉亦以敢言被世宗看重，升职时世宗特别强调："卿年虽老，犹可宣力。事有当言，毋或隐默。"马惠迪以治迹和明敏被世宗看重，并有以下评价："人之聪明，多失于浮炫，若惠迪聪

① 《金史》卷89《孟浩传》。
② 《金史》卷72《完颜毅英传》，卷84《耨碗温敦兀带传》，卷86《独吉义传》，卷91《敬嗣晖传》。
③ 《金史》卷91《孛术鲁阿鲁罕传》。
④ 《金史》卷71《完颜宗叙传》，卷93《完颜宗浩传》。

明而朴实，甚可喜也。朕尝与论事，五品以下朝官少有如者。"① 以吏入官的只有刘玮一人，尽管刘玮颇有才干，但世宗曾表示："刘玮极有心力，临事闲暇，第用心不正耳。若心正当，其人才不可得也。"所以到世宗去世前，才任命刘玮为参知政事，为后继的皇帝准备人才。②

从以上列出的情况可以看出，除了安抚旧臣、奖励军功等临时性、荣誉性的升任宰臣外，世宗在任用宰臣时重点考虑的是六个标准，一是忠诚正直，二是廉政奉公，三是能够直言，四是政绩显著，五是勤政用心，六是才干突出。恰是因为有这六个标准，交结权贵、阿谀奉承、用心不正、贪污纳贿、违制乱纪、怠慢公务等行为一旦被发现，都会被罢职和清算。忠臣、直臣、能臣的结合，由此成为世宗善于选贤的一大特色。

（三）宰臣举贤

皇帝慎选宰臣，宰臣为朝廷推举贤才，是世宗选人用人的总体性要求，所以他在位期间多次敦促宰臣履行荐举贤才的重要职责，可列举要者于下。

> 大定元年，上谓宰臣曰："朕昔历外任，不能悉知人之优劣，每除一官必以不称职为忧。夫荐贤乃相职，卿等其各尽乃心，勿贻笑天下。"又曰："凡拟注之际当为官择人，勿徒任亲旧，庶无旷官矣。"
>
> 大定二年正月，上谓宰相曰："进贤退不肖，宰相之职也。有才能高于己者，或惧其分权，往往不肯引置同列，朕甚不取。卿等毋以此为心。"
>
> 大定五年十一月，上谓宰臣曰："朕在位日浅，未能遍识臣下贤否，全赖卿等尽公举荐。今六品以下殊乏人材，何以副朕求贤之意。"
>
> 大定六年十一月，上谓宰臣曰："朝官当慎选其人，庶可激励其余，若不当，则启觊觎之心。卿等必知人材优劣，举实才用之。"
>
> 大定八年七月，上谓平章政事完颜思敬等曰："朕思得贤士，寤寐不忘。自今朝臣出外，即令体访外任职官廉能者，及草莱之士

---

① 《金史》卷89《魏子平传》《梁肃传》，卷95《王蔚传》《程辉传》《马惠迪传》。
② 《金史》卷95《刘玮传》。

可以助治者，具姓名以闻。"

大定八年九月，上谕宰臣曰："卿等举用人材，凡己所知识，必使他人举奏，朕甚不喜。如其果贤，何必以亲疏为避忌也。"

大定十年，谓宰臣曰："凡在官者，若不为随朝职任，便不能离常调。若以卿等所知任使恐有滞，如验入仕名项或廉等第用之亦可。若不称职，即与外除。"

大定十一年八月，上谓宰臣曰："五品以下阙员甚多，而难于得人。三品以上朕则知之，五品以下不能知也，卿等曾无一言见举者。欲画久安之计，兴百姓之利，而无良辅佐，所行皆寻常事耳，虽日日视朝，何益之有，卿等宜勉思之。"

大定十六年，敕宰臣："选调拟注之际，须引外路求仕人，引至尚书省堂量材受职。"

大定十七年八月，上谓宰臣曰："今在下僚岂无人材，但在上者不为汲引，恶其材胜己故耳。"①

（大定）十九年，（徒单克宁）拜右丞相。（世宗）谓克宁曰："宰相之职，进贤为上。"克宁谢曰："臣愚幸得备位宰辅，但不能明于知人，以此为恨耳。"②

世宗除了指出宰臣因私心而不能尽心举贤外，还与宰臣讨论过与举贤有关的六个重大问题。

第一个是女真官员的选用问题。大定九年，任枢密使的完颜思敬曾专门上书论及选用女真人为官的五个重要事项："其一，女直人可依汉人以文理选试。其二，契丹人可分隶女直猛安。其三，盐浇官可罢去。其四，与猛安同勾当副千户官亦可罢。其五，亲王府官属以文资官拟注，教以女直语言文字。"纥石烈良弼也曾表示："女直、契丹人，须是曾习汉人文字然后可。方今大率多为党与，或称誉于此，或见毁于彼，所以难也。"③ 世宗认可大臣的疑虑，并推出了四条措施。

一是在维持猛安、谋克世袭制度的前提下，加入任贤和承袭年龄等

① 《金史》卷6《世宗纪上》，卷7《世宗纪中》，卷54《选举志四》。
② 《金史》卷92《徒单克宁传》。
③ 《金史》卷70《完颜思敬传》，卷88《纥石烈良弼传》。

方面的要求。

> 有司言，诸路猛安、谋克，怙其世袭多扰民，请同流官，以三十月为考。诏下尚书省议，（完颜）宗宪乃上议曰："昔太祖皇帝抚定天下，誓封功臣袭猛安、谋克，今若改为迁调，非太祖约。臣谓凡猛安、谋克，当明核善恶，进贤退不肖，有不职者，其弟侄中更择贤者代之。"上（世宗）从其议。①

> 大定十七年四月，制世袭猛安、谋克若出仕者，虽年未及六十，欲令子孙袭者听。（世宗）谕宰臣曰："郡县之官虽以罪解，一二岁后，亦须再用。猛安、谋克皆太祖创业之际于国勤劳有功之人，其世袭之官，不宜以小罪夺免。"

> 大定十七年十月，制诸猛安，父任别职，子须年二十五以上方许承袭。②

二是给予猛安、谋克与州县官同等的礼遇待遇，并且保留其能够"超迁"的优惠待遇。

> 上曰："除授格法不伦，奉职皆阀阅子孙，朕所知识，有资考出身月日，亲军不以门第收补，无荫者不至武义不得出职。但以女直人有超迁官资，故出职反在奉职上。天下一家，独女直有超迁格，何也？"安礼对曰："祖宗以来立此格，恐难辄改。"③

> 上（世宗）幸西京，州县官入见，猛安、谋克不得随班。（移刺）子敬奏军民一体，合令猛安、谋克随班入见，上嘉纳之，于是责让宣徽院。及端午朝会，诏依子敬奏行之。④

三是要求女真人须通女真字才能任官或承袭猛安、谋克职务。

---

① 《金史》卷70《完颜宗宪传》。
② 《金史》卷7《世宗纪中》。
③ 《金史》卷88《唐括安礼传》。
④ 《金史》卷89《移刺子敬传》。

大定二十五年九月，上谓宰臣曰："护卫年老出职而授临民，手字尚不能画，何以治民。人胸中明暗外不能知，精神昏耄已见于外，是强其所不能也。天子以兆民为子，不能家家而抚，在用人而已。知其不能而强授之，百姓其谓我何。"

大定二十六年三月，以亲军完颜乞奴言，制猛安、谋克皆先读女直字经史然后承袭。因曰："但令稍通古今，则不肯为非。尔一亲军粗人，乃能言此，审其有益，何惮而不从。"

大定二十六年八月，上谓宰臣曰："亲军虽不识字，亦令依例出职，若涉赃贿，必痛绳之。"太尉、左丞相（徒单）克宁曰："依法则可。"上曰："朕于女直人未尝不知优恤，然涉于赃罪，虽朕子弟亦不能恕。"①

四是注意对女真人的教化和培养，使之能够承担修举政事的重任。

上与（纥石烈）良弼、（完颜）守道论猛安、谋克官多年幼，不习教训，无长幼之礼。曩时乡里老者辄教导之，今乡里中耆老有能教导者，或谓事不在己而不问，或非其职而人不从。可依汉制置乡老，选廉洁正直可为师范者，使教导之。良弼奏曰："圣虑及此，亿兆之福也。"②

第二个是如何打破资历限制用贤的问题。世宗即位后，对官员升迁有了一些新的规定。

大定元年，敕从八品以下除授，不须奏闻。又制，求仕官毋入权门，违者追一官降除，有所馈献而受之者，奏之。

大定二年，诏随季选人，如无过或有功酬者，依格铨注。有廉能及污滥者，约量升降，呈省。

大定七年，命有司，自今每季求仕人到部，令本部体问，政迹出众者，及赃污者，申省核实以闻，约量升擢惩断，年老者勿授县

---

① 《金史》卷8《世宗纪下》。
② 《金史》卷88《纥石烈良弼传》。

令。又谓宰臣曰："随朝官能否，大率可知。若外路转运司幕官以至县令，但验资考，其中纵有忠勤廉洁者，无路而进，是此人终身不敢望三品矣，岂进贤退不肖之道哉。自今通三考视其能否，以定升降为格。"又曰："今用人之法甚弊，其有不求闻达者，入仕虽久，不离小官，至三四十年不离七品者。而新进者结朝贵，致显达，此岂示激劝之道。卿等当审于用人，以革此弊。"

大定十年，上谓宰臣曰："守令以下小官，能否不能遍知。比闻百姓或请留者，类皆不听。凡小官得民悦，上官多恶之，能承事上官者，必不得民悦。自今民愿留者，许直赴部，告呈省。遣使覆实，其绩果善可超升之，如丞簿升县令之类，以示激劝。"①

世宗对官员依资历升迁的做法颇为不满，大定十一年八月，他向宰臣表示："随朝之官，自谓历一考则当得某职，两考则当得某职。第务因循，碌碌而已。自今以外路官与内除者，察其公勤则升用之，但苟简于事，不须任满，便以本品出之。赏罚不明，岂能劝勉。"② 大定十三年十一月，世宗又问宰臣："外路正五品职事多阙员，何也？"李石答道："资考少有及者。"世宗即强调："苟有贤能，当不次用之。"他还专门与李石讨论了如何得人的问题。

上曰："朕欲于京府节镇运司长佐三员内任文臣一员，尚未得人。"（李）石奏曰："资考未至，不敢拟。"上曰："近观节度转运副使中才能者有之。海陵时，省令史不用进士，故少尹节度转运副使中乏人。大定以来，用进士，亦颇有人矣，节度转运副使中有廉能者具以名闻，朕将用之。朝官不历外任，无以见其才，外官不历随朝，无以进其才，中外更试，庶可得人。"③

世宗亦引用历史典故，驳斥了臣僚不能打破资格限制取人的托词。

一日，帝谓宰臣曰："今之用人，太拘资历，如此何能得人。"

① 《金史》卷54《选举志四》。
② 《金史》卷6《世宗纪上》，卷54《选举志四》。
③ 《金史》卷86《李石传》。

（张）汝霖奏曰："不拘资格，所以待非常之材。"帝曰："崔祐甫为相，未逾年荐八百人，岂皆非常材耶。"①

世宗还在与其他臣僚的对话中，着重表达了重人才、轻资历的举贤用贤意图。

同知清州防御事常德晖上书言："吏部格法，止叙年劳，虽有材能，拘滞下位，刺史、县令多不得人。乞密加访察，然后廉问。今酒税使尚选能吏，县令可不择人才，乞以能吏当任酒税使者，任亲民之职。"上是其言，谓宰相曰："朕思庶职多不得人，中夜而寤，或达旦不能寐。卿等注意选择，朕亦密加体察。"②

同知震武军节度使邓秉钧陈言四事，其一言外多阙官，及循资拟注不得人。上以问宰相张汝弼，曰："循资格行已久，仍旧便。"（梁）肃曰："不然。如亡辽固不足道，其用人之法有仕及四十年无败事，即与节度使，岂必循资哉。"上曰："仕四十年已衰老。察其政绩，善者升之，后政再察之，善又升之，如此可以得人，亦无旷事。"肃曰："诚如圣训。"③

时郡县多阙官，（黄）久约言："世岂乏材，阂于资格故也。明诏每责大臣以守格法而滞人材，乞断自宸衷而力行之。"世宗曰："此事宰相不属意，而使谏臣言之欤。"即日授刺史者数人。④

大定二十四年，以旧资考太滞，命各减一任，临时量人材、辛苦、资历、年甲，以次奏秉。

大定二十八年八月，上谓宰臣曰："用人之道，当自其壮年心力精强时用之，若拘以资格，则往往至于耄老，此不思之甚也。"

大定二十八年十月，尚书省奏拟除授而拘以资格，上曰："日月

---

① 《金史》卷83《张汝霖传》。
② 《金史》卷88《纥石烈良弼传》。
③ 《金史》卷89《梁肃传》。
④ 《金史》卷96《黄久约传》。

资考所以待庸常之人，若才行过人，岂可拘以常例。国家事务皆须得人，汝等不能随才委使，所以事多不治。朕固不知用人之术，汝等务循资守格，不思进用才能，岂以才能见用，将夺己之禄位乎。不然，是无知人之明也。"群臣皆曰："臣等岂敢蔽贤，才识不逮耳。"①

第三个是所谓无贤可举的问题。世宗知道识人、用人不是容易的事情，所以即位后不久就问左司郎中高衎和张汝弼："近日除授，外议何如？宜以实奏，毋少隐也，有不可用者当改之。"高衎亦对选人做法做过些许调整，"每季选人至，吏部托以检阅旧籍，谓之检卷，有滞留至后季犹不得去者。衎三为吏部，知其弊，岁余铨事修理，选人便之"。世宗后来还在大定二十六年正月的诏书中强调："每季求仕人，问以疑难，令剖决之。其才识可取者，仍访察政迹，如其言行相副，即加升用。"他亦明确表示："人有言语敏辩而庸常不正者，有语言拙讷而才智通达、存心向正者，如刘仲洙颇以才行见称，然而口语甚讷也。"②

对于臣僚所说的无贤可举谬论，世宗则毫不客气地加以批驳。

　　大定二十五年三月，尚书省拟奏除授，上曰："卿等在省未尝荐士，止限资级，安能得人。古有布衣人相者，闻宋亦多用山东、河南流寓疏远之人，皆不拘于贵近也。以本朝境土之大，岂无其人。朕难遍知，卿又不举。自古岂有终身为相者，外官三品以上，必有可用之人，但无故得进耳。"左丞张汝弼曰："下位虽有才能，必试之乃见。"参政程辉曰："外官虽有声，一旦入朝，却不称任，亦在沙汰而已。"

　　大定二十七年三月，上谓大臣曰："十室之邑，必有忠信。今天下之广，人民之众，岂得无人。唐之颜真卿、段秀实皆节义之臣也，终不升用，亦当时大臣固蔽而不举也。卿等当不私亲故，而特举忠正之人，朕将用之。"③

　　是时（大定二十七年十一月），世宗在位久，熟悉天下事，思

① 《金史》卷8《世宗纪下》，卷54《选举志四》。
② 《金史》卷8《世宗纪下》，卷83《张汝弼传》《张汝霖传》，卷90《高衎传》。
③ 《金史》卷8《世宗纪下》。

得贤材与图致治，而大臣皆依违苟且，无所荐达。一日，世宗召宰臣谓曰："卿等职居辅相，曾无荐举，何也？且卿等老矣，殊无可以自代者乎。惟朕尝言某人可用，然后从而言之。卿等既无所言，必待朕知而后进用，将复有几。"因顾汝霖曰："若右丞者，亦因右丞相言而知也。"汝霖对曰："臣等苟有所知，岂敢不荐，但无人耳。"上曰："春秋诸国分裂，土地偏小，皆称有贤。今天下之大，岂无人才，但卿等不举而已。今朕自勉，庶几致治，他日子孙谁与共治乎。"汝霖等皆有惭色。①

第四个是尝试建立荐举制问题。世宗虽然引入了官员荐举制度，但是运行效果并不理想，可列举相关情况于下。

大定二年，诏随朝六品、外路五品以上官，各举廉能官一员。

大定三年，定制，若察得所举相同者，即议旌除。若声迹秽滥，所举官约量降罚。

大定九年，上曰："朕思得忠廉之臣，与之共治，故尝命五品以上各举所知，于今数年矣。以天下之大，岂无其人，由在上者知而不举也。"参知政事魏子平奏曰："可令当举官者，每任须举一人，视其当否以为旌赏。"上曰："一任举一人，则人材或难，恐涉于滥。又少有所犯则罪举者，故人益畏而不敢举。宋国被举之官有犯罪者，所举官虽宰执亦不免降黜，若有能名，则被迁赏。且人情始慕进，故多廉慎，既得任用，或失所守。宰执自掌黜陟之权，岂可因所举而置罪耶。"左丞相纥石烈良弼曰："已申前令，命举之矣。"

大定十年，上曰："举人之法，若定三品官当举几人，是使小官皆谄媚于上也。惟任满询察前政，则得人矣。"

大定十九年，时朝廷既取民所誉望之官而升迁之，后，上以随路之民赴都举请者，往往无廉能之实，多为所使而来沽名者，不须举行。②

① 《金史》卷83《张汝霖传》。
② 《金史》卷54《选举志四》。

他日，上又曰："荐举，大臣之职。外官五品犹得举人，宰相无所举，何也？"（唐括）安礼对曰："孔子称才难，贤人君子，世不多有。陛下必欲得人，当广取士之路，区别器使之，斯得人矣。"①

（梁）肃举同安主簿高旭，除平阳酒使。肃奏曰："明君用人，必器使之。旭儒士，优于治民，若使坐列肆，榷酒酤，非所能也。臣愚以为诸道盐铁使依旧文武参注，其酒税使副以右选三差俱最者为之。"上曰："善。"②

（黄）久约又言，宜令亲王以下职官递相推举。世宗曰："荐举人材，惟宰相当为耳，他官品虽高，岂能皆有知人之监。方今县令最阙，宜令刺史以上举可为县令者，朕将察其实能而用之。"③

第五个是朋党问题。金熙宗时的田毂党争案，贬斥了一批儒官，孟浩等三十二人因完颜亮的天德赦令还乡里，"多物故，惟浩与毂兄毂、王楠、冯煦、王中安在"。世宗于大定二年解除党禁，召见孟浩，"复官爵"，马柔德、王中安也被重新启用。④

世宗还明确要求，不得随意给人扣上朋党的帽子，但是结党营私者必须严察。

（完颜）璋奏："窃观文武百官有相为朋党者，今在台自臣外无女直人，乞不限资考，量材奏拟。"上曰："朋党为谁，即纠治之。朕选女直人，未得其人，岂以资考为限，论其人材而已。"⑤

时右三部检法蒙括蛮都告（粘割）斡特刺与招讨哲典朋党，乞付刑部诘问，世宗曰："若哲典免死，则可谓朋党。今已伏诛，

① 《金史》卷88《唐括安礼传》。
② 《金史》卷89《梁肃传》。
③ 《金史》卷96《黄久约传》。
④ 《金史》卷89《孟浩传》，卷96《王贲传》，卷97《马百禄传》。
⑤ 《金史》卷65《完颜璋传》。

乃诬谤耳。"①

　　（蔡）珪已得风疾，失音不能言，乃除潍州刺史，同辈已奏谢，珪独不能入见。世宗以让右丞唐括安礼、参政王蔚曰："卿等阅书史，亦有不能言之人可以从政者乎。"又谓中丞刘仲诲曰："蔡珪风疾不能奏谢，卿等何不纠之。人言卿等相为党蔽，今果然邪。"珪乃致仕。②

　　第六个是守令选择问题。郡守和县令，都是重要的地方官员，世宗特别强调了郡守和州县官用贤、用能的要求。

　　大定元年，上曰："守令之职当择材能，比闻近边残破多用年老及罪降者，是益害边民也。若资历高者不当任边远，可取以下之才能者升授，回不复降，庶可以完复边陲也。"

　　大定七年，制内外三品官遇拟注，其历过成考以上月日，不曾迁加，或经革拨，可于除目内备书以闻。又敕，外路四品以上职事官、并五品合升除官，皆具阙及人以闻。六品以下官，命尚书省拟定而复奏。上又谓宰臣曰："拟注外官，往往未当。州县之官良则政举，否则政堕。卿宜辨论人材，优劣参用，则递相勉励，庶几成治矣。"

　　大定十八年十一月，尚书省奏，拟同知永宁军节度使事阿可为刺史，上曰："阿可年幼，于事未练，授佐贰官可也。"平章政事唐括安礼奏曰："臣等以阿可宗室，故拟是职。"上曰："郡守系千里休戚，安可不择人而私其亲耶。若以亲亲之恩，赐与虽厚，无害于政。使之治郡而非其才，一境何赖焉。"

　　大定二十年十一月，上谕宰臣曰："郡守选人，资考虽未及，廉能者则升用之，以励其余。"③

　　相比之下，世宗更注重县令的选择，强调了择用县令的用贤才、择

---

① 《金史》卷95《粘割斡特剌传》。
② 《金史》卷125《蔡珪传》。
③ 《金史》卷8《世宗纪下》，卷54《选举志四》。

能吏、重勤谨、擢清廉、察善恶、去贪赃、免老年等要求。

　　大定三年，诏监当官迁散官至三品尚任县令者，与省除。

　　大定七年十一月，上谓宰臣曰："闻县令多非其人，其令吏部察其善恶，明加黜陟。"

　　大定十年十月，上谓大臣曰："比因巡猎，闻固安县令高昌裔不职，已令罢之。霸州司候成奉先奉职谨恪，可进一阶，除固安令。"

　　大定十五年闰九月，诏年老之人毋注县令。年老而任从政，其佐亦择壮者参用。

　　大定十六年十二月，诏诸科人出身四十年方注县令，年岁太远，今后仕及三十二年，别无负犯赃染追夺，便与县令。

　　大定十八年三月，上谓宰执曰："县令之职最为亲民，当得贤材用之。迩来犯法者众，殊不闻有能者。"

　　大定十八年四月，上谓宰臣曰："朕巡幸所至，必令体访官吏臧否。向玉田知主簿石抹杳乃能吏也，可授本县令。"

　　大定二十三年五月，县令大雒谊只等十人以不任职罢归。六十以上者进官两阶，六十以下者进官一阶，并给半俸。命应部除官尝以罪罢而再叙者，遣使按其治迹，如有善状，方许授以县令，无治状者，不以任数多少，并不得授。

　　大定二十七年二月，上谓宰执曰："朕闻宝坻尉蒙括末也清廉，其为政何如？"左丞（粘割）斡特剌对曰："其部民亦称誉之，然不知所称何事。"上曰："凡为官但得清廉亦可矣，安得全才之人。可进官一阶，升为令。"[1]

　　世宗还用廉察等方法，解决县令不称职的问题，可以列举几个实例。

　　李完，字全道，朔州马邑人。经童出身，复登词赋进士第。调澄城主簿，有遗爱，民为立祠。用廉，迁定襄令，召补尚书省令史。时以县令阙人廉问，世宗选能吏八人按行天下，完其一也。[2]

---

① 《金史》卷6《世宗纪上》，卷7《世宗纪中》，卷8《世宗纪下》，卷54《选举志四》。
② 《金史》卷97《李完传》。

焦旭，字明锐，沃州柏乡人。第进士，调安喜主簿。再转大兴令，摄左警巡事，以杖亲军百人长，有司议其罪当杖决，世宗曰："旭亲民吏也，若因杖有官人复行杖之，何以行事，其令收赎。"改良乡令。世宗幸春水，见石城、玉田令皆年老不治，谓宰臣曰："县令最亲民，当得贤才。畿甸尚如此，天下可知矣。"平章政事石琚荐旭干能可甄用，上然之，召为右警巡使。①

是时县令多阙，上以问宰相，（移剌）道奏曰："散官宣武以上借除以充之。"上曰："廉察八品以下已去官者，录事丞簿有清干之誉者，县尉入优等者，皆与县令。散官至五品，无贪污旷职之名者，亦可与之。俟县令不阙，即如旧制。"②

为便于识贤、用贤和朝廷的理政，世宗还强调了对内外官员的七条基本要求。

一是官员勤政要求。大定二十二年七月，宰臣奏事时世宗身体不适，宰臣请求退朝，世宗即表示："岂以朕之微爽于和，而倦临朝之大政耶。"他要求奏事完毕后再退朝，以做出勤政的表率。大定二十七年二月，世宗又强调："朕时或体中不佳，未尝不视朝。诸王、百官但有微疾，便不治事，自今宜戒之。"③ 世宗亦曾怀疑有人诈病不理事，不得不由御史台的官员出面解释。

会朝士以病谒告，世宗意其诈，谓（李）晏曰："卿素刚正，今某诈病，以宰相亲故，畏而不纠欤。"晏跪对曰："臣虽老，平生所恃者，诚与直尔。百官病告，监察当视。臣为中丞，官吏奸私则当言之。病而在告，此小事臣容有不知，其畏宰相何图焉。"④

世宗还强调不能留滞公事不决，丞相纥石烈良弼患病，"省多滞

① 《金史》卷97《焦旭传》。
② 《金史》卷88《移剌道传》。
③ 《金史》卷8《世宗纪下》。
④ 《金史》卷96《李晏传》。

事"，宰臣称没有耽误公事，世宗即明言："岂曰无之，自今疑事久不能决者，当具以闻。"大定二十四年三月，世宗又对六部官员说："朕闻省部文字多以小不合而驳之，苟求自便，致累岁不能结绝，朕甚恶之。自今可行则行，可罢则罢，毋使在下有滞留之叹。"①

二是注重朝政细微之事要求。大定十七年七月，尚书省奏报每年以羊三万只赐给西北路戍兵，世宗问如何运抵西北路，宰臣难以回答，世宗即表示："朕虽退朝，留心政务，不遑安宁。卿等勿谓细事非帝王所宜问，以卿等于国家之事未尝用心，故问之耳。"大定二十年十月，世宗又对宰臣说："察问细微，非人君之体，朕亦知之。然以卿等殊不用心，故时或察问。如山后之地，皆为亲王、公主、权势之家所占，转租于民，皆由卿等之不察。卿等当尽心勤事，毋令朕之烦劳也。"大定二十四年三月，世宗前往上京前特别向徒单克宁交代："朕巡省之后，脱或有事，卿必亲之。毋忽细微，大难图也。"②

三是重进取、斥苟安要求。大定九年四月，世宗对宰臣说："朕观在位之臣，初入仕时，竞求声誉以取爵位，亦既显达，即徇默苟容为自安计，朕甚不取。宜宣谕百官，使知朕意。"大定十五年闰九月，他又对丞相纥石烈良弼说："今之在官者，须职位称惬所望，然后始加勉力。其或稍不如意，则止以度日为务，是岂忠臣之道耶。"③

四是朝廷守正要求。大定十一年正月，尚书省奏报汾阳军节度副使牛信昌生日受馈献，应当夺官，世宗则强调："朝廷行事苟不自正，何以正天下。尚书省、枢密院生日节辰馈献不少，此而不问，小官馈献即加按劾，岂正天下之道，自今宰执、枢密馈献亦宜罢去。"④ 在选人任职方面，更要强调正心、正人的标准。

有司奏使宋者，世宗命选汉官一人，参知政事梁肃以户部侍郎王修、工部侍郎张大节、左司郎中邓俨对，世宗曰："王修、张大节苦无资历，与左右司官辛苦不同，其命俨往。"尝谓宰臣曰："人言邓俨用心不正，朕视俨奏事，其心识甚明，在太府监心亦向

---

① 《金史》卷8《世宗纪下》，卷88《纥石烈良弼传》。
② 《金史》卷7《世宗纪中》，卷8《世宗纪下》。
③ 《金史》卷6《世宗纪上》，卷7《世宗纪中》。
④ 《金史》卷6《世宗纪上》。

公。"宰臣因奏俨明事机、有心力，于是擢户部侍郎。翌日，复谓宰臣曰："吏部掌铨选，当得通练人，可置俨于吏部。"①

　　大理卿阙，世宗命宰臣选可授者，左丞张汝弼举西京副留守杨子益法律详明。上曰："子益虽明法，而用心不正，岂可任之以分别天下是非也，大理须用公正人。"②

五是与人为善要求。大定十七年八月，世宗对宰臣说："今之在官者，同僚所见，事虽当理，必以为非，意谓从之则恐人谓政非己出。如此者多，朕甚不取。今观大理寺所断，虽制有正条，理不能行者，别具情见，朕惟取其所长。夫为人之理，他人之善者从之，则可谓善矣。"③对于李石的不能容人，世宗还特别加以警告。

　　平章政事完颜守道奏事，（李）石神色不怿。世宗察之，谓石曰："守道所奏，既非私事，卿当共议可否。在上位者所见有不可，顺而从之，在下位者所见虽当，则遽不从乎，岂可以与己相违而蓄怒哉，如此则下位者谁敢复言。"石对曰："不敢。"④

六是官员忠实要求。大定七年十二月，世宗对蒲察通说："卿虽有才，然用心多诈，朕左右须忠实人，故命卿补外。"大定八年二月，世宗又对敬嗣晖说："凡为人臣，上欲要君之恩，下欲干民之誉，必亏忠节，卿宜戒之。"《太宗实录》修成后，曹望之因"赏薄"抱怨，世宗将其贬为德州防御使，并对他说："汝为人能干而心不忠实。朕前往安州春水，人言汝无事君之义。朕敕臣下，有过即当谏争。汝但面从，退则谤议，此不忠不孝也。汝自五品起迁四品，《太宗皇帝实录》成，优赐银币，不思尽心竭力，惟官赏是觊。今出汝于外，宜改心涤虑。不然，则身亦莫保。"⑤对于不忠实或私心过重之人，世宗都不予重用，

————————

①　《金史》卷97《邓俨传》。

②　《金史》卷120《唐括贡传》。

③　《金史》卷7《世宗纪中》。

④　《金史》卷86《李石传》。

⑤　《金史》卷6《世宗纪上》，卷92《曹望之传》。

可列举几个事例。

> 世宗尝谓宰臣曰："人多称王修能官，以朕观之，凡事不肯尽心，一老奸耳。张大节赋性刚直，果于从政，远在王修之上，惜乎用之太晚。"又屡语近臣曰："某某非不干，然不及张大节忠实也。"①

> 时右司郎中段珪卒，世宗曰："是人甚明正可用，如巨构每事但委顺而已。"二十五年，（巨构）除南京副留守，上谓宰臣曰："巨构外淳质而内明悟，第乏刚鲠耳。佐贰之任贵能与长官辨正，恐此人不能尔。"②

七是洞察人心要求。大定二十年十月，世宗对宰臣说："凡人在下位，欲冀升进，勉为公廉贤肖，何以知之。及其通显，观其施为，方见本心。如招讨哲典，初任定州同知，继为都司，未尝少有私徇，所至皆有清名，及为招讨，不固守。人心险于山川，诚难知也。"③

世宗的这些要求，体现的恰是支撑善政的用贤观念。他之所以表现出对朝廷用人的诸多不满，就是因为臣僚在观念层面还处于落后的状态，需要不断提醒他们跟上皇帝的思路。

（四）奖廉察奸

用奖廉察奸的方法廓清吏治，是支持朝廷选贤用贤的重要手段。世宗在位期间不断下发诏谕，不但明确提出了官吏清廉、勤政等方面的要求，亦对贪赃枉法官吏的处置设立了相当严格的标准。

> 大定二年三月，以廉平诚谕中外官吏。
> 大定三年四月，诏吏犯赃罪，虽会赦不叙。
> 大定三年，命廉到廉能官第一等进官一阶升一等，其次约量注授。污滥官第一等殿三年降二等，次二年，又次一年，皆降一等。诏廉问猛安、谋克，廉能者第一等迁两官，其次迁一官。污滥者第

---

① 《金史》卷97《张大节传》。
② 《金史》卷97《巨构传》。
③ 《金史》卷7《世宗纪中》。

一等决杖百，罢去，择其兄弟代之。第二等杖八十，第三等杖七十，皆令复职。

大定七年九月，诏吏人但犯赃罪，虽会赦，非待旨不叙。

大定八年十月，以戒谕官吏贪墨，诏中外。省臣奏御史中丞移剌道所廉之官，上曰："职官多贪污，以致罪废，其余亦有因循以苟岁月者。今所察能实可甄奖，若即与升除，恐无以慰民爱留之意，且可迁加，候秩满日升除。"

大定九年十二月，制职官犯公罪，在官已承伏者，虽去官犹论。

大定十二年二月，诏："自今官长不法，其僚佐不能纠正又不言上者，并坐之。"三月，诏尚书省："赃污之官，已被廉问，若仍旧职，必复害民。其遣使诸道，即日罢之。"十二月，禁审录官以宴饮废公务。

大定十三年八月，诏赐诸猛安、谋克廉能三等官赏。

大定十八年七月，上谓宰臣曰："职官始犯赃罪，容有过误，至于再犯，是无改过之心。自今再犯不以赃数多寡，并除名。"

大定二十年三月，诏凡犯罪被问之官，虽遇赦，不得复职。

大定二十五年十二月，上谓宰臣曰："太尉守道论事止务从宽，犯罪罢职者多欲复用。若惩其首恶，后来知畏，罪而复用，何以示戒。"

大定二十六年四月，上曰："比有上书言，职官犯除名不可复用，朕谓此言极当。如军期急速，权可使用。今天下无事，复用此辈，何以戒将来。"十月，定职官犯赃同职相纠察法。①

世宗还在大定二年至十一年展开了数次廉察行动，基本情况可以罗列于下。

大定二年八月，诏左谏议大夫石琚、监察御史冯仲廉察河北东路。

大定二年十一月，第职官，廉能、污滥、不职各为三等而黜

---

① 《金史》卷6《世宗纪上》，卷7《世宗纪中》，卷8《世宗纪下》。

陟之。

大定二年十二月，遣尚书刑部侍郎刘仲渊等廉察宣谕东京、北京等路。

大定三年二月，诏太子少詹事杨伯雄等廉问山西路。

大定三年九月，诏翰林待制刘仲海等廉问车驾所经州县。

大定七年九月，诏修起居注王天祺察访所经过州县官。

大定九年二月，命吏部侍郎完颜孛烈思往辽东、渤海一带询访官吏治状，按察黜陟，所至问民疾苦。

大定九年三月，诏御史中丞移剌道廉问山东、河南。

大定十年正月，上谓宰臣曰："今天下州县之职多阙员，朕欲不限资历用人，何以遍知其能。拟欲遣使廉问，又虑扰民而未得其真。若令行辟举之法，复恐久则生弊。不若选人暗察明廉，如其相同，然后升黜之，何如？"宰臣曰："当如圣训。"

大定十一年，奏所廉善恶官，上曰："罪重者遣官就治，所犯细微者，盖不能禁制妻孥耳，其诚励而释之。凡廉能官，四品以下委官覆实，同则升擢。三品以上以闻，朕自处之。"时陈言者有云"每三年委宰执一员廉问"者，上以大臣出则郡县动摇，谁复敢行事者，今默察明问之制，盖得其中矣。又谓宰臣曰："朕以欲遍知天下官吏善恶，故每使采访，其被升黜者多矣，宜知劝也。若常设访察，恐任非其人，以之生弊，是以姑罢之。"①

被派出去进行廉察的官员称为"采访官"，可以列出几个重要廉察案例。

第一个案例是大定三年九月刘仲海的廉察略有成效。

（大定）三年，诏仲海与左司员外郎蒲察蒲速越廉问所过州县，仲海等还奏状，诏玉田县令李方进一阶，顺州知法、权密云县事王宗永擢密云县尉，顺州司候张璘、密云县尉石抹乌者皆免去。②

---

① 《金史》卷6《世宗纪上》卷54《选举志四》。
② 《金史》卷78《刘仲海传》。

　　第二个案例是移剌道（本名移剌赵三）在某次廉察之后，奉命持制敕奖励和处罚官员。

　　　　诏（移剌）道送河北、山东等路廉察善恶升降官员制敕，上曰："卿从讨契丹，不贪俘获，其志可嘉。故命卿为使，卿其勉之。"是岁，以廉升者，磁州刺史完颜蒲速列为北京副留守，潍州刺史蒲察蒲查为博州防御使，威州刺史完颜兀答补为磁州刺史。治状不善下迁者，登州刺史大磐为嵩州刺史，同知南京留守高德基为同知北京转运事，卫州防御使完颜阿邻为陈州防御使，真定尹徒单拔改为兴平军节度使，安国军节度使唐括重国为彰化军节度使。仍具功过善恶宣谕，毋受馈献。①

　　第三个案例是大定六年九月被廉察揭露的刘德裕等贪赃案，世宗明确要求昭示天下。

　　　　泽州刺史刘德裕、祁州刺史斜哥、沧州同知讹里也、易州同知讹里剌、楚丘县令刘春哥均以赃污抵罪，上欲诏示中外，丞相（完颜）守道以为不可，上以问（魏）子平："卿意何如？"子平曰："臣闻惩一戒百，陛下固宜行之。"上曰："然。"遂降诏焉。②

　　第四个案例是大定九年移剌道（本名移剌按）的廉察，涉及不少官员。

　　　　（移剌道）奉使河南，劝课农桑，密访吏治得失。累迁御史中丞、同修国史，廉问职官殿最，还奏。上曰："职官贪污罪废，其余因循以苟岁月。今廉能即与升除，无以慰百姓爱留之意，可就迁秩，秩满升除。"于是，廉能官景州刺史耶律补进一阶，单州刺史石抹靳家奴、泰宁军节度副使尹升卿、宁陵县令监邦彦、浚州司候张匡福各进两阶。贪污官同知浚州防御使事蒲速越、真定县令特谋葛并免死，杖一百五十，除名。同知睢州事乌古孙阿里补杖一百，

———————————

① 《金史》卷88《移剌道传》。
② 《金史》卷89《魏子平传》。

削四阶，非奉旨不得录用。①

大定十一年，在完成《睿宗实录》前，世宗正式下令罢采访官，并询问宰臣："官吏之善恶，何由知之？"纥石烈良弼回答："臣等当为陛下访察之。"后来，世宗又问道："朕欲周知官吏善恶，若寻常遣官采访，恐用非其人。然则官吏善恶，何以知之？"纥石烈良弼再次强调："臣等当为陛下访察之。"世宗则表示："然，但勿使名实混淆耳。"②也就是说，廉察继续进行，只是形式有所改变而已。大定十一年至二十八年，因廉察而处理的案件，可列举要者于下。

> 大定十一年四月，大理卿李昌图以廉问真定尹徒单贞、咸平尹石抹阿没剌受赃不法，既得罪状，不即黜罢，杖之四十。
> 大定十二年二月，户部尚书高德基滥支朝官俸钱四十万贯，杖八十。
> 大定十二年四月，大名尹荆王文以赃罪夺王爵，降授德州防御使。
> 大定十二年十二月，以济南尹刘萼在定武军贪墨不道，命大理少卿张九思鞫之。
> 大定十六年七月，夏津县令移剌山往坐赃，伏诛。
> 大定十八年十一月，尚书省奏，崇信县令石安节买车材于部民，三日不偿其直，当削官一阶，解职。上因言："凡在官者，但当取其贪污与清白之尤者数人黜陟之，则人自知惩劝矣。夫朝廷之政，太宽则人不知惧，太猛则小玷亦将不免于罪，惟当用中典耳。"上责宰臣曰："近问赵承元何故再任，卿等言，曹王尝遣人言其才能干敏，故再任之。官爵拟注，虽由卿辈，予夺之权，当出于朕。曹王之言尚从之，假皇太子有所谕，则其从可知矣。此事因卿言始知，其不知者知复几何？且卿等公受请属，可乎？"盖承元前为曹王府文学，与王邸婢奸，杖百五十除名，而复用也。
> 大定二十一年五月，西北路招讨使完颜守能以赃罪，杖二百，除名。

① 《金史》卷90《移剌道传》。
② 《金史》卷6《世宗纪上》，卷54《选举志四》，卷88《纥石烈良弼传》。

大定二十二年十一月，玉田县令移剌查坐赃，伏诛。①

高德基案是世宗朝发生的一次涉及官员人数较多的案件，可补充一些细节。

（大定）十一年，（高德基）改户部尚书。德基上疏，乞免军须房税等钱，减农税及盐酒等课，未报。随朝官俸粟折钱，增高市价与之，多出官钱几四十万贯。上使人谕之曰："卿为尚书，取悦宰执近臣，滥出官钱。卿之官爵，一出于朕，奈何如此。"于是决杖八十，户部郎中王佐、员外郎卢彦冲、同知中都转运使刘㧑、副使石抹长寿、支度判官韩镇、左警巡使李克勤、右警巡使李宝、判官强锐昌、姚宗奭、尼庞古达吉不，皆决杖有差。诏自大定十一年十一月郊祀赦后，尚书省、御史台、户部、转运司、警巡院多支俸粟折钱，皆追还之。德基降兰州刺史，王佐降大兴府推官，卢彦冲河北西路户籍判官，刘㧑东京警巡使，石抹长寿东京留守推官，韩镇河东南路户籍判官，李克勤通远县令，李宝清水县令，强锐昌、姚宗奭、尼庞古达吉不皆除司候。②

是时，户部尚书高德基坐高估俸粟责降，世宗念（曹）望之吝出纳或惩德基也，既出，使人谕之曰："勿以高德基下粟直，要在平估而已。"③

对于发生在中都的贪赃案件，世宗亦同意按廉察的方法进行严惩。

时知大兴府事纥石烈执中坐赃，上命（李）仲略鞫之，罪当削解。权要竞言太重，上颇然之，仲略奏曰："教化之行，自近者始。京师，四方之则也，郡县守令无虑数百，此而不惩，何以励后？况执中凶残狠愎，慢上虐下，岂可宥之。"上曰："卿言是也。"④

---

① 《金史》卷6《世宗纪上》，卷7《世宗纪中》，卷8《世宗纪下》。
② 《金史》卷90《高德基传》。
③ 《金史》卷92《曹望之传》。
④ 《金史》卷96《李仲略传》。

世宗对廉察的效果较为满意，大定二十七年九月，他特别对宰臣表示："朕今岁春水所过州县，其小官多干事，盖朕前尝有赏擢，故皆勉力。以此见专任责罚，不如用赏之有激劝也。"①

本节以较长篇幅说明世宗的用人情况，就是要说明在"君主用贤"观念的主导下，确实会出现一些值得肯定的政治作为。

五　建制立法

世宗在位时间较长，不仅在制度完善方面有所建树，亦在立法和刑罚方面有重要的作为。

（一）官制新规

完颜亮在位时改定的金朝官制，被世宗所沿袭，到世宗朝末期的大定二十八年，"在仕官一万九千七百员"②。世宗在不改动机构设置的前提下，除了上文所述的举贤、荐举、廉察、官员承袭等举措外，还有完善官制的一些重要举措。

一是以"纳粟补官法"作为选官的临时性措施。为了解决地方官员不足的问题，大定二年正月开始实行纳粟补官法，"以兵兴岁歉，下令听民进纳补官。又募能济饥民者，视其人数为补官格"。大定五年二月，世宗对宰臣强调："顷以边事未定，财用阙乏，自东、南两京外，命民进纳补官，及卖僧、道、尼、女冠度牒，紫、褐衣师号，寺观名额。今边鄙已宁，其悉罢之。庆寿寺、天长观岁给度牒，每道折钱二十万以赐之。"

二是规范令史的选用。大定二年二月，"世宗以胥吏既贪墨，委之外路干事又不知大体，徒多扰动"，恢复以进士为尚书省令史的做法。大定八年三月，世宗又下令以职官子补令史。大定二十年正月，又正式定立了"试令史格"。

三是规范地方吏员的选用。大定二年，"户部郎中曹望之言，随处胥吏猥多，乞减其半。诏胥吏仍旧，但禁用贴书。又命县吏阙，则令推举行止修举为乡里所重者充"。大定三年，"以外路司吏久不升转，往往交通豪右为奸，命与孔目官每三十月则一转，移于它处"。大定七

① 《金史》卷8《世宗纪下》。
② 《金史》卷55《百官志一》。

年，"敕随朝司属吏员通事译史勾当过杂班月日，如到部者并不理算。又诏吏人但犯赃罪罢者，虽遇赦，而无特旨，不许复叙。又命京府州县及转运司胥吏之数，视其户口与课之多寡，增减之"。大定十二年，世宗又对宰臣强调："外路司吏，止论名次上下，恐未得人。若其下有廉慎、熟闲吏事，委所属保举。试不中程式者，付随朝近下局分承应，以待再试。彼既知不得免试，必当尽心以求进也。"

四是颁布新的用官方法。大定十二年四月，世宗下诏："诸府少尹多阙员，当选进士虽资叙未至而有政声者，擢用之。"大定二十年十月，"更定铨注县令丞簿格"。大定二十二年四月，"行监临院务官食直法"。

五是颁布官员俸禄规定。大定十一年正月，"诏职官年七十以上致仕者，不拘官品，并给俸禄之半"。大定二十五年十二月，"制增留守、统军、总管、招讨、都转运、府尹、转运、节度使月俸"。大定二十六年七月，"诏给内外职事官兼职俸钱"；"诏有一官而兼数职，其兼职得罪亦不能免，而无廪给可乎，遂以职务烦简定为分数，给兼职之俸"①。

此外，在官员的赏罚方面，世宗在即位初年即明确表示："朕于赏罚，豪发无所假借。果公廉办治，虽素所不喜，必加升擢，若抵冒公法，虽至亲不少恕。"大定三年八月，纥石烈良弼上言："祖宗以来未录功赏者，臣考按得凡三十二人，宜差第封赏。"世宗乃下诏："祖宗时有劳效未曾迁赏者，五品以上奏闻，六品以下及无职事者尚书省约量升除。"后来孟浩又上言："历古以来，不明赏罚而能治者，未之闻也。国家赏善罚恶，盖亦多矣，而天下莫能知。乞自今凡赏功罚罪，皆具事状颁告之，使君子知劝以迁善，小人知惧以自警。"世宗亦采纳了他的建议。②

（二）强化监察

制度化的察廉惩贪，应该是发挥监察机构的作用，但是御史台虽然存在，所起的作用并不理想。世宗在位期间任命的各位御史大夫，表现各有不同，可举要者概述于下。③

---

① 《金史》卷6《世宗纪上》，卷7《世宗纪中》，卷8《世宗纪下》，卷50《食货志五》，卷58《百官志四》。

② 《金史》卷6《世宗纪上》，卷88《纥石烈良弼传》，卷89《孟浩传》，卷120《乌林答晖传》。

③ 各位御史大夫任职的时间，见《金史》卷6《世宗纪上》，卷7《世宗纪中》，卷8《世宗纪下》。

世宗即位后任命的第一任御史大夫应是完颜（移剌）元宜（大定二年正月至二月），并特别向他诏示："高桢为御史大夫，号为正直，颇涉烦碎，臣下衣冠不正亦被纠举。职事有大于此者，尔宜勉之。"这一任命不过是安抚完颜亮旧臣的临时性措施，所以完颜元宜的任职时间极短。①

第二任御史大夫白彦敬（大定二年二月至三年四月）也是临时性的安排，因为任职后即"遣彦敬往西北路招讨司市马，得六千余匹"，返回后则改任他职。②

第三任御史大夫李石任职时间较长（大定三年四月至十年正月），在一定程度上发挥了御史大夫的纠察作用。

> 安化军节度使徒单子温，平章政事合喜之侄也，赃滥不法，（李）石即劾奏之。方石奏事，宰相下殿立，俟良久。既退，宰相或问石奏事何久，石正色曰："正为天下奸污未尽诛耳。"闻者悚然。
>
> 石司宪既久，年浸高。御史台奏，事有在制前断定，乞依新条改断者。上曰："若在制前行者，岂可改也。"上御香阁，召中丞移剌道谓之曰："李石耄矣，汝等宜尽心。向所奏事甚不当，岂涉于私乎。"他日，又谓石曰："卿近累奏皆常事，臣下善恶邪正，无语及之。卿年老矣，不能久居此，若能举一二善事，亦不负此职也。"③

李石之后任御史大夫的有宗室后裔完颜璋（大定十二年十一月至十三年八月）、乌古论元忠（大定十八年十一月至二十年三月）和完颜襄（大定二十年十月至十一月）等人，相关情况已见前述。

张景仁于大定二十一年二月被任命为御史大夫，在监察方面还是有所作为。

> 世宗谓（张）景仁曰："卿博学老儒，求如古之御史大夫，然

---

① 《金史》卷 132《完颜元宜传》。

② 《金史》卷 82《纥石烈胡剌传》，卷 84《白彦敬传》。

③ 《金史》卷 86《李石传》。

后行之，期为称矣。不能如古之人，众人不独诮卿，亦谓朕不能知人。卿醉中颇轻脱失言，当以酒为戒。"初，朝臣言景仁有文艺而颇率易，不可任台察。景仁被诏，就台中治监察罪，辄以便服视决罚。上闻之，责景仁曰："朕初用卿为大夫，或言卿不可居此官，今果不用故事，率易如此。卿自慎，不然黜罚及矣。"景仁顿首谢。

未几，诏葬元妃李氏于海王庄，平章政事乌古论元忠提控葬事，都水监丞高杲寿治道路不如式，元忠不奏，决之四十。景仁劾奏元忠辄断六品官，无人臣礼。上曰："卿劾奏甚当。"使左宣徽使蒲察鼎寿传诏戒敕元忠曰："监丞六品，有罪闻奏，今乃一切趋办，擅决六品官，法当如是耶。御史在尊朝廷，汝当自咎，勿复再。"①

张汝霖曾两次出任御史大夫（大定二十二正月，大定二十三年闰十一月），因处理案件不当被世宗责罚。

时将陵主簿高德温大收税户米，逮御史狱，（张）汝霖具二法上。世宗责之曰："朕以卿为公正，故登用之。德温有人在官掖，故朕颇详其事，朕肯以官掖之私挠法耶，不谓卿等顾徇如是。"汝霖跪谢。久之，上顾左谏议大夫杨伯仁曰："台官不正如此。"伯仁奏曰："罪疑惟轻，故具二法上请，在陛下裁断耳。且人材难得，与其材智而邪，不若用愚而正者。"上作色曰："卿辈皆愚而不正者也。"未几，（汝霖）复坐失出大兴推官高公美罪，谪授棣州防御使。②

世宗在位后期任御史大夫的还有自己的两个儿子曹王完颜永功（大定二十五年十一月至二十六年五月）和豳王完颜永成（大定二十六年五月），都应视为荣誉性的任职安排。

从御史大夫的任职情况看，世宗在多数时间是将御史大夫作为荣誉性或过渡性的职务，并不是特别在意御史大夫的"掌纠察朝仪、弹劾官邪、勘鞫官府公事"职责。③ 因为世宗要直接插手监察官员的安排，

---

① 《金史》卷84《张景仁传》。
② 《金史》卷83《张汝霖传》。
③ 《金史》卷55《百官志一》。

正如梁肃所言:"台官自大夫至监察,谏官自大夫至拾遗,陛下宜亲择,不可委之宰相,恐树私恩,塞言路也。"世宗还曾问宰臣:"御史台官,亦与亲知往来否?"宰臣都说:"往来殊少。"世宗则表示:"台官当尽绝人事。谏官、记注官与闻议论,亦不可与人游从。"唐括安礼指出:"亲知之间,恐不可尽绝也。"世宗则强调:"职任如是,何恤人之言。"①

世宗不仅亲自选择御史台官员,还就强化监察作出了多项规定。

大定二年正月,敕御史台检察六部文移,稽而不行,行而失当,皆举劾之。

大定二年八月,诏御史台曰:"卿等所劾,惟诸局行移稽缓,及缓于赴局者耳,此细事也。自三公以下,官僚善恶邪正,当审察之。若止理细务而略其大者,将治卿等罪矣。"

大定八年九月,上谓御史大夫李石曰:"台宪固在分别邪正,然内外百司岂谓无人,惟见卿等劾人之罪,不闻举善,自今宜令监察御史分路刺举善恶以闻。"

大定九年九月,上谓台臣曰:"比闻朝官内有揽中官物以规贷利者,汝何不言?"皆对曰:"不知。"上曰:"朕尚知之,汝有不知者乎。朕若举行,汝将安用。"

大定十七年八月,以监察御史体察东北路官吏,辄受讼牒,为不称职,笞之五十。上谓御史中丞纥石烈邈曰:"台臣纠察吏治之能否,务去其扰民,且冀其得贤也。今所至辄受讼牒,听其妄告,使为政者如何则可也。"

大定十九年三月,制纠弹之官知有犯法而不举者,减犯人罪一等科之,关亲者许回避。

大定二十一年三月,以监察御史石抹元礼、郑达卿不纠举,各笞四十,前所遣官皆论罪。上谓宰臣曰:"近闻宗州节度使阿思懑行事多不法,通州刺史完颜守能既与招讨职事,犹不守廉。达官贵要多行非理,监察未尝兴劾。斡睹只群牧副使仆散那也取部人二毯仗,至细事也,乃便劾奏。谓之称职,可乎?今监察职事修举者与

---

① 《金史》卷88《唐括安礼传》,卷89《梁肃传》。

迁擢，不称者，大则降罚，小则决责，仍不许去官。"

大定二十三年二月，御史台进所察州县官罪，上览之曰："卿等所廉皆细碎事，又止录其恶而不举其善，审如是，其为官者不亦难乎，其并察善恶以闻。"①

对于监察机构存在的问题，世宗亦曾对时任御史中丞的张汝霖说："卿尝言，监察御史所察州县官多因沽买以得名誉，良吏奉法不为表襮，必无所称。朕意亦然。卿今为台官，可革其弊。"他还对御史中丞耨碗温敦谦强调："省部官受请托，有以室家传达者。官刑不肃，士风颓弊如此，其纠正之。"对于不称职的监察御史，世宗亦曾表示："监察，人君耳目，风声弹事可也。至朕亲发其事，何以监察为。"②

有人建议在御史台下设立提刑按察司，未被世宗采纳，因为他注重的是监察机制而不是增设机构："（大定）十七年，陈言者乞设提刑司，以纠诸路刑狱之失。尚书省议，以谓久恐滋弊。上乃命距京师数千里外怀冤上诉者，集其事以待选官就问。"③

（三）更新律法

世宗亦高度重视立法，在位期间有多次增修律法的举动。

世宗刚即位就颁布了临时性的律条："及世宗即位，以正隆之乱，盗贼公行，兵甲未息，一时制旨多从时宜，遂集为《军前权宜条理》"。大定五年，对《军前权宜条理》有所修改，"命有司复加删定《条理》，与前《制书》兼用"。

此后数年，世宗颁布了一些新的规定，并强调执法要以律文为准。

大定八年，制品官犯赌博法，赃不满五十贯者其法杖，听赎，再犯者杖之。且曰："杖者所以罚小人也。既为职官，当先廉耻，既无廉耻，故以小人之罚罚之。"

大定九年，因御史台奏狱事，上曰："近闻法官或各执所见，或观望宰执之意，自今制无正条者皆以律文为准。"复命杖至百者臀、背分受，如旧法。已而，上谓宰臣曰："朕念罪人杖不分受，

---

① 《金史》卷6《世宗纪上》，卷7《世宗纪中》，卷8《世宗纪下》。
② 《金史》卷83《张汝霖传》，卷84《耨碗温敦谦传》，卷96《梁襄传》。
③ 《金史》卷45《刑志》。

恐至深重，乃令复旧。今闻民间有不欲者，其令罢之。"

大定十一年，诏谕有司曰："应司狱廨舍须近狱安置，囚禁之事常亲提控，其狱卒必选年深而信实者轮直。"

大定十三年，诏立春后、立秋前，及大祭祀，月朔、望，上、下弦，二十四气，雨未晴，夜未明，休暇并禁屠宰日，皆不听决死刑，惟强盗则不待秋后。

大定十五年，诏有司曰："朕惟人命至重，而在制窃盗赃至五十贯者处死，自今可令至八十贯者处死。"①

世宗亦否定了一些改变律法的建议，如大定十七年梁肃上言："刑罚世轻世重，自汉文除肉刑，罪至徒者带镣居役，岁满释之，家无兼丁者，加杖准徒。今取辽季之法，徒一年者杖一百，是一罪二刑也，刑罚之重，于斯为甚。今太平日久，当用中典，有司犹用重法，臣实痛之。自今徒罪之人，止居作，更不决杖。"世宗未接受这一减轻刑罚的建议。②

大定十九年三月，尚书省官员上奏："亏课院务官颜葵等六十八人，各合削官一阶。"世宗明确表示："以承废人主榷沽，此辽法也。法弊则当更张，唐、宋法有可行者则行之。"当年六月，世宗下诏更定制条，③ 修法的具体情况如下。

> 上以正隆《续降制书》多任己意，伤于苛察。而与皇统之《制》并用，是非淆乱，莫知适从，奸吏因得上下其手。遂置局，命大理卿移剌慥总中外明法者共校正。乃以皇统、正隆之《制》及大定《军前权宜条理》、后《续行条理》，伦其轻重，删繁正失。制有阙者以律文足之，制、律俱阙及疑而不能决者，则取旨画定。《军前权宜条理》内有可以常行者亦为定法，余未应者亦别为一部存之。参以近所定徒杖减半之法，凡校定千一百九十条，分为十二卷，以《大定重修制条》为名，诏颁行焉。④

---

① 《金史》卷45《刑志》。
② 《金史》卷45《刑志》，卷89《梁肃传》。
③ 《金史》卷7《世宗纪中》。
④ 《金史》卷45《刑志》。

皇统间，参酌隋、唐、辽、宋律令，以为《皇统制条》。海陵虐法，率意更改，或同罪异罚，或轻重不伦，或共条重出，或虚文赘意，吏不知适从，夤缘舞法。（移剌）慥取皇统旧制及海陵续降，通类校定，通其窒碍，略其繁碎。有例该而条不载者用例补之，特阙者用律增之。凡制律不该及疑不能参决者，取旨画定。凡特旨处分，及权宜条例内有可常行者，收为永格。其余未可削去者，别为一部。大凡一千一百九十条，为十二卷。书奏，诏颁行之，赐银币有差。①

《大定重修制条》正式颁行的时间是大定二十二年三月，在修订制条后，世宗又有一些补充性的规定。

大定二十年，上见有蹂践禾稼者，谓宰相曰："今后有践民田者杖六十，盗人谷者杖八十，并偿其直。"

大定二十三年，上曰："朕所行制条，皆臣下所奏行者，天下事多，人力有限，岂能一一尽之。必因一事奏闻，方知有所窒碍，随即更定。今有圣旨、条理，复有制条，是使奸吏得以轻重也。"上以法寺断狱，以汉字译女直字，会法又复各出情见，妄生穿凿，徒致稽缓，遂诏罢情见。

大定二十五年二月，上以妇人在囚，输作不便，而杖不分决，与杀无异，遂命免死输作者，决杖二百而免输作，以臀、背分决。

时后族有犯罪者，尚书省引"八议"奏，上曰："法者，公天下持平之器，若亲者犯而从减，是使之恃此而横恣也。昔汉文诛薄昭，有足取者。前二十年时，后族济州节度使乌林达钞兀尝犯大辟，朕未尝宥。今乃宥之，是开后世轻重出入之门也。"宰臣曰："古所以议亲，尊天子，别庶人也。"上曰："外家自异于宗室，汉外戚权太重，至移国祚，朕所以不令诸王、公主有权也。夫有功于国，议勋可也。至若议贤，既曰贤矣，肯犯法乎。脱或缘坐，则固当减请也。"

大定二十六年，遂奏定太子妃大功以上亲，及与皇家无服者、及

---

① 《金史》卷89《移剌慥传》。

贤而犯私罪者，皆不入议。上谓宰臣曰："法有伦而不伦者，其改定之。"①

大定二十八年十一月，世宗对宰臣说："制条以拘于旧律，间有难解之辞。夫法律历代损益而为之，彼智虑不及而有乖违本意者，若行删正，令众易晓，有何不可。宜修之，务令明白。"② 此次律条的再次增修，因世宗不久即去世，未能正式启动，所以世宗修律的代表性成果就是《军前权宜条理》和《大定重修制条》。

（四）审狱宽刑

有新增律条为依据，世宗在处理刑罚问题时，既要求依律条办案，也表现出了宽刑的总体性要求。

第一，注重录囚问题。大定四年五月，世宗明令"有司审冤狱"。大定七年五月，"大兴府狱空，诏锡宴劳之。凡州郡有狱空者，皆赐钱为锡宴费，大兴府锡宴钱三百贯，其余有差"。大定八年七月，世宗又下诏称："疏决系囚，例为文具，诸路淹狱，动二三年。在京者，朕当亲决。不以暑月为拘，其诸路狱案经久者，取其尤而罚之。"大定二十五年七月，又曾"以隆暑，诏州县决系囚"。此外，还在地方专设了负责刑狱的官员："初，诸部有狱讼，招讨司例遣胥吏按问，往往为奸利。（移剌）道请专设一官，上嘉纳之，招讨司设勘事官自此始。"③

第二，注重审案拖拉问题。世宗特别强调，各种案件都要按律条规定的时限办理，不能有意拖延和滞留案件。

大定十七年，尝诏宰臣，朝廷每岁再遣审录官，本以为民伸冤滞也，而所遣多不尽心，但文具而已。审录之官，非止理问重刑，凡诉讼案牍，皆当阅实是非，囚徒不应囚系则当释放，官吏之罪即以状闻，失纠察者严加惩断，不以赎论。

又谓宰臣曰："比闻大理寺断狱，虽无疑者亦经旬月，何耶？"参知政事移剌道对曰："在法，决死囚不过七日，徒刑五日，杖罪

---

① 《金史》卷45《刑志》。
② 《金史》卷8《世宗纪下》，卷45《刑志》。
③ 《金史》卷6《世宗纪上》，卷88《唐括安礼传》《移剌道传》；《大金国志》卷17《世宗圣明皇帝中》，第235页；卷18《世宗圣明皇帝下》，第249页。

三日。"上曰:"法有程限,而辄违之,弛慢也。"罢朝,御批送尚书省曰:"凡法寺断重轻罪各有期限,法官但犯皆的决,岂敢有违。但以卿等所见不一,至于再三批送,其议定奏者书奏牍亦不下旬日,以致事多滞留,自今当勿复尔。"

大定二十二年,上谓宰臣曰:"凡尚书省送大理寺文字,一断便可闻奏。如乌古论公说事,近取观之,初送法寺如法裁断,再送司直披详,又送合寺参详,反复三次,妄生情见,不得结绝。朕以国政不宜滞留,昨虽炙艾六百炷,未尝一日不坐朝,欲使卿等知勤政也。自今可止一次送寺,合寺披详,苟有情见即具以闻,毋使滞留也。"①

上又曰:"大理寺事多留滞,宰执不督责之,何也?"(唐括)安礼对曰:"案牍疑难者,旧例给限。"上曰:"旧例是邪非邪,今不究其事,辄给以限邪?"参政移剌道曰:"臣在大理时,未尝有滞事。"上曰:"卿在大理无滞事,为宰执而不能检治,何也?"道无以对而退。②

第三,注重减少死刑问题。世宗对死刑持格外慎重的态度,不仅主动免除一些死刑,还对注重人命的行为持高度肯定态度。

大定二年,(贾少冲)调御史台典事,累迁刑部郎中。往北京决狱,奏诛首恶,误牵连其中者皆释不问,全活凡千人。以本职摄右司员外郎。尝执奏刑名甚坚,既退,上谓侍臣曰:"少冲居下位,有守如此。"③

(大定七年)尚輦局本把石抹阿里哥与钉铰匠陈外儿共盗宫中造车银钉叶,(梁)肃以阿里哥监临,当首坐。他寺官以陈外儿为首,抵死。上曰:"罪疑惟轻,各免死,徒五年,除名。"④

---

① 《金史》卷45《刑志》。
② 《金史》卷88《唐括安礼传》。
③ 《金史》卷90《贾少冲传》。
④ 《金史》卷89《梁肃传》。

大定十年，尚书省奏："河中府张锦自言复父仇，法当死。"上曰："彼复父仇，又自言之，烈士也，以减死论。"

大定十二年三月，北京民曹贵谋反，大理议廷中，谓贵等阴谋久不能发，在法"词理不能动众，威力不足率人"，罪止论斩，（李）石是之。又议从坐，久不能决。石曰："罪疑惟轻。"入，详奏其状，上从之，缘坐皆免死。

大定十七年，上曰："故广宁尹高桢为政尚猛，虽小过，有杖而杀之者。即罪至于死而情或可恕，犹当念之，况其小过者乎，人之性命安可轻哉。"

大定二十一年，尚书省奏："巩州民马俊妻安姐与管卓奸，俊以斧击杀之，罪当死。"上曰："可减死一等，以戒败风俗者。"

大定二十三年，大兴府民赵无事带酒乱言，父千捕告，法当死。上曰："为父不恤其子而告捕之，其正如此，人所甚难，可特减死一等。"①

第四，注重严刑拷问问题。大定七年发生了宫中偷盗事件，世宗对办案者以拷打定罪的方法持坚决反对的态度。

亲军百人长完颜阿思钵非禁直日带刀入宫，其夜入左藏库，杀都监郭良臣，盗取金珠。点检司执其疑似者八人，掠笞三人死，五人者自诬，其赃不可得。上疑之，命（移剌）道参问。道持久其狱，既而阿思钵鬻金事觉，伏诛。上曰："棰楚之下，何求不得，奈何点检司不以情求之乎。"赐掠死者钱人二百贯，周其家，不死者人五十贯。诏自今护卫亲军百人长、五十人长，非直日不得带刀入宫。②

第五，注重法不徇情问题。世宗厌恶权势者干扰刑罚的秉公处理，对能够顶住权势压力的办案者则给予鼓励和支持。

大定四年九月，上谓宰臣曰："形势之家，亲识诉讼，请属道

① 《金史》卷45《刑志》。
② 《金史》卷88《移剌道传》。

达，官吏往往屈法徇情，宜一切禁止。"①

大定九年，（高德基）转刑部尚书。有犯罪当死者，宰相欲从末减，德基曰："法无二门，失出犹失入也。"不从。及奏，上曰："刑部议，是也。"②

大定十五年，会大兴府守臣阙，遂以（乌古论）元忠知府事。有僧犯法，吏捕得置狱，皇姑梁国大长公主属使释之，元忠不听，主奏其事，世宗召谓曰："卿不徇情，甚可嘉也，治京如此，朕复何忧。"③

第六，注重贪赃严惩问题。对于贪赃枉法的官员，世宗的要求往往是严惩不贷，绝不姑息。

大定十二年，尚书省言："内丘令蒲察台补自科部内钱立德政碑，复有其余钱二百余贯，罪当除名。今遇赦当叙，仍免征赃。"上以贪伪，勿叙，且曰："乞取之赃，若有赦原，予者何辜？自今可并追还其主，惟应入官者免征。"故咸平尹石抹阿没剌以赃死于狱，上谓："其不尸诸市已为厚幸。贫穷而为盗贼，盖不得已。三品职官以赃至死，愚亦甚矣，其诸子可皆除名。"

大定二十三年，尚书省奏招讨司官及秃里乞取本部财物制，上曰："远人止可矜恤，若进贡不阙，更以兵邀之，强取财物，与盗何异，且或因而生事，何可不惩。"④

世宗注重的宽刑，建立在依律治罪的基础之下，正如他所言："比者马琪主奏高德温狱，其于富户寄钱事皆略不奏。朕以琪明法律而正直，所为乃尔，称职之才何其难也。古人虽云'罪疑惟轻'，非为全尚宽纵也。"⑤ 这样的法制观念，确实值得注意。

---

① 《金史》卷6《世宗纪上》。
② 《金史》卷90《高德基传》。
③ 《金史》卷120《乌古论元忠传》。
④ 《金史》卷45《刑志》。
⑤ 《金史》卷95《马琪传》。

六　规范礼仪

世宗高度重视朝廷礼仪的规范问题，"乃命官参校唐、宋故典沿革，开详定所以议礼，设详校所以审乐，统以宰相通学术者，于一事之宜适、一物之节文，既上闻而始汇次，至明昌初书成，凡四百余卷，名曰《金纂修杂录》。凡事物名数，支分派引，珠贯棋布，井然有序，炳然如丹。又图吉凶二仪、卤簿十三节以备大葬，小卤簿九节以备郊庙，而命尚书左右司、春官、兵曹、太常寺各掌一本，其意至深远也"①。世宗朝在礼仪方面的主要建树，可分述于下。

（一）皇帝尊号

世宗于大定元年十月即位，十一月臣僚上尊号为"仁明圣孝皇帝"，"群臣上十有二字，上止受四字"。大定五年正月，平章政事完颜宗宪呈上了请求加皇帝尊号的奏疏，可转引于下。

> 虽有大能，谦圣人之至德而归美，以报群下之诚心。仰希从欲之仁荐，致渎尊之请。恭惟绍开景命，克享灵心，讴歌所归，历数斯在。思其艰图，其易勤于邦、俭于家，庙祐其严，每厚蒸尝之荐，陵园是奉，时为省谒之行。楚子请盟，贡复包茅之入，尉佗奉职，使因白璧而通。文轨大同，干戈不用，且哀矜庶狱，抡择群材。分问俗之使以通下情，行均赋之令以宽民力。蝗螟不害，与沴气以潜消，黍稷维馨，占甫田之屡稔。巍巍然高百王之治迹，亶亶乎向三代之休风。如典册有所未崇，在臣子岂遑宁处。夫应帝命而履宝位，是为"应天"；因民心而启洪基，是为"兴祚"；远人来附，绥之而已，乃修德以尚文，得不谓"仁文"乎；王略既宣，服之而已，不穷兵而黩武，得不谓"义武"乎；本之以事，无不通之"圣"；扩之以远，无不烛之"明"；能广前人之有声，实曰天子之"至孝"。合兹众美，允矣公言，臣等不胜大愿，谨固请加上尊号曰"应天兴祚仁文义武圣明至孝皇帝"。

由于世宗的推辞，当年三月完颜宗贤等人又上表请加尊号。

---

① 《金史》卷28《礼志一》。

函章屡贡，宸听未回。虽圣心能以自徽，在臣下有所未安。夫简在上帝之心，谓之"应天"；绍复先王之业，谓之"兴祚"："仁"以守位，"德"以抚民；无所不通，非圣孰能与此。先之以爱，夫孝何以加乎，道备至明，名非虚美。臣等不胜大愿，谨固加上尊号曰"应天兴祚仁德圣孝至明皇帝"。

世宗则给予了以下答复。

自临御以来，尚多阙政，而群工兆姓为过情之礼，以徽号见加。章至六上，益拒益坚。无乃激于忠爱，而志在归美，不能自已欤。且以国体之重，有不可阙者耶。载念固执予守，则恐郁舆望，披襟全善，则又难自安。其去"至明"二字，余用勉从。

世宗还为加尊号正式下发了诏书，全文如下。

朕以正隆之失御，获承太祖之贻谋，涉道未弘，临政犹浅。不意群工之归美，遽以鸿名而见加。奏牍屡陈，忠恳难夺。朕虽俞允，颜实怩恧，今已勉受应天兴祚仁德圣孝之号。尚念边鄙甫宁，民居始奠，事无欲速，时贵适宜。盖王者必世而后仁，礼至太平而大备，故须待熙洽之际，乃可尽对扬之休。所有礼册，当俟他年举行。

大定六年十一月，臣僚又上表请求举行加尊号的册礼："顷奉制书，诞扬徽号，未崇册典，实郁舆情。今已四方无虞，百工允治，节令调而五谷稔，盗贼息而兆民安，咸谓太平，适当斯旦，伏愿俯从忠悃，昭受丕仪。"世宗采纳臣僚的建议，于大定七年正月在中都的大安殿举行了"受尊号册宝礼"，在册文中对世宗即位以来的作为给予了高度的肯定。

形而上者谓之道，道之用出于自然。物之祖者本乎天，天之功归于不宰。然而尊居四大，茂育群生，观妙有而曰希夷，拟形容而称穹昊。惟圣运化，体道与天，强为之名，盖功德所立者卓，对扬其美，系臣庶不谋而同。虽由谦让以未遑，其如乐推而不厌，建久安，成长治。况属今休，腾茂实蜚，英声兹为壮观。恭惟圣上刚健中正，缉熙光明，惟简在于帝心，实稔从于民欲。显膺推戴，非以力求，大获纂承，其惟自度。修德之符歘见，应诚之瑞毕臻；六气和而五谷登，群生遂而万民殖，斯可谓之"应天"。自顷祸乱实开，圣明拯生灵于阽危，安基祚于阢杌，宗祊有主，人谋与能。仗大顺而挥天戈，征不庭而定皇国，北陲孽寇授首于势穷，南服远人寻盟于事迫。拓统无外，迓衡弗迷，大烈耿光，丕灵承于祖孝，璇图宝历，永孚休于邦家，斯可谓之"兴祚"。兼爱无私，博施济众，下恤刑之诏，靡冤不申，定寝兵之功，惟暴是禁。续功臣之世而延其赏，去贪人之类而表其廉，非"至仁"孰能与于此。为政则如北辰，恭己而正南面，昧爽丕显辉光，日新宜民宜人，克君克长，终始惟一，兹尚监于汤铭，威怀所加，肆昭升于禹迹，非"至德"孰能与于此。道济天下，识居物先，极深研几，通志成务，斯可谓之"圣"。宗祊合享，祗事惟寅，陵寝蠲蒸，追怀罔极，嗣有令绪，能昭先功，睦亲族而和万邦，通神明而光四海，斯可谓之"孝"。未膺显册，终郁舆情，固拒诚难，俞音始下。臣等管窥蠡测，虽莫际于高深，玉振金声，敢奉扬于典礼。臣等不胜大愿，谨奉玉册玉宝，上尊号曰应天兴祚仁德圣孝皇帝。①

大定十一年十一月，臣僚又为世宗上尊号为"应天兴祚钦文广武仁德圣孝皇帝"，并在上表中明确表示世宗有钦、文、广、武之实："夫正心而诚意，修己以安人，至于出入起居，罔不严恭寅畏，谨四时而致孝享，敬五事而承天心，此钦之实也。仁义立，廉耻张，礼乐明，法度著，建中和而为皇极，求儒雅而阐大猷，以来远人，以洽四国，此文之实也。富有之谓大业，德容以受丕基，恢然如乾道之保函，博哉如坤元之持载，无此疆与尔界，皆一视而同仁，此广之实也。授神略以折遐冲，稽长道而屈群丑，陟威怀之禹迹，小绥定之唐功，七德颂乎止戈，一戎昭乎除乱，此武之实也。"②

之所以列出以上表、诏和制书，除了表明世宗朝君臣对相关礼仪的重视外，更重要的是能够使人们了解当时人对天命、道、德、仁、义、孝等政治概念的基本认识。

① 《大金集礼》卷2《大定七年册礼》。
② 《金史》卷6《世宗纪上》；《大金集礼》卷2《大定十一年册礼》。

（二）册立皇太子

大定二年五月，世宗立第二子完颜允迪（本名胡土瓦，大定八年正月改名为完颜允恭）为皇太子，并向他提出了明确的要求："在礼贵嫡，所以立卿。卿友于兄弟，接百官以礼，勿以储位生骄慢。日勉学问，非有召命，不须侍食。"①

世宗以完颜宗宪和完颜守道两位重臣教导太子，并对完颜宗宪强调："卿年老旧人，更事多矣，皇太子年尚少，谨训导之。"② 皇太子亦能做到"专心学问，与诸儒臣讲议于承华殿，燕闲观书，乙夜忘倦，翼日辄以疑字付儒臣校证"。皇太子还雅好诗文，并留下了两首诗作。

> 心与寥寥太古通，手随轻籁入天风。山长水阔无寻处，声在乱云空碧中。③
>
> 黄阁今姚宋，青宫旧绮园。绣締归里社，冠盖画都门。善训怀师席，深仁寄寿尊。所期河润溥，余福被元元。④

世宗重视皇太子的礼仪行止，并曾以礼仪不合规范对臣僚有所责罚。

> 大定四年九月，纳妃徒单氏，行亲迎礼。故事，大贺卤簿天子乘玉路，皇太子卤簿乘金路。大定六年，世宗行自西京还都，礼官不知皇太子自有卤簿金路，乃请太子就乘大驾缀路，行在天子之前。上疑其非礼，详阅旧典，礼官始觉其误。于是礼部郎中李邦直、员外郎李山削一阶，太常少卿武之才、太常丞张子羽、博士张棐削两阶。
>
> 顷之，礼官议受册谒谢太庙，服常朝服，乘马。世宗曰："此与外官礼上后谒诸神庙无异，海陵一时率意行之，何足为法？大册与三岁祫享当用古礼为是。孔子曰：'礼与其奢也宁俭。'不当轻

---

① 《金史》卷19《显宗纪》。本小节引文未注明出处者，均来自此纪。
② 《金史》卷6《世宗纪上》，卷70《完颜宗宪传》。
③ 完颜允恭：《次高骈风筝韵》，《中州集》卷首。
④ 完颜允恭：《赐石右相琚生日之寿（大定辛丑承华殿书）》，《中州集》卷首。大定辛丑（大定二十一年，1181），原文误记为大定辛酉，大定年号中无辛酉年，石琚任右丞相的时间为大定十八年至十九年，大定二十二年去世，所以本诗的写作时间应是大定二十一年。

易如此。"又曰:"右丞苏保衡虽汉人不通经史,参政石琚通经史而不言,前日礼官既已削夺,犹不惧邪。其具前代典礼以闻,朕将择而处之。"久之,将授太子册宝,仪注备仪仗告太庙。上曰:"朕受尊号谒谢,乃用故宋真宗故事,常朝服乘马。皇太子乃用备礼,前后不称,甚无谓也。"谓右丞相(纥石烈)良弼、左丞(完颜)守道曰:"此卿等不用心所致。"良弼等谢曰:"臣愚虑不及此。"上复曰:"此文臣因循故也。"

大定八年五月,世宗为皇太子完颜允恭举行了正式的册封仪式,为此颁布的诏书全文如下。

朕恭膺景命,寅奉丕图,既承九庙之尊,深惟国本庶系。四海之望,用永皇基,斯古昔之宏规,亦邦家之先务。天兴上嗣,庆自中宫,绍中国之建储,稽《礼经》而立嫡。肆遵彝典,式示寰区。皇子楚王某,资赋聪明,才兼文武,刚健而循理,端厚而寡言。从师友则进学敏修,道古今则经耳成诵。造庭匪懈,见孝敬于问安;养志无违,表忠勤于视膳。至于疏封大国,益尽小心,操履谦和,姿仪肃谨。盖神明之胄异禀,而天地之祐滋弘。是以叶继照于重离,观主鬯于涣震,上以纂祖宗创业之绪,下以慰臣民引领之诚。其以某为皇太子,仍令有司择日备礼册命,主者施行。布告中外,咸使闻知。①

大定十年八月,有人向完颜允恭建议:"殿下颇未熟本朝语,何不屏去左右汉官,皆用女直人。"完颜允恭则明确表示:"谕德、赞善及侍从官,曷敢辄去?""宫官四员谓之谕德、赞善,义可见矣,而反欲去之,无学故也。"

大定十一年十一月,世宗专门临幸东宫,对皇太子的作为等提出了如下看法。

吾儿在储贰之位,朕为汝措天下,当无复有经营之事。汝惟无忘祖宗纯厚之风,以勤修道德为孝,明信赏罚为治而已。昔唐太宗

---

① 《大金集礼》卷8《大定八年册命仪》。

谓其子高宗曰："吾伐高丽不克终，汝可继之。"如此之事，朕不以遗汝。如辽之海滨王，以国人爱其子，嫉而杀之，此何理也。子为众爱，愈为美事，所为若此，安有不亡。唐太宗有道之君，而谓其子高宗曰："尔于李绩无恩，今以事出之，我死，宜即授以仆射，彼必致死力矣。"君人者，焉用伪为。受恩于父，安有忘报于子者乎。朕御臣下，惟以诚实耳。①

大定十三年闰正月，世宗特别对太子詹事刘仲诲提出了慎选东宫臣僚、太子正身恭俭等要求："东宫官属，尤当选用正人，如行检不修及不称位者，具以名闻。""东宫讲书或论议间，当以孝俭德行正身之事告之。""太子生于富贵，每教之恭俭。朕服御未尝妄有增益，卿以此意谕之。"② 石琚请求以皇太子习政事，有人指其邀好东宫，石琚则向世宗表示："臣本孤生，蒙陛下拔擢，备位执政，兼师保之任。臣愚以为太子天下之本，当使知民事，遂言及之。"世宗亦认可这样的态度。③

大定二十四年三月，世宗前往上京，命完颜允恭守国，"其遣使、祭享、五品以上官及事利害重者遣使驰奏，六品以下官、其余常事，并听裁决，每三日一次于集贤殿受尚书省启事"。世宗特别嘱咐皇太子："上京祖宗兴王之地，欲与诸王一到，或留三二年，以汝守国。譬之农家种田，商人营财，但能不坠父业，即为克家子，况社稷任重，尤宜畏慎。常时观汝甚谨，今日能纾朕忧，乃见中心孝也。"完颜允恭则表示："臣在东宫二十余年，过失甚多，陛下以明德皇后之故未尝见责。臣诚愚昧，不克负荷，乞备扈从。"世宗强调："凡人养子，皆望投老得力。朕留太尉、左右丞、参政辅汝，彼皆国家旧人，可与商议。且政事无难，但用心公正，无纳谗邪，一月之后，政事自熟。"完颜允恭为此告诫下属不得擅自入宫："我向在东宫，不亲国政，日与汝辈语话。今即守国，汝等有召命然后得入。"他还特别对徒单克宁说："车驾巡幸，以国事见属。刑名最重，人之死生系焉。凡有可议，当尽至公。比主上还都，勿有废事。"大定二十五年六月，完颜允恭病逝于中都。④

① 《金史》卷6《世宗纪上》。
② 《金史》卷7《世宗纪中》，卷78《刘仲诲传》。
③ 《金史》卷88《石琚传》。
④ 《金史》卷8《世宗纪下》。

皇太子虽然早逝，但不可忽视世宗在相关礼仪和政治安排中彰显的对帝位继承人崇尚治道和善于理政的要求。

（三）册立皇太孙

皇太子完颜允恭去世后，徒单克宁于大定二十五年十一月上表，请求以完颜允恭之子完颜璟（本名麻达葛）为皇太孙："今宣孝皇太子陵寝已毕，东宫虚位，此社稷安危之事，陛下明圣超越前古，宁不察此，事贵果断，不可缓也，缓之则起觊觎之心，来谗佞之言。谗佞之言起，虽欲无疑得乎。兹事深可畏、大可慎，而不畏不慎，岂惟储位久虚，而骨肉之祸，自此始矣。臣愚不避危身之罪，伏愿亟立嫡孙金源郡王为皇太孙，以释天下之惑，塞觊觎之端，绝构祸之萌，则宗庙获安，臣民蒙福。臣备位宰相，不敢不尽言，惟陛下裁察。"[1]

世宗采纳徒单克宁、完颜襄等人的建议，于当年十二月以麻达葛判大兴尹，进封原王。世宗亦特别关注其任大兴尹之后的情况，并给予了较高评价。

> 世宗以金源郡王世嫡皇孙，将加王爵，诏择国号。（完颜）襄曰："为天下大计，必先正其本，原者本也，请封原。"从之。[2]

> 上问宰臣曰："原王大兴行事如何？"右丞（粘割）斡特剌对曰："闻都人皆称之。"上曰："朕令察于民间，咸言见事甚明，予夺皆不失当，曹、酅二王弗能及也。又闻有女直人诉事，以女直语问之，汉人诉事，汉语问之。大抵习本朝语为善，不习，则淳风将弃。"（张）汝弼对曰："不忘本者，圣人之道也。"斡特剌曰："以西夏小邦，崇尚旧俗，独能保国数百年。"上曰："事当任实，一事为伪则丧百真，故凡事莫如真实也。"[3]

大定二十六年五月，世宗任命麻达葛为右丞相，赐名璟，[4] 并在任相数日后道出了管京城事与管国家事的不同。

---

① 《金史》卷92《徒单克宁传》。
② 《金史》卷94《完颜襄传》。
③ 《金史》卷8《世宗纪下》。
④ 《金史》卷8《世宗纪下》。

原王为丞相方四日,世宗问之曰:"汝治事几日矣?"对曰:"四日。""京尹与省事同乎?"对曰:"不同。"上笑曰:"京尹浩穰,尚书省总大体,所以不同也。"数日,复谓原王曰:"宫中有四方地图,汝可观之,知远近厄塞也。"①

徒单克宁等人又数次请求以完颜璟为皇太孙,世宗乃于大定二十六年十一月立右丞相、原王璟为皇太孙,并颁发了制诏。

朕膺上天之眷命,绍烈祖之庆基,洪惟永图,早建元嗣,上以承休于累祖,下以系望于多方。嗟继体之云亡,赖贻谋之有托,盖天下大器可不正其本欤,而世嫡皇孙,所谓无以易者。矧其贤德之著,宜贰宸极之尊,肆举彝章,式孚有众。皇孙、开府仪同三司、尚书右丞相、原王璟,祥开甲观,秀出天支,凤挺温文,日隆孝敬,性姿超异,自幼已若于成人,学问敏明,所得必臻于至理。昨晋封于王社,俾作牧于神州,政成于旬月之间,美审乎舆人之诵。爰立作相,历试诸艰,益彰时序之能,大副师言之锡。顾垂统必资于善继,而奉鬯不可以久虚,是用正名,兹惟合礼。今立璟为皇太孙,所有合行典礼,宜令有司条奏以闻。布告中外,咸使闻知。

大定二十七年三月,为完颜璟举行了册立皇太孙的仪式,世宗亦颁布了正式的册文。

皇帝若曰:昔我太祖肇造鸿业,抚有于多方,肆予一人,纂绍丕图,期传于万世。顷豫建于元子,用祗率于大猷,而享年不遐,阅日寖远。仰赖上穹之祐,蕃开甲观之祥,念储副之重,难乎久虚,顾名分之严,宜以时定。载稽故事,备有前闻,谓尊嫡者议著于汉儒,曰立孙者经明乎《周礼》。先王彝典,朕曷敢废,天下公义,朕曷敢违。咨尔皇孙某官某,庆袭灵源,系承正统,英姿秀发,德器少成,动循谨厚之风,居远华腴之习,诸艰历试,众誉翕

归。初尹正于京畿，旋登庸于揆路，勤劳庶务，兢畏一心，固足以
贰宸极之尊，协重离之吉。式涓谷旦，诞举徽章，粤从朱邸之华，
嗣陟青宫之邃，今册命尔为皇太孙。于戏，国本甚大也，居之不可
不敬，庙祀至重也，奉之不可不严。笃爱亲之心，在斯须不离乎
孝，尽事君之道，唯造次毋忘于忠。尔能章不已之令名，我亦有无
疆之善庆，岂不伟与。其勖之哉，祗若朕命。

皇太孙完颜璟在册封仪式结束后，亦按照封册的礼仪规定，正式向
世宗呈上了谢表。

端门宣诏，方涣鸿恩，宸宬临轩，载昭茂典，祗膺宠数，倍积
兢惭。伏以豫建储闱，号称国本，仰以守宗祧之祀，俯以系天下之
心，匪有元良，畴谐师锡。伏念臣年方冲弱，性本庸虚，猥承世嫡
之名，优荷圣恩之庇。始从群爵，改胙国封，特起自于服庐，使习
知于政务。暂莅京畿之任，旋升端揆之司，窃尝省修已多，忝越乃
复嗣位。承华之重正名，贰极之崇瑶牒，宝章奉徽仪而增惕龙楼，
鸡戟抚屏质以冀胜。兹盖为宗社无疆之计，惟古今大义之公。既惇
贵贵之风，仍厚亲亲之爱。忆中宫于已往，悼主祀之方虚。念臣乃
昭德之遗孙，怜臣实宣孝之嫡子，遂曲垂于兹眷，俾得冒于殊荣。
臣敢不恒自恪勤，益深勖励，惟师善事，惟迩正人，学礼读书，慕
圣贤之笃行，问安视膳，率忠孝之良规。①

世宗还特别叮嘱完颜璟："尔年尚幼，以明德皇后嫡孙惟汝一人，
试之以事，甚有可学之资。朕从正立汝为皇太孙，建立在朕，保守在
汝，宜行正养德，勿近邪佞，事朕必尽忠孝，无失众望，则惟汝嘉。"②

（四）讲究礼仪

世宗在位期间，在朝廷礼仪方面重点关注的是八种礼仪规范。

第一种是郊祀祭天的配享礼，世宗强调的是以太祖配天拜祭，以体
现本朝的特质。

---

① 《大金集礼》卷8《大定二十七年册皇太孙仪》。
② 《金史》卷9《章宗纪上》。

大定十一年始郊，命宰臣议配享之礼。左丞石琚奏曰："按《礼记》：'万物本乎天，人本乎祖，此所以祖配上帝也。'盖配之者，侑神作主也。自外至者无主不止，故推祖考配天，尊之也。两汉、魏、晋以来，皆配以一祖。至唐高宗，始以高祖、太宗崇配。垂拱初，又加以高宗，遂有三祖同配之礼。至宋，亦尝以三帝配，后礼院上议，以为对越天地，神无二主，由是止以太祖配。臣谓冬至亲郊宜从古礼。"上曰："唐、宋以私亲，不合古，不足为法。今止当以太祖配。"又谓宰臣曰："本国拜天之礼甚重。今汝等言依古制筑坛，亦宜。我国家绌辽、宋主，据天下之正，郊祀之礼岂可不行。"乃以八月诏曰："国莫大于祀，祀莫大于天，振古所行，旧章咸在。仰惟太祖之基命，诏我本朝之燕谋，奄有万邦，于今五纪。因时制作，虽增饰于国容，推本奉承，犹未遑于郊见。况天休滋至而年谷屡丰，敢不敷绎旷文，明昭大报。取阳升之至日，将亲享于圆坛，嘉与臣工，共图熙事。以今年十一月十七日有事于南郊，咨尔有司，各扬乃职，相予肆祀，罔或不钦。"乃于前一日，遍见祖宗，告以郊祀之事。其日，备法驾卤簿，躬诣郊坛行礼。①

是年，有事南郊，良弼为大礼使。自收国以来，未尝讲行是礼，历代典故又多不同，良弼讨论损益，各合其宜，人服其能。②

尤需注意的是，世宗希望通过祭天彰显金朝"居天下之正"的崇高地位，所要体现的恰是金人自居王朝"正统"的政治观念。

第二种是太庙祭祀的禘祫礼，世宗不仅要求以三年祫、五年禘为常礼，还将每年的太庙祭享由两次改为五次。

大定十一年，尚书省奏禘祫之仪曰："《礼纬》'三年一祫，五年一禘。'唐开元中，太常议，禘祫之礼皆为殷祭，祫为合食祖庙，禘谓禘序尊卑。申先君逮下之慈，成群嗣奉亲之孝。自异常享，有时行之。祭不欲数，数则黩。不欲疏，疏则怠。是以王者法诸天道，以制祀典，烝尝象时，禘祫象闰。五岁再闰，天道大成，

---

① 《金史》卷28《礼志一》。
② 《金史》卷88《纥石烈良弼传》。

宗庙法之，再为殷祭。自周以后，并用此礼。自大定九年已行祫礼，若议禘祭，当于祫后十八月孟夏行礼。"诏以"三年冬祫、五年夏禘"为常礼。又言："海陵时，每岁止以二月、十月遣使两享，三年祫享。按唐礼四时各以孟月享于太庙，季冬又腊享，岁凡五享。若依海陵时岁止两享，非天子之礼，宜从典礼岁五享。"从之。①

大定九年十月，世宗下诏"宗庙之祭，以鹿代牛，著为令"。之所以有如此改变，是因为世宗强调："祭宗庙用牛，牛尽力稼穑，有功于人，杀之何如。"魏子平则解释："惟天地宗庙用之，所以异大祀之礼也。"② 次年再议此事，又恢复了祭祀用牛的旧制。

> 大定十年正月，诏宰臣曰："古礼杀牛以祭，后世有更者否，其检讨典故以闻。"有司谓："自周以来，下逮唐、宋，祫享无不用牛者。唐《开元礼》时享每室各用太牢一，至天宝六年始减牛数，太庙每享用一犊。宋《政和五礼新仪》时享太庙，亲祀用牛，有司行事则不用。宋开宝二年诏，昊天上帝、皇地祇用犊，余大祀皆以羊豕代之，合二羊五豕足代一犊。今三年一祫乃为亲祠，其礼至重，每室一犊后恐难省减。"遂命时享与祭社稷如旧，若亲祠宗庙则共用一犊，有司行事则不用。③

大定二十三年，世宗又表示"旧庙祭用牛"应以他牲易之，程辉则强调应沿袭旧礼："凡祭用牛者，以牲之最重，故号太牢。《语》曰'犁牛之子骍且角，虽欲勿用，山川其舍诸。'古礼不可废也。"在太庙配享的功臣，亦由臣僚"第祖宗佐命之臣功绩之大小、官资之崇卑以次上闻"，由世宗确定了位次。④

第三种是皇帝玺印使用礼仪，既有新"御宝"的制作，也有用玺的新规定。世宗即位前，已经有皇统五年制作的铸金"御前之宝"和

---

① 《金史》卷30《礼志三》。
② 《金史》卷6《世宗纪上》，卷89《魏子平传》。
③ 《金史》卷31《礼志四》。
④ 《金史》卷31《礼志四》，卷95《程辉传》。

"书诏之宝"。在臣僚的建议下，世宗朝增制了数枚御宝。

（完颜）璋奏曰："太祖武元皇帝受天明命，太宗皇帝奄定宋土，自古帝王之兴，必称受命，当制'大金受命之宝'，以明示万世。"上曰："卿言正合朕意。"乃遣使夏国市玉。（大定）十八年，受命宝成，奏告天地宗庙社稷，上御正殿。①

（左）光庆好古，读书识大义，喜为诗，善篆隶，尤工大字。世宗行郊礼，受尊号，及受命宝，皆光庆篆。

初，御史大夫璋请制大金受命宝，有司以秦玺文进，上命以"大金受命万世之宝"为文。径四寸八分，厚一寸四分，蟠龙纽，高厚各四寸六分有半。礼部尚书张景仁、少府监张仅言典领工事，诏光庆篆之。②

大定十八年十二月，群臣奉上"大金受命万世之宝"。
大定二十三年三月，初制"宣命之宝"，金、玉各一。
二十三年，又铸"宣命之宝"，其径四寸二厘，厚一寸四分，纽高一寸九分，字深二分。③

制作新御宝之后，金朝的皇帝有了十枚御宝："一曰承天休、延万亿、永无极。二曰受命于天，既寿永昌。三曰天子之宝。四曰天子行宝。五曰天子信宝（即礼信之宝）。六曰皇帝之宝。七曰天子神宝（即御前之宝）。八曰御书之宝（即书诏之宝）。九曰皇帝恭膺天命之宝（即大金受命万世之宝）。十曰天下同文之宝。"④ 对于御宝的使用，也有了明确的规定。

敕有司议所当用，奏："今所收八宝及皇统五年造'御前之宝'，赐宋国书及常例奏目则用之，'书诏之宝'，赐高丽、夏国诏

① 《金史》卷65《完颜璋传》。
② 《金史》卷75《左光庆传》。
③ 《金史》卷7《世宗纪中》，卷8《世宗纪下》，卷31《礼志四》。
④ 《大金国志》卷17《世宗圣明皇帝中》，第239页。

并颁诏则用之。大定十八年造'大金受命万世之宝'，奉敕再议。今所铸金宝（宣命之宝）宜以进呈为始，一品及王公妃用玉宝，二品以下用金'宣命之宝'。"又有"礼信之宝"，用铜，岁赐三国礼物缄封用之。

又有太皇太后、皇太后、皇后、皇太妃宝，又有皇太子及守国宝，皆用金。大定二十四年，皇太子宝，金铸龟纽，有司定其文曰"监国"，上命以"守"易"监"，比亲王印广长各加一分。①

第四种是祭祀社稷礼仪，世宗不仅在大定七年七月下令在中都建立社稷坛，还在祭祀时强调了严守礼仪的要求。

大定十年二月，祭社，有司奏请御署祝版，上问（石）琚曰："当署乎？"琚曰："故事有之。"上曰："祭祀典礼，卿等慎之，无使后世讥诮。熙宗尊谥太祖，宇文虚中定礼仪，以常朝服行事。当时朕虽童稚，犹觉其非。"琚曰："祭祀，大事也，非故事不敢行。"②

第五种是祭祀五岳四渎礼仪，世宗在大定四年六月就确定了相关的礼仪，并且采纳范拱的意见，不擅改原有五岳的祭祀。

或有言前代都长安及汴、洛，以太、华等山列为五岳，今既都燕，当别议五岳名。寺僚取《崧高》疏"周都丰镐，以吴岳为西岳"。（范）拱以为非是，议略曰："轩辕居上谷，在恒山之西，舜居蒲坂，在华山之北。以此言之，未尝据所都而改岳祀也。"后遂不改。拱尝言："礼官当守礼，法官当守法，若汉张释之可谓能守法矣。"故其议论，确然不可移夺。③

大定四年，礼官言："岳镇海渎，当以五郊迎气日祭之。"诏依典礼以四立、土王日就本庙致祭，其在他界者遥祀。立春，祭东岳于泰安州、东镇于益都府、东海于莱州、东渎大淮于唐州。立夏，望祭

---

① 《金史》卷31《礼志四》。
② 《金史》卷88《石琚传》。
③ 《金史》卷105《范拱传》。

南岳衡山、南镇会稽山于河南府，南海、南渎大江于莱州。季夏土王日，祭中岳于河南府、中镇霍山于平阳府。立秋，祭西岳华山于华州、西镇吴山于陇州，望祭西海、西渎于河中府。立冬，祭北岳恒山于定州、北镇医巫闾山于广宁府，望祭北海、北渎大济于孟州。①

第六种是元日贺礼仪，既增加了歌舞等内容，又有了班次等规定。

大定六年春正月丙午朔，大会群臣于紫极殿，始用百戏。酒三行则乐作，鸣钲击鼓，百戏出场，有大旗、狮豹、跷索、上竿之类。②

大定六年正月，上御大安殿，受皇太子以下百官及外国使贺，赐宴，文武五品以上侍坐者有定员，为常制。十七年，诏以皇族袒免以上亲，虽无官爵封邑，若与宴当有班次。礼官言："按唐典，皇家周亲视三品，大功亲、小功尊属视四品，小功亲、缌麻尊属视五品，缌麻袒免以上视六品。"上命以此制为班次。③

第七种是朝参礼仪，世宗即位初年就有了严格的规定。

大定二年五月，命台臣定朝参礼。五品以上官职趋朝朝服，入局治事则展皂。自来朝参，除殿前班外，若遇朔望，自七品以上职事官皆赴。其余朝日，五品以上职事官得赴，六品以下止于本司局治事。如左右司员外郎、侍御史、记注院等官职，虽不系五品，亦赴朝参。若拜诏，则但有职事并七品以上散官，皆赴。朝参，吏员、令译史、通事、检法各于本局待，官员朝退，赴局签押文字，不得于官内署押。七品以下流外职，遇朝日亦不合入官。如左右司都事有须合取奏事，乃听入官。七品以上职事官，如遇使客朝辞见日，依朔望日，皆赴。若元日、圣节、拜诏、车驾出猎送迎、诣祖庙烧饭，但有职事并七品以上散官，皆赴。凡亲王宗室已命官者年十六以上，皆随班赴起居。④

---

① 《金史》卷34《礼志七》。
② 《大金国志》卷16《世宗圣明皇帝上》，第226—227页。
③ 《金史》卷36《礼志九》。
④ 《金史》卷36《礼志九》。

第八种是修订历法。金太宗时所造《大明历》，到世宗时已经"占候渐差"，于是就有了重新修历的举动。

（移剌）履秀峙通悟，精历算书绘事。先是，旧《大明历》舛误，履上《乙未历》，以金受命于乙未（1115）也，世服其善。①

大定癸巳（十三年，1173）五月壬辰朔，日食，甲午（十四年，1174）十一月甲申朔，日食，加时皆先天。丁酉（十七年，1177）九月丁酉朔，食乃后天。由是占候渐差，乃命司天监赵知微重修《大明历》，二十一年（1181）历成。时翰林应奉耶律履亦造《乙未历》。二十一年十一月望，太阴亏食，遂命尚书省委礼部员外郎任忠杰与司天历官验所食时刻分秒，比校知微、履及见行历之亲疏，以知微历为亲，遂用之。②

除以上八种礼仪规范外，还有一些礼仪程序的变动等，恕不备述。

（五）对宋礼仪

金、宋通和之后，双方使者来往频繁，在礼仪方面已有定制。如对于宋朝使节的待遇，就有明确的规定。

金国之待宋使也，使副日给细酒二十量罐，羊肉八斤，果子钱五百，杂使钱五百，白面三斤，油半斤，醋二升，盐半斤，粉一斤，细白米三升，面酱半斤，柴三束。上节，细酒六量罐，羊肉五斤，面三斤，杂使钱二百，白米二升。中节，常供酒五量罐，羊肉三斤，面二斤，杂使钱一百，白米一升半。下节，与中节同。③

宋孝宗曾派遣使者请求迎回宋钦宗的灵柩，被世宗拒绝。对于宋朝皇帝起立接受金朝使者带来国书的"旧礼"，宋孝宗亦希望有所改变，并由此引发了礼仪纠纷。大定十四年二月，世宗因出使宋朝的完

---

① 《金史》卷95《移剌履传》。
② 《金史》卷21《历志上》。
③ 《大金国志》卷16《世宗圣明皇帝上》，第228页。

颜璋未遵"旧礼"授书大加责罚，并派梁肃再次出使"详问"①，金朝内部亦因此产生争论，但最终以金人坚持旧礼、宋人妥协，结束了此次礼仪之争。

> 大定十四年，岁在甲午，大兴尹（完颜）璋为贺宋正旦使，宋人就馆夺其国书，诏梁肃详问。众议纷纷，谓凡午年必用兵，上以问（纥石烈）良弼，对曰："太祖皇帝以甲午年伐辽，太宗皇帝以丙午年克宋，今兹宋人夺我国书，而适在午年，故有此语，未必然也。"既而，梁肃至宋，宋主起立授受国书，如旧仪。梁肃既还，宋主遣工部尚书张子颜、知阁门事刘濡来祈请，其书曰："言念眇躬，夙承大统。荷上国照临之惠，寻盟遂阅于十年。修两朝聘问之勤，继好靡忘于一日。惟是函书之受，当新宾接之仪。尝空臆以屡陈，饬行人而再请。仰祈眷顾，俯赐矜从。"上与大臣议，良弼奏曰："宋国免称臣为侄，免奉表为书，恩赐亦已多矣。今又乞免亲接国书，是无厌也，必不可从。"平章政事完颜守道、参知政事移剌道与良弼议合。左丞石琚、右丞唐括安礼以为不从所请，必至于用兵。上谓琚等曰："卿等所言，非也。所请有大于此者，更欲从之乎。"遂从良弼议，答其书，略曰："弗循定分之常，复有授书之请。谓承大统，愈见自尊。奈何以若所为，尚求其欲。矧曰已行之礼，靡得而更。"其授受礼仪，终不复改。②

世宗于大定二十四年前往上京，在与臣僚商议后，采用了暂免一年来使的临时性措施。

> （大定）二十四年，世宗幸上京，尚书省奏来岁正旦外国朝贺事，世宗曰："上京地远天寒，朕甚悯人使劳苦，欲即南京受宋书，何如？"（程）辉对曰："外国使来，必面见天子，今半途受书，异时宋人托事效之，何以辞为。"世宗曰："朕以诚实，彼若相诈，朕自有处置耳。"辉以为不可，于是议权免一年。③

① 《金史》卷7《世宗纪中》，《大金国志》卷17《世宗圣明皇帝中》，第237页。
② 《金史》卷88《纥石烈良弼传》。
③ 《金史》卷95《程辉传》。

大定二十四年十一月，诏以上京天寒地远，宋正旦、生日、高丽、夏国生日，并不须遣使，令有司报谕。①

由于金、宋都不愿意破坏通和关系，所以礼仪之争并未给双方带来过多的负面影响。

七　崇儒兴学

世宗不仅自己注重儒家思想的学习，亦希望以尊孔、敬儒、译经、兴学、科举等营造国家的学儒、用儒风气。

（一）尊孔敬儒

大定元年，袭封衍圣公的孔拯病逝。大定三年七月，世宗以孔拯之弟孔总袭封衍圣公。大定二十年，世宗将孔总召入中都，准备授予官职，尚书省官员上奏："总主先圣祀事，若加任使，守奉有阙。"世宗采纳了这一建议，于当年十二月"特授袭封衍圣公孔总兖州曲阜令，封爵如故"。大定二十一年三月，世宗还特别下诏命兖州派人前往曲阜修宣圣墓，"赐其家子孙粟帛，仍给守视十人"②。

世宗亦格外重视孔庙（宣圣庙）的祭祀，采纳国子监的建议，规范了祭祀的礼仪，并在祭祀祝辞中凸显了国家尊崇儒圣的旨意。

大定十四年，国子监言："岁春秋仲月上丁日，释奠于文宣王，用本监官房钱六十贯，止造茶食等物，以大小碟排设，用留守司乐，以乐工为礼生，率仓场等官陪位，于古礼未合也。伏睹国家承平日久，典章文物当粲然备具，以光万世。况京师为首善之地，四方之所观仰，拟释奠器物、行礼次序，合行下详定。兼兖国公亲承圣教者也，邹国公功扶圣教者也，当于宣圣像左右列之。今孟子以燕服在后堂，宣圣像侧还虚一位，礼宜迁孟子像于宣圣右，与颜子相对，改塑冠冕，妆饰法服，一遵旧制。"

礼官参酌唐《开元礼》，定拟释奠仪数：文宣王、兖国公、邹国公每位笾豆各十、牺尊一、象尊一、簠簋各二、俎二、祝板各

---

① 《金史》卷8《世宗纪下》。

② 《金史》卷6《世宗纪上》，卷7《世宗纪中》，卷105《孔总传》；《大金国志》卷18《世宗圣明皇帝下》，第248页。

一，皆设案。七十二贤、二十一先儒，每位各笾一、豆一、爵一，两庑各设象尊二。总用笾、豆各一百二十三，簠簋各六，俎六，牺尊三，象尊七，爵九十四，其尊皆有坫。罍二，洗二，篚勺各二，幂六。正位并从祀藉尊、罍、俎、豆席，约用三十幅，尊席用苇，俎、豆席用莞。牲用羊、豕各三，酒二十瓶。

礼行三献，以祭酒、司业、博士充。分献官二，读祝官一，太官令一，捧祝官二，罍洗官一，爵洗官一，巾篚官二，礼直官十一，学生以儒服陪位。

乐用登歌，大乐令一员，本署官充，乐工三十九人。

迎神，三奏姑洗宫《来宁之曲》，辞曰："上都隆化，庙堂作新。神之来格，威仪具陈。穆穆凝旒，巍然圣真。斯文伊始，群方所视。"

初献盥洗，姑洗宫《静宁之曲》，辞曰："伟矣素王，风猷至粹。垂二千年，斯文不坠。涓辰维良，爰修祀事。沃盥于庭，严禋礼备。"

升阶，南吕宫《肃宁之曲》，辞曰："巍乎圣师，道全德隆。修明五常，垂教无穷。增崇儒宫，通逈遗风。严祀申虔，登降有容。"

奠币，姑洗宫《和宁之曲》，辞曰："天生圣人，贤于尧舜。仰之弥高，磨而不磷。新庙告成，宫墙数仞。遣使陈祠，斯文复振。"

降阶，姑洗宫《安宁之曲》，辞曰："禀灵尼丘，垂芳阙里。生民以来，孰如夫子。新祠肖然，四方所视。醻觞告成，祗循典礼。"

兖国公酌献，姑洗宫《辑宁之曲》，辞曰："圣师之门，颜惟居上。其殆庶几，是宜配飨。桓圭衮衣，有严仪象。载之神祠，增光吾党。"

邹国公酌献，姑洗宫《泰宁之曲》，辞曰："有周之衰，王纲既坠。是生真儒，宏才命世。言而为经，醇乎仁义。力扶圣功，同垂万祀。"

亚、终献，姑洗宫《咸宁之曲》，辞曰："于昭圣能，与天立极。有承其流，皇仁帝德。岂伊立言，训经王国。焕我文明，典祀千亿。"

送神，姑洗宫《来宁之曲》，辞曰："吉蠲为饎，孔惠孔时。正辞嘉言，神之格思。是飨是宜，神保聿归。惟时肇祀，太平极致。"①

---

① 《金史》卷35《礼志八》。

大定二十三年二月，世宗以尚书右丞张汝弼摄太尉，"致祭于至圣文宣王庙"。大定二十六年二月，世宗还特别下诏："曩者边场多事，南方未宾，致令孔庙颓落，礼典陵迟，女巫杂觋，淫进非礼。自今有祭孔庙，制用酒脯而已，犯者以违制论。"①

世宗在与臣僚的对话中，亦宣示了尊儒、守善的基本政治态度。

> 大定二十六年十一月，上谓侍臣曰："唐太子承乾所为多非度，太宗纵而弗检，遂至于废，如早为禁止，当不至是。朕于圣经不能深解，至于史传，开卷辄有所益。每见善人不忘忠孝，检身廉洁，皆出天性。至于常人多喜为非，有天下者苟无以惩之，何由致治。孔子为政七日而诛少正卯，圣人尚尔，况余人乎。"上谓宰臣曰："朕虽年老，闻善不厌。孔子云：'见善如不及，见不善如探汤。'大哉言乎。"右丞张汝弼对曰："知之非艰，行之惟艰。"②

在朝廷选用儒者方面，世宗既注重识人和举荐，也注重考较，并正式设立了以考试录用翰林院官员的制度。

> 世宗谓侍臣曰："翰林旧人少，新进士类不学，至于诏敕册命之文鲜有能者，可选外任有文章士为之。"左右举晏，上曰："李晏朕所自识。"于是召为翰林直学士，兼太常少卿。③

> 大定二十年十月，上谓宰臣曰："校书郎毛麾，朕屡问以事，善于应对，真该博老儒，可除太常职事，以备讨论。"

> 大定二十七年正月，以襄城令赵沨为应奉翰林文字。沨入谢，上问宰臣曰："此党怀英所荐耶？"对曰："谏议黄久约亦尝荐之。"上曰："学士院比旧殊无人材，何也？"右丞张汝霖曰："人材须作养，若令久任练习，自可得人。"

> 大定二十八年三月，命随朝六品、外路五品以上职事官，举进士已在仕、才可居翰苑者，试制诏等文字三道，取文理优赡者补充

---

① 《金史》卷8《世宗纪下》；《大金国志》卷18《世宗圣明皇帝下》，第250页。
② 《金史》卷8《世宗纪下》。
③ 《金史》卷96《李晏传》。

学士院职任。应赴部求仕人，老病昏昧者，勒令致仕，止给半俸，更不迁官。①

尽管女真人中对世宗的重儒倾向有所质疑，指"今皇帝既一，向不说著兵，使说文字人朝夕在侧"②，但世宗并未因此改变重儒的立场，只是亦注意到了女真尚武精神的继承和弘扬问题，详见下述。

（二）译经兴学

世宗曾于大定四年下诏"颁行女直大小字所译经书"。"五年，翰林侍讲学士徒单子温进所译《贞观政要》《白氏策林》等书。六年，复进《史记》《西汉书》，诏颁行之。"大定十五年，世宗又下诏翻译诸经，"著作佐郎温迪罕缔达、编修官宗璧、尚书省译史阿鲁、吏部令史杨克忠（一作张克忠）译解，翰林修撰移剌杰、应奉翰林文字移剌履讲究其义"。大定二十三年九月，译经所向皇帝呈献女真文《易》《书》《论语》《孟子》《老子》《杨子》《文中子》《刘子》及《新唐书》，世宗特别表示："朕所以令译《五经》者，正欲女直人知仁义道德所在耳。"这些新的译本亦由世宗下诏颁行。③

儒家经典的女真文翻译，对皇太子、皇太孙的学习都起过重要的作用，因为在相关教学中，既要学习汉文，也要学习女真文，还要能够有所理解和发挥。

　　大定十九年，章宗（完颜璟）年十余岁，显宗（皇太子完颜允恭）命詹事乌林答愿择德行淳谨、才学该通者，使教章宗兄弟。阅月，愿启显宗曰："酅王府教读完颜撒速（完颜匡）、徐王府教读仆散讹可二人，可使教皇孙兄弟。"显宗曰："典教幼子，须用淳谨者。"已而召见于承华殿西便殿，显宗问（完颜匡）其年，对曰："臣生之岁，海陵自上京迁中都，岁在壬申。"显宗曰："二十八岁尔，詹事乃云三十岁，何也？"匡曰："臣年止如此，詹事谓臣出入宫禁，故增其岁言之耳。"显宗顾谓近臣曰："笃实人也。"

① 《金史》卷7《世宗纪中》，卷8《世宗纪下》。
② 《大金国志》卷17《世宗圣明皇帝中》，第240页。
③ 《金史》卷8《世宗纪下》，卷51《选举志一》，卷99《徒单镒传》，卷105《温迪罕缔达传》。

命择日，使皇孙行师弟子礼。七月丁亥，宣宗、章宗皆就学，显宗曰："每日先教汉字，至申时汉字课毕，教女直小字，习国朝语。"因赐酒及彩币。顷之，世宗诏匡、讹可俱充太子侍读。

寝殿小底驼满九住问匡曰："伯夷、叔齐何如人？"匡曰："孔子称夷、齐求仁得仁。"九住曰："汝辈学古，惟前言是信。夷、齐轻去其亲，不食周粟饿死首阳山，仁者固如是乎？"匡曰："不然，古之贤者行其义也，行其道也。伯夷思成其父之志以去其国，叔齐不苟从父之志亦去其国。武王伐纣，夷、齐叩马而谏。纣死，殷为周，夷、齐不食周粟，遂饿而死。正君臣之分，为天下后世虑至远也，非仁人而能若是乎。"是时，世宗如春水，显宗从，二人者马上相语，遂后。显宗迟九住至，问曰："何以后也？"九住以对，显宗叹曰："不以女直文字译经史，何以知此。主上立女直科举，教以经史，乃能得其渊奥如此哉。"称善者良久，谓九住曰："《论语》'知之为知之，不知为不知，是知也'。汝不知不达，务辩口以难人。由是观之，人之学、不学，岂不相远哉。"①

除了以女真文翻译儒家经典外，一些重要的汉文著作也受到高度重视，可列举相关例证。

大定十六年正月，上与亲王、宰执、从官从容论古今兴废事，曰："经籍之兴，其来久矣，垂教后世，无不尽善。今之学者，既能诵之，必须行之。然知而不能行者多矣，苟不能行，诵之何益。女直旧风最为纯直，虽不知书，然其祭天地，敬亲戚，尊耆老，接宾客，信朋友，礼意款曲，皆出自然，其善与古书所载无异。汝辈当习学之，旧风不可忘也。"②

章宗（完颜璟）为金源郡王，喜读《春秋左氏传》，闻（移剌）履博洽，召质所疑。履曰："左氏多权诈，驳而不纯。《尚书》《孟子》皆圣贤纯全之道，愿留意焉。"王嘉纳之。（大定）二十六年，（移剌履）进本部郎中，兼同修国史、翰林修撰，表进宋司马

① 《金史》卷98《完颜匡传》。
② 《金史》卷7《世宗纪中》。

光《古文孝经指解》曰："臣窃观近世，皆以兵刑财赋为急，而光独以此进其君。有天下者，取其辞施诸宇内，则元元受赐。"①

世宗亦高度重视兴学问题，在以往的国子监基础上，大定六年下令正式设置太学，"初养士百六十人，后定五品以上官兄弟子孙百五十人"。大定十六年四月，"诏京府设学养士，及定宗室、宰相子程试等第"，所设学校称为"府学"，"凡十七处，共千人"。② 对太学、府学的生员选择、教材使用等，都有了明确的规定。

（太学生员）初以尝与廷试及宗室皇家袒免以上亲、并得解举人为之。后增州学，遂加以五品以上官、曾任随朝六品官之兄弟子孙，余官之兄弟子孙经府荐者，同境内举人试补三之一，阙里庙宅子孙年十三以上不限数，经府荐及终场免试者不得过二十人。

凡试补学生，太学则礼部主之，州府则以提举学校学官主之，曾得府荐及终场举人，皆免试。

凡经，《易》则用王弼、韩康伯注，《书》用孔安国注，《诗》用毛苌注、郑玄笺，《春秋左氏传》用杜预注，《礼记》用孔颖达疏，《周礼》用郑玄注、贾公彦疏，《论语》用何晏集注、邢昺疏，《孟子》用赵岐注、孙奭疏，《孝经》用唐玄宗注，《史记》用裴骃注，《前汉书》用颜师古注，《后汉书》用李贤注，《三国志》用裴松之注，及唐太宗《晋书》、沈约《宋书》、萧子显《齐书》、姚思廉《梁书》《陈书》、魏收《后魏书》、李百药《北齐书》、令狐德棻《周书》、魏征《隋书》、新旧《唐书》、新旧《五代史》，《老子》用唐玄宗注疏，《荀子》用杨倞注，《扬子》用李轨、宋咸、柳宗元、吴秘注，皆自国子监印之，授诸学校。

凡学生会课，三日作策论一道，又三日作赋及诗各一篇，三月一私试，以季月初先试赋，间一日试策论，中选者以上五名申部。遇旬休、节辰皆有假，病则给假，省亲远行则给程。犯学规者罚，不率教者黜。遭丧百日后求入学者，不得与释奠礼。

凡国子学生三年不能充贡，欲就诸局承应者，学官试，能粗通

① 《金史》卷95《移剌履传》。
② 《金史》卷7《世宗纪中》，卷8《世宗纪下》。

大小各一经者听。①

为配合科举考试中的女真人策论考试，世宗还特别下令设置了女直国子学和女直府学，相关情况如下。

> 女直学，自大定四年，以女直大小字译经书颁行之。后择猛安、谋克内良家子弟为学生，诸路至三千人。（大定）九年，取其尤俊秀者百人至京师，以编修官温迪罕缔达教之。（大定）十三年，以策、诗取士，始设女直国子学，诸路设女直府学，以新进士为教授。国子学策论生百人，小学生百人。府州学二十二，中都、上京、胡里改、恤频、合懒、蒲与、婆速、咸平、泰州、临潢、北京、冀州、开州、丰州、西京、东京、盖州、隆州、东平、益都、河南、陕西置之。凡取国子学生、府学生之制，皆与词赋、经义生同。又定制，每谋克取二人，若宗室每二十户内无愿学者，则取有物力家子弟年十三以上、二十以下者充。凡会课，三日作策论一道，季月私试如汉生制。②

> 大定十二年，诏（温迪罕）缔达所教生员习作诗、策，若有文采，量才任使，其自愿从学者听。③

> 选诸路学生三十余人，令编修官温迪罕缔达教以古书，习作诗、策。（徒单）镒在选中，最精诣，遂通契丹大小字及汉字，该习经史。④

除了一系列的兴学措施外，世宗还对近侍的学习有明确要求，如大定十年二月，他特别对近臣表示："护卫以后皆是治民之官，其令教以读书。"⑤

---

① 《金史》卷51《选举志一》。
② 《金史》卷51《选举志一》。
③ 《金史》卷105《温迪罕缔达传》。
④ 《金史》卷99《徒单镒传》。
⑤ 《金史》卷6《世宗纪上》。

（三）科举创新

世宗即位后，有人曾提出罢废科举的建议，在张浩的坚持下，该建议被世宗否定。

> 初，近侍有欲罢科举者，上曰："吾见太师议之。"（张）浩入见，上曰："自古帝王有不用文学者乎？"浩对曰："有。"曰："谁欤？"浩曰："秦始皇。"上顾左右曰："岂可使我为始皇乎。"事遂寝。①

科举取士不仅未被取消，还有了一些新的规定，并在儒臣的推动下，由词赋一科增为词赋（试赋、论、策各一道）、经义两科。

> 大定四年，（世宗）敕宰臣："进士文优则取，勿限人数。"
>
> 大定十八年，（世宗）谓宰臣："文士有偶中魁选，不问操履，而辄授翰苑之职。如赵承元，朕闻其无士行，果败露。自今榜首，先访察其乡行，可取则授以应奉，否则从常调。"
>
> 大定十九年，（世宗）谓宰臣曰："自来御试赋题，皆士人尝拟作者。前朕自选一题，出人所不料，故中选者多名士，而庸才不及焉。是知题难则名儒亦擅场，题易则庸流易侥幸也。"平章政事唐括安礼奏曰："臣前日言，士人不以策论为意者，正为此尔。宜各场通考，选文理俱优者。"上曰："并答时务策，观其议论，材自可见，卿等其议之。"
>
> 大定二十年，（世宗）谓宰臣曰："朕尝谕进士不当限数，则对以所取之外无合格文，故中选者少，岂非题难致然耶。若果多合格，而有司妄黜之，甚非理也。"又曰："古者乡举有行者，授以官。今其考满，察乡曲实行出伦者擢之。"又曰："旧不选策，今兼选矣。然自今府、会两试不须试策，已中策后，则试以制策，试学士院官。"
>
> 大定二十二年，（世宗）谓宰臣曰："汉进士魁，例授应奉，若行不副名，不习制诰之文者，即与外除。"

---

① 《金史》卷83《张浩传》。

大定二十三年，（世宗）谓宰臣曰："汉进士，皇统间人材殆不复见，今应奉以授状元，盖循资尔。制诰文字，各以职事铺叙，皆有定式，故易。至撰赦诏，则鲜有能者。"参知政事粘哥斡特剌对曰："旧人已登第尚为学不辍，今人一及第辄废而不学，故尔。"

凡会试之处，大定二十五年，词赋进士不得过五百人。府试六处（大兴、大定、大同、开封、东平、京兆），各差词赋试官三员，策论试官二员。

上于听政之隙，召参知政事张汝霖、翰林直学士李晏读新进士所对策，至"县令阙员取之何道"，上曰："朕夙夜思此，未知所出。"晏对曰："臣窃念久矣。国朝设科，始分南北两选，北选词赋进士擢第一百五十人，经义五十人，南选百五十人，计三百五十人。嗣场，北选词赋进士七十人，经义三十人，南选百五十人，计二百五十人。以入仕者多，故员不阙。其后南北通选，止设词赋科，不过取六七十人，以入仕者少，故县令员阙也。"上曰："自今文理可采者取之，毋限以数。"

大定二十八年，复经义科。①

世宗还特别关注汉人进士的任用问题，可列举与之有关的两次君臣之间的对话。

（世宗）谓（贺）扬庭曰："南人矿直敢为，汉人性奸，临事多避难。异时南人不习词赋，故中第者少，近年河南、山东人中第者多，殆胜汉人为官。"②

（世宗）又谓（黄）久约曰："近日察举好官，皆是诸科监临，全无进士，何也？岂荐举之法已有奸弊，不可久行乎？"久约曰："诸科中岂无廉能人，不因察举有终身不至县令者，此法未可废也。"上曰："尔举孙必福，是乎？"久约曰："臣顷任磁州时，必福为武安丞，臣见其廉洁向公，无所顾避，所以保举。不谓必福既任警巡使，处决凝滞。"上曰："必福非独迟缓，亦全不解事，所

---

① 《金史》卷51《选举志一》。

② 《金史》卷97《贺扬庭传》。

以罪不及保官者，幸其无赃污耳。"久约无以对。必福五经出身，盖诸科人，故上问及之。①

世宗在科举取士方面的最重要创新是设立了专门针对女真人的考试，即所谓的"女直人之科"。此科的创意，来自完颜思敬，大定十一年，"使议行策选之制"，尚书省拿出了具体的方案。

枢密使完颜思敬请教女直人举进士，下尚书省议。奏曰："初立女直进士科，且免乡、府两试，其礼部试、廷试，止对策一道，限字五百以上成。在都设国子学，诸路设府学，并以新进士充教授，士民子弟愿学者听。岁久，学者当自众，即同汉人进士三年一试。"②

世宗采纳尚书省的建议，于大定十三年八月举行了第一次女真人的科举考试，考试地点设在中都的悯忠寺，以侍御史完颜蒲涅、太常博士李晏、应奉翰林文字阿不罕德甫、移刺杰、中都路都转运副使奚釭等为考试官，考试的策论题目是"求贤为治之道"，试题如下。

贤生于世，世资于贤，世未尝不生贤，贤未尝不辅世。盖世非无贤，惟用与否。若伊尹之佐成汤，傅说之辅高宗，吕望之遇文王，皆起耕筑渔钓之间，而其功业卓然，后世不能企及者，盖殷、周之君能用其人，尽其才也。本朝以神武定天下，圣上以文德绥海内，文武并用，言小善而必从，事小便而不弃，盖取人之道尽矣，而尚忧贤能遗于草泽者。今欲尽得天下之贤用之，又俾贤者各尽其能，以何道而臻此乎？③

第一次女真人的科举考试，中选者徒单镒等二十七人，都被正式授以进士出身，世宗还特别注意到了其中的可用之人。

① 《金史》卷96《黄久约传》。
② 《金史》卷70《完颜思敬传》。
③ 《金史》51《选举志一》。

初议以时务策设女直进士科，礼部以所学不同，未可概称进士，诏（移剌）履定其事，乃上议曰："进士之科，起于隋大业中，始试以策。唐初因之，高宗时杂以箴铭赋诗，至文宗始专用赋。且进士之初，本专试策，今女直诸生以试策称进士，又何疑焉。"世宗大悦，事遂施行。①

悯忠寺旧有双塔，进士入院之夜半，闻东塔上有声如音乐，西入宫。考试官侍御史完颜蒲涅等曰："文路始开而有此，得贤之祥也。"中选者得徒单镒以下二十七人。②

大定十三年，创设女直进士举，（夹谷）衡中第四人，补东平府教授。调范阳簿，选充国史院编修官，改应奉翰林文字。世宗尝谓宰臣曰："女直进士中才杰之士盖亦难得，如徒单镒、夹谷衡、尼庞古鉴，皆有用材也。"③

尼庞古鉴，本名外留，隆州人也，识女直小字及汉字，登大定十三年进士第。……世宗器其材，谓宰臣曰："新进士中如徒单镒、夹谷衡、尼庞古鉴，皆可用也。"④

随后进行的女真进士考试，又有了一些新规定，尤其是增加了府试的环节。

大定十六年，命皇家两从以上亲及宰相子，直赴御试。皇家袒免以上亲及执政官之子，直赴会试。

至大定二十年，以徒单镒等教授中外，其学大振。遂定制，今后以策、诗试三场，策用女直大字，诗用小字，程试之期皆依汉进士例。省臣奏："汉人进士来年三月二十日乡试，八月二十日府试，次年正月二十日会试，三月十二日御试。"敕以来年八月二十

---

① 《金史》卷95《移剌履传》。
② 《金史》51《选举志一》。
③ 《金史》卷94《夹谷衡传》。
④ 《金史》卷95《尼庞古鉴传》。

五日于中都、上京、咸平、东平府等路四处府试，余从前例。

上曰："契丹文字年远，观其所撰诗，义理深微，当时何不立契丹进士科举，今虽立女直字科，虑女直字创制日近，义理未如汉字深奥，恐为后人议论。"丞相（完颜）守道曰："汉文字恐初亦未必能如此，由历代圣贤渐加修举也。圣主天姿明哲，令译经教天下，行之久亦可同汉人文章矣。"上曰："其同汉人进士例，译作程文，俾汉官览之。"

大定二十二年三月，策试女直进士。至四月癸丑，上谓宰臣曰："女直进士试已久矣，何尚未考定？"参知政事（粘割）斡特剌对曰："以其译付看故也。"上令速之。上曰："女直进士设科未久，若令积习精通，则能否自见矣。"①

大定二十三年闰十一月，上谓宰臣曰："女直进士可依汉儿进士补省令史。夫儒者操行清洁，非礼不行。以吏出身者，自幼为吏，习其贪墨，至于为官，习性不能迁改。政道兴废，实由于此。"②

大定二十五年的女真进士考试，出题和录取情况如下。

大定二十五年，世宗在上京，显宗（皇太子完颜允恭）监国。三月甲辰，御试，前一日癸卯，读卷官吏部侍郎李晏、棣州防御使把内剌、国史院编修官夹谷衡、国子助教尼庞古鉴进禀，策题问："契敷五教，皋陶明五刑，是以刑措不用，比屋可封。今欲兴教化，措刑罚，振纪纲，施之万世，何术可致？"

匡已试，明日入见，显宗问对策云何，匡曰："臣熟观策问敷教、措刑两事，不详'振纪纲'一句，只作两事对，策必不能中。"显宗命匡诵所对策，终篇，曰："是亦当中。"匡曰："编修衡、助教鉴长于选校，必不能中。"已而匡果下第。显宗惜之，谓侍臣曰："我只欲问教化、刑罚两事，乃添振纪纲一句，命删去，李晏固执不可，今果误人矣。"谓侍正石敦寺家奴、唐括曷答曰：

---

① 《金史》卷51《选举志一》。
② 《金史》卷8《世宗纪下》。

"侍读（完颜匡）二十一年府试不中，我本不欲侍读再试，恐伤其志，今乃下第，使人意不乐。"是岁初取止四十五人，显宗命添五人，仆散讹可中在四十五人，后除书画直长。匡与讹可俱为侍读，匡被眷遇特异，显宗谓匡曰："汝无以讹可登第怏怏，但善教金源郡王，何官不可至哉。"①

大定二十六年十一月，世宗还借女真进士考试的问题，指出了宰臣荐举人才的不足："女直人中材杰之士，朕少有识者，盖亦难得也。新进士如徒单镒、夹古阿里补、尼庞古鉴辈皆可用之材也。起身刀笔者，虽才力可用，其廉介之节，终不及进士。今五品以上阙员甚多，必资级相当，至老有不能得者，况欲至卿相乎。古来宰相率不过三五年而退，罕有三二十年者，卿等特不举人，甚非朕意。"②

世宗亦想在女真进士考试中引入经义考试，但考虑条件还不成熟，所以暂缓这样的考试。

> 大定二十八年，（世宗）谕宰臣曰："女直进士惟试以策，行之既久，人能预备，今若试以经义可乎？"宰臣对曰："《五经》中《书》《易》《春秋》已译之矣，俟译《诗》《礼》毕，试之可也。"上曰："大经义理深奥，不加岁月不能贯通。今宜于经内姑试以论题，后当徐试经义也。"③

女真进士的考试由简到繁，由策论到经义，确实需要充分的准备，世宗所能做的，就是指明未来的发展方向，并以此来带动女真人的"敬儒学儒"风气。还需注意的是，世宗强化了科举取士的"以儒代吏"趋势，其思想基础就是强烈的"崇儒抑吏"观念。

（四）重道抑佛

除了重视儒学和儒家思想外，世宗亦"颇信神仙浮图之事"，并且在道教和佛教两种宗教中，"世宗颇好道教"，他不仅按照道教的要求禁止在宫内杀生，特别要求臣僚："尚食官毋于禁中杀羊豕，朔望上七

---

① 《金史》卷98《完颜匡传》。
② 《金史》卷8《世宗纪下》。
③ 《金史》卷51《选举志一》。

日有司毋奏刑名。"① 他亦笃信鬼神感应的说法，臣僚不得不对此加以纾解。

> 泸沟河决，久不能塞，加封安平侯，久之，水复故道。上曰："鬼神虽不可窥测，即获感应如此。"（徒单）克宁奏曰："神之所佑者正也，人事乖，则弗享矣。报应之来，皆由人事。"上曰："卿言是也。"②

世宗有时亦会行幸佛教寺庙，如大定六年五月，"幸华严寺，观故辽诸帝铜像，诏主僧谨视之"。大定二十六年八、九月，"游多寺庙"③。大定十一年发生的僧人谋反事件，增强了世宗对佛教的疑虑。

> 时民间往往造作妖言，相为党与谋不轨，事觉伏诛。上问宰臣曰："南方尚多反侧，何也？"（石）琚对曰："南方无赖之徒，假托释道，以妖幻惑人。愚民无知，遂至犯法。"上曰："如僧智究是也。此辈不足恤，但军士讨捕，利取民财，害及良民，不若杜之以渐也。"智究，大名府僧，同寺僧苑智义与智究言："《莲华经》中载五浊恶世，佛出魏地，《心经》有梦想究竟涅槃之语，汝法名智究，正应经文，先师藏瓶和尚知汝有是福分，亦作颂子付汝。"智究信其言，遂谋作乱，历大名、东平州郡，假托抄化，诱惑愚民，潜结奸党，议以（大定）十一年十二月十七日先取兖州，会徒峄山，以"应天时"三字为号，分取东平诸州府。及期向夜，使逆党胡智爱等劫旁近军寨，掠取甲仗，军士击败之。会傅戬、刘宣亦于阳谷、东平上变，皆伏诛，连坐者四百五十余人。④

解决僧人谋反事件后，世宗即加强了对佛教的控制。大定十四年四月，他特别对宰臣说："闻愚民祈福，多建佛寺，虽已条禁，尚多犯者，宜申约束，无令徒费财用。"大定十八年三月世宗下诏"禁民间无

① 《金史》卷91《敬嗣晖传》。
② 《金史》卷92《徒单克宁传》。
③ 《金史》卷6《世宗纪上》，卷8《世宗纪下》。
④ 《金史》卷88《石琚传》。

得创兴寺观"。大定二十八年十月，又下诏"禁糠禅、瓢禅，其停止之家抵罪"①。

世宗还自觉地用儒家思想扼制了崇信道、佛的倾向。大定十九年三月，他对宰臣说："人多奉释老，意欲徼福。朕蚤年亦颇惑之，旋悟其非。且上天立君，使之治民，若盘乐怠忽，欲以侥幸祈福，难矣。果能爱养下民，上当天心，福必报之。"大定二十七年十二月，世宗又对宰臣说："人皆以奉道崇佛设斋读经为福，朕使百姓无冤，天下安乐，不胜于彼乎。"② 作为一国君主，对儒、佛、道的政治影响有如此清醒的认识，不仅难能可贵，亦有带动社会风气改变的重要作用。

八　轻徭薄赋

世宗在以农为本、以民为本的思想观念下，既坚持了轻徭薄赋的做法，亦推出了一系列的恤民措施。

（一）重民与重农

为体现以民为本的观念，世宗曾发出两份重要的诏书。一份是大定四年正月，要求编造《总计录》，以体现朝廷的爱民之意。

> 正隆失德，土木、征伐相继而起，有司出纳动千万计，浩瀚连年，莫会其数。临急空乏，唯有取之于民。自今除每岁收支外，并将见管实在之数开具成册，使朝廷通知有余不足之数，且以革去吏奸。候储积果多，然后议窠名之重轻，考拨定之数目，宽减州县，优恤疲民。③

另一份是大定二十二年三月，专门下发恤民诏书，要求革除害民的蠹政。

> 皇祖有训，非继体敢忘。圣人无心，惟百姓是念。朕丕承洪绪，二纪于兹，祗遹先猷，百为不远。永言治理，务在恤民，万方有罪，罪在朕躬，所以当馈兴忧，夕惕载怀者也。今天下粗安，海

---

① 《金史》卷7《世宗纪中》，卷8《世宗纪下》。
② 《金史》卷7《世宗纪中》，卷8《世宗纪下》。
③ 《大金国志》卷16《圣宗圣明皇帝上》，第225页。

内无事，可使人分巡风俗，申达冤枉，孝弟力田，给以优复，鳏寡孤独，时加赈济。其有蠹民害政之事，一切罢行。①

皇帝重视以民为本，臣僚也会按照这一原则行使，典型的事例就是大臣李石能够积极处理军民之间的纠纷。

山东、河南军民交恶，争田不绝。有司谓兵为国根本，姑宜假借。（李）石持不可，曰："兵民一也，孰轻孰重。国家所恃以立者，纪纲耳，纪纲不明，故下敢轻冒。惟当明其疆理，示以法禁，使之无争，是为长久之术。"趣有司按问，自是军民之争遂息。②

世宗还特别向臣僚宣示了为民谋利的观点。

上谓（石）琚曰："女直人往往径居要达，不知闾阎疾苦。卿尝为丞簿，民间何事不知，凡利害极陈之。"③

大定二十七年十二月，上谕宰臣曰："尔等居辅相之任，诚能匡益国家，使百姓蒙利，不惟身享其报，亦将施及子孙矣。"左丞（粘割）斡特剌曰："臣等敢不尽以为，第才不逮，不能称职耳。"上曰："人亦安能每事尽善，但加勉励可也。"④

世宗亦高度重视以农为本，突出的表现就是观稼、劝农和禁止侍从等践踏农田，可列出历年的基本情况。

大定三年三月，诏户部侍郎魏子平等九人，分诣诸路猛安、谋克，劝农及廉问。六月，观稼于近郊。
大定四年六月，观稼于近郊。
大定五年十二月，上以京畿两猛安民户不自耕垦，及伐桑枣为

① 《大金国志》卷18《圣宗圣明皇帝下》，第249页。
② 《金史》卷86《李石传》。
③ 《金史》卷88《石琚传》。
④ 《金史》卷8《世宗纪下》。

薪鬻之,命大兴少尹完颜让巡察。

大定六年五月,诏将幸银山,诸扈从军士赐钱五万贯,有敢损苗稼者,并偿之。

大定七年闰七月,三次观稼于近郊。

大定八年四月,诏曰:"马者军旅所用,牛者农耕之资,杀牛有禁,马亦何殊,其令禁之。"七月,上谕点检司曰:"沿路禾稼甚佳,其扈从人少有蹂践,则当汝罪。"

大定九年四月,遣翰林修撰蒲察兀虎、监察御史完颜鹘沙分诣河北西路、大名、河南、山东等路劝猛安、谋克农。七月,观稼于近郊。

大定十一年正月,上谓宰臣曰:"往岁清暑山西,近路禾稼甚广,殆无畜牧之地,因命五里外乃得耕垦。今闻民皆去之他所,甚可矜悯,其令依旧耕种。事有类此,卿等宜即告朕。"

大定十二年五月,观稼。禁扈从蹂践民田。诏给西北路人户牛。

大定十三年,敕有司:"每岁遣官劝猛安、谋克农事,恐有烦扰。自今止令各管职官劝督,弛慢者举劾以闻。"

大定十七年正月,诏天下劝民田,视每岁所入,以为官吏殿最。八月,观稼于近郊。

大定十九年二月,上如春水,见民桑多为牧畜啮毁,诏亲王公主及势要家,牧畜有犯民桑者,许所属县官立加惩断。

大定二十一年正月,上闻山东、大名等路猛安、谋克之民,骄纵奢侈,不事耕稼,诏遣阅实,计口授地,必令自耕,地有余而力不赡者,方许招人租佃,仍禁农时饮酒。

(大定二十一年)六月,上曰:"近遣使阅视秋稼,闻猛安、谋克人惟酒是务,往往以田租人,而预借三二年租课者。或种而不耘,听其荒芜者。自今皆令阅实各户人力,可耨几顷亩,必使自耕耘之,其力果不及者方许租赁。如惰农饮酒,劝农谋克及本管猛安、谋克并都管,各以等第科罪。收获数多者,则亦以等第迁赏。"

大定二十二年,以附都猛安户不自种,悉租与民,有一家百口垅无一苗者。上曰:"劝农官,何劝谕为也,其令治罪。"宰臣奏曰:"不自种而辄与人者,合科违例。"上曰:"太重,愚民安知。"

遂从大兴少尹王修所奏，以不种者杖六十，谋克四十，受租百姓无罪。

大定二十三年八月，观稼于东郊。

大定二十五年五月，遣使临潢、泰州劝农。①

皇帝重民和重农，地方官员也会有一些安民和劝农的重要举措，可列举两个实例。

沂南边郡，户部符借民闲田，种禾取藁秸，备警急用度。（李）偲曰："如此则农民失业。"具奏止之。转运司牒郡输粟胸山，调急夫数万人，是时久雨泥泞，挽运不能前进。偲遣吏往胸山刺取其官廪，见储粮数可支半岁，即具其事牒运司，请缓期，毋自困百姓。先是，郡县街陌间听民作廛舍，取其僦直。至是，罢收僦直，廛舍一切撤毁。他郡奉承号令，督百姓必尽撤去，使街陌绳齐矢棘如初时然后止。偲独教民撤治前却不齐一者三五所，使巷道端正即已，民便之。②

复州合厮罕关地方七百八里，因围猎，禁民樵捕。（完颜）齐言其地肥衍，令赋民开种则公私有益。上然之，为弛禁。即牧民以居，田收甚利，因名其地曰"合厮罕猛安"。③

重民和重农还有调整租税、救灾、安民等重要的行为，详见下述。

（二）均税轻徭

世宗在位期间秉持的是轻徭、均税的基本原则，需要特别注意六方面的举措。

一是在徭役方面，既要求强户应役，也注重减免徭役，还注意到了应役者就近充役等问题。

大定二年五月，（世宗）谓宰臣曰："凡有徭役，均科强户，

---

① 《金史》卷6《世宗纪上》，卷7《世宗纪中》，卷8《世宗纪下》，卷47《食货志二》。
② 《金史》卷92《李偲传》。
③ 《金史》卷66《完颜齐传》。

不得抑配贫民。"

大定三年，（世宗）又诏曰："朕比以元帅府从宜行事，今闻河南、陕西、山东、北京以东，及北边州郡，调发甚多，而省部又与他州一例征取赋役，是重扰也。可凭元帅府已取者例，蠲除之。"

大定二十一年九月，前时近官路百姓以牛夫充递运者，复于它处未尝就役之家征钱偿之。

大定二十三年，宗州民王仲规告乞征还所役牛夫钱，省臣以奏，上曰："此既就役，复征钱于彼，前虽如此行之，复恐所给钱未必能到本户，是两不便也。不若止计所役，免租税及铺马钱为便。其预计实数以闻，若和雇价直亦须裁定也。"有司上其数，岁约给六万四千余贯，计折粟八万六千余石。上复命："自今役牛夫之家，以去道三十里内居者充役。"①

二是在灾免方面，坚持了逢灾即免租税的做法，使之既成为救灾的重要手段，也可以起到减轻民众租税负担的重要作用。

大定三年，以岁歉，诏免二年租税。

大定五年正月，复命有司，旱、蝗、水溢之处，与免租赋。

大定六年十月，以河北、山东水，免其租。

大定九年二月，以中都等路水，免税，诏中外。又以曹、单二州被水尤甚，给复一年。

大定十二年正月，以水旱，免中都、西京、南京、河北、河东、山东、陕西去年租税。

大定十四年二月，诏免去年被水旱百姓租税。

大定十六年正月，诏免去年被水、旱路分租税。

大定十七年三月，诏免河北、山东、陕西、河东、西京、辽东等十路去年被旱、蝗租税。

大定十八年正月，免中都、河北、河东、山东、河南、陕西等路前年被灾租税。

大定十九年二月，免去年被水旱民田租税。秋，中都、西京、河

---

① 《金史》卷47《食货志二》。

北、山东、河东、陕西以水旱伤民田十三万七千七百余顷，诏蠲其租。

大定二十年三月，以中都、西京、河北、山东、河东、陕西路前岁被灾，诏免其租税。

大定二十一年六月，上谓省臣曰："近者大兴府平、滦、蓟、通、顺等州，经水灾之地，免今年税租。不罹水灾者姑停夏税，俟稔岁征之。"

大定二十六年四月，尚书省奏："年前以诸路水旱，于军民地土二十一万余顷内，拟免税四十九万余石。"从之。诏曰："今之税，考古行之，但遇灾伤，常加蠲免。"

大定二十七年六月，免中都、河北等路尝被河决水灾军民租税。

大定二十七年十一月，诏："河水泛溢，农夫被灾者，与免差税一年。"①

三是在租税征收方面，既明令禁止预征来年租税的做法，也要求地方官征足租税并善用税粮。

大定二年五月，有言以用度不足，奏预借河北东西路、中都租税，上以国用虽乏，民力尤艰，遂不允。

大定十三年十月，敕州县官不尽力催督税租，以致逋悬者，可止其俸，使之征足，然后给之。

大定十七年六月，荆州男子赵迪简言："随路不附籍官田及河滩地，皆为豪强所占，而贫民土瘠税重，乞遣官拘籍冒佃者，定立租课，复量减人户税数，庶得轻重均平。"诏付有司，将行而止。上问宰臣曰："辽东赋税旧六万余石，通检后几二十万。六万时何以仰给，二十万后所积几何？"户部契勘，谓："先以官吏数少故能给，今官吏兵卒及孤老数多，以此费大。"上曰："当察其实，毋令妄费也。"②

四是在牛头税征收方面，亦特别强调均税的重要性，因为牛头税是专门针对女真人的牛具税，"猛安、谋克部女直户所输之税也"。

---

① 《金史》卷6《世宗纪上》，卷7《世宗纪中》，卷8《世宗纪下》，卷47《食货志二》。
② 《金史》卷7《世宗纪中》，卷8《世宗纪下》，卷47《食货志二》。

世宗大定元年，诏诸猛安不经迁移者，征牛具税粟，就命谋克监其仓，亏损则坐之。

大定二十一年，世宗谓宰臣曰："前时一岁所收可支三年，比闻今岁山西丰稔，所获可支三年。此间地一岁所获不能支半岁，而又牛头税粟，每牛一头止令各输三斗，又多逋悬，此皆递互隐匿所致，当令尽实输之。"

大定二十三年，有司奏其事，世宗谓左丞完颜襄曰："卿家旧止七具，今定为四十具，朕始令卿等议此，而卿皆不欲，盖各顾其私尔。是后限民口二十五，算牛一具。"七月，尚书省复奏其事，上虑版籍岁久贫富不同，猛安、谋克又皆年少，不练时事，一旦军兴，按籍征之必有不均之患，乃令验实推排，阅其户口、畜产之数，其以上京二十二路来上。八月，尚书省奏，推排定猛安、谋克户口、田亩、牛具之数。猛安二百二，谋克千八百七十八，户六十一万五千六百二十四，口六百一十五万八千六百三十六，内正口四百八十一万二千六百六十九，奴婢口一百三十四万五千九百六十七，田一百六十九万三百八十顷有奇，牛具三十八万四千七百七十一。

大定二十六年，尚书省奏并征牛头税粟，上曰："积压五年，一见并征，民何以堪，其令民随年输纳，被灾者蠲之，贷者俟丰年征还。"[1]

五是在盐税方面，既有征税的新规定，也要求为民众提供用盐的便利条件，还要求约束官吏滥察"私盐"的苛刻、营私行为。

大定三年二月，定军私煮盐及盗官盐之法，命猛安、谋克巡捕。

大定十一年正月，用西京盐判宋侯言，更定狗泺盐场作六品使司，以侯为使，顺圣县令白仲通为副，以是岁入钱为定额。

大定十二年十月，诏西北路招讨司猛安所辖贫及富人奴婢，皆

---

[1] 《金史》卷47《食货志二》。

给食盐。宰臣言：“去盐泺远者，所得不偿道里之费。”遂命计口给直，富家奴婢二十口止。

大定二十一年八月，参知政事梁肃言：“宝坻及旁县多阙食，可减盐价增粟价，而以粟易盐。”上命宰臣议，皆谓：“盐非多食之物，若减价易粟，恐久而不售，以至亏课。今岁粮以七十余万石至通州，比又以恩、献等六州粟百余万石继至，足以赈之，不烦易也。”遂罢。

大定二十三年七月，博兴县民李孜收日炙盐，大理寺具私盐及刮咸土二法以上。宰臣谓非私盐可比，张仲愈独曰：“私盐罪重，而犯者犹众，不可纵也。”上曰：“刮碱非煎，何以同私？”仲愈曰：“如此则渤海之人恣刮碱而食，将侵官课矣。”力言不已，上乃以孜同刮碱科罪，后犯则同私盐法论。十一月，张邦基言：“宝坻盐课，若每石收正课百五十斤，虑有风干折耗。”遂令石加耗盐二十二斤半，仍先一岁贷支偿直，以优灶户。

大定二十四年七月，上在上京，谓丞相乌古论元忠等曰：“会宁尹蒲察通言，其地猛安、谋克户甚艰。旧速频以东食海盐，蒲与、胡里改等路食肇州盐，初定额万贯，今增至二万七千。若罢盐引，添灶户，庶可易得。”元忠对曰：“已尝遣使咸平府以东规画矣。”上曰：“不须待此，宜亟为之。”通又言：“可罢上京酒务，听民自造以输税。”上曰：“先滦州诸地亦尝令民煮盐，后以不便罢之，今岂可令民自沽耶。”

大定二十五年十月，上还自上京，谓宰臣曰：“朕闻辽东，凡人家食盐，但无引目者，既以私治罪。夫细民徐买食之，何由有引目。可止令散办，或询诸民，从其所欲。”因为之罢北京、辽东盐使司。

大定二十八年，尚书省论盐事，上曰：“盐使司虽办官课，然素扰民。盐官每出巡，而巡捕人往往私怀官盐，所至求贿及酒食，稍不如意则以所怀诬以为私盐。盐司苟图羡增，虽知其诬亦复加刑。宜令别设巡捕官，勿与盐司关涉，庶革其弊。”五月，创巡捕使，山东、沧、宝坻各二员，解、西京各一员。山东则置于潍州、招远县，沧置于深州及宁津县，宝坻置于易州及永济县，解置于澄城县，西京置于兜答馆，秩从六品，直隶省部，各给银牌，取盐使司弓手充巡捕人，且禁不得于人家搜索，若食盐一斗以下不得究治，惟盗贩煮则捕之，在三百里内者属转运司，外者即随路府提点所治罪，盗课盐者亦如之。①

六是在酒课方面，世宗朝经历了禁止私下酿酒到开放酒禁的重大变化。

> 大定三年，省奏中都酒户多逃，以故课额愈亏。上曰："此官不严禁私酿所致也。"命设军百人，隶兵马司，同酒使副合干人巡察，虽权要家亦许搜索。奴婢犯禁，杖其主百，且令大兴少尹招复酒户。
>
> 大定二十六年，省奏盐铁酒曲自定课后，增各有差。上曰："监临官惟知利己，不知利何从来。若恢办增羡者酬迁，亏者惩殿，仍更定并增并亏之课，无失元额。如横班只亏者，与余差一例降罚，庶有激劝。且如功酬合办二万贯，而止得万七八千，难选两酬者，必止纳万贯，而辄以余钱入己。今后可令见差使内不选酬余钱，与后差使内所增钱通算为酬，庶钱可入官。及监官食直，若不先与，何以责廉。今后及格限而至者，即用此法。"
>
> 大定二十七年，议以天下院务，依中都例，改收曲课，而听民酤。户部遣官询问辽东来远军，南京路新息、虞城，西京路西京酒使司、白登县、迭剌部族、天成县七处，除税课外，愿自承课卖酒。上曰："自昔监官多私官钱，若令百姓承办，庶革此弊，其试行之。"②

其他税的征收也有不小的变化。如醋税，"自大定初，以国用不足，设官榷之，以助经用。至二十三年，以府库充牣，遂罢之"。大定二十年正月，"定商税法，金银百分取一，诸物百分取三"。金银税，"大定三年，制金银坑冶许民开采，二十分取一为税"。大定十三年十二月，又改为"金、银坑冶听民开采，毋得收税"③。

尤为重要的是，世宗在与臣僚的对话中强调了他的轻税原则，并希望人们能够理解国家征税为民的苦衷。

---

① 《金史》卷49《食货志四》。
② 《金史》卷49《食货志四》。
③ 《金史》卷7《世宗纪中》，卷49《食货志四》。

上问（魏）子平曰："古者税什一而民足，今百一而民不足，何也？"子平对曰："什一取其公田之入，今无公田而税其私田，为法不同。古有一易再易之田，中田一年荒而不种，下田二年荒而不种。今乃一切与上田均税之，此民所以困也。"①

大定八年十月，彰德军节度使高昌福上书言税租甚重，上谕翰林学士张景仁曰："今租税法比近代甚轻，而以为重，何也？"景仁曰："今之税敛殊轻，非税敛，则国用何从而出。"②

大定十七年十一月，上谓宰臣曰："朕常恐重敛以困吾民，自今诸路差科之烦细者，亦具以闻。"③

尚书省奏："天下仓廪贮粟二千七十九万余石。"上曰："朕闻国无九年之蓄，则国非其国，朕是以括天下之田以均其赋，岁取九百万石，自经费七百万石外，二百万石又为水旱之所蠲免及赈贷之用，余才百万石而已。朕广蓄积，备饥馑也。小民以为税重，小臣沽民誉，亦多议之，盖不虑国家缓急之备也。"④

世宗所说的"岁取九百万石"只是一个概数，所要表明的是轻税亦能满足国家的需求，所以不需要针对臣民的"重敛"行为。

（三）新铸钱币

世宗朝钱币流通问题的解决，分为两大阶段。

第一阶段着重于使用旧钱，朝廷既要考虑官府屯钱难以流通的问题，也要考虑铜禁等问题。

世宗大定元年，用吏部尚书张中彦言，命陕西路参用宋旧铁钱。大定四年，浸不行，诏陕西行户部并两路通检官详究其事，皆

① 《金史》卷89《魏子平传》。
② 《金史》卷47《食货志二》。
③ 《金史》卷7《世宗纪中》。
④ 《金史》卷47《食货志二》。

言："民间用钱，名与铁钱兼用，其实不为准数，公私不便。"遂罢之。

大定八年，民有犯铜禁者，上曰："销钱作铜，旧有禁令。然民间犹有铸镜者，非销钱而何。"遂并禁之。

大定十年，上谕户部臣曰："官钱积而不散，则民间钱重，贸易必艰，宜令市金银及诸物。其诸路酤榷之货，亦令以物平折输之。"十月，上责户部官曰："先以官钱率多，恐民间不得流通，令诸处贸易金银丝帛，以图流转。今知乃有以抑配反害百姓者。前许院务得折纳轻赍之物以便民，是皆朕思而后行者也，此尚出朕，安用若为。又随处时有赈济，往往近地无粮，取于它处，往返既远，人愈难之。何为不随处起仓，年丰则多籴以备赈赡，设有缓急，亦岂不易办乎，而徒使钱充府库，将安用之。天下之大，朕岂能一一遍知，凡此数事，汝等何为而使至此。且户部与它部不同，当从宜为计，若但务因循，以守其职，则户部官谁不能为。"

大定十一年二月，禁私铸铜镜。旧有铜器悉送官，给其直之半。惟神佛像、钟、磬、钹、钴、腰束带、鱼袋之属，则存之。

大定十二年正月，以铜少，命尚书省遣使诸路规措铜货。能指坑冶得实者，赏。上与宰臣议鼓铸之术，宰臣曰："有言所在有金银坑冶，皆可采以铸钱，臣窃谓工费过于所得数倍，恐不可行。"上曰："金银，山泽之利，当以与民，惟钱不当私铸。今国家财用丰盈，若流布四方与在官何异，所费虽多，但在民间，而新钱日增尔，其遣能吏经营之。"左丞石琚进曰："臣闻天子之富藏在天下，钱货如泉，正欲流通。"上复问琚曰："古亦有民自铸钱者乎？"琚对曰："民若自铸，则小人图利，钱益薄恶，此古所以禁也。"

大定十三年，命非屯兵之州府，以钱市易金帛，运致京师，使钱币流通，以济民用。[①]

这一阶段臣僚的建议，主要是罢养马钱和以折纳方法促进钱币流通。

---

① 《金史》卷48《食货志三》。

有使者自山东还，帝（皇太子完颜允恭）问民间何所苦，使者曰："钱难最苦。官库钱满有露积者，而民间无钱，以此苦之。"帝曰："贮之空室，虽多奚为。"谓户部尚书张仲愈曰："天子富藏天下，何必独在府库也。"因奏曰："钱在府库，何异铜矿在野。乞流转，使公私俱利。"世宗嘉纳，诏有司议行之。①

是时民间苦钱币不通，上问（完颜）宗尹，对曰："钱者有限之物，积于上者滞于下，所以不通。海陵军兴，为一切之赋，有菜园、房税、养马钱。大定初，军事未息，调度不继，故因仍不改。今天下无事，府库充积，悉宜罢去。"上曰："卿留意百姓，朕复何虑。"于是，养马等钱始罢。②

（梁肃）复上奏曰："方今斗米三百，人已困钱，以钱难得故也。计天下岁入二千万贯以上，一岁之用余千万。院务坊场及百姓合纳钱者，通减数百万。院务坊场可折纳谷帛，折支官兵俸给，使钱布散民间，稍稍易得。"上曰："悬欠院务，许折纳，可也。"③

第二阶段着重于新钱的铸造和流通，朝廷主要考虑的是钱币的搬运、通用等问题。

铸造新钱的动议来自世宗，大定十五年十一月，他对宰臣说："或言铸钱无益，所得不偿所费，朕谓不然。天下如一家，何公私之间，公家之费私家得之，但新币日增，公私俱便也。"大定十六年三月，世宗派出使者，分路访察铜矿苗脉。

大定十八年正式开始铸造新钱，经过两次铸造才造出质量较好的"大定通宝"钱。

大定十八年，代州立监铸钱，命震武军节度使李天吉、知保德军事高季孙往监之，而所铸斑驳黑涩不可用，诏削天吉、季孙等官两阶，解职，仍杖季孙八十。更命工部郎中张大节、吏部员外郎麻

① 《金史》卷19《显宗纪》。
② 《金史》卷73《完颜宗尹传》。
③ 《金史》卷89《梁肃传》。

珪监铸。其钱文曰"大定通宝"，字文肉好又胜正隆之制，世传其钱料微用银云。大定十九年，始铸至万六千余贯。[1]

（张大节）进工部郎中。时阜通监铸钱法弊，与吏部员外郎麻珪莅其事。积铜皆窳恶，或欲征民先所给直，大节曰："此有司受纳之过，民何与焉。"以其事闻，卒得免征。[2]

（刘焕）以本官摄户部员外郎，代州钱监杂青铜铸钱，钱色恶，类铁钱。民间盗铸，抵罪者众，朝廷患之，下尚书省议。焕奏曰："钱宝纯用黄铜精治之，中濡以锡，若青铜可铸，历代无缘不用。自代州取二分与四六分，青黄杂糅，务省铜而功易就。由是，民间盗铸，陷罪者众，非朝廷意也。必欲为天下利，宜纯用黄铜，得数少而利远。其新钱已流行者，宜验数输纳准换。"从之。[3]

铸钱正常化之后，监管铸钱的机构也有进一步的规范，并且委任尚书省的官员进行监控。

大定二十年，诏先以五千进呈，而后命与旧钱并用。十一月，名代州监曰阜通，设监一员，正五品，以州节度兼领。副监一员，正六品，以州同知兼领。丞一员，正七品，以观察判官兼领。设勾当官二员，从八品。给银牌，命副监及丞更驰驿经理。

大定二十二年十月，以参知政事粘割斡特剌提控代州阜通监。

大定二十三年，上以阜通监鼓铸岁久，而钱不加多，盖以代州长贰厅幕兼领，而夺于州务，不得专意综理故也。遂设副监、监丞为正员，而以节度领监事。

大定二十七年二月，曲阳县铸钱别为一监，以利通为名，设副监、监丞，给驿更出经营铜事。[4]

---

① 《金史》卷48《食货志三》。
② 《金史》卷97《张大节传》。
③ 《金史》卷128《刘焕传》。
④ 《金史》卷48《食货志三》。

世宗前往上京时，为减少钱币的搬运，有人提出了"行会便法"的建议。

> 时车驾车巡，费用百出，自辽以东泉货甚少，计司患其不给，欲辇运以支调度，（张）亨谓："上京距都四千里，若挽钱而行，是率三而致一也，不独枉费国用，无乃重劳民力乎。不若行会便法，使行旅便于囊橐，国家无转输之劳而用自足矣。"[①]

尽管有大臣上言不必向中都调运大量钱币，但世宗坚持聚钱于京城的做法。

> 大定二十六年，上曰："中外皆言钱难，朕尝计之，京师积钱五百万贯亦不为多，外路虽有终亦无用，诸路官钱非屯兵处可尽运至京师。"太尉丞相（徒单）克宁曰："民间钱固已艰得，若尽归京师，民益艰得矣。不若起其半至都，余半变折轻赍，则中外皆便。"
>
> 大定二十八年，上谓宰臣曰："今者外路见钱其数甚多，闻有六千余万贯，皆在僻处积贮。既不流散，公私无益，与无等尔。今中都岁费三百万贯，支用不继，若致之京师，不过少有挽运之费，纵所费多，亦惟散在民尔。"[②]

应该承认，世宗在钱币流通方面用力不小，但是依然问题多多，尤其是新、旧钱杂用，使金朝还是难以建立自成体系的货币制度。

（四）通检推排

重农观念的一个重要表现就是对农田的重视，世宗重点关注的是豪强兼并土地问题，并要求以强制手段解决此类问题。

> 大定二十一年三月，陈言者言，豪强之家多占夺田者。上曰："前参政纳合椿年占地八百顷，又闻山西田亦多为权要所占，有一家一口至三十顷者，以致小民无田可耕，徙居阴山之恶地，何以自

---

① 《金史》卷97《张亨传》。
② 《金史》卷48《食货志三》。

存。其令占官地十顷以上者皆括籍入官，将均赐贫民。"省臣又奏："椿年子猛安参谋合、故太师樼碗温敦思忠孙长寿等，亲属计七十余家，所占地三千余顷。"上曰："至秋，除牛头地外，仍各给十顷，余皆拘入官。山后招讨司所括者，亦当同此也。"又谓宰臣曰："山东路所括民田，已分给女直屯田人户，复有籍官闲地，依元数还民，仍免租税。"

大定二十七年，随处官豪之家多请占官地，转与它人种佃，规取课利。命有司拘刷见数，以与贫难无地者，每丁授五十亩，庶不至失所，余佃不尽者方许豪家验丁租佃。①

牧场占地和皇帝巡幸道路占地是颇难解决的问题，世宗先于大定十年四月下令禁止侵耕围场地，大定十一年又要求开放巡幸道路两旁的土地"依旧耕种"，但后来又恢复了禁耕的做法。

大定二十年四月，以行幸道隘，扈从人不便，诏户部沿路顿舍侧近官地，勿租与民耕种。又诏故太保阿里先于山东路拨地百四十顷，大定初又于中都路赐田百顷，命拘山东之地入官。五月，（世宗）谕有司曰："白石门至野狐岭，其间淀泺多为民耕植者，而官民杂畜往来无牧放之所，可差官括元荒地及冒佃之数。"②

世宗更关心的是女真人的土地问题，且不同时间解决问题的侧重点有所不同。

世宗即位初年对宋作战，在山东等地以女真人屯田，重点考虑的是女真人如何团聚务农的问题，其主要方法就是由官府促成女真人与汉人之间的土地交换。

大定三年，上曰："自正隆兵兴，农桑失业，猛安、谋克屯田多不如法。"诏遣户部侍郎魏子平、大兴少尹同知中都转运事李涤、礼部侍郎李愿、礼部郎中移剌道、户部员外郎完颜兀古出、监

---

① 《金史》卷47《食货志二》。
② 《金史》卷47《食货志二》。

察御史夹谷阿里补及（曹）望之分道劝农，廉问职官臧否。①

猛安、谋克屯田山东，各随所受地土，散处州县。世宗不欲猛安、谋克与民户杂处，欲使相聚居之，遣户部郎中完颜让往元帅府议之。（完颜）思敬与山东路总管徒单克宁议曰："大军方进伐宋，宜以家属权寓州县，量留军众以为备御。俟边事宁息，猛安、谋克各使聚居，则军民俱便。"还奏，上从之。其后遂以猛安、谋克自为保聚，其田土与民田犬牙相入者，互易之。②

山东两路猛安、谋克与百姓杂居，诏（纥石烈）良弼度宜易置，使与百姓异聚，与民田互相犬牙者，皆以官田对易之，自是无复争诉。

左丞完颜守道奏："近都两猛安，父子兄弟往往析居，其所得之地不能赡，日益困乏。"上以问宰臣，良弼对曰："必欲父兄聚居，宜以所分之地与土民相换易。虽暂扰，然经久甚便。"右丞石琚曰："百姓各安其业，不若依旧便。"上竟从良弼议。③

由于山东等地的女真户不善于务农，世宗希望以女真人入军籍的方法解决贫困户的问题，并由此强调了女真人的特殊地位。

（世宗）诏曰："南路女直户颇有贫者，汉户租佃田土，所得无几，费用不给，不习骑射，不任军旅。凡成丁者签入军籍，月给钱米，山东路沿边安置。其议以闻。"浃旬，上问曰："宰臣议山东猛安贫户如之何？"奏曰："未也。"乃问（唐括）安礼曰："于卿意如何？"对曰："猛安人与汉户，今皆一家，彼耕此种，皆是国人，即日签军，恐妨农作。"上责安礼曰："朕谓卿有知识，每事专效汉人。若无事之际可务农作，度宋人之意且起争端，国家有事，农作奚暇。卿习汉字，读《诗》《书》，姑置此以讲本朝之法。前日宰臣皆女直拜，卿独汉人拜，是邪非邪。所谓一家者，皆一类

① 《金史》卷92《曹望之传》。
② 《金史》卷70《完颜思敬传》。
③ 《金史》卷88《纥石烈良弼传》。

也，女直、汉人，其实则二。朕即位东京，契丹、汉人皆不往，惟女直人偕来，此可谓一类乎。"又曰："朕夙夜思念，使太祖皇帝功业不坠，传及万世，女直人物力不困，卿等悉之。"因以有益贫穷猛安人数事，诏左司郎中粘割斡特剌使书之，百官集议于尚书省。①

平定契丹各部的叛乱之后，世宗先是要求契丹人全部隶属于女真猛安、谋克务农，后来改为区分"叛"与"未叛"，分别安置。

窝斡已平，诏罢契丹猛安、谋克，其元管户口，及从窝斡作乱来降者，皆隶女直猛安、谋克，遣（完颜）兀不喝于猛安、谋克人户少处分置。未经罢去猛安、谋克合承袭者，仍许承袭，赈赡其贫乏者，仍括买契丹马匹，官员年老之马不在括限。顷之，世宗以诸契丹未尝为乱者与来降者一概隶女直猛安中，非是，未尝从乱可且仍旧。平章政事完颜元宜奏，已迁契丹所弃地，可迁女直人与不从乱契丹杂处。上以问右丞苏保衡、参政石琚，皆不能对。上责之曰："卿等每事先熟议然后奏，有问即对，岂容不知此。"保衡、琚顿首谢，上曰："分隶契丹，以本猛安租税给赡之，所弃地与附近女直人及余户，愿居者听，其猛安、谋克官，选契丹官员不预乱者充之。"②

世宗又将一部分女真人迁徙到中都，给地务农，并要求以强制手段给予女真户良田。

诏徙女直猛安、谋克于中都，给以近郊官地，皆堉薄。其腴田皆豪民久佃，遂专为己有。上出猎，猛安、谋克人前诉所给地不可种艺，诏拘官田在民久佃者与之。因命（张）汝弼议其事，请"条约立限，令百姓自陈。过限，许人首告，实者与赏。"上可其奏，仍遣同知中都转运使张九思拘籍之。③

---

① 《金史》卷88《唐括安礼传》。
② 《金史》卷90《完颜兀不喝传》。
③ 《金史》卷83《张汝弼传》。

大定十七年六月，以近都猛安、谋克所给官地率皆薄瘠，豪民租佃官田岁久，往往冒为己业，令拘籍之。（世宗）又谓省臣曰："官地非民谁种，然女直人户自乡土三四千里移来，尽得薄地，若不拘刷良田给之，久必贫乏，其遣官察之。"又谓参知政事张汝弼曰："先尝遣问女直土地，皆云良田。及朕出猎，因问之，则谓自起移至此，不能种莳，斫芦为席，或斩刍以自给，卿等其议之。"省臣奏："官地所以人多蔽匿盗耕者，由其罪轻故也。"乃更条约，立限令人自陈，过限则人能告者有赏。①

在东北地区亦有迁奚人于咸平、临潢等地，以女真人在奚人故地务农的做法，世宗对女真人能够安心务农给予了较高评价。

大定二十一年正月，上谓宰臣曰："奚人六猛安，已徙居咸平、临潢、泰州，其地肥沃，且精勤农务，各安其居。女直人徙居奚地者，菽粟得收获否？"左丞（完颜）守道对曰："闻皆自耕，岁用亦足。"上曰："彼地肥美，异于他处，惟附都民以水害稼者赈之。"②

世宗还将山东的部分女真猛安、谋克迁徙到河北，既要求女真人不得两边占地，也要求为迁徙者拨付良田。

大定二十一年七月，上谓宰臣曰："前徙宗室户于河间，拨地处之，而不回纳旧地，岂有两地皆占之理，自今当以一处赐之。山东刷民田已分给女直屯田户，复有余地，当以还民而免是岁之租。"

大定二十二年九月，遣刑部尚书移剌愸于山东路猛安内摘八谋克民，徙于河北东路酬斡、青狗儿两猛安旧居之地，无牛者官给之。河间宗室未徙者令尽徙于平州，无力者官津发之，土薄者易以良田。先尝令俟丰年则括籍官地，至是岁，省臣复以为奏，上曰："本为新徙四猛安贫穷，须刷官田与之，若张仲愈等所拟条约太

① 《金史》卷47《食货志二》。
② 《金史》卷47《食货志二》。

刻，但以民初无得地之由，自抚定后未尝输税，妄通为己业者，刷之。如此，恐民苦之，可为酬直，且先令猛安、谋克人户随宜分处，计其丁壮牛具，合得土田实数给之。不足，则以前所刷地二万余顷补之。复不足，则续当议。"时有落兀者与婆萨等争懿州地六万顷，以皆无据验，遂没入官。①

从世宗处理女真人土地的手法上，可以看出他始终秉持的是"女真人至上"的基本原则。

世宗在位时，还曾进行了三次大规模的"通检推排"，以核实民户的田产、物力等。

第一次通检推排的时间是大定四年至五年。为解决"正隆师旅之余，民之贫富变更，赋役不均"的问题，世宗特别于大定四年颁发了通检推排的诏令。

> 粤自国初，有司常行大比，于今四十年矣。正隆时，兵役并兴，调发无度，富者今贫不能自存，版籍所无者今为富室而犹幸免。是用遣信臣泰宁军节度使张弘信等十三人，分路通检天下物力而差定之，以革前弊，俾元元无不均之叹，以称朕意。凡规措条理，命尚书省画一以行。
>
> 凡监户事产，除官所拨赐之外，余凡置到百姓有税田宅，皆在通检之数。②

此次通检推排始于大定四年十月，由张弘信等十三人分路通检诸路物力，由于张弘信等人在通检中过于严苛，大定五年十一月特别定立了诸路通检地土等税法。

> 时诸使往往以苛酷多得物力为功，（张）弘信检山东州县尤为酷暴，棣州防御使完颜永元面责之曰："朝廷以正隆后差调不均，故命使者均之。今乃残暴，妄加民产业数倍，一有来申诉者，则血肉淋离，甚者即殒杖下，此何理也。"弘信不能对，故惟棣州稍平。

① 《金史》卷47《食货志二》。
② 《金史》卷46《食货志一》。

（大定）五年，有司奏诸路通检不均，诏再以户口多寡、贫富轻重，适中定之。既而，又定通检地土等第税法。①

第二次通检推排的时间是大定十五年至二十三年。此次通检推排开始后，亦出现了括田官张九思过于严苛的问题，不得不加以纠正。

大定十五年九月，上以天下物力，自通检以来十余年，贫富变易，赋调轻重不均，遣济南尹梁肃等二十六人，分路推排。②

（张）九思所守清约，然急于进取，一切以功利为务，率意任情不恤百姓。诏检括官田，凡地名疑似者，如皇后店、太子庄、燕乐城之类，不问民田契验，一切籍之，复有邻接官地冒占幸免者。世宗闻其如是，召还戒之曰："如辽时支拨地土，及国初元帅府拘刷民间指射租田，近岁冒为己业，此类当拘籍之。其余民田，一旦夺之则百姓失业，朕意岂如此也。"③

大定十九年十二月，（世宗）谓宰臣曰："亡辽时所拨地，与本朝元帅府，已曾拘籍矣。民或指射为无主地，租佃及新开荒为己业者可以拘括。其间播种岁久，若遽夺之，恐民失业。"因诏括地官张九思戒之。复谓宰臣曰："朕闻括地事所行极不当，如皇后庄、太子务之类，止以名称便为官地，百姓所执凭验，一切不问，其相邻冒占官地，复有幸免者。能使军户稍给，民不失业，乃朕之心也。"④

通检推排还需着重解决女真猛安、谋克户的物力排查问题，并确立了分等的标准。

大定二十年四月，上谓宰臣曰："猛安、谋克户，富贫差发不

---

① 《金史》卷46《食货志一》。
② 《金史》卷46《食货志一》。
③ 《金史》卷90《张九思传》。
④ 《金史》卷47《食货志二》。

均，皆自谋克内科之，暗者惟胥吏之言是从，轻重不一。自窝斡叛
后，贫富反复，今当籍其夹户，推其家赀，傥有军役庶可均也。"
诏集百官议，右丞相（徒单）克宁、平章政事（唐括）安礼、枢
密副使（完颜）宗尹言："女直人除猛安、谋克仆从差使，余无差
役。今不推奴婢孳畜、地土数目，止验产业科差为便。"左丞相
（完颜）守道等言："止验财产，多寡分为四等，置籍以科差，庶
得均也。"左丞（蒲察）通、右丞（移剌）道、都点检（完颜）
襄言："括其奴婢之数，则贫富自见，缓急有事科差，与一例科差
者不同。请俟农隙，拘括地土牛具之数，各以所见上闻。"上曰：
"一谋克户之贫富，谋克岂不知。一猛安所领八谋克，一例科差。
设如一谋克内，有奴婢二三百口者，有奴婢一二人者，科差与同，
岂得平均。正隆兴兵时，朕之奴婢万数，孳畜数千，而不差一人一
马，岂可谓平。朕于庶事未尝专行，与卿谋之。往年散置契丹户，
安礼极言恐扰动，朕决行之，果得安业。安礼虽尽忠，未审长策。
其从左丞通等所见，拘括推排之。"十二月，上谓宰臣曰："猛安、
谋克多新强旧弱，差役不均，其令推排，当自中都路始。"至（大
定）二十二年八月，始诏令集耆老，推贫富，验土地牛具奴婢之
数，分为上中下三等。以同知大兴府事完颜乌里也先推中都路，续
遣户部主事按带等十四人与外官同分路推排。[1]

大定二十三年八月，括定猛安、谋克户口田土牛具。[2]

汉人民户的通检推排，亦要解决贫富不均、以民田为官地等问题，
臣僚提出了不宜反复推排的看法，但未被世宗接受。

大定二十一年八月，尚书省奏山东所刷地数，上谓梁肃曰：
"朕尝以此问卿，卿不以言。此虽称民地，然皆无明据，括为官地
有何不可？"又曰："黄河已移故道，梁山泺水退，地甚广，已尝
遣使安置屯田。民昔尝恣意种之，今官已籍其地，而民惧征其租，
逃者甚众。若征其租，而以冒佃不即出首罪论之，固宜。然若遽取

---

[1] 《金史》卷46《食货志一》。
[2] 《金史》卷8《世宗纪下》。

之，恐致失所。可免其征，赦其罪，别以官地给之。"御史台奏：
"大名、济州因刷梁山泺官地，或有以民地被刷者。"上复召宰臣
曰："虽曾经通检纳税，而无明验者，复当刷问。有公据者，虽付
本人，仍须体问。"十月，复与张仲愈论冒占田事。

大定二十二年，又命招复梁山泺流民，官给以田。时人户有执
契据指坟垅为验者，亦拘在官，先委恩州刺史奚晦招之，复遣安肃
州刺史张国基验实给之，如已拨系猛安，则偿以官田。上曰："工
部尚书张九思执强不通，向遣刷官田，凡犯秦、汉以来名称，如长
城、燕子城之类者，皆以为官田。此田百姓为己业不知几百年矣，
所见如此，何不通之甚也。"八月，以赵王永中等四王府冒占官
田，罪其各府长史府掾，及安次、新城、宛平、昌平、永清、怀柔
六县官，皆罚赎有差。①

大定二十二年九月，诏："毋令富者匿隐畜产，贫户或有不敢
养马者。昔海陵时，拘括马畜，绝无等级，富者幸免，贫者尽拘入
官，大为不均。今并核实贫富造籍，有急即按籍取之，庶几无不均
之弊。"张汝弼、梁肃奏："天下民户通检既定，设有产物移易，
自应随业输纳。至于浮财，须有增耗，贫者自贫，富者自富，似
不必屡推排也。"上曰："宰执家多有新富者，故皆不愿也。"肃对
曰："如臣者，能推排中都物力。臣以尝为南使，先自添物力钱至
六十余贯，视其他奉使无如臣多者。但小民无知，法出奸生，数动
摇则易骇。如唐、宋及辽时，或三二十年不测通比则有之。频岁推
排，似为难尔。"②

第三次通检推排的时间是大定二十六年至二十七年，重点是排查旧
数是否准确。

大定二十六年八月，尚书省奏，遣吏部侍郎李晏等二十六人分
路推排诸路物力，从之。
大定二十六年十二月，上谓宰臣曰："比闻河水泛溢，民罹其

① 《金史》卷47《食货志二》。
② 《金史》卷46《食货志一》。

害者赀产皆空。今复遣官于彼推排，何耶？"右丞张汝霖曰："今推排皆非被灾之处。"上曰："必邻道也。既邻水而居，岂无惊扰迁避者乎。计其赀产，岂有余哉，尚何推排为。"又曰："平时用人，宜尚平直。至于军职，当用权谋，使人不易测，可以集事。唐太宗自少年能用兵，其后虽居帝位，犹不能改，吮疮剪须，皆权谋也。"

（大定）二十六年，复以李晏等分路推排。二十七年，奏晏等所定物力之数。上曰："朕以元推天下物力钱三百五万余贯，除三百万贯外，令减五万余贯。今减不及数，复续收二万余贯，即是实二万贯尔，而曰续收，何也？"对曰："此谓旧脱漏而今首出者，及民地旧无力耕种，而今耕种者也。"上曰："通检旧数，止于视其营运息耗，与房地多寡，而加减之。彼人卖地，此人买之，皆旧数也。至如营运，此强则彼弱，强者增之，弱者减之而已。且物力之数盖是定差役之法，其大数不在多寡也。朕恐实有营运富家所当出者，反分与贫者尔。"[1]

世宗频繁地进行通检推排，其出发点是为了租税和徭役的均平，但是反复排查和官员的苛刻等，使善政的初衷落空，变成了扰民的行为。对于这一点，世宗显然缺乏深刻的认识。

（五）兴修水利

世宗在位时实施了两项重大的水利工程，一是治理黄河，二是疏通漕渠。

大定八年六月，黄河在李固渡决口，世宗采纳臣僚的建议，只是动用少量民力在李固渡建堤，防止新河泛滥。

河决李固渡，水溃曹州城，分流于单州之境。（大定）九年正月，朝廷遣都水监梁肃往视之。河南统军使宗室（完颜）宗叙言："大河所以决溢者，以河道积淤，不能受水故也。今曹、单虽被其患，而两州本以水利为生，所害农田无几。今欲河复故道，不惟大费工役，又卒难成功。纵能塞之，他日霖潦，亦将溃决，则山东河

---

[1]《金史》卷8《世宗纪下》，卷46《食货志一》。

患又非曹、单比也。又沿河数州之地，骤兴大役，人心动摇，恐宋人乘间构为边患。"而（梁）肃亦言："新河水六分，旧河水四分，今若塞新河，则二水复合为一。如遇涨溢，南决则害于南京，北决则山东、河北皆被其害，不若李固南筑堤以防决溢为便。"尚书省以闻，上从之。十年三月，拜宗叙为参知政事，上谕之曰："卿昨为河南统军时，尝言黄河堤埽利害，甚合朕意。朕每念百姓凡有差调，吏互为奸，若不早计而迫期征敛，则民增十倍之费。然其所征之物，或委积经年，至腐朽不可复用，使吾民数十万之财，皆为弃物，此害非细。卿既参朝政，凡类此者皆当革其弊，择所利而行之。"①

大定十一年，黄河又在王村决口，"南京孟、卫州界多被其害"，世宗则下令实施增造堤埽的工程。

大定十二年正月，尚书省奏："检视官言，水东南行，其势甚大。可自河阴广武山循河而东，至原武、阳武、东明等县，孟、卫等州，增筑堤岸，日役夫万一千，期以六十日毕。"诏遣太府少监张九思、同知南京留守事纥石烈邈监护工作。

大定十三年三月，以尚书省请修孟津、荣泽、崇福埽堤以备水患，上乃命雄武以下八埽并以类从事。

大定十七年，黄河决口于白沟，世宗又展开了历时数年的大规模治理黄河工程。

大定十七年秋七月，大雨，河决白沟。十二月，尚书省奏："修筑河堤，日役夫一万一千五百，以六十日毕工。"诏以十八年二月一日发六百里内军夫，并取职官人力之半，余听发民夫，以尚书工部郎中张大节、同知南京留守事高苏董役。

先是，祥符县陈桥镇之东至陈留潘岗，黄河堤道四十余里以县官摄其事，南京有司言，乞专设埽官，大定十九年九月，乃设京埽

---

① 《金史》卷27《河渠志》。本小节引文未注明出处者，均出自此志。

巡河官一员。

大定二十年，河决卫州及延津京东埽，弥漫至于归德府。检视官南京副留守石抹辉者言："河水因今秋霖潦暴涨，遂失故道，势益南行。"宰臣以闻，乃自卫州埽下接归德府南北两岸增筑堤以捍湍怒，计工一百七十九万六千余，日役夫二万四千余，期以七十日毕工。遂于归德府创设巡河官一员，埽兵二百人，且诏频役夫之地与免今年税赋。

大定二十一年十月，以河移故道，命筑堤以备。

大定二十六年，黄河再次决口，世宗在继续筑堤坝的同时，建立了维护河防的管控机制。

大定二十六年八月，河决卫州堤，坏其城。上命户部侍郎王寂、都水少监王汝嘉驰传措画备御，而寂视被灾之民不为拯救，乃专集众以网鱼取官物为事，民甚怨嫉，上闻而恶之。既而，河势泛滥及大名，上于是遣户部尚书刘玮往行工部事，从宜规画，黜寂为蔡州防御使。冬十月，上谓宰臣曰："朕闻亡宋河防一步置一人，可添设河防军数。"十一月，又谓宰臣曰："河未决卫州时尝有言者，既决之后，有司何故不令朕知。"命询其故。

大定二十七年二月，以卫州新乡县令张虞、丞唐括唐古出、主簿温敦偎喝，以河水入城闭塞救护有功，皆迁赏有差。御史台言："自来沿河京、府、州、县官坐视管内河防缺壤，特不介意。若令沿河京、府、州县长贰官皆于名衔管勾河防事，如任内规措有方能御大患，或守护不谨以致疏虞，临时闻奏，以议赏罚。"上从之，仍命每岁将泛之时，令工部官一员沿河检视。于是以南京府及所属延津、封丘、祥符、开封、陈留、胙城、杞县、长垣、归德府及所属宋城、宁陵、虞城，河南府及孟津，河中府及河东，怀州河内、武陟，同州朝邑，卫州汲、新乡、获嘉，徐州彭城、萧、丰，孟州河阳、温，郑州河阴、荥泽、原武、汜水，浚州卫，陕州阌乡、湖城、灵宝，曹州济阴，滑州白马，睢州襄邑，滕州沛，单州单父，解州平陆，开州濮阳，济州嘉祥、金乡、郓城，四府、十六州之长贰皆提举河防事，四十四县之令佐皆管勾河防事。

初，卫州为河水所坏，乃命增筑苏门，迁其州治。至大定二十八年，水息，居民稍还，皆不乐迁。于是遣大理少卿康元弼按视之。元弼还奏："旧州民复业者甚众，且南使驿道馆舍所在，向以不为水备，以故被害。若但修其堤之薄缺者，可以无虞，比之迁治，所省数倍，不若从其民情，修治旧城为便。"乃不迁州，仍敕自今河防官司怠慢失备者，皆重抵以罪。

（刘玮）擢户部尚书。时河决于卫，自卫抵清、沧皆被其害，诏兼工部尚书往塞之。或以谓天灾流行，非人力所能御，惟当徙民以避其冲，玮曰："不然。天生五材，递相休王，今河决者土不胜水也。俟秋冬之交，水势稍杀，以渐兴筑，庶几可塞。"明年春，玮斋戒祷于河，功役齐举，河乃复故。①

疏通漕渠的动议始于大定四年，但是结果并不理想，"役众数年，竟无成功"，可列出工程实施的基本情况。

世宗大定四年八月，以山东大熟，诏移其粟以实京师。十月，上出近郊，见运河湮塞，召问其故。主者云户部不为经画所致。上召户部侍郎曹望之，责曰："有河不加浚，使百姓陆运劳甚，罪在汝等。朕不欲即加罪，宜悉力使漕渠通也。"

大定五年正月，尚书省奏，可调夫数万。上曰："方春不可劳民，令官籍监户、东宫亲王人从及五百内里军夫浚治。"

大定十年，议决卢沟以通京师漕运。上忻然曰："如此，则诸路之物可径达京师，利孰大焉。"命计之，当役千里内民夫，上命免被灾之地，以百官从人助役。已而，敕宰臣曰："山东岁饥，工役兴则妨农作，能无怨乎。开河本欲利民，而反取怨，不可，其姑罢之。"

大定十一年十二月，省臣奏复开之，自金口疏导至京城北入壕，而东至通州之北，入潞水，计工可八十日。

大定十二年三月，上令人覆按，还奏："止可五十日。"上召

---

①　《金史》卷95《刘玮传》。

宰臣责曰："所余三十日徒妨农费工，卿等何为虑不及此。"及渠成，以地势高峻，水性浑浊。峻则奔流潆洄，啮岸善崩，浊则泥淖淤塞，积滓成浅，不能胜舟。其后，上谓宰臣曰："分卢沟为漕渠，竟未见功，若果能行，南路诸货皆至京师，而价贱矣。"平章政事驸马元忠曰："请求识河道者，按视其地。"竟不能行而罢。

除了黄河和漕渠工程外，还有一些零星的治水措施。如大定三年，北京路的土河泛滥，水入京城，时任北京路都转运使的高德基"遽命开长乐门，疏分使入御沟，以杀其势，水不能为害"。滹沱河的堤坝亦有两次重要的修理工程："大定八年六月，滹沱犯真定，命发河北西路及河间、太原、冀州民夫二万八千，缮完其堤岸。十年二月，滹沱河创设巡河官二员。十七年，滹沱决白马岗，有司以闻，诏遣使固塞，发真定五百里内民夫，以十八年二月一日兴役，命同知真定尹鹘沙虎、同知河北西路转运使徐伟监护。"世宗还于大定二十年正月下令修护漳河闸，"所须工物一切并从官给，毋令扰民"①。金人占据中原之后，治水就是一项长期性的问题，世宗显然知道这一问题对朝廷的重要性所在，并尽可能地体现了"治水利民"的强烈意图，所以不能只看水利工程的成败，而是要认识到金人确实需要一个积累治水经验的过程。

（六）救灾防灾

世宗在位时曾面临严重的自然灾害问题，在观念层面，纥石烈良弼特别向他强调了修德弭灾的基本认识。

　　（世宗）尝问（纥石烈）良弼："每旦暮日色皆赤，何也？"良弼曰："旦而色赤应在东，高丽当之。暮而色赤应在西，夏国当之。愿陛下修德以应天，则灾变自弭矣。"②

对于突发性的自然灾害，世宗首先要求的是各级官员的积极应对。如大定三年三月，"中都以南八路蝗，诏尚书省遣官捕之"。五月，"中都蝗，诏参知政事完颜守道按问大兴府捕蝗官"。在朝廷的督促下，地方官员亦会有积极的表现，如完颜守宁就在旱蝗时"督民捕之，得死

---

① 《金史》卷27《河渠志》，卷90《高德基传》。
② 《金史》卷88《纥石烈良弼传》。

蝗一斗，给粟一斗，数日捕绝"①。

遭遇自然灾害之后，朝廷立刻以赈济的手段救助灾民，在世宗朝已经成为常态性的做法，可列举一些例证。

> 大定二年正月，诏前工部尚书苏保衡、太子少保高思廉振赐山东百姓粟帛，无妻者具姓名以闻。
>
> 大定三年二月，上谓宰相曰："滦州饥民，流散逐食，甚可矜恤。移于山西，富民赡济，仍于道路计口给食。"四月，赈山西路猛安、谋克贫民，给六十日粮。
>
> 大定九年三月，以大名路诸猛安民户艰食，遣使发仓廪减价出之。十二月，诏赈临潢、泰州、山东东路，河北东路诸猛安民。
>
> 大定十一年正月，命赈南京屯田猛安被水灾者。
>
> 大定十八年闰六月，命赈西南、西北两招讨司民，及乌古里石垒部转户饥。
>
> 大定十九年四月，诏赈西南路招讨司所部民。
>
> 大定二十一年三月，上初闻蓟、平、滦等州民乏食，命有司发粟粜之，贫不能籴或贷之。有司以贷贫民恐不能偿，止贷有户籍者。上至长春宫，闻之，更遣人阅实，赈贷。闰三月，渔阳令夹谷移里罕、司候判官刘居渐以被命赈贷，止给富户，各削三官，通州刺史郭邦杰总其事，夺俸三月。②

为使朝廷的赈济有粮可用，世宗引入了和籴的方法，并对存储粮食以备荒年提出了明确的要求。

> 世宗大定二年，以正隆之后仓廪久匮，遣太子少师完颜守道等山东东、西路收籴军粮，除户口岁食外，尽令纳官，给其直。
>
> 大定三年，（世宗）谓宰臣曰："国家经费甚大，向令山东和籴，止得四十五万余石，未足为备。自古有水旱，所以无患者，由蓄积多也。山东军屯处须急为二年之储，若遇水旱则用赈济。自余宿兵之郡，亦须籴以足之。京师之用甚大，所须之储，其敕户部宜

---

① 《金史》卷6《世宗纪上》，卷73《完颜宗宁传》。
② 《金史》卷6《世宗纪上》，卷7《世宗纪中》，卷8《世宗纪下》。

急为计。"

大定五年，（世宗）责宰臣曰："朕谓积贮为国本，当修仓廪以广和籴，今闻外路官文具而已。卿等不留心，甚不称委任之意。"

大定六年八月，敕有司，秋成之后，可于诸路广籴，以备水旱。

大定九年正月，（世宗）谕宰臣曰："朕观宋人虚诞，恐不能久遵誓约。其令将臣谨饬边备，以戒不虞。去岁河南丰，宜令所在广籴，以实仓廪。诏州县和籴，毋得抑配百姓。"

大定十二年十二月，诏在都和籴以实仓廪，且使钱币通流。又诏凡秋熟之郡，广籴以备水旱。

大定十七年春，尚书省奏："先奉诏赈济东京等路饥民，三路粟数不能给。"上曰："朕尝谕卿等，丰年广籴以备凶歉。卿等皆言天下仓廪盈溢，今欲赈济，乃云不给。自古帝王皆以蓄积为国长计，朕之积粟岂欲独用。即今不给，可于邻道取之。自今多备，当以为常。"

大定十八年四月，命泰州所管诸猛安、西北路招讨司所管奚猛安，咸平府庆云县、霿松河等处遇丰年，多和籴。[1]

世宗还曾于大定十四年推行以常平仓备灾的方法，但未能成功，所以他特别对纥石烈良弼强调了以牛头税备荒的要求："猛安、谋克牛头税粟，本以备凶年，凡水旱乏粮处就赈给之。"[2]

（七）抚民之举

世宗高度重视民众的安抚，所采用的抚民措施，有招流民、释俘虏、赎奴者、埋遗骨、助贫民等。

大定二年二月，诏前户部尚书梁銶、户部郎中耶律道安抚山东百姓。招谕盗贼或避贼及避徭役在他所者，并令归业，及时农种，无问罪名轻重，并与原免。三月，诏河南、陕西、山东，昨因捕贼，良民被虏为贼者，厘正之。

大定三年六月，诏曰："正隆之末，济州路逃回军士为中都军

---

① 《金史》卷7《世宗纪中》，卷50《食货志五》。
② 《金史》卷50《食货志五》，卷88《纥石烈良弼传》。

所邀杀者，官为收葬。"十二月，诏流民未复业，增限招诱。

大定四年九月，上谓宰臣曰："北京、懿州、临潢等路尝经契丹寇掠，平、蓟二州近复蝗旱，百姓艰食，父母兄弟不能相保，多冒鬻为奴，朕甚闵之。可速遣使阅实其数，出内库物赎之。"

大定十一年八月，诏曰："应因窝斡被掠女直及诸色人未经刷放者，官为赎放。隐匿者，以违制论。其年幼不能称说住贯者，从便住坐。"

大定十六年十二月，诏诸流移人老病者，官与养济。

大定十七年十月，诏以羊十万付乌古里石垒部畜牧，其滋息以予贫民。

大定二十八年十一月，诏南京、大名府等处避水逃移不能复业者，官与津济钱，仍量地顷亩给以耕牛。①

世宗还反复下令，禁止各种扰民行为，尤其是禁止巡幸扰民和畋猎扰民这两种主要的扰民行为。

大定三年八月，敕殿前都点检唐括德温："重九出猎，国朝旧俗。今扈从军二千，能无扰民，可严为约束，仍以钱万贯分赐之。"

大定四年正月，诏扈从人舍民家者，人日支钱一百与其主。

大定九年三月，以尚书省定网捕走兽法，或至徒，上曰："以禽兽之故而抵民以徒，是重禽兽而轻民命也，岂朕意哉。自今有犯，可杖而释之。"

大定十年七月，诏扈从粮食并从官给。敕扈从人纵畜牧蹂践禾稼者，杖之，仍偿其直。

大定十二年五月，谕宰臣曰："朕每次舍，凡就秣马之具皆假于民间，多亡失不还其主。此弹压官不职，可择人代之。所过即令询问，但亡失民间什物，并偿其直。"

大定十三年正月，诏有司严禁州县坊里为民害者。

大定二十一年二月，以元妃李氏之丧，致祭兴德宫，过市肆不闻乐声，谓宰臣曰："岂以妃故禁之耶。细民日作而食，若禁之是

---

① 《金史》卷6《世宗纪上》，卷7《世宗纪中》，卷8《世宗纪下》。

废其生计也,其勿禁。朕前将诣兴德宫,有司请由蓟门,朕恐妨市民生业,特从他道。顾见街衢门肆,或有毁撤,障以帘箔,何必尔也,自今勿复毁撤。"

大定二十二年三月,谕户部:"今岁行幸山后,所须并不得取之民间,虽所用人夫,并以官钱和雇,违者杖八十,罢职。"

大定二十三年正月,如春水,诏夹道三十里内被役之民与免今年租税,仍给佣直。①

世宗幸金莲川,始出中都,亲军二苍头纵马食民田,诏(完颜)永功:"苍头各杖一百,弹压百户二人失觉察,勒停。"上次望京淀,永功奏曰:"亲军人止一苍头、两弹压服勤,为日久矣。臣昧死违诏,量决苍头,使弹压待罪,可使偿其田直,惟陛下怜察。"上皆从之。②

禁止扰民是安抚民众的补充性措施,所要体现的,都是世宗的爱民和重民观念。

(八)以俭治国

轻徭薄赋解决的是"少取于民"的问题,节省开支解决的则是"善用民财"的问题,所以世宗高度重视"以俭治国",并努力做到了四俭。

一是建殿之俭。都城中的宫殿,不仅要有维修,还可能需要重建或新建。在宫殿建造方面,世宗特别强调了从俭和不扰民的原则,可列举两个具有代表性的事例。

第一个事例是因宫女纵火烧毁的中都宫殿,世宗并不急于重建,而是采用了择时和避免奢侈的方式重建了宫殿。

世宗至中都,多放宫人还家,有称心等数人在放遣之例,所司失于检照,不得出宫,心常快快。大定二年闰二月癸巳夜,遂于十六位放火,延烧太和、神龙殿。上命近臣迹火之所发,十六位宫人袁六娘等六人告,实称心等为之。称心等伏诛,赏赐袁六娘六人,

① 《金史》卷6《世宗纪上》,卷7《世宗纪中》,卷8《世宗纪下》。
② 《金史》卷85《完颜永功传》。

放出官为良。（耨碗温敦）谦意宫殿被火，将复兴工役，劳民伤财，乃上表乞权纾修建。上使张汝弼诏谦曰："朕思正隆比年徭役，百姓疮痍未复，边事未息，岂遽有营缮也，卿可悉之。"①

大定二年，宫中十六位火，方事完葺，时已入夏，颇妨民力，（完颜）守道谏而罢。②

宫女称心纵火十六位，延烧诸殿，上以方用兵，国用不足，不复营缮。及宋和，诏（苏）保衡监护役事，遣少府监张仲愈取南京宫殿图本。上闻之，谓保衡曰："追仲愈还，民间将谓朕效正隆华侈也。"③

右丞苏保衡监护十六位工役，诏（石琚）共典其事，给银牌二十四，许从宜规画。上谓琚曰："此役不欲烦民，丁匠皆给雇直，毋使贪吏夤缘为奸利，以兴民怨。卿等勉力，称朕意焉。"④

大定十五年新宫成，世宗幸新宫，敕（曹）望之曰："新宫中所须，毋取于民间也。"⑤

第二个事例是世宗晚年要巡幸上京，既在臣僚的劝阻下减省了上京城的重建工程，还明确要求重修上京宫殿时注重工程质量而不是虚华无实的装饰。

大定五年，复建（上京）太祖庙。大定二十一年，复修宫殿，建城隍庙。大定二十三年，以甓束其城。⑥

世宗欲甓上京城，（乌古论）元忠曰："此邦遭正隆军兴，百

① 《金史》卷84《耨碗温敦谦传》。
② 《金史》卷88《完颜守道传》。
③ 《金史》卷89《苏保衡传》。
④ 《金史》卷88《石琚传》。
⑤ 《金史》卷92《曹望之传》。
⑥ 《金史》卷24《地理志上》。

姓凋弊，陛下休养二十余年，尚未完复。况土性疏恶，甓之恐难经久，风雨摧坏，岁岁缮完，民将益困矣。"世宗嘉纳之。①

大定二十八年十一月，有司奏重修上京御容殿，上谓宰臣曰："宫殿制度，苟务华饰，必不坚固。今仁政殿辽时所建，全无华饰，但见它处岁岁修完，惟此殿如旧，以此见虚华无实者，不能经久也。今土木之工，灭裂尤甚，下则吏与工匠相结为奸，侵克工物，上则户工部官支钱度材，惟务苟办，至有工役才毕，随即敧漏者，奸弊苟且，劳民费财，莫甚于此。自今体究，重抵以罪。"②

二是宫殿装饰之俭。世宗明确要求宫殿中不得有奢华的装饰，并且强调巡幸时的居所不得成为所谓的"禁地"。

大定元年十一月，诏中都转运使左渊曰："凡宫殿张设毋得增置，无役一夫以扰百姓，但谨围禁，严出入而己。"
大定六年正月，敕有司："宫中张设毋以涂金为饰。"
大定七年六月，命地衣用龙文者罢之。十月，上谓侍臣曰："近闻朕所幸郡邑，会宴寝堂宇，后皆避之，此甚无谓，可宣谕，令仍旧居止。"
大定八年五月，诏户、工两部，自今宫中之饰，并勿用黄金。
大定十年正月，命宫中元宵无得张灯。③

三是衣食之俭。世宗特别在意的是以自己的衣食之俭作为表率，引导国家的俭朴风气，所以既要反复强调自我的节俭约束，也要禁止各种奢侈行为，具体表现如下。

大定二年四月，诏减御膳及宫中食物之半。
大定八年九月，上谕尚书右丞石琚、参政孟浩曰："闻蔚州采地蕈，役夫数百千人，朕所用几何，而扰动如此。自今差役凡称御

---

① 《金史》卷120《乌古论元忠传》。
② 《金史》卷8《世宗纪下》。
③ 《金史》卷6《世宗纪上》。

前者，皆须禀奏，仍令附册。"

大定十一年六月，诏曰："诸路常贡数内，同州沙苑羊非急用，徒劳民尔，自今罢之。朕居深宫，劳民之事岂能尽知，似此当具以闻。"

大定十三年十一月，吏部尚书梁肃请禁奴婢服罗绮。上曰："近已禁其服明金，行之以渐可也。且教化之行，当自贵近始。朕宫中服御，常自节约，旧服明金者，已减太半矣。近民间风俗，比正隆时闻稍淳俭，卿等当更务从俭素，使民知所效也。"

大定十四年十一月，召尚食局使，谕之曰："太官之食，皆民脂膏。日者品味太多，不可遍举，徒为虚费，自今止进可口者数品而已。"

大定十六年三月，御广仁殿，皇太子、亲王皆侍膳，上从容训之曰："大凡资用当务节省，如其有余，可周亲戚，勿妄费也。"因举所御服曰："此服已三年未尝更换，尚尔完好，汝等宜识之。"

大定二十年四月，上谓宰臣曰："女直官多谓朕食用太俭，朕谓不然。夫一食多费，岂为美事。况朕年高，不欲屠宰物命。贵为天子，能自节约，亦不恶也。朕服御或旧，常使浣濯，至于破碎，方始更易。向时帐幕常用涂金为饰，今则不尔，但令足用，何必事纷华也。"

大定二十六年四月，尚书省奏定院务监官亏兑陪纳法及横班格，因曰："朕常日御膳亦从减省，尝有一公主至，至无余膳可与，当直官皆目睹之。若欲丰腆，虽日用五十羊亦不难矣，然皆民之脂膏，不忍为也。监临官惟知利己，不知其利自何而来。朕尝历外任，稔知民间之事，想前代之君，虽享富贵，不知稼穑艰难者甚多，其失天下，皆由此也。辽主闻民间乏食，谓何不食干腊，盖幼失师保之训，及其即位，故不知民间疾苦也。隋炀帝时，杨素专权行事，乃不慎委任之过也。与正人同处，所知必正道，所闻必正言，不可不慎也。今原王府官属，当选纯谨秉性正直者充，勿用有权术之人。"十二月，上谓宰臣曰："朕年来惟以省约为务，常膳止四五味，已厌饫之，比初即位十减七八。"宰臣曰："天子自有制，不同余人。"上曰："天子亦人耳，枉费安用。"

大定二十七年三月，上谓宰臣曰："国初风俗淳俭，居家惟衣

布，非大会宾客，未当辄烹羊豕。朕尝念当时节俭之风，不欲妄
费，凡宫中之官与赐之食者，皆有常数。"五月，诏罢曷懒路所进
海葱及太府监日进时果，曰："葱、果应用几何，徒劳人耳。惟上
林诸果，三日一进。"①

四是财用之俭。如何节省国家的财用支出，亦是世宗高度关注的问
题。他既注意到了官吏减员节省开支的问题，如他对左宣徽使赵兴祥所
言："尚食庖人猥多，徒费廪禄。朕在藩邸时，家务皆委执事者，自即
位以来，事皆留心。俸禄出于百姓，不可妄费，庖人可约量损减。"②
也注意到了宫廷库藏物品的清理和节用问题，"自皇统以来，内藏诸物
费用无度，吏贪缘为奸，多亡失。（张）汝弼与宫籍直长高公穆、入殿
小底王添儿阅实之，以类为籍，作四库以贮之。于是，内藏库使王可道
等皆杖一百，汝弼等各进阶"③。还注意到了善用钱财的问题，如世宗
曾对宰臣明言："府库钱币非徒聚货也，若军士贫弱，百姓困乏，所费
虽多，岂可已哉。"④

尽管世宗有节省开支的意愿，但是他不停地巡幸，尤其是专门前往
上京，都会有庞大的开支。如前所述，之所以向上京调运大量的钱币，
就是要满足世宗在上京的赏赐等需求。官府亦会利用朝廷的营建机会扩
大开支，如"天长观火，诏有司营缮，有司辟民居一广大之，费钱三
十万贯"⑤，就是一个值得注意的例证。

也就是说，世宗强调的以俭治国，重的是衣食用等"小节"，忽视
了朝廷大规模减少开支的"大节"，所以不宜评价过高。

九　重振雄风

世宗既注重按照儒家传统的政治理念治国，也注重保持女真人的特
色，希望以维系女真旧俗的做法，重振女真人的尚武雄风。

（一）重武之风

女真人以武立国，世宗希望祖宗的尚武之风能够被后代所传承，所

---

① 《金史》卷6《世宗纪上》，卷7《世宗纪中》，卷8《世宗纪下》。
② 《金史》卷91《赵兴祥传》。
③ 《金史》卷83《张汝弼传》。
④ 《金史》卷86《李石传》。
⑤ 《金史》卷88《石琚传》。

以特别强调了兵制变化、强化训练、加强边备等方面的要求。

在军队建制方面，世宗重点是完善女真的猛安、谋克制度，除了将契丹人纳入女真猛安、谋克中外，还于大定十五年十月重定猛安、谋克的户数标准，"每谋克户不过三百，七谋克至十谋克置一猛安"。大定二十年，又大规模更定猛安、谋克，并诏告天下。世宗还迁徙了部分猛安、谋克，尤其是将速频一猛安、胡里改二猛安二十四谋克迁到上京，"盖欲上京兵多，它日可为缓急之备也"。此外，皇帝的亲军也由即位初年的四千人，到大定二十二年减省为三千五百人，并在上京专门设立了守卫军。中都的防城军，则于大定十七年改为武卫军。①

在军队的训练方面，世宗反复强调了女真人熟悉骑射的要求，可列举一些例证。

> 大定八年，选侍卫亲军，世宗闻其中多不能弓矢，诏使习射。顷之，问（纥石烈）良弼及平章政事（完颜）思敬曰："女直人习射尚未行耶？"良弼对曰："已行之矣。"②

> 大定十年三月，上因命护卫中善射者押赐宋使射弓宴，宋使中五十，押宴者才中其七，谓左右将军曰："护卫十年出为五品职官，每三日上直，役亦轻矣，岂徒令饱食安卧而已。弓矢不习，将焉用之。"

> 大定二十二年三月，命尚书省申敕西北路招讨司勒猛安、谋克官督部人习武备。③

> 大定二十五年，章宗为原王，诏习骑鞠，（完颜）守道谏曰："哀制中未可。"帝曰："此习武备耳，自为之则不可，从朕之命，庸何伤乎，然亦不可数也。"④

> 大定二十六年十月，上谓宰臣曰："西南、西北两路招讨司地

---

① 《金史》卷44《兵志》。
② 《金史》卷88《纥石烈良弼传》。
③ 《金史》卷6《世宗纪上》，卷8《世宗纪下》。
④ 《金史》卷88《完颜守道传》。

隘，猛安人户无处围猎，不能闲习骑射。委各猛安、谋克官依时教练，其弛慢过期及不亲监视，并决罚之。"十一月，上谓宰臣曰："朕闻宋军自来教习不辍，今我军专务游惰，卿等勿谓天下既安而无预防之心，一旦有警，军不可用，顾不败事耶，其令以时训练。"①

（完颜方）除西南路招讨使，朝廷以兵部郎中高通为招讨都监以佐之。诏通曰："卿到天德，毋以其官长曲从之也。简阅沿边士卒，毋用孱弱之人，毋以仆隶代役。女直旧风，凡酒食会聚，以骑射为乐。今则弈棋双陆，宜悉禁止，令习骑射。从其居处之便，亦不可召集扰之。"②

世宗之所以坚持四时捺钵的做法，就是要保持女真人习武的风尚，所以会拒绝汉人臣僚的减畋猎谏言。

（梁）肃与宰相奏事，既罢，肃跪而言曰："四时畋猎，虽古礼，圣人亦以为戒。陛下春秋高，属时严寒，驰骋于山林之间。法官燕处，亦足怡神，愿为宗社自重，天下之福也。"上曰："朕诸子方壮，使之习武，故时一往尔。"③

为了加强西北边疆的防御，世宗采纳了臣僚增加边境地区粮食等储备的建议。

北方岁饥，军食不足，廷议输粟赈济。或谓比虽不登，而旧积有余，秋成在近，不必更劳输挽，（完颜）宗尹曰："国家平时积粟，本以备凶岁也，必待秋成，则毙者众矣。人有捐瘠，其如防戍何。"上从之。④

---

① 《金史》卷8《世宗纪下》。
② 《金史》卷80《完颜方传》。
③ 《金史》卷89《梁肃传》。
④ 《金史》卷73《完颜宗尹传》。

大定十六年九月，（世宗）谕左丞相纥石烈良弼："西边自来不备储蓄，其令所在和籴，以为缓急之备。"①

但是完颜宗叙提出的在边疆地区大举修建壕堑（界壕）的动议，在诸位大臣的反对下被搁置。

（完颜）宗叙尝请募贫民戍边屯田，给以廪粟，既贫者无艰食之患，而富家免更代之劳，得专农业。上善其言，而未行也。大定十七年，上谓宰臣曰："戍边之卒，岁冒寒暑，往来番休，以马牛往戍，往往皆死。且夺其农时，败其生业，朕甚闵之。朕欲使百姓安于田里，而边围强固，卿等何术可以致此。"左丞相（纥石烈）良弼曰："边地不堪耕种，不能久戍，所以番代耳。"上曰："卿等以此急务为末事耶。往岁，参政宗叙尝为朕言此事。若宗叙，可谓尽心于国者矣。今以两路招讨司、乌古里石垒部族、临潢、泰州等路，分置堡戍，详定以闻，朕将亲览。"②

参知政事（完颜）宗叙请置沿边壕堑，（纥石烈）良弼曰："敌国果来伐，此岂可御哉？"上曰："卿言是也。"③

北鄙岁警，朝廷欲发民穿深堑以御之。（李）石与丞相纥石烈良弼皆曰："不可。古筑长城备北，徒耗民力，无益于事。北俗无定居，出没不常，惟当以德柔之。若徒深堑，必当置戍，而塞北多风沙，曾未期年，堑已平矣。不可疲中国有用之力，为此无益。"议遂寝。④

有人建议在边疆地区设置监军一职，亦因大臣否定而未被世宗采纳。

---

① 《金史》卷7《世宗纪中》。
② 《金史》卷71《完颜宗叙传》。
③ 《金史》卷88《纥石烈良弼传》。
④ 《金史》卷86《李石传》。

故事，诸部族节度使及其傣属多用糺人，而颇有私纵不法者，议改用诸色人。（完颜）襄曰："北边虽无事，恒须经略之，若杜此门，其后有劳绩，何以处之，请如旧。"他日，议及古有监军之事。襄曰："汉、唐初无监军，将得专任，故战必胜，攻必克。及叔世始以内臣监其军，动为所制，故多败而少功。若将得其人，监军诚不必置。"并嘉纳之。①

金、宋议和之后，二十余年没有大规模的军事行动，但是世宗始终有强烈的"备战"意识，所以才会对骑射和边备如此上心。

（二）上京之行

上京是金太祖选定的京城，世宗不满完颜亮放弃上京的做法，大定十三年三月特别对宰臣说："会宁乃国家兴王之地，自海陵迁都永安，女直人寖忘旧风。朕时尝见女直风俗，迄今不忘。今之燕饮音乐，皆习汉风，盖以备礼也，非朕心所好。东宫不知女直风俗，第以朕故，犹尚存之。恐异时一变此风，非长久之计。甚欲一至会宁，使子孙得见旧俗，庶几习效之。"当年七月，世宗下令仍以会宁府为上京。他还向新任命的上京留守完颜毅英强调了治理上京的重要性："上京王业所起，风俗日趋诡薄，宗室聚居，号为难治。卿元老大臣，众所听服，当正风俗，检制宗室，持以大体。"②

大定二十四年三月至二十五年九月，世宗实施了巡幸上京的行动，在整个过程中突出显示的是对女真旧俗的"回归"，可列出其主要行程和活动。

大定二十四年，世宗将幸上京。上曰："临潢、乌古里石垒岁皆不登，朕欲自南道往，三月过东京，谒太后陵寝，五月可达上京。春月鸟兽孳孕，东作方兴，不必搜田讲事，卿等以为何如？"（完颜）宗尹曰："南道岁熟，刍粟贱，宜如圣旨。"遂由南道往焉。③

---

① 《金史》卷94《完颜襄传》。
② 《金史》卷7《世宗纪中》，卷72《完颜毅英传》。
③ 《金史》卷73《完颜宗尹传》。

大定二十四年二月，上曰："朕将往上京。念本朝风俗重端午节，比及端午到上京，则燕劳乡间宗室父老。"

大定二十四年三月，如上京，皇太子（完颜）允恭守国。

大定二十四年五月，至上京，居于光兴官。朝谒于庆元官。宴于皇武殿。上谓宗戚曰："朕思故乡，积有日矣，今既至此，可极欢饮，君臣同之。"赐诸王妃、主，宰执百官命妇各有差。宗戚皆沾醉起舞，竟日乃罢。

大定二十四年六月，幸按出虎水临漪亭。阅马于绿野淀。

大定二十四年七月，上谓宰臣曰："天子巡狩当举善罚恶。凡士民之孝弟渊睦者举而用之，其不顾廉耻无行之人则教戒之，不悛者则加惩罚。"猎于勃野淀。

大定二十四年十月，猎于近郊。

大定二十四年十二月，猎于近郊。

大定二十五年正月，宴妃嫔、亲王、公主、文武从官于光德殿，宗室、宗妇及五品以上命妇，与坐者千七百余人，赏赉有差。

大定二十五年二月，如春水。

大定二十五年四月，至自春水。幸皇武殿击毬，许士民纵观。上谓群臣曰："上京风物朕自乐之，每奏还都，辄用感怆。祖宗旧邦，不忍舍去，万岁之后，当置朕于太祖之侧，卿等无忘朕言。"宴宗室、宗妇于皇武殿，大功亲赐官三阶，小功二阶，缌麻一阶，年高属近者加宣武将军，及封宗女，赐银、绢各有差。曰："朕寻常不饮酒，今日甚欲成醉，此乐亦不易得也。"宗室妇女及群臣故老以次起舞，进酒。上曰："吾来数月，未有一人歌本曲者，吾为汝等歌之。"命宗室弟叙坐殿下者皆坐殿上，听上自歌。其词道王业之艰难，及继述之不易，至"慨想祖宗，宛然如睹"，慷慨悲激，不能成声，歌毕泣下。右丞相（乌古论）元忠率群臣、宗戚捧觞上寿，皆称万岁。于是，诸夫人更歌本曲，如私家之会。既醉，上复续调，至一鼓乃罢。发上京，宗室咸属奉辞。上曰："朕久思故乡，甚欲留一二岁，京师天下根本，不能久于此也。太平岁久，国无征徭，汝等皆奢纵，往往贫乏，朕甚怜之。当务俭约，无忘祖先艰难。"因泣数行下，宗室咸属皆感泣而退。

大定二十五年五月，次天平山好水川。

大定二十五年六月，猎近山。

大定二十五年七月，发好水川。

大定二十五年九月，次辽水，召见百二十岁女直老人，能道太祖开创事，上嘉叹，赐食并赐帛。至自上京。①

世宗以谒陵、入宫、狩猎、宴饮、歌舞、赏赐等活动，成功地实施了一次"怀旧之旅"，所要宣示的，就是他光大祖业的宏愿。

（三）倡导女真旧俗

世宗即位后，就已经表示出对女真人风气的不满："女直本尚纯朴，今之风俗，日薄一日，朕甚悯焉。"② 由此，他提出了重视女真旧俗的六方面要求。

一是明确指出女真人不应该受汉人、契丹人风俗的影响，因为只有女真人才是真正可信赖的人。

（移剌）子敬与同签宣徽院事移剌神独斡侍，上曰："亡辽不忘旧俗，朕以为是。海陵习学汉人风俗，是忘本也。若依国家旧风，四境可以无虞，此长久之计也。"③

（大定）十七年，诏遣监察御史完颜觌古速行边，从行契丹押剌四人，授剌、招得、雅鲁、斡列阿，自边亡归（耶律）大石。上闻之，诏曰："大石在夏国西北，昔窝斡为乱，契丹等响应，朕释其罪，俾复旧业，遣使安辑之，反侧之心犹未已。若大石使人间诱，必生边患。遣使徙之，俾与女直人杂居，男婚女聘，渐化成俗，长久之策也。"于是遣同签枢密院事纥石烈奥也、吏部郎中裴满余庆、翰林修撰移剌杰，徙西北路契丹人尝预窝斡乱者上京、济、利等路安置。以兵部郎中移剌子元为西北路招讨都监，诏子元曰："卿可省谕徙上京、济州契丹人，彼地土肥饶，可以生殖，与女直人相为婚姻，亦汝等久安之计也。卿与奥也同催发徙之。仍遣猛安一员以兵护送而东，所经道路勿令与群牧相近，脱或有变，即

---

① 《金史》卷8《世宗纪下》。

② 《金史》卷89《孟浩传》。

③ 《金史》卷89《移剌子敬传》。

便讨灭。俟其过岭，卿即还镇。"上已遣奥也、子元等，谓宰臣曰："海陵时，契丹人尤被信任，终为叛乱，群牧使鹤寿、驸马都尉赛一、昭武大将军术鲁古、金吾卫上将军蒲都皆被害。赛一等皆功臣之后，在官时未尝与契丹有怨，彼之野心，亦足见也。"（唐括）安礼对曰："圣主溥爱天下，子育万国，不宜有分别。"上曰："朕非有分别，但善善恶恶，所以为治。异时或有边衅，契丹岂肯与我一心也哉。"①

二是自觉抵制"汉风"的侵扰，尤其是不受"声伎"的影响。

近臣献琵琶，世宗却之，谓（赵）兴祥曰："朕忧劳天下，未尝以声伎为心，自今勿复有献，宜悉谕朕意。"②

三是要求女真人尤其是女真侍卫学习女真语，并且不得说汉语，以保持宫内的女真语言环境。

大定十三年四月，上御睿思殿，命歌者歌女直词。顾谓皇太子及诸王曰："朕思先朝所行之事，未尝暂忘，故时听此词，亦欲令汝辈知之。汝辈自幼惟习汉人风俗，不知女直纯实之风，至于文字语言，或不通晓，是忘本也。汝辈当体朕意，至于子孙，亦当遵朕教诫也。"

大定十四年三月，又命："应卫士有不闲女直语者，并勒习学，仍自后不得汉语。"③

四是要求女真人不得改汉人姓名，亦不得穿汉人服装，并以此来显示对女真旧俗的坚持。

大定十三年五月，禁女直人毋得译为汉姓。

大定十六年十月，诏谕宰执曰："诸王小字未尝以女直语命之，

① 《金史》卷88《唐括安礼传》。
② 《金史》卷91《赵兴祥传》。
③ 《金史》卷7《世宗纪中》。

今皆当更易，卿等择名以上。"

大定二十七年十二月，禁女直人不得改称汉姓、学南人衣装，犯者抵罪。①

五是女真人也要移风易俗，尤其是要改变嗜饮的习惯，所以有了严格的禁酒令。

大定十四年三月，又诏："猛安、谋克之民，今后不许杀生祈祭。若遇节辰及祭天日，许得饮会。自二月一日至八月终，并禁绝饮燕，亦不许赴会他所，恐妨农功。虽闲月亦不许痛饮，犯者抵罪。可遍谕之。"②

六是告诫皇太孙和大臣，既要善于治国，也要注意保持女真的旧俗。

大定二十八年三月，御庆和殿受群臣朝，复宴于神龙殿，诸王、公主以次捧觞上寿。上欢甚，以本国音自度曲。盖言临御久，春秋高，渺然思国家基绪之重，万世无穷之托，以戒皇太孙，当修身养德，善于持守，及命太尉、左丞相克宁尽忠辅导之意。于是，上自歌之，皇太孙及克宁和之，极欢而罢。③

女真人中的宗室成员，享受朝廷的特殊待遇，世宗对这批人最不放心，所以既要求为宗室成员加官进爵和选择宗室成员中的干才，也要求强化对宗室成员的教化和管治，还要求强化对子辈等的教育。

大定十二年二月，上召诸王府长史谕之曰："朕选汝等，正欲劝导诸王，使之为善。如诸王所为有所未善，当力陈之，尚或不从，则具某日行某事以奏。若阿意不言，朕惟汝罪。"

大定十四年九月，上退朝，谓侍臣曰："朕自在潜邸及践阼以

---

① 《金史》卷7《世宗纪中》，卷8《世宗纪下》。
② 《金史》卷7《世宗纪中》。
③ 《金史》卷8《世宗纪下》。

至于今，于亲属旧知未尝欺心有徇。近御史台奏，枢密使永中尝致书河南统军使完颜仲，托以卖马，朕知而不问。朕之欺心，此一事耳，夙夜思之，其如有疾。"

大定十七年正月，上谓宰臣曰："宗室中年高者，往往未有官称。其先皆有功于国，朕欲稍加以官，使有名位可称，如何？"对曰："亲亲报功，先王之令则。"

大定十九年七月，有司奏拟赵王子石古乃入从，上不从，谓宰相曰："儿辈尚幼，若奉承太过，使侈心滋大，卒难节抑，此不可长。诸儿每入侍，当其语笑娱乐之际，朕必渊默，莅之以严，庶其知朕教戒之意，使常畏慎而寡过也。"①

世宗至上京，闻同签大宗正事（完颜）宗宁不能抚治上京宗室，宗室子往往不事生业。上谓（完颜）宗尹曰："汝察其事，宜惩戒之。"宗尹奏曰："随仕之子，父没不还本土，以此多好游荡。"上命召还。宴宗室于皇武殿，击毬为乐。上曰："赏赐宗室，亦是小惠，又不可一概迁官，欲令诸局分收补，其间人材孰可者？"宗尹对曰："奉国斡准之子按出虎、豫国公昱之曾孙阿鲁可任使。"上曰："度可任何职，更访其余以闻。"诏以按出虎、阿鲁为奉御。②

元人在修《金史》时，对金世宗有如下评价。

世宗之立，虽由劝进，然天命人心之所归，虽古圣贤之君，亦不能辞也。盖自太祖以来，海内用兵，宁岁无几。重以海陵无道，赋役繁兴，盗贼满野，兵甲并起，万姓盼盼，国内骚然，老无留养之丁，幼无顾复之爱，颠危愁困，待尽朝夕。世宗久典外郡，明祸乱之故，知吏治之得失。即位五载，而南北讲好，与民休息。于是躬节俭，崇孝弟，信赏罚，重农桑，慎守令之选，严廉察之责，却任得敬分国之请，拒赵位宠郡县之献，孳孳为治，夜以继日，可谓得为君之道矣。当此之时，群臣守职，上下相安，家给人足，仓廪

---

① 《金史》卷7《世宗纪中》。
② 《金史》卷73《完颜宗尹传》。

有余，刑部岁断死罪，或十七人，或二十人，号称"小尧舜"，此其效验也。然举贤之急，求言之切，不绝于训辞，而群臣偷安苟禄，不能将顺其美，以底大顺，惜哉。①

任得敬是西夏权臣，"分国之请"的详情已见本书第二编。赵位宠是高丽的叛臣，要将高丽四十余城献给金朝，被世宗拒绝。② 世宗之所以被称为"小尧舜"，是因为他确实能用各种善政行为，使金朝保持了稳定和发展的局面，而支撑这些善政行为的，恰是本节所展现的世宗自成系统的善政观念。这样的善政观念，以治道思想为基础，以去旧图新为目标，以纳谏、选贤、崇儒体现君德，以建制立法、规范礼仪、创新学校、科举新规体现文治，以轻徭薄赋体现以民为本，将儒家政治观念较全面地应用于金朝的政治实践，使得女真人创建的国家，转型成为名副其实的中原王朝。世宗着意保留女真旧俗，是在国家转型的大趋势下，维系女真人的特性和尊贵地位，并且在其中也贯入了治道的要求，起的是配合而不是否定善政观念的作用，对这一点应有清醒的认识。

金朝中期出现的由苛政到善政的统治观念嬗变，体现了从反到正的基本政治逻辑。完颜亮将苛政发展到极致，物极必反，金世宗在拨乱反正之后，将善政推向了高潮。一反一正的统治观念嬗变带来治国理政思想的升华，是金朝中期政治思想发展的重点所在，应引起治史者的足够重视。

---

① 《金史》卷8《世宗纪下》。
② 《金史》卷7《世宗纪中》，卷135《高丽传》。

第十一章　金朝中期的辅治观念

金朝中期，无论是完颜亮的苛政观，还是金世宗的善政观，都涉及如何治理国家的核心问题，官员和文人的政治观念，亦与这样的核心问题有着密切的联系，可分述于下。

第一节　主政大臣的政治观念

本书第十章已经列举了完颜亮、金世宗在位时主政大臣的各种言论，本节则对主要宰执的政治观念略作概括和补充。

一　完颜亮苛政下主政大臣的不同态度

完颜亮在位时的宰执，除了即位初年因参与"弑君"被处死的完颜秉德、唐括辩和被诬陷有罪的完颜宗义等人外，面对君主的苛政行为，持的是谏诤、自保、圆滑、忧惧、阿附、妄为等不同态度，可分述于下。

（一）耨碗温敦思忠、萧玉、耶律安礼的谏诤态度

耨碗温敦思忠（1089—1161 年），本名乙剌补，女真人，太祖、太宗、熙宗三朝都被重用，完颜亮即位后任至尚书令，因谏言不宜伐宋遭完颜亮冷遇。耨碗温敦思忠不管完颜亮是否高兴，在致仕后还是直指完颜亮的作为严重失误。

> 海陵（完颜亮）既不用思忠言，运四方甲仗于中都。思忠曰："州郡无兵，何以备盗贼？"海陵尽籍丁壮为兵，思忠曰："山后契

丹诸部，恐未可尽起。"皆不听。其后，州郡盗起，守令不能制。契丹撒八、窝斡果反，期年乃克之。①

需要注意的是，耨碗温敦思忠亦有构陷他人的表现，并且诬杀了重臣乌林答赞谋。

> 海陵篡立，海陵后徒单氏，斜也（徒单恭）女，由是复用为会宁牧，封王。未几，拜平章政事。海陵猎于胡剌浑水，斜也编列围场，凡平日不相能者辄杖之。海陵谓宰相曰："斜也为相，朕非私之。今闻军国大事凡斜也所言，卿等一无取，岂千虑无一得乎？"他宰相无以对，（耨碗）温都思忠举数事对曰："某事本当如此，斜也辄以为如彼，皆妄生异议，不达事宜。臣逮事康宗，累朝宰相未尝有如斜也专恣者。"海陵默然。②

> 海陵遣使就行台杀（完颜）秉德，并杀前行台参知政事乌林答赞谋。赞谋妻，秉德乳母也。初，赞谋与前行台左丞（耨碗）温敦思忠同在行台，思忠黩货无厌，赞谋薄之，由是有隙，故思忠乘是并诬赞谋及其子，杀之。赞谋不肯跪受刑，行刑者立而缢杀之。海陵以赞谋家财奴婢尽赐思忠。③

恰是因为耨碗温敦思忠的不良作为，使得后人对他评价极差："乌林答赞谋廉直自奋，思忠挤之于死，自谓固结海陵，坚若金石，岂意执议不合而遽弃耶。始之不以道，未有能终者也。且思忠之最可罪者，构害赞谋，又纳其室而敚其赀，此何异于杀越人于货者乎。"④ 也就是说，耨碗温敦思忠对朝政大局有较清醒的认识，表现的是谏诤观念；而诬杀大臣则是小人行径，所起的只能是助长完颜亮苛政的作用。

萧玉，生卒年不详，奚人，完颜亮在位时任至右丞相，曾公开表达不宜攻宋的意见，被完颜亮杖责。萧玉和宰臣还因刑讯不当被杖责，完

---

① 《金史》卷84《耨碗温敦思忠传》。
② 《金史》卷120《徒单恭传》。
③ 《金史》卷132《完颜秉德传》。
④ 《金史》卷84《耨碗温敦思忠传》。

颜亮亦因此有一番说教。

> 文思署令阎拱与太子詹事张安妻坐奸事，狱具，不应讯而讯之。海陵怒，（萧）玉与左丞蔡松年、右丞耶律安礼、御史中丞马讽决杖有差。玉等入谢罪，海陵曰："为人臣以己意爱憎，妄作威福，使人畏之。如唐魏征、狄仁杰、姚崇、宋璟，岂肯立威使人畏哉，杨国忠之徒乃立威使人畏耳。"顾谓左司郎中吾带、右司郎中梁銶曰："往者德宗为相，萧斛律为左司郎中，赵德恭为右司郎中，除吏议法，多用己意。汝等能不以己意爱憎为予夺轻重，不亦善乎。朕信任汝等，有过则决责之，亦非得已。古者大臣有罪，贬谪数千里外，往来疲于奔走，有死道路者。朕则不然，有过则杖之，已杖则任之如初。如有不可恕，或处之死，亦未可知。汝等自勉。"①

正是因为萧玉有过谏诤的行为，金世宗即位后仍被留用，详情已见前述。

耶律安礼，生卒年不详，本名纳合，契丹人，完颜亮即位后任尚书右丞、左丞，因"密谏伐江南"，于正隆四年十一月被完颜亮贬为南京留守。耶律安礼"长于吏事，廉谨自将，从帅府再伐宋，宝货人口一无所取。贵为执政，奴婢止数人，皆有契券，时议贤之"。所以后人评价："耶律安礼位不及张浩，进退始终，其贤远矣。"② 也就是说，既要高度肯定耶律安礼的谏诤态度，也要注重他的廉政行为。

（二）完颜衮、完颜昂、萧裕的自保态度

完颜衮（？—1152 年），本名梧桐，完颜亮之弟，完颜亮即位后以司徒兼都元帅，领三省事，与萧裕并在相位，"以裕多自用，颇防闲之"，萧裕亦经常提醒完颜亮防备完颜衮。完颜衮以亲族助掌朝政，不像萧裕那样有非分之想，善于自保，所以能够得以善终。③

完颜昂（1100—1163 年），本名奔睹，女真皇室后裔，完颜亮即位后以军功任枢密使，左丞相耨碗温敦思忠致仕后任左丞相，"纵饮沉

---

① 《金史》卷 76《萧玉传》。
② 《金史》卷 5《海陵纪》，卷 83《耶律安礼传》。
③ 《金史》卷 76《完颜衮传》，卷 129《萧裕传》。

酣，辄数日不醒，海陵闻之，常面戒不令饮，得闻辄饮如故"。完颜昂行为亦颇为怪异，曾因"去衣杖其弟妇"被完颜亮责罚。金世宗即位后，完颜昂向其妻子大氏（完颜亮姐）说明了嗜酒避祸的缘由："吾本非嗜酒者，但向时不以酒自晦，则汝弟杀我久矣。今遭遇明时，正当自爱，是以不饮。"① 也就是说，越是被委以要职，完颜昂越注重的是在暴君下的自保之道。

萧裕（？—1154年），本名遥折，奚人，曾为完颜亮的心腹之臣，助完颜亮登基并任至右丞相，"任职用事颇专恣，威福在己，势倾朝廷，海陵倚信之，他相仰成而已"，但最终因谋立契丹皇族后裔为皇帝被处死。谋反的起因，就是萧裕明言已经被君主所猜疑。

> 海陵使宰相问裕，裕即款伏。海陵甚惊愕，犹未能尽信，引见裕，亲问之。裕曰："大丈夫所为，事至此又岂可讳。"海陵复问曰："汝何怨于朕而作此事？"裕曰："陛下凡事皆与臣议，及除（萧）祚（萧裕弟，被完颜亮由左副点检贬为益都尹）等乃不令臣知之。领省国王每事谓臣专权，颇有提防，恐是得陛下旨意。陛下与唐括辩及臣约同生死，辩以强忍果敢致之死地，臣皆知之，恐不得死所，以此谋反，幸苟免耳。太宗子孙无罪，皆死臣手，臣之死亦晚矣。"海陵复谓裕曰："朕为天子，若于汝有疑，虽汝弟辈在朝，岂不能施行，以此疑我，汝实错误。太宗诸子岂独在汝，朕为国家计也。"又谓之曰："自来与汝相好，虽有此罪，贷汝性命，惟不得作宰相，令汝终身守汝祖先坟垅。"裕曰："臣子既犯如此罪逆，何面目见天下人，但愿绞死，以戒其余不忠者。"海陵遂以刀刺左臂，取血涂裕面，谓之曰："汝死之后，当知朕本无疑汝心。"裕曰："久蒙陛下非常眷遇，仰恋徒切，自知错缪，虽悔何及。"海陵哭送裕出门，杀之。②

萧裕位高权重，更要注重自保，只是用拥立他人为帝的方法自保，过于极端而已。

---

① 《金史》卷5《海陵纪》，卷84《完颜昂传》。
② 《金史》卷129《萧裕传》。

（三）张浩等人的圆滑态度

张浩（？—1163 年），字浩然，辽阳渤海（今属辽宁）人，金太祖在位时任承应御前文字之职，金太宗在位时"管勾御前文字"，参与东京宫殿的营建和初定朝仪事项。金熙宗即位后，因田瑴案"台省一空"，特以张浩行六部事，"簿书丛委，决遣无留，人服其才"。

张浩亦曾任职地方，尤其是任平阳尹时政绩突出，留下了以下记载。

> 平阳多盗，临汾男子夜掠人妇，（张）浩捕得，榜杀之，盗遂衰息。近郊有淫祠，郡人颇事之，庙祝、田主争香火之利，累年不决。浩撤其祠屋，投其像水中，强宗黠吏屏迹，莫敢犯者，郡中大治。乃缮葺尧帝祠，作击壤遗风亭。

完颜亮重用张浩，仕至左丞相、中书令，张浩助完颜亮修建中都、汴京，但只敢委婉地劝告完颜亮不要伐宋。金世宗即位后，张浩率完颜亮旧臣归附，依然被委以相职，不久致仕，但仍上言不能废除科举。[①]对于曾服侍过五朝皇帝的这位老臣，金世宗特别向其子张汝霖表示："如汝父浩，于事明敏少有及者，但临事多徇，若无此过，则诚难得之贤相也。"[②]也就是说，张浩确实是一个能臣，但是颇为圆滑，所以才能成为金朝历史上罕见的政治"不倒翁"。

不作为也是政治圆滑的重要表现，完颜亮在位时不作为的宰执，还有张中孚、李德固、耶律恕、刘长言等人。

张中孚，生卒年不详，字信甫，由宋入金，以镇洮军节度使知渭州，兼泾原路经略安抚使，有减税安民的重要举动。

> 齐国建，以什一法括民田，籍丁壮为乡军。（张）中孚以为泾原地瘠无良田，且保甲之法行之已习，今遽纷更，人必逃徙，只见其害，未见其利也，竟执不行。时齐政甚急，莫敢违，人为中孚惧，而中孚不之顾。未几齐国废，一路独免掊克之患。

---

① 《金史》卷 83《张浩传》。
② 《金史》卷 97《张亨传》。

完颜亮即位后，张中孚历任参知政事、尚书左丞等职，后被罢为南京留守，未再见突出的政绩表现。①

李德固（？—1153年），金熙宗天眷元年以御前管勾契丹文字升任参知政事，皇统八年九月升为尚书右丞。完颜亮即位后，降为咸平尹，天德四年十一月任平章政事，贞元元年授以司空称号。② 李德固无政绩可言，所以金世宗在李德固孙李引庆要求承袭其猛安之职时曾明言："德固无功，其猛安且阙之。"③

耶律恕（1089—1157年），本名耨里，字忠厚，契丹人，"喜读书，通契丹大小字"，完颜亮即位后曾明确表达君子无党的观点，贞元元年六月以安国军节度使升任参知政事，次年七月因病改任兴中尹，正隆元年致仕。④

刘长言，生卒年不详，字宣叔，东平（今属山东）人，由宋入金，完颜亮在位时任翰林学士，天德三年奉命出使宋朝，致仕后又于正隆五年三月复起为尚书右丞，当年十一月即罢职。⑤ 从刘长言留下的诗作看，他更向往的是赋闲生活。

> （通叔以诗送古镜为长言生日之寿，次韵谢之）彩衣禄隐非臞仙，犹有向来文字缘。都城一别两岁晚，寄声劳苦常相先。人间始生俗礼重，而我永感方颓然。远凭诗句致奇物，欲挽暮景回虞渊。规摹九寸函大方，古制不作菱花妍。开奁拂拭愧陋质，但喜虹气浮晴天。夫君久要心不迁，期与铁杖论清坚。保身赖此孤月圆，明年上印归行田。⑥

张晖，生卒年不详，本名赤盏晖，字仲明，贞元二年由河南统军使升任尚书右丞，次年二月升平章政事，正隆元年正月降为兴平军节度使，并不再设平章政事一职。正隆三年十二月，张晖又以枢密副使改任尚书左丞，次年四月罢职。在地方任职时，张晖曾有"营建学舍，劝

---

① 《金史》卷79《张中孚传》。
② 《金史》卷4《熙宗纪》，卷5《海陵纪》。
③ 《金史》卷78《韩企先传》。
④ 《金史》卷5《海陵纪》，卷82《耶律恕传》。
⑤ 《金史》卷5《海陵纪》；《中州集》卷9《刘长言小传》。
⑥ 刘长言：《古镜》，《中州集》卷9。

督生徒”的善举。金世宗即位后，因其以前的军功被表彰为功臣。[①]

（四）刘筈的忧惧态度

刘筈，生卒年不详，刘彦宗次子，赐进士出身，太祖、太宗朝历任殿中少监、太常少卿等职，金熙宗在位时任左宣徽使等职，“法驾仪仗，筈讨论者为多”，升任行台尚书右丞相后，对选官、驻军等都有建言，并被熙宗所采纳。

> 或请厘革河南官吏之滥杂者，（刘）筈曰：“废齐用兵江表，求一切近效，其所用人不必皆以章程，故有不由科目而为大吏，不试弓马而握兵柄者。今抚定未久，姑收人心，奈何为是纷更也。”遂仍其旧。

> 帅府议于馆陶筑三城，以为有警即令北军入居之。筈曰：“今天下一家，孰为南北。设或有变，军人入城，独能安耶。当严武备以察奸，无示彼此之间也。”其后，竟从筈议。

> 陕西边帅请完沿边城郭以备南寇，筈曰：“我利车骑而不利城守。今城之，则劳民而结怨。况盟已定，岂可妄动。”遂罢之。

完颜亮即位后，刘筈以尚书右丞相兼中书令，但不久即被罢为燕京留守，与张浩等人共建中都城，后因被完颜亮鄙视，忧惧而死。

> 筈自为宣徽使，以能得悼后意，致位宰相。海陵即位，意颇鄙之。及筈求致仕，诏略曰：“不为暗于临事，不为谄于事君，未许告归，姑从解职。”筈因惭惧而死。[②]

刘筈秉承其父的风格，也算是一位能臣，并能注意到随形势变化而改变统治风格的问题，但是曾经的投机，确实成为他的重大政治污点。

（五）大㚖、敬嗣晖、李通的阿附态度

大㚖（1088—1155 年），本名挞不野，渤海人，降金后战功卓著，

---

① 《金史》卷5《海陵纪》，卷80《赤盏晖传》《完颜阿离补传》。
② 《金史》卷78《刘筈传》。

完颜亮即位后任尚书右丞相，后以太傅领三省事，死于任上。大㚟对完颜亮的最重要贡献，就是监视并除掉了左副元帅完颜皋（撒离喝）："海陵疑左副元帅撒离喝，以为行台左丞相，使㚟伺察之，诏军事不令撒离喝与闻。撒离喝不知海陵意旨，每与㚟争军事不能得，遂与㚟有隙，海陵竟杀撒离喝。"①

敬嗣晖（？—1170年），字唐臣，易州（今属河北）人，天眷二年进士，正隆四年七月由左宣徽使升任参知政事，议论朝政时多阿附君主和奸臣、佞臣的看法，金世宗即位后既指出了其"阿顺"的毛病，亦仍以其为宰执。②

李通（？—1161年），"以便辟侧媚得幸于海陵"，正隆三年由吏部尚书升任参知政事，正隆六年二月升尚书右丞，后与完颜亮一起被叛军所杀。

李通除了阿谀奉承完颜亮外，亦有酷吏的特质。他之所以能够晋升右丞，就是催办军需有功，完颜亮为此特别表示："卿典领缮完兵械，今已毕功，朕嘉卿忠谨，故有是命，俟江南事毕，别当旌赏。"李通还以雷霆手段完成了新造战船的任务："梁山泺水涸，先造战船不得进，乃命通更造战船，督责苛急，将士七八日夜不得休息，坏城中民居以为材木，煮死人膏为油用之。"完颜亮面临进退两难境地时，李通还建言："陛下亲师深入异境，无功而还，若众散于前，敌乘于后，非万全计。若留兵渡江，车驾北还，诸将亦将解体。今燕北诸军近辽阳者恐有异志，宜先发兵渡江，敛舟焚之，绝其归望。然后陛下北还，南北皆指日而定矣。"这样的建议，将完颜亮带入了死路。③

李通不仅是佞臣，也是贪黩之臣，曾与左企功之子左渊勾结，疯狂敛财："渊贪鄙，三任漕事，务以钱谷自营。在中都凡八年，不求迁，与李通、许霖交关贿赂，诡纳漕司诸物，规取财利。"④ 贪与佞的结合，恰是李通这类阿附之臣的本质特征。

（六）徒单恭、纳合椿年等人的恣意妄为态度

徒单恭（？—1154年），本名斜也，女真人，其女为完颜亮皇后，

---

① 《金史》卷80《大㚟传》，卷84《完颜皋传》。
② 《金史》卷5《海陵纪》，卷91《敬嗣晖传》。
③ 《金史》卷5《海陵纪》，卷129《李通传》。
④ 《金史》卷75《左渊传》。

以外戚入为宰执，尽管劣迹斑斑，罢职又复职，最终以太保领三省事病逝。①

纳合椿年（？—1157 年），本名乌野，女真人，幼年被选入学女真字，完颜亮在位时任参知政事等职。纳合椿年虽然是个干才，但是贪财，正如后人所记："椿年有宰相才，好推挽士类，然颇营产业，为子孙虑。冒占西南路官田八百余顷。大定中，括检田土，百姓陈言官豪占据官地，贫民不得耕种。（耨碗）温都思忠子长寿、椿年子猛安参谋合等三十余家凡冒占三千余顷。诏诸家除牛头税地各再给十顷，其余尽赋贫民种佃，世颇以此讥椿年云。"②

刘萼，生卒年不详，刘彦宗季子，刘筈弟，完颜亮即位后，于贞元元年三月由左宣徽使升任平章政事，贞元三年二月升尚书左丞，正隆元年正月升尚书右丞，后罢为太原尹。金世宗即位后，刘萼任济南尹，"淫纵无行，所至贪墨狼藉"，大定十二年被鞫问，自杀不死，被罢官。③

萧赜（？—1161 年），贞元二年九月由吏部尚书升任参知政事，后升右丞，正隆元年正月罢为北京留守，正隆六年八月因讨伐契丹各部叛乱时"不能制其下，杀降人而取其妇人"，被完颜亮处死。④

仆散师恭（？—1161 年），又译仆散思恭，本名忽土，女真人，助完颜亮弑君即位，历任殿前都点检、枢密副使、枢密使、右丞相兼中书令等职，正隆六年八月因讨伐契丹各部叛乱时"逗留不即追贼"，被完颜亮处死。仆散师恭被杀，一方面是因为他曾参与谋杀行为，必杀之才能灭口；另一方面，仆散师恭"尝与海陵篡立，恃势陵傲同列"，并且纵容手下"牟利于市"，杀了也可以稍平众怒。⑤

完颜亮在位时出任宰执的还有蔡松年、张通古、刘麟（刘豫子），其政治观念已见前述，无须赘述。

尤需注意的是，面对君主的苛政，朝廷重臣的不同政治态度所起作用不同。谏净起的是对抗或阻遏苛政的作用，自保、圆滑、忧惧起的是

① 《金史》卷 120《徒单恭传》。
② 《金史》卷 83《纳合椿年传》。
③ 《金史》卷 5《海陵纪》，卷 7《世宗纪中》，卷 78《刘萼传》。
④ 《金史》卷 5《海陵纪》，卷 133《移剌窝斡传》。
⑤ 《金史》卷 5《海陵纪》，卷 87《仆散忠义传》，卷 128《刘焕传》，卷 132《仆散师恭传》。

向苛政妥协并在一定程度上助长苛政的作用，阿附、妄为起的则是强化苛政和添乱的作用。对此有所了解，才能全面认识完颜亮在位时的政治思想状况。

二　金世宗善政下主政大臣的辅政观念

金世宗在位时宰执的任职和参与朝政情况，在本书第十章已经有详细说明，此处只概述主要宰执所表现的忠勤、敢为、谏诤、顺从四种观念。

（一）仆散忠义、纥石烈良弼等人的忠勤观

仆散忠义（？—1166年），本名乌者，女真人，金世宗即位因助成之功升任宰执，被后人视为良臣："忠义动由礼义，谦以接下，敬儒士，与人极和易，侃侃如也。善御将士，能得其死力。及为宰辅，知无不言。自汉、唐以来，外家多缘恩戚以致富贵，又多不克其终，未有兼任将相功名始终如忠义者。"①

纥石烈志宁（？—1172年），本名撒曷辇，上京人，金世宗即位后因助成之功升任宰辅，被世宗誉为"丞相有大功三"，并明确表示："志宁临敌，身先士卒，勇敢之气，自太师梁王未有如此人者也。"②

纥石烈良弼（1119—1178年），本名娄室，幼年入学，学习女真字，完颜亮在位时任刑部尚书、参知政事、右丞、左丞等职，谏言不宜伐宋，未被完颜亮采纳，但亦未遭责罚，因为完颜亮认为纥石烈良弼"言行端正，无所阿谀"。金世宗即位后，纥石烈良弼任宰辅多年，建言涉及荐举、官制、田制、礼仪、赈济等方面，多被世宗采纳。纥石烈良弼还特别注重为朝廷选择贤才，正如金世宗所言："丞相良弼拟注差除，未尝苟与不当得者，而荐举往往得人。粘割斡特剌、移剌綎、裴满余庆，皆其所举。至于私门请托，绝然无之。"纥石烈良弼年老致仕时，亦表现出了忠心事君的态度。

（大定）十八年，（纥石烈良弼）表乞致仕归田里，上（金世宗）遣使慰谕之曰："卿比以疾在告，朕甚忧之。今闻卿将往西京养疾，彼中风土，非老疾所宜。京师中倦于人事，若就近都佳郡居

---

① 《金史》卷87《仆散忠义传》。
② 《金史》卷87《纥石烈志宁传》。

处，待疾少间，速令朕知之。"良弼奏曰："臣遭遇圣明，滥膺大任，夙夜忧惧，以至成疾。比蒙圣恩，数遣使存问，赐以医药，臣之苟活至今，皆陛下之赐也。臣岂敢望到乡里，便可愈疾。臣去乡岁久，亲识多已亡没，惟老臣独在，乡土之恋，诚不能忘。臣窃惟自来人臣受知人主，无逾臣者，臣虽粉骨碎身无以图报。若使一还乡社，得见亲旧，则死无恨矣。"

对于纥石烈良弼的作为，元人在修《金史》时给予了高度的评价："良弼性聪敏忠正，善断决，言论器识出人意表。虽起寒素，致位宰相，朝夕惕惕尽心于国，谋虑深远，荐举人材，常若不及。居家清俭，亲旧贫乏者周给之，与人交久而愈敬。居位几二十年，以成太平之功，号贤相焉。"[1]

徒单克宁（？—1190年），本名习显，女真人，完颜希尹外甥，通女真字和契丹字，金世宗即位后擢为宰执，并被指定为辅佐章宗的主要顾命大臣。徒单克宁执政注重的是"持正守大体"，重点是择用贤者和保持朝政的良政取向，并特别在意维护皇太子、皇太孙的地位。徒单克宁去世前，曾给金章宗留下一份遗表，强调了君主善用人的要求："人君往往重君子而反疏之，轻小人而终昵之。愿陛下慎终如始，安不忘危，而言不及私。"元人在修《金史》时，对徒单克宁有以下评价。

> 徒单克宁可谓大臣矣，功高而身愈下，位盛而心愈劳。《经》曰"在上不骄，高而不危，制节谨度，满而不溢"，所以长守富贵。故曰忠信匪懈，不施其功，履盛满而不忘，德之上也。孜孜勉勉，恪守职业，不居不可成，不事不可行，人主知之，次也。谏期必行，言期必听，为其事必有其功者，又其次也。[2]

仆散忠义、纥石烈志宁、纥石烈良弼和徒单克宁都是既有忠勤的为政观念，又有忠勤的具体行为，起到了引领朝政风气的重要作用。

（二）李石、完颜守道等人的敢为观

李石（？—1176年），字子坚，辽阳（今属辽宁）人，金世宗的重

---

[1] 《金史》卷88《纥石烈良弼传》。
[2] 《金史》卷92《徒单克宁传》。

要谋臣，既为宰执，又曾掌管监察机构多年，议论朝政时偏于保守，弹劾贪污之臣时则颇为激烈，要尽诛天下奸污之人。元人修《金史》时，对李石给出的是兼有能、贤、俭、贪的"多面人"评价。

> 石以勋戚，久处腹心之寄，内廷献替，外罕得闻。观其劾奏徒单子温退答宰臣之问，气岸宜有不能堪者。时论得失半之，亦岂以是耶。旧史载其少贫，贞懿后周之，不受，曰："国家方急用人，正宜自勉，何患乎贫。"后感泣曰："汝苟能此，吾复何忧。"及中年，以冒粟见斥，众讥贪鄙，如出二人。史又称其未贵，人有慢之者，及为相，其人以事见石，惶恐。石曰："吾岂念旧恶者。"待之弥厚，能为长者言如是，又与他日气岸迥殊。①

完颜守道（1120—1193 年），本名习尼列，完颜希尹之孙，金世宗即位后以"勤恪清廉"被擢升为宰执，在用人、赋税、赈济等方面有所建言，亦可称为能臣，② 但是在约束家人方面，曾被世宗斥责。

> 大定十九年，（完颜守道之弟完颜守能）为西北路招讨使。是时，诏徙窝斡余党于临潢、泰州。押剌民列尝从窝斡，其弟闻敌也当徙，伪称身亡，以马赂守能，固匿不遣。及受赇补赛也蕃部通事，事觉。是时，乌古里石垒部族节度副使奚沙阿补杖杀无罪镇边猛安，尚书省俱奏其事。上（金世宗）曰："守能由刺史超擢至此，敢恣贪墨。向者招讨司官多进良马、橐驼、鹰鹘等物，盖假此以率敛尔，自今并罢之。"因责其兄守道曰："守能自刺史躐迁招讨，外官之尊，无以逾此。前招讨哲典以贪墨伏诛，守能岂不知，乃敢如此，其意安在。尔之亲弟，何不先训戒之也。"③

苏保衡（1111—1167 年），字宗尹，云中天成（今属山西）人，赐进士出身，完颜亮在位时得到重用，金世宗即位后之所以被留用并升为宰辅，是因为他既能安抚百姓，亦能察廉纠贪，"保衡行户部于关

---

①　《金史》卷 86《李石传》。

②　《金史》卷 88《完颜守道传》。

③　《金史》卷 73《完颜守能传》。

中，兼纠察，许以便宜，黜守令不法者十余人。邠守傅慎微忤用事者，被谗构下狱且死，保衡力救之得免"①。

唐括安礼（？—1181年），本名斡鲁古，字子敬，"好学，通经史，工词章，知为政大体"。金世宗即位后，以唐括安礼为大兴尹，并告诫他："京师好讹言，府中奸吏为民患。卿虽年少，有治才，去其宿弊，毋为因仍。"唐括安礼未辜负世宗的期望，不仅察廉入第一等，还取得了"大兴府狱空"的政绩。被擢升为宰辅后，唐括安礼的建言主要针对边事、女真户安置、刑律、监察、科举等事宜，充分发挥了能臣的作用。②唐括安礼亦能注重选拔新人，金朝后期名臣董师中就是他所看中的人才。③

乌古论元忠（？—1197年），本名讹里也，女真人，金世宗姻亲，任宰执后赞成以策论取进士，曾劝世宗不要巡幸上京。世宗到上京后，乌古论元忠又进言："鸾舆驻此已阅岁，仓储日少，市买渐贵，禁卫暨诸局署多逃者，有司捕置诸法，恐伤陛下仁爱。"这样的进言虽然被世宗所重视，但是结束上京之行的主因是皇太子病逝，世宗不得不迅速返回中都。乌古论元忠作为皇室姻亲，"怙宠自任，倨慢朝士"，所以在其卸任宰执出任北京留守时世宗特别强调："汝强悍自用，颛权而结近密。汝心叵测，其速之官。"但是对于这位能臣，世宗最终还是给出了"刚直敢言，义不顾身"的评价。④

金世宗推行善政，需要能臣的帮助，所以如李石、乌古论元忠等行为有所瑕疵的人，既要用其才，也要不时给予敲打，以免走上恃权乱为的邪路。

（三）完颜宗宪、石琚、梁肃等人的谏诤观

完颜宗宪（1108—1166年），本名阿懒，功臣完颜撒改之子，十六岁入学，学习女真字，兼通契丹文和汉字，曾力倡为完颜希尹平反，并反对将河南等地交还宋朝。金世宗即位后，完颜宗宪被提拔为宰执，曾率群臣上表为世宗上尊号，并受命教导皇太子。完颜宗宪还曾劝止金世宗任命贪污之人。

---

① 《金史》卷89《苏保衡传》，卷128《傅慎微传》。
② 《金史》卷88《唐括安礼传》。
③ 《金史》卷95《董师中传》。
④ 《金史》卷84《张景仁传》，卷120《乌古论元忠传》。

移剌高山奴前为宁州刺史，以贪污免，世宗以功臣子孙宗族中无显仕者，以为秘书少监。是时，母丧未除，有司奏其事，宗宪曰："高山奴傲狠贪墨，不可致之左右。"世宗曰："朕以其父祖有功耳，既为人如此，岂可玷职位哉。"追还制命，因顾右丞苏保衡、参政石琚曰："此朕之过举，不可不改，卿等当尽心以辅朕也。"①

完颜思敬（？—1173 年），又名完颜思恭，本名撒改，功臣完颜神土懑之子，金世宗即位后任宰执，就女真人任官、授田以及开设女真进士科等所提建议，均被世宗采纳。由于完颜思敬入仕金熙宗、完颜亮、金世宗三朝，世宗命其参与修《熙宗实录》，完颜思敬借机发表了自己的治国观点。

上（金世宗）谓思敬曰："朕欲修《熙宗实录》，卿尝为侍从，必能记其事迹。"对曰："熙宗时，内外皆得人，风雨时，年谷丰，盗贼息，百姓安，此其大概也，何必余事。"上大悦。世宗喜立事，故其微谏如此。②

金世宗亦特别注意维护官场的尊卑关系，并由此涉及与完颜思敬不和的人。

（尼庞古）钞兀与完颜思敬有隙，思敬为北京留守，奉诏至招讨司，钞兀不出饯。世宗闻之，遣使切责之曰："卿本大臬扎也，起身细微，受国厚恩，累历重任，乃以私憾，不饯诏使。当内省自讼，后勿复尔，朕不能再三曲恕汝也。"既而思敬为平章政事，东北路招讨使钞兀以私取诸部进马，事觉被逮，将赴京师。钞兀为人尚气，次海滨县，慨然曰："吾岂能为思敬辱哉。"遂缢而死。③

---

① 《金史》卷70《完颜宗宪传》。
② 《金史》卷70《完颜思敬传》。
③ 《金史》卷86《尼庞古钞兀传》。

　　孟浩（？—1173年），字浩然，辽朝进士，金熙宗时因田穀案被贬，金世宗即位后被召回，提升为宰执，世宗还明确表示："卿年虽老，精神不衰，善治军民，毋遽言退。"孟浩坚持儒家治国理念，不仅要求君主俭朴，在选择高丽国王时亦强调："当询彼国士民，果皆推服，即当遣使封册。"金世宗则表示："封一国之君询于民众，此与除拜猛安谋克何异。"世宗知道内外有别，所以并未采纳孟浩的意见。①

　　石琚（1111—1182年），字子美，定州（今属河北）人，天眷二年进士，初任官职即显现出与他人的不同："调弘政、邢台县令，邢守贪暴属县，掊取民财，以奉所欲，琚独一物无所与。既而守以赃败，他令佐皆坐累，琚以廉办，改秀容令。"② 石琚任吏部侍郎时，同乡刘焕因出任中都市令来谢，石琚即明确表示："京师浩穰，不与外郡同，弃简就繁，吾所不晓也。"③ 金世宗即位后，石琚升任宰辅，就官制、礼仪、钱币、宗室等问题多有建言，并有匡正朝政的"六事"上疏，体现的都是谏诤观念。石琚是世宗朝唯一的汉人丞相，尤善识人、荐人，李偲、焦旭、杨伯雄等人都是他看中的人才。④ "石琚为相，君臣之间务行宽厚"⑤，金世宗也确实给予石琚特殊待遇，并在他的提醒下未以立皇后而动摇皇太孙的地位。

　　　金世内燕，惟亲王、公主、驸马得与，世宗一日特召（石）琚入，诸王以下窃语，心盖易之。世宗觉之，即语之曰："使我父子家人辈得安然无事，而有今日之乐者，此人力也。"乃历举近事数十显著为时所知者以晓之，皆俯伏谢罪。君臣相知如此，有不竭忠者乎。

　　　大定末，世宗将立元妃为后，以问琚，琚屏左右曰："元妃之立，本无异辞，如东宫何？"世宗愕然曰："何谓也？"琚曰："元妃自有子，元妃立，东宫摇矣。"世宗悟而止。⑥

---

① 《金史》卷89《孟浩传》，卷135《高丽传》。
② 《金史》卷88《石琚传》。
③ 《金史》卷128《刘焕传》。
④ 《金史》卷92《李偲传》，卷97《焦旭传》，卷105《杨伯雄传》。
⑤ 《金史》卷109《许古传》。
⑥ 《金史》卷88《石琚传》。

梁肃（？—1188 年），字孟容，奉圣州（今属河北）人，天眷二年进士，在金世宗任命的宰执中，是建言较多的人，所言涉及官制、财用、治河、监察、刑罚等方面。金世宗最初曾认为"曹望之、梁肃急于见知，涉于躁进"，但是在他致仕时，世宗则表示："梁肃知无不言，正人也。卿等知而不言，朕实鄙之。虽然，肃老矣，宜从其请。"①

魏子平（？—1186 年），字仲均，弘州（今属河北）人，进士，金世宗即位后升任宰执，除了就税法、荐举提出建议外，在对宋关系即边备方面亦有独到见解。

> 上（金世宗）又问曰："戍卒逋亡物故，今按物力高者补之，可乎？"（魏子平）对曰："富家子弟駸懦不可用，守戍岁时求索无厌，家产随坏。若按物力多寡赋之，募材勇骑射之士，不足则调兵家子弟补之，庶几官收实用，人无失职之患。"上从之。
>
> 海州捕贼八十余人，贼首海州人，其兄今为宋之军官。上闻之，谓宰相曰："宋之和好，恐不能久，其宿、泗间汉军，以女直军代之。"子平曰："誓书称沿边州城，除自来合设置射粮军数并巡尉外，更不得屯军守戍。"上曰："此更代之，非增戍也。"
>
> 宋人于襄阳汉江上造舟为浮梁三，南京统军司闻而奏之，上问宰臣曰："卿等度之，以为何如？"子平曰："臣闻襄阳薪刍，皆于江北取之，殆为此也。"（完颜）宗叙言："得边报及宋来归者言，宋国调兵募民，运粮饷，完城郭，造战船浮桥，兵马移屯江北。自和议后即罢制置司，今复置矣。商、虢、海州皆有奸人出没，此不可不备。尝报枢密院，彼视以为文移，故欲入见言之。"（粘割）斡特刺召凡言边事者诘问，皆无实状，行至境上，问知襄阳浮桥乃樵采之路，如子平策。还奏，诏凡妄说边关兵事者徒二年，告人得实，赏钱五百贯。②

程辉（1114—1196 年），字日新，蔚州灵仙（今属山西）人，皇统二年进士，出任参知政事后除在礼仪方面有所建议外，还重点关注了监察方面的问题。

---

① 《金史》卷 89《梁肃传》。
② 《金史》卷 89《魏子平传》。

世宗谓宰臣曰："（刘）玑为人何如？"参知政事程辉曰："玑执强跋扈，尝追济南府官钱，以至委曲生意而害及平民。"上曰："朕闻玑在北京，凡奴隶诉良，不问契券真伪，辄放为良，意欲徼福于冥冥，则在己之奴何为不放。"又曰："玑放朕之家奴，意欲以此邀福，存心若是，不宜再用。"①

会有司市面不时酬直，世宗怒监察不举劾，杖责之。以问（程）辉，辉对曰："监察，君之耳目。所犯罪轻，不赎而杖，亦一时之怒也。"世宗曰："职事不举，是故犯也，杖之何不可。"辉对曰："往者不可谏，来者犹可追。"

程辉致仕后，又受命主掌河南府，并被授予了不兼管河防的特权。

（大定）二十六年，（程辉）以老致仕。次年，复起知河南府事，辉辞以衰老不任，召入香阁，谕之曰："卿年老而精力尚强，虽久历外，未尝得嘉郡。河南地胜事简，故以处卿，卿可优游颐养。"辉曰："臣犹老马也，刍豆待养，岂可责以筋力。向者南京宫殿火，非圣恩宽贷，臣死久矣。今河之径河南境上下千余里，河防之责视彼尤重，此臣所以忧不任也。"于是特诏不预河事。②

金世宗注重纳谏，使臣僚的谏诤观念变成了常态化的谏诤行为，完颜宗宪、石琚、梁肃、魏子平、程辉等人亦由此成为敢于直言的代表性人物。

（四）移剌道、张汝霖等人的顺从观

移剌道（？—1184 年），本名赵三，契丹人，通女真字、契丹字、汉字，由吏入官，任职于礼部、工部、刑部、户部，任户部尚书时，金世宗特别对他说："朕初即位，卿为户部员外郎，闻卿孳孳为善，进卿郎中，果有可称。及贰京尹，亦能善治。户部经治国用，卿其勉之。"擢升宰执后，移剌道请求致仕，世宗又表示："卿孝于家，忠于朕，通

① 《金史》卷97《刘玑传》。
② 《金史》卷95《程辉传》。

习法令政事，虽逾六十，心力未衰，未可退也。"数年后移剌道由平章政事改为咸平尹，世宗则强调："卿数年前尝乞致仕，朕不许卿。卿今老矣，咸平卿故乡，地凉事少，老者所宜。""咸平自窝斡乱后，民业尚未复旧，朕听卿归乡里，所以安辑一境也。"①移剌道就朝政所发议论，主旨是顺从世宗的旨意，很少有自己的独到见解。

完颜宗尹（？—1188年），又名完颜崇尹，本名阿里罕，宗室后裔，世宗朝位列宰执，以治家严密受到世宗褒奖，并就钱币、赈济等提过建议。完颜宗尹致仕后，世宗表示："朕欲留卿，时相从游。"完颜宗尹则回应："臣岂不欲在此，但余闲之年，犹在辇下，恐圣主心困耳。既哀老臣不忍摈弃，时时得瞻望天颜，臣岂敢他往。乡里故老无存者，虽到彼，尚将与谁游乎。"于是留在中都养老，"凡宴集畋猎皆从焉"，直到去世。②

张汝霖（？—1191年），字仲泽，张浩子，贞元二年赐进士出身，世宗时擢为宰执，在纳谏、监察、用人等方面有所建言。张汝霖能言善辩，但承继了其父的圆滑为政风格，"通敏习事，凡进言必揣上微意，及朋附多人为说，故言不忤而似忠也"③。金章宗即位后，张汝霖作为顾命大臣之一，在礼仪、选人等方面又有所建言，详见后述。

张汝弼（？—1187年），字仲佐，张汝霖从兄，正隆二年进士，世宗朝晋升宰辅，尽管对朝政多有议论，但主旨是顺承上意，被世宗视为用心不正之人，贬为广宁尹。在官员致仕问题上，张汝弼亦曾被世宗教训。

> 有年未六十而乞致仕者，上（金世宗）不许。汝弼曰："圣旨尝许六十致仕。"上责之曰："朕尝许至六十者致仕，不许未六十者。且朕言六十致仕，是则可行，否则当言。卿等不言，皆此类也。"④

即便是在善政的氛围下，亦有官场险恶的问题，也就少不了讲究自保之道的官僚，移剌道、张汝霖、张汝弼的阿顺君主，恰是自保的正常

---

① 《金史》卷88《移剌道传》。
② 《金史》卷73《完颜宗尹传》。
③ 《金史》卷83《张汝霖传》。
④ 《金史》卷83《张汝弼传》。

表现，但是遇上了不喜欢臣僚阿顺的君主，难免被斥责。好在金世宗只是斥责而不是杖责或杀人，阿顺之人没有心理负担，也就不必改变阿顺的从政风格。

世宗崇尚善治，主政大臣的四种重要观念造就了四类臣僚，即忠勤观造就贤臣，敢为观造就能臣，谏诤观造就直臣，顺从观造就懦臣。如果说善政是君臣合作的结果，就不能忽视这四类臣僚的存在及其影响。

第二节　文治观念的发展

未任主政大臣的官员，对金朝中期文治观念的发展亦起过重要的作用，可择要者介绍于下。

一　李晏等人的治道观念

李晏等人将儒家的治道学说与金朝的政治现实结合，强调文治的基本诉求，所体现的都是时人对道、治的理解和发挥。

（一）李晏说文治

李晏（1123—1197年），字致美，泽州高平（今属山西）人，皇统二年进士，历任中牟县令、应奉翰林文字、秘书少监、翰林直学士、翰林侍讲学士、御史中丞等职。①

金世宗在位时，李晏就科举、廉察官员等所提建议，已见前述。李晏任职御史台时，世宗还特别嘱咐他用心辅佐时任御史大夫的齑王。

> 一日，御史台奏请增监察员，上（金世宗）曰："采察内外官吏，固系监察。然尔等有所闻知，亦当弹劾。况纠正非违，台官职也，苟不能正其身，如正人何。"顾谓（李）晏曰："齑王年少未练，朕以台事委卿，当一一用意。"

李晏还利用台官的职权，揭露了以良民为奴的现象，使所谓的"二税户"得以被赦免。

---

① 《金史》卷96《李晏传》。本小节引文未注明出处者，均来自此传。

初，辽入掠中原人，及得奚、渤海诸国生口，分赐贵近或有功者，大至一二州，少亦数百，皆为奴婢，输租为官且纳课给其主，谓之二税户，大定初一切免为民。间山寺僧赐户三百，与僧共居，供役而不输租，故不在免例。诉者积年，台寺不为理。又诉于致美，致美上章，大略谓："天子作民父母，当同仁一视，分别轻重，乃胥吏舞文法之敝。陛下大明博照，岂可使天下有一民不被其泽者。且沙门既谓之出家，而乃听其与男女杂居乎。"书奏，宰相持不可。世宗诏致美与相诘难，致美伏御座前，曰："前日车驾幸辽东间山寺，曾供从官一宿之具。寺僧物，陛下物也，陛下无以此直寺僧，而使三百家受屈。"世宗大笑曰："李晏劫制我耶。"即日免之。①

李晏亦曾在保德州修城，并以自己的亲身经历说明了爱惜民力的重要性所在。

大定二十有一年春，有司请完城郭。朝廷以边为先务，启塞从时，鸠工三万，命长贰督之。旧城皆因山而为，虽高下不齐，而颇坚固，独西南一方，岁时辄圮。召故老讯之，金曰："山势随河而倾，下多沮洳，加以沟洫不浚，而又修筑者不慎，故频年至此，若非改图，终不能久也。"予视之，信然。相土之宜，退十数步，得本瓜崖，亦随其形势，裁削壁立，且坚且厚，其卑者犹数仞，其广五步，其袤凡一百七十步有奇。上则平之，即加以堞；下则沟之，即为之池；中之缺断者，篑土以补之；垒石为渠，以通水潦。起于二月上旬，迄月晦而毕，实省其功役之半。

噫，民可与乐成，难于虑始。今之为政者多矣，姑息偷惰，苟且不为久计。每修完者，亦聊复已耳，故朝设板而夕已败，不知反害民力也滋多。食人之食者，宁不愧于心乎。于是直书其事，以劝诸后来者。②

李晏曾任西京副留守，被视为兼有廉、能、循、良的大臣。

① 《中州集》卷2《李晏小传》。
② 李晏：《保德州重修城壁创开西门碑（大定二十一年）》，《金文最》卷36。

　　吏有不为利回，不为义疚，世称曰廉。才足以经济，智足以决断，世称曰能。奉法遵职，履正奉公，世称曰循。明国家之大体，通古今之时务，世称曰良。其有一于此，见于郡邑，治已为最，又况兼而有之者，何施不可，是虽欲无称，得乎。如副留守李公（李晏），乃兼而有之也。

　　大定二十有二年正月，自秘书少监出佐是京。下车之际，未及视事，而闻风者惧，平昔梗概，大可见矣。既而临视，于僚属则敬而有礼，于吏士则宽而有制，民间秋毫无所犯。至于臧获辈，亦不之识，私门请谒一切罢去，贪污之俗亦自敛迹，得不谓之廉？簿书鞅掌，阅目无遗，狱讼平理，断决如神，抑去豪强，潜消贼盗，人皆俨然望而畏之，似莫能近者，得不谓之能？钦乃攸司，慎而出令，不矜功，不伐能，亦无过行，得不谓之循？好古博雅，内刚外温，自公暇日诲人不倦，以至后学新进，皆得亲之，而教化一新，士君子莫不中心诚服，其在觞咏笑谈之间，和光同尘，殊无娇贵气，洒然在寒素右，得不谓之良？[1]

尤为重要的是，李晏在金章宗即位后上书言十事，较系统地反映了他的文治诉求。

　　章宗立，（李）晏画十事以上。一曰风俗奢僭，宜定制度。二曰禁游手。三曰宜停铸钱。四曰免上户管库。五曰太平宜兴礼乐。六曰量轻租税。七曰减盐价。八曰免监官陪纳亏欠。九曰有司尚苟且，乞申明经久远图。十曰禁网差密，宜尚宽大。

也就是说，要彰显文治之效，既要注重礼乐教化（兴礼乐、肃风俗、禁游手），也要注重各种利民措施（停铸钱、免管库、轻租税、减盐价、免亏欠），还要注重宽刑和善治的基本原则（尚宽大、明远图）。

　　在诗作中，亦体现了李晏关注治乱兴衰和忧国忧民的情感，可列举几首于下。

---

① 　边元忠：《西京副留守李公德政碑》，《金文最》卷37。

舟舟年华老，飘飘客路难。尘埃山色断，云雾日光寒。念远心
先折，孤吟鼻亦酸。平生江海意，潦倒愧儒冠。①

潦倒何堪接俊游，神仙空羡李膺舟。官曹只在空湖畔，簿领如
山屋打头。②

鼎足分来汉祚移，阿瞒曾困火船归。一时豪杰成何事，千里江
山半落晖。云破小蟾分树暗，夜深孤鹤掠舟飞。梦寻仙老经行处，
只有当年旧钓矶。③

白云亭上白云秋，桂棹兰桨记昔游。往事已随流水去，青山空
对夕阳愁。兴亡翻手成舒卷，今古无心自去留。独倚西风一惆怅，
数声柔橹下汀洲。④

李晏被金世宗和金章宗所器重，能够借接近皇帝的机会表达自己的
文治观点，在当时的文臣中确实起了独树一帜的重要作用。

(二) 施宜生说守道

施宜生（1091—1163 年），字明望，号三住老人，邵武（今属福
建）人，入金后历任翰林直学士、翰林侍讲学士等职，完颜亮在位时
曾出使宋朝，返回后被罚，世宗即位后致仕。⑤

施宜生尽管入仕于金朝，依然有强烈的怀旧、思乡情感，特别以咏
古诗作来表达自己的苦闷心境。

悬崖断壑少人踪，只合先生卧此中。汉业已无一抔土，钓台今
日几秋风。

同学刘郎已冕旒，未应换与此羊裘。子云到老不晓事，不信人
间有许由。⑥

层层楼阁捧昭回，元是钱王旧战台。山色不随兴废去，水声长
逐古今来。年光似月生还没，世事如花落又开。多少英雄无处间，

---

① 李晏：《通州道中》，《中州集》卷 2。
② 李晏：《莲塘陪诸公赋》，《中州集》卷 2。
③ 李晏：《题武元直赤壁图》，《中州集》卷 2。
④ 李晏：《白云亭》，《中州集》卷 2。
⑤ 《金史》卷 79《施宜生传》；苏天爵：《三史质疑·施宜生》，《滋溪文稿》卷 25，第
424 页，陈高华、孟繁清点校，中华书局 1997 年版。
⑥ 施宜生：《严子陵钓台》，《全辽金诗》上，第 245 页。

夕阳行客自徘徊。①

施宜生既不满意自己的际遇，又不可能重返宋朝，只能借诗作来抒发愁绪。

久坐乡关梦已迷，归或投宿旧沙溪。一天风雨龙移穴，半夜林峦鸟择栖。卖菜无人求好语，种瓜何地不成畦。男儿未老中原在，寄语鹍鸡莫浪啼。②

感事伤怀谁得知，故园闲日自晖晖。江南地暖先花发，塞北天寒迟雁归。梦里江河依旧是，眼前阡陌似疑非。无愁只有双蝴蝶，解趁残红作阵飞。③

作为一介文人，施宜生还是强调了在国家兴亡中坚守心中之"道"的重要性，不愿意做随波逐流之人。

君子虽穷道不穷，人生自古有飘蓬。文章笔下千堆锦，志气胸中万丈虹。大抵养龙须是海，算来栖凤莫非桐。山东宰相山西将，莫把前功论后功。④

休论道骨与仙风，自许平生义与忠。千古已尝窥治乱，一身何足计穷通。仰天只觉心如铁，览镜犹欣发未篷。尘世纷纷千百辈，只君双眼识英雄。⑤

恰是因为兴学与守道有密切的联系，施宜生不仅对金朝的开科举、兴学校给予了高度的评价，亦强调了儒士自觉守道的基本要求。

渔阳，汉、唐大郡也，山水雄秀，兼东南之胜概，故功名豪杰之士多生其间。近世文人贤公卿往往相继，由孔圣之教致身以立名

---

①　施宜生：《钱王战台》，《全辽金诗》上，第 245 页。
②　施宜生：《阙题》，《全辽金诗》上，第 244 页。
③　施宜生：《感春诗》，《全辽金诗》上，第 245 页。
④　施宜生：《题壁》，《全辽金诗》上，第 246 页。
⑤　施宜生：《赠道人》，《全辽金诗》上，第 246 页。

节，则不可以不尊事其所自来者。

爰自大金抚定幽、蓟，辟科举，用儒臣，而渔阳之人为多。天会间，太守高通、同知赵子涤、军判梁枢与学生胡忠厚等，崇修庙貌，正殿三间，东西之室相向。于是行释奠之礼，彬彬郁郁，有洙泗之风。

然念土木之功虽坚壮，不过数十寒暑，吾先圣之道应万世而无弊者，必有所托而传焉，意其有属于更续者，岂可忽哉。呜呼，吾先圣之道，何道也，中庸而已。所谓"天命之谓性，率性之谓道，修道之谓教"是也，岂老与佛之道哉。公孙丑问孟子，乃曰："道则高矣，美矣，宜若登天然，似不可几及也。"是不知尧、舜、禹、汤、文、武、周、孔之所以为圣人者，皆不外乎中道也。虽然，行之者其效见于当时，至今数千载，仰望以为不可及。传之者则自仲尼，其设教岂在高堂大厦，黼黻偶人以惊天下，与浮屠氏较优劣哉。故曰："其君用之，则安富尊荣，其子弟从之，则孝弟忠信。"孝弟忠信，愚夫愚妇可知而可行者，非有损肌肤饲虎粮之为难能也。使天下之人皆知孝弟忠信，则太平可坐而致矣。儒者末流，乃多闻强记以为学，刑名度数以求治，盖未明其本也，遂曰孔子之道不可行于后世，悲夫。

自今而往，整衣冠而谒奠于此，尚致思焉。子思曰："君子依乎中庸，遁世不见，知而不悔。"孟子亦曰："穷则独善其身，达则兼善天下。"圣人复起，不易斯言矣，勉之。①

守道者不留恋功名，正如施宜生所言："文星落处天应泣，次老已知吾道穷。事业漫夸生仲达，功名犹忌死姚崇。"② 但是做人与写字一样，都要有自我的把持："行所当行止当止，错乱中间有条理。意溢毫摇手不知，心自书空不书纸。"③ 这恰是施宜生的高见所在。

（三）路伯达说重本

路伯达，生卒年不详，字仲显，冀州（今属河北）人，正隆五年进士，历任太子司经、翰林修撰等职。

---

① 施宜生：《渔阳重修宣圣庙碑》，《金文最》卷34。
② 施宜生：《黄州吊东坡》，《全辽金诗》上，第245页。
③ 施宜生：《山谷草书》，《中州集》卷2《施宜生小传》。

大定二十四年，金世宗巡幸上京，路伯达上书强调："人君以四海为家，岂独旧邦是思，空京师而事远巡，非重慎之道也。"世宗坚持怀旧之旅，不理会路伯达的谏言。但是他的行正道、务本业言论，在金章宗即位后得到了他人的重视。

> 右丞相（完颜）襄奏移贺天寿节于九月一日，（路）伯达论列以其非时，平章政事张汝霖、右丞刘玮及台谏亦皆言其不可，下尚书省议，伯达曰："上（金章宗）始即政，当行正、信之道，今易生辰非正，以绐四方非信。且贺非其时，是轻礼重物也。"因陈正名从谏之道。
>
> 上问群臣曰："方今何道使民务本业、广储蓄？"伯达对曰："布德流化，必自近始。请罢畿内采猎之禁，广农郊以示敦本，轻币重谷，去奢长俭，遵月令开籍田以率先天下，如是而农不劝、粟不广者未之有也。"是时，采捕禁严，自京畿至真定、沧、冀，北及飞狐，数百里内皆为禁地，民有盗杀狐兔者有罪，故伯达及之。①

在为冀州重修庙学所写的碑文中，路伯达亦强调了以学为教化之本的要求。

> 夫道德之发有源，教化之兴有本，本不固则枝不茂，源不浚则流不澄。必欲植教化之本，疏道德之源，莫先乎学而已。
>
> 由汉而下，系于吏治，其长民者，但趋民于法令之中，竞以威严苛刻而取能名。间有崇儒术而导之者，反以为迂阔，其于疏源植本之意不亦谬乎。
>
> 大定二十六年五月既望，中奉大夫王公（王鲁）自河南路转运使移镇是邦（冀州），下车以来，治崇安静，吏畏民爱，不逾时而政成。会仲秋上丁，公乃释奠于宣圣，行事既终，顾见廊庑倾敧，垣墉颓毁，喟然叹曰："学校之废一至于此，今天子隆上都，首建善地，设学官，众生徒，考之以诗书，明之以礼乐，熏陶至

① 《金史》卷96《路伯达传》。

和，为万国倡。吾州距王畿不远，有当承流宣化，任兴作者，舍予其谁。"越明年，河南始宁，公为出俸资，募工市材，大其制度以营之。

以孟轲之大才，未近于学，不免习鄙事，以焦通阙行，一游于庙，不害作新人。然则养士化民之道，悉由此而出矣。而况士有所养则英俊得，民有所化则刑罚驰，英俊得则启治平之路，刑罚驰则扇仁寿之风。①

路伯达还指出，即便是作为隐者，亦要注意见贤思齐的基本要求。

自仲尼而后，称以道鸣者，孟某、杨雄其选也。孟有曰："舜何人也，予何人也，有为者亦若是。"杨亦有曰："希骥之马，亦骥之驾，希颜之人，亦颜之徒。"若舜与颜，仁贤之大者，学之尚可以至，况其余乎。此二公所以进人之善心，使见贤而思齐也。

予故曰：诚慕陶（渊明）之深矣。如或用志不分，乃凝于神，则兀然而遗世，寂然而忘言，挹南山之佳气，卧北窗之清风，其于羲皇上人，几何其不为也。《语》曰："我欲仁，斯仁至矣。"可不勉哉。有人若曰："彼之行诚高矣，我何敢望。"是自弃也，安免圣贤之罪人。②

路伯达的重本观念，既包括以农为本，也包括以学为本，都是为了满足治国的需要，所以值得重视。

（四）史旭的政治预言

史旭，生卒年不详，字景阳，中进士后曾任临真、秀容县令，有诗集一卷，已佚。③

史旭并不在意宦途，对功名秉持洒脱的态度，在诗作中有所表现。

已将春梦等浮生，更著秋光比宦情。薄有酒销闲日月，苦无心向老功名。黑城村晚鸦千点，白土坡高雁一声。天末何人慰寥索，

① 路伯达：《冀州节度使王公重修庙学碑（大定二十七年）》，《金文最》卷38。
② 路伯达：《成趣园记》，《金文最》卷15。
③ 《中州集》卷2《史旭小传》。

正思张丈与殷兄。①

史旭还在诗作中描述了女真骑兵出行的景象："郎君坐马臂雕弧，手捻一双金仆姑。毕竟太平何处用，只堪妆点早行图。"元好问特别指出："景阳大定中作此诗，已知国朝兵不可用，是则诗人之忧思深矣。"② 这样的政治预言，确实值得注意。

二　祁宰等人的明君观念

祁宰、杨伯雄等人通过向君主进谏言，表现出了儒官对明君及其作为的基本要求。

（一）祁宰、韩汝嘉、梁襄劝谏君主

祁宰（？—1159 年），字彦辅，江淮（今属江苏）人，由宋入金，任太医使，因谏言不宜重修汴京宫殿和伐宋，被完颜亮处死，已见前述。祁宰的女婿綦戩也受到牵连，遭到杖责。

金世宗即位后，为表彰祁宰的直谏行为，追授资政大夫之职。金章宗即位后，又加追谥号为"忠毅"，以彰显对忠谏的重视。

> 泰和初，诏定功臣谥，尚书省掾李秉钧上言："事有宜缓而急，若轻而重者，名教是也。伏见故赠资德祁宰以忠言被诛，至今天下慕义之士尽伤厥心。是以世宗即位，首赠之以官，陛下（金章宗）录用其子，甚大惠也。虽武王封比干之墓，孔子誉夷、齐之仁，何以异此。而有司拘文，以职非三品，不在议谥之例，臣窃疑之。若职至三品方得请谥，当时居高官、食厚禄者，不为无人，皆畏罪淟涊，曾不敢申一喙，画一策，以为社稷计，卒使立名死节之士，顾出于医卜之流，亦少愧矣。臣以谓非常之人，当以非常之礼待之。乞诏有司特赐谥以旌其忠，斯亦助名教之一端也。"制曰："可。"下太常，谥曰"忠毅"。③

韩汝嘉（？—1161 年），字公度，韩昉子，皇统二年进士，历任真

---

① 史旭：《怀郭硕夫刘南正程云翼》，《中州集》卷 2。
② 史旭：《早发骧驼珊》，《中州集》卷 2。
③ 赵秉文：《祁宰传》，《滏水集》卷 12。

定路转运使、清州防御使、翰林直学士、翰林侍读学士等职，正隆三年曾谏完颜亮不宜伐宋，正隆五年受命出使宋朝，次年因再谏完颜亮不宜伐宋而被处死。① 韩汝嘉留下的一首诗作，表达的是为官不易的感叹："十年尘土鬓毛斑，杖屦还来踏故山。叶寄残红春尚在，云酣湿翠雨仍悭。不堪倚树追前事，更恐临溪见病颜。一日暂来千日去，何时倦鸟得真还。"②

梁襄，生卒年不详，字公赞，绛州（今属山西）人，大定三年进士，曾向金世宗上长篇谏文，劝其放弃巡幸金莲川，已见前述。梁襄还曾向皇帝上《平赋书》，其主要内容如下。

> 大定四年，行通检法。是时河南、陕西、徐海以南，屡经兵革，人稀地广，蒿莱满野，则物力少，税赋轻，此古所谓宽乡也。中都、河北、河东、山东久被抚宁，人稠地窄，寸土悉垦，则物力多，税赋重，此古所谓狭乡也。宽狭乡之地，至有水陆肥瘠一等，物力相悬不啻数十倍。后虽三经通推，并依旧额，臣恐瓶罍之诮，不独讥于古矣。③

梁襄还在纪念大禹的诗作中，强调了君主救民的诉求："波涵九域民为鱼，帝奋忠勤亲决除。水涸茫茫尽桑稼，万世永赖功谁如。功高受享宜宏久，庙貌方方无不有。砥柱神灵最伟奇，会稽血食尤隆厚。火山所建在空山，庳殿短廊才数间。题碣人多题字闹，祭祀礼少牺牲闲。钦惟帝道崇勤俭，此郡民繁地跷崄。辛苦耕耘衣食粗，孚佑乞遍五令歝。"④

梁襄曾任监察御史，因为失察被金世宗责备："监察，人君耳目，风声弹事可也。至朕亲发其事，何以监察为。"梁襄专长于《春秋左传》的研究，并且保持了"膳服常淡薄"的风格。⑤

（二）杨伯雄说君主纳谏

杨伯雄，生卒年不详，字希云，真定藁城（今属河北）人，皇统

---

① 《金史》卷60《交聘表上》，卷89《翟永固传》；《中州集》卷8《韩汝嘉小传》。
② 韩汝嘉：《寄元真同年》，《中州集》卷8。
③ 赵秉文：《梁襄墓铭》，《滏水集》卷11。
④ 梁襄：《谒禹王庙》，《全辽金诗》上册，第754页。
⑤ 《金史》卷96《梁襄传》。

二年进士，历任翰林直学士、翰林学士承旨等职。①

　　完颜亮即位前即已结识杨伯雄，希望将其纳为亲信，被杨伯雄婉拒，理由是"君子受知于人当以礼进，附丽奔走，非素志也"。完颜亮即位后，曾与杨伯雄讨论过治道、鬼神等问题，已见前述。他还对完颜亮有过两次重要的规劝，一次得到完颜亮的褒奖，另一次则被完颜亮所贬斥。

> 　　夏日，海陵（完颜亮）登瑞云楼纳凉，命伯雄赋诗，其卒章云："六月不知蒸郁到，清凉会与万方同。"海陵忻然，以示左右曰："伯雄出语不忘规戒，为人臣当如是矣。"
> 　　海陵议征江南，伯雄奏："晋武平吴，皆命将帅，何劳亲总戎律。"不听。乃落起居注，不复召见。

　　金世宗即位后，以杨伯雄辅佐皇太子，杨伯雄既向皇太子呈上《羽猎》《保成》等箴言，亦"集古太子贤不肖为书"，书名为《瑶山往鉴》，用以教导太子。

　　杨伯雄还曾上谏言，希望世宗不要巡幸凉陉，并借由此事达成了大臣进谏、君主纳谏的共识。

> 　　大定六年，上（金世宗）幸西京，欲因往凉陉避暑，伯雄率众谏官入谏。上曰："朕徐思之。"伯雄言之不已，同列皆引退，久之乃起。是年，至凉陉，微巡果有疏虞。上思伯雄之言，及还，迁礼部尚书，谓近臣曰："群臣有干局者众矣，如伯雄忠实，皆莫及也。"上谓伯雄曰："龙逢、比干皆以忠谏而死，使遇明君，岂有是哉。"伯雄对曰："魏征愿为良臣，正谓遇明君耳。"因顾谓宰相曰："《书》曰：'汝无面从，退有后言。'朕与卿等共治天下，事有可否，即当面陈。卿等致位卿相，正行道扬名之时，偷安自便，微幸一时，如后世何？"

　　杨伯雄亦有在地方任职的经历，如出任平阳尹时颇多惠政，可与前任平阳尹张浩媲美，民间即有"前有张，后有杨"的赞誉。当然最重

---

① 《金史》卷105《杨伯雄传》。本小节引文均出自此传。

要的是杨伯雄敢于向君主进言，被后人赞为"善讽谏"之人。

（三）孙九鼎、赵扬说明君纳谏

孙九鼎，生卒年不详，字国镇，忻州定襄（今属山西）人，与弟孙九畴、孙九亿同为天会六年进士。①

孙九鼎的诗、文大多佚失，留存的文字展现的是对唐太宗的赞颂。

圣上（金熙宗）即位之三年，朝廷清明，远迩乂安，山川鬼神，罔或不宁。逮下废齐之诏，犹且以古今圣贤祠庙勿得损坏为戒。呜呼，大哉王言，恩至渥也，盖欲使幽显两得其所，而尽其所以钦崇之意欤。惟是秦甸，实唐旧都，醴泉古邑，昭陵近焉，太宗有庙，世世以祠。元帅右监军完颜公因按部叩谒祠下，顾彼垣宇，或倾或圮，究彼规模，若存若亡，喟然叹曰："吾闻太宗有唐英主，史臣所谓功德兼隆者也。庙貌如此，岂可称吾明天子之意耶，且吾黉奉诏书，则有辞矣。"亟命新之。

盖两汉而下，基业绵远者莫如唐，有唐之君，功德昭著者莫如太宗。当隋季不竞，王纲纽解，太宗皇帝以睿文英武，受命上天，手提干将，佐佑高祖，诛□逋秽，荡涤僭窃，以一旅而取关中，不十载而有天下。自即大位，乃游观弗事，声色弗迩，独与一二大臣讲求仁义，阔略法律，哺乳幼稚，补养疮痏，休息疲瘵。数年之间，天下丕变，盗贼为君子，愁叹为讴吟，斗米才三钱，死罪岁止二十九。贞观之际，号称太平，虽汉高、文景之主，反出乎其次，而汤武、成康，亦可齐驱而并驾也。

夫其意者，岂不以太宗之功德，实惟帝王之标准，必欲当圣人之世，使不世之杰，发挥而振扬之，俾晦而复彰，微而复著，与乾坤并配而不朽耶。

谨颂之以诗曰：天地闭塞，孰与辟之。日月昏翳，孰与廓之，必有元圣，生而救时。赫赫太宗，龙凤之姿，仗义特起，号令六师，妖氛扫荡，僭窃芟荑。子来亿兆，顺挈纲维，法律匪任，仁义诞施。民富而安，俗恬而嬉，三辰不忒，万物咸禧，千祀蒸尝，礼孰敢违。②

① 《中州集》卷2《孙九鼎小传》。
② 孙九鼎：《重修唐太宗庙碑（天眷元年）》，《金文最》卷33。

孙九鼎赞扬唐太宗的贞观之治，就是要为当世的帝王树立高尚的政治标准，并强调只有以唐太宗为榜样，才能达成营造"圣人之世"的政治目标。这样的观念表述，与世宗朝的政治氛围合拍，对这一点应特别注意。

赵扬，生卒年不详，字庭烈，在说明古人忠谏行为的碑文中，特别强调了忠臣不易的观点。

> 孔子曰："为君难，为臣不易。"然则臣之道固不易乎。尽智竭忠，匡国利民，生树鸿勋，殁享元祀，此在田亩时所矢之素心也。即未尽智竭忠，匡国利民，偶一眚之微，未之能补。一旦临难，奋然不顾，弃千金之躯，示后世为臣之戒，其身虽殁，徒有忠贞之节，峻不可攀。是岂为臣之本愿哉，不得已也。
>
> 嗟乎，人均一死，有轻如鸿毛，有重于泰山，何哉，在得其所与不得其所耳。①

无论是赞扬君主，还是表彰名臣，都是期望本朝亦有明君、良臣出而救世，打造出人人敬慕的治世。

三 刘迎等人的善政观念

刘迎、朱自牧等人以揭露时弊、表彰良行等手法，向世人展现了对善政的渴求。

（一）刘迎说时弊

刘迎（？—1180年），字无党，号无净居士，东莱（今属山东）人，大定十四年进士，任太子司经等职，著有《山林长语》，已佚。②

在诗作中，刘迎曾表示"淮安客宦逾三霜"③，即在淮安任职三年，他特别指出了修淮安城墙时的弄虚作假，以及淮安居民生活窘迫的状况。

---

① 赵扬：《晋先轸庙碑（大定十五年）》，《金文最》卷36。
② 《中州集》卷3《刘迎小传》。
③ 刘迎：《郭熙秋山平远用东坡韵》，《中州集》卷3。

淮安城郭真虚设，父老年前向予说。筑时但用鸡粪土，风雨即摧干更裂。只今高低如堵墙，举头四野青茫茫。不知地势实冲要，东连鄂渚西襄阳。谁能一劳谋永逸，四壁依前护砖石。免令三岁二岁间，费尽千人万人力。①

淮安城壁空楼橹，风雨半摧鸡粪土。传闻兵火数年前，西观竹间藏乳虎。迄今井邑犹荒凉，居民生资惟榷场。马军步军自来往，南客北客相经商。迩来户口虽增出，主户中间十无一。里间风俗乐过从，学得南人煮茶吃。青衫从事今白头，一官乃得西南陬。宦游未免简书畏，归去更怀门户忧。世缘老矣百不好，落笔尚能哦楚调。从今买酒乐升平，烂醉歌呼客神庙。②

刘迎还指出黄河决口后威胁汴京，建议重筑黄河堤坝，这一建议后来被采纳。

南州一雨六十日，所至川源皆泛溢。黄河适及秋水时，夜来决破陈河堤。河神凭陵雨师借，晚未及晴昏复下。传闻一百五十村，荡尽田园及庐舍。我闻禹时播河为九河，一河既满还之他。川平地迥势随弱，安流是以无惊波。秖今茫茫余故迹，未易区区议疏辟。三山桥坏势益南，所过泥沙若山积。大梁今世为陪京，财赋百万资甲兵。高谈泥古不须尔，且要筑堤三百里。郑为头，汴为尾，准备他时涨河水。③

刘迎曾前往漠南之地，特别强调了南口、八达岭的道路难行，但是官命难违，只能勉力前行。

危峰张屏帏，峻壁开户牖。崩腾来阵马，翔舞下灵鹫。秀色纷后前，晴岚迷左右。重阴忽障翳，虚籁竞呼吼。深迁爱风日，高亢扪星斗。帝居望北阙，村落当南口。军都汉时县，遗迹奄存否。中郎读书处，遗构想摧朽。谁云用武地，经训乃渊薮。我家胶东湄，

---

① 刘迎：《修城行》，《中州集》卷3。
② 刘迎：《淮安行》，《中州集》卷3。
③ 刘迎：《河防行》，《中州集》卷3。

朴学叹白首。居邻通德里，况此见师友。惭无书带草，采采为盈手。何以醉先生，清溪绿如酒。[①]

车马两山间，上下数百里。萦纡来不断，奕奕似流水。鲸形曲腰膂，蛇势长首尾。我车从其间，摇兀如病齿。推前挽复后，进寸退还咫。息心固安分，尚气或被指。徐趋自循辙，躁进应覆轨。行行非我令，柅亦岂吾使。倦仆困号呼，疲牛苦鞭棰。浇如五更鼓，相庆得戾止。归来幸无恙，喘汗正如洗。何以慰此劳，村醅正浮蚁。[②]

山险略已出，弥望尽荒坡。风土日已殊，气象微沙陁。我老倦行役，驱车此经过。时节春已夏，土寒地无禾。行路不肯留，奈此居人何。作诗无佳语，以代劳者歌。[③]

刘迎亦经过上谷等地，在诗作中既记录了当地的繁盛景象，也表示了恤民的心意。

隰川来西州，数郡被其利。刺陵放而南，奔驶不可制。兹焉幸不幸，长策未容议。且复观其澜，雄豪快人意。[④]

磨笄耸然来，隰水汹而去。山川俯城郭，藩翰重畿辅。桑麻数百里，烟火几万户。长桥龙偃蹇，飞阁凤腾翥。传闻山西地，出入此其路。源源百货积，井井三壤赋。葡萄秋倒架，芍药春满树。盘蹭多布韦，婵娟半娥素。永怀小靖节，厚德皆忠恕。至今受一廛，如昔歌五袴。伤心隔生死，知己今有数。归日当驱车，生刍奠其墓。[⑤]

马虺隤，牛觳觫，山行萦纡车軥辘。路旁指点是官人，老矣一翁双鬓秃。汝牛幸可耕，汝马幸可骑，有此可载琴书归。胡为奔走东西道，白发刁骚被人笑。[⑥]

沙漫漫，草班班，南山北山相对看，我行乃在山之间。行人仰不见飞鸟，树木足知边塞少。沙漫漫，草班班，我行欲趁西风还。

---

① 刘迎：《南口》，《中州集》卷3。

② 刘迎：《晚到八达岭下达旦乃上》，《中州集》卷3。

③ 刘迎：《出八达岭》，《中州集》卷3。

④ 刘迎：《隰川》，《中州集》卷3。

⑤ 刘迎：《上谷》，《中州集》卷3。

⑥ 刘迎：《车軥辘》，《中州集》卷3。

仆夫汝莫愁衣单，我但着衣思汝寒。①

尤为重要的是，刘迎借行路难表达了不能重蹈前车之鉴的政治观点。

> 浑河汹涌从西来，黄流正触山之崖。山崖路窄仅容过，小误往往车轮摧。车摧料理动半日，后人欲过何艰涩。深山日暮人已稀，食物有钱无处觅。何时真宰遣六丁，铲此迭嶂如掌平。憧憧车马山西路，万古行人易来去。②

> 前车行，后车逐，车声夜随山诘曲。前车失手落高崖，车轮直下声如雷。同行急救救不得，人牛翻压鸣声哀。我时潜闻后车说，前车使牛何太拙。只知拍手笑前人，不道后来当改辙。前途犹有坡陀在，后车当以前车戒。③

对于政绩出众的官员，刘迎在诗作中则不乏溢美之词。

> 骥騄蚁垤空，莫干犀革断。人材必超轶，物理乃融泮。先生廊庙具，冰雪自湔盥。十年处繁剧，风力济详练。堂堂八面敌，了了一笑粲。云中国西邑，食货资转挽。中台辍之去，正倚咄嗟办。从容九年蓄，坐想出鞭算。向来盐铁使，绪业著家传。春朝观上计，广厦奉闲燕。行矣需诏除，鹓行耸荣观。④

> 邮传文书日旁午，过眼不容留顷许。先生遣决谈笑间，退食归来奉慈母。吾不爱锦衣荣归夸梓里，吾不爱绣衮徒步登槐府。传家所爱作宁馨，入室不愁无阿堵。堂中怡愉奉颜色，堂下嬉戏同儿女。十分寿斝泛醇酎，五色彩衣纷杂组。映阶萱草弄春色，循陔兰叶荣朝雨。先生蕴藉古人似，早岁声名天尺五。拘縻岂合坐冗曹，献纳直宜趋禁所。更书屈指今几日，伫看褒诏传天语。龙光歆艳动庭闱，汤沐疏封分郡土。芝封钿轴烂云锦，羽衣宝帔辉金缕。形容

---

① 刘迎：《沙漫漫》，《中州集》卷3。
② 刘迎：《摧车行》，《中州集》卷3。
③ 刘迎：《败车行》，《中州集》卷3。
④ 刘迎：《送刘德正》，《中州集》卷3。

何止入画图，歌咏亦须流乐谱。区区贱子独何幸，晚喜宗盟同鼻祖。他年一笑约升堂，万石尊前拜严姥。①

刘迎自己则是看淡官场，不醉心于功名，表现出了强烈的归隐心愿。

故垄松楸暗，空城草棘荒。数峰横鸟道，一径绕羊肠。桑叶露仍沃，稻花风已香。儿时十年梦，怀旧一悲凉。

海色楼台市，山容水墨图。风疏水杨柳，烟瘦石菖蒲。岁熟多同社，村闲绝诉租。平生亦何事，尘土眷吾庐。②

投绂归来岁月过，清闲殊胜吏分廨。人思狡兔藏三窟，我愿白鸥同一波。棋局何妨烂樵斧，印章终欲博渔蓑。人间万事俱尘土，醉倒尊前奈我何。③

自笑微官马骨高，十年霜鬓雪刁骚。长林丰草未适性，尖帽短靴安得豪。名宦真同一鸡肋，簿书空束两牛腰。故园清兴湖山里，归去经营一把茅。④

生涯吾亦爱吾庐，踏地从来出赋租。胸次有怀空块磊，人间无处不崎岖。扶摇安得三千里，应见真成百亿躯。直欲弃家参学去，一龛香火供斋盂。⑤

枫林叶叶堕霜红，天末晴容一镜空。野旷微闻鸟乌乐，草寒时见马牛风。人生险阻艰难里，世事悲歌感慨中。白发媪亲倚门处，梦魂千里付归鸿。⑥

恰是在强烈的归隐情结下，刘迎对古往今来的隐者大加赞誉。

昔闻赵州老，老大犹泛爱。说法利人天，机缘不胜载。当年镇府话，盖以小喻大。具眼领略之，于兹岂无待。呜呼后来者，见趣

① 刘迎：《题刘德文戏彩堂》，《中州集》卷3。
② 刘迎：《秋郊马上二首》，《中州集》卷3。
③ 刘迎：《自解》，《中州集》卷3。
④ 刘迎：《代王簿上梁孟容副公二首》，《中州集》卷3。
⑤ 刘迎：《数日冗甚，怀抱作恶，作诗自遣》，《中州集》卷3。
⑥ 刘迎：《莫州道中》，《中州集》卷3。

远不逮。又闻东坡公，谪居饱鲑菜。暮年海南住，几席溪山对。自馔一杯羹，老狂犹故态。最喜霜露秋，味出鸡豚外。乃知作诗本，口腹不无赖。风流二大士，妙处无向背。在家与出家，相投若针芥。先生今复然，秀句笔端快。谁云修法供，游戏出狼狈。一饱待明年，桑麻歌佩佩。

神农尝草木，济世以仁爱。根源列郡出，品目成书载。中云莱菔根，试验颇为大。昌谷呕时须，文园渴尝待。食异地黄并，效与芜菁逮。岂惟齿众药，政自冠诸菜。五州风土宜，罫布畦垄对。垦锄尽众力，封培穷百态。翠角春雨中，黄花晚烟外。日送盘箸资，岁给瓶罂赖。片玉出头颅，层冰起肤背。脆美掩蒪葵，甘辛敌姜芥。物生贵有用，对此一何快。储贮得沈涵，弃遗免狼狈。但足齐人飧，何惭楚臣佩。①

溪山不难买，所费千金储。不如数峰云，朝昏对吾庐。交游岂无人，转盼伤离居。不如吾兄弟，相应如笙竽。左侯蓟名族，温温器璠玙。身虽市朝寄，心与功名疏。伯也亦可人，文华炳于菟。风神耸魁伟，襟韵含冲虚。平生一片心，缘尘不关渠。相期有幽事，岁晚山林俱。彩服照黄冠，欢呼奉亲舆。大妇侍巾帨，中妇供庖厨。诸孙戏膝前，翩然凤将雏。朝采南涧芹，暮漉西溪鱼。烟霞入杖屦，风月来窗疏。观竹上巢云，礼佛登香炉。红龙雪浪涌，白塔苍烟孤。冰弦写天籁，茶瓯泛云腴。快哉天下乐，俯仰余何须。正恐左太冲，招隐昔所无。②

忆昔西游大梁苑，玉堂门闭花阴晚。壁间曾见郭熙画，江南秋山小平远。别来南北今十年，尘埃极目不见山。乌靴席帽动千里，只惯马蹄车辙闲。明窗短幅来何处，乱点依稀浇寒具。焕然神明顿还我，似向白玉堂中住。蒙蒙烟霭树老苍，上方楼阁山夕阳。一千顷碧照秋色，三十六峰凝晓光。悬崖高居谁氏宅，缥缈危栏荫青樾。定知枕石高卧人，常笑骑驴远游客。当时画史安定梁，想见泉石成膏肓。独将妙意寄毫楮，我愧甫立随诸郎。此行真成几州错，区区世路风波恶。还家特作发愿文，伴我山中老猿鹤。③

---

① 刘迎：《徐梦弼以诗求芦菔辄次来韵》，《中州集》卷3。
② 刘迎：《盘山招隐图》，《中州集》卷3。
③ 刘迎：《梁忠信平远山水》，《中州集》卷3。

刘迎的归隐之心显然是真诚的，只可惜他在随从金世宗巡幸凉陉时病逝，未能使归隐成真，但是他的现实主义政治情怀，确实值得注意。

（二）朱自牧说良政

朱自牧，字好谦，棣州厌次（今属山东）人，皇统年间进士，世宗大定初年以同知晋宁军之职逝世于任上。①

朱自牧任官多年，在诗作中既强调了为官的辛苦，也表达了期望赋闲后吟诗写字的心愿。

> 邻鸡一鸣仆再呼，三星已在东南隅。霜风绕屋伺我出，布衾尚欲留须臾。才疏性懒真勉强，饥寒见迫谁能逋。山灵笑我真有谓，能使我庚如陵乎。②

> 吏散庭空锁碧苔，冷官门户几曾开。疏疏细雨槐花落，寂寂虚堂燕子来。多病始知穷有鬼，独贤方觉仕无媒。故园抛掷奔驰外，刚道江山未放回。③

> 莫将官况说葭芦，一味萧条称鄙夫。老圃不禁蔬代肉，樵丁还喜炕连厨。儿音半已渐秦晋，乡信无因接鲁洙。三见秋风落庭树，年年归意负莼鲈。④

> 牢落衰年病转侵，医编药里废闲吟。卧销白日尘凝屦，起对青铜雪满簪。霜后痴蝇看老态，天边倦鸟识归心。维摩不出文殊去，门巷萧条翠藓深。⑤

> 百幅溪笺远见羞，故人佳饷若为酬。幸将晚节收鱼网，未得良工起凤楼。柿叶学书差足慰，芸香辟蠹会须求。挥毫不见云烟落，愚贾操金愧暗投。⑥

朱自牧更看重的是为官要有行良政的作为，所以在诗作中重点表现了四种诉求。

---

①　《中州集》卷2《朱自牧小传》。
②　朱自牧：《晨起趋省》，《中州集》卷2。
③　朱自牧：《小雨不出宁海司理厅》，《中州集》卷2。
④　朱自牧：《晋宁感兴》，《中州集》卷2。
⑤　朱自牧：《病起书事》，《中州集》卷2。
⑥　朱自牧：《谢吴堡知寨安巨济赠纸百幅》，《中州集》卷2。

一是为官廉洁的诉求，任官数年的朱自牧，只有简单的行囊，体现的就是这样的诉求。

> 阃山自天降为田，洛水自瀑舒为渊。山川险尽鞍马稳，昔居桔槔今乘船。三年官业无毫发，万里装囊更萧瑟。归来何以谢乡闾，细说艰难为土物。①

二是除暴安良的诉求，消除虎患和人患都应该是为官者的重要职责。

> 崝山之阿渑之浒，行路萧条正艰阻。日落山空涧水哀，市门静闭防饥虎。前年张茅杀饷妇，今岁食驴断行旅。我来万里逐一官，安可不戒为汝脯。昼持弓矢夜枕戈，静匿儿童防笑语。白额将军莫笑人，世无刘琨当畏汝。②

三是息兵恤民的诉求，借历史典故指出穷兵黩武的恶果，期盼的就是宽刑安民的仁政。

> 寒骨千年饮恨埋，余哀空寄望思台。纵令曲沃精魂见，宁与商山羽翼来。赵虏典刑何足正，周公画像可怜开。忍心本自穷兵起，巫蛊焉能作祸胎。③

四是以农为本的诉求，为官者不但要关心百姓的疾苦，更要将重农的观念化为行动。

> 缓辔溪边喜乍晴，夕阳流水浸孤城。川平佛塔层层见，浪稳商舟尾尾行。十里烟霞随野步，两崖禾黍撼秋声。雨旸虽有丰年兆，久客都无地可耕。④

----

① 朱自牧：《自郇州归至新市镇，时方渡险，喜见桑野》，《中州集》卷2。
② 朱自牧：《自郇州罢任归，宿渑池道中，有虎为暴》，《中州集》卷2。
③ 朱自牧：《趁郇州过湖城县，武帝望思台在焉》，《中州集》卷2。
④ 朱自牧：《清河道中暮归》，《中州集》卷2。

　　大尖山前好原隰，陇亩横纵忘南北。人家种麦秋社前，一片苍
烟朝雨湿。田家稍丰即升平，十年游宦功无成。会须了却人间事，
白发归来伴汝耕。①

　　朱自牧对自己的为官作为不甚满意，是因为金熙宗和完颜亮在世时
贤能者确实难有作为，但是在总体形势不好的状态下能以行良政自勉，
确实难能可贵。

　　（三）黄久约说善政

　　黄久约（？—1191 年），字弥大，东平须城（今属山东）人，以进
士任翰林修撰、翰林直学士、左谏议大夫等职，向世宗建言罢送荔枝、
荐举人才等，已见前述。黄久约还否定了以富者赈济贫者的动议。

　　时以贫富不均，或欲令富民分贷贫者，下有司议。（黄）久约
曰：“物之不齐，物之情也。贫富不均，亦理之常。若从或者言，
适足以敛怨，非损有余补不足之道。”章宗（完颜璟）时领右丞
相，寝其议。②

　　黄久约还利用重修中岳庙的机会，盛赞了金世宗在位时的去除苛
政、崇尚礼仪等作为。

　　皇朝混一区夏，方隅底宁，解妖除苛，政教清肃，涵养休息，
复见太平。……洪惟主上（金世宗），纂明昌之绪，题熙洽之期，蒐
猎遗文，礼乐备举，严奉宗庙，肇禋郊丘，怀柔百神，无文咸秩。
至于崇饰海内前代祠庙，恒敬不忘……乃有重修（中岳庙）之命，
且诏有司，凡一夫之役、一物之用，悉从官给，无得烦民。仍宽与
之期，戒勿仓促，涉于不敬，以称所以事神、为民祈福之意。……
匪夫遭时隆平，圣天子在位，文明勤俭，无为而成，何以臻此。③

　　借涿州重修孔子庙的机会，黄久约阐释了重儒和兴学对治国所具有

---

① 朱自牧：《曲沃道中与老农语》，《全辽金诗》上，第 395 页。
② 《金史》卷 96《黄久约传》。本小节引文未注明出处者，均来自此传。
③ 黄久约：《重修中岳庙碑》，《金文最》卷 36。

的重要意义。

> 昔吾夫子禀天纵之能，蕴生知之圣，生于晚周，历聘不遇，会其弟子门人，传道授业于洙泗之上。德至博，无位而不得施；道至大，无时而不得行。于是删《诗》《书》，系《周易》，作《春秋》，使夫后世之人，达三纲，明五常，知君臣、父子之礼，夫妇、长幼之序。仰事俯育，养生丧死，优游长久，而无斗争伤残之患。不然，则生人之类，异乎禽兽者几希。

> 国家开创之初，方以混一车书，削平僭伪，除苛解娆，易法更制，未遑庠序之事，然于吾圣人之道，未尝不向意焉。主上（金世宗）之即位十六年，文恬武嬉，天下安乂，追述先猷，润色鸿业，由是礼隆乐备，百盅一新。乃诏有司，开设学校，教养士类，内自京师，外周藩府，士有常数，官给所须。方领矩步之徒，振振洋洋，抱负坟素，四方毕至，文风载郁，复见太平。自尔远近慕效，一时黉舍与夫宣圣祠庙，饰陋扶倾，稍见隆就，真至德之举也。①

金章宗即位后，黄久约又以"国富民贫、本轻末重、任人太杂、吏权太重、官盐价高、坊场害民、与夫选左右、择守令八事为献"，前六事为当时之弊政（这样的弊政金世宗在位时就存在），后两事则涉及用人问题，更可见黄久约对善政有较全面的要求。

（四）张大节重恤民

张大节（1121—1200年），字信之，五台（今属山西）人，天眷中（一说天德三年）进士，历任工部郎中、吏部尚书等职。②

张大节注重守君臣之正，即便与金世宗有旧交，但在其刚即位时，有人劝他立即去投靠，张大节明言："自有定分，何遽尔。"因为完颜亮当时还在位，张大节不能有背叛君主的举动，所以被后人赞为："世宗自立于辽东，归者如市，张大节独守正不赴。"

张大节在世宗朝曾受命出使宋朝，并参与铸钱和治理黄河，以忠实受到世宗的赞扬。此外，张大节还受命推排东京路户籍，"人服其平"。尤为重要的是，张大节敢于惩处豪强，任左警巡使时"以杖杀豪民为

---

① 黄久约：《涿州重修文宣王庙碑》，《金文最》卷36。
② 《金史》卷97《张大节传》。本小节引文未注明出处者，均来自此传。

有司所劾，削一阶解职”；亦敢于为百姓伸冤，任户部郎中时，“定襄退吏诬县民匿铜者十八村，大节廉得其实，抵吏罪，民斲石颂之”。

金章宗即位后，张大节更有两次为民请命的行为，值得注意。

> 章宗即位，（张大节）擢中都路都转运使，因言河东赋重宜减，议者或不同，大节以他路田赋质之，遂命减焉。
>
> 部有银冶，有司以为争盗由此生，付河东、西京提刑司与州同议，皆以官榷为便。大节曰：“山泽之利，当与民共，且贫而无业者，虽严刑能禁其窃取乎。宜明谕民，授地输课，则其游手者有所资，于官亦便。”上从其议。

张大节“素廉勤好学，能励勉后进，自以得学于任偁，待偁子如亲而加厚”。徐韪、王泽、吕造等人，都是经过张大节的提点，“卒成大名士”①。张大节还留下了鼓励新进士的诗作：“鹦鹉新班宴杏园，不妨老鹤也乘轩。龙津桥上黄金榜，三见门生是状元。”②

（五）刘焕重廉政

刘焕，生卒年不详，字德文，天德元年进士，历任管州刺史、同知北京留守事等职。

世宗在位时，刘焕曾就铸钱问题上言，已见前述。在他的入仕经历中，还有一些重要的善政表现，可列举于下。

> （刘焕）调任丘尉，县令贪污，焕每规正之。秩满，令持杯酒谢曰：“尉廉慎，使我获考。”
>
> 以廉升京兆推官，再迁北京警巡使。捕二恶少杖于庭中，戒之曰：“孝弟敬慎，则为君子。暴戾隐贼，则为小人。自今以往，毋狃于故习，国有明罚，吾不得私也。”自是，众皆畏惮，毋敢犯者。
>
> 召为监察御使，父老数百人或卧车下，或挽其靴镫，曰：“我欲复留使君期年，不可得也。”
>
> 再迁管州刺史，耆老数百人疏其著迹十一事，诣节镇请留焕，曰：“刺史守职奉法，乞留之。”

---

① 《中州集》卷8《张大节小传》。
② 张大节：《同新进士吕子成辈宴集状元楼》，《中州集》卷8。

世宗幸上京，所过州郡大发民夫治桥梁驰道，以希恩赏，焕所部惟平治端好而已。[1]

刘焕还特别写下《清安堂铭》，强调要以清廉作为入仕者的警戒。

夫官郡所以庇民，禄廪所以养廉，凡在食禄者，敢忘祗慎。况位高身宠，禄厚家温，当朝夕思警，以图报称。德恐不逮，而反贪墨，取祸丧身，不甚惑欤。君子则不然，行则思义，不为利回，故其保其禄位，无终身之忧，使后世称为清白吏，以此遗其子孙，不亦厚乎。清白之与浊，固有间矣。浊其贪也，贪则徇财，临事必私，祸惟自召，将丧亡之不免，如欲求安，其何以能也。清其廉也，廉则寡欲，临事必公，内省不疚，何忧何惧，至梦寐亦安，岂有倾危之祸哉。噫，与其浊富，宁为清贫。是以古人处心欲，清酌贪泉而心不易也。大定庚子（1180），来守是邦，顾公舍中堂，颓敝不葺久矣，于是革故鼎新，财用皆出于官，工役不劳于民。告成之日，额以"清安"，非敢遗戒于后人，即以自警云。铭曰："官有六计，为本清廉。何常弗思，贪墨无厌。廉保禄位，贪祸速败。堂名清安，以为警戒。"[2]

刘焕以公、私区分廉、贪，就是要说明儒家思想对官员廉政的根本性要求。

（六）对地方官员的善政要求

金朝中期的官员和文人，在留下的文章中有对地方官员尤其是郡守、县令的明确要求，可概述于下。

完颜亮在位时任福山县令的王炎，着重强调的是守令的移风易俗要求。

废齐以苛暴率天下，其治固无良法，独创立州县十余额，皆有兴利除害之实，不特以编户多寡为升降也。

其所以为治平之渐，岂偶然哉，亦且有司免于集事之稽，远民

---

① 《金史》卷128《刘焕传》。
② 刘焕：《清安堂铭并序（大定二十年）》，《金文最》卷10。

乐于输赋之近，强者镇于官府，而其欲不得逞，弱者便于赴愬，而其屈易以伸，则其利又可胜较耶。

为守为令者，将弊精神于簿书之间，驱吏民于鞭箠之下乎，固当以移风易俗为任也。苟有志焉，而终之以不怠，虽九州万里可同也。①

金世宗在位时任乾州刺史的郑彦文，强调的则是经常"思政"的要求。

大定戊子（1168）岁，余刺北幽，庚寅（1170）被命移守来此（乾州）。丁雨旸不时，伤我稼事，在牧民者，当得安养拯恤之方，载循空疏鲁钝，怵惕轸虑，惟恐蹶失，致以罪去。

每公余吏散，正襟危坐于其中，澡沦神观，疏剔荒塞，私自讼曰："尔于事君之忠有未尽乎？行己之道有未得乎？学校有未修乎？鳏寡有未恤乎？狱讼有未平乎？农桑有未劝乎？"谨当诵前言而不敢违，庶几幸免旷斥，少图补报国恩，以宽尸素之愧焉。②

无极县令冯某所建的"整暇堂"，亦是作为"思政"的场所。

圣人论治国、齐家、修身、正心，必本于诚意。虽事有大小，而施于有政，未有不先于正己而能正物者也。始平冯君为定之无极令，下车数月，政务毕举，又以其余力，修旧起废，治公宇而一新之。正寝之西，有屋三楹，西属厅事，取春秋栾针之语，榜其额为"整暇堂"。……君独政治此堂，以思为政治民之术，又知夫君子自治，事豫则立，而有取于整暇之说，可谓贤矣。③

金世宗在位时任和顺县令的马克礼，则以政绩印证了"贤官"的要求。

① 王炎：《福山县令题名记（贞元元年）》，《金文最》卷11。
② 郑彦文：《乾州思政堂记（大定十一年）》，《金文最》卷11。
③ 李嗣立：《整暇堂记（大定二十四年）》，《金文最》卷13。

夫为民而置吏者，君也；赖吏而治者，民也；受君之责，导民之善者，吏也。吏得人则法平政成，不则王道驰而败矣。故《诗》有《伐檀》之刺，《易》兴覆餗之讥。大抵贤者在位，能尽其治，则民赖其利，物荷其恩矣。若使无能而莅官，非才而守位，与夫不学操刀、弗贯登车者，制锦思获者，又何异焉。《书》云："无旷庶官，天工人其代之。"此之谓也。故明主不敢以私授，忠臣不敢以虚受。

国朝悬爵待贤，重禄劝士，选用清白任从政者，为亲民之吏。亲民之吏，莫急于诸县之寄。诸县之寄，出宰百里，民之师帅，所使承流而宣化者也。若师帅不贤，则主德不宣，恩泽不流，与奸为市，民受其殃。

公（马克礼）下车之始，振举乾纲，剔厘弊政。可则因之，否则革之。夙夜惟寅，恒如不逮。惟公生明，以宽继猛。听断以法，无好恶之私；照察情伪，如神明之鉴。……其廉也，足以比冰玉；其平也，足以拟权衡；其忠也，足以事君上；其孝也，足以奉祖先。是以三载之间，教化大成，一境之民，视仪取则，去贪远罪，熙熙然安其田里，皆表倡之所致也。[①]

金世宗在位时，济源县令夏禔同意新建石桥，体现的是守令"顺民意"的要求。

后世政务姑息，民各自私，风俗靡靡，日入于衰坏。居官者以簿书期会为急，偷容苟合，趣过目前，视民之利病，若越人视秦人之肥瘠，曾不加意。相薰以此，故历载数百，其于治效未可以得志也。尝谓道之在天下，其宏大奥秘，不可得而言，至于手足之所营，耳目之所接，凡所以教民生养之具，固不待疲精耗神、殚精竭虑而后能也，其要甚明，其法具在，顾以谓不足为而不为耳。惟其不足为而不为，是以人思便己，而庶务因以不举。且天之生是民也，将使以大治小，以贤治不肖，岂独饱食安坐，务快其心而已乎。

大定十五年春，淇川夏公禔来宰是邑，视事之初，问民所欲为及所未便，皆以次而兴除之，期月之间，政化有成。于是众请于

---

① 严坦：《和顺县令马公德政碑（大定十九年）》，《金文最》卷36。

公，愿易新斯桥，以救民弊，且命浮屠灵济主其事，劝导办集，一以委之。

是举也，顺民之请，民劝趋之，上下相亲，志同而意合。①

金世宗在位时，任长子县令的乌塘，体现的则是"均平赋税"和减轻百姓负担的要求。

公（乌塘）聪明刚正，遇事不惑，慑服豪右，矜扶贫弱，善良受赐，奸猾胆裂，俾强宗大族敛手而无敢犯者。每当差发，无不均平。听理词讼，略无少曲。凡下乡勾追，止转牌子。由是一境晏然，无犬吠之警，致奸狱衰息，蚕谷屡登。累年逃移民户，闻公仁惠，往往复业。

本县夏秋纳税，二万石为常数，从来不许人户踏仓，皆为兼并者所揽，须倍于常数，方得仓钞。其间阻遏万状，县吏乡胥得以为奸，弊倖百出。自公到任，戒敕人户亲纳，不容入兼并之手。公躬自监押赴州仓，输上踊跃，负载而出，计之常岁，省民粟约二万余石。又潞州岁造军器为常课，其物料旧例下县科配，本县所当数余万贯。自公到任，止令积钱于市，召人鬻而易之，随其出处而购之，不五百千已足其数，亦公自监押赴州库输之，库吏不得肆其侵没，迄今州县效以为常，岂小补之哉。②

由宋入金的甘陵（今属河北）人毛硕，在任职地方时，体现的则是"利民"要求。

天德二年，充陕西路转运使，（毛）硕以陕右边荒，种艺不过麻、粟、荞麦，赋入甚薄，市井交易惟川绢、干姜，商贾不通，酒税之入耗减，请视汴京、燕京例给交钞通行。而巩、会、德顺道路多险，盐引斤数太重，请一引分作三四，以从轻便，朝廷皆从之。秦州仓粟陈积，而百姓有支移者，止就本州折纳其直，公私便之。改河东南路转运使，上言："顷者，定立商酒课，不量土产厚薄、

① 王藏器：《济源县创建石桥碑（大定二十二年）》，《金文最》卷36。
② 刘丙：《长子县令乌公德政碑（大定二十一年）》，《金文最》卷36。

户口多寡及今昔物价之增耗，一概理责之，故监官被系，失身破家，折佣逃窜。或为奸吏盗有实钱，而以赊券输官，故河东有积负至四百余万贯，公私苦之。请自今禁约酒官，不得折准赊贷，惟许收用实钱，则官民俱便。"

毛硕亦注意吸取古人经验："每见古人行事有益于时者，常书置座右，以为莅官之戒云。"①

被誉为"循吏"的人，则是以实际行动来体现善政的要求，可列举一些例证。

贾彦，生卒年不详，字子美，中都（今属北京）人，任平山县令时，"政声洋溢，凡奸猾之党，傲侮之吏，咸革面改行，以至总府邻郡移鞫质成之讼，折以片言，人不能欺。而又砥平赋税，黎庶所乐者深矣"②。

刘敏行，生卒年不详，平州（今属河北）人，天会三年进士，任肥乡县令时，"岁大饥，盗贼掠人为食。诸县老弱入保郡城，不敢耕种，农事废，畎亩荒芜。敏行白州，借军士三十护县民出耕，多张旗帜为疑兵，敏行率军巡逻，日暮则阅民入城，由是盗不敢犯而耕稼滋殖"。改任高平县令，"县城圮坏久不修，大盗横恣，掠县镇不能御。敏行出己俸，率僚吏出钱顾役缮治，百姓欣然从之，凡用二千人，版筑遂完。乡村百姓入保，贼至不能犯"③。

卢克忠，生卒年不详，贵德州奉集（今属辽宁）人，世宗大定二年任北京副留守，"会民艰食，克忠下令凡民有蓄积者计留一岁，悉平其价籴之，由是无捐瘠之患"④。

还有儒者苏仲礼、宋淇等人集资开广济渠，以利于农田灌溉，亦体现了"国之本在农，农之资在水"的要义。⑤

善政作为一种重要的政治观念，确实需要以具体作为来体现，所以不能低估推行善政者所起的重要作用。

---

① 《金史》卷92《毛硕传》。
② 吴浩：《重修平山县城记》，《金文最》卷11。
③ 《金史》卷128《刘敏行传》。
④ 《金史》卷128《卢克忠传》。
⑤ 张元诘：《开广济民渠记（正隆三年）》，《金文最》卷11。

四　赵可等人的以文兴邦观念

赵可、杨伯仁、郑子聃、傅慎微等人用文章、诗词襄助朝政，尤其是对科举、著书等的倡导，所表现的都是以文兴邦的重要政治观念。金朝中期，亦出现了一些重要的著作，一并介绍于下。

（一）赵可以文助政

赵可（？—1188 年），字献之，高平（今属山西）人，贞元二年进士，任翰林修撰、翰林直学士等职，著有《玉峰散人集》（亦称《玉峰闲情集》），已佚。①

赵可参加科举时即崭露头角，后来作为词臣，撰写了《大金得胜陀颂碑》和册立完颜璟为皇太孙的册文，已见前述。后人对于赵可以诗、文被完颜亮、金世宗、金章宗所重视，有以下记载。

> 赵翰林可献之，少时赴举，及御帘试《王业艰难》赋，程文毕，于席屋上戏书小词云："赵可可，肚里文章可可。三场捱了两场过，只有这番解火。恰如合眼跳黄河，知他是过也不过。试官道王业艰难，好交你知我。"时海陵庶人（完颜亮）亲御文明殿，望见之，使左右趣录来，有旨谕考官："此人中否当奏之。"已而中选，不然亦有异恩矣。后仕世宗朝，为翰林修撰。因夜览《太宗神射碑》，反复数四，明日，会世宗亲飨庙，立碑下，召学士院官读之，适有可在，音吐鸿畅如宿习然，世宗异之。数日，迁待制。及册章宗为皇太孙，适可当笔，有云："念天下大器可不正其本欤，而世嫡皇孙所谓无以易者。"人皆称之。后章宗即位，偶问向者册文谁为之，左右以可对，即擢直学士。嗟乎，献之三以文字遇知人主，异哉。②

赵可还专门记录了完颜亮在位后期华州蒲城乔县丞激励民众守城的情况。

> 正隆之季，关陕空虚，华州密迩商、邓，人心动摇。令与尉皆

---

① 《金史》卷125《赵可传》。
② 刘祁：《归潜志》卷10，第116—117 页。

携家遁去，君（乔县丞）召耆老告之曰："今事势如此，南军（宋军）且至，尔等何以御之？"皆曰："有降而已。"君复好谓曰："国家之兴，实天所授，人荷宽政亦已久矣，其忍负之乎。苟如所言，将舍顺效逆。一旦朝廷以偏师至，南军奔溃不暇，从之而去者，为官军所乘，皆死于踩躏，其不能去者，责以背叛孥戮之。今丁口数万，同一心力，足以自固。吾为尔等计，莫若善垒浚隍，厉兵积粟。吾虽不肖，愿率先父老，以图共守，此万全策也。"众皆喜曰："敬受令。"

未几，渭南、赤水、华州、华阴、白水、下邽皆为南军所据，贼杨万、李孝章率众傅城，自冬及春，首尾凡四月，诱胁百方，君誓死无二，人知感激自奋，贼不能攻。大定二年春正月，官军至，贼始散走，君空壁而出，与官军合击，追奔数十里，振旅而还。君虑民之尝陷于贼者不能无罪，谕使自陈。其后捉杀使诛从乱者，此邦之人独赖以免，人亦感君之恩，绘君像，户皆祠之。[1]

大定二十七年十二月，赵可奉命出使高丽，曾写下两篇诗、词，出使返回后赵可即病逝。[2]

江上东风冷不禁，晚云翻手弄晴阴。春来天气不全好，夜久雪花如许深。暖老正思燕地玉，辟寒谁有魏台金。空斋寂寞青绫被，学得东山拥鼻吟。[3]

云垂余发，霞拖广袂，人间自有飞琼。三馆俊游，百衔高选，翩翩老阮才名。银汉会双星，尚相看脉脉，似隔盈盈。醉玉添春，梦云同夜惜卿卿。离觞草草同倾，记灵犀旧曲，晓枕余醒。海外九州，邮亭一别，此生未卜他生。江上数峰青，怅断云残雨，不见高城。二月辽阳芳草，千里路旁情。[4]

在诗、词中，赵可亦对古来的朝代兴亡等颇多感慨，实则是要看破

---

① 赵可：《华州蒲城丞乔公墓志》，《金文最》卷45。
② 《金史》卷8《世宗纪下》；刘祁：《归潜志》卷10，第117页。
③ 赵可：《来远驿雪夕（使高丽时作）》，《中州集》卷2。
④ 赵可：《望海潮·发高丽作》，《中州乐府》。

红尘，不要太记挂功名。

> 天下英雄操（曹操）与君（刘备），老奸岂是一流人。乘时不作池中物，得士能令鼎足均。故里柔桑曾羽葆，荒祠古木尚龙鳞。天教典午亡吴魏，雅志呜呼竟不伸。①
>
> 云朔南陲，全赵幕府，河山襟带名藩。有朱楼缥缈，千雉回旋，云度飞狐。绝险天围紫塞，高寒吊兴亡。遗迹咫尺，西陵烟树苍然。时移事改，极目伤心不堪。独倚危阑，惟是年年，飞燕霜雪。知还楼上，四时长好。人生一世，谁间故人有酒，一尊高兴，不减东山。②
>
> 明月在青天，借问今时几。但见宵从海上来，不觉云间坠。流水古今人，共看皆如此。唯愿当歌对酒，时长照，金尊里。③

赵可作为词臣，也算是尽到了以文助政的责任。只是诗、文散佚，难以说明其重要的政治观点。

（二）郑子聃享誉科举

郑子聃（1126—1180 年），字景纯，大定府（今属内蒙古）人，天德三年进士，历任翰林修撰、左谏议大夫、翰林直学士等职。

郑子聃自恃文才高于他人，所以不惜参加两次科举考试，必要拿下状元而后已。

> （郑）子聃及冠，有能赋声。天德三年，（杨）丘行为太子左卫率府率，廷试明日，海陵（完颜亮）以子聃程文示丘行，对曰："可入甲乙。"及拆卷，果中第一甲第三人。
>
> 子聃颇以才望自负，常慊不得为第一甲第一人。正隆二年会试毕，海陵以第一人程文问子聃，子聃少之。海陵问作赋何如，对曰："甚易。"因自矜，且谓他人莫己若也。海陵不悦，乃使子聃与翰林修撰綦戬、杨伯仁、宣徽判官张汝霖、应奉翰林文字李希颜同进士杂试。七月癸未，海陵御宝昌门临轩观试，以"不贵异物民

---

① 赵可：《谒先主庙》，《全辽金诗》上，第 655 页。

② 赵可：《望海潮·代州南楼》，《中州乐府》。

③ 赵可：《卜算子·谱太白诗》，《中州乐府》。

乃足”为赋题，“忠臣犹孝子”为诗题，“忧国如饥渴”为论题。上谓读卷官翟永固曰：“朕出赋题，能言之或能行之，未可知也。诗、论题，庶戒臣下。”丁亥，御便殿亲览试卷，中第者七十三人，子聃果第一，海陵奇之。①

郑子聃“英俊有直气，其为文亦然，平生所著诗文二千余篇”，可惜流传下来的甚少。从他的诗作“一钱不直程卫尉，五斗解醒刘伯伦。读罢离骚解衣卧，门前花柳自争春”看，② 应有较强的赋闲倾向。金世宗认为“修《海陵实录》，知其详无如子聃者”，所以委任郑子聃负责《海陵实录》的修撰，就是期望发挥其专心治史的特长。

（三）杨伯仁的词臣风范

杨伯仁（？—1185年），初名杨伯英，因避讳改名，字安道，杨伯雄之弟，皇统九年进士，长年在翰林院任职，完颜亮、金世宗两朝均为重要词臣。③

完颜亮欣赏杨伯仁的文才，既要求他吟诗作赋，也让其介入科举文章的评价。

> 海陵（完颜亮）尝夜召（杨伯仁）赋诗，传趣甚亟，未二鼓奏十咏。海陵喜，解衣赐之。海陵射乌，伯仁献《获乌诗》以讽。
> 进士吕忠翰廷试已在第一，未唱名，海陵以忠翰程文示伯仁，问其优劣，伯仁对曰：“当在优等。”海陵曰：“此今试状元也。”伯仁自以知忠翰姓名在第一，遂宿谏省，俟唱名乃出，海陵嘉其慎密。

金世宗在位时，更欣赏杨伯仁的“文词典丽”，并曾表示：“自韩昉、张钧后，则有翟永固，近日则张景仁、郑子聃，今则伯仁而已，其次未见能文者。吕忠翰草《降海陵庶人诏》，点窜再四，终不能尽朕意，状元虽以词赋甲天下，至于辞命，未必皆能。凡进士可令补外，考其能文者召用之。”

---

① 《金史》卷125《郑子聃传》。本小节引文未注明出处者，均出自此传。
② 郑子聃：《即事》，《中州集》卷9。
③ 《金史》卷125《杨伯仁传》。本小节引文未注明出处者，均出自此传。

杨伯仁留下的文字，确实展现了他的独特文风，可节引于下。

　　昔我始祖景元皇帝肇基王迹，遂荒大东。迄我太祖仁兵一举，爰革辽命。及我太宗继伐祖□，奄定华夏。我主上（金世宗）亦由东都□纂大统，肇开中兴，皆符帝出乎震之义也。乃眷岱宗之神，乘震秉箓，实司东方。东方者万物之始，故为群岳之长。我国家受命之攸在，虽德自天启，亦为神之阴相哉。□圣在位之十有七年，内外晏清，礼乐修举，祭帝于郊，而百神受职，民和物丰，靡有灾害。凡岳镇、海渎、名山、大川，率命有司崇饰其庙貌，严寅其祀事，岁时亲署祝版，遣驿命守臣侍祠，皆首于岱宗。

　　牲酒圭币，荐羞以时，致献善祝，神之听之。圣人之德，圣人之寿，泰山之高，泰山之久。圣人之业，圣人之基，泰山之固，泰山之维。①

　　杨伯仁作为词臣，对朝政亦有所议论。他不仅在世宗朝曾"上书论时务六事"，还曾在世宗巡幸凉陉时建言："车驾至曷里浒，西北招讨司圉于行宫之内地矣。乞迁之于界上，以屏蔽环卫。"这一建议被世宗采纳。②

（四）移剌履重经重礼

　　移剌履（1131—1191 年），又译耶律履，字履道，号忘言居士，契丹人，赐大定三年进士，世宗即位后任国史院编修官，参与翻译和注释儒家经典，倡言开女真进士科并修成《乙未历》，已见前述。

　　移剌履熟读经史，最为佩服的宋朝大臣是苏轼，并隆重向金世宗推荐苏轼的奏议等。

　　兴陵（金世宗）尝问："宋名臣孰为优？"履道以苏端明轼对。上曰："吾闻轼与王诜交甚欢，至作歌曲，戏及姬侍，非礼之甚，尚何足道耶？"履道进曰："小说传闻，未必可信。就使有之，戏笑之间亦何得深责。世徒知轼之诗、文人不可及，臣观其论天下事，实经济之良才。求之古人，陆贽而下，未见其比。陛下无信小

───────────────

①　杨伯仁：《重修东岳庙碑（大定二十二年）》，《金文最》卷37。
②　《金史》卷89《移剌子敬传》。

说传闻，而忽贤臣之言。"明日，录轼奏议上之，诏国子监刊行。①

金章宗即位后，移剌履升任参知政事、尚书右丞，除了主持编撰《辽史》外，还有三项重要的作为。

一是力排众议，坚持金世宗的祭拜等要符合朝廷的礼仪规范。

世宗崩，遗诏移梓宫寿安宫。章宗诏百官议，皆谓当如遗诏，（移剌）履独曰："非礼也。天子七月而葬，同轨毕至。其可使万国之臣朝大行于离宫乎？"上曰："朕日夜思之，舍正殿而奠于别宫，情有所不忍，且于礼未安。"遂殡于大安殿。②

二是针对常年存在的"二税户"问题，强力主张放奴为良。

章宗大定二十九年十一月，上封事者言，乞放二税户为良。省臣欲取公牒可凭者为准，参知政事移剌履谓："凭验真伪难明，凡契丹奴婢今后所生者悉为良，见有者则不得典卖，如此则三十年后奴皆为良，而民且不病焉。"上以履言未当，令再议。省奏谓不拘括则讼终不绝，遂遣大兴府治中乌古孙仲和、侍御史范楫分括北京路及中都路二税户，凡无凭验，其主自言之者及因通检而知之者，其税半输官，半输主，而有凭验者悉放为良。③

三是指出进士不读书的恶习应该改变。

章宗初即位，好尚文辞，旁求文学之士以备待从，谓宰臣曰："翰林阙人如之何？"张汝霖奏曰："郝俣能属文，宦业亦佳。"上（金章宗）曰："近日制诏惟党怀英最善。"移剌履进曰："进士擢第后止习吏事，更不复读书，近日始知为学矣。"上曰："今时进士甚灭裂，《唐书》中事亦多不知，朕殊不喜。"④

---

① 《中州集》卷9《耶律履小传》。
② 《金史》卷95《移剌履传》。
③ 《金史》卷46《食货志一》。
④ 《金史》卷125《党怀英传》。

移剌履由国史院起身，在诗作中自然是强调了史官所为甚为重要："不学知章乞鉴湖，不随老阮醉黄垆。试从麟阁诸贤问，肯屑兰台小史无。一战得侯输妄尉，长身奉粟愧侏儒。禁城钟定灯花落，坐抚尘编惜壮图。"①

（五）李守纯说孔子之道

李守纯，生卒年不详，金世宗在位时曾就赞扬泰安州兴学的机会，阐释了他对孔子之道的看法。

被国家教育之恩者，当如何哉，固不可泥于章句而止也。当以致君泽民为心，知其所以学者，而务进焉。所以学者何哉，曰道也。道之在人，则为性，性之妙用，则为神，散之于应物，则为五常。如或好仁、好义、好礼、好智、好信，而未造乎道，则其应物也，虽劳心役虑，求合于五常而处之，然亦不能无蔽，孔子于是有六言六蔽之戒也。若乃造道之深，则居之安，居之安，则资之深，资之深，则取之左右逢其原。故其应物也，不待劳心役虑求合于五常，而自然合矣，孔子于是有"一以贯之"之语也。由此言之，学者之所当以道为事也。

子又曰："朝闻道，夕死可矣。"岂非欲夫学者之以道为事耶。犹恐乎未之能入，复示其所以入之之门，曰："知几其神乎，君子上交不谄，下交不渎，其知几乎。"当是之时，颜子不幸，曾子独得其传。曾子传之子思，子思传之孟子。其子思之论道，则曰："天命之谓性，率性之谓道，修道之谓教。"又曰："至诚之道，可以前知，至诚如神。"孟子之论道，则曰："存其心，养其性，所以事天也。"又曰："大而化之之谓圣，圣而不可知之之谓神。"夫二子之立言，无少诡于孔子者。兰陵荀卿反独非之，谓法先王而不知其统。呜呼，荀卿胡为而云尔也，是与二子同门而异户欤，是其学之浅，不足以知其深欤。徐以其所著之书考之，盖其学之浅，不足以知其深也。何则？荀卿有曰："学者始乎为士，终乎为圣人。"观乎其意，则是以圣为道之极也。岂知子思、孟子以神为道之极，

① 耶律履：《史院从事日感怀》，《中州集》卷9。

而得孔子之所传者欤，宜乎妄生诋訾而不顾也。守纯以谓儒家者流，必欲助吾君明教化，不先造孔子之道，则难矣。必欲造孔子之道，不先践子思、孟子之言，亦难矣。而荀卿之说，反使天下后世有惑于二子，失其所趋向，故为辨之，俾学者知其所以学焉。他日或为朝廷之用，庶几乎不迷于政矣。①

李守纯的论说虽然粗浅，但是含有一点理学的意蕴，对这一点应特别注意。

（六）王朋寿增修《类林》

王朋寿，生卒年不详，号鲁老，金世宗在位末年撰成《增广类林》一书，全书已佚，从该书的序中可见其增修《类林》的目的。

传记百家之学，率皆有补于时，然多散漫不伦，难于统纪。故前有区别而为书，号为《类林》者，其来尚矣。惜乎次第失序，门类不备。予因暇日，辄为增广，第其次序，将旧篇章之中，添入事实者加倍，又复增益至一百门，逐篇系之以赞，为十五卷，较之旧书，多至三倍。若夫人君之圣智幽明，臣子之忠贞节义，父子兄弟之孝慈友爱，将相之权谋大体，卿士之廉洁果断……凡六合之内所有，无不概举。虽不敢谓之知所未知，亦可谓之具体微矣。其于善者不敢加于褒饰，恶者不敢遂有贬斥，姑取其本所出处，芟其繁、节其要而已。②

《增广类林》的百篇赞现存八十四篇，可节录与治道有关的赞文于下。

孝行篇：孝乎惟孝，百行之先。大哉虞舜，圣性自然。顽父嚣母，不格于奸。象惭傲很，罔敢恣专。文王尽礼，寝门问安。供勤子职，万世师焉。

礼贤篇：太平基本，资于礼贤。古圣垂法，明王则焉。诗歌乐只，实美周宣。苏公必饱，式间必虔。黄金峻极，白璧详延。果能

① 李守纯：《泰安州重修宣圣庙碑（大定二十三年）》，《金文最》卷37。

② 王朋寿：《增广类林序》，《金文最》卷19。

此道，何千万年。

高士篇：士有高尚，从昔攸闻。父不得子，君不能臣。卷舒从道，与时屈伸。富贵荣宠，忽如浮云。林泉啸傲，田亩耕耘。比迹黄绮，巢由与邻。

儒行篇：缝掖之衣，章甫之冠。象服是宜，行之惟难。威而不猛，敬而能安。即之以温，望之俨然。孔圣之为，万世宗传。凡百儒者，则而效焉。

忠谏篇：事君无隐，贵夫尽忠。补过救恶，古今所同。比干龙逢，遭时鞠凶。夔龙稷契，言则斯从。由其所遇，治乱攸钟。后王戒哉，听纳惟聪。

纳谏篇：圣贤相逢，实难其时。都俞吁咈，谟谋畴咨。唐虞敷试，禹拜汤稽。言之斯尽，听之不疑。如石投水，如木从规。君其若此，永固邦基。

拒谏篇：忠言嘉谟，达于治体。通适人情，惠迪物理。将败之邦，鲜克听是。峻却忠臣，囚奴正士。祸不旋踵，巢倾卵毁。拒谏之君，恶夫逆耳。

清吏篇：敕官居位，禄以代耕。衣食粗给，复何所营。是以君子，务其廉平。如玉之洁，如冰之清。守正不挠，自公生明。芬芳千古，夷齐抗衡。

酷吏篇：呜呼暴虐，夫何不仁。割制民命，罗罔群伦。抽肠抉目，擢发刳身。陷害必信，公方莫伸。熏船炙瓮，钉摸蛋盆。好还斯报，宜观俊臣。

讲说篇：圣经玄奥，讲说能通。诠文论义，雅正斯从。文学导志，理以折衷。不僻不陋，率取中庸。难疑答问，极究研穷。师资是赖，成允成功。

市井篇：市井致民，其来尚矣。自昔神农，玩爻析理。噬嗑象宜，缘情逐类。以聚货钱，以通财利。垄断之登，关司征税。贪残之为，率非善治。①

王朋寿的赞文，陈述的都是通俗易懂的道理，其中对君、臣行为的

---

① 王朋寿：《类林百篇赞》，《金文最》卷10。

规范性要求，尤其值得注意。

（七）《道德经》的诠释

老子所著《道德经》，在金朝中期受到一些文人的重视，并出现了一些重要的诠释著作。

《道德真经全解》，署名为金朝的时雍所著，但是按照时雍的说法，此书作者不详，他只是刊刻了该书而已。

> 混元五千文，注解行于世者亦多矣。类皆分章析句，前后不相贯穿，智凿臆说，非自得之学。致微言奥义，暗而不明，郁而不发，览者病于多岐，莫知所向。故人却去华，自真定复归于亳，出《道德全解》示仆，莫知名氏。玩味细绎，心目洞开，平昔疑难，涣然冰释。内外混融，义若贯珠，度越常情陪万，殆非世学所能拟议。盖高仙至人，愍世哀蒙，披发玄奥，所谓道隐无名，而善贷且成者也。仆既得斯文，不忍独善，遂勉两金诸友，哀诸好事，命工镂版，以广其传。[①]

《道德真经全解》在诠释治国之道方面的注解，可以转引几例于下，得以了解注解者对"无为而治"的理解。

> 唯天道乃谓之常无，体天之道，无欲而无为，用地之道，无动而常静。以天地之道合于人，得冲和之气而为美，美之大者，难形难名，将以治世而安人，如天地之道。故在上无欲，则民纯静而化，兴其美之为美，不可得而尽矣。斯道也，为纯为朴，故道可道而不可道也，而合于真常之道。常无欲以观其妙者，以其常静而不动，不动则形归于中而神不散，故真常之道而妙见矣。妙无动而常寂，大化行于世，亦如身之无弊而乐，洞真守一，其于妙者亦无名矣。至如国有君，君无所好，民无所欲，故纯厚之风而无浇秽，故常无欲而观其妙。[②]

> 贤者有智，尚之则民争，货者有欲，贵之则盗贼多有。贤者名

---

① 时雍：《道德真经全解序（正隆四年）》，《道德真经全解》卷首，正统道藏本。

② 《道德真经全解》卷上《道可道章第一》。

也，货者利也，人之可欲，莫大于名利。既不尚不贵，是谓不见可欲。不见可欲，则神乃守形，心何得而乱焉。是以圣人不尚贤，体天之无知；不贵货，法地之无欲。体天而虚其心，法地而实其腹，心之虚也，志自弱矣，腹之实也，骨自强矣，若是则常使民无知无欲，使大贤者虽有知，而圣人镇之，不敢以有为也。是谓为无为则无不治矣。①

善下而安静，故曰居善地；益深而莫测，故曰心善渊；此二者，几地道欤。泽及而不偏，故曰与善仁；行险而不失，故曰言善信；此二者，几天道欤。内明而外平，故曰政善治；性润而材因，故曰事善能；此二者，几常道欤。虽善利万物，几于天地之道，如此然皆作用而适可者也，故曰动善时。动善时者，何争之有，此其所以无尤。②

盈者，功成也。锐者，名遂也。既功成名遂，则有身退之理，是乃阴阳进退盈亏之运也。若能守慈俭之道，则去功与名，还与众人，何盈锐之有哉。③

大道废，有仁义者何？仁可为也，义可亏也，以其反常道无为，故大道废也。智慧出，有大伪者何？智有知也，惠有察也，以其反天道无知，故有大伪也。六亲不和，有孝慈者何？孝者各亲其亲，慈者各子其子，以其反地道无欲，故六亲不和也。国家昏乱，有忠臣者何？见危政命，谏不避死，以其反王道之正，显忠臣之节也。夫大道溟涬，无废无兴，古今不异，人自废之，亦天地阴阳之数也，然穷则变，变则通，通则久矣。有圣人者，以道莅天下，会于七而不恃，薄于义而不积，民归淳朴而智慧者消，人无机巧而诈伪者息，风化淳而孝慈复泯，一人正而忠臣自顺，此之谓至治。④

---

① 《道德真经全解》卷上《不尚贤章第三》。
② 《道德真经全解》卷上《上善若水章第八》。
③ 《道德真经全解》卷上《持而盈之章第九》。
④ 《道德真经全解》卷上《大道废章第十八》。

兵，凶器。战，危事。争，逆德。故以道佐人主者，不以兵强天下，其事好还，所谓反乎尔者也。师之所处，下夺民力，故荆棘生焉。大军之后，上违天和，故有凶年。故善者，果而已矣，不敢恃兵强而取胜于天下也。①

以道莅天下者，常使民无知无欲，故人各安其所而不争，粪其田畴而已。及其下衰世，无以兴乎道，则见可欲而不知足，于是有欲得之心，乃始夺攘矫虔，冯陵疆土，而戎马生于郊也。反观诸身，即在我之天下，故有道于身，则安其分量，以厚吾寸田之守，失道于身，则驰骋田猎令心发狂，而方寸之田已失矣。故罪莫大于可欲，祸莫大于不知足，咎莫大于欲得，皆不安其分量之过也。其已甚，则争夺随之。若能安其性命之分，还身意所欲，清冷而自守，则取足于身而得矣，夫岂有不足哉。②

圣人于天下何如哉，亦处无为之事而已。处无为之事，乃可以取天下，故取天下者常以无事也。然天下神器，不可为也，为者败之，执者失之，及其有事，亦不足以取天下矣。知天下不可以有事取，则要当学其所不学，以至无为之道。③

王者以民为天，而民以食为天。圣人之治，省刑罚，薄税敛，知天之天，然后民可得而保也。食税之多，以其赋重，而不知薄税敛以养之，故民之所以饥。上之有为，以其政烦，而不知省刑罚以安之，故民之所以难治。凡人之情，兴于富庶，然后有怛心，还于淳朴，然后无他欲。至于饥而难治，则不安其分量，而欲利之愈勤，是以于生太厚而动之死地者有之，故人之所以轻死也。④

《道德经》另一个注解本的作者李霖，字宗傅，饶阳（今属河北）人，他解释了注解《道德经》的政治意义。

---

① 《道德真经全解》卷上《以道佐人主章第三十》。
② 《道德真经全解》卷下《天下有道章第四十六》。
③ 《道德真经全解》卷下《为学日益章第四十八》。
④ 《道德真经全解》卷下《民之饥章第七十五》。

物之其由者，道也。道之在我者，德也。道妙无形，变化不测。德显有体，同焉皆德。自其异者，视之则有两名。自有同者，视之其实一致。末学之人言道者，每不及德，言德者，罔及于道，此道德所以分裂不见其纯全也。犹龙上圣，当商末世，叹性命之烂漫，悯道德之衰微，著书九九篇，以明玄玄之妙。言不逾于五千，义实贯于三教。内则修心养命，外则治国安民，为群言之首，万物之宗。大无不该，细无不遍，其辞简，其义丰，洋洋乎大哉。自有书籍已来，未有如斯经之妙也。后之解者甚多，得其全者至寡，各随所见，互有得失。通性者，造全神之妙道，于命或有未至。达命者，得养生之要诀，于性或有未尽。殊不知性命兼全，道德一致尔。霖自幼及壮，谩诵玄言，以待有司之问。今已老矣，欲讨深义，以修自己之真。自度耄荒，难测圣意，今取诸家之善，断以一己之善，非以启迪后学，切要便于检阅，目之曰《取善集》，览者幸勿诮焉。①

刘允升则赞扬李霖"会聚诸家之长，并叙己见"的治学精神，使世人能够了解老子《道德经》的精髓。

老氏当商之季，悯其世道衰微由乎文弊，于是思复太古之纯，载畅玄风，以激其流俗。至于轻蔑仁义，屏斥礼学，盖非过直无以矫枉，仲尼所以钦服。既见，则叹其犹龙。惟圣知圣，始云其然也。

呜呼，（韩）愈负其才而昧于道，是亦聋盲于心，而不知太山雷霆可以惊其耳而骇其视也。一言以为不智，每贻君子之叹息焉。笃信之士，代不乏人，各随其意，为之注解，殆数十家，不惟观览之烦，抑掊集之不易。饶阳李霖，字宗傅，性善恬淡，自幼至老，终身确然，研精于五千之文，所谓知坚高之可慕，忘钻仰之为劳，会聚诸家之长，并叙己见，成六卷。譬若八音不同，均适于耳，五味各异，皆可于口。庶广其见，而博其知，以斯而资同道，为功岂

① 李霖：《道德真经取善集序》，《道德真经取善集》卷首，正统道藏本。

小补哉。王宾廼先生之旧友也，赏其勤而成其志，命工镂板，俾好事者免缮写之劳，推而用心，可不谓之仁乎。①

李霖的自述确实有特点，如对《道德经》前三章，就有以下的概括。

> 此章言圣人体道无为而治也。不尚贤，不贵货，虚心实腹，弱志强骨，是圣人体道治身而无为也。使民不争而同乎无知，使民不盗而同乎无欲，则无不治也。《经》曰："道常无为而无不为。"侯王若能守，万物将自化，无为而治者，虞舜之所以为帝，垂拱而治者，周武之所以为王。故曰："帝王无为而天下功。"三篇统论，首篇言道可道，夫可道之道，非真常之道也。真常之道，离言说，超形名，悟者自得。能悟之者，忘美恶，齐善否，故以天下皆知次之。既不为二境回换，则是非美恶不藏于胸中，故以不尚贤次之。不尚贤，不贵货，则方寸之地虚矣。虚则腹实，此精神内守道德之极致也。学者精此三篇，则经之妙旨，斯过半矣。②

再如对"治大国，若烹小鲜"，李霖的解释是："此章欲人君以道治天下，莫之为而任自然，故幽明各安其位，人神不相杂拷，而德交归焉。帝尧之时，绝地天通罔有降格，夏后之世，山川鬼神亦莫不宁，此帝王无为而治天下也。"③

李霖在《道德真经取善集》中，还特别强调了道、德为一的观点：

> 未形之先，道与德俱冥。既形之后，道与德俱显。孰为道乎，物莫不由者是已。孰为德乎，道之在我者是已。自其异者视之，道之与德，虽有两名。自其同者视之，道之与德，不离一致。道降为德，而德未始外乎道。德出于道，而道未始外乎德。《南华经》云："一之所起，有一而未形，物得以生之谓德。自其有一未形而言，谓之道。自其物得以生而言，谓之德。"又曰："德总乎道之

---

① 刘允升：《道德真经取善集序》，《道德真经取善集》卷首。
② 《道德真经取善集》卷1。
③ 《道德真经取善集》卷10。

所一，道德合则浑而为一，离则散而为二。"今言《道德经》者是
也。言《道经》《德经》者，非也。后人见上经之首取其道可道，
因名为《道经》也，下经之首取其上德不德，因名为《德经》也，
兹道德之所以分裂欤。若上经止言其道，何以言孔德之容，唯道是
从，是道不离于德也。若下经止言其德，何以言道生之，德畜之，
是德不离于道也。以经考之，道德相须，不可遍举。尝试论之，夫
道非德无以显，德非道无以明。道无为无形，故居化物之先。德有
用有为，故在生化之后。道居先，故处于上。德居后，故处于下。
道德合而为一，不可分而为二也。《西升经》云："道德一合，与
道通也。"《南华经》云："形非道不生，生非德不明，存形穷生，
立德明道。"以是推之，道德相须而不相离也，明矣。①

　　《道德经》还有一个注解本是古襄（今属河南）人寇才质所著的《道
德真经四子古道集解》，集解的目的也是为了避免对老子著作的误读。

　　　　仆草泽无名之野人也，素不以进取介意。及冠之后，酷嗜恬淡
之乐，究丹经卜筮之术。至于晚年，读古人书，披阅诸子，探赜聊
经之奥，章章有旨，可谓深矣远矣。因观诸家解注，言多放诞，互
起异端，朱紫毂乱，殆越百家，失其古道本真，良可叹也。独庄、
列、文、庚四子之书，乃老氏门人亲授五千言教，各著撰义与相
同。其余诸解，纷纭肆辩，徒以笔舌为功，虚无为用，了无所执，
又岂可与四子同日而语哉。仆昔随仕，尝游京都，得参高道讲师，
略扣玄关，尽为空性之说，不能述道之一二。内省不疚，深其造道
而自得，欲以拯世欲之多蔽，悼圣道之不行，又恐胶疑泥惑之流，
翻起蜂喧之议，故摭其四子，引其真经，集为一编，计一十卷，以
破雷同之说，因目之曰《四子古道义》。又述经史疏十卷，以相为
之表里。今幸苟完是论，非当恃其臆说，不惟新当时闻见，抑为千
古之龟鉴也。②

————————————————

① 李霖：《道德合一论》，《道德真经取善集》卷12。
② 寇才质：《道德真经四子古道集解序（大定十九年）》，《道德真经四子古道集解》卷
首，正统道藏本。

尽管《道德真经四子古道集解》各章的总述都引用他人注解，较少自己的论述，乡贡进士、繁峙（今属山西）人刘谔还是对该书给予了较高评价："《四子古道义》十卷，或随经辩注，或总章定名，纂违义者有一百余家，议改本者近八百余家，尊上古结绳之化，述圣人体道之规，诮尚怪以遗真，鄙泥空而失治。门目备次，章句有归。鬼神之说，斥之以无稽。方术之事，屏之于不用。其道之功用粲然，靡所不载，可使后之宗风者，开卷见道而不劳聪明。"①

需要注意的是，金朝文人对《道德经》的进一步诠释，并不拘泥于"以道释道"，而是加入了"以儒释道"的因素。这样的做法当然不是金朝才出现的，而是承继前人的方法，并且发扬光大，起了摒弃怪异之说的重要作用。

（八）毕履道、张谦校补《地理新书》

《地理新书》是宋朝王洙等人编著的舆地风水著作，金世宗在位时毕履道加以校补，金章宗在位时张谦又做了增补，校补本今存。

毕履道是平阳（今属山西）人，他特别说明了对该书所增内容不多，主要是校正原文。

> 宅葬者，养生送死之大事也。自司马史分阴阳家流，至唐迄宋，屡诏儒臣典领司天监属，出秘阁之藏，访草泽之术，胥参同异，校核是非，取合于理而灾祥有稽者，留编太常，即今之颁行《地理新书》是也。俾世遵用，以裨政治，保生民跻于寿域，惠亡者安于下泉，示爱民广博之道，不其韪欤。兵火之后，失厥监本，于是俗所传者，甚有讹谬，至于辞略而理乖，名存而实革。既寖差误，触犯凶灾。仆深患斯文之弊，遂质诸师说，访求善本，参校以正之者，仅千余字；添补遗阙者，几十数处。兼有度刻步尺之差者，则以算法考而改之。有阴阳加临之误者，则以成法推而定之。②

张谦是古戴（今属河南）人，在毕履道校本的基础上，新增了不

---

① 刘谔：《道德真经四子古道集解后序（大定二十年）》，《金文最》卷 19。

② 毕履道：《图解校正地理新书序（大定二十四年）》，《重校证地理新书》卷首，四库全书本。

少内容。

> 仆叨习地理，忝慕阴阳，虽专述二宅，而取则于此书。伏睹古唐、夷门、蒲阪等处前后印卖新书，未尝有不过目收购者，终莫能见其完本，唯我先师冯公传授，亦遗地图一篇。继有平阳毕先生者，留心考核，可无微失，而又增加图解等法度，真得其旨趣矣。自是更访求名士家藏善本，比对差互甚多。今据从来板内遗阙者，并以补完；元差互者，校雠改正；一两疑未详者，乃各存之；及其间写雕错误，亦以校定。其卷首四方定位之法，图解已是详备。窃见营造取正，定平制度，亦可为式外，五姓声同而虚实音异者，今以篆出。地下明监，立成傍通。三鉴六道，继叙轮图。又校正禽交步分及民庶合用茔田参定传符杂忌等述，兼论吕才言宅葬经书之弊，各布列本篇之下，总二万言，以广见闻。①

校正和增补具有实用价值的《地理新书》，也应视为助成文治的一项重要业绩。

（九）魏道明说士风

魏道明，生卒年不详，字元道，号雷溪子，易县（今属河北）人，进士，仕至安国军节度使，著有《鼎新诗话》，已佚。② 魏道明厌恶士人的轻佻风气，敢于对名噪一时的孟宗献（字友之）给予严厉批评。

> 孟君友之，大梁之奇士也。余往年尝亲见其为人，其学问渊源，度越流辈远甚。惜乎方少年进取，从事于场屋间，独以诗格赋律见称，□尽君之才耶。而又连取四魁，以成其赋名。人皆以为荣，余独以为不幸。何者？使其不为时学，而大发于古文，则必有桓桓之声，浑浑之力，追配于昔人，又岂只传道八韵而已哉。亦尝览其赋矣，皆约束俊气，徘徊窘步，以俯就时律，此尤足惜也。今复于学官□录处，见其与西堂数帖，字画妩媚，又騃騃于赋格矣。一其尽力于彼，而未暇于此耶。不知我者，将以余言为訾；知我

---

① 张谦：《精加校正补完地理新书序（明昌三年）》，《重校证地理新书》卷首。
② 《中州集》卷8《魏道明小传》。

者，当以余言为深知友之者也。①

魏道明的诗作则是既现实又有雄浑之气："竿头犊鼻清贫在，梦里槐安旧习空。退食归来澹无事，水边长啸看晴虹。""虎谷西垠北口南，横桥过尽见松庵。旧游新梦犹能记，般若真如得遍参。霜圃撷蔬充早供，石泉煮茗荐余甘。残年便拟依僧住，过眼空花久已谙。"②

其他进士的诗作，则多少体现了当时士人的忧国忧民风气，可以列举几个例证。

王绘，生卒年不详，字质夫，济南（今属山东）人，天会二年进士，仕至太常卿，著《注太白诗》，已佚。③ 王绘留有诗作数首，其中一首颇有政治意蕴："突兀台城全赵时，登临吊古使人悲。当年枉费万夫力，后世空传几首诗。樵客能谈祛服市，耕人犹指照眉池。凭栏寓目思无尽，野回天高鸟去迟。"④ 以古讽今，强调的是要汲取兴亡的历史教训。

邢具瞻（？—1147 年），字岩夫，辽西（今属河北）人，天会二年进士，仕至翰林待制，金熙宗皇统七年因田瑴案被杀。⑤ 邢具瞻留有一诗："楼外青山半夕阳，寒鸦翻墨点林霜。平沙细草三千里，一笛西风人断肠。"⑥ 诗作所体现的，应是邢具瞻的忧思情感。

王仲通，生卒年不详，字达夫，长庆（今属辽宁）人，天会六年进士，因田瑴案被贬，金世宗即位复官，终于永定军节度使。⑦ 王仲通留有诗作数首，其中一首值得注意："大名压破首阳山，义抗白旄谏可还。扣马不回天地在，采薇何怨死生间。半扉野日牛羊践，四壁秋风几像闲。我为呼魂荐盘粒，莫疑周粟不开颜。"⑧ 表彰先人的气节，是为了激励后人的忠义行为。

科举落第之人的心境也要注意，如关中人步元举在诗作中称："栖

---

① 魏道明：《孟友之与西堂和尚帖跋》，《金文最》卷 24。
② 魏道明：《退食》《佛岩寺》，《中州集》卷 8。
③ 《中州集》卷 8《王绘小传》。
④ 王绘：《丛台诗》，《全辽金诗》上，第 133 页。
⑤ 《金史》卷 4《熙宗纪》，卷 89《孟浩传》；《中州集》卷 8《邢具瞻小传》。
⑥ 邢具瞻：《出塞》，《中州集》卷 8。
⑦ 《中州集》卷 8《王仲通小传》。
⑧ 王仲通：《首阳山伯夷叔齐墓》，《全辽金诗》上，第 225 页。

迟零落未归人，已坐无成更坐贫。意气敢论题柱客，晨昏多负倚门亲。囊空渐觉钱余贯，衣敝翻饶虱满身。遥望秦关独惆怅，一天风雨落花春。"① 辽东人冯文叔亦在诗中写道："秃襟绁褐破书囊，十五年来客异乡。生事阱中摇虎尾，穷途天上转羊肠。三朝不遇冯唐老，半夜悲歌宁戚狂。独倚牛车望辽海，西风尘土鬓苍苍。"② 失意文人的愁闷，所代表的应是另一种更为普遍和真实的士风。

五　傅慎微等人的兴学观念

金朝中期，在主政者的大力倡导下，出现了重建学校（庙学）的热潮，文人亦对兴学观念做了侧重点不同的阐释。

（一）傅慎微等人重教化

傅慎微，生卒年不详，字几先，长安（今属陕西）人，宋朝进士，入金后任同知京兆尹、陕西诸路转运使等职，著有《兴亡金镜录》，已佚。③

傅慎微借威县重建庙学的机会，阐释了他对兴学、教化和治国的全面认识。

> 民受五常之性，其刚柔缓急，音声不同。系水土之风气谓之风，好恶取舍动静无常谓之俗。风本乎天地所禀，然可以移；俗系乎君上所为，然可以易。孔子所谓移风易俗云者，由上之人观民设教，示之以好恶，一之以中和，使民日迁善而不知为之者，然后道德一而风俗同，教化行而习俗美矣。故治者君也，求所以治者民也。推君之治而济之民者，守令也。凡为守令者，民事有大小，政令有先后，莫大于化民，莫先于兴学。是以古者家有塾，党有庠，术有序，国有学，天子有太学。士修于家而后升于乡，修于乡而后升于国，升于国而后达于天子。凡朝廷礼乐政刑之事，皆在于学。学士所观而习者，皆先王之法，言、德、行治天下之术，苟不可为天下国家之用，则不教也。故其陶冶之效，成人有德，小子有造，贤才不可胜用，尧、舜、禹、汤、文、武、成王、周公之际是也。

---

① 步元举：《下第过榆次》，《中州集》卷9。
② 冯文叔：《客舍》，《中州集》卷9。
③ 《金史》卷128《傅慎微传》。

故其众职修，万务举，尊至于论道经邦之臣，卑至于府吏胥徒之属，莫不得其人，虽微贱兔罝之武夫，莫不好德，可以为干城，况在位者乎。良由教养有方，知民事之大小，政令之先后而已。孔子曰："先进于礼乐，野人也。后进于礼乐，君子也。如用之，则吾从先进。"孔子所谓先进者，尧、舜、禹、汤、文、武、周公之时仕进者也；所谓后进者，孔子之时仕进者也。先进之于礼乐，并田野之人教之；后进之于礼乐，止教好善君子而已。教野人者，以君臣、父子、夫妇、昆弟、朋友之道，自天子至于庶民，自朝廷至于四海，莫不以教而化之，使其循于五教，而不失其中，是能尽人之性，而后尽物之性者也，虽四海之野人，莫不被圣人礼乐之化。

洪惟圣上（完颜亮），学本生知，圣由天纵，内焉聪明，惟天时宪，外焉制作，与古若稽。鼎新不世之规模，鼓动斯民之视听，置国子监于中都，设祭酒、博士、司业之员以作新人材。又命天下州县，许破系省钱修盖文宣王庙，旧有膳学田产，缘兵火没官者，许给还之。其于本行礼教，崇学重道之风，洋洋乎四表矣。①

按照傅慎微的解释，兴学、教化、理政、治民是一体的关系，并且守令所应肩负的，恰是为君主治民而进行礼乐教化的重要责任。

郭长倩，生卒年不详，字曼卿，文登（今属山东）人，皇统六年进士，仕至秘书少监。②他曾特别著文，记载了文登重建庙学的情况，并强调了兴学对教化的重要性所在。

盗起城陷，学舍悉为煨烬。兵革既息，再至其地，则鞠为园蔬，过者永叹而已。距今四十年，春秋释奠荐祼无所，权于县厅事设位，布奠如斋宫望祭。然阅累政，莫克有作，往往以簿书期会为急，于俎豆之事，藐然不暇顾省。大定九年秋，聊城李君大成作邑于此。下车之初，将告至于至圣文宣王，而无祠宇奠谒，乃喟然叹曰："学者真负于圣师也。吾起于诸生，当任是责，敢复因循熟视而不为乎。"

一日语同僚及诸秀士曰："释老之徒，各尊其师，崇大其居，

---

① 傅慎微：《威县建庙学碑（正隆元年）》，《金文最》卷34。
② 《金史》卷125《郭长倩传》。

道官佛刹，相望于天下。今以万室之邑，文献尚可征，而吾夫子庙食无地。吾徒服儒衣冠，学圣人之道，能无愧于缁黄。今于县治之东，得高明之地，将筑宫其上，诸君其相我。"众皆禀命而退。

经始于庚寅岁（大定十年）之秋，落成于壬辰（大定十二年）之三月，华牓一揭，万目仰瞻。

学校不修，《诗》有《子衿》之刺。欲毁乡校，《传》载子产之讥。文翁为蜀郡守，以兴学为先务，仇览为蒲亭长，亦令民子弟就学，皆知教化之本原也。今李君学古入官，天资秀逸，又以忠信恺悌，化行一方，复能体朝廷尚文之意，立学以劝邑人，孜孜而不倦息，顾非俗吏之所能为也。[①]

高密县令王堪亦在兴学的碑文中，强调了教化的诉求。

粤自祖宗，以先圣五十代孙袭封衍圣公。肆我主上（完颜亮），爰颁仪制，凡职官到任，并先谒奠先圣庙庭。命袭封给七品俸廪，追崇严奉，德至渥也。罢黜百家，诏以五经三史训迪学者，限为三岁之制。先是贞元中，省曹承上德意，念郡国宣圣庙像有敝毁者，委部使者完缮。而四方之远郡，将或不知儒术，方以簿书期会为功，钩钜听察为明，视文教为迂缓而不切。故虽有良法美意，举而行之又存乎其人。[②]

三代之治，以风教为首。家有塾，党有庠，术有序，国有学，所以化民成俗，诚太平之原也。

且一郡一邑，守令为之师帅，而又职在承流宣化，则崇学校，美风俗，实为己任。然风教之行，起于微眇。初若汗漫迂阔，不切于时变，逮乎薰涵浸渍之久，使人迁善远罪而不自知。若簿书狱讼，朝行而夕见其效者也，故吏之急于功名者，鲜以为是意，殆于先王风教之本，承流宣化之职，有所未究尔。国家崇右儒术，以科举造士，凡登名天府接武王官者，必自乡贡始。吏于此时，上有以

---

①　郭长倩：《文登县庙学碑（大定十二年）》，《金文最》卷35。
②　王堪：《密州修学碑（正隆三年）》，《全辽金文》中，第1483—1484页。

副朝廷敦奖之意，下有以为诸子作成之计，宜莫先乎学。①

李咏亦在盛赞新乡县尹段希颜、主簿折元老重修庙学的行为时表示："咏历观古之循吏，惟蜀郡守文翁无他事业，独能立学校以变风俗居于最，岂非茌民者以教化为先，而教化为大者无过于学乎。由是观之，则二公之举，此岂直为崇儒而已哉。"② 姜国器也强调："郡邑之官，所使承流而宣化者也，岂徒弊精神，役思虑于簿书、狱讼而已哉。有能讲先王之制，尊吾夫子之道，使教化之宫废而复兴，礼义之地荒而复辟，可不谓之贤乎。"③

（二）王宗儒等人重善治

王宗儒，生卒年不详，金世宗在位时曾任从事郎、行解州闻喜县丞、权县事之职，在兴学碑文中特别阐释了兴学与善治的关系。

教者治之本也，法者助治者也。忘其本而恃其助者，未有善治者也。是故古者学校庠序以居之，诗书礼乐以训之，使斯民也，父父子子，兄兄弟弟，夫夫妇妇，则习俗美矣，故曰教者治之本也。去古已远，吏道猥杂，亲民者不尊儒生，故学校多废。学校废，故教化熄，教化熄，故廉耻丧，廉耻既丧，则斗争、欺诈、暴戾、悖逆，无不为已。吏恶其如此也，专以柱后惠文从事，故民苟免而已，然终不可以善治焉。此无他，忘其本而恃其助焉者耳。

宗儒率僚友、诸儒生以释菜礼告于先圣先师，然后登堂以乡饮酒礼落其成，邑人之来观者如堵焉。因揖而谕之曰："丞受命来兹，承乏于今三年矣，盗贼日益衰，狱讼日益少，此皆贤父兄、乡士大夫之力也。丞幸得优游其间，苟资考可矣。然惧学校之不修，教化之不立，故不敢不以为意。今新庙既成，讲有堂，习有斋，有惠然而来者，固可以游焉息焉。诵夫子之言，论夫子之道，上可以致禄位，立身扬名，以显父母，下可以知廉耻，全身远害，得免于为小人，顾不韪欤。汝曹归，幸相告劝，当遣子弟逊志于学，将见子之乡俗一变而至于鲁，再变而至于道，无令兹庙学异日鞠为蒿

① 王堪：《清河县重修庙学碑（大定五年）》，《金文最》卷34。
② 李咏：《新乡县重修庙学碑（大定八年）》，《金文最》卷34。
③ 姜国器：《章丘县重修宣圣庙碑（大定十六年）》，《金文最》卷36。

莱，栖鬼魅而藏狸狸也。"①

左容也强调："古者家有塾，党有庠，术有序，国有学，皆所以寓其教人伦、善风俗、人才所自出焉。此三代为治之道，故学校不可斯须驰于天下也。""余以谓王侯（王彰德，字公正，辽阳人）举进士连中甲乙之选，其职任所居有能名，民讼既平，则致力于学，岂不为知教之本欤。夫继道者善也，成道者性也，仁、义、礼、智，性所有也。惟贤者能举圣人之教，循性而导之以善。"②

（三）王去非等人说崇儒

王去非（1101—1184 年），字广道，平阴（今属山东）人，科举不利，家居教书。③ 王去非曾明言金世宗在位时"天下治平，四民安居"④，并借博州重修庙学的机会，阐释了兴学与崇儒的密切关系。

> 夫有国家者，欲成长久之业，建不拔之基，莫大于厚风俗。厚风俗之道，莫大乎兴学校。盖学校者，教化所由出也。孟子曰："夏曰校，殷曰序，周曰庠，皆所以明人伦也。"此之谓也。昔孔子欲行是道，而不得其时，乃修六经以诏后人。孔子既没之后，虽复杨、墨于战国，火于秦，佛、老于晋、宋、齐、梁，然其道揭日月，卒使天下尊之以为先圣。自京师至于郡县，咸立庙学，春秋释奠，与社稷通祀之，至今不能易者，何耶？盖自暴秦之后二千有余岁，其间愿治之君有能尊夫子而行其道者，效著于当年、泽流于后裔故也。
>
> 本朝兴太学于京师，设祭酒、司业、博士之员，以作新人材。又兴天下府学，州县许以公府泉修治文宣王庙，旧有赡学田产经兵火没县官者，亦复给于学，此国家崇儒重道之意也。⑤

王去非在教学中，亦注重坚持儒学的宗旨，并自觉地坚守夫子之

---

① 王宗儒：《解州闻喜县重修宣圣庙记（大定二十六年）》，《全辽金文》中，第 1872—1873 页。

② 左容：《夏邑县重修儒学碑（大定二十六年）》，《金文最》卷 38。

③ 《金史》卷 127《王去非传》。

④ 王去非：《平阴县清凉院碑（大定十四年）》，《金文最》卷 35。

⑤ 王去非：《博州重修庙学碑（大定二十一年）》，《金文最》卷 35。

道，成为生徒尊敬的师长。

　　先生（王去非）束发知问学，为文章不喜为进取计，尝试有司，不合即屏去。益探六经、百家之言，务为博赡该诣，又杂取老、庄、释氏诸书，采其理要，贯穿融会，折诸大中。要本于吾儒修身养性之道，自信而力行之。

　　先生之教人，皆因其材而勉其可至。凡所答问，皆孔子教仁、教孝之意。或挟□□，则就其所学而引之正。有问以释氏之戒、定、惠，道家之摄生者，则对曰："《易》之寂然感通，《中庸》之中和，《诗》之思无邪，若是者，非定、惠钦？孔子语颜渊，视、听、言、动勿以非礼，非戒钦？《易》之慎言语、节饮食，孟子之养心寡欲，非摄生欲？"盖未尝深诋佛、老，而其徒颇自弃其学而归焉。先生立行，不为崖异，有请焉，无贤不肖，必为之尽言。或怪其不择，曰："善者吾奖之，不善者吾勉之，诚均入于善，奚必择？"故受业于门者，人皆以为独厚于己也。

　　先生有言："君子得志则行道，不得志则明道。明道者，不必与邪说辨。辨而胜，犹激怒之，其害道滋甚。故曰：孰将辟之，宁自翼之。孰将殴之，宁自扶之。邪说之胜久矣，善为道者，其在扶而翼之钦。"①

赵夷简也强调了兴学与崇儒之间的密切联系。

　　国家统御方宇，昭揭太平，戈革尘积，教化风布，焕烂乎唐虞三代时也。圣上（金世宗）龙兴抚运，崇儒礼乐典章，以次蒐举。士类于此云翔雾会，以其趋于士君子之域。若民之师帅，所以承流宣化，有能体圣上崇儒尚文之意者，不其大贤钦。大定元年，镇国上将军、清河张公来治于滑，署事之后，择日谒宣圣，见其庙宇敝甚，乃以司法参军都极掌其役事，兴其学馆，为之葺新。

　　州人士子莫不从其礼化，日益迁善，此皆公为民师帅、崇文尚儒之所致钦。②

----

① 党怀英：《王去非墓表》，《金文最》卷45。
② 赵夷简：《滑州修文庙记（大定二年）》，《全辽金文》中，第1544—1545页。

（四）丁暐仁等人重养士

丁暐仁（？—1180 年），字藏用，大兴府宛平（今属北京）人，皇统二年进士，"冲澹寡欲，读书之外，无他好"。入仕后，颇注重兴学，任武清县丞时，"县经兵革后，无学校，暐仁召邑中俊秀子弟教之学，百姓欣然从之"。任同知西京留守事时，"首兴学校，以明养士之法"①。丁暐仁喜好佛法，曾表示："嗟释迦之末法将尽，仰慈氏何日调伏，我今迥向菩提，一心归命圆寂。"② 在诗作中也体现了他的清净倾向："策杖登山壁，幽泉下壁虚。细帘垂丈室，琼液泻方壶。峻石高飞雪，悬崖乱溅珠。此来无俗容，清气爽襟裾。"③

李桌，生卒年不详，京兆（今属陕西）人，正隆二年进士，在赞扬京兆兴学中特别强调了其对科举和养士的作用。

> 贞元乙亥岁（1155），河间韩公希甫亚尹京兆，视事之三日，谒奠于文宣王，酌献礼毕，见诸生于学，喟然叹曰："我国家经文纬武，进用贤能，每三岁设科，以经史取士。乡升之府，府升之朝，而皇帝临轩赋业，见贤焉，然后用之，诚夸越复古之制也。谨按尚书省批送礼部节文，应有宣圣庙去处，即便修整。今此庙貌倾圮，黉宇颓弊，何以仰副明天子作成之意。"
>
> 今诸公克承朝廷美意，主张吾道，重建庙学，岂非翼翼然思皇多士，复生我国家如文王时耶。④

申良佐则为上党重修学校写下《兴学赋》，强调兴学的养士作用。

> 迨乎国朝抚定之后，专以文学取士，而郡之士子纡青拖紫者，比比有之，学之兴也，从可知矣。至正隆间，学者多困于征役，不暇修习，其学舍渐至摧毁，几不能蔽风雨，良可惜哉。钦惟主上（金世宗）中兴以来，敦复文教，俾郡国俱修学校。独斯郡之学，

① 《金史》卷90《丁暐仁传》。

② 丁暐仁：《释迦成道赋》，《金文最》卷1。

③ 丁暐仁：《游王官谷》，《全辽金诗》上，第680页。

④ 李桌：《京兆府重修府学碑（正隆二年）》，《金文最》卷34。

累经前政，寝而不议。自通守权镇乔侯下车之始，首议兴修，自大定丁酉（1177）五月丁巳经始，至是年十月乙亥告成。

嗟吾乔侯之来何莫今，今方幸得一新而崇起。将以尊师讲道义，明经取青紫。由是乡里之间郁郁乎有文，弦歌之声洋洋乎盈耳。文翁固无少让，范宁乌足为比。盖诚加勤意而然，岂虚尚清谈而已。伫看不次而升之庙堂之上，诚能教育天下英才之美，盖君子之所乐固无以加于是。诸生或有谓仆曰："方此工之将毕也，适有旨养天下之士，何其不谋而同归，异处而同出。"仆应之曰："斯固兴废之有数，亦乃君臣之德一。仆方悼道之郁滞，而文明之化不图复见于今日。"①

教化、善治、崇儒、养士，都是兴学所具有的重要政治因素，恰是注重了这些因素，金朝中期出现了重视儒学教育的思潮。

第三节　官场政治带来的不同观念

金朝中期，随着国家转型的完成，官场政治亦已成型，深刻影响官员、文人的思想和行为，并由此产生了为官不易、厌官、假隐、真隐等观念。

一　王寂的为官不易观念

王寂（1128—1194年），字元老，号拙轩，蓟州玉田（今属河北）人，天德三年进士，历任祁县令、真定少尹、中都路转运使等职，所撰《北迁录》已佚，有《拙轩集》《辽东行部志》《鸭江行部志》传世，在著述中重点阐释了为官不易的看法。②

（一）说古人成败

王寂喜欢游历古迹，并以诗作表明自己的看法。对于商纣王、秦始皇等暴君导致的亡国，他给予的是喻世的嘲讽。

独夫亡国固宜哉，不省鸡声是祸胎。辛苦朝歌城下土，暂成宫

---

① 申良佐：《兴学赋（大定十七年）》，《金文最》卷1。
② 《中州集》卷2《王寂小传》。

殿却成灰。①

　　铜雀台荒桑柘围，老瞒曾醉柘黄衣。锡花片瓦将安用，留与诗
人写是非。②

　　白璧沉江夜鬼呼，明年当是祖龙狙。海中童子无消息，坐待长
生岂不迂。③

　　在王寂看来，即便是颇有作为的刘备，留给后人的也只是功名乃过
眼烟云的启示。

　　当年竹马戏儿曹，笑指篱桑五丈高。时也共诛千里草，天其未
厌卯金刀。宗臣呕血重三顾，嗣子不才轻六韬。故国神游得无恨，
破垣风雨夜萧骚。

　　天下英雄惟使君，本初之辈不须论。初无尺土三分国，遽陨长
星五丈原。简策功名成废纸，岁时箫鼓闹荒村。犹胜故国不归去，
叫断西风杜宇魂。④

　　王寂还特别强调，因女人如杨贵妃等导致的世道大乱，主要原因不
应是女子误国，而是君主的昏庸。

　　兄弟渐疏花萼梦，君王贪醉上阳春。却将妃子比飞燕，何物谪
仙能屈人。

　　姚宋云亡言路塞，虢秦微宠祸机深。平时笑指禄山腹，信道是
中惟赤心。

　　金步摇低云鬓堕，瑞龙香散野风吹。岭南驿传来何暮，趁得新
坟荐荔枝。

　　环子竟逢山下鬼，老翁空叹木牵丝。年年牛女相逢夕，记得凭
肩私语时。

　　飞雁秋风汾水上，淋铃夜雨蜀山前。此时一念无料理，阿瞒何

①　王寂：《朝歌城》，《拙轩集》卷3，四库全书本。
②　王寂：《铜雀台》，《拙轩集》卷3。
③　王寂：《沙丘》，《拙轩集》卷3。
④　王寂：《寄题涿郡蜀先主庙》，《拙轩集》卷2。

由双鬟玄。①

玉立宫娃滴滴娇，君王沉湎醉春宵。不知天下归长距，犹向尊前舞细腰。②

王寂身处古战场遗迹，只能是感叹即便是英雄在世，最终亦难以逃脱"土一丘"的宿命。

将军旗鼓渡中流，明旦孤城土一丘。埋没游魂随野草，烦冤新鬼哭沙洲。坐看赤壁飞灰灭，行想金陵王气收。惟有多情淮上月，夜深还照女墙头。③

金波曾醉雁门州，端有人间六月秋。千古山河雄朔部，四时风月入南楼。汉家战伐云千里，唐里英雄土一丘。系马曲栏搔首望，晚来闲杀钓渔舟。④

真正能够被后人纪念和学习的，则是王寂所推崇的比干、伍员、蔺相如、苏轼等忠臣和良臣。

比干忠谏死如归，箕子佯狂脱祸机。君厌殷辛高谢去，三仁谁是定谁非。⑤

早年亡命入苏州，破越兴吴出坐筹。可惜捧心贻后患，遽令尝胆雪前羞。忠臣竟受鲸鲵祸，故国空伤麋鹿游。欲向波神问遗恨，胥山三月看潮头。⑥

应怜赵弱不能国，天赞此老裨时君。按剑不屈秦天子，回车岂畏廉将军。区区太子徒见慕，奄奄诸辈复何云。名重泰山成底事，一科蓬底觅孤坟。⑦

坡公守余杭，饯客伤乍远。人生贵知己，旅退其可忍。陈三天

---

① 王寂：《和黄山谷读杨妃外传五首》，《拙轩集》卷3。
② 王寂：《细腰宫》，《拙轩集》卷3。
③ 王寂：《夜宿淮阴城下》，《拙轩集》卷2。
④ 王寂：《过代》，《拙轩集》卷2。
⑤ 王寂：《微子庙》，《拙轩集》卷3。
⑥ 王寂：《题伍员庙》，《拙轩集》卷2。
⑦ 王寂：《题蔺相如庙》，《拙轩集》卷3。

下士，好德吾未见。垂涎嗜熊掌，摆手谢关键。观过斯知仁，如月蚀辄满。闻风激庸懦，所恨我生晚。①

王寂还在前往辽东公干时，看到了七种古代铭文，强调应重视铭文所含的治国、治世要义。

> 有老衲悟公，出示法书数幅，皆古铭文。
> 《衣铭》曰："桑蚕苦，女工难，得新捐旧后必寒。"
> 《几铭》曰："安无忘危，存无忘亡，熟惟二者，后必无殃。"
> 《杖铭》曰："辅人无苟，扶人无容。"又《杖铭》曰："身之疲，杖以扶之；国之危，贤以图之。"
> 《觞铭》曰："乐极则悲，沉湎致非，社稷为危。"
> 《镜铭》曰："以铭自照者见形容，以人自照者见吉凶。"
> 《栉铭》曰："人之有发，旦旦思理；有身兮，有心兮，胡不如是。"
> 《枕铭》曰："或枕或敧，有安有危，勿邪其思。"
> 凡此七铭，皆人之服食器用，旦夕不可阙者，求其源，盖出汤之盘铭，使行住坐卧，见之愀然不敢懈惰，岂小补哉，故并录之，亦将以自警耳。②

也就是说，王寂既注重古人的治国理念，更注重古代为官者的各种善行，并力图为世人提供重要的警示。

（二）说今人善治

金朝取代辽朝后，在王寂看来已经渐入盛世，所以他要用诗作展现金朝所具有的新气象。

> 予因念经行之路，尚隐约有荒墟故垒，皆当时屯兵力战，暴骸流血之地，于今为乐国久矣。吊亡怀古，亦诗人不能忘情也，因赋一诗云："李唐遭百六，边事失经营。大氐十传世，辽人久弄兵。

---

① 王寂：《和陈无己送东坡韵》，《拙轩集》卷1。
② 贾敬颜：《王寂辽东行部志疏证稿》，《五代宋金元人边疆行记十三种疏证稿》，第279—280页。

战场春草瘦，戍垒暮烟平。今日归皇化，居民自乐生。"①

圣朝万里息烽烟，冀马吴牛尽稳眠。蜗国弄兵贪裂地，蚁臣将命恳呼天。政须老手不生事，故遣吾髦更著鞭。想到鸭江文字饮，德星清对两诗仙。②

翠舆黄伞望天颜，警跸西清缀两班。瑞日瞳瞳明彩仗，香云霭霭拥蓬山。已闻贺使朝金阙，伫见降王款玉关。君寿国安从此始，老人星现丙丁间。③

朝廷需要能够推行善政的良臣，王寂的父亲王礎就是这样的良臣，王寂特别记录了其重要的作为。

天会五年，王师南伐，调发民兵，本部以先君（王礎）主之。进攻唐、邓，城陷，军中尽俘壮健而杀老弱，先君独取其老弱者数百，朝与之食，夜即纵去。明年凯旋，时州境有剧盗高麻胡，恃险与众，鸱张莫制。先君伺间，夜衔枚破垒，掩杀渠魁，迟明俘馘殆尽。郡以状闻，就迁太子洗马，知县事。

会辽东更置郡县守令，皆取当时治有声迹者，先君擢海州析木令。既至，则不以穷乡僻陋鄙夷其民，而百事裁以绳墨，数月告治。旧俗多畜蛊毒，杀人以祈富，先君为出秘方，转相传付，所活不可胜计。岁满，移知真定府平山县。县有奚兵主将萧嘉哩合，私酿酒椎牛，间遣奴辈白昼渔夺于市。前为邑者，熟视强梗者莫敢治。先君尽发其奸赃，捕奴之用事者，案服抵罪，自是胁肩累足，讫去不敢犯。已而，赴行台吏部，当王植、王效辈分职铨衡，一见先君，喜甚，曰："田吏部（田毂）知公廉士，久欲改官，当从此着鞭矣。"先君辞以疾，授定州唐县令。先君退谓所知曰："田侯疾恶太甚，怨隙已成，其能免乎。"未几，果起大狱。唐为山中望县，然学校之废已久，先君慨然叹曰："养士之源，发于乡党，今吾邑旷数十年，讫无一人得隽于场屋，是岂风厉之不至耶。"乃大

---

① 贾敬颜：《王寂辽东行部志疏证稿》，《五代宋金元人边疆行记十三种疏证稿》，第257页。

② 王寂：《送田元长接伴高丽告奏使》，《拙轩集》卷3。

③ 王寂：《万春节口号》，《拙轩集》卷3。

新庙学，延集诸生，亲为指授，检责其日课，自尔献赋策名者相继。

往任西京岁，平蓟大饥，逐食之民，疾疫死亡相藉于路。先君谋及僚属，为割廪余，日具饘粥以食饿人，既而豪宗大姓争出粟相助，赖以全活者十七八。先君雅倦游，方抗章求去，适会命下，迁归德府判官。时府帅怙权专恣，遇官曹暴甚，尝课诸县伐冰，厚取其直，以资公帑。先君曰："二千石为天子牧民者也，奈何掠民肤髓，为筋豆之奉乎。"力争乃罢。初，自长吏而下皆不悦，及旁郡有坐是而黜者，始谓先君曰："微公几殆。"由是信服，事多咨决。①

在临城任职的王安中，也竭力推行善政，王寂不仅记录了他的行为，还特别强调了"以诚从政"的为官要求。

沃为河朔名郡，而临城其辅邑也。……然顷年多盗，昼夕有桴鼓之警。部使者督责有司，救过不暇，黠胥悍卒因缘为奸，以至逋租匿役，民罔克堪。故吏之当临城者，往往畏避如探汤然。辽阳王君安中来尉是邑，至则引见耆旧，问弊所先，佥曰："吾乡本无事，岁苦官兵以擒贼为名，其实扰之。"王君天材精敏，夙有志于行道，乃相与谋诸同事曰："蕞尔国，夫有民人焉，有社稷焉，王事均也，吾辈岂可坐视斯民为豺狼鱼肉乎。"于是逐乾没，击强梁，凡细民为盗攀牵诖误者，悉澡雪而抚存之。未几，暴客相率以去，合境恬然，昔时田里愁痛之声，化为歌咏，民气以和。越明年，燕居之侧丹葵数种，异本而同枝，状如骈拇。及其末也，分而为双花，并秀如红玉连理。

客有自临城来者，目击其事，具以王君恳力请于予曰："是事固不足道，然亦一段奇也。管城子楮先生幸无恙，谩为我记之。"予应之曰："是大不然。昔唐咸宁王尹蒲之七年，木连理生于河东，昌黎先生颂其德。宋晋陵邵叶宰新昌之三月，芝五色生于便舍，山谷道人纪其实。彼草木何知，犹能托循吏之功名，借钜公题

---

① 王寂：《先君行状》，《拙轩集》卷6。

品，卒表见于后世，岂临城之葵，不及河东之木与新昌之芝乎，所恨不遇才名如退之、鲁直者，不使王君之名，与天壤俱矣。夫天时、人事之际，其实甚明，然必有可致而致之。况神奇之产，岂偶然哉。予意其造物者，不特为惠政和气之征，亦有以见倾心向日之义也。或谓王君有济时之具，久沉下僚，岂明月夜光，无先容而不能前者耶。抑穷通有数，时不至而不可强者耶。虽然，以若所为，决非翱翔蓬蒿者。吾子其勉旃，要当鸿渐于此，而羽仪天朝矣。"

呜呼，凡百有官君子，莅民从政，不可以不诚。孟子所谓"至诚而不动者，未之有也；不诚，而未有能动者"。如王君，其可谓至诚也。已此，予所以乐为之书，以告来者，庶几咸有王君之志，则邑民之福，其可既乎。①

王寂亦特别看重朝廷重臣对自己的提携，强调不能因世人的不同评价，而淡漠自己的情感。

（自东营来广宁，道出牟马岭，岭西去路几半里，松桧郁然桃李间，发问之，云利器梁侯之先茔也，其椟尚附浅土，遂命酒哭奠而去。公初待我以国士，虽晚意少疏，而恩礼未易忘也）九仞终亏一篑功，想知衔愤泣幽宫。死生怒臂屈伸顷，得失奕棋翻复中。只有松杉全晚节，不随桃李嫁春风。门生故吏知多少，谁致生刍奠此翁。②

毁誉譊譊息盖棺，百年春梦大槐安。功名倒挽九牛尾，富贵真成一鼠肝。故国莺花人事改，空山风雨夜台寒。平生我亦心如铁，醉眼西州泪不干。③

对于当朝的重臣，王寂在诗作中期盼他们能够成为忠臣和良臣，再创丰功伟业。

圣朝敦睦重分封，不学成王戏剪桐。终以阿衡任天下，暂留萧

① 王寂：《瑞葵堂记》，《拙轩集》卷5。
② 王寂：《哭梁侯》，《拙轩集》卷2。
③ 王寂：《再过坟下》，《拙轩集》卷2。

相守关中。穷边绿野人烟接，永日黄堂狱讼空。巨手不应偏福地，会归调鼎赞元功。

赫赫金源帝子家，暂分符竹奠京华。礼容登降歌麟趾，庙算纵横制犬牙。黄阁久闻虚鼎席，朱衣行引上堤沙。他年定数中书考，异姓汾阳不足夸。①

九重前席喜忠纯，不待先容自致身。漆水袭封无冷眼，德光传世有名臣。早登秘阁直清禁，旋陟枢机历要津。蒲坂余波千里润，柳城和气万家春。定须鈇钺专方面，未许江湖拜散人。鹤骨固应多寿考，会看沧海起飞尘。②

圣世贤公子，符节镇名邦。褰帷一见，丰表无语已心降。永日风流高会，佳夕文字清欢。香雾湿兰缸，四坐皆豪逸，一饮百空缸。指呼间，谈笑里，镇淮江。平安千里，烽燧卧听报云窗。高帝无忧西顾，姬公累接东征，勋业世无双。行捧紫泥诏，归拥碧油幢。③

辕门初射戟，看气压群雄，虹飞千尺。青云试长翮，拥牙旗金甲，掀髯横策，威行蛮貊。令万卒，纵横坐画，荡淮夷，献凯归来，斗印命之方伯。赫赫功名天壤，历事三朝。许身忠赤，寒陂湛碧容。卿辈几千百，看皇家图旧，紫泥催去，莫忘樽前老客。愿年年，满把黄花，寿君大白。④

王寂更重视好友到州、县任职，强调越是小郡，越能有所作为，越能以良政解脱民众的困苦，所以在诗作中不乏鼓励之辞。

憔悴谈玄扬子云，如何耳冷百无闻。从来不识河南守，此去还空冀北群。远别定须多作恶，相逢无惜重论文。勿卑小郡为无益，余润京师正赖君。

省台诸子例才兼，尽道超群未及髯。自苦折腰供吏役，谁怜白发困郎潜。尘靴久厌踏红软，冰簟常思负黑甜。好向水云乡里去，

---

① 王寂：《上南京留守完颜公二首》，《拙轩集》卷2。
② 王寂：《上咸平帅耶律寿》，《拙轩集》卷3。
③ 王寂：《水调歌头·上南京留守》，《拙轩集》卷4。
④ 王寂：《瑞鹤仙·上高节度寿》，《拙轩集》卷4。

监州不恶有团尖。①

耐久谁如故国山，送君直过穆陵关。一川鱼鸟江淮近，千里农桑海岱间。老骥未甘尘土厄，仙凫宜向水云闲。此行莫作三年别，考最当随紫诏还。②

见说东人若倒悬，正须老子与安然。预知和气千门溢，想见先声万口传。坐使游民羞佩剑，断无奸吏浪催钱。笑谈了却公家事，莫惜新诗寄百篇。③

吾髯得邑古河南，政事应须出笑谈。但喜时平由圣主，不忧县小选中男。子文已惯三无愠，叔夜休辞七不堪。想见细民多受赐，长官如水吏羞贪。

怜君桂玉苦羁栖，强项逢人未肯低。病里更贫犹爱客，酒中有得不谋妻。长材无用虎为鼠，妙手岂论牛与鸡。考课会应书上上，促归行看紫封泥。④

王寂推崇善治良政，就是要为入仕者确定明确的政治目标，使之符合治道的基本要求。

（三）说入仕经历

王寂仕途坎坷，尤其是有被贬的经历，所以在自述入仕经历时，带有强烈的愁怨情绪。

大定二年，王寂出任太原祁县的县令，这是他的第一个重要官职，并使他认识到了贤吏的重要性所在。

大定改元之再岁，予为县于太原之祁。时边烽未息，千里转输，予以朝命从事于四方，邑吏（张）弼者尝与其行。弼天资畏慎，义不为乾没，予由是推置腹心，初不以群吏处之，以至险阻艰难，无不同者。

夫吏之所习，诡道也。或桀黠尤甚者，揣不言之意，伺欲动之色，推轻重，矫枉直，必利而后已。尔（张弼）奚独反是，得非

---

① 王寂：《送张希召二首》，《拙轩集》卷2。
② 王寂：《送张希召出宰赣榆》，《拙轩集》卷2。
③ 王寂：《送张希召》，《拙轩集》卷3。
④ 王寂：《送刘子高宰新安二首》，《拙轩集》卷2。

好学闻义理使之然哉。虽然，求之此途，亦未多得。以始终之际，殆不减明远。所愧予名位不及古人，不使尔名暴白于当世，托以不朽。①

王寂在祁县任职的时间只有三年，② 大定十五年曾奉使前往白霫治狱，大定十七年因父亲去世返乡，大定十八年起复为真定少尹，后又升任通州刺史、中都副留守等职。③ 王寂还曾任"谏员"，即任职于御史台，表现出的是惴惴不安的心境。

> 责重还忧力不任，中宵未寝念之深。姚虞已拱垂衣手，山甫空劳补衮心。仗马不鸣羞短豆，野麇有志老长林。横身会有涓埃报，莫笑年来便学喑。④

> （予叨谏员，恨无补报，矧年来归计未成，昼夕梗于胸中，作诗以见意）漏尽钟鸣谁执咎，望轻责重难为功。老蚕无地可作茧，惊雁见月思伤弓。言忠政恐祝三佞，句好岂辞黄九穷。吾非匏瓜能不食，朝暮喜怒从狙公。⑤

大定二十六年八月，黄河在卫州决口，王寂当时任户部侍郎，金世宗命其与都水少监王汝台一同前往救治，"而寂视被灾之民不为拯救，乃专集众以网鱼取官物为事，民甚怨嫉"。世宗讨厌王寂的行径，改派户部尚书刘玮前往治河，并于当年冬季将王寂贬为蔡州防御使。⑥ 王寂被贬后，在诗作和给友人的信中，都表达了沮丧的心情。

> 去岁宫花插满头，玉阶端笏觐珠旒。如今沦落江淮上，始觉衰残两鬓秋。⑦

---

① 王寂：《送故吏张弼序》，《拙轩集》卷6。
② 王寂：《祁县重修延祥观记》，《拙轩集》卷5。
③ 贾敬颜：《王寂辽东行部志疏证稿》，《五代宋金元人边疆行记十三种疏证稿》，第310页。
④ 王寂：《受谏职夜久不寐》，《拙轩集》卷2。
⑤ 王寂：《谏员》，《拙轩集》卷2。
⑥ 《金史》卷8《世宗纪下》，卷27《河渠志》。
⑦ 王寂：《万春节宴罢述怀》，《拙轩集》卷3。

擢贾之发罪莫数，君恩犹许牧边州。梦寻蓟北山深处，身在淮西天尽头。袖手不应书咄咄，乞骸端欲膀休休。求田问舍真良策，卧地还胜百尺楼。①

丙午（大定二十六年，1186）冬，某自地官出守蔡州，终日兀然，如坐井底。闭门却扫，谢绝交亲。分为冻蛰枯枿，无复有飞荣之望，其况可知。②

仕途不顺，王寂乐得逍遥，专门在蔡州挑选了一处地方作为闲养之所，命名为"三友轩"，并特别说明了与石、榆为友的道理。

大定岁丙午冬仲月，予由侍从出守汝南。既视事之明年，即州之北，得败屋数楹，旁穿上漏，不庇风雨。乃命枝倾补罅，仍其旧而新之。公余吏退，以为燕息之所。两檐之外，左有笋石，屹然而笔卓；右有仙榆，蔚然而盖偃。每佳夕胜日，予幅巾杖屦，徜徉乎其间，至于倚苍壁而送飞鸿，借清阴而游梦蝶，方其自得于言意之表也。心如坚石，形如槁木，陶陶然不知何者为我，何者为物，其为乐可胜计耶。予自是与木、石有忘年莫逆之欢，因榜其轩曰"三友"。客有过而问焉，曰："窃闻吾子杜门屏迹，交亲解散，其所友者谁欤？"予指以告，客仰而叹，俯而笑，曰："曩吾以子为达，今子之鄙至此乎。所谓笋石者，鳞皴枯燥，不任斤凿，此固无用之石也。所谓仙榆者，离奇卷曲，不中规矩，是亦不材之木也。人且贱而弃之，曾不一顾，子恶取而独友于是哉。"予曰："嘻，若知其一，未知其二。向有牛奇章之嘉石，钱吴越之大树，则第以甲乙，衣以锦绣矣，予虽欲友，其可得乎。今以予谬人，与夫顽石散木皆绝意于世，而世亦无所事焉，此其所以为友也。夫人情之嗜好，固不在乎尤物，而在乎适意而已。然必先得之于心，而后寓之于物，故无物不可为乐。如谢康乐之山水，陶彭泽之琴酒，嵇康之锻，阮孚之屐，虽其所寓不同，亦各适其适也，子意以为何如。"客曰："是则然矣，奈何木石无情，奚足以知子之区区如此。"予

_____

① 王寂：《思归》，《拙轩集》卷2。
② 王寂：《与文伯启帖》，《拙轩集》卷6。

曰："不然，人之遇物，但患不诚，果能以诚，则生公之石可使点头，老奘之松亦能回指，幸无忽。"客愧予言，茫然自失，宜其有会于心者，乃相顾一笑而去。①

王寂在蔡州也不是毫无作为，他不仅看到了蔡州的民风古朴，亦有助成兴学等举措，以显示自己无愧于蔡州之民。

土风敦俭素，声乐绝淫哇。玉粒家家足，红姜处处皆。吴氛薰雾瘴，楚气拂云霾。笋石当衢道，仙榆拂郡斋。王侯更庙狄，富相捍潭柴。竦也尝临判，谦乎亦摄差。陈翁孙接踵，欧父子联阶。观额因王觌，民坊出陆偕。许诗多散落，叶记半磨揩。往哲优师帅，遗风轶等侪。老夫为政拙，雅志与时乖。倦鸟收长翮，疲驽恋短稭。江山题不尽，吾已办青鞋。②

向辞北阙犹飞雪，及到南州便得春。知有胜游供胜具，况宜闲处着闲身。江湖且作龟鱼主，天地能容虮虱臣。兀坐静思心语口，此来无愧汝阳人。③

（至新蔡，寓居开元寺，暇日登经楼赋诗，文伯起继作，以其寺壁旧有秦少游题咏，故尾句及之）往昔秦郎妙天下，淹留尝倚仲宣楼。长材不用虎为鼠，塌翼竟从蜩与鸠。夭矫飞云蜕仙骨，连卷雌霓落墙头。世间玉人岂复有，应与晁张地下游。④

（巩义卿游学蔡下积年，今虽老，豪气不除。此州因兵火后乡校几废，义卿独能徒步千里，请所费于有司，今复告成，亦可谓能张吾军者也）泮宫俎豆几息矣，极力赞成时乃功。词源滔滔注绝壑，侠气凛凛凌层空。乡人敢易苏季子，坐客尽惊陈孟公。相见明年春更好，杏园人醉马嘶风。⑤

平生自信不谋伸，媒蘖那知巧乱真。暗有鬼神应可鉴，远投魑魅若为邻。九天汉诏与更始，万里湘累得自新。天地生成知莫报，

① 王寂：《三友轩记》，《拙轩集》卷5。
② 王寂：《蔡州》，《拙轩集》卷2。
③ 王寂：《初到蔡下已有春意》，《拙轩集》卷2。
④ 王寂：《至新蔡》，《拙轩集》卷2。
⑤ 王寂：《乡校》，《拙轩集》卷2。

一杯何日与封人。①

悬瓠城高百尺楼，荒烟村落，疏雨汀洲。天涯南去更无州，坐看儿童，蛮语吴讴。过尽宾鸿过尽秋，归期杳杳，归计悠悠。栏干凭遍不胜愁，汝水多情，却解东流。②

王寂在蔡州任职的时间达五年之久，终于在金章宗即位后的明昌元年被"平反"召回朝廷，并由此颇多感慨。

五年不去任推挤，惭愧铅刀试割鸡。妻子久甘尘满甑，儿童尝笑醉如泥。恨无遗爱宽齐市，空有余愚污冉溪。此去会应书下考，于潜痴女勿轻啼。③

坡老放归舟系汴，惊听骡铎鸣北岸。文公岭外得京官，照蝎壁间犹喜见。我今薄宦天一角，适以平反叨使传。柳城西路忽闻蝉，驻马久之增感叹。临岐凄咽固有意，似对乡人论半面。吾庐环木夏阴合，聒耳长嘶吾每倦。安东地冷无此物，所以相逢眷还眷。晚风晨露汝易足，何苦叨叨声不断。商胡迁客泪横臆，落日穷途方寸乱。朱门砧杵快新凉，乞汝秋天从叫唤。④

王寂还在虚构的"谢恩表"中，表明自己之所以被贬，是因为遭人构陷和排挤。至于他所说的"奸贼"，已不知到底是何人。

言纶迅召，已惊不次之恩。手板俄颁，更辱非常之赐。式祗承于帝眷，果悚动于朝班。伏念臣去国五年，挈家万里，自谓永捐于沟壑，岂期再造于阙庭。重惜残年，特加异数。清谈废事，肯将挂漫吏之颐，老气未除，犹足击奸贼之齿。兹盖伏遇皇帝陛下，德以增新，人惟求旧。世宗飨国，臣常叨与于谏员。显考上仙，臣亦经营于葬事。惭无服称，猥荷恩私，臣敢不正以垂绅，书而对命，奉

---

① 王寂：《丁未（1187）肆眚》，《拙轩集》卷2。
② 王寂：《一剪梅·蔡州作》，《拙轩集》卷4。
③ 王寂：《方山闻有代者，坐中或至潜然》，《拙轩集》卷2。
④ 王寂：《柳城西闻蝉有感》，《拙轩集》卷1。

公竭力，爰用赞于君前。抗疏乞骸，即愿还于陛下。①

　　（梦赐带笏，上表称谢，觉而思之，得其五六，因补其遗忘
云）为贫而仕，素惭四壁之空。得宠若惊，猥被万钱之赐。拊躬知
愧，感涕何言。伏念臣捕骊得鳞，画蛇成足，嗟当途之见嫉，投绝
徼以可怜。盖为容无蟠木之先甘，后来居积薪之上，岂其衰朽，有
此遭逢。丹赤扪心，无负孝先之经腹，重黄夺目，不堪沈约之诗
腰。兹盖伏遇皇帝陛下，力援孤踪，甄收旧物，念群言交构，挤臣
于不测之渊，惟独断至公，起臣于久废之地。哀其老态，奖以异
恩。臣敢不佩鱼自警，以不眠解貂，无从于彝饮。垂绅画策，赞股
肱庶事之康，搢笏称觞，报冈陵万年之福。②

　　明昌元年二月，王寂受命按访辽东各部，主要是录囚和劝农。在旅
途中，王寂曾在诗作中表示："吾生多坎坷，末路易推挤。""踪迹年来
遍朔南，消磨髀肉困征骖。居民胜日一百五，倦客流年六十三。水性依
然人自老，树围如此我何堪。瓶无储粟犹归去，待有良田已是贪。"
"深揞乌帽障黄尘，髀肉消磨浪苦辛。按辔澄清须我辈，据鞍矍铄奈吾
身。只凭忠信行蛮貊，岂有文章动鬼神。南彻淮阳北辽海，可能无地息
劳筋。"③ 在向耕者问路不答后，王寂亦以不能恤民而自责。

　　晨发懿州，是日大风，飞尘暗天，咫尺莫辨，驿吏失途，至东
北山下，横流汹涌，深不可济。乃问路于耕者，却立谓予曰："我
非力田，无以为生，官人顾不得安闲耶。"乃熟视一笑而去。予愧
其言，作诗以自责云："逆风吹面朝连暮，蓬勃飞尘涨烟雾。前驹
杳不辨西东，驻马临流不能渡。却寻山崦问津焉，山下野老方耕
田。举鞭绝叫呼不得，俯首伛偻驱乌犍。可怜野老头如葆，龟手扶
犁赤双脚。为言生理固须勤，盖避今朝风色恶。已而野老笑回头，
我自家贫仰有秋。官人富贵年如此，胡不收身觅少休。我初无意聊

---

① 王寂：《谢带笏表》，《拙轩集》卷5。
② 王寂：《谢表》，《拙轩集》卷5。
③ 贾敬颜：《王寂辽东行部志疏证稿》，《五代宋金元人边疆行纪十三种疏证稿》，第
262、273、300 页。

自谑，不意此翁反见诮。莫嗔泷吏笑吾侬，自揣吾侬也堪笑。"①

王寂还回顾了四十余年的宦途，并对比了蔡州、辽东的不同为官经历，颇多感慨之语。

予丁卯（金熙宗皇统七年，1147）筮仕，凡四十年，俸入虽优，随手散去，家贫累重，生理索然，汗颜窃禄，则不免钟鸣漏尽之罪。谋身勇退则其如啼饥号寒之患，行藏未决，闵默自伤，为作五十六字云："举家千指食嗷嗷，不食谁能等击匏。掠賸大夫汤沃雪，定交穷鬼漆投胶。春蚕已老不成茧，社燕欲归犹恋巢。莫待良田径须去，移山聊解北山嘲。"

予因念丁未岁（1187）尝假守淮西，庭事之后，朱樱四合，璀璨炫目，尝夜饮其下，月色如昼，疏阴满地，笙歌间作，都不知曙星之出也。感怀今昔，为作诗云："前年守淮西，官府颇雄壮。园池通远近，亭榭分背向。炎方得春早，二月花已放。白红与青紫，夺目纷万状。得非造物者，为出无尽藏。朱樱结嘉实，炫耀极一望。钱王锦绣树，金谷红步障。予时籍清阴，坐待佳月上。老妻劝我饮，稚子俨成行。长腰芦花白，宾厨荐新酿。肴核既狼藉，鲙炙庖夫饷。呜呜长短句，付与雪儿唱。眼花乱朱碧，世事齐得丧。儿童虽见诮，官守幸不旷。年来客辽海，黄尘没飞鞅。芳时因奔走，安得有佳况。一从出山谷，风色如挟纩。春归樱始华，生意未敷畅。冬藏苦冰雪，所幸今无恙。我将话南州，人或疑诞妄。绕枝三叹息，回首一凄怆。退坐想繁华，萧然觉神王。"②

明昌二年二月，王寂又受命按访鸭绿江一带，并前往其父曾经任职的地方，追忆故人的善治足迹。

析木，盖先君之旧治。父老郊迎，欢呼塞路。及入城市，观者

---

① 贾敬颜：《王寂辽东行部志疏证稿》，《五代宋金元人边疆行纪十三种疏证稿》，第284页。

② 贾敬颜：《王寂辽东行部志疏证稿》，《五代宋金元人边疆行记十三种疏证稿》，第288—289、307—308页。

如堵，里巷为之一空。中有扶杖年高者指予而言曰："此吾明府君之子也，明府君清正仁恕，宜其有后乎。"叹仰不足，或有以手加额者。

为赋四诗，以摅怀抱。

父过鸡山每驻鞍，思亲诗句苦悲酸。而今却似鸡山下，白发孤儿泪不干。

忆昔先君拙宦游，一官鲍系此淹留。重来岁月知多少，去日垂髫今白头。

旧游重到似前生，城郭人家几废兴。莫道山川尽依旧，岸应为谷谷为陵。

物色丁宁访旧人，旧人能有几人存。当时总角游从者，佝偻龙钟已抱孙。①

王寂从鸭绿江返回后，即出任中都路转运使一职，明昌三年七月受命重校律书《名例篇》。明昌五年正月，"前中都路都转运使王寂荐三举终场人蔡州文商经明行修，足备顾问"，显示其当时已经致仕，并于当年去世。②

（四）说为官不易

王寂混迹官场的时间超过四十五年，以自己的经验和别人的经历等，至少感悟出了为官的八大特点。

一是追逐功名。王寂既强调"臣子爱君无远近，斗牛箕野望神州"；也指出"应怜乌帽红尘客，有底功名不肯闲"。追逐功名是入仕者的常态化表现，但现实状况往往是仕途崎岖，正如王寂所言："走遍人间为口忙，人间无路不羊肠。东风叵耐相欺得，吹尽朝衣两袖香。"③而所谓的功名，不过是世人的画饼而已。

百年旋磨，等闲事莫教眉锁。功名画饼相谩我，冷暖人情，都

---

① 贾敬颜：《王寂鸭江行部志疏证稿》，《五代宋金元人边疆行记十三种疏证稿》，第182—184页。

② 《金史》卷10《章宗纪二》，卷45《刑志》。

③ 王寂：《再和伯起五首》《题张子正运使所藏杨德懋山居老闲图》《朝服迎诏马上偶成》，《拙轩集》卷3。

在这些个。璠玙不怕经三火，莲花未信淤泥涴。而今笑看浮生破，禅榻茶烟，随分与他过。①

天地一浮萍，人生如寄。画饼功名，竟何益。百年浑醉，三万六千而已。过了一日，也无一日。韶颜暗改，良辰易失。丝竹杯盘，但随意。酴醾赏罢，更向牡丹丛里，戴花连夜饮，花前睡。②

二是劳而无功。毋庸讳言，为官是辛劳之事，王寂深刻体会了其间的辛苦，但得到的往往是劳而无功的结果。

劳生汩没海浮粟，薄宦飘零风转蓬。我昔按囚之汶上，君今持节出辽东。分携遽尔阅三岁，相对索然成两翁。健羡归鞍趁重九，黄花手捻寿杯中。③

手胼足胝不知劳，珍重麻衣道最高。跨岸飞桥横玉蝀，倚空层阁压金鳌。一天花雨森秋气，万壑松风卷夜涛。怕见云堂老尊宿，笑人尘土满征袍。④

梦觉归心正郁陶，青萤灯火拥绨袍。短檠却对颜何厚，长铗高弹气转豪。入室寒蛩鸣破壁，隔窗饥马龁空槽。年来髀肉浑消尽，一事无成有底劳。⑤

三是责任重大。官职越高，责任越重，不但要有忠信的为官信念，还要有小心谨慎的行事风格。

云奔雾涌白浪卷，一叶掀舞洪涛中。平生行止类如此，凭仗愿有信与忠。⑥

君不见，达官火色凌朝霞，传呼数里清堤沙。门人故吏听颐指，吹嘘一到枯生花。那知任重责亦重，朝服坐待晓鼓挝。撄鳞逆耳事可畏，四十未过两鬓华。又不见，朱门钱痴豪且奢，氍毹按舞

---

① 王寂：《醉落魄·叹世》，《拙轩集》卷4。
② 王寂：《感皇恩·谩兴》，《拙轩集》卷4。
③ 王寂：《张子固奉命封册长白山回，以诗送之》，《拙轩集》卷2。
④ 王寂：《留题紫岩寺》，《拙轩集》卷2。
⑤ 王寂：《投宿青山院中夜不寐》，《拙轩集》卷2。
⑥ 王寂：《觉花岛》，《拙轩集》卷1。

催筝琶。萍蘖豆粥何足道，猩唇熊掌来咄嗟。那知中夜独不寐，百万计恐毫厘差。匹夫无罪死怀璧，何异犀象之角牙。人生快意在富贵，富贵尚尔余何夸。①

四是危机重重。 做官是一个危险的职业，一不小心，轻则鞭笞杖罚，重则全家遭难，所以才会有不少名人选择远离官场的归隐生活。

君不见，严君平，梅子真，成都卜肆吴市门。万人如海一身隐，外听车马争驰奔。又不见，介之推，屈大夫，绵山泽畔何区区。孤高与世自冰炭，甘焚就溺捐微躯。两公朝市大喧噪，二子山林更牢落。混俗变姓良自欺，卖身买名何太错。我则愿师白乐天，终身衮衮留司官。伏腊粗给忧患少，妻孥饱暖身心安。况有民社可行道，随分歌酒陶余欢。经邦论道不我责，除书破贼非吾干。折腰束带，莫耻五斗粟；犹胜元载，胡椒八百斛。一朝事败竟赤族，嗟尔安得为孤犊。尘靴汗板，莫厌时奔走；犹胜李斯，相秦印如斗，一朝祸起遭鞭扭，却思上蔡牵黄狗。况知富贵不可求，侥求纵得终身忧。不如中隐轩中，日日醉倒不省，万事休。②

五是难保清廉。 为官的理想境界是"宁为强项侯，不作折腰吏"③，但是不与贪官污吏为伍，在现实中确实不容易做到，所以王寂特别强调了为官自律的难能可贵。

命也数奇时不遭，屈为郡县真徒劳。不容吏手如桔槔，乾没遽止民无搔。近出幕府持旌旄，季孟伯厚胡为叨。朱门瑠璃载蒸羔，先生盘饭独溪毛。众人醉死贪浊醪，先生漱石羞醴糟。仕者往往争锥刀，既角而齿宁非饕。黄金堆丘烂巾袍，公独视之如秋毫。乃知贤愚异所操，相去岂特九牛毛。④

---

① 王寂：《题刘德文乐轩》，《拙轩集》卷1。
② 王寂：《题中隐轩》，《拙轩集》卷1。
③ 王寂：《题懿州宝岩寺壁雨竹》，《拙轩集》卷3。
④ 王寂：《上周仲山少尹寿》，《拙轩集》卷1。

六是难免清贫。为官者尽管有俸禄，但是仅能保家人的温饱，远谈不上富贵，王寂就是连坐骑都要由人赠与的"穷官"。

忆昔短衣精骑射，千金市马宁论价。寻春不惜锦障泥，归醉且无官长骂。一行作吏遭羁束，五斗红陈家不足。骅骝卖却买驽骀，夜龁空槽敢食粟。年来可笑穷到骨，奔走不暇黔吾突。天公更使我马尪，造物戏人无乃忽。闻君厩有江淮种，风入四蹄两耳耸。惠然见贶颇周急，幸免尘靴行决踵。投诗寄谢三叹息，羞涩倒囊无寸积。他年客路会相逢，小倩梦兰吾不惜。①

七是难辨真才。官场中鱼龙混杂，真才实学者难以脱颖而出，所以王寂特别看重与"贤能者"的交往。

（李仲佐，辽东之豪士也，初识于大元帅席上，怪其议论英发，坐客尽倾，至于通练世务，商较人物，虽博学老儒，或有所不及。仆喜其为人，临分以二诗赠行，且将以为定交之券也）夤缘樽俎接雍容，一洗从来蒂芥胸。笑我残年方射鼠，喜君巨手学屠龙。闻名素重千金诺，识面尤轻万户封。指日乘槎吾已矣，与君林下会相逢。②

君辞绛帐尸糟曲，公草玄经守薜萝。一坐尽惊真俊尔，半生不语奈痴何。清谈缓举玉如意，痛饮屡翻金叵罗。眼界幸无俗物恼，释然一笑散千疴。③

八是消磨意志。为官者不仅人身不自由，还往往因为难以尝到为官的甜头，使人日益消沉，难得再有英雄气概。

我家崆峒南，丁年习骑射。每忆逐群獐，应手相枕藉。一行吏风尘，此事更何暇。朝来阅短幅，归兴辄命驾。④

---

① 王寂：《谢王仲章惠淮马》，《拙轩集》卷1。
② 王寂：《赠李仲佐》，《拙轩集》卷2。
③ 王寂：《席上赠马杨陈三同道》，《拙轩集》卷2。
④ 王寂：《跋群獐出谷图》，《拙轩集》卷1。

河阳白发近来添，行役劳劳岁已淹。仕路黄杨何日进，宦情橄榄几时甜。未妨徐邈时中圣，自笑东坡不受疵。箕斗虚名将底用，慨然舒笑一掀髯。

归思秋来日日添，拟将余恨寄江淹。东华久厌踏红软，北窗常思负黑甜。世路穷通端是梦，人情寒热动如疟。儿曹纵有英雄手，第恐英雄未及髯。①

列出为官的八大特点，就是要说明王寂对为官不易的总体性看法。他的多年官场经历，确实使他看透了其中的奥秘。

（五）表归隐之志

金世宗即位初年，王寂曾返回家乡，并在诗作中感叹："乱后人烟到处稀，马寻归路驶如飞。谁怜膝上狂文度，却作辽东老令威。闾里旧游浑似梦，交亲相对漫疑非。形容变尽君休问，大胜游魂不得归。"②

尽管仕途不顺，王寂还是没有挂冠而去，只是在诗作中不断发出对"飘零为客"的感叹。

一生能见几元夕，况是东西南北人。残梦关河鳌禁月，旧游灯火马行春。岁华投老送多感，节物对愁争一新。自笑区区成底事，天涯流落泪沾巾。③

和气融融散薄原，东风应已入东门。弄晴野鹊翻高树，趁暖家鸡啄破垣。浅绿未生挑菜渚，嫩黄先报探花村。安排诗酒相追逐，聊慰天涯倦客魂。

拨忙骑马到郊原，绝胜喧卑倚市门。破冻荠芽敷亩陇，向阳蔬甲触藩垣。春阴半暗云间寺，夕照偏明水外村。怅望故园归未得，且呼欢伯暖冰魂。④

太行西北云横目，一日九回肠断续。舍官就养诚所愿，百口煎熬食不足。逆行倒置坐迂阔，相负此生惟此腹。兹行远去父母国，恋恋不同桑下宿。山长水远苦愁人，不觉秋风惊鬓绿。平生拙宦失

<hr/>

① 王寂：《平夷道中二首》，《拙轩集》卷2。
② 王寂：《还乡》，《拙轩集》卷3。
③ 王寂：《元夕有感》，《拙轩集》卷2。
④ 王寂：《探春二首》，《拙轩集》卷2。

捷径，兰蕙当门为谁馥。文章既不一钱直，五经安用窗前读。东涂西抹竟何有，坐叹马鞍消髀肉。公家无补一毫发，鼠窃太仓饕寸禄。既无里妪谁乞火，未有先容莫投玉。天涯怀抱为谁开，尽写穷愁入诗轴。①

王寂亦在诗作中明确表达了早日去官归隐的意愿，并对山林生涯有着美好的憧憬。

水国西风小摇落，撩人羁绪乱如丝。大夫泽畔行吟处，司马江头送别时。尔辈何伤吾道在，此心惟有彼苍知。苍颜华发今如许，便挂衣冠已是迟。②

吾爱吾庐事事幽，此生随分得优游。穷冬夜话蒲团暖，长夏朝眠竹簟秋。一榻蠹书闲处看，两盂薄粥饱时休。红旗黄纸非吾事，未羡元龙百尺楼。③

曲江灯月足行乐，归路草色迷春衫。却愁三径花狼藉，燕觅旧主声呢喃。功成事了当勇退，北山勿遣移长缄。我今出试已大谬，画饼聊慰痴儿馋。茂林丰草麋鹿性，络脑不受黄金衔。还家未有置锥地，但免薏苡明珠谗。头颅过此可知矣，岁月飘忽追风帆。他年定约卜邻舍，屋茅为我先诛茇。吾言要践不可食，江水在此神其监。④

王寂还以赋、词的形式，强化了对归隐生活的向往。

已而先生径醉也，宫锦淋漓，角巾欹垫，卷河汉于一酌，尽湖江于一蘸。洗战国之蛮触，吊古今之时暂。陶陶乎释身世之羁缚，浩浩乎谢功名之机陷。然后神游八表兮，其将以蹑冥鸿之背，而探骊龙之颔也。⑤

---

① 王寂：《客中戏用龙溪借书韵》，《拙轩集》卷 1。
② 王寂：《日暮倚杖水边》，《拙轩集》卷 2。
③ 王寂：《易足斋》，《拙轩集》卷 2。
④ 王寂：《题刘器之秀野亭》，《拙轩集》卷 1。
⑤ 王寂：《岩蔓聚奇赋》，《拙轩集》卷 1。

笑谈罇俎，坐中惊叹谪仙人，乌丝落笔如神。唤起小鬟风味，学按古阳春。对琼枝璧月，朝暮长新。宦萍此身，叹别后，迹具陈。独有芳温一念，红泪罗巾。凭谁妙手，为写寄，崔徽一幅真。聊慰我，老眼黄尘。①

小寒料峭，一番春意换年芳，蛾儿雪柳风光。开尽星桥铁锁，平地泻银潢。记当时行乐，年少如狂。宦游异乡，对节物，只堪伤。冷落谯楼淡月，燕寝余香。快呼伯雅，要洗我，穷愁九曲肠。休更问，勋业行藏。②

山城块坐，空吊朋侪影。挝鼓放衙休，悄无人，日长门静。折腰五斗，所得不偿劳，松暗老，菊都荒，谁为开三径。及瓜不代，归计浑无定。羁客奈愁何，尽消除，诗魔酒圣。儿童蛮语，生怕闰黄杨。争左角，梦南柯，万事从今省。③

如前所述，王寂真正归隐的时间并不长，但不能因此而忽视他对归隐的长年追求。

（六）说重贤之道

王寂并不排斥佛教和道教，在给宗教人士的度牒中，特别强调了佛、道两教服务于君主和治道的要求。

右伏以圣时遭际，梵教弘扬，方治具之毕张，宜法轮之常转。以尔拈花授记，刬草逢师，既得度以比丘身，当求证于菩提果。护持戒体，精进道心，往凭香火之因缘，增祝君王之寿算。④

范围至道，衣被含生，太和薰灵宝慧香，多暇适希夷真境。以尔脱离世网，攀慕仙梯，讽蕊笈之玄文，佩金坛之秘箓。损之又损，优游践黄老之言。纯乎其纯，清净赞唐虞之治。⑤

---

① 王寂：《望月婆罗门·怀古》，《拙轩集》卷4。
② 王寂：《望月婆罗门·元夕》，《拙轩集》卷4。
③ 王寂：《蓦山溪·退食感怀》，《拙轩集》卷4。
④ 王寂：《僧尼度牒》，《拙轩集》卷5。
⑤ 王寂：《道士女冠度牒》，《拙轩集》卷5。

王寂反对厚葬之风和以卜筮骗人的做法，重点阐释的是生死由天的宿命观点。

> （庆州北山之麓，辽山陵在焉，俗谓之三殿，二十年前常为盗发，所得不赀，是所谓厚葬以致寇者，叹而成诗）珠襦适足贾身祸，金椀传闻落世间。惭愧汉文遗治命，瓦棺深葬霸陵山。①

> 蒙庄千古骨成尘，德业犹争日月新。说剑似乎非圣作，鼓盆聊尔见天真。螳螂恟恟人间世，蝴蝶悠悠梦里身。才与不才具是累，先生木雁请书绅。②

> 乃知生死有定数，万物皆然无巨细。夔蚿多寡各安分，椿菌短长均一世。越人善疗卒兵死，单豹养生遭虎噬。尔今韬晦竟不免，使我追伤收寒涕。至人知命付一笑，我辈情钟能不蔽。千古蒙庄倘有灵，须知曳尾非长计。③

> 《易》有君子之道四焉，而卜筮其一也。古之避世者，或多卜隐，则司马季主、严君平其人矣。初不以区区小数惊动世俗，意欲使逆知祸福，畏罪趋善而已。今之日者，行衢坐肆，纷纷如猬毛，然而言信而有征者亡几。大抵市道以急衣食之计，所以驰骋穿凿，牵合诡诞，无所不至，所谓君子之道者，吾不得而见之矣。④

王寂作为儒者，自然要维护孔子的尊严，所以对于所谓的"小儿难夫子"传说大为不满，痛加驳斥。

> 我行自并门，道出太行岭。路旁古石人，仿佛类形影。过客互传疑，是非竟谁请。会逢田舍翁，荷杖雪垂领。为问定何如，愚蒙庶几警。云昔东家丘，历聘入吾境。偶此值小儿，难诘豪且颖。丘也不能对，驱车返天井。邦人思其贤，想像刻顽矿。始予骇其言，嗔赤发面颈。夫子圣者欤，日月揭余炳。岂闻采樵斧，巧掩运斤

---

① 王寂：《厚葬》，《拙轩集》卷3。
② 王寂：《题庄子祠堂》，《拙轩集》卷2。
③ 王寂：《辙中毙龟》，《拙轩集》卷1。
④ 王寂：《赠日者李子明序》，《拙轩集》卷6。

郢。翁徒老于年，此事能不省。翁闻遽愀然，色厉声亦猛。辙迹今尚存，事况传已永。书生多大言，诡辨勿复骋。信知端木赐，下释东野犷。正如与蟪蛄，而语春秋景。小姑嫁彭郎，举世莫能整。嗟哉吾道穷，生死何不幸。生而非其时，伐树迹屡屏。亦尝撩虎须，白刃脱俄顷。死为万世师，庙貌多土梗。自非二仲月，门寮终岁静。山魈与社鬼，香火未尝冷。此事固不平，此心尝耿耿。吾生赋拙直，浪许近骨鲠。与物例多忤，所动坐愆眚。愤世无奈何，空令气生瘿。①

王寂重视贤者，既强调贤者应时而生，也强调必须通过教育造就贤者，而不能屈从于虚文之风。

> 唐柳州有言曰："贤者之兴，愚者之废，废而复之为是，习而循之为非。"此古今之通论。然而贤者之兴，未有不因时而成者也。②

> 今人交势利，轻薄徒纷纷。岂惟此道绝，反是为虚文。伯夷微仲尼，万古埋清芬。③

战国事纵横，廉隅初灭裂。强嬴灰六籍，名教浸衰歇。卯金新典礼，蠹简访遗缺。人材就教育，士检敦修洁。贤哉二大夫，梦觉槐安穴。功名我何有，剑首吹一呭。约日具移疾，乞身良勇决。两宫照黄金，恩遇顾不衰。送车数百两，祖帐都门诀。冥鸿谢缯缴，天马落羁绁。倒囊促供具，宾族相娱悦。父子以寿终，名声日星揭。人谁不学步，卒莫践其说。寥寥阅魏晋，得一陶靖节。平生腰骨硬，肯向督邮折。后世无问津，风流冷于铁。龙眠以画隐，游意睎往哲。呜呼纸上影，生气犹凛冽。官师廊庙具，天为苍生设。莫袭异姓封，长揖稷与契。云何眷短幅，摸索墨漫灭。况为山九仞，一篑功可辍。盍睎凤巢阁，姑置鸥歆血。方将荐庙堂，微公孰曲蘖。致君尧舜上，钟鼎载勋烈。归艇渺烟波，晴楼醉松雪。古今虽

---

① 王寂：《小儿难夫子辨》，《拙轩集》卷1。
② 王寂：《祁县重修延祥观记》，《拙轩集》卷5。
③ 王寂：《题季札挂剑图》，《拙轩集》卷1。

异时，出处同一辙。款图幸不恶，蚤计政恐拙。两疏傥有灵，抵掌冠缨绝。①

对于同年进士的早逝和贫苦，王寂则深表惋惜和同情。

（故人翟仲谋潦倒场屋，今复见之，所异于昔者苍头白发耳，适以诗陈情，辄次其韵，因以勉之）忆昔妙年同射策，今谁存者苦无多。鄷城久矣埋长剑，陶壁依然挂短梭。铅椠功夫真戏耳，虀盐活计奈贫何。鹏图九万平生事，老翮青云尚可摩。②

（天德辛未家君守官白霫，仆是岁登上第，交游饮博皆一时豪俊，于今二十六年矣；适以审刑复来，留数日，故人高晦之以旧见访，问当时所与游者，往往鬼录；高本富家，今贫甚，仆向最年少，今老矣，感叹久之，为赋诗以自遣）忆昔登科正妙年，鞭笞龙凤散神仙。金钗贳酒春无价，银烛呼卢夜不眠。往事悲凉真梦耳，故人零落独潸然。临街父老应相识，笑指潘郎雪满颠。③

王寂对自己的评价是饱阅人世，为官无成，这恰是对他一生为官的精炼总结。

拙轩少也绝交朋，闭门坐断藜床绳。据梧手卷挑青灯，目力自足夸秋鹰。一行作吏负且乘，简书夜下催晨兴。心劳政拙无佳称，高枕缓带吾何曾。年来安东逐斗升，吻胶背汗疲炎蒸。到官簿领交相仍，临事自笑无一能。督责老掾询聋丞，日畏罪罟空凌兢。穷乡九月河水冰，玉楼冻合衣生棱。毡裘火坑寒不胜，呼吸未免髯珠凝。积忧蓄热邪上腾，阿堵中有轻云凭。临窗射日绝可憎，决眦泪陨长沾膺。初谓造物何侵陵，细思无乃示小惩。世医肤见浪自矜，肝胆岂易分淄渑。屏除嗜欲学山僧，此理盖出三折肱。斯文未丧信有征，天其使我双明增。要作楷字头如蝇，表乞骸骨归丘陵。负郭二顷产有恒，堆盘苜蓿衣粗缯。醉眠床下呼不应，自许此著高陈

① 王寂：《咏张宫师二疏东归图》，《拙轩集》卷1。
② 王寂：《赠翟仲谋》，《拙轩集》卷2。
③ 王寂：《自遣》，《拙轩集》卷2。

登。饭余睡足支枯藤，老眼细数云山层。①

先生老矣，饱阅人间世。磨衲簪缨等游戏，趁余生，强健好赋归。与收拾个，经卷药炉活计。辟寒金剪碎，漉蚁浮香，恰近重阳好天气。有荆钗举案，彩服儿嬉，随分地。且贵人生适意也，不愿堆金数中书。愿岁岁今朝，对花沉醉。②

也就是说，王寂以自己的亲身经历表述的各种为官论点，指明即便是在金朝的"盛世"时期，为官者亦不会一帆风顺。在为官者的"喜"与"忧"中，王寂更多表现的是"忧"，对这一点应给予重视，因为头脑清醒的为官者毕竟不多。

二　萧永祺等人的拒官、去官观念

与王寂有所不同的是，萧永祺、胡砺、边元鼎、冯子冀等人所展示的是更鲜明的拒官、去官甚至厌官观念。

（一）萧永祺拒任执政

萧永祺，生卒年不详，字景纯，本名蒲烈，契丹人，通契丹大小字，师从耶律固（移剌固）译书。耶律固修《辽史》未成，萧永祺继续修史，完成本纪三十卷，志五卷，列传四十卷。

完颜亮在位时，欲擢拔萧永祺为执政，被萧永祺谢绝。

尚书左丞耶律安礼出守南京，海陵（完颜亮）欲以（萧）永祺代之，召见于内阁，谕以旨意。永祺辞曰："臣才识卑下，不足以辱执政。"海陵曰："今天下无事，朕方以文治，卿为是优矣。"永祺固辞。

既出，或问曰："公遇知人主，进取爵位，以道佐时，何多让也？"永祺曰："执政系天下休戚，纵欲贪冒荣宠，如苍生何。"

萧永祺不任执政之职，成为完颜亮"备咨访"的十位大臣之一，以"议论宽厚"为世人所重。③

---

① 王寂：《拙轩》，《拙轩集》卷1。
② 王寂：《洞仙歌·自为寿》，《拙轩集》卷4。
③ 《金史》卷125《萧永祺传》。

（二）胡砺不惧权臣

胡砺（1107—1161年），字元化，磁州武安（今属河北）人，天会十年进士，历任翰林修撰、礼部郎中、翰林学士等职。

胡砺入仕后就显示了与他人不同的耿直之风。

> （胡）砺性刚直无所屈。行台平章政事高桢之汴，道真定，燕于漕司。砺欲就坐，桢责之，砺曰："公在政府则礼绝百僚，今日之会自有宾主礼。"桢曰："汝他日为省吏当何如？"砺曰："当官而行，亦何所避。"桢壮其言，改谢之。
>
> 改同知深州军州事，加朝奉大夫。郡守暴戾，蔑视僚属，砺常以礼折之，守愧服，郡事一委于砺。州管五县，例置弓手百余，少者犹六七十人，岁征民钱五千余万为顾直。其人皆市井无赖，以迹盗为名，所至扰民。砺知其弊，悉罢去。继而有飞语曰："某日贼发，将杀通守。"或请为备，砺曰："盗所利者财耳，吾贫如此，何备为。"是夕，令公署撤关，竟亦无事。

尤其值得注意的是，对于权高位重的完颜亮，胡砺亦表现出不屈从的态度。

> 海陵（完颜亮）拜平章政事，百官贺于庙堂，砺独不跪。海陵问其故，砺以令对，且曰："朝服而跪，见君父礼也。"①

胡砺亦曾强调维修历代圣贤遗迹的重要性所在："我国家应天顺人，式遏乱略，无有远迩，率俾治安，百姓乐生，咸思迁善。且像教之设，本欲化民，况古圣贤栖隐之地，兴废有时，若不作而新之，则日坏月堕，旧所存者，亦将尽矣。使数百年古道场，终为瓦砾之墟，一乡之民怀敬信心者，无所归向。"②

（三）边元鼎贬斥功名

边元鼎，生卒年不详，字德举，丰州（今属内蒙古）人，天德三

---

① 《金史》卷125《胡砺传》。
② 胡砺：《磁州武安县鼓山常乐寺重修三世佛殿碑（正隆三年）》，《金文最》卷34。

年进士，被张浩荐入翰林院任职，后出为邢州幕官，被人诬告后去职隐居。①

边元鼎仕途不顺，在诗作中既有怀才不遇的抱怨，也有为官无为的感叹，所以强化了去官的意愿。

春花零落雁秋悲，已过流年二十期。有舌能忘坐鞿辱，无金莫怪下机迟。世情冷热虽予问，人事升沉未汝知。何日上方容请剑，会乘风雨断鲸鲵。②

客思逢春易感伤，不堪残泪爱家乡。离亲恍惚来千里，糊口凄凉在四方。羞向孙刘图富贵，浪从李杜学文章。官街坐对黄昏月，半屋清灯满地霜。③

出门骑马即三千，面目尘埃动惨然。生计若为田二顷，饥颜翻愧宦三年。乾坤造物能无用，富贵由时枉自鞭。达否从今已知计，五湖烟里有渔船。④

车马年年陌路尘，安知六骥过窗频。云泉是处堪为乐，轩冕从来只累人。浮世梦中无限事，红颜花上霎时春。五湖兴有扁舟笛，好在晴天月一轮。⑤

边元鼎既然选择了归隐，就是要抛去旧梦，真心体验居于山林中的闲逸生活。

帝城回想梦魂中，秋月春花在处同。朱雀桥南三月草，凤凰楼上四更风。锦囊别后吟笺少，玉笛闲来酒盏空。赢得当时旧标格，九分憔悴入青铜。⑥

陌上东风故国春，瘦骖羸仆倦行尘。十年一梦成何事，千首新诗不负人。重对孤灯听软语，遽怜华发各清贫。西斋烟草应知旧，

---

① 《中州集》卷2《边元鼎小传》。
② 边元鼎：《春花零落》，《中州集》卷2。
③ 边元鼎：《客思》，《中州集》卷2。
④ 边元鼎：《出门骑马》，《中州集》卷2。
⑤ 边元鼎：《和致仕李政奉韵》，《中州集》卷2。
⑥ 边元鼎：《帝城》，《中州集》卷2。

桃李新溪满四邻。①

世路风波老不禁，一廛归买就槐阴。坐诗为累言难解，因酒成狂病转深。山月荒凉窥断梦，壁灯青黯伴微吟。十年积毁应销骨，岂碍孤云万里心。②

十年一梦到灰心，归鬓吴霜渐欲侵。物外少逢稀有鸟，冶中仍作不祥金。闲云阁雨终何事，枯木因风亦自吟。却叹渊明非达道，无弦犹是未忘琴。③

何事区区守一丘，春花过了月明秋。等闲浊酒篱边兴，寂莫寒花雨里愁。不识故人今在否，每思前事隔重游。西风又是青山晚，落叶无声水自流。

墙外青山半在楼，山村尽晚雨修修。疴裘拥肿无余事，尊酒飘零又一秋。学得屠龙无用处，只如画虎反成羞。回头为向渊鱼道，鸿鹄而今不愿游。④

终日忘言一炷香，散花时复绕绳床。久贫自沃三彭炽，一醉齐休六贼狂。道士生涯孤似鹤，衲僧门户冷于霜。自知衰病耽杯酒，拟及温柔老是乡。⑤

尤为重要的是，以酒为友，吟诗作赋，更能深刻地体悟人生，安贫乐道，不再被功名利禄和凡尘俗世所困扰。

梧桐叶雕辘轳井，万籁不动秋宵永。金杯泻酒滟十分，酒里华星寒炯炯。须臾蟾蜍弄清影，恍然不是人间景。金波淡荡桂树横，孤在玻璃千万顷。玻璃无限月光冷，澒洞一色无纤颖。清风飒飒四坐来，吹入羲皇醉中境。醉中起歌歌月光，月光不语空自凉。月光无情本无恨，何事对我空茫茫。我醉只知今夜月，不是人间世人月。一杯美酒蘸清光，常与边生旧交结。亦不知天地宽与窄，人事乐与哀。仰看孤月一片白，玉露泥泥从空来。直须卧此待鸡唱，身

① 边元鼎：《王文伯还家，诗以迎之》，《中州集》卷2。
② 边元鼎：《山中》，《中州集》卷2。
③ 边元鼎：《闲题》，《中州集》卷2。
④ 边元鼎：《村舍二首》，《中州集》卷2。
⑤ 边元鼎：《自叹》，《中州集》卷2。

外万事徒悠哉。①

老情无赖畏虚劳，已绝朱弦又一操。闲事每来知酒圣，浮生欲去愧僧高。息心钟鼎休看镜，安枕茅茨不梦刀。遥羡郭西王处士，道旁羸马咏风骚。

晚窗清镜卷浮埃，恨入新秋不可裁。露浥野花三径合，风传云壑七松哀。忘机鱼鸟真相识，落手功名亦傥来。万古消沉一杯酒，直须白骨点苍苔。②

当年乐事叹今衰，人世空惊日未移。风榭醉眠摧凤烛，雨窗狂饮瘀蛾眉。长松茂草穷年事，野水孤村入梦时。强镊鬓丝临晚镜，瞥然尘念不胜悲。

短发临风懒不冠，洼尊尘坌寂无欢。离骚夕赋醒尤独，孤愤空书说转难。晚节惯成林壑僻，幽居深入水云寒。苍崖瘦柏无穷思，鹄立溪头尽日看。③

镜里岩花落涧泉，对窗青壁便参天。几当雪月开春酒，时有松风入夜弦，远劚山田多种黍，稀经城市少言钱。平生漫忽王公贵，俯仰村邻更可怜。④

边元鼎的人生省悟，还是带有些许怨气和怒气，不够洒脱，对这一点应加以注意。

（四）冯子翼说去官

冯子翼，生卒年不详，字士美，大定（今属内蒙古）人，正隆二年进士，仕途不顺，致仕后居真定。⑤

冯子翼之所以早早离开官场，就在于他过于耿直，不愿意屈从于官长，在诗作中对此有明确的表述。

溪桥小雪晴，水村霜月冷。暗香林薄间，得偶璀璨影。殷勤南夫子，移植在人境。芝兰馥氤氲，珠壁照光炯。小屋茅草盖，幻此

---

① 边元鼎：《八月十四日对酒》，《中州集》卷2。
② 边元鼎：《答文伯二首》，《中州集》卷2。
③ 边元鼎：《偶题二首》，《中州集》卷2。
④ 边元鼎：《新居》，《中州集》卷2。
⑤ 《中州集》卷2《冯子翼小传》。

萧洒景。看花爇松明，醒醉漱苔井。文章聊嬉戏，辞气颇驰骋。州县不著脚，时人笑清鲠。我官西州掾，簿领不知省。频遭官长骂，势屈石在顶。门庭可张罗，陋巷车辙静。山歌听嘲哳，舞伎或瘤瘿。引睡阅文史，朝日无从永。梦到五柳庄，身居六盘岭。揭来南山下，旅思凄以耿。金罍照衰朽，玩味得俄顷。旁人怪迂疏，佳处当自领。①

客舍如僧舍，秋风几席清。竹孙仍带箨，鸠妇已呼晴。年老心情减，官卑去就轻。京师名籍甚，郑子岂其卿。②

没有了官职羁绊，冯子翼可以充分享受与山林为友的归隐生活。

榆柳清阴下，茅亭近水湄。抵檐栽美竹，横榻赋新诗。朴陋从人笑，栖迟止自怡。岁寒天地肃，松雪有心期。③

嫩水笼篁碧，新霜染树红。石潭沉晓月，山雨暝秋空。灯火吟窗下，关河醉眼中。西风唤张翰，南望思何穷。④

胭脂坡上月如钩，问青楼，觅温柔。庭院深沉，窗户掩清秋。月下香云娇堕砌，花气重，酒光浮。清歌皓齿艳明眸，锦缠头，若为酬。门外三更，灯影立骅骝。结习未忘吾老矣，烦恼梦，赴东流。⑤

冯子翼如此直接地抨击官场，表达去官之意，在当时文人中并不多见，值得重视。

（五）任询的厌官情绪

任询，生卒年不详，字君谟，易州军市（今属河北）人，正隆二年进士，历任宛平主簿、益都都司判官、北京盐使等职，曾在世宗朝廉察中被罚。任询是当时出名的画家，"书为当时第一，画亦入妙品。评者谓画高于书，书高于诗，诗高于文"⑥。

① 冯子翼：《岐山南显道冷香亭》，《中州集》卷2。
② 冯子翼：《书事》，《中州集》卷2。
③ 冯子翼：《小圃茅亭新成》，《中州集》卷2。
④ 冯子翼：《和张浮休旧韵》，《中州集》卷2。
⑤ 冯子翼：《江城子》，《中州乐府》。
⑥ 《金史》卷125《蔡珪传》《任询传》。

任询善用诗作记述所见的景色，如对杭州就有以下的描述。

> 西湖环武林，澄澄大圆镜。仰看湖上寺，即是镜中影。湖光与天色，一碧千万顷。堤径截烟来，楼台自昏暝。①
> 海门东向沧溟阔，潮来怒卷千寻雪。浙江亭下击飞霆，蛟蜃争驰奋鬐鬣。巨鹿之战百万集，呼声响震坤轴立。昆阳夜出雨悬河，剑戟奔冲溃寻邑。吴侬稚时学弄潮，形色沮懦心胆豪。青旗出没波涛里，一掷性命轻鸿毛。须臾风送潮头息，乱山稠迭伤心碧。西兴浦口又斜晖，相望会稽云半赤。诗家谁有坡仙笔，称与江山作劲敌。援毫三叫句不成，但觉云涛满胸臆。②

任询对雪景的描述，亦颇有特色，既展现了宫廷的场景，亦暗含了君主重农的诉求。

> 冯夷掬水翻银玑，北风浩浩如兵威。琼台玉榭压金碧，三十六宫明月辉。五更待漏鸡人唱，近卫胪传九天上。须臾龙驭踏飞瑶，万户千门寂相向。皓齿才人宫袖窄，巧画长眉梅半额。含颦一笑竞春妍，绣勒锦鞯生羽翮。城外雪深回马首，别殿传筹灯作昼。欢声一曲借春谣，半夜西园满花柳。沾濡已见盈阡陌，况是隆冬见三白。帝力如天人得知，今庆明年好春泽。③

任询还在为郭建写的碑文中，指其由武官改任县令后，能够"弭盗息讼"和"优政宽仁"，值得赞扬。④

任询还在词作中表达了厌倦官场、期待归隐山林的强烈愿望。

> 月已中秋，菊还重九，夜久凉重满地。清霜半天，白晓孤唱，闻耕垄萧萧。窗几依然，琴砚但觉，鼠窥风动。悔生平趋前猛甚，晚退却成无勇。兴衰更换，妍媸淆混，造物大相愚弄。二鬟羞人，

---

① 任询：《西湖》，《中州集》卷2。
② 任询：《浙江亭观潮》，《中州集》卷2。
③ 任询：《庚辰（1160年）十二月十九日雪》，《中州集》卷2。
④ 任询：《奉国上将军郭公神道碑（大定二十三年）》，《金文最》卷43。

五交贾鬻，侯伯宁无种。而今此念，消除都尽。惟有故山，归梦吾庐。更双溪清绕，万峰翠拥。①

任询任职时受到的责罚，应是他厌恶官场的重要原因，所以他愿意成为一个洒脱的文人，而不是谨小慎微的小官。

三 蔡珪的假隐观念

蔡珪（？—1174年），字正甫，蔡松年子，天德三年（1151）进士，历任翰林修撰、户部尚书等职，著有《补正水经》《南北史志》《续金石遗文跋尾》《晋阳志》《无可居士文集》等，均已佚失。②蔡珪是极恋官位之人，但经常释放"归隐"的信号，是"假隐"的代表性人物。

（一）政绩平平

完颜亮在位时，蔡珪曾以诗作奉承其"统一"之志，已见前述。世宗即位后，蔡珪没有重要的政治建树，反因牵涉案件被罚，具体情况如下。

> 安国军节度判官高元鼎坐监临奸事，求援于太常博士田居实、大理司直吴长行、吏部主事高震亨、大理评事王元忠。震亨以属鞫问官御史台典事李仲柔，仲柔发之。（蔡）珪与刑部员外郎王翛、宛平主簿任询、前卫州防御判官阎恕、承事郎高复亨、文林郎翟询、敦武校尉王景晞、进义校尉任师望，坐与居实等转相传教，或令元鼎逃避，居实、长行、震亨、元忠各杖八十，翛、珪、询、恕、复亨、翟询各笞四十，景晞、师望各徒二年，官赎外并的决。

蔡珪仕途不顺，将主要精力转向研读经史和赋诗作词。在中都发现汉代燕王墓碑后，蔡珪专门对其做了考辨。

> 初，两燕王墓旧在中都东城外，海陵广京城围，墓在东城内。

---

① 任询：《永遇乐》，《中州乐府》。
② 《金史》卷125《蔡珪传》；《中州集》卷1《蔡珪小传》。本节引文未注明出处者，皆出自《金史》本传。

前尝有盗发其墓，大定九年诏改葬于城外。俗传六国时燕王及太子丹之葬，及启圹，其东墓之枢题其和曰"燕灵王旧"。"旧"，古"枢"字，通用，乃西汉高祖子刘建葬也。其西墓，盖燕康王刘嘉之葬也。珪作《两燕王墓辩》，据葬制名物款刻甚详。

蔡珪还利用自己的文史知识，考证了古镜上的刻文。

> 蔡内翰正甫云：大定七年秋，与萧彦昭俱官都下。萧一日见过，出古镜相示曰："顷岁得之关中，虽爱之甚，然背文四字不尽识，且不知为何时物。"予取视之，汉物也。文曰："长宜子孙。"《宣和博古图》有焉，出图示之，殆若合符，彦昭惊喜。有姚仲瞻在座，言曰："仆家一镜，制作亦奇，宋末得于长安土人家，相传为太真奁中物，不之信也。"使取而观，背有楷字数十，为韵语，句四言，其略有"华屋交映，珠帘对看，潜窥圣淑，丽则常瑞"等语，而纽有"开元"二字。姚曰："考其年则唐物，安知为太真之旧耶？"予笑而不答，徐出浮休居士张芸叟所作《冗长录》使读。其间载："元祐中有耕望贤驿故地，得镜遗予者，铭为四字诗，中有'潜窥圣淑'之句。'圣淑'二字皆少空，意取圣为君，淑为后耳。"与此制正合。望贤去马嵬数十里，盖迁幸时遗之。浮休，陕右人，得之长安，信矣。彦昭欢甚，以为一日有二奇事，不可不书。予曰："多言屡中，仲尼所以讥子贡也。然世喜道其偶中，予不书可乎。"①

（二）归隐意向

恰是因为蔡珪醉心经史，在诗作中就有了对历史上文治武功、为官作为等都是过眼烟云的感慨。

> 夏氏不无衅，作孽生妖龙。苍姬丁衰期，玄龟游后宫。天心未悔祸，坠此文武功。压弧漏天网，哲妇鸱袅同。狂童一何愚，巧言惟尔从。殷鉴不云远，覆车还蹈踪。坐令周南诗，悲入黍离风。君

---

① 元好问：《镜辨》，《续夷坚志》卷3，四库全书本。

看后庭曲，曾笑骊山烽。①

竟日开编乐有余，古人妙处不欺予。胸中更著五千卷，未到汉家城旦书。②

伯阳名迹世人知，太史成书未免讥。不是道家齐物我，岂容同传著韩非。③

无论是为官、从军，还是奔走于路途，蔡珪着重的都是看景吟诗，所表现的是全然不以职事为意的态度。

欸段乘凉未五更，徐河十里雾中行。前村烟树望不见，欲到忽闻鸡犬声。

独轮车重汗如浆，蒲秸芒鞋亦贩商。我自行人更怜汝，却应达者笑予狂。

燕南赵北困风埃，投宿云居眼暂开。明日都门选官路，逢人羞道见山来。④

定羌城下河南流，定羌城上三层楼。使君置酒劳行役，今夕何夕当中秋。孤烟落日明天末，汹涌碧云俄暮合。惺惺骑马雨中归，造物戏人无乃虐。枕如戍鼓方三更，梦回一室还虚明。出门惊笑遽如许，浮云四卷秋天清。谁家高会搴珠箔，笑语声从云外落。倦客明朝又短亭，行人何似居人乐。⑤

岭外高槐驿路长，岭头萧寺俯朝阳。定知绝顶有佳处，聊与瘦藤寻上方。千里好风随野色，一轩空翠聚山光。道人底是怜行役，不惜禅床坐午凉。⑥

乱石妨车毂，深沙困马蹄。天分斗南北，人间日东西。侧脚柴荆短，平头土舍低。山花两三树，笑杀武陵溪。⑦

扇底无残暑，西风日夕佳。云山藏客路，烟树记人家。小渡一

① 蔡珪：《读史》，《中州集》卷1。
② 蔡珪：《即事》，《中州集》卷1。
③ 蔡珪：《读史》，《中州集》卷1。
④ 蔡珪：《燕山道中三首》，《中州集》卷1。
⑤ 蔡珪：《保德军中秋》，《中州集》卷1。
⑥ 蔡珪：《登陶唐山寺》，《中州集》卷1。
⑦ 蔡珪：《出居庸》，《中州集》卷1。

声橹，断霞千点鸦。诗成鞍马上，不觉在天涯。①

蔡珪还在诗作中表达了官场无趣、愿意归隐的意愿，尽管实际上他在中风后依然留在官任上，被金世宗斥责后才去职，可见诗中的表态并不是他的真实想法，只是故作清高而已。

薄书期会敢迁延，暂尔城楼借榻眠。咫尺王官未能去，俗缘妨我爱山缘。

黄尘乌帽走西州，溽暑秋霖两滞留。居士有灵应见笑，微官何事不休休。

云里高栏面面风，栏边列树障秋空。凭君为我开秾绿，尽放南山入言中。②

间山尽处十三山，溪曲人家画幅间。何日秋风半篙水，小舟容我一蓑闲。③

（并门无竹旧矣，李文饶尝一植之，至今寺僧日为平安报，其难可知；已官舍东堂之北种碧芦以寄意，因作长句）青君那肯顾寒乡，试着葭芦拟汶篁。有若何堪比夫子，虎贲犹想见中郎。色添新雨帘栊好，声入微风枕簟凉。他日东堂惭政拙，只将此物当甘棠。④

蔡珪更注重的是诗友间的交流和情谊，在诗、词中多有表现，这才是他的真实情感。

好竹风浙浙，流水声泠泠。吾庐兼有此，要是佳友生。北窗午梦断，冷簟无飞蝇。端疑故人至，唤作寒泉鸣。揽衣起徘徊，自笑还自惊。无须问形似，自可名双清。⑤

长夏少人事，官闲帘户深。枕凉秋入梦，林密翠交阴。适欲非

---

① 蔡珪：《霅川道中》，《中州集》卷1。
② 蔡珪：《司空表圣祠》，《全辽金诗》上，第543页。
③ 蔡珪：《十三山下村落》，《中州集》卷1。
④ 蔡珪：《葭芦》，《中州集》卷1。
⑤ 蔡珪：《风竹如水声》，《中州集》卷1。

吾事，谋闲遂此心。绝交吾岂敢，觅句识知音。①

我家北潭边，溪流卧衡门。俗客自不来，好客时开尊。路人或不知，云是渭南村。底事半年别，此怀谁与论。

来时西郊林，木末秋未老。借箸数归日，乃复见冬杪。心驰倚门望，望我绵绵道。惭愧戎昱诗，在家贫亦好。②

琴里忘忧尽日弹，百忧俱息夜初阑。青灯把卷逢真味，绿酒倾尊破薄寒。月色半留梧影上，露华应到菊花团。在家须信贫犹好，梦想人间行路难。

照水疏林万木苍，迎轩爽气一襟凉。有时独听溪春坐，无事方惊昼景长。云薄西山聊隐见，烟横白鸟去微茫。可怜骑省多秋思，拘士安能识大方。③

旧年京国赏春浓，千朵曾开共一丛。好事只今归北圃，知音谁与醉东风。临觞笑我官程远，赋物输君句法工。却笑燕城花更晚，直应趁得马家红。④

长短亭中竟日忙，解鞍初喜水云乡。风前列席花钿秀，雨后行厨杏粥香。春色纷纷惊过眼，歌声故故促传觞。蓬莱殿下同年客，定笑狂夫老更狂。⑤

瓮头春色开重酎，门外春风改夹衣。灼灼向来花又笑，翩翩几处燕子飞。山阴未辨羲之集，沂上聊从点也归。节物惊心遽如许，却因观化识天机。⑥

鹊声迎客到庭除，问谁欤，故人车。千里归来，尘色半征裾。珍重主人留客意，奴白饭，马青刍。东城入眼杏千株，雪模糊，俯平湖。与子花间，随分倒金壶。归报东垣诗社友，曾念我，醉狂无。⑦

蔡珪曾受同年进士的好友时元瑜之邀，为时昌国（时立爱后人）

① 蔡珪：《寄通州王倅》，《中州集》卷1。
② 蔡珪：《读戎昱诗有作二首》，《中州集》卷1。
③ 蔡珪：《秋日和张温仲韵二首》，《中州集》卷1。
④ 蔡珪：《和彦及牡丹，时方北趋蓟门，情见乎辞》，《中州集》卷1。
⑤ 蔡珪：《戏杨新城》，《中州集》卷1。
⑥ 蔡珪：《和曹景萧（曹望之）暮春即事》，《中州集》卷1。
⑦ 蔡珪：《江城子·王温季自北都归，过予三河，坐中赋此》，《中州乐府》。

撰写《故东上阁门使时公墓志铭》。他所高度赞扬的，是时昌国淡泊官场、重视孝友的作为。

> 公（时昌国）幼好学，略通书史，孝弟纯俭，出于天性。儿时为姑氏所育，及长事姑如事母，出告返面，爱敬尽礼。仲兄捍国，仕而不达，家贫甚，公给之终身，人以为难能。通赞之职，上阁使介之渐也，虽以音吐鸿畅进，然多为势力所先。顷岁员缺当补，人人争欲得之，公处其间泊如也，当路者自相语曰："舍时子，如公论何。"竟应是选。自天会至于大定，余三十年，职未尝去，朝暮修身慎行，求缕发疵不可得。其长其僚其属，举无间言。送终之际，吊而哭之者，皆为之恸。所莅之官，宗庙会同而已，它政不复关预。故其蕴诸胸中者，不能发于事业，使后世知其才，此志士所以慨叹焉。虽然，孝友之行，推高一时，孔子所谓"施于有政，是亦为政"者也，岂必传称循吏而后为贤哉，世之君子当有以处之矣。①

蔡珪之所以如此表彰时昌国，就在于他与时昌国应为同类人，只是官职远高于时昌国。蔡珪对自己的定位显然是带官职的文人，所以元人郝经对他的评价亦侧重于诗、文方面的成就："共推小蔡（蔡珪）燕许手，金石瑰奇近世无。森森凡例本六经，贯穿百代恢规模。追琢山岳砻琬琰，郊庙祠宇神鬼墟。断鳌立极走四夷，铭功颂德流八区。煎胶续弦复一韩，高古劲欲摩欧苏。几回细看圣安碑，区别二代张吾儒。车轮眼孔斗大胆，突兀正论摇天枢。滔滔更辨燕王墓，证据古今撼惛诬。琐屑芥蒂一无遗，有似尔雅编虫鱼。不肯蹈袭抵自作，建瓴一派雄燕都。昨从张公借书读，文府武库浑不殊。堆山叠岸乱策中，烟煤一书缠网蛛。为读忽见文正宗，归来抚卷为嗟吁。规矩准绳有大匠，自视所作何粗疏。乃今政须日一通，深探海底寻骊珠。"② 也就是说，蔡珪是促进金代文学发展的一个重要人物，但不能算是有影响的政治人物。

---

① 薛瑞兆：《金代"国朝文派"蔡珪佚文辑校》，《内江师范学院学报》2017年第1期。
② 郝经：《书蔡正甫集后》，《郝文忠公陵川文集》卷9。

四　刘汲等人的真隐观念

刘汲、孟宗献、郝俣等人所倡导的归隐，是与蔡珪完全不同的"真隐"观念，并且大多付诸了行动。

（一）刘汲说归隐

刘汲，生卒年不详，字伯深，号西岩老人，浑源（今属山西）人，天德三年进士，历任庆州军事判官、翰林供奉等职，著有《西岩集》，已佚。

刘汲的诗作颇有特色，李纯甫（屏山居士）在为《西岩集》所作的序中，有以下评价。

> 人心不同如面，其心之声发而为言，言中理谓之文，文而有节谓之诗。然则诗者，文之变也，岂有定体哉。故三百篇，什无定章，章无定句，句无定字，字无定音。大小长短，险易轻重，惟意所适。虽役夫室妾，悲愤感激之语，与圣贤相杂而无愧，亦各言其志也已矣，何后世议论之不公耶。齐、梁以降，病以声律，类俳优然，沈、宋而下，裁其句读，又俚俗之甚者。自谓灵均以来，此秘未睹，此可笑者一也。李义山喜用僻事，下奇字，晚唐人多效之，号西昆体，殊无典雅浑厚之气，反晋杜少陵为村夫子，此可笑者二也。黄鲁直天资峭拔，摆出翰墨畦径，以俗为雅，以故为新，不犯正位，如参禅著末后句为具眼，江西诸君子翕然推重，别为一派。高者雕镌尖刻，下者模影剽窜，公言韩退之以文为诗如教坊雷大使舞，又云学退之不至即一白乐天耳，此可笑者三也。嗟乎，此说既行，天下宁复有诗耶。比读刘西岩诗，质而不野，清而不寒，简而有理，澹而有味，盖学乐天而酷似之。观其为人，必傲世而自重者，颇喜浮屠，邃于性理之说。凡一篇一咏，必有深意，能道退居之乐，皆诗人之自得，不为后世论议所夺，真豪杰之士也。①

刘汲对性理之说的探究，已经难以窥其真貌。从他的诗作中，能够看到的是他参透人生、不眷恋官场的感悟。

---

① 《中州集》卷2《刘汲小传》。

朝亦不如意，暮亦不如意。今日只如此，来日复何异。一欢强欲谋，百忧已先至。乃至尘网苦，动辄心万计。高轩与华冕，傥来亦如寄。规规必欲求，愈劳终不遂。善哉荣启期，自宽以遣累。①

人爱名与利，我爱水与山。人乐纷而竞，我乐静而闲。所以西岩地，千古无人看。虽看亦不爱，虽赏亦不欢。欣然会予心，卜筑于其间。有石极峭屼，有泉极清寒。流觞与被禊，终日堪盘桓。此乐为我设，信哉居之安。

卜筑西岩最可人，青山为屋水为邻。身将隐矣文何用，人不知之味更真。自古交游少同志，到头声利不关身。清泉便当如渑酒，浇尽胸中累劫尘。②

恰是看透了人生，刘汲表现出了对归隐生活的殷切向往，并强调选择归隐并不困难。

随马雨不急，催人日欲晡。山从林杪出，路到水边无。拘缚嗟微宦，崎岖走畏途。村家应最乐，鸡酒夜相呼。③

青山炯无尘，尘满行人衣。行人望青山，咫尺不得归。吾归不作难，世故苦相违。何当临溪水，一洗从前非。④

因为真正的归隐生活，确实能使刘汲陶醉于其中。

孤云出岫本无心，何用微名挂士林。近日故园消息好，西岩花木已成阴。⑤

三载尘劳虑，翻然尽一除。园林未摇落，庭菊正扶疏。绕屋看新树，开箱检旧书。依然故山色，潇洒入吾庐。⑥

云横树外山，树映山巅月。微风拂寒枝，疏光散清樾。幽欢难

① 刘汲：《不如意》，《中州集》卷2。
② 刘汲：《题西岩》，《中州集》卷2。
③ 刘汲：《庆州回过盘岭宿义园》，《中州集》卷2。
④ 刘汲：《平凉道中》，《中州集》卷2。
⑤ 刘汲：《家僮报西岩栽植滋茂，喜而成咏》，《中州集》卷2。
⑥ 刘汲：《到家》，《中州集》卷2。

相遇，此景安可忽。从来山水心，不为尘埃没。①

西岩逸人以天为衢兮，地为席茵。青山为家兮，流水为之朋。饥食芝兮渴饮泉，又何必有肉如林兮，有酒如渑。世间清境端为吾辈设，吾岂独为礼法绳。少文援琴众山响，太白举杯明月清波澄。人间行路是，处处多炎蒸。如何水前山后，六月赤脚踏层冰。②

刘汲与蔡珪的不同，就在于既说也做，毅然选择归隐，所以才能对归隐有更深刻的感悟。

（二）孟宗献说隐居

孟宗献，生卒年不详，字友之，开封（今属河南）人，大定三年进士，入职翰林院，后出任同知单州军州事，母亲去世后忧哀而逝。③

孟宗献参加科举考试时成绩突出，连中四元，所以被人称为"孟四元"。

孟宗献发解第一，（杨）伯仁读其程文，称之"此人当成大名"。是岁，宗献府试、省试、廷试皆第一，号"孟四元"，时论以为知文。故事，状元官从七品，阶承务郎，世宗以宗献独异等，与从六品，阶授奉直大夫。④

在诗作中，孟宗献表现出了对隐居生活的陶醉之情。

摇摇风影漾寒塘，静里亭台日月长。不似隋家堤岸上，乱鸦残照管兴亡。⑤

绕舍云山慰眼新，看花差后洛阳尘。从君小筑繁香坞，不负长腰玉粒春。⑥

古人借宅亦种竹，大是饕奇心未足。高斋闻有万琅玕，坐对怀山饮秋绿。官闲胜日无一事，尊酒不空仍有肉。他时剥啄叩君门，

---

① 刘汲：《南园步月》，《中州集》卷2。
② 刘汲：《西岩歌》，《全辽金诗》上，第650页。
③ 《中州集》卷9《孟宗献小传》。
④ 《金史》卷125《杨伯仁传》。
⑤ 孟宗献：《柳塘》，《中州集》卷9。
⑥ 孟宗献：《苏门花坞》，《中州集》卷9。

高枕矮床容我宿。①

达人孤高与世疏，百年直寄犹须臾。归来掩关聊自如，人之不足等有余。乐哉下视濠梁鱼，逍遥自契蒙庄书。异时驭气游太虚，我知枝巢亦蘧庐。②

（旧蓄一琴，弃置者久矣，李君仲通为张弦料理，仍鼓数曲，以诗赠之）我家筝奴忧乐同，尘埃满面鬌发蓬。徽弦不具挂墙壁，似惭无以娱衰翁。夫君一见为披拂，坐使寒谷为春融。中含太古意味足，杂以新态来无穷。繁声流水不可喻，直与造化相冥通。形神久已坐灰槁，一旦抉剔驱盲聋。寂然反听杳难诘，但觉万窍俱玲珑。千金不得和扁力，谁谓起废由枯桐。曲终玄旨竟谁会，非弦非指仍非空。拂衣欲往君且止，为我乘兴弹悲风。③

睡惊秋近鸣虫砌，砌虫鸣近秋惊睡。苍鬌掺匀霜，霜匀掺鬌苍。影孤灯翳冷，冷翳灯孤影。长叹浩歌狂，狂歌浩叹长。④

对于孟宗献的英年早逝，不少人颇为惋惜，并以诗作寄托悼念之情。

刘无党："簪绂忘情累，山林阅岁阴。选官堂印手，说法老婆心。世路嗟前却，人生变古今。公乎真不死，名姓斗之南。"

孔嗣训："二十年间事，才名一梦新。哀羸惊丧母，哀毁竟亡身。魂返愁枫夜，情留泪草春。黄公酒垆在，此去只悲辛。"

高公振："见说平生梦，前途尽目前。乘除虽有数，凶祸竟何缘。礼乐三千字，才名二十年。仁人遽如许，无路问苍天。谁谓诗成谶，清冰果自焚。人嗟埋玉树，天为落文星。"⑤

对于孟宗献的文风，既有人赞为"孟公友之不惟光扬圣世，文行过人，亦于禅主门中遇大宗匠，有所开发"⑥；亦有人如魏道明指其华而

---

① 孟宗献：《龚平甫森玉轩》，《中州集》卷9。
② 孟宗献：《张仲山枝巢》，《中州集》卷9。
③ 孟宗献：《旧琴》，《中州集》卷9。
④ 孟宗献：《菩萨蛮（回文）》，《中州乐府》。
⑤ 《中州集》卷9《孟宗献小传》。
⑥ 高陟：《刻孟宗献与西堂和尚帖跋》，《金文最》卷24。

不实，已见前述。

（三）郝俣说赋闲

郝俣，生卒年不详，字子玉，号虚舟居士，太原（今属山西）人，正隆二年进士，历任河东北路转运使、翰林修撰、凤翔府治中等职，世宗大定二十四年曾奉命出使西夏，大定二十九年参与修《辽史》，任刊修官，所著文集已佚。[①]

金章宗即位后，张汝霖称郝俣"能属文，宦业亦佳"，章宗也表示："郝俣赋诗颇佳，旧时刘迎能之，李晏不如也。"[②] 郝俣也确实有迎合帝王的诗作："仙苑齐葩别晓丛，绯衣香拂御炉风。巧移倾国无双艳，应费司花第一功。天上异恩深雨露，世间凡卉漫铅红。情知不逐春归去，常在君王顾盼中。"[③]

郝俣在诗作中，首先表达的是他对所谓功名利禄的厌倦，以及对去官归隐的向往。

郊原冷落霜风后，桑柘萧条兵火余。试问当时卿与相，几家犹有旧田庐。[④]

草草生涯付短椽，身随到处即安然。功名角上无多地，风月壶中自一天。世路久谙甘缩首，曲车才值便流涎。一生笑我林鸠拙，辛苦营巢二十年。[⑤]

野迥云归尽，山高月上迟。暗萤依露草，惊鹊绕风枝。素影随波远，新凉与酒宜。中秋更有味，试为卜归期。[⑥]

尤其是身处中都，郝俣将自己定位为客人，感觉多有不适，所以更要早做归隐的打算。

客亭南北厌飘零，尚喜扬镳过故城。桐叶不堪追往事，泥丸尤足见民情。青山阅世几兴废，白塔向人如送迎。伫立夕阳无限思，

---

① 《中州集》卷2《郝俣小传》；《金史》卷61《交聘表中》。
② 《金史》卷125《党怀英传》。
③ 郝俣：《应制状元红》，《中州集》卷2。
④ 郝俣：《魏处士野故庄》，《中州集》卷2。
⑤ 郝俣：《郝吉甫蜗室》，《中州集》卷2。
⑥ 郝俣：《七月十五日夜显仁寺东轩对月》，《中州集》卷2。

西风禾黍动秋声。①

　　旅食京华秋又残，旧游真似梦槐安。闲居浪说重阳好，尘世端知一笑难。黄菊已堪增怅恨，白衣无复慰荒寒。马头明月应相笑，依旧红尘满客鞍。②

　　旅食京华困郁蒸，可人秋意又新晴。夜窗便觉风千里，晓镜从添雪数茎。蝉噪不离羁客耳，燕归还动故园情。软红尘外西山色，乞与闲人眼暂明。③

　　诘曲阑干面翠微，葱笼窗户溢清晖。雨侵斜日明边过，云望山前缺处归。多病过春犹止酒，薄寒向晚却添衣。宦名不负沧波愿，羞见陂田白鸟飞。④

　　郝俣最满意的，就是能够在归隐后独享赋闲的时光，"劳生虽可厌，清景亦自适"⑤，可以吟诗作赋，怡然自得。

　　憧憧车马竞春游，不见溪堂五月秋。卧听云涛春午枕，梦随鸥鸟落沙洲。

　　为鱼为鸟知谁是，看水看山俱得意。存亡贵贱听天公，只有归休须早计。

　　归休得计即归来，林下空言只可咍。莫待山灵嫌俗驾，却将鞍马觅尘埃。⑥

　　十日阴风料峭寒，试从花柳问平安。野亭寂历春将晚，山径萦纡雪未干。足踏东流方纵酒，手遮西日悔投竿。渊明正草归来赋，莫作山中令尹看。⑦

　　扶疏窗外竹，岁暮亦可爱。萧散轩中人，高节凛相对。清寒入梦境，风雨号万籁。觉来闻雪落，淅沥珠玑碎。饥肠出佳句，亹亹

---

① 郝俣：《故城道中同元东岩赋》，《中州集》卷2。
② 郝俣：《子文致君九日用安字韵聊亦同赋》，《中州集》卷2。
③ 郝俣：《新秋》，《中州集》卷2。
④ 郝俣：《寺楼晴望》，《中州集》卷2。
⑤ 《中州集》卷2《郝俣小传》。
⑥ 郝俣：《题均福堂三首》，《中州集》卷2。
⑦ 郝俣：《上巳前后数日皆大雪，新晴游临漪亭上》，《中州集》卷2。

入三昧。华堂沸丝竹，此乐付儿辈。①

渺渺横烟渚，凄凄挂月村。酒非邻舍取，诗复故人论。世态乌栖屋，生涯雀在门。西山却多思，松雪动吟魂。②

草树醒朝雨，乌鸢快晚晴。山光自明润，野气亦凄清。茗碗闲中味，纹楸静里声。此怀能自适，未要缚簪缨。③

也就是说，郝俣更看重的是自己的"诗名"，而不是为官的"政声"，所以才有对赋闲如此强烈的情感。

（四）刘仲尹赞隐居

刘仲尹，生卒年不详，字致君，盖州（今属辽宁）人，正隆二年进士，历任潞州节度副使、都水监丞等职，著有《龙山集》，已佚。④

刘仲尹虽曾出任官职，但是对功名利禄不感兴趣，在诗作中多有表现。

利禄蜗涎壁，年华蚁梦槐。秋随庭树老，寒逐雁声来。养性论三适，分愁咏七哀。闭门人客少，书籍绕床堆。⑤

刁骚短发镊还生，镜里形骸只自惊。睡枕食盘翻岁月，头风股痹识阴晴。鸠栖任笑谋生拙，兔简难忘照眼清。不用暖炉公库酒，试容拥被听鸡声。⑥

墙根雨大土花碧，秋笋寒添一两茎。爱买僻书人笑古，痛憎俗事自知清。黄花催织钿钿出，白发欺人故故生。饘粥年来我稍具，厌随鞍马逐浮名。

风雨驱寒入弊裘，闲斋气味冷飕飕。年华过眼惊飞鸟，利禄催人窘督邮。灶下旋添温坑火，床头剩买读书油。可人谁似黄夫子，著意裁诗寄四休。⑦

---

① 郝俣：《听雪轩》，《中州集》卷2。
② 郝俣：《次仁甫韵》，《中州集》卷2。
③ 郝俣：《题温容村寺壁》，《中州集》卷2。
④ 《中州集》卷3《刘仲尹小传》。
⑤ 刘仲尹：《秋尽》，《中州集》卷3。
⑥ 刘仲尹：《冬日》，《中州集》卷3。
⑦ 刘仲尹：《别墅二首》，《中州集》卷3。

刘仲尹惬意的是隐居生活，在诗、词中对此大加渲染，唯恐世人不知其能以读书、看景为乐。

　　日日南轩学蠹鱼，隐中独爱隐于书。儿痴妇笑谋生拙，不道从来与世疏。①

　　床头书册聚麻沙，病起经旬不煮茶。更为炎蒸设方略，细烹山蜜破松花。②

　　好诗读罢倚团蒲，唧唧铜瓶沸地炉。天气稍寒吾不出，氍毹分坐与狸奴。③

　　老来湖海愧陈登，只有头须未是僧。坐对黄昏钟鼓定，竹根吹火上吟灯。④

　　岁涝饶秋雨，云寒结暝阴。晚芳留冻蝶，疏木立饥禽。闲觉交游减，衰从老病寻。安眠恐徼幸，底用说初心。⑤

　　为云为雨定成虚，醉脸笼娇试粉初。举国春风避姚魏，换胎天质到黄徐。百年金谷凭栏袖，三月扬州载酒车。我欲禅居净余习，湖滩枕石看游鱼。⑥

　　满树西风锁建章，官黄未裹贡前霜。谁能载酒陪花使，终日寻香过苑墙。修月客，弄云娘，三吴清兴入淋浪。草堂人病风流减，自洗铜瓶煮蜜尝。

　　楼宇沉沉翠几重，辘轳亭下落梧桐。川光带晚虹垂雨，树影涵秋鹊唤风。人不见，思何穷，断肠今古夕阳中。碧云犹作山头恨，一片西飞一片东。⑦

　　万叠春山一寸心，章台西去柳阴阴，蓝桥特为好花寻。别后鱼封烟涨阔，梦回鸾翼海云深，情知顿著有如今。

　　绣馆人人倦踏青，粉垣深处簸钱声，卖花门外绿阴轻。帘幙风柔飞燕燕，池塘花暖语莺莺，有谁知道一春情。

---

① 刘仲尹：《自理》，《中州集》卷 3。
② 刘仲尹：《夏日》，《中州集》卷 3。
③ 刘仲尹：《不出》，《中州集》卷 3。
④ 刘仲尹：《一室》，《中州集》卷 3。
⑤ 刘仲尹：《晚阴》，《中州集》卷 3。
⑥ 刘仲尹：《西溪牡丹》，《中州集》卷 3。
⑦ 刘仲尹：《鹧鸪天》，《中州乐府》。

摩腹椎腰春事非，乐天犹恨小樊归，多生余念向来痴。往事半随残梦转，飞词不尽短封题，竹奴应笑减腰围。①

虽然同为归隐，刘仲尹的处世态度并不消极，应注意其潇洒诗风所蕴含的浪漫人生观。

（五）赵摅等人的归隐情结

赵摅，生卒年不详，字子充，宛平（今属北京）人，号醉全老人，大定年间进士，曾在翰林院任职。②

赵摅在诗、词作品中，表现出了较强的"出世"倾向。

苍龙双阙郁层云，湖水粼粼柳色新。绝似江行看清晓，不知身是趁朝人。③

涧草萋萋绿，林莺恰恰啼。汀沙过雨便无泥，换得芒鞋随意到前溪。浦溆浑堪画，云烟总是题。江湖老伴一蓑衣，真个斜风细雨不须归。④

春来日日风成阵，桃李飘零尽。树头树底觅残红，只有郭西梨雪照晴空。酬春须得如川酒，酒债寻常有。葛巾欹侧倩人扶，大似浣花溪上醉骑驴。⑤

赵摅还借给佛寺写碑文的机会，强调了士人隐居亦要注意因缘之所在。

国朝故事，凡寺名皆请于有司，给授敕额。其异恩者，特加"大"字以冠之，所以别余寺也。虽京师名刹相望，而得赐是额者，殆亦无几。

及本朝，命元臣诸帅经略宋人受进方物，行府寓置此寺者数年，由此天会五年八月，敕加"大天宫寺"以酬之，且示其旌

---

① 刘仲尹：《浣溪沙》，《中州乐府》。
② 《中州集》卷9《赵摅小传》。
③ 赵摅：《早赴北宫》，《中州集》卷9。
④ 赵摅：《南歌子》，《中州乐府》。
⑤ 赵摅：《虞美人·同孟利器寻春》，《中州乐府》。

表也。

　　创之者劳，居之者逸，仅一再传，则废者多矣。且兵火之后，佛庙丘墟，十所而九。是独为国相大臣，拥庇保全，自起至今，几百余岁，愈久而愈炽，此住持定力之因缘也。

　　嘻，士之谋道者，或槁形灰心于山谷间，自非天龙送供衲衣饘粥之计，不能无外扰也，与夫居不谋而安，食不求而给，其于从道也，岂不□且优欤。敢告后之居者，一切时中，常作是念。①

田特秀，生卒年不详，字彦实，易县（今属河北）人，大定十九年进士，仕至太原转运使。他曾在诗作中感叹："散木不材宁适用，虚舟无意任乘流。百年身世槐安国，千古人情羹颉侯。"② 所以他对去官隐居情有独钟，如其诗所言："渊明昭旷人，韵高难适俗。折腰肯为五斗米，三径归来理松竹。千年何人为赏音，伯鸾之孙怀古心。幽园日涉自成趣，手植佳木成清阴。问公是中有何好，杖履婆娑不知老。凉风月夕竹自笑，轻云春画花相恼。鸿飞冥冥无弋网，万事不理醉醇酿。忘机便是葛天民，高情真到羲皇上。人生古今遗适意，两公解作一生事。君不见，平泉树石名九州，主人万里著穷愁。"③

田特秀还借表彰关羽的机会，说明了对大臣忠心事君的要求："夫忠而识暗，不能择有道之主，当代无以建其功，若范增为项楚划计，虽怒撞玉斗，未免为彭城之废人矣。勇而义寡，不能坚事君之节，没世无以成其名，若吕布反复无定，虽巧中戟支，未免为白门之缚虏矣。忠而远识，勇而笃义，事明君，抗大节，收隽功，蜚英名，磊磊落落，挺然独立千古者，惟公（关羽）之伟欤。"④

赵懑，生卒年不详，东平（今属山东）人，"国初登科"，应为太宗朝进士，历任学正、教授、同知南京路转运使事等职。⑤ 赵懑在存留的诗作中，重点表现的是看破红尘、不留恋官场的态度。

----

① 赵摅：《蓟州玉田县永济务大天宫寺碑（大定十二年）》，《金文最》卷36。
② 《中州集》卷8《田特秀小传》。
③ 田特秀：《成趣园诗》，《全辽金诗》中，第1199页。
④ 田特秀：《重建显烈庙碑》，《金文最》卷42。
⑤ 《中州集》卷8《赵懑小传》；《金史》卷126《赵沨传》。

春风动地来，依依烧痕青。王孙行不归，离恨何时平。翩翩谁家儿，晓猎开红旌。雕弓插白羽，怒马悬朱缨。围合意气雄，厮养厌庖烹。人生一春草，时至何足荣。君看五陵树，日暮悲风生。①

晓发蜀山道，山深人自迷。残星数徽小，斜月一梳低。隔舍缫车响，遥林杜宇啼。区区事行役，何日得安栖。②

剪水作花开，纷纷天上来。声清偏旁竹，艳冷欲欺梅。积润滋牟麦，余膏丐草莱。穷阎休叹息，数日是春回。③

晁会，生卒年不详，字公锡，高平（今属山西）人，天眷二年进士，历任虞乡、猗氏、临晋三县令，以兴平军节度副使致仕。著有《泫水集》，已佚。在虞乡任职时曾赋诗："官况薄于重榨酒，瓜期近似欲残棋。"④ 又有感怀诗称："杜宇啼声枕上来，一声哀似一声哀。千哀万怨无今古，唤得行人若个回。"⑤

乔宸，生卒年不详，初名逢辰，字君章，洪洞（今属山西）人，天德三年进士。⑥ 金世宗即位初年，乔宸曾有保民之举，如有人所记："故大理丞乔君，先生以文章起身，迹其德业，宜有后者也。正隆之乱，丞蒲邑，保全一城，关陕至今称之。"⑦

天德三年，有僧人在洪洞建惠远桥，便利官民通行，乔宸赞道："自非发慈悲心，运方便力，与世有缘者，其孰能如是哉。则公之施为，与夫推无实不验之说，以聋瞽斯民者，固有间矣。"⑧

乔宸还以铭文的形式，表明了人要知足的观点。

宅无一区，不僦不赁，而廛宇足以居。田无一亩，不农不桑，而衣食足以厚。家无一仆，不佣不雇，而得供己之人足以充部曲。世无一官，不进不献，而藉任子之荫足以补职员。尔无致主之术，

---

① 赵懹：《拟古》，《中州集》卷8。

② 赵懹：《蜀山晓发》，《中州集》卷8。

③ 赵懹：《寒斋雪中书呈许守》，《中州集》卷8。

④ 《中州集》卷8《晁会小传》。

⑤ 晁会：《杜鹃》，《中州集》卷8。

⑥ 《中州集》卷2《乔宸小传》。

⑦ 申天禄：《乔宸兴庆池李氏园两诗跋》，《金文最》卷24。

⑧ 乔逢辰：《惠远桥记》，《金文最》卷11。

泽民之才，今享福既已若是，其用心宜何如哉。乃若富不知足，贵不知止，无厌之欲，何时而已。患中性之易流，防侈心之渐启。缅思古人，尚且有勤勒几杖以识其过，佩韦弦以矫其情。吾恐久而易忘之也，故书之以为座中之铭。①

乔扆的观点尽管是自警，但带有明显的"避世"消极倾向，应注意这样的倾向在当时文人中所具有的影响。

金朝中期的臣僚因人生经历和政治态度不同，秉持不同的政治观念，呈现的是由乱到治历史巨变中政治思想开放和多样性的特征。共性的问题是因应时局的议论多于对治道理论的深刻思考和系统阐释，表明文人热衷于应对君主的"为政治服务"，忽视发展治道学说的理论建树，并由此强化了"依赖性"的思想定式，即政治思想的发展依赖于"输入"（主要是输入唐、宋的治国理念和政治理论）而不是"自创"一套解释金朝政治发展奥秘的理论或学说。善于学习、深谙政务但缺乏创新意识，是金朝知识阶层的普遍性特征，在金朝中期表现尤为突出，应被治史者所关注。

---

① 乔扆：《座中铭》，《金文最》卷10。

国家出版基金项目
NATIONAL PUBLICATION FOUNDATION

中国政治思想通史

辽西夏金政治思想史

下 卷

史卫民 著

中国社会科学出版社

目　录

（下　卷）

第五编　金朝后期政治思想

第六编　金朝理学和宗教政治观念

第五编

金朝后期政治思想

第十二章　金朝后期的统治观念

从金章宗即位到金哀宗自杀（1189—1234 年）的四十余年，被视为金朝后期的历史，金朝皇帝的统治观念经历了由善治国家到应对危机的重大变化。

第一节　金章宗的文治观念

金章宗完颜璟（1168—1208 年），本名麻达葛，金世宗孙，大定二十九年（1189）以皇太孙继承帝位后（以下称"章宗"），用明昌、承安、泰和年号，在位二十九年，主要展现的是倡导文治的观念。

一　重礼崇儒

章宗文治观念的一个重要表现就是崇尚礼仪和儒术，正如有人所言："章宗性好儒术，即位数年后，兴建太学，儒风盛行，学士院选五六人充院官，谈经论道，吟哦自适。群臣中有诗文稍工者，必籍姓名，擢居要地，庶几文物彬彬矣。"[1] 与之相关的各种作为，可分述于下。

（一）择定礼仪

章宗即位后，首先遇到的礼仪问题是金世宗的梓宫放置在哪个宫殿合适。章宗采纳了移剌履将梓宫放在正殿而不是置于别宫的建议，于大定二十九年正月"迁大行皇帝梓宫于大安殿"，以体现对礼仪的尊崇和对先朝皇帝的崇敬。[2]

天寿节的时间安排，在朝臣中引起争论，章宗先于大定二十九年三

---

① 《大金国志》卷21《章宗皇帝下》，第289页。
② 《金史》卷9《章宗纪一》，卷95《移剌履传》。

月采纳张汝霖等人的建议，"诏以生辰为天寿节"（章宗的生辰在七月），但最终采纳完颜襄的意见，于当年六月"敕有司移报宋、高丽、夏，天寿节于九月一日来贺"。

> 右丞相（完颜）襄言："熙宗圣节盖七月七日，为系景宣忌辰，更用正月受外国贺。今天寿节在七月，雨水淫暴，外方人使赴阙，有碍行李，乞移他月为便。"（张）汝霖言："帝王之道当示信于天下。昔宋主构生日，亦系五月。是时，都在会宁，上国遣使赐礼，不闻有霖潦碍阻之说。今与宋构好日久，遽以暑雨为辞，示以不实，万一雨水逾常，愆期到阙，犹愈更用别日。"参知政事刘玮、御史大夫唐括贡、中丞李晏、刑部尚书兼右谏议大夫完颜守贞、修起居注完颜乌者、同知登闻检院事孙铎亦皆言其不可。帝（金章宗）初从之，既而竟用襄议。①

天寿节的使者贺礼，只要能够严格实行已有的礼仪规定，从便改动一下时间，不是原则性问题，儒臣确实没必要小题大做。

章宗之母徒单氏，章宗即位后被立为皇太后。章宗不仅经常向皇太后请安，还于大定二十九年正月下令"以皇太后命为令旨"。这样的做派，不仅要体现君主的孝心，也带有让皇太后"垂帘听政"的含义。但是皇太后颇为自律，直到明昌二年正月去世，不仅不介入朝政，还经常告诫亲属要尽忠奉主。

> 上（章宗）月或五朝六朝，而后（皇太后徒单氏）愈加敬俭，见诸大长公主，礼如平时，惇睦九族，恩纪皆合。尤恶闻人过，谀佞之言无所得入。恕以容物，未尝见喜愠。然御下公平，虽至亲无所阿徇。尝诚诸侄曰："皇帝以我故，乃推恩外家，当尽忠图报。勿谓小善为无益而弗为，小恶为无伤而弗去。毋藉吾之贵，辄肆非违，以干国家常宪。"一日，妹并国夫人、嫂泾国夫人等侍侧，因谕之曰："尔家累素重，且非丰厚，宜节约财用，勿以吾为可恃。吾受天下之养，岂有所私积哉。况财用者，天下之财用也，吾终不

---

① 《金史》卷83《张汝霖传》。

能多取以富尔之私室。"家人有以玉盂进者，却之，且曰："贵异物而殚财用，非我所欲也。况我之赐予有度，今尔以此为献，何以自给。徒费汝财，我实无用，后勿复尔。"

后好《诗》《书》，尤喜《老》《庄》，学纯淡清懿，造次心于礼。逮嫔御以和平，其有生子而母亡者，视之如己所生，慈训无间。上时问安，见事有未当者，必加之严诫云。①

皇太后去世前后，朝廷又面临两个葬仪问题。一是皇太后之父徒单贞改葬，章宗未听从臣僚的不用仪卫建议，强调的是为体现敬意，在礼仪上可以有所突破，不必墨守成规。

会改葬太师广平郡王徒单贞，贞，章宗母孝懿皇后父也。帝欲用前代故事，班剑、鼓吹、羽葆等仪卫。宰臣以贞与弑熙宗诛死，意难之。于是诏下礼官议。（王）修言："晋葬丞相王导，给前后羽葆、鼓吹、武贲、班剑百人。唐以来，大驾卤簿有班剑，其王公以下卤簿并无班剑，兼羽葆非臣下所宜用，国朝葬大臣亦无之。"上先知唐葬大臣李靖等皆用班剑、羽葆，怒曰："典故所无，固可从，然用之亦不过礼。"②

二是皇太后治丧期间，顾命大臣徒单克宁去世，章宗欲用"烧饭仪"，被臣僚劝阻。

明昌二年，太傅徒单克宁薨，章宗欲亲为烧饭，是时，孝懿皇后梓宫在殡，（张）暐奏："仰惟圣慈，追念勋臣，恩礼隆厚，孰不感劝。太祖时享，尚且权停，若为大臣烧饭，礼有未安。今已降恩旨，圣意至厚，人皆知之，乞俯从典礼，则两全矣。"章宗从之。③

"烧饭仪"是女真的祭祀旧俗，为皇太后守丧遵循的是按儒家观念定立的礼仪制度，章宗舍旧俗而奉行礼仪，所要彰显的恰是他要精心维

① 《金史》卷 64《显宗孝懿皇后传》。
② 《金史》卷 105《王修传》。
③ 《金史》卷 106《张暐传》。

护朝廷的"礼仪之邦"形象。

明昌二年正月，章宗"始许宫中称圣主"。但是臣僚多年、多次请求为章宗上尊号，都被章宗拒绝。

> 明昌四年四月，百官三表请上尊号，上（章宗）曰："祖宗古先有受尊号者，盖有其德，故有其名。比年五谷不登，百姓流离，正当戒惧修身之日，岂得虚受荣名耶。"不许，仍断来章。右丞相（夹谷）清臣率百官及耆艾等复请上尊号，学官刘玑亦率六学诸生赵楷等七百九十五人诣紫宸门请上尊号，如唐元和故事，不许。五月，曹王永升及诸王请上尊号，不许。上以群臣累上尊号不受，诏谕中外。八月，枢密使（完颜）襄帅百僚再请上尊号，不许。
>
> 明昌五年十月，右丞相夹谷清臣等表请上尊号，不允。右丞相清臣复请上尊号，国子祭酒刘玑亦率六学诸生上表陈请，不允。闰十月，亲王、百官各奉表请上尊号，不允。
>
> 承安元年十二月，枢密使唐括贡率百官请上尊号，不允。枢密使唐括贡复率百官请上尊号，不允。
>
> 承安二年三月，亲王、百官复请上尊号，不允。枢密使唐括贡率百官请上尊号，不允。
>
> 承安五年三月，亲王、宰执、百官再请上尊号，不许。
>
> 承安五年四月，文武百官再请上尊号，不许。五月，亲王、文武百官、六学各上表请上尊号，不许。
>
> 泰和元年十一月，司空（完颜）襄以下文武百官复请上尊号。不许。十二月，司空襄以下复请上尊号，诏不允，仍断来章。
>
> 泰和四年十二月，左丞相（完颜）宗浩等请上尊号，不许。百官再表乞受尊号，不许。①

> （泰和）五年，群臣复请上尊号，上不许，诏（张）行简作批答，因问行简宋范祖禹作《唐鉴》论尊号事。行简对曰："司马光亦尝谏尊号事，不若祖禹之词深至，以谓臣子生谥君父，颇似惨切。"上曰："卿用祖禹意答之，仍曰太祖虽有尊号，太宗未尝受

---

① 《金史》卷9《章宗纪一》，卷10《章宗纪二》，卷11《章宗纪三》，卷12《章宗纪四》。赵秉文亦撰有《上尊号表》，见《滏水集》卷10。

也。"行简乞不拘对偶，引祖禹以微见其意，从之。其文深雅，甚得代言之体。①

　　按照以往的做法，皇帝在几次谢绝臣僚的上尊号请求后，会欣然同意臣僚所上的尊号。章宗坚持不接受尊号，既有国事艰难的原因，也有不愿意虚受名号的原因，并且后者应是主因。

　　章宗还采纳张行简等人的建议，重新确定了尚书省官员向宰执行贺礼时的拜答礼仪，并明确了朝廷拜礼实行汉、女真拜仪结合的方法，着公服时用"朝拜"（汉拜），着便服时用"本朝拜"（女真拜）。

　　　　（张）行简言："唐制，仆射、宰相上日，百官通班致贺，降阶答拜。国朝皇太子元正、生日，三师、三公、宰执以下须群官同班拜贺，皇太子立受再答拜。今尚书省宰执上日，分六品以下别为一班揖贺，宰执坐答揖，左右司郎中五品官廷揖，亦坐答之。臣谓身坐举手答揖，近于坐受也。宰执受贺，其礼乃重于皇太子，恐于义未安。别嫌明微，礼之大节，伏请宰执上日令三品以下官同班贺，宰执起立，依见三品官仪式通答揖。"上（章宗）曰："此事何不早辨正之，如都省擅行，卿论之是矣。"行简对曰："礼部盖尝参酌古今典礼，拟定仪式，省廷不从，辄改以奏。"下尚书省议，遂用之。宰执上日，三品以下群官通班贺，起立答拜，自此始。②

　　　　金之拜制，先袖手微俯身，稍复却，跪左膝，左右摇肘，若舞蹈状。凡跪，摇袖，下拂膝，上则至左右肩者，凡四。如此者四跪，复以手按右膝，单跪左膝而成礼。国言摇手而拜谓之"撒速"。

　　　　承安五年五月，上谕旨有司曰："女直、汉人拜数可以相从者，酌中议之。"礼官奏曰："《周官》九拜，一曰稽首，拜中至重，臣

────────────

　　① 《金史》卷106《张行简传》。范祖禹的原话是："尊号之兴，盖本于开元之际，主骄臣谀，遂著以为故事，使其臣子生而加谥于君父，岂不悖哉。"见《唐鉴》卷9《玄宗中》，四库全书本。

　　② 《金史》卷106《张行简传》。

拜君之礼也。乞自今，凡公服则用汉拜，若便服则各用本俗之
拜。"主事陈松曰："本朝拜礼，其来久矣，乃便服之拜也。可令
公服则朝拜，便服则从本朝拜。"平章政事张万公谓拜礼各便所
习，不须改也。司空完颜襄曰："今诸人衽发皆从本朝之制，宜从
本朝拜礼，松言是也。"上乃命公裳则朝拜，诸色人便服则皆用本
朝拜。①

规范拜仪确实是礼仪方面的大事，所呈现的恰是章宗既注重儒家礼
仪要求，也注重少数民族传统习俗的礼仪观念。

章宗亦重视祭祀的礼仪，不仅于明昌五年采纳礼部的建议，增加了
风、雨、雷师的祭祀，② 还在礼部尚书张暐等人的坚持下举行郊祀典
礼，并确定了祭祀历代帝王的礼仪。

承安元年八月壬子，上（章宗）召（张）暐至内殿，问曰：
"南郊大祀，今用度不给，俟他年可乎？"暐曰："陛下即位于今八
年，大礼未举，宜亟行之。"上曰："北方未宁，致斋之际，有不
测奏报何如。"对曰："岂可逆度而妨大礼。今河平岁丰，正其
时也。"

上曰："周武帝、唐武宗、后周世宗皆贤君，其寿不永，虽曰
偶然，似亦有因也。"对曰："三君矫枉太过。今不毁除、不崇奉，
是为得中矣。"是岁，郊见上帝焉。③

泰和三年，尚书省奏："太常寺言：'《开元礼》祭帝喾、尧、
舜、禹、汤、文、武、汉祖祝版请御署。《开宝礼》牺、轩、颛
顼、帝喾、陶唐、女娲、成汤、文、武请御署，自汉高祖以下二十
七帝不署。'平章政事（徒单）镒、左丞（完颜）匡、太常博士温
迪罕天兴言：'方岳之神各有所主，有国所赖，请御署固宜。至于
前古帝王，寥落杳茫，列于中祀亦已厚矣，不须御署。'参知政事
（孙）即康及（贾）铉以为三皇、五帝、禹、汤、文、武皆垂世立

----

① 《金史》卷35《礼志八》。
② 《金史》卷34《礼志七》。
③ 《金史》卷106《张暐传》。承安元年郊祀的详情，见《金史》卷28《礼志一》。

教之君，唐、宋致祭皆御署，而今降祝版不署，恐于礼未尽。不若止从外路祭社稷及释奠文宣王例，不降祝版，而令学士院定撰祝文，颁各处为常制。"敕命依期降祝板，而不请署。①

　　泰和四年二月，始祭三皇、五帝、四王。三月，诏定前代帝王合致祭者。尚书省奏："三皇、五帝、四王，已行三年一祭之礼。若夏太康，殷太甲、太戊、武丁，周成王、康王、宣王，汉高祖、文、景、武、宣、光武、明帝、章帝，唐高祖、文皇一十七君致祭为宜。"从之。②

坚持郊祀和祭祀历代明君，其政治意蕴就是既要彰显对"天命"的重视，也要强调对历代帝业的崇敬和继承。

明昌六年十二月，张暐等人向章宗献上了新编成的《大金仪礼》。张暐、张行简父子还著有礼仪书《自公纪》，已佚，《大金仪礼》存留四十卷，名为《大金集礼》，是元代编修《金史·礼志》时的重要史料来源。③

泰和三年四月，章宗又命吏部侍郎李炳、国子司业蒙括仁本、知登闻检院乔宇等再详定《仪礼》，④ 就是希望进一步完善朝廷的礼仪制度。

（二）德运之争

金朝的德运，与文治有密切的关系。自金太祖以来，遵行的都是金德，章宗认识到德运与延续王朝的正统有着密切的关系，要求臣僚讨论德运问题。金宣宗时尚书省上奏的《省判》和《议》，记录了章宗朝讨论德运的情况，可转引于下。

　　贞祐二年（1214）正月二十二日，丞相面奉圣旨："本朝德运公事，教商量呈检。"本部照得，德运之说，《五经》不载，惟《家语》有云："古之王者，易代改号，取法五行，终始相生。"自汉以来，并用其说，故以庖牺氏为木德，神农为火德，黄帝为土

----

① 《金史》卷35《礼志八》。
② 《金史》卷12《章宗纪四》。
③ 《金史》卷10《章宗纪二》，卷28《礼志一》。
④ 《金史》卷11《章宗纪三》。

德，少昊为金德，颛顼为水德。历代相承，各以一德兴运，周而复始。

自明昌四年（1193）十二月十一日奉章宗敕旨："本朝德运，仰商量。"当时本部为事关头段，呈乞都省集省、台、寺、监七品以上官同共讲议。蒙都省准呈，集官讲议。在后累年讲究，勘当未定。至承安四年（1199）十二月，蒙都堂再选定朝官十余员，置所讲究定夺。至承安五年二月二十日，章宗皇帝再有敕旨："商量德运，事属头段，莫不索选本朝汉儿进士、知典故官员集议后得长处。"当时蒙都省再选到官四十余员，置所集议。其官员议论既多，不能归一。至泰和元年（1201），都省将众人前后议论编类成六册转进，过其间众人议论不同，其岐有四。

刑部尚书李愈以为，本朝太祖以金为国号，又自国初至今八十余年，以丑为腊，若止以金为德运，则合天心，合人道，合祖训。翰林学士承旨党怀英取苏轼书传之说，以为禹以治水得天下，故从水而尚黑，《书》云"禹锡玄圭"是也。殷人始以兵王，故从金而尚白，《诗》曰"有客有客，亦白其马"是也。钦惟太祖皇帝兴举义兵，剪辽平宋，奄有中土，与殷以兵王而尚白理同，本朝宜为金德，此盖遵太祖之圣训，有自然之符应，谓宜依旧为金德，而不问五行相生之次也。

户部尚书孙铎、侍读学士张行简、太常卿杨庭筠等以为，唐为土德，五代朱梁自前世已不比数，后唐本非李氏子孙，又强自附于唐之土德外，石晋十二年，刘汉四年，郭周九年，皆乘时攘窃，其祚促短，何足以当德运。宋不用赵垂庆之言，不肯继唐统，乃继郭周为火德，是彼自失其序，合为闰位。圣朝太祖圣训："完颜部色尚白，白即金之正色，自今本国可号大金。"又尝有纯白鸟兽瑞应，皆载之国史，请依旧为金德，上承唐统。此盖亦依太祖圣训，自然符应，而取越恶承善、越近承远之说也。

秘书郎吕贞干、校书郎赵泌以为，圣朝先辽国以成帝业，辽以水为德，水生木，国家宜承辽运为木德，此盖别是一说也。

惟太常丞孙人杰造为倾险之论，以为宋运已绝，礼官所以言不及宋，而委曲拟承唐者，意以为宋犹未绝，岂彼之心不欲以绝宋乎。人杰作此险语，本意欲朝廷继宋运而为土德，而忮心求胜故也。大理卿完颜萨喇、直学士温特赫大兴、应奉完颜恩楚、弘文校理珠嘉珠敦（术甲直敦）等皆以为，合继宋运而为土德。

至泰和二年，奉章宗敕旨："继唐底事，必定难行。继宋底事，莫不行底么？吕贞干所言继辽底事，虽未尽理，亦可折正。不然，只从李愈所论，本朝得天下，太祖以国号为金，只为金德，复如何？"当年十月二十五日，尚书省奏："辽据一偏，宋有中原，是正统在宋，其辽无可继。张邦昌、刘豫皆本朝取宋以后命立之，使守河南、山东、陕西之地，即本朝之臣耳。吕贞干何得言楚、齐更霸，不可强继宋孽。李愈所论太祖圣训，即是分别白黑之姓，非关五行之叙。皇朝灭宋，俘其二主，火行已绝，我乘其后。赵构假息江表，与晋司马睿何异。若准完颜萨喇、孙人杰等所议，本朝合继火德已绝汴梁之宋，以为土德，是为相应。"奉敕旨准奏行，于是告于宗庙，改用辰日为腊，及颁诏书布谕天下，奉行至今。

自前来议论有四说：不论所继，只为金德，刑部尚书李愈之说也。继唐土运为金德，户部尚书孙铎、太常卿杨庭筠等之说也。继辽水运为木德，秘书郎吕贞干之说也。继宋火运为土德，太常丞孙人杰之说也。[1]

讨论中的所谓四说，实则是金德、木德、土德三说，金德强调的是继唐统，木德强调的是继辽统，土德强调的是继宋统。金章宗最终采用的是土德说，泰和二年十一月明确下诏"更定德运为土，腊用辰"，所要强调的就是金朝承继的是宋朝（北宋）的正统地位。[2] 正统延续关系的确定，是金朝政治思想发展的大事，应被后人所重视。

章宗还要颁行新历，但是刘道用所进的新历错误颇多，被张行简、党怀英等人所否定。秘书监后来又进《太一新历》，由张行简复校，亦不能使用，所以继续使用赵知微重修的《大明历》。[3] 尽管新历未能成功，但对于修历背后的维系王朝正统和文治走向的思想倾向，还是值得注意。

---

① 《大金德运图说》，四库全书本。
② 《金史》卷11《章宗纪三》。
③ 《金史》卷21《历志上》，卷106《张行简传》。

（三）尊孔兴学

章宗即位之后，特别显示出了尊孔的态度，不仅要求修复曲阜和各地的孔子庙学，明确袭封衍圣公者的待遇，还确定了祭祀孔庙的礼仪，并曾亲自参加孔庙的祭祀。

> 明昌元年三月，诏修曲阜孔子庙学。
>
> 明昌二年四月，诏袭封衍圣公孔元措视四品秩。五月，诏诸郡邑文宣王庙、风雨师、社稷神坛堕废者，复之。
>
> 明昌三年四月，定宣圣庙春秋释奠，三献官以祭酒、司业、博士充，祝词称"皇帝谨遣"，及登歌改用太常乐工。其献官并执事与享者并法服，陪位学官公服，学生儒服。十月，有司奏增修曲阜宣圣庙毕，敕："党怀英撰碑文，朕将亲行释奠之礼，其检讨典故以闻。"
>
> 明昌四年八月，释奠孔子庙，北面再拜。
>
> 明昌五年闰十月，上（章宗）问辅臣曰："孔子庙诸处何如？"平章政事（完颜）守贞曰："诸县见议建立。"上因曰："僧徒修饰宇像甚严，道流次之，惟儒者于孔子庙最为灭裂。"守贞曰："儒者不能长居学校，非若僧、道久处寺观。"上曰："僧、道以佛、老营利，故务在庄严宏侈，起人施利自多，所以为观美也。"
>
> 明昌六年四月，敕有司："以增修曲阜宣圣庙工毕，赐衍圣公以下三献法服及登歌乐一部，仍遣太常旧工往教孔氏子弟，以备祭礼。"八月，命兖州长官以曲阜新修庙告成于宣圣。①

> 承安二年，春丁，章宗亲祀，以亲王摄亚、终献，皇族陪祀，文武群臣助奠。上亲为赞文，旧封公者升为国公，侯者为国侯，郧伯以下皆封侯。②

党怀英在为重修曲阜宣圣庙所写的碑文中，不仅记述了章宗尊孔的用心，亦强调了崇奉孔子之道的基本要求，尤其是明君尊儒治国的要求，可节录于下。

---

① 《金史》卷9《章宗纪一》，卷10《章宗纪二》。
② 《金史》卷35《礼志八》。

　　皇朝诞受天命，累圣相继，平辽举宋，合天下为一家，深仁厚泽，以福斯民。粤自太祖，暨于世宗，抚养生息，八十有余年，庶且富矣，又将教化而粹美之。主上（章宗）绍休祖宗，以润色洪业为务，即位以来，留神政机，革其所当革，兴其所当兴，饬官厉俗，建学养士，详刑法，议礼乐，举遗修旧，新美百为，期与万方同归文明之治。以为兴化致理，必本于尊师重道，于是奠谒先圣，以身先之。尝谓侍臣曰："昔者夫子立教于洙泗之上，有天下者所当取法。乃今遗祠久不加葺，且其隘陋，不足以称圣师之居，其有以大作新之。"有司承诏，度材庀工，计所当费为钱七万六千四百余千，诏并赐之。仍命选择干臣，典领其役。役取于军，匠傭于民，不责急成，而责以可久，不期示侈，而期于有制。

　　盖经始于明昌二年春，逾年而土木基构成，越明年而髹漆彩绘成。先是群弟子及先儒像画于两庑，既又以捏塑易之。又明年而众功皆毕，罔有遗制焉。上既加恩阙里，则又泽及嗣人，以其虽袭公爵，而官职未称，与夫祭祀之仪不备，特命自五十一代孙元措，首阶中议大夫，职视四品，兼世宰曲阜县。六年，又以祭服、祭乐为赐，遣使策祝，并以崇成之意告之。

　　臣尝谓唐、虞、三代致治之君，皆相授以道，至周末世不得其传，而夫子载诸《六经》，以俟后圣。降周讫汉，异端并起，儒墨道德，名法阴阳，分而名家，而以六艺为经传章句之学，归之儒流。不知六艺者，夫子所以传唐、虞、三代之道，众流之所从出，而儒为之源也。后世偏尚曲听，沿其流而莫达其本，用其偏而不得其醇，自是历代治绩，尝与时政高下。

　　洪惟圣上以天纵之能，典学稽古，游心于唐、虞、三代之隆，故凡立功建事，必本《六经》为正，而取信于夫子之言。夫惟信之者笃，则其尊奉之礼宜其厚欤。臣观汉、魏以来，虽奉祠有封，洒扫有户，给赐有田，礼则修矣，未有如今日之备也。①

　　尊孔与兴学是相辅相成的，大定二十九年七月，章宗下令京、府、

---

① 党怀英：《金重修至圣文宣王庙碑》，孔元措《孔氏祖庭广记》卷11，四库全书本。

节镇、防御州设学养士；八月，又明令"京、府、州、镇设学校处，其长贰幕职内各以进士官提控其事，仍具入衔"。① 在兴学的要求中，不仅明确了不用北宋的"三舍法"，还明确了各地的"养士"数量。

> 章宗大定二十九年，上封事者乞兴学校，推行三舍法，及乡以八行贡春官，以设制举宏词。事下尚书省集百官议，户部尚书邓俨等谓："三舍之法起于宋熙宁间，王安石罢诗赋，专尚经术。太学生初补外舍，无定员。由外升内舍，限二百人。由内升上舍，限百人。各治一经，每月考试，或特免解，或保举补官。其法虽行，而多席势力，尚趋走之弊，故苏轼有'三舍既兴，货赂公行'之语，是以元祐间罢之，后虽复，而宣和三年竟废。臣等谓立法贵乎可久，彼三舍之法委之学官选试，启侥幸之门，不可为法。唐文皇养士至八千人，亡宋两学五千人，今策论、词赋、经义三科取士，而太学所养止百六十人，外京府或至十人，天下仅及千人。今若每州设学，专除教授，月加考试，每举所取数多者赏其学官。月试定为三等籍之，一岁中频在上等者优复之，不率教、行恶者黜之，庶几得人之道也。又成周乡举里选法卒不可复，设科取士各随其时。八行者乃亡宋取《周礼》之六行孝、友、睦、姻、任、恤，加之中、和为八也。凡人之行莫大于孝廉，今已有举孝廉之法，及民有才能德行者令县官荐之。今制，犯十恶奸盗者不得应试，亦六德六行之遗意也。夫制举宏词，盖天子待非常之士，若设此科，不限进士，并选人试之，中选擢之台阁，则人自勉矣。"上从其议。
>
> 遂计州、府户口，增养士之数，于大定旧制京府十七处千人之外，置节镇、防御州学六十处，增养千人，各设教授一员，选五举终场或进士年五十以上者为之。府学二十有四，学生九百五人（大兴、开封、平阳、真定、东平府各六十人，太原、益都府各五十人，大定、河间、济南、大名、京兆府各四十人，辽阳、彰德府各三十人，河中、庆阳、临洮、河南府各二十五人，凤翔、平凉、延安、咸平、广宁、兴中府各二十人）。节镇学三十九，共六百一十五人（绛、定、卫、怀、沧州各三十人，莱、密、潞、汾、冀、

---

① 《金史》卷9《章宗纪一》。

邢、兖州各二十五人，代、同、邠州各二十人，奉圣州十五人，余二十三节镇皆十人）。防御州学二十一，共二百三十五人（博、德、洺、棣、亳各十五人，余十六州各十人）。凡千八百人。①

泰和元年九月，又规定了赡学养士的具体待遇："生员，给民佃官田人六十亩，岁支粟三十石；国子生，人百八亩，岁给以所入，官为掌其数。"泰和四年八月，教授的设置亦有变化，"命诸路学校生徒少者罢教授，止以本州、府文资官提控之"②。

太学亦有所变化，明昌二年四月，"增太学博士助教员"。承安四年三月，"尚书省奏减亲军武卫军额及太学女直、汉儿生员，罢小学官及外路教授，诏学校仍旧，武卫军额再议，余报可"③。尤为重要的是，章宗在中都城内为太学新建了馆舍。

> 承安四年二月，诏建太学于京城之南。总为屋七十有五区，西序置古今文籍，秘省新所赐书。东序置三代鼎彝俎豆，敦盘尊罍，及春秋释奠合用祭器。于是行礼于辟雍，祀先师孔子，召郡国学生通一经以上者居之，公卿以下子孙并入学受业，每季临观，课其优劣。④

章宗亦重视侍卫的儒学教育问题，并有了一些新的规定。

> 大定二十九年闰五月，诏诸有出身承应人，系将来受亲民之职，可命所属谕使为学。其护卫、符宝、奉御、奉职，侍直近密，当选有德行学问之人为之教授。

> 泰和三年六月，又诘点检司，诸亲军所设教授及授业人若干，其为教何法，通大义者几人，各具以闻。

> 泰和四年十月，诏亲军三十五以下令习《孝经》《论语》。⑤

---

① 《金史》卷51《选举志一》。
② 《金史》卷11《章宗纪三》，卷12《章宗纪四》。
③ 《金史》卷9《章宗纪一》，卷11《章宗纪三》。
④ 《大金国志》卷20《章宗皇帝中》，第275页。
⑤ 《金史》卷9《章宗纪一》，卷11《章宗纪三》，卷12《章宗纪四》。

尤其需要注意的是，章宗正式下令废罢契丹字，并要求祭祀创建女真字有功的完颜希尹等人。

明昌二年四月，谕有司："自今女直字直译为汉字，国史院专写契丹字者罢之。"十二月，诏罢契丹字。①

明昌五年正月，陈言者谓："叶鲁（完颜耶鲁）、谷神（完颜希尹）二贤创制女直文字，乞各封赠名爵，建立祠庙，令女直、汉人诸生随拜孔子之后拜之。"有司谓："叶鲁难以致祭，若金源郡贞献王谷神则既已配享太庙矣，亦难特立庙也。"有旨，令再议之。礼官言："前代无创制文字入孔子庙故事，如于庙后或左右置祠，令诸儒就拜，亦无害也。"尚书省谓："若如此，恐不副国家厚功臣之意。"遂诏令依苍颉立庙于鳌屋例，官为立庙于上京纳里浑庄，委本路官一员与本千户春秋致祭，所用诸物从宜给之。②

承安二年四月，亲王宣敕始用女直字。③

金朝的"天下"来自辽朝，在一段时间内认可辽朝的影响并允许契丹字继续使用，是合理的做法。但是在认识上转向金朝承继的是宋朝正统后，消解辽朝的文化遗存要素，强化金朝的文化特质，更是无可非议的举动。

朝廷还特别注意到了图书的收集问题，并做出了购买图书和誊写善本的新规定。

明昌二年四月，学士院新进唐杜甫、韩愈、刘禹锡、杜牧、贾岛、王建，宋王禹偁、欧阳修、王安石、苏轼、张耒、秦观等集二十六部。

明昌五年二月，诏购求《崇文总目》内所阙书籍。

泰和元年十月，敕有司："购遗书宜尚其价，以广搜访。藏书之家有珍惜不愿送官者，官为誊写。毕复还之，仍量给其直之半。"④

---

① 《金史》卷9《章宗纪一》。
② 《金史》卷35《礼志八》。
③ 《金史》卷10《章宗纪二》。
④ 《金史》卷9《章宗纪一》，卷10《章宗纪二》，卷11《章宗纪三》。

章宗亦注重史书的编修，并取得了四方面的成绩。

一是大定二十九年十一月以参知政事移剌履提控编修《辽史》，移剌履去世后，由贾铉、党怀英继续撰修，并在泰和七年十二月由陈大任最终完成。① 这是金朝修成的第二部《辽史》，第一部《辽史》由耶律固、萧永祺修成，已见前述。

二是明昌四年八月和泰和三年十月，两次奏上《世宗实录》，显示章宗朝已经完成了《世宗实录》的修撰。②

三是编撰先朝皇帝圣训，"承安四年十二月，右补阙杨庭秀请类集太祖、太宗、世宗三朝圣训，以时观览，从之，仍诏增熙宗为四朝"。③

四是除了起居注外，增加了日历的编撰："承安五年闰二月，尚书省奏：右补阙杨庭秀言，乞令尚书省及第左右官一人，应入史事者编次日历，或一月，或一季，封送史院。上是其言，仍令送著作局润色，付之。"泰和三年六月，"诏选聪明方正之士为修起居注"。张行简还明确提出了编撰《会要》的建议："今虽有国朝《集礼》，至于食货、官职、兵刑沿革，未有成书，乞定《会要》，以示无穷。"④ 修《会要》的建议，应未被章宗所采纳。

尊孔、兴学、养士、修史，都是典型的文治作为，章宗就是要通过这些作为，来展现他对文治观念的崇信和坚持。

（四）科举新规

章宗在位时，科举制度有较大变化，可分别叙述针对不同科目的新规定。

在词赋进士和经义进士考试方面，主要有七方面的变化。

一是取消乡试，只保留府试、会试（省试）和殿试（廷试）三级考试，并增加了府试的地点。

　　明昌元年正月，言事者谓："举人四试而乡试似为虚设，固当罢去。其府会试乞十人取一人，可以群经出题，而注示本传。"上

① 《金史》卷9《章宗纪一》，卷12《章宗纪四》，卷99《贾铉传》，卷125《党怀英传》。
② 《金史》卷10《章宗纪二》，卷11《章宗纪三》。
③ 《金史》卷11《章宗纪三》。
④ 《金史》卷11《章宗纪三》，卷12《章宗纪四》，卷106《张行简传》。

（金章宗）是其言，诏免乡试，府试以五人取一人，仍令有司议外路添考试院，及群经出题之制。有司言："会试所取之数，旧止五百人，比以世宗敕中格者取，乞依此制行之。府试旧六处，中有地远者，命特添三处，上京、咸平府路则试于辽阳，河东南北路则试于平阳，山东东路则试于益都。"①

二是明确考题的"注传"要求，不给全文，只给提示文字，且有字数限制。

明昌元年正月，有司言："以《六经》《十七史》《孝经》《论语》《孟子》及《荀》《扬》《老子》内出题，皆命于题下注其本传。"又谕有司曰："举人程文所用故事，恐考试官或遽不能忆，误失人材，可自注出处，注字之误，不在涂注乙之数。

明昌六年，言事者谓："学者率恃有司全注本传以示之，故不勉读书，乞减子史注本传之制。又经义中选之文多肤浅，乞择学官，及本科人充试官。"省臣谓："若不与本传，恐硕学者有偶忘之失，可令但知题意而已。"遂命择前经义进士为众所推者、才识优长者为学官，遇差考试官之际，则验所治经参用。词赋进士，题注本传，不得过五十字。经义进士，御试第二场，试论日添试策一道。

三是为了更多擢拔人才，明确要求会试不再限制人数，成绩合格者即可参加殿试。但是试行几次之后，入选人员过多，又采用了会试取六百人的限额。

明昌二年二月，谕有司："进士程文但合格者即取之，毋限人数。"②

明昌四年十二月，平章政事（完颜）守贞言："国家官人之路，惟女直、汉人进士得人居多。诸司局承应，旧无出身，自大定

---

① 《金史》卷51《选举志一》。本小节引文未注明出处者，均出自此志。
② 《金史》卷9《章宗纪一》。

后始叙使，至今鲜有可用者。近来放进士第数稍多，此举更宜增取，若会试止以五百人为限，则廷试虽欲多取，不可得也。"上乃诏有司，会试毋限人数，文合格则取。

　　承安五年正月，诏考试词赋官各作程文一道，示为举人之式，试后赴省藏之。时宰臣奏："自大定二十五年以前，词赋进士不过五百人，二十八年以不限人数，取至五百八十六人。先承圣训合格则取，故承安二年取九百二十五人。兼今有四举终场恩例，若会试取人数过多，则涉泛滥。"遂定策论、词赋、经义人数，虽多不过六百人，少则听其阙。

　　四是承安四年十二月的"更定科举法"①，就是要求词赋、经义两科不再各取状元，而是两科只取一名状元。

　　承安四年，上谕宰臣曰："一场放二状元，非是。后场廷试，令词赋、经义通试时务策，止选一状元，余虽有明经、法律等科，止同诸科而已。"宰臣言："至宋王安石为相，作新经，始以经义取人。且词赋、经义，人素所习之本业，策论则兼习者也。今舍本取兼习，恐不副陛下公选之意。"遂定御试同日各试本业，词赋依旧，分立甲次，第一名为状元，经义魁次之，恩例与词赋第二人同，余分为两甲中下人，并在词赋之下。

　　五是强调经义科的重要性所在，并明确规定参加考试的考生可以兼试词赋、经义两科。

　　上问曰："有司以谓经义不若词赋，罢之何如？"（李）仲略奏曰："经乃圣人之书，明经所以适用，非词赋比。乞自今以经义进士为考试官，庶得硕学之士。"上可其奏。②

　　承安五年，太常丞郭人杰转对言："词赋举人，不得作别名兼试经义，及入学生精加试选，无至滥补。"上敕宰臣曰："近已奏

　　① 《金史》卷10《章宗纪三》。
　　② 《金史》卷96《李仲略传》。

定，后场词赋、经义同日试之。若府、会试更不令兼试，恐试经义者少，是虚设此科也。别名之弊，则当禁之。补试入学生员，已有旧条，恐行之灭裂尔，宜严防闲。"

六是对考生的身份，泰和元年七月做出了"禁放良人不得应诸科举，子孙不在禁限"的明确规定。①

先尝敕乐人不得举进士，而奴免不良者则许之。尚书省奏："旧称工乐，谓配隶之色及倡优之家。今少府监工匠，太常大乐署乐工，皆民也，而不得与试。前代令诸选人身及祖、父曾经免为良者，虽在官不得居清贯及临民，今反许试，诚玷清论。"诏遂定制，放良人不得应诸科举，其子孙则许之。

七是明确要求以科举带动士风和学风，并注意防范考官的不良行为。

泰和元年，平章政事徒单镒病时文之弊，言："诸生不穷经史，唯事末学，以致志行浮薄。可令进士试策日，自时务策外，更以疑难经旨相参为问，使发圣贤之微旨、古今之事变。"诏为永制。

泰和六年，御试，（贾）铉为监试官。上曰："丞相宗浩尝言试题颇易，由是进士例不读书。朕今以《日合天统》为赋题。"铉曰："题则佳矣，恐非所以牢笼天下士也。"上曰："帝王以难题窘举人，固不可，欲使自今积致学业而已。"遂用之。②

泰和七年，礼部尚书张行简言："旧例，读卷官不避亲，至有亲人，或有不敢定其去留，或力加营护，而为同列所疑。若读卷官不用与进士有亲者，则读卷之际得平心商确。"上遂命临期多拟，其有亲者汰之。

在女真进士的考试方面，最重要的变化是增加了骑射考试的内容，

---

① 《金史》卷10《章宗纪三》。
② 《金史》卷99《贾铉传》。

但是实行一段时间后即废罢了这样的加试。

> 明昌四年四月，敕女直进士及第后，仍试以骑射，中选者升擢之。①

> 承安三年，定制，女直人以年四十五以下，试进士举，于府试十日前，委佐贰官善射者试射。其制，以六十步立垛，去射者十五步对立两竿，相去二十步，去地二丈，以绳横约之。弓不限强弱，不计中否，以张弓巧便、发箭迅正者为熟闲。射十箭中两箭，出绳下至垛者为中选。余路委提刑司，在都委监察体究。如当赴会试、御试者，大兴府佐贰官试验，三举终场者免之。
> 承安四年，礼部尚书贾铉言：“策论进士程试弓箭，其两举终场及年十六以下未成丁者，若以弓箭退落，有失贤路。乞于及第后试之，中者别加任使，或升迁，否者降之。”省臣谓：“旧制三举终场免试，今两举亦免之，未可。若以未成丁免试，必有妄匿年者，如果幼，使徐习未晚也。至于及第后试验升降，则已有定格矣。”诏从旧制。
> 承安五年五月，定策论进士及承荫人试弓箭格。
> 泰和七年十二月，诏策论进士免试弓箭、击毬。②

在律科的考试方面，主要强调的是增加经义的考试内容，以去除考生只知律不知经的弊病。

> 大定二十九年六月，有司言：“律科止知读律，不知教化之源，可使通治《论语》《孟子》，以涵养其气度。”遂令自今举后，复于《论语》《孟子》内试小义一道，府、会试别作一日引试，命经义试官出题，与本科通考定之。③

经童科是大定二十九年七月新增的科举考试科目，以前也有过这样

---

① 《金史》卷 10《章宗纪二》。
② 《金史》卷 11《章宗纪三》，卷 12《章宗纪四》。
③ 《金史》卷 9《章宗纪一》。

的考试，章宗朝只是强调了一些新规定。

> 章宗大定二十九年，上谓宰臣曰："经童岂遽无人，其议复置。"
>
> 明昌元年，益都府申："童子刘住儿年十一岁，能诗赋，诵大小六经，所书行草颇有法，孝行凤成，乞依宋童子李淑赐出身，且加以恩诏。"上召至内殿，试《凤凰来仪》赋、《鱼在藻》诗，又令赋《旱》诗，上嘉之，赐本科出身，给钱粟官舍，令肄业太学。
>
> 明昌三年，平章政事完颜守贞言："经童之科非古也，自唐诸道表荐，或取五人至十人。近代宋仁宗以为无补，罢之。本朝皇统间取及五十人，因以为常，天德时复废。圣主复置，取以百数，恐久积多，不胜铨拟，乞谕旨约省取之。"上曰："若所诵皆及格，何如？"守贞曰："视最幼而诵不讹者精选之，则人数亦不至多也。"复问参知政事胥持国，对曰："所诵通否易见，岂容有滥。"上曰："限以三十或四十人，若百人皆通，亦可复取其精者。"持国曰："是科盖资教之术耳，夫幼习其文，长玩其义，使之莅政，人格出焉。如中选者，加之修习进士举业，则所记皆得为用。臣谓可勿令遽登仕途，必习举业，而后官使之可也。若能擢进士第，自同进士任用。如中府荐或会试，视其次数，优其等级。几举不得荐者，从本出身，似可以激劝而得人矣。"诏议行之。
>
> 上尝叹文士卒无如党怀英者，（完颜）守贞奏进士中若赵沨、王庭筠甚有时誉。上曰："出伦者难得耳。"守贞曰："间世之才，自古所难。然国家培养久，则人材将自出矣。"[1]

应制科（又称"制举"）和宏词科都是明昌元年三月新设的科举考试科目，[2] 是章宗为科举增加的"特科"，考试要求如下。

> 制举有贤良方正、能直言极谏、博学宏材、达于从政等科，试无常期。上意欲行，即告天下，听内外文武六品以下职官无公私过

---

① 《金史》卷73《完颜守贞传》。
② 《金史》卷9《章宗纪一》。

者，从内外五品以上官荐于所属，诏试之。若草泽士，德行为乡里所服者，则从府、州荐之。凡试，则先投所业策论三十道于学士院，视其词理优者，委官以群经子史内出题，一日试论三道，如可，则庭试策一道，不拘常务，取其无不通贯者，优等迁擢之。

宏词科试诏、诰、章、表、露布、檄书，则皆用四六；诫、谕、颂、箴、铭、序、记，则或依古今体，或参用四六。于每举赐第后进士及在官六品以下无公私罪者，在外官荐之，令试策官出题就考，通试四题，分二等迁擢之。

在武举方面，也有了新的规定，尤其是确定了正式的武举格例。

泰和二年，省奏："武举程式当与进士同时，今年八月府试，欲随路设考试所，临期差官，恐以创立未见应试人数，遂权令各处就考之。"

泰和五年十一月，初定武举格。①

武举，尝设于皇统时，其制则见于《泰和式》，有上中下三等。能挽一石力弓，以重七钱竹箭，百五十步立贴，十箭内，府试欲中一箭，省试中二箭，程试中三箭。又远射二百二十步垛，三箭内一箭至者。又百五十步内，每五十步设高五寸、长八寸卧鹿二，能以七斗弓、二大凿头铁箭驰射，府试则许射四反，省试三反，程试二反，皆能中二箭者。又百五十步内，每三十步，左右错置高三尺木偶人戴五寸方板者四，以枪驰刺，府试则许驰三反，省试二反，程试一反，左右各刺落一板者。又依荫例问律一条，又问《孙》《吴》书十条，能说五者，为上等。凡程试，若一有不中者，皆黜之。若射贴弓八斗，远射二百一十步，射鹿弓六斗，《孙》《吴》书十条通四，为中等。射贴弓七斗，远射二百五步，射鹿弓五斗，《孙》《吴》书十条通三，为下等。解律、刺板，皆欲同前。凡不知书者，虽上等为中，中则为下。凡试中中下，愿再试者听。旧制，就试上等不中，不许再试中下等。

---

① 《金史》卷12《章宗纪四》。

也就是说，到章宗朝，金朝除武举外的科举考试科目已经发展到了七科，其中新增的制科、宏词科两科是"以待非常之士"的特科，词赋、经义、策论三科中选者称为进士，律科、经童科两科中选者称为举人。章宗之所以如此在意科举，就是要坚持养士、取才、用儒的基本政治取向。

（五）吟诗褒士

章宗"博学工诗"，经常与臣僚一起吟诗作赋，但是存留下来的诗、词不多，可转引于下，以见其柔中带刚的诗意。

> 洛阳谷雨红千叶，岭外朱明玉一枝。地力发生虽有异，天公造物本无私。①
> 五云金碧拱朝霞，楼阁峥嵘帝子家。三十六宫帘尽卷，东风无处不扬花。②
> 夜饮何所乐，所乐无喧哗。三杯淡醽醁，一曲冷琵琶。坐久香成穗，夜深灯欲花。陶陶复陶陶，醉乡岂有涯。③
> 风流紫府郎，痛饮乌纱岸。柔软九回肠，冷怯玻璃碗。纤纤白玉葱，分破黄金弹。借得洞庭春，飞上桃花面。④
> 几股湘江龙骨瘦，巧样翻腾，叠作湘波皱。金缕小钿花草斗，翠绦更结同心扣。金殿日长承宴久，招来暂喜清风透。忽听传宣须急奏，轻轻退入香罗袖。⑤

尽管已经有科举取士，并且有"特科"选用贤才，章宗仍嫌不足，要求实行保举士人的做法。

> 上（章宗）又谓："德行才能非进士科所能尽，可通行保举之制。"省奏："在《周礼》，大司徒以乡三物教万民而宾兴之。所谓万民，农工商贾皆是也。前代立贤无方，如版筑之士、鼓刀之叟，

---

① 完颜璟：《云龙川泰和殿五月牡丹》，《中州集》卷首；《大金国志》卷20《章宗皇帝中》，第275页。
② 完颜璟：《宫中》，刘祁：《归潜志》卷1，第3页。
③ 完颜璟：《翰林待制朱澜侍夜饮诗》，《归潜志》卷1，第3页。
④ 完颜璟：《软金杯词》，《归潜志》卷1，第3页。
⑤ 完颜璟：《聚骨扇》，《归潜志》卷1，第3页。

垂光简策者不可胜举。今草泽隐逸才行兼备者，令谋克及司县举，按察司具闻，以旌用之，既有已降令文矣。"上命复宣旨以申之。①

保举士人盛行于明昌年间，可以列出相关的情况。

明昌三年四月，尚书省奏："提刑司察举涿州进士刘器博、博州进士张安行、河中府胡光谦，光谦年虽八十三，尚可任用。"敕刘器博、张安行特赐同进士出身，胡光谦召赴阙。七月，胡光谦至阙，命学士院以杂文试之，称旨。上曰："朕欲亲问之。"八月，以有司奏宁海州文登县王震孝行，以尝业进士，并试其文，特赐同进士出身，仍注教授一等职任。特赐胡光谦明昌二年进士第三甲及第，授将仕郎、太常寺奉礼郎。官制旧设是职，未尝除人，以光谦德行才能，故特授之。十月，赐河南路提刑司所举逸民游总同进士出身，以年老不乐仕进，授登仕郎，给正八品半俸终身。谕尚书省访求博物多知之士。十一月，尚书省奏："翰林侍讲学士党怀英举孔子四十八代孙端甫，年德俱高，该通古学。济南府举魏汝翼有文章德谊，苦学三十余年，已四举终场。蔚州举刘震亨学行俱优，尝充举首。益都府举王枢博学善书，事亲至孝。"敕魏汝翼特赐进士及第，刘震亨等同进士出身，并附王泽榜。孔端甫俟春暖召之。

明昌四年三月，特赐有司孔端甫及第，授小学教授，寻以年老，命食主簿半俸致仕。六月，赐有司所举德行才能之士安州崔秉仁、衮州翟驹、锦州齐文乙、大名孙可久、陈信仁、应州董戣并同进士出身。

明昌五年正月，前中都路都转运使王寂荐三举终场人蔡州文商经明行修，足备顾问。前河北西路转运使李扬言庆阳府进士李奖纯德博学，乡曲誉之。绛州李天祺、应州康晋侯屡赴廷试，皆有才德。上曰："文商可令召之。李奖给主簿半俸终身，余赐同进士出身。"十二月，诏各路所举德行才能之士，涿州时琦、云中刘挚、郑州李升、恩州傅砺、济南赵挚、兴中田扈方六人，并特赐同进士出身。以文商为国子教授，特迁登仕郎。

---

① 《金史》卷51《选举志一》。

明昌六年三月，以郡举才行之士翟介然以下三人特赐进士及第，李贞固以下十五人同进士出身。①

承安、泰和年间不再保举士人，一个重要的原因是经历朝廷中的正人、小人之争后，章宗对儒士的表现颇为失望，详见后述。

二　更新之举

章宗延续金世宗的善政做法，并有"更新"朝政的一些重要举措，可列举要者于下。

（一）监察新制

如前所述，金世宗在位时已经有在御史台下设立提刑司的动议，但是未能付诸实施。章宗即位后在官制更新方面的一个重大举措，就是正式设立了九路提刑司。

大定二十九年六月，初置提刑司，分按九路，并兼劝农采访事，屯田、镇防诸军皆属焉。……命提刑官除后于便殿听旨，每十月使副内一员入见议事，如止一员则令判官入见，其判官所掌烦剧，可升同随朝职任。②

章宗还专门为设立提刑司下发了诏旨，并对九路提刑使提出了明确的任职要求。

及九路提刑使朝辞于庆和殿，上（章宗）曰："建立官制，当宽猛得中。凡军民事相涉者，均平决遣，钤束家人部曲，勿使沮扰郡县事。今以司狱隶提刑司，惟冀狱犴无冤耳。"既退，复遣近臣谕之曰："卿等皆妙简才良，付以专责，尽心举职，别有旌赏，否则有罚。"③

出任九路提刑使和副使的确实是章宗精心挑选的能臣，如张万公为

---

①　《金史》卷9《章宗纪一》，卷10《章宗纪二》。
②　《金史》卷9《章宗纪一》。
③　《金史》卷73《完颜蒲带传》。

南京路提刑使，张亨为河东南北路提刑使，贺扬庭为山东东西路提刑使，董师中为陕西路提刑副使，完颜承晖为东京咸平等路提刑副使。后来出任提刑使的，如河南提刑使李愈，也是当时的名臣。①

设立提刑司后，章宗亦就提刑司的运行机制等出台了一些规定。

大定二十九年八月，初定品官子孙试补令史格，及提刑部司所掌三十二条。制提刑司设女直、契丹、汉儿知法各一人。十二月，谕台臣曰："提刑司所举劾多小过，行则失大体，不行则恐有所沮，其以此意谕之。"

明昌二年十一月，敕提刑司官自今每十五日一朝。②

明昌三年六月，宰臣曾提出废罢提刑司的动议，章宗则明确表示："诸路提刑司官止三十余员，犹患不得其人，州郡三百余处，其能尽得人乎？"他不仅坚持九路提刑司的建制，还定立了《提刑司条制》，张暐等人亦对保留提刑司有所贡献。

上封事者言提刑司可罢，（张）暐上疏曰："陛下即位，因民所利，更法立制，无虑数十百条。提刑之设，政之大者，若为浮议所摇，则内外无所取信。唐开元中，或请选择守令，停采访使，姚崇奏：'十道采访犹未尽得人，天下三百余州，县多数倍，安得守令皆称其职？'然则提刑之任，诚不可罢，择其人而用之，生民之大利，国家之长策也。"因举汉刺史六条以奏。上曰："卿言与朕意合。"③

章宗对提刑司的实际运行情况并不满意，所以既有对提刑司官员的训诫，也有合并提刑司的举动。

明昌四年三月，诸路提刑司入见，各问以职事，仍诫谕曰："朕特设提刑司，本欲安民，于今五年，效犹未著。盖多不识本职

---

① 《金史》卷95《张万公传》《董师中传》，卷96《李愈传》，卷97《张亨传》《贺扬庭传》，卷101《完颜承晖传》；白清臣：《许州重修宣圣庙碑》，《金文最》卷38。
② 《金史》卷9《章宗纪一》。
③ 《金史》卷106《张暐传》。

之体，而徒事细碎，以致州县例皆畏宿而不敢行事。乃者山东民艰于食，尝遣使赈济，盖卿等不职，故至于此。既往之失，其思悛改。"

承安三年正月，并上京、东京两路提刑司为一。①

亦有人提出了考察提刑司官员的绩能方法，被章宗所采纳。

（贾守谦）上言："提刑司官不须遣监察体访，宜据其任内行事，考其能否而升黜之。"上曰："卿之言其有所见乎？"守谦对曰："提刑官若不称职，众所共知，且其职与监察等，臣是故言之。"上嘉纳焉。②

承安四年三月，司空完颜襄、右丞完颜匡、参知政事仆散揆又明确提出了废罢提刑司的要求。

章宗立提刑司，专纠察黜陟，当时号为外台，（完颜）匡与司空（完颜）襄、参政（仆散）揆奏："息民不如省官，圣朝旧无提刑司，皇统、大定间每数岁一遣使廉察，郡县称治。自立此官，冀达下情，今乃是非混淆，徒烦圣听。自古无提点刑狱专荐举之权者，若陛下不欲遽更，不宜使兼采访廉能之任。岁遣监察体究，仍不时选使廉访。"上从其议，于是监察体访之使出矣。③

章宗接受完颜襄等人的建议，将提刑司官名为按察使司，专门负责纠察和弹劾，不再负责荐举官员，并对按察使司的职责等作了数项规定。

承安五年五月，敕诸路按察司，纠察亲民官以大杖棰人者。
泰和元年八月，制猛安、谋克并隶按察司，监察御史止按部纠举，有罪则并坐监临之官。十月，御史台奏："在制，按察司官比

① 《金史》卷10《章宗纪二》，卷11《章宗纪三》。
② 《金史》卷106《贾益谦（贾守谦）传》。
③ 《金史》卷98《完颜匡传》。

任终遣官考核，然后尚书省命官覆察之。今监察御史添设员多，宜分路巡行，每路女直、汉人各一人同往。"从之，仍敕分四路。

泰和四年八月，以安州军事判官刘常言，诸按察司体访不实，辄加纠劾者，从故出入人罪论，仍勒停。若事涉私曲，各从本法。

泰和五年二月，谕按察司："近制以镇静而知大体为称职，苛细而暗于大体为不称。由是各路按察以因循为事，莫思举刺，郡县以贪黯相尚，莫能畏戢。自今若纠察得实，民无冤滞，能使一路镇静者为称职。其或烦紊使民不得伸诉者，是为旷废。"

泰和六年二月，御史中丞孟铸言："提刑改为按察司，又差官覆察，权削而望轻，非便。"参知政事贾铉曰："按察司既差监察体访，复遣官覆察之，诚为繁冗。请自今差监察时即遣官与俱，更不覆察。"从之。①

臣僚就按察使司运作提出的具体建议，亦被章宗所采纳。

（完颜）纲言："诸犯死罪除名移推相去二百里，并犯徒罪连逮二十人以上者并令就问，曾经所属按察司审谳者移推别路，官亦依上就问。凡告移推之人皆已经本路按察审讫，即当移推别路。按察司部分广阔，如上京路移推临潢路，最近亦往复二三千里，北京留守司移推西北路招讨司，最近亦须数月。乞依旧制，令移推官司追取其人归问。"从之。②

完颜襄等人提议的以"监察体访之使"替代提刑司的做法，就是由监察御史定期巡视各地。在这样的巡视中，监察御史不承担举荐官员的职责，如泰和二年闰十二月明确规定"监察御史非特旨不许举官"；在巡视时还要有其他官员随行，如泰和三年十一月要求"监察等察事可二年一出"，十二月又明令"遣监察御史分按诸路，所遣者女直人，即以汉人朝臣偕，所遣者汉人，即以女直朝臣偕"。尤为重要的是，对于监察御史的巡视，还要进行核实，如泰和三年四月尚书省就明确提出了"遣官分路覆实御史所察事"的要求。①

章宗朝监察机制的变化，体现在观念上是由信任、借重监察机构，转向了对监察机构的不信任和轻视。这样的变化，亦是章宗在位后期信用佞臣带来的结果。

（二）荐举贤能

章宗承继了世宗朝的举贤任能做法，即位之后立刻要求继续实行官员荐举贤能的做法。

> 大定二十九年十一月，上（章宗）谓宰臣曰："今之用人，太拘资历。循资之法，起于唐代，如此何以得人。"平章政事（张）汝霖对曰："不拘资格，所以待非常之材。"上曰："崔祐甫为相，未逾年荐八百人，岂皆非常之材欤。"谕尚书省："自今五品以上官各举所知，岁限所举之数，如不举者坐以蔽贤之罪。仍依唐制，内五品以上官到任即举自代，并从提刑司采访之。"②

章宗还就荐举提出了"十事"即资格、考满、廉能、相见、避嫌、自代、定额、隐逸、亲军、赏罚十大重要问题，要求尚书省"定拟"后做出明确的规定。

> 其一曰："旧格，进士、军功最高，尚且初除丞簿，第五任县令升正七品，两任正七品升六品，三任六品升从五品，两任从五升正五品，正五三任而后升刺史，计四十余年始得至刺史也，其他资格出职者可知矣。拘于资格之滞，至于如此。其令提刑司采访可用之才，减资考而用之，庶使可用者不至衰老。"省臣遂拟，凡三任升者减为两任，于此资历内，遇各品阙多，则于第二任未满人内，选人材、苦辛可以超用者，及外路提刑司所采访者，升擢之。
>
> 其二曰："旧格，随朝苦辛验资考升除者，任满回日而复降之。如正七满回降除从七品，从五品回降为六品之类。今若其人果才能，可为免降。"尚书吏部遂拟，今随朝考满，迁除外路五品以下职事，并应验考次职满有才能者，以本官任满已前十五月以上、二

①　《金史》卷11《章宗纪三》，卷12《章宗纪四》。
②　《金史》卷9《章宗纪一》。

十月以内，察访保结呈省。

其三曰："随路提刑所访廉能之官，就令定其堪任职事，从宜迁注。"

其四曰："从来宰相不得与求仕官相见，如此何由知天下人材优劣。其许相见，以访才能。"尚书刑部谓："在制，求仕官不得于私第谒见达官，违者追一官降等奏除。若有求请馈遗，则以奏闻，仍委御史纠察。"上遂命削此制。

其五曰："旧时，臣下虽知亲友有可用者，皆欲远嫌而不引荐。古者举贤不避亲仇，如祁奚举仇，仁杰举子，崔祐甫除吏八百皆亲故也。其令五品以上官，各举所知几人，违者加以蔽贤之罪。"吏部议，内外五品以上职事官，每岁保廉能官一人。外路五品，随朝六品愿举者听。若不如所举者，各约量降罚。今拟贤而不举者，亦当约量降罚。

其六曰："前代官到任之后，即举可自代者，其令自今五品以上官，举自代以备交承。"吏部按《唐会要》，建中元年赦文，文武常参官外，节度、观察、防御、军使、刺史、赤令、畿令、并七品以上清官，大理司直评事，受命之三日，于四方馆上表，让一人以自代，外官则驰驿奏闻。表付中书门下，每官阙即以所举多者量授。今拟内外官五品以上到任，须举所知才行官一员以自代。太傅、丞相、平章谓："自古人材难得，若令举以自代，恐滥而不得实材。"参政谓："自代非谓即令代其人也，止类姓名，取所举多者约量授之尔，此盖舜官相让、周官推贤之遗意。"上以参政所言与吏部同，从之。

其七曰："随朝、外路长官，一任之内足知僚属之能否，每任可令举几人。"吏部拟，今内外五品以上职事官长，于僚属内须举才能官一人，数外举者听。

其八曰："人才随色有之，监临诸物料及草泽隐逸之士，不无人材，宜荐举用之。"吏部拟，监临诸物料内，以外路五品、随朝六品以上，举廉能者，直言所长，移文转申省，差官察访得实，随材任使。草泽隐逸，当遍下司县，以提刑司察访呈省。随色人材，令内外五品以上职官荐之。

其九曰："亲军出职，内有尤长武艺，勇敢过人者，其令内外官举、提刑司察，如资考高者，可参注沿边刺史、同知、县令。"
吏部拟，若依本格资历，恐妨才能，若举察得实者，依本格减一资
历拟注。尚书省拟，依旨升品拟注。

其十曰："内外官所荐人材，即依所举试之，委提刑司采访虚
实，若果能称职，更加迁擢，如或碌碌，即送常调。古者进贤受上
赏，进不肖有罚，其立定赏罚条格，庶使人不敢徇私也。"省臣
议，随款各欲举人，则一人内所举不下五七人。自古知人为难，人
材亦自难得，限数多则猥避责罚、务苟简，不副圣主求贤之意。拟
以前项各款，随色能举一人，即充岁举之数。如此则不滥，而实材
得矣。每岁贡人数，尚书省覆察相同，则置簿籍之，如有阙则当随
材奏拟。①

章宗提出这十大问题，要点就是既要破除阻碍荐举的资历、任期等
限制，也要打消举荐者的各种顾虑，使识人、用人成为在任官员的职责
和自觉行为。

明昌元年，章宗又强调了荐举的五条规定：（1）内外五品以上，
岁举廉能官一员，不举者坐蔽贤罪；（2）内外官五品以上，任内举所
知才能官一员以自代；（3）选才干之官为诸州刺史，皆召见谕戒之；
（4）齐民之中有德行才能者，司县举之，特赐同四举五举人下；（5）
如所举碌碌无过人迹者，元举官依例治罪。②

明昌元年不仅以"廉能进擢北海县令张翱等十八人官"，御史台举荐
的十一人亦都被委以新职："御史台奏荐户部员外郎李献可、完颜扫合、
太府丞徒单绎、宫籍监丞张庸、右警巡使衮、礼部主事蒲察振寿、户部主
事郭蜕、应奉翰林文字移剌益、中都盐铁判官赵矞、尚书省令史刘昂及
（孟）铸十一人皆刚正可用。诏除献可右司谏，扫合磁州刺史，绎秘书丞，
庸中都右警巡使，衮彰国军节度副使，振寿治书侍御史，蜕同知定武军节
度使事，益翰林修撰，矞都水丞，昂户部主事，铸刑部主事。"③

明昌二年至承安三年，章宗对荐举制热情不减，并且特别强调了官

---

① 《金史》卷54《选举志四》。
② 前三项规定，见《金史》卷9《章宗纪一》；后两项规定，见《金史》卷54《选举
志四》。
③ 《金史》卷9《章宗纪一》，卷100《孟铸传》。

员的久于其事、德才兼备等方面要求。

　　明昌三年八月，上谓宰臣曰："朕欲任官，令久于其事。若今日作礼官，明日司钱谷，虽间有异材，然事能悉办者鲜矣。"对曰："使中材之人久于其职，事既熟，终亦得力。"上问太常卿张暐："古有三恪，今何无之？"暐具典故以闻。九月，又谕宰臣曰："随路提刑司旧止察老病不任职及不堪亲民者，如得其实，即改除他路。若他路提刑司覆察得实，勿复注亲民之职。卿等其议行之。"

　　明昌四年正月，尚书省奏大兴府推官苏德秀为礼部主事，上曰："朕既尝语卿，百官当使久于其职。彼方任理官，复改户曹，寻又除礼部，人才岂能兼之。若久于其职，但中材胜于新人，事既经练，亦必有济，后不可轻易改除。"上又言："凡称政有异迹者，谓其断事轶才也。若止清廉，此乃本分，以贪污者多，故显其异耳。宰臣又言：'近言事者谓，方今孝弟廉耻道缺，乞正风俗。'此盖官吏不能奉宣教化使然。今之察举官吏者，多责近效，以干办为上，其有秉心宽厚，欲行德化者，辄谓之迂阔。故人人皆以教化为余事，此孝弟所以废也。若谕所司，官吏有能务行德化者，擢而用之，则教化可行，孝弟可兴矣。今之所察举，皆先才而后德。巧猾之徒，虽有赃污，一旦见用，犹为能吏，此廉耻所以丧也。若谕所司，察举官吏，必审真伪，使有才无行者不以觊觎，非道求进者加之纠劾，则奔兢之俗息，而廉耻可兴矣。"

　　明昌五年十月，尚书省奏，升提刑司所察廉官南皮县令史肃以下十有二人，而大兴主簿蒙括蛮都亦在选中，上知其人，曰："蛮都浇浮人也，升之可乎？与其任浇浮，孰若用淳厚。况蛮都常才，才智过人犹不当用，恐败风俗，况常才耶，其再察之。"

　　承安二年三月，始定保举德行才能格。

　　承安三年二月，谕宰臣曰："自今内外官有阙，有才能可任者，虽资历未及，亦具以闻。虽亲故，毋有所避。"四月，谕御史台曰："随朝大小官虽有才能，率多苟简，朕甚恶之，其察举以闻。提刑司所察廉能污滥官，皆当殿奏，余事可转以闻。"①

────────────

① 《金史》卷9《章宗纪一》，卷10《章宗纪二》，卷11《章宗纪三》。

承安四年之后，御史台不再负责荐举人才，章宗更注重的是宰执荐贤和官员的廉能问题，荐举制亦被缩窄为专用于"钱谷官"的选用。

> 承安五年三月，尚书省奏："拟同知商州事蒲察西京为济南府判官。"上曰："宰相岂可止徇人情，要当重惜名爵。此人不堪，朕常记之，止与七品足矣。"
>
> 泰和元年正月，以太府监孙复言："方今在仕者三万七千余员，而门荫补叙居三之二，诸司待阙，动至累年。盖以补荫猥多，流品混淆，本末相舛，至于进纳之人，既无劳绩，又非科第，而亦荫及子孙，无所分别，欲流之清，必澄其源。"乃更定荫叙法而颁行之。十二月，初定廉能官升注格。
>
> 泰和七年六月，诏朝官六品、外官五品以上及亲王，举通钱谷官一人。不举者罚，举不当者论如律。
>
> 泰和八年十月，以军民共誉为廉能官条附善最法。①

荐举制有了重要变化后，章宗的注意力转向宰执和台官的选用，继续强调的是选用贤能宗旨。

> 承安四年，上议置相，欲用（贾）铉，宰臣荐孙即康。张万公曰："即康及第在铉前。"上曰："用相安问榜次，朕意以为贾铉才可用也。"然竟用即康焉。②
>
> 承安五年，上问宰臣："徒单镒与（完颜）宗浩孰优？"平章政事张万公对曰："皆才能之士，镒似优者。镒有执守，宗浩多数耳。"上曰："何谓多数？"万公曰："宗浩微似趋合。"上曰："卿言是也。"顷之，镒拜平章政事。③
>
> 承安五年，上问宰相："今汉官谁可用者？"司空襄举（孙）即康。上曰："不轻薄否？"襄曰："可再用为中丞观之。"上乃复

① 《金史》卷11《章宗纪三》，卷12《章宗纪四》。
② 《金史》卷99《贾铉传》。
③ 《金史》卷99《徒单镒传》。

召即康为御史中丞。①

　　泰和四年，（孟铸）入为御史中丞，召见于香阁。上谓铸曰：
"朕自知卿，非因人荐举也。御史责任甚重，往者台官乃推求细故，
弹劾小官，至于巨室重事，则畏徇不言。其勤乃职，无废朕命。"②

　　荐举官员的方法有所改变，荐举的范围有所缩小，显示荐举制是有
缺陷的选人制度，章宗的难能可贵，就在于他对荐举制的坚持，因为他
就是要通过这样的坚持，体现选贤用能的政治观念。

（三）官场规制

　　章宗既注意到了选贤任能问题，也注意到了肃正官场风气问题，由
此确立了多项重要的规制。

　　第一，授官和考课规制。章宗允许针对特殊情况实施纳粟补官法，
如明昌二年八月"敕山东、河北阙食等处，许纳粟补官"，承安二年"复
令人入粟补官"，但都是临时性的举措。③ 章宗真正关心的是能否沿用历
代王朝的官员考课制度，于是就有了一次有关官员考课法的重要讨论。

　　（明昌）三年，（刘玮）入拜尚书右丞。上尝问考课法今可行
否，右丞相夹谷清臣曰："行之亦可，但格法繁则有司难于承用
耳。"玮曰："考课之法，本于总核名实，今提刑司体察廉能赃滥，
以行赏罚，亦其意也。若别议设法，恐涉太繁。"上问唐代何如，
玮对以"四善、二十七最"。④

　　最终的结果是泰和四年四月"诏定县令以下考课法"，即只对下
层官吏实施考课。作为补充性的措施，则是严格官员的除授，于承安
四年十月正式设立审官院，"掌奏驳除授失当事"，当年十二月，"除
授文字初送审官院"，承安五年八月又明确规定"审官院奏事，其院

---

① 《金史》卷99《孙即康传》。
② 《金史》卷100《孟铸传》。
③ 《金史》卷9《章宗纪一》，卷10《章宗纪二》，卷50《食货志五》。
④ 《金史》卷95《刘玮传》。

官皆许升殿"①。

第二，官员俸禄规制。为规范官员的俸禄，大定二十九年二月有"增定百官俸"的举动，明昌三年八月又明令去职者不给俸禄："诸职官老病不肯辞避，有司谕使休闲者，不在给俸之列，格前勿论。"泰和四年六月亦重申了"罢兼官俸给"的规定。②

第三，官员馈赠规制。章宗不仅对官员接受属下的馈赠有严格限制，亦强调了臣僚不得向皇帝进献贡物的规定。

> 明昌元年正月，谕尚书省："宰执所以总持国家，不得受人馈遗。或遇生辰，受所献毋过万钱。若缌大功以上亲，及二品以上官，不禁。"
> 明昌二年七月，禁职官元日、生辰受所属献遗，仍为永制。
> 明昌四年正月，东京路副使王胜进鹰，遣谕之曰："汝职非轻，民间利害，官吏邪正，略不具闻，而乃以鹰进，此岂汝所职也，后毋复尔。"③

第四，王府尉官的行为规制。明昌二年二月，"初设王傅府尉官"，但是对于此类官员，章宗明确表达了不满，强调尉官要恪守本分。

> 明昌三年七月，上谓宰臣曰："闻诸王傅尉多苛细，举动拘防，亦非朕意。是职之设，本欲辅导诸王，使归之正，得其大体而已。"平章政事（夹谷）清臣曰："请以圣意遍行之。"曰："已谕之矣。"十月，遣谕诸王府傅尉曰："朕分命诸王出镇，盖欲政事之暇，安便优逸，有以自适耳。然虑其举措之间或违于理，所以分置傅尉，使劝导弥缝，不入于过失而已。若公余游宴不至过度，亦复何害。今闻尔等或用意太过，凡王门细碎之事无妨公道者，一一干与，赞助之道，岂当如是。宜各思职分，事举其中，无失礼体。仍就谕诸王，使知朕意。"④

---

① 《金史》卷12《章宗纪四》，卷55《百官志一》。
② 《金史》卷9《章宗纪一》，卷12《章宗纪四》，卷58《百官志四》。
③ 《金史》卷9《章宗纪一》，卷10《章宗纪二》。
④ 《金史》卷9《章宗纪一》。

第五，官员见人规制。对官员见人作出限制，既是为了防止官员相互勾结、网罗党羽，也是为了防范有人贿赂官员，谋取官职。章宗所要求的是既要有所限制，又要给予朝廷重臣见人的一定空间。

大定二十九年十一月，御史台奏："故事，台官不得与人相见。盖为亲王、宰执、形势之家，恐有私徇，然无以访知民间利病，官吏善恶。"诏自今许与四品以下官相见，三品以上如故。

明昌二年二月，敕亲王及三品官之家，毋许僧尼道士出入。十月，敕司狱毋得与府州司县官筵宴还往，违者罪之。

承安二年十一月，谕宰臣曰："朕居九重，民间难以遍知，宰相不见宾客，何以得知民间利害。"①

第六，奖廉惩贪规制。为体现朝廷的奖廉惩贪宗旨，章宗既要求对廉、贪者加以公示，也重申了贪赃者贬职的规定。

明昌二年十一月，诏诸职官以赃污不职被罪、以廉能获升者，令随路、京、府、州、县列其姓名，揭之公署，以示劝惩。

承安二年正月，敕职官犯赃私不得诉于同官。二月，敕自今职官犯赃，每削一官殿一年。②

第七，奖勤罚懒规制。对于官员的怠政作风，章宗颇为不满，在训诫官员时反复强调的是纪纲、守法和勤政的要求。

明昌六年四月，赐宰臣手诏，以风俗不淳，官吏苟且，责之。

承安二年五月，集官吏于尚书省，诏谕之曰："今纪纲不立，官吏弛慢，迁延苟简，习以成弊。职官多以吉善求名，计得自安，国家何赖焉。至于徇情卖法，省部令史尤甚，尚书省其戒谕之。"

泰和八年十一月，诏戒谕尚书省曰："国家之治，在于纪纲。纪纲所先，赏罚必信。今乃上自省部之重，下逮司县之间，律度弗

①《金史》卷9《章宗纪一》，卷10《章宗纪二》。
②《金史》卷9《章宗纪一》，卷10《章宗纪二》。

循，私怀自便。迁延旷岁，苟且成风，习此为恒，从何致理。朝廷者百官之本，京师者诸夏之仪。其勖自今，各惩已往，遵绳奉法，竭力赴功。无枉挠以循情，无依违而避势，一归于正，用范乃民。"①

奖勤罚懒亦涉及官员能力、用心等方面的问题，章宗秉持的是忠、信、勤、正的基本原则，可列举三个实例。

时户部阙官，上（章宗）命宰臣选可任者，或举同知大兴府事乌古孙仲和，上曰："仲和虽有智力，恐不能主钱谷。理财安得如刘晏者，官用足而民不困，唐以来一人而已。"或举（马）琪，上然之，曰："琪不肯欺官，亦不肯害民，是可用也。"遂擢为户部尚书。

明昌四年，（马琪）拜参知政事，诏谕之曰："户部遽难得人，顾无以代卿者，故用卿晚耳。"一日，上谓琪曰："卿在省久矣，比来事少于往时，何也？"琪曰："昔宰职多有异同，今情见不同者甚少。"上曰："往多情见为是耶，今无者为是耶？"琪曰："事状明者不假情见，便用情见，亦要归之是而已。"②

明昌间，（贾守谦）入为尚书省令史，累迁左司郎中。章宗谕之曰："汝自知除至居是职，左司事不为不练，凡百官行止、资历固宜照勘，勿使差谬。若武库署直长移剌郝自平定州军事判官召为典舆副辖，在职才五月，降授门山县簿尉。朕比阅贴黄，行止乃俱书作一十三月，行止尚如此失实，其如选法何，盖是汝不用心致然尔。今姑杖知除掾，汝勿复犯之。"③

（邓）俨致仕，复夤缘求进，上问左右："邓俨可复用乎？"平章政事完颜守贞曰："俨有才力，第以谋身为心。"上曰："朕亦知之。然俨可以谁比？"守贞曰："临事则不后于人，但多务自便耳。

---

① 《金史》卷10《章宗纪二》，卷12《章宗纪四》。
② 《金史》卷95《马琪传》。
③ 《金史》卷106《贾益谦（贾守谦）传》。

俨前乞致仕，陛下以其颇黠故许之，甚合众议。今使复列于朝，恐风化从此坏矣。"上然之，遂不复用云。①

除了确立以上规制外，泰和四年五月还曾有"汰随朝冗官"的举动，②并在遭遇灾害时会强调"汰冗官"的要求，但大多是表面文章，真正对改变官场风气能够起点作用的，还是这些重要的规制。

（四）鼓励直言

章宗沿袭世宗时的做法，在位期间多次向臣僚提出了直言进谏的要求。尤其是在面对重大自然灾害时，往往以求直言作为重要的弥补朝政阙失措施。

> 大定二十九年二月，命学士院进呈汉、唐便民事及当今急务。
>
> 明昌四年九月，敕尚书省："大定二十九年以后士庶言事，或系国家或边关大利害已尝施行者，可特补一官，有益于官民，量给以赏。"
>
> 承安二年八月，敕计议官所进奏帖，可直言利害，勿用浮辞。
>
> 承安四年五月，以旱，下诏责躬，求直言，避正殿，减膳，审理冤狱。
>
> 承安五年十月，集百官于尚书省，问："间者亢旱，近则久阴，岂政有错谬而致然欤。"各以所见对。十一月，以国史院编修官吕卿云为左补阙兼应奉翰林文字。审官院以资浅驳奏，上谕之曰："明昌间，卿云尝上书言宫掖事，辞甚切直，皆他人不能言者，卿辈盖不知也。臣下言事不令外人知，乃是谨密，正当显用，卿宜悉之。"
>
> 泰和三年七月，上谕宰臣："凡奏事，朕欲徐思或如己者，若除授事，可俟三五日再奏，余并二十日奏之。"十月，谕尚书省："士庶陈言皆从所司以闻，自今可悉令诣阙，量与食直，仍给官居之。其言切直及系利害重者，并三日内奏闻。"
>
> 泰和四年四月，以久旱，下诏责躬，求直言，避正殿，减膳撤乐。

---

① 《金史》卷97《邓俨传》。
② 《金史》卷12《章宗纪四》。

泰和六年五月，谕尚书省："今国家多故，凡言军国利害，五品以上官以次奏陈，朕将亲问之。六品以下则具帖子以进。"①

对于朝廷设置的谏议大夫等谏官，章宗更希望他们能够直言不讳地指明朝政存在的问题。

明昌元年十一月，召礼部尚书王修、谏议大夫张暐诣殿门，谕之曰："朝廷可行之事，汝谏官、礼官即当辨析。小民之言，有可采者朕尚从之，况卿等乎，自今所议毋但附合于尚书省。"

明昌六年三月，以翰林直学士孛术鲁子元兼右司谏，监察御史田仲礼为左拾遗，翰林修撰仆散讹可兼右拾遗，谕之曰："国家设置谏官，非取虚名，盖责实效，庶几有所裨益。卿等皆朝廷选擢，置之谏职，如国家利害、官吏邪正，极言无隐。近路铎左迁，本以他罪，卿等勿以被责，遂畏缩不言，其悉心勠力，毋得缄默。"②

章宗还常以集议的方式讨论朝政问题，并就官员的"入对"有明确规定，都是要给官员更多各抒己见的机会。

明昌三年八月，上以军民不和、吏员奸弊，诏四品以下、六品以上集议于尚书省，各述所见以闻。集三品以下、六品以上官，问以朝政得失及民间利害，令各书所对。

承安四年二月，谕有司："自三月一日为始，每旬三品至五品官各一人转对，六品亦以次对。台谏勿与，有应奏事，与转对官相见，无面对者上章亦听。"六月，右补阙杨庭秀言："自转对官外，复令随朝八品以上、外路五品以上及出使外路有可言者，并许移检院以闻。则时政得失，民间利病，可周知矣。"从之。③

---

① 《金史》卷9《章宗纪一》，卷10《章宗纪二》，卷11《章宗纪三》，卷12《章宗纪四》。

② 《金史》卷9《章宗纪一》，卷10《章宗纪二》。

③ 《金史》卷9《章宗纪一》，卷11《章宗纪三》。

章宗亦强调不要苛责上言者，即便所言不实或有其他毛病，多数情况下不加以责罚，可列举三个例证。

> 旧制，陈言者漏所言事于人，并行科罪，仍给告人赏。（李）愈言："此盖所以防闲小人也。比年以来诏求直言，及命朝臣转对，又许外路官言事，此皆圣言乐闻忠谠之意，请除去旧条以广言路。"上嘉纳焉。①

> 进士李邦父者上封事，因论世俗侈靡，讥涉先朝，有司议言者罪，上谓宰臣曰："昔唐张玄素以桀、纣比文皇。今若方我为桀、纣，亦不之罪。至于世宗功德，岂容讥毁。"顾问（张）万公曰："卿谓何如？"万公曰："讥斥先朝，固当治罪，然旧无此法。今宜定立，使人知之。"乃命免邦父罪，惟殿三举。②

> 明昌三年三月，左丞（完颜）守贞言："上尝命臣问忻州陈毅上书所言事，其一极论守令之弊，臣面问所以救之之道，竟不能言。"上曰："方今政欲知其弊也。彼虽无救弊之术，但能言其弊，亦足嘉矣。如毅言及随处有司不能奉行条制，为人佣雇尚须出力，况食国家禄而乃如是，得无亏臣子之行乎，其令检会前后所降条理举行之。"③

尤为重要的是，章宗采纳臣僚的建议，要求大臣奏事时，谏官和修起居注官员不须回避。

> 章宗即位，召（完颜守贞）为刑部尚书，兼右谏议大夫。守贞与修起居注张暐奏言："唐中书门下入阁，谏官随之，欲其预闻政事，有所开说。又起居郎、起居舍人，每皇帝视朝，左右对立，有命则临阶俯听，退而书之，以为起居注。缘侍从官每遇视朝，正合侍立。自来左司上殿，谏官、修起居注不避，或侍从官除授及议

---

① 《金史》卷96《李愈传》。
② 《金史》卷95《张万公传》。
③ 《金史》卷9《章宗纪一》。

便遣，始令避之。比来一例令臣等回避，及香阁奏陈言文字，亦不令臣等侍立，则凡有圣训及所议政事，臣等无缘得知，何所记录，何所开说，似非本设官之义。若漏泄政事，自有不密罪。"上从之。①

泰和四年八月，章宗命完颜纲、乔宇、宋元吉等编类陈言文字，"其言涉宫庭，若大臣、省台、六部，各以类从"，"凡关涉宫庭及大臣者摘进，其余以省、台、六部各为一类，凡二十卷"②。编辑此类文字，就是既要彰显求直言的成果，也要再次显示求直言的诚意。

（五）臣僚谏言

作为对皇帝求直言的回应，臣僚积极上言成为当时的一种风气。根据上言的内容，可以区分出四类谏言。

第一类是治道谏言，具有代表性的是徒单镒对尊道、崇德等的议论，章宗"虽纳其说，而不能行"。

　　章宗锐意于治平，（徒单）镒上书，其略曰："臣窃观唐、虞之书，其臣之进言于君曰'戒哉'，'懋哉'，曰'吁'，曰'都'。既陈其戒，复导其美。君之为治也，必曰：'稽于众，舍己从人'。既能听之，又能行之，又从而兴起之，君臣上下之间相与如此。陛下继兴隆之运，抚太平之基，诚宜稽古崇德，留意于此，无因物以好恶喜怒，无以好恶喜怒轻忽小善，不恤人言。夫上下之情有通塞，天地之运有否泰。唐陆贽尝陈隔塞之九弊，上有其六，下有其三。陛下能慎其六，为臣子者敢不慎其三哉。上下之情既通，则大纲举而群目张矣。"

　　因论为政之术，其急有二："一曰正臣下之心。窃见群下不明礼义，趋利者众，何以责小民之从化哉。其用人也，德器为上，才美为下，兼之者待以不次，才下行美者次之，虽有才能，行义无取者，抑而下之，则臣下之趋向正矣。其二曰导学者之志。教化之行，兴于学校。今学者失其本真，经史雅奥，委而不习，藻饰虚词，钓取禄利。乞令取士兼问经史故实，使学者皆守经学，不惑于

_____

① 《金史》卷73《完颜守贞传》。
② 《金史》卷12《章宗纪四》，卷98《完颜纲传》。

近习之靡，则善矣。"

又曰："凡天下之事，丛来者非一端，形似者非一体，法制不能尽，隐于近似，乃生异论。孔子曰：'义者天下之制也。'《记》曰：'义为断之节。'伏望陛下临制万机，事有异议，少凝圣虑，寻绎其端，则裁断有定，而疑可辨矣。"①

第二类是善政谏言，即臣僚就改善朝政提出的各种建议，此类建议往往能够引起章宗的重视，并有所选择地采纳。

> 大定二十九年八月，左司谏郭安民上疏论三事：日崇节俭，去嗜欲，广学问。②

> 时上新即政，颇锐意于治，尝问汉宣帝综核名实之道，其施行之实果何如。（完颜）守贞诵"枢机周密，品式详备"以对，上曰："行之果何始？"守贞曰："在陛下厉精无倦耳。"③

> （许安仁）出为泽州刺史，作《无隐论》上之，凡十篇，曰本朝、曰情欲、曰养心、曰田猎、曰公道、曰养源、曰冗官、曰育材、曰限田、曰理财。④

> （泰和）四年四月，召见于泰和殿，（张）行信因言二事："一依旧移转吏目以除民害，一徐、邳地下宜麦，税粟许纳麦以便民。"上是其言，令尚书省议行之。⑤

第三类是时弊谏言，即臣僚大胆揭露朝廷的弊政，亦可针对时弊提出应对方法。此类谏言，亦往往被章宗所重视。

---

① 《金史》卷99《徒单镒传》。
② 《金史》卷9《章宗纪一》。
③ 《金史》卷73《完颜守贞传》。
④ 《金史》卷96《许安仁传》。
⑤ 《金史》卷107《张行信传》。

承安四年五月，应奉翰林文字陈载言四事：其一，边民苦于寇掠；其二，农民困于军须；其三，审决冤滞，一切从宽，苟纵有罪；其四，行省官员，例获厚赏，而沿边司县，曾不沾及，此亦干和气，致旱灾之所由也。上是之。①

（萧贡）上书论："比年之弊，人才不以器识、操履，巧于案牍，不涉吏议者为工。用人不务因才授官，惟泥资叙。名器不务慎与，人多侥幸。守令不务才实，民罹其害。伏望擢真才以振浇俗，核功能以理职业，慎名器以抑侥幸，重守令以厚邦本。然后政化可行，百事可举矣。"②

第四类是君主慎行谏言，主要是针对章宗无休止的巡幸、游猎，臣僚上言劝阻。对于这类谏言，章宗表现的主要是拒谏态度。

大定二十九年六月，修起居注完颜乌者、同知登闻检院孙铎皆上书谏罢围猎，上纳其言。拾遗马升上《俭德箴》。九月，监察御史焦旭劾奏太傅（徒单）克宁、右丞相（完颜）襄不应请车驾田猎，上曰："此小事，不须治之。"
明昌二年四月，上幸寿安宫，谏议大夫张暐等上疏请止其行，不允。③

（明昌）四年，上将幸景明宫，（董）师中及侍御史贾铉、治书侍御史粘割遵古谏，以谓："劳人费财，盖其小者，变生不虞，所系非轻。圣人法天地以顺动，故万举万全。今边鄙不驯，反侧无定，必里哥孛瓦贪暴强悍，深可为虑。陛下若问诸左右，必有容悦而言者，谓堂堂大国，何彼之恤。夫蜂虿有毒，患起所忽。今都邑壮丽，内外苑囿足以优佚皇情，近畿山川飞走充牣，足以阅习武事，何必千车万骑，草居露宿，逼介边陲，远烦侦候，以冒不恻之悔哉。"上不纳。师中等又上疏曰："近年水旱为沴，明诏罪己求

---

① 《金史》卷11《章宗纪三》。
② 《金史》卷105《萧贡传》。
③ 《金史》卷9《章宗纪一》。

言，罢不急之役，省无名之费，天下欣幸。今方春东作，而亟遣有司修建行宫，揆之于事，似为不急。况西、北二京，临潢诸路，比岁不登。加以民有养马签军挑壕之役，财力大困，流移未复，米价甚贵，若扈从至彼，又必增价。日籴升合者口以万数，旧藉北京等路商贩给之，倘以物贵或不时至，则饥饿之徒将复有如曩岁，杀太尉马、毁太府瓜果、出怼怨言、起而为乱者矣。《书》曰：'民情大可见，小人难保。'况南北两属部数十年捍边者，今为必里哥孛瓦诱胁，倾族随去，边境荡摇如此可虞，若忽之而往，岂圣人万举万全之道哉。乃者太白昼见，京师地震，又北方有赤色，迟明始散。天之示象，冀有以警悟圣意，修德销变。矧夫逸游，古人所戒，远自周、秦，近逮隋、唐与辽，皆以是生衅，可不慎哉，可不畏哉。"左补阙许安仁、右拾遗路铎亦皆上书论谏。是日，上御后阁，召师中等赐对，即从其奏，仍遣谕辅臣曰："朕欲巡幸山后，无他，不禁暑热故也。今台谏官咸言民间缺食处甚多，朕初不尽知，既已知之，暑虽可畏，其忍私奉而重民之困哉。"乃罢北幸。①

（明昌）五年，（路铎）复与礼部尚书张暐、御史中丞董师中、右谏议大夫贾守谦、翰林修撰完颜撒剌谏幸景明宫，语多激切，章宗不能堪，遣近侍局直长李仁愿召凡谏北幸者诣尚书省，诏曰："卿等谏北幸甚善，但其间颇失君臣之体耳。"②

泰和二年春，上将幸长乐川，（李）愈切谏曰："方今戍卒贫弱，百姓骚然，三叉尤近北陲，恒防外患。兼闻泰和宫在两山间，地形狭隘，雨潦端集，固不若北宫池台之胜，优游闲适也。"上不从，夏四月，愈复谏曰："北部侵我旧疆千有余里，不谋雪耻，复欲北幸，一旦有警，臣恐丞相（完颜）襄、枢密副使（完颜）阇母等不足恃也。况皇嗣未立，群心无定，岂可远事逸游哉。"上异其言。③

从章宗对四类谏言的态度可以看出，他的求直言确实带来了臣僚的

---

① 《金史》卷95《董师中传》。
② 《金史》卷100《路铎传》。
③ 《金史》卷96《李愈传》。

敢言风气，但是章宗并不是善于纳谏的皇帝，并由此带来了求言和纳谏之间的巨大反差，所以张万公在辞去参知政事时上书，强调了君主纳谏的重要性所在："臣狂妄，有一言欲今日以闻，会受除未及耳。夫内外之职，忧责如一，畎亩之臣犹不忘君，刍荛之言，明主所择，伏望圣聪省察。"① 张万公所期盼的，就是君主有虚心纳谏的作为，但章宗显然未能如其所愿。

（六）更定律法

章宗在位时，重新修订了法律，按时间可以分为明昌修法、承安修法、泰和修法三个阶段。

明昌年间的修法，重点是裁定旧法和《律义》《敕条》并修，不仅完成了《名例》的编撰，还要求发挥登闻鼓院的诉冤作用。

> 明昌元年，上问宰臣曰："今何不专用律文？"平章政事张汝霖曰："前代律与令各有分，其有犯令，以律决之。今国家制、律混淆，固当分也。"遂置详定所，命审定律、令。
>
> 明昌三年七月，右司郎中孙铎先以详定所校《名例篇》进，既而诸篇皆成，复命中都路转运使王寂、大理卿董师中等重校之。
>
> 明昌五年正月，复令钩校制、律，即付详定所。时详定官言："若依重修制文为式，则条目增减，罪名轻重，当异于律。既定复与旧同颁，则使人惑而易为奸矣。臣等谓，用今制条，参酌时宜，准律文修定，历采前代刑书宜于今者，以补遗阙，取《刑统》疏文以释之，著为常法，名曰《明昌律义》。别编榷货、边部、权宜等事，集为《敕条》。"宰臣谓："先所定令文尚有未完，俟皆通定，然后颁行。若律科举人，则止习旧律。"遂以知大兴府事尼庞古鉴、御史中丞董师中、翰林待制奥屯忠孝（小字牙哥）、提点司天台张嗣、翰林修撰完颜撒剌、刑部员外郎李庭义、大理丞麻安上为校定官，大理卿阎公贞、户部侍郎李敬义、工部郎中贾铉为覆定官，重修新律焉。
>
> 时奏狱而法官有独出情见者，上曰："或言法官不当出情见，故论者纷纷不已。朕谓情见非出于法外，但折衷以从法尔。"平章（完

---

① 《金史》卷95《张万公传》。

颜）守贞曰："是制自大定二十三年罢之。然律有起请诸条，是古亦许情见矣。"上曰："科条有限，而人情无穷，情见亦岂可无也。"

明昌五年，尚书省奏："在制，《名例》内徒年之律，无决杖之文便不用杖。缘先谓流刑非今所宜，且代流役四年以上俱决杖，而徒三年以下难复不用。妇人比之男子虽差轻，亦当例减。"遂以徒二年以下者杖六十，二年以上杖七十，妇人犯者并决五十，著于《敕条》。①

（完颜）守贞读书，通法律，明习国朝故事。时金有国七十年，礼乐刑政因辽、宋旧制，杂乱无贯，章宗即位，乃更定修正，为一代法。其仪式条约，多守贞裁订。②

大定二十九年二月，敕登闻鼓院所以达冤枉，旧尝锁户，其令开之。明昌元年五月，置知登闻鼓院事一人。十月，以有司言，登闻鼓院同记注院，勿有所隶。③

（孙铎）除同知登闻检院事，铎言："凡上诉者皆因尚书省断不得直，若上诉者复送省，则必不行矣，乞自宸衷断之。"上以为然。诏登闻检院，凡上诉者，每朝日奏十事。诏刊定旧律，铎先奏《名例》一篇。④

承安年间的修法，主要是完成了《律义》的修撰，并强调了审决冤狱、规范用杖和令行禁止的要求。

承安元年三月，敕尚书省："刑狱虽已奏行，其间恐有疑枉，其再议以闻。人命至重，不可不慎也。"四月，遣使审决冤狱。⑤

---

① 《金史》卷45《刑志》。本小节引文未注明出处者，均出自此志。
② 《金史》卷73《完颜守贞传》。
③ 《金史》卷9《章宗纪一》。
④ 《金史》卷99《孙铎传》。
⑤ 《金史》卷10《章宗纪二》。

承安三年，敕尚书省："自今特旨事，如律令程式者，始可送部。自余创行之事，但召部官赴省议之。"

承安四年四月，尚书省请再覆定令文，上因敕宰臣曰："凡事理明白者转奏可也。文牒多者恐难遍览，其三推情疑以闻。"五月，上以法不适平，常行杖样，多不能用，遂定分寸，铸铜为杖式，颁之天下。且曰："若以笞杖太轻，恐情理有难恕者，讯杖可再议之。"

承安五年四月，尚书省进《律义》。五月，刑部员外郎马复言："外官尚苛刻者不遵铜杖式，辄用大杖，多致人死。"诏令按察司纠劾黜之。十二月，翰林修撰杨庭秀言："州县官往往以权势自居，喜怒自任，听讼之际，鲜克加审，但使译人往来传词，罪之轻重，成于其口，货赂公行，冤者至有三、二十年不能正者。"上遂命定立条约，违者按察司纠之，且谓宰臣曰："长贰官委幕职及司吏推问狱囚，命申御史台闻奏之制，当复举行也。"又命编前后条制，书之于册，以备将来考验。

承安四年，（孙铎）迁户部尚书。铎因转对奏曰："比年号令，或已行而中辍，或既改而复行，更张太烦，百姓不信。乞自今凡将下令，再三讲究，如有益于治则必行，无恤小民之言。"国子司业纥石烈善才亦言："颁行法令，丝纶既出，尤当固守。"上然之。①

泰和年间的修法，是修成和正式颁行了《新定律令敕条格式》（简称《泰和律》，包括《律义》三十卷，《律令》二十卷，《新定敕条》三卷）。

泰和元年十二月，所修律成，凡十有二篇：一曰《名例》，二曰《卫禁》，三曰《职制》，四曰《户婚》，五曰《厩库》，六曰《擅兴》，七曰《贼盗》，八曰《斗讼》，九曰《诈伪》，十曰《杂律》，十一曰《捕亡》，十二曰《断狱》。实《唐律》也，但加赎铜皆倍之，增徒至四年、五年为七，削不宜于时者四十七条，增时用之制百四十九条，因而略有所损益者二百八十有二条，余百二十六条皆从其旧。又加以分其一为二、分其一为四者六条，凡五百六

---

① 《金史》卷99《孙铎传》。

十三条，为三十卷，附注以明其事，疏义以释其疑，名曰《泰和律义》。自《官品令》《职员令》之下，曰《祠令》四十八条，《户令》六十六条，《学令》十一条，《选举令》八十三条，《封爵令》九条，《封赠令》十条，《官卫令》十条，《军防令》二十五条，《仪制令》二十三条，《衣服令》十条，《公式令》五十八条，《禄令》十七条，《仓库令》七条，《厩牧令》十二条，《田令》十七条，《赋役令》二十三条，《关市令》十三条，《捕亡令》二十条，《赏令》二十五条，《医疾令》五条，《假宁令》十四条，《狱官令》百有六条，《杂令》四十九条，《释道令》十条，《营缮令》十三条，《河防令》十一条，《服制令》十一条，附以年月之制，曰《律令》二十卷。又定《制敕》九十五条，《榷货》八十五条，《蕃部》三十九条，曰《新定敕条》三卷，《六部格式》三十卷。司空襄以进，诏以明年五月颁行之。

尽管《泰和律》是《唐律》的翻版，毕竟加入了金朝自身的内容，在金朝律法修订中具有里程碑的地位，所以被章宗视为泰和年间的头等大事。泰和三年五月，"以定律令、正土德、凤凰来、皇嗣建，大赦"①，彰显的就是章宗重视律法的态度。需要注意的是，章宗强调的是"重法"而不是"宽刑"，因为他自己就有制造冤狱的"滥刑"行为（详见后述），而"重法"恰是掩饰此类不良行为的最佳说法。

章宗的各种更新之举，主调是"从良政"而不是"革弊政"，所以不会带来朝政的"革变"，并由此显示了他是理政观念"守旧者"而不是"创新者"的特质，对于这一点应有清醒的认识。

三　以农为本

在处理经济问题方面，章宗秉持的是"以农为本"和"良政"观念，亦有一些重要的作为，可分述于下。

（一）重本之说

明昌元年，章宗曾召集臣僚讨论重本抑末问题，并在定制度、扼人欲、厚风俗、节费用等说法中，采纳了以节用体现以农为本的建议。依

①《金史》卷11《章宗纪三》。

据现有记载，可转录讨论涉及的不同说法于下。

明昌元年八月，上谕宰臣曰："何以使民弃末而务本，以广储蓄?"令集百官议。户部尚书邓俨等曰："今风俗侈靡，宜定制度，辨上下，使服用居室各有差等。抑昏丧过度之礼，禁追逐无名之费。用度有节，蓄积自广矣。"右丞（移剌）履、参知政事（完颜）守贞、（徒单）镒曰："凡人之情，见美则愿，若不节以制度，将见奢侈无极，费用过多，民之贫乏，殆由此致。方今承平之际，正宜讲究此事，为经久法。"上是履议。①

时上命六品以上官，十日以次转对，（李仲略）乃进言曰："凡救其末，不若正其本。所谓本者，厚风俗、去冗食、养财用而已。厚风俗在乎立制度，禁奢僭。去冗食在乎宠力农，抑游堕。养财用在乎广储蓄，时敛散。商贾不通难得之货，工匠不作无用之器，则下知重本。下知重本，则末息矣。"②

章宗亦不时以观稼、报雨情、劝农等方式，来体现重农的基本观念。

大定二十九年闰五月，观稼于近郊。

明昌二年七月，观稼于近郊。

明昌四年正月，遣户部侍郎李献可等分路劝农事。五月，观稼于近郊。谕左司："遍谕诸路，令月具雨泽田禾分数以闻。"

明昌六年十一月，初定县官增水田升除制。

承安元年五月，观稼于近郊，因阅区田。六月，幸环秀亭观稼。

承安二年十二月，遣户部侍郎上官瑜体究西京逃亡，劝率沿边军民耕种，户部郎中李敬义规措临潢等路农务。谕宰臣："今后水潦旱蝗、盗贼窃发，命提刑司预为规画。"

泰和元年六月，用尚书省言，申明旧制，猛安、谋克户每田四十亩，树桑一亩。毁树木者有禁，鬻地土者有刑。其田多污莱，人

---

① 《金史》卷9《章宗纪一》。
② 《金史》卷96《李仲略传》。

户阙乏，并坐所临长吏。按察司以时劝督，有故慢者量决罚之，仍减牛头税三之一。

泰和二年六月，谕尚书省，诸路禾稼及雨多寡，令州郡以闻。

泰和三年六月，遣官行视中都田禾雨泽分数。

泰和八年四月，诏谕有司："以苗稼方兴，宜速遣官分道巡行农事，以备虫蝻。"①

轻徭薄赋是落实以农为本原则的重要措施，章宗确实注意到了减轻徭役负担问题，并推出了定役、减役等措施。

承安五年十二月，定管军官受所部财物辄放离役及令人代役法。

泰和元年十一月，敕尚书省："凡役众劳民之事，勿轻行之。"

泰和二年五月，谕有司曰："金井捈钵不过二三日留，朕之所止，一凉厦足矣。若加修治，徒费人力。其藩篱不急处，用围幕可也。"

泰和六年十一月，诏定诸州府物力差役式。

泰和八年闰四月，制诸州府司县造作，不得役诸色人匠。违者准私役之律，计备以受所监临财物论。②

章宗亦强调了进贡、巡幸等不得扰民的要求。

泰和元年十一月，谕工部曰："比闻怀州有橙结实，官吏检视，已尝扰民，今复进柑，得无重扰民乎。其诚所司，遇有则进，无则已。"

泰和二年五月，更泰和宫曰庆宁，长乐川曰云龙。敕御史台，京师拜庙及巡幸所过州县，止令洒扫，不得以黄土覆道，违者纠之。③

① 《金史》卷9《章宗纪一》，卷10《章宗纪二》，卷11《章宗纪三》，卷12《章宗纪四》。
② 《金史》卷11《章宗纪三》，卷12《章宗纪四》。
③ 《金史》卷11《章宗纪三》。

（贾铉）复上书论山东采茶事，其大概以为：“茶树随山皆有，一切护逻，已夺民利，因而以拣茶树执诬小民，吓取货赂，宜严禁止，仍令按察司约束。”上从之。①

在租税方面，章宗即位初年曾有减租的重要举措，但进一步的“薄税”建议被朝臣否决。

章宗大定二十九年，敕民租十之一。河东南、北路则量减之。尚书省奏，两路田多峻阪，硗瘠者往往再岁一易，若不以地等级蠲除，则有不均。遂敕以敕书特免一分外，中田复减一分，下田减二分。②

明昌元年四月，上封事者乞薄民之租税，恐廪粟积久腐败。省臣奏曰：“臣等议，大定十八年户部尚书曹望之奏，河东及鄜延两路税颇重，遂减五十二万余石。去年敕十之一，而河东瘠地又减之。今以岁入度支所余无几，万一有水旱之灾，既蠲免其所入，复出粟以赈之，非有备不可。若复欲减，将何以待之。如虑腐败，令诸路以时曝晾，毋令致坏，违者论如律。”制可。③

此后的减租行为，主要是应付自然灾害的一种方法，详见后述。

（二）田制新规

在田制方面，针对豪强占地等问题，章宗朝有七项重要的举措。

第一项举措是租种官田制，不仅对官田的租佃有更严格的限制，亦允许以官田“对给”受灾民地。

章宗大定二十九年五月，拟再立限，令贫民请佃官地，缘今已过期，计已数足，其占而有余者，若容告讦，恐滋奸弊。况续告漏通地，敕旨已革，今限外告者宜却之，止付元佃。兼平阳一路地狭人稠，官地当尽数拘籍，验丁以给贫民。上曰：“限外指告多佃官

---

① 《金史》卷99《贾铉传》。
② 《金史》卷47《食货志二》。
③ 《金史》卷9《章宗纪一》。

地者，却之，当矣。如无主不顾承佃，方许诸人告请。其平阳路宜计丁限田，如一家三丁已业止三十亩，则更许存所佃官地一顷二十亩，余者拘籍给付贫民可也。"九月，又奏："在制，诸人请佃官闲地者免五年租课，今乞免八年，则或多垦。"并从之。十一月，尚书省奏："民验丁佃河南荒闲官地者，如愿作官地则免租八年，愿为己业则免税三年，并不许贸易典卖。若豪强及公吏辈有冒佃者，限两月陈首，免罪而全给之，其税则视其邻地定之，以三分为率减一分，限外许诸人告诣给之。"制可。

明昌元年二月，谕旨有司曰："瀕水民地，已种莳而为水浸者，可令以所近官田对给。"①

第二项举措是招募制，对荒地尤其是金、宋边界的空闲土地，鼓励募民耕种并给予耕种者免租、减租等优惠待遇。

大定二十九年七月，谕旨尚书省曰："唐、邓、颍、蔡、宿、泗等处，水陆膏腴之地，若验等级，量立岁租，宽其征纳之限，募民佃之，公私有益。今河南沿边地多为豪民冒占，若民或流移至彼，就募令耕，不惟贫民有赡，亦增羡官租。其给丁壮者田及耕具，而免其租税。"八月，尚书省奏："河东地狭，稍凶荒则流亡相继。窃谓河南地广人稀，若令招集他路流民，量给闲田，则河东饥民减少，河南且无旷地矣。"上从所请。

泰和七年，募民种佃清河等处地，以其租分为诸春水处饲鹅鸭之食。

泰和八年八月，户部尚书高汝砺言："旧制，人户请佃荒地者，以各路最下第五等减半定租，仍免八年输纳。若作己业，并依第七等税钱减半，亦免三年输纳。自首冒佃比邻田，定租三分纳二。其请佃黄河退滩地者，次年纳租。向者小民不为久计，比至纳租之时多巧避匿，或复告退，盖由元限太远，请佃之初无人保识故尔。今请佃者可免三年，作己业者免一年，自首冒佃并请退滩地，并令当年输租，以邻首保识，为长制。"

---

① 《金史》卷47《食货志二》。本小节引文未注明出处者，均来自此志。

第三项举措是受田制，即对女真猛安、谋克及军人所受的土地，既要求勤于耕种，亦对此类土地的租佃作出了限制性的规定。

明昌元年三月，敕："当军人所受田，止令自种，力不足者方许人承佃，亦止随地所产纳租，其自欲折钱输纳者从民所欲，不愿承佃者毋强。"六月，尚书省奏："近制以猛安、谋克户不务栽植桑果，已令每十亩须栽一亩，今乞再下各路提刑及所属州县，劝谕民户，如有不栽及栽之不及十之三者，并以事怠慢轻重罪科之。"诏可。八月，敕："随处系官闲地，百姓已请佃者仍旧，未佃者以付屯田猛安、谋克。"

旧令，军人所授之地不得租赁与人，违者苗付地主。泰和四年九月定制，所拨地土十里内自种之数，每丁四十亩，续进丁同此，余者许令便宜租赁及两和分种，违者钱业还主。

第四项举措是开放制，有限度地开放禁地（行宫周围及围猎区域的土地）给民众耕种。

明昌四年正月，谕点检司："行宫外地及围猎之处悉与民耕，虽禁地，听民持农器出入。"

明昌六年二月，敕有司："行宫侧及猎所有农者勿禁。"

承安四年二月，上谕点检司曰："自蒲河至长河及细河以东，朕常所经行，官为和买其地，令百姓耕之，仍免其租税。"

泰和四年八月，弛围场远地禁，纵民耕捕樵采。

泰和八年二月，谕有司曰："方农作时，虽在禁地亦令耕种。"①

第五项举措是括田制，以括田的方法解决女真军人的授田问题，引起不少纠纷，所以停止了这样的做法。

明昌六年二月，诏罢括陕西之地。

---

① 《金史》卷10《章宗纪二》，卷11《章宗纪三》，卷12《章宗纪四》。

承安五年九月，命枢密使宗浩、礼部尚书贾铉佩金符行省山东等路括地。

泰和四年，上闻六路括地时，其间屯田军户多冒名增口，以请官地，及包取民田，而民有空输税赋、虚抱物力者，应诏陈言人多论之。

泰和五年二月，尚书省奏："若复遣官分往，追照案凭，讼言纷纷，何时已乎。"遂令虚抱税石已输送入官者，命于税内每岁续克之。

泰和五年，（张）行简到保州，上书曰："比者括官田给军，既一定矣，有告欲别给者，辄从其告，至今未已。名曰官田，实取之民以与之，夺彼与此，徒启争端。臣所管已拨深泽县地三百余顷，复告水占沙碱者三分之二，若悉从之，何时可定。臣谓当限以月日，不许再告为便。"下尚书省议，奏请："如实有水占河塌，不可耕种，本路及运司佐官按视，尚书省下按察司复同，然后改拨。若沙碱瘠薄，当准已拨为定。"制曰："可。"①

第六项举措是水田制，要求在北方地区利用河道增加土地灌溉面积，但是对土地的灌溉，大多停留在规划阶段。

明昌五年闰十月，言事者谓郡县有河者可开渠，引以溉田，诏下州郡。既而八路提刑司虽有河者皆言不可溉，惟中都言安肃、定兴二县可引河溉田四千余亩，诏命行之。

明昌六年十月，定制，县官任内有能兴水利田及百顷以上者，升本等首注除。谋克所管屯田，能创增三十顷以上，赏银绢二十两匹，其租税止从陆田。

承安二年，敕放白莲潭东闸水与百姓溉田。

承安三年，又命勿毁高梁河闸，从民灌溉。②

泰和四年，（孟）铸奏："今岁愆阳，已近五月，比至得雨，

_____

① 《金史》卷106《张行简传》。
② 《金史》卷50《食货志五》。

恐失播种之期，可依种麻菜法，择地形稍下处拨畦种谷，穿土作井，随宜灌溉。"上从其言。①

泰和八年七月，诏诸路按察司规画水田，部官谓："水田之利甚大，沿河通作渠，如平阳掘井种田俱可灌溉。比年邳、沂近河布种豆麦，无水则凿井灌之，计六百余顷，比之陆田所收数倍。以此较之，它境无不可行者。"遂令转运司因出计点，就令审察，若诸路按察司因劝农，可按问开河或掘井如何为便，规画具申，以俟兴作。②

第七项举措是区田制，又称区种法，是引自古代的种田方法，从讨论、试行到全面推广，用了十几年的时间，但最终以失败告终。

区田之法，见嵇康《养生论》，自是历代未有天下通用如赵过一亩三甽之法者。章宗明昌三年三月，宰执尝论其法于上前，上曰："卿等所言甚嘉，但恐农民不达此法。如其可行，当遍谕之。"

明昌四年夏四月，上与宰执复言其法，久之，参知政事胥持国曰："今日方之大定间，户口既多，费用亦厚。若区种之法行，良多利益。"上曰："此法自古有之，若其可行，则何为不行也？"持国曰："所以不行者，盖民未见其利。今已令试种于城南之地，乃委官往监督之。若使民见收成之利，当不率行者自效矣。"参知政事夹谷衡以为："若有其利，古已行矣。且用功多而所种少，复恐废垅亩之田功也。"上曰："姑试行之。"六月，上问参知政事胥持国曰："区种事如何？"对曰："六七月之交，方可见矣。""河东及代州田种今岁佳否？"曰："比常年颇登。"

明昌五年正月，敕谕农民使区种。先是，陈言人武陟高翌上区种法，且请验人丁地土多少，定数令种。上令尚书省议既定，遂敕令农田百亩以上，如濒河易得水之地，须区种三十余亩，多种者听，无水之地则从民便。

承安元年四月，初行区种法，男年十五以上、六十以下有土田

① 《金史》卷100《孟铸传》。
② 《金史》卷50《食货志五》。

者丁种一亩，丁多者五亩止。

泰和四年九月，尚书省奏："近奉旨讲议区田，臣等谓此法本欲利民，或以天旱乃始用之，仓卒施功未必有益也。且五方地肥瘠不同，使皆可以区种，农民见有利自当勉效之。不然，督责虽严，亦徒劳耳。"敕遂令所在长官及按察司随宜劝谕，亦竟不能行。①

区田制是章宗颇为看重的耕种方法，这样的复古方法之所以不易推行，就在于中国北方保持多年的耕作方法，很难被理想化的精耕细作方式所取代，并且朝廷在推广该法时只有行政命令，没有奖励措施，自然不会被多数耕种者所重视。

（三）通检推排

章宗沿用世宗时的通检推排方法，在位期间安排了四次大规模的通检推排。

第一次推排的时间是明昌元年，推排的重点是"酌民地定物力"，此前亦有一些局部性的推排。

章宗大定二十九年六月，命为国信使之副者，免增物力。又命农民如有积粟，毋充物力，钱悭之郡，所纳钱货则许折粟帛。九月，以曹州河溢，遣马百禄等推排遭垫溺州县之贫乏者。

明昌元年四月，刑部郎中路伯达等言："民地已纳税，又通定物力，比之浮财所出差役，是为重并也。"遂详酌民地定物力，减十之二。尚书户部言，中都等路被水，诏委官推排，比旧减钱五千六百余贯。②

第二次推排的时间是承安二年至三年，重点是查清"新强者"，并核实减免物力钱的贫困户。

承安二年冬十月，敕令议通检，宰臣奏曰："大定二十七年通检后，距今已十年，旧户贫弱者众，傥迟更定，恐致流亡。"遂定制，已典卖物业，止随物推收，析户异居者许令别籍，户绝及困弱

---

① 《金史》卷50《食货志五》。
② 《金史》卷46《食货志一》。本小节引文未注明出处者，均出自此志。

者减免，新强者详审增之，止当从实，不必敷足元数。边城被寇之地，皆不必推排。于是，令吏部尚书贾执刚、吏部侍郎高汝砺先推排在都两警巡院，示为诸路法。每路差官一员，命提刑司官一员副之。

承安三年九月，奏十三路籍定推排物力钱二百五十八万六千七百二贯四百九十文，旧额三百二万二千七百十八贯九百二十二文，以贫乏除免六十三万八千一百一十一贯。除上京，北京、西京路无新强增者，余路计收二十万二千九十五贯。

第三次推排的时间是泰和五年至六年，在泰和二年至四年局部地区推排和自报物力的基础上，要求在给定时间内，完成全民性的物力登记。

泰和二年闰十二月，上以推排时，既问人户浮财物力，而又勘当比次，期迫事繁，难得其实，敕尚书省，定人户物力随时推收法，令自今典卖事产者随业推收，别置标簿，临时止拘浮财物力以增减之。

泰和四年十二月，上以职官仕于远方，其家物力有应除而不除者，遂定典卖实业逐时推收，若无浮财营运，应除免者，令本家陈告，集坊村人户推唱，验实免之。造籍后如无人告，一月内以本官文牒推唱，定标附于籍。

泰和五年，以西京、北京边地常罹兵荒，遣使推排之。旧大定二十六年所定三十五万三千余贯，遂减为二十八万七千余贯。六月，签南京按察司事李革言："近制，令人户推收物力，置簿标题，至通推时，止增新强，销旧弱，庶得其实。今有司奉行灭裂，恐临时冗并，卒难详审，可定期限，立罪以督之。"遂令自今年十一月一日，令人户告诣推收标附，至次年二月一日毕，违期不言者坐罪。且令诸处税务，具税讫房地，每半月具数申报所属，违者坐以怠慢轻事之罪。仍敕物力既随业，通推时止令定浮财。

第四次推排的时间是泰和八年，高度重视的是推排的准确性问题。

泰和八年九月，以吏部尚书贾守谦、知济南府事蒲察张家奴、莒州刺史完颜百嘉、南京路转运使宋元吉等十三员，分路同本路按察司官一员，推排诸路。上召至香阁，亲谕之曰："朕选卿等随路推排，除推收外，其新强消乏户，虽集众推唱，然消乏者勿销不尽，如一户物力元三百贯，今蠲免二百五十贯，犹有未当者。新强勿添尽，量存其力，如一户可添三百贯，而止添二百贯之类。卿等各宜尽心，一推之后十年利害所关，苟不副所任，罪当不轻也。"

通检推排本来就是夺利于民的方法，章宗对此如此上心，就是因为这是朝廷的重要敛财手段，只不过是在敛财过程中，体现一下抑强扶弱的宗旨而已。

（四）治理黄河

章宗朝除了注重水田规划外，还实施了治理黄河和疏浚漕渠两项重要的水利工程。

章宗朝的黄河治理，大体可以分为三个阶段。

第一阶段是大定二十九年至明昌元年，针对曹州河溢，实施了增固曹州等地黄河堤坝的工程。

大定二十九年五月，河溢于曹州小堤之北。六月，上（章宗）谕旨有司曰："比闻五月二十八日河溢，而所报文字如此稽滞。水事最急，功不可缓，稍缓时顷，则难固护矣。"十二月，工部言："营筑河堤，用工六百八万余，就用埽兵军夫外，有四百三十余万工当用民夫。"遂诏命去役所五百里州、府差顾，于不差夫之地均征顾钱，验物力科之。每工钱百五十文外，日支官钱五十文，米升半。仍命彰化军节度使内族（完颜）裔、都水少监大龄寿提控五百人往来弹压。

明昌元年春正月，尚书省奏："臣等以为，自今凡兴工役，先量负土远近，增筑高卑，定功立限，榜谕使人先知，无令增加力役。并河防所用物色，委都水监每岁于八月以前，先拘籍旧贮物外实阙之数，及次年春工多寡，移报转运司计置，于冬三月分限输纳。如水势不常，夏秋暴涨危急，则用相邻埽分防备之物，不足，则复于所近州县和买。然复虑人户道涂泥淖，艰于运纳，止依税内科折他物，更为增价，当官支付，违者并论如律，仍令所属提刑司正官一员驰驿监视体究，如此则役作有程，而河不失备。"制可之。①

第二阶段是明昌四年至明昌五年秋季，对于如何有效治理黄河，在朝廷内部展开讨论，并实施了局部性的固坝工程。

明昌四年十一月，尚书省奏："河平军节度使王汝嘉等言：'大河南岸旧有分流河口，如可疏导，足泄其势，及长堤以北恐亦有可以归纳排沦之处，乞委官视之。济北埽以北宜创起月堤。'臣等以为宜从所言。其本监官皆以谙练河防故注以是职，当使从汝嘉等同往相视，庶免异议。如大河南北必不能开挑归纳，其月堤宜依所料兴修。"上从之。

明昌五年春正月，尚书省奏："都水监丞田栎同本监官讲议黄河利害，尝以状上言，前代每遇古堤南决，多经南、北清河分流，南清河北下有枯河数道，河水流其中者长至七八分，北清河乃济水故道，可容三二分而已。今河水趋北，啮长堤而流者十余处，而堤外率多积水，恐难依元料增修长堤与创筑月堤也。可于北岸墙村决河入梁山泺故道，依旧作南、北两清河分流。然北清河旧堤岁久不完，当立年限增筑大堤，而梁山故道多有屯田军户，亦宜迁徙。今拟先于南岸王村、宜村两处决堤导水，使长堤可以固护，姑宜仍旧，如不能疏导，即依上开决，分为四道，俟见水势随宜料理。"尚书省以栎等所言与明昌二年刘玮等所案视利害不同，及令陈言人冯德舆与栎面对，亦有不合者，送工部议。……宰臣奏曰："若遽从栎等所拟，恐既更张，利害非细。比召河平军节度使王汝嘉同计议，先差干济官两员行户工部事覆视之，同则就令计实用工物、量州县远近以调丁夫，其督趣春工官即充今岁守涨，及与本监官同议经久之利。"诏以知大名府事内族裔、尚书户部郎中李敬义充行户工部事，以参知政事胥持国都提控。又奏差德州防御使李献可、尚书户部郎中焦旭于山东当水所经州县筑护城堤，及北清河两岸旧有

① 《金史》卷27《河渠志》。本小节引文未注明出处者，均出自此志。

堤处别率丁夫修筑，亦就令讲究河防之计。他日，上以宋阎士良所述《黄河利害》一帙，付参知政事马琪曰："此书所言亦有可用者，今以赐卿。"

明昌五年二月，上谕平章政事（完颜）守贞曰："王汝嘉、田栎专管河防，此国家之重事也。朕比问其曾于南岸行视否，乃称：'未也。'又问水决能行南岸乎，又云：'不可知。'且水趋北久矣，自去岁便当经画，今不称职如是耶。可谕旨令往尽心固护，无致失备，及讲究所以经久之计。稍涉违慢，当并治罪。"

明昌五年三月，行省并行户工部及都水监官各言河防利害事。都水监元拟于南岸王村、宜村两处开导河势，缘北来水势去宜村堤稍缓，唯王村岸向上数里卧卷，可以开决作一河，且无所犯之城市村落。又拟于北岸墙村疏决，依旧分作两清河入梁山故道，北清河两岸素有小堤不完，复当筑大堤。尚书省谓："以黄河之水势，若于墙村决注，则山东州县膏腴之地及诸盐场必被沦溺。设使修筑坏堤，而又吞纳不尽，功役至重，虚困山东之民，非徒无益，而又害之也。况长堤已加护，复于南岸疏决水势，已寝决河入梁山泺之议，水所经城邑已劝率作护城堤矣，先所修清河旧堤宜遣罢之。监丞田栎言定陶以东三埽弃堤不当修，止言：'决旧压河口以导渐水入堤北张彪、白塔两河之间，凡当水冲屯田户须令迁徙。'臣等所见，止当堤前作木岸以备之，其间居人未当迁徙，至夏秋水势泛溢，权令避之，水落则当各复业，此亦户工部之所言也。"上曰："地之相去如此其远，彼中利害，安得悉知，惟委行省尽心措画可也。"

明昌五年四月，以田栎言河防事，上谕旨参知政事（胥）持国曰："此事不惟责卿，要卿等同心规画，不劳朕心尔。如栎所言，筑堤用二十万工，岁役五十日，五年可毕，此役之大，古所未有。况其成否未可知，就使可成，恐难行也。迁徙军户四千则不为难，然其水特决，尚不知所归，傥有溃走，若何枝梧。如令南岸两处疏决，使其水趋南，或可分杀其势。然水之形势，朕不亲见，难为条画，虽卿亦然。丞相、左丞皆不熟此，可集百官详议以行。"百官咸谓："栎所言弃长堤，无起新堤，放河入梁山故道，使南北两清河分流，为省费息民长久之计。臣等以为黄河水势非常，变易无定，非人力可以斟酌，可以指使也。况梁山泺淤填已高，而北清河窄狭不能吞伏，兼所经州县农民庐井非一，使大河北入清河，山东必被其害。栎又言乞许都水监符下州府运司，专其用度，委其任责，一切同于军期，仍委执政提控。缘今监官已经添设，又于外监署司多以沿河州府长官兼领之，及令佐管勾河防，其或怠慢已有同军期断罪的决之法，凡栎所言无可用。"遂寝其议。

上谓宰臣曰："李愈论河决事，谓宜遣大臣往，以慰人心，其言良是。向虑河北决，措画堤防，犹尝置行省，况今方横溃为害，而止差小官，恐失众望，自国家观之，虽山东之地重于河南，然民皆赤子，何彼此之间。"乃命参知政事马琪往，仍许便宜从事。上曰："李愈不得为无罪，虽都水监官非提刑司统摄，若与留守司以便宜率民固护，或申闻省部，亦何不可使朕闻之。徒能张皇水势而无经画，及其已决，乃与王汝嘉一往视之而还，亦未尝有所施行。问王村河口开导之月，则对以四月终，其实六月也，月日尚不知，提刑司官当如是乎。"寻命户部员外郎何格赈济被浸之民。

时行省参知政事胥持国、马琪言："已至光禄村周视堤口。以其河水浸漫，堤岸陷溃，至十余里外乃能取土。而堤面窄狭，仅可数步，人力不可施，虽穷力可以暂成，终当复毁。而中道淤淀，地有高低，流不得泄，且水退，新滩亦难开凿。其孟华等四埽与孟阳堤道，沿汴河东岸，但可施功者，即悉力修护，将于农隙兴役，及冻毕工，则京城不至为害。"

（马）琪自行省还，入见，言："孟阳河堤及汴堤已填筑补修，水不能犯汴城。自今河势趋北，来岁春首拟于中道疏决，以解南北两岸之危。凡计工八百七十余万，可于正月终兴工，臣乞前期再往河上监视。"上以所言付尚书省，而治检覆河堤并守涨官等罪有差。

他日，尚书省奏事，上语及河防事，马琪奏言："臣非敢不尽心，然恐智力有所不及。若别差官相度，傥有奇画，亦未可知。如适与臣策同，方来兴功，亦庶几稍宽朝廷忧顾。"上然之。

从讨论情况看，田栎的开河分流说是难度最大但效果最好的方案，王汝嘉的分流增堤说侧重于利用旧河口分流，工程量略少但效果难以预估，马琪的筑坝堵决说是工程量较少并能立竿见影的方案，所以最终章宗采纳的是马琪的方案。三说所代表的是根治河患、因势利导、固守河防三种思路，朝臣怕担责任，只能表现为支持最保守但最稳妥方案的态度。

第三阶段是明昌五年冬季至明昌六年夏季，启动大规模的治理黄河工程，既有堵口导流工程，也有增修堤坝的工程。

> 明昌五年闰十月，命翰林待制奥屯忠孝权户部侍郎，太府少监温昉权尚书工部侍郎，行户、工部事，修治河防。且谕之曰："汝二人皆朕所素识，以故委任，冀副朕意。如有错失，亦不汝容。"

> 明昌六年正月，谕胥持国，河上役夫聚居，恐生疾疫，可廪医护视之。四月，以修河防工毕，参知政事胥持国进官二阶，翰林待制奥屯忠孝以下三十六人各一阶，获嘉令王维翰以下五十六人各赐银币有差。①

由于未实施更为彻底的分流或使黄河归故道工程，而是实施保守型的固堤疏流工程，只能是短期内减少河患，不能从根本上解决问题，以至于继任的金朝皇帝，不得不继续面对治河的问题。

为解决漕渠淤塞的问题，泰和五年正月，调山东、河北军夫改治漕渠，"敕尚书省发山东、河北、河东、中都、北京军夫六千，改凿之。犯屯田户地者，官对给之，民田则多酬其价"。漕渠改造后，重点转向了漕渠的维护："泰和六年，尚书省以凡漕河所经之地，州县官以为无与于己，多致浅滞，使纲户以盘浅剥载为名，奸弊百出。于是遂定制，凡漕河所经之地，州府官衔内皆带提控漕河事，县官则带管勾漕河事，俾催检纲运，营护堤岸。"②

（五）钱钞并用

如前所述，完颜亮时曾钱钞并用，金世宗时铸新钱，着重于用钱而不是用钞。金章宗即位后，在钱、钞的使用方面出现了八次重大的变化。

---

① 《金史》卷 10《章宗纪二》。
② 《金史》卷 10《章宗纪二》，卷 27《河渠志》。

第一次变化是大定二十九年十二月"诏罢铸钱"①，即停止了世宗时实施的阜通、利通两监的铸钱行为。

> 章宗大定二十九年十二月，雁门、五台民刘完等诉："自立监铸钱以来，有铜矿之地虽曰官运，其顾直不足则令民共偿，乞与本州司县均为差配。"遂命甄官署丞丁用楫往审其利病，还言："所运铜矿，民以物力科差济之，非所愿也。其顾直即低，又有刻剥之弊。而相视苗脉，工匠妄指人之垣屋及寺观，谓当开采，因以取贿。又随冶夫匠，日办净铜四两，多不及数，复销铜器及旧钱，送官以足之。今阜通、利通两监，岁铸钱十四万余贯，而岁所费乃至八十余万贯，病民而多费，未见其利便也。"宰臣以闻，遂罢代州、曲阳二监。②

停止铸钱后，注意力转向交钞的使用，完颜亮在位时发行的交钞（包括大钞、小钞），得以广泛使用，但强调了交钞流转量不得高于现钱的规定。

> 贞元间既行钞引法，遂设印造钞引库及交钞库，皆设使、副、判各一员，都监二员，而交钞库副则专主书押、搭印合同之事。印一贯、二贯、三贯、五贯、十贯五等，谓之"大钞"；一百、二百、三百、五百、七百五等，谓之"小钞"。与钱并行，以七年为限，纳旧易新。犹循宋张咏四川交子之法而纾其期尔，盖亦以铜少，权制之法也。时有欲罢之者，至是二监既罢，有司言："交钞旧同见钱，商旅利于致远，往往以钱买钞，盖公私俱便之事，岂可罢去。止因有厘革年限，不能无疑，乞削七年厘革之法，令民得常用。若岁久字文磨灭，许于所在官库纳旧换新，或听便支钱。"遂罢七年厘革之限，交钞字昏方换。
>
> 明昌三年五月，敕尚书省曰："民间流转交钞，当限其数，毋令多于见钱也。"
>
> 明昌四年八月，提刑司言："所降陕西交钞多于见钱，使民艰

---

① 《金史》卷9《章宗纪一》。
② 《金史》卷48《食货志三》。本小节引文未注明出处者，均出自此志。

于流转。"宰臣以闻,遂令本路榷税及诸名色钱,折交钞。官兵俸,许钱绢银钞各半之,若钱银数少,即全给交钞。

第二次变化是明昌五年三月"初定限钱令"①,希望以限制私家存钱的方式,拓宽交钞的使用范围。

> 明昌五年三月,宰臣奏:"民间钱所以艰得,以官豪家多积故也。在唐元和间,尝限富家钱过五千贯者死,王公重贬没入,以五之一赏告者。"上令参酌定制,令官民之家以品从物力限见钱,多不过二万贯,猛安、谋克则以牛具为差,不得过万贯,凡有所余,尽令易诸物收贮之。有能告数外留钱者,奴婢免为良,佣者出离,以十之一为赏,余皆没入。

第三次变化是承安二年十月设立讲议所,承安三年正月废罢讲议所。② 讲议所专为讨论钱法而设,讨论的结果是加铸银铤,形成银(承安宝货)、钞、钱并用的格局。

> 承安二年十月,宰臣奏:"旧立交钞法,凡以旧易新者,每贯取工墨钱十五文。至大定二十三年,不拘贯例,每张收八文,既无益于官,亦妨钞法,宜从旧制便。若以钞买盐引,每贯权作一贯五十文,庶得多售。"上曰:"工墨钱,贯可令收十二文。买盐引者,每贯可权作一贯一百文。"时交钞所出数多,民间成贯例者艰于流转,诏以西北二京、辽东路从宜给小钞,且许于官库换钱,与它路通行。
>
> 承安二年十二月,尚书省议,谓时所给官兵俸及边戍军须,皆以银钞相兼,旧例银每铤五十两,其直百贯,民间或有截凿者,其价亦随低昂,遂改铸银名"承安宝货",一两至十两分五等,每两折钱二贯,公私同见钱用,仍定销铸及接受稽留罪赏格。
>
> 承安三年正月,交钞稍滞,命西京、北京、临潢,辽东等路一贯以上俱用银钞、宝货,不许用钱,一贯以下听民便。时既行限钱

---

① 《金史》卷10《章宗纪二》。
② 《金史》卷10《章宗纪二》,卷11《章宗纪三》。

法，人多不遵，上曰："已定条约，不为不重，其令御史台及提刑司察之。"

第四次变化是承安三年十月"定官民存留见钱之数，设回易务，更立行用钞法"①。这是对限钱法的补充措施，以大量回收现钱来支持银、钞、钱的并用。

以民间钞滞，尽以一贯以下交钞易钱用之，遂复减元限之数，更定官民存留钱法，三分为率，亲王、公主、品官许留一分，余皆半之，其赢余之数期五十日内尽易诸物，违者以违制论，以钱赏告者。于两行部各置回易务，以绵绢物段易银、钞，亦许本务纳银、钞。赴榷货出盐引，纳钞于山东、河北、河东等路，从便易钱。各降补官及德号空敕三百、度牒一千，从两行部指定处，限四月进纳补换。又更造一百例小钞，并许官库易钱。一贯、二贯例并支小钞，三贯例则支银一两、小钞一贯，若五贯、十贯例则四分支小钞、六分支银，欲得宝货者听，有阻滞及辄减价者罪之。

承安四年三月，又以银、钞阻滞，乃权止山东诸路以银、钞与绵绢盐引从便易钱之制。令院务诸科名钱，除京师、河南、陕西银、钞从便，余路并许收银、钞各半，仍于钞四分之一许纳其本路。随路所收交钞，除本路者不复支发，余通行者并循环用之。

承安四年，以户部言，命在都官钱、榷货务盐引，并听收宝货，附近盐司贴钱数亦许带纳。民间宝货有所归，自然通行，不至销毁。先是，设四库印小钞以代钞本，令人便赍小钞赴库换钱，即与支见钱无异。今更不须印造，俟其换尽，可罢四库，但以大钞验钱数支易见钱。

第五次变化是承安五年十二月废罢以"承安宝货"为代表的银锭，重现钞、钱并用的局面，但是亦允许以银而不是宝货纳税。

时私铸"承安宝货"者多杂以铜锡，浸不能行，京师闭肆。

① 《金史》卷11《章宗纪三》。

（承安）五年十二月，宰臣奏："比以军储调发，支出交钞数多，遂铸宝货，与钱兼用，以代钞本，盖权时之制，非经久之法。"遂罢"承安宝货"。

泰和元年六月，通州刺史卢构言："民间钞固已流行，独银价未平，官之所定每铤以十万为准，而市肆才直八万，盖出多入少故也。若令诸税以钱、银、钞三分均纳，庶革其弊。"下省议，宰臣谓："军兴以来，全赖交钞佐用，以出多遂滞，顷令院务收钞七分，亦渐流通。若与银均纳，则彼增此减，理必偏胜，至碍钞法。必欲银价之平，宜令诸名若铺马、军须等钱，许纳银半，无者听便。"

第六次变化是泰和二年，废罢了在民间通行的"三合同交钞"。

先是，尝行三合同交钞，至泰和二年，止行于民间，而官不收敛。朝廷虑其病民，遂令诸税各带纳一分，虽止系本路者，亦许不限路分通纳。户部见征累年铺马钱，亦听收其半。

泰和二年闰十二月，上以交钞事，召户部尚书孙铎、侍郎张复亨，议于内殿。复亨以三合同钞可行，铎请废不用，既而复亨言竟诎。

第七次变化是泰和四年七月"罢限钱法"①，不仅宣告限钱失败，亦由朝廷新铸大钱，与交钞并行。

泰和四年七月，罢限钱法，从户部尚书上官瑜所请也。

泰和四年，欲增铸钱，命百官议所以足铜之术。中丞孟铸谓："销钱作铜，及盗用出境者不止，宜罪其官及邻。"太府监梁絪等言："铸钱甚费，率费十钱可得一钱。识者谓费虽多，犹增一钱也，乞采铜、拘器以铸。"宰臣谓："鼓铸未可速行，其铜冶听民煎炼，官为买之。凡寺观不及十人，不许畜法器。民间输铜器，期以两月送官给价。匿者以私法坐，限外人告者，以知而不纠坐其

---

① 《金史》卷12《章宗纪四》。

官。寺观许童行告者赏，俟铜多，别具以闻。"

泰和四年八月，定从便易钱法，听人输纳于京师，而于山东、河北、大名、河东等路依数支取。后铸大钱一直十，篆文曰"泰和重宝"，与钞参行。

第八次变化是泰和六年至八年强行推行钞法，首先是在泰和六年增加小钞的发行量。

泰和六年十一月，复许诸路各行小钞。中都路则于中都及保州，南京路则于南京、归德、河南府，山东东路则于益都、济南府，山东西路则于东平、大名府，河北东路则于河间府、冀州，河北西路则于真定、彰德府，河东南路则于平阳，河东北路则于太原、汾州，辽东则于上京、咸平，西京则于西京、抚州，北京则于临潢府，官库易钱。令户部印小钞五等，附各路同见钱用。

其次是泰和七年对大钞的使用加以限制，并鼓励以小钞换钱的行为。

泰和七年正月，敕在官毋得支出大钞，在民者令赴库，以多寡制数易小钞及见钱，院务商税及诸名钱，三分须纳大钞一分，惟辽东以便。时民以货币屡变，往往怨嗟，聚语于市。上知之，谕旨于御史台曰："自今都市敢有相聚论钞法难行者，许人捕告，赏钱三百贯。"

泰和七年五月，以户部尚书高汝砺议，立"钞法条约"，添印大小钞，以钞库至急切，增副使一员。

泰和七年七月，上召议于泰和殿，且谕汝砺曰："今后毋谓钞多，不加重而辄易之。重之加于钱，可也。"明日，敕："民间之交易、典质，一贯以上并用交钞，毋得用钱。须立契者，三分之一用诸物。六盘山西、辽河东以五分之一用钞，东鄙屯田户以六分之一用钞。不须立契者，惟辽东钱钞从便。犯者徒二年，告者赏有差，监临犯者杖且解职，县官能奉行流通者升除，否者降罚，集众沮法者以违制论。工墨钱每张止收二钱。商旅赍见钱不得过十贯，所司籍辨钞人以防伪冒。品官及民家存留见钱，比旧减其数，若旧有见钱多者，许送官易钞，十贯以上不得出京。"又定制，按察司以钞法流通为称职。

户部尚书高汝砺言："钞法务在必行，府州县镇宜各籍辨钞人，给以条印，听与人辨验，随贯量给二钱，贯例虽多，六钱即止。每朝官出使，则令体究通滞以闻。民间旧有宋会子，亦令同见钱用，十贯以上不许持行。榷盐许用银绢，余市易及俸，并用交钞，其奇数以小钞足之，应支银绢而不足者亦以钞给之。"上遣近侍谕旨尚书省："今既以按察司钞法通快为称职，否则为不称职，仍于州府司县官给由内，明书所犯之数，但犯钞法者虽监察御史举其能干，亦不准用。"

泰和七年十一月，上谕户部官曰："今钞法虽行，卿等亦宜审察，少有壅滞，即当以闻，勿谓已行而惮改。"汝砺对曰："今诸处置库多在公廨内，小民出入颇难，虽有商贾易之，然患钞本不丰。比者河北西路转运司言，一富民首其当存留钱外，见钱十四万贯。他路脱或有如此者，臣等谓宜令州县委官及库典，于市肆要处置库支换。以出首之钱为钞本，十万户以上州府给三万贯，以次为差，易钞者人不得过二贯。以所得工墨钱充库典食直，仍令州府佐贰及转运司官一员提控。"上是之，遂命移库于市肆之会，令民以钞易钱。

时复议更钞法，上从高汝砺言，命在官大钞更不许出。听民以五贯十贯例者赴库易小钞，欲得钱者五贯内与一缗，十贯内与两缗，惟辽东从便。河南、陕西、山东及它行钞诸路，院务诸税及诸科名钱，并以三分为率，一分纳十贯例者，二分五贯例者，余并收见钱。

最后是泰和八年收毁大钞，专用小钞，并重申限钱的要求。

泰和八年正月，收毁大钞，行小钞。以京师钞滞，定所司赏罚格。时新制，按察司及州县官，例以钞通滞为升降，遂命监察御史赏罚同外道按察司，大兴府警巡院官同外路州县官。

泰和八年八月，从辽东按察司杨云翼言，以咸平、东京两路商旅所集，遂从都南例，一贯以上皆用交钞，不得用钱。

泰和八年十月，孙铎又言："民间钞多，正宜收敛，院务税诸名钱，可尽收钞，秋夏税纳本色外，亦令收钞，不拘贯例。农民知之则渐重钞，可以流通。比来州县抑配市肆买钞，徒增骚扰，可罢诸处创设钞局，止令赴省库换易。今小钞各限路分，亦甚未便，可令通用。"上命亟行之。

泰和八年十二月，宰臣奏："旧制，内外官兵俸皆给钞，其必用钱以足数者，可以十分为率，军兵给三分，官员承应人给二分，多不过十贯。凡前所收大钞，俟至通行当复计造，其终须当精致以图经久。民间旧钞故暗者，乞许于所在库易新。若官吏势要之家有贱买交钞，而于院务换钱兴贩者，以违制论。复遣官分路巡察，其限钱过数虽许奴婢以告，乃有所属默令其主藏匿不以实首者，可令按察司察之。若旧限已满，当更展五十日，许再令变易钞引诸物。"是制既行之后，章宗寻崩。

钱制多变，显示主政者既无经验，也无定算，尤其是强行推行钞法，带来了社会的混乱，正如后人所言："收敛无术，出多入少，民浸轻之。厥后其法屡更，而不能革，弊亦始于此焉。""国虚民贫，经用不足，专以交钞愚百姓，而法又不常，世宗之业衰焉。"

（六）救灾恤民

章宗在位期间，发生多次严重的自然灾害，章宗亦数次因灾害自责，并要求以善政措施应对灾害，但多数情况下不允许宰执因灾辞职。

明昌三年遭遇旱灾，章宗第一次下罪己诏，并要求以速行"四事"的方式弭灾。

明昌三年四月，以旱灾，下诏责躬。复以祈雨，望祀岳镇海渎山川于北郊。左丞（完颜）守贞以旱，上表乞解职，不允。参知政事（夹谷）衡、（张）万公皆入谢。上曰："前诏所谓罢不急之役、省无名之费、议冗官、决滞狱四事，其速行之。"①

上（章宗）问山东、河北粟贵贱，今春苗稼，（张）万公具以实对。上谓宰臣曰："随处虽得雨，尚未沾足，奈何？"万公进曰："自陛下即位以来，兴利除害，凡益国便民之事，圣心孜孜，无不举行。至于旱灾，皆由臣等，若依汉典故，皆当免官。"上曰：

---

① 《金史》卷9《章宗纪一》。

"卿等何罪，殆朕所行有不逮者。"对曰："天道虽远，实与人事相通，唯圣人言行可以动天地。昔成汤引六事自责，周宣遇灾而惧，侧身修行，莫不修饬人事。方今宜崇节俭，不急之务、无名之费，可俱罢去。"上曰："灾异不可专言天道，盖必先尽人事耳，故孟子谓王无罪岁。"左丞完颜守贞曰："陛下引咎自责，社稷之福也。"上由是以万公所言下诏罪己。①

明昌三年夏，旱，天子下诏罪己。（完颜）守贞惶恐，表乞解职。诏曰："天吝时雨，荐岁为灾，所以警惧不逮。方与二三辅弼图回遗阙，宜思有以助朕修政，上答天戒，消沴召和，以康百姓。卿达机务，朕所亲倚，而引咎求去，其如思助何。"守贞恳辞，乃出知东平府事。命参知政事夹谷衡谕之曰："卿勋臣之裔，早登膴仕，才用声绩，朕所素知。故嗣位之初，擢任政府，于今数载，毗赞实多。既久任繁剧，宜均适逸安，矧内外之职，亦当更治，今特授卿是命。东平素号雄藩，兼比年饥歉，正赖经画，卿其为朕往绥抚之。"②

承安四年遭遇旱灾，章宗第二次下罪己诏，除了表达求直言的意愿外，亦强调宰执各司其职，不须退避待罪。

承安四年五月，谕宰臣曰："诸路旱，或关执政。今惟大兴、宛平两县不雨，得非其守令之过欤。"司空（完颜）襄、平章政事（张）万公、参知政事（仆散）揆上表待罪，上以罪己答之，令各还职。③

时方旱，命有司祈雨，（完颜）襄及平章政事张万公、参政仆散揆等上表待罪，上召翰林学士党怀英草罪己诏，仍慰谕襄等视事。④

---

① 《金史》卷95《张万公传》。
② 《金史》卷73《完颜守贞传》。
③ 《金史》卷11《章宗纪三》。
④ 《金史》卷94《完颜襄传》。

泰和四年遭遇旱灾，章宗第三次下罪己诏，宰臣上表待罪，章宗亦下诏称："朕德有愆，上天示异。卿等各趋乃职，思副朕怀。"[1]

免租是救灾的重要措施之一，但是章宗朝较少使用这样的措施，更注重猎地等的免租。

> 明昌元年十二月，免猎地今年税。
>
> 明昌三年九月，谕尚书省："去岁山东、河北被灾伤处所阁租税及借贷钱粟，若便征之，恐贫民未苏，俟丰收日以分数带征可也。"免围场经过人户今岁夏秋租税之半，曾当差役者复一年。
>
> 明昌五年十二月，免被黄河水灾今年秋税。
>
> 泰和五年正月，诏有司："自泰和三年郡县三经行幸、民尝供亿者，赐今年租税之半。"[2]

章宗更多采用的是赈济方式，并强调地方官员负有赈济灾民、饥民的职责，可列举一些实例。

> 大定二十九年十一月，诏有司，今后诸处或有饥馑，令总管、节度使或提刑司先行赈贷或赈济，然后言上。十二月，以河东南、北路提刑司，赈宁化、保德、岚州饥，其流移复业，给复一年。
>
> 明昌元年正月，诏赐陀括里部羊三万口、重币五百端、绢二千匹，以振其乏。
>
> 明昌三年五月，尚书省奏："近以山东、河北之饥，已委宣差所至安抚赈济。"复遣右三部司正范文渊往视之。六月，有司言："河州灾伤，民乏食，而租税有未输。"诏免之。七月，敕尚书省曰："饥民如至辽东，恐难遽得食，必有饥死者。其令散粮官问其所欲居止，给以文书，命随处官长计口分散，令富者出粟养之，限以两月，其粟充秋税之数。"
>
> 明昌四年正月，赈河北诸路被水灾者。四月，赈河州饥。十二月，谕大兴府于暖汤院日给米五石，以赡贫者。

---

① 《金史》卷12《章宗纪四》。
② 《金史》卷9《章宗纪一》，卷10《章宗纪二》，卷12《章宗纪四》。

明昌五年九月，遣户部员外郎何格赈河决被灾人户。

承安元年六月，上以百姓艰食，诏出仓粟十万石减价以粜之。

承安四年十一月，敕京、府、州、县设普济院，每岁十月至明年四月设粥，以食贫民。

泰和五年三月，命给米诸寺，自十月十五日至次年正月十五日作糜以食贫民。十一月，山东阙食，赐钱三万贯以赈之。①

明昌三年，畿内饥，（移剌益）擢授霸州刺史，同授刺史者十一人，既入谢，诏谕之曰："亲民之职，惟在守令，比岁民饥，故遣卿等往抚育之。其资序有过者，有弗及者，朕不计此，但以材选，尔其知之。"既至，首出俸粟以食饥者，于是倅以下及郡人递出粟以佐之，且命属县视以为法，多所全活。②

世宗朝曾以设立常平仓的方法救灾，但未成为常制。章宗即位之后，于明昌元年就是否设常平仓展开讨论，并作出了重设常平仓的决定。

章宗明昌元年八月，御史请复设（常平仓），敕省臣详议以闻。省臣言："大定旧制，丰年则增市价十之二以粜，俭岁则减市价十之一以出，平岁则已。夫所以丰则增价以收者，恐物贱伤农。俭则减价以出者，恐物贵伤民。增之损之以平粟价，故谓常平，非谓使天下之民专仰给于此也。今天下生齿至众，如欲计口使余一年之储，则不惟数多难办，又虑出不以时而致腐败也。况复有司抑配之弊，殊非经久之计。如计诸郡县验户口例以月支三斗为率，每口但储三月，已及千万数，亦足以平物价救荒凶矣。若令诸处，自官兵三年食外，可充三月之食者免粜，其不及者俟丰年粜之，庶可久行也。然立法之始贵在必行，其令提刑司、各路计司兼领之，郡县吏沮格者纠，能推行者加擢用。若中都路年谷不熟之所，则依常平法，减其价三之一以粜。"诏从之。

① 《金史》卷9《章宗纪一》，卷10《章宗纪二》，卷11《章宗纪三》，卷12《章宗纪四》。

② 《金史》卷97《移剌益传》。

明昌三年更对常平仓的设置有进一步的规范性要求，其后又有了常平仓储粮的统计数字。

> 明昌三年八月，敕："常平仓丰籴俭粜，有司奉行勤惰褒罚之制，其遍谕诸路，其奉行灭裂者，提刑司纠察以闻。"又谓宰臣曰："随处常平仓，往往有名无实。况远县人户岂肯跋涉，直就州府粜籴。可各县置仓，命州府县官兼提控管勾。"遂定制，县距州六十里内就州仓，六十里外则特置。旧拟备户口三月之粮，恐数多致损，改令户二万以上备三万石，一万以上备二万石，一万以下、五千以上备万五千石，五千户以下备五千石。河南、陕西屯军贮粮之县，不在是数。州县有仓仍旧，否则创置。
>
> 明昌三年九月，敕置常平仓之地，令州、府官提举之，县官兼董其事，以所籴多寡约量升降，为永制。又谕尚书省曰："上京路诸县未有常平仓，如亦可置，定其当备粟数以闻。"
>
> 明昌五年九月，尚书省奏："明昌三年始设常平仓，定其永制。天下常平仓总五百一十九处，见积粟三千七百八十六万三千余石，可备官兵五年之食，米八百一十余万石，可备四年之用，而见在钱总三千三百四十万贯有奇，仅支二年以上，见钱既少，且比年稍丰而米价犹贵，若复预籴，恐价腾踊，于民未便。"遂诏权罢中外常平仓和籴，俟官钱羡余日举行。[①]

章宗朝还有一项重要的恤民措施，就是放奴为良，尤其是对"二税户"放良有了更明确的规定。

> 章宗大定二十九年十一月，上封事者言，乞放二税户为良。省臣欲取公牒可凭者为准，参知政事移剌履谓："凭验真伪难明，凡契丹奴婢今后所生者悉为良，见有者则不得典卖，如此则三十年后奴皆为良，而民且不病焉。"上以履言未当，令再议。省奏谓不拘括则讼终不绝，遂遣大兴府治中乌古孙仲和、侍御史范楫分括北京

---

① 《金史》卷50《食货志五》。

路及中都路二税户，凡无凭验，其主自言之者及因通检而知之者，其税半输官，半输主，而有凭验者悉放为良。①

明昌元年六月，奏北京等路所免二税户，凡一千七百余户，万三千九百余口，此后为良为驱，皆从已断为定。

明昌二年二月，更定奴诱良人法。

泰和四年十二月，敕陕西、河南饥民所鬻男女，官为赎之。②

（张）行简奏曰："往年饥民弃子，或丐以与人，其后诏书官为收赎，或其父母衣食稍充，即识认，官亦断与之。自此以后，饥岁流离道路，人不肯收养，肆为捐瘠，饿死沟中。伏见近代御灾诏书，皆曰'以后不得复取'，今乞依此施行。"上是其言，诏书中行之。③

为体现以农为本的宗旨，对于出家为僧人、道士者，章宗朝亦有了严格的限制。

明昌元年正月，上封事者言："自古以农桑为本，今商贾之外又有佛、老与他游食，浮费百倍。农岁不登，流殍相望，此末作伤农者多故也。"上乃下令，禁自披剃为僧、道者。④

应该看到，尽管章宗朝君臣都有较强的重农意识，但是明显缺乏处理经济问题的经验，所以无论是发展经济还是应付自然灾害，都没有突出的成就，并且都有政策不稳定带来的较大负面影响。

四　内宠干政

章宗既有文治的一面，也有乱政的另一面，后者主要体现为猜疑、信用内宠和嗜好饮酒、游猎。

---

① 《金史》卷46《食货志一》。
② 《金史》卷9《章宗纪一》，卷12《章宗纪四》。
③ 《金史》卷106《张行简传》。
④ 《金史》卷46《食货志一》。

（一）郑王谋反案

明昌四年十二月，发生了郑王完颜永蹈（金世宗之子）谋反的事件。① 对于这一事件，有三种不同的记载。

第一种记载明指完颜永蹈是谋反的主导者，并且已经积聚力量，准备废章宗而自立。

> 崔温、郭谏、马太初与（完颜）永蹈家奴毕庆寿私说谶记灾祥，毕庆寿以告永蹈："郭谏颇能相人。"永蹈乃召郭谏相己及妻子。谏说永蹈曰："大王相貌非常，王妃及二子皆大贵。"又曰："大王，元妃长子，不与诸王比也。"永蹈召崔温、马太初论谶记天象。崔温曰："丑年有兵灾，属兔命者来年春当收兵得位。"郭谏曰："昨见赤气犯紫微，白虹贯月，皆注丑后寅前兵戈慄乱事。"永蹈深信其说，乃阴结内侍郑雨儿伺上起居，以崔温为谋主，郭谏、马太初往来游说。河南统军使仆散揆尚永蹈妹韩国公主，永蹈谋取河南军以为助，与妹泽国公主长乐谋，使驸马都尉蒲剌睹致书于揆，且先请婚，以观其意。揆拒不许结婚，使者不敢复言不轨事。永蹈家奴董寿谏永蹈，不听。董寿以语同辈奴千家奴，上变。是时，永蹈在京师，诏平章政事完颜守贞、参知政事胥持国、户部尚书杨伯通、知大兴府事尼庞古鉴鞠问，连引甚众，久不能决。上怒，召守贞等问状。右丞相夹谷清臣奏曰："事贵速绝，以安人心。"于是，赐永蹈及妃卞玉，二子按春、阿辛，公主长乐自尽。蒲剌睹、崔温、郭谏、马太初等皆伏诛。仆散揆虽不闻问，犹坐除名。董寿免死，隶监籍。②

第二种记载显示谋反是他人所为，完颜永蹈并不知情，但仍被章宗治罪。

> 允蹈（完颜永蹈），世宗第六子，于属为叔。先是允恭太子既薨，允蹈次长当立，枢密院张克已以官僚私意，赞立太孙。然允蹈性宽厚，母亦赵氏，远避恩宠，中外无党，世宗称其局量，诸武将

① 《金史》卷10《章宗纪二》。
② 《金史》卷85《完颜永蹈传》。

谓其有外家风，不甚附之。太孙既立，每见之有愧色。是时主（章宗）日久酣饮，外间章奏不许通，京师谣言云："东欲行，西欲飞，中间一路亦垂垂，我醉不醉，知不知。"完颜高、完颜志同见人心危疑，且闻主尝憾之密谋立郑王，而郑王实不知也。其妹夫唐适蒲剌、兄察为统军，与高等相得，会于菩提寺。高泣谓察曰："皇帝昏惑，不能君道，公可与弟同达意于郑王，王必许之。"由是谋议渐广，高从兄为中山守，志同弟志宁为从中起。内侍俞三德素恶江渊，高密结之，伺主动静为应。会唐适家二奴以资易马与张卫，为适所逐，具送大兴府鞭之。唐适婢春英先与张通，适不知也。一日，婢立于看位，见张从外来，隔窗呼之与语，告以驸马与众谋立郑王。二奴诣大兴告变，大兴尹萧宗裔送二奴各囚一所，责状言之皆同，遂密奏。时主与郑宸妃、张婕妤皆醉卧未醒。申漏下六刻，江渊以水沃面，徐告其故，夜遣东队主李白曜、西队主张飞龙、御前将军完颜黑铁分兵擒捕，置狱会同馆。狱成，郑王允蹈及驸马都尉唐适蒲剌同母妹新兴公主、荣安公主并赐死，余同逆者夷三族。①

第三种记载暗指完颜永蹈谋反出自李妃、胥持国的构陷，是为了打击政敌，进一步控制朝政。

（胥）持国为人柔佞有智术。初，李妃起微贱，得幸于上。持国久在太子宫，素知上好色，阴以秘术干之，又多赂遗妃左右用事人。妃亦自嫌门地薄，欲藉外廷为重，乃数称誉持国能，由是大为上所信任，与妃表里，筦擅朝政。诛郑王永蹈、镐王永中，罢黜完颜守贞等事，皆起于李妃、持国。②

泰和七年二月，"诏追复（完颜）永中、永蹈王爵"，但从章宗的表态看，此举并非为完颜永蹈平反。

泰和七年，上（章宗）遣中使冯贤童以实封御札赐（张）行

① 《大金国志》卷19《章宗皇帝上》，第258—259页。
② 《金史》卷129《胥持国传》。

简曰："朕念镐、郑二王误干天常，自贻伊戚。藁葬郊野，多历年所，朕甚悼焉。欲追复前爵，备礼改葬，卿可详阅唐贞观追赠隐、巢，并前代故事，密封以闻。"又曰："欲使石古乃于威州择地营葬，岁时祭奠，兼命卫王诸子中立一人为郑王后，谨其祭祀。此事既行，理须降诏，卿草诏文大意，一就封进。"行简乃具汉淮南厉王长、楚王英、唐隐太子建成、巢剌王元吉、谯王重福故事为奏，并进诏草，遂施行焉。[①]

章宗为完颜永蹈选择后人，至少表明他对谋反是有疑义的，所以第三种记载可能更接近事实。完颜永蹈的两个儿子按春、阿辛都死于谋反事件中，所以《大金国志》详细记录的完颜永蹈之子爱王大辨据五国城叛乱，严重影响了金朝后期的政治走向（这样的记载来源于张师颜的《南迁录》），应是伪造之说，不值得相信。[②]

（二）镐王获罪案

明昌六年五月，又发生了镐王完颜永中（亦为金世宗之子）获罪事件，完颜永中及其二子都被处死。[③] 这一事件，除了有李妃、胥持国的推波助澜外，章宗的疑心亦是促成完颜永中"因言获罪"悲剧的原因之一。

明昌四年，郑王（完颜）永蹈以谋逆诛，增置诸王司马一员，检察门户出入，毬猎游宴皆有制限，家人出入皆有禁防。河东提刑判官把里海坐私谒永中，杖一百，解职。前近侍局副使裴满可孙尝受永中请托，为石古乃求除官，可孙已改同知西京留守，犹坐免。故尚书右丞张汝弼，永中母舅也。汝弼妻高陀斡自大定间画永中母像，奉之甚谨，挟左道为永中求福，希觊非望。明昌五年，高陀斡坐诅祝诛，上疑事在永中，未有以发也。

会镐王傅尉奏永中第四子阿离合懑因防禁严密，语涉不道。诏同签大睦亲府事稟、御史中丞孙即康鞫问，并求得第二子神徒门所

---

① 《金史》卷106《张行简传》。

② 《大金国志》卷19《章宗皇帝上》，第260—262页。参见赵永春《金代五国城的历史地位》，《北华大学学报》2019年第5期。

③ 《金史》卷10《章宗纪二》。

撰词曲有不逊语。家奴德哥首永中尝与侍妾瑞雪言："我得天下，子为大王，以尔为妃。"诏遣官复按状同。再遣礼部尚书张暐、兵部侍郎乌古论庆裔复之。上谓宰臣曰："镐王只以语言得罪，与永蹈罪异。"参知政事马琪曰："永中与永蹈罪状虽异，人臣无将，则一也。"上曰："大王何故辄出此言。"左丞相清臣曰："素有妄想之心也。"诏以永中罪状宣示百官杂议，五品以下附奏，四品以上入对便殿，皆曰："请论如律。"惟宫籍监丞卢利用乞贷其死。诏赐永中死，神徒门、阿离合懑等皆弃市。敕有司用国公礼收葬永中，平阳府监护，官给葬具，妻子威州安置。①

对完颜永中案持不同意见的臣僚除卢利用外，还有多人，可举例于下。

先是，上以疑忌诛郑王允蹈，后张汝弼妻高陀斡狱起，意又若在镐王允中（完颜永中）。时右谏议大夫贾守谦上疏陈时事，思有以宽解上意。右拾遗路铎继之，言尤切直。帝不悦。守贞持其事，狱久不决。帝疑有党，乃出守贞知济南府事。②

是岁，郝忠愈狱起，事密，谏官不能察其详，议者颇谓事涉镐王永中，思有以宽解上意。右谏议大夫贾守谦上封事，铎继之，尤切直。上优容之，谓铎曰："汝言诸王皆有觊心，游其门者不无横议，是何言也，但朕不罪谏官耳。"③

时镐王以疑忌下狱，上怒甚，朝臣无敢言者。守谦上章论其不可，言极恳切。上谕之曰："汝言诸王皆有觊心，而游其门者不无横议。此何等语，固当罪汝。以汝前言事亦有当处，故免。"既而以议镐王事有违上意，解职，削官二阶。④

① 《金史》卷85《完颜永中传》。
② 《金史》卷73《完颜守贞传》。
③ 《金史》卷100《路铎传》。
④ 《金史》卷106《贾益谦（贾守谦）传》。

也就是说，完颜永中获罪完全是章宗主导的一个冤案，但是这样的冤案，造成了镐王后人（完颜永中有四个儿子，有二子未被杀）的多年禁闭，到金朝末年哀宗在位时才解禁。①

章宗以两案处死完颜永蹈、完颜永中，当然不仅仅是疑心作怪，更是要为自己的子嗣继承帝位扫清障碍。以冤案杀亲王，是十足的乱政行为，再加上各种荒淫的行为，所起的恰是使文治黯然失色的作用。

（三）李妃干政

章宗喜好巡幸和游猎，尽管有臣僚的多次劝阻，依然我行我素，未加收敛，已见前述。章宗还嗜饮和好色，并由此选中了出身低微的李师儿为妃子。

> 元妃李氏师儿，其家有罪，没入宫籍监。父湘，母王盼儿，皆微贱。大定末，以监户女子入宫。是时宫教张建教宫中，师儿与诸宫女皆从之学。故事，宫教以青纱隔障蔽内外，宫教居障外，诸宫女居障内，不得面见。有不识字及问义，皆自障内映纱指字请问，宫教自障外口说教之。诸女子中惟师儿易为领解，建不知其谁，但识其音声清亮。章宗尝问建，宫教中女子谁可教者。建对曰："就中声音清亮者最可教。"章宗以建言求得之。宦者梁道誉师儿才美，劝章宗纳之。章宗好文辞，妃性慧黠，能作字，知文义，尤善伺候颜色，迎合旨意，遂大爱幸。明昌四年，封为昭容。明年，进封淑妃。②

章宗本想将李妃立为皇后，但遭到不少大臣的反对，只能于承安四年十二月将李妃进封为元妃。③

> 自钦怀皇后没世，中宫虚位久，章宗意属李氏。而国朝故事，皆徒单、唐括、蒲察、拏懒仆散、纥石烈、乌林答、乌古论诸部部长之家，世为姻婚，娶后尚主，而李氏微甚。至是，章宗果欲立之，大臣固执不从，台谏以为言，帝不得已，进封为元妃，而势位

---

① 《金史》卷85《完颜永中传》。
② 《金史》卷64《章宗元妃李氏传》。本小节引文未注明出处者，均来自此传。
③ 《金史》卷11《章宗纪三》。《大金国志》卷19《章宗皇帝上》第262页所记章宗宠信郑宸妃并重用宦官江渊等，亦出自《南迁录》，不足为信。

熏赫，与皇后侔矣。①

时李淑妃有宠，用事，帝意惑之，欲立为后，大臣多不可。御史姬端修上书论之，帝怒，御史大夫张暐削一官，侍御史路铎削两官，端修杖七十，以赎论。淑妃竟进封元妃。②

是时元妃李氏兄弟干预朝政，（姬）端修上书乞远小人。上遣李喜儿传诏问端修："小人为谁，其以姓名对。"端修对曰："小人者，李仁惠兄弟。"仁惠，喜儿赐名也。喜儿不敢隐，具奏之。上虽责喜儿兄弟，而不能去也。③

监察御史姬端修以言事下吏，使御史台令史郭公仲达意于大夫张暐及（路）铎。暐与铎奏事殿上，上问："姬端修弹事尝申台官否？"对曰："尝来面议。"端修款伏乃云："只曾与侍御私议，大夫不知也。"既而端修杖七十收赎，公仲杖七十替罢。暐、铎坐奏事不实，暐追一官，铎两官，皆解职。④

推荐李师儿为妃子的宦官梁道，又被记为梁道儿，曾因"恃恩骄横"被裴满亨所弹劾。⑤对于李妃的干政行为，朝臣中出现了不少反对的声音，可列举几个例证。

淑妃李氏擅宠，兄弟恣横，朝臣往往出入其门。是时烈风昏噎连日，诏问变异之由。（徒单）镒上疏略曰："仁、义、礼、智、信谓之五常，父义、母慈、兄友、弟敬、子孝谓之五德。今五常不立，五德不兴，缙绅学古之士弃礼义，忘廉耻，细民违道畔义，迷不知返，背毁天常，骨肉相残，动伤和气，此非一朝一夕之故也。今宜正薄俗，顺人心，父父子子夫夫妇妇，各得其道，然后和气普

---

① 《金史》卷64《章宗元妃李氏传》。
② 《金史》卷95《张万公传》。
③ 《金史》卷100《宗端修（姬端修）传》。
④ 《金史》卷100《路铎传》。
⑤ 《金史》卷97《裴满亨传》。

洽，福禄荐臻矣。"

上问汉高帝、光武优劣。平章政事张万公对曰："高祖优甚。"镒曰："光武再造汉业，在位三十年，无沉湎冒色之事。高祖惑戚姬，卒至于乱。由是言之，光武优。"上默然。镒盖以元妃李氏隆宠过盛，故微谏云。①

（高竑）累官左藏库副使，元妃李氏以皂币易红币，竑独拒不肯易。元妃奏之，章宗大喜，遣人谕之曰："所执甚善。今姑与之，后不得为例。"②

（完颜承晖）改知大兴府事，宦者李新喜有宠用事，借大兴府妓乐，承晖拒不与，新喜惭，章宗闻而嘉之。豪民与人争种稻水利不直，厚赂元妃兄左宣徽使李仁惠（李喜儿）。仁惠使人属承晖右之，承晖即杖豪民而遣之，谓其人曰："可以此报宣徽也。"③

章宗有六子，均早夭，其中第六子忒邻为李妃所生。④ 由于章宗无后，李妃等人策划"遗腹子"继位的阴谋，但最终阴谋暴露，李妃等人被处死。从卫绍王（完颜永济）即位后颁布的诏书看，李妃是阴谋的最主要策划者。

章宗大渐，卫王（完颜永济）未发，元妃与黄门李新喜议立卫王，使内侍潘守恒召之。守恒颇知书，识大体，谓元妃曰："此大事，当与大臣议。"乃使守恒召平章政事完颜匡。匡，显宗侍读，最为旧臣，有征伐功，故独召之。匡至，遂与定策立卫王。章宗崩，遗诏皇叔卫王即皇帝位。诏曰："朕之内人，见有娠者两位。如其中有男，当立为储贰。如皆是男子，择可立者立之。"

卫绍王（完颜永济）即位，……大安元年四月诏曰："近者有诉元妃李氏，潜计负恩，自泰和七年正月，章宗暂尝违豫，李氏与

---

① 《金史》卷99《徒单镒传》。
② 《金史》卷100《高竑传》。
③ 《金史》卷101《完颜承晖传》。
④ 《金史》卷59《世系表》，卷93《章宗诸子传》。

（李）新喜窃议，为储嗣未立，欲令宫人诈作有身，计取他儿诈充皇嗣。遂于年前闰月十日，因贾承御病呕吐，腹中若有积块，李氏与其母王盼儿及李新喜谋，令贾氏诈称有身，俟将临月，于李家取儿以入，月日不偶则规别取，以为皇嗣。章宗崩，谋不及行。当先帝弥留之际，命平章政事完颜匡都提点中外事务，明有敕旨：'我有两宫人有娠。'更令召平章、左右并闻斯语。李氏并新喜乃敢不依敕旨，欲唤喜儿、铁哥，事既不克，窃呼提点近侍局乌古论庆寿与计，因品藻诸王，议复不定。知近侍局副使徒单张僧遣人召平章，已到宣华门外，始发勘同。平章入内，一遵遗旨，以定大事。方先帝疾危，数召李氏，李氏不到。及索衣服，李氏承召亦不即来，犹与其母私议。先皇平昔或有幸御，李氏嫉妒，令女巫李定奴作纸木人、鸳鸯符以事魇魅，致绝圣嗣。所为不轨，莫可殚陈。事既发露，遣大臣按问，俱已款服。命宰臣往审，亦如之。有司议，法当极刑。以其久侍先帝，欲免其死，王公百僚执奏坚确，令赐李氏自尽，王盼儿、李新喜各正典刑。李氏兄安国军节度使喜儿、弟少府监铁哥如律，仍追除复系监籍，于远地安置。诸连坐并依律令施行，承御贾氏亦赐自尽。"

从其他记载看，李妃则是完颜匡策划的另一场阴谋的牺牲品。

（泰和八年）十一月，章宗崩，（完颜）匡受遗诏，立卫绍王。其遗诏略曰："皇叔卫王，承世宗之遗体，钟厚庆于元妃，人望所归，历数斯在。今朕上体太祖皇帝传授至公之意，付畀宝祚，即皇帝位于枢前。载惟礼经有嫡立嫡、无嫡立庶，今朕之内人见有娠者两位，已诏皇帝，如其中有男当立为储贰，如皆是男子，择可立者立之。"卫绍王即位，章宗内人范氏胎气有损。大安元年四月，平章政事仆散端、左丞孙即康奏："承御贾氏产期已出三月，有人告元妃李氏令贾氏诈称有身。"诏元妃李氏、承御贾氏皆赐死。初，章宗大渐，匡与元妃俱受遗诏立卫王，匡欲专定策功，遂构杀李氏。①

---

① 《金史》卷98《完颜匡传》。

元人修《金史》时显然注意到了章宗去世时宫廷中阴谋重重，所以指出："盖章宗崩三日而称范氏胎气有损，章宗疾弥留，亦无完颜匡都提点中外事务敕旨。或谓完颜匡欲夺定策功，构致如此。自后天下不复称元妃，但呼曰李师儿。"无论阴谋还有什么内幕，不可否认的事实是直至新君即位，才终止了内宠干政的乱局。

（四）正人、小人之争

李妃干政，朝廷中出现了奸人当道的现象，正如有人所记："（李妃）兄喜儿旧尝为盗，与弟铁哥皆擢显近，势倾朝廷，风采动四方，射利竞进之徒争趋走其门，南京李炳、中山李著与通谱系，超取显美。胥持国附依以致宰相。怗财固位，上下纷然，知其奸蠹，不敢击之，虽击之，莫能去也。纥石烈执中贪愎不法，章宗知其跋扈，而屡斥屡起，终乱天下。"①在内宠干政的乱象中，朝廷内曾出现过八次重大的正人、小人之争，可分述于下。

第一次正人、小人之争发生在明昌三年至四年，焦点是完颜守贞作为正人的代表，能否再次成为宰执。争执的结果，是章宗又启用完颜守贞为宰执。

> 尚书左丞完颜守贞每论政事，守正不移，与同列不合，罢知东平府事，台谏因而挤之。（路）铎上书论守贞贤，可复用，其言太切，召对于崇政殿。既而章宗以铎书语大臣，于是尚书左丞乌林答愿、参知政事夹谷衡、胥持国奏路铎以梁冀比右丞相，所言狂妄，不称谏职。右丞相，夹谷清臣也。上曰："周昌以桀、纣比汉高祖，高祖不以为忤，路铎以梁冀比丞相耳。"顷之，守贞入为平章政事。②

> 监察御史蒲剌都劾奏守贞前宴赐北部有取受事，不报。右拾遗路铎上章辩之。（明昌）四年，召拜平章政事，封萧国公。上御后阁，召守贞曰："朕以卿乃太师所举，故特加委用。然比者行事多太过，门下人少慎择，复与丞相不协，以是令卿补外。载念我昭祖、太祖开创以来，乃祖佐命，积有勋劳，兹故召用。卿其勉尽乃

---

① 《金史》卷64《章宗元妃李氏传》。

② 《金史》卷100《路铎传》。

心，与丞相议事宜相和谐，率循旧章，无轻改革。"因赐玉带，并以蒲剌都所弹事与之，曰："朕度卿必不尔，故以示卿。"①

完颜守贞改为西京留守，朝京师，上欲复用，监察御史蒲剌都等纠弹数事，（董）师中辨其诬，而举守贞正人可用，守贞由是复拜平章政事。②

第二次正人、小人之争发生在明昌五年，"守正"的完颜守贞又被罢职，③ 并牵连了路铎、董师中等人，而促成这一结果的，恰是奸臣胥持国等人。

上（章宗）语宰臣曰："（完颜）守贞固有才力，至其读书，方之真儒则未也。然太邀权誉，以彼之才而能平心守正，朝廷岂可少离。今兹令出，盖思之熟矣。"俄以在政府日尝与近侍窃语官掖事，而妄称奏下，上命有司鞫问，守贞款伏，夺官一阶，解职。遣中使持诏责谕之曰："挟奸罔上，古有常刑，结援养交，臣之大戒。孰谓予相，乃蹈厥辜。尔本出勋门，浸登膴仕。朕初嗣位，亟欲用卿。未阅岁时，升为宰辅，每期纳诲，共致太平。盖求所长，不考其素，拔擢不为不峻，任用不为不专。曾报效之绵思，辄私权之自树，交通近侍，密问起居，窥测上心，预图趋向。由患失之心重，故欺君之罪彰，指所无之事而妄以肆诬，实未始有言而谓之尝谏。义岂知于归美，意专在于要君。其饰诈之若然，岂为臣之当耳。复观弹奏，益见私情，求亲识之援而列布官中，纵罪废之余而出入门下。而又凡有官使，敛为己恩，谓皆涉于回邪，不宜任之中外。质之清议，固所不容，揆之乃心，乌得无愧。姑从轻典，庸示蒲惩。"仍以守贞不公事，宣谕百官于尚书省。④

自完颜守贞再入相，以政事为己任，胥持国方幸，尤忌守贞，

① 《金史》卷73《完颜守贞传》。
② 《金史》卷95《董师中传》。
③ 《金史》卷10《章宗纪二》。
④ 《金史》卷73《完颜守贞传》。

并忌（路）铎辈。铎辈虽尝为守贞论辨而不相附。铎论边防，守贞以为掇拾唐人余论，皆不行。及守贞持镐王永中事久不决，铎等亦上言切谏，并指以为党。上乃出守贞知济南府，凡曾荐守贞者皆黜降，谓宰臣曰："董师中谓台省无守贞不可治，路铎、李敬义皆称举之者。然三人者后俱可用，今姑出之。"上复曰："路铎敢言，甚有时名，一旦外补，人将谓朕不能容直臣，可选敢言及才识处铎右者。"参知政事马琪奏曰："铎虽知无不言，然亦多不当理。"上曰："谏官非但取敢言，亦须间有出朕意表者，乃有裨益耳。"于是，吏部尚书董师中出为陕西路转运使，铎为南京留守判官。户部郎中李敬义方使高丽还，即出为安化军节度副使。诏曰："卿等昨来交荐守贞公正可用，今坐所举失实耳。"①

第三次正人、小人之争发生在明昌六年，由于赵秉文上书明言完颜守贞为君子并明指胥持国为小人，不仅赵秉文被处罚，还牵连了一批士人。

明昌六年，（赵秉文）入为应奉翰林文字，同知制诰，上书论宰相胥持国当罢，宗室（完颜）守贞可大用。章宗召问，言颇差异，于是命知大兴府事内族（完颜）膏等鞫之。秉文初不肯言，诘其仆，历数交游者，秉文乃曰："初欲上言，尝与修撰王庭筠、御史周昂、省令史潘豹、郑赞道、高坦等私议。"庭筠等皆下狱，决罚有差。有司论秉文上书狂妄，法当追解，上不欲以言罪人，遂特免焉。当时为之语曰："古有朱云，今有秉文，朱云攀槛，秉文攀人。"士大夫莫不耻之，坐是久废。②

完颜守贞刚直明亮，凡朝廷论议及上有所问，皆传经以对。上尝与泛论人材，守贞乃迹其心术行事，臧否无少隐，故为胥持国辈所忌，竟以直罢。后赵秉文由外官入翰林，遽上书言："愿陛下进君子退小人。"上问君子小人谓谁，秉文对："君子故相完颜守贞，

---

① 《金史》卷100《路铎传》。
② 《金史》卷100《赵秉文传》。

小人今参知政事胥持国。"①

第四次正人、小人之争发生在承安二年，在路铎等人的弹劾下，胥持国致仕，并清除了依附胥持国的臣僚，此后又牵涉到了对董师中等人的评价问题。

> 承安二年，召（路铎）为翰林修撰，同看读陈言文字。上召礼部尚书张暐、大理卿麻安上及铎，问赵晏所言十事，因问董师中、张万公优劣。铎奏："师中附胥持国以进，赵枢、张复亨、张嘉贞皆出持国门下，嘉贞复趋走（完颜）襄之门。持国不可复用，若再相，必乱纲纪。"上曰："朕岂复相此人，但迁官二阶使致仕，何为不可。"持国党闻之，怒愈甚。②

> 御史台劾奏："右司谏张复亨、右拾遗张嘉贞、同知安丰军节度使事赵枢、同知定海军节度使事张光庭、户部主事高元甫、刑部员外郎张岩叟、尚书省令史傅汝梅、张翰、裴元、郭郯，皆趋走权门，人戏谓'胥门十哲'。复亨、嘉贞尤卑佞苟进，不称谏职，俱宜黜罢。"奉可。于是（胥）持国以通奉大夫致仕，嘉贞等皆补外。

> 顷之，（胥持国）起知大名府事，未行，改枢密副使，佐枢密使（完颜）襄治军于北京。一日，上召翰林修撰路铎问以他事，因语及董师中、张万公优劣，铎曰："师中附胥持国进。持国奸邪小人，不宜典军马，以臣度之，不惟不允人望，亦必不能服军心，若回日再相，必乱天下。"上曰："人臣进退人难，人君进退人易，朕岂以此人复为相耶？第迁官二阶，使之致仕耳。"寻卒于军，谥曰"通敏"。后上问平章政事张万公曰："持国今已死，其为人竟如何？"万公对曰："持国素行不纯谨，如货酒平乐楼一事，可知矣。"上曰："此亦非好利。如马琪位参政，私鬻省酝，乃为好利也。"③

---

① 《金史》卷73《完颜守贞传》。
② 《金史》卷100《路铎传》。
③ 《金史》卷129《胥持国传》。

第五次正人、小人之争发生在承安四年，因前述的姬端修反对立李妃为后而起，因为在守正的大臣看来，李妃信用之人均为小人。

> （董师中）拜参知政事，进尚书左丞。他日奏事，上语辅臣曰："御史姬端修言小人在侧，果谁欤？"师中曰："应谓李喜儿辈。"上默然。①

第六次正人、小人之争发生在承安五年，因张万公的上言，章宗罢黜了张炜等三人。

> 承安五年，天色久阴晦，平章政事张万公奏："此由君子小人邪正不分所致，君子宜在内，小人宜在外。"章宗问："孰为小人？"万公对曰："户部员外郎张炜、文绣署丞田栎、都水监丞张嘉贞虽有干才，无德而称，好奔走以取势利，大抵论人当先德后才。"诏三人皆与外除，炜出为同知镇西军节度使事，转同知西京转运使事。②

第七次正人、小人之争发生在泰和四年，孟铸等人弹劾纥石烈执中，章宗则力保纥石烈执中，为章宗朝之后的朝政留下了隐患。

> 时知大兴府事纥石烈执中坐赃，上命（李）仲略鞫之，罪当削解。权要竞言太重，上颇然之。仲略奏曰："教化之行，自近者始。京师，四方之则也。郡县守令无虑数百，此而不惩，何以励后。况执中凶残很愎，慢上虐下，岂可宥之。"上曰："卿言是也。"③

> （泰和四年，孟铸）奏弹知大兴府事纥石烈执中过恶，其文略曰："京师百郡之首，四方取则。知府执中贪残专恣，不奉法令，

---

① 《金史》卷95《董师中传》。
② 《金史》卷100《张炜传》。
③ 《金史》卷96《李仲略传》。

自奉圣州罪解以后，怙罪不悛，蒙朝廷恩贷，转生跋扈。雄州诈夺人马，平州冒支己俸，无故破魏廷硕家，发其冢墓。拜表以调鹰不赴，祈雨聚妓戏嬉，殴詈同僚，擅令住职，失师帅之体。乞行黜退，以厌人望。"上以执中东宫旧人，颇右之，谓铸曰："执中粗人，似有跋扈者。"铸曰："明天子在上，岂容有跋扈之臣。"上悟，诏尚书省问之。①

第八次正人、小人之争发生在泰和七年，贾铉因泄露"官员除授事"被罢职，②并由此牵涉了一批"名士"。

（贾）铉与审官院掌书大中漏言除授事，上谓铉曰："卿罪自知之矣。然卿久参机务，补益弘多，不深罪也。"乃出为安武军节度使。③

蒲阴县令大中与左司郎中刘昂、通州刺史史肃、前监察御史王宇、吏部主事曹元、户部员外郎李著、监察御史刘国枢、尚书省都事曹温、雄州都军马师周、吏部员外郎徒单永康、太仓使马良显、顺州刺史唐括直思白坐私议朝政，下狱，尚书省奏其罪。（孙）铎进曰："昂等非敢议朝政，但如郑人游乡校耳。"上悟，乃薄其罪。④

正人、小人之争是金朝后期的重要思想观念之争，关键点在于坚持"正道"的儒臣如何分辨忠奸以及如何遏制内宠干政的逆流。经过多次正人、小人之争后，章宗对士的态度有微妙的变化。章宗刚即位时，"好尚文辞，旁求文学之士以备侍从"，并对宰臣强调："近日制诏惟党怀英最善。"但是对于党怀英这样的名士，章宗亦颇有批评，如郊祀时党怀英读册文，章宗即指出："读册至朕名，声微下，虽曰尊君，然在郊庙，礼非所宜，当平读之。"章宗还毫不客气地对宰臣说出了文士相

---

① 《金史》卷100《孟铸传》。
② 《金史》卷12《章宗纪四》。
③ 《金史》卷99《贾铉传》。
④ 《金史》卷99《孙铎传》。

轻的毛病："应奉王庭筠，朕欲以诏诰委之，其人才亦岂易得。近党怀英作《长白山册文》，殊不工。闻文士多妒庭筠者，不论其文，顾以行止为訾。大抵读书人多口颊，或相党。昔东汉之士与宦官分朋，固无足怪。如唐牛僧孺、李德裕，宋司马光、王安石，均为儒者，而互相排毁何耶。"① 也就是说，章宗虽然没有放弃"用士"的原则，但是对文士已颇有戒心，尤其是在文士卷入正人、小人之争时，章宗已经以贬斥文士表明了自己的基本立场。胥持国、李喜儿、纥石烈执中等人之所以能够猖獗作恶，就是因为背后有章宗的强力支持。在章宗朝的正人、小人之争中，真正的失败者是正人和君子，这恰是章宗朝恶政的又一突出表现。

五　北守南攻

金章宗在位时，金朝的周边环境已经发生了重大变化。北边有蒙古部的铁木真（成吉思汗）统一漠北各部，并于1206年建立蒙古国，构成对金朝的重大威胁。南边有宋朝的收复故土军事行动，西边有西夏乘机生事，亦对金朝带来了不小的压力。在内政混乱的状态下，章宗不得不应对南北开战的局面，并选择了北守南攻的基本策略。

（一）北疆开界壕

明昌元年，北方出现部族叛乱，章宗准备出兵，但被张万公、移剌益等人劝阻。

> 章宗即位……会北边屡有警，上命枢密使夹谷清臣发兵击之。（张）万公言："劳民非便。"诏百官议于尚书省，遂罢兵。②

> 明昌元年，初议出师，（夹谷清臣）以本职充东北路兵马都统制使，既而诏止之。③

> 时北边有警，诏百官集尚书省议之，太尉（徒单）克宁锐意

① 《金史》卷125《党怀英传》，126《王庭筠传》。
② 《金史》卷95《张万公传》。
③ 《金史》卷94《夹谷清臣传》。

用兵，（移剌）益言天时未利，宜俟后图。①

　　暂时不出兵不等于毫无作为，以前在东北和北方地区已经修建了部分界壕，章宗亦于明昌二年采纳李愈等人的建议，继续增修界壕。

　　　　明昌二年，（李愈）授曹王傅，兼同知定武军节度使事。王奉命宴赐北部，愈从行，还过京师，表言："诸部所贡之马，止可招讨司受于界上，量给回赐，务省费以广边储。拟自临潢至西夏沿边创设重镇十数，仍选猛安、谋克勋臣子孙有材力者使居其职，田给于军者许募汉人佃种，不必远挽牛头粟而兵自富强矣。"上览其奏，谓宰臣曰："愈一书生耳，其用心之忠如是。"以表下尚书省议。会愈迁同知西京留守，过阙复上言，以为"前表傥可采，乞断自宸衷"，上纳用焉。②

　　明昌三年四月，章宗召集百官"议北边开壕事"，由于党怀英等十六人反对，当年五月即下诏"罢北边开壕之役"③。

　　明昌四年，章宗又特别与夹谷清臣等人讨论防御北方的用兵、移民实边等问题，实则是为大举出兵做准备。

　　　　时议签军戍边，上问："汉人与夏人孰勇？"（夹谷）清臣曰："汉人勇。"上曰："昔元昊扰边，宋终不能制，何也？"清臣曰："宋驭军法不可得知，今西南路人殊胜彼也。"未几，迁崇进，改封戴。一日，上谓宰臣曰："人有以《八阵图》来上者，其图果何如？朕尝观宋白所集《武经》，然其载攻守之法亦多难行。"清臣曰："兵书皆定法，难以应变。本朝行兵之术，惟用正奇二军，临敌制变，以正为奇，以奇为正，故无往不克。"上曰："自古用兵亦不出奇正二法耳。且学古兵法如学弈棋，未能自得于心，而欲用旧阵势以接敌，亦以疏矣。"④

---

① 《金史》卷97《移剌益传》。
② 《金史》卷96《李愈传》。
③ 《金史》卷9《章宗纪一》，卷125《党怀英传》。
④ 《金史》卷94《夹谷清臣传》。

适朝议以流人实边，（许）安仁言："昔汉有募民实边之议，盖度地营邑，制为田宅，使至者有所居，作者有所用，于是轻去故乡而易于迁徙。如使被刑之徒寒饿困苦，无聊之心，靡所顾藉，与古之募民实塞不同，非所宜行。"上然之。①

明昌五年本已准备在北边用兵，但是章宗考虑正要启动治理黄河的工程，所以暂缓用兵。

自明昌初，北边屡有警，或请出兵击之。上曰："今方南议塞河，而复用兵于北，可乎？"（完颜）守贞曰："彼屡突轶吾圉，今一惩之，后当不复来，明年可以见矣。"上因论守御之法，守贞曰："惟有皇统以前故事，舍此无法耳。"②

明昌六年五月，章宗下令出师北疆，以左丞相夹谷清臣行省于临潢府，统率诸军。当年十一月，由于夹谷清臣"措画乖方"，未能平息阻卜等部的叛乱，章宗以完颜襄替代夹谷清臣。此后数年，完颜襄主持北疆的军事行动，平定了各部的叛乱，于承安三年十一月返回中都。章宗还特别"以边事定，诏中外，减死罪，徒以下释之，赐左丞相襄以下将士金币有差"③。

完颜襄在北方用兵时，章宗亦召集臣僚讨论战守之计，尽管臣僚的意见不一致，但主张采取守势的臣僚居多。

承安二年八月，以边事未宁，诏集六品以上官于尚书省，问攻守之计。应中外臣僚不以职位高下，或有方略材武，或长于调度，各举三五人以备选用，无有顾望不尽所怀，期五日封章以进。议者凡八十四人，言攻者五，守者四十六，且攻且守者三十三，召对睿思殿，论难久之。④

---

① 《金史》卷96《许安仁传》。
② 《金史》卷73《完颜守贞传》。
③ 《金史》卷10《章宗纪一》，卷11《章宗纪二》，卷94《夹谷清臣传》《完颜襄传》。
④ 《金史》卷10《章宗纪一》。

承安二年，边鄙弗宁，上御便殿，召朝官四品以上入议，（移刺）益谓："守为便。天子之兵当取万全，若王师轻出，少有不利，非惟损大国之威，恐启敌人侵玩之心。"①

完颜襄在返回中都前，已经在临潢府等地修建界壕，为朝廷在北疆采取守势创造条件。

（完颜襄）因请就用步卒穿壕筑障，起临潢左界北京路以为阻塞。言者多异同，诏问方略。襄曰："今兹之费虽百万贯，然功一成则边防固而戍兵可减半，岁省三百万贯，且宽民转输之力，实为永利。"诏可。襄亲督视之，军民并役，又募饥民以佣即事，五旬而毕。于是西北、西南路亦治塞如所请。②

由于已有连通北疆界壕的动议，张万公明确提出了反对大规模修筑界壕的看法，但是未引起当政者的重视。

初，明昌间，有司建议，自西南、西北路，沿临潢达泰州，开筑壕堑以备大兵，役者三万人，连年未就。御史台言："所开旋为风沙所平，无益于御侮，而徒劳民。"上因旱灾，问（张）万公所由致。万公对以："劳民之久，恐伤和气，宜从御史台所言，罢之为便。"后丞相（完颜）襄师还，卒为开筑，民甚苦之。主兵者又言："比岁征伐，军多败衄，盖屯田地寡，无以养赡，至有不免饥寒者，故无斗志。愿括民田之冒税者分给之，则战士气自倍矣。"朝臣议已定，万公独上书，言其不可者五，大略以为："军旅之后，疮痍未复，百姓拊摩之不暇，何可重扰，一也。通检未久，田有定籍，括之必不能尽，适足以增猾吏之敚，长告讦之风，二也。浮费伤用，不可胜计，推之以养军，可敛不及民而足，无待于夺民之田，三也。兵士失于选择，强弱不别，而使同田共食，振厉者无以尽其力，疲劣者得以容其奸，四也。夺民而与军，得军心而失天下心，其祸有

---

① 《金史》卷97《移刺益传》。
② 《金史》卷94《完颜襄传》。

不可胜言者，五也。必不得已，乞以冒地之已括者，召民莳之，以所入赡军，则军有坐获之利，而民无被夺怨矣。"皆不报。①

在章宗的坚持下，贯通北疆界壕的工程最终得以完成。

（张炜）转同知西京转运使事，是时，大筑界墙，被行户工部牒主役事。②

时惩北边不宁，议筑壕垒以备守戍，廷臣多异同，平章政事张万公力言其不可。（完颜）宗浩独谓便，乃命宗浩行省事，以督其役。功毕，上赐诏褒赉甚厚。③

初，大定间修筑西北屯戍，西自坦舌，东至胡烈么，几六百里。中间堡障，工役促迫，虽有墙隍，无女墙副堤。（独吉）思忠增缮，用工七十五万，止用屯戍军卒，役不及民。上嘉其劳，赐诏奖谕曰："直乾之维，扼边之要，正资守备，以靖翰藩，垣垒弗完，营屯未固。卿督兹事役，唯用戍兵，民不知劳，时非淹久，已臻休毕，仍底工坚。赖尔忠勤，办兹心画，有嘉乃力，式副予怀。"④

章宗朝对北疆用兵之后，即以大修界壕为标志，转而为守势。恰是这样的转变，为蒙古的兴起创造了有利的条件，而界壕亦没有起到阻挡蒙古军队南下的作用，并由此彰显了章宗应对北疆问题时的失策。⑤

（二）对宋战与和

明昌、承安年间，金、宋保持着通和往来的状态。宋朝权相韩侂胄要立盖世功名，首倡动兵恢复故土。宋宁宗赵扩开禧元年（金章宗泰和五年，1205）五月，进士毛自知在廷对时声称"当乘机以定中原"，

---

① 《金史》卷95《张万公传》。
② 《金史》卷100《张炜传》。
③ 《金史》卷93《完颜宗浩传》。
④ 《金史》卷93《独吉思忠传》。
⑤ 贾敬颜：《从金朝的北征、界壕、榷场和宴赐看蒙古的兴起》，《元史及北方民族史研究集刊》第9期（南京大学学报专辑，1985年9月）。

被宁宗、韩侂胄等人认可，反对用兵的杨辅、傅伯成、华岳则被贬斥。开禧二年，宋军展开了全面的军事行动。①

　　章宗于泰和五年二月已经得知韩侂胄"屯兵鄂、岳，将谋北侵"，五月即以平章政事仆散揆为河南宣抚使，"籍诸道兵以备宋"。当年六月，章宗召臣僚讨论对宋方略，但总的宗旨是"以南北和好四十余载，民不知兵，不忍先发"，所以他对仆散揆强调的是有所克制要求。

　　　　朕即位以来，任宰相未有如卿之久者，若非君臣道合，一体同心，何以及此。先丞相亦尝总师南边，效力先朝，今复委卿，谅无过举。朕非好大喜功，务要宁静内外。宋人屈服，无复可议，若恬不改，可整兵渡淮，扫荡江左，以继尔先公之功。②

　　泰和六年正月，章宗还特别向准备南返的宋朝使者表示不希望看到两国开战。

　　　　大定初，世宗皇帝许宋世为侄国，朕遵守遗法，和好至今。岂意尔国屡有盗贼犯我边境，以此遣大臣宣抚河南军民。及得尔国有司公移，称已罢黜边臣，抽去兵卒，朕方以天下为度，不介小嫌，遂罢宣抚司。未几，盗贼甚于前日，比来群臣屡以尔国渝盟为言，朕惟和好岁久，委曲涵容，恐侄宋皇帝或未详知。若依前不息，臣下或复有云，朕虽兼爱生灵，事亦岂能终已。卿等归国，当以朕意具言之汝主。③

　　　　泰和五年，唐、邓、河南屡有警，议者谓宋且败盟。六年正月，宋贺正旦使陈克俊等朝辞，上（章宗）使（孟）铸就馆谕克俊以国家涵容之意，果不详此旨，恐兵未可息也，使以上言达宋主。章宗本无意用兵，故再三谕之。④

---

①　《宋史》卷38《宁宗纪二》，卷474《韩侂胄传》。
②　《金史》卷93《仆散揆传》。
③　《金史》卷12《章宗纪四》。
④　《金史》卷100《孟铸传》。

宋人率先开战后，章宗召集臣僚讨论应对方略，尽管有人认为宋人只是试探性进攻，无须过激反应，但主战派意见明显占了上风，章宗乃于泰和六年（1206）四月调兵南下，并于当年十月派平章政事仆散揆统率诸道军伐宋。

> 宋人将启边衅，太常卿赵之杰、知大兴府（完颜）承晖、中丞孟铸皆曰："江南败衄之余，自救不暇，恐不敢败盟。"（完颜）匡曰："彼置忠义保捷军，取先世开宝、天禧纪元，岂忘中国者哉。"大理卿畏也（蒲察思忠）曰："宋兵攻围城邑，动辄数千，不得为小寇。"上问参政（独吉）思忠，思忠极言宋人败盟有状，与匡、畏也合，上以为然。及河南统军使纥石烈子仁使宋还，奏宋主修敬有加，无他志。上问匡曰："于卿何如？"匡曰："子仁言是。"上愕然曰："卿前议云何，今乃中变邪？"匡徐对曰："子仁守疆圉，不妄生事，职也。《书》曰'有备无患'，在陛下宸断耳。"①

> 泰和六年，平章政事仆散揆宣抚河南，诏以备御攻守之法，集百官议于尚书省。廷臣尚多异议，（蒲察）思忠曰："宋人攻围城邑，动至数千，不得为小寇。但当选择贤将，宜攻宜守，临时制变，无不可者。"上以为然。②

开战之后，战局明显对宋人不利，尤让宋人意外的是，泰和六年十二月宋朝四川守将吴曦降金，被章宗封为蜀国王。在给吴曦的诏书中，章宗明确表达了对金、宋开战的看法。

> 宋自佶、桓（宋徽宗、宋钦宗）失守，构（宋高宗）窜江表，僭称位号，偷生吴会，时则乃祖武安公（吴）玠捍御两川。洎武顺王（吴）璘嗣有大勋，固宜世胙大帅，遂荒西土，长为藩辅，誓以河山，后裔纵有栾黡之汰，犹当十世宥之。然威略震主者身危，功盖天下者不赏，自古如此，非止于今。

---

① 《金史》卷98《完颜匡传》。
② 《金史》卷104《蒲察思忠传》。

卿家专制蜀汉，积有岁年，猜嫌既萌，进退维谷，代之而不受，召之而不赴，君臣之义，已同路人，譬之破桐之叶不可以复合，骑虎之势不可以中下矣。此事流传，稔于朕听，每一思之，未尝不为之馈叹息，而卿犹偃然自安。且卿自视翼赞之功孰与岳飞，飞之威名战功暴于南北，一旦见忌，遂被三夷之诛，可不畏哉。故智者顺时而动，明者因机而发，与其负高世之勋见疑于人，惴惴然常惧不得保其首领，曷若顺时因机，转祸为福，建万世不朽之业哉。

今赵扩昏孱，受制强臣，比年以来，顿违誓约，增屯军马，招纳叛亡。朕以生灵之故，未欲遽行讨伐，姑遣有司移文，复因来使宣谕，而乃不顾道理，愈肆凭陵，虔刘我边陲，攻剽我城邑。是以忠臣扼腕，义士痛心，家与为仇，人百其勇，失道至此，虽欲不亡得乎？朕已分命虎臣，临江问罪，长驱并骛，飞渡有期，此正豪杰分功之秋也。

卿以英伟之姿，处危疑之地，必能深识天命，洞见事机。若按兵闭境，不为异同，使我师并力巢穴，而无西顾之虞，则全蜀之地，卿所素有，当加封册，一依皇统册构故事。更能顺流东下，助为掎角，则旌麾所指，尽以相付。天日在上，朕不食言。今送金宝一钮，至可领也。①

章宗并没有派军渡江作战的打算，所以要求仆散揆在取得决定性胜利后，摆出渡江的态势，迫使宋人求和。

上（章宗）遣使谕之曰："前得卿（仆散揆）奏，先锋已夺颍口，偏师又下安丰，斩馘之数，各以万计。近又西帅奏捷，枣阳、光化既为我有，樊城、邓城亦自溃散。又闻随州合城归顺，山东之众久围楚州，陇右之师克期出界。卿提大兵攻合肥，赵扩闻之，料已破胆，失其神守。度彼之计，乞和为上，昔尝画三事付卿，以今事势计之，径渡长江，亦其时矣。淮南既为我有，际江为界，理所宜然。如使赵扩奉表称臣，岁增贡币，缚送贼魁，还所俘掠，一如所谕，亦可罢兵。卿宜广为渡江之势，使彼有必死之忧，从其所请

① 《金史》卷98《完颜纲传》。

而纵之，仅得余息偷生，岂敢复萌他虑。卿于此时，经营江北，劳徕安集，除其虐政横赋，以良吏抚字疲民，以精兵分守要害，虽未系赵扩之颈，而朕前所画三事，上功已成矣。前入见时，已尝议定，今复谆谆者，欲决卿成功尔。机会难遇，卿其勉之。"①

正如章宗所料，宋朝将领丘崈秉承宁宗旨意，派使者向仆散揆表达求和之意，仆散揆答以"称臣、割地、献首祸之臣，然后可"。此外，还有责贡币、追叛亡两事，形成同意议和的"五事"。而所谓的割地，强调的就是章宗所要求的宋人将江北之地割让给金朝。泰和六年十二月，章宗召回仆散揆，仆散揆至下蔡病逝，章宗以完颜宗浩统领征宋大军。② 泰和七年二月，宋朝大臣张岩派方信孺为使者，向完颜宗浩呈上了求和的誓稿。

> 方信孺还，远贻报翰及所承钧旨，仰见以生灵休息为重，曲示包容矜轸之意。闻命踊跃，私窃自喜，即具奏闻，备述大金皇帝天覆地载之仁，与都元帅海涵春育之德。旋奉上旨，亟遣信使通谢宸庭，仍先令信孺再诣行省，以请定议。区区之愚，实恃高明，必蒙洞照，重布本末，幸垂听焉。
>
> 兵端之开，虽本朝失于轻信，然痛罪奸臣之蔽欺，亦不为不早。自去岁五月，编窜邓友龙，六月又诛苏师旦等。是时大国尚未尝一出兵也，本朝即捐已得之泗州，诸军屯于境外者尽令彻戍而南，悔艾之诚，于兹可见。惟是名分之谕，今昔事殊，本朝皇帝本无佳兵之意，况关系至重，又岂臣子之所敢言。
>
> 江外之地，恃为屏蔽，傥如来谕，何以为国，大朝所当念察。至于首事人邓友龙等误国之罪，固无所逃，若使执缚以送，是本朝不得自致其罚于臣下。所有岁币，前书已增大定所减之数，此在上国，初何足以为重轻，特欲藉手以见谢过之实。傥上国谅此至情，物之多寡，必不深计。矧惟兵兴以来，连岁创残，赋入屡蠲，若又重取于民，岂基元元无穷之困，窃计大朝亦必有所不忍也。于通谢礼币之外，别致微诚，庶几以此易彼。

---

① 《金史》卷93《仆散揆传》。
② 《金史》卷12《章宗纪四》，卷93《仆散揆传》。

其归投之人，皆雀鼠偷生，一时窜匿，往往不知存亡，本朝既无所用，岂以去来为意。当隆兴时，固有大朝名族贵将南来者，洎和议之定，亦尝约各不取索，况兹琐琐，诚何足云。傥大朝必欲追求，尚容拘刷。至如泗州等处驱掠人，悉当护送归业。

夫缔新好者不念旧恶，成大功者不较小利。欲望力赐开陈，捐弃前过，阔略他事，玉帛交驰，欢好如初，海内宁谧，长无军兵之事。功烈昭宣，德泽洋溢，鼎彝所纪，方册所载，垂之万世，岂有既乎。重惟大金皇帝诞节将临，礼当修贺，兼之本国多故，又言合遣人使，接续津发，已具公移，企望取接。伏冀鉴其至再至三有加无已之诚，亟践请盟之诺，即底于成，感戴恩德永永无极。誓书副本虑往复迁延，就以录呈。

完颜宗浩则在给张岩的回书中，重申并细化了金人的"五事"要求，强调此五事不能满足，和议难成。

方信孺重以书来，详味其辞，于请和之意虽若婉逊，而所画之事犹未悉从，惟言当还泗州等驱掠而已。至于责贡币，则欲以旧数为增，追叛亡，则欲以横恩为例，而称臣、割地、缚送奸臣三事，则并饰虚说，弗肯如约。岂以为朝廷过求有不可从，将度德量力，足以背城借一，与我军角一日胜负者哉。既不能强，又不能弱，不深思熟虑以计将来之利害，徒以不情之语形于尺牍而勤邮传，何也？

兵者凶器，佳之不祥，然圣人不得已而用之，故三皇、五帝所不能免。夫岂不以生灵为念，盖犯顺负义有不可恕者。乃者彼国犯盟，侵我疆场，帅府奉命征讨，虽未及出师，姑以逐处戍兵，随宜捍御，所向摧破，莫之敢当，执俘折馘，不可胜计，余众震慑，靡然奔溃。是以所侵疆土，旋即底平，爰及泗州，亦不劳而复。今乃自谓捐其已得，敛军彻戍，以为悔过之效，是岂诚实之言。据陕西宣抚司申报，今夏宋人犯边者十余次，并为我军击退，枭斩捕获，盖以亿计。夫以悔艾罪咎，移书往来丐和之间，乃暗遣贼徒突我守围，冀乘其不虞，以徼幸毫末，然则所为来请和者，理安在哉。

其言名分之谕，今昔事殊者，盖与大定之事固殊矣。本朝之于宋国，恩深德厚，莫可殚述，皇统谢章，可概见也。至于世宗皇帝俯就和好，三十年间恩泽之渥，夫岂可忘。江表旧臣于我，大定之初，以失在正隆，致南服不定，故特施大惠，易为侄国，以镇抚之。今以小犯大，曲在于彼，既以绝大定之好，则复旧称臣，于理为宜。若为非臣子所敢言，在皇统时何故敢言而今独不敢，是又诚然乎哉。又谓江外之地将为屏蔽，割之则无以为国。夫藩篱之固，当守信义，如不务此，虽长江之险，亦不可恃，区区两淮之地，何足屏蔽而为国哉。昔江左六朝之时，淮南屡尝属中国矣。至后周显德间，南唐李景献庐、舒、蕲、黄，画江为界，是亦皆能为国。既有如此故实，则割地之事，亦奚不可。

自我师出疆，所下州军县镇已为我有，未下者即当割而献之。今方信孺赍到誓书，乃云疆界并依大国皇统、彼之隆兴年已画为定，若是则既不言割彼之地，又翻欲得我之已有者，岂理也哉。又来书云通谢礼币之外，别备钱一百万贯，折金银各三万两，专以塞再增币之责，又云岁币添五万两匹，其言无可准。况和议未定，辄前具载约，拟为誓书，又直报通谢等三番人使，其自专如是，岂协礼体。此方信孺以求成自任，臆度上国，谓如此径往，则事必可集，轻渎诳绐，理不可容。

寻具奏闻，钦奉圣训："昔宣、靖之际，弃信背盟，我师问罪，尝割三镇以乞和。今既无故兴兵，蔑弃信誓，虽尽献江、淮之地，犹不足以自赎。况彼国尝自言，叔父侄子与君臣父子略不相远，如能依应称臣，即许以江、淮之间取中为界。如欲世为子国，即当尽割淮南，直以大江为界。陕西边面并以大军已占为定据。元谋奸臣必使缚送，缘彼恳欲自致其罚，可令函首以献。外岁币虽添五万两匹，止是复皇统旧额而已，安得为增，可令更添五万两匹，以表悔谢之实。向汴州乞和时尝进赏军之物，金五百万两，银五千万，表段里绢各一百万，牛马骡各一万，驼一千，书五监。今即江表一隅之地，与昔不同，特加矜悯，止令量输银一千万两以充犒军之用。方信孺言语反复不足取信，如李大性、朱致知、李璧、吴琯辈似乎忠实，可遣诣军前禀议。据方信孺诡诈之罪，过于胡昉，然自古兵交，使人容在其间，姑放令回报。"

伏遇主上圣德宽裕光大，天覆地容，包荒宥罪，其可不钦承以仰副仁恩之厚。傥犹有所稽违，则和好之事，勿复冀也。夫宋国之安危存亡，将系于此，更期审虑，无贻后悔。[1]

泰和七年九月，完颜宗浩病逝于军中，章宗以完颜匡总管河南等处军队。当年十一月，韩侂胄派王柟持书向完颜匡求和，同意增岁币和给犒军钱。章宗要求完颜匡回书宋人，"当函侂胄首赎淮南地"。宋臣史弥远设计杀死韩侂胄，再派王柟持参知政事钱象祖书见完颜匡，答应了金人的五事要求，但是请求归还被金人夺占的川、陕地区要隘。

窃惟昔者修好之初，蒙大金先皇帝许以画淮为界。今大国遵先皇帝圣意，自盱眙至唐、邓画界仍旧，是先皇帝惠之于始，今皇帝全之于后也。然东南立国，吴、蜀相依，今川、陕关隘，大国若有之，则是撤蜀之门户，不能保蜀，何以固吴。已增岁币至三十万，通谢为三百万贯，以连岁师旅之余，重以丧祸，岂易办集。但边隙既开和议，区区悔艾之实，不得不黾勉遵承。又蒙圣画改输银三百万两，在本朝宜不敢固违，然倾国资财，竭民膏血，恐非大金皇帝弃过图新，兼爱南北之意也。

主上仁慈宽厚，谨守信誓，岂有意于用兵。止缘（韩）侂胄启衅生事，迷国罔上，以至于斯。是以奋发英断，大正国典，朋附之辈，诛斥靡贷。今大国欲使斩送侂胄，是未知其已死也。侂胄实本庸愚，怙权轻信，有误国事，而致侂胄误国者，苏师旦也。师旦既贬，侂胄尚力庇之，嘱方信孺妄言已死，近推究其事，师旦已行斩首。傥大国终惠川、陕关隘，所画银两悉力祗备，师旦首函亦当传送，以谢大国。

本朝与大国通好以来，譬如一家叔侄，本自协和，不幸奴婢交斗其间，遂成嫌间。一旦犹子翻然改悟，斥逐奴隶，引咎谢过，则前日之嫌便可销释，奚必较锱铢毫末，反伤骨肉之恩乎。惟吴、蜀相为首尾，关隘系蜀安危，望敢备奏，始终主盟，使南北遂息肩之期，四方无兵革之患，不胜通国至愿。

---

[1] 《金史》卷93《完颜宗浩传》。

完颜匡不敢自专，乃向章宗奏报："关隘之事，臣初亦惑之，今当增戍万人，壁垒之役，馈运之劳，费用必广。祖宗所以取者，以关隘仅能自保耳，非有益于战也。设能入寇，纵之平地，以铁骑蹂之，无一得脱。彼哀祈不已者，以前日负固尚且摧覆，今遂失之，是无一日之安也。必谓兵力得之不可还赐，则汉上诸郡皆膏腴耕桑之地，枣阳、光化归顺之民数万户，较之陕右轻重可知，独在陛下决之耳。"章宗的答复是："侂胄渠魁，既请函首，宋之悔服，可谓诚矣。"完颜匡即回书宋人，表示可以归还川、陕要隘。

> 宋国负渝盟之罪，自陈悔艾，主上德度如天，不忍终绝，优示训谕，许以更成，所以覆护镇抚之恩，至深至厚。昨奉圣训，如能斩送韩侂胄，徐议还淮南地。来书言韩侂胄已死，将以苏师旦首易之，饰辞相绐如此。至于犒军银两欲俟归关隘然后祗备，是皆有咈圣训。及王柟状禀，如蒙归还川、陕关隘，其韩侂胄首必当函送。圣训令斩送侂胄首者，本欲易淮南地，陕西关隘不预焉。王柟所陈亦非元画事理，不敢专决，具奏，奉旨："朕以生灵为念，已贷宋罪，关隘区区岂足深较，既能函送韩侂胄首，陕西关隘可以还赐。"今恩训如此，其体大国宽仁矜恤曲从之意，追修誓书，赍遣通谢人使赴阙。

钱象祖则在回书中表示愿意遵从新的和议，但提出了先还要隘后送韩侂胄首级的要求。

> 窃见大金皇帝前日圣旨，如能斩送韩侂胄首，沿淮之地并依皇统、大定已画为定。又睹今来圣旨，既能送侂胄首，陕西关隘可并还赐。以此仰见圣慈宽大，初无必待发遣驱掠官兵，然后退兵交界之语。誓书草本添改处，先次录本赍呈，并将侂胄首函送，及管押纳合、道僧、李全家口一并发还。欲望上体大金皇帝画定圣旨，先赐行下沿边及陕西所属，候侂胄首至界上，即便抽回军马，归还淮南及川、陕关隘地界。所有驱掠官兵，留之何益，见已从实刷勘发还，其使人礼物岁币等已起发至真、扬间，伺候嘉报，迤逦前去界首，以俟取接。

完颜匡再请示章宗，章宗表示："朕以生灵之故，已从所请，称臣割地，尚且阔略，区区小节，何足深较。其佗胄、师旦首函及诸叛亡至濠州，即听通谢人使入界，军马即当彻还，川、陕关隘，俟岁币犒军银纲至下蔡，画日割赐。"按照这样的要求，泰和八年五月，宋人所送的韩佗胄、苏师旦首级到中都，金、宋和议全面达成。①

金、宋从交战到议和，延续了数年，最终实现了章宗以攻促和的意图。宋军的战斗力确实难以与北方新兴的蒙古相比，所以不得不屈服于金军的攻势。章宗恰是通过"守北攻南"，稳住了金朝的基本局面，这不能不说是他的一个重要功绩。

总体而言，金章宗崇尚礼仪和儒术，以三种观念延续了世宗的善政作为。一是以重礼崇儒观念发展文治，并特别彰显了金朝的正统地位。二是以朝政更新观念推行善政，在监察、荐举、立法、纳言等方面颇有作为。三是基于以农为本观念，保持了重农、劝农、轻徭薄赋的积极姿态。尤为重要的是，章宗还以"中国"的立场，用攻守并用的方法，应对了来自北方和南方的压力。但是章宗宠信李妃和信用奸佞之人，亦导出了一系列的恶政。对于这样一个兼具治、乱行为的人，元人在修《金史》时有以下评价："章宗在位二十年，承世宗治平日久，宇内小康，乃正礼乐，修刑法，定官制，典章文物粲然成一代治规。又数问群臣汉宣综核名实、唐代考课之法，盖欲跨辽、宋而比迹于汉、唐，亦可谓有志于治者矣。然嬖宠擅朝，冢嗣未立，疏忌宗室而传授非人，向之所谓维持巩固于久远者徒为文具，而不得为后世子孙一日之用，金源氏从此衰矣。"②章宗朝确实是金朝由盛转衰的关键时期，章宗有挽救颓势之心，但挽救颓势的行为欠佳，这是了解其统治观念的关键点所在。

六　卫绍王之殇

章宗去世后继承帝位的卫绍王完颜永济（？—1213 年），小字兴胜，原名完颜允济，因避讳改名，金世宗子，即位后用大安、崇庆、至宁年号，在位六年，被权臣所杀，成为悲剧性的政治人物。

（一）除奸未尽

完颜永济（以下称"卫绍王"）继承帝位，出自完颜匡和李妃的策

---

① 《金史》卷98《完颜匡传》。
② 《金史》卷12《章宗纪四》。

划，已见前述。对于章宗遗诏所说的两内人怀孕之事，卫绍王特别在意，于大安元年二月在诏书中强调要保护章宗的子嗣。

> 章宗皇帝以天下重器畀于眇躬，遗旨谓掖庭内人有娠者两位，如得男则立为储贰。申谕多方，皎如天日。朕虽凉菲，实受付托，思克副于遗意，每曲为之尽心，择静舍以俾居，遣懿亲而守视。钦怀皇后母郑国公主及乳母萧国夫人昼夜不离，昨闻有爽于安养，已用轸忧而弗宁，爰命大臣专为调护。今者平章政事仆散端、左丞孙即康奏言，承御贾氏当以十一月免乳，今则已出三月，来事未可度知。范氏产期，合在正月，而太医副使仪师颜言，自年前十一月诊得范氏胎气有损，调治迄今，脉息虽和，胎形已失，及范氏自愿于神御前削发为尼。重念先皇帝重属大事，岂期闻此，深用怛然。今范氏既已有损，而贾氏犹或可冀，告于先帝，愿降灵禧，默赐保全，早生圣嗣。尚恐众庶未究端由，要不匿于播敷，使咸明于吾意。①

待到发现内人怀孕实为阴谋后，卫绍王下令处死李妃及其党羽，尤其是处死宦官李新喜时，孙铎特别上言："此先朝用之太过耳。"卫绍王未理解其中所言章宗在位时内宠把持朝政的劝诫含义，而是质问孙铎："卿今日始言之何耶？"随即将孙铎贬职。② 卫绍王显然没有全面清除奸党的打算，只是就事论事地处理了几个人而已。

卫绍王的忠奸不辨，更留下了一个重大的隐患，就是不顾臣僚反对，信用纥石烈执中（胡沙虎）。

> 大安初，（乌古论德升）知弘文院，改侍御史，论西京留守纥石烈执中奸恶，卫绍王不听。③

> 崇庆二年，（张行信）为左谏议大夫。时胡沙虎已除名为民，赂遗权贵，将复进用。举朝无敢言者，行信乃上章曰："胡沙虎残忍凶悖，跋扈强梁，媚结近习，以图称誉。自其废黜，士庶莫不忻

---

① 《金史》卷64《章宗元妃李氏传》。
② 《金史》卷99《孙铎传》。
③ 《金史》卷122《乌古论德升传》。

悦。今若复用，惟恐为害更甚前日，况利害之机更有大于此者。"
书再上，不报。①

纥石烈执中未除，最终导致了其在大敌当前的情势下，闯入中都弑
君的恶果。

（二）战守失策

卫绍王刚即位就要出兵北伐，击败新兴的蒙古国，但蒙古人认定他
是个无能之人，反而加速了南下攻金的准备。

> 大安元年正月，改元，大赦天下。二月，国主（卫绍王）亲
> 祈天、告祖宗之灵而誓众，锐欲北征，听群臣之谏而止。敌人闻主
> 新立而喜曰："彼老儒无能，不足畏也。"遂决意南侵。②

> 初，帝（成吉思汗）贡岁币于金，金主使卫王允济（完颜永济）
> 受贡于净州，帝见允济不为礼。允济归，欲请兵攻之。会金主璟殂，
> 允济嗣位，有诏至国，传言当拜受。帝问金使曰："新君为谁？"金
> 使曰："卫王也。"帝遽南面唾曰："我谓中原皇帝是天上人做，此等
> 庸懦亦为之耶，何以拜为。"即乘马北去。金使还言，允济益怒，欲
> 俟帝再入贡，就进场害之。帝知之，遂与金绝，益严兵为备。③

卫绍王延续了章宗的依靠界壕阻挡蒙古军队南下的策略，不仅加强
了乌沙堡一线界壕的防御力量，还在宣德（今河北宣化）屯驻重兵，
作为支撑界壕和屏障中都的核心兵力。对于这样的部署，赵秉文提出了
不同看法，但未被卫绍王重视。

> 大安初，北兵南向，召（赵）秉文与待制赵资道论备边策，
> 秉文言："今我军聚于宣德，城小，列营其外，涉暑雨，器械弛
> 败，人且病，俟秋敌至将不利矣。可遣临潢一军捣其虚，则山西之
> 围可解，兵法所谓'出其不意、攻其必救'者也。"卫王不能用，

---

① 《金史》卷107《张行信传》。
② 《大金国志》卷22《东海郡侯上》，第295页。
③ 《元史》卷1《太祖纪》。

其秋宣德果以败闻。①

大安三年（1211）四月，蒙古军大举南下，卫绍王以独吉思忠（千家奴）、完颜承裕（胡沙）统军防御。独吉思忠只注重修缮乌沙堡界壕，未料到蒙古军袭占重镇乌月营，导致乌沙堡守军全线溃退。完颜承裕退兵至宣平（今河北张家口市西南），以30万军队扼守野狐岭（今河北张家口市万全区膳房堡北），但是他毫无斗志，急于打听的是前往宣德的退路。蒙古军进攻野狐岭，完颜承裕军大败，当年八月撤退到会河川（又称会合堡，今河北怀安东），被追来的蒙古军击败，金军主力全部被消灭，完颜承裕脱身逃入宣德。宣德随即失守，金朝的居庸关守将逃走，蒙古军于九月过居庸关抵中都城下。②

金军主力丧失，卫绍王一面设法坚守中都，并从各地调兵入卫，一面派人向蒙古人展示求和的意愿。蒙古前锋军攻中都失利，回撤到金朝北境，准备发起新的进攻。

在中都危急时刻，李英、徒单镒向卫绍王提出了利于坚守的方略，但都未被卫绍王采纳。

> 大安三年，集三品以上官议兵事，（李）英上疏曰："军旅必练习者，术虎高琪、乌古孙兀屯、纳兰弧头、抹然尽忠先朝尝任使，可与商略。余者纷纷，恐误大计。"又曰："比来增筑城郭，修完楼橹，事势可知，山东、河北不大其声援，则京师为孤城矣。"不报。③

> （徒单）镒言："自用兵以来，彼聚而行，我散而守，以聚攻散，其败必然。不若入保大城，并力备御。昌、桓、抚三州素号富实，人皆勇健，可以内徙，益我兵势，人畜货财，不至亡失。"平章政事移剌、参知政事梁瑭曰："如此是自蹙境土也。"卫绍王以责

① 《金史》卷110《赵秉文传》。

② 《金史》卷13《卫绍王纪》，卷93《独吉思忠传》《完颜承裕传》；《元史》卷1《太祖纪》。本章所述金、蒙战争情况，参见史卫民《中国军事通史》第14卷《元代军事史》，军事科学出版社1998年版。

③ 《金史》卷101《李英传》。

镒。镒复奏曰："辽东国家根本，距中都数千里，万一受兵，州府顾望，必须报可，误事多矣，可遣大臣行省以镇之。"卫绍王不悦曰："无故置行省，徒摇人心耳。"其后失昌、桓、抚三州，卫绍王乃大悔曰："从丞相之言，当不至此。"顷之，东京不守，卫绍王自讼曰："我见丞相耻哉。"①

崇庆元年（1212），蒙古军先后击败纥石烈执中、奥屯襄统率的金军，攻占西京。至宁元年（1213），蒙古军再次对中都发起进攻，完颜纲、术虎高琪所率金军在怀来（今属河北）、缙山（今北京延庆）被击败后，退守居庸关。蒙古军绕道紫荆口（今河北易县）入关，夹击居庸关，破关后完成对中都的包围。在形势危急的形势下，金朝内部发生了重大的事变。

（三）宫廷政变

卫绍王即位后就面临强敌来攻，来不及全面规划朝政，但还是有一些重要的作为。

一是册立太子。大安元年九月，臣僚上表请求册立皇太子，因为刚处理了李妃的"遗腹子"案，卫绍王没有采纳臣僚的建议。大安二年八月，卫绍王立己子完颜从恪为皇太子。

二是校礼修史。大安二年四月，卫绍王下令校正《大金仪礼》。当年五月，又下令编辑《续资治通鉴》。

三是体恤民情。受灾害和战争的影响，百姓急需抚恤。大安元年十二月，因平阳地震，卫绍王下令"人户三人死者免租税一年，二人及伤者免一年，贫民死者给葬钱五千，伤者三千"。大安二年六月，遭遇旱灾，卫绍王"下诏罪己，振贫民阙食者"；九月，又因地震"诏求直言，招勇敢，抚流亡"。尤其是蒙古军暂时北撤后，卫绍王派人前往金军战败等地祭祀死者，他还专门撰写了祭文："禁烟祭先，土俗所崇。凡尔子孙，以此为恭。乃令乏祀，神哭阴风。惟余一人，致尔若此。痛恨填臆，有颡其泚。"②

纥石烈执中兵败后，本已被罢职，但于至宁元年又被卫绍王启用，张行信等人不得不再次奋起弹劾。

---

① 《金史》卷99《徒单镒传》。
② 《金史》卷13《卫绍王纪》；《大金国志》卷23《东海郡侯下》，第313页。

左谏议大夫张行信上书曰："胡沙虎（纥石烈执中）专逞私意，不循公道，蔑省部以示强梁，媚近臣以求称誉，骫法行事，枉害平民。行院山西，出师无律，不战先退，擅取官物，杖杀县令。屯驻妫川，乞移内地，其谋略概可见矣。欲使改易前非。以收后效，不亦难乎。才诚可取，虽在微贱皆当擢用，何必老旧始能立功。一将之用，安危所系，惟朝廷加察，天下幸甚。"丞相徒单镒以为不可用，参知政事（梁）璒跪奏其奸恶，乃止。执中善结近幸，交口称誉。五月，诏给留守半俸，预议军事。张行信复谏曰："伏闻以胡沙虎老臣，欲起而用。人之能否，不在新旧。彼向之败，朝廷既知之矣。乃复用之，无乃不可乎。"遂止。①

卫绍王最终还是以纥石烈执中为右副元帅，统军驻于中都城北。蒙古军逼近中都，卫绍王派人指责纥石烈执中"止务驰猎，不恤军事"，纥石烈执中则以平定他人谋反为借口，率军入中都，逼迫卫绍王出宫至故邸，并指使宦官李思忠将其杀死。②

卫绍王尽管秉持的是儒家治国观念，但是既无亲信力量，又无治国经验，不识人，不识兵，再加上不听劝，具备了悲剧性人物的主要特征。纥石烈执中恰是利用卫绍王的弱点，顺利完成了他的弑君行为。

第二节　金宣宗的守国观念

金宣宗完颜珣（1163—1223 年），小字吾睹补，世宗朝皇太子完颜允恭之子，世宗孙，即位后用贞祐、兴定、元光年号，在位十一年，主要体现的是面对北方强敌的守国观念。

一　迁都之辩

纥石烈执中弑君时，没有想定新君人选，徒单镒建议："翼王（完颜珣），章宗之兄，显宗（完颜允恭）长子，众望所属，元帅决策立之，万世之功也。"纥石烈执中听从徒单镒的建议，拥立完颜珣为帝

① 《金史》卷132《纥石烈执中传》。
② 《金史》卷13《卫绍王纪》；《大金国志》卷23《东海郡侯下》，第313—314 页。

（以下称"宣宗"）。① 在蒙古军依然围困中都的情况下，新皇帝既要考虑如何应对外敌的问题，也要考虑如何应对"内敌"的问题。

（一）消灭逆臣

宣宗于至宁（1213）元年九月即位，以纥石烈执中为太师、尚书令兼都元帅，并封其为泽王。纥石烈执中要为其弑君行为"正名"，坚持将卫绍王完颜永济废为庶人，在朝臣中引起了争论。

> （纥石烈）执中（胡沙虎）奏请降卫绍王为庶人，奏再上，诏百官议于朝堂。太子少傅奥屯忠孝、侍读学士蒲察思忠附执中议，众相视莫敢言，独文学田廷芳奋然曰："先朝素无失德，尊号在礼不当削。"于是从之者礼部张敬甫、谏议张信甫、户部武文伯、庞才卿、石抹晋卿等二十四人。宣宗曰："辟诸问途，百人曰东行是，十人曰西行是，行道之人果适东乎、适西乎？岂以百人、十人为是非哉。"既而曰："朕徐思之。"数日，诏降为东海郡侯。②

> 贞祐初，胡沙虎请废卫绍王为庶人，思忠与奥屯忠孝阿附胡沙虎，曰："窃人之财，犹谓之盗，况偷天位以私己乎。"宣宗不从。③

宣宗于至宁元年（贞祐元年）闰九月将完颜永济降为东海郡侯，而不是贬为庶人，就是要表示不屈从纥石烈执中的淫威，因为他已经下决心除掉这个弑君逆臣。当年十月，术虎高琪领兵包围纥石烈执中的府邸，将其杀死，明面上的理由是术虎高琪兵败，担心被纥石烈执中处死，率先发难，擅自杀掉了纥石烈执中，但从事后所发诏书看，除掉纥石烈执中恰是宣宗本人的意思，术虎高琪只是按密旨办事而已。

> 胡沙虎畜无君之心，形迹露见，不可尽言。武卫副使提点近侍局庆山奴、近侍局使斜烈、直长撒合辇累曾陈奏，方慎图之。斜烈漏此意于按察判官胡鲁，胡鲁以告翰林待制讹出，讹出达于高琪，

---

① 《金史》卷99《徒单镒传》，卷132《纥石烈执中传》。
② 《金史》卷132《纥石烈执中传》。
③ 《金史》卷104《蒲察思忠传》。

今月十五日将胡沙虎戮讫。惟兹臣庶将恐有疑，肆降札书，不匿厥旨。①

或是术虎高琪杀人在先，正合宣宗之意，他专门以诏旨的形式为术虎高琪开脱罪名，或是宣宗密令术虎高琪杀人，真相已不重要，重要的是宣宗要以惩治弑君之臣，来彰显新皇帝的"去邪从正"地位，所以他采纳了张行信的建议，公开宣示了纥石烈执中的弑君罪名，并褒赏了忠君的死难者。

> 左谏议大夫张行信上封事曰："《春秋》之法，国君立不以道，若尝与诸侯盟会，即列为诸侯。东海（卫绍王）在位已六年矣，为其臣者谁敢干之。胡沙虎握兵入城，躬行弑逆，当是时惟鄯阳、石古乃率众赴援，至于战死，论其忠烈，在朝食禄者皆当愧之。陛下始亲万机，海内望化，褒显二人，延及子孙，庶几少慰贞魂，激天下之义气。宋徐羡之、傅亮、谢晦弑营阳王立文帝，文帝诛之，以江陵奉迎之诚，免其妻子。胡沙虎国之大贼，世所共恶，虽已死而罪名未正，合暴其过恶，宣布中外，除名削爵，缘坐其家，然后为快。陛下若不忍援立之劳，则依仿元嘉故事，亦足以示惩戒。"宣宗乃下诏暴执中过恶，削其官爵。赠鄯阳、石古乃，加恩其子。②

阿附纥石烈执中的奥屯忠孝，亦在张行信的弹劾下被贬职。

> （张）行信复奏曰："参政奥屯忠孝平生矫伪不近人情，急于功名，诡异要誉，惨刻害物，忍而不恤。勾当河防，河朔居民不胜其病。军负民钱，抑不令偿。东海欲用胡沙虎，举朝皆曰不可，忠孝独力荐。及胡沙虎作难，忠孝自谓有功。诏议东海爵号，忠孝请籍没其子孙，及论特末也则云不当籍没，其偏党不公如此。无事之时，犹不容一相非才，况今多故，乃使此人与政，如社稷何。"宣宗曰："朕初即位，当以礼进退大臣，卿语其亲知，讽之求去可

---

① 《金史》卷106《术虎高琪传》。
② 《金史》卷132《纥石烈执中传》。

也。"行信以语右司郎中把胡鲁,把胡鲁以宣宗意白忠孝,忠孝垻然不听。顷之,罢为太子太保,出知济南府事。①

张行信还上书宣宗,明确提出了立皇太子的要求。

宣宗即位,改元贞祐。(张)行信以皇嗣未立,无以系天下之望,上疏曰:"自古人君即位,必立太子以为储副,必下诏以告中外。窃见皇长子每遇趋朝,用东宫仪卫,及至丹墀,还列诸王班。况已除侍臣,而今未定其礼,可谓名不正言不顺矣。昔汉文帝元年,首立子启为太子者,所以尊祖庙、重社稷也。愿与大臣详议,酌前代故事,早下明诏,以定其位,慎选官僚,辅成德器,则天下幸甚。"②

宣宗采纳张行信的建议,于贞祐元年闰九月立皇子完颜守中为皇太子,并宣布:"皇太子册礼,俟边事息然后举行。"③ 立皇储和去逆臣两件大事完成之后,宣宗才算是稳住了君主的地位。

（二）应对危局

宣宗刚即位就要求尚书省:"事有规画者皆即规画,悉依世宗所行行之。"也就是说,宣宗的治国宗旨,就是要遵循世宗的做法,再造太平局面。面对中都被围的困局,宣宗有四项重要的举措。

第一项举措是求直言。宣宗先是对宰执强调:"朕即大位,群臣凡有所见,各直言勿隐。"随即又提出了"六品以下官,有事可言者言之无隐"的要求。贞祐元年十月,还专门建立了用于求直言的招贤所。④

臣僚对君主的求直言给予了积极的回应,如张行信不仅上言崇节俭、广听纳、明赏罚三事,还强调了善于用人的要求。

（张行信）又言:"自兵兴以来,将帅甚难其人,愿陛下令重臣各举所知,才果可用,即赐召见,褒显奖谕,令其自效,必有奋

---

① 《金史》卷104《奥屯忠孝传》。
② 《金史》卷107《张行信传》。
③ 《金史》卷14《宣宗纪上》。
④ 《金史》卷14《宣宗纪上》。

命报国者。昔李牧为赵将，军功爵赏皆得自专，出攻入守不从中覆，遂能北破大敌，西抑强秦。今命将若不以文法拘绳，中旨牵制，委任责成，使得尽其智能，则克复之功可望矣。"上善其言。

时方擢任王守信、贾耐儿者为将，皆鄙俗不材、不晓兵律。行信惧其误国，上疏曰："《易》称：'开国承家，小人勿用。'圣人所以垂戒后世者，其严如此。今大兵纵横，人情汹惧，应敌兴理，非贤智莫能。狂子庸流，猥蒙拔擢，参预机务，甚无谓也。"于是上皆罢之。

权元帅右都监内族（完颜）讹可率兵五千护粮通州，遇兵辄溃，行信上章曰："御兵之道，无过赏罚，使其临敌有所慕而乐于进，有所畏而不敢退，然后将士用命而功可成。若讹可败衄，宜明正其罪。朝廷宽容，一切不问，臣恐御兵之道未尽也。"诏报曰："卿意具悉，讹可等已下狱矣。"①

被张行信弹劾的王守信等，恰是出自招贤所，可见在直言的要求下，亦难免出现鱼龙混杂的现象。

中都围急，诏于东华门置招贤所，内外士庶皆得言事，或不次除官，由是闾阎细民，往往炫鬻求售。王守信者，本一村夫，敢为大言，以诸葛亮为不知兵，（完颜）寓荐于朝，诏署行军都统，募市井无赖为兵，教阅进退跳掷，大概似童戏。其阵法大书"古今相对"四字于旗上，作黄布袍、缁巾、镴牌各三十六事，牛头响环六十四枚，欲以怖敌而走之，大率皆诞妄。因与其众出城，杀百姓之樵采者以为功。贾耐儿者，本歧路小说人，俚语诙嘲以取衣食，制运粮车千两。是时材木甚艰，所费浩大，观者皆窃笑之。草泽李栋在卫绍王时尝事司天监李天惠，依附天文，假托占卜，趋走贵臣，俱为司天官。栋尝密奏白气贯紫微，主京师兵乱，幸不贯彻，得不成祸。既而（术虎）高琪杀胡沙虎，宣宗愈益信之。

左谏议大夫张行信奏曰："狂子庸流，猥蒙拔擢，参预机务，甚无谓也。司天之官，占见天象，据经陈奏，使人主饬己修政，转

---

① 《金史》卷107《张行信传》。

祸为福。如有天象，乞令诸监官公同陈奏，所见或异，则各以状闻，不宜偏听也。"上召行信与寓面计守信事，复与近侍就决于高琪。高琪言守信不可用，上乃以行信之言为然。①

乌林答与、李英、王扩、完颜弼等人则就如何加强防御和挽救颓势，提出了综合性的建议。

（乌林答与）又曰："东平屯兵万余，可运滨盐易粮刍给之。"又曰："潼关及黄河津要，将校皆出卒伍，类庸懦不可用，乞选材武者代之。"又曰："兖、曹、濮、浚诸郡皆可屯重兵，敕州县官劝民力稼，至于防秋，则清野保城。"下尚书省，竟不施行。②

贞祐二年，（王扩）上书陈河东守御策，大概谓："分军守隘，兵散而不成军。聚之隘内，军合则势重。馈饷一途，以逸待劳，以主待客，此上策也。"又曰："军校猥众，分例过优，万户一员，其费可给兵士三十人。本路三从宜，万户二百余员，十羊九牧，类例可知。乞以千人为一军，择望重者一人万户，两猛安、四谋克足以教阅约束矣，岂不简易而省费哉。"又曰："数免租税，科杂益繁，民不为恩，徒增廪给，教练无法，军不足用。"书奏，不见省。③

（完颜）弼奏："赏罚所以劝善惩恶，有功必赏，有罪必罚，而后人可使、兵可强。今外兵日增，军无斗志。亦有逃归而以战溃自陈者，有司从而存恤之，见闻习熟，相效成风。"又曰："村寨城邑，兵退之后，有心力勇敢可使者，乞招用之。"又曰："河朔郡县，皆以拘文不相应救，由此残破。乞敕州府，凡有告急征兵，即须赴救，违者坐之。"又曰："河北军器，乞权宜弛禁，仍令团结堡寨以备外兵。"④

---

① 《金史》卷104《完颜寓传》。
② 《金史》卷104《乌林答与传》。
③ 《金史》卷104《王扩传》。
④ 《金史》卷102《完颜弼传》。

贞祐初，（李英）摄左司都事，迁监察御史。右副元帅术虎高琪辟为经历官，乃上书高琪曰："中都之有居庸，犹秦之崤、函，蜀之剑门也。迩者撤居庸兵，我势遂去。今土豪守之，朝廷当遣官节制，失此不图，忠义之士，将转为他矣。"又曰："可镇抚宣德、德兴余民，使之从戎。所在自有宿藏，足以取给，是国家不费斗粮尺帛，坐收所失之关隘也。居庸咫尺，都之北门，而不能卫护，英实耻之。"高琪奏其书，即除尚书工部员外郎，充宣差都提控，居庸等关隘悉隶焉。

迁翰林待制，因献十策，其大概谓："居中土以镇四方，委亲贤以守中都，立藩屏以固关隘，集人力以防不虞，养马力以助军威，爱禾稼以结民心，明赏罚以劝百官，选守令以复郡县，并州县以省民力。"颇施行之。①

在紧急情况下，这些建议未必全被采纳，更重要的是宣宗打造了一个允许上言的宽松环境。

第二项举措是聚粮草。中都被围，粮草成为关系能否长期坚守的重大问题，宣宗不得不于贞祐二年三月命令"京师大括粟"，"诏许诸人纳粟买官"，并由此引发臣僚的争议，最终强调的是不得重复征粟的要求。

（贞祐）二年正月，（胥）鼎以在京贫民阙食者众，宜立法振救，乃奏曰："京师官民有能赡给贫人者，宜计所赡迁官升职，以劝奖之。"遂定权宜鬻恩例格，如进官升职、丁忧人许应举求仕、官监户从良之类，入粟草各有数，全活甚众。②

（贞祐）二年三月，以朝廷括粮恐失民心，（张行信）上书言："近日朝廷令知大兴府胥鼎便宜计画军食，鼎因奏许人纳粟买官。既又遣参知政事奥屯忠孝括官民粮，户存两月，余悉令输官，酬以爵级银钞。时有粟者或先具数于鼎，未及入官。忠孝复欲多得以明

① 《金史》卷101《李英传》。
② 《金史》卷108《胥鼎传》。

己功，凡鼎所籍者不除其数，民甚苦之。今米价踊贵，无所从籴，民粮止两月又夺之，将不独归咎有司，亦怨朝廷不察也。大兵在迩，人方危惧，若复无聊，或生他变，则所得不偿所损矣。"上深善其言，即命与近臣往审处焉。仍谕忠孝曰："极知卿尽心于公，然国家本欲得粮，今既得矣，姑从人便可也。"①

第三项举措是保留察司。针对乌林答与等人的撤销按察司建议，徒单镒坚持不能因战乱废罢监察机构的看法，宣宗采纳了徒单镒的建议。

> 贞祐二年，（乌林答与）入为兵部尚书。上言："按察转运司拘榷钱谷，纠弹非违，此平时之治法。今四方兵动，民心未定，军士动见刻削，乞权罢按察及劝农使。"②

> 言事者请罢按察司，（徒单）镒曰："今郡县多残毁，正须按察司抚集，不可罢。"遂止。③

第四项举措是议和。在蒙古军围城的状态下，宣宗于贞祐元年十一月以"将乞和于大元，诏百官议于尚书省"，徒单镒、完颜承晖等人提出了以和亲退兵的建议，④ 张行简主张以岁币求和，张行信则强调议和、备战要并行不悖，因为有战力才能促成和议。

> 贞祐初，（张行简）转太子太傅，上书论议和事，其略曰："东海郡侯尝遣约和，较计细故，迁延不决。今都城危急，岂可拒绝。臣愿更留圣虑，包荒含垢，以救生灵。或如辽、宋相为敌国，岁奉币帛，或二三年以继，选忠实辨捷之人，往与议之，庶几有成，可以纾患。"是时，百官议者，虽有异同，大概以和亲为主焉。⑤

---

① 《金史》卷107《张行信传》。
② 《金史》卷104《乌林答与传》。
③ 《金史》卷99《徒单镒传》。
④ 《金史》卷14《宣宗纪上》，卷99《徒单镒传》，卷101《完颜承晖传》。
⑤ 《金史》卷106《张行简传》。

时中都受兵，方遣使请和，握兵者畏缩不敢战，曰："恐坏和事。"（张）行信上言："和与战二事本不相干，奉使者自专议和，将兵者惟当主战，岂得以和事为辞。自崇庆来，皆以和误，若我军时肯进战，稍挫其锋，则和事成也久矣。顷北使既来，然犹破东京，略河东。今我使方行，将帅辄按兵不动，于和议卒无益也。事势益急，刍粮益艰，和之成否盖未可知，岂当闭门坐守以待弊哉。宜及士马尚壮，择猛将锐兵，防卫转输，往来拒战，使之少沮，则附近蓄积皆可入京师，和议亦不日可成矣。"①

贞祐二年三月，宣宗派完颜承晖与蒙古人议和，以卫绍王完颜永济的公主作为成吉思汗之妻。四月，和议达成，蒙古军解围北返，中都危机暂时缓解。

（三）迁都之争

蒙古军虽然退走，但宣宗已经感觉中都不再安全，准备迁都南京（汴京），仆散端、完颜弼等人都是立即迁都的积极支持者。

贞祐二年五月，（仆散端）判南京留守，与河南统军使长寿、按察转运使王质表请南迁，凡三奏，宣宗意乃决。百官士庶皆言其不可，太学生赵昉等四百人上书极论利害，宣宗慰遣之，乃下诏迁都。②

（完颜弼）又曰："今虽议和，万一轻骑复来，则吾民重困矣。愿速讲防御之策。"及劝迁都南京，阻长淮，拒大河，扼潼关以自固。③

徒单镒、纳坦谋嘉则明确提出了反对迁都的意见，但未被坚持迁都的宣宗所采纳。

宣宗将幸南京，（徒单）镒曰："銮辂一动，北路皆不守矣。

① 《金史》卷107《张行信传》。
② 《金史》卷101《仆散端传》。
③ 《金史》卷102《完颜弼传》。

今已讲和，聚兵积粟，固守京师，策之上也。南京四面受兵。辽东根本之地，依山负海，其险足恃，备御一面，以为后图，策之次也。"不从。①

宣宗议迁都，（纳坦）谋嘉曰："不可。河南地狭土薄，他日宋、夏交侵，河北非我有矣。当选诸王分镇辽东，河南，中都不可去也。"不听。②

在讨论迁都问题时，亦有人提出过迁都河中府（今山西永济）的建议。

宣宗议迁都，朝臣谓可迁河中："河中背负关陕五路，士马全盛，南阻大河，可建行台以为右翼。前有绛阳、平阳、太原三大镇，敌兵不敢轻入。应三镇郡县之民皆聚之山寨，敌至则为昼攻夜劫之计。屯重军中条，则行在有万全之固矣。"主议者以河中在河朔，又无官室，不及汴梁，议遂寝。③

（张公理）至于论列上前，谓："国家兵力非前日之比，以守则有余，以战则不足。大敌在此，何暇远事江淮。又，五代以来都汴梁，非用武之国，特恃大河为固耳。然唐取梁，辽取晋，国朝取宋，河其果足恃乎。关中有金城、天府之险，按秦之旧，进可以图恢复，而退不失其为自强。不都关中，则犹当驻跸河朔，系海内之心，故莫若都河中。河中，中夏腹心，负背全秦，总制三镇。屯军中条之麓，建行台河南，根本既强，国势乃张。今不都关中，而又弃河中，不知他日汴梁孰为国家守者。凡此三者，我天下大计，系于危急存亡者为甚切。"④

赵秉文亦在此时建言三项时政可行者，一是迁都，二是导河，三是

---

① 《金史》卷99《徒单镒传》。
② 《金史》卷104《纳坦谋嘉传》。
③ 《金史》卷111《完颜讹可传》。
④ 元好问：《张公理神道碑铭》，《遗山集》卷20。

封建,① 但是他的建议是迁都于山东而不是南京，这一建议同样未被宣宗采纳。

> 东坡有言："周室之坏，未有如东迁之谬者也。"仆则以为不然。使平王不迁，亦不能朝诸侯而抚四夷矣，几何其不胥而为夷也。事有缓急，势有强弱。魏武之迁许昌，固不如图关侯之易也。东晋之窜蛮越，又不如守建康之旧也。不幸夷狄乱华，外侮内讧，师老而缓急难支，财殚而馈运不继，何恃而不迁哉。大抵有天下者，安必虑危，治必防乱，所以长安且治。后世安讳危，治讳乱，所以愈危且乱也。昔者周都丰镐，而周公定鼎于洛邑，盖有深意存焉。其后或设东西都，或置陪京，虽以备巡幸耳，亦所以防不虞之患也。使其于治安之时，未尝有意外之虑，不幸一旦当迁，其如危弱何日固也，不迁愈危且弱矣。虽然，救之之术，有形，有势，有本。明皇幸蜀，晋迁金陵，恃江山险阻，形也。周之东迁，晋、郑焉依，恃诸侯强大，势也。向使无江山险阻与诸侯之势，则亦固其本矣。上京、中都，国家之根本也。议者或迁河南，或迁陕西，不过恃潼关、大河之险耳。而夏人侦吾西，宋人侦吾南，万一蜂虿有毒，窥吾间隙，则关河之险为不足恃。况大河为限，则举根本之地似为弃之，可乎，故愚以谓莫若权幸山东。山东富庶甲天下，杜牧所谓"王不得不王，霸不得不霸"，又利建侯。道可以通辽东，兵运直接上京。开黄河故道，由沧、景而入海，则是河南、山东为一大河险阻共之也。有关河之形，固上京、中都之本，而辅之以建侯之势，一举而三者得，其与迁河南、陕西不侔矣。②

另有一段关于宣宗即位初年迁都讨论的记载，指迁都的动议出自大名守余崇义，朝廷有两次迁都的讨论，参与讨论的有庆王完颜琮、安王完颜伸、乌陵用章、完颜宇、张庆之、聂希古、孙大鼎等人，备选的迁都地点，除了汴京外，还有太原、成德、中山、大名，东平、汴京、洛阳、永兴八处。这样的记载出自伪作，不能采信，只是列出来以免他人

① 《金史》卷110《赵秉文传》。
② 赵秉文：《迁都论》，《滏水集》卷14。

误解。①

贞祐二年五月，宣宗正式以"决意南迁，诏告国内"，并派张炜、胥鼎等人"前路排顿，及修南京宫阙"。宣宗于当月即从中都出发，不仅表示"扈从军马，朕自总之，事有利害，可因近侍局以闻"；亦强调"禁有司扈从践踏民田"。七月，宣宗抵达南京。②

对于自愿随朝廷南迁的百姓，宣宗采纳了贾益谦的建议，规定这些百姓可以暂时不应差役。

> 会宣宗始迁汴梁，（贾）益谦乃建言："汴之形势，惟恃大河。今河朔受兵，群盗并起，宜严河禁以备不虞，凡自北来而无公凭者，勿听渡。"是时，河北民迁避河南者甚众，侍御史刘元规上言："侨户宜与土民均应差役。"上留中，而自以其意问宰臣。丞相（仆散）端、平章（抹然）尽忠以为便。益谦曰："侨户应役，甚非计也。盖河北人户本避兵而来，兵稍息即归矣。今旅寓仓皇之际，无以为生，若又与地著者并应供忆，必骚动不能安居矣，岂主上矜恤流亡之意乎。"上甚嘉赏，曰："此非朕意也。"因出元规章示之。③

宣宗亦采纳高汝砺的建议，在南京实行以钞换粟的做法，为迁都提供粮储方面的支持。

> 上（宣宗）闻汴京谷价腾踊，虑扈从人至则愈贵，问宰臣何以处之，皆请命留守司约束，（高）汝砺独曰："物价低昂，朝夕或异，然籴多粜少则贵。盖诸路之人辐凑河南，籴者既多，安得不贵？若禁止之，有物之家皆将闭而不出，商旅转贩亦不复入城，则籴者益急而贵益甚矣。事有难易，不可不知，今少而难得者谷也，多而易致者钞也，自当先其所难，后其所易，多方开诱，务使出粟

---

① 《大金国志》卷24《宣宗皇帝上》，第325—327页。此段记载全部抄自张师颜的《南迁录》，有人已经指出《南迁录》为伪书，有人则认为《南迁录》书伪但纪事未必全伪。此段记载涉及诸人，只有完颜琮确有其人，但所封王号为郢王，已死于明昌五年（《金史》卷93《完颜琮传》），不可能参与此次讨论，更为《南迁录》的造伪提供了证据。

② 《金史》卷14《宣宗纪上》，卷100《张炜传》，卷101《李英传》。

③ 《金史》卷106《贾益谦传》。

更钞，则谷价自平矣。"上从之。①

宣宗在南京稳定下来后，又下令皇太子从中都迁到南京。贞祐三年，蒙古军对中都再次发起进攻，留守中都的完颜承晖向宣宗求救，宣宗连发两诏表示援军将至，帮助完颜承晖守城。

> 诏曰："中都重地，庙社在焉，朕岂一日忘也。已趣诸路兵与粮俱往，卿会知之。"
> 及诏中都官吏军民曰："朕欲舒民力，遂幸陪都，天未悔祸，时尚多虞，道路久梗，音问难通。汝等朝暮矢石，暴露风霜，思惟报国，靡有贰心，俟兵事之稍息，当不悋于旌赏。今已会合诸路兵马救援，故兹奖谕，想宜知悉。"

宣宗派出统率援军的将领，在术虎高琪的授意下，大多持观望态度，不肯率军支援中都。协助完颜承晖守中都的抹然尽忠等人都准备逃走，完颜承晖只能"一死以报国家"，在自尽前留下了给宣宗的遗表。

> （完颜承晖）作遗表付尚书省令史师安石。其表皆论国家大计，辨君子小人治乱之本，历指当时邪正者数人，曰："平章政事（术虎）高琪，赋性阴险，报复私憾，窃弄威柄，包藏祸心，终害国家。"因引咎以不能终保都城为谢。②

贞祐三年五月，中都失守。这样的结果，宣宗在决定迁都时已经料到了，因为在金军大量损耗的情况下，战略性退却符合长期坚持的要求，可以避免固守危城被一网打尽的悲剧发生。恰是在这样的战略选择下，守城尽忠的完颜承晖得到了宣宗的表彰，逃走的抹然尽忠等人则未受到处罚，③ 毕竟中都一段时间的坚守，为宣宗争取到了以山西和黄河为屏障布置守军的宝贵时间，这才是最为重要的。

---

① 《金史》卷107《高汝砺传》。
② 《金史》卷101《完颜承晖》。
③ 《金史》卷14《宣宗纪上》，卷101《抹然尽忠传》。

二　德运之辩

在中都危机未解的贞祐二年正月，宣宗下令召集官员讨论德运问题。二月，尚书省请准了讨论德运的诏书："尚书省奏准尚书礼部举：窃闻王者受命开统，皆应乎五行之气，更王为德。方今并有辽、宋，统一区夏，犹未定其所王。伏睹今来方以营造都邑并宗庙社稷，窃恐随代制度不一有无，委所司一就详定。奏讫。奉圣旨：分付详定，须议，指挥右下，详定内外制度、仪式，所可照捡，依准所奉圣旨详定讫，分明开立，状申以凭，再具闻奏施行，不得住滞错失。付详定所，准此。"[①]参与讨论的 22 名官员，形成了土德、金德两派论点，可分述于下。

（一）维持土德说

对于章宗朝改金德为土德，王仲元和连署的崔伯祥强调土德不仅符合大居正、大一统的正统观念，亦符合金继宋的五行相生要求。

> （王）仲元承尚书礼部符，承省札备该，今来见奉圣旨，本朝德运公事教商量。仲元品职虽卑，亦令预商量之数。谨按：欧阳修《正统论》有曰："君子大居正，王者大一统。正者所以正天下之不正也，统者所以合天下之不一也。"自古帝王之兴，必有至德，以受天命，岂偏名于一德哉。而曰五行之运，有休王一以彼衰，一以此胜，此历官术家之事，不知出于何人。伏睹本朝之兴，混一区宇，正欧阳修所谓大居正、大一统者也。收国之初，太祖皇帝以金为国号，取其不变之义，非取五行之数也。必欲顺五行相生之德，则前此章宗皇帝宸断，继亡宋火行之绝，而为土德。虽当日改辰为腊，然大金之号亦自仍旧，以冠历日而不相妨也。以此看详，止为土德，是为相应，须至申者。[②]

赵秉文、完颜乌楚则强调因为已经有皇帝所做的决断，不应再做改变。

> （赵）秉文议，除与编修王仲元相同外，窃详圣朝之兴，并灭

---

①　《金史》卷 14《宣宗纪上》；《大金德运图说·省奏》。
②　《大金德运图说·承直郎国史院编修官王仲元议》。

辽、宋，俘宋二主，迁其宝器，宋为已灭。章宗皇帝宸断，以土继
火，已得中当宜，不可越宋而远继唐。以此看详，止为土德，是为
相应须至中者。①

（完颜）乌楚钦依见奉圣旨，商议本朝德运事。乌楚先于章宗
朝，已与完颜萨喇、温特赫大兴、孙人杰、郭仲容、孙人鉴等以
为，本朝继宋，宋为火德，火德已绝，火生土，我为土德，是为相
应，奉敕旨准奏行。今据乌楚所见，本朝德运，止合依先朝奉行为
土德，似为长便。②

也就是说，持土德说的官员不仅数量较少，其议论亦相对简单，缺
乏理论性的支持。

（二）回归金德说

参与讨论的官员大多持恢复金德的观点，根据论述重点的不同，可
以区分出四种论点。

第一种论点强调金德为太祖所定，后人不应擅自改动，舒穆噜世勣
（石抹世勣）、吕子羽以及联署的李和甫、赫舍哩乌噜（纥石烈万奴）
等人持的就是这样的论点。

（舒穆噜）世勣等伏承礼部符文，令议德运事。窃见前来朝廷论
议，固已详备，但各执所见，或以为金，或以为木，或以为土，彼
此不同。世勣等愚见，既太祖圣训谓完颜部色尚白，则是太祖宸断，
已有所定也。当时瑞应，复有纯白鸟兽之异，则是天意固有所命也。
章宗敕旨，谓只从李愈所论，以为金德复如何，则是章宗圣意，初
亦有所疑也。据此，合无止为金德，仍旧以丑为腊，谨议。③

第二种论点强调按照正统的要求，金朝承继的是唐朝的德运，所以
只能是金德而不是土德，张行信（与吕祥卿联署）、黄裳持的就是这样
的论点。

---

① 《大金德运图说·翰林直学士中大夫兼太常少卿提点司天台赵秉文议》。
② 《大金德运图说·翰林待制兼侍御史完颜乌楚议》。
③ 《大金德运图说·翰林修撰舒穆噜世勣刑部员外郎吕子羽议》。

（张）行信准礼部告示，集议国家德运事。窃以德运之说，其来久矣。自伏羲以木德王，炎帝为火，轩皇为土。五帝三王，相承以叙，皆取五行生旺之气也。苍周讫箓木宜生火，秦虽强大，传五世并六国，自为水行，逆统失次。及汉祖开创，断蛇著符，旗帜尚赤，此自然之应，协于火德。故汉初惑臣谊异说，虽暂为土，其后终为火德，承周之统。魏晋以降，刘石燕秦迭据中国，以世业促偏，不获推叙。元魏兴自玄朔，物色尚黑，此亦自然之应，协于水德。故魏初虽继秦为土，理有未惬，及孝文缵业，览朝贤之议，卒定为水德，远承晋运。周、隋暨唐，更无异论，以其序顺而理得也。降及五代，篡乱相寻，地偏世促，更甚于符秦燕赵，其不足推叙亦明矣。且梁与晋、周，皆以篡取，岂独梁为闰位，后唐三姓，俱非李氏子孙，岂得仍为土运。石晋一纪，刘汉四年，本史各不载其所王之德，谓之金与水者，无所考据。盖赵氏篡周，不能越近承远，既继周木，猥称火德，必欲上接唐运，以自夸大，故逆推而强配之，以汉为水，以晋为金，而续后唐之土，是皆妄说附会，不可信也。然则唐土之后，当启金运，朱梁以下无可言者。宋昧于所承，自称火德，逆统失次，亦与秦水无异。此国朝所以继宋为土，有可疑者也。五行之运，岂有断绝，考次推时，天意可见。自唐之僖、昭，坠绪于西，本朝始祖已肇迹于东。气王于长白，祚衍于金源，奕世载德，遂集大统。太祖开国之始，谓部色尚白，白者金之正色，乃以大金为号。天辅年间，又多有纯白之瑞。凡此数者，皆暗相符应，运之为金亦昭昭矣。或谓部色尚白，国号为金，太祖本不言及五行之叙，难便据之为运，是不知汉获赤帝符尚赤，元魏居玄朔尚黑，当初亦非论德运也，何妨汉之为火、魏之为土、晋之为水哉。盖帝王乘五德之运，王有天下，于开创之初，必有自然符应，协于五德，不得不据而言之也。今蒙集议德运所宜，行信愚见，若考国初自然之符应，依汉承周、魏承晋之故事，定为金德，上承唐运，则得天统，合祖意，古典不违，人心亦顺矣。若夫汴宋之火，前无所承，失其行次，自为五行之闰位，不足继也，谨议。①

---

① 《大金德运图说·右谏议大夫吏部侍郎张行信议》。

　　（黄）裳伏承省札，仰讲议本朝德运者。《传》曰："君子大居正。"又曰："王者大一统。"正者所以正天下之不正，统者所以统天下之不一也。由不正与不一，然后正统之论兴。正统之论兴，然后德运之议定。自近代言之，则唐以土德王，传祀三百。土生金，继唐而王者，德当在金。朱温唐之羿浞，固无足道。朱邪存勗以赐姓号唐，灭梁之后仅得四年，复为异姓嗣源所夺，是可以当德运邪？厥后，石晋兴亡，实系契丹，刘汉父子，通及四载，郭威以逆而得，柴荣自外而继，是皆不足以当德运明矣。惟汴梁赵宋，传祚数君差优于五季，然考其实，则赵宋以柴氏之臣，欺孤儿寡妇以取其国，初不能并契丹复唐故地，而其后嗣君与契丹通好，其实事之，夫欺夺柴氏，是不能正天下之不正也，实事契丹，是不能统天下之不一也。其臣如赵垂庆、张君房、董衍辈谍说其君，欲使承唐为金德者非一，使当时牵合而从之，犹不足以塞后世之公议，况妄为火德也哉，我尚可以继之也哉。我太祖之兴也，当收国改元之初，谓凡物之不变无如金者，且完颜部色尚白，则金之正色，自今本国可号大金。神哉斯言，殆天启之也。继以太宗，遂平辽、宋，夫辽、宋不能相正而我正之，不能相一而我统之，正统固在我矣。光承唐运，非我而谁？事固有不求合而自合者，设无太祖圣训，本朝德运固应金行，况乎言与天合，而复有纯白鸟兽自然之瑞哉。故自丑日为腊以来，时和岁丰，中外禔福，干戈偃息者八十余年。呜呼休哉，金得其正也。泰和之初，议者以汴宋尝帝中原，为可继，于是改金为土，曾不知辽亦尝灭晋而得中原矣。本朝实先取辽，何独不继哉，既闰辽矣，而宋独不可闰乎哉，改之诚是矣，其天时、人事之应，果愈于前日邪，抑不及邪。夫秦能并六国，一四海，作法立制，后世有不可改者，直以不道，汉尚越之而继周。以区区篡夺之宋，且尝事辽，我独不能越之而承唐乎。诚能复金德之旧，则上以副祖宗之意，下有以慰遗老之思，去除不祥，感召善气，在此举矣。臆见如此，伏俟裁择，谨议。[①]

　　第三种论点不仅强调太祖定德运已得其正，亦指出应推究宋朝德运之失，以确定金德与历代王朝的承继关系，穆颜（抹然）乌登以及纳

---

　　① 《大金德运图说·应奉翰林文字黄裳议》。

塔谋嘉（纳坦谋嘉）、阿里哈希卜蔺、富察伊尔必斯（蒲察阿里不孙）、完颜伊尔必斯（完颜阿里不孙）、完颜伯特等人持的是这样的论点。

> （穆颜）乌登等窃见，自古推定德运者多矣，有承其序而称之者，有协其符而取之者。故二帝三王以五行相因，备载于汉史，此承其德运之叙而称之者也。迄于汉世，不取贾谊、公孙臣之议，卒以旗帜尚赤，此协其断蛇之符而取之者也。由是观之，承德运之序，协天之符瑞，乃明哲所行之令典也。钦惟太祖一戎衣而天下大定，遂乃国号大金，以丑为腊，是时虽未尝究其德运，而圣谋自得其正，其与天之符瑞粲然相合矣。何以言之，且自李唐王以土德，其后朱梁不能混一天下，不得附于正统，诚为然矣。而后唐本姓朱邪，非李唐之苗裔，而强附于土德。究其失，则后唐当为金，石晋为水，刘汉为木，后周为火，亡宋为土，既土生金，而圣朝以丑为腊者，诚可谓默获德运之正矣。况自国初尝获纯白鸟兽之瑞，兼长白山素系国家福幸之地，且白者既为金色，而太祖国号为金，其与天之符瑞灼然协矣。美哉得德运之正，协天之符瑞，以致四夷咸怀，六合同风，干戈永息，礼乐兴隆，八十余年寂然无事。逮乎章宗之朝，议论德运，而孙人杰等备言当继于宋，可谓得其事之实者也。然而不究亡宋失序为火德之由，乃谓之土生于火，以辰为腊。今若正其宋失，更火为土，则本朝取宋，自为金德。若是，则得其德运之正，而协于天之符瑞矣。①

第四种论点强调德运要体现物色相应、符瑞相合、王迹相承，不必拘泥于五行之说，而金德恰恰符合这样的要求，田庭芳持的就是这样的论点。

> （田）庭芳伏为承本部告示，集议德运事者。窃惟从来德运之称不一，大率有三，或以本土物色之奇为之应，或以当时符瑞之殊为之合，或以曩朝王迹之始为之继。其间有一于此，即可为其运号，不必以五行相生为序。论夫本朝，于是有所得之者多。何以知

---

① 《大金德运图说·朝请大夫应奉兼编修穆颜乌登等议》。

之，盖闻本朝肇迹之方，多出金宝，且金之正色也尚白，本地又有长白山，其中是物自生而白，此为金德是其物色之奇应之者一也。兼天辅之初，有纯白鸟兽屡尝来见，此为金德是其符瑞之殊合之者二也。又闻曾论本朝合继唐之土德，谓唐为有道之统，自梁以下皆起于乱，无可接之，于是者至于宋也，虽如镴中之铮，粗如可取，及见赵垂庆等言，犹不从之，反继柴周以为火德，是其自失唐之正统之序。意者以谓当其玄运，有以待其来兆金之应也。兹者若继于唐，亦犹汉之越秦继周之例，此为金德是其与王迹之始继之者三也。又闻故老相传，国初将举义师也，曾遣人诣宋，相约伐辽，仍请参定其国之本号。时则宋人自以其为火德，意谓火当克金，遂因循推其国号为金，自想为得，不知伊本统非为火。果是因其自背，还自速其俘降。识者又谓金得火，则乃能成器，由宋假于其火，转成金国之大也，宜然。是故向来以丑为腊者八十余年，应是当时已有定论。后疑失其文本，不得其详尔。今来议者本欲复其金之号，徒自膠其反本之说，其间有所疑议者二，请试释之。一则强为迁就，谓刘齐继宋，宋火也，火当生土，本朝废齐，齐土也，土当生金，是不知宋已失序，固非为火之正，齐又出于臣使之封，抑非为土之正。如此序本朝为金德之运，似非折中。一则议者复谓宋或为火，以金忌于火为避，不知宋非为火，已如上说。设如宋本为火，曾不知五行造化，衰火不能克于旺金。且如昔之秦为水运，水当克火，汉为火运，火德忌水，然则秦终为汉灭之者，得非以秦德衰而汉德旺之故耶。以此参详，如以本朝为金德之运，委是相应。至如以五行上推移之，则亦是以德之衰旺，见其运之隆替，可使慎终如始为其戒尔。良以金之为言名，则取其坚固不变为体，本以贵其刚明有断为德，则知金主于义，义以合宜者行，一切与夺间决然无疑者，是追观太祖已行之迹，固有其义。若然，是谓开其金运之先，贻则于后，使燕翼者也。今则如能必复金德之运，必依祖义，则事自然无所不断，位自然无所不固。如不依祖义，徒凭运号，则亦犹宋人向曾以河清为天水郡之瑞应，以万岁山真武庙为镇北方之术，殊不稽于人事，毕竟何如。右谨议，伏承尚书礼部详酌是望。①

---

① 《大金德运图说·右拾遗田庭芳议》。

参加这次德运讨论的张行简、富察（蒲察）乌叶、富珠哩（孛术鲁）阿拉、费摩谙达登、崔禧等人，因为没有联署，不知他们对德运抱何种态度。

尽管多数官员倾向于恢复金德，但是宣宗正忙于清除奸臣和迁都，未就是否改德运做出决断，使得这一次德运讨论，所起的只能是在强敌压迫下的一种精神制胜作用，因为这样的精神制胜，既凸显了金朝的正统王朝地位，也强化了金朝为中国或中原正主的意识。

贞祐四年二月，又有人提出了火德之说，因张行信贬斥为邪妄之说而被置之不理。

> 时尚书省奏："辽东宣抚副使完颜海奴言，参议官王浍尝言，本朝绍高辛，黄帝之后也。昔汉祖陶唐，唐祖老子，皆为立庙。我朝迄今百年，不为黄帝立庙，无乃愧于汉、唐乎。"又云："本朝初兴，旗帜尚赤，其为火德明矣。主德之祀，阙而不讲，亦非礼经重祭祀之意。臣闻于浍者如此，乞朝廷议其事。"诏问有司，（张）行信奏曰："按《始祖实录》，止称自高丽而来，未闻出于高辛。今所据欲立黄帝庙，黄帝高辛之祖，借曰绍之，当为木德，今乃言火德，亦何谓也？况国初太祖有训，因完颜部多尚白，又取金之不变，乃以大金为国号，未尝议及德运。近章宗朝始集百僚议之，而以继亡宋火行之绝，定为土德，以告宗庙而诏天下焉。顾浍所言特狂妄者耳。"上是之。[①]

宣宗朝的德运之辩，虽然未达成回归金德的结果，但是较全面地反映了时人对居正、一统以及王朝承继关系等问题的看法，在金代政治思想发展中确实具有不可忽视的价值。

三　救世建言

宣宗迁都南京，危机并没有解除，中原、东北、陕西等地都受到战乱影响，金朝能够控制的地方快速减少，在这样的不利局势下，臣僚就如何挽救败局提出的建议，可分述于下。

---

① 《金史》卷107《张行信传》。

（一）高汝砺的安民之策

宣宗迁都南京后任宰执的高汝砺，秉持安民救国观念，明确提出了朝廷不能做的七种事项。

一是不能随意迁徙军户家属，造成士兵与家人分离的状况，瓦解军心、民心。

> （贞祐）三年五月，朝廷议徙河北军户家属于河南，留其军守卫郡县，（高）汝砺言："此事果行，但便于豪强家耳，贫户岂能徙。且安土重迁，人之情也。今使尽赴河南，彼一旦去其田园，扶携老幼，驱驰道路，流离失所，岂不可怜。且所过百姓见军户尽迁，必将惊疑，谓国家分别彼此，其心安得不摇。况军人已去其家，而令护卫他人，以情度之，其不肯尽心必矣。民至愚而神者也，虽告以卫护之意，亦将不信，徒令交乱，俱不得安，此其利害所系至重。乞先令诸道元帅府、宣抚司、总管府熟论可否，如无可疑，然后施行。"不从。①

二是不能轻易将民田拨付给南迁军户，造成军、民对立的混乱局面。

> 军户既迁，将括地分授之，未有定论，上（宣宗）敕尚书省曰："北兵将及河南，由是尽起诸路军户，共图保守。今既至矣，粮食所当必与，然未有以处之。可分遣官聚耆老问之，其将益赋，或与之田，二者孰便。"又以谕（高）汝砺。既而所遣官言："农民并称，比年以来，租赋已重，若更益之，力实不足，不敢复佃官田，愿以给军。"于是汝砺奏："迁徙军户，一时之事也。民佃官田，久远之计也。河南民地、官田，计数相半，又多全佃官田之家，坟茔、庄井俱在其中，率皆贫民，一旦夺之，何以自活。夫小民易动难安，一时避赋，遂有此言。及其与人，即前日之主，今还为客，能勿悔乎，悔则怨心生矣。如山东拨地时，腴田沃壤尽入势家，瘠恶者乃付贫户，无益于军，而民则有损，至于互相憎疾，今

---

① 《金史》卷107《高汝砺传》。本小节引文均出自此传。

犹未已。前事不远，足为明戒。惟当倍益官租，以给军粮之半，复以系官荒田、牧马草地量数付之，令其自耕，则百姓免失业之艰，而官司不必为厉民之事矣。且河南之田最宜麦，今雨泽沾足，正播种之时，诚恐民疑以误岁计，宜早决之。"上从其请。

　　时上以军户地当拨付，使得及时耕垦，而汝砺复上奏曰："在官荒田及牧马地，民多私耕者。今正艺麦之时，彼知将以与人，必皆弃去。军户虽得，亦已逾时，徒成旷废。若候毕功而后拨，量收所得，以补军储，则公私俱便，乞尽九月然后遣官。"十月，汝砺言："今河北军户徙河南者几百万口，人日给米一升，岁率三百六十万石，半给其直犹支粟三百万石。河南租地计二十四万顷，岁征粟才一百五十六万有奇，更乞于经费之外倍征以给，仍以系官闲田及牧马地可耕者畀之。"奏可。乃遣右司谏冯开等分诣诸郡就给之，人三十亩，以汝砺总之。既而括地官还，皆曰："顷亩之数甚少，且瘠恶不可耕。计其可耕者均以与之，人得无几，又僻远处不免徙就之，军人皆以为不便。"汝砺遂言于上，诏有司罢之，但给军粮之半，而半折以实直焉。

三是不能轻言以军队护民麦收，以免引起百姓对军队夺粮的猜疑。

　　会朝廷议发兵河北，护民艾麦，而民间流言谓官将尽取之。上闻，以问宰职曰："为之奈何？"（术虎）高琪等奏："若令枢密院遣兵居其冲要，镇遏土寇，仍许收逃户之田，则军民两便。或有警急，军士亦必尽心。"（高）汝砺曰："甚非计也。盖河朔之民所恃以食者，惟此麦耳。今已有流言，而复以兵往，是益使之疑惧也。不若听其自便，令宣抚司禁戢无赖，不致侵扰足矣。逃户田令有司收之，以充军储可也。"乃诏遣户部员外郎裴满蒲刺都阅视田数，及访民愿发兵以否，还奏："臣西由怀、孟，东抵曹、单，麦苗苦亦无多，讯诸农民，往往自为义军。臣即宣布朝廷欲发兵之意，皆感戴而不愿也。"于是罢之。

四是不能在形势危急的情况下实施通检推排，给民众带来恐慌。

时（术虎）高琪欲从言事者岁阅民田征租，朝廷将从之。（高）汝砺言："臣闻治大国者若烹小鲜，最为政之善喻也。国朝自大定通检后，十年一推物力，惟其贵简静而重劳民耳。今言者请如河北岁括实种之田，计数征敛，即是常时通检，无乃骇人视听，使之不安乎。且河南、河北事体不同。河北累经劫掠，户口亡匿，田畴荒废，差调难依元额，故为此权宜之法，盖军储不加多，且地少而易见也。河南自车驾巡幸以来，百姓凑集，凡有闲田及逃户所弃，耕垦殆遍，各承元户输租，其所征敛，皆准通推之额，虽军马益多，未尝阙误，讵宜一概动扰。若恐豪右蔽匿而逋征赋，则有司检括亦岂尽实。但严立赏罚，许其自首，及听人告捕，犯者以盗军储坐之，地付告者，自足使人知惧，而赋悉入官，何必为是纷纷也。抑又有大不可者三：如每岁检括，则夏田春量，秋田夏量，中间杂种亦且随时量之，一岁中略无休息，民将厌避，耕种失时，或止耕膏腴而弃其余，则所收仍旧而所输益少，一不可也。检括之时，县官不能家至户到，里胥得以暗通货赂，上下其手，虚为文具，转失其真，二不可也。民田与军田犬牙相错，彼或阴结军人以相冒乱，而朝廷止凭有司之籍，倘使临时少于元额，则资储阙误必矣，三不可也。夫朝廷举事，务在必行，既行而复中止焉，是岂善计哉。"议遂寝。

五是不能向民户征收与变易钞法有关的桑皮故纸钱，以使纳税户摆脱钞法失败带来的不利影响。

（兴定元年）十一月，（高）汝砺言："臣闻国以民为基，民以财为本，是以王者必先爱养基本。国家调发，河南为重，所征税租率常三倍于旧。今省部计岁收通宝不敷所支，乃于民间科敛桑皮故纸钱七千万贯以补之。近以通宝稍滞，又加两倍。河南人户，农民居三之二，今税租犹多未足，而此令复出，彼不衷所当输租，则必减其食以应之。夫事有难易，势有缓急。今急用而难得者，刍粮也，出于民力，其来有限，可缓图。而易为者，钞法也，行于国家，其变无穷。向者大钞滞，更为小钞，小钞弊，改为宝券，宝券不行，易为通宝，从权制变，皆由于上，尚何以烦民为哉。彼悉力以奉军储已患不足，而又添征通宝，苟不能给，则有逃亡。民逃亡则农事废，兵食何自而得。有司不究远图而贪近效，不固本原而较末节，诚恐军储、钞法两有所妨。臣非于钞法不为意也，非于省部故相违也，但以钞法稍滞物价稍增之害轻，民生不安军储不给之害重耳。惟陛下外度事势，俯察臣言，特命有司减免，则群心和悦，而未足之租有所望矣。"

六是不能答应军阀的据地自治要求，要保证国家的政令统一，避免出现军阀割据的恶果。

时朝廷以贾全、苗道润等相攻不和，将分畀州县、别署名号以处之。（高）汝砺上书曰："甚非计也。盖河北诸帅多本土义军，一时权为队长，亦有先尝叛亡者，非若素宦于朝，知礼义、识名分之人也。贪暴不法，盖无足怪。朝廷以时方多故，姑牢笼用之，庶使遗民少得安息。彼互相攻劫则势寝弱，势力既弱则朝廷易制。今若分地而与之，州县官吏得辄署置，民户税赋得擅征收，则地广者日益强，狭者日益弱。久之，弱者皆并于强，强者之地不可复夺，是朝廷愈难制也。昔唐分河朔地授诸叛将，史臣谓其护养孽萌以成其祸，此可为今日大戒也。不若姑令行省羁縻和辑，多方牵制，使之不得逞。异时边事稍息，气力渐完，若辈又何足患哉。"议遂寝。

七是不能实行榷油的做法，因为自古以来从未有过榷油的举动，贸然实施必会扰民。

同提举榷货司王三锡建议榷油，（术虎）高琪以用度方急，劝上行之。汝砺上言曰："古无榷法，自汉以来始置盐铁酒榷均输官，以佐经费。末流至有算舟车、税间架，其征利之术固已尽矣，然亦未闻榷油也。盖油者世所共用，利归于公则害及于民，故古今皆置不论，亦厌苛细而重烦扰也。国家自军兴，河南一路岁入税租不啻加倍，又有额征诸钱、横泛杂役，无非出于民者，而更议榷油，岁收银数十万两。夫国以民为本，当此之际，民可以重困乎。若从三锡议，是以举世通行之货为榷货，私家常用之物为禁物，自古不行之法为良法，切为圣朝不取也。若果行之，其害有五，臣请言之。河南州县当立务九百余所，设官千八百余员，而胥隶工作之徒不与焉。费既不赀，而又创构屋宇，夺买作具，公私俱扰，殆不胜言。至于提点官司有升降决罚之法，其课一亏，必生抑配之弊，小民受病，益不能堪，其害一也。夫油之贵贱所在不齐，惟其商旅转贩有无相易，所以其价常平，人易得之。今既设官各有分地，辄相侵犯者有罪，是使贵处常贵而贱处常贱，其害二也。民家日用不能躬自沽之，而转鬻者增取利息，则价不得不贵，而用不得不难，其害三也。盐、铁、酒、醋，公私所造不同，易于分别，惟油不然，莫可辨记。今私造者有刑，捕告者有赏，则无赖辈因之得以诬构良民，枉陷于罪，其害四也。油户所置屋宇、作具，用钱已多，有司按业推定物力，以给差赋。今夺其具、废其业而差赋如前，何以自活，其害五也。惟罢之便。"上是之，然重违高琪意，乃诏集百官议于尚书省。户部尚书高夔、工部侍郎粘割荆山、知开封府事温迪罕二十等二十六人议同高琪，礼部尚书杨云翼、翰林侍读学士赵秉文、南京路转运使赵瑄、吏部侍郎赵伯成、刑部郎中姬世英、右司谏郭著、提举仓场使时戬皆以为不可。上曰："古所不行者而今行之，是又生一事也，其罢之。"

在用人、识人、崇俭、赏罚等方面，高汝砺也明确表现出了彰显治道思想的观点。

（高汝砺）乃上言曰："立非常之功，必待非常之人。今大兵既退，正完葺关隘、简练兵士之时，须得通敏经纶之才预为筹画，俾济中兴。伏见尚书左丞兼行枢密副使胥鼎，才擅众长，身兼数器，乞召还朝省。"不从。

（兴定）三年，河南颇丰稔，民间多积粟，汝砺乃奏曰："国家之务，莫重于食，今所在屯兵益众，而修筑新城其费亦广，若不及此丰年多方营办，防秋之际或乏军兴。乞于河南州府验其物价低昂，权宜立式，凡内外四品以下杂正班散官及承荫人，免当暴使监官功酬，或僧道官师德号度牒、寺观院额等，并听买之。司县官有能劝诱输粟至三千石者，将来注授升本榜首，五千石以上迁官一阶，万石以上升职一等，并注见阙。庶几人知劝慕，多所收获。"
上从之。

（元光元年）七月，上谓宰臣曰："昔有言世宗太俭者，或曰
不尔则安得广畜积。章宗时用度甚多，而得不阙乏者，盖先朝有以
遗之也。"汝砺因进言曰："俭乃帝王大德，陛下言及此，天下福
也。"九月，上又谓宰臣曰："有功者虽有微过亦当贷之，无功者
岂可贷耶，然有功者人喜谤议。凡有以功过言于朕者，朕必深求其
实，虽近侍为言不敢轻信，亦未尝徇一己之爱憎也。"汝砺因对
曰："公生明，偏生暗。凡人多徇爱憎，不合公议。陛下圣明，故
能如是耳。"

（元光二年）三月，上谓群臣曰："人有才堪任事，而处心不
正者，终不足贵。"汝砺对曰："其心不正而济之以才，所谓虎而
翼者也，虽古圣人亦未易知。"上以为然。他日复谓宰臣曰："凡
人处心善良而行事忠实，斯为难得。若言巧心伪，亦复何用。然善
良者，人又多目为平常。"汝砺对曰："人材少全，亦随其所长取
之耳。"上然之。

高汝砺是宣宗赏识的大臣，他的以"不能"为基调的安民之策，
不少被宣宗采纳，减少了因乱作为而导致的扰民行为。

（二）张行信的施政建议

迁都南京后，张行信曾向宣宗上书，强调了救国须注意的收人心、
用人才、赏军功、慎鬻爵"四事"。

其一曰：杨安儿贼党旦暮成擒，盖不足虑。今日之急，惟在收
人心而已。向者官军讨贼，不分善恶，一概诛夷，劫其资产，掠其
妇女，重使居民疑畏，逃聚山林。今宜明敕有司，严为约束，毋令
劫掠平民。如此则百姓无不安之心，奸人诖胁之计不行，其势渐
消矣。

其二曰：自兵乱之后，郡县官豪，多能纠集义徒，摧击土寇，
朝廷虽授以本处职任，未几遣人代之。夫旧者人所素服，新者未必
皆才，缓急之间，启衅败事。自今郡县阙员，乞令尚书省选人拟
注。其旧官，民便安者宜就加任使，如资级未及，令摄其职，待有

功则正授。庶几人尽其才，事易以立。

其三曰：掌军官敢进战者十无一二，其或有之，即当责以立功，不宜更授他职。

其四曰：山东军储皆鬻爵所获，及或持敕牒求仕，选曹以等级有不当鬻者往往驳退。夫鬻所不当，有司罪也，彼何责焉。况海岱重地，群寇未平，田野无所收，仓廪无所积，一旦军饷不给，复欲鬻爵，其谁信之。

张行信还对随意"的决"监察机构官员的做法不满，建议恢复世宗朝的宽容做法。

时监察御史多被的决，（张）行信乃上言曰："大定间，监察坐罪大抵收赎，或至夺俸，重则外降而已，间有的决者，皆有为而然。当时执政程辉已尝面论其非是，又有敕旨，监察职主弹劾，而或看循者，非谓凡失察皆然也。近日无问事之大小、情之轻重，一概的决，以为大定故实、先朝明训，过矣。"于是诏尚书省更定监察罪名制。

行信言："今法，职官论罪，多从的决。伏见大定间世宗敕旨，职官犯故违圣旨，徒年、杖数并的决。然其后三十余年，有司论罪，未尝引用，盖非经久为例之事也，乞详定之。"行信既出，上以其章付尚书省。至是，宰臣奏："自今违奏条之所指挥及诸条格，当坐违制旨者，其徒年、杖数论赎可也。特奉诏旨违者，依大定例。"制可。

张行信后来又在上书中提出了改马政、止馈献、增俸禄、罢冗食等建议。

（张行信）上书曰："马者甲兵之本，方军旅未息，马政不可缓也。臣自到泾，闻陕右豪民多市于河州，转入内地，利盖百倍。及见省差买马官平凉府判官乌古论桓端市于洮州，以银百铤几得马千匹，云生羌木波诸部蕃族人户畜牧甚广。盖前所遣官或抑其直，或以势陵夺，遂失其和，且常患银少，所以不能多得也。又闻蕃地今秋薄收，鬻马得银辄以易粟。冬春之交必艰食，马价甚低。乞令所司辇银粟于洮、河等州，选委知蕃情、达时变如桓端者贸易之。若捐银万两，可得良马千疋，机会不可失，惟朝廷亟图之。”

又曰：“比者沿边战士有功，朝廷遣使宣谕，赐以官赏，莫不感戴圣恩，愿出死力，此诚得激劝之方也。然赠遗使者或马或金，习以为常，臣所未谕也。大定间，尝立送宣礼，自五品以上各有定数，后竟停罢。况今时务与昔不同，而六品以下及止迁散官者，亦不免馈献，或莫能办，则敛所部以应之，至有因而获罪者。彼军士效死立功，仅蒙恩赏，而反以馈献为苦，是岂朝廷之意哉。乞令有司依大定例，参以时务，明立等夷，使取予有限，无伤大体，则上下两得矣。”

又曰：“近闻保举县令，特增其俸，此朝廷为民之善意也。然自关以西，尚未有到任者，远方之民不能无望。岂举者犹寡，而有所不敷耶。乞诏内外职事官，益广选举，以补其阙，使天下均受其赐。且丞、簿、尉亦皆亲民，而独不增俸，彼既不足以自给，安能禁其侵牟乎。或谓国用方阙，不宜虚费，是大不然。夫重吏禄者，固使之不扰民也，民安则国定，岂为虚费。诚能裁减冗食，不养无用之人，亦何患乎不足。今一军充役，举家廪给，军既物故，给其子弟，感悦士心，为国尽力耳。至于无男丁而其妻女犹给之，此何谓耶。自大驾南巡，存赡者已数年，张颐待哺，以困农民。国家粮储，常患不及，顾乃久养此老幼数千万口，冗食虚费，正在是耳。如即罢之，恐其失所，宜限以岁月，使自为计，至期而罢，复将何辞。”①

张行信陈述的各种建议，体现的是就事论事的议政风格，缺乏系统性的救国方略。但是他的敢于直言，被宣宗所看重，所以不能低估其所起的作用。

（三）许古的恢复之计

迁都后任监察御史的许古，贞祐三年八月就“恢复中都之策”②，提出了安民、择相、选将和戒谕县官、恢复旧地、停括余粮、鼓励直言等建议。

---

① 《金史》卷107《张行信传》。
② 《金史》卷14《宣宗纪上》。

自中都失守，庙社、陵寝、宫室、府库，至于图籍重器，百年积累，一朝弃之。惟圣主痛悼之心至为深切，夙夜思惧所以建中兴之功者，未尝少置也。为臣子者食禄受责，其能无愧乎。且闾阎细民犹颙望朝廷整训师徒，为恢复计。而今才闻拒河自保，又尽徙诸路军户河南，彼既弃其恒产无以自生，土居之民复被其扰，臣不知谁为此谋者。然业已如是，但当议所以处之，使军无妄费，民不至困穷则善矣。

臣闻安危所系，在于一相，孔子称："危而不持，颠而不扶，则将焉用？"事势至此，不知执政者每对天颜，何以仰答清问也。今之所急，莫若得人，如前御史大夫裴满德仁、工部尚书孙德渊，忠谅明敏，可以大用，近皆许告老，愿复起而任之，必能有所建立，以利国家。太子太师致仕孙铎，虽颇衰疾，如有大议犹可赐召，或就问之。人才自古所难，凡知治体者皆当重惜，况此耆旧，岂宜轻弃哉。若乃临事不尽其心，虽尽心而不明于理，得无益、失无损者，纵其尚壮，亦安所用。方时多难，固不容碌碌之徒备员尸素，以塞贤路也。惟陛下宸衷刚断，黜陟一新，以幸天下。臣前为拾遗时，已尝备论择相之道，乞取臣前奏并今所言，加审思焉。

臣又闻将者民之司命，国家安危所系，故古之人君必重其选，为将者亦必以天下为己任。夫将者贵谋而贱战，必也赏罚使人信之而不疑，权谋使人由之而不知，三军奔走号令以取胜，然后中心诚服而乐为之用。迩来城守不坚，临战辄北，皆以将之不才故也。私于所昵，赏罚不公，至于众怨，而惧其生变，则抚摩慰籍，一切为姑息之事。由是兵轻其将，将畏其兵，尚能使之出死力以御敌乎。愿令腹心之臣及闲于兵事者，各举所知，果得真才，优加宠任，则战功可期矣。如河东宣抚使胥鼎、山东宣抚使完颜弼、涿州刺史内族从坦，昭义节度使必兰阿鲁带，或忠勤勇干，或重厚有谋，皆可任之，以捍方面。

又曰：河北诸路以都城既失，军户尽迁，将谓国家举而弃之，州县官往往逃奔河南。乞令所在根括，立期遣还，违者勿复录用。未尝离任者议加恩赉，如愿自效河北者亦听陈请，仍先赏之，减其日月。州县长贰官并令兼领军职，许择军中有才略胆勇者为头目，或加爵命以收其心，能取一府者即授以府长官，州县亦如之，使人怀复土之心。别遣忠实干济者，以文檄官赏招诸胁从人，彼既苦于敌役，来者必多，敌势当自削。有司不知出此，而但为清野计，事无缓急惟期速办，今晚禾十损七八，远近危惧，所谋可谓大戾矣。

又曰：京师诸夏根本，况今常宿重兵，缓急征讨必由于此，平时尚宜优于外路，使百姓有所蓄积，虽在私室犹公家也。今有司搜括余粮，致转贩者无复敢入，宜即止之。臣顷看读陈言，见其尽心竭诚以吐正论者，率皆草泽疏贱之人，况在百僚，岂无为国深忧进章疏者乎。诚宜明敕中外，使得尽言不讳，则太平之长策出矣。

针对权臣术虎高琪"职官有犯皆的决"的新法，许古和左司谏抹然胡鲁剌共同表达了反对意见，强调乱局之下应宽待官员。

礼义廉耻以治君子，刑罚威狱以治小人，此万世不易论也。近者朝廷急于求治，有司奏请从权立法，职官有犯应赎者亦多的决。夫爵禄所以驭贵也，贵不免辱，则卑贱者又何加焉。车驾所驻非同征行，而凡科征小过皆以军期罪之，不已甚乎。陛下仁恕，决非本心，殆有司不思宽静可以措安，而专事督责故耳。且百官皆朝廷遴选，多由文行、武功、阀阅而进，乃与凡庶等，则享爵禄者亦不足为荣矣。抑又有大可虑者，为上者将曰官犹不免，民复何辞，则苛暴之政日行。为下者将曰彼既亦然，吾复何耻，则陵犯之心益肆，其弊岂胜言哉。伏愿依元年赦恩"刑不上大夫"之文，削此一切之法，幸甚。

在军事形势不利的情况下，许古提出了兴兵决战的建议。

兵逾关而朝廷甫知，此盖诸将欺蔽罪也。虽然，大兵驻阌乡境，数日不动，意者恐吾河南之军逆诸前，陕西之众议其后，或欲先令觇者伺趋向之便，或以深入人境非其地利而自危，所以观望未遽进也。此时正宜选募锐卒并力击之，且开其归路，彼既疑惑，遇敌必走，我众从而袭之，其破必矣。[1]

---

① 《金史》卷109《许古传》。

许古的恢复之计颇具豪气，被宣宗所赏识，但是有术虎高琪作梗，他的多数建议未被采纳。

（四）陈规的救国八事

迁都后任监察御史的陈规，首先对不称职的官员进行弹劾，期望起到危局下肃正官风的作用。

> 贞祐三年十一月，（陈规）上章言：“参政侯挚初以都西立功，获不次之用，遂自请镇抚河北，陛下遽授以执政，盖欲责其报效也。既而盘桓西山，不能进退，及召还阙，自当辞避，乃恬然安居，至于按阅仓库，规画榷酤，岂大臣所宜亲。方今疆土日蹙，将帅乏人，士不选练，冗食猥多，守令贪残，百姓流亡，盗贼滋起，灾变不息，则当日夜讲求其故，启告陛下者也，而挚未尝及之。伏愿陛下特赐省察，量其才分别加任使，无令负天下之谤。”不报。又言：“警巡使冯祥进由刀笔，无他才能，第以惨刻督责为事。由是升职，恐长残虐之风，乞黜退以励余者。”诏即罢祥职，且谕规曰：“卿知臣子之分，敢言如此，朕甚嘉之。”①

陈规亦明确提出了安定民心、放驱为良、罢废小人等建议。

> （贞祐）四年正月，（陈规）上言：“伏见沿河悉禁物斛北渡，遂使河北艰食，人心不安。昔秦、晋为仇，一遇年饥则互输之粟。今圣主在上，一视同仁，岂可以一家之民自限南北，坐视困馁而不救哉。况军民效死御敌，使复乏食，生亦何聊，人心一摇，为害不细。臣谓宜于大阳、孟津等渡委官阅视，过河之物，每石官收不过其半，则富有之家利其厚息，辐凑而往，庶几公私俱足。”

> 三月，上言：“臣因巡按至徐州。去岁河北红袄盗起，州遣节度副使纥石烈鹤寿将兵讨之，而乃大掠良民家属为驱，甚不可也。乞明敕有司，凡鹤寿所虏俱放免之，余路军人有掠本国人为驱者，亦乞一体施行，庶几河朔有所系望，上恩无有极已。”

> 四月，上言：“河北濒河州县，率距一舍为一寨，籍居民为兵。

---

① 《金史》卷109《陈规传》。本小节引文均出自此传。

数寨置总领官一人，并以宣差从宜为名。其人大抵皆闲官，义军之长、偏裨之属尤多无赖辈，征逐宴饮取给于下，日以为常。及敌至则伏匿不出，敌去骚扰如初。此辈小人假以重柄，朝廷号令威权无乃太轻乎。臣谓宜皆罢之，第委宣抚司从宜措画足矣。"

尤为重要的是，陈规在贞祐四年七月的上书中，特别提出了挽救危局的责大臣、任台谏、崇节俭、选守令、谋群臣、重官赏、选将帅、练士卒的"八事"建议。

陛下以上圣宽仁之姿，当天地否极之运，广开言路以求至论，虽狂妄失实者亦不坐罪。臣忝耳目之官，居可言之地，苟为缄默，何以仰酬洪造。谨条陈八事，愿不以人微而废之，即无可采，乞放归山林以惩尸禄之罪。

一曰责大臣以身任安危。今北兵起自边陲，深入吾境，大小之战无不胜捷，以致神都覆没，翠华南狩，中原之民肝脑涂地，大河以北莽为盗区。臣每念及此，惊怛不已。况宰相大臣皆社稷生灵所系以安危者，岂得不为陛下忧虑哉。每朝奏议，不过目前数条，特以碎末，互生异同，俱非救时之急者。况近诏军旅之务，专委枢府，尚书省坐视利害，泛然不问，以为责不在己，其于避嫌周身之计则得矣，社稷生灵将何所赖。古语云："疑则勿任，任则勿疑。"又曰："谋之欲众，断之欲独。"陛下既以宰相任之，岂可使亲其细而不图其大者乎。伏愿特同睿断，若军伍器械、常程文牒即听枢府专行，至于战守大计、征讨密谋皆须省、院同议可否，则为大臣者知有所责，而天下可为矣。

二曰任台谏以广耳目。人主有政事之臣，有议论之臣。政事之臣者宰相执政，和阴阳，遂万物，镇抚四夷，亲附百姓，与天子经纶于庙堂之上者也。议论之臣者谏官御史，与天子辨曲直、正是非者也。二者岂可偏废哉。昔唐文皇制中书门下入阁议事皆令谏官随之，有失辄谏。国朝虽设谏官，徒备员耳，每遇奏事，皆令回避。或兼他职，或为省部所差，有终任不睹天颜、不出一言而去者。虽有御史，不过责以纠察官吏、照刷案牍、巡视仓库而已，其事关利害或政令更革，则皆以为机密而不闻。万一政事之臣专任胸臆，威福自由，或掌兵者以私见败事机，陛下安得而知之。伏愿遴选学术该博、通晓世务、骨鲠敢言者以为台谏，凡事关利害皆令预议，其或不当，悉听论列，不许兼职及充省部委差。苟畏徇不言，则从而黜之。

三曰崇节俭以答天意。昔卫文公乘狄人灭国之余，徙居楚丘，才革车三十两，乃躬行俭约，冠大帛之冠，衣大布之衣，季年致騋牝三千，遂为富庶。汉文帝承秦、项战争之后，四海困穷，天子不能具钧驷，乃示以敦朴，身衣弋绨，足履革舄，未几天下富安，四夷咸服。国家自兵兴以来，州县残毁，存者复为土寇所扰，独河南稍完，然大驾所在，其费不赀，举天下所奉责之一路，顾不难哉。赖陛下慈仁，上天眷佑，蝗灾之余而去岁秋禾、今年夏麦稍得支持。夫应天者要在以实，行俭者天必降福，切见宫中及东宫奉养与平时无异，随朝官吏、诸局承应人亦未尝有所裁省。至于贵臣、豪族、掌兵官，莫不以奢侈相尚，服食车马惟事纷华。今京师黯明金衣服及珠玉犀象者日增于旧，俱非克己消厄之道。愿陛下以卫文公、汉文帝为法，凡所奉之物痛自樽节，罢冗员，减浮费，戒豪侈，禁戢明金服饰，庶皇天悔祸，太平可致。

四曰选守令以结民心。方今举天下官吏军兵之费、转输营造之劳，皆仰给河南、陕西。加之连年蝗旱，百姓荐饥，行赈济则仓廪悬乏，免征调则用度不足，欲其实惠及民，惟得贤守令而已。当赋役繁殷、期会促迫之际，若措画有方，则百姓力省而易办，一或乖谬，有不胜其害者。况县令之弊无甚于今，由军卫监当进纳劳效而得者十居八九，其桀黠者乘时贪纵，庸懦者权归猾吏。近虽遣官廉察，治其奸滥，易其疲软，然代者亦非选择，所谓除狼得虎也。伏乞明敕尚书省，公选廉洁无私、才堪牧民者，以补州府官。仍清县令之选，及责随朝七品、外任六品以上官各保堪任县令者一员，如他日犯赃并从坐。其资历已系正七品，及见任县令者，皆听寄理，俟秩满升迁。复令监察以时巡按，有不法及不任职者究治之，则实惠及民而民心固矣。

五曰博谋群臣以定大计。比者徙河北军户百万余口于河南，虽革去冗滥而所存犹四十二万有奇，岁支粟三百八十余万斛，致竭一路终岁之敛，不能赡此不耕不战之人。虽无边事，亦将坐困，况兵事方兴，未见息期耶。近欲分布沿河，使自种殖，然游惰之人不知耕稼，群饮赌博习以成风，是徒烦有司征索课租而已。举数百万众坐糜廪给，缓之则用阙，急之则民疲，朝廷惟此一事已不知所处，又何以待敌哉。是盖不审于初，不计其后，致此误也。使初迁时去留从其所愿，则欲来者是足以自赡之家，何假官廪，其留者必有避难之所，不必强遣，当不至今日措画之难。古昔人君将举大事，则谋及乃心，谋及卿士、庶人、卜筮，乞自今凡有大事必令省、院、台谏及随朝五品以上官同议为便。

六曰重官赏以劝有功。陛下即位以来，屡沛覃恩以均大庆，不吝官爵以激人心，至有未满一任而并进十级，承应未出职而已带骠骑荣禄者，冗滥之极至于如此，复开鬻爵进献之门，然则被坚执锐效死行阵者何所劝哉。官本虚名，特出于人主之口，而天下之人极意趋慕者，以朝廷爱重耳。若不计勋劳，朝授一官，暮升一职，人亦将轻之而不慕矣。已然之事既不可咎，伏愿陛下重惜将来，无使公器为寻常之具，功赏为侥幸所乘。又今之散官动至三品，有司艰于迁授，宜于减罢八资内量增阶数，易以美名，庶几历官者不至于太骤，而国家恩权不失之太轻矣。

七曰选将帅以明军法。夫将者国之司命，天下所赖以安危者也。举万众之命付之一人，呼吸之间以决生死，其任顾不重欤。自北兵入境，野战则全军俱殁，城守则合郡被屠，岂皆士卒单弱、守备不严哉，特以庸将不知用兵之道而已。古语云：“三辰不轨，取士为相。四夷交侵，拔卒为将。”今之将帅，大抵先论出身官品，或门阀膏粱之子，或亲故假托之流，平居则意气自高，遇敌则首尾退缩，将帅既自畏怯，士卒夫谁肯前。又居常裒刻，纳其馈献，士卒因之以扰良民而莫可制。及率之应敌，在途则前后乱行，屯次则排门择屋，恐逼小民，恣其求索，以此责其畏法死事，岂不难哉。况今军官数多，自千户而上，有万户、有副统、有都统、有副提控，十羊九牧，号令不一，动相牵制。切闻国初取天下，元帅而下，惟有万户，所统军士不下数万人，专制一路，岂在多哉，多则难择，少则易精。今之军法，每二十五人为一谋克，四谋克为一千户，谋克之下有蒲辇一人、旗鼓司火头五人，其任战者才十有八人而已。又为头目选其壮健以给使令，则是一千户所统不及百人，不足成其队伍矣。古之良将常与士卒同甘苦，今军官既有俸廪，又有券粮，一日之给兼数十人之用。将帅则丰饱有余，士卒则饥寒不足，曷若裁省冗食而加之军士哉。伏乞明敕大臣，精选通晓军政者，分诣诸路，编列队伍，要必五十人为一谋克，四谋克为一千户，五千户为一万户，谓之散将。万人设一都统，谓之大将，总之帅府。数不足者皆并之，其副统、副提控及无军虚设都统、万户者悉罢省。仍敕省院大臣及内外五品以上，各举方略优长、武勇出众、材堪将帅者一二人，不限官品，以充万户以上都统、元帅之职。千户以下，选军中有谋略武艺为众所服者充。申明军法，居常教阅，必使将帅明于奇正虚实之数，士卒熟于坐作进退之节。至于弓矢铠仗须令自负，习于劳苦。若有所犯，必刑无赦。则将帅得人，士气日振，可以待敌矣。

八曰练士卒以振兵威。昔周世宗常曰："兵贵精而不贵多，百农夫不能养一战士，奈何朘民脂膏养此无用之卒。苟健懦不分，众何以劝。"因大搜军卒，遂下淮南，取三关，兵不血刃，选练之力也。唐魏征曰："兵在以道御之而已，御壮健足以无敌于天下，何取细弱以增虚数。"比者凡战多败，非由兵少，正以其多而不分健懦，故为敌所乘，懦者先奔，健者不能独战而遂溃，此所以取败也。今莫若选差习兵公正之官，将已籍军人随其所长而类试之。其武艺出众者别作一军，量增口粮，时加训练，视等第而赏之。如此，则人人激厉，争效所长，而衰懦者亦有可用之渐矣。昔唐文皇出征，常分其军为上中下，凡临敌则观其强弱，使下当其上，而上当其中，中当其下。敌乘下军不过奔逐数步，而上军中军已胜其二军，用是常胜。盖古之将帅亦有以懦兵委敌者，要在预为分别，不使混淆耳。

陈规所言"八事"，是以善政救国的系统性主张，他在上书中列举了朝政的各种弊病，引起宣宗不快，宰执也指其所言不当，陈规惶恐待罪，宣宗则表示："朕始以规有放归山林之语，故令诘之，乃辞以不职忌讳，意谓朕恶其言而怒也。朕初无意加罪，其令御史台谕之。"最终结果是陈规被贬为徐州帅府经历官。

（五）侯挚的救国九事

贞祐三年四月，任太常卿的侯挚在上言中提出了严纪纲、重将帅、确职责、用勇猛、护农耕、明赏赐、罚败臣、恤平民、择能者的"九事"救国建议。

其一曰：省部所以总天下之纪纲，今随路宣差便宜、从宜，往往不遵条格，辄剟付六部及三品以下官，其于纪纲岂不紊乱，宜革其弊。

其二曰：近置四帅府，所统兵校不为不众，然而弗克取胜者，盖一处受敌，余徒旁观，未尝发一卒以为援，稍见小却，则弃戈遁去，此师老将怯故也。将将之道，惟陛下察之。

其三曰：率兵御寇，督民运粮，各有所职，本不可以兼行，而帅府每令杂进，累遇寇至，军未战而丁夫已遁，行伍错乱，败之由也。夫前阵虽胜，而后必更者，恐为敌所料耳，况不胜哉。用兵尚变，本无定形，今乃因循不改覆辙，臣虽素不知兵，妄谓率由此失。

其四曰：雄、保、安肃诸郡据白沟、易水、西山之固，今多阙员，又所任者皆柔懦不武，宜亟选勇猛才干者分典之。

其五曰：漳水自卫至海，宜沿流设备，以固山东，使力穑之民安服田亩。

其六曰：近都州县官吏往往逋逃，盖以往来敌中失身者多，兼转输频并，民力困弊，应给不前复遭责罚，秩满乃与他处一体计资考，实负其人。乞诏有司优定等级，以别异之。

其七曰：兵威不振，罪在将帅轻敌妄举，如近日李英为帅，临阵之际酒犹未醒，是以取败。臣谓英既无功，其滥注官爵并宜削夺。

其八曰：大河之北，民失稼穑，官无俸给，上下不安，皆欲逃窜。加以溃散军卒还相剽掠，以致平民愈不聊生。宜优加矜恤，亟招抚之。

其九曰：从来掌兵者多用世袭之官，此属自幼骄惰不任劳苦，且心胆懦怯何足倚办。宜选骁勇过人、众所推服者，不考其素用之。

侯挚后来又提出了赈济灾民、安抚流民、亦兵亦农、稳定驻军等建议。

（贞祐四年）河北大饥，（侯）挚上言曰："今河朔饥甚，人至相食，观、沧等州斗米银十余两，殍殣相属。伏见沿河上下许贩粟北渡，然每石官籴其八，彼商人非有济物之心也，所以涉河往来者特利其厚息而已，利既无有，谁复为之。是虽有济物之名，而实无所渡之物，其与不渡何异。昔春秋列国各列疆界，然晋饥则秦输之粟，及秦饥，晋闭之籴，千古讥之。况今天下一家，河朔之民皆陛下赤子，而遭罹兵革，尤为可哀，其忍坐视其死而不救欤。人心惟危，臣恐弄兵之徒，得以藉口而起也。愿止其籴，纵民输贩为便。"

（兴定）二年二月，（侯）挚上言："山东、河北数罹兵乱，遗民嗷嗷，实可哀恤，近朝廷遣官分往抚辑，其惠大矣。然臣忝预执政，敢请继行，以宣布国家德信，使疲瘵者得以少苏，是亦图报之一也。"宰臣难之，无何，诏遣挚行省于河北，兼行三司安抚事。既行，又上言曰："臣近历黄陵岗南岸，多有贫乏老幼自陈本河北农民，因敌惊扰故南迁以避，今欲复归本土及春耕种，而河禁邀阻。臣谓河禁本以防闲自北来者耳，此乃由南而往，安所容奸，乞令有司验实放渡。"诏付尚书省，宰臣奏"宜令枢府讲究"，上曰："民饥且死，而尚为次第何耶，其令速放之。"

（兴定二年）九月，（侯）挚上言："东平以东累经残毁，至于邳、海尤甚，海之民户曾不满百而屯军五千，邳户仅及八百，军以万计。夫古之取兵以八家为率，一家充军七家给之，犹有伤生废业、疲于道路之叹。今兵多而民不足，使萧何、刘晏复生，亦无所施其术，况于臣者何能为哉。伏见邳，海之间，贫民失业者甚众，日食野菜，无所依倚，恐因而啸聚以益敌势。乞募选为兵，自十月给粮，使充戍役，至二月罢之，人授地三十亩，贷之种粒而验所收获，量数取之，逮秋复隶兵伍。且战且耕，公私俱利，亦望被俘之民易于招集也。"诏施行之。

是时，枢密院以海州军食不足，艰于转输，奏乞迁于内地。诏问（侯）挚，挚奏曰："海州连山阻海，与沂、莒、邳、密皆边隅冲要之地，比年以来为贼渊薮者，宋人资给之故。若弃而他徙，则直抵东平无非敌境，地大气增，后难图矣，臣未见其可。且朝廷所以欲迁者，止虑粮储不给耳。臣请尽力规画，劝喻农民趋时耕种，且令煮盐易粮，或置场宿迁，以通商旅，可不劳民力而办。仍择沭阳之地可以为营屯者，分兵护逻，虽不迁无患也。"上是其言，乃止。①

侯挚有宰执和地方大员的经历，故而他的建议具有经验性和可行性的特征，能够得到当政者的重视，为维持朝廷生计起了一定的作用。

（六）刘炳的救国十事

贞祐三年在南京考中进士的刘炳，在当年五月的上书中提出了任诸王、结人心、收人材、选守令、褒忠义、重农本、崇节俭、去冗食、修军政、修城池"十事"的救国建议。

> 一曰，任诸王以镇社稷。臣观往岁，王师屡战屡衄，率皆自败。承平日久，人不知兵，将帅非才，既无靖难之谋，又无效死之节，外托持重之名，而内为自安之计，择骁果以自随，委疲懦以临阵，阵势稍动，望尘先奔，士卒从而大溃。朝廷不加诘问，辄为益兵，是以法度日紊，仓庾日虚，闾井日凋，土地日蹙。自大驾南巡，远近相望，益无固志。吏任河北者以为不幸，逡巡退避，莫之敢前。昔唐天宝之末，洛阳、潼关相次失守，皇舆夜出，向非太子回趋灵武，率先诸将，则西行之士当终老于剑南矣。臣愿陛下择诸王之英明者，总监天下之兵，北驻重镇，移檄远近，戒以军政，则四方闻风者皆将自奋，前死不避。折冲厌难，无大于此。夫人情可以气激不可以力使，一卒先登，则万夫齐奋，此古人所以先身教而后威令也。

> 二曰，结人心以固基本。天子惠人，不在施予，在于除其同患，因所利而利之。今艰危之后，易于为惠，因其欲安而慰抚之，则忠诚亲上之心，当益加于前日。臣愿宽其赋役，信其号令，凡事不便者一切停罢。时遣重臣按行郡县，延见耆老，问其疾苦，选廉正，黜贪残，拯贫穷，恤孤独，劳来还定，则效忠徇义，无有二志矣。故曰安民可与行义，危民易与为乱，惟陛下留神。

> 三曰，广收人材以备国用。备岁寒者必求貂狐，适长途者必畜骐骥。河南、陕西，车驾临幸，当有以大慰士民之心。其有操行为

① 《金史》卷108《侯挚传》。

民望者，稍擢用之，平居可以励风俗，缓急可以备驱策。昭示新恩，易民观听，阴系天下之心也。

四曰，选守令以安百姓。郡守、县令，天子所恃以为治，百姓所依以为命者也。今众庶已弊，官吏庸暗，无安利之才，贪暴昏乱，与奸为市，公有斗粟之赋，私有万钱之求，远近嚣嚣，无所控告。自今非才器过人，政迹卓异者，不可使在此职。亲勋故旧，虽望隆资高，不可使为长吏。则贤者喜于殊用，益尽其能，不肖者愧慕而思自励矣。

五曰，褒忠义以励臣节。忠义之士，奋身效命，力尽城破而不少屈。事定之后，有司略不加省，弃职者顾以恩贷，死事者反不见录，天下何所慕惮，而不为自安之计邪。使为臣者皆知杀身之无益，临难可以苟免，甚非国家之利也。

六曰，务农力本以广蓄积。此最强兵富民之要术，当今之急务也。

七曰，崇节俭以省财用。今海内虚耗，田畴荒芜，废奢从俭以纾生民之急，无先于此者。

八曰，去冗食以助军费。兵革之后，人物凋丧者十四五，郡县官吏署置如故，甚非审权救弊之道。

九曰，修军政以习守战。自古名将料敌制胜，训练士卒，故可使赴汤蹈火，百战不殆。孔子曰："以不教民战，是谓弃之。"兵法曰："器械不利，以其卒与敌也。卒不服习，以其将与敌也。将不知兵，以其主与敌也。主不择将，以其国与敌也。"可不慎哉。

十曰，修城池以备守御。保障国家，惟都城与附近数郡耳。北地不守，是无河朔矣，黄河岂足恃哉。

宣宗惊讶一名进士能有如此见解，又向他提出了新的问题："河北城邑，何术可保？兵民杂居，何道可和？钞法如何而通？物价如何而平？"刘炳的回答是："审择守将则城邑固，兵不侵民则兵民和，敛散相权则钞法通，劝农薄赋则物价平。"宣宗虽然赏识刘炳的善对，但只是给他一个御史台令史的职务，并未加以重用，[①] 原因应在于刘炳依据

---

① 《金史》卷106《刘炳传》。

儒家治国观念编排的各种论点，带有理想化的倾向，而面对实际问题，依然是给不出真正有效应对方案的空论。刘炳的问题是缺乏理政的经验，宣宗显然看清了他的这一严重缺陷。

（七）完颜素兰的用贤止乱说

显宗到南京后，任监察御史的完颜素兰上言，提醒皇帝纠正卫绍王在位时用人不当的弊病，尤其是要防止再次出现奸臣当道的情况。

> （贞祐二年）七月，车驾至汴，（完颜）素兰上书言事，略曰："昔东海（卫绍王）在位，信用谗谄，疏斥忠直，以致小人日进，君子日退，纪纲紊乱，法度益堕。风折城门之关，火焚市里之舍，盖上天垂象以警惧之也。言者劝其亲君子、远小人、恐惧修省，以答天变，东海不从，遂至亡灭。夫善救乱者必迹其乱之所由生，善革弊者必究其弊之所自起，诚能大明黜陟以革东海之政，则治安之效可指日而待也。陛下龙兴，不思出此，辄议南迁，诏下之日，士民相率上章请留，启行之日，风雨不时、桥梁数坏，人心天意亦可见矣。此事既往，岂容复追，但自今尤宜戒慎，覆车之辙不可引辕而复蹈也。"①

完颜素兰亦强调了以精选军官应付危局的要求。

> 国家不可一日无兵，兵不可一日无食。陛下为社稷之计，官中用度皆从贬损，而有司复多置军官，不恤妄费，甚无谓也。或谓军官之众所以张大威声，臣窃以为不然。不加精选而徒务其多，缓急临敌其可用乎。且中都惟其粮乏，故使车驾至此。稍获安地，遂忘其危而不之备，万一再如前日，未知有司复请陛下何之也。

完颜素兰在向皇帝的密奏过程中，还明确指出术虎高琪是比纥石烈执中更危险的奸臣，应立即加以清除。

> （贞祐）三年正月，（完颜）素兰自中都计议军事回，上书求

---

① 《金史》卷109《完颜素兰传》。本小节引文均出自此传。

见，乞屏左右。上（宣宗）遣人谕之曰："屏人奏事，朕固常尔。近以游茂因缘生疑间之语，故凡有所引见，必令一近臣立侍，汝有封章，亦无患不密也。"寻召至近侍局，给纸札令书所欲言。书未及半，上出御便殿见之，悉去左右，惟近侍局直长赵和和在焉。

素兰奏曰："臣闻兴衰治乱有国之常，在所用之人如何耳。用得其人，虽衰乱尚可扶持，一或非才，则治安亦乱矣。向者乣军之变，中都帅府自足剿灭，朝廷乃令移剌塔不也等招诱之，使帅府不敢尽其力，既不能招，愈不可制矣。至于伯德文哥之叛，帅府方议削其权，而朝廷传旨俾领义军，文哥由是益肆，改除之令辄拒不受，不臣之状亦显矣。帅府方且收捕，而朝廷复赦之，且不令隶帅府。国家付方面于重臣，乃不信任，顾养叛贼之奸，不知谁为陛下画此计者。臣自外风闻，皆平章（术虎）高琪之意，惟陛下裁察。"

上曰："汝言皆是。文哥之事，朕所未悉，诚如所言，朕肯赦之乎。且汝何以知此事出于高琪？"

素兰曰："臣见文哥牒永清副提控刘温云：'所差人张希韩至自南京，道副枢平章处分，已奏令文哥隶大名行省，勿复遵中都帅府约束。'温即具言于帅府。然则，罪人与高琪计结明矣。"上领之。

素兰续奏曰："高琪本无勋劳，亦无公望，向以畏死故擅诛胡沙虎（纥石烈执中），盖出无聊耳。一旦得志，妒贤能，树奸党，窃弄国权，自作威福。去岁，都下书生樊知一者诣高琪言：'乣军不可信，恐终作乱。'遂以刀杖决杀之，自是无复敢言军国利害者。宸聪之不通，下情之不达，皆此人罪也。及乣军为变，以党人塔不也为武宁军节度使往招之，已而无成，则复以为武卫军使。塔不也何人，且有何功，而重用如此。以臣观之，此贼变乱纪纲，戕害忠良，实有不欲国家平治之意。昔东海时，胡沙虎跋扈无上，天下知之，而不敢言，独台官乌古论德升、张行信弹劾其恶，东海不察，卒被其祸。今高琪之奸，过于胡沙虎远矣。台谏职当言责，迫于凶威，嗫不敢忤。然内外臣庶见其恣横，莫不扼腕切齿，欲一剚刃，陛下何惜而不去之耶。臣非不知言出而患至，顾臣父子迭仕圣朝，久食厚禄，不敢偷安。惟陛下断然行之，社稷之福也。"上曰："此乃大事，汝敢及之，甚善。"

素兰复奏："丞相福兴（完颜承晖），国之勋旧，乞召还京，以镇雅俗，付左丞豪多（抹然尽忠）以留后事，足也。"上曰："如卿所言，二人得无相恶耶？"素兰曰："福兴、豪多同心同德，无不协者。"上曰："都下事殷，恐丞相不可辍。"素兰曰："臣闻朝廷正则天下正，不若令福兴还，以正根本。"上曰："朕徐思之。"素兰出，上复戒曰："今日与朕对者止汝二人，慎无泄也。"

贞祐四年二月，完颜素兰又提出了慎选守令的要求，并强调有效的方法就是恢复官员荐举守令的做法。

臣近被命体问外路官，廉干者拟不差遣，若懦弱不公者罢之，具申朝廷，别议拟注。臣伏念彼懦弱不公之人虽令罢去，不过止以待阙者代之，其能否又未可知，或反不及前官，盖徒有选人之虚名，而无得人之实迹。古语曰："县令非其人，百姓受其殃。"今若后官更劣，则为患滋甚，岂朝廷恤民之意哉。夫守令，治之本也。乞令随朝七品、外路六品以上官，各举堪充司县长官者，仍明著举官姓名，他日察其能否，同定赏罚，庶几其可。议者或以阁选法、絭资品为言，是不知方今之事与平昔不同，岂可拘一定之法，坐视斯民之病而不权宜更定乎。

完颜素兰还特别指出，为国本所计，必须慎选正人辅佐皇太子。

臣闻太子者天下之本也，欲治天下先正其本，正本之要无他，在选人辅翼之耳。夫生于齐者能齐言而不能楚语，未习之故也。人之性亦在夫习之而已。昔成王在襁褓中，即命周、召以为师保，戒其逸豫之心，告以持守之道，终之功光文、武，垂休无穷。钦惟陛下顺天人之心，预建春宫。皇太子仁孝聪明出于天资，总制枢务固已绰然有余，倘更选贤如周、召之俦者使之夹辅，则成周之治不足侔矣。

完颜素兰的用贤建言尽管被宣宗所重视,但是难以改变宣宗重用术虎高琪的做法,其价值就只能体现在他的"敢于直言"上了。

(八)胥鼎等人的据地坚守说

胥鼎在迁都后曾建言利害十三事,"若积军储、备黄河、选官谳狱、简将练卒、版籍之类"[1]。宣宗随即委派胥鼎坚守平阳,胥鼎在上言中强调了守土抗敌的八大重点内容。

第一个重点是粮储,既强调要善用纳粟补官做法,为守军提供粮草储备方面的支持,也要求废止"河南粟麦不令兴贩渡河"的禁令,以保证平阳等地的外来粮草支持。

> 平阳岁再被兵,人户散亡,楼橹修缮未完,衣甲器械极少,庾廪无两月食。夏田已为兵蹂,复不雨,秋种未下。虽有复业残民,皆老幼,莫能耕种,岂足征求。比闻北方刘伯林聚兵野狐岭,将深入平阳、绛、解、河中,遂抵河南。战御有期,储积未备,不速错置,实关社稷生灵大计。乞降空名宣敕一千、紫衣师德号度牒三千,以补军储。
>
> 河东两路农民浸少,而兵戍益多,是以每岁粮储常苦不继。臣切见潞州元帅府虽设鬻爵恩例,然条目至少,未尽劝诱之术,故进献者无几。宜增益其条如中都时,仍许各路宣抚司俱得发卖,庶几多获贮储,以济不给。
>
> 河东多山险,平时地利不遗,夏秋荐熟,犹常藉陕西、河南通贩物斛。况今累值兵戎,农民浸少,且无雨雪,阙食为甚。又解州屯兵数多,粮储仅及一月。伏见陕州大阳渡、河中大庆渡皆邀阻粟麦,不令过河,臣恐军民不安,或生内患。伏望朝廷听其输贩,以纾解州之急。

第二个重点是善守,既强调不能随便撤走藩卫平阳的代州戍兵,也强调平阳等地不宜采用坚壁清野的方法,因为这种方法对自身的防卫更为不利。

---

[1] 《金史》卷108《胥鼎传》。本小节所引胥鼎的建言,均出自此传。

岭外军已皆南徙，代为边要，正宜益兵保守，今更损其力，一朝兵至，何以待之？平阳以代为藩篱，岂可撤去。

近闻朝廷令臣清野，切谓臣所部乃河东南路，太原则北路也，大兵若来，必始于北，故清野当先北而后南。况北路禾稼早熟，其野既清，兵无所掠，则势当自止。不然，南路虽清，而谷草委积于北，是资兵而召之南也。臣已移文北路宣抚司矣，乞更诏谕之。

第三个重点是义军，不仅强调团结义军，使之成为抗敌的重要军事力量，也强调义军不宜随便调动，因为守家抗敌是义军的基本特性。

臣所将义军，皆从来背本趋末、勇猛凶悍、盗窃亡命之徒，苟无训练统摄官以制之，则朋聚党植，无所不至。乞许臣便宜置总领义军使、副及弹压，仍每五千人设训练一员，不惟预为防闲，使有畏忌，且令武艺精熟，人各为用。

比者朝廷命择义军为三等，臣即檄所司，而潞帅必兰阿鲁带言："自去岁初置帅府时已按阅本军，去其冗者。部分既定，上下既亲，故能所向成功。此皆血战之余，屡试可者。且又父子兄弟自相赴援，各顾其家，心一而力齐，势不可离。今必析之，将互易而不相谙矣。国家粮储，常恐不继，岂容侥冒，但本府兵不至是耳。况潞州北即为异境，日常备战，事务方殷，而分别如此，彼居中下者，皆将气挫心懈而不可用，虑恐因得测吾虚实。且义军率皆农民，已各散归田亩，趋时力作。若征集之，动经旬日，农事废而岁计失矣。乞从本府所定，无轻变易。"臣切是其言。

第四个重点是赏罚，强调地方守臣应能便宜行事，建立赏罚和存恤机制，激励军民共同抗敌，

臣以便宜立官赏，预张文榜，招还胁从人七千有奇，续至者又六千余，俱令复业。窃谓凡被俘未归者，更宜多方招诱，已归者所居从便，优加存恤，无致失所。

沿边州府官既有减定资历月日之格，至于掌兵及守御边隘者，征行暴露，备历艰险，宜一体减免，以示激劝。

近制，军前立功犯罪之人，行省、行院、帅府不得辄行诛赏。夫赏由中出则恩有所归，兹固至当。至于部分犯罪，主将不得施行，则下无所畏而令莫得行矣。

第五个重点是安民，既强调防守、农耕两不误的要求，也要求去除各种扰民的弊政。

霍州回牛、凤楼岭诸院，戍卒几四千。今兵既去而农事方兴，臣乞量留侦候，余悉遣归，有警复征。既休民力，且省县官，万一兵来，亦足御遏。举一事而获二利，臣敢以为请。

臣奉诏兼节制河东，近晋安帅府令百里内止留桑枣果木，余皆伐之。方今秋收，乃为此举以夺其事，既不能御敌而又害民，非计也。且一朝警急，其所伐木岂能尽去，使不资敌乎。他木虽伐，桑枣舍屋独非木乎。此殆徒劳，臣已下帅府止之。

自兵兴以来，河北溃散军兵、流亡人户，及山西、河东老幼，俱徙河南。在处侨居，各无本业，易至动摇。窃虑有司妄分彼此，或加迫遣，以致不安。今兵日益盛，将及畿甸，倘复诱此失职之众使为乡导，或驱之攻城，岂不益资其力。乞朝廷遣官抚慰，及令所司严为防闲，庶几不至生衅。

第六个重点是止恶，明确要求立即停止在民间括粟的做法，以免引起内乱。

河东兵革之余，疲民稍复，然丁牛既少，莫能耕稼，重以亢旱蝗螟，而馈饷所须，征科颇急，贫无依者俱已乏食，富户宿藏亦为盗发，盖绝无而仅有焉，其憔悴亦已甚矣。有司宜奉朝廷德意，以谋安集，而潞州帅府遣官于辽、沁诸郡搜括余粟，悬重赏诱人告讦，州县惮帅府，鞭棰械系，所在骚然，甚可怜悯。今大兵既去，惟宜汰冗兵，省浮费，招集流亡，劝督农事。彼不是务，而使疮痍之民重罹兹苦，是兵未来而先自弊也。愿朝廷亟止之，如经费果阙，以恩例劝民入粟，不犹愈于强括乎。

第七个重点是钞法，强调变易钞法应该制定流通规则，以免造成对物价的严重冲击，影响坚守大计。

> 交钞贵于通流，今诸路所造不敷所出，苟不以术收之，不无阙误。宜从行省行部量民力征敛，以裨军用。河中宣抚司亦以宝券所支已多，民不贵，乞验民贫富征之。虽然，陕西若一体征收，则彼中所有，日凑于河东，其与不敛何异。又河北宝券以不许行于河南，由是愈滞，将误军储而启衅端。

第八个重点是勤王，强调地方守军亦有护卫都城的职责，一旦发生紧急情况，就要迅速发兵勤王。

> 臣叨蒙国恩，擢列枢府，凡有戎事，皆当任之。今入河南，将及畿甸，岂可安据一方，坐视朝廷之急，而不思自奋以少宽陛下之忧乎。去岁颁降圣训，以向者都城被围四方无援为恨，明敕将帅，若京师有警，即各提兵奔赴，其或不至，自有常刑。臣已奉诏，先遣潞州元帅左监军必兰阿鲁带领军一万，孟州经略使徒单百家领兵五千，由便道济河以趋关、陕，臣将亲率平阳精兵直抵京师，与王师相合。
> 京师去平阳千五百余里，倘俟朝廷之命方图入援，须三旬而后能至，得无失其机耶，臣以身先士卒倍道兼行矣。

胥鼎能够坚守平阳多年，就在于他的上述守土主张大多被宣宗采纳。宣宗知道山西对南京的重要护卫作用，所以对胥鼎持的是全面肯定和支持的态度。

以宣差都提控身份"安抚山西军民"的宗族成员完颜从坦，在贞祐三年的上书中提出了守地抗敌的通粮运、谋盐利、守要地、营银铁、禁诛求、新马政、严钞法、给实俸、重授官等方面的建议。

> （完颜从坦）上书曰："绛、解二州仅能城守，而村落之民皆尝被兵，重以连岁不登，人多艰食，皆恃盐布易米。今大阳等渡乃不许粟麦过河，愿罢其禁，官税十三，则公私皆济矣。"

又曰："绛、解、河中必争之地，惟令宝昌军节度使从宜规画盐池之利，以实二州，则民受其利，兵可以强矣。"

又曰："中条之南，垣曲、平陆、芮城、虞乡，河东之形势，陕、洛之襟喉也。可分陕州步骑万二千人为一提控、四都统，分戍四县，此万全之策也。"

又曰："平陆产银铁，若以盐易米，募工炼冶，可以广财用、备戎器，小民佣力为食，可以息盗。"

又曰："河北贫民渡河逐食，已而复还济其饥者，艰苦殊甚。苛暴之吏抑止诛求，弊莫大焉。"

又曰："河南、陕西调度未急，择骑军牝马群牧，不二三年可增数万骑，军势自振矣。"

又曰："诸路印造宝券，久而益多，必将积滞。止于南京印造给降，庶可久行。"

又曰："河北职任虽除授不次，而人皆不愿者，盖以物价十倍河南，禄廪不给，饥寒且至。若实给俸粟之半，少足养廉，则可责其效力。"

又曰："河北之官，朝廷减资迁秩躐等以答其劳。闻河南官吏以贬逐目之，彼若以为信然，谁不解体？"

书奏，下尚书省议，惟许放大阳等渡、宣抚司量民力给河北官俸、目河北为贬所者有禁而已。

贞祐四年，完颜从坦又提出了皇族子弟从军的建议。

（贞祐）四年，（完颜从坦）行枢密院于河南府，上书曰："用兵累年，出辄无功者，兵不素励也。士庶且充行伍，况于皇族与国同休戚哉。皆当从军，亲冒矢石，为士卒先，少宽圣主之忧。族人道哥实同此心，愿隶臣麾下。"宣宗嘉其忠，许之。

兴定元年，完颜从坦又特别上书，请求不要以丢失潼关处死宗族成员完颜合周（本名永锡）。

御史大夫、权尚书右丞（完颜）永锡被诏经略陕西，宣宗曰：

"敌兵强则谨守潼关，毋使得东。"永锡既行，留渑池数日，至京兆驻兵不动。顷之，潼关破，大元兵次近郊。由是永锡下狱，久不决。（完颜）从坦乃上疏救之，略曰："窃闻周祚八百，汉享国四百余载，皆以封建亲戚，犬牙相制故也。孤秦、曹魏亡国不永，晋八王相鱼肉，犹历过秦、魏，自古同姓之亲，未有不与国存亡者。本朝胡沙虎之难，百僚将士无敢谁何，鄯阳、石古乃奋身拒战，尽节而死。御史大夫永锡才不胜任，而必用之，是朝廷之过也。国之枝叶已无几矣，伏惟陛下审图之。"于是，宗室四百余人上书论永锡，皆不报。久之，永锡杖一百，除名。

完颜从坦还专门提出了以重农助坚守的建议。

　　当是时，诸路兵皆入城自守，百姓耕稼失所，（完颜）从坦上书曰："养兵所以卫民。方今河朔惟真定、河间之众可留捍城，其余府州皆当散屯于外，以为民防，俟稼穑毕功，然后移于屯守之地，是为长策。"从之。

完颜从坦奉命驻守平阳，最终在平阳陷落时死节，平阳危急时他还向朝廷发出了救急的呼吁。

　　兴定二年十月，（完颜）从坦上奏："太原已破，行及平阳。河东郡县皆不守，大抵屯兵少、援兵不至故耳。行省兵不满六千。平阳，河东之根本，河南之藩篱也。乞并怀、孟、卫州之兵以实潞州，调泽州、沁水、端氏、高平诸兵并山为营，为平阳声援。惟祈圣断，以救倒悬之急。"①

完颜从坦的守地建议不像胥鼎那样重点突出，但是他的宗室成员身份使他的建议更容易被宣宗采纳，起到他人所难起的作用。

受命坚守太原的古里甲石伦，在太原失守后特别强调了恢复太原应采取的策略。

---

① 《金史》卷122《完颜从坦传》。

（兴定）二年四月，（古里甲）石伦言："去岁北兵破太原，游兵时入岚州境，而官民将士悉力捍御，卒能保守无虞。向者河东内郡，皆驻以精甲，实以资储，视边城尤为完富，然兵一至，相继沦没。岚兵寡而食不足，惟其上下协同，表里相应，遂获安帖。当大军初入，郡县仓皇，非此帅府控制，则庾、管、保德、岢岚、宁化皆不可知矣。今防秋不远，乞朝廷量加旌赏，务令益尽心力，易以镇守。"

（兴定）三年二月，（古里甲）石伦奏："向者并、汾既破，兵入内地，臣谓必攻平阳，平阳不守，将及潞州，其还当由龙州谷以入太原。故臣尝请兵欲扼其归路，朝廷不以为然，既而皆如臣所料。始敌入河东时，郡县民皆携老幼徙居山险，后虽太原失守，而众卒不从，其意谓敌不久留，且望官军复至也。今敌居半岁，遣步骑扰诸保聚，而官军竟无至者，民其能久抗乎。夫太原，河东之要郡；平阳，陕西、河南之藩篱也。若敌兵久不去，居民尽从，屯兵积粮以固基本，而复扰吾郡县未残者，则边城指日皆下矣。北路不守，则南路为边，去陕西、河南益近，臣窃忧之，故复请兵以图战守。而枢府檄臣，并将权太原治中郭通祖、义军李天禄等万余人，就其粮五千石，会汾州权元帅右都监抹捻胡剌复太原。臣召通祖，欲号令其众，通祖不从。寻得胡剌报曰：'尝问军数于通祖，但称天禄等言之，未尝亲阅。问粮，则曰散在数处。'盖其情本欲视朝廷以己有兵粮，冀或见用，以取重职，不可指为实用也。虽然，臣已遣提控石盏吾里忻等领军以往矣。但敌势颇重，而往者皆新集白徒，绝无精锐，恐不能胜。乞于河南、陕西量分精兵，以增臣力，仍令陕西州郡近河东者给之资粮，更令南路诸军缀敌之南，以分其势。如此，庶几太原可复也。"

三月，（古里甲）石伦复上言曰："顷者大兵破太原，招民耕稼，为久驻之基。臣以太原要镇，所当必争，遣提控石盏吾里忻引官兵义兵共图收复。又以军士有功者宜速赏之，故拟令吾里忻得注授九品之职，以是请于朝，而执政以为赏功罚罪皆须中覆。夫河东去京师甚远，移报往返不暇数十日，官军皆败亡之余，锋锐略尽，而义兵亦不习行阵，无异乌合，以重赏诱之犹恐不为用，况有功而久不见报乎。夫众不可用则不能退敌，敌不退则太原不可复，太原不可复则平阳之势日危，而境土日蹙矣。今朝廷抑而不许，不过虑其滥赏耳。借使有滥赏之弊，其与失太原之害孰重？"①

与胥鼎、完颜从坦不同的是，古里甲石伦不被朝廷中的大臣看重，所以他的恢复之计只是得到宣宗的赞赏，难以得到实施。

（九）张翰等人的上书言事

迁都南京后上书言事的臣僚，还有张翰、田迥秀、李英、王扩、把胡鲁、师安石等人。

翰林直学士张翰在迁都后的上书中，强调的是强本、足用、防乱、省事、推恩"五事"。

　　一曰强本，谓当袠兵徒、徙豪民，以实南京。二曰足用，谓当按蔡、汴旧渠以通漕运。三曰防乱，谓当就集义军假之官印，使相统摄，以安反侧。四曰省事，谓县邑不能自立者宜稍并之，既以省官，且易于备盗。五曰推恩，谓当推恩以示天子所在称幸之意。②

任职监察御史的田迥秀，在迁都后的上书中强调了省冗官吏、损酒使司、节兵俸、罢寄治官、纳税用宝券"五事"。

　　贞祐四年正月，监察御史田迥秀言："国家调度皆资宝券，行才数月，又复壅滞，非约束不严、奉行不谨也。夫钱币欲流通，必轻重相权、散敛有术而后可。今之患在出太多、入太少尔。若随时裁损所支，而增其所收，庶乎或可也。"因条五事：一曰省冗官吏，二曰损酒使司，三曰节兵俸，四曰罢寄治官，五曰酒税及纳粟补官皆当用宝券。③

五事中的第一事省冗官吏的内容是"朝官及令译史、诸司吏员、诸局承应人太冗滥，宜省并之"；第二事损酒使司的内容是"大定中，酒税岁及十万贯者，始设使司，其后二万贯亦设，今河南使司亦五十余

---

① 《金史》卷111《古里甲石伦传》。

② 《金史》卷105《张翰传》。

③ 《金史》卷48《食货志三》。

员，虚费月廪，宜依大定之制"；第三事节兵俸的内容是"国家调度，行才数月，已后停滞，所患在支太多，收太少，若随时裁损所支，而增其收，庶可久也"；第四事罢寄治官的内容是"随处屯军皆设寄治官，徒费俸给，不若令有司兼总之。且沿河亭障各驻乡兵，彼皆白徒，皆不可用，不若以此军代之，以省其出"①。

御史中丞李英在迁都后的上言中，要求恢复世宗朝的察廉制度，以改变难得人才的现状。

> 兵兴以来，百务皆弛，其要在于激浊扬清，奖进人材耳。近年改定四善、二十七最之法，徒为虚文。大定间，数遣使者分道考察廉能，当时号为得人。愿改前日徒设之文，遵大定已试之效，庶几人人自励，为国家用矣。

李英还借王狗儿杀叛降使者即加官和赐姓完颜氏的事件，强调朝廷不能滥加封赏，坏了章法。

> 名器不可以假人，上恩以难得为贵。比来浓于用赏，实骇闻听。帑藏不足，惟恃爵命，今又轻之，何以使人。伏见兰州西关堡守将王狗儿向以微劳，既蒙甄录，顷者坚守关城，诱杀贼使，论其忠节，诚有可嘉。若官之五品，命以一州，亦无负矣。急于劝奖，遂擢节钺，加阶二品，赐以国姓，若取兰州，又将何以待之。陕西名将项背相望，曹记僧、包长寿、东永昌、徒单丑儿、郭禄大皆其著者。狗儿藐然贱卒，一朝处众人之右，为统领之官，恐众望不厌，难得其死力。②

南京路转运使王扩在迁都后的上言中，强调的是危局中朝廷必须注重节俭的要求。

> 太府监奏羊瘦不可供御，宣宗召（王）扩诘问。扩奏曰："官无羊，皆取于民，今民心未安，宜崇节俭。廷议肥瘠纷纷，非所以

---

① 《金史》卷49《食货志四》，卷58《百官志四》。
② 《金史》卷101《李英传》。

示圣德也。"宣宗首肯之。平章政事（术虎）高琪阅尚食物，谓扩曰："圣主焦劳万机，赖膳羞以安养，臣子宜尽心。"扩曰："此自食监事，何劳宰相。"①

曾任山东路转运使的移剌福僧，在兴定二年十一月的上书中提出了招徕纥人、招抚盗贼、罢监战官等建议。

> （移剌）福僧乃上书曰："为今之计，惟先招徕纥人。选择纥人旧有宿望雄辨者，谕以恩信，彼若内附，然后中都可复，辽东可通。"
>
> 又曰："山东残破，群盗满野，官军既少，且无骑兵。若宋人资以粮饷，假以官爵，为患愈大。当选才干官充宣差招捕，以恩赏谕使复业。募其壮悍为兵，亦致胜之一也。"
>
> 又曰："自承安用兵，军中设监战官，论议之间，动相矛盾，不惩其失，反以为法。若辈平居，皆选材勇自卫，一旦有急，驱疲懦出战，宁不败事，罢之为便。"②

任职京兆左副元帅的把胡鲁，在兴定五年三月的上言中明确提出了减冗官以舒民力的要求。

> 御敌在乎强兵，强兵在乎足食，此当今急务也。窃见自陕以西，州郡置帅府者九，其部众率不过三四千，而长校猥多，虚糜廪给，甚无谓也。臣谓延安、凤翔、巩州边隅重地固当仍旧，德顺、平凉等处宜皆罢去。河南行院、帅府存沿边并河者，余亦宜罢之。

把胡鲁后来又任大司农、参知政事等职，更注重的是减赋止盗的要求。

> （把胡鲁）上言曰："迩来群盗扰攘，侵及内地，陈、颍去京不及四百里，民居稀阔，农事半废，蔡、息之间十去八九。甫经大

---

① 《金史》卷104《王扩传》。
② 《金史》卷104《移剌福僧传》。

赦，贼起益多，动计数百，驱牛焚舍，恣行剽掠，田谷虽熟，莫敢获者。所在屯兵率无骑士，比报至而贼已遁，丛薄深恶，复难追袭，则徒形迹而已。今向秋成，奈何不为处置也。"

上（宣宗）谓之曰："卿顷为大司农，巡行郡县，盗贼如何可息？"对曰："盗贼之多，以赋役多也，赋役省则盗贼息。"上曰："朕固省之矣。"胡鲁曰："如行院、帅府扰之何。"上曰："司农官既兼采访，自今其令禁止之。"①

御史中丞师安石则在元光二年七月的上书中，言及战和、恤民"二事"。

其一曰：自古所以安国家、息祸乱，不过战、守、避、和四者而已。为今之计，守、和为上。所谓守者，必求智谋之士，使内足以得戍卒之心，外足以挫敌人之锐，不惟彼不能攻，又可以伺其隙而败之。其所谓和，则汉、唐之君固尝用此策矣，岂独今日不可用乎，乞令有司详议而行。

其二曰：今敌中来归者颇多，宜丰其粮饷，厚其接遇，度彼果肯为我用，则择有心力者数十人，潜往以诱致其余。来者既众，彼必转相猜贰，然后徐起而图之，则中兴之功不远矣。②

张翰等人的上书言事多是就事论事的说法，但是反映了当时臣僚的所思和所忧，所以同样值得重视。

（十）完颜伯嘉的去奸邪说

御史中丞完颜伯嘉不惧朝中权贵，率先弹劾不战而逃的右副元帅蒲察阿里不孙。

古之为将者，受命之日忘其家，临阵之日忘其身，服丧衣、凿凶门而出，以示必死。进不求名，退不避罪，惟民是保。（蒲察）阿里不孙膺国重寄，握兵数万，未阵而溃，委弃虎符，既不得援枹鼓以死敌，又不能负斧锧而请罪，逃命窜伏，猥居里巷，挟匿妇

---

① 《金史》卷108《把胡鲁传》。
② 《金史》卷108《师安石传》。

人，为此丑行。圣恩宽大，曲赦其死，自当奔走阙庭，皇恐待命。安坐要君，略无忌惮，迹其情罪，实不容诛。此而不惩，朝纲废矣，乞尸诸市以戒为臣之不忠者。①

其后，完颜伯嘉利用遭遇旱灾的机会，弹劾术虎高琪和高汝砺，明指他们为奸相。

> 日者君之象，阳之精，旱乃人君自用亢极之象，宰执以为冤狱所致。夫燮和阴阳，宰相之职，而猥归咎于有司。（术虎）高琪武弁出身，固不足论，（高）汝砺辈不知所职，其罪大矣。汉制，灾异策免三公，顾归之有司邪。臣谓今日之旱，圣主自用，宰相诌谀，百司失职，实此之由。

宣宗要责罚敢于直言的官员抹然胡鲁剌，完颜伯嘉即上言表示君主应注重纳谏的问题。

> 自古帝王莫不欲法尧、舜而耻为桀、纣，盖尧、舜纳谏，桀、纣拒谏也。故曰："纳谏者昌，拒谏者亡。"（抹然）胡鲁剌所言是，无益于身，所言不是，无损于国。陛下廷辱如此，独不欲为尧、舜乎。近日言事者语涉谤讪，有司当以重典，陛下释之。与其释之以为恩，曷若置之而不问。

术虎高琪和高汝砺建议修山寨，以作为避兵场所，完颜伯嘉更指明这样的做法是奸臣所为。

> 建议者必曰据险可以安君父，独不见陈后主之入井乎。假令入山寨可以得生，能复为国乎。人臣有忠国者，有媚君者，忠国者或拂君意，媚君者不为国谋。臣窃论之，有国可以有君，有君未必有国也。

---

① 《金史》卷100《完颜伯嘉传》。本小节所引完颜伯嘉的建言，均出自此传。

完颜伯嘉亦针对朝廷面临的战守问题，提出了赐官、招抚、用人、守要等方面的建议。

> 伯嘉上疏曰："国家兵不强，力不足以有为，财不富，赏不足以周众，独恃官爵以激劝人心。近日以功迁官赴都求调者，有司往往驳之，冒滥者固十之三，既与而复夺之，非所以劝功也。乞应军功迁官，宣敕无伪者即准用之。"
>
> 又曰："自兵兴以来，河北桀黠往往聚众自保，未有定属。乞赐招抚，署以职名，无为他人所先。"
>
> 又曰："河东、河北有能招集余民完守城寨者，乞无问其门地，皆超逾等级，授以本处见任之职。"
>
> 又曰："河中、晋安被山带河，保障关、陕，此必争之地。今虽残破，形势犹存，若使他人据之，因盐池之饶，聚兵积粮，则河津以南，太行以西，皆不足恃矣。"

完颜伯嘉公开指责当权者，自然受到打击和报复，最终以"言事过切"被贬职，失去了再上直言的机会。

受到权臣打击的还有侍御史温迪罕达，因为他的用人建议触怒了权臣，上言后不久即被贬职。

> （温迪罕达）复上言："天下轻重，系于宰相，迩来每令权摄，甚无谓也。今之将帅，谋者不能战，战者不能谋。今岂无其人，但用之未尽耳。"宣宗曰："人才难知，故先试其称否，卿何患焉。所谓用之未尽者为谁？"对曰："陕西统军使把胡鲁忠直干略，知延安府古里甲石伦深沉有谋，能得士心，虽有微过，不足以累大。"宰相（术虎）高琪、高汝砺恶其言，俄充陕州行枢密院参议官。[1]

面对国家的危局，臣僚提出的各种建言，反映的是以善政或善治方法挽救败局的强烈诉求。这样的诉求虽然未能改变金朝的颓势，但是作为应对危机的重要对策，能够拉长坚持的时间，确实有着不可忽视的作

---

① 《金史》卷104《温迪罕达传》。

用。尤为重要的是，王朝末世的救亡建议，更讲究务实而不是空谈，这恰是特殊时期政治思想发展的一个重要特征，尽管不少建言未被采纳，但是这样的思想倾向依然值得后人关注。

四　图存之政

宣宗迁到汴京后，除了注意听从臣僚的救世建言外，亦主动推出了一系列的图存措施，可择要者介绍于下。

（一）崇礼重学

南京（汴京）在完颜亮时已经修建了太庙，宣宗迁都后，"庙社诸祀并委中都，自抹然尽忠弃城南奔，时谒之礼尽废"，礼官于贞祐四年上言："庙社国之大事，今主上驻跸陪京，列圣神主已迁于此，宜重修太庙社稷，以奉岁时之祭。按中都庙制，自始祖至章宗凡十二室，而今庙室止十一，若增建恐难卒成。况时方多故，礼宜从变，今拟权祔肃宗主世祖室，始祖以下诸神主于随室奉安。"宣宗采纳这一建议，于当年三月"以将修太庙，遣李革奏告祖宗神主于明俊殿"。五月，礼官上言："太庙既成，行都礼虽简约，惟以亲行祔享为敬，请权不用卤簿仪仗及宫县乐舞。"宣宗同意祭礼从简的做法，并要求考虑雨情的影响，将祭祀时间由七月改为十月。八月，礼部尚书张行信呈上了新定的"祔享亲祀之仪"。十月，"亲王、百官奉迎祖宗神主于太庙"，宣宗"亲行祔享礼"，并在祔享礼成后又命张行信主持了"奉安社稷"的仪式。①

宣宗所立皇太子完颜守中，贞祐三年正月病逝。当年五月，宣宗以完颜守中之子完颜铿为皇太孙，当年十二月完颜铿亦病逝。贞祐四年正月，宣宗又立第三子完颜守礼为皇太子，不久将其名改为守绪。在紧急情况下，宣宗一方面要求皇太子参决军务，"诏皇太子控制枢密院事"，并赐予金铸的"抚军之宝"；另一方面，因"边事未宁"，暂缓册封皇太子的仪式。②

由于皇太子关系到国本问题，贞祐四年三月，延州刺史温撒可喜上言："皇太子宜选正人为师保。"兴定元年，知太原府事乌古论德升上言："皇太子聪明仁孝，保训之官已备，更宜选德望素著之士朝夕左右

①　《金史》卷14《宣宗纪上》，卷30《礼志三》。

②　《金史》卷14《宣宗纪上》，卷17《哀宗纪上》。

之。日闻正言，见正行，此社稷之洪休、生民之大庆也。"兴定三年，治书侍御史蒲鲁虎又上言："请选太子师傅。"完颜素兰亦希望以正人辅佐太子，已见前述。宣宗则是高度重视皇太子治国能力的培养，如元光元年十二月特别向太子表示："吾尝夜思天下事，必索烛以记，明而即行，汝亦当然。"①

为体现尊儒重道的一贯原则，宣宗特别于贞祐三年十月对衍圣公孔元措做出了安排："召中奉大夫、袭封衍圣公孔元措为太常博士。上（宣宗）初用元措于朝，或言宣圣坟庙在曲阜，宜遣之奉祀。既而上念元措圣人之后，山东寇盗纵横，恐罹其害，是使之奉祀而反绝之也，故有是命。"②

在乱局中，宣宗依然强调了对学校的重视。兴定元年二月，尚书省因军储不继，请求罢州府学生廪给，宣宗即明确表示："自古文武并用，向在中都，设学养士犹未尝废，况今日乎，其令仍旧给之。"元光元年十二月，宣宗又诏谕近侍局："奉御、奉职皆少年，不知书。朕忆曩时置说书人，日为讲论自古君臣父子之教，使知所以事上者，其复置。"③

（二）延续科举

尽管国家已经处于战乱之中，科举考试依然照常进行，只是迁都之后，要有一些新的规定。

贞祐二年十一月，放开了武举只允许女真人应试的限制，"许诸色人试武举"。御史台上言："明年省试，以中都、辽东西、北京等路道阻，宜于中都、南京两处试之。"④ 宣宗虽然同意这样的做法，但贞祐三年（1215）中都被围，随即陷落，所以当年的考试只能在南京举行。在此次考试中，不仅强调了防止作弊、规范录取等要求，还明确了进士的授职规定。

> 贞祐三年四月，诏自今策论词赋进士，第一甲第一人特迁奉直大夫，第二人以下，经义第一人并儒林郎，第二甲以下征事郎，同

---

① 《金史》卷14《宣宗纪上》，卷15《宣宗纪中》，卷16《宣宗纪下》，卷122《乌古论德升传》。

② 《金史》卷14《宣宗纪上》，卷105《孔元措传》。

③ 《金史》卷15《宣宗纪中》。

④ 《金史》卷51《选举志一》。本小节所涉科举考试的引文未注明出处者，均出自此志。

进士从仕郎，经童将仕郎。①

贞祐三年，谕宰臣曰："国初设科，素号严密，今闻会试至于杂坐喧哗，何以防弊。"命治考官及监察罪。

贞祐三年，以会试赋题已曾出，而有犯格中选者，复以考官多取所亲，上（宣宗）怒其不公，命究治之。

贞祐三年，（武举）同进士例，赐敕命章服。时以随处武举入试者，自非见居职任及已用于军前者，令郡县尽遣诣京师，别为一军，以备缓急。其被荐而未授官者，亦量材任之。

兴定元年（1217）正月，宣宗下令中都、西京、北京等路策论进士及武举人权试于南京、东平、婆速、上京等四路。兴定二年三月和四月在南京举行的会试和御试，特赐武举温迪罕缴住以下一百四十人及第。五月，策论词赋经义进士及武举人入宫觐见皇帝，特赐告命章服。② 尤为重要的是，在此次考试中对会试人数有了新的规定。

兴定二年三月，御史中丞把胡鲁言："国家数路收人，惟进士之选最为崇重，不求备数，惟务得贤。今场会试，策论进士不及二人取一人，词赋、经义二人取一，前虽有圣训，当依大定之制，中选即收，无问多寡，然大定间赴试者或至三千，取不过五百。泰和中，策论进士三人取一，词赋、经义四人取一，向者贞祐初，诏免府试，赴会试者几九千人，而取八百有奇，则是十之一而已。时已有依大定之制，亦何尝二人取一哉。今考官泛滥如此，非所以为求贤也。宜于会试之前，奏请所取之数，使恩出于上可也。"诏集文资官议，卒从泰和之例。又谓宰臣曰："从来廷试进士，日晡后即遣出官，恐文思迟者不得尽其才，令待至暮时。"特赐经义进士王彪等十三人及第，上览其程文，爱其辞藻，咨叹久之。因怪学者益少，谓监试官左丞高汝砺曰："养士学粮，岁稍丰熟即以本色给之，不然此科且废矣。"

———————————

① 《元史》卷14《宣宗纪上》。
② 《金史》卷15《宣宗纪中》。

兴定五年（1221）的考试，省试经义进士，考官于常格外多取十余人，宣宗下令以特恩赐第，"又命河北举人今府试中选而为兵所阻者，免后举府试"。他还接受臣僚的建议，提高了学生待遇，并处罚了考官赵秉文等人的不良行为。

> 兴定五年三月，省试经义进士，考官于常额外多放乔松等十余人。有司奏请驳放，上已允，寻复遣谕松等曰："汝等中选而复黜，不能无动于心。方今久旱，恐伤和气，今特恩放汝矣。"①

> （兴定）五年三月，廷试进士，（李）复亨监试。进士卢元谬误，滥放及第。读卷官礼部尚书赵秉文、翰林待制崔禧、归德治中时戬、应奉翰林文字程嘉善当夺三官降职，复亨当夺两官。赵秉文尝请致仕，宣宗怜其老，降两阶，以礼部尚书致仕，复亨罢为定国军节度使。②

（三）重视修史

战乱并未终止修史的工作，国史馆负责编撰《章宗实录》，尚书省特别于兴定元年上言："旧制，凡修史，宰相、执政皆预焉，然女直、汉人各一员。崇庆中，既以参知政事梁絪兼之，复命翰林承旨张行简同事，盖行简家学相传，多所考据。今修《章宗实录》，左丞（高）汝砺已充兼修，宜令参知政事（张）行信同修如行简例。"宣宗同意这样的安排，于当年十月"命高汝砺、张行信同修《章宗实录》。③ 兴定五年正月《章宗实录》编成，臣僚的上表（赵秉文起草）不仅陈述了章宗的丰功伟绩，还强调了修史的重要性所在。

> 臣等言，伏以唐、虞之际有典谟，茂彰洪烈；文、武之政在方策，迄为显王。自昔人君必存史籍，既有其丰隆显懿之德，亦赖夫温醇深润之文。铺张对天之洪休，扬厉无前之伟绩，然后事辞不苟，声实相当。伏以章宗皇帝圣敬日跻，聪明时乂，光应大业，祗述先

---

① 《金史》卷16《宣宗纪下》。
② 《金史》卷100《李复亨传》。
③ 《金史》卷15《宣宗纪上》，卷16《宣宗纪下》，卷107《张行信传》。

猷。禀大有为之资，千古挺出。行不忍人之政，期年有成。发廪粟以赈贫穷，置外台以审刑狱，罢征敛于即日，减税租者累年。敦劝农桑，裁定制度。孝承祖庙，款谒大坛。秩旷古之无文，定国朝之大礼。生徒遍学校，冠带圜桥门。焕乎之文，足以藻饰百度，赫然之怒，足以震叠万方。始以殷高之明，鬼方肆伐，终然宣后之烈，淮夷来舒。故得孽宋增币以乞盟，鞑靼革心而效顺。西服银夏，东抚辰韩，岁时相望，琛尽入贡。由是蒸为瑞气，散为祥风，神凤来翔，宝鼎出现，野蚕成茧，嘉谷旅生。至于奎璧之文，河洛之书，日月出矣，光其不亦难乎，江汉濯之，皜乎不可尚已，尚却徽称而不受，愈彰圣德之难名。二十年间，鼓舞太和之治，亿万世后，光华惇史之书。况夫良将之远筹，贤相之婉画，所表忠臣节妇，所举异行茂才，本兵舆赋之繁，生齿版图之数，所宜具载，以示方来。钦惟皇帝陛下赓绍燕谋，思光前烈，谓信书之未毕，恐遗美之不昭，深诏儒臣，详为实录。往在东海之际，已抽中秘之书，踵此编年，俾之载笔。属典册之未上，值虏寇之不虞。师旅绎骚，篇秩散逸。钦承圣训，复命编摩，遍阅官縢，曲加搜访。然而《起居注》有所未备，《行止录》有所未详。或捃摭于案牍之余，或采拾于见闻之际。载之行事，诚咸五以登三，及此成书，惧挂一而漏万。臣等所编成《章宗皇帝实录》一百卷，并事目二十卷，总计一百二十卷。缮写了毕，谨具进呈。伏望圣慈，曲垂省览。①

此后，又着手卫绍王完颜永济时的史事编撰，亦有人就此表达了公正述史的诉求。

兴定五年正月，尚书省奏："《章宗实录》已进呈，卫王事迹亦宜依《海陵庶人实录》，纂集成书，以示后世。"制可。初，胡沙虎弑卫王，立宣宗，一时朝臣皆谓卫王失道，天命绝之，虎实无罪，且有推戴之功，独张行信抗章言之，不报，举朝遂以为讳。及是，史官谓（贾）益谦尝事卫王，宜知其事，乃遣编修一人就郑访之。益谦知其旨，谓之曰："知卫王莫如我。然我闻海

① 赵秉文：《进呈章宗皇帝实录表》，《滏水集》卷10。

陵被弑而世宗立，大定三十年，禁近能暴海陵蛰恶者，辄得美仕，故当时史官修实录多所附会。卫王为人勤俭，慎惜名器，较其行事，中材不及者多矣。吾知此而已，设欲饰吾言以实其罪，吾亦何惜余年。"[1]

从以上的崇礼重学、延续科举、注重修史等作为可以看出，即便在乱局中，宣宗依然高度重视文治问题，尽可能维持国家的文治景象，使"以武守国"和"以文兴邦"成为支撑王朝统治的两个重要支柱。

（四）鼓励直言

求直言是良政的重要表征，宣宗在迁都后继续表现出求直言的热切态度，可列举一些重要表述和例证。

> 贞祐三年二月，敕奏急事不拘假日。三月，诏百官各陈防边利害，封章以闻。四月，权参知政事（乌古论）德升言："旧制夏至后免朝，四日一奏事。"上（宣宗）曰："此在平时可耳。方今多故，勿谓朕劳，遂云当免，但使国事无废则善矣。"五月，上谕宰臣："多事之秋，陈言者悉送省。恐卿等不暇，朕于宫中置局，命方正官数员择可取者付出施行，何如？"宰臣请如圣谕。十一月，参知政事徒单思忠言："今陈言者多掇拾细故，乞不送省，止令近侍局度其可否发遣。"上曰："若尔，是塞言路。凡系国家者，岂得不由尚书省乎。"
>
> 贞祐四年六月，诏凡进奏帖及申尚书省、枢密院关应大事，私发视者绞，误者减二等，制书应密者如之。[2]

> （贞祐）四年，（纳合蒲剌都）上言："古者一人从军，七家奉之，兴十万之师，不得操事者七十万家。今籍诸道民为兵者十之七八，奉之者才二三，民安得不困。夫兵贵精，不在众寡。择勇敢谋略者为兵，脆懦之徒使归农亩，是亦舒民之一端也。"又请补官赎

①　《金史》卷106《贾益谦传》。
②　《金史》卷14《宣宗纪上》。

罪以足用，及请许人射佃陕西荒田，开采矿冶，不报。①

兴定元年五月，民苑汝济上书陈利害，上以示宰臣曰："卑贱小人，犹能尽言如此，有可采者即行之。"六月，诏凡上书人其言已采用者，上其姓名。以进士朱盖、草泽人李维岩论议可取，诏给八贯石俸。②

兴定二年十一月，宣宗御登贤门，召致仕官兵部尚书完颜蒲剌都、户部尚书萧贡、刑部尚书仆散伟、工部尚书奥屯扎里吉、翰林学士完颜孛迭、转运使（移剌）福僧、河东北路转运使赵重福、沁南军节度使猪奋、镇南军节度使石抹仲温、泰定军节度使李元辅、中卫尉完颜奴婢、原州刺史纥石烈孛吉赐食，访问时政得失。③

兴定四年十月，诏问时务所当先者，（冯）璧上六事，大略言减冗食，备选锋，缓疑似以慎刑，择公廉以检吏，屯戍革朘削之弊，权贵严请托之科。又条自治之策四，谓别贤佞，信赏罚，听览以通下情，贬损以谨天戒。④

兴定五年三月，谕宰臣曰："今奉御、奉职多不留心采访外事。闻章宗时近侍人秩满，以所采事定升降。今亦宜预为考核之法，以激劝之。"

元光二年正月，上谕宰臣曰："向有人言便宜事，卿等屡奏乞作中旨行之。帝王从谏足矣，岂可掠人之美以为己出哉。"七月，敕诸御史曰："琐细事非人主所宜诘，然凡涉奸弊，靡不有关国政者。比闻朝官及承应人月给俸粮，多杂糠土，有司所收曷尝有是物哉。至于出纳斗斛，亦小大不一，此皆理所不容者，而台官初不

① 《金史》卷122《纳合蒲剌都传》。
② 《金史》卷15《宣宗纪中》。
③ 《金史》卷104《移剌福僧传》。
④ 《金史》卷110《冯璧传》。

问。事事须朕言之，安用汝曹也。"①

如前所述，宣宗对于臣僚建言的采纳有不少瑕疵，但不能因其不善"纳谏"而指斥"求谏"缺乏真诚。如在中都时一样，宣宗的求直言至少起了一个重要的作用，就是促成了臣僚的敢言风气，否则也就没有前文列举的各种建言了。乱世中最易出现的是堵塞言路现象，宣宗能够以自己的作为避免这样的现象，应该得到肯定。

（五）调整官制

国家面临战乱时，会出现官员严重短缺的情况，宣宗不得不采取五种紧急措施来解决这一问题。

第一种措施是纳粟买官，又称为入粟补官、入粟鬻爵等，迁都南京前作为临时性措施，迁都后成为常态化的做法，并在纳粟标准、官职等级、享受待遇等方面有了新的规定。

> 贞祐三年九月，制无问官民，有能效率诸人纳物入官者，米百五十石迁官一阶，正班任使。七百石两阶，除诸司。千石三阶，除丞簿。过此数则请于朝廷议赏。推司县官有能劝二千石迁一阶，三千石两阶，以济军储。②

> 兴定二年二月，谕尚书省曰："闻中都纳粟官多为吏部缴驳，殊不思方阙乏时利害为如何。又立功战阵人，必责保官，若辈皆义军白丁，岂识职官，苟文牒可信，即当与之。至若在都时，规运薪炭入城者，朕尝植恩授以官。此岂容伪，而间亦为所沮格。其悉谕之，勿复若是。"③

纳粟买官是自乱官制的做法，但是危急时刻能够起到搜刮粮、钱的作用，所以王朝末世总会使出这样的对策，宣宗所做的，就是使其达到最大化的效果，可是无论是民间财力状况还是臣民对朝廷的信任度，都难以实现以卖官挽救财政困局的目标。

---

① 《金史》卷16《宣宗纪下》。
② 《金史》卷50《食货志五》。
③ 《金史》卷15《宣宗纪中》。

第二种措施是推出选官新制，重点强调了七方面的要求。

一是身份要求，选官不再注重女真人和诸色人的区别，而是更注重才干。

> 贞祐三年二月，诏诸色人迁官并视女直人，有司妄生分别，以违制论，从户部郎中奥屯阿虎请也。
>
> 贞祐三年八月，诏诸职官不拘何从出身，其才可大用者，尚书省具以闻。①

二是地点要求，明确以南京作为吏部的选官地点，并废除迁都前的宣抚司选官做法。

> 贞祐二年，以播越流离，官职多阙，权命河朔诸道宣抚司得拟七品以下，寻以所注吏部不知，季放之阙多至重复，乃奏罢之。②
>
> 贞祐三年二月，尚书省以南迁后，吏部秋冬置选南京，春夏置选中都，赴调者不便，请并选于南京。③

三是易官要求，强调以贤能者替代疲软的县官。

> 贞祐三年三月，沿河州县官疲软不胜职任者汰去，令五品已上官公举，仍许今季到部人内先择能者量缓急易之。④

四是任职要求，明令州县官员不许以"差占"的名义离职。

> 贞祐三年三月，诏河北州县官，令文武五品以上辟举，不听以它事差占，仍勒终任。有劳绩者但升遥领之职，应降罚者亦止本处

---

① 《金史》卷14《宣宗纪上》。
② 《金史》卷54《选举志四》。
③ 《金史》卷14《宣宗纪上》。
④ 《金史》卷14《宣宗纪上》。

居住。时河北残毁，吏治多苟且以求代易，故著是令。①

五是避仕要求，强调现任官员不得有"不求仕"和"不赴任"的做法，违者治罪。

> 贞祐三年九月，户部侍郎奥屯阿虎言："国家多故，职官往往不仕。乞限以两季，违者勿复任用。"上（金宣宗）嫌其太重，命违限者止夺三官，降职三等，仍永不升注。
> 兴定元年十月，定职官不求仕及规避不赴任法。②

六是去冗要求，只是在朝廷内部提出了淘汰冗官的动议，未能付诸实施。

> 兴定元年正月，议减庶官冗员。
> 兴定二年二月，御史以北兵退，请汰各处行枢密院、元帅府冗官。尚书以为非便，上从尚书言，仍旧制。③

七是品爵要求，强调严控散官品爵，避免品爵过滥过轻的弊病。

> 兴定元年，徒单顽僧言："兵兴以来，恩命数出，以劳进阶者比年尤多，贱职下僚散官或至极品，名器之轻莫此为甚。自今非亲王子及职一品，余人虽散官至一品乞皆不许封公。若已封者，虽不追夺其仪卫，亦当降从二品之制。"从之。④

紧急状态下推出的选官新制，着重点是稳定官吏队伍，谈不上系统性的思考和规划，对于这一点应有清醒的认识。

第三种措施是继续实行举荐制度，并且不仅是举荐文官，也要举荐将领，以应对时局的需要。

---

① 《金史》卷14《宣宗纪上》。
② 《金史》卷14《宣宗纪上》，卷15《宣宗纪中》。
③ 《金史》卷15《宣宗纪中》。
④ 《金史》卷54《选举志四》。

贞祐三年八月，诏近臣举良将。

贞祐四年闰七月，命掌军官举奇才绝力之人，提控、都副统等官互举其属。颁举官赏罚格，许功过相除。品官及草泽人有才武者，举荐升降亦如之。十月，置官领招贤所事，命内外官探访有才识勇略能区画防城者具以闻，得实超任，仍赏举主。内负长才不为人所知者，听赴招贤所自陈。①

兴定三年，定辟举县令制。称职，则元举官减一资历。中平，约量升除。不称，罚俸一月。犯免官，免所居官。及官当私罪解任、杖罪、赃污者，约量降除。污赃至徒以上及除名者，一任不理资考。三品以上举县令，称职者约量升除，不称夺俸一月。若被举者犯免官等罪，夺俸两月。赃污至徒以上及除名者，夺俸三月，狱成，而会赦原者，亦原之。

兴定五年，制辟举县令考平者，元举者不得复举，他人举之者听。又旧制，保举县令秩满之后，以六事论升降，三事以下减一资历，四事减两资历，六事皆备则升职一等。既而御史张升卿言："进士中下甲及第人、及监官至明威当入县丞主簿，而三事以下减一资历注下令，四事减注中令，令皆七品也，若复八品矣，轻重相戾，宜更定之。"遂定制，自今四事以下如前条，六事完者，进士中下甲及第、监官当入县丞主簿，人减三资历，注上令，余出身者亦同此。任二十月以上，虽未秩满，若以理去官，六事之迹已经覆察，论升如秩满例。……以举官或私其亲，或徇于请求，或谬于鉴裁而妄举，数岁之间以滥去者九十余人，乃罢辟举县令之制。②

兴定五年十二月，罢选举县令法。
元光元年四月，更定辟举县令之法，而复行之。③

---

① 《金史》卷14《宣宗纪上》。
② 《金史》卷54《选举志四》。
③ 《金史》卷16《宣宗纪下》。

兴定初，朝议县令最亲民，依常调数换多不得人，始诏内外七品以上官保举，仍升为正七品，资未及者，借注人。一时能吏如王庸登庸令洛阳，程震威卿令陈留，皆有治绩，或入为监察御史台部官。自是居官者争以能相尚，民亦多受赐。其后，往往自纳赂请托得之，故疲懦贪秽者亦多，然士大夫为之者犹自力，此良法也。①

第四种措施是褒奖忠勤，既要求官员养成勤政习惯，也强调了朝廷用正人的要求。

贞祐四年正月，谕御史台曰："今旦视朝，百官既拜之后，始闻开封府报衙声。四方多故之秋，弛慢如此，可乎。中丞福兴（完颜承晖）号素谨于官事者，当一诘之。"

元光二年三月，上（宣宗）谓宰臣："人有才堪任事，其心不下者，终不足贵。"丞相（高）汝砺对曰："其心不正而济之以才，所谓虎而翼者也，虽古圣人亦未易知。"上以为然。②

第五种措施是严格奖罚，在特定条件下确定奖功罚罪的新标准和新做法。

贞祐二年，定制以所察大事至五、小事至十为称职，数不及且无切务者为庸常，数内有二事不实者为不称职。③

兴定二年六月，御史言户部员外郎臧伯升供亿息州，偶遇官军战胜，亦冒迁一官，乞论其罪。上（宣宗）曰："军前如此者，何止伯升，今遽见罪，余皆不安。且诘所从来，势连及帅府。多故之秋，岂为一官，遂忘大计，但令厘正之。"十二月，尚书省言："枢密掌天下兵，皇太子抚军，而诸道又设行院。其有功及失律者，须白院，启东宫，至于奏可，然后诛赏，有司但奉行而已。自今军中号令关赏罚者，皆明注诏旨、教令，毋容军司售其奸欺。"上从之。

---

① 刘祁：《归潜志》卷7，第72—73页。
② 《金史》卷14《宣宗纪上》，卷16《宣宗纪下》。
③ 《金史》卷54《选举志四》。

　　兴定五年十月，尚书省言："司、县官贪暴不法，部民逃亡，既有决罚，他县停匿亦宜定罪。随处土民久困徭役，客户贩鬻坐获厚利，官无所敛，亦宜稍及客户，以宽土民。行院帅府幕职，虽无部众，亦尝赞画戎功，而推赏止进官一阶，宜听主将保奏，第功行赏。"上皆从其请。

　　元光二年二月，诏："军官犯罪，旧制更不可任用，今多故之秋，人才难得，朕欲除大罪外，徒刑追配有武艺善掌兵者，量才复用，其令尚书省议以闻。"①

　　（元光）二年四月，（纥石烈牙吾塔）上言："赏罚国之大信，帝王所以劝善而惩恶，其令一出，不可中变。向官军战殁者皆廪给其家，恩至厚也。臣近抵宿州，乃知例以楮币折支，往往不给，至于失所。此殆有司出纳之吝，不能奉行朝廷德意之过也。自今愿支本色，令得赡济。"以粮储方艰，诏有司给其半。②

　　尤为重要的是，在用人问题上宣宗显示的是"天命"大于"君命"的思想倾向。

　　元光二年五月，参知政事（仆散）毅夫言："胁从人号'忠孝军'，而置沿淮者所为多不法，请防闲之。"上（宣宗）曰："人心无常，顾驭之何如耳。驭之有术，远方犹且听命，况此辈乎。不然，虽左右亦难防闲，正在廓开大度而已。若是而不能致太平者，命也。"

　　元光二年七月，宰臣方对次，有司奏前奉御温敦太平卒。上大骇曰："朕屡欲授太平一职，每以事阻，今仅授之未数日而亡，岂非天耶！"因谓宰臣曰："海陵时有护卫二人私语，一曰富贵在天，一曰由君所赐。海陵窃闻之，诏授言由君所得以五品职，意谓诚由己也，而其人以疾竟不及授。章宗秋猎，闻平章张万公薨，叹曰：'朕乃将拜万公丞相，而遂不起，命也。'"③

―――――――――

① 《金史》卷14《宣宗纪上》，卷15《宣宗纪中》，卷16《宣宗纪下》。
② 《金史》卷111《纥石烈牙吾塔传》。
③ 《金史》卷16《宣宗纪下》。

五种措施加上宣宗的用人认识，构成了基本的用人格局，为维持局面提供了一定的人才支持，对此应肯定其积极的取向。

（六）变易钞法

针对卫绍王在位时"交钞之轻几于不能市易"的状态，宣宗即位后采用了印制新钞的方法，但效果颇差："宣宗贞祐二年二月，思有以重之，乃更作二十贯至百贯例交钞，又造二百贯至千贯例者。然自泰和以来，凡更交钞，初虽重，不数年则轻而不行，至是则愈更而愈滞矣。南迁之后，国蹙民困，军旅不息，供亿无度，轻又甚焉。"①

贞祐三年七月，将交钞改名为"贞祐宝券"②，其背景就是臣僚提出了变易钞法的要求。

> （贞祐）三年四月，河东宣抚使胥鼎上言曰："今之物重，其弊在于钞窒，有出而无入也。虽院务税增收数倍，而所纳皆十贯例大钞，此何益哉。今十贯例者民间甚多，以无所归，故市易多用见钱，而钞每贯仅直一钱，曾不及工墨之费。臣愚谓宜权禁见钱，且令计司以军须为名，量民力征敛，则泉货流通，而物价平矣。"

> 五月，权西安军节度使乌林达与言："关陕军多，供亿不足，所仰交钞则取于京师，徒成烦费，乞降板就造便。"又言："怀州旧铁钱钜万，今既无用，愿贯为甲，以给战士。"时有司轻罪议罚，率以铁赎，而当罪不平，遂命赎铜计赃皆以银价为准。

> 六月，敕议交钞利便。七月，改交钞名为"贞祐宝券"，仍立沮阻罪。

只是变换交钞的名目，难以改变"钞轻"的现状，除前述臣僚提出的流通交钞建议外，亦有人提出了放宽物价时估、恢复回易务等方面的建议，宣宗所展示的则是以强力维持"贞祐宝券"通行和限定谷价的思路。

> （贞祐三年）九月，御史台言："自多故以来，全藉交钞以助

---

① 《金史》卷48《食货志三》。本小节引文未注明出处者，均出自此志。
② 《金史》卷14《宣宗纪上》。

军需，然所入不及所出，则其价浸减，卒无法以禁，此必然之理也。近用‘贞祐宝券’以革其弊，又虑既多而民轻，与旧钞无异也，乃令民间市易悉从时估，严立罪赏，期于必行，遂使商旅不行，四方之物不敢入。夫京师百万之众，日费不赀，物价宁不日贵耶。且时估月再定之，而民间价旦暮不一，今有司强之，而市肆尽闭。复议搜括隐匿，必令如估鬻之，则京师之物指日尽，而百姓重困矣。臣等谓惟官和买计赃之类可用时估，余宜从便。”制可。

十二月，上闻近京郡县多籴于京师，谷价翔踊，令尚书省集户部、讲议所、开封府、转运司，议所以制之者。户部及讲议所言，以五斗出城者可阑籴其半，转运司谓宜悉禁其出，上从开封府议，谓：“宝券初行时，民甚重之。但以河北、陕西诸路所支既多，人遂轻之。商贾争收入京，以市金银，银价昂，谷亦随之。若令宝券路各殊制，则不可复入河南，则河南金银贱而谷自轻。若直闭京城粟不出，则外亦自守，不复入京，谷当益贵。宜谕郡县小民，毋妄增价，官为定制，务从其便。”

（贞祐四年）三月，翰林侍讲学士赵秉文言：“比者宝券滞塞，盖朝廷将议更张，已而妄传不用，因之抑遏，渐至废绝，此乃权归小民也。自迁汴以来，废回易务，臣愚谓当复置，令职官通市道者掌之，给银钞粟麦缣帛之类，权其低昂而出纳之。仍自选良监当官营为之，若半年无过，及券法通流，则听所指任便差遣。”

贞祐四年八月，在朝廷内部展开了一次有关钞法的争论，核心问题是要不要印造新钞。

（贞祐四年）八月，平章（术虎）高琪奏：“军兴以来，用度不赀，惟赖宝券，然所入不敷所出，是以浸轻，今千钱之券仅直数钱，随造随尽，工物日增，不有以救之，弊将滋甚。宜更造新券，与旧券权为子母而兼行之，庶工物俱省而用不乏。”

濮王（完颜）守纯以下皆惮改，奏曰：“自古军旅之费皆取于民，向朝廷以小钞殊轻，权更宝券，而复禁用钱。小民浅虑，谓楮币易坏，不若钱可久，于是得钱则珍藏，而券则亟用之，惟恐破裂而至于废也。今朝廷知支而不知收，所以钱日贵而券日轻。然则券之轻非民轻之,国家致之然也。不若量其所支复敛于民,出入循环,则彼知为必用之物,而知爱重矣。今徒患轻而即欲更造,不惟信令不行,且恐新券之轻复同旧券也。"

既而,陇州防御使完颜寓及陕西行省令史惠吉继言券法之弊。寓请姑罢印造,以见在者流通之,若滞塞则验丁口之多寡、物力之高下而征之。吉言:"券者所以救弊一时,非可通流与见钱比,必欲通之,不过多敛少支尔。然敛多则伤民,支少则用不足,二者皆不可。为今日计,莫若更造,以'贞祐通宝'为名,自百至三千等之为十,听各路转运司印造,仍不得过五千贯,与旧券参用,庶乎可也。"

诏集百官议。户部侍郎奥屯阿虎、礼部侍郎杨云翼、郎中兰芝、刑部侍郎冯鹏皆主更造。户部侍郎高夔、员外郎张师鲁、兵部侍郎徒单欧里白皆请征敛。惟户部尚书萧贡谓止当如旧,而工部尚书李元辅谓二者可并行。太子少保张行信亦言不宜更造,但严立不行之罪足矣。侍御史赵伯成曰:"更造之法,阴夺民利,其弊甚于征。征之为法,特征于农民则不可,若征于市肆商贾之家,是亦敦本抑末之一端。"刑部主事王寿宁曰:"不然,今之重钱轻券者皆农尔,其敛必先于民而后可。"转运使王扩曰:"凡论事当究其本,今岁支军士家口粮四万余石,如使斯人地著,少宽民力,然后征之,则行之不难。"榷货司杨贞亦欲节无名之费,罢闲冗之官。

或有请铸大钱以当百,别造小钞以省费。或谓县官当择人者。独吏部尚书温迪罕思敬上书言:"国家立法,莫不备具,但有司不克奉之而已。诚使臣得便宜从事,凡外路四品以下官皆许杖决,三品以上奏闻,仍付监察二人驰驿往来,法不必变,民不必征,一号令之,可使上下无不奉法。如其不然,请就重刑。"上(宣宗)以示宰臣曰:"彼自许如此,试委之可乎?"宰臣未有以处,而监察御史陈规、完颜素兰交诤,以为:"事有难行,圣哲犹病之,思敬何为者,徒害人尔。"上以众议纷纷,月余不决,厌之,乃诏如旧,纾其征敛之期焉。

宣宗最终采纳惠吉的建议,印造了"贞祐通宝",并于兴定元年二月下诏推行"贞祐通宝",新钞一贯当"贞祐宝券"千贯。为推行新钞,特别增加了伪造沮阻罪及捕获之赏。[①]

兴定元年五月,又要加征"桑皮故纸钱":"以钞法屡变,随出而随坏,制纸之桑皮故纸皆取于民,至是又甚艰得,遂令计价,但征宝券、通宝,名曰桑皮故纸钱,谓可以免民输挽之劳,而省工物之费也。"高汝砺明确提出反对意见,宣宗不予理睬,已见前述。

兴定三年和四年,在朝臣的建言中,既涉及犯钱禁的处罚问题,也涉及能否放开钱禁的问题。

> (贞祐)三年十月,省臣奏:"向以物重钱轻,犯赃者计钱论罪则太重,于是以银为则,每两为钱二贯,有犯通宝之赃者直以通宝论,如因军兴调发,受通宝及三十贯者,已得死刑,准以金银价,才为钱四百有奇,则当杖,轻重之间悬绝如此。"遂命准犯时银价论罪。

> (贞祐)四年三月,参知政事李复亨言:"近制,犯通宝之赃者并以物价折银定罪,每两为钱二贯,而法当赎铜者,止纳通宝见钱,亦乞令依上输银,既足以惩恶,又有补于官。"诏省臣议,遂命犯公错过误者止征通宝见钱,赃污故犯者输银。十二月,镇南军节度使温迪罕思敬上书言:"钱之为泉也,贵流通而不可塞,积于官而不散则病民,散于民而不敛则阙用,必多寡轻重与物相权而后可。大定之世,民间钱多而钞少,故贵而易行。军兴以来,在官殊少,民亦无几,军旅调度悉仰于钞,日之所出动以万计,至于填委市肆,能无轻乎?不若弛限钱之禁,许民自采铜铸钱,而官制模范,薄恶不如法者令民不得用,则钱必日多,钞可少出,少出则贵而易行矣。今日出益众,民日益轻,有司欲重之而不得其法,至乃计官吏之俸、验百姓之物力以敛之,而卒不能增重,曾不知钱少之弊也。臣谓宜令民铸钱,而当敛钞者亦听输银,民因以银铸钱为数等,文曰兴定元宝,定直以备军赏,亦救弊之一法也。"朝廷不从。

兴定五年又出现了印造新钞的建议,宣宗决定印行"兴定宝泉",

每贯当"贞祐通宝"四百贯。①

> （兴定）五年闰十二月，宰臣奏："向者宝券既弊，乃造'贞祐通宝'以救之，迄今五年，其弊又复如宝券之末。初，通宝四贯为银一两，今八百余贯矣。宜复更造'兴定宝泉'，子母相权，与通宝兼行，每贯当通宝四百贯，以二贯为银一两，随处置库，许人以通宝易之。县官能使民流通者，进官一阶、升职一等，其或姑息以致壅滞，则亦追降的决为差。州府官以所属司县定罪赏，命监察御史及诸路行部官察之，定挠法失纠举法，失举则御史降决，行部官降罚，集众妄议难行者徒二年，告捕者赏钱三百贯。"元光元年二月，始诏行之。

元光二年五月，又印造了每贯当通宝五十的"元光重宝"，还以绫印制"元光珍货"，都没有解决"钞轻"问题，不得不解除银禁，允许民间以银两作为交易手段。②

> （元光）二年五月，更造每贯当通宝五十，又以绫印制"元光珍货"，同银钞及余钞行之。行之未久，银价日贵，宝泉日贱，民但以银论价。至元光二年，宝泉几于不用，乃定法，银一两不得过宝泉三百贯，凡物可直银三两以下者不许用银，以上者三分为率，一分用银，二分用宝泉及珍货、重宝。京师及州郡置平准务，以宝泉、银相易，其私易及违法而能告者罪赏有差。是令既下，市肆昼闭，商旅不行，朝廷患之，乃除市易用银及银、宝泉私相易之法。然上有限用之名，而下无从令之实，有司虽知，莫能制矣。

宣宗以不断变换钞名的方法处理钞币问题，对复杂的经济困局做出的是主观、草率、愚蠢的应对选择，只能是给百姓带来更大的困苦，并最终使钞法走向彻底失败。

（七）粮储为上

宣宗迁都南京后，朝廷只能依靠河南、陕西提供粮草供应，为了继

---

① 《金史》卷16《宣宗纪下》。
② 《金史》卷16《宣宗纪下》。

续坚持，不得不以粮储问题为重心，推出应急的六种措施。

第一种是重农措施。在形势越来越不利的条件下，为体现以农助国的重要作用，宣宗在不同时段采用了不同的劝农措施。

贞祐年间侧重的是使用以往的地方官劝农、禁止围猎等方式，并在宰执的劝阻下，不实施派官劝农的做法。

> 贞祐二年十二月，颁劝农诏。
>
> 贞祐三年九月，以秋稼未获，禁军官围猎。
>
> 贞祐四年正月，言者请遣官劝农，至秋成，考其绩以甄赏。宰臣言："民恃农以生，初不待劝，但宽其力，勿夺其时而已。遣官不过督州县计顷亩、严期会而已。吏卒因为奸利，是乃妨农，何名为劝。"上是其言，不遣。①

兴定年间，先是设立行六部官督促州县官员劝农，后来又专门设立行三司，专掌劝农等务，随后又有了派执政官员巡行劝农的做法，劝农官员亦因地制宜，提出了一些重要的利民、利农建议，也显露了劝农本身的弊病。

> 兴定二年九月，设随处行六部官，以京府节镇长官充尚书，次侍郎、郎中、员外郎；防刺长官侍郎，次郎中、员外郎、主事，勾当官听所属任使。州府官并充劝农事，防刺长官及京府节镇同知以下充副使。②

> （兴定三年）七月，置京东、京西、京南三路行三司，掌劝农催租、军须科差及盐铁酒榷等事，户部侍郎张师鲁摄东路，治归德，户部侍郎完颜麻斤出摄南路，治许州，（李）复亨摄西路，治中京实河南府，三司使侯挚总之。复亨奏："民间销毁农具以供军器，臣窃以为未便。汝州鲁山、宝丰，邓州南阳皆产铁，募工置冶，可以获利，且不厉民。"又奏："阳武设卖盐官以佐军用，乞禁止沧、滨盐勿令过河，河南食阳武、解盐，河北食沧、滨盐，南

---

① 《金史》卷14《宣宗纪上》。

② 《金史》卷15《宣宗纪中》。

北俱济。"诏尚书省行之。九月，以劝农有劳，迁兵部尚书。再阅月，转吏部尚书，权参知政事。

（兴定）四年三月，（李复亨）真拜参知政事，兼修国史。七月，河南雨水害稼，复亨为宣慰使，御史中丞完颜伯嘉副之，循行郡县，凡官吏贪污不治者，得废罢推治。复亨奏乞禁宣慰司官吏不得与州府司县行总管府及管军官会饮。又奏曰："诏书令臣，民间差发可免者免之。民养驿马，此役最甚，使者求索百端，皆出养马之家，人多逃窜，职此之由。可依旧设回马官，使者食料皆官给之，岁终会计，均赋于民。"又奏："河南闲田多，可招河东、河北移民耕种。被灾及沿边郡县租税全免，内地半之，以救涂炭之民，资蓄积之用。"诏有司议行焉。还奏："南阳禾麦虽伤，土性宜稻，今因久雨，乃更滋茂。田凡五百余顷，亩可收五石，都得二十五万余石。可增直籴稻给唐、邓军食。缘诏书不急科役即令免罢，臣不敢辄行，如以臣言为然，乞付有司计之。"制可。无何，被诏提控军兴粮草。复亨奏："河渡不通，陕西盐价踊贵，乞以粟互易足兵食。"诏户部从长规措。[1]

（兴定）四年秋，河南大水，（完颜伯嘉）充宣慰副使，按行京东。奏曰："亳州灾最甚，合免三十余万石。三司止奏除十万石，民将重困，惟陛下怜之。"诏治三司奏灾不以实罪。[2]

元光年间则是专门设置了大司农司，负责劝农事务等，地方则有行司农司等设置，并严格了劝农的机制。

元光元年正月，遣官垦种京东、西、南三路水田。二月，诏徙中京、唐、邓、商、虢、许、陕等州屯军及诸军家属赴京兆、同、华就粮屯。四月，置大司农司，设大司农卿、少卿、丞，京东、西、南三路置行司，并兼采访事。

元光二年八月，遣官分行蔡、息、陈、亳、唐、邓、裕诸州，泊司农司州县吏同议，凡民丁相聚立砦避兵，与各巡检军相依者，

---

① 《金史》卷100《李复亨传》。
② 《金史》卷100《完颜伯嘉传》。

五十户以上置砦长一员，百户增副一员，仍先迁一官，能安民弭盗劝农者论功注授。十月，制行枢密院及元帅府，农隙之月分番巡徼校猎，月不过三次。①

面对危局时的劝农，提高劝农官员规格和设立专门机构，都是彰显重农意愿的表面文章，缺乏实际的刺激措施，所以作用有限。

第二种是租税措施。在困局之下，不得不用急征暴敛的方式为朝廷提供来自租税的支持，但是亦不得不面对农户大量逃亡的现实状况，做出免租和禁止搜刮等方面的规定。对于放宽征租时限、以免耽误农时的建议，因不符合朝廷急聚粮草的要求，未予采纳。

宣宗贞祐三年十月，御史田迥秀言："方今军国所需，一切责之河南。有司不惜民力，征调太急，促其期限，痛其棰楚。民既罄其所有而不足，遂使奔走旁求于它境，力竭财殚，相踵散亡，禁之不能止也。乞自今凡科征必先期告之，不急者皆罢，庶民力宽而逋者可复。"诏行之。十二月，诏免逃户租税。

（贞祐）四年三月，免陕西逃户租。五月，山东行省仆散安贞言："泗州被灾，道殣相望，所食者草根木皮而已。而邳州戍兵数万，急征重役，悉出三县，官吏酷暴，擅括宿藏，以应一切之命。民皆逋窜，又别遣进纳闲官以相迫督，皆怙势营私，实到官者才十之一，而徒使国家有厚敛之名。乞命信臣革此弊以安百姓。"诏从之。②

兴定元年十月，以霖雨，诏宽农民输税之限。十一月，上谓宰臣曰："朕闻百姓流亡，逋赋皆配见户，人何以堪。又添征军须钱太多，亡者讵肯复业，其并让除之。"宰臣请命行部官阅实蠲贷，已代纳者以恩例，或除他役，或减本户杂征四之一。上曰："朕于此事未尝去怀，其亟行之。"十二月，免逃户复业者差赋。

兴定二年二月，免中京、嵩、汝等州逋租。

兴定三年正月，税民种地亩，议行均输。四月，高汝砺请备防秋之粮，宜及年丰于河南州郡验直立式，募民入粟，上与议定其法而行之。九月，尚书省请申命侯挚广营积贮，上不许，曰："征敛已多，今更规画，不过复取于民耳。防秋稍缓，当量减戍兵，用度幸足，何至是耶。"十一月，户部令史苏唐催租封丘，期限迫促，民有生刈禾输租者。上闻之，遣吏按问，杖唐五十，县令高希隆减二等。尚书以希隆罚轻，上曰："使臣至外路，自非至刚者，孰能不从，其依前诏。"①

（兴定四年）十月，以久雨，令宽民输税之限。十一月，令逃户复业者但输本租，余差役一切皆免。能代耕者，免如复户。有司失信擅科者，以违制论。十二月，镇南军节度使温迪罕思敬上书言："今民输税，其法大抵有三，上户输远仓，中户次之，下户最近。然近者不下百里，远者数百里，道路之费倍于所输，而雨雪有稽违之责，遇贼有死伤之患。不若止输本郡，令有司检算仓之所积，称屯兵之数，使就食之。若有不足，则增敛于民，民计所敛不及道里之费，将忻然从之矣。"

兴定五年十月，上谕宰臣曰："比欲民多种麦，故令所在官贷易麦种。今闻实不贷与，而虚立案簿，反收其数以补不足之租，其遣使究治。"

元光元年，上闻向者有司以征税租之急，民不待熟而刈之以应限，今麦将熟矣，其谕州县，有犯者以慢军储治罪。九月，权立职官有田不纳租罪。京南司农卿李蹊言："按《齐民要术》，麦晚种则粒小而不实，故必八月种之。今南路当输秋税百四十余万石，草四百五十余万束，皆以八月为终限。若输远仓及泥淖，往返不下二十日，使民不暇趋时，是妨来岁之食也。乞宽征敛之限，使先尽力于二麦。"朝廷不从。

元光二年，宰臣奏："去岁正月京师见粮才六十余万石，今三倍矣，计国用颇足，而民间租税征之不绝，恐贫民无所输而逋亡也。"遂以中旨遍谕止之。②

---

① 《金史》卷15《宣宗纪中》。
② 《金史》卷47《食货志二》。

蠲免部分租税，并未改变急征暴敛的局面，民户逃亡已经成为难以遏制的现象，严重动摇了金朝的统治基础。

> 宣宗立而南迁，死徙之余，所在为虚矣。户口日耗，军费日急，赋敛繁重，皆仰给于河南，民不堪命，率弃庐田，相继亡去。及屡降诏招复业者，免其岁之租，然以国用乏竭，逃者之租皆令居者代出，以故多不敢还。兴定元年十二月，宣宗欲悬赏募人捕亡户，而复虑骚动，遂命依已降诏书，已免债逋，更招一月，违而不来者然后捕获治罪，而以所遗地赐人。四年，省臣奏："河南以岁饥而赋役不息，所亡户令有司招之，至明年三月不复业者，论如律。"时河壖为疆，烽鞞屡警，故集庆军节度使温迪罕达言："亳州户旧六万，自南迁以来，不胜调发，相继逃去，所存者曾无十一，砀山下邑，野无居民矣。"①

第三种是征榷措施。在财源几近枯竭的形势下，不得不采用一些较为极端的征榷措施，于是就有了征调弓箭、榷油、行盐、禁茶等举动。

贞祐四年五月，宣宗下令征弓箭于内外品官，"三品以上三副，四品、五品二副，余以等级征之"，② 张行简等人明确提出了丁忧者应予除免的要求。

> 朝廷备防秋兵械，令内外职官不以丁忧致仕，皆纳弓箭。（张）行简上书曰："弓箭非通有之物，其清贫之家及中下监当，丁忧致仕，安有所谓如法军器。今绳以军期，补弊修坏，以求应命而已，与仓猝制造何以异哉。若于随州郡及猛安、谋克人户拘括，择其佳者买之，不足则令职输所买之价，庶不扰而事可办。"左丞相仆散端、平章政事（术虎）高琪、（抹然）尽忠、右丞贾益谦皆曰："丁忧致仕者可以免此。"权参政乌古论德升曰："职官久享爵禄，军兴以来，曾无寸补，况事已行而复改，天下何所取信。"③

---

① 《金史》卷46《食货志一》。
② 《金史》卷14《宣宗纪上》。
③ 《金史》卷106《张行简传》。

由于多数大臣提出反对意见，宣宗稍微妥协，于当年七月"制品官纳弓箭之令，丁忧致仕者免"①。

兴定三年四月，同提举榷货司王三锡提出榷油的动议，声称"岁可入银数万两"，② 术虎高琪力主榷油，高汝砺坚决反对（已见前述），尽管支持术虎高琪的人较多，但最终反对者的意见被宣宗采纳，榷油未能实行。

> 时右丞相（术虎）高琪当国，人有请榷油者，高琪主之甚力，诏集百官议，户部尚书高夔等二十六人同声曰："可。"（杨）云翼独与赵秉文、时戬等数人以为不可，议遂格。③

运盐和销盐可以获利，所以朝廷重点关注的是各区域间如何调配和分利的问题。

> 宣宗贞祐二年十月，户部言："阳武、延津、原武、荥泽、河阴诸县饶碱卤，民私煎不能禁。"遂诏置场，设判官、管勾各一员，隶户部。既而，御史台奏："诸县皆为有力者夺之，而商贩不行。"遂敕御史分行申明禁约。
>
> 贞祐三年十二月，河东南路权宣抚副使乌古论庆寿言："绛、解民多业贩盐，由大阳关以易陕、虢之粟，及还渡河，而官邀籴其八，其旅费之外所存几何，而河南行部复自运以易粟于陕，以尽夺民利。比岁河东旱蝗，加以邀籴，物价踊贵，人民流亡，诚可闵也。乞罢邀籴，以纾其患。"
>
> （贞祐）四年七月，庆寿又言："河中乏粮，既不能济，而又邀籴以夺之。夫盐乃官物，有司陆运至河，复以舟达京兆、凤翔，以与商人贸易，艰得而甚劳。而陕西行部每石复邀籴二斗，是官物而自籴也。夫转盐易物，本济河中，而陕西复强取之，非夺而何，乞彼此壹听民便，则公私皆济。"上从之。
>
> 兴定二年六月，以延安行六部员外郎卢进建言："绥德之嗣武

---

① 《金史》卷14《宣宗纪上》。
② 《金史》卷15《宣宗纪中》。
③ 《金史》卷110《杨云翼传》。

城、义合、克戎寨近河地多产盐，请设盐场管勾一员，岁获十三万余斤，可输钱二万贯以佐军。"（兴定）三年，诏用其言，设官鬻盐给边用。

（兴定）四年，李复亨言："以河中西岸解盐旧所易粟麦万七千石充关东之用。"寻命解盐不得通陕西，以北方有警，河禁方急也。①

在臣僚的建议下，宣宗朝还有过禁茶的举动。

宣宗元光二年三月，省臣以国蹙财竭，奏曰："金币钱谷，世不可一日阙者也。茶本出于宋地，非饮食之急，而自昔商贾以金帛易之，是徒耗也。泰和间，尝禁止之，后以宋人求和，乃罢。兵兴以来，复举行之，然犯者不少衰，而边民又窥利，越境私易，恐因泄军情，或盗贼入境。今河南、陕西凡五十余郡，郡日食茶率二十袋，袋直银二两（应为一两），是一岁之中妄费民银三十余万也，奈何以吾有用之货而资敌乎。"乃制亲王、公主及见任五品以上官，素蓄者存之，禁不得卖、馈，余人并禁之。犯者徒五年，告者赏宝泉一万贯。②

紧急状态下的征榷措施，大多违反基本的经济规律，其结果往往是加重而不是缓解了困局。

第四种是括田措施。宣宗朝已经不具备通检推排的条件，但是局部的括田还是可以做到，所以出现了由禁止括田到再行括田的转变。

宣宗贞祐三年七月，以既徙河北军户于河南，议所以处之者。宰臣曰："当指官田及牧地分界之，已为民佃者则俟秋获后，仍日给米一升，折以分钞。"太常丞石抹世勣曰："荒田牧地耕辟费力，夺民素垦则民失所。况军户率无牛，宜令军户分人归守本业，至春复还，为固守计。"上卒从宰臣议，将括之，侍御史刘元规上书曰："伏见朝廷有括地之议，闻者无不骇愕。向者河北、山东已为

① 《金史》卷49《食货志四》。
② 《金史》卷49《食货志四》。

此举，民之茔墓井灶悉为军有，怨嗟争讼至今未绝，若复行之，则将大失众心，荒田不可耕，徒有得地之名，而无享利之实。纵得熟土，不能亲耕，而复令民佃之，所得无几，而使纷纷交病哉。"上大悟，罢之。①

贞祐三年十一月，上谓宰臣曰："朕恐括地扰民，罢其令矣。官荒牧马地军户愿耕者听，已为民承种者勿夺。旧例点检左右将军、近侍局官、护卫、承应人秩满皆赐匹帛，虽所司为之制造，然不免赋取于民，近亦罢之，止给宝券。至于朕所服御，亦以官丝付府监织之，自今勿复及民也。"②

（贞祐）四年，复遣官括河南牧马地，既籍其数，上命省院议所以给军者。宰臣曰："今军户当给粮者四十四万八千余口，计当口占六亩有奇，继来者不与焉。但相去数百里者，岂能以六亩之故而远来哉。兼月支口粮不可遽罢，臣等窃谓军户愿佃者即当计口给之。自余僻远不愿者，宜准近制，系官荒地许军民耕辟例，令军民得占莳之。"院官曰："牧马地少，且久荒难耕，军户复乏农器，然不给之，则彼自支粮外，更无从得食，非蓄锐待敌之计。给之则亦未能遽减其粮，若得迟以岁月，俟颇成伦次，渐可以省官廪耳。今夺于有力者，即以授其无力者，恐无以耕。乞令司县官劝率民户，借牛破荒，至来春然后给之。司县官能率民户以助耕而无骚动者，量加官赏，庶几有所激劝。"宰臣复曰："若如所言，则司县官贪慕官赏，必将抑配，以至扰民。今民家之牛，量地而畜之。况比年以来，农功甫毕则并力转输犹恐不及，岂有暇耕它人之田也，惟如臣等前奏为便。"诏再议之。乃拟民有能开牧马地及官荒地作熟田者，以半给之为永业，半给军户。奏可。

（兴定）四年十月，移剌不言："军户自徙于河南，数岁尚未给田，兼以移徙不常，莫得安居，故贫者甚众。请括诸屯处官田，人给三十亩，仍不移屯它所，如此则军户可以得所，官粮可以渐省。"宰臣奏："前此亦有言授地者，枢密院以谓俟事缓而行之。

---

① 《金史》卷47《食货志二》。
② 《金史》卷14《宣宗纪上》。

今河南雁水灾，流亡者众，所种麦不及五万顷，殆减往年太半，岁所入殆不能足。若拨授之为永业，俟有获即罢其家粮，亦省费之一端也。"上从之。

（兴定）五年正月，京南行三司石抹斡鲁言："京南、东、西三路，屯军老幼四十万口，岁费粮百四十余万石，皆坐食民租，甚非善计。宜括逋户旧耕田，南京一路旧垦田三十九万八千五百余顷，内官田民耕者九万九千顷有奇。今饥民流离者太半，东、西、南路计亦如之，朝廷虽招使复业，民恐既复之后生计未定而赋敛随之，往往匿而不出。若分给军户人三十亩，使之自耕，或召人佃种，可数岁之后畜积渐饶，官粮可罢。"令省臣议之，更不能行。①

括田等同于土地掠夺，尤其是在战争环境下，所起的只能是进一步破坏生产的恶劣作用。

第五种是救灾措施。战乱和重大的自然灾害往往并行，宣宗朝屡次出现蝗灾、旱灾、水灾等，宣宗除了在灾害出现时发出罪己诏外，还推出了一些救灾措施。

贞祐三年四月，河南路蝗，遣官分捕。上（宣宗）谕宰臣曰："朕在潜邸，闻捕蝗者止及道旁，使者不见处即不加意，当以此戒之。"

贞祐四年六月，河南大蝗伤稼，遣官分道捕之。以旱，诏参知政事李革审决京师冤狱。飞蝗过京师。以旱蝗，诏中外，敕减尚食数品及后宫岁给缣帛有差。

兴定元年三月，上官中见蝗，遣官分道督捕，仍戒其勿以苛暴扰民。四月，单州雨雹伤稼，诏遣官劝谕农民改莳秋田，官给其种。五月，延州原武县雨雹伤稼，诏官贷民种改莳。

兴定二年正月，诏议赈恤。五月，诏遣官督捕河南诸路蝗。七月，以旱灾，诏中外。

① 《金史》卷47《食货志二》。兴定五年石抹斡鲁的建议，实际上被宣宗所采纳，在《金史》卷16《宣宗纪下》中有"兴定五年正月，括南京诸州逋户旧耕官田，给军户"的记载，即为明证。

兴定三年十月，命有司葺闲舍，给薪米，以济贫民，期明年二月罢，俟时平则赡之以为常。

兴定四年六月，京畿不雨，敕有司阅狱，杂犯死罪以下皆释之。八月，上谕宰臣，河南水灾，唐、邓尤甚。其被灾州县，已除其租。余顺成之方，止责正供，和籴、杂征并免。仍自今岁九月始，停周岁桑皮故纸折输，流民佃荒田者如上优免。

兴定五年二月，以旱灾，曲赦河南路。以旱灾，诏中外。闰十二月，发上林署粟赈贫民。①

由于朝廷已经没有财力展开大规模的赈济，所以所谓救灾，不过是道义上的安抚而已。

第六种是和籴措施。宣宗朝为解决粮草问题，不得不加大和籴的力度，但亦担心粮草外流，颁布了一些禁令。

宣宗贞祐三年十月，命高汝砺籴于河南诸郡，令民输挽入京，复命在京诸仓籴民输之余粟。侍御史黄掴奴申言："汝砺所籴足给岁支，民既于租赋之外转挽而来，亦已劳矣。止将其余以为归资，而又强取之，可乎？且籴此有日矣，而止得二百余石，此何济也。"诏罢之。十二月，附近郡县多籴于京师，谷价腾踊，遂禁其出境。

（贞祐）四年，又制凡军民客旅粟不于官籴处粜，而私贩渡河者，杖百。沿河军及讥察权豪家犯者，徒年、杖数并的决从重，以物没官。

又上封事者曰："比年以来屡艰食，虽由调度征敛之繁，亦兼并之家有以夺之也。收则乘贱多籴，困急则以贷人，私立券质，名为无利而实数倍。饥民惟恐不得，莫敢较者，故场功甫毕，官租未了，而囷已空矣。此富者益富，而贫者益贫者也。国朝立法，举财物者月利不过三分，积久至倍则止，今或不期月而息三倍。愿明敕有司，举行旧法，丰熟之日增价和籴，则在公有益，而私无损矣。"诏宰臣行之。②

① 《金史》卷14《宣宗纪上》，卷15《宣宗纪中》，卷16《宣宗纪下》。
② 《金史》卷50《食货志五》。

和籴一旦成为掠夺手段，就难以为继，所以靠和籴解决粮储问题的幻想最终只能走向破灭。

紧急状态下为筹足粮草和支撑朝廷开支，主调只能是压榨和掠夺，宣宗不过是在这样的作为中体现一点"爱民"和"恤民"的心思，为"共度时艰"提供一些道义上的支持。

（八）权奸之辨

宣宗迁都之后，重用术虎高琪和高汝砺，两人是否均为权奸之臣，需要加以辨析。

权奸之臣的重要标志是弄权和奸佞，与术虎高琪的作为相符，可以列出相关例证。

一是擅杀。术虎高琪杀死纥石烈执中，尽管是为朝廷除奸，但毕竟摆脱不了擅杀的罪名，所以完颜承晖等人明指其为"包藏祸心"的奸臣，已见前述。术虎高琪秉政之后，不希望有人再提起杀纥石烈执中之事，从中都逃到南京的抹然尽忠最终被杀，表面上是追究失中都之罪，实际上是术虎高琪策划了所谓的抹然尽忠"谋逆"事件。

> （抹然）尽忠与（术虎）高琪素不相能，疑宣宗颇疏己，高琪间之。其兄吾里也为许州监酒，秩满，求调南京。尽忠与吾里也语及中都事，曰："迩来上颇疏我，此高琪所为也。若再主兵，必不置此，胡沙虎之事，孰为为之。"吾里也曰："然。"（贞祐三年）九月，尚书省奏："遥授武宁军节度副使徒单吾典告尽忠谋逆。"上怃然曰："朕何负彖多（抹然尽忠），彼弃中都，凡祖宗御容及道陵诸妃皆不顾，独与其妾偕来，此固有罪。"乃命有司鞫治，问得与兄吾里也相语事，遂并吾里也诛之。①

二是厌儒。术虎高琪秉政的风格是"恶儒喜吏，上下苛察"，"时高琪为相，专权用事，恶不附己者，衣冠之士动遭窘辱"②。这样的厌儒政风，自然会引起儒臣的强烈反感，于是就有了前述完颜伯嘉等人对术虎高琪的弹劾。并有了对许古等人的公开排斥。

---

① 《金史》卷101《抹然尽忠传》。
② 《金史》卷107《张行信传》，卷109《许古传》。

贞祐间，术虎高琪为相，欲树党固其权，先擢用文人，将以为羽翼。已而台谏官许古、刘元规之徒见其恣横，相继言之。高琪大怒，斥罢二人，因此大恶进士，更用胥吏。彼喜其奖拔，往往为尽心，于是吏权大盛，胜进士矣。又，高琪定制，省、部、寺、监官参注进士，吏员又使由郡转部，由部转台、省，不三五年皆得要职。士大夫反畏避其锋，而宣宗亦喜此曹刻深，故时全由小吏侍东宫，至为金枢密院事、南征帅。又有蒲察合住、王阿里之徒居左司，李淹辈在外行尚书六部，陷士夫数十人，亦亡国之政也。①

还有一个典型的事例，就是在治国方法上，术虎高琪亦否定了儒臣胥鼎的君主持大纲说法，并由此得到宣宗的赏识。

（胥）鼎以宣宗多亲细务，非帝王体，乃上奏曰："天下之大，万机之众，钱谷之冗，非九重所能兼，则必付之有司，天子操大纲、责成功而已。况今多故，岂可躬亲细务哉。惟陛下委任大臣，坐收成算，则恢复之期不远矣。"上（宣宗）览其奏不悦，谓宰臣曰："朕惟恐有怠，而鼎言如此，何耶？"（术虎）高琪奏曰："圣主以宗庙社稷为心，法上天行健之义，忧勤庶政，夙夜不遑，乃太平之阶也，鼎言非是。"上喜之。②

三是遮蔽。术虎高琪以打击直言者为能事，许古、完颜素兰、完颜伯嘉等人都因上言被贬，已见前述。这样的做法，就是尽可能阻断对其不满的大臣与皇帝的直接对话，以达到排斥异己和把控朝政的目的。

宣宗以南北用兵，深以为忧，右司谏吕造上章："乞诏内外百官各上封事，直言无讳。或时召见，亲为访问。陛下博采兼听，以尽群下之情，天下幸甚。"宣宗嘉纳，诏集百官议河北、陕西守御之策。（术虎）高琪心忌之，不用一言。

高琪自为宰相，专固权宠，擅作威福，与高汝砺相唱和。高琪主机务，高汝砺掌利权，附己者用，不附己者斥。凡言事忤意，及负材

---

① 刘祁：《归潜志》卷7，第71页。
② 《金史》卷108《胥鼎传》。

力或与己颉颃者，对宣宗阳称其才，使干当于河北，阴置之死地。①

四是苛刑。宣宗即位后，带有明显的苛刑倾向，"朝廷矫宽厚之政，好为苛察"②，术虎高琪推波助澜，于是不仅有了动辄"的决"官员的恶劣做法，亦因倡导滥刑出现了一批酷吏，在处罚皇族成员时亦绝不手软。

> （术虎高琪）奏曰："凡监察有失纠弹者从本法。若人使入国，私通言语，说知本国事情，宿卫、近侍官、承应人出入亲王、公主、宰执之家，灾伤阙食，体究不实，致伤人命，转运军储，而有私载，及考试举人关防不严者，并的杖。在京犯至两次者，台官减监察一等论赎，余止坐专差者，任满日议定升降。若任内有漏察之事应的决者，依格虽为称职，止从平常，平常者从降罚。"制可。

> 宣宗喜刑罚，朝士往往被笞楚，至用刀杖决杀言者。（术虎）高琪用事，威刑自恣，南渡之后，习以成风，虽士大夫亦为所移，如徒单右丞思忠好用麻椎击人，号"麻椎相公"。李运使特立号"半截剑"，言其短小锋利也。冯内翰璧号"冯剑"。雷渊为御史，至蔡州得奸豪，杖杀五百人，号曰"雷半千"。又有完颜麻斤出，皆以酷闻，而（蒲察）合住、王阿里、李涣之徒，胥吏中尤狡刻者也。③

> 内族（完颜）合周避敌不击，且诡言密奉朝旨，下狱当诛。诸皇族多抗表乞从末减，（术虎）高琪以为自古犯法无告免者，（张）行信独曰："事无古今，但合周平昔忠孝，或可以免。"④

五是滥赏。针对朝廷滥发金银牌面的做法，有人要求加以遏制，术虎高琪则要坚持这样的做法，实则是为了达到巩固自己地位的"御人之道"。

---

① 《金史》卷106《术虎高琪传》。本小节引文未注明出处者，均出自此传。
② 《金史》卷111《纥石烈牙吾塔传》。
③ 《金史》卷129《蒲察合住传》。
④ 《金史》卷107《张行信传》。

（粘葛仝周）上章言："惟名与器不可假人，自古帝王靡不为重。今之金银牌，即古符节也，其上有太祖御画，往年得佩者甚难，兵兴以来授予颇滥，市井道路黄白相望，恐非所以示信于下也。乞宝惜之，有所甄别。"上以语宰臣，而丞相（术虎）高琪等奏："时方多难，急于用人，驾驭之方，此其一也，如故为便。"①

六是猜疑。术虎高琪作为弄权者，猜疑是他的本性，对于主动投靠的人，更是疑心重重，坚决予以清除。

太府监丞游茂以（术虎）高琪威权太重，中外畏之，常以为忧，因入见，屏人密奏，请裁抑之。宣宗曰："既委任之，权安得不重。"茂退不自安，复欲结高琪，诣其第上书曰："宰相自有体，岂可以此生人主之疑，招天下之议。"恐高琪不相信，复曰："茂尝间见主上，实恶相公权重。相公若能用茂，当使上不疑，而下无所议。"高琪闻茂尝请间屏人奏事，疑之，乃具以闻。游茂论死，诏免死，杖一百，除名。

七是推诿。术虎高琪推行急政，但是从不对结果负责，因为错误都怪在他人头上，方显自己的本事。

贞祐二年十一月，宣宗问（术虎）高琪曰："所造军器往往不可用，此谁之罪也。"对曰："军器美恶在兵部，材物则户部，工匠则工部。"宣宗曰："治之，且将败事。"

八是怯战。术虎高琪作为朝廷重臣，总想着拥兵自保，无论是对于来自蒙古军的威胁，还是对于趁乱起兵的杨安儿等，都坚决采取避战的态度。

---

① 《金史》卷111《粘葛仝周传》。

宣宗问杨安儿事，（术虎）高琪对曰："贼方据险，臣令主将以石墙围之，势不得出，擒在旦夕矣。"宣宗曰："可以急攻，或力战突围，我师必有伤者。"

（贞祐）四年十月，大元大兵取潼关，次嵩、汝间，待阙台院令史高巘上书曰："向者河朔败绩，朝廷不时出应，此失机会一也。及深入吾境，都城精兵无虑数十万，若效命一战，必无今日之忧，此失机会二也。既退之后，不议追袭，此失机会三也。今已度关，不亟进御，患益深矣。乞命平章政事高琪为帅，以厌众心。"不报。御史台言："兵逾潼关、嵴、渑，深入重地，近抵西郊。彼知京师屯宿重兵，不复叩城索战，但以游骑遮绝道路，而别兵攻击州县，是亦困京师之渐也。若专以城守为事，中都之危又将见于今日，况公私蓄积视中都百不及一，此臣等所为寒心也。不攻京城而纵其别攻州县，是犹火在腹心，拨置于手足之上，均一身也，愿陛下察之。请以陕西兵扼拒潼关，与右副元帅蒲察阿里不孙为掎角之势，选在京勇敢之将十数人，各付精兵数千，随宜伺察，且战且守，复谕河北，亦以此待之。"诏付尚书省，高琪奏曰："台官素不习兵，备御方略，非所知也。"遂寝。高琪止欲以重兵屯驻南京以自固，州郡残破不复恤也。

对于把持朝政的术虎高琪，宣宗亦有所猜疑，在英王完颜守纯的推动下，于兴定三年十一月将术虎高琪下狱，十二月处死，[1]宣宗还处理了泄露锄奸计划的大臣。

平章政事、英王（完颜）守纯欲发其（术虎高琪）罪，密召右司员外郎王阿里、知案蒲鲜石鲁剌、令史蒲察胡鲁谋之。石鲁剌、胡鲁以告尚书省都事仆散奴失不，仆散奴失不以告高琪。英王惧高琪党与，遂不敢发。顷之，高琪使奴赛不杀其妻，乃归罪于赛不，送开封府杀之以灭口。开封府畏高琪，不敢发其实，赛不论死。事觉，宣宗久闻高琪奸恶，遂因此事诛之，时兴定三年十二月也。尚书省都事仆散奴失不以英王谋告高琪，论死。蒲鲜石鲁剌、

① 《金史》卷15《宣宗纪中》。

蒲察胡鲁各杖七十，勒停。

> （术虎）高琪既为相，复跋扈擅权，南渡政事自己出，宣宗甚
> 惮之。然其为人颇廉，月俸计家所费外，悉纳于官。性忌忍，多害
> 其敌己者，杀平章政事抹然尽忠，杀东平帅移剌都，其力也。兴定
> 初，坐杀其夫人，为家人讼言宰执，将奏之，法当退避，高琪忿
> 然，遽索马归。宣宗即命亲兵擒下狱，以大不敬论杀之。①

从宣宗处理术虎高琪的手法可以看出，以他事杀术虎高琪是借口，
除掉权奸则是早有预谋，所以泄密者必须处死。换言之，宣宗要的是去
权奸之实，而不是去权奸之名，由此处死术虎高琪之后并没有诏告天下
的举动，因为指实术虎高琪的权奸之名，就等于承认自己在用人方面有
严重的失误，好面子的宣宗自然会淡化这一事件的影响，但儒臣普遍认
定杀术虎高琪是朝廷的去权奸之举，感到欣慰。如进士李纯甫，"宣宗
迁汴，再入翰林，时丞相（术虎）高琪擅威福柄，擢为左司都事。纯
甫审其必败，以母老辞去。既而高琪诛，复入翰林"，就是具有代表性
的事例。②

高汝砺的情况则与术虎高琪完全不同。如前所述，高汝砺的理政建
议出自儒家的治国理念，明显区别于术虎高琪"以吏为上"的急政观
念，在宣宗迁都后出现的儒、吏之争中，高汝砺应是儒臣的代表性人
物。儒臣之所以反感高汝砺，是因为他有懦弱的一面，不敢与术虎高琪
公开抗争，在客观上起了助纣为虐的作用，尤其是帮助术虎高琪打击了
一批敢于直言的大臣。正如有人所言，高汝砺"为人慎密廉洁，能结
人主知，然规守格法，循嘿避事，故为相十余年未尝有谴诃。贪恋不
去，当时士论颇以为讥云"。高汝砺既不揽权，又能坚持自己的辅政观
念，所以能一直被宣宗所器重，术虎高琪被杀对高汝砺毫无影响，他不
仅被升职，还获得了宣宗的优待和好评，金哀宗即位后亦没有被当作权
奸而贬斥。

> 兴定四年三月，（高汝砺）拜平章政事，俄而进拜尚书右丞

---

① 刘祁：《归潜志》卷10，第115—116页。
② 《金史》卷126《李纯甫传》。

相，监修国史，封寿国公。

（兴定）五年二月，上表乞致政，不许。九月，上（宣宗）谕汝砺曰：“昨日视朝，至午方罢。卿老矣，不任久立，奏事毕，用宝之际，可先退坐，恐以劳致疾，反妨议政也。”是月，复乞致仕，上谕之曰：“丞相之礼尽矣，然今廷臣谁如丞相者，而必欲求去乎，姑留辅朕可也。”十月，躐迁荣禄大夫，仍谕曰：“丞相数求去，朕以社稷事重，故坚留之。丞相老矣，而官犹未至二品，故特升两阶。”十二月，上复谕曰：“向朕以卿年老，视朝之日侍立为劳，令用宝时退坐廊下，而卿违之，复侍立终朝，岂有司不为设榻耶，卿其勉从朕意。”

元光元年四月，汝砺跪奏事，上命起曰：“卿大臣也，所言皆社稷计。朕之责卿，惟在尽诚，何事小谨，自今勿复尔也。”

（元光）二年正月，复乞致政，上面谕曰：“今若从卿，始终之道俱尽，于卿甚安，在朕亦为美事。但时方多故，而朕复不德，正赖旧人辅佐，故未能遂卿高志耳。”汝砺固辞，竟不许，因谓曰：“朕每闻人有所毁誉，必求其实。”汝砺对曰：“昔齐威王封即墨大夫，烹阿大夫及左右之尝毁誉者，由是群臣恐惧，莫敢饰非，齐国大治。陛下言及此，治安可期也。”二月，上以汝砺年高，免朝拜，侍立久则憩于殿下，仍敕有司设榻焉。三月，又乞致仕，复优诏不许。

哀宗初即位，谏官言汝砺欺君固位，天下所共嫉，宜黜之以厉百官。哀宗曰：“昔惠帝言，我不如高帝，当守先帝法耳。汝砺乃先帝立以为相者，又可黜欤？”又有投匦名书云：“高某不退当杀之。”汝砺因是告老，优诏不许。[①]

元人修《金史》时已经注意到了术虎高琪与高汝砺的不同，明确指出：“汝砺与高琪共事，人疑其党附。”“高汝砺褆身清慎，练达事宜，久居相位，虽为大夫士所鄙，而人主宠遇不衰。”“宣宗南迁，天命去矣，当是时虽有忠良之佐、谋勇之将，亦难为也。然而（高）汝砺、（张）行信拯救于内，胥鼎、侯挚守御于外，讫使宣宗得免亡国，

---

① 《金史》卷107《高汝砺传》。

而哀宗复有十年之久，人才有益于人国也若是哉。"① 也就是说，高汝砺不但不是权奸之臣，还是金朝后期的重要良臣，对这一点应该有明确的认识。

五　攻守之策

宣宗迁都南京之后，既要面对蒙古军的不断进攻，又要处理与西夏、宋朝的和战问题，不得不对攻、守做出策略性的选择。

（一）守御方略

蒙古军占领中都后不久，主力军在成吉思汗率领下西征，留下木华黎统率的军队，继续对金作战。恰是这样的变化，为金朝提供了重要的喘息机会，使其能够将军户等从河北、山东移往河南、陕西，有了能够继续坚持的军事力量，并以此为基础，确定了基本的守御方略。

一是以黄河作为重要的军事屏障。依靠黄河抵御蒙古军的进攻，保障南京和河南的安全，是迁都时已经做出的重大战略选择，迁都后主要考虑的问题就是如何把以往的治水工程转换成实用的军事工程，臣僚的建议大多被宣宗所采纳。

> 贞祐三年四月，单州刺史颜盏天泽言："守御之道，当决大河使北流德、博、观、沧之境。今其故堤宛然犹在，工役不劳，水就下必无漂没之患。而难者若不以犯沧盐场损国利为说，必以浸没河北良田为解。臣尝闻河侧故老言，水势散漫，则浅不可以马涉，深不可以舟济，此守御之大计也。若日浸民田，则河徙之后，淤为沃壤，正宜耕垦，收倍于常，利孰大焉。若失此计，则河南一路兵食不足，而河北、山东之民皆瓦解矣。"诏命议之。
>
> （贞祐）四年三月，延州刺史温撒可喜言："近世河离故道，自卫东南而流，由徐、邳入海，以此，河南之地为狭。臣窃见新乡县西河水可决使东北，其南有旧堤，水不能溢，行五十余里与清河合，则由浚州、大名、观州、清州、柳口入海，此河之故道也，皆有旧堤，补其缺罅足矣。如此则山东、大名等路，皆在河南，而河北诸郡亦得其半，退足以为御备之计，进足以壮恢复之基。"又

---

① 《金史》卷 107《张行信传》，卷 108《师安石传》。

言："南岸居民，既已籍其河夫修筑河堰，营作戍屋，又使转输刍粮，赋役繁殷，倍于他所，夏秋租税，犹所未论，乞减其稍缓者，以宽民力。"事下尚书省，宰臣谓："河流东南旧矣。一旦决之，恐故道不容，衍溢而出，分为数河，不复可收。水分则浅狭易渡，天寒辄冻，御备愈难，此甚不可！"诏但令量宜减南岸郡县居民之赋役。

贞祐五年（兴定元年）夏四月，敕枢密院，沿河要害之地，可垒石岸，仍置撒星桩、陷马堑以备敌。①

依黄河建立军事防线，就有了"河禁"的各种规定，在人员通行、物资转运等方面都有严格的限制。如何保证迁徙的军户继续提供合格的士卒，也成了朝廷重点关注的问题，并不得不进行所谓的"汰逐"。

时山东、河朔军六十余万口，仰给县官，率不逞辈窜名其间。诏（冯）璧摄监察御史，汰逐之。②

尤为重要的是，山东的东平是保障黄河下游安全的军事重地，镇守东平的完颜弼不仅上奏了守备之策，还据守城池数年，但是改由蒙古纲掌军后，选择了放弃东平的做法，黄河防御体系趋于瓦解。

（贞祐）三年，（完颜弼）改知东平府事、山东西路宣抚副使。……弼上书曰："山东、河北、河东数镇仅能自守，恐长河之险有不足恃者。河南尝招战士，率皆游惰市人，不闲训练。若迁签驱丁监户数千，别为一军，立功者全户为良，必将争先效命以取胜矣。武卫军家属尝苦于兵，人人怀愤，若择骁悍千余，加以爵赏，亦可得其死力。"又曰："老病之官，例许致仕，居河北者嫌于避难，居河南者苟于尸禄，职事旷废。乞遍谕核实，其精力可用者仍旧，年高昏聩不事事者罢之。"又曰："赋役频烦，河南百姓新强旧乏，诸路豪民行贩市易，侵土人之利，未有定籍，一无庸调，乞权宜均定。如知而辄避、事过复来者，许诸人捕告，以军兴法治

① 《金史》卷27《河渠志》。
② 《金史》卷110《冯璧传》。

之。"诏下尚书省议，惟老病官从所言，余皆不允。大元兵围东平，弼百计应战，久之，乃解围去。①

兴定五年二月，东平解围，宣宗曲赦境内。……（蒙古）纲奏请移军于河南，诏百官议。御史大夫纥石烈胡失门以下皆曰："金城汤池，非粟不守。东平孤城，四无应援，万一失之，则官吏兵民俱尽。宜徙之河南，以助防秋。"翰林待制抹然阿虎德奏曰："车驾南迁，恃大河以为险。大河以东平为藩篱，今乃弃之，则大河不足恃矣。兵以将为主，将以心为主，蒙古纲既欲弃之，决不可使之守矣。宜就选将士之愿守者擢用之，别遣官为行省，付以兵马铠仗，从宜规画军食。"枢密院请用胡失门议，焚其楼橹廨舍而徙之。宣宗曰："此事朕不能决择，众议可者行之。"枢密院颇采阿虎德议，许纲内徙，率所部女直、契丹、汉军五千人，行省邳州。元帅左监军王庭玉将余军屯黄陵冈，行元帅府事。于是，纲改兼静难军节度使，行省邳州，自此山东事势去矣。②

二是增修南京的城防。宣宗以南京为都城，自然要考虑南京的防卫问题。贞祐四年十月，"诏京师具防城器械，多凿坎阱，筑垣墙于隙地"；"诏吏、礼、兵、工四部尚书董防城之役"，主要是加固外城城墙和添设守城工事等。当年十二月，术虎高琪提出修建南京里城的建议，被宣宗以役民过重的理由否决，并明确表示："民力已困，此役一兴，病滋甚矣。城虽完固，朕亦何能独安此乎。"③

兴定元年八月，左司谏仆散毅夫请求"更开封府号，赐美名，以尉氏县为刺郡，睢州为防御使，与郑、延二州左右前后辅京师"，这一建议也被宣宗否决，理由是"山陵在中都，朕岂乐久居此乎"④。

兴定三年，宣宗下决心建造南京里城（又称为子城），缘由是"京城阔远难守"，所以有人明确提出了增建子城的建议。

---

① 《金史》卷102《完颜弼传》。
② 《金史》卷102《蒙古纲传》。
③ 《金史》卷14《宣宗纪上》。
④ 《金史》卷15《宣宗纪中》。

（完颜赛不）上章言：“京都天下之根本，其城池宜极高深，今外城虽坚，然周六十余里，仓猝有警难于拒守。窃见城中有子城故基，宜于农隙筑而新之，为国家久长之利。及凡河南、陕西州府，皆乞量修。”从之。①

修建南京里城的工程尽管面临不少困难，还是在六个月内得以完成。

兴定三年四月，筑京师里城，命侯挚董役，（术虎）高琪总监之。遣近侍四人巡视筑城丁夫，时其饮食，听其更休，督吏惨酷悉禁止之。

七月，上（宣宗）进枢密臣僚谕之曰：“里城久未毕功，尚书欲增调民，朕虑妨农。况粮储不继，将若之何，盍改图之。”枢臣言：“是役之兴，实为大计，今功已过半，偶值霖潦，成功差迟。尚书议增丁夫，势必验口，不令妨业。比及防秋，当告成矣。”上曰：“卿等善为计画，无贻朕忧。”

十月，里城毕工，百官称贺，宴宰臣便殿。迁右丞挚官一阶，赐右丞相高琪、左丞（高）汝砺、参知政事（蒲察）思忠金鼎各一，重币三。是役，上虑扰民，募人能致赞五十万者迁一官，百万仍升一等。宰臣请以里城之功建碑会朝门，从之。②

兴定初，术虎高琪为相，建议南京城方八十里，极大，难守。于内再筑子城，周方四十里，坏民屋舍甚众。工役大兴，河南之民皆以为苦。又使朝官监役，分督方面，少不前辄杖之。③

即便修建了南京里城，也难以抵御蒙古军的进攻，所以出现了再次迁都的动议，但最终被否决。

是时，筑汴京城里城，宣宗问（术虎）高琪曰：“人言此役恐

①　《金史》卷113《完颜赛不传》
②　《金史》卷15《宣宗纪中》。
③　刘祁：《归潜志》卷7，第68页。

不能就，如何？"高琪曰："终当告成，但其濠未及浚耳。"宣宗
曰："无濠可乎？"高琪曰："苟防城有法，正使兵来，臣等愈得效
力。"宣宗曰："与其临城，曷若不令至此为善。"高琪无以对。①

兴定四年三月，议迁睢州，治书侍御史蒲鲁虎奉诏相视京东城
池，还言勿迁便，乃止。②

三是坚守陕西、山西要地。陕西和山西之所以不能放弃，是因为能
够起到屏障蒙古军南下的重要作用。由此，宣宗曾特别发过给陕西行省
的诏谕（由赵秉文代为起草），授予省臣决断战、守的权力。

比以北境称兵，西鄙为重，肆遣将帅，以卫封陲。仍申命于大
臣，以分领于行省，其责不为不重，其任不为不忧。如闻彼军深入
夏境，倘边方之少警，将内地之可忧。虽九庙扶持，素为神明祚
也，而一时利害，不为社稷虑乎。若非协力以蚤图，恐或噬脐之不
及。其体此意，以究尔图。于戏，进退军之密谋，朕不从中制也。
安危国之大计，卿其以身任之，可守可攻，各度其势，或犄或角，
一从所长，毋失事机，勉图成效。③

除了前述胥鼎、古里甲石伦对如何坚守山西要地的建议外，田琢还
提出了在陕西屯田坚守的建议，朝廷亦在太原失守后有过如何坚守要地
的讨论，但总体呈现的是议而不决状态。

（田）琢至陕，上书曰："河北失业之民侨居河南、陕西，盖不
可以数计。百司用度，三军调发，一人耕之，百人食之，其能赡乎。
春种不广，收成失望，军民俱困，实系安危。臣闻古之名将，虽在
征行，必须屯田，赵充国、诸葛亮是也。古之良吏，必课农桑以足
民，黄霸、虞诩是也。方今旷土多，游民众，乞明敕有司，无蹈虚
文，严升降之法，选能吏劝课，公私皆得耕垦。富者备牛出种，贫

① 《金史》卷106《术虎高琪传》。
② 《金史》卷16《宣宗纪下》。
③ 赵秉文：《谕陕西东西两路行省诏》，《滏水集》卷10。

者佣力服勤。若又不足，则教之区种，期于尽辟而后已。官司围牧，势家兼并，亦籍其数而授之农民，宽其负算，省其徭役，使尽力南亩，则蓄积岁增，家给人足，富国强兵之道也。"宣宗深然之。①

兴定三年，以太原不守，河北州县不能自立，诏百官议所以为长久之利者。

翰林学士承旨徙单镐等十有六人以谓："制兵有三，一曰战，二曰和，三曰守。今欲战则兵力不足，欲和则彼不肯从，唯有守耳。河朔州郡既残毁，不可一概守之，宜取愿就迁徙者屯于河南、陕西，其不愿者许自推其长，保聚险阻。"

刑部侍郎奥屯胡撒合三人曰："河北于河南有辅车之势，蒲、解于陕西有襟喉之要，尽徙其民，是撤其藩篱也。宜令诸郡，选才干众所推服、能纠众迁徙者，愿之河南或晋安、河中及诸险隘，量给之食，授以旷土，尽力耕稼。置侨治之官，以抚循之。择其壮者，教之战阵。敕晋安、河中守臣檄石、岚、汾、霍之兵，以谋恢复，莫大之便。"

兵部尚书乌林答与等二十一人曰："河朔诸州，亲民掌兵之职，择土人尝居官、有材略者授之，急则走险，无事则耕种。"

宣徽使移剌光祖等三人曰："度太原之势，虽暂失之，顷亦可复。当募土人威望服众者，假以方面重权。能克复一道，即以本道总管授之。能捍州郡，即以长佐授之，必能各保一方，使百姓复业。"

提点尚食局石抹穆请以高爵募民，大概同光祖议。②

对于山西守将用民过急等问题，胥鼎亦要求加以纠正，强调的就是守地不忘爱民的要求。

（兴定四年）十月，（陀满胡土门）迁元帅左监军、行元帅府事，兼知晋安府、河东南路兵马都总管。于是，修城池，缮甲兵，积刍粮，以备战守。民不悦，行省胥鼎闻之，遗以书曰："元帅始

①　《金史》卷102《田琢传》。
②　《金史》卷118《苗道润传》。

镇河中，惠爱在民，移旌晋安，远近忻仰。去岁兵入，平阳不守，河东保完者惟绛而已。盖公坐筹制胜，威德素著，故不动声气以至无虞也。迩来传闻，治政太刚，科征太重，鼎切忧之。古人有言，御下不宽则人多惧祸，用人有疑则士不尽心。况大兵在迩，邻境已虚，小人易动，诚不可不虑也。愿公以谦虚待下，忠孝结人，明赏罚，平赋税，上以分圣主宵旰之忧，下以为河东长城之托。"

胡土门得书，惧民不从且或生变，乃上言："臣本琐材，猥膺重寄，方将治隍碑、积刍粮为捍御之计，而小民难与虑始，以臣政令颇急，皆有怨言，遂贻行省之忧。自闻训谕，措身无所，内自愧悔，外加宽抚，庶几少慰众心。而近以朝命分军过河，则又喧言帅臣不益兵保守，而反助河南，将弃我也。人心如此，恐一旦遂生他变。向者李革在平阳，人不安之，而革隐忍不言，以至于败。臣实拙缪，无以服人，敢以鼎书上闻，惟朝廷图之。"朝廷以鼎言，遣吏部尚书完颜间山代之。①

四是广招义兵。在各地召集义兵、义勇、义军，对抗蒙古军的进攻，在中都陷落后成为一个重要策略，宣宗为此多次发出善用、善待义兵的旨令。

贞祐三年三月，敕河东、河北、大名长贰官训练随处义兵，邻境有警，责其救援。降人自拔归国者迁职，仍列其姓名，以招谕来者。九月，募随处主帅及官军、义军将校，有能率众复取中都者封王，迁一品阶，授二品职。能战却敌、善诱降人、取附都州县者，予本处长官、散官，随职迁授，余州县递减二等。

兴定元年四月，李革请罢义军总领使副，以畀州县。尚书省以秋防在迩，改法非便，姑如旧制，州县各司察之。

兴定三年十月，用蒙古纲言，招集义军各置都统、副统等官，如贞祐三年制。②

对于义兵的首领，既有如何拉拢、利用的问题，也有如何处理各地

① 《金史》卷123《陀满胡土门传》。
② 《金史》卷14《宣宗纪上》，卷15《宣宗纪中》。

义兵之间关系的问题，义兵首领"自治"等同于军阀割据，宣宗不得不以设立"公府"的办法来安抚义兵首领。

苗道润，贞祐初，为河北义军队长。宣宗迁汴，河北土人往往团结为兵，或为群盗。道润有勇略，敢战斗，能得众心。比战有功，略定城邑，遣人诣南京求官封。宰相难其事，宣宗召河南转运使王扩问曰："卿有智虑，为朕决道润事。今即以其众使为将，肯终为我尽力乎？"扩对曰："兼制天下者，以天下为度。道润得众，有功因而封之，使自为守，羁縻使之，策之上也。今不许，彼负其众，何所不可为。"宣宗顾谓宰执曰："王扩之言，实契朕心。"于是除道润宣武将军、同知顺天军节度使事。

既而道润与贾仝、贾瑀互相攻击，诏道润、贾仝、王福、武仙、贾瑀分画各路元帅府控制之，彰德卫辉招抚司隶枢密院。贾瑀既与道润相攻，已而诈为约和，道润信之，遂伏兵刺杀道润。朝廷不能问，一军彷徨所依，提控靖安民乞权隶潞州行元帅府，听其节制，时兴定二年也。

宰臣欲置公府，宣宗意未决，御史中丞完颜伯嘉曰："宋人以虚名致李全，遂有山东实地。苟能统众守土，虽三公亦何惜焉。"宣宗曰："他日事定，公府无乃多乎。"伯嘉曰："若事定，以三公就节镇何不可者。"宣宗意乃决。

（兴定）四年二月，封沧州经略使王福为沧海公，河间路招抚使移剌众家奴为河间公，真定经略使武仙为恒山公，中都东路经略使张甫为高阳公，中都西路经略使靖安民为易水公，辽州从宜郭文振为晋阳公，平阳招抚使胡天作为平阳公，昭义军节度使完颜开为上党公，山东安抚副使燕宁为东莒公。九公皆兼宣抚使，阶银青荣禄大夫，赐号"宣力忠臣"，总帅本路兵马，署置官吏，征敛赋税，赏罚号令得以便宜行之。仍赐诏曰："乃者边防不守，河朔失宁，卿等自总戎昭，备殚忠力，若能自效，朕复何忧。宜膺茅土之封，复赐忠臣之号。除已画定所管州县外，如能收得邻近州县者，亦听管属。"①

---

①《金史》卷118《苗道润传》。

"九公"之一的郭文振曾提出由朝廷派出官员严格控制义军首领的建议，但未被宣宗采纳。

> （郭）文振上疏曰："扬子云有言：'御得其道则天下狙诈咸作使，御失其道则天下狙诈咸作敌。'有天下者审所御而已。河朔自用兵之后，郡邑萧然，并无官长，武夫悍卒因缘而起，以为得志，僭越名位，瓜分角竞，以相侵攘，虽有内除之官，亦不得领其职，所为不法，可胜言哉。乞行帅府擅请便宜，安自夸张，以尊大其权，包藏之心盖可知也。朝廷因而抚之，假权傅授，至与各路帅府力侔势均，不相统属。陕西行省总为节制，相去辽远，道路梗塞，卒难闻知。故飞扬跋扈，无所畏惮，邻道相望，莫敢谁何。自平阳城破以来，河北不置行省，朝廷信臣不复往来布扬声教，但令曳剌行报而已。所司劳以酒食，悦以货财，借其声，共欺朝廷。奸幸既行，遂至骄恣，变故之生，何所不有，此臣所以夙夜痛心而为之忧惧也。乞分遣公廉之官，遍诣访察，庶知所在利害之实。伏见泽、潞等处刍粮犹广，人民犹众，地多险阻，乞选重臣复置行省，皆听节制，上下相维，可臂指使之，则国势日重，奸恶不萌矣。"是时，泽、潞已诏张开规划，不能尽用文振之言，但令南京兵马使术甲赛也行帅府于怀、孟而已。
>
> 文振上书："乞遣前平章政事胥鼎行省河北，诸公府、帅府并听节制，诏谕百姓使知不忘遗黎之意，然后以河南、陕西精锐并力恢复。"不报。
>
> 文振复奏："河朔百姓引领南望，臣再四请于枢府，但以会合府兵为言。公府虽号分封，力实单弱，且不相统摄，所在被兵。朝廷不即遣兵复河北，人心将以为举河朔而弃之，甚非计也。"文振大抵欲起胥鼎为行省，定河北，朝廷不能用。[①]

也就是说，义兵起的是"双刃剑"作用，既可能被朝廷所用，也可能坏朝廷之事。尤其需要注意的是，蒙古军进入中原之后，也大力扶持义兵与金人为敌，并且在双方的角力中，投靠蒙古军的义兵越来越

---

① 《金史》卷118《郭文振传》。

多，金人用义兵抗拒蒙古军的做法，只是在一段时间内起过重要的作用。

（二）对西夏开战

蒙古军大举进攻金朝之前，已经对西夏有过攻扰。金军在会河堡大败后，西夏君臣知道金人不可能给予其军事支持，所以一方面继续按惯例向金朝派出使者，另一方面派军攻扰金朝的边城，为后撤寻求新的立足地区。

贞祐元年，西夏对会州等地发起进攻。次年，西夏又进攻庆原、延安等地，金人正忙于应对蒙古人对中都的进攻和迁都事宜，无暇反击，宣宗只能是"诏有司移文责问"。

贞祐三年五月，宣宗准备进攻西夏，陕西宣抚司上奏："往者，夏人侵我环、庆、河、兰、积石，以兵应之，悉皆遁去，遽还巢穴，盖为我备也。今兰州溃兵犹未集，军实多不完，沿边地寒，春草始生，未可刍牧，两界无烟火者三百余里，不宜轻举。"宣宗虽然采纳了暂不出征的建议，但是为加强防备，于当年八月置行省于陕西，"谕陕西，坚守延安、临洮、环、庆、兰、会、保安、绥德、平凉、德顺、镇戎、泾原、鄜、坊、邠、宁、乾、耀等处要害。分渭南州郡步兵屯平凉，令宣抚使治邠州，副使治同州之澄城以统之，更以步骑守沿渭诸津"。尽管金军采取守势，西夏的进攻胜少败多，未能攻入陕西腹地。

贞祐四年十二月，"宣宗与皇太子议伐夏"，决定实施反击，派左监军陀满胡土门、延安总管古里甲石伦攻盐、宥、夏州，庆阳总管庆山奴（完颜承立）、知平凉府移剌答不也攻威、灵、安、会等州。兴定元年正月，完颜仲元"请试兵西夏，出其不意必获全胜，兵威既振，国力益完"；"其大概欲伐西夏以张兵势"。这一建议未被宣宗采纳，因为在反击取得一定战果后，宣宗准备与西夏议和，完颜庆山奴则明确表示："夏国决不肯和，徒见欺耳。"西夏国王李遵顼听到金人将约和的消息后，"戒谕将士无犯西鄙"。兴定二年三月，完颜庆山奴上奏："夏人有乞和意，保安、绥德、葭州得文报，乞复互市，以寻旧盟。以臣观之，此出于遵顼，非边吏所敢专者。"[1] 宣宗为此专门命赵秉文起草了《答夏国告和书》，可转录于下。

---

① 《金史》卷14《宣宗纪上》，卷15《宣宗纪中》，卷134《西夏传》。

以生民为心,不以细故而忽生民之命。以天下为度,不以私忿而伤天下之功。惟我国家,奄宅中外,威制万里,恩结三方,高丽叛归,却而不受,孽宋既服,免其称臣。苟可利于生灵,有不较其名分。矧惟大夏,时我宝邻,盟誓既百年于兹,恩好若一家之旧。乃者北兵之大扰,因而东道之不通。岂意同盟堕此奸计,俾我两朝之交势至于一矢之相加。幸上天开悔祸之期,使赤子有息肩之望。兹纡信使,特枉载书,忍以一朝之违,遽忘累世之好。审此辅车之势,属吾唇齿之邦,与其厌外夷之陆梁,孰若结诸夏之亲昵。惟兹不类,乃我同雠。当人心厌乱之秋,见天道好还之意。众既乌合,罪复贯盈,彼物极则终衰,此数离而复合。且阋墙犹可以御侮,况同舟何患乎异心。既有成言,当如来约。①

宣宗知道西夏没有议和的诚意,所以金、夏依然处于交战状态。拖延到兴定四年八月,宣宗令陕西行省与西夏议和,被西夏拒绝。兴定五年正月,宣宗与枢密院官员磋商后,仍强调对西夏采取守势。元光年间,西夏欲大举攻金,亦因遭遇旱灾等原因未能如愿。② 总体而言,西夏挑起战争后,面对积极防御的金军,并未达到预期的战略效果,只是起了消耗金、夏战力的消极作用。

（三）对宋开战

宣宗迁都南京后,金、宋依然保持通和关系。随着蒙古军加强对金朝的攻势以及金、夏进入战争状态,宋朝主动切断了与金朝的通和关系,宣宗不得不着手处理与宋战、和的问题。

兴定元年正月,术虎高琪提出了主动攻宋的主张,被宣宗拒绝。

兴定元年正月,宋贺正旦使朝辞,宣宗曰:"闻息州透漏宋人,此乃彼界饥民沿淮为乱,宋人何敢犯我。"高琪请伐之以广疆土。上曰:"朕但能守祖宗所付足矣,安事外讨。"高琪谢曰:"今雨雪应期,皆圣德所致。而能包容小国,天下幸甚,臣言过矣。"③

---

① 赵秉文:《答夏国告和书》,《滏水集》卷10。
② 《金史》卷16《宣宗纪下》,卷134《西夏传》。
③ 《金史》卷106《术虎高琪传》。

兴定元年四月，由于宋人未纳岁币，宣宗下令出兵，但只是警告性的出征。

> 兴定元年四月，以宋岁币不至，命乌古论庆寿、完颜赛不等经略南边。①

> 兴定元年，（温迪罕达）上疏论伐宋，略曰："天时向暑，士马不利，宜俟秋凉，无不可者。"②

宣宗还特别发出了由赵秉文起草的《详问宋国书》，明指宋人应对双方关系破裂负完全责任。

> 两国和好，几及百年，南北生灵不见兵革，波之所及我之余也。不图曩者泰和间彼国君臣狃于蚍勇誾祸之言，妄有无名之举，我朝不得已以兵应之。彼既异始图不克逞志于我，于是有增币、易叔以伯之请。我章宗皇帝重念彼国伤残之故，曲从和好，仍归淮汉已得之地，恩至渥也。既许乞盟之后，庶几为度德量力之事，谨畏天保国之戒。岂意利我虏蚍，顿违盟誓，累年谲诈，不贡岁币，帅我叛亡，以荡摇我边陲。我边臣愤怒，自率所部以报东门之役，庶可少惩矣。且复保我涟水，煽惑我山东之民，造蚍百端，不念伯侄无穷之好，侥幸于不可知之勇，似不审辅车相依之势，将复蹈覆车之辙也。我廷臣固请曰："彼忘累圣之恩，幸吾一旦之警，自以鞭长不及马腹，不知牛虽瘠偾于豚上，其可幸乎。便可兴师，声罪往伐。"尚念彼界生灵何辜，故遣使臣先以文告，仍以大兵压境。若能改图，一遵旧约，则又何求。如其不然，自启祸端，罪有归矣，既违三灵之心，恐贻九庙之悔。事势至此，虽欲乞和不可及已。故令详问，其审图之。③

兴定元年六月和八月，宣宗还两次就宋人败盟发出诏旨，一次是

---

① 《金史》卷15《宣宗纪中》。
② 《金史》卷104《温迪罕达传》。
③ 赵秉文：《详问宋国书》，《滏水集》卷10。

"以宋朝遣兵数犯境，及岁币不至，诏谕沿边罪宋"；另一次则是"诏谕国内军士，使知宋人渝盟之故"①。其间，宣宗还特别召集臣僚讨论对宋关系问题，形成了加强边备的共识。

> 兴定元年七月，上（金宣宗）闻宋兵连陷赣榆、涟水诸县，且获伪檄，辞多诋斥，因谕宰臣曰："宋人构祸久矣，朕姑含容者，众虑开兵端以劳吾民耳。今数见侵，将何以处，卿等其与百官议。"于是集众议于都堂，（许）古曰："宋人孱弱，畏我素深，且知北兵方强，将恃我为屏蔽，虽时跳梁，计必不敢深入，其侮嫚之语，特市井屠沽儿所为，乌足较之。止当命有司移文，谕以本朝累有大造及圣主兼爱生灵意。彼若有知，复寻旧好，则又何求。其或怙恶不悛，举众讨之，顾亦未晚也。"时预议者十余人，虽或小异而大略则一。既而丞相（术虎）高琪等奏："百官之议，咸请严兵设备以逸待劳，此上策也。"上然之。②

兴定元年十月，宣宗召集大臣讨论对宋方略问题，出现了议和、主战两种观点。持议和观点的，主要是许古和张行信。

> （许）古以朝廷欲举兵伐宋，上疏谏曰："昔大定初，宋人犯宿州，已而屡败，世宗料其不敢遽乞和，乃敕元帅府遣人议之，自是太平几三十年。泰和中，韩侂胄妄开边衅，章宗遣驸马仆撒揆讨之。揆虑兵兴费重不能久支，阴遣侂胄族人赍乃祖琦画像及家牒，伪为归附，以见丘崇，因之继好，振旅而还。夫以世宗、章宗之隆，府库充实，天下富庶，犹先俯屈以即成功，告之祖庙，书之史册，为万世美谈，今其可不务乎。今大兵少息，若复南边无事，则太平不远矣。或谓专用威武可使宋人屈服，此殆虚言，不究实用。借令时获小捷，亦不足多贺。彼见吾势大，必坚守不出，我军仓猝无得，须还以就粮，彼复乘而袭之，使我欲战不得，欲退不能，则休兵之期殆未见也。况彼有江南蓄积之余，我止河南一路征敛之弊，可为寒心。愿陛下隐忍包容，速行此策，果通和，则大兵闻之

---

① 《金史》卷15《宣宗纪中》。
② 《金史》卷109《许古传》。

亦将敛迹，以吾无掣肘故也。河南既得息肩，然后经略朔方，则陛下享中兴之福，天下赖涵养之庆矣。惟陛下略近功，虑后患，不胜幸甚。"上（宣宗）是其言，即命古草议和牒文。既成，以示宰臣，宰臣言其有哀祈之意，自示微弱，遂不用。①

会宋兵侵境，朝廷议遣使详问，（术虎）高琪等以为失体，（张）行信独上疏曰："今以遣使为不当，臣切惑之。议者不过曰：'遣使则为先示弱，其或不报，报而不逊，则愈失国体。'臣独以为不然。彼幸吾衅隙，数肆侵掠，边臣以兵却之复来，我大国不责以辞而敌以兵，兹非示弱乎。至于问而不报，报而不逊，曲自在彼，何损于我。昔大定之初，彼尝犯顺，世宗虽遣丞相乌者行省于汴，实令元帅撒合辇先为辞诘之，彼遂伏罪。其后宋主夺取国书，朝廷复欲加兵，丞相娄室独以为不可，及刑部尚书梁肃衔命以往，寻亦屈焉。在章宗时，猖狂最甚，犹先理问而后用兵。然则遣使详问正国家故事，何失体之有。且国步多艰，戍兵滋久，不思所以休息之，如民力何。臣书生无甚高论，然事当机会，不敢不罄其愚，惟陛下察之。"上复令尚书省议，（术虎）高琪等奏："行信所言固遵旧制，然今日之事与昔不同。"诏姑待之。已而高汝砺亦上言先遣使不便，议遂寝。②

反对议和、力主对宋开战的，主要是术虎高琪和高汝砺。

兴定元年十月，右司谏许古劝宣宗与宋议和，宣宗命古草牒，以示宰臣，（术虎）高琪曰："辞有哀祈之意，自示微弱不足取。"遂寝。集贤院谘议官吕鉴言："南边屯兵数十万，自唐、邓至寿、泗沿边居民逃亡殆尽，兵士亦多亡者，亦以人烟绝少故也。臣尝比监息州榷场，每场所获布帛数千匹、银数百两，大计布帛数万匹，银数千两，兵兴以来俱失之矣。夫军民有逃亡之病，而国家失日获之利，非计也。今隆冬冱寒，吾骑得骋，当重兵屯境上，驰书谕之，诚为大便。若俟春和，则利在于彼，难与议矣。昔燕人获赵

---

① 《金史》卷 109《许古传》。
② 《金史》卷 107《张行信传》。

王，赵遣辩士说之，不许，一牧竖请行，赵王乃还。孔子失马，驭
卒得之。人无贵贱，苟中事机，皆可以成功。臣虽不肖，愿效牧竖
驭卒之智，伏望宸断。"诏问尚书省。高琪曰："鉴狂妄无稽，但
其气岸可尚，宜付陕西行省备任使。"制可。①

兴定元年十月，（高汝砺）上疏曰："言者请姑与宋人议和，
以息边民，切以为非计。宋人多诈无实，虽与文移往来，而边备未
敢遽撤。备既不撤，则议和与否盖无以异。或复蔓以浮辞，礼例之
外别有求索，言涉不逊，将若之何。或曰：'大定间亦尝先遣使，
今何不可？'切谓时殊事异，难以例言。昔海陵师出无名，曲在于
我，是以世宗即位，首遣高忠建等报谕宋主，罢淮甸所侵以修旧
好。彼随遣使来，书辞慢易，不复奉表称臣，愿还故疆，为兄弟
国。虽其枢密院与我帅府时通书问，而侵轶未尝已也。既而征西元
帅合喜败宋将吴璘、姚良辅于德顺、原州，右丞相仆散忠义、右副
元帅纥石烈志宁败李世辅于宿州，斩首五万，兵威大振。世宗谓宰
臣曰：'昔宋人言遣使请和，乘吾无备遂攻宿州，今为我军大败，
杀戮过当，故不敢复通问。朕哀南北生灵久困于兵，本欲息民，何
较细故，其令帅府移书宋人，以议和好。'宋果遣使告和，以当时
堂堂之势，又无边患，竟免其奉表称臣之礼。今宋弃信背盟，侵我
边鄙，是曲在彼也。彼若请和，于理为顺，岂当先发此议而自示弱
耶，恐非徒无益，反招谤侮而已。"②

兴定元年十一月，宣宗正式下诏唐、邓、蔡州行元帅府举兵伐宋，
完颜寓、李革、胥鼎、杨云翼等人都明确表达了反对开战的意见，宣宗
均置之不理。

（完颜寓）上书谏伐宋，不听。③

是时兴兵伐宋，（李）革上书曰："今之计当休兵息民，养锐

---

① 《金史》卷106《术虎高琪传》。
② 《金史》卷107《高汝砺传》。
③ 《金史》卷104《完颜寓传》。

待敌。宋虽造衅，止可自备。若不忍小忿以勤远略，恐或乘之，不能支也。"不纳。①

　　（兴定元年十二月）朝廷诏鼎举兵伐宋，且令勿复有言，以沮成算。鼎已分兵由秦、巩、凤翔三路并进，乃上书曰："窃怀愚恳，不敢自默，谨条利害以闻。昔泰和间，盖尝南伐，时太平日久，百姓富庶，马蕃军锐，所谓万全之举也，然犹亟和，以偃兵为务。大安之后，北兵大举，天下骚然者累年，然军马气势，视旧才十一耳。至于器械之属，亦多损弊，民间差役重繁，浸以疲乏，而日勤师旅，远近动摇，是未获一敌而自害者众，其不可一也。今岁西北二兵无入境之报，此非有所惮而不敢也，意者以去年北还，姑自息养，不然则别部相攻，未暇及我。如闻王师南征，乘隙并至，虽有潼关、大河之险，殆不足恃，则三面受敌者，首尾莫救，得无贻后悔乎，其不可二也。凡兵雄于天下者，必其士马精强，器械犀利，且出其不备而后能取胜也。宋自泰和再修旧好，练兵峙粮，缮修营垒，十年于兹矣。又车驾至汴，益近宋境，彼必朝夕忧惧，委曲为防。况闻王师已出唐、邓，必徙民渡江，所在清野，止留空城，使我军无所得，徒自劳费，果何益哉，其不可三也。宋我世仇，比年非无恢复旧疆、洗雪前耻之志，特畏吾威力，不能窥其虚实，故未敢轻举。今我军皆山西、河北无依之人，或招还逃军，胁从归国，大抵乌合之众，素非练习，而遽使从戎，岂能保其决胜哉。虽得其城，内无储蓄，亦何以守。以不练乌合之军，深入敌境，进不得食，退无所掠，将复遁逃啸聚为腹心患，其不可四也。发兵进讨，欲因敌粮，此事不可必者。随军转输，则又非民力所及。沿边人户虽有恒产，而赋役繁重，不胜困惫。又凡失业寓河南者，类皆衣食不给。贫穷之迫，盗所由生，如宋人阴为招募，诱以厚利，使为向导，伺我不虞突而入寇，则内有叛民，外有劲敌，未易图之，其不可五也。今春事将兴，若进兵不还，必违农时，以误防秋之用，此社稷大计，岂特疆场利害而已哉，其不可六也。臣愚以为止当遴选材武将士，分布近边州郡，敌至则追击，去则力田，

---

① 《金史》卷99《李革传》。

以广储蓄。至于士气益强，民心益固，国用丰饶，自可恢廓先业，成中兴之功，一区区之宋何足平乎。"诏付尚书省，宰臣以为诸军既进，无复可议，遂寝。①

（杨）云翼乃建言曰："国家之虑，不在于未得淮南之前，而在于既得淮南之后。盖淮南平则江之北尽为战地，进而争利于舟楫之间，恐劲弓良马有不得骋者矣。彼若扼江为屯，潜师于淮以断饷道，或决水以潴淮南之地，则我军何以善其后乎。"②

金军大举攻宋，战绩平平，兴定二年，移剌福僧、纳合蒲剌都等人明确提出了与宋议和的主张。

（移剌）福僧乃上书曰："今西北多虞，而南鄙不敢撤戍，刍粮调度，仰给河南，赋役频繁，民力疲弊。宜开宋人讲和之端，抚定河朔，养兵蓄锐，策之上也。"③

是时，伐宋大捷，（纳合）蒲剌都奏："宋人屡败，其气必沮，可乘此遣人谕说，以寻旧盟。若宋人不从，然后伐之，疾仇怒顽，易以成功。"④

宣宗采纳移剌福僧等人的建议，于兴定二年十二月派吕子羽等人使宋讲和。兴定三年正月，吕子羽至淮河，宋人拒绝其入境，宣宗乃下诏伐宋，并明确表示："此事岂得已哉。近日遣使实欲讲和，彼既不从，安得不用兵也。"以战求和实际上是宣宗的本意，所以在金军取得一些战果后，宣宗还是专门强调了议和的重要性所在。

兴定三年二月，（宣宗）又曰："顷近侍还自陕西，谓（完颜）白撒已得凤州，如得武休关，将遂取蜀。朕意殊不然，假令得之，

---

① 《金史》卷108《胥鼎传》。
② 《金史》卷110《杨云翼传》。
③ 《金史》卷104《移剌福僧传》。
④ 《金史》卷122《纳合蒲剌都传》。

亦何可守，此举盖为宋人渝盟，初岂贪其土地耶。朕重惜生灵，惟和议早成为佳耳。"①

兴定四年正月，户部侍郎张师鲁上书，请遣骑兵数千，"及春，淮、蜀并进、以挠宋"。这一建议，应未被宣宗及时采纳，因为到兴定五年正月，宣宗"谕枢密院，南伐事重，当详议其便"之后，才下诏"诸道兵集蔡州"，二月"下诏伐宋"②，并且通过边将向宋人传递了一封"求战书"。

（兴定）五年正月，上（宣宗）以红袄贼助宋为害，边兵久劳苦，诏牙吾塔遗宋人书求战，略曰："宋与我国通好，百年于此，顷岁以来，纳我叛亡，绝我贡币，又遣红袄贼乘间窃出，跳梁边疆，使吾民不得休息。彼国若以此曹为足恃，请悉众而来，一决胜负，果能当我之锋，沿边城邑当以相奉。度不能，即宜安分保境，何必狐号鼠窃、乘阴伺夜以为此态耶。且彼之将帅亦自受钺总戎，而临敌则望风远遁，被攻则闭垒深藏，逮吾师还，然后现形耀影以示武。夫小民尚气，女子有志者犹不尔也，切为彼国羞之。"③

兴定五年的南伐，虽取得局部性胜利，但南征将领、驸马仆散安贞（本名阿海）因谋叛被杀，为攻宋战争蒙上了一层阴影，因为仆散安贞的所谓谋叛，就是他手下有大批归降的"宋壮士"，引起宣宗猜疑，制造了一起冤案。

兴定五年六月，尚书省奏驸马都尉（仆散）安贞反状，上阅奏虑其不实，谓平章政事英王（完颜）守纯曰："国家诛一大臣，必合天下后世公议，其令覆按之。"仆散安贞坐谋反，并其三子皆伏诛。④

---

① 《金史》卷15《宣宗纪中》。
② 《金史》卷16《宣宗纪下》。
③ 《金史》卷111《纥石烈牙吾塔传》。
④ 《金史》卷16《宣宗纪下》。

（仆散）安贞每获宋壮士，辄释不杀，无虑数万，因用其策，辄有功。宣宗谓宰臣曰："阿海将略善固矣，此辈得无思归乎。南京密迩宋境，此辈既不可尽杀，安所置之，朕欲驱之境上，遣之归如何？"宰臣不对。

六月，尚书省奏安贞谋叛。……诏曰："银青荣禄大夫、左副元帅兼枢密副使、驸马都尉仆散阿海，早藉世姻，浸驰仕轨，属当军旅之事，益厚朝廷之恩，爰自帅藩，擢居枢府。顷者南伐，时乃奏言，是俾行鳞介之诛，而尽露枭獍之状。二城虽得，多罪稔彰，念胜负之靡常，肯刑章之轻用。始自画因粮之计，乃更严横敛之期，督促计司，凋弊民力，信其私意，或失防秋。顾利害之实深，尚优容而弗问。顷因近侍，悉露奸谋，盖虑前后罪之上闻，乃以金玉带而夜献。审事情之诡秘，命信臣而鞫推，迫致款词，乃详实状。自以积愆之著，必非公宪所容，欲结近臣之欢心，俾伺内庭之指意，如衅端之少露，得先事而易图。因其方握兵权，得以谋危庙祝，事或不济，计即外奔。前日之俘，随时诛戮，独于宋族，曲活全门，示其悖德于敌仇，豫冀全身而纳用。"①

元光元年二月，宣宗命完颜讹可、时全领军攻宋，渡过淮河后击败宋军，但是返回时遇大雨难以渡过淮河，几乎全军覆没，宣宗处死时全，完颜讹可被贬职，并下诏安抚败军。

大军渡淮，每立功效。诸将谬误，部曲散亡，流离忧苦，朕甚闵焉。各归旧营，勉图自效。

阵亡把军品官子孙，十五以上者依品官子孙例随局承应，十五以下、十岁以上者依品从随局给俸，至成人本局差使。无子孙官，依例给俸。应赠官、赙钱、军人家口当养赡者，并如旧制。②

时全领军攻宋之前，杨云翼已经预料到其必然大败，只是相关建议未被宣宗重视，事后追悔莫及。

---

① 《金史》卷102《仆散安贞传》。
② 《金史》卷117《时青传》。

及时全倡议南伐，宣宗以问朝臣，（杨）云翼曰："朝臣率皆谀辞，天下有治有乱，国势有弱有强，今但言治而不言乱，言强而不言弱，言胜而不言负，此议论所以偏也，臣请两言之。夫将有事于宋者，非贪其土地也，第恐西北有警而南又缀之，则我三面受敌矣，故欲我师乘势先动，以阻其进。借使宋人失淮，且不敢来，此战胜之利也。就如所料，其利犹未可必然。彼江之南其地尚广，虽无淮南，岂不能集数万之众，伺我有警而出师耶。战而胜且如此，如不胜害将若何。且我以骑当彼之步，理宜万全，臣犹恐其有不敢恃者。盖今之事势与泰和不同。泰和以冬征，今我以夏往，此天时之不同也。冬则水涸而陆多，夏则水潦而涂淖，此地利之不同也。泰和举天下全力，驱乣军以为前锋，今能之乎，此人事之不同也。议者徒见泰和之易，而不知今日之难。请以夏人观之，向日弓箭手之在西边者，一遇敌则搏而战、袒而射，彼已奔北之不暇，今乃陷吾城而虏守臣，败吾军而禽主将。曩则畏我如彼，今则侮我如此。夫以夏人既非前日，奈何以宋人独如前日哉。愿陛下思其胜之之利，又思败之之害，无悦甘言，无贻后悔。"章奏不报。时全果大败于淮上，一军全没。宣宗责诸将曰："当使我何面目见杨云翼耶。"①

从战略选择看，宣宗并不希望与宋、西夏开战，使金朝处于三面受敌的危局之中，所以一直未打消与宋、西夏议和的念头。但是宋、西夏各有打算，宣宗只能被动应战，虽然勉强维持了失地不多的基本格局，但不得不付出损失兵力的重大代价。

应该承认，宣宗作为王朝后期的君主，不乏励精图治的观念，并且对困局有较清醒的认识，所以能够稳住迁都后的基本局面。但是宣宗的多疑和不能识忠辨奸，造成了权奸把持朝政的局面，加之缺乏拯救经济的知识和经验，使得应对危机对策的效应大打折扣，主观层面的人格缺陷，带来的是客观层面的"越治越乱"现象。元人修《金史》时对宣宗的评价颇为中肯，明确指出了宣宗的观念和行为有巨大反差。

---

① 《金史》卷110《杨云翼传》。

宣宗当金源末运，虽乏拨乱反正之材，而有励精图治之志。迹其勤政忧民，中兴之业盖可期也，然而卒无成功者何哉，良由性本猜忌，崇信亵御，奖用吏胥，苛刻成风，举措失当故也。（纥石烈）执中元恶，此岂可相者乎，顾乃怀其援立之私，自除廉陛之分，悖礼甚矣。（术虎）高琪之诛执中，虽云除恶，律以《春秋》之法，岂逃赵鞅晋阳之责。既不能罪而遂相之，失之又失者也。迁汴之后，北顾大元之朝日益隆盛，智识之士孰不先知，方且狃于余威，牵制群议，南开宋衅，西启夏侮，兵力既分，功不补患。曾未数年，昔也日辟国百里，今也日蹙国百里，其能济乎。[1]

需要注意的是，金朝由乱到亡，宣宗是个关键性的人物，他的可贵之处就是能在守国观念下苦苦坚持，使金朝没有遭遇"速亡"的厄运。

第三节　金哀宗的救亡对策

金哀宗完颜守绪（1198—1234 年），原名守礼，本名宁甲速，宣宗之子，以皇太子身份继承帝位后（以下称"哀宗"），用正大、开兴、天兴年号，在位十一年，金亡时自尽。哀宗在位时金朝的统治已经岌岌可危，需要注意的是由其主导的各种救亡对策。

一　求新救危

正大年间（1224—1231），哀宗先后推出了一些更新朝政的措施，希望以求新、求变的举动，维系金朝的统治。

（一）即位风波

宣宗病逝前，留下遗诏由皇太子继承帝位，但是英王完颜守纯及其母庞氏觊觎帝位，皇太子不得不在军队的支持下强行入宫，才得以顺利继承皇位。从当时的记载看，恰是皇太子的果断入宫，避免了争夺帝位的火并。

上（金宣宗）疾大渐，暮夜，近臣皆出，惟前朝资明夫人郑

---

[1]　《金史》卷 16《宣宗纪下》。

氏年老侍侧。上知其可托，诏之曰："速召皇太子主后事。"言绝而崩。夫人秘之。是夜，皇后及贵妃庞氏问安寝阁，庞氏阴狡机慧，常以其子（完颜）守纯年长不得立，心鞅鞅。夫人恐其为变，即绐之曰："上方更衣，后妃可少休他室。"伺其入，遽钥之，急召大臣，传遗诏立皇太子，始启户出后妃，发丧。皇太子方入宫，英王守纯已先入，皇太子知之，分遣枢密院官及东宫亲卫军官移剌蒲阿集军三万余于东华门街，部署即定，命护卫四人监守纯于近侍局，乃即皇帝位于枢前。①

哀宗为皇太子，控制枢密院，选（移剌蒲阿）充亲卫军总领，佩金符。元光二年冬十二月庚寅，宣宗疾大渐，皇太子异母兄英王守纯先入侍疾，太子自东宫扣门求见，令蒲阿衷甲聚兵屯于艮岳，以备非常。哀宗即位，尝谓近臣言："向非蒲阿，何至于此。"②

哀宗即位后，即颁布了大赦和求直言的诏书，以体现他的求新之意。

朕述先帝之遗意，有便于时欲行而未及者，悉奉而行之。国家已有定制，有司往往以情破法，使人阘遭刑宪，今后有本条而不遵者，以故入人罪罪之。草泽士庶，许令直言军国利害，虽涉讥讽无可采取者，并不坐罪。③

完颜守纯在宣宗朝已任宰相之职，并因纵容手下胡作非为被人弹劾。

时皇子荆王为宰相，家僮辈席势侵民，（程）震以法劾之，奏曰："荆王以陛下之子，任天下之重。不能上赞君父，同济艰难。顾乃专恃权势，蔑弃典礼，开纳货赂，进退官吏。纵令奴隶侵渔细民，名为和市，其实胁取。诸所不法，不可枚举。陛下不能正家，

①《金史》卷16《宣宗纪下》。
②《金史》卷112《移剌蒲阿传》。
③《金史》卷17《哀宗纪上》。

而欲正天下，难矣。"于是，上（金宣宗）责荆王，出内府银以偿物直，杖大奴尤不法者数人。①

哀宗于正大元年正月免去了完颜守纯的宰相职务，并于当年三月以"谋不轨"的罪名将完颜守纯下狱，皇太后出面干预，完颜守纯得以赦免。

> 或告荆王（完颜守纯）谋不轨者，下狱，议已决。帝（金哀宗）言于后（宣宗元妃王氏），后曰："汝止一兄，奈何以谗言欲害之。章宗杀伯与叔，享年不永，皇嗣又绝，何为欲效之耶。趣赦出，使来见我。移时不至，吾不见汝矣。"②

需要注意的是，哀宗的生母是宣宗的元妃王氏，宣宗的皇后王氏是元妃之妹，哀宗即位后将两人都封为皇太后，"号其宫一曰仁圣，一曰慈圣"③。

（二）去旧布新

为体现朝政的新气象，哀宗既要革除弊政，也要延续文治景气，为此有了八大重要的举措。

第一个举措是惩奸除恶。哀宗先向酷吏下手，于正大元年正月将蒲察合住、泥庞古华山贬职，并于当年十二月下令处死蒲察合住，起到了"逐二奸臣，大夫士相庆"的效果。④ 他还支持监察御史商衡等人的弹劾，对企图干政的皇亲国戚和内侍加以制裁，并处罚了贪污纳贿的官员。

> 哀宗姨郏国夫人不时出入宫闱，干预政事，声迹甚恶。（商）衡上章极言，自是郏国被召乃敢进见。内族（完颜）庆山奴将兵守盱眙，与李全战败，朝廷置而不问。衡上言："自古败军之将必正典刑，不尔则无以谢天下。"诏降庆山奴为定国军节度使。户部侍郎权尚书曹温之女在掖庭，亲旧干预权利，其家人填委诸司，贪

---

① 《金史》卷110《程震传》。
② 《金史》卷64《宣宗明惠皇后传》。
③ 《金史》卷17《哀宗纪上》，卷64《宣宗皇后王氏传》《宣宗明惠皇后传》。
④ 《金史》卷17《哀宗纪上》。

墨彰露，台臣无敢言者，衡历数其罪。诏罢温户部，改太后府卫尉。再上章言："温果可罪，当贬逐，无罪则臣为妄言，岂有是非不别而两可之理。"哀宗为之动容，乃出温为汝州防御使。①

（正大四年）十月，（陈）规与右拾遗李大节上章，劾同判大睦亲事（完颜）撒合辇谄佞、招权纳贿及不公事，由是撒合辇竟出为中京留守，朝廷快之。②

正大五年三月，监察御史乌古论石鲁剌（乌古论不鲁剌）劾近侍张文寿、仁寿、李麟之受敌帅馈遗，诏（完颜）奴申鞫问，得其奸状，上曲赦其罪，皆斥去，朝论快之。③

但是对于骄横的武将，哀宗因为要依靠其军事力量，只能持容忍的态度，可列举一个例证。

（纥石烈牙吾塔）为人鸷狠狼戾，好结小人，不听朝廷节制。尝入朝，诣省堂，诋毁宰执，宰执亦不敢言，而上倚其镇东方，亦优容之。尤不喜文士，僚属有长裾者，辄以刀截去。又喜凌侮使者，凡朝廷遣使来，必以酒食困之。或辞以不饮，因并食不给，使饿而去。司农少卿张用章以行户部过宿，塔饮以酒。张辞以寒疾，塔笑曰："此易治耳。"趋左右持艾来，卧张于床，灸之数十。又以银符佩妓，屡往州郡取赇，州将之妻皆远迎逆，号"省差行首"，厚贿之。御史康锡上章劾之，且曰："朝廷容之，适所以害之。欲保全其人，宜加裁制。"朝廷竟不治其罪。④

第二个举措是重整吏治。哀宗于正大元年七月"诏谕百官各勤乃职"⑤，诏书由应奉翰林文字的李献能起草，可转录全文于下。

---

① 《金史》卷124《商衡传》。
② 《金史》卷109《陈规传》。
③ 《金史》卷115《完颜奴申传》。
④ 《金史》卷111《纥石烈牙吾塔传》。
⑤ 《金史》卷17《哀宗纪上》。

朕新即大位，肇亲万机，国事实为未明，政统犹惧多阙。尚赖尔文武多士，内外庶僚，上下同心，始终勠力，以副遗大投艰之托，共成兴滞补废之功。然而养资考者，每务于因循；嗜闲逸者，或托于疾病；因之积弊，习以成风，事至于斯，朕将何赖。盖尝深维百姓勤劳之意，尚不能忘累圣涵养之仁。服田力穑，而以给租庸，挽粟飞刍，而不惮征缮。况尔等世应高爵，身享厚恩，夫有国乃可以有家，而为臣亦犹失为子，未有国不安而家可保，必须臣竭力而君以宁。加之事属方殷，时丁多故，旧疆待乎恢复，强敌期于削平，正当经营之秋，难行姑息之政。朕既夙宵轸念，庶几宏业以昭功，尔其朝夕在公，岂宜玩岁而愒日。夫汤刑以警具位，周典以正百官，兹出话言，以为明训。掌刑者有法可奉，毋使有冤抑之情。典选者有格可循，毋妄求疏驳之节。钱谷当审知取予，毋吝于出纳之间。台谏当指陈是非，毋涉于细碎之事。司农以敦本察吏，不可苟且而旷职。司牧民以扶弱抑强，不可聚敛而营私计。至于大而分阃，小而掌兵，固当志歼寇仇，日辟土宇。受朝廷之托，必思报国。念功臣之后，常恐辱先。又岂可平居或冒于糇粮，临事或生于畏惧，视郡县之官妄分于彼此，役部伍之卒不计于公私。凡我有官，所当共戒。其敬遵于邦宪，务恪慎于官箴，享富贵于当年，垂功名于身后。且赏罚期于信必，而功罪贵乎正明。兹诚前代之良规，亦我祖宗之已事，今当仰法，要在决行。于戏，任贤使能，周室果闻于兴复；综名核实，汉家遂至于肃清。公勤者，赏不敢私；弛慢者，刑兹无赦。各勤尔职，明听朕言，故兹诏示，想宜知悉。[①]

哀宗还要求继续实行荐举制，于正大元年十二月"改定辟举县令法，以六事课县令"，"乃立法，命监察御史、司农司官，先访察随朝七品、外路六品以上官，清慎明洁可为举主者，然后移文使举所知，仍以六事课殿最，而升黜举主。故举主既为之尽心，而被举者亦为之尽力。是时虽迫危亡，而县令号为得人，由作法有足取云"。[②] 对于随意"的决"官员的弊病，亦略有纠正。

---

① 王恽：《玉堂嘉话四》，《秋涧集》卷96，四库全书本。
② 《金史》卷17《哀宗纪上》，卷54《选举志四》。

　　左丞张行信言："先帝诏国内，刑不上大夫，治以廉耻。丞相（术虎）高琪所定职官犯罪的决百余条，乞改依旧制。"上（哀宗）不欲彰先帝之过，略施行之。①

　　哀宗还增加了大司农司的设置，并给予司农司监督吏治好坏的权力。"京东、西、南，陕西设大司农司，兼采访公事，京师大司农总之"；"自卿而下迭出巡察吏治臧否，以升黜之"②。

　　第三个举措是更新决策机制。金朝中后期实行的尚书省、枢密院分立的制度，枢密院本身已经有一套奏报军情的规制。

　　　国制，凡枢密院上下所倚任者名奏事官，其目有三，一曰承受圣旨，二曰奏事，三曰省院议事，皆以一人主之。承受圣旨者，凡院官奏事，或上处分，独召奏事官付之，多至一二百言，或直传上旨，辞多者即与近侍局官批写。奏事者，谓事有区处当取奏裁者殿奏，其奏每嫌辞费，必欲言简而意明，退而奉行，即立文字，谓之检目。省院官殿上议事则默记之，议定归院，亦立检目呈覆。有疑则复禀，无则付掾史施行。其赴省议者，议既定，留奏事官与省左右司官同立奏草，圆覆诸相无异同，则右司奏上。此三者之外又有难者，曰备顾问，如军马粮草器械、军帅部曲名数与夫屯驻地里厄塞远近之类，凡省院一切事务，顾问之际一不能应，辄以不用心被谴，其职为甚难。③

　　由于枢密院官员往往自行上奏军情，使得尚书省尤其是宰执不能参与军事决策，有人于正大二年明确提出了枢密院应由尚书省节制的建议。

　　　（正大二年）诏集百官议省费，（杨）云翼曰："省费事小，户部、司农足以办之。枢密专制军政，蔑视尚书。尚书出政之地，政

　　　────────────
① 《金史》卷17《哀宗纪上》。
② 《金史》卷17《哀宗纪上》，卷55《百官志一》。
③ 《金史》卷114《白华传》。

无大小，皆当总领。今军旅大事，社稷系焉，宰相乃不得预闻，欲使利病两不相蔽，得乎?"①

（正大）二年正月，（陈）规及台谏同奏五事："一，乞尚书省提控枢密院，如大定、明昌故事。二，简留亲卫军。三，沙汰冗军，减行枢密院、帅府。四，选大臣为宣抚使，招集流亡以实边防。五，选官置所，议一切省减。"②

这样的建议未被哀宗采纳。正大五年三月，"群臣请依祖宗故事，枢密院听尚书省节制"，哀宗依然置之不理。天兴元年四月，哀宗才下令"以尚书省兼枢密院事"，③ 使两个决策机构合而为一。

是月十六日，并枢密院归尚书省，以宰相兼院官，左右司首领官兼经历官，惟平章（完颜）白撒、副枢（赤盏）合喜、院判白华、权院判完颜忽鲁剌退罢。忽鲁剌有口辩，上爱幸之。朝议罪忽鲁剌，而书生辈妒华得君，先尝以语撼之，用是而罢。金制，枢密院虽主兵，而节制在尚书省。兵兴以来，兹制渐改，凡是军事，省官不得预，院官独任专见，往往败事。言者多以为将相权不当分，至是始并之。④

儒臣之所以强烈要求尚书省节制枢密院，就是期望控制武将的擅权，并克服宰执不称职的毛病。

哀宗即位后，陈规曾明确指出有"将相非材"的弊病，许古也诣阙拜章，"言八座率非其材，省寺小臣有可任宰相者，不大升黜之则无以致中兴"。哀宗亦对商衡明言："古来宰相必用文人，以其知为相之道。（完颜）赛不何所知，使居此位，吾恐他日史官书之，某时以某为相而国乃亡。"⑤ 所以天兴元年尚书省、枢密院合并前，宰执已经有所调整。

① 《金史》卷 110《杨云翼传》。
② 《金史》卷 109《陈规传》。
③ 《金史》卷 17《哀宗纪上》，卷 18《哀宗纪下》。
④ 《金史》卷 114《白华传》。
⑤ 《金史》卷 109《陈规传》，卷 113《完颜赛不传》，卷 124《商衡传》。

　　（斜卯）爱实愤时相非其人，尝历数曰："平章（完颜）白撒固权市恩，击丸外百无一能。丞相（完颜）赛不菽麦不分，更谓乏材，亦不至此人为相。参政兼枢密副使赤盏合喜粗暴，一马军之材止矣，乃令兼将相之权。右丞颜盏世鲁居相位已七八年，碌碌无补，备员而已。患难之际，倚注此类，欲冀中兴，难矣。"于是世鲁罢相，赛不乞致仕，而白撒、合喜不恤也。①

　　第四个举措是继续进行科举考试。在危机状态下，哀宗依然坚持科举取士，并成功进行了正大元年、四年、七年三科的考试，到哀宗离开南京后，才不得不终止科举考试。

　　正大元年五月，赐策论进士孛术论长河以下十余人及第，经义进士张介以下五人及第，赐词赋进士王鹗以下五十人及第。
　　正大四年六月，赐词赋、经义卢亚以下进士第。
　　正大七年五月，赐经义、词赋李瑭以下进士第。
　　天兴元年八月，免府试。卖官，及许买进士第。②

　　第五个举措是开经筵。正大三年八月，哀宗下令设益政院于内廷，"以礼部尚书杨云翼等为益政院说书官，日二人直，备顾问"③。这样的举动，实际上就是确立专为辅助君主学习的"经筵"制度。杨云翼等人不仅向哀宗传授儒学知识，还呈上了有助于治道的重要著作。

　　设益政院，（杨）云翼为选首，每召见赐坐而不名。时讲《尚书》，云翼为言帝王之学不必如经生分章析句，但知为国大纲足矣。因举"任贤""去邪""与治同道""与乱同事""有言逆于汝心""有言逊于汝志"等数条，一皆本于正心诚意，敷绎详明，上（哀宗）听忘倦。寻进《龟鉴万年录》《圣学》《圣孝》之类凡二十篇。④

---

① 《金史》卷114《斜卯爱实传》。
② 《金史》卷17《哀宗纪上》。
③ 《金史》卷17《哀宗纪上》。
④ 《金史》卷110《杨云翼传》。

正大初，末帝（哀宗）锐于政，朝议置益政院官，院居官中，选一时宿望有学者，如杨学士云翼、史修撰公燮、吕待制造数人兼之，轮直，每日朝罢，侍上讲《尚书》《贞观政要》数篇，间亦及民间事，颇有补益。杨公又与赵学士秉文采集自古治术，分门类，号《君臣政要》，为一编进之。此亦开讲学之渐也，然岁余亦罢。[1]

第六个举措是尊孔和修史。天兴元年八月，南京被蒙古军围困，哀宗依然要"释奠孔子"。修史亦未因战乱而被耽误，正大五年十一月，《宣宗实录》完成并进呈给哀宗。[2]

第七个举措是重农和救灾。哀宗承袭了宣宗朝的重农和救灾方法，但是因朝廷能力有限，已经难以再实行大规模的赈济，只能是以祈神、罪己、减膳、录囚等做做样子，并且不得不加征租税。从臣僚的上言可以看出，这些举措所起的作用有限。

正大二年四月，以京畿旱，遣使虑囚。五月，以旱甚责己，避正殿，减常膳，赦罪。

正大三年三月，以旱，遣官祷于济渎。河南大雨雹。遣使虑囚，遣使捕蝗。

正大四年三月，征夏税二倍。七月，大元兵自凤翔徇京兆，关中大震。以中丞乌古孙卜吉、祭酒裴满阿虎带兼司农卿，签民军，劝率富民入保城聚，兼督秋税，令百姓知避迁之计。赦陕西东、西两路，赐民今年租。十二月，遣使安抚陕西，以牛千头赐贫民。

正大六年十二月，罢附京猎地百里，听民耕稼。

正大八年四月，全免京西路军钱一年。旱灾州县，差税从实减贷。[3]

（正大二年）四月，以大旱诏（陈）规审理冤滞，临发上奏："今河南一路便宜、行院、帅府、从宜凡二十处，陕西行尚书省、

① 刘祁：《归潜志》卷7，第73页。
② 《金史》卷17《哀宗纪上》。
③ 《金史》卷17《哀宗纪上》。

帅府五，皆得以便宜杀人，冤狱在此，不在州县。"又曰："雨水不时则责燮理，然则职燮理者当何如？"上善其言而不能有为也。①

第八个举措是减浮费、拒贡献、省徭役。在财政拮据的状态下，哀宗不得不做出崇尚节约、拒绝进贡和减少徭役的姿态。

正大元年正月，邠州节度使移剌术纳阿卜贡白兔，诏曰："得贤臣辅佐，年谷丰登，此上瑞也，焉事此为。令有司给道里费，纵之本土。礼部其遍谕四方，使知朕意。"诏朝臣议修复河中府，礼部尚书赵秉文、太常卿杨云翼等言，陕西民方疲敝，未堪力役，遂止。

正大三年三月，诏尚书省议省减用度。

正大四年八月，诏有司罢遣防备丁壮、修城民夫，军须差发应不急者权停。

正大五年八月，增筑归德行枢密院，拟工役数百万，诏遣权枢密院判官白华喻以农夫劳苦，减其工三之二。

正大六年五月，陇州防御使石抹冬儿进黄鹦鹉，诏曰："外方献珍禽异兽，违物性，损人力，令勿复进。"七月，罢陕西行省军中浮费。九月，洮、河、兰、会元帅颜盏虾蟆进西马二匹，诏曰："卿武艺超绝，此马可充战用，朕乘岂能尽其力。既入进，即尚厩物也，今以赐卿，其悉朕意。"②

应该看到，哀宗在面对危局时还是希望有所作为，但是他缺乏克服弊政的能力和勇气，只能用较温和的手法彰显朝政的新意，而这样的新意，所起的只是维持局面的有限作用。

（三）鼓励直言

正大元年正月，南京发生了狂人乱语事件，哀宗就此事件重申了鼓励直言的要求。

有男子服麻衣，望承天门且笑且哭。诘之，则曰："吾笑，笑

---

① 《金史》卷109《陈规传》。
② 《金史》卷17《哀宗纪上》。

将相无人；吾哭，哭金国将亡。"群臣请置重典，上（哀宗）持不可，曰："近诏草泽诸人直言，虽涉讥讪不坐。"法司唯以君门非笑哭之所，重杖而遣之。①

皇帝鼓励直言，臣僚给予了积极的回应，除了上述哀宗朝官员提出的各种建议外，还可以列举几个上言和纳谏的例证。

正大元年五月，（赤盏尉忻）拜尚书右丞。哀宗欲修宫室，尉忻极谏，至以卧薪尝胆为言，上悚然从之。②

（正大）四年，吏部郎中杨居仁上封事，言宰相宜择人，上（哀宗）语大臣曰："相府非其人，御史谏官当言，彼吏曹，何与于此。"尚书左丞颜盏世鲁素嫉居仁，亦以为僭，（完颜）赛不徐进曰："天下有道，庶人犹得献言，况在郎官。陛下有宽弘之德，故不应言者犹言，使其言可用则行之，不可用不必示臣下也。"上是之。③

（正大）五年二月，（陈规）又与（李）大节言三事："一，将帅出兵每为近臣牵制，不得专辄。二，近侍送宣传旨，公受赂遗，失朝廷体，可一切禁绝。三，罪同罚异，何以使人。"上嘉纳焉。④

当时朝士，廷议之际多不尽言，顾望依违，浸以成俗。一日，经筵毕，（杨云翼）因言："人臣有事君之礼，有事君之义。礼，不敢齿君之路马，蹴其刍者有罚，入君门则趋，见君之几杖则起，君命召不俟驾而行，受命不宿于家，是皆事君之礼，人臣所当尽者也。然国家之利害，生民之休戚，一一陈之，则向所谓礼者特虚器耳。君曰可，而有否者献其否；君曰否，而有可者献其可。言有不

---

① 《金史》卷17《哀宗纪上》。
② 《金史》卷115《赤盏尉忻传》。
③ 《金史》卷113《完颜赛不传》。
④ 《金史》卷109《陈规传》。

从，虽引裾、折槛、断鞅、轫轮有不恤焉者。当是时也，姑徇事君之虚礼，而不知事君之大义，国家何赖焉。"上变色曰："非卿，朕不闻此言。"云翼尝患风痹，至是稍愈，上亲问愈之之方，对曰："但治心耳。心和则邪气不干，治国亦然，人君先正其心，则朝廷百官莫不一于正矣。"上矍然，知其为医谏也。①

哀宗求直言，是要体现君主善治的政治态度，内心则是抗拒纳谏，既表现为直接斥责谏臣，如正大四年十月，外台监察御史谏猎，哀宗大怒，"以邀名卖直责之"②；也表现为有名无实，上言或是被大臣隔断，或是假意接受，刘祁就陈述了在南京上言的经历。

　　（正大）九年（天兴元年，1232）正月，下诏求言，于东华门接受陈言文字，日令一侍从官居门待，言者虽多，亦未闻有施行者。盖凡得士庶言章，先令诸朝贵如御史大夫裴满阿虎带、户部尚书完颜奴申等披详，可，然后进，多为诸人革暌，百无一达者。余时亦愤然上书，且求见口陈。会翰林修撰李大节直于门，余付之，且与论时事。李曰："今朝廷之力全在平章、副枢，看此一战如何。"余无可奈何矣。
　　帝（哀宗）出，从数骑，不张盖，纵路人观。余时在道左，欲诣陈便宜，忽见一士捧章以进，帝令左右受之，谕曰："入宫看读，当候之。"余谓此时当马上览奏行事，今云入宫，又虚文也，遂趋去，已而其事竟无闻。③

乱世纳真言，尚可有救。哀宗的鼓励直言，最终呈现的只是一种政治表演，也就成了毫无意义的举动。

（四）和夏拒宋

哀宗即位之后，希望尽快改变与西夏、宋朝的交战状态，以保证金军可以全力应对蒙古军的进攻。

正大元年十月，西夏主动派遣使者赴金朝修好，金、夏关系有了重

---

① 《金史》卷110《杨云翼传》。
② 《金史》卷17《哀宗纪上》。
③ 刘祁：《归潜志》卷11《录大梁事》，第121—123页。

大突破，哀宗随即派出使者前往西夏议和。

> 正大初，夏使来请和，朝廷以翰林待制冯延登往议，时（李）献甫为书表官，从行。夏使有口辩，延登不能折，往复数日不定，至以岁币为言，献甫不能平，从旁进曰："夏国与我和好百年，今虽易君臣之名为兄弟之国，使兄输币，宁有据耶。"使者曰："兄弟且不论，宋岁输吾国币二十五万匹，典故具在，君独不知耶。金朝必欲修旧好，非此例不可。"献甫作色曰："使者尚忍言耶，宋以岁币饵君家而赐之姓，岸然以君父自居，夏国君臣无一悟者，诚谓使者当以为讳，乃今公言之。使者果能主此议，以从赐姓之例，弊邑虽岁捐五十万，献甫请以身任之。"夏使语塞，和议乃定。①

正大二年九月，金、夏达成和议："夏国和议定，以兄事金，各用本国年号，遣使来聘，奉国书称弟。"十月，哀宗"以夏国修好，诏中外"，两国恢复通使关系，直到西夏灭亡。②

在对宋关系方面，哀宗于正大元年六月派遣枢密判官移剌蒲阿率兵至光州，"榜谕宋界军民更不南伐"，③宋人不予理睬，哀宗只能采纳臣僚的建议，继续加强防备。

> 哀宗即位，授（术甲脱鲁灰）镇南军节度使、蔡州管内观察使、行户、工部尚书。时大元兵入陕西，乃上章曰："宋人与我为仇敌，顷以力屈自保，非其本心。今陕西被兵，河南出师，转战连年不绝，兵死于阵，民疲于役，国力竭矣。寿、泗一带南接盱、楚，红袄贼李全巢穴也。万一宋人谍知，与全乘虚而入，腹背受敌，非计之得者也。臣已令所部沿边警斥，以备非常。宜敕寿、泗帅臣谨斥候，严烽燧，常若敌至，此兵法所谓'无恃其不来，恃吾有以待之'之道也。"上（哀宗）是而行之。④

---

① 《金史》卷110《李献甫传》。
② 《金史》卷17《哀宗纪上》，卷134《西夏传》。
③ 《金史》卷17《哀宗纪上》。
④ 《金史》卷124《术甲脱鲁灰传》。

正大三年十一月，哀宗召集臣僚商议与宋修好事宜，① 未就通和达成共识，只能作罢。

时夏全自楚州来奔。（正大三年）十一月，集百官议和宋。上（哀宗）问全所以来，（白）华奏："全初在盱眙，从宋帅刘卓往楚州。州人讹言刘大帅来，欲屠城中北人耳。众军怒，杀卓以城来归。全终不自安，跳走盱眙，盱眙不纳，城下索妻孥，又不从，计无所出，乃狼狈而北，止求自免，无他虑也。"华因是为上所知。全至后，盱眙、楚州，王义深、张惠、范成进相继以城降。诏改楚州为平淮府，以全为金源郡王、平淮府都总管，张惠临淄郡王，义深东平郡王，成进胶西郡王，和宋议寝。②

（正大三年）十一月，上（哀宗）召完颜素兰及（陈）规入见，面谕曰："宋人轻犯边界，我以轻骑袭之，冀其惩创告和，以息吾民耳。宋果行成，尚欲用兵乎，卿等当识此意。"规进曰："帝王之兵贵于万全，昔光武中兴，所征必克，犹言'每一出兵，头须为白'，兵不妄动如此。"上善之。③

此后数年，金、宋依然处于交战状态，金人重点防范的是李全等反叛势力与宋人勾结，带来不利的影响。

（正大）六年，以（白）华权枢密院判官。上（哀宗）召忠孝军总领蒲察定住、经历王仲泽、户部郎中刁璧及华谕之曰："李全据有楚州，睥睨山东，久必为患。今北事稍缓，合乘此隙令定住权监军，率所统军一千，别遣都尉司步军万人，以璧、仲泽为参谋，同往沂、海界招之，不从则以军马从事，卿等以为何如？"华对曰："臣以为李全借大兵之势，要宋人供给馈饷，特一猾寇耳。老狐穴冢，待夜而出，何足介怀，我所虑者北方之强耳。今北方有事，未暇南图，一旦事定，必来攻矣。与我争天下者此也，全何预

① 《金史》卷17《哀宗纪上》。
② 《金史》卷114《白华传》。
③ 《金史》卷109《陈规传》。

焉。若北方事定，全将听命不暇，设不自量，更有非望，天下之人宁不知逆顺，其肯去顺而从逆乎。为今计者，姑养士马，以备北方。使全果有不轨之谋，亦当发于北朝息兵之日，当此则我易与矣。”上沉思良久曰：“卿等且退，容我更思。”①

哀宗没有解决与宋通和的问题，为宋、蒙联合灭金埋下了伏笔。在宋、蒙、金的三方博弈中，金朝已经是最弱的一方，哀宗的努力确实难以改变任人摆布的厄运。

（五）陕西失守

哀宗即位之后，陕西的金军分隶平凉、京兆两个行省，在抗拒蒙古军的进攻中，曾采纳完颜合达的建议，两省暂时合一，后来又分为两省。②

正大四年，面对蒙古军对陕西的进攻，哀宗召集臣僚讨论战、和选择，主和派意见占上风，哀宗即否定了主战派的作战方略。

（正大）四年三月，上（哀宗）召群臣喻以陕西事曰：“方春北方马渐羸瘠，秋高大势并来，何以支持。朕已喻（完颜）合达尽力决一战矣，卿等以为如何？”又言和事无益，（完颜）撒合辇力破和议，（完颜）赛不言：“今已遣和使，可中辍乎。”余皆无言，（陈）规独进曰：“兵难遥度，百闻不如一见。臣尝任陕西官，近年又屡到陕西，兵将冗懦，恐不可用，未如圣料。”言未终，乌古论四和曰：“陈规之言非是，臣近至陕西，军士勇锐，皆思一战。”监察御史完颜习显从而和之，上首肯。又泛言和事，规对曰：“和事固非上策，又不可必成，然方今事势不得不然。使彼难从，犹可以激厉将士，以待其变。”上不以为然。明日，又令集议省中，欲罢和事，群臣多以和为便，乃诏行省斟酌发遣，而事竟不行。③

正大四年五月，陕西行省进三策：上策自将出战，中策幸陕

---

① 《金史》卷114《白华传》。
② 《金史》卷112《完颜合达传》。
③ 《金史》卷109《陈规传》。

州，下策弃秦保潼关，不从。①

哀宗派使者前往蒙古军议和，未能成功，蒙古军加强对陕西的攻势，金军只能苦苦坚持。正大六年和七年，哀宗就陕西如何坚守，与白华有过重要的讨论。

> 上（哀宗）一日顾谓（白）华言："我见汝从来凡语及征进，必有难色，今此一举特锐于平时，何也？"华曰："向日用兵，以南征及讨李全之事梗之，不能专意北方，故以北向为难。今日异于平时，况事至于此，不得不一举。大军入界已三百余里，若纵之令下秦川，则何以救，终当一战摧之。战于近里之平川，不若战于近边之险隘。"上亦以为然。
>
> （正大）七年正月，庆阳围解，大军还。白华上奏："凡今之计，兵食为急。除密院已定忠孝军及马军都尉司步军足为一战之资，此外应河南府州亦须签拣防城军，秋聚春放，依古务农讲武之义，各令防本州府城，以今见在九十七万，无致他日为资敌之用。"五月，华真授枢密判官，上遣近侍局副使七斤传旨云："朕用汝为院官，非责汝将兵对垒，第欲汝立军中纲纪、发遣文移、和睦将帅、究察非违，至于军伍之阅习、器仗之修整，皆汝所职。其悉力国家，以称朕意。"②

正大八年四月，由于两行省的统帅不敢与蒙古军决战，自动放弃京兆，陕西防守以失败告终。

> （正大）八年，大军自去岁入陕西，翱翔京兆、同、华之间，破南山砦栅六十余所。已而攻凤翔，金军自阌乡屯至渑池，两行省晏然不动。宰相台谏皆以枢院瞻望逗遛为言，京兆士庶横议蜂起，以至诸相力奏上（哀宗）前。上曰："（完颜）合达、（移剌）蒲阿必相度机会，可进而进耳。若督之使战，终出勉强，恐无益而反害也。"因遣白华与右司郎中夹谷八里门，道宰相百官所言，并问以"目今二月过半，

---

① 《金史》卷17《哀宗纪上》。
② 《金史》卷114《白华传》。

有怠归之形,诸军何故不动?"且诏华等往复六日。华等既到同,谕两行省以上意。合达言:"不见机会,见则动耳。"蒲阿曰:"彼军绝无粮饷,使欲战不得,欲留不能,将自散矣。"合达对蒲阿及诸帅则言不可动,见士大夫则言可动,人谓合达近尝得罪,又畏蒲阿方得君,不敢与抗,而亦言不可动。华等观二相见北兵势大,皆有惧心,遂私问樊泽(夹谷泽)、(蒲察)定住、(完颜)陈和尚以为何如,三人者皆曰:"他人言北兵疲困,故可攻,此言非也。大兵所在,岂可轻料,是真不敢动。"华等还,以二相及诸将意奏之,上曰:"我故知其怯不敢动矣。"即复遣华传旨谕二相云:"凤翔围久,恐守者力不能支。行省当领军出关,宿华阴界,次日及华阴,次日及华州,略与渭北军交手。计大兵闻之,必当奔赴,且以少纾凤翔之急,我亦得为掣肘计耳。"二相回奏领旨。华东还及中牟,已有两行省纳奏人追及,华取报密院副本读之,言:"领旨提军出关二十里至华阴界,与渭北军交,是晚收军入关。"华为之仰天浩叹曰:"事至于此,无如之何矣。"华至京,奏章已达,知所奏为徒然,不二三日凤翔陷,两行省遂弃京兆,与(纥石烈)牙古塔起迁居民于河南,留(完颜)庆山奴守之。①

陕西失守,金朝失去了西部的屏障,局势更加险恶,因为蒙古军的下一个攻击目标就是南京了。

二 南京困局

正大八年,蒙古军采取南北夹击的方式向金朝的南京发起攻击,哀宗不得不应对更严重的困局。

(一)三峰山兵败

蒙古军大举攻金,哀宗所倚仗的主要是由陕西撤出的两行省军队,并将全部希望寄托在统军的完颜合达、移剌蒲阿两人身上。一系列的失误,导致了金军主力在三峰山被蒙古军歼灭。

第一个失误是忽视臣僚的建言,未对蒙古军借道宋境攻金预做准备,因为早已有人作出了这样的预判。

① 《金史》卷114《白华传》。

（正大）七年，大元兵攻蓝关，至八渡仓退，举朝皆贺，以为无事。（术甲）脱鲁灰独言曰："潼关险隘，兵精足用。然商、洛以南濒于宋境，大山重复，宋人不知守，国家亦不能逾宋境屯戍。大兵若由散关入兴元，下金、房，绕出襄、汉，北入邓鄠，则大事去矣。宜与宋人释怨，谕以辅车之势，唇亡齿寒，彼必见从。据其险要以备，不然必败。"[1]

第二个失误是不敢阻断蒙古南路军的进攻。正大八年十一月，蒙古南路军过饶风关，由金州（今陕西安康）东出，"省院议以逸待劳，未可与战"，实际上是统军将帅消极避战，哀宗亦看清了这一点，做出了愤怒的表态。

南渡二十年，所在之民，破田宅，鬻妻子，竭肝脑以养军。今兵至不能逆战，止以自护，京城纵存，何以为国，天下其谓我何。朕思之熟矣，存与亡有天命，惟不负吾民可也。[2]

第三个失误是蒙古南路军过汉江时，金军本应乘机攻击，但是被移剌蒲阿阻止，错失战机。

（正大八年）十二月，北兵济自汉江，两省军入邓州，议敌所从出，谓由光化截江战为便，放之渡而战为便。张惠以"截江为便，纵之渡，我腹空虚，能不为所溃乎？"（移剌）蒲阿麾之曰："汝但知南事，于北事何知。我向于裕州得制旨云，'使彼在沙碛，且当往求之'，况今自来乎。汝等更勿似大昌原、旧卫州、扇车回纵出之。"（蒲察）定住、高（英）、樊（夹谷泽）皆谓蒲阿此言为然。（完颜）合达乃问按得木，木以为不然。军中以木北人，知其军情，此言为有理，然不能夺蒲阿之议。[3]

第四个失误是禹山接战，以小胜为大胜，造成了对朝中君臣和百姓

---

[1]　《金史》卷124《术甲脱鲁灰传》。
[2]　《金史》卷17《哀宗纪上》。
[3]　《金史》卷112《移剌蒲阿传》。本小节引文未注明出处者，均出自此传。

的严重误导。

顺阳留二十日，光化探骑至，云"千骑已北渡"，两省是夜进军，比晓至禹山，探者续云"北骑已尽济"。北军将近，两省立军高山，各分据地势，步迎于山前，骑屯于山后。日未出，北兵至，大帅以两小旗前导来观，观竟不前，散如雁翅，转山麓出骑兵之后，分三队而进，辎重外余二万人。（完颜）合达令诸军："观今日事势，不当战，且待之。"俄而北骑突前，金兵不得不战，至以短兵相接，战三交，北骑少退。北兵之在西者望（移剌）蒲阿亲绕甲骑后而突之，至于三，为蒲察定住力拒而退。大帅以旗聚诸将，议良久，合达知北兵意向。时高英军方北顾，而北兵出其背拥之，英军动，合达几斩英，英复督军力战。北兵稍却观变，英军定，复拥樊泽军，合达斩一千夫长，军殊死斗，乃却之。

战于禹山之前，北兵小却，营于三十里之外。二相以大捷驿报，百官表贺，诸相置酒省中，左丞李蹊且喜且泣曰："非今日之捷，生灵之祸，可胜言哉。"盖以为实然也。先是，河南闻北兵出饶峰，百姓往往入城壁，保险固，及闻敌已退，至有晏然不动者，不二三日游骑至，人无所逃，悉为捷书所误。①

第五个失误是误判蒙古军已经退走，待得知其已直驱南京时，匆忙回撤，至钧州三峰山迎敌，全军覆没。

北兵回阵，南向来路。两省复议："彼虽号三万，而辎重三之一焉。又相持二三日不得食，乘其却退当拥之。"张惠主此议。（移剌）蒲阿言："江路已绝，黄河不冰，彼入重地，将安归乎，何以速为。"不从。

北兵忽不知所在，营火寂无一耗。两省及诸将议，四日不见军，又不见营，邓州津送及路人不绝，而亦无见者，岂南渡而归乎。逻骑乃知北军在光化对岸枣林中，昼作食，夜不下马，望林中

---

① 《金史》卷112《完颜合达传》。

往来，不五六十步而不闻音响，其有谋可知矣。

（正大）九年正月，大军发邓州，趋京师，骑二万，步十三万，骑帅蒲察定住、蒲察答吉卜，郎将按忒木，忠孝军总领夹谷爱答、内族（完颜）达鲁欢，总领夹谷移特剌，提控步军临淄郡王张惠，殄寇都尉完颜阿排、高英、樊泽，中军（完颜）陈和尚，与恒山公武仙、杨沃衍军合。

望钧州，至沙河，北骑五千待于河北，金军夺桥以过，北军即西首敛避。金军纵击，北军不战，复南渡沙河。金军欲盘营，北军复渡河来袭。金军不能得食，又不得休息。合昏，雨作，明旦变雪。北兵增及万人，且行且战，致黄榆店，望钧州二十五里，雨雪不能进，盘营三日。一近侍入军中传旨，集诸帅听处分，制旨云："两省军悉赴京师，我御门犒军，换易御马，然后出战未晚。"复有密旨云："近知张家湾透漏二三百骑，已迁卫、孟两州，两省当常切防备。"领旨讫，蒲阿拂袖而起，合达欲再议，蒲阿言："止此而已，复何所议。"盖已夺魄矣。

北军自北渡者毕集，前后以大树塞其军路，沃衍军夺路，得之。合达又议陈和尚先拥山上大势，比再整顿，金军已接竹林，去钧州止十余里矣。金军遂进，北军果却三峰之东北、西南。武、高前锋拥其西南，杨、樊拥其东北，北兵俱却，止有三峰之东。张惠、按得木立山上望北兵二三十万，约厚二十里。按得木与张惠谋曰："此地不战，欲何为耶？"乃率骑兵万余乘上而下拥之，北兵却。须臾雪大作，白雾蔽空，人不相睹。时雪已三日，战地多麻田，往往耕四五过，人马所践泥淖没胫。军士被甲骨僵立雪中，枪槊结冻如椽，军士有不食至三日者。北兵与河北军合，四外围之，炽薪燔牛羊肉，更递休息。乘金困惫，乃开钧州路纵之走，而以生军夹击之。金军遂溃，声如崩山，忽天气开霁，日光皎然，金军无一人得逃者。

三峰山一战，蒙古军实现了以野战消灭金军主力的战略目标。金朝"劲兵皆为二帅所统，倚以决存亡"[1]，三峰山战败后金朝已不再有与蒙

---

[1]　刘祁：《归潜志》卷11《录大梁事》，第121页。

古军决战的实力。

（二）议和不果

三峰山之战前，哀宗已经下令"起近京诸色军家属五十万口入京"。蒙古军在三峰山得胜后，完成了对南京的包围。哀宗除了加强南京的守卫外，已经产生了自杀的念头，如时人所记："末帝（金哀宗）在宫中，时聚后妃涕泣。尝自缢，为宫人救免。又将坠楼，亦为左右救免。"①

在紧急状态下，哀宗采取了从民间征兵守卫京城的方法，正大九年二月"括京师民军二十万分隶诸帅，人月给粟一石有五斗"，② 太学的学生也在被括士兵之列。

> 时自朝士外，城中人皆为兵，号防城丁壮。下令，有一男子家居，处死。太学诸生亦选为兵，诸生诉于官，请另作一军，号太学丁壮。已而，朝议以书生辈尫羸不任役，将发为炮夫，诸生刘百熙、杨焕等数十人伺上（哀宗）出，诣马前，请自效，上慰谕，令分付四面户部工作委差官，由是免炮夫之苦。
>
> 平章（完颜）白撒怒诸生之自见上也，趣召赴部，以缓期，杖户部主事田芝。又分令诸生监送军士饭食，视医药，书炮夫姓名。又令于城上放纸鸢，鸢书上语，招诱胁从之人，使自拔以归，受官赏，皆不免奔走矢石间。又夜举灯球为令，使军士自暗门出劫战，令诸生执役，灯灭者死，诸生甚苦之。俄以灯球未具，杖刑部郎中石抹世勣，以前户部侍郎李涣代之。白撒本无守御才，但以严刻立威誉。③

正大九年三月，蒙古国派使者入南京谕降，哀宗以荆王完颜守纯之子完颜讹可为曹王，作为质子，向蒙古人乞和。密国公完颜璹请求代完颜讹可为质子，哀宗不允。

> （完颜）璹已卧疾，论及时事，叹曰："兵势如此，不能支，

---

① 《金史》卷17《哀宗纪上》；刘祁：《归潜志》卷11《录大梁事》，第122页。
② 《金史》卷17《哀宗纪上》。
③ 刘祁：《归潜志》卷11《录大梁事》，第123—124页。

止可以降。全完颜氏一族归吾国中，使女直不灭则善矣，余复何望。"是时，曹王出质，璹见哀宗于隆德殿。上问："叔父欲何言？"璹奏曰："闻讹可欲出议和。讹可年幼，不苦谙练，恐不能办大事。臣请副之，或代其行。"上慰之曰："南渡后，国家比承平时有何奉养，然叔父亦未尝沾溉。无事则置之冷地，无所顾藉，缓急则置于不测，叔父尽忠固可，天下其谓朕何，叔父休矣。"于是君臣相顾泣下。①

正大九年四月，蒙古人同意议和，停止攻城，哀宗下令改元天兴，除了大赦外，还明示："减御膳，罢冗员，放宫女。上书不得称圣，改圣旨为制旨。"当年五月，南京发生重大疫情，"凡五十日，诸门出死者九十余万人，贫不能葬者不在是数"。七月，蒙古国派来的议和使者唐庆因为过于骄横，被金朝的飞虎军士兵杀死，和议断绝，蒙古军又准备攻城。②

（三）括粟风波

蒙古军未解南京之围，金朝在疫情过后仍有近百万人聚于南京城中，粮食成了最大的问题。天兴元年八月，哀宗下令在南京"括民间粟"，不久就下诏罢括粟。闰九月"再括京城粟，以御史大夫（完颜）合周、点检徒单百家等主之"。第二次括粟延续到十月，给南京居民带来了重大的灾难。③

　　八月，括京城粟，以转运使完颜珠颗、张俊民、曳剌克忠等置局，以推举为名，珠颗谕民曰："汝等当从实推唱，果如一旦粮尽，令汝妻子作军食，复能吝否。"既而罢括粟令，复以进献取之。
　　前御史大夫内族（完颜）合周复冀进用，建言京城括粟可得百余万石。朝廷信之，命权参知政事，与左丞李蹊总其事。先令各家自实，壮者存石有三斗，幼者半之，仍书其数门首，敢有匿者以升斗论罪。京城三十六坊，各选深刻者主之。内族完颜久住尤酷暴，有寡妇二口，实豆六斗，内有蓬子约三升，久住笑曰："吾得

---

① 《金史》卷185《完颜璹传》。
② 《金史》卷17《哀宗纪上》；刘祁：《归潜志》卷11《录大梁事》，第124页。
③ 《金史》卷17《哀宗纪上》，卷18《哀宗纪下》。

之矣。"执而以令于众。妇泣诉曰:"妾夫死于兵,姑老不能为养,故杂蓬粃以自食耳,非敢以为军储也。且三升、六斗之余。"不从,竟死杖下。京师闻之股栗,尽投其余于粪溷中。或白于李蹊,蹊颦蹙曰:"白之参政。"其人即白合周,周曰:"人云'花又不损,蜜又得成'。予谓花不损,何由成蜜?且京师危急,今欲存社稷耶,存百姓耶。"当时皆莫敢言,(斜卯)爱实遂上奏,大概言:"罢括粟,则改虐政为仁政,散怨气为和气。"不报。

时所括不能三万斛,而京城益萧然矣。自是之后,死者相枕,贫富束手待毙而已。上(哀宗)闻之,命出太仓米作粥以食饿者,爱实闻之叹曰:"与其食之,宁如勿夺。"①

(完颜合周)因自草《括粟榜文》,有"雀无翅儿不飞,蛇无头儿不行"等语,以"而"作"儿",掾史知之,不敢易也。京城目之曰"雀儿参政"。哀宗用而不悟,竟致败事。②

时京师被围数月,仓廪空虚,尚书右丞李蹊坐粮不给下狱,已而免死除名。擢前户部侍郎张师鲁为户部,主粮储事。时民间皆言官将搜百姓粮,人情汹汹,甚以为忧。

冬十月,果下令自亲王宰相以下,皆存三月粮,计口留之,人三斗,余入官,隐匿者处死。命御史大夫裴满阿忽带、总帅知开封府徒单百家主之,其余朝廷侍从官分领其事。凡主者所往,剑戟从焉,户阅人诘不少缓,用铁椎监之,石杵震之,恐藏地中,士庶不爨以待。或搜获隐匿者,械于街,虽皇兄、后妃家皆不免。军士突入,妃主惊逃,驱执奴仆,使之指陈所匿,京师巨家著姓被罪者甚多。总领蒲察定住尤酷甚,杖杀无辜数人,凶黠辈因之为奸利,由是百姓离心,识者知其必亡。③

括粟的结果是当年十一月出现了"京城人相食"的惨象。哀宗知道南京已经难以坚守,不得不另寻出路。

---

① 《金史》卷114《斜卯爱实传》。
② 《金史》卷114《完颜合周传》。
③ 刘祁:《归潜志》卷11《录大梁事》,第125页。

三　东征骗局

哀宗想逃出南京，但总要有一个冠冕堂皇的理由，于是就设计出了一个东征的行动，以欺骗京城的军民。

（一）东征之议

在南京被蒙古军围困的情况下，有人曾提出背城一战的主张，这样的主张自然不会被哀宗所采纳。

> 天兴间，有右司谏陈岢者，遇事辄言无少隐，上（哀宗）尝面奖。及汴京被兵，屡上封事言得失，请战一书尤为剀切，其略云："今日之事，皆出陛下不断，将相怯懦，若因循不决，一旦无如之何，恐君臣相对涕泣而已。"可谓切中时病，而时相赤盏合喜等沮之，策为不行，识者惜焉。①

天兴元年十二月，在与白华等人商议后，哀宗决定立即实施东征行动。

> 十二月朔，上遣近侍局提点曳剌粘古即白华所居，问事势至于此，计将安出。华附奏："今耕稼已废，粮斛将尽，四外援兵皆不可指拟，车驾当出就外兵。可留皇兄荆王使之监国，任其裁处。圣主既出，遣使告语北朝，我出非他处收整军马，止以军卒擅诛唐庆，和议从此断绝，京师今付之荆王，乞我一二州以老耳。如此则太后皇族可存，正如《春秋》纪季入齐为附庸之事，圣主亦得少宽矣。"于是起华为右司郎中。初，亲巡之计决，诸将皆预其议，将退，首领官张衮、聂天骥奏："尚有旧人谙练军务者，乃置而不用，今所用者，皆不见军中事体，此为未尽。"上问未用者何人，皆曰院判白华，上颔之，故有是命。
>
> 明日，召华谕之曰："亲巡之计已决，但所往群议未定，有言归德四面皆水，可以自保者，或言可沿西山入邓。或言设欲入邓，大将速不觯今在汝州，不如取陈、蔡路转往邓下，卿以为如何？"

---

① 《金史》卷109《许古传》。

华曰："归德城虽坚，久而食尽，坐以待毙，决不可往。欲往邓下，既汝州有速不觯，断不能往。以今日事势，博徒所谓孤注者也。孤注云者，止有背城之战。为今之计，当直赴汝州，与之一决，有楚则无汉，有汉则无楚。汝州战不如半途战，半途战又不如出城战，所以然者何，我军食力犹在，马则豆力犹在。若出京益远，军食日减，马食野草，事益难矣。若我军便得战，存亡决此一举，外则可以激三军之气，内则可以慰都人之心。或止为避迁之计，人心顾恋家业，未必毅然从行，可详审之。"遂召诸相及首领官同议，禾速嘉兀地不、元帅猪儿、高显、王义深俱主归德之议，丞相（完颜）赛不主邓，议竟不能决。

明日，制旨京城食尽，今拟亲出，聚集军士于大庆殿谕以此意，谕讫，诸帅将佐合辞奏曰："圣主不可亲出，止可命将，三军欣然愿为国家效死。"上犹豫，欲以（蒲察）官奴为马军帅，高显为步军帅，刘益副之，盖采舆议也，而三人者亦欲奉命。权参政内族（完颜）讹出大骂云："汝辈把锄不知高下，国家大事，敢易承邪。"众默然，惟官奴曰："若将相可了，何至使我辈。"事亦中止。

明日，民间哄传车驾欲奉皇太后及妃后往归德，军士家属留后。目今食尽，坐视城中俱饿死矣。纵能至归德，军马所费支吾复得几许日。上闻之，召赛不、（完颜）合周、讹出、乌古孙卜吉、完颜正夫议，余人不预。移时方出，见首领官、丞相言，前日巡守之议已定，止为一白华都改却，今往汝州就军马索战去矣。遂择日祭太庙誓师，拟以二十五之日启行。①

对于哀宗的执意亲出东征，石抹世勣、完颜仲德等人明确提出了反对意见，都没能改变哀宗的主意。

天兴元年冬，哀宗将北渡，（石抹）世勣率朝官刘肃、田芝等二十人求见仁安殿。上（哀宗）问卿等欲何言，世勣曰："臣等闻陛下欲亲出，切谓此行不便。"上曰："我不出，军分为二，一军

---

① 《金史》卷114《白华传》。

守，一军出战，我出则军合为一。"世勣曰："陛下出则军分为三，一守、一战、一中军护从，不若不出为愈也。"上曰："卿等不知，我若得完颜仲德、恒山公武仙付之兵事，何劳我出。我岂不知今日将兵者，（蒲察）官奴统马兵三百止矣，刘益将步兵五千止矣，欲不自将，得乎？"上又指御榻曰："我此行岂复有还期，但恨我无罪亡国耳。我未尝奢侈，未尝信任小人。"世勣应声曰："陛下用小人则亦有之。"上曰："小人谓谁？"世勣历数曰："移剌粘古、温敦昌孙、兀撒惹、完颜长乐皆小人也。陛下不知为小人，所以用之。"（刘）肃与世勣复多有言，良久，君臣涕泣而别。①

（完颜）仲德提孤军千人，历秦、蓝、商、邓，撷果菜为食，间关百死至汴。至之日，适上（哀宗）东迁。妻子在京师五年矣，仲德不入其家，趋见上于宋门，问东幸之意。知欲北渡，力谏云："北兵在河南，而上远徇河北，万一无功，得完归乎？国之存亡，在此一举，愿加审察。臣尝屡遣人奏，秦、巩之间山岩深固，粮饷丰赡，不若西幸，依险固以居，命帅臣分道出战，然后进取兴元，经略巴蜀，此万全策也。"上已与（完颜）白撒议定，不从。②

从东征的讨论情况看，出战本来就是借口，逃走才是真意，所以哀宗断然拒绝反对出征的任何建议，在行进路线并不十分清晰的情况下，匆匆踏上了逃亡之路。

（二）归德事变

天兴元年十二月，哀宗以完颜奴申、完颜习你阿不、崔立等人留守南京，带领完颜白撒、完颜赛不等人由南京东出，所率军队只有四万左右。

哀宗离开南京后，经陈留、杞县至黄陵冈，渡过黄河。渡河时遭蒙古军袭击，万余人未能渡河。完颜白撒建议向北进攻东平，蒲察官奴建议向西进攻卫州（今河南卫辉），哀宗采纳蒲察官奴的意见，驻军蒲城（今河南长垣），令完颜白撒领兵进攻卫州。天兴二年正月，完颜白撒兵败，哀宗撇下黄河北岸的金军，带少数亲信渡河逃往归德（今河南

---

① 《金史》卷114《石抹世勣传》。
② 《金史》卷119《完颜仲德传》。

商丘）。完颜白撒带败兵逃到归德，被哀宗下狱，饿死狱中。

天兴二年三月，在归德发生了蒲察官奴劫持哀宗的事件，蒲察官奴不仅杀死朝官多人，还将哀宗软禁在照碧堂，哀宗乃悲叹："自古无不亡之国、不死之君，但恨我不知用人，故为此奴所囚耳。"当年六月，哀宗与内侍宋珪等共谋，杀死蒲察官奴，才解除了这一危机。①

哀宗被软禁时，镇守蔡州（今河南汝南）的乌古论镐运米到归德，表请哀宗迁往蔡州，哀宗应允，并先行派遣直学士乌古论蒲鲜前往蔡州，"告蔡人以临幸之意"。除掉蒲察官奴之后，哀宗立即着手安排前往蔡州的事宜，虽然有人提出反对意见，但无法改变哀宗的决定。

> 知上（哀宗）欲迁蔡，（国用安）遣人以蜡书言其六不可，大率以谓："归德环城皆水，卒难攻击，蔡无此险，一也。归德虽乏粮储，而鱼芡可以取足，蔡若受围，糇食有限，二也。敌人所以去归德者，非畏我也，纵之出而蹑其后，舍其难而就其易者攻焉，三也。蔡去宋境不百里，万一资敌兵粮，祸不可解，四也。归德不保，水道东行，犹可以去蔡，蔡若不守，去将安之，五也。时方暑雨，千里泥淖，圣体丰泽，不便鞍马，仓卒遇敌，非臣子所能救，六也。虽然，陛下必欲去归德，莫如权幸山东。山东富庶甲天下，臣略有其地，东连沂、海，西接徐、邳，南扼盱、楚，北控淄、齐。若銮舆少停，臣仰赖威灵，河朔之地可传檄而定，惟陛下审察。"上以其言示宰臣，宰臣奏用安反复，本无匡辅志，此必参议张介等议之。然业已迁蔡，无可议者，遂寝。②

哀宗于天兴二年六月从归德前往蔡州，当月即进入蔡州，所谓的"东征"行动至此终结，哀宗绕了一个大弯，最终找到了新的落脚点。

四 亡国悲情

南京陷落和蔡州陷落是金朝走向灭亡的两大重要事件，事件中所体现的对策，大多带有悲情主义的色彩。

---

① 《金史》卷18《哀宗纪下》，卷113《完颜白撒传》，卷116《蒲察官奴传》，卷131《宋珪传》。

② 王鹗：《汝南遗事》卷1，四库全书本。

（一）南京事变

哀宗东出之后，南京又被蒙古军包围，城中形势更趋恶化，有人记下了当时的惨景。

> 二守臣（完颜奴申、完颜习你阿不）素庸暗无谋，但知闭门自守。百姓食尽，无以自生，米升直银二两，贫民往往食人，殍死者相望，官日载数车出城，一夕皆剐食其肉净尽。缙绅士女多行匄于街，民间有食其子。锦衣宝器，不能易米数升。人朝出不敢夕归，惧为饥者杀而食。平日亲族交旧，以一饭相避于家。又日杀马牛乘骑自啖，至于箱箧鞍辔诸皮物，凡可食者皆煮而食之。其贵家第宅与夫市中楼馆木材，皆撒以爨。城中触目皆瓦砾废区，无复向来繁侈矣。朝官士庶往往相结携妻子突出北归，众谓不久当大溃。①

为寻求出路，在南京开启了民间议事的形式，商议拥立荆王完颜守纯监国保民等事项。

> 天兴二年正月，省令史许安国诣讲议所言："古者有大疑，谋及卿士，谋及庶人。今事势如此，可集百官及僧道士庶，问保社稷、活生灵之计。"左司都事元好问以安国之言白（完颜）奴申，奴申曰："此论甚佳，可与副枢议之。"副枢亦以安国之言为然。好问曰："自车驾出京，今二十日许，又遣使迎两宫，民间汹汹，皆谓国家欲弃京城，相公何以处之？"（完颜习你）阿不曰："吾二人惟有一死耳。"好问曰："死不难，诚能安社稷、救生灵，死而可也。如其不然，徒欲一身饱五十红衲军，亦谓之死耶。"阿不款语曰："今日惟吾二人，何言不可。"好问乃曰："闻中外人言，欲立二王监国，以全两宫与皇族耳。"阿不曰："我知之矣，我知之矣。"即命召京城官民，明日皆聚省中，谕以事势危急当如之何。有父老七人陈词，二相命好问受其词，白之奴申，顾曰："亦为此事也。"且问副枢"此事谋议今几日矣"，阿不屈指曰："七日矣。"

---

① 刘祁：《归潜志》卷11《录大梁事》，第126—127页。

奴申曰:"归德使未去,慎勿泄。"①

刘祁、麻革等人也参与了此次民间议事活动,但未及陈述自己的救国建议,南京已经发生重大事变。

> 时外围不解,上下如在陷阱中,且相继殍死,议者以为上(哀宗)既去国,推立皇兄荆王,以城降,庶可救一城生灵,且望不绝完颜氏之祀,是亦《春秋》纪侯大去其国,纪季以酅入于齐之义,不得已者。况北兵中有曹王也,朝士皆知,莫敢言。二守臣但曰:"当以死守。"众愤二人无他策,思有一豪杰出而为之救士民。余夕见左司郎中杨居仁白其事,杨云:"是事固善,然孰敢倡者,彼二执政亦知之,而不敢言,且不敢为也。"
> 二十有一日,忽闻执政召在京父老、士庶计事,诣都堂,余(刘祁)同麻革潜众中以听。二执政立都堂檐外,杨居仁诸首领官从焉。省掾元好问宣执政所下令告谕,且问诸父老便宜。完颜奴申拱立无语,独完颜习你阿不反复申谕:"以国家至此,无可奈何,凡有可行,当共议。"且继以泣涕。诸禺叟或陈说细微,不足采。余语麻革,将出而白前事。革言:"莫若以奏记密陈,子归草之,吾当共上也。"余以是退,将明日同革献书。其夕,颇闻民间称有一西南崔都尉、药招抚者将起事,众皆曰:"事急矣,安知无人。"余既归,夜草书,备论其事。迟明,怀以诣省庭,且邀革往。自断此事系完颜氏存灭,且以救余民,虽死亦无愧矣。是旦,大阴晦,俄雨作,余姑避民间。忽闻军马声,市人奔走相传曰:"鞑靼入城矣。"余知事已不及,遂急归。②

南京守将崔立突然起兵,闯入尚书省,杀死完颜奴申、完颜习你阿不(完颜斜捻阿不)等人,自封为太师、军马都元帅、尚书令等,向蒙古军献南京投降。为满足蒙古人的要求,崔立不仅将皇太后、太后及皇族成员全部擒送蒙古军中,还在南京城内大肆搜刮金银财宝,使京内

---

① 《金史》卷115《完颜奴申传》。
② 刘祁:《归潜志》卷11《录大梁事》,第127—128页。

人员又遭受了一次重大浩劫。①

（二）立碑之辱

南京事变之后，崔立居然起了让文士为自己立碑歌功颂德的念头，当时名士王若虚、元好问不得不予以应对。

> 崔立变，群小附和，请为立建功德碑，翟奕以尚书省命召（王）若虚为文。时奕辈恃势作威，人或少忤，则谗构立见屠灭。若虚自分必死，私谓左右司员外郎元好问曰："今召我作碑，不从则死。作之则名节扫地，不若死之为愈。虽然，我姑以理谕之。"乃谓奕辈曰："丞相功德碑当指何事为言？"奕辈怒曰："丞相以京城降，活生灵百万，非功德乎。"曰："学士代王言，功德碑谓之代王言可乎。且丞相既以城降，则朝官皆出其门，自古岂有门下人为主帅诵功德而可信乎后世哉？"奕辈不能夺，乃召太学生刘祁、麻革辈赴省，好问、张信之喻以立碑事，曰："众议属二君，且已白郑王矣，二君其无让。"祁等固辞而别。数日，促迫不已，祁即为草定，以付好问，好问意未惬，乃自为之。既成，以示若虚，乃共删定数字，然止直叙其事而已。后兵入城，不果立也。②

刘祁则详细记载了书写碑文的过程，并表示了对王若虚、元好问等人的不满。

> 崔立既变，以南京降，自负其有救一城生灵功，谓左司员外郎元裕之（元好问）曰："汝等何时立一石，书吾反状耶？"时立国柄入手，生杀在一言，省庭日流血，上下震悚，诸在位者畏之，于是乎有立碑颂功德议。
>
> 数日，忽一省卒诣予家，赍尚书礼房小帖子云："首领官召赴礼房。"予初愕然，自以布衣不预事，不知何谓，即往至省，门外遇麻信之（麻革），予因语之。信之曰："昨日见左司郎中张信之，言郑王（崔立）碑事，欲属我辈作，岂其然耶。"即同入省礼房。

① 《金史》卷18《哀宗纪下》，卷115《崔立传》；刘祁：《归潜志》卷11《录大梁事》，第128—130页。

② 《金史》卷126《王若虚传》。

省掾曹益甫引见首领官张信之、元裕之二人曰："今郑王以一身救百万生灵，其功德诚可嘉。今在京官吏、父老欲为立碑纪其事，众议属之二君，且已白郑王矣，二君其无让。"予即辞曰："祁辈布衣无职，此非所当为。况有翰林诸公如王丈从之（王若虚）及裕之辈在，祁等不敢。"裕之曰："此事出于众心，且吾曹生自王得之，为之何辞，君等无让。"予即曰："吾当见王丈论之。"裕之曰："王论亦如此矣。"予即趋出，至学士院，见王丈，时修撰张子忠、应奉张元美亦在焉。予因语其事，且曰："此实诸公职，某等何预焉。"王曰："此事议久矣，盖以院中人为之，若尚书檄学士院作，非出于在京官吏、父老心，若自布衣中为之，乃众欲也。且子未仕，在布衣，今士民属子，子为之，亦不伤于义也。"予于是阴悟诸公自以仕金显达，欲避其名以嫁诸布衣。又念平生为文，今而遇此患难，以是知扬子云《剧秦美新》，其亦出于不得已耶，因逊让而别。

连延数日，又被督促。知不能辞，即略为草定，付裕之。一二日后，一省卒来召云："诸宰执召君。"予不得已，赴省。途中，遇元裕之骑马索予，因却以行，且拉麻信之俱往。初不言碑事，止云省中召王学士诸公会饮，予亦阴揣其然。既入，即引诣左参政幕中，见参政刘公谦甫，举杯属吾二人曰："大王碑事，众议烦公等，公等成之，甚善。"予与信之俱逊让曰："不敢。"已而，谦甫出，见王丈在焉，相与酬酢。酒数行，日将入矣，予二人告归。裕之曰："省门已锁，今夕既饮，当留宿省中。"予辈无如之何。已而烛至，饮余，裕之倡曰："作郑王碑文，今夕可毕手也。"予曰："有诸公在，诸公为之。"王丈谓予曰："此事郑王已知众人请太学中名士作，子如坚拒，使王知诸生辈不肯作，是不许其以城降也，则衔之以刻骨，缙绅俱受祸矣，是子一人累众也。且子有老祖母、老母在堂，今一触其锋，祸及亲族，何以为智，子熟思之。"予惟以非职辞，久之，且曰："予既为草定，不当诸公意，请改命他人。"诸公不许，促迫甚。予知其事无可奈何，则曰："吾素不知馆阁体，今夕诸公共议之，如诸公避其名，但书某名在诸公后。"于是裕之引纸落笔草其事。王丈又曰："此文姑使裕之作，以为君作，又何妨，且君集中不载亦可也。"予曰："裕之作政宜，某复何言。"碑文既成，以示王丈及予。信之欲相商评，王丈为定数字，其铭词则王丈、裕之、信之及存予旧数言，其碑序全裕之笔也。然其文止实叙事，亦无褒称立言。时夜几四鼓，裕之趣曹益甫书之，裕之即于烛前焚其稿。迟明，予辈趋去。

后数日，（崔）立坐朝堂，诸宰执、首领官共献其文以为寿，遂召予、信之等俱诣立第受官。予辈深惧见立。俄而，诸首领官赍告身三通以出，付予辈曰："特赐进士出身。"因为予辈贺。后闻求巨石不得，省门左旧有宋徽宗时《甘露碑》，有司取而磨之，工书人张君庸者求书。刻方毕，北兵入城纵剽，予辈狼狈而出，不知其竟能立否也。

嗟乎，诸公本畏立祸，不敢不成其言，已而又欲避其名，以卖布衣之士。予辈不幸有虚名，一旦为人之所劫，欲以死拒之，则发诸公嫁名之机，诸公必怒，怒而达崔立，祸不可测，则吾二亲何以自存。吾之死，所谓自经于沟渎而莫之知，且轻杀吾身以忧吾亲，为大不孝矣。况身未禄仕，权义之轻重，亲莫重焉，故予姑隐忍保身为二亲计，且其文皆众笔，非予全文，彼欲嫁名于予，予安得而辞也。今天下士议往往知裕之所为，且有曹通甫诗、杨叔能词在，亦不待予辨也。因书其首尾之详，以志年少之过。空山静思，可以一笑。①

元好问亦有一段文字，说及为崔立书写碑文一事，明指为当时文士的无奈之举，并强调自己不应背负骂名。

初，一军构乱，群小归功。劫太学之名流，文郑人之逆节。命由威制，佞岂愿为。就磨甘露御书之碑，细刻锦溪书叟之笔。蜀家降款，具存李昊之世修；赵王禅文，何预陆机之手迹。伊谁受赏，于我嫁名。悼同声同气之间，有无罪无辜之谤。耿孤怀之自信，听众口之合攻。果吮痈舐痔之自甘，虽窜海投山其何恨。惟彼证龟而作鳖，始于养虺以成虵。追韩之骑甫还，射羿之弓随彀，以流言之自止，知神理之可凭。②

① 刘祁：《归潜志》卷12《录崔立碑事》，第131—134页。
② 元好问：《外家别业上梁文》，《遗山集》卷40。

曹居一（字通甫，又字听翁）和杨弘道（字叔能）的诗、词已佚，只能看到元初人郝经的一首为元好问辩白的诗，可转引于下。

> 国贼反城自为功，万段不足仍推崇。勒文讼德召学士，滹南先生付一死。林希更不顾名节，兄为起草弟亲刻。省前便磨甘露碑，书丹即用宰相血。百年涵养一涂地，父老来看暗流涕。数樽黄封几斛米，卖却家声都不计。盗据中国责金源，吠尧极口无腼颜。作诗为告曹听翁，且莫独罪元遗山。①

面对凶残的崔立，文士不得不屈从其淫威，以众人之手完成一篇碑文，且只叙述事实，不加阿谀奉承之词，应算是危急时刻之下守住底线的做法，参与此事之人不能被斥为"失节"。至于事后谁都不愿意承担书写碑文的"罪名"，则是文人爱惜"清名"的举动，不必过于较真，纠缠于笔墨官司之中，而是要从大局着眼，看清他们对忠奸的统一认识即可。

（三）蔡州之政

哀宗兴定二年六月入蔡州，兴定三年正月蔡州陷落，在七个月的时间内，除了调动能用的军队进行防御外，在朝政方面需要注意他的一些重要作为。

一是下诏安民。天兴二年七月，哀宗发出了安民诏书，尽管只是针对蔡州所属地界，还是强调了大赦和奖官吏、促农耕、免逋欠、埋骸骨等方面的要求。

> 天方悔祸，少宽北顾之忧。人亦告劳，爰启南巡之议。惟今蔡郡，实古豫州，干戈以来，市井如故，久以孤壃而抗敌，出于众力之输勤。及闻临幸之初，逾谨奉迎之礼，人以至于垂泣，朕亦为之动怀。宜需恩私，曲加慰浣，自天兴二年七月一日昧爽以前，据蔡州管内支郡属县，杂犯死罪以下并行释免，官吏、军民各覃恩两重。归德以南经过去处，曾经应办者迁一官。百姓逃亡户绝者，抛下地土，听人恣耕，并免差税。自来拖欠官房地基、军须等钱，俱免追征。连年兵饥，多有暴露骸骨，仰所在官司如法埋瘗。呜呼，

---

① 郝经：《辨磨甘露碑》，《郝文忠公陵川文集》卷8。

奉畜尔众，敢辞亳邑之迁，时迈其邦，尚获周家之助。咨尔有众，体予至怀，故兹诏示，想宜知悉。①

二是危局纳谏。哀宗在蔡州有修见山亭和选择室女等举动，完颜仲德上言进谏，哀宗乃终止了这样的不当行为。

右丞（完颜）仲德言："自古人君遭难，播越于外者，必痛自刻苦，过自贬损，然后可以动天感人，克复旧物。昨臣朝退，道逢民夫数百人荷畚插杖数入宫，问云将修见山亭及治葺同知衙，以为游息之所。此必非陛下意，殆近侍官谕有司为之，臣愚以为不可。敌人犯河南几二年矣，京师陷没，诸郡皆残圮，所保完者独一蔡耳。蔡之公廨，固不及宫阙万分之一，方之野处露宿，则为有余。况车驾将行之时，已尝劳民治之，今兹不辍，恐人心解弛，不足以济大事。"上（哀宗）遂命止之。

内侍殿头宋规密奉诏与御史大夫（乌古论）镐夫人蒲察氏选择室女，已得数人，将进御。右丞仲德言："《礼》重内则，《诗》本后妃，所以承宗祧、广继嗣也。顷闻遣人求良家子以充后宫，臣知陛下必不为色，为社稷计耳。然小民无知，更相传讽，以谓汴京陷没之后，七庙乏祀，两宫播迁，陛下行幸蔡州，志图刷耻，然驻跸以来，不闻远略，而先求处女，以示久居。臣愚以为民愚而神不可不畏，况征进有日，难于从行，宜俟退敌，更求配耦。"上谕旨曰："朕六宫散失，左右无人，或以蔡郡独完，故令采择。及承规诲，敢不敬从。今止留识解文义者一人，余皆放释，卿宜谅知之。"②

三是供奉御容。有人从南京带来先皇御容，哀宗命令供奉于乾元寺，并实施从简的礼仪。

前护卫蒲鲜石鲁负太祖、太宗及后妃御容五至自汴梁，敕有司奉安于乾元寺，一切礼仪，务从省减。左宣徽使温敦七十五奏奉安吉礼，合无用乐。上曰："乐须太常，奈何？"七十五曰："市有优

① 王鹗：《汝南遗事》卷1。
② 王鹗：《汝南遗事》卷1。

乐甚都，姑假用之，其孰曰不可？"时权左右司员外郎王鹗侍侧，上目之，鹗进奏曰："世俗之乐，岂可施帝王之前。"乃止。①

四是对宋战和。在对宋关系方面，哀宗原有攻宋的意图，对倡议攻宋者颇为赞赏。

> 扶沟县招抚司知事刘昌祖上封事，请大举伐宋，其略云："官军在前，饥民在后，南践江淮，西入巴蜀。"颇合上意。上命（张）天纲面诘其蕴藉，召与语，无可取者，然重违上命，且恐闭塞言路，奏以为尚书省委差官。②

在得知蒙古国已经派使者与宋交往后，哀宗改变主意，派遣完颜阿虎带出使宋朝，向宋人借粮，并转达哀宗的通和意愿。

> 前降授蔡州都军致仕内族（完颜）阿虎带言："宋人与我和好百年之久，以先朝边将生事，是致两国支矢相加。今我困惫南走，去彼不远，若不较名分，与之结和好，但得兵粮见资，足以御敌。倘南北先和，并力来攻，我之受祸不浅矣。臣虽老谬，乞与辩士李裕、周鼎奉使，不得助兵，则得助粮，必不得已，犹可以间南北之和，缓腹背之敌，惟陛下省察。"诏尚书省牒宋中书省，借粮一百万石，因假阿虎带镇国上将军、同签大睦亲府事，裕充知事，鼎令史，男阿邻亦侍行。陛辞，谕旨阿虎带曰："宋人负朕深矣，朕自即位，数戒边臣无扰边界，边臣有自请讨伐者，朕未尝不切责之。向得民州，随即见付。近日淮阴来归，彼欲多输钱帛为赎，朕若受财，是货之也，秋毫不犯，付以全城。今乘困弊，据我寿、泗，既诱我邓州，又攻我唐州。虽然，彼所以为谋亦浅矣。敌人灭国四十，以及于夏，夏亡则及于我，我亡则及于宋。唇亡齿寒，自然之理耳。为彼之计，不若与我连和，同御大敌，所以为我者，亦为彼也。卿至，其以此意晓之。"③

---

① 王鹗：《汝南遗事》卷1。
② 《金史》卷119《张天纲传》。
③ 王鹗：《汝南遗事》卷2。

由于宋、蒙已经达成共同进攻蔡州的协议，宋人自然不会回应哀宗的通和请求。

五是节制将帅。对于敢于骚乱的将士等，要严加惩处，以维持基本的军纪。

> 忠孝军提控李德率十余人乘马入省，大呼左右司官，责以月粮不优。兵吏约之不去，迭出慢言，几于诟骂。郎中移剌克忠不能堪，趋白右丞。（完颜）仲德大怒，缚德堂下，谕以朝廷刑法名分之重，杖六十。其长有诉于上（哀宗）者，上谕旨仲德曰："此军得力，方欲用之，卿何不委曲容忍，而责罚乃尔。"仲德奏曰："方时多故，录人之功而隐其过，此自陛下之德。至于将帅之职则不然，小犯则决，大犯则诛，虽强兵悍卒，不可使一日不在纪律中。盖小人之情纵则骄，骄则难制，睢阳之祸，岂独（蒲察）官奴之罪，亦由有司纵容之太过耳。今欲改更前辙，不宜爱克厥威，赏必由中，罚则臣任其责。"上默然，军士闻之怖惧，至于亡不敢犯。①

哀宗还利用重九聚会的机会，对将帅等加以安抚和激励。

> 以重九拜天于节度使厅，群臣陪从成礼，上（哀宗）面谕之曰："国家自开创，涵养汝等百有余年。汝等或以先世立功，或以劳效起身，被坚执锐，积有年矣。今当厄运，与朕同患，可谓忠矣。比闻北兵将至，正汝等立功报国之秋，纵死王事，不失为忠孝之鬼。往者汝等立功，常虑不为朝廷所知，今日临敌，朕亲见之矣，汝等勉之。"②

六是筹措粮储。蔡州同样面临粮储不足的问题，哀宗先是采用和籴的方法，未见明显成效，不得不再次使用在民间括粟的方法。

> （天兴二年八月）设四隅和籴官，比市价增二分，凡籴粮一万七千石有余。

---

① 王鹗：《汝南遗事》卷 2。
② 《金史》卷 18《哀宗纪下》。

（天兴二年九月）括粟于城中，人存粮八斗，十岁以下五斗，敢匿斗升者处死。以行六部尚书蒲察世达、总帅孛术鲁娄室为括粟官，穴地扑墙，少不容贷，凡得粮二万五千石有余，然犯法者众，狴犴为充，上皆怜而释之。寻以所括民粟，诏依进献例迁加。①

七是印行新钞。在极为困难的情况下，哀宗还下令发行新钞，结果依然是难以通行。

（天兴二年十月）更造"天兴宝会"，同见银流转，一钱、二钱、三钱、五钱凡四等，以楮为之，伪造者斩。时物价腾踊，钱币不行，市肆交易唯用见银，而畸零尤难，故立楮币救之。然支多收少，不逾月法坏。②

八是清除妖孽。乱世必有妖妄之人出，蔡州危急时的乌古论先生、石抹虎儿等人，就是妖妄之人。

妖人乌古论先生，因阉竖白上（哀宗），乞在城军民皆服元气，不费官粮，可以经久抗敌。右丞（完颜）仲德知其妄，乃奏："昔田单守即墨，以一贱卒充天师，动静必咨，至于退燕军而复齐七十余城。事固有以权诈成功者，况用兵乎。愿陛下赐以真人之号，华其供帐，每事假之。敌人好巫，知必骇异。旋出奇计，或可立功。上颇然之，参政（张）天纲力辨以为不可，遂止。

军吏石抹虎儿者求见右丞（完颜）仲德，自谓有奇计退敌。及见，出马面具如狮子状而恶，别制足尾，皆麻布为之，饰以青。因言："敌人之所恃者马而已，欲制其人，先制其马。如我军先以常骑迎之，少战寻少却，彼必来追，我以驯骑百余皆此状，仍系大铃于颈，选壮士乘之，以逆彼骑，必惊逸，我军鼓噪继其后，此田单所以破燕也。"仲德见上言，上以问参政天纲。天纲曰："敌众我寡，此不足恃。纵使惊去，安保其不复来乎，恐枉费工物，只为

① 王鹗：《汝南遗事》卷3。
② 王鹗：《汝南遗事》卷3。

识者笑耳。"上从天纲议。①

　　尽管有上述作为，哀宗已经难以逃脱亡国的厄运。天兴二年十一月，蒙古军和宋军包围蔡州城。临危之际，哀宗对臣僚有如下表示。

　　　　我为金紫十年，太子十年，人主十年，自知无大过恶，死无恨矣。所恨者祖宗传祚百年，至我而绝，与自古荒淫暴乱之君等为亡国，独此为介介耳。
　　　　古无不亡之国，亡国之君往往为人囚絷，或为俘献，或辱于阶庭，闭之空谷。朕必不至于此。卿等观之，朕志决矣。

　　天兴三年正月，哀宗将皇位传给完颜承麟，并下了最后一道诏旨。

　　　　朕所以付卿者，岂得已哉。以肌体肥重，不便鞍马驰突。卿平日矫捷有将略，万一得免，祚胤不绝，此朕志也。②

　　蔡州被攻破后，哀宗自缢于幽兰轩，完颜承麟亦自焚而死，金朝灭亡。
　　哀宗能够在困难局面下坚持十余年，其政治观念确实值得注意，王鹗就此作出了以下评价。

　　　　义宗皇帝（哀宗）在位十有一年，伤王室之浸微，先朝之积弊，吏政失于苛细也，不破法以情；将士利于征战也，不逞兵以忿。朝臣有罪，则薄示降罚，未尝妄戮一人。母后无宫，则略加补修，未常辄营一殿。而又敦崇儒术，遴选武臣，罢猎地以裕民，开经筵而论道，以六事课县令，田野辟而赋税均。分三路设司农，善良进而奸邪退。是致家余蓄积，户益丁黄，虽未洽于太平，亦可谓小康小息者矣。③

----

① 王鹗：《汝南遗事》卷4。
② 《金史》卷18《哀宗纪下》。
③ 王鹗：《汝南遗事》卷4。

从哀宗的救亡表现可以看出，他所崇尚的是文治救国观念，但是在强敌环伺的状态下，文治只是救亡的辅助手段，武力才是图存的基本保证，而哀宗最缺乏的就是军事知识和军事把控能力，只能任由将帅各行其是，并带来一系列的惨败。军事失败导致政治失败，即便是不荒淫、不暴虐的君主，也难逃败亡的结局。元人修《金史》时，赞赏的是哀宗"国君死社稷"精神，① 而更值得注意的，应是文治观念遭遇危局时的软弱无力，给后人带来了"文治亦不免亡国"的重要启迪。

_____

① 《金史》卷18《哀宗纪下》。

第十三章　金朝后期的理政及救亡观念

金朝后期面对危机时臣僚呈现的辅政观念和救亡观念，亦是政治思想发展的重要内容，应给予高度的重视。其中涉及跨朝代人士的政治观念，则主要陈述其在金朝时期的表现。

第一节　辅政观念的发展

章宗朝和卫绍王朝辅政大臣的朝政建议，已在前文述及，这些建议及其他论说所反映的良政、治世、重儒、护国四类政治观念，还需要作进一步的说明。

一　完颜守贞等人的良政观念

章宗朝发生的君子、小人之争，核心问题是正、邪之争，而所谓的“守正”，就是坚持以良政取代恶政的政治方向，完颜守贞、张万公等一批文官秉持的就是这样的政治观念。

（一）完颜守贞等人的良政观

完颜守贞（？—1200年后），本名左靥，号冷岩，完颜希尹之孙，以功臣后裔历任刑部尚书、尚书左丞、平章政事等职。

完颜守贞不仅期望君主励精图治，还强烈要求革除弊政、去除奸佞、建制立法，坚持“朝政从正”的原则，并由此卷入了朝廷的君子与小人之争。尽管金章宗对完颜守贞的评价不高，但是他在文人中享有极高的名望，正如刘祁所言：“余尝闻故老论金朝女直宰相中，最贤者曰完颜守贞。相章宗，屡正言，有重望。自号冷岩，接援士流，一时名士如路侍御铎、周户部德卿诸公，皆倚以为重。后竟以直罢相，出留守东京，德卿赋《冷岩行》颂其德。"①

与完颜守贞一样坚持良政观念的还有许安仁、李愈、孙铎、张暐、贾守谦等人，可分述基本情况于下。

许安仁（1129—1205 年），字子静，献州交河（今属河北）人，大定七年进士，历任太常博士、应奉翰林文字等职，而这样的任职恰是因为他"守道端悫"和"立己纯正"，为他人所推荐。许安仁不但敢于直谏，还向章宗呈献了体现完整治国方略的《无隐论》十篇，篇名分别是本朝、情欲、养心、田猎、公道、养源、冗官、育材、限田、理财。②《无隐论》全文已佚，但从篇名可以看出，许安仁既要求去除田猎、冗官的弊政，也期望君主注重养心，克制情欲，秉持公道，培育人才，以养源、限田、理财等手法解决朝廷面临的重大政治和经济问题。许安仁不仅对儿子有做人的训诫："娄相任唾面，周庙贵缄口。寸阴大禹惜，三命考父定。"③ 他还对忠臣颇为赞赏："国家昏乱识忠良，叹息君侯事晚唐。誓报旧恩死守泽，肯从逆子叛降梁。冰霜气逼刘仁赡，鸿雁行随王彦章。五代三人全死节，一篇华衮赖欧阳。"④ 也就是说，忠君和善治，是许安仁政治观念的主旨。

李愈（1135—1206 年），字景韩，绛州正平（今属山西）人，正隆五年进士，历任同知西京留守、河南路提刑使、刑部尚书等职，著有《狂愚集》，已佚。

李愈对治军、守边、屯田、监察、直言等提出的建议，以及劝谏金章宗行幸长乐川，所体现的都是良政和守正的政治观念。⑤ 他还在诗作中就守边表达了忧国之情："秦筑万里城，保祚迄蟠际。阿房赤炬炎，亡秦维一世。勿谓约桸愚，千秋资控制。"⑥ 后来金军在边城大败，显示李愈确实有先见之明。

孙铎（？—1215 年），字振之，恩州历亭（今属山东）人，大定十三年进士，历任中都路都转运使、参知政事、尚书左丞等职，章宗朝以直言见称，尤其是对交钞流通和避免冤狱多有建言，并要求严惩奸佞小

① 刘祁：《归潜志》卷 10，第 112—113 页；《金史》卷 73《完颜守贞传》。
② 《金史》卷 96《许安仁传》。
③ 许安仁：《戒子》，《全辽金诗》上，第 660 页。
④ 许安仁：《过莛忠庙诗》，《全辽金诗》上，第 660 页。
⑤ 《金史》卷 96《李愈传》。
⑥ 李愈：《古长城》，《全辽金诗》上，第 751 页。

人，彰显的是持正革弊的政治立场。① 孙铎入仕后仍不忘儒者好学的本色，并留下了相关诗作："翛然一室暗尘凝，兀兀端如打坐僧。习气未除私自笑，短檠还对读书灯。"②

张暐，生卒年不详，字明仲，莒州日照（今属山东）人，正隆五年进士，历任太常博士、国子助教等职，在章宗朝除了强调朝廷的各种礼仪规范外，亦注重按良政要求更法立制，并能始终坚持对抗小人和奸臣的政治立场。③ 为此，赵秉文对张暐有综合性的评价。

> 大定、明昌间，朝廷清明，天下无事。上方留意稽古礼文之事，于是御史大夫清献张公（张暐）厘正国朝仪礼，成一代大典，润色太平，皇矣唐矣。然犹削牍大小九十余奏，若谏田猎巡幸、节财用、慎法令，明德运之非古、辨正统之无定、议提刑不可罢者三章，救监察姬端修（宗端修）不可治罪者累奏。其余随事诤谏，殆无虚月，其言明且清、正而通，虽魏郑公（魏征）展尽底蕴，陆宣公（陆贽）不负所学，未能远过也。④

唐朝谏臣魏征和陆贽都有专门的奏议集传世，可与之媲美的张暐，近百篇奏议未能留存，确为憾事，但从赵秉文的评价中，可知"正"是张暐的基本政治观点，并包含了正朝仪、正礼制、正法令和注重正统等重要内容。

孙镇，生卒年不详，字安常，绛州（今属山西）人，承安二年进士，⑤ 特别著文赞颂了一位县令的良政行为。

> 郡守县令，民之师帅，守非人，则千里之民受其弊；令非人，则百里之民罹其殃。

> 承安三禩（1198）夏六月，前县令艾侯（艾元老，字长卿）应命来莅是任，爱自下车，公勤于职，宽而能断，严而不苛，申明条约，

---

① 《金史》卷99《孙铎传》；刘祁：《归潜志》卷8，第82—83页。

② 孙铎：《癸亥（1203）清明日》，《中州集》卷9。

③ 《金史》卷106《张暐传》。

④ 赵秉文：《张行信神道碑》，《滏水集》卷12。

⑤ 《中州集》卷7《孙镇小传》。

检束胥吏，待僚属以礼，驭士民以信，修固城隍，明置里堠，不阅月，治绩告成。

县之西郊，旧有唐相魏郑国文贞公（魏征）祠堂，湫隘卑陋，神像毁裂。侯以为前代谏臣无能出其右者，而习弊乃如此，于是择诸爽垲，得善地于郭之南，因民心所欲而迁焉。

是年之冬，天子遣信使，大比天下户籍，邑中里胥迫于限促，其间不胜差互。侯以新旧籍参校，租税丁黄，下皆删定，人服其公平，无感哗者。[1]

刘昂，生卒年不详，字次霄，济南（今属山东）人，为与章宗朝的另一位刘昂区分，被称为"小刘昂"，承安五年进士，曾任鄠县令。泰和年间金军攻宋，刘昂曾以词作赞之："虿铓极，螳臂展，敢盟寒。似洞庭、彭蠡狂澜，天兵小试，万蹄一饮楚江干。捷书飞上九重天，春满长安。舜文明，唐日月，周礼乐，汉衣冠。洗五川，烟瘴江山。全蜀下也，剑关何用一泥丸。有人传信，日边来，都护先还。"[2] 这首词作显示的以金朝为正统王朝的观念，值得重视。

刘昂亦在怀古诗中表达了对天下分合的豁达态度："虎视鲸吞卒未休，一时人物尽风流。妇翁正得黄承彦，儿子当如孙仲谋。乳臭蒙孙真寄坐，齿寒邻国莫分忧。阿瞒狐媚无多罪，谁作桓文得到头。""泣汉遗黎血未干，繁昌新筑受终坛。天球宝鼎私臧获，坎井坳堂局凤鸾。地易主宾穷赤壁，势成螳雀事乌丸。陈言衮衮令人厌，枉就输棋覆旧盘。"[3]

王扩（1157—1219 年），字充之，中山永平（今属河北）人，明昌五年进士，历任监察御史、行六部尚书等职。[4]

王扩曾与奸臣抗争并遭受排挤，但是依然敢于提出各种理政建议。尤其需要注意的，是他的罢三司建议和说时弊上书。

泰和七年（1207）夏旱，充之（王扩）以监察御史受诏审冤，因为同列言："往时审冤，一切以末减为事，至杀人者之罪亦贷出之，

---

① 孙镇：《澄城县令艾公遗爱碑》，《金文最》卷39。
② 刘祁：《归潜志》卷4，第32页。
③ 刘昂：《读三国志二首》，《中州集》卷8。
④ 《金史》卷104《王扩传》。

地下之冤当谁理之乎?"使还,言创设三司不便,大略言:"三司之设,特以刻剥为事。大定间,一曹望之为户部,天下仓廪、府库皆实,百姓无愁怨之声。存乎其人,不在改官称也。今三司官皆户部旧员掾属,亦户曹旧吏,岂有愚于户部而智于三司者,乞复户部之旧,无骇民听可也。"崇庆初(1212),迁河东北路按察佥事,上书言时病四:"一将不知兵,二兵不可用,三事不素定,四用人违其长。"①

(王扩)陈河东利害,汰冗兵、禁游惰、节浮费、惜民力等二十事,而守御之策为多。②

王扩还在诗作中展现了清心消虑的诉求:"纷纷百虑自心生,方寸清来百虑平。未了此心私自笑,更忧时世欲澄清。"③ 乱世中需要清醒的认识,王扩就是头脑清醒之人。

贾益谦(1147—1226年),字彦亨,原名守谦,避金哀宗讳改名,沃州(今属河北)人,大定十年进士,历任右谏议大夫、御史中丞、吏部尚书、尚书右丞等职,敢于直言时弊和坚持轻赋省刑的立场,并能明指镐王案为冤案。④ 在诗作中,他也表示了对朝廷不能用贤的不满:"见说才名自妙年,多惭政府旧妨贤。物华天宝无今古,凤阁鸾台孰后先。郑圃道尊何敢望,济南书在子当传。莫言老眼昏花满,及见风鹏上九天。"⑤ 尤为重要的是,在大是大非问题上,贾益谦能够坚持守正的立场,典型的事例就是替被乱臣杀害的卫绍王辩白,详情已见前述。

(二) 张万公的大局观

张万公(1134—1207年),字良辅,东平东阿(今属山东)人,正隆二年进士,历任平章政事、山东路宣抚使等职。

张万公对朝政颇多建言,最为重要的是反对立李妃为后和反对括田,所体现的恰是他的良政观和大局观,元好问对此有以下评价。

---

① 《中州集》卷18《王扩小传》。
② 元好问:《王扩神道碑铭》,《遗山集》卷18。
③ 王扩:《题神霄宫清心轩》,《中州集》卷8。
④ 《金史》卷106《贾益谦(贾守谦)传》;刘祁:《归潜志》卷6,第56页。
⑤ 贾守谦:《赠答史院从事》,《中州集》卷9。

公（张万公）平生所言者不胜载，而系于废兴存亡者有二事焉，一立后，二括田。立后难于从，而章宗从之。括田不难于从，而竟不听。其后武夫悍卒倚国威以为重，山东、河朔上腴之田，民有耕之数世者，亦以冒占夺之。兵日益骄，民日益困，养成痈疽，计日而溃。贞祐之乱，盗贼满野，向之倚国威以为重者，人视之以为血仇骨怨，必报而后已。一顾盼之顷，皆狼狈于锋镝之下，虽赤子不能免。盖立后之事，在廷之臣皆以为不可，独上以为可，故公之言易为力。括田之事，上下皆以为可，而公独以为不可，故难为功。以一言之不相入，其祸果有不可胜言者，是不独在公为遗恨，异世相望，亦当有太息而流涕者。

元好问还对张万公的一生作为尤其是作为"明相"的政绩，作了总体性的评价。

（张万公）仕宦五十年，在州县则治化清净，不事科罚，而人有畏爱之实。在朝廷则切于论列，有不便于民者，必委曲道之，虽理者讦直，而辞气容貌不失其为大臣之体。大定之治，近古所未有，纪纲法度，备具周密，公在相位，谨奉行而重改作，得守文之体，故能不动声气而天下阴受其赐。

盖金朝官制，大臣有上下四府之目。自尚书令而下，左右丞相、平章政事二人为宰相，尚书左右丞、参知政事二人为执政官。凡在此位者，内属、外戚与国人有战伐之功、预腹心之谋者为多，潢霅之人以门阀见推者次之，参用进士则又次之。其所谓进士者，特以示公道、系人望焉尔。轩轾之权既分，疏密之情亦异，孤立之迹，处乎危疑之间，难入之言，夺于众多之口。以常情度之，谓必以苟容为得计，循默为知体矣。然而持区区之忠，以尽心于所事，如石右丞琚、董右丞师中、胥莘公鼎之流，慨然以名臣自任者，亦时有之。惟公历仕四朝，再秉钧轴，不难于他人之所难，不徇于世俗之所徇，忠信笃实，足以自结人主，名德雅望，足以师表百僚，敦庞耆艾，足以镇国家而抚百姓。故百年以来，谈良相者，莫不以公为称首。①

---

① 元好问：《张万公神道碑》，《遗山集》卷16。

如元好问所言，金朝以科举入仕的人，能成为宰执的并不多见，所以张万公所表现的良政观和大局观尤为重要。张万公还有中年时公事之余的一首诗作，录下以资参考："问囚推案朝还暮，危坐不知春浅深。今日檐间看风色，一株红杏暗惊心。"①

（三）张公著、李通的守正观

张公著（1164—1214 年），字庭俊，太原阳曲（今属山西）人，明昌二年进士，历任监察御史、都转运副使、同知河中府事等职，战死于河中。元好问特别记录了张公著弹劾小人、奸臣的情况。

> 泰和初，元妃李氏干预时政，兄弟同在禁近，声势焰焰，鼓动海内。台谏多以为言，公（张公著）时为监察御史，上书切谏，至有"妾上僭后，夫人失位"之语，引援古今，陈说成败，皆君臣之间所难言者，朝议韪之。

> 元妃兄黄门喜儿尝以水田事私请于公，公以正义责之，喜儿惶惧而退。虎贼（胡沙虎，即纥石烈执中）尹大兴，固宠负恃，恣为不法，朝臣无敢言者，公倡诸御史发其奸。章十余上，章宗言："胡沙虎定何罪，但跋扈耳，卿等不相容乃如此耶。"公同中丞孟铸言："圣明之朝，岂容有跋扈将军乎？"上为之动容。

> 扈从秋山，车驾所经，居民为近侍所扰，无所于诉。公屏骑从，著大席帽行围中，杖大奴十数人，权贵为之敛手，或相警云："大席帽者至矣。"其威望如此。②

李通（1155—1222 年），字平甫，号寄庵，明昌二年进士，历任潞州涉县县令、大兴府推官等职。元好问特别记录了李通在大兴府任职期间与奸臣胡沙虎抗争的情况。

> 道陵（金章宗）承安中，贼臣胡沙虎尹大兴，先生（李通）为府推官。虎方谄事中贵，窃弄威柄，内则以奸佞固主恩，外则鼓动声势以劫制天下。同列有一事不相叶、一语不相入者，不陷之死地，则排诸远方。故时人视之犹蛇虎鬼魅，疾走远避之不暇。先生

---

① 张万公：《戊戌（1178）二月中旬登稷山清榭》，《中州集》卷9。
② 元好问：《张公著墓表》，《遗山集》卷17。

直前径行，初不为死生祸福计，每以公事相可否，至丝发不少贷。又摘其阴事数十条，将发之，私谓所亲言："此人口无所不能言，手无所不能为，政恐宁我负人，终成噬主之狗。"虎，篡者也，平居颐指气使，无不如意，乃今为一书生所轩轾，积不能平，乃先以非罪诬染之，凡可以中伤者无不至，先生守之益坚，抗之者愈力。如是二年，既无可撼摇，乃奏之上前，谓先生于种人有奴视之傲，赖上雅见知，谮为不得行。盖自承安迄至宁之弑，前后二十年，朝臣非无刚棱疾恶、不畏强御之士，然敢与此贼角者，唯先生与尚书左丞张公行中（张行信）二人而已。①

李遹还曾奉命出使高丽，并留下了一篇感兴的诗作："去国五千里，马头犹向东。宦情蕉叶鹿，世味蓼心虫。倦枕三更梦，征衫八月风。山川秋满眼，归思寄孤鸿。②

张公著和李遹敢于挑战奸臣，所秉持的是儒臣的守正立场，核心观念就是以良政取代恶政，以正人战胜奸人、恶人和小人。

（四）张建的良吏观

张建，生卒年不详，字吉甫，号兰泉老人，蒲城（今属陕西）人，曾任应奉翰林文字等职，被章宗器重，著有《兰泉老人集》，已佚，有后人辑录的遗集。③

张建喜好的是隐居的自在生活，在诗作中彰显了脱离俗世的洒脱之情。

飞云何冉冉，高与日月齐。中有两仙人，盛服持玉圭。我欲从之游，天险不可跻。邈焉望不及，短日西山西。

客从岳顶来，贻我松粉黄。为言服之久，身轻欲飞翔。我尝淡无味，我嗅寂无香。还君三太息，世好方膏粱。

枯桑依颓垣，摧折生理微。剥我枝间叶，备君身上衣。叶尽谁复顾，栖鸟来亦稀。君看牡丹丛，日日笙歌围。

青青河滨柳，柯叶柔且妍。一从智巧萌，戕贼为杯棬。器成岂

---

① 元好问：《李遹墓碑》，《遗山集》卷17。
② 李遹：《使高丽》，《中州集》卷5。
③ 《中州集》卷7《张建小传》。

不佳，天质失自然。争如河堤上，濯濯披春烟。

石泉何清冷，中有九节蒲。蒲性本孤洁，不受滓秽污。一移入城市，生意寄泥淤。翠叶日焦卷，不霜而自枯。寄言守静者，勿涉奔竞途。

丘中有一士，颜貌清且癯。缊袍仅蔽体，蔬饭不满盂。时出蓬荜门，鼓腹歌黄虞。不知何所得，矫首望八区。①

张建对良吏的行为颇感兴趣，不仅专门叙述了良吏的标准，亦赞颂了良吏的爱民善政。

太史公（司马迁）序《循吏传》曰："奉法循理之吏，不伐功，不矜能，百姓无称，亦无过行。"予始疑其说，以谓循良之吏，必有赫赫之名著人耳目，或号霹雳手，或号神明政，而曰"百姓无称"，何也？岂不以循理之吏不求近功，有爱民之诚心，使民阴受其赐，岁月既久，民知其爱己，故思之而已。非若沽名钓誉之徒，内有所不足，急于人闻，而专苛察督责，以祈当世之知，求其爱民之心，则篾如也。久之情态俱露，谤亦随之，是以民视吏之去，如越人视秦人之肥瘠也，了不加意。斯人也，乌足谓循理之吏乎。故吏之良者，不伐其功，人所以高其功；不矜其能，人所以称其能。及受代之后，人思其德，绘其像而事之，此其所以谓之良吏也。②

贞元乙亥（1155），东平崔公以朝请大夫来令兹邑，秉心公平，为政明恕，百里之内，用致宁谧。民从其化，如听父令。污者以修，悍者以愿。今公瓜代有期，邑人相与绘像于县庠之东庑，将以为去思之瞻，而比之甘棠。③

张建留下的文字不多，但是对良吏的说法确实重要，因为在金朝这样的议论并不多见。

---

① 张建：《拟古十首》，《兰泉老人遗集》，丛书集成本。
② 张建：《高陵县令张公去思碑（明昌五年）》，《兰泉老人遗集》。
③ 张建：《崔朝请去思赞》，《兰泉老人遗集》。

二 张行简等人的治世观念

张行简、路铎、萧贡、王庭筠都是章宗朝的重要大臣，不仅对朝廷的理政颇有帮助，还彰显了以仁、善为核心理念的治世观念。

（一）张行简的善行观

张行简（1156—1215 年），字敬甫，莒州日照（今属山东）人，张暐之子，大定十九年进士，历任应奉翰林文字、翰林修撰、翰林学士承旨、太子太傅等职，著有《礼例纂》和文章集，已佚。①

张行简对朝廷礼仪等方面的贡献颇大，已见前述。在章宗朝的对宋和战中，他也有积极的表现，可转载有关记录于下。

> 初，宋人寇边，南鄙用兵，书诏旁午，公（张行简）独任其责，沛然有余。朝廷以平章政事仆散揆军回，右副元帅完颜匡等围襄阳，又贼帅丘崈遣人告和，或议乞以恩旨许将士回俘略，公言："君人者与为将帅不同，君道以仁义为主，吊民伐罪而已。将在阃外，权其事宜可也。借如军士应须俘略，与其出自上命，不若出于帅臣之为愈也。"其论襄阳可攻围与否，及欲分淮南之半为界，公言："向者大举，本期平荡江汉。今平章军回，窃意在彼事势或有未得如吾意者。但随所得郡县抚而有之，彼必以我为图久驻之计，方事进取，震慑畏亡，求成不暇矣，不必以淮南远近为断。"其后张岩书来，以朝廷所须五事，但欲量增岁币，归泗州俘略。朝议以面奉圣旨，必以割地、称臣使得赎罪为辞，公又言："有司之事，容可拟议。至于圣训，理难中止。大定初盖度伪宋必能遵禀，故令帅府开示圣训报谕。今既圣度包荒，窃恐宋人以要约重难，怠于求请，不若使其易从，然后示之圣训，重以生灵之故，曲依来请，庶几兵革早息。"其后以叔易伯，重增岁币，函贼臣之首，献犒军之赏，公在翰苑筹划为多。南边底定，固赖明天子与大臣协谋，盖亦有内相之助焉。②

张行简还专门撰写了相术书《人伦大统赋》，可摘录其中显善抑恶

---

① 《金史》卷 106《张行简传》。
② 赵秉文：《张行简神道碑》，《滏水集》卷 11。

的内容于下。

> 贵贱定于骨法，忧喜见于形容。悔吝生于动作之始，成败在乎决断之中。
>
> 五官欲其明而正，六府欲其实而充。一官成十年贵显，一府就十载富丰。
>
> 英眸兮掣电，豪气兮吐虹。若赋性粗恶祸必及，如修德惕厉禄永终。
>
> 欲察神气，先观目睛，贤良澄澈，豪俊精英。性端正者平视无颇，情流荡者转盼不宁。
>
> 唯口者，语言之钥，是非之关。祸福之所招，利害之所诠。端厚寡辞者，定免乎辱。诽谤多言者，必招其愆。
>
> 心宰视听，内主魂魄。帅六腑之气，统五脏之神。颜色始变，是非已分。恶则祸结，善则福臻。
>
> 善恶在人之憎爱，清浊由目之照瞩。质以气而宏充，气以神而化育。质宽则气宏而大，神安则气静而覆。如是宠辱不足惊，喜怒不足触。
>
> 李峤耳息而享百龄，孟轲内养而轻万斛。柔和刚正之谓君子，狭隘急暴之谓士卒。
>
> 夫声音之所发，自元官而乃臻，于心气以相续。琅然其若击磬，旷然其若呼谷，斯乃内蕴道德，终应戬谷。
>
> 相者精究其术，而妙悟于神，安逃祸福。[①]

也就是说，即便是相术，张行简亦强调其理论支持是儒家的性善说，不能背道而胡言乱语。

（二）路铎的为善观

路铎（？—1213 年），字宣叔，冀州（今属河北）人，历任监察御史、翰林修撰等职，著有《虚州居士集》，已佚。[②]

路铎在章宗朝对朝政多有建言，并被卷入君子、小人之争，已见前述。在国家面对危难时，路铎一方面表现了对军事问题的关心，另一方

---

① 张行简：《人伦大统赋》卷上、卷下，四库全书本。
② 《金史》卷100《路铎传》。

面也表明了对善政的期盼，在诗作中有所体现。

> 楼迥临飞鸟，车升汗十牛。地灵开翠壁，天远送黄流。趣战如奸计，当关岂壮猷。天梯且失守，况说土山头。①
>
> 禾黍低风汝水长，迟迟驿骑困秋阳。病躯官事交相碍，梦雨行云肯借凉。尽说秋虫不伤稼，却愁苛政苦于蝗。诗成应被西山笑，已炙眉头尚否臧。②

路铎受佛、道观念影响较深，无论在文章还是诗作中，都能看到其看破红尘和期盼"出世"的意愿。

> 人在丘墟之间，不期于悲而自悲；在郊庙社稷之中，不期于敬而自敬者，心为境所移也，何故疑于此亭（爽心亭）耶。虽然，释氏所谓心，非真非妄，非起非灭，非垢非静，求之不可得者也。以求不可得之心，而滞于见闻之境，岂不大惑与，吾知非所谓名亭之意。夫水之贮于器也，器有方圆，则水因之，而方圆非水。心之寂于境也，境有动静，则心随之，而动静非心。器异而水不异，境变而心不变也。③

> 尘世一何隘，永怀耿中情。端著得吉卜，有鹤戾天鸣。慨然趣予装，云旗渺遐征。鸿濛偶相值，笑我劳经营。驾言还故乡，方寸以道宁。先畴理耘耔，初服纫芳馨。谛观九州事，曾不出户庭。渔父有默识，餔糟愈于醒。④
>
> 官舍谁言隘，西楼兴不穷。闲云倚枕里，飞鸟卷帘中。风定天还水，烟虚月度松。回观犹有愧，破屋著卢仝。
>
> 云态看来变，檐阴坐次移。一蝉吟未了，双鸟去何之。薄宦槐安梦，浮名剑首炊。安心元有法，遣兴可无诗。⑤

---

① 路铎：《潼关》，《中州集》卷4。
② 路铎：《襄城道中（有言长官暴横者）》，《中州集》卷4。
③ 路铎：《爽心堂记》，《金文最》卷12。
④ 路铎：《思玄堂》，《中州集》卷4。
⑤ 路铎：《汴梁公廨西楼二首》，《中州集》卷4。

心知云路等榆枋，戏作方壶当玉堂。虚静自应详止止，逍遥均是一苍苍。心含宝月无中外，身著青霞可颉颃。政尔天游到疑始，觉知谁送竹风香。

随人作计鱼千里，知命无忧鸟一天。碧落云深堪避世，九华烟暖可忘年。平章万有归玄览，收拾方心入大圆。上界真人自官府，不妨聊作桔中仙。[①]

玄晏耽书昔坐痴，如今手板对山持。病知居士安心处，贫是诗人换骨时。单见敢参东观论，徐行休叹后山迟。山林朝市元无异，怨鹤惊猿自不知。[②]

路铎还曾"述十二训以教民"，金章宗特别下诏："路铎十二训皆劝人为善，遍谕州郡使知之。"可惜已不知十二训的具体内容。路铎后来在孟州陷落时投水自尽，也应算是金朝的守节大臣。[③]

（三）萧贡的革弊观

萧贡（1158—1223 年），字真卿，京兆咸阳（今属陕西）人，大定二十二年进士，历任监察御史、翰林修撰等职，著有《注史记》《萧氏公论》《五声姓谱》及文集，均已佚失。萧贡曾参与《泰和律令》的编修，被金章宗赞为"汉有萧相国，我有萧贡，刑狱吾不忧矣"。他还曾协助陈大任编修《辽史》。萧贡向章宗提出的施政建议，已见前述，他还"论时政五弊，言路四难"，亦被时人重视，只是具体内容已经难以知晓。[④]

萧贡不仅为《史记》作注，亦有诗作数篇评价王朝兴亡等，并以此来体现他对帝道起伏的感叹和对良政与恶政的褒贬。

秦兵伏甲武安西，赵将非材战士携。千里阵云沉晓日，万家屋瓦震秋鼙。哀缠朽骨天应泣，怨入空山鸟不栖。百战区区竟何得，阿房烟草亦凄迷。[⑤]

---

① 路铎：《赋丈室室碧玉壶，善甫赋诗，铎亦奉和二首》，《中州集》卷4。
② 路铎：《次韵郦著作病起》，《中州集》卷4。
③ 《金史》卷100《路铎传》。
④ 《金史》卷105《萧贡传》；《中州集》卷5《萧贡小传》；刘祁：《归潜志》卷4，第38页。
⑤ 萧贡：《悲长平》，《中州集》卷5。

西来洛水绕嵩高，野店荒村换市朝。董卓搜牢连数月，郭威夺市又三朝。劫灰深掘终难尽，鬼火争然忽自消。千古兴亡几春梦，只将闲话付渔樵。①

沙丘车过亡明镜，人头畜鸣自贤圣。阿房殿里醉宫娃，赵高手中持国柄。群雄云扰荡山东，邯郸却堕秦围中。项王一战动天地，诸侯膝行趋下风。割裂河山建侯国，天下畏威心不服。只贪衣绣荣楚猴，岂识金刀得秦鹿。楚歌一夜四面发，泣别虞姬歌数阕。残兵牢落似晨星，独骑凌兢踏寒月。乌江渡口方唤船，五侯追奔已江边。苦道天亡非战罪，剑化壮气成飞烟。君王雄武古无比，独无仁义谁相济。向能忠计资范增，未必汉家能卜世。谷城东头土一丘，悠悠遗恨何年休。②

华阴双璧传山鬼，报道明年祖龙死。草间豪杰伺天时，攘袖抚衿争欲起。蒙祠篝火妖狐语，多涉为王张大楚。南公旧有三户谣，东井新看五星聚。中原茫茫走秦鹿，天遣沛公兴白屋。大蛇斩断素灵号，蚩尤祭罢朱旗矗。揭来扶义入关中，恩结人心帝道隆。秦法烦苛犹一洗，项王慓悍何劳攻。三杰相须立人纪，四老仍来安太子。已令陆贾说诗书，更诏孙通制仪礼。阿翁着手规摹远，独恨儿孙读城旦。王纯霸杂宁不知，不是不知知已晚。③

对于用碑刻来歌功颂德，萧贡亦表达了淡然处之的看法。

道者既历见前日之兴之也难，而坏之也亟，则今之所成者，将倾圮之不暇，其能久乎。是既不能久，则碑之在世，亦预几何。自有碑碣以来，铭功纪德者未曾不为无穷计也。然有石刻俱在，而人已寂然无闻者；有字画仅存，风摧雨剥，火燎藓涩，不可读者；有螭首断缺，龟趺拆裂，委弃埋没于苍烟野草之间，不复见于世者；有幸而在世，为人磨去故文，勒为新碑者；以至破为柱础，捣练支床者，今汉、唐故都之左右者皆是也。功业之著，文章之工，字画

① 萧贡：《洛阳》，《中州集》卷5。
② 萧贡：《楚歌》，《中州集》卷5。
③ 萧贡：《汉歌》，《中州集》卷5。

之奇，犹且磨灭，金石之不足恃盖如此。①

萧贡虽然"半世事行役"②，但是知道为官艰难，所以在诗作中不免显露出归隐的意愿。

　　去年中秋客神京，露坐举杯邀月明。今年还对去年月，北风黄草辽西城。年年月色长清好，只有悲秋人易老。儿童不解忆长安，歌舞团圞绕翁媪。人生宦游真可怜，不知何处度明年。预愁老疲废诗酒，负此冰玉秋婵娟。我生万事随缘耳，居自无忧行亦喜。君不见，杜子闺中只独看，鄜州寂寞千山里。③

　　北辕千里赴陪都，日觉还家计愈疏。人事浮云千变化，宦途平地几崎岖，青山有约长回首，白发无情忽满梳。赖有同年老兄弟，相思时寄数行书。④

萧贡于兴定元年（1217）致仕，还是享受了几年"读书至老不倦"的退隐生活，可惜他作为学者的论著和作为史家的著述未能传世，难以全面说明其政治观点。

（四）王庭筠的仁政观

王庭筠（1151—1202 年），字子端，号黄华先主，盖州熊岳（今属辽宁）人，大定十六年进士，历任应奉翰林文字、翰林修撰等职，所著《藁辨》和文集已佚，留存诗文见近人辑录的《黄华集》。⑤

王庭筠倡导仁政，视三国时期的蜀先主刘备为行仁政的楷模，由此有以下评价。

　　仁者未必成功，成功者未必仁。仁者之心，以仁仁天下。不仁者之心，以仁济其私。故善论人者，论其心之何如，而成败不与。以仁济其私者，发于其言，见于其事，亦仁也，盖窃仁以欺天下。

---

① 萧贡：《京兆府泾阳县重修北极宫碑》，《金文最》卷38。
② 萧贡：《临泉道中》，《中州集》卷5。
③ 萧贡：《中秋对月》，《中州集》卷5。
④ 萧贡：《寄答张维中》，《中州集》卷5。
⑤ 元好问：《王黄华墓碑》，《遗山集》卷16；《金史》卷126《王庭筠传》。

夫窃仁者，是有大不仁根著于心。然窃仁易穷也，而根著于心者，卒不可掩，天下之人莫不腹詈臆唾，虽一时成功，旋与草木同腐矣。仁者之心，不以其身其家，而以天下，故天下之人亦相与讴歌戴仰，愿以为君。虽生无成功，天下之人莫不叹息，至后世犹喜称道。精爽在天，能推其仁心，用之不已，施之不竭，呼吸而雨云，咄嗟而风霆，咫尺万里，朝夕千载，此理之自然，无足怪者。先主（刘备）仁人也，当阳之役，不以身而以民，永安之命，不以家而以贤，虽不能如其言，要之其心如是而已。有厚爱天下之心，必飨天下之报，至今天下之人犹叹息其无成，而喜称道之。

庭筠曰："五季兵火之余，室庐焚荡殆尽，而庙貌岿然独存，悍夫暴客过堂下，敛兵肃跽不敢犯，则其仁之入民也深矣。大哉仁乎，蕴之于心，充于天地，被于万物，盖有不与死而俱亡者。幽而为神，其遗泽残烈，匀及天下后世，以达其生平未厌之心必矣，岂独私乎一乡哉。"

唐石题曰"蜀主庙"，今仍之，其辞曰：舜禹不可作兮，古猷日溃。盗取盗守兮，恬不为怪。仁人起兮，力砭其废。志天下兮，岂独为汉计。大统未一兮，时已逝。奄为神明兮，陟配上帝。何纾我忧兮，仁及异世。①

在治理地方的问题上，王庭筠亦在与张汝方的来往书信中，对仁政行为大加赞誉。

承安四年（1199）春二月，上（金章宗）以右宣徽使张公（张汝方）出守沂州。明年，公以书抵庭筠曰："吾下车奉宣诏条，夕惕不敢暇逸。逮今州民始孚，僚属一日谓吾曰：民则安矣，公亦勤矣，盍谋所以燕息者，于是筑香林馆。……夫为是者，非徒燕息而已，盖将以致思于其中。人之思出于心，心为俗物所败则乱。故治心者，先去其败之之物，然后安。既安而思，则思之精。吾退食自公，隐几孤坐，每阅书至酉，耳目之所接及者，乃林风竹月耳，无一物相败吾心，甚安乃益思，所以事君与夫治身、治家、治民凡

---

① 王庭筠：《涿州重修蜀先主庙碑》，金毓黻辑录《黄华集》卷1，辽海丛书本。

有为者，庶几乎无愧焉。僚属初悯吾勤，而不知重吾勤也，尔当以此意为之记。"庭筠复书谢曰："公之治沂也，驭民宽，驭吏严，桥梁修，学校举，野无废田，庭无留讼，其为政播于人者如此。政隙游戏翰墨，诗句高远似唐人，书画图美似晋人，岂特似之，真得其意焉。其游艺散落于人者如此，乃日坐香林，思而得之者欤，则其事君与夫治身、治家、治民之道，可触类而知。异时端委庙堂，以绍父兄，发为勋业者，亦必思之审矣，贱子其拭目观之。"①

王庭筠为官几经起伏，不仅受过杖责，还有下狱的经历，使其痛感官场之险恶，在诗作中颇多感慨。

> 笑我迂疏触祸机，嗟君底事入圜扉。落花吹湿东风雨，何处茅檐不可飞。②
> 短辕长路兀呻吟，行李迟迟日益南。亲老家贫官职重，恩多责薄泪痕深。向人柳色浑相识，著雨花枝半不禁。回首觚棱云气隔，六年侍从小臣心。③
> 沙麓百战场，乌卤不敏树。况复幽圄中，万古结愁雾。寸根不择地，于此生意具。婆娑绿云杪，金凤掣未去。晚雨沾濡之，向我泫如诉。忘忧定漫说，相对清泪雨。④

由此，王庭筠看淡功名，在诗作中着意强调了他的归隐意愿。

> 悠悠春天云，想见平时闲。朝游溪桥畔，暮宿山堂间。澹然不知愁，亦复忘所欢。出山初无心，既出还思山。人间待霖雨，欲归良独难。山堂怅何许，萧萧松桂寒。⑤
> 殿阁偏宜落照间，倚天无数玉潺湲。黄华墨灶知名寺，荆浩关仝得意山。游子也如红树老，残僧偶与白鸥还。人生见说功名好，

---

① 王庭筠：《香林馆记》，《黄华集》卷1。
② 王庭筠：《狱中见燕》，《黄华集》卷2。
③ 王庭筠：《被责南归至中山》，《黄华集》卷2。
④ 王庭筠：《狱中赋萱》，《黄华集》卷2。
⑤ 王庭筠：《张礼部溪山真乐图》，《黄华集》卷2。

不博南楼半日闲。

户牖凭高可散愁，石田棋布青林稠。西山万古碛新月，南风六月生凉秋。见说官间百无事，不妨客至一登楼。扬州骑鹤亦何有，诚哉不负三年留。①

衰柳疏疏苔满地，十二栏干，故国三千里。南去北来人老矣，短亭依旧残阳里。紫蟹黄柑真解事，似倩西风，劝我归欤未。王粲登临寥落际，雁飞不断天连水。②

王庭筠是金朝后期颇有名气的文人，文章、诗词、字画都颇受人重视，但是所留政论颇少，只能叙述其对仁政等的看法。

三 董师中等人的重儒观念

为响应金章宗的重儒思想倾向，董师中、党怀英、赵沨等人突出展现了与重儒相关的观念。

（一）董师中的人才观

董师中（1129—1202 年），字绍祖，号漳川居士，洺州（今属河北）人，皇统九年进士，历任吏部尚书、御史大夫、参知政事、尚书左丞等职，著有《漳川集》等，已佚。③

董师中曾上书谏金章宗减少巡幸，并卷入朝廷内部的政争，已见前述。董师中还曾指出："宰相不当事细务，要在知人才，振纲纪，但一心正、两目明，足矣。"④董师中曾任职于陕西，在诗作中有以下感慨："临潭仍是汉家城，积石相望十驿程。西略河源东并海，尘埃风雨叹劳生。"⑤

对于地方官员以兴学育人的行为，董师中给予了高度的评价，亦指明了善人良政的应有表现。

夫国之兴化有本原，吏之为政有先后。稽之旧令，天下郡邑通

---

① 王庭筠：《登林虑南楼》，《黄华集》卷2。
② 王庭筠：《凤栖梧》，《黄华集》卷3。
③ 《中州集》卷9《董师中小传》。
④ 《金史》卷95《董师中传》。
⑤ 董师中：《自临洮还》，《中州集》卷9。

得建立庙学，以崇奉先圣，乐育人材，庶其遵道德，劝孝弟，变民风而易民俗，化之本原于是出焉。今夫守令，其任是责者软，而在官者不以屑意，至有宇舍久废而不复，与夫仅存而不葺，又不以时修祀事、励生徒。问之则曰："狱讼或不得其情，赋租不登其数，簿书冗而不治，盗贼发而不得，是吾忧也。学之兴废，盖有司不责以为急者，何与吾事。"呜呼，亦岂足与语为政先后之序者哉。

鸡泽吾乡属县也，高令（高璪）吾为御史中丞时台掾也，吾稔知其为人。令于吾乡，士誉籍籍，益信其为才吏也。夫天下之事多废于因循苟且，必得有志之士果敢为之，然后克举。嗟乎，自天会迄今七十余年，凡历几政，其间岂无有志之士，所以未复者，因循苟且之罪也。今高君始至，不累月称治，凡政令之下，民趋劝之。首议建学，应者如响，可谓有志而果敢为之者。诚能诱掖士类，以宾兴之将见，秀民充出，搴芳桂而书澹墨者相继，皆君倡之也。①

董师中由于交好奸臣胥持国，遭士人非议，但还是应注意他所倡导的人才观念和良政观念。

（二）党怀英的崇儒观

党怀英（1125—1211 年），字世杰，号竹溪，同州冯翊（今属陕西）人，大定十年进士，历任国史院编修、翰林学士、翰林学士承旨等职，著有《竹溪集》，已佚。②

党怀英曾是章宗朝的重要词臣，其重要著文及建议等，已见前述。他除了奉旨为曲阜的宣圣庙撰写碑文外，还在另一篇碑文中强调了尊师重道的要求，并在诗作中记述了拜谒曲阜孔庙的情形。

圣人道极中和，而与天地并。有天地，而夫妇之道立。道立，而父子、君臣之教达于天下。古先哲王所以御家邦，风动教化，皆由此始。吾夫子出，著之六经，实纲而纪之，以垂宪百代，故后世推尊以为人伦之首。而阙里旧宅，四方于是观礼。然则所谓作合圣灵者，其奉事之礼，安可以不称。今夫浮屠，无夫妇，绝父子，废

---

① 董师中：《鸡泽县重修庙学碑》，《金文最》卷39。
② 赵秉文：《党怀英神道碑》，《滏水集》卷11；《金史》卷125《党怀英传》。

人伦，其空言幻惑，且不足以为教。然贪得而畏死者，奔走敬事，至倾其家赀，非有命令赋之也。而其雄楼杰阁，穷极侈靡，僭越制度，耗蠹齐民，有司者不以禁。而吾夫子之宫，教化所从出，而有司乃以为不急，一殿之建，至于身履勤苦，然犹积年而仅成，何其难也。嗟夫，夫子万世之师也，今休明之代，不患其不崇，吾独恶夫悖人伦者，方起而害名教，故因是殿之役，有以发是言。①

鲁国遗踪堕渺茫，独余林庙压城荒。梅梁分曙霞栖影，松墉回春月驻光。老桧曾沾周雨露，断碑犹是汉文章。不须更问传家远，泰岱参天汶泗长。②

党怀英亦强调兴学与改变风气和发展儒学有着密切的关系。

郡县有学，所以讲道艺、养人材、美风化也。士知从事于学，则必探讨六经，而游意于道德仁义之际。资之深，固可以师表天下，后世摭其华，犹足以立身荣亲而庇宗族，自先达而劝后来，由一士而警一乡，渐染浸酿，久而成风，鄙薄消而礼让兴焉。此三代之政，承流宣化者所当勉也。③

党怀英毕竟曾身处官场，所以对为官既有勤劳的要求，也有注重良政的要求。

初大定乙酉岁（1165），既刻题名为诸部倡，犹以不能备纪始末为未足。至崔君颖士，乃更刻石，悉书乡里、官品与夫入部及出职岁月，所以示君子仕进之难。持己既廉，从事既勤，而又积日累久，无簿书文墨之失，然后可以有立，非徒记姓名、炫阶秩而已也。④

---

① 党怀英：《重建郓国夫人殿记》，《孔氏祖庭广记》卷11。
② 党怀英：《谒孔林一首》，《全辽金诗》上，第747页。
③ 党怀英：《棣州重修庙学碑（明昌六年）》，《全辽金文》中，第1506—1508页。
④ 党怀英：《礼部令史题名碑（大定十八年）》，《全辽金文》中，第1497页。

官居坐官府，不见青山青。闲来亭上看，青山绕重城。左见青山纵，右见青山横。具敖浮虚碧峥嵘，群峰连娟相缭紫。县庭无事苔藓生，独携珍琴写溪声。琴声锵锵激虚亭，罢琴举酒招山英。山英莫相嘲，我虽朝市如林坰。客有山中来，闻说令尹清。山英异时合有情，周遮不放公马行。①

党怀英亦以怀古诗的形式探论兴亡问题，应是表现出了对金朝后期时局的担忧。

十二全齐势，兴亡俯仰中。地倾潍水北，山断穆陵东。破冢余残甃，荒蹊足转蓬。燕齐旧悬隔，不接马牛风。②

昭阳宫里千蛾眉，中有一人轻欲飞。姊妹夤缘特新宠，六官铅粉无光辉。春回太液花如绣，花底轻风扶翠袖。君恩不许作飞仙，袭积宫裙留浅皱。君王贪宴温柔乡，木门不省摇仓琅。避风台成略今古，空使遗妒惊霓裳。当年倾城复倾国，谁写余妍入丹碧。背灯拥髻一潸然，不应尚有樊通德。③

党怀英并不看重功名，所以早有"万物皆得时，栖迟感吾生，直应挂儒冠，便逐春农耕"的退隐之意。④ 他所看重的，只是抛弃功名后的充实精神世界。

诗人固多贫，深居隐茅蓬。一夕忽富贵，独卧琼瑶宫。梦破窗明虚，开门雪迷空。萧然视四壁，还与向也同。闭门捻须坐，愈觉生理穷。天公巧相幻，要我齐穷通。冲寒起沽酒，一洗芥蒂胸。

翻翻雪中鸦，飞鸣觅遗粟。雪深不可求，绕屋啄寒玉。顾我如鸥鸾，多储有余肉。我亦生理拙，冻卧僵雪屋。日午甑无烟，饥吟搅空腹。岂不知屠沽，肥甘随取足。幸待春雪消，吾犹多杞菊。

岁晏苦风雪，旷野寒峥嵘。湿薪烧枯棘，距刺相拏撑。浓烟久

---

① 党怀英：《新泰县环翠亭》，《中州集》卷3。
② 党怀英：《潍密道中怀古》，《中州集》卷3。
③ 党怀英：《赵飞燕写真》，《中州集》卷3。
④ 党怀英：《喜雨》，《中州集》卷3。

伊郁，微焰方晶荧。津津膏乳涨，中有蚯蚓鸣。蓬蒿掇快炬，倏作飞灰轻。余暖未及惬，睫泪先已盈。幸有邻家酒，时浇肌粟平。

岁晏雪盈尺，农夫倍欣然。不作祁寒怨，应知有丰年。笑我寄一室，归耕无寸田。无田吾不忧，饮啄当问天。我看多田翁，租赋常逋悬。低头负呵责，颜色惨可怜。不如拾滞穗，行歌两无牵。①

万生扰扰安其安，莺鸠不羡鹏飞抟。端知扶摇上九万，无异跳跃蓬蒿间。是身江湖一漂粟，身外纷然皆外物。一廛傥可容所寓，何用渠渠作高屋。知君从道由心成，昔焉忘俗今忘形。物来弭角不知竞，触蛮血战良虚名。我梦敲门访君舍，舍小不容相对话。觉来惊见壁间蜗，俯仰人间真物化。②

宦游履危途，常把机阱惧。家居对田园，信脚得平路。渊明千载士，既出乃更悟。新欢见僮稚，喜气到草树。胸中自立辙，所适皆胜遇。嗟人尔何为，空诵归来赋。达人岂必仕，出处本同素。献陵十亩园，想象富嘉趣。直求古人心，著君荣观处。③

应该说，党怀英的政治建树并不多，所以只能注意他的崇儒观点，以及谨小慎微的为官态度。

（三）赵沨的重学观

赵沨（？—1196 年），字文孺，号黄山，东平（今属山东）人，大定二十二年进士，曾任礼部郎中等职，著有《黄山集》，已佚。④

赵沨曾随从皇帝捺钵，不仅在凉陉写下了"峨峨景明宫，五云涌蓬莱。山空白昼永，野旷清风来"的诗句，⑤ 还有其他扈从时的唱和诗作。

海上飞来碧玉峰，瑶林琪树更青葱。参差楼观浮云表，颠倒山光落镜中。侍从有臣司碧落，笑谈无处不清风。好分灵沼为膏泽，乞与人间作岁丰。⑥

---

① 党怀英：《雪中四首》，《中州集》卷 3。
② 党怀英：《徐茂宗蜗舍》，《中州集》卷 3。
③ 党怀英：《成趣园诗》，《全辽金诗》上册，第 748 页。
④ 《金史》卷 126《赵沨传》。
⑤ 《中州集》卷 4《赵沨小传》。
⑥ 赵沨：《扈从车驾至荆山》，《中州集》卷 4。

秋气平分月正明，蕊珠宫阙对蓬瀛。已驱急雨消残暑，不遣微云点太清。帘外清风飘桂子，夜深凉露滴金茎。圣朝不奏霓裳曲，四海歌讴即乐声。①

章宗春水放海青，时黄山（赵沨）在翰苑，扈从，既得鹅，索诗，黄山立进之，其诗云："驾鹅得暖下陂塘，探骑星驰入建章。黄伞轻阴随凤辇，绿衣小队出鹰坊。搏风玉爪凌霄汉，瞥日风毛堕雪霜。共喜园陵得新荐，侍臣齐捧万年觞。"章宗览之，称其工，且曰："此诗非宿构不能至此。"②

赵沨亦在诗作中呈现了重儒和勘破红尘的观点。

汉朝元不用真儒，岂信忠嘉益帝图。贾谊长沙晁错死，不须独恨老江都。③

闻道蓝田辋口庄，㪍湖前日具飞航。李膺定已回仙棹，王绩无由入醉乡。薄宦系人如坐井，穷愁染鬓欲成霜。早知上界多官府，只向人间作酒狂。④

至人识破浮生理，万变何尝有不同。果蝶梦周周梦蝶，为风乘我我乘风。得时未必全无识，穷处方知却有通。毕竟欲齐齐底物，世间元是一虚空。⑤

赵沨还在诗作和碑文中，强调了兴学有助于国家昌盛的看法。

儒宫宜地僻，竟日有余清。殿古碑仍在，庭空草自生。风高时脱木，云重欲摧城。客兴已潇洒，秋堂更雨声。⑥

自虞、夏、殷、周设国学之法，以养天下士，取以备百执事之

---

① 赵沨：《中秋》，《中州集》卷4。
② 刘祁：《归潜志》卷8，第86—87页。
③ 赵沨：《过修县董大夫庙》，《中州集》卷4。
④ 赵沨：《用仲谦元夕诗韵》，《中州集》卷4。
⑤ 赵沨：《题齐物堂》，《中州集》卷4。
⑥ 赵沨：《过良乡县学》，《中州集》卷4。

选，故能卒相治功。汉、魏以降，学校聿兴，而名士辈出。然则取士虽不一途，而学校得人为多，故天下不可一日无学校也，信矣。

农夫耕腴，其获也必丰。商贾资厚，其利也必倍。不耕而无资，其求也必无获。今夫巍冠博带广袂之衣，傲然游其中者，虽有瑰杰之才，苟无学术以济之，其将何获。要之，士贵业之勤而志之笃也。方今贡举之法，既取诗赋以振天下英雄之气，又谈经义以传先哲渊源之学，使放荡者退而有所拘，空疏者望而不敢进，其所以笼天下之俊造，无所遗矣。士生此时，可谓厚幸。①

赵沨肯定金朝科举的取才和激励士人作用，但更注重"学术"的功用，强调士人以实学安身报国，对这一点应加以注意。

注重兴学的，还有曾任绥德康乐塞知塞的刘忠，以及肥乡的庞云等人，所强调的都是兴学与治国之间的密切关系。

予以为王者之治，教化为先。古者国、家、党、遂之间，有学，有序，有庠，有塾，所以涵养其民为至。《诗》《书》、六艺、乡射、食飨，以习耳目，以易心志，以充其四体而变其风俗。其嗜好口腹之欲，日用而不去间，升其材以为天下用，其或不率，然后束之法令，威之以刑罚，其治本末如此。故天下之势，安危治乱，每视其学之兴废。天下之吏，固受其民而牧之者，当奉教化宣之于民。至于簿书期会、刑罚法令，一二胥吏职尔。然非知治之审，则亦未尝不本末倒置。②

当偃武兴文之时，凡责承宣职抚字者，皆宜以教化为大务。乃县尹之至者，不以此为心，但汲汲簿书、狱讼、督责、赋税而已，俟其考满受代而去，殊不知学校者教化之本原也。《礼经》有云："古之教者，家有塾，党有庠，术有序，国有学。"（董）仲舒亦谓："古之王者，立太学以教于国，设庠序以化于邑。渐民以仁，摩民以义，节民以礼，故其刑罚轻而禁不犯，教化行而习俗美。"郑欲毁乡校，子产不从，以其为治务至本也。且国有四民，士居其

① 赵沨：《太原府学文庙碑（明昌二年）》，《金文最》卷38。
② 刘忠：《绥德州重修庙学碑（泰和二年）》，《金文最》卷39。

首，学以居位曰士。士之入学，所讲诵者，《诗》《书》《礼》《乐》也；所修习者，德、行、道、艺也；相语言者，仁、义也；皆六经典籍所载，治国、治家、治天下之道，孔子之至言也。讲之久矣，习之熟矣，一旦国家选而用之，使之莅官行法，施于有政，则不待临事阅习而后能也。用能以儒术饰吏事，以文雅断国论，所在则化，所居则治，此非设学养士、作成人材之明效耶。①

赵沨等人以赞颂为主调的重儒兴学说法，承继的是世宗朝的大定遗风，因为危机尚未爆发，所以歌舞升平、弘扬文治是常态化的表现。

四　韩玉等人的护国观念

在面对北方强敌的不利环境下，韩玉、周昂、高宪等人都表现出了强烈的守边、护国意识，可分述于下。

（一）韩玉、高庭玉的忠义观

韩玉（？—1211年），字温甫，相州（今属河南）人，明昌五年进士，曾激励华州的军队参与勤王行动。

> 华州李公直以都城隔绝，谋举兵入援，而（韩）玉恃其军为可用，亦欲为勤王之举，乃传檄州郡云："事推其本，祸有所基，始自贼臣贪容奸赂，继缘二帅贪固威权。"又云："裹粮坐费，尽膏血于生民。弃甲复来，竭资储于国计。要权力而望形势，连岁月而守妻孥。"又云："人谁无死，有臣子之当然。事至于今，忍君亲之弗顾。而谓百年身后，虚名一听史臣。只如今日目前，何颜以居人世。"

韩玉后来被人诬陷有罪，死于华州，临终前给儿子留下遗言："此去冥路，吾心皓然，刚直之气，必不下沉，儿可无虑。世乱时艰，努力自护，幽明虽异，宁不见尔。"②

韩玉还留下了绝命二诗，以忠义之情洗清自己的冤屈。

---

① 庞云：《肥乡县创建文宣王庙碑（泰和六年）》，《金文最》卷40。
② 《金史》卷110《韩玉传》。

客自朝那戌，东过古郑原。衰年会凶运，奇祸发流言。白骨将为土，青蝇且在樊。仰呼天外恨，沉思地中冤。母丧半途鬼，儿孤千里魂。此心终不灭，有路诉天阍。

天下无双士，军中有一韩。才名两相累，世道一何艰。旅次穷冬暮，囚孤永夜寒。身亡家亦破，巢覆卵宁完。矍铄鞍仍在，惊呼铗屡弹。丈夫忠义耳，无惜感歌还。①

因冤案而死的还有高庭玉（？—1215 年），字献臣，辽东恩州（今属辽宁）人，大定末年进士，曾任左司郎中等职，宣宗迁都南京后，温迪罕福兴奉命救援中都，高庭玉劝其从速进军，反被诬陷下狱，死于狱中，受牵连的还有雷渊、辛愿等人，后被宣宗赦免。李纯甫一般不评价文士，但明指高庭玉为真济世才，"学术端正，可以为吾道砥柱"②。高庭玉曾在诗作中感叹西汉名将李广被冤狱所害，没想到自己也同样遭受了冤狱："汉家自有飞将军，军中骇叹箭有神。一朝乃与狱吏对，惜无千金书犊背。手把属镂口衔须，号天者三我何辜。伊吾壮志长已矣，不得提携玉龙死。可怜休唱白浮鸠，至今秦人悲杜邮。"③

（二）周昂的守边观

周昂（？—1211 年），字德卿，真定（今属河北）人，大定年间进士，历任监察御史、权行六部员外郎等职。蒙古军大举攻金时，周昂不愿弃城逃跑，与其从子周嗣明同死于兵难。

周昂"喜名节，学术醇正，文笔高雅，诸儒皆师尊之"。其外甥王若虚曾从学于周昂，周昂特别强调著文的要求："文章工于外而拙于内者，可以惊四筵而不可以适独坐，可以取口称而不可以得首肯。""文章以意为主，以言语为役，主强而役弱，则无令不从。今人往往骄其所役，至跋扈难制，甚者反役其主，虽极辞语之工，而岂文之正哉。"④周嗣明则对理学情有独钟："嗣明字晦之，短小精悍，有古侠士风。年未三十，交游半天下，识高而志大，善谈论而中节。作诗喜简澹，乐府尤温丽。最长于义理之学，下笔数千言，初不见其所从来，试于府，于

① 韩玉：《临终二诗》，《中州集》卷 8。
② 刘祁：《归潜志》卷 4，第 33 页。
③ 高庭玉：《飞山怨》，《中州集》卷 5。
④ 《金史》卷 126《周昂传》。

礼部俱第一。""尝谓学不至邵康节（邵雍）、程伊川（程颐），非儒者也。"①

周昂在朝内因直言被排挤，守边多年，写下了大量的诗篇，可以称作金朝的"边塞诗人"。在这些诗作中，他重点表达了八大忧愁。

一是忧民之愁。如何保证边疆的安宁，确实使人忧愁，尤其是以征敛为边军提供支持，更会愁上加愁。

> 郁郁孤城隘，飘飘绝塞游。短衣忘远步，高兴会清秋。白水深樵谷，黄云古戍楼。居人半裘毯，横管暮生愁。②
>
> 叠嶂何时出，荒城落日低。音书云去北，烽燧客愁西。鹰隼乘秋击，狐狸倚暮啼。吟诗且排闷，佳句敢攀跻。③
>
> 返阛看平野，斜垣逐慢坡。马牛虽异域，鸡犬竟同窠。木杵春晨急，糠灯照夜多。淳风今已破，征敛为兵戈。④

二是忧兵之愁。边事紧急，寻常百姓也会有所担忧，但朝廷确定的出兵远战方略，未必能够成功。

> 秋日山田熟，山家趣转奇。垄苞银栗缀，墙蔓绿云垂。野饭留佳客，青钱付小儿。主人愁丧乱，数数问边陲。
>
> 萧飒晚风凉，高杠引斾长。岭云残宿阵，陵日湛晨光。已作依刘表，终须问葛强。俯身驰万里，未觉鬓毛苍。
>
> 年深师欲老，秋至敌还轻。但使财思义，犹多死易生。指挥无险阻，感激在精诚。万古麒麟阁，何曾浪得名。
>
> 简易军中事，川原入望多。草平铺碧锦，山远出青螺。远愧桃花水，重临杏子河。去年关塞意，萧飒起悲歌。
>
> 赤涧蟠双阙，青山壮一门。放歌游远目，箕踞得高原。地险劳天设，边戈厌日屯。庙谋新控扼，万里可雄吞。
>
> 官舍暂投辖，塞垣还着鞭。路移新岁月，心醉好山川。方丈何

---

① 《中州集》卷4《周昂小传》。
② 周昂：《晚步》，《中州集》卷4。
③ 周昂：《晚望》，《中州集》卷4。
④ 周昂：《边俗》，《中州集》卷4。

由到，桃源恐浪传。相看不隔水，遗恨惜他年。

翡翠长松秀，氍毹细草斑。屡经新渡水，不数旧看山。太华愁登陟，终南费引攀。岂知图画景，长在马蹄间。①

三是忧国之愁。金朝的北境和西境各部族，原来都在国家的版图之内，专以军事手段对付各部，带来的只能是连绵不止的战争和对国家的危害。

去岁翠屏下，东流看涌波。愁将新鬓发，还对旧关河。翅健翻秋隼，峰高并晚驼。草深饶虎迹，夜黑欲谁过。

地拥河山壮，营关剑甲重。马牛来细路，灯火出寒松。刁斗方严夜，羔裘欲御冬。可怜天设险，不入汉提封。

玉帐初鸣鼓，金鞍半偃弓。伤心看寒水，对面隔华风。山去何时断，云来本自通。不须惊异域，曾在版图中。

野蔓梢驼架，轻泥溅马鞍。径斜来险石，溪急上清滩。羽檄千山静，羔裘六月寒。长松空夹道，萧飒不成看。

旌节瞻前帐，风尘识旧坡。眼平青草短，情乱碧山多。晚起方投笔，前驱效执戈。马蹄须爱惜，留渡北流河。

万里来崩豁，终年气惨凄。地穷青洞断，天近玉绳低。孛窟黄沙北，昆仑白雪西。故园何处见，搔首意空迷。

塞古秋风早，山昏落日低。积云鸦度久，荒岸马归齐。灯火看时出，茅茨渐欲迷。尘沙恨于役，况乃对鸡栖。②

四是边塞之愁。战争打破了安宁的景象，不仅边民首当其冲，出征将士亦遭遇困境，苦不堪言。

西风吹白水，日暮动寒威。野帐收旗尽，奚儿饮马归。梢梢闻鸟过，惨惨见云飞。夜黑多豺虎，荒村定敢依。③

大陵河东古莫州，居人小屋如蜗牛。屋边向外何所有，唯见白

① 周昂：《山家七首》，《中州集》卷4。
② 周昂：《翠屏口七首》，《中州集》卷4。
③ 周昂：《无题》，《中州集》卷4。

沙累累堆山丘。车行沙中如倒拽，风惊沙流失前辙。马啼半跛牛领穿，三步停鞭五步歇。鸡声人语无四邻，晚风萧萧愁杀人。人有祷，沙应神。辽东老兵非使臣，何必埋却双行轮。①

五是息兵之愁。无论是北境还是南境，都期待罢兵休战，但是这样的状态似乎只能昙花一现。

> 闻道昆仑北，风尘避仆注。至今悲汉节，不合度流沙。
> 五月分衣节，三军受甲时。莫教麟阁将，频发羽林儿。②
> 卸鞍休马倦，解橐疲驼鸣。细雨侵衣急，长郊入卧平。溪喧看水满，山黑厌云生。莫怪龙行数，应知欲洗兵。
> 比岁频分甲，今年贺息兵。竞夸新战士，谁识旧书生。北塞甘长别，南天欲远征。二年迎复送，空愧泰州城。③

六是忧古之愁。从历史的经验看，乱世中求中兴确实不易做到，即便成为救世英主，亦不过是过眼烟云。

> 开元四荒不动尘，柱石中原有老臣。裹土一丘松柏暗，长安三日荔枝新。④
> 暗粉陈丹半在亡，短垣残日共悲凉。不须古碣书绵竹，自有荒村纪葆桑。尘土衣冠曾系马，岁时歌舞亦称觞。不应巴蜀江山丽，能使英灵忘故乡。⑤
> 东市脐干照夜脂，云龙风虎正乘时。地中鼓角袁方捷，天下英雄操已知。陇亩见贤谁恨晚，心中得计不妨迟。亦知汉祚难恢复，轻掷荆州恐未宜。⑥

七是功名之愁。勤劳守边，博取功名，确实值得称赞，但是看破功

---

① 周昂：《莫州道中》，《中州集》卷4。
② 周昂：《北行即事二绝句》，《中州集》卷4。
③ 周昂：《北行二首》，《中州集》卷4。
④ 周昂：《宋文贞公庙》，《中州集》卷4。
⑤ 周昂：《谒先主庙》，《中州集》卷4。
⑥ 周昂：《楼桑庙》，《全辽金诗》中，第1474页。

名后，只能感叹自己的碌碌无为。

渡马危桥立，村鸡暗树号。星稀白水阔，雾重黑山高。外物谁能必，人生会有劳。鹍鹏终变化，早晚借风涛。①

鼓声随晓角，合杳起平荒。宿火连冈小，寒星堕水长。鲸翻惊日动，马食快宵凉。白首登坛将，功名好自强。②

羁旅情方惨，暄寒气尚胶。谷风连远阵，原树郁春梢。要路嗟何及，浮名久已抛。百年粗饭在，真欲事诛茅。③

忧患年来坐读书，田园抛却任荒芜。目前却得晨昏力，碌碌无由似阿奴。④

远目伤心千里余，凛然真觉近狼须。云边处处是青冢，马上人人皆白须。正忆荒村临古道，不堪独树点平芜。谁人与话西园路，梅竹而今似画图。④

八是思乡之愁。长守边塞，思乡的情感会越来越浓厚，并且更为期盼的是脱离军旅后的自由自在生涯。

独立孤城上，关山望不休。异乡惊绝域，远目豁清秋。未拟登楼作，空歌出塞愁。故园飞鸟外，溪水正南流。⑤

西征疲短服，北望惨衰颜。再宿殊鸡舍，相看独鹊山。旆沾新雨过，鸟逐暮云还。白首瞻星汉，何时鼓角闲。⑥

秋气入行帐，愁人中夜知。鸡声与人语，耿耿异常时。清晨起危坐，感叹不自持。羲和驭飞毂，往返无停期。春草如昨日，已复悲离离。顾谓镜中发，尔衰安得迟。结束媚鞍马，荒山去委蛇。黄花法宵露，绿野含晨曦。吾事久不谐，悠悠随所之。有怀南涧约，敢赋北山诗。⑦

---

① 周昂：《丘家庄早发》，《中州集》卷4。
② 周昂：《晨起》，《中州集》卷4。
③ 周昂：《羁旅》，《中州集》卷4。
④ 周昂：《即事二首》，《中州集》卷4。
⑤ 周昂：《晚望》，《中州集》卷4。
⑥ 周昂：《鹊山》，《中州集》卷4。
⑦ 周昂：《感秋》，《中州集》卷4。

不堪马上逢佳节，况是天涯望故乡。高会未容陪戏马，旧游空复忆临香。痴云黯黯方垂地，小雪霏霏欲度墙。犹赖多情数枝菊，肯留金蕊待重阳。[1]

从周昂的八大忧愁可以看出，他具有比较强烈的"反战"意识，但是"反战"并不"惧战"，所以才会有最终的守节作为。

（三）高宪的忧国观

高宪（？—1212年），字仲常，辽阳渤海（今属辽宁）人，泰和三年进士，任博州防御判官，死于辽阳陷落时。[2]

在诗作中，高宪曾感慨恶政亡秦，即便有长城也无济于事。

秦人一铩连鸡翼，六国萧条九州一。祖龙跋扈侈心开，牛豕生民付碮磶。诗书简册一炬空，欲与三五争相雄。阿房未了蜀山上，石梁拟驾沧溟东。生人膏血俱枯竭，更筑长城限衰褐。卧龙隐隐半天下，首出天山尾辽碣。岂知亡秦非外兵，宫中指鹿皆庸奴。骊原宿草犹未变，咸阳三月为丘墟。黄沙白草弥秋塞，唯有坡陁故基在。短衣匹马独归时，千古兴亡成一慨。[3]

高宪亦感叹在王朝兴亡的大潮中，所谓个人的功名无足称道，远不如隐居的自由自在。

上楚山高处，回望襄州。兴废事，古今愁。草封诸葛庙，烟锁仲宣楼。英雄骨，繁华梦，几荒邱。雁横别浦，鸥戏芳洲。花又老，水空流。著人何处在，倦客若为留。习池饮，庞陂钓，鹿门游。[4]

蒿火目，藜藿腹，书生宁有封侯骨。长须奴，下泽车，艰关险阻，谁教涉畏途。半生落寞长安道，一事无成双鬓老。南辕吴，北辕胡，功名富贵，情知不可图。

---

① 周昂：《九日》，《中州集》卷4。
② 《中州集》卷5《高宪小传》。
③ 高宪：《长城》，《中州集》卷5。
④ 高宪：《三奠子·留襄州》，陈耀文编《花草粹编》卷7，明万历刊本。

槐堂梦，鼓笛弄，驰骤百年尘一哄。陶渊明，张季鹰，一杯浊酒，焉知身后名。有溪可渔林可缴，须信在家贫也乐。熊门春，淇江云，几时作个，山间林下人。①

高宪未能成为山间林下人，而是成为第一批为国献身的人，其忧国观念确实值得重视。

第二节　应对危机的政治观念

宣宗朝和哀宗朝的各种救亡建议，在本书第十二章中已有详述，此处再就臣僚所表现出的应对危机的良政、守土、尽忠、救世、警世、感世六种观念，作补充性的说明。

一　张行信等人的良政救国观念

王朝统治面临危机时，可以有各种应对危机的对策，以推行良政的方法救国，就是常见的一种对策，张行信、高汝砺、赵思文等人注重的都是与之相关的政治观念。

（一）张行信的善政观

张行信（1163—1231 年），字信甫，原名张行忠，避讳改名，张暐之子，张行简弟，大定二十八年进士，历任监察御史、礼部尚书、参知政事、尚书左丞等职。

张行信在章宗、卫绍王、宣宗、哀宗四朝建言颇多，尤其是在宣宗朝提出的收人心、用人才、赏军功、慎鬻爵以及改马政、止馈献、增俸禄、罢冗食等建议，彰显的都是以善政应对危机的观念。②

刘祁高度肯定张行信敢于直言的风格，但是指出哀宗即位后张行信已经较少直言进谏。

宣宗南渡，（张行信）为礼部尚书，时丞相术虎高琪擅权，百官侧目，因廷议事，公独抗言折之，上甚喜，明日，拜参知政事。未几，为近侍所谮，出镇泾州，到官上疏，论近侍之奸，士大夫称

① 高宪：《梅花引》，《中州乐府》。
② 《金史》卷107《张行信传》。

重。正大初，首召拜左丞，言事稍不及前，人望颇减。后致仕，数年薨。为人简朴，不修威仪，恶衣粗食如贫士。既致仕家居，惟以抄书、教子孙为事。葺园池东城，号静隐亭，时时游咏其间为乐。南渡宰执中，最有直名。①

赵秉文则认为张行信在哀宗朝的不言，应是不必言，不应加以指责，因为张行信致仕后依然常怀忧国忧民之心。

方西北鄙用兵，（术虎）高琪奏行一切之政，权也。及圣主即位，公奏罢之，宜矣。然宰相藏诸用，使斯人由而不知，而吾君亦昭昭然，务为新政之动人耳目哉。圣主之德，天也，天何言哉。伏观圣主即位以来，未尝命一诏狱，辱一朝士，则公之所奏，已略施行矣，何更为哉。既谢事，与今致政左丞侯公（侯挚）日以棋酒自适，然忧国之心时形于辞色。②

金朝后期文人对朝臣的褒贬不必太在意，只要注重张行信始终倡导的善政观念即可。

（二）高汝砺的良政观

高汝砺（1154—1224 年），字岩甫、岩夫，应州金城（今属山西）人，大定十九年进士，历任参知政事、尚书右丞、尚书左丞、平章政事、右丞相等职。

宣宗迁都南京后，高汝砺以"七不能"（不能迁徙军户家属、不能将民田拨给军户、不能轻言以军队护麦收、不能通检推排、不能征收桑皮故纸钱、不能让军阀割地自治、不能榷油）和其他朝政建言，彰显了他与术虎高琪明显不同的良政救国观念。③ 在诗作中，高汝砺也展现了他的忧国之心："时雨雨三日，田家家万金。有年天子庆，忧国老臣心。"④

高汝砺后来颇遭士人非议，有两个重要的原因，一是与奸臣术虎高琪共事，有同党之嫌；二是处世圆滑，有阿谀奉承的毛病。尤其是对于

① 刘祁：《归潜志》卷6，第57—58页。
② 赵秉文：《张行信神道碑》，《滏水集》卷12。
③ 《金史》卷107《高汝砺传》。
④ 高汝砺：《雨后》，《中州集》卷9。

后者，刘祁有进一步的说明。

> （高汝砺）为人慎密廉洁，能结人主知。守格法，循默避事，不肯强谏，故为相十余年，未尝有谴诃。寿考康宁，当世莫及。金国以来书生当国者，惟公一人耳。①

> 高丞相岩夫，自南渡执政，在中书十余年，无正言直谏闻于外，清论鄙之。公性勤慎密，以此为人主见知。每朝，入待漏院，必先百官至。有人云：丞相方秉烛至院中，忽一朝士朝服立于前，公不识之，问曰："卿为谁？"其人曰："我欧阳修也，尔为谁？"公曰："吾丞相也，卿岂不识耶？"其人曰："修不识丞相，丞相亦不识修。"朝野相传以为笑。又为三司使时，主行钞法，及出支军粮，颇靳惜，且折支他物，军民号"不支"。及薨，人又云："丞相死，既焚，其声犹不支也。"嗟乎，士大夫得志，可不慎软，一有失众心，其讥诮如此，可畏也夫。②

高汝砺以汉人为相，谨小慎微、以求自保是可以理解的行为，金朝文人的评价略为偏颇，还是应注意他悉心救国的主流观念。

（三）赵思文的善治观

赵思文（1165—1232 年），字庭玉，永平（今属河北）人，明昌五年进士，历任监察御史、侍御史、礼部尚书等职，著有《耐辱居士集》，已佚。③

赵思文对迁都南京后礼仪制度的延续起过重要作用，元好问对此给予了高度评价。

> 贞祐甲戌（1214），车驾迁南都，武元立国，至是百年矣。自中州被兵，朝廷大政虽以战守为急，而大纲小纪，典则具在，武备、文事不容偏废。若礼乐，若祠祭，若历象，若宴飨，若学校，若选举，凡隶于春官氏者，率奉行如故事。故大宗伯之任，尤难其

---

① 刘祁：《归潜志》卷 6，第 56 页。
② 刘祁：《归潜志》卷 9，第 99 页。
③ 刘祁：《归潜志》卷 4，第 37—38 页。

人，时则有若太子太保张公敬甫（张行简）洎其仲尚书右丞信甫（张行信）、内翰闲闲赵公周臣（赵秉文）、内相杨公之美（杨云翼）迭应是选。四贤之后，而公（赵思文）继之。二十年之间，典章文物粲然可观，系数公是赖。窃谓养士之效，犹种树，犹作室；培植厚，则庇荫之利博；堂构勤，则维持之功固。周家之作新民，汉氏之旁求儒雅，数世之后，人有士子之行，家食名氏之旧。王室下衰，而乔木故在。侨、札郁为时栋，陈、许坐镇雅俗，名德相望，视全盛为无愧，是知列国大夫流风善政，固已发源于菁莪乐育之日。三国人物，高出近古者，犹兴廉举孝，余波之所及也。《语》有之："鲁无君子者，斯焉取斯？"敢以是论公。①

在战乱带来的危局中，赵思文表现出的六方面举动，都出自他所坚持的善治观念。

一是革除弊政。赵思文曾上书要求革除冗兵等弊政，但是反被诬陷下狱。

> 公在枢府久，熟知时弊，乃拜章言四事，大概谓当丰委积、汰冗兵、减军士家口之妄费者。枢密副使、驸马都尉阿海怒公言兵事，公不恤也。无几，被诬下吏，天子知其冤，有诏勿问。

二是朝廷守信。迁都后朝廷允许入粟补官，赵思文即强调要遵守承诺，以取信于民。

> 河朔扰攘之际，馈饷不给，官募人出粟佐军，补监当官。彰德民孙其姓者，尝输白米三千斛，以路梗，未经赴选。南巡之后，执文书诉于吏，曹法家例，以日月旷久无从考按报罢。公独曰："国家用兵之时，以调度不足，业已许人进纳，特从权耳。乃今吝一官不之畀，是诬人也。他日或有鬻爵之命，谁当信之？"孙竟用公言得补，朝议称焉。

---

① 元好问：《赵思文神道碑》，《遗山集》卷18。本小节引文未注明出处者，均出自此碑。

三是为民请命。朝廷严格实施黄河河防的禁令，赵思文特别为违禁者洗脱了罪名。

> 甲戌以来，河禁严密，遂有彼疆此界之限。郡人王义者，家贫无以自养，尝往林州耕稼。林州陷久矣，义书与家人，比舍窃见之，遂以义家谋叛告。义家人被系，知府麻斤出至以化内外议刑，罪当死，公持不可，乃上奏云："大河南北，皆吾境也；民，吾民也。车驾南渡，暂为巡幸之计，庙堂日图兴复，初无疆界之分，南北之限。此人果以不幸灭族，是使南避之民举无归顾之望矣，臣窃以为不可。"上省奏大悦，即命赦之，且以义为定例。

四是善治地方。赵思文亦曾任地方官，所在都能行宽政、良政，获得广泛赞誉。

> 亳，大郡，重兵所宿，军士陵轹居民，前政不能制，公以静镇之。军中私相谓言："节度，今上控制枢府时首领官也，我曹不可轻犯。"迄赴召，无一人恣横者。公凡三领郡，在所以宽厚为化，裁决诉讼不事苛细，理有不可耐者，时亦穷治之，然终不以得情而为喜也，故吏畏而爱，民爱而畏，蔼然有古良民吏之风。报政之后，庭宇清闲，日延宾客，论文把酒，与相娱乐，间作诗、乐府，传达京师，群公为之属和。文采风流，照映一时，至有神仙官府之目。

五是赞扬达人。在乱世中，有人还有建造"虚舟亭"的雅兴，赵思文亦著文助兴。

> 比岁用兵以来，为其守者，以迁代不久，类皆苟简以保目前，一砖一瓦，随败随补，而未见其致力于斯者。兴定（1217—1222）初，防御使完颜公下车之后，政务成矣，相地方池之北，构一亭，首尾若船状，池载白莲，三面皆植修竹，榜其舟曰"虚舟"。是舟也，不系而安，不动而静，无风波之险，无维楫之虞，使登而上者，浩然有江湖之兴，此亦游观之一快也。窃以公亦贵公子出仕，

无孺汰之气，有尘外之想，以舟为其亭，以虚名其舟，是天地之间无所碍，与造物为友者也，而其胸中讵可量哉。公非特智者，真达者也。①

六是困局感叹。赵思文在围城中所作的草虫诗，应是有感而发，陈述的是担心玉石俱焚的苦闷心境。

虽是形模不苦争，汝能伤稼我能鸣。谁知竟有长平祸，玉石填来共一坑。

草虫悲咽不能言，乱逐螟蝗瘗古原。水底痴龙正贪睡，瓮中蝎虎更衔冤。②

赵思文在崔立事变前已经病逝，所以未经历最痛苦的时刻，但是他的善治救国的政治取向，还是值得关注。

二　胥鼎等人的守土救亡观念

胥鼎、侯挚、王渥、许古等人在国家面对强敌的形势下，都从不同角度展现了守土抗敌的政治观念。

（一）胥鼎的善守观

胥鼎（？—1226 年），字和之，代州繁峙（今属山西）人，胥持国之子，大定二十八年进士，历任户部尚书、尚书右丞、尚书左丞、平章政事等职，不仅就如何守卫山西、陕西作了系统的规划，还就改良朝政提出过多方面建议，核心诉求就是以善于驭军和长于养民等方法，实现长期坚持的目标。

在诗作中，胥鼎还特别强调了行良政、去苛暴的要求。

男子四方志，人生五马荣。君恩何以报，民政不宜轻。御物当存恕，存心要尽诚。勿矜新号令，姑守旧章程。敛暴单贫困，囚淹狯伪萌。慈柔难禁暴，苛急必伤生。东郡吾将老，西陲敌未平。一生能几别，四事果难并。方此对床乐，怆然分袂惊。荒诗何足记，

---

① 赵思文：《虚舟记》，《金文最》卷 13。
② 赵思文：《捕蝗感草虫有二首》，《中州集》卷 8。

聊写弟兄情。①

胥鼎虽然是朝廷倚重的方面大臣，但是也曾向他人表露过退隐之意。

> 人情冷暖共高低，疏慵非所宜。老夫碌碌本无机，间教造物疑。形木槁，鬓丝垂，山林先有期。故人只道挂冠迟，此心应不知。②

正大三年，胥鼎请求致仕，金哀宗特别下诏称："卿往在河东，残破孤危，殆不易保，卿一至而定。迄卿移镇，敌不复侵，何乃过为嫌避。且君臣均为一体，朕待下亦岂自殊，自外之语，殆为过计。况余人才力孰可副卿者，卿年高久劳于外，朕岂不知，但国家百年积累之基，河朔亿万生灵之命，卿当勉出壮图，同济大事。"③胥鼎最终逝于任上，刘祁对其给予了高度的评价："公（胥鼎）通达吏事，有度量，为政镇静，所在无贤不肖皆得其欢心。南渡以来，书生有方面之柄者，惟公一人而已。"④胥鼎作为守土抗敌的能臣，其作用确实不容低估。

（二）侯挚、王渥的抗敌观

侯挚（？—1233年），字莘卿，原名侯师尹，东阿（今属山东）人，明昌二年进士，历任太常卿、行六部侍郎、尚书右丞、平章政事、大司农等职。

侯挚先有"九事"（严纪纲、重统帅、确职责、用勇猛、护农耕、明赏赐、罚败臣、恤平民、择能者）救国的建议，后有赈济灾民、安抚流民、亦兵亦农、稳定驻军等建议，并为坚守河北、山东等地出力颇多，所体现的是临危不乱的救亡精神。南京陷落时，侯挚死于兵乱中。⑤

刘祁高度评价了侯挚的作为："（侯挚）为人有威严，御兵人莫敢

---

① 胥鼎：《送弟恒作州》，《中州集》卷9。
② 胥鼎：《阮郎归·寄李都运有之》，《中州乐府》。
③ 《金史》卷108《胥鼎传》。
④ 刘祁：《归潜志》卷6，第56—57页。
⑤ 《金史》卷108《侯挚传》。

犯，在朝遇事亦敢言，颇喜荐士，如张文举（张特立）、雷希颜（雷渊）、麻知几（麻九畴），皆由公进用，南渡后宰执中人望最重。"①

王渥（1186—1132 年），字仲泽，太原（今属山西）人，兴定二年进士，历任太学助教、右司都事等职，战死于郑州。②

王渥有十年从军的经历，在诗、词中，特别展现了守土抗敌时的不同场景。

> 层崖摩苍穹，四月号阴风。大河三门险，神禹万世功。他山亦崔嵬，砥柱独尊雄。雷霆日斗击，悍暴愁天公。刘侯智有余，始令舟楫通。仍余石上穴，飞栈曾连空。遥瞻白玉枝，挺植丹灶中。仙公去不返，此事真冥蒙。夫人与鼓崖，怪幻尤难穷。独喜兵火余，岿然出新宫。当时疏凿意，四海要会同。谁知千岁后，筑垒防啸凶。诗成一大笑，浩浩洪波东。③

> 去年游骑渡葭芦，万里横行如鬼速。灞陵原下马饮血，太华峰头虎择肉。今年九月未防秋，始见登场有新谷。一鞭暮指古招提，疏雨有情留客宿。主人闻客喜相接，尊酒笑谈如昔夙。寒予懒散本真性，临水登山此生足。一行作吏志益违，十载从军双鬓秃。官家后日铸五兵，便拟买牛耕白鹿。④

> 短衣匹马清秋，惯曾射虎南山下。西风白水，石鲸鳞甲，山川图画。千古神州，一时胜事，宾僚儒雅。快长堤万弩，平冈千骑，波涛卷，鱼龙夜。落日孤城鼓角，笑归来，长围初罢。风云惨澹，貔貅得意，旌旗闲暇。万里天河，更须一洗，中原兵马。看鞬橐鸣咽，咸阳道左，拜西还驾。⑤

王渥亦写下了一介文人不得不从军的不绝愁绪，以及对归隐的殷切期盼。

---

① 刘祁：《归潜志》卷 6，第 58—59 页。
② 《金史》卷 111《王渥传》。
③ 王渥：《三门津》，《中州集》卷 6。
④ 王渥：《游蓝田》，《中州集》卷 6。
⑤ 王渥：《水龙吟·从商帅国器猎，同裕之赋》，《中州乐府》。

茫茫襄城野，岁晏多风埃。野田半已荒，草虫鸣更哀。西风吹白云，大隗安在哉。七圣之所迷，而我胡为来。

我本林野人，初无经世材。失身鞍马间，坐令双鬓摧。安得元紫芝，共举重阳杯。诗成西北望，九山郁崔嵬。①

三载西湖阻胜游，颍亭联喜散羁愁。九山西络烟霞去，一水南吞涧壑流。宾主唱酬空翠琰，干戈横绝自沧洲。匆匆匹马从军去，惭愧烟波万里鸥。②

十年铁马暗京华，客子飘零处处家。征雁久疏河朔信，小梅重见汝南花。栖栖活计依檐雀，冉冉年光赴壑蛇。旧雨故人应念我，不来联句夜煎茶。③

王渥"性明俊不羁，博学，无所不通，长于谈论，使人听之忘倦。工尺牍，字画遒美，有晋人风，作诗多有佳句"。④ 这样的人本不适合从军，但是在乱世中命运不由自己掌握，只能是多些愁叹而已。

（三）许古的决战观

许古（1157—1230 年），字道真，号颐庵老人，献州交河（今属河北）人，许安仁之子，明昌五年进士，历任监察御史、右司谏等职，不仅对朝政多有建议，亦敢弹劾权臣术虎高琪。尤为重要的是，他不仅明确提出了恢复中都的系统性建议，还强烈要求以决死一战的方法挽救败局。⑤

许古由科举入官，亦关注科举的发展，在去世前一年还有过指斥科举弊病的评论。

科举之设久矣，诗赋取人，自隋开始。厥初公于心，至陈书于庭，听举子检阅之。及世变风移，公于法以防其弊，糊名考校，取一日之长，而韵得入场屋。比年以来，主文者避嫌疑，略选举之体，或点画之错，轻为黜退，错则误也，误而黜之，与选者亦不光矣。⑥

① 王渥：《九日登颍亭见寄》，《中州集》卷6《王渥小传》。
② 王渥：《颍亭》，《中州集》卷6。
③ 王渥：《有寄》，《中州集》卷6。
④ 刘祁：《归潜志》卷2，第18页。
⑤ 《金史》卷109《许古传》。
⑥ 许古：《平水新刊韵略序（正大六年）》，《金文最》卷21。

许古遭术虎高琪排斥，贬出朝廷，"朝士畏高琪，故皆不敢与言"，只有刘从益敢于赠诗数首，以激励其继续抗争。

> 有晋必无楚，两雄难并驱。向来既发药，其可止半途。
> 君年迫桑榆，只身忧患余。双亲白杨拱，同气紫荆枯。贫无孟光春，醉无骥子扶。惟有忠义名，可与天壤俱。①

许古、刘从益所要坚持的就是君子必须战胜小人的信念，对这样的精神应给予重视。

三　李献能等人的尽忠观念

王朝灭亡之际，总会有人为其尽忠而死，李献能、冯延登、聂天骥等就是这样的人物。

（一）李献能的报国观

李献能（1190—1232 年），字钦叔，河中（今属山西）人，贞祐三年进士，历任应奉翰林文字等职，死于关中陷落之时。②

哀宗即位后，李献能曾起草诏谕百官的诏书，已见前述。他还特别记录了金人坚守河中的情况。

> 元光改元（1222）之明年，王师复府城。……戊子（1228）秋，元帅夹谷公奉命来镇是邦，周览形胜，慨然请于朝，完城郭，备器械，训兵抚民，以为固守之计。凡所以兴废补弊，罔不修举。③

在词作中，李献能亦曾抒发身处乱世中的感叹之情。

> 紫箫吹破黄州月，蕴蕴小梅花，飘香雪。寂寞花底风鬟，颜色如花命如叶。千里浣兵尘，凌波袜。心事鉴影鸾孤，筝弦雁绝。旧

---

① 刘祁：《归潜志》卷 4，第 36—37 页。
② 《金史》卷 126《李献能传》。
③ 李献能：《重修元武殿碑（正大五年）》，《金文最》卷 42。

时雪堂人，今华发。断肠金缕新声，杯深不觉琉璃滑。醉梦绕南云，花上蝶。①

尽管在战乱中势不由人，李献能还是在诗作中展现出了勇于报国和救世的豪情壮志。

东风吹客衣，败絮逐风飞。晓雪没寒荠，无物充朝饥。空箪啧啧号饥鼠，饕虱蠕蠕缘破绔。人生岂是犬与鸡，终岁区区守门户。游说万乘苦不早，仪秦殆是穿窬盗。六国印，千金车，满眼荣华镜中老。孔子聘列国，孟轲游齐梁。能令千载后，名与日月光。男儿生世不虚生，死恨身后无声名。不然鸣玉游紫京，不然著书谈六经。九日可射天可补，鞭笞百蛮作降虏。离骚一篇亦不恶，雄笔盘盘映千古。君不见，彩凤翔丹霄，一鸣应九韶。寸云起泰山，霖雨满人间。丈夫穷达果在天，安用儿女得志相歆羡，失志相悲怜。仰天大笑出门去，四海今谁鲁仲连。②

李献能在金朝末年的文坛中有不小的影响，"善议论，每敷说今古，声铿亮可听"③，可惜这样的议论未能留存下来。

（二）冯延登的气节观

冯延登（1175—1232年），字子俊，号横溪翁，承安二年进士，历任太常博士、国子祭酒、刑部尚书、翰林待制等职，著有《学易记》《衡溪集》等，已佚。④

面对战乱，冯延登在诗作中不仅记下了民间的惨景，也指出了游猎等扰民行为带来的恶劣影响。

北风惨澹扬沙尘，郿西三日无行人。十村九村鸡犬静，高田下田狐兔驯。昨朝屏息过溪口，知有白额藏深榛。赤子弄兵更可恻，路旁僵尸衣血新。野叟伛偻行拾薪，欲语辟易如惊麇。瘦梅疏竹未

① 李献能：《春草碧》，《中州乐府》。
② 李献能：《赠王飞伯杂言一首》，《中州集》卷6。
③ 刘祁：《归潜志》卷2，第16—17页。
④ 《金史》卷124《冯延登传》；刘祁：《归潜志》卷4，第41页。

慰眼，只有清泪沾衣巾。①

　　田翁太息论三害，猎骑俄惊见一斑。涎口风生雷吼怒，角弓寒劲月痕湾。柳营共许千人敌，鱼服仍余一矢还。我欲残年赏神骏，短衣匹马梦南山。②

　　冯延登亦感叹王朝兴亡难免，但是士人要有自己的操守，尤其要保住晚节。

　　宠贵羊羔退曲江，华清雾阁对云窗。层峦未了霓裳舞，迁客俄惊羯鼓腔。檐际书星疑晓镜，天边晴树认高幢。游人尚喜风流在，白石涵波皂荚双。③

　　飞雪惊沙卷屋茅，清寒泼水透绵袍。松风度壑江声远，萝月当轩扇影高。敢对名山谈世事，不妨空腹贮离骚。且将手版牢藏起，政恐山人识马曹。④

　　华颠亦信寸心丹，直道宁论末路难。不叹士元淹骥足，但忧仲叔累猪肝。篱根佳菊分秋色，檐外长松耐岁寒。几有琴书罇有酒，却愁儿辈觉清欢。⑤

　　冯延登曾奉命出使，在与蒙古大汗窝阔台的对话中，显示了守节不屈的气概。

　　（冯延登）充国信使，以（正大）八年（1231）春奉国书见于虢县之御营。有旨问："汝识凤翔帅否？"对曰："识之。"又问："何若人？"曰："能办事者也。"又问："汝能招之使降，即贷汝死，不则杀汝矣。"曰："臣奉书请和，招降岂使者事乎，招降亦死，还朝亦死，不若今日即死之为愈也。"明日，复问："昨所问，汝曾思之否？"对如前。问至再三，君执义不回。又明日，乃谕旨

---

① 冯延登：《鄌城道中》，《中州集》卷5。
② 冯延登：《射虎得山字》，《中州集》卷5。
③ 冯延登：《华清故宫》，《中州集》卷5。
④ 冯延登：《寄笂青柯平》，《中州集》卷5。
⑤ 冯延登：《兰子野晚节轩》，《全辽金诗》中，第1876页。

云："汝罪应死，但古无杀使者理耳。"君须鬊甚伟，乃薤去，迁之丰州。壬辰（1232），河南破，车驾驻郑州，有旨发还。三月入京，哀宗抚慰久之。

崔立事变之后，冯延登不愿意北徙，投井自尽，践行了自己的守节承诺。①

（三）聂天骥等人的守节观

聂天骥（？—1232年），字元吉，五台（今属山西）人，崇庆二年进士，曾任右司员外郎等职。崔立杀留守南京的两名丞相，聂天骥受重伤，拒绝医生的救治，以死尽节，女儿聂舜英葬父后自缢。② 刘祁指出："金亡，士流之在位以节死者，惟元吉一人。"③ 这样的说法并不准确，元好问就列出了死节的多人。

壬辰（1232）之乱极矣，中国之大，百年之久，其亡也，死而可书者，权参知政事、翰林学士承旨子政（乌古孙仲端，又字子正），右丞大用（王良臣），御史大夫仲宁（裴满阿虎带），户部尚书仲平（完颜仲平），大理（裴满）德辉，点检（完颜）阿撒，郎中道远（乌古孙奴申），省讲议仁卿，奉御（完颜）忙哥，宰相子伯祥，宿直将军长乐妻明秀，参知政事伯阳（完颜素兰）之夫人与孝女（聂舜英）十数人而已。④

在王朝灭亡之际，呈现守节观念的还有康锡、刘勋、王宾等人。

康锡（1184—1231年），字伯禄，宁晋（今属河北）人，崇庆二年进士，历任监察御史、京南路大司农丞等职，敢于弹劾朝内大臣的不法行为，被排挤出朝，河中府陷落时投河自尽。⑤ 在诗作中，康锡亦显

---

① 元好问：《冯延登神道碑铭》，《遗山集》卷19。
② 元好问：《聂天骥墓志铭》，《遗山集》卷21；《金史》卷115《聂天骥传》，卷130《聂孝女传》。
③ 刘祁：《归潜志》卷5，第49页。
④ 元好问：《聂孝女墓铭》，《遗山集》卷25。元好问所列之人的情况，见刘祁《归潜志》卷5，第50页；卷6，第60—61页；《金史》卷124《乌古孙仲端》《乌古孙奴申传》。
⑤ 元好问：《康锡墓表》，《遗山集》卷21；《金史》卷111《康锡传》；刘祁：《归潜志》卷5，第51页。

示了耿直察政的风格："鲁山佳政霭邻邑，白水欢谣见路人。县务清谈君自了，农郊凤驾我何勤。星河直上冰轮转，桃李前头玉树春。海宇疲民望他日，草堂那得遽移文。"①

刘勋（？—1232 年），子少宣，初名刘讷，字辩老，云中（今属山西）人，科举不利，隐居赋诗交友，死于战乱。

刘勋自知战乱中儒生无用，所以甘于在闲居中窥探世事变化，做一个旁观者。

> 车毂春雷震屋山，马蹄乱雹响柴关。何时得个茅庵子，不在车尘马足间。②
>
> 将军马跃五挝鼓，客子车行三唱鸡。白发书生无伎俩，满窗红日醉如泥。③
>
> 警盗何烦鼓夜挝，丽谯清昼卷高牙。春回和气一千里，雪与丰年十万家。逋赋稍宽新得帖，军书不至早休衙。新年载酒须行乐，次第东风绕郡花。④

对于尽忠而死的人，刘勋在诗作中特别表达了伤悼之情："官职虽低首不低，争教有志竟空赍。向人指画将何语，卧壁糊涂不解题。小女绕床犹戏剧，老兵伏地亦悲啼。春风系马庭前树，只想东斋醉似泥。"⑤

王宾（？—1233 年），字德卿，亳州（今属安徽）人，贞祐二年进士，哀宗迁往蔡州时驻守亳州为援，在兵变中被杀，成为死节之士。⑥王宾不在乎功名，曾在诗作中表示："功名不到书生手，坐抚吴钩惜壮图。"⑦ 他更在意的是如何使国家挽回颓势，重现太平景象。

> 氄袍落托又西征，陌上东风小雪晴。草色换回原燎黑，冰澌消入水痕清。年华荏苒心情减，边事仓皇梦寐惊。早晚涡南传吉语，

---

① 康锡：《按部南阳有赠》，《中州集》卷 8。
② 刘祁：《归潜志》卷 3，第 28 页。
③ 刘勋：《偶作》，《中州集》卷 7。
④ 刘勋：《呈吕陈州唐卿》，《中州集》卷 7。
⑤ 刘勋：《伤曹吉甫之死》，《中州集》卷 7。
⑥ 《金史》卷 117《王宾传》；刘祁：《归潜志》卷 3，第 29—30 页。
⑦ 《中州集》卷 7《王宾小传》。

一犁烟雨趣春耕。①

落托功名挽不前，围炉兀坐夜萧然。腊残画角东风里，春到梅花小雪边。守得岁来慵揽镜，送将穷去自装船。平明点检人间事，只有诗魔似去年。②

对于金朝的守节之士，不仅要注意他们的守节行为，更要注意他们对儒家尽忠观念的坚持，在政治思想的发展中，这一点尤为重要。

四 杨云翼等人的救世观念

与应对危机的良政观念、守土观念略有不同的是杨云翼、陈规、雷渊等人的救世观念，可分述于下。

（一）杨云翼的治世观

杨云翼（1170—1228 年），字之美，乐平（今属山西）人，明昌五年进士，历任应奉翰林文字、礼部侍郎、太常卿、翰林学士等职，著有《续资治通鉴》《周礼辨》《勾股机要》《象数杂说》等，已佚。③

杨云翼在朝廷礼仪方面多有贡献，不仅参与经筵，亦就朝政问题多次提出建议。正大年间，杨云翼还曾上过长篇奏议，专门讨论简卒和理财问题，可转录于下。

臣间读圣旨节文，六品以下官有请见诣登闻检院进奏帖者。圣训广大，盖将博询兼览，以尽群下之智也。臣实愚憃，无妙谋长策，仰裨圣听之万一，独取事之切于今日者，列为二事以言之。一曰简卒，二曰理财。简卒之说复有三焉，一曰取人材，二曰募愿为，三曰括驱丁。理财之说复有二焉，一曰纳官从便，二曰和买可罢。

请言简兵之说。臣去岁在乡里，见其简卒之时，不以人材优劣为等差，而以物力多寡为次第。故所得富民之子弟，彼生长于衣食丰裕之中，居则役仆隶，行则策坚肥，未尝谙习天下劳苦之事。使之负斗区之重，徒步数十里，则惫且颠矣，况能被坚执锐，以为我

---

① 王宾：《卫真道中》，《中州集》卷7。
② 王宾：《除夜》，《中州集》卷7。
③ 《金史》卷110《杨云翼传》；刘祁：《归潜志》卷4，第33—34页。

军之前行而逆战哉。仓猝之际，非徒无益，适足为我军之累，不若无之之为愈也。为今之计，莫若行三说以简卒，则庶乎其可用矣。

何谓取人材？盖十人所聚，必有为之雄者，在千万人亦然。如总州县之丁男，不以物力多寡为先后，惟躯干勇壮是求，则所得皆能战之人矣。

何谓募愿为？盖天下之民，虚为游手不业者甚众，平日无事则使气以侮人，无赖而犯法。其中或有果敢勇健，奋不顾身，良民所不及者，如愿出身，加以束帛之赏，募之为兵，则所得皆乐战之人矣。

何谓括驱丁？盖天下之奴隶自幼及壮，备尝勤劳艰苦之事，其筋体气力之所服习，驰走负任之所惯狃，岂常人之所能及哉。如简其人材之胜甲胄者，免当房之贱，籍之为兵，则所得皆能战之人，且有乐战之心矣。

简卒如是，则与夫富民之子弟孱弱而不能战、恇怯而不乐战者，相去岂不远哉。

臣请言理财之说。臣窃见数年前北边有事之时，天下钱钞遍塞不通，交钞库不胜换易之多，乃逻卒持梃力与胜之。当是时小民有懋迁之艰，商旅有不行之病。比年以来渐无此弊者，但以多取故也。今以南鄙军兴，支给浩繁，户部乃日增印钞之数，以救目前之急。然所出者方来而无穷，所入者岁增而有限，以有限而待无穷，则钞有时而不通矣。为今之计，莫若行二说以理财，则庶乎其无滞矣。

何谓纳官从便？国家利钞之不行，不若钱之通也。故院务所输之课，皆使入之，其术固善矣。然限之以路分，拘之以分数，则所入之钞伤太少耳。夫已收大半之钞，而臣犹谓之少者，诚恐后日所出者太多故也。如使凡入官之数，银、钞、钱三者一听民便，或全以银、钞入者，亦听之，如此则三者之价常平而不偏，钞法以通流矣。且以目前银价论之，不及钱、钞者，每两该一千三百钱，如纳从民便，则银入者多，而价与钱、钞适平矣。此取之之法也，知所以收，则所支之法又不可不知。

臣窃见国家之取于民，有曰和买，有曰和雇者，徒被其虚名之美，而不究其利害之实也。盖和雇、和买之有损于实，无补于民，适足为吏卒之利耳。且科敛之限方急，州县之官以鞭笞挞楚从事于匆遽之间，小民奔走趋命之不暇，故出数倍之直，以应上之求，恐恐然惟以不得罪于州县为幸。国家悯小民趋办如是之劳，故出直以偿之，意固善矣，奈何州县官之明干者少，胥吏、乡保、里正、主首之属因缘为奸，官直之及于民者十才二三，则是官有费损之实，民无饶益之利也。为今之计，莫若罢和雇、和买之虚名，凡有科敛，一验贫富多寡之数而均之，民不必出直以偿之。国家方事殷之时，虽户赋口敛亦不为过，何必取公帑不及支之财，欲以益当赋之民，而要和雇、和买之名哉。且以括马一事言之。前年马之取于民者，既议与之直。今岁所括之马，如又偿之，则所费盖不赀矣。况畜马者皆有余力之家，待南方平定之后而偿之，亦未晚也。①

杨云翼还有过不同的救民、恤民举动，元好问就此有专门的记录。

河朔民何泾等十有一人，为游骑所迫，泅河而南，有司论罪当死。公（杨云翼）上章营救之，曰："法所重私渡者，防奸伪也。今平民为敌所迫，奔入于河，为逭死之计耳，岂有他哉。使吾民不死于敌，而死于法，尔后唯有从敌而已。"宣宗悟，尽释之。哀宗以河南雨雹，诏公审理冤狱，而不及陕西。公言："天、地、人通为一体，今人一支受病，则四体为之不安，岂可专治受病之处，而置其余不问乎。"朝廷是之，诏吏部郎中杨居仁审冤陕西。公之重人命慎于兵刑者，类如此。②

杨云翼曾向赵秉文感叹"自古书生多薄命"③，并在给元好问的和诗中强调了对入仕儒者的德行要求。

名利走朝市，山居良独难。况复山中人，读书不求官。东岩有佳致，书室方丈宽。彼美元夫子，学道如观澜。孔孟泽有余，曾颜膏未残。向来种德深，直与山根蟠。之子起其门，孤凤骞羽翰。计

---

① 王恽：《玉堂嘉话一》，《秋涧集》卷93，四库全书本。
② 元好问：《杨云翼神道碑铭》，《遗山集》卷18。
③ 刘祁：《归潜志》卷9，第97—98页。

偕聊尔耳，平步青云端。揭来游京师，士子拭目观。礼部天下士，
文盟今欧韩。一见折行辈，殆如平生欢。舞雩咏春风，期著曾点
冠。五言造平淡，许上苏州坛。我尝读子诗，一倡而三叹。世人非
无才，多为才所谩。高者足诋诃，下者或辛酸。吾子忠厚姿，不受
薄俗漫。晴云意自高，渊水声无湍。他日传吾道，政要才行完。会
使兹山名，与子俱不刊。①

杨云翼亦在为侯挚写作的诗中，表达了为官者应功成而退的意愿：
"功成何许觅菟裘，天地云溪一钓舟。梦破烦襟濯明月，诗成醉耳枕寒
流。西风归兴随黄鹄，皎日盟言信白鸥。政恐苍生未忘在，草堂才得画
中游。"② 杨云翼在官场多年，坚持宣扬治世观念是其基本的政治风格，
所以主要扮演的是"政治传道者"的角色。

（二）陈规的救世观

陈规（1171—1229 年），字正叔，绛州稷山（今属山西）人，明
昌五年进士，历任监察御史、吏部郎中等职。

在国家面对危局时，陈规不仅提出了安定民心、放驱为良、罢废小
人等建议，还明确提出了以"八事"（责大臣、任台谏、崇节俭、选守
令、谋群臣、重官赏、选将帅、练士卒）救国的主张，所要强调的，
就是要以大有作为的思路拯救败局。③

陈规敢于直言，并且始终抱有忧国之心，如刘祁所记："近臣窃
议，惟畏陈正叔，挺然一时直士也。""每论及时事，辄愤惋，盖伤其
言之不行也。"④ 段成己亦有以下记录。

> （陈规）自居谏职，以诤引为己任，天下事有可言，勇不为身
> 计，排斥权幸，章奏无虚日，虽得君如高丞相某（高汝砺）、侯平
> 章某（侯挚）、师右丞某（师安石），事不厌众望，皆极言其失，
> 事虽不行，而怨疾亦多矣。近侍二张一李，皆以幸进，挠乱朝纲，
> 人莫敢指摘，公疏其奸状以闻，既而皆降外除。未几，命复其位，

---

① 杨云翼：《李平甫为裕之画系舟山图，闲闲公有诗，某亦继作》，《中州集》卷4。
② 杨云翼：《侯右丞云溪》，《中州集》卷4。
③ 《金史》卷109《陈规传》。
④ 刘祁：《归潜志》卷4，第35—36 页。

公力言于朝曰："国势如此，而奸人犹在君侧，奈社稷何。"闻者为缩颈，三人者卒不用，公之力也，而公亦由此而出。礼部闲闲赵公（赵秉文）尝谓人曰："正叔与人语，恂恂如不能出诸口。乃论事人主前，辨别条理，纤细无不尽，可谓仁者之勇，君子之刚。"①

陈规敢于直谏，连皇帝都有畏惧之心："宣宗尝召文绣署令王寿孙作大红半身绣衣，且戒以勿令陈规知。及成，进，召寿孙问曰：'曾令陈规知否？'寿孙顿首言：'臣侍禁庭，凡宫省大小事不敢为外人言，况亲被圣训乎。'上因叹曰：'陈规若知，必以华饰谏我，我实畏其言。'盖规言事不假借，朝望甚重，凡宫中举事，上必曰：'恐陈规有言。'"②

在诗作中，陈规亦曾对遭朝廷贬斥的监察御史雷渊表示同情："五事前陈志拂擛，屹如砥柱阅颓波。一麾共惜延年去，三黜何伤柳季和。运蹇仕途如我老，激昂衰俗在君多。扁舟南去知难恋，万顷烟波一钓蓑。"③ 陈规自己也曾因直谏被贬，但并未改变以直言救世的风格。

（三）雷渊的苛责观

雷渊（1184—1231年），字希颜，又字季默，应州浑源（今属山西）人，至宁元年进士，历任东阿令、监察御史、翰林修撰等职。

在金朝后期的文官中，雷渊的"苛责"之名颇盛，并且曾上书提出政务、军务建议，显现的是以救世为己任的观念，只是做法过激而已。

（雷渊）莅官喜立名，初登第摄遂平县事，年少气锐，击豪右，发奸伏，一邑大震，称为神明。尝擅笞州魁吏，州檄召之不应，罢去。后凡居一职辄震耀，亦坐此不达。

拜监察御史，言五事，称旨。又弹劾不避权贵，出巡郡邑，所至有威誉，奸豪不法者，立榷杀之。至蔡州，杖杀五百人，时号曰"雷半千"，坐此为人所讼，罢去。④

①　段成己：《陈规墓表》，《全辽金文》下，第3549—3551页。
②　《金史》卷109《陈规传》。
③　陈规：《送雷御史希颜罢官南归》，《中州集》卷5。
④　《金史》卷110《雷渊传》。

　　时主上（金哀宗）新即大位，宵衣旰食，思所以弘济艰难者为甚力。希颜（雷渊）以为天子富于春秋，有能致之资，乃拜章言五事，大略谓精神为可养，初心为可保，人君以进贤退不肖为职，不宜妄费日力以亲有司之事，上嘉纳焉。

　　庚寅（1230）之冬，朔方兵突入倒回谷，势甚张。平章芮公逆击之，突骑退走，填压溪谷间不可胜算，乘势席卷，则当有谢玄淝水之胜。诸将相异同，欲释勿追，奏至，廷议亦以为勿追便。希颜上书以破朝臣孤注之论，谓机不可失，小胜不足保，天所与，不得不取，引援深切，灼然易见，而主兵者沮之，策为不行。后京兆、凤翔报北兵狼狈而西，马多不暇入衔，数日后知无追兵，乃聚而攻凤翔，朝廷始悔之，至今以一日纵敌为当国者之恨。①

在修史和给别人写碑志时，雷渊显露的也是“苛责”风格，刘祁就此有以下记载。

　　正大中，王翰林从之（王若虚）在史院领史事，雷翰林希颜为应奉兼编修官，同修《宣宗实录》。二公由文体不同，多纷争，盖王平日好平淡纪实，雷尚奇峭造语也。王则云：“实录止文其当时事，贵不失真。若是作史，则又异也。”雷则云：“作文字无句法，委靡不振，不足观。”故雷所作，王多改革。雷大愤不平，语人曰：“请将吾二人所作，令天下文士定其是非。”王亦不屑。王尝曰：“希颜作文，好用恶硬字，何以为奇。”雷亦曰：“从之持论甚高，文章亦难，止以经义科举法绳之也。”

　　雷翰林希颜为人作碑志，虽称其德善，其疵短亦互见之。尝曰：“文章止是褒与贬。”初，作屏山（李纯甫）墓志，数处有微言，刘光甫读之不能平，与宋飞卿交劝，令削去。及刻石，犹存“浮湛于酒，其性厌怠，有不屑为”之言。余（刘祁）谓碑志本以章其人之善，虽不可溢美有愧辞，然当实录其善事，使传信后世。若疵短则不当书也，况非作史传，何必贬焉。②

---

① 元好问：《雷渊墓铭》，《遗山集》卷21。
② 刘祁：《归潜志》卷8，第89页。

按照雷渊的说法，他的苛责是要达到秉公执政的"中和"目标，正如在给陈规的诗作中所言："洗兵有志挽天河，补衮刚留谏诤坡。赋出石肠还婉丽，政成铁面却中和。寒侵桃李凄无色，雪压池塘惨不波。急手尊前谋一醉，六街尘土浼人多。"①

雷渊与刘从益、刘祁父子关系密切，所以在诗作中对刘家的家学之风大加赞赏。

> 阳春到上林，百卉纷白红。岸谷稍敷腴，溪光亦冲融。独有石间栢，不落鼓舞中。期君如此木，岁晚延清风。
>
> 汉庭议论学，倾耳待歆向。君家贤父子，千载蔚相望。读书二十年，闭户自师匠。异端绌偏杂，陈言刊猥酿。刚全百炼余，气出诸老上。颓风正波靡，去去作堤障。②
>
> 气干参天拟万寻，圣门梁栋自堪任。豸冠岳岳锋棱峻，凫舄翩翩惠爱深。可忍佳城玉埋土，最哀慈帏血沾襟。传家赖有双珠在，不尔何如慰士林。
>
> 少同里闬早知音，投分交情雨旧今。乡校联裾春诵学，上庠连榻夜论心。南山松桂愁霜殒，北地乾坤恨日侵。不得生刍躬一奠，西风吹泪满衣襟。③

由于雷渊强调"苍生望休息"和"书生不奈兴亡恨"④，加之"喜结交，凡当途贵要与布衣名士，无不往来，居京师，宾客踵门"⑤，所以在士人中有颇高声望，元好问甚至将其与高庭玉、李纯甫并列为迁都南京后的三大名士，并给予了以下评价。

> 南渡以来，天下称宏杰之士三人，曰高廷玉献臣、李纯甫之纯、雷渊希颜。献臣雅以奇节自负，名士喜从之游，有衣冠龙门之

① 雷渊：《赠陈司谏正叔》，《中州集》卷6。
② 雷渊：《云卿父子有宛丘之行，作二诗为饯》，《中州集》卷6。
③ 雷渊：《刘御史云卿挽词二首》，《中州集》卷6。
④ 雷渊：《同裕之、钦叔分韵得莫论二字》《洛阳同裕之、钦叔赋》，《中州集》卷6。
⑤ 刘祁：《归潜志》卷1，第10页。

目。卫绍王时，公卿大臣多言献臣可任大事者，绍王方重吏员，轻进士，至谓高廷玉人材非不佳，恨其出身不正耳。大安末，自左右司郎官出为河南府治中，卒以高材为尹所忌，瘐死洛阳狱中。之纯以蓟州军事判官上书论天下事，道陵奇之，诏参淮上军，仍驿遣之。泰和中，朝廷无事，士大夫以宴饮为常，之纯于朋会中，或坚坐深念，咄咄嗟唶，若有旦夕忧者。或问之故，之纯曰："中原以一部族待朔方兵，然竟不知其牙帐所在，吾见华人为所鱼肉去矣。"闻者讪笑之曰："四方承平余五六十年，百岁无狗吠之警，渠不以时自娱乐，乃妖言耶？"未几，北方兵动，之纯从军还，知大事已去，无复仕进意，荡然一放于酒，未尝一日不饮，亦未尝一饮不醉，谈笑此世若不足玩者。

凡此三人者，行辈相及，交甚欢，气质亦略相同，而希颜以名义自检，强行而必致之，则与二子为绝异也。盖自近朝，士大夫始知有经济之学，一时有重名者非不多，而独以献臣为称首。献臣之后，士论在之纯。之纯之后，在希颜。希颜死，遂有人物渺然之叹。①

也就是说，不能因为"雷半千"的绰号，给予雷渊"过于残酷"的否定性评价，而应注意的恰是他的"救世用猛药"观念。

赞赏雷渊的还有冀禹锡（1192—1233 年），字京父，惠州龙山（今属辽宁）人，崇庆二年进士，仕途不顺，长年任吏职，金哀宗东征后任应奉翰林文字，死于崔立之变。② 他在给雷渊的诗中赞道："平生疾恶如风手，力振台纲事所难。人道千钧羞射鼠，我怜众煦解漂山。明时士论知无负，晚岁交盟岂易寒。见说嵩前茹芝老，白云倚杖待君还。"③ 奸臣术虎高琪被杀后，冀禹锡亦在给友人的诗中表露了欣喜之情："开函喜读故人书，四海穷愁一豁无。见说帝庭新磔鲧，逆知天意欲亡吴。两宫日月开明诏，万国衣冠入坦途。莫向新亭共囚泣，中兴岂止一夷吾。"④

①　元好问：《雷渊墓铭》，《遗山集》卷21。
②　《中州集》卷6《冀禹锡小传》。
③　冀禹锡：《赠雷御史兼及松庵冯丈》，《中州集》卷6。
④　刘祁：《归潜志》卷2，第17—18 页。

五 麻九畴等人的警世观念

救世需要缜密的思考和规划，警世则可以随意发挥、点到为止，由此需要注意麻九畴、李汾、宋九嘉、雷琯等人在乱世中所展现的不同警世观念。

（一）麻九畴的警示说

麻九畴（1183—1232 年），字知几，易州（今属河北）人，科举不利，隐居教学，后赐进士出身，亦辞官不就，钻研易学与医学，在被俘北迁途中病逝。[①]

麻九畴颇注意历代王朝的兴亡，在诗作中特别强调了以史为鉴的意愿和苛政亡国的警示。

> 施能卖晋移君贰，旍解讥秦救陛郎。多少谏臣翻获罪，却教若辈管兴亡。[②]

> 梁山宫高高切云，秦家箫鼓空中闻。宫殿作云王作龙，何人敢谒滴池君。珠围翠绕穷天下，道上行人衣半赭。不觉生灵血液枯，化为宫上鸳鸯瓦。朝卢生，暮侯生，师事二人学羡门。焉知以政藏其身，神仙亦死何曾神。空能诈取六屛国，不识卢生真闲客。种成间隙卢生去，尚令道士作鬼语。祖龙竟堕此机中，以璧见欺犹未悟。鱼腥引得扛鼎来，梁山火灭汉旗开。何如后世丹青手，一夫不役千楼台。梁山之图却传世，梁山之宫安在哉。[③]

> 山水人传范家笔，画史推尊为第一。揭来因看秦川图，天下丹青能事毕。大山岩岩如国君，小山郁郁如陪臣。大石盘盘社与稷，小石落落士与民。一山一形似争长，一石一态如布军。想君胸中有全秦，见锯削锯锯乃真。掌上长安近于日，千树万树生青春。忆昔岐山凤凰语，葱葱柞棫沾新雨。昆夷束手密须降，不见功勋见歌舞。黄金铸牛西入嶅，五丁云栈通中国。骊山宫阙九天高，六处屛王走衔璧。不信诗书信法家，关东半被鱼书惑。尽卷图籍亦大好，五十年凶都一扫。章邯董翳举如毛，沐猴冠委金陵道。北原兵自天

---

① 《金史》卷 126《麻九畴传》；刘祁：《归潜志》卷 2，第 14—15 页。
② 麻九畴：《俳优》，《中州集》卷 6。
③ 麻九畴：《梁山宫图》，《中州集》卷 6。

而下，汉室倾颓如解瓦。祁山六出纵无功，渭水犹堪饮君马。蟠蟠老将骨未朽，草附那能济阳九。技痒投鞭抵岁星，归来鹿死何人手。神武空矜贺六浑，投机常落周人后。竟令冯翊软沙边，东风一夜吹新柳。侵寻皂角相料理，抛掷龙津浮汴水。鹈头过处已非隋，不觉晋阳人姓李。华清高宴戛宫梧，舞马如何护两都。纵得青骡还蜀道，肉得沙场白骨无。兴亡自取不足吁，可怜神州为盗区。贪征往古山川事，忘却题诗赏画图。①

麻九畴还在诗作中指出了面对危局时，官府依然存在急征暴敛的弊病。

　　麻征君知几在南州，见时事扰攘，其催科督赋如毛，百姓不安，尝题《雨中行人扇图》诗云："幸自山东无税赋，何须雨里太仓黄。寻思此个人间世，画出人来也著忙。"虽一时戏语，也有味。②

麻九畴与张毅（字伯玉）为友，在为其写的诗作中大谈人生哲理，核心观点就是儒者要看清世态，保持良好的心态。

　　太阴沦魄元不耀，太阳分光成二曜。呜呼怪铜盗此幻，透影在壁与背肖。奁开燿燿光走庭，划如劓犀乍脱鞘。泓澄秋落百丈潭，疑有龙向天门跳。秦娃汉婉化鸳土，宠雨恩云埋凤诏。当年椒涂鉴桃李，身后泉台映蓬蘽。枕簟无情草木香，笙歌不暖枭狐啸。髑髅一丑不再妍，不知持此将安照。万斛珠玑委俑人，唤得偷儿成鬼剽。借问金椎一控时，何如海上青蝇吊。寿如金石佳且好，此铭此篆两奇峭。今谁子后曩谁先，赢得纽枢经蚁窍。千古繁华一梦醒，恍然入手称神妙。丹砂红紫翠羽青，万金难买人年少。君侯新自洛阳来，玉台人物今温峤。相看大笑古人痴，收镜入奁还自笑。③
　　书生喜倒说，食亦变精粗。借问冰茶者，何如羔酒乎。况尔蓼

---

① 麻九畴：《跋范宽秦川图》，《中州集》卷6。
② 刘祁：《归潜志》卷9，第96页。
③ 麻九畴：《赋伯玉透光镜》，《中州集》卷6。

彼萧，蓬茆固其徒。偶然蹳一等，遽欲忘樵夫。迩来岁颇饥，太半殣在途。攘肉或至犬，首丘不如狐。命贱只求死，计穷交议逋。尚有纨绔儿，朝夕食于株。宁知扫野秤，一饱不易图。遂令人轻生，不畏锧与鈇。如君有蒿酱，犹是千金躯。

大抵食如士，取之非一途。君诗志其味，食经有董狐。彼哉灶羹指，斫棺终莫逋。彼哉萍虀手，竟死珊瑚株。宁如酱以蒿，不出本草图。盖后人好奇，一洗腥砒鈇。为谢馋崇鬼，渠今离我躯。

君兄昔在日，作事太廉隅。游宦三十年，不治一室芜。尝载米之郡，政如置水盂。不义获八珍，弃之犹堇荼。相对话终日，茗碗无盐酥。见客惟恐迟，遇饭不择粗。无食但有名，穷不亦宜乎。我本寒素士，卧雪袁司徒。臭味偶相似，岂是敦薄夫。见君食蒿酱，取嘲于仕途。和君蒿酱诗，缊袍随衣狐。诗酱两情苦，此债无由逋。蒿荻无弃材，奈此苍松株。①

麻九畴看似一生不顺，但是他内心充实，所以确实需要注意其警示说法。

（二）李汾的喻世说

李汾（1192—1232年），字长源，太原平晋（今属山西）人，科举与仕途均不利，后虽被武仙所用，但最终死于武仙之手。②

李汾曾任职于史馆，奋力写作了五十首咏史诗，抒发以古喻今之情，但是留存下来的仅有五首，可见其对君主用真儒的期盼。

正大庚寅（1230），予行年三十有九，献赋明廷，为有司所病，遂有不遇时之叹。皂衣斗食，从事史馆，以素非所好，愈郁郁不得志。卧病中，僻居萧条，尽日无来人。缅维先哲，凡所以进退出处之际，穷达荣辱之分，立身行道建功立事关诸人事者，窃有所感焉。于是始自骚人屈平以来，下逮汉、晋、隋、唐诸公，终之以远祖雁门武皇，作为述史诗五十首，以自慰其羁旅流落之怀。述近代，则恐涉时事，故断自唐，以下不论。呜呼，三百篇大抵皆圣贤感愤之所为作也，余以愚忠谬信，获讥于斯世久矣，非敢示诸作

---

① 麻九畴：《和伯玉食蒿酱韵》，《中州集》卷6。
② 《金史》卷126《李汾传》。

者，庶几后世有杨子云者出，或能亮予之宿心。

（苏客卿秦）游说诸侯获上卿，贾人唇舌事纵横。可怜一世痴儿女，争羡腰间六印荣。

（韩淮阴信）杖剑淮阴去复还，举头西望识龙颜。堂堂竟握真王印，未害男儿辱胯间。

（叔孙奉常通）秦时博士鲁诸生，漏网骊山百丈坑。邂逅刘郎习绵蕝，便能弹压汉公卿。

（马中令周）脚踏长安陌上尘，布衣西上欲谁亲。君王不省常何策，憔悴新丰一旅人。

（远祖雁门武皇）死心唐室正诸侯，铁马南来隘九州。当日三垂冈上意，诸孙空抱腐儒羞。①

在战乱中，李汾走过不少地方，都能抒发对王朝兴亡的感叹，可列举一些代表性诗作。

（长安）细柳斜连长乐坡，故宫今日重经过。一时人物存公论，万里云山入浩歌。白发归来几人在，青门依旧少年多。自怜季子貂裘敝，辛苦灯前读揣摩。②

三辅楼台失归燕，上林花木怨啼鹃。空余一掬伤时泪，暗堕昭陵石马前。③

（陕州）黄河城下水澄澄，送别秋风似洞庭。李白形骸虽放浪，并州豪杰未凋零。十年道路双蓬鬓，万里乾坤一草亭。八月崤陵霜树老，伤心休折柳条青。④

（陈仓）凭高四顾战尘昏，鹑野山川自吐吞。渭水波涛喧陇坂，散关形势轧兴元。旌旗日落黄云戍，弓剑霜寒白草原。一饭悠悠从漂母，谁怜国士未酬恩。⑤

（虎牢）萧萧行李戛弓刀，踏雪行人过虎牢。广武山川哀阮

---

① 李汾：《感寓述史杂诗》，《中州集》卷10。
② 李汾：《再过长安》，《中州集》卷10。
③ 李汾：《再过长安》，刘祁：《归潜志》卷2，第19页。
④ 李汾：《陕州》，《中州集》卷10。
⑤ 李汾：《避乱陈仓南山，回望三秦，追怀淮阴侯信，漫赋长句》，《中州集》卷10。

籍，黄河襟带控成皋。身经戎马心逾壮，天入风霜气更豪。横槊赋诗男子事，征西谁为谢诸曹。①

洛阳才子怀三策，长乐钟声又一年。清镜功名两行泪，浮云亲旧一囊钱。烟波苍苍孟津渡，旌旗历历河阳城。长河不洗中原恨，赵括元非上将才。②

李汾亦记下了面对危机时南京城内的景象，所要强调的就是他的献策不受重视，国家接近覆亡的边缘。

天津桥上晚凉天，郁郁皇州动紫烟。长乐觚棱青似染，建章驰道直于弦。犬牙磐石三千国，圣子神孙亿万年。一策治安经济了，汉庭谁识贾生贤。

琪树明霞五凤楼，夷门自古帝王州。衣冠繁会文昌府，旌戟森罗部曲侯。美酒名讴陈广座，凝笳咽鼓送华辀。秦川王粲何为者，憔悴嚣尘坐白头。

楼外风烟隔紫垣，楼头客子动归魂。飘萧蓬鬓惊秋色，狼藉麻衣浣酒痕。天堑波光摇落日，太行山色照中原。谁知沧海横流意，独倚牛车哭孝孙。

寥落关山对月明，客窗遥夜梦魂惊。二年歧下音书绝，八月河南风露清。苒苒暮愁生草色，迢迢秋思入虫声。谁知广武英雄叹，老却穷途阮步兵。③

李汾与元好问不和，两人还因南京城内发生的官员之女入宫事件，有过一次笔墨官司，刘祁对此有专门记载。

元裕之（元好问）、李长源（李汾）同乡里，各有诗名，由其不相下，颇不相咸。李好愤怒，元尝云："长源有愤击经。"元好滑稽，李辄以诗讥骂，元亦无如之何。元尝权国史院编修官，时末帝召故驸马都尉仆散阿海女子入宫，俄以人言其罪，又蒙放出。元

---

① 李汾：《雪中过虎牢》，《中州集》卷10。
② 《中州集》卷10《李汾小传》。
③ 李汾：《汴梁杂诗四首》，《中州集》卷10。

因赋《金谷怨》乐府诗，李见之，作《代金谷佳人答》一篇以拒焉，一时士人传以为笑谈。

元诗云："娃儿十八娇可怜，亭亭袅袅春风前。天上仙人玉为骨，人间画工画不出。小小油壁车，轧轧出东华。绣带盘绫结，云裾踏雁沙。娇云一片不成雨，被风吹去落谁家。岂无年少恩泽侯，锦鞯貂帽亦风流。不然典取鹔鹴裘，四壁相如堪白头。金谷楼台杳无主，燕子不飞花著雨。只知环珮作离声，谁解琵琶得私语。有情蜂雄蛱蝶雌，无情难欺翡翠儿。劝君满饮金屈卮，明日无花空折枝。"

李诗云："石家园林洛水滨，粉垣碧瓦迷天津。楼台参差映金谷，歌舞日日娇青春。是时天下甲兵息，江南已传归命臣。永平以来太康治，四海一家无穷人。洛阳城中厌醯醢，司隶夜过不敢嗔。王门戚里争豪侈，车马如水争红尘。烧金斫玉延上客，季伦岂输赵王伦。两家炎炎贵相轧，笙竽嘈嘈妓成列。珊瑚红树鞭击碎，步障青丝马踏裂。因缘睚眦贵人怒，诏下黄门促收捕。邮夫防吏急喧驱，河南牒系御史府。钟鸣漏尽行不休，生存华屋归山丘。绿珠香魂渺尘土，侍儿忍居楼上头。君王慈明宥率土，妾身窜居籍民伍。平生作得健儿妇，狗走鸡飞岂敢恶。"①

比较李汾、元好问的诗词，李汾显然更具有忧国忧民的情感，并带有愤世嫉俗的特征。由于李汾一生多逢逆境，在诗作中亦展现出了强烈的悲情主义色彩。

学剑攻书谩自奇，回头三十六年非。东风万里衡门下，依旧中原一布衣。②

三月都门昼不开，兵尘一夕卷风回。也知周室三川在，谁复秦庭七日哀。鸦啄腥风下阳翟，草衔冤血上琴台。夷门一把平安火，定逐恒山候骑来。③

扰扰王城足是非，不堪多病决然归。只因有口谈时事，几被无

---

① 刘祁：《归潜志》卷9，第95—96页。
② 李汾：《下第》，《中州集》卷10。
③ 李汾：《避乱西山作》，《中州集》卷10。

心触祸机。日暮豺狼当路立，天寒雕鹗傍人飞。终南山色明如画，何限春风笋蕨肥。①

李汾的孤芳自赏，在金朝后期文人中确实独具特色，其悲剧性的人生，更使他的喻世观念具有重要的意义。

（三）宋九嘉的恨世说

宋九嘉（1184—1233 年），字飞卿，夏津（今属山东）人，至宁元年进士，历任蓝田、高陵、扶风、三水县令及翰林应奉，南京之乱后病逝于北徙途中。②

宋九嘉身逢乱世，颇多感叹，需要特别注意的是四叹。

一叹乱世中书生无用，只能羡慕他人的成功战绩。

建牙誓诸将，枭鸣军尽惊。除道非战事，衔枚幻奇兵。满铠霜日辉，行阵寂无声。平旦飞出谷，桑枣蔽金明。定知此陈迹，中原遮寇城。执鞭吾不及，范公凛如生。破碑字仍在，赑屃卧深荆。危襟按其垒，信哉天下英。成败翻覆手，狐兔今横行。收复会有时，夷吾当请缨。开图睨督亢，按剑逐长鲸。闭塞亦已久，一挥氛曀清。③

二叹乱世中百姓不仅遭受流离之苦，亦要受到官府的强征暴夺之祸。

幼稺扶轮妇挽辕，连颠翁媪抱诸孙。饥民羸卒如流水，掘尽原头野荠根。

老稺扶携访熟乡，驿尘满路殣相望。终朝拾穗不盈把，只有流民如麦芒。

攘丝夺麦人争略，烘日吹风天有年。汤饼元非小人腹，蚕丝都作大夫贤。④

---

① 李汾：《西归》，《中州集》卷 10。
② 《金史》卷 126《宋九嘉传》。
③ 宋九嘉：《捣金明寨作建除体》，《中州集》卷 6。
④ 宋九嘉：《途中书事三首》，《中州集》卷 6。

不巾不袜柳阴行，朝醉南村暮北庄。一旦捉将官里去，直驱盲马阵中央。①

三叹为官不易，只有抛却仕途，才能自在如意。

凉洒尘缨瀹耳醒，虚堂窈渺好风清。雀知爱子来回哺，鼠不畏人旁午行。每用熟眠酬窭寂，端知固有享高明。宦游非不佳官府，奔走尘劳漫一生。②

四叹文人行为欠佳，并由此产生了恨佛老、恨虚文、恨攻讦的三恨之说。

野鹜家鸡俗好乖，虎溪泉石满尘埃。壮哉砥柱颓波里，惟有渊明挽不来（元好问注：飞卿不喜佛法，自言平生有三恨：一恨佛老之说，不出于孔氏前；二恨辞学之士，多好译经润文；三恨大才而攻异端。渊明挽不来之句，盖自况也）。③

（宋九嘉）少游太学，有词赋声，从屏山（李纯甫）游，读书、为文有奇气，与雷希颜（雷渊）、李天英（李经）相埒也。……性不喜佛，虽从屏山游，常与争辩。在关中时，因杨焕然赴举，书与屏山荐之曰："焕然，佳士，往见吾兄，慎无以佛、老乃嫚之也。"屏山持之，示交游以为笑。④

宋九嘉的四叹和三恨，不仅是对乱世的解读，亦有喻世的意义，值得后人重视。

（四）雷琯的伤世说

雷琯，字伯威，坊州（今属陕西）人，曾任国使馆书写、八作使

---

① 宋九嘉：《被檄从军》，《中州集》卷6。
② 宋九嘉：《馆中纳凉书事》，《中州集》卷6。
③ 宋九嘉：《莲社图》，《中州集》卷6。
④ 刘祁：《归潜志》卷1，第11页。

等职，战乱中被杀，年未满四十。①

如元好问所记，雷琯对于国使馆中文人的相互排斥颇为不满："并州人李汾与伯威同在史馆，以高寨得罪，伯威作诗送之，颇讥翰林诸人不能少忍，至与一书生相角逐，使之狼狈而去，有'郎君未足留商隐，官长从教骂广文'之句，又云'明日春风一杯酒，与君同酹信陵坟'。"② 在相关的怀古诗中，雷琯亦表现出了文人怀才不遇的悲凉心境。

> 闲过信陵饮，有怀信陵君。君去日已远，谁怜抱关人。径携一壶酒，往酹公子坟。坟料久已平，墓木几为薪。泉扉锁长夜，千载不复晨。昔与贤俊游，今为狐兔邻。豪贵竟安在，念之心纷纭。有生会归尽，但恐后无闻。此意不可必，且醉梁园春。
>
> 维昔有迁叟，树桐彼高冈。殷勤为封植，遂欲栖凤凰。桐生日已长，凤来殊未央。维凤览德辉，非时讵来翔。枝干枯以死，志愿终莫偿。忆在西周初，飞下岐之阳。徘徊不能去，和鸣声锵锵。文王既已没，千载徽音亡。咄尔叟何为，而欲发其光。空令枯株上，日晏啼鹥鸹。③

雷琯还就古意，讥讽了朝合暮离、曲直难分、知人颇难、故旧反目的怪现象，亦是抒发对朝廷中文人相轻的不满。

> 美人伤独宿，窈窕春闺深。素手卷翠被，当窗调玉琴。危弦奏苦调，清歌抗哀音。弦绝歌复咽，起作薄命吟。妾如朱槿花，含英愁晏阴。郎如青铜镜，照面不照心。不怨不照心，但惜飞光沉。且留连理枕，莫卷合欢衾。傥君回余辉，欢盟尚可寻。
>
> 对酒不能饮，抚剑自度曲。一唱行路难，歌与泪相续。朝为杨朱泣，暮作阮籍哭。古道尽荆棘，新蹊苦蓁荪。曲行违吾心，直行伤我足。曲直无适从，昂头羡鸿鹄。
>
> 绵绵兔丝草，濯濯柽树枝。结根偶相值，引蔓缠绵之。春风一

---

① 刘祁：《归潜志》卷3，第21—22页。
② 《中州集》卷7《雷琯小传》。
③ 雷琯：《信陵馆酒间二首》，《中州集》卷7。

披拂，柯叶含荣滋。弱质附美荫，百龄誓不违。清商忽用事，霜飚飒已凄。岂意百尺条，同此寸草萎。委蔓失所托，憔悴徒伤悲。知君无岁寒，何用相因依。

贤王悲坠屦，贤妇念遗簪。重在不忘故，微物何所钦。嗟我昔游友，云路扬徽音。讵念宿昔好，弃掷各飞沉。昔如胶投漆，今如辰与参。桃李虽成蹊，谅无松栢心。①

雷琯还在怀古诗中，表达了对自古以来王朝兴亡不由人的感叹。

紫箫吹断彩云归，十二楼空尽玉梯。彩仗竟无金母降，仙裾犹忆化人携。千年洛苑铜驼怨，万里坤维杜宇啼。莫倚危栏供极目，斜阳更在露盘西。②

短衣匹马西北来，十年去国随风埃。解鞍呼酒歌一曲，玉鞭倒捉敲金罍。君不见，项王台，昔时崔嵬今已颓，秋风萧瑟吹草莱。又不见，汉王城，昔时岩峣今已平。寒烟寂寞啼鼯猩，牧童抬头学楚声。野老扶犁城上耕，耕势不断楚声哀。行人欲去还徘徊，刘项英雄安在哉。人间俯仰易陈迹，闻身健在须衔杯。③

雷琯亦是一个现实主义者，在诗作中记录了战乱给民间带来的困苦，并表达出了浓郁的伤世情怀。

客有自关辅来，言秦民之东徙者余数十万口，携持负戴，络绎山谷间，昼飡无糗糒，夕休无室庐，饥羸暴露，滨死无几。间有为秦声写去国之情者，其始则历亮而宛转，若有所诉焉，少则幽抑而凄厉，若诉而怒焉，及其放也，呜呜焉，悄悄焉，极其情之所之，又若弗能任焉者。噫，秦，予父母国也，而客言如是，闻之悲不可禁，乃为作商歌十章，倚其声以舒予怀，且俾后之歌者，知秦风之所自焉。

扶桑西距若华东，尽在天王职贡中。一自秦原有烽火，年年选

---

①　雷琯：《古意四首》，《中州集》卷7。
②　雷琯：《龙德宫》，《中州集》卷7。
③　雷琯：《阳夏怀古》，《中州集》卷7。

将戍河潼。

春明门前灞水滨，年年此地送行频。今年送客不复返，卷土东来避战尘。

尽室东行且未归，临行重自锁门扉。为语画梁双燕子，春来秋去傍谁飞。

灞水河边杨柳春，柔条折尽为行人。只愁落日悲笳里，吹断东风不到秦。

累累老稚自相携，侧耳西风听马嘶。百死才能到关下，仰看犹似上天梯。

上得关来似得生，关头行客唱歌行。虚岩远壑互相应，转见离乡去国情。

前歌未停后迭呼，歌词激烈声呜呜。天下可能无健者，不挽天河洗八区。

折来灞水桥边柳，尽向商于道上栽。明年三月花如雪，会有好风吹汝回。

行人十步九盘桓，岩壑萦回行路难。忽到商颜最高处，一时挥泪望长安。

西来迁客莫回首，一望令人一断魂。正使长安近于日，烟尘满目北风昏。[1]

雷琯既伤人也伤世，这样的悲情主义在历代王朝的末世并不少见，他不过是金朝的代表性人物而已。

（五）庞铸、董文甫的醒世说

庞铸，生卒年不详，字才卿，号默翁，大兴（今属北京）人（一说辽东人），明昌五年进士，历任翰林待制、户部侍郎等职。[2]

文士田琢（？—1219 年，字器之）曾请庞铸画了一幅《燕子图》，成为当时文人中的一件大事，可录下相关情况。

（田）器之自叙云：明昌丙辰（1196），予从军塞外合虏里山，

---

① 雷琯：《商歌十首》，《中州集》卷7。
② 刘祁：《归潜志》卷4，第34—35页；《金史》卷126《庞铸传》；《中州集》卷5《庞铸小传》。

野舍荒凉，难以状言。春末，有双燕亦巢此屋。土人不之识，屡欲捕之，予曲为全护。此燕昼出夜归，予必开户待之。忽一日，飞止坐隅，都无惊畏，巧语移时不去，予始悟明日秋社，此鸟当归，殆留别语也。因作一诗赠之，云："几年塞外历崎危，谁谓乌衣亦此飞。朝向芦陂知有为，暮投茅舍重相依。君怜我处频迎语，我忆君时不掩扉。明日西风悲鼓角，君应先去我何归。"此诗以细字写之，为蜡丸，系之燕足上。明年四月，予受代归。又八年，泰和甲子（1204），任潞州观察判官。四月十二日偶坐廨舍之含翠堂，忽双燕至，一飞檐户间，一上砚屏。予谛视之，系足蜡丸故在，乃知此鸟盖往年赠诗者也。因请同年庞君才卿画为图，求诸公赋诗。

（庞铸诗）田君才略燕云客，少年累有安边策。悔从笔研取功名，直要横驰沙漠北。塞垣春雪白皑皑，东风未放玄阴开。乌衣之国定何许，一双燕子能飞来。三年驿舍安西道，眼底莺花无梦到。忽见低飞入短檐，此身似向邯郸觉。君居海东我中原，相逢乃在穹庐前。天涯流落俱为客，感时念远空潸然。长安何限高高阁，昼夜风间开翠幕。底事猜嫌不往依，甘从此地风沙恶。土人嗜肉无仁心，一生弋猎夸从禽。有巢幸稳勿浪出，汝身未必轻千金。朝来暮去益狎昵，物我相忘情意一。怛怪重裘积渐添，元是西风催社日。须知音巧惟鹣鹅，忽来坐隅如告辞。我方留寓未归得，为君忍赋伤心诗。诗成自述聊为戏，系足封之亦无意。燕已归飞我未归，刁斗声中忽惊岁。旄头夜落妖氛收，嫖姚献凯归神州。玉关早喜班超入，北海不闻苏武留。君才经世宁终枉，幕府须贤来上党。别后归期两及瓜，人间秋燕十来往。沉沉官舍红芳稀，葛衣燕居澹忘机。忽闻巧语入檐户，大似相识来相依。一飞檐外窥庭树，一上屏山惊不去。解足分明得帛书，真是当年留别句。天生万物禽最微，固耶偶耶吾不知。古道益远交情醨，朝恩暮怨云迁移。当时握手悲别离，一旦富贵弃如遗。闻予燕歌应自疑，慎无示之嗔我讥。

杨之美（杨云翼）尚书诗云："危巢客舍久相依，常记西风社日归。海国传心千驿隔，塞垣回首十年非。新诗尚在人空老，旧梦无凭鸟自飞。寄语齐谐休志怪，沙鸥相款解忘机。"

张巨济云："沙塞相逢命已轻，翠堂重见眼增明。小诗系足初无意，巧语迎人独有情。阴德自招黄雀报，机心能致白鸥盟。社前秋后风光好，须贺他年大厦成。"

　　李之纯（李纯甫）云："一别天涯十见春，重来白发一番新。心知话尽春愁处，相对依依如故人。"

　　王大用（王良臣）云："相别相寻积岁年，人心不及鸟心坚。填偿恩义三生债，分付平安七字篇。王谢乌兜疑诞语，绍兰红线定虚传。何如此段人亲见，旧话从今不值钱。"

　　李钦叔（李献能）云："塞上光风已十霜，仁心覆护独难忘。当时相送诗仍在，此日重来话更长。客舍花开新信息，云兜香冷旧昏黄。主人得报君知否，千古珠玑在锦囊。"①

　　参与赋诗的还有赵秉文、田思敬、刁白等人，可见当时文人对双燕传奇的重视，就是要从中解出仁心、德义带来的人生启迪。

　　在诗作中，庞铸尽管表明了对时局的担忧，但是更多展现的是为官无趣、功名无益的抱怨，以及去官归隐的志向。

　　画角边城暮，孤春野水秋。一川霜树老，万叶雨声愁。自古谁青眼，劳生只白头。何时问渔父，容我一扁舟。②

　　山势碧环合，溪光缟带明。牛羊成晚景，砧杵助秋声。酒薄人情废，官闲吏事生。天东归兴满，不为忆莼羹。

　　落日危楼上，诗成只自哦。清商行老矣，红叶奈秋何。堕甑前非悟，跳丸去日多。功名犹诳我，未许著渔蓑。③

　　我爱陶渊明，爱酒不爱官。弹琴但寓意，把酒聊开颜。自得酒中趣，岂问头上冠。谁作漉酒图，清风起毫端。露电出形似，神情想高闲。大似挥弦时，目送飞鸿难。袖中有东篱，开卷见南山。嗟予困尘土，青鬓时一斑。折腰尚未免，敢谓善闭关。望望孤云翔，羡羡飞鸟还。归田未有日，掩卷空长叹。④

　　富国才疏合自羞，清时无补但优游。只知钱向纸中裹，不信能

---

①　庞铸：《田器之燕子图》，《中州集》卷5。
②　庞铸：《景骨城驿中夜雨》，《中州集》卷5。
③　庞铸：《晚秋登城楼二首》，《中州集》卷5。
④　庞铸：《漉酒图》，《中州集》卷5。

教地上流。①

吏散庭空宿鸟过，冻吟聊复战诗魔。陶泓面冷真堪唾，毛颖头尖漫费呵。畏事政宜宾客少，不才偏觉簿书多。西窗灯暗尊无酒，奈此迢迢夜漏何。②

草树萧条故苑荒，山川惨淡客魂伤。玉光照夜新开冢，剑气沉沙古战场。金谷更谁夸富丽，铜驼无处问兴亡。一尊且对春风饮，万事从来谷与臧。③

董文甫（？—1228年），字国华，号无事道人，潞州（今属山西）人，承安年间进士，曾任河南府治中等职。注重儒家经典，"于六经、《论》《孟》诸书，凡一章一句皆深思，思而有得，必以力行为事，不徒诵说而已"；"其学参取佛、老二家，不喜高远奇异，循常道"。著有论道之文，已佚。④

董文甫以牧牛为比喻，阐释了儒家的心、性观点，强调的就是要达到忘我从道的精神境界。

夫人有等差，教分顿渐。上根之人，一闻千悟，不落阶级。中智而下，必由渐进，此人、牛次弟不得不立。心性动静，微妙有无，学者所宜谛观也。以人牧牛，是动而有制。从有以观其微者也，进进而不已，则渐至于回首驯伏。从无以观其妙者也，有入于无徵及于妙固善矣，又不如静而无碍之为愈也。静而无碍，又不如两忘双泯之入神也。若夫人、牛两忘，明月独照，恍然俱失所在。当是时也，吾将离形去智，神亦无功，同于大通，与道为一，则向之人、牛，亦筌蹄中一微尘耳。吾儒所谓尽心尽性者，无外于是。因借明和尚韵，再下一转语，会心者必能知之。⑤

董文甫还明指王若虚注释儒家经典，与孔子一样，都是"权道设

---

① 庞铸：《夏日》，《中州集》卷5。
② 庞铸：《冬夜直宿省中》，《中州集》卷5。
③ 庞铸：《洛阳怀古》，《中州集》卷5。
④ 刘祁：《归潜志》卷5，第45页。
⑤ 董文甫：《和太白山明和尚牧牛图诗引》，《中州集》卷9《董文甫小传》。

教",所以在诗作中称:"纷纷述作史才雄,听似秋来百草虫。不是春雷轰蛰窟,蚓蛇会得化成龙。"①

董文甫还在诗作中,阐明了自己看破红尘、不受世俗羁绊的态度,以唤醒痴迷的世人。

> 庄周先我复天真,化蝶飞来管领春。我亦庄周周亦蝶,不知若个是真身。②
>
> 按剑人人骇夜光,蜀鸡合道胜鸾凰。飞蛾可是无分别,直道油灯是太阳。③
>
> 无情丧主没钱僧,送上城南无事人。捡尽传灯无尽录,更无公案遮番新。
>
> 生有地,死有处,万牛不能移一步。一轮明月印天心,此是渠侬住处住。
>
> 白发三千丈,红尘六十年。只今无见在,虚费草鞋钱。
>
> 今古一轮月,分明印碧霄。门门蟾影到,处处桂香飘。不起眼中晕,何劳指上标。真空浑照破,归去杖头挑。④

与庞铸的说法相比,董文甫的醒世说更具有哲理,更能警醒士人,所以更须加以关注。

六 完颜璹等人的感世观念

文人遭遇乱世,最易抒发的就是各种感慨,由此需要注意的完颜璹、辛愿、王郁、赵元、李献甫等人的不同感世观念。

(一) 完颜璹的处世观

完颜璹(1172—1232 年),本名寿孙,字子瑜,又赐字仲实,号樗轩居士,金世宗之孙,先被封为胙国公,后被封为密国公,著有《知庵小稿》,已佚。

作为皇室子弟,为了避嫌,完颜璹不问政事,只是读书作诗和交流

---

① 董文甫:《文中子读经》,《中州集》卷9。
② 董文甫:《昼眠》,《中州集》卷9。
③ 董文甫:《审是堂》,《中州集》卷9。
④ 董文甫:《临终诗四首》,《中州集》卷9。

文人，即使身陷贫困也乐此不疲。

　　（完颜）璹奉朝请四十年，日以讲诵吟咏为事，时时潜与士大夫唱酬，然不敢明白往来。（完颜）永功薨后，稍得出游，与文士赵秉文、杨云翼、雷渊、元好问、李汾、王飞伯辈交善。初，宣宗南迁，诸王宗室颠沛奔走，璹乃尽载其家法书名画，一帙不遗。居汴中，家人口多，俸入少，客至，贫不能具酒肴，蔬饭共食，焚香煮茗，尽出藏书，谈大定、明昌以来故事，终日不听客去，乐而不厌也。①

与文人交流，不免受到儒学甚至理学的影响，完颜璹在诗作中有所表露。

　　宴息春光晚，闲眠昼景虚。冥心居大道，达理契真如。乐对忘形友，欣逢未见书。世间幽隐者，何必尽樵渔。
　　日日闲窗下，箪瓢乐不殊。花魁秾且艳，湖玉秀而臞。忆友寻诗卷，思山展画图。丹青传六逸，能著老夫无。②

完颜璹亦雅好佛、道之说，强调要以豁达的心境看待世间变化和看破人间功利。

　　晴昼摇凉光，长空澹虚碧。燕鸿亦何为，老翅南又北。衰柳堕残叶，庭户觉岑寂。幽人诵佛书，清香萦几席。西方病维摩，东皋醉王绩。俱到忘言地，佳处略相敌。小斋蜗角许，夜卧膝仍屈。能以道眼观，宽大犹四极。有书贮实腹，无事梗虚臆。谢绝声利徒，尚友古遗直。③
　　壮岁耽书，黄卷青灯，留连寸阴。到中年赢得，清贫更甚，苍颜明镜，白发轻簪。衲被蒙头，草鞋着脚，风雨潇潇秋意深。凄凉否，瓶中匮粟，指下忘琴。一篇梁父高吟，看谷变陵迁古又今。便

①　《金史》卷85《完颜璹传》。
②　完颜璹：《宴息二首》，《中州集》卷5。
③　完颜璹：《自适》，《中州集》卷5。

离骚经了，灵光赋就，行歌白雪，愈少知音。试问先生，如何即是，布袖长垂不上襟。掀髯笑，一杯有味，万事无心。①

人间最美安心睡，睡起从容盥漱终。七卷莲经爇沉水，一杯汤饼泼油葱。因循默坐规禅老，取次拈诗教小童。炕暖窗明有书册，不知何者是穷通。②

贫知囊底一钱无，老觉人间万事虚。富贵傥来终作么，勋名便了又何如。季鹰未饱松江鲙，鲁望将成笠泽书。自是杜门无客过，不关多病故人疏。③

完颜璹尽管闲居，亦关心时局的变化，期望和平早日到来，所以在诗作中表示："雁带边声远，牛横废垅长。人居似河朔，冈势接荥阳。禾短新村墅，沙平古战场。悠然望西北，暮色起悲凉。"④"孟津休道浊如泾，若遇承平也敢清。河朔几时桑柘底，只谈王道不谈兵。"所以当南京被围时，他期望以自己为人质，换取完颜一族的安全，但未能如愿。刘祁对完颜璹的印象较为深刻："余入南京，因访僧仁上人，会公至，相见欣然，其举止谈笑，真一老儒，殊无骄贵之态。后因造其第，一室萧然，琴书满案，诸子环侍无俗谈，可谓贤公子矣。"⑤

（二）辛愿的出世观

辛愿（？—1231 年），字敬之，自号女几野人，又号溪南诗老，福昌（今属河南）人，隐居读书赋诗，不屑于科举，但因高庭玉案被牵连刑讯。辛愿淡薄功名，曾明确表示："王侯将相，世所共嗜者，圣人有以得之亦不避。得之不以道，与夫居之不能行己之志，是欲澡其身而伏于厕也。"⑥在诗作中，他也表达了隐居之乐趣。

陋室何妨似燕巢，暮年终得返鱼蓑。壶中日月时常好，枕上功名不足多。往古来今真夜旦，高天厚地一置罗。鹿门幸有庞公乐，

---

① 完颜璹：《沁园春》，《中州乐府》。
② 完颜璹：《如庵乐事》，《中州集》卷5。
③ 完颜璹：《漫赋》，《中州集》卷5。
④ 完颜璹：《城西》，《中州集》卷5。
⑤ 刘祁：《归潜志》卷1，第4—5页。
⑥ 刘祁：《归潜志》卷2，第15页；《金史》卷127《辛愿传》。

牛角徒为宁戚歌。①

先生未老厌儒冠，筑屋栽篱守岁寒。经史日长常满案，鱼虾溪近得供盘。幽花入室无多种，瘦竹关情只数竿。潇洒远辞车马迹，求官何必近长安。

城郭繁华断往还，林园幽闃养高闲。花低暖蕊斜窥水，竹亚晴梢巧避山。尊俎岁时君得意，风埃南北我何颜。丹房药镜游心久，不惜哀矜洗病屏。

不碍遥看冷翠微，尽教丛竹映窗扉。篱根傍水知鱼乐，屋角邻花鸟自归。浊酒野芹安已久，华轩高马到从稀。人间回首皆堪鄙，羡汝幽栖得所依。②

辛愿虽然隐居，但是对王朝兴亡颇为敏感，在诗作中不免有叹古悲今之感。

蛇分鹿死已无秦，五十年来汉苑春。问著流莺无一语，柳条依旧拂墙新。③

双峰高耸大河旁，自古函关一战场。紫气久无传道叟，黄尘那有弃繻郎。烟迷短草秋还绿，露浥寒花晚更香。共说河山雄百二，不堪屈指算兴亡。④

更为重要的是，辛愿用诗作记录了国家遭遇战乱时的景象。

兵去人归日，花开雪霁天。川原荒宿草，墟落动新烟。困鼠鸣虚壁，饥乌啄废田。似闻人语乱，县吏已催钱。⑤

兵戈为客苦思乡，春暮还乡却自伤。典籍散亡山阁冷，松筠憔悴野园荒。莺衔晚色啼深树，燕掠春阴入短墙。邻里也知归自远，竟将言语慰凄凉。

① 辛愿：《陋室》，《中州集》卷10。
② 辛愿：《题游彦明林园三首》，《中州集》卷10。
③ 辛愿：《隆德故宫》，《中州集》卷10。
④ 辛愿：《函关》，《中州集》卷10。
⑤ 辛愿：《乱后》，《中州集》卷10。

乱后还家春事空，树头无处觅残红。棠梨妥雪沾新雨，杨柳飘绵扬晚风。谈笑取官惊小子，艰难为客愧衰翁。残年得见休兵了，收拾闲身守桂丛。

春来漂泊心情减，老去艰危气力微。芳草际天愁思远，干戈满地故人稀。怀金跃马时何有，问舍求田事已违。粝食弊衣聊自足，白头甘息汉阴机。①

世乱中必有隐士，辛愿就是隐士的代表人物，所以其政治观点确实值得后人注意。

（三）王郁的遁世观

王郁（1204—1233 年），字飞伯，大兴（今属北京）人，科举、仕途均不利，又曾陷于南京围城中，自行突围后被杀。②

王郁与刘祁交好，离开南京前曾给刘祁留下《王子小传》，刘祁据此记录的王郁生平，显示他不仅关注理学，亦有强烈的遁世观念。

先生（王郁）平日好议论，尚气，自以为儒中侠。所向敢为，不以毁誉易心，又自能断大事。其论学，孔氏能兼佛、老，佛、老为世害，然有从事于孔氏之心学者，徒能言而不能行，纵欲行之，又皆执于一隅，不能周遍。故尝欲著书，推明孔氏之心学。又别言之、行之二者之不同，以去学者之弊。其论经学，以为宋儒见解最高，虽皆笑东汉之传注，今人惟知蹈袭前人，不敢谁何，使天然之智识不具，而经世实用不宏，视东汉传注尤为甚。亦欲著书，专与宋儒商订。其论为文，以为近代文章为习俗所蠹。不能遽洗其陋，非有绝世之人，奋然以古作者自任，不能唱起斯文。故尝欲为文，取韩、柳之辞，程、张之理，合而为一，方尽天下之妙。其论诗，以为世人皆知作诗，而未尝有知学诗者，故其诗皆不足观。诗学当自三百篇始，其次离骚，汉、魏、六朝、唐人近，皆置之不论，盖以尖慢浮杂，无复古体。故先王之诗，必求尽古人之所长，削去后人之所短。其论诗之详，皆成书。其论出处，以为仕宦本求得志，行其所知以济斯民，其或进而不能行，不若居高养豪，行乐自适，

---

① 辛愿：《乱后还三首》，《中州集》卷10。
② 《金史》卷126《王郁传》。

不为世网所羁，颇以李白为则。①

王郁虽有怀古诗显示救世豪情："落日一川英气在，西风万叶战声来。""谁倚城楼吊兴废，一声长笛暮云开。"② 但是在其他诗作中，表现更为突出的还是遁世的潇洒之情。

> 短日空徘徊，流云自来去。茫茫晓野客衣单，白露无声落秋树。③
> 宣平坊里榆林巷，便是临淄公子家。寂寞画堂豪贵少，时容词客醉琵琶。④
> 秋风袅袅吹庭树，伤心一叶随风去。叶随风去何所之，似我年年困羁旅。神螭纡屈泥中蟠，青云未到谁汝怜。愁来不寐起视夜，斗柄斜指西南天。⑤

王郁确实是有想法、有抱负的人，但是这样的"奇士"，亦未逃过战乱的厄运。

（四）赵元的危世观

赵元，又名赵宜禄，生卒年不详，字宜之，号愚轩居士，忻州定襄（今属山西）人，科举不利，又双目失明，隐居山林，著有《愚轩集》，已佚。⑥

赵元在战乱中，用写实的手法，在诗作中记录下了危世中的三苦。

一是战争之苦。战争带来破坏和恐惧，百姓不得不支持官军作战，所以只能期待好年景。

> 一脉寒流两岸冰，断桥无力强支撑。忘机羡杀沙鸥好，不省人间有战争。⑦

---

① 刘祁：《归潜志》卷3，第24页。
② 刘祁：《归潜志》卷9，第92页。
③ 王郁：《游子吟》，《中州集》卷7。
④ 王郁：《饮密国公诸子家》，《中州集》卷7。
⑤ 王郁：《秋夜长》，《中州集》卷7。
⑥ 刘祁：《归潜志》卷2，第15—16页。
⑦ 赵元：《渡洛口》，《中州集》卷5。

好雨知时便放晴，天和酝酿作西成。秋收但得官军饱，未怕输租远十程。

禾穗累累豆角稠，崧前村落太平秋。熙熙多少丰年意，都在农家社案头。

蹯翁伛偻负薪行，稚子跳梁剥枣声。不似二姑忙更杀，晚春椎髻脱钗荆。①

二是苛政之苦。在战乱中百姓伤亡惨重，但是无人抚恤，反倒是横征暴敛大行其道。

邻妇哭，哭声苦，一家十口今存五。我亲问之亡者谁，儿郎被杀夫遭虏。邻妇哭，哭声哀，儿郎未埋夫未回。烧残破屋不暇葺，田畴失锄多草莱。邻妇哭，哭不停，应当门户无余丁。追胥夜至星火急，并州运米云中行。②

三是修城之苦。修城耗尽民脂民膏，但是起不到保护民众的作用，令人哀叹。

甲戌（1214）岁忻城陷，官复完治，途中闻哀叹声，感而有作：修城去，劳复劳，途中哀叹声嗷嗷。几年备外敌，筑城恐不高。城高虑未固，城外重三壕。一锹复一杵，沥尽民脂膏。脂膏尽，犹不辞，本期有难牢护之。一朝敌至任椎击，外无强援中不支。倾城十万户，屠灭无移时。敌兵出境已逾月，风吹未干城下血。百死之余能几人，鞭背驰行补城缺。修城去，相对泣，一身赴役家无食。城根运土到城头，补城残缺终何益。君不见，得一李勣贤长城，莫道世间无李勣。③

在这样的危世中，赵元只能作为一个无可奈何的看客，以出世的态度应对危局。

①　赵元：《田间秋日三首》，《中州集》卷5。
②　赵元：《邻妇哭》，《中州集》卷5。
③　赵元：《修城去》，《中州集》卷5。

凫胫苦太短，蚿足何其多。物理斩不齐，利剑空自磨。老跖富且寿，元恶天不诃。伯夷岂不仁，饿死西山阿。天意寓冥邈，人心徒揣摩。不如且饮酒，流年付蹉跎。酒酣登高原，浩歌无奈何。①

蓍龟不须问，我命只自知。多生堕宿业，世网缠绵之。骅骝受羁衔，大笑跛鳖迟。跛鳖亦复笑，缩首甘自卑。何必参漆园，物理本自齐。槟榔可消谷，志士常苦饥。穆之万人雄，犹不免此讥。我懦更多病，区区欲何为。钟鼎不可幸，藜藿分所宜。安能如黄蜂，为人填蜜脾。清白傥少污，后人何所贻。初学悔大谬，篆刻工文辞。年来厌酸咸，淡爱陶潜诗。爱诗固自佳，其如未忘机。回头四十年，言动俱成非。谁能逐世利，日久常规规。惟当种溪田，与子常相期。

窗扉有生意，山间春到时。长安冠盖尘，游哉不如兹。西畴将有事，老农真吾师。不见元鲁山，梦寐役所思。遗山乃其后，僻处政坐诗。时复一相过，照眼珊瑚枝。奇书多携来，为子卧听之。

少从白衫游，气与山峥嵘。一念堕文字，肠腹期拄撑。多机天所灾，室暗灯不荧。拈书枕头睡，鼻息春雷鸣。泰山与鸿毛，何者为重轻。蹄涔与渤澥，谁能较亏盈。如能平其心，一切当自平。

嵩箕有奇姿，出云何悠然。云山足佳处，留客今几年。有子罢读书，求种山间田。栗里愧渊明，香山惭乐天。二老已古人，相望云泥悬。得酒邀月来，对影空自怜。摄衣欲起舞，稚子不须牵。②

镜里流年，绿变华颠。谢西山，青眼依然。人生安用，利锁名缠。似燕营巢，蜂课蜜，蚁争膻。词苑群仙，场屋诸贤，看文章，大笔如椽。闲人书册，且枕头眠。有洗心经，传灯录，坐忘篇。

潦倒无闻，坐惯家贫。眼昏花，心口犹存。人皆笑我，我尽教人。搅醉吟风，闲钓月，困眠云。邂逅交亲，语款情真，且相从，莫浪辛勤。西山归隐，不用移文。看菊成丛，松结子，竹生孙。

山拥垣墙，水满溪塘。几人家，篱落斜阳。又还夏也，一霎人忙。正稻分畦，蚕卸簇，麦登场。老子徜徉，闲日偏长，鬓鬖鬞，

---

① 赵元：《读乐天无可奈何歌》，《中州集》卷5。
② 赵元：《书怀继元弟裕之韵四首》，《中州集》卷5。

只管寻凉。绿阴何处，旋旋移床。有道边槐，门外柳，舍南桑。①

赵元眼盲心明，所以对他所记录的乱世场景和危世感怀，要格外注意。

（五）李献甫等人的乱世观

李献甫（1195—1234 年），字钦用，河中（今属山西）人，李献能从弟，兴定五年进士，历任长安令、尚书省令史等职，死于蔡州陷落时。李献甫长于《春秋左传》之学和地理学，著有《天倪集》，已佚。②

对于金朝后期的治理黄河工程，李献甫在诗作中给予了积极评价。

河堤一决岂天穷，失在当年固白公。谁与麻冈开故道，暂教版籍见山东。

新筑河堤要策勋，万人采净北壖薪。青青好借曹州柳，旧是中原一段春。

万夫卷土障横流，负土成山水未收。明日落成真盛事，谁能作赋拟黄楼。③

李献甫前往长安任职时，特别在诗作中对关中地区的战守不利发出乱世难救的感叹。

长安道，无人行，黄尘不起生榛荆。高山有峰不复险，大河有浪亦已平。向来百二秦之形，只今百二秦之名。我闻人固物乃固，人不为力物乃倾。将军誓守不誓战，战士避死不避生。杀人饱厌敌自去，长安有道谁当行。黄尘漫漫愁杀人，但见蔽野鸡群鸣。河东游子泪如雨，眼花落日迷秦城。长安道，无人行，长安城中若为情。④

碧树苍烟起暮云，长安陌上断行人。百年王气余飞观，万里神

---

① 赵元：《行香子三首》，《中州乐府》。

② 《金史》卷 110《李献甫传》。

③ 李献甫：《河上之役三首》，《中州集》卷 10。

④ 李献甫：《长安行》，《中州集》卷 10。

州隔战尘。身与孤云向双阙，愁随落日到咸秦。山河大地分明在，莫为时危苦怆神。①

在乱世中，李献甫只能是为支撑局面尽一点微薄之力，如就任长安令后，长安乃京兆行台所在，"供须之繁，急于星火"，李献甫"所以处之者常若有余，县民赖之以安"，亦成为被人称道的业绩。②

王浍，生卒年不详，字贤佐，又作玄佐，咸平（今属辽宁）人，精于易学。宣宗迁都南京后，曾命宰相致书王浍，请其入朝辅佐朝政，书信原文可转录于下。

> 阻奉仙标，渴思道论。敬伫下风，瞻系何极。先生嘉遁林薮，脱屣世荣，究大易之盈虚，洞玄象之终始。道尊德重，名闻天朝，推其绪余，可利天下。然君子之道，出处语默，何常之有，或拂衣而长往，或濡迹以救时。故当其无事，则采薇山阿，饵木岩岫，固其宜矣。及多难之际，社稷倾危，而不顾苍生倒悬而不解，其自为谋则善矣，仁人之心固如是乎。某猥以不才，谬应重任，四郊多垒，咎将谁执，徒积惭汗，坐视无术，庶几得明利害而外爵禄者，在天子左右，同济太平。今圣上明发不寐，轸念元元，屈己下贤，尊师重道。叹先生之绝识，钦先生之高风，虽黄帝尊广成之道，陶唐重颍阳之节，不是过也。先生怀宝遗世，如某之不肖者，固在所弃，独不念累世祖宗之基业，亿兆生灵之性命，忍忘之耶。昔商山四老定储嗣而暂来，谢安东山为苍生而一起。今安危大计，非特定储之势也，敌势侵逼，又非东晋之时也。生民涂炭，亦已极矣。岂先生建策于明昌之初，独无一言于贞祐之时乎。想先生幡然而改，惠然肯来，审定大计，转危为安，然后披惠帱，拂云扃，未为晚耳。③

尽管道路阻隔，王浍还是接到了书信，但是并没有前往南京，而是

---

① 李献甫：《围城》，《中州集》卷10。
② 《中州集》卷10《李献甫小传》。
③ 赵秉文：《相府请王教授书》，《滏水集》卷19。

留在了辽东。① 在诗作中，王浍对王朝面临被颠覆的危局，所强调的是参与争斗的各方既要重视人材，也要重视民生，不能只依靠武力。

> 河之坊矣，截截其平。岂曰不力，言持其盈。国既覆矣，视尔梦梦。云胡昊天，不终惠我。云胡昊天，疾威堂堂，辗转玩日，四国卒荒。偃仰在位，不知匪臧，不顾其行。有粟有粟，亦集于缶，则不敢饛，抑糊余口。谇曰哲矣，孰秉其咎。知我忧忧，不知我疚。陟彼南山，石其扁矣。戒尔勿伤，足其跰矣。踏踏喈喈，颜之腼矣。猗余何言，涕之法矣。民之种种，具曰赘疣。弗于尔躬，曷云能瘳。勖哉夫子，保尔有位，慎尔为犹。②
>
> 迅景走北陆，高木交朔风。众情悦妖冶，岂云惠其终。万事无不有，流转大化中。古来论成败，咄咄鱼为龙。牛车窜下国，势异情则同。浦姚本徂击，桓桓汤武功。彼美二三子，一笑清酤空。
>
> 两虎斗中野，利乃归衡虞。血肉相蹂躏，鼓吹行通衢。独倚刚脊力，箕踞倾百壶。未必非祸福，凡百持尔躯。吾闻虎畏黑，吹竹不枝梧。
>
> 光风荡繁囿，丹绿缀柔柯。游子去万里，空闺敛翠蛾。行云落江水，酒尽不成歌。鸡飞与狗走，妾命独奈何。
>
> 樆梧蒙绂冕，峥嵘化侯王。行饵先百牢，兰烟浮玉房。儿女何所见，拜跪色甚庄。四海正聋瞽，威灵尔翕张。哀哉杞梓材，弃捐官道旁。③

在乱世中有所感叹的还有秦略、田锡、庞汉、王特起等人，可列举他们的代表性诗作于下。

秦略（1161—1227 年），字简夫，号西溪老人，陵川（今属山西）人，在诗作中记录了农民交租的苦景："谷靡靡，青割将来强半秅。急忙春米送官仓，只恐秋风马尘起。官仓远在荞麦山，南梯直上青云间。梯危一上八九里，之字百折萦回环。凭谁说向监仓使，斛面莫教高一

---

① 《中州乐府》载《王浍小传》。
② 王浍：《河之坊》，杜本编《谷音》卷上，四库全书本。
③ 王浍：《感遇》，《谷音》卷上。

指。请君沿路看担夫，汗颗多于所担米。"①

　　田锡，生卒年不详，字永锡。宛平（今属北京）人，在诗作中表达了对终止战乱的期盼："干戈扰扰遍中州，挽粟车行似水流。何日承平如画里，短蓑长笛一川秋。""九折驱车梦易惊，一廛老计喜初成。园蔬不借将军地，宅券何劳宰相名。山入平檐供远翠，水环钓石得深清。漫郎聱叟琦玗子，谁悟他生与此生。"②

　　庞汉，生卒年不详，字茂弘，平晋（今属山西）人，正大末年进士，在诗作中主要表现的是隐士置身乱世之外的场景："冷云低压万长杨，十顷秋阴锁北堂。门外兵尘涨秦楚，水边烟景似湖湘。荷翻山雨僧窗晚，竹泛溪风客枕凉。早晚初平遂真隐，绕陂闲牧石头羊。"③

　　宋景萧，生卒年不详，字望之，长子（今属山西）人，正大六年进士，在诗作中主要表达是对王朝兴亡的感叹："南来边报日骎骎，思禹亭高泪满襟。野烧为谁留白草，荒城空自隔疏林。雁声不断天连水，山色无情古又今。离合兴亡只如此，往年争识少陵心。"④

　　薛继先（？—1232年），字曼卿，猗氏（今属山西）人，科举不利，隐居教书，⑤在诗作中主要表现的是对乱世隐居的感叹："衰年易感我今知，无讶骚人动楚悲。故国久抛兵劫后，佳辰多负菊华期。一时兰艾同凋落，两鬓雪霜仍别离。高世输他陶靖节，悠然高兴满东篱。"⑥

　　张潜（？—1232年），字仲升，武清（今属河北）人，与薛继先等为友，战乱中绝食而死，⑦在诗作中则表现出对乱世善政的关心："县务无难易，人才自异同。割鸡良暂屈，制锦要专工。积弊奸赃后，遗黎喘汗中。不存忧世志，底用读书功。嫉恶看平日，知君有古风。莫教循吏传，独载鲁山翁。"⑧

　　王特起，生卒年不详，字正之，代州崞县（今属山西）人，泰和

---

　　① 秦略：《谷靡靡，上党公府作》，《中州集》卷7。
　　② 田锡：《牧牛图》《故县别业》，《中州集》卷8。
　　③ 庞汉：《终南溪》，《中州集》卷8。
　　④ 宋景萧：《河阴望河朔感寓一首》，《中州集》卷8。
　　⑤ 《中州集》卷9《薛继先小传》。
　　⑥ 薛继先：《九日感怀》，《中州集》卷9。
　　⑦ 《中州集》卷9《张潜小传》。
　　⑧ 张潜：《寄人宰县》，《中州集》卷9。

三年进士，曾任沁源县令等职，后隐居。① 在诗作中，王特起表达了看破红尘的心境。

> 人情争胜似争棋，死怕输人一著迟。黑白不分旁袖手，年来吾亦爱吾痴。②
>
> 有时幽鸟话心事，无限秋虫夸口才。北阙上书吾老矣，东篱把菊思悠哉。竹林留得巨源在，莲社招入渊明来。不然余子败人意，怀抱耿耿胡为开。③
>
> 野夫不识武城宰，问之无言色微改。但说今年秋雨多，黄芪满谷无人采。踏遍西城锦石盘，暮投佛屋解征鞍。隔林依约见灯火，山谷人家初夜寒。④

对于为朝廷尽忠者，王特起则专门写下了挽诗："砥柱堂堂阅溃川，谏书一纸力回天。两朝眷倚传龟玉，五郡欢谣被管弦。芳舍棠阴余旧绿，夜台松月耿孤圆。行人漫洒碑前泪，谁识颜公是地仙。"⑤

第三节　元好问的世变观念

元好问（1190—1257 年），字裕之，号遗山，太原秀容（今属山西）人，兴定五年进士，官至左司员外郎，金亡后不仕，著有《遗山集》《续夷坚志》《壬辰杂编》《金源君臣言行录》等，并编辑了金人诗集《中州集》。⑥ 从元好问的经历和著述看，他在金朝后期主要展现的是世变观念。

一　世变之论

元好问成年后首先经历的是宣宗贞祐二年（1214）的"甲戌之变"，即蒙古军包围中都，宣宗不得不迁都南京。贞祐四年，元好问移

---

① 刘祁：《归潜志》卷 4，第 31—32 页；《中州集》卷 5《王特起小传》。
② 王特起：《偶作》，《中州集》卷 5。
③ 王特起：《漫作》，《中州集》卷 5。
④ 王特起：《沁源山中》，《中州集》卷 5。
⑤ 王特起：《挽张代州词》，《中州集》卷 5。
⑥ 郝经：《遗山先生墓铭》，《陵川文集》卷 35；《金史》卷 126《元好问传》。

居河南三乡。兴定二年（1218），元好问自三乡移居河南登封。兴定五年，元好问至汴京。① 从贞祐二年到金哀宗即位（1224）前，元好问主要展现的是应对世变的豪迈之气。

（一）世变之兆

世变之前必有征兆，元好问以自己的见闻，记下了一些重要的乱世之兆。

一是国寿之兆，显示金朝享国不超过一百二十年。

古人上寿皆以千万岁寿为言，国初种人纯质，每举觞惟祝百二十岁而已。盖武元以政和五年、辽天庆五年乙未为收国元年（1115），至哀宗天兴三年（1234）蔡州陷，适两甲子周矣，历年之谶遂应。②

二是火灾之兆，警示中都将发生逆臣弑君事件。

大安末（1211），都城频岁大火。凡被焚之家，或墙壁间，先有朱书字记之，寻即火起。互相访问，无不然者。凡延烧三数万家。市中佛阁，自唐日有之，辽人又谓之护国仁王佛坛、千手眼大悲阁，字虞世南所书。及阁被焚，卫绍王有旨，令救世南书榜，顾盼中已无及矣。识者谓护国坛被焚，不祥之甚。不一年，遂有虎贼（胡沙忽）弑逆之变。③

三是异物之兆，突然出现的异兽、异虫等，都预示将出现重大战乱。

崇庆元年（1212）冬十月，北京进士赵天瑞、张仲和辈十五人赴试回，晓行道中，日中见三物，一四足兽在前，一蛇继之，二物行甚速，次一鸟，跳跃稍缓。少顷，无所见。是后兵动，中原

---

① 元好问的历年经历，见狄宝心《元好问年谱新编》，中国文联出版社2000年版。
② 元好问：《历年之谶》，《续夷坚志》卷2，四库全书本。
③ 元好问：《都城大火》，《续夷坚志》卷2。

丧乱。①

德顺破后，民居官寺皆被焚。内城之下有炮数十，垂索在故营中。人有欲解此索者，见每一索，从上至下大虱遍裹，如脂蜡灌烛然。闻汴京被攻之后亦如是。丧乱之极，天地间亦何所不有也。②

古人相信谶纬之说，元好问也不例外，所以不能将他记述的这些预兆都视为无稽之谈，因为预言凶变也是一种重要的政治观念。

（二）迁都感怀

"甲戌之变"之前，金朝已经有北征、西征等战事，元好问在诗作中表现出了对出征将士命运的担忧。

三十未有二十强，手内蛇矛丈八长。总为官家金印大，不怕百死向沙场。捉却贺兰山下贼，金鞍绣帽好还乡。③

五日过居庸，十日渡桑干。受降城北几千里，出塞入塞沙漫漫。古来丈夫泪，不洒别离间。今朝送君行，清涕留余潸。生女莫作王明君，一去紫台空珮环。生男莫作班定远，万里驰书望玉关。我知骥子堕地无齐燕，我知鸿鹄意气青云端。草间尺鹦亦自乐，扶摇直上何劳搏。一衣敝温袍，一饭苜蓿盘。岁时寿翁媪，团栾有余欢。就令一朝便得八州督，争似彩衣起舞春斓斑。去年洛阳人，今年指天山。地远马鬐破，霜重貂裘寒。朔风浩浩来，客子惨在颜。扼胡岭上一回首，未必君心如石顽。君不见，桓山乌，乳哺不得须臾闲，众鶵一朝散，孤雌回顾声悲酸。寒雁来时八九月，白头阿母望君还。④

塞云一抹平如截，塞草离离卧榆叶。长城窟深战骨寒，万古牛羊饮冤血。少年锦带佩吴钩，独骑匹马觅封侯。去时只道从军乐，不道关山空白头。北风吹沙杂飞雪，弓弦有声冻欲折。寒衣昨夜洛阳来，肠断空闺捣秋月。年年岁岁望还家，此日归期转未涯。谁与

---

① 元好问：《日中见异物》，《续夷坚志》卷4。
② 元好问：《虱异》，《续夷坚志》卷1。
③ 元好问：《征西壮士谣》，《遗山集》卷6。
④ 元好问：《送李参军北上》，《遗山集》卷5。

南州问消息，几时重拜李轻车。①

金宣宗从中都迁往南京后，元好问更在诗作记录了中原遭遇战乱时的场景。

轧轧旆车转石槽，故关犹复戍弓刀。连营突骑红尘暗，微服行人细路高。已化沙虫休自叹，厌逢豹虎欲安逃。青云玉立三千丈，元只东山意气豪。②

老树高留叶，寒藤细作花。沙平时泊雁，野迥已攒鸦。旅食秋看尽，行吟日又斜。干戈正飘忽，不用苦思家。③

尤其是山西晋阳、太原等地的陷落，以及在官府压迫下的民不聊生，使元好问当时和后来都有沉重的危机感。

金城留旬浃，兀兀醉歌舞。出门览民风，惨惨愁肺腑。去年夏秋旱，七月黍穟吐。一昔营幕来，天明但平土。调度急星火，逋负迫捶楚。网罗方高悬，乐国果何所。食禾有百螣，择肉非一虎。呼天天不闻，感讽复何补。单衣者谁子，贩籴就南府。倾身营一饱，岂乐远服贾。盘盘雁门道，雪涧深以阻。半岭逢驱车，人牛一何苦。④

惠远祠前晋溪水，翠叶银花清见底。水上西山如卧屏，郁郁苍苍三百里。中原北门形势雄，想见城阙云烟中。望川亭上阅今古，但有麦浪摇春风。君不见，系舟山头龙角秃，白塔一摧城覆没。薛王出降民不降，屋瓦乱飞如箭镞。汾流决入大夏门，府治移着唐明村。只从巨屏失光彩，河洛几度风烟昏。东阙苍龙西玉虎，金雀觚棱上云雨。不论民居与官府，仙佛所庐余百所。鬼役天财千万古，争教一炬成焦土。至今父老哭向天，死恨河南往来苦。南人鬼巫好禨祥，万夫畚锸开连冈。官街十字改丁字，钉破并州渠亦亡。几时

---

① 元好问：《望归吟》，《遗山集》卷6。
② 元好问：《石岭关书所见》，《遗山集》卷10。
③ 元好问：《老树》，《遗山集》卷7。
④ 元好问：《雁门道中书所见》，《遗山集》卷2。

却到承平了，重看官家筑晋阳。①

梦里乡关春复秋，眼明今得见并州。古来全晋非无策，乱后清汾空自流。南渡衣冠几人在，西山薇蕨此生休。十年弄笔文昌府，争信中朝有楚囚。②

迁到南京的金人，则似乎忘却了所面临的重大危机，依然是一片歌舞升平的景象。

军从南去三回胜，雪自冬来二尺强。今岁长春多乐事，内家应举万年觞。

暖入金沟细浪添，津桥杨柳绿纤纤。卖花声动天街远，几处春风揭绣帘。

上苑春浓昼景闲，绿云红雪拥三山。宫墙不隔东风断，偷送天香到世间。

楼观沉沉细雨中，出墙花木乱青红。朱门不解藏春色，燕宿莺喧处处通。

双凤箫声隔彩霞，宫莺催赏玉溪花。谁怜丽泽门边柳，瘦倚东风望翠华。③

元好问作为年轻人，面对国家所面临的危局，当然不愿意碌碌无为，所以在词赋中抒发了奋力救国的豪情壮志。

步裴回而徒倚，放吾目乎高明。极天宇之空旷，阅岁律之峥嵘。于时积雨收霖，景气肃清，秋风萧条，万籁俱鸣。菊鲜鲜而散花，雁杳杳而遗声。下木叶于庭皋，动砧杵于芜城。穹林早寒，阴崖昼冥。浓澹霏拂，绕白纤青。纷丛薄之相依，浩霜露之已盈。送苍苍之落日，山川郁其不平。瞻彼辗辕，西走汉京，虎踞龙蟠，王伯所凭。云烟惨其动色，草木起而为兵。望嵩少之霞景，渺浮丘之独征。汗漫之不可与期，竟老我而何成。把清风于箕颍，高巢由之

---

① 元好问：《过晋阳故城书事》，《遗山集》卷4。
② 元好问：《太原》，《遗山集》卷9。
③ 元好问：《梁园春五首（车驾迁汴京后作)》，《遗山集》卷6。

遗名。悟出处之有道，非一理之能并。系南山之石田，维景略之所耕。老螭盘盘，空谷沦精。非云雷之一举，将草木之偕零。太行截天，大河东倾。邈神州于西北，恍风景于新亭。念世故之方殷，心寂寞而潜惊。激商声于寥廓，慨涕泗之缘缨。吁咄哉，事变于已穷，气生乎所激。豫州之土，复于慷慨击节之誓；西域之侯，起于穷悴佣书之笔。谅生世之有为，宁白首而坐食。且夫飞鸟而恋故乡，嫠妇而忧公室。岂有夷坟墓而剪桑梓，视若越肥而秦瘠。天人不可以偏废，日月不可以坐失。然则时之所感也，非无候虫之悲。至于整六翮而睨层霄，亦庶几乎鸷禽之一击。①

也就是说，元好问在面对危机之时，既对世变有较深刻的认识，也不乏救世的志气和勇气。

（三）乱世论诗

元好问指出："贞祐南渡后，诗学为盛。洛西辛敬之（辛愿）、淄川杨叔能（杨宏道）、太原李长源（李汾）、龙坊雷伯威（雷琯）、北平王子正（王元粹）之等不啻十数人，称号专门。"② 由此，在三乡时，元好问特别写下了对文人作诗的议论，可转录于下。

> 汉谣魏什久纷纭，正体无人与细论。谁是诗中疏凿手，暂教泾渭各清浑。
>
> 曹刘坐啸虎生风，四海无人角两雄。可惜并州刘越石，不教横槊建安中。
>
> 邺下风流在晋多，壮怀犹见铁壶歌。风云若恨张华少，温李新声奈尔何。
>
> 一语天然万古新，豪华落尽见真淳。南窗白日羲皇上，未害渊明是晋人。
>
> 纵横诗笔见高情，何物能浇块磊平。老阮不狂谁会得，出门一笑大江横。
>
> 心画心声总失真，文章仍复见为人。高情千古闲居赋，争信安仁拜路尘。

---

① 元好问：《秋望赋》，《遗山集》卷1。
② 元好问：《陶然集诗序》，《遗山集》卷37。

慷慨歌谣绝不传，穹庐一曲本天然。中州万古英雄气，也到阴山敕勒川。

沈宋横驰翰墨场，风流初不废齐梁。论功若准平吴例，合着黄金铸子昂。

斗靡夸多费览观，陆文犹恨冗于潘。心声只要传心了，布谷澜翻可是难。

排比铺张特一途，藩篱如此亦区区。少陵自有连城璧，争奈微之识碔砆。

眼处心生句自神，暗中摸索总非真。画图临出秦川景，亲到长安有几人。

望帝春心托杜鹃，佳人锦瑟怨华年。诗家总爱西昆好，独恨无人作郑笺。

万古文章有坦途，纵横谁似玉川卢。真书不入今人眼，儿辈从教鬼画符。

出处殊途听所安，山林何得贱衣冠。华歆一掷金随重，大是渠侬被眼谩。

笔底银河落九天，何曾憔悴饭山前。世间东抹西涂手，枉着书生待鲁连。

切切秋虫万古情，灯前山鬼泪纵横。鉴湖春好无人赋，岸夹桃花锦浪生。

切响浮声发巧深，研摩虽苦果何心。浪翁水乐无宫征，自是云山韶濩音。

东野穷愁死不休，高天厚地一诗囚。江山万古潮阳笔，合在元龙百尺楼。

万古幽人在涧阿，百年孤愤竟如何。无人说与天随子，春草输赢校几多。

谢客风容映古今，发源谁似柳州深。朱弦一拂遗音在，却是当年寂寞心。

窘步相仍死不前，唱酬无复见前贤。纵横正有凌云笔，俯仰随人亦可怜。

奇外无奇更出奇，一波才动万波随。只知诗到苏黄尽，沧海横流却是谁。

曲学虚荒小说欺，俳谐怒骂岂诗宜。今人合笑古人拙，除却雅言都不知。

有情芍药含春泪，无力蔷薇卧晚枝。拈出退之山石句，始知渠是女郎诗。

乱后玄都失故基，看花诗在只堪悲。刘郎也是人间客，枉向春风怨兔葵。

金入洪炉不厌频，精真那计受纤尘。苏门果有忠臣在，肯放坡诗百态新。

百年才觉古风回，元祐诸人次第来。讳学金陵犹有说，竟将何罪废欧梅。

古雅难将子美亲，精纯全失义山真。论诗宁下涪翁拜，未作江西社里人。

池塘春草谢家春，万古千秋五字新。传语闭门陈正字，可怜无补费精神。

撼树蚍蜉自觉狂，书生技痒爱论量。老来留得诗千首，却被何人校短长。①

元好问的作诗宏论，既是诗史的概说，也是对时人作诗的要求，尤其强调的是要作诗、先做人的基本要求和不蹈袭旧习、敢于推陈出新的勇气。乱世中的文人，确实需要重视这样的要求。

（四）乱世嘉政

元好问迁到登封后，目睹了登封令薛居中（字鼎臣）的善政行为，使他略感欣慰，并著文给予了赞誉。

兴定二年（1218）冬十月二日，诏以王屋令薛侯（薛居中）莅登封。侯之来，前政适为飞语所被，群小熠熠，如棼丝，如沸縻，殆若不复能措手者。侯曰："内之不治，不可以言外。"于是退悍卒，并冗吏，决留务，释滞狱，不旬日县中廓廓无事。即召里胥、乡三老之属，凡民之贫富，丁之众寡，里社之小大，输送之近远，谛问详审，纤悉具备，著为成籍，按其次而用之。贷逋赋以宽

① 元好问：《论诗三十首，丁丑岁（1217）三乡作》，《遗山集》卷11。

流亡，假闲田以业单贫。一粟之敛，一夫之役，均配周及权衡之必平、锱铢之必分也。宽以期日，不复强责，计以追胥之费之半而公上给矣。方春劝耕，遭田父野叟于途，慰以农里之言而勉之。孝弟之训，恳切至到，人为感动，以为前乎此盖未尝有令惠吾属之如此也。大概侯之治，仁心以为质，不屑屑于法禁，人有犯，薄示之辱，教以改过而已。至于老奸宿恶，不可以情用者，深治而痛绳之，终不以为夸也。故吏畏而爱，民爱而畏，上官不敢挠以事，宾客不敢干以私。教化兴行，颂声流闻，四外之人莫不以嵩前为乐土焉。明年，邑之民有借寇之举，会官以辟举令，法有不便者，一切罢之。民即相与言曰："吾侯如是，而不得终惠兹邑。侯往矣，吾属能久于此乎。"

吏奸而渔，吏酷而屠。轩裳贿阶，章绶盗符。鱼肉视人，以膏自濡。百腾踵来，惠而不锄。馋喙既餍，督之公输。嗟嗟遗黎，寒饿而劬。敛揫几何，日腊以枯。孰当膏之，俾还敷腴。侃侃薛侯，仁信笃诚。优为赵张，耻以自名。我靖我民，而不震惊。涵浸薰醲，千室更生。侯劝于郊："民尔良苦，治尔耒耜，安尔田亩。轻家而逋，孰为汝所。不夺汝时，不急汝租。无惰不勤，游末是趋。辨尔种稑，相尔菑畲。区尔欲深，苗尔欲疏。稂莠既芟，蟊贼既除。穰穰满家，贡以羡余。"民拜侯教："我敬我事，迨其有秋，维侯之赐。"有来督邮，责赋失期。侯惠我民，吏不叩扉。丁男有言，趣输无迟。及此暇时，从侯于嬉。①

元好问还专门写下了赞颂薛居中良政的诗作。

能吏寻常见，公廉第一难。只从明府到，人信有清官。
画诺由官长，昂头顾吏频。只从明府到，判笔不传神。
麋鹿山中尽，公厨破几钱。只从明府到，猎户得安眠。
木索人何罪，累累满狱中。只从明府到，牢户二年空。
驿舍无歌酒，清谈了送迎。即看明府去，画鼓有新声。
旧日逃亡国，镰锄色色新。即看明府去，还作卖牛人。

---

① 元好问：《登封令薛侯去思颂》，《遗山集》卷38。

疾恶看平日，天然御史材。豪奸休鼓舞，骢马即西来。①

乱世中行良政者并不多见，薛居中任职不到两年即去职，显示的恰是恶吏排斥良吏的总体氛围，元好问不过是用委婉的手法揭示了这样的现象。

二　世变之政

元好问中进士后，任职于国史院，正大二年（1225）由国史院去职，正大三年任镇平县令，正大四年任内乡县令，正大七年任邓州帅府幕僚，正大八年返回南京。在这一段时间内，由于参与朝政和地方事务，使元好问对乱世之政有了全面的认识。

（一）史院留痕

元好问按照尚书省主官的要求，在正大元年草拟了五封重要的文书，明确提出了不同的政治诉求。

一是在金哀宗即位的贺表中，强调新君应以维新的姿态促成重返治世、恢复版图的中兴气象。

> 中国之有至仁，无思不服。圣人之得大宝，咸与维新。凡在照临，举深庆抃。窃以社稷隆神器之重，父子处人伦之先。付与既公，众庶斯定。我国家光宅天下，丕冒海隅，世祚承平，古无伦拟。先皇帝总持权柄，弘济艰难。安强成道德之威，信顺得天人之助。大功甫集，明命有归。钦惟皇帝陛下，孝弟通于神明，忠厚及于草木。圣神文武，克享皇天之心。狱讼讴歌，皆曰吾君之子。百年享国，初得正传。三后在天，更无遗恨。大定、明昌之治，增光宜及于此时。周宣、夏后之功，专美岂容于他日。风云嘉会，日月中兴。臣等夙被生成，重叨际会。接千秋之统，既欣历数之有归，上万年之觞，行庆版图之尽复。②

二是在立皇太子的诏书中，强调了立国本、重仁孝的要求。

---

① 元好问：《薛明府去思口号七首》，《遗山集》卷11。
② 元好问：《拟贺登宝位表》，《遗山集》卷15。

惟王建国，笃为长世之谋。惟国立储，茂正万邦之本。位号定而莫不以为悦，典礼崇而莫敢以为私。眷予上嗣之良，优有中兴之略。内则视膳问安之礼备，外则尊道让齿之义隆。蔼然仁孝之称，粹矣温文之表。朕自绍休于大统，犹虚位于东朝。乃考蓍龟之占，乃稽方册之宝。夏后与子，天人之望攸归。周家尚亲，庙社之尊斯在。载蠲谷旦，爰辟青宫。下以副四海之心，上以对两宫之训。某可立为皇太子。于戏，文昭武穆，夙诒燕翼之谋。震长离明，本有承华之象。尚因主鬯之重，嗣启迓衡之期。①

三是在任命枢密使的制书中，强调了掌管军事者的善于御军和长于谋略要求。

在天垂象，玑衡通紫极之严。稽古象贤，宥密极洪枢之峻。故非智辩无穷，则不足以语成败安危之要；非威望素重，则不足以驭骁骏强悍之臣。敷求天下之奇才，以属国家之大计。诞告于众，予得其人。具官某，沉鸷有谋，矜严不挠，达用兵之善志，厉许国之精忠。戎阵有年，朕公屡奏。出奇应变，森然武库之雄。厌难折冲，隐若长城之固。属机庭之虚职，咨群牧以择贤。才气无双，士皆乐属李广。策虑愊亿，时则有若陈汤。是用假以本兵之权，置诸右府之长。于戏，汉有汲长孺，邪谋寝于淮南；唐相李文饶，威令行于河朔。盖屈人贵乎不战，而销患在于亡形。予将以中兴而责成，尔其以上策而自任。尚恢远略，无及近功。②

四是在御史大夫推辞兼任枢密使的上表中，强调的是臣僚要有自知之明的要求。

宪府备员，积有妨贤之畏。枢庭谋帅，遽应制胜之求。抚陋质以何堪，对宠光而知惧。臣闻受禄过量，忠臣耻其素餐；因能任官，明主不以私授。盖物胜于权，则衡为之殆；马竭其力，则御速于颠。臣虽至愚，敢忘斯义。伏念臣智灵弗竞，器蕴尤疏，初无落

---

① 元好问：《拟立东宫诏》，《遗山集》卷15。
② 元好问：《拟除枢密使制》，《遗山集》卷15。

落过人之材，徒有区区自信之志。荐更中外，无补事功。窃忧大谴之方来，敢谓异恩之横被。而况枢极通帝位之纪，宥府严师律之谋。周设六官，司马联于冢宰。汉分三府，太尉列于中台。故必文武智能之臣，乃副腹心爪牙之任。人歌宣后，岂无吉甫之宪邦；天启高皇，宜得留侯而筹幄。顾以非才而叨据，在于公议而谓何。伏望皇帝陛下，大道曲全，至明博照，察臣心之有愧，悯臣力之弗胜，追还误恩，妙简良辅。退而劳力，足昭名器之至公；因是得人，旋致朝廷之增重。①

五是在任命司农卿的制书中，不仅承认朝廷有急征暴敛的弊病，更强调了爱民养民和生财有道的要求。

田政维天下之大纲，古有播百谷之命；农臣分户曹之外务，今为治六府之官。况假以部使者之权，位于中执法之次，自非智数足以丰财赋，风采足以动缙绅，则何以察吏治之否臧，究货源之通塞。畴若予采，佥曰汝谐。具官某，志大而气刚，智明而才劲。遇事不滞，耆然新发之锋；挺身而前，凛乎后凋之节。自预时髦之选，浸阶华贯之游。蔚为名臣，简在朕听。是用进以稽臣之贰，委兹邦计之繁。朕惟西北用兵以来，朝廷多事之际，敛散之术既废，罪功之辨不明，官必仰给于创疲之民，民或重困于侵敛之吏。盖基本急于爱养，而纲纪贵乎设张。朕方以一道之事而责成，尔得以三载之功而自效。于戏，生之有道则财恒足，率之以正则令必行。刘晏之轻重相权，算不忘于马上；范滂之澄清自任，志已见于车中。罔俾斯人，专美前世。②

这五份文件尽管是官样文章，但是展示了元好问对治道学说的理解和应用，尽管未必被采用，但亦应值得重视。

元好问还以专文陈述了对吏的看法，强调吏不仅有贤、愚之分，为官者还要善待吏员。

① 元好问：《拟御史大夫让枢密使表》，《遗山集》卷15。
② 元好问：《拟除司农卿制》，《遗山集》卷15。

吏部为六曹之冠，自前世号为前行。官属府史，由中后行而进者，皆以为荣焉。国朝故事，掾属之分，有左右选。右选之在吏曹者，往往至公卿达官，然不能终更者亦时有之。古人以为吏犹贾，然贾有贤有愚，贤贾之取廉，日计不足，月计有余，愚贾之求无纪极，举身以徇货，反为所累者多矣，此最善喻者。自风俗之坏，上之人以徒隶遇佐史，甚者先以机诈待之，廉耻之节废，苟且之心生，顽钝之习成，实坐于此。夫以天下铨综之系，与夫公卿达官之所自出，乃今以徒隶自居，身辱而不辞，名败而不悔，甚矣人之不自重也。①

元好问还借汴京警巡院使宋九嘉（字飞卿）设立官衙的机会，强调了他对安民的理解。

窃尝谓：治人者食于人，劳其心者逸其身。于此有人焉朝夕从事，使斯民也皆得其所，欲安民安矣，至于吾身之所以安，则谓之私而不敢为，夫岂人情也哉。履展之间，可以用极，鼓钟之末，可以观政。②

元好问在国使馆的短期任职，留下的是不被他人重视的感叹，所以坚决辞官，暂时归隐于登封。在诗词中，元好问表达了对官场的强烈不满。

形神自相语，呫诺汝来前。天公生汝何意，宁独有畸偏。万事粗疏潦倒，半世栖迟零落，甘受众人怜。许汜卧床下，赵一倚门边。五车书，都不博，一囊钱。长安自古歧路，难似上青天。鸡黍年年乡社，桃李家家春酒，平地有神仙。归去不归去，鼻孔欲谁穿。③

从宦非所堪，长告欣得请。驱马出国门，白日触隆景。半生无根著，飘转如断梗。一昨随牒来，六月阻归省。城居苦湫隘，群动

---

① 元好问：《吏部掾属题名记》，《遗山集》卷33。
② 元好问：《警巡院廨署记》，《遗山集》卷33。
③ 元好问：《水调歌头·史馆夜直》，《遗山乐府》卷上，丛书集成本。

日蛙黾。惭愧山中人，团茅遂幽屏。尘泥免相浣，梦寐见清颍。矫首孤飞云，西南路何永。①

元好问任职国史院时尽管不如意，但最大的收获就是获得了京城文人的认可，进入了文人圈内，在后来的诗作中，他依然对此念念不忘。

往年在南都，闲闲（赵秉文）主文衡。九日登吹台，追随尽名卿。酒酣公赋诗，挥洒笔不停。蛟龙起庭户，破壁春雷轰。堂堂髯御史，痛饮益精明。亦有李与王，玉树含秋清。我时最后来，四座颇为倾。今朝念存殁，壮心徒自惊。②

（二）治民之难

元好问离开南京后，有一小段悠闲时光，于是打起了种田的主意，但是真正做起来，才发现文人种田实属不易。

一旱近两月，河洛东连淮。骄阳佐大火，南风卷黄埃。草树青欲干，四望令人哀。时时怪事发，雨雹如李梅。我梦天河翻，崩腾走云雷。今日复何日，馺雨东南来。元气淋漓中，焦卷意已回。良苗与新颖，郁郁无边涯。书生如老农，苦乐与之偕。阊阖闻吉语，一笑心颜开。酉年酒如浆，干溢安能灾。唯当作高廪，多具尊与罍。家人笑问我，君田安在哉。③

去年春旱百日强，小麦半熟雨作霜。青山无情不留客，单衣北风官路长。遗山山人伎俩拙，食贫口众留他乡。五车载书不堪煮，两都觅官自取忙。无端学术与时背，如瞽失相徒伥伥。今年得田昆水阳，积年劳苦似欲偿。邻墙有竹山更好，下田宜秫稻亦良。已开长沟掩乌芋，稍学老圃分红姜。宋公能诗雅好客，劝我移家来水旁。一闲入手岂易得，梦中我马犹玄黄。君不见，并州少年作轩昂，鸡鸣起舞望八荒，夜如何其夜未央。卖刀买犊未厌早，腰金骑鹤非所望。河南冬来已三白，土膏坟起如蜂房。嵩山东头玉旆出，

---

① 元好问：《出京（史院得告归嵩山侍下）》，《遗山集》卷1。
② 元好问：《九日读书山用陶诗露凄暄风息，气清天旷明为韵，赋十诗》，《遗山集》卷2。
③ 元好问：《乙酉（1225）六月十一日雨》，《遗山集》卷1。

父老知是丰年祥。南溪酒熟梅花香，高声为唤墙东王。便当过我取一醉，听歌长安金凤凰。①

借地乞麦种，徼幸今年秋。乞种尚云可，无丁复无牛。田主好事人，百色副所求。盼盼三百斛，宽我饥寒忧。我梦溱南川，平云绿油油。起来望河汉，旱火连东州。四月草不青，吾种良漫投。田间一太息，此岁何时周。向见田父言，此田本良畴。三岁废不治，种则当倍收。何如落吾手，羊年变鸡猴。身自是旱母，咄咄将谁尤。人满天地间，天岂独我仇。正以赋分薄，所向困拙谋。不稼且不穑，取禾亦何由。办作高敬通，恶雨将漂流。吾贫有滥觞，贤达未始羞。单衣适至骭，一剑又蒯缑。焉知寄食饿，不取丞相侯。作诗以自广，时用商声讴。②

元好问任职镇平、内乡时，以自己和他人的经历，深刻体会到了国家病入膏肓之后，治民难上加难。

吏散公庭夜已分，寸心牢落百忧薰。催科无政堪书考，出粟何人与佐军。饥鼠绕床如欲语，惊乌啼月不堪闻。扁舟未得沧浪去，惭愧舂陵老使君。③

室人箧中无寸缕，一箔秋蚕课诸女。朝来饲却上马桑，隔簇仍闻竹间雨。阿容阿璋墨满面，画彻灰城前致语。上无苍蝇下无鼠，作茧直须如瓮许。东家追胥守机杼，有桑有税吾犹汝。官家恰少一绚丝，未到打门先自举。④

大城满豺虎，小城空雀鼠。可怜河朔州，人掘草根官煮弩。北人南来向何处，共说莘川今乐土。莘川三月春事忙，布谷劝耕鸠唤雨。旧闻抱犊山，摩云出苍棱。长林绝壑人迹所不到，可以避世如武陵。煮橡当果谷，煎术甘饴饧。此物足以度荒岁，况有麋鹿可射鱼可罾。自我来嵩前，旱干岁相仍。耕田食不足，又复违亲朋。三年西去心，笼禽念飞腾。一瓶一钵百无累，恨我不如云水僧。嵩山

---

① 元好问：《雪后招邻舍王赞子襄饮》，《遗山集》卷3。
② 元好问：《麦叹》，《遗山集》卷1。
③ 元好问：《内乡县斋书事》，《遗山集》卷8。
④ 元好问：《秋蚕》，《遗山集》卷3。

几来层，不畏登不得，但畏不得登。洛阳一夕秋风起，羡煞吴中张季鹰。①

在面对旱灾、蝗灾时，元好问还特别写出了救灾的祭文。

粤惟此州，百道从出。调度之急，膏血既枯。悬望此秋，以舒日夕。沴气所召，百螣踵来。种类之繁，蔽映天日。如云之稼，一饱莫供。道路嗷嗷，无望卒岁。考之传记，事有前闻。鲁公中牟，今为异政。贪墨汝罚，诅曰弗灵。言念兹时，濒于陆沉。吏实不德，民则何辜。岁或凶荒，转死谁救。敢殚志愿，神其悯之。②

治民不易，只能转向钻研学问，元好问于是有了内乡白鹿原的"问学"之举。

予既罢内乡，出居县东南白鹿原，结茅菊水之上，聚书而读之。其久也，优柔厌饫，若有所得，以为平生未尝学，而学于是乎始，乃名所居为新斋，且为赋以自警，其辞曰：

新之为说也，在金曰从革，在木曰从斤。丘陵为山而恶乎画，履霜坚冰而致于驯。犹之于人，则齐、鲁有一再之渐，狂、圣由念否之分。唯夫守一而不变者，不足以语化。化之为神，附陈迹以自观。悼吾事之良勤，失壮岁于俯仰，竟四十而无闻。圣谟洋洋，善诲循循。出处语默之所依，性命道德之所存。有三年之至谷，有一日之归仁。动可以周万物而济天下，静可以崇高节而抗浮云。曾出此之不知，乃角逐乎空文。张北辕以适楚，将畴问而知津。掩虚名以自夸，适以增顽而益嚚。我卜我居，于浙之滨。方处阴以休影，思沐德而澡身。盖尝论之：生而知，困而学，固等级之不躐；愤则启，悱则发，亦愚智之所均。斋戒沐浴，恶人可以祀上帝。洁己以进，童子可以游圣门。顾年岁之未暮，岂终老乎凡民。已焉哉，孰糟粕之弗醇，孰土苴之弗真。孰昧爽之弗旦，孰悴槁之弗春。又安

---

① 元好问：《寄赵宜之（赵时在卢氏）》，《遗山集》卷5。
② 元好问：《祭飞蝗文》，《遗山集》卷40。

知温故知新，与夫去故之新，他日不为日新、又新、日日新之新乎。①

元好问曾受教于郝天挺，受到理学的影响，所以"问学"之新，应是指性命道德之学的理学。但是他只是对理学感兴趣而已，从来就没有把自己视为理学学者，对于这一点应特别注意。

（三）军旅不易

元好问作为文官，在邓州任职时算是介入了军政，对于这样的安排，他只能勉为其难地服从，并随从长官东奔西走。

> 幕府文书鸟羽轻，敝裘羸马月三更。未能免俗私自笑，岂不怀归官有程。十里陂塘春鸭闹，一川桑柘晚烟平。此生只合田间老，谁遣春官识姓名。②
>
> 邓州城下湍水流，邓州城隅多古丘。隆中布衣不复见，浮云西北空悠悠。长鲸驾空海波立，老鹤叫月苍烟愁。自古江山感游子，今人谁解赋登楼。③
>
> 少年射虎名豪，等闲赤羽千夫膳。金铃锦领，平原千骑，星流电转。路断飞潜，雾随腾沸，长围高卷。青川空谷静，旌旗动色，得意似，平生战。城月迢迢鼓角，夜如何，军中高宴。江淮草木，中原孤兔，先声自远。盖世韩彭，可能只办，寻常鹰犬。问元戎早晚，鸣鞭径去，解天山箭。④
>
> 上高城置酒，遥望春陵。兴与废，两虚名。江山埋王气，草木动威灵。中原鹿，千年后，尽人争。风云瘖寐，鞍马生平。钟鼎上，几书生。军门高密策，田亩卧龙耕。南阳道，西山色，古今情。⑤

邓州下辖穰城、南阳、内乡等县，颇多历史古迹，元好问就这些古

---

① 元好问：《新斋赋》，《遗山集》卷1。
② 元好问：《被檄夜赴邓州幕府》，《遗山集》卷8。
③ 元好问：《邓州城楼》，《遗山集》卷3。
④ 元好问：《水龙吟·从商帅国器猎于南阳，同仲泽、鼎玉赋此》，《遗山乐府》卷上。
⑤ 元好问：《三奠子·同国器帅良佐仲泽置酒南阳故城》，《遗山乐府》卷中。

迹所写的诗作，既反映了他在军旅中的情况，也有借古喻今、期盼中兴的意愿。

一军南北几扶伤，长坂安行气已王。豪杰尽思为汉用，江山初不解吴强。两朝元老心虽壮，再世中兴事可常。寂寞永安宫畔土，争教安乐似山阳。①

虎掷龙拏不两存，当年曾此赌乾坤。一时豪杰皆行阵，万古河山自壁门。原野犹应厌膏血，风云长遣动心魂。成名竖子知谁谓，拟唤狂生与细论。②

东南地上游，荆楚兵四冲。游子十月来，登高送长鸿。当年赤帝孙，提剑起蒿蓬。一顾潓水断，再顾新都空。雷霆万万古，青天看飞龙。岿然此遗台，落日荒烟重。谁见经纶初，指挥走群雄。白水日夜东，石麟几秋风。空余光武叹，无复云台功。③

鞍马匆匆去复还，霜钟今得见丰山。千年香火丹霞老，满眼兴亡白水闲。壮志自怜消客路，深居谁得似禅关。只应频有西来梦，夜夜青林杏霭间。④

丰山一何高，古屋苍烟重。开门望吴楚，鸟去天无穷。连山横巨鳌，白水亘长虹。川原郁佳气，自古南都雄。炎精昔季兴，卧龙起隆中。落落出奇策，言言揭孤忠。时事有可论，生晚恨不逢。汉贼不两立，大义皎日同。吴人操等耳，忍与分河潼。夺操而与权，何以示至公。一民汉遗黎，尺地汉故封。守民及守土，天地与相终。不能御寇雠，顾以寇自攻。既异鸿沟初，又非列国从。一劵损半产，二祖宁汝容。端本一已失，孤唱谁当从。至今有遗恨，庙栢号阴风。旧闻清冷渊，天籁如撞钟。山经野人语，诞幻欺孩童。开元有乱阶，鹿饮温泉宫。黄猿何为者，乃尔能啸凶。乾坤之大音，久郁理当通。清霜旦夕落，伫尔惊群聋。⑤

---

① 元好问：《新野先主庙（次邓帅韵）》，《遗山集》卷8。
② 元好问：《楚汉战处》，《遗山集》卷8。
③ 元好问：《光武台》，《遗山集》卷1。
④ 元好问：《丹霞下院同仲泽、鼎玉赋（时从商帅军至南阳）》，《遗山集》卷8。
⑤ 元好问：《丰山怀古》，《遗山集》卷1。

元好问借在邓州建仓储粮的机会，不仅指出了以往竭泽而渔、官吏腐败等弊病，还申明了去弊、救民和以农为本的主张。

> 观察判官曹君德甫以书抵某，云："武胜一军，雄殿南服。重兵所宿兼倍诸道，故廪庾之积尤为吾州之大政。今漆水公之镇是邦也，至之日即以新仓为事，度材于山，赋庸于兵，心计手授，百堵皆作。盖经始于正大六年之八月，而断手于八年之四月。文石既具，子为我记之。"某以为天下之为食者，莫劳于农，而莫不害于农，农之力至于今极矣。嘘牛而耕，曝背而耘，十人之劳不能给一人之食，水旱、霜雹、螟蝗、蟊贼凡害于稼者不论也。用兵以来，调度百出，常赋所输，皆疮痍之民终岁勤动，不得以养其父母妻子，而以之佐军兴者。兵则恃农而战，农则恃战而耕。朝廷旰食宵衣，惟谷之恤，劝农冠盖相望于道，廪人之制非不具备，而有司或不能奉承，精粗之不齐，陈腐之不知，度量之不同，簿领之不一，收贮之不谨，启闭之不时，诃禁之不严，检察之不恒，冒滥之不究，请托之不绝。一隙所开，百奸乘之。百家之所敛，不足以给雀鼠之所耗；一邑之所入，不足以补风雨之所败。四方承平、粒米狼戾时然且不可，况道殣相望之后乎。然则有能为国家重民食而谨军赋者，业文之士宜喜闻而乐道之也。唯公为徐、为陕、为凤翔、为京兆、为洛阳，尽力民事二十年于兹，知民之所难，知战之所资，知废政之不可不举，知积弊之不可不去。是役也，易腐败为坚整，广狭陋为宏敞，增卑湿为爽垲，导壅蔽为开廓，环以复垣，键以重扃，圭撮有经，新陈有次，暵曝有所，检视有具，出入有籍，巡卫有卒，条画周密，截若划一，万箱踵来，千仓日盈，陈陈相因，如冈如陵，望之巍然，有以增金城汤池之重。京师仰给，于是乎张本。①

元好问自知不擅长军旅之事，所以提出辞职的请求，被军帅认可后，离开了邓州帅府并向与之经历相仿的好友道出了为官可能身蹈危机的秘语。

---

① 元好问：《邓州新仓记》，《遗山集》卷33。

本无奇骨负功名，取次谁教髀肉生。未到白头能几日，六年留滞邓州城。①

升斗微官不疗饥，中林春雨蕨芽肥。归来应被青山笑，可惜缁尘染素衣。②

忧端扰扰力难任，世事骎骎日见临。三载素冠容有愧，一时墨经果何心。首丘自拟终残喘，陟岵谁当辨苦音。遥望朱门涕横落，相公恩德九泉深。③

（彦仁从军，久厌于事物之累，念欲脱去之，而不可得也。故尝郁郁不自聊，求予发药之。予名其居曰任运堂，且为赋诗）官职有何好，凛凛蹈危机。车尘及马足，捧手仍低眉。弃去何足道，无从脱絷维。不如听其然，岁晚傥可期。④

元好问还曾于正大八年（辛卯，1231）受命前往叶县查核耕地、租税，所见更是恶政之下的一片萧条景象。

春旱连延入麦秋，今朝一雨散千忧。龙公有力回枯槁，客子何心叹滞留。多稼即看连楚泽，归云应亦到嵩丘。兵尘浩荡乾坤满，未厌明河拂地流。⑤

秦阳陂头人迹绝，荻花茫茫白于雪。当年万家河朔来，画出牛头入租帖。苍髯长官错料事，下考大笑阳城拙。至今三老背肿青，死为逋悬出膏血。君不见，刘君宰叶海内称，饥摩寒抚哀孤惸。碑前千人万人泣，父老梦见如平生。冰霜纨绮渠有策，如我碌碌当何成。荒田满眼人得耕，诏书已复三年征。早晚林间见鸡犬，一犁春雨麦青青（髯李令南阳，配流民以牛头租，迫而逃者余万家。刘云卿御史宰叶，除逃户税三万斛，百姓为之立碑颂德，贤不肖用心相远如此。李之后十年，予为此县，大为逋悬所困。辛卯七月，农司檄予按秦阳陂田，感而赋诗）。⑥

①　元好问：《出邓州》，《遗山集》卷11。
②　元好问：《自邓州幕府暂归秋林》，《遗山集》卷11。
③　元好问：《谢邓州帅免从事之辟》，《遗山集》卷8。
④　元好问：《临汾李氏任运堂二首》，《遗山集》卷2。
⑤　元好问：《叶县雨中（时崧前旱尤甚）》，《遗山集》卷8。
⑥　元好问：《宛丘叹》，《遗山集》卷3。

元好问在乱局中的问政、从军，没有太多成绩可言，显示出乱世难为的重要特征。

三 世变之窘

元好问于正大八年（1231）八月重返南京，天兴二年（1233）四月离开南京，目睹了南京被围和崔立之变的全过程，并记下了当时的窘迫状态。

（一）哀宗离京

元好问到南京后，首先关注的是陕西的军情，对于金军能否守住潼关毫无信心，不能不表示出重重忧虑。

> 突骑连营鸟不飞，北风浩浩发阴机。三秦形胜无今古，千里传闻果是非。偃蹇鲸鲵人海涸，分明蛇犬铁山围。穷途老阮无奇策，空望岐阳泪满衣。
>
> 百二关河草不横，十年戎马暗秦京。岐阳西望无来信，陇水东流闻哭声。野蔓有情萦战骨，残阳何意照空城。从谁细向苍苍问，争遣蚩尤作五兵。
>
> 眈眈九虎护秦关，懦楚孱齐几上看。禹贡土田推陆海，汉家封徼尽天山。北风猎猎悲笳发，渭水潇潇战骨寒。三十六峰长剑在，倚天仙掌惜空闲。[1]

返京之后，无所事事的元好问更多表现的是孤独和难寻出路的心境。在南京被包围后，他更后悔不应返回南京。

> 四壁秋虫夜语低，南窗孤客枕频移。野情自与轩裳隔，旅食难堪日月迟。平子归田原有约，魏舒蹑被恐无期。一茎白发愁多少，惭愧家人赋莀廖。[2]
>
> 浙江归路杳，西南仰羡，投林高鸟。升斗微官，世累苦相萦绕。不入麒麟画里，又不与，巢由同调。时自笑，虚名负我，平生

---

① 元好问：《岐阳三首》，《遗山集》卷8。
② 元好问：《京居·辛卯（1231）八月六日作》，《遗山集》卷8。

吟啸。扰扰马足车尘，被岁月无情，暗消年少。钟鼎山林，一事几时曾了。四壁秋虫夜语，更一点，残灯斜照。青镜晓，白发又添多少。①

哀宗离开南京之后，元好问更是心情苦闷，只能用诗作表达自己的不满情绪。

翠被匆匆见执鞭，戴盆郁郁梦瞻天。只知河朔归铜马，又说台城堕纸鸢。血肉正应皇极数，衣冠不及广明年。何时真得携家去，万里秋风一钓船。

惨淡龙蛇日斗争，干戈直欲尽生灵。高原水出山河改，战地风来草木腥。精卫有冤填瀚海，包胥无泪哭秦庭。并州豪杰今谁在，莫拟分军下井陉。

郁郁围城度两年，愁肠饥火日相煎。焦头无客知移突，曳足何人与共船。白骨又多兵死鬼，青山元有地行仙。西南三月音书绝，落日孤云望眼穿。

万里荆裹入战尘，汴州门外即荆榛。蛟龙岂是池中物，虮虱空悲地上臣。乔木他年怀故国，野烟何处望行人。秋风不用吹华发，沧海横流要此身。

五云宫阙露盘秋，银汉无声桂树稠。复道渐看连上苑，戈船仍拟下扬州。曲中青冢传新怨，梦里华胥失旧游。去去江南庾开府，凤凰楼畔莫回头。②

身处围城之中，尤其是患病时更会感到绝望，并对他人能够脱离围城表示羡慕之情。

眼中时事益纷然，拥被寒窗夜不眠。骨肉他乡各异县，衣冠今日是何年。枯槐聚蚁无多地，秋水鸣蛙自一天。何处青山隔尘土，一庵吾欲送华颠。③

---

① 元好问：《玉漏迟·壬辰（1232）围城有怀浙江别业》，《遗山乐府》卷上。
② 元好问：《壬辰（1232）十二月车驾东狩后即事五首》，《遗山集》卷8。
③ 元好问：《眼中》，《遗山集》卷8。

扰扰长衢日往回，病中聊得避喧埃。愁多顿觉无诗思，计拙惟思近酒杯。潘岳镜中浑白发，江淹门外即苍苔。生涯若被旁人问，但说经年鼠不来。①

梦寐西山饮鹤泉，羡君归兴渺翩翩。昂藏自有林壑态，饮啄暂随尘土缘。辽海故家人几在，华亭清泪世空怜。明年也作江鸥去，水宿云飞共一天。②

文人在围城中的作为，或是用文字记录当时的窘困情形，以备后人了解这一段史实，或是以吟诗作赋的方法抒发悲情，元好问当时着重的显然是后者而不是前者。

（二）南京陷落

崔立在南京出降后，元好问曾陷入立碑事件，已见前述。元好问随即被带往聊城，在诗作中留下的离开南京时的场景，已对王朝兴亡有了初步的评价。

塞外初捐宴赐金，当时南牧已骎骎。只知灞上真儿戏，谁谓神州遂陆沉。华表鹤来应有语，铜盘人去亦何心。兴亡谁识天公意，留着青城阅古今。③

元好问亦以诗作记录了出京后所见到的凄凉景象。

道旁僵卧满累囚，过去骈车似水流。红粉哭随回鹘马，为谁一步一回头。

随营木佛贱于柴，大乐编钟满市排。掳掠几何君莫问，大船浑载汴京来。

白骨纵横似乱麻，几年桑梓变龙沙。只知河朔生灵尽，破屋疏烟却数家。④

---

①　元好问：《围城病中文举相过》，《遗山集》卷8。
②　元好问：《浩然师出围城，赋鹤诗为送》，《遗山集》卷8。
③　元好问：《癸巳（1233）四月二十九日出京》，《遗山集》卷8。
④　元好问：《癸巳（1233）五月三日北渡三首》，《遗山集》卷12。

抵达聊城后，元好问以长诗追述了金朝官员被俘北上的场景，以此来彰显乱世中命运不由己的哀叹。

南冠累累渡河关，毕逋头白乃得还。荒城雨多秋气重，颓垣败屋深茅菅。漫漫长夜浩歌起，清涕晓枕留余潜。曹侯少年出纨绮，高门大屋垂杨里。诸房三十侍中郎，独守残编北窗底。王孙上客生光辉，竹花不实鹓鶵饥。丝桐切切解人语。海云唤得青鸾飞。梁园三月花如雾，临锦芳华朝复暮。阿京风调阿钦才，晕碧裁红须小杜。长安张敞号眉妩，吴中周郎知曲误。香生春动一诗成，瑞露灵芝满窗户。鱼龙吹浪三山没，万里西风入华发。无人重典鹔鹴裘，展转空床卧秋月。宝镜埋寒灰，郁郁万古不可开。龙剑出地底，青天白日驱云雷。层冰千里不可留，离魂楚些招归来。生不愿朝入省暮入台，愿与竹林嵇阮同举杯。郎食猩猩唇，妾食鲤鱼尾，不如孟光案头一杯水。黄河之水天上流，何物可煮人间愁。撑霆裂月不称意，更与倒翻鹦鹉洲。安得酒船三万斛，与君麦醉太湖秋。①

元好问还特别写下了专述王朝衰亡的两首诗作，一首陈述的是汴京陷落后的亡国场景。

沧海横流万国鱼，茫茫神理竟何如。六经管得书生下，阔剑长枪不信渠。

洛阳城阙变灰烟，暮虢朝虞只眼前。为向杏园双燕道，营巢何处过明年。

落日青山一片愁，大河东注不还流。若为长得熙春在，时上高层望宋州。

醇和旁近洞房环，碧瓦参差竹木闲。批奏内人轮上直，去年名姓在窗间。

天上三郎玉不如，手中白雨趁花奴。御屏零落宣和笔，留得华清按乐图。

诗仙诗鬼不谩欺，时事先教梦里知。禁苑又经人物散，荒凉台

①　元好问：《南冠行·癸巳（1233）秋为曹德一作》，《遗山集》卷5。

榭水流迟。

金缕歌词金曲卮，百年人事鬓成丝。重来未必春风在，更为梨花住少时。

杨柳随风散绿丝，桃花临水弄妍姿。无端种下青青竹，恰到湘君泪尽时。

琵琶心事曲中论，曾笑明妃负汉恩。明日天山山下路，不须回首望都门。

炉薰浥浥带轻阴，翠竹高梧水殿深。去去毡车雪三尺，画罗休缕麝香金。

罗绮深宫二十年，更持桃李向谁妍。人生只合梁园死，金水河头好墓田。

苦才多思是春风，偏近骚人怅望中。啼尽杜鹃枝上血，海棠明日更应红。

暖日晴云锦树新，风吹雨打旋成尘。宫园深闭无人到，自在流莺哭暮春。

万户千门尽有名，眼中历历记经行。赋家正有芜城笔，一段伤心画不成。

暮云楼阁古今情，地老天荒恨未平。白发累臣几人在，就中愁杀庾兰成。①

另一首陈述的则是王朝灭亡后无辜女子被掳掠的场景。

吴儿沿路唱歌行，十十五五和歌声。唱得小娘相见曲，不解离乡去国情。

北来游骑日纷纷，断岸长堤是阵云。万落千村借不得，城池留着护官军。

山无洞穴水无船，单骑驱人动数千。直使今年留得在，更教何处过明年。

青山高处望南州，漫漫江水绕城流。愿得一身随水去，直到海底不回头。

---

① 元好问：《俳体雪香亭杂咏十五首（亭在故汴宫仁安殿西）》，《遗山集》卷12。

风沙昨日又今朝，踏碎鸦头路更遥。不似南桥骑马日，生红七尺系郎腰。

雁雁相送过河来，人歌人哭雁声哀。雁到秋来却南去，南人北渡几时回。

竹溪梅坞静无尘，二月江南烟雨春。伤心此日河平路，千里荆榛不见人。

太平婚嫁不离乡，楚楚儿郎小小娘。三百年来涵养出，却将沙漠换牛羊。

饥乌坐守草间人，青布犹存旧领巾。六月南风一万里，若为白骨便成尘。

黄河千里扼兵冲，虞虢分明在眼中。为向淮西诸将道，不须夸说蔡州功。①

元好问在聊城安顿下来后，金朝虽然还没有灭亡，他已经开始为鼎革之后做打算了，在诗作中有所显露。

围城十月鬼为邻，异县相逢白发新。恨我不如南去雁，羡君独是北归人。言诗匡鼎功名薄，去国虞翻骨相屯。老眼天公只如此，穷途无用说悲辛。②

鼎定周元重，薪安汉已然。不随南渡马，虚泛北归船。身并枯蜩化，心争脱兔先。尘埃嗟落薄，光景强留连。往事青灯里，浮心白发前。更残钟未动，犹属出京年。③

王朝衰亡改变个人命运，元好问在结束短暂的羁俘生活后，以隐居编书为业，就是要为后世留下金朝的文化遗产。

四　世变之痛

天兴三年（1234）蔡州陷落，金朝灭亡，元好问除了对亡国的叹息外，更自觉地承担起了"国亡史不亡"的重任。

---

① 元好问：《续小娘歌十首》，《遗山集》卷6。
② 元好问：《喜李彦深过聊城》，《遗山集》卷8。
③ 元好问：《癸巳（1233）除夜》，《遗山集》卷7。

（一）亡国之叹

世事巨变，金朝灭亡，元好问写下了不少的感叹诗、词，需要注意他的五叹。

一叹国运不济，天命难违，亡国已是必然趋势。

怅鬼跳梁久，群雄结构牢。天机不可料，世网若为逃。白骨丁男尽，黄金甲地高。阊门隔九虎，休续楚臣骚。

海内兵犹满，天涯岁又新。龙移失鱼鳖，日食斗麒麟。草棘荒山雪，烟花故国春。聊城今夜月，愁绝未归人。①

暗中人事忽推迁，坐守寒灰望复燃。已恨大官余曲饼，争教汉水入胶船。神功圣德三千牍，大定明昌五十年。甲子两周今日尽，空将衰泪洒吴天。②

二叹崔立之类的叛臣尽管身败名裂，但是未能洗清自己的"附逆"罪名。

逆竖终当鲙缕分，挥刀今得快三军。燃脐易尽嗟何及，遗臭无穷古未闻。京观岂当诬翟义，衮衣自合从高勋。秋风一掬孤臣泪，叫断苍梧日暮云。③

三叹个人命运多舛，遭遇亲朋离散、有家难回的困境。

壬辰（1232）困重围，金粟论升勺。明年出青城，瞑目就束缚。毫厘脱鬼手，攘臂留空橐。聊城千里外，狼狈何所托。诸公颇相念，余粒分凫鹤。得损不相偿，抔土填巨壑。一冬不制衣，缯纩如纸薄。一日仅两食，强半杂藜藿。不羞蓬藋行，粗识瓢饮乐。敌贫如敌寇，自信颇亦恝。儿啼饭笼空，坚阵为屡却。沧溟浮一叶，渺不见止泊。五穷果何神，为戏乃尔虐。④

① 元好问：《十二月六日二首》，《遗山集》卷7。
② 元好问：《甲午（1234）除夜》，《遗山集》卷8。
③ 元好问：《即事》，《遗山集》卷8。
④ 元好问：《学东坡移居八首》，《遗山集》卷2。

憔悴南冠一楚囚，归心江汉日东流。青山历历乡国梦，黄叶潇潇风雨秋。贫里有诗工作祟，乱来无泪可供愁。残年兄弟相逢在，随分藿盐万事休。①

四叹故国虽亡，思国之情仍在，他人对此可能难以理解。

旧国分崩久，孤儿展省初。客衣留手线，驿传失肩舆。梦拜悲兼喜，心飞疾亦徐。殷勤南去雁，先为到商于。②

故都乔木今如此，梦想熙春百花里。膏血纲船祸九州，亡国愁颜为谁洗。主人天质粹以温，天然与山作知闻。退食从容北窗卧，今古起灭真浮云。③

九死余生气息存，萧条门巷似荒村。春雷漫说惊坏户，皎日何曾入覆盆。济水有情添别泪，吴云无梦寄归魂。百年世事兼身事，尊酒何人与细论。④

时情天意枉论量，乐事苦相忘。白酒家家新酿，黄华日日重阳。城高望远，烟浓草淡，一片秋光。故国江山如画，醉来忘却兴亡。⑤

五叹功名已成明日黄花，个人所要追求的，只能是隐居生涯。

行帐迤南下，居人局庭户。城中望青山，一水不易渡。今朝川途静，偶得展衰步。荡如脱囚拘，广莫开四顾。半生无根著，筋力疲世故。大似丁令威，归来叹墟墓。乡间丧乱久，触目异平素。枌榆虽尚存，岁晏多霜露。

我在正大初，作吏浙江边。山城官事少，日放浙江船。菊潭秋华满，紫稻酿寒泉。甘腴入小苦，幽光出清妍。归路踏明月，醉袖风翩翩。父老遮我留，谓我欲登仙。一别半山亭，回头余十年。江

---

① 元好问：《梦归》，《遗山集》卷8。
② 元好问：《旧国》，《遗山集》卷7。
③ 元好问：《云霞》，《遗山集》卷4。
④ 元好问：《秋夜》，《遗山集》卷8。
⑤ 元好问：《朝中措》，《遗山乐府》卷下。

山不可越，目断西南天。①

短褐单衣长路尘，十年回首一吟呻。孤居无着竟安往，宿债未偿今更新。相马自甘齐俗瘦，食鲜谁顾庾郎贫。闻君话我才名在，不道儒冠已误身。

潦倒聊为陇亩民，一犁分得雨声春。功名何物堪人老，天地无心谁我贫。颍上云烟随处好，洛阳桃李几番新。悠悠世事休相问，牟麦今年晚得辛。②

赋招魂九辨，一尊酒，与谁同。对零落栖迟，兴亡离合，此意何穷。匆匆百年世事，意功名，多在黑头公。乔木萧萧故国，孤鸿澹澹长空。门前花柳又春风，醉眼眩青红。问造物何心，村箫社鼓，奔走儿童。天东故人好在，莫生平，豪气减元龙。梦到琅邪台上，依然湖海沉雄。③

少日负虚名，问舍求田意未平。南去北来今老矣，何成，一线微官误半生。孤影伴残灯，万里灯前骨肉情。短发抓来看欲尽，天明，能是青青得几茎。④

需要注意的是，对于时势巨变，元好问的感叹多于评价，因为他不想深究金朝灭亡的原因，并以此来表示对故朝的尊崇。

（二）国亡史存

亡国之后，元好问特别注意了保留国史的问题，强调的就是"国亡史存"的重要观念。

国史经丧乱，天幸有所归。但恨后十年，时事无人知。废兴属之天，事岂尽乖违。传闻入仇敌，只以兴骂讥。老臣与存亡，高贤死兵饥。身死名亦灭，义士为伤悲。哀哀淮西城，万夫甘伏尸。田横巨擘耳，犹为谈者资。我作南冠录，一语不敢私。稗官杂家流，国风贱妇诗。成书有作者，起本良在兹。朝我何所营，暮我何所

---

① 元好问：《九日读书山用陶诗露凄暄风息，气清天旷明为韵，赋十诗》，《遗山集》卷2。
② 元好问：《追录旧诗二首》，《遗山集》卷10。
③ 元好问：《木兰花慢》，《遗山乐府》卷上。
④ 元好问：《南乡子》，《遗山乐府》卷中。

思。胸中有茹噎，欲得快吐之。湿薪烟满眼，破砚冰生髭。造物留此笔，吾贫复何辞。①

元好问编撰的《南冠录》，虽然是家史，但亦有与国史同样重要的地位，所以元好问详细记录了该书的内容和修撰过程。

> 予以始生之七月，出继叔氏陇城府君。迨大安庚午（1210）府君卒官，扶护还乡里，时予年二十有一矣。元氏之老人、大父，凋丧殆尽，问之先世之事，诸叔皆晚生，止能道其梗概。予亦以家牒具存，碑表相望，他日论次之盖未晚也。因循二三年，中原受兵，避寇阳曲、秀容之间，岁无宁居。贞祐丙子（1216）南渡河，家所有物经乱而尽，旧所传谱牒乃于河南诸房得之，故宋以后事为详，而宋前事皆不得而考也。益之兄尝命予修《千秋录》，虽略具次第，他所欲记者尚多而未暇也。岁甲午（1234）羁管聊城，益之兄邈在襄汉，遂有彼疆此界之限。侄拊俘絷之平阳，存亡未可知。伯男子叔仪、侄孙伯安皆尚幼，未可告语。予年已四十有五，残息奄奄，朝夕待尽，使一日颠仆于道路，则世岂复知有河南元氏哉。维祖考承王公余烈，贤隽辈出，文章行业皆可称述，不幸而与皂隶之室混为一区，泯泯默默，无所发见，可不大哀耶。乃手写《千秋录》一篇，付文严，以备遗忘，又自为讲说之。呜呼，前世功名之士，人有爱慕之者，必问其形质、颜貌、言语、动作之状，史家亦往往为记之。在他人且然，吾先人形质、颜貌、言语、动作乃不欲知之，岂人之情也哉，故以先世杂事附焉。
> 予自四岁读书，八岁学作诗，作诗今四十年矣。十八，先府君教之民政，从仕十年，出死以为民。自少日，有志于世，雅以气节自许，不甘落人后。四十五年之间，与世合者不能一二数，得名为多，而谤亦不少。举天下四方知己之交，唯吾益之兄一人。人生一世间，业已不为世所知，又将不为吾子孙所知，何负于天地鬼神而至然耶，故以行年杂事附焉。
> 先祖铜山府君正隆二年（1157）赐出身，讫正大之末，吾家

---

① 元好问：《学东坡移居八首》，《遗山集》卷2。

食先朝禄七十余年矣。京城之围，予为东曹都事，知舟师将有东狩之役，言于诸相，请小字书国史一本，随车驾所在，以一马负之。时相虽以为然，而不及行也。崔子（崔立）之变，历朝实录皆满城帅所取。百年以来，明君贤相可传后世之事甚多，不三二十年，则世人不复知之矣。予所不知者亡可奈何，其所知者忍弃之而不记耶，故以先朝杂事附焉，合而一之，名曰《南冠录》。叔仪、伯安而下，乃至传数十世，当家置一通，有不解者就他人训释之。违吾此言，非元氏子孙。①

《南冠录》由于没有刊刻，所以后来失传。元好问所著的《金源君臣言行录》和《壬辰杂编》在元朝修《金史》时成为重要的史料来源，可见其对"国亡史存"的重要贡献。②

元好问亦重视收集金朝诗人的事迹和诗作，尤其是对于死于国事的四位诗人，特别表达了哀悼之情。

（李献能，字钦叔）赤县神州坐陆沉，金汤非粟祸侵寻。当官避事平生耻，视死如归社稷心。文采是人知子重，交朋无我与君深。悲来不待山阳笛，一忆同衾泪满襟。

（冀禹锡，字京父）先公藻鉴识终童，曾拔昆山玉一峰。不见连城沽白璧，早闻烈火燎黄琮。重围急变纷纷口，九地忠魂耿耿胸。欲吊南云无觅处，士林能不泣相逢。

（李汾，字长源）冀都事死东州祸，李翰林亡陕府兵。方为骚人笺楚些，更禁书客堕秦坑。石苞本不容孙楚，黄祖安能贷祢衡。同甲四人三横贯，此身虽在亦堪惊。

（王渥，字仲泽）太学声华弱冠驰，青云岐路九霄飞。上前论事龙颜喜，幕下筹边犬吠稀。壮志相如头碎柱，赤心嵇绍血沾衣。从来圣牍褒忠义，谁为幽魂一发辉。③

元好问亦专述了编辑金人诗集《中州集》的过程。

---

① 元好问：《南冠录引》，《遗山集》卷37。
② 陈学霖：《元好问〈壬辰杂编〉探颐》，《晋阳学刊》1990年第5期。
③ 元好问：《四哀诗》，《遗山集》卷9。

　　商右司平叔衡尝手抄《国朝百家诗略》，云是魏邢州元道道明所集，平叔为附益之者。然独其家有之，而世未之知也。岁壬辰（1232），予掾东曹，冯内翰子骏延登、刘邓州光甫谦约予为此集。时京师方受围，危急存亡之际，不暇及也。明年留滞聊城，杜门深居，颇以翰墨为事。冯、刘之言，日往来于心。亦念百余年以来，诗人为多，苦心之士，积日力之久，故其诗往往可传。兵火散亡，计所存者才什一耳。不总萃之，则将遂湮灭而无闻，为可惜也。乃记忆前辈及交游诸人之诗，随即录之。会平叔之子孟卿携其先公手抄本来东平，因得合予所录者为一编，目曰《中州集》。①

　　恰是有了元好问的努力，使得金人诗作得以保存，为后人研究金朝历史、文学及政治思想提供了宝贵的资料。

　　（三）儒者守道

　　元好问离开聊城后，曾前往曲阜参谒孔庙，尽管在战火中孔庙严重受损，但他在诗作中强调了儒者传承和严守夫子之道的基本原则。

　　殿屋劫火余，瓦砾埋荒基。入门拜坛下，俨然想光仪。忆当讲授初，佩服何逶迤。登降几何人，鸾凤相追随。千年仰阶级，天险不可跻。文杏谁此栽，世世传清规。植根得所托，在木将何知。

　　大奸何所如，獟獝雄且猛。虽然弭耳伏，择肉会一骋。卯也不败露，名与圣师并。天刑竟莫逃，不待七日顷。曹瞒盗汉玺，仅得保腰领。与卯均小人，脱网乃差幸。小偷学不至，适足污鏂鼎。不从市朝肆，必就远方屏。两观余坡陀，万世示顽犷。神兵懔可怖，过者宜少警。

　　白塔表佛屋，万瓦青粼粼。何年胜果寺，西与姬公邻。塔庙恣汝为，岂合鲁城闉。鲁人惑异教，吾道宜湮沦。许行学神农，来耜手自亲。当时子孟子，直以为匪民。况彼桑门家，粪壤待其身。一朝断生化，万国随荆榛。孟氏非所期，安得扬与荀。丹青赞神化，旧染为一新。坐令钟鱼地，再睹笾豆陈。吾谋未及用，勿谓秦无人。

> 天地有至文，六籍留圣谟。圣师极善诱，小智只自愚。文章何物技，不直咳唾余。操戈竞虚名，望尘拜高车。所得不毫发，谷责满八区。公论悬日星，岂直小人儒。喻彼失相者，伥不知所如。指南一授辔，圣门有修途。阳光照薄暮，尚堪补东隅。悠哉发深省，洒扫今其初。①

在金朝灭亡之前，元好问还特别强调了守夫子之道的四方面要求。

一是做仁义人的要求。儒者有为于天下，仁义是基础性的条件，否则将成为恶人和小人。

> 相士如相马，灭没深天机。区区铜马法，徒识牝与骊。人言当途公，恶人知其微。如何许劲语，受之不复疑。知人固不易，人亦未易知。媸妍在水镜，铅粉徒自欺。孰为仁义人，未假已不归。伯乐不可作，思与曹瞒期。
>
> 世事如大弩，人若材官然。乘势易发机，非时劳控弦。又如大水中，置彼万斛船。虽有帆与樯，亦须风动天。不见周公瑾，弱龄已飞骞。不见师尚父，鹰扬在华颠。彼非生而材，此岂晚乃贤。镃基喻智慧，要必有待焉。叹息狂驰子，尝为愚者怜。
>
> 堂堂明堂柱，根节几岁寒。使与蒲柳同，扶厦良为难。我衣敝缊袍，我饭首蓿盘。天公方试我，剑铗勿妄弹。②

> 予尝谓：小人之情，畏之而有不义，耻之而有不仁，威之而有不惩，独于事神若有所警焉。何耶？徼福于方来，逃罪于已然，百求而百不可得，然终不以百不可得而废其所以求也。富贵、光荣、寿考、繁昌，人既有以求诸神。忠信、孝弟、廉让、笃实，神亦有以望于人。③

二是乱世重学的要求。越是在艰难困苦的环境下，儒者越要注意重

---

① 元好问：《曲阜纪行十首》，《遗山集》卷2。
② 元好问：《杂诗四首》，《遗山集》卷1。
③ 元好问：《叶县中岳庙记》，《遗山集》卷32。

建学校和继续教书育人的问题。

> 近代皇统、正隆以来，学校之制，京师有太学、国子学，县官
> 饩廪生徒，常不下数百人，而以祭酒、博士、助教之等教督之，外
> 及陪京、总管大尹府、节度使镇、防御州亦置教官，生徒多寡则视
> 州镇大小为限员。幕属之由左选者，率以提举系衔，刺史州则系籍
> 生附于京府，各有定在。外县则令长司学之成坏，与公廨相授受，
> 故往往以增筑为功。若仕进之路，则以词赋、明经取士，预此选者
> 多至公卿达官，捷径所在，人争走之。文治既洽，乡校、家塾弦诵
> 之音相闻。上党、高平之间，士或带经而锄，有不待风厉而乐为之
> 者，化民成俗，概见于此。自大安失驭，中夏板荡，民居、官寺毁
> 为焦土，天造草昧，方以弧矢威天下，俎豆之事宜有所待也。①

三是注重民治的要求。治民者需要摈除功利之说，发扬良吏风格，
才能留名千古。

> 自功利之说行，王伯之辨兴，堕窳者得以容其奸，而振厉者无
> 以尽其力。盖尝疑焉，仁人君子正其谊不谋其利，明其道不计其
> 功，与夫安静之吏，恛恛无华，日计不足，月计有余者，理诚有
> 之。然唐虞之际，司空则平水土，后稷教民稼穑，司徒则敬敷五
> 教，在宽士明于五刑。虞则若予上下草木鸟兽，伯典礼，夔典乐，
> 龙纳言，三载考绩，三考黜陟幽明。君臣相敕，率作兴事必于成而
> 后已，谓之不计其功也而可乎。汉宣帝之治，枢机密而品式具，上
> 下相安，莫敢苟且，政平讼理，固出于良二千石德让之风。至于摘
> 奸伏、击豪右、敢悍精敏、瞏瞏隽快如刃之发于硎者亦多矣。三代
> 之民治，汉之民亦治，孰王孰伯，必有能辨之者。呜呼，道丧久
> 矣，召、杜之政，岂人人能之，唯稍自振厉，不入于堕窳斯可矣。
> 若夫碌碌自保，寂寥而无所闻，去之日，使人问姓名而不能知，虽
> 居是邦，谓之未尝居是邦可也。②

---

① 元好问：《寿阳县学记》，《遗山集》卷32。
② 元好问：《南阳县令题名记》，《遗山集》卷33。

有一国之政，有一邑之政。大纲小纪，无非政也。……虽然此邦之无政有年矣，禁民，政也，作新民，亦政也。禁民所以使之迁善而远罪，作新民所以使之移风而易俗。①

四是规范儒者行为的要求。达观、治心、慎言、安贫等，都是儒者需要注意的行为标准。

万化如大路，物我适相遭。往来限邻屋，梦寐阻同袍。断金几何人，年运剧销膏。相欢顾不足，尔戈奚暇操。古来太山名，达观等秋毫。蛮触徒能国，蜾裸竟谁豪。旷荡览八纮，美恶自为曹。造物无巧择，大块有并包。暴公今在亡，转磷起蓬蒿。孤心既悄悄，众口益嗷嗷。同尘宁当悔，枉己乃为劳。鹿门有高躅，世网傥能逃。②

鄜城张氏蓄古镜以百数，其一识云"见日之光，天下大明"，予用是知古人虽作细小物，而闳衍博大之义寓焉。丙戌（1226）夏四月予过汜南，良佐请铭其镜，因取往所见八言之义，衍之以为铭。良佐忠于爱君，笃于事长，严于治军旅，又谦谦折节下士，从诸公授《论语》《春秋》，读新安朱氏（朱熹）《小学》，以为治心之要，故就其可致者而勉之。③

时然后言，真默者存。理然后默，至言之实。子欲无言，惟圣人能。余皆数穷，以默自惩。有喙三尺，而学喑哑。规以自藏，物不我假。智如挈瓶，静如持城。其中铿鈜，万物震惊。酒见于面，病见于脉。眼有否臧，口无青白。欲息子言，当息子机。一庵虚白，天地同归。④

百世温公，布衾终身。服公之服，嗟予何人。人以贫为辱，我

① 元好问：《邢州新石桥记》，《遗山集》卷33。
② 元好问：《万化如大路》，《遗山集》卷2。
③ 元好问：《良佐镜铭》，《遗山集》卷38。
④ 元好问：《默庵铭（为刘司正光甫作）》，《遗山集》卷38。

以贫为福。人以俭为诈，我以俭为德。惟福惟德，服之无斁。①

元好问在金朝灭亡之后，作为隐居的前朝遗民，又特别在自述诗中强调了"受教"和"重教"的观念："七岁入小学，十五学时文。二十学业成，随计入咸秦。秦中多贵游，几与书生亲。年年抱关吏，空笑西来频。在昔学语初，父兄已卜邻。跛鳖不量力，强欲缘青云。四十有牧豕，五十有负薪。寂寥抱玉献，贱薄倡优陈。青衫亦区区，何时画麒麟。遇合仅一二，饥寒几何人。谁留章甫冠，万古徒悲辛。"② 恰是在世变中元好问看清了文士的地位和作用，形成了悲情主义的守道观念。这样的观念并没有因为元好问在崔立立碑事件中表现不佳而被弱化或淡化，而是随着元好问成为文坛和诗坛领袖而被增强和放大，对当时的士人有不可忽视的影响。

第四节　跨代文人的危机感受

金朝灭亡之后，转入蒙古国统治下的文人颇多，元好问就曾向耶律楚材推荐过其中的 54 名治世人才。③ 随着时间的推移，跨代文人的政治观念会有一定的变化，本处重点叙述的只是这些代表性人物在金朝末期和金朝初亡时的思想状况。

一　刘祁等人的亡国反思

金朝的灭亡，需要文人深究其原因，于是就有了刘祁等人对王朝兴亡的深刻反思。

（一）刘祁的辩亡论

刘祁（1203—1250 年），字京叔，号神川遁士，浑源（今属山西）人，科举不利，发奋读书，以能文出名，著有《归潜志》《神川遁士集》《处言》等。④

刘祁在《归潜志》中记录了金朝文人雅士的情况，尤其是以《录

---

① 元好问：《布衾铭》，《遗山集》卷 38。
② 元好问：《古意二首》，《遗山集》卷 1。
③ 元好问：《癸巳岁（1233）寄中书耶律公书》，《遗山集》卷 39。
④ 王恽：《浑源刘氏世德碑》，《秋涧集》卷 58。

大梁事》和《录崔立碑事》叙述了南京陷落时的情况，使得金朝的危亡有了真实可信的记录，并为元朝修《金史》提供了重要的资料。

尤为重要的是，刘祁专门撰写了《辩亡》的长文，所要回答的问题是："金国之所以亡，何哉？末帝非有桀、纣之恶，害不及民，疆土虽削，士马尚强，而遽至不救，亦必有说。"按照刘祁的解释，金朝之所以灭亡，有三个重要的因素。

第一个因素是根本未立。金朝虽曾有过强盛时期，但是忽视保国保民之道，根基不牢，加之章宗以来的各位皇帝都有人格缺陷，导致朝政混乱，难于抵御强敌。

> 观金之始取天下，虽出于边方，过于后魏、后唐、石晋、辽，然其所以不能长久者，根本不立也。当其取辽时，诚与后魏初起不殊。及取宋，责其背约，名为伐罪吊民，故征索图书、车服，褒崇元祐诸正人，取蔡京、童贯、王黼诸奸党，皆以顺百姓望，又能用辽、宋人材，如韩企先、刘彦宗、韩昉辈也。及得天下，其封建废置，政令如前朝，虽家法边塞，害亦不及天下，故典章法度皆出于书生。至海陵庶人，虽淫暴自强，然英锐有大志，定官制、律令皆可观。又擢用人材，将混一天下。功虽不成，其强至矣。世宗天资仁厚，善于守成，又躬自俭约，以养育士庶，故大定三十年几致太平。所用多敦朴谨厚之士，故石琚辈为相，不烦扰，不更张，偃息干戈，修崇学校，议者以为有汉文、景风，此所以基明昌、承安之盛也。宣孝太子最高明绝人，读书喜文，欲变夷狄风俗，行中国礼乐如魏孝文。天不祚金，不即大位早世。章宗聪慧，有父风，属文为学，崇尚儒雅，故一时名士辈出。大臣执政，多有文采、学问可取，能吏直臣皆得显用，政令修举，文治烂然，金朝之盛极矣。然学文止于词章，不知讲明经术为保国保民之道，以图基祚久长。又颇好浮侈，崇建宫阙，外戚、小人多预政，且无志圣贤高躅，阴尚夷风，大臣惟知奉承，不敢逆其所好，故上下皆无维持长世之策，安乐一时，此所以启大安、贞祐之弱也。卫王苟岢，不知人君体，不足言。已而强敌生边，贼臣得柄，外内交病，莫敢疗理。宣宗立于贼手，本懦弱无能，性颇猜忌，惩权臣之祸，恒恐为人所摇，故大臣宿将有罪，必除去不贷。其迁都大梁，可谓失谋。向使守关

中，犹可以数世。况南渡之后，不能苦心刻意，如越王勾践志报会稽之羞，但苟安幸存以延岁月。由（术虎）高琪执政后，擢用胥吏，抑士大夫之气不得伸，文法纷然，无兴复远略。大臣在位者，亦无忘身徇国之人，纵有之亦不得驰骋。又偏私族类，疏外汉人，其机密谋谟，虽汉相不得预。人主以至公治天下，其分别如此，望群下尽力，难哉。故当路者惟知迎合其意，谨守簿书而已；为将者但知奉承近侍，以偷荣幸宠，无效死之心。幸臣贵戚，皆据要职于一时，士大夫一有敢言、敢为者，皆投置散地，此所以启天兴之亡也。末帝夺长而立，出于爱私，虽资不残酷，然以圣智自处，少为黠吏时全所教，用术取人，虽外示宽宏以取名，而内实淫纵自肆，且讳言过恶，喜听谀言，又暗于用人，其将相止取从来贵戚。虽不杀大臣，其骄将多难制不驯。况不知大略，临大事辄退怯自沮，此所以一遇劲敌，而不能振也。

第二个因素是未尽行中国法。行中国法就是行"汉法"，恰是因为没有将这样的做法坚持到底，导致了短命王朝的结局。

大抵金国之政，杂辽、宋，非全用本国法，所以支持百年。然其分别蕃、汉人，且不变家政，不得士大夫心，此所以不能长久。向使大定后宣孝得位，尽行中国法，明昌、承安间复知保守整顿以防后患，南渡之后能内修政令，以恢复为志，则其国祚亦未必遽绝也。

第三个因素是漠视建言。主政者不重视臣僚居安思危和挽救颓势的建言，只能造成自我欺瞒、人才无用的恶果。

尝记泰和间有云中李纯甫，由小官上书万言，大略以为此政当有为日，而当路以为迂阔，笑之，宴安自处，以至土崩瓦解。南渡后，复有以机会宜急有备为言者，而上下泰然，俱不以为心，以至宗庙丘墟，家国废绝。此古人所谓何世无奇材，而遗之草泽者也。①

①　刘祁：《辩亡》，《归潜志》卷12，第135—137页。

在《归潜志》中，刘祁专门对金朝政治作了评价，强调金朝灭亡还有五种恶劣表现。

一是只图苟安。朝廷内的君臣既没有系统的救亡规划，也不愿意听到令人心烦的救亡声音，只能坐视败亡。

> 南渡之后，为宰执者往往无恢复之谋，上下同风，止以苟安目前为乐。凡有人言当改革，则必以生事抑之。每北兵压境，则君臣相对泣下，或殿上发叹吁。已而敌退解严，则又张具会饮黄阁中矣。每相与议时事，至其危处辄罢散，曰："俟再议。"已而复然，因循苟且，竟至亡国。
>
> 南渡之后，朝廷近侍以谄谀成风，每有四方灾异或民间疾苦将奏之，必相谓曰："恐圣上心困。"当时有人云："今日恐心困，后日大心困矣。"竟不敢言。①

二是内侍专权。内侍不仅掌控官员行踪，还监管军队，祸乱于一时，说金亡于内侍毫不过分。

> 南渡之后，近侍之权尤重，盖宣宗喜用其人为耳目，以伺察百官，故使其奉御辈采访民间，号"行路御史"。或得一二事，即入奏之，上因切责台官漏泄，皆抵罪。又，方面之柄虽委将帅，又差一奉御在军中，号"监战"，每临机制变，多为所牵制，辄遇敌先奔，故其军多丧败。
>
> 金朝近习之权甚重，置近侍局于宫中，职虽五品，其要密与宰相等，如旧日中书，故多以贵戚、世家、恩幸者居其职，士大夫不预焉。南渡后，人主尤委任，大抵视宰执台部官皆若外人，而所谓心腹，则此局也。其局官以下，所谓奉御、奉职辈，本以传诏旨、供使令，而人主委信，反在士大夫右。故大臣要官往往曲意奉承，或被命出外，帅臣郡守百计馆馈，盖以其亲近易得言也。然此曹皆膏粱子弟，惟以妆饰体样相夸，膏面镊须，鞍马、衣服鲜整，朝夕侍上，迎合谄媚，以逸乐导人主安其身，又沮坏正人，招贿赂为不

---

① 刘祁：《归潜志》卷7，第70页。

法。至于大臣退黜，百官得罪，多自局中，御史之权反在其下矣。①

三是决策失误。在面对北方强敌时金朝的最大决策失误就是对宋开战，导致了南北受敌的恶果。

南渡后，屡兴师伐宋，盖其意以河南、陕西狭隘，将取地南中。夫己所有不能保，而夺人所有，岂有是理。然连年征伐，亦未尝大有功，虽能破蕲、黄，杀虏良多，较论其士马物故，且屡为水陷溺，亦相当也。最后，盱眙军改为镇淮府，以军戍之，费粮数万，未几亦弃去。又师还，乘夏多刈熟麦，以归助军储。故宋人边檄有云："暴卒鸥张，率作如林之旅；饥氓乌合，驱帅得罪之人。"驸马都尉仆散阿海、佥枢密院事时全，皆回辕即诛。后又谋取蜀，时胥平章鼎镇关中，奏请缓发，胥由此罢相。嗟乎，避强欺弱，望其复振，难哉。②

四是自败士风。金朝中期形成的文士敢于直言的风气，到宣宗、哀宗朝已全然改变，使得士人与朝廷离心离德。

士气不可不素养，如明昌、泰和间崇文养士，故一时士大夫争以敢言、敢为相尚。迨大安中，北兵入境，往往以节死，如王晦、高子约、梁询谊诸人皆有名。而侯挚、李英、田琢辈皆由下位自奋于兵间，虽功业不成，其志气有可嘉者。南渡后，宣宗奖用胥吏，抑士大夫，凡有敢为、敢言者，多被斥逐，故一时在位者多委靡，惟求免罪，罟苟容。迨天兴之变，士大夫无一人死节者，岂非有以致之欤。由是言之，士气不可不素养也。③

五是兵制混乱。金朝兵制弊病多多，尤其是动辄签军，不仅未带来能战的军队，反而造成了民间的巨大混乱。

---

① 刘祁：《归潜志》卷7，第71、78—79页。
② 刘祁：《归潜志》卷7，第71—72页。
③ 刘祁：《归潜志》卷7，第73页。

金朝兵制最弊，每有征伐或边衅，动下令签军，州县骚动。其民家有数丁男好身手，或时尽拣取无遗，号泣怨嗟，合家以为苦。驱此辈战，欲其克胜，难哉。贞祐初，下令签军，会一时任子为监当者以春赴吏部调数，宰执使尽拣取，号"监官军"，其人愤懑叫号，交怨于台省，又冲宰相卤簿，告丞相仆散七斤，大怒，趣左右取弓矢射去。已而，上知其不可用，免之。元光末，备潼关、黄河，又下令签军，诸使者历郡邑，自见居官者外，无文武，小大职事官皆拣之。至许州，前户部郎中、侍御史刘元规，年几六十，亦中选，为千户。至陈州，予先子（刘从益）以前监察御史，亦为千户，自余不可胜言。既立部曲，须依军例，以次相钤束，物议喧然，后亦罢之。嗟乎，以任子为兵已失体，况以朝士大夫充斯役乎。当是时，余以终场举人获免，而先子以御史不免，立法之弊以至于斯。余赴试开封，先子以诗送之，且寄赵闲闲（赵秉文）、雷希颜（雷渊），有云："老作一兵吾命也，芳联七桂汝身之。厚禄故人如见问，为言尘土困王尼。"二公览之，为一笑。①

刘祁所指金亡原因，尽管有的比较主观和绝对（如不尽行中国法），但是多数原因成立，显示他确实有独到的见解。

（二）李献卿等人的世变之思

刘祁返回家乡后，与其弟刘郁共同建立"归潜堂"，作为读书、会友的场所，存世的文人雅士纷纷以诗唱和，借此表达对世变后文人境遇的态度，可列举有代表性的人物和诗作于下。②

李献卿，生卒年不详，字钦止，号定斋居士，河中（今属山西）人，李献能从兄，泰和二年进士，③ 在诗作中强调的是要以平常心看待世事巨变和王朝兴亡。

落落奇男子，生有四方志。万言长策六钧弓，三尺太阿秋水

---

① 刘祁：《归潜志》卷7，第77—78页。
② 刘祁：《归潜志》卷14，第175—182页。本小节所引诗作等未注明出处者，均出自此卷。
③ 刘祁：《归潜志》卷2，第16—17页。

似。不喜雕虫技，不作儿女悲。长安市上曾纵酒，奴命五陵年少
儿。龙荒万里期一扫，踏碎轮台碛西岛。便调金鼎佑无为，凤池坐
数汾阳考。世无礼乐二百年，追踪直拟三代前。嘉生叶气越唐舜，
坐令米斗三四钱。谁知天地遽翻覆，沧海横流陷平陆。又如烈火焚
昆山，孰辨顽石与真玉。平生事业安用为，携家径走南山陲。布衣
粝食混鱼钓，妻孥粗足常熙熙。数椽茅屋门横水，尽著光阴文字
里。有时俯仰尘土间，扰扰干戈如斗蚁。我有一言君试听，乾坤万
古真邮亭。但教定宇天光发，区区世间富与贵，何异螺蠃与蜿蜒。

白华，生卒年不详，字文举，陕州（今属山西）人，贞祐三年进
士，历任应奉翰林文字、枢密院判官等职，哀宗末年的重要谋臣，金亡
后入宋，后北返，[1] 在诗作中明指乱世为官甚难，有作为更难。

天其未厌卯金刀，池上于今有凤毛。有才不肯学干谒，便入林
泉真自豪。衣如飞鹑马如狗，野饭盈盘作葱韭。仰天大笑出门去，
桃李春风一杯酒。列卿太史尚书郎，五更待漏靴满霜。何如一身无
四壁，醉踏残花屐齿香。人物尤难到今世，浮云柳絮无根蒂。不须
辛苦上龙门，秋水寒沙鱼得计。

由于有人对白华在蔡州危亡时的逃离行为不满，白华特别在诗作中
表明了看破名节、默默老去的态度。

数口无归累已深，学衣缝掖有青衿。蹉跎岁月成何事，锻炼文
章更用心。多病苦怜双白发，一经真胜万黄金。忍教憔悴衡门底，
窃得虚名玷士林。[2]
潦倒吾何用，文章汝未成。过庭思父训，掷地有家声。乌哺三
年养，鹏搏万里程。续弦胶不尽，无面见先兄。
谷也年虽长，挑弓业已荒。覆车须改辙，作室望为堂。鹤发仍
多病，鸡栖尚异乡。远期七十岁，能得几称觞。[3]

---

① 《金史》卷114《白华传》。
② 白华：《示恒》，《全辽金诗》下，第2395页。
③ 白华：《是日又示恒二首》，《全辽金诗》下，第2395页。

吕大鹏，生卒年不详，字鹏举，密县（今属河南）人，宣宗朝献征南策未受重视，在诗作中感叹："缝掖无由挂铁衣，剑花生涩马空肥。灯前草就平南策，一夜江神泣涕归。"① 金亡后则表达的是世人难逃厄运的感叹。

> 扰扰人间世，荧荧风烛光。谁能逃厄数，况复入吾乡。岚秀充朝馁，冰弦响夜堂。堂中幽独否，昆季足徜徉。

张纬，生卒年不详，字纬文，太原阳曲（今属山西）人，在诗作中强调刘祁所坚守的气节观，实则来自于道学（理学）。

> 结庐高隐谢尘埃，浩气元从道学来。北阙云烟无梦到，南山草木觉春回。四时风月供吟笔，万古乾坤入酒杯。却恐汉庭须羽翼，鹤书未许老岩隈。

高鸣（1208—1274年），字雄飞，真定（今属河北）人，金亡后入职蒙古国和元朝。② 在诗作中，高鸣强调士人会遭遇怀才不遇的困境，但要以豁达心境处之。

> 高情谢氛垢，归隐南山隈。颓然一茅屋，潇洒无纤埃。胜概纷满前，怀抱长好开。舒啸野云乱，浩歌空翠来。瑶花晚夕静，相对挥清杯。太虚风露下，幽兴何悠哉。回首区中人，扰扰良可哀。
>
> 黄鹄入寥廓，龙性何能驯。英英刘处士，天子不得臣。卧老草堂月，吟尽南山春。野饭足藜藿，幽兰充佩纫。一杯石上酒，静见天地真。万虑此都寂，孰知名与身。灵运卧岩幽，子陵钓渚滨。神超物不违，异世等达人。我无玄豹姿，亦欲事隐沦。空歌紫芝曲，早晚由东邻。

麻革，生卒年不详，字信之，号贻溪，临晋（今属山西）人，终

---

① 《中州集》卷9《吕大鹏小传》。
② 《元史》卷160《高鸣传》。

生隐居不仕，所著诗收入《河汾诸老诗集》，其中有几篇记述战乱场景的诗作，值得注意。

北极长虹掣，西垣太白高。千年知运圮，四海共兵尘。雾黑龙蛇斗，山昏虎豹嚎。石伤填海羽，波动负山鳌。遗介潜寒渚，惊鼯走夜牢。江山留惨黮，天地入蔫蒿。①

自从龙战野，特立埶如公。著迹云鹏上，收功汗马中。高谈天下计，余事古人风。勿药行逢喜，春风两颊红。②

万古津茅据上游，崤函西去接秦头。悲风鼓角重城暮，落日关河百战秋。形胜古来须上策，尘埃岁晚只羁愁。豺狼满地荆榛合，目断中条是故丘。③

闻道王师阻渭津，卢山以后陷兵尘。军行万里速如鬼，风惨一川愁杀人。乱后仅知家弟在，书来疑与故人亲。梦中亦觉长安远，回首关河泪满巾。④

在为刘祁写的诗作中，麻革表现的是世事变迁后归隐求学的遁世态度。

逃渊鱼深处，避弋鸿冥飞。古来贤达士，亦复咏采薇。南山先庐在，兵尘怅暌违。山空无人居，惟见草木肥。翩然千年鹤，一朝复来归。新筑临浑水，行径窈以微。清流鸣前除，白云入晨扉。回头陵谷迁，万事倏已非。著书入理奥，得句穷天机。前路政自迫，此道觉可几。殷勤抱中璧，黾勉留余晖。第恐遁世志，还负习隐讥。永怀泉石上，一觞与君挥。惜无凌风翰，退举非所希。

尘土悠悠浣客襜，一堂千古入幽潜。喧无车马云迎户，静有琴书月挂檐。浑水清泠通竹过，南山苍翠与天兼。遥知吟啸同云弟，剩有新诗洒壁缣。

---

① 麻革：《上云内帅贾君》，房祺编《河汾诸老诗集》卷1，四库全书本。
② 麻革：《赵太监降日》，《河汾诸老诗集》卷1。
③ 麻革：《过陕》，《河汾诸老诗集》卷1。
④ 麻革：《卢山兵后得房希白书知弟谦消息》，《河汾诸老诗集》卷1。

李惟寅，生卒年不详，字舜臣，析津（今属北京）人，在诗作中高度认可急流勇退、安心归隐的态度。

> 浩浩干戈里，怜君遂隐居。云蒸秋簟冷，月落夜窗虚。岁月杯中物，生涯几上书。潜中有真趣，吾亦爱吾庐。
>
> 地僻心偏远，人间物自幽。功名真散屣，轩冕等浮沤。野鸟从喧寂，山云自去留。一杯浊酒外，万事付休休。

赵著，生卒年不详，字光祖，渔阳（今属北京）人，也在诗作中认可归隐避世的态度。

> 万里烟埃气尚炎，秋风携手赋归潜。当时北望长劳梦，今日南山副具瞻。鸿雁不飞闲日月，鹧鸪无语静依檐。遥思二陆犹如此，自愧区区未属厌。

张师鲁，生卒年不详，字明道，燕山（今属北京）人，亦表明了支持归隐的态度。

> 岐路荆榛万险夷，丈夫出处不磷缁。莫夸荀氏八龙集，且羡陆家双凤仪。尘世浪随春夏改，寸心惟有鬼神知。蒲团泽几炉烟静，卧读黄庭乐圣基。

释性英，生卒年不详，字粹中，号木庵，仰山（今属北京）人，著有《木庵诗集》，已佚。① 释性英在诗作中强调了士人不能为虚名所累的观点。

> 二陆归来乐有真，一堂栖隐静无尘。诗书足以教稚子，鸡黍犹能劳故人。瑟瑟松风三径晚，濛濛细雨满城春。因君益觉行踪拙，又为浮名系此身。

---

① 元好问：《木庵诗集序》，《遗山集》卷37。

刘肃（1188—1263 年），字才卿，威州洺水（今属河北）人，兴定二年进士，金亡后入职蒙古国和元朝。① 在诗作中，刘肃表现的是世变后的惆怅心境。

> 屠龙破千金，梦觉人已非。二陆不可作，故山归采薇。江湖鸿雁乐，原隰鹡鸰飞。惆怅朱门客，思归不得归。

勾龙瀛，生卒年不详，字英孺，山东人，在诗作中对文士的乱世坎坷颇为感慨，并申明了从此不问天下事的态度。

> 世路艰难已饱经，归来一室晦虚名。任他沧海掀天恶，喜我南山照眼明。云气冷侵吟砚润，棣华香泛酒杯清。故园未遂归休志，惭愧刘家好弟兄。

刘德渊，生卒年不详，字道济，邢台（今属河北）人，在诗作中展现了对天下安定的期盼。

> 南国堂堂二凤雏，年来归隐旧茅庐。四围山水境何胜，一室琴书乐有余。长啸松林月明夜，行吟菜圃雨晴初。荒芜庭院人休诮，天下终期一扫除。

吴章（？—1246 年），字德明，号定庵老人，石州（今属山西）人，曾任翰林学士，在诗作中倡导归隐士人再入仕途。

> 城上栖乌尾毕逋，归来小隐与时俱。高山流水谁同听，明月清风德不孤。富贵于人真暂热，文章照世足为娱。庙堂一旦求遗逸，只恐终南是仕途。

李微，生卒年不详，字之微，云中（今属山西）人，在诗作中亦强调了归隐者仍可能再有为于天下。

---

① 《元史》卷160《刘肃传》。

沧海成田后，携家返故乡。披蓁寻旧址，借力构新堂。山给窗扉翠，泉供枕簟凉。故田依浑水，别业胜淮阳。侍御遗风在，南山庆派长。是兰宜并秀，鸿雁自成行。经史胸中业，龙蛇笔下章。行当依日月，宁久事耕桑。尚父终辞渭，阿衡定佐商。飞潜无定迹，易道个中藏。

兰光庭，生卒年不详，字仲文，金城（今属山西）人，在诗作中也认为隐士会有出头之日。

几年踪迹寄兵尘，且喜归家见在身。满眼云山犹可隐，一庭松菊未全贫。定惭巧宦卢藏用，却爱成名郑子真。只恐池中非久处，伫看雷雨起天津。

张澄（？—1246年后），字之纯，别字仲经，号桔轩，洺水（今属河北）人，金亡后入职蒙古国，著有《张仲经诗集》，已佚。[1] 在诗作中，张澄持的是敦促刘祁、刘郁入仕于新朝的态度。

羸骖短仆行夷犹，西京才子云二刘。荒山穷僻厌岑寂，长裾遍谒东诸侯。手中虽无丈八矛，胸蟠河图与天球。有时吐出作灵瑞，坐令宇县还殷周。忆昨长鲸吞古汴，千里还家异乡县。筑堂故址号归潜，要使新诗走群彦。方今河朔藩镇雄，衣冠往往罗其中。两贤胡为独不出，埋光铲彩为冥鸿。朝亦潜，暮亦潜，东山不起吾何瞻。山中为问谁相识，白鸟孤云自入帘。

张特立（1179—1253年），字文举，号中庸先生，东明（今属山东）人，泰和三年进士，金亡后隐居教书，[2] 在诗作中强调即便因事变归隐，其才名也会被时人所知。

陵迁谷变海波翻，筑室渠能返故园。夜雨对床闲练句，春风满座共开樽。都无北阙功名想，且喜南山气象存。才大到头潜不得，

---

① 《中州集》卷8《张澄小传》；元好问：《张仲经诗集序》，《遗山集》卷37。
② 《元史》卷199《张特立传》。

已传华萼出蓬门。

薛玄（？—1271年），字微之，号庸斋先生，下邽（今属陕西）人，金亡后隐居，教授理学，① 在诗作中强调即便是乱后归隐，士人也能有为于天下。

> 肯构茅堂养道真，满前俗事罢纷纭。磻溪夜钓波心月，汾曲春耕陇上云。长笑熊罴劳应梦，肯教猿鹤怨移文。斩新传得安心法，万壑松风枕上闻。
>
> 奔走红尘二十年，归来参破净名禅。忙开菊径成嘉遁，静闭柴门草太玄。千嶂云岚真辋谷，一川风月小壶天。旱时若用商岩雨，应遍齐州九点烟。
>
> 故山泉石隐栖迟，纬国才名恐四驰。节信情高方著论，渊明心远更能诗。素琴黄卷真余乐，明月清风无老时。只恐葛龙潜不定，一声雷雨跃天池。

以上诗作展示的不同观点，大致可以分为五类观念。第一类是反思观，主要表现为李献卿、白华、吕大鹏等人对王朝兴亡和乱世的评价。第二类是心境观，主要表现为张纬、高鸣以理学观点阐释的文士心理调适要求。第三类是遁世观，主要表现为麻革、李惟寅、赵著、张师鲁、释性英等人对归隐、真隐的强烈诉求。第四类是愁世观，主要表现为刘肃、勾龙瀛、刘德渊等人在世事巨变后的惆怅、忧愤、期盼心情。第五类是进取观，主要表现为吴章、李微、兰光庭、张澄、张特立、薛玄等人所倡导的隐士复出、有为于天下的志向。这五类观点，应是金朝灭亡后士人心态的缩影，尽管不能囊括所有的士人，但具有一定的代表性，所以值得高度重视。

二　王元粹等人的乱世说

跨代文人在乱世中遭遇不同，感受也有所不同，可以列出王元粹、冯璧、杨奂、杨宏道等人的不同乱世说法。

---

① 程钜夫：《薛玄墓碑》，《雪楼集》卷9，四库全书本。

（一）王元粹的避乱说

王元粹（？—1243年），又名王粹，字子正，原名元亮，号恕斋，平州（今属辽宁）人，曾任南阳酒官，避战乱寓居宋人控制的鄂州、襄阳，金亡后北归燕京，成为全真道道士。①

王元粹与李汾（字长源）交好，在乱中和乱后的诗作中，都对李汾以书生救国的作为给予了高度肯定。

> 相见各异县，岁暮风霜清。三日同眠食，深见故人情。借问何所历，大梁与秦京。悠悠川途永，冉冉岁月倾。子当东北驰，予亦西南征。人事相羁束，何时当合并。聊斟昆阳酒，为浇胸次平。出处固难必，勉哉崇令名。②
>
> 匹马短衣看此行，看君谁信是书生。听诗未觉秦川远，何剑长怀晋水清。一饭见哀韩信耻，千金为寿鲁连轻。壮年休洒新亭泪，且为江山灌巨觥。③
>
> 十月西来始哭君，山中何处有孤坟。以才见杀人皆惜，忤物能全我未闻。李白歌诗堪应诏，陈琳书檄偶从军。穷途无地酬知己，会待升平缉旧文。④

王元粹亦对乱世中的良政抱有期待，在送友人出任县令时表示："好去鄜城宰，当途有荐章。长才试县邑，嘉政寄循良。远路连秋草，征衫带夕阳。济时公等在，吾欲泛沧浪。"⑤

王元粹在鄂州避难时，曾有仓皇逃离城池前往西山的经历，在记录当时惨景的诗作中，发出了"世乱难为生"的悲叹。

> 苍山多回互，四望令人迷。过午日已暖，残雪融为泥。路滑不可进，弱葛愁攀跻。老幼委沟壑，不如犬与鸡。嗷嗷同行子，手中各有携。汲涧为饮食，架木为岩栖。夜半三四惊，翁媪禁儿啼。念

---

① 《中州集》卷7《王元粹小传》。
② 王元粹：《叶县赠李长源》，《中州集》卷7。
③ 王元粹：《寿李长源》，《中州集》卷7。
④ 王元粹：《哭李长源》，《中州集》卷7。
⑤ 王元粹：《送李文起令鄜城》，《中州集》卷7。

我长病母，乱离隔东西。

野宿不得晓，飞霜沾敝袍。空山凝寒色，天边星月高。忆昨离鄂城，数家同遁逃。穿林恐相失，前后闻呼号。避乱但欲远，焉知登顿劳。俯临万仞壑，性命轻鸿毛。

青青道边麦，知是谁家田。山田固已薄，榛石复相连。旁有破茅屋，日入不见烟。借问旧居者，闻乱已西迁。平生苦沦薄，对此增慨然。甲兵暗宇宙，谁能安一廛。愁忧无从诉，仰面视苍天。伐木南涧底，双鹿过我前。①

妇病不能进，儿啼不肯行。苍茫荒野外，北风鼓鼙声。老幼夜中逃，失路入榛荆。月出天欲曙，山头烽火明。邓卒一战溃，敌势遂纵横。昨朝使帖下，主将亦还营。嗷嗷二十载，何时见升平。我生值世乱，世乱难为生。②

南风兵尘远，病客返旧居。入门顾西壁，书籍亦无余。数口共嗷嗷，日事将何如。屋破未暇葺，草满须当锄。昔去季冬末，今来孟夏初。深愧资用绝，时时烦里间。③

乱后行藏岂自由，此身虽在病兼忧。一坏徒积黄泉恨，四壁难为白日谋。数极乾坤见中否，迹随沟壑恐长休。可怜海内干戈满，独对江山倚寺楼。④

寓居襄阳，王元粹亦感叹时运不济，故园难回，前途渺茫。

云自无依鹤自孤，此生谁信有穷途。干戈二十年来客，留得残骸傍酒炉。⑤

江雨初晴江涨发，凉风吹水波浪开。日暮津头闻打鼓，越商巴贾卸船来。

街头鱼米近颇贵，缩项长腰最可珍。江东莼鲈亦何好，能令张翰称达人。

---

① 王元粹：《西山避乱三首》，《中州集》卷7。
② 王元粹：《八月二十三日夜走西山》，《中州集》卷7。
③ 王元粹：《还鄂城旧居》，《中州集》卷7。
④ 王元粹：《登鄂城寺楼》，《中州集》卷7。
⑤ 王元粹：《醉后》，《中州集》卷7。

近值丧乱弃中原，南来亦复著南冠。吾家旧井岘山畔，野老谩作北人看。

襄阳城府自古雄，千甍万瓦当晴空。短衣少年何处客，相邀一醉楚楼中。

城东大堤堤上头，何处女郎同出游。紫盖留连不归去，唱歌日暮傍汀洲。

江上小儿夸善没，一日入水知几回。汝曹未有机心在，缘底鸥鸟不飞来。

叹息耆旧不复见，欲问土风谁为陈。羊公遗碑武侯庙，江边酒家说向人。①

武侯祠庙南山曲，苔满荒碑不堪读。客子登临又一时，秋色苍苍入乔木。天下不可无奇材，千年精爽安在哉。孤吟徘徊不忍去，寒日欲下悲风来。②

万里江山动楚吟，异乡风物长年心。孤身转觉乾坤窄，往事空惊岁月深。木落高城初过雁，霜飞幽馆夜闻砧。蹉跎未遂东游计，醉后悲歌泪满襟。③

客子临高秋思生，碧山无际暮云横。但看八月草木落，未见中原尘垒清。流景暗徂人易老，故园何在梦频惊。尊中有物同谁尽，正要相看醉胆倾。④

王元粹返回燕京后，曾帮助赵复建立太极书院，"选俊秀之有识度者为道学生"，使南宋理学在中国北方有了更大的影响。⑤

（二）冯璧的忠奸说

冯璧（1162—1240 年），字叔献，别字天粹，号松庵，定州中山（今属河北）人，承安二年进士，曾任监察御史、翰林修撰等职，兴定五年（1221）致仕，天兴元年（1232）由河南返回河北隐居。

冯璧任职时曾就改善朝政多次提出建议，尤其是在贬斥奸臣、小人

---

① 王元粹：《襄阳七绝句》，《中州集》卷7。
② 王元粹：《武侯庙》，《中州集》卷7。
③ 王元粹：《万里》，《中州集》卷7。
④ 王元粹：《临高》，《中州集》卷7。
⑤ 黄宗羲原著，全祖望补修：《宋元学案》第 4 册，第 3006 页。

方面有突出表现，并可以看出他对时弊的深恶痛绝态度。

> （冯璧）又论贤、不肖混淆曰："崇庆初，西南路招讨使九斤请先事用兵，仍乞诏夏人为掎角计，执政者沮挠之，策为不行。不旋踵，而有纵敌之祸。大丞相承晖正色立朝，凛然社稷之镇，而奸人忌之，挤守都城。人臣而死社稷，在承晖为无恨。然宗室贤相，安危之所系焉者，而以奸人之谋，使之无益而死，天下为国家惜之耳。臣尝谓贤、不肖之不分久矣，夫恶恶著，则贤、不肖别，贤、不肖别，则天下可运之掌，于恢复乎何有。"
>
> 河中帅阿虎带及僚属十数人，皆以弃城罪当死，系同州狱待报。同州官承望风旨，问公（冯璧）何以处之。公为言："故相贾公益谦判河中，闻绛阳受兵，悉军救之，钲鼓旗帜连延数十里，敌闻救至，解围去。僚属请于公：公不守河中，而救绛阳，设兵至城下，何以待之。公言：诸君未之思耳，吾救绛阳，所以守河中也。诸人皆谢不及。河中在今日尤为重地，朝议拟为驻跸处也。本根不固，则河南、陕右有唇亡之忧。以渠宗室勋贵，故使镇之。平居无事，以预备为言，竭民膏血为浚筑计。剽骑才及解梁，乃以金城之险为不足守，遽焚荡而去，驱迫老幼，填塞枕藉，争舟而上者千百而一，哭声震天，流尸蔽川而下。烦冤之民，无所于诉，此而不诛，三尺法无所用矣。吾常恨南渡仓卒，贾公之功不蒙显异，然则不经之失，可使复见于今乎。"[1]

冯璧与元好问、雷渊是好友，在诗作中特别对雷渊的公正行为加以赞扬："虎守天门未易通，庾尘无扇障西风。主人何负盗憎主，公论不明私害公。老伏固非千里骥，冥飞似是五噫鸿。纷纷往事渠知几，都付嵩巅一笑中。"[2]

冯璧致仕后，曾隐居于嵩山，在后来的诗作中道出了危局中的沉痛心态。

> 元光间（1222—1223），予在上龙潭，每春秋二仲月，往往与

---

① 元好问：《冯璧神道碑铭》，《遗山集》卷19。
② 冯璧：《和希颜》，《中州集》卷6。

元（元好问）、雷（雷渊）游历嵩、少诸蓝，禅师汴公方事参访，每相遇辄挥毫赋诗，以道闲适之乐，今犹梦寐见之。儿子渭近以公故抵任城，禅师附寄诗以叙畴昔。未几，驻锡东庵，因造谒间出示裕之数诗，醉笔纵横，亦略道嵩游旧事。感叹之余，漫赋长句二首。

性理诸方已遍参，归来一锡驻东庵。山中莲社旧招隐，旅舍阿戎新对谈。诗笔如君僧有几，文章愧我老无堪。绫书大字拈香疏，须趁微之酒半酣。

少林修竹欲天参，竹外幽闲草结庵。顾我虽存惟白发，与君曾此共玄谈。干戈横绝境犹梦，草树荒残人岂堪。腊瓮松醪髯莫预，商歌悲壮不能酣。①

冯璧在金朝灭亡前的忠奸议论，也是对王朝衰亡原因的重要阐释，值得后人重视。

（三）杨奂的世乱说

杨奂（1186—1255 年），字焕然，号紫阳，乾州奉天（今属陕西）人，金末屡试进士不中，上"指陈时病"的万言书无人理睬，金亡后任职蒙古国，著有《还山集》《正统书》等，只有《还山遗稿》传世。②

金亡之后，杨奂曾前往南京，记录了金朝后期增建内城后宫殿的情况，对于了解金朝后期宫殿制度颇有帮助。

己亥（1239）春三月，按部至于汴。汴长史宴于废宫之长生殿，惧后世无以考，乃纂其大概云：皇城南外门曰南薰，南薰之北新城门曰丰宜，桥曰龙津桥。北曰丹凤，而其门三。丹凤北曰州桥，桥少北曰文武楼。遵御路而北，横街也。东曰太庙，西曰郊社。正北曰承天门，而其门五，双阙前引，东曰登闻检院，西曰登闻鼓院。检院之东曰左掖门，门之南曰待漏院。鼓院之西曰右掖门，门之南曰都堂。承天之北曰大庆门，而曰精门左，升平门居其东，月华门右，升平门居其西。正殿曰大庆殿，东庑曰嘉福楼，西

---

① 冯璧：《嵩游旧事》，《中州集》卷6。
② 《元史》卷153《杨奂传》。

庑曰嘉瑞楼。大庆之后曰德仪殿，德仪之东曰左升龙门，西曰右升龙门，正门曰隆德，曰萧墙，曰丹墀，曰隆德殿。隆德之左曰东上阁门，右曰西上阁门，皆南向。东西二楼，钟鼓之所在，鼓在东，钟在西。隆德之次，曰仁安门，仁安殿东则内侍局。内侍之东曰近侍局，近侍之东曰严祇门，宫中则曰撒合门。少南曰东楼，即授除楼也，西曰西楼。仁安之次曰纯和殿，正寝也。纯和西曰雪香亭，雪香之北，后妃位也，有楼。楼西曰琼香亭，亭西曰凉位，有楼。楼北少西曰玉清殿。纯和之次曰宁福殿，有二大石，左曰"敷赐神运万岁峰"，右曰"玉京独秀太平岩"，殿曰山庄。山庄之西南曰翠微阁，苑门东曰仙韶苑，苑北曰涌翠峰，峰之洞曰大涤涌翠。东连长生殿，殿东曰涌金殿，涌金之东曰蓬英殿。长生西曰浮玉殿，浮玉之西曰瀛洲殿。长生之南曰阅武殿，阅武南曰内藏库。由严祇门东，曰尚食局。尚食东，曰宣徽院。宣徽北曰御药院，御药北曰右藏库，右藏之东曰左藏。宣徽东曰点检司，点检北曰秘书监。秘书北曰学士院，学士之北曰谏院。谏院之北曰武器署，点检之南曰仪鸾局。仪鸾之南曰尚辇局，宣徽之南曰拱卫司。拱卫之南曰尚衣局，尚衣之南曰繁禧门。繁禧南曰安泰门，安泰西与左升龙门直，东则寿圣宫，两宫太后位，本明俊殿，试进士之所。宫北曰徽音殿，徽音之北曰燕寿殿。燕寿殿垣后少西，曰震肃卫司，东曰中卫尉司。仪鸾之东曰小东华门，更漏在焉。中卫尉司东曰祗肃门，祗肃门东少南曰将军司。徽音、圣寿之东曰太后苑，苑之殿曰庆春。庆春与燕寿并，小东华与正东华对。东华门内正北尚厩局，尚厩西北曰临武殿。左掖门正北尚食局，局南曰宫苑司。宫苑司西北曰尚酝局、汤药局、侍仪司，少西曰符宝局、器物局，西则撒合门。嘉瑞楼楼西曰三朝，正殿曰德昌，东曰文昭殿，西曰光兴殿，并南向。德昌之后，宣宗庙也。宫西门曰西华，与东华直，其北门曰安贞。二大石外，凡花石、台榭、池亭之细，并不录。观其制度简素，比土阶茅茨则过矣，视汉之所谓千门万户、珠璧华丽之室，则无有也。然后之人因其制度而损益之，以求其称，斯可矣。①

---

① 杨奂：《汴故宫记》，《还山遗稿》卷上，北京图书馆古籍珍本丛刊本。

杨奂还用诗作记录了南京陷落后宫女和贵族妇女的凄惨境况。

> 一入深宫里，经今十五年。长因批帖子，呼到御床前。
> 岁岁逢元夜，金蛾闹簇巾。见人心自怯，终是女儿身。
> 殿前轮直罢，偷去赌金钗。怕见黄昏月，殷勤上玉阶。
> 翠翘珠掘背，小殿夜藏钩。蓦地羊车至，低头笑不休。
> 内府颁金帛，教酬贺节盘。两宫新有旨，先与问孤寒。
> 人间多枣栗，不到九重天。长被黄衫吏，花摊月赐钱。
> 仁圣生辰节，君王进玉卮。寿棚兼寿表，留待北还时。
> 边奏行台急，东华夜启封。内人催步辇，不候景阳钟。
> 画烛双双引，珠帘一一开。辇前齐下拜，欢饮辟寒杯。
> 圣躬春阁内，只道下朝迟。扶仗娇无力，红绡贴玉肌。
> 今日天颜喜，东朝内宴开。外边农事动，诏遣教坊回。
> 驾前双白鹤，日日候朝回。自送銮舆去，经年更不来。
> 陡觉文书静，相将立夕阳。伤心宁福位，无复夜薰香。
> 二后睢阳去，潜身泣到明。却回谁敢问，校似有心情。
> 为道围城久，妆奁阃犒军。入春浑断绝，饥苦不堪闻。
> 监国推梁邸，初头静不知。但疑墙外笑，人有看官时。
> 别殿弓刀向，仓皇接郑王。尚愁官正怒，含泪强添妆。
> 一向传宣唤，谁知不复还。来时旧针线，记得在窗间。
> 北去迁沙漠，诚心畏从行。不如当日死，头白若为生。[1]
> 蚕月何曾出后堂，干戈流落客他乡。罗衣着尽无人问，自把荆
> 篮摘野桑。[2]

杨奂在诗作中赞扬了烈妇的行为，并认为乱世中的节烈行为，同样
可以成为留名青史的楷模。

> 平陆有烈妇，地望雄诸吴。从居孩提间，体貌迥尔殊。举家爱
> 惜心，不啻千金珠。眉拂夏茧蛾，鬓弹春林乌。芙蓉羡颜色，冰雪
> 羞肌肤。十二巧针指，十四婉步趋。姻戚未省识，闺阃何曾逾。孙

---

① 杨奂：《录汴梁宫人语》，《还山遗稿》卷下。
② 杨奂：《涿南见蚕妇，本汴梁贵家》，《还山遗稿》卷下。

郎邑中秀，少小依师儒。双亲为择对，买红缠酒壶。青鸾得彩凤，誓结百年娱。屈己接妯娌，尽心奉舅姑。孰谓连理枝，半壁先摧枯。春风合欢床，分守夜雨孤。西邻久欢慕，诚与六礼俱。贿好靡不周，下逮役使徒。父兄去世乱，仓卒谁携扶。母嫂怜幼寡，且微反哺雏。号诉竟莫察，僵仆气不苏。同穴大义在，初言宁忍辜。日闻势转逼，托媒致区区。将汝已死妇，配我未葬夫。朝决暮即行，参差当自屠。王族忽承命，搔首久踌躇。此事难为谐，此理古亦无。妇闻一抚掌，天道卒敢诬。腐骨尚知爱，而况生人躯。素志从此伸，里巷咸惊吁。秋风万马来，所至皆丘墟。粟堆坡头路，月黑忘崎岖。乡兵共乌合，焉能保不虞。俄顷鼓声绝，崩溃东北隅。壮者遭杀戮，弱者遭縻驱。妇时飞悬崖，翩若赴水凫。皎皎盈尺玉，未甘苍蝇污。鲜鲜全匹锦，岂容浊秽涂。向是健男子，足拔丈二殳。航海绘长鲸，荡荆缚于菟。悲哉女子志，裙裾郁壮图。胡不具始末，奏之达帝都。外则诏郡国，内则正宫襦。胡不构祠宇，揭之当官衢。近使感义节，远使惩淫愚。不然布台阁，直笔一再濡。特书彤史上，永世旷范模。①

杨奂亦以读史的形式，表达了对王朝兴亡的感叹。

> 风烟惨淡驻三巴，汉烬将燃蜀妇髻。欲起温公问书法，武侯入寇寇谁家。②
> 轵道牵羊事已非，更堪行酒着青衣。里头婢子那知此，争逐君王烈焰归。
> 六朝江水故依然，隔断中原又百年。长笑桓温无远略，竟留王猛佐符坚。③

杨奂还特别指出，金朝的士风在世宗后有明显变化："金大定中，君臣上下以淳德相尚，学校自京师达于郡国，专事经术教养，故士大夫之学少华而多实。明昌以后，朝野无事，侈靡成风，喜歌诗，故士大夫

---

① 杨奂：《孙烈妇歌》，《还山遗稿》卷下。
② 杨奂：《读通鉴》，《还山遗稿》卷下。
③ 杨奂：《读汝南遗事》，《还山遗稿》卷下。

之学多华而少实。"① 杨奂在泰和六年（1206）参加考试时的赋题是"日和天统"，勾起了他对正统的兴趣，所以才有了对后世有一定影响的"正统八说"。

（四）杨宏道的劝世说

杨宏道（1195—1277年），又作杨弘道，字叔能，号素庵，淄川（今属山东）人，金亡入宋，后北归，著有《事言补》等，已佚，现存诗文集《小亨集》。②

杨宏道曾就南宋汴京的临水殿（宣和殿、宣德殿）作赋一首，以寓意盛极而衰、骄奢失国的教训。

> 王者之营宫室也，先卜贡赋适中之地，然后揆日以立表，法天以正位。外则双阙雄峙，舳棱嶕峣；内则紫气配极，钩陈按次。朝焉会焉而穹隆，游焉息焉而严邃。此亦崇极于壮丽，而天下后世无异议者，何哉？盖以尊国而观四方，俾子孙无复生心于增益也。维嗣君谓之守文，盍考其义而加详，既获承于休德，当率由乎旧章。楚之章华未必峻于周之灵台，秦之阿房未必大于汉之未央，一毁一誉，孰存孰亡，是知周、汉之示制度，异夫秦、楚之为淫荒者耶。以祖宗为不可法，以制度为未尽美，以法官为隘陋，以内苑为荒圮，于是起假山于大内之东，出奇石于太湖之里，栋负断民之腰脊，椒涂沥民之膏髓。赤祲示变，侈心未已，又作清旷纯熙之殿，今汴人目之曰"临水"者是也。想夫临幸之初，纷杂还而骈阗。笑孝武之太液兮，陋明皇之温泉。饰锦绣以裹地兮，奏歌吹而沸天。耀风漪于阳景兮，舞藻文于绮筵。命画师摹异鸟之状，诏侍臣进春苑之篇，妃姬嫔嫩极态尽妍，连臂踏歌而挽裙留仙。增糟丘而为山，溢酒池而成川，委庶政于沉湎之表，置万几于康乐之边，谓千秋万岁长享此乐，俄掩涕而北迁。俛仰于今几何，指日繁华歇，欢乐毕，倾榱桷，暗丹漆。木石呈材，墙壁露质，讶典型之犹存，存千万之十一。但波光渺茫，风声萧瑟。噫嘻，自古侈美奇特之观，奉当时之欢无几，而为后人悲伤嗟叹之资，盖无穷悉也。余尝欲一临其上而赋之，友人劝余曰："失志易沮，苦心多感。今子三

---

① 杨奂：《跋赵太常拟试赋稿后》，《还山遗稿》卷上。
② 元好问：《小亨集序》，《小亨集》卷首，四库全书本。

十无成，仕途不进，可谓失志也。千里羁旅，再丧家室，可谓苦心也。正使坐子于歌舞之场，犹且不乐，奈何游览乎欹倾摧败之余哉。诚虑感怛无聊，损伤天和而病夫子也。"余曰："不然。夫哀情生于欢乐之极，故齐景公登牛山而哭，孟尝君闻雍门弹琴泪下沾襟。今余遇繁盛荣华之事，辄潸然出涕，乃知与是相反也。意其获见贵盈而微促者，因悟夫天道之难，人事之不常，引喻取譬，或能自宽。"①

杨宏道认为金朝有行良政的传统："前朝起艮，维据华夏，进用南北豪杰之士，以致太平百余年间，民物殷富，汉、唐而下良法善政，班班举行。"② 所以在乱世中，他在给为官者所著书信、诗作中，表达了对良政嘉行的殷切期望。

> 伏惟某官，学而入仕，惠以临民，交章荐而荣被新恩，六事修而与闻政事。里闾和会，吏卒欢迎。草长讼庭，尚收曾留之犊；风回春郭，重开旧种之花。窃闻有德可尊，处仁为智，伏愿息肩余荫，拜手清尘，身虽贫而累轻，易足支消之计，道既独而交寡，断无请谒之私。③

> 兴定纪年（1217）后，治道日修饬。县令选尤重，非人莫轻得。东陲控淮泗，隐见吴山碧。尝获白兔瑞，贺书出韩笔。百里今付君，阳关歌祖席。和风翻行裾，花光照长陌。十年宿重兵，涉春微雨泽。鲸鲵虽陆死，余孽尚狼藉。二事具可忧，军食与民力。君名在兰省，安能淹此职。勿谓不久留，而遗后人责。常思君子居，一日必加葺。④

> 潦水已除泥尚湿，疮痍既平肤尚赤。细烹糜粥食疲人，明示金科惩暴客。朝廷好爵不轻授，夙夜小心忧重责。政成合杳起民谣，

---

① 杨宏道：《临水殿赋》，《小亨集》卷1。
② 杨宏道：《窥豹集后序》，《小亨集》卷6。
③ 杨宏道：《投蓝田县令张伯直启》，《小亨集》卷6。
④ 杨宏道：《送张县令赴任符离》，《小亨集》卷1。

一片青青裹武石。①

但是杨宏道本人的为官经历并不顺利，使他留下了书生难斗胥吏的沉重感叹。

> 制榷酒而征商，吏部差监务二员，曰监，曰同。常以五月中，官给本，造周岁所用之曲。九月一日，新旧相代，监务相呼，我代者为上交，代我者为下交。余自京兆从刘监察光甫到凤翔，而府帅郭公仲元嘱文仲，请余教其子侄于府学。麦既熟，上交不至，辞赴麟游造曲。八月，上交至而罢。监务造曲已竟，虽上交至，例不当罢，盖彼货吏而罢余也。将往邠州，以诗告别。

> 细柳青丝袅，孤云白练轻。枝随金缕断，影趁绣衣行。日丽南山树，烟迷北斗城。精荧太白色，鸣喧橐泉声。邃馆薰风细，长檠绛蜡明。广庭趋府史，虚席让书生。畴昔文为业，因缘笔代耕。识途随老马，调舌啭雏莺。小邑那堪处，微官有底荣。低头拾瓦砾，放手弃瑶琼。肺渴烦蒸煮，心疲剧绕萦。虎头非我相，鸡肋有人争。甄堕何劳顾，途穷辄怆情。一身常坎轲，半载废经营。积雨乾坤湿，高风物象清。纻麻难卒岁，山水杳归程。朔漠冲风黑，昆仑杀气横。启明编皂隶，斜照列公卿。怀德因施惠，酬恩亦竭诚。他时骢马过，终始服高名。②

在战乱中，杨宏道虽然赞赏武将的守地保国和平叛止乱行为，但是更在意的是如何重见太平景象。

> 艺苑昭词彩，经筵味道醇。纵横随缓颊，踊跃执蒙轮。博学通幽隐，奇才迈等伦。故当称俊伟，未足静风尘。何术兴王室，中原有世臣。云龙遘嘉会，花叶茂长春。上下承恩远，东西出将频。英声蚤汉楚，威德洽周秦。严警驱貔虎，雅歌集凤麟。灵襟澄瀚海，泛爱到穷鳞。贱子能安命，虚名讵起身。商山深欲隐，宛马到何神。恍惚三生梦，朝昏九死邻。帅师回烈焰，习坎得通津。花气薰

---

① 杨宏道：《寄巩州司农少卿李执刚》，《小亨集》卷2。
② 杨宏道：《别凤翔治中艾文仲》，《小亨集》卷4。

兰阁，麻衣拂绣茵。晨炊优岁计，春服趁时新。迁逝同王粲，贤良愧郄诜。散才那致此，遇物见行仁。报德知无地，修身益自珍。抱孙闻有喜，麟趾颂振振。①

皇帝二载岁乙酉（1225），八月花川堕天狗。宥亲释党可攻心，结赵连蜀忧掣肘。运刍输粟正嗷嗷，擐甲执戈徒赳赳。聊城朝飞仲连箭，夏人暮掷惠琳首。借筹功大克渠魁，失马过轻伤利口。天鉴长悬日月明，皇恩更贺丘山厚。万家特异韦虎，千里长谣得杜母。忆昔轺车到凤翔，特遣朱衣邀马走。金刹刳橙催赋诗，银杯行酒无停手。许游莲幕厕英髦，欲泻兰汤洗尘垢。武陵回首山纵横，荐福打碑雷震吼。马首东之讵可留，鸡肋空持复何有。嘶风惊闻沙塞马，挈家来觅商岩叟。控弦突骑若凭虚，战格连云如拉朽。洛南屠灭彼何辜，浑谷奔忙谁敢后。仰攀危磴蜗篆壁，下坠深阮杵投白。血属有幸脱微躯，家具岂能存敝帚。恩全终始属贤良，仁济困穷多福寿。借君宝剑买黄牛，苟全性命归南亩。②

杨宏道亦有惊心动魄的逃难经历，如诗作所记："西山逃难日如年，草动风声止又迁。惴惴侧行崖际石，回回屡涉谷中泉。纵横蔓刺肤流血，憔悴妻孥命在天。疲极和衣相枕藉，夜寒辗转不成眠。"③ 金朝灭亡后，杨宏道虽然感叹"一朝人事变，万里塞尘侵"④，强调"善恶相形褒贬在，世宗更比孝文优"和"莫对遗民谈往事，恐渠流泪不能收"⑤。但亦不得不面对现实，作出了适应新形势的选择。

（五）程自修等人的讽世说

程自修，生卒年不详，字忘吾，洛阳人，隐居不仕。在诗作中，程自修对朝廷在危机中的不良表现大加讥讽。

束带供人事，扶藜强病身。诛求非上意，盗贼本良民。湿翠山藏雨，轻黄柳带春。小儿随白首，行坐各霑巾。⑥

---

① 杨宏道：《赠邓帅》，《小亨集》卷4。
② 杨宏道：《赠裕州防御》，《小亨集》卷2。
③ 杨宏道：《壬辰（1232）闰九月即事》，《小亨集》卷4。
④ 杨宏道：《自述》，《小亨集》卷4。
⑤ 杨宏道：《中都二首》，《小亨集》卷4。
⑥ 程自修：《出城》，《谷音》卷上。

重大事变之后，程自修不仅有兴亡之叹，亦强调应注意腐儒亡国的重大教训。

> 日射石虬鳞甲开，草色又换青春回。精灵聚散岂拘束，山鬼叫呼松柏哀。当时沸天箫鼓动，今日悲风陵上来。匆匆今古成传舍，人生有情泪如把。乾坤误落腐儒手，但遣空言当汗马。西晋风流绝可愁，怅望千秋共潇洒。①
>
> 岁云暮矣百工休，独持千古供索游。丈夫磊落如天日，促促胡为升斗谋。望尘下拜乃东市，山中茹芝可白头。呜呼此道弃如土，眼中历历圣贤蠹。乡里小儿纥那歌，前辈先生八风舞。欲挽东流无万牛，抱膝长吟听更雨。②
>
> 独怜风格困尘埃，敢料天涯共酒杯。花鸟偏于前辈好，江山更有后人哀。颜回盗跖终归命，诸葛曹丕岂论才。正自别离愁未透，更教柳色带青来。③

元吉（？—1264 年），字文中，太原（今属山西）人，在诗作中对金朝军队的无能颇为嘲讽。

> 怒山出老拳，寒色顽赑屃。城根插沙水，斗绝虎相视。忆昔宣武兵最强，合围步骤如搤吭。那知一叱立破散，谁道亚子口尚黄。呜呼皇天肯悔祸，岂有盗贼称天王。要留千古论曲直，故垒依稀榆叶赤。④

元吉也指出在乱世中即便是有志于救国的壮士，亦难有作为，只能作为烈士被人纪念。

> 男儿不成名，命也负羁绁。投袂出门去，浩荡破边色。飞沙白

---

① 程自修：《痛哭》，《谷音》卷上。
② 程自修：《岁云暮矣》，《谷音》卷上。
③ 程自修：《送元吉归河东》，《谷音》卷上。
④ 元吉：《上党》，《谷音》卷上。

荡胸，落叶黄没膝。微阳割层暝，山骨紧格格。抉眼已峥嵘，置身
何突兀。健雕势欲落，老马智亦屈。气岸勇枝梧，脉络大包括。物
候秋冬交，土风夷夏隔。怀归畏简书，欲往投鬼蜮。无言答酸楚，
有血洒寥阒。古来丧乱中，天地坐局踏。形骸尽则已，烈士裹
马革。①

孟鲗（？—1263 年），字介甫，曲阜（今属山东）人，在诗作中曾
对南京发出过思念故国的感叹。

　　惛惛坊陌傍深春，活活河流雨过浑。花鸟几时充贡赋，牛羊今
日上丘原。犹传柳七工词翰，不见朱三有子孙。我亦前生梁楚士，
独持心事过夷门。②

元世祖忽必烈即位后，山东军阀李壇起兵反叛，孟鲗曾加以劝阻，
不但不从反而被杀。在诗作中，孟鲗已经预言了反叛必然失败。

　　徐州压城霜木赭，可能回首风尘下。当年缟素从西来，仰天伏
地声呜哑。君臣大义日月白，牧野鸣条此其亚。帝王气象佳葱葱，
举止却类田舍翁。美人琼玉是粪土，四海正在水火中。如龙如虎尚
蹉跌，况乃竖子贪天功。③
　　猛虎被束缚，皮肉不相保。人生到错迕，天地亦草草。古来割
据何代无，可怜百万殉匹夫。渔阳突骑如风火，青州城门铁作枢。
丈夫好在识时务，座上赤龙公莫舞。沙海荒荒魂不归，莫说青州泪
如雨。④

王朝更代之后，文人的讽谕是政治评价的重要方式，所以需要注意
程自修等人的不同说法。

---

①　元吉：《自葫芦河至居庸关》，《谷音》卷上。
②　孟鲗：《南京》，《谷音》卷上。
③　孟鲗：《徐州》，《谷音》卷上。
④　孟鲗：《猛虎》，《谷音》卷上。

三　张宇等人的应变观念

张宇、曹之谦、孔元措、房皞等人，在王朝更替的背景下，显示出了不同的应变观念，可概述于下。

（一）张宇的出世观

张宇，生卒年不详，字彦升，号石泉先生，临汾（今属山西）人，著有《石泉集》，已佚。

在战乱之后，张宇不仅感叹旧友故去，亦感叹幸存者已经各分东西，前途叵测。

> 凄恻复凄恻，送君汾水侧。人生欢会少，一别难再得。昔经劫火然，二鸟奋惊翼。嗷嗷各何之，同落天西北。日夕相和鸣，此乐未易极。狂风忽吹散，一鸟归故国。翱翱入寥廓，万里期一息。邓林有余阴，未肯栖枳棘。玉山有嘉禾，未肯求粒食。一鸟独未归，跰䠥老无力。矫首思旧群，潸然泪沾臆。①
>
> 萧兰一夕陨秋霜，数载交情遽忍忘。游览云山春并辔，笑谈风雨夜连床。治心我谓当诚悫，处己君言贵肃庄。此理从今谁与论，隰州松月渺苍苍。②

张宇亦以宋代的王安石为例，强调恶政的影响不会因斯人已去而消逝："作古非今祸已成，亦知鬼责与天刑。试看一病遗言处，犹劝旁人诵佛经。"③

世变之后，张宇选择的是隐居的安然生活，所以在诗作中表现出了强烈的出世取向。

> 城居宁不好，未易著闲人。客至惭无酒，诗成莫疗贫。谈天虽有口，无地可安身。羡杀清江鹭，生来不受尘。④
>
> 健羡南溪老，幽居水石间。心无尘事泪，身与野云闲。院静深

---

① 张宇：《送赵宜之归新安兼简洛下诸友》，《河汾诸老诗集》卷2。
② 张宇：《吊萧同知》，《河汾诸老诗集》卷2。
③ 张宇：《荆公》，《河汾诸老诗集》卷2。
④ 张宇：《和刘敏之韵》，《河汾诸老诗集》卷2。

藏竹，墙低易得山。蒲团香一炷，花落鸟关关。

别墅荒城外，居闲事事幽。栽松添野色，接鲔引溪流。诗社分新韵，村醪洗旧愁。更求名与利，骑鹤望扬州。①

世路羊肠剧险艰，天心应厌著儒冠。老无子息休心易，贫有交亲托事难。文字售人真滞货，廉平养己似闲官。羲经读罢无人会，庭竹萧森夜月寒。②

微风漠漠水增波，禊事重修继永和。脆管当筵清似语，扁舟争岸疾如梭。一时人物成高会，千里云山入浩歌。日暮芝兰无处觅，野花汀草占春多。③

张宇的这种出世取向，在金朝跨代文人中有一定影响，应予以注意。

（二）杨云鹏的士用观

杨云鹏（？—1250 年前），字飞卿，又名杨鹏，汝梅（今属河南）人，隐居不仕，诗作享有盛名，著有《陶然集》，已佚。

在金朝末年的战乱中，杨云鹏无论是送人远行、避乱他乡，还是登高望景，在诗作中表达的都是惆怅的心境。

干戈流落鬓毛焦，千里穷途着弊貂。老去少陵悲橡食，乱来王粲逐蓬飘。朔庭云涨龙沙冷，南斗尘昏象阙遥。从此分携相见少，旅魂飞断不胜招。④

氍锦模糊覆橐驼，骎骎征骑渡沙陀。寒冲绝漠戎装重，夜绕中华汉梦多。诗健每因横槊赋，曲豪长爱击壶歌。勒功会待平吴策，万仞西山尚可磨。⑤

十载流离避战尘，白头憔悴始归秦。霜前渭水有归雁，乱后长安无故人。不惮北邙迁梓远，莫忘东鲁寄书频。明年我亦嵩南去，

①　张宇：《和李子微村居》，《河汾诸老诗集》卷 2。
②　张宇：《感怀》，《河汾诸老诗集》卷 2。
③　张宇：《上巳日游平湖》，《河汾诸老诗集》卷 2。
④　杨云鹏：《送赵维道北上》，顾嗣立编《元诗选》三集，中华书局 1987 年版，第 52 页。
⑤　杨云鹏：《送殷献臣北上》，《元诗选》三集，第 52 页。

拟买黄牛种汝滨。①

插天飞构郁嵯峨，栏角涛声转暮河。孤鸟去边沧渚阔，落霞明处碧山多。伤时未遂陈三策，吊古犹堪赋九歌。安得天丁挽天汉，倒倾京洛洗干戈。②

层城高绝一攀跻，岁杪临风客思凄。烧入马陵秋草黑，雁横雪泽暮天低。陈台事往人何在，曹国川遥望欲迷。牢落壮怀谁与语，疏林残照乱鸦啼。③

客舍无人静掩扉，小窗灯火独相依。一年残腊今宵尽，千里故乡何日归。鬓发半随春雪白，交游浑似晓星稀。乱离不得中州信，肠断云间雁北飞。④

金朝灭亡后，杨云鹏对故国已失、世变人非亦颇为感慨。

高歌行采北山薇，回首兵尘满帝畿。龙去鼎湖中国换，鹤归华表昔人非。后期何处伤心切，远别从今见面稀。莫道尺书千里隔，年年沙塞雁南飞。⑤

山城二月媚晴晖，破暖轻风试夹衣。雨后杏花浑放尽，社前燕子尚来稀。孤怀不奈千秋积，往事真成一梦非。却羡西桥桥畔柳，年年翠色自依依。⑥

存世之人毕竟要向前看，杨云鹏特别为元好问赋诗，希望他不要理会崔立立碑事件的非议，继续做诗坛领袖。

三馆才名天下闻，乱来俗议漫纷纭。两朝文笔谁争长，一代诗人独数君。南浦春深愁送别，西山晚翠约平分。何时并坐龙潭上，野水添杯看白云。⑦

① 杨云鹏：《送张器玉归闽中》，《元诗选》三集，第52页。
② 杨云鹏：《真定龙兴寺阁》，《元诗选》三集，第53页。
③ 杨云鹏：《登濮州北城》，《元诗选》三集，第53页。
④ 杨云鹏：《东原除夜》，《元诗选》三集，第54页。
⑤ 杨云鹏：《送王希仲北归》，《元诗选》三集，第55页。
⑥ 杨云鹏：《春日西城》，《元诗选》三集，第54页。
⑦ 杨云鹏：《送元遗山》，《元诗选》三集，第51页。

杨云鹏还明确表示，在由乱到治的过程中，文士能够发挥重要的作用，所以要把握这样的机会。

> 三十年来只用兵，蒲轮才始聘贤英。已将药石除危疾，政要文章致太平。天子飞龙方启运，华阳归马岂无程。会须先下山东诏，癃老思观德化成。①
>
> 祖帐行将出汝州，先声已过孟津头。鸣琴但要追循吏，束带何妨见督邮。二室风烟连赤县，三城鼓角隔黄州。遥知乱后农耕废，卖剑应须剩买牛。②
>
> 十年文笔远从戎，藉藉名香幕府中。鞍马不教生髀肉，檄书端可愈头风。地连三赵山河壮，城镇三关鼓角雄。若见投壶祭征虏，为言白首坐诗穷。③

杨云鹏作为隐士，只是王朝兴亡的看客，但是他是以积极的态度看待世变，对这一点应特别注意。

（三）孔元措的存学观

孔元措（1181—1251 年），字梦德，曲阜（今属山东）人，孔子五十一世孙，金章宗明昌元年袭封衍圣公。④

孔元措于金哀宗正大四年（1227）编成《孔氏祖庭广记》一书，强调了经战乱后保存圣人书籍、遗迹等的不易。

> 先圣传世之书，其来久矣。由略积详，愈远而益著，盖圣德宏博，殆有不可掩者。爰自四十六代族祖知洪州军州事柱国纂集所传，板行四远，于是乎有《家谱》，尚异讲求，以俟他日。逮四十七代从高祖邠州军州事朝散，克承前志，推原谱牒，参考载籍，摘拾遗事，复成一书。值宋建炎之际，不暇镂行。至四十九代从祖主祥符县簿承事，惧其亡逸，证以旧闻，重加编次，遂就完本，布之

---

① 杨云鹏：《送王魏二学士应聘》，《元诗选》三集，第 51 页。
② 杨云鹏：《送张雄飞赴河阳令》，《元诗选》三集，第 52 页。
③ 杨云鹏：《送张汉臣归保塞兼简张万户》，《元诗选》三集，第 55 页。
④ 《金史》卷 9《章宗纪一》，卷 105《孔元措传》。

天下，于是乎有《祖庭记》。二书并行，凡缙绅之流，靡不家置，获览圣迹与夫历代褒崇之典，奕叶继绍之人，如登昆仑而披日月，咸快瞻仰。比因兵灾，阙里家庙半为灰烬，中朝士大夫家藏文籍多至散没，岂二书独能存欤。元措托体先人，袭封世嗣，悼斯文之将泯，恐祖牒之久湮，去圣愈远，来者难考，乃与太常诸公讨寻传记及诸典礼于二书之外，得三百二事，皆往古尊师之懿范，皇朝重道之宏规，前此所未见闻者。于是增益二书，合为一编，及图圣像、庙宇、山林、手植桧等，列于篇首，题曰《孔氏祖庭广记》。其两汉以来，林庙碑刻，旧书止载名数，今并及其文而录之，盖虑久而磨灭，不可复得。且先圣生于周灵王二十一年庚戌，迄今凡一千七百七十八岁，其间经世变乱，不知其几，而圣泽流衍，无有穷已，固不待纸传而可久也。然所以规规为此者，特述事之心不得不然。是书之出也，不惟示训子孙修身慎行，不坠先业，流芳万古，是亦学者之光也。①

战乱时孔元措曾在南京，记下了目睹孔庙遗物的场景："贞祐甲戌（贞祐二年，1214）春正月，兵火及曲阜，焚我祖庙，延及三桧。聿收灰烬之余，携至阙下，分遣妻弟省除知开封李世能。乃命工刻为先圣容暨从祀贤像，召元措瞻仰。"② 金朝灭亡后，孔元措依然坚持尊孔兴学的做法，并被新王朝的统治者所认可。

（四）段克己的儒道观

段克己（1196—1254 年），字复之，号遁庵，稷山（今属山西）人，终身隐居不仕，有与弟段成己合著的《二妙集》传世。③

段克己虽然是隐者，但极为关注时局的变化，并在乱世中强调了与儒道有关的六个重要观点。

一是儒士正义的观点，强调儒士要以冷静的态度看待世变，尤其是要指出战乱带来的巨大危害，并以此来彰显守正的立场。

> 塞马南来，五陵草，树无颜色。云气黯，鼓鼙声震，天穿地

① 孔元措：《孔氏祖庭广记引》，《孔氏祖庭广记》卷首，四库全书本。
② 孔元措：《手植桧刻像记》，《金文最》卷14，参见《孔氏祖庭广记》卷9。
③ 虞集：《河东段氏世德碑铭》，段克己、段成己《二妙集》卷首，四库全书本。

裂。百二山河俱失险，将军束手无筹策。渐烟尘，飞度几重城，蒙金阙。长戈袅，飞鸟绝，原厌肉，川流血。叹人生此际，动成长别。回首玉津春色早，雕栏犹挂当时月。更西来，流水绕城垠，空鸣咽。①

无何陵谷忽迁变，杀气黯惨缠九州。生民冤血流未尽，白骨堆积如山丘。比来几见中秋月，悲风鬼哭声啾啾。遗黎纵复脱刀戟，忧思离散谁与鸠。回思少年事，刺促生百忧。良辰不可再，尊酒空相对。明月恨更多，故使浮云碍。照见古人多少愁，懒与今人照兴废。今人古人俱可怜，百年忽忽如流川。三军鞍马闲未得，镜中不觉摧朱颜。我欲排云叫阊阖，再拜玉皇香案前。不求羽化为飞仙，不愿双持将相权。愿天早锡太平福，年年人月长团圆。②

二是儒士超脱的观点，强调儒士要看淡功名，不受名利干扰，才能遵循儒家的道义要求。

平生不愿万户侯，但愿一识刘荆州。荆州已远不可见，裔孙今幸从吾游。慨然议论吐肝胆，腰间古剑鸣蛟虬。酒酣醉墨出险怪，笔势恍恍令人愁。世人争欲得一诺，黄金不用如山丘。结交以义不以利，乐人之乐忧其忧。自从管鲍死，此道今悠悠。岂意流落中，忽见古人俦。古来贤哲士不达，饥寒不解为身谋。纷纷眼底知音少，几向西风叹白头。③

白首老儒身连蹇，不随时世纷华，尽他人笑鲁东家。皇天如欲治，舍我复谁耶。此道未行应有待，何须恐虑无涯。男供耕获女桑麻，薄躯何所事，问柳与寻花。④

白发相看老弟兄，闲身无辱亦无荣。儿孙已可代躬耕，了却文章千载事。不须谈笑话功名，青山高卧待升平。⑤

---

①　段克己：《满江红·过汴梁故宫城二首》，《二妙集》卷7。

②　段克己：《癸丑（1253）中秋之夕与诸君会饮山中，感时怀旧，情见乎辞》，《二妙集》卷6。

③　段克己：《赠刘润之》，《二妙集》卷2。

④　段克己：《临江仙·幽怀》，《二妙集》卷7。

⑤　段克己：《浣溪沙·寿菊轩弟》，《二妙集》卷7。

三是儒士恤民的观点，强调儒者要关注民间疾苦，并且对官员的善政行为给予表彰。

几日东风吹冻雪，麦苗干死埋沙尘。客床倚枕睡不稳，寒气偏寻老病身。沉沉夜色涵窗白，却讶微云弄山月。开门淡荡雪满空，拂面犹疑柳花湿。二气交感天地通，千林玉立天经风。蓬莱官阙堕人世，三日不见车马踪。霹霹爕爕殊未已，此瑞应知同万里。远客休歌蜀道难，农夫剩有丰年喜。买牛便好事春耕，况复新来官长清。田家衣食无美恶，不困追胥死亦乐。①

丁未（1247）三月二十八日，县大夫薛君宝臣过余芹溪精舍，酒间雨作，时方苦旱，喜而赋之：麦田日日起黄埃，官长忧民意不开。底是山灵多妩媚，故驱风雨过江来。

明日李生湛然见和，仍韵答之：东风吹雨细纤埃，尊酒相逢尽日开。不是官闲公事少，此中能得几回来。②

五福几人全，我见君侯得处遍。素著蔼然，乡曲誉喧传，尽道新官似旧官。五绔复歌廉，竹马儿童更可怜。万室春风，和气里鸣弦，好似今年胜去年。③

四是儒士自乐的观点，强调归隐之人要耐得住寂寞，去除功名心和功利心，以读书和作诗的方式自娱自乐，以达到精神上的满足。

道在山林胜，心闲岁月迁。家风贫更好，习气老难无。目力分诗卷，生资负酒壶。儒冠三十载，转觉此身孤。

赋就惭辞拙，书成共笑迂。学传三世旧，用处一分无。衰鬓频看镜，流年付挈壶。悠悠身外事，目断塞云孤。

避事尝辞剧，为儒不厌迂。能贫从古少，好学似君无。行李书填案，生涯药满壶。缇萦真孝子，犹足慰茕孤。

一饱不易得，身谋方信迂。家徒四壁立，囊至一钱无。但喜心

---

① 段克己：《丁酉春雪》，《二妙集》卷2。
② 段克己：《春雨》，《二妙集》卷5。
③ 段克己：《南乡子·寿县大夫薛军宝臣》，《二妙集》卷7。

如水，那忧腹似壶。我穷君更甚，此德未全孤。①

念昔始读书，志本期王佐。时哉不我与，触事多坎坷。归来濯尘缨，羸装聊解驮。午芹多奇峰，流水出其左。誓求十亩田，于此养慵惰。种椒盈百区，栽竹仅万个。自谓得所依，心口默相贺。经营久未成，蕴椟乏奇货。低徊不能去，借宅便高卧。始构茅三间，榱桷久摧挫。暑雨畏霖潦，霜风苦掀簸。岂无富贵人，粟布救寒饿。耻随肥马尘，拥鼻不敢唾。淹延岁月深，十手指庸懧。尘埋剑锋缺，弹铗悲无奈。时当春之仲，桂魄月半破。丁丁闻啄门，有客来相过。探怀出新作，高唱成寡和。清辞丽卿云，齐梁那复课。骞余鞭不前，踯躅蚁旋磨。枯肠藜苋苦，奇字厌搜逻。君子真可人，沽酒酎通播。酒酣胆气粗，狂言惊四座。旧游渺何许，行路方坎坷。作诗寄问声，别离伤老大。②

爱酒陶彭泽，映世清节耀。乞食赋新诗，不复事边徼。士生多坎坷，异代或同调。东山不可作，敢望蟠溪钓。壶觞聊自倾，登高一舒啸。但恐污世尘，永为达人笑。③

山堂久岑寂，宴坐度昏晓。倚壁一蒲团，幽人后计了。日高鼎茶鸣，风细炉烟袅。曳杖步庭除，看云头屡矫。安得谪仙人，神游八极表。③

古人行乐欲及时，半百之年犹掣电。一穷到骨不自治，虚负胸中书万卷。漫向山林老却人，生来不识荆州面。肝胆槎牙须酒浇，顾我非狂亦非狷。纷纷世无真是非，弃置从渠若秋扇。归来新月偃林梢，寂寞衡门掩深院。④

五柳成阴，三径晚，宦游无味。还自叹，迎门笑语，久须童稚。归去来兮尊有酒，素琴解写无弦趣。醉时眠，推手遣君归，吾休矣。富与贵，非吾事，贫与贱，宁吾累。步东篱遐想，音人高致。霜菊盈丛还可采，南山依旧横空翠。但悠悠，一点会心时，君须记。⑤

---

① 段克己：《仲坚见和复用韵以答》，《二妙集》卷3。
② 段克己：《赠答封仲坚》，《二妙集》卷1。
③ 段克己：《寄张弟器之》，《二妙集》卷1。
④ 段克己：《游青阳峡》，《二妙集》卷2。
⑤ 段克己：《满江红·重九日山居感兴》，《二妙集》卷7。

天高秋气初清，姑山汾水增明秀。黄花红叶，输香泛艳，恰过重九。细拾金蕤，旋题新句，满斟芳酒。况人生自有，安排去处，须富贵，何时有。休说山中宰相，不效斜川。五柳锄犁，自把山田耕罢，双牛随后。经史传家，儿孙满眼，渐能承受。待与君，坐阅庄，椿岁月，作皤然叟。①

五是儒士有为的观点，强调在乱世中，尤其是重武轻文的时代，儒士要以有为的姿态守道和行道，不屈从功利的诱惑和世人的偏见。

李生湛然，年四十未尝从事于人，偃蹇不与时人偶。每遇，杯酒间辄击节悲歌，感慨泣下。不知者以为狂生，愈益放旷不羁。又好为奇诡大言，以惊动流俗，人亦不知许也。戊申岁（1248）春，踵门告予曰："男儿生不成名，死无以掩诸幽。愚不佞，诚不能与草木同腐，窃有志于四方，先生许我乎。"余乃为书，告常所往来者，会饮于芹溪之上。壶酒既倾，客有执卮而前者曰："方今戎马盈郊，熊黑虓虎之士，抚鸣剑而抵掌，投壶雅歌，未闻其人。子以儒自鸣，执古之道求合于今之世，戛戛乎难哉。顾子之囊无十金之资，出无代步之乘，无名公钜卿为主乎其内，无相生相死之友奔走于其外，上不能激浊扬清以钓声名，下不乘机抵巇以取一时之利，奚恃而往，其果有合哉。"余应之曰："不然。夫适用之谓才，堪事之谓力。君子之论人，尝观其才力何如耳，不当以势利言也。儒者事业，非常人所能知，要不过适用堪事而已。议者至谓不能取舍于当世，岂不厚诬哉。抑不知褒衣博带者为儒乎，规行矩步者为儒乎，以是而名其儒，岂真儒者耶。昔者百里奚自鬻于秦，管仲束缚于鲁，宁戚叩角而悲歌，冯欢弹铗而长叹，叔孙通舍枹鼓具绵蕞之仪，陆贾脱兜鍪进诗书之说。使数子者高卧于林丘，累征而不起，尚何名誉之可期，屈辱之可免哉。今之诸侯宾位尚有缺然不满之处，肯使至宝横弃路侧，狼藉而不收。苟有好义强仁，皆将善其价而沽之。况幽燕之地，士尚意气，重然诺，习与性成者耶。生之此行，余知其必有合也。"于是乎咸赋诗以为赠。余于交游中最长，

① 段克己：《水龙吟·寿舍弟菊轩》，《二妙集》卷7。

特为序以冠其首。

> 与君把臂临黄河，缺壶声里度悲歌。玉缸酒半离筵起，千里东风射马耳。孰能忍饥学夷齐，看人鼻孔吹虹霓。莫道书生成事小，男儿盖棺事乃了。剑心雄壮未能伸，客舍萧条逢暮春。卢沟河上千株柳，满地杨花愁杀人。①

六是儒士孤傲的观点，强调儒士即便颇遭坎坷，贫困而死，也要坚守不与世俗之人同流合污的底线，将独守清名的精神留给当世和后世。

> 岁己酉（1249）春正月十有一日，吾友张君汉臣下世，家贫不能葬，乡邻办丧事，诸君皆有诔章，且邀余同赋。每一忖思，辄神情错乱，秉笔复罢。今忽四旬矣，欲绝不言，无以表其哀，因作古意四篇，虽比兴之不足观者，足知予志之所在，则进知吾汉臣也无疑。
>
> 高楼浮薄云，知是何人宅。卖诸轻薄儿，身为五侯客。日暮斗鸡回，车骑何翕赫。鼻息吹虹蜺，行路皆跙踖。岂知黔娄生，储粟无担石。衣衾不掩尸，送我城东陌。寥寥百世下，谁分夷与跖。
>
> 北方有黄鹄，饱义气勇烈。天寒辞故巢，思欲近丹穴。吁嗟翅翎短，云海路隔绝。凤凰不相待，孤愤无由泄。耻与鸥鸢群，朝夕肆饕餮。一步两叫号，心摧口流血。侧头向苍昊，永与羁雌决。人皆尚鸥鸢，反谓黄鹄劣。世无乘瓢翁，轩轾定谁说。猿鹤与沙虫，泯泯同一辙。悲来结中肠，欲辨且三咽。
>
> 艺兰当清秋，生育胡不早。西风发微香，能得几时好。飞霜半夜来，灭没先百草。真宰独何心，吞声不复道。
>
> 驱车上太行，中道车轴折。停车卧辕下，骨断筋力折。抚应呼苍天，淫淫涕如雪。古往与今来，此憾何时绝。②

段克己还有一段尊师重道的重要表述："矫矫夫君，由义居仁。风姿飘然，野鹤孤云。古有逸士，全具其真。四海鼎沸，克全厥身。我知天意，未丧斯文。不辱其身，不降其志。道惟守一，过能不贰。明是辨

---

① 段克己：《送李山人之燕》，《二妙集》卷2。
② 段克己：《古意四篇》，《二妙集》卷1。

非，存真去伪。渊明不仕，岂其本意。于嗟麟凤，不为世瑞。萧然环堵，诗书自怡。耕田而食，纺绩而衣。素琴挂壁，白酒盈卮。动容言行，一国之师。苟微斯人，吾谁与归。"①

段克己经历重大世变之后，对坚守儒道有了全面的感悟，所以上述观点确实值得注意。

（五）曹之谦的教学观

曹之谦（？—1264 年），字益甫，号兑庵，应州（今属山西）人，中进士后曾与元好问为同僚，所著文集已佚。

曹之谦在战乱中有南迁北徙的经历，所以对王朝更替颇有感慨，只是表达得比较隐晦而已。

> 山川良是昔人非，北望松楸泪满衣。三十余年成底事，全家南渡一身归。②
>
> 光泰门边避暑宫，翠华南去几年中。干戈浩荡人情变，池岛荒芜树影空。鱼藻有基埋宿草，广寒无殿贮凉风。登临欲问前朝事，红日西沉碧水东。③

曹之谦亦对拯救乱世的行为颇为赞赏，所以在有此作为的耶律楚材去世后，著有专门的挽词。

> 虎啸龙兴际，乘时自有人。风云开惨淡，天地入经纶。忽报台星坼，仍传薤露新。斯民感无极，洒泪叫苍旻。④

曹之谦自身则是抛弃名利，安然作一名修身养性、与世无争的隐士。

> 闲居仍地僻，门闭草莱深。车马无还往，诗书有讨寻。严霜催

---

① 段克己：《陈丈良臣诞弥令日谨拜手而献颂曰》，《二妙集》卷 6。
② 曹之谦：《过茹越岭有感》，《河汾诸老诗集》卷 8。
③ 曹之谦：《北宫》，《河汾诸老诗集》卷 8。
④ 曹之谦：《中书耶律公挽词》，《河汾诸老诗集》卷 8。

岁晚，破屋觉寒侵。计拙烦亲旧，谁能数赐金。①

雄鸡啼一声，惊起五更睡。出门何扰扰，竞逐名与利。冥冥车马尘，白日暗城市。萧条蓬蒿居，独有羲皇地。高情杳秋云，静性凝止水。俛仰天地间，澹然无一事。②

尤为重要的是，曹之谦在战乱中依然坚持学术传承，金亡后隐居读书教学，"一以伊洛为宗"，传授理学知识，③ 所以在诗作中强调了修习理学的重要性。

圣人既已没，圣道遂不传。异端壅正途，榛塞逾千年。大儒起相承，辟之斯廓然。濂溪回北流，伊洛开洪源。学者有适从，披云见青天。我生虽多难，闻道早有缘。中岁苦病目，不得深穷研。梁君河东秀，意气凌孤骞。探道得奥阃，辩说如河悬。所知非苟知，而亦允蹈焉。出入口耳者，彼我奚足言。却来自秦京，过我汾水边。未几复言别，长途北之燕。行看奋六翮，高举凌云烟。功成名遂后，归老河之湄。相从讲圣学，与子长周旋。④

由于文献散失，已经难以说明曹之谦的理学观点，只能在此处点出其对理学传播的一点作为。

（六）陈赓、陈庚的叹世观

陈赓（1190—1274 年），字子飏，号默轩，猗氏（今属山西）人，正大年间进士，曾任河东两路宣慰司参议，著有《默轩集》等，已佚。⑤

金宣宗去世后，陈赓曾以诗作赞颂其在位时的德政。

洛邑周初定，苍梧舜不还。九天来鹤驭，万国泣龙颜。俭德高千古，鸿勋际两间。无由望弓剑，云气郁桥山。⑥

————————

① 曹之谦：《幽居有感》，《河汾诸老诗集》卷8。
② 曹之谦：《闲中作》，《河汾诸老诗集》卷8。
③ 王恽：《兑斋曹先生文集序》，《秋涧集》卷42。
④ 曹之谦：《送梁仲文》，《河汾诸老诗集》卷8。
⑤ 程钜夫：《陈赓墓碑》，《雪楼集》卷21。
⑥ 陈赓：《宣宗挽词》，《河汾诸老诗集》卷3。

金朝灭亡之后，陈赓在诗作中既有对前朝的怀念，也有对王朝兴亡不由人的感慨。

前朝废寺枕山河，尚有摩云窣堵波。故国已非唐日月，老僧犹指晋山河。年来筋力登临倦，乱后心情感慨多。石藓荒碑碎文字，他年更得几摩挲。

当年云构倚天开，一夕烟尘化劫灰。佛阁丹青余瓦砾，禅房花木亦蒿莱。春风万里骚人怨，落日千秋杜宇哀。断础荒烟无限意，一章诗律为谁裁。①

闽王铁杖如柳栗，得自荒虚鬼神域。鞭笞蜑蛮今几年，雾翳云蒸老蛟黑。腹中有篁如细泉，牙节宛转声铿然。天生神物不虚弃，提携万里归坡仙。坡仙骑鲸凌紫烟，海山一去今千年。人间俯仰成今古，纷纷长物何须数。洛阳铜驼卧荆棘，昭陵石马埋烟雨。百斛鼎，两钱锥，小大用舍俱儿嬉。商颜鹤发一筇竹，何似凌烟功臣，玉具高楮颐。黄阁得君真耐久，扶持四海经纶手。会须拄到昆仑巅，九点青烟看九有。铁耶杖耶吾不知，诚将道眼窥天机。一朝雷雨轰空陂，须防化作蛟龙飞。②

陈庚（1194—1261 年），字子京，号潏轩，陈赓弟，正大年间进士，著有《经史要论》《三代治本》等，已佚。

金朝末期，陈庚曾在南京，在与文人的交往中，特别强调文人不应恃才傲物的观点。

（陈庚）早居汴，翰林学士赵秉文、杨云翼，参知政事杨惕，监察御史雷渊、刘祖谦争相荐引，莫能屈。太原李汾者，负材使气，一日会相国寺，语侵公，公正色曰："汉有董、贾，唐有韩、柳，宋有欧、苏，皆能上为国家重，下为儒林表。我辈幸遭盛明，不能以道义相尚，追踪前辈，徒以文墨小技陵人，将安用之。"李

---

① 陈赓：《寒食祀坟回，登临晋西原废寺二首》，《河汾诸老诗集》卷3。
② 陈赓：《铁拄杖》，《河汾诸老诗集》卷3。

沮而退，坐客大服。①

在战乱中，陈庚难以为国效力，只能是隐居避难，在为麻革、陈赓所写的诗中发出叹世的感慨。

四海纷拏战虎龙，惊麕无计脱围中。莫贪利禄招时忌，要学聱牙与世同。汝水应逢寒食雨，渐川行趁舞雩风。离心洗荡方如许，莫上危楼听断鸿。②

萧萧双鬓半成丝，蕾蕾襟怀抱所思。趋向自知违俗好，文章只合伴儿嬉。嵩西晚照霞明处，洛汭秋风雁过时。中有先人弊庐在，与君何日理茅茨。③

金朝灭亡后，陈庚更因麻革的去世，感慨文人难逃乱世厄运。

弊屣功名懒着鞭，剧谈豪放本天然。闲来每爱从人语，醉里何妨对客眠。体瘵渐成中酒病，家贫全仰卖碑钱。堂堂一去今何在，三尺孤坟罩野烟。

风采琼林未足侔，一朝零落委山丘。君恩未赐金莲炬，天阙俄成白玉楼。诗类贯珠尤可玩，室如悬磬更堪忧。路遥未暇凭棺莫，怅望中条涕泗流。④

乱后与幸存的友人交往，陈庚则表达了士人依然可以有所作为的观点。

五岳分崩四海倾，便宜一别尽今生。艰难契阔重相见，四十余年老弟兄。⑤

梁苑当年记盛游，乱离南北恨迟留。且教红袖歌金缕，莫对青

---

① 程钜夫：《陈庚墓碑》，《雪楼集》卷21。
② 陈庚：《送麻信之（麻革）之内乡山居》，《河汾诸老诗集》卷4。
③ 陈庚：《有怀家兄子飏（陈赓）》，《河汾诸老诗集》卷4。
④ 陈庚：《吊麻信之二首》，《河汾诸老诗集》卷4。
⑤ 陈庚：《赠李彦诚》，《河汾诸老诗集》卷4。

山叹白头。人似赞皇迁蜀郡，诗如子美到夔州。传家况有玄文在，应使童乌继纂修。

献赋当年觐紫宸，羡君藻思独超群。扶持吾道难尤力，润色斯文老更勤。学际天人宁有伴，文如风水自成纹。何时载酒清伊上，奇字时来问子云。①

应该看到，陈赓、陈庾尽管都有对乱世的感叹，但都不是悲情主义者，所以很快就适应了改朝换代后的专心从教生涯。

（七）房皞的逃世观

房皞（1199—1277 年后），字希白，号白云子，临汾（今属山西）人，隐居不仕，著有《白云子集》，已佚。

金朝后期的乱世，使得房皞生出不少感慨，在诗作中既叹世运不济、有才不用，也叹世间不平、良莠不分。

沧海波未澄，无人斩长鲸。韦郎三尺玉，匣中鸣不平。蛟龙一出雷雨随，翕忽变化清四夷。可惜有才不见用，青天白日将何为。酒酣起舞抱剑哭，肃肃悲风动茅屋。不如南山学种田，自古青萍换黄犊。②

贫家女，德性温柔寡言语。终年辛苦不下机，身上却无丝一缕。倡家女儿百不会，只向人前卖娇态。绣茵端坐青楼中，银烛荧煌照珠翠。书言福善与祸淫，未必天公有此心。盗跖长年颜子夭，古来颠倒非独今。高处是昆仑，低处是东溟。昆仑推不倒，东海填不平，物之不齐物之情。贫女莫羡倡女荣，不义富贵浮云轻。持身但如冰雪清，德耀荆钗有令名。③

寇盗连年剧猬毛，一身无处可奔逃。陈平自合西归汉，葛亮焉能北事曹。嗟我命兼才共薄，仰君名与德俱高。几时一笑沧浪畔，右手持杯左手螯。④

---

① 陈庾：《答杨焕然二首》，《河汾诸老诗集》卷4。
② 房皞：《卖剑行赠韦汉臣》，《河汾诸老诗集》卷5。
③ 房皞：《贫家女》，《河汾诸老诗集》卷5。
④ 房皞：《赠赵山甫》，《河汾诸老诗集》卷5。

金朝灭亡之前，房暤曾逃入宋境避难，并因到过都城临安（今杭州）的西湖，所以一直念念不忘。

> 闻说西湖可乐饥，十年劳我梦中思。湖边欲买三间屋，问遍人家不要诗。
>
> 满城罗绮照青春，湖上风光日日新。人在画船泥样醉，安知西北有兵尘。
>
> 书生老眼厌风埃，天遣临安看一回。便是西湖不留客，也曾身到日边来。①
>
> 昔年曾向西湖住，日夕闲行湖上路。东风二月梅花开，香得孤山无着处。六尺瘦藤双翠楼，眼前物物皆诗具。被人牵挽出山来，荷衣尽为缁尘污。世态翻腾不如故，青镜无情又衰暮。富贵浮云何有哉，一杯且乐闲中趣。长江浩浩东流注，梦寐孤山飞不去。若见梅花频寄音，黄金炼出相思句。②

金朝灭亡之后，房暤返回北方，在世乱中只能是隐居度日。

> 三十八年过，星星白发多。干戈犹浩荡，踪迹转蹉跎。世事堪长叹，吾生付短歌。江湖从此逝，烟雨一渔蓑。③
>
> 得个黄牛学种田，盖间茅屋傍林泉。情知老去无多日，且向闲中过几年。讪道讪身俱是辱，爱诗爱酒总名仙。世间百物还须买，不信青山也要钱。④

隐居中的房暤，不仅认同三教归一的观点，亦认可理学对北方的影响，这应该是入宋境和接触宋人后得到了启发。

> 剥剥剥，扣牛角。自从破却黄鸡壳，阴阳二气分清浊。巽则为风震则雷，流者成川峙者岳。易道常行日用间，醉梦昏昏人不觉。

① 房暤：《别西湖》，《全辽金诗》下，第2919页。
② 房暤：《寄西湖》，《全辽金诗》下，第2920页。
③ 房暤：《丙申（1236）元日》，《河汾诸老诗集》卷5。
④ 房暤：《思隐》，《河汾诸老诗集》卷5。

伏羲不得已而画，文王不得已而重。叔世不及上世隆，夫子不言人益蒙。著成大传开盲聋，譬如日出沧海东，无物不在光明中。峨眉山人史居士，来到公安大智寺。手携牛角欲何为，发明三圣心中事。人言康节（邵雍）是前身，但不家居洛之涘。胸中一部皇极书，造化功夫际天地。舒之则弥满六合，卷之则不盈一握。近之则在乎目前，远之则入乎冥邈。有人来问先天学，扣牛角，剥剥剥。①

由房暤的经历可以看出，北方的儒士有南下的体会显然不是坏事，至少是促进了南北方儒者之间的思想交流。

① 房暤：《扣角歌赠史吉甫》，《河汾诸老诗集》卷5。

第六编

金朝理学和宗教政治观念

第十四章 理学政治观念的发展

北宋时期理学兴起，出现了周敦颐、张载、程颢、程颐等理学名儒，南宋时期更有朱熹、陆九渊等理学名儒。[①] 金朝中后期，一些儒者研读理学著作，沿承和发展了理学的政治观念，使中国北方亦有了弘扬理学的代表性人物。

第一节 金朝理学先驱人物的政治观念

金朝前期和中期只是显露部分儒者如白贲、李守纯等人可能受到理学思想影响，金朝后期才出现了真正的理学学者。王遵古和杜时升将北宋的理学带入金朝，在思想观念方面起的是承先启后的重要作用。李纯甫则是对北宋和南宋的理学有批判性的发展，展现了儒、释、道三教合一的思想倾向。

一 王遵古、杜时升的政治观点

王遵古的主要政治活动在世宗朝和章宗朝，杜时升的主要活动在章宗、宣宗、哀宗朝，并由此显现了两人政治观点的侧重点有所不同。

（一）王遵古的教化观

王遵古，生卒年不详，字符仲（一说字元仲），辰州熊岳（今属辽宁）人，正隆五年（1160）进士，历任澄州刺史、翰林直学士等职，是"潜心伊洛之学（理学）"的儒者，有庭玉、庭坚、庭筠、庭揆四

---

① 宋朝理学家的政治思想等，见侯外庐、邱汉生、张岂之主编《宋明理学史》上，人民出版社 2005 年版。

子，王庭筠的政治观念已见前述。① 王遵古的文才被金章宗所重视，特别强调："王遵古，朕之故人也。"承安二年六月，"以澄州刺史王遵古为翰林直学士，仍敕无与撰述，入直则奏闻，或霖雨，免入直，以遵古年老，且尝侍讲读也"②。王遵古则在给友人的诗作中表达了淡漠官场的态度："辽海渺千里，风尘今二毛。心虽如笔正，官不称才高。官库非君事，山林必我曹。相期老乡国，拂石弄云璈。"③

金世宗在位时，王遵古曾主持博州庙学的重修，他不仅记录了学正祁彪、学正成奉世、教授赵慭、防判赵绍祖、防判冯子翼、太守完颜允节等人参与修复庙学的情况，还特别强调了重视教化是儒者不可推卸的责任。

> 此数君子，有权舆庠序者，有分禄养资者，有富贵而好礼者，宜专其美，为不朽之传。而广道诸儒归功于仆，盖欲使后来者用心益勤，将有大于是者。遵古惟堕成是惧，故孜孜然卒其事，安敢有其功哉。若夫教化流行，风俗移易，人识廉隅，国兴仁让，然后语其成功，不负诸君子之志，仆亦以此仰望于后来者焉。④

理学重教化，王遵古亦是以自己的行为助成教化，为世宗时的"治世"提供了一点支持。

（二）杜时升的政治预见

杜时升（？—1231 年），字进之，霸州信安（今属河北）人，博学知天文，不肯仕进。

杜时升有过两次重要的政治预言。第一次是章宗在位时，预言天下将大乱并将出现南北统一的局面。

> 承安、泰和间，宰相数荐（杜）时升可大用。时升谓所亲曰："吾观正北赤气如血，东西亘天，天下当大乱，乱而南北当合为一。消息盈虚，循环无端，察往考来，孰能违之。"是时，风俗侈靡，纪纲大坏，世宗之业遂衰。

---

① 元好问：《王黄华（王庭筠）墓碑》，《遗山集》卷16。
② 《金史》卷10《章宗纪二》，卷128《王政传》。
③ 王遵古：《过太原赠高天益》，《中州集》卷8。
④ 王遵古：《庙学碑阴（大定二十一年）》，《金文最》卷35。

第二次是哀宗在位时，预言蒙古军将以迂回战术攻金。

> 正大间，大元兵攻潼关，拒守甚坚，众皆相贺，时升曰："大兵皆在秦、巩间，若假道于宋，出襄、汉入宛、叶，铁骑长驱，势如风雨，无高山大川为之阻，土崩之势也。"顷之，大元兵果自饶峰关涉襄阳出南阳，金人败绩于三峰山，汴京不守。

在金朝陷入困局时，杜时升隐居嵩、洛山中，教授理学，从学者甚众，所以有人称"大抵以伊洛之学教人，自时升始"[①]。杜时升的理学观点已难以知晓，但其在中原地区积极传授理学，功不可没。

二 李纯甫的三教合一观念

李纯甫（？—1231 年），字之纯，号屏山居士，弘州襄阴（今属河北）人，承安二年进士，两入翰林院任职，著有《中庸集解》《老子集解》《庄子集解》《鸣道集解》《金刚经别解》《楞严外解》等，晚年"自类其文，凡论性理及关佛、老而家者，号《内稿》，其余应物文字如碑志、诗赋，号《外稿》"[②]。李纯甫所著书和文集，除《鸣道集说》外多已佚失，从留存的文字中可见其三教合一的政治观念。

（一）三教合一的心性说

李纯甫既钻研理学，也注重佛教和道教的学说，倡导儒、释、道三教合一，元好问已经明确指出了其治学的基本特征。

> （李纯甫）为举子日亦自不碌碌于书，无所不窥，而于庄周、列御寇、左氏、战国策为尤长，文亦略能似之。三十岁后遍观佛书，能悉其精微。既而取道学书读之，著一书，合三家为一，就伊川（程颐）、横渠（张载）、晦庵（朱熹）诸人所得者而商略之，毫发不相贷，且恨不同时与相诘难也。[③]

---

① 《金史》卷 127《杜时升传》。

② 刘祁：《归潜志》卷 1，第 6—7 页；《金史》卷 126《李纯甫传》；黄宗羲原著，全祖望补修：《宋元学案》第 4 册，中华书局 2009 年版，第 3316—3319 页。

③ 《中州集》卷 4《李纯甫小传》。

李纯甫自述的治学经历，强调的就是佛教传入后对儒、道有至深影响，并且已经形成三教合一的格局，儒者对此应有清醒的认识。

> 屏山居士，儒家子也。始知读书，学赋以嗣家门，学大义以业科举。又学诗以道意，学议论以见志，学古文以得虚名。颇喜史学，求经济之术；深爱经学，穷理性之说。偶于玄学似有所得，遂于佛学亦有所入。学至佛则无可学者，乃知佛即圣人，圣人非佛，西方有中国之书，中国无西方之书也。吾佛大慈，皆如实语，发精微之义于明白处，索玄妙之理于委曲中。学士大夫犹畏其高而疑其深，诬为怪诞，诟为邪淫，惜哉。龙宫海藏，琅函贝叶，无虑数千万言，顶之而不观，目之而不解。且数百年老师宿德，又各执其所见，裂于宗乘，汩于义疏，吾佛之意扫地矣，悲夫。
>
> 梁普通中，有菩提达摩大士自西方来，孤唱教外别传之旨，岂吾佛教外复有所传乎，特不泥于名相耳。真传教者非别传也，如有雅乐，非本色则不成宫商；如有甲第，非主人则不知户庭。自师之至，其子孙遍天下，多魁闳磊落之士，硕大光明，表表可纪。剧谈高论，迳造佛心。浑于义学沙门，波及学士大夫，潜符密契不可胜数。其著而成书者，清凉得之以疏《华严》，圭峰得之以钞《圆觉》，无尽得之以解《法华》，颍滨得之以释《老子》，吉甫得之以注《庄子》，李翱得之以述《中庸》，荆公父子得之以论《周易》，伊川兄弟得之以训《诗》《书》，东莱得之以议《左氏》，无垢得之以说《语》论《孟》，使圣人之道不堕于寂灭，不死于虚无，不缚于形器，相为表里如符券然。虽狂夫愚妇，可以立悟于便旋顾盼之顷，如分余灯以烛冥室，顾不快哉。道冠儒履皆有大解脱门，翰墨文章亦为游戏三昧，此师之力也。①
>
> 昔达摩大士面壁九年，神光宿业儒术，且尚玄学，遂见祖师于此地。立雪断臂，方得西来意，尽发孔、老言外不传之妙，大显于世。士大夫有疑之者，仆作《面壁庵记》，已辨之矣。此记既出，

---

① 李纯甫：《重修面壁庵记（兴定四年）》，刘祁：《归潜志》卷1，第7—9页。

诸儒有哗而攻仆者。

吁！陈无己谓儒者不得其传，固得罪于儒者。仆谓儒者亦得其传，又得罪于儒者。然则儒者果得其传乎，果不得其传乎，得与不得，相去几何。呜呼噫嘻，孔、老复生，不废吾言矣。①

李纯甫之所以编辑《鸣道集说》，就是要集众家之说，为自己的三教合一说法张本。

天地未生之前，圣人在道，天地既生之后，道在圣人。故自生民以来，未有不得道而为圣人者。伏羲、神农、黄帝之心，见于大《易》；尧、舜、禹、汤、文、武之心，见于《诗》《书》，皆得道之大圣人也。圣人不王，道术将裂。有老子者，游方之外，恐后世之人塞而无所入，高谈天地未生之前，而洗之以道德。有孔子者，游方之内，恐后世之人眩而无所归，切论天地既生之后，而封之以仁义，故其言无不有少相龃龉者。虽然，或吹或嘘，或挽或推，一首一尾，一东一西，玄圣素王之志，亦皆有所归矣。其门弟子恐其不合，而遂至于支离也。庄周氏沿流而下，自天人至于圣人；孟轲氏溯流而上，自善人至于神人；如左右券，内圣外王之说备矣。惜夫四圣人没，列御寇驳而失真，荀卿子杂而失纯，扬雄、王通氏僭而自圣，韩愈、欧阳氏荡而为文，圣人之道如线而不传者，一千五百年矣。而浮屠氏之书，从西方来，盖距中国数千万里。证之文字，诘曲侏离，重译而释之，至言妙理，与吾古圣人之心魄然而合，顾其徒不能发明其旨趣耳。岂万古之下，四海之外，圣人之迹，竟不能泯灭邪。诸儒阴取其说以证吾书，自李翱始，至于近代，王介甫父子倡之于前，苏子瞻兄弟和之于后，《大易》《诗》《书》《论》《孟》《老》《庄》皆有所解，濂溪（周敦颐）、涑水（司马光）、横渠、伊川之学踵而兴焉。上蔡（谢良佐）、龟山（杨时）、元城（刘安世）、横浦（张九成）之徒，又从而翼之。东莱（吕祖谦）、南轩（张栻）、晦菴之书，蔓衍四出，其言遂大。小生何幸，见诸先生之论议，心知古圣人之不死，大道之将合也。恐将

---

① 李纯甫：《新修雪庭西舍记》，《金文最》卷41。

合而又离，笺其未合于古圣人者，曰《鸣道集说》云。①

由此，在《鸣道集说》中，李纯甫除了批驳理学名家对佛教的攻击外，还应注意他的五方面认识。

一是对"道德"的认识，李纯甫强调的是孔子与老子、庄子的认知实际上同出一辙。

> 屏山曰：道无动静，不动其无道乎。德无用舍，不用其无德乎。孔子谓："仁者见之谓之仁，则非仁也。智者见之谓之智，则非智也。"圣人之所见，岂邪见欤。

> 屏山曰：志于道，据于德，依于仁。和顺于道德，而理于义，皆孔子之言，与老子之言将无同乎？善夫，庄子之言也，和理出其性，理，道也，和，德也，德，仁也，道，义也。

> 屏山曰：孔子谓一阴一阳之谓道，而继之者善也，岂非道降而为德乎。仁者见之谓之仁，岂亦不成言语哉。况志于道，据于德，依于仁，自有次序。②

二是对"心性"的认识，李纯甫认为儒、佛、道有异曲同工之妙。

> 屏山曰：《易》有穷理尽性，以至于命之说，孔子之心学也。自颜子、曾子、子思传之孟子，曰尽其心者，知其性也。知其性，则知天矣。知天之与我者，万物皆备，然后能践其形，虽夭寿不贰也。岂为幽僻之语，高论于世哉。惜乎后世不得其传，跂悬而不能穷，愦瞀而不能尽，画而舍之，不能至，文蹇浅之说，以自欺则可矣。理有是不是耶，性有才不才耶，命有遇不遇耶。

> 屏山曰：吾尝学易矣，保合大和，各正其性命也。屈伸往来者，阴阳之相荡也。易简者，乾坤之德也。形而上下者，道器之谓也。天地氤氲者，万物之化也。圣人之意，各有所谓。

> 屏山曰：孔子云："易有太极，是生两仪。"老子云："有物混成，先天地生。"佛云："空生大觉中，如海一沤发。"夫道生天生

---

① 李纯甫：《鸣道集说序》，《金文最》卷21。
② 李纯甫：《鸣道集说》卷1、卷2，《大藏经补编》第149卷，华宇出版社1985年版。

地，以为气母；自根自本者，即此心也。

屏山曰：性化而为气，气化而为形也，岂有二物哉。

屏山曰：先穷其理，解也；方尽其性，修也；后至于命，证也；正是学道者着力处。①

三是对"无为"的认识，李纯甫强调道、佛有相通之处。

屏山曰：释氏之所谓空，不空也。老子之所谓无为，无不为也。其理自然，无可取舍。故庄子曰："无益损乎其真。"般若曰："不增不减。"故以爱恶之念，起是非之见，岂学释老者乎。取其无利欲心，即利欲心。取其因任，即是有为，非自然矣。②

四是对"中和"的认识，李纯甫强调佛家亦有中和之说。

屏山曰：喜怒哀乐之未发谓之中，发而皆中节谓之和。中者，天下之大本；和者，天下之达道。善乎苏子由之言也，曰中者，佛性之异名，和者，菩萨行之总目。③

五是对"六经"的认识，李纯甫强调了"六经中有禅"的观点。

屏山曰：佛书精微幽隐之妙，佛者未必尽知，皆儒者发之耳。今已章章然已，或秒而不传，其合于吾书者，人将谓五经之中，初无此理，吾圣人真不知有此事，其利害亦非细也。吾欲尽发其秘，使天下后世其知六经之中有禅，吾圣人已为佛也，其为孔子地，不亦大乎。彼以寂寞枯槁为佛法，以报应因果废人事，或至乱天下者，正以儒者不读其书为所欺耳。今儒者尽发其秘，维摩败根之议，破落空之偏见，般若施身之戒，攻着相之愚夫，上无萧衍之祸，下无王缙之惑矣。虽极口而谈，著书而辨，其亦可也，学者其

① 李纯甫：《鸣道集说》卷1、卷2、卷3。
② 李纯甫：《鸣道集说》卷1。
③ 李纯甫：《鸣道集说》卷2。

熟思之。①

李纯甫还特别说明了三教合一所具有的政治意蕴，就是三教都能起到支撑治道学说的重要作用。

> 如来性即菩萨行，菩萨行即如来性。念念严净无量世界，而心无所著。念念调伏无数众生，而无我所想。然则固所谓尸居而龙见，渊默而雷声，体性抱神以游世俗之间，无思无为，感而遂通天下之故者，虽显诸仁而藏诸用，然洗心退藏于密，而吉凶与民同患，以道之真治身，其绪余压苴，可以治国家天下。古之欲明明德于天下者，必自正心诚意始。夫帝王之业，皆圣人之余事尔，况其么么者乎。

> 举足而入道场，低头而成佛道，洒扫应对，得君子之传，饮食日用，知中庸之味，孰为儒者，孰为佛者，孰为老者，又孰能辨之哉。

> 吾观佛者，皆谈仁义，竟不知何者为仁，何者为义。比读庄周书曰：古之治国者，以和养恬，以恬养和，和生于恬，理出于和。德，和也。道，理也。德无不容，仁也。道无不理，义也。然则道德为仁义之礼，仁义为道德之用，后世人忘其本，止知有仁义，而不知有道德。……正如学佛者，以妙明之心修止观之法，以止观之力得定慧之称，或以慈心定为悲增菩萨，或以无碍慧为智增菩萨，悲智圆修，同登大觉。儒者之所谓仁义，老子之所谓道德，尽在其中矣。

> 《南华经》云："必清必静，形将自正"，此广成子之所以戒，黄帝之所以遂群生也。此其与吾儒致知、格物、诚意、正心、齐家、治国、明明德于天下之言，得无同耶。②

李纯甫亦以《心说》，强调了他的理学、佛学一体的心性观点。

> 形而上者谓之道，举而措之天下之民，谓之事业。及其神降明出，圣生生成，不知成之者性、继之者善也。失道而后德，失德而

---

① 李纯甫：《鸣道集说》卷4。

② 李纯甫：《杂说》，《鸣道集说》卷5。

后仁，仁者见之谓之仁，智者见之谓之智，虽愚者预有焉，终身由之而不知其道者众矣。谁能出不由户，譬如饮食，鲜能知味，益甚易知，甚易行，特不失其赤子心而已。然操之则存，舍之则亡，出入无时，莫知其向，而其热焦火，其寒凝冰，其疾俛仰之间，再抚四海之外。古人有言："道心惟微，人心惟危，惟精惟一，允执厥中。"又言："喜怒哀乐之未发谓之中，发而皆中节谓之和。"中也者，天下之大本，和也者，天下之达道，贤者过之，不肖者不及也，智者过之，愚者不及也。夫极高明而道中庸者，体性抱神，以游世俗之间，寂然不动，感而遂通天下之故，既独立而不改，周行而不殆，虽过者化，而所存者神，然显诸仁，藏诸用，鼓万物而不与圣人同忧，洗心退藏于密，而吉凶与民同患，盖废心而用形，有人之形，无人之情，毋意、毋必、毋固、毋我，而无己、无功、无名。所谓无可而无不可，无为而无不为，固有尸居而龙见，渊默而雷声者耶。故无言亦言，无所不言，而亦无所言，无知亦知，无所不知，而亦无所知，皆显道神德行耳。以此在下，素王玄圣之道，以此在上，帝王天子之德，此非天地之全，古人之大体，与其尘垢秕糠陶铸圣人绪余土苴，以治天下，亦吾心而已矣。[1]

在诗作中，李纯甫渲染的也是这样的观点。

颠倒三生梦，飞沉万劫心。乾坤头至踵，混沌古犹今。黑白无真色，宫商岂至音。维摩懒开口，枝上一蝉吟。

乾坤大聚落，今古小朝昏。诸子蝇钻纸，群雄虱处裈。一心还入道，万物自归根。却笑幽忧客，空招楚些魂。

丹凤翔金鼎，苍龙戏玉池。心源澄似水，鼻息细于丝。枕上山川好，壶中日月迟。神仙学道者，那许小儿知。

空译流沙语，难参少室禅。泥牛耕海底，玉犬吠云边。仰峤圆茶梦，曹山放酒颠。书生眼如月，休被衲僧穿。

狡兔留三窟，弥猴戏六窗。情田锄宿草，心月印澄江。酒戒何曾破，诗魔先已降。雄蜂雌蛱蝶，正自不成双。

---

[1] 李纯甫：《心说下》，《鸣道集说》卷5。

道义富无敌，诗书贵不赀。浮空几两屐，狂乐一绚丝。豪侠非吾友，臞儒即我师。谁知茅屋底，元自有男儿。①

诸儒谈性尽归情，谁信黄河彻底清。未到昆仑源上见，且休容易小荀卿。②

李纯甫之所以著《楞严外解》和《金刚经别解》两书，按照耶律楚材的说法，就是要吸引儒者关注其三教合一的取向。

余故人屏山居士牵引《易》《论语》《孟子》《老氏》《庄》《列》之书，与此经相合，辑成一编，谓之《外解》，实渐诱吾儒不信佛书者之饵也。吾儒中喜佛乘者固亦多矣，其全信者鲜焉。或信其理而弃其事者，或信其理事而破其因果者，或信经论而诬其神通者，或鄙其持经，或讥其建寺，尘沙之世界，以为迂阔之言，成坏之劫波，反疑驾驭之说，亦何异信吾夫子之仁义，诋其礼乐，取吾夫子之政事，舍其文学者耶。

其评品三圣人理趣之浅深也，初云稍寻旧学，且窥道家之言，又翻内典，至其邃处，吾中国之书似不及也。晚节复云，余以此求三圣人垂化之理，而后知吾佛之所以为人天师、无上大法王者，非诸圣之所以能侔也。学至于佛，则无可学者，乃知佛即圣人，圣人非佛，西方有中国书，中国无西方书也。或问屏山，何好佛之深乎？答云：感恩之深，则深报之。屏山所谓心不负人者矣。渠又云：吾佛之所诲人者，真实如如不诳不妄，岂有毛发许可疑者邪。噫，古昔以来笃信佛书之君子，未有如我屏山之大全者也，近代一人而已。③

屏山居士取儒、道两家之书，会运、奘二师之论，牵引杂说，错综诸经，著为别解一编，莫不融理事之门，合性相之义。析六如之生灭，剖四相之键关，谓真空不空，透无得之得，序圆顿而有据，识宗说之相须。辨因缘自然，喻以明珠，论诸佛众生，譬之圆

① 李纯甫：《杂诗六首》，《中州集》卷4。
② 李纯甫：《孙卿子》，《中州集》卷4。
③ 耶律楚材：《楞严外解序》，《湛然居士集》卷13。

镜，若出圣人之口，冥契吾佛之心，可谓天下之奇才矣。

昔予与屏山同为省掾时，同僚讥此书，以为饵馋餡之具。予尚未染指于佛书，亦少惑焉。今熟绎之，自非精于三圣人之学者，敢措一辞于此书乎。吁，小人之言，诚可畏哉。①

屏山先生幼年作排佛说，殆不忍闻。未几翻然而改，火其书，作二解以涤前非，所谓改过不吝者，余于屏山有所取焉。②

李纯甫的三教合一观点在当时受到不少文士的排斥，但是他全然不顾，依然我行我素，并在自赞中表示："躯干短小而芥视九州，形容寝陋而蚁虱公侯，语言蹇吃而连环可解，笔札诪痴而挽回万牛。宁为时所弃，不为名所因。是何人也耶，吾所学者净名庄周。"③ 李纯甫之所以坚持己见，就是要表明他对理学的态度是批判性发展，而不是盲从于理学大家的说法。他的观点时人难以接受，但确实精神可嘉。

（二）关心国事

李纯甫年少时"自负其才，谓功名可俯拾，作《矮柏赋》，以诸葛孔明、王景略自期。由小官上万言书，援宋为证，甚切，当路者以迂阔见抑"。章宗在位时，李纯甫曾经有过三次上书的举动，"泰和南征，两上疏，策其胜负。章宗咨异，给送军中，后多如所料"；"及北方兵起，又上疏论事，不报"。宣宗迁都南京后，李纯甫因术虎高琪专权而辞官，后来虽然再入翰林院，未见再有上书的举动。④

在诗作中，李纯甫寄托了他的忧国情思，重点表达的是四种情怀。

一是尚武情怀。李纯甫所处的是金朝的战乱时代，所以无论是怀古、见景生情，还是送人出征，都要显现出尚武的精神。

钲鼓掀天旗脚红，老狐胆落武昌东。书生那得麾白羽，谁识潭潭盖世雄。裕陵果用轼为将，黄河倒卷湔西戎。却教载酒月明中，

---

① 耶律楚材：《屏山居士金刚经别解序》，《湛然居士集》卷13。
② 耶律楚材：《书金刚经别解后》，《湛然居士集》卷13。
③ 刘祁：《归潜志》卷1，第7页。
④ 刘祁：《归潜志》卷1，第6—7页。

船尾呜呜一笛风。九原唤起周公瑾，笑煞儋州秃鬓翁。①

男儿生须衔枚卷甲臂雕弓，径投虎穴策奇功。不然羊羔酒涨玻璃钟，侍儿醉脸潮春红。谁能塞驴驼著灞陵东，骨相酸寒愁煞侬。屏山正吐黄虀气，笑倒坐间亡是公。②

借问高书记，南征又北征。从军元自乐，游子若为情。笔下三千牍，胸中百万兵。伤弓良小怯，弹铗竟何成。惨淡风尘际，悲凉鼓角声。别家四十日，并塞两三程。斗绝牛皮岭，荒寒燕赐城。吟边白鸟没，醉里暮云横。感慨悲王粲，颠狂笑祢衡。虎贲多将种，底用两书生。③

二是惜才情怀。李经（字天英）是李纯甫的诗友，李纯甫将李经比作当代李白，④并对他在军中遭人排斥的厄运，大加斥责。

髯张元是人中雄，喜如俊鹘盘秋空。怒如怪兽拔古松，老我不敢婴其锋。更著短周时缓颊，智囊无底眼如月。斫头不屈面如铁，一说未穷复一说。劲敌相扼已铮铮，二豪同军又连衡。屏山直欲把降旌，不意人间有阿经。阿经瑰奇天下士，笔头风雨三千字。醉倒谪仙元不死，时借奇兵攻二子。纵饮高歌燕市中，相视一笑生春风。人憎鬼妒愁天公，径夺吾弟还辽东。短周醉别默无语，髯张亦作冲冠怒。阿经老泪如秋雨，只有屏山拔剑舞。拔剑舞，击剑歌，人非麋鹿将如何。秋天万里一明月，西风吹梦飞关河。此心耿耿轩辕镜，底用儿女肩相摩。有智无智三十里，眉睫之间见吾弟。⑤

三是良政情怀。李纯甫既以古讽今，期盼太平盛世，也表达了对朝廷中的党争尤其是君子、小人之争的不满，为赵秉文、王庭筠等人被贬斥鸣不平。

---

① 李纯甫：《赤壁风月笛图》，《中州集》卷4。
② 李纯甫：《雪后》，《中州集》卷4。
③ 李纯甫：《赠高仲常》，《中州集》卷4。
④ 《金史》卷126《李经传》。
⑤ 李纯甫：《送李经》，《中州集》卷4。

健儿摇足据山东，李氏家居太半空。贞观力排封建议，魏征元只是田公。①

宋季人忧大瓠穿，敢留金币不输边。权书更信苏家策，剩费青苗几倍钱。②

明昌党事起，实夫子（赵秉文）为根。黄华（王庭筠）文章伯，抱恨入九原。槃槃周大夫，不得早调元。株逮及见黜，公独拥朱幡。③

士价五羊皮，人生黍一炊。盖棺那可忍，挂剑不胜悲。向上谁曾到，而今渠得知。侍臣伤立本，老姥怒羲之。作病无如酒，穷愁正坐诗。中郎犹有女，少傅竟无儿。散落真行帖，飘零骚雅辞。儒林顿憔悴，未敢哭吾私。④

四是去官情怀。朝内政风不正，使得李纯甫厌倦仕途，期待早日挣脱官场的羁绊。

问渠真味若为言，不著盐梅也自全。龟鼎大夫徒染指，曲车公子漫流涎。胸中已有五千卷，徽外更听三两弦。此老清馋何所嗜，宦名嚼蜡已多年。⑤

包裹青衫已十年，聪明更觉不如前。簿书丛里先抽手，鼓笛场中少息肩。瓶底剩储元亮粟，叉头高挂老坡钱。会须着我屏山下，了却平生不问天。⑥

书生只合饱黄齑，大嚼屠门计似痴。壁上七弦元自雅，囊中五字更须奇。横陈已觉如嚼蜡，皆醉何妨独啜醨。此味欲谈舌本强，如人饮水只渠知。⑦

由于李纯甫的著作散失，其政论已经难以知晓，但至少要注意他在

---

① 李纯甫：《魏征》，《中州集》卷4。
② 李纯甫：《老苏》，《中州集》卷4。
③ 刘祁：《归潜志》卷10，第112页。
④ 李纯甫：《哭黄华》，《中州集》卷4。
⑤ 李纯甫：《真味堂》，《中州集》卷4。
⑥ 李纯甫：《偶得》，《中州集》卷4。
⑦ 李纯甫：《瓢庵》，《中州集》卷4。

特定时期所表现出的从政看法。

（三）提携后进

李纯甫在当时的文人作为中，最突出的一个特点就是能够提携后进，并与后起之人称兄道弟，刘祁对此有专门的记述。

> （李纯甫）天资喜士，后进有一善，极口称推，一时名士，皆由公显于世。又与之拍肩尔汝，忘年齿相欢，教育、抚摩，恩若亲戚。故士大夫归附，号为当世龙门。尝自作《屏山居士传》，末云："雅喜推借后进。"如周嗣明、张毅、李经、王权、雷渊、余先子姓名刘从益、宋九嘉，皆以兄呼。①

> 李屏山雅喜奖拔后进，每得一人诗文有可称，必延誉于人。然颇轻许可，故赵闲闲（赵秉文）尝云："被之纯坏却后进，只奖誉，教为狂。"后雷希颜（雷渊）亦颇接引士流，赵云："雷希颜又如此。"然屏山在世，一时才士皆趋向之。至于赵，所成立者甚少。惟主贡举时，得李钦叔献能，后尝以文章荐麻知几九畴入仕，至今士论止归屏山也。李屏山教后学为文，欲自成一家，每曰："当别转一路，勿随人脚跟。"②

需要说明的是，李纯甫提携的诸人，没有一个是他真正意义上的学生，所以他的三教合一说，并没有传承给弟子，而是被曾为同僚的耶律楚材所看重，才得以继承和发展。

李纯甫还有一个特征就是嗜酒，并且率性而为，含怒敢骂，正如刘祁所言："中年，度其道不行，益纵酒自放，无仕进意。得官未尝成考，旋即归隐。居闲，与禅僧、士子游，惟以文酒为事。啸歌祖袒，出礼法外，或饮数月不醒。人有酒见招，不择贵贱，必往，往辄醉。虽沉醉，亦未尝废著书。至于谈笑怒骂，灿然皆成文理。""而居士使酒玩世，人忤其意，辄谩骂之，皆其志趣也。"③李纯甫也留下了嗜酒的诗作。

---

① 刘祁：《归潜志》卷1，第6—7页。
② 刘祁：《归潜志》卷8，第87页。
③ 刘祁：《归潜志》卷1，第6—7页。

屏山持律不作诗，砚尘笔秃萦蛛丝。枯肠燥吻思戛戛，法当以酒疏沦之。何物督邮风味恶，枨触闲愁无处著。苦思新酿压橙香，世间那有杨州鹤。乞诗送酒并柴门，瀛洲仙裔令公孙。肺肠愤庳芒角出，倾泻长句如翻盆。怪汝胸中云梦大，老我眼皮危塞破。径呼短李与黔王，快取锦囊收玉唾。①

枯肠痛饮如犀首，奇骨当封似虎头。尝笑庙谋空食肉，何如天隐且糟丘。书生幸免翻盆恼，老婢仍无触鼎忧。只向北门长卧护，也应消得醉乡侯。②

元好问在李纯甫的挽诗中，也强调了其嗜酒和傲物的特征："世法拘人虮处裈，忽惊龙跳九天门。牧之宏放见文笔，白也风流余酒尊。落落久知难合在，堂堂元有不亡存。中州豪杰今谁望，拟唤巫阳起醉魂。谈尘风流二十年，空门名理孔门禅。诸儒久已同坚白，博士真堪补太玄。孙况小疵良未害，庄周阴助恐当然。遗编自有名山在，第一诸孤莫浪传。"③ 如前所述，李纯甫的狂傲，就在于他敢于批判诸多理学名家，自创一家之言，这一点确实值得重视。

第二节　赵秉文的治道理念

赵秉文（1159—1232 年），字周臣，号闲闲居士，磁州滏水（今属河北）人，大定二十五年进士，历任翰林修撰、翰林直学士、翰林侍读学士、礼部尚书等职，著有《易丛说》《中庸说》《杨子发微》《太玄笺赞》《文中子类说》《南华略释》《列子补注》《资暇录》等，并删集《论语》和《孟子解》，均已佚失，现存文集《滏水集》，④ 可见其著述所体现的治道理念。

---

① 李纯甫：《虞舜卿送橙酒》，《中州集》卷4。
② 李纯甫：《饮酒》，《中州集》卷4。
③ 元好问：《李屏山挽章二首》，《遗山集》卷8。
④ 《金史》卷110《赵秉文传》；黄宗羲原著，全祖望补修：《宋元学案》第4册，第3319—3326 页。

一　义理说

按照元好问的说法，赵秉文所作文章"出于义理之学，故长于辨析，极所欲言而止，不以绳墨自拘"①。其重要的理学观点，可分述于下。

（一）论道德

赵秉文首先强调的是"道"有体、用之分，并指出只有以仁、义、礼、智、信的五常"通道"，才能体现出儒家思想与佛、道观念的不同，并彰显合孟子、荀子的孔氏道德学说真谛。

> 夫道，何谓者也，总妙体而为言者也。教者何，所以示道也，传道之谓教。教有方内，有方外，道不可以内外言之也。言内外者，人情之私也。圣人有以明夫道之体，穷理尽性，语夫形而上者也。圣人有以明夫道之用，开物成务，语夫形而下者也。是故语夫道也，无彼无此，无小无大，备万物，通百氏。圣人不私道，道私圣人乎哉。语夫教也，有正有偏，有大有小，开百圣，通万世，圣人不外乎大中，大中外圣人乎哉，吾圣人之所独也。仁者，人此者也。义者，宜此者也。礼者，体此者也。智者，知此者也。信者，诚此者也。天下之通道五，此之谓也。五常之目何谓也，是非孔子之言也，孟子言四端而不及信，虽兼言五者之实，主仁义而言之，于时未有五常之目也。汉儒以天下之通道莫大于五者，天下从而是之。扬子曰："事系诸道，德仁义礼。"辟老氏而言也。韩子以仁义为定名，道德为虚位，辟佛、老而言也。言各有当而已矣。然自韩子言仁义而不及道德，王氏所以有道德性命之说也。然学韩而不至，不失为儒者；学王而不至，其弊必至于佛、老流而为申、韩。何则？道德性命之说，固圣人罕言之也。求其说而不得，失之缓而不切，则督责之术行矣，此老庄之后所以为申、韩也与。过于仁，佛、老之教也。过于义，申、韩之术也。仁义合，而为孔子。孟子法先王，荀卿法后王，荀、孟合而为孔子。②

---

① 元好问：《闲闲公墓铭》，《遗山集》卷17。
② 赵秉文：《原教》，《滏水集》卷1，四库全书本。

其次，赵秉文强调"诚"是通道、守道的最基本要求，所以既要注意对诚的全面认知，也要注意达成"尽诚"的重要路径。

夫道，何为者也，非太高难行之道也。今夫清虚寂灭之道，绝世离伦，非切于日用，或行焉，或否焉，自若也。至于君臣、父子、夫妇、兄弟、朋友之大经，可一日离乎，故曰："可离，非道也。"其所以行之者，一曰诚也。诚自不欺人，固当戒慎恐惧于不见不闻之际，所以养夫诚也。而诚由学始，博学、审问、慎思、明辨、力行五者，所以学夫诚也。故曰："不明乎善，不诚乎身矣。"圣人又惧夫贪高慕远、空谈无得也，指而示之近，曰："不欺，自妻子始。"身不行道，不行于妻子。使自身行家，自家行国，由近以及远，由浅以至深，无骇于高，无眩于奇，无精粗小大之殊，一于不欺而已。所以致夫诚也。

"不欺，尽诚乎？"曰："未也。无妄之谓诚，不欺其次矣。今夫雷始发声也，蛰者奋，萌者达，譬犹啐啄相感，无有先后。及乎十月，而雷物不与之矣。故曰天下雷行，物与无妄。使伏羲垂唐虞之衣裳，文王制周公之礼乐，亦妄矣。"

"无妄，尽诚乎？"曰："亦未也，无息之谓诚。天一日一夜运周三百六十五度，自古及今，未尝少息也。天未尝一岁误万物，圣人未尝一息非天道。若颜子三月不违仁，其与文王纯亦不已，则有间断矣。"

"天其有间乎？无息尽诚乎？"曰："亦未也，赞化育之谓诚。圣人尽其心以知性，尽性以尽人物之性。德至乎天则鸢飞戾天，德至乎地则鱼跃于渊。上际下蟠，无一物不得其所，此成己成物、合内外之道也。"

"可以尽诚乎？"曰："至矣，未尽也。抑见而敬，言而信，动而变，行而成，犹有言动之迹在。至于不动而变，不行而诚，不怒而威，神也。不言而信，天也。上天之载，无声无臭，此文王之德，孔子之所以为大也。①

---

① 赵秉文：《诚说》，《滏水集》卷1。

再次，为强化理学对"道德性命之说"的认识，赵秉文特别强调了"种德"的要求，并援引金朝的相关例证，说明种德所体现的因果关系就是善有善报。

《传》曰："十年之计，树之以木，百年之计，种之以德。"窃尝以古验今，为善于家，而责报于幽。如持印券钥合，取所寄物，不在其身，则在其子孙，又何待百年而已哉。今夫日月之明在乎天，而所明在乎地；宝玉之精在乎山，而光被乎草木；贤人君子其德在乎身，而其荣及其子孙。理固然也，其或司命所不识，圣哲所难言。若管仲之后无闻，而皋陶、庭坚之祀忽诸，议者犹以为专鱼盐之利，而掌法理之官也。善乎东坡先生之论天也，曰："天可必乎，仁者不必寿，贤者不必富。天不可必乎，贤者必有后。"天地之大以无心也，何尝择善人而赏之，恶人而罚之。譬犹一气之所春，一雨之所滋，甘苦美恶，蕃然并育，至其华者实，条者干，霜降木落，万物皆虚，而松栢杰然于岁寒之后，其不变者可必也。噫，天地一圃也，万物一果蓏也。无德而富贵，此天地间一巨蠹也。物既虫坏，身亦随之。故有钟鸣鼎食之家，鸣玉曳组之后，朝为荣华，夕为憔悴，此种木而不种德者也。而闾阎修身之士，牛医马走之子，身都卿相，庆流后代，譬犹芝兰茝蕙，自托于深林幽谷，微风时过，见别于萧艾之中，而得登于君子之堂矣，此种德而不种木者也。今使世之人种德如种木，望报如望秋，少忍而待善恶之定，其责报也，亦可必矣。然天地之气，钟于物也不一，其蓄之也至精，则其发之也必尽，故花之魁异、木之秀杰者不常有。相如、子云、李白、杜陵，皆天地精英之气也，故能秀而不能实，能蕃而不能续也。其遂也，或阏之；其洇也，或接之；故木之再荣，水之洄洑也者，亦时有之。栾黡之汰，而至盈方及者，书之力也。张汤之酷，而张氏复大者，安世力也。至于梾、楠、豫章，其蟠根也既深，其流荫也必大，故有七登三事，四世五公，再世而为司徒，八叶而为宰相者，有自来矣，岂不然哉。

皇朝以来，若丞相石公以先德大其家，此天下之所睹闻也。其余田侍郎毅等，以直道被诬陷，子孙兴者十八九，此木之再荣、水之洄洑者也。若赵举士可、王修撰庭筠，皆天地精英之气也。

虽然，有一于此，富贵而尊荣，康宁而寿考，翕翕赫赫，声势震耀，持梁刺肥，颐指气使，大官要职，亲族满前，视天下可欲事无一不如意，此人情之所荣，而天下之所同，而所性不存焉。父教子忠，子严父诏，怡怡愉愉，令德孝敬。其言以广居室，畜声妓，矜富贵，耀世俗为可鄙，此人情之所难，而公之所独也，所乐不存焉。惟宣力皇朝，着功生民，垂之竹帛，传之子孙者，杨公之家传清白，毕公之世笃忠贞，此公之所以为荣，而天下之士亦有望于公也。①

最后，赵秉文特别强调了对"直"的理解，认为"守道"是区分直与不直的唯一标准，并可以此来解决直陷于曲、曲全其直、直过于直、直遂其直四方面的问题。

《传》曰："正直为德。"《诗》曰："靖共尔位，好是正直。神之听之，介尔景福。"则直之为德且祥也，明矣。何以明之？人之心莫不好直而恶曲，其反是者，有物蔽焉耳。贪者怵于利，而怯者避其祸。尝试与之论人物，评曲直，应非而是者，必其亲且厚也，不然，其权势足畏也。应是而非者，必其疏且怨也，不然，其势位足卑也。自余议论无不公者，弗与同其利也，弗与同其害也，则勇者必见于言，懦者必见于色，应非而是，应是而非者，否焉耳。然则，直之为德且祥也，亦明矣。然多有以直贾祸者，古之人守道以为直，后世徼名以近祸也。吾非其父兄也，非其师友也，吾直焉，此被发缨冠而救乡人之斗也。亲则父兄也，义则师友也，吾不直焉，此端坐而视同舍之焚溺也，其可乎？是故言有当于分，行有合于理，吾直焉，是直也，吾守道也。言有犯于分，行有乖于理，吾直焉，非直也，徼名也。故道之所在，直之所在也。守其道，而名从之。名之所在，利之所在也。志于利，而害亦从之。直之名一，而其别有四，有直而陷于曲者，有曲以全其直者，有直而过于直者，有直以遂其直者。其父攘羊，而子证之，此直而陷于曲者也。鲁昭公娶于吴，孔子以为知礼，此曲以全其直者也。国武子

① 赵秉文：《种德堂记》，《滏水集》卷13。

以尽言见杀，泄冶以谏死，此直而过于直者也。齐鲁之会，孔子历阶而进，齐梁之见，孟子不肯枉尺而直寻，此直以遂其直者也。可以辨是非，而知所择矣。或曰："君子不直焉，其可乎？"曰："未也。食其食，任其责，君子杀身以直焉，可也。吾非众之首，众非吾必从，君子完其力而已。所贵君子者，动静语嘿不离其道者也。"①

在对道、德的基本认识方面，赵秉文秉持的排斥异端尤其是批驳佛、道的鲜明立场，与李纯甫的"三教合一"说法全然不同。

（二）论心性

性、理是心性说的认识论基础，赵秉文强调既要认清性有情、本的区别，也要了解儒家说"性"的沿承关系，还要重视"慎独"的方法论要求。

性之说，难言也，何以明之。上焉者，杂佛、老而言。下焉者，兼情与才而言之也。佛则灭情以归性，老氏则归根以复命，非吾所谓性之中也。荀卿曰："人性恶。"扬子曰："人性善恶混。"言其情也。韩子曰："性有上、中、下。"言其才也，非性之本也。《记》曰："人生而静，天之性也。"又曰："中者，天下之大本也。"此指性之本体也。方其喜怒哀乐未发之际，无一毫人欲之私，纯是天理而已，故曰天命之谓性。孟子又于中形出性善之说，曰恻隐也，羞恶也，辞让也，是非也。孟子学于子思者也，其亦异于曾子、子思之所传乎，曰否，不然也，此四端含藏而未发者也，发则见矣。譬之草木萌芽，其苗然而出者必直，间有不直，物碍之耳。惟大人为能不失其赤子之心，此承性而行之者也，故谓之道。人欲之胜久矣，一旦求复其天理之真，不亦难乎。固当务学以致其知，以先明乎义利之辨，使一事一物了然吾胸中。习察既久，天理日明，人伪日消，庶几可以造圣贤之域。故圣人修道，以教天下，使之遏人欲、存天理，此修道之谓教也。孟子之后，不得其传，独周、程二夫子绍千古之绝学，发前圣之秘奥，教人于喜怒未发之

---

① 赵秉文：《直论》，《滏水集》卷14。

前，求之以戒慎恐惧，于不见不闻，为入道之要。此前贤之所未至，其最优游乎。其徒遂以韩、欧诸儒为不知道，此好大之言也。后儒之扶教，得圣贤之一体者多矣。使董子、扬子、文中子之徒游于圣人之门，则游、夏矣。使诸儒不见传注之学，岂能遽先毛、郑哉。闻道有浅深，乘时有先后耳。或曰："韩、欧之学失之浅，苏氏之学失之杂，如其不纯何?"曰："欧、苏长于经济之变，如其常，自当归周、程。"或曰："中庸之学，孔子传之曾子，曾子传之子思，而后成书，不以明告群弟子，何也?"曰："《诗》《书》执礼，皆雅言也。雅之犹言，素所言耳。至于天道性命，圣人所难言，且《易》之一经，夫子晚而喜之，盖慎言之也。"孟子不言《易》。荀卿曰："始乎为士，终乎读礼。"于时未尝言《易》，后世犹曰孟子不言《易》，所以深言之也。圣人于寻常日用之中所语，无非性与天道，故曰吾无隐乎尔，但门弟子有不知者。迫子贡曰夫子之言性与天道，不可得而闻也，子贡闻一贯之后，盖知之矣，然亦未尝以穷高极远为得也。

自王氏之学兴，士大夫非道德性命不谈，而不知笃厚力行之实，其弊至于以世教为俗学，而道学之弊，亦有以中为正位，仁为种性，流为佛、老，而不自知其弊。又有甚于传注之学，此又不可不知也。且中庸之道，何道也，天道也，大中至正之道也。典礼德刑，非人为之私也，且子以为外是别有所谓性与天道乎，吾恐贪高慕远，空谈无得也。虽圣学如天，亦必自近始，然则何自而入哉，曰慎独。[①]

赵秉文亦在词赋中，强调了心性说对"静"的基本要求，就是要做到以静守性。

尘静万虑，心涵太空。廓圣贤之鉴别，际天地以融通。湛一意之虚凝，不胶于外，极两间而照烛，尽在其中。夫静为躁之君，心者形之主。无营则万境具达，有蔽则纤毫莫睹。鉴明则尘垢之不止，心则喻如，心静则天地之流通，鉴斯有取。若乃宇有泰定，神

---

① 赵秉文:《性道教说》,《滏水集》卷1。

无坐驰，是非不得以尘累，利害不能以物移。明则远矣，鉴无近斯。艮以止之，键五基而不乱，复其见也，洞万象以无遗。由是照烛无疆，眇绵作炳，造化无以遁其迹，洪纤无以逃其影。良由体道之冲，宅心以静，何思何虑，守一性之宫廷，不将不迎，纳万殊之光景。今夫五色乱目，不见泰华之形，五音乱耳，不闻雷霆之声。我是以神宇定兮，虚而不屈，心源沦兮，静之徐清，天地不能外其照，日月不足况其明。不然，曷以扬子著书，云潜则神明可测，庄周抗论，谓虚则纯白自生。岂非心本一源，事周万变，定而能虑，则虑乃有得，静而后应，则应不能眩。今也守一真于不动之宅，闭六欲以不关之键，自然不虑而知，不窥而见。去智与故，始符颜子之齐，知德与言，终契孟轲之辨。既而解物之悬，渊之又渊，涤玄览于心地，开虚明于性天，故得其粗，则穷事物形名之理，悟其精，则得道德性命之传矣。夫然后为用智之权，救乱于未形，作研几之妙，见吉于几先。别有不定不乱，而心恒如，不皦不昧，而用自在。以虚为有对也，致虚极则无其对。以静为有待也，守静极则绝其待。及其至也，寂然不足以名之，超入圆通之智海。①

心性说亦有对"善"的要求，赵秉文在诗作中特别强调了这一点。

人皆有两足，不践荆棘地。人皆有两手，不劖虎兕齿。如何身与心，择善不如是。从善如登天，从恶如弃履。而于趋舍乖，知之不审耳。盗跖脍人肝，颜子一瓢水。均为一窖尘，谁光百世祀。较其得失间，奚翅千万里。所以贤达人，去彼而取此。②

赵秉文还强调了治心养性对士大夫的重要性所在。

自孔孟之殁，几二千年，士大夫以种学积文为进取之计，干办者称良吏，趋时者为通贤，而不知治心养性之术。间有明仁义之实，以通经学古为高，救时行道为贤者，必怪怒骂笑，以为狂愚。
世人之所以不食酖毒者，以其杀人。孰知酒色之害，烈于酖

---

① 赵秉文：《心静天地之鉴赋》，《滏水集》卷2。
② 赵秉文：《乐善堂》，《全辽金诗》中，第1428页。

毒，而不知避，知之不审耳。生固我所欲，有甚于生者，理义是
也。死固我所恶，有重于死者，丧其本心也。大哉心乎，修之可以
为贤哲，养之可以塞天地，人知养其身，而不知养其心，亦
惑矣。①

在与朋友的对话中，赵秉文更说明了儒者养性说与佛、道养性说的
重要区别所在，就是"入世"而不是"出世"，并要达到无私无欲的
境界。

> 许昌任君子山作草堂于私第，榜之曰"适安"。客（赵秉文）
> 过而问所以名堂之意曰："子将无适而不安乎？抑适意而安之乎？"
> 子山曰："今夫水适则流，火适则燥，鱼鸟之适则翔泳，草木之适
> 则条达。腰适则忘带，足适则忘履。今吾名不隶于仕版，身不列于
> 行伍，足不迹于是非之场，口不涉于是非之境，未酉而寝，过卯而
> 起，每兴极意会，则登临山水，啸咏风月，玩泉石，悦松竹，手执
> 《周易》一卷，与佛、老养性之书数册，以适吾性而已。吾安焉，
> 子其为何如？"客曰："先生之为适则一，其所以为适则异。子以
> 嵇康之适于锻，阮籍之适于酒，与夫圣贤之适于道，有以异乎？苟
> 以适性为事，则斥鷃无羡于天池之乐，桀、跖无羡于颜、冉之德，
> 其于适性一也，而静躁殊途，善恶异趣，此向、郭之失，晋、宋之
> 流所以荡而忘返者也。且夫礼以检情，乐以导和，仁之胜不仁，义
> 之胜不义，皆非以适性为事。苟以采山钓水为适，则忘其君；声色
> 嗜欲为适，则忘其亲；忘亲则不仁，忘君则不义。不仁不义，子安
> 之乎，而且奚适哉？"子山曰："请无以形适，而以心适，其可
> 乎？"客曰："心迹一也。自心迹之判，于是有清狂，有白痴，皆
> 名教之罪人，而非君子之正也。《记》曰：君子素其位而行，不愿
> 乎其外。素富贵，行乎富贵；素贫贱，行乎贫贱；素患难，行乎患
> 难；君子无入而不自得焉。古之君子不以外伤内，视贫富、贵贱、
> 死生、祸福皆外物也，随所遇而安之，无私焉。譬之水，外之则为
> 雨露霜雪，下之则为江河井泉，激之斯为波，潴之斯为渊，千变万

---

① 赵秉文：《姬端修墓表》，《滏水集》卷11。

化，因物以赋形。及其至也，推而放诸东海而准，推而放诸南西北海而准。故君子取平焉，斯不亦无适而不安乎。"子山曰："是吾心也。"①

赵秉文的心性说主要是重申理学先儒的观点，并将其转化成了对中国北方儒者的具体要求。

（三）论中和

赵秉文基于程颐对"中"的解释，既强调中为天下正理，也强调喜怒哀乐未发、已发之时都要守中，还强调寂然不动、赤子之心为中的重要表象，并且要特别注意儒家对中的理解，与佛、道有明显的不同。

> 苏黄门云："喜怒哀乐之未发，谓之中，即六祖所谓不思善恶之谓也。发而皆中节，谓之和，即六度万行是也。"蓝田吕氏曰："寂然不动，中也。赤子之心，中也。"伊川（程颐）又云："性与天道，中也。"若如所论，和固可位天地、育万物矣。只如不思善、不思恶、寂然不动、赤子之心谓之中，果可以位天地、育万物乎？又言性与天道，中也，何不言喜怒哀乐未发，谓之性与道耶？或者谓物物皆中，且不可渣滓其说，请指眼前一物明之，何者谓中。只如权衡，亦中之类，如何得杂佛、老之说而言之，而明圣人所谓中也。或云："无过与不及之谓中。"此四者，已发而中节者也，言中庸之道则可，言大本则未可。若然，则寂然不动、赤子之心，皆中，正也，非耶？

> 试论之曰："不偏之谓中，不倚之谓中。中者，天下之正理。夫不偏不倚正理，似涉于喜怒哀乐已发而中节者也。然未发之前，亦岂外是哉。学者固不可求之于气形质未分之前（老），胞胎未具之际（佛），只于寻常日用中，试体夫喜怒哀乐未发之际，果是何物耶。此心未形，不可谓有。必有事焉，不可谓无。果喜与、果怒与，喜怒且不可得，尚何过与不及之有耶。亭亭当当，至公至正，无一毫之私意，不偏倚于一物，当是时不谓之中，将何以形容此理哉。及其发之于人伦、事物之间，喜无过喜，喜所当喜，怒无过怒，怒所

---

① 赵秉文：《适安堂记》，《滏水集》卷13。

当怒，只是循其性固有之中也。其间不中节者，人欲杂之也。然则，中者和之未发，和者中之已发，中者和之体，和者中之用，非有二物也，纯是天理而已矣。故曰天命之谓性，中之谓也；率性之谓道，和之谓也。所以不谓之性与道者，盖中者因无过与不及而立名，所言中，以形道与性也，言各有当云耳。何以知其为天理？今夫天地之化，日月之运，阴阳寒暑之变，四时不相贷，五行不相让，无适而非中也。大夏极暑，至于铄金，而夏至一阴已生。隆冬祈寒，至于冻海，而冬至一阳已萌，庸非中乎。后以裁成天地之道，辅相天地之宜，经纶君臣、父子、兄弟、夫妇、朋友之大经，不亦和乎。由是而天地可位，万物可育，此圣人致中和之道也。"

曰："然则，中，固天道，和，人道与？"曰："天人交有之，乾道变化，各正性命，中也。保合太和，乃利贞，和也。民受天地之中以生，中也。能者养之以福，和也。"

"然则，寂然不动，赤子之心，非中与？"曰："皆是也。方喜怒哀乐未发之时，不偏不倚，非寂然不动而何，纯一无伪，非赤子之心而何，直所从言之异耳。但苏黄门言不思善、不思恶，与夫李习之灭情以归性，近乎寒灰槁木，杂佛而言也。"

"佛、老之说，皆非与？"曰："非此之谓也。天下殊途而同归，一致而百虑。殊途同归，世皆知之。一致百虑，未之思也。夫道一而已，而教有别焉。有虚无之道，有大中之道。不断不常，不有不无，释氏之所谓中也。彼是莫得其偶，谓之道枢。枢始得乎环中，以应无穷，老庄之所谓中也，非吾圣人所谓大中之道也。其所谓大中之道者，何也，天道也，即尧、舜、禹、汤、文、武、周、孔之道也。《书》曰：执厥中。《易》传曰：易有太极。极，中也，非向所谓佛、老之中也。且虽圣人喜怒哀乐亦有所不免，中节而已，非灭情之谓也。位天地、育万物，非外化育、离人伦之谓也。然则圣人所谓中者，将以有为言也。以言乎体，则谓之不动；以言纯一，则谓之赤子；以言禀受，则谓之性；以言共由，则谓之道；以言其修，则谓之教；以言不易，则谓之庸；以言无妄，则谓之诚。中则和也，和则中也，其究一而已矣。"[1]

---

① 赵秉文：《中说》，《滏水集》卷1。

赵秉文还指明"庸"即天道，要注意庸与非庸的不同表现；"和"即中节，亦要注意和与不和的区别。

《易》称天尊地卑，《书》称天秩天叙，《春秋》书天王，《诗》称天生蒸民，有物有则，明此道出于天，皆"中庸"所谓"庸"也。孟子言："经正，则庶民兴。"此孟子所传于子思子者也。经即庸也，百世常行之道也，亲亲、长长、尊贤、贵贵而已。而有亲亲之等，尊贤之差，又在夫时中而已。此权所以应时变也，吕氏论之详矣。譬犹五谷必可以疗饥，药石必可以治病，今夫玉山之禾、八琼之丹则美矣，果可以疗饥乎，果可以治病乎。则太高难行之论，其不可经世也，亦明矣。其不及者，犹食糠糟而不美五谷之味也。故夫接舆之狂，沮溺之狷，仲子之廉，师商之过不及，高柴之过哀，宰我之短丧，管仲之奢，晏婴之俭，与夫非礼之礼，非义之义，隘与不恭，皆非庸也。"然则，夷、齐非耶？""圣人有时乎清，清而至于隘，非庸也。有时乎和，和而至于不恭，非庸也，其要不出乎中而已。"①

圣人未尝无喜，天命有德，五服、五章是也；未尝无怒，天讨有罪，五刑、五用是也；未尝无哀，哀而不伤是也；未尝无乐，乐而不淫是也。孰知夫至喜无喜，天地变化草木蕃，圣人之至喜也。至怒无怒，鼓之以雷霆，圣人之至怒也。至哀无哀，寒暑不时，则疾风雨不节则饥，圣人之至哀也。至乐无乐，鸢飞鱼跃，圣人之至乐也。又孰知夫乐天知命，哀之大者也；穷理尽性，乐之极者也；然则举八元非喜也，诛四凶非怒也，号泣于天非哀也，被袗衣鼓琴非乐也。当理而已，当理则常也。

何以谓之和？盖和者，因喜怒哀乐中节而名之也。譬如阳并于阴则喜，阴毗于阳则怒，则亦二气之失和也。圣人之心无私如天地，喜怒哀乐通四时，和气冲融于上下之间，则天地安得不位，万物安得不育，四时安得不序。故此，和之致也。②

---

① 赵秉文：《庸说》，《滏水集》卷1。
② 赵秉文：《和说》，《滏水集》卷1。

赵秉文还强调了"大中之道",恰是儒学所要坚持的学理原则，因为其既包含了精细的道德性命之说，也包含了粗略的礼乐、行政的纪纲之说。

> 太虚寥廓，一气浑沦。日而月之，星而辰之。噫以雷风，窍以山川。动静合散，消息盈虚。独阳不生，独阴不成。一则神，二则化，所谓一太极也。极，中也。人受天地之中以生，天地能生之，不能成之，父母能有之，不能教之。有圣人者出，范以中正仁义，中天地而立，其功与天地并，人极立焉。自尧、舜、禹相授受，以精一大中之道，历六七圣人，至孔子而大备。其精则道德性命之说，其粗则礼乐、刑政、经纶、君臣、父子、兄弟、夫妇、朋友之大经。立天下之大本，赞天地之化育。其教人，始于戒慎恐惧于不见不闻之间，其极至于配天地高明博厚。其学始于致知格物、正心诚意，至于治国、平天下，下至道术、阴阳、名法、兵农，一本于儒。裁其偏而救其失，要其归而会之中，本末具备，精粗一致，无太高难行之论，无荒虚怪诞之说。圣人得其全，贤者得其偏，百姓日用而不知。天地以此位，日月以此明，江河以此流，万物以此育。故称夫子与太极合德，岂不然耶。①

需要注意的是，在中和、中庸等问题上，赵秉文不仅继承和发展了程颐等人的观点，亦承继了他们的排斥异端立场，以彰显对理学正说的坚持。

（四）论道学

赵秉文研习道学（理学），主要关注的是北宋周敦颐、程颢、程颐和南宋吕祖谦等人的著作，在诗作中特别说明了自己是以读书而不是受教传承道学的精髓。

> 河南夫子两程公，要与洙泗继后尘。濂溪先生为张本，舞雩风里浴沂春。
> 东莱两本不朽计，读诗源委有本因。伤哉绝笔大事记，续经未

① 赵秉文：《叶县学记》，《滏水集》卷13。

了已亡身。

诸公辨论助怪惊，削去训传非人情。大公至正本无我，吾道初如日月明。

汉儒俗学欺盲聋，独有一士超樊笼。君家子云晚治易，圣人门户见重重。①

赵秉文记录《道学发源》一书的编撰过程，指出北方儒士对张九成（杨时门人）学说的重视，也是要表明金朝人对南宋理学并不生疏。

天地间有大顺至和之气，自然之理，根于心，成于性。虽圣人教人，不能与之以其所无有。疾苦必呼父母，此爱之见于性者也。有悖逆愧生于心，此敬之见于性者也。然愚者知爱而不知敬，贤者知之，不能扩而充之以及天下，非孝之尽也。故夫爱亲者，仁之源，敬亲者，义之源，文斯二者，礼之源。无所不达之谓诚，无所不尽之谓忠，贯之之谓一，会之之谓中。及其至也，蟠天地，溥万物，推而放诸四海而准，其源皆发于此。此吾先圣所以垂教万世，吾先师子曾子之所传，百世之后，门弟子张氏名九成者所解。九成之解，足以起发人之善心，由之足以见圣人之蕴。今同省诸生傅起等，将以讲明九成之解，传一而千，传千而亿，圣人之蕴，庶几其有传乎。某闻之，喜而不寐，抑闻之致知力行，犹车之二轮，鸟之双翼，阙一不可。学者苟曰："吾求所谓知而已，而于力行则阙焉。"非所望于士君子也。间有穷深极远，为异学高论者，曰："此家人语耳。"非惟不足以知圣人之道，是犹诧九层之台，未覆一篑，欺人与自欺也，其可乎。愚谓虽圆顶黄冠，村夫野妇，犹宜家置一书，渠独非人子乎。至于载之《东西铭》，子翚之《圣传论》，譬之户有南北东西，由之皆可以至于堂奥。总而类之，名曰《道学发源》，其诸异乎同源而异流者欤。②

赵秉文还以黄河之雄伟，"有合吾圣人之道"，用歌咏黄河的形式比喻理学的发展，可列出其中的关键诗句。《发源》："古来赋予以正命

---

① 赵秉文：《和杨尚书之美韵四首》，《滏水集》卷9。
② 赵秉文：《道学发源引》，《滏水集》卷15。

兮，湛清白之纯源。""惟德人之天游兮，捷六凿而不浑。"《伏流》：
"饮道德之源流兮，导此心之积石。虽不周于今之人兮，吾将付万世兮
潮汐。"《化道》："澡身兮德渊，竦辔兮云衢。登圣门而化道兮，吾将
从沂泗之所居。"《通塞》："圣道之芜塞兮，孰开明而别聪。""无阅墙
而外御兮，是亦为大正与至公。"《匡俗》："道莫正于仁义兮，教莫先
于孝慈。矫末世之颓风兮，还中古之治时。"《避碍》："权轻重以适道
兮，固无可而不可。"《钟粹》："游道德之苑囿兮，驰仁义之园林。及
年岁之未暮兮，庶无愧于周任。"《入海》："九川涤源，入圣海些。"
《通天》："倚圣道之通天兮，与河汉以同流。""曰夫人之正心兮，若北
辰之居所。寂然不动即此心之太极兮，以游乎万物之祖。盍求复于往初
兮，执大中以为矩。究性命之所极兮，溯璇源于天渚。"①

　　赵秉文之所以著《太玄笺赞》一书，就是因为《太玄》"将以发明
大易，而羽翼之者也。易有八物，而五行万事在其中。玄则列之以三
才，本之以五行，表之以阴阳，推之以律历。而天下万事之理，具要其
归为仁义而作也"；"易有道数象义，说易者言道义则遗象数，言象数
则遗道义，玄实兼之，其于圣经不为无助"②。

　　赵秉文还明确表示要遵循理学的守仁自省、存理尽性要求，并自觉
地以弘扬道学为己任。

　　　　归去来兮，风乎舞雩咏而归。既勿忘而勿助，抑何喜而何怒。
　　时未来而莫预，事既往而焉追。化新新而不停，习念念而觉非。譬
　　已饥而方食，孰既寒而忘衣。无一毫之私意，信天理之精微。我思
　　古人，瞠乎若奔。仰骛前轨，游心圣门。习矣而察，操之斯存。坐
　　见于舆，饮见于镈。利何为兮桀、跖，善何为兮孔、颜。匪义路兮
　　焉由，匪仁宅兮孰安。严三省以日警，防六欲而常关。戒屋漏以慎
　　独，尚衣絅而中观。存夜气之牿亡，收放心而知还。渐云开而雾
　　廓，俄鸢飞而鲦桓。归去来兮，请从沂上之游。娱曾点之鼓瑟，终
　　不慕兮由求。既尽心而不贰，亦乐天而何忧。天地均仁于万物，播
　　一气乎郊畴。陆有下泽，水有芳舟。野阳浮兮薮泽，光风泛兮灵
　　丘。草渐渐而苗长，水源源而交流。观物态之熙熙，廓予怀之休

---

①　赵秉文：《黄河九昭》，《滏水集》卷1。
②　赵秉文：《笺太玄赞引》，《滏水集》卷15。

休。已矣乎，力天力兮时天时，我初无将亦无留。舍圣道兮将安之，存心以养性，守死以为期。虑道学之荒芜，遂日耘而日耔。廓七篇之孟训，咏二南之周诗。会天人而一贯，穷理尽性吾何疑。①

赵秉文亦写下数篇铭文，既用于自警，也向他人传递了尊崇道学的信息。

> 朝乎习，夕乎习。惟学日益，惟道德日积。②
> 御习则惯，射习则贯。学者之习，君子之选。③
> 言有非邪，行有违邪。君子之弃，小人之归耶。④
> 金炼乃精，水澄则清。克之又克，天理自明。⑤
> 惟学乃明，惟明乃诚。匪颜则曾，是谓座右铭。⑥
> 富于利者，惟日不足。富于义者，亦惟日不足。不足于利者多辱，不足于义者无欲。多辱之辱，其祸常酷。无欲之欲，其乐也独，是谓不龟而卜。⑦
> 外乐者，逐物而丧气。内乐者，忘己而无累。逐物之积，至于与禽兽无择。忘己之积，至于与天地相似。然则可以择所嗜矣，故曰："少年娱于酒色，富者娱于利，仕者娱于禄，而君子娱于德与义。"道不同，则亦从其志。养心以淡泊之乐，养口以淳和之味，是谓名教之乐地。⑧

需要说明的是，赵秉文看重道学，但并不是坚决排斥佛、道之人，他甚至鼓励他人兼习佛、道之说，刘祁对此有详细的记载。

> 赵闲闲（赵秉文）本喜佛学，然方之屏山（李纯甫），顾畏士

① 赵秉文：《咏归辞》，《滏水集》卷1。
② 赵秉文：《时习斋铭》，《滏水集》卷17。
③ 赵秉文：《习斋铭》，《滏水集》卷17。
④ 赵秉文：《日省斋铭》，《滏水集》卷17。
⑤ 赵秉文：《思斋铭》，《滏水集》卷17。
⑥ 赵秉文：《诚斋铭》，《滏水集》卷17。
⑦ 赵秉文：《富义堂铭》，《滏水集》卷17。
⑧ 赵秉文：《娱室铭》，《滏水集》卷17。

论，又欲得扶教传古之名，晚年自择其文，凡主张佛、老二家者皆削去，号《滏水集》。首以中、和、诚诸说冠之，以拟退之原道性，杨礼部之美为序，直推其继韩、欧。然其为二家所作文，并其葛藤诗句，另作一编，号《闲闲外集》，以书与少林寺长老英粹中，使刊之，故二集皆行于世。余（刘祁）尝与王从之言："公既欲为纯儒，又不舍二教，使后人何以处之？"王丈曰："此老所谓藏头露尾耳。"

余兴定末因试南京，初识公。已而先子（刘祁父刘从益）罢御史归淮阳，余独留，日从公游，论诗讲道，为益甚多。然公以吾家父子不学佛，议小不可，且屡诱余，余亦不能从也。尝谓余曰："学佛、老与不学佛、老，不害其为君子。柳子厚喜佛，不害为小人。贺知章好道教，不害为君子。元微之好道教，不害为小人。亦不可专以学二家者为非也。"余因悟公以吾父子不学二家，恐其相疵病，故有是论。已而，余亦归淮阳，公又与余书曰："慎不可轻毁佛、老二教，堕大地狱则无及矣。闻此必大笑，但足下未知大圣人之作为耳。"余答书曰："若二教岂可轻毁之，自非当韩、欧之世，岂可横取谤议哉。自非有韩、欧之智，岂可漫浪为哉。君子者，但知反身则以诚，处事则以义，若所谓地狱，则不知也。"然公终于余有所恨。石抹嵩企隆亦从公游，学佛，公甚爱之。尝于慧林院谒长老，公亲教企隆持香炉三棹脚作礼，因与梁户部斗南曰："此老不亦坏了人家子弟邪。"士林传以为笑。[1]

赵秉文对佛教和道教的态度确实值得玩味，但是他至少没有像李纯甫那样公开宣扬三教合一的观点，已经是不容易了。赵秉文的理学著作尽管佚失，但并不影响他作为金朝理学大家的重要地位，因为他的最重要功绩，就是沿承了北宋和南宋理学的"正说"，避免理学的误传。

二　兴亡说

赵秉文长于以古讽今，在史论和诗作中重点关注的是历代王朝兴亡对金朝人士的启迪。

---

[1]　刘祁：《归潜志》卷9，第106—107页。

（一）仁义关乎兴亡

赵秉文强调仁、义为天下之道，决定王朝兴亡，积仁可以传承长远，重义可以兴治遏乱，而义的最基本要求就是正纪纲，以邪胜正，这恰是乱、亡的决定性因素。

> 尽天下之道，曰仁而已矣。仁不足，继之以义。世治之污隆，系乎义之小大，而其世数之久远，则系乎其仁所积之有厚薄。纪纲刑政，皆由义出者也。天下有道，则大纲小纪一出于正。其次，大纲正而小纪不正，不害其为治；大纲不正，小纪虽正，不害其为乱。所谓大纲，风俗也，人材也，兵食也。质胜华，则治之原也。华胜质，则乱之端也。国家之兴，未有不先实而后趋于华，华之极则为奢，为僭，为奸，为伪，则日趋于乱矣。天下不能无正人，亦不能无邪人，在人君所处之。正胜邪，则治之端也。邪胜正，则乱之端也。邪胜极，则为请托公行，为谗妒并兴，则日趋于乱矣。天下不可一日而无兵备，亦不可一日而乏财用。用之有道，治之原也。用之非道，乱之端也。二者之散，为黩武，为聚敛，则日趋于乱矣。天宝之末，宣政之季，病者有方，孤独者有养，教养有官，宫祠有秩，亦可谓小制立矣，然不免于乱亡，凡以大纲不正故也。自古帝王，或寖以隆昌，或偾而复振，或断而复续，皆积之效也。唐、虞、三代、汉、唐难以遍举，秦征伐六国，六国未亡而秦先亡，文景弑逆，晋一传而亡，前人所谓"秦如马后牛，吕氏非复嬴"者是也。梁武好佛而亡，而余孽复振。至唐八叶，宰相与之终始，犹以慈俭也。是故施之于智力可及之地者，人也；施之于智力不可及之地者，天也。仁者，天之道也。义者，人之事也。人定者胜天，天定亦能胜人。孟子曰："不仁而得天下者，未之有也。"余独曰："不仁而得天下者，亦有之矣。不仁而世数长久者，未之闻也。"或曰："子之言，世俗之言也。"曰："固然也。然古之人不求苟异，其于仁义申重而已。"六经载唐、虞、三代之道，遭秦煨烬，其书不完。汉、魏以来，学者讲之详矣。苟为喋喋，吾恐失之凿也。两汉以来，备有史记，可覆而考也。文帝有容天下之量，宣帝有君人之术，然而不及三代者，武帝之过也。蜀先主有公天下之心，唐文、明二帝有追治古之风，然皆有失，足以为龟镜矣。或

曰："前辈之论英雄，曰曹操、刘裕、苻坚，其取天下，或得或失，子曾无一言及之，何耶？"曰："所贵乎中天地而应帝王者，谓其为生灵之主也。苟争地以战，杀人盈野，争城以战，杀人盈城，不顾逆顺，是生人之雠也，予尚忍言之哉。"①

西汉的兴亡，在赵秉文看来，是兴于仁而亡于不义，尤其是不能听从儒者的君主正心、正义等建议。

> 汉高帝起布衣，取天下，当时比之逐鹿，幸而得之。然初入关中，秋毫无犯，约法三章，此与发粟散财何异。天下既定，规模卓然，已有四百年之气象。孝惠享国日浅，吕氏盗执国柄，勋戚环视，莫敢谁何。譬犹强族大姓，乘兼并之力，夫亡子幼，主妇鸷忍，虽有豪奴悍婢，犹且惕息，伺一旦之隙，余威犹在耳。孝文慈俭，出于天性，是时汉兴二十余年，贾生遂欲改制度、削诸侯、系外夷，赖谊之策不行，遂以无事。使帝无贾生，不失为守成之贤主。而帝尽行生之言，其祸有不可胜言者。大抵文帝德量过于贾生，所不及者才具耳。虽然以谊之才，辅之可也，疏之亦非也。使谊加以数年不死，亦自悔其前日之论，则伊、管之俦也。及至孝景，用晁错之计，七国遂反。于斯之时，有叛国无叛民。后来到得武帝，罢黜百家，表章六经，修郊祀，改正朔，作诗乐，正音律，骎骎乎三代之风。使武帝遂相仲舒，则三代矣。或曰："元朔之政，多以仲舒发之。"然此皆三代之文。仲舒之言曰："人君正心，以正朝廷。"又曰："仁人者，正其谊，不谋其利。明其道，不计其功。"凡此皆仲尼之心，三代之实也。使帝知正心、明道之实，亦自无末年之祸。而帝甘心四夷，奢侈无度，亦岂果能用仲舒哉。奈何乘文、景之蓄积，穷兵黩武，征伐不休，至于末年，户口减半，几及亡国，所不亡者幸也。或曰："武帝开西域，以断匈奴右臂，刷高帝平城之耻，洗吕后嫚书之辱，矫文帝姑息之敝，算计见效，不亦盂乎？"曰："前不云乎，不谋其利，利之大者也，不计其功，功之大者也。以帝之雄才大略，一遵文帝之慈俭，又岂止延

① 赵秉文：《总论》，《滏水集》卷14。

祚四百年而已哉。"是故，帝王之过，莫大乎好杀。老子曰："其
事好还。"楚灵王曰："予杀人子多矣，能无及乎。"卒有乾谿之
祸。赖高、文恩德在人心，付托得人，拥昭立宣，遂以复安。曰：
"然则卫、霍之将也，非乎？"曰："亦非也。武帝非实知卫、霍之
才，特以私卫后之亲耳。以李广利征贰师，准之可见。"自古帝王
变乱旧章，果于自用者，自武帝始，其与始皇相去无几，亡不亡之
间耳。及至孝宣，知民事之艰难，厉精为治，有君人之术。然考其
所谓以严致平者，殆不可见。夫信赏必罚，五帝三王不易之道，但
论其当与否耳。必以诛赵广汉、韩延寿等为严刑峻罚，破奸宄之
胆，此自帝之过举，亦非霸者之政矣。惜哉，亡是可也。至其用赵
充国破先零，论议谆复于屯田之计，优优乎帝王之略矣。元、成而
下无讥焉，刘向、扬雄皆经国之大儒，吾知其不能用也。①

东汉主要的问题是如何治疗弊病，赵秉文认为用猛药治痼疾，国家
亦会因之灭亡。

善治病者，必知脉之虚实，病之大小，治之逆从。微者逆之，
甚者从之，寒热通塞因之有时，故疾未除更生它疾。三伍其宜，徐
以制之，夫然后病可为也。东汉自明、章以后，其君不足与有为，
政出外戚。孝和与郑众诛窦宪，宦官用事自此始。此盖如人受病之
始，虽饮食如故，病留于腠理，而四肢未觉也。迨至孝安纳王圣、
樊丰之谮，诛杨震，如人渐不甘鱼肉之味，而嗜土炭，疾犹可为也。
明年诛圣等，是其效矣。其后梁冀擅废立，唐衡、左绾等用事，此
亦平、勃交欢之时也。李、杜二公少忍须史，帝必将愤冀，冀乃可
图。已而单匡等果诛冀，五侯复恣横，将有继是而希进者，此通因
通用、塞因塞用之理也。终之陈、窦继诛，党祸起矣，此病甚而不
从之过也。是后群公欲尽诛内宦，内宦既除，而汉亦亡。譬犹故病
未除，益以他疾，其证已危，当以饮食、医药渐以治制之，一用毒
药，则大命去矣。故毒药十去六七者，良为此也。尝谓西汉大臣宽
博有谋，可定大事，然不及东汉士大夫之节，故平、勃、霍光终成

---

① 赵秉文：《西汉论》，《滏水集》卷14。

其功。其敝也，养交安禄，而王莽以穿窬之智，坐攘神器。东汉士大夫忠义有守，足镇颓俗，然不及西汉大臣之谋，故李、杜诸公以虚名相高，而奸雄不敢觊觎。其敝也，矫激太甚，而身死国亡。①

唐朝的兴亡更值得注意，赵秉文不仅重申了仁、义决定兴亡的观点，还强调在国家制度创设方面，不能回归三代之制，而是要遵循"法后王"和因时而变的原则。

唐兴，承五代干戈之后，生民憔悴，思乐息肩。幸而贞观之治，同符三代。然犹好大喜功，辽东之役未已，而武氏已歼其官中矣，唐之子孙杀戮殆尽，虽致治之美，有以开三百年之业，然犹不能赎乐杀人之祸也。中、睿懦庸，开元致治，同符贞观。至天宝之乱，唐兴百五十载，物极则衰，理势然也。然开元之末，一日杀三庶人，则天理灭矣。罢张九龄相，牛、李则狗冠庙堂矣。内则妖姬蛊惑，外则国忠啸凶，则狐穴城社矣。向不任蕃将讨奚、契丹，屠石堡城，诛南诏使，生灵之血涂于边草，虽有末年之祸，不如是之酷也。以至骨肉流夷，《哀王孙》之诗是也。妃嫔戮辱，《哀江头》之诗是也。以其所不爱，及其所爱。向无李、郭之将，社稷墟矣。孟子曰："民为贵，社稷次之。"而使生灵涂炭，社稷阽危，托于人上，安之乎？在昔殷周之贤王，超然如山林学道之士，视声色富贵，不足以概其心，故能长保其富贵尊安，六七百岁而不绝。后世之君，贪一饷之乐，遗百年之患，以彼校此，谁得谁失，然犹覆辙相寻，岂不哀哉。或者以为祸始于妃后，成于宦竖，终于藩镇。向使明皇无侈大之心，则妃匹、宦竖之祸不作，禄山一牧羝奴耳，藩镇之祸何由而兴。终之姑息政行，祸难繁兴，虽元和平蜀、蔡，会昌定晋、潞，终不能得山东尺寸之地，而使务胜不休，则为黩武矣。譬之中年之后，一下一衰，亦其理也。加之肃、代有一颜真卿而不能用，德朝有一陆贽而不能用，宣朝有一李德裕而不能用，自是以还，唐衰矣。

或曰："前人王令、曾巩论过唐曰不法三代，子何论之卑也。"曰："此书生好大之言也。贞观、开元以仁、义治天下，亦三代之

---

① 赵秉文：《东汉论》，《滏水集》卷14。

遗意也，子以不封建不足以为三代乎？藩镇之召乱，不得已也，况得已而封建乎？子以不井田不足以为三代乎？宇文融括隐田而天下怨，况夺富以资贫乎？”曰："非此之谓也，谓礼乐法度阙如也。"曰："礼乐法度亦各随时之制。子以为必如周公之制而后可，是后世无复三代矣。房、杜、姚、宋不能知制作之本，而谓王令、曾巩必能知之乎，是又一王安石也。"曰："然则先王之制治，其终不可见乎？"曰："以仁义刑政治天下，略法唐、虞、三代，参以后王之制，其可矣。如其礼乐，以俟明哲。"①

赵秉文最为厌恶的是穷兵黩武，所以会在诗作中发出"自古明王重用武"和"兴亡如奕棋"的感叹。

秦关百二天下壮，百万雄师未能傍。函关未了又潼关，潼关之败何等闲。九龄斥逐姚宋死，边将邀功从此始。今年西屠石堡城，明年又起渔阳兵。朝廷欲借边将重，不觉胡维心暗动。禄山前死未可知，虽有渔阳突骑将奚为。自古明王重用武，莫笑书生陈腐语。②

秦山从此来，宫殿何巍巍。含元遗址在，下建十丈旗。当昔休明日，轩陛朝诸夷。一旦人事改，翻坐牧羊儿。譬如元气衰，百疾攻四肢。陵夷更五代，兴亡如奕棋。尘埋梨园骨，火烧花萼碑。寝殿通樵径，宫墙插酒旗。至今明月夜，石马空闻嘶。苍天不可问，渭水空自驰。谁为后来者，应与此心期。③

赵秉文还特别强调每个王朝的灭亡，都有其内乱的原因，需要后人引以为鉴。

有秦川胡老启齿而笑曰："日有中昃，月有亏盈。凡一治一乱，乃一昏一明，福生有基，祸生有萌。山有朽坏故崩，皿有虫故蠹生。"谓山盖高，浮云翳之，不见其形。谓心至灵，有物蔽之，不见其情。夫恶直为求谄之媒，喜誉为招佞之旌，骄奢为重敛之阶，

---

① 赵秉文：《唐论》，《滏水集》卷14。
② 赵秉文：《过阌乡》，《滏水集》卷5。
③ 赵秉文：《含元殿》，《滏水集》卷5。

好大为兴戎之征。是以古之明王，弃是而不营。于以忠直是旌，抑谗佞之朋，土木不饰，杜非议之征，平刑释冤，息吁嗟之声，含垢忍耻，绝忿怒之兵。夫然，故心定神休，嗜欲不生，祸乱不作，而天下和平。夫故亡汉者汉也，非莽、卓也；乱唐者唐也，非安、史也。使汉以秦为鉴，自无两京之乱，使唐以汉为鉴，又安有蜀道之窜。如何以一饷之乐，而忘累世之乱也。斯言怀古，非止一时，往者不可及，来者犹可期。①

尤其是战国时期赵武灵王修筑的丛台和齐宣王修建的渐台，更是骄奢败亡的象征，应成为后人牢记的教训。

噫，七雄扰扰，虎战以龙争兮，譬事势于连鸡。或争桑于延敌兮，有以酒薄而召围。朝膏血于秦、韩之草野兮，夕暴骨于齐、魏之沙陲。玩生灵于刀几兮，决一旦之雄雌。得地不足以赎民之命兮，忍劳民而筑斯。

厌离宫别馆之湫隘兮，起高台之崔嵬。笑章华制度之狭陋兮，又况采椽与茅阶。辇路萦纡以云竦兮，阁道行空而饮霓。奏金石于云端兮，恍钧天之梦未回。下仰望而不闻兮，微风过而声哀。金舆玉辇君王来其间兮，左赵姬而右吴娃。朝琴夜筑为王歌舞兮，乐未极而哀随。探雀鷇于离宫兮，岂忆熊蟠与豹胎。痛父子毙于一朝兮，人亦念骨肉之疮痏也。古往今来，日东月西，惊岁律之跳丸，悼兴亡之奕棋。

而文王之灵台，燕昭之黄金，当时称贤者之乐，后世为美谈之资。而是台也，蒙亡国之耻，与山木之歌，亦台之不幸而堪嗤。且夫今日之悲，昔日之乐也。骚人怀之而赋咏，行客过之而嘘唏。嗟旧物之都尽，独天留兮此台。阅千秋兮万古，作龟鉴乎方来。②

齐国有四殆，渐台空五层。台成膏血尽，鬼力犹不胜。浮云一蔽临淄君，君王左右多青蝇。嫠妇不恤纬，杞国忧天崩。任从笑掩侍人口，仰天大拊列女应。一言反掌易，春风变淄渑。吴楚各千里，飞鸟不敢凌。吴以西子亡，齐以无盐兴。丑兴而美亡，未易定

---

① 赵秉文：《感华山怀古赋》，《滏水集》卷2。
② 赵秉文：《丛台赋》，《滏水集》卷2。

爱憎。请君宝此图，观国如延陵。①

赵秉文所处的时代已经是乱世，他之所以评价前朝的兴亡，就是要
体现对当世危机的积极思考和重要认知。

（二）正名关乎国运

赵秉文认为，由魏、晋到南朝，以禅让的方式改朝换代几乎成了传
统，但都违反国家正名的要求。

> 甚哉，桓、灵之不君也。其所为钩党者，天下之善人举在焉。
> 善人，国之纪也，其可杀之乎。善人诛锄，奸雄觊觎，又况鬼偷狐
> 媚如（曹）操者哉。
> 孔子曰："必也正名。"名岂正而言岂顺乎，当书曰："司马师
> 废正，始皇帝昭弑正元皇帝，炎篡景元皇帝。"是后宋夺之晋，齐
> 夺之宋，梁夺之齐，皆托禅让为名，虽由天道好还，亦其风俗有自
> 来。然则名节之士，可不重与，可不重与。②

三国时期真正符合正名要求的是蜀汉，尤其是诸葛亮的作为，符合
仁、义的正道标准。

> 仲尼编《诗》，列《王·黍离》于《国风》，为其王室卑弱，
> 下自同于列国也。春秋诸侯用夷礼，则夷之；夷而进于中国，则中
> 国之。西蜀僻陋之国，先主（刘备）、武侯（诸葛亮）有公天下之
> 心，宜称曰"汉"，汉者，公天下之言也，自余则否。书"汉中王
> 立为帝"者何？著自立也。昭烈帝室之胄，辅以诸葛公，王者之佐
> 乘。中原无主，遂即尊位，以系远近之望，宜矣，然而犹有所憾云
> 者。方蜀中传言汉帝遇害，缟素以令三军曰："曹操父子逼主篡
> 位，吾奉密诏讨贼，义不与共戴天。"是时关（羽）、张（飞）熊
> 虎之将犹在，指挥中原，以定大计，汉主若在吾事之，不济退以汉
> 中王终身北面，若亡危难之际非英武不济，舍我其谁哉。上则为三
> 王之举，下不失为汉光武，孰与曹丕、孙权同以僭称哉。

---

① 赵秉文：《渐台行》，《滏水集》卷3。
② 赵秉文：《魏晋正名论》，《滏水集》卷14。

古之所谓诚其意者，毋自欺也。三代而上，正心诚意，以之治天下国家无余事矣。观先主所以付托孔明之意，三代而下公天下之心者至此复见，伊、汤之德不足进焉。

仁人者，正其义不谋其利。往以义者来以义，往以利者来以利，义利之判久矣。

书"汉丞相亮讨孟获七擒纵"者何？昔舜舞干羽于两阶，七旬有苗格，学者或疑焉。此古帝王正义明道之事，固非浅浅者所能议也。有苗虽为逆命，又非冥顽无知者。其意曰："以位，则彼君也，我臣也。以力，则彼以天下，我以一方也。而且退让修德，其待我也。"亦至矣。且孔明所以不杀孟获者，服其心也。孔明而一天下，其待孟获也，又必有道矣。惜乎出师中道而殂，不得见帝者之佐之行事，故功业止此觊觊也。善乎，文中子曰："诸葛亮而无死，礼乐其有兴乎。"仆固不足以知礼乐之本，若安上治民、移风易俗之实，孔明任之有余矣。①

由此，赵秉文亦就刘备、诸葛亮的作为，在诗作中发出了"一时会风云，千古事苹藻"和"仁与不仁耳，成败何必论"的感叹，② 依然强调的是仁、义决定王朝兴亡的观点。

赵秉文曾参与金朝德运的讨论，已见前述，而他的"正名说"，亦可以视为对德运说的重要补充。

三　善政说

针对金朝后期的危机局势，赵秉文提出不少的施政建议，已见前述。他还对善政有一些重要的见解，可分述于下。

（一）帝、后善行可赞

任职于翰林院的赵秉文，曾著《圣德颂》，对金章宗的善行加以赞誉，可节录于下。

谨拜手稽首言曰：粤若稽古，二帝三王休符，不于祥，于其仁；所宝不惟物，惟其贤。是以珍禽奇兽不育于国，嘉禾芝草不旅于庭。

---

① 赵秉文：《蜀汉正名论》，《滏水集》卷14。
② 赵秉文：《涿郡先主庙二首》，《滏水集》卷3。

当是时，众庶和乐，国家安宁。观《诗》及《书》，温温乎其和可知已。而孔子作《春秋》，亦不书祥瑞，足以知圣人立极之本。降及后世，谀儒妄臣乃引白雉、宝鼎、芝房、赤燕作为歌诗，荐之郊庙，诡讹不经，驳乎无议为也。乃者邠州进白兔，上命放之原野，其意若曰："惟天惟祖宗付予有民，惟臣下作予股肱心膂，但使百姓乐业，国家得贤，何瑞如之。肆近日所进诸瑞，朕皆不取，自今其勿复以闻。"于皇休哉，上以符孔子之格言，下以合二帝三王之治，乃知圣人动作出于近代世主万万也。钦惟圣上自即位以来，拔忠良之臣，退贪暴之吏，平刑释冤，以重民命，轻徭薄赋，以纾民劳，听言以尽下情，思政以答天望，和戎以息兵，平贼以除害。明诏理官不得法外生情，申敕御史不得苛细生事，小遇水旱则减省赋租。是以阴阳调，风雨时，地不爱宝而嘉禾兴、朱草生。上犹谦让，曾此弗有也。加之天赋圣性，动与古合，若夫抑祥瑞而不奏，光武、文皇之明也；求贤忧民，唐、舜之心也；内修政事，外攘夷狄，宣王之功也。诚能法文王之纯不已，如成汤之德日新，则太平中兴之功，指日可待。昔齐宣不忍一牛，孟轲知其足以王矣。一牛微物也，孟轲何取焉，以为苟推是心移之爱民，则仁不可胜用矣。况乎圣政行前世之所难行，扩而充之，帝王之治易为也。故臣以谓既能行所难，必能行所易，既能善其始，必能令其终。①

对于金宣宗在王朝危机时的各种作为，赵秉文也给予了积极的评价。

伏以大行皇帝圣德日新，沉几天纵，始以裕陵之元子，当应章庙之正传，不幸属道陵弥留之际，奸臣矫命，以卫绍王继。易天之明，乱国之经，惟天弗畀衿图，厥政不蠲烝，自启兵端，职为乱阶，外阻内讧，我中土用弗靖，亦罔或克嗣。天乃眷命我先皇帝，奋乾之纲，挈地之维，天戈一挥，战士勇倍。于是定和亲之约曰："予宁忍耻，不忍人战死。"由是讲时迈之仪，移跸于汴梁，从民欲也。夫其修车马，备器械，建庙社，峻城郭，捐金帛以赏战士，

---

① 赵秉文：《圣德颂》，《滏水集》卷16。

优爵赏以待功臣，录死事之孤，表死节之墓，拔将帅于亡命，擢豪杰于行阵；至于分行省以镇辽东，则志在固根本矣；封九公以蕃河朔，则志在复中原矣；纵凤翔之归寇，则志在怀远方矣；释下邳之叛卒，则志在收人心矣，所为外攘之道甚备。躬亲政事，总览权纲，信赏必罚，循名责实，设学养士，辟馆集贤，采公望，聘名士，虚己以从众议，体貌以礼大臣，避正殿以答天变，修群祀以求民福，虑囚徒，省冤狱，恤孤独，振贫穷，宫室苑囿无所增益，豫游燕飨一切停罢，所为内修之道甚著。每与大臣语及社稷，必为流涕，由是志士云合，天下响应，中兴之功，日月可冀。[1]

哀宗即位后被尊奉为皇太后的明惠皇后王氏，因为有"忧国在颜、爱民宅心"和"实赞中兴"的美行，[2] 赵秉文亦以长诗加以赞誉，可节录要者如下。

> 皇明齐月象，厚德配坤元。恻怛忧民意，勤劳毓圣恩。
> 仁恩遗凤诏，功德载龟趺。左右重兴业，诗书赞永图。
> 太极齐元始，三光并照临。勤劳忧国念，恻怛爱民心。
> 阶莫凋叶尽，宫漏滴声残。玉几俄遗训，龙楼罢问安。
> 应物归先识，忧民感至仁。神仪虽已阒，遗范不埃尘。
> 赐冰防病暍，恤狱恐民冤。孝意遵遗训，词臣叹永言。
> 葛覃歌节用，卷耳颂求贤。遽厌人间世，还为物外仙。
> 谦抑传家法，宽仁沃帝聪。礼崇光教塔，时奉孝严宫。
> 庆源钟马邓，何止活千人。阴化行中壶，私权抑外亲。
> 一纪坤仪正，千龄母范彰。徽音齐太姒，厚德配娥皇。
> 缑氏传仙裔，燕山启梦符。化人先正己，祈福为民敷。
> 身尊恒率礼，名正更持谦。椒掖坤仪正，天庭母训严。
> 宽和能待物，凝密劝行仁。道德持三宝，恩私逮四民。
> 保阿成训在，阃阈令仪昭。俭德高千古，仁声溢两朝。
> 阴化毗乾造，熙朝赖母临。功勋新女史，德泽浃人心。
> 孙谋诒嗣圣，内教辅先朝。孝敬全终始，勤劳继凤宵。

---

[1]　赵秉文：《宣宗谥议》，《滏水集》卷18。
[2]　赵秉文：《明惠皇后谥议》，《滏水集》卷18。

褒赞存公议，无惭六后名。妆奁空有迹，佩玉寂无声。①

赵秉文对皇帝、皇太后的赞誉，尽管有奉承、鼓吹的因素，但是他用以衡量帝、后德行的，是严格意义上的治道标准，对于这一点应予以重视。

（二）明辨君子小人

赵秉文曾陷入朝廷的君子、小人之争，所以专门论证了君主如何分辨君子和小人。

> 天下之患，莫大于有间。小人者，因其间之可入，投蠛抵罅，无所不至。其始也，侥幸于一切之利，而不图后患，而其末也，至于国家覆败，而不可支持，未尝不本乎小人之为患也。甚矣，小人之为患难知，知而难去也。其所谓小人者，又非其贪如盗跖、贼如商臣、谄如恶来、汰如栾黡之为难也，譬如猛虎獝犬，人得执而杀之矣。其要在乎小慧似智，矫谏似忠，趑趄盘辟以为敬，内厚情深以为重，见小利而不图大患，邀近效而不知远虑。主有所向，而逢其恶而先之；主有所恶，则射其怒而迁之。其诈足以固人主之宠，其信足以结人主之知。汉张禹、胡广，晋孙晷，唐卢、李之徒是已。孔子曰："鄙夫可与事君也与哉？"其未得之也，患得之；既得之也，患失之；苟患失之，无所不至矣。夫患得患失之徒，苟生利之为见，以为事固当然，无足虑者，岂知祸败一至此哉。譬之少年，酣声色以蛊其心，至其暮齿，八邪攻其外，百疾伺于前，则不免饵金石之过，以驻须臾之期，则疽痏者日相继也。人皆知金石之过，而不知酒色之蛊其先也。故贼莽之篡，内宦之专，八王之乱，安史之祸，金石之溃也。数子之甘言，酒色之咎也，人之适意，常在耳目之前，而遗患常在于数十年之后，求其免于后患也，难矣哉。然则，何以知小人而君子，曰："难言也。"虽然，试言其略。小人不知大体而寡小过，苟得苟合，易进而难退。君子知大体，而不免小过，不苟得，不苟合，难进而易退。人主者，赦君子之小过，而不怵于小人之寡过，以责其远者大者，其亦庶乎其可也。②

---

① 赵秉文：《明惠皇后挽歌词四十首》，《滏水集》卷6。
② 赵秉文：《知人论》，《滏水集》卷14。

君主还要明白治道的基本要求，这些要求，在赵秉文等人呈送的《贞观政要申鉴》中都有具体的说明。

> 《书》曰："与治同道，罔不兴。"孙卿子曰："欲知上世，审周道、法后王是也。"近世帝王之明者，莫如唐文皇，天纵圣德，文谋武略，高出近古。而又得房元龄、杜如晦、魏征、王珪、马周、虞世南、褚遂良、刘须为之辅佐，朝夕论思，日月献纳，无非以畏天、爱民、求贤、纳谏、安不忘危为戒，故能功业若此巍巍也。其后明皇初锐于治，用姚元崇、宋广平、韩休之徒，致开元三十年之太平。末年罢张九龄，用牛仙客、李林甫、杨国忠，旋致天宝之乱。宪皇刚断，初用杜黄裳、韦贯之、裴度削平僭乱，末年用皇甫镈而不克其终，治乱之效于斯可见。史臣吴兢纂集《贞观政要》十卷，凡四十篇，为之鉴戒。起自君道，讫于慎终，岂无意哉。
>
> 钦惟圣上聪明仁孝，超皇轶帝，而犹孜孜治道，俯稽前训。然一日万几，岂能遍览。谨撮其枢要，附以愚见，目之曰《贞观政要申鉴》。文理鄙拙，无所发明，特于鉴戒申重而已。昔张九龄因明皇千秋节，进《金镜录》，以伸讽谕，臣窃慕之。谨以圣寿万年节，缮写献上。虽爝火之末，不足裨日月之光，区区之诚，献芹而已。伏望略纡圣览，不胜幸甚，谨言。①

赵秉文所要强调的都属于"君德"的行为规范，只是这样的规范未引起皇帝的足够重视而已。

（三）建侯以卫君主

赵秉文在宣宗即位后提出过"封建"的建议，他对此还有专门的议论，可转引于下。

> 或问："建侯置守，孰为得?"曰："皆是也，抑皆非也。""何以言之?"曰："三代封建，则守在四夷，而其散也，有尾大不掉之患。秦罢侯置守，则制在一人，而其衰也，有天下土崩之势，此

---

① 赵秉文：《贞观政要申鉴引》，《滏水集》卷15。

天下之所睹闻也。或者惩尾大之咎，谓郡县不必稽于古，鉴土崩之失，谓封建可复行于今，二者皆一偏之弊，未知所以救之之术也。且法不能无弊，弊不能无变。三代之法弊而郡县之，郡县之法弊，而不思所以复之之术，为得乎？"

夫立国必有一家之制度，制度必有所法。列郡县，堕名城，销锋镝，非秦之法耶？秦之法弊，而不以三代之法救之，亦不为善变矣。夫平居致养，拔一毛以事无用，壮夫不为也。及虺蛇之螫，断一臂以去所患，怯夫犹为之。何则？所损者小，而所利者大也。方天下已定，上有一尊，下无异望，当此之时复欲幅裂山河而瓜分之，建侯树屏，使诸侯世擅其地，私有其民，调其兵车，入其财赋，使更为肘腋，互为唇齿，生灵之患何时而息耶，此拔一毛以事无用也，故其势不得不郡县。及太平日久，内弛外讧，夷狄肆侮，社稷阽危，人主有孤立之势，海内无勤王之师，此断一臂以去所患也，故其势不得不封建。昔者议天宝之乱，房琯请割州郡以封诸子，禄山闻之曰："天下非吾有也。"既而太子沮之，其议遂寝。自后藩镇跋扈，或治或乱，然且垂百五十年，亦藩镇相维之力也。

不得已而封建，其利有三。诸侯世擅其地，则各爱其民，爱其民，则军不分，修其城郭，备其器械，则人自为战，人自为战，则我众彼寡，夷狄不能交侵，一也。夷狄无外侮，则天下终为我有，二也。虽有强犷之徒，大小相维，足以长世，三也。

或曰："亡国之难，八王之祸，皆封建为之也，子尚忍言之乎？"曰："吾之所言，非谓郡县不及封建也，为救敝不得已而言之也。且郡县之治，可以大治，亦可大乱，封建之制，不可大治，亦卒不至大乱，人主权其轻重可也。况罢侯置守，非大乱之后不可卒变，封建子弟，非罢侯置守之难也，何惮而不为哉。"①

也就是说，以封建的形式"建侯"，只是应对国家危机的一种临时性措施，不会影响国家的统一，且符合因应时势改变制度的要求。

（四）善政以救危亡

赵秉文经历了由和平时期转入战乱的时代，正如他所言："歌管年

---

① 赵秉文：《侯守论》，《滏水集》卷14。

年乐太平，而今钲鼓替欢声。裴公祠下无穷水，好乞余波为洗兵。"①
身处这样的特殊时代，赵秉文强调了六大治国要求。

一是重农。皇帝的定时巡游和畋猎，应注意错开农忙时节，以体现
重视农耕之意。

> 八月其获，适当讲事之秋。三岁乃巡，尤见重民之意。动惟时
> 顺，乐与民同。钦惟深略纬文，睿谋经远，修己以安百姓，正家而
> 御万邦。王业所基，必本关雎之化，朝廷既治，乃讲驺虞之由。
>
> 正时以闰，方欣万宝之成。出狩于田，犹俟三农之隙。豫顺以
> 动，益悦无疆。钦惟乾坤其仁，金玉其度，驾言出狩，车既攻而马
> 既同，无已太康，民不劳而国不费。②

对于胥鼎镇守平阳时的重农、恤民等作为，赵秉文在诗作中大加
赞誉。

> 天降时雨，山川出云。天相休运，是生世臣。维我世臣，乃国
> 于莘。天子命之，牧尔邦民。北风喈喈，雨雪霏霏。嗟我晋人，而
> 疮而痍。吹之呴之，摩之拊之。于燠其寒，于饱其饥。既瘳既夷，
> 不犟以嬉。孰为豺虎，载栅载垒。孰为蟊贼，载芟载理。无扰我
> 乡，我乡我里。无伐我桑，我桑我梓。远夷駾矣，我民休矣。公在
> 在堂，如春斯温。激矢在壶，折冲于樽。民安于廛，兵安于屯。公
> 在在堂，锦衣绣裳。敩予改为，斯民不忘。公在在堂，绣裳锦衣。
> 我民之思，无以公归。③

二是爱民。当政者不能有伤民之举，尤为重要的是保持以俭治国、
休养民力的优良传统，不能采用竭泽而渔的急征暴敛方法。

> 五年再闰，虽云王者之居门，一岁三田，皆于农隙以讲事。礼
> 昭大典，欢溢绵区。钦惟适奢俭之中，参文武之用，交物有则，视

---

① 赵秉文：《济源四绝》，《滏水集》卷9。
② 赵秉文：《车驾幸庆宁宫皇妃起居表》，《滏水集》卷10。
③ 赵秉文：《时雨》，《滏水集》卷5。

民如伤。世已治而戒事之无虞，岁已登而虑民之不给。犹谨治兵之教，载为省敛之行。①

无田妻啼饥，有田稻蟠泥。等为饥所驱，贫富亦两齐。雨中窗下眠，窗外芭蕉语。置书且安眠，催租吏如雨。②

前年胡骑瞰中原，准拟长城如削铁。君家兄弟真连璧，胸中十万森戈戟。向曾论事天子前，汉庭诸公动颜色。心知不易一囚命，顾肯贪功事无益。西南方面应时须，帝曰来前无汝易。从来十益不补损，三辅萧条半荆棘。瘦妻曳耙女扶犁，唯恐官军阙粮给。呜呼疮痍尚未复，且愿休兵养民力。老夫谬忝春官伯，白首书生不经国。仵公功成归庙堂，再献中兴二三策。③

三是救灾。皇帝已经有不少救灾措施，赵秉文为宰相起草的对灾害负责的上表，要表达的就是救灾亦关乎国运的观点。

阴阳佐理，滥居承弼之司；蝗旱为灾，深负燮调之职。兢惶失措，踧踖靡安。伏念臣等以斗筲之材，应栋梁之任，外不能镇四夷而抚百姓，内不能调元气而率群臣，徒累明恩，叨承重寄，以致旱暵为虐，贻当宁之忧，螟螣继生，为下民之害，岁一不熟，罪将安归。方圣主建中兴之功，而臣等蹈素餐之责。位苟冒处，人其谓何。伏愿皇帝陛下悯臣以无功而自惭，察臣以有罪而自劾，别求俊乂，许就退闲，庶可下弭谤言，上消沴气，则致天工之不旷，亦足为荣。但令贤路以无妨，犹云有补。④

四是攻守。尽管对金朝的军队有"世间男儿健如虎，一旦焉知不如鼠"的担忧，⑤赵秉文还是面对现实，一方面指出战争的残酷性所在，另一方面亦强烈要求以积极防御的方式应对来自北方的大敌，并对南下

---

① 赵秉文：《闰月表》，《滏水集》卷10。
② 赵秉文：《听雨轩》，《滏水集》卷5。
③ 赵秉文：《长白山行》，《滏水集》卷5。
④ 赵秉文：《宰相为蝗生乞罪表》，《滏水集》卷10。
⑤ 赵秉文：《渑池行》，《滏水集》卷3。

攻宋抱有颇大的期待。

> 戚戚去故里，辛苦从军行。黄沙翳白骨，麟阁谁功名。西北秋风至，日暮愁云生。火烧白草冈，水断黄河声。天寒马屯缩，仰天为悲鸣。男儿贵死难，义重鸿毛轻。南登雕阴坂，北望骠骑营。注马千丈坡，射雕万里程。
>
> 西北有高城，来往交河道。古来征战地，白骨埋秋草。人寿非金石，生男不待老。不敢上谯楼，唯恐愁绝倒。
>
> 秦时筑上郡，汉家事西鄙。边兵尘雨雪，血涨黄河水。千秋百岁后，魂魄来游此。一诵古战场，悲风来万里。①
>
> 饮马长城窟，泉腥马不食。长城城下多乱泉，多年冷浸征人骨。单于吹落关山月，茫茫原上沙如雪。十去征夫九不回，一望沙场心断绝。胡人以杀戮为耕作，黄河不尽生人血。木波部落半萧条，羌妇翻为胡地妾。圣皇震怒下天兵，天弧夜射旄头灭。九州复禹迹，万里还耕桑。但愿猛士守四方，更筑长城万里长。②
>
> 吾皇神圣如轩辕，北伐獯鬻清中原。遍秩群神礼乔岳，还因吉土祀坤元。灵祇纷纷福来下，倒卷天河洗兵马。垂新日月照乾坤，再整山河归庙社。三河形势满河中，独纪葵丘第一功。唐汉遗民寻故事，还思法驾幸河东。③
>
> 萧萧传柝月三更，倚枕辕门听鼓声。战马不肥淮甸草，征人愁望历阳城。兵戈荏苒音书绝，行李萧条虮虱生。早晚楼船下杨子，满天风雨洗蛮荆。④

五是选将。乱世需要良将，既能抗敌，也能治民，赵秉文对驻守山西的田琢、行省陕右的胥鼎都寄予了颇高的期待。

> 严风吹霜百草枯，胡儿马肥思南驱。长戈飞鸟不敢渡，扼胡岭下行人无。钩钤一夕妖星过，贼臣自掣居庸锁。藏金郿坞未厌深，

---

① 赵秉文：《杂拟十首》，《滏水集》卷3。
② 赵秉文：《饮马长城窟行》，《滏水集》卷5。
③ 赵秉文：《汾阴祠后土》，《滏水集》卷4。
④ 赵秉文：《辕门不寐》，《滏水集》卷7。

长安三日燃脐火。胡兵数道下山东，旌旗绛天海水红。胡儿归来血饮马，中原无树摇春风。橐驼毡车载金帛，城上官军空叹息。累累妇女过关头，回望都门心断绝。汉家公主嫁乌孙，圣皇重战议和亲。北望一舍如天远，黄沙茫茫愁杀人。田侯（田琢）落落奇男子，主辱臣生不如死。殿前画地作山西，请以义军相表里。恨我不得学李英，爱君不减侯莘卿。子明又请当一面，禁中颇牧皆书生。横遮俘户三千万，潼关大笑哥舒翰。三书慷慨请长缨，临风铼翮空三叹。①

皇奋厥武，如雷如霆。犷彼远夷，载震载惊。帝命相臣，苏我疲氓。维时莘公（胥鼎），展也大成。公自平阳，移镇于秦。世皆谓公，在处阳春。公在在秦，有年无兵。世皆谓公，斯民德星。维此二方，不宁不令。帅臣议征，发言盈廷。公奏累上，如山不倾。世皆谓公，汉之营平。既完三辅，复保五城。以迄于今，夏人请盟。维将尽能，维公竭诚。公拜稽首，天子之明。我公归矣，我民思矣。诏公复起，周邦咸喜。愿公百年，以佐天子。罔俾樊侯，于周专美。②

六是动员。面对危机，需要当政者动员全国力量应对，赵秉文效仿唐代元稹所作的谕文，实则表述的是危机形态下以善政救国的全面要求。

予新即大政，承元和师旅之后，军国庶务有所未明，尚赖股肱元辅文武庶僚同寅戮力，叶赞太平之功。如闻有司罔克励相，玩岁愒日，习以成风，因循者苟岁月以养资，疲懦者托疾病以废庶。尔既若此，予何赖焉。尔尚明时予言，用孚汝听。掌刑者，毋以私情废公法，俾有冤抑之情。典选者，毋以小节妨大务，俾有留滞之叹。掌计者，出纳之吝固防滥予，取不以道亦伤吾民，毋纵哀刻，俾有流离之嗟。曰谏官御史，汝惟耳目，其有大利害具以闻，毋毛举细事以塞重责。曰守令，兵役之后，吾民甚苦，毋怠抚养，毋为蟊贼。曰采访使，敦本察吏，时汝之责，汝其察吏治以催科为名肆

---

① 赵秉文：《从军行送田琢器之》，《滏水集》卷4。
② 赵秉文：《皇武》，《滏水集》卷5。

侵渔者。曰将帅，汝典戎律，戢尔偏裨，警尔师徒，殄歼乃仇，以复我高祖文皇之境土。爰暨将校，汝皆功臣之后，毋忝尔祖考，其尚蹈果毅，毋敢冒我糇粮，毋私役尔卒伍，毋与亲民之官妄分彼此。昔我烈祖暨乃祖乃父，胥及逸勤，勋在王府，以有此境土，共享太平之福。相在小民，尚不忘累圣涵养之恩，况我有官君子，世受厚恩，身被厚禄，营己自私，独不为朝廷惜乎。呜呼，厥亦惟我宪考，赏明罚公，众职修理，成法具在，我其敢弗率尔，尚一乃心，敬乃事，厥有成绩，朕不汝吝。其或弗钦，邦有常刑，朕不庸释。治业赴功，可不勉钦。①

需要说明的是，赵秉文自我表述的上述善政要求，与他向皇帝提出的分君子小人、不聚兵宣德、君主暂移山东等建议相辅相成，反映的是他将治道理念与时政密切结合的基本取向。

四　儒士说

作为王朝后期的儒士，赵秉文既有清醒的一面，也有彷徨的一面，他以复杂的心境表述了对儒士的基本看法。

（一）尊孔

在尊孔已经成为金朝常态化的表现后，赵秉文对于章宗亲自祭祀孔庙的行为还是大为赞赏，并专门写作了颂词。

> 上（金章宗）即位之五年，内成外平，百揆时序，旷典坠章，以次搜举，稽古庠序之事，雅垂意焉。秋八月，乃展礼于宣圣庙廷，鸾辂顺动，璧水增辉。都人士子，鼓舞颂叹，以为此两汉三代之主，旷世一举。学士大夫被之声歌，垂之史册，以为皇王之上仪，太平之壮观，而主上亲行之，于皇休哉。天以玄圣之道授之王者，王者以玄圣之道被之天下。故新庙制则芝草生，孔瑞圣也。用其道则尊其祀，圣尊师也。孔瑞圣，圣尊师，前圣后圣，其揆一也。身属于一时，而祀光于百世。礼行于一日，而化行于天下。此一举也，二美具焉。②

① 赵秉文：《拟元稹长庆新体戒谕》，《滏水集》卷10。
② 赵秉文：《驾幸宣圣庙释奠颂》，《滏水集》卷16。

赵秉文还专门记录了主掌裕州的官员在重修宣圣庙时的尊孔表述，可转引于下。

> 孔子圣人之大也，自黄帝、唐、舜三代圣王皆不得常祀，独孔子以德，自京师达于荒郡僻邑，皆得以春秋奉祀，事固自有次第哉。礼，有以举之，莫可废也。礼，天子祭天地百神，诸侯祀其境内山川，否则有禁。世远道丧，淫泆之祀遍天下，而孔子之祀虽以时举，吏惰不虔，备故事而已，非所以安圣灵、致崇极之意也。自唐以来，以十哲配列六十二贤于两庑，又图二十四大儒于壁。其后以孟子、孙卿子、杨子、文中子、韩子五贤祀于别室。既列孟子、曾子于堂，而子思子传中庸大学之道，独不得以配四贤乎。若张平子之博识，诸葛孔明之忠烈，陈仲弓之德化，皆吾近郡先贤之章著者也，其可忽诸。①

尊孔与兴学有着密切的关系，赵秉文亦对各地的修庙建学行为多加褒奖，可列举两段评价。

> 古之兴学也，家有塾，党有庠，术有序，国有学。盖王者君国子民，必以教学为先。三代四王，所以循继而不易焉。降及秦、汉，郡县天下，虽政异制，而学则代代开设之。迨隋、唐以来，设科取士，公卿将相，多由此途而出，则学校之兴，所以炽焉。皇朝自大定累洽重熙之后，政教修明，风俗臻美。及明昌改元，尝诏天下兴学。刺郡之上，官为修建，诸县听从士庶，自愿建立，著为定令。由是庙学，在处兴起。②

> 国家承平百年，文物日富。大驾南巡，命内外官举可任县令者，又以六条定其殿最。于是出宰是邑，乃广宣圣之庙而新之。殿其中央，以安圣容，旁列两庑，以安贤像。堂其后，俾师讲而生习

---

① 赵秉文：《裕州学记》，《滏水集》卷13。
② 赵秉文：《郏县文庙创建讲堂记》，《全辽金文》中，第2375—2376页。

之。斋其左右，俾时习而日省之。①

尊孔和兴学是儒士安身立命的基础，赵秉文所要强调的是金朝在这方面并不落后于其他朝代的观点。

（二）养士

尊孔和兴学的重要目标是为国家造就可用的儒士，赵秉文不仅对儒士的通病给予尖锐的批评，还强调了养士的精学、力行要求。

> 孟子曰："人皆可以为舜。"孙卿子曰："途之人可以为禹。"杨子曰："希颜者亦颜之徒。"舜、禹，圣人也，颜子，大贤也，而三子者以为众人可几，不已夸乎。夫责马必曰一日千里则不可，苟十驾不辍，斯亦千里而已矣。责人必曰闻一知十则不可，苟服应不辍，斯亦为颜子而已矣。虽然，颜子何寡也。譬之水之性本清，泥汩之则浑，少焉澄之，其清自若也。火之性本明，烟郁之则昏，迨其烟熄，则其明自若也。人之性无不善，其所以陷溺其心者，利欲蔽之耳。使吾一旦加澄治之功，如水斯清，如火斯明，不为难矣。然则，如之何？学以精之，使自明之，力以行之，使自诚之，其去古人也不远矣。今之学者，则亦异于古之所谓学者矣。为士者钩章棘句，骈四俪六，以圣道为甚高而不肯学，敝精神于塞浅之习，其功反有倍于道，学而无用。入官者，棘功利，趋期会，以圣道为背时而不足学，其劳反有病于夏畦者，而未免为俗儒，尽弃其平日之学，此道之所以不明也。至于甚者，苟势利于奔兢之途，驰嗜欲于纷华之境，间有恃才傲物，以招讥评，剌口论事，以取中伤，高谈雄辩，率尝屈其座人，以佞为才而致憎，浮薄嘲谑反希市人，以狂为达而贾怨，岂先圣所以教人，老师宿儒所以望于后生也哉。非特学者之罪，上之人未有以导之也。②

> 尝谓人皆有良知良能，第未有以启之耳，颇有以叶公好龙之说告之者乎。凡士以种学绩文为进退之计，而不知治心养性之术，入官者以谨簿书、急功利，而不知爱民行道之实，皆好假龙者也。若

---

① 赵秉文：《商水县学记》，《滏水集》卷13。
② 赵秉文：《商水县学记》，《滏水集》卷13。

亦知夫真龙乎，凡天之所以付授我者，与圣贤同，而未免为乡人者利欲蔽之耳。人欲日销，天理日明，而吾之心乃天地之心也。仁远乎哉，勉之而已。昔叶公问孔子于子路，子告之以"发愤忘食，乐以忘忧"。圣人尚尔，况吾侪乎。①

赵秉文亦不认为儒士只能以科举显达，即便是科举失利，依然能够成为国家的有用之才，所以对于科举考试失意的李天英、麻九畴给予的是同样的劝诫。

天鸡拂沧溟，万里起古色。南风摇古雨，归兴生羽翼。二年客京华，一第为亲屈。文字天地雠，风云囚霹雳。鸾皇望霄汉，骐骥绊荆棘。蹭蹬升天行，白云系胸臆。遥怜弟妹长，摩顶今过膝。人生在家乐，绝胜长为客。②

前者足下（麻九畴）与李钦叔各魁省贡，群口謷謷，争为毁誉。及钦叔连中两科，然后懑然心服。如使足下一第后，试制策，试宏词，当与钦叔并驰争先，未知鹿死谁手，岂可成败论士哉。仆少时应举被黜，戚戚若不复堪处。然穷达自有数，显晦自有时。以今观之，向之戚戚者，何其妄也。

今之士人以缀缉声律为学，趋时乾没为贤，能留心于韩、欧者几人。仆固不能洗垢求瘕，若孔子与子贡、颜渊问答，有不容何病之语，第恐孔、颜不尔耳也。因论圣贤之分，偶及之。至于所谓为忠诚，为谨廉，为放逸，为耿介，岂以穷达而异心哉。足下又谓山林有至道，乌菟有至人，可隐可访，诚哉是言。当今之世，岂必忘言如达摩，谈道若庄生，然后为得也。谈道吾敬常先生、王贤佐，谈禅吾敬万松秀、王泉政，论医不及仪企贤、任子山，经学与文章不及李之纯与足下。如足下一病自不能疗，便谓举世无知医者，可乎？足下易学，自可忘忧遗老。至于释、老二家，勿谓秦无人。闻颇喜杂学，然慎所以习之者。多难之世，盆成括之徒当敬而远之。③

---

① 赵秉文：《叶县学记》，《滏水集》卷 13。
② 赵秉文：《送李天英下第》，《滏水集》卷 3。
③ 赵秉文：《答麻知几书》，《滏水集》卷 19。

　　尤为重要的是，赵秉文通过自家伯父的例证，说明了儒者有道的养士基本标准。

　　　　余七岁知读书，十有七举进士，二十有七与吾姬伯正父同登大定二十五年进士第。厥后，余调安塞主簿，迁邯郸、唐山令。是时年少气锐，急簿书，称宾客，舞智以自私，攘名以自尊，盖无非为利之学。使其乾没不已，将遂君子之弃，而小人之归矣。而吾伯正父，心平气和以拊循其下，养孤兄弟之子如其所生，年四十余丧其配，遂不复娶，若将终身焉。及任监察御史，危言谠议，滨死而不顾，是其果有大过人者。泰和二年春，相会于京师。观其状，义而不朋。穷其心，澹然而无所求。察其私，盖耻一物之不得其职，是岂真有道者耶。他日，余问道于伯正父，伯正父曰："余何知道，余但日食二升米，终岁制一缊袍，日且入局了吾职，不敢欺宾客，庆吊之外，课子孙读书而已，余何知道。"在他人乃寻常日用事，而伯正父行之，乃有超然不可及者，何哉？吾侪小人，于日用事外，所为营营矹矹，计较于得失毁誉之间，不过为身及妻小计而已。而人情之所甚好者，伯正父无之。酒色人所甚好也，伯正父无之。绮绣珠玉玩好之物，伯正父无之。怒气以待人，恃才以陵物，伯正父无之。非有道者，能之乎？或者不之信，曰："今之学者不如是，且伯正父所学者，何道也？"余笑谢，曰："子去矣。有道人梵志者，翻著袜，尝曰：乍可刺你眼，不可隐我脚。君当诣彼问之。"①

　　应该说赵秉文倡导的养士标准并不是很高，关键在于儒士的"自省"和"自为"，这也是他的一个重要理学观点。

（三）入仕

　　儒者是否入仕，是赵秉文常与朋友讨论的问题，尤其是对于麻九畴以名士而主动辞官的行为，赵秉文在文章和诗作中都表示理解和支持。

_____

　　①　赵秉文：《学道斋记》，《滏水集》卷13。

可以仕，可以不仕。仕则为人，不仕则为己。古之君子知进退之有义，进不为荣，退不为辱，尽其在我者而已。知穷达之有命，得之不喜，失之不忧，以其在外者也。孟子又于中形出养气之说，配义与道，不以贫富贵贱死生动其心，犹以为未也，推而至于圣人之于天道，穷理尽性，君子不谓之命，而大人之事备矣。近于是者，惟麻征君。君以文学行义名天下，天下之人户知之，固不待予言而显。正大中，天子闻其名而召之，幡然而来，君子以为知义。悠然而辞，君子以为知命。退将穷先天之学，以极消息盈虚之理，是可量也哉。①

夫君（麻九畴）号神童，七岁能草书。二十上词赋，下笔凌紫虚。三十富经学，两魁天下儒。娥眉众语嫉，反畏知名誉。一朝相舍去，顾以道自娱。闲观养性书，洞究先天图。姓名闻天朝，相公借吹嘘。从容拜恩命，移疾还里间。诸公惜其去，乞留侍玉除。掉头不肯住，一饭吾岂无。君看泽中雉，饮啄良自如。一旦畜樊中，意气惨不舒。又如田间牛，腾掷适有余。被之以文绣，顾影反踟蹰。君恩岂不重，力疾须人扶。旁观信美矣，违已非病欤。不如本无累，还我田园居。喜君节独高，知君功名疏。可以激颓俗，可以励贪夫。异时高士传，名与西山俱。②

按照赵秉文的说法，儒者入仕的一个重要准则就是不能被利所诱，只有以义控利，才能达成善政、善治的结果，所以他针对不同的人强调了同样的为官准则。

儒者不言利，然《周礼》天官冢宰制国用理财者半之。有利物之利，有货财之利，顾所用如何耳。善乎忠敏公（曹望之）之言曰："丰财之道，非求财而益之也，去事之害财而已。"故公之总利权也，号能称职。求其所以致之之术，税不及什一，两税之外一无横敛，不数年间仓库充实，民物殷富，四夷宾服，以致大定三

---

① 赵秉文：《送麻征君引》，《滏水集》卷15。
② 赵秉文：《送麻征君知几》，《滏水集》卷5。

十年之太平，公之功居多，此天下所共闻者也。①

人皆有不忍人之心，其所以陷溺其良心者，士大夫怵于名爵，庶人则惑于利。至其甚者，玩人性命于掌股之上，恬不介意，是诚何心哉。此时人欲蔽塞深固，与物隔绝，知己而不知彼耳，然亦知之不审也。世未有食乌喙者，以其杀人，审也。酒色杀人，则不知戒，知之不审耳。白昼操刃，为利而杀人，士大夫必不为。以政事议狱，知其冤滥，则曲意为之，向为利则不为，今为名爵则忍为之，相去一间耳。此之谓失其本心，亦知之不审也明矣。雷君希颜，藏其先大夫为司直日奏谳一通。仁人君子，留情于垂死之魂，兴哀于不报之所，天其有不报耶。今希颜聪明英伟，能世其家，亦积善之报也耶。②

豫章蔽牛马，郢匠斧以斯。太阿断犀象，补鞋不如锥。君子识其大，不为流俗移。青云自兹始，功业当及时。
全齐十万户，绣衣付儒臣。往时佩犊者，今日扶犁人。潜鱼逝清波，脱兔思荒榛。贤哉渤海守，盗贼皆吾民。
汉儒事章句，去道利乃倍。桓谭谓子云，此事今独乃。岱岳小天下，齐鲁复何在。会当登日观，一目了沧海。
好酒无深巷，急足无善迹。一伪丧百诚，中和为士则。泽中一寸镜，解引万里色。往时王广道，山东化遗德。
君侯下车日，百城风凛如。公余一炷香，溪山奉晏居。治要无多言，所贵一字虚。所以曹相国，不读城旦书。③

侯挚是朝廷倚重的大臣，已有退隐的打算，赵秉文对其表达了儒臣应在危机下做中流砥柱的意愿，但未被侯挚接受。

尚书右丞侯（挚）领东平之明年，买田于黄山之下。……客（赵秉文）过而问焉曰："所贵乎士大夫者，谓其得时行道，立功

---

① 赵秉文：《书曹忠敏公碑后》，《滏水集》卷20。
② 赵秉文：《书雷司直奏牍后》，《滏水集》卷20。
③ 赵秉文：《送李按察十首》，《滏水集》卷3。

名于天下也。其在朝廷，则建大政，立大议，致明主于唐、虞之上，措天下于泰山之安。其在外，则旗旄道前，弓矢拥后，筹略动鬼神，威声震山岳。亲族赖其庇荫，缙绅仰其风采，天下赖之为安危，朝廷系之为轻重，此诚士大夫得志之秋也。今明公雄才伟望，天瑞圣世。向者中土云扰，天马南饮，提孤军，邀归骑，山东之民释俘而归者数十万众，河朔之民恨不顶而戴之，而明公不以为德。蒙圣天子非常之知，引置左右，力求补外，誓清中原，而明公不以为劳。擢兼将相，而士论不以为过。衣绣还乡，而士论不以为嫌。方将扫大怼，佐中兴，还大驾于旧都，挈生灵于寿域，虽安石有东山之志，晋公怀绿野之游，恐未可以遂其请也，无乃太早计乎。"公曰："不然。功济生人者，虽万钟不为泰；食浮于人者，虽儋石为有余。今吾鲁国一男子耳，明天子不以其不肖，擢贰政机，大惧无以塞责，以速官谤。今天子建中兴之功，有司各效智力，譬犹龙兴则云从，而不肖者自守一溪宜矣。圣上一旦哀其不肖，赐归田里，太夫人在堂，方将严膝下之养。岁时伏腊，抚桑梓，奉甘旨，施于有政，是亦不肖者之为政也。"①

也就是说，在他人入仕的问题上，赵秉文持的是开放态度，既要说明入仕者应扮演的角色，也尊重他人的自我选择。

（四）感叹

赵秉文自己的仕途并不顺利，有过遭贬甚至下狱的经历，在相关诗作中虽有愤愤不平之意，但还是能够以达观的态度看待官场的沉浮和世间的变化。

处顺初无累，安时故不忧。敢遑身后虑，甘向死前休。有姊如工部，无儿似邓攸。悠悠天地意，还许望松楸。②

神听羞回德，天聪纳正言。负时身九死，去国泪双痕。日近趋天阙，生还记圣恩。许身空稷契，无术补羲轩。③

出国门而南骛兮，并泸水而西驰。枕房山之东麓兮，面万顷之

① 赵秉文：《双溪记》，《滏水集》卷13。
② 赵秉文：《狱中》，《滏水集》卷6。
③ 赵秉文：《谒北岳》，《滏水集》卷6。

苍陂。得孤亭之爽垲兮，纳万象而君之。月娟娟而照席兮，风飘飘
而吹衣。怅今夕之何夕兮，得二友之追随。于是主诒客曰："自有
天地，有此江山，如我与君，与人往还。向者，与子仰看山，俯听
泉，明月侍右，清风侍前，侯何窨于万户，买不费于一钱。但恐造
物者之怪多取，不忧他人之我先。若乃秋方半，夜既寂，流光泼
汞，素彩沉璧，玉虬腾舞，金波的烁。披兰泛芷，纷红猎碧，送渔
舟于天末，飘邻笛于日夕。洗耳荡目，清魂凉魄，忽然不知风乘我
而我乘风，客为主而主为客也。且予以为其乐何如也，虽然世有污
隆，物有成毁，向也芜，今也芷，向也亭，今也圮，何变化之无
常，而人事之不恃也。"客曰："自俗观之，有代有谢。自道观之，
无成无毁。君亦知夫物无常、时无心乎，自有观成则有成，自未有
观成则成亦坏矣。自今望昔则有昔，以来望今则今亦昔矣。由是观
之，方成方亏，方生方死。虽然，此犹有心于去来见在也。若其无
心，则无此矣。且夫水不与风期，风来而水波；山不与月期，月照
而山白。庸知夫性空真风，性空真月，是尚有极耶。然则，声尘有
尽，所以声声者无尽也；色尘有尽，所以色色者无尽也。"主人喜
曰："今而后知乾坤一亭，万物一藏，吾庐尚无恙也。"①

由此，在任官的时候，赵秉文已经看透功名，既能自我调息，也不
被世俗的所谓"巧拙"所羁绊。

宦游怜我食官仓，赢得青青两鬓苍。不会无情双燕子，南来北
去为谁忙。②

老人畏朝寒，常恨为物役。爬搔未云已，简书催我出。尔来先
朝参，晨起喜见日。王事有期程，安能待千息。披衣向东方，聊复
效龟吸。渐渐肢体柔，谷谷真气入。少焉肝肠暖，阳和通百脉。吾
年六秩余，前路那可必。未来不吾预，已逝安容惜。及此未病间，
聊冀一溉益。③

① 赵秉文：《无尽藏赋》，《滏水集》卷2。
② 赵秉文：《燕》，《滏水集》卷8。
③ 赵秉文：《拟东坡谪居三适》，《滏水集》卷5。

拙者自拙，吾不知其短。巧者自巧，吾不知其长。或善宦而九卿，或白首而潜郎。以俗观之，有癯有良；以道观之，孰否孰臧。较荣枯于瞬息，等一梦于黄粱。神龟曳尾，大胜刳肠。汉阴抱瓮，焉知洸汤。蜂以蜜而割，蚌以珠而戕。锢桓山之石，岂若鹑衣之负朝阳。忆上蔡之犬，何如羊裘之钓沧浪。天道茫茫，何有何亡。老龟不烂，祸延枯桑。鲁酒水薄，邯郸被殃。吉凶无朕，智不能量。鄙夫自私，虱处裈裆。达人大观，物我两忘。纵心浩然，与道翱翔。①

赵秉文亦有过归隐的打算，明确表示："好山如佳士，洗尽名利尘。""洗尽尘土骨，心期云水乡。"②他还郑重其事地谋划了归隐后的闲逸生活。

归田有何乐，佳处正在兹。闲与老农语，夜雨深一犁。行年近六秩，悠悠复何之。有田足我食，有布成我衣。富于黔娄生，乐于荣启期。妻子愠见言，一点不上眉。吾师有遗训，贫贱不能移。③
忆昔告归老，方属耆指时。眼昏头半白，誓将从此辞。几年不得谢，因循到今兹。耳聩左目盲，决去吾何疑。君恩虽云重，窃禄良自欺。乘流且复游，遇坎将安之。④
人生衣食尔，所适饱与温。逮其得志间，归心负初言。少壮慕富贵，老大忧子孙。此心本无累，利欲令智昏。嗟我复何为，未能返丘园。外物恐难必，开图对一尊。
平生功名心，世路多崎岖。年来忝闻道，何者非夷途。庄后桑百本，庄前芋数区。草屋三四间，榆柳八九株。僮仆足使令，鸡犬应指呼。商钮向我言，官岂不足钦。如何天壤间，不容七尺躯。忘身百事懒，忘心一物无。忘己又忘物，兀然同太虚。不曒亦不昧，无毁亦无誉。不向醉乡醉，即归愚谷愚。
天运如转毂，日月如循环。人生天地内，顷刻安得闲。所贵心

---

① 赵秉文：《拙轩赋》，《滏水集》卷2。
② 赵秉文：《初望少室》《仿太白登览》，《滏水集》卷3。
③ 赵秉文：《拟陶和许至忠二首》，《滏水集》卷5。
④ 赵秉文：《和渊明饮酒二十首》，《滏水集》卷5。

无事，心安身自安。低头拾红叶，仰面看青山。朝听新泉响，暮送飞鸟还。清晨了人事，过午掩柴关。高非出天外，低不堕尘寰。花落鸟声寂，我处动静间。①

但是赵秉文并未实现他的归隐目标，而是临终前依然为救亡图存而奔忙，以体现他的以道救国夙愿。

> 正大九年（开兴、天兴元年）正月，汴京戒严，上（金哀宗）命（赵）秉文为赦文，以布宣悔悟哀痛之意。秉文指事陈义，辞情俱尽。及兵退，大臣欲称贺，且命为表，秉文曰："《春秋》'新宫火，三日哭'。今园陵如此，酌之以礼，当慰不当贺。"遂已。时年已老，日以时事为忧，虽食息顷不能忘。每闻一事可便民，一士可擢用，大则拜章，小则为当路者言，殷勤郑重，不能自已。三月，草《开兴改元诏》，闾巷间皆能传诵，洛阳人拜诏毕，举城痛哭，其感人如此。②

综观赵秉文的治道理念，义理说是理论基础，兴亡说是历史经验，善政说和儒士说则是重要的政治方法。义理说、兴亡说侧重于"理"，善政说、儒士说侧重于"用"，理和用的结合，就是儒者所孜孜追求的"道"，这正是赵秉文政治理念的独到之处。

第三节 王若虚的理学观念

王若虚（1174—1243 年），字从之，号慵夫，藁城（今属河北）人，承安二年进士，历任应奉翰林文字、翰林直学士等职，著有《慵夫集》，已佚，现存后人辑录的《滹南遗老集》，收录其所著《五经辨惑》《论语辨惑》《孟子辨惑》《史记辨惑》《诸史辨惑》《新唐书辨》《君事实辨》《臣事实辨》《议论辨惑》《诗话》等书和专文，③ 体现了他的理学政治观点。

---

① 赵秉文：《遂初园八咏》，《滏水集》卷4。
② 《金史》卷110《赵秉文传》。
③ 元好问：《王若虚墓表》，《遗山集》卷19；《金史》卷126《王若虚传》。

一　溯义理之源

王若虚习读北宋和南宋的理学著作后，更注重儒学的正本清源问题，所以写出多部著作，就是要追溯义理学说的正源。

（一）解经宗旨

王若虚承认北宋和南宋的理学大家对发展儒学有重大贡献，但是在解释经义方面，即便是朱熹亦有不当之处，所以需要做全面的梳理。

> 解《论语》者，不知其几家，义略备矣。然旧说多失之不及，而新说每伤于太过。夫圣人之意，或不尽于言，亦不外乎言也。不尽于言而执其言以求之，宜其失之不及也，不外乎言而离其言以求之，宜其伤于太过也，盖亦揆以人情而约之中道乎。尝谓宋儒之议论不为无功，而亦不能无罪焉。彼其推明心术之微，剖析义利之辨，而斟酌时中之权，委曲疏通，多先儒之所未到，斯固有功矣。至于消息过深，揄扬过侈，以为句句必涵养气象，而事事皆关造化，将以尊圣人，而不免反累，名为排异端，而实流入于其中，亦岂为无罪也哉。至于谢显道（谢良佐）、张子韶（张九成）之徒，迂诞浮夸，往往令人发笑。噫，其甚矣，永嘉叶氏（叶适）曰："今世学者以性为不可不言，命为不可不知，凡六经、孔子之书无不牵合其论，而上下其词，精深微妙，茫然不可测识，而圣贤之实，犹未著也。昔人之浅，不求之于心也。今世之妙，不止之于心也。不求于心，不止于心，皆非所以至圣贤者。"可谓切中其病矣。晦庵（朱熹）删取众说，最号简当，然尚有不安及未尽者。窃不自揆，尝以所见正其失而补其遗，凡若干章，非敢以传世也，姑为吾家童蒙之训云。①

王若虚之所以作《论语辨惑》等，就是要解决以往学者尤其是北宋和南宋理学学者存在的过深、过高、过厚问题。

> 解《论语》者有三过焉，过于深也，过于高也，过于厚也。

---

① 王若虚：《论语辨惑序》，《滹南遗老集》卷3，四库全书本。

圣人之言，亦人情而已，是以明白而易知，中庸而可久。学者求之太过，则其论虽美，而要为失其实，亦何贵乎此哉。夫子之言性与天道，子贡自谓其不得闻，而宋儒皆以为实闻之。问死，问鬼神，夫子不以告子路，而宋儒皆以为实告之。《乡党》所载，乃圣人言动之常，无意义者多矣，而或谓与《春秋》相表里，终篇唐、舜、禹、汤之事，寂寥残缺，殆有阙文，不当强解。而或谓圣学所传，以著明二十篇之大旨，若是之类，皆过于深者也。圣人虽无名利之心，然常就名利以诱人，使之由人欲而识天理，故虽中下之人，皆可企而及，兹其所以为教之周也。如曰："不患莫己知，求为可知也。"此正就名而使之求实耳。而谢显道曰："是犹有求知之意，非圣人之至论。"子张学干禄，夫子为言得禄之道，此正就利而使之思义耳，而张九成曰："圣人之门，无为人谋求利之说，禄之为义，自足而已。"宁武子邦无道则愚，夫子以为不可及，杨龟山（杨时）曰："有知愚之名，则非行其所无事，言不可及，则过乎中道矣。"蘧伯玉邦无道则卷而怀之，夫子以为君子，而张南轩（张栻）曰："此犹有卷怀之意，未及乎潜龙之隐见，果圣人之旨乎。"若是之类，皆过于高者也。凡人有好则有恶，有喜则有怒，有誉则有毁，圣人亦何以异哉。而学者一以春风和气期之，凡忿疾讥斥之辞，必周遮护讳而为之说。子曰："十室之邑，必有忠信。如丘者焉，不如丘之好学也。"此盖笃实教人，欲其知所勉耳。而卫瓘以"焉"字属下句，意谓圣人不敢以不学待天下也。此正缪戾，而世或喜之。子曰："四十、五十而无闻焉，斯亦不足畏也已。""年四十而见恶焉，其终也已。"人固有晚而改节者，然概观之，亦可见其终身矣，而苏东坡（苏轼）皆疑其有为而言。子贡问当时从政者，夫子比之斗筲而不数，盖师弟之间，商评之语，何害于德，而张九成极论以为自称之辞。至于杖叩原壤，呼之为贼，此其鄙弃，无复可疑，而范纯夫犹有因其才而教诲之。若是之类，皆过于厚者也。知此三者，而圣人之实著矣。①

（二）性理之说

王若虚虽然着力于辨正前人对经、史文义的误读或误解，但在性理

---

① 王若虚：《论语辨惑总论》，《滹南遗老集》卷3。

说方面有四个重要的论点，值得后人注意。

一是高度肯定北宋、南宋理学大家对儒学的正本清源、发扬光大作用，在为《道学发源》一书所作的后序中，王若虚就此作了概要性的说明。

韩愈《原道》曰："孟轲之死，不得其传。"其论斩然，君子不以为过。夫圣人之道，亘万世而常存者也，轲死而遂无传焉，何耶，愚者昧之，邪者蠹之，驳而不纯者泊之，而真儒莫继，则虽存而几乎息矣。秦汉以来，日就微灭，治经者局于章句训诂之末，而立行者陷于功名利欲之私，至其语道，则又例为荒忽之空谈，而不及于世用，仿佛疑似而失其真，支离汗漫而无所统，其弊可胜言哉。故士有读书万卷，辩如悬河，而不免为陋儒。负绝人之奇节，高世之美名，而豪厘之差，反入于恶者，唯其不合于大公至正之道故也。韩愈故知言矣，然其所得，亦未至于深微之地，则信其果无传已。自宋儒发扬秘奥，使千古之绝学一朝复续，开其致知格物之端，而力明乎天理人欲之辨，始于至粗，极于至精，皆前人之所未见，然后天下释然，知所适从，如权衡指南之可信，其有功于吾道岂浅浅哉。

国家承平既久，特以经术取人，使得参稽众论之所长，以求夫义理之真，而不专于传疏，其所以开廓之者至矣，而鸣道之说亦未甚行。三数年来，其传乃始浸广，好事者往往闻风而悦之。今省庭诸君尤为致力，慨然以兴起斯文为己任，且将与未知者共之，此《发源》之书所以汲汲于锓木也。学者尝试观之，其必有所见矣。心术既明，趋向既正，由是而之焉。虽至于圣域无难，犹发源不已，则汪洋东注，放诸海而后止。呜呼，其可量哉，亦任之而已矣。仆嘉诸君乐善之功，为人之周，而喜为天下道也。[①]

如前所述，赵秉文亦曾为《道学发源》作序，可见该书对在中国北方传播理学有着重要的作用，可惜已经佚失，不能窥其全貌。

二是发展理学学说，不应犯绝对化的错误，指圣人所言均与性和天

---

① 王若虚：《道学发源后序》，《滹南遗老集》卷44。

道有关，人为地拔高"性命说"的地位。

> 子贡曰："夫子之文章可得而闻，其言性与天道，不可得而闻也。"考诸《论语》《六经》，夫子实罕言之，故虽高弟亦有不得闻者。盖自汉以来，学者莫敢轻议，而近代诸公皆以为闻，而叹美之辞又曰："圣人之文章，句句字字，无非性与天道者。"吾不知其果何所见也。欧阳子（欧阳修）尝谓："圣人不穷性为言，或虽言而不究。学者当力修人事之实，而性命非其所急。"此于名教不为无功，而众共嗤黜，以为不知道。高论既兴，末流日甚，中才庸质例以上达，自期章句之未知，已指六经为糟粕。谈玄说妙，听者茫然，而律其所行，颠倒错缪者十八九，此亦何用于世哉。愚谓欧阳子不失为通儒，而是说挠挠者，未必无罪于圣门也。呜呼，度德量力，切问而近思，孔孟之教人必始于此，后生小子盍亦少安，宁失之固，无涉于妄，宁处其卑，而不至于僭焉，则善矣。①

三是儒者亦不应犯偏颇性的错误，如错误地理解孟子的性善观念，得出"善非性"的结论。

> 孟子语人每言性善，此止谓人之资禀，皆可使为君子，盖诱掖之教。而苏氏（苏东坡）曰："孟子有见于性而离于善，善非性也，使性而可以谓之善，则亦可以谓之恶。"其说近于释氏之无善恶，辨则辨矣，而非孟子之意也。②

四是发展儒家学说，更应注重的是践行，所以对孝的尊崇和自觉守道的行为，王若虚都大加赞赏和鼓励。

> 孝悌，百行之冠冕。《孝经》，六艺之喉衿。圣人大训，不待赞扬而后知也。学者自童稚读书，必始于此，而考其行，身能践履者鲜矣。李君追慕其亲，以不得竭力为恨，而沦于非道为忧，故常玩意于斯文，而名卿珍翰以昭于不朽。观其自述，亹亹不绝，爱敬

---

① 王若虚：《论语辨惑二》，《滹南遗老集》卷5。
② 王若虚：《孟子辨惑》，《滹南遗老集》卷8。

之诚蔼然而见，非深于践履能如是乎。吾友王进之得其墨本，而宝蓄之，仍图函丈之像以冠其首，而益以翰林公志语，且将并刻焉。即其所好，亦可以知其为人也。①

身虽寒而道则富，貌若鄙而心甚妍。庸夫孺子，皆得易而侮。王公大人，莫不知其贤。岂俯仰从容，滑稽玩世，而胸中自有卓然者耶。②

在性理学说方面，王若虚缺少系统性的说法，多是支离破碎的考证和辩驳，正如其所言："所论道学，自是儒者本分事，抑老夫衰谬，日负初心，不足进也。"③加之王若虚对理学先儒批评过多，所以有人不将其视为理学学者。批评也是发展学说的重要方法，更不用说王若虚对理学持的是基本肯定态度，所以他不失为金朝传承理学的一个重要人物，只是理论方面的贡献不及赵秉文而已。

二　解治国要义

王若虚既治经也治史，并由此产生了一些重要的议论，与治国有密切的关系，可列举要者于下。

（一）说君

在对君主的认知方面，需要注意王若虚的六个重要观点。

一是尧、舜、汤、武均为古代的圣人和明君，没有优劣的区别，不要妄加评论。

予尝论之，尧、舜、汤、武皆古圣人，而其所行皆天理，初无优劣之殊。质之《五经》《论》《孟》，亦未尝有不足于汤、武之意，直后人所见者小耳。以常道观之，以臣伐君与夫授国他人而废其子，均为不顺。自不得已之变而论之，则尧、舜之传贤，汤、武之除害，无非公天下之大义也。故夫论汤、武之事者，亦决其果是

---

① 王若虚：《跋王进之墨本孝经》，《滹南遗老集》卷45。
② 王若虚：《士衡真赞》，《滹南遗老集》卷45。
③ 王若虚：《答张仲杰书》，《滹南遗老集》卷44。

与非而已，是则为义，非则为贼，岂特优劣之分哉。①

二是君主父死子继，符合天理人情，不应以汉人臆造的三代时君主继承法不一，否定这样的原则。

父死子继，天理人情之常也。自天子至庶人，自王至霸，自古至今，未有能易者。其或及于旁支，付诸他姓，则必其势所当然，而出于不得已，可谓之变，而不可以为常也。而汉人之说曰："殷道亲亲立弟，周道尊尊立子。"殷道质质者法天，亲其所亲，故立弟。周道文文者法地，敬其本始，故立长子。周道，太子死，立适孙。殷道，太子死，立其弟，此何所稽也？天下无二道，圣人无两心，故曰前圣后圣，其揆一也。典章制度，时或损益不同，至于名教人伦岂容殊致，尊亲之道孰可偏废。而云殷独亲亲、周独尊尊，非谬妄乎。盖秦汉以来，言三代者，每每如此。

呜呼，世之学者，自非《诗》《书》《易》《春秋》《语》《孟》之正经。一切异说，不近于人情者，虽托以圣贤，皆当慎取，不可轻信也。②

三是只要有弑君行为，无论弑君者后来为君还是为臣，都是叛逆者，不能丝毫容忍这样的恶劣做法。

以臣弑君，岂复有例称臣为臣之罪，则称君者非臣之罪乎？称臣为不义，则称君者果臣之义乎？君非上圣，谁无失德，使此说果行，皆可指为无道而弑之矣。长奸雄之志，生篡逆之阶，禁其一而开其一，圣人之立教不如是也。论天下之事者，亦权其轻重而已。人之无道，孰有大于弑君者。释乎此而惩乎彼，是何轻重不论，所得之不偿所失也。孟子曰："孔子作《春秋》，而乱臣贼子惧。"所贵乎《春秋》者，正名分，别嫌疑，为乱臣贼子设耳。今乃妄生义例，以为之资，不亦乖乎。

或曰："如子之说，则暴君无道，终不当惩乎？"曰："此圣人

---

① 王若虚：《论语辨惑一》，《滹南遗老集》卷4。
② 王若虚：《诸史辨惑上》，《滹南遗老集》卷20。

不得已之变，而非所以为训也。以汤、武之德，讨桀、纣之罪，然后可耳。《易》所以有革命之文，而孟子所以有天吏之论也。春秋之君，罪不至于桀、纣，而为逆者，皆乱臣贼子也，圣人顾肯于此为训哉。《书》之称汤、武，盖曰放桀伐纣。而孟子则以为闻诛一夫，而不闻弑君，使《春秋》果有意焉，其文自当有别。夫既均称为君，而加之以弑，岂得以一失臣名而生此义例哉。

要之，既曰弑君，则罪有所归矣。一人弑之，罪在一人。众弑之，则罪在众，不容有轻重于其间也。王通曰："三传作而《春秋》散。"欧阳子（欧阳修）亦讥学者不从圣人，而从三子。君子之学，亦求夫义理之安而已。圣人之所必无也传为经作，而经不为传作，信传而诬经，其陋儒已矣。[1]

四是君主即便有过，遭遇的应是天罚，而不能由臣僚任意罚之，所以不能认同伍员（伍子胥）鞭尸楚王的行为。

君、父之尊，一也。而君复统其父，知有父而不知有君，亦何以立天下。（伍）员虽不仕，然身居楚国，而父为楚官，则员亦楚之臣也，臣无雠君之义。楚子之淫刑，固有罪矣，而员之报之，无乃已甚乎，为员之计，不过无食其禄而已。夫君非至明，诛杀之间不能无滥，使为臣子者皆得推刃而报之，则国家岂复有法，而逆乱之事，何时而已也。[2]

五是君主重贤、尊贤要把握尺度，过于尊崇贤者的举动是人为的捏造，因为毕竟要坚持君臣之分的准则。

天子之尊贤，至于师之尽矣。优其体貌，厚其禄赐，有谋则就而不敢召，唐、虞、三代不过如是而已。何至躬亲待膳，袒而割牲，执酱而馈，执爵而酳，著冕持干而舞乎。稷、契、皋陶、伊尹、傅说、太公、周召之徒，不闻有当此礼者，余复何人而可以当之哉。虽委巷之谈，不至是矣。说者又谓以父兄养之，所以示天下

---

① 王若虚：《五经辨惑上》，《滹南遗老集》卷1。
② 王若虚：《臣事实辨上》，《滹南遗老集》卷27。

孝悌。呜呼，亲其亲，长其长，孝悌者旌之，不然者惩之，可以教
天下矣。耆老纵贤，要亦臣子，而以父兄事之，不亦悖乎。盖汉儒
集礼，杂取异说，以乱圣人之经。时君世主好名而轻信，则或勉强
而一行，然见于史者才三数人，岂非为下者惭怍而不能安，为上者
矫拂而不可久耶。胡致堂徒怪其行之者寡，伤古道难复，而不知此
等实非可行之事也。三樵林东独鄙其说，以为汉儒撰出，而不之
取，正与愚意暗同。然千载之间，而能知其非者，惟一见此人。则
夫特达不惑之士，世岂易得哉。①

六是臣僚进谏和君主纳谏相辅相成，最重要的是君主对纳谏要有清
醒的认识。

臣以进言为忠，君以纳谏为圣。上下同心以求真，是此唐、
虞、三代所以直道而行也。自后世谀臣专以归恩分谤为爱君，于是
人主始讳其过，而耻屈于下矣。②

王若虚的上述观点，既要求以"名"来维系帝王的尊严，也要求
以"实"来劝诫帝王的行为，唯独没有对"君主正心"的要求，确实
体现出了与宋朝理学观念的不同。

（二）说臣

在对臣僚的认知方面，需要注意的是王若虚强调的三项要求。

第一项是用人要求，臣僚未必都要出身科举，但是为排挤科举入仕
者，专以公卿子弟担任要职，明显是错误的做法。

李德裕不由科第进，且以牛、李讥切父政之故，遂深疾进士，
尝谓武宗曰："朝廷显官，须公卿子弟为之，盖少习其业，而熟于
朝廷台阁之仪。寒士虽有过人之才，不能间习也。"世以其言为不
公，而杨中立力为辨之。慵夫曰："在他人言之固无嫌，自德裕而
言，虽曰非私，人不信矣。若谓人材，色色有之，不必进士则可，
乃欲专仕公卿子弟，岂得为公论哉。天下之事，岂徒习家业、熟朝

① 王若虚：《五经辨惑下》，《滹南遗老集》卷2。
② 王若虚：《臣事实辨下》，《滹南遗老集》卷29。

仪者所能办，而才诚过人则亦何有于此等哉。自古由寒素为名臣者曷可胜数，膏粱纨绮子焯焯者几人，而遽以此薄天下之士，顾不褊浅而可笑耶。"①

第二项是和睦要求，强调臣僚之间只有保持和睦状态，才能出现良政的效果。

成王戒卿士以谓："推贤让能，则庶官和；不和，政且乱。"而秦穆之誓亦曰："人必能容，而后可以保民。"古之君子，有道相为徒，而其徒相为用，故能有济也。有虞之时，众贤和于其朝，而无乖争之患。垂让于殳斨，伯夷让于夔龙。皋陶之不知者以问诸禹，禹所不知者以质诸益。贤于己而不妒，不贤于己而不侮。师于人而不耻，告于人而不吝。志同气合，不知物我之为二，盖其量诚宏而其德诚厚，此其能共成一代之极治者欤。予尝悲夫昔人之难见，而病后世士风之薄也。忌嫉之心胜，而推让之道绝。自待者重，待人者轻，相夸以其所长，而相鄙以其所短，鳃鳃然惟恐人之愈乎我也。凡得一职，必先审问其同僚者何如人，闻其不能而不己若也，则幸而喜，如其能焉，往往不乐，曰："是何以彰我？"故其至也，莫不角其智力而争其权，至于不相容以败事。处公家之事，而败之以其私，罪孰大焉。②

第三项是止暴要求，强调臣僚尤其是守令官应主动行仁政、止暴政，才能达到爱民、治民的良好效果。

州郡之职，古称劳人，况此多虞，亦必有道。颇闻吾子一以和缓处之，所望正如此。民之憔悴久矣，纵弗能救，又忍加暴乎。君子有德政，而无异政。史不传能吏，而传循吏。若夫趋上而虐下，借众命以易一身，流血刻骨而求干济之誉，今之所谓能吏，古之所谓民贼也，诚不愿吾子效之。吾侪读孔孟仁义之书，其用心自当有间，宁获罪于人，无获罪于天。昔宋讨元昊，关右困于征敛，杜祁

---

① 王若虚：《臣事实辨下》，《滹南遗老集》卷29。
② 王若虚：《送彭子升之任冀州序》，《滹南遗老集》卷44。

公在永兴，谓其民曰："吾非能免汝也，而能使之不劳。"于是量所有无，宽其期限，民得以次而输之，而费省十六七。及王氏（王安石）法行，官吏不堪其迫，邵康节（邵雍）门人之从仕者皆欲投檄以归，康节止之曰："此正贤者用力时，新法甚严，能宽一分，则民受一分之赐。"呜呼，古人远矣，如此等事，尚可行之，造次颠沛，无忘是念，始可谓不忘所学矣。①

为治莫如重守令，而令为甚。盖其于民最亲，而理乱之原，于是乎在也。故一县得人，则一县之事举，在在得人，而天下平也。②

自吾令下车，赋役以平，刑罚以清，奸宄不遏而惩，仁廉不率而兴，日煦风冷，槁苏暍醒，民饱而嬉，相忘乎无事，斯亦古人之至化也。盖其刚柔适中，缓急得所，勤故不废事，简故不扰民，明无不察，毫发莫欺，而其宽也，又足以有容，政是以和，而克用乂。③

王若虚对臣僚的要求，重在经验之谈，尤其是历史的经验，但是这样的经验对治国确实有不可忽视的帮助作用。

（三）说治

王若虚对于治国问题有一些独到的见解，需要注意他的六点看法。

一是对统一的看法。王若虚并不认可历代王朝尤其是北宋强行的武力统一行为，强调王国分立也是一种常态现象。王若虚恰是处于中国的分裂时期，所以要强调这样的看法。

宋主征李煜，煜遣徐铉朝京师，言其师出无名，且曰："煜以小事大，如子事父，未有过失，奈何见伐？"宋主曰："尔谓父子为两家，可乎？"铉无以对而退。欧公（欧阳修）载其事于《五代史》，而论之曰："呜呼大哉，何其言之简也。王者之兴，天下必

---

① 王若虚：《答张仲杰书》，《滹南遗老集》卷44。
② 王若虚：《真定县令国公德政碑》，《滹南遗老集》卷41。
③ 王若虚：《宁晋县令吴君遗爱碑》，《滹南遗老集》卷41。

归于一统，可来者来之，不可者伐之，期于扫荡一平而后已。周世宗征淮南诏，捃摭前事，务较曲直以为辞，何其小哉。"慵夫曰："欧公之言过矣。自古出师未尝无名，而加人之罪者必有辞，而后可曲直之，理正所当较也。宋主此举果何名而何辞哉？"偶铉及父子之喻，因得以是而折之，夫父子固不当为两家矣。而宋之与唐，何遽有父子之分哉。天下非一人之所独有也，此疆彼界，容得分据而并立，小事大，大保小，亦各尽其道而已。有罪则伐，无罪则已，自三代以来莫不然，岂有必皆扫荡，使归于一统者哉。……宋主之初出师，抚曹彬背曰："会取会取，彼本无罪，只是自家着他不得。"此则情实之语也。欧公一代正人，而曲媚本朝，妄饰主阙，在臣子之义虽未为过，而史书垂世之言，安可不出于大公正耶。①

二是对刑政的看法。王若虚既强调了用刑要守正道的要求，也强调了不要误解三代刑罚制度的要求。

> 或问："《礼记》三宥制刑之说，何如？"曰："先王之法，亦求其实而已。哀矜审慎则有之，至于当罪无疑，而必有三宥焉。以为有司当执法，而人主贵收恩，此后世之虚文，而非先王之正道也。"②

> 三代损益，不同制度，名物容有差殊。然汉儒所记，遂事事分别，虽道德理义万世不可易者，亦或以为异尚而偏胜，不亦过乎。如忠敬质文之说，前人既有辨其非者矣，至表记云："夏道先赏而后罚，殷人先罚而后赏，周之赏罚用爵。"列读之，令人失笑。夫赏罚之用，视乎功罪而已，先后轻重皆以类相从，而谓夏必先赏而后罚，殷必先罚而后赏，周之赏罚惟以官爵尊卑为差，虽三尺之童亦知其甚谬，而学者信之，以为先王之法，圣人之经，悲夫。③

① 王若虚：《君事实辨下》，《滹南遗老集》卷26。
② 王若虚：《五经辨惑下》，《滹南遗老集》卷2。
③ 王若虚：《五经辨惑下》，《滹南遗老集》卷2。

三是对守信的看法。王若虚最为注重的，就是治国必须要达到"民信"的效果。

> 夫民信之者，为民所信也。民无信者，不为民信也。为政而至于不为民信，则号令日轻，纪纲日弛，赏不足劝，而罚不可惩，委靡颓堕，每事不能立矣。故宁去食而不可失信，盖理所必至，非徒立教之空言也。①

四是对出纳的看法。王若虚认为在出纳问题上既要把握正当的尺度，也要上下同心，而不是只靠"吝啬"来解决问题。

> 孔子谓"政当屏四恶"，而其一曰出纳之吝，谓之有司与暴虐贼同称。夫当出则出，当纳则纳，自有道存，岂容或吝。盖非谓在君为不可，而有司亦不当耳。物，君之所命也，而有司掌之。出纳，君之所命也，而有司奉之。岂有君不吝于上，而有司当吝于下乎？上下同心，以归于至当，三代之直道也。自世之鄙夫惧失陷而获罪，求增羡以为能，是故习成此风，而不能免。孔子所谓有司者，亦就其弊而言之耳。而王安石遂以屯膏吝啬为臣道之正，其所见顾不鄙哉。以此谈经，安得不戾圣人，以此为政，安得不害天下。②

五是对灾害的看法。王若虚以寓言的形式，讲述了救灾不应崇尚迷信的道理。

> 岁己未（1199），河朔太旱，远迩焦然无主。赖镇阳帅自言忧农，督下祈雨甚急，厌禳小数，靡不为之，竟无验。既久，怪诞之说兴。适民家有产白驴者，或指曰："此旱之由也。云方兴，驴辄仰号之，云辄散不留。是物不死，旱胡得止。"一人臆倡，众万以附，帅闻以为然，命亟取将焚之。驴见梦于府之属某曰："冤哉焚也。天祸流行，民自罹之，吾何预焉。吾生不幸为异类，又不幸堕

---

① 王若虚：《论语辨惑三》，《滹南遗老集》卷6。
② 王若虚：《论语辨惑四》，《滹南遗老集》卷7。

乎畜兽，乘负驾驭，惟人所命，驱叱鞭棰，亦惟人所加。劳辱以终，吾分然也。若乃水旱之事，岂其所知，而欲置斯酷欤。孰诬我者，而帅从之。祸有存乎天，有因乎人。人者可以自求，而天者可以委之也。殷之旱也，有桑林之祷，言出而雨。卫之旱也，为伐邢之役，帅兴而雨。汉旱，卜式请烹弘羊。唐旱，李中敏乞斩郑注。救旱之术多矣，盍亦求诸是类乎。求之不得，无所归咎，则存乎天也，委焉而已。不求诸人，不委诸天，以无稽之言而谓我之愆，嘻其不然。暴巫投魃，既已迂矣，今兹无乃复甚。杀我而有利于人，吾何爱一死。如其未也，焉用为是以益恶。滥杀不仁，轻信不智，不仁不智，帅胡取焉。吾子其属也，敢私以诉。"某谢而觉，请诸帅而释之。人情初不怿也，未几而雨，则弥月不解，潦溢伤禾，岁卒以空，人无复议驴。①

六是对守道的看法。王若虚重视"无道亡国"的说法，就是要坚持以道德仁义治国的基本政治方向。

光武封功臣邓禹、吴汉皆食四县，丁恭议曰："古者封侯不过百里，强干弱枝，所以为治也。今封四县，不合法制。"帝曰："古之亡国，皆以无道，未尝闻功臣地多而灭亡者也。"近世议者以光武为非，予谓恭固远虑，然光武知本之言，其可废哉。治天下者无道德仁义以相维持，而欲恃区区之法制，以沮奸雄而弭祸乱，盖亦难矣。②

王若虚与其他"大儒"的一个明显不同，就是极少向朝廷进言。所以他的治国见解，只是在极小的圈子里为人所知，但不能因此而忽视这些见解对政治思想发展所起的重要作用。

三 说儒者作为

在儒者作为方面，王若虚既有积极的一面，鼓励他人有为于天下，也有消极的一面，承认自己难有作为，不应久困于官场之中。

---

① 王若虚：《焚驴志》，《滹南遗老集》卷43。
② 王若虚：《君事实辨下》，《滹南遗老集》卷26。

（一）重教与科举

王若虚高度重视学校的兴建，是因为学校承担着崇儒重道、教化地方等重要的责任。

> 庠序之设尚矣，盖非独王者之事也。在昔良守令下车之始，未尝不以此为先务，而史册从而著之，以为美谈，岂非所谓治民而为教化之本原者，皆莫大乎此钦。国家自承平以来，文治猥兴，下至僻邑，莫不有庙学以为教，其于崇儒重道，不可谓不至。而所在有司或不能推其意，往往安于苟简，而恬不闻焉，则亦名在而实亡。盖有鞠于蔬圃而残于推排矣，尚何望其兴起人心而为劝哉。于此有能奋然以名教为己任，力为树建，振颓弊于一朝，是亦古良吏之用心，而有功于吾道者，其亦难得而可贵也。①

对于准备参加科举考试的士子，王若虚不仅强调学理、学识的要求，亦强调要有临敌一战的勇气。

> 夫经义虽科举之文，然不尽其心，不足以造其妙。辞欲其精，意欲其明，势欲其若倾，故必探《语》《孟》之渊源，撷欧、苏之精英，削以斤斧，约诸准绳，敛而节之，无乏作者之气象，肆而驰之，无失有司之度程，勿怪勿僻，勿猥而并。若是者，所向如志，敌功无劲，可以高视而横行矣。②

> 决科犹战也，请以战喻。肩摩踵曳，鳞集毛萃，盱衡厉吻，扼腕扬袂。贾余勇而尝素技者，皆吾敌也，攘而却之，吾子亦劳矣。宁执非敌，武王所以誓众；临事而惧，仲尼所以语门人。贲育之不戒，童子扼之。鲁鸡之不期，蜀鸡踏之。劲敌在前，若之何勿畏？吾子讲学甚力，涵养且久，则兵既厉而马既秼矣。然而犹有病焉，气扬而无降志，色骄而无俯容，或者其将振而矜之钦。惧犹不足，又振而矜之，恐乘隙捣虚，瑕者毕坚，而胜负之势未可料也。鞍之役，不介马而驰之，齐师败绩。伐罗之举，趾高而心不固，莫敖以

---

① 王若虚：《行唐县重修学记》，《金文最》卷14。
② 王若虚：《送吕鹏举赴试序》，《滹南遗老集》卷44。

亡。厥监不远，吾子其图之。吾子辱与不肖游，又辱赐之诚，是行也，窃将鼓噪以从其后，不幸而北，其曷忍诸。捷音一报，凯歌言还，兹岂惟吾子之所获，抑不肖实与光焉，敢不尽言。①

王若虚认为儒者即便不入仕，亦可以德业有为于当世，关键就是不能丢弃学业。

夫学之优者，虽不莅官，而施于德业，是亦为政。强名曰仕，犹或可也。不知仕之所以见理明白，灼知千古之治乱者，何从而得之。故有天资通敏、暗合古人者，要不可恃之以为足也，而曰"是亦为学，何必读书"，可乎？此说果行，则学有时而废矣，予不得不辨。②

（二）为官感言

王若虚有入仕的经历，但是他对官场持的是淡然态度，甚至做出"吏隐"的姿态。

门山之公署，旧有三老堂。盖正寝之西，故厅之东，连甍而稍庳，今以之馆宾者也。予到半年，葺而新之，意所谓三老者，必有主名，然求其图志而无得，访诸父老而不知。客或问焉，每患其无以对也，既乃易之为"吏隐"。"吏隐"之说，始于谁乎，首阳为拙，柱下为工。小山林而大朝市，好奇之士往往举为美谈，而尸位苟禄者遂因以借口，盖古今恬不之怪。嗟乎，出处进退，君子之大致。吏则吏，隐则隐，二者判然，其不可乱。吏而曰隐，此何理也？夫任人之事，则忧人之忧，抱关击柝之职，必思自效而求其称。岩穴之下，畎亩之中，医、卜、释、道何所不可隐，而顾隐于是乎？此奸人欺世之言，吾无取焉。然则名堂之意安在？曰："非是之谓也，谓其为吏而犹隐耳。孤城斗大，眇乎在穷山之巅，烟火萧然，强名曰县，四际荒险，惨目而伤心。过客之所顾瞻而咨嗟，仕子之所鄙薄而弃置，非迫不得已者不至也。始予得之，亲友失

① 王若虚：《送王士衡赴举序》，《滹南遗老集》卷44。
② 王若虚：《论语辨惑四》，《滹南遗老集》卷7。

色，吊而不贺，予固戚然以忧。至则事简俗淳，便于疏懒，颇有以自慰乎其心。及西陲多警，羽檄交驰，使者旁午于道路，而县以僻阻，独若不问者。邻邑疲于奔命，曾不得一日休，而吾常日高而起，申申自如，冠带鞍马，几成长物，由是处之益安，惟恐其去也。或时与客幽寻而旷望，荫长林，藉丰草，酒酣一笑，身世两忘，不知我之属乎官也，此其与隐者果何以异。吾闻江西筠州以民无嚚讼，任其刺使者号为守道院。夫郡守之居而得以道院称之，则吾堂之榜虽曰隐焉，其谁曰不可哉。①

即便是在朝廷任职，王若虚亦不过是一介贫士，所以在诗作中留下了不少的感叹。

> 枉却全家仰此身，书生那是治生人。百忧耿耿填胸臆，强作欢颜慰老亲。②
> 到了身安是本图，何须身外觅浮虚。谁能置我无饥地，却把微官乞与渠。③
> 甑生尘，瓶乏粟，北风萧萧吹破屋。入门两眼何悲凉，稚子低目老妻哭。世无鲁子敬蔡明远之真丈夫，故应饿死填沟谷。苍天生我亦何意，盖世功名实不足。试将短刺谒朱门，甲第纷纷厌梁肉。④
> 清晨梳短发，已见数茎白。妻孥惊且吁，谓我应速摘。我时笑而答，区区亦何必。此身终委形，毁弃无足惜。况尔毛发间，乃欲强修饰。毕竟满头时，复将安所择。⑤

由此，即便身在官场，王若虚亦有强烈的退隐心意，在诗作中有所体现。

> 靖节迷途尚尔赊，苦将觉悟向人夸。此心若识真归处，岂必田

---

① 王若虚：《门山县吏隐堂记》，《滹南遗老集》卷43。
② 王若虚：《感怀》，《中州集》卷6。
③ 王若虚：《别家》，《中州集》卷6。
④ 王若虚：《贫士叹》，《滹南遗老集》卷45。
⑤ 王若虚：《白发叹》，《滹南遗老集》卷45。

园始是家。

孤云出岫暮鸿飞，去住悠然两不疑。我自欲归归便了，何须更说世相遗。

抛却微官百自由，应无一事挂心头。销忧更借琴书力，借问先生有底忧。

得时草木竞欣荣，颇为行休惜此生。乘化乐天知浪语，看君于世未忘情。

名利醉心浓似酒，贪夫衮衮死红尘。折腰不乐翻然去，此老犹为千载人。①

空囊无一钱，羸躯兼百疾。况味何萧条，生意浑欲失。清晨闻喧呼，亲旧作生日。我初未免俗，随分略修饰。举觞聊自祝，醉语尽情实。神仙恐无从，富贵安可必。修短卒同归，何足喜与戚。一祈粗康强，二愿早闲适。衣食无大望，但愿了晨夕。万事不我撄，一心常自得。优游终吾身，志愿从此毕。②

南京陷落，金朝灭亡，王若虚在仕途终结前还遭遇了崔立立碑事件，详情已见前述。

（三）战乱之殇

王若虚在金亡后"微服北归，以至游泰山，浮湛里社者十余年"③。他在回归故园时，记录了战乱带来的巨大破坏，并热切期望天下复归于和平。

予去国三十年，白首归来，时移事改，田庐乡井殆不可复识。追惟曩昔渺如隔生，岂知尚有恒山堂耶。夫物之盛衰，其极必反，废兴成毁，相寻于无穷，盖理之常然而不足怪，然皆有数存乎其间。自丧乱以来，繁华共尽，崇楼杰观莫不化为虚空，如斯堂者绝无仅有，固已幸矣，而复为有力者新之，宛然旧物，阅世自如，岂可谓偶然哉。④

---

① 王若虚：《题陶渊明归去来图》，《滹南遗老集》卷45。
② 王若虚：《生日自祝》，《中州集》卷6。
③ 元好问：《王若虚墓表》，《遗山集》卷19。
④ 王若虚：《恒山堂记》，《滹南遗老集》卷43。

　　日日天涯恨不归，归来老泪更沾衣。伤心何啻辽东鹤，不独人非物亦非。

　　荒陂依约认田园，松菊存亡不必论。我自无心更怀土，不妨犹有未招魂。

　　山杏溪桃化棘蓁，舞台歌馆堕灰尘。春来底事堪行处，门外流莺枉唤人。

　　回思梦里繁华事，幸及当年乐此身。闲立斜阳看儿戏，怜渠虚作太平人。

　　艰危尝尽鬓成丝，转觉喧哗不可期。几度哀歌仰天问，何如还我未生时。①

王若虚亦在诗作中对自己的一生作了豁达的评价。

　　身世飘然一瞬间，更将辛苦送朱颜。时人莫笑慵夫拙，差比时人得少闲。②

　　酒得数杯还已足，诗过两韵不能神。何须豪逸攀时杰，我自世间随分人。③

　　非存骄謇心，非徼正直誉。浩然方寸间，自有太高处。平生少谐合，举足逢怨怒。礼义初不愆，谤讪亦奚顾。孔子自知明，桓魋非所惧。孟轲本不逢，岂为臧氏沮。天命有穷达，人情私好恶。以此常泰然，不作身外虑。④

元好问对王若虚的评价极高，明指自王若虚去世，"文章人物，公论遂绝"⑤。元好问在意的是王若虚对宋儒的批驳和对当世文人诗作等的评判，我们要注意的则是王若虚在政治思想发展方面确实有难得的贡献。

---

① 王若虚：《再至故园述怀五绝》，《滹南遗老集》卷45。
② 王若虚：《慵夫自号》，《中州集》卷6。
③ 王若虚：《自笑》，《中州集》卷6。
④ 王若虚：《摅愤》，《中州集》卷6。
⑤ 元好问：《王若虚墓表》，《遗山集》卷19。

第四节　受理学影响的政治观念

金朝后期以及蒙古国时期，受理学影响的有周嗣明、王郁、薛玄、高鸣、曹之谦、房暤等人，前文已经论及。郝天挺、刘从益、李俊民等人更是积极倡导理学，可分述他们的政治观念于下。

一　郝天挺的重教观

郝天挺（1161—1217 年），字晋卿，陵川（今属山西）人，承继儒学家风，不以科举为晋升之路，隐居教学，重点显示的是他的重教观念。①

（一）以义理教学

元好问曾受教于郝天挺，并记下了他对科举取士的不屑态度和教学中注重义理的教学方法。

> 时乡先生郝君（郝天挺）方聚子弟秀民教授县庠，先生习于礼义之俗，出于贤父兄教养之旧，且尝以太学生游公卿间，阅人既多，虑事亦审，故其容止可观而话言皆可传，州里老成宿德多自以为不及也。某（元好问）既从之学，先生尝教之曰："学者贵其有受学之器，器者何，慈与孝也，今汝有志矣，器如之何？"又曰："今人学词赋，以速售为功。六经百氏分裂补缀外，或篇题、句读之不知。幸而得之，且不免为庸人，况一败涂地者乎。"又曰："读书不为文艺，选官不为利养，唯知义者能之。今世仕宦多用贪墨败官，皆苦于饥冻不能自坚者耳。丈夫子处世不能饥寒，虽一小事，亦不可立，况名节乎，汝试以吾言求之。"先生工于诗，尝命某属和，或言："令之子欲就举，诗非所急，得无徒费日力乎？"先生曰："君自不知，所以教之作诗，正欲渠不为举子耳。"盖先生惠后学者类如此，不特于某然也。②

尽管郝天挺看淡科举，但是他对于门生参加科举考试，依然在诗作

① 《金史》卷 127《郝天挺传》。
② 元好问：《郝天挺墓铭》，《遗山集》卷 23。

中予以鼓励。

> 青出于蓝青愈青，小年场屋便驰声。未饶徐淑早求举，却笑陆机迟得名。嗟我再衰空眊瞍，喜君初筮已峥嵘。此行占取鳌头稳，平地烟霄属后生。①

尤为重要的是，郝天挺晚年注重理学，并强调了以性理学说教书和教戒后人的要求，如其子郝经所记。

> 先父（郝天挺）生平喜为歌诗，倘徉跌宕以自乐，而多散逸，得遗稿一百二十篇。晚年尤邃性理学，手书《西铭》畀经曰："是入德之几，造道之阶也。"教人以小学为本，以为洒扫应对进退，即性与天道之端；致身行道，树立事业，性与天道之功用；充实而大，大而能化，性与天道之成终者。人之始生，其醇未醨，其朴未散，其见解未出，其物欲未杂，先入者而为之主，终身由之而不能去。古之人至于胎教，况髫龀之间乎。语言哑咤，肝膈缄固，神出入而未舍，识霣昧而未明，容妥娜而未庄，气闪烁而未定，谨其所习，政在于是。乃为言坐行立、揖拜俯仰之节，诵记熟复、执笔为书之制，声音笑貌、疏数疾徐之仪，一之以敬而不使之惰。少长则为解说义理，缀缉章句，简直切律，力少而功倍之。成童则以性理、经学为本，决科、诗文为末，而寖致之《大学》。尝语人曰："人见吾之规规孑孑，必以为是区区致力于小者而小之也，吾不病也。夫事有小大，理无小大也。本末先后，吾不敢躐而欺之也。彼所见者以为小，吾所见者以为大，是吾所以积德而遗吾子孙者。世之人好高慕远，以欺世盗名，未能洒扫应对，而便说性与天道，紊理逾分，枉探速成，戕本根，坏伦类，示不以常，而重为之诳，败德孰甚焉，吾不为也。孟子曰：'大人者，不失其赤子之心。'赤子之心，良心也，其为大人，保是心而已，弃赤子之心，即为大人可乎哉？欧阳子谓'颜状未离于婴孩，高谈已及于性命'者，殆亦为是耶。其设心如此，故所到辄见称学者，往往终为成人。"方

---

① 郝天挺：《送门生赴省闱》，《中州集》卷9。

卧疾也，一日语经曰："汝祖父有言，士不能忍穷，一事不能立。汝曹毋以浅功近利，有速售之心也。慕利则败义，欲速则不达。汝能勤则功自至，汝能俭则利自来。故立身行己，在夫坚忍而已。能坚忍则能忍事，历大患难，处大富贵，决若长河而不回，屹若泰山而不移，然后可谓大丈夫。凡为乱略奸宄，不终其身者，皆不能忍耳。染指垂涎之气不除，负鼎滔天之心常在，一旦肆欲，愤不顾义，殒身丧元，而及其宗，盗侈一时，遗臭千载，汝曹可戒也。"①

郝天挺的著述尽管没有留存下来，但是郝经后来成为重要的理学学者，与其父的言传身教显然有密切的关系。

（二）救民于水火

郝天挺教学于地方，对朝政不太关心，只是曾就孔子庙宇被冷落，发出过如下感慨："金碧煌煌梵刹雄，玄元楼观五云中。如何万代纲常祖，释奠今无数亩宫。"②

在金朝末年的战乱中，郝天挺则明确提出了救民的主张，郝经对此有专门的记录。

> 时有金既弃燕、云，河朔随亦不守，遂往来淇、卫间。贞祐初，人争南渡而扼于河，河阳三城至于淮泗，上下千余里，积流民数百万，饥疫荐至，死者十七八。先大父（郝天挺）曰："坐视天民之毙，仁者不为。"乃贻书机察使范元直，使闻诸朝曰："昔昭烈（刘备）当阳之役，既窘甚，犹徐其行，以俟荆襄遗民，曰：'成大事者，必资于众人。归而弃之，不祥。'君子谓汉统四百年，此一言可以续之。今国家比之昭烈，不至于窘，河朔之民独非国家赤子乎。夫人心之去就，即天命之绝续也。乞诏沿河诸津，聚公私船，宽其限约，昼夜放渡，以渡人多寡第其功过，以救遗民，结人心，固天命，中兴之期庶几可望。"书奏，即日中使告谕，令疾速放渡，河朔之民全活者众。③

---

① 郝经：《先父行状》，《郝文忠公陵川文集》卷36。
② 郝天挺：《题宣圣庙》，《全辽金诗》中，第1478页。
③ 郝经：《先大父墓铭》，《郝文忠公陵川文集》卷36。

也就是说，在乱世中教书先生还能起一点救世的作用，确实值得世人关注。

二 刘从益的良政观

刘从益（1183—1226 年），字云卿，浑源（今属山西）人，大安元年进士，历任监察御史、叶县县令、应奉翰林文字等职，著有《蓬门集》，已佚。① 从各种文献记载中，可知刘从益既喜好理学，又在任职时展现了良政的观念。

（一）尊崇理学

刘从益"博学强记，于经学有所得"，② 但是如元好问所记，刘从益所崇尚的是北宋的程、张理学。

> 旧闻刘君公，学经发源深。骅骝万里气，圣途已骎骎。大梁语三日，副我夙所钦。濂溪无比流，此道日西沉。百年牛山水，不复秀穹林。南风虽寥寥，闻弦犹赏音。独怜夸毗子，一我无古今。共学君所贪，适道我岂任。相酬无别物，徒有好贤心。
>
> 阿京吾所畏，早生号能文。初无王家癖，声光自流闻。此行不虚来，得接大小君。信知珠玉渊，足当羔雁群。君家有箕裘，圣学待册勋。但使本根在，枝叶复何云。殷勤五色笔，未用摧千军。
>
> 学道有通蔽，今人乃其尤。温柔与敦厚，扫灭不复留。高骞当父师，排击剧寇雠。真是未可必，自私有足羞。古人相异同，宁复操戈矛。春风入万物，枯枿将和柔。克己未有加，归仁亦何由。先儒骨已腐，百骂不汝酬。胡为文字间，刮垢搜瘢疣。吾道非申韩，哀哉涉其流。大儒不知道，此论信以不。我观唐以还，斯文有伊周。开云揭日月，不独程张俦。圣途同一归，论功果谁优。户牖徒自开，胶漆本易投。九原如可作，吾欲起韩欧。
>
> 老鹤何许来，澹与孤云同。相值太虚室，悠然复西东。圣学要深谈，惜君别匆匆。何时沂水上，同咏舞雩风。③

---

① 《金史》卷 126《刘从益传》。
② 《中州集》卷 6《刘从益小传》。
③ 元好问：《赠答刘御史云卿四首》，《遗山集》卷 1。

刘从益曾向赵秉文表明不喜好佛、道的态度，已见前述。对于李纯甫的信佛甚至佞佛，刘从益也公然表示反对，刘祁对此也有记载。

> 兴定间，（李纯甫）再入翰林，时赵闲闲（赵秉文）为翰长，余先子（刘祁之父刘从益）为御史，李钦止（李献卿）、钦叔（李献能）、刘光甫（刘祖谦）俱在朝，每相见，辄谈儒、佛异同，相与折难。久之，屏山（李纯甫）因以禅语解"《中庸》那著无多事，只怕诸儒认识神"。先子和之，亦书其后云："谈玄政自伯阳孙，佞佛真成次律身。毕竟诸儒扳不去，可怜饶舌费精神。"盖屏山尝言："吾祖老子，岂敢不学老、庄。吾生前一僧，岂敢不学佛。"故先子及之。屏山览之，大笑且曰："扳字如何下来？"先子曰："公羊诸大夫扳隐而立之是也。"①

刘从益的理学观点已难知晓，但是能够知道其对理学的重视态度，已经是很重要的事情了，因为金朝与理学沾边的儒者确实不是很多。

（二）践行良政

刘从益从政后，即受到赵秉文的重视，刘祁对此有专门的记述。

> 余先子自初登第识公（赵秉文），公喜其政事。既南渡，喜其有直名，后由公荐入翰林，相得甚欢，尝谓同僚曰："吾将老，而得此公入馆，当代吾。"又曰："其官业，当为本朝第一。"未几，先子殁，公哭甚哀，又为文以祭，为诗以挽，又取诸朝士所作挽词，亲书为一轴寄余，余请表诸墓。至于新修叶县学诗及先子惠政碑，皆公笔也。②

刘从益任叶县县令时曾展现出良政的风格，赵秉文就此有专门的记录。

> 吾友翰林修撰王君从之（王若虚）有言："君子有惠政，而无异政。史传循吏，而不传能吏。"吾尝诵之云耳。如吾叶令刘君，

---

① 刘祁：《归潜志》卷9，第105—106页。
② 刘祁：《归潜志》卷9，第106—107页。

既有惠政，又以才干称，可不谓全乎。

（刘从益）第进士，任监察御史，曰："知无不言。"与当途者辩曲直，以罪去，天子怜其才，起为叶令。下车修学讲义，耸善抑恶，一之日励而教之，二之日惠而安之，奸吏恶少望风革面。君曰："未也，事有大于此者。叶，剧邑也，路当要冲，岁入七万余石。自扰攘之后，户减三之一，田不毛者千七百顷，而赋仍旧，可乎？"请于大司农，减二万石，民赖以济，流民自归者数千。未几被召，百姓诣省请留，不果。①

刘从益在叶县任职时，面临迁都南京后的困局，曾与友人一起作怀古诗，以抒发救世情怀，刘祁记录了当时的场景。

余先子翰林令叶时，同郝坊州仲纯（郝居中）赋《昆阳怀古诗》，诸公多继作。先子有云："营屯滍水横陈处，计堕刘郎小怯中。天上雷风扫妖气，人间虎豹畏真龙。千秋一片昆溪月，曾照堂堂盖世雄。"郝云："战骨至今埋滍水，暮云何处是春陵。"李长源（李汾）云："颍川南下郁陂陁，退想当年战垒多。自是真人清宇宙，谁为竖子试干戈。"元裕之（元好问）云："英威未觉消沉尽，试向春陵望郁葱。"王飞伯（王郁）云："落日一川英气在，西风万叶战声来。"后云："谁倚城楼吊兴废，一声长笛暮云间。"史学优（史学）、李钦叔（李献能）、白文举（白华）皆有诗，余亦作一古诗也。②

刘从益入职翰林院后，又有一次久旱得雨的赋诗，刘祁记录下了赵秉文和刘从益的诗作。

正大初，先君（刘从益）由叶令召入翰林，诸公皆集余家。时春旱有雨，诸公喜而共赋诗，以"好雨知时节，当春乃发生"为韵。赵闲闲（赵秉文）得发字，其诗云："君家南山有衣钵，丛桂馨香老蟾窟。从来青紫半门生，今日儿孙床满笏。迩来云卿复秀

---

① 赵秉文：《故叶令刘君遗爱碑》，《滏水集》卷12。
② 刘祁：《归潜志》卷9，第92页。

出，论事观书眼如月。岂惟传家秉赐彪，亦复生儿劢剧勃。往时曾乘御史骢，未害霜蹄聊一蹶。双凫古邑试牛刀，百里政声传马卒。今年视草直金銮，云章妙手看挥发。老夫当避一头地，有惭老骥追霜鹘。座中三馆尽英豪，健笔纵横建安骨。已知良会得四并，更许深杯辞百罚。我辞不饮愿助勇，政要青灯照华发。但令风雨破天吝，未厌归途洗靴袜。"先君得好字，因用解嘲，其诗云："春寒桑未稠，岁旱麦将槁。此时得一雨，奚翅万金宝。吾宾适在席，喜气溢襟抱。酒行不计筯，花底玉山倒。从来吝混嘲，盖为俗子道。北海得开尊，天气岂常好。况当生发辰，沾足恨不早。东风又吹檐滴干，主人不吝天自吝。"是日诸公极欢，皆霑醉而归。后月余，先君以病不起，赵以天吝为诗谶云。①

刘从益的处世原则是"不入声利场，政恐吾足污"②，所以在诗作中表现出的是看淡功名、乐于归隐的志向。

俗士苦纷竞，此心本无尘。功名乃外物，了不关吾身。吾身复何有，形神假相亲。天地开一室，日月挟两邻。有生即有化，如晏之必晨。但得酒中了，亦足称达人。挥戈欲却日，小力自不量。何如任天运，闭门坐齐芳。诗书列四隅，着我于中央。夏卧北窗风，隆冬曝朝阳。但有藜藿羹，亦足充饥肠。

少为饥所驱，老为病所迫。人生能几何，东阡复南陌。急须沽酒来，一笑举大白。浩歌草木振，起舞天地窄。同欢二三子，谁主复谁客。浮沉大浪中，毕竟归真宅。岁月去何速，老炎变新凉。游子久不归，回首望大梁。风埃惨如此，何处真吾乡。野菊明落日，林枫染飞霜。劝我一杯酒，悠然秋兴长。③

世务方扰扰，人生何营营。不如不出门，坐颐天地情。泰中有否来，阴极即阳生。掀髯一笑起，窗外风铎鸣。看云偶独立，踏雪时间行。最爱朝日升，负暄向南荣。④

---

① 刘祁：《归潜志》卷9，第94页。
② 刘从益：《题苏、李合画渊明濯足图》，《中州集》卷6。
③ 刘从益：《和渊明杂诗二首》，《中州集》卷6。
④ 刘从益：《腊日次幽居韵》，《中州集》卷6。

昔年醉回澜，犹恨身属官。今年邂逅来，身与亭俱闲。洗心亭下水，照眼亭西山。溪山如故人，喜我复来还。有酒浇我胸，有花怡我颜。鞲鹰乍脱臂，但觉天地宽。山阴忽回船，夜阑情未阑。①

世事易随云变灭，人生难保月团圆。淮阳旅舍三年梦，河朔风声五月寒。何处云山端可老，向来天地为谁宽。宦游脚底生荆棘，蜀道而今却不难。②

刘从益虽然英年早逝，但是对他的治学倾向和从政观点，还是值得注意。

三　李俊民的叹世观

李俊民（1176—1260 年），字用章，号鹤鸣，泽州晋城（今属山西）人，承安五年进士，任应奉翰林文字等职，著有《庄靖集》，彰显了他在金朝末期的叹世观念。

（一）乱中悟道

李俊民"得河南程氏传授之学"，"其于理学渊源，冥搜隐索，务有根据"③。郝经亦专门记述了其沿承理学的情况。

金源氏有国，流风遗俗日益隆茂，于是平阳一府冠诸道，岁贡士甲天下，大儒辈出。经学尤盛，虽为决科文者，六经传注皆能成诵，耕夫贩妇亦知愧谣诼道文理、带经而锄者四野相望，雅而不靡，重而不佻，矜廉守介，莫不推其厚俗，犹有先生（明道先生程颢）之纯焉。泰和中，鹤鸣先生俊民得先生之传，又得邵氏皇极之学，廷试冠多士，退而不仕，教授乡曲，故先生之学复盛。④

李俊民自称"年三十九遭甲戌（1214）之变，乙亥（1215）秋七月南迈，时侄谦甫主河南福昌簿，迎至西山"⑤。对于这样的迁徙，李

---

① 刘从益：《泛舟回澜亭坐中作》，《中州集》卷6。
② 刘从益：《五月十四夜对月有感》，《中州集》卷6。
③ 《元史》卷158《李俊民传》；黄宗羲原著，全祖望补修：《宋元学案》第 1 册，第583—584 页。
④ 郝经：《宋两先生祠堂记》，《郝文忠公陵川文集》卷27。
⑤ 李俊民：《一字百题示商君祥序》，《庄靖集》卷3，四库全书本。

俊民特别在诗作中感叹："一身长道路，四海尚风尘。昔作依刘客，今
为去鲁人。渡河年在亥，乞酒岁非申。别后山中友，相逢话又新。"①
在避乱中，他写下了"一字题诗"百首，可摘录部分内容于下。

> （儒）秦坑秦即孤，鲁戏鲁寻削。伊谁蹈前轨，可谓来高阁。
>
> （僧）貌与松俱瘦，心将絮共沾。一庵空寂地，香火读楞严。
>
> （道）自知身是患，常谓道无名。欲作闲中友，随缘论养生。
>
> （农）卖剑田园计，温家种树书。新年无罪岁，事事有乘除。
>
> （猎）终日无获禽，古人猎在德。非德为禽荒，猎食吾不食。
>
> （师）绛帐风流远，青衿礼貌骄。定须防射羿，何必问嘲韶。
>
> （学）邑化弦歌地，邻渐俎豆风。二三言志子，六七咏归童。
>
> （仕）虽有乘桴意，能忘出昼情。一官百僚底，是亦道之行。
>
> （富）狼藉胡椒斛，破散堆钱屋。不见贫者愚，求荣是求辱。
>
> （贵）鸱得腐鼠吓，犬笑狡兔死。唾手功名场，不知忧患始。
>
> （贫）书生禄有籍，造物费亦省。颜回一箪食，不得尽晚景。
>
> （隐）孔负二宜去，嵇知七不堪。青山休老地，佳处是终南。
>
> （名）求为天下士，所望不亦厚。得少失有余，何况在身后。
>
> （傲）王公轻以道，富贵骄以志。我见高尚人，盖有高尚事。
>
> （归）世路虽多梗，吾生岂系匏。西风倦飞翼，乐在一枝巢。
>
> （愁）解使回肠断，能催两鬓秋。天涯未归客，容易上眉头。
>
> （忍）气留脐可暖，唾使面自干。无怨亦无恶，此腹如此宽。②

也就是说，即便遭遇战乱，李俊民依然要坚守儒者的本分，所要宣
扬的，恰是理学的基本理念。

李俊民还特别就"忍"强调了自己的看法，就是忍要建立在以理
服人的基础上，而不是盲目忍让。

> 彭城刘君巨川治别室之西偏，订曰忍斋，卜日会诸同志落之。
> 鹤鸣（李俊民）怪而问焉，刘君曰："凡有血气者，皆有争心，在
> 人则尤甚焉。人情甚不美，小有不协，至于按剑相怒，没齿而恨不

---

① 李俊民：《乙亥（1215）过河》，《庄靖集》卷2。
② 李俊民：《一字百题示商君祥》，《庄靖集》卷3。

解，是何耶，血气之所役也。忍之之意，非敢望于人，盖将以自警耳。孔子语门弟子曰：小不忍则乱大谋。成王命君陈亦曰：必有忍，其乃有济。圣贤以忍之一字谆谆而告人者，于血气方刚之时而戒之也。昔之人有能之者，如张公艺之忍于家，朱将军之忍于敌耳。余为功名而忍，王、谢为性命而忍，元载以鼎𫓧之讥忍于笑，翁恩以狗曲之辱忍于醉，师德之忍于唾，怀祖之忍于骂，是皆不以一忿而动其气，其得圣贤之心乎。吾名吾斋，亦犹是也。"鹤鸣喟而叹曰："异哉，未有无事而忍者。若子之言，所以自处者，得之恐非，所以处人者，得之于己，失之于人，可乎? 夫情深则怨匿，理到则心服，与其匿怨，孰若服心。我以情怒，彼以理屈，则门外负荆者踵接矣，莫不释然，开怡然，畅廓然，通无一毫芥蒂于胸臆。初以自警，卒能警于人。过此以往，足之所履，皆君子之忍斋也，独戚戚于一室之内，何其自狭也。"①

李俊民还就访客避祸的事例，说明了善于识人的道理所在。

高堂主人好客不倦，肇开东阁，大辟南馆，坐上簪盍，户外屦满。客有越趄而不获进者，乃持问舍之券而见焉，其文曰："百尺楼前，问舍万人，海里藏身，谁念入室。相如四壁，徒立自笑，移居东野，一物全无。略叙幽怀，勿嫌多事。不欲起楼背山，借宅种竹，当门艺兰，开径访菊。不欲犬吠于门，枭鸣于木，鬼啸于梁，鼠穿于屋。所望取友必端，序宾以贤。屦为粲倒，席因贾前，邹不可不迎，枚不可不延。醴如楚设，榻似陈悬。无使籍耻臣，蒋云羞吏宣，谔谔者去，唯唯者来，纤余者悦，卓荦者哀。岂乐正子后长者而不见，而燕昭能自隗始而筑黄金之台乎?"主人读毕，怒而投之地。客怀归以语鹤鸣，鹤鸣曰："吁，夫心契则言入，目击则道存。岂不见鸟能择木，木岂能择鸟哉。子欲以垂云之翼，投覆卵之巢，其可耶?"乃取其券而焚之，客于是浩然长往。不数日，主人及于祸，而客免焉。②

---

① 李俊民：《刘济之忍斋记》，《庄靖集》卷8。
② 李俊民：《焚问舍券》，《庄靖集》卷10。

李俊民还特别强调了坚持圣人之道的用意所在:"盖有圣人之道,以断天下之疑。""道尊孔氏,妙窥三绝之编;市隐君平,坐阅百钱之肆。在忧患而作者,其精微之教乎,傥学者加以数年,则愚者必有一得。"①

(二)乱世之忧

李俊民身陷乱世,一时不知所措,在匆忙离开中都时,如诗词中所记,满是惆怅之情。

> 忍泪出门来,杨花如雪。惆怅天涯人离别,碧云西畔,举目乱山重叠。据鞍归去也,情凄切。一日三秋,寸肠千结。敢向青天问明月,算应无恨,安用暂圆还缺。愿人长似月,圆时节。②

南迁之后,战局进入胶着状态,李俊民不仅为坚守的成绩所振奋,亦对善战者表示钦佩。

> 红尘一骑报平安,知是元戎小队还。且喜好音来汴水,仍将旧事问潼关。横云自护车箱涧,落日空衔箭笴山。只恐膏肓归不得,早随春色到人间。③
>
> 一怒王师吊伐初,堂堂人物古谁如。剑头何患无炊米,盾鼻多应有檄书。尽道公孙能跃马,应怜学士独焚鱼。旌旗未度长河水,千骑元戎已捣虚。④
>
> 将军死战血染衣,空山白骨鬼夜啼。洗兵政要及时雨,天祸未悔无云霓。卧龙不起主张汉,猎犬待烹俙幸齐。就中儒冠身多误,如坐矮屋头常低。敢将龙钟哀造物,但幸老大能扶犁。咄哉董生三寸舌,善谑不思为虐兮。人间回首忧患始,去之不速将噬脐。⑤

但是对于朝廷的攻宋之举,李俊民颇不以为然,期望不要重演唇亡

---

① 李俊民:《龟镜山人陈时发屏风》,《庄靖集》卷 10。
② 李俊民:《感皇恩·出京门有感》,《庄靖集》卷 7。
③ 李俊民:《闻捷音,招王德华、吴天章等出山》,《庄靖集》卷 2。
④ 李俊民:《和参谋李舜举》,《庄靖集》卷 2。
⑤ 李俊民:《和答董用之》,《庄靖集》卷 1。

齿寒的悲剧。

> 逐鹿中原未识真，指踪元自有谋臣。虞全不念唇亡国，楚恐难当舌在人。拔剑挽回牛斗气，举鞭蹙起汉江尘。相逢空洒英雄泪，谁是荆州一角麟。
>
> 天命须分伪与真，衔蜂战蚁尽君臣。蛟龙不是池中物，燕雀休嗤垄上人。衣不能胜嵇绍血，扇无可奈庾公尘。自从绝笔春秋后，谁复伤时为泣麟。①

金朝末年战死的恒山公武仙等人，则被李俊民表彰为忠节之士。

> 功名人比汉淮阴，猛虎俄因犬辈擒。星落旄头兵似火，云屯细柳士如林。岂期虞虢乖唇齿，谩倚良平作腹心。洒尽英雄忧国泪，变风那得不伤今。
>
> 消尽群阳道长阴，将军何患敌难擒。唐家外望归藩镇，汉室中兴仰羽林。忽堕曹吴分鼎计，方知胡越济丹心。依然锦绣山川在，一旦浮云变古今。②
>
> 未除妖气斗牛间，一夜长星落将坛。天意欲将全节畀，人心无奈此时寒。断头那肯降朱泚，血指谁思灭贺兰。立尽太行山上石，我公忠烈不容刊。③

李俊民隐居教书，在战乱中扮演的是看客的角色，所以婉言谢绝有人让其重新入职的邀请。

> 殄寇将军力自宣，幕中议论可回天。气吞骄虏鞭先著，威定并门檄罢传。正恐一隅防饮酒，休从百尺笑求田。扬雄禄位谁能动，姑为侯芭草太玄。④

---

① 李俊民：《和王李文襄阳变后》，《庄靖集》卷2。
② 李俊民：《和子荣悼恒山韵》，《庄靖集》卷2。
③ 李俊民：《刚忠公》，《庄靖集》卷2。
④ 李俊民：《用之请还公府，用韵拒之》，《庄靖集》卷2。

尤为重要的是，李俊民看到了乱世中朝廷的弃农、括户等弊政，加上自然灾害流行，局面确实令人担忧。

> 四海尚干戈，几人知稼穑。青青原上麦，忍放征马食。①
>
> 几年客里厌驰驱，故向伊川好处居。刚受一廛同许子，谁知四壁过相如。厥田不称中中赋，此事真堪咄咄书。疲俗脂膏今已尽，看看鞭算及舟车。②
>
> 千里地赤泽未霈，骄阳为沴烈火炎。就中秦头晋尾旱魃所栖托，十室九室突不黔。撑肠一饱岂易得，咀嚼草木如荠甜。山川课云职不举，无乃风伯号令严。民是天民天自恤，何时霹雳起龙潜。③

令人难以容忍的是，鼠盗狗偷之徒乘乱横行无忌，更难挽回败局，李俊民只能在诗作中发出哀叹之声。

> 欺人鼠辈争出头，夜行如市昼不休。渴时欲竭满河饮，饥后共觅太仓偷。有时凭社窃所贵，亦为忌器不忍投。某氏终贻子神祸，祐甫恨不猫职修。受畜于人恶除害，祭有八蜡礼颇优。近怜衔蝉在我侧，何故肉食无远谋。耽耽雄相猛于虎，不肯捕捉分人忧。纵令同乳不同气，一旦反目恩为仇。君不见，唐家拔宅鸡犬上升去，彼鼠独堕天不收。④
>
> 养贤列鼎手自烹，燮调元化和如羹。马蹄一蹙燕地裂，毡裘尚拂阴山雪。将军表请愿出师，壮士戈挥惟恐迟。武成才试二三策，黍离已见闵周诗。纵横门外豺狼路，我老此身无著处。君不见，平淮十万兵，犹向襄阳守朱序。
>
> 猎犬已为兔死烹，犹向汉俎分杯羹。脚靴手板冻欲裂，尚立唐阶没膝雪。三寸舌为帝者师，终比赤松见事迟。相看一笑在目击，何用左思招隐诗。出门便是天坛路，云间指点巢仙处。不辞杖屦从

---

① 李俊民：《东郊行》，《庄靖集》卷3。
② 李俊民：《寄伊阳令周文之括户》，《庄靖集》卷2。
③ 李俊民：《壬申岁（1212）旱，官为设食以济饥民》，《庄靖集》卷1。
④ 李俊民：《群鼠为耗而猫不捕》，《庄靖集》卷1。

子游，王者之后养老在西序。①

李俊民在乱世中的感叹，大多指事不指人，这也是儒者自保的一种重要手段，免得引来祸难。

（三）亡国之痛

金哀宗天兴二年至三年，李俊民目睹了金朝的灭亡，在诗作中对世事巨变颇为感慨。

共愁天纪乱，依旧日南时。气本自然应，策令谁可推。每怀添线女，还意覆杯儿。偃蹇无归计，天涯两鬓丝。

岁以四时成，气自一阳始。虽然废义职，那可乱轩纪。人生几寒暑，天道频甲子。徒嗟潦倒身，汲汲百年里。②

不周力摧天柱折，阴山怨彻青冢骨。方将一掷赌乾坤，谁谓四面无日月。石马汗滴昭陵血，铜人泪泣秋风客。君不见，周家美化八百年，遗恨《黍离》诗一篇。③

李俊民既要悼念死者，也希望能够善解金朝历史，以豁达心境看待王朝兴亡，并且早日实现天下太平。

数仞墙围石作基，几年风雨长苔衣。英雄地迫难为计，血汗游魂不得归。④

版图填写百官志，楮券类排千字文。堪笑吾儒多伎俩，一时鬻爵僭吾君。⑤

往古来今秋复春，嬴颠刘蹶总成尘。蜗牛角上争闲气，笑倒南华梦蝶人。

气似阳和处处春，但随流俗混光尘。须知舌在为身累，非是是非何等人。

---

① 李俊民：《和秦彦容韵五首》，《庄靖集》卷1。
② 李俊民：《癸巳（1233）冬至》，《庄靖集》卷2。
③ 李俊民：《闻蔡州破，甲午年（1234）正月十日己酉》，《庄靖集》卷1。
④ 李俊民：《过二圣王氏故居感战死者》，《庄靖集》卷4。
⑤ 李俊民：《探官》，《庄靖集》卷5。

四海男儿得志时，归来一段话新奇。野人不管兴亡事，饮恨闲看老杜诗。

汉祖龙兴自有时，未应六出计皆奇。采芝人向山中老，不见功名一首诗。①

试从涧底觅根源，剔藓剜苔得旧泉。人事尽随流水去，几时复见太平年。

水边堪赋濯缨歌，来往游人分外多。为问太平何处是，等闲不识起风波。②

需要说明的是，尽管在赵秉文、王若虚、郝天挺、李俊民等人的努力下，不仅北宋理学思想在金朝得以延续，南宋理学思想亦已北传，但是毕竟金朝的理学学者过少，加之战乱的影响，著作大量佚失，未能造成较大影响，以至于后来又有了元代的南宋理学北传过程。即便如此，还是不能埋没金朝理学对政治思想发展所起的重要作用。

① 李俊民：《勉和筹堂来韵》，《庄靖集》卷4。
② 李俊民：《太平泉》，《庄靖集》卷4。

第十五章　宗教人士的政治观念

金朝佛教人士和道教人士的政治观念，尽管对朝政影响不大，还是需要择要者作专门的介绍。

第一节　佛教、太一道人士的政治观点

金朝佛教人士的政治观点，由于资料缺乏，难以作详细介绍，只能和太一道人士的政治观点合为一节，作概要性说明。

一　佛教政治观点的变化

中原佛教人士在金朝建立后即与当政者建立了联系，但是较成系统的政治观点出现在金朝后期，其基本情况可分述于下。

（一）金朝前期的佛教人士

女真人重视佛教，在完颜阿骨打建国前已经见于记载，如"乙酉（1105），金国移瑞像、佛牙入内殿供养"；"丙戌（1106），金诏释氏有渎神逾分者除削之"①。

金太宗有重佛的取向，天会九年（1131），"金国迎请栴檀瑞像到燕京，建水陆会七昼夜，安奉于闵忠寺供养"②。由齐国掌管的中原各佛寺，住持的更换需要主军政或民政的官员同意，如来自江南的临济宗定光禅师释道询（1086—1142 年），即于阜昌六年（1136）被帅府刘某推荐到济南普照寺为住持。③

① 释念常：《佛祖历代通载》卷 19，四库全书本。
② 释念常：《佛祖历代通载》卷 20。
③ 李鲁：《华严寺定光禅师塔铭（皇统二年）》，《金文最》卷 55。

金熙宗即位后，礼佛更盛。天眷元年（1138），西京的禀慧禅师曾"奉旨传菩萨戒"①。皇统二年（1142），英悼太子生日，熙宗命海惠禅师于上京宫侧建大储庆寺，"普度僧尼百万，大赦天下"。次年，命海惠、清慧二禅师住储庆寺，迎瑞像于本寺积庆阁中供养。皇统五年，海慧禅师去世，"帝偕后亲奉舍利，五处立塔，特谥佛觉祐国大禅师"。皇统六年，以清慧禅师为大储庆寺住持，并授予佛智护国大师的名号，登国师座，以示尊崇。②

皇统元年（1141），定光禅师任济南灵岩寺住持，特别向帅府提出了免寺众科役的请求："常住拨赐田土，亲力播植，所得仅足饱耕夫。又供僧岁费，无虑三千万，丐依旧例，原免科役，庶获饭僧福田，上报国恩，实远久之大利益也。"这一请求得到帅府同意后，定光禅师即要求僧众："世间万事，欲一一如法，即无有是处。至于处丛林、掌常住钱谷，要当先事洁己，锱铢不欺。非惟目下明白，抑亦过后得力。"③也就是说，对于朝廷的礼佛态度，佛教人士应以自律做出回应。

皇统年间，释义海在福山县扩建佛教建筑金堆院，曾引来重佛还是重儒的一场对话。

> （义海）质于余（张邦彦）曰："吾营造之功勤矣，有功于吾教者不为少矣，然吾窃有所病焉。夫佛祖之法，以空虚寂灭为宗，安乐恋著为戒，衲衣乞食，岩栖木槁，坐进此道，无所择也。后世末学乃始饰其庐，美其服，甘其食，范金聚土，像设于其前，鸣鱼击鼓，讲说于其后。齐民下士，怵之以祸福，因以发其迁善远罪之心，权也。顾独无大善知识，议吾之后乎。"
>
> 余曰："是不然。夫道一而已矣。有本斯有末，有源斯有流，磬筦不陈，曷以知乐之和，玉帛不将，曷以知礼之节。言语文章不载诸简编，学校庠序不设于邦国，曷以明圣人之教也。吾儒固尔，饰亦何病。虽然，两水之为县也，垂二十年，权舆之人，因陋就

---

① 曹衍：《大金西京武州山重修大石窟寺》，熊梦祥《析津志辑佚》，北京古籍出版社1983年版，第80—84页。

② 释念常：《佛祖历代通载》卷20；释如惺编《大明高僧传》卷7《海慧传》，大正藏经本。

③ 李鲁：《灵严寺定光禅师塔铭（皇统二年）》，《金文最》卷55。

简，迄今无所谓县学者。春秋释奠，寄之廯驿而已。县有废僧舍，毁之则重劳而可惜，余欲因其故治之，以为夫子庙堂，而稍增其斋庑，然县所不得专。尝以是三请于郡，而不获命，则喟然叹曰：先圣通祀于天下，岂必待一福山之庙，而尊师重道者，顾岂少一汾晋野人也哉，卒不遂所请而止。今师不持一钱，捐躯奋议，主张教法于空山荆棘间，乃克有就如此，余之愧于师也厚矣。"①

义海与张邦彦的对话，实则是对当时"佛风"压倒"儒风"的见证，以及佛教中有识之士对此现象的担心，要求回归佛教崇俭的主旨。

齐国曾有改换佛寺寺名的做法："遽废齐居摄，专用苛政理国，知众不附，犹狭中多忌，凡浮屠、老子之居，曩日所严奉以祈福者，一切废革。"琅琊的天宁万寿禅寺，被改名为普照寺。金熙宗在位时，妙济禅师觉海为该寺住持，不仅改回原寺名，还对寺院进行了大规模的扩建，并且强调了庄严道场、以敬佛祖的要求。

宝理际地，不受一尘，佛事门中，不舍一法。吾以如幻三昧，游戏世间，虽化大千尽为佛刹，其中宝供最胜第一种种，具足吾之妙用，未始有作也。昔贞际之住东院，不听大檀越动一草以广其居，是诚古佛用心，然不可为丛林法。吾惧末世比丘喜虚涎者，竞为大以欺佛，遂有假如来衣窃信施食，视法宇之成坏若行路之过逆旅，曾不介意。或问其故，辄谬曰古人之固如是也。以至上雨旁风，覆压是虞，乃击钵囊桧巡告去。有如诸方建化，率由此辙，则宝庄严道场，往往鞠为茂草，如来遗法，岂能久住世乎。②

金朝前期没有形成对中原地区的全面控制，与佛教人士打交道也只是初步尝试而已，但亦要注意此时佛教人士的基本政治观点，就是期望在当政者的庇护下，不仅能保留佛教的影响，还能获得新的发展空间。

（二）金朝中期的儒、佛合流取向

金世宗大定二年，在中都建立大庆寿寺，以玄冥顗禅师为第一代住

---

① 张邦彦：《增修金堆院碑（皇统九年）》，《金文最》卷33。
② 仲汝尚：《天宁万寿禅寺碑（皇统四年）》，《金文最》卷33。

持。① 玄冥顗禅师是佛教临济宗慈明禅师的传人，"风岸孤峻，无所许可，宁绝嗣而不传"，所以没有传人。② 玄冥顗禅师存留的几段上堂语，可转引于下。

> 上堂："先照后用，勘过了打；先用后照，打了来勘。照用同时，不消一掭；照用不同时，诸人立，老僧坐。只如总不与么，又且如何？"喝一喝，云："浩浩红尘里，几人有脑门。"
>
> 上堂："今时参禅衲子，欲得成佛成祖底，如麻似粟；要作驴作马底，遍大金国中，把火也觅个不得。赖得无，设有，'庆寿'门下，岂有许多闲草闲料，喂来茹去，珍重。"
>
> 上堂："十字街头戏，猢狲上刹竿；虽然闲伎俩，莫作等闲看。"举云门云："乾坤之内，宇宙之间，中有一宝，秘在形山。拈灯笼向佛殿里，将山门来灯笼上。"颂曰："平地怒涛千百尺，旱天霹雳两三声；可怜月下守株客，凉兔不逢春草生。"③

从这几段上堂语可以看出，玄冥顗禅师已经看出世上真心学佛的人极少，所以只能提醒世人自悟，多言无益。

需要注意的是，金世宗大定年间已有佛、儒合流的趋势。如佚名僧人所言："今本朝慈善，阐释教于寰中，圣德垂恩，赐院阁于天下。""宏释教者，看《涅槃》《华经》，敬儒典者，读《周易》《礼记》。个个聪明辨利，也是宿世修来。人人具足端严，皆属前生福德。"④ 佛教人士则更注重为朝廷祈福的作为，如释行满在碑文中所记："以此胜善，上祝皇基永固，帝道遐昌，本郡太守福禄迁加，同知军判恒受恩光，一切文武常居禄位。"⑤

（三）万松倡三教合一

释行秀（1166—1246 年），号万松野老，他人尊称为万松老人（简称"万松"），俗姓蔡，河中府解州解县（今属山西）人，15 岁出家，

① 释念常：《佛祖历代通载》卷 20。
② 元好问：《太原昭禅师语录引》，《遗山集》卷 37。
③ 文琇：《增集续传灯录》卷 6，大正藏经本。
④ 释某某：《潍县龙泉院碑（大定间）》，《金文最》卷 43。
⑤ 释行满：《沃州柏林禅院三千邑众碑（大定七年）》，《金文最》卷 43。

累迁为燕京报恩寺住持，著有《释氏新闻》《从容庵录》《请益录》《万松老人万寿语录》等，是金朝后期佛教政治思想的代表性人物。[1]

金章宗在位时，万松与其有两次重要的接触。第一次是明昌四年（1193），万松受邀在宫廷讲授佛法。

> 金国明昌四年，诏请万松长老于禁庭升座。帝（金章宗）亲迎礼，闻未闻法，开悟感慨，亲奉锦绮，大僧祇支，诣座授施。后妃、贵戚罗拜拱跪，各施珍爱以奉供养。建普度会，施利异常，连日祥云连绵天际，从此年丰，讴歌满路，每岁设斋，常感祥瑞。[2]

第二次是承安二年（1197），万松任仰山栖隐寺住持。后来，金章宗巡幸至仰山，万松拒绝向其贡献礼物。

> 金境内大旱，山东盗起，特诏万松住仰山，升堂有偈曰："莲宫特作梵宫修，圣境还须圣驾游。雨过水澄禽泛子，霞明山静锦蒙头。成汤也展恢天网，吕望稀垂浸月钩。试问风光甚时节，黄金世界桂花秋。"[3]

> 迨后章庙（金章宗）适秋猎于山，主事辈白师（万松）曰："故事，车驾巡幸本寺，必进珍玩，不然，则有司必有诘问。"师责之曰："十方檀信布施，为出家儿，余与若不具正眼，空食施物，理应偿报，汝不闻木耳之缘乎？富有四海，贵为一人，岂需我曹之珍货也哉。且君子爱人也以德，岂可以此瑕类贻君主乎。"因手录偈一章，诣行宫进之，大蒙称赏，有"成汤狩野恢天网，吕尚渔矶浸月钩"之句，诚仁人之言也。翌日，章庙入山行香，屡垂顾问，仍御书诗一章遗之，师亦淡如也。车驾还宫，遣使赐钱二百万，使者传敕，命师跪听，师曰："出家儿安有此例？"使者怒曰："若然，则予当回车。"师曰："传旨则安敢不听，不传则亦由使者

① 刘晓：《万松行秀新考——以〈万松舍利塔铭〉为中心》，《中国史研究》2009年第1期。
② 释念常：《佛祖历代通载》卷20。
③ 释念常：《佛祖历代通载》卷20。

意。"竟焚香立听诏旨。章庙知之，责其使曰："朕施财祈福耳，安用野人闲礼耶。"上下悚然，服吾师不屈王公之前矣。①

万松还在《从容庵录》和《请益录》中，表达了以下政治观点。

一是三教合一，不分彼此，各有圣贤，相互融通。"儒道二教，宗于一气。佛家者流，本乎一心。""万松道：此曹洞正宗，祖佛命脉。"②"佛印垂诫云：教门衰弱要人扶，好慕禅宗莫学儒。只见悟心成佛道，未闻行脚读诗书。若教孔子超生死，争表瞿昙是丈夫。齐己贯休声动地，谁将排上祖师图。""三代以前，圣贤多生吾儒中。三代以降，圣贤多生吾佛中。近代老青州、潭柘开山性和尚，韩相国昉、施学士宜生。曰：二老若非事佛出家，皆王霸之器。是知颜、孟之时，佛法未至。倘能事佛，必马鸣龙树之俦也。""湛然居士（耶律楚材）近于大万寿寺设水陆会，请万松小参：举昔有跨驴人，问众僧何往。僧云：道场去。人云：何处不是道场。僧以拳殴之云：这汉没道理，向道场里跨驴不下。其人无语。人人尽道这汉有头无尾，能做不能当，殊不知却是这僧前言不副后语。汝既知举足下足皆是道场，何不悟骑驴跨马无非佛事。万松要断这不平公案，更与花判云：吃拳没兴汉，茆广杜禅和。早是不克己，那堪错怪他。道场唯有一，佛法本无多。留与阇黎道，护唵萨哩嚩。"③

二是太平之治，崇德崇仁，各自安分。"师云：唐文宗太和六年时，牛僧孺为相。上曰：天下何时太平？孺对曰：太平无象，今四夷不致交侵，百姓不致离散，虽非至治，亦谓小康。陛下若别求太平，非臣所及。退而累表请罢，出为淮南节度使。万松道：已是起模画样，所以野老家风，击壤讴歌。礼乐文章，翻成特地。卢陵米价，可晒深玄。舜德尧仁，淳风自化。村歌社饮，得其所哉。月白风清，各安其分。""俗谚云：要不闷依本分，岂直羲皇世人俱忘治乱。孔子谓：西方有大圣人，不治而不乱。治乱者，得失也。三祖云：得失是非，一时放却。""海口鼓浪，航舌驾流。浪即能覆航，航即能驾浪。一言可以兴邦，一言可以丧邦。

① 耶律楚材：《释氏新闻序》，《湛然居士文集》卷13。
② 万松：《万松老人评唱天童觉和尚颂古从容庵录》卷1《世尊升坐》，大正藏经本。
③ 万松：《万松老人评唱天童觉和尚拈古请益录》卷上《云盖万户》《雪峰古涧》，卷下《古德道场》，大正藏经本。

故次之，以拨乱之手，太平之筹。""太平本是将军乱，不得将军不太平。""寰中天子，塞外将军，中外君臣，各安其分。"①

三是兴废互补，佛教亦然。"却问教门兴废，疑难道：会昌沙汰时，护法善神向什么处去也？唐武宗好仙，沙汰僧尼二十六万五百人。会昌五年八月下旬，勒令归俗。帝服方士丹药，性加躁急，喜怒不常，至六年三月初，才及半年以丹毒死。宣宗即位，佛寺复增三倍之多。以神道为论，不假武宗小废，何致宣宗大兴。善神权巧之方断非凡下可及，若以衲僧见处，法门本无兴废，善神岂有去来。"②

四是清静无为，治国要义。"有底道：清闲真道本，无事小神仙。虽然莫将无事为无事，往往事从无事生。""易曰：黄帝尧舜垂衣裳，而治天下。无为之化，不令而行。"③

五是慈悲善行，行孝守义。"万松道：一分心行，是一分慈悲。不吃一交，不学一便。可谓果从花里得，甘向苦中来。""示众云：含血喷人，自污其口。贪杯一世偿人债，卖纸三年欠鬼钱。万松为诸人请益，还有担干计处也无。""万松常向人道：大似个人把祖父家门、产业并眷属自身，一契卖却，置得个水晶瓶子，终日随形守护，如眼睛相似。莫教万松见，定与捏破，教伊撒手掉臂，作个无忌讳快活汉。"④

六是善视君主，不事谄谀。"后唐庄宗，在位三年，癸未改同光元年。唤作中原一宝，已是强名，毕竟唤作甚么，大小天童只道得个君王底意语知音。看他庄宗行兵，则从真定服中山，取渔阳兼魏博，策马渡河，而梁氏失国，偏师西指，而剑阁不守。所以自称收得中原一宝，只是无人酬价。""万松道：第一要识取君王，更要知处中原，然后问尔宝下落。"⑤

七是潜心修行，正心为上。"近日有全真道士，恳求教言道；弟子

────────────

①　万松：《万松老人评唱天童觉和尚颂古从容庵录》卷1《清源米价》，卷2《法眼指帘》，卷3《赵州柏树》；《万松老人评唱天童觉和尚拈古请益录》卷上《保福光境》《洞山宾主》。

②　万松：《万松老人评唱天童觉和尚颂古从容庵录》卷2《护国三松》。

③　万松：《万松老人评唱天童觉和尚颂古从容庵录》卷4《严阳一物》，卷5《夹山挥剑》。

④　万松：《万松老人评唱天童觉和尚颂古从容庵录》卷2《岩头拜喝》，卷5《翠岩眉毛》《长沙进步》。

⑤　万松：《万松老人评唱天童觉和尚颂古从容庵录》卷6《光帝朴头》。

三十余年，打迭妄心不下。万松道：我有四问，举似全真辈。一问妄心，有来多少时也。二问元来有妄心不。三问妄心作么生断。四问妄心断即是，不断即是。""内若不应，外不能为。一心不生，万缘具息。""近岁陈秀玉学士尝问万松：弥勒菩萨，为什么不修禅定，不断烦恼。万松道：真心本静，故不修禅定。妄想本空，故不断烦恼。""万松道：欲道他人，先治自己。"①

万松之所以能够与金章宗互动，就是因为他具有三教合一、淡然处世、关注治乱的政治观念，既有独到的理论支持，也容易被他人所接受。

二　太一道道士的政治观点

太一道亦称太乙教，由萧抱珍创建，其后继者萧道熙、萧志冲、萧辅道等人的政治观点可分述于下，其他道教门派的又玄子的观点亦附于此节。

（一）萧抱珍、萧道熙的创教观念

萧抱珍（？—1166 年），原名萧元升，卫辉（今属河南）人，金熙宗天眷初（1138）创立太乙教，皇统八年被熙宗召见，为其所居观赐名"太乙万寿观"。萧抱珍不仅广招道众，还确定了该教教主的传人只能姓萧。②

萧道熙（1158—？），字光远，原名韩道熙，汴州（今属河南）人，被萧抱珍选为第二代教主。萧抱珍去世后，萧道熙以幼童承继教主，在道教教义方面已有值得注意的见解，并被朝廷所重视。

> 时师（萧道熙）甫满十祀耳，既窆，师乃陈宝篆法物，具香火升堂，以二代嗣事谕众。有门弟子芊道省、刘道固等，思有以大厌众心，稽首求颂，且问师："它生云何贤圣？"师即走笔批曰："明月清风大德，颇诃愚人未识。忉忉询吾为谁，只是从来太一。"众遂奢服归心焉。
>
> （大定）九年，朝廷歆其行异，敕立万寿额碑于本观。是后声

---

① 万松：《万松老人评唱天童觉和尚拈古请益录》卷上《卧轮伎俩》，卷下《楞严推心》《大慈识病》。

② 王鹗：《广福万寿宫碑铭》，《全元文》第 8 册，第 18—20 页；王恽：《故太一二代度师先考韩君墓碣铭》，《秋涧集》卷 61。

教大振，门徒增盛，东渐于海矣。

（大定）十一年，时师殂十有四腊，门人钜鹿李悟真者造请："何为仙道？"师曰："做仙佛不难，只依一弱字便是耳。《经》曰：弱者，道之用也。"

萧道熙还曾被金世宗召入中都，向世宗陈述了无为而治的诉求。

世宗诏求海内名师，宗主天长观事，师遂幡然应诏。不阅月，户外之屦满矣。……（大定十五年）春，辞还乡里。（大定）二十二年，兴陵（金世宗）梦师冠履上谒，寤思之，遂征至内殿，问以摄生之道。对曰："嘘嗡精气，以清虚自守，此野人之事。今朝廷清明，陛下当允执中道，恭己无为而已。"

大定二十六年（1186），萧道熙选择王志冲为第三代教主，自己则云游天下，所要表现的就是一切皆空的理念："来自无中来，去复空中去。来去总一般，要识其间路。"[①] 作为一个年轻的教主，又处于金世宗的"盛世"时期，萧道熙的无为观念确能被当政者注意，并对新建的太一道有着不可忽视的影响。

（二）萧志冲、萧辅道的救民观念

萧志冲（1151—1216 年），字用到，博州堂邑（今属山东）人，原名王志冲，为继承教主位改姓萧氏，号元朴子。

在与地方官员的交往中，萧志冲特别强调了太一道"守静"的要义。

明昌间（1190—1196），前尚书右丞刘公玮自大名移镇河中，道出淇上，谒师（萧志冲）甚恭。州倅移刺者，先以常流待师，见刘公加礼，心犹疑之。其后数屏人独往，而师常静坐无为，因问："先生于此，有何受用？"师曰："静中自有所得，非语言可以形容。若无得者，虽片时不能安，况终身乎。"其人乃服，曰："刘公诚有知矣。"

---

① 王恽：《太一二代度师赠嗣教重明真人萧公行状》，《秋涧集》卷47。

萧志冲在章宗朝还参与了宫廷的各种祭祀活动，并展现了道者遵守清规和救助百姓的意愿。

> 泰和初（1201），章庙（金章宗）春秋已高，皇嗣未立，设普天大醮于亳之太清宫，间岁报谢，师皆与焉。（泰和）五年，河南道士籍少既以再祈皇嗣被召，过师问之，师曰："向来作醮，例遣重臣，所在供拟，多伤物命，其违天意甚矣，自今宜罢之。至于与醮官吏，皆须禁止荤酒，务行善事，庶可达诚。虽然，再三则渎，亦恐徒劳耳。"籍至阙，以勿遣重臣为言，上可之，而令籍诣太清，行事如初，师与俱往，既又同赴中都太极宫，诵经百日。
>
> 时户部侍郎胥鼎方提控寺观，恐师南还，率朝士十余候之曰："今明主临朝，尊元重道，天长才废，随建此宫。如师者人天眼目，不容遽去也。"会宫众亦坚挽之，遂勉为留。
>
> （泰和）七年，大蝗，上遣中官问提点郭元长禳治法，元长敕其徒阅《道藏》求之。师从旁曰："《道藏》如海，岂易讨寻，就使有之，亦未敢必其应。吾祖真人尝留经篆三百余阶，内有秘章，今可用也。"遂取以进。上喜曰："天垂此教，以利生民。"即命师依科作醮，比行礼，大雨，师呪信香一炷，祷于真人，其雨立止。翌日，有旨问蝗绝之期，对以三日。据法有洒坛符，而洒时当留一面，使蝗有所归，师则留其西，西乃大山也。及期，则群飞入山而死。诏加赏赉，师固辞曰："道人救物，安用赏为。"上曰："真道人也，当别议旌表。"

记述宗教人士的作为，难免神秘色彩，只须注意其中所反映的爱民、救民观念。

卫绍王大安二年（1210），萧志冲以萧抱珍从孙萧辅道（字宗弼）为第四代教主，自己则专心隐修。[①] 在金朝末年的战乱中，萧辅道亦有掩埋死者和救助生者的举动。

> 国朝癸酉岁（1213），天兵北动，奄奠中夏，明年分道而南，

① 王若虚：《太一三代度师萧公墓表》，《滹南遗老集》卷42。

连亘河朔，卫乃被围。粤三日城破，以州旅拒不即下，悉驱民出泊近甸，无噍类殄歼。初，星妖下流，淇上群儿气吐成谣，哄歌里陌间，曰"团练冬，半破年，寒食节，绝人烟"之谶，寻罹厄，实贞祐二年（1214）春正月十有二日也。时太一度师萧公（萧辅道）当危急际，以智逸去。是年冬十一月，师自河南来归，睨其城郭为墟，暴骨如莽，师恻然哀之，遂括衣盂所有，募人力敛遗骸，至断沟窨井，攘蓬披塞，掇拾罔漏。乃卜州西北二里许，故陈城内地，凿三坎，瘗而丘之，仍设醮祭，以妥厥灵。

壬辰（1232）冬，大兵至城下。师惩前日河朔兵凶之惨，复以一言活万家于锋镝之下。①

萧辅道还曾在元世祖忽必烈即位之前，被问及"所以为治者"，他以"爱民立制、润色鸿业、用隆至孝者数事为对"，得到忽必烈的赞赏。② 经过乱世的洗礼，太一道的爱民观念更值得重视。

（三）又玄子定道规

金世宗在位时，道士又玄子倡导儒、道合流，并按照这样的观念确定了道教的"功过格"。

《易》曰："积善之家，必有余庆；积不善之家，必有余殃。"道科曰："积善则降之以祥，造恶则责之以祸。"故儒、道之教，一无异也。古者圣人君子、高道之士，皆著盟诚，内则洗心炼行，外则训诲于人，以备功业矣。余于大定辛卯之岁（1171），仲春二日子正之时，梦游紫府，朝礼太微仙君，得受功过之格，令传信心之士。忽然梦觉，遂思功过，条目历历明了，寻乃披衣正坐，默而思之，知是高仙降灵，不敢疏慢，遂整衣戴冠，涤砚挥笺，走笔书之，不时而就，皆出乎无思，非干于用意，著斯功格三十六条、过律三十九条，各分四门，以明功过之数，付修真之士明书日月，自记功过，一月一小比，一年一大比，自知功过多寡，与上天真司考校之数，昭然相契，悉无异焉。大凡一日之终，书功下笔乃易，书过下笔的难。即使聪明之士，明然顿悟罪福因缘、善恶门户，知之

① 王恽：《堆金冢记》，《秋涧集》卷39。
② 王恽：《清晔殿记》，《秋涧集》卷38。

灭半，慎之全无。依此行持，远恶迁善，诚为真诚，去仙不远矣。

在功格里，需要注意以下规定。

雕造经教所费百钱为一功，贯钱为十功。印造散施与人小经一卷为十功，大经一卷为二十功。并谓上圣正典有教化者，非谈论兴亡胜败之书及咏风月之文。

旦夕朝礼，为国为众，焚修一朝为二功，为己焚修一朝为一功。

章醮，为国、为民、为祖先、为孤魂、为尊亲，祈禳灾害，荐拔沉魂，一分为二功，为己一分为一功，为施主一分为一功，若受法信则无功。

为国为民，或尊亲先亡，或无主孤魂，诵大经一卷为六功，小经一卷为三功，圣号百遍为三功。

兴诸善事，利益一人为一功。

讲演经教及诸善言，化谕于众，在席十人为一功，百人为十功，人数虽多，止五十功。

以文章诗词，诚劝于众，一篇为一功。

举荐高明贤达有德之士用事，一人为十功。

赞扬人之善道，一事为一功。

掩遏人之恶业，一事为一功。

劝谏人令不为非、不廉、不孝、不贞、不良、不善、不慈、不仁、不义，一人回心为十功。

在过律中，则可注意以下规定。

教唆人官门斗讼，死刑为三十过，徒刑为二十过，杖罪为十过，笞罪为八过。

教唆人斗争，一人为一过。

教人为不廉、不孝、不义、不仁、不善、不慈，为非作过，一事为一过。

见贤不荐为一过，见贤不师为一过。

见明师不参授典教为二过，不依师之教旨为十过，反叛师长为五十过，违师教公为三十过，尊长父母同此论。

良朋胜友不交，设为一过。

穷民不济为一过，复加凌辱一人为三过。①

也就是说，又玄子假托太徽仙君之名确定的"功过格"，就是要将儒家的道德规范引入道教，以起到规范道教人士和世人行为的作用。

第二节　全真道七真人的政治观念

全真道于金朝中期兴起，其影响逐渐进入金朝宫廷，所以需要对全真教七真人王嚞、马钰、谭处端、刘处玄、郝大通、王处一、丘处机的政治观念作较详细的说明。②

一　王嚞说三乘治国

王嚞（1113—1170年），字知明，号重阳子，入道前名中孚，字允卿，又改名为世雄，字德威，京兆咸阳（今属陕西）人，全真道创始人，著有《重阳全真集》《重阳教化集》《重阳分梨十化集》《重阳立教十五论》等，③重点阐释的是以三教合一为理论基础的三乘治国观念。

（一）三教同根说

王嚞创立全真教，其立意基础首先是儒、道学说的融汇，有人专门记录了他创教时的情况。

孔、老之教，并行乎中国，根源乎至道，际六合无内外，极万物无洪纤，真理常全，无有欠余，固不可以浅识窥测。或者剖强名之原，指成器之迹，互相排斥，是此而非彼，而二家之言遂争长于

---

① 又玄子：《太微仙君功过格》，正统道藏本。

② 全真教七真人，由金入元均包括王嚞，至元六年下诏以王嚞为全真教祖师，其弟子七人为真人，加入了马钰之妻孙不二，此处采纳的是七真人的最初说法。

③ 完颜璹：《重阳真人全真教祖碑》，李道谦编《甘水仙源录》卷1，正统道藏本；秦志安：《重阳王真人》，《金莲正宗记》卷2，正统道藏本。

天下。是不知天下无二道，圣人不两心。所以积行立功，建一切法导迪人心，使之迁善远罪，洋洋乎大同之域，其于佐理帝王，一也。为老氏者曰吾宝慈俭，又曰常善救物，与夫孔圣本仁祖义之说若合符契。今观终南山重阳祖师（王喆），始于业儒，其卒成道，凡接人初机，必先使读《孝经》《道德经》，又教之以孝谨纯一。及其立说，多引六经为证据。其在文登、宁海、莱州尝率其徒演法建会者凡五，皆所以明正心诚意、少私寡欲之理，不主一相不居一教也。①

王喆后来又强调儒、佛、道三教融汇，并于大定八年（1168）建三教七宝会，大定九年建三教金莲会、三教三光会、三教玉华会、三教平等会，"凡立会必以三教名之者，厥有旨哉，真人者盖子思、达磨之徒欤，足见其冲虚明妙寂静圆融，不独居一教也"②。在全真道的道义解读中，王喆更着重说明了三教同根、不离真道和"太上为祖，释迦为宗，夫子为科牌"的观点，并将道、佛、儒列为下乘、中乘、上乘"三乘之法"。在神仙说及性命说中，都涉及三教的要义，并使之密切联系而不是相互排斥。

须弥山，山东坡有一只青羊，是老君之炁，西坡见一只白羊，是夫子之炁，正南见一只黄羊，是大觉金仙之炁，三个羊儿引接大众入山。

问曰："何者是三乘之法？"诀曰："下乘者如新生孩儿，中乘者如小儿坐地，上乘者如小儿行走。若人通此三乘，便超三界，欲界、色界、无色界。是心性意显具三身，清静法身，圆满报身，三昧化身。三者各有显迹之神。第一会太上炼甲乙木，是虚坦会，老君著青衣，度三千青衣道士者，转青神黄卷三十六部《灵宝尊经》，留下九转丹黄芽穿膝之法。绝国第二会，释迦佛留下，炼南方丙丁火，身被烈火袈裟，三千赤子比丘僧人，留下十二部《大乘尊经》，射九重铁鼓之法、芦芽穿膝之法。龙华三会，夫子在鲁国之习学堂，炼西方庚辛金，三千白衣居士，留下十卷《论语》，并

---

① 刘祖谦：《终南山重阳祖师仙迹记》，《甘水仙源录》卷1。
② 完颜璹：《重阳真人全真教祖碑》，《甘水仙源录》卷1。

穿九曲明珠芦芽穿膝之法。三教者如鼎三足，身同归一，无二无三，三教者不离真道也。喻曰：似一根树生三枝也。”

问曰："大道之中离几等神仙？"解曰："闻《传道集》中有五等神仙。第一不持戒，不断酒肉，不杀生，不思善，为鬼仙之类。第二养真气长命者，为地仙。第三好战争，是剑仙。第四打坐修行者，为神仙。第五孝养师长父母、六度万行，方便救一切众生，断除十恶，不杀生，不食酒肉，邪非偷盗，出意同天心，正直无私曲，名曰天仙。

太上为祖，释迦为宗，夫子为科牌。自从三教既寂以后，一切男女在爱河内煎煮，苦海漂沉，受其烦恼，六道沉沦，不生不落去住。三教圣主，三界圣母，却来救度儿女，名号记显现分明，寿印信为其勘同。……三教者，是随意演化众生，皆不离于道也。古人言曰：世间性命事大。修行者生、老、病、死、苦，今人各不晓真道，往往著空尽落空，现在亦不能了，何言过去之事。又闻《达磨经》云：过去非言实，未来不为真。太上炼九转还丹，令人去病疾，了生死。夫子教仁、义、礼、智、信，恐人招业在身，令人修此，亦能治其疾病。①

在诗作中，王嚞还特别强调了佛、道之间的融通关系，并明确提出了"禅道两全为上士"的观点。

释道从来是一家，两般形貌理无差。识心见性全真觉，知秉通铅结善芽。马子休令川拨棹，猿儿莫似浪淘沙。慧灯放出腾霄外，照断繁云见彩霞。②

禅中见道总无能，道里通禅绝爱憎。禅道两全为上士，道禅一得自真僧。道情浓处澄还净，禅味何时净复澄。咄了禅禅并道道，自然到彼便超升。③

尤为重要的是，三教的义理相通，只是世人未加注意而已，所以修

---

① 王嚞：《重阳真人金关玉锁诀》（重阳教化集），正统道藏本。
② 王嚞：《答战公问先释后道》，《重阳全真集》卷1，正统道藏本。
③ 王嚞：《问禅道者何》，《重阳全真集》卷1。

行者要秉持的就是"三教一家"的态度。

> 大道无言不可闻,禅宗坦荡乃同群。两般打坐谁能悟,一炷香烟孰会分。夺得三光真秀气,便消四大敢纷纭。团圆耀彩投空外,方得逍遥似白云。①
>
> 儒门释户道相通,三教从来一祖风。悟彻便令知出入,晓明应许觉宽洪。精神炁候谁能比,日月星辰自可同。达理识文清净得,晴空上面观虚空。②
>
> 为甚风狂偏爱酒,非干愚意多轻,此般道眼最分明。顶门三路显,得伴道人行。三教幽玄深远好,仍将妙理经营,麒麟先悟仲尼魌。青羊言尹喜,舍利唤眷莺。③
>
> 虚夸修炼炼何曾,只向人前炫己能。难晓儒门空怯士,不通释路却嫌僧。色财丛里寻超越,酒肉林中觅举升。在俗本来无一罪,盖缘学道万重增。④
>
> 心中端正莫生邪,三教搜来做一家。义理显时何有异,妙玄通后更无加。般般物物具休著,净净清清最好夸。亘劫真人重出现,这回复得跨云霞。④

王喆在金朝中期倡导"三教合一",对道教思想的革变有重要影响,值得高度重视。

（二）三乘治国说

基于"三教同根"的认识论基础,王喆强调了"三乘治国"的神仙抱一、富国安民、强兵战胜三项基本要求。

> 昔日老君炼金、木、水、火、土,留下三乘妙言,行行灭罪,句句长生。第一上有神仙抱一,第二中有富国安民,第三下有强兵战胜。
>
> 问曰:"何者是神仙抱一?"诀曰:"抱一者,天下人身之根

---

① 王喆:《赠友人》,《重阳全真集》卷10。
② 王喆:《孙公问三教》,《重阳全真集》卷1。
③ 王喆:《临江仙》,《重阳全真集》卷12。
④ 王喆:《永学道人》,《重阳全真集》卷1。

本。一者，是万物之根本，一者为道也。昔为初一者，真水也。水
中生气，气中生水。万物者从一生，万物是长养。一生二，二生
三，三生万物。三中四智功五眼，恁起六根，扫荡七魄，运开八
卦，说九思真道。凭无漏果圆融，意想自神长在丹田，抱守元炁，
莫教散失，此者是抱一之法。"

　　问曰："何者是富国安民？"诀曰："男子、女人身中，各有九
江四海，龙宫库藏中有七珍八宝，莫教六贼偷了，此是富国安民。"

　　问曰："何者是强兵战胜？"诀曰："夫战胜者，天下少人知，
夫战胜是常之法。"

　　难曰："既论清静之法，何得说战胜理？"解曰："今人不达战
胜之法，又能治于病疾无常。战胜者，第一先战退无名烦恼；第二
夜间境中，要战退三尸阴鬼；第三战退万法。此者是战胜之法。若
人会得三乘者，变殃恼为福也。夫修行者，常清静为根本大乘之
法。欲为大乘者，须索从小乘而起，清不离浊，动不离静，静中便
生动，浊中便自有清。有天地，有日月，有水火，有阴阳，谓之真
道。经云：纯阳而不生，纯阴而不长，阴阳和合者，能生万物。今
人修道者，却不修真道。道者了达性命也，性命者是精血也。人有
万病，是病者皆伤人之命矣。有疾病者，尽不干五脏之事，都是损
了精、气、血三宝，欲要安乐长生者，除是持清静之识。或有未出
家之人，年少时不能持清静之果，从小乘，入中乘、上乘。初地达
法心为小乘，觉悟者为中乘，了达者为上乘。第一是化城，第二是
银城，第三是金城。似一根大树，先有其根，后有其梢。如常时只
宜清静，大为正道也。①

　　神仙抱一是守道的要求，富国安民是治道的要求，强兵战胜是护道
的要求，所以王喆在诗作中强调了三者缺一不可的密切关系。

　　　既欲修行，终全阒谧，出离尘俗相当。莫凭外坐，朝暮起心
　　香。须是损妻舍事，违乡土，趱却儿娘。常归一，民安国富，战胜
　　又兵强。长长，潇洒做，搜寻玄妙，认取清凉。又凭空渺邈，大道

---

　　①　王喆：《重阳真人金关玉锁诀》。

无方。只在圆光自照，明来后，堪用衡量。重阳子，迎霜金菊，独许满庭芳。①

"三乘治国"中的强兵战胜，显然不是穷兵黩武，而是要为天下太平提供基本的保证。

边境静，乞觅得便宜。战鼓复为韶乐鼓，征旗还作化缘旗，便见太平时。那减舍，第一莫迟迟。王喆害风无忧子，当三折二小钱儿，伏愿认真慈。②

一泽如膏贺太平，天垂荫祐洽民情。行云作盖三光射，和气呈祥万彙生。涤出慧心尤寂静，洗开道眼愈分明。携筇便踏云霄路，请个清闲倒玉觥。③

"三乘治国"中的富国安民，带有民本主义色彩，不仅要求当政者行善止恶，更要注重仁政、德政，尤其是"与人方便"的宽政。

得势那堪更得时，得时全不畏阴司。也宜积行修因果，恶业提防有满时。④

方面蓬莱路，朱幡喜色通。车行行德雨，扇动动仁风。前拥双旌贵，旁驰万骑雄。栽棠齐召伯，阐化类文翁。政治灵光显，言尊性理融。位登槐府后，应与我心同。⑤

金相隔，事无侵。是人非，总伏钦。税一方，蒙大荫。因千行，积洪音。修仁德，皇天眷。下恩禧，圣主临。位最高，谁可议。咱先保，赵文林。⑥

日日此中开宴，食肉诸公总善。唯有害风王，莫怪频来见面。知县，知县，正好与人方便。⑦

① 王喆：《满庭芳·欲脱家》，《重阳全真集》卷3。
② 王喆：《望江南·纸旗上书》，《重阳全真集》卷13。
③ 王喆：《春雨》，《重阳全真集》卷1。
④ 王喆：《警知天命》，《重阳全真集》卷2。
⑤ 王喆：《上登州知州》，《重阳全真集》卷1。
⑥ 王喆：《赠终南主簿赵文林》，《重阳全真集》卷2。
⑦ 王喆：《如梦令·赠县令》，《重阳全真集》卷7。

恰是基于"三乘治国"的基本观点，王喆特别提醒世人不要为名利所惑，因为争名逐利是最靠不住的做法。

　　磨镜争如磨我心，我心自照远还深。鉴回名利真清净，显出虚无不委沉。一片灵光开火道，万般莹彩出高岑。教公认取玄玄宝，挂在明堂射古今。①

　　不谋轻举望升飞，碧洞无劳闭玉扉。久厌世情名与利，素嫌人世是和非。须知谨谨修心地，何必区区炫道衣。门外落花任风雨，不知谁肯悟希夷。②

　　堪叹世间名与利，朝贪暮爱没休时。悟来恰似观棋者，迷后浑如败者棋。急急修行急急修，我今题写此骷髅。从来世上争名利，不到而今未肯休。③

　　但人做，限百年，七旬难与。夺名争利，强恁徒劳辛苦。金飞玉走，催逼老死，还被兄孙拖入土。余今省悟，舍攀缘爱念，一身无虑归去。云水长游，清闲得遇，识汞知铅，气满精牢神聚。金翁却期，黄婆匹配，能养婴儿姹女。刀圭足数，又蓬莱客，至上仙留住。④

为此，王喆还点出了"宦途无定"的主题，就是希望尘世中人能够不沉湎于功名的迷梦之中。

　　诸公在坐尽高才，俊又聪明道眼开。莫为功名牵系住，也应随我到蓬莱。⑤

　　名路求高，宦途无定，一来一去缘心性。稍知分守得优游，能通止足参贤圣。莫使偏颇，须存直正，花开须是依时令。日轮耀处吐光辉，月华朗后添清莹。⑥

---

① 王喆：《磨镜》，《重阳全真集》卷1。
② 王喆：《和落花韵》，《重阳全真集》卷1。
③ 王喆：《叹世》，《重阳全真集》卷10。
④ 王喆：《留客住》，《重阳全真集》卷3。
⑤ 王喆：《赠诸生》，《重阳全真集》卷2。
⑥ 王喆：《踏沙行·咏宦途无定》，《重阳全真集》卷12。

叹平生，景光奔走尤遄。利名牵，休空劳攘，不须频苦孜煎。
这荣耀，趁时显现，似风烛，终勿牢坚。走玉常催，飞金每促，更
兼愁恼紧缠绵。睹浮世，推来暂处，四序换流年。齐捐舍，争如善
根，结取良缘。慧刀开，劈回猛烈，智锋举，刺转英贤。自家声，
能调雅趣，旧奇韵，堪应斯弦。认取元初，搜寻本有，幽微密妙总
投玄。得归一，长春景致，还也任如然。无来去，蓬莱岛中，作个
神仙。①

王喆创教于完颜亮和金世宗在位时，金朝的朝政在这一期间发生过
重大变化，王喆提出的"三乘治国"说法，适应朝廷由苛政转向善政
的总体趋势，对这一点应加以注意。

（三）修身养性说

修身养性是王喆重点阐释的内容，他的大量著述都与此相关，由此
需要特别注意他的四说。

一是去障说。修身养性必须去除无名烦恼和酒色财气带来的障碍，
才能深得修行之法。

> 或问曰："如何是修真妙理？"答曰："第一先除无名烦恼，第
> 二休贪恋酒色财气，此者便是修行之法。夫人之一身，皆具天地之
> 理。天地所以含养万物，万物所以盈天地间，其天地之高明广大，
> 未尝为万物所蔽。修行之人，凡应万事，亦当体之。"②

二是清净说。不以清净之心修行，不修仁蕴德，必是歪门邪道，难
以达到修身养性的效果。

> 不晓真源，尽学旁门小术，此是作福养身之法，并不干修仙之
> 道。性命之事，稍为失错，转乖人道。诸公如要真修行，饥来吃
> 饭，睡来合眼，也莫打坐，也莫学道，只要尘冗事屏除，只要心中
> 清净两个字，其余都不是修行。诸公各怀聪慧，每日斋场中细细省
> 悟，庶几不流落于他门。行功乃别有真功真行。晋真人云：若要真

---

① 王喆：《绿头鸭》，《重阳全真集》卷11。
② 王喆：《重阳真人金关玉锁诀》。

功者，须是澄心定意，打叠神情，无动无作，真清真净，抱元守一，存神固气，乃是真功也。若要真行者，须是修仁蕴德，济贫拔苦，见人患难，常行拯救之心，或化诱善人，入道修行，所行之事，先人后己，与万物无私，乃真行也。伏愿诸公早垂照鉴。①

丹阳（马钰）又问："何者名为清静？"祖师（王喆）答曰："有内外清静。内清静者，心不起杂念。外清静者，诸尘不染著，为清静也。"②

守清守净，各各开明性，两两做修持。你个个，心头修省，虚虚实实，里面取炎凉。寻自在，觅逍遥，渐渐归禅定。教言教令，一一须当听。急急上高坡，便稳稳，寻他捷径。玄玄妙妙，子细认天衢，行得正，立来端，步步莲花并。③

三是顿悟说。修身养性不能靠仙药和符箓，而是要靠用心体道的心性休养，以达到顿悟的效果。

养甲争如养性，修身争似修心。从来作做到如今，每日劳劳图甚。好把幽微搜索，便将玄理思寻。交君稍悟水中金，不肯荒郊做恁。④

修行只被巧心多，却把金刚唤何蹉。外貌人前夸俊雅，内容目下愈蹉跎。性中难以开金诀，真理焉能悟玉科。枉把妻男空弃舍，将来罪业看如何。⑤

（修行助饥寒者，唯三事耳，乞觅上，行符中，设药下，空如此无作用，亦未是）乞觅行符设药人，将为三事是修真。内无作用难调气，外有勤劳易损神。不向本来寻密妙，更于何处觅元因。此中搜得长春景，便是逍遥出六尘。⑥

---

① 王喆：《玉花社疏》，《重阳全真集》卷10。
② 王喆：《重阳真人授丹阳二十四诀》，正统道藏本。
③ 王喆：《蓦山溪·赠文登县骆守清》，《重阳全真集》卷3。
④ 王喆：《西江月》，《重阳全真集》卷3。
⑤ 王喆：《示学道人》，《重阳全真集》卷1。
⑥ 王喆：《修行》，《重阳全真集》卷1。

金刚四句首摩诃，其次须寻六字歌。仗起慧刀开般若，能超彼岸证波罗。识心见性通真正，知汞明铅类蜜多。依得此中端的义，上腾碧落出娑婆。①

人须猛省，人须猛悟。独不省独不悟，巧机越做。有日阎王知，差著个特俏措，崄巇底赶我来去。行到半路，泪珠无数。告鬼使，这里且暂停住。小鬼喝一声，莫要埋冤苦，对判官、你尽分诉。②

（第八论降心）凡论心之道，若常湛然，其心不动，昏昏默默，不见万物，冥冥杳杳，不内不外，无丝毫念想，此是定心，不可降也。若随境生心，颠颠倒倒，寻头觅尾，此名乱心也，速当剪除，不可纵放，败坏道德，损失性命。行动坐卧常勤降，闻见知觉无病患矣。

（第九论炼性）理性如调琴，弦紧则有断，慢则不应，紧慢得中，琴可调矣。则又如铸剑，钢多则折，锡多则卷，钢锡得中，则剑可铸矣。调炼性者，体此二法，则自妙也。

（第十一论混性命）性者神也，命者气也。性若见命，如禽得风，飘飘轻举，省力易成，阴符经云"禽之制在气"是也。修真之士，不可不参。不可泄露于下士，恐有神明降责。性命是修行之根本，谨紧锻炼矣。③

四是学书说。读书是修身养性的重要方法，但是读书要体会其中的奥义，才能有用。而要入圣道，则还有忘我等更高的要求。

（第三论学书）学书之道，不可寻文而乱目，当宜采意以合心，舍书探意采理。舍理采趣，采得趣，则可以收之入心。久久精诚，自然心光洋溢，智神踊跃，无所不通，无所不解。若到此，则可以收养，不可驰骋耳，恐失于性命。若不穷书之本意，只欲记多念广，人前谈说，夸讶才俊，无益于修行，有伤于神气，虽多看

---

① 王喆：《吕善友索金刚经偈》，《重阳全真集》卷1。
② 王喆：《惜黄花》，《重阳全真集》卷11。
③ 王喆：《重阳立教十五论》，正统道藏本。

书，与道何益。既得书意，可深藏之。

（第十二论圣道）入圣之道，须是苦志多年，积功累行。高明之士，贤达之流，方可入圣之道也。身居一室之中，性满乾坤。普天圣众，默默护持，无极仙君，冥冥围绕。名集紫府，位列仙阶。形且寄于尘中，心已明于物外矣。①

对于修身养性，王喆还在诗词中明确提出了守孝、安贫、随缘、平等四方面的具体要求，作为修行的戒律。

少无福，早孤独，憔悴一身无告嘱。日常思，日常思，此事分明，皇天便得知。见远促，见远促，侍来偏亲增汝禄。孝心推，孝心推，致感神明，洪禧得共随。为人福，生中国，衣饭阴公注定禄。命中无，少嗟嘘，天与之贫，不得富安居。寻思人似草头露，争奈保朝不保暮。莫刚求，莫刚求，假使强图，入手却还休。随缘过，随分乐，恶觅悭贪都是错。贵非亲，富非邻，矜孤恤老，取舍合天真。当权勿倚欺凌弱，须防运去相逢著。减欺慢，减欺慢，不论高下，平等一般看。②

王喆作为"化外之人"，不议论朝政是他的基本准则，但是在他宣扬教义中所涉及的治国观念，自成体系，与其他道教门派有明显的区别，对后来的全真教徒有重要的影响。

二　马钰说清静无为

马钰（1123—1184 年），字玄宝，号丹阳子，入道前名从义，字宜甫，扶风（今属陕西）人，由儒入道，师从王喆，成为全真教重要宗师，著有《渐悟集》《洞玄金玉集》《丹阳神光灿》等，另有门人辑录的《丹阳真人语录》和《丹阳真人直言》，在著述中主要宣扬的是清静无为观念。③

---

① 王喆：《重阳立教十五论》。
② 王喆：《梅花引》，《重阳全真集》卷13。
③ 王利用：《全真第二代丹阳抱一无为真人马宗师道行碑》，《甘水仙源录》卷1；秦志安：《丹阳马真人》，《金莲正宗记》卷3。

（一）道者无为

马钰发展了王喆的清净说，将其与无为联系在一起，作为道者修行的基本要求，由此就有了以下告诫弟子的语言。

> 诸公休起心动念，疾搜性命，但能澄心遣欲，便是神仙。别休认，休生疑，此是端真实语。惟要长清长净，勉力行之，但悟万悟，屡假自心证，欲自遣，性自停，命自住，丹自结，仙自做，他人不能替得自家做。修行各各用力，休太急，常逍遥自在。弟子若不是师父说破，不能认此为妙法，今不敢传与他人。诸公但请休生疑心，无疑心便是得道之人。常处无为清净自然之理，更要发烟火如此作用，真神仙也。
>
> 汝等每日不可忘日用事，其日用有二：有外日用，有内日用。外日用者，大忌见他人之过，自夸己德，妒贤嫉能，起无明火，尘俗念生，胜众之心，人我是非，口辩憎爱。内日用者，休起狐疑心，长莫忘于内，若云游住坐，亦澄心遣欲，无挂无碍，不染不著，真清真净，逍遥自在。①

> 师（马钰）言："薄滋味所以养气，去嗔怒所以养性，处污辱低下所以养德守一，清净恬惔所以养道。名不著于簿籍，心不系于势利，此所以脱人之壳，与天为徒也。"
>
> 师语众曰："学道专一，则人人可以为仙，不同世俗之进取有黜落也。儒则博而寡要，道则简而易行。但清净无为，最上乘法也。"
>
> 仆（王颐中）与曹、刘二三伴，在环堵外立，师忽出曰："夫道，但清净无为，逍遥自在，不染不著。此十二字，若能咬嚼得破，便做个彻底道人。但信老人言，行之自当有益，必不误你诸年少。"
>
> 师曰："无为者，不思不虑也。爱欲嗔怒，积畜利害，其间虽有为而常无为，虽涉事而常无事。何况专一清心，净意养气，全神飘游于逍遥之地，入于无何有之乡。"②

---

① 马钰：《丹阳真人直言》，正统道藏本。

② 王颐中集：《丹阳真人语录》，正统道藏本。

专一学道，人人可得人仙，不同世俗，进取有黜落也。但清静无为，最为上乘省力。

夫道者，但清静无为，逍遥自在，不染不著，十二时中，但能行彻，必不误尔。

守清静恬淡，所以养道；处污辱卑下，所以养德；去嗔怒灭无明，所以养性；节饮食薄滋味，所以养气。然后性定则情忘，形虚则气运，心死则神活，阳盛则阴衰，此自然之理也。①

在诗、词中，马钰也强调了无为说对全真教的重要作用。

术法我不会，打坐我不爱。终日乐逍遥，终日占自在。观天行大道，自然得交泰。本师传口诀，无为功最大。②

同流相聚，递相觉察，须当外搜内刷。斗做修行有若，争头竞角。见贤思齐休妒，把神珠，时时擦抹。如开悟，便宜乎先觉，觉乎后觉。更且听予重劝，论修行，全在无为绝学。莫使尘缘间隔，本来素朴。净清能分真假，自然明，道非遥邈。功夫到，达幽微，神仙掌握。③

马钰亦重视"悟"的作用，但更强调"自悟"的要求："学道者必在自悟，不悟者昏蒙所致故也。欲发昏蒙，先涤其心，在乎澄湛明了而已。功到而成，不必叩请于他人，是工拙坦然明白矣。"④

马钰亦沿承了王喆的三教同根说法，但主要强调的是三教之人的相互尊重。

师（马钰）在束牟道上行，僧道往来者，识与不识必先致拜。从者疑而问之曰："彼此俱昧平生，何用拜之？"师曰："道以柔弱谦下为本，况三教同门异户耳。孔子言，虽执鞭之士，吾亦为之，

---

① 玄全子集：《真仙直指语录》卷上《丹阳马真人语录》，正统道藏本。
② 马钰：《无为吟》，《洞玄金玉集》卷5，正统道藏本。
③ 马钰：《赠武功薛先生》，《丹阳神光灿》，正统道藏本。
④ 王颐中集：《丹阳真人语录》。

未闻一拜之为一过。"①

待士非凡俗，崇僧性不凡。再三须重道，决要敬麻衫。②

道毁僧，僧毁道。奉劝僧道，各休返倒。出家儿，本合何如，了性命事早。好参同，搜秘奥。练气精神，结为三宝。真如上，兜率天官，灵明赴蓬岛。③

九阳教，尽通彻。三教门人，乍离巢穴。捍春时，幸得相逢，别是般欢悦。也无言，也无说。执手太笑，无休无歇。觉身心，不似寒山，这性命拾得。④

在道义方面，马钰并没有就三教融汇作出进一步解释，应该是对三教合一的观点有所保留。

（二）政尚无为

马钰与曾任京兆转运官的刘显武交往颇多，刘显武受马钰的影响，在任莱阳令时奉行无为而治的方法，时人有以下记载。

在昔西京曹参之来相齐也，尽召诸耆老问所以安集百姓者，然人人言异殊，未知所定。闻胶西盖公善治黄老言，乃使人厚币请之。既见，为言治道贵清静而民自定，推此类具言之。于是避正堂舍盖公焉，其治要用黄老术，故相齐九年，齐国安集，大称贤相。今我显武公之来令是邑也，暂淹骥足，聊用牛刀，视事月余，合境称治。向之冤抑无诉者得以伸其屈，奸猾抵献者无所肆其恶，百姓欢然，均赖其福。加之清廉公正，无一毫之私，虽鲁仲康之令中牟，西门豹之治邺县，不能过也。且莱阳素为剧县，号称难治，今庭无留事，居多暇日。乃延请道众，若铁查山玉阳子辈，引居便坐，讲道论德，探清静无为之本，穷修真养性之术，庭馆萧然，殊不觉有官，况既散则复治事如初，从旦达暝，略不知倦。然夫公之高才绝能，剸裁如流，而清静之道，抑不为无助也。由是观之，与

① 王颐中集：《丹阳真人语录》。
② 马钰：《敬三教》，《洞玄金玉集》卷4。
③ 马钰：《红窗迥·劝僧道和同》，《洞玄金玉集》卷8。
④ 马钰：《红窗迥·咏三教门人》，《洞玄金玉集》卷8。

夫曹参之礼盖公何所异哉。蚓乎同僚皆一时之贤，协心勠力，赞成美政。主簿夹谷昭信，朱勾课最，户无通租。仙尉蒲察武功彩棒威行，盗奔他境，遂使一邑之内，皆摄然安生，曾无所扰。其道治化，宣声远近，靡不景仰其德政矣。且夫公之为京兆运幕也，与真人（马钰）道契弥笃，已见之于初。及真人登真于莱阳也，值公复宰斯邑，与诸僚佐特命树碑勒文，垂示无穷，以张大全真之教。①

马钰本人只是强调无为，并没有阐释黄老的无为而治观念，而是在为政方面强调了与无为有关的八个观点。

一是遵依国法。无论是修行者还是普罗大众，都要以守法为先务，不能忽视这一原则。

专烧誓状，谨发盟言，遵依国法为先。但见男儿女子，父母如然。永除气财酒色，弃荣华，戒断腥膻。常清静，更谦和恭谨，无党无偏。布素袄骯度日，饥寒后，须凭展手街前。不得贪财诳语，诈做高贤。常怀慎终如始，遇危难，转要心坚。如退道，愿分身万段，永镇黄泉。②

修行人，先禁眼。见他妇女，不宜顾盼。牢擒捉，意马心猿，休缓缓缓缓。我人除，事情简。清贫柔弱，逍遥散诞。谨遵依，国法天条，永不犯不犯。③

又十劝云："一不得犯国法。二见教门人须当先作礼，一切男女如同父母，以至六道轮回，皆父母也。三断酒色财气，是非人我。四除忧愁思虑，攀缘爱念。如有一念才起，速当拨之。十二时中，常搜己过，稍觉偏颇，即当改正。五遇宠若惊，不得诈作好人，受人供养。六戒无名业火，常行忍辱，以恩复仇，与万物无私。七慎言语，节饮食，薄滋味，弃荣华，绝憎爱。八不得学奇异怪事，常行本分，只要吃化为生，莫惹纤毫尘劳。九居庵不过三

① 张子翼：《丹阳真人马公登真记》，《甘水仙源录》卷1。
② 马钰：《立誓状外戒》，《丹阳神光灿》。
③ 马钰：《红窗迥·赠鄠县小杨仙》，《洞玄金玉集》卷8。

间，道伴不过三人，如有疾病，各相扶持，尔死我埋，我死尔埋。或有见不到处，递相指教，不得生异心。十不得起胜心，常行方便，损己利他。虽居暗室，如对圣贤。清贫柔弱，恭顺于人，随缘度日，绝尽贪嗔，逍遥自在，志在修行，始终如一，慎勿怠惰。心清无为是真，意净无恶是善，养气全神，常起慈悲，暗积功行，不求人知，惟望天察。"①

二是惩恶扬善。善恶的因果报应，对人、对家、对国都可显现，所以一定要保持治平和慈悲的善念。

造恶之人，凶横无过。细寻思，最易奈何。生遭官法，死见阎罗。向狱儿囚，碓儿捣，硙儿磨。

积善之人，恭顺谦和。细寻思，却总输他。难收黑簿，怎入刑科。更神明祐，家门庆，子孙多。②

周官人，家豪富。长安通检，最为上户。十年间，兴废何如，无札锥去处。叹利名，不坚固。使我灰心，转生开悟。行大道，一志无移，修不来不去。③

马钰平生，心平性善，因师钓出牟平县。逍遥坦荡过东平，平安无事身康健。得到兴平，治平为念，清平快乐无征战。云游地脉太平官，平平稳稳行方便。④

慈悲句句如良药，语话琅琅似击钟。罢炼心魔并意乱，却祈国富与民丰。愿无憎爱投嘉趣，誓不悭贪积臭铜。三髻狂吟人莫笑，一般风害害风风。⑤

三是看淡名利。以清净无为的心态处世，就能摆脱名利之争，为国富民安创造良好的条件。

---

① 玄全子集：《真仙直指语录》卷上《丹阳马真人语录》。
② 马钰：《行香子·善恶报》，《洞玄金玉集》卷7。
③ 马钰：《红窗迥·赠京兆周七官》，《洞玄金玉集》卷8。
④ 马钰：《踏莎行·全真堂竹帘》，《渐悟集》卷上，正统道藏本。
⑤ 马钰：《宁海军判官乌延乌出次韵》，《洞玄金玉集》卷4。

争名竞利，恰似围棋，至于谈笑存机。口幸相谩有若，蜜里藏砒。见他有些活路，向前侵，更没慈悲。夸好手，起贪心不顾，自底先危。深类孙庞斗智，忘仁义，惟凭巧诈饶误。终日相征相战，无暂闲时。常存杀心打劫，往来见，须要便宜。一著错，似无常限至，扁鹊难医。①

一则降心灭意，二当绝虑忘机。三须戒说是和非，四莫尘情暂起。五便完全神气，六持无作无为。七教功行两无亏，八得超凡出世。②

一不轻师慢法，二遵清静仙经。三存精气养神灵，四把尘劳拂尽。五戒无明业火，六除俗礼人情。七擒猿马永安宁，八味琼浆得饮。③

大道都来六字，自然清静无为。有人依得合希夷，视听何须眼耳。清静内容欢喜，无为功就神飞。自然云步赴瑶池，三岛十洲仙会。④

先生饮罢琼浆酒，卧月眠云闲弄斗。依时斡运不交差，这个功夫凭匠手。满堂金玉无中有，国富民安神气秀。玉楼春色十分奇，不是莺花并绿柳。⑤

四是**抛家舍业**。马钰不关注如何治家，而是要求人们知道养家之苦，最好的办法就是弃家入道。

养家苦，火坑深，万尘埋没不能禁。遇风仙，物外寻。修行好，炼阳阴，净清能见水中金。显光辉，罩宝岑。

养家苦，镇常忙，忙来忙去到无常。作阴囚，住鬼房。修行好，不曾忙，闲闲闲里守真常。得修完，玉洞房。

养家苦，赡他人，衣丰食足尚嫌贫。运机心，丧了真。修行好，作闲人，自然忧道不忧贫。炼顽心，养至真。

①　马钰：《看围棋》，《丹阳神光灿》。
②　马钰：《西江月·赠清净散人》，《渐悟集》卷上。
③　马钰：《西江月·赠任守一》，《渐悟集》卷上。
④　马钰：《西江月·赠安静散人俱守极》，《渐悟集》卷上。
⑤　马钰：《玉楼春·赠姜道全》，《渐悟集》卷上。

养家苦，似蜂处，采花成蜜为谁甜。肯提防，蛛网粘。修行好，作风处，舌生津液玉浆甜。溉黄芽，无惹粘。

养家苦，特贪饕，家丰又待望官高。遇危难，无计逃。修行好，不贪饕，埋光隐迹恐名高。无无为，生死逃。

养家苦，恋尘缘，铺谋活计望千年。奈凡躯，不久坚。修行好，结良缘，功成行满不排年。做神仙，因志坚。

养家苦，没程头，一朝身死作阴囚。见阎王，不自由。修行好，有程头，三千功满不为囚。做神仙，得自由。

养家苦，喜相违，常常思想死生危。怕从前，火院围。修行好，处无为，神珠光彩透帘帏。现灵童，相貌威。

养家苦，没休期，危危险险似围棋。被人瞒，无祷祈。修行好，最稀奇，姹婴争把虎龙骑。献胎仙，凤与麒。

养家苦，为妻男，是非荣辱饱经谙。限临头，事怎甘。修行好，子端南，神丹灿烂弃行庵。宴瑶池，德饱酣。

修行易，断情难，始初分解最艰难。譬无常，破尽难。心开悟，没疑难，觉从前事养家难。学神仙，有甚难。

思微妙，想尘缘，两般搜索要精研。但知空，向道坚。心清净，意通玄，自然知道没言传。达无为，作大仙。①

儿女心头尽，田园意上除。金银财宝与妻孥，物物般般屏弃恰如无。却著人情事，堪嗟性蠢愚。不如一拨守清虚，无作无为便是好功夫。②

五是放弃科举。对于文人而言，以科举获取功名不值得羡慕和称道，入道修行才是正确的方向。

择术立身法，无过志读书。读书便及第，争奈忒名虚。不若搜玄趣，修完大药炉。功成超达去，跨鹤赴仙都。③

奉劝书生，早悟浮生。舍荣华，物外游行。无思无虑，无爱无憎。便纵闲心，寻霞友，访云朋。常处常真，常净常清。做修持，

---

① 马钰：《捣练子·赠宁伯功》，《渐悟集》卷下。
② 马钰：《南柯子·自诫》，《渐悟集》卷下。
③ 马钰：《赠京兆杨学正》，《洞玄金玉集》卷5。

自是灵明。铅为汞药，汞乃铅精。炼大丹成，乘鸾去，赴蓬瀛。①

七赴皇都，三经殿试，怎知练气绵绵。心猿休歇，意马疲强颜。燕处申申快意，仗清净，固住灵源。玄玄处，三光并秀，照耀洞中天。劝君，开觉悟，休驰才俊，听取余言。有逍遥妙路，无说无传。决烈一刀两段，绝缘虑，自是通玄。真功就，留侯的裔，继踵作神仙。②

六是弃官从道。为官更是会使人陷入无边苦海，所以要当机立断，出官门而入道门。

> 陇州辛司候到官三月，见余劝学道，渠云：念某才请得三个月俸，因而有作。
> 岩前鹤唳草堂人，喜见登科甲第辛。学士要迁官一品，散臣不博寿千春。
> 马风诗上读书人，各自家风各诉辛。入仕新官三月俸，出尘故友屡经春。
> 我会摇头不管人，因何诗曲捧呈辛。宿缘宿契云霞友，修补修完洞府春。
> 马风眷恋宿缘人，时复狂吟冒渎辛。奉劝早寻蓬岛路，自然得赏洞庭春。
> 些儿微妙付何人，说与前生的友辛。莲步步开红雪径，云踪踪到碧桃春
> 的端炼锻了心人，说与州官司候辛。异日果登三岛路，今朝喜遇一阳春。
> 道上许何人，三公卫郑辛。诺时文序子，唱和武陵春。③
> 既言仕宦著嚣尘，何必奔波过此生。速剪万缘如断梗，免教一性似飘萍。出离苦海心开悟，拨散浮云月自明。功行圆周超上界，方知马钰启丹诚。④

---

① 马钰：《行香子·寄柳巨济学录》，《洞玄金玉集》卷7。
② 马钰：《满庭芳·和张飞卿殿试韵》，《洞玄金玉集》卷10。
③ 马钰：《赠陇州辛司候》，《洞玄金玉集》卷3。
④ 马钰：《和高内奉》，《洞玄金玉集》卷3。

七是匡正世俗。世人虽不一定修行，但也要讲究以仁、德为核心要求的立身方法，才能改变不良的世风。

> 天之道，执行端。正无私，性识宽。大包容，如法海。清澄湛，定心观。
>
> 贤戒酒，立身端。的修持，性转宽。量有如，东大海。中蓬岛，慧眸观。[①]
>
> 酒色气财四害人，苦中最苦苦生辛。贪迷世俗浮华景，不悟仙家久远春。
>
> 火风地水暂为人，干甚劳劳苦又辛。悟取仙葩开四季，休迷凡卉旺三春。
>
> 农士工商四等人，各贪功业苦中辛。不知短景催人老，怎悟长真益己春。
>
> 劝回屠猎与文人，费我心神更苦辛。捉住无为难著有，发扬大道胜游春。
>
> 物外逍遥快活人，修持非苦亦非辛。鸾飞凤阙蓬莱景，虎吼龙宫海藏春。
>
> 做个能清心镜人，奚论深苦与深辛。趣中得趣环墙景，尘里无尘出世春。
>
> 心怀荆棘暗欺人，空蓺名香枉断辛。好削尘情消减业，积成和气转加春。
>
> 玄言补益十方人，全戒腥膻分戒辛。常饮醍醐惺复醉，永观菡萏景非春。[②]
>
> 立身之法，分明说破。意马牢擒，心猿紧锁。戒断悭贪，伏降人我。节慎语言，提防口过。莫起风波，休生烟火。忙里偷闲，闹中趄趄。修仁蕴德，消灾灭祸。退己进人，亦成仙果。[③]

八是远离政治。马钰不仅不过问朝政，亦很少与官府打交道，看重

---

① 马钰：《联珠二首》，《洞玄金玉集》卷2。
② 马钰：《劝世》，《洞玄金玉集》卷3。
③ 马钰：《立身法》，《洞玄金玉集》卷6。

的是避世的潜心修行。

> 我心有病我心医，人是人非人岂知。搜妙搜玄搜获正，不争不竞不修持。常清常净常生善，要道要行要拯危。怀玉怀仁怀救度，起心起念起慈悲。①
>
> 不谒公侯，不疏贫贱，不求富贵荣华。不食美膳，不敢厌衣麻。不发无明火，烛不著境，亦不思家。般般不，不忘师旨，炉炼白朱砂。逍遥，真自在，清闲活计，云水生涯。对风邻月伴，满泛流霞。悟彻长生久视，又何必，驰骋矜夸。将来去，祥云瑞霭，步步衬莲花。②

马钰虽然出身儒士，但是他的道家观点缺乏哲理性，并且为了彰显"无为"，过于绝对地宣扬弃家、弃官、弃科举等观点，对王嚞的学说而言，应有一定的倒退倾向。好在这样的倾向被全真道的其他真人所改变，使全真道更"靠近"政治而不是"疏远"政治，并与当政者建立了更紧密的关系。

三　谭处端等人说道德

谭处端、刘处玄、郝大通三位全真教真人的政治观点尽管有所不同，但都围绕道德问题展开，可分述于下。

（一）谭处端说善爱

谭处端（1123—1185 年），字通政，号长真子，入道前名谭玉，宁海（今属山东）人，以王嚞为师，为全真道七真人之一，著有《水云集》。③

谭处端承继了王嚞的清净说，特别向门人强调了灭除"不善心"的要求。

> 何为不善心？一切境上起无明心，俚贪嫉妒财色心，种种计

---

① 马钰：《连珠颂》，《洞玄金玉集》卷 3。
② 马钰：《满庭芳·不看谒》，《洞玄金玉集》卷 10。
③ 完颜璹：《长真子谭真人仙迹碑铭》，《甘水仙源录》卷 1；秦志安：《长真谭真人》，《金莲正宗记》卷 4。

较，意念生灭不停。被此孽障旧来熟境，朦昧真源，不得解脱。要除灭尽，即见自性。如何名见自性？十二时中，念念清静，不被一切虚幻旧爱境界朦昧真源，常处如虚空，逍遥自在，自然神气交媾冲和。修行如了此一事，更有何生死可怖，更有何罪孽可惧。如稍生一念，不为清净，即是里碍，不名自在，如何到得。只要诸公一志如山，不动不摇，向前去逢大魔，尽此一身，永无回顾，前期必了。①

除了修行之外，世间更要区分善恶，所以谭处端明确提出了为官清政、善爱为怀、利他损己、注重道德的要求。

了了心源万事休，此玄玄外更何求。便便大肚应无染，且向怀川任意游。

为官清政同修道，忠孝仁慈胜出家。行尽这般功德路，定将归去步云霞。

云耕宝陆三千里，月破黄昏十万家。清夜碧潭澄皎洁，蚌吞银焰产胎砂。②

王公吉善爱玄流，劝我勤勤倒玉瓯。积善迤于心上起，垒功须向性中求。利他损己通真理，忍辱慈悲达妙幽。平等顺和常大道，三人同上大神舟。③

欲做俗中修炼，先灭我人分辨。柔弱守清贫，坚志始终无变。真善，真善，损己利他方便。④

灭恶除情作善良，好将名利两俱忘。山头泼杀无明火，灵室常添般若香。尘垢尽除明镜现，荒芜如去玉莲芳。修行莫厌华胥远，了了虚空路不长。⑤

自慕贫闲探妙机，便知身入白云飞。逍遥物外超尘网，脱洒怀中解垢衣。恐损阴功搜己过，虑伤道德怯人非。他时九转丹砂就，

---

① 谭处端：《示门人语录》，《水云集》卷上，北京图书馆古籍珍本丛刊本。
② 谭处端：《游怀川》，《水云集》卷上。
③ 谭处端：《赠浚州王三校尉》，《水云集》卷上。
④ 谭处端：《如梦令·赠王三校尉宅三姑姑》，《水云集》卷中。
⑤ 谭处端：《示门人》，《水云集》卷上。

同约三仙从我归。①

　　受人钦重是谭哥，结罪重重在网罗。省过悔前蘖自少，知愆不改罪还多。心生贪好招灾甚，意着浮华积罪过。损损存存低下做，未知贤圣肯饶么。②

谭处端毕竟是道教中人，所以对于朝代更替的所谓英雄业绩，抱的是一切皆空的态度。

　　自古愚贤，日月轮催，尽沉下泉。叹张陈义断，因名利恣，奢华后主，破坏家园。楚庙江边，汉陵原畔，势尽还空皆亦然。英雄辈，尽遗留坏冢，衰草绵绵。呜呼往事堪怜，染虚幻浮华逐逝沿。又争如省悟，尘劳梦趣，贫闲归素，保炼丹田。越过轮回，超升苦海，直上清凉般若船。逍遥岸，会玄朋琼路，同访桃源。③

谭处端亦不看重文人以科举博取功名，但说法远比马钰缓和，只是希望人们能够看破其中的机缘。

　　儒业尊高，文章显贵，算来世路荣奢。苦心劳志，求望步云霞。假使登科攀桂，黄粱梦，空悟咨嗟。无常到，相如老杜，著甚理逃趋。浮华，须勘破，尘缘摆脱，物外生涯。趣闲闲云水，保炼根芽。得得心清意净，三光秀，凝结丹砂。功成也，三清举过，超上大罗家。④

尤其需要注意的是，谭处端还将王喆的三教同根说，发展成了三教一家说，并且鼓励道教人士学习儒家经典。

　　三教由来总一家，道禅清静不相差。仲尼直行通幽理，悟者人

①　谭处端：《述怀》，《水云集》卷上。
②　谭处端：《寄姚先生》，《水云集》卷上。
③　谭处端：《沁园春》，《水云集》卷下。
④　谭处端：《满庭芳·赠福昌县赵殿试》，《水云集》卷中。

人跨彩霞。①

休心损事养根源，寂淡清虚守自然。积德仁风师孔孟，僻潜高洁效颜原。定观明月三秋夜，妙趣玄风九夏天。诗酒琴书谁可并，野夫常许似龙眠。②

谭处端的善爱观念，尽管是旁观者的自我表述，与马钰的避世态度相比，有明显的积极取向，为后来全真道的为朝政服务打下了一定的基础。

（二）刘处玄说道德治国

刘处玄（1147—1203年），字通妙，号长生子，东莱（今属山东）人，著有《仙乐集》《道德经注》《黄帝阴符经注》《黄庭内景玉经注》《无为清净长生真人至真语录》等。承安三年（1198），刘处玄被金章宗召见，赐号为修真真人。"帝问以至道，师曰：至道之要，寡嗜欲则身安，薄赋敛则国泰"。次年离京时还特别赐其所住道观为灵虚观，以示尊崇。③

刘处玄虽然被皇帝宣召，但实质性接触有限，所以他在词作中表现出看淡此事、更看重追求道德的修行取向。

三十年间，几番宠辱，细思往事慵言。也曾牒发，曾受帝王宣。今日山村且住，他时去，高卧云烟。洞天隐，松峰之畔，保命是修仙。无愆，全道德，自然达理，炼汞烹铅。未功圆行足，闲对林泉。真乐琴书为伴，忘尘世，趂了熬煎。逍遥好，蜕形真去，升入大罗天。④

刘处玄所著《道德经注》已佚失，但是留存至今的《无为清净长生真人至真语录》"八十问"，大多涉及《道德经》经文，可列举有关道德和治国的内容于下。

---

① 谭处端：《三教》，《水云集》卷上。
② 谭处端：《瑞鹧鸪·赠郭公》，《水云集》卷下。
③ 秦志安：《长生真人刘宗师道行碑》，《甘水仙源录》卷2；李道谦：《七真年谱》，正统道藏本；秦志安：《长生刘真人》，《金莲正宗记》卷4。
④ 刘处玄：《满庭芳》，《仙乐集》卷4，正统道藏本。

（问法）来人询："其法者何也？"长生子答曰："通其道而达真空，则谓之法。通其释而达无生，则谓之戒。授于法者，不能尽其万愆也，不能通其万理也。授于戒者，不能尽其万善也，不能通其万慧也。道法通，则达自然清净无为也。释戒通，则尽我人众生寿者也。"

（问善）复询："善者何也？"答曰："善者，方圆曲直应物而顺于人也。不生万恶，则谓之真善也。不著万物，则谓之清善也。达理则不读万经，则谓之通善也。达妙则不穷万化，则谓之明善也。不害万形，则谓之慈善也。不厌万浊，则谓之应善也。不非万人，则谓之德善也。不求万有，则谓之道善也。不起万私，则谓之公善也。不忘万慧，则谓之常善也。"

（问恶）复询："恶者何也？"答曰："恶者，人之不肖也。人不顺其天，则天不顺于人也。人若抛撒，则天教饥歉也。人不修其善福，则天不教丰熟也。人心纵于恶毒，则天意降其风雹也。人至死不戒于恶杀，则再世定生于修罗也。人造恶，则天恶报也。人无恶所害于物，则物无恶所伤于人也。"

（问贤）复询："贤者何也？"答曰："贤者，大达之人也。大智者，如无其通也。大慧者，如无其知也。大聪者，如无其明也。大辩者，如无其说也。应其智，则真有其万通也。应其慧，则真有其万解也。应其聪，则真有其万明也。应其辩，则真有其万说也。智通者，世通也。慧通者，道通也。聪通者，理明也。辩通者，言清也。"

（问贵）复询："贵者何也？"答曰："贵者，贵其德也。天施恩不令下知，谓之贵德也。天施恩不择爱者与，谓之贵德也。天施恩生成不为主，谓之贵德也。天施恩济人不望报，谓之贵德也。人要同天意，惠窘唯自知。人要同天意，惠心公若私。人要同天意，惠财如弃泥。人要同天意，惠食不记谁。"

（问平）复询："平者何也？"答曰："平者，道也。道养其万物，则不择其爱者与恩，布气而平也。平者，真也。真通其万化，财不择其爱者与妙，布德而平也。气平，则物齐生也。德平，则人齐善也。物齐生，则皆全其造化也。人齐善，则皆全其道德也。"

（问忧）复询："忧者何也？"答曰："有忧者，不达其道之正理也，多事则多忧也。无忧者，真通其道之真慧也，无事则无忧也。多事有于忧，则神昏气浊也。无事无于忧，则神清气爽也。气浊则有思淫恶也，丧其魂魄也。气清则无虑清善，聚其铅汞也。魂魄散而性下沉也，铅汞成而性上升也。"

（问失）复询："失者何也？"答曰："失者，失其无为之道也。失者，著于有为之道也。失者，失其无为之德也。失者，著于有为之德也。达其无为之道，则真无尽也。著其有为之道，则伪有尽也。达其无为之德，则性常平也。著于有为之德，则心有憎也。无为之道无尽，则真无坏也。有为之道有尽，则伪有壤也。无为之德真平，则通天也。有为之德伪憎，则即堕也。"

（问人）复询："人者何也？"答曰："人者，人之生纵其恶，则死沉于恶道轮转也，谓之天所治于人也。人之生不修其福，则死沉贫贱轮转也，谓之天所治于人也。人之有所善，则生在于中华，修其道也。人之有其洪禧，则生在于中国，积其德也。人有于恶，则天乃恶报也。人有其善，则天乃善报也。"

（问我）复询："我者何也？"答曰："我者，真我者，人之性也。我道无形之道也，我善无为之善也，人皆谓不肖也。伪我者，人之恶也。伪道，养身之道也，伪善，有为之善也，人皆谓见肖也。真我者，无形之道则真也，无为之善则常也。伪我，则养身之道则假也，有为之善则憎也。"

（问毁）复询："毁者何也？"答曰："毁者，有毁者愚，不知贤也；无毁者贤，知其愚也。愚者举恶而抑其善也，贤者劝恶而归其善也。愚者生愆而著其相，求福也。贤者泯愆而忘其相，守道也。迷者有恶而有善也，悟者无恶而无善也。有善者无常也，无恶者有常也，有常则谓之道也。"

（问机）复询："机者何也？"答曰："机者，智也。无道之人用智则损于人，安其自己，谓之贼也。有道之人用智则损其自己，安于人，谓之福也。小智则愚恶也，大智则贤善也。愚者违天也，贤者顺天也。违天则身堕也，顺天则真升也。堕者阴道浊也，升者阳道清也。"

（问近）复询："近者何也？"答曰："近者，近有道之身，观无道之身；近有道之家，观无道之家；近有道之乡，观无道之乡；

近有道之国，观无道之国；近有道之天下，观无道之天下。身孝则报父母之恩也，家善则如许君庞士也，乡行则怜贫爱老也，国清则万民丰足也，天下有道，则天下成熟也。"

（问行）复询："行者何也?"答曰："行者，太上所行，天之道也。天地不言，而暗施其恩，生于万物也。太上不言，而暗施其德，行于万善也。天地不言，而恩善应也。太上不言，而教善通也。万物成则民富也，万化明则真通也。民富则国太平也，真通则乐无事也。民富则各士农工商也，真通则阐太上无为也。"

（问众）复询："众者何也?"答曰："众者，众所明者，爱名爱利，爱是爱非也；我所昏者，忘名忘利，忘是忘非也。众爱名则有辱也，我忘名则无辱也。众爱利则有害也，我忘利则无害也。众爱是则有非也，我忘是则无非也。众爱非则有愆也，我忘非则无愆也。"①

从语录所记内容看，刘处玄强调的是"道德治国"观念。在其他著述中，他对此作了进一步的说明。

道者，天地万物之外虚无之体，在人身，瞥见亘容以虚心，则至性与道相洽也。执者守真而不伪，悟正而不邪。天者，天生于万物也。天生万物，天生成不收亦不取，济十方三界万民，亦不望其报，只要一切众生悟天之道理尽而明矣，要人万事不憎不爱，如天之平等。人之有情，悟天之无情，便是报天之恩也。若不依天理，纵浊恶邪淫，多病夭寿，死沉地狱，受苦尽，则堕于旁生，失其人身。若依天之道，常善则炁和，常清则明性，常忘情则保命，常无染则明道，常不犯天条则无罪。

天之道以定人也。贤者明天道之理，暗行天道，不言而善应，夷德不令人知，洪禧不望人报。人若依此行天之道，其德以定，济于人也。内怀通达之慧，人要万化俱明，万法俱通，万物无私，万尘无染，性通于命，命通于天，天通于道，道通于自然，内全其道，外全其德，谓之贤圣。

佞诈人生于国，难以万民无事也，时动则必溃散也。愚者非理

————————

① 刘处玄：《无为清净长生真人至真语录》，正统道藏本。

乱于世，必遭刑法也。不以智治国，以无事治天下，太平民安也。

君子得之固穷，穷通道，则天地通，天地通则万化通，万化通则神通，神通则应机万变，抱一无离而阆然颐真返朴。小人得之轻命，小人得时，欺谩天地，不敬贤圣，不尊国法，不仁不义，自强他弱，害物伤人，愆极则天报。君子重性得通贤圣，小人轻命失堕旁生。

天意顺者逆行，逆者顺行。君子之上，贤达崇于道德，天报预至私尽至公；小人之下，匹夫竞于色财，天报先至公终至私。①

在诗作中，刘处玄亦积极宣扬道德治国的观点，并着重提出了三方面要求。

一是注意罪与福的标准，期望世人主动避罪祈福。

无有为罪，赐无为福。无生灭罪，赐超升福。无狠毒罪，赐全身福。

无是非罪，赐道德福。无妄传罪，赐大成福。无害命罪，赐延年福。

无损气罪，赐颐神福。无怀恶罪，赐心安福。无私邪罪，赐公正福。

无善道，则赐轮回罪。无公平，则赐生灭罪。无忘贪，则赐不足罪。②

二是注重道德政治和贤臣政治，以实现国富民安的愿景。

治政清通，为官忠孝。节欲身安，他年蓬岛。③

国真仙，隐洞宾。游显迹，喜贤臣。参万妙，全天意。觉千玄，用率循。视清平，行道德。闻赞上，尽修仁。仪养就，元初貌。极时增，福万钧。

论京华，隐大才。然寒去，又温来。明道上，如星朗。悟胸中，似锦堆。养松筠，三季玩。修艳卉，四时催。全万行，朝元

---

① 刘处玄：《黄帝阴符经注》，正统道藏本。
② 刘处玄：《天道罪福论》，《仙乐集》卷1。
③ 刘处玄：《四言绝句》，《仙乐集》卷3。

去。想先贤，德妙哉。

　　思罕见，百年翁。客真升，入碧琼。弩闲时，多国富。荒乱后，少民丰。明覆载，通夷行。运周天，达圣功。士农商，崇善道。胡欣乐，赞王公。①

　　为官清正，真无罪病。上有四恩，积行普敬。忠孝治民，静心养性。意不外游，自然神定。掩恶扬善，非言莫听。去除憎爱，常行平等。弗恋世华，闲步松径。绿水青山，洞天仙景。本来面目，炼磨如镜。明今照古，守道自省。功德周圆，大罗朝圣。②

　　三是注重基于三教合一理念的修省观和教化观，使世人的行为符合治道与孝道的要求。

　　　无争祸不侵，有道圣贤钦。积行生生贵，福真莫外寻。
　　　禅通明释藏，禅定真无相。禅慧口难言，禅天无缺朗。
　　　无事不贪求，无争不辨休。无言只念道，无喜亦无忧。
　　　辅国置仙庵，舍资道福贪。辨能明万有，会得却如憨。
　　　积行妙通天，心真泯万愆。古今明了者，命住宝光圆。
　　　大道本无修，随缘弗外求。始终无变异，归去列仙俦。
　　　食荤勿杀生，治政似冰清。无事看庄老，通天至行成。
　　　真平至行全，保命体延年。三教明真理，未仙也是贤。
　　　茅舍喜清居，闲看三教书。自然明妙理，世外乐无余。
　　　祈雨各逐村，众善天垂恩。莫杀生灵福，香灯茶果存。
　　　常开方便门，出入敬真尊。日日酬三孝，时时报四恩。
　　　前厅对后堂，冬夏取炎凉。清善崇三教，人间世梦忘。
　　　顺尊至孝全，意静胜参禅。四相真忘尽，顿明佛是仙。
　　　常似圣贤随，自然意泯痴。蛾灯闻早悟，真了碧霄归。
　　　善清修性命，泯虑除罪病。道德自然通，他年朝至圣。
　　　常搜自己非，达理掩他非。道德真经悟，不言闲是非。
　　　觉了性无争，真清似水平。德通全上善，自是行功盈。③

---

①　刘处玄：《藏头拆字诗》，《仙乐集》卷1。
②　刘处玄：《述怀》，《仙乐集》卷3。
③　刘处玄：《五言绝句颂》，《仙乐集》卷2。

顺真则生，违道者死。顺真则平，违道者浊。顺真则柔，违道者刚。顺真则福，违道者祸。顺真则安，违道者病。顺真则升，违道者堕。①

功行未圆，志坚淡素。始终不变，圣贤来度。三教高真，便是师父。

普劝诸公，先行孝道。无事筠轩，闲看庄老。今古人间，几个明奥。觉了希夷，认得亘貌。蓬莱云路，行道须到。弗造万愆，寸无苦恼。意洽天心，出言妙教。不论他非，高真许好。不测无常，修真宜早。得道成仙，免参阎老。②

刘处玄还强调"三教无分别，修真第一功"③和"三教归一，弗论道禅"④，并特别在词作中表达了精通三教的好处。

七旬相近，正好忘尘世。世梦几时休，道德修，胜争薄利。恩山爱海，火院镇烧身，闻身健，觅清凉，一任迷人毁。闲看三教，造化明周易。达理妙通天，四相泯，无忧无喜。洞天高卧，自在炼真丹，他年去，上青霄，始现无为异。⑤

道释与儒门，真通法海。易妙阴阳外自然，解金刚至理，顿觉无争泯爱。五千玄言奥，夷明大。微光运转，结成雯盖。霞辉常照体，何挂碍。松枯石烂，亘貌古今真在。他年功行满，升仙界。⑥

刘处玄的道德治国说带有一定的辩证色彩，对丰富全真教的治国理论有重要贡献。

（三）郝大通说自然之道

郝大通（1140—1213年），字太古，号广宁子，入道前名郝升，宁海（今属山东）人，师从王喆，成为全真道七真人之一，著有《三教入易论》《示教直言》《心经解》《救苦经解》《周易参同契简要释义》

---

① 刘处玄：《颂》，《仙乐集》卷2。
② 刘处玄：《上敬奉三教道众并述怀》，《仙乐集》卷3。
③ 刘处玄：《五言绝句颂》，《仙乐集》卷5。
④ 刘处玄：《上敬奉三教道众并述怀》，《仙乐集》卷3。
⑤ 刘处玄：《暮山溪》，《仙乐集》卷4。
⑥ 刘处玄：《感皇恩》，《仙乐集》卷4。

等，已佚，现存著作有《太古集》。①

郝大通倡导自然之道说，并将这样的说法与儒、佛学说相结合："大抵动静两忘，性圆命固，契乎自然。自然之道甚易知，甚易行，而天下莫能知，莫能行者，盖情欲缘想害之之谓也。人若去妄任真，超尘离法，混俗而不凡，独立而不改，抱一而不离，周行而不怠，于仙道其庶乎。颜子有坐忘之德，孟轲有养素之功，盖亦专于一事也。今举其大纲，开诸异号，所谓同归而殊途，名多而理一，示之可以益于后学，能使道心坚固，真正无私。"②

郝大通钻研《周易》，特别阐释了易与自然之道的关系："易之道，以乾为门，以坤为户，以北辰为枢机，以日月为运化，以四时为职宰，以五行为变通，以虚静为体，以应动为用，以刚柔为基，以清净为正，以云雨为利，以万象为法，以品类为一，以吉凶为常，以生死为元，以有无为教。故知教之与化，必在乎人，体之善用，必在乎心，变而又通，必在乎神。以一神总无量之神，以一法包无边之法，以一心统无数之心，自古及今，绵绵若存。"在应用层面，则强调了"质素不奢，修仁守正"和"君子所以能行此道，匠成万物，教化无穷者也"，以及"此明君子之人，体道用事，内刚外顺，静专动直，若云行雨施，四时以序，万物以生，一切群品，无不周普"③。在诗作中，郝大通亦指出："恒星不现即如来，静止安恬别立阶。四变艮宫成妙体，返形革命达真胎。学人悟此通心印，觉者知之理性才。解得个中弧矢意，千经万论一齐开。"④

郝大通还对世人如何守自然之道，提出了明确的要求。

　　道不远人，人自远道。日月不速，人自速之。勇猛刚强，不肯而低心而下意。游历他方，不如独坐而守道。浮名浮利，不如逍遥而寂淡。饱食珍羞，不如粝饭而塞肚。罗绮盈箱，不如粗衣而遮体。荣华宴乐，不如超然而守静。当春登台，不如安闲而有素。非义得财，不如贫穷而自乐。口能辩论，不如终日以无言。说古谈

---

① 徐琰：《广宁通玄太古真人郝宗师道行碑》，《甘水仙源录》卷2；秦志安：《广宁郝真人》，《金莲正宗记》卷5。

② 郝大通：《太古集序》，《太古集》卷首，正统道藏本。

③ 郝大通：《周易参同契简要释义并序》，《太古集》卷1。

④ 郝大通：《金丹诗》，《太古集》卷4。

今，不如抱元而守一。多技多能，不如绝学以守拙。常怀旧怨，不如洗心而悔过。道气绵绵，行之得仙，得意忘言，出入涓涓。太虚妙本，得鱼忘筌，牢拴意马，压定心猿。守拙而万物皆成，守道而千祥自降也。

对于学道者，郝大通认为要克服五种心病，学者则要改变利害不分的不良风气。

　　修真之士，若不降心，虽出家多年，无有是处，为不见性。既不见性，岂能养命，性命不备，安得成真。何为如此，缘有心病也。第一心病，见他人通达性命之理，自己欲参，不肯低下他人，不肯说心生怨谤。第二心病，他人有缘，不思自己无，复不能化人生善，徒生恶念，损人道缘。第三心病，见他人看经书，自己不通，而生谤心。此等之人，永不得大智慧，天眼自昧之徒也。第四心病，缘未起行，而强起缘，动众扰乱他人，是不良之人也。第五心病，是心不足，反致心乱，是不足之人也。除此五病，低下参访，必得其真。未能大静，且守本分，未通大理，常看经教，未能动人，只合守静。稍得薄缘，莫忘性命。能如此者，进道克日成圣。
　　夫吾道以开通为基，以见性为体，以养命为用，以谦和为德，以卑退为行，以守分为功，久久积成，天光内发，真气冲融，形神俱妙，与道合真。今之学者，是非利害，好恶贪嗔，不离于心，心既如是，性岂能定，气岂能和，自然走失，去道愈远矣。虚披鹤氅，枉玷教门。见高明者，嫉妒百端，见老幼者，欺诳百状。有小利处，觅缝钻头，问大道者，耳聋眼瞎。机心巧诈，好佞狂图，不当来出家，望做神仙，不肯降心，恣纵今时情性，已作凶徒，不通经义，呼牛作马，不知道理，转黑为白。……今之学者，不奉师，不敬友，见贤则有憎妒之心，见愚则有戏狎之意，不学好事，徒生胜心，此等之辈，生为教中魔军，死作地狱种子。[1]

① 玄全子集：《真仙直指语录》卷上《郝太古真人语录》。

郝大通的说法哲理性较强，对于提升全真教的理论水平有重要帮助，但是对政治现实的影响较小，对这一点应加以注意。

四　王处一说"卫生为治"

王处一（1142—1217 年），号玉阳子，又号伞阳子，宁海东牟（今属山东）人，以王喆为师，成为全真教七真人之一，著有《云光集》，主要阐释的是"卫生为治"观念。①

（一）君主养生治国

金世宗、章宗在位时，曾五次召见王处一，王处一向两位皇帝陈述了卫生之治的道理。②

王处一第一次被皇帝召见是世宗大定二十七年（1187），他向世宗陈述了"卫生为治"的观点。

> 二十七年，征（王处一）至燕京，居之天长观。（世宗）尝问卫生为治，对曰："含精以养神，恭己以无为，虽广成复生为陛下言，无易臣者。"世宗嘉之。……明年为修真观，居不逾时，求还山，世宗阰之，委去。

王处一所说的"卫生为治"，核心观念是君主养生和无为而治，注重有为的世宗到晚年还是认可了王处一的观点，并给予他较高待遇，王处一在诗作中记录了觐见世宗时的情况。

> （大定丁未十一月十三日初奉宣诏）上腾和气彻三台，下布祥云遍九垓。化出空中清雨降，道横四海一声雷。
>
> （奉旨起行，到沧州无棣县新丰村，皇亲四官人道庵盘桓。续奉圣旨，委天长观大德。宣至，十七日，复委棣州七驸马，支起发钱二百贯，临行赠众）诸天仙眷满空浮，带我容光西北流。统摄万

---

① 姚燧：《玉阳体玄广度真人王宗师道行碑铭》，《甘水仙源录》卷 2。本节引文未注明出处者，均出自此碑。另参见秦志安《玉阳王真人》，《金莲正宗记》卷 5；国俣：《宁海州玉虚观碑（贞祐二年）》，《金文最》卷 41。

② 王处一的生平等，参见魏淼《王处一生平思想研究》，硕士学位论文，山东大学，2017 年。

灵澄浩渺，翠光拨弄紫云头。

（入天长观）入得天长正位宫，交参殿宇映重重。金坛玉壁朝元像，七宝玲珑显圣容。

（朝真）香散云霞接太空，祝延震动绛霄宫。群仙共集烟深锁，大德清朝讲正宗。

（入静位）法门玄教锁云空，四大和光静位中。门化诸天真妙道，收神明月与清风。

（宣诏）恭惟悚息定神光，闭目祈闻圣语详。伏愿天皇万万岁，回心三宝结嘉祥。

（赐小童侍伴）天恩不断尺宣差，特赐灵童运圣怀。仰谢吾皇功德力，敕修道院谨修斋。

（赐紫登坛作醮）飞龙走虎下天来，光满金坛紫宴开。八洞瑶池空里降，升沉天地一齐回。

（戊申八月告暇还山，复经沧州，皇亲四官人请为黄录济度）恰如残雪遇春光，一切诸灵罪已亡。万物欣荣逢道化，瑞云洋溢满穹苍。[①]

奉宣请住天长观，圣语何曾断，特赐恩童为管伴。随机赏宴，百端严备，举上云霞唤。玉楼金殿空中满，万象相交贯，一颗明珠光灿烂。瑶池仙会，万神都聚，永永居霄汉。[②]

王处一第二次被皇帝召见是世宗大定二十八年，正值世宗去世，章宗即位，未与章宗见面，只是按照章宗之命为世宗举行醮礼，并接触在朝官员，向他们传授修身治国的道理。

> 其年世宗不豫，复来征，真人对使者曰："吾不难斯行，诚不及一仰清光矣。"明年正月三日下车，世宗崩已一日。章宗留为醮资，大行冥福，其年复还山。

（在圣水本观，梦中得此一绝。后经七日，重宣）紫府真人玉路催，诸仙云集走轻雷。满空光显琼瑶象，策命金书自往回。

（世宗寝疾，因忆，特差近侍内族诣圣水玉虚观传宣，令乘驲

---

①　王处一：《初宣作》，《云光集》卷2，正统道藏本。
②　王处一：《青玉案·初宣作》，《云光集》卷4。

马车速来）八月中秋得暇回，洞天游赏恣徘徊。戊申腊月重宣至，驰马轻车昼夜催。

（至己酉正月初三日到都，世宗已于初二日崩，少主即位，宣使不敢奏见，遂乃还故）先帝升霞泣万方，洪恩厚德岂能忘。公卿不敢当今奏，却返云踪入故乡。

（众官员索）清廉正直应仙方，福注兴隆寿自长。——云收心月现，宝光攒聚紫芝香。

（黄箓满散赠众醮首）性灵空界别行香，上祝皇恩彻万方。欣乐太平齐设教，宝华圆满自清凉。亡者生天更不疑，见存姻眷受洪禧。既知真圣垂加护，莫作欺谩度岁时。

（随朝众官员索）清时一气静乾坤，万寿无疆祝至尊。四海尽修无上道，普天俱报圣明恩。①

王处一第三次被皇帝召见是章宗承安二年（1197），王处一又向章宗陈述了"卫生为治"的道理，被章宗所重视，享受了赐封号、赐道观等崇高待遇。

承安二年，再征（王处一）至便殿，问卫生，对如告世宗者。赐紫，号体玄大师，居之崇福观，月给钱二百镪。

承安丁巳（1197），受第三宣，于六月二十五日到都下天长观。七月初三日宣见，赐坐。帝问《清净经》，师解之。次问北征事，师答云：戊午年（1198）即止，后果应。次问全真门户，师一一对答。帝深嘉叹，留连抵暮方出。翌日赐紫衣，号体玄大师。仍差近侍传旨，赐崇福、修真二观，任便住坐。每月给斋厨钱二百镪。时在修真观，作此一篇，寄呈老母洎圣水道众。

修真观下信遥通，往复祥光透碧空。昔遇明师开正教，今蒙圣帝助玄风。玉阳自此权行化，法众从兹好用功。稽首慈亲毋少虑，皇恩未许返乡中。②

自从得遇真空伴，独把顽心锻，现出天如青玉案。神宫起火，

<hr />

① 王处一：《二宣作》，《云光集》卷2。
② 王处一：《修真观作》，《云光集》卷1。

内丹光满，了性真无乱。三宣赐紫天长观，一阐清风岸，扫荡妖灵无打算。十方三界，化生清净，天外无拘管。①

（三宣到都，住持天长观，复敕修新道院，乃作）诏赴天长，敕修堂宇，道弘一布归真。我师玄化，谭马并加恩。七朵金莲显异，清朝喜，优渥惟新。重宣至，车乘驷马，祝谢圣明君。皆成，诸法会，亲王宰职，里外忠臣。遇太平真乐，道德洪因。更望参玄众友，遵三教，千古同欣。齐回向，吾皇万寿，永永御枫宸。②

王处一第四次、第五次被皇帝召见，是章宗泰和元年（1201）和三年（1203），主要是奉命举行醮礼。

泰和改元及三年，诏（王处一）两设普天醮于亳州太清宫，度民为道士千余人。

圣帝传符出洞天，金门演教庆无边。大兴妙供因缘普，永保洪基海岳坚。欣乐太平齐庆贺，尊崇道德悉周全。太清宫下同参事，应是皇恩第四宣。③

上天容许清贫汉，随处香风散，万祸千灾真不乱。宁心行教，普开心月，了悟回光看。太清宫下重游玩，万事具无绊，仰答皇恩酬本愿。逍遥回步，密州安化，复隐元居观。④

无作无为出洞天，普天法道荐良缘。东方云海玉阳子，特授皇恩第五宣。⑤

支收买觅事纷纭，各体无私抱正真。内外都教忘懈怠，存亡方得出沉沦。⑥

精修黄箓启真诠，无限官民祝万年。普运丹诚须荐福，同行真孝必通天。香烟袅袅超三界，功德巍巍贯大千。一切有情登道岸，

---

① 王处一：《青玉案·第三宣作》，《云光集》卷4。
② 王处一：《满庭芳·奉敕作》，《云光集》卷4。
③ 王处一：《泰和辛酉（1201）诏赴亳州作普天大醮赠众》，《云光集》卷1。
④ 王处一：《青玉案·诏赴太清宫普天醮作》，《云光集》卷4。
⑤ 王处一：《泰和癸亥（1203）诏赴亳州作普天大醮》，《云光集》卷2。
⑥ 王处一：《黄箓大醮破用无私》，《云光集》卷2。

太平忻乐遇良缘。①

有了皇帝的五次宣召，全真教的地位大大提高，所以王处一在诗作中对"皇恩"大加赞颂。

> 惠仙能辨古今文，师旷深闻性不昏。学我逍遥观宝月，愿君猛烈断根尘。两朝圣帝开仙路，一举玄科享道恩。四大随缘游陆地，阐扬清净好家风。②
>
> 喜颜红，真无乱，万古精魂都著岸。混沌重开显正宗，玄元宝壁时堪玩。感皇恩，明诏唤，两帝三宣功德案。紫衣师号朝圣明，万灵庆会都来窜。③
>
> 清音历历动山鬼，云宴喧喧聒海滨。会遇诸天弘大教，时逢圣帝御严宸。惟祈忠佐千秋岁，仰祝皇基万万春。大德大功成大道，大罗重会旧交亲。④

以"卫生为治"的说法打动皇帝，是全真教人的第一次重要尝试，王处一的首创之功不可忽视。

（二）善政治民诉求

王处一的"卫生为治"亦包含善修、善政的内容，尤其是在与官员的交往中，他强调了六点重要的要求。

一是修德重于治病要求。对于病患者而言，养生、治病固然重要，但是更重要的是抛弃杂念的修德方法。

> 人间若要识仙方，休纵尘心向外狂。爱念忧愁都绝尽，全身永永得安康。⑤
>
> 古今生育道之常，争奈人皆背此方。不惜本来清净主，色身那复得安康。⑥

---

① 王处一：《天寿节作醮》，《云光集》卷1。
② 王处一：《请惠先生修殿》，《云光集》卷1。
③ 王处一：《朝元歌》，《云光集》卷3。
④ 王处一：《养浩吟》，《云光集》卷3。
⑤ 王处一：《病者索》，《云光集》卷2。
⑥ 王处一：《按察使夫人患疾求教》，《云光集》卷2。

天生天长顺天修，不论尘寰俗骨骸。四假岂能朝凤阙，三尸那得赴瀛洲。悟真内照忘新触，达本灰心灭旧忧。无色真空超彼岸，稳乘自在大神舟。①

绵绵细细养冲和，寂寂修心出爱河。增长谷神常不漏，流传血脉永无疴。全真发道忘生灭，见性通灵绝障魔。劫劫盖因功德正，万神齐捧出娑婆。②

二是积德重于功名要求。对于皇亲国戚和宫廷内侍而言，最重要的就是放下争名逐利的念头，多多积累好生济物的德业。

出尘同结逍遥伴，更不争长短，自有元初真容面。增延福寿，妙通玄奥，品位重迁换。静调龙虎常交战，灵宝攒心转，四大光明同一炼。升烟降雾，电驰雷震，瞥地神童现。③

好生济物道心浓，不必浮华错用功。自己琢磨心垢净，他时留驻内颜红。常行忠孝无私曲，应有神明指正宗。不觉脱离生死海，十方三界显家风。

洪恩不断古今稀，悟彻尘情总不为。积德归依无上道，累功去了自心欺。万神涌涌超生灭，一性如如弗动移。他日乘鸾游紫府，六铢衣挂受天禧。④

寿卿贵族莫辞难，仁义通开生死关。大藏因缘非小可，玄门消息好追攀。增添福禄凭具行，保养形神使内闲。一志无私天地顺，善根光结古容颜。⑤

三是良政与德政要求。朝廷要富国安民，主要依赖的就是地方官员能够以良政和德政压制各种奸邪做法。

古今立法莫亏公，念念无私演正宗。澄察本来真面目，不违天

①　王处一：《按察使夫人患病求痊》，《云光集》卷1。
②　王处一：《福山王押司因病求教》，《云光集》卷1。
③　王处一：《青玉案·赠皇亲四官人》，《云光集》卷4。
④　王处一：《赠内侍局司丞》，《云光集》卷1。
⑤　王处一：《仗李寿卿化木植》，《云光集》卷1。

理道相同。①

支收诸物细区分，处正无私没一文。养浩又能通秘密，始知内外总超群。②

虚无大道全真诀，富国安民没可越。解脱灵宫万化生，冲和气海千疴灭。定超无漏大神舟，辊出长空秋夜月。一性圆明道自成，周而复始重罗列。③

安丘山水最清明，特感忠良治此城。和睦人民天地喜，丰收田斛廪仓盈。因公正直无私曲，是处歌欢乐太平。助国爱民功就日，好穷道德了前程。④

信香不断累相招，自肯存心养瑞苗。禁制奸邪因德政，恤怜老幼显歌谣。常蒙帝阙恩光降，足表忠心福行昭。伏望功成名遂日，也来林下论逍遥。⑤

四是国家宁静要求。朝廷要平叛和守边，还要应对北方强敌，不能不使用武力，但更重要的是以静制动，维系和平的大局。

存忠竭力发威雄，一撞麾关显大功。收得江山归圣主，嘉名称赞满寰中。⑥

本是虚无一点真，降临中国作贤臣。威加远塞无边事，忠佐清朝用至仁。不外玉阳同庆会，每于福地结良因。百年定作神仙客，善德从今日日新。⑦

（庚午年，师在蓟州玉田县，因醮罢，谓众曰："北方道气将回，空中有神明往来，刀剑击触之象，莫非生灵将受苦邪。"作诗与官民为别，继乃北边有事）大道光明一并回，十方云阵走星雷。皇天后土垂真象，世务浮华一点灰。⑧

① 王处一：《赠陈内奉》，《云光集》卷2。
② 王处一：《赠邓库官》，《云光集》卷2。
③ 王处一：《答人问安乐法》，《云光集》卷1。
④ 王处一：《赠安丘县令》，《云光集》卷1。
⑤ 王处一：《宁海太守屡尝书召以诗奉答》，《云光集》卷1。
⑥ 王处一：《福山高万户被差北征索》，《云光集》卷2。
⑦ 王处一：《赠益都统军》，《云光集》卷1。
⑧ 王处一：《别玉田县官民（1210）》，《云光集》卷2。

五是普救众生要求。作为道教人士，王处一多次参与救济灾民等的祈福仪式，并强调了救济苍生的责任意识。

> （大安己巳七月，师在北京华阳观。时久旱，在城官民恳祷于师曰："苗将槁矣，安得重苏。"师乃闭目良久，复谓众曰："虚空许雨一尺，降于来日。"众未纯信，翌日果验。官民致谢，作此绝以示之）腾腾瑞气接穹苍，化育群生大道昌。光变十方常不夜，一时普济满空香。①

> 海郡行缘，赣榆阐化，良因复显诸王。谨修黄箓，特地召嘉祥。万里云收雾卷，微风息、灯烛荧煌。星坛上，步虚声举，月下正悠扬。频频施拜跪，虔诚仰彻，列圣闻香。降无边恩惠，普救存亡。从此皆成快乐，离阴府、升上天堂。开云宴，保生接寿，齐唱满庭芳。②

六是教化众生要求。遭受灾难的普罗大众需要救助，更需要教化，所以王处一强调了修德、入道人人都可以做到的观点。

> 心善性舒宽，包容内化安。灵空清默默，忘假得真欢。③

> 为官王事所拘，学道虚空掌管。四民各艺争忙，达者不论长短。④

> 米麦精华，冲和恬淡，自然造化成神。无生妙道，地迤变良因。既得长生久视，明颠倒、月伴风邻。先师教，颐真了性，富国更安民。清新，腾朗耀，天威扫荡，馘灭祅氛。布大慈甘露，广被人伦。却返生前混沌，重加遇、枯朽逢春。方知道，三田宝满，一性免沉沦。⑤

道教人士说善政，自然带有浓厚的宗教色彩，但这些说法所起的作

---

① 王处一：《示北京官民（1209）》，《云光集》卷2。
② 王处一：《满庭芳·赣榆县诸王庙黄箓醮罢赠众》，《云光集》卷4。
③ 王处一：《修内司马校尉索》，《云光集》卷3。
④ 王处一：《赠棣州防御七驸马》，《云光集》卷3。
⑤ 王处一：《满庭芳·赠出家众》，《云光集》卷4。

用，恰是使"卫生为治"更为充实和具有实用价值。

（三）三教同兴的养生说

在儒、释、道三教的关系方面，王处一强调的是"三教同兴"观点，在诗作中有明确的表述。

> 独坐茅庐，般若灵虚。手搏日月，安在鼎炉。
> 世事一拨，推穷本末。物外全真，心死命活。
> 修真体道，洪护正宗。三教万法，普济无穷。①
> 无生真妙道，达本体同然。吾教冥归一，通融理自全。②
> 三教同兴仗众缘，真空无语笑声连。放开法眼全玄理，莲叶重重作渡船。③
> 天和地理与人安，三教三才共一般。性烛光明常不昧，灵童踊跃自追欢。浮云消散禅天净，外事含容觉海宽。放荡逍遥观自在，本来模样永相看。④

三教同兴，自然要有向佛教人士求教的真诚态度。

> 真禅真道发真功，真善真慈真苦空。真乐真闲真自在，真修真炼显真风。
> 真心真觉得真欢，真行真功做一攒。真悟真玄真了了，真空真化永真安。⑤

更为重要的是，佛、道人士都要注重儒家倡导的孝道，使之成为三教都尊奉的道德准则。

> 一心孝道顺三光，苦志精研灭旧殃。今古昏魔都绝尽，炼真去假变清凉。⑥

---

① 王处一：《姜哥问住庵》，《云光集》卷3。
② 王处一：《霍会首问三教归一》，《云光集》卷3。
③ 王处一：《敬三教》，《云光集》卷1。
④ 王处一：《赠众道友》，《云光集》卷1。
⑤ 王处一：《禅门求教》，《云光集》卷2。
⑥ 王处一：《劝行孝道》，《云光集》卷2。

清廉孝道鬼神惊，上祝诸天摄万灵。圣水甘膏同普济，沉魂滞
魄出幽冥。①

功臣内族格清高，无限天恩同遇遭。孝道双全人罕及，他时林
下访仙曹。②

堂下诸局次，精持日用功。内真须洒落，外行亦圆融。老幼相
提挈，朝昏各敬崇。尽能弘孝道，揭谛悟真空。③

道判行慈孝，吾心恰一般。若能明运度，全胜外相看。悟理精
神爽，通真道德安。光辉无不遍，归去跨青鸾。

熟境重重灭，灵光渐渐生。清神除罪苦，静性补圆明。玉液时
时润，心花叶叶荣。了真超造化，风月满蓬瀛。④

三教同兴，需要倡导的不是学儒重科第、学佛和学道重修炼，而是
要修省身心，达到清净无为的境界。

虚心实腹志精专，捉马擒猿觅了仙。清净无为行大道，不须苦
苦问青天。⑤

心灵神喜悟真常，日日无私达上苍。休瓣儒门求外显，好搜道
理惜元阳。万尘根断超三界，一举功成贯十方。试把前程相比校，
为官何似到仙乡。⑥

虚无凝秀结灵胎，虽在尘寰道眼开。酒色气财他活计，精神血
脉自根荄。都教元海同居住，任使昆仑恣往回。此个因缘真得得，
无为清净到蓬莱。⑦

日里金鸡，月中玉兔，变通玄象盈亏。无形斡运，三界现慈
悲。长养诸天大地，资三教，天下归依。真明了，观天之道，清净
更无为。十方诸道众，回头猛悟，拂袖云归。养神胎灵骨，锻灭阴
尸。定是回颜易质，通玄奥，物外精持。丹圆满，根源了了，皆作

---

① 王处一：《密州千户请为黄箓济度，师醮罢赠之》，《云光集》卷2。
② 王处一：《赠内族县丞》，《云光集》卷2。
③ 王处一：《劝堂下道众》，《云光集》卷3。
④ 王处一：《赠毕道判》，《云光集》卷3。
⑤ 王处一：《达本》，《云光集》卷1。
⑥ 王处一：《赠明水公殿试》，《云光集》卷1。
⑦ 王处一：《居尘不染》，《云光集》卷1。

度人师。①

　　石中隐玉，蚌内藏珠，须凭匠手功夫。里面真光显现，恰似元初。欲要明心识性，把般般，打破空虚。清净处，见天如玉案，秋夜蟾孤。自是十方明彻，握阴阳枢要，尘垢难拘。古往达人因此，妙入无余。谕甚千枝万叶，与儒门、释道同居。常归一，证圆成了了，得赴仙都。②

　　也就是说，"卫生之治"既注重治人，更注重治己，这恰是王处一政治观念的精髓所在。

五　丘处机说天人之理

　　丘处机（1148—1227 年），字通密，号长春子，登州栖霞（今属山东）人，师从王喆，为全真道七真人之一，著有《磻溪集》《摄生消息论》等，重点阐释的是以理治国观念。③

　　（一）天人之理

　　金世宗曾于大定二十八年（1188）宣召丘处机至中都，有人特别记录了宣召的情况。

　　（大定）二十八年春，师（丘处机）以道德升闻，征赴京师，官建庵于万宁宫之西，以便咨访。夏五月召见于长松岛，秋七月复见。师剖析至理，进瑶台第一层曲，眷遇至渥。翌日，遣中使赐上林桃，师不食茶果十余年，至是取其一啖之，重上赐也。八月得旨还终南，仍赐钱十万，表辞之，尔后复居祖庵。

　　丘处机也在诗作中记录了觐见世宗的情况，并专为世宗去世写下了挽词。

　　九重天子人间贵，十极仙灵象外尊。试问一方终日守，何如万

---

①　王处一：《满庭芳·赠卢宣武》，《云光集》卷 4。
②　王处一：《声声慢（神光灿）》，《云光集》卷 4。
③　陈时可：《长春真人本行碑》，《甘水仙源录》卷 2；秦志安：《长春丘真人》，《金莲正宗记》卷 4。本节引文未注明出处者，均出自碑文。

里即时奔。①

（臣处机以大定戊申春二月，自终南召赴阙下，蒙赐以巾冠衫系，待诏于天长观。越十有一日，旨令处机作高功法师，主万春节醮事。夏四月朔，徙居城北官庵。越二日己巳，奉圣旨塑纯阳、重阳、丹阳三师像于官庵，彩绘供具，靡不精备。后五月十八日，召见于长松岛。秋七月十日，再召见，剖析天人之理，颇惬宸衷，薄暮言归。翌日，上遣中使赐桃一盘。处机不食茶果十有余年，遇荷圣恩，即啗一枚。中秋，以他事得旨，许放还山，仍赐钱十万，表而辞之。逮己酉岁春，途经陕州，遽承哀诏。时也风尘鸿洞，天气苍黄，士庶官僚尽皆素服。处机虽道修方外，身处世间，重念皇恩，宁不有感。谨缀挽词一首，用表诚恳云）哀诏从天降，悲风到陕来。黄河卷霜雪，白日翳尘埃。自念长松晚，天恩再诏回。金盘赐桃食，厚德实伤哀。②

丘处机没有指明向世宗剖析的天人之理的具体内容，从其他著述中，可以知道天人之理主要是陈述全真道对天人之间关系的认知。

仙经曰：观天之道，执天之行，尽矣。体天法象，则而行之，可也。天地本太空一气，静极则动，变而为二。轻清向上，为阳为天，重浊向下，为阴为地。既分而为二，亦不能静。因天气先动，降下以合地气，至极复升。地气本不升，因天气混合，引带而上，至极复降。上下相须不已，化生万物。天化日月星辰，地化河海山岳，次第而万物生。盖万物得阴阳升降之气方生，得日月精华炼煮方实。日月运行周回，自有迳路，不得中气，斡旋不转。盖中气属北斗所居，斗柄破军，对指天罡，逐时转移，日月星辰，随指自运。《斗经》云：天罡所指，昼夜常轮是也。天地升降，日月运行，不失其时，万物化生，无有穷已，盖人与天地禀受一同。③

经云：人能常清静，天地悉皆归。益清静则气和，气和则神

---

① 丘处机：《进呈世宗皇帝》，《磻溪集》卷1，北京图书馆古籍珍本丛刊本。
② 丘处机：《世宗挽词一首并引》，《磻溪集》卷2。
③ 丘处机：《大丹直指序》，《大丹直指》卷上，正统道藏本。

王，神王则是修仙之本，本立而道生矣。此为内功，亦假外生。仙
道真实，人道贵华，仙道人情直相返尔。诸恶可戒，诸善可修，万
行周圆，一身清洁，终身永效，不生退息，抱道而亡，不亏志节。
大抵外修福行，内固精神，内外功深，则仙阶可进，洞天可游矣。
古今成道者，皆福慧相须，慧为灯火福为油，灯火无油则不明，慧
性无福则不生。故达士宁损其身，不损其福。世之人虽天资明敏，
学海汪洋，若福行未加，则终不能探其道元之妙。古今得道圣贤，
道通为一，福则有异。外功大者，仙位之高，外行卑者，阶居其
下。古以天上圣贤，恶行之未广，则重下人间，以偿畴昔。人间浊
恶难修而功疾，天上清高易处而功缓。轩辕久居天上，因议大行落
在人间，先世为民，再世为臣，三世为君，济物利生，功成乃仙去
尔。至于冥府，亦类人间，寸地尺天，皆有所辖。凡为主者，悉是
在世有功之人。①

尤为重要的是，顺天应人，既需要认清和排除"十魔君"的干扰，
也要注重个人的修行得法。

　　或而满耳笙簧，触目花芳，舌有甘味，鼻闻异香，情思舒畅，
意气洋洋，如见不得，认是六欲魔，一也。
　　或而和风荡漾，暖日舒长，迅雷大雨，霹雳电光，笙歌嘹亮，
哭泣悲伤，如见不得，认是七情魔，二也。
　　或而琼楼玉阁，蕙帐兰房，珠帘翠幕，峻宇雕墙，珠珍遍地，
金玉满堂，如见不得，认是为富魔，三也。
　　或而出将入相，威震八方，车服显赫，使节旌幢，满门青紫，
靴笏盈床，如见不得，认是为贵魔，四也。
　　或而儿女疾病，父母丧亡，兄弟离散，妻子分张，骨肉患难，
眷族灾殃，如见不得，认是恩爱魔，五也。
　　或而失身火镬，堕落高岭，临刑命丧，遇毒身亡，凶恶难避，
猛兽逼伤，如见不得，认是灾难魔，六也。
　　或而云屯士马，兵刃如霜，戈矛间举，弓弩齐张，争来残害，

---

① 丘处机：《寄西川道友书》，《真仙直指语录》卷上。

骁捷难当，如见不得，认是刀兵魔，七也。

或而三清玉皇，十地当阳，四圣九曜，五帝三官，威仪队仗，往复翱翔，如见不得，认是圣贤魔，八也。

或而仙娥玉女，罗列成行，笙歌鼎沸，对舞霓裳，双双红袖，争献金觞，如见不得，认是妓乐魔，九也。

或而几多殊丽，艳质浓妆，兰台夜饮，玉体轻裳，偎人娇颤，争要成双，如见不得，认是女色魔，十也。①

修炼有三宝三要。三宝者，精、气、神也。精，先天一点元阳也。气，人身未生之初祖气也。神即性，天所赋也。此三品上药，炼精化气，炼气化神，炼神化道，三宝之旨也。三要者，一曰鼎炉，异名虽多，而玄关一窍，实鼎炉也；二曰药物，异名亦多，而先天一气，实药物也；三曰火候，名亦甚多，而元神妙用，实火候也。②

丘处机还以一首长诗示众，也是对天人之理观点的解释，可转引于下。

色身元有限，情欲浩无涯。痴似蜂贪蜜，狂如蝶恋花。
六根谁是主，贪欲自招殃。一念色心动，百骸秋气伤。
外物于身患，狂心不自监。病深方省欲，祸极始知贪。
最爱三田宝，难禁五欲情。后生须自重，元气莫相轻。
四大本无托，百年还有期。众人皆不悟，三教莫能规。
失道本无命，得时元有期。有无皆自定，贪爱复何为。
红颜若春树，白发似秋霜。俯仰一时过，驱驰三界忙。
繁华媚春雨，衰草淡秋烟。日月暗相逼，古今经几迁。
罗绮千箱满，金珠万斛盈。只知他物好，不觉自心萦。
厦屋千间峻，泪田万亩平。自心非实相，他物是虚名。
世事无穷变，闷愁不测来。志心行言之，门户少凶灾。
祸福相生灭，荣枯递献酬。不穷天外乐，那免世间忧。
精神多削弱，机巧益巉岩。未及开笼鸟，还同作茧蚕。

---

① 丘处机：《十魔君》，《大丹直指》卷下。
② 丘处机：《论三宝三要》，《丘祖秘传大丹直指》，正统道藏本。

遇战皆奔北，逢迷孰指南。身心多自役，道德有谁参。
物里光阴促，人间兴废多。觉来浑似梦，贪得又如何。
彼此众生性，朝昏杂念魔。静观无以救，长叹复如何。
假饶身富贵，不及性圆通。道德希夷妙，春秋杀伐空。
大梦何时觉，浮生旷劫迷。乾坤无昼夜，日月走东西。
妙理无由得，狂心不奈何。念随空变化，精自欲消磨。
爱欲时光短，前程地狱深。莫教空度日，切要紧降心。
宽容无怨害，柔弱胜刚强。满口齿先落，终身舌未伤。
江海无拘容，乾坤自在人。子陵犹傲帝，王霸不称臣。
石髓能延寿，丹砂解驻颜。葛洪游大海，王烈遇深山。
触情常决烈，非道莫参差。忍辱调猿马，安闲度岁时。
真阳加满腹，退寿可齐天。世事皆虚耗，心神莫倒颠。
像教终难入，名言不可求。心中无杂念，境上得闲游。
浮华皆是梦，外物岂能坚。若不通三一，如何出大千。
可畏风前烛，堪嗟水上沤。百年如反掌，千古暂回头。
众生多患难，大道苦希微。不有神仙福，难明造化机。
众生皆为口，终日苦劳心。目眩空花乱，身随万物淫。
众生心不尽，大道理难明。若要开天眼，须当灭世情。
日月交加迫，朝昏返复催。光阴留不住，生死突将来。
自然生有漏，谁解入无余。不见眼前欲，方知心上虚。
有情知道远，无事觉心宽。造化开天窟，精神奈岁寒。
茫茫三界阔，混混百邪深。万古常存道，群生不了心。
五福唯高寿，三灵独配人。优游闲卒岁，放浪不拘尘。
圣贤非道远，功德在人修。不向此心觅，更于何处求。①

也就是说，丘处机阐释的天人之理，核心要求就是以自修、自省的方式顺应天意，达到既能修身也能治国的政治目标。

（二）恤民救世

丘处机在金章宗即位后仍能得到朝廷的礼遇，"明昌二年东归栖霞，乃大建琳宫，劝赐其额曰太虚，气象雄伟，为东方道林之冠。泰和

---

① 丘处机：《示众》，《磻溪集》卷4。

间，元妃重道，遥礼师禁中，遗道经一藏。师既居海上，达官贵人敬奉者日益多"。在诗作中，丘处机亦对朝廷的修德之政颇为赞赏。

> （八月十日自昌乐县还潍州城北玉清观，作中秋诗十五首）西县东来至玉清，金风一扫暮天晴。开怀便赏中秋月，只恐临时晦不明。万木西风遍九州，严光一夜向西流。出尘爽气清人骨，是处歌欢不解留。初离海峤有余清，万国欢心贺太平。但愿宝光无晦朔，不教天质有亏盈。浑金璞玉上天衢，抱雪凝霜耀太虚。四海百川无不鉴，群生万象悉安居。一片清光万里开，无分茅屋与楼台。家家尽得闲吟赏，更有清风助快哉。有客徘徊望太虚，开尊专欲赏蟾蜍。蟾光不解留人意，澹澹青霄只自如。金波昼夜不曾闲，淡荡清辉出海山。素魄高升游物外，恩光下照满人间。碧汉峥嵘自有期，天光照耀本无私。却忧下土昏魔重，不见金轮出现时。团团皓月挂空虚，百炼青铜鉴不如。一切水中皆影现，群魔摘胆尽消除。桂影朦胧下照人，纵横万古不知因。何当跨鹤云霄上，俯视青天白玉轮。云去云来不暂停，朝昏恍惚变阴晴。今宵幸对婵娟质，剩作新诗畅道情。年年此际杀生多，造业弥天不奈何。幸谢吾皇严禁切，都教性命得安和。圣主登基万物安，仁风戒杀自朝端。邦君士庶皆修德，好放蟾光与众看。①

但是，表面化的治世，已经暗含危机，丘处机在诗作中特别表现出了三重忧虑。

一是忧灾荒，尤其是大面积、长时间的旱灾，把百姓带进困苦之中。

> 玄元大道统阴阳，造化乾坤万物昌。高下如能各处分，始终即得免殚殃。今之曷故多栽障，盖为人心胡纵放。美食鲜衣器用华，狂明怪侣邪淫王。阴阳交错古来传，恩害相生本自然。迤逦不能廉度日，因循直致旱经年。青霄碧落常无雨，紫陌红尘唯播土。铄石流金万物焦，镕肠裂背群生苦。有时率众取湫祈，肴肉妆盘自噎

---

① 丘处机：《中秋诗十五首》，《磻溪集》卷1。

饥。侮慢加之伤物命，喧呼何足动神祇。哀哉俗态荒声色，个个倾危身反侧。安得人心似我心，免遭痛切临头厄。①

二是忧饥疫，灾荒等因素造成的饥疫，影响范围更大，使人苦上加苦。

> （比岁饥疫相仍之故也）天苍苍兮临下土，胡为不救万灵苦。万灵日夜相凌迟，饮气吞声死无语。仰天大叫天不应，一物细琐徒劳形。安得大千复混沌，免教造物生精灵。
> 呜呼天地广开辟，化出众生千万亿。暴恶相侵不暂停，循环受苦知何极。皇天后土皆有神，见死不救知何因。下士悲心却无福，徒劳日夜含酸辛。②

三是忧苍生，百姓的困苦无人关心，加之暴政肆虐，可能带来更大的祸患。

> 皇天生万类，万类属皇天。何事纵凌虐，不教生命全。
> 阴阳成造化，生灭递浮沉。最苦有情物，难当无善心。③
> 狗病无人煎粥汤，驴寒倒地四肢僵。为人不解修阴德，转壳何由免祸殃。④

面对这样的局面，丘处机也只能是尽可能地以宗教仪式为天下、为苍生祈福。

> （明昌甲寅秋九月，建黄箓于福山县。二十八日午后，将传符受戒，有鹤十一盘至自西北，翱翔乎坛上，终夕不去。越一日请圣间，闻天关震响，北极下红霄光烛于地，可辨纤悉，三州士民靡不见者）华灯照耀积金山，人在蓬壶咫尺间。下士倾心开地府，高真

---

① 丘处机：《因旱作》，《磻溪集》卷2。
② 丘处机：《悯物二首》，《磻溪集》卷2。
③ 丘处机：《悯物二首》，《磻溪集》卷2。
④ 丘处机：《恻隐》，《磻溪集》卷1。

威力动天关。千门列祭严香火，万口同声启笑颜。三界十方功德备，彩云仙鹤自回还。①

十月昌阳五谷饶，追思黄箓建清标。华灯羽服罗三殿，绛节霓旌下九霄。法事升坛千众集，香云结盖万神朝。从兹降福穰穰满，一县潜推百祸消。②

另外，丘处机亦希望各地官员能多行善政，减轻百姓的困苦；如果难行佳政，不如辞官入道。

刘公满室皆行善，供养闲人心不倦。巧行谩天我不为，至心奉道人皆羡。殷勤种德养灵芽，合郡生民有几家。伫看异日功夫到，共蹑祥云阿母家。③

感皇恩，承天诏，控西南。大门敞，高对烟岚。双权再任，过期无代复登三。晏然军国，事和平，灾害封缄。年将暮，心归道，搜玄路，访清谈。降尊宠，谦下无惭。山人放旷，本来无得有何参。但能慈忍，戒荒淫，名挂仙衔。④

厌尘劳，抛家计，慕清闲。向物外，观照人间。须臾变灭，蜃楼倚侧海涛翻。暂时光景，转身休，百岁如弹。掀天富，倾城丽，过人勇，彻心奸。尽逐境，颠倒循环。纷纷醉梦，往来争夺苦摧残。不如闻早，伴烟霞，高卧云山。⑤

在军事方面，章宗朝曾在北方对蒙古各部用兵，丘处机对此抱的是不认同的态度。

冬前冬后雪漫漫，淑气销沉万物干。出塞马惊山路险，防边人苦铁衣寒。虽愁海北边灵苦，幸喜山东士庶安。日费国资三十万，如何性命不凋残。⑥

---

① 丘处机：《福山县黄箓醮感应并序》，《磻溪集》卷1。
② 丘处机：《昌阳黄箓醮》，《磻溪集》卷1。
③ 丘处机：《赠华州沙涧寨刘校尉》，《磻溪集》卷2。
④ 丘处机：《上丹霄·赠京兆府统军夹谷龙虎》，《磻溪集》卷3。
⑤ 丘处机：《上丹霄·答陇州防御裴满镇国》，《磻溪集》卷3。
⑥ 丘处机：《承安丁巳（1197）冬至后苦雪，时有事北边》，《磻溪集》卷1。

蒙古军大举南下后，丘处机亦为保持一方稳定略有贡献，如有人所记："贞祐甲戌（1214）之秋，山东乱，驸马都尉仆散公将兵讨之，时登及宁海未服，公请师（丘处机）抚谕，所至皆投戈拜命，二州遂定。"

（三）三教同道

王喆说"三教同根"，丘处机则言"三教同道"，所要强调的都是要促进儒、佛、道的融汇。

> 一阴一阳之谓道，太过不及俱失中。道贯三乘玄莫测，中包万有体无穷。高人未悟犹占僻，下士能明便发蒙。儒释道源三教祖，由来千圣古今同。①

在个人修行方面，丘处机就特别采用了儒、佛、道三教并用的说法。

> 又问内外日用，丘（处机）曰："舍己从人，克己复礼，乃外日用。饶人忍辱，绝尽思虑，物物心休，乃内日用。"次日，又问内外日用，丘曰："先人后己，以己方人，乃外日用。清静做修行，乃内日用。"又曰："常令一心澄湛，十二时中时时觉悟，性上不昧，心定气和，乃真内日用。修仁蕴德，苦己利他，乃真外日用。"②

> 推穷三教，诱化群生，皆令上合天为。慕道修真，行住坐卧归依。先须保身洁净，内常怀，悯物慈悲。挫刚锐，乃初心作用，下手根基。款款磨砻情性，除贪爱，时时翦拂愚迷。福慧双全开悟，自入希夷。灵台内思不疚，任纵横，出处何疑。彻头了，尽虚空裁断是非。③

---

① 丘处机：《师鲁先生有宴息之所，榜曰中室，又从而索诗》，《磻溪集》卷1。
② 丘处机：《寄西川道友书》，《真仙直指语录》卷上。
③ 丘处机：《声声慢（神光灿）》，《磻溪集》卷3。

丘处机亦愿意与儒者交往，并鼓励儒士拼搏科举考试。

盛族文章旧得名，芝兰玉树满阶庭。光辉代代生豪杰，讲论时时聚德星。顾我微才弘道晚，知君博学贯心灵。嘲吟不用多披览，续借闲书混杳冥。①

六合之中万物生，人于万物最高明。能穷物外阴阳数，解夺人间富贵名。自昔丹砂唯九转，而今天路只三程。谪仙才调无留滞，坐看飞腾上太清。

丈夫高节气凌云，十载潜看万卷真。满腹诗书虽合道，出群头角未惊人。奔牛计策元无敌，立马文章自有神。异日功成心爽悟，黄粱惊觉梦中身。②

丘处机还高度重视自修和自省，不为凡事所扰，不求高官厚禄，不听他人所言，不为世乱所扰，安心修道行道。

他人之言不可听，自己之心但可正。若凭他口是非言，坏却自身功德性。③

秦川自古帝王州，景色朦胧瑞气浮。触目山河俱秀发，披颜人物竞风流。十年苦志忘高卧，万里甘心作远游。特纵孤云来此地，烟霞洞府习真修。④

迎今送古，叹春花秋月，年年如约。物换星移人事改，多少翻腾沦落。家给千兵，官封一品，得也无依托。光阴如电，百年随手偷却。有幸悟入玄门，擘开疑网，撞透真欢乐。白玉壶中祥瑞罩，一粒神丹辉霍。月下风前，天长地久，自在乘鸾鹤。人间虚梦，不堪回首重作。⑤

漂泊形骸，颠狂踪迹，状同不系之舟。逍遥终日，食饱恣遨游。任使高官重禄，金鱼袋，肥马轻裘。争知道，庄周梦蝶，蝴蝶

---

① 丘处机：《虢县银张五秀才处借书》，《磻溪集》卷1。
② 丘处机：《送陈秀才完颜舍人赴试二首》，《磻溪集》卷1。
③ 丘处机：《去惑》，《磻溪集》卷2。
④ 丘处机：《秦川》，《磻溪集》卷1。
⑤ 丘处机：《酹江月（无俗念）·乐道》，《磻溪集》卷3。

梦庄周。休休，吾省也，贪财恋色，多病多忧。且麻袍葛履，闲度春秋。逐疃巡村过处，儿童尽，呼饭相留。深知我，南柯梦断，心上别无求。①

侧磬悬钟，慕巢由，隐沦活计萧索。天然耿介，爱一身孤僻，逍遥云壑。利名千种事，我心上，何曾挂著。幸遇清平世，诸军宴安，刀剑罢挥霍。民歌两穗之丰，教门兴我忘，三岛之约。来宾去友，递日常幽谷，骖鸾骑鹤。洞前无限景，异花秀，香风喷薄。更谢汧源众友，衣餐助余，长啸乐。②

丘处机亦向世人展现了警示之语，期望人们能够豁达地看待世事变迁和王朝兴亡。

算来浮世忙忙，竞争嗜欲闲烦恼。六朝五霸，三分七国，东征西讨。武略今何在，空凄怆，野花芳草。叹深谋远虑，雄心壮气，无光彩，尽灰槁。历遍长安古道，问郊墟，百年遗老。唐朝汉市，秦宫周苑，明明见告。故址留连，故人消散，莫通音耗。念朝生暮死，天长地久，是谁能保。③

百尺危楼，千间峻宇，艳歌出入从容。幻身无赖，何异烛当风。旧日掀天富贵，当时耀，绝代英雄。百年后，都归甚处，一旦尽成空。诸公，闻早悟，抽身退迹，跃出樊笼。念本初一点，牢落无穷。幸遇时平岁稔，偷闲好，消息圆融。忘机处，灵波湛湛，独镇水晶宫。④

在金朝已经显露亡国迹象时，丘处机毅然接受成吉思汗的邀请西行，并向其陈述了"禁欲修身"的主张，详情当另述。

第三节　全真道其他人士的政治观点

除了全真道七真人外，尹志平、侯善渊、刘志渊、李通玄等人亦是

---

① 丘处机：《满庭芳·述怀》，《磻溪集》卷3。
② 丘处机：《月中仙·山居》，《磻溪集》卷3。
③ 丘处机：《水龙吟·警世》，《磻溪集》卷3。
④ 丘处机：《满庭芳·警世》，《磻溪集》卷3。

全真道中的重要人物，他们倡导的政治观点，既有对七真人政治观念的
继承，也有重要的发展，可分述于下。

一　尹志平等人的治道观点

尹志平和长筌子对治道有不同的说法，尹志平注重的是全真道政治
观念的沿承，长筌子注重的则是全真道政治观点的发展。

（一）尹志平的治国之道说

尹志平（1169—1251 年），字太和，东莱（今属山东）人，丘处
机弟子，被门人称为清和真人，丘处机去世后主掌全真道，1238 年主
动让位于李志常，专事游历讲学，著有《葆光集》以及弟子段志坚编
辑的《北游语录》。①

尹志平倡导"三教同一"说，特别强调了全真道在性命道德说方
面深受儒、佛学说的影响。

> 全真之教，专于性命道德之妙，今之学者，多不参同。予从得
> 道之士丘、刘、谭、马，三十年间，口传心受妙语玄言、日用罪
> 福，何啻千万。虽是达理，真功实行常亏，难以超凡入圣耳。
>
> 夫道者本不远人，奈人自远之耳。人知道、释性命为一者多
> 矣，差别者亦多矣。不知行持本有妙性，都无眷处，慧命相资，助
> 一性真定，入大无碍法门，混而为真一，永超生灭，得灵通自在，
> 目前有验，是为妙道也。如学人坚固行持，未至于了达，乃宿功有
> 阙也。②

> 弟子曰：佛说与吾说，无有异乎。师（尹志平）曰：以理即
> 无异也。佛说、吾说、俗说，皆存妙理，只要自己心性上会得，则
> 自然照见，恁时和心性也不要。有云：也无心，也无性，无性无
> 心，方得神通圣。又曰：有人来问道，须对达人传。若人心上先不
> 通达，如何言语传得过去。③

---

① 弋毂：《清和妙道广化真人尹宗师碑铭》，《甘水仙源录》卷3。
② 尹志平：《语录·示门人天真道人》，《葆光集》卷上，正统道藏本。
③ 段志坚编：《清和真人北游语录》卷1，重刊道藏辑要本。

尹志平在给门人讲解经义时涉及治国问题，需要特别注意他的三个论点。

第一个是王朝兴亡的论点，尹志平强调兴亡皆为天意，皆有定数，人们只能服从和理解这样的规律。

> 师（尹志平）因举隋时故事云：当时天下一统，宫中创三山五湖四海十六院，奇葩异果毕植其中。时西院杨梅一株，一夕滋蔓，其大蔽亩。杨，隋姓也，时人皆为荣庆。东院玉李一株，亦复如此。及结其实，则梅酸而李甘，人皆弃梅就李。又池中一大鲤鱼，有王字在额。后隋灭，天下宗唐，唐李姓，人始悟之也。故知兴亡必有定数，为五行运气推移，不得不然。凡居阴阳之中者，莫不有数。①

> 师曰：吾尝见碣，读之，乃唐时一县宰，输己之俸以立。宋得天下之后，缘此地属契丹，故不复振。凡大兴必大废，平常乃能久，物理固然耳。自帝至今三千六百余岁，几经世之兴亡，而圣迹俨然，百世瞻仰，皆由平常以致于此。

> 物之无情尔，况人通天地之灵者也。物理有盛衰，则人事亦不无兴废。上自国家，至于各门划户，无不然者。如西方之教，入中国逾千年，非因其时，何以致此。惟因时而出，亦必因时而废，虽事物兴废皆系乎天，而天之真常未尝少变，何哉？无心故也。人不能知此理，则忧喜妄作，逐物而迁，至失其正，而不能复。是以达人无心，任万变于前而不动，以其知吾之性本出于天，与天同体，故所行皆法于天。②

第二个是有为与无为的论点，尹志平认同丘处机的有为、无为同一的观点，强调应以更宏观的视角看待有为和无为。

> 吾少时尝问师父（丘处机）曰："尧、舜功德巍巍，恭己治世，有为也；许由竟辞让，无意于世，无为也，何以并称圣人？"师父曰："有为、无为一而已，于道同也。如修行人，全抛世事，

---

① 段志坚编：《清和真人北游语录》卷1。
② 段志坚编：《清和真人北游语录》卷2。

心地下功，无为也；接待兴缘，求积功行，有为也。心地下功，上也，其次莫如积功累行，二者共出一道。人不明此，则不能通乎大同。故各执其一，相为是非。殊不知一动一静，互为体用耳。岂惟动静为一，至于阴阳、昼夜、死生、幽明，莫非一也。"①

（师）讲《天下皆知章》，剖析六对，至圣人处无为之事，云：此非有为对待之无为，乃无为无所不为之无为也。故以尧让许由之事证之，云：以迹观之，则尧有为而许无为；以道论之，则尧未尝不无为，许未尝不有为也。尧虽居天下之大，如寄如托，而不有其天下，故虽天下之大，而不能累其心，其让非无为何。许之辞曰：子治天下，天下既已治也，吾不为名，名者实之宾，遂不受。且天下既已治，则故不受，或当天下之未治，则许将若之何，亦必有所为也。尧、许同道，易地则皆然。故曰：尧未尝不无为，许亦未尝不有为也。惟其应变随时，处之合道，初无心于其间，是以并称圣人。②

第三个是治国有道的论点，尹志平不仅强调治国要文、武并用，更指出治国的核心要义是君主治心。

国家并用文武，未始阙其一，治则文为用，乱则武为用，变应随时，互为体用，其道则一也。③

讲《不尚贤》章终，师曰：此章之义，道德已过半矣。学人必先通异名异象，而后看诸经文则少惑。如龙虎婴姹等语，不出元气阴阳。如释氏曰教又曰禅，名殊而理一也。还能心上转换过，则无不为己所用。此章首言治国之道，又何异于治身。心即君主，百体皆臣庶也。君治则国治，心治则百体自理。④

恰是因为尹志平有上述论点，在面对乱世时，他秉持的是看破兴亡、避世修行的态度。

---

① 段志坚编：《清和真人北游语录》卷1。
② 段志坚编：《清和真人北游语录》卷3。
③ 段志坚编：《清和真人北游语录》卷2。
④ 段志坚编：《清和真人北游语录》卷3。

（大石是契丹语，学士名，林牙是小名，中原呼大石林牙为国号）辽因金破失家乡，西走番戎万里疆。十载经营无定止，却来此地务农桑。

群雄战力得农桑，大石林牙号国王。几帝聚兵成百万，到今衰落亦城荒。①

西南仍有大兵荒，东北安居夏月凉。宜向此间行吉善，勤修道德爇名香。

大劫纷纷到处荒，幸然此地得清凉。劝君加志修真福，渐觉无为清净香。

曾从先师历大荒，归来惟喜此清凉。干戈未息先康泰，盖为人淳德行香。

人人未悟性多荒，安得逍遥心地凉。识破机关归物外，自然道德自然香。

炼性通真意不荒，任教造物变炎凉。功成跨鹤归蓬岛，留得高名万古香。②

山后重兴道院，燕南仍自干戈。道人功行累来多，免却非灾横祸。每日诵经报国，终朝念道降魔。福生祸灭养冲和，真静真清证果。③

涿鹿今朝到，蚩尤往日休。坂泉冬夏水长流，今古几春秋。因此强兵战胜，直到而今无定。一生一杀做冤仇，早晚是程头。④

尹志平之后接掌全真教的李志常、张志敬、王志坦等人，因为主要活动已经在金朝灭亡之后，本书不须专做说明。

（二）长筌子的治道说

长筌子，生卒年不详，全真道道士，著有《洞渊集》《元始天尊说太古经注》等。

长筌子在其著述中，重点阐释了与治道学说有关的八个观点。

---

①　尹志平：《过大石林牙契丹国》，《葆光集》卷上。

②　尹志平：《矾山先天观住夏因时劝众》，《葆光集》卷上。

③　尹志平：《西江月·龙阳观冬至作》，《葆光集》卷中。

④　尹志平：《巫山一段云·先天观作》，《葆光集》卷中。

第一个观点是既要知"道",也要守"道",这是道家政治学说的最基本要求。

> 道者,天地之父母,万物之灵枢,阴阳之纲纪,五行八卦之璇玑,贤圣之弥纶,神明之正宅,山海之渊源,社稷之大柄,动植性命之根蒂。至尊至贵,今古无穷,而常自然,巍巍乎大矣哉。以此莅天下,其鬼不神。圣人亦不伤民,是故物得者生,人得者久,居有所成,事有所承,行有所之,乐有所适。①

> 总要元纲,括囊众妙,洞照万世之后,光而不瑕,无其昏垫,使天下百姓返归于常道,品汇皆获其自然,莹然不情,虑警悟真源矣。故曰:变化无穷,通乎至也;纯粹不杂,精之妙也;博达无碍,道之极也;廓彻幽微,真之深也;周视万物,圣之叡也;德霑动植,慈之上也;化及群小,贤之能也;忠恕不失,善之良也;心智常明,慧之备也;虚寂淡漠,神之灵也;冲一舒畅,气之养也;文辞广辩,才之敏也;克诚不妄,志之定也;谦退处事,福之大也。
>
> 且如百家之辩,众技之艺,设于中国,拔擢于时,虽然有用,不免交征其利,侵夺民情,堕残道德,谗慝殊途,不能返其真常。哀哉,故冗乱糠秕之民,矻矻万物,经纬蹁跹,撺援未已。其间苟谈于方壶员峤,企望登而陟之者,危然亡极。②

第二个观点是不能做蒙昧之人,要敢于直视世间的各种弊病,尤其是百姓的疾苦。

> 蒙昧缘虑,蠹贼内讧,精神之失也。且世之人,其年虽壮,其行甚孤,轻用其事,蹩安于时,有弊不济,忧患相接,丧而不知也。此胥靡之所,古之善为士者不然,忘怀顺物,任真而不囿,澡雪其垢,途隙如愚,完其德,就其闲,是谓知明理馨矣。③

---

① 长筌子:《道者篇第十》,《洞渊集》卷1,正统道藏本。
② 长筌子:《总要篇第七十一》,《洞渊集》卷2。
③ 长筌子:《蒙昧篇第三十四》,《洞渊集》卷1。

浮沉大伦，惟精惟微，不可不察也。观乎天地之纲纪，明乎万化之终始。况生民之情，去就取舍，不秉其彝。所以知荣而不知辱，徇物而不徇乎道，所矜乎外而拙塞乎内，夫何故其不鞭乎后。是以真人爵禄不申肆，卑辱不僻陋，美色不能滥也，颉滑不能囷也。不易乎性，不夭乎命，其志一而不恚，淡然无为，则灾害何及。①

第三个观点是以德治国，不仅要讲究仁义爱民，还要坚持无为而治的原则。

至德荡荡，渺邈无穷极。薰然仁慈，配乎天地。运载发生，推移四时，绥柔遐迩，泽及苻苇，不积不累，动之以天行，所以统御群有，出入无旁，妙若神明。是以圣人调之而应，偶然而勃出。以百姓心为心，不得已而用之。渐之渥之，广之覆之，颐颐印印，沛然其为万物，莫不逝矣。不谋而事遂，不化而政成。清净无为，故垂衣而天下治，几向方矣。②

清净无为，而天下自正。故得海内一心，上下风化，吁气陶薰，樵采颂声，洋洋而满路，远方入贡，百姓襁褓挈梳椑负荷而来之。③

第四个观点是重义轻利，不仅要注重轻徭薄赋的治民之法，更要以知廉耻的君子战胜只知谋利的小人。

真伪间出不同，处事平位分。尝闻为天使难以伪，为人使易以伪。失其正一，便僻邪侈攻塞于灵府而物乱真君，矜巧徇情以丧道。古语有之曰：大丈夫出言谠律，为政而有恒。居实若虚，蕴知若愚，得之若无，有迁善如不及。以外戕内，从事败身，见利忘

---

① 长筌子：《浮沉篇第四十九》，《洞渊集》卷2。
② 长筌子：《至德篇第三十七》，《洞渊集》卷2。
③ 长筌子：《清净篇第四十七》，《洞渊集》卷2。

道，是谓三不祥。持此不祥，故无其咎，理未闻也。①

饕餮可欲，狂荡贪滥，天民之残寇也。揣度奇物，以悦私情，内有遑遽之心，外有休惕之恐。驱驰羁縻，不守命分，终身疲役，利货相推。幽则畏鬼责，明则畏人非。须臾曾不宁，救未止休息，以至于刑宪，不终其天年，中道而夭，则遁天倍情之俗愚，忘乎所受，将凿垣墉，种殖蓬蒿也，不亦力殚戈戈也哉。且民之饥，以其上食税之多。是以圣人博施不积，恩推四海，治天下而不恃乎蓄。夫惟天道利而不害，地道生而不辞，而不为主。帝王之道，广济而不敛，爱养运载，无欲无为，故得万物成熟而自足。②

廉耻，国之维，事之纪，仁行之本欤。君子兢兢而慎之，方乃不苟且也，不谄谀也。识其羞恶，守其忠信，持刚毅而不敢犯上，纯实而返乎情乐也。拳拳服膺，日迁其善，不枭醇，不散朴，终身而不危。吾何以知不危之然哉，以此。③

第五个观点是以俭治国，可以长治久安，所以必须扼制骄奢荒淫的做法。

柔俭，德之基，道之用，则天下莫能行，夫何故，不奢侈也，绝狼戾也。终日应而不争，无忤于物，则乐推而不厌。廉洁于己，撙节守约，历世从事，不以物易己，无求无失，其知不怠也，故能全身而远害。是以圣人实而不聚，名而不立，并包天地，泽及万方，而不知其谁氏。④

肆任荒芜，恣逸外游，酷酊于声色邪曲之中，不省不觉，乃下民之溟濛，有失其所也。驰骋田猎，宴乐骄佚，矜夸富贵，干缨黻冕，尊显市朝，焦心废形，终宵无寐，日昃忘餐，困辱于万端，以

---

① 长笙子：《真伪篇第四十四》，《洞渊集》卷2。
② 长笙子：《饕餮篇第五十一》，《洞渊集》卷2。
③ 长笙子：《廉耻篇第六十五》，《洞渊集》卷2。
④ 长笙子：《柔俭篇第六十四》，《洞渊集》卷2。

名丧志，以利害身，区区尽世，不知其大猷，痛可悲之。六彻相攮，其德丧焉。逐于幻境，物物相碍，由是恣目之所观，耽乎巧笑美色；恣耳欲闻，迷于郑卫邪音；恣鼻欲向，嗅其腥臊朽腐；恣口所道，语发无稽之言；恣体所适，悦服美厚罗縠缣纨。恣目之逸，游乎荒态之场，是以水救水，以火救火。名之益多，无一日之优游，有万种之疲倦，戚戚然以俟其死者，不亦大哀者耶。残贼真性，凋弊灵根，背道忘本，不能观其复。①

第六个观点是看透官场，打破功名的迷思，获得弃官自由的享受。

人有远见，心无近忧。然为官而贵显，不及仙以优游。从他位列于朝廷，金章紫绶，难比身登于阆苑，月殿星楼，尝闻达士休官，愚人干禄。子房归山也，绝有患害；范蠡乘舟也，免遭刑戮。既知此道，奚求官之浮名。凡益于身，不及仙之清福。当其权至一品，名威四方，封妻荫子者，惟贪厚禄，欺公虐下者，岂畏深殃。只迷火宅，不悟仙乡。黼黻尊荣，造孽而终归地府；缕褐贫贱，了真而决赴蓬庄。未若金液蟠桃，花光云锦。降龙伏虎也，五老之殿；抱月眠云也，七星之枕。遍耽物外无为，不爱朝中极品。世上玉簪朱履，一梦浮华；壶中紫桂芝田，万年丰稔。夫秦宫汉苑者，白杨芳草；嗟成都旧城者，桃花杜鹃。过斗钱财何济，同巢妻子何坚。纵为贤相，难及列仙。岂不见弃相蟾公，悟至真而忘世；舍王悉达，证大觉以归天。且如不义而富贵者，何异于浮云；不忠而利禄者，犹若于弊履。假饶将相双显，不若神仙独美。是以李斯浊辱，遭白刃于云阳；黄帝灵通，获玄珠于赤水。足表脱俗罗网，证仙裔苗。扫烟霞于斗口，悬日月于星桥。从此弃人间有限之骄奢，丹墀宴乐；得天上无穷之福利，紫府逍遥。奈何迷昧仙都，贪婪官爵。恋之者尽遭缧绁，脱之者免沉沟壑。直饶金谷繁华，莫比桃源快乐。劝世人，闻早学天仙，归去朝三清赴约。②

第七个观点是注重教化，既要使世人分清善恶，更要坚持以孝慈治

①　长筌子：《肆任篇第六十八》，《洞渊集》卷2。
②　长筌子：《官不及仙》，《洞渊集》卷4。

国的底线。

> 好恶滑心，内有所藏也。与己同者，虽便佞谬邪而悦也。与己异者，虽忠恕贤良而恶之。驰其形性，潜之于万物，皆囿乎外，终身不返，使灵识飞扬，丧乎天德也。大人之操则殊于此焉，无抡择，无嫌疑，物来则应，尽其所诚，分德与人，不以贤临人，为天下之至公，然后乃至于大顺。①

> 孝慈，人伦之至德，五常之大本，百行之宏纲。元气混沌之中，含忍生灵，远则大赍于万物，近则爱敬于六亲，不悖于礼，不乱于俗。若夫天将救之，以慈卫之，以战则胜，以守则固。故曰：至仁无亲，至孝不忮。盖天子赖之，庆云广覆，龙负皇图；庶人由之，德星临耀于门闾，林薮茂荣于陆泽。是以圣人率此要道以御天下，化被草木，德配乾坤，遂致阴阳协赞，稼穑丰稔，及朝有刍荛之俦，棠下无椸榴之桁扬。若然者，故得万国交归焉，四海以来祥，车书一混，而黎蒸欣戴，则何患之有耶。②

第八个观点是看破兴亡，不仅要了解存亡的规律，更要以豁达的心境看待王朝的更替。

> 存亡不悸，善获养生之度，恶乎知之。守笃信，明代谢，量虚实，识进退，其来也不却，其去也不御。故善人者，弃世全神。物境不累乎天，其行无，岂谓涉于艰危。③

> 故乡何处栖迟，海山雾敛春风细。花秾石润，云娇烟淡，天容如水。芝桂香分，橘橙酒艳，锦茵摘翠。佩霓裳缥缈，飞琼羽盖，瑶池宴，赏佳丽。俯笑人间富贵，到头来，一场虚伪。桑田暗改，人生空老，谁能适意。虎战龙争，汉兴秦灭，今成何济。看蓬莱紫

---

① 长筌子：《好恶篇第五十九》，《洞渊集》卷2。
② 长筌子：《孝慈篇第六十三》，《洞渊集》卷2。
③ 长筌子：《存亡篇第四十八》，《洞渊集》卷2。

府，长春胜景，妙无加矣。①

　　君不见，年华促，昼夜相催如转毂。百岁匆匆弹指间，俄尔桑田变陵谷。又不见，叶辞柯，过隙人生能几何。石火电光风里烛，水上浮沤争甚么。竞蛮触，披红绿，浮名浮利浓如粥。疲役身心早晚休，直待云阳遭耻戮。嫃花酒，弄精神，如蚕作茧自囚身。家计置成谁受用，眼光落地一堆尘。叹蟪蛄，这朝菌，忽然生兮忽然泯。却被春秋暗折磨，不成一事空凋殒。蚍蜉梦，傀儡棚，百般伎俩杖头呈。片时线断无消息，赢得高人笑一声。历周书，考唐传，致身丧命难穷算。古代英雄竟若何，北邙山下狐狸伴。②

　　长筌子自称"不羡金章极品官"和"不居僧俗不为儒"。在正大八年（1231）躲避战乱隐居时，他表现出隐士以自守处乱世的态度："若夫不汲汲于富贵，不戚戚于贫贱，不乐寿考，不哀夭丧。衣绨纻，有狐貉缣绘之温；服戎菽，有稻粱兰橘之味；庇蓬室，有连欐大厦之荫；乘荜辂，有驷马文轩之饰。不拘一世之利，以为己私分；不以王天下之任，以为己处显。进不市朝，笑张毅膏肓于嗜欲；退不丘壑，悲单豹命殂于饿虎。若然者，然后可以探幽居之壶奥，游恬静之门间，超逾世网，弃绝人间，出入无方，行藏自在。"③长筌子的观点之所以重要，就是他能够结合政治现实，提出了值得深思的见解。

二　侯善渊等人的劝世观点

　　与尹志平、长筌子略有不同的是，侯善渊、玄虚子、刘志渊、于道显、李通玄等人从不同角度阐释了全真道的劝世观念，可概述于下。

（一）侯善渊的三教归一说

　　侯善渊，生卒年不详，号太玄子，全真道道士，著有《上清太玄集》《上清太玄鉴诫论》《上清太玄九阳图》《太上太清天童护命妙经注》《黄帝阴符经注》等。

　　侯善渊秉持"三教归一"的观点，不仅强调要尊重三教之祖，更要注意三教学说的"混一"。

---

① 长筌子：《水龙吟》，《洞渊集》卷5。
② 长筌子：《叹世》，《洞渊集》卷3。
③ 长筌子：《幽居》，《洞渊集》卷4。

如来妙法谈真性，太上玄机说太丹。孔子五常明日用，三乘混一太虚间。老子如来孔圣同，世人不晓斗争风。假名三教云何异，总返苍苍一太空。①

三圣之规，始道为先。越于事矣，胡为自然。启周书兮寂然不动，明爻象兮感而通玄。涉释典兮忘标指月，觉圆明兮可以为禅。览道德兮谷神不死，冲玄牝兮出入绵绵。彷徨乎游尘垢之外，磊落兮易太极之前。众流混混皆归海，万象森罗尽属天。

曩之二子，启我灵篇。谼一言兮诀开混沌，阐二仪兮劈破坤乾。廓大音兮胡为角征，明大象兮非以苍玄。穷庄周兮得乎象罔，测仲父兮拟乎忘筌。体如来兮觉乎妙趣，崇老氏兮探乎重玄。玄哉玄哉，无始无终，非自非然。达五行之象外，出万化之先天。岂虚语哉，凭乎实见。返未始兮，万古绵绵。②

原夫入道修真，宗崇三宝，孝敬二亲，戒除嫉妒，解释贪嗔。逢三教而勿生彼我，遇四众之共结良因。③

玄元垂教，感无不应。道德开元，物无不生。且太虚浩浩而无涯，天地茫茫而有象。乾坤含化，庶物流形。阴阳受气，代谢相因。禀化者不止于一生，含胎者岂尽于一形。在天垂象，可见吉凶之兆。在地成形，可辨有无之理。在人为变，可明动静之机。释子启之曰佛，儒贤理之曰圣，德士通之曰仙。异派同源，道斯一矣。④

达士归真正，凡夫尽落非。问云何是道，笑指月明溪。后己为真行，先人体圣功。问云何是道，笑指白云中。欲要登仙位，须凭志笃坚。问云何是道，笑指月当轩。有客寻机要，无人达妙玄。问云何是道，笑指五千言。无为犹是幻，有作又成非。问云何是道，笑指紫灵芝。三教归一体，万法悉皆同。问云何是道，笑指太虚中。尽被无明障，都缘业火牵。问云何是道，笑指日光鲜。指迷如引线，得悟若穿针。问云何是道，笑指玉壶金。见有非为有，言空

---

① 侯善渊：《刘老仙问三教归一》，《上清太玄集》卷8，正统道藏本。
② 侯善渊：《三圣铭二篇》，《上清太玄集》卷5。
③ 侯善渊：《太极玄精神游铭》，《上清太玄集》卷4。
④ 侯善渊：《太玄宝晊星徽铭》，《上清太玄集》卷4。

未必空。问云何是道，笑指坎离中。欲求清净法，莫共利名交。问云何是道，笑指白云抛。①

侯善渊为《黄帝阴符经》所作的注释，涉及道德、治国等解释，亦体现了"三教归一"的宗旨，可摘录于下。

> 德与天通，其机尽于此矣。灵枢运变，如挈天地之机也。万神通化，体道为身。人心与天性同德，故为心之机也。天道无为，独立不改；人道相通，以定其心。人性与天性契同，善恶变化，无不定其基址。巧拙之性皆从道化，无不伏藏其理。静则大道寂然无心，动则神用感而通玄。治身不正，其神散亡。知存亡，不失其正，则善养元神，上合虚无之道，是谓圣人之德也。生因天之生，死因天之杀，生杀之机，本道之至理也。递互相盗，自合其宜；天地人伦，自安其分。天施惠爱，不以仁恩；物之从化，而大恩生矣。天施惠爱，物性至乐有余，静则静安常道之中，廉则廉用神变之至也。天之玄德无私，故能成其私者，无用不在于此，故能至其公矣。道施恩德，物性为害，害及恩生，则福兮祸所伏。物性从化，承德之恩，恩及害生，则祸兮福所倚。②

侯善渊对金朝的文治颇为赞赏，并表明了与治国有关的无为、清平、安民等观点。

> 慈惠忠廉志气清，澄空显出谷神灵。执其大象安平泰，左右逢原玩玉京。③
>
> 大国无为帝象权，民安其业若烹鲜。鬼神相会中黄位，日月扶真合自然。④
>
> 中朝金国圣皇明，有庆贺清平。天元运周甲子，正是好修行。

---

① 侯善渊：《开明演化》，《上清太玄集》卷10。
② 侯善渊：《黄帝阴符经注》，正统道藏本。
③ 侯善渊：《王先生问日用道德》，《上清太玄集》卷8。
④ 侯善渊：《陈小仙问大国烹小鲜》，《上清太玄集》卷8。

归真静，体真清，气神灵。玄门阐化，太上真风，接引群生。①

　　太古真风，玄元宗祖，阐飏灵宝符文。金章玉篆，词简义光新。演道精宏浩大，通天地，细入微尘。修家国，臣忠子孝，民业自安淳。门人，还知否，穷通妙指，拨物归真。涤除玄览，焕现外其身。昊境云瑛作伴，浮空驾，日月为邻。擎天翼，金门羽化，京廓现阳神。②

　　侯善渊还特别要求弟子不得非议前圣，真心掌握先圣教义，否则必然遭受天罚："更有得法一等，才时得法，未能解悟，却早到付嘱我如此天机，不可乱传与人，及至背我，他早别立门风，毁谤先贤。可知道教成一个，不如掐杀一个，似这般没前程行当，岂不是打地狱底朴子。""不知圣人正义，却学乖慵懒惰，一似分界堠子，牵不向前，推不向后。没转利汉，不知好弱，不辨邪真，我想算上天，也无这般不伶利底神仙。"③

　　（二）玄虚子、刘志渊的警世说

　　玄虚子，姓名不详，全真道道士，承安年间（1196—1200）去世，著有《鸣真集》。④ 玄虚子注重"道禅"的修行："禅道无为道是禅，道禅无二没枯偏。本来一点无分别，湛湛澄澄常现前。"⑤ 他还明确提出摈除名利是非的警世要求。

　　纷纷俗事日时忙，昧了灵源勿忖量。利害场中挥舌剑，是非浪里斗唇枪。人间冗冗光阴速，物外寥寥春昼长。只此荣华何可并，岂知沙界遍仙乡。

　　哀哉尘务苦忙忙，竞气贪财事事伤。千种萦缠无可出，万端惹绊有为妨。回头掣断是非锁，信脚踏翻名利场。好去碧岩泉下隐，安闲养素保纯阳。

　　劝君莫进是非场，万苦千辛计漫张。岂解利名风里烛，那知恩

---

① 侯善渊：《诉衷情》，《上清太玄集》卷9。
② 侯善渊：《满庭芳》，《上清太玄集》卷9。
③ 侯善渊：《上清太玄鉴诚论》，正统道藏本。
④ 张志明：《鸣真集序》，《鸣真集》卷首，正统道藏本。
⑤ 玄虚子：《禅道》，《鸣真集》。

爱电中光。贪荣争似贪仙士，趣富宁如趣道乡。若要跃出尘世网，早归岩下爇心香。①

刘志渊，生卒年不详，全真道道士，号通玄子，西慈高楼里（今属河北）人，著有《启真集》。②在诗、词中，刘志渊表明了劝人不要恋官和贪图名利的态度。

金峰仙馆对孤岑，人自深铭道德心。感得庆云时复现，蓬宫眼底不难寻。

壮丽金峰压远岑，庭前古栢冒天心。分明指出西来意，何必曹溪远远寻。

观榜金峰接翠岑，冰清气象贯人心。劳劳多少利名客，谁肯偷闲到此寻。③

宦途驰骤心贪职，官事何时能毕。力饶射日，名高为复，到今何济。休道功名遂，好身退，紧寻归计。啖古人糟粕，放怀湖上，泛扁舟，乐真味。颖悟安闲云水，恣逍遥，坦然无累。豁天宽胸臆，调神养气，无萦无系。性命具相契，露实相，混融三际。看自强手段，斩钉截铁，把尘缘弃。④

侯善渊、玄虚子、刘志渊虽然不是全真道的重要人物，但他们所宣示的政治观点符合全真道的基本政治倾向，还是值得注意。

（三）于道显的去官说

于道显（1168—1232 年），全真道道士，号离峰子，山东文登人，师从刘处玄，著有《离峰老人集》。⑤

于道显与官员交往频繁，在诗作中偶然会提到官员行仁政的要求。

一行作吏莫伤民，百计施恩与日新。入则敬亲出则悌，外全仁

---

① 玄虚子：《警世》，《鸣真集》。
② 董师言：《金峰山通玄子启真集序》，《启真集》卷首，正统道藏本。
③ 刘志渊：《和步才卿金峰观》，《启真集》卷上。
④ 刘志渊：《水龙吟》，《启真集》卷中。
⑤ 元好问：《离峰子于公墓铭》，《甘水仙源录》卷 4。

义内全真。①

　　为官公正胜为道，此语宜书仕子绅。莫谒麻衣方外客，且将良药济残民。②

　　说与人间大丈夫，人人都有夜明珠。昔年爱欲尘深昧，今日磨砻垢自无。一段光明如宝鉴，十分皎洁若冰壶。昆仑顶上灵泉降，浇灌琼花永不枯。③

　　于道显强调更多的，是官员能够看透功名，急流勇退，并说明了四点重要的理由。

　　一是官场熬人，犹如囚禁，再加上是非争斗，无可留恋之处。

　　清风古道少人行，浊水淤泥抵死争。可笑一般愚蠢物，枕糟藉曲过平生。④

　　可怜鬓发已苍苍，牒诉堆中尽日忙。世利既如汤沃雪，笔尖刚甚虿摇芒。甘肥适口全家乐，冤债临头一己偿。顾我此言如药石，愿君服了也心凉。⑤

　　红尘早晚赋归休，作伴逍遥云水游。了却一生容膝计，胜如三载抱官囚。壶中自有延年药，世上终无不死由。异日功成超达去，瑶池会里列仙俦。⑥

　　是非场上好抽身，作个无忧自在人。藜杖便游云外路，芒鞋不到世间尘。举头明月堪为友，到处青山总是邻。卜个小庵安稳地，松窗高卧养天真。⑦

　　为官何似学神仙，真静真清养浩然。日日玉炉烧大药，时时金鼎炼红铅。蒸生瑞气腾清汉，种就金莲罩紫烟。功满朝真广寒去，相随同赴大罗天。⑧

---

① 于道显：《示时官》，《离峰老人集》卷下，正统道藏本。
② 于道显：《寄沔池纳兰县令》，《离峰老人集》卷下。
③ 于道显：《示宁海郝县令》，《离峰老人集》卷上。
④ 于道显：《赠高都监》，《离峰老人集》卷下。
⑤ 于道显：《赠郑令史》，《离峰老人集》卷上。
⑥ 于道显：《赠张库副》，《离峰老人集》卷上。
⑦ 于道显：《寄王县令》，《离峰老人集》卷上。
⑧ 于道显：《示亢官人》，《离峰老人集》卷上。

二是功名本浮华之物，到头来是一场空，但不少人看不透这一点。

火风地水没来由，聚则成形散即休。半纸功名虚费力，百年劳碌水中沤。①

莫恋浮华欲境侵，蓬壶仙景转难寻。丹台神鉴浮埃翳，月殿灵芝野草深。试问穷他无尽事，何如悟取本来心。殷勤下手三千日，炼就壶中一井金。②

莫恋浮华悟此身，好将恬淡养天真。眼前便是梦中梦，觉后方知身外身。壶内好栽无影树，洞中先得未萌春。纷纷俗辈应难辨，赫赫天光日转新。③

浮名浮利总悠悠，系绾人心早晚休。一向经营忘了日，几曾富贵到骷髅。宝山有分空回首，苦海无涯强出头。性命悬丝如傀儡，不知人戏作风流。④

三是即便功名可倚，也应该功成名就后立即抽身而去，不要自迷于官场。

功成名遂早归山，策杖逍遥到处闲。明月光中融妙用，白云探处炼神丹。⑤

功成名遂早归山，落得身安心更闲。返视红尘真墨梦，竟无灵药驻朱颜。居连蓬岛何由俗，门寄烟萝不用关。忽有一丸金弹出，飞腾来往照人间。⑥

盖世功名身外事，掀天富贵世间荣。觉来只是须臾梦，悟后元无宠辱惊。宝月天心人共见，骊珠海底独增明。人间上士怀仁惠，正好将心进一程。⑦

野客今逢翟浩然，几时相伴住林泉。功成名遂身须退，迹晦光

① 于道显：《长平郭官人告》，《离峰老人集》卷下。
② 于道显：《寄张副使》，《离峰老人集》卷上。
③ 于道显：《示张都监》，《离峰老人集》卷上。
④ 于道显：《劝世》，《离峰老人集》卷上。
⑤ 于道显：《赠息州蒲察从宜相公》，《离峰老人集》卷下。
⑥ 于道显：《示术虎万户》，《离峰老人集》卷上。
⑦ 于道显：《寄嵩州刘二官》，《离峰老人集》卷上。

韬地自偏。混沌炉中烧大药，鸿濛鼎内煮金铅。丹成服了朝元去，得处华阳不夜天。①

四是为官者要克服心病，才能终结恋官情结，走向更广阔的人生。

功名未了心先了，尘俗俱忘性不忘。更著慧风吹万籁，真空独现一轮光。②

几年与我约林泉，却为虚名一旦牵。沙塞虽遥犹有志，瑶池非远尚无缘。栖迟云壑道家事，指顾英雄将士权。直待功成名遂日，退身复证大罗仙。③

得失穷通任自然，不须欣喜与忧煎。今生富贵前生种，见在修持过去缘。广武坡头些子快，杜邮亭下几多您。一还一报何年尽，学我同修物外仙。④

需要注意的是，于道显在金朝末世强调"出世"观念，应该是意识到已经难以救世，所以才会以"避世"的态度应对世乱。

（四）李通玄的劝世说

李通玄，生卒年不详，全真道道士，号通玄子，金亡后仍有一段时间在世，著有《悟真集》。在诗作中，李通玄多有劝世之语，须特别注重其中的七劝。

一劝世人不要迷信治病救人，个人的自我养生修行更为重要。

药包药包离我肘，二十年来作知友。也曾因你服绫罗，也曾因你欢花酒。有贫有富百千家，无日无时编户走。昧井荣，迷寸口，灾上添灾乱针灸。积行行功为你无，是非冤业因伊有。今朝烧你没狐疑，只为侬心不仍旧。药包冒火奋神威，声出如雷聒天吼。较些我送你镬汤，你悔身心先下手。福源清，罪根朽，踊身跳出尘凡彀。障山千丈势凌云，苦海千寻浪冲斗。天道高兮有甚高，地道厚

---

① 于道显：《示翟监丞浩然》，《离峰老人集》卷上。
② 于道显：《寄德顺州移剌答节副》，《离峰老人集》卷下。
③ 于道显：《寄张提控》，《离峰老人集》卷上。
④ 于道显：《示夹谷都统》，《离峰老人集》卷上。

兮有甚厚。地有窍兮天有梯，日月阴晴没昏昼。青云白气净时交，黑雾红霞空里斗。混合中央结宝光，光明直彻青霄透。无形妙体乐平生，一样大虚无极寿。①

二劝世人不要嫌贫爱富，因为富贵难以长久，守贫才是自修者的真谛。

二仪高厚为奇耦，万物生成从此有。万物之中贵者人，人身几个能贵守。昨朝自叹我今生，无辱无荣谢天佑。也曾聚散结英豪，不被饥寒事箕帚。而今老矣旧形骸，深恨旁人笑村丑。如聋似瞽半呆痴，跛足弓腰缄利口。等闲不敢向人开，吐出忠言益知友。②

利锁名缰满世间，傭贫且喜得安闲。心头白境多殊胜，身外红尘任往还。无争岂消投洞水，弃荣何用隐商山。柳阴深处绳床稳，默默终朝不启关。③

三劝世人知性知命，只有既修性又修命，才能达到性命两全的境界。

修行不识真空性，膠漆盆中磨垢镜。用尽功夫磨更磨，到头难得圆明莹。真空性，真空性，无色无声难视听。隐显虚空空弗空，寻之不见呼之应。修真不识真元命，摘叶寻枝强斗钉。空见苗生秀不实，失养元精果难证。真元命，真元命，太极分形为本柄。万物无为造化中，功超造化能成圣。只修命，不修性，恰似乌金饰顽磬。打碎顽形空落空，终身未免沉空净。只修性，不修命，水火不交如堕甑。命不全兮性不真，顽空空亦游阴境。修之性，修之命，出脱来时迷昧病。性命两全玄又玄，一超远离轮回径。④

四劝世人看淡名利，脱出红尘，才能自娱自乐，保一生安全。

---

① 李通玄：《烧药包歌》，《悟真集》卷上，正统道藏本。
② 李通玄：《村丑歌》，《悟真集》卷上。
③ 李通玄：《自乐》，《悟真集》卷上。
④ 李通玄：《叹不识性命歌》，《悟真集》卷上。

蝇头利赂十分追，不恤人难任四知。一旦积成盈贯罪，取招业债偿乌谁。①

归去来兮雪满头，利名心上擎然休。当机抵了轮回债，也是今生赢一筹。②

当时体段学风流，年老骎寻万事休。名利尽随流水去，是非都逐落花收。懒干风月疏诗社，怕属颠狂厌酒楼。有客欲论荣辱事，几番缄口一摇头。③

已觉功名不遂成，归来宠辱两无惊。内收瞳子休观色，外锁舌头不有声。心似半篙潭水静，身如一片野云行。追思往事仰天笑，险被空花误一生。④

五劝世人戒怒戒争，尤其是管住自己的口舌，才能减少是非的干扰。

心头无事气神和，歌罢狂吟又载歌。芝草荣华含地气，琼浆流转贯天河。剪除俗念存仙念，赶退诗魔作道魔。会得这些魔意思，教君比我更魔多。善恶同生用不同，两般元出一心中。慈言喜作养花雨，怒气休为送雪风。凤屋门前栽柳老，虎窝村外种瓜翁。古贤不是无能智，念道忘言乐固穷。⑤

非理贪求甚太过，心头网罟苦收罗。暑寒尚被四时换，昼夜犹随二至那。填海势摧徐福笑，拔山力尽子房歌。莫言得失由人造，数到头来无奈何。⑥

舌香腹臭恶骎寻，交结令人陷陆沉。令色敢违承色戒，巧言徒昧慎言箴。欺心起处心违口，诳口开时口昧心。休恁只谋长得胜，败来祸取海般深。⑦

---

① 李通玄：《警贪求》，《悟真集》卷下。
② 李通玄：《贱利名》，《悟真集》卷下。
③ 李通玄：《叹休心》，《悟真集》卷上。
④ 李通玄：《劝俗自叙》，《悟真集》卷上。
⑤ 李通玄：《述怀警众》，《悟真集》卷上。
⑥ 李通玄：《诫悭贪恃势》，《悟真集》卷上。
⑦ 李通玄：《警世害众》，《悟真集》卷上。

六劝佛道和谐，不起纷争，因为佛、道一源，不分彼此。

　　冷笑缁衣话太过，直饶独擅待如何。几般口里剜坑堑，三寸舌头结网罗。鉴垢尚存仍点污，囊锥已利更揩磨。饶君深抱荆山玉，愁甚人间没卞和。①

　　释道从来本一源，如来老氏共登天。箭穿铁鼓藏深理，炉炼金丹隐至玄。白马东来传秘语，青牛西迈吐真诠。而今而后缁黄辈，徒向丹书竺诰研。②

　　也曾求道也参禅，遍历云山不记年。和尚发言夸佛种，道人开口骋神仙。六经十论文徒昧，七返九还功妄传。已受皮囊囚禁苦，犹言父母未生前。③

七劝世人多学，尤其是多读书，但是读书也要守规矩，不能误读和妄解各种经典之作。

　　天元真气上天梯，收拾栽培要灼知。全会始终无退倦，只争成早与成迟。④

　　搜罗尘念枉攒眉，损益从来是两歧。千卷古书儒士解，一壶仙景道人知。少年且历人间事，壮岁须寻大道基。为报聪明宜早辨，莫教伶俐变成痴。⑤

　　欲话玄中颠倒颠，须游天内一重天。心还有物休论道，性若无根莫论禅。初地不栽泥里藕，下梢怎结水中莲。莫将圣典狂猜解，准拟身招妄语愆。⑥

　　狂猜妄解谩谈论，不识真常道蒂根。手掬途泥揩堆子，口含漆水洗膠盆。张良指是孟良叔，杨子呼为柳子孙。也待升堂谋入室，

---

① 李通玄：《诫僧恃强》，《悟真集》卷上。
② 李通玄：《道无二》，《悟真集》卷上。
③ 李通玄：《警妄》，《悟真集》卷上。
④ 李通玄：《劝学》，《悟真集》卷下。
⑤ 李通玄：《诫耽书》，《悟真集》卷上。
⑥ 李通玄：《诫妄说》，《悟真集》卷上。

岂知远隔几重门。①

李通玄经历了金朝末年的乱世，所以还要注意他用诗作表达的乱世六叹。

一叹灾害频发，生民涂炭："造化阴阳气不调，苍生孽力自相招。贫民诌佞奸民诈，富者奢淫贵者骄。夏月反寒凉月暑，雨时成涝旱时焦。年饥不足人多疫，已黩天公未见饶。"②

二叹直臣被拒，小人猖狂："时危不用直臣筹，认得膠盆莫刺头。云梦韩侯无罪灭，杜邮白起有功因。碧松林下高低庙，芳草堤边新故丘。试向碑间观举止，都无一个称心头。""忠言十九不机投，面苟相从背变仇。范蠡悟来无后患，夫差徒见子胥羞。""离尘在道莫心违，天地推迁世改移。察察小人刚长日，谦谦君子道消时。灰心让印垂三顾，冰晒辞金畏四知。大抵孽缘休理会，不如块坐乐无为。"③

三叹乱世良政，颇值期待："百姓嗷嗷苦莫当，大僚经过便清凉。温辞抚俗寒添纩，润德霈民渴遇浆。到处威无风雨恶，随方名喷麝兰香。流风不令朱门惧，只听雷音赐宠光。"④

四叹遭遇战乱，繁华不再："舜都楼阁冠天下，几逐灰残几度修。唯有条山林麓在，巍巍依旧过春秋。""四十年前此地游，繁华几换度春秋。黄河不在兴亡毂，依旧滔滔东注流。"⑤

五叹遇乱人亡，存者无几："世乱年凶事足谙，抽头随分养真憨。当年小子百千万，今日老翁一二三。性命无根钩上鲤，形骸有限茧中蚕。荣枯分定无差失，休使欺心分外贪。"⑥

六叹王朝兴亡，天命难违："恢恢天网密牢笼，孰是常安覆载中。多少合离多少恨，一番兴废一番空。风前陌上尸犹臭，雨后沙场血尚红。试问当年貌虎士，几人得到白头翁。"⑦

李通玄晚年曾感叹："白发簪冠百不宜，日常睡早起还迟。月圆月

① 李通玄：《诫人妄解书》，《悟真集》卷上。
② 李通玄：《叹孽招水旱》，《悟真集》卷上。
③ 李通玄：《警世》《叹时》，《悟真集》卷上；《谏招后言》，《悟真集》卷下。
④ 李通玄：《上平阳廉访使》，《悟真集》卷上。
⑤ 李通玄：《兵后游河中府》《重游河中》，《悟真集》卷下。
⑥ 李通玄：《自叙警轻命》，《悟真集》卷上。
⑦ 李通玄：《寄雷祐之大军后病中》，《悟真集》卷上。

缺几经见，谁辱谁荣总不知。闲说个中君子话，狂吟方外道人诗。一生不问浮生计，除此无为总不为。"① 李通玄虽然是一个乱世的看客，但亦要注意他的救世情怀。

本章以较大篇幅介绍全真道人士的政治观点，是因为金朝中后期全真道政治观念的出现，是政治思想发展的一项重要成就。金朝统治的衰微与全真道的勃兴，可以作为乱世出思想的典范，给后人以重要的启迪。

---

① 李通玄：《晚年述怀》，《悟真集》卷上。

主要史料目录

薛居正：《旧五代史》，中华书局 1976 年版。

欧阳修：《新五代史》，中华书局 1974 年版。

脱脱等：《辽史》，中华书局 1974 年版。

脱脱等：《金史》，中华书局 1975 年版。

脱脱等：《宋史》，中华书局 1977 年版。

宋濂等：《元史》，中华书局 1976 年版。

《元朝秘史》（15 卷本），东方文献出版社 1962 年版。

司马光：《资治通鉴》，中华书局 1986 年版。

李焘：《续资治通鉴长编》，中华书局 1992 年版。

徐梦莘：《三朝北盟会编》，上海古籍出版社 1987 年版。

李心传：《建炎以来系年要录》，四库全书本。

叶隆礼：《契丹国志》，贾敬颜、林荣贵点校，中华书局 2014 年版。

宇文懋昭：《大金国志》，四库全书本。

《大金集礼》，四库全书本。

《大金吊伐录》，四库全书本。

《大金德运图说》，四库全书本。

吴广成：《西夏书事》，清道光五年刻本。

吕祖谦编：《皇朝文鉴》（《宋文鉴》），四部丛刊本。

陈述辑校：《全辽文》，中华书局 1982 年版。

张金吾编：《金文最》，清光绪二十一年刻六十卷本。

李澍田主编：《金碑汇释》，吉林文史出版社 1989 年版。

阎凤梧主编：《全辽金文》，山西古籍出版社 2002 年版。

李修生主编：《全元文》，江苏古籍出版社 1998—2004 年版。

元好问编：《中州集》，四库全书本。

元好问编：《中州乐府》，四库全书本。

杜本编：《谷音》，四库全书本。

阎凤梧、康金声主编：《全辽金诗》，山西古籍出版社1999年版。

顾嗣立编：《元诗选》三集，中华书局1987年版。

钱若水等：《太宗皇帝实录》，四库全书本。

徐松辑：《宋会要辑稿》，中华书局1997年版。

王钦若等：《册府元龟》，中华书局1960年版。

彭百川：《太平治迹统类》，四库全书本。

陈均：《九朝编年备要》，四库全书本。

王称：《东都事略》，四库全书本。

曾巩：《隆平集》，四库全书本。

田况：《儒林公议》，四库全书本。

司马光：《涑水记闻》，四库全书本。

欧阳修：《归田录》，四库全书本。

沈括：《梦溪笔谈》，四库全书本。

魏泰：《东轩笔录》，四库全书本。

陈师道：《后山谈丛》，四库全书本。

王巩：《闻见近录》，四库全书本。

陈鹄：《耆旧续闻》，四库全书本。

洪迈：《容斋三笔》，四库全书本。

范成大：《揽辔录》，丛书集成本。

岳珂：《桯史》，四库全书本。

王明清：《挥尘后录》，四库全书本。

周密：《齐东野语》，四库全书本。

洪皓：《松漠纪闻》，四库全书本。

《中兴御侮录》，丛书集成本。

杨尧弼：《伪齐录》，藕香零拾本。

王鼎：《焚椒录》，内府藏本。

刘祁：《归潜志》，中华书局1983年版。

元好问：《续夷坚志》，四库全书本。

王鹗：《汝南遗事》，四库全书本。

孔元措：《孔氏祖庭广记》，四库全书本。

沈括：《熙宁使契丹图钞》，见贾敬颜《熙宁使契丹图钞疏证稿》，《五代宋金元人边疆行记十三种疏证稿》，中华书局 2004 年版。

胡峤：《陷虏记》（又名《陷北记》《陷辽记》），见贾敬颜《胡峤陷辽记疏证》，《五代宋金元人边疆行记十三种疏证稿》，中华书局 2004 年版。

路振：《乘轺录》，见贾敬颜《乘轺录疏证稿》，《五代宋金元人边疆行记十三种疏证稿》，中华书局 2004 年版。

王曾：《上契丹事》（又名《王沂公行程录》），见贾敬颜《王曾上契丹事疏证稿》，《五代宋金元人边疆行记十三种疏证稿》，中华书局 2004 年版。

薛映：《辽中境界》，见贾敬颜《薛映辽中境界疏证稿》，《五代宋金元人边疆行记十三种疏证稿》，中华书局 2004 年版。

宋绶：《契丹风俗》，见贾敬颜《契丹风俗疏证稿》，《五代宋金元人边疆行记十三种疏证稿》，中华书局 2004 年版。

许亢宗：《许奉使行程录》，见贾敬颜《许亢宗行程录疏证稿》，《五代宋金元人边疆行记十三种疏证稿》，中华书局 2004 年版。

王寂：《鸭江行部志》，见贾敬颜《王寂鸭江行部志疏证稿》，《五代宋金元人边疆行记十三种疏证稿》，中华书局 2004 年版。

王寂：《辽东行部志》，见贾敬颜《王寂辽东行部志疏证稿》，《五代宋金元人边疆行记十三种疏证稿》，中华书局 2004 年版。

范仲淹：《范文正公集》，四库全书本。

李纲：《李忠定公文集选》，齐鲁书社 1997 年版。

周必大：《文忠集》，四库全书本。

洪皓：《鄱阳集》，四库全书本。

王寂：《拙轩集》，四库全书本。

魏道明：《萧闲老人（蔡松年）明秀集注》，金残刻本。

赵秉文：《滏水集》，四库全书本。

王若虚：《滹南遗老集》，四库全书本。

李纯甫：《鸣道集说》，华宇出版社 1985 年版。

王庭筠：《黄华集》，金毓黻辑录，辽海丛书本。

元好问：《遗山文集》，四库全书本。

元好问：《遗山乐府》，丛书集成本。

李俊民：《庄靖集》，四库全书本。

杨奂：《还山遗稿》，北京图书馆古籍珍本丛刊本。

杨宏道：《小亨集》，四库全书本。

段克己、段成己：《二妙集》，四库全书本。

房祺编：《河汾诸老诗集》，四库全书本。

耶律楚材：《湛然居士文集》，谢芳点校，中华书局1986年版。

郝经：《郝文忠公陵川文集》，北京图书馆古籍珍本丛刊本。

王恽：《秋涧集》，四库全书本。

程钜夫：《雪楼集》，四库全书本。

苏天爵：《滋溪文稿》，陈高华、孟繁清点校，中华书局1997年版。

骨勒茂才：《番汉合时掌中珠》，嘉草轩丛书罗氏影印本。

《道德真经全解》，正统道藏本。

李霖：《道德真经取善集》，正统道藏本。

寇才质：《道德真经四子古道集解》，正统道藏本。

又玄子：《太微仙君功过格》，正统道藏本。

王喆：《重阳全真集》，正统道藏本。

王喆：《重阳教化集》，正统道藏本。

王喆：《重阳真人授丹阳二十四诀》，正统道藏本。

王喆：《重阳立教十五论》，正统道藏本。

马钰：《洞玄金玉集》，正统道藏本。

马钰：《渐悟集》，正统道藏本。

马钰：《丹阳神光灿》，正统道藏本。

马钰：《丹阳真人直言》，正统道藏本。

王颐中集：《丹阳真人语录》，正统道藏本。

谭处端：《水云集》，北京图书馆古籍珍本丛刊本。

刘处玄：《仙乐集》，正统道藏本。

刘处玄：《无为清净长生真人至真语录》，正统道藏本。

刘处玄：《黄帝阴符经注》，正统道藏本。

郝大通：《太古集》，正统道藏本。

王处一：《云光集》，正统道藏本。

丘处机：《磻溪集》，北京图书馆古籍珍本丛刊本。

丘处机：《大丹直指》，正统道藏本。

丘处机：《丘祖秘传大丹直指》，正统道藏本。

尹志平：《葆光集》，正统道藏本。

段志坚编：《清和真人北游语录》，重刊道藏辑要本。

长筌子：《洞渊集》，正统道藏本。

侯善渊：《上清太玄集》，正统道藏本。

侯善渊：《黄帝阴符经注》，正统道藏本。

侯善渊：《上清太玄鉴诫论》，正统道藏本。

玄虚子：《鸣真集》，正统道藏本。

刘志渊：《启真集》，正统道藏本。

于道显：《离峰老人集》，正统道藏本。

李通玄：《悟真集》，正统道藏本。

玄全子集：《真仙直指语录》，正统道藏本。

秦志安：《金莲正宗记》，正统道藏本。

李道谦编：《甘水仙源录》，正统道藏本。

李道谦：《七真年谱》，正统道藏本。

万松：《万松老人评唱天童觉和尚拈古请益录》，大正藏经本。

万松：《万松老人评唱天童觉和尚颂古从容庵录》，大正藏经本。

释念常：《佛祖历代通载》，四库全书本。

文琇：《增集续灯草录》，大正藏经本。

毕履道：《重校证地理新书》，四库全书本。

张行简：《人伦大统赋》，四库全书本。

黄宗羲原著，全祖望补修：《宋元学案》，中华书局 2009 年版。

李锡厚：《耶律阿保机传》，吉林教育出版社 1991 年版。

史金波、聂鸿音、白滨：《天盛改旧新定律令》，法律出版社 2000
　年版。

史金波、白滨、黄振华：《文海研究》，中国社会科学出版社 1983
　年版。

史金波：《西夏文化》，吉林教育出版社 1986 年版。

白滨：《元昊传》，吉林教育出版社 1988 年版。

聂鸿音：《西夏遗文录》，《西夏学》第 2 辑，宁夏人民出版社 2007
　年版。

聂鸿音:《西夏文德行集研究》,甘肃文化出版社 2002 年版。

梁松涛:《西夏文〈宫廷诗集〉整理与研究》,上海古籍出版社 2018
　年版。

[俄]克恰诺夫、李范文、罗矛昆:《圣立义海研究》,宁夏人民出版社
　1995 年版。